imidas
A Dictionary of Katakana Words & Abbreviations

世界がわかる 時代が見える

現代人の
カタカナ語
欧文略語
辞典

監修＝信 達郎
J. M. Vardaman
イミダス編集部［編］

集英社

社会が生き生きと動くとき、新しい表現が登場する。国際情勢が激変したり、科学技術が著しく発展するときも、新しい言葉が大量に生まれる。この辞典は、20世紀の後半「イミダス」が創刊されてから現在まで、そこで取り上げてきた新しいカタカナ語・欧文略語を再編集したものである。したがって、コーヒーとかシャツ、テレビなどすでに日本語として定着している外来語は、この辞典には収録されていない。

見出し語

1. 見出し語の配列は50音順・アルファベット順とし、漢語を含む複合語もカタカナ語と同じ扱いとした。

2. 表記は、原則として「ヴァ、ヴィ、ヴ、ヴェ、ヴォ」「ヂ、ヅ」は用いないで、「バ、ビ、ブ、ベ、ボ」「ジ、ズ」とした。

3. 長音（ー）は、前音の重なりとみなして配列した。
    例：イーグル→イイグル　　ウールマーク→ウウルマアク

4. 清音・濁音・半濁音の順に配列した。

5. 上記の順に配列してもなお同位のときは、次の欧文のアルファベット順とした。アルファベット順も同位のときは、大文字・小文字の順にした。
    例：**スチール**[1]【steal】　　**アーム**[1]【ARM】
    　　スチール[2]【steel】　　**アーム**[2]【arm】
    　　スチール[3]【still】

6. 英語・米語以外のカタカナ語については、その原語の国語名を略語で示した。
    ドイツ語→独　フランス語→仏　イタリア語→伊　スペイン語→西
    オランダ語→蘭　ロシア語→露　ギリシャ語→希　ラテン語→羅
    ポルトガル語→葡　サンスクリット語→梵　中国語→中
    朝鮮語→朝　アラビア語→亜刺　和製英語→日

    上記以外は、全表記にした。
    例：インドネシア語→インドネシア　バスク語→バスク

解説文

1. 解説の配列は、現在もっとも広く用いられている意味を最初に置いた。

2. その語の対語は、↔ を用いて示した。

3. さらに深い理解が得られると思われる場合、解説文の最後に参照する項目名を⇨で示した。
　　例：アーケードゲーム
　　　　　　⇨アミューズメント機器
　　　　アーサ　⇨ANSI

4. 日本独自の使われ方の語には、なるべく英語本来の意味・表記を加えた。

5. 専門的用語は、分野を略符号で示した。

ITIT関連用語	医医学・生理	印印刷	イインターネット
宇宇宙活動	経経営・企業	映映画	音音楽
化化学	環環境	気気象	機機械・工業製品
魚魚類	競競技・運動	教教育	軍軍事
経経済・金融	芸芸術・芸能	劇演劇	建建築
言言語学	広広告・宣伝	鉱鉱物	算コンピューター
写写真	社社会・生活	宗宗教	植植物・園芸
心心理学	数数学	生生物	政政治
地地理・地質	鳥鳥類	哲哲学	天天文
電電気	登登山	動動物	農農業
美美術	服服飾	文文学	法法律
放放送	薬薬品・薬学	容美容	理物理・理工
料料理・食品	歴歴史		

監修

信　達夫
国士舘大学　21世紀アジア学部教授

1946年生まれ。早稲田大学商学部卒業。アメリカン国際経営大学院（MBA）修了。東洋学園大学教授などを歴任。著書に『最新「タイム英語」攻略辞典』など多数。

J. M. Vardaman
早稲田大学 文学部教授

1947年生まれ。ハワイ大学大学院修士課程修了。アジア研究。著書に『ミシシッピ＝アメリカを生んだ大河』『アメリカ南部：大国の内なる異郷』『ふたつのアメリカ史』など。

アメリカ新語
沢田　博

装丁
川上成夫

◀ アースクロ

Katakana Words
カタカナ語

ア

アーカイバー【archiver】①算複数のファイルを一つのファイルにまとめたり戻したりするソフトウエア．ディレクトリーを含められるものもある．

アーカイブ【archive】①公文書保管所．記録保管所．②①算複数のファイルを一つにまとめたり，圧縮したりしたファイルのこと．⇨アーカイブファイル．③放テレビ局などが保存している古い番組の映像．

アーカイブサイト【archive site】①インターネット上のホストコンピューターで，ソフトウエアやデータを保存しているもの．

アーカイブファイル【archive file】①算アーカイバーで複数のファイルを一つにまとめたファイル．データをコンパクトにするために同時に圧縮が施されているものも多い．

アーガイル チェック【argyle check】服菱形が連なる色格子の模様．アーガイルはスコットランドの地名．

アーガス【Argus】医南カリフォルニア大学のドヘニーラボが開発した人工網膜システム．

アーキオロジー【archaeology】考古学．アルケオロジーともいう．

アーキタイプ【archetype】①原型．模範．イデア．②心人間の精神の中に先祖から引き継がれて残る無意識の観念．

アーキテクチャー【architecture】①①算ハードウエアやソフトウエアの設計思想．コンピューターやシステム全体の構造やその設計思想．②建築術．建築様式．設計．建築物．

アーキテクト【architect】建築家．設計者．設計技師．考案者．構成者．事業計画などの立案・策定者．

アーキビスト【archivist】公文書の記録係．文書係．公文書館の公文書保管人．

アーギュメント【argument】議論．論争．論証．言い争い．論拠．

アーク【arc】①電電弧．②数弧．円弧．③弧状や弓形のもの．

アーケード【arcade】①営建通路に屋根のある商店街．またはその屋根．②①ビデオゲーム機などがずらりと並んだゲームセンター．

アーケードゲーム【arcade game】①算ゲームセンターで使われるアミューズメント機器の別名．業務用ゲーム．⇨アミューズメント機器

アーコロジー【arcology】社完全環境計画都市．すべてを自給自足できる未来都市．architectural ecology からの造語．

アーサ【ASA】①アメリカ標準協会．アメリカ規格．特にアメリカ規格のフィルムの感光度指数をいう．American Standards Association の略．最近では，ISO（国際標準化機構 International Organization for Standardization）規格を使うことが多い．⇨ ANSI．

アーシー【earthy】土の．土でできた．土臭い．粗野な．

アージェント【urgent】緊急の．切迫した．

アーシューラー【Ashura】宗イスラム教の祭礼日の一つ．

アース【earth】①地球．地面．②電感電を防ぐために電気器具と地面とを結ぶコード．接地線．米語では ground．③接地．ロケットの地球への帰着．

アースアート【earth art】美大地芸術．砂漠に溝を掘ったり谷間にカーテンをかけるなど，大地を素材に景観の造形を見せる，現代芸術の一方法．1960年代後半に起こった．アースワーク，ランドアートともいう．

アースカラー【earth color】服大地のように褐色がかった色．周期的にファッションの流行色として登場する．

アースクロッシング アステロイド【Earth-crossing asteroids】天地球の軌道と交わって，衝突する可能性のある軌道をもつ小惑星．ECASと

3

アースコン▶

もいう．

アースコンシャス【earth conscious】 環地球を意識している．地球環境を考えた．地球環境・自然を強く感じている様子を表す語．

アースサイエンス【earth science】 地球科学．

アースデー【Earth Day】 環社地球の日．環境汚染などが進む地球を見つめ直そうと，1970年にアメリカで始まった市民運動．4月22日に世界各地で統一行動が行われる．

アースファースト【Earth First】 環アメリカの自然保護グループ．人類も生物社会を構成する一要素であるとして，過激な方法で運動を進める．地球第一の意．

アース ペネトレーター【earth penetrator】 軍地中侵徹爆弾．地下の堅硬な目標を破壊する爆撃機搭載用の兵器．

アースワーク【earth work】 美1960年代半ばに起こった実験的美術活動の一つ．アースアート，ランドアートともいう．

アーチ【arch】 ①建造物における開口部の上部の弓形をした部分．またはその形をもった建造物全体を指す．②(日)野野球本塁打．ホームランのこと．

アーチェリー【archery】 競洋弓．標的的を矢で射るターゲット競技，野外で行うフィールド，飛距離を争うフライトなどの種目がある．

アーチェリーバイアスロン【archery biathlon】 競(ス)バイアスロンの銃の代わりに弓を使う，クロスカントリースキーとアーチェリーの複合競技．

アーツ アドミニストレーション【arts administration】 芸芸術文化活動を経営面から考え運営する方法．アートマネジメントともいう．

アーツ アンド クラフツ運動【arts and crafts movement】 美19世紀後半，イギリスのW. モリスの手仕事による家具調度類の制作に始まる美術と工芸の改革運動．

アーツプラン21【Arts Plan 21 日】1996年に始まった文化庁の芸術文化支援政策．

アーツマーケティング【arts marketing】 芸芸術活動の市場調査を行い，団体運営などに役立てる考え方．

アーティキュレーション【articulation】 言葉の歯切れのよさ．音声の明瞭度．

アーティクル【article】 ①新聞・雑誌などの記事・論説・論文．②法令などの条項・個条．③Iネットニュースのニュースグループに投稿された記事．

アーティスティック【artistic】 芸術的な．優雅な．

アーティスティック インプレッション【artistic impression】 競(ス)フィギュアスケートで，芸術的側面からの評価．構成，氷面の利用，独創性，音楽との適合などから，6点満点で採点．2004年から新採点法のもとで廃止．

アーティスティック ディレクター【artistic director】 芸服商品などのデザイン企画から広告のイメージ作りまで，クリエーティブワーク(創作仕事)の統括責任者．

アーティスト【artist】 ①芸術家．美術家．画家．⇔アルティザン．②芸能人．アーチストともいう．

アーティスト イン レジデンス【artist in residence】 芸日々の生活環境から離れて生活しながら作品制作をする滞在型プログラム．

アーティチョーク【artichoke】 植チョウセンアザミ．キク科の一年草または二年草．果肉と花托を食用にする．

アーティファクト【artifact】 営社本当には存在しないが，シミュレーションに現れる現象．方法に問題があって起こるケース．もとは人工物・加工品の意．

アーティフィシャル【artificial】 人工の．人工的な．人造の．

アーティフィシャル インテリジェンス【artificial intelligence】 I算人間の知能のように学習・推論・問題解決の機能をコンピューターにもたせたもの．またその機能の研究開発を行うコンピューター科学．人工知能．AI ともいう．

アーティフィシャル オーガン【artificial organ】 医人工臓器．

アーティフィシャル ライフ【artificial life】 I算人工生命．人工的システムで生命現象を実現する方法．AL ともいう．

アーティフィシャル ライフアート【artificial life art】 I算生命の進化のプロセスや人工知能的なプログラムを取り入れて，生命を模倣するアート表現．

アーティフィシャル リアリティー【artificial reality】 I算人工現実感．コンピューターグラフィックスが作り出す画面に自分が入り込んだような感覚をいう．

アート【art】 美術．芸術．技術．人工．技巧．

アートイベント【art event】 芸芸術展示．オリンピックなど国際的行事の開催時に行う，建築，絵画，文学などの芸術部門の展示．

アート オブ ダイイング【art of dying】 死に方．死を迎える心得・術．

アートーン【artoon】 美漫画などの要素を取り入れた，通俗性のある絵画．1980年代の絵画の一傾向．art と cartoon の合成語．

アートギャラリー【art gallery】 美美術館．画廊．

アートグッズ【art goods】 博物館や美術館などの所蔵作品をもとに作る，装飾用の小物や生活雑貨．ミュージアムグッズの普及版．

アートコレクター【art collector】 美美術作品の収集家．

アートシアター【art theater】 映芸術的・実験的映画の専門上映館．

アートスケープ【artscape】 建都市空間を芸術の素材と考え，芸術分野の手法を取り入れた空間づくりを行こと．芸術空間都市．

アートスポーツ【artsports】 芸体操で用いる運動を取り入れたモダンダンス．

アートセラピー【art therapy】 心芸術療法．音楽や舞踊などを用いて，心身症や不安障害その他の治療を行う方法．

◀アーミート

アートディーラー【art dealer】 美美術作品の売買を専門に行う業者．画商．美術商．
アートディレクター【art director】 ①映劇美術監督．②広広告美術の制作責任者．
アート ドキュメンテーション【art documentation】 図芸術に関連する記録の保存や収集を行う整理．加工して利用者への提供も行う．
アートハウス ムービー【art-house movie】 映芸術的で前衛的な映画を上演するアートシアター用の映画．
アートフェア【art fair】 美画商が集まって開く商取引が中心の見本市．
アートフラワー【art flower 日】 紙，布，合成樹脂などを使って花を作ること．英語では artificial flower．
アートマネジメント【art management】 図芸術経営．文化や芸術活動と，企業や自治体あるいは経済活動との交流を進める活動．アーツ アドミニストレーションともいう．
アートマン【ātman 梵】 哲インド哲学で，呼吸・自我，あるいは物の本質・神の意．
アートメーキング【art making 日】 容美顔術の一つ．入れ墨を施すような方法でまゆを入れたりする．
アートラボ【ARTLAB】 Iキヤノンのメディアアートに対する活動の呼称．国内外の活動に対して開放されていた．
アートワーク【artwork】 美挿絵．図版．美術や芸術にかかわる制作活動．
アーニング【earning】 営社働いて賃金を稼ぐこと．収入．収益．
アーネストマネー【earnest money】 経手付金．保証金．
アーバナイゼーション【urbanization】 社都市化．都市化現象．産業・行政府などの都市集中により人口の増加，住宅や土地問題，公害問題などが起こる．アーバニゼーション．
アーバニスト【urbanist】都市計画専門家．
アーバニズム【urbanism】①社都市に住む人々の文化や生活様式全般を指す．都市生活．都市性．都会風．②都市計画．
アーバニティー【urbanity】都会性．都会風．
アーバノロジー【urbanology】都市学．
アーバン【urban】 都市の．都市特有の．都会の．⇔ルーラル．
アーバン アメニティーゾーン【urban amenity zone】 社住宅団地や都市の繁華街などに作られた広場や公園で，景観上の美しさだけでなく，暮らしに結びついて生活を活性化させるために役立つもの．
アーバンウエア【urban wear】 服都会的なあかぬけた感覚の服．
アーバンエネルギー【urban energy 日】 社地都市生活で発生する熱量．
アーバンオアシス構想【urban oasis plan 日】 社ビルや公園の地下などに雨水を貯留し，地震や火災の時に利用しようという建設省（現国土交通省）の構想．

アーバンスケープ【urbanscape】 都市の景観．urban と landscape の合成語．
アーバン ソシオロジー【urban sociology】都市社会学．
アーバンツーリズム【urban tourism】 社都市の文化や町並みなどを対象にした観光活動．
アーバンデクライン【urban decline】 社都市衰退．事業所の地方分散や高額所得者層の郊外移動などによる先進国型の都市問題．
アーバンデザイン【urban design】社都市デザイン．都市設計．あるべき都市像をもとに，自然の特性や歴史的文化価値などを考え合わせて町づくりをする手法．
アーバン デベロップメント【urban development】 社農村地帯の土地を住宅・工場・事務所などに利用すること．土地の都市的利用．
アーバンテラー【urban terror】 軍大都市で起きる爆弾テロなどによる恐怖．
アーバン バウンダリー【urban boundary】 社都市成長境界線．将来の都市の発展を想定して設ける．
アーバンビレッジ【urban village】 社暮らしの場と仕事場の両方の機能をもった，都会の中の一画．
アーバンファミリー【urban family 日】 社便利な都会で，気楽な生活を楽しむ高級アパート居住者．
アーバンライフ【urban life】都市生活．
アーバンリゾート【urban resort 日】 社都市近郊にあり，豊かな自然環境をもつ保養地．
アーバン リニューアル【urban renewal】社都市再開発．老朽化した都市の施設・建物などを整備して再活性化を図ること．
アーバンルネサンス【urban renaissance】再開発により都市の機能を回復させることで，人間性を取り戻そうとする運動．
アーバンレジェンド【urban legend】 都会伝説．都会で自然に広まる怖い話や面白い話．
アービトラージ【arbitrage】 経裁定取引．さや取り．二つ以上の市場で起こる商品の価格差を利用して，利益を得ること．
アービトレーション【arbitration】①調停．仲裁．②I算バス（情報の信号路）に接続する周辺機器が同時にバスを使用する場合に，どの機器に優先権を与えるかを決める機能．
アーブ【arb】 商経さや取り業者．合併計画を発表する企業の株を買って売り抜け，差益を得ようとする証券取引業者．arbitrageur，risk arbitrageur の略．
アーベイン【urbane】 都会風の．上品な．礼儀正しい．洗練された．
アーベント【Abend 独】①音社夕方から開催される音楽会や講演会．②日暮れ．夕．晩．
アーボレータム【arboretum】研究・教育・観賞用の樹木園．
アーマチュア【armature】電電機子．発電機や電動機の発電子・電動子の部分．
アーミー【army】軍軍隊．特に陸軍．
アーミー トランスフォーメーション【army

5

アーミーナ ▶

transformation】軍アメリカ陸軍の編制改革計画．2002年以降具体化が図られた戦闘部隊構想．

アーミーナイフ【army knife】 キャンプなどに携帯する多機能なナイフ．缶切りや栓抜きなども付いている．

アーミールック【army look】 服軍服や戦闘服をまねたファッション．

アーミッシュ【Amish】 宗キリスト教プロテスタントの一派．質素で禁欲的な生活をする．アメリカ北東部やカナダなどに住む．アマン派．

アーミン【ermine】①動オコジョ．イタチ科の哺乳動物．②服オコジョの純白な毛皮．

アーム[1]【ARM】 軍対レーダーミサイル．anti-radar missile の頭字語から．

アーム[2]【arm】①腕．腕状の物．機械やロボットの細長い形状をもつ部．②服袖．③建腕木．④[-s]軍兵器．武器．軍備．

アームズコントロール【arms control】 軍軍備管理．軍備抑制．

アームズトレード【arms trade】軍国際間の兵器取引．武器貿易．

アームチェア【armchair】 ①ひじ掛けいす．②空論の．楽な．

アームチェア クオーターバック【armchair quarterback】 競反自分ではプレーできないのに，知ったかぶりで解説を加えるテレビ中継スポーツの愛好者．

アームチェア ディテクティブ【armchair detective】 文ひじ掛けいすに座ったままで，推理して事件を解決する探偵．またその物語．

アームチェア トラベラー【armchair traveler】 社旅行案内書や観光ビデオなどを見て，在宅のまま旅行や観光の雰囲気を楽しむ人．

アームドフォーシズ【armed forces】 軍陸・海・空の三軍からなる軍隊．国軍．

アームバンド【armband】①腕章．②(日)服腕にはめる金属製などの輪になったアクセサリー．もとは袖のずり落ち防止用．

アームホール【armhole】 服洋服の袖ぐり．またその穴．

アームレスト【armrest】 いすや座席に備えたひじ掛け．

アームレスリング【arm wrestling】腕相撲．

アームレット【armlet】①服腕輪．二の腕につける装飾用の輪．②服肩を覆う小さな袖．

アーメンコーナー【amen corner】 競(ゴル)マスターズトーナメントが毎年行われるオーガスタナショナルに設けられた，小運河沿いの11〜13番の難ホールの異称．

アーユルヴェーダ【āyurveda 梵】 医インドの伝承医学．人間の生理機能のバランスを整え，自然治癒力を高めるようにする．

アーラン【erlang】 算回線が専有されている延べ時間を表す単位．

アーリア人【Aryan】 インド・ヨーロッパ語族の人々の総称．特に，前2000年ころからイラン，インドへ南下していった人々．

アーリーアメリカン【Early American】 社ア

メリカ開拓時代の家具・建物などの様式．

アーリークロス【early cross】 競(ｻｯ)相手の守備選手がゴールエリア付近に戻る前に，早めにゴールキーパーの前の空いたスペースを狙って走り込む味方選手に送るパス．

アーリーバード【early bird】早起きの人．

アーリーハーベスト【early harvest】経農 ASEAN（東南アジア諸国連合）と中国との自由貿易協定において，農業分野の関税引き下げを早期に実施すること．

アール【are 仏】 メートル法の面積の単位の一つ．1アールは100m^2．記号はa．

アール アンド エー【R&A】 競(ｺﾞﾙ)セントアンドリュース ゴルフクラブ．Royal and Ancient Golf Club of St.Andrews の略．

アールエイチ因子【Rh factor】医赤血球に含まれる因子．Rh 陰性の人にRh 陽性の人の血液を輸血すると，危険をともなう．

アールデコ【art déco 仏】 美装飾芸術．直線を基調とした様式で，1920年代から30年代にかけて流行した．art décoratif の略．

アールヌーボー【art nouveau 仏】 美19世紀末から20世紀初めに広まった装飾的な様式で，曲線主体の表現が特徴．新しい芸術の意．

アールブイアー【RVer】 レクリエーション用自動車の持ち主，所有者．RVは recreational vehicle の略．

アールブリュト【L'Art Brut 仏】 美原生芸術．生(き)の芸術．現代美術の一傾向で，ジャン・デュビュッフェが命名．

アーンドインカム【earned income】 経勤労所得．

アーンドラン アベレージ【earned run average】 競(野球)投手が1試合平均で取られた自責点を示す数字．防御率．

アイアン【iron】 ①競(ｺﾞﾙ)頭部が主として金属製のクラブ．②鉄．

アイアン トライアングル【iron triangle】 営政鉄の三角形．政界，行政官庁，企業・業界の相互依存関係をいう．

アイアンマン レース【ironman race】 競鉄人レース．遠泳，サイクリング，マラソンを1日で行う．トライアスロンともいう．

アイアンロー【iron law】 厳しい規則．鉄の規則．

アイウイットネス【eyewitness】目撃者．
アイウエア【eyewear】眼鏡類．眼鏡関連製品．

アイオープナー【eye-opener】①目を見張らせるような事件や事実．②(米)朝，目覚まし用に飲む酒やコーヒー．

アイオーユー【IOU】経借用証書．I owe you（私は君に借りがある）の音略．

アイオワ コミュニケーションズ ネットワーク【Iowa Communications Network】I アイオワ州政府が，約1億ドルの資金を投入して建設したアメリカ最大級の光ファイバーネットワーク．総延長4800km．

アイガード【eye guard】 競服スポーツに用いる

◀アイソタイ

ゴーグル状の眼鏡．レンズはプラスチック製で，丈夫で軽い．

アイカメラ【eye camera】機人間の視線の動きを記録するカメラ．アイムーブメントカメラ．

アイキャッチャー【eye-catcher】広広告やデザインなどで，目を引きつける視覚的要素．

アイキュー【IQ】教知能指数．知能の発達程度を示す数値．intelligence quotient の略．

アイコニクス【iconics】映像学．人がもった印象を研究する．

アイコノクラスト【iconoclast】社偶像破壊論者．因習打破主義者．

アイコノクラズム【iconoclasm】宗聖像破壊．偶像破壊運動．イコノクラスムともいう．

アイコン【icon】①算画面上でファイル，ソフトウエア，周辺機器などをシンボル化して表す小さな絵柄．絵記号．

アイコンタクト【eye contact】①視線を合わせること．②心会話中などに相手の目を見つめて思いを伝えること．企画の売り込みなどで重要な技法の一つ．③競技前に目を合わせサインを交わすこと．

アイサスの法則【AISAS's rule】広AISASの法則．A は注目（attention），I は興味（interest），S は検索（search），A は行動（action），S は情報共有（share）．

アイシーロード【icy road】凍結した道路．

アイシャイナー【eye shiner】容下まぶたのまつげの内側に塗る化粧品．

アイシャドー【eye shadow】容目元を引き立たせるために目の縁に塗る化粧品．

アイシング【icing】①料ケーキなどにかぶせる糖衣．②医競冷却療法．患部や筋肉などを冷やすこと．③航空機の機体に氷が付着すること．④競（アイスホッケー）反則の一つ．アイシング ザ パックともいう．

アイシング ザ パック【icing the puck】競（アイスホッケー）シュートやパスの失敗などで，パックがリンク中央のレッドライン手前からスティックに触れないで相手ゴールラインを越えること．反則の一つ．アイシングともいう．

アイス【ice】①氷．氷入りの．②麻薬の一種の俗称．効果が長続きする結晶状の覚醒剤．

アイスアリーナ【ice arena】競氷上競技用の屋内リンク．アリーナは観客席のある競技場．

アイスエージ【ice age】氷河時代．

アイスキャップ【ice cap】極地や高山の山頂などを覆っている氷雪．

アイスキューブ【ice cube】料冷蔵庫で作る角状の氷片．

アイスクライマー【ice climber】登凍結した滝などの氷壁登りをする登山者．

アイススレッジ【ice sledge】競氷上競技に使う，いすを取り付けたそり．下肢障害者用に考案された．

アイスダンス【ice dancing】競（フィギュア）フィギュア競技の一種．男女のペアで，ダンスステップを主体に行う．アイスダンシング．

アイスバーン【Eisbahn 独】①凍結して氷状になった雪面・路面．②スケートリンク．

アイスバイン【Eisbein 独】料塩漬けの豚のスネ肉をゆでたり煮込んだドイツ料理．

アイスパッド【ice pad】料薄い容器に水などを入れ，凍らせて用いる保冷器．

アイスハンマー【Eishammer 独】登氷壁を登はんする時に使う鉄製ハンマー．

アイスビール【ice beer】料発酵後のビールをマイナス4℃前後で凍らせ，雑味を取り除いたもの．

アイスピック【ice pick】料氷を割るのに使うきり状の道具．

アイスフォール【ice fall】地氷瀑．氷河で滝のように切り立った部分．

アイスブレーカー【ice breaker】①機砕氷船．②砕氷器．③社会議で最初に意見を言う人．常識・慣習・組織などを無視して前人未到の道を切り開く人．

アイスペール【ice pail】料卓上用氷入れ．

アイスボックス【icebox】料氷を入れて冷やせる携帯用の容器．

アイスホッケー【ice hockey】競1チーム6人で行う氷上の競技．スティックでパック（硬化ゴム製の平たい円盤）を相手ゴールに打ち込んで得点を競う．

アイスメーカー【ice maker】機製氷機．アイスマシンともいう．

アイスヨット【ice yacht】競氷上をヨットで帆走すること．専用ヨットの底に金属エッジを取り付けて，速さを競う．iceboat．

アイスレーダー【ice radar】電波氷厚計．

アイゼン【Eisen 独】登山靴の底に取り付ける，鋭利なつめをもつ鋼鉄製用具．凍結した雪面などで用いる．シュタイクアイゼンの略．英語では crampon．

アイゼンハウワー トロフィー【Eisenhower Trophy】競（ゴルフ）1958年に始まった世界アマチュアチーム選手権．

アイソキネティックス【isokinetics】競等速性筋収縮によるトレーニング．運動速度を一定に保つように工夫して，力を発揮させる．アイソキネティックトレーニングともいう．

アイソクローン【isochrone】等時線．同時線．基点を定め，そこからの交通機関の所要時間が同じ地点をつなぐように，同じ特徴のある全部の地点をつないだ線．

アイソクロナス【isochronous】①一定時間ごとに一定の情報量を確実に送ることができる通信回線の性質．テレビやラジオの中継回線などで利用される．

アイソザイム【isozyme】生イソ酵素．同一生物体内で，機能的には同じ働きをするが，化学的構造が異なっている酵素群．

アイソスタシー【isostasy】地地殻均衡．地球内部のある深さでは，地殻に加わる圧力は均衡を保つという理論．

アイソスピン【isospin】理荷電スピン．素粒子の荷電状態を区分けする量子数の一つ．

アイソタイプ【ISOTYPE】言国際的に通じる工夫をした絵文字システム．1925年にオーストリアの哲学者オットー・ノイラートが子供の視覚教育のために

7

アイソトー▶

考案．International System of Typographic Picture Education の頭字語から．isotype ともいう．

アイソトープ【isotope】　化同位体．同位元素．同じ原子でも，中性子の数が違っているため質量数が異なるもの．

アイソトープ電池【isotope battery】　理原子力電池．放射性物質から出る放射線のエネルギーを利用した電池．

アイソトニック飲料【isotonic drink】　競科スポーツ飲料の一種．吸収されやすいように体液に近い性質をもち，ミネラルなどを含む．

アイソトニックス【isotonics】　競張力性筋収縮による筋力トレーニング．動きを伴った筋収縮を行う訓練方法．

アイソバー【isobar】　①気等圧線．大気圧の等しい部分を結んだ線．②理同重体（核）．同一の質量数で異種の元素，または原子核．

アイソメトリック【isometric】　等大の．等角の．等尺性の．等面積の．

アイソメトリックス【isometrics】　競等尺性筋収縮によるトレーニング．不動のものを動かそうとして筋肉を発達させる方法．アイソメトリック トレーニングともいう．

アイソレーショニズム【isolationism】　政孤立主義．他国家との協約・同盟などを拒み，自国だけの繁栄と平和を求める政治的立場．

アイソレーション【isolation】　孤立．分離．

アイソレーション ブース【isolation booth】　放テレビスタジオに設置された防音室．生の音声を放送用に調整する．

アイソレーター【isolator】　建耐震性を高めるために基礎と建物の間に挟む，ゴム・金属・ばねを組み合わせた隔離物．

アイダの法則【AIDA's rule】　心人間の消費行動の特徴を表す英語の頭文字をつないだ仮説の一つ．1900年に St. エルモ・ルイスが主張した．A は注目（attention），I は興味（interest），D は欲望（desire），A は行動（action）．

アイデア【idea】　考え．着想．一般的な観念．思想．アイディアともいう．

アイデアブローカー【idea broker】　政アメリカで，上院・下院の議員などに政策を売り込む業者．

アイデア プロセッサー【idea processor】　コ算企画書など知的な構成物を作成するためのソフトウエア．段落の階層，入れ替え，追加・削除などを行い効率的にまとめる．

アイデアマン【idea man】　新しい着想や計画をもつ人．

アイデアライズ【idealize】　理想的にする．理想化する．理想主義者である．

アイデアリズム【idealism】　哲観念論．理想主義．

アイディーカード【ID card】　身分証明書．identity card，identification card の略．

アイティーブイ【ITV】　コ営工場や商店の作業などに用いるテレビ．工業用テレビ．industrial television の略．

アイテック【itec】　工情報技術センター．情報技術の訓練を行う施設．information technology center の略．

アイテム【item】　①一つの品目・種目．品物．商品の最小分類品目．新聞記事などの項目．②服服の種目．服種．③コンピューターゲーム中のキャラクターが舞台設定の中で利用する「モノ」のこと．

アイデンティティー【identity】　自己同一性．自我同一性．主体性．独自性．自分らしさ．身元．帰属意識．

アイデンティティー クライシス【identity crisis】　社心自己同一性喪失の危機．自己の主体性や存在意識が薄弱になる不安定な状態．

アイデンティティー ポリティックス【identity politics】　政非主流派がとる政治活動の一つ．主流派との違いを強調し，政治的独自性を訴える方法．ポリティックス オブ ディファレンスともいう．

アイデンティファイ【identify】　人や物の同一性を確認する．事物を確認し明確にする．

アイデンティフィケーション【identification】　①同一視すること．また同一の確認・証明．②放局名告知．③営広商品や広告に企業イメージの一貫性をもたせて広告効果を高めること．

アイドナー【eye donor】　医眼球提供者．

アイドマの法則【AIDMA's rule】　心消費者が商品を買うまでの段階を表す英語の頭文字を付けられた消費行動仮説．A は注目（attention），I は興味（interest），D は欲望（desire），M は記憶（memory），A は行動（action）を指す．

アイトリプルイー【IEEE】　コ算アメリカ電気電子技術者協会．1963年に設立．Institute of Electrical and Electronics Engineers の頭字語から．

アイドリング【idling】　①機機械，特に自動車のエンジンを空転させること．②営生産設備が遊休状態になること．

アイドリング ストップ【idling stop 日】　機停車時エンジン停止．駐停車中に自動車のエンジンを空転させるのをやめること．

アイドル[1]【idle】　①怠惰な．怠け者の．②営工場の生産設備が遊休状態になっていること．

アイドル[2]【idol】　人気者．偶像．崇拝される人や物．

アイドルギア【idle gear】　機二つの歯車の間に入れて回転運動を同じ方向に伝達するための歯車．遊び歯車．

アイドルコスト【idle cost】　営工場の生産設備や労働力が十分に活用されないで起こる損失．遊休費．

アイドルシステム【idle system】　営労働者を解雇しないで，労働時間を短縮して不況を乗り切ろうとする方法．

アイドルタイム【idle time】　①営遊休時間．工場設備の一部が遊休し，労働力が空費される時間．②コ算装置が使われていない時間．特に中央処理

◀アウストラ

装置(CPU)の遊び時間．
アイパー【iron permanent wave】 圀はさみ状のコテ(アイロン)を用いてパーマをかけること．アイロンパーマの略．
アイパック【eye pack】 圀目の周囲などにうるおいを与えるパック．
アイバンク【eye bank】 医角膜銀行．死後に角膜の提供を受け，角膜移植を希望する患者に斡旋する機関．日本では1964年に発足．
アイビーカット【Ivy cut 日】 圀アイビーリーグの学生の間で流行した，短く切った髪型．英語はIvy League cut, crew cut.
アイビーム ポインター【I-beam pointer】 ①算WindowsやMacOSなどのGUI環境で，文字を入力できる位置を指定したり，文字を選択するために使うマウスポインター．
アイビーリーグ【Ivy League】 教アメリカ北東部の名門校．ブラウン，コロンビア，コーネル，ダートマス，ハーバード，ペンシルベニア，プリンストン，エールの8大学の総称．
アイビールック【Ivy look 日】 服アイビーリーグの学生たちが好んで着るスーツやジャケットの形．英語はIvy League style.
アイピロー【eye pillow】 目まくら．疲れをとる時などに目の上に乗せて用いる．
アイプラネット【iPlanet】 ①アメリカのサンマイクロシステムズとネットスケープコミュニケーションが提携して行うIT関連事業．
アイブロー【eyebrow】 まゆ．まゆ毛．
アイブローアーチ【eyebrow arch】 圀まゆの形を整えるのに，はさみ・毛抜きなどを用いる美容法．
アイボ【AIBO】 ①機ソニーが1999年に販売開始したペットロボット．
アイホール【eyehole】 生眼窩(がんか)．
アイボリー【ivory】 象牙．象牙に似た淡いクリーム色．
アイボリーペーパー【ivory paper】 光沢のある象牙色の厚い洋紙．象牙紙．
アイボリーホワイト【ivory white】 乳白色．
アイマーク【eye mark 日】 社目の不自由な人が読書をする権利を広げるため，作者の承諾を必要としないで，朗読テープや拡大写本を製作することを許可する印．
アイマスク【eye mask】 明るい場所での睡眠などに用いる目覆い．
アイマック【iMac】 ①算アメリカのアップルコンピュータが1998年に発売した，半透明のボディーをもつパソコン．
アイマックス【IMAX】 映カナダのアイマックス社の大型映像システム．1967年にカナダのグレアム・ファーガソンが考案した．劇場映画の10倍ある大画面をもつ．
アイメーク【eye makeup】 圀目元の化粧．アイシャドー，アイライン，マスカラなど．
アイヨリ【ailloli 仏】 料おろしたニンニク入りのマヨネーズソース．aïoliともいう．アヨリ，アイヨリソースともいう．

アイライナー【eyeliner】 圀化粧品の一種．目張りを入れるのに用いる．
アイライン【eye line 日】 圀上下のまつ毛の生え際に描く線のこと．目張り．目元をはっきりさせ，目を大きく見せることができる．英語はeyeliner.
アイラッシュ【eyelash】 まつ毛．付けまつ毛．
アイラッシュ カーラー【eyelash curler】 圀まつ毛を挟んで上向きに曲線をつける化粧器具．
アイランド【island】 ①地島．②社交通量の多い道路などに設けられた安全地帯．
アイランドキッチン【island kitchen】 建部屋の中央部に，流し・ガス台・調理台などを一つにまとめた台所．
アイランドハーフ広告【island-half advertisement】 圀突き出し広告を半ページに拡大した新聞広告．記事面に浮かぶ島の意．
アイリス【iris】 ①植アヤメ科イリス属の一群の植物．アヤメ，ハナショウブ，カキツバタなど．②生眼球の虹彩．
アイリッシュコーヒー【Irish coffee】 料アイルランド風コーヒー．ウイスキーと生クリームを入れた濃いめのコーヒー．
アイリッシュパブ【Irish pub】 社アイルランド風の立ち飲み酒場．
アイリンク【i.Link】 ①算デジタルビデオカメラに装備するIEEE1394準拠のDV端子．ソニーが提唱した呼称．
アイル【aisle】 ①建側廊．キリスト教教会の建物内の両側面にある渡り廊下．②建劇場や列車・旅客機の座席の間にある通路．
アイルシート【aisle seat】 列車・旅客機の通路側の席．⇔ウインドーシート．
アイルランド共和軍【Irish Republican Army】 軍政北アイルランドのカトリック系住民の独立などを目指す過激派組織．1956年に結成．IRAともいう．
アイレット【eyelet】 ①服刺しゅうの穴かがり．②ひもを通す小穴．はと目．
アイロニー【irony】 風刺．皮肉．反語．逆説．皮肉を込めた逆説的表現．イロニーともいう．
アイロニカル【ironical】 皮肉な．反語的．
アインフュールンク【Einfühlung 独】 芸文感情移入．芸術作品や自然を対象に感情や想像を投射して共感すること．
アウェアネス【awareness】 気がついていること．承知すること．認識．
アウエー【away】 競サッカーなどで，相手の本拠地での試合．遠征試合．
アウエーゴール ルール【away goal rule】 競(サ)ホームアンドアウエー方式で2試合の合計得点が同じ場合，アウエーでの得点が多い方を勝ちとする方式．
アウストラル【austral】 経アルゼンチンの通貨単位．1985年に導入したが失敗した．
アウストラロピテクス【Australopithecus 羅】 生歴猿人．化石人類の一属．
アウストラロピテクス アフリカヌス【Australopithecus africanus 羅】 生歴化石人類

9

アウストラ▶

の一種．アフリカで発見．

アウストラロピテクス ボイセイ【Australopithecus boisei 羅】 生歴化石人類の一種．タンザニアのオルドバイで発掘．

アウスレーゼ【Auslese 独】 ①科ドイツの純良ブドウ酒．②選択．③えり抜き．精選品．

アウスレンダー【Ausländer 独】 社外国人．非白人，東欧系，南欧系の人を指すことがある．

アウター【outer】 ①外の．外側の．外部の．②服外衣．英語は outerwear．⇔インナー．

アウターウエア【outerwear】 服上着類．上に着る衣類．

アウターコース【outercourse】 挿入をしない性行為．

アウタースペース【outer space】 天地球の大気圏の外側．⇔インナースペース．

アウターセブン【Outer Seven】 経政1960年に欧州自由貿易連合(EFTA)を結成した7カ国．イギリス，スウェーデン，ノルウェー，デンマーク，オーストリア，ポルトガル，スイスをいうが，73年にイギリスとデンマークが EC（欧州共同体）加盟のため離脱した．

アウターランジェリー【outer lingerie 日】 服外衣として用いる薄物の下着．

アウタルキー【Autarkie 独】 経自給自足経済．一国が他国に依存しないで経済を営むこと．またその経済政策．

アウティング【outing】 社遠足．小旅行．戸外の散策．

アウト【out】 ①外．外部．外側．⇔イン．②競(野球)打者や走者が攻撃の資格を失うこと．⇔セーフ．③競(ゴルフ)18ホールのうち前半の9ホール．⇔イン．④競テニスや卓球，バレーボールなどで，打球がコートの外に出ること．

アウトウエア【out wear 日】 服スーツ，セーターなどの上着の総称．英語は outer garment, outerwear．

アウト オブ アフリカ【out of Africa】 生歴人類の起源に関する学説で，約10万年前にアフリカ大陸を出た種が世界各地に広がり，各地域の原人と置き換わるようにして現代人へと進化したとする．アフリカ単一起源説ともいう．

アウト オブ ストック【out of stock】 営商品などの品切れ．

アウト オブ デート【out-of-date】 旧式の．時代遅れの．⇔アップ ツー デート．

アウト オブ ファッション【out of fashion】 服流行遅れ．

アウトカム【outcome】 結果．成果．出口．

アウトグループ【out-group】 社共通の利害や道徳性などをもつ集団から外れた人々．⇔イングループ．

アウトゴルペ【autogolpe 西】 政自主クーデター．政権統治者が行うクーデター．

アウトサイズ【outsize】 特大寸法．規格外れ．

アウトサイダー【outsider】 部外者．局外者．非加盟業者．集団から疎外された者．⇔インサイダー．

アウトサイダー アート【outsider art】 美主流的な美術教育とはかけ離れた，独学者が制作した芸術．

アウトサイド【outside】 ①外側．外部．②競テニスや卓球で，規定線の外側．またその部分に球が入ること．③競(野球)外角．④競(ゴルフ)サーブを受けて返球する側．⇔インサイド．

アウトスカート【outskirts】 郊外．中心から遠い場所．

アウトスタンディング アカウント【outstanding account】 経未払い勘定．

アウトソーシング【outsourcing】 ①営業務外部委託．社内での業務を，外部の専門企業に委託すること．②経国際調達．海外部品調達．国産品に代えて，より安い海外部品を使うようにする企業活動．③Ⅰ経コンピューターを用いる情報処理システムの構築・運用・保守を，社外の専門業者に委託する方法．

アウトダイニング【out dining 日】 料外食．外で食事をすること．

アウトタスキング【out-tasking】 営従来は社内で行っていた業務を外注すること．

アウト ツー アウト【out to out】 経外債発行で集めた外国の資金を，外国で使うこと．⇔アウト ツー イン．

アウト ツー イン【out to in】 経外債発行で集めた外国の資金を，国内で使うこと．⇔アウト ツー アウト．

アウトテイク【outtake】 ①映画撮影後に使用されなかったフィルムやテープ．②音録音後にアルバムなどに収録されなかった演奏・楽曲．演奏やアレンジが違う「別テイク」と，楽曲自体がボツになった「未発表曲」に分かれる．

アウトドア【outdoor】 戸外の．野外の．屋外の．⇔インドア．

アウトドアOA【outdoor office automation】 Ｉ携帯用の端末機器を外出先などで用いて事務処理をすること．電話回線を使って中央処理装置に接続する．

アウトドア クッキング【outdoor cooking】 料野外活動として楽しむ料理．

アウトドアスクール【outdoor school 日】 教社各種の野外活動の楽しみ方などを教える講座．

アウトドア トライアル【outdoor trial】 競(ゴルフ)屋外で自然の地形を利用して行われるトライアル競技．⇔インドア トライアル．

アウトドアライフ【outdoor life】 屋外生活．野外生活．自然環境を積極的に取り入れる．

アウトドアリビング【outdoor living】 建庭やテラスなどで，居間の続きとして使える屋外の場所．

アウトバースト【outburst】 爆発．火山や気体などの突然の噴出．

アウトバーン【Autobahn 独】 社ドイツの自動車専用の高速道路．1933年に起工され第二次大戦終了までに約4000kmが完成した．

アウトバウンド【outbound】 ①外国行きの．②(日)顧客への対応を電話をかけてすませること．⇔インバウンド．

◀アカウント

アウトバス トリートメント【out bath treatment 日】 洗い流さない髪の手入れ剤．整髪する時などに使う．

アウトバック【outback】 奥地．大陸などの内陸部．

アウトフィッター【outfitter】 旅行用品店．運動用品店．

アウトフィット【outfit】 旅行などの道具・服装などの一式．装備一式．用具類．

アウトフォーカス【out focus 日】 焦点をぼかして撮影し，特殊な効果を引き出すこと．ぼかし撮影．英語は out of focus．⇔パンフォーカス．

アウトプット【output】 ①電出力．②機馬力．③経産出．生産高．④I算出力装置からデータを取り出すこと．または取り出したもの．出力．⇔インプット．

アウトプット メディア【output media】 I算 マルチメディアコンテンツなどを配布・公開するメディア．CD-ROM などの記憶メディアと WWW などのネットワークメディアの二つが主流．

アウトブレーク【outbreak】 勃発．爆発．発生．反乱．

アウトプレースメント【outplacement】 営 再就職斡旋・援助業．従業員を解雇する会社の依頼で，再就職者のための斡旋，アドバイス，労働紛争などの処理をする．

アウトボクシング【out boxing 日】 競 フットワークを生かして，常に相手と一定の距離をとって攻める方法．英語では outfighting．⇔インファイト．

アウトライト取引【outright transaction】 経 外国為替の取引で，売りまたは買いを独立して行い，売ったものの買い戻しや買ったものの売り戻しなどの条件がないやり方．

アウトライン【outline】 輪郭．略図．概略．

アウトラインフォント【outline font】 I算 輪郭線を，複数の点とそれらを結ぶ線（ベクトルデータ）として記録する書体．斜線や曲線がギザギザにならない．

アウトライン プロセッサー【outline processor】 I算 文書作成の作業を支援するソフトウエア．全体の構成を決め，後に各部分の作業を進めていく．アイデアプロセッサーともいう．

アウトリーチ【outreach】 ①越える．広げる．伸びる．②社 福祉活動や市民運動などで，対象範囲を越えて支援や活動を行うこと．

アウトリガー【outrigger】 競(スキ)身体障害者の競技などチェアスキーで滑る時に使う，ストックの先に小さなスキーが付いた補助用具．

アウトルック【outlook】 ①展望．見通し．見解．外観．②I算 マイクロソフトが開発した個人情報の管理機能をもつソフトウエア．

アウトルック エクスプレス【Outlook Express】 I算 Windows に標準搭載されるメールソフト．HTML 形式のメールに対応．

アウトレイ【outlay】 経 経費．支出．

アウトレット【outlet】 経 ①売れ口．販売．②出口．排出口．③感情などのはけ口．

アウトレットショップ【outlet shop】 生産過剰品や傷物などを格安の価格で販売する店．アウトレットストアともいう．

アウトレットモール【outlet mall】 在庫処分品などを格安販売する店舗を複数集合した商業形態．

アウトロ【outro】 音 終奏．

アウトロー【outlaw】 社 ①無法者．社会の厄介者．②法律上の保護・恩典を取り上げられた人．

アウトワード【outward】 外部の．外側の．海外へ．

アウトワード バウンド【outward-bound】 外国行きの．外航の．

アウトワード バウンド スクール【Outward Bound school】 教 野外生活や冒険活動のための体験学校．イギリスのウェールズで始まった．OBSともいう．

アウフヘーベン【aufheben 独】 哲 止揚．揚棄．弁証法で用いられ，矛盾した二つの概念をより高い概念に総合統一すること．

アウラ【Aura 独】 生物から発散すると信じられている流動体．オーラ．

アエラ【aera 羅】 時代．年代．

アエロテクノロジー【aerotechnology】 航空技術．

アエロトラン【Aéro-train 仏】 機 フランスの高速列車．

アエロモベル【Aeromóvel】 機 大気圧鉄道．ブラジルで都市交通用に開発した．大気圧の差を動力に利用して走る．

アオザイ【ao dai】 服 ベトナムの女性用民族服．中国服に似た長衣とゆったりしたパンツからなる．

アカウンタビリティー【accountability】 営 説明義務．説明責任．実施義務．特に多大な資金援助を受ける科学技術研究者が，その意義を説明する責任・義務を負うとするもの．

アカウンタブル【accountable】 報告する責任がある．説明や弁明をする義務がある．

アカウンタント【accountant】 経 会計士．計理士．主計．

アカウンティング【accounting】 ①営経 会計．経理．②I算 使用料の計算．

アカウント【account】 ①営経 勘定．計算書．②広 広告主．顧客．得意先．顧客の製品単位の広告予算．③I算 インターネットサービスなどの利用で生じる課金．利用者識別に用いる記号や番号．

アカウント アグリゲーション サービス【account aggregation service】 経 消費者が利用しているいくつもの金融取引口座情報を，インターネットを使って一覧表示するサービス．

アカウント エグゼクティブ【account executive】 広 広告主の広告予算を取りしきる広告会社の担当責任者．AE ともいう．

アカウントカレント【account current】 経 当座勘定．当座預金．経常勘定．

アカウント スーパーバイザー【account supervisor】 広 広告会社の顧客管理責任者（アカウント エグゼクティブ）を統括する人．

11

ア

アカウント ▶

アカウントプランナー【account planner】 広広告主の広告計画から実施までの全過程を進める広告会社側の責任者．APともいう．

アカウント プランニング【account planning】 広多様な媒体の使用法などを最適化する考え方を広告予算の全域に広げて行う方法．

アカウント プランニング エージェンシー【account planning agency】 広広告に使用する媒体や方法から予算までの全般を把握する方式を主業務とする広告会社．または，小規模な創造的広告会社．

アカウント フロード インベスティゲーター【account fraud investigator】 経会計不正摘発機構．日本の産業再生機構にアメリカ政府高官が付けたあだ名．

アカシア【acacia】 植マメ科の常緑樹木．オーストラリアなどの熱帯に分布する．

アカデミー【academy】 ①学士院．芸術院．②教研究・教育機関の総称．

アカデミー賞【Academy Award】 映アメリカ映画芸術科学アカデミーが1928年から始めた映画年度賞．

アカデミー フランセーズ【l'Académie Française 仏】 フランスの国立学術機関．5部門からなるフランス学士院中で最も古く権威がある．1635年，フランス語の純粋性を守るため，リシュリューによって創立された．

アカデミシャン【academician】 学者．学士院会員．芸術院会員．

アカデミズム【academism】 ①官学風．伝統主義．②純学問風．学問至上主義．

アカデミック【academic】 官学的な．学究的な．学理的な．

アカデミック ディスカウント【academic discount】 営大学などの研究機材について行う企業側の値引き．生産当初の製品が多いので，使用して改良点などを指摘してもらえる．

アカデミック ハラスメント【academic harassment 日】 教社大学で教授などが行う，学問・研究に対する嫌がらせ．特に性的嫌がらせ．アカハラともいう．

アカハラ アカデミック ハラスメントの略．

アガパンサス【agapanthus】 植ムラサキクンシラン．ユリ科の多年草で，南アフリカ原産．

アガペー【agape 希】 宗神の愛．隣人愛．兄弟愛．↔エロス．

アカペラ【a cappella 伊】 音無伴奏の合唱形式．楽器伴奏のない合唱．礼拝堂風の意．

アガリクス【agaricus】 植ハラタケ科ハラタケ属のキノコの総称．多糖類を多く含む．

アカリダル【Akali Dal】 政インドのシーク教徒穏健派が組織する政党．パンジャビ語で不滅の党の意．

アカリダル連合【United Akali Dal】 軍政インドのシーク教徒の過激派組織．パンジャブ州の分離独立を目指す．

アカルチュレーション【acculturation】 社異なる文化が接触することで，その一方あるいは両方の文化が変化すること．

アカルボース【acarbose】 薬糖尿病治療薬の一つ．ドイツのバイエル社が1973年に精製した非たんぱく性物質．

アカントアメーバ【acanthamoeba】 生コンタクトレンズに付着して角膜を侵すアメーバ．

アキ コミュノテール【Acquis Communautaire 仏】 政法EU（欧州連合）の基本法．アキ．

アキシオン【axion】 理強い力で素粒子のCP対称性の破れを抑えるとされる仮説粒子．アクシオンともいう．

アキュムレーション【accumulation】 ①累積．蓄積．②経債券の償還額と購入額から出る差益を，残存期間に均等に配分すること．

アキュムレーター【accumulator】 ①[I]算累算器．CPU（中央処理装置）内部にある演算結果の記憶装置．②機蓄圧器．油圧装置などに付属している．

アキラル【achiral】 化それ自身の鏡像が重なる分子の性質．↔キラル．

アキレア【achillea 羅】 植セイヨウノコギリソウ．キク科の園芸種．

アキレス腱【Achilles tendon】 ①生かかとにある腱．ふくらはぎの筋とかかとの骨を結び付ける．②強力な者がもつ唯一の弱点．英語では Achilles heel（アキレスのかかと）という．

アクア【aqua 羅】 水．液．溶液．

アクア エクササイズ【aqua exercise】 競水中で行う体操を総称するもの．ウオーターエクササイズともいう．

アクアカルチャー【aquaculture】 水産養殖．養殖漁業．水耕法．aqua と culture の合成語．

アクアケード【aquacade】 ①自動的に軌道変更を行うアメリカの軍事衛星．②水上ショー．

アクアセラピー【aquatherapy 日】 医流水療法．ジェット水流を体に当て凝りや疲れをいやす．

アクアチント【aquatint】 美銅版画法の一つ．砂などを用いて柔らかい諧調を作る．

アクアティック フィットネス【aquatic fitness】 競水圧や浮力，造波抵抗などを利用する水中運動．ゴムひもや大きめの手袋，小さなパラシュートなどを用いる．アメリカの運動生理学者メアリー・サンダースが考案した．

アクアテラリウム【aquaterrarium】 植湿生植物と水生植物を組み合わせて水槽などに植栽する方法．

アクアトロン【aquatron】 生人工的に水産動植物の環境を調節する装置．

アクアノーツ【aquanauts】 競社潜水を楽しむ方法の一つ．船から管を通して直接空気が送られるヘルメットを着用して，海中遊泳が手軽にできるもの．

アクアノート【aquanaut】 海中の設備で生活して，研究・調査を行う人．

アクアバー【aqua bar 日】 料各種のミネラルウオーターだけを飲ませる店．

アクアプランツ【aquaplants】 植水草．水生植物．水槽に熱帯性水生植物を植え，照明を当ててインテリアとして楽しむ．

アクアポリス【aquapolis 日】社人工の海上都市．海上施設．

アクアマリン【aquamarine】①鉱藍玉．宝石に用いる．②青緑色．透明感のある水色．

アクアラング【Aqualung】潜水用の呼吸器．商標名．

アクアリウム【aquarium】水族館．水槽．熱帯魚や水生植物などを入れる観賞用水槽．

アクアロビクス【aquarobics】競プールの中で行う水中エアロビクス．

アクウェンタンス レイプ【acquaintance rape】社知り合いの女性をデートに誘って強姦すること．

アクースティック【acoustic】音アンプを使用しない、生の音で聴かせる楽器あるいは演奏．またはコンサートなどで、拡声装置を通す以前の音をいう場合もある．本来は音響学的の意．アコースティックともいう．

アクエリアス【Aquarius】①天みずがめ座．星座の一つ．②十二宮の一つ．宝瓶宮．みずがめ座生まれの人．

アクサン【accent 仏】言フランス語で用いる音声記号．母音文字の上に付ける．

アクシオン【axion】理強い力でＣＰ対称性の破れを抑えるとされる仮説粒子．アキシオンともいう．

アクシス【axis】①回転体の軸．軸線．中心線．②天地軸．③国家が連合すること．枢軸．

アクシデント【accident】偶発的な出来事．事故．災難．

アクショナー【actioner】映アクション映画．格闘場面を主に扱う．

アクション【action】行動．動作．演技．身振り．立ち回り．

アクションＲＰＧ【action roleplaying game】Ｉ算アクションゲームとロールプレーイングゲームの二つの要素が取り入れられて構成されたゲーム．

アクションゲーム【action game】Ｉ算電子ゲームの一種．操作者が即時に登場人物などを動かして、達成度や勝敗を競う．

アクションスポーツ【action sports 日】競余暇の増加に伴い行われる、さまざまな新しいスポーツの総称．レジャースポーツ．

アクション ディレクター【action director】映版テレビや映画などの格闘シーンの演出者．

アクションプラン【Action Plan】政1992年に日米首脳会談で発表された東京宣言で提唱された行動計画．

アクション プログラム【action program】①行動計画．実行計画．②経1985年に発表された日本政府の市場開放行動計画．

アクション ペインティング【action painting】美描く行為そのものを重視する絵画．抽象表現主義の一つ．第二次大戦後、アメリカに起こった．行動美術．

アクション リサーチ【action research】社集団に対する働きかけを研究して、社会生活の改善のための理論や方法を研究する方法．

アクスル【axle】機心棒．車軸．

アクセサリー【accessory】①服装身具．②機機械類の付属品．

アクセシビリティー【accessibility】①社近づきやすさ．利用しやすさ．便利さ．交通機関の場合は、ある地域へ接近する便利さを指し、建物などでは、その施設・設備の利用のしやすさをいう．②Ｉ算情報通信などの利便性．

アクセシブル ラグジュアリー ブランド【accessible luxury brand】服手頃な価格帯の海外高級ブランド．国内ブランドよりも高いが欧州高級ブランドよりは安い．

アクセス【access】①接近．近づき．接続．交通手段．②Ｉ算コンピューターで情報の入力や取り出しを行うこと．③Ｉ算ネットワークの接続．④Ｉ算マイクロソフトが開発したデータベースソフト．

アクセスアーム【access arm】Ｉ算磁気ディスク装置の部品．データを読み書きするための磁気ヘッドが取り付けられている．

アクセス解析【access analyzer】Ｉ広サイトを見に来た人の情報を得るツール．またはその行為．ログ解析ともいう．

アクセスカウンター【access counter】Ｉ広インターネットのホームページにアクセスされた回数を数えて表示するカウンター．

アクセス管理【access control】Ｉ算ファイル、データベースなどに対するユーザーの不正なアクセスを防ぐため、ユーザーに与えたアクセスの権限を管理すること．

アクセス系光ネットワーク【accessible photonic network】Ｉ算事務所や家庭などと通信業者の設備を接続する光通信ネットワーク．

アクセス権【right of access】①社国民がマスメディアを利用して、情報を集めたり、意見や主張を公開することを求めたりする権利．②Ｉ算ネットワークやデータベースなどで、利用者が共有データを利用するための権利．

アクセス速度【access speed】Ｉ算記憶装置や周辺機器がデータを転送する速度．バイト／秒などの単位で表す．

アクセスタイム【access time】①Ｉ算記憶媒体からデータの読み出しに要する時間．データ要求時点からデータ転送を開始するまでにかかる時間．アクセス時間．②Ｉ広インターネットを利用している時間．

アクセスチャージ【access charge】Ｉ電電気通信事業者間の接続料金．他の事業者のネットワークに自己のネットワークを接続して、サービスを提供する場合に支払う．

アクセス番組【access program】放視聴者の制作関与の権利が認められている番組．

アクセスポイント【access point】Ｉ広算ネットワークに外部から接続して利用者が使えるように、サービス提供者が設ける接続点・基地局．AP ともいう．

アクセスメソッド【access method】Ｉ算アクセス法．コンピューターのデータ管理の方法の一つで、主記憶装置と入出力装置間の転送を取り扱う．

13

アクセソワ▶

アクセソワリスト【accessoiriste 仏】服写真撮影などで，小物や装飾品を使い洋服やモデルを引き立てる演出をする人．スタイリスト．

アクセプター【acceptor】①経手形引受人．②理受容体．

アクセプタンス【acceptance】①受容．受諾．受け入れること．②経手形の引き受け．

アクセプタンス コミッション【acceptance commission】経手形の銀行引受手数料．

アクセプタンス サンプリング【acceptance sampling】置注文した商品を受け取るかどうかを決めるために，見本として適当に抜き取って調べること．

アクセプタンス レート【acceptance rate】経為替手形を銀行が引き受ける時に適用される為替相場．

アクセラレーター【accelerator】Ⅰ算コンピューターの処理速度を向上させるために，コンピューターに組み込んで使用する周辺機器．アクセレレーターともいう．

アクセル[1]【accel 日】機自動車などの加速装置．アクセレレーター（accelerator）の略．

アクセル[2]【axel】競（ﾕ゙)フィギュアスケートのジャンプの一種．前向きの滑りから跳び上がり，後ろ向きに着氷する．

アクセレレーション【acceleration】加速．促進．加速度．

アクセレレーション シンドローム【acceleration syndrome】医心多くの仕事を同時にこなし，多忙を極める状態でなくてはいられない症状．

アクセレレーター【accelerator】①理粒子加速器．②写現像促進剤．③機自動車などの加速装置．アクセルともいう．④Ⅰ算パソコンの速度を向上させるハードウェアの総称．高速化したいパソコンの機能だけを差し替えて，性能を改善すること．アクセラレーターともいう．

アクセント【accent】調子．語調．強調部分．

アクセントカラー【accent color】服服装を個性的に見せるために使う色．

アクター【actor】①映劇囮男の俳優．役者．⇔アクトレス．②行為者．行為体．関係者．

アクターズ スタジオ【Actors Studio】劇ニューヨークにある演技の研究・訓練機関．1947年にエリア・カザンらが設立．

アクチビン【activin】生初期の胚発生で中胚葉を誘導するたんぱく質．

アクチュアリー【actuary】経保険計理人．保険数理の専門家．生命保険や信託の商品開発などで，数理知識の能力を生かせる人．

アクチュアリティー【actuality】現実性．実在性．活動性．能動性．

アクチュアル【actual】現実の．現在起こっている．事実上の．実際の．

アクチュエーター【actuator】①機モーターやシリンダーなどの駆動要素．ロボットの腕や足などを動かす駆動器．②電気や流体のもつエネルギーを機械式に変換する装置．

アクチン【actin】生筋肉の収縮性たんぱく質の一つ．一般の細胞にも広く含まれる．

アクチン遺伝子【actin gene】生アクチン（筋肉の収縮性たんぱく質）の構造を支配する遺伝子．がんとの関係で注目されている．

アクティビスト【activist】①行動主義者．政治的・社会的な活動家．②(日)積極財政論者．

アクティビティー【activity】活動．活気．

アクティビティー アナリシス【activity analysis】置生産目標を達成するために必要な業務の検討．あるいは，それを達成するために行われている業務活動を分析する方法．

アクティビティー コスト【activity cost】置生産した商品を販売するのに必要なコスト．

アクティブ[1]【active】①活動的な．積極的な．行動的な．②言能動態．⇔パッシブ．

アクティブ[2]【aktiv 露】社政治団体や労働組合などで，活発に活動する人．

アクティブウインドウ【active window】Ⅰ算複数のウインドウを表示できる画面で，現在の操作の対象になっているウインドウ．カレントウインドウともいう．

アクティブ運用【active management】経資産運用戦略の一つ．独自の見通しや技法などを用いて，高い収益率を狙うもの．

アクティブ エアロエラスティック ウイング【active aeroelastic wing】軍アメリカの新型多目的戦闘機計画での可変空力弾性翼．

アクティブエックス コントロール【ActiveX Control】Ⅰ算 ActiveX により，ダイナミックなウェブページを表示するためのプログラム．

アクティブ サスペンション【active suspension】機路面の凹凸などをセンサーで感知し，自動車の車輪の動きを制御する懸架装置．

アクティブシステム【active system】Ⅰ算コンピューターを組み込んだハイファイ装置．

アクティブ シチズン【active citizen】社地域社会で，犯罪防止活動や環境保護運動などに積極的に参加する市民．

アクティブ シチズンシップ【active citizenship】社利己心をもたないで，責任感や公共精神をもって社会参加すること．

アクティブ シニア【active senior 日】置社60代，70代の元気な年配者を指す．巨大な集団で消費リーダーとされる．

アクティブ セーフティー【active safety】置事故を未然に防ぐための自動車の安全対策．

アクティブソナー【active sonar】軍潜水艦探知用の音響兵器の一つ．超音波を発信し，目標からの反射波で距離や方位を探知する．

アクティブ ソーラー ハウス【active solar house】環建太陽エネルギーを利用する省エネルギー建築の一種で，太陽熱を集める反射鏡や太陽電池などを用いる型の建物．

アクティブチャンネル【active channel】Ⅰ算WWW 上のサーバーから特定の情報を自動的にクライアントに取り込むプッシュ型技術を使って，Windows 機器へ定期的に情報を配信する WWW サイト．

◀アクレディ

アクティブ デスクトップ【active desktop】　①④算Windowsのデスクトップとインターネットのホームページとを融合して扱うことができる環境.

アクティブバース【active birth】　医母親と新生児の主体性を重視する出産方法. 医療管理によらないで, 自分に合った分娩姿勢や呼吸法などがとれる.

アクティブ パーティション【active partition】　①算ハードディスク内で利用できる状態になっている記憶領域.

アクティブビジョン【active vision】　①能動的視覚. コンピューター制御で動くテレビカメラによる画像理解.

アクティブ フォーカス【active focus】　①写赤外線や超音波などを照射して被写体までの距離を自動的に計測する機構.

アクティブ ホーミング【active homing】　軍ミサイルが目標を追尾する方法の一種. ミサイル自体が電波などを発信して目標を見つけだす機能をもっている.

アクティブ マトリックス液晶板【active matrix liquid crystal display】　①算画素の一つ一つに電圧オン／オフの切り替えスイッチが付いた液晶画面. 反応速度が速く, ほとんど残像が残らない.

アクティブ マトリックス カラー【active matrix color】　①算画素数が100万個を超す高画質のカラー液晶. パソコンなどに用いる.

アクティブメーター【active meter】　広個人視聴率を記録するピープルメーターで, 視聴者が意識してボタンを押す方式のもの.

アクティブレンジャー【active ranger 日】　環自然保護官（パークレンジャー）を補佐して, 国立公園の巡回や観光客のガイドなどを行う環境省の職員.

アクティベーター【activator】　化活性剤. 賦活剤. 促進剤. アクチベーターともいう.

アクティング【acting】　①映劇演技. 所作. 身ぶり. ②代理の. 代行の.

アクト【act】　①行為. 行動. 動作. ②法法律. 条例. 法令.

アクトアウト【act out】　行動で表す. 身ぶりで表現する. 実演する. 抑圧された感情を行動で表現する. ぼやき.

アクトレス【actress】　映劇女優. ⇔アクター.

アグニ【Agni】　軍インドの中距離弾道ミサイル. アグニIは射程1500kmで, 1994年までに実験第1段階を終了. アグニIIは射程2000km以上で, 99年に発射実験を行った. 古代インド神話の火の神の意から.

アクネ【acne】　にきび.

アグノスチシズム【agnosticism】　哲不可知論. 人間の理性によっては本質を知ることは不可能であるとする理論.

アクノレッジメント【acknowledgement】　①感謝. 謝辞. ②法承認. 認知.

アクメ【acmé 仏】　絶頂. 極致. 性交時の快感の頂点.

アクラミーヤ【Akramiya 亜刺】　政ウズベキスタンのアクマル・ヨルダシェフが創設したイスラム国家樹立を目指す組織・運動. アクラミヤともいう.

アグリーメント【agreement】　合意. 協定. 契約.

アグリエキスポート【agri-export 日】　農輸出農産物.

アグリカルチャー【agriculture】　農業. 農芸.

アグリゲート【aggregate】　集める. 統合する. 集積する.

アグリケミカル【agrichemical】　農農薬の総称.

アグリ工場【agrifactory】　農ハイテク技術を駆使した農作物の栽培場. アグリagriは「農業の」の意.

アグリジェネティックス【agrigenetics】　植生生命工学による植物栽培の研究. 遺伝子操作や組織培養などの技術を使って, 植物の進化をコントロールする.

アグリネットワーク【agri-network】　農農業・農村に関する情報を消費者や卸売業者などに, オンラインで提供するシステム.

アクリノール【acrinol】　薬殺菌消毒薬の一つ.

アグリビジネス【agribusiness】　農農業関連産業. 直接の生産分野だけでなく, 新品種の開発や改良種の育成から, 農産物の加工・貯蔵・流通などの分野までを含めた経済活動すべての企業.

アグリプルヌール【agripreneur】　営農農業ビジネスの起業家. agricultureとentrepreneurの合成語.

アグリヘルパー【agrihelper 日】　農農家の手助けをするため短時間労働を行う人.

アグリミニマム【agriminimum 日】　農農業最低基準. 人口に対する耕地・山林の最低必要な面積. 英語はminimum land necessary for agriculture.

アクリル【acryl】　化アクリル樹脂やアクリル繊維の総称.

アクリルアミド【acrylamide】　化アクリロニトリルを加水分解して作る結晶. 接着剤, 合成繊維などの原料となる. 毒性が強い.

アクリル酸【acrylic acid】　化不飽和カルボン酸の代表的なもの. 刺激臭のある水溶性の液体. アクリル樹脂の合成などに用いる.

アクリル樹脂【acrylic resin】　化合成樹脂の一種. 無色透明で柔らかく, 耐薬品性や電気絶縁性がある.

アクリル繊維【acrylic fiber】　化化学繊維の一種. 軽くてしわになりにくい.

アクリロニトリル【acrylonitrile】　化特異なにおいがする無色で猛毒の液体. 合成樹脂や合成ゴムの原料. 溶剤や殺虫剤などにも使う.

アグレッシブ【aggressive】　攻撃的な. 積極的な.

アグレッシブ ドライビング【aggressive driving】　社運転マナーを無視した向こう見ずな運転.

アクレディテーション【accreditation】　①認

15

アグレマン▶

可. 信任状. ②競選手資格認定.

アグレマン【agrément 仏】 政外交用語で同意の意. 大使などを任命する際に, 相手国からあらかじめ得る承認の意思表示.

アクロ【acro】 競(ス*)フリースタイルスキーの種目の一つ. 平滑な斜面をステップ, スピンなどの技を交えて音楽に乗って滑る.

アグロゴロド【agrogorod 露】 社農農業都市. 農場内部に近代的施設を建て, 農業を協同化して生活水準を高めようとするもの.

アクロニム【acronym】 言頭字語. 例えば AIDS, NATO など.

アクロバット【acrobat】 ①軽業. 曲芸. 英語は acrobatics. ②軽業師. 曲芸師. 英語は acrobat. ③I算アドビシステムズが開発した文書表示・加工用のソフトウエア.

アクロポリス【akropolis 希】 古代ギリシャの都市国家の中心にある丘.

アクロメガリー【acromegaly】 医末端肥大症. 成長ホルモンを分泌する脳下垂体前葉の機能亢進のために, 手足や鼻・耳・下あごなど身体の先端部が肥大する病気.

アゲート【agate】 鉱瑪瑙(めのう). 石英の微細結晶の集合体. 層状やしま状の模様がある.

アゲートウエア【agateware】 瑪瑙(めのう)模様の陶器や琺瑯(ほうろう)製品.

アゲラタム【ageratum】 植カッコウアザミ. オオカッコウアザミ. キク科の多年草. 熱帯アメリカに分布する.

アゲンスト【against】 …に反対して. …に向かって. …に備えて. 逆向きの.

アゲンストウインド【against wind 日】 向かい風の. 逆風の. 英語は against the wind. 逆風は head wind.

アコースティクス【acoustics】 音理音響学. 音響効果. 音質.

アコースティック【acoustic】 音生の音で演奏すること. またその楽器. 原義は音響的.

アコースティックギター【acoustic guitar】 音を電気的に増幅せず, 楽器本来の音色を出すギター.

アコースティック サウンド【acoustic sound】 音楽器本来の音色で演奏する音楽. エレキギターのような電気的な音響効果のある楽器などを用いないもの.

アコーディオン【accordion】 音蛇腹式のふいごを用いた箱型の鍵盤楽器. 手風琴.

アコーディオンドア【accordion door】 建蛇腹部分を伸縮できる扉.

アコーディオン プリーツ【accordion pleats 日】 服蛇腹状に折り畳んだ細いひだ.

アコーディオン マネジメント【accordion management】 営経営環境の変化や経営戦略の変更に対応して, 経営管理方法を柔軟に変える手法.

アコード【accord】 一致. 調和. 協定.

アコール【accord 仏】 音和音. 違う高さの複数の音を同時に鳴らした時に出る音.

アコモデーション【accommodation】 ①社不特定多数の人のための便宜. 公衆のための収容設備. ②好意. 恩恵.

アコモデーションビル【accommodation bill】 経融通手形. 空手形. なれ合い手形.

アコモデーター【accommodator】 ①政東西関係の改善を話し合いで推進しようとする人. ②調停者. 調節器.

アゴラ【agorá 希】 古代ギリシャの都市国家の中心の広場. 政治・経済・宗教の機構が集中し, 市民の討論会が行われ, 市場が開かれた. 政治的な集会.

アゴラフォビア【agoraphobia】 医心広場恐怖症. 人が集まる広場などで, 一人になった時に恐怖症状を起こす.

アサーション【assertion】 主張. 断定.

アサーティブネス トレーニング【assertiveness training】 心主張訓練法. 制止・抑圧された自己を強く主張できるようにするもの. アサーショントレーニングともいう.

アサイラム【asylum】 身障者などのための施設. 安全な避難場所. 聖域. 政治犯庇護.

アサイリー【asylee】 政政治的亡命者.

アサイン【assign】 I算記憶装置内の特定領域を緩衝記憶装置として用いるために, あるプログラムに割り当てること.

アサインメント【assignment】 ①営社割り当て. 割り当てられた仕事・任務. ②宿題. 研究課題. ③法譲渡.

アサシン【assassin】 暗殺者. 刺客.

アザデガン油田開発【development project in the Azadegan oil field】 経日本企業とイランとで開発契約が結ばれたイラン北部・アザデガンの油田開発.

アザレア【azalea】 植ツツジ科の常緑低木. 園芸品種の一つ.

アジア英語【Asian English】 言アジア各地の社会, 教育, 行政などで広く使われる英語.

アジア欧州会議【Asia-Europe meeting】 政1994年にタイのバンコクで第1回を開催した会議. アジア10カ国(ASEAN諸国と日中韓)と欧州15カ国の首脳と欧州委員会の代表が参加した. ASEMともいう.

アジアオリンピック評議会【Olympic Council of Asia】 競アジアの国内オリンピック委員会の集合組織. アジア競技大会を主催する. 1982年に発足. OCAともいう.

アジア開発銀行【Asian Development Bank】 経アジア太平洋地域の経済開発の促進を図る国際機関. 1966年に業務開始. 本店はフィリピンのマニラ. ADBともいう.

アジアカップ【Asian Cup】 競(ス*)アジアサッカー連盟(AFC)が主催する大会. 4年に一度開催. 2004年の第13回大会は中国で行われ, 日本が優勝した.

アジア競技大会【Asian Games】 競アジアオリンピック評議会が主催するアジア地域の総合競技大会. 1951年にニューデリーで第1回を開催.

アジア経済構造【Asian economic structure】経石油価格とアメリカ経済への依存度が大きいアジア経済の構造のこと.

アジア女性基金【Asian Women's Fund】社女性のためのアジア平和国民基金の略称. 旧日本軍の従軍慰安婦たちを支援するため, 1995年に日本政府が発足させた.

アジアシリーズ【Asia Series】競(野球)日本, 韓国, 台湾, 中国のリーグチャンピオンの総当たり戦でアジア王者を決めるクラブチーム選手権.

アジア森林パートナーシップ【Asia Forest Partnership】環持続可能な森林経営を目的としたアジア諸国の共同取り組み. 2002年発足. AFPともいう.

アジア太平洋オペレーションセンター【Asia-Pacific Region Operation Center】経政東アジアへの進出を図る欧米の多国籍企業が, 拠点を台湾に置くことを目指す構想. 1995年に台湾が発表した. APROCともいう.

アジア太平洋経済協力会議【Asia-Pacific Economic Cooperation Conference】経政環太平洋の21カ国・地域が参加する協力体制. 1989年にオーストラリアのホーク首相が提唱. APECともいう.

アジア太平洋経済社会委員会【Economic and Social Commission for Asia and the Pacific】経国連の経済社会理事会に所属する地域経済委員会の一つ. ECAFEを改称し, 1974年に設立. ESCAP, エスカップともいう.

アジアダラー【Asian-dollar】経ベトナム戦争を契機に, アジア地域の金融市場で運用されているアメリカドル.

アジア通貨危機【Asian currency crisis】経1997年7月にタイから始まった大幅の通貨価値の下落.

アジア通貨基金【Asian Monetary Fund】経1997年に日本が提唱したアジア域内の通貨協力機構. AMF.

アジアNIEs【Asian newly industrialized economies】経1980年代におけるアジアの新興工業経済地域. 韓国, 台湾, 香港, シンガポール. アジアニーズ.

アジアハイウエー【Asian Highway】社ユーラシア大陸を東西につなぐ高速道路. 三つのルートが計画されている.

アジアパワーキッズ【Asia Power Kids】社アジア諸国の大都市などに現れた, 渋谷がもつ特有の味わいを求める若者たち. 博報堂が命名.

アジアビジョン【Asia Vision】政アジア放送連合が衛星を利用してニュースの交換を行う組織. 1984年に発足.

アジア プレミアム【Asian premium】営経日本などアジア地域向けの中東産原油価格が, 他の地域よりも1バレル当たり1ドル程度高く設定されていること.

アジアマネー【Asian money】経アジアから欧米の先進国の債券市場などへ還流する資金.

アジア マルチメディア フォーラム【Asia Multimedia Forum】Iアジア地域でのマルチメディアの発展を促進する国際組織. アジアの8カ国, 13の通信事業者などが1997年に設立. AMFともいう.

アジアン【Asian】アジアの. アジア人の.

アジアンアメリカン【Asian American】アジア系アメリカ人. アメリカのアジア系住民.

アジアンポップス【Asian pops】音アジアから発する大衆向け洋楽系の軽音楽.

アジール【asile 仏; Asyl 独】避難場所. 保護施設. 保護領域. 教会や自治都市などの聖域.

アシェ【Axé】音ブラジル生まれのポップス. サンバとレゲエとアフリカ風ポップスを混合した音楽.

アジェンダ【agenda】①行動計画. 構想. ②政策目標. 目標. ③予定. 予定表. 計画表. 予定案. ④議事日程. 議題. 会議事項. 検討課題. ⑤宗教会の儀式・式典.

アジェンダ セッティング【agenda setting】社報道機関などが行う論比の提起.

アジェンダ21【Agenda 21】環環境と開発についての21世紀に向けての行動計画. エネルギー, バイオテクノロジーなどさまざまな分野での具体的行動案や資金調達策を, 1992年の地球サミットで策定.

アジェンダ2000【Agenda 2000】政21世紀のEU(欧州連合)の拡大と深化の方向を示した政策提案書. 1997年7月に欧州委員会が発表.

アジ化ナトリウム【sodium azide】化窒素とナトリウムの化合物. 無色の結晶で水によく溶け, 毒性をもつ.

アシクロビル【aciclovir】薬プリン骨格を有する抗ウイルス剤. ウイルス感染細胞だけでリン酸化して活性化する. 英米で共同開発.

アシスタンス【assistance】助力. 援助. 支援.

アシスタント【assistant】助手. 補佐. 補佐官.

アシスタント カメラマン【assistant cameraman】映撮影助手. カメラ操作を担当するカメラオペレーターの指揮下で働く人.

アシスタント キャプテン【assistant captain】競(アイスホッケー)主将がリンクに出ていない時, 審判に抗議できる権利のある選手. ユニホームの胸にAをつけている.

アシスタント ツールボックス【assistant toolbox】I経MacOSで, 作業の終了時に, RAMディスクに書き込んだ内容を自動的にハードディスクに保存したりするユーティリティープログラムを支援する機能.

アシスタント ディレクター【assistant director】①映助監督. 主に進行を補佐する. ②劇放演出助手. ADともいう.

アシスト【assist】①手伝う. 援助する. ②競サッカーなどで, 得点に結びつくラストパスのプレー.

アジタ【agita】医社会的環境から受けるさまざまな影響から, 心身にストレスがたまって引き起こされる胃酸過多消化不良.

アシッド【acid】①化酸. ②酸っぱいもの. ③幻覚剤. LSD. ④辛らつな言葉・批評.

アシッドカラー【acid color】青色系の酸味を感じさせるような色.

17

アシッドジ▶

アシッドジャズ【acid jazz】 音踊りを取り入れたジャズの新傾向．1990年ごろにロンドンで始まる．

アシッドトリップ【acid trip】 薬幻覚剤（LSD）による幻覚体験．

アシッドハウス パーティー【acid house party】 社若者が週末に郊外の建物を借り切って，幻覚剤を使い夜通し開くパーティー．

アシッドヘッド【acid head】 社薬幻覚剤（LSD）常用者．

アシッドレイン【acid rain】 気酸性雨．スモッグなどに起因する強い酸性の雨．

アシディック ミュージック【acidic music】 音シンセサイザーを使うロック音楽の一種．幻覚剤（LSD）の影響を受けたような，テンポの速い音楽．

アジテーション【agitation】 扇動．アジともいう．

アジテーター【agitator】 ①アジテーションを行う人．扇動家．②かくはん器．

アジドチミジン【Azidothymidine】 薬エイズ治療薬の一つ．HIV感染細胞内に取り込まれ，HIVの増殖に不可欠である逆転写酵素の阻害剤として作用する．AZTともいう．

アジャスター【adjuster】 ①調停者．②機機械の調節装置．③経保険会社の査定員．

アジャスタブル【adjustable】 調整できる．調節可能な．

アジャスタブル ペッグ システム【adjustable peg system】 経調整可能くぎ付け相場制．

アシュアランス【assurance】 確信．自信．

アシュケナージム【Ashkenazim】 ヨーロッパ系ユダヤ人のこと．シオニズムを掲げ，イスラエル建国の中核となった．

アジリティー【agility】 ①機敏．軽快．身軽さ．鋭敏さ．②競動イヌと飼い主がペアで行う障害物競走．

アジル【agile】 迅速な．機敏な．鋭敏な．俊敏な．

アジル マニュファクチャリング【agile manufacturing】 管特注製品の迅速な製造と工場直送の納品を最新技術を使って行う方法．

アジルミラー【agile mirror】 軍空からのミサイル攻撃から艦船を防御するレーダーなどに用いる信号電波の反射板．

アシロマ会議【Asilomar Conference】 生遺伝子組み換え実験で予想される危険を討議した最初の会議．1975年にアメリカで開催．

アシンメトリー【asymmetry】 左右対称でないこと．不均等．不釣り合い．アシメトリーともいう．⇔シンメトリー．

アシンメトリー ヘム【asymmetry hem】 服長さが不揃いなさす．イレギュラーヘムラインともいう．

アズーリ【azzurri 伊】 競(サ)イタリア代表チーム・選手の愛称．ユニホームの空色に由来．

アスキーコード【ASCII code】 IT算アメリカ規格協会（ANSI）が定めた情報交換用の符号体系．ASCII は American Standard Code for Information Interchange の略．

アスキーネット【ASCIInet】 IT算アスキーネットが運営したパソコン通信サービス．提携している他のパソコン通信ネットやインターネットにもアクセスできた．1997年にサービス終了．

アスキーファイル【ASCII file】 IT算ASCIIコード，バイトの英数字や記号だけで構成されたコードで書かれたテキストファイル．

アスキャップ【ASCAP】 音米国作曲家・著作家・出版者協会．著作権の保護などを行う．American Society of Composers, Authors and Publishers の略．

アスクリプション【ascription】 社人を能力や業績によって評価しないで，性別・人種・家柄などを基準にして判断すること．

アスコットタイ【ascot tie】 服スカーフのような幅の広いネクタイ．英語では単に ascot ということが多い．英国のアスコット競馬場で流行したことから．

アスタイル【Astile】 建化学樹脂と顔料を混ぜたタイル．床板などに用いる．アスファルトタイル（asphalt tile）の略．商標名．

アスタマニャーナ【hasta mañana 西】 明日まで．いずれ明日．別れの言葉だが，そのうちに，や，明日まで先送りしよう，の意にも使う．

アスタリスク【asterisk】 ①星印．記号は「＊」．注記，参照などを示す．アステリスクともいう．②IT算半角の ＊ 記号．計算式で乗算の演算記号に用いる．また，任意の文字列を表す特殊文字であるワイルドカードの一つ．

アズデ【ASDE】 機空港面探知レーダー．空港探知装置．空港の地上状況を監視し，航空機の地上での事故を防ぐのに用いる高解像度レーダー．Airport Surface Detection Equipment の略．

アステミゾール【astemizole】 薬抗アレルギー剤の一種．ベルギーのヤンセン社が開発．1983年にイギリスで発売．

アステリスク【asterisk】 IT印参照や注記などを示す符号．星印．＊ 記号．アスタリスクともいう．

アステロイド【asteroid】 天小惑星．主に火星と木星との軌道の間に散在する小型の天体．

アストブル【ASTOVL】 軍次期短距離離陸・垂直着陸機．advanced short take-off and vertical landing の頭字語から．

アストラカン【astrakhan】 服ロシアのアストラカン地方産の子羊の毛皮．

アストリオニクス【astrionics】 宇宇宙電子工学．

アストリンゼント【astringent】 容汗や皮脂の分泌を少なくする働きのある化粧水．

アストロE【Astro E】 宇宇宙科学研究所（現宇宙航空研究開発機構）の第19号科学衛星．2000年に軌道投入に失敗．

アストロE-II【Astro E-II】 宇宇宙科学研究所（現宇宙航空研究開発機構）の第23号科学衛星．天体からのX線観測を目指して開発．

アストロF【Astro F】 宇宇宙科学研究所（現宇宙航空研究開発機構）の第21号科学衛星．天体の赤外線観測を目指して開発．

アストログラフ【astrograph】 天星の位置を測

定する装置.

アストロゲーション【astrogation】　宇宙航法．宇宙船の位置の確認や飛行コースの決定などに関する技術や方法．

アストロターフ ロビーイング【Astroturf lobbying】　政アメリカで，国会議員に偽りの草の根意見を示してロビー活動をすること．

アストロドーム【astrodome】　①航空機の機体上部に取り付けてあるドーム形の天体観測用の窓．②〔A-〕建アメリカのヒューストンに作られた世界最初の屋根付き野球場．

アストロノート【astronaut】　宇宙飛行士．

アストロノミー【astronomy】　天天文学．

アストロビジョン【ASTROVISION】　①映五藤光学研究所が開発したフィルム系の映像システム．大型で，プラネタリウムに併設して利用されることが多い．

アストロボーイ【Astro Boy】　アニメ「鉄腕アトム」の英語版タイトル．

アストロボット【astrobot】　機宇宙ロボット．宇宙空間で工事などを行うロボット．astro と robot の合成語．

アストロロジー【astrology】　占星術．

アスパラギン酸【aspartic acid】　化アミノ酸の一種．発芽した豆類に多く含まれていて，細胞代謝に重要な役割を果たす．

アスパルテーム【aspartame】　化人工甘味料の一つ．白色の結晶性粉末で，蔗糖の約200倍の甘味がある．

アスピーテ【aspite 羅】　地火山形態の一つ．流動性の強い溶岩流からなり，底面積の広さに比べて高さが低い火山．楯（たて）状火山．月山や霧ケ峰などがその例．

アスピック【aspic】　料肉ゼリー（洋風煮こごり）．肉や魚の煮出し汁から作る．

アスピリン【aspirin】　薬解熱・鎮痛剤の一種．非ピリン系の家庭薬として用いられる．

アスファルト【asphalt】　化天然または石油精製で得られる黒色の固体あるいは半固体．粘着性があり，道路の舗装などに用いる．

アスペクト【aspect】　①様子．局面．形勢．側面．②言相．位相．

アスペクト比【aspect ratio】　①放テレビ画面の縦と横の比率．②I画像の縦と横の比率．縦横比を補正することもいう．③機航空機の翼の細長さを表す値．アスペクトレシオ．

アスベスト【asbestos】　化石綿．発がん性があり，使用を規制されている．

アスベスト肺【pulmonary asbestosis】　医石綿肺．石綿の粉塵を吸入して起こるびまん性肺線維症の一種．

アスベスト粉じん【particulates of asbestos】　鉱蛇紋石や角閃石から採取した繊維状の鉱物．材質は軟らかく，保温・耐火材など用途は広い．繊維を吸い込むと肺に突き刺さり，各種の疾患の原因になるとされる．

アスペリティー【asperity】　①ざらざらしたこと．厳しさ．②地二つの大陸プレートの境界面で，大地震の震源となる領域．

アスペルガー症候群【Asperger's syndrome】　心自閉性障害の一つ．知的障害や言語発達の遅れが少ないが，他者への共感能力が乏しい．

アズュラント【Asylant 独】　社食い暮らしをしている外国人．政治亡命などを求める人々の意．

アスラーム【ASRAAM】　軍新型短距離空対空ミサイル．イギリスやドイツを中心とするヨーロッパ諸国が共同開発．advanced short-range air-to-air missile の略．

アスリーツファンド【athlete's fund】　競競技者基金．陸上競技基金．選手が得た賞金や出場料は各国陸連の基金とし，選手には強化費として還元する制度．

アスリート【athlete】　競運動選手．運動競技選手．陸上競技選手．

アスリートコード【athlete code】　競競技者綱領．国際オリンピック委員会（IOC）が定める参加資格で，プロの出場資格などを含む．

アスレチック【athletic】　競運動競技の．体育の．

アスレチッククラブ【athletic club 日】　競トレーニング器具などを備えた，健康増進や美容を目的とする運動施設．会員制のものが多い．ヘルスクラブともいう．

アスレチックス【athletics】　競運動競技．体育理論および実技．

アスロック【ASROC】　軍アメリカが開発した，水上艦艇から潜水艦を攻撃する爆雷．anti submarine rocket の略．

アスンシオン条約【Treaty of Asunción】　経南米4カ国が1991年に調印した条約．南米南部共同市場の創設を決めた．

アセアン【ASEAN】　経政東南アジア諸国連合．1967年に設立．タイ，インドネシア，フィリピン，マレーシア，シンガポール，ブルネイ，ベトナム，ラオス，ミャンマー，カンボジアの10カ国が加盟する経済・文化などの地域協力機構．Association of South-east Asian Nations の略．

アセアン自由貿易地域【ASEAN Free Trade Area】　経1992年のASEAN首脳会議で合意された構想．93年以降，ASEAN域内貿易拡大のために関税率を引き下げ，2008年には平均関税率5％以下を目指している．AFTAともいう．

アセアン＋3【ASEAN＋3】　経政東南アジア諸国連合（ASEAN）に日本・中国・韓国を加えた対話の枠組み．

アセクシュアル【asexual】　社男女の区別のない．無性の．性別のない．

アセス【assess】　経課税のために財産・収入の額を査定する．物事の価値などを評価する．

アセスメント【assessment】　①査定．評価．影響評価．課税額．②環地域開発などが行われる場合，周辺の自然環境に与える影響を事前に測定評価すること．アセス．

アセスメント法【assessment law 日】　環環境影響評価法．日本の環境アセスメントを法制化した

もので，1997年に成立．

アセスルファムカリウム【Acesulfame Potassium】 料砂糖の200倍の甘さをもつ合成甘味料．

アセチルコリン【acetylcholine】 化生塩基性物質の一つ．神経組織などに含まれ，神経の伝達にたずさわる物質の一種．

アセット【asset】 ①営経資産．財産．②遺産．

アセットアプローチ【asset approach determination to exchange rate】 経為替レート決定理論の一つ．各国の通貨で表示された金融資産へのストックとしての需要を重視する．

アセット アロケーション【asset allocation】 経資産配分．資金配分．運用資金を株式，債券，現金，不動産などの各種資産へ適切に配分すること．

アセット ストリッピング【asset stripping】 営経投資家などが買収した企業の中で，収益が上がっている資産を売却すること．

アセットバック証券【asset-backed securities】 営経資産担保証券．企業がもつ金融資産の一部を切り離し，それを担保に発行する．ABS．

アセット バランス アプローチ【asset balance approach】 経為替レート決定・分析法の一つ．流動性の高い金融資産の需給が世界的規模で均衡が保たれるように，為替レートが決定されると考える．

アセット マネジメント【asset management】 営経資産の管理・運用．保有財産を効率よく管理・運用する方案．

アセット ライアビリティー マネジメント【assets and liabilities management】 営経資産負債管理手法．アメリカ大手商業銀行で開発された銀行の経営管理手法．ALM ともいう．

アセテート【acetate】 服酢酸繊維素を原料にした半合成繊維．絹のような光沢と感触があり，下着や裏地などに用いる．

アセトアミノフェン【acetaminophen】 薬解熱・鎮痛作用をもつ薬品の一つ．風邪薬などに用いる．

アセトアルデヒド【acetaldehyde】 化無色で可燃性の液体．化学原料として用いる．

アセトン【acetone】 化揮発性がある無色の液体．ペンキなどに用いる．

アセノスフェア【asthenosphere】 地岩流圏．地球表層の岩石圏の下にあるマントル部分で，粘性率が低くて流動しやすい．

アゼリー【Azeri】 アゼルバイジャン人．アゼルバイジャンの住民．

アセロラ【acerola 西】 料グミ科の高木．西インド諸島原産．果肉にビタミンCを多く含む．

アセンダー【ascender】 I算文字の中で，基本の天地の高さよりも上に飛び出た部分がある字体．英語では b, d, f, h など．

アセンディングソート【ascending sort】 I算昇順の並べ替え．数字の小さいものから大きいものへとか，ABC 順などに並べること．

アセンブラー【assembler】 I算アセンブリ言語というプログラミング言語で記述されたプログラムを，コンピューターが解釈できる機械語のプログラムに変換するソフトウェア．

アセンブリー【assembly】 ①会合．集会．議会．②部品の組み立て．組み立て部品．

アセンブリー インダストリー【assembly industry】 営加工組み立て産業．大企業を中心としている産業形態の一つで，部品の製造加工・組み立てなどの作業を分担する産業．

アセンブリープラント【assembly plant】 営組み立て工場．

アセンブリ言語【assembly language】 I算機械語命令にはない疑似命令を付加したプログラム言語．アセンブラ言語ともいう．

アセンブル【assemble】 ①I算いろいろな種類の部品を集めて組み立て，一つの装置やシステムを作ること．②I算アセンブリ言語で書かれたプログラムを機械語に変換すること．

アソーテッド チョコレート【assorted chocolates】 料いろいろな種類のチョコレートの詰め合わせ．

アソールト【assault】 襲撃．攻撃．突撃．

アソシエーション【association】 ①競社協会．組合．団体．②心連想．③天数十個から数百個の若い星の集団．星団の一種．④連帯．

アソシエーション フットボール【association football】 競(ｶﾞｯｶｰ)サッカーのこと．ア式蹴球．

アソシエート【associate】 ①一緒にやる．提携する．連合する．②共同経営．同僚．仲間．

アソシエート プロデューサー【associate producer】 映製作補佐．映画製作上の責任者を補佐する．

アダージョ【adagio 伊】 ①音緩やかに演奏せよ．⇔アレグロ．②芸バレエで，ゆっくりした速度で踊るダンス．

アタカマ大型ミリ波サブミリ波干渉計計画【Atacama Large Millimeter/Submillimeter array project】 天チリのアタカマ砂漠に日米欧共同で巨大な電波望遠鏡を設置する計画．ALMA計画ともいう．

アタッカー【attacker】 ①攻撃する者．②(日)競(ﾎﾞｰﾙ)攻撃の時，球を相手コートに打ち込む役目を受けもつ選手．英語では spiker．

アタック【attack】 ①攻撃．②競スポーツで相手を積極的に攻めること．③挑戦．

アタッシェ【attaché 仏】 専門職の大・公使館員．

アタッシェケース【attaché case】 服薄手のトランク型手提げかばん．アタッシュケース．

アタッシェ ド プレス【attaché de presse 仏】 服ファッション産業の，報道担当・広報係のこと．

アタッチメント【attachment】 ①機電機械・電気器具などの本体に取り付ける付属品や装置．周辺機器．②医育児で母と子の情愛こまやかな結びつき．愛着．③I算電子メールに添付して送信するファイル．画像データ，表計算データ，長文の文章などを送る時に用いる．

アタナシア【athanasia】 不死．不滅．

アタビズム【atavism】 先祖返り．隔世遺伝．

アダプター【adapter；adaptor】 ①機電機械・器具の調整および仲介用の付加器具や装置. ②脚色者.

アダプタビリティー【adaptability】 順応性. 適応性. 応用性.

アダプタブル スペース【adaptable space 日】 建さまざまな用途に応用できる大空間をもつ施設・建物.

アダプテーション【adaptation】 ①適応. 順応. 適合. ②映潤色. 脚色の前の段階を担当する人を示す用語. 小説や戯曲などの素材を整理し, 人物や状況の設定や表現を映画向きに再構成する.

アダプト【adapt】適応する. 順応する. 脚色する. 翻案する.

アダマール変換【Hadamard transform】 理量子論的情報処理で, 一つの量子ビットに対する操作のこと.

アダルト【adult】成人. 大人. 成人向きの. 大人用の.

アダルト インターネットＴＶ【adult Internet TV】 ＩＴ版アメリカの成人向けインターネットテレビ. ニュース番組を含むすべての番組にアダルト的な仕掛けがある.

アダルトゲーム【adult game 日】 Ｉ算性的な, またグロテスクな素材を扱った大人のためのゲームソフト. 英語では X-rated game.

アダルトサイト【adult site 日】ＩＴわいせつな内容や性的素材などを扱った成人向けのウェブサイト.

アダルトショップ【adult shop 日】 営ポルノ商品を販売する店. ポルノショップともいう.

アダルト チルドレン【adult children】 医心大人になりきれない大人. 幼少期から過度の責任感を負わされ, 成長して精神的不安定, うつ, 過食, 拒食などになりやすい性格形成.

アダルトビデオ【adult video 日】 性描写などを売り物にするビデオソフト. AV ともいう. 英語では pornography という.

アダルト ファンタジー【adult fantasy】 文アメリカでの大人向けの童話.

アダルトページ【adult page 日】ＩＴインターネット上にある成人向けの情報.

アチーブメント テスト【achievement test】 教学習の成果を測定するための検査. 学力検査.

アチェ紛争【Aceh conflict】 インドネシアのスマトラ島北部アチェ特別州の分離独立をめぐる武力紛争.

アッザーン【adhān 亜刺】 宗イスラム寺院の礼拝時告知. 1日に5回信徒に, 祈りを呼び掛ける. アザーンともいう. 英語では azan.

アッサム統一解放戦線【United Liberation Front of Assam】 軍インドのアッサム州の独立を目指すアッサム人部族ゲリラ. ULFA.

アッサンブラージュ【assemblage 仏】 美寄せ集めの意. 同じ種類のものや, さまざまなものを, 一つに寄せ集めて作品にする現代美術の方法. 英語ではアッセンブリッジ.

アッシュ【ash】①灰. ②植トネリコ.

アットバット【at bat】 競(野球)打者が打席に立つ

て. 攻撃して.

アットホーム[1]【at home】くつろいで. 気楽に. 「家庭的な」は日本的表現. 英語では homelike, または homey ともいう.

アットホーム[2]【@Home】ＩＴアメリカ国内で100万人を超える利用者をもつケーブルテレビを利用したインターネット接続サービス.

アットマーク【at mark】①「＠」記号の名称. 欧米などで商品単価を表す. ＠＄150など. ②ＩＴ半角の ＠ 記号. 電子メールのアドレス表記で, username @ abc．co．jp（利用者名＠組織名．組織の種類．国名）と使う.

アット ユア フィンガーズ【at your fingers】 ①指先を少し動かすだけで, 必要なことが簡単に実現できること. ②Ｉ算コンピュータのマウスやリモコン装置を, 指先で操作すると用が足りること.

アッパークラス【upper class】社上流階級.

アッパーデッキ【upper deck】 機船の上甲板. 旅客機の2階席.

アッパーハンド【upper hand】優勢. 優位.

アッパーマネジメント【upper management】営企業の経営首脳陣.

アッパーミドル【upper middle class】 社中流階級の上部に位置すること. 上流中産階級.

アップ【up】①上がること. 上げること. ②終了すること. 終わること. ③競(ゴル)マッチプレーで, 勝っているホール数. ④映写版クローズアップ. 大写し.

アップオアアウト ルール【up-or-out rule】 社中高年層の労働意欲の低下を防ぐ方法の一つ. 昇進・昇格の要件を満たすかどうかで昇進か解雇かを決める仕組み.

アップオアステイ ルール【up-or-stay rule】 社中高年層の労働意欲の低下を防ぐ方法の一つ. 昇進・昇格競争の勝ち負けにかかわらず企業内に残る仕組み.

アップグレード【upgrade】 ①Ｉ算ハードウエアやソフトウエアをより高機能なものに換えてコンピュータの性能を上げること. ②格上げする. 等級を上げる. ③上り坂. 増進.

アップサイジング【upsizing】 大型化. 強化. 規模の拡大. ⇔ダウンサイジング.

アップスイング【upswing】①振り子などの上向きの振り. ②営経景気などの上昇. ③上向き. 向上. ⇔ダウンスイング.

アップスキー【upski】 競(スキ)小型のパラシュートを利用して斜面を駆け上がったり, 雪原を滑走したりするスキー. 1983年にアメリカで考案.

アップスケール【upscale】営店のインテリアやサービス内容の質を高めることで, 扱っている商品のイメージを高める販売方法.

アップストリーム【upstream】 ①上流に. 上流の. ②理原子力発電の核燃料サイクルのうち, ウラン鉱石を燃料棒に加工して原子炉で燃やすまでの工程. ③ＩＴ加入者側から交換局へ通信を行うこと. ⇔ダウンストリーム.

アップターン【upturn】 ①経価格などの上昇. ②競(スキ)スキー板の先端の曲がっている部分.

アップタイト【uptight】 張りつめた. 緊張した.

神経的な．

アップタウン【uptown】住宅地区．山の手．⇔ダウンタウン．

アップダウン【up down 日】①地地形で起伏が多いこと．英語では up-and-down．ゴルフなどで「アップダウンの多いコース」は hilly course．②人生の浮き沈み．

アップ ツー デート【up-to-date】現代的な．最新の．⇨アウト オブ デート．

アップデート【update】①[I算]ファイルを修正などして，新しい内容に置き換えること．②[I算]ソフトウェアやデータなどを最新のものに変換すること．③記録・記事などを最新のものにすること．最新版．最新情報．

アップテンポ【uptempo】速い調子の．速いテンポ．

アップトーク【uptalk】[言]疑問文の抑揚のように，語尾を上げる話し方．

アップビート【upbeat】①楽天的な．陽気な．②[音]上拍．弱拍．

アップフロント【upfront】先払いの．前払いの．先行投資の．率直な．最前列の．

アップライト【upright】まっすぐな．直立した．公正な．正直な．

アップライトピアノ【upright piano】[音]竪（たて）形ピアノ．

アップランド【upland】[地]高台．高地．高原．

アップリケ【appliqué 仏】[服]いろいろな形に切り抜いた色布を布地の上に縫い付ける手芸．

アップリンク【uplink】[I算]地上局から通信衛星に向けてデータを送信すること．⇔ダウンリンク．

アップル【apple】①[種]リンゴ．②大都会．the Apple はニューヨークのこと．③[A-][I算]アメリカのコンピューター製造会社アップルコンピュータのこと．

アップルコンピュータ【Apple Computer】[I算]アメリカの世界有数のパソコン製造・販売会社．マッキントッシュを開発．商標名．

アップルパイ【apple pie】[料]甘く煮たリンゴを入れたパイ．

アップルメニュー【Apple menu】[I算]Mac OS の画面で，アップルコンピュータのリンゴのロゴで示されるメニュー．

アップロード【upload】[I算][通]インターネットで端末装置からホストコンピューターに情報を伝送すること．通信回線を使い，自分のコンピューターから相手のコンピューターにデータを転送すること．⇔ダウンロード．

アッラー【Allāh 亜刺】[宗]イスラム教の唯一神．アラーともいう．

アディオス【adiós 西】さようなら．英語のグッドバイ（goodby）に当たる．

アディクション【addiction】嗜癖(しへき)．依存症．熱狂的愛好．麻薬常習癖．

アディクティブ【addictive】常習性がある．耽溺した．強く傾倒した．麻薬常用癖がある．

アディクト【addict】①愛好者．熱狂者．常用者．②[社]薬・麻薬などの中毒患者．

アティチュード【attitude】①信念や自己主張をもった上での態度や癖，姿勢．②バレエで，片足で立ち，もう一方の足を後方に曲げ上げるポーズ．

アディティブ【additive】添加物．付加物．

アデオス【ADEOS】[字]地球観測プラットホーム衛星．1996年に打ち上げられ，「みどり」と命名された地球観測衛星．Advanced Earth Observing Satellite の略．

アデス[1]【Ades】[軍]フランスの戦術核ミサイル．

アデス[2]【ADESS】[気]気象資料自動編集中継装置．automatic data editing and switching system の頭字語から．

アテスト【attest】①証明する．立証する．②[競]（ゴルフ）スコアを同伴競技者が確認すること．

アテトーゼ【Athetose 独】[医]手足に起こる病的な不随意運動．

アデニール酸【adenosine monophosphate】[化]アデノシンのリン酸エステル．AMPともいう．

アテニュエーター領域【attenuator region】[生]転写減衰遺伝子．遺伝情報発現を調節する遺伝子の一つで，転写終結部位で外部環境によって以後の転写の有無を決める働きをもつ．

アテニュエート【attenuate】減衰させる．弱める．薄める．細くなる．

アデニン【adenine】[化]デオキシリボ核酸(DNA)を構成する四つの塩基の一つ．記号はA．

アテネオリンピック【Athens Olympic Games】[競]2004年夏季オリンピック．ギリシャのアテネで8月に開催．

アテネ憲章【Charter of Athens】[建社]20世紀の都市が目指すべき取り組み．1938年に近代建築国際会議が発表．

アテネ宣言【Declaration of Athens】2003年ギリシャのアテネで開催した，EU（欧州連合）新加盟10カ国を加えた25カ国首脳会議で採択した宣言．紛争と分断を終わらせ，加盟国間の協力促進などを図る．

アデノイド【adenoid】[医]腺様増殖症．小児によく見られる扁桃腺肥大症．

アデノウイルス【adenovirus】[生]咽頭炎，気管支炎，結膜炎などを起こすウイルス．

アデノウイルス科【Adenoviridae】[生]DNA型ウイルスの一種．外膜のないウイルスで，多数の型がある．呼吸器感染や目の感染症を起こす．

アデノーマ【adenoma】[医]腺腫．

アデノシン三リン酸【adenosine triphosphate】[化生]すべての動植物の細胞に存在し，エネルギーの転換に作用する物質．ATP．

アデノシン二リン酸【adenosine diphosphate】[化生]アデノシン三リン酸から，3番目のリン酸結合が切れて生じる物質．ADP．

アデュー【adieu 仏】さようなら．長い別れを告げる時に使う．

アテレクトミー【atherectomy】[医]心臓の表面にある冠状動脈にたまったコレステロールなどのかゆ状物質を，血管の内側から細い管で削り取る治療法．

◀アドバンシ

アテローム【atheroma】 医粉瘤．脂肪のこぶ．
アテロコラーゲン【atelocollagen】 生コラーゲンの両端にある非らせん構造のテロペプチドを切断除去したもの．アレルギー性が減り，液体に溶けやすくなる．
アデン アビヤン イスラム軍【Islamic Army of Aden-Abyan】 政イエメンを拠点とするイスラム過激派組織．
アテンション【attention】 注意．注目．関心．気をつけ．注意せよ．
アテンション バリュー【attention value】 広広告が受け手に注目される度合い．広告効果を測定する．
アテンション プリーズ【attention please】 英語の場内放送などで最初に用いる言葉で，注意してください，お知らせいたします．
アテンダント【attendant】 出席者．付き添い人．随行者．劇場やホテルの案内係．
アテンド【attend】 随行する．付き添う．世話する．参列する．接待．随行．
アテンドサービス【attend service 日】 社介護奉仕．
アテンポ【a tempo 伊】 音元の速さで演奏せよ．
アト【atto-】 10⁻¹⁸を表す国際単位系（SI）の接頭語．記号はa．
アド【ad】 広広告．宣伝．アドバタイズメント（advertisement）の略．
アドイン【add in】 ①加える．算入する．追加する．拡張する．②Ⅰ算アプリケーションの標準機能に，新しい機能を組み込むこと．
アドインソフト【add-in software】 Ⅰ算アプリケーションソフトに新しい機能を追加するソフトウエア．
アドウエア【adware】 算広告を表示することを条件に無料で使えるソフトウエア．
アドウォール【ad wall 日】 広駅の壁全面を用いる広告手法．
アトーニー【attorney】 弁護士．代理人．
アドービ【adobe】 日干しれんが．日干しれんがづくりの家屋．
アトール【atoll】 地環礁．環状さんご島．
アドオンソフト【add-on software】 Ⅰ算コンピューターの性能を上げるため，記憶装置や回路を追加すること．
アドオン電話【add-on telephone】 Ⅰ算3人以上が同時に通話できる電話．
アドオン方式【add-on system】 経割賦で返済する場合の金利のつけ方の一つ．利率と返済期間を掛けて，利息を算出する．
アドカード【ad card 日】 広広告主が制作し，宣伝用に無料配布するはがき．
アドキャラクター【ad character】 広企業の広告用シンボル．
アドキャンペーン【ad campaign】 広マスコミによる効果的な広告活動．
アドゲーム【adgame】 広広告宣伝を兼ねたゲームのこと．ゲームの中に企業のキャラクターが登場するものなど．
アドコード【ad code】 新聞広告倫理綱領．

アドCD-ROM【ad CD-ROM】 Ⅰ広マルチメディア広告を CD-ROM に収録し，雑誌の付録にしたもの．
アトニー【atony】 医弛緩症．
アドニス【Adonis】 ギリシャ神話で，女神アフロディーテに愛された美少年．
アドバーサリアル トレード【adversarial trade】 経阻害貿易．日本の市場は閉鎖的で，その貿易政策・慣習は各国の対日輸出にとって障壁となっているとする見方．敵対貿易．
アドバーサリアル ポリティックス【adversarial politics】 政敵対政治．二大政党制で，政権担当時に挙げた成果が，他党と交代した時に逆転する政治現象．
アドバーサリー【adversary】 敵対者．反対者．対立勢力．試合などの相手．
アドバートクラシー【advertocracy】 政政策を広めるため，集中的に宣伝活動を展開すること．advertise と -cracy の合成語．
アドバートリアル【advertorial】 広記事広告．記事体広告．記事を組むような体裁にまとめた広告．advertisement（広告）と editorial（記事）の合成語．
アドバイザー【adviser】 助言者．顧問．
アドバイザリー オピニオン【advisory opinion】 助言的意見．勧告的意見．
アドバイザリー グループ【advisory group】 経債務国と条件の変更などの交渉を行うグループ．複数の大手銀行が担当することが多い．
アドバイザリー コミッティー【advisory committee】 諮問委員会．
アドバイザリー ボード【advisory board】 経営などに対する外部有識者による諮問機関．
アドバイス【advice】 助言．忠告．
アドバイザー【advertiser】 広広告主．
アドバタイジング【advertising】 ①広告の．広告活動の．②広告．広告業．
アドバタイジング エージェンシー【advertising agency】 広広告代理店．
アドバタイジング スパイラル【advertising spiral】 広広告らせん．売り出し時，少し普及した時，人気が出てからという具合に，らせん状に広告活動を調整・展開する考え方．
アドバタイジング プロミス システム【advertising promise system】 広掲載した広告に対して，広告依頼主でなく，広告媒体自体が責任をもつ制度．
アドバタイズメント【advertisement】 広告．宣伝．アドともいう．
アドバテインメント【advertainment】 Ⅰ広広告商品が主役となる短編娯楽作品をインターネットや DVD で配信する方法．advertisement と entertainment の合成語．
アドバルーン【ad balloon 日】 ①広広告・宣伝に用いる気球．②観測気球．比喩的な用法で，世論などを調べるのに流す声明や談話．
アドバンシング カラー【advancing color】 美赤・だいだい・黄などの，浮き出るように見える

23

色．

アドバンス【advance】①前進．昇進．②前金．③提案．提出．

アドバンス テフロン ファブリック プロテクター【advanced Teflon fabric protector】[化服]フッ素樹脂のテフロンを使用して衣料を汚れやシミから守る最先端の防汚システム．

アドバンスト【advanced】先取りした．前進の．先端の．先進の．上級の．高等の．

アドバンスト セラミックス【advanced ceramics】[化理]人工原料で製造する先端的無機非金属材料のファインセラミックスのこと．ハイテクノロジーセラミックスともいう．

アドバンスト ターボプロップ【advanced turboprop】[機]ジェット機に劣らない巡航速度をもちながら、燃費効率のよい未来型の旅客機用プロペラエンジンのこと．主にプロップファンを指す．ATPともいう．

アドバンスト テクノロジー【advanced technology】先端技術．

アドバンスト フォトシステム【Advanced Photo System】[写]イーストマン コダック社と富士写真フイルムに、キヤノン、ニコン、ミノルタを加えた5社共同で規格開発した写真システム．1996年にカメラ、フィルムとも発売開始．APSともいう．

アドバンテージ【advantage】①有利．優勢．利点．②[競](ｼﾞｭｰｽ)ジュース後の最初の得点．

アドバンテージ ルール【advantage rule】[競](ｼﾞｭｰｽ)反則があっても、これを受けたチームにプレーを続行させたほうが有利な場合は、反則をとらないとするルール．

アトピー【atopy】[医]先天性過敏症．

アトピー性体質【tendency of atopic diseases】[医生]ある物質に対して過敏状態を遺伝的にもつ体質．アトピーは奇妙な病気の意．

アトピー性皮膚炎【atopic dermatitis】[医]過敏性皮膚炎．湿疹の出やすい体質に外的刺激が加わって生じると考えられる．

アドビッド【advid】[広]自己宣伝の道具として制作される広告ビデオ．advertisement（広告）とvideoの合成語．

アト秒測定【attosecond measurement】[理]微細測定技法の一つ．アトは10^{-18}を表す．

アト秒パルス【attosecond pulse】[理]光による測定がアト（10^{-18}）秒単位でできる技術．

アドピラー【ad pillar 日】[広]柱巻き広告．駅の通路などの柱を広告で覆う．

アドプトシステム【adopt system】[環]アメリカで始まった美化活動方法の一つ．街路や水辺などを養子の面倒をみるように清掃しようという考えから生まれた．

アドベンチャー【adventure】冒険．珍しい体験．

アドベンチャーゲーム【adventure game】[算]コンピューターゲームで、プレーヤーがゲームの主人公になり、冒険をしたり謎を解きながら進むことができるもの．

アドベンチャー フィクション【adventure fiction】[文]冒険小説．

アドベンチャーレース【adventure race】[競]急流や荒野を長距離走破する冒険的レース．

アドボカシー【advocacy】①弁護．擁護．支持．②[法]法廷で他者の代弁をすること．③[政]政治過程で特定の利益や関心事を代表する活動．④[社]市民請願．

アドボカシー アドバタイジング【advocacy advertising】[広]ある立場や運動などを擁護する広告．企業の実態を消費者に知らせて、理解と支援を求める広告などをいう．

アドホクラシー【adhocracy】時に応じて柔軟な手段をとろうという姿勢・主義．アドホックが語源．

アドボケーター【advocator】権利擁護者．代弁者．

アドボケート【advocate】主張者．支持者．代弁者．

アドホック【ad hoc 羅】①[営]専門店や飲食店を1カ所に集めたもの．②[社]特別に設けた委員会．③このために．特別に．その場限りの．

アドホック オーソリティー【ad hoc authority】[政]独立した法人として認められた行政機関．

アドホック ネットワーク【ad hoc network】[I]無線でネットワークに接続できる端末のみで構成されたネットワーク．

アドホックモード【ad hoc mode】[I][算]無線LANの一種．パソコン同士が独自にデータ交換を行う．

アドマイアー【admire】感嘆する．賞賛する．尊敬する．高く評価する．

アドマイアード カンパニー【admired company】[営]賞賛される会社．市民の社会活動などを援助する企業評価の一つ．

アトマイザー【atomizer】香水・薬液の噴霧器．香水吹き．

アドマン【adman】[広]広告・宣伝に携わる人．

アトミズム【atomism】[哲]原子論．原子説．

アドミタンス【admittance】[電]回路内の交流電流の流れやすさを表す量．インピーダンスの逆数．

アトミック【atomic】原子の．原子力の．

アトミックウエポン【atomic weapon】[軍]原子兵器．核兵器．

アトミックエナジー【atomic energy】[理]原子力．原子エネルギー．

アトミッククロック【atomic clock】[理]原子時計．セシウムなどの原子の振動周期を使う．

アトミック ソルジャー【atomic soldiers】[軍]1950年代に行われた核戦争演習に参加して被曝したアメリカの兵士．

アトミック ベテランズ【Atomic Veterans】[軍社]全米原爆復員軍人協会．1979年に結成．

アトミックボム【atomic bomb】[軍]原子爆弾．核爆弾．アトムボムともいう．

アドミッシブル リスク【admissible risk】[営][経]容認できる損害．

アドミッション【admission】入場．入学．入会．承認．認可．入場料．入会金．

アドミッション オフィス【admission office】⊠入試事務室．大学などの入学試験を担当する部署．ＡＯともいう．

アドミッション オフィス入試【admission office 一】⊠大学入学試験の一方式．学力試験は行わないで，課外活動や社会活動を重視して合否を決める．ＡＯ入試ともいう．

アドミット【admit】入れる．認める．与える．

アドミニスタード プライス【administered price】管理価格．大企業が製品の需給を無視して，高い利潤を得るために設ける．

アドミニストレーション【administration】①経営．管理．支配．②行政．行政機関．③[A-]内閣．政府．

アドミラル【admiral】提督．海軍大将．

アドミラルズ カップ【Admiral's Cup】(ｼﾞﾙ)イギリス南部のワイト島で行われるクルーザー(船室をもつヨット)のレース．1957年から奇数年に開かれ，一国3艇の合計得点を競う．

アトム【atom】原子．

アドムービー【ad movie】広告映画．

アトムテクノロジー【atom technology】原子レベルで行う超微細加工技術．

アトムネット【ATOM NET】原子力発電所についての情報をパソコン通信で一般に提供するもの．原子力情報サービスネットワーク．1990年に通産省(現経済産業省)が始めた．

アトムビジネス【atom business】一般に製造業のこと．情報産業を意味するビットビジネスと対比させて用いる．

アトムポリス構想【atompolis plan 日】原子力発電所から出る温排水を，熱エネルギーとして家庭暖房などに用いて，周辺地域に還元しようとする構想．

アトム マニピュレーション【atom manipulation】原子を一つ単位で動かしてナノ構造を作製する技術．

アトモスフィア【atmosphere】雰囲気．環境．

アトモスフェリックス【atmospherics】①空電．空中電気．大気中の自然放電で発生する電波．②空電雑音．空電で起こる大気雑音．無線電信などを妨害することがある．

アトラクション【attraction】客寄せのための余興．

アトラクティブ【attractive】人を引き付ける．魅力的な．

アトラス【Atlas】①ギリシャ神話で，天空を支えている巨人．②アメリカ空軍の大陸間弾道ミサイルの名称．③[a-]地図帳．世界地図帳．④図解書．

アトラスⅤ型ロケット【Atlas Ⅴ launch vehicle】アメリカのロッキード・マーチンが開発した2段式の重量運搬ロケット．2002年に運用開始．

アトラスⅢA型ロケット【Atlas ⅢA launch vehicle】アメリカのロッキード・マーチンが開発した2段式ロケット．2000年に運用開始．

アトラス ロケット【Atlas launch vehicle】アメリカの衛星打ち上げ用ロケット．原型はコンベア社が1957年にＩＣＢＭ(大陸間弾道ミサイル)用

▶アドレス補

に開発．アトラスセントール型は2段式液体燃料ロケットで現在も使われている．

アトランタ オリンピック【Atlanta Olympic Games】1996年にアメリカのアトランタで開催された第26回オリンピック大会．197の国・地域から1万人を超える選手が参加した．

アトランダム【at random】①手当たり次第に．行き当たりばったりに．②統計学で無作為抽出．

アトランティス【Atlantis】ギリシャの伝説にある大西洋の大陸または島．高度な文明をもっていたが地震で海に没したとされる．

アドリアマイシン【Adriamycin】抗悪性腫瘍の抗生物質．悪性リンパ腫，肺がん，消化器がん，乳がんなどに効能がある．塩酸ドキソルビシンなどの商品名．

アトリウム【atrium】①中庭．ホテルや公共建築などの内部に，大規模な中庭をもつアトリウム建築が増えている．②心房．

アトリエ【atelier 仏】仕事場．工房．

アトリット パーセカンド【attrit per second】核戦争などが起きた時に，1秒間で失われる人命の数．

アトリビューション【attribution】①帰因．属性．作家や時代などの特定．②電子メールのメッセージなどの中で，他の人の過去の投稿から引用したことを示すこと．

アトリビュート【attribute】属性．データベースのフィールド項目や，ファイルに付記された情報のこと．

アドリブ【ad lib】即興的な演奏やせりふ，演技など．

アトレ【attrait 仏】魅力．愛着．好み．

アドレス【address】①あて名．住所．番地．②(ｼﾞﾙ)球を打つ体勢をとること．③コンピューターのメモリーに割り当てる「番地」．④ネットワーク上のコンピューターを識別するのに付ける名称・符号．「住所」．

アドレス空間【address space】ＣＰＵ(中央処理装置)が利用できるメモリーの大きさを示す語．主メモリーの割り当てが物理アドレス空間，仮想的な割り当てが論理アドレス空間と称される．

アドレス修飾【address modification】コンピューターの命令において，いくつかの指定方式がある中で，実際にアクセスの対象となる有効アドレスはどれかを決定する方式．

アドレス体系【addressing architecture】さまざまな通信交換網において，通信相手を識別するためのコードの割り当て方などを規定した体系．

アドレス帳【address book】①電子メールの送信先のアドレスを登録した一覧表．アドレスの選択を簡略化できる．②住所録．

アドレス変換【address translation】仮想記憶方式で仮想アドレスを実アドレスに変換すること．

アドレス補正【address adjustment】それぞれの目的のプログラムがもっているアドレス情報の調整を行うこと．複数のプログラムを連係編集して一つのロードモジュールを作成する．

25

アドレセント【adolescent】 青年期の男女．青年．青年男女．若者．

アドレッセンス【adolescence】 青春期．思春期．青年らしさ．

アドレナリン【adrenaline】 生副腎髄質から分泌されるホルモン．筋肉を収縮・弛緩させる作用がある．

アナーキズム【anarchism】 社政無政府主義．アナキズムともいう．

アナール派【L'école des Annales 仏】 歴フランスの歴史研究誌「アナール」（年報）を中心として起こった歴史学の新しい学派．ある時期・空間を区切って，その時の人間の環境への適応の仕方や社会生活の中から全体像を描き出す分析手法をとる．アナール学派ともいう．

アナウンサー【announcer】 服放送員．テレビやラジオでニュースを読んだり番組の司会などを担当する人．アナともいう．

アナウンス【announce】 発表する．声明を出す．放送する．

アナウンスメント効果【announcement effect】 習社予測効果．予測・見通しなどを発表することで現状が変化し，予測・見通しなどと違った結果になること．アナウンス効果．

アナカン アナカンパニード バゲージ（unaccompanied baggage）の略．旅客機の別送手荷物．割安で最終到着地に送れる．

アナーキー【anarchy】 混乱．無秩序．無政府状態．無法律状態．アナーキーともいう．

アナキスト【anarchist】 社政無政府主義者．アナーキストともいう．

アナグラム【anagram】 字なぞ．語句のつづり字の位置を変えて別の語句を作ること．またはそれでできた語句．

アナグリフ方式立体映像【anaglyph stereoscopic system】 I立体映像を見る方式．左右の目にそれぞれ赤と青のフィルターの付いた眼鏡を掛けて見る．

アナクロニズム【anachronism】 時代錯誤．アナクロともいう．

アナコリズム【anachorism】 社政法土地錯誤．ある国の法律や政策を事情の違う他国に当てはめようとする誤り．

アナザーワールド【another world】 もう一つの世界．現実の生活から離れた別の世界．

アナストロゾール【anastrozole】 薬乳がん治療薬の一つ．

アナトミー【anatomy】 生解剖．解剖学．生物の組織・構造．

アナトミカル ファッション【anatomical fashion】 服筋肉や骨格など人体そのものを造形化した装い．

アナドロマス【anadromous】 魚遡河性魚類．川や湖などで生まれ，海に下って育つ魚．

アナナス【ananas 仏】 パイナップル科の植物の中で，特に花や葉を観賞する種類の総称．中南米の熱帯地域が原産．

アナフィラキシー【Anaphylaxie 独】 医アレルギー性反応の中で，症状発現までの時間が短い劇症型のもの．

アナボリズム【anabolism】 生同化作用．

アナボリック ステロイド【anabolic steroid】 生薬筋肉増強剤．成長ホルモンのたんぱく同化ホルモン．重量挙げなど強い筋力を必要とするスポーツの選手が用いていたが，現在は使用が禁止されている．

アナライザー【analyzer】 分析する人．分析装置．精神分析医．

アナリーゼ【Analyse 独】 音楽曲分析．クラシック音楽を学習・分析するために，楽曲をさまざまな構成要素に分解すること．

アナリシス【analysis】 分析．解析．

アナリシスパターン【analysis pattern】 I算要求される仕様や全体の概念をモデル化する際の，対象分析に利用されるパターン．

アナリスト【analyst】 分析家．分析専門家．精神分析医．情勢分析解説者．

アナルセックス【anal sex】 肛門性交．

アナログ【analog】 ①連続的．②I算温度，音量，明度のように連続して変化する値を指標で表すこと．⇔デジタル．

アナログ回線【analog line】 I算従来の固定電話回線．ISDNのデジタル回線に対する用語．

アナログ コントローラー【analog controller】 I算テレビゲーム機の入力形式の一つ．中間値を伝えられる．

アナログ コンピューター【analog computer】 I算第一世代の電子的コンピューター．相似形コンピューター．数値を物理的な量で処理して表現するもの．

アナログサーボ【analog servo】 I算アナログ量で制御されるサーボ系やサーボ機構．

アナログ ジョイスティック【analog joystick】 I算押された方向だけでなく，押された力具合の情報も伝えるハンドルバー．アナログスティックともいう．

アナログスティック【analog stick】 I算電子ゲーム機の制御装置の入力機器の一つ．中間値の入力ができる．

アナログ ディスプレー【analog display monitor】 I算入力電圧の変化で蛍光体の明るさを連続的に変えて画面表示をさせる規格の機器．アナログ RGB ディスプレーともいう．

アナログ／デジタル変換【analog-to-digital conversion】 I算人間が認識できる情報を，コンピューターが理解できる1（オン）と0（オフ）の数字の組み合わせのデジタル信号に変換すること．A／D変換ともいう．

アナログプレーヤー【analog player】 音を記録した微細な溝をもつアナログレコードの再生機．レコードプレーヤーともいう．

アナログポート【analog port】 I算アナログ電話機の電話線を接続するための，ターミナルアダプターやダイヤルアップルーターにあるポート．

アナログモデル【analog model】 現実の現象を，別のものを使って模型化すること．

◀アネロイド

アナロジー【analogy】①類似．相似．類推．②［I］人工知能の用語で，既知の領域から未知で新しい領域への写像のこと．

アナンドマルグ【Anand Marg】社全世界の精神改革を目指すヒンズー教系過激派組織．1955年に結成．AMともいう．

アニサキス【Anisakis 羅】生カイチュウ目アニサキス属の線虫．幼虫は体長2〜3cmで，アジ，サバ，イカなどに寄生する．

アニサキス症【anisakiasis】医動物性プランクトンに始まる海の動物の食物連鎖を介して寄生を続けるアニサキスによる寄生虫症．

アニバーサリー【anniversary】記念日．

アニマ【anima 羅】①魂．精神．生命．②心男性の中にある女性的なもの．

アニマトロニクス【animatronics】機生きているような動きをするロボットの製作技術．遊園地の体験施設などに用いる．

アニマリズム【animalism】　獣欲主義．肉欲主義．

アニマル アシステッド アクティビティー【animal assisted activity】社心動物介在活動．動物と触れ合って，人間の生活の質の向上や心のケアなどに役立てる．

アニマル アシステッド セラピー【animal assisted therapy】社心動物介在療法．治療過程の一環として動物と触れ合い，人間の心身の介護や生活の質の向上を図る．アニマルセラピー，ペットセラピーともいう．

アニマル柄【animal pattern】服動物の革や毛皮特有の柄ゆき．レパード（ヒョウ），タイガー（虎），ホルスタイン（乳牛）などが多い．

アニマルストーキング【animal stalking】社生野生動物の痕跡を手掛かりに追跡調査し生態観察すること．アニマルトラッキング．

アニマルスピリット【animal spirit】営野獣精神．特に投資を実行する際の，企業家の思い切った判断あるいは活力のこと．

アニマルセラピー【animal therapy】社心動物介在療法．動物との触れ合いで，心身の健康向上や生活の質の向上に役立てること．アニマルアシステッドセラピーともいう．

アニマルトラッキング【animal tracking】社生野生動物の痕跡を手掛かりに追跡調査した野外活動．アニマルストーキングともいう．

アニマルトレーナー【animal trainer】映放映画やテレビなどに出演する動物の訓練・調教を行う人．

アニマルフリー【animal-free】科動物性の材料が含まれていない食品など．菜食主義者やダイエット中の人向けのもの．

アニマルプリント【animal print】服動物の姿や形，あるいは毛皮の模様を柄にしたもの．

アニマル ヘルス テクニシャン【animal health technician】獣医看護士．動物病院の助手や獣医助手．AHT．ベテリナリー テクニシャンともいう．

アニマルライト【animal right】動動物権．動

物の権利．人権の考えを広げ，動物にも生命体としての固有の権利があるというもの．1983年にアメリカの哲学者T．レーガンが提唱．

アニミズム【animism】社宗自然界のあらゆる事物には霊魂が宿るとする信仰．

アニムス【animus 羅】心女性の中にある男性的なもの．

アニメ　アニメーション（animation）の略．

アニメーション【animation】［I］映放動画．フィルム1コマごとに撮影したり，絵を描いたりしたものを，連続映写して動く映像を作り出す．アニメ．

アニメーションＧＩＦ【animation GIF】［I］［a］算インターネット上で表示できるアニメーションの方式．GIFという画像データ方式で複数の画像を連続表示させる．

アニメーションソフト【animation software】［I］算アニメーションを作製するソフトウエア．画像，ビデオ画像，音声や音楽などを基に動画ファイルを作製，編集する．

アニメーション ツール【animation tool】［I］算コンピューターでアニメーションの動画を作成するためのソフトウエア．

アニメーションプロ【animation pro】［I］映コンピューターによる二次元アニメ制作支援システム．アニメ制作の省力化を図る．

アニメーター【animator】映放セルに動画の素材を描き込む人．

アニメチェッカー【animation checker 日】放アニメーションの明暗や点滅などによるちらつきの危険個所を解析する装置．1998年からテレビ東京が使用．

アニュアル【annual】　①一年間の．年一回の．②年鑑．年報．

アニュアルレポート【annual report】年次報告．年次営業報告書．

アニュージュアル【unusual】　異常な．まれな．並外れた．ユージュアル．

アニリン【aniline】化ニトロベンゼンから得られる透明な油状の液体．特有のにおいと毒性をもつ．染料・薬品などの合成に用いる．

アヌス【anus 羅】肛門．

アネアロビクス【anaerobics】競無酸素性運動．酸素の供給がなくてもでき，短時間で多くのエネルギーを使う運動．短距離ダッシュや重量挙げなど．

アネクセーション【annexation】付加．添加．合併．併合．

アネクドート【anecdote】逸話．奇談．隠れた事実．

アネクメーネ【Anökumene 独】社地人間の居住しない極地・高山・砂漠などの地域．エクメーネ．

アネックス【annex】付録．別館．離れ．

アネルギー【anergy】①医無力体質．免疫性欠如．②機械化仕事に変換できない無効エネルギー．

アネロイド気圧計【aneroid barometer】気携帯用の箱型気圧計．気圧変化に伴う金属の弾性変化を利用し，中空の箱の中の金属板が変形するのを拡大して気圧を測定する．

27

アノード▶

アノード【anode】 陽極．⇔カソード．

アノニマス【anonymous】 匿名の．作者不明の．作者不詳の．

アノニマスデス【anonymous death】 社放浪生活をしていた人が身元不明者として死ぬこと．

アノマリー【anomaly】 経変則的事実．効率的市場仮説に反する考え方や検証結果、あるいは理論で説明できない市場の事実．

アノマリー検出【anomaly detection】 I算システムユーザーのふだんのシステム利用記録から、異常を検知し侵入を防ぐ方法．

アノマロカリス【Anomalocaris 羅】 生バージェス頁岩化石動物群の一種．頭部にエビ状の触角と丸い口をもち、胴に柔らかいヒレに似た構造をもつ．

アノミー【anomie 仏】 ①社規範や価値観がない混とん状態．②心精神的不安．自己喪失感．

アノミー インデックス【anomie index】 社逆福祉指標．犯罪・交通事故など、社会福祉に逆行する要因を推測する方法．

アノラック【anorak】 服帽子付きの防寒・防風用の上着．

アノレキシア【anorexia】 医拒食症．減食を続けていて物が食べられなくなった病気．アノレクシアともいう．⇨ブリミア．

アパーチャーグリル方式【aperture grill】 I算鮮明な画像が得られるCRT（ブラウン管）の一方式．蛍光体に達する電子ビームの量を増やすことで実現する．

アバウト【about】 ①(日)大ざっぱなさま．およそ．だいたい．いいかげんさ．②…について．…に関する．

アバウトカメラ【about camera 日】 写シャッターを押すだけで、自動的に焦点が合う仕組みのカメラ．英語は autofocus camera．

アパシー【apathy】 無気力．無関心．無感動．

アパシーシンドローム【apathy syndrome】 医心無気力症候群．

アバター【avatar】 I技オンラインゲームの利用者が顔や服装などを選んで創出した登場人物．

アパタイト【apatite】 化リン灰石．リン酸塩鉱物の一種で、骨と歯の主成分．

アパッシュ【apache 仏】 社悪漢．ならず者．ごろつき．

アパッショナート【appassionato 伊】 音情熱的に演奏せよ．

アパッチ【Apache】 ①軍アメリカ陸軍の主力攻撃ヘリコプターAH-64の通称．②北アメリカの先住民の一族．

アパッチロングボー【Apache Longbow】 軍アメリカ陸軍の攻撃ヘリコプター AH-64D の通称．

アバブグラウンド エコノミー【above-ground economy】 経地上経済．合法経済．非合法なアングラ経済に対する造語で、合法的な経済活動をいう．

アパラチアンダルシマー【Appalachian dulcimer】 音アメリカの伝統的弦楽器．台形の箱に張られた弦を2本のばちで演奏する．

アパラチキ【apparatchiki 露】 政旧ソ連の共産党専従幹部職員．

アバランシ フォトダイオード【avalanche photodiode】 I増幅機能があり、高感度で高速応答のできる光検出用のダイオード．光通信などに用いる．APD．

アバランシュ【avalanche 仏】 登なだれ．

アパルトヘイト【apartheid アフリカーンス】 社南アフリカ共和国で行われていた人種隔離政策．黒人など有色人種を極端に差別する．

アパルトヘイト条約【International Convention on the Suppression and Punishment of the Crime of Apartheid】 社アパルトヘイト罪の鎮圧及び処罰に関する国際条約．1973年の第28回国連総会で採択され、76年に発効．

アパレル【apparel】 服服装．特に既製服をいう．既製服業界．

アバンギャルド【avant-garde 仏】 芸前衛．前衛派．第一次大戦後、フランスなどで起こった革新的芸術運動．

アバンゲール【avant-guerre 仏】 芸戦前派．戦前派の芸術運動．

アバンダンメント【abandonment】 放棄．遺棄．見捨てられること．

アバンチュール【aventure 仏】 冒険．恋の冒険．火遊び．

アバンデセール【avant dessert 仏】 料デザートの前に供される軽い菓子などのこと．

アバンポップ【avant pop】 文前衛的手法を取り入れた大衆文芸．avant-garde と pop culture の合成語．

アピアランス【appearance】 ①I算 MacOS 8 に採用された機能で、アイコンやウインドウ、メニューやボタンなどを立体的に表示するのが特徴．②出現．出場．様相．外見．

アピアランス マネー【appearance money】 競参加料．賞金を出す陸上競技大会などでは、選手に直接渡さないことを条件に支払われる．

アピーズメント ポリシー【appeasement policy】 政対立国の主張にある程度妥協して、対立国を自分の側に引き込もうとする外交政策．融和政策．

アピール【appeal】 ①呼び掛け．人の心を動かす力．②法上訴．③競抗議．

アピールポイント【appeal point】 営商品の販売政策で最も宣伝効果があると強調する点．

アビエーション【aviation】 航空．航空学．航空機産業．集合的に航空機を指す．

アビエータージャケット【aviator jacket】 服1920～30年代のアビエーター（飛行士）に題材を取ったジャケット．ライダースジャケットの原型．

アビオニクス【avionics】 電電航空機や衛星などに搭載される電子機器についての電子工学．aviation と electronics の合成語．

アビシニアン【Abyssinian】 動猫の一品種．褐色系の体毛をもつ短毛種で、尾は長い．イギリスで改良され固定された．

アビタシオン【habitation 仏】 建住宅．住居．

高級共同住宅.
アビューズ【abuse】虐待．酷使．悪用．乱用．
アビリティー【ability】能力．力量．手腕．
アビリンピック【abilympic 日】[社]障害のある人の全国技能競技会．製図やラジオなどの修理を競う．ability と Olympic の合成語．
アファマティブ【affirmative】　肯定．賛成．断定的な．肯定的な．アファーマティブともいう．
アファマティブ　アクション【affirmative action】[社]積極的措置．積極行動．アメリカ政府が打ち出した差別修正措置．不利な扱いを受けやすい女性や黒人，人種的少数派などを，一定水準まで雇用・入学させることを義務づけたりしている．AAともいう．
アファマティブ　ゲリマンダー【affirmative gerrymander】[政]アメリカで，黒人や人種的少数派の議席を一定程度保障し，差別是正を図るため，いくつかの州で行った意図的な選挙区作り．
アフィニティー　カード【affinity card】[営社]慈善事業に協賛する銀行が発行するクレジットカードの一種．
アフィニティー　クロマトグラフィー【affinity chromatography】[生]生体物質の親和性によって，物理化学的には分離できない物質を分離・分析する技術．
アフィリエイト　プログラム【affiliate program】[Ⅰ][社][営]電子商取引で用いる販売方式の一つ．自社商品を別のサイトで紹介してもらい，販売実績によって手数料を支払う．アフィリエイトともいう．
アフィン変換【affine transformation】[Ⅰ][算]コンピューターグラフィックスで基本的な図形の変形である，平行移動，拡大・縮小，回転の3種類を組み合わせた変換．
アフェア【affair】　社会の関心を呼ぶ事件．出来事．仕事．問題．
アフォーダンス【affordance】環境が人間を含めた動物に提供する価値，あるいは価値のある情報．知覚心理学者のギブソンの造語．
アフォーダンス理論【affordance theory】[心]環境と主体の相互作用で知覚がなされるとする考え方．知覚心理学者のギブソンの造語．
アフォリズム【aphorism】警句．金言．格言．
アプガー指数【Apgar score】[生]新生児の出生1分～数分後の活力を見る数値．心拍数，呼吸，筋緊張，刺激に対する反射，皮膚の色などを調べる．1952年にアメリカのアプガーが考案した．
アフガニェッツ【Afghanyetz 露】アフガニスタン人．アフガニスタンから帰還した旧ソ連兵や，帰国後に除隊した兵士．
アフガニスタン復興支援国際会議【International Conference on Reconstruction Assistance to Afghanistan】[政]2002年に東京で開催されたアフガニスタン復興支援を目指した国際会議．
アフガニスタン　ムジャヒディン【Afghan Mujahedeen】[軍]アフガニスタンのイスラム自由戦士．旧ソ連軍などと戦った反政府組織．1992年に首都カブールを制圧し，暫定政権を樹立した．

アフガニスタン　ルート【Afghanistan pipeline route】[経]カスピ海沿岸のトルクメニスタンの天然ガスをアフガニスタン経由でパキスタンなどへ送る輸送管の経路．
アフガン[1]【AFGHAN】　[軍]イスラム救国戦線の非合然組織．1991年にテロ活動を開始．
アフガン[2]【Afghan】①アフガニスタン人．アフガン語．②[a-][服]かぎ針編みと棒針編みを組み合わせた手編みのアフガン編みで作った毛布や肩掛け．
アフガン内戦【Afghan conflict】[軍政]1992年のナジブラ政権打倒後から続いたアフガニスタン国内でのゲリラ各派による戦闘状態．
アブサード【absurd】不合理な．
アブザイレン【abseilen 独】[登]ザイルを体にからませて，急な岩壁などを下降する技術．懸垂下降．
アブサヤフ【Abu Sayyaf Group】[軍]フィリピンのイスラム原理派の過激組織．1991年に結成．ASGともいう．
アブサン【absinthe 仏】[料]ニガヨモギ風味のアルコール分の強い酒．仏音はアプサント．
アブジェクション【abjection 仏】　おぞましさ．おぞましいもの．おぞましい状態からの解放の努力が芸術を創り出す，という現代思想の概念がある．
アブスカム【Abscam】[社]1980年に FBI がアメリカ上下両院議員の違法行為を摘発するために行ったおとり捜査．FBI 捜査官が設立した架空の会社名 Abdul Enterprises Ltd. と scam（詐欺）の合成語．
アブステナンス【abstinence】節制．禁欲．
アブストラクト【abstract】　抽象的な．観念的な．
アブストラクト　アート【abstract art】[美]抽象美術．外界を描写するのではなく線や面，色彩など純粋に造形的な要素だけで自己完結した世界を表現しようとする．
アブセンス【absence】不在．留守．欠席．
アブセンティーズム【absenteeism】[社]会社や工場を無断欠勤すること．常習的な欠席・欠勤．労働戦略の一つで，計画的欠勤．
アブソーバー【absorber】①[機]吸収装置．②[理]放射線を吸収する物質．
アブソープション【absorption】吸収．吸収作用．併合．同化．
アブソープション　アプローチ【absorption approach】[経]貿易収支を取引量によって分析する方法．国民所得と国内支出の差が黒字なら為替レートは上昇，赤字ならば下降すると考える．
アブソリュート【absolute】　絶対の．独裁的な．完全無欠の．無制限の．無条件の．
アブソリュート　マジョリティー【absolute majority】絶対多数．過半数．
アフターアワーズ【after-hours】[営]夜間営業後の早朝から昼までの時間帯．
アフターケア【aftercare】①[医]患者の病後の健康管理や社会復帰を促進するための生活指導など．②[営]販売後の商品に関する対応．この意味では英語は after-sales service．

アフターケ▶

アフターケア コロニー【aftercare colony】医病後の保養施設.

アフターサービス【after service 日】営販売後に、販売主が買い手に対して行う無料サービス．英語は after-sales service、または単に service．

アフターショック【aftershock】余震．余波．

アフタースキー【after-ski】趣社スキー後に宿舎などで楽しむ娯楽や集い．

アフターダーク【after-dark】①服夕方以降に着る衣服．②夕べの．夜の．

アフターヌーン シャドー【afternoon shadow】社容朝そったひげが、午後にうっすらと伸びてくる状態．

アフターヌーン ティー【afternoon tea】料午後のお茶．午後5時ごろの軽い食事．

アフターバースト【afterburst】軍核戦争後に起こるとされる放射能による汚染現象．

アフターバーナー【afterburner】機ジェットエンジンの再燃焼装置．排ガスに燃料を噴射して再燃焼させる．

アフターファイブ【after five】①仕事が終わった後の個人的な時間．午後5時以後の意．出勤前の場合はビフォアナインという．②服夕方からの会合で着るフォーマルな服．

アフターマーケット【aftermarket】営商品販売後の修理・管理などの需要に対する市場．

アフターライト【afterlight】夕焼け．残光．夕映え．

アフター レコーディング【after recording 日】映画面にあとから、せりふや音楽を録音すること．アフレコともいう．英語は voice-over recording．⇒プリレコ．

アフターワールド【afterworld】死後の世界．来世．

アプティチュード テスト【aptitude test】適性検査．

アブニダル機構【Abu Nidal Organization】軍ファタハ革命評議会．反アラファト派のパレスチナ人テロ組織．1974年にPLO（パレスチナ解放機構）から分派．

アブノーマリティー【abnormality】異常．異常性．変則．⇔ノーマリティー．

アブノーマル【abnormal】異常な．病的な．変態的な．⇔ノーマル．

アブハジア紛争【Abkhazia conflict】政グルジア西部で黒海に面するアブハジアの分離独立闘争．

アプライアンス【appliance】1算基本的な設定などが済ませてあり、購入して電源を入れればすぐに使える情報機器．専用機．

アプライアンス サーバー【appliance server】1算OS（基本ソフト）やサーバーアプリケーションが導入済みの最良の状態で販売されている製品．

アブラカダブラ【abracadabra】魔よけの呪文．訳のわからない言葉．たわごと．

アフラトキシン【aflatoxin】生ピーナツなどの農作物に生えるコウジカビの一種アスペルギルス フラブスが産出する発がん物質．

アフラマズダ【Ahura Mazda】宗ゾロアスター教の最高神．創造力と光明と善の神．

アプリオリ【a priori 羅】哲先天的な．先験的な．⇔アポステリオリ．

アフリカ【Africa】赤道をまたいで南北にわたる面積約3000万km²の世界第二の大陸．

アフリカーナー【Afrikaner】南アフリカ共和国のオランダ系白人．

アフリカーンス【Afrikaans】言南アフリカ共和国のオランダ系市民が使う言語．

アフリカ開発会議【Tokyo International Conference on African Development】経政アフリカの政治経済面での改革を支援し、この問題への国際社会の関心を高めるため、1993年に東京で開催した会議．TICAD ともいう．

アフリカ開発基金【African Development Fund】経アフリカ開発銀行加盟国の経済的・社会的開発計画に融資を行う機関．1972年に設立．

アフリカ開発銀行【African Development Bank】経アフリカ諸国の経済的発展を図る地域開発金融機関．1964年に設立．本部はコートジボワールのアビジャン．AFDB．ADB．

アフリカ財政共同体フラン【Franc de la Communauté Financière Africaine 仏】経セネガル、マリなど8カ国が加盟する西アフリカ諸国中央銀行でのCFAフランの名称．

アフリカ人権憲章【Banjul Charter on Human and Peoples' Rights】社地域人権条約の一つ．「人及び人民の権利に関するバンジュール憲章」．アフリカ統一機構が1981年に採択し、86年に発効．

アフリカ統一機構【Organization of African Unity】政アフリカ諸国を統一する機関．1963年のアフリカ諸国首脳会議で設置を採択．OAU ともいう．2002年にアフリカ連合（AU）に発展・改組．

アフリカ特別基金【Special Facility for Sub-Saharan Africa】経サハラ以南のアフリカ諸国の経済回復や政策支援を目指す特別協調融資．1984年に世界銀行が発表した共同行動計画に基づいて発足．

アフリカの角【Horn of Africa】アフリカ大陸東北部にサイの角状に突き出た部分．紛争多発地帯として知られる．

アフリカ非核化条約【Pelindaba Treaty】政ペリンダバ条約．1996年に49カ国がカイロで調印．

アフリカフラン【African franc】経CFAフランの通称．中部・西部アフリカの旧フランス系諸国が加盟するCFA（アフリカ財政共同体）の共通通貨．

アフリカ連合【African Union】経政アフリカ諸国の政治経済統合を目指す組織．2002年に発足．AUともいう．

アフリカン アメリカン【African-American】社アフリカ系アメリカ人．アメリカの黒人の呼称．

アプリカント【applicant】志願者．申込者．

アプリケーション【application】①申し込み．

志願．申込書．願書．②応用．適用．利用．③〔I
算〕コンピューターの実務・適用業務処理のために用いるソフトウエア．

アプリケーションキー【application key】〔I
算〕Windows のキーと並んで採用されている特殊なキー．

アプリケーション サーバー【application server】 〔I 算〕データベースシステムと WWW サーバーを結びつけて利用できるようにするミドルウエア．

アプリケーション サービス プロバイダー【application service provider】〔I 算〕利用者にオンラインでソフトウエアを提供するサービス事業者．ＡＳＰともいう．

アプリケーション層【application layer】 〔I 算〕開放型システム間相互接続（OSI）の概念を示す基本参照モデルで，7個に分けられた通信層の中で最上位にある層．

アプリケーション ソフト【application software】 〔I 算〕文書作成，表計算，ゲーム，通信など，コンピューターで特定の作業をするためのソフトウエアの総称．

アプリケーション テクノロジー【application technology】応用技術．

アプリケーション パッケージ【application package】〔I 算〕書類作成や表計算など，企業の一般的な業務処理のために作成したソフトウエアをパッケージ化したもの．

アプリケーション ファイル【application file】〔I 算〕特定の内容を実行するソフトウエアを収納しているファイル．

アプリケーション プログラム【application program】〔I 算〕実務・適用業務処理用ソフトウエア．アプリケーションソフトウエア．

アプリケーション メニュー【application menu】〔I 算〕MacOS のメニューバーで右端にあるメニュー．起動しているアプリケーションがこのメニューに追加される．ここから選択すると作動する．

アプリコット【apricot】①〔植〕アンズ．②黄赤色．

アプリシエーション【appreciation】 ①鑑賞．評価．②感謝．

アプリシエート【appreciate】 高く評価する．芸術作品などを鑑賞する．感謝する．

アプリビエーション【abbreviation】略語．省略形．

アプルーバル【approval】承認．賛成．認可．

アプルーブドカー【approved car】〔営社〕公認車．下取りした中古車を点検・整備し保証を付けて販売するもの．ギャランティードカー．

アフルエンザ【affluenza】〔社心〕財力があり生活に困らない人々に，倦怠感や動機づけの欠如などが起こる精神障害．affluent（裕福な）と influenza の合成語．

アフルエンシャル【affluential】〔社〕財力が豊かで，社会的に影響力があること．またはその地位．affluent と influential の合成語．

アプレゲール【après-guerre 仏】 〔因〕戦後派．第一次大戦後のフランスで起こった，戦前の文化が反抗する芸術運動．日本では，第二次大戦後に現れた戦後文学と同義に用いられた．また一般的に，自由奔放にふるまう若者たちの代名詞となった．

アフレコ アフターレコーディング（after recording 日）の略．〔映画事後録音〕の略．プリレコ．

アプレット【applet】〔I 算〕他のソフトウエア中で作動するプログラムの一種．OS（基本ソフト）やアプリケーションソフトに付属するユーティリティーソフトを指すこともある．

アフロアメリカン【Afro-American】 アフリカ系のアメリカ人の意．アメリカの黒人は，大半がアフリカから連れてこられた奴隷の子孫であることから．

アプローズ【applause】拍手喝采．称賛．

アプローチ【approach】①接近．接近の仕方・取り組み方．②建物に通じる道．③〔ゴルフ〕グリーン近くからカップを狙って球を打つこと．④〔スキー〕ジャンプ競技でスタートから踏み切りまでの滑走部分．⑤〔陸上〕助走路，または投擲動作．⑥入門．手引き．⑦航空機の着陸進入．

アプローチショット【approach shot】 ①〔ゴルフ〕グリーン近くからカップを狙って球を打つ方法．②〔テニス〕ネットプレーを狙って相手陣深くに球を打ち込む方法．

アプローチライト【approach light】 進入灯．滑走路の着陸用標識灯．

アブロード【abroad】外国へ．海外に．

アフロキューバン リズム【Afro-Cuban rhythm】〔音〕ラテンアメリカ音楽のリズム．

アフロビート【Afro beat】〔音〕アフリカ系のリズムを取り入れた音楽．

アプロプリエーション アート【appropriation art】〔美〕盗用美術．個性や想像力を意識的に放棄して，盗用や盗作することで表現意図を問いかける方法．1980年代後半にニューヨークで起こったシミュレーショニズムの一形態．

アフロヘア【Afro hair】〔容〕ちぢれた髪で，全体の形を丸くまとめたスタイル．アフロともいう．

アフロポップス【Afro pops】〔音〕アフリカ系のポピュラーミュージック．

アベイラビリティー【availability】 ①有用性．入手可能性．②〔I 算〕可用性．コンピューターの使用可能性．またその度合い・稼働率．

アベイラブル【available】 利用できる．役立つ．入手可能な．有効な．

アペタイザー【appetizer】〔料〕食欲増進のための前菜や食前酒．アピタイザー．アペリチフ．

アベック【avec 仏】 日本的用法で，男女の二人連れ．一緒に．

アペックス運賃【APEX fare】〔営社〕事前に航空券を購入する個人旅行客の運賃を割り引く制度．APEX は advance purchase excursion の略．

アヘッド【ahead】 ①〔競〕勝ち越していること．先取得点．②先んじて．

アヘッド オブ ザ カーブ【ahead of the curve】時代の少し先を行くこと．

アベニュー【avenue】 大通り．本通り．並木道．アメリカの都市では，一般に南北を走る道路をアベニ

アペリオス▶

ュー，東西をストリートという．

アペリオス【aperios】　[I算]ソニーが独自に開発した，次世代型のデジタル AV データを扱う機器向けの OS（基本ソフト）．

アペリチフ【apéritif 仏】　[料]食前酒．アペリティフ．アペタイザー．

アベレージ【average】平均．標準．平均点．

アペンディックス【appendix】巻末の付録．補遺．

アベンド【abend】　[I算]コンピューターのプログラムが実行中に異常終了すること．abnormal end から．

アペンド【append】　[I算]ファイルにデータの記録を追加すること．

アポ　アポイントメント（appointment）の略．

アポイント【appoint】①日時・場所などを取り決める．②任命する．指名する．

アポイントメント【appointment】　面会・商談の約束．任命．任命առる官職．

アポイントメント システム【appointment system】[医]予約診療制度．

アポイントメント セールス【appointment sales】[営]電話などで面会予約をして消費者に接し，商品を売る訪問販売の一手法．

アボーション【abortion】[医]人工妊娠中絶．

アボーション クリニック【abortion clinic】[医]アメリカで，人工妊娠中絶手術を受け付ける医院．

アボーションピル【abortion pill】[薬]経口中絶薬．性交後に服用して，人工的に妊娠中絶をする．モーニングアフターピルともいう．

アボーチュアリー【aborturary】[医]アメリカで，人工妊娠中絶手術を行う個人病院．abortion と mortuary（霊安室）の合成語．

アボート【abort】①[I算]パソコン使用中における強制終了で，計算違いによるオーバーキャパシティーが原因で起こるもの．②頓挫する．流産する．

アボカド【avocado】　[植]果樹の一種．クスノキ科の常緑高木．熱帯アメリカ原産．緑色の表皮で黄色の果肉の果実をつける．

アボガドロ定数【Avogadro constant】[化]1モルの物質の中にある構成粒子の個数．アボガドロはイタリアの化学・物理学者．

アポカリプス【apocalypse】黙示．啓示．黙示録．

アポジ【apogee】[天]遠日点．遠地点．惑星や衛星などの軌道で，太陽あるいは地球の中心から最も離れた地点．

アポジモーター【apogee motor】[字][機]静止衛星を軌道の遠地点（アポジ点）で静止軌道に必要な秒速約3kmという速度を達成するために加速するロケットモーター．

アポステリオリ【a posteriori 羅】[哲]後天的な．経験的な．⇔アプリオリ．

アポストロフィ【apostrophe】[言]省略・所有格などを表記する記号．「'」．

アポトーシス【apoptosis】[生]生体の恒常性を維持するのに不必要になった細胞や，有害と思われる細胞が，自殺するように死んでいく現象．プログラムされた細胞死．

アポトーシス耐性因子【apoptosis resistant factors】[生]細胞のプログラムされた死であるアポトーシスを制御する因子．

アポリア【aporia 希】[哲]ある命題に二つの対立した結論があること．解決できない問題．

アボリアッツ国際ファンタスティック映画祭【Festival International d'Avoriaz du Film Fantastique 仏】[映]フランス北東部のスキー場アボリアッツで開催される映画祭．SF，ホラー，オカルト，サスペンス，ファンタジーなどが多く出品される．

アボリジニ【Aborigine】①オーストラリアに住むアウストロネシア系の先住民．②［a-］先住民，先住民族．アボリジニーともいう．

アボリション【abolition】廃止．全廃．

アボリション2000【Abolition 2000】[社]核兵器の全面禁止を目指す市民グループの世界的ネットワーク．2000年までに核兵器全廃条約の作成を各国に求める運動などを行った．

アボリッシュ【abolish】法律や制度などを廃止する．破棄する．だめにする．つぶす．

アポロキャップ【Apollo cap】[服]フェルト製の野球帽の一種．アポロ計画の宇宙飛行士が地球帰還時に着用した帽子が始まり．

アポロ計画【Apollo program】[字]アメリカの有人月探査計画．1974年に終了．

アポロジー【apology】謝罪．弁明．

アポロジスト【apologist】擁護論者．弁明する人．弁証論学者．謝罪主義者．

アポロジャイズ【apologize】弁明する．釈明する．謝罪する．

アマ[1]【amah】[社]中国やインドなどで乳母（うば）や家政婦．現在は外国からの出稼ぎ家政婦を指すことが多い．

アマ[2]　アマチュア（amateur）の略．素人．愛好者．

アマービレ【amabile 伊】①[音]愛らしく演奏せよ．②[料]ブドウ酒が甘い．

アマウント【amount】総計．総額．額．量．

アマゾーヌ【amazone 仏】[服]紳士服仕立ての女性用乗馬上着や乗馬用の長いスカート．

アマゾン ドットコム【amazon.com】[I][ア]1995年7月にアメリカのシアトルでスタートしたオンライン書店．250万という世界最大のデータベースをもつ．

アマチュア【amateur】素人．経験の浅い人．愛好者．職業でなく趣味として楽しんでいる人．⇔プロフェッショナル．

アマチュアリズム【amateurism】　素人の立場でスポーツや芸術などを楽しむこと．アマチュア精神．⇔プロフェッショナリズム．

アマランサス【Amaranthus】[植]ヒユ科の一年草．中南米原産の雑穀．アマランスともいう．

アマリリス【amaryllis】[植]ヒガンバナ科の多年草．南アメリカ原産の園芸品種．花茎が太く，ユリに似た花が咲く．

アマル【Amal】[軍]レバノンのイスラム教シーア派による政治・軍事組織. 1975年イラン人ムーサ・サドルが結成した.

アマルガム【amalgam】①混合物. 結合物. ②[化]水銀と他の金属との合金.

アマンタジン【amantadine】[薬]パーキンソン病の治療薬. インフルエンザの治療薬として, 1998年に日本でも認可された.

アマンド【amande 仏】[植]ハタンキョウ. バラ科の落葉高木. アーモンドともいう.

アミ【ami(e) 仏】友達. 愛人.

アミーゴ【amigo 西】友達. 友人. 仲間.

アミケット アイドル ミニコミ マーケット(idol mini-communication market 日)の略. アイドルの同人誌の展示即売会.

アミスタッド【amistad 西】友情. 友愛.

アミノ酸【amino acid】[化]アミノ基とカルボキシル基が同一炭素に結合した有機化合物. 成長に必要で摂取しなければならないものを必須アミノ酸という.

アミノ酸飲料【amino acid drink 日】数種のアミノ酸を少しずつ含む飲料.

アミューズグール【amuse-gueule 仏】[料]先付け. 食前酒などに付くおつまみ.

アミューズメント【amusement】 楽しみ. 娯楽. 遊び. 気晴らし.

アミューズメント機器【amusement machine】[工]ゲームセンター用の大型ゲーム機. 業務用ゲーム.

アミューズメント サイエンス【amusement science】 遊びの感覚でハイテクを競う科学の研究開発方法. 各種のロボットやソーラーカーの製作などを通して, 新たな発想を得ようとする.

アミューズメント産業【amusement industry】[経]レジャー産業分野の一つ. ゲームセンターなどのアミューズメント施設で用いるゲーム機器の販売から, 施設の運営までを行う.

アミューズメント センター【amusement center】[社]歓楽街. 映画館や劇場などの娯楽施設が集中している市街地域. 遊戯・娯楽場.

アミューズメント テーマパーク【amusement theme park 日】[社]ゲーム機やアトラクション機を中心に, 一定のテーマに基づき設備構成を行う遊戯施設. ミニテーマパーク.

アミューズメント マシンショウ【Amusement Machine Show】[工]日本アミューズメントマシン工業協会(JAMMA)が主催する業務用ゲーム機の展示会.

アミューズメント レストラン【amusement restaurant 日】[料]特定のテーマをもって店内整備などを行い, 付加価値を高めた飲食店. テーマレストラン. アメニティーレストラン.

アミューズメント ロボット【amusement robot】[機][社]暇つぶしや退屈しのぎになり, 知的興味をかきたてるロボット. おもちゃのロボットがその一例.

アミュレット【amulet】 お守り. 護符. 魔よけ. まじないの文字や絵を刻んだ装身具など.

アミロイドβたんぱく質【amyloid beta peptide】[医][生]脳に蓄積する老人斑の主成分. ア

ルツハイマー病を誘引.

アムール【amour 仏】愛. 恋愛.

アムステルダム条約【Amsterdam Treaty】[政]新欧州連合条約. マーストリヒト条約の改正により, EUの新しい憲法となる条約. 1997年のアムステルダム欧州理事会で合意した.

アムダ【AMDA】[医]アジア医師連絡協議会. 日本のNGOの一つ. 1984年に設立. 本部は岡山. Association of Medical Doctors of Asia の頭字語から.

アムトラック【Amtrak】 全米鉄道旅客輸送公社の通称. 正式名称は National Railroad Passenger Corporation.

アムネスティー【amnesty】[社][政法]政治犯罪の大赦. 特赦. 恩赦.

アムネスティ インターナショナル【Amnesty International】[社]民間有志による国際的人権擁護組織. 1961年に設立. 国際アムネスティ, AIともいう.

アムラーム【AMRAAM】[軍]新型の中射程空対空ミサイル. アメリカの海軍と空軍が共同開発した小型・軽量のミサイル. advanced medium range air-to-air missile の頭字語.

アメーバ【Amöbe 独】[生]原生動物の根足虫類の一群. 単細胞で偽足をもつ.

アメダス【AMeDAS】[気]地域気象観測システム. 日本全国約1300か所の無人自動観測所から, 電話回線を用いて雨量, 気温などの観測値をまとめ, 気象庁や各地方気象台などに配信するシステム. automated meteorological data acquisition system の頭字語から.

アメニティー【amenity】 快適環境. 環境の快適性. 居住性のよさ. 快適さ. 心地よさ.

アメニティー権【amenity rights】[環]住民が良好な環境を享受する権利.

アメニティー保全【amenity improvement】[環][社]歴史的環境や建造環境を含む総合的な生活環境の質的豊かさを保全すること.

アメニティー レストラン【amenity restaurant 日】[料]特定のテーマに基づいて, 店内の装飾などに工夫をこらし, 快適さを演出する飲食店. テーマレストラン. アミューズメントレストラン.

アメフト アメリカンフットボール(American football)の略.

アメラシアン【Amerasian】[社]アメリカ人とアジア人の間に生まれた子供. アメラジアン.

アメリカーナ【Americana】 アメリカの代表的な百科事典. アメリカに関する文献.

アメリカインディアン運動【American Indian Movement】[社]アメリカ先住民の部族の主体性回復を目指す運動. またはその組織. AIMともいう.

アメリカ映画協会【Motion Picture Association of America】[映]アメリカの大手映画会社が加盟する映画製作者団体. 1913年に結成. 映画格付け制度を実施している.

アメリカ オンライン【America Online】[I][I]インターネットの接続サービスを提供する世界有数

33

アメリカカ▶

の業者．本拠地はアメリカ．AOL．

アメリカ カナダ メキシコ自由貿易協定【North American Free Trade Agreement】経北米自由貿易協定．1994年に発効．NAFTA．

アメリカ経済モデル【American economic model】経自由主義の考え方に基づいた，市場の自由な競争による経済運営方式．

アメリカ国際開発庁【U.S. Agency for International Development】政二国間援助を取り扱うアメリカの政府機関．国務省が管轄し，1961年に設立．USAIDともいう．

アメリカ市民自由連合【American Civil Liberties Union】社アメリカの人権団体の一つ．1920年に設立．ACLUともいう．

アメリカ証券取引委員会【Securities and Exchange Commission】経1934年の証券取引法で設置された連邦政府機関．大統領指名の5人の委員と約2000人の職員がいる．SEC．

アメリカ消費者同盟【Consumers Union of U.S. Inc.】社消費者への情報提供を図るアメリカの機関．1936年に設立．商品比較テストなどを行い，消費者運動を助ける．CUともいう．

アメリカスカップ【America's Cup】競(ヨット)国際外洋ヨットレースの一つ．1851年イギリス南部のワイト島一周レースが始まり．ほぼ4年に1回行われる国と国が1対1で優勝を争うマッチレース．

アメリカナイズ【Americanize】アメリカ化する．

アメリカナイゼーション【Americanization】アメリカ化．生活様式などがアメリカ流になること．

アメリカ農業法【Federal Agriculture Improvement and Reform Act】農連邦農業改善改革法．1996年に成立し2002年に改定された農業法．直接支払い制度の導入と作付けの自由化を認めた．

アメリカノロジー【Americanology】アメリカ学．アメリカの諸問題を研究する学問．

アメリカ野球研究学会【Society for American Baseball Research】競アメリカの国技である野球を研究する学会．1971年に設立．

アメリカ連邦緊急事態管理庁【Federal Emergency Management Agency】政アメリカの連邦政府機関の一つ．1979年に設立．災害の予防や復旧活動などを支援・調整する．FEMAともいう．

アメリカン【American】①アメリカの．アメリカ風の．アメリカ人の．②アメリカ人．③料アメリカンコーヒーの略．

アメリカンオークス【American Oaks】競(競馬)アメリカのハリウッドパーク競馬場で行われる，3歳牝馬限定・芝10ハロンのGIレース．

アメリカンカード【American card】政自国の国際的立場を優位に保とうとするためにアメリカとの関係改善を図り，切り札にすること．

アメリカン カジュアル【American casual 日】服Tシャツ，ジーンズが中心の装いなど，明るく開放的なスタイル．アメカジ．

アメリカンコーヒー【American coffee 日】料薄口のコーヒー．アメリカンともいう．英語では単にcoffee．

アメリカン ショートヘア【American Shorthair】動猫の一品種．しま模様のある短毛種．

アメリカンタトゥー【American tattoo】社アメリカの音楽家などの影響を受けて広まった入れ墨．

アメリカンドリーム【American dream】アメリカの建国以来の理想．自由・平等・民主主義・物質的繁栄や成功を理想とする．

アメリカン ニューシネマ【American new cinema】映1967年ごろに始まったアメリカ映画の新しい風潮．アーサー・ペン監督の「俺たちに明日はない」が最初とされる．反体制的な題材が多い．

アメリカン フィルム インスティテュート【American Film Institute】映アメリカ映画の保存・振興を目指す非営利組織．国家援助をもとに1967年に設立．AFIともいう．

アメリカン フットボール【American football】競ラグビーボールに似た楕円形の球を相手のエンドゾーンに持ち込むか，キックをゴールに決めて得点を競う球技．

アメリカン フットボール カンファレンス【American Football Conference】競(アメフト)全米プロフットボールリーグのカンファレンスの一つ．AFCともいう．

アメリカン フットボール ワールドカップ【American Football World Cup】競(アメフト)1998年に設立した国際アメリカンフットボール連盟が開催した国際大会．第1回は99年に行われ，日本チームが優勝した．

アメリカンプラン【American plan】営社室料に3食付きのホテル料金システム．AP．

アメリカン ミュージック アワード【American Music Award】音アメリカの音楽賞の一つ．1974年に発足し，全国の音楽ファンが受賞者を選ぶ．

アメリカンメモリー【American memory】アメリカの歴史や文化などの資料類を網羅的にデジタル化して保存する計画．

アメリカンリーグ【American League】競(野球)ナショナルリーグと並ぶ，大リーグの一つ．1900年に創立．

アメリケーヌソース【sauce américaine 仏】料大型エビと香味野菜を煮込んで作るソース．魚介料理に用いる．

アメリッポン【Amerippon】経社日米の経済関係が強化されている傾向を指す造語．AmericaとNipponの合成語．

アメリパス【Ameripass】営社アメリカのバス会社グレイハウンドラインズが発売する外国人旅行者用の周遊券．同社の全路線を利用できる．

アメンドメント【amendment】改善．修正案．改定案．訂正．

アモーラル【amoral】非道徳的な．既成の道徳では判断できないような考え方．

アモール【amor 西】愛．恋．恋愛．

アモチゼーション【amortization】経保有債券

の差損を割賦償却してならす手法．償還価格を超過している債券の簿価を決算期ごとに引き下げる．

アモルファス【amorphous】非晶質の．無定形の．漠然とした．

アモルファス金属【amorphous metal】化非結晶金属．高温で溶かして非結晶状態になったまま固化した金属．引っ張り強度，耐摩耗性，耐食性などに優れている．

アモルファス合金【amorphous alloy】化非晶質合金．通常の合金は原子が規則正しく並んだ結晶構造をもつのに対して，原子が不規則に並んでいる合金．

アモルファス シリコン【amorphous silicone】化非結晶質シリコン．光を電気に変える性質があるので，太陽電池としても利用．

アヤトラ【āyatullāh 亜刺】宗イスラム教シーア派の12イマーム派の中で最上級の指導者に与えられる称号．アラーの徴（しるし）の意．アヤトッラーともいう．

アラー【Allāh 亜刺】宗イスラム教の唯一神で，全知全能の神．アッラーともいう．

アラート【alert】①警報装置．警戒体制．②工算異常な操作に対してシステムから利用者に出される警告．

アラートボックス【alert box】工算異常操作に対する警告を発する画面上の表示ボックス．絵記号が付いている．

アラーム【alarm】①警報．警報器．時刻報知装置．②工算誤操作に対してコンピューターが発する警告音．

アラームクロック【alarm clock】目覚まし時計．

アラームシステム【alarm system】社学校やビルなどの，警報器を用いる無人の機械警備．

アライ【ally】①同盟する．縁組みする．②同盟国．盟友．同盟者．

アライアンス【alliance】連合．同盟．提携．

アライバル【arrival】到着．⇔デパーチャー．

アラウィー派【Alawī 亜刺】宗シリアのイスラム教シーア派の一分派．土俗宗教とキリスト教にイスラムを結びつけた独特の教義をもち，シリアの政治・軍事を握っている．

アラウンド アローン【Around Alone】競(ヨ)シングルハンドの世界一周レースの一つ．第1回は1982〜83年に開催．

アラウンド ザ クロック【around-the-clock】24時間連続の．無休の．

アラカルト【à la carte 仏】料好きなものを一品ずつ選べる料理．またそのようなやり方．

アラバ【Arava】薬リウマチ治療薬．一般名・レフルノミド．

アラビア半島アルカイダ【Al Qaeda in the Arabian Peninsula】政サウジアラビアでテロ活動を行うイスラム過激派・アルカイダ系組織．

アラビアン ライト【Arabian light】資経サウジアラビアの中東の代表的な原油．産出量が多く，原油価格を決める基準原油とされた．

アラビスト【Arabist】アラブ学者．アラビア語学者．アラブ世界に精通する人．アラブ支持者．

アラビック【Arabic】アラビアの．アラビア人の．アラビア語の．

アラブ【Arab】①アラビア人．ベドウィン人．アラビア文化圏．②動馬の一品種．アラビア半島原産の純血種．サラブレッドより速さは劣るが，耐久力は優れる．

アラブサット【ARABSAT】宇アラブ通信衛星機構．1977年に発足．

アラブボイコット【Arab boycott】経政親イスラエル企業との取引を禁じているアラブ諸国の取り決め．アラブ連盟所属のボイコット委員会が企業リストを作成する．

アラブマグレブ連合【Arab Maghreb Union】経北アフリカの地域経済協力機構．アルジェリア，リビア，モーリタニア，モロッコ，チュニジアのアラブ系5カ国が，1989年に結成した．AMUともいう．

アラブ連盟【Arab League】政アラブ諸国の結合と協力関係の促進を目的とする地域連盟．1945年に結成．

アラベスク【arabesque 仏】①唐草模様．アラビア風の模様．②音アラビア風の華麗な楽曲．③芸バレエで片足を後ろに上げる基本姿勢．

アラミド繊維【aramid fiber】化芳香族からなるポリアミド繊維．普通の有機繊維と比べて，引っ張り強さ・弾力性・耐熱性などがかなり優れている．

アラモード【à la mode】①最新流行の．②料アイスクリームを載せたデザート．

アラル海問題【Aral Sea Crisis】環中央アジアのアラル海で起こった砂漠化や塩害などの環境問題．

アランセーター【Aran sweater】服太い毛糸を使う手編みセーター．無染色で，なわ編みや格子などの浮き模様をもつ．アイルランド西岸にあるアラン諸島に由来．

アリア【aria 伊】音オペラやオラトリオの中で，器楽伴奏付きで歌われる技巧的な歌．

アリアン5型ロケット【Ariane V launch vehicle】機ESA（欧州宇宙機関）が開発した2段式ロケット．アリアンスペース社が運用．

アリアンロケット【Ariane launch vehicle】機ESA（欧州宇宙機関）が開発した大型衛星ロケット．1979年に1型ロケット1号機を打ち上げた．1型から4型までが3段式で，5型は2段式．

ア リーグ【American League】競(野球)アメリカンリーグの略．ナショナルリーグと並ぶ大リーグの一つ．

アリーナ【arena】①競観覧席のある競技場．演場．②舞台などのステージに一番近いフロア席．③円形劇場．アリーナシアターともいう．

アリーナフットボール【arena football】競屋内フットボール．人工芝を敷いた屋内競技場で行うアメリカンフットボールで，フィールドの広さは屋外の場合の半分になっている．

アリーナフットボールリーグ【Arena Football League】競屋内競技場で行うアリーナフットボールのリーグ．AFLともいう．アメリカで1987年に開始．

アリール【ARIEL】工経イギリスの自動証券取引

アリエッタ ▶

システム．投資家が取引所を使わないでコンピューターシステムを使って証券の直接取引をする．Automated Real-time Investment Exchange Limited の略．

アリエッタ【arietta 伊】音小詠唱．

アリエテ【Ariete】軍イタリアの主力戦車 C1 の通称．

アリゲーター【alligator】①動アリゲーター科に属するワニの総称．アメリカや中国などに生息．②〔A-〕軍ロシアの攻撃ヘリコプター Ka-50-2 の通称．

アリストクラシー【aristocracy】貴族政治．貴族階級．貴族趣味．

アリストテレスの車輪【Aristotle's wheel】数逆理の一つ．ガリレオ・ガリレイの「新科学対話」にある，同軸の車輪の回転を用いて設定された難問．

アリストロジー【aristology】よい食べ方の科学．正餐(せいさん)の科学．

アリセプト【Aricept】薬アルツハイマー型認知症の進行を抑える治療薬の商品名．日本では1999年に承認．成分は塩酸ドネペジル．

アリテラシー【aliteracy】 図表や映像など，文字で書かれたものでない分野で得る理解力．

アリテラト【aliterate】読み書き能力があるが，文字で書かれたものでない分野から情報などを得ること．またはその方法で情報などを得る人．

アリバイ【alibi】社犯罪が発生した時，現場に被疑者がいなかったという証明．

アリビフラウ【Alibifrau 独】社男女の機会均等を装うために，女性を役職につけるようなやり方．

アリモニー【alimony】法離婚手当．別居手当．妻の扶助料．妻へ支払う慰謝料．

アリモニーハンター【alimony hunter】社慰謝料を目当てに離婚を繰り返す女性．

アリュール【allure 仏】①歩きぶり．足取り．風采(ふうさい)．外見．品格．②速度．速力．

アル アクサ インティファーダ【Al-aqsa intifada】社政2000年に発生したパレスチナの民衆蜂起．イスラエルのリクード党のシャロン党首がエルサレムの聖地「神殿の丘(アル・アクサ)」を訪問したことが発端．

アルアラビア【Al Arabya 亜剌】放アラビア語の衛星テレビ放送．

アルーシア協定【Arusha Convention】経欧州共同体(EC)とアフリカ諸国との連合関係を規定する協定．特恵貿易協定として1971年から75年まで実施．

アルカ【l'Arka del Gust 伊】料スローフード協会国際本部が認定する「食材の世界遺産」．イタリア語で「味の箱船」の意．

アルカイスム【archaïsme 仏】 古風な表現．文学，美術における擬古主義．

アルカイダ【Al Qaeda 亜剌】軍政ウサマ・ビンラディンが率いる国際テロ組織．アフガニスタンに拠点を置いて活動．アルカイーダ，アルカエダともいう．

アルカイック【archaic】①古風な．古代的．初期の．②美十分に表現様式が発展しきっていない初期の作風．特に古代ギリシャ初期の美術様式をいう．

アルカイック スマイル【archaic smile】美古代ギリシャ彫刻に見られる微笑に似た表情．

アルカエフルクトウス【Archaefructus】地中国北部で発見された被子植物化石．約1億2500万年前のもの．

アルカサール【alcázar 西】建宮殿．王宮．

アルカディア【Arcadia】古代ギリシャにあった理想郷．桃源郷．

アルカトール型【Alcatorl】理アメリカのマサチューセッツ工科大学(MIT)が計画したトカマク型の核融合実験装置．

アルカリ【alkali 蘭】化カリウム，ナトリウム，リチウムなど，水に溶解する強い塩基性物質の総称．

アルカリイオン水【alkali ion water 日】アルカリ性の水．健康維持に効果があるという．

アルカリイオン整水器【alkali ion ―】化水道水を浄化し電気分解して，アルカリイオン水と酸性イオン水を生成する装置．

アルカリ性【alkaline】 化塩基性．酸と反応して塩(えん)と水を作る性質．

アルカリ電池【alkaline battery】化理電解質にアルカリを用いる電池．大容量・大電流が得られる．

アルカリボタン電池【alkaline button cell】化理構成はアルカリ電池と同じで，アルカリ電池をボタン型にしたもの．

アルカリマンガン電池【alkaline-manganese battery】化理正極に二酸化マンガン，負極に亜鉛，電解液にアルカリ水溶液を使った電池．

アルカロイド【alkaloid】 化植物塩基．カフェイン，キニーネなど，植物界に広く分布する窒素を含む塩基性化合物の総称．

アルキド樹脂【alkyd resin】化熱硬化性樹脂の一種．多塩基酸と多価アルコールの縮重合成などからなる合成樹脂．

アルキル化剤【alkylating agent】薬有機化合物の水素原子をアルキル基に置き換えた物質．抗がん剤などに用いる．

アルキル硫酸塩【alkyl sulfate】化アニオン界面活性剤の一種．洗浄剤，起泡剤，乳化剤などに用いる．

アルギン酸【alginic acid】化海藻に含まれる粘り気の強い酸．

アルコーブ【alcove】建部屋の一部をくぼませた，床の間のような付属的な空間．

アルコール依存症【alcohol dependence syndrome】医心アルコール乱用など不適当な飲酒が，心身の不健康や反社会的行動の原因となることを知っていても，酒をやめられない症状．

アルコール飲料【alcohol】 料アルコール分を含む飲み物．酒．

アルコール性肝障害【alcoholic liver disease】 医長期間の過剰な飲酒が主な原因と考えられる肝疾患．

アルコール ハラスメント【alcohol harassment 日】社酒を用いた嫌がらせや人格侵害．

アルコールフリー【alcohol-free】容アルコール

◀アルバニア

アルゴ計画【Argo Project】 地海洋の水温や塩分の分布を世界規模で一覧しようとする計画．水深約2000mを漂流する測定機器を世界の海に投入して観測する．

アルゴス観測衛星システム【ARGOS system】 宇海流の動きを調査するため，アメリカとフランスが共同開発したシステム．海面のブイや気球が発する電波を，観測衛星が受信してデータを収集する．

アルコホリック【alcoholic】 ①大酒飲み．②医アルコール依存症患者．③アルコール性の．アルコール含有の．

アルコホリック アノニマス【Alcoholics Anonymous】 医社アルコール依存症患者自主治療グループ．断酒会．ＡＡともいう．

アルゴラグニア【algolagnia】 社心サドマゾヒズム．異常性愛の一つで，疼痛淫乱症．

アルゴリズム[1]【algorism】 数アラビア数字による記数法．十進法．

アルゴリズム[2]【algorithm】 ①エコンピューターを動かしてある特定の問題の答えを得る手続きを表現したもの．②数演算法．問題を解くための論理構造．

アルゴル【ALGOL】 エ算科学技術計算用のプログラム言語．1960年代初頭にヨーロッパで開発された．algorithmic language の略．

アルシメデ【Archimedes 仏】 機フランスの有人深海潜水調査船の一つ．

アルジャジーラ【Aljazeera】 放アラビア語でニュース専門放送を行うカタールの衛星テレビ局．商標名．

アルシュ【arche 仏】 建橋などのアーチ．橋弧．クロッケーの柱門．弓形をした門．

アルス エレクトロニカ【Ars Electronica】 エ毎年オーストリアのリンツで行われる世界最大規模のメディアアートのフェスティバル．アートとテクノロジーと社会との接点を探るのが狙い．

アルスター【Ulster】 社政プロテスタント系住民の多い，イギリス領の北アイルランドの別称．アイルランド共和国北部3県と北アイルランドを合わせた地域の旧称．

アルスター自由戦士団【Ulster Freedom Fighters】 軍北アイルランドのプロテスタント系テロ組織．1973年にアルスター防衛会から分派．ＵＦＦともいう．

アルスノバ【ars nova 羅】 音新芸術．14世紀に起こった音楽．多声音楽に豊かな人間味を加えた．

アル ズルフィカル【Al-Zulfikar】 軍パキスタンの左派傾向をもつテロ組織．1979年に結成．ＡＺともいう．

アルゼンチン危機【Argentina crisis】 経1998年以来の経済不振が2001年12月に政治・経済・社会危機に発展したこと．

アルゼンチン タンゴ【Argentine tango】 音アルゼンチン発祥のタンゴ曲．情熱的な舞踏曲が多い．

アルダウワ【Al Daawa】 軍イラクの反政府ゲリラ組織．イスラム教シーア派指導者アル・ハキム師により1960年代後半に結成．

アルチメータム【ultimatum】 ①政最後の通告．最後通牒(つうちょう)．外交用語の一つ．②根本原理．究極点．

アルツハイマー型認知症【senile dementia of Alzheimer type】 医脳細胞の変性などによる老年認知症．多くは脳血管障害が原因とされていたが，1907年にドイツの精神医学者アルツハイマーが脳細胞の変性という新説を出した．

アルティザン【artisan 仏】 職人．工匠．アルチザンともいう．↔アーティスト．

アルディピテクス【Ardipithecus 羅】 生歴東アフリカのエチオピア北部で発見された初期化石人類．約440万～580万年前の森林環境を示す地層から出土．

アルティメット【ultimate】 ①競フライングディスクを使う競技．1チーム7人．パスを用い相手陣のエンドゾーンで捕ると得点になる．②競ルール上の禁止事項が少ない，アメリカの総合格闘技の一種．③最後の．最終的な．

アルテ ポーヴェラ【arte povera 伊】 美貧しい芸術の意．1960年代後半にイタリアで起こった傾向．砂や石，木などありふれた素材に最小限の手を加えて提示するもの．

アルテミス【ARTEMIS】 宇欧州宇宙機関（ＥＳＡ）の先端型データ中継技術試験衛星．advanced relay and technology mission satellite の頭字語から．

アルデンテ【al dente 伊】 料パスタをやや芯が残る状態にするゆで方．

アルト【alto 伊】 音女声の低音域．中音域を受けもつ楽器．

アルト サクソフォーン【alto saxophone】 音中音部を受けもつサクソフォーン．

アルドリン【aldrin】 化有機塩素系化合物の一種．環状ジエン体の塩素置換体で，殺虫剤に用いる．

アルトルーイズム【altruism】 利他主義．愛他主義．愛他心．利他的行為．オルトルイズムともいう．↔エゴイズム．

アルバイト【Arbeit 独】 ①労働．②(日)営社本職や学業の傍らにする仕事．

アルパイン【alpine】 ①高山の．②[A-]アルプス山脈の．

アルパイン クライミング【Alpine climbing】 登岩場や沢などを手足でよじ登る時に，ハーケン（岩くぎ）やあぶみを用いる方法．

アルパイン債【Alpine bond】 経スイス債券市場で，スイスフラン以外の通貨で発行される外国発行者の債券．

アルパカ【alpaca 西】 動南アメリカのアンデス山岳地帯のラクダ科の家畜．またその毛で作った毛糸や織物．

アルバトロス【albatross】 ①競(ゴル)パーより3打少なくホールアウトすること．ダブルイーグルともいう．②アホウドリ．

アルバニア解放軍【Kosovo Liberation Ar-

アルバム▶

my】軍コソボ解放軍．ＫＬＡ．旧ユーゴのコソボ自治州独立を唱えたアルバニア系住民の武装集団．

アルバム【album】①写真帳．切手帳．②音多数の曲を収めたＣＤやレコード．

アルビー計画【Alvey program】IT算イギリスの官・学・産が一体で推進する第五世代コンピューターの開発計画．

アルピニスト【Alpinist 独】体登山家．

アルビン号【Alvin】機アメリカの有人深海潜水調査船の一つ．

アルファ アンド オメガ【alpha and omega】始めと終わり．全体．

アルファカット【alpha cut】IT算ゲーム木の探索範囲を狭める方法の一つ．ある相手局面の評価値が，同じ番手の他の局面よりも不利とわかれば，その手に連なる他の選択肢は探索しなくてすむ．

アルファ化米【alpha rice】料米に含まれるでんぷんを加熱によって消化されやすいアルファでんぷんにした加工米．

アルファ線【alpha ray】理放射性物質から出る放射線の一つで，実体はアルファ粒子．写真乾板の感光作用などがある．

アルファ値【alpha value】IT算画像合成などで用いられる不透明度のこと．ピクセル（画素）単位で合成・変化ができる．

アルファチャンネル【alpha channel】IT算画像処理で，アプリケーションがデータ加工用に使う補助のチャンネル．

アルファテスト【alpha test】①IT算ソフトウエアを開発した会社の中で，関係者以外がそのソフトに対して行う最初のテスト．②言語式知能検査．

アルファニューメリック【alphanumeric】IT算文字と数字の両方を処理できる方式の．文字数字式の．アルファメリックともいう．

アルファ波【alpha wave】医心α波．脳波の波形の一つ．心が落ち着いてゆったりした気分の時に現れる．

アルファ フェトプロテイン【alpha fetoprotein】医生肝臓がん細胞が生産するたんぱく質で，これの血液検査の測定から肝臓がんの診断ができる．ＡＦＰともいう．

アルファ ブレンディング【alpha blending】IT算複数の画像を半透明にして重ね合わせること．

アルファベータ法【alpha-beta method】IT算ゲーム木の探索方法の一つ．不要な節点を生成しないよう枝刈りをし，効率的にコンピューターから答えを得る手段．

アルファメリック【alphameric】IT算文字と数字の両方を処理できる方式の．アルファニューメリックともいう．

アルファモザイク方式【alphamosaic】IT算画面の表示方式の一つで，図形を長方形の配列でモザイク式に表す方式．線や角などの幾何学的要素を用いて表すのがアルファジオメトリック方式（alphageometric）．

アルファ リポ酸【alpha lipoic acid】化容抗酸化物質の一つ．体内の抗酸化物質の機能を再生するほか，糖分の代謝促進，エネルギー生産促進，

解毒，抗糖尿病の作用をもつ．αリポ酸．

アルファレーザー【alpha laser】化発振材料にフッ化水素を用いる化学レーザーの一種．兵器化が注目されている．

アルファロ ビーベ カラホ【Alfaro Vive, ¡Carajo! 西】軍エクアドルの過激派組織．ＡＶＣともいう．

アルブチン【arbutin】容メラニン色素を生成する皮膚内部の酵素チロシナーゼに作用して，活性を抑制する新規成分．

アルフッラ【Al-Hurra 亜刺】版アメリカ政府出資のアラビア語衛星テレビ放送．

アルフレックス【ALFLEX】字自動着陸実験機．宇宙開発事業団（現宇宙航空研究開発機構）が進める無人有翼往還機の開発に利用する．Automatic Landing Flight Experiment の頭字語から．

アルペッジョ【arpeggio 伊】音分散和音．和音の音を素早くずらして弾く．アルペッジオ．

アルベド【albedo】入射光の強さに対する，反射光の強さの割合．反射能．

アルペングロー【alpenglow】高山の朝焼け夕焼け．アルペングリューエンともいう．

アルペン コンバインド【Alpine combined】競(ｽｷｰ)アルペン複合．滑降と回転の複合競技．

アルペンスキー【Alpine skiing】競アルプス地方の山岳滑降から発達した滑降・回転の技術を基礎にするスキー．

アルベンダゾール【albendazole】薬包虫症の特効薬．スミスクラインビーチャム社が開発．

アルマゲドン【Armageddon】宗キリスト教で，世界終末における善と悪との最後の決戦の場．最終的大衝突．最終戦争．ハルマゲドンともいう．

アルマナック【almanac】年鑑．暦．

アルマニャック【armagnac 仏】料フランス南西部アルマニャック地方のブランデー．

アルマンド【allemande 仏】音16世紀中ごろに起こった舞曲．

アルミナ【alumina】化アルミニウムの酸化物．耐熱性・耐薬品性・強度・絶縁性に優れ，広い用途をもつ．

アルミナ繊維【alumina fiber】化アルミニウムの酸化物であるアルミナを高温処理して繊維状にしたもの．耐火物や複合材強化繊維などに用いる．

アルミニウム【aluminum】化金属元素の一つ．銀白色で軽く延性に富む．記号は Al．alminium ともつづる．

アルミニウムカー【aluminum car】機車体をアルミニウムで作る自動車．

アルミホイール【aluminum wheel】機軽量で剛性の高いアルミニウム合金で作る自動車のホイール．

アルメニア秘密解放軍【Armenian Secret Army for the Liberation of Armenia】軍現在トルコ領となっている旧アルメニア領の分離独立を要求するアルメニア人過激派組織．1975年に結成．ＡＳＡＬＡともいう．

アルメリア【armeria 羅】種ハマカンザシ．イソマツ科の多年草．淡紅，紫，白などの小花が密集し

て咲く．
アルルカン【arlequin 仏】劇道化役者．
アレアトリック【aleatoric】偶然性の．
アレアの音楽【aleatoric music】音偶然性の音楽．作曲家が音楽の構成要素や構造を確定しないで，演奏者が図形楽譜などから任意に音を組み合わせる音楽．
アレイ【array】①I算適切な順序でデータを並べること．②配置．配列．陳列．
アレイコンピューター システム【array computer system】I算配列というデータ構造をもったアレイプロセッサーを搭載している高速なコンピューターシステム．
アレイ プロセッサー【array processor】I算複雑な計算などが高速処理できるようにコンピューターを配列・接続したプロセッサー．
アレーナ【Arena】軍戦車に装備する対戦車ミサイルの防衛装置．ロシア，ドイツ，フランスの3国が共同開発．
アレキシシミア【alexithymia】医失感情症．自分の怒り，悲しみなどの感情さえ読み取れなくなること．
アレグレット【allegretto 伊】音やや速く演奏せよ．
アレグロ【allegro 伊】①音活発に，快速に演奏せよ．⇔アダージョ．②芸バレエで，急速なテンポの踊り．
アレゴリー【allegory】寓意．寓話．具象的な事物で，抽象的な観念を示す方法．
アレスター【arrester】①防御器．防止装置．避雷器．②逮捕する人．
アレスト【arrest】逮捕する．検挙する．注意を引く．逮捕．抑制．阻止．
アレルギー【Allergie 独】医異常過敏症．抗体抗原反応のうち生体に不利をもたらす病的なもの．1906年にオーストリアの小児科医ピルケが提唱した概念．
アレルギー性鼻炎【nasal allergy】医花粉症や通年性アレルギー性鼻炎など，鼻粘膜のアレルギー疾患の総称．鼻(び)アレルギー．
アレルギーセンター【allergy center】医アレルギーを専門に研究・治療する病院や施設．
アレルギーマーチ【allergy march】医各種のアレルギー性の症状が年齢によって"行進"のように変遷する状態．二親以内に気管支ぜんそく，アレルギー性鼻炎などの症状があると，その乳児がアトピー性皮膚炎や感冒症状などを反復しやすい．
アレルゲン【Allergen 独】医花粉，薬品などのアレルギー反応を起こす物質．原因抗原．アレルギー抗原．
アレロパシー【allelopathy】生他感作用．植物が放出する化学物質で，同種や他種の植物の成長や抑制を起こす現象．
アレンジ【arrange】整理する．調整する．編曲する．脚色する．手配をする．取り決める．
アレンドロン酸ナトリウム【alendronate sodium】薬骨粗しょう症の治療薬の一つ．イタリアのジェンティーリ社が開発．

アロイ【alloy】①化合金．合金に用いる卑金属．②混ぜ物．
アロエ【aloe 羅】植ユリ科アロエ属の多年生常緑多肉質植物．アフリカ原産．
アロエベラ【aloe vera 羅】植キュラソーアロエ．アロエの一種．葉の汁液は，薬用・飲用・化粧用などに使う．
アロー【arrow】①矢．矢状のもの．②[A-]軍イスラエルの弾道弾迎撃ミサイル．
アローアンス【allowance】①営要請された販売促進活動などの展開に対して，平等に支払われる対価．②経定期的に支給される手当・費用．③許可．許容．承認．値引き．余裕．アローワンスともいう．
アロー計画【Arrow project】軍アメリカとイスラエルが共同開発している中距離の弾道ミサイル防衛計画．
アローダイアグラム【arrow diagram】I算作業日程などの進行状況を管理するためのチャート．ガントチャートと同じだが，全体の進退に大きくかかわる工程(クリティカルパス)も点検できる．
アロービック【aerobic】競有酸素運動．エアロビクス．
アローポインター【arrow pointer】I算矢印の形をしたマウスポインターのこと．
アロカティブ ディスターバンス【allocative disturbance】営企業や個人が所有する資源の配分の変更をせまられるような外的混乱．
アロガンス【arrogance】ごうまん．横柄．
アロケーション【allocation】①割り当て．配分．配置．②I算記憶装置に収納する領域を確保すること．
アロハ【aloha ﾊﾜ】ようこそ．さようなら．
アロハシャツ【aloha shirt】服派手な色模様の半袖シャツ．くつろいだ感じのもの．アロハ．ハワイアンシャツともいう．
アロマ【aroma】芳香．香り．香気．気品．風格．趣き．
アロマコロジー【aromachology 日】心香りによる刺激で生み出される心理的な効果．aromaとpsychology(心理学)の合成語．芳香心理学ともいう．
アロマセラピー【aromatherapy】医心芳香療法．各種の芳香物質を使って，心身に刺激を与え治療する．アロマテラピーともいう．
アロマディスク【aroma disc】音音楽と一緒に芳香が流れる仕組みをもつレコードプレーヤー．アメリカの化粧品会社が考案した．
アロマテラピー【aromathérapie 仏】容芳香療法．花や薬草に含まれる芳香物質を用いて，健康づくりや治療をするもの．英語では aromatherapy(アロマセラピー)．
アロワナ【arowana】魚アマゾン川流域などに分布する熱帯の淡水魚の一種．全長約1mで，観賞用に飼われる．大きな口は上向きに開き，二本のひげをもつ．
アワーグラス ライン【hourglass line】服砂時計状に肩幅とヒップを強調し，ウエストを絞ったスタ

アワード▶

イル.

アワード【award】賞．賞品．アウォード．

アワミ連盟【Bangladesh Awami League】 政バングラデシュの政党．1996年に第一党となり，ハシナ・ワゼド政権を樹立した．ＢＡＬともいう．

アンインストーラー【uninstaller】 I算システムにインストールされているソフトウエアを安全に取り除くためのソフトウエア．

アンインストール【uninstall】 I算ハードディスクにインストールされているソフトウエアを取り除くこと．

アンウエイジド【unwaged】社失業中で賃金が得られない状態にいること．

アンエンプロイメント【unemployment】営 社失業．失業状態．

アンオフィシャル【unofficial】 非公式な．非公認の．私的な．

アンカー【anchor】①いかり．②競最終走者．最終競技者．③取材記者の集めた資料を基に雑誌などの記事を仕上げる最終担当者．アンカーマン．④放ニュース番組などの総合司会者．アンカーマン．⑤IイIンターネットのホームページ作成で用いるHTMLの記号の一つ．ネットワークでつながる先を示す．

アンガー【anger】①怒り．立腹．②怒る．腹を立てる．

アンガージュマン【engagement 仏】哲社会や政治の状況に参加すること．

アンカースリープ【anchor sleep】 生一日の睡眠時間の一部を決まった時間に規則的にとる方法．不規則睡眠の中に組み込むが，生活リズムの狂いが少なくなるという．

アンカープロダクト【anchor product】 営経売上高の中心を占める製品や商品．

アンカーマン【anchorman】①雑誌などの取材記事を仕上げる最終担当者．②放ニュース番組などの総合司会者．アンカーともいう．

アンカバー【uncover】経変動相場をカバー（売り待ち，買い待ちを反対取引によって相殺）しないこと．またはカバーできないこと．

アンガルスク油田【Angarsk oil field】ロシア・シベリア南東部のイルクーツク州にある油田．

アンガルド【en garde 仏】競（フェン）構えて．試合直前の審判の指示語．

アンギオテンシンⅡ受容体拮抗薬【angiotensin Ⅱ receptor antagonist】薬血圧を下げる薬の一種．

アングザイティー【anxiety】不安．心配．

アンシャス クラス【anxious class】 社所得水準の低迷と治安の悪化で，暮らしに不安をおぼえるアメリカの中産階級．

アンクタッド【UNCTAD】 政国連貿易開発会議．南北問題を討議するための国連の常設機関の一つ．United Nations Conference on Trade and Developmentの頭字語．

アングラ アンダーグラウンド（underground）の略．芸社前衛的な活動，地下組織，秘密活動などを指す用語．

アングラー【angler】①釣りを楽しむ人．釣り師．②魚アンコウ．

アングラ経済【underground economy】経地下経済．国の管理下以外で行われる経済活動．

アングラマネー【underground money】経地下経済で動く貨幣のこと．

アングリーン【ungreen】環環境問題に無関心なこと．

アングリカニズム【Anglicanism】宗英国教会主義．カトリックとプロテスタントの間の立場をとる中道主義．

アングル【angle】①角．角度．観点．②建構造体の補強などに用いる金具．

アンクルサム【Uncle Sam】 社政アメリカ合衆国政府．または典型的なアメリカ人．

アンクルブーツ【ankle boots】服くるぶしまでの深さのブーツ．

アンクレット【anklet】 服足首までの短い，女性・子供用の靴下．足首につける装飾用のバンド．

アングロアメリカ【Anglo-America】 北アメリカ大陸のアングロサクソン系文化をもつ地域．アメリカとカナダのこと．

アングロアラブ【Anglo-Arab】動馬の一品種．アラブとサラブレッドの混血種．

アングロサクソン【Anglo-Saxon】5〜7世紀ごろイギリスに侵入して定着した西ゲルマン民族．イギリス人．イギリス系の人．

アングロパシフィック【Anglo-Pacific】 経英語を母国語とする太平洋経済圏の国々．北アメリカと大洋州が当たる．アングロパック．

アンケート【enquête 仏】社同じ質問を多数の人に示して回答や意見を求めること．またはその調査方法．

アンケート調査【enquête ―】 社事前に用意した質問に対する回答をデータとして収集する調査技法．

アンコール【encore】 音芸劇演奏会などで観客が拍手や掛け声で追加演奏や再出演などを求めること．またその演奏・出演．原語はフランス語で，さらに，もう一度．

アンコールアワー【encore hour 日】 放視聴者の要望にこたえて番組を再放送する時間．英語はrerun．

アンコム【ANCOM】経チリ，コロンビア，ペルー，エクアドル，ボリビアが結成した一定の関税障壁をもつ共同市場．アンデス共同市場．Andean Common Marketの頭字語．

アンゴラ【Angora】 服アンゴラウサギ，アンゴラヤギの毛で作った毛糸や織物．

アンゴラ全面独立民族同盟【União Nacional para a Independência Total de Angola 葡】軍アンゴラの反政府右翼ゲリラ組織．1966年にアンゴラ民族解放戦線から分派．ＵＮＩＴＡともいう．

アンコン【uncon 日】服肩パッドや芯地を省いた上着．アンコンストラクテッドの略．

アンコンジャケット【unconstructed jacket】服肩パッドや芯地などを省いて作る上着．アンコンはアンコンストラクテッドの略．

アンコンシャスネス【unconsciousness】 人事不省．無意識．前後不覚．

アンコンストラクテッド【unconstructed】① 服肩パッドや芯地などを省いて服を作ること．体になじみやすい形になる．アンコンともいう．②非構築的．

アンサー¹【ANSER】 音声照会通知システム．NTT が開発．Automatic Answer Network System for Electrical Request の頭字語から．

アンサー²【answer】 答え．返事．回答．

アンサーモード【answer mode】 算同時にデータの送受信ができる全二重式通信で，受信側のこと．

アンサール アルスンナ軍【Ansar al-Sunnah Army 亜刺】 軍政イラクのイスラム教スンニー派の武装過激派組織．アンサール スンナともいう．

アンサール イスラム【Ansar al-Islam group】 軍イラク東部で活動する武力組織．2001年に設立．

アンサーレヒズボラ【Ansar-e-Hezbollah 亜刺】政イランの強硬な保守組織の一つ．

アンザイレン【anseilen 独】 登山者が互いにザイルで体を結び合うこと．危険箇所を登る時に，墜落などに備えるため．

アンザス【ANZUS】 太平洋安全保障条約の通称．1951年に結成．条約を締結したオーストラリア（Australia），ニュージーランド（New Zealand），アメリカ（United States）3国の頭字語から．86年にニュージーランドが離脱．

アンサリＸプライズ【Ansari X Prize】 民間資金による世界初の有人宇宙飛行に提供された賞金1000万ドルの賞．アメリカのスペースシップワンが獲得．

アンサングヒーロー【unsung hero】 記録に残らず，賛美される場をもたない陰の殊勲者．

アンサンブル【ensemble 仏】①音重奏．重唱．②服調和のとれた衣服のひとそろい．全体的調和．統一．

アンサンブル予報【ensemble forecast】 気特定の予報期間に対して複数の予報結果を得る方法．予報精度の向上が図れる．

アンジェラス【Angelus】 宗カトリック教会で，お告げの祈り．また朝，昼，夕の祈りの時を知らせる鐘．

アンジェリカ【angelica】 植セリ科の多年草．茎を砂糖漬けにして用いる．アンゼリカともいう．

アンジオテンシン【angiotensin】 化生血液中に生成される血圧上昇物質の一つ．

アンジオポエチン関連成長因子【angiopoietin-related growth factor】 医肝臓から分泌されるたんぱく質で，肥満や糖尿病を予防する．AGF．

アンジッヒ【an sich 独】 哲自体．それ自らの存在．即自．

アンシャープマスク【unsharp mask】 算ぼかして撮影した版を利用して輪郭を強調し，画像を鮮明に見せる手法．

アンシャンレジーム【ancien régime 仏】 政旧制度．1789年のフランス革命以前の政治形態．または絶対君主の政体．

アンスプール【unspool】映画を上映すること．

アンスリウム【anthurium】 植サトイモ科の多年草．ハート形の苞（ほう）から出た棒状の花軸に小花が密集して咲く．

アンスロポロジー【anthropology】 人類学．アントロポロギーともいう．

アンソロジー【anthology】 文名詩選集．詞華集．文集．選集．詩文の名作を一定の方針で選出した作品集．

アンダーインベスト【underinvest】 投資不足である．不十分な投資をする．

アンダーウエア【underwear】 服下着類．肌着類．

アンダーウオーター【underwater】 経株式市場が下落し，自社株購入権の買い取り価格が市場価格より高くなる状況のこと．水面下の意．

アンダーエージ スモーキング【underage smoking】 社未成年者の喫煙．

アンダーエスティメート【underestimate】 過小評価する．見くびる．

アンダーエンプロイド【underemployed】 社経験や能力を発揮できない畑違いの仕事に従事していること．

アンダーカーペット【under-carpet】 算じゅうたんの下に，コンピューターシステムの配線や配管をすること．

アンダーカバー【undercover】①秘密の．内密の．秘密調査に携わる．おとり捜査に従事する．②無免許の無線局．

アンダーグラウンド【underground】①前衛的な映画・演劇活動．またそのグループのこと．アングラ．②地下組織．地下運動．③秘密の．無許可の．潜行的な．

アンダーコスト【under cost 日】 経原価以下の．原価割れの．英語は below cost．

アンダー ザ テーブル【under-the-table】 わいろ．袖の下．内密の．

アンダースキル【under skill 日】①営技術者不足．英語は lack of skilled workers．②技術不足．英語は unskilled．オーバースキル．

アンダースコア【underscore】 IT電子メールなどで送るデータの文字に下線が付くことや，斜体にする文字などを示すために文字列の前後に付ける「＿」の記号．アンダーバーともいう．

アンダースタディー【understudy】 劇や仕事などの代役・代理．

アンダースタンディング【understanding】①理解．了解．熟知．思慮．思考力．②和合．強調．③哲悟性．

アンダーステア【understeering】 機自動車のハンドルを一定方向に切ったまま加速して旋回すると，前輪より後輪の旋回半径のほうが大きくなる性質のこと．

アンダーセル【undersell】 営経特価販売．安売り．

アンダーソ▶

アンダーソン局在【Anderson localization】 理金属中の伝導電子は結晶全体に広がって運動するが、金属中に不純物が多いと電子は一定の領域に局在するようになる現象.

アンダードッグ効果【underdog effect】 社政劣勢の方を支持する傾向が現れること.

アンダーノウン【underknown】 無名に近い状態. 知名度が不当に低い.

アンダーパー【under par】 ①競(ゴル)規定打数より少ない打数. アンダーともいう. ②経債券の市場価格が額面を下回っていること.

アンダープルーフ【underproof】 科アルコール分が標準強度以下の酒. ⇔オーバープルーフ.

アンダーフロア【under-floor】 工床を二重にして、その間にコンピューターシステムの配線や配管を収納すること.

アンダーフロー【underflow】 工算算術演算で、演算結果の数値が扱い得る範囲の最小値よりも小さくなること.

アンダーライター【underwriter】 ①経証券引き受け業務・業者. ②経保証人. 保険業者.

アンダーライティング【underwriting】 経証券の引き受け業務. 有価証券の発行時に、証券会社が販売責任をもって発行会社から有価証券を買い取り、引き受けること.

アンダーライン【underline】 下線. 横書き文で注意や強調などのために引く.

アンダーリペア【under repair】 競(ゴル)コース上にある修理地. 線やくいで示される.

アンタイド【untied】 制限されない. 縛られていない. 限定しない. ひもなしの.

アンタイドローン【untied loan】 経資金の貸手が借手に対して、その用途や運用について指定をしない融資. 不拘束貸し付け. 不拘束融資. ひもなし援助. ⇔タイドローン.

アンタッチャブル【untouchable】 ①手を触れることができない. 禁制の. ②社インドのカースト階級にも属さない最下級の階層の人.

アンタレス【Antares】 天さそり座の超赤色巨星. ギリシャ語で「火星の敵」の意.

アンダンテ【andante 伊】 音適度に緩やかに演奏せよ. 緩徐楽章. 緩徐曲.

アンチ【anti】 ①反対者. 反対論者. ②「反対」「対抗」「排斥」などを意味する接頭語. アンタイとも発音する.

アンチアド【anti-ad】 社反広告の意. 大量消費主義に反対するカル・ラスンの創始した雑誌「アドバスターズ」が掲げた標語.

アンチアボーション運動【anti-abortion movement】 医社妊娠中絶禁止運動.

アンチウイルスソフト【antivirus software】 工イ算コンピューターウイルスを除去するソフトウエア.

アンチエイリアシング【antialiasing】 工イ画像情報を表示するのに、図形の斜線が画面上でギザギザになって滑らかに表れるようにする手法. アンチエリアシングともいう.

アンチエージング【antiaging】 老化防止の. 抗加齢の. 不老の. アンチエイジングともいう.

アンチガン【antigun】 社銃規制を支持する. 銃所持に反対する.

アンチクライマックス【anticlimax】 結末の惨めなこと. 竜頭蛇尾.

アンチコドン【anticodon】 生転移RNAのアミノ酸と結合する部分の反対側にある、3種の塩基からなる部分.

アンチコンシューマリスト【anticonsumerist】 環社無制限に商品を消費し、環境に悪い影響を与えることに反対する人.

アンチシック【anti-chic】 服格好よさや流行をわざと避けた装い.

アンチシフレーション【anticiflation】 経物価や賃金などが、インフレを予想して上昇すること.

アンチショック【antishock】 耐震性. 振動によって故障の生じないこと.

アンチスキッド システム【antiskid system】 機自動車の制動装置の一つ. 自動制御によってタイヤのスリップを防ぎ、方向の安定性を保つとともに、制動能力を高める.

アンチセミティズム【anti-Semitism】 反ユダヤ主義.

アンチセンスRNA【antisense RNA】 生ある特定の遺伝子から作られるmRNAに相補的な配列をもつ分子.

アンチセンス療法【antisense therapy】 医生病気を引き起こす遺伝子の働きを細胞の中で断つ新しい治療法. 人工遺伝子で病気を治したり、ウイルスの活動を抑制したりする.

アンチダンピング コード【antidumping code】 経不当なダンピング価格で輸出することを防止するための関税措置. ガット6条の規定による.

アンチダンピング措置【antidumping】 営経国内向け価格を下回って輸出国が販売したため、輸入国の競合産業が損害を被ることを救済する措置. AD 措置ともいう.

アンチダンピング ルール【antidumping rule】 経世界貿易機関(WTO)の新ラウンドの交渉分野の一つ. ダンピングで輸入国の産業が被った損害を救済する措置(AD措置)の規定を見直す交渉.

アンチテアトル【anti-théâtre 仏】 劇反演劇. 人間存在の不条理性、絶望的な内面の真実の表現などを目指す. 1950年代にフランスを中心に起こり、ベケット、イヨネスコなどが知られる.

アンチディクライナー【antidecliner】 社政反没落論者. 反衰退論者. アメリカの力が衰退してきたとする説に異議を唱える人.

アンチディプレザント【antidepressant】 抗うつの. 抗うつ薬.

アンチテーゼ【Antithese 独】 哲反定立. 反対命題. 弁証法で特定の肯定的命題に対応する特定の否定的命題. ⇔テーゼ.

アンチトラスト【antitrust】 独占禁止の. 反トラストの.

アンチニー【Antinny】 工イ算ファイル交換ソフト Winny のネットワークを介して拡散するコンピューターウイルスの一種. パソコン内の情報を無差別に公

開してしまう．
アンチノック【antiknock】国制爆剤．内燃機関内のノッキング防止用に燃料に加える物質．
アンチノミー【Antinomie 独】国二律背反．
アンチフェミニスト【antifeminist】 社反女権拡張主義者．男性上位主義者．
アンチボールドネス ドラッグ【antibaldness drug】薬はげ治療薬．養毛剤の一種．
アンチボディー【antibody】医抗体．
アンチミサイル ミサイル【antimissile missile】軍ミサイル迎撃ミサイル．
アンチミニマリズム【antiminimalism】服極限まで簡素化したミニマリズムと対立する傾向をもつファッション．
アンチユニオナー【anti-unioner】社労働組合に反対する従業員．組合反対派．
アンチョビー【anchovy】魚料南米沖などで多くとれるカタクチイワシ科の小魚の名．普通それを塩蔵発酵させた食品をいう．
アンチロック ブレーキシステム【antilock braking system】機急ブレーキ時の車輪ロックを防止し，ハンドルの操作不能や車体の横滑りを防ぐブレーキシステム．ABS．
アンチロマン【anti-roman】文反小説．1950年代フランスに起こった，伝統的な書き方を否定する小説の技法．ヌーボーロマン．
アンツーカー【en-tout-cas 仏】競水はけのよい人工土．またそれを敷いた競技場の走路．
アンティーク【antique 仏】①こっとう品．古美術品．②旧式の．昔風の．アンチーク．
アンティークキモノ【antique kimono 日】服大正時代から昭和初期に普段着として着られていた「銘仙」「お召し」などの古い着物．
アンティークジーンズ【antique jeans】服1970年代中ごろまでに発売された古着のジーンズ．
アンティークドール【antique doll】19世紀にヨーロッパで作られた人形．精巧な技法とぜいたくな材料を用いて製作された．
アンティーク ファッション【antique fashion】服古着を新しい感覚で着こなすこと．
アンティグア サミット【Antigua Summit】政グアテマラ，エルサルバドル，ホンジュラス，ニカラグア，コスタリカの中米5カ国が1990年に開いた首脳会談．中米地峡経済共同体の創設を合意した．
アンティシペーション【anticipation】予想．予測．人の行動を事前に判断して反応とすること．
アンディジャン事件【Andijan Incident】政ウズベキスタン東部フェルガナ地方のアンディジャンで，2005年5月に発生した死者をともなう騒擾（そうじょう）事件．
アンティパスト【antipasto 伊】料前菜．
アンデスグループ【Grupo Andino 西】経政コロンビア，エクアドル，ペルー，ボリビア，チリの自由貿易圏構想に基づく地域協定．
アンテドラッグ【antedrug】薬薬物の副作用を少なくし，効果を増す作用をもつ物質．
アンテナショップ【antenna shop】営新商品などをテスト的に売り出し，その反応から消費者の需

要動向を探るために設けた小売店．パイロットショップともいう．
アンデリート【undelete】IT算一度削除したファイルを元に戻すこと．
アンテルネット【Internet】「インターネット」のフランス語読み．
アンドゥ【undo】①IT算直前に実行した操作の効果を取り消し，元の状態に戻すこと．②元に戻す．取り消す．
アンドキュメンテッド ワーカー【undocumented worker】社不法入国した外国人労働者．不法入国して就労している人．
アンドサーキット【AND circuit】IT算論理積回路．AND回路．
アンドラゴジー【andragogy】教成人教育学．ギリシャ語の andros（成人）と agogos（指導）の合成語．
アントルプルヌールシップ【entrepreneurship】営経起業家精神．
アントルメ【entremets 仏】料フランス料理で出される甘い菓子類．
アントレ【entrée 仏】料間皿（あいざら）．西洋料理で，前菜のあと，または焼き肉料理の前に出る料理．アメリカでは主となる料理．
アントレプルヌール【entrepreneur 仏】営経起業家．企業家．新しい事業を自ら企業化する実業家．アントレプレヌールともいう．
アンドロイド【android】空想科学小説などに出てくる，外見が人間そっくりの姿をしたロボット．人造人間．
アンドロゲン【androgen】生雄性ホルモン物質で，性的欲求を起こす男性ホルモン．
アンドロジナス【androgynous】①男女両性の特徴をもった．両性具有の．雌雄両用の．②医性の差異を超えて，人間の可能性を広げようとする両性具有の美学概念．アンドロギュヌス．③服男女両性の雰囲気をもつ服飾．
アンドロステンジオン【androstenedione】生睾丸や副腎皮質などから分泌する男性ホルモン．筋肉増強作用がある．
アンドロロジー【andrology】医男性病学．男性特有の病気，特に生殖器の機能を研究する医学の一分野．
アンニュイ【ennui 仏】けん怠．退屈．
アンニョン ハシムニカ【anyeong hasimnika 朝】こんにちは．ごきげんいかが．
アンバー【amber】こはく．こはく色．
アンバーアラート【Amber Alert】社アメリカで，幼い子供の誘拐事件が起こった際の初動警戒プログラム．メディアなどを通じて緊急情報を流し，一般住民に情報提供を呼び掛ける．誘拐殺害されたテキサス州の少女，アンバー・ヘイガーマンの名にちなむ．
アンパイア【umpire】競審判員．
アンバサダー【ambassador】大使．使節．
アンパサンド【ampersand】英語の and を表す記号「&」のこと．
アンバニング【unbanning】非合法化を解除す

ること．禁止令の解除．
アンバランス【unbalance】①精神的に不安定な状態．②不釣り合い．不均衡．英語では一般的にimbalance．
アンバランスド アカウント【unbalanced account】経未決算勘定．
アンバンドラー【unbundler】営複合企業の事業部門や子会社を，個別に売却する仕事を手掛ける人．
アンバンドリング【unbundling】Ⅰ営算ハードウエアとソフトウエアの価格を別々にする販売・契約方式．
アンバンドル【unbundle】①営複合企業の事業部門や子会社をグループから切り離し個別に売却すること．②一括販売用の商品に個別に価格を付けること．③Ⅰ細分化したネットワーク機能を複数の通信事業者が使うこと．
アンビエンス【ambience】環境．雰囲気．
アンビエンス エフェクト【ambience effect】音臨場感．
アンビエント ミュージック【ambient music】音感覚を刺激することを目的に生活環境の中で流される音楽．
アンビギュアス【ambiguous】あいまいな．どちらともとれる．不明瞭な．
アンビシャス【ambitious】野心のある．大志を抱いた．
アンビソニック【Ambisonic】音音波の方向特性を電子的に操作して作り出される高忠実度の音響再生方式．イギリスのニンバス社がライセンスをもつサラウンド方式．
アンビバレンス【ambivalence】心一つのものに対して，矛盾する感情が併存すること．両価値．両義性．
アンビバレント【ambivalent】①相反する感情をもつ．両面の価値がある．②服正反対の価値が共存するファッション．
アンビュランス【ambulance】①医救急車．②軍傷病兵の輸送を担当する船舶や航空機．③軍野戦病院．
アンビュランスサービス【ambulance service】医社病院送迎．イギリスの公益法人が行う高齢者向けサービスの一つ．
アンビュランス チェーサー【ambulance chaser】社交通事故の事後処理を担当し，悪どいもうけをたくらむ弁護士．悪徳弁護士．
アンビリーバブル【unbelievable】信じられない．信じがたい．不信心な．
アンピング【amping】医薬中枢神経系興奮剤から作る麻薬を喫煙して起こる陶酔状態．
アンプ【amp】電増幅器．電流・電圧などの入力を増幅させる装置．アンプリファイアー．
アンファン テリブル【enfant terrible 仏】社恐るべき子供．早熟で手に負えない子供．フランスの作家コクトーの小説の題名から．
アンフィシアター【amphitheater】建階段式座席を巡らした円形劇場や大講堂．
アンフェア【unfair】不当な．公正でない．

アンフェタミン【amphetamine】薬覚醒剤の一種．世界反ドーピング機関（WADA）の禁止薬物に指定されている．
アンフェノール【amphenol】Ⅰ営アメリカのアンフェノールが開発したコネクターの形状．信号を送る部分が棒ではなく基板上で，留め具によりコネクターを固定するのが特徴．
アンフォールディング ハウス【unfolding house】建工場で部品を生産して建設現場で組み立てるプレハブ住宅の一種．
アンフォルメル【informel 仏】美非定形の意．1950年代，パリを中心に広まった反絵画的な傾向．アール アンフォルメル．タシスム．
アンブッシュ ディフェンス【ambush defense】法待ち伏せ弁護．公判を有利にしようとする法廷戦術の一つで，被告側が今まで伏せていた証拠を，機を見て提出する．
アンフュジョン【infusion 仏】料香草を用いて出す茶．英語では herb tea．
アンプラグド【unplugged】音電気楽器を使わないで演奏すること．音量増幅装置を用いないで，生の音で聴かせる楽器または演奏．電気プラグを接続しないという意．
アンプリファイアー【amplifier】電増幅器．アンプともいう．
アンプル【ampul；ampoule】医薬注射液などを密封したガラス製の小容器．
アンブレラ【umbrella】雨傘．こうもり傘．
アンブレラ アグリーメント【umbrella agreement】経包括契約．
アンブロイド【amberoid】人工こはく．
アンプロフエ メゾン【employé de maison 仏】社家事従業員．家事労働のために雇われる人．
アンペア【ampere】理電流の単位．国際単位系の基本単位．1アンペアの電流は毎秒1クーロンの電気量を運ぶ．
アンペイドビル【unpaid bill】営経不渡り手形．
アンペイドワーク【unpaid work】社無報酬労働．手当てが支給されない家事・育児・介護などの労働のこと．
アンマウント【unmount】Ⅰ営ハードディスクやMOなどの周辺機器をコンピューターでアクセスできない状態にすること．⇔マウント．
アンメーター【ammeter】電電流計．アンペアメーターともいう．
アンメットニーズ【unmet needs】社満たされざる家族計画への需要．避妊の知識や薬品・器具がなくて避妊ができない夫婦などをいう．
アンモニア【ammonia】化水素と窒素の化合物．刺激臭のある気体．
アンモラル【unmoral】道徳感がない．道徳を超越した．道徳外の．
アンラーニング【unlearning】学問のない．生得の．既成の学習知識の解体．
アンラッキー【unlucky】不運な．不幸な．不遇な．不吉な．

◀イールド

アンリーズナブル【unreasonable】 理性的でない．不合理な．法外な．
アンリステッド【unlisted】 ①名簿に載っていない．②経証券などが非上場の．
アンレッディッド【unleaded】 ①無鉛化した．無鉛の．鉛分を除去した．②料カフェイン抜きのコーヒー．
アンレッディッド ガソリン【unleaded gasoline】無鉛ガソリン．

イ

イーグル【eagle】 競(ゴル)パーより2打少なくホールアウトすること．鷲(ワシ)の意．
イーグル金貨【Eagle gold coin】経アメリカの財務省造幣局が発行する金貨．
イーコマース【e-commerce】 IT営電子商取引．インターネットなどを利用する知的活動の総体を含む．eコマースともいう．
イーサネット【Ethernet】 IT営パソコン，ミニコン，ワークステーション用の，小規模なLANに適した通信方式の規格．
イーサネット型LAN【Ethernet type LAN】IT営1973年にアメリカのゼロックスが開発したバス型のLAN方式．現在，パソコンやワークステーションで最も広く利用されているLANの方式．
イーサネット スイッチ【Ethernet Switch】 IT営イーサネットのケーブルを交換機に置き換える方法．複数の通信が同時に行える．
イージー【easy】気楽な．簡単な．
イージーアクセス【easy access】 IT算身体に障害のある人などが，片手や指1本でMac OSを操作できるようにしていること．
イージーオーダー【easy order 日】服型見本と布地を選んで注文する方法．
イージーケア【easy care】 服洗ったあと，アイロンをかけなくてもすむ繊維．
イージーゴーイング【easygoing】安易に物事を行うこと．のんきな．気楽な．
イージージャケット【easy jacket】服くつろいで着る気軽な感じの男性用の上着．
イージーソフトウエア【easy software】 IT算基礎知識や予備知識がなくても簡単に使うことができるパソコン用のソフトウエア．
イージーターゲット【easy target】社犯罪者に狙われやすい装いや振る舞いをする人．だまされやすい人．イージーマークともいう．
イージーチェア【easy chair】安楽いす．
イージーパンツ【easy pants】服着用が楽ではき心地のよいズボン．ウエスト部分はゴムやひもで締め，折り目もなくゆったりとした形のもの．
イージーフィッティング【easy-fitting】服緩やかな着付け．
イージーペイメント【easy payment 日】営分割払い．

イージー マネー ポリシー【easy money policy】経金融緩和政策．低金利政策．
イージーリスニング【easy listening】音気軽に聞ける音楽という意．ムードミュージックや軽いボーカルのものなど．
イージス艦【Aegis ship】軍海面から高高度までの同時ミサイル攻撃にも自動対応できる防空戦闘システムを備えたアメリカの軍艦．
イージス戦闘システム【Aegis battle system】軍アメリカ海軍のイージス艦が備える防空戦闘システム．
イースター【Easter】復活祭．キリストの復活記念祭．春分後の最初の満月の日の次の日曜日．イースターサンデーともいう．
イースターエッグ【Easter eggs】IT算特に役に立つわけではない隠し機能．特殊な操作をすることで現れて，多くはソフトウエア制作者の一覧やメッセージなどが表示される．
イースタンリーグ【Eastern League】競(野球)東日本に本拠地をもつプロ野球6球団の二軍リーグ．⇔ウエスタンリーグ．
イーストエンド【East End】ロンドン市の東端の地域．庶民的な雰囲気をもつ．
イーストコースト【East Coast】アメリカの東海岸．ニューヨークを中心とする大西洋沿岸の地域．
イーストコースト サウンド【East Coast sound】音アメリカ東海岸から広まった都会的で硬質な感覚の音楽．
イーストサイド【East Side】ニューヨークのマンハッタン区東部．
イーターテインメント【eatertainment 日】料時間消費型や空間消費型の娯楽的な機能をもつ食事やその空間．eatとentertainmentの合成語．
イートアウト【eat-out】料外食をすること．外で飲食すること．
イートイン【eat-in】料パン屋やファストフード店などの店内で飲食すること．
イーパーブ【EPIRB】緊急時位置指示発信機．船舶などに備え，救難信号を発信する器具．
イーピー【ep】IT版蓄積型データ放送の規格を提供する会社の一つ．東芝などが出資．
イープ【YEEP】社若さがあり活力にあふれている中年齢者たち．youthful energetic elderly peopleの略．
イーブック【e-book】IT電子書籍．
イーブン【even】等しい．互角の．平らな．
イーラム【ihram】宗イスラム教のメッカ巡礼者が着る衣服．またその巡礼者が守るべき掟．
イーラム国【Eelam】政タミル人独立派がスリランカの北部・東部につくることを求めている独立国．
イーリント【ERINT】軍アメリカ陸軍の戦術ミサイルを迎撃する対空ミサイル．extended range interceptorの頭字語から．
イールスキン【eel skin】服ウナギの皮で作る服飾品．
イールド【yield】①産出する．利益を出す．②経産出高．生産額．報酬．利回り．

45

イールドカ▶

イールドカーブ【yield curve】 経利回り曲線．横軸に債券の償還までの残存利回りの目盛りをとり，縦軸に最終利回りをとって，グラフ曲線で表したもの．

イールド スプレッド【yield spread】 経長期金利と企業収益との関係から株式市場の過熱度を測る指標．長期利回りから株式益利回りを差し引いたもの．

イエス キリスト【Jesus Christ】 宗キリスト教の創始者．キリストは救世主の意．

イエスマン【yes-man】 社他人の言葉に従うだけで自分の主張をもたない人．

イエローカード【yellow card】 ①競(サッカー)主審がラフプレーや反則を繰り返す選手に示す警告カード．②医感染症の国内侵入を防ぐための国際予防接種証明書．イエローブック．

イエローキャブ【Yellow Cab】 アメリカの大手タクシー会社．またそのタクシー．

イエローグッズ【yellow goods】 営経買い入れや買い替えの頻度は少ないが，利幅が比較的大きい商品．電気冷蔵庫，大型テレビ，自動車など．商品の回転率が高いものをレッド(赤)と表し，動きの少ないものをイエロー(黄)とした．

イエローケーキ【yellow cake】 理ウラン鉱石を製錬して濃縮ウランを作る中間の生産物．粉末状で黄色．

イエローケーブル【yellow cable】 Ⅰ算アメリカの3社が共同開発した，地域ネットワークを実現するためのケーブル．

イエロー ジャーナリズム【yellow journalism】 醜聞や猟奇事件などを誇大に書きたてる新聞・雑誌などをいう．

イエローゾーン【yellow zone 日】 社全面駐車禁止区域．英語は no parking zone.

イエローフィン【Yellow Finn】 植料ヨーロッパ産のジャガイモの一種．調理すると黄金色になる．フィンはフィンランドの意．イエローフィニッシュともいう．

イエローブック【yellow book】 Ⅰ算元来はアメリカ政府発行の黄表紙の報告書を指したが，コンピューター関係の本の表紙に黄色が多く，最近は後者を意味することが多い．

イエローフラッグ【yellow flag】 ①船内に感染症患者がなく，入港許可を求めていることを示す黄色い旗．検疫旗．②競自動車やオートバイのレースで，コース上などに危険がある時に示される注意旗．③競(アメリカンフットボール)反則があった時に審判が投げる黄色のハンカチ．

イエローページ【yellow pages】 ①職業別電話帳．業種別の企業や製品の案内．②Ⅰ算インターネットの情報源の出所，分野をまとめたホームページ．

イエローベビー【yellow baby】 医重症の黄だんにかかった新生児・乳児．

イエローペリル【yellow peril】 社黄色人種がもたらす脅威．黄禍．

イオ【Io】 天木星の第1衛星．

イオスコ【IOSCO】 経証券監督者国際機構の通称．International Organization of Securities Commissions の頭字語から．

イオン【ion】 化電荷をもつ原子，または原子団．イオンはギリシャ語の「行く」という意から来たもので，イギリスの物理学者ファラデーの命名．

イオン飲料【ion －】 料人間の体液に近い浸透圧をもつ飲み物．

イオンエンジン【ion engine】 機水銀，キセノンなどをイオン化し，強い電場をかけて帯電粒子の超音速の噴射によって推進力を得るロケットのエンジン．

イオン結合【ionic bond】 化化学結合の一種．陰・陽イオンの静電的な力による結合．

イオン交換樹脂【ion-exchange resin】 化周囲のイオンと交換できる機能をもつ合成樹脂．溶液の精製などに用いる．

イオンゾンデ【ionosonde】 理電離層測定装置．

イオン注入法【ion implantation】 理半導体中に不純物を添加する方法の一つ．不純物をイオン化して電圧で加速し，その運動エネルギーを利用する方法．

イオントラップ【ion trap】 理真空中に置いたイオンを捕獲する技術．量子コンピューティングの根幹となる量子ビットとして利用できる可能性がある．

イオンビーム【ion beam】 理真空中でイオンを加速させて作り出す細い流れ．

イオンロケット【ion rocket】 機理金属蒸気原子をイオン化し電気的に加速して，その反動を推進力とするロケット．

イギリス海外開発庁【Overseas Development Administration】 政国際協力や二国間援助を取り扱うイギリスの政府機関．外務省のもとで開発庁長官が裁量権をもつ．

イギリスパン【Inglez pão 葡】 料ふたのない型に入れて焼く，山型のパン．

イクエーター【equator】 赤道．

イグザミネーション【examination】 試験．

イクチオロジー【ichthyology】 魚生魚類学．魚類誌．

イグニッション インターロック【ignition interlock】 機飲酒運転防止のために，エンジン始動装置に呼気センサーを組み込んだもの．アルコールが検出されるとエンジンがかけられなくなる．

イグニッション ノイズ【ignition noise】 自動車エンジンの点火によって発生する雑音．

イグ ノーベル賞【Ig Nobel Prize】 アメリカの「Annals of Improbable Research」誌による，笑える業績に贈られる賞．ノーベル賞のパロディー版で，「裏のノーベル賞」ともいう．

イコーリティー【equality】 平等．対等．等しいこと．イクオーリティーともいう．

イコールアクセス【equal access】 ①Ⅰ独占的な地域電話会社の市内回線網を，競争下の長距離電話会社が平等な条件で相互接続すること．②Ⅰ大学や研究所同士などで行う対等条件の相互アクセス．

イコール オポチュニティー【equal opportunity】 社機会均等．男女の雇用機会均等の原則や，国際関係・外交活動に関する関係国間の機会平等の原則まで，多方面に用いられる．

46

◀イスラムの

イコール トリートメント【equal treatment】平等の扱い. 特別扱いしないこと.

イコールパートナー【equal partner】立場が対等な提携相手.

イコール フッティング【equal footing】対等条件. 同じ資格. 対等な関係.

イコカ【ICOCA】①非接触型ICカードを用いる運賃先払い式カード. JR西日本が発売. 商標名.

イコサペンタエン酸【icosapentaenoic acid】化魚の脂肪分を構成する多価不飽和脂肪酸の一種. 血液の凝固を防ぎ, 血管の収縮をゆるめるなどの働きがある. IPA, エイコサペンタエン酸(EPA)ともいう.

イコノクラスム【iconoclasme 仏】宗偶像破壊運動. アイコノクラズムともいう.

イコノグラフィー【iconography】美図像学. 視覚芸術における主題とその意味を体系的に解明したりする.

イコノス【Ikonos】宇アメリカのスペースイメージングが運用している地上観測衛星.

イコノメーター【iconometer】①写自動調節直視ファインダー. ②機距離測定用の透視ファインダー.

イコノロジー【iconology】美図像解釈学. 図像学を発展させて, 作品の成立を文化的・時代的な背景をふまえて考察する研究.

イコモス【ICOMOS】国際記念物遺跡会議. 1964年にUNESCO(ユネスコ)の協力機関として結成. International Council on Monuments and Sitesの頭字語から.

イコライザー【equalizer】録音時に起こった特性の歪みを, 再生時に補正する回路. またその装置.

イコン【Ikon 独】像. ギリシャ正教の聖画像.

イジェクション カプセル【ejection capsule】機飛行機などの脱出用カプセル.

イジェクト【eject】①①算装置からディスクを取り出すこと. 物理的な操作で出す以外に, MacOSのようにメニュー選択で行う場合もいう. ②追い出す. 放逐する.

イシュー【issue】①発布. 発行. 出版物. 刊行物. 発行高. ②問題点. 争点. イッシュー.

イシューアド【issue ad】広意見広告. 団体などが, 社会的・公共的な問題について自己の主張を訴える形式の広告. アドボカシーアドともいう.

イジュマー【ijma 亜刺】合意. イスラム世界での合議による見解.

イスパノアメリカ【Hispanoamerica 西】中南米でスペイン語を公用語としている国々.

イズベスチヤ【Izvestiya 露】もとは旧ソ連の最高会議幹部会発行の日刊新聞. 報知の意. ソ連邦解体前後から自由主義的な改革路線に変わり, ロシア連邦では政府機関から独立.

イスマーイール派【Ismaili】宗イスラム教シーア派の一分派. 7イマーム派.

イズム【ISM】習店舗の売り場の生産性を最大にする技法. instore merchandisingの頭字語から.

イズム【ism】主義, 主張, 学説などの意味を表す接尾辞.

イスムン【ISMUN】社国際連合国際学生運動. 1948年に国際連合協会世界連盟の学生委員会として設立し, 65年に独立した. 各国の大学生などが, 国際平和の推進を通じて, 国連に協力することを目指す. International Students Movement of the United Nationsの頭字語から.

イスラエル労働党【Labor Party】政イスラエルを建国したシオニズムの本流をなす政党.

イスラエル ロビー【Israel lobby】政アメリカのイスラエル系圧力団体. 政界・マスコミなどで強い勢力をもっている.

イスラマバード宣言【Islamabad Declaration】経2004年南アジア地域協力サミットの宣言. 南アジア経済連合への発展を前提とした南アジア自由貿易圏(SAFTA)創出をうたう.

イスラム【Islam】宗イスラム教. 回教. 全イスラム教徒. 回教世界. 神への服従の意. イスラームともいう.

イスラムアマル【Islamic Amal】軍レバノンのシーア派武装組織. イスラム原理主義を唱え, 1982年にアマルから分派.

イスラム解放党【Islamic Liberation Party】政中央アジアの非合法イスラム組織の一つ. 1990年代半ばごろ結成. ヒズブアッタフリール アルイスラーミーヤともいう.

イスラム革命【Islamic Revolution】政1979年にイランのパーレビ王朝を倒したイスラム原理主義に基づく革命.

イスラム革命ムジャヒディン機構【Organization of Mojahedin of the Islamic Revolution】政イランの政治組織の一つ. 1979年に結成. 86年に解散したが, 91年に再結成.

イスラム救国戦線【Islamic Salvation Front】軍アルジェリアのイスラム原理主義を唱える過激派組織. 1989年に設立. FIS.

イスラム原理主義【Islamic fundamentalism】政イスラム復興主義. イスラムの伝統を忠実に守るべきだと主張する政治運動.

イスラム ジハード【Islamic Jihad】軍イスラム聖戦機構. 中東の異なる地域に存在しイスラム的解放闘争を展開する, 同じ名前の過激派組織.

イスラム集団【Islamic Group】軍エジプトのイスラム原理主義を唱える過激派組織. 1970年代半ばに結成.

イスラム諸国会議機構【Organization of the Islamic Conference】政イスラム諸国間の連帯と協力の促進を目指す組織. 1971年に創設. OICともいう.

イスラム聖戦機構【Islamic Jihad】軍イスラム ジハード. 中東の異なる地域に存在しイスラム的解放闘争を展開する, 同じ名前の過激派組織.

イスラム統一運動【Islamic Unification Movement】政レバノンのイスラム教スンニー派の原理主義組織. 1979年に結成. IUMともいう.

イスラムの国【Nation of Islam】社1930年代に設立されたアメリカの黒人組織. ブラックモスレムと

イスラム法▶

もいう.

イスラム法的権利擁護委員会【Committee for the Defense of Legitimate Rights】 社サウジアラビアの市民の人権を擁護する組織. イマーム大学のトワイジェリーを中心に創設.

イスラム連合【Islamic Unity】 政ソマリアのイスラム原理主義組織.

イソ[1]【ISO】 国際標準化機構. International Organization for Standardization の頭字語.

イソ[2]【iso】 ①化異性体を指す言葉. ②等価の. 同類の.

イソグルコース【isoglucose】 化科でんぷん質の穀物から得る甘味料. 砂糖の代用として使う.

イソ酵素【isozyme】 化同一生物種で機能的には同じ酵素の働きをするが, 化学的な構造では異なっている酵素. アイソザイムともいう.

イソップ【ESOP】 営経従業員持ち株制度. 従業員が自社の株を所有主となる制度. employee stock ownership plan の頭字語.

イソニアジド【isoniazid】 薬結核治療薬の一つ. ストレプトマイシンの約10倍の殺菌効果があるといわれる.

イソフラボン【isoflavone】 化大豆に含まれる成分の一つ. 乳がんなどの予防効果があるとされる.

イソプレン【isoprene】 化合成ゴムの一つであるイソプレンゴムの原料.

イソプレンゴム【isoprene rubber】 化合成ゴムの一種. イソプレンの重合体. IRともいう.

イタリア ファッション【Italian fashion】 服イタリア製の装いや服飾品. 高級ブランドから少量の注文にも応じられる産業基盤をもつ.

イタリアン カジュアル【Italian casual 日】 服イタリア調の普段着風の装い. 都会感覚が豊かな斬新な装い. イタカジともいう.

イタリアン レストラン【Italian restaurant】 料イタリア料理を供する料理店.

イタリック【italic】 印欧文活字の書体で, 右に少し傾斜した字体.

イタル タス通信【ITAR-TASS】 ロシア連邦の国営通信社. 1992年に旧ノーボスチ通信とタス通信を合併して発足. ITAR は Information Telegraph Agency of Russia (ロシア情報電報通信)の略.

イッド【Yid】 ユダヤ人.

イッヒ【Ich 独】 私. 我.

イッヒロマン【Ich Roman 独】 文一人称小説. 書簡体独白小説. 主人公が一人称で自伝風に自己の生活体験などを述べる.

イッフィーズ【Yiffies】 社ヤッピーに代わってアメリカビジネス界に登場した新世代の若者層. 若く個人主義的志向をもつ職業人で, ヤッピー世代よりも数が少ないのが特徴. young, individualistic, free-minded professionals, fewer in number than the yuppies の頭字語から.

イップス【yips】 競精神集中をしてプレーする際に緊張のため起こるふるえ. ゴルフのパットなどで手の動きが鈍るような症状が出る.

イデア【idea 希】 哲観念. 理念. イデー, アイデアともいう.

イディオットカード【idiot card】 劇放出演者にせりふなどを見せる大きなカード.

イディオフォーン【idiophone】 音木琴・どらなど, 打撃や摩擦などでそれ自体が音を出す楽器. 体鳴楽器.

イディオム【idiom】 言熟語. 慣用句. 成句.

イデー【Idee 独】 哲観念. 理念. アイデア, イデアともいう.

イディオサヴァン【idiot savant 仏】 心自閉性障害の一つ. 知的発達の遅れが見られるが, 特殊な分野で才能を示す. イディオサヴァン.

イデオローグ【idéologue 仏】 観念論者. 空論家. 特定のイデオロギーの主唱者.

イデオロギー【ideology】 観念形態. 政治的な考え方. 主義. 主張.

イド【id 羅】 心無我意識. 人を動かす本能的エネルギーの源. 精神の機能には超自我, 自我, イドから構成される.

イドラ【idola 羅】 ①哲偶像. ②偏見. 先入観.

イナバウアー【Ina Bauer】 競(スケ)フィギュアスケートの技の一つ. 2006年トリノオリンピック金メダリスト荒川静香の得意技として流行語に. 1950年代後半に活躍した西ドイツ(当時)のイナ・バウアーが最初に演じたことから.

イニシアチブ【initiative】 ①主導権. 発議権. 率先. 第一歩. ②社法国民発案. 住民発案. 有権者が一定数の署名を集め, 法律の制定や改廃などを請求できる制度.

イニシエーション【initiation】 ①開始. 創業. 始動. 起動. ②教社入学式. 加入式. 特に加入儀礼. 少年から大人の世界へ入る時に行う, 象徴的表現を伴う行事. ③秘伝の伝授.

イニシエーション フィー【initiation fee】 入会金.

イニシエーター【initiator】 ①医初発因子. 遺伝子を変質させて, がん化のきっかけを作る物質. ②I商小型コンピューターのシステムインターフェースのバス(bus)上で, 命令を出す方の装置. 受け取る側はターゲット.

イニシャライズ【initialize】 I商記憶媒体にあるデータを消去し, 新たにデータを書き込める状態にすること. 初期化. フォーマット.

イニシャル【initial】 ①頭文字. ②最初の.

イニシャルコスト【initial cost】 営経当初費用. 新規導入にかかる費用.

イニシャル ペイメント【initial payment】 営経企業がもつ特別なノウハウを購入するために支払う一時金.

イニング【inning】 競野球などの試合の回.

イヌイット【Innuit ; Inuit】 エスキモーに対するカナダでの呼称. 人間たちの意. イヌイトともいう.

イノキュレーション【inoculation】 ①感化. ②医予防接種. 種痘.

イノギュレーション【inauguration】 ①新しい地位や役職への就任. ②新しい時代や政策が正式

に始まること.

イノシン酸【inosinic acid】 [化生]動物の筋肉組織中にある化学物質. カツオ節などにもある.

イノセンス【innocence】 無実. 無罪. 無邪気.

イノセント【innocent】 ①純粋な. 清浄な. 無罪である. 潔白な. 無心な. ②服純真な少女を思い描いたスタイル.

イノベーション【innovation】 ①経製品開発や資源発見など旧来に代わり新規のものが登場すること. ②革新. 技術革新. 新機軸.

イノベーター【innovator】 革新者. 新たな動向を作り出したり導いたりする人.

イブ【eve】 ①前夜祭. …の前夜. 特に, クリスマスイブのこと. ②[E-]『旧約聖書』に登場する人類最初の女性.

イフタール【Iftar 亜刺】 宗イスラム教のラマダン(断食月)中の断食明けの食事のこと.

イブニングスター【evening star】 天宵の明星. 金星.

イフプラン【if plan 日】 社事故や緊急事態などを想定して, 対策を考えること. 英語では contingency plan.

イプラ【IPRA】 社国際平和研究学会. 平和研究者の国際的団体で, 1965年にオランダで発足. International Peace Research Association の頭字語から.

イベリコ豚【Iberico pork】 スペイン原産のブランド豚.

イペリット【Ypérite 仏】 化びらん性毒ガス. エチレンと二塩化硫黄から作られる無色無臭の液体.

イベロアメリカ【Ibero-America】 スペイン語, ポルトガル語圏の中南米の国々. 旧宗主国であるスペイン, ポルトガルのあるイベリア半島とつながりの深い中南米地域のこと.

イベロアメリカ サミット【Ibero-American Summit】 政イベロアメリカ諸国首脳会議. スペイン, ポルトガルと, その植民地となった中南米諸国が参加する. 第1回は1991年にメキシコで開かれた.

イベント【event】 行事. 試合. イベント.

イベント処理【event processing】 [I][算]プログラムの進行中に起こった二つ以上の入出力の動作などを, 落ちこぼれがないように処理すること. Windows など数種のソフトウエアで採用されている機能.

イベントドリブン【event driven type】 [I][算] キーボードやマウスからの命令, 他のプログラムからの制御や, 外部からの指示に対応して処理内容を決めるソフトの処理形態.

イベント プロデュース【event produce】 営企業や団体などの催しを企画し, その内容・実施に関する業務を請け負うサービス形態.

イベント プロモーション【event promotion】 営広催事によって販売促進を行うこと.

イマージュ【image 仏】 像. 心象. イメージ.

イマージョン【immersion】 ①言外国語を集中訓練すること. ②浸入. 沈入. 熱中. 没頭.

イマージョン教育【immersion education】 教言英語教育の手法の一つで, 英語以外の教科も英語で教えるプログラム. 元来は, 1960年代にカナダで英語系の子供にフランス語を教える方法として開発された.

イマーム【imām 亜刺】 宗イスラム教で指導者, 導師.

イマジニアリング【imagineering】 イメージ工学. 想像力を豊かにするための技術.

イマジネーション【imagination】 想像力. 創意. 創作力.

イミグレーション【immigration】 移住. 入植. 空港などの入国管理.

イミテーション【imitation】 模造. まね. 模倣. 偽物. 模造品. 人造品.

イミテーション グリーン【imitation green 日】 本物のように印刷したポリエステルの葉に, 防虫防腐加工をした実際の木を幹に用いた人工樹木.

イミテーションゲーム【imitation game】 [I][算]コンピューターが出した回答と, 人間が出した回答とを第三者に判定させ, どちらが出した回答か判定できない時はコンピューターの勝ちとするゲーム.

イムノグロブリン【immunoglobulin】 生免疫グロブリン. 抗体の本体をなすたんぱく質. Ig ともいう.

イメージ【image】 像. 映像. 心象. 印象.

イメージアップ【image up 日】 印象や評判などをよくすること. ⇔イメージダウン.

イメージカッター【image cutter】 [I][算]画面に表示している情報を画像ファイル化するソフトウエア. 最近はキャプチャーソフトという場合が多い.

イメージギャップ【image gap】 相手, または相手国に対する心象と現実の間にある差異.

イメージ キャラクター【image character 日】 営広広告などに登場し, 企業や商品などのイメージを印象づける人や主人公.

イメージ広告【image advertising】 広商品や企業特性を直接的に説明するのでなく, そのイメージを情緒的に伝える広告.

イメージスキャナー【image scanner】 [I][算] 手書きの絵や図面などの読み取り装置. 図面上の各点で白黒や濃淡をデジタル信号に変換し, コンピューターに入力する.

イメージセッター【imagesetter】 [I][算]文字や画像などのデータを印画紙やフィルムに出力する装置の一つ. 高解像度の商業印刷などに用いる.

イメージセンサー【image sensor】 理人間が行っていた検査を代行する撮像素子.

イメージソング【image song 日】 音広企業, 団体, 商品などの印象を高め, 販売促進などを図るための歌.

イメージダウン【image down 日】 印象や評判などが悪くなること. ⇔イメージアップ.

イメージチェンジ【image change 日】 印象を変えること. イメチェンともいう. 英語では changing of the image.

イメージ調査【image research】 広一般大衆がその企業や商品などについてもっているイメージを調べること.

イメージ登録【image registration】 [I][算]ワ

イメージト ▶

プロソフトや DTP ソフトなどで，文書中に画像データを取り込む機能．

イメージ トランスファー【image transfer】 映ビデオカメラで撮ったテープ映像をフィルムに，また反対にフィルムからビデオテープに移し換えること．

イメージ トレーニング【image training】 競スポーツ選手が，頭の中で運動動作を思い描き，正しい動作を学習する訓練方法．過去の最高記録を出した場面のビデオなどを用いる．メンタルリハーサルともいう．

イメージニアリング【imageneering】 営顧客が想像し，感じているものを，具体的な商品やサービスにする技術．image と engineering の合成語．

イメージパワー【imagepower】 営消費者がもつ企業イメージの浸透度．

イメージビデオ【image video】 I想像の世界や心象風景などを題材に撮影し，宣伝内容などを伝えるビデオソフト．

イメージファイル【image file】 I算画像ファイル．

イメージプリンター【image printer】 I算ディスプレー装置上の図形やグラフィック画像などを，そのまま印刷できる装置．

イメージ プロセッシング【image processing】 I算画像処理．コンピューター処理の一方法．

イメージベースド モデリング アンド レンダリング【image-based modeling and rendering】 I算写真や絵画などの平面的な画像から立体のモデルを構築する技術．

イメージベースド レンダリング【image-based rendering】 I算コンピューターグラフィクスで，二次元画像をもとに，その中に存在する場面や物体を奥行き感のある三次元画像として生成する技法．ＩＢＲともいう．

イメージメモリー【image memory】 I算ラスター式ディスプレーで，図形データを再現するために数字データで記憶する装置．

イメージング テクノロジー【imaging technology】 画像工学．映像工学．

イメージングプレート【imaging plate】 理少ないX線照射量で鮮明な画像が得られるコンピューテッドラジオグラフィーで，撮影時に用いる輝尽性蛍光体を塗ったプラスチック製の薄い板．

イモビライザー【immobilizer】 機自動車の盗難防止方式の一つ．鍵に内蔵した暗証を車内のコンピューターが照合する．

イヤーフック【ear hook】 服イヤリングの一種で，耳の上に引っ掛けるタイプのもの．

イヤーブック【yearbook】 年鑑．年報．

イヤーラウンド ファッション【year-round fashion】 服一年を通して着用できる服装．

イヤキャンディー【ear candy】 音聴き心地のよい軽音楽．耳に甘いお菓子という意味に．

イヤセックス【ear sex】 I社電話を使ってわいせつな会話などを交わし，性交するような雰囲気になること．テレホンセックスともいう．

イヤバンク【ear bank】 医死亡した人の鼓膜などを保管し，耳の不自由な人に提供する施設．日本では1980年設立の兵庫医科大学が初め．移植の対象は主に慢性中耳炎患者．

イヤマーク【earmark】 ①営耳標．家畜の耳に付ける所有者を示す印．②経特定の用途を指定する資金．

イヤマッフル【ear muffle】 服防寒用耳あて．

イラウルツァ【Iraultza】 軍スペインのマルクスレーニン主義系過激派集団．バスク独立国家の樹立を目指す．1982年に結成．

イラキヤ リスト【Iraqi List】 政イラクのイスラム教シーア派の政治団体．

イラク戦争【Iraq War】 軍政イラクに米英軍が2003年に武力行使して始まった戦争．フセイン政権は崩壊．

「イラクの自由」作戦【Operation Iraqi Freedom】 軍2003年3月20日に開始された米英軍などによるイラク進攻作戦．

イラジエーション【irradiation】 ①照射．放射．②008円浸．背景が暗いと，発光体の周囲がぼやけて大きく見える現象．

イラショナル【irrational】 非合理的な．不合理な．⇔ラショナル

イラスト イラストレーション（illustration）の略．印美挿絵．図版．

イラスト準位【yrast level】 理原子核が励起状態にある時，励起エネルギーがほとんど回転エネルギーになっている場合のこと．

イラストマップ【illustrated map】 地絵地図．挿絵ふうに描かれた地図．

イラストレーション【illustration】 挿絵．図版．雑誌や書籍などでは言語の補助・説明的に使われるが，商業デザインでは重要な表現技法として一分野を確立している．イラスト．

イラストレーター【illustrator】 ①美挿絵画家．②[I－I]算図形などの作成に用いるグラフィックスソフトの一つ．アメリカのアドビシステムズが開発．

イラン イラク戦争【Iran-Iraq War】 軍1980年にイラク軍がイラン領に侵攻して始まり，88年停戦に至った戦争．

イラン革命【Iranian revolution】 政1979年にパーレビ王朝を打倒した革命．イスラム原理主義に基づく国づくりを行う．

イラン民主主義学生調整委員会【Student Movement Coordination Committee for Democracy in Iran】 政イランの反体制組織の一つ．

イリーガル【illegal】 非合法の．違法の．不法の．認められていない．⇔リーガル

イ リーグ【Eastern League】 競（野球）東日本地域に本拠地をもつプロ球団の二軍リーグ．

イリジウム【iridium】 化白金族元素の一つ．記号は Ir．原子番号は77．銀白色で延性が小さい金属．

イリジウム計画【Iridium Project】 I多数の通信衛星による地球的規模の移動通信網計画．アメリカのモトローラ社が推進し，1998年11月にサービスを開始したが，2000年3月にサービス停止．その後

◀インクブロ

2001年にサービス再開.

イリジウム濃集層【iridium-enriched bed】地白亜紀と第三紀の境界付近で発見された,巨大隕石の落下で形成されたといわれるイリジウムが濃集している地層.

イリジティマシー【illegitimacy】 ①非合法. 正当でない. 不合理. 型破りなこと. ②社私生. 結婚していない両親から生まれること.

イリュージョン【illusion】幻影. 幻想. 錯覚.

イリュミニスム【illuminisme 仏】美照明派の主義・思想.

イルビヘーブド【ill-behaved】I算 OS (基本ソフト)の機能に依存しないで,コンピューターのハードウエアを直接制御するプログラミングがされているアプリケーションソフト.

イルミナティック エフェクト【illuminatic effect】映いろいろな光源を用いて色彩的な光の空間を作り,映像効果を高める技術.

イルミナント【illuminant】光源. 発光体.

イルミネーション【illumination】電灯を用いた装飾. 照明.

イルリガートル【Irrigator 独】 医潅注 (かんちゅう) 器. 浣腸 (かんちょう) や洗浄用.

イレーザー【eraser】消しゴム. インク消し.

イレギュラー【irregular】 不規則な. ⇔レギュラー.

イレギュラー サイズ【irregular size 日】服規格外の大きさ. 背の高い人用や大きいサイズ, 小さいサイズの服などをいう.

イレギュラーパーマ【irregular permanent wave】美パーマをかけた部分とパーマなしの部分とがあるヘアスタイル.

イレギュラー ヘムライン【irregular hem-line】服裾を不ぞろいにしたデザイン. アシンメトリーヘムともいう.

イレッサ【Iressa】 薬肺がんの治療薬の商品名. イギリスのアストラゼネカ社が開発. 一般名はゲフィチニブ.

イレデンティズム【irredentism】 失地回復主義. 未回収地併合主義. 民族統一主義. 19世紀末にイタリアで起こった運動に由来する.

イレブン【eleven】①11. ②サッカーなど11人で行う競技の選手. またはそのチーム.

イレブンナイン【eleven nines】 純度が非常に高いこと. 誤差が非常に少ないこと. 99.99…と9が11続くことから.

イロニー【ironie 仏】風刺. 皮肉. アイロニー.

イン[1]【in】①内. 内部. 内側. 中へ. ②ゴル18ホールのうち後半の9ホール. ③競テニスなどで,打球がラインの内側に入ること. ⇔アウト.

イン[2]【inn】旅小さなホテル. 旅館.

インアキュレート【inaccurate】 不正確な. ずさんな. 間違った.

インエクスペンシブ【inexpensive】 安価な. 費用のかからない. ⇔エクスペンシブ.

インカーネーション【incarnation】 化身. 具現. 権化. インカネーションともいう.

インカタ【Inkatha ズー】政インカタ自由党 (IFP).南アフリカ共和国の黒人右派組織. 最大部族のズールーが主体. ズールー語の Inkatha Yenkululeko Yesizwe (民族文化解放会議) の略称.

インカマー【incomer】新入者. 新任者.

インカム【income】①経収入. 所得. ②広手数料部分を中心に集計した広告会社の収入.

インカムアカウント【income account】 経収入勘定. 損益勘定.

インカムゲイン【income gain】経利子収入. 配当. 資金を保有して得られる配当金, 利子, 不動産賃貸料などの所得.

インカムボンド【income bond】 経一定の利率によらないで, 会社の収益の状態で支払い額が決められる社債. 収益社債.

インカメラ【in camera】極秘に. 内密に. 非公開で. 室内で.

インカメラ レビュー制【in-camera review system】法非公開審理制度. 裁判官が傍聴人を全員退廷させた法廷か別室で事件を審理する裁判手続き.

インキャップ インキャパシタント (incapacitant) の略. ①軍人間を活動不能にして, 戦闘力を奪う化学兵器. ②化人を無能力化する薬品.

インキュベーション【incubation】①営起業支援. 新規開業の企業や事業に対する支援. ②抱卵. 孵化 (ふか). 培養.

インキュベーション センター【incubation center】営誕生したての企業を一定期間保護し, 独り立ちできるようになってから社会へ送り出す機関.

インキュベーション ビジネス【incubation business】営生まれたばかりのベンチャー企業が独り立ちできるまでの間, 必要な支援を与える事業. IBともいう.

インキュベーター【incubator】①保育器. ②営起業家精神をもつ実業家に, 場所・資金・人材・経営コンサルティングなどを提供して, 企業の発足を助ける施設や機関.

インキュベーター マネジャー【incubator manager】営新規の起業家に経営指導などを行う専門家. 2000年から通産省 (現経済産業省) が人材育成を始めた. IMともいう.

インク【Inc.】 営株式会社. インコーポレーテッド (incorporated)の略. 主にアメリカで, 社名のあとに Inc. と付記する.

インクァイアリー テスト【inquiry test】広広告物に対する問い合わせ件数で広告効果を測る方法. 請求券や割引券などをつけて問い合わせを求める場合が多い.

インク アンド ペイント【ink and paint】I算アニメーション制作で, スキャナーで取り込んだ動画を指定された色で塗り分けるシステム.

インクジェット プリンター【inkjet printer】I算細いノズルからインクをジェット状に噴射して, 文字を描く印字装置.

インクジェット プリント【inkjet print 日】服コンピューター制御で画像や色を構成し, 布地に直接噴射して捺染する方法.

インクブロット検査【ink-blot test】心インクの

51

インクリート▶

染みを見せて，それから連想するものから性格を検査する方法．

インクリース【increase】 増加．増大．増加する．拡大する．

イングリッシュ オンリー【English Only】 言英語第一主義．アメリカで，英語以外の言語の使用・共存を避けたがる考え方．

イングリッシュ ガーデン【English garden】 植生イギリス式の庭園．風景的に配置・植栽された草木があり，自然流の簡素な庭園．

イングリッシュ プラス【English Plus】 言アメリカで，英語とその他の言語の共存を求める考え方．

イングリッシュ ローズ【English rose】 植19世紀までヨーロッパで栽培・観賞されたオールドローズの花形と芳香があり，四季咲き性をもつバラ．

インクリボン【ink ribbon】 Ⅰ算プリンターの印字用テープ．リボンともいう．

インクリメンタリズム【incrementalism】 政増分主義．漸進主義．予算や政策を決定する場合に，前年度の予算額や過去の成功例を基本にして，それに割り増しをして対応する．

インクリメンタル イノベーション【incremental innovation】 部分改良型の小革新を積み重ねる技術革新．

インクリメンタル サーチ【incremental search】 Ⅰ算文字を検索する方法の一つ．全体の文字列を認識することなく，1文字ごとに検索を進めていく．

インクリメント【increment】 ①増加．増大．増量．②Ⅰ算プログラミング言語に必要な機能の一つで，ある大きさ分だけ数を一定して増やすこと．

インクルーシブ【inclusive】 包括的な．すべてを含んだ．↔エクスクルーシブ．

インクルード【include】 ①包含する．包括する．②Ⅰ算プログラミング言語の文法に従って，利用者が作ったプログラムに組み込む時に有効な命令．

イングループ【ingroup】 社共通の利害関係によって結ばれ，集団外の人間を差別する集団．内集団．↔アウトグループ．

インクレディブル【incredible】 信じられない．すごい．

インコタームズ【incoterms】 経貿易条件に関する国際規則．international commercial terms（国際商業用語）の略称といわれる．

インゴット【ingot】 化鋳塊．金属を溶かして塊にしたもの．

インコンプリート サクセス【incomplete success】 不完全な成功．失敗すること．

インサーキット エミュレーター【in-circuit emulator】 Ⅰ算マイクロプロセッサーシステムのハードが作動しているか確認したり，ソフトウエアの誤りを見つけて正したりする装置．

インサーター【inserter】 Ⅰ算印字装置に1枚の単票紙を差し込み，給紙する装置．

インサート【insert】 ①差し込み．挿入．②広折り込み広告．③Ⅰ算ワープロやコンピューターの編集作業における文字の挿入．

インサートキー【insert key】 Ⅰ算文書編集中

の挿入モードと上書きモードの切り替え機能を担うキー．上面には INS や Insert と書かれている．

インサイダー【insider】 内部の者．内部関係者．部内者．集団・体制の枠内にいる人．↔アウトサイダー．

インサイダー取引【insider trading】 経企業の役員などが，未公開の経営状態や内部事情を知ったことを利用して，株式を有利に売買すること．

インサイダーライゼーション【insiderlization】 経欧州連合（EU）の域内へ進出した外国企業を現地法人化すること．域内企業化．

インサイト[1]【incite】 刺激する．励ます．

インサイト[2]【insight】 洞察．眼識．洞察力．看破力．識見．

インサイド【inside】 ①内側．②競テニスや卓球で規定線の内に球が入ること．③競（野球）内角．④競（ソフト）サーブ権をもつ側．↔アウトサイド．

インサイド アウト【inside out】 ①競ゴルフなどで，飛球線に対して内側から外側に向かうようにクラブを振る打法．②服裏地を見せるデザインの衣料．

インサイド ストーリー【inside story】 内幕物．内幕暴露物．

インサイド トラック【inside track】 ①競陸上競技のインコース．内側のコース．②競争に有利な条件や地位．

インサイド ベースボール【inside baseball】 競（野球）頭脳的な作戦を展開する野球．

インサイドワーク【inside work 日】 競心理作戦など頭脳的なプレー．英語では clever play．

インジェクション【injection】 注入．注射．注入剤．

インジケーター【indicator】 ①機表示計器．温度・速度・圧力などを指示する計数器の総称．②化ある成分の存在や濃度を調べるために用いる試薬．指示薬．インディケーターともいう．

インシデント【incident】 ①出来事．事件．偶発事故．②ひやりとした経験．

インシデント プロセス【incident process】 社研修を受ける人たちが相互にディレクター，リポーター，メンバー，オブザーバーなどの役割を分担して行う研修法．

インシャラー【inshallah 亜刺】 宗神のおぼしめしのままに．

インシュアランス【insurance】 保険．保険金．

インシュラー【insular】 島の．島にある．孤立した．島国根性の．偏狭な．

インシュラリティー【insularity】 社島国根性．島国性．

インシュリン【insulin】 医化生すい臓から分泌されるホルモン．血液中の糖分を調節する働きがある．インスリンともいう．

インシュレーション【insulation】 理電気・熱・音などの遮断・絶縁．断熱材．絶縁物．

インシュレーター【insulator】 電絶縁体．絶縁器．

インショップ【in shop 日】 経百貨店やスーパーマーケットなどの店内にある専門店．店内店．ショッ

◀インスペク

プイン ショップともいう。

インショップカフェ【in-shop cafe 日】料喫茶店以外の洋品店や装飾用品売場などの一角に設けるしゃれたカフェ.

インスタレーション【installation】美立体作品を壁や床に設置して、空間を意識的に表現する方法．またその作品．取り付け・据え付け・設置の意．

インスタンス【instance】①IT算 C++ やJava などの言語を用いたプログラミングで、機能別に分類されたプログラム構成のうち特定の定義をひな形として作られた構成のこと．
②IT算 OS（基本ソフト）やアプリケーションソフトがディスプレー画面などに表示する情報のこと．ガイドメッセージやエラーメッセージなど．

インスタント【instant】 即席の．瞬時の．即席食品．

インスタント インフラストラクチャー【instant infrastructure】IT算電気通信網などの基盤が未整備の地域に導入を計画している、アメリカの衛星電話サービス．

インスタント カメラ【instant camera】写専用のフィルムを用い、撮影した写真がすぐ印画されて見られるカメラ．

インスタント クーポン【instant coupon】置アメリカで、売場の商品陳列棚のそばに設置した機械で発行する販売促進用のクーポン．

インスタント シニア【instant senior】社高齢者の生活感覚を体験できる装置やプログラム．カナダのオンタリオ州政府が開発した．

インスタント フェーム【instant fame】社もない市民が、一夜にして有名人になること．

インスタント メッセージ【instant message】IT算登録会員がインターネットに接続している時、着信メッセージをすぐに表示するシステム．特定の相手と即時に、会話をするようにメッセージを交換できる．インスタントメッセージング、IM ともいう．

インスタントリー【instantly】 即時に．すぐに．たちまち．同時に．

インスタントリー アベイラブル【instantly available】IT算ごく短い時間で機器が起動すること．

インスタントン【instanton】理量子力学での場の量子論で用いる仮説上の量子単位．エネルギー最低状態でトンネル効果が起こるとみなせる軌跡の解．

インスツルメント グローブ【instrument glove】IT算バーチャルリアリティーの実現に使われる手袋状の入力装置．人の指の動き、手の位置や方向をデータに変換し、コンピューターに送る装置．

インスティテューショナリズム【institutionalism】制度尊重主義．

インスティテューショナル広告【institutional advertising】広制度広告．企業、公共機関、団体などが法人としてのイメージを高めるために行う広告．

インスティテューション【institution】①制度．慣習．②福祉や教育などの団体・会．③名物男．おなじみのもの．

インスティテュート【institute】①協会．研究所．②理工系の専門学校・大学．

インスト インストルメンタル（instrumental）の略．音器楽曲．

インストアブランチ【instore branch】音経銀行が小売業の店舗内に窓口を設置すること．店舗内にある銀行の支店．1980年代半ばにアメリカで始まった．

インストア マーチャンダイジング【instore merchandising】音小売店の売り場の中で商品の陳列や演出方法などを工夫して、売り上げをより伸ばすことを考える研究．ISM、イスムともいう．

インストアメディア【instore media】音広販売店内に設置する宣伝材料など、さまざまな媒体の総体．

インストーラー【installer】 IT算フロッピーやCD-ROM で提供されたソフトウエアを、パソコンのハードディスクに組み込んで使えるようにするソフトウエア．

インストール【install】①IT算コンピューターに周辺機器、OS（基本ソフト）やアプリケーションソフトなどを組み込むこと．セットアップともいう．②取り付ける．設置する．

インストールメント【installment】①経分割払いの一回分．全集などの一回分．②機械などを設置すること．

インストラクション【instruction】①指令．指示．教授．教育．②IT算中央処理装置（CPU）を動かすための命令．メモリーに記録された周辺機器やソフトウエアから出た命令を CPU が取り出して処理をし結果を返す．

インストラクション ミックス【instruction mix】 IT算使用命令の頻度などを考慮した命令実行時間の平均値でコンピューターの性能を比較すること．MIPS（million instructions per second 1秒間に100万個の命令を実行できること）を単位とした数値で表す．

インストラクター【instructor】 講習や企業内の指導員．技能訓練・指導などの担当者．

インストラクター資格制度【instructor certification system】IT算ソフトウエアのメーカーが、自社販売のソフトウエアの操作に関する指導員としての資格を与えるもの．

インストルメンタル【instrumental】 音器楽曲．特に歌のないポップス系の曲を指す．インストともいう．

インスパイアード【inspired】 霊感を受けた．神霊を感じた．いつもと違って特に優れた．

インスピレーション【inspiration】①ひらめき．霊感．②感化．感動．③霊感を与えるもの・刺激．

インスペクション【inspection】IT算システムの開発での検査の一つ．責任ある第三者により各作業工程のドキュメントやその成果を検査すること．

インスペクター【inspector】 検査官．監視員．検査担当者．警部．

インスペクター ジェネラル【Inspector General】政国連監査長官．1994年の国連総会で設置した事務次長級の最高幹部職．任期は5年．

53

イ

インスリン▶

インスリン【insulin】医化生 すい臓から分泌されるホルモン．インシュリンともいう．

インスリンアスパルト【insulin aspart】薬 糖尿病治療薬の一つ．

インスリン依存性糖尿病【insulin dependent diabetes mellitus】医 生命の維持にインスリンの投与が絶対的に必要な糖尿病の病態．一般に若年層で発症する自己免疫疾患とされる．ＩＤＤＭともいう．

インスリングラルギン【insulin glargine】薬 糖尿病治療薬の一つ．

インスリン抵抗性症候群【insulin resistance syndrome】医 肝臓や筋肉などでインスリン作用が低下して，インスリン分泌量に見合う代謝ができなくなる状態から起こるさまざまな症状．肥満，インスリン非依存性糖尿病，高血圧などを合併する症候群．

インスリン非依存性糖尿病【non insulin dependent diabetes mellitus】医 糖尿病の病態の一つ．一般に中年以降の発症が多い．ＮＩＤＭともいう．

インスリンリスプロ【insulin lispro】薬 糖尿病治療薬の一つ．

インセキュリティー【insecurity】不安．不安定．危険．

インセクタリウム【insectarium】生 昆虫館．

インセクト テクノロジー【insect technology】経生 昆虫技術．昆虫の性質・機能を生かして原料・素材を作る．

インセスト【incest】社 近親相姦．

インセストタブー【incest taboo】社 ある範囲内の近親との結婚や性的関係を禁じる規則．近親相姦の禁忌．近親婚の禁忌．

インセンス【incense】香料．芳香．香り．

インセンティブ【incentive】①誘因．刺激．動機．②営 販売促進のための報奨金．

インセンティブ規制【incentive regulation】営経 公益事業に対する料金規制方法の一つ．被規制企業に経営効率向上への誘因を提供する．

インセンティブ システム【incentive system】営 組織の中で，個人の心理的エネルギーを高め，意欲を喚起するシステム．

インセンティブ スタンプ【incentive stamp】営社 会社が従業員の勤務成績に応じて渡す，景品と交換できるスタンプ．勤労意欲の刺激策として行う制度．

インセンティブセール【incentive sale】営 セールスマンに販売意欲を起こさせるための奨励金付き販売．

インセンティブツアー【incentive tour】営社 報奨旅行．成績優秀なセールスマンや販売店を参加させて，販売意欲の向上などを図る旅行．

インセンティブ プロモーション【incentive promotion】営 販売員・従業員・流通業者などに報奨金を与えたり，消費者に景品を付けたりして，販売促進を図る方法．

インソムニア【insomnia】医 不眠症．

インターＦＭ【inter FM】放 東京首都圏初の外国語だけの音楽専門ＦＭラジオ局．1996年に開局．

インターオペラビリティー【inter-operability】①Ｉ算 コンピューターシステム間などの相互運用性．②軍 作戦運用や装備などに関する，共同国間の相互運用性．

インターカラー【Intercolor】服 服飾に関する流行色を決める国際会議．本部はパリ．2年後の流行となる色を十数種選定する．

インターカレッジ【intercollegiates】①競 大学生の全国選手権大会．②競 大学間で行う対抗試合．インカレともいう．

インターキャスト【intercast】Ｉ データ多重放送を使い，双方向で情報提供を行うサービス．

インタークーラー【intercooler】機 自動車の過給機付きエンジンで用いる，吸入空気の冷却装置．中間冷却器．

インターコース【intercourse】交流．交際．交渉．通商．性交．

インターコム【intercom】Ｉ 特定の区域内で用いる内部通信方式やその装置．intercommunication systemの略．

インターコンチネンタル【intercontinental】大陸間の．

インターシティー エクスプレス【Intercity Express】機 ドイツ鉄道の超高速列車．ＩＣＥともいう．

インタースキー【Interski】競(スキ) 世界のスキー指導者たちによる国際スキー教育会議．4年に一度開かれる．

インタースタディアル【interstadial】地 亜間氷期．地球の最終氷期で，氷河期の中で短期の温暖化が起こった時期．

インターステート ハイウエー【interstate highway】州間高速道路．アメリカの各州間を結ぶ高速道路．

インターセプター【interceptor】①軍 迎撃機．防空戦闘機．②妨害者．妨害物．

インターセプト【intercept】①競 サッカーやアメリカンフットボールなどで，相手側のパスを奪うこと．②軍 戦闘機が敵機を迎撃すること．③途中で奪う．遮断する．妨げる．

インターチェンジ【interchange】高速道路の出入り口．略号はIC．インター．

インターディシプリナリー【interdisciplinary】学際の．学際的．それぞれの学問の専門分野にまたがること．またその間の協議．異専門間協議．

インターテキスト【intertext】Ｉ放 地上波データ多重放送を使い，双方向で情報提供を行うテレビ放送．

インターデペンデンス【interdependence】相互依存．地球上の国家は，国際間の相互依存によってしか独立を保てないという全地球的な国家関係．

インターナショナライゼーション【internationalization】国際化．

インターナショナリズム【internationalism】社 国際主義．各国家・各文化を尊重しながら国際

◀インターネ

的な連帯・協力を目指す考え方．

インターナショナル[1]【International】社国際労働者協会．19世紀中ごろから20世紀にかけて結成された労働者の国際的組織．International Workingmen's Association の略．インターともいう．

インターナショナル[2]【international】国際的な．国際間の．万国の．

インターナショナル アカウンティング【international accounting】営経国際的な広がりをもつ生産・販売・資金調達などの財務活動をしている多国籍企業などがまとめた会計．

インターナショナル オーガニゼーション【international organization】政国連，欧州連合などの国際機構のように，複数の国家で成り立ち，国際法上で法人格を有する機構．

インターナショナル オフィシャル レコード【international official record】競公認世界記録．

インターナショナル セキュリティー【international security】政全地球的な立場から平和と安全を維持するための国際安全保障．

インターナショナル ブランド【international brand】服海外市場に進出する国際的な銘柄．INBともいう．

インターナショナル ユニット【international unit】薬世界保健機関(WHO)で制定された薬品などの単位の基準．国際単位．IUともいう．

インターナル【internal】内部の．体内の．⇔エキスターナル．

インターネット【Internet】IT世界のネットワークを相互接続した巨大な通信網．

インターネット アドレス【Internet address】IT インターネットに接続する無数のコンピューターを識別するための個々の番号．IP アドレス．

インターネット アプライアンス【Internet appliance】IT算インターネットに接続して利用することに特化した専用機器．

インターネット イニシアティブ【Internet Initiative Japan】IT 1992年に東京で設立されたインターネットプロバイダー．IIJ．

インターネット エクスチェンジ【Internet exchange】IT いくつものインターネットサービスプロバイダーの幹線が集まるところ．IXともいう．

インターネット エクスプローラ【Internet Explorer】IT Windows に標準装備されているウェブページ閲覧用ソフト．キャッシュ機能をはじめ，多彩な機能をもつ．

インターネット オークション【Internet auction】IT経インターネットを用いる競り売り．ネットオークションともいう．

インターネット家電【Internet appliance】IT冷蔵庫，洗濯機，電子レンジなどの家電製品にインターネットの機能が結合したもの．

インターネット ガバナンス【Internet governance】IT IPアドレスやドメイン名の管理のあり方など，インターネットの統合・管理体制のこと．

インターネット カフェ【Internet café】IT科パソコンを設置して，客がインターネットを楽しむことができる喫茶店．

インターネット カラオケ【Internet karaoke】IT音インターネットを利用して楽曲をユーザーに配信するカラオケ．専用の再生装置はなくインターネットに接続したパソコンで利用できる．

インターネット銀行【Internet bank】IT経業務窓口をインターネットならびに電話やファクスを使うオンラインだけで行い，小口取引を取り扱う銀行．

インターネット広告【Internet advertising】IT広コンピューター画面に表示されるバナー(看板)広告をクリックすると企業のホームページにつながる．

インターネット コミュニティー【Internet community】IT社インターネットの利用で，ネットワーク上に形成する仮想的な社会空間．

インターネット サービス【Internet service】IT電子メール，ネットニュース，ファイル転送，WWW の情報検索サービスなど，インターネットで利用できるサービス．

インターネット サービス プロバイダー【Internet service provider】IT算インターネットへの接続や電子メールのアカウント，ウェブページの提供サービスをする企業・事業者．ISP ともいう．

インターネット サービスリスト【Internet service list】IT インターネットに提供されているさまざまな情報を集めて，内容を各分野別にまとめたリスト．

インターネット自由貿易圏【Internet free trade area】IT経国際間の電子商取引を非課税とする構想．1997年にアメリカのクリントン大統領が提唱した．

インターネット ショッピング【Internet shopping】IT営インターネットを使って電子商店や電子商店街などのホームページから，商品を購入したりサービスの提供を受けたりすること．オンラインショッピングともいう．

インターネット ジョブサーチ【Internet job search 日】IT営社インターネットを用いる求人・求職活動．

インターネット接続サービス【Internet access service】IT利用者の代行でインターネットへの接続をするサービス．

インターネット ソサエティー【Internet Society】IT インターネット協会．インターネットの普及と育成を目指し，1992年にアメリカで発足．研究者およびインターネット関連会社による国際組織．ISOC ともいう．

インターネット タイム【Internet time】IT インターネットの多国間通信を行いやすくするための世界共通時間．スイスの時計メーカー，スウォッチが提案．1日を1000分割し，新単位のビートで表示する．

インターネット2 プロジェクト【Internet 2 project】IT 次世代のインターネットの技術や応用を開発・研究する，アメリカの大学を中心に組織されたプロジェクト．

インターネットDJ【Internet DJ】IT音楽

などを扱えるインターネット放送局で，選曲や語りを担当する人．

インターネット データセンター【Internet data center】[I][イ][営]電子商取引を行う企業に代わって，インターネット事業を運用代行する施設のこと．通常は，年中無休で24時間運営を保証する．IDC ともいう．

インターネット テレビ【Internet television】 [I][イ]インターネット接続機能を内蔵したテレビ．

インターネット テレビ電話【Internet TV telephone】[I][イ] CCD カメラを用いて，通話者同士が互いの姿をパソコンの画面で見ながらマイクを使って通話できるシステム．

インターネット電話【Internet telephone】[I][イ]インターネットを利用して通話ができるシステムまたはサービス．

インターネット媒体【Internet media】 [I][イ][広]インターネットで接続する端末機器を広告の媒体とすること．

インターネットバン【Internet van】[I][イ]韓国のインターネットカフェのこと．PC バン．

インターネット バンキング【Internet banking】 [I][イ][経]振込，振替，残高照会などの取引業務を，インターネットを利用して行う銀行のサービス．

インターネット ファイナンス【Internet finance】 [I][イ][経]インターネットを用いて，証券発行者が直接投資家に証券を発行して資金調達する方法．

インターネット ファクス【Internet FAX】[I][イ]インターネットを利用してファクスを送受信するシステム．

インターネットＶＰＮ【Internet virtual private network】[I]バックボーンにインターネットを利用した仮想専用網(ＶＰＮ)．

インターネット フォン【Internet phone】[I][イ]音声情報も送受信できるインターネットの利点を使い，インターネットを経由した電話機能の実現を図ったもの．Vocal Tee 社が開発．

インターネット プロトコル【Internet protocol】[I][イ]インターネットの中心となる最も重要な通信規約．

インターネット プロバイダー【Internet provider】[I][イ]インターネットへの接続サービスを提供する業者・組織．プロバイダー．

インターネット放送【Internet broadcasting】[I][イ][放]マルチキャストなどの技術を用い，通常の放送サービスをインターネット上で行う方式．

インターネット マーケティング【Web marketing】 [I][イ][営]インターネットの特性を利用して，効率よく販売や顧客獲得，市場調査などを行うこと．コストが低くて，大量のデータを回収できる．

インターネット マンション【Internet mansion 日】 [I][イ][建]インターネットを利用しやすい条件を備えた中高層集合住宅．

インターネット メール【Internet mail】[I][イ]インターネットで使われる電子メールの総称．

インターネット ライブ【Internet live show】 [I][イ][映][音]インターネットで生の映像や音楽などを配信，または受信すること．

インターネット ラジオ【Internet radio】 [I][イ][放]音声情報をインターネット上で流すサービス．アマチュアから一般のラジオ局まで内容は多種多様．

インターネット リテラシー【Internet literacy】 [I][イ]インターネットを情報収集や情報発信の道具として使いこなす能力．また危険に対処する能力やマナーをもつこと．

インターネット ワーキング【internetworking】 [I][イ]複数の情報ネットワークを接続し，一つのネットワークのように機能させること．

インターネットワーク【internetwork】 [I][イ][社]複数の地域ネットワークを接続して，全体で一つに機能するようにしたネットワーク．

インターパーソナル コミュニケーション【interpersonal communication】 [社]対人コミュニケーション．二人以上の個人が会話などの直接的な伝達法によって行う．

インターハイ　インター(inter)とハイスクール(high school)の合成語．[競]高等学校間で行う対抗試合．全国高等学校総合体育大会．

インターバル【interval】 ①間隔．②[競](野球)投球間隔．③[劇]幕あい．休息時間．④[音]音程．

インターバル トレーニング【interval training】 [競]強い運動と弱い運動を交互に行い，全身の持久性を養うトレーニング．

インターバンク【interbank exchange dealing】[経]銀行間取引．

インターバンク直物レート【interbank spot rate】[経]外国為替銀行相互間での取引で，当日または翌日に受け渡しする取引に適用される為替レート．

インターバンク市場【interbank market】[経]参加者を金融機関のみに限定した市場．

インターバンク預金【interbank deposit】[経]金融機関預金．金融機関から他の金融機関に預け入れられた預金．

インターファクス【Interfax】ロシアの独立系通信社名．1989年に発足．

インターフェア【interfere】 ①[競]相手側選手のプレーを妨害すること．②じゃまをする．

インターフェアランス【interference】 ①干渉．妨害．②[競]球などを持たない選手に対する妨害．反則となる．

インターフェース【interface】①[I][算]二つ以上の装置を接続するための装置．または接続の手順や装置についての規約・規格．コンピューターと人間との接点．②異なる性質のものを結びつけること．その境界域．

インターフェース エージェント【interface agent】 [I][イ][算]コンピューターの利用者を代行して，電子メールの交換や日程表管理などを行うソフトウエア．

インターフェース検査【interface verification】[機]ロケットを打ち上げる際に行う検査．関連機器が互いに作動し合っていることを調べる．

インターフェース地生態学【interface geoecology】 生海陸両相の接点としての海岸域のような境界域地における生態学.

インターフェース ビルダー【interface builder】 I算グラフィックを多用したユーザーインターフェース（GUI）を設計，支援するアプリケーション．NeXT STEP 上で動作するアプリケーションの開発を補助する．

インターフェラメーター【interferometer】 ①理干渉計．光の波長を測定する機械．②天干渉観測器．

インターフェロン【interferon】 生ウイルス抑制因子．ウイルス感染などで動物細胞から生産・分泌される糖たんぱく質．IFN．

インターブリード【interbreed】 生異種交配をさせること．

インタープリター【interpreter】 ①説明者．通訳．②I算コンピューターの汎用言語による命令を，機械語に変換する翻訳プログラム．③園自然解説員．

インタープリター型言語【interpreter language】 I算言語の記述仕様に従って記述されたテキストを，1行ずつ解釈して実行する言語．BASIC や Lisp が知られる．

インタープリテーション【interpretation】 ①解釈．説明．②劇演出．

インターベンショナル スタディー【interventional study】 生介入研究．実験動物を，薬を投与するグループとしないグループに分けて，病気の進行状況を調べる方法．

インターベンション【intervention】 介入．干渉．調停．仲裁．

インターポール【Interpol】 社政国際刑事警察機構．警察の国際協力を目的とする．International Criminal Police Organization の略．ICPO ともいう．

インターホン【interphone】 I屋内の有線電話装置．英語では intercom の方が普通．

インターメディア【intermedia】 ①芸音楽・造形美術・映像・演劇などのいくつかの領域にまたがる，新しい複合的な芸術様式．②[I－]I算CD-ROM とマルチメディアに関する最新技術，最新製品，ビジネスプランの提示活動を目的とする国際会議．

インターメディエート【intermediate】 中間にあるもの．媒介．仲介者．調停者．

インターメディエート オブジェクティブ【intermediate objective】 経中央銀行が金融政策の運営目標とする金融変数のうち，同行の政策手段の影響を直接受けない中間目標．

インターラインＣＣＤ【interline CCD】 I算写画素が蓄積した電荷が，画素の列と列の間に設けられた垂直転送ＣＣＤと呼ばれる転送経路に転送するＣＣＤ．一般向けのデジタルカメラで採用されている．

インターラクション【interaction】 相互作用．インタラクションともいう．

インターラプト【interrupt】 ①I算割り込み．プログラムの実行中にそれを一時中断して，別のプログラムを実行すること．②中断．妨害．一時停止．

インターランゲージ【interlanguage】 言エスペラント語などの国際語．

インターリーグ【interleague】 競（野球）交流試合．大リーグのアメリカンリーグのチームとナショナルリーグのチームが行う試合．

インターリーブ【interleave】 I算ディスクやメモリーという記憶装置へのアクセス速度を向上させる方法．データの格納領域を複数に分け，その配置パターンを工夫して実現する．

インターレイシャル【interracial】 人種混合の．異人種間の．

インターレース【interlace】 ①I算飛び越し走査．画像表示装置の蛍光体を電子ビームで走査する時に，1本おきの走査を二度繰り返して1枚の画面を作る方式．初めに偶数番目の走査線，次に奇数番目の走査線を処理する．②織り交ぜる．混合する．組み合わせる．

インターレースＧＩＦ【interlaced graphic interchange format】 I算インターネットで使われている画像ファイル形式の一つ．モザイク状の表示から少しずつ解像度を高めて鮮明に表示することができる．

インターレース スキャン【interlace scan】 I算ブラウン管などの画面表示方式の一つ．1本おきに電子ビームの書かれた画面が二つ重なることで映像が自然に見えるという仕組み．

インターロッキング システム【interlocking system】 理原子炉の操作で，正しい手順を踏まないと各種装置が作動しない仕組み．

インターン【intern】 教社国家試験の受験資格を得るための実習制度．またその実習生．公認会計士，美容師など．

インターンシップ【internship】 教社就業体験．学生が就職体験をする制度．企業などの実習訓練期間．

インダイレクト レイバー【indirect labor】 営生産活動を側面から支える事務などの仕事．間接労働．

インタウナー【in-towner】 社都市の中心部に居住する人．

インタウン【in-town】 都心．都市の中央部．

インダクション【induction】 ①哲帰納法．②電誘導．⇔ディダクション．

インダクター【inductor】 ①電誘電子．②化誘導質．③感応物質．

インダクタンス【inductance】 ①電誘導係数．誘導起電力の大きさを表す量．②電回路の電流変化で，電磁誘導による起電力が生じる性質．

インダストリアル【industrial】 産業の．工業の．工業用の．産業が発達した．

インダストリアル アドバタイジング【industrial advertising】 広企業や製造業者を対象にして行う広告．産業広告．

インダストリアル エンジニアリング【industrial engineering】 教数産業工学．生産工学．経営管理上の問題を解決するのに，数学的・統計的手法を用いようとする学問．IE．

インダストリアル ジップ【industrial zip】

インダスト▶

服歯が大きく幅広の開閉式留め具.

インダストリアル セキュリティー【industrial security】経産業安全保障. 社員・役員などの誘拐や，会社に対する攻撃など，企業の運営上で発生するさまざまな障害に対応する.

インダストリアル ソサエティー【industrial society】工業化社会. 先進工業国の総称.

インダストリアル デザイン【industrial design】経美工業デザイン. 大量生産される工業製品を合理的・美的に表現するデザイン.

インダストリアル プロパティー ライト【industrial property rights】経経工業所有権. 特許権，実用新案権，意匠権，商標権を総称したもの.

インダストリアル マーケティング【industrial marketing】経生産財のマーケティングで，製造業者を相手とする市場活動.

インダストリアル リレーション【industrial relations】経社労使関係. 産業活動に伴う諸関係.

インダストリー【industry】産業. 工業.

インタビュアー【interviewer】会見者. 聞き手. 訪問取材記者.

インタビュー【interview】会見. 面接. 報道記者などが行う取材訪問.

インタビューイ【interviewee】インタビューされる人. 被会見者.

インタラクション【interaction】相互作用. 交互作用.

インタラクティブ【interactive】①I算利用者とコンピューターの対話で処理を進める方式. ②双方向. 相互作用の. 対話式の.

インタラクティブ アート【interactive art】I芸芸術作品などを制作者と観客がデジタル技術を用いて共同で作成すること.

インタラクティブ映像【interactive picture】I映像を送り出すプログラムと，視聴者の間で，相互に通信できる映像システム.

インタラクティブ エージェンシー【interactive agency】I H広インターネット広告を主業務とする広告会社.

インタラクティブ キオスク【interactive kiosk】広広告をカタログ状にひとまとめにして，情報提供するシステム.

インタラクティブ CATV【interactive cable television】I相互に通信し合える双方向性の有線テレビ.

インタラクティブ シネマ【interactive cinema】I算プレーヤーがシナリオの進行に干渉できるゲーム. 実写動画やアニメーションなどで映画的な演出を施している.

インタラクティブ マルチメディア【interactive multimedia】I算双方向マルチメディア. 映像や音声，文字などの提供される情報の中から，欲しいものをコンピューターとの対話を通して得るやり方.

インタレスト【interest】①関心. 興味. 利害関係. ②経経利子. 利息.

インタレスト アービトラージ【interest arbitrage】経金利裁定取引. 金融市場の貸借金利差を利用して利ざやを得る取引.

インタレスト カバレッジ【interest coverage】経企業の営業利益が負担金利の何倍になっているかを表した金利負担能力の指標.

インタレスト グループ【interest group】社共通の関心や利害によってできた集団.

インタロゲーション【interrogation】①質問. 疑問. 尋問. 取り調べ. ②疑問文.

インタンジブル プロパティー【intangible property】経経無形資産. 不動産などではなく，商号・特許など，使用する権利として保有しているもの.

インチアップ【inch up 日】機使用中の自動車のタイヤよりも扁平率の低いタイヤを装着する際に，同じ外周を保つため行う措置. ホイール径を大きくする方法をとるところから.

インツーリスト【Intourist 露】旧ソ連の国営旅行会社.

インディアカ【indiaca】競長さ20cmの羽根が4枚ついた楕円のパットを，中央のネットをはさんで，手のひらで打ち合う競技.

インディアナポリス500マイルレース【Indianapolis 500-mile race】競(自動車)アメリカのインディアナポリスで行われる自動車レース. 毎年5月末のメモリアルデー(戦没者追悼記念日)に開催される. インディ500ともいう.

インディアペーパー【India paper】印辞書などに用いる薄手の丈夫な印刷用紙.

インディアンサマー【Indian summer】気小春日和. 北米大陸晩秋の好天続きの一時期.

インディーズ【indies】①音自主制作したレコードやCD，テープ. インディペンデントレーベルの略. ②映独立プロなどが自主製作した映画. ③服自分が製作したいものだけを作る無所属の服飾デザイナー. またそのファッション.

インディーズ デザイナー【indies designer】服従来のやり方に満足できないで，新しい分野を目指す服飾デザイナー.

インディーズ マガジン【indies magazine】自費出版の雑誌.

インディカ【indica】植農米の種別の一つ. 主に熱帯，亜熱帯で栽培される. 長粒で粘り気が少なく淡泊な味で，ピラフなどに用いる. 短粒種はジャポニカという.

インディ カーシリーズ【Indy Car series】競(自動車)レースのシリーズ戦の一つ. インディ500が頂点となり，2650ccまでのフォーミュラーカーを用いて転戦する. 長円形コースだけでなく，ロードサーキットや市街地を封鎖した特設コースなど各地を走行する.

インディケーション【indication】指示. 表示. しるし. 計器類の目盛り. 徴候.

インディ500【Indy 500】競(自動車)インディアナポリス モータースピードウエーで，毎年5月に行われるアメリカ最大のモータースポーツイベント. 正式にはインディアナポリス500マイルレース.

58

インディ ジャパン【INDY JAPAN 300 mile】[競]([自動車])インディ500を中核にして行われているインディ・レーシング・リーグ（ＩＲＬ）の日本開催レース．正式名称はBRIDGESTONE INDY JAPAN 300mile．2003年よりツインリンクもてぎで開催．

インディビデュアリズム【individualism】個人主義．

インディビデュアリティー【individuality】個性．

インディビデュアル インセンティブ【individual incentive】[営]従業員が各自で立てた目標を達成すると支給される報奨金．

インティファーダ【intifada；intifadah】[社]蜂起．反乱．暴動．イスラエル占領下のガザ地区などで起きたパレスチナ人の一斉蜂起．

インディヘニスモ【Indigenismo 西】[社]中南米の先住民の文化を再評価し，社会的・経済的地位の改善を求める運動．

インディペンデンス【independence】独立．自立．自活．インディペンデンスともいう．

インディペンデント【independent】①独立した．②[営]独立系．原油採掘あるいは精製の一部のみを扱う石油会社．⇔メジャー．③[映]独立系の映画配給会社．インデペンデント，インディーともいう．

インディペンデント コントラクター【independent contractor】[営]専門性の高い業務を複数の企業のために，雇用契約ではなく請負契約で行う個人．

インディペンデント セクター【independent sector】[営]民間非営利部門．第三セクターのアメリカでの呼称．

インディペンデント リーグ【Independent League】[競]([野球])独立リーグ．アメリカで，大リーグとマイナーリーグの両機構から独立している別のプロ野球リーグ．

インディペンデント リビング運動【independent living campaign】[社]身体障害者が特定の施設でなく，地域住民の中で自立して暮らそうとする運動．

インティメート【intimate】親密な．懇意な．ご親しい．居ごこちのよい．

インデクサー【indexer】[I][算]データベース作成時にデータに，検索の手掛かりとなるキーワードを付ける専門職種．最近はキーワードの適性チェックなどの仕事が多い．

インデクシング【indexing】[I][算]データベースの作成時に，検索のための適切なキーワードを選び索引を作ること．

インデクセーション【indexation】[営][社]賃金・金利・年金などの額を物価変動に応じて自動的に変更する制度．

インテグラル¹【INTEGRAL】[宇]ESA（欧州宇宙機関）のガンマ線観測衛星．2002年に打ち上げ．international gamma-ray astrophysics laboratoryの頭字語から．

インテグラル²【integral】①[映]映画フィルムの完全版．②絶対必要な．完全な．

インテグリティー【integrity】完全．完全無欠．領土などの保全．清廉潔白．正直．

インテグリティー チェック法【integrity check method】[I][算]研究開発が進められているウイルス対策技術の一つ．ウイルスが感染するとインテグリティー（完全性）が崩れることを利用して異常を検知する．

インテグレーション【integration】①統合．集積．②[教]いくつかの教科や教材を関連させて総合的に教えること．③[I][算]組織的に掌握できるように設計されたソフト．④[数]積分．⑤社会福祉推進の基本的理念．統合．無差別待遇．

インテグレーテッド【integrated】一体化した．統合した．

インテグレーテッドCM【integrated CM】[広]番組と違和感なく一体化しているＣＭ．

インテグレーテッド ソフト【integrated software】[I][算]パソコンなどで，ワープロ，表計算，グラフ作成，データベースなどの機能を一つにまとめ，データを自由に受け渡しできるようにしたソフトウエア．

インテグレート【integrate】統合する．まとめる．融合する．

インデックス【index】①索引．指針．指標．②[I][算]データベースで，検索や並べ替えを高速に効率よく行うために使う索引データのこと．③[I][算]プログラミング言語で，配列変数の添字（配列中の何番目かを表す数字）のこと．

インデックス アドレス指定【index addressing】[I][算]プログラミングにおけるアドレス指定方法の一つ．インデックスレジスターの値とアドレス部の値を加算して，有効アドレスを求める方式．

インデックスカラー【index color】[I][算]あらかじめ RGB（red, green, blue）値を設定された256色で色を表示する方法．

インデックスキー【index key】[I][算]見出しの項目．データベース検索に必要．

インデックス クライム【index crime】[社]重大犯罪．アメリカのＦＢＩ（連邦捜査局）の犯罪報告書に統計が載るところから．

インデックス サーバー【index server】[I][算]文書の中からキーワードを指定すると，それに該当する言葉を含んだ文書を検索するソフトウエア．

インデックス シーケンシャル ファイル【index sequential file】[I][算]ファイル内のデータのまとまりに個々にインデックスを付けて，そのインデックスの順番に従って記憶装置に格納されるファイルのこと．

インデックスシート【index sheet 日】[写]フィルム1本分の全コマを1枚の印画紙に焼き付けたもの．インデックスプリントともいう．

インデックス ファイル【index file】[I][算]索引ファイル．データベースの見出しファイル．

インデックス ファンド【index fund】[経]さまざまな株価指数に連動させて収益を図る投資信託．

インデックス プリント【index print】[写]一覧写真．撮影された全コマを1枚の印画紙に小さく焼き付けたもの．

インデックス ホール【index hole】[I][算]フロ

イ

インデック▶

ピーディスク上に開けてある穴．この穴からセクターの位置を探し出す．

インデックス ボンド【index bond】 [経][為替]や株式などの指数の動きで償還金額が変動する債券．ユーロ市場などで発行が増えている．

インデックス レジスター【index register】 [1][算]指標レジスター．命令制御装置の中に複数個存在し，命令がどのアドレスに存在するかを示す．

インテリ インテリゲンチャ（intelligentsiya [露]）の略．

インテリア【interior】 ①室内の．内部の．⇔エクステリア．②[建]室内調度品．③[建]室内装飾．室内設計．インテリアデザインの略．

インテリア クラフト【interior craft】 [建]室内工芸．室内装飾．

インテリア ゲートウエー プロトコル【interior gateway protocol】 [1][算]インターネットの自律システム内の経路情報を交換するプロトコル．IGPともいう．

インテリア コーディネーター【interior coordinator】 [建]室内装飾や建物の改造で，総合的構成などの提案・助言をする人．

インテリア シミュレーション【interior simulation】 [1][算]家具や調度品，事務機器などの寸法や配置・配色等を，コンピューターの画像表示機能を用いて検討する方法．

インテリア デザイン【interior design】 [建]室内空間の設計．室内装飾．

インテリアビデオ【interior video】 [1]室内に柔らかい雰囲気を作るために用いるビデオ．海岸の波や水中での映像が多い．

インテリア プランナー【interior planner】 [建]室内装飾の設計や工事監理などを行う専門技術者．

インテリア ランドスケープ【interior landscape】 [経]企業のショールームやホテルのロビーなどの空間に，植物を取り入れた造園を施すサービス．

インテリゲンチャ【intelligentsiya [露]】 知識階級．知識人．インテリともいう．

インテリジェンス【intelligence】 ①知性．知能．情報・知識を操作する能力．②[軍]軍事上の秘密情報．諜報部員．

インテリジェンス ウオーズ【intelligence wars】 [営][法]知的所有権をめぐる争い．特許や著作権などに関して，主に日米の企業間で展開される争いをいう．

インテリジェンス サービス【intelligence service】情報機関．

インテリジェンス テスト【intelligence test】 [心]知能検査．

インテリジェンス ビューロー【intelligence bureau】情報局．情報部．

インテリジェント【intelligent】 ①知的な．知能の高い．理解力のある．②[1][算]情報処理能力を備えた．

インテリジェント ウエア【intelligent wear】 [1][服]周囲の気温などに応じて衣服が発熱して温かくなったり，色やデザインが変化する「賢い服」．

インテリジェント エージェント【intelligent agent】 [1][算]利用者の代わりに，処理上の問題を自分で学習，解決しながら，一定の作業を自動的に処理するソフトウエア．

インテリジェント カー【intelligent car】 [1]知能自動車．マイコンやセンサーを組み込んで，速度制御，安全走行などを自動化する高度な機能をもたせたものなど．

インテリジェント コピア【intelligent copier】 [1][算]高性能の複写機．従来の複写機の機能に加えてコンピューター出力用のプリンターとしての機能も備えている．

インテリジェント材料【intelligent materials】 [1][算]知能材料．外的条件の変化に対して特性や構造が時間的に変化を起こし，致命的損傷を食い止めて突発的な危機の発生を防ぐ機能をもつもの．

インテリジェントCAD【intelligent computer-aided design】 [1][算]設計の判断を，コンピューターなど情報処理機器を用いて，自動的・対話的に行うこと．

インテリジェント スクール【intelligent school [日]】 ①教育・音楽・美術・スポーツなどの施設を，地域の共通の学習基盤として整え，生涯教育の拠点とするもの．高齢化・国際化・情報化などが進む社会に対応して，文部省（現文部科学省）が1988年に提唱．②[1][教]ニューメディアを活用した学校内ネットワークや通信衛星回線，大型スクリーンなどを備えた教育施設．

インテリジェント セールス【intelligent sales】 [営]顧客の需要動向を豊富なデータによっていち早くつかみ，商品情報を駆使して客の要望にこたえる最新の販売方式．IS．

インテリジェント ターミナル【intelligent terminal】 [1][算]演算・記憶装置をもった端末機．データの入出力だけでなく，単独で情報処理をすること．

インテリジェント デザイン【Intelligent Design】 [宗]生命の誕生には何らかの「知的計画」が関与したとする考え方．IDともいう．

インテリジェント ネットワーク【intelligent network】 [1]コンピューターを制御化して高度化した電気通信網．

インテリジェント マニュファクチュアリング システム【intelligent manufacturing system】 [1][経][算]知的生産システム．人工知能技術，知能ロボット，高度NC工作機械などを使って生産効率を高める方法．IMSともいう．

インテリジェント ロボット【intelligent robot】 [1][機]人工知能や高度な感知器が頭脳の役目をするロボット．視覚や触覚である程度は自己判断し，それに対応した作動ができる．

インテリセンス【IntelliSense】 [1][算]アメリカのマイクロソフト製品が備えている，コンピューターの複雑な作業を簡単に実行できるようにした技術．

インテルサット【INTELSAT】 [1][学]国際電気通信衛星機構．アメリカ，ヨーロッパ，日本の11カ国が参加1964年に発足した国際機関．International Telecommunications Satellite Or-

◀インバース

ganization の略．ITSO ともいう．

インテルポスト【Intelpost】 I国際電子郵便．ファクスを利用して海外と原稿や手紙を送受する郵便サービス．

インテルメッツォ【intermezzo 伊】 ①劇幕間に行う喜劇．②音間奏曲．インタールード．

インテレクチュアル ファーニチャー【intellectual furniture】I居間を飾る知的家具．かつては百科事典が代表的だったが，今はパソコンに代わりつつある．

インテレクチュアル プロパティー ライト【intellectual property rights】法知的所有権．文学・音楽・美術などの著作権や商標・意匠などの工業所有権を含む．

インテンシティー【intensity】 ①強さ．②美色彩の鮮明度・強度．③写明暗度．

インテンシブ【intensive】 集中的な．強烈な．徹底的な．集約的な．

インテンショナリティー【intentionality】 指向性．意図的な態度．

インテンショナル【intentional】 計画的な．意図的な．意識的な．

インデント【indent】I算字下げのこと．また，文字表示で左端の行開始位置を設定する字下げ機能のこと．

インドア【indoor】室内．室内の．屋内の．↔アウトドア．

インドア エア ポリューション【indoor air pollution】室内空気汚染．

インドア トライアル【indoor trial】競(ｷｮｳ)屋内に人工的な障害物を設置して行われるトライアル競技．↔アウトドア トライアル．

インドアプレーン【indoor plane】 室内模型飛行機．ゴム動力で滞空時間を競う超軽量の模型飛行機．

イントール計画【INTOR】理国際原子力機関が行う核融合の実験炉(トカマク型)の共同設計のこと．International Tokamak Reactor の略．

インドクトリネーション【indoctrination】 教化．教義や思想を強制的に相手に植えつけること．

インド新経済政策【India's new economic policy】 経政1991年に発足したナラシマ・ラオ政権が推進した，経済自由化政策によるマクロ経済の安定化政策．

インド人民党【Bharatiya Janata Party】政インドの右翼政党の一つ．1980年に設立．ヒンズー至上主義を唱える．BJP ともいう．

インド スリランカ自由貿易協定【India-Sri Lanka Free Trade Agreement】経インドとスリランカによる輸入関税の撤廃を目指す協定．1998年に締結した．

イントネーション【intonation】言抑揚．

インドネシア開発統一党【Partai Persatuan Pembangunan】政インドネシアの政党の一つ．1973年に結成．PPPともいう．

インドネシア支援国会合【Consultative Group on Indonesia】経政インドネシアへの公的資金調整のための会合．CGI．

インドネシア民主党【Partai Demokrasi Indonesia】政インドネシアの政党の一つ．1973年に結成．PDIともいう．

インドメタシン【indomethacin】薬非ステロイド性抗炎症薬の一つ．鎮痛・解熱効果もあり，関節炎などに用いる．

イントラネット【intranet】 I情インターネットの技術を利用して構築される企業内情報通信網．

イントラネット サーバー【intranet server】 I算オフィスでの共同作業を行うグループウエアを搭載して，企業や組織内でサービスを提供するサーバー．

イントラプルヌール【intrapreneur】 営社内起業家．企業内起業家．社内で新しい事業に自発的に取り組む人．

イントルーダー【intruder】 侵入者．押し込み強盗．侵入航空機．

イントレランス【intolerance】 狭量．不寛容．耐えられないこと．

イントロ【intro】音序奏．イントロダクションの略．

イントロダクション【introduction】 ①序文．紹介．②音序奏．イントロともいう．③採用．（核兵器の）持ち込み．

イントロデュース【introduce】紹介する．

イントロバージョン【introversion】心内向性．自分の内面に興味や関心が向けられ，内省的になる傾向．↔エキストラバージョン．

イントロビジョン【Intro-vision】映フィルムの合成や消去，訂正を自在に行えるビデオ合成システムの一つ．

イントロン【intron】生遺伝子の塩基配列の中で，たんぱく質を作る遺伝情報をもたない配列部分．

インナー【inner】 ①内部の．内側の．②服中間着．下着．↔アウター．

インナーガイド【inner guide 日】釣り糸を釣りざおの中に通す仕組み．

インナーキャビネット【inner cabinet】 政内閣の中の有力な閣僚で構成されるグループ．

インナーサークル【inner circle】社政権力中枢部の側近集団．

インナーシティー【inner city】 社都会の中の中心市街地．大都市の既成市街地．

インナースペース【inner space】天地球の大気圏の内側．↔アウタースペース．

インナーチャイルド【inner child】社心内的子供．大人の心にひそむ子供の心．

インナー プロモーション【inner promotion】営販売促進の手法の一つ．支店や営業所などの内部で販売競争を刺激する．

インパーシャル【impartial】 公平な．偏らない．公明正大な．

インバース キネマティクス【inverse kinematics】 ①機逆運動学．ロボットが作業を行う時，現在の状態からどのように動けば作業ができるかを求めること．②I映関節の動作制御をすばやく行うアニメーションの技法．

インバース マニュファクチャリング【inverse manufacturing】I設計段階からリサイ

61

インバータ▶

クルを考えて，ものづくりを行うこと．

インバーター【inverter】　電逆変換装置．周波数変換装置．直流電力から交流電力を作り出す装置．冷暖房機で，コンプレッサーの周波数を変えて冷暖房能力を調整する．

インハウス【in-house】一つの組織内部の．集団内部の．社内の．

インハウス運用【in-house investment】　経企業年金の自家運用．年金資産の運用を外部業者・機関投資家などに委託しないで自ら行う．

インハウス データベース【in-house database】　I算企業内データベース．販売用ではなく，企業などが自社組織内で利用するために独自に構築したデータベース．

インハウス ネットワーク【in-house network】　I算一つの企業内に設置されたコンピューターによるオンラインシステム．インハウスオンラインともいう．

インバウンド【inbound】①本国行きの．帰りの．②（日）顧客から電話で問い合わせなどが入ること．⇔アウトバウンド．③カタログ通販などで，顧客からの電話をコールセンターで受ける方式．

インパク【Internet Fair 2001 JAPAN】　Iイインターネット博覧会の略称．2000年12月からインターネット上で開催された．

インパクター【impactor】　衝撃装置．衝突させるもの．

インパクト【impact】　衝撃．影響．影響力．

インパクト ファクター【impact factor】　科学研究の業績を定量的に計る指標の一つ．学術雑誌に前2年間に発表された全論文に対して，当該年度の被引用度を算出する．

インパクト プリンター【impact printer】　I算印字面に活字や活字を構成する針などを機械的に直接打ち付けて印字する装置．

インパクト方式【impact method】　I算インクリボンを用紙に打ち付けて印字する方式．複写用紙に印刷できる．

インパクトローン【impact loan】　経国内銀行や在日外国銀行が国内居住者に対して行う，使途に制限のない外貨建て貸し付け．

インバスケット【in-basket】　営未決裁書類を一定条件の下で処理させて，結果を討議させる管理職の訓練法．

インバス トリートメント【in-bath treatment 日】　容洗髪する時に使う髪の手入れ剤．

インパナトーレ【impannatore 伊】　服繊維業界において国内外の製糸・縫製と小売業者の橋渡しをして，新製品の共同開発を導くコーディネーター．

インバランス【imbalance】　経国内経済の需給や収支などが不均衡な状態．

インパルス【impulse】　衝撃．衝動．刺激．

インパルス カタログ【impulse catalog】　経カタログ小売業の一方式．強い印象を与え，衝動的な購買行動を起こさせるようなカタログを消費者に配布するやり方．扱う商品の品数を絞ってそれぞれの個性を強調する．

インピーダンス【impedance】　電交流電気回路の電圧と電流の比で，電流の流れにくさを示す．単位はオーム（Ω）．記号はZ．

インビザライン【Invisalign】　医歯列矯正用透明歯型．商標名．

インビジブル【invisible】目につかない．はっきりわからない．隠れた．不可視的な．

インビジブル ホワイト【invisible white】　社アメリカ社会で，表面に現れない白人のこと．重層化した支配・差別構造で，陰に隠れて姿が見えない状態の白人をいう．

インビテーション【invitation】　招待．招待状．

インビトウィーン【in-between】①仲介するもの．中間的なもの．②I算二次元アニメーションの制作技法の一つ．中割り補間．

インビトロ【in vitro】　生体外で．試験管内で．⇔インビボ．

インビトロ ファーティライゼーション【in vitro fertilization】　生体外受精．卵子を母体から取り出して授精を行い，再び母体に返す人工授精法．

インヒビン【inhibin】　生卵胞刺激ホルモンの分泌を調節するたんぱく性ホルモン．卵巣や精巣で作られる．

インビボ【in vivo】　生体内で．⇔インビトロ．

インビンシブル【invincible】不敗の．無敵の．征服できない．至難の．

インピンジメント【impingement】　衝突．衝撃．突き当たること．

インファイト【infighting】　競（ﾎﾞｸｼﾝｸﾞ）接近戦法．相手の腕の内側に入って攻撃する．⇔アウトボクシング．

インファンシー【infancy】①幼年．幼年時代．②法未成年．

インファンティリズム【infantilism】①幼児的な言動．②医幼稚症．成人後も肉体・精神面で幼児のままでいる状態．

インファント インダストリー【infant industry】　営誕生して間もない新産業．

インフィオラータ【infiorata 伊】　宗植イタリア語で「花のじゅうたん」を意味し，6月の聖体祭後の日曜日に行われる行事．

インフィニウム【INFINIUM】　コニカミノルタプラネタリウム社製の宇宙型プラネタリウムシステム．商標名．

インフィニティー【infinity】　無限．無限大．無限遠．

インフィル【infill】①空白部を埋める．ふさぐ．②建住宅などの間仕切りや設備など可動部分のこと．

インフェリア【inferior】　劣った．低い．下位の．低級の．⇔スーペリア．

インフェリアグッズ【inferior goods】　営経消費者の収入が増大するにつれて，売れなくなる商品．劣等財．下級財．

インフェリオリティー【inferiority】　劣ること．下級．劣等感．⇔スーペリオリティー．シュペリオリティー．

インフェリオリティー コンプレックス【inferiority complex】　心劣等感．他者より弱み無力と

◀インプット

感じたひけ目を拭い去るのに失敗した時に生じる感情的なしこり・あつれき．

インフェルノ【inferno】地獄．

インフォアナーキスト【infoanarchist】①イ 情報提供は自由であるべきだと唱える人．情報社会での完全な自由を求めて活動する人．

インフォーマー【informer】情報提供者．

インフォーマティブ広告【informative advertising】広情報提供型の広告．商品や企業内容などを細かく述べる解説的な広告．

インフォーマル【informal】形式ばらない．非公式の．⇔フォーマル．

インフォーマル オーガニゼーション【informal organization】社非公式な組織．特に企業内で作られる各種の同好会や人間関係のグループ．

インフォーマル グループ【informal group】社ある組織内で，趣味・性格・出身校などの共通性から自然に生まれた集団．

インフォーマルケア【informal care】社非公式な援助．公的機関が行うのでなく，近隣や地域住民，ボランティアなどが自発的に行う．

インフォーマル コミュニケーション【informal communication】社人から人へ非公式に伝わっていくメッセージ．

インフォーマル セクター【informal sector】経社非公式部門．中南米諸国などに見られるスラムでの労働や経済活動は，行政の保護も規制も受けず，公式統計でも捕捉されないところから．

インフォーム【inform】知らせる．通報する．情報を提供する．伝える．

インフォームド コンセント【informed consent】医説明と同意．告知と同意．納得診療．患者が治療の内容や目的などについてよく説明を受け，同意した上で治療が行われること．

インフォームド チョイス【informed choice】医説明と選択．治療方法の選択．説明された上での選択．インフォームド コンセント（説明と同意）をさらに進めた考え方．

インフォサービス【info-service】①情報サービス．information と service の合成語．

インフォテインメント【infotainment】放情報を娯楽番組の演出手法で伝えるテレビ番組．information と entertainment の合成語．

インフォテック【infotech】①情報技術．information と technology の合成語．

インフォデミック【infodemic】社誤った情報の伝播による混乱．information epidemic（情報の伝染）の短縮形．

インフォプルヌール【infopreneur】①営情報技術や情報産業の分野で活躍する，企業家精神をもった事業家．information と entrepreneur の合成語．

インフォマーシャル【infomercial】広放スポンサー付きの情報的広告または広告的情報番組．information と commercial の合成語．

インフォミディアリ【infomediary】①イ営企業がインターネット上で取引先を探す際の仲介．商品やサービスを販売したい企業は登録をして，買い手はせり（オークション）方式で購入する．

インフォメーション【information】①情報．知識．見聞．②案内所．

インフォメーション アングザイティー【information anxiety】社心大量の情報を整理し，理解・吸収できないことから引き起こされる不安．IAともいう．

インフォメーション インダストリー【information industry】①情報産業．情報の伝達・蓄積・加工・流通などに関係する産業．

インフォメーション エンジニアリング【information engineering】①情報工学．コンピューターなど情報産業関係の工学．

インフォメーション キャンペーン【information campaign】広企業や組織体などが主義・主張などを宣伝すること．

インフォメーション サイエンス【information science】①情報科学．

インフォメーション センター【information center】①情報化社会の中枢となる施設・機関．多くの情報をすばやく提供する．

インフォメーション ソサエティー【information society】①情報化社会．

インフォメーション ディスクロージャー【information disclosure】①情報公開．消費者の利益を守るために，欠陥商品の内容など，企業にとって不利な点も知らせるやり方．

インフォメーション バンク【information bank】①情報を収集・蓄積し，必要に応じて提供する機関．データバンクともいう．

インフォメーション フロート【information float】①情報が通信過程を経るのにかかる総時間数．情報化社会が進むとともに，その時間数は大幅に短縮される．

インフォメーション プログラム【information program】①放情報伝達を目的とした番組．ニュースや天気予報など．

インフォメーション マネジメント【information management】①情報管理．情報の収集・蓄積・提供を行うこと．

インフォメーション リテラシー【information literacy】①情報を処理する能力．

インフォメーション リトリーバル【information retrieval】①算収集した情報を整理し要求に応じて取り出すこと．情報検索．IR．

インフォメーション レボリューション【information revolution】①情報革命．コンピューターの開発や通信技術の発達によってもたらされた高度情報化社会．

インフォメーティッド プラント【infomated plant】①営高度な機械を操作する知識・情報をもつ労働者が働く，自動化が進んだ工場．information と automated plant を組み合わせた用語．

インプット【input】①入力．投入．②①算コンピューターに情報をデータとして与えること．入力．⇔アウトプット．

インプット▶

インプット ディスプレー【input display】 ①液晶画面で画像の読み取りと表示ができる携帯式装置．東芝松下ディスプレイテクノロジーが開発．

インプットメソッド【input method】 ①算 MacOSのかな漢字変換ソフトのこと．IM．

インプットメソッド エディター【input method editor】 ①算キーボードからの入力を，所定の言語の文字に変換するために作られたプログラム．

インフュージョン ポンプ【infusion pump】 薬輸液または注射液を一定量ずつ一定時間に，静脈や動脈，皮下に注入する器具．

インフラ【infra】 ①営経社産業基盤．経済基盤．社会的生産基盤．infrastructureの略．②下に．以下に．下部に．

インフライトショップ【in-flight shop】 営国際線の航空機内で行う免税品販売．

インフラストラクチャー【infrastructure】 ①営経社基礎構造．経済基盤．産業基盤．下部組織．土台．②運都市の基盤となる道路・鉄道・上下水道・電気・通信などの施設．社会整備基盤．③①コンピューターシステムを形成するソフトウエアやハードウエアの基盤．④①通信ネットワークを形作る回線や機器，料金体系の整備のこと．インフラ．

インフラストラクチャー モード【infra-structure mode】 ①算無線LANで，パソコンをアクセスポイントを通してネットワークに接続する方式．

インフラセッション【inflacession】 経通貨膨張と景気後退が同時に起こる現象．inflationとrecessionの合成語．

インフラテック【infratech】 基盤技術．いろいろな生産技術の基盤となる技術．infra-（基盤に，下に）とtechnicの合成語．

インフラレッド【infrared】 赤外線の．赤外線に敏感の．

インプラント【implant】 ①医人工歯根．移植組織．②埋め込む．植え付ける．

インブリーディング【inbreeding】 ①生近親交配．②種自家受粉．

インブリード【inbreed】 近親交配する．同系交配する．

インフリキシマブ【infliximab】 薬クローン病治療薬の一つ．

インプリケーション【implication】 含意．言外の意味．含蓄．暗示．

インプリシット デフレーター【implicit deflator】 経総合物価指数．

インプリメンテーション【implementation】 ①①特定の機能を働かせるために，ハードウエアやソフトウエアを作成したり調整したりすること．②実行．履行．完成．

インプリンティング【imprinting】 生刷り込み．刻印づけ．動物が成長初期にある外部刺激を受けると，死ぬまでその刺激に対して特定の行動を示す現象．

インプリント【imprint】 ①押印．なつ印．②痕跡．印象．③本の奥付．

インプルーブメント【improvement】 改善．

向上．進歩．改良．

インフルエンザ【influenza】 医かぜ症候群の一つ．流行性感冒．

インフルエンザ ウイルス【influenza virus】 医生流行性感冒の病原体となるウイルス．

インフルエンザ治療薬【remedies for influenza infection】 薬インフルエンザ感染症に使う治療薬．A型インフルエンザに効く塩酸アマンタジン製剤が1998年日本で承認．

インフルエンザ脳症【influenza encephalopathy】 医インフルエンザが原因で，脳の機能低下を起こす病気．インフルエンザ脳炎ともいう．

インフルエンス【influence】 影響．効果．影響力．感化．勢力．

インフレ インフレーション（inflation）の略．⇔デフレ．

インプレ インドア プレーグラウンドの略．営室内の遊び場．大型ショッピングセンターなどに設けられる．

インフレーション【inflation】 経通貨の価値が持続的に下がること．あるいは，物価が持続的に上昇すること．インフレともいう．⇔デフレーション．

インフレーション宇宙【inflation universe】 理膨張宇宙．宇宙創成の大爆発の時に，一気に宇宙が膨れあがったとする説．

インフレーション バスターズ【inflation busters】 営経インフレの物価高に負けない大安売り．

インフレーション リスク【inflation risk】 営経将来のインフレ動向が不確実なため，法人や家庭の資産の実質価値が変化する危険，または危険予測．

インプレース リーチング【inplace leaching】 鉱採鉱法の一つ．酸で金属を溶かして採鉱する．

インフレーター【inflator】 ①気体などを発生させ袋を膨らませる装置．②経名目価格を基準年次の価格に調整するのに用いる換算係数．

インフレータブル【inflatable】 風船のように膨らませて使う人形などの装飾品．

インフレータブル ボート【inflatable boat】 競空気で膨らませて浮力を得るボート．ゴムボート．

インフレギャップ【inflationary gap】 経完全雇用の状態で，総有効需要が総生産量を上回る時のその差額．⇔デフレギャップ．

インフレ参照値【reference rate of inflation】 経中央銀行が示す，望ましいとされるインフレ率．物価の安定を具体的に示す意味で示される．

インフレターゲティング【inflation targeting】 経長期的な物価上昇率の安定目標値や目標範囲を設けて，物価安定を目指す金融政策の枠組み．インフレ目標政策．

インフレタックス【inflation tax】 経課税や増税の代わりにインフレーションを利用する政策．

インプレッシブ【impressive】 印象的な．

インプレッション【impression】 ①印象．感銘．②広広告メッセージの掲載された印刷物などの媒体の到達のこと．リーチともいう．

インフレヘッジ【inflationary hedge】 経物

◀インライン

価上昇による通貨価値の損失を防ぐため事前に逃げ道を準備しておくこと.

インプロージョン【implosion】内破. 内側に向かって起こる爆発.

インプロビゼーション【improvisation】音即興音楽.

インペアメント【impairment】①医社機能障害. ②損傷. 減損.

インベージョン【invasion】侵略. 征服などを目指す軍隊の侵入. 侵害.

インベーダー【invader】侵略者. 侵入者.

インベスター【investor】投資者. 授与者. 地位などを授ける人.

インベスター リレーションズ【investor relations】営経投資家向けの機動的な戦略広報活動. IR.

インベスティゲーション【investigation】研究. 調査. 捜査. 探査. 研究論文. 調書.

インベストメント【investment】投資. 出資.

インベストメント カウンセラー【investment counselor】経投資の相談に応じる人.

インベストメント カンパニー【investment company】経投資会社. 投資信託会社.

インベストメント クローズ【investment clothes】服投資に見合う財産価値のある衣服. 本物志向から用いられる.

インベストメント バンキング【investment banking】経証券発行により投資資金の調達を図る需要者と資金供給者を結び付ける仲介業務.

インベストメント バンク【investment bank】経投資銀行. 主に証券の売買や企業の合併・買収業務を行う金融業者. マーチャントバンク.

インベストメント リターン【investment return】経投資収益. 株式・公社債・投資信託などに投資して得られる利益.

インペリアリズム【imperialism】経政自国の権力や領土を拡張して, 他民族や他国家を支配しようとする主義. 帝国主義.

インペリアル【imperial】①帝国の. ②商品などが最上質の. 特製の. ③威厳のある.

インヘリタンス【inheritance】I算オブジェクト指向のプログラムにクラス間の上下の階層がある時, 上のクラスの機能を下のクラスが継承すること.

インベンション【invention】①発明. 発明品. ②音小刑興曲.

インベントリー【inventory】営目録. 商品目録. 棚卸し表. 在庫品.

インベントリー管理【inventory management】I算パソコンなどのハードウエアやソフトウエアの構成情報(インベントリー)を管理すること.

インベントリー サイクル【inventory cycle】経在庫循環. 景気変動によって在庫投資が拡張と収縮を繰り返すこと.

インベントリー ファイナンス【inventory finance】経国家の財政面で, 特別会計の運用資金の増加分を一般会計から調達すること. 在庫金融.

インベントリー分析【inventory analysis】環経製品や技術について, 資源消費や環境負荷の割合を材料採取から処分までの全過程をもとに解析する方法.

インベントリー リセッション【inventory recession】経在庫過剰に対する在庫調整によって景気が後退すること.

インホイールモーター【in-wheel motor】機車輪にモーターを内蔵した駆動方式.

インボイス【invoice】①営送り状. 輸出業者が輸入側に対して送付する積み荷明細書. 輸入側では仕入れ書となる. ②営明細記入請求書.

インボイス方式【invoice system】経事業者が付加価値税の申告書で, 税抜きの売上金額と税額を書いた仕送り状を税務当局に提出し, 売上高に課税された税額から控除する方式.

インポータント【important】重要な. 大切な.

インポート【import】①経輸入. 輸入品. 輸入する. ②I算プログラムを含んだコンピューターシステムから, 形式の異なるシステムに情報を取り込むこと. ⇔エクスポート.

インポートブランド【import brand 日】経輸入銘柄商品.

インポシブル【impossible】不可能な. あり得ない. 信じがたい.

インポテンス【impotence】医心男性の, 満足な性交ができない性的機能障害. インポテンツ, インポともいう.

インボルブ【involve】含む. 伴う. 介入する. からませる. 影響を与える.

インマルサット【INMARSAT】宇国際海事衛星機構. 1976年に条約を採択し, 82年から商業用衛星を運用. International Maritime Satellite Organization の頭字語から. IMSO ともいう.

インミゼリゼーション【immiserization】貧困化. 悲惨な状態が進むこと.

インミッション【Immission 独】環隣接地から発生する臭気・振動・騒音などの公害.

インミュニティー【immunity】①責務の免除. ②免疫. ③法免責特権. アメリカで, 刑事訴追されないことを条件に証言する制度.

インモラリスト【immoralist】背徳者.

インモラリズム【immoralism】背徳. 反道徳主義.

インモラル【immoral】背徳. 不道徳. ⇔モラル.

インユアフェース レーシズム【in-your-face racism】社公然たる人種差別主義.

インライン システム【in-line system】I算データが入力されるとすぐに処理を開始するシステム. デマンド処理システム.

インライン処理【in-line processing】I算任意にデータを入力しても, データをただちに整理しておく処理方式.

インラインスケート【in-line skate】競3~5個の車輪を縦一列に並べたローラースケート.

インライン変換【in-line translation】I算日本語入力時にカーソル位置で, 入力中の文字や変換候補文字を表示させる方式.

65

インライン▶

インラインホッケー【in-line hockey】競車輪が縦一列に並んだローラースケート（インラインスケート）を用いて行うホッケー．1チームはゴールキーパー1人，プレーヤー4人で構成．1990年代初頭にアメリカで生まれた．

インランドビル【inland bill】経一つの国，または一地方自治体の中で通用する為替手形．内国為替手形．

ウ

ヴァラ【Vara】服イタリアの「フェラガモ」の靴のラインの一つ．リボン飾りの付いたかかとの低いパンプス．

ヴァルトシュテルベン【Waldsterben 独】環森林の枯死．公害や環境汚染などで，樹木が死滅状態になること．バルトシュテルベンともいう．

ヴァルネラビリティー【vulnerability】哲可傷性．傷つきやすさ．弱さ．フランスのユダヤ系哲学者E.レヴィナスの用語．バルネラビリティーともいう．

ヴァンサンカン【vingt-cinq ans 仏】25歳．バンサンカンともいう．

ウイ　アー　ザ　ワールド【We Are the World】音社アフリカの飢餓救済のため，アメリカの音楽家たちが組織したグループUSAフォーアフリカが作製したチャリティーレコードの曲名．

ウイークエンダー【weekender】社土・日曜日の休みを利用して旅行する人．週末旅行者．

ウイークエンド【weekend】週末．週末休み．

ウイークエンド　ファーザー【weekend father】社離婚をしたために子供と別居している父親が，週末だけ子供と一緒に暮らして教育・育児を行うこと．

ウイークエンド　ファミリー【weekend family】社生活共同体としての凝集力が低下したのに伴い，全員が一緒に食事できるのは週末だけという家族．

ウイークシェアリング【week sharing 日】社平日と週末を分けて，違う場所に居住するような方法．

ウイークポイント【weak point】弱点．欠点．

ウイークボソン【weak boson】理素粒子の一つ．相互作用を媒介するボーズ粒子．

ウイークリー【weekly】週1回の．週刊の．

ウイークリーマガジン【weekly magazine】週刊誌．

ウイークリー　マンション【weekly mansion 日】建週単位で賃貸されるマンション．

ウィーン幻想派【Wienerschule 独】美1960年代半ばにウィーンに起こった絵画グループ．

ウィーン古典派【Viennese classics】音1770〜1820年ころに盛んだった音楽様式の流派．ウィーンを中心に活躍したハイドン，モーツァルト，ベートーベンが完成した．

ヴィクトリアマイル【Victoria Mile】(競馬)4歳以上の牝馬による1600mのG1芝レース．2006年から開催．

ウイケット【wicket】①建くぐり戸．木戸．小門．②競(クリケット)三柱門．

ウイザード【wizard】①魔法使い．奇術師．驚くべき才能の持ち主．②I算非常に優れたプログラマー．③I算コンピューター関連の知識が豊かで，初心者にもわかりやすく説明できる人．④I算表示される質問に答えていくと，複雑な操作が簡単に行えるガイド機能．

ウィジィウィグ【WYSIWYG】I算コンピューターの画面上で見たものと出力結果が同じ物になるという考え方．What you see is what you getの頭字語から．

ウィジェット【widget】I算 X Windowのボタンやスクロールバーなど各種データファイルをまとめたツールキット．

ヴィジブルヒューマン【visible human】医E コンピューターを用いる人体断面画像情報．コロラド大学が樹脂包装した遺体から作製した．ビジブルヒューマンともいう．

ウイスカー【whisker】①化ひげ状の結晶．金属や無機化合物などの蒸気を晶出してできる．②ひげ．ほおひげ．ウィスカーともいう．

ウイスキー【whisky】国蒸留酒．大麦麦芽のみ，あるいは大麦麦芽にさまざまな穀類を加えて糖化し，発酵，蒸留した酒．

ウイスキーサワー【whiskey sour】国ウイスキーにレモンジュースを混ぜた飲み物．

ウイズキッド【whiz kid】天才児．神童．やり手．

ウイスク【WISC】心アメリカの心理学者ウェクスラーが作った児童用の知能検査．言語性と動作性を検査する．Wechsler Intelligence Scale for Childrenの略．

ウイスパー【whisper】ささやく．小声で話す．

ウイッグ【wig】容かつら．

ウイッシュボーン　フォーメーション【wishbone formation】競(フットボール)防御側の判断を狂わせるランプレー中心のフォーメーション．ウィッシュボーンは鳥の胸部にあるY字形の骨のこと．

ウィッシュリスト【wish list】経消費者が購入予定の商品の一覧表．

ウイッティー【witty】機知に富んだ．気の利いた．才気煥発の．

ウイット【wit】機知．機転．

ウイットネス【witness】①目撃する．立ち会う．証言する．②目撃者．証人．証拠物件．

ウイットリング【whittling】ナイフを使う工作．ナイフで木を削ってキャンプ用食器や，趣味の用品を工作すること．

ウイドー【widow】未亡人．

ウイナー【winner】勝利者．受賞者．

ウイナー　テークオール【winner-takes-all】①社政勝者がすべてを獲得すること．アメリカ大統領選挙で，一つの州で最多票を得た候補がすべての選挙人を獲得することをいう．②I経特定の分野で成功した者がすべてを獲得すること．情報技術関連の

◀ウィンディ

経済活動などでよく用いる.

ウイニペグ市場【Winnipeg Commodity Exchange】 経 カナダ中央部のマニトバ州の州都ウィニペグにある商品取引所. 小麦や大麦などの穀物の集散地で, 国際相場の基準となる.

ウイニングボール【winning ball】日 競 (野球・ゴルフ) 勝利が決定した時の球.

ウイニングラン【winning run】 ①(日) 競 優勝者が, 観客に応えて競走路などを走ること. 英語では victory run という. ②決勝の1点. 勝ち越し点を挙げること.

ウイミン【womyn】 女性の複数形. women には男性の意味の men が含まれるため, つづりを変えたもの.

ウイメンフレンドリー【women-friendly】 女性が親しみやすい.

ウィリアム エリス トロフィー【William Webb Ellis Trophy】 競 ラグビーワールドカップの優勝杯. 第1回は1987年でニュージーランドが初代王者となった. ラグビーの起源とされる人物の名にちなる.

ウイリー【wheelie】 競 オートバイや自転車で, 前輪を上げて後輪だけで走ること.

ウイリーウイリー【willy-willy】 気 オーストラリア付近で発生する熱帯低気圧.

ウイルコール【will-call】 営 顧客が内金を払って購買予約した商品を, 残額の支払い日まで店が取り置く制度. 在庫売り上げ.

ウイルス【virus】 ①生 濾過性病原体. 細菌より小さい. 英音はバイラス. ビールスともいう. ②I 算 コンピューターに侵入し, 正常な操作をできなくさせたり障害を与えたりするプログラム.

ウイルス性肝炎【viral hepatitis】 医 A〜E型などの原因ウイルスによる肝炎. 臨床病型により急性肝炎と慢性肝炎に大別される.

ウイルス性出血熱【virus —】 医 宿主からヒトに感染し, 発熱, 出血, 痛み, 炎症など激しい症状を起こすもの.

ウイルス戦争【computer virus war】 I K 算 2004年春に起きた, ウイルスの作者同士による誹謗中傷合戦.

ウイルス対策ソフト【antivirus software】 I 算 コンピューターウイルスを検出, 駆除するソフトウエア. 既に発見されたウイルスパターンを登録したデータをもとにしている.

ウイルスチェッカー【virus checker】 I K 算 危険なソフトウエアを検出し, パソコンを健全に作動させる働きをするもの.

ウイルスフリー【virus free】 植 生 栽培植物がウイルスに感染していないこと.

ウイルソンサイクル【Wilson cycle】 地 地質時代に起きた海洋の出現・消失についての周期. 大洋底拡大で大陸プレートの離合集散が繰り返されることから.

ウイルダネス【wilderness】 未開地. 原野. 自然が人の手がつかずに残っている地域.

ウイルダネス セラピー【wilderness therapy】 教 心 人里離れた原野で, 家庭や学校に適応

できない子供の心の病を治療すること.

ウイロイド【viroid】 生 ウイルスよりも小さい植物病原体. バイロイドともいう.

ウイン【win】 勝つ. 優勝する.

ウインウイン【win-win】 交渉などで, 双方が利益を得ること.

ウインオアルーズ カルチャー【win-or-lose culture】 社 人を勝者か敗者かでしか見ない価値観が支配する文化.

ウイング【wing】 ①翼. ②舞台・建物などの両袖. ③競 サッカーやラグビーなどで, 左右両翼の守備, または攻撃の位置.

ウイングウイーラー【wing wheeler】 競 スケートボードの車輪を大きく改造し, ボードセーリング用の帆を立てて陸上を走る乗り物.

ウイングカラー【wing collar】 服 襟先の部分が鳥の翼のように広がった襟.

ウイングセール【wing sail】 競 (ヨット) マストにかぶせる帆の中心部を鳥の翼形にしたもの. 従来型と比べ風の流れがよい.

ウイングチェア【wing chair】 高い背もたれと左右に袖のある安楽いす.

ウイングチップ シューズ【wing tip shoes】 服 男性用のビジネスシューズの一種. ひも付きで, つま先から後方へ翼形のミシン目が入った靴.

ウイングフライング エアクラフト【wing-flying aircraft】 機 無尾翼機. 主翼だけで飛行の安定性を確保する型の航空機. アメリカ空軍のステルス爆撃機 B-2 がこの型.

ウイングマーク【wing mark】 航空機の操縦免許証.

ウインザータイ【Windsor tie】 服 緩くチョウ結びにして締める, 柔らかい布地を用いた幅広のネクタイ. ウィンザー公に由来.

ウインズ【WINS】 競 日本中央競馬会の場外馬券売り場の名称.

ウインストン カップ シリーズ【Winston Cup Series】 競 (自動車) アメリカのストックカーレースで, 年間約30戦を行う最高位大会. ウィンストンはアメリカのタバコ製造会社名.

ウインタースポーツ【winter sports】 競 冬季に行われるスキーやスケートなどの運動競技.

ウインター ミーティング【winter meeting】 競 (野球) 大リーグの球団関係者が参加する冬季集会. 戦力補強交渉などを行う.

ウインターリーグ【winter league】 競 (野球) 大リーグのシーズン終了後, ドミニカ共和国, プエルトリコ, ベネズエラ, メキシコの4カ国で開催されるプロ野球リーグ.

ウインターリゾート【winter resort】 社 避寒地. 冬季の行楽地. ⇔サマーリゾート.

ウインチ【winch】 機 巻き上げ機. 重量物などを持ち上げたりするのに用いる.

ウインディーシティー【Windy City】 シカゴの俗称.

ウインディーシティー クラシック【Windy City Classic】 競 (野球) 大リーグの交流試合で, ともにシカゴが本拠地のカブスとホワイトソックスの対

ウィンテル ▶

戦．

ウィンテル【Wintel】 Ⅰ算パソコン業界の寡占傾向を表す造語．アメリカのマイクロソフト社のOS（基本ソフト）であるWindowsと半導体メーカーのIntelから．

ウインドウ【window】 Ⅰ算コンピューターの表示装置の画面上で，文字や図形などが表示される領域．一つの画面を複数に分割して表示するものが主．

ウィンドウズ【Windows】 Ⅰ算コンピューターと利用者の意思疎通を円滑にするユーザーインターフェースの一種．アメリカのマイクロソフトがパソコン用に開発したOS（基本ソフト）ファミリーの総称．商標名．

ウィンドウズ キー【Windows key】 Ⅰ算 Windows95の操作に合うように開発されたキーボード．マイクロソフト社製．

ウィンドウズ95【Windows 95】 Ⅰ算アメリカのマイクロソフトが1995年に発売したパソコン用のOS（基本ソフト）．

ウィンドウズ98【Windows 98】 Ⅰ算アメリカのマイクロソフトが1998年に発売したパソコン用のOS（基本ソフト）．

ウィンドウズ デジタル ライツ マネジメント【Windows Digital Rights Management】 Ⅰ算マイクロソフトが運用するデジタルコンテンツの権利を管理する方法や技術．

ウィンドウズ ビスタ【Windows Vista】 Ⅰ算 Windows XPの次世代ＯＳ（基本ソフト）で，2006年に出荷．

ウインドウ マネジャー【window manager】 Ⅰ算 UNIXなどのOS（基本ソフト）に使われるX Window Systemでユーザーインターフェースの設計を受けもつプログラムのこと．

ウインドー ガイダンス【window guidance】 経金融機関の貸し出しを適正規模にするために日本銀行が行う窓口指導．

ウインドーシート【window seat】 列車・旅客機の窓側の席．⇨アイルシート．

ウインドー ショッピング【window shopping】 社ショーウインドー見物．商品を買わずに見て歩くこと．

ウインドー ディスプレー【window display】 営商品陳列用の窓への商品の飾り付け．

ウインドー ドレッシング【window dressing】 ①営商品陳列用の窓の飾り付け．②経粉飾預金．粉飾決算．

ウインドーピリオド【window period】 空白期間．予定表などの空き期間．

ウインドーペーン【windowpane】 ①服窓ガラスの枠のような格子柄．②窓ガラス．

ウインドーボックス【window box】 園窓の下に取り付ける園芸用の栽培容器．

ウインドーレス ケージ【windowless cage】 農温度・湿度・通気などの環境条件が給餌・糞尿処理までを自動化した窓のない畜舎．

ウインドサーフィン【windsurfing】 競波乗り板（サーフボード）に三角帆を付けて，ヨットのように水上を走らせるもの．商標名．正式にはボードセーリング．

ウインドシア【wind shear】 気低空乱気流．ごく短い距離の間で風向や風速が急激に変化する現象．雷雲や高層ビルの周囲などで起こる．

ウインドプルーフ【windproof】 服強風を防ぐための上着．

ウインドブレーカー【Windbreaker】 服風を防ぐ防寒用のスポーツジャケット．商標名．ウインドヤッケ，ヤッケともいう．

ウインド プロファイラー【wind profiler】 気空気の流れを観測する機器．

ウインドミル【windmill】 風車．

ウインドミル デリバリー【windmill delivery】 競（野球）肩を軸にして腕を一回転させて投球する方法．

ウインドヤッケ【Windjacke 独】 服フード付きの防風着．ヤッケともいう．英語はparka, anorak．

ウインナコーヒー【Viennese coffee】 料泡立てた生クリーム入りのコーヒー．ウィーン風のコーヒー．

ウインプ【wimp】 弱虫．いくじなし．

ウィンブルドン【Wimbledon】 競（テニス）1877年に始まったテニス大会．ロンドン郊外のウィンブルドンで開催．全英オープン．正式名称はThe Lawn Tennis Championships at Wimbledon．

ウインメタ【WinMeta】 Ⅰ算パソコン用ＯＳ（基本ソフト）のWindowsとトランスメタ（Trans Meta）のＣＰＵ（中央処理装置）の組み合わせ．

ウースターソース【Worcester sauce】 料食卓用ソースの一種．イギリスのウースタシャー州が原産．ウスターソースともいう．

ウーステッド【worsted】 服梳毛糸．梳毛糸で織った毛織物．

ウーゾ【ouzo 希】 料ギリシャで造られるリキュール．アニスで味付けされていて甘口．

ウーフ【WWOOF】 社農有機栽培農家などで働く代わりに宿泊・食事を提供してもらう仕組み．willing workers on organic farmsの頭字語．

ウーファ【Ufa 独】 映ドイツの映画会社．Universum-Film AGの頭字語．

ウーファー【woofer】 ①電低音域用スピーカー．②社所得が多く，裕福な暮らしをしている高齢の人．

ウーフズ【woofs】 社金持ちの高齢者．well-off older folksの頭字語から．

ウーマナイザー【womanizer】 女道楽．女たらしの男．しきりに不倫な関係をほのめかす男．ウーマンチェーサー（woman chaser）．

ウーマンパワー【woman power】 女性の力，能力．

ウーマンリブ【women's lib】 社女性解放運動．1960年代後半にアメリカで始まる．women's liberation movementの略．

ウーリー加工【woolly finish】 服合成繊維に羊毛と同様の性質をもたせる加工法．

ウールジョーゼット【wool georgette】 服薄い縮みの毛織物．

ウールマーク【Woolmark】 服国際羊毛事務局の品質基準に合格している羊毛100％の製品に付けられる品質証明マーク．

68

◀ウエスタン

ウ

ウエア【wear】服衣類．洋服．
ウエアズ【warez】Ⅰ算市販ソフトウエアのコピー防止装置を外して、インターネット上で無断にコピーを配布する者．また違法コピーソフトの総称．
ウエアハウス【warehouse】経倉庫．問屋．
ウエアハウス クラブ【warehouse club】経広大な売り場面積をもち、大量の商品を取り扱い安売りをする大型量販店．
ウエアハウス ショップ【warehouse shop】経倉庫直接販売店．倉庫を店舗代わりにして、安価で販売する形式のもの．
ウエアハウス ストア【warehouse store】経倉庫のような簡素な店舗で、さまざまな商品を大量販売する安売り店．
ウエアラブル【wearable】身につける．着用できる．装着しやすい．
ウエアラブル コンピューター【wearable computer】Ⅰ算身にまとって操作できるようにしたパソコンやコンピューターの概念．
ウエアリング【wearing】競(ﾔ)風下回し．船首を風下に向けながら風を受ける側を変えること．
ウエイクサーフィン【wake surfing】競サーフィンで、モーターボートの航跡でできた波に乗ること．
ウエイクボード【wakeboarding】競モーターボートのひき波に幅広の板で乗るスポーツ．
ウエイジ【wage】経賃金．労賃．
ウエイスト【waste】浪費．空費．くず．廃棄物．産業廃棄物．
ウエイティズム【weightism】社肥満していることを意図的に取り上げて、人を不当に差別すること．
ウエイト[1]【wait】①待つ．待ち受ける．②Ⅰ算中央処理装置(CPU)がメモリーや周辺チップに命令を送る時に、同期を取るために要する待ち時間．一つの処理終了の信号が返ってきて初めて次の命令を出す．
ウエイト[2]【weight】①重要度．重さ．重量．体重．おもり．②経消費支出合計金額に占める各品目の支出額の割合．ウエートともいう．
ウエイト サイクリング【weight cycling】肥満を避けようと減量を繰り返すと、太りやすくてやせにくい体になること．
ウエイトサイクル【wait cycle】Ⅰ算CPU(中央処理装置)の処理速度に比べて、主力記憶装置の動作速度が遅い場合に生じる、記憶装置の読み書きが終わるまでCPUを待たせること．
ウエイトジャケット【weight jacket】競陸上競技の練習などに用いる、おもりを付けたジャケット．
ウエイトトレーニング【weight training】競筋力強化をするために、バーベルやダンベルなどのおもりを用いて行うトレーニング．
ウエイトパーソン【waitperson】給給仕人．性差別をなくす中性用語の一つ．
ウエイトリフティング【weightlifting】競(重量挙げ)両手でバーベルの２種目の重量を競う力の競技．スナッチとジャークの２種目がある．
ウエイトロス センター【weight-loss center】競体重減量センター．ダイエットの仕方やせるための運動などを教えるアメリカの民間施設．ダイエットセンターともいう．
ウエイトロン【waitron】給接客係．給仕人．ウエーターやウエートレスに代わる中性用語．
ウエイポート【wayport】社最終目的地などに向かう航空機の中継地として使われる空港．
ウエーター【waiter】給食堂などの男性の給仕人．ウエイターともいう．⇔ウエートレス．
ウエーダー【wader】競釣り用の長靴．
ウエーデルン【wedeln 独】競(ｽｷｰ)連続回転．
ウエートレス【waitress】給食堂などの女性の給仕人．ウエイトレスともいう．⇔ウエーター．
ウエートレスママ【waitress mama】社アメリカで、高卒以下の教育を受け、結婚して子供がいる55歳以下の女性層．大多数の働く女性を指し、1998年の中間選挙のかぎを握ったとされる．
ウェーバ【weber】電磁束の実用単位．記号はWb．ドイツの物理学者ウイルヘルム・E．ウェーバーの名にちなむ．
ウエーバー【waiver】①法権利放棄．②経ガット(GATT)における自由化義務の免除．③競プロ野球などで、ドラフト制における下位球団の優先方式．
ウエーバー条項【Waiver article】経ガット25条5項にある義務免除の条項．投票の3分の2以上の多数決で、かつ全締約国の半数以上がその多数に含まれる場合に、一定期間の自由化義務免除が行える制度．
ウエーブ【wave】波．波動．波状の形や動き．
ウェーブテーブル音源【wavetable synthesizer】Ⅰ算事前に記録した生の楽器の音に音階をつけるなどの加工をして音を出す、デジタル方式のシンセサイザー音源の基礎技術．
ウェーブヘア【wave hair 日】容パーマやカーラーなどで波状にしたヘアスタイル．英語はwavy hair．
ウェーブライダー【Wave Rider】軍NASA(アメリカ航空宇宙局)が提唱する有翼飛翔体モデル．極超音速で飛ぶのに適するという．
ウエザーキャスト【weathercast】気放ラジオやテレビで放送する天気予報．
ウエザーコック【weathercock】風見鶏．考えや方針の変わりやすい人．
ウエザーチャート【weather chart】気天気図．気象図．ウエザーマップともいう．
ウエザープルーフ【weatherproof】耐候性の．耐風雨性の．気候の影響を受けない．
ウエザー マーチャンダイジング【weather merchandising】経製造業、流通業向けに付加価値を付けた気象情報．WMDともいう．
ウエザーミニマム【weather minimum】気最低気象条件．飛行場が使用可能な最低限の気象条件．
ウエザールーティング【weather routing】気外洋航路の船舶が気象・海象の情報に基づき、最も安全で経済的な航路を選ぶこと．
ウエスキット【weskit】服スカートの上に着る女性用のベスト．
ウエスタン【western】①西方の．西部の．②映

69

ウエスタン

ウエスタン 劇版西部劇．③音アメリカ西部の白人大衆音楽．ウエスタンミュージック．カントリー アンド ウエスタン．④服カウボーイ風の装い．

ウエスタンスイング【western swing】 音ジャズを取り込んだヒルビリーの一種．カントリー音楽用の楽器でスイングを演奏する形式．

ウエスタンブーツ【western boots】 服アメリカ西部で広まった，ふくらはぎまで丈がある長靴．カウボーイブーツともいう．

ウエスタン ヘミスフェア【western hemisphere】西半球．北アメリカと南アメリカの両大陸のこと．

ウエスタンリーグ【Western League】 競（野球）西日本地域に本拠地をもつプロ野球6球団の二軍リーグ．⇔イースタンリーグ．

ウエスタンロール【western roll】 競走り高跳びの跳び方．バー（横木）の上で身体を横に寝かせて，回転しながら背で越える．

ウエスト【waist】 ①腰．腰部．②服衣服の胴部，胴回り．またその寸法．

ウエストエンド【West End】 ロンドン市の西側の地域．富裕層が多く住む．

ウエストゲーティング【wastegating】 機エンジンの排ガスが一定になると，ガスがタービンに送り込まれなくなる仕組み．ほとんどのターボ車で使用されている．

ウエストコースト【West Coast】 アメリカの西海岸地域．

ウエストサイド【West Side】 ①ニューヨークのマンハッタン区西部，ハドソン川沿いの地域．② ［w-s-］西岸．西岸地域．

ウエストバッグ【waist bag】 服腰に取り付ける小物入れ用のバッグ．

ウエストパック【WESTPAC】 軍西太平洋地域ミサイル防衛構想研究．1989〜92年に行った．Western Pacific area missile defenseの略．

ウエストポーチ【waist pouch】 服ベルト式の長いひもが付いた，腰に巻きつけて使う小型のバッグ．

ウエストボール【waste ball 日】 競（野球）捨て球．つり球．打者の打ち気をそらすため，故意にストライクゾーンを外して投げる球．英語は waste pitch．

ウエッジ【wedge】 ①競（ゴルフ）頭部がくさび型のクラブ．②服型紙にV字形のひだを入れること．またそのひだ．③くさび．

ウエッジソール【wedge sole】 服つま先が薄く，かかとに向かって厚くなっている靴底．横から見ると，かかとの部分にくさびを打ち込んだようになっている靴．ウエッジともいう．

ウエッジバスター【wedge buster】 競（アメリカンフットボール）キックオフの時，相手チームのブロックに体当たりをして撃破する役目をする選手．

ウエット【wet】 ①（日）情にもろい．感傷的な．涙ろい．英語は sentimental，または soft-hearted．②ぬれた．湿った．⇔ドライ．

ウエットアイ【wet eye】 軍毒ガスの俗称．

ウエットウエア【wetware】 ①算水中で使える防水コンピューター．wet と hardware の合成語．②感情をもっている人間．またはその知的能力．ソフトウエアでもハードウエアでもないというところから．

ウエットカット【wet cut】 容洗髪してぬれた状態のまま髪を切る調髪法．⇔ドライカット．

ウエット クリーニング【wet cleaning】 服衣類を水洗いすること．特に中性洗剤などを用い，なるべく力を加えないで，ゆっくりした水流で洗う方法をいうことが多い．

ウエットコア【wet core 日】 建浴室・洗面所・便所・台所などの水を用いる部分を住居の一カ所に集めること．

ウエットスーツ【wet suit】 競潜水服．水上スポーツや潜水に用いる，体にぴったり合ったゴム製の服．

ウエットドリーム【wet dream】 生夢精．

ウエットバック【wetback】 社アメリカに不法入国するメキシコ人．リオグランデ川を泳ぎ渡って不法侵入することが多いところから．

ウエットフード【wet food】 料水分を多く含んだまま包装された食品．

ウエットヘア【wet hair】 容セットローションやヘアオイルなどをつけて濡れている感じにしたヘアスタイル．

ウエットランド【wetland】 地湿地．湿地帯．

ウエットリース【wet leasing】 営航空機を乗務・整備などの要員込みで借り受ける方法．⇔ドライリース．

ウエットルーム【wetroom】 競容サウナや噴流装置付きの風呂を備えた健康増進のための設備．

ヴェツリコリア動物門【Phylum Vetulicolia】 生カンブリア紀の化石に由来する多細胞動物の門．2001年にできた分類．

ウエディングマーチ【wedding march】 音結婚行進曲．

ウエディング レセプション【wedding reception】結婚披露宴．

ウエハー【wafer】 I算集積回路（IC）の基板．半導体の単結晶の薄片で，微細加工しICを作る．

ウエハース【wafers】 料洋菓子の一種．薄く軽く焼いたせんべい状のもの．

ウエハーレベルCSP【wafer level chip size package】 I算理集積回路の単結晶基板を用いてすべての組み立て工程を行う小型パッケージ．W-CSPともいう．

ウェブ【Web】 IX欧州原子核共同研究機関（CERN）の研究者が開発した，ハイパーテキスト形式の分散情報システム．WWW．

ウェブ-EDI【Web-electronic data interchange】 IX WWWブラウザーを使い受発注など企業間のやりとりを実現するシステム．

ウェブオブジェクト【Webobjects】 IX動きのあるウェブアプリケーションを生成するための開発ツール．Javaをはじめとするさまざまな言語で記述できる．

ウェブキャスティング【Webcasting】 IXデータを蓄積するサーバーの側から，インターネットを通じて利用者の指定する情報を自動的に配信する方式．

◀ウォー

インターネット放送.

ウェブクローラー【Web Crawler】 IT算不正に複製したソフトウエアを配布するウェブサイトの検知に用いる検索エンジン. 商標名.

ウェブ広告【Web advertising 日】IT広インターネットを利用する広告.

ウェブ コンファレンス【Web conference】 IT啓インターネットを用いて企業の決算情報を公開する方法.

ウェブサイト【Web site】 ITホームページなどのコンテンツが置かれ, 情報提供が行われるインターネット上の場所.

ウェブジン【Webzine】 ITインターネットのホームページ上に作られた雑誌. Web と magazine の合成語.

ウェブスイッチ【Web switch】 ITユーザーからウェブサーバーに送られてくるアクセス要求を, URL 情報をもとに複数のウェブサーバーへと振り分ける装置.

ウェブ調査【Web research】 IT社インターネット利用者に関連する, 消費動向やホームページ利用率などの調査.

ウェブTV【WebTV】 Iテレビとインターネットを融合した装置. アメリカのウェブＴＶネットワークス社が開発した.

ウェブデザイナー【Web designer】 ITホームページを作成する専門家.

ウェブテレビ媒体【Web TV media】 IT放インターネットでテレビ並みのコンテンツを配信する媒体のこと.

ウェブページ【Web page】 IT WWW サーバーに置かれた HTML 文書の正式名称. リンク機能をもち, 世界中のドキュメントに瞬時に飛ぶことができる. ホームページともいう.

ウェブ マイニング【Web mining】 IT算インターネット上のホームページをコンピューターで自動的に探索し, 価値のある情報を発掘すること.

ウェブマスター【Web master】 ITホームページの運営管理責任者.

ウェブメーラー【Web mailer】 IT WWW ブラウザーを使用して電子メールを送受信するための技術.

ウェブログ【weblog】 IT日記形式の個人用サイト. ブログともいう.

ウエポン【weapon】武器. 兵器.

ウエポンリー【weaponry】軍兵器類. 武器類. 兵器製造.

ヴェラーヤテ ファギー【Wilayati Al Fagih】政ホメイニ師が提唱した統治原理. イスラム法学者による支配. 1979年発効のイラン イスラム共和国憲法で具体化された.

ウエルエージング【well-aging】社引退した後, 悠々自適の生活をおくる状況・時期.

ウエルオフ【well-off】 富裕の. 恵まれた環境にある.

ウエルカム【welcome】歓迎. ようこそ.

ウエルカムイン【Welcome Inn 日】社日本を旅行する外国人のために, 割安な料金の宿泊施設を仲介する仕組み.

ウエルカムドリンク【welcome drink】ホテルなどで, 到着した客へのサービスとして出される飲み物.

ウエルシー【wealthy】豊かな. 裕福な.

ウエルス【wealth】経富. 財. 豊かな財産.

ウエルスエフェクト【wealth effect】経資産効果. 株式市場の高騰によるもうけの一部が, 消費者商品の購入に回り, 経済を強くする効果が生まれること.

ウエルダリー【welderly】社健康で元気のよい高齢者. well と elderly の合成語.

ウエルダン【well-done】①肉を十分に焼くこと. ②レア. ③よくやった.

ウエルテル効果【Werther effect】模倣自殺. 自殺の記事が公表された地域では, その直後に自殺や自殺型の事故が急増するという. 社会学者フィリップスが唱えた. ゲーテの『若きウエルテルの悩み』に由来する.

ウェルナーレポート【Werner Report】経1970年にEC委員会および理事会に提出された経済・通貨同盟計画.

ウェルニッケ野【Wernicke's area】生人間の大脳新皮質にある聴覚性言語中枢. 左側頭葉で聴覚野の後上方にある.

ウエルネス【wellness】社健康な体・心・社会生活を得て, 単なる健康より積極的・創造的な健康を目指す生活行動を総合した用語.

ウエルネス アプローチ【wellness approach】観積極的で創造的な健康生活を築くために, 適度な運動や食生活の改善などを行うこと.

ウエルネス マーケット【wellness market】経人間活動のさまざまな領域で調和と統合が実現された状態を念頭に置き, 新しい需要が発生する可能性を見る概念.

ウエルノウン【well-known】有名. よく知られている.

ウエルノウン ポート【well-known port】ITインターネットで利用されるポート番号のうち, 0～1023番までの, アプリケーションごとにあらかじめ利用が決められているポート.

ウエルビーイング【well-being】①穏やかで不安のない様子. 安寧. ②福利. 福祉.

ウエルビヘーブド【well-behaved】I算 OS（基本ソフト）の機能に依存したプログラミングがされているアプリケーションソフト.

ウエルフェア ステート【welfare state】社福祉国家. 国民に対する福利厚生などの社会保障を十分に尽くす国.

ウエルフェア ファンド【welfare fund】社厚生資金. 福利資金. 失業者や未就労の労働者に, 一定期間賃金を保障するための基金.

ウエルフェア ワーク【welfare work】社福祉事業. 厚生事業.

ウエルメード プレー【well-made play】劇巧みに作られた戯曲. 手際はよいが定石どおりの娯楽劇.

ウォー【war】戦争. 闘争. 戦い.

71

ウォーカー ▶

ウオーカー【walker】歩行者．健康づくりのために歩く人．

ウオーカソン【walkathon】［社］参加者の歩いた距離の合計を基にして活動資金の寄付を受ける方式の長距離(デモ)行進．walk と marathon の合成語．

ウオーカブル【walkable】歩きやすい．歩行するのに適した．

ヴォーカル【vocal】［音］声．音声．声楽．歌唱部分．ボーカルともいう．

ウオーキートーキー【walkie-talkie】［工］携帯用の無線電話機．

ウォーキーピッツ【Walkie bit's 日】タカラが発売した小さなカメのロボットおもちゃ．商標名．

ウオーキング【walking】①歩くこと．散歩．②[競]競歩．ウォーキングレースともいう．

ヴォーギング【voguing】[音]ディスコ音楽に合わせて，ファッションモデルのような身ぶりや歩き方で踊る方法．

ウオーキング カンファレンス【walking conference】[医]看護師が病状の引き継ぎを患者のベッドわきで行い，患者の意見を聞いていく方法．WC ともいう．

ウオーキングシューズ【walking shoes】[服]ハイキングや山登りなどに用いる，歩くのに適する靴．

ウオーキング ディクショナリー【walking dictionary】生き字引．物知りの人．walking encyclopedia ともいう．

ウオーキングトレール【walking trail】建設省(現国土交通省)が提唱する歩行者専用道．歩行や徒歩旅行を楽しむ人のために，コース設定や歩道と車道の分離などの事業を行う．

ウオークアウト【walkout】退場．退席．職場放棄．

ウオークアラウンド ステレオ【walkaround stereo】ヘッドホンを通して，歩きながら聞けるカセットテーププレーヤー．

ウオークイン【walk-in】①[社]販売員やホテルの客などが予約なしで訪れること．②[映]群衆場面や通行人などで目につくエキストラ．

ウオークイン アパートメント【walk-in apartment】[建]入居者が共用の玄関を通らずに個別の入り口から自分の部屋に入ることができるアパート．

ウオークイン クロゼット【walk-in closet】[建]洋風の納戸．歩いて入れる押し入れの意．

ウオークショーツ【walk-shorts】[服]おしゃれ用や外出用に着る半ズボン．

ウオークスルー【walk through】①[劇][放]立ちげいこ．下げいこ．②[工]三次元バーチャルの世界を疑似的に歩き回ること．③[工]プログラムの作成後，誤りを発見するため各自が全部を点検すること．④[機]ミニバンなどで，車室内の全席を移動しやすくしたシステム．

ウオークマン【Walkman】携帯用の小型ステレオカセット再生機．商標名．

ウオークライ【war cry】①ときの声．②団体行動で，気勢を上げるために一緒に叫ぶ声．③[政]選挙運動や団体行動でのスローガン．

ウオークラリー【walk rally 日】[競]指定されたコース図で，途中のチェックポイントにある問題を解きながら最終地点まで歩く競技．日本レクリエーション協会が考案．

ウオーゲーム【war game】［軍］戦略的対抗と実際の戦闘状況を図上演習の形で模擬的に表現しようとする試み．

ウオーターアイロン【water iron 日】[服]洗濯するだけでアイロンをかけたように仕上がること．

ウオーター エクササイズ【water exercise 日】[競]水中で行う運動．

ウオーターガス【water gas】[化]一酸化炭素と水素を主成分にする水性ガス．燃料などに用いる．

ウオータークーラー【water cooler】[料]飲料水冷却器．飲料用の冷水器．

ウオーターグリース【water grease】[容]水性ポマード．油っぽく，てかてかした感じに仕上げる整髪料．

ウオータージェット¹【water jet】[機]水噴射．水を噴射した力を用いて，岩盤掘削や高速船の推進などを行う．

ウオータージェット²【water jet boat】［機］水を吸い込んで圧力を加え，後方に噴き出して航行する水中翼船．

ウオータージャンプ【water jump】[競]競馬の障害レースなどの水濠(すいごう)．

ウオータースカイ【water sky】[理]南極や北極で，沖合いの海が凍っていない場合に空まわりよりも暗く見える現象．

ウオータースクリーン【water screen】［映]レーザーなどで映像を映し出すために噴き上げる水の幕．

ウオータースポット【water spot 日】[服]服地に雨や水滴がかかってできる水じみ．

ウオータースライダー【water slider】水が流れる管の中を滑り降りる遊戯施設．

ウオータートレード【water trade 日】[営]水商売のこと．日本語を英訳して使われる．

ウオーターバー【water bar 日】ミネラルウオーターを供える店．

ウオーターパイプ【water pipe】①送水管．②水ぎせる．喫煙具の一つで，煙が水中を通るように工夫されている．

ウオーターハザード【water hazard】[競](ゴル)障害水域．コース内に障害として設ける池や小川など．

ウオータービジョン【water vision】[映]噴水などの水の幕に映像を映し出す方式．

ウオーターフォール モデル【waterfall model】[工]ソフトウエアの開発方法の一つ．基本計画など上位の作業工程から，テスト運用など下位の工程に向けて順に作業を進めていく手法のこと．

ウオーターブラ【water bra】[服]液体入りパッドで自然の丸みを出すブラジャー．

ウオータープルーフ【waterproof】①[機]防水加工した布や服，機械類など．②[容]水や汗に落ちにくい化粧料．

72

◀ウォリー

ウオーターフロント【waterfront】社地海・川などの水際地帯．大都市周辺部の水辺地区．

ウオーターベッド【water bed】中に水を入れたマットレス．冷暖房用の水温調節装置が付いているものもある．

ウオーターポロ【water polo】競水球．1チーム7人で，泳ぎながら球を相手ゴールに投げ入れる競技．

ウオーターマーク【watermark】①透かし．透かし模様．②水位標．

ウオーターメイク【water make 日】容水おしろい状のファンデーションを使った化粧法．英語は liquid powder makeup．

ウオーターリパレント【water-repellent】水をはじく．撥水（はっすい）加工を施した．

ヴォーテク【vo-tech】社職業訓練学校．vocational technical school の略．

ウォード【ward】区画．区域．区．東京特別区（23区）で，区を表記する用語の一つ．

ウオードライビング【war driving】I算無防備な無線LANに入り込んで利用するため，街路を走行すること．

ウォーニング【warning】警告．注意．通知．

ウォーニング トラック【warning track】競（野球）外野のフェンス沿いに設ける警告帯．外野手にフェンスが近いことを知らせる．

ウオーノグラフィー【warnography】映戦争や暴力を賛美する映画．war と pornography の合成語で，ポルノに等しいおぞましさがあるという意味．

ウオーミングアップ【warming-up】①競準備運動．②暖めること．

ウオームアップ【warm-up】競準備体操．強い運動をする前に行う準備運動．ウオーミングアップ．⇔クールダウン．

ウオームカラー【warm color】暖色．赤や黄など，暖かい感じの色．

ウオームギア【worm gear】機歯車の一種．大減速比が得られ，逆転ができない機能をもつ．

ウオームコール【warm call】営以前に取引関係や商品購入の実績などがあった相手に，改めて訪問したり電話をかけたりして商品販売を行う方法．⇔コールドコール．

ウオームスタート【warm start】I算メモリーにプログラムを残したままリセットすること．ホットスタートともいう．

ウオームビズ【WARM BIZ 日】環服環境省が提唱する秋冬の地球温暖化防止ファッション．上着の下にベストを着るなどの厚着をして，暖房温度を下げても快適に働ける環境を目指す．⇔クールビズ．

ウオームブート【warm boot】I算メインメモリーの初期化を行わないでコンピューターを再起動すること．

ウオームブラッド【warmblood】動ヨーロッパ産の馬の一品種．障害レースや飛越に優れた乗用馬が産出する．

ウオーメディー【warmedy】仮心温まるコメディー番組．warm と comedy の合成語．

ウオー リスク インシュランス【war risk insurance】経戦争危険保険．軍人を対象にする生命保険から，戦争・暴動から生ずる損害を防止するための保険がある．

ウオール【wall】①建壁．仕切り壁．防壁．②障壁．隔てるもの．堤防．

ウォール街【Wall Street】経ニューヨークにある証券街．世界金融市場の中心地．ウォールストリートともいう．

ウォールクラッキング【wall cracking】社政国家間を隔てる障壁を取り除くこと．ベルリンの壁が取り壊されたことに由来する．

ウォールストリート ジャーナル【Wall Street Journal】アメリカの日刊経済紙．

ウォールディスプレー【wall display】営壁面を使う陳列．

ウオール ハンドボール【wall handball】競壁にぶつかり跳ね返った球を手で打ち合う競技．前後左右の四面壁コートを用いる．

ウオーロード【warlord】軍将軍．最高司令官．

ウオーロック【warlock】魔法使い．魔術師．占い師．

ウオギング【wogging】競ジョギングの途中に，早歩きを入れる健康法．walking と jogging の合成語．

ウォスホート【Voskhod 露】機旧ソ連の2人以上乗り組みの有人宇宙衛星船．ボスホートともいう．

ウオツカ【vodka 露】料ロシア産の強い蒸留酒．ライ麦などから作り，無色・無味・無臭．

ウオッシャー【washer】洗濯機．洗浄機．洗い物をする人．

ウオッシャブル【washable】洗濯できる．洗濯のきく．水洗いのできる．

ウオッシュアウト【washout】①服製品を洗って脱色効果を出す加工法の一つ．②流失．

ウオッシュ アンド ウエア【wash-and-wear】服洗っても形崩れせずに着られるように加工を施した衣類．WW加工ともいう．

ウオッシュ アンド ウエア スタイル【wash-and-wear style】容洗いっぱなしで乾かしても形が崩れないヘアスタイル．デザインカットとデザインパーマによる．

ウオッシュ加工【wash finishing】服洗いをかけてビンテージ効果を与える後加工．

ウオッシュボード【washboard】①競オートバイ競技で非舗装のコース上に設ける洗濯板状の路面．②洗濯板．なまこ板．

ウオッチ【watch】①懐中時計．腕時計．②見張り．監視．③航海用語で，当直勤務，当直時間，当直員．ワッチともいう．

ウオッチドッグ【watchdog】番犬．監視者．

ウオッチマン【watchman】警備員．夜警．看視人．

ウオッチャー【watcher】消息筋．その方面の問題の研究家．

ウオッチワード【watchword】合言葉．

ウオッチング【watching】観察．見張り．監視．

ウオリー【worry】心配する．悩む．気に病む．

73

ウォルナッ▶

ウォルナット【walnut】 植クルミノキ．材は堅く，家具などに用いる．

ウォルフィン【wholphin】 動鯨（whale）とイルカ（dolphin）の交配種．ハワイ・オアフ島のシーライフパークにいる．

ウォルマート【Wal-Mart Stores】 商世界最大の流通企業．1962年にアメリカで創業．

ウォレット【wallet】 札入れ．財布．ウォーレットともいう．

ウォレットソフト【wallet software】 IT商電子商取引でユーザーが決済に使用するソフトウエア．

ウォンツ【wants】 欲しい物．ニーズ（必要な物）と対応していう．

ウォンテッド【wanted】 ①指名手配．②商社求人募集．働く人を求む．

ウォントアド【want ad】 広新聞などの小広告．求人・求職・捜し物などの広告．

ウォントスリップ【want slip 日】 商百貨店などで販売員が顧客の要望を記録する用紙．

ウクレレ【ukulele ？】 音ギターに似た四弦の小型弦楽器．

ウタリ【utari】 仲間，同胞の意のアイヌ語．

ウッズベージング【woods bathing 日】 森林浴．

ウッディー【woody】 木の多い．森の．木質の．木材の．ウッディともいう．

ウッディーライフ【woody life 日】 建木製の床や壁の住宅での生活．英語は natural life.

ウッド【wood】 ①競（ゴル）頭部がもともとは木製の半球形で，主に長打用のクラブ．②木材．③音木管楽器．オーケストラの木管楽器部．

ウッドクラフト【woodcraft】 美木製工芸．

ウッドケミカルズ【wood chemicals】 化木材化学．木材を構成するセルロース，ヘミセルロース，リグニンを分解して化学原料を作る．

ウッドデッキ【wood deck】 建木製の露台．

ウッドハウス【woodhouse】 建薪小屋．英語は woodshed ともいう．

ウッドペッカー【woodpecker】 鳥キツツキ科の鳥の総称．

ウッドマイルズ【wood miles】 経木材の輸入量と輸送距離からエネルギー消費を算出する方法．ウッドマイレージともいう．

ウバ【uva】 料紅茶の一つ．スリランカのウバ地方産．

ウバーレ【uvale】 地すり鉢状のくぼ地がいくつか合わさってできた細長いくぼ地．

ウパニシャッド【Upanishad 梵】 書奥義書．古代インドの哲学書．

ウラー【ura 露】 ばんざい．

ウラシル【uracil】 生リボ核酸（RNA）を構成する塩基の一つ．

ウラノス【Uranos 希】 ①天天王星．②ギリシャ神話で，天の神．

ウラマー【ulama 亜刺】 宗イスラム教やイスラム法を習得した人．イスラム学者．

ウラン【uranium】 化理天然に存在する放射性元素の一つ．元素記号はU．核燃料に重要．

ウラン濃縮【uranium enrichment】 化理天然ウランに含まれる核分裂性の同位体ウラン235の比率を，人工的に増やすこと．

ウ リーグ【Western League】 競（野球）西日本地域に本拠地をもつプロ球団の二軍リーグ．

ウルグアイ ラウンド【Uruguay Round of Multilateral Trade Negotiations】 経新ラウンド．ガットの多角的貿易交渉のこと．世界貿易の新しいルールづくりを目指し，1986年に96カ国が参加して開始．93年に実質合意し，94年に最終文書を採択した．

ウルトラ【ultra】「超」の意を表す接頭語．

ウルトラC【ultra-C movement】 競（体操）独創的で超難度の演技の通称．1985年に採点規則が改定され，従来のA〜Cの三段階に加え，D難度が設けられた．現在はA〜Eの五段階で評価する．

ウルトラソニック【ultrasonic】超音波．超音波の．

ウルトラテク【ultra-tech】超高度技術．最先端技術．

ウルトラハイキャパシティー エアクラフト【ultra-high-capacity aircraft】 機乗客を800人以上収容できるような超大型輸送機の構想．UHCAともいう．

ウルトラマイクロスコープ【ultramicroscope】 機微粒子も見ることができる高精度の限外顕微鏡．

ウルトラマラソン【ultramarathon】 競100km以上の距離を走るマラソン競技．

ウルトラマリン【ultramarine】化濃い青色の顔料．群青．群青色．

ウルトラモダン【ultramodern】 超現代的な．現代の思想や技術を超えた．非常に進歩した．

ウルトラライト プレーン【ultralight plane】 競超軽量飛行機．軽量の材料を使い，簡単な構造で製造した飛行機．レジャーやスポーツに用いる．ULPともいう．

ウルトラリッチ【ultrarich】超金持ちの．度外れた富裕家の．

ウルトラリンケン【Ultralinken 独】 社極左．急進主義．

ウルブズ アイズ【wolves' eyes】自動車道の路面に設置する反射光を出す装置．オオカミの眼の意で，シカなどの野生動物をこわがらせ，車にひかれないようにするもの．

ウルフパック【wolf pack】 社アメリカで，公共の場などで暴力をふるう若者の集団．

ウルフヘア【wolf cut hair 日】 容頭頂部と耳の付近は短く，襟足は長めにして段差を付ける髪形．

ウレタン【Urethan 独】 ①化靴底やタイヤなどに用いる合成ゴムの一種．ウレタンゴムともいう．②化カルバミン酸エステル．カルバミン酸とアルコールまたはフェノールの化合物．③化カルバミン酸エチル．催眠剤・解毒剤などに用いられたが，発がん性の疑いがあり使用禁止となった．

ウロキナーゼ【urokinase】 薬ヒトの尿中に含まれ，血液凝固に関連するフィブリンを分解する物質．脳血栓症やがんの治療などに使う．

ウロラグニー【Urolagnie 独】 医他人の排尿を目撃・空想して性的興奮を覚えること。あるいは、異性の尿を飲んで快感を感じる異常性欲。

ウンマ【umma 亜剌】宗イスラム共同体。umma-h ともつづる。

ウンルー効果【Unruh effect】理場の量子論で真空の存在感を示すカシミア効果に似て、空間を区切った一対の金属導体板が運動していると、粒子創成が起こるとされること。

エ

エア【air】①空気。大気。空中。空。②外気にさらす。風に当てる。③吹聴する。④競(きょうぎ)フリースタイルスキーで行われる空中演技。エアーともいう。

エアアート【air art】美ビニールなどの袋に空気を詰めて、その形態を楽しむ芸術。風船芸術。風船彫刻。

エアーエッジ【Air H"】IPHSを用いるデータ通信サービス。DDIポケットが提供。

エアアンビュランス【air ambulance】医機傷病者輸送機。遠隔地から輸送のために機内に医療施設を備えて、緊急の手術などに対応できるようになっている航空機。

エアエクスプレス【air express】営国際宅配便。小荷物空輸便。空輸小荷物。

エアカー【air car 日】機水陸両用の乗り物。地面または水面から浮き上がって飛ぶ。英語では hovercraft。

エアカーゴ【air cargo】営航空貨物。

エアカーテン【air curtain】機圧縮空気ドア。断熱・防塵・防臭のために、建物の出入り口に空気流の層を作り、内と外を遮断する装置。

エアガス【air gas】化空気ガス。空気に軽質油の蒸気を吸収させて、人工的に作る。燃料として用いる。

エアガン【air gun】空気銃。

エアギタリスト【air guitarist】ギターを持たずに弾くまねをする人。演奏ではなくパフォーマンスを競う。

エアクッション型輸送艇【landing craft, air cushion】軍海上自衛隊の大型輸送艦に搭載する揚陸艇。エルキャック、LCACともいう。

エアクラフト【aircraft】機航空機。飛行船。

エアコック【air cock】空空気弁。

エアコリドー【air corridor】空の廊下。国際協定などによって飛行中の安全が保障された航空路。

エアコンディショナー【air conditioner】空気調整機。室内の冷暖房や換気などを行う設備。エアコンともいう。

エアサービス【air service】営航空運輸事業。

エアサイド【airside】空港施設の中で、搭乗者や空港職員だけが立ち入りできる区域。

エアサイドパス【airside pass】証搭乗者や空港職員だけが入れる区域への立ち入り許可証。

エアサスペンション【air suspension】機空気式懸架装置。空気ばねを用いる。

エアシックネス【airsickness】医航空病。飛行機酔い。

エアシティーターミナル【Air City Terminal 日】都市部で空港の搭乗手続きができる施設。ACT ともいう。

エアシャトル【air shuttle】近距離地点を繰り返し往復する、通勤用などの航空輸送方式。

エアシュート【air chute 日】機パイプに圧縮空気を通して、伝票や整理カードなどを送受する装置。英語は pneumatic tube。

エアジョーダン【Air Jordan】服運動靴のシリーズの一つ。アメリカのナイキ社が発売したバスケットシューズ。商標名。マイケル・ジョーダンに由来。

エアスーツ【air suit】服保温効果の高いポリエステルを重ね、その中間に化繊綿を入れた軽くて保温性の高い服。

エアスタビライザー【air stabilizer】機空力安定板。高速安定走行用の自動車の外装部品。

エアステア【air stair】機中・小型旅客機などに備えた乗客用の昇降機。

エアスペース【air space】空間。上空。領空。

エアゾール【aerosol】噴霧剤。噴霧器。

エアターミナル【air terminal】航空機を利用する旅客が出入りする空港のビル。

エアタイム【air time】放放送時間。

エアタクシー【air taxi】機アメリカの主要都市間を飛ぶ不定期の小型旅客機。

エアダム【air dam】機空気抵抗を少なくしたり安定度を増したりするために、自動車や航空機などに付ける装置。

エアチェック【air check】放放送電波を受信録音すること。英語では broadcast recording ともいう。

エアドゥ【AIR DO】北海道国際航空の通称。1998年に就航開始。

エアドーム【air dome】建空気膜構造。屋根などに膜材を使い空気圧で膨らませ、全天候型の大規模空間を作る。エアサポートドーム。

エアドロップ【airdrop】空中投下。緊急物資などを空から投下すること。

エアハウス【airhouse】建プラスチックやキャンバスで作った柱がない大きな袋状の建物。体育館などに使われる。

エアバス【air bus】機中短距離用のワイドボディー旅客機。都市間の大量輸送用に開発。

エアバス A318【Airbus A318】機エアバスインダストリー社の小型旅客機。

エアバス A380【Airbus A380】機エアバスインダストリー社が開発した世界最大の旅客機。総2階建て構造で基本座席数555。

エアバッグ【air bag】機自動車の衝突時に前席乗員への衝撃を緩和する装置。瞬間的に膨らし、頭部などへの衝撃をやわらげる。

エアフィルター【air filter】機空気中のちりやほこり、花粉などをろ過する装置。エアコンなどで外気を導入する場合などに用いる。

エアフォイル【Airfoil】 機高速船の一種．船体の両側に4枚の翼を広げ，プロペラで推進する．水面に触れないで滑走し，時速200kmで走行できる．ドイツの技術者ギュンター・ヨルクが開発した．商標名．

エアフォース【air force】 軍空軍．

エアフォースワン【Air Force One】 政アメリカの大統領専用機．正式名はスピリットオブ76．「空飛ぶホワイトハウス」の異名がある．

エアブラシ【airbrush】 美塗料や絵の具を圧縮空気で噴き付けて，写真の修整，家具の塗装などに使う噴射器．最近ではデザイン，イラストに多用されている．

エアプランツ【air plants】 植気生植物．根がほとんど発生せず，空中湿度だけで育つ小形植物．数種類をかごに盛り合わせたり小枝に付着させて観賞する．

エアプレー【air play 日】 放レコード演奏の放送．英語は record broadcast．

エアブレーキ【air brake】 機空気圧を用いる制動装置．

エアプレーン チルドレン【airplane children】 社途上国などから，生活難や戦乱を逃れて飛行機で先進国に単身で送り込まれる子供たち．

エアページェント【air pageant】 航空ショー．英語では air show ともいう．

エアポート【airport】 空港．大規模な飛行場．

エアホール【air hall】 建プールやテニスコートなどを保護するのにかぶせるプラスチック製の折り畳み式ドーム．英語では dome ともいう．

エアポケット【air pocket】 ①気局部的に起こる乱気流状態．飛行中の航空機が急激に降下する．②(日)空白．死角．

エアホステス【air hostess】 旅客機の客室乗務員．フライトアテンダントと呼ぶ．

エアホッケー【air hockey 日】 薄い円板状のパックを打ち合い，相手側の穴に落とすのを競う遊び．卓球台に似た用具を使う．

エアポリューション【air pollution】 環大気汚染．

エアホン【airphone】 航空機電話．航空機からの国際電話が可能．

エアメール【airmail】 航空郵便．

エアライナー【airliner】 定期旅客機．

エアライフル【air rifle】 銃身内部にらせん状の溝がある空気銃．

エアライン【airline】 航空会社．航空路．

エアリアル【aerial】 競(スキー)フリースタイルスキーの一種目．宙返りなどの空中演技を行う．

エアリアル フォトグラファー【aerial photographer】 航空撮影者．さまざまな航空機に搭乗して，空や地上などの撮影を行う．

エアリーパーマ【airy perm】 容空気を含んでふんわりしたような感じにする，やわらかいくせ毛に似た髪形．

エアリフト【airlift】 緊急に必要な物資などの空輸．

エアルーム【heirloom】 ①先祖伝来の財産．家宝．②法法定相続動産．

エアレイジ【air rage】 社旅客機内で乗客が起こす迷惑行為．

エアレーン【air lane】 航空輸送路．

エアロアレルゲン【aeroallergen】 医大気中にある，いろいろなアレルギーを引き起こす原因となる物質．

エアログラム【aerogramme】 航空書簡．

エアロシェル【aeroshell】 宇機アメリカの次世代スペースシャトルの機体に使われる新素材の外殻構造．

エアロジェル【aerogel】 化多孔質の透明な固形シリコン．とても軽く断熱性が高い．

エアロスパイク エンジン【aerospike engine】 宇機アメリカの次世代宇宙輸送機に備えるエンジン．堤防状をしたスパイクの表面を燃焼ガスが流れる構造をもつ．

エアロスペース【aerospace】 宇航空宇宙．大気圏および宇宙空間．空間の．

エアロゾル【aerozol】 化大気中に分散している固体や液体の粒子状物質．

エアロゾンデ【aerosonde】 気無人飛行する小型気象観測機．

エアロダイナミックス【aerodynamics】 機理空気力学．空動力学．機体や車体などの空気抵抗を研究する．高速走行で重視される．

エアロバイオロジー【aerobiology】 生空中生物学．空気中に浮かぶ細菌・花粉などの小さいものを研究する学問．

エアロビク ウエイトトレーニング【aerobic weight training】 競有酸素運動をもとにした体力全般を養うトレーニング法．

エアロビクス【aerobics】 競有酸素運動．全身持久性を養う運動法．体内に吸入する酸素量を多くし，心肺機能を活発にする．

エアロビサイズ【aerobicize】 競有酸素運動を行うこと．aerobics と exercise の合成語．

エアロブレーキング【aero-braking】 大気の摩擦効果を利用し宇宙船を減速させる方法．

エイキャップ【ACAP】 社企業や団体の消費者関連業務の担当者．消費者関連専門家会議(Association of Consumer Affairs Professionals)の頭字語から．

エイコサペンタエン酸【eicosapentaenoic acid】 化魚脂肪に含まれる多価不飽和脂肪酸．血液凝固を抑える働きがある．EPA．イコサペンタエン酸．

エイジアン アメリカン【Asian-American】 社アジア系アメリカ人．アジア各国からアメリカに移住した人々．

エイジアン エクスプレス【Asian Express】 機ヨーロッパと中国，シンガポールが共同開発する100席級ジェット旅客機計画．

エイシズ【ACES】 社大学での教育を受け，豊かな暮らしをしている高齢者たち．affluent college-educated seniors の略．

エイズ【AIDS】 医後天性免疫不全症候群．HIV（ヒト免疫不全ウイルス）によって生体の免疫機能が破

壊され，さまざまな感染症を起こしやすくなる．acquired immune deficiency syndrome の頭字語から．

エイズウイルス【AIDS virus 日】医ヒト免疫不全ウイルス．エイズの病原体となるウイルス．RNAを含むレトロウイルス．

エイズウオーク【AIDS walk】社エイズで死亡した人々への追悼と，エイズ予防，感染者の社会への受け入れなどを求めて行う街頭行進．

エイズ関連症候群【AIDS related complex】医エイズによる免疫不全の症状が二つ以上存在する状態．ARC ともいう．

エイズ サーベイランス委員会【AIDS Surveillance Committee 】医日本全体のエイズ発生状況を把握し，予防対策を立てる組織．厚生省（現厚生労働省）が1986年に設立．

エイズ治療薬【AIDS drugs】薬エイズの治療に用いる薬品．ウイルスの逆転写酵素阻害薬とプロテアーゼ阻害薬がある．

エイズテスト【AIDS test】医エイズ感染の有無を検査すること．

エイズホスピス【AIDS hospice 日】医末期エイズ患者を収容して介護する緩和ケア病棟．厚生省（現厚生労働省）が1993年に設置．

エイズライン【AIDS line】医社アメリカのエイズ相談電話．

エイダ言語【ADA language】IT算アメリカ国防総省が規格化したプログラム言語．

エイティーズ【eighties】服自己主張の強い1980年代の雰囲気を取り入れた装い．

エイト【eight】競ボート競技の一つで，8人の漕ぎ手と1人の舵手が乗り組む．

エイド【aid】助力．救援．補助．

エイトビート【eight beats】音ロック，ブギ，ラテン系音楽に多いリズム．ジャズにも使われ，4分の4拍子で，一小節に八つの打拍をもつ．

エイブラムス【Abrams】軍アメリカの主力戦車M1A2 の通称．

エイブルアート【able art 日】医障害者の芸術．

エイミング【aiming】狙いを定めること．

エイム【aim】目的．目標．ねらい．標的．

エイムス【Association of International Marathons and Road Races】競AIMS．国際マラソンロードレース協会のこと．

エイリアシング【aliasing】IT算コンピューターグラフィックスで，斜めの図形境界が階段状に表示されたり，細い線が表示されなくなったりする現象．エリアシングともいう．

エイリアス【alias】IT算 MacOS で，仮想的なアイコンを作る機能．Windows の同様の機能はショートカットという．

エイリアン【alien】①外国人．在留外人．宇宙人についていうこともある．外国人登録者に関しては近年，foreign nationals を用いることが多い．②外国の．③性質の異なる．

エイリエネーション【alienation】①疎外．②医精神錯乱．心神喪失．

エイリエネーション シンドローム【alienation syndrome】医職場で利用されるOA機器などの，急速な発達についていけないために起こる精神錯乱．

エイロス【ALOS】宇日本の陸域観測技術衛星．2006年1月に打ち上げた．advanced land observing satellite の頭字語から．

エウロパ【Europa】天木星の第2衛星．

エーカー【acre】ヤードポンド法で面積の単位の一つ．1エーカーは4046.8㎡．

エーキュー【AQ】教成就指数．知能と学力との比較を示す指数．教育の進度がわかる．achievement quotient の略．

エージ【age】時代．年代．年齢．

エージェンシー【agency】①営代理店．特約店．代理業．②広広告取次業者．③機関．④政行政機関の外局．独立行政法人．特定の任務を担当する部局．1980年代にイギリスで始まった民間と政府の中間的組織．

エージェンシー コスト【agency cost】営企業経営について株主（依頼人）と経営者（代理人）の間に利害対立が生じ，非効率な経営が行われるためにかかるコスト．代理人が長期的な視野に立つ経営を目指しても，依頼人は短期の利益を求めることなどから起こる．

エージェンシー ショップ【agency shop】社労働協約のうち，組合未加入者は組合費と同額の金額を組合に納めなければならず，これに違反する者は使用者から解雇されることもあるというもの．

エージェント【agent】①営代理人．代理業者．取次業者．②諜報部員．スパイ．③IT算人工知能などで，知能をもたない単純な部品の組み合わせで，知能をもったシステムを構成する時の部品のこと．④IT算ソフトウエア自体が自立的に利用者の要求を解釈・学習し，処理を行う機能．

エージェント オレンジ【Agent Orange】化薬アメリカがベトナム戦争で用いた枯葉剤の一種．オレンジは容器の色から．

エージェント指向【agent oriented】IT算データと手続きの隠蔽，コンポーネント化といった自立的な判断に基づく処理を行う機能を使ったシステム構築の概念．

エージグループ【age-group】年齢別に分けた集団．英語では age-grade ともいう．

エージシューター【age shooter】競（ゴルフ）6000ヤード以上の18ホールのコースを，自分の年齢以内のスコアでホールアウトした競技者．

エージズム【ageism】年齢による社会的差別．特に高齢者に対するもの．エイジズムともいう．

エーシック【ASIC】IT算特定の利用者や用途向けに開発・販売する大規模集積回路．application specific integrated circuit の頭字語から．

エージレス【ageless】時間を超越した．不老の．永遠の．年を取らない．

エージレス ファッション【ageless fashion】服シンプルなデザインで，着る人の年齢を問わないで着こなせる装い．

エージング【aging】年をとること．加齢現象．酒

エージング ▶

の熟成．機械などの老朽化．エイジング．

エージングジーン【aging gene】 医白髪，しわ，月経閉止など，老化の兆候を引き起こすと考えられている遺伝子．

エージングブーマー【aging boomers】 社中高年層になったベビーブーマー世代．21世紀初頭に消費の中心と注目される．

エース【ace】 ①トランプで1の札．切り札．②第一人者．③競チームの切り札となる選手．④競(ゴ)ホールインワンのこと．スコアが「1」であることから．⑤すごい．すてき．

エード【ade】 料甘味を加えた果汁に水を足した飲み物を示す接尾辞．

エートス¹【Ethos 独】 社社会精神．民族精神．人間社会の気風．習慣を形成する原点となる精神．

エートス²【ethos 希】 性格．持続的な性状を意味する，アリストテレスの論理学における重要な概念の一つ．エトスともいう．

エープリル ウエザー【April weather】 気雨が降ったり晴れたりする不安定な天気．

エープリルフール【April fool】 4月ばか．うそをついても4月1日だけは大目に見られるいたずら．4月1日その日は April Fools' Day（万愚節）．

エームズテスト【Ames test】 生サルモネラ菌を利用して，物質が突然変異を引き起こしやすいかどうかを見る方法．

エール【ale】 料イギリス産ビールの一種．

エーワックス【AWACS】 軍早期警戒管制機．機上にレーダードームを載せて早期に索敵し，味方の迎撃機を指揮・統制する軍用機．airborne warning and control system の略．

エオニズム【eonism】 心異性の衣服を身につけて性的な満足を得る異常心理．

エカフェ【ECAFE】 経政アジア極東経済委員会．国連経済社会理事会の下部機関．1974年エスキャップと改称された．Economic Commission for Asia and the Far East の略．

エキサイティング【exciting】 胸がわくわくするような．血わき肉踊る．

エキサイト【excite】 興奮させる．熱中させる．「エキサイトする」は get excited．

エキシビション【exhibition】 ①展覧会．博覧会．提示．展示．エキジビションともいう．②競フィギュア選手が独自のプログラムで滑る模範演技・公開演技．また，観客サービスで行う演技会．

エキシビションゲーム【exhibition game】 競公開試合．公開競技．模範試合．エキシビション，エキシビションマッチともいう．

エキシマレーザー【excimer laser】 理励起状態の原子や分子でできた不安定な二量体が，こわれる時に出す光を利用するレーザー．

エキシマレーザー リソグラフィー技術【excimer laser lithography technology】 工エキシマレーザーを使って，LSI（大規模集積回路）のマスクパターンをシリコンウエハー上に露光転写すること．

エキス【extract】 化物質から成分を採り出して濃縮したもの．抽出物．

エキスターナル【external】 外部の．外面の．国外の．エクスターナル．⇔インターナル．

エキストラ【extra】 ①映劇放群衆や通行人などの端役を演じる臨時雇いの出演者．②臨時の．特別の．余分の．エクストラともいう．

エキストライニング【extra inning】 競(野球)延長戦．延長の回．

エキストラバージョン【extraversion】 心外向性．自分以外のものに興味や関心が向けられる傾向．⇔イントロバージョン．

エキストラ バージン オリーブオイル【extra virgin olive oil】 料オリーブの熟した果実からしぼったままの食用油のうち，特に優れたもの．

エキストラポレーション【extrapolation】 ①数ある分野のデータから他の分野の現状を推論すること．統計学で用いる手法．②文今日的な状況をSF小説の未来の国に反映させること．

エキスパート【expert】 その道の専門家．高度な技能を有する人．熟練者．

エキスパートシステム【expert system】 工算専門家がもつ高度の知識を集積して，推論・分析・予測などが行える人工知能．

エキスパートシステム ツール【expert system tool】 工算専門家のもつ知識を有効に使った高い性能のコンピュータープログラムを作成するための道具だてのこと．

エキスパンダー【expander】 競鋼やゴムのばねを伸縮させて手や足・肩などの筋肉を鍛える運動器具の一つ．伸長器．

エキスパンドブック【Expanded Book】 工算アメリカのボイジャー社が1992年に開発した電子出版のためのソフトウエア．電子画面上でも読みやすいように配慮がなされている．マルチメディア全般も扱える．

エキスポ【EXPO】 営社展示会．博覧会．万国博覧会．exposition の略．

エキセントリック【eccentric】 常軌を逸した．奇人の．変人の．

エキゾチシズム【exoticism】 異国趣味．異国情緒．エキゾティズムともいう．

エキゾチック【exotic】 異国風の．異国的な．外来の．エキゾティックともいう．

エキゾチック アニマル【exotic animal】 動イヌ・ネコ以外の愛玩用の輸入外国産動物．

エキゾチック核【exotic nucleus】 化理陽子に比べて中性子の多い原子核．

エキゾチック原子【exotic atom】 化理原子核の周りを回る電子が，負電荷をもつ素粒子で置き換えられた原子や分子．

エキゾチック スキン【exotic skin】 服クロコダイル，パイソン，スネーク，オーストリッチなど，入手困難なワニや蛇類などの皮革の総称．

エキゾチック ペット【exotic pet】 動イヌ・ネコ以外の愛玩用の輸入外国産動物．エキゾチック アニマルともいう．

エキゾチック マテリアル【exotic materials】 新素材．新材料．ニューマテリアルともいう．

エキソン【exon】 生ヒトゲノムの全塩基配列の中

で，遺伝子の働きをする部分．エクソンともいう．

エキノコックス【echinococcus】 生包虫．多節条虫類の幼虫の形態の一つで，動物から人間にうつり肝不全を起こす．

エキノコックス症【echinococcosis】 医包虫症．寄生虫による人畜共通感染症の一種．

エキュー【ecu】 経欧州通貨統合の第一段階として創設された欧州通貨単位の呼称．

エキュメニズム【ecumenism】 宗世界教会主義．教派や教会の違いを超えて連帯を強め宣教活動を行う，キリスト教徒の主張や運動．

エキュメノポリス【ecumenopolis】 社世界都市．世界中で都市化が進み，地球全体を一つの都市と考える構想．ギリシャの都市学者ドクシアデスが提案．

エキリブリアム【equilibrium】 ①軍事力のほか政治・経済など国際間の総合的な力の均衡．②力の平衡．心の平静．

エクイップメント【equipment】 設備．装置．器具．備品．

エクイティー【equity】 ①公平．公正．衡平法．②経株式持分．

エクイティー キャピタル【equity capital】 経払込資本．

エクイティー原油【equity oil】 経外国の石油会社が産油国で油田開発した時，契約により産出量の一部を生産原価で取得できる原油．

エクイティーズ【equities】 経株式．普通株式．

エクイティー ファイナンス【equity finance】 経株式発行を伴う企業の資金調達．増資，転換社債，新株引受権付社債などで行うもの．

エクイティー モーゲージ【equity mortgage】 経持ち分抵当．住宅家屋の抵当契約の一種．その家屋を売却した場合に利益から一定率の支払いになる条件で，融資の金利を下げてもらう．

エクイティー リトリート【equity retreat】 経証券市場の暴落．株式が退却した状態からの婉曲表現．

エクイバレント【equivalent】 等価の．等量の．同等の．

エクサ【exa-】 10^{18}を表す国際単位系(SI)の接頭語．記号はE．

エクサイズ【excise】 経消費税．物品税．

エグザイル【exile】 ①亡命．追放．流刑．②亡命者．国外追放者．

エグザクト サイエンス【exact science】 精密科学．数学や物理学などの客観的で明確な学問のこと．

エクササイズ【exercise】 ①練習．練習問題．②運動．体操．

エクササイズ ウオーキング【exercise walking】 医健康づくりおよび持久性を高めるために行う歩行運動．EXW．

エクササイズボール【exercise ball 日】 医容塩化ビニール製のスポーツフィットネス用ボールの一種．

エグザンサム【exanthem】 医発疹．天然痘など発熱症状を伴うものをいう．

エグジスタンシャリズム【existentialism】 哲実存主義．

エグジスタンス【existence】 存在．実存．

エクジソン【ecdysone】 生昆虫の変態や脱皮を起こさせるホルモン．

エグジット【exit】 出口．退出．退場．

エグジットポール【exit poll】 社投票所出口で行う有権者への聞き取り調査．

エグジットボンド【exit bond】 経卒業債．1987年にアメリカのベーカー財務長官が示した累積債務問題解決の一方法．民間銀行の保有する貸付債権を，累積債務国が発行する長期で低利の債券に置き換える．

エクスカーション【excursion】 理高速増殖炉で無制限に起こる核分裂連鎖反応．

エクスキューズ【excuse】 ①弁解．言い訳．②許す．勘弁する．

エクスキューズミー【excuse me】 ごめんなさい．失礼します．失礼ですが．

エクスクラメーション マーク【exclamation mark】感嘆符．「！」．

エクスクルーシブ【exclusive】 ①排他的な．独占的な．⇔インクルーシブ．②特ダネ．③I音楽データを伝送処理する機器用に，製造業者が自社のMIDI機器用に独自に作成する命令．互換性がない．

エクスクルージョン クローズ【exclusion clause】経免責条項．

エクスターナル【external】 外の．外部の．表面的な．外界の．対外的な．エキスターナルともいう．⇔インターナル．

エクスタシー【ecstasy】 ①絶頂感．喜悦．こうこつ．②心意識の混濁状態．精神混迷．③医合成薬物の一種の通称．

エクスチェンジ【exchange】 ①交換．取り替え．②経両替．為替．③交換所．取引所．

エクスチェンジ スチューデント【exchange student】教交換学生．

エクスチェンジ レート【exchange rate】経為替相場．

エクスティンクション【extinction】 絶滅．死滅．消去．

エクステリア【exterior】 外の．外側の．外部の．外装用の．⇔インテリア．

エクステリア ゲートウエー プロトコル【exterior gateway protocol】IT インターネットの自律システム間の経路情報を交換するプロトコル．EGPともいう．

エクステリア デザイン【exterior design】建美庭園や屋外の外的空間の環境を整えるデザイン．

エクステンション【extension】 ①内線電話．②延長．拡張．広がり．③増築改築．④I算拡張子．ファイルの種類を表すために使うファイル名の一部分．⑤留付け毛を使って髪の長く見せること．

エクステンション コース【extension course】教公開大学講座．

エクスドック【ex-dock】 営商品を指定の埠頭で

エクストラ▶

受け渡しする条件．埠頭渡し．

エクストラ【extra 仏】①料メニューに載っていない特製の料理．特別上等のブドウ酒あるいはブランデー．②追加料金．

エクストラクション【extraction】抽出．抜粋．

エクストラネット【extranet】I算複数の企業がインターネットを用いて，情報交換や取引などを容易に低コストで行えるようにしたネットワークシステム．

エクストリーム【extreme】服TOKYOストリートファッションのうち，アクティブスポーツウエアをオーバーサイズで着ることを特徴としたファッション．

エクストリーム スキーイング【extreme skiing】競(スキ)急斜面や断崖のある難コースに挑むスキー競技．

エクストリーム スポーツ【extreme sports】競技術をきわめた究極のスポーツ．

エクストリーム ミュージック【extreme music】音曲の速さや音の高低などを極端に表現する，若者向きの音楽．

エクストリミスト【extremist】過激派．過激主義者．極端論者．

エクストローディナリー【extraordinary】異常な．尋常でない．

エクスパイア【expire】①I算ニュースグループに投稿された記事が，一定期間を過ぎたら削除されること．②満期になる．終了する．

エクスパンショニズム【expansionism】拡張政策．拡張主義．膨張主義．

エクスパンション【expansion】①拡張．膨張．拡大．増加．増大．②競連盟拡大．所属チーム数の増加．

エクスプラネーション【explanation】説明．弁明．解釈．話し合い．

エクスプレス【express】①列車やバスなどの急行．急行便．②速達．至急便．

エクスプレス カード【ExpressCard】I算PCカードに替わる後継のカードスロット規格．

エクスプロイテーション フィルム【exploitation film】映金もうけを主目的に制作された映画．

エクスプロージョン【explosion】爆発．破裂．急増．激増．

エクスプローラー【explorer】①探検家．調査者．②[E-]字アメリカが打ち上げた初期の科学観測衛星．③I算利用者がOS（基本ソフト）に指示を出すのに用いるプログラムの一つで，Windowsに装備したもの．

エクスプローラーバー【explorer bar】I算Internet Explorer 4.0搭載のWindows 95以降に装備されたユーザーインターフェース．フォルダーの一覧や検索，ブックマークなどが表示される．

エクスプロラトリアム【exploratorium】探検館．光・色・音などについて，さまざまなことが発見・体験できる科学館．

エクスペディション【expedition】①遠征．探検．調査旅行．②遠征隊．探検隊．

エクスペリエンス カーブ【experience curve】経経験曲線．累積の生産量あるいは販売量の増加に伴い，実質生産原価が低下していく変化を示す曲線．

エクスペリメンタル【experimental】実験の．試験的な．

エクスペリメンタル ポップ【experimental pop】音実験的な音楽とポピュラー音楽を融合した現代音楽．1980年代から英米の前衛的な音楽家が提唱している．

エクスペリメント【experiment】実験．試験．

エクスペンシブ【expensive】高価な．ぜいたくな．費用のかかる．⇔インエクスペンシブ．

エクスペンス【expense】経費用．経費．支出．

エクスペンス アカウント【expense account】経費用勘定．

エクスペンダブル【expendable】消耗できる．消費してよい．使い捨ての．

エクスペンダブル エンジン【expendable engine】軍使い捨てエンジン．赤外線の放出を抑えた低コストの推進装置で，次世代巡航ミサイル用．

エクスペンディチャー タックス【expenditure tax】経支出税．総収入から貯蓄を差し引いた家計の消費支出額を課税対象とする．

エクスポージャー【exposure】①写露光．露出．露光量．②暴露．発覚．③経危険率がきわめて高い投資や信用供与．リスクにさらされる出資金や貸付金．

エクスポージャー インデックス【exposure index】写露光指数．

エクスポート【export】①経輸出．輸出品．輸出する．②I算他のコンピューターのシステムに情報を送り出すこと．⇔インポート．

エクスポーネント【exponent】解説者．代表者．主唱者．

エクスポジション【exposition】博覧会．展示会．エクスポ，エキスポともいう．

エクスライツ【ex-rights】経権利落ち．

エクスリブリス【ex libris 羅】英蔵書票．書票．蔵書の表紙裏に張りつける小さな紙片．版画で所蔵家の名と図案をほどこす．

エクスワラント【ex-warrant】経分離型のワラント債で，ワラントを切り離された社債のこと．

エクセキューション【execution】①実行．実施．②法強制執行．死刑執行．③音演奏ぶり．

エグゼクティブ【executive】①営経営陣．経営幹部．管理職．②幹部．行政官．高官．

エグゼクティブ アグリーメント【executive agreement】政アメリカ大統領が上院の承認なしで外国と締結できる協定．

エグゼクティブ オーダー【executive order】政大統領命令．大統領権限による命令．

エグゼクティブ オフィサー【executive officer】営会社役員．取締役．重役．

エグゼクティブ サーチ【executive search】営社ヘッドハンティングと呼ばれる人材引き抜きの中で，特に社長や副社長クラスの経営幹部の引き抜きを狙うこと．

エグゼクティブ スイート【executive suite】建ホテルで，居室の両側にツインベッドのある二つの寝室を備えた豪華な客室．

80

◀エコーブー

エグゼクティブ フロア【executive floor】建ホテルで、仕事のために宿泊するビジネスマンのために、観光などの一般客と隔離したフロアやコーナー.

エグゼクティブ プロテクション【executive protection】営企業幹部防衛.産業安全保障の一つ.会社経営の首脳陣を誘拐や襲撃などから守ること.

エグゼクティブ プロデューサー【executive producer】映製作総指揮.映画製作の最高責任者.

エクセプション【exception】例外.特例.除外条項.

エクセルギー【exergy】有効エネルギー.機械的仕事に変換できるエネルギー.

エクセレント【excellent】優秀な.卓越した.

エクセレント カンパニー【excellent company】営超優良企業.世界的コンサルティング会社マッキンゼー＆カンパニーのT. ピーター、R. ウォーターマン Jr の著作の邦題から.

エグゼンプション【exemption】①社労働時間規制の適用除外.②経所得税控除.③免除.猶予.イグゼンプションともいう.

エグゼンプト【exempt】①免除する.除外する.②営社残業手当のつかない労働者.

エグゼンプトプレーヤー【exempt player】競(ゴ)プロのトーナメントに優先的に出場できる権利(シード権)をもつ選手.

エグゾースト パイプ【exhaust pipe】機排気管.

エクソシスト【exorcist】悪魔払いの祈とう師.呪術師.

エグゾセ【exocet 仏】①魚トビウオ.②[E-]軍フランス製の空対艦ミサイル.

エクソダス【Exodus】①モーゼに率いられたイスラエル人のエジプト脱出のこと.またそれを記してある『旧約聖書』の「出エジプト記」.②[e-]大脱出.集団での移動・脱出.

エクソバイオロジー【exobiology】学生宇宙生物学.

エクソマーズ【ExoMars】字 ESA（欧州宇宙機関）が2011年に火星に投入することを決めた探査ロボット.

エクソン【exon】生遺伝子 DNA の塩基配列の遺伝情報のうち、たんぱく質のアミノ酸配列に転写される部分.構造配列.エキソンともいう.

エクソンフロリオ条項【Exon-Florio Provision】営アメリカの包括通商法5021条に明記された、国家安全保障を損なう企業買収の禁止規定.

エクパット キャンペーン【ECPAT Campaigns】社アジア観光における児童買春を終わらせる国際キャンペーン.1991年に国際的規模で運動開始.本部はタイのバンコク.ＥＣＰＡＴは End Child Prostitution in Asian Tourism の頭字語.

エクマン層【Ekman dredge】風と直角の方向に流れる海水の境界層.

エクメーネ【Ökumene 独】地地球上で人間の居住している地域.全陸地の約6分の5に当たる.

⇔アネクメーネ.

エクリチュール【écriture 仏】書くこと・書かれたものの意.構造主義で用いる言葉.

エクレア【éclair 仏】料シュークリームの上にチョコレートを塗った洋菓子.

エクレクティシズム【eclecticism】哲折衷主義.過去の様式や多様な要素を取り入れる.エクレクティスムともいう.

エゴ【ego 羅】①自我.自己.②自己中心的な考え方.

エゴアイデアル【ego ideal】心自我理想.

エコアウトロー【eco-outlaw】環自然環境を平気で破壊する人.環境に対する無法者.ecological と outlaw の合成語.

エゴイスティック【egoistic】利己的な.自己中心的な.自分本位の.

エゴイスト【egoist】利己主義者.自己中心的な人.

エゴイズム【egoism】①利己主義.自己中心主義.⇔アルトルーイズム.②哲自我主義.エゴチズム.

エコエグゼクティブ【eco-executive】営環境保護を企業の目標として取り組む経営者.

エコエネルギー都市構想【eco-energy city plan 日】広域エネルギー利用ネットワークシステム革新技術のこと.全エネルギー供給の抜本改革を目指している.1993年度からのニューサンシャイン計画に組み込まれた大型技術開発プロジェクト.

エコー【echo】①こだま.山びこ.②医反響・残響装置.

エコーウイルス【ECHO virus】医腸内で増殖し、腸の病気や髄膜炎などの原因となるウイルスの総称.ECHO は enteric cytopathogenic human orphan の略.

エコーカプセル【echo capsule】医体内で胃腸などの状態を測定し、体外に送信してくる装置.口から飲み込む.

エコー効果【echo effect】経過去のある時点における新規投資が一定期間を経た後で、更新投資となって現れること.

エコー サプレッサー【echo suppressor】電反響抑制装置.遅延反射波による障害を避けるため、一つの波を受信したら、一定時間レーダー航法装置の動作を抑制する電子回路.

エコーチェック【echo check】Iデータを送信側に返送して、もとのデータとつき合わせるチェック法.

エコーチェンバー【echo chamber】建反響室.反響音などさまざまな音の収録や放送をするために作られた部屋.または電気的にそのような効果を出す装置.

エコーネット【ECHONET】I算エコーネットコンソーシアムが考案した家庭内向けネットワークのインフラ規格.既存電力線と無線を利用するため、配線不要で家庭にも導入できる.家庭内のコンセントへの配電線を使う.

エコーネット コンソーシアム【ECHONET Consortium】I経日本のネット家電の業界団体.

エコーブーマー【echo boomer】社アメリカの

81

エコール▶

第2次ベビーブーム世代．1980年代前半から90年代半ばに生まれた世代．

エコール【école 仏】①学派．芸術家などの流派．②学校．

エコカード【eco card 日】 環経利用額の一部が環境保護団体の活動資金になる仕組みのクレジットカード．エコロジーカードともいう．

エコキュート 環建自然冷媒 CO_2 ヒートポンプ式給湯器のブランド名．省エネ型給湯システムの一つ．

エコグッズ【eco goods 日】 環環境保護を考えて開発された雑貨や道具など．エコロジーグッズの略．ネイチャーグッズともいう．

エゴグラム【egogram】 心アメリカの精神科医E．バーンが創始した精神療法で用いる，三要素五部分からなる自我状態を表すもの．

エコゲリラ【eco-guerrilla】 環環境保護運動を過激な手段を用いて行う人々．

エココースト【Eco Coast 日】 環生ウミガメの産卵地や渡り鳥の飛来地などを保全するための海岸．1996年に運輸省(現国土交通省)など4省が指定．

エココレクトネス【eco-correctness】 環生態学的に正しいこと．環境破壊につながらない生活や行動．

エココンシャス【eco-conscious】 環環境を意識した．環境に敏感な．生態学的な考え方を重視し，自然環境の保護に強い関心を示すこと．ecology consciousの略．エココンともいう．

エコサイド【ecocide】 環大規模な生態系破壊・環境破壊．ecology と genocide の合成語．

エコサウンド【eco-sound】 環環境を損なわない．生態学的に安全で信頼できる．

エコシステム【ecosystem】 環生生態系．ある地域に住む生物と，その生活に影響を与える無機的な環境を総合した系．

エゴジストニック【ego-dystonic】 心自我親和的．精神分析の用語で，ふだんの様子から想像できないような行動をとること．

エコシティ【eco-city 日】 環社環境共生都市．環境に配慮し，人間と自然が共生する町づくり．1993年から建設省(現国土交通省)がモデル都市事業を推進．

エコシン【eco-sin】 環自然環境を破壊しているという罪の意識．

エコスーツ【Eco-suit 日】 環服環境にやさしいスーツの商品名．ドライクリーニングのフロンなどの溶剤を使わないで，水洗いできる．

エコスクール【eco school 日】 環教太陽熱や風力などを利用し，環境保全に配慮する学校施設．文部省(現文部科学省)が提唱．

エコステーション【eco station 日】 環環境対策自動車に燃料を補給するための．電気・天然ガス・メタノールを使う．ESともいう．

エコスピーク【ecospeak】 環環境問題や自然保護などに関連する専門用語．

エコスマートエンジン【eco-smart engine】 機次世代の超音速輸送機向けに1999年に研究開発を始めたエンジン．

エコセメント【ecocement 日】 営ごみ処理施設の焼却灰や下水処理施設の生汚泥を利用して作るセメント．

エコタージュ【ecotage】 環環境保護を極端な方法で行うこと．森林の伐採を防ぐため，木にくぎなどを打ち込んでのこぎりを使えないようにする方法などをいう．ecology と sabotage の合成語．

エコタウン【eco town 日】 環社地域内の廃棄物ゼロを目指す事業．通産省(現経済産業省)が推進．

エコタストロフィー【ecotastrophe】 環自然環境の壊滅的破壊．ecology と catastrophe の合成語．

エコタックス【eco-tax】 環経環境税．環境汚染物質に課税しようとする欧米の提案．

エゴチズム【egotism】 利己主義．エゴイズム．

エコチャレンジ レース【eco-challenge race】 醜大自然の中で人間の限界に挑むレース．

エコチュール【ecoteur】 環極端な方法で環境保護運動を行う活動家．環境破壊の恐れのある開発計画に妨害活動をする人．

エコツアー【eco-tour】 環環境保護と地元の経済発展の両立を目指す考えを基に企画する旅行．

エコツーリズム【eco-tourism】 環社環境観光．自然環境やその地域に住む人々の住環境などの地域生態系を破壊しないで観光事業を行おうとするもの．

エコディザスター【eco-disaster】 環自然環境が開発などで多大な損害を受けること．

エコテクノロジー【ecotechnology】 環自然破壊を防ぎ，生態系が本来もつ浄化能力を人為的に制御する技術．自然と人間の共存を図るのに使う．エコロジカル エンジニアリング．

エコデザイン【eco-design】 環経済性と環境保全の統合を図る製品開発の考え方．国連環境計画(UNEP)が8項目を提示して，環境への負荷の削減を目指している．

エコトピア【Ecotopia】 環社環境保全を大切にする考えに基づく理想郷．地球環境にやさしい国や地域，都市のこと．ecology と Utopia の合成語．

エコドライブ【eco-drive 日】 環環境にやさしい省エネルギーの輸送車両などの運転．

エコトロン【ecotron】 環自然環境の研究に用いる生態学的モデル装置．

エコノセントリズム【econocentrism】 経政経済中心主義．経済力の充実を主軸にして進められる政策．

エコノナショナリズム【econo-nationalism】 経経済・貿易・通商でナショナリズムを強く出す考えや政策．貿易などでは外国に強硬な態度をとり，自国の産業競争力の回復を主張する．economic nationalism の略．

エコノパワー自動車【econo-power automobile 日】 機1 ℓ のガソリンで走行できる距離を競う自動車．

エコノフィジックス【econophysics】 経理物理学の概念や解析方法などを用いて，経済現象を解明する学問領域．

エコノボックス【econobox】 機燃費がよく価格

◀エコポート

が安い小型自動車.

エコノミー【economy】経経済. 収入. 倹約.

エコノミー オブ スケール【economies of scale】営規模の経済性. 標準化した商品を大量生産してコストを引き下げるやり方.

エコノミー オブ スコープ【economies of scope】営範囲の経済性. 多品種少量生産・販売に対応して, 一企業が多品種を生産しても相対的にコスト低下になればよいとする考え方.

エコノミークラス【economy class】客船・旅客機などの普通席や割安席.

エコノミークラス症候群【economy class syndrome】医急性肺動脈塞栓症. 旅客機などの狭い座席に長時間座ったままだと生じやすい足の血管内の血栓が引き起こす. ロングフライト血栓症ともいう.

エコノミーストア【economy store】営倉庫型の簡素な店構えで, 低価格を売りものとする大型店舗. ディスカウントストアともいう.

エコノミーセブン【economy seven】営社イギリスで電気料金の安い, 深夜0時から午前7時までのこと.

エコノミーソシアル【économie sociale 仏】営社社会的経済. 市民団体や協同組合などが営む非営利, 非権力の経済領域を主に研究する学問分野.

エコノミーホテル【economy hotel 日】営建部屋を小さくしたりサービスを省力化して料金を安くしたホテル. スーパーホテルともいう.

エコノミーラン【economy run】営機自動車の燃料節約競走. ある決まった距離を走り, 燃料消費が最も少なかった車が1位になる.

エコノミスト【economist】①経経済学者. 経済専門家. ②倹約家. 節約家.

エコノミック アニマル【economic animal】経経済的利益のみを追求する人間. 経済至上主義の日本を非難した用語. 高度成長期によく用いられた.

エコノミック エデュケーション【economic education】教青少年の意思決定力などを養成するプログラム. アメリカの非営利の民間教育機関が提供.

エコノミック コールド ウオー【economic cold war】経経済冷戦. 経済大国間で起きている貿易摩擦.

エコノミック サイクル【economic cycle】経景気循環.

エコノミック サンクション【economic sanction】経法経済制裁. 国際法の違反者に適用される輸出入禁止などの処罰的措置.

エコノミック ジオグラフィー【economic geography】経地経済地理学. 経済現象と地理の関係を研究する学問.

エコノミック ジオロジー【economic geology】経地経済地質学. 地下資源の経済的価値について研究する学問.

エコノミックス【economics】経経済学.

エコノミック スーパーパワー【economic superpower】経政経済大国.

エコノミック センチメント インデックス【economic sentiment index】経1982年に欧州共同体（EC）諸国が導入した景気判断指標.

エコノミック テロリズム【economic terrorism】経国際的な金融センターを標的にして起こすテロ行為.

エコノミックマン【economic man】経合理的経済人.

エコノミックライフ【economic life】経経済寿命. 新たに導入した機械設備の操業できる期待寿命.

エコノミック レフュジー【economic refugee】経経済的難民. 途上国などから先進国へ, 生活水準の向上を求めて移入する人々.

エコノメトリックス【econometrics】経計量経済学. 統計や数学を用いて, 経済理論の証明や経済問題の解明を行う.

エコハウス【ecohouse 日】環建環境共生住宅. 環境にやさしい住宅づくりを目指す建設省（現国土交通省）の構想. ②環建自然環境を守り活用する家づくり. 屋根に土を敷いて家を建てた分の自然を復活させたり, 太陽熱を十分に取り入れたりする方法をとる.

エコバブル【ecobabble】環環境問題に関連する専門語.

エコバランス【eco balance】環企業活動が環境に与える影響を計測・表示すること.

エコビジネス【ecobusiness】環地球環境の保全に関連する需要に応じる商品開発などを行う企業活動・産業. エコロジービジネスともいう.

エコファーマー【eco farmer 日】環農化学肥料や農薬の使用を少なくしている農家.

エコファクトリー【ecofactory 日】営環生態系に調和する生産過程をもつ工場. 環境にやさしい生産工場. 1993年から通産省（現経済産業省）が進めた研究事業. ecology と factory の合成語.

エコファンド【eco-fund】営環環境対策によく配慮した経営を行う企業を対象銘柄とする投資信託.

エコフィッシング【eco fishing】環環境保全を図る釣り.

エコフェア【eco-fair】環地球環境の保護・保全を訴える催しや見本市.

エコフォビア【ecophobia】気心異常気象恐怖症. 異常気象に対する不安感. 生態系破壊恐怖症.

エコフリーク【ecofreak】環環境問題に強い関心をもつ人.

エコブリッジ【eco-bridge 日】環建野生動物保護のため道路に架ける橋状構造物.

エコプルヌール【ecopreneur】営環環境問題に取り組んで, 新しい仕事を興す起業家. ecology と entrepreneur の合成語.

エコフレンドリー【eco-friendly】環環境にやさしい. 自然環境に合っている.

エコベンダー【eco vendor 日】環機電力消費が増大する夏季の午後に, 冷却運転を抑制する仕組みをもつ自動販売機.

エコポート【ecoport 日】環環境と共生する港湾.

83

エコマーク▶

エコマーク【ecomark 日】 営環資源を再生利用した商品や、環境への負担を軽くした商品に付けられるマーク．エコロジーマークの通称．1995年に運輸省（現国土交通省）が横浜港を指定した．エコロジカルポートともいう．

エコマーティアー【eco-martyr】 環環境保護運動の殉教者．

エコマテリアル【eco material】 環地球環境に対する負荷の小さな材料．作り出す時、使っている時、使い終わった時も、資源の保護・再利用、環境保全、省エネルギーなどを考慮した材料．

エコマネー【eco-money 日】 環社地域限定通貨．環境美化や高齢者介護、育児支援などの活動を行うとポイントに置換され、地域の商品やサービスと交換・流通できる方式．

エコミュージアム【eco-museum】 社日常生活や仕事場などをそのまま博物館として展示・見学する方式．地方文化や地域社会の復興を図る一助とされる．フランス語でエコミュゼ．1971年にフランスのアンリ・リヴィエールが発案した．

エコモール【eco-mall】 営環境保全や省エネルギー、公害防止などを考え、設計・施工したショッピングセンター．グリーンストア．

エコライト【ecoright 日】 環排出権．地球温暖化の原因の一つといわれる二酸化炭素などの排出権．1989年のIPCC（気候変動に関する政府間パネル）で日本が発表した概念．

エコラベル【eco-label】 営環環境保護を考慮して製造・生産などを行ったことを示す認証．

エコリッチ【eco-rich 日】 環有機栽培や有機飼料を使った食品しか食べない健康志向の人．

エコルシェ【écorché 仏】 教美人体内の諸筋肉が見えるようにしてある人体模型．デッサンや医学教育などに用いる．

エコレイベリング【eco-labelling】 環アメリカの環境保全ラベル．環境を損なわない方法で生産された製品であることを保証する．

エコレールマーク制度【Eco Rail Mark 日】 環社温暖化対策の一環として、鉄道貨物輸送を積極的に行っている企業や商品を対象とする国土交通省の認定制度．

エコレストラン【eco-restaurant】 環料環境保護を重視したレストラン．有機栽培の野菜を使ったり、メニューに再生紙を使ったりする．

エコレフュジー【eco-refugee】 環環境難民．環境破壊による汚染や気象の変化などで、居住地域からの移転・移住を強いられる人々．

エコロケーション【ecolocation】 生理反響定位．動物が音の反響によって自分の位置を感知すること．コウモリの場合がよく知られる．

エコロジー【ecology】 生生態学．生態環境．

エコロジーカード【ecology card 日】 環経利用額の一部が、環境保護活動の基金に寄付されるクレジットカード．エコカードともいう．

エコロジーカラー【ecology color】 ベージュ、アイボリーなど、自然の色を象徴する色．自然保護をうたって推奨されている．

エコロジー建築【ecology architecture】 環環境保護運動に連関し、生態系を含めた環境問題やエネルギー保存などに力を注いだ建築．

エコロジーショップ【ecology shop】 環環境保護に対応するさまざまな商品を扱う店舗．

エコロジー素材【ecology material 日】 生生分解性原料の総称．

エコロジービジネス【ecology business】 営環環境保護に関連する需要に応じて行われる企業活動．エコビジネスともいう．

エコロジー ファーミング【ecology farming】 環農環境農業．化学薬品を使わない有機農法．

エコロジー ファッション【ecology fashion】 環服地球の生態系のバランスが崩れつつある現在を意識した、自然志向のファッション．

エコロジカル アーキテクチャー【ecological architecture】 環建自然環境になじんでいる建築物．自然の材料を使った建物を指すこともある．

エコロジカル エンジニアリング【ecological engineering】 環自然破壊を防止し、生態系がもつ浄化能力を人為的に制御する技術．エコテクノロジーともいう．

エコロジカル バランス【ecological balance】 環生動植物と自然環境との間にある均衡関係．物質文明の進歩によって、このバランスは崩れつつあるとされる．

エコロジカルポート【ecological port 日】 環環境や生能系に配慮し共存を図る港湾．運輸省（現国土交通省）が1994年から取り組む事業．エコポートともいう．

エコロジカル マーケティング【ecological marketing】 営環地球の生態や生活環境に、特に配慮しようとするマーケティング．エンバイロンメンタル マーケティングともいう．

エコロジカルマップ【ecological map】 環生地生態学的環境評価地図．環境条件を調査し、地域ごとに特性を表した地図．

エコロジスト【ecologist】 ①生生態学者．②環環境保護を唱える人．

エコワス【ECOWAS】 経西アフリカ諸国経済共同体．1975年に設立．Economic Community of West African States の頭字語．フランス語表記の略称は CEDEAO．

エサキダイオード【Esaki-diode】 理量子力学的トンネル効果で、P-N接合に電流が流れるダイオード．発明者の江崎玲於奈の名から．トンネルダイオードともいう．

エジェクタ【ejecta】 地噴出物．放出物．火山の噴火や天体衝突などで飛び散った砕片．

エシカル コンシューマリズム【ethical consumerism】 社倫理的消費者主義．地球の公正や正義を目指す消費者の思想運動．

エシック【ethic】 ①哲倫理．道徳．②社会的な価値体系．

エシャルプ【écharpe 仏】 服肩に掛けたり首に巻いたりして用いる四角形の布．

エシャロット【échalote 仏】 ①植ユリ科ネギ属の多年草．タマネギに似た鱗茎を食用にする．英語は shallot．②（日）植根ラッキョウ．生で食する．エシ

ャレットともいう．

エシュロン【Echelon】［軍］米英など英語圏の5カ国が運営する通信傍受機関．世界中のあらゆる通信を傍受できるとされる．

エスアール説【SR theory】［心］学習を刺激と反応の結合によって説明する理論．SR は stimulus-response の略．

エスエス説【SS theory】［心］認知説．場理論．学習を記号と記号対象の結び付きによるとする心理学の説．SS は sign significance の略．

エスエスビー方式【SSB system】［工］単側波帯通信，またはその方式．長距離電話に用いる．single side-band transmission system の略．

エスカップ【ESCAP】［経社］アジア太平洋経済社会委員会．1974年にエカフェを改称した．Economic and Social Commission for Asia and the Pacific の略．

エスカトロジー【eschatology】［宗］終末論．眼前の現実を末世とみなし，この末世から解脱して千年王国や王道楽土を希求する考え．

エスカベッチェ【escabeche 西】［料］スペイン料理の一つ．揚げた魚や肉などの酢漬け．またその漬け汁．エスカベッシュともいう．

エスカルゴ【escargot 仏】［料］フランス料理に用いる食用のカタツムリ．

エスカレーション【escalation】段階的拡大．⇔デスカレーション．

エスカレーター【escalator】［機］自動階段．

エスカレーター クローズ【escalator clause】［経］価格変動条項．価格変動に備えて一定の幅をもった契約価格にしておくこと．

エスカレート【escalate】段階的に拡大する．物事や感情が次第に高まる．

エスクロ【escrow】［I］［経］第三者寄託方式．特定の物件を第三者に寄託して，一定の条件が満された場合に，その物件を相手側に交付する方式．エスクローともいう．

エスクローサービス【escrow service】［I］［営］インターネット取引で商品や代金の授受を第三者が保証する仕組み．エスクロサービスともいう．

エスクロバーター【escrow barter】［経］バーター貿易の一形態で，輸入する側が輸出する側の指定銀行へ相手の名義で預金すること．

エスケープ【escape】逃げる．脱走する．

エスケープキー【escape key】［I］［算］コマンドや実行中の操作の取り消しなどの機能を担うキー．Esc キーともいう．

エスケープ クローズ【escape clause】［経］免責条項．除外条項．

エスケープ シーケンス【escape sequence】［I］［算］コンピューターや周辺機器を制御するための特殊な文字列．カーソルの移動や点滅，表示する文字属性などの指定に使われる．

エスコ【ESCO】［工］工場やビルなどの省エネルギー化を包括的に請け負う事業．energy service company の頭字語の略．

エスコート【escort】付き添い．護衛者．男性が女性に付き添って護衛すること．

エス睡眠【S sleep】［生］睡眠中の深い眠り．通常の人間では睡眠時間の約4分の3に当たる．synchronized sleep の略．

エスセティシズム【aestheticism】［芸］唯美主義．たん美主義．19世紀末に盛んになった芸術思潮の一つで，美を最高の価値・唯一無上の目的とする立場．

エスタブリッシュメント【establishment】①既成の権力組織．体制．主流派．②常備組織．定員．③確立．設立．制定．

エスタンプ【estampe 仏】［美］複製版画．既に作られた油絵や水彩画を精巧に写す．

エスチュアリー イングリッシュ【Estuary English】［言］イギリス英語の新しい変種の一つ．ロンドンを中心に広まりを見せる．エスチュアリーはテムズ川の河口を指す．

エステ エステティック（esthétique 仏）の略．

エスティーマーク【ST mark 日】 おもちゃの安全基準合格を示すマーク．ST は safety toy の略．

エスティメート【estimate】見積もる．評価する．判断する．推定する．

エステート【estate】①地所．私有地．屋敷．領地．②法資産．

エステート エージェント【estate agent】［営］不動産幹旋業者．土地ブローカー．

エステートスケープ【estatescape】家屋や土地などの不動産の外観，あるいはデザイン的特徴．real estate と landscape の合成語．

エステティシャン【aesthetician】①［美］美学者．②［容］そう身，メーキャップなど体全体から美容を考える美容師．

エステティック【esthétique 仏】［容］審美・美学の意．美容を心身両面から考える全身美容のこと．

エステル【Ester 独】［化］酸とアルコールの化合物．食物の香料として用いる．エスター．

エストール【STOL】［機］短距離離着陸機．400～500mの短い滑走路で離着陸できる．short take-off and landing aircraft の略．

エストールポート【STOL port】短距離離着陸機用に設けられた空港．

エストロゲン【estrogen】［生］卵胞ホルモン．女性ホルモンの一つで，卵巣が作り出す．

エスニシズム【ethnicism】［社］民族分離主義．国の中で民族性を重視することから国民が分裂する傾向．

エスニシティー【ethnicity】［社］民族性．民族集団．民族と区別して用い，その集団の属性やアイデンティティーのあり方を指す．

エスニック【ethnic】①民族の．民族学的な．特定少数民族・人種の．②［社］少数民族の一員．独特の風俗・文化を保つ少数民族．③［服］伝統的な民族服の要素を取り入れた装い．

エスニック ウエポン【ethnic weapon】［軍］生物・化学兵器の一種．特定の遺伝的な罹病性や感染性をもつことが知られる人種だけを攻撃する兵器．

エスニック キリング【ethnic killing】異民族間で行われる殺戮（さつりく）．

エスニック クラブ【ethnic club】民族的な風俗や音楽などを売り物にするナイトクラブ.

エスニック グループ【ethnic group】 社民族集団.

エスニック クレンジング【ethnic cleansing】社民族浄化. 民族的浄化. 武力で他民族を追放し、地域住民を純化させること.

エスニック パッチワーク【ethnic patchwork】社さまざまな人種で構成されるアメリカ社会のこと. 人種のパッチワーク.

エスニック バトル【ethnic battle】軍民族紛争.

エスニック ファッション【ethnic fashion】服少数民族の特有な文化を取り入れた装い.

エスニック紛争【ethnic conflict】軍少数民族をめぐって発生する紛争. 多民族国家内では内戦となり、二国にまたがる場合は国際紛争となる場合が多い.

エスニック ミドル【ethnic middle】社アメリカ社会で形成される中間層で、少数民族系の市民が構成するもの.

エスニック リバイバル【ethnic revival】社政民族の自治や分離を目指す, 民族意識への再帰属の動向のこと.

エスニック料理【ethnic cooking】料民族料理. 主にアジアやアフリカのスパイスのきいた, 辛い料理を指すことが多い.

エスノ【ethno】音アジアやアフリカなどの民族性豊かなリズムを取り入れたロック音楽.

エスノクラシー【ethnocracy】政自民族だけの支配体制を作ろうとする考え方.

エスノサイエンス【ethnoscience】民族科学. 文化圏が異なれば, その自然や価値観に基づいた独自の科学が体系化されると考えるもの.

エスノス【ethnos】 社民族. 種族. 人種集団. エトノス, エスニックグループともいう.

エスノセントリズム【ethnocentrism】社自民族中心主義. 自民族を絶対的優位とみなし, 他民族に対して排他的・蔑視的な態度をとる.

エスノナショナリズム【ethnonationalism】社政少数民族などが社会的自立や政治的権利などを主張する運動. 民族的愛国主義.

エスノポップ【ethnopop】音アジアやアフリカなどの民族音楽の要素を取り入れたポップ音楽.

エスノポリティックス【ethnopolitics】政少数民族のための政治的、経済的、社会的な問題を扱う政策.

エスノメソドロジー【ethnomethodology】社観察者の立場を離れ、集団成員と同じ状況から日常の行動や生活を実践・研究する試み.

エスノロジー【ethnology】 民族学. 文化人類学. エトノロジーともいう.

エスパー【esper 日】 超能力者. ESP (extrasensory perception 超感覚的知覚)をもつ人. 英語は person with preternatural power.

エスパドリーユ【espadrille 仏】服甲にキャンバス地を用い, 底は麻の縄で編んだ靴. スペインの民族衣装の一つで, 長いひもが付く.

エスパニョル【espagnole 仏】スペインの. スペイン風の.

エスピオナージュ【espionnage 仏】 スパイ行為. スパイ活動.

エスプーマ【espuma 西】料食材をムース状にした料理. そのための器具も指す. スペイン語で泡の意味.

エスプリ【esprit 仏】①機知. 才気. ②精神. 魂. 心.

エスプリ計画【ESPRIT】I欧州情報技術研究開発戦略. 情報技術について欧州各国企業間で統一戦線を作ろうとした1984～94年の10年計画. European Strategic Program for Research and Development in Information Technology から.

エスプリⅡ【ESPRIT Ⅱ】I欧州情報技術研究開発戦略の第二次計画. 1987年に5カ年計画で発足した.

エスプレッソ【espresso 伊】料粉末にしたコーヒー豆に蒸気を通して作るコーヒー. またそれを作る器具.

エスプレッソバー【espresso bar】料エスプレッソコーヒー店. コーヒー店の一形態.

エスペランティスト【Esperantist】①言エスペラントを習得している人. エスペラント学者. ②言エスペラントを広める運動の推進者.

エスペラント【Esperanto】言ポーランドのザメンホフが1887年に創作した国際語の一つ. ラテン系などの諸言語を合理的に整理した.

エスポワール【espoir 仏】望み. 希望.

エソロジー【ethology】動動物行動学.

エターナル【eternal】永遠の. 永久の. 不変の. 果てしない.

エタチスム【étatisme 仏】 政国家主義. 国家を至上のものとする政治理論.

エタニティー【eternity】永遠. 永久. 不滅のもの.

エタニティーリング【eternity ring】服宝石をすき間なくはめこんだ細い指輪.

エタネルセプト【etanercept】薬関節リウマチの治療薬. 一般名.

エタノール【ethanol】化酒精. エチルアルコールともいう.

エダラボン【edaravone】 薬三菱油化薬品(現三菱ウェルファーマ)が開発した脳梗塞の治療薬. 商品名はラジカット.

エチオピア人民革命民主戦線【Ethiopian People's Revolutionary Democratic Front】軍エチオピアの反政府組織の一つ. 社会主義を唱えるメンギスツ政権に対して, 民主勢力が合流して結成. EPRDFともいう.

エチオロジー【etiology】医病因学. 病因論. 病因. ある病気の症状に対する原因の研究.

エチケット【étiquette 仏】礼儀. 作法.

エチュード【étude 仏】①美試作. 習作. ②音練習曲. ③研究. 論.

エチルアルコール【Äthylalkohol 独】 化酒

◀エデュテイ

精．アルコール飲料・殺菌・消毒・燃料など広く用いる．アルコール，エタノールともいう．

エチルガソリン【ethyl-gasoline】化オクタン価を高めるために，4エチル鉛や臭化エチレンなどを加えた混合ガソリンの一つ．

エチレン【ethylene】化炭化水素の一つ．無色で甘味臭がある引火性の強い気体．吸入麻酔剤などに用いる．

エチレンセンター【ethylene center】営エチレン生産工場．エチレンは石油化学工業の基礎原料で，関連製品工場群と一体化して立地．

エッグアート【egg art】卵の殻を素材にした工芸品．

エッグオークション【egg auction】Ⅰイ生インターネット上で行う卵子の競売．

エックス世代【Generation X】社アメリカでベビーブーマーの子供の世代．ダグラス・クープランドの同名の小説から広まった．

エックス線【X-ray】理医療・工業用の電磁波．レントゲン線，エックス光線ともいう．

エックス線天体【X-ray star】天特にエックス線を強く放射する天体．

エックスターミナル【X terminal】Ⅰコンピューター ネットワークで用いる，安価で使いやすい端末機．中央コンピューターの処理結果だけを表示する．

エックスボックス【Xbox】Ⅰ算マイクロソフトが2001年に発売したゲーム機．

エッグタルト【egg tart 日】料カスタードクリームなどを詰めたカップ状のパイ．ポルトガル生まれの菓子の一種．

エッグライン【egg-line】服卵形のシルエット．

エッジ¹【edge】①縁．端．②競(スキ)滑走板の雪に接する側面．③競(ス)靴の金具の氷と接する縁．④競(卓球)卓球台の縁．⑤競(ゴル)グリーンやバンカーなどの縁．

エッジ²【H″】Ⅰ DDI ポケットが提唱する新世代 PHS 端末の呼称．PHS の音のよさはそのままに，携帯電話並みの切れにくさを実現した．

エッジシティー【edge city】社郊外よりも一層都心から離れた場所にできた住空間．1990年代にアメリカに起こった現象で，巨大なショッピングモールを中心に町が形成される．

エッジリンク【H″ link】Ⅰ DDI ポケットの PHS サービスのエッジで利用できる E メールサービスと情報サービスを総合した呼称．

エッジルーター【edge router】Ⅰ算基幹ネットワークと，その下部に位置する LAN を接続するためのルーター．

エッジワース カイパーベルト【Edgeworth Kuiper Belt】天冥王星軌道の外側にある小天体群が帯状に分布した場所．1950年代にアイルランドのエッジワースとアメリカのカイパーが提唱した．カイパーベルトともいう．

エッジング【edging】①服縁取り．②競(スキニ)エッジを使って滑ること．

エッセイスト【essayist】文随筆家．評論家．

エッセー【essay】文随筆．随想．小論文．原義は試み．

エッセン【Essen 独】食事．食事すること．

エッセンシャル【essential】①不可欠の．必須の．本質的な．②粋を集めた．

エッセンシャル オイル【essential oil】化精油．植物から抽出する揮発性の油．芳香性があり，入浴剤などに用いる．

エッセンシャル ドラッグ【essential drug】薬必須医薬品．世界保健機関（WHO）が発表する．

エッセンス【essence】①本質．神髄．②容香料．香油．香水．美容液．③科実体．実在．

エッチング【etching】①美銅板に酸の腐食によって絵を描く銅版画の技法．②Ⅰ算集積回路などで，下地を溶かして回路を刻み込む工程．

エディ【Edy】経ビットワレットが運営するソニー方式の電子マネー．商標名．

エディアカラ動物群【Ediacaran fauna】生地約6億年前の原生代末に生息した生物群．南オーストラリアのエディアカラの丘から大型化石が発見されたことから命名．

エディション【edition】版．刊行物．印刷物．

エディター【editor】①編集者．論説委員．②映フィルムやテープなどの編集者．③Ⅰ算エディターソフトのこと．編集用ソフト．文字データを作成，編集するソフトウエア．④編集作業用の機器．

エディターソフト【editor software】Ⅰ算ファイルの内容を入力・編集するソフトウエア．テキストファイルで文字データの入力・編集を行うものを指すことが多い．

エティック【etic】人類学で，研究者の側で分析用の概念を用意して対象社会の現象を記述・説明し，複数の文化を比較して一般化を試みる研究．

エディトリアル【editorial】①論説．社説．②編集の．

エディトリアル デザイン【editorial design】雑誌や書籍のデザイン．読むよりも見る要素を重視する．

エディネット【EDINET】Ⅰ算証券取引法上の企業内容公開制度を電子開示するシステム．電子開示制度．electronic disclosure for investors' network の頭字語から．

エディプス コンプレックス【Oedipus complex】心男の子が同性の父親を憎み，異性の母親を思慕する無意識的な複合感情．⇔エレクトラ コンプレックス．

エディブル フラワー【edible flower】植料食用花．食べる花．毒性のない品種を低農薬で栽培して食用にする．

エデュケーション【education】教教育．

エデュケーター【educator】美美術館教育担当学芸員．キュレーターとは別に，教育普及的な活動を専門に行う学芸員．

エデュテインメント【edutainment】楽しみながら学ぶこと．教育的娯楽．education と entertainment の合成語．

エデュテインメント ソフト【edutainment software】Ⅰ算教育とゲームなどの娯楽の中間に位置するソフトウエア．ゲーム的要素を取り入れ，楽しみながら学習できる．

87

エドガー ▶

エドガー【EDGAR】 [I経算]アメリカの証券取引委員会（SEC）が行う登録書類のコンピューター化．各企業が書類を提出する代わりに，SEC のコンピューターに直接入力してペーパーレスとする計画．electronic data gathering, analysis and retrieval の略．

エトス【ethos 希】 特質．性格．生活姿勢．倫理．エートス．

エトセトラ【et cetera 羅】 など．等．その他．etc. または &c. と略記する．

エドセル【Edsel】 時代遅れ．1950年代にフォード社が発売したが，売れ行き不振だった乗用車に由来する．

エトランゼ【étranger 仏】 異邦人．外国人．

エドワーディアン【Edwardian】 20世紀初頭のイギリス国王エドワード7世時代の美術・工芸・建築・風俗などを指す言葉．

エトワール【étoile 仏】星．花形スター．

エトワス【Etwas 独】あるもの．何か．

エナジー スター コンピューター計画【energy star computers program】 [I算]パソコンの省エネルギー化推進計画．電源投入状態のパソコンの消費電力削減を目指す．1993年にアメリカ環境保護局が発表．

エナミン【enamine】 [化]二重結合炭素をもつアミン．

エナメルワーク【enamelwork】 [服]エナメル細工．装飾加工の一つ．

エナルク【énarque 仏】 [社]ENA（フランス国立行政学院）卒業生．ENA 出身の高級官僚．

エニーキャスト【anycast】 [I算]複数のコンピューターの中からグループを指定して配信する方式．ある端末にデータが到達すると，それ以上配信しなくなる．

エニグマ【enigma】 なぞ．不可解な．

エネトピア【enetopia 日】 [建省]エネルギー対策を取り入れた住宅団地．energy と Utopia の合成語．

エネミー【enemy】 敵．敵対者．敵国．敵軍．敵の．敵対する．

エネミーレス【enemyless】 [社]敵対者を失った状態．東西冷戦が終わり，敵の脅威が消滅しつつあることを指す．

エネルギア ロケット【Energia Launch Vehicle】 [機]1987年に旧ソ連が打ち上げた大重量ロケット．発射時の重量は約2400t．

エネルギー【Energie 独】 ①[理]ある物体がもっている仕事をする能力．単位はエルグ，またはジュール．②熱・光・電気・質量がもっている仕事をする能力．③活気．気力．元気．行動力．英音ではエナジー（energy）．

エネルギーギャップ【energy gap】 [電]原子中の電子が動くバンド構造で，充満帯と伝導帯の間のエネルギー幅のこと．

エネルギー強度【energy intensity】 [環経]最終エネルギー消費量を生産額や国内総生産で割って求めた値．

エネルギー憲章条約【Energy Charter Treaty】 エネルギー効率と環境局面に関する条約．1998年に発効．旧東側諸国の資源開発・有効利用と経済回復の支援を目指した欧州エネルギー憲章を基礎とする．ＥＣＴともいう．

エネルギー収支分析【net energy analysis】 [営経]エネルギー生産システムの全過程についてエネルギー投入構造を分析する手法．

エネルギー消費効率【efficiency of energy use】 [営]機械・機器，施設，産業，国家などを対象として，一定の産出を得るためのエネルギー投入量で有効使用の割合を表すもの．

エネルギー植物【energy plant】 [植]炭化水素を含有する植物で，樹液を乾留すると代替石油が採れる．

エネルギー税【energy tax】 [環経]地球温暖化の防止を図る税制の一つ．

エネルギー政策基本法【Basic Law on Energy Policy Making】 [経法]日本の燃料動力資源政策の方向性を示す法律．2002年に施行．

エネルギー税制【energy taxes】 [経]燃料動力資源への課税制度．日本では原油等関税，石油税，ガソリン税，軽油引取税，電源開発促進税などがある．

エネルギー セキュリティー【energy security】 [社]エネルギーの安定的かつ合理的な供給が重要であると考えること．エネルギー安全保障．

エネルギー代謝【energy metabolism】 [生]生命維持に要するエネルギー消費量．

エネルギー代謝率【relative metabolic rate】 [生]運動代謝を生命維持に必要な基礎代謝で割った値．各種スポーツの強度の指標．RMR．

エネルギーパーク【energy park】 [経社]アメリカで提案された，設備投資の無駄を避けるエネルギーの共同利用地．

エネルギー バンド モデル【energy band model】 [理]多数の原子が非常に接近している結晶の場合，電子は特定の原子に属さないで結晶内を動き回り，エネルギー準位がある範囲に広がって帯状の構造を示すが，その構造をモデル化したもの．

エネルギー プランテーション【energy plantation】 [営植]石油・石炭に代わって植物からエネルギーを得ようというアメリカの構想．

エネルギー ベストミックス【optimum energy mix】 [営社]安定したエネルギー供給構造を作るため，各エネルギー源を効率よく組み合わせること．

エネルギー ポリティックス【energy politics】 [経政]世界の石油・天然ガス資源などの開発や輸出にからむ経済・政治的国際問題．

エネルギー密度【energy density】 [I]電池の体積または重量当たりで取り出せる密度．体積エネルギー密度は Wh/ℓ，重量エネルギー密度は Wh/kg で表す．

エネルギー リサイクル【energy recycling】 [環]廃棄物を再利用して燃料に用いる方法．

エネルギッシュ【energisch 独】 精力的．活力に満ちあふれた．英語は energetic．

エバーオンワード【ever onward】 [競]アジア競技大会の標語．限りなき前進という意．

エバークラック【ever crack】 [I算]多人数が同

エバーグリーン【evergreen】①常緑の．常緑樹の．②[植]常緑樹．③常緑樹の葉に似た緑色．
時に参加できるオンライン ロールプレーイング ゲームのエバークエストを楽しむ人々の別称．

エバキュイー【evacuee】[社]難民．特に戦争など危険地域からの避難民．

エバポレーション【evaporation】蒸発．脱水．

エバミルク エバポレーテッド ミルク（evaporated milk）の略．[料]無糖練乳．牛乳を濃縮したもの．

エバリュエーション【evaluation】評価．見積もり．

エパルレスタット【epalrestat】[薬]アルドース還元酵素阻害剤．糖尿病性末梢神経障害に伴うしびれ感，疼痛，振動覚異常，心拍変動異常の改善効果のある薬剤．

エバンジェリスト【evangelist】伝道者．宣教師．福音を説き伝える人．

エバンジェル【evangel】①[宗]福音．②[E-] [宗]『新約聖書』の福音書．

エビアンサミット【Evian Summit】[政]2003年にフランスのエビアンで開催された主要先進国首脳会議．

エピキュリアン【epicurean】快楽主義者．享楽主義者．

エピグラフ【epigraph】①碑文．碑銘．②本の巻頭などに記された引用句．題辞．

エピグラム【epigram】[文]警句．短詩．真実をえぐる簡潔な文句．

エピゴーネン【Epigonen 独】独創性のない人．模倣者．亜流．

エピステーメー【épistémè 希】[哲]学問的知識．フランスの哲学者フーコーは各時代の基底となる知の総体的あり方としてとらえた．

エピステミック【epistemic】知識の．認識論の．認識論に関する．

エピステミック コミュニティー【epistemic community】[社]知識共同体．地球的規模の諸問題に対応する国境を越えた専門家集団．またはそのネットワーク．

エピステモロジー【epistemology】[哲]認識論．

エピセンター【epicenter】①[地]震央．地震の震源地．②中枢．中核．中心部分．

エピソード【episode】①挿話．②[音]挿入曲．③（日）ある人物の逸話．英語では anecdote．

エピゾーム【episome】[生]細菌の細胞中にある遺伝子．染色体とは別に存在する．

エピタキシー【epitaxy】[化]他の結晶の表面に，同一の面方位に結晶を配列すること．

エピタキシャル成長【epitaxial growth】[I][化]単結晶基板上に，その基板結晶と同一の面方位に結晶を成長させること．半導体製造の重要技術の一つ．

エピック【epic】①[文]叙事詩．英雄物語．②[映]史劇．過去に実在した人物だけでなく架空の人物も加えて冒険，活躍を描いた映画．

エピデミオロジー【epidemiology】[医]疫学．流行病学．

エピデミック【epidemic】①流行性の．はやっている．②流行病．③思想やファッションなどの突然の流行．

エビデンス【evidence】証拠．証言．兆候．しるし．

エピトープ【epitope】[生]抗体に影響をもつ抗原体．反応要素で特定の抗体を決定する成分．

エピファニー【Épiphanie 仏】[宗]公現祭．東方の三博士が，キリスト誕生を祝うためベツレヘムへ訪れたことにちなむ祭日．

エピローグ【epilogue】結び．結語．終章．⇔プロローグ．

エフェクター【effector】[I]音音に電気的な処理をして変化をさせる装置．

エフェクト【effect】結果．効果．影響．効力．

エフェクト アニメーション【effect animation】[I]算光線や，稲妻・放電などの表現に使われるアニメーション．現在はコンピューターグラフィックスソフトを使うデジタル処理が主流．

エフェクト プラグイン【effect plug-in】[I][算]オーディオ アンド MIDI シーケンスソフトやハードディスクレコーディングソフトなどに，さまざまな加工機能を付加させるための拡張プログラム．

エフェクトマシン【effect machine】[劇]舞台の背景に，雨・雲・雪・炎などを映し出す照明器具．

エフェドラ【ephedra】[植]マオウ．マオウ属の小低木．ぜんそく治療などに用いるエフェドリンを含む．

エフェドリン【ephedrine】[化]白色結晶性の粉末で，ぜんそく・肺気腫などに用いるマオウに含まれるアルカロイド．

エフェメリス【ephemeris】[天]天体の位置を黄道帯12星座の角度で示す天文暦．天文学・占星学で用いる．

エフォート【effort】努力．がんばり．奮戦．

エフオービー【FOB】[商][経]本船渡し．貿易での荷主の負担条件の一つ．free on board の頭字語から．本来は free of all charges on board the vessel．

エフスリー【F3】[競](自動車)F1を頂点とする国際フォーミュラの底辺に当たるカテゴリー．排気量2000ccまでで，量産エンジンを基本とする．Formula-3 の略．

エフ セキュア【F-Secure】[営]フィンランドのセキュリティーソフト会社．

エフトポス【EFTPOS】[I][営]代金の支払い決済をキャッシュカードで行う方法．EFT(electronic funds transfer 電子による資金移行決済)とPOS(point of sales 販売時点管理)の合成語．

エフナンバー【F number】[写]カメラレンズの焦点距離．Fは focal length の略．

1／f（エフぶんのいち）ゆらぎ [理]生体や自然のリズム現象がもつ，周波数スペクトルの各成分の強度が周波数の逆数に従って分布する特性．

エブリデー ロープライス【everyday low price】[営][経]商品を限定しないで常時低価格で販売すること．小売企業が行う継続的低価格戦略．EDLP ともいう．

エプロン【apron】①西洋風の前掛け．②空港で，航空機が待機する場所．③客席へ張り出した舞台．エプロンステージ．

エフワン【F1】［略］〘自動車〙単座席の自動車競走専用車の一つ．排気量が3000ccまでの車によるレースがGP（グランプリ）の名が冠せられ，世界最高峰とされる．Formula-1 の略．

エペ【épée 仏】［略］〘フェンシング〙剣身の断面が三角形で長さ90cmの硬い剣を使う競技．攻撃は突きのみが有効．

エポ【EPO】薬エリスロポエチンのこと．血液中の赤血球を増加させる働きがある．スポーツでの禁止薬物の一つ．

エポーレット【epaulet】服肩飾り．肩章．特に将校の制服に付けるもの．エポレットともいう．

エポキシ樹脂【epoxy resin】化合成樹脂の一つ．工業用接着剤，塗料の原料，半導体封止材などに用いる．

エポケー【epokhē 希】哲判断中止．古代ギリシャの懐疑学派ピュロンの用いた語．

エポック【epoch】画期的な時代・時期．新時代の始まり．新紀元．

エポックメーキング【epoch-making】新時代を画する．画期的な．

エボナイト【ebonite】化硬質ゴム．生ゴムに30～50％の硫黄を加えて作った黒色の硬い樹脂状物質で，電気絶縁材などに用いる．

エボニックス【Ebonics】言アフリカ系アメリカ人が使う特有の黒人英語．

エポニミー効果【eponymy effect】"ニュートン"の運動法則，"オーム"の法則などのように，発見者個人の名を冠すると研究者の業績を上げる効果があると考えること．

エポニム【eponym】発見した事実や法則に対して，発見者の名前を呈上すること．名前の由来となる語．

エボラウイルス【Ebola virus】医生フィロウイルス科に属する感染性因子．アフリカ起源で激しい出血熱の原因となる．

エボラ出血熱【Ebola hemorrhagic fever】医国際伝染病の一つ．1976年に発見されたウイルス性出血熱．アフリカのスーダン，ジンバブエなどで発現した．

エボリューショナル エコノミックス【evolutional economics】営経新しい経済学の一つ．進化経済学市場を持続の中でとらえる．

エボリューション【evolution】進化．発達．

エポレット【epaulet】服コートやジャケットの肩飾り．エパーレットともいう．

エマージェンシー【emergency】緊急事態．非常時．危急状態．

エマージェンシー イグジット【emergency exit】非常口．非常脱出口．

エマージェンシー パワー【emergency power】非常事態の際に発動される権力．非常指揮権．

エマージェンシー ランディング【emergency landing】航空機の緊急着陸．

エマージェント エボリューション【emergent evolution】生哲突発的な進化．進化とは，予測しえない性質が突然，連続的に出現する経過であるという考え方．

エマージング ウイルス【emerging virus】医出現ウイルス．未開地などに潜んでいたウイルスが，開発や人の移動の活発化で感染症を発現するもの．

エマージング テクノロジー【emerging technology】将来実用化が期待される先端技術．セラミックス，バイオテクノロジー，第五世代コンピューター関連の技術．

エマージング マーケット【emerging market】営経急成長市場．潜在成長力が表面化しつつある海外の株式市場．

エマルジョン【emulsion】①化乳状の液．乳濁液．②写感光乳剤．③容乳液．

エミー賞【Emmy Award】芸優秀な作品・演技・企画などに対して贈られるアメリカのテレビ界の賞．

エミグレーション【emigration】他国への移住．移民．

エミック【emic】社人類学で，それぞれの社会で意味をもつ概念や用語を見いだし，それらの間の関係を明らかにすることで全体的な体系を把握する研究．

エミッション【emission】光，熱，電流，ごみなどの放出．散乱．放射．

エミッション コントロール【emission control】環機自動車のエンジンなどに有害な排ガスを除去する対策を講じること．

エミッション ファクター【emission factor】環一定量の燃料消費や生産製造の過程で，どのくらいの汚染物質が排出されるかを算出した係数．

エミネント ドメイン【eminent domain】法国家が公益のために必要な私有財産を，補償と引き換えに持ち主から収用する権限．

エミュレーション【emulation】①IT算コンピューターの機能や機構をソフトウエアやハードウエアを使ってまねること．特定の環境をコンピューターを用いて仮想再現すること．②模倣．対抗．張り合ってまねること．

エミュレーション モード【emulation mode】IT算ハードウエアやソフトウエアを，互換性のないプログラムの命令で動作させる疑似的な動作モード．⇔ネイティブモード．

エミュレーター【emulator】IT算他のコンピューターの装置やシステムの動作と同じになるように動作する装置．

エミリーズ リスト【EMILY'S LIST】社政女性を一人でも多く政治の場に送り，アメリカ社会を変革することを目指す団体．1985年に発足．EMILY は Early Money Is Like Yeast．の頭字語．

エムシー【MC】機複数の加工ができる複合数値制御工作機械．machining center の頭字語．

エムデン マイエルホーフ経路【Embden-Meyerhof pathway】生解糖系．グリコーゲンあるいはブドウ糖を酸素なしで乳酸に分解する過程．ドイツの研究者G．エムデン，O．マイエルホーフの

エムペグ【MPEG】　Ⅰ算国際標準化機構（ISO）の下部団体．またはそれが制定した動画，音声データなどの圧縮技術の一つ．Moving Picture Experts Group の頭字語から．

エムマーク【M mark】　社生活用品の品質奨励マーク．日本工業規格の適用されない生活用品の優良商品に付けられるマーク．Mはマーチャンダイジング（merchandising）の略．

エメリーボード【emery board】　爪磨きに用いるやすり．

エモーショナル【emotional】　感情的な．感情に訴える．感情に駆られた．

エモーショナル サポート【emotional support】　医心妊娠・出産・育児で母親の精神的支えとなること．感情・情緒面で支援する．

エモーション【emotion】　感情．情緒．

エモティコン【emoticon】　Ⅰ心情動（emotion）とアイコン（icon）の合成語．携帯メールなどで微妙な感情のニュアンスを伝えるために補助的に使う顔文字（face mark）のこと．

エモリアント【emollient】　①柔かくする．緩和する．苦痛などを和らげる．②薬皮膚軟化剤．③容皮膚をしっとりさせる化粧品．イモリアントともいう．

エヤクラチオン【Ejakulation 独】　生射精．

エラ【era】　①紀元．②年代．時代．時期．③社新しい時代の到来を告げるような画期的な事件．イアラともいう．

エラー【error】　①失敗．過失．失策．②Ⅰ算データが化けたり，プログラムのミスをしたりするなど，コンピューターの作動上または操作上のさまざまな誤り．

エラー処理【error handling】　Ⅰ算コンピューターで起こるさまざまなエラーを処理すること．

エラートラップ【error trap】　Ⅰ算コンピューターの作動中，エラーが起きた時に働くプログラム．

エラーメッセージ【error message】　Ⅰ算プログラムの作成者・操作者のミスで誤りが生じた場合，コンピューターから出される誤りの個所や種類の表示．

エライザ法【ELISA test】　医BSE（牛海綿状脳症）の検査法．

エラスチン【elastin】　生非膠質のひも状の弾力線維．

エラスムス計画【ERASMUS plan】　欧州連合（EU）諸国内の高等教育分野での人の自由移動計画．大学学位（卒業証書）の互換性の確立と，交換留学生制度の拡充などを目指す．

エラッタ【errata】　Ⅰ算プロセッサー設計上の欠陥，またはプロダクトの仕様を逸脱する可能性のあるエラー．

エラトステネスのふるい【sieve of Eratosthenes】　Ⅰ算数素数を求める効率的な方法．2以上の自然数から，最小数の倍数を消去する操作を繰り返す．

エランダムール【élan d'amour 仏】　哲愛の飛躍．愛の躍動．ベルクソン哲学の用語．

エランビタール【élan vital 仏】　哲生の飛躍．フランスの哲学者ベルクソンが『創造的進化』の中で用いた語．エランヴィタールともいう．

名にちなむ．

エリア【area】　区域．地帯．領域．

エリア コントロール【area control】　Ⅰ広域交通制御．コンピューターと結んだ信号機が，車の流れに応じて作動し，広域にわたって交通の流れをよくするシステム．

エリアスタディー【area study】　社地域研究．一定の地域や住民について，文化的・経済的・社会的な諸資料を集めて実地研究をする．

エリア ナビゲーション システム【area navigation system】　Ⅰ広域航法．無線標識の指示による航空路以外も飛行できる新航法．

エリアプラス【area plus 日】　ⅠＮＴＴ東日本・西日本が提供する選択的料金サービスの一つ．定額料金を払うと，市内通話区域を拡大できる．

エリア マーケティング【area marketing】　Ⅰ営地域ごとの住民の特性や購買力などを研究・調査してマーケティングを行うこと．地図情報システムを利用して行うことが多い．

エリア ライセンシング スキーム【area licensing scheme】　社シンガポールの賦課金方式の自動車の都心乗り入れ規制．1975年から実施．ＡＬＳともいう．

エリーカ【Eliica】　機慶応大学のプロジェクトチームが中心となって開発した電気自動車．8輪駆動で最高時速は 370km，1回の充電で 300km 走行できる．

エリート【élite 仏】　選ばれた人．選良．

エリオット波動【Elliott cycle】　経株価波動論の一つ．波動の種類を長期から短期までの九つに分類．アメリカのラルフ・エリオットが発見した．

エリキシル【elixir】　薬甘味のあるアルコール溶液．内服用水剤を飲みやすくするのに使う．

エリサ【ERISA】　社法アメリカの従業員退職所得保障法．1974年に制定．Employee Retirement Income Security Act の頭字語から．エリサ法ともいう．

エリシター【elicitor】　生植物の傷害を防御する抗菌性の低分子化合物であるフィトアレキシンの合成を誘導する物質．病原菌の細胞壁に存在する．

エリストロフィー【Ellis Trophy】　競(ラ)ラグビーワールドカップで授与される優勝杯．ウィリアム エリス トロフィーともいう．

エリスリトール【erythritol】　化無色結晶の4価アルコール．低カロリーで甘味料に用いる．

エリスロポエチン【erythropoietin】　薬赤血球の産生を調節する物質．貧血患者の治療に有効といわれる．エポ，EPO ともいう．

エリスロマイシン【erythromycin】　薬肺炎菌・淋菌などに適応する抗生物質の一つ．商標名はアイロタイシン．

エリゼー宮【le palais de l'Elysée 仏】　政フランス大統領の官邸．エリゼ宮ともいう．

エリテマトーデス【Erythematodes 独】　医紅斑性狼瘡．膠原病の一つで，難病．

エリトリア人民解放戦線【Eritrean People's Liberation Front】　軍エチオピアの反政府組織の一つ．ＥＰＬＦともいう．

エリミネーション【elimination】　①除去．消

エリミネー▶

去．排除．②競(自転車)一斉出走後，一定の周回ごとに設定地点を最後尾で通過した選手を一人ずつ除外し，最終的に残った選手を勝者とする競技方法．ミスアンドアウトレース．

エリミネーター【eliminator】 電交流を変圧・整流して直流に変える装置．

エリンギ【eryngii 羅】 植ヒラタケ属のキノコの一種．食用に栽培．食感はマツタケに似る．

エリント【ELINT】 I軍電子情報収集．主にレーダーなどの電波を常時調査して，情報の収集・処理を行うこと．electronic intelligence の略．

エルカンポイスモ【El Campoismo 日】 社緑豊かな地方で暮らす，新しい地方生活運動．スペイン語のカンポ(地方・田舎)とイスモ(…主義)からの造語．

エルキャック【LCAC】 軍エアクッション型輸送艇．海上自衛隊の揚陸艇の一種．

エルグ【erg】 理仕事およびエネルギーの CGS 単位の一つ．

エルゴード仮説【ergodic hypothesis】 理統計力学の基礎となる考え方．システムは複雑な力学運動によって可能な微視状態をくまなく巡るという仮説．ergodic は測度可遷的なの意．

エルゴジェニック エイド【ergogenic aid】 化賦活剤．

エルゴステリン【Ergosterin 独】 化麦角菌，イースト菌，シイタケなどに含まれる無色の結晶ステロール．紫外線を当てるとビタミンDに変化する．エルゴステロールともいう．

エルゴノミック キーボード【ergonomic keyboard】 I算人間工学に基づいて考案された，長時間使っても疲れないキーボード．

エルゴノミックス【ergonomics】 理人間の特性や能力に合った機械や器具を設計するための工学技術．人間工学．エルゴノミクス．

エルゴノミックス デザイン【ergonomics design】 美人間と機械の関係を科学的に掘り下げた研究に基づくデザイン．エルゴデザイン．

エルゴメーター【ergometer】 機作業計．ボートの漕力の測定や訓練に用いる器具．

エルゴロジー【ergology】 社働態学．仕事に関する学問で，生体原則を優先させる考え方を基に研究する．

エルサレム問題【Jerusalem Problem】 パレスチナ最終地位交渉が抱える難問の一つ．政治的・宗教的・社会的に多様な側面をもつエルサレムの帰属をめぐる問題．

エルシニア【yersinia】 医生食中毒の起因菌の一つ．低温でも増殖する好冷菌．

エルシニア感染症【yersinia infection】 医生エルシニア属の細菌による感染症．ヒトが感染すると，食中毒症状が現れる．

エルダーアビュース【elder abuse】 社高齢者虐待．高齢者が家族や介護人などから虐待されること．

エルダーケア【eldercare】 ①医社老人介護．高齢者の医療保障．②営社高齢の親族を介護する従業員に対して援助を行う企業の福利厚生計画．

エルダーホステル【elderhostel】 社高齢者向け生涯学習プログラム．旅行と学習を組み合わせ，大学の寮などに宿泊して行う．

エルドラド【El Dorado 西】 南アメリカにあると信じられていた黄金の国．理想郷．

エルニーニョ現象【El Niño 西】 気南米太平洋岸のエクアドルからペルーの沖合に起こる海水温の上昇現象．12月～3月に起こり，世界の気象に大きな影響を与えるとされる．

エルピス【elpis 希】 希望．

エルフ【elf】 小妖精．ちびっこ．いたずらっ子．いたずら好き．

エルボー【elbow】 ひじ．ひじのように曲がったもの．

エルボーイング【elbowing】 競(アイスホッケー)相手選手をひじで妨害すること．反則の一つ．

エルボー ソサエティー【elbow society】 社ひじで人を押しのけて歩くような資本主義的競争社会のこと．

エルミタージュ美術館【Gosudarstvenny Ermitazh 露】 美ロシアのサンクトペテルブルクにある美術館．18世紀後半にエカテリーナ女帝が建造．

エレガント【elegant】 優雅な．洗練された．上品な．

エレキギター【electric guitar】 音電気ギター．弦の振動を電気信号に変換し，外部の増幅器に接続して音を出すようにしたギター．

エレクション【election】 ①政選挙．②選択．

エレクトーン【Electone 日】 音電子オルガンの一つ．商標名．

エレクトラ コンプレックス【Electra complex】 心女性が同性の母親を憎み，異性の父親を愛そうとする無意識的な複合感情．⇔エディプス コンプレックス．

エレクトリカル エンジニアリング【electrical engineering】 電電気工学．エレクトロテクニクス．

エレクトリカル トランスクリプション【electrical transcription】 放録音放送．

エレクトロ アコースティックス【electroacoustics】 電電気音響学．電子工学の一分野．

エレクトロオフィス【electronic office】 I情報技術を取り入れ，全面的に OA 化を図ったオフィス．複数のビルや，一つのビル内の各室をまとめるシステムである点が重要．

エレクトロカージオグラム【electrocardiogram】 医心電図．ECG ともいう．

エレクトロクロミック ディスプレー【electrochromic display】 化機酸化還元反応による光透過度の変化を利用した表示装置．時計などに使われている．

エレクトロセラピー【electrotherapy】 医電気療法．

エレクトロセラミックス【electroceramics】 電理電子セラミックス．誘電性・導電性・電子放射性などの電気的機能をもつセラミックス．多くはコンデンサーに用いられる．

◀エレメンタ

エレクトロテクニクス【electrotechnics】
電電気工学．エレクトリカル エンジニアリング，エレクトロテクノロジーともいう．

エレクトロニカ【electronica】音さまざまな分野に広がる電子音楽の総称．

エレクトロニクス【electronics】 理電子工学．電子を利用した技術や学問．

エレクトロニック アート【electronic art】
Ⅰ美電子技術を駆使する芸術．

エレクトロニック エディション【electronic edition】Ⅰ電子版．辞典や百科事典などをディスク化したもの．

エレクトロニック キーボード【electronic keyboard】 音電子式鍵盤楽器．さまざまな楽器音や音響効果も出せる．

エレクトロニック コテージ【electronic cottage】Ⅰコンピューターやネットワークを活用して，在宅勤務を可能とした住居．

エレクトロニック コマース【electronic commerce】Ⅰ営電子商取引．ビジネスのあらゆる過程を電子化し，デジタル通信網で接続して自動化する方法．ECともいう．

エレクトロニック シネマ【electronic cinema】Ⅰ映フィルムを使わないで，映画1本分のデジタルデータをもとに直接映写幕に投影する方式．Eシネマ，デジタルシネマともいう．

エレクトロニック スウェットショップ【electronic sweatshop】 営社個々の従業員の生産性を，コンピューターで監視している職場．

エレクトロニック スモッグ【electronic smog】Ⅰ環電磁スモッグ．テレビ・ラジオなどの電波やさまざまな電気機械から発生する電磁波で大気が汚染されている様子をいう．

エレクトロニック セクレタリー【electronic secretary】Ⅰ算手書き入力方式の電子手帳．薄型の液晶画面とペン入力装置をもつ手帳型のコンピューター．

エレクトロニック セラミックス【electronic ceramics】 理絶縁材料として適した特性をもつ窯業製品．

エレクトロニック タウン ホール【electronic town hall】Ⅰ社電子市役所．自治体が情報システムを利用して，住民がボタン投票などで政策への参加を求めるようなやり方ができる．

エレクトロニック デザイン オートメーション【electronic design automation】Ⅰ算コンピューターによる設計の自動化．EDA．

エレクトロニック ニュースペーパー【electronic newspaper】 Ⅰ算電子新聞．オンラインで提供する形式や，ディスク形式などがある．

エレクトロニック パブリッシング【electronic publishing】Ⅰ電子出版．電子技術を応用するメディアを用いる出版．

エレクトロニック バンキング【electronic banking】Ⅰ経銀行と通信回線で結び，事務所や家庭で各種の銀行業務をコンピューター処理で行う方式．EB．

エレクトロニック ペイメント【electronic payment】Ⅰイ営商品やサービスの購入代金の支払いを，コンピューターネットワークを利用して行う方法．

エレクトロニック ボイス【electronic voice】Ⅰ算電子音声．機械が警告・注意などを知らせるために発する，人の声に似せたもの．

エレクトロニック マーケットプレース【electronic marketplace】Ⅰイ営電子商取引市場．

エレクトロニック ミュージック【electronic music】Ⅰ音電子音楽．電子回路を用いる発振音を録音して作成する音楽．

エレクトロニック メール【electronic mail】Ⅰ電子郵便．通信回路を利用して文字や画像情報を送受信する情報伝達方式．電子メール．Eメール．

エレクトロニック モニタリング【electronic monitoring】Ⅰ電子機器を使って，従業員の勤務状況を監視すること．

エレクトロニック ユニバーシティー【Electronic University】Ⅰ算1984年に始められたアメリカの電子大学．パソコンを用いて家庭で全国の大学の講義が受けられる．

エレクトロニック ライブラリー【electronic library】Ⅰ電子図書館．図書館にある情報データを電気通信的手段で提供するもの．

エレクトロファンク【electrofunk】Ⅰ音電子楽器を使用したファンク音楽．

エレクトロポップ【electro pop】音シンセサイザーなどの電子機器を多用したポピュラー音楽．テクノポップともいう．

エレクトロメカニカル【electromechanical】
機電気機械式の．電気と機械の．電気システムと機械システムで構成された．

エレクトロルミネッセンス【electroluminescence】 理電界発光．電場発光．電界によって固体物質中の電子などを励起状態にして発光させること．ELともいう．

エレクトロン【electron】理電子．

エレクトロンガン【electron gun】理電子銃．

エレクトロン ボルト【electron volt】理電子ボルト．原子や原子核レベルのエネルギーに用いる単位．記号はeV．

エレジー【elegy】悲歌．哀歌．

エレック エレクトロニック（electronic）とクッキング（cooking）の合成語．料電子レンジを使う料理．マイクロクッキング．英語ではmicrowave cooking．

エレファンタイアシス【elephantiasis】医象皮病．

エレファント ヘア【elephant hair】服象の毛で編んだ指輪やブレスレットなどの装飾品．

エレプシン【erepsin】化小腸粘膜から分泌される数種のたんぱく質分解酵素．

エレベーション【elevation】 ①高さ．高度．②建立面図．

エレメンタリー【elementary】 基本の．初歩の．初等教育の．

93

エレメンタリー スクール【elementary school】教小学校．初等学校．

エレメンタリー パーティクル【elementary particle】理物質を構成する最も基本的な粒子．素粒子．原子も素粒子からなる．

エレメンタリー プロセス【elementary process】化複雑な化学反応を構成する基本的な反応．素反応．

エレメント【element】要素．原理．元素．

エロキューション【elocution】話術．雄弁術．朗読法．発声法．

エロジナス【erogenous】性欲を刺激する．発情の．

エロジナスゾーン【erogenous zone】生性感帯．

エロス【erōs 希】①性的な愛．⇔アガペー．②[E-]ギリシャ神話で，愛の神．ローマ神話のキューピッドに当たる．③[E-]天火星と木星の間にある小惑星の一つ．

エロチカ【erotica】英文性愛を描いた芸術・文学の作品．

エロチック【erotic】好色な．色情的な．色っぽい．エロティックともいう．

エロティシズム【eroticism】性愛．官能的な愛．性的興奮を起こさせるもの．好色的傾向．色気．エロチシズム．

エロトマニア【erotomania】性欲異常．

エンカウンター【encounter】出会い．遭遇．出会う．巡り会う．

エンカウント【encount】Ⅰ算ロールプレイングゲームなどで敵と遭遇すること．

エンクロージャー【enclosure】①経歴囲い込み運動．資本主義の初期に，イギリスで地主が囲いを作って私有地化したことを指す．②音スピーカーシステムを収めた箱状の音響装置．キャビネット．

エングロスメント【engrossment】没頭．夢中になること．のめり込み現象．

エンゲージメント【engagement】①婚約．②約束．契約．③関与．

エンゲージリング【engagement ring】婚約指輪．

エンケファリン【enkephalin】生麻薬作用を起こす神経ペプチド．脳内で作り出される．脳内の麻薬物質は大きくエンケファリンとエンドルフィンに分けられる．

エンケラドス【Enceladus】天大気の存在が確認された，土星の衛星．

エンゲル曲線【Engel's curve】経社所得と需要の関係を表す曲線．

エンゲル係数【Engel's coefficient】経社家計全体に対して食費の占める割合．所得が増えるにつれて，その割合が低下するとされる．

エンコーダー【encoder】Ⅰ算情報を符号化して入力する装置．

エンコーディング【encoding】Ⅰ算データの符号化．例えば，画像ファイルを ASCII ファイルにコード化するなど．

エンコード【encode】Ⅰ算情報を符号化すること．機械語に変換すること．

エンサイクロペディア【encyclopedia】百科事典．百科全書．

エンサイクロペディスト【Encyclopedist】①百科全書派．1751〜72年に『百科全書』を刊行し，啓蒙運動を推進したフランスの啓蒙思想家たちの集団．②[e-]百科事典編集者．

エンザイム【Enzym 独】化酵素．特定の生化学反応触媒作用をもつたんぱく質．エンチームともいう．

エンジェル【angel】①経証個人投資家．ベンチャー企業の株式を取得した個人．②天使．エンゼルともいう．

エンジェル係数【angel coefficient 日】経社消費支出に占める子供の養育費・教育費の割合．野村証券の造語．エンゼル係数ともいう．

エンジェル税制【angel taxation 日】Ⅰ営ベンチャー企業優遇税制．1997年に創設．

エンジェルライン【advanced number guide system by electronic computer line】Ⅰ算パソコンや専用端末から電話番号を調べることのできる NTT 東日本・西日本のサービス．

エンジニア【engineer】技術者．技師．工学者．人間管理専門家．

エンジニアド ジーンズ【Engineered Jeans】服立体裁断ジーンズ．リーバイスが開発した．商標名．

エンジニアリング【engineering】工学．工学技術．

エンジニアリング ウッド【engineering wood】工業化木材．集成材や単板積層材などをいい，資源の有効利用が図れる．

エンジニアリング産業【engineering industry】経工場設備の設計から完成後の管理までを一括して担当する産業．

エンジニアリング システム【engineering system】Ⅰ算営生産の工程を支援するシステムのこと．

エンジニアリング セラミックス【engineering ceramics】化理機械部品などに用いる硬度や靭性(じんせい)に優れたセラミックス．

エンジニアリング プラスチック【engineering plastics】化理耐熱性・強度・耐摩耗性に優れた高性能プラスチック．自動車や電子機器などに用いられる．エンプラともいう．

エンジニアリング ローテーション【engineering rotation】営広い視野をもつ技術者を育成するために行う配属換え．

エンジニアリング ワークステーション【engineering workstation】Ⅰ算技術者向けに，高性能の図形表示装置や外部記憶装置などを組み合わせたコンピューターシステム．

エンシュア【ensure】確保する．保証する．成功などを確実にする．

エンジン【engine】①機発動機．原動機．機関．②Ⅰ算コンピューターのシステムを，主に特定の機能を目的に扱えるようにしたもの．

エンジンブレーキ【engine brake 日】機自動車のエンジンの回転を遅くすると起こる制動作用．英

語では engine braking.

エンスー【enthusiast】 熱中している人．熱狂的な人．エンスージアストの略．

エンスージアスト【enthusiast】 熱中している人．熱狂的な人．エンスーともいう．

エンスト エンジン（engine）とストップ（stop）の合成語．エンジンが動かなくなること．英語では stall, engine failure.

エンゼル【angel】①経個人投資家．ベンチャー企業の株式を取得した個人．②天使．エンジェルともいう．

エンゼルフィッシュ【angelfish】 魚テンニンイシダイ．観賞用熱帯魚の一種．カワスズメ科の淡水魚．

エンゼルプラン【Angel Plan 日】社「今後の子育て支援のための施策の基本的方向について」という計画．少子化や女性の社会進出への対応を図る．1994年に当時の文部，厚生，労働，建設の4大臣が合意．

エンソ【ENSO】 地南太平洋で起こる海水温の上昇現象であるエルニーニョ（El Niño 西）と，西太平洋からインド洋での低緯度地域で起こる海況変動である南方震動（Southern Oscillation）を一括する呼称．

エンゾーン【Yen Zone】経円経済圏．

エンターテイナー【entertainer】芸大衆を楽しませる芸能人．

エンターテインメント【entertainment】①芸娯楽．演芸．余興．②文娯楽用の読み物．通俗小説．

エンターテインメント型ＳＣ【entertainment type shopping center 日】経飲食店や宿泊施設，娯楽関連施設などを集積したショッピングセンター．

エンターテインメント コンピューティング【entertainment computing】情娯楽を一層楽しくするために情報技術を用いること．

エンターテインメント ロボット【entertainment robot】機人間に楽しみを与えてくれるような小型のロボット．犬型のペットロボットなどがある．

エンタープライズ【enterprise】①大事業．大仕事．②経企業．③冒険心．

エンタープライズ システム【enterprise system】情特定の部門や部署だけでなく全社規模で利用する情報システム．

エンタープライズ ゾーン【enterprise zone】経新規事業の振興を図るため，税の減免などの経済的措置がとられる地域．

エンタイア【entire】①全体の．完備した．完全な．②使用済み切手が付き，あて名や消印が完全に残っている封筒やはがき．

エンタイトル ツー ベース【entitled two base 日】（野球）規則で認められた二つの塁が与えられる権利．フェアライン内の観客席にバウンドして入った打球など．グラウンドルールダブル．

エンタイトルメント【entitlement programs】社政老齢年金や生活保護など，政府に支給が義務づけられたアメリカの社会保障政策．

エンタシス【entasis】 建古代ギリシャ・ローマ，ルネサンスなどの建築に見られる円柱の中央部のわずかな膨らみ．

エンダモロジー【Endermologie 仏】 容セルライト（皮下脂肪）を分解するマッサージ器具．商標名．

エンタングルメント【entanglement】 理量子力学的な絡み合い・もつれ合い．二つ以上の系の間に見られる状態の相関関係．

エンディズム【endism】 理社生政終末主義．自然環境や生態系の大きな変化，政治や社会の東西対立構造の変革などによって，一つの時代の終末が近づいていると考えるもの．ハーバード大学の政治学者S.ハンチントンが提唱．

エンティティー【entity】①本質．実在物．②情実体．データベースでは収集するデータが属する対象を指す．収集データが住所なら，そこに住む人がエンティティー．

エンティティー セオリー【entity theory】経企業を資本家の所有物とは考えず，企業自体の立場に立って考える企業主体理論．株主・経営者・債権者など，企業に利害関係をもつ者を重視する．

エンディング【ending】①終わり．結末．最後．②情電子ゲームで最終場面のこと．

エンディングノート【ending note 日】自分の介護や葬儀の希望などを書いておくノート．

エンデバー[1]【endeavor】努力．努力する．試み．

エンデバー[2]【Endeavour】宇アメリカのスペースシャトルの愛称の一つ．

エンテベサミット【Entebbe Summit】1998年にウガンダのエンテベで開催したアフリカ首脳とアメリカのクリントン大統領との会合．

エンデュアランス【endurance】耐久性．持久力．がまん強さ．

エンテロウイルス【enterovirus】医腸内ウイルス．腸管に分布し，夏かぜや神経症状などの原因となる．

エンデンジャード【endangered】 絶滅の危機にある．

エンド[1]【end】①終わり．結末．最後．②先端．末端．③競（ﾗｸﾞﾋﾞｰ・ﾌｯﾄﾎﾞｰﾙ）最前衛の両端に位置する選手．④競攻撃や守備のサイド．競技場を中央線で区切った左右の陣地．⑤競（ｶｰﾘﾝｸﾞ）回．1チーム4人が2投ずつ行う．

エンド[2]【endo-】 内部の．内の．end- ともつづる．

エンドエフェクター【end effector】機ロボットの腕の先端部で，物をつかんだり作業を行ったりする部分．ハンドともいう．

エンドーサー【endorser】経手形などの裏書人・譲渡者．

エンドースメント【endorsement】 支持．保証．承認．（手形の）裏書き．同意．

エンドーメント【endowment】寄付．基金．

エンドカーラー【end curler】容髪の先を巻き毛状にする用具．

エンドキャップ【end cap】営小売商品を並べる

95

エンドクリ▶

通路の両端に当たる棚や展示スペース.

エンドクリン グランド【endocrine gland】
医内分泌腺.

エンドゲーム デバイス【endgame device】
①算ネットワークシステムの末端に備える送受信装置.

エンドコンシューマー【end consumer】営末端消費者. 最終消費者.

エンドスコープ【Endoskop 独】医内視鏡.

エンドセリン【endothelin】医血管収縮作用が強い物質. 1987年にブタの大動脈内皮細胞中に発見された.

エンド ツー エンド料金【end-to-end fee】
①通信の発信地点から着信地点までの距離を基準に定められる通信料金.

エンドノード【end node】①インターネットのネットワークへの接続ポイント.

エンドフィジックス【endo-physics】理観察者自身を含む環境を, 結果に影響を与えないで客観的な記述ができないとする考え方の一つ. 理論物理学などに, 1980年代中ごろに発表された理論.

エンドポイント【endpoint】①終了点. 終点. ②数線分などの端点. ③環環境リスクの影響判定点.

エンドマーク【end mark】映映画の完結を示す文字. THE END, FIN, 終, 完など.

エンドモロジー【entomology】生昆虫学.

エンドユーザー【end user】①最終的に利用する人. 実際に使う人. ②①算一般の利用者. 処理結果・出力資料などを最後に利用する者. 情報通信機器などを日常業務で使う人.

エンドユーザー コンピューティング【end user computing】①算システム部門が最終利用部門のシステム構築をするのではなく, 最終利用部門が独自のシステム構築・運用を行うこと.

エンドユーザー システム【end user system】①営算総務, 経理, 人事などシステムを利用して業務を行う最終利用部門で用いるコンピューターのシステム.

エンドライン【end line】①競バスケットボールやバレーボールなどのコートの短い方の線. ②競(テニス)競技場の両端の線.

エントラップメント【entrapment】法わなを仕掛けること. おとり捜査などに用いる.

エントランスフィー【entrance fee】経社入会金. 入学金. 入場料.

エントランスホール【entrance hall】建玄関口にある広間. 入り口のホール.

エントリー【entry】①参加. 入場. 競技や行事などへの参加申し込み. ②①算プログラム上で, 一系列のデータなどを代表しているところ. またはそのデータなどへの入り口.

エントリーカー【entry car 日】機乗用車などの入門車種.

エントリーシート【entry sheet 日】営社企業が独自に作成する大学新卒者など就職希望者向けの応募用紙.

エントリーマシン【entry machine 日】①算初心者用のコンピューター.

エントリーモデル【entry model 日】①算初心者向けのパソコン. 低価格で買いやすいもの.

エントリー ランキング【entry ranking】競(テニス)テニス選手の実力を順位で表す方法の一つ. 最近の52週分を基に算出する.

エンドリン【endrin】化有機塩素化合物の一種. 環状ジエン体の塩素置換体. 殺虫剤に用いる.

エンドルフィン【endorphin】薬モルヒネのような作用をもつ生体内ポリペプチドの総称. 脊椎動物の神経細胞中に含まれる.

エンドレス【endless】終わりのない.

エンドレスチェーン【endless chain】①循環連鎖. ②広口コミ広告. 人の口から口へ伝えられて広まる広告.

エンドロール【end roll 日】映映画やテレビ番組などの最終部で流す出演者や製作担当者の紹介字幕. スタッフロールともいう.

エントロピー【entropy】①理密度・温度・圧力の関数として示された熱力学的な量. 物質の無秩序の程度を示す尺度として用いられる. ②情報の不確かさを示す量.

エンバーミング【embalming】医社遺体処理術. 遺体衛生保全. 遺体保存のため, 防腐処理などを施すこと.

エンパイア【empire】帝国.

エンパイア シルエット【empire silhouette】服ナポレオン第一帝政時代に流行したシルエット. バスト下で切り替え, 柔らかく広がっていく.

エンパイア ドレス【empire dress】服胸のすぐ下で切り替えた細身のドレス.

エンパイア ベビードール【empire baby-doll】服キャミソールの一種. 19世紀初頭のフランスで流行したエンパイア スタイル(襟ぐりが広く, ハイウエストで直線的な細身のドレス)がベース.

エンパイア ライン【empire line】服19世紀初めのナポレオン帝政時代に流行した装いに似せたもの.

エンバイロレイシズム【enviro-racism】環社環境保護運動の中で見られる人種差別.

エンバイロンメンタリズム【environmentalism】①環環境保護主義. グリーニズムともいう. ②環境決定論.

エンバイロンメンタル エシックス【environmental ethics】環環境倫理. 環境保護に必要とされる倫理基準.

エンバイロンメンタル ポリューション【environmental pollution】環環境汚染.

エンバイロンメンタル レフュジー【environmental refugee】環環境難民. 環境汚染などで居住地域を追われた住民.

エンバイロンメント【environment】①周囲の状況. 環境. ②芸環境芸術. 光・音・色などのさまざまな媒体で造る芸術.

エンバグ【enbug】①算プログラムの誤りであるバグを入れてしまうこと.

エンバシー【embassy】①大使館. 大使館邸. ②大使館員. 使節団.

エンパシーベリー【empathy belly】医社妊婦

96

の肉体的感覚を男性も共感できるように作られた，水の入ったビニール製の袋．エンパシーバルジともいう．

エンパワーメント【empowerment】社権限の付与．よりよい社会を築くための変革の主体となる力をつけること．

エンハンストCD【enhanced CD】Ⅰ算コンピューター用の CD-ROM と音楽再生用の CD の，二つの機能を備えたフォーマットの CD-ROM．

エンハンストIDE【enhanced IDE】Ⅰ算 IDE の拡張仕様．ANSI（米国規格協会）による規格の ATA-2 や ATAPI の総称として使う．

エンビサット衛星【ENVISAT】宇ＥＳＡ（欧州宇宙機関）の極軌道プラットホーム開発の一つ．太陽同期軌道衛星で，レーダー高度計，合成開口レーダーなどを搭載する．Environmental Satellite の略．

エンピリシズム【empiricism】①経験に基づく知識・手法．②哲経験主義．③医経験だけに頼る治療法．

エンファシス【emphasis】①強調．②言強勢．

エンフォースメント【enforcement】施行．実施．権利行使．適用．強制．

エンプティーネスター【empty-nester】社子供が巣立って二人暮らしをしている夫婦．子供のいない人．

エンプティーネスト【empty nest】社子供たちが自立や結婚をし，夫婦だけが残った家族の時期あるいは状態．空になった巣の意．

エンプティーネット【empty net】競(アイス・ホッケー)6人攻撃を仕掛けてきた相手の無人ゴールへ得点すること．

エンプラ エンジニアリング プラスチック（engineering plastics）の略．

エンブリオ【embryo】①医胎児．②胚芽．兆し．

エンブリオロジー【embryology】生発生学．

エンブリオロジスト【embryologist】医精子や卵子，受精卵を扱う技術者で，体外受精や顕微授精を行う．

エンブレース【embrace】抱きしめる．抱擁する．抱き合う．

エンプレス【empress】女帝．皇后．

エンブレム【emblem】①記章．標章．紋章．②言表象的動作．身ぶり手ぶりを交えて意味を伝達する方法の一つ．

エンプロイアビリティー【employability】営社雇用条件にかなう能力．

エンプロイー【employee】営社従業員．使用人．雇用主はエンプロイヤー（employer）．

エンプロイー フレンドリー【employee-friendly】営社従業員にやさしい経営姿勢．

エンプロイメント エージェンシー【employment agency】社職業紹介所．

エンベッド【embed】Ⅰ算アメリカのアドビシステムズのソフト Acrobat を使って，PDF（portable document format）形式の文書を作成する際にフォント情報を埋め込むこと．

エンベッド取材【embedded journalism】社戦争取材の方法の一つ．前線部隊と行動を共にする記者が取材活動を行う．

エンペラー【emperor】皇帝．天皇．

エンベロープ【envelope】①封筒．包み．②生細胞などの外膜・外被．

エンボス加工【emboss processing】服布地や皮革などに，型押しして模様を浮き出させる加工法．英語では embossing ともいう．

エンボッサー【embosser】刻印器．紙などに文字や図案を浮き出すように細工する器具．

エンライトン【enlighten】啓蒙する．啓発する．教化する．

エンリッチド フード【enriched food】料強化食品．ビタミンやミネラルなどを加えて，栄養価を高くした食品．

オ

オアゲート【OR gate】Ⅰ算論理和ゲート．0と1の入力信号のうち，少なくとも一方の信号に1が含まれていれば，出力信号として1を発生させる論理回路のこと．

オアシス【oasis】①地砂漠の中で水のある緑地．②憩いの場所．

オイコット【OYKOT】社東京で流行している生活様式にないものを探り，地方再発見を進める方法・考え方．TOKYO を逆につづった造語．

オイスカ【OISCA】社国際産業精神文化促進機構．途上諸国に対して産業開発協力事業を進め，親善友好を図る日本の国際的民間団体．1961年に設立．Organization for Industrial, Spiritual and Cultural Advancement International の略．

オイスター【oyster】生カキ．

オイスターバー【oyster bar】料カキ料理を楽しめる飲食店．

オイスターホワイト【oyster white】雌カキの身のような，かすかに灰色がかった白色．

オイタナジー【Euthanasie 独】医安楽死．

オイディプス【Oedipus】「オックスフォード英語辞典」全17巻の内容を電子化し，コンパクトディスク（CD）に記録したもの．Oxford English Dictionary Integration, Proofing, and Updating System の略．

オイラーオペレーション【Euler operation】Ⅰ算三次元コンピューターグラフィックスで，モデルの頂点や稜線，面などの位置や接続状況を追加・修正する操作のこと．

オイラーの公式【Euler's formula】①数指数関数と三角関数の関係についての公式．②機長柱の座屈の限界荷重を算出する公式．

オイリュトミー【Eurhythmie 独】音音楽や言葉のリズムを身体を動かして表現する方法．ドイツのシュタイナーが提唱した教育法．

オィルグラ▶

オイルグラット【oil glut】経石油の需要と供給の関係が供給過剰の状態にあること．

オイルサーディン【oiled sardine】料オリーブ油漬けにしたイワシ．

オイルサンド【oil sand】鉱油砂．重質な高粘質のタール分を含む砂岩．タールサンド．

オイルシェール【oil shale】鉱油母頁岩（ゆぼけつがん）．油母（ケロゲン）という高分子量有機物を含む堆積岩．石油と同じ性質の油を含むため代替エネルギーとして注目される．

オイルシャンプー【oil shampoo】①容油分を含んだ洗髪剤．②容植物油を用いる洗髪法．

オイルショック【oil shock】経社1973年10月の第4次中東戦争で，アラブ産油国がとった石油を武器にする戦略によって世界経済・社会が受けた衝撃．

オイルシルク【oiled silk】服油などを用いて防水加工した絹布．

オイルスキマー【oil skimmer】機タンカー事故などで海面に流出した石油を回収する船．

オイルスキン【oilskin】①服油をひいて防水加工を施した布．油布．②競服ヨットの航海などで使う合羽（かっぱ）．

オイルダラー【oil dollar】経石油産出国が石油を輸出して得る外貨．

オイルドライ【oil-dry】化競自動車レースなどで，走路にこぼれた油類を処理する乾燥剤．

オイルドレザー【oiled leather】服油脂加工をして，防水性をもたせた皮革．

オイルバス【oil bath】医容新生児入浴法の一つ．ベビーオイルで新生児の体をふく方法．

オイルヒーター【oil heater】機電熱で暖めた不燃性の油を放熱板に循環させる暖房器具．

オイル ファシリティー【oil facility】経石油資金特別融資制度．国際通貨基金（IMF）が石油資金を調達できない加盟国に対して，産油国から借り入れを行って低利で融資する制度．

オイルフェンス【oil fence 日】流出した油の拡散を防ぐため，海面に張りめぐらす囲い．英語では oil boom，または containment boom．

オイル フォー フード【Oil-for-Food】経石油・食糧交換計画．イラクでの国連活動．

オイルフリー ファンデーション【oil free foundation】容ファンデーションの処方技術の一つ．オイル分を含まないタイプと，オイル分が蒸発して肌に残らないタイプがある．

オイルフレーション【oilflation】経石油価格の上昇が誘因となって起こる物価上昇．

オイルペイント【oil paint】美油絵の具．

オイルマネー【oil money】経産油国に流入した原油輸出代金．巨大な余剰資金となり，世界経済に大きな影響を与えた．

オイルミニスター【oil minister】政産油国の石油担当大臣．

オイロシマ【Euroshima】社ヨーロッパの反核運動で生まれた造語．ヨーロッパをヒロシマにするなの意．ユーロシマともいう．

オウス【oath】宣誓．誓い．誓約．

オウム病【psittacosis】医クラミジアの一種で起こる人畜共通感染症．罹患した鳥類のふんなどから病原体を吸入する．

オウンゴール【own goal】競(スℱ)誤って自陣のゴールにボールを入れてしまうこと．

オーガナイザー【organizer】①組織者．設立者．②形成体．胚のある部分の分化が他の部分からの影響で決まる原因となるもの．③[O-]Ⅰ算個人情報管理ソフトの一つ．アメリカのロータスデベロップメントが開発．

オーガニゼーション【organization】組織．団体．協会．

オーガニゼーション デベロップメント【organization development】営企業などの目的に合わせて活性化を図る組織開発．

オーガニゼーション マン【organization man】営組織的人間．企業のために自己のすべてをなげうって尽くす人．

オーガニック ケミストリー【organic chemistry】化有機化学．

オーガニックコットン【organic cotton】服有機栽培で作る綿．

オーガニックスーパー【organic supermarket】営有機食品，自然食品，無農薬・減農薬野菜などを主体とするスーパーマーケット．

オーガニックフーズ【organic foods】料有機食品．オーガニック食品．有機栽培で作られた農作物．薬品などを使わないで作る食品．

オーガニック プロデュース【organic produce】農有機栽培．

オーガン【organ】①（政治的な）機関．②生器官．臓器．

オーガンジー【organdy】服薄くて張りのある平織りの高級綿布．オーガンディーともいう．

オーガンスナッチング【organ snatching】医社移植用の臓器を非合法な手段で盗み取ること．

オーク【oak】植洋家具などを作るのに用いるカシやナラなどの類で，ブナ科ナラ属の木の総称．またその木材．

オークション【auction】営経競売．せり売り．公開でせり合って落札価格を決める．

オークス【Oaks】競中央競馬における3歳の牝馬（ひんば）による2400m競走．クラシックレースの一つ．

オーグメンテッド リアリティー【augmented reality】Ⅰ算動画像と三次元コンピューターグラフィックス映像を合成する技術．ミックスドリアリティーともいう．

オーグメント【augment】増加する．増大する．拡大する．オーギュメントともいう．

オークンの法則【Okun's law】営社失業率の上昇は産出高の減少と相関関係を示すという法則．アメリカの経済学者A. M. オークンの名にちなむ．オーカンの法則ともいう．

オーケストラ【orchestra】音管弦楽．管弦楽団．最大規模の合奏形態．

オーケストラ ボックス【orchestra box 日】音劇劇場で，舞台と客席との間に設けられている演

奏者用の席．英語は orchestra pit．

オーサー【author】著者．作者．

オーサービジット【author visit】 社者者と読者が直接交流する場を設け，読書推進を図る活動．

オーサム【awesome】①すごい．最高．ものすごくいい．②身をつつしみ敬う様子がよくわかる．

オーサリング【authoring】 I算マルチメディアコンテンツの構築．文字や画像データ，音声データなど複数の素材を編集・配置して，プログラムと関連付ける作業．

オーサリング システム【authoring system】 I算一定のシナリオに沿って，文字，音声，グラフィックスなどを並べることでプログラミングを行うシステム．

オーサリング ソフト【authoring software】 I算文字，画像，動画，音声などを組み合わせ，教育ソフトや CD-ROM などのマルチメディア作品を作成，編集するソフトウエア．

オーサリング ツール【authoring tool】 I算 Web 制作，画像・ムービー・音楽編集などマルチメディアデータの制御を容易かつ効率的にデザイン・編集できるソフトウエア．

オージー【Aussie】オーストラリアあるいはオーストラリア人の通称．オーシーともいう．

オージーヌーボー【Aussie nouveau 日】 料オーストラリア産のブドウ酒の新酒．4月下旬に発売される．

オージーパーティー【orgy party 日】 社乱交パーティー．オージーはらんちき騒ぎの意．英語では単に orgy．

オージービーフ【Aussie beef】 料オーストラリア産の牛肉．

オージーボール【Aussie ball】 競オーストラリアンフットボールのこと．1チーム18人で競うラグビーに似た球技．オフサイドはなく，楕円形の競技場を使う．

オーシャノロジー【oceanology】海洋学．海洋資源学．海洋工学．

オーシャン【ocean】海洋．大洋．

オーシャンビュー【ocean view】 建建物から眼前に海が見えること．

オーシャンライナー【ocean liner】 機遠洋航路の定期船．外洋航路船．

オーシャンロボット【ocean robot】海洋ロボット．海上や海中で人間の代わりに作業をする．

オーストラリア国産技術実証衛星【Federation Satellite】 宇オーストラリアの自国製初の小型衛星．2002年に打ち上げ．FedSat．

オーストラリア ニュージーランド経済協力緊密化協定【Australia-New Zealand Closer Economic Relation Trade Agreement】経オーストラリアとニュージーランドが経済圏の単一化を目指して結んだ協定．1963年に始まり，90年に全商品の関税を撤廃した．ANZCERTA．

オーストレイル パス【Austrail Pass】 営社オーストラリア鉄道が発売している外国人旅行者用の周遊券．同社のすべての鉄道と路線バスを利用できる．

オーセンティック【authentic】確かの．疑

う余地のない．本物の．本物志向の．

オーソ睡眠【ortho sleep】 生通常の睡眠の時期．ノンレム睡眠ともいう．

オーソドキシー【orthodoxy】 正統．正説．⇔ヘテロドキシー．

オーソドックス【orthodox】 正統的な．正統派の．在来の．⇔ヘテロドックス．

オーソライズ【authorize】 正当と認める．権限を与える．公認する．

オーソライズド キャピタル【authorized capital】 営経株式会社が定款などで発行できる株式総数の額面総額．授権資本．

オーソリゼーション【authorization】 ①許可．認可．②営経クレジットカードの信用承認．

オーソリティー【authority】 権威．権力．権威者．当局．当局者．

オーダー【order】 ①注文．命令．順序．②化数次数．

オーダー エントリー システム【order entry system】 I算多様化した製品生産や顧客のオプションによる多様化要求に応えることや，納期短縮を図ることなどを考慮して，部品中心の生産様式をとること．

オーダーストップ【order stop 日】 営飲食店などで，注文を受けるのを打ち切ること．営業終了になる前などに行う．

オーダーパラメーター【order parameter】 理相転移を示すのに用いる，両相の秩序の度合いを表す量．

オーダーブック【order book】 営経注文控え帳．

オーダーメード【order-made 日】①営経注文の．あつらえの．英語は custom-made，または made-to-order．②服注文服．あつらえ品．⇔レディーメード．

オーダーメード医療【order-made medicine 日】 医患者個人の体質や環境を調べて，最善の治療方法を選ぶやり方．テーラード医療，テーラーメード医療ともいう．

オーダーメード化粧品【order-made cosmetics 日】 容好みや肌状態に合わせて特別に注文して作るオリジナル化粧品．

オーダリー【orderly】 整頓された．秩序のある．きちんとした．整然とした．

オーダリー マーケティング【orderly marketing】 営経政秩序のある輸出や市場開拓．貿易摩擦を沈静化するためにとられる政策．相手国の産業や市場へ打撃を与えない配慮をする．

オーチェルク【ocherk 露】 文記録文学．旧ソ連で発達し，戦争や革命などを虚構を交えないで描くとする．ルポルタージュ．

オーチャード【orchard】 植果樹園．

オーディエンス【audience】 観衆．聴衆．観客．視聴者．マスコミの受け手．謁見．

オーディエンス サーベイ【audience survey】 社マスコミの受け手調査．

オーディエンス セグメンテーション【audience segmentation】 政職業や年代別に区分け

99

オーディオ ▶

した視聴者の特性に応じて番組を編成すること.

オーディオ【audio】 ①音音響再生装置. ②音声に関する. ③可聴周波数.

オーディオ アニマトロニクス【Audio-Animatronics】 IT算コンピューターを援用して作製するライブアニメーションシステム. アメリカのディズニープロが開発.

オーディオ アンド MIDI シーケンスソフト【audio and MIDI sequence software】 IT算パソコンに取り込んだデジタルオーディオデータと MIDI データを同時に扱うことのできるソフトウエア.

オーディオアンプ【audio amplifier】 電可聴周波増幅器.

オーディオケーブル【audio cable】 IT算音声を出力するためのケーブル.

オーディオショップ【audio shop】 営音ステレオを中心とした音響製品を売っている店.

オーディオ パブリッシング【audio publishing】 カセットテープに小説の朗読や講演などを収録した, 耳で聴く本の出版. カセットブックなどの出版.

オーディオ ビジュアル エイズ【audio-visual aids】 教視聴覚教材.

オーディオメーター【audiometer】 機聴力測定器. 聴力検査器. オージオメーターともいう.

オーディオカラー【audicolor 日】 音声に合わせて, テレビ画面の色調が変化する特殊効果.

オーディション【audition】 医歌手や俳優などの選考試験.

オーディット トレイル【audit trail】 営経会計監査証跡.

オーディトリアム【auditorium】 ①建劇場などの観客席. ②建講堂. 公会堂. 会館.

オーディナリー【ordinary】 普通の. 並みの. 平凡な.

オーデコロン【eau de Cologne 仏】 容香水の一種. 香りの軽い柑橘系のものや, 香水の香料を配合したものなどがある.

オートインデント【auto indent】 IT算一度設定すると, 自動的に次行から一定の字下げになる機能.

オードヴィ【eau de vie 仏】 料蒸留酒. ブランデーなどの総称. オードビともいう.

オートオークション【auto auction】 営中古車のせり市. 中古自動車専門の卸売業者や小売店などが主催し, 業者間で売買される.

オートガイド【autoguide】 IT算自動車に搭載したコンピューターを用いて誘導する方式. 交通渋滞などを避けて目的地に着けるように, 音声で情報を伝える.

オートカルチャー【auto culture】 自動車文化. 自動車を主要な交通手段とする文化.

オートキャンプ【autocamp 日】 観社自動車を使ってキャンプをすること. 英語では, そのキャンプ場を指す. オートキャンピングともいう.

オートクチュール【haute couture 仏】 服高級注文服. またはそれを作る店. 高級洋装店や専属デザイナーによる, 特定の客への特別仕立ての注文服.

オートクライム【autocrime】 社自動車や, 自動車に積んである財物を盗む犯罪. カークライムともいう.

オートクラシー【autocracy】 政独裁政治.

オートクルーズ【autocruise】 機高速道路などを走行する自動車で, アクセルを離していても一定の速度を保つ機能.

オートクレジット【auto credit 日】 IT算国際電話の通話方法の一つ. クレジットカード扱いで料金を払うもの. KDD(当時)が1991年から始めた.

オートコーリング【automatic calling】 IT算指定した相手へ, コンピューターに記憶させた一定の時間に電話をかける機能.

オートコレクト【auto correction】 IT算自動的に誤りを訂正する機能. 英語スペルのチェックや日本語表記の乱れなどを自動的に検出・修正する機能.

オートコンプリート【auto complete】 IT算入力支援機能. 既に入力した文字列を先頭文字の入力だけで候補として示し, 入力を簡単にする機能.

オートサイジング【auto display sizing】 IT算入力信号のタイミングをマイコンで解析して, 画面上での表示位置を自動的に最適値に設定する機能.

オートジェスティオン【autogestion 仏】 営社企業・工場の自主管理.

オートシッピング【auto shipping】 IT算コンピューターの電源が切られた時に, 自動的にヘッドを安全な場所に退避させること.

オートジャイロ【autogiro】 機航空機の一種. 推進によって生じる空気の力で回転翼を動かし, 揚力を得る航空機. 商標.

オートズーム【auto zoom】 写カメラを構えると同時に被写体に合った画面サイズに自動的に拡大・縮小される機能.

オートダイヤル【auto dialing】 IT算ホストコンピューターにログインするまで, 自動的に繰り返し電話をかける通信ソフトの機能.

オートチェンジャー【automatic record changer】 音機数枚のレコードを自動的に連続してかけることのできる装置.

オートチューニング【autotuning 日】 放ラジオなどに放送局の周波数を記憶させ, 選局スイッチを入れるだけで同調受信ができる方式.

オードトワレ【eau de toilette 仏】 容化粧水のこと. 香料の割合が3〜5%くらいのもの.

オートナース【autonurse】 医看護師の手を煩わさないで, 入院患者の体温・脈拍などを自動的に測定する装置. 電子検診装置.

オートニュメロロジスト【autonumerologist】 自動車のナンバープレート占い師. ナンバープレートの数字・文字で占う.

オートノミー【autonomy】 自治. 自主性. 自治権. 自治体.

オートノミック コンピューティング【autonomic computing】 IT算自己管理機能をもつ次世代コンピューティング.

オートバイオグラフィー【autobiography】

自叙伝．自伝．

オートパイロット【autopilot】 ①機航空機の自動操縦装置．②算ホストコンピューターへの通信の一連の手順を自動的に行うソフトの機能．

オードパルファム【eau de parfum 仏】 容芳香製品の一種．アルコールに対する香料の割合を示す賦香率が5〜10%のもの．

オートパワーオフ【auto power-off】 算一定の時間，操作をしないと，装置の電源が切れること．

オートビレッジ【auto village 日】 社オートキャンプ場を中心としたレクリエーション施設．運輸省（現国土交通省）が提唱．

オートピンポン【auto pingpong 日】 競一人でできる卓球．機械が打ち出す球を正確に打ち返すと得点が数えられるゲーム仕様の設備．ミズノが開発した．

オートフィル【autofill】 算表計算ソフトで，連番の数字や年月日など，連続したデータを一括して入力する機能．

オートフォーカス【automatic focusing】 算写カメラのファインダーに備えた探知装置で被写体との距離を測り，焦点を合わせる機能．AF．

オートフォーカス カメラ【auto focus camera】 写自動焦点調節機構を内蔵したカメラ．被写体に向けてシャッターボタンを押すとピントが自動的に合う．AF カメラ．

オートプシー【autopsy】 解剖．検屍．実地検証．

オードブル【hors-d'œuvre 仏】 料前菜．西洋料理でスープの前に出る料理．

オートプレーヤー【auto player】 音機アームが自動的に動いて，レコード演奏の開始・終了・途中解除などができるプレーヤー．

オートポイエーシス【autopoiesis】 生自己創出．1970年代にチリの生物学者マトゥラーナとヴァレラが，生命システムのメカニズムとして命名．

オートマチック【automatic】 ①自動の．自動式の．②自動式機械．自動拳銃．オートマチックともいう．

オートマチック コントロール【automatic control】機自動制御．

オートマチック車【automatic transmission car】機自動変速装置付きの自動車．AT 車．

オートマチック デポジター【automatic depositor】機経現金自動預金機．AD．

オートマチック トランスミッション【automatic transmission】機自動変速装置．オートマ，ノークラッチともいう．

オートマチック リストレイント システム【automatic restraint system】 機自動車などの自動安全保護装置．自動装着のシートベルトや衝突時に作動するエアバッグなど．

オートマティスム【automatisme 仏】 芸自動現象．自動記述．心の自動現象をとらえるもの．超現実主義の中心となる考え方．

オートマトン【automaton】 算自動人形．自動装置．一定の入力情報によって自動的出力動作をする自動機械．

オートマニピュレーター【auto-manipulator】機人間の手の役割をする自動操作機．危険物の処理や機械の組み立てなどを行う．

オートミール【oatmeal】 料ひき割りオート麦．またそれに牛乳・砂糖を加えて作るかゆ．

オートメーション【automation】 営機自動操作による組織化した生産工程．またその装置．

オートメーション アレー【Automation Alley】 アメリカの代表的な産業ロボットの生産地域の通称．ミシガン州のアナーバーとデトロイトの間を指す．

オートメーテッド オフィス【automated office】 算事務の自動化・機械化の進んだ事務所．コンピューターやコピー機など機器類が完備されている．

オートモーティブ パパラッチ【automotive paparazzo】 写自動車会社が開発中の新型車のスクープ写真を狙うフリーランスの写真家．

オートモービル【automobile】機自動車．

オートモビリア【automobilia】 自動車やドライブに関する収集趣味の対象になる物品．automobile と memorabilia（記憶・記録すべきこと）の合成語．

オートランド【autoland】 自動着陸装置を用いる飛行機の計器着陸．

オートリバース【auto-reverse】 自動逆転．またその装置や機構．

オートリピート【auto-repeat】 算1回のキータッチで，一定の時間，キーが繰り返し押された状態になっていること．

オートレース【auto race 日】 ①競自動車やオートバイなどの競走．②社オートバイのギャンブルレース．英語は motor race．

オートレーン【auto lane 日】 動く道路・歩道．オートロード．英語は conveyor．

オートローダー【autoloader】 算自動的に交換しながら，装着した複数のメディアからデータの記録・読み込みを行える記憶装置．

オートローディング【autoloading】 ①再生装置に自動的に装てんされるようになっていること．②写カメラのフィルム自動装てん．

オートローン【auto loan 日】経自動車を購入するための貸し付け．英語は car loan．

オートログイン【auto log-in】 算電話をかけ，ID とパスワードの確認をしてホストコンピューターにログインするまでの手順を自動的に行う通信ソフトの機能．

オートロック【autolock 日】 自動施錠．扉を閉めると自動的に錠がおりる方式のもの．

オートロック システム【autolock system 日】算建暗証番号や室内との連絡で，自動的にドアロックの開閉ができる方式．主にマンションの共用玄関部分に用いる．

オーナー【owner】 所有者．球団所有者．船主．建築主．

オーナーシェフ【owner chef 日】 料自店の料理人も兼ねている飲食店経営者．

オーナーシステム【owner system】営社管理

オーナーシ▶

職を置かないで，従業員に自主的に企画・生産・販売などをまかせる企業の労働管理システム．

オーナーシップ【ownership】 持ち主であること．所有権．

オーナーブリーダー【owner breeder】 競所有馬を競馬に出走させる目的で生産・育成を行う人．

オーナメント【ornament】 飾り．装飾．装飾品．装身具．

オーニング【awning】 日よけ．雨覆い．風よけ．天幕．

オーバーアクション【overaction】 演技過剰．大げさな所作．

オーバーアチーバー【overachiever】 教社能力以上のことができる人．予想以上の成績を収める人．

オーバーイシュー【overissue】 経株式や債券，紙幣などの過剰発行．乱発．

オーバーオール【overalls】 服胸あて付きのゆったりしたズボン．サロペット（salopette）ともいう．

オーバーオール コモディティー インデックス【Overall Commodity Index】 経総合国際商品指数．日本銀行が開発した国際商品指数．OCI ともいう．

オーバーオール ポジション【overall position】 経直物と先物の売買を合計した為替持ち高．為替リスクを回避するためには，これを同額にすることが必要とされる．

オーバーキル【overkill】 ①軍過剰殺りく．過剰核殺傷力．②経景気の引き締め過ぎ．

オーバー クオリファイド【overqualified】 社資質の過剰．高学歴や各種の資格をもつが，見合った仕事に就けない状態．

オーバークロック【overclock】 Ⅰ算 CPU（中央処理装置）を動作周波数以上のスピードで動作させてパワーアップ化を図ること．

オーバーコミットメント【overcommitment】 公約をしすぎること．能力以上の約束をすること．

オーバーサイズ【oversize】 服体にぴったり合うサイズより，ひと回り以上大きい服．ゆったり着る着こなしから生まれた．

オーバーサプライ【oversupply】 営経供給過剰．

オーバー ザ ライン【over the line】 競野球の三角ベースを競技化したもの．アメリカで始まる．OTL ともいう．

オーバーシー【oversee】 仕事などを監督する．こっそり見る．見届ける．

オーバーシーズ【overseas】 海外の．海外へ．外国の．外国へ．

オーバーシューズ【overshoes】 服靴の上に履く防寒・防水用の上靴・靴カバー．

オーバーシューティング【overshooting】 経変動相場制で，為替レートが目標点よりも上回ってしまうこと．

オーバースカート【overskirt】 服ワンピースやスカート，細身のパンツなどの上に重ねてはくスカート．

オーバースキル【over skill 日】 ①営技術者過剰の．②技術過剰の．英語は over skilled．⇔アンダースキル．

オーバーステイ【overstay】 社超過滞在．在留期限が過ぎている状態．

オーバーストア【over store 日】 営スーパーマーケットの多店進出などで起こる店舗過剰の状態．英語は excessive number of stores．

オーバーストック【overstock】 営経仕入れ過剰．

オーバーストライド【overstride】 競（陸上）競走者が走る歩幅を大きくして走ると，体の上下動が激しくなり，かえってペースが落ちること．

オーバーストレッチ【overstretch】 度の過ぎた展開．誇張．引き伸ばし過ぎる．誇張した．

オーバーゾーン【overzone】 ①定められたある区域・範囲を越えること．②競リレー競走で，バトンの受け渡し区域を越えること．

オーバーダイ【overdye】 服上染め．再度色をトッピングするダメージ加工の一つ．

オーバータイム【overtime】 ①営社超過勤務．超過勤務時間．②（日）競規定の時間や回数を超えること．

オーバーダビング【overdubbing】 音録音済みテープの再生音に，新しい演奏を重ねて別のトラックに録音する方法．

オーバーチャージ【overcharge】 ①法外な値段．②超過料金．③電過充電．

オーパーツ【ooparts】 歴場違いの人工物．そこにあるはずのない加工品．古代の遺跡や出土品で製作方法や技術などが解明できない不思議なもの．out of place artifacts の略．

オーバーデュー【overdue】 期限切れの．

オーバードウス【overdose】 心薬薬物の過剰服用．

オーバードクター【over doctor 日】 教大学院博士課程を修了したが，定員の都合などで就職できない人．OD ともいう．英語は excessive number of doctors．

オーバードライブ【overdrive】 ①機自動車の増速駆動装置．速度を下げずにエンジンの回転数を減らす装置．オーバートップ．②競（ゴルフ）先にティーショットをした人の球より，さらに遠くまで球を打つこと．③酷使する．

オーバー ドライブ プロセッサー【Over-Drive Processor】 Ⅰ算CPUチップとメモリーなどの周辺チップの接続はそのままにし，内部のクロック速度だけを高くしたプロセッサー．ODPともいう．

オーバードラフト【overdraft】 経経（貸す方にとって）当座貸越．（借りる方にとって）当座借越．

オーバートレーニング【overtraining】 過度な訓練．運動能力の向上・発達を目指す活動を過度に行うこと．

オーバートレーニング症候群【overtraining syndrome】 医使い過ぎ症候群．休養をとらない無理な運動の積み重ねから，筋肉や腱などの疲労が原因で痛みを感じるもの．

オーバーナイター【overnighter】 ①一泊旅行

オーバーナイト【overnight】 一晩中．夜通しで．一夜にして．一泊の．

用の小かばん．②(日)寝る時に装身具や身の回りのものをまとめて置いておくための小物入れ．オーバーナイト バッグともいう．

オーバーネット【over the net】 競(バレー)ネットを越えて，相手陣のコート内にある球に触れること．現在はペネトレーションフォールトという．

オーバーパー【over par】 ①競(ゴルフ)基準打数より打数が多いこと．②経債券の価格が額面を上回っていること．

オーバー バリュエーション【overvaluation】 経ある国の貨幣価値が，他国の貨幣価値に比べて過大評価されていること．為替相場の過大評価．

オーバーハング【overhang】 登頭上に覆いかぶさるように突き出た岩壁．

オーバーヒート【overheat】 ①機自動車のエンジンの過熱．②過度の興奮．

オーバーフィッシング【overfishing】 魚魚類の乱獲．

オーバーフェンス【over the fence】 競(野球)打球が外野のさくを越えること．ホームラン．

オーバーブッキング【overbooking】 社座席や客室などを，重複したり，定員を上回って予約受け付けをしてしまうこと．

オーバープルーフ【overproof】 料アルコール分が標準強度以上ある酒．⇔アンダープルーフ．

オーバープレゼンス【overpresence】 目立ち過ぎ．他国への軍事的・経済的進出が目立ち過ぎること．

オーバーフロー【overflow】 ①あふれ出ること．②I算桁あふれ．データや演算結果がコンピュータの記憶容量や演算許容量を超えていること．

オーバープロセスト【overprocessed】 過剰に加工処理した．過剰加工．

オーバープロダクション【overproduction】 営経生産過剰．

オーバーヘッド【overhead】 ①頭上に．空高く．高架の．②営経経営経費．固定費．③I算処理速度を低下させる，現在必要とされる処理以外のもの，またはそれにかかる時間．OS（基本ソフト）のディスクアクセス時間やプログラム自体の冗長さなど．

オーバーヘッド キック【overhead kick】 競(サッカー)ジャンプして体を後方回転しながら，頭越しに球を蹴る技術．バイシクルキックもいう．

オーバーヘッド プロジェクター【overhead projector】 機文字や図表などをスクリーンに映し出す投影装置．OHP．

オーバーホール【overhaul】 分解修理．機械などを分解検査し，修理や整備を行うこと．

オーバーボローイング【overborrowing】 営経借り入れ過ぎ．⇔オーバーローン．

オーバーユース シンドローム【overuse syndrome】 医競筋肉や関節へ負担をかけすぎて起こるスポーツ障害．

オーバーライト【overwrite】 ①I算既存のデータに上書きして置き換えること．②I算データの書き込み方式の一つ．相変化記録方式の記憶装置で用い

る．

オーバーライド【override】 ①決定などを無効にする．忠告などを無視する．踏みにじる．くつがえす．②政法アメリカで，大統領の拒否権発動後に差し戻された法案を上下両院が再審議し，それぞれ出席議員の3分の2以上で採択して法律が成立すること．

オーバーライド数【override number】 政アメリカで，大統領の拒否権を無効にするために必要な議員数．上下両院の出席議員の各3分の2以上．

オーバーラップ【overlap】 ①競(サッカー)後衛の選手が前衛の位置より前に出て，攻撃に参加すること．②映画前の画面を溶暗しながら，次の画面に移る技法．二重映し．③I算 Windows などのウインドウシステムで，ウインドウが重なり合っていること．④重複する．重なり合う．

オーバーラップ ウインドウ【overlapping window】 I算複数のウインドウを表示できる画面で，重なって表示された複数のウインドウのこと．

オーバーラン【overrun】 ①競(野球)走者がベースを走り越すこと．②航空機が滑走路を越して着陸停止すること．③列車が駅などで停止位置を走り越すこと．④機械の設計限界を超えて運転すること．⑤I算受信データがあふれて処理できず異常動作などが起こること．

オーバールール【overrule】 競(テニス)ラインズマンの明らかなミスジャッジに対し，主審が判定を訂正する権限．

オーバーレイ 上にかぶせる．重ね合わせる．

オーバーレイ法【overlay】 I OHPを使った表現方法の一つ．複数枚の透明シートを重ね合わせることで，一つの図を完成させる．

オーバーレイ方式【overlay method】 I算実記憶管理方式における記憶管理法の一つ．主記憶装置のサイズよりも大きな実行形式のプログラムを実行するための方式．

オーバーロード【overload】 ①荷物の積み過ぎ．能力以上の負荷をかけること．②競通常より強い運動負荷．トレーニング効率を上げる原則の一つ．

オーバーローン【overloan 日】 営経貸し出し過多．英語は excessive loans．⇔オーバーボローイング．

オーバーワーク【overwork】 働き過ぎ．

オーパル【OPAL】 社高齢者の行動力のある生活様式．older person's active lifestyle の略．

オーバルコース【oval course】 競自動車レースで周回走行する楕円形の走路．

オーバルルーム【Oval Room】 アメリカのホワイトハウスの中にある大統領執務室．部屋が卵形（oval）をしている．

オービーシティー【obesity】 肥満．太り過ぎ．

オービス【ORBIS 日】 機社自動車の速度違反を取り締まる自動撮影装置の通称．

オービター【orbiter】 ①天人工衛星．②宇スペースシャトルの構成のうち，地球周回軌道を飛ぶ機体のこと．OV ともいう．

オービット【orbit】 ①天軌道．②宇人工衛星の軌

オーブ▶

道．③医眼窩（がんか）．④活動範囲．

オーブ【aube 仏】夜明け．暁．

オーファン【orphan】孤児．親のない子．

オーファンドラッグ【orphan drug】薬希用薬．希少疾病用医薬品．極めてまれな疾患の診断・治療・予防に使われる薬剤．

オープナー【opener】①缶切りなど，物を開ける道具．②劇最初の出し物．③競第一戦．

オープニング【opening】①開始．初公開．冒頭．②建開口部．

オープニングゲーム【opening game】競開幕試合．

オープニング ナンバー【opening number】音演奏会や音楽番組などで，最初に演奏・放送される曲．

オーブン【oven】建科炉．天火．かまど．

オープン【open】①営開店．開業．②公開の．あけっぴろげな．開放的な．③屋根や覆いのない．④競アマとプロの区分けや，階級別などの参加資格制限のない．

オープン アーキテクチャー【open architecture】Ⅰ算機器の内部の仕様が公開されている設計．⇔クローズド アーキテクチャー．

オープンアカウント【open account】営経貿易取引で，取引ごとに決済せず，一定期間後にまとめて行う決済．オープン勘定．

オープンウォーター スイミング【open water swimming】競海や川で行う遠泳を競技化したもの．

オープンエア【open air】野外．戸外．外気．

オープンエクステリア住宅【open exterior一】建敷地を取り囲む塀や垣根をなくしたり低くしたりする構造をもつ住まい．

オープンエンド【open-end】①経資本額可変式の．開放式の．中途変更ができる．投資信託などでの用語の一つ．⇔クローズドエンド．②放番組の前後などに広告放送を入れる空白がある．③時間や期間の制限がない．

オープンエンド モーゲージ【open-end mortgage】経開放式担保．担保付き社債発行に際し，発行額が最高限度になるまで，順次必要な分だけ分割して発行するもの．⇔クローズド モーゲージ．

オープン化【open architecture】Ⅰ算コンピューターに関係する設計思想を公開して，標準化していくこと．

オープンカー【open car 日】機無蓋自動車．屋根の代わりに，折り畳み式のほろをもつ．英語は convertible．

オープンガーデン【open garden】①社個人や団体がもつ庭園を一般公開すること．②建生け垣などを低くしたりして開放的にした庭園．

オープン価格【open price】営経メーカーが商品に希望小売価格を付けないで，小売店が自由に値段を付けるもの．オープンプライス．

オープン型投資信託【open-end investment trust】経追加型投資信託．信託財産設定後も，追加設定があり，当初設定分と追加設定分を一つ

のファンドとして運用するもの．

オープンカフェ【open café 日】料街路までつながる開放的な喫茶店．

オープンカラー ワーカー【open-collar worker】社在宅勤務者．普段着で自宅を仕事場にして働く頭脳労働者．

オープンカレッジ【open college】教大学が開催する公開講座．市民講座．

オープンキッチン【open kitchen】①建台所と居室などを分けないで，部屋の中央に調理設備を置く方式．②建料レストランなどで客から見えるように配置する開放型調理場．

オープンキャンパス【open campus 日】教受験希望者に大学構内を公開し見学させること．

オープンクレジット【open credit】営経手形の買い取り銀行を指定しない信用状．⇔リストリクテッドクレジット．

オープン経営【open management】Ⅰ営ビジネスに必要な情報を社内外に対し積極的に開示して，経営状況などを広く公開すること．

オープンゲーム【open game】①競（野球）プロ野球の非公式戦．オープン戦ともいう．この意では英語は preseason game．②競公開競技．参加資格に制限のない競技会．

オープン懸賞【open prize】営販売促進方法の一つで，誰もが参加できる懸賞．過大な賞品などは規制されている．

オープンコース【open course】競選手各自の走路が決められていない競走路．自由走路．⇔セパレートコース．

オープンコルレス【open correspondent】経銀行間での為替契約を本店間でまとめて取り結ぶ契約．

オープン コンピュータネットワーク【Open Computer Network】Ⅰ仁インターネット接続サービスの一つ．NTT コミュニケーションズが提供．OCN ともいう．

オープン コンファレンス【open conference】営社定期船の船主が結成した運賃同盟の中で，競争の規制緩和を求める開放的な同盟のこと．

オープンコンペ【open competition 日】競（ゴルフ）参加資格を問わないゴルフの競技会．

オープン市場【open market】経参加者が金融機関以外にも開かれている短期金融市場．

オープンシステム【open system】①医病院と契約を結んだ開業医が，患者を設備の整った病院に移して治療を続ける制度．②Ⅰ算国際標準や業界標準の仕様を採用した OS（基本ソフト），ハードウェア，通信機器などの異なるメーカーの製品を使って作るコンピューターシステム．

オープンショップ【open shop】社従業員の組合加入が自由で，従業員の資格は組合員でも非組合員でも差がない労働組合制度．⇔クローズドショップ．

オープンスカイ【open sky】営社空の自由化．航空市場の自由化．便数や運航企業などを全面的に自由化すること．

オープンスカイ条約【Open Skies Treaty】

軍領空からの自由相互査察を行い，軍事および軍事行動の透明性を高めることを目指した条約．1992年に全欧安全保障協力会議（CSCE）の加盟国などが調印．

オープンスカイ ポリシー【open sky policy】衛星通信の自由化政策．

オープンスクール【open school】開かれた学校．子供の人数や学習内容などによって，空間が自由に変えられる校舎や教室の様式．オープンプラン スクール，オープンスペース スクールともいう．

オープンスタンス【open stance】野球やゴルフで，打球方向の足を後ろに引いて構えること．⇔クローズドスタンス．

オープンスペース【open space】①何もない空間のこと．建物などが建っていないところ．②相手チームの選手がいないところ．

オープンスペース スクール【open space school】教室の壁を取り払い，多様な学習活動が同時にできる学校．オープンスクール，オープンプラン スクールともいう．

オープンセット【open set 日】映屋外に作られた舞台装置．英語は outdoor set．

オープンソース【open source】OSIが定義する，ソフトウエア開発の形態．認定されるには再配布の自由や配布プログラムにソースコードが含まれることなどが要求される．

オープンソース イニシアチブ【Open Source Initiative】オープンソースの概念を普及させることを目的とした非営利団体．1998年に設立．

オープン ソフトウエア【open software】プログラムのソースコードを有料で入手できるソフトウエア．

オープンチェーン【open chain】原子の結合状態の一つで，原子が鎖状に結合していること．開鎖．⇔クローズドチェーン．

オープン ディスプレー【open display】商品を手に取って見られる陳列法．開放陳列．

オープン データ ネットワーク【Open Data Network】日本テレコムが提供するインターネット接続サービス．ODN．

オープンデート【open date】賞味期間．加工食品で，この期間内であれば味が落ちないという日付表示．

オープンデバイス【open device】ネットワーク内で，利用者が使う機種を問わないで，同じゲームソフトで対戦できる環境．

オープンドア【open door】門戸開放．

オープントースター【oven toaster 日】オーブン兼用のパン焼き器．英語は toaster oven．

オープン トーナメント【open tournament】参加資格に制限をつけない勝ち抜き試合．

オープントー ミュール【open toe mule 日】甲の部分を包んだつっかけ型のサンダルで，つま先を開けたもの．

オープントレード【open trade】開かれた貿易．自由貿易の障害となる補助金・相殺関税や政府調達などの非関税障壁が極力排除されたもの．

オープンネット コンテンツ【open net contents 日】DDI ポケットの PHS であるエッジで提供されるサービス．インターネット上の専用コンテンツを対応端末で閲覧できる．

オープンハート【open heart】トランプの札印の一つであるハートの輪郭を形どったデザイン．貴金属製品に用いられる．

オープンハウス【open house】①自宅開放．②工場や事業所などを一般開放すること．

オープン ビデオ システム【open video system】アメリカ新通信法で規定されたビデオ番組伝送システム．

オープンフィンガー グローブ【open finger glove 日】手の甲などを覆い，指は覆いがなく自由に動かせる手袋．

オープンブック マネジメント【open-book management】従業員へ財務諸表などの帳簿を公開し，自立的な企業活動を促すこと．

オープンプライス【open price】製造会社は出荷価格だけを決め，卸や小売りの価格決定を放棄する方法．オープン価格．

オープン プライマリー【open primary】開放予備選挙．合同予備選挙．党派にかかわらずに投票できる直接予備選挙．

オープンプラン【open plan】建物を用途に応じて広く利用できるように，間仕切りを多くとらない方式．

オープンプラン スクール【open plan school】教室の壁を取り払い，教育方法や教育課程編成が自由に行える学校．オープンスクール，オープンスペース スクールともいう．

オープンプログラマー【open programmer】自分の担当する業務を自らコンピュータを使って処理すること．

オープンホスピタル【open hospital】一般開業医が利用するための，患者の入院・治療設備のある病院．開放型病院．

オープンポリシー【open policy】製品の規格で競争相手などと協調関係を築くやり方．

オープン マーケット オペレーション【open market operation】公開市場操作．中央銀行が有価証券などを公開市場で売買して，金融の調節を図ること．

オープンマリッジ【open marriage】夫婦が互いに自己成長を遂げた上で愛し合う結婚形態．性的に自由な結婚を指す場合が多い．

オープンユニオン【open union】組合員と非組合員との間に差を設けない組合．開放組合．公開組合．

オープン ユニバーシティー【open university】放送大学（university of the air）．テレビ・ラジオ放送による講義やスクーリングなどを受けて大学卒業資格を得る制度．

オープンリール【open reel】磁気録音テープ枠．テープを巻くリールを自由に操作することができるもの．またその型のテープレコーダー用の巻き取り式の磁気録音テープ．

オープンレ▶

オープンレース【open race】誰でも自由に参加できる競技.

オーベルジュ【auberge 仏】建ヨーロッパ風の料理施設.宿泊施設を備えた郊外レストラン.原義は宿屋.オベルジュともいう.

オーボイ【OBOY】俗恵まれた特権をもっているヤッピーの赤ちゃん.over-privileged baby of yuppies の略.

オーボエ【oboe】音木管楽器の一種.2枚のリードをもち、高い音域を出す.

オーマイニュース【OhmyNews】イ韓国のニュースサイト.

オーメン【omen】前兆.予兆.予言.予知.

オーラ ①【Aura】宇NASA(アメリカ航空宇宙局)が2004年に打ち上げた地球観測衛星. ②[a-] 人や物がかもし出す気.なぞめいた雰囲気.心霊学でいう霊気.アウラ.

オーラルアプローチ【oral approach】教言会話を中心とする外国語の口頭教授法.

オーラルケア【oral care】容歯と口腔の手入れ.虫歯や歯周病の予防や、歯などの正常な発育と維持を図ることを目指す.

オーラル コミュニケーション【oral communication】口頭での伝達・意思疎通.

オーラルセックス【oral sex】生口を使って行う性技.性器接吻.

オーラルヒストリー【oral history】歴口述歴史文献.重要人物との面談内容などを録音した史料.

オーラルピル【oral pill 日】薬経口避妊薬.英語は oral contraceptive.

オーラルメソッド【oral method】①教文字を用いないで、口頭練習を中心にして行う外国語教授法.②読唇術.

オールアウト【all-out】①一定の強度と速度の運動を持続できなくなった状態.運動をして疲労困憊している状態.②総力をあげての.徹底的な.完全な.

オールアラウンド【all-around】多才の.万能の.オールラウンドともいう.

オールイングランド ローンテニスクラブ【All-England Lawn Tennis Club】競(テニ)全英ローンテニスクラブ.ウィンブルドン選手権を主催する民間団体.

オールインワン【all-in-one】①服ブラジャーとウエストニッパーとガードルをつなげた女性用の下着.ワンピースコルセット.②機必要な機器や装置を一つの容器に収めたもの.

オールインワンノートパソコン【all-in-one notebook PC】IT算A4サイズで12〜13インチ程度の液晶ディスプレーを搭載して、CD-ROMドライブなどが内蔵されたノート型パソコン.

オールインワン パソコン【all-in-one personal computer】IT算パソコン本体にディスプレーなどの周辺機器を取り付けて一体化した機種.

オールウェザー【all-weather】気全天候用の.

オール オア ナッシング【all or nothing】「すべてか無か」の意で、妥協を認めない絶対的な立場や条件.または一か八かの賭け.

オールオケージョン ドレス【all-occasion dress】服場所や時を考えないで、どんな場合にも着用できる服.

オール ギャランティー【all guarantee 日】全面保証.英語は all guaranteed.

オールコンクール【hors-concours 仏】美無鑑査出品者.展覧会に無審査出品できる画家.

オールシーズン ドレス【all-season dress】服四季を通じて着用できる服.

オールシーター【all-seater】競入場定員分の座席があり、全員が座って観戦できる競技場.

オールスターゲーム【All-Star Game】競(野球)通常は対決することのない優秀な選手が対決する夢の球宴.アメリカンリーグとナショナルリーグ、日本の場合はセリーグとパリーグの選手がチームを編成する.

オールスパイス【allspice】料香辛料の一つ.フトモモ科の常緑樹ピメントの果実を乾燥させて作る.

オールターナティブ【alternative】①二者択一.②代案.もう一つの.オルターナティブ.

オールディーズ【oldies】映画昔はやった流行歌や映画など.

オール テライン バイク【all terrain bike】機競あらゆる地形に対応できる自転車.ATB、マウンテンバイク、MTBともいう.

オールドゲーム【old-fashioned games】IT算古い業務用のゲーム機や8ビット・16ビットゲーム機時代のゲームソフトを最新の家庭用ゲーム機向けにしたもの.

オールドジーンズ【old jeans】服使い古したジーンズ.1940年代から60年代までに製造されたジーンズが若者などに人気がある.

オールドタイマー【old-timer】 古顔.古参.年配者.時代遅れの人や物.

オールトの雲【Oort cloud】天太陽系を半径約1光年の球殻状に取り巻く彗星の巣.オランダの天文学者J.H.オールトが発表した.

オールドパー【Old Parr】料スコッチウイスキーの銘柄の一つ.伝説の長寿者トーマス・パーの名に由来.

オールドパワー【old power 日】俗老人のもつ影響力.老人の力.英語は grey power.

オールドハンド【old hand】熟練者.その道のベテラン.

オールドファッション【old-fashioned】①旧式の.古風な.流行遅れの.②料カクテルの一種.ウイスキーに砂糖、ビターズなどを混ぜて作る.

オールドローズ【old rose】植19世紀までヨーロッパで栽培、観賞されていたバラ.

オールナチュラル【all-natural】全部が天然であること.主に食品業界で使われる言葉.

オールパーパス【all-purpose】万能の.多目的の.多用途の.

オールブラックス【All Blacks】競(ラグ)ニュージーランド代表チームの愛称.

オールボアール【au revoir 仏】さようなら.また会う日まで.

オールマイティー【almighty】 ①全知全能の．万能の．②［A-］全知全能の神．③トランプ遊びで，一番強い札．普通スペードのエースを指す．

オールラウンド【all-round】 多才な．万能な．オールアラウンドともいう．

オールラウンド プレーヤー【all-round player】 競万能選手．

オールレース エレクション【all-race election】 政全人種による総選挙．特に，黒人も選挙権を有して，1994年に行われた南アフリカ共和国の総選挙のこと．

オーレ[1]【au lait 仏】 料ミルク入りの．オレともいう．

オーレ[2]【olé 西】 賛嘆・喝采・激励の呼び掛け・叫び声．

オーロラ【aurora】 気理極光．極地方の上空に現れる，さまざまな色の帯状の光．

オーロラ計画 ①［Aurora program］軍アメリカ空軍の戦略偵察機SR-71の後継と見られる航空機の秘密開発計画．オーロラはその不明機の通称．②［－ programme 仏］宇ESA（欧州宇宙機関）が2001年に決定した，月および火星の探査計画．

オカリナ【ocarina】 音指穴をもつ陶製の鳥形をした笛．小さなガチョウの意．

オカルティズム【occultism】 錬金術・降霊術・占星術などを研究する学問．神秘学．

オカルト【occult】 念力・霊・テレパシーなどの超自然的な現象や作用．

オカルト映画【occult film】 魔魔術，超能力，悪霊，霊魂との交信，霊魂再来などを題材とする映画．

オカレンス【occurrence】 I算構造を分析したいデータの概念図式がもつ属性のすべて．

オキサイド【oxide】 化酸化物．

オキシダント【oxidant】 化強酸化性物質の総称．大気中の炭化水素や窒素酸化物などに紫外線が当たると生じ，目やのどを刺激したり呼吸困難を起こしたりする．

オキシライド乾電池【oxyride battery】 電オキシ水酸化ニッケルを正極素材に使う乾電池．

オキュペーション【occupation】 職業．占領．

オクシデンタリズム【occidentalism】 西洋文化の特質．欧米風．

オクシデンタル【occidental】 西洋の．欧米の．西洋人の．⇔オリエンタル．

オクシデント【Occident】 西洋．欧米．

オクターブ【octave 仏】 ①音8度音程．②ある音から8度離れている音．③理音に対する電気信号の周波数（振動数）の比が2対1になるもの．

オクタゴン【octagon】 ①八角形．八辺形．②競アメリカの総合格闘技大会ＵＦＣで使用される八角形の金網に囲まれた試合場．

オクタン価【octane number】 ガソリンの異常燃焼を起こしにくい度合いを表す指数．

オクチルフェノール【octyl phenol】 化環界面活性剤などの製造に用いる物質．環境ホルモンの一つ．

オクテット【octet】 I データ通信で用いる単位．1オクテットは8ビット．1バイトと同じ．

オクトーバー サプライズ【October surprise】 政アメリカ大統領選挙直前の10月に起こるとされる驚くような事態．

オクトパス【octopus】 生タコ．

オクラトクシン【ochratoxin】 生穀物の中のある種の菌が分泌する有毒物質．その穀物を食べた家畜の肉や卵にオクラトクシンが含まれることがある．

オケージョナル【occasional】 時折の．

オケージョン【occasion】 時．場合．機会．

オケージョン マーケティング【occasion marketing 日】 営消費者の生活内容に密着した販売活動をして，売り上げ増進を図る方法．

オシログラフ【oscillograph】 電電圧や電流などの変化の波形を記録する装置．

オシロスコープ【oscilloscope】 機電電圧や電流などが時間的に急速に変化するのを，ブラウン管上に波形で表して観測する装置．

オシロメーター【oscillometer】 医振動計．動脈の拍動測定器．

オスカー【Oscar】 映アカデミー賞受賞者に贈られる黄金色の小さな彫像．

オスグッドシュラッター病【Osgood-Schlatter disease】 医オーバートレーニング症候群の一つ．ひざの痛みとはれが起こる．スポーツをしている成長期の男子によく発生する．

オステオパシー【osteopathy】 医整骨療法．もみ治療法．頭蓋・四肢の異状を直せば，内部疾患のあらゆる病気は治るという考えで施される整体術．

オステオポロシス【osteoporosis】 医骨粗しょう症．高齢者に見られる骨の萎縮現象．

オステリア【osteria 伊】 料イタリア風のレストラン・居酒屋．

オストミー【ostomy】 医人工肛門などを作る手術．

オストメイト【ostomate】 医排泄器官障害のために人工肛門，人工膀胱（ぼうこう）に頼っている人．

オストリッチ【ostrich】 鳥ダチョウ．オーストリッチともいう．

オストリッチ コンプレックス【ostrich complex】 心ダチョウは窮地に陥ると，首を砂に突っ込んで目をつぶり，現実を見まいとする習性があるが，これを現代人の心理・行動様式になぞらえたもの．アメリカの心理学者E．ワイナーが命名．

オストリッチ ポリシー【ostrich policy】 政事なかれ主義の政策．現実逃避策．

オスロ合意【Oslo Agreement】 政暫定自治に関する原則宣言．ＰＬＯ（パレスチナ解放機構）とイスラエルが1993年に調印した．秘密交渉をしたノルウェーのオスロにちなむ．

オセアニア【Oceania】 大洋州．南太平洋諸島，オーストラリア大陸，ニュージーランドなどの総称．

オゾナイザー【ozonizer】 化オゾン発生装置．

オゾン【ozone】 化酸素の同素体．空中の放電作用などでできる．漂白・殺菌などに用いる．

オゾン アンフレンドリー【ozone-unfriendly】 化環オゾン層を破壊する物質．

オゾン層【ozone layer】 気地球を取り巻く成層

オゾン層保▶

圏のうち，地上20〜25km付近の上空に形成された層．太陽から届く有害な紫外線の大半を遮蔽する．

オゾン層保護対策【protection of ozone layer】 環オゾン破壊物質に関する規制・削減措置．1985年のオゾン層保護のためのウィーン条約の締結，87年のモントリオール議定書（オゾン層保護条約議定書）の採択などで国際合意が図られた．

オゾン病【ozone sickness】 医ジェット機などで高度4万フィート以上を航行中に起こる頭痛や胸の痛みなどの症状．オゾン吸入が原因．

オゾンホール【ozone hole】 気南半球の春（9〜10月）に起こる現象で，オゾン全量分布が南極大陸上で極小域になること．

オタワ条約【Ottawa Treaty】 軍対人地雷全面禁止条約．1997年に採択し，99年に発効した．

オタワプロセス【Ottawa Process】 社1996年にカナダが対人地雷の全面禁止のための国際条約を結ぼう呼び掛けたことに始まる動向．

オックスファム【OXFAM】 社世界を代表するNGOの一つ．貧困の撲滅を目指し．1942年にイギリスのオックスフォードで活動開始．Oxford Committee for Famine Relief.

オックスブリッジ【Oxbridge】 教オックスフォード大学とケンブリッジ大学の合成語で，両大学，またそのいずれかを意味する．卒業者は上流階級であることを指す代名詞．

オッズ【odds】賭け率．競馬などの概算配当率．

オッズ比【odds ratio】数統計指標の一つ．事柄の起こる公算を示す．OR ともいう．

オットーサイクル【Otto cycle】理往復動熱機関の熱サイクルの一つ．

オッドボール アース仮説【oddball earth hypothesis】地46億年前から億年前まで，地球の地軸が現在よりさらに大きく，54度以上傾いていたとする仮説．オーストラリアのG．ウィリアムズが提唱．

オッピー【oppie】 社1990年代後半に，資産形成などに励むようになったアメリカのベビーブーマーのこと．older professional parents の頭字語から．

オップアート【op art】 美視覚的・光学的芸術．視覚的効果を追求した抽象絵画の一傾向．オプティカルアートの略．オプアートともいう．

オテック【OTEC】 理海洋温度差発電．ocean thermal energy conversion の頭字語から．

オデュッセイ【Odyssey】 ①文古代ギリシャの詩人ホメロス作といわれる長編叙事詩．②長期にわたる放浪の旅．

オドメーター【odometer】走行距離計．

オドメトリー【odometry】機ロボットの現在地計算方法の一つ．車輪を備えた移動型ロボットは，左右の車輪の回転数を積算して自分の位置を推定する．

オナー【honor】 ①名誉．栄光．②尊敬．敬意．③（ゴルフ）各ホールで最初にプレーする人．オーナーともいう．

オナニズム【onanism】自慰．手淫．オナニー．

オナペット【onapet 日】自慰行為の時に思い浮かべる人．またその写真．ドイツ語の Onanie と

英語の pet の合成語．

オニックス【onyx】 鉱しまめのう．宝石の一種．オニキスともいう．

オネスティー【honesty】正直．誠実．率直さ．

オノマトペ【onomatopée 仏】 擬声．擬声語．オノマトペア．

オパール加工【opal finish】服交織の布の一部分を薬品と熱処理でレース状にする方法．

オパビニア【Opabinia 羅】生バージェス頁岩化石動物群の一種．五つの目をもち，頭の先から管が出ている．

オビー賞【Obie Award】 劇オフブロードウェーやオフオフブロードウェーのすぐれた劇に毎年贈られる賞．

オピニオン【opinion】意見．見解．世論．

オピニオンポール【opinion poll】 社世論調査．

オピニオン リーダー【opinion leader】社世論形成者．世論や特定の団体の理論的指導者．

オフ【off】 ①…から離れて．…を離れて．②断ち切る．取り払う．休みの．閑散とした．季節外れの．③機電気や機械などが作動していない状態にあること．停止．

オファー【offer】 ①提供．提案．申し入れ．申し込み．②営売買の申し込み．

オフィオライト【ophiolite】 地火山活動で噴出した苦鉄質または超苦鉄質火成岩の総称．大洋底構成物質と考えられるものを多く含み，地殻形成との関連で注目されている．

オフィサー【officer】 士官．高級船員．上級職員．役人．

オフィシエーティング【officiating】①公務や職務の執行．②競審判を務めること．

オフィシャル【official】 ①公式の．公認の．公的な．正式の．職務上の．②公務員．役員．

オフィシャル オピニオン【official opinion】公式見解．

オフィシャル ガゼット【official gazette】公報．官報．

オフィシャル サプライヤー【official supplier】競公式物品提供業者．1984年のロサンゼルスオリンピックでの資金調達方法の一つが始まり．

オフィシャル スコア【official score】競公式記録．

オフィシャル ステートメント【official statement】公式声明．

オフィシャル スポンサー【official sponsor】競公式協賛企業．1984年のロサンゼルスオリンピックでの資金調達方法の一つが始まり．

オフィシャル ドキュメント【official document】公式文書．

オフィシャル プライス【official price】 営経公定価格．

オフィシャル ルールズ【official rules】 競公認規則．

オフィシャル レコード【official record】競公式記録．

オフィス【office】①営事務所．会社．②工算基

◀オブジェク

礎的ビジネスソフトウエアを重点まとめて一つの商品にしたものの呼称.

オフィス アメニティー【office amenity】
〘営社〙仕事環境の高度化で生じる, ストレスの回復をするための人間生活環境. 休憩室や会議室などのコミュニティースペース.

オフィスアワー【office hours】 〘営社〙勤務時間.

オフィス インフラストラクチャー【office infrastructure】 〘営〙オフィスにおける人間作業環境のうち, OA機器, 空調, 照明など, オフィス活動の基盤をなす企業施設のこと.

オフィスＸＰ【Office XP】〘Ⅰ算〙2001年にアメリカのマイクロソフトが発売した, ビジネスソフトをパッケージにした商品.

オフィス オートメーション【office automation】〘Ⅰ算〙事務処理を自動化・機械化して, 効率と生産性の向上を図ること. OA.

オフィスコスト【office cost】 〘営経〙事務費. 事務に要する経費.

オフィスコンビニ【office convenience 日】〘営〙オフィス業務に必要なサービスの提供や事務用品の販売を行うビジネスサポート業.

オフィスコンピューター【office computer】〘Ⅰ算〙事務処理用コンピューター. 中小規模の事業所などで用いる小規模タイプのものをいうことが多い. オフコンともいう.

オフィスサポート ビジネス【office support business】〘営〙事務所に必要な製品やサービスを提供する業態.

オフィスソフト【office software】〘Ⅰ算〙ワープロや表計算ソフトなど, ビジネスで利用するソフトウエアをひとまとめにした製品.

オフィス2000【Office 2000】 〘Ⅰ算〙アメリカのマイクロソフトが発売した, 企業向けの統合ビジネスソフト. Word や Excel などを含む. 日本では1999年に発売.

オフィスビル【office building 日】〘営建〙企業などの事務部門や営業所などが入居しているビル.

オフィス プランニング【office planning】〘営〙効率的なオフィスを設計する手法. OA 化が進むと, 機器だけでなく人間とその行動も考慮した設計が必要となる.

オフィス マネジメント【office management】〘営〙事務管理. スタッフによる科学的な事務管理.

オフィスラブ【office love 日】 社内恋愛. 英語は office romance, または office love affair.

オフィスワーカー【office worker】〘営社〙事務系の労働者. ホワイトカラー.

オフィス ワークステーション【office workstation】〘Ⅰ算〙事務所向けの, 非定型的な業務をこなせる多機能パソコン. OWSともいう.

オフエア【off the air】〘放〙放送停止中.
オフェンス【offense】攻撃. 攻勢. 攻撃チーム. ⇔ディフェンス.
オフェンダー【offender】規則違反者.

オフ オフ ブロードウェー【off-off Broadway】〘劇〙ニューヨークのグリニッジビレッジを中心に1960年代に起こった, 商業性を排した実験的演劇活動.

オフギャラリー【off gallery】〘美〙画廊や美術館など決められた展示場所を離れて, あらゆる空間を美的表現の場にしようという前衛的な美術活動.

オフコン オフィスコンピューター(office computer)の略. 〘Ⅰ算〙事務処理用コンピューター.

オブザーバー【observer】①〘社〙傍聴人. 立会人. 議決権を有しない会議参加者. 観察者の立場で参加する人. ②消息筋. 観測筋.

オフサイド【offside】〘競〙プレーしてはいけない位置や, そこでプレーした場合の反則. サッカー, ラグビー, アイスホッケーなどで使われる用語.

オフサイトセンター【offsite center】〘理〙原子力施設の周辺に設ける緊急事態応急対策拠点.

オフサイド トラップ【offside trap】 〘競〙(ｻｯｶｰ) 相手選手がオフサイドを犯すように, わなにかけるプレー.

オフサイド ポジション【offside position】〘競〙(ｻｯｶｰ)攻撃側の選手が, 球より前方の敵陣内で, 自分より前に相手選手が1人しかいない位置にいること.

オフザジョブ トレーニング【off-the-job training】〘営〙業務を一時離れて, 業務に必要な知識・技能を身につけさせる研修方法. OFF-JT ともいう. ⇨オンザジョブ トレーニング.

オフ ザ フェース【off the face】〘容〙顔の輪郭をすっきり出すように, 髪を後方に流す髪型.

オブザベーショナル スタディー【observational study】〘医〙観察研究. 病気の原因となる要因や条件を人為的に変化させないで, 経過を観察する方法.

オブザベーション【observation】観察. 監視. 知覚. 気がつくこと.

オフ ザ レコード【off the record】 非公式発言. 新聞紙上などに発表しないという条件で話す事柄. オフレコともいう.

オフシアター【off-theater】〘映〙文化振興を目指して設ける上映施設.

オフシーズン【off-season】季節はずれ.

オブジェ【objet 仏】 ①物体. 事物. 対象. 客体. ②〘美〙前衛美術作品などで用いられる石や木などの物体.

オブジェクティブ クライテリア【objective criteria】〘経〙客観指標. 1993年の日米経済協議でアメリカが要求した, 成果を測る基準.

オブジェクト【object】 ①目的. 目標. 対象. 客体. ⇨サブジェクト. ②〘Ⅰ算〙プログラムを構成する基本となる要素. 独自の内部データと手続きをもつソフトウエアの単位. ③〘Ⅰ算〙コンピューターグラフィックスで, 登場人物や美術セットに相当するもの.

オブジェクトコード【object code】 〘Ⅰ算〙高級言語で記述されたプログラムを変換した, コンピューター用の機械語プログラム. ⇨ソースコード.

オブジェクトサービス【object service】 〘Ⅰ算〙ネットワークで接続された複数のコンピューターに分

109

オブジェク▶

散するプログラムに対して，サービスを提供する一連のプログラム．

オブジェクト指向【object oriented】 Ⅰ算 独自の内部データと手続きを有するソフトウエアの単位（オブジェクト）を，それぞれ一つ一つの部品とみなしてつなぎ合わせ，複雑なソフトウエアを構成する考え方．

オブジェクト指向データベース【object-oriented database】 Ⅰ算 数字や文字のデータだけでなく，それに関する手続きも管理の対象とするデータベースシステムのこと．

オブジェクト指向プログラミング【object-oriented programming】 Ⅰ算 オブジェクト指向の概念を使うプログラミング手法．プログラムの再利用が容易で生産性の高さが特徴．

オブジェクト プログラム【object program】 Ⅰ算 プログラマーが書いたプログラムを機械語に翻訳したプログラム．

オブジェクト リレーショナル データベース管理システム【object relational database management system】 Ⅰ算 リレーショナル データベース管理システムにオブジェクト指向の拡張を加えたもの．

オフショア【offshore】 沖合の．沖に向かって．海外の．域外の．

オフショア金融【offshore banking】 営経 為替管理や税制などの規制の少ない地域に業務機関を置き，有利な条件で国外から資金を取り込み運用する国際金融業務．

オフショア生産【offshore production】 営経 途上国などが，保税加工区を設けて外国民間資本を進出させ，輸出用の製品を生産させること．オフショアインダストリー．オフショアビジネスともいう．

オフショアセンター【offshore center】 経国 内市場と切り離して形成する自由金融市場．

オフショアファンド【offshore fund】 営経 税金の安い国などに登記上の本拠地を置き，投機性の強い国際投資信託．

オフショアマーケット【offshore market】 経 海外金融市場．オフショア市場．

オフショアリグ【offshore rig】 機 海底油田を海上から開発するのに用いる掘削装置．

オプショナル【optional】 任意の．選択の．

オプショナルツアー【optional tour】 社 パッケージツアーの自由行動時間に希望者に別料金で実施する小旅行．

オプショナルパーツ【optional parts】 営 客の注文によって取り付ける部品や装置．

オフショルダー【off the shoulder】 服 首から肩先までを露出させるような状態や着こなし．

オプション【option】 ①選択．自由選択．選択権．②追加発注．追加注文．オプショナルパーツともいう．③Ⅰ 情報通信機器などに標準装備されていない要素・機能を追加すること．

オプションキー【option key】 Ⅰ算 Macintosh のキーボードにある，キートップに option と書かれたキー．他のキーと同時に押すことでショートカットなど，さまざまな操作を行うことができる．

オプション戦略【option strategy】 経 権利行使，権利放棄，売買という，オプション取引の三つの選択を利用する投資手法．

オプション取引【option transaction】 経 選択権付き取引．一定期限内に一定量の商品を，決められた価格で買い付ける権利，あるいは売り付ける権利をオプションといい，その権利を売買する取引のこと．

オプス【opus 羅】 音 作曲家の作品の制作年代順番号．記号は op. オーパスともいう．

オフスクリーン【offscreen】 映 映画人の映写幕を離れたところでの活動や生活．画面外の・私生活という意．

オブストラクション【obstruction】 ①競 反則をとられる妨害行為．球に対し通常のプレーをせず，相手を妨害すること．②政 議事妨害．

オブセッション【obsession】 強迫観念．執念．妄想などが取りつくこと．

オフセット印刷【offset printing】 印 金属の製版面からゴム布に印刷インクを一度転写してから紙に印刷する方法．

オフセット衝突【offset frontal collision】 機 自動車の前部の一部だけが対向車などにぶつかる衝突．→フルラップ衝突．

オフタイム【off time 日】 経社 休業時間．勤務時間以外の個人で自由にできる時間．↔オンタイム．

オプチミスティック【optimistic】 楽天的な．楽観的な．楽天主義の．

オプチミスト【optimist】 楽天家．楽天主義者．オプティミストともいう．↔ペシミスト．

オプチミズム【optimism】 楽観論．楽天主義．オプティミズムともいう．↔ペシミズム．

オプティカル【optical】 光学式の．視覚の．

オプティカル アート【optical art】 美 視覚的・光学的芸術．オップアート．

オプティカル オペレーション【optical operation】 映 撮影後にフィルム編集をして画面を完成させる時に用いられる光学的変換技術の総称．

オプティカル合成【optical composite】 Ⅰ フィルムの複写機である光学合成装置を用いる合成テクニックの全般．

オプティカル コンピューター【optical computer】 Ⅰ算 スイッチング動作やデータの記憶を光で行う，開発中のコンピューター．

オプティカル ディスク【optical disc】 Ⅰ 光ディスク．レーザー光による読み出しと書き込みができるディスク．

オプティカル ファイバー【optical glass fiber】 理 光学ガラス繊維．

オプティカル プリンター【optical printer】 Ⅰ 映 光学焼き付け機．プロジェクターとカメラを向かい合わせにしたフィルムの複写機．

オプティシャン【optician】 営 光学機械業者．眼鏡商．検眼技師．

オプティマイザー【optimizer】 広 商品への関心をもつ消費者に向けて広告効果の最大化を目指す広告手法のコンピューターモデル．

オプティマイズ【optimize】 ①楽観する．②Ⅰ算 演算時間を短くするために，プログラムを整理して

適正な状態にすること．最適化．
オプティマム【optimum】　①最適条件．最適度．②最適の．最上の．最善の．
オプティングアウト【opting out】　医臓器提供を拒否する意思表示がない場合は，承諾したとみなす方式．
オプティングイン【opting-in】　医臓器提供に同意する意思表示がある提供者から自発的に提供を受ける方式．
オプトアウト【opt-out】　①政欧州連合（EU）の設立を目指す過程で，欧州共同体（EC）加盟国の特殊事情を勘案して，ルールの一部適用を免除する意で用いた言葉．②IT能動的に選べること．広告メールなどに対する拒否権．③活動や団体から脱退する．
オプトイン【opt-in】　①IT了解をもらう．広告メールなどを承諾をもらって送信する．②活動や団体などに参加を決める．
オプトインメール【opt-in mail】　IT顧客が登録した趣味や嗜好に合わせて情報メールを送信するサービス．
オプトエレクトロニクス【optoelectronics】　I光電子工学．光と電気信号を相互に変換できる機能を含んだ技術の総称．optics と electronics の合成語．
オプトエレクトロニクス産業【optoelectronics industry】　経レーザーや光ファイバー技術を核とした産業の総称．光通信，光情報処理，レーザー加工などの分野がある．
オフトーク通信【off-talk communication】　I通話していない電話回線を利用して，音楽や情報などを電話機を通して提供するシステム．NTTが開発したサービスの一つ．
オプトセラミックス【optoceramics】　理透光性セラミックス．光を通すセラミックスで，強度が高く耐熱性や耐酸化性なども優れる．
オプト バイスタビライザー【opto bistabilizer】　理光双安定素子．光の入力信号に対して2種類の光の出力信号をもつ素子．
オプトマテリアル【opto material】　光産業向けに開発される新素材．
オプトメカトロニクス【optomechatronics】　理光工学，電子工学，機械工学の融合化技術．
オフパーティー【off party 日】　社ダイヤルQ²のパーティーラインで知り合った人同士が直接会うこと．電話回線を使わないパーティーの意から．
オフパテント【off-patent】　経特許が切れること．
オフバランス【off-balance】　①均衡を失った．②経貸借対照表に記載していない．
オフバランスシート【off-balance sheet】　経貸借対照表に資産も負債も計上されないこと．リースをはじめ，金融子会社や買戻条件付販売など，1970年代以降にさまざまな資金調達方法が開発された．オフバランスともいう．
オフバランスシート取引【off-balance sheet transaction】　経貸借対照表に数字が表示されない帳簿外の取引．オフバランス取引ともいう．

オフピーク【off-peak】　最高状態でない時の．ピークの時間帯でない．
オフプライス ストア【off-price store】　有名ブランドの衣料などや服飾雑貨，装飾品などを一般価格より安く売る小売業．1970年代末からアメリカで急成長した．
オフプレミス ケータリング【off-premise catering】　料依頼主が指定した場所に出張して料理を提供する業態．
オフ ブロードウェー【off Broadway】　劇ニューヨークのブロードウェーに代表される商業演劇に対抗して，1950年代初頭に始まった前衛芸術を目指す小劇場運動．今では前衛性は薄れている．
オフボアサイト アングル【off-boresight angle】　軍短距離空対空ミサイルの格闘戦能力を示す指標．ミサイル発射時の母機と目標の位置を，撃墜可能な機首方向から測った角度．
オフホワイト【off-white】　純白でない白色．
オブラート【oblaat 蘭】　化薬でんぷんなどで作る半透明の薄い膜．粉薬を包んで飲むなどに用いる．
オフライン【off-line】　I算回線で結ばれていない．切り離した状態の．オフラインシステムの．ネットワークに接続されていない．⇔オンライン．
オフライン システム【off-line system】　I算コンピューター相互間などを直結しないでデータ処理する方式．パンチカードや磁気テープ，ディスクなどを用いる．オフライン．
オフライン処理【off-line processing】　I算他のコンピューターと切り離して，単独で処理をすること．
オフラベル ユース【off-label use】　薬薬をラベルに記載された効能以外の目的で使うこと．
オフランプ【off-ramp】　下り口．高速道路から一般道路に出る車線．
オブリゲーション【obligation】　義務．債務．恩義．義理．
オブリゲーション ネッティング【obligation netting】　経債権・債務が発生した時点ごとに相殺を行い，差額を新たな債権・債務に置き換える形態．
オブリゲート ランナー【obligate runner】　競健康づくりを目指してジョギングに精を出しすぎたため，健康を害する人．
オフリミット【off-limits】　立入禁止．⇔オンリミット．
オフレコ　オフ ザ レコード（off the record）の略．非公開の．記録しない．秘密の．
オフロード【off-road】　砂浜や山間部などの道として整備されていない所．道なき道の．⇔オンロード．
オブローモフ型【Oblomov type】　ロシアのゴンチャロフの小説『オブローモフ』の主人公の名にちなんだもので，才能がありながらも実行力を欠き，変化する時代に対応できない知識人の典型．
オペ　オペレーション（operation）の略．①医手術．②経市場操作．
オペアガール【au pair girl】　社家事の手伝い

オペアンプ▶

をすることを条件に，留学先の家庭に無料で滞在する女子学生．

オペアンプ【operational amplifier】 ①算演算増幅器．信号増幅機能をもつリニアIC．OPアンプともいう．

オベーション【ovation】満場の拍手．大喝采．

オペラ【opera 伊】音歌劇．歌唱・管弦楽演奏を中心とした劇音楽．

オペラコミック【opéra comique 仏】音喜劇的な内容をもつ歌劇．オペラブッファともいう．

オペラセリア【opera seria 伊】音まじめな内容をもつ歌劇．

オペラツール【operateur】営価格対効果を重視する管理職者．

オペラハウス【opera house】音劇歌劇場．

オペラブッファ【opera buffa 伊】音喜劇的な内容をもつ歌劇．オペラコミックともいう．

オペラント【operant】心特定の刺激によらない自発的反応．アメリカの心理学者スキナーが命名．

オペランド【operand】①算数被演算子．演算の対象となるもの．②①算コンピューターを動かす命令のうち，データの所在地を表す部分．アドレス部ともいう．

オベリスク【obélisque 仏】建歴古代エジプトの方尖塔．

オペレーショナル データストア【operational data store】①算事務系データベースからデータを抽出・変換する前に統合するためのデータベース．

オペレーショナル リスク【operational risk】営経銀行経営で，行員の事務事故やシステム障害などによるリスクのこと．

オペレーション【operation】①運転．操作．作用．②医手術．③軍作戦．④経市場操作．

オペレーション コスト システム【operation cost system】営経作業区分ごとの原価管理を容易にするために，作業工程ごとに原価計算を出す方式．

オペレーションズ リサーチ【operations research】①数学的・科学的分析法を用い，経営戦略や軍事作戦などの展開効率を，最大限に高めるための分析研究を行うこと．OR．

オペレーション センター【operation center】①営業務管理の中心となるところ．②飛行機の運航管理を行う施設．

オペレーション リスク【operation risk】①営経事務処理のミスやコンピューターの故障などによって，金融取引の決済が滞る危険．オペレーショナル リスクともいう．

オペレーション ローリー【Operation Raleigh】社各国の青年たちが世界各地を旅しながら，1984年から4年間にわたって行った冒険行事．さまざまな探検や調査，ボランティア活動を行い，国際交流などを進めた．ローリーはイギリスの探検家ウォルター・ローリーの名に由来．

オペレーター【operator】①機機器・機械類を操作・運転する人．②①算コンピューターなどを操作する人．③生作動遺伝子．調節遺伝子の一種．④①算演算子．

オペレーター領域【operator region】生遺伝情報の発現を調節する働きをもつ，DNA上の抑制物質結合部位．

オペレーティング システム【operating system】①算中央処理装置（CPU）やメモリー，周辺装置などの計算機資源の管理を行うソフトウエア．コンピューターを作動させるのに必要なプログラム群．基本ソフトウエア．OS．

オペレーティング ターゲット【operating target】経運営目標．金融政策が実行されるまでの期間に，中央銀行が政策運営の目安として注目する金融変数．

オペレーティング リース【operating lease】営経一定の予告期間をおけば，途中解約ができるリースの方式．進歩の著しい電子機器などのリースに適する．

オペレーティング ルーム【operating room】医手術室．

オペレッタ【operetta 伊】音軽歌劇．喜歌劇．19世紀後半にさかんになった娯楽的・通俗的な音楽喜劇．

オペロン【operon】生複数の遺伝子が一つながりの遺伝情報の担い手である伝令RNAとして転写される場合，同一の転写単位に属する遺伝子群のこと．

オホーツク インターネット【Okhotsk internet】①Ⅰ社北海道網走支庁管内の26市町村が共同で整備する情報ネットワークインフラ．域内にアクセスポイントや情報センターを設けている．

オホーツク プレート【Okhotsk plate】地東北日本をのせる小さなプレート．サハリン北部を中心に時計回りに回転している．

オポジション【opposition】反対．敵対，または対立関係にある相手側．

オポジション パーティー【opposition party】政野党．反対党．政権を担当していない政党．↔ガバメントパーティー．

オポチュニスト【opportunist】日和見主義者．ご都合主義者．便宜主義者．

オポチュニズム【opportunism】自分にとって都合がよい機会に乗じること．ご都合主義．日和見主義．

オポチュニティー【opportunity】機会．好機．自分にとって都合がよい機会．

オポチュニティー グループ【Opportunity Group】社身体障害児の成長を助け，保護者の生活も支援するアメリカの福祉活動グループ．

オポチュニティー コスト【opportunity cost】営経機会原価．機会費用．企業では，投資していなかったために上げられなかった利益．労働者にとっては，他の職業に就いていた場合の賃金をいう．

オポネント【opponent】対抗者．反対者．相手方．敵手．

オマージュ【hommage 仏】尊敬．敬意．服従．

オム【homme 仏】服男性の意．女性物と区別するために用いられる．

オムニサイド【omnicide】軍全生物虐殺．核戦争ですべての生物を殺すこと．核兵器による皆殺し．omni-（すべて）と genocide（皆殺し）の合成語．

オムニトラックス【OmniTRACS】 I営通信衛星を利用した運行管理システム．1989年にアメリカのクアルコム社が開始した．長距離輸送のトラックに向く．

オムニバス【omnibus】①映放独立した短編を組み合わせて，一つの作品にまとめたもの．②乗合自動車．乗合馬車．

オムニバス映画【omnibus film】映いくつかの短編を集めて一つの作品にした映画．

オムニバス盤【omnibus record】音特定の企画意図をもって編集されたアルバム．1970年代ころまでの呼称．コンピレーションともいう．

オムニポイント【open management interoperability point】 I算世界各国の電気通信事業者からなる団体である NMF による，ネットワーク管理システムの指針．

オムニマックス【OMNIMAX】映カナダのアイマックス社が1970年に発表した大型映像システムの一つ．魚眼レンズを使い，丸天井型スクリーンに映写する．登録商標．

オメガ【omega 希】　ギリシャ文字の最後の文字．Ω，ω．

オメガ計画【OMEGA project】理高レベル放射性廃棄物の核種分離・消滅処理などに関する技術開発を総合的に行うための計画．日本と海外との情報交換も行う．Options for Making Extra Gains from Actinides and Fission Products の頭字語から．

オメガシステム【omega system】電電波航法の一つで，超長波を利用して船舶や航空機の位置を割り出す方法．

オヤジマーケット　営服40代以上で可処分所得が多く，ファッションセンスもある男性を対象とする市場．

オラ【hola 西】こんにちは．

オラクル【oracle】①神託．神のお告げ．託宣．②〔O-〕 I算世界有数のソフトウエアメーカーの一つ．商標名．

オラショ【oratio 羅】宗キリシタン用語で，祈り．

オラトリオ【oratorio 伊】音宗教的な題材とした楽劇．聖譚曲．

オリーブオイル【olive oil】科オリーブの果実から採る食用油．精製したものとバージンオイルを混ぜ合わせたものの両方をいう．

オリーブの木【L'Ulivo 伊】政イタリアの中道左派連合．1996年の総選挙に勝利し，プロディ政権を成立させた．

オリエンタリズム【orientalism】東洋主義．東洋趣味．

オリエンタル【oriental】①東洋の．東洋的な．⇔オクシデンタル．②服東洋各国の民族服を模倣した柄やデザイン．

オリエンテーション【orientation】①営教進路指導．新入生・新入社員が，新しい環境や職場に適応するように行われる指導・手引き．②建敷地における建物の配置方法．③広広告主が広告制作会社などに，広告実施計画の指針を示すこと．

オリエンテーリング【orienteering】競地図とコンパス（磁石）を用いて指定地点を通過し，目的地に着くまでのタイムを競う競技．OL．

オリエント【Orient】　地中海の東方地域および東洋諸国の総称．東方．東洋．

オリガルヒ【oligarch 露】　営新興財閥．新興資本家．

オリゴ糖【oligosaccharide】化少糖．少糖類．ブドウ糖，果糖などの単糖が2個〜5個つながったもの．

オリゴポリー【oligopoly】営寡占．

オリコン　オリジナル コンフィデンス（Original Confidence）の略．音日本の音楽情報の業界誌．

オリジナリティー【originality】　独創性．独自性．創造性．奇抜さ．

オリジナル【original】①文原作．原本．②美原型．原画．

オリジナルカロリー【original calorie】営化経畜産物などのカロリーを，それを生産するのに必要な飼料のカロリーにさかのぼって計算したもの．食糧自給率を見る際に利用される．

オリジナルコスト【original cost】営経取得原価．物を取得するために必要とした全費用．

オリジナル スクリーンプレー【original screenplay】映オリジナル脚本．映画のために書き下ろされた脚本．

オリジナル ティーシャツ【original T-shirt】服自分で好みの模様などを描いてプリントしたティーシャツ．

オリジナルプリント【original print】写写真家が署名した作品としての印画．

オリジネートモード【originate mode】　I算同時にデータの送受信ができる全二重式通信で，送信側のこと．コードモードともいう．

オリジン【origin】起源．源．出所．

オリストストローム【olistostrome】地プレートがぶつかり合う地帯で起こる海中重力滑落で，深海底に生じる複合岩体．

オリックス【oryx】動ウシ科の哺乳動物．アフリカに生息するレイヨウの一種．

オリノコタール【Orinoco tar】営化ベネズエラのオリノコ川沿いに埋蔵される超重質油．重油より安価で，発電に用いられる．

オリンピア【Olympia】古代ギリシャ時代のゼウス神の聖域．現在はギリシャ，エリス地方の古代遺跡．オリンピック競技大会発祥の地で，聖火の点火地点．

オリンピアード【Olympiad】①競オリンピック大会．②古代ギリシャの暦の単位．オリンピア祭と次の祭の間の4年間を一単位とする．

オリンピアン【Olympian】　競オリンピック選手．各国のオリンピック代表選手．

オリンピック【Olympic Games】競1896年から4年に一度開かれている国際的競技大会．古代ギリシャのオリンピックにならい，フランスのクーベルタン男爵が提唱し，近代オリンピックが復活した．オリン

オリンピッ▶

ピアードともいう.

オリンピック憲章【Olympic Charter】［競］オリンピックに関するすべての取り決めを規定したもの. 1914年に起草され, 25年に制定.

オリンピック コングレス【Olympic Congress】［競］国際オリンピック委員会(IOC)が主宰する会議の一つ. 1894年に第1回会議を開き, 1973年に8年に一度の定期開催を定めた.

オリンピック スプリント【Olympic sprint】［競］(自転車)1チーム3人で, 2チームが競技場のホーム側とバック側の中央線から出走し, 先頭を1周回った選手が順に離脱し, 最後の1人がゴールした時のタイムを争う競技方法.

オリンピック ディスタンス【Olympic distance】［競］トライアスロンのうち, 総合競技距離がスイム1.5km, バイク40km, ラン10kmで構成されるもの.

オリンピックデー【Olympic Day】［競］国際オリンピック委員会(IOC)の創設を記念する日. 6月23日. 1894年の同日にクーベルタンが提唱して発足したことにちなむ.

オリンピック冬季競技大会【Olympic Winter Games】［競］1924年にシャモニー モンブラン「冬季スポーツ週間」が行われたのが始まり. 26年に国際オリンピック委員会(IOC)総会が第1回と認めた. 94年から冬季・夏季が2年ごとの交互開催となった.

オリンピック博物館【Olympic Museum】［競］国際オリンピック委員会(IOC)が, スイスのローザンヌに1993年に建設・公開した博物館. スポーツ, 芸術, 文化を融合するというオリンピック精神を体現したもの.

オリンピック ファミリー【Olympic Family】［競］国際オリンピック委員会(IOC)を頂点にオリンピック運動を推進し, オリンピックにかかわる組織・団体の総称.

オルカ【orc ; orca】［動］イルカ科の哺乳動物. シャチ. サカマタ. キラーホエールともいう.

オルガスムス【Orgasmus 独】［生］性交によって起こる快感の極致・絶頂感.

オルガナイザー【organizer】組織者. まとめ役. オルグ.

オルガナイズ【organize】組織する. 構成する. オーガナイズ.

オルガニシズム【organicism】①［医］すべての病因は臓器にあるとする考え方. 臓器病説. ②［社］社会有機体説.

オルガニズム【organism】有機体. 有機的な組織体. オーガニズム.

オルガネラ【organelle】［生］細胞小器官. 細胞内に原形質の分化で作られ, 摂取や排出などの働きをする小器官.

オルガノポニコ【organopónico 西】［農］キューバで食糧自給化を図るため, 都市部で有機野菜栽培などを行う農法.

オルグ オルガナイザー(organizer)の略.［社］組合などの組織を強化するために活動する人.

オルセー美術館【Musée d'Orsay 仏】［美］フランスのパリにある美術館. 旧オルセー駅を改装し, 1986年に開館.

オルソゲネシス【orthogenesis】①［生］定向進化理論. 生物の進化は, 外界の作用で決定されるのではなく, 原形質によって決まる方向に直進するという理論. ②［社］総発生説.

オルソミクソウイルス科【Orthomyxoviridae】［医］RNA型ウイルスの一種. 外膜をもった比較的大きなウイルス. インフルエンザウイルスが属する.

オルターナティブ【alternative】①二者択一. 代案. 代替物. ②もう一つの. 代わりの. オルタナティブ. オールタナティブ. オルタナ.

オルターナティブ スクール【alternative school】［教］個々の子供に合った多様な教育課程のノウハウをもち, 自学自習による教育を目標としている学校.

オルターナティブ ツーリズム【alternative tourism】［社］途上国を訪れる先進国からの観光客が, 伝統文化や自然環境を壊さないようにしようという観光方法.

オルターナティブ メディシン【alternative medicine】［医］薬を使わないで, 健康づくりやよい体調を維持するために行う医療技術.

オルターナティブ ロック【alternative rock】［音］ロックの主流に含められない傾向・動向をもつロック音楽.

オルタナ【alternative】［音］オルタナティブ. 新しい方法論を模索する新感覚音楽. 1980年代半ばから90年代にかけて, 主にインディーズシーンから登場したポスト・パンク系ロックバンドによる音楽. alt. (オルト)ともいう.

オルタナティブ インベストメント【alternative investment】［経］代替的投資. 株式・債券など伝統的な手法や対象以外の投資.

オルタナティブ テクノロジー【alternative technology】［環］［経］代替技術. 再生できるエネルギー資源を活用し, 天然資源を保存しようとする技術.

オルタネート【alternate】交互の. 互い違いの. 代わりの.

オルタネート イメージ方式【alternate image system】［映］交互上映方式. 右と左の画像を交互に見せ, 頭の中で合成させようとする.

オルタネート式立体映像【alternate stereoscopic system】［工］［映］2台のカメラで撮影した映像を両眼に交互に投影して, 立体映像を見る方式.

オルディナトゥール【ordinateur 仏】フランス語でコンピューターのこと.

オルト【alt.】オルターナティブの略. 傍流. 非主流. 既存のものに代わるもの. オルタナともいう.

オルドル【ordre 仏】［音］組曲.

オルトルイズム【altruism】愛他主義. 利他主義. アルトルーイズムともいう.

オルフィ婚【Urfi 亜剌】イスラム教国のエジプトで広がっている「非公式の結婚」. 友人を証人として, 本人同士が誓約書を交わすだけ.

オルモル【ormolu】［化］銅と亜鉛の合金. 金箔めっ

き製品．

オレイン酸【oleic acid】[化]脂肪酸の一種．炭素の結合数が18で，不飽和結合を1個有する一価不飽和脂肪酸．モノエンともいう．

オレガノ【orégano 西】[植]ハナハッカ．シソ科の多年草．乾燥させた葉を香辛料に使う．

オレステス コンプレックス【Orestes complex】[心]ギリシャ神話に出てくるオレステスにちなんだ，母親を殺したいという息子の無意識的な願望．

オレストラ【Olestra】[料]低カロリーでコレステロールが含まれない脂肪代替物．食品添加物として開発された．商標名．

オレンジエード【orangeade】[料]オレンジの果汁に，砂糖と水，炭酸を加えた飲み物．

オレンジカード【Orange Card 日】[営]ＪＲが発売している料金先払いカードの一種．乗車券を購入できる磁気カード．オレカともいう．

オレンジ革命【Orange Revolution】[政]2004年のウクライナ共和国の民主革命．民主派のシンボルカラーにちなんで．

オレンジグッズ【orange goods】[営]販売にある程度手間がかかり，利幅も中程度の商品．衣類など．商品の回転率の高いものをレッド（赤）と表し，それより動きが鈍いという意味でオレンジと表した．

オレンジブック【Orange Book】[I][算]アメリカの国防総省がセキュリティー評価基準を定めて発行したガイドライン．レベルにより4段階の基準が設けられている．

オレンジペコー【orange pekoe】[料]紅茶の等級の一つ．インド，スリランカ産の新芽で作る最高級の紅茶．

オロモ解放戦線【Oromo Liberation Front】[軍]エチオピア南部のオロモ族の分離独立を目指す過激派組織．ＯＬＦともいう．

オロリン トゥゲネンシス【Orrorin tugenensis 羅】[生][歴]東アフリカのケニア中央部で発見された初期化石人類．約600万年前の地層から出土．

オンエア　オン ジ エア（on the air）の略．[放]放送中．

オンオフ制御【on-off control】[機]目標値近くでスイッチを開閉して，おおまかに機械や道具を制御する方法．

オンカメラ【on camera】[放]数台のカメラを用いて放送している時，画面に映像を送っているカメラ．

オングストローム【angstrom】[理]原子物理学や電磁波の波長測定などに用いる長さの単位．記号はÅ．1000万分の1mm．

オンコジェネシス【oncogenesis】[医]腫瘍発生．がん発生．発がん．

オンコジン【oncogene】[医]腫瘍遺伝子．がん遺伝子．正常細胞中に存在し，がん化の指令を発するといわれている．

オンコマウス【oncomouse】[動]発がんマウス．ハーバード大学が研究を進めた，遺伝子工学を用いて発がんさせたマウス．

オンサイト【on-site】敷地内で．現場で．

オンサイト インキュベーション コンソーシアム【On-site Incubation Consortium】[営][環]多業種が連携した産業廃棄物処理共同事業体．1995年に環境装置メーカー8社を核に設立．

オンサイト エネルギーサービス【on-site energy service】[営][社]工場や会社などに，自家発電による電気や熱を供給するサービス．

オンサイド キック【onside kick】[競]（アメリカンフットボール）キッキングチームが球を再獲得する目的で蹴る短いキックオフ．

オンサイトサービス【on-site service】[I][算]機器の故障の際に，製造会社や販売店が出張して行う保守・修理サービス．

オンサイト マッサージ【on-site massage】[営]マッサージ師が専用のいすなどを持って会社を訪ね，ビジネスマンの身体をもみほぐしてくれるサービス．OSM ともいう．

オン ザ ジョブ【on-the-job】[営]現在業務に携わっている．職業訓練を実地で行う．

オンザジョブ トレーニング【on-the-job training】[営]日常の業務を行いながら，業務に必要とする知識・技術を身につける教育研修方法．OJT ともいう．[↔]オフザジョブ トレーニング．

オンザフライ レコーディング【on-the-fly recording】[I][算] CD-R にデータを書き込む際に，イメージファイルを作成しないで書き込む方式．

オン ザ ロック【on the rocks】[料]ウイスキーなどの飲み方の一つで，グラスの氷塊に注いで飲む．ロックともいう．

オンスクリーン ガイド【on-screen guide】[放]テレビ画面に番組情報を入れるサービス手法．アメリカで始まった．

オンダイキャッシュ【on-die cache】[I][算]キャッシュメモリーを CPU コア上に実装すること．

オンタイム【on time】①（日）[営][社]勤務している時間．就業時間．[↔]オフタイム．②定刻どおりに．定刻に．時間どおりに．

オンデマンド【on demand】[I][イ]注文対応．受注対応．インターネットで，利用者の求めに応じて音声・画像を提供するサービス．

オンデマンド印刷【on-demand printing】[I][印]必要な時に必要な部数を提供する印刷のこと．少ない部数を短期間で印刷できる．

オンデマンド システム【on-demand system】[I][算]コンピューターの入力装置の機能が，中央処理装置（CPU）の制御によって直結して動く処理方式．オンライン リアルタイムシステムともいう．

オンデマンド出版【on-demand publishing】[I]絶版や品切れになった書籍のデータをデジタル化して保存し，注文に応じて印刷・製本する方式．

オントロギー【Ontologie 独】[哲]存在論．

オントロジー【ontology】①[I][算]エキスパートシステムを構築する時に知識を表現するための語彙（ごい）あるいは基本概念．知識工学で使う用語．②[哲]存在論．本体論．

オンネット ソリューション【OnNet Solution】[I][算]日本ユニシスが提供するソリューション体系．情報技術をもとにしたシステムの構築やビジネスモデルなどを提供する．

オンネット通話【on-net call】[I] NTT コミュ

オンバラン▶

ニケーションズのサービス機能の一つ．利用者グループ内での内線番号を使ったダイヤル接続通話のこと．

オンバランス【on balance】営経貸借対照表に計上されていること．

オンバランス取引【on balance sheet transaction】営経貸借対照表に計上される会計上の取引．

オンパレード【on parade】総出演．

オンブズパーソン【ombudsperson】社政国民や市民に代わって行政の適正な運用を監視する専門員．オンブズ，オンブズマンともいう．

オンブズマン【ombudsman】社政行政監査専門員．行政苦情の解決や行政の適正運用などを監査する代理人．オンブズパーソン．

オンブッド【ombud ノルウェー語】行政監察官．

オンボード【onboard】①車中に．機内に．船中に．②I算マザーボードに初めから，ある機能や装置が付いていること．

オンボードI/O【onboard I/O】I算シリアルポートやパラレルポート，エンハンストIDE，USBなどをマザーボード上に備えること．

オンメモリー【on memory】I算プログラムに比較的大きいデータを扱う場合に，対象となるデータをメモリ上で一括処理する方法．

オン ユア マーク【on your mark】競「位置について」というスタートの合図の号令．

オンライン【online】①I算回線が結ばれている．接続した状態の．コンピューターと端末の回線がつながっている．ネットワークに接続されている．←→オフライン．②(日)競テニスなどで，球が線上に落ちて有効打の．

オンライン音楽配信【online music distribution】I インターネットを利用して携帯端末向けに音楽ファイルを配信するサービス．

オンライン キャンパス【online campus】I教通信回線を用いて，パソコンと大学のホストコンピューターを接続して，授業などを受ける方法．アリゾナ州のフェニックス大学が1989年に始めた．

オンライン クライアント【online client】I イ営インターネットで買い物情報を得て注文をする商取引の顧客．

オンラインゲーム【online game】I算コンピューター同士を電話回線などでつないで遊ぶ形式のゲーム．

オンライン広告【online advertising】I イ広インターネットを利用する広告．

オンライン コミュニティー【online community】I イインターネットを通したネットワークで，人と人の交流でできる仮想の場．

オンライン サインアップ【online sign-up】I算仮のIDやパスワードでアクセスして入会申し込み手続きができる，通信サービスへの加入方法の一つ．

オンラインCDショップ【online CD shop】イ営音インターネット上でCDやDVDをパッケージとして売る通販ショップ．

オンライン ジェネレーション【online generation】I コンピューター世代．子供のころからコンピューターゲームなどに親しんだ世代．

オンライン システム【online system】I算コンピューター相互間などを直結してデータ処理する方式．データ転送用の通信回線を用いる．オンラインともいう．

オンライン児童保護法【Child Online Protection Act】I イ社インターネット上のポルノを子供の目に触れさせない措置をする法律．1998年にアメリカで発効．COPAともいう．

オンライン シュードニム【online pseudonym】I コンピューターネットワークで使われる匿名のペンネーム．

オンライン情報処理【online information storage and retrieval】I コンピューターと通信回線を直結して，データの入出力や処理を行うこと．データ通信．

オンライン ショッピング【online shopping】I イ営インターネットを使って，百貨店や専門店の商品などの買い物情報を伝え，注文を受けるサービス．

オンラインショップ【online shop】I イ営電子商店．インターネット上で仮想店舗を経営するホームページ．バーチャルショップ．

オンライン書店【online bookseller】I イ営インターネットを用いて書籍を販売する方式．電子書店．インターネット書店ともいう．

オンライン処理【online processing】I算ネットワークで結ばれた端末装置が回線を通じてデータの処理を行う処理方法．

オンライン ストレージ【online storage】I イ算ネットワーク経由で外部記憶装置の記憶容量を貸す方式．

オンライン スワッピング ソフトウエア【online swapping software】I算個人のパソコンに記録されたファイルを検索，コピーをしてコンテンツの交換ができるソフト．

オンライン ソフトウエア【online software】I算インターネットなどの通信を介して配布されるフリーソフトウエアやシェアウエア．オンラインソフト．

オンライン調査【online research 日】I イ社インターネット利用者に関連する，消費動向やホームページ利用率などの調査．

オンライン データベース【online database】I算電話回線などを介してホストコンピューターにアクセスして，利用できるデータベース．商用データベース．

オンライン データベース管理システム【online database management system】I算通信回線を使ってデータベースにアクセスするための管理システム．

オンライン トランザクション処理【online transaction processing】I算通信回線を使って行う一連のデータ処理．

オンライントレード【online trade】I イ経インターネットを利用した株取引．オンライントレーディング，ネットトレーディング，ホームトレーディングとも

いう．

オンライン媒体【online media】①広電話，ファクス，インターネットなど通信回線でつながる広告媒体．

オンライン ハンティング【online hunting】①鹿や羊を放し飼いにした牧場にビデオカメラ付きのライフルを仕掛け，自宅のパソコンで遠隔操作して撃つゲーム．

オンラインブローカー【online broker】①イ経インターネットによる証券取引を専門に行う証券会社．ネットブローカーともいう．

オンライン プロファイリング【online profiling】①イ営オンラインショップが行う個人情報の収集法の一つ．顧客のコンピューターに識別子を埋め込み，その動きを追って顧客の嗜好をつかむ．

オンラインヘルプ【online help】①算コンピューターの画面上で閲覧，検索できるヘルプ機能のこと．呼び出せば常に起動でき，また状況に応じて自動的に起動する．

オンライン マガジン【online magazine】①イ営インターネットなどを利用して記事が提供される雑誌．

オンライン マニュアル【online manual】①算コンピューターの画面上で閲覧，検索できるヘルプ機能のこと．

オンライン ライティング【online writing】①算ネットワークに回線を接続したままメッセージを書くこと．

オンライン リアルタイム システム【online realtime system】①算実時間処理．オンラインシステムを活用して，入力すると即時的に遠隔地でも出力返送される方式．

オンライン リアルタイム処理【online real-time processing】①算ネットワークを通じて即時に処理すること．銀行の自動預金支払い機での預金や引き出しなど．

オンリーショップ【only shop 日】営同じ商標のさまざまな商品を品ぞろえして販売する小売店．単一ブランド商品の販売店．

オンリーワン【only one】ただ一つの．自分だけの．

オンリー ワン アース【Only One Earth】環かけがえのない地球．近年の物質的・情報的発達によって，地球全体が閉じられたシステムとして運命共同体を形成すると考えるもの．

オンリーワン戦略【only one strategy 日】営シェアトップを目指すのではなく，独自の商品開発，営業活動により顧客の支持を得るという戦略．

オンリミット【on-limits】出入り自由．立ち入り自由区域．⇔オフリミット．

オンレコ　オン ザ レコード（on the record）の略．公式に．公表や報道を前提とすること．⇔オフレコ．

オンロード【on-road】　公道上．舗装された道路上の．⇔オフロード．

オンワード【onward】前方へ．前進．

カ

カーアイランド【car island 日】自動車製造工場が多くある九州を指す言葉．

カーエレクトロニクス【car electronics】①機マイコンなどを用いて，自動車の性能や装備の高度化を図る技術の総称．

カーオーディオ【car audio 日】音自動車の車内に備える音響機器．

カーカード【car card 日】　広電車やタクシーなどの車両の内外に掲示される印刷広告．

カーキ【khaki】　黄褐色．枯れ草色．黄みがかった茶色．

カークーラー【car cooler 日】機自動車の車内を冷房する装置．英語では car air conditioner．

カーゴ【cargo】積み荷．貨物．

カーゴカルト【cargo cult】宗積荷信仰．オセアニアに流布されたキリスト教が土着宗教と習合して生まれた新興宗教の一つ．

カーゴスペース【cargo space】機オートキャンプ用の自動車で，用具を積み込む部分．

カーゴパンツ【cargo pants】両側に大きなポケットの付いた厚手のパンツ．貨物船の船員などが着る作業用ズボンからヒントを得た．

カーサ【casa 西】建家．住居．

カーシェアリング【car sharing】　社事業体の自動車を地域の会員が必要に応じて使う方式．

カージャッカー【carjacker】　社自動車泥棒．

カージャック【carjack】　社自動車を襲撃する犯罪．自動車の乗っ取り．

カーショップ【car shop】営自動車の備品・アクセサリーなどを売る店．

ガース【girth】①胴回り．腹帯．②肥満．

ガースコントロール【girth control】肥満の抑制．胴回りの太り過ぎに気をつけること．

カースト【caste】社インドの身分階層制度．古代にバラモン（僧侶），クシャトリア（王族，武士），バイシャ（商・農民），シュードラ（隷民）の4階層があり，その後細分化されて，現在では数千のカーストがある．

カースリーパー【car sleeper】機ヨーロッパで避暑地などに向けて自家用車を積んで乗客が乗る寝台列車．

カー セキュリティー システム【car security system】機車両の盗難防止などの安全確保に関するシステム．

カーソル【cursor】①機計算尺や測量機器などの目盛りの読み取り装置．②①算操作する対象の位置を示したり，操作の対象を指示するために画面上に表示されるマーク．

カーソルキー【cursor key】①算キートップに矢印が刻印されているキー．カーソルの移動に利用する．

ガーター▶

ガーター【gutter】①［ゴルフ］投球がレーン両端にある溝に落ちること。またはその溝。②樋．排水溝．側溝．ガターともいう．

カーチェイス【car chase】［映］自動車同士の追跡シーン．

ガーディアン エンジェルス【Guardian Angels】［社］ニューヨークの地下鉄などで、一般乗客の安全を守るために巡視するボランティアの青少年グループ．

カーディナル【cardinal】①［宗］ローマカトリック教会の枢機卿（すうききょう）．②［鳥］北アメリカに分布するホオジロ科の小鳥．③［服］頭巾付きの女性用外套（がいとう）．④深紅色．

ガーデナー【gardener】［植］園芸愛好家．園芸家．造園家．ガードナーともいう．

ガーデニング【gardening】［植］園芸．庭仕事．庭いじり．造園術．特にイギリス式の自然流の園芸・庭園のこと．

ガーデニングビジネス【gardening business】［営］園芸関連の商品を扱う経営形態．

ガーデン【garden】庭．庭園．菜園．

カーテンウォール【curtain wall】［建］構造体の外壁を、カーテンのように軽い外装材で覆う建築工法．アルミやガラスなどを使う．

カーテンコール【curtain call】［音］［劇］音楽会や演劇で、終演後に観客が拍手で出演者を舞台に呼び戻すこと．

ガーデンサバーブ【garden suburb】［社］田園郊外住宅地．居住と職場の分離によって都市や町の外辺部に形成された住宅地区のこと．

ガーデンシティー【garden city】田園都市．

カーテンスピーチ【curtain speech】［劇］芝居の終了後に閉じた幕の前で、出演者や演出家などがする短いあいさつ．終幕のあいさつ．

ガーデンパーティー【garden party】園遊会．

ガーデンハウス【garden house】［建］あずまや．庭園内に設け、休息などに用いる小屋．

カーテンレーザー【curtain raiser】①［劇］幕開きの最初の芝居．②［競］開幕戦．

カート¹【cart】荷物の運搬や買い物に使う手押し車．

カート²【kart】［競］鋼管製の簡単な骨格をもち、単気筒のエンジンで後輪を直接駆動する競走用自動車．

カード¹【card】①トランプ．トランプの札．②比較的硬い紙を小さく裁断した紙．③名刺．④祝いの言葉などを書いて贈る用紙．⑤試合などの組み合わせ．⑥切り札．

カード²【curd】［料］凝乳．牛乳などのたんぱく質を凝固したもので、チーズの原料になる．

ガード¹【guard】①守衛．見張り．守備．防御．②安全装置．危険防止装置．③警備員．④［競］（バスケットボール）センターの両側に位置する選手．⑤［競］試合中にコート内で味方に的確な指示を与える役目をもつ選手．

ガード²ガーダーブリッジ【girder bridge】の略．［建］道路や市街地を横切る鉄道の橋状の高架部

分．道路などをまたぐけた橋．

カートゥーン【cartoon】風刺漫画．連載漫画．動画．

カード型データベース【card database】［工］［算］一つのレコードを1枚のカードに見立てて、単票を作成するタイプのデータベース．扱いが容易で、簡単に作成できる．

カードカメラ【card camera】［工］IC メモリーを用いるカード状の電子カメラ．画像データをデジタル処理して IC カードに収録し、テレビ画面などで見る．

カートグラフ【cartograph】［地］絵入り地図．

カートグラム【cartogram】［数］地図を使った統計図．統計地図．

カードシステム【card system】カードを使って資料などの整理をする方法．図書の整理などに使う．

カード食品【card food】［料］練った食品を薄い板状に延ばして乾燥し、名刺大に切ったもの．

カードショップ【card shop】［営］クリスマスカードや贈答用カードなどを販売する専門店．

カードバス【CardBus】［工］［算］高速なデータ転送ができる PC カード．

カードバトル【card battle 日】［社］トレーディングカードを使って対戦し、カードをやり取りするゲーム．

カートピア【cartopia】［社］自動車を主要な交通機関とし、その機能性を大いに利用する理想社会．

ガードフェンス【guard fence】［建］道路わきに設ける、ガードレールや中央分離帯などの防護設備．

カードボード シティー【cardboard city】［社］段ボールなどで雨風をしのぐようなホームレスの人々が多くいる地域．

カードホリック【cardholic 日】［医］［営］［心］クレジットカード依存症患者．支払いきれないほどクレジットカードを使う人．

カードラジオ【card radio】［版］LSIを用いて薄い板状にした名刺大のラジオ．

カードリーダー【card reader】［工］［算］磁気カードのデータ読み取り装置．

カートリッジ【cartridge】①容易に交換ができるように、規格の容器に入れられた部品．パトローネともいう．②弾薬筒．火薬筒．

カートリッジ ディスク【cartridge disc】［工］［算］装置にそのまま装着・脱着できる磁気テープや磁気ディスクなどを入れた容器．

ガードリング【girdling】［鉱］［服］ダイヤモンドの加工過程の一つで、角を丸くすること．

ガードル【girdle】［服］体形を整えるための女性用下着．

カートレイン【car train 日】［機］乗客・貨物と一緒にマイカーを運ぶ列車．

カードローン【card loan 日】［経］金融機関などの自動現金支払い機を使い、カードで無担保・無保証で個人向け融資を受けるシステム．英語は finance loan．

カートン【carton】①段ボール箱．紙箱入りのもの．②商店などで釣り銭を載せて出す皿．

カーナビカーナビゲーション システム（car navigation system）の略．

カーナビゲーション システム【car navigation system】全地球測位システム衛星を使い、車の現在位置、進行方向などを電子地図上に表示する方式．カーナビともいう．

ガーナビジョン2020【Ghana vision 2020】ガーナのローリングス大統領が提唱した長期経済政策．2020年までに中進国の仲間入りを目指そうとするもの．

カーニバル【carnival】謝肉祭．

カーニボー【Carnivore】アメリカの連邦捜査局（FBI）が開発した通信傍受システム．カーニボーは肉食動物の意．

カーニング【kerning】文字間隔を詰める機能．字間を調整して見た目を整えるために使う．

カーネギーホール【Carnegie Hall】ニューヨークにある演奏会場．1898年の改築時に資金提供した鉄鋼王アンドリュー・カーネギー（Andrew —— 1835-1919）の名に由来．

ガーネット【garnet】ざくろ石．宝石の一つ．深紅色．

カーネル【kernel】①OS（基本ソフト）の基本機能を実行する中核部分．ディスクやメモリーの配分、周辺機器やソフトウエアの管理など、システムの基本的な機能を担う．②果実の仁．

カーバ【Kaʻba 亜剌】イスラム教徒にとって最も聖なる神殿．メッカの聖域の中央部にある方形建物．

カーバイド【carbide】炭化物．炭化カルシウムの通称．アセチレンガスの原料．

カービングスキー【carving ski】先端と後尾がやや太く、中央部がくびれた形のスキー板．ターンがしやすく滑りやすい．

カービングレース【carving race】滑走競技の一つ．スキー板のみで手に何も持たず全長150m以上の設定コースを滑り、順位を競う．

カーフ【calf】子牛．子牛のなめし革．

カーフェリー【car ferry】自動車ごと旅客や貨物を輸送する船．

カーブマーケット【curb market】株の場外取引．場外市場．

カーブミラー【curve mirror】道路の曲がり角など、視界を遮られる所に設ける凸面鏡．

カーフリー【car-free】自動車乗り入れ禁止．ノーカーのこと．

ガーベージ【garbage】①台所ごみ．廃物．がらくた．②役に立たないデータ．ガーベッジともいう．

ガーベージイン ガーベージアウト【garbage in, garbage out】出力の質は入力の質に左右されるということ．ジーゴ、GIGOとも．

ガーベージカン【garbage can】台所のごみ入れ容器．

ガーベージ コレクション【garbage collection】不要となったデータの記憶領域を回収して、再度使える状態にすること．

カーペンター【carpenter】①大工．②大道具．大道具方．

カーポート【carport】自動車の車庫．

カーボハイドレート ローディング【carbohydrate loading】運動競技者などが、食事で炭水化物を摂取して、一時的に筋グリコーゲン量を高める手段．カーボローディングともいう．

カーボン【carbon】炭素．元素記号はC．

カーボンコピー【carbon copy】①電子メールで、本来のあて先以外のあて先を指定すること．CC：に続けて入れる．②カーボン紙で作る写し．そっくりな人や物．

カーボンシナイ【carbon —】カーボングラファイトの長繊維を芯材とし、周囲を高密度ポリエチレンで包む竹刀．全日本剣道連盟は1987年に公式試合での使用を公認．

カーボンスチール【carbon steel】炭素鋼．鉄と2%以下の炭素からなる．

カーボンナノコイル【carbon nanocoil】らせん状のカーボンナノ材料．各種物理特性に優れ、新型デバイスや複合材への利用が考えられる．

カーボンナノチューブ【carbon nanotube】炭素原子の六員環が網状につながり、円筒を形成する構造をもつもの．1991年に飯島澄男が発見．

カーボンナノボール【carbon nanoball】球が入れ子式になったタマネギ状の分子構造をもつもの．1992年にアーク放電後の炭素負電極の堆積物中で発見．

カーボンナノホーン【carbon nanohorn】円錐形状のカーボンナノチューブの集合体．

カーボンファイバー【carbon fiber】炭素繊維．カーボン繊維．

カーボンファンド【carbon fund】炭素基金．二酸化炭素の国際的な排出権取引市場の育成を図るため、世界銀行が提唱し、先進国などからの出資をもとに設立した．1999年から運用開始．

カーボンブラック【carbon black】炭素の黒色微粉末．石油などを燃やして工業的に作ります．タイヤ、印刷インキ、コピー機のトナーなど用途は広い．

カーボンヘッド【carbon head】炭素繊維を主な素材としたゴルフ用のクラブ．

カーボンレスペーパー【carbonless paper】カーボン紙を用いない感圧複写紙．

カーマスートラ【Kāmasūtra 梵】インド古代の愛欲の経典．

カーミングシグナル【calming signal】犬同士が互いに落ち着かせ、自分は争うつもりはないことを示す合図．

ガーメントバッグ【garment bag】携帯用の折りたたみ式衣服収納袋．ガーメントは衣服の意．

ガーラ【gala】お祭り．祭礼．祝祭．

カーラー【curler】①パーマをかける時に用いる毛を巻く器具．カーリングロッド．ロッド．②カーリングの選手．

カーライフ【car life 日】自動車を利用する生活．自動車のある暮らし．

ガーリー【girlie】①女の子．②売春婦．③女性のヌードが呼び物のショーや雑誌．

ガーリーアート【girlie art】女性が女性を描く美術作品．

カーリース【car lease】自動車の賃貸業．オ

カーリーヘ ▶

ートリースともいう。

カーリーヘア【curly hair】容全体を軽いカールでまとめた髪形。

カーリーボブ【curly bob】容軽くカールさせた断髪風の髪形。

ガーリック【garlic】①植ニンニク。②料ニンニクを粉末にした調味料。

カーリング【curling】競ハンドルの付いた円盤状の花崗岩（ストーン）を氷上で滑走させ、円の中心に投げ入れて勝敗を競う競技。1チーム4人で、ストーンの滑りを加減するのに、独特のほうきを用いる。

カール[1]【curl】①巻き毛。②競サーフィンで、崩れる直前の大波の渦巻き。

カール[2]【Kar 独】地氷河の浸食によってできた窪地。圏谷。

ガールスカウト【Girl Scouts】社少女の健全な育成を目的とする国際的な団体。

ガールハント【girl hunt 日】男性が遊び相手の女性を探して、声を掛けたりすること。英語は girl chasing。

ガイ【guy】やつ。野郎。男。

ガイア【Gaia；Gaea】環イギリスの文学者ゴールディングや科学者ラブロックが用いた、環境についての用語。生きる地球、地球生命圏という意。元来はギリシャ神話で大地の女神。ゲーともいう。

ガイアックス【Gaiax】化アルコール系ガソリン代替燃料。ガイアエネルギー社が開発した。

カイエ【cahier 仏】帳面。筆記帳。記録。

カイエンペッパー【cayenne pepper】料香辛料の一種。辛味の強い粉トウガラシ。

ガイガーカウンター【Geiger counter】理放射能を測定する計数装置。ガイガー計数管。Geiger-Müller counter の略。

ガイガー ミューラー 計数管【Geiger-Müller counter】理気体の電離を利用した放射線測定器。アルゴンガスや水銀蒸気などを封入した管に放射線が入射した時に発生する電流を計測する。

カイザーゼンメル【Kaisersemmel 独】料ドイツなどで供される小型のパンの一種。

ガイスト【Geist 独】精神。霊魂。

カイゼニング【kaizenning】営社従業員が作業内容などの改善を提案・実行すること。日本語の改善が英語化した。

カイゼン【kaizen】営改善。経営用語として、英語でも使われている。

ガイダンス【guidance】指導。案内。手引き。

ガイダンス カウンセラー【guidance counselor】教進路指導や学習面の問題を担当する学校の専門家。生徒指導カウンセラー。

ガイダンス機能【guidance function】Ⅰ算ある作業を行う際に、その作業の手順や操作方法を画面に表示して、操作を支援する機能。ウィザードともいう。

カイツーン【kytoon】気飛行船と似た形をしている気象観測用の係留気球。

ガイデッドミサイル【guided missile】軍誘導ミサイル。誘導弾。

ガイド【guide】①案内。案内人。通訳。指導者。

②案内書。入門書。手引書。③指標。指導的な原理。④機機械の誘導装置。⑤釣りざおの糸通し。

ガイドウエー【guideway】①機滑り溝。②モノレールやリニアモーターカーなどに用いる、車輪を導くコンクリート溝。

ガイドウエーバス【guideway bus】機軌道バス。道路と軌道の両方を走行するバス。

ガイドゾーン【guide zone 日】指針帯。ある程度の許容範囲をもつ指標。

ガイドナンバー【guide number】写ストロボフラッシュ撮影における露光係数。

ガイド波【guided wave】地断層破砕帯内のみを伝わる特殊な地震波。トラップ波ともいう。

カイト フォトグラフィー【kite photography】写凧（たこ）にカメラを取り付けて撮影する方法。カイトグラフィーともいう。

ガイドヘルパー【guide helper 日】社視覚障害者が外出時に利用する、公的機関から派遣される付き添い役。

ガイドライン【guideline】①政策などの指針。基本線。指導目標。方針。目標。②絵・地図・手紙などを書く時のなぞり線。

ガイドライン関連法【Guidelines for Japan-U.S. Defense Cooperation ―】軍政日米防衛協力のための指針（ガイドライン）関連法。1999年に成立。

ガイドレス移動ロボット【guideless autonomous mobile robot】機移動経路を誘導しなくても自動的に移動できるロボット。

カイニシクス【kinesics】言話をする際に生じる身ぶりや手ぶりの意味を研究する学問。

カイパーエクスプレス【Kuiper Express】宇ＮＡＳＡ（アメリカ航空宇宙局）のカイパーベルト探査計画。

カイパーベルト天体【Kuiper Belt Object】天海王星軌道の外側にあり、太陽の周りをほぼ円軌道で公転する小天体。短周期彗星の供給源とされる。海王星以遠天体。エッジワース・カイパーベルト天体。

カイログラフィー【chirography】筆跡。書体。書法。

カイロプラクティック【chiropractic】医背骨矯正治療。脊椎の歪みを調節し神経の働きを正す。栄養指導や精神分析治療なども行う。

カインダー アンド ジェントラー【kinder and gentler】より親切な、より優しい。アメリカ第41代大統領ブッシュが1989年の就任式の時に呼び掛けた言葉。

カウキャッチャー【cowcatcher】放番組放送開始前に、スポンサーが入れる広告。

ガウス【gauss】理磁場の強さと磁束密度を表す単位。記号はG、またはGS。

ガウス曲率【Gaussian curvature】数全曲率。微分幾何学の代表的な概念である曲率の一つ。

カウチ【couch】寝いす。長いす。

カウチスパッド【couch spud】社家でくつろぐ時に、ソファーなどに寝ころがる習慣のある人。カウチポテトと同義。

120

カウチピープル【couch people】 社住む家を失い、友人や親類の家のソファーを借りて寝泊まりする人々のこと。

カウチポテト【couch potato】 社自宅のソファーに寝そべりながら気ままに時間を過ごす都市型の生活様式。

ガウチョ【gaucho 西】 社南アメリカの草原で働くカウボーイ。

カウチンセーター【Cowichan sweater】 服カナダの厚い手編みセーター。元来はカウチンインディアンが作っていたもので、動物の模様入りが多い。

カウハイド【cowhide】 服牛革。牛革製の靴。

カウベル【cowbell】 ①牛の首に取り付ける鈴。②音打楽器の一種。ラテン音楽などで用いる。

ガウリ【Ghauri】 軍パキスタンのミサイルの通称。ガウリIは射程1500kmの中距離弾道ミサイルで、1998年に発射実験に成功。ガウリIIは99年に発射実験を行い成功した。

カウル【caul】 服女性用の帽子の後ろに付ける網細工。

ガウン【gown】 服ゆったりとして長い上衣。

カウンシル タックス【council tax】 経イギリスの地方税。

カウンセラー【counselor】 ①助言者。相談役。相談相手。顧問。②心カウンセリングについての専門的な知識と技術を備え、人の役に立とうという善意をもった人。

カウンセリング【counseling】 ①相談。助言。面接相談。②心相談、助言を通じてカウンセラーがクライアントの成長を援助する過程。

カウンセル【counsel】 ①助言。忠告。相談。協議。②計画。意図。

カウンター【counter】 ①飲食店などに備える細長い台。応対や受付用の台。②計数器。③I算数を数えるレジスターで、複数の回路が接続されている電子回路。④反対の。逆の。対抗するもの。

カウンターアタック【counterattack】 逆襲。反撃。

カウンターインテリジェンス【counterintelligence】 軍対諜報活動。対情報活動。またその活動を行う機関。

カウンターオファー【counteroffer】 営社最初の申し出に対して反対の申し込みをすること。反対申し込み。

カウンターカルチャー【counterculture】 対抗文化。敵対的文化。主流文化に対して、敵対的・批判的な要素をもつ副次的文化。

カウンターキッチン【counter kitchen 日】 建台所と食堂の間に、カウンター状の食卓台を設けて仕切る方式。

カウンタークロックワイズ【counterclockwise】 時計の針と反対回り。左回り。

カウンター サイクリカル ポリシー【countercyclical policy】 経景気調整策。金利政策・公開市場操作・支払準備操作などによって景気を安定させること。

カウンター ディスプレー【counter display】 営店内の陳列棚などに商品を美しく配置すること。店内装飾。

カウンターテナー【countertenor】 音男声の最高音。またその歌手。裏声で教会音楽の高音部を担当する男性歌手。

カウンターテロリズム【counterterrorism】 社政テロリズムへの対抗措置。反テロ。

カウンターパーソン【counterperson】 飲食店のカウンター周りで給仕などをする人。

カウンター パーチェス【counterpurchase】 営商品を売り込む見返りとして、相手側の希望する商品を購入すること。見返り購入。見返り輸入。CP。

カウンターパート【counterpart】 ①一対のものの片方。相対物。②同等役職者。③写し。副本。複製。④よく似ている人。

カウンターバランス【counterbalance】 理平衡おもり。

カウンターパンチ【counterpunch】 競(ボクシング)相手の攻撃をかわして、逆に相手を攻撃するパンチ。カウンターブローともいう。

カウンターフィット【counterfeit】 にせの。本物でない。偽造の。偽りの。

カウンターフォース【counterforce】 ①対抗勢力。反対勢力。②軍開戦時に敵の報復攻撃を防ぐため、敵戦力の中枢部を撃破すること。

カウンターブロー【counterblow】 反撃。逆襲。

カウンター プログラミング【counterprogramming】 放特定の放送時間帯に、他局とは異なる層の視聴者を対象とする番組を放送すること。

カウンタープロパガンダ【counterpropaganda】 社政相手の宣伝に対抗して行う逆宣伝。

カウンターベイリング パワー【countervailing power】 経企業に対する労働組合、問屋に対する小売業者などが、相手が得た利益の配分を求めて発揮する拮抗力。アメリカの経済学者ガルブレイスが名付けた。

カウンター マーケティング【counter marketing】 社アメリカの有害食品などの追放運動。

カウンタラクション【counteraction】 反作用。中和作用。抵抗。妨害。対抗策。

カウント【count】 ①数える。計算する。②数。統計。③数数や得点などを数えること。④理放射線の強さの目安になる単位。放射線中の荷電粒子の数。

カウントアウト【count-out】 ①競(ボクシング)ノックダウンを喫し、10秒を過ぎても立ち上がれないこと。ノックアウト(KO)負けとされる。②プロレスリングで、試合場外で20秒を過ぎても場内に入らないこと。

カウントダウン【countdown】 ①秒読み。決定的瞬時をゼロとして9、8、7、6、…、0のように逆に数える。②ヒットチャートなどのランキング。

カオス【chaos】 ①混沌(こんとん)。無秩序。②I算数決定論的法則に従っていながら複雑な動きをする物体の現象を、単純な方程式で表すことができるという理論。

カクタスペア【cactus pear】 植果物の一種。濃赤色をしたツナサボテンの実。

カクテル【cocktail】 料各種の酒と香料・果汁な

カクテル効▶

どを混ぜ合わせて作るアルコール飲料.

カクテル効果【cocktail effect】 化2種類以上の物質が混じり合って発生する化学反応効果. 単一では安全でも, 成分の異なる製品を併用した時に, 危険物質が発生することもある.

カクテルドレス【cocktail dress】 服カクテルパーティーに着る服. 夕方から夜間の準礼服.

カクテルパーティー【cocktail party】 社カクテルと軽食だけの簡単な宴会.

カクテルパーティー効果【cocktail party's effect】 騒々しいパーティー会場でも, 自分の会話相手の声は聞き取れることから, 集中すれば雑音の中の小さな音も聞こえる意.

カクテルラウンジ【cocktail lounge】 カクテルなどの飲み物を出すホテルやレストランなどの休憩室.

カケクチン【cachectin】 医がんの全身症状による消耗状態をいう悪液質を誘発する物質.

カサブランカ【casablanca 西】 植ユリの栽培改良種の一つ. オランダで作られ, 白い大輪の花が咲く. 白い家の意.

カザマンス民主勢力運動【Movement of Democratic Forces of Casamancec】 軍セネガル南部のカザマンス地方の分離独立を目指す反政府ゲリラ組織.

ガジェットバッグ【gadget bag】 写写真機器などを収納する肩掛けバッグ. ガゼットバッグともいう.

カジノ【casino 伊】 ルーレットやカードなどの賭博を楽しむ娯楽場.

カジノ キャピタリズム【casino capitalism】 経賭博的な資本主義. 変動相場制によって, カジノの賭博のように常に安定感のない取引が行われる相場の現状をいう.

カジノバー【casino bar 日】 ルーレットなどの賭博を楽しめる酒場.

カシミア【cashmere】 服カシミア種のヤギの毛で作った柔らかい毛織物.

カシミア効果【Casimir effect】 理場の量子論における真空の存在感を示す効果. 1948年に H. B.G. カシミアが理論的に予言した.

カシミール柄【Kashmir pattern】 インドのカシミール地方の伝統的な模様. まが玉文様・マンゴー文様の柄. ペイズリー柄ともいう.

カシミール紛争【Kashmir conflict】 軍インド最北部カシミール地方で起きたイスラム教徒の分離運動をめぐる紛争. 1947年のインド・パキスタン分離以前から続いている.

カシャール【casseur 仏】 解体屋. デモなどでの打ち壊し屋.

カシャガン油田【Kashagan oil field】 カスピ海北東部のカザフスタン沖合にある大規模油田. 2008年操業予定.

カジュアリズム【casualism】 社臨時労働者を雇用すること.

カジュアル【casual】 ①普段の. 気軽な. ②不定期の. 臨時の.

カジュアル インテリア【casual interior】 建形式ばらない軽快な室内用品や家具.

カジュアルウエア【casual wear】 服普段着. いつでも気軽に着られる略式の服装. ⇔フォーマルウエア.

カジュアルゲーマー【casual gamer 日】 I 社短時間で気軽に遊べるテレビゲームを愛好する人のこと. ライトユーザーともいう.

カジュアルシューズ【casual shoes】 服日常の暮らしに用いる靴.

カジュアルデー【casual day】 社服会社員などが普段着感覚の服装で仕事をしてよい日.

カジュアルドラッグ【casual drug】 社薬マリファナ. アメリカでは簡単に手に入ることから.

カジュアルフラワー【casual flower】 植家庭や職場などで手軽に利用できる日常用の花のこと. 切り花についてのみいう.

カジュアル面接【casual interview 日】 企業の新卒採用試験で, カジュアルな服装で行う面接のこと.

カジュアルユーザー【casual user】 社麻薬を常用しないが, 時々楽しむために使用する人. レクリエーショナル ユーザーともいう.

カジュアルライン【casual line 日】 服オリジナルブランドの普及版. ディフュージョンラインともいう.

カジュアルレイバー【casual labor】 社臨時仕事. 臨時雇い. 臨時労働力.

カジュアル レストラン【casual restaurant】 社若者向けの気軽に入れるレストラン.

カシューナッツ【cashew nut】 植熱帯アメリカ原産のウルシ科に属する常緑高木カシューの実.

カシュクール【cache-coeur 仏】 服身ごろを和服のように合わせて巻きつけたスタイル. 胸を隠すという意.

カシングル【cassingle】 音同じ歌で編曲の違うものをいくつか収録した音楽テープ. cassette と single の合成語.

ガスエンジン ヒートポンプ【gas engine heat pump】 機都市ガスをエネルギー源として冷暖房を行う装置. GHPともいう.

ガス拡散法【gaseous diffusion process】 化多孔質の隔膜を通して同位体の気体の分離を行う方法. ウラン濃縮に利用され, 多量の電力が必要となる.

ガスガズラー【gas-guzzler】 機高燃費車. ガソリン消費量が多い大型車.

ガスガン【gas gun】 宇機水素ガスを用いる宇宙機の打ち上げシステム.

カスク【casque】 ①服かぶと状のかぶりもの. ②競自転車などのレーサー用の帽子.

ガス クロマトグラフ【gas chromatograph】 化試料をガス化して成分をそれぞれ分離し定量分析する装置.

ガス クロマトグラフィー【gas chromatography】 化多種の成分が混在する気体から, それらを分離して定量分析する方法.

カスケード【cascade】 ①階段状の滝. ②滝のレース飾り. 園芸で懸崖づくり. ③経経営管理的に, 情報を組織全体にすばやく広めること. ④I 算LANにおいて, 複数のハブを段階的に接続する方

◀ガスパッチ

法．⑤［I算］コンピューターウイルスの一種．

カスケード接続【cascade connection】［I算］LAN において 10BASE-T のハブや LAN のセグメントを順番につなぐこと．

カスケード表示【cascade display】［I算］複数のウインドウを少しずらしながら重ねて表示すること．

ガス コジェネレーション【gas cogeneration system】［営］［環］［社］都市ガスを燃料とする熱・電気併給方式．

ガス事業者【gas utility】［営］ガスを導管で一般需要家に直接供給する事業を営むもの．

ガスステーション【gas station】［経］道路沿いにある給油所．ガソリンスタンド．

ガスセンサー【gas sensor】［化］セラミックスの表面に気体が付着すると，表面の電荷状態が変わる感応素子．ガス漏れ検知，煙探知，湿度検出などに用いる．

ガス層【gas reservoir】［地］地中の帯水層のうち，水溶性の天然ガスだけがたまった部分．

カスタード【custard】［料］牛乳，卵，砂糖などを煮つめたクリーム状の菓子・料理．

カスタードソース【custard sauce】［料］牛乳・卵・砂糖に穀粉を混ぜ，加熱して作る甘味のあるソース．洋菓子などに用いる．

ガスタービン【gas turbine】［機］圧縮した気体を燃焼あるいは外部から加熱し，その高温高圧ガスを回転羽根に吹きつけて，動力を起こす装置．

カスタマー【customer】［営］［経］顧客．お得意．得意先．取引先．

カスタマーインサイト【customer insight】［営］顧客洞察．顧客理解．購買行動の調査方法の一つ．

カスタマーインティメート【customer-intimate】［営］顧客サービスを重視する企業経営の考え方．

カスタマー エンジニア【customer engineer】［I算］コンピューターの保守・管理のために定期的に巡回または常駐する技術者．

カスタマー スペシフィック マーケティング【customer specific marketing】［営］特定の顧客の利益寄与に応じて特別価格で提供する販売戦略．ＣＳＭともいう．

カスタマーズマン【customer's man】［営］［経］証券会社の顧客サービス係員．カスタマーズブローカーともいう．

カスタマー マーケティング【customer marketing】［営］顧客の一人ひとりに対応しようとするマーケティング戦略．

カスタマー リレーションシップ マネジメント【customer relationship management】［営］顧客の情報や接触機会の履歴などを社内全部門で共有・管理して，対応の最適化を図る考え方．ＣＲＭ．

カスタマー リレーションズ【customer relations】［社］消費者などの顧客に対して，企業が信用を高めるために行う広報活動．

カスタマイズ【customize】①［営］注文に応じて製作する．特別注文に応じる．②［I算］アプリケーション

などを好みに応じて変更する．

カスタム【custom】①習慣．慣習．風習．②特別仕様．あつらえ．③［――s］［営］［経］税関．関税．

カスタムIC【custom integrated circuit】［I算］［算］特定の使用のために，特定の顧客の注文に合わせて作る集積回路．カスタムチップ．

カスタム アプリケーション【custom application】［営］［算］各利用者の事情に応じて作成する専用のアプリケーションのこと．

カスタムオフィス【custom office】税関．

カスタムカー【custom car】特別仕様の車．

カスタムカット【custom cut】容髪形をサンプルに合わせて切り変える方法．

カスタム コントロール【custom control】［I算］Windows 用のプログラミング部品の総称．VBX，OCX，ActiveX コントロールなどがある．

カスタム スメルター【custom smelter】［営］［鉱］鉱石をほとんど他から買い入れる金属精錬業者．

カスタムソフト【custom software】［I算］［営］特定の使用のために，特定の顧客の注文に合わせて作るプログラム．

カスタムチップ【custom chip】［I算］利用者の要求に応じて開発する IC（集積回路）．ゼロから設計するもの，基本的な論理回路を処理内容に応じて配線するものなどがある．

カスタムブローカー【customs broker】［営］［経］通関手続き代行業者．税関貨物取扱業者．

カスタムメード【custom-made】特別あつらえの．特別仕様の．

ガスト【Gast 独】客．顧客．来客．来賓．

ガストアルバイター【Gastarbeiter 独】［社］外国からの出稼ぎ労働者．外国人労働者．

カストディアン【custodian】①管理者．保管者．②［経］外国人のための証券保管業者．多くは銀行が行う．

ガストホーフ【Gasthof 独】［建］旅館．ホテル．

カストラート【castrato 伊】［音］去勢した男性歌手．17～18世紀の歌劇で，少年の声域を保ち力強い発声をした．

ガストリノーマ【gastrinoma】［医］多発性胃潰瘍の一種で，胃液の分泌を促すホルモンのガストリンの過剰分泌が原因．

ガストロノミー【gastronomy】美食．美食法．

ガストロロジー【gastrology】［医］胃の機能や病気を研究する学問．胃病学．

カスバ【qasabah 亜剌】［建］北アフリカ諸国の大都市にある古くからの現地住民の居住区．原義は「城，とりで」，城下町の現地人居住区を指す．特にアルジェリアの首都アルジェにあるものが有名．

ガスハイドレート【gas hydrate】［化］天然ガス水和物．天然ガスと水がシャーベット状に固まったもの．

ガスパイプライン【gas pipeline】採掘した天然ガスの長距離輸送用管路．

ガスパッチョ【gazpacho 西】［料］スペイン料理の一つ．トマト，キュウリ，タマネギなどをすりつぶして，酢，油などで作る冷たい野菜スープ．ガスパチョともいう．

123

カスプ【cusp】 ①とがった先．尖頭．②[数]二つの曲線などが交わる点．③転換点．境目．

ガス冷却炉【gas cooled reactor】 [理]炭酸ガス，ヘリウムなどの気体を冷却材に用いる原子炉．GCRともいう．

ガス冷房【gas air conditioner】 [機]都市ガスをエネルギー源とした冷房システム．

カスレー【cassoulet 仏】 [料]白インゲンと数種類の肉などを煮込んだ料理．

カゼイン【casein】 [化]チーズなどの原料で，牛乳に含まれるたんぱく質．乾酪素．

カゼイン ホスホペプチド【casein phosphopeptide】 [化]牛乳に含まれるたんぱく質のカゼインが，たんぱく質分解酵素で分解されてできるペプチド．CPPともいう．

カセクシス【cathexis】 [心]欲求を起こさせる精神的なエネルギー．またその対象．

カセグレン アンテナ【Cassegrain reflector antenna】 [電理]極超短波通信用のアンテナの一種で，パラボラアンテナよりも鏡面が多く，効率や放射特性に優れる．

カセット【cassette】 ①録音・録画用の磁気テープを収納したケース．②[写]フィルムを収納した金属性またはプラスチック製のケース．

ガゼット【gazette】 新聞．官報．

カセットテープ【cassette tape】 収納ケースに入ったままの状態で再生できる録音・録画テープ．

カセットデッキ【cassette deck】 カセットテープの録音再生機．

ガゼットバッグ【gadget bag】 [服]肩からつり下げるハンドバッグ．ガジェットバッグともいう．

カセットブック【cassette book】 小説やエッセーの名作などをカセットテープに録音して販売するもの．

ガゼットリー【gadgetry】 機械仕掛けの道具類．実用新案の小道具類．

カソード【cathode】 [電]陰極．⇔アノード．

カソードレイ チューブ【cathode-ray tube】 [電]陰極線管．ブラウン管．CRT．

ガソホール【gasohol】 [化]ガソリンにエチルアルコールを混入した自動車用の燃料．ガソール．

ガソリンスタンド【gasoline stand 日】 [営]ガソリン販売所．道路沿いなどにある給油所．英語ではgas station, service station．

ガソリン税【gasoline tax 日】 [経]ガソリンの消費にかかる日本の税金．揮発油税と地方道路税の合計税額が課せられる．

ガター【gutter】 ①[建]水溝．雨樋．樋．②[競](ボウリング)レーンの両側の溝．ガーターともいう．

カタストロフィー【catastrophe】 ①結局．破滅．大変動．大災害．②悲劇の大詰め．

カタストロフィーの理論【catastrophe theory】 [数]破局の理論．自然や社会で起こる急激な不連続変化に連続性を見つけ出すための数学上の理論．フランスの数学者R.トムが1970年代に提唱した．

カタトニー【Katatonie 独】 [医]緊張病．

カタドロマス【catadromous】 [魚]海で生まれて川や湖で育つ魚．降河性魚類．

カタパルト【catapult】 ①[軍]空母などの甲板から飛行機を発進させる装置．②投石機．ぱちんこ．

カタプレキシー【cataplexy】 [医]情動脱力発作．急に体の力が抜けること．カタプレキシー．

カタボリズム【catabolism】 [生]異化作用．

カタマラン【catamaran】 [機]双胴船．船体の胴が二つあるヨット．

カタラーゼ【catalase】 [化生]過酸化水素の分解で生じた酸素を，有機分子に付加して無毒化する働きをもつ酵素．

カタライザー【catalyzer】 ①触媒的な働きをする人や物．②[営]中小企業間などで，異業種交流を進める世話役．

カタリスト【catalyst】 [化]触媒．

カタル【catarrh】 [医]粘膜炎症．

カタルシス【katharsis 希】 ①精神の浄化作用．②[心]浄化法．抑圧感を取り去る精神療法．

カタレプシー【catalepsy】 [医]強硬症．筋肉が硬直して，感覚のない状態になる．

カタログ【catalog】 ①型録．目録．一覧表．②[I][算]制御プログラムが行うファイル管理方法の一つ．

カタログ管理【catalog management】 [I][算]コンピューターの制御プログラムがファイルを管理する方法の一つ．ファイルと磁気ディスクなどの記録媒体にある通し番号の対応関係を管理する．

カタログ ショールーム【catalog showroom】 [営]商品目録で事前に調べた客が，実物の陳列商品を見て買い物をする割引販売方式の一つ．

カタログストア【catalog store】 [営]店頭に商品目録を置き，客の注文によって付設倉庫から商品を取り出して売る方式の店．

カタログセールス【catalog sales】 [営]商品目録を見て注文する通信販売方式．

カタログビジネス【catalog business】 [営]カタログ小売業．不特定の消費者に商品見本を載せたカタログを配り，電話などで受注する企業形態．

カタログ マーケティング【catalog marketing】 [営]商品目録を利用する通信販売戦略．

カタログレゾネ【catalogue raisonné 仏】 [美]一人の画家や版画家などの全作品を収録した詳細目録．

ガチフロキサシン【gatifloxacin】 [薬]抗菌薬の一つ．GFLXともいう．

カチューシャ【katyusha 露】 [服]髪をまとめるバンドの一種．元商標名．

カッシーニ土星周回探査機【Cassini spacecraft】 [宇]2004年7月に土星周回軌道に乗った探査機．NASA（アメリカ航空宇宙局）とESA（欧州宇宙機関）の共同開発で，1997年10月に打ち上げた．

ガッシュ【gouache 仏】 [美]水で溶いたアラビアゴムに顔料を混ぜた不透明絵の具．またそれで描いた絵．

カッター【cutter】 ①小刀．裁断器．②[服]裁断師．③オールで漕ぐ小艇．

ガッツ【guts】 根性．気力．

ガッツポーズ【guts pose 日】 勝利を表現するポ

◀カドミウム

ーズで両手を挙げたりすること．英語は victory pose．

カッティング【cutting】①切ること．裁つこと．切り方．裁ち方．②服裁断．③容整髪．

ガッデム【goddam】いまいましい．ゴッダム．

カット【cut】①切ること．削除．②髪を切り整えること．③服裁断．④【算画面上で文字列や画像などを範囲を定めて切り取ること．⑤競バスケットボールなどで相手の球を奪うこと．⑥小型の絵や図案．⑦映撮影の一時中断．単位画面．

ガット¹【GATT】経関税貿易一般協定．貿易障壁の撤廃を目的とする国際協定．1995年に世界貿易機関（WTO）に吸収．General Agreement on Tariffs and Trade の略．

ガット²【gut】腸線．羊などの腸で作り，弦楽器の弦，ラケットの網，外科用の縫い糸などに用いる．現在はナイロン糸が多い．

カットアウト【cutout】①映画フィルムや脚本などの削除．②電安全器．③劇照明・音楽などを突然止めること．⇔カットイン．④服服飾品などの一部を模様状に切り抜くこと．

カット アンド ペースト【cut and paste】①算画面上で文字列や画像などを範囲を定めて切り取り，任意の場所に貼り付ける操作．⇔コピー アンド ペースト．

カットイン【cut-in】①割り込んで入ること．入れること．⇔カットアウト．②競ラグビーやバスケットボールなどで，相手の防御をかわして相手陣へ切り込むこと．

カットオフ【cutoff】①切り離すこと．切断．②放音楽などを突然中断すること．

カットオフ条約【Cutoff Treaty】軍兵器用核物質生産禁止条約．1993年にアメリカのクリントン大統領が提案したが，交渉はまだ実現していない．

カットグラス【cut glass】切り子ガラス．彫刻や切り込み加工をしたガラス器．

カットシート【cut sheet】①算A4，B5などの一定の規格の大きさに裁断した用紙．

カットシート フィーダー【cut-sheet feeder】①算複数の単票紙を差し込み，印字装置に自動的に1枚ずつ送って配置する装置．

カットステップ【cut-step】登氷壁などを登る際に，ピッケルで足場を作ること．

カットソー【cut sew 日】服ジャージーや編地に型紙を当て，裁断し縫製したニットの服．またはその技術．英語では cut and sewn．

カットダウン【cutdown】削減．縮小．

ガットバケット【gutbucket】楽2拍子のホットジャズの演奏形式．激しいリズムで野性的．

カットバック【cutback】①競（ラグビーなど）敵の防御をかわすため，いったん後退すること．②競（アメリカンフットボールなど）外側に回り込んで攻撃するように見せかけて，突然中央部へ戻って攻撃に出ること．③経生産の縮小．削減．④映異なる場面を交互に映して効果を高める技法．

カットライン【cutline】写真などの解説文．

カットワーク【cutwork】服テーブル掛けなどに用いる切り抜き刺しゅう．

カッパーヘッド シェル【copperhead shell】軍レーザー光線の反射をとらえて，目標に命中させるアメリカの誘導砲弾．

カップケーキ【cupcake】料洋菓子の一つ．カップ型に入れて焼いたケーキ．

カップボード【cupboard】食器戸棚．英語はカボードと発音する．

カップリング【coupling】①機軸継ぎ手．②鉄道の連結器．③交接．交尾．④（日）音 CD などでタイトル曲と一緒に収録される曲．

カップリング シュガー【coupling sugar】料砂糖にでんぷんと酵素を加えて作る糖．甘みが砂糖の50〜60％で，菓子などに用いる．

カップル【couple】一組みの男女．夫婦．一対のもの．

カップルブランド【couple brand 日】服男女が共有できるファッション感覚をもつ商標．

カディマ【Kadima】政イスラエルのシャロン首相が2005年11月に結成した政党．06年3月総選挙で第一党に．カディマはヘブライ語で「前進」の意．

カテーテル【catheter】医膀胱（ぼうこう）などの体腔や血管などに挿入する医療用の管．

カテーテル アブレーション【catheter ablation】医カテーテルを介してさまざまなエネルギーを心筋に与え，病的組織を破壊して，頻脈性不整脈を治療する方法．

カテキン【catechin】化植物色素の一種．緑茶などに含まれ，抗菌化作用があるとされる．

カテコールアミン【catecholamine】生神経伝達物質の一つ．アミノ酸の一種チロシンの一連の代謝産物．

カテゴリー【category】①哲範疇（はんちゅう）．事物の最も根本的・普遍的な基本概念．②部門．分類．分類上の区分．

カテゴリーキラー【category killer】営ディスカウントストアの一形態．特定の商品分野に限定して品ぞろえを豊富にし，低価格販売を行う業態．

カテゴリートップ【category top】営ある区分された分野に属する商品で，市場占有率が第1位のもの．

カテゴリー マネジメント【category management】営商品を設定基準に従いグループにまとめたものを単位に管理する方法．

カテゴリー ロマンス【category romance】文主人公やストーリーの展開・結末などに一定の約束事があるロマンス小説．世界的にブームとなり，ハーレクインロマンスなどのシリーズがよく知られる．

カデット【cadet】①士官候補生．幹部候補生．見習．練習生．②（日）競（卓球）年齢別階層の一つ．13歳以下．

カテドラル【cathédrale 仏】宗大聖堂．大寺院．司教座大聖堂．カセドラル．

カテナチオ【catenàccio 伊】①競（サッカーなど）守備固め．堅守．イタリア代表の伝統とされる堅固な守備．②掛け金．

ガトー【gâteau 仏】料菓子．洋菓子．ケーキ．

カドヘリン【cadherin】生細胞接着分子．

カドミウム【cadmium】化金属元素の一つ．元素記号はCd．電池などに用いる．有毒．

125

カトラリー【cutlery】 刃物類．食卓用のナイフ，フォークなど．

カトリーナ【Hurricane Katrina】 気2005年8月にアメリカ南部に大被害をもたらした大型ハリケーン．

カドリエンナーレ【quadriennale 伊】 美4年に一度の割合で開催される展覧会．

カトリック【Catholic】 宗ローマカトリック．カトリック教会．旧教．天主教．ローマ教皇の首位権を主張し，ローマ教会を普遍的教会とした．ギリシャ語で普遍的の意．正式には Roman Catholic Church．

カトリック教会【Roman Catholic Church】 宗キリスト教のカトリックのこと．ローマ教会を普遍的教会とする．

カナード【canard】 航前尾翼．通常の飛行機では水平尾翼に相当する，主翼前方に取り付けられた小翼．またその翼をもつ飛行機．元来はフランス語で，カモの意．

カナク社会主義民族解放戦線【Front de Libération Nationale Kanak et Socialiste 仏】 軍政ニューカレドニアのフランスからの分離独立を目指す組織．1984年にメラネシア系住民が独立派諸政党を結集して設立．FLNKSともいう．

カナダ宇宙機関【Canadian Space Agency】 宇カナダの宇宙研究開発機関．本部はモントリオール．1989年に設立．CSAともいう．

カナダ国際開発庁【Canadian International Development Agency】 政国際協力や二国間援助を取り扱うカナダの政府機関．CIDA．

カナダ情報局【Canada Information Office】 社政ケベック州の分離独立運動に対抗してカナダ統合を推進する政府機関．1996年に創設．

カナダ総督【Governor General of Canada】 政カナダにおけるイギリス君主の代理．カナダはイギリスの君主を自国の元首としている．任期は通例5年．

カナダ同盟【Canadian Alliance】 政カナダの保守結集を目指す政治団体．西部カナダを基盤に2000年に結成．

カナダ保安情報局【Canadian Security Intelligence Agency】 政警務省に属する国内防諜機関．カナダ連邦警察の公安局に代わり，1984年に創設．

カナダ連邦首脳会議【First Ministers' Conference】 政カナダ連邦首相，10州の首相，2準州の行政官が，国家的重要事項を協議する不定期の会議．

カナッペ【canapé 仏】 料パンやクラッカーにチーズ，魚，卵などをのせた簡単な前菜．

カナディアン カヌー【Canadian canoe】 競1本のオールで左右を交互にこいで進む競技用カヌーの一種．

カナナスキス サミット【Kananaskis Summit】 政カナダのカナナスキスで2002年に開かれた第28回主要先進国首脳会議．

カニバライズ【cannibalize】 ①共食いする．②部品を取り外す．人材を引き抜く．③営市場に定着した製品に対し，同じ企業から新たに同種のオリジナル製品を売り出して，製品の新旧交代を図ること．

カニバリズム【cannibalism】 人肉嗜食(しょく)．食人風習．人肉を食べること．

ガニメデ【Ganymede】 天木星の第3衛星．

カヌー[1]【canoe】 ①丸木舟．②競競技用やレクリエーション用に作られた小舟．

カヌー[2]【canoeing】 競軽量小型のボートによる競技．静水で行うパドリングレースや，激流で旗門通過をするスラロームなどがある．

カヌーイスト【canoeist】 競カヌーを漕ぐ人．カヌーの漕ぎ手．

カヌーイング【canoeing】 競カヌーやカヤックを走らせること．カヌーなどを使う川下り．

カヌーツーリング【canoe touring】 競カヌーを漕いで湖水や川などをめぐること．

カヌーポロ【canoe polo】 競1人用のカヌーに乗って，5人対5人で行う水球のような競技．

カヌーン【kanoon】 音中東で用いる，チター属の撥弦楽器の一種．

カヌレ ド ボルドー【cannelé de Bordeaux 仏】 料焼き菓子の一種．フランスのボルドー地方でよく作られる．カヌレともいう．

カノン【canon】 音二つ以上の声部が厳格に模倣する対位法の手法．ドイツ語はKanon．

カノン法【canon law】 宗教会法．キリスト教，特にローマカトリックの信徒の信仰および行為の規準を教会が独自に定めたもの．

カハ【Kach】 政イスラエルの極右組織．排他的なユダヤ教正統派思想が強い．1971年に創設．

カバー【cover】 ①覆い．表紙．②隠れのの．かぶうこと．保護すること．③取材する．④経為替資金．証拠金を入れること．証券を買い戻すこと．⑤音以前に収録された楽曲を別のアーティストが録音し直すこと．カバーバージョン．

カバーオール【coveralls】 服袖のある上着とズボンがひとつなぎになった服．上下続きの作業服．カバーロール，コンビネゾンともいう．

カバーガール【cover girl】 雑誌の表紙などのモデルとなる女性．

カバーストーリー【cover story】 雑誌の表紙にある写真や絵などに関連する特集記事．

カバーチャージ【cover charge】 料理店などでの席料やサービス料．テーブルチャージ．

カバークロス【covert cloth】 服綿，絹，レーヨンを混紡した毛糸や梳毛糸でできた綾織りの布地．

カバートコート【covert coat】 服カバート布で作られた軽くて短い外とう．

カバードコール【covered call】 経現物株とコール売りを組み合わせた投資戦略．

カバードワラント【covered warrant】 経株式などを一定価格で売買する権利を証券化して，小口に分けて販売する金融商品．

カバーニャ【cabaña 西】 建小屋．砂浜などに設ける更衣室．

カバーバージョン【cover version】［音］以前に録音・発売された曲を，形を変えて収録をし直したり，別のアーティストが録音すること．

カバーリング【covering】①［競］相手選手の攻撃を防ぎきれなかった味方の援護をすること．②覆うこと．

カバーレター【covering letter】手紙や小包に付ける説明用の添え状．カバリングレター．

カバディ【kabaddi 〘ヒンディー〙】［競］インドから始まった競技．1チーム7人．攻撃手1人が相手コートに入り，カバディを連呼しながら，相手選手に触れた人数分が得点となる．

ガバナー【governor】①統治者．②［政］アメリカの州知事．③［機］エンジンやモーターの速度を一定に調節する装置．

ガバナビリティー【governability】 統治できる状態．被統治能力．

ガバナンス【governance】統治．支配．管理．制御．社会的統括．

ガバナンス アプローチ【governance approach】［社］個々の人間に直接降りかかる脅威を国際社会が全力で予防し，最小化するような対応の仕方．

ガバナンス ファンド【governance fund】［経］投資対象企業のコーポレートガバナンス（企業統治）に着目し，投資運用するファンド．

ガバメント【government】①［政］政治．行政．政府．内閣．②管理．支配．

ガバメント オフィシャル【government official】［政］官吏．官僚．

ガバメント パーティー【government party】［政］与党．政権を担当している政党．⇔オポジション パーティー．

カバヨン【cavaillon 〘仏〙】［植］フランス産のメロンの一種．香りがよい．

カバラ ①［Cabala］〘ヘブライ〙ユダヤ教の神秘的な教義．口承の意のヘブライ語に由来．②［cabala］〘ヘブライ〙秘教．秘法．kabala, kabbalah ともつづる．

カバレッジ【coverage】①運用．適用範囲．②［経］保険範囲．担保範囲．③［放］受信・受像可能範囲．送信・送像可能地域．報道．またその範囲．⑤［広］広告媒体の到達地域．⑥新聞などの配布地域．⑦［I］システムのテスト技法の一つ．プログラムなどの使用頻度などから，テストが済んだ範囲を確認する方法．

カバレット【cabaret】 政治的な風刺や言葉遊びを主に行う余興．ワイマール共和国時代に広まった．

カバン【caban 〘仏〙】［服］厚地のウールの短い外套．ピーコート，パイロットコートともいう．

カブ【cub】 ①［動］肉食獣の子．②見習い．新米．③カブスカウトの略．年少のボーイスカウト団員．④〘日〙［競］〘卓球〙年代別階層の一つ．8～10歳．

カフェ【café 〘仏〙】［料］コーヒー．喫茶店．

カフェイン【caffeine】［化］コーヒー豆や茶の葉などに含まれるアルカロイド．中枢神経などを高進させる作用がある．

カフェ エスプレッソ【caffè espresso 〘伊〙】［料］特別な器具を用いて，粉末に蒸気を通して作るイタリア風コーヒー．

カフェオーレ【café au lait 〘仏〙】［料］温めた牛乳とコーヒーを同量ずつ混ぜた飲み物．

カフェカーテン【café curtain】［建］喫茶店などで，目隠し用に取り付ける窓飾り．レース地などで窓の半分ぐらいを覆う．

カフェ系 ［音］カフェに似合う音楽の総称．

カフェテラス【café terrasse 〘仏〙】歩道の一部に設けられた屋外の喫茶店や酒場．英語では(sidewalk) café．

カフェテリア【cafeteria】セルフサービスの食堂．

カフェテリア プラン【cafeteria plan】［社］アメリカの企業厚生制度の新しい仕組み．従業員が福利厚生の給付内容を自主的に選べる．

カフェバー【café bar 〘日〙】［料］喫茶店，バー，レストランの三つの機能をもち，酒も飲めるし，食事もとれる店．1983年ごろから東京などで広まった．英語は単に café．

カフェブリュロ【café brûlot 〘仏〙】［料］果実やシナモンなどの香料を入れたコーヒーに，砂糖とブランデーを加えて，瞬間的に燃やしてから飲むもの．

カフェミュージック【café music】［音］都会風のしゃれた喫茶店で流す快い音楽．ジャズやボサノバなどが多い．

カフェラテ【caffè latte 〘伊〙】［料］エスプレッソに泡立てた牛乳を加える飲料．

カフカスセンター【Kavkaz Center】ロシア連邦チェチェン共和国で独立派が運営するウェブサイト．

カプセル【capsule】①［薬］ゼラチン製の円筒形の小容器で，飲みにくい薬を入れて服用しやすくするもの．②宇宙空間で，人間および実験動物を保護するための気密室や気密容器．③各種の物を入れる密閉式の小容器．④［機］飛行機などの気密室．

カプセル化【encapsulation】 ［I］［算］オブジェクト指向プログラミングで，データとデータに対する操作とをひとまとめにして定義し，外部には必要な情報だけを与えて独立性を高める方法．

カプセルホテル【capsule hotel 〘日〙】［宿］［建］カプセル状の寝室が並ぶ簡易宿泊施設．英語では tube hotel, sleeping module など．

カフタンシャツ【caftan shirt】［服］イスラム圏の民族衣装で，直線裁ちの前開き式かプルオーバーのチュニックシャツ．

カプチーノ【cappuccino 〘伊〙】［料］イタリア風コーヒーの一つ．エスプレッソにミルクとシナモンを加え，泡立てた生クリームを浮かべる．

カプリオール【capriole】［競］〘馬術〙乗馬術で，前脚をそのままにして後脚を蹴って伸ばしたのち，同一の場所に下ろすこと．

カプリオレ【cabriolet】［車］屋根が折りたためる幌構造の乗用車．

カプリッチオ【capriccio 〘伊〙】［音］狂想曲．

カプリパンツ【Capri pants】［服］体にぴったりと合う細身のスラックス．イタリアのカプリ島が発祥地．カプリスともいう．

カポ【capo】［音］弦楽器の指板上の弦留め．カポタスト(capotasto)の略．

127

カポエイラ ▶

カポエイラ【capoeira 葡】〘競〙黒人奴隷が護身術として編み出したといわれるブラジルの武術．主に蹴り技で構成されるが，音楽に乗ってパフォーマンスする伝統的なスタイルもある．

カポジ肉腫【Kaposi sarcoma】〘医〙ウィーンの皮膚科医カポジが1972年に報告した肉腫．エイズ患者によく見られる．

カポタスト【capotasto 伊】〘音〙弦楽器の指板上の弦留め．カポともいう．

ガボット【gavotte 仏】〘音〙4分の4拍子あるいは2分の2拍子の軽快な舞曲．

ガボロジー【garbology】〘社〙ごみ学．ごみの再生利用などを研究するもので，アメリカで始まる．ガーバロジーともいう．garbage と ecology の合成語．

カホン【cajon 西】〘音〙中南米の民族打楽器．

カマーバンド【cummerbund】〘服〙タキシード着用時に着ける幅広の腰帯．

カマイユ【camaïeu 仏】①全体の構成をする際に，2色ないし3色を同系色でまとめること．カラーグラデーション．②〘美〙単彩画．一つの色で色調を変化させて描く．

カマンベール【camembert 仏】〘料〙フランス産の表面を熟成させ，中が柔らかいチーズ．カマンベールチーズともいう．

カミオカンデ【KAMIOKANDE】〘理〙岐阜・神岡鉱山の地下1000mに設置した水チェレンコフ光測定装置．純水を入れた大型容器内を高速の荷電粒子が走る時に放射するチェレンコフ光を，光電子倍増管でとらえる．

カミオン【camion】①トラック．軍用トラック．②〘競〙自動車ラリーで市販トラックを最小限改造した車両．

カミサリー【commissary】①物資配給所．②〘軍〙兵站（へいたん）部．

カミン【Kamin 独】〘建〙壁に取り付けられた暖炉．

カミングアウト【coming-out】①〘社〙同性愛であることなどを公表すること．カムアウトともいう．②社交界へ若い女性がデビューすること．

カム【cam】〘機〙機械の部品名．回転運動を前後動や上下運動に変える．

カムアウト【come out】出てくる．現れる．明らかになる．本性などが知れる．

カムコーダー【camcorder】録画と再生ができる一体型ビデオカメラ．キャムコーダー．

カムバッカー【comebacker】①〘競〙〘野球〙投手を強いられる打球．②〘競〙〘ゴ〙バットがホールに入らず通り過ぎ，打ち返すこと．

カムバック【comeback】復帰．復活．返り咲き．再起．

ガムラン【gamelan 尼】〘音〙インドネシアの打楽器を主とする編成の民族音楽．舞踊・劇・祭礼などで合奏する．ガメランともいう．

カムランド【KamLAND】〘理〙岐阜県神岡にあるニュートリノの観測装置の一つ．

カムワラント【cum warrant】〘経〙ワラント付き社債のうち，分離型のものでワラントを切り離す前の社債のこと．

カメオ【cameo】①〘服〙はく，貝殻などに浮き彫りを施した装飾品．②〘映〙名優の顔見せ出演．

カメラ【camera】〘映〙〘写〙〘放〙写真機．映画などの撮影機．

カメラアイ【camera-eye】①（日）〘写〙被写体を効果的にとらえる写真家の感覚．②公平で正確な観察や報道．またその能力．

カメラスクリプト【camera script】〘放〙カメラの位置を書いた放送台本．

カメラチェーン【camera chain】〘放〙カメラ装置一式の通称．

カメラポジション【camera position】〘映〙〘放〙撮影するカメラの位置．標準は人物の目の高さ．

カメラリハーサル【camera rehearsal】〘放〙本番前のテスト撮影．カメリハともいう．

カメラワーク【camera work】〘映〙〘放〙撮影時の撮影機の扱い方．撮影技術．

カメレオン【chameleon】〘動〙カメレオン科のトカゲ類の総称．環境に応じ皮膚の色を変化させるのが特徴．

カモフラージュ【camouflage 仏】偽装．ごまかし．カムフラージュ．

カモミール【chamomile】〘植〙カミツレ．カミルレ．キク科の一年草．花は乾燥させ，お茶などに使う．カモマイルともいう．

カヤック【kayak】①〘競〙競技用カヌーの一つ．②エスキモーが用いる毛皮と木製の小舟．上部や座席の周囲が覆われている．

カラー【color】①色．色彩．絵の具．②外見．性格．特色．個性．③〘理〙クオークの色．光の三原色になぞらえた三つの状態．

カラー アレンジメント【color arrangement】配色．カラーコンビネーションともいう．

カラーギャング【color gang 日】〘服〙同色の原色Tシャツなどを着用する非行少年グループ．1997年ごろから首都圏の繁華街などに現れた．

カラー コーディネーター【color coordinator】家具・服飾・建築などの色彩効果を検討・考案して助言する人・職種．カラーコンサルタント，カラーアドバイザーともいう．

カラー コメンテーター【color commentator】〘競〙〘放〙試合や選手についての統計・分析や，エピソード，背景的情報などを伝える役目をもつスポーツ解説者．

カラー コンサルタント【color consultant】色彩の効用や効果，組み合わせなどを助言する人・職種．建築物，新製品や企業のイメージづくり，ファッションなどの分野にわたっている．カラーコーディネーターともいう．

カラー コンディショニング【color conditioning】心理的効果を考慮して，色彩を選択・管理・調節すること．色彩調節．

カラージーンズ【color jeans 日】〘服〙インディゴ ブルー以外の明るい色調のジーンズ．

カラーシャツ【color shirt 日】〘服〙派手シャツ．はっきりした単色や派手な柄のシャツ．

カラースキーム【color scheme】室内装飾・庭園などの，色彩の配列計画．

カラースキャナー【color scanner】〘印〙カラー

印刷で原稿となる絵や写真の色を自動的に分解して印刷用原版を作り、修正をする装置．

カラースプレー【color spray】容頭髪に吹き付け、一時的に着色する化粧用品．

カラーセラピー【color therapy 日】色彩を使ってくつろげる環境づくりを指導する方法．

カラー ダイナミックス【color dynamics】工場や設備・機械などの彩色を心理的に快適にする方法を研究する学問．色彩力学．

カラー ディスプレー【color display】Ⅰ算文字や図形を色分けして画面に表示する装置．

カラーデプス【color depth】Ⅰ算色深度．1ピクセルに表現できる色の数のこと．RGB カラーの場合、各色に対して何ビットずつか割り当てて色を表現する．

カラード【colored】①色のついた．着色してある．②有色人種．

カラーバランス【color balance】写写真の構成各色が調和して表現される状態．フィルムには光源の光質と色温度の指定があり、この状態で適正となる．

カラーバンド シャツ【collarband shirt】服折り返しの襟がなく、バンド状の襟の付いたシャツ．

カラー ファンデーション【color foundation】容赤・黄・緑・白など肌色系でない色のファンデーション．頬や額にアクセントとして用いる．

カラーフィルター【color filter】Ⅰ算 CCDを覆う4色のフィルター．光の強弱のみ感知する CCD を特定の色だけを透過するカラーフィルターで覆って、色を識別している．

カラーフェーズ【color phase】生動物の皮膚や毛皮に見られる遺伝的な体色変化のことで、年齢や季節によって変化する色相．

カラーフォーマル【color formal】服黒以外の色を用いたフォーマルウエア．

カラープリンター【color printer】Ⅰ算複数色のインクで色彩印刷をする印字装置．

カラーボール【color ball】競ゴルフやテニスで使われる色つきの球．

カラーポリシー【color policy】営商品の包装から従業員の制服まで色彩を統一して、企業のイメージを打ち出し販売促進を推し進める販売戦略．

カラーマッチング【color matching】Ⅰ算グラフィックスカードの出力特性やディスプレーの明るさ、コントラストといった各種のパラメータを調整すること．

カラー マネジメント【color management】Ⅰ算画像表示装置、印字装置、スキャナーなどの、異なる装置間で同一色を扱えるように調整する機能．

カラー マネジメント システム【color management system】Ⅰ算使用する各周辺機器によらないで、一貫した色表現を得るためのソフトウエアやハードウエアのこと．

カラーマン【color man】競放スポーツ放送番組で、プレーごとに分析や統計、選手のエピソードなどを伝え、放送者を援助する係員．

カラー メイト テスト【color mate test 日】医教学校教育用の色覚検査表．名古屋市教育委員会が導入した．CMTともいう．

カラーメーター【color meter】写写真用色温度計．光源の色温度の測定に用いる．

カラーモデル【color model】Ⅰ算色を規定する体系．画像表示装置、印字装置、スキャナーなどの、異なる装置間で統一された色を再現するために利用される．

カラー リーフ プランツ【color leaf plants 日】植緑色以外の色合いの葉や、ふ入りなどの葉をつける園芸植物．カラフル植物．

カラーリング【coloring】①着色．彩色．彩色法．②着色剤．染料．

カラーリンス【coloring rinse】容色素を髪表面に吸着させて、一時的に髪を好みの色合いに染めるリンス剤．カラーリングリンス．

カラールックアップ テーブル【color look-up table】Ⅰ算色とそれに対応した番号を関連付けている表．インデックスカラー方式で用いる．

カラーレス【colorless】色彩に乏しい．無色の．色彩がない．ぱっとしない．

カラオケ音歌声を入れずに、伴奏だけを録音したテープやCD．空（から）とオーケストラ（orchestra）の合成語．

ガラコンサート【gala concert】音特別公演．特別記念演奏会．祝賀音楽会．

ガラス固化体【vitrified waste】理高レベル放射性廃液とガラス原料を、1000℃以上に加熱して均一のガラス質にし、ステンレス鋼製の円筒容器に入れて固化したもの．

ガラス状態【glassy state】理熱力学的に準安定な状態．原子の配列が不規則のまま固まった無定形質あるいは非晶質の状態．

ガラス繊維【glass fiber】理融解したガラスを急速に引き伸ばして作る繊維状のもの．電気絶縁材や光ファイバーなどに用いる．グラスファイバーともいう．

ガラスルーバー【glass louver】建窓にガラス製の羽根板を取り付けたもの．開閉ができ、換気や通風がよい．

カラット【carat】①宝石の質量を表す単位．記号は ct, car. 1カラットは約200mg．②金の合金中に含まれる純金量を表す単位．記号はK．純金は24Kと表示．

カラフルポーチ【colorful pouch 日】服若者向けの装飾的な小袋．

カラフル リーフ プランツ【colorful leaf plants 日】植緑色以外の色合いの葉や、ふ入りの葉をつける園芸植物．カラーリーフプランツともいう．

カラム【column】①Ⅰ算画像表示装置上や印刷した時の用紙上で、字が行のどの位置にあるかを示す桁．②Ⅰ算表計算において、表の縦の列．③建柱．円柱．④化分離管．

カラム クロマトグラフィー【column chromatography】化アルミナ粉末などをガラス管に詰めたものを固定相、有機溶媒を移動相として、複雑な混合物の分離を行う方法．

ガラムマサラ【garam masala】料インド料理で用いる混合香辛料．

カラライズ【colorize】①映白黒映画をコンピューター処理して色彩化する．②情報を意図的にゆがめる．

カラライゼーション【colorization】 映昔の白黒映画をコンピューター処理して色彩をつけること．カラーライゼーションともいう．

カラリスト【colorist】 服容服飾・化粧などで色彩面を専門に担当する人．テーマやコンセプトに沿って素材や服などの色を決定する．

カラリング【coloring】 彩色．着色．着色法．色の使い方．カラーリングともいう．

カランコエ【kalanchoe】 植ベンケイソウ科の多肉植物．マダガスカル原産．鉢花に用いる．

ガランティーヌ【galantine 仏】 料骨を抜いた鶏肉などの中に魚や肉を詰めて煮込む料理．

カランドリア【calandria】 理加熱体．特に，重水原子炉での減速材．

カランボーラ【carambola 西】 植カタバミ科の植物グレイシの実．スターフルーツともいう．

カリーナサイクル【kalina cycle】 理排熱を効率的に電気に変換する方法の一つ．有機媒体やアンモニアと水の混合媒体を使い，低沸点でタービンを駆動する．

カリーニングラード問題【Kaliningrad problem】 社政EU（欧州連合）拡大で重大化した，ロシアの「飛び地」カリーニングラードをめぐるビザや鉄道トランジットなどの問題．

ガリウムヒ素ＩＣ【gallium arsenide integrated circuit】 工ガリウムとヒ素の化合物を素材とした半導体．1～20GHzの高い周波数の信号処理に使われることが多い．GaAs IC．

カリエス【Karies 独】 医慢性の骨炎症．特に結核菌によって骨質が次第に融解する病気．

カリオカ【carioca】 ①音ダンスを伴ったブラジル音楽の一種．②［C-］リオデジャネイロ育ちの住民．リオっ子．キャリオカともいう．

カリカチュア【caricature】 風刺画．風刺文．カリカチュールともいう．

カリカチュアライズ カリカチュア（caricature）と接尾辞（-ize）の合成語．風刺化．戯画化．英語はcaricature．

カリカルテル【Cali cartel】 社コロンビアのコカイン密売組織の一つ．南西部の都市カリを拠点としている．

カリキュラム【curriculum】 教教育課程．履修課程．教育目標に対応する教育内容を一定の原理に従って系統的に配列したものの総体．

カリグラフィー【calligraphy】 書．書道．筆跡．文字を手書きで表現する技術．

カリコム【CARICOM】 経カリブ共同体．カリブ共同市場．カリブ自由貿易圏が1973年に改組して成立した経済統合機構．Caribbean Communityあるいは Caribbean Common Marketの頭字語から．

カリスタン【Khalistan】 政インドのシーク教徒過激派がパンジャブ州で分離独立を求め樹立を図っている国家．1981年にその運動が始まった．シーク教徒の国の意．

カリスマ【Charisma 独】 奇跡や予言など超人的なことを行う天賦の能力．超人的な能力や資質で，大衆の感情を操れる統率力．その力をもつ人．

カリタス【caritas 羅】 慈愛．聖愛．愛情．

カリックスアレーン【calixarene】 化超分子の一種．複数個のフェノール単位をもち，陽イオンの識別，C_{60}の精製，糖分子の識別を行う環状化合物．

カリニ肺炎【pneumocystis carinii pneumonia 羅】 医エイズ患者の多くが侵される肺炎で，病原体のニューモシスチスカリニが肺に寄生して起こる．白血病の治療などで体の抵抗力が減退した時も感染しやすい．

ガリバー寡占【Gulliver monopoly】 経ある業種の中で，一つの大企業の市場占有率が圧倒的に高い状態．

カリビアン ブラック【Caribbean Black】 社中南米諸国からアメリカへ移住する人．不法入国することが多い．

カリフ【caliph】 宗ムハンマド（マホメット）の後継者のこと．

カリブー【caribou】 動北アメリカ北部に生息する野生のトナカイ．

カリフォルニア ロール【California roll】 料アメリカのすしバーで出される新案すし．アボカド，レタス，カニ肉などをマヨネーズにつけて巻いたもの．

カリブ共同体【Caribbean Community】 経英語圏カリブ諸国の経済統合機構．1968年に結成したカリブ自由貿易圏（CARIFTA）を73年に改組して成立．CARICOM，カリコム，カリブ共同市場ともいう．

カリブ諸国連合【la Asociación de Estados del Caribe 西】 経カリブ海と環カリブ海諸国の経済協力機構．1991年にカリブ海諸国機関の西インド諸島委員会が提案し，94年に調印．

カリプソ【calypso】 音西インド諸島トリニダード島で生まれた黒人の大衆音楽．

カリヨン【carillon 仏】 音調律された一組みの鐘を用いる演奏装置．教会の鐘楼などに設置する．

ガリレオ計画【Galileo Project】 工地EU（欧州連合）とESA（欧州宇宙機関）が進める全地球測位システム．2008年に運用開始予定．

ガリレオ木星周回探査機【Galileo spacecraft】 宇太陽系第5惑星の木星軌道上を周回するNASA（アメリカ航空宇宙局）の探査機．1989年にスペースシャトルから打ち上げ，95年に木星周回軌道に乗った．

ガリンペイロ【garimpeiro 葡】 経社金鉱採掘業者．ブラジルで，ダイヤモンドや金を採掘する労働者．

ガル【gal】 理加速度の単位．地震による揺れを起こさせる力を表す．1ガルは1cm/sec^{2}に当たる．Galileoに由来する．

ガルウイング ドア【gull-wing door】 機スポーツタイプの自動車に多いドアで，車体の左右から屋根がはね上がるようになっている．

カルキュレーター【calculator】 機計算機．カルキュレーティング マシンともいう．

カルコン【CULCON】 日米文化教育交流会議．

文化・教育のあらゆる問題を自由に討議して政府に勧告する，日米の学識経験者による会議．The US-Japan Conference on Cultural and Educational Interchange の略．

カルジオスコープ【cardioscope】 医心臓の弁膜の働きを調べる器械．心臓鏡．

カルシトニン【calcitonin】 薬血中カルシウムの低下作用をもつホルモン．骨粗鬆症（こつそしょうしょう）治療に用いる．

カルス【callus】 圧傷口を覆う組織．植物の癒合組織．植物の根・茎・葉などの一部を培地で培養してできる不定形の組織塊．

カルスト【Karst 独】 地石灰岩台地．水による溶食作用を受け，鍾乳洞などができやすい．

カルソン【caleçon 仏】 服くるぶしの少し上まで覆うタイツ．スパッツともいう．

カルタヘナ議定書【Cartagena Protocol on Biosafety】 国際バイオ安全議定書．生物多様性条約に基づく，遺伝子組み換え動植物の取引規則に関する取り決め．2003年に発効．

カルチェラタン【Quartier Latin 仏】 ラテン区．パリ中央部のセーヌ川左岸にある地区で，学生・芸術家が多く住む．

カルチノーマ【carcinoma】 医がん．カルチ．

カルチノフィリン【carcinophyllin】 薬放線菌抗生物質の一つで，制がん剤として用いる．

カルチベーター【cultivator】 農畑を浅く耕したり，除草をしたりする農業機械．中耕機．

カルチャー【culture】 ①文化．教養．②栽培．耕作．養殖．

カルチャーウオーズ【culture wars】 営企業がイメージアップを狙い，講演会や音楽会などを行って競い合うさまを指す．

カルチャー クラッシュ【culture clash】 文化や伝統などの違いから起こる不調和や誤解．

カルチャーショック【culture shock】 異文化との接触時に，文化的な違いから受ける精神的な衝撃．

カルチャーセンター【culture center 日】 社各種の文化教養講座を整えた市民向けの教育施設．文化施設が集まっている場所．

カルチャー タブロイド【culture tabloid】 新聞と雑誌を組み合わせたニュース媒体．芸術やファッションなどの最新情報を提供する．

カルチャーパーク【culture park 日】 第三次全国総合開発計画の地方定住構想によって設置された都市公園．定住圏や地方生活圏に，文化やスポーツを楽しむさまざまな施設を整備した公園を設けるもの．

カルチャーパール【cultured pearl】 養殖真珠．

カルチャービジネス【culture business】 文化関連事業．文化活動，祝祭典などを事業化したもの．

カルチャー ポリティックス【culture politics】 政政治を権力の背後にある価値体系・文化の作用として見る政治学の方法．

カルチャーミセス【culture Mrs. 日】 社カルチャーセンターに参加する女性．文化・政治などの分野に広く進出する女性．

カルチュラル アサイラム【cultural asylum】 文化亡命．文化や風習の違いから肉体的苦痛を受ける恐れがあるために行う．

カルチュラル クレンジング【cultural cleansing】 文化の浄化．一つの価値観に基づいて多様な文化を一つにまとめようとする．

カルチュラル スタディーズ【cultural studies】 文化を研究する新しい潮流．政治や社会との関連でとらえたり，既成の学問分野を超えたりして文化を読み直す．CSともいう．

カルチョ【calcio 伊】 競蹴球（しゅうきゅう）．フットボール．サッカーのことをいう．

カルツァクライン理論【Kaluza-Klein theory】 理超ひも理論での高次元空間の空間コンパクト化の考えを示した最初の理論．1936年に発表．

カルテ【Karte 独】 医診察記録用紙．医師が作成する診療記録．英語では chart．

カルテット【quartetto 音四重奏．四重唱．

カルデラ【caldera】 地火山の中心部にできた円形または円弧状の凹地形．浸食作用，爆発，陥没などでできる．

カルテル【cartel】 経企業連合．同一業種の企業間で商品の生産量や価格，販売方法などを協定し，自由競争を避ける連合形態．

カルト【cult】 ①崇拝．祭儀．礼拝．②社邪教の崇拝者集団．熱狂的な信者集団．規模の小さい宗教的集団．

カルト映画【cult movie】 映一部のファンなどから熱狂的な礼賛を受ける映画作品．カルトムービーともいう．

カルトオランジュ【carte orange 仏】 営社パリの交通機関の共通パス．半径35kmの交通圏を同心円状に八つの指定区域に分けて，共通運賃制度を用いる．

カルト監督【cult director】 映一般受けはしないが，一部に熱狂的人気のある映画監督．

カルトスター【cult star】 映一般受けはしないが，一部に熱狂的人気のあるスター．

カルトッチョ【cartoccio 伊】 料肉や魚などを包み焼きする紙．パピヨットともいう．

カルトン【carton 仏】 ①厚紙．ボール紙．②紙挟み．③美デッサン用の画紙．

ガルニチュール【garniture 仏】 料料理の付け合わせ．肉料理に付ける野菜．ガルニともいう．

カルネ【carnet 仏】 ①営バスや地下鉄の回数券．②切手帳．

カルノーサイクル【Carnot cycle】 理熱力学の理想サイクル．作動物質が断熱圧縮，等温膨張，断熱膨張，等温圧縮で成り立つ可逆サイクル．フランスの物理学者S．カルノーが提唱した．

カルパーズ【CALPERS】 社カリフォルニア州職員退職年金基金．アメリカ最大の公的年金基金．California Public Employee Retirement System の略．

カルパッチョ【carpaccio 伊】 料薄切り牛肉や魚介類を生で香辛料とともに食べる料理．

ガルバニッ▶

ガルバニック コロージョン【galvanic corrosion】電電気的化学反応によって生じる電気腐食．

ガルバノメーター【galvanometer】電検流計．

ガルフ【gulf】湾．入り海．深い裂け目．

カルボナーラ【carbonara 伊】科スパゲティ料理の一種．卵やベーコンなどを混ぜ，黒こしょうをかける．炭焼きスパゲティの意．

カルボプラチン【carboplatin】薬抗悪性腫瘍剤のシスプラチンの効力を弱めないで，腎毒性や吐き気などを軽減する白金錯化合物．白色の結晶または結晶性の粉末．イギリスで開発された．

カルマ【karma】宗業（ごう）．輪廻（りんね）．因果応報．

カルマパ17世【Kalmapa XVII】宗チベット仏教カギュー派の最高位にある活仏．2000年に中国からインドへ亡命．

カルロスグループ【Carlos Group】軍パレスチナ人過激派組織のテロ実行部隊．西欧や中東で活動した．1960年代に結成．別名はアラブ革命の腕．

ガルンガン【Galungan】祭インドネシア・バリ島のヒンドゥー教ウク暦の祭日．210日ごとにある．

カレイドスコープ【kaleidoscope】万華鏡．

ガレージ【garage】①建車庫．駐車場．②音ハウスミュージックの一種で，ソウル音楽の要素，中でも特にボーカルの要素を取り込んだもの．

ガレージショップ【garage shop】営環リサイクルショップの一形態で，不用品を車庫や駐車場などを使って販売する．がらくた類も扱うため，ジャンクショップともいう．

ガレージセール【garage sale】営不用になった家庭用品や衣類などを，自宅の車庫や庭先に並べ販売・交換をすること．ヤードセール．

ガレージ ファクトリー【garage factory】営車庫を製作工場にして，少量の製品を生産・販売する音響メーカー．極小メーカーの意でも使う．

ガレージメーカー【garage maker 日】Ⅰ算客の注文に応じて部品の選択・組み立てを行い，廉価販売する小規模のパソコン製造会社．

カレッジ【college】教単科大学．専門学校．

カレッジソング【college song】音大学生など若者が作詞・作曲した歌や，キャンパス内で流行している歌．

カレッジペーパー【college paper】学生新聞．大学新聞．

カレッジリング【college ring】大学の校名や校章などをデザインに取り入れて作る指輪．

カレット【cullet】環溶解用ガラスくず．熱を加えて溶かすと，瓶の材料となる．

ガレット【galette 仏】科パイ生地で作る丸い菓子．中に小さな陶製の人形を入れて焼く．

カレットセンター【cullet center 日】環日本製壜（びん）協会の提唱で設置された空きびん回収センター．

ガレット デ ロワ【galette des rois 仏】宗科フランスで，1月6日のエピファニー（公現祭）を祝って振る舞うパイ菓子．

ガレノス説【Galenian doctrine】生心臓と血管の役割について古代ローマの医師ガレノスが唱えた説．

ガレリア【galleria 伊】営ガラス製のアーケードを備えた商店街．小規模な店舗がいくつも，一つ屋根の下に集まり商店街を形成する．

カレンシー【currency】①経通貨．貨幣．②普及．流布．通用．

カレンシーボード【currency board】経為替相場や物価の安定を図るため，自国の通貨を主要国の通貨と一定比率で交換することを約束して，中央銀行は自国通貨発行残高に見合う外貨準備を保有する制度．

カレンズ【currants】①科洋菓子や料理に使う干しブドウ．②植アカスグリの実．

カレンダーアート【calendar art】①美カレンダーに使われる絵画．②美商業用カレンダーに見られるような通俗的な絵．

カレント【current】①現行の．最新の．②潮流．時流．③Ⅰ算現在の，または現在の作業の対象となっているという意．

カレント エクスペンス【current expenses】算経経常経費．

カレントクーポン【current coupon】経債券の利回り水準を見る際の指標の一つ．

カレントコスト【current cost】営経時価．

カレントＴＶ【current TV】Ⅰ枚インターネットとテレビを融合したＣＡＴＶ（ケーブルテレビ）チャンネル．アメリカ前副大統領のアル・ゴアらが立ち上げた．

カレント ディレクトリー【current directory】Ⅰ算現在，作業を行っているディレクトリーのこと．

カレントトピックス【current topics】時事問題．今日の話題．

カレントドライブ【current drive】Ⅰ算現在，作業を行っているドライブのこと．

カレント レギュレーター【current regulator】電整流器．

カレン民族同盟【Karen National Union】政ミャンマーの反政府組織．カレン族，カチン族などの少数民族の自治・統合を求める．1947年に結成．ＫＮＵともいう．

ガロアの理論【Galois theory】数方程式の解の公式が得られるための条件を，解の集合に作用する群の条件に置き換えて議論する理論．

カローラ【corolla】植花冠．

カローン【chalone】生生理活動抑制ホルモン．

ガロシュ【GALOSH】軍旧ソ連の弾道弾迎撃ミサイル．ＮＡＴＯ（北大西洋条約機構）によるコード名．

カロチノイド【carotenoid】化生動物の脂肪組織や，ある種の植物内に存在する赤黄色の色素．カロチンとキサントフィルを含む．

カロチン【carotene】化ニンジンやカボチャなどに含まれる赤黄色の色素．肝臓内でビタミンAになる．カロテンともいう．

ガロッシュ【galosh】服ゴムや防水布などでできたオーバーシューズ．

◀カントリー

カロリー【calorie】①〔理〕熱量の単位．1気圧のもとで水1gを14.5℃から15.5℃に上げるのに必要な熱量．記号は cal．②〔栄〕食べ物のエネルギー量の単位．熱量の単位の1キロカロリーを1カロリーとする．記号は Cal，または kcal．

カロリーベース法【calorie based —】食料自給率を，熱量を基に算出する方法．

ガロン【gallon】ヤード・ポンド系の体積の単位．記号は gal．イギリスガロンは4.546ℓ，アメリカガロンは3.785ℓ．

ガン【gant 仏】手袋．

カンガルー コート【kangaroo court】〔社〕〔思〕想・行動などに不審のある者を，正規の法的手続きをとらないで，大勢が取り囲んで尋問すること．つるし上げ．

カンガルー輸送【kangaroo transport】〔社〕〔自〕動車で運んだ貨物用トレーラーを，そのまま鉄道の貨車に積み込んで輸送する方式．

カンカン【cancan 仏】〔音〕カンカン踊り．19世紀中ごろ，パリの劇場ムーランルージュを中心に流行したショーダンス．

ガン クラブ チェック【gun club check】〔服〕濃い色の格子の中に，さらに薄色の格子を入れた二重格子のしま模様．

ガングリオン【ganglion】〔医〕結節腫．繊維組織などに粘液などがたまってできる．

カンクン閣僚会議【Ministerial Conference in Cancún】〔経〕世界貿易機関（WTO）の閣僚会議．2003年9月に開催され，WTO新ラウンドの中間合意を目指したが決裂．

カンコロジー カン（can）とエコロジー（ecology）の合成語．〔環〕投げ捨ての空きカンを拾おうという環境浄化運動の一つ．

ガンコントロール【gun control】銃規制．銃の所持を国などが監督すること．

ガンジー主義【Gandhiism】〔社〕〔政〕無抵抗主義．インド独立運動の指導者ガンジーが提唱した主義・主張．

ガンシクロビル【ganciclovir】〔薬〕抗ウイルス剤の一つ．エイズ患者に見られるサイトメガロウイルス感染症に特に有効．

カンジダ症【candidiasis】〔医〕子のう菌類のかびの一種のカンジダで起こる病気．体腔・皮膚に菌が寄生すると，かゆみ・下痢などを起こし，敗血症を併発することもある．

ガンシップ【gunship】軍攻撃用の武装ヘリコプター．

カンタータ【cantata 伊】〔音〕バロック時代に最盛を極めた多楽章の声楽曲．

カンタービレ【cantabile 伊】〔音〕歌うように，流れるように演奏せよ．またそのような表情・調子の音楽．

ガンダーラ【Gandhāra 梵】仏教美術で名高い古代の地域名．現在のアフガニスタン東部とパキスタン北部．

カンタムドット【quantum dot】〔化〕〔理〕人工的に作り出された安定した原子の集まり．

カンチレバー【cantilever】〔建〕片持ち梁（ばり）．支柱や壁に一端だけ固定させて支えた梁．

カンツォーネ【canzone 伊】〔音〕イタリアの大衆的な歌曲．

カンテ【Kante 独】①〔競〕(スキ)ジャンプ競技の踏み切り台．②〔登〕岩壁の突き出た所．

カンティアン ピース【Kantian peace】〔社〕〔政〕民主的平和論．民主的な国家同士ではほとんど戦争は起こらないという仮説．ドイツの哲学者I.カントの思想に由来する．

カンデラ【candela 羅】国際単位系（SI）で，光度（光源の強さを表す量）の単位．記号は cd．

カント【cunt】女性の性器の卑語．

ガントチャート【Gantt chart】〔工〕作業日程などの進行状況を管理するための図表．作業者，作業別に工程の進行状況を予定と比較することができる．

カントリー【country】①〔地〕田舎．郊外．地方．郷土．②〔政〕国．国家．本国．③〔社〕国民．一般民衆．④〔音〕カントリーアンドウエスタンのこと．1970年代からの呼称．

カントリーアート【country art】自然にあるものを素材とした室内装飾品．

カントリー アンド ウエスタン【country and western】〔音〕アメリカの植民者たちが故郷の民謡などをもとに作り出した大衆的な音楽．C＆W．カントリーミュージック．

カントリーウエア【country wear】①〔服〕避暑地や旅先で着る軽快な服装．②〔服〕郊外でのスポーティーな服装．→タウンウエア．

カントリーウオーク【country walk】〔社〕余暇活動の一つで，田園や野道を歩くこと．

カントリー エレベーター【country elevator 日】〔農〕米を乾燥・貯蔵・調整する農業倉庫．多量のもみを乾燥させる乾燥機と大型貯蔵庫がある．英語では grain elevator．

カントリークラブ【country club】〔競〕〔社〕郊外に作る保養施設や社交クラブ．普通はクラブハウス，テニス場，ゴルフ場，プールなどをもつが，日本ではゴルフ場だけのものが多い．

カントリー クレジット レーティング【country credit rating】〔経〕先進国の金融機関が各国に資金融資をする場合の債権回収の確率度から見た国別ランキング．

カントリースクール【country school 日】〔教〕自然教室．自然の中での教育を推進する文部科学省の補助事業．英語は outdoor school．

カントリーパーク【country park 日】〔社〕第三次全国総合開発計画の地方定住構想を受けて，計画区域外に設置される都市公園．農村や漁村などの住民が，文化やスポーツを楽しめるように各種施設を整備する．

カントリービジネス【country business 日】〔農〕農業・農村を対象に，消費者と生産者がともに心の豊かさを得られるようなビジネス．

カントリーファンド【country fund】〔経〕特定の国や地域発行の有価証券へ重点的に投資するために集めた投資信託資金．

カントリーミセス【country Mrs. 日】〔社〕アメリカの田園生活風の装飾品や雑貨・小物などを好み，

133

カントリー▶

手づくりする若い主婦．

カントリーリスク【country risk】 経海外投融資や貿易取引で，相手国の政情や経済の悪化による損害を受ける可能性の度合い．政治・経済・社会全般の相手国の信用度評価となる．

カントリーレポート【country report】 経政アメリカの国務省が主な貿易相手国などの通商経済政策を分析して，議会に提出する報告書．

ガントレット【gauntlet】 罪人にむち打ちの刑を行うために二列に並んだ人垣．またそのようなむち打ちの刑．

カントン【canton】 政スイス連邦の州．フランスの小郡．

カンナ【canna】 植カンナ科の球根植物．夏から秋にかけて朱色や黄色などの花をつける．

カンヌ国際映画祭【Festival International du Film de Cannes 仏】 映1946年からフランスのカンヌで開催される映画祭．審査団は著名な映画人や文化人で構成．

カンパ カンパニア（kampanija 露）の略．社政政治運動などの活動資金を集めるために，大衆に呼び掛ける募金運動．またその寄付金．

カンバッジ【can badge】 服写真や絵柄などをプリントした金属製の円形バッジ．

カンパニー【company】 ①会社．Co.ともいう．②仲間．友達．③交際．付き合い．

カンパニーカー【company car】 営社用車．イギリスで幹部社員に現物給与される自動車．

カンパニー制【company system 日】 営企業内の事業部を独立した会社とみなす方法．または，持ち株会社制度で別会社を作る方法．

カンパニープレーン【company plane】 営社有航空機．幹部社員の出張などに使う企業専有の航空機．

カンパニー マガジン【company magazine】 企業や団体が広告宣伝用に発行する定期刊行物．ハウスオーガン．カンパニーペーパー．

カンパニーマン【company man】 ①営社寄りの社員．経営者と秘密に通じている従業員．②会社人間．会社勤め中心の人．

カンパニーユニオン【company union】 社使用者の意思で作られた労働組合．御用組合．

カンパニュラ【campanula】 植キキョウ科ホタルブクロ属の植物の総称．山野に自生するホタルブクロやイワギキョウ，園芸用のフウリンソウやヤツシロソウなどがある．

カンパリ【Campari】 料赤い色をしたイタリア産の酒．主原料はビターオレンジの果皮．

カンバン【kanban】 営かんばん方式．トヨタの資材管理システム．日本語からの借用．

カンビオ90【Cambio 90】 政ペルーの政治運動組織の一つ．1988年にアルベルト・フジモリ大統領らが結成．カンビオは変革の意．

カンピタント ムニションズ【competent munitions】 軍在来型砲爆弾の命中率を向上させた弾薬．アメリカ陸軍とイギリス国防省が共同開発．

カンピロバクター【campylobacter】 医食中毒の原因となる，グラム陰性の桿菌の一種．牛，豚，鶏の肉などから検出される．

カンプ【comp】 ①音ジャズの伴奏法の一つ．アカンパニー（accompany）の略．②広ほぼ完成の広告原稿．カンプリヘンシブ レイアウト（comprehensive layout）の略．

ガンファイター【gunfighter】 拳銃使い．ガンマンともいう．

ガンファイト【gunfight】拳銃を使った撃ち合い．決闘．

カンファレンス【conference】 ①協議会．同盟．会議．②競競技連盟．③相談．協議．会談．コンファレンスともいう．

カンフー【kung fu 功夫 中】 競中国式の拳法．クンフーともいう．

カンフー映画【kung fu movie】 映中国の格闘技を盛り込んだアクション映画．クンフー映画ともいう．

カンフル【kamfer 蘭】 薬強心剤の一つ．しょうのう液の精製により得られる．カンフル剤．

ガンプレー【gunplay】銃さばき．

カンポン【kampong；campong】 マレーシアの村落．村．集落．田舎．

ガンマ【gamma】 ①ギリシャ文字の3番目．Γ．γ．②工算入力信号に応じた出力信号強度の非直線的な変化の度合いを示すパラメーター．

ガンマ型インターフェロン【γ-interferon】 生ウイルス増殖抑制因子．リンパ球が生産するたんぱく．抗がん作用や抗ウイルス作用をもっている．

ガンマグロブリン【γ-globulin】 医血液中の血漿（けっしょう）たんぱく質の成分の一つ．はしか・百日ぜき・流行性肝炎・急性灰白髄炎などの抗体を含み，予防に用いる．

ガンマ線【γ-ray】 理放射線の一種．エックス線と比べて，波長が非常に短く透過力が強い．がん治療に有効とされる．

ガンマ線観測衛星【international γ-ray astrophysics laboratory】 宇天ガンマ線源などの観測を行う ESA（欧州宇宙機関）の人工衛星．2002年に打ち上げた．インテグラル，INTEGRAL ともいう．

ガンマ線天文衛星【γ-ray and multi-wavelength observatory】 宇天 NASA（アメリカ航空宇宙局）のガンマ線探知などを行う人工衛星．2004年に打ち上げた．スウィフト，Swift ともいう．

ガンマ線天文学【γ-ray astronomy】 宇天宇宙からのガンマ線を観測・研究する学問．

ガンマ線天文台【γ-ray observatory】 宇天1991年にスペースシャトルを使って地球周回軌道に打ち上げられた，天体からのガンマ線を観測する宇宙望遠鏡．GRO ともいう．

ガンマ線バースター【γ-ray burster】 天理数秒の間にガンマ線を強く出す現象をもつ天体．約1800個観測されている．GRB．

ガンマ線バースト【γ-ray burst】 天理非常に大きなエネルギーをもつ天体からのガンマ線が，ごく短時間に強く変化する現象．

ガンマ10【Gamma-10】 理筑波大学にある核融合研究装置の一つ．

◀キーボード

ガンマナイフ【gamma knife】 医放射線の一つであるガンマ線を病巣に照射する装置．頭部の治療などに用いる．

カンマ表示【comma numeric format】 Ⅰ算数値の表示で10,000のように3桁ごとにカンマ（，）を入れること．数値に自動的にカンマを入れる機能をもつソフトウエアがある．

ガンマ補正【gamma correcting】 Ⅰ算画面上に見える色と，プリンターなどに出力される色のずれをなくすために色の数値を調整すること．

ガンマリノレン酸【r-linolenic acid】 化不飽和脂肪酸の一種．アトピー性皮膚炎の治療などに用いる．

ガンメタル【gun metal】 ①化大砲の銃身の鋳造をはじめ，船や機械の部品に使われる銅とすずの合金．砲金．②服砲金色．鎖やバックルなどに用いる暗灰色を指す．

キ

ギア【gear】 ①用具．道具．身の回りの品物．②機歯車．歯車装置．③機歯車を使った自動車の変速装置．ギヤともいう．

ギアリングレシオ【gearing ratio】 経資金調達比率．総資産に占める自己資本の割合．

キー【key】 ①鍵．手掛かり．②重要なもの．本質．中心．③Ⅰ楽器やコンピューターの入出力装置などの機械の指先で打つ部分．④Ⅰ算データの識別を行う見出しとなる項目．

ギー【ghee】 料インド料理に用いる液状バター．ghi ともつづる．

キーアサイン【key assign】 Ⅰ算ある動作のために，コントロールキーなどの機能を指示する特別のキーと一般の文字や数字のキーを，合わせて押すように割り当てること．

キーインダストリー【key industry】 経基幹産業．鉄鋼・電力・石油・機械など，経済活動の基盤となる財貨を生産する産業をいう．

キーオプラン【Keogh plan】 営社アメリカの自営業者向けの退職金積立プラン．

キーカスタマイズ【key customize】 Ⅰ算アプリケーションや OS（基本ソフト）が定義している，キーと機能の関連付けを利用者が変更すること．またはその機能のこと．

キーカレンシー【key currency】 経基軸となる国際通貨．基軸通貨．

キーグリップ【key grip】 映セットを組んだり大道具の搬出入を行う要員のリーダー．

キー信号【key signal】 Ⅰビデオ画像の合成などを行う際に基準とする信号．画像をはめ込む場所を白黒の信号で決定する．

キーステーション【key station】 放放送網の中心となる放送局．番組制作局．

キーストーン【keystone】 ①建かなめ石．②かなめ．中心．基調．中心思想．③競（野球）二塁のこと．キーストーンコンビは二塁手と遊撃手．

キーストローク【key stroke】 Ⅰ算キーボードのキーを押した時に沈む深さ．メーカーによって異なるが，5mm前後が主流．

キースラガー【Kieslager 独】 地層状含銅硫化鉄鉱鉱床．海底で噴火した玄武岩が堆積物に覆われ変成してできた，鉄や銅を含む鉱床．

キータッチ【key touch 日】 Ⅰ算OA機器のキーを押すこと．キーボードを操作すること．

キーディスク【key disc】 Ⅰ算コンピューターやアプリケーションソフトの不正使用を防ぐためのディスク（主にフロッピーディスク）．

キーテクノロジー プラン【key technologies plan】 軍アメリカが兵器システムでの長期的な優位を確保するために行う，先進技術の現状分析と将来予測．

キートップ【key-top】 Ⅰ算キーボードを構成している個々のキーの上面のこと．それぞれ入力される特定の文字や記号が記されている．

キーノート【keynote】 ①音主音．音階の第一音．②基調．基本思想．基本方針．

キーノート アドレス【keynote address】 基調演説．キーノートスピーチ．

キーパー【keeper】 ①守る人．保持する人．管理する人．世話をする人．②競ゴールキーパーの略．

キーパーソン【key person】 重要人物．集団や組織の中で影響力のある人物．

キーパーチャージ【keeper charge】 競(サカ)ゴールキーパーに対する妨害．反則の一つ．

キーパッド【keypad】 Ⅰ算キーボードだけが独立した入力装置．

キーパル【keypal】 Ⅰ化電子メールを交換し合う友人．またその交友関係．

キーパンチャー【keypuncher】 Ⅰ算穿孔機を操作する人．キーパンチオペレーター．

キーピッチ【key pitch】 Ⅰ算キーボードで隣り合うキー同士の中心の距離．通常のフルサイズのキーボードでは 19mm．

キープ【keep】 ①保持する．守る．置いておく．②競球を保持すること．③競ゴールを守ること．

キープアライブ パケット【keep alive packet】 Ⅰ算通信の相手先が通信可能状態にあるか確認するために送る短いパケット．

キープライト【keep to the right】 右側を走行せよ．右側を通行せよ．⇔キープレフト．

キーフレーム【key frame】 Ⅰ算アニメーションや動画を構成する一連のフレームのうち，基準となるフレームのこと．

キーフレーム法【key frame method】 Ⅰ算放コンピューターアニメーションの制作技法の一つ．動きの基準となる二つの図形の対応する頂点間を内挿し，中間の頂点位置を求める．

キープレフト【keep to the left】 左側を走行せよ．左側を通行せよ．⇔キープライト．

キーポイント【key point 日】 重要な点．問題解決の手掛かりとなる点．

キーボード【keyboard】 ①音鍵盤楽器．②ピアノなどの鍵盤．③Ⅰ算コンピューターに文字などを入

キーボード ▶

力する鍵盤状の装置．④鍵を掛けておく板．

キーボード ショートカット【keyboard shortcut】 [I算]いくつかのメニュー画面を経て入力しないとできない命令を，1回のキー操作でできるようにすること．

キーボード テンプレート【keyboard template】 [I算]キーボード上にかぶせる枠で，個々のキートップの機能以外の，キーアサインによる機能を示したもの．

キーボード配列【keyboard layout】 [I算]キーボードのキーの配置．JIS や ASCII などいくつかの配列がある．

キーボードマクロ【keyboard macro】 [I算]アプリケーションソフトの機能の一つ．ユーザーが加えた一連の操作を記録しておき，一度のコマンド実行で自動的に再現する．

キーボードリセット【keyboard reset】 [I算]キーを押してコンピューターを再起動すること．Windows では[Ctrl]＋[Alt]＋[Delete]キー，MacOS では[コマンド]＋[control]＋[パワー]キーを同時に押す．

キーホール インベストメント【keyhole investment】 [経]市場参入の足がかりとして，参入分野の企業の株式を取得すること．

キーホール サージェリー【keyhole surgery】 [医]身体の組織を傷つけるのを最小限にする外科手術．光ファイバーを用い，患部を調べて手術を行うような方法．

キーホール ジャーナリズム【keyhole journalism】 内情を暴露するジャーナリズム．のぞき見趣味的なジャーナリズム．

キーマクロ【key macro】 [I算]一連の操作をキー操作として登録し，一度の操作で実行できる設定のマクロ機能．キーボードマクロ．

キーマネー【key money】 [経社]敷金と礼金．借家人が契約時に家の鍵と引き換えに払うところから．

キーマン【keyman】 中心人物．キーパーソン．

キーマン インシュアランス【keyman insurance】 [経]経営者や幹部に対して，会社が受取人になって掛ける生命保険．経営者保険．

キーリカバリー【key recovery】 [I算]アメリカ政府が緊急時に暗号を合法的に解読できるように，鍵を生成するためのデータを公的機関に預託させる制度．

キール[1]【keel】 [機]竜骨．船底の中心部を縦貫する部材．

キール[2]【Kir 仏】 [料]カクテルの一種．辛口の白ワインにクレームドカシスを混ぜて作る．食前酒として用いる．

キーレスエントリー【keyless entry】 [機]無線を用いて自動車の扉などの施錠・解錠を行う仕組み．

キーロー【KILO】 [軍]旧ソ連の通常推進攻撃型潜水艦．NATO（北大西洋条約機構）によるコード名．

キーロガー【keylogger】 [I算]パソコンなどのキーボード操作を記録するソフトウエア．

キーロフ【Kirov 露】 [軍]旧ソ連の大型原子力巡洋艦．対空・対水上・対潜水艦などの装備をもつ．

キーワード【keyword】 ①問題を解く鍵となる言葉．②[I算]情報検索の対象となる重要語．検索語．

キーワード検索【keyword search】 [I算]検索項目の内容に関連した言葉で，データベースの検索を行うこと．

キーワード スポッティング【keyword spotting】 [I算]音声認識で，重要あるいは必要なキーワードのみを取り出す音声認識手法．

キウイ【kiwi】 ①[植]キウイフルーツ（kiwi fruit）の略．②[鳥]キウイ科の鳥の総称．ニュージーランド特産の無翼鳥．

キウイフルーツ【kiwi fruit】 [植]マタタビ科のつる性落葉果樹．果実は鳥のキウイに似る．

キオスク【kiosk】 [営]駅や広場などで，雑誌などを販売する店．キヨスクともいう．

ギガ【giga-】 ①10億倍．10億の．②$10^9$を表す国際単位系（SI）の接頭語．記号は G．③[I算]メモリーの基本単位の一つ．$2^{30}=1073741824$倍を意味する．

ギガバイト【gigabyte】 [I算]情報量の単位の一つ．1ギガバイトは10^9バイト．1024メガバイトに当たる．

ギガビット【gigabit】 [I算]10億ビット．

ギガビット イーサネット【gigabit Ethernet】 [I算]データ伝送速度が1GbpsのLANのこと．10BASE-Tや100BASE-Tを相互接続するバックボーンネットワークを高速化できる．

ギガビット イーサネット アライアンス【Gigabit Ethernet Alliance】 ギガビットイーサネットの普及を目指し設立した業界団体．主メンバーは LAN 関連機器メーカー，半導体メーカー，パソコンメーカーなど．

ギガビットメモリー【gigabit memory】 [I算]10億ビット級の記憶素子．シリコン基板などの表面を，原子層を一層単位で削る食刻技術で作る次世代の素子．

ギグ【gig】 [音]ジャズ奏者がクラブなどに出演すること．特に一晩だけの仕事をいう．また，通常と異なるメンバーで行うセッション．

キシリトール【xylitol】 [化]天然甘味料として使う糖アルコール．シラカバなどから抽出した物質に水素を添加して作る．キシリット．

キス アンド テル【kiss and tell】 暴露する．秘密を漏らす．信頼を裏切る．

キス アンド ライド【kiss-and-ride】 [社]近くの駅やバス停まで妻が自家用車で夫を送り，電車やバスに乗り継ぐこと．

ギズモ【gizmo】 名のわからないもの．何とかいう器械．

キスリング【Kissling 独】 [登]リュックサックの一つ．大型で，両わきにポケットが付き，ふたのない閉じ口はひもで締める．

キチン【chitin】 [化生]甲殻類の甲羅，昆虫類の表皮，菌類の細胞壁などにある多糖の一つ．

キチン循環【Kitchin cycle】 [経]周期3～4年の在庫投資変動の波が引き起こす景気循環．在庫循環．キチンの波．インベントリーサイクル．

キック【kick】 ①蹴る．蹴とばす．②蹴ること．③[競]

スポーツで蹴る動作やプレー．④事を始める．

キックアウト【kickout】①競サッカーなどで球を側線外に蹴り出すこと．②解雇．追放．

キック アンド ラッシュ【kick and rush】競ロングキックで相手陣内深く球を送り，前衛がなだれ込んで得点を狙う戦法．

キックイン【kick-in】競フットサルで球がタッチラインを越えた場合，従来のスローインでプレーを再開する代わりに，足で蹴って行うこと．

キックオフ【kickoff】競サッカーやラグビー，アメリカンフットボールなどで，競技開始や再開時の球の蹴り出し．試合開始もいう．

キックオフ スピーチ【kickoff speech】政選挙運動の皮切りとなる演説．

キックターン【kick turn】競(スキ)方向転換法の一つで，片方のスキーを蹴るように上げて180度方向を変え，それに他方のスキーをそろえるやり方．

キックバック【kickback】経礼金．手数料．わいろ．割り戻し金．

キックポイント【kick point】競(ゴルフ)クラブシャフトの剛性の分布を表すもの．

キックボクシング【kickboxing 日】競タイ式ボクシングをもとに，足技やひじ打ちなどの変形を加えた競技．日本で考案された．

キッシュ【quiche 仏】料パイ生地にハム，チーズ，野菜などを混ぜ入れて焼いた料理．

キッズ【kids】子供たち．若者．

キッズビデオ【kids video】映子供向けのビデオ映像作品．

キッズファッション【kids fashion 日】服子供のファッション．しゃれた服やアクセサリーなどを着用する．

キッズマーケット【kids market 日】営広高級ブランドや古着などのファッションで育った団塊ジュニアの子供世代を対象とする市場．高額化，ブランド化が進んでいる．

キッズムービー【kids movie】映主役や重要な役を子供が演じている映画．

キッズレストラン【kids restaurant】料離乳食やお子様ランチなど，乳幼児向けの食事を用意しているレストラン．

キッダルト【kidult】仮12歳から34歳までの年齢層のテレビ視聴者のこと．kidとadultの合成語．

キッチュ【Kitsch 独】俗悪なもの．まがいのもの．きわもの．

キッチンイーター【kitchen eater 日】医心ストレスなどで，台所で四六時中食べ続けて肥満になった主婦のこと．

キッチンウエア【kitchenware】台所用品．

キッチンガーデン【kitchen garden】植野菜や草花を混植して，収穫と観賞を楽しむ園芸．

キッチン キャビネット【kitchen cabinet】①台所に作り付けた食器戸棚．②政大統領や政治家などの非公式な顧問団．

キッチンシンク【kitchen sink】建台所の流し．

キッチン スペシャリスト【kitchen specialist】建台所の改装・改築などを専門に請け負う人．依頼者の希望やプランを検討したり，販売業務や商品開発を行ったりする．

キッチンドリンカー【kitchen drinker】医心台所飲酒者．主婦が，ストレスなどから家族に隠れて日常的に酒を飲むこと．

キッチンユニット【kitchen unit】建流し台やガス台など，台所用具が一式になったもの．

キット【kit】①模型などの組み立てに用いる一組みの材料．②道具一式．

キッド【kid】①子供．②子ヤギのなめし革．

キッドウエア【kidware】I算子供用の教育ソフトウエア．kidとsoftwareの合成語．

キットカット【Kit-Kat】イギリスのチョコレート菓子の商標名．

キット製品【kit for injectable drug】薬注射薬をあらかじめ容器に入れ，扱いをしやすくしたもの．注射筒中に入れたものや，二つの袋にそれぞれ別の注射液を入れて連結・混合するものなど，各種の方式がある．

キッドプリーザー【kid pleaser】映子供向け娯楽映画．

キッドフレーション【kidflation】経子供にかかるさまざまな経費が上昇すること．kidとinflationの合成語．

キティ【Kitty】①「プチパース」という財布のキャラクターとして登場した猫．人気キャラクターの一つ．商標名．②[k-]子猫．ねこちゃん．

キティー【kiddie】子供．ちびっこ．子ヤギ．

キティーコンド【kiddie condo】建アメリカで，親が大学に通う子供のために購入する分譲アパート．

キティーホーク【Kitty Hawk】①宇2003年に打ち上げられた火星探査衛星マーズエクスプレスに搭載された無人火星探査飛行機．キティーホークは，ライト兄弟が初飛行に成功したノースカロライナ州の地名にちなむ．②軍アメリカ海軍の通常型の超大型空母．

キティーポルノ【kiddie porno】幼児性愛の愛好者たちのために，幼児に対する性行為などを撮影したビデオや出版物．

キトサン【chitosan】化生甲殻類の甲羅などにある多糖の一つ．キチンの脱アセチル化物．

キドニーパンチ【kidney punch】競(ボクシ)反則パンチの一つ．腎臓の部分を打つパンチ．

キニーネ【kinine 蘭】薬キナアルカロイドの一種．キナ皮から採れる．マラリアの特効薬．解熱剤・強壮剤などに用いる．

キニエラ【quiniela 西】社スペインで，サッカーや競馬など公営競技の賭博．

ギニョール【guignol 仏】芸指人形．人形劇の一種．

キヌア【quinoa キヌ】植アカザ科植物の種子．穀類の一種．南アメリカ大陸アンデス地方で紀元前から栽培している．キノアともいう．

キヌプリスチン【quinupristin】薬抗菌薬の一つ．

キネコ【KINECO】映ビデオ画像をフィルムにプリントしたり，フィルム画像をビデオテープに転換する装置．Kinescope recordingの略．キネレコともいう．

ギネスブック【Guinness Book of Records】イギリスのギネス社が毎年刊行する珍しい世界記録を集めた本.

キネティックアート【kinetic art】①美動く芸術. 自然の力・動力・照明などを取り入れた前衛的な美術作品, またその様式. キネティシズムともいう. ②映光や自然による動きを芸術的にとらえる映像表現.

ギブアップ【give up】降参する. 手を上げる. あきらめる. 放棄する.

ギブ アンド テーク【give-and-take】互いに利益を与え合い, かつ得ること. 互譲.

ギプス【Gips 独】医石膏(せっこう)を使って患部を固定する包帯.

ギブソンミックス【Gibson mix】I算コンピューターの性能を測るために用いるコマンドの組み合わせの一つ. 1命令当たりに要する平均時間を求め, 性能を測る尺度にする.

キブツ【kibbutz 希】社生産手段の集団的所有を基礎とする集産主義によるイスラエル独特の農業共同体. 国有地を借りて農業・軽工業を集団的に運営している.

ギフト【gift】贈り物. 進物. 贈答品. 寄贈品.

ギフトカード【gift card 日】①経贈答用商品券. ②贈り物に添える手短なあいさつ状.

ギフトクーポン【gift coupon】①営贈答用の商品引換券. ②景品引換券.

ギフト券【gift certificate】営デパートなどの贈答用商品券.

ギフトタックス【gift tax】法贈与税.

ギフト法【GIFT】医体外受精の一方法. 配偶子卵管内移植. 卵と精子の混合物を卵管内に移植する. gamete intrafallopian transfer の頭字語から.

ギプノペジヤ【gipnopediya 露】教外国語学習方法の一つで, 睡眠中にテープを繰り返し聞かせることによって学習効果を上げようとするもの. 旧ソ連で開発された睡眠学習法.

キプロス紛争【Cyprus conflict】軍政中東のキプロス共和国で, 多数派のギリシャ系住民と少数派のトルコ系住民が対立している紛争.

ギミー【gimme】金品をねだること. 物欲. give me からの転.

ギミーキャップ【gimme cap】広服企業名や銘柄名などが入った無料配布宣伝用の帽子.

ギミック【gimmick】①放写真や音の合成・特殊撮影などによる効果. ②広興味を引き付けるための新工夫・新案の総称.

キムチ【gim-ci 朝】料朝鮮料理の一つ. さまざまな野菜, 果物, 魚介類に唐辛子, ニンニクなどを入れた漬物.

ギムナジウム【Gymnasium 独】①建体育館. ②教ドイツの中等学校.

ギムネマ茶【gymnema tea】料健康茶の一種.

ギムレット【gimlet】料ドライジンとライム果汁を混ぜて作るカクテル.

キメラ【chimera】生二つ以上の異なる遺伝子が入り混じって形成された個体.

キメラ商品【chimera goods】複合商品. 時計と電卓のように, 二つの独立した機能を備えた商品.

キメラDNA【chimera DNA】生大腸菌由来のプラスミドなどに異種生物のDNA断片を挿入した組み換えDNA分子.

キメラマウス【chimera mouse】生遺伝子組み換え技術で人工的に作られた実験ネズミ.

ギャグ【gag】映劇放笑いを誘うせりふや演技.

ギャグマン【gagman】映劇放ギャグを作り出す人. ギャグ作家.

ギャザー【gather】服布を細かく縫い縮めて作るひだ. ギャザリングともいう.

ギャザリング【gathering】①集会. 会合. 集合すること. ②布のひだ. ギャザー. ③社同じ商品の購入希望者を募集し, まとめ買いによって割安に手に入れること.

キャス【CAS】I算アメリカのオハイオ州にある世界最大級の化学情報データベース. Chemical Abstracts Service の頭字語から.

キャスク【cask】①理使用済み核燃料の輸送容器. ②たる. おけ.

キャスケット[1]【casket】①宝石箱. 小箱. ②棺. ひつぎ.

キャスケット[2]【casquette 仏】服前の部分だけつばがあり, 上部は平らな帽子.

キャスター【caster】①家具, トランク, ピアノなどの脚や底部に付いている移動用の足車. ②投げ釣りをする人. ③(日)放ニュース解説者. ニュースキャスターの略. 英語は anchor (man), または newscaster.

キャスターバッグ【caster bag 日】服底に足車の付いた大型旅行かばん. 英語は bag with casters.

キャスティング【casting】①映劇放役を割り振ること. 配役. ②投げ釣り.

キャスティング ディレクター【casting director】映製作者が選択する主役以外の俳優を選び, 契約を結ぶ責任者.

キャスティング ボート【casting vote】①政議会などで賛否同数の時, 議長がもつ決定票. ②拮抗する勢力分布で, 大勢を決める少数派の決定権. 英語では decisive vote ともいう.

キャスト【cast】①配役. ②釣り糸を投げ込むこと. ③鋳造. 形をとること. ④I算マルチメディアデータを登場人物のように区分けして画面上で管理する方法.

キャストタイトル【cast title】映放配役を記した字幕.

キャセロール【casserole 仏】料西洋料理用のなべの一種. 厚手のふた付きで, 煮込みや蒸し焼きに用いる. またそれを使った料理.

キャタピラー【Caterpillar】機無限軌道式トラクター. 商標名.

キャッサバ【cassava】植トウダイグサ科の多年草. 東南アジアなどで栽培され, サツマイモ状の根を食用にする. 根から採れるでんぷんがタピオカ.

キャッシャー【cashier】営経現金を扱う出納係.

◀ キャップ

スーパーマーケットなどの会計係．

キャッシュ【cache】　①［I］［算］一度アクセスしたデータを高速のメモリー（RAM）に記録しておく機能．②貯蔵庫．隠し場所．

キャッシュアウト【cash-out】　［営］［経］現金払い．現金収入．チップなどの換金．

キャッシュ　アンド　キャリー【cash-and-carry】　［営］［経］現金払いで持ち帰り方式の．配達をしない現金売りの．

キャッシュ　オン　デリバリー【cash on delivery】　［営］［経］現品到着時に代金を支払うこと．着払い．COD．コレクト　オン　デリバリー．

キャッシュカード【cash card】　［経］銀行の現金自動支払い機などによって預金や払い出しなどに用いるカード．

キャッシュ　クリーナー【cash cleaner】　［経］［社］非合法に取得した資金の出所をわからなくして、きれいに見せる働きをする業者．マネーロンダラーともいう．

キャッシュサーバー【cache server】　［I］［イ］WWW サーバーなどのサーバーが管理しているデータのコピーを蓄積して、そこから迅速にデータを提供するもの．

キャッシュスイッチ【cache switch】　［I］［算］MacOS で、内蔵されたキャッシュメモリー（CPUと主記憶装置の中間に位置する高速メモリー）をオン／オフするコントロールパネル上の指示．

キャッシュ　ディスペンサー【cash dispenser】現金自動支払い機．CDともいう．

キャッシュバック【cash back】　［経］現金を払い戻すこと．クレジットカードの利用代金の一部が、預金口座に返金される方法などがある．

キャッシュフロー【cash flow】　［営］［経］経営資金の流入や流出．一定期間内に企業が出し入れした資金の額．

キャッシュフロー経営【cash flow management】　［営］資金の流出入を企業業績の評価指標の中心にする経営方法．

キャッシュフロー計算書【cash flow statement】　［営］［経］企業の一会計期間の資金の収支を営業活動、投資活動、財務活動に分けて表示した計算書．

キャッシュフロー　フレーション【cash-flowflation】　［経］企業が商品の価格を値上げすることによって起こるインフレ．

キャッシュボックス【Cash Box】　［音］アメリカの流行音楽の情報誌．商標名．

キャッシュ　マネジメント【cash management】　年金資産などの余剰資金を運用・管理する金融サービス．

キャッシュ　マネジメント　システム【cash management system】　［営］［経］企業グループの資金をコンピューターを用いて集中管理する方式．CMSともいう．

キャッシュメモリー【cache memory】　［I］［算］一度アクセスしたデータを記録しておくメモリー（RAM）．中央処理装置（CPU）の中の内部キャッシュと外部の専用キャッシュメモリーとがある．

キャッシュ　レジスター【cash register】　［営］［経］銭登録器．

キャッシュレス【cashless】　［経］現金が不要で．支払いに現金を用いない．

キャッシュレス社会【cashless society】　［社］現金を持ち歩かなくても、カードの利用で商品やサービスを購入できる社会．

キャッシング【cashing】　［経］金融機関などが個人向けに行う小口融資．現金化の意．

キャッシング　サービス【cashing service】　［経］銀行などの金融サービス．特に自動現金貸し出しを指す場合が多い．

キャッスル【castle】　①建城．城郭．②建城のような建物．大邸宅．館．③チェスで城将．

キャッチ　アズ　キャッチ　キャン【catch-as-catch-can】　①［競］（レスリング）フリースタイルのこと．②なりふり構わず行う．手当たり次第に．

キャッチアップ【catch up】　①追いつく．達する．指摘する．②［I］［イ］インターネットでニュース記事を読む時に、記事を全部読んだことを示す機能．既読の扱いにすること．

キャッチ　アンド　リリース【catch and release】　釣りの方法の一つ．釣り上げた魚を再び水に放すこと．

キャッチコピー【catch copy 日】　［広］消費者などの注意を引きつける広告・宣伝の文案．

キャッチセールス【catch sales 日】　［営］街頭で話しかけ、言葉たくみに商品を売りつける販売方法．

キャッチバー【catch bar 日】　［料］街頭でたくみに客を誘って連れ込み、法外な料金を取る酒場．英語は clip joint、または jip joint．

キャッチフレーズ【catchphrase】　［広］人の心をとらえる簡潔な宣伝文句．うたい文句．

キャッチホン【catch phone 日】　［I］通話中に他から電話が入ると合図音が出て、前の通話者を待たせて通話できる電話の一方式．割り込み電話．アメリカでは call-waiting．

キャッチホンⅡ【catch phone Ⅱ 日】　［I］話し中にキャッチホン信号が入っても出られない場合、代理応答装置を使い、伝言を録音して、後で着信者に通知するサービス．1995年から NTT が開始．

キャッチャーゲーム【catcher game 日】　小型クレーンを操作して、ぬいぐるみなどを吊り上げて取り出すゲーム機．クレーンゲーム．

キャッチワード【catchword】　①［広］宣伝文句．うたい文句．標語．②辞典などの欄外に付ける見出し語．

キャッツアイ【cat's-eye】　①［鉱］猫目石．②夜間の交通安全のため、中央分離線上や横断歩道などに埋め込まれた反射びょう．

キャットウオーク【catwalk】　①建劇場や橋などの高所に設ける作業者用の狭い通路．②劇客席に設ける張り出し舞台．

キャットショー【cat show】　動純粋種の保存と改良、普及に加え、愛猫家の交流を目的にするショー．

キャットフード【cat food】　飼い猫用の加工食品のえさ．

キャップ[1]【cap】　①服縁なしの頭にぴったりした帽子．前の部分だけつばのあるものも含む．②［営］［経］歳

139

キャップ ▶

出上限.③[競](ｼﾞｭ)国代表の試合であるテストマッチの出場選手に与えられる帽子.

キャップ[2] キャプテン(captain)の略.①取材・報道の長.②[社]政党などの下部組織の責任者.

ギャップ【gap】 ①すき間.溝.隔たり.②[G-][服]アメリカのカジュアル衣料品小売会社.またそのブランド名.

キャップ アンド カラー モーゲージ【cap-and-collar mortgage】[経]返済金利の上限と下限が定めてある抵当融資.

キャップカーボネート【cap carbonate】[地]氷河堆積物を覆う厚い縞状炭酸塩岩.

キャップスリーブ【cap sleeve】[服]洋服の肩先を隠すぐらいのふくらんだ短い袖.

キャップ制【cap system】①[競](ｼﾞｭ)国を代表するチーム同士の試合に出場する選手に,栄誉をたたえ帽子を贈る制度.②[経]政策項目ごとに歳出規模の上限を設定する仕組み.

キャップロック【cap rock】[地]帽岩.水溶性の天然ガスや原油を含む層をふた状に覆う黒い泥岩の層.

キャディー[1]【caddie】[競](ｺﾞﾙ)競技者の道具を運んだり競技の手助けなどをする人.

キャディー[2]【caddy】[I][算]CD-ROMドライブにCD-ROMを入れる時に使うケース.現在はトレイ式が主流.

キャド【CAD】[I][算]コンピューターを使って設計の調整を図ったり,デザインしたりすること.computer-aided designの頭字語から.

キャド キャム【CAD/CAM】[I][算]コンピューターを利用した設計・生産.computer-aided design/computer-aided manufacturingの略.

キャトル ミューティレーション【cattle mutilation】[生]牛などの家畜が体を切られて死ぬという怪奇現象.

キャニスター【canister】 ふた付きの小型容器.茶,コーヒー,砂糖などの保存に用いる.

キャノピー【canopy】①[建]天がい.天がい状の覆いやひさし.②電灯などのかさ.③大空.④航空機などの操縦席上部を覆う防風ガラス.⑤パラシュートの傘体.カノピーともいう.

キャノン【cannon】[軍]大砲.

キャノンボール【cannonball】①弾丸列車.②[競](ｼﾞｭ)弾丸サーブ.③軍旧式の大砲用の丸い砲弾.

キャバクラ キャバレー(cabaret)とクラブ(club)の合成語.[社]新傾向の風俗営業の一種で,キャバレーの大衆性とクラブの高級性を備えたもの.

キャパシター【capacitor】[電]蓄電器.コンデンサーともいう.

キャパシティー【capacity】①容積.容量.収容能力.②能力.才能.キャパともいう.

キャパシティーコスト【capacity cost】[営][経]企業が設備と人員を維持するために常に必要とする経費.

ギャバジン【gabardine】①[服]綾織物の一つ.横糸より縦糸を密にして織る.②[服]中世のユダヤ人が着た足首まである外とう.

キャビア【caviar】[料]チョウザメの卵の塩漬け.珍味で知られる.

キャピタリズム【capitalism】[経]資本主義.

キャピタル【capital】①[政]首都.首府.州都.②[経]資本.純財産.③[建]柱頭.

キャピタルインテンシブ【capital-intensive】資本集約型の.

キャピタル インベストメント【capital investment】[経]資本投資.

キャピタルゲイン【capital gain】[経]資本利得.資本益.資本収益.保有資産の売却で生じる利得や,株価の値上がりによる売買益.

キャピタルゲイン課税【capital gains taxation】[経]株式など有価証券を売却して得た利益に対する課税.

キャピタルフライト【capital flight】[経]資本逃避.信用低下国の金融資産を売り,より安全な国の金融資産に買い換えること.

キャピタル マーケット【capital market】[経]株式・社債・国債などの流通市場.資本市場.

キャピタル リロケーション【capital relocation】[営]資本の再配置.資本の運用方法などを変え,効率をよくすること.

キャピタルロス【capital loss】[経]債券や不動産などの値下がりによって被る損失.

キャピック【CAPIC】 刑務作業で受刑者が製作した製品の商標名.

キャビティー アイアン【cavity iron】[競](ｺﾞﾙ)クラブヘッドの裏側を深くくりぬき,スイートスポットを広くしたアイアン.

キャビテーション【cavitation】[理]空洞現象.流体の中に空間ができること.船のスクリューの回転数が大きくなり過ぎた時など,圧力の変化から水蒸気の泡が発生して空洞ができる.この現象が起こるとスクリューの能力が下がる.

キャピトル【Capitol】①[政]アメリカの国会議事堂.②[c—][政]アメリカの州議会議事堂.

キャビネ【cabinet 仏】[写]印画紙などのサイズの一つで,120mm×165mmの大きさ.

キャビネット【cabinet】①飾り戸棚.収納家具.②ラジオやテレビ,ステレオなどを収める箱形ケース.③[C—][政]内閣.閣議.

キャビネット ガバメント【Cabinet Government】[政]議院内閣制をとる国における内閣主導型政府.

キャピラリー【capillary】 毛のような.毛状の.毛細現象の.

キャビン【cabin】船室.客室.小屋.

キャビン アテンダント【cabin attendant】旅客機の乗客の世話をする客室乗務員.フライトアテンダントともいう.

キャブ【cab】タクシー.

キャブシステム【CAB system】[建]電電線類をひとまとめにして地下のU字溝に収める方式.CABはcable boxの略.

キャプション【caption】①見出し.表題.②[印]写真などに付く説明文.ネーム.③[映]字幕.

キャプシン【capuchin 仏】[服]フードの付いた女性用外とう.

◀キャリアイ

キャプスロックキー【caps lock key】 ⅠⓅ大文字のアルファベット入力の機能を担うキー．キーが押された状態を保持できる．CAPS キーともいう．

キャプチャー【capture】 ①Ⅰ⃣画面に表示されている情報を画像ファイル化すること．②捕らえる．取り込む．③捕獲．獲得．

キャプチャーカード【capture card】 Ⅰ⃣ MacOS で，ビデオ信号から画像を取り込む装置．カード拡張スロットに差し込んで使う．

キャプティブ【captive】 ①捕らわれた．とりこになった．専属の．捕虜．とりこ．②Ⓟ企業が自ら設立する保険子会社．

キャプテン[1]【CAPTAIN】Ⅰ⃣文字図形情報ネットワーク．各種の情報を電話回線を使って利用者のテレビ受像機に提供するシステム．Character and Pattern Telephone Access Information Network の略．

キャプテン[2]【captain】①統率者．指導者．主将．②船長．機長．③競（サッ）日本サッカー協会の最高責任者．④軍陸・空軍の大尉．海軍の大佐．

キャプテンシー【captaincy】 キャプテンの果すべき役割．指導力．

キャブレター【carburetor】 機気化器．ガソリンを気化させ，空気と混合してシリンダーに送る装置．

キャブレター バレー【Carburetor Valley】 競競走用自動車の製造工場が集まる，ロンドン近郊の地域．なだらかな起伏がある地域として，先端技術を用い優れた技術者などが従事する．

キャミソール【camisole 仏】 服女性用下着の一種で，袖なしの胴着．

キャミソールドレス【camisole dress 日】 服下着のスリップを上衣にしたようなドレス．スリップワンピースともいう．

ギャミンヌ【gamine 仏】 いたずらっ子．おてんば娘．

キャメル【camel】 ①動ラクダ．②服ラクダの毛で作る毛織物．③ラクダ色．

ギャラクシー【galaxy】 ①天銀河．星宇宙．②［G-］軍アメリカ空軍の大型輸送機．

ギャラクシー エクスプレス ロケット【Galaxy Express rocket】 機中国の人工衛星に用いる商業打ち上げロケット．GXロケット．

キャラクター【character】 ①特徴．性質．性格．人格．②性格付けされた存在．アニメやマンガの主人公・登場人物．キャラともいう．③劇⃝演劇・小説などの登場人物．劇の役．④文字．符号．記号．

キャラクター アニメーション【character animation】 Ⅰ⃣映Ⓟ人間や動物など意志をもって動くものを扱うアニメーション．

キャラクターゲーム【character game 日】 Ⅰ⃣電子ゲームの分類の一つ．アニメや漫画で名の知られる登場人物を主人公にしたゲーム．

キャラクター商品【character goods 日】Ⓟ漫画などの主人公や実在の著名人などを商品化に応用したもの．玩具，文具，Tシャツ，菓子などに多い．キャラクターグッズともいう．

キャラクターショップ【character shop 日】Ⓟタレント自身が経営者となって，自分のキャラクターを生かした製品などを売る店．英語は entertainer's shop．

キャラクターセット【character code set】 Ⅰ⃣Ⓟ文字コードセット．コンピューターで扱う文字や記号に一つ一つ割り当てられた固有のコードの集まり．

キャラクター ディスプレー【character display】 Ⅰ⃣Ⓟ主に文字を画面に表示する装置．

キャラクター ビジネス【character business 日】 Ⓟ人気のある各種のキャラクターの使用権を売買する業務や企業．

キャラクター ブランド【character brand】 服大手メーカーの製品で企業の個性や特徴を強く打ち出した服飾品．

キャラクターベース インターフェース【character-based interface】 Ⅰ⃣機器やソフトウエアの操作に際して，絵文字などを用いた図案的な指示ではなく，文字・記号のみで操作するインターフェース．

キャラクター マシン【character machine】 Ⅰ⃣Ⓟ英数字，かな，漢字など，文字を基本単位として動くようにしたコンピューター．

キャラバン【caravan】 ①隊商．登山隊．②ほろ馬車．有蓋貨物車．

ギャラリー【gallery】 ①美画廊．美術館．②競ゴルフ競技などの観衆．③建回廊．④劇天井桟敷．またまことに入場する観客．

ギャラン【galant 仏】 優しい．女性に親切な．

ギャランティー【guarantee】 ①出演料．謝礼金．ギャラともいう．②保証．保証金．保証人．

ギャランティー型【guaranty type】 Ⅰ⃣電気通信事業者が利用者に対して，サービスの品質を一定に保証する通信サービス．

ギャランティー チェック【guarantee check 日】 経支払いを銀行が保証している個人用の小切手．英語は credit check．

ギャランティードカー【guaranteed car】Ⓟ保証車．下取りした中古車を点検・整備し保証を付けて販売するもの．アプループドカー．

ギャラント【gallant】 女性に礼儀正しく，思いやりのある．勇気のある．フランス語のギャランと同じ．

キャリア[1]【career】 ①経験．経歴．履歴．生涯．②職業・本業という意味で，キャリア組のこと．③競試合経験．

キャリア[2]【carrier】 ①運ぶ人・もの．②医ウイルスなどの感染者．保菌者．キャリヤー．③Ⅰ⃣ネットワークに接続したことを示す，変復調装置が発信する確認信号．②理搬送波．電荷担体．

キャリアアップ【career-up 日】Ⓟ社留学などをして経歴を高めること．資格や能力を高め，高度な専門職や管理職を目指すこと．

キャリアアパレル【career apparel】 服職場で着る制服．一つの職場に働いている意識を自覚させるために用いる．

キャリア インベントリー【career inventory】Ⓟ人材を十分に活用するために，従業員の特技や能力・経歴等をカードなどにファイルしておくこと．

141

キャリアウーマン【career woman】社専門的な職業に就いている女性.

キャリアエレガンス【career elegance】服職業意識の高い女性好みの装い.

キャリア ガイダンス【career guidance】社心転職や再就職について，技能の習得なども含めて助言をすること.

キャリアカウンセラー【career counselor】営社心求職者の職業適性を把握して，就職・転職などへの相談・助言・支援を行う係員．キャリアコンサルタントともいう.

キャリア カウンセリング【career counseling】営心職業生涯にわたるキャリア形成を支援する専門的な助言．能力や適性の把握，キャリア設計，必要な能力開発などについて助言を行う.

キャリア教育【career education】教アメリカの教育カリキュラムで，将来の進路や職業を自分で選択できるようにするため，幼稚園入学から高校卒業まで一貫した方針で子供を指導しようというもの.

キャリア組【career】社政国家公務員試験の国家公務員採用Ⅰ種(旧上級甲)に合格し，中央本省庁に採用された一般行政職の俗称.

キャリア コンシューマー【career consumer】社時間も財力もある専業主婦．文化活動へ参加する時間的余裕があり，高額な商品も次々と購入できるような主婦層をいう.

キャリアズレート【carrier's rate】Ⅰ電気通信事業料金．事業者間接続料金．通信サービス提供のためにネットワークの相互接続に際して支払う.

キャリア デベロップメント プログラム【career development program】営総合的人事管理システムの一つ．従業員の個性や技術が組織内で十分に発揮でき，それにより自己の人生目標や将来像の実現にも役立つというもの．CDPともいう.

キャリア濃度【carrier concentration】理半導体内にある伝導電子濃度と正孔濃度の総称.

キャリアパス【career path】営将来の管理職に通じる仕事.

キャリアパターン【career pattern】営従業員の能力を生かすには，どのような教育・訓練，職務を与えればよいかをパターン化して，人材開発に役立てるもの.

キャリアバッグ【career bag 日】服働く女性が仕事用に持ち歩くためのバッグ.

キャリアプラン【career plan】営総合的人事管理体制によって，従業員を少しでも生きがいのある仕事へ接近させること.

キャリア プランニング【career planning】営社生涯計画．経歴計画．専門的訓練を受けて自分の能力を高めるような計画作り.

キャリアリスト【careerist】①立身出世主義者．②一生仕事をもって生きる女性.

キャリー【carry】①ゴ球が地上に落ちるまでの飛距離．②Ⅰ算桁上がり．加算の際に生じる，桁の上がりのこと．10進法の場合，2進法の場合などいずれにもいう．回ボロー．③運ぶ．持って行く.

キャリーアウト【carryout】社持ち帰り方式の料理．テークアウトともいう.

キャリーイン【carry-in】Ⅰ算使用者自らが，メーカーのサービスセンターに機器を持ち込み修理を依頼する方式.

キャリーオーバー【carry-over】営経次期繰り越し.

キャリーコット【carry-cot】乳幼児の持ち運び用小型ベッド．クーハンともいう.

キャリーバッグ【carry bag】服トランクの底にキャスターが付いていて，ハンドルを引いて運ぶバッグ.

キャリオカ【carioca】①芸社交ダンスに用いるサンバの一種．②〔C-〕リオデジャネイロ生まれの人．リオデジャネイロの住民．カリオカともいう.

キャリッジリターン【carriage return】Ⅰ算カーソルを現在の行から次の行の先頭に移動すること．EnterキーによるCR改行．CRともいう.

キャリバー【caliber】①直径．銃の口径．②品質の等級．③度量．力量．才能.

キャリブレーション【calibration】①化理校正．標準器や標準試料などを用いて計測器の表す値と，その真の値との関係を求めること．②Ⅰ算色補正機能．システム全体で色彩表示の調整をすること.

キャリヤー【carrier】①運送業者．運輸会社．航空会社．②荷台．運搬車．③機送り装置．④航空母艦．⑤医保菌者．ウイルスなどの感染者．キャリアともいう．⑥電搬送波．⑦電電気を運ぶものの意で，電子と正孔.

キャリヤートーン【carrier tone】Ⅰ算電話回線を介したデータ送信で，データの運搬をする搬送波が変調されていない状態の音．変調の基準となる.

ギヤリングレシオ【gearing ratio】経分離型ワラント債を発行した会社の株価上昇につれ，分離されたワラントの価格の上昇ぐあいを見る投資尺度の一つ．レバレッジレシオ.

ギャル【gal】女の子．少女．娘．特に若くて活発な女の子.

キャルス【CALS】Ⅰ製品の開発，設計，発注，生産，流通，保守に至るすべての過程で，文書・図面の製品情報をコンピューターネットワーク上で，電子データとして調達側と供給側が共有するシステム．CALSは今はcommerce at light speedの頭字語.

ギャルソン【garçon 仏】①青少年．②料レストランなどの男性の給仕人．ガルソンともいう.

ギャルソンヌ【garçonne 仏】①男っぽい少女．②服男性的な感じにまとめる女性の装い．ガルソンヌともいう.

ギャルママ【gal mama 日】社10代の未婚の母親.

ギャレー【galley】機航空機や船舶，キャンピングカーなどに設ける調理室.

キャロウエー方式【Callaway system】ゴ(デブ)ハンディキャップ算出法の一つ．ハンディを決めないでプレーした後，18ホールのグロススコアから最多打数のホールのスコアを順に引いてネットスコアとして，成績順位を決める．アメリカのL.キャロウエーが考案.

◀キャンベラ

キャロット【carrot】󰀀ニンジン.
ギャロップ¹【gallop】󰀀(馬術)馬の走る速度の中で, 最も速い駆け足のこと. 早駆け.
ギャロップ²【galop】󰀀急テンポの輪舞. または輪舞曲.
キャロル【carol】󰀀祝いの歌. 喜びの歌.
ギャング【gang】①組織暴力団. ②暴力団員. 悪漢. 凶悪犯. ③一味.
ギャングエイジ【gang age】󰀀子供の成長過程の一時期で, 集団を作って荒々しい遊びやいたずらをする時期.
ギャングスタ ラップ【gangsta rap】󰀀アメリカ大都市のゲットーに住む黒人の若者の生活を歌ったラップ音楽.
ギャングバンガー【gangbanger】󰀀非行青少年グループの構成メンバーのこと. 暴走的行動を起こす者.
ギャングレイプ【gang rape】集団婦女暴行.
キャンサー【cancer】󰀀がん.
キャンセル【cancel】①予約・契約などの取り消し・破棄. 英語では「取り消す」という動詞. ②󰀀コンピューターなどの操作を取り消すこと.
キャンセレーション チャージ【cancellation charge】󰀀予約取り消し料.
キャンター【canter】󰀀(馬術)馬の駆け足の速度のなかで, ゆっくりとした駆け足のこと. 普通駆け足. カンターともいう.
キャンディッド【candid】率直な. 正直な. 気取らない. 形式ばらない.
キャンディッド フォトグラフィー【candid photography】󰀀ポーズを作らない自然の姿を撮った写真. スナップ写真.
キャンドゥー エコノミックス【can-do economics】󰀀実行・実現がはっきりでき, 実際の効果がわかる経済政策.
キャンドゥー炉【CANDU reactor】󰀀カナダで開発された重水炉. 冷却材・減速材とも重水を用いる.
キャンドルサービス【candle service 日】①󰀀キリスト教の復活祭前夜やクリスマスイブなどに行う儀式で, ろうそくを携えたミサ. ②結婚式の披露宴で, 参会者のテーブルのろうそくに, 新郎新婦が火をともして回ること. 英語はいずれも candlelight service.
キャンドルナイト【candle night 日】󰀀生活提案活動の一つ. 消灯し, ろうそくの火だけでゆっくりした夜の時間を過ごす.
キャンバス【canvas】①画布. カンバス. ②󰀀(野球)一, 二, 三塁のベース. 英語では sack, bag. ③󰀀ボクシングなどのリングのマット. ④テントや帆などに用いる丈夫な布. カンバス.
キャンパス【campus】①大学などの構内. 校庭. ②大学. 学園.
キャンパスウエア【campus wear】󰀀大学生が着る活動的で若々しい服装.
キャンパスコンビニ【campus convenience store 日】󰀀大学構内に設ける小規模スーパーマーケット.

キャンバストップ【canvas top】󰀀屋根の部分をキャンバス張にした自動車. 巻き上げてオープンカーの雰囲気が楽しめる.
キャンパスビジネス【campus business】󰀀経営者が学生である事業のこと. 内容はイベント企画, ミニFM局運営などさまざま.
キャンパスポリス【campus police】󰀀アメリカの大学で, 交通取り締まりから保安までの権限をもっている警備員.
キャンバスミュール【canvas mule 日】󰀀甲の部分を包み込んだつっかけ型のサンダルで, 布地でできているもの.
ギャンビット【gambit】①機先を制するための策略. ②チェスの序盤で先手を取るための手の一つ.
キャンピング【camping】野営. キャンプ.
キャンピングカー【camping car 日】󰀀野営用の設備をもつ自動車. アメリカでは camper, travel trailer といい, イギリスでは motor caravan という.
キャンピングスクール【camping school】󰀀林間・臨海学校. キャンプ教室.
キャンピングストーブ【camping stove】󰀀キャンプ料理で使う調理器具.
キャンプ【camp】①野営. ②󰀀登頂用の基地. ③󰀀強化訓練のための合宿・調整練習. 合宿場. ④󰀀軍捕虜収容所. ⑤党派などの陣営.
キャンプ インストラクター【camp instructor 日】󰀀キャンプの基礎技術や野外活動技術などを指導する係員. 日本キャンプ協会が資格を授与する.
キャンプオン【camp-on】󰀀電話交換機システムで, 通話回線の結合や再結合を自動的に行う機能.
キャンプサイト【campsite】キャンプ場. 野営地. 野営用テントを張る場所.
キャンプ デービッド合意【Camp David Accord】󰀀1978年にアメリカ大統領専用の山荘キャンプデービッドで, エジプトのサダト大統領, イスラエルのベギン首相, アメリカのカーター大統領が署名した合意文書. CDA.
ギャンブル【gamble】賭け事. ばくち. 冒険.
ギャンブル依存症【gamble dependency】󰀀持続的に賭博を繰り返してやめられなくなっている状態.
キャンペーナブル【campaignable】󰀀広告キャンペーンを展開するのに適していること.
キャンペーン【campaign】󰀀󰀀宣伝活動. 選挙運動. 組織的・計画的な宣伝や啓蒙活動. あるテーマを訴える社会的・政治的な活動や集中的な販売戦略などにいわれる.
キャンペーンガール【campaign girl 日】󰀀󰀀企業や団体が行う宣伝・啓蒙活動を印象付ける役目をする女性.
キャンペーン広告【campaign advertising】󰀀広告を用いて行われるキャンペーン.
キャンペーンセール【campaign sale 日】󰀀創業記念や歳末・期末など, 一つの名目の下で大売り出しをすること. 英語は sales campaign.
キャンベラ委員会【Canberra Commission】

143

キュアリング【curing】 社政核兵器廃絶のためのキャンベラ委員会．1995年にオーストラリアのキーティング首相の呼び掛けで設立．

キュアリング【curing】 生農食物の保存処理をすること．養生すること．

キュイサルド【cuissardes 仏】 服膝上まであるロングブーツ．

キュイジーヌ モデルヌ【cuisine moderne 仏】 料近代的料理．フランス料理の新傾向の一つで，伝統的料理をさっぱりと仕上げるのが特徴．

キュー[1]【cue】 ①撞玉突きの棒．②放テレビやラジオ放送で，せりふ・演技・音楽などの開始を告げる合図．Qとも書く．

キュー[2]【queue】 ①列．順番を待つ列．②工算待ち行列．1列に並んだデータの列．入れるデータは後端から，取り出すデータは先頭からに限られる．

キューシート【cue sheet】 劇放劇や放送番組などの制作に必要な段取りや指図の書いてある表．番組制作進行表．

キューティー【cutie】 かわいい女性．気のきいたことをいう人．

キューティーパイ【cutie pie】 かわい子ちゃん．

キューティクル【cuticle】 ①表皮．外皮．②容毛髪の表皮．爪の甘皮．

キューティクル クリーム【cuticle cream】 容マニキュアの時に用いる爪の甘皮を溶かすクリーム状の液．

キュート【cute】 かわいい．魅力的な．

キュー熱【Q fever】 医羊や牛から伝染する熱病．高熱・悪寒を伴う．

キュービスト【cubist】 美立体派の美術家．

キュービック【cubic】 三次の．三乗の．立方の．立方体の．

キュービック ジルコニア【cubic zirconia】 化ジルコニウムの酸化物の単結晶．ダイヤモンド類似石として装飾などに用いる．

キュービット【qubit】 工算量子コンピューターで計算を行う時の基本単位．

キューブ【cube】 立方体．立方体状のもの．

キューブアイス【cube ice】 料角氷．ます目に区切った製氷器で作る．

キューポラ【cupola】 ①鉱溶銑炉．②建円屋根．ドーム．

キュビスム【cubisme 仏】 美立体派．20世紀初め，パリに起こった芸術運動．ピカソ，ブラックなどが知られる．

キュプラ【cupra】 服洋服の裏地などに用いる人造繊維．紡糸する原液となる銅アンモニア（cuprammonium キュプラアンモニウム）の略．商標はベンベルグ．

キュベルテス【kybernētēs 希】 機船舶の「舵」の意味．サイバネティックスの語源．

キュミュラティブ【cumulative】 累積する．積み重ねる．

キュラソー【curaçao 仏】 料スピリッツやブランデーにオレンジの皮を漬けたリキュール．

キュリアス【curious】 好奇心の強い．もの好きな．知りたがりの．

キュリー【curie】 理放射性物質の量を表す単位．記号は Ci. 国際単位はベクトル．

キュリー温度【Curie temperature】 理鉄やフェライトなどの磁性体で，磁場をかけなくても自発的に磁化する時の固有の温度．

キュリオシティー【curiosity】 好奇心．物好き．珍しいもの．

キュレーター【curator】 教社美学芸員．美術館・博物館・図書館などで，企画・運営・研究などに携わる専門職．

キュロット【culottes 仏】 服乗馬用などの半ズボン．

キュロットスカート【culotte skirt 日】 服女性用衣服の一種．足を入れる部分が二つに分かれている半ズボン式のスカート．英語は単に culottes.

ギヨー【guyot】 地平頂海山．深海底にそびえる海山で，頂上部分が平らなもの．

キヨスク【Kiosk】 置JR線の駅構内にある売店の名称．商標名．

キラー【killer】 殺し屋．殺人鬼．

キラーアップ【killer app】 工算最新の技術を用いた高度な機能をもち，既存の製品を駆逐するようなアプリケーションソフト．

キラー アプリケーション【killer application】 工算あるハードウエアが急激に売り上げを伸ばす要因になるアプリケーション．

キラー衛星【killer satellite】 宇軍衛星攻撃衛星（satellite attack satellite）．目標の衛星に近づき，自爆して目標を破壊する．

キラーエッグ【Killer Egg】 軍アメリカ海兵隊の特殊作戦用ヘリコプター．機体が卵形のところから．

キラー言語【killer language】 言少数言語を消滅に追い込む英語などの言語のこと．

キラーコンテンツ【killer contents】 工放インターネットや放送などで，圧倒的な力がある情報内容や制作番組．

キラーたんぱく質【killer protein】 化生自殺遺伝子の働きで合成され，細胞を殺す作用をする物質．

キラーT細胞【killer T cell】 生標的細胞にとりついて直接攻撃する機能をもつT細胞．T細胞は胸腺依存性細胞のこと．がん治療の面で重視されている．

キラーテクノロジー【killer technology】 従来の技術を陳腐化させる画期的な新技術．

キラーネット【killer net】 環イカ漁などに用いる底引き網の異称．海底の環境を破壊すると，環境保護団体が使っている言葉．

キラーバグ【killer bug】 生殺人バクテリア．激症型の溶血連鎖球菌のこと．

キラーパス【killer pass 日】 競サッカーなどで，相手側に致命的な一撃を与える送球．

キラーホエール【killer whale】 動イルカ科の哺乳動物．シャチ．サカマタ．オルカともいう．

キラル【chiral】 化それ自身の鏡像に重ね合わせられない分子の性質．右手と左手の関係のような対掌性のある．キラリティーともいう．日アキラル．

キラル工学【chiral technology】 化原子の三

次元的配列順序だけが異なる光学異性体を合成する技術．キラルテクノロジーともいう．

ギリー【gillies】 服舌革がなくカットが低い編み上げ靴．

ギリシャ正教会【Greek Orthodox Church】 ①宗ギリシャの国教．ギリシャを管轄地域とする独立教会．②ビザンチン帝国のキリスト教会を起源とする東方正教会．

キリスト教【Christianity】 宗イエス・キリストを神の子とし，唯一絶対の神によって魂の救済を得ようとする世界宗教．

キリスト教民主同盟【Christlich-Demokratische Union 独】 政ドイツの政党の一つ．1945年に設立．CDU．

キルサイト【kill site】 獲物の解体場．

ギルティー【guilty】 法有罪の．

キルティング【quilting】 服刺し子縫い．2枚の布の間に綿や毛を入れ，外布ごと縫い合わせて模様を表すもの．防寒服などに用いる．

キルト[1]【kilt】 服イギリスのスコットランドに伝わる格子じまの男子用ひだスカート．

キルト[2]【quilt】 服綿などを芯にして刺し縫いする手芸品．掛けぶとんやベッドカバーなどにする．

ギルド【guild】 歴中世ヨーロッパにおいて商工業者が組織した同業者組合．現在では，組合，同業者組合などの意味で使われる．

ギルドホール【guildhall】 社イギリスの市役所，町役場，公会堂．

キルヒ【Kirch】 ドイツの大手メディア企業グループ．2002年に倒産．商標名．

キルビークル【kill vehicle】 軍アメリカの国家ミサイル防衛で用いる迎撃ミサイル．レイセオン社製で1999年に迎撃実験に成功した．

キル フィー【kill fee】 出版社から作家に依頼された原稿が，都合で出版されなかった場合の保証報酬．ギャランティーフィー．

キルン【kiln】 建かま．炉．

キレーション【chelation】 医アミノ酸やビタミンなどを点滴し，体内の重金属などを尿として排出させる治療法．

キロ【kilo】 10^3（1000倍）を表す国際単位系(SI)の接頭語．記号はk．

キロバイト【kilobyte】 Ｉ算主記憶装置の記憶容量を表す単位．コンピューター処理の基本となる情報量の単位が1バイトで，1キロバイトは10^3バイトで1024バイト．KB．

キロマンシー【chiromancy】 手相術．

キロメートル ランセ【kilomètre lancé 仏】 競（スキ）最小300mの直走斜面を滑降し，途中の計測区間でのタイムを競う競技．フライングキロメーターともいう．

キワノ【kiwano】 植ウリ科の果物．アフリカ原産で，とげのある黄色の果皮をもち，果肉は緑色．

ギンガム【gingham】 服しまや格子柄の平織りの木綿布．

キンキー【kinky】 ①よじれた．縮れた．②風変りな．異常な．性的に倒錯した．

キンキールック【kinky look】 服若者が着用す

る風変わりな装い．

キングサーモン【king salmon】 魚サケ属では最大種のサケ．マスノスケ．

キングサイズ【king-size】 服特大判の．特大型の．大きい寸法の．英語では普通 extra large．

キングジョージ６世＆クイーンエリザベスステークス【King George Ⅵ & Queen Elizabeth Stakes】 競イギリスのアスコット競馬場で行われる国際レース．1951年に創設．距離は約2400m．

キングズ イングリッシュ【King's English】 言イギリスの標準英語．女王統治の場合はクイーンズ イングリッシュという．

キングストン弁【kingston valve】 船舶の海水取り入れ弁．海水は冷却用に使われる．

キングダム【kingdom】 王国．

キングピン【kingpin】 ①競（ボウリング）1番ピン．ヘッドピンともいう．中央にある5番ピンをいうこともある．②中心人物．親玉．大物．要となるもの．

キングメーカー【kingmaker】 社政政権製造者．最高要職者の決定に影響力をもつ人物．

キンダーガルテン【Kindergarten 独】 教幼稚園．幼児園．キンダーガーテンともいう．

キンバリープロセス【Kimberley Process】 経鉱ダイヤモンドの国際的な原産地認証制度．アフリカの内戦の資金源となっているダイヤモンドの事実上の禁輸措置．

ク

クアズ【QAZ】 軍スイス陸軍が開発した60mm迫撃砲用の特殊弾薬の弾体に使われる新材料．quasi-alloy of zirconium の略．

グアテマラ合意【el acuerdo de Guatemala 西】 政1987年にグアテマラのエスキプラスで開かれた中米5カ国首脳会議での，中米和平に関する合意．

グアテマラ民族革命連合【Unidad Revolucionaria Nacional Guatemalteca 西】 軍政グアテマラのゲリラの統一組織．1982年に結成．96年に政府と協定を結び，合法政党化を目指す．URNGともいう．

クアドラソン【quadrathon】 競水泳・競歩・自転車・マラソンの4種目の競技を1日で行うスポーツ．

クアドラングル【quadrangle】 四角形．

グアニン【guanine】 化生デオキシリボ核酸(DNA)を構成する四つの塩基の一つ．記号はG．

クアハウス【Kurhaus 独】 社多目的温泉保養施設．さまざまな入浴設備とトレーニング設備をもち，健康づくりを目指すもの．

クアラルンプール宣言【Kuala Lumpur Declaration】 ①政2005年12月の東アジアサミットで採択された宣言．東アジア共同体の構築に向けての共通の決意を表明．②軍生2004年2月に開催さ

クィーアフ▶

クィーアフィルム【queer film】映同性愛者が製作し、自らを表現する映画。クィーアは風変わりな、変態の、同性愛者という意。

クイーカ【cuica 葡】音円筒状の民族打楽器。サンバなどのブラジル音楽に多く使われる。

クイーンサイズ【queen-size】服女性服の大判．女性用のLサイズ．

クイーンズ イングリッシュ【Queen's English】言女王統治期のイギリスの標準英語．

クイックターン【quick turn 日】競(水泳)とんぼ返りターン．英語は flip turn．

クイックドライ【quick dry】容マニキュアの乾きを早めるために用いるスプレー式の液．

クイックビューア【quick viewer】I算 Word や Excel などの文書ファイルを、Wordや Excel などを起動しないで内容を参照するためのツール．Windows95 以降に標準搭載されている．

クイック フィックス ソサエティー【quick fix society】社政何でも簡単に手早くかたづけようとする社会のこと．

クイックフリーズ【quick freeze】急速冷凍．急速冷凍食品．

クイックプリント【quickprint】印少部数の印刷物を、すばやく仕上げるサービス．

クイックマッサージ【quick massage 日】営短時間で主に腰から上を集中的にマッサージするサービス．

クイック リファレンス【quick reference】I算簡単に項目を調べることができる用例集のこと．操作の手順などが説明されている．

クイック レスポンス システム【quick response system】I営コンピューターで生産・販売・在庫などの情報を管理し、すばやく応答する方式．QRS ともいう．

クイニーアマン【kouign amann 仏】料フランスのブルターニュ地方のパイ生地の菓子．

クインテット【quintetto 伊】音五重奏．五重唱．

グーイ【GUI】I算利用者がコンピューターに命令を与える方法を簡単にする方式の一つ．表示画面上の絵文字を指示入力装置で選択して行う．graphical user interface の略．

クー クラックス クラン【Ku Klux Klan】社政アメリカの秘密結社．白人優位を唱えている．KKK、3K ともいう．

グーグル【Google】I社アメリカの世界有数のインターネット検索企業．商標名．

グースネック【gooseneck】競(ゴル)シャフトとヘッドの連結部分がガチョウの首のような形をしているクラブ．

クーデター【coup d'État 仏】政武力による政権奪取．国家への一撃の意．

クーパー対【Cooper pair】理超伝導が起こる時に形成される反対の自転方向をもつ一対の電子．

クーハン【couffins 仏】外出時に乳幼児を入れて持ち運ぶ、持ち手の付いた大きなかご．キャリーコットともいう．

グーフィースタンス【Goofy stance】競一枚板のスノーボードに、右足を前に乗る方式．⇔レギュラースタンス．

クーペ【coupé 仏】機2ドアの2人乗り、または4人乗りの乗用車．

クーポニング【couponing】営新聞や雑誌に載せるクーポン広告を用いる販売促進法．

クーポン【coupon 仏】①社宿泊券などと組になった乗車券．②営商品券．③無料優待券．割引券．④経債券．公債などの利札．

クーポンカード【coupon card】営商品券をカード化したもの．提携店で買い物ができ、集積回路を内蔵したカードに購入額と残額が記録される．

クーポン広告【coupon advertising 日】広商品の価格割引や優待券付き広告．

クーポンマガジン【coupon magazine】社無料で配布される、飲食店などの割引券付き情報雑誌．

クーラーボックス【cooler box 日】携帯用の保冷箱．

グーラグ【gulag】社政強制収容所．ラーゲル．

クーラント【courante 仏】音速いステップのイタリア起源の舞曲．バロック時代には組曲を構成する曲となった．

クーリエ【courier】①営ビジネス文書などを急送する国際宅配便での、名目上の荷物の持ち主．運び屋．②急使．特使．添乗員．旅行の従者．美術品などの輸送に付き添う人．

クーリエサービス【courier service】営国際宅配便．緊急のビジネス文書や小荷物を国際航空便を使って送るサービス業態．

クーリエチケット【courier ticket 日】営社国際宅配便の運び屋役を務めて得られる格安の航空券．荷物の名目上の持ち主を社外に求める方法から派生した．

クーリエル【courriel 仏】Iフランス語で電子メールのこと．

クーリングオフ【cooling-off】①営社訪問販売などで、消費者が商品購入の契約を結んでも一定期間内であれば無条件で契約解除できる．消費者保護制度の一つ．②冷却させる．

クーリングダウン【cooling down】競整理操．競技や運動の後に、体を平静にするため行う軽い体操．クールダウンともいう．

クーリングタワー【cooling tower】機冷暖房設備に使う冷水を作るための冷媒を冷やす装置．

クール^1【cool】①涼しい．冷静な．冷淡な．②かっこいい．すてきな．

クール^2【cours 仏】放連続番組の放送期間の単位．一般に週1回で13回が1クール．

クール＆ウオーム【cool and warm 日】服温かみのある肉厚素材を使った、重さを感じさせない涼しさ感のある服．また、軽く薄い素材を重ねて温かさを出した服．

クールー【kuru】医パプアニューギニアの先住民に見られる致死性の脳疾患．プリオンが病原体とされ

◀クォーテー

る.

グールー【guru】 カリスマ性をもった指導者．ある分野の権威者．単にリーダーの意でも用いる．もとはヒンズー教の導師・教父の意．グルともいう．

クールカジュアル【cool casual 日】 服 高級ブランドのスーツなどを普段着のように着る若い男性の装い．

クールサイト【cool site】 IT算 Web ページのデザインやコンテンツの構成などが優れているサイトのこと．クールは粋な，格好良いの意．

クールダウン【cool down】 競 整理体操．強い運動を終えた後に行う整理運動．ウォームダウン．⇔ウォームアップ．

クールチューブ【cool tube】 部屋の暖まった空気を地中の管に通して冷やし，冷房に利用する方式．

クールデタント【cool détente】 経社政 核が世界を制した時代は終わり，経済で緊張緩和がもたらされるという主張．冷めた緊張緩和の意．

クールビズ【COOL BIZ 日】 環服 環境省が温暖化ガス削減を目的に打ち出した「夏のビジネス軽装」．ネクタイ・上着なしのスタイル．⇔ウォームビズ．

クールブリタニア【Cool Britannia】 社 かっこいいイギリス」．愛国歌「ルール・ブリタニア」のもじり．

グールマン【gourmand 仏】 食美食家．食通．健啖家．グルマンともいう．

グーロー シェーディング【Gouraud shading】 IT算 コンピューターグラフィックスで，滑らかな陰影変化を表現するシェーディング技法の一つ．

クーロン【coulomb】 電理 電気量・電荷の単位．記号はC．1アンペアの電流で1秒間に運ばれる電気量．

クーロンの法則【Coulomb's law】 電理 電気力の大きさは電荷間の距離の二乗に反比例するという法則．

クーロンブロッケード【Coulomb blockade】 理 超微細構造で，1個の電子が微小電極を出入りする際に，電子の動きを抑制する現象が見られること．

クーロン毎キログラム【coulomb per kilogram】 理 X線またはガンマ線の照射で，空気1kgにつき放出された電離性粒子が，空気中にそれぞれ1Cの電気量を有する，正および負のイオン群を生じさせる照射熱量．記号はC/kg．

クーロン力【Coulomb force】 理 電荷や磁荷において，+と+のように同じ符号のもの同士は反発し，違うもの同士は引き合う力．

クーン主義【Kuhnianism】 『科学革命の構造』を著したトマス・クーンと，それに近い発想の科学史・科学哲学者の立場．

クエーサー【quasar】 天 準恒星状天体．遠くにあり活動の激しい銀河と考えられている．quasi-stellar object の略．QSO．

クエスチョネア【questionnaire】 質問表．アンケート調査．

クエスチョン【question】 ①質問．疑問．②法 審理．尋問．

クエスチョン タイム【question time】 政 イギリス下院の質問時間制度．テーマを定めず政府の基本方針などを，首相や閣僚らと野党幹部議員が一定時間議論する．

クエリー【query】 IT算 データベースを検索する場合に管理システムに対して起こす処理要求．問い合わせとも呼ばれる．

クエン酸【citric acid】 化 柑橘（かんきつ）類に含まれる有機酸で，医薬品・清涼飲料水・化粧水などに使われる．クエンは中国語で柑橘類．

クエン酸回路【citric acid cycle】 生 有機物を酸素を用いて二酸化炭素と水に分解する過程で，一連の酵素反応が環状につながり，その間を一巡する間に物質が完全に分解されること．トリカルボン酸回路，クレブス回路ともいう．

クエン酸シルディナフィル【sildenafil citrate】 薬 男性の性機能改善治療用に開発した薬品．商品名はバイアグラ．イギリスのファイザー社中央研究所で合成された．

クォーク【quark】 理 素粒子の構成要素と考えられている基本的な構成子．物質を形づくる最も基本的な粒子．アメリカのマレー・ゲルマンが存在を提唱した．

クォーク グルーオン プラズマ【quark gluon plasma】 理 高エネルギーの原子核同士を衝突させると，原子核を構成する核子が溶けて現れる高温の気体状態．QGP．

クォークハドロン相転移【quark-hadron phase transition】 理 ビッグバン宇宙が膨張すると低温・低密度化し，相転移が起こってクォークがハドロンに閉じ込められること．

クォータ【quota】 ①分け前．割り当て．分担分．規定数量．②IT算 複数の利用者が使う OS（基本ソフト）で，利用者ごとに使えるファイルシステムの容量に上限を設ける機能．

クォーター【quarter】 ①4分の1．15分．②経 25セント．25セント硬貨．③四半期．

クォータータイム【quarter time】 競 試合時間の4分の1ごとの休憩．

クォーターバック【quarterback】 競（アメリカンフットボール）センターの後ろに位置して攻撃の主軸となるポジション．攻撃作戦を指示する．QB．

クォーター ファイナル【quarterfinal】 競 準々決勝戦．

クォーター ライニング【quarter lining】 服 夏服や合コートのように肩の部分にだけ裏地を付ける仕立て方．肩裏仕立て．

クォータ制【quota system】 ①経 非自由化の輸入品目の数量を割り当てて輸入制限をする制度．輸入割り当て制度．IQ制（import quota system）ともいう．②政 選挙の立候補者や国の審議会の人数などで，男性・女性のどちらにも偏らないように，比率を定める方法．

クォータ ホッピング【quota hopping】 経 輸入割り当て規制を合法的手段で回避すること．

クォータリー【quarterly】 季刊．

クォーツ【quartz】 鉱 水晶．石英．

クォーツ時計【quartz clock】 機 水晶の結晶に電圧を加えて振動させ，時を刻む時計．

クォーテーション【quotation】 引用．引用文．

147

クオドルプ ▶

クオドルプル【quadruple】①4倍の．四重の．四拍子の．②競(ボ゙ー)4人漕ぎスカル．

クオリティー【quality】品質．質．性質．

クオリティー オブ ライフ【quality of life】社生命の質．生活の質．人生の質．生命の質を重んじる姿勢を表す言葉で，医療や福祉などで用いられる．QOL ともいう．

クオリティー コントロール【quality control】営品質管理．QCともいう．

クオリティー ペーパー【quality paper】格調の高い新聞．高級紙．プレスティージペーパー，エリートペーパーともいう．

クオリティーライフ【quality life】社質の高い生活．日常生活に理知的な活動を積極的に取り入れて，生きがいを見いだす生き方．

クオリファイ【qualify】①競自動車レースで行う公式予選．②資格を得る．適任となる．

クオンタイズ【quantize】Ⅰ算 MacOS では，即時対応で取り入れた MIDI データのリズムの狂いを修正すること．

クオンツ【quants】経確率論などを使い，リスクをできるだけ少なくする方法で，為替や債券などの取引を行う人々．quantitative analysis（定量分析）から生まれた用語．

クオンティティー【quantity】量．数量．⇔クオリティー．

グスク建歴中世時代に沖縄諸島に築造された城館．支配層（按司）の軍事・宗教的拠点だったとみられる．

クスクス[1]【couscous 仏】料ひき割り麦などの粉で作る顆粒状の麺．北アフリカの料理．

クスクス[2]【cuscus】動ユビムスビ．オーストラリアやニューギニアの森林にすむ有袋動物．

クズネッツ循環【Kuznets cycle】経アメリカの経済学者クズネッツが報告した建築活動に見られる約20年周期の景気循環現象．建築循環．クズネッツの波．

クダンクラム原子力発電所【Kudankulam nuclear power plant】インドのタミルナード州クダンクラムにロシアの援助で建設予定の原子力発電所．

クチュール【couture 仏】服裁縫．仕立て．縫製．女性服の仕立業．

クチュールブランド【couture brand】服ヨーロッパの熟練技術家やデザイナーが限定生産する高品質で高価格の服飾品．ＣＢともいう．

クチュールメーク【couture makeup】容メーキャップ法の一つ．目元・口元・肌など顔を存在感のある形に仕上げる方法．

クチュリエ【couturier 仏】服高級注文服のデザインをする男性の裁縫師．女性の場合はクチュリエール（couturière 仏）．

クチュリエール【couturière 仏】服高級洋装店の女性デザイナーで，ブランドの女性の総責任者．

クッカー【cooker】料調理器具．

クッキー【cookie】①料焼菓子の一種．小麦粉．牛乳，バター，砂糖などを混ぜ合わせて焼く．②Ⅰ㊞利用者がウェブサイトに接続した時に，サーバーから送り出す文字情報．端末のハードディスクに保存される．

クッキーバー【cookie bar 日】料できたての手づくりケーキを量り売りする店．英語は cookie stand．

クッキングカード【cooking card】料料理の材料や調理法などを記したカード．英語では recipe card ともいう．

クックチル【cook-chill】料調理済みの冷蔵食品．

クックチルシステム【cook-chill system】営料給食の生産システム．加熱した料理を急速に冷やして0〜3℃で保管し，供食時に再度加熱する．

クッションバッグ【cushion bag】書籍などを送るための袋．紙の間に中身を傷つけないようにクッションが入っている．

クッシング症候群【Cushing's syndrome】医脳下垂体および副腎皮質の異常によって起こる病気の一つで，身体の各部に脂肪が異常に付着したり，高血圧・多毛症・無力症などになったりする．

グッズ【goods】商品．品物．所有物．所持品．

グッディー【goody】いいもの．うまいもの．ごちそう．

グッドウィル インダストリー【goodwill industry】営社善意産業．家庭の不用品を寄付してもらって安く売り，収益を慈善事業に当てるリサイクル店．GIともいう．

グッドウィル ガイド制度【goodwill guide system】社善意通訳制度．外国人観光客を迎える環境づくりの一つ．

グッドカンパニー【good company】営革新性をもち，財務比率が優れているが，さらに社会貢献活動・慈善行為を積極的に行う特質も兼ね備えた企業．

グッドデザイン【good design】営社通産省（現経済産業省）の意匠奨励審議会で優良品と認められたもの．Gマークを認可された優良品を指す．

グッド フォー ナッシング【good for nothing】値打ちのないこと．取るに足りないこと．取るに足りない人．ろくでなし．

グッドラック【good luck】幸運を祈る．お元気で．別れ際に発するあいさつ語．

グッドルッキング【good-looking】顔立ちがよい．器量がよい．美貌の．

グナーワ【Gnawa】音モロッコの黒人音楽．魔術的強烈さをもつ．

グヌーテラ【Gnutella】Ⅰ算直接，ユーザー同士が MP3 ファイルを交換するためのフリーソフトウエア．

グミキャンデー【Gummi candy 日】料かむとゴムのような歯ごたえのあるキャンデー．Gummi はドイツ語でゴムの意．

クミン【cumin】植セリ科の一年草．種子を香辛料などに用いる．

グム【GUM】営旧ソ連の国営百貨店．Gosudarstvenni Universalni Magazin の略．

クメール国民党【Khmer National Party】政カンボジアの野党の一つ．フンシンペック党を追わ

クメールルージュ【Khmer Rouge】政赤いクメール．カンボジアの1960年代に起こった左翼系の革命的運動組織の総称．れたサム・レンシーが1995年に結成．KNPともいう．

クラーク【clerk】事務員．社員．店員．書記．事務官．

グラーテ【Grate 独】登尾根．英語ではリッジ（ridge）．

クライアント【client】①広広告主．得意先．②I算ネットワークでサーバに特定の機能の実行を要求し，結果を利用する側（端末側）のコンピューター．⇔サーバー．③法訴訟依頼人．④心カウンセリングなどの相談者．成長への課題を抱え適応上の問題をもった人．クライエント．

クライアントサーバー システム【client server system】I算 LAN 上のコンピューターを，特定の機能を提供するサーバーとこれを利用するクライアントとに役割分担させた処理システム．

クライアント中心療法【client-centered therapy】心来談者中心療法．面接を通して患者の緊張感をゆるめ，悩みを自分で解決できるようにするカウンセリングの方法．

クライアント ライセンス【client license】I算 Windows NT などで，クライアント（端末コンピューター）がサーバーに接続する権利の設定．

クライオエレクトロニクス【cryoelectronics】電理低低温電子工学．極低温下で生じる超電導などの物性を利用する電子工学．

クライオジニクス【cryogenics】理低温学．クライオジニク（cryogenic）は，物を貯蔵するために適した極低温のこと．

クライオセラピー【cryotherapy】医冷却療法．寒冷療法．

クライオトロン【cryotron】I理コンピューターなどに用いられる論理素子の一つ．極低温下で超導性の磁場の変化を利用するスイッチ素子．

クライシス【crisis】①危機．重大局面．転機．②劇緊迫した場面．

クライシス マネジメント【crisis management】社危機管理．特に，自然災害やテロなどに対する対策をいう．

クライシス レスポンスチーム【crisis response team】教社危機対応チーム．学校などで事件や事故が起きた時に子供の心をケアする，精神科医や臨床心理士らの専門家チーム．CRTともいう．

グライスの法則【Glice's law】言会話を情報交換の場と見る言語哲学者H.P.グライスの考え方．

グライダー【glider】機滑空機．

クライテリア【criteria】判断．選択の基準．環境問題で健康に影響を与える汚染要因の判定条件．

グライドパス【glide path】航空機の計器着陸で，誘導電波が進入角度を知らせるための．滑降進路．

クライベビー【crybaby】泣き虫．弱虫．被害者のように振る舞う人．

クライマー【climber】登登山者．

クライマックス【climax】①頂点．最高潮．絶頂．やま．②生極相．生物群集が時間の経過に伴って変化する遷移で，最後に当たる安定した相．

クライミング【climbing】①登ること．登はん．②登岩場や沢などで手足でよじ登ること．

クライミング ウオール【climbing wall】登表面に突起物を取り付けた人工壁．フリークライミング用に室内やビルの外壁に設ける．

クライム【crime】罪．犯罪．悪事．

クライムウエア【crimeware】I算個人情報を盗み出すスパイウエアなど，悪意のあるプログラムの総称．

クライム ストーリー【crime story】文犯罪小説．犯罪を扱った小説．

クライム バスターズ【crime busters】社警察官など，犯罪撲滅を任務とする人．

クライムハッカー【crime hacker】I算社ネットワークに不正侵入し，情報を盗んだり，システムを破壊したりする犯罪者．

クライム メロドラマ【crime melodrama】映犯罪や犯罪者を主題にした作品．誇張された状況設定のものが多い．

クライメート【climate】気候．環境．風潮．

クラインガルテン【Kleingarten 独】農小菜園．市民農園．都市生活者のための余暇生活として菜園生活構想に基づいて作られる．

グラインダー【grinder】機研磨機．

グラインド【grind】舞ストリップダンスなどで，腰を回転させて踊るしぐさ．

クラインのつぼ【Klein bottle】数円筒の一方の末端を自身の内部に通して他方の末端につなげた，内部と外部の区別がつかないつぼ．

グラウコーマ【glaucoma】医緑内障．

クラウチングスタート【crouching start】競（陸上）短距離走で，両手を地面につけ，しゃがんだ姿勢でスタートする方法．

クラウディング アウト【crowding out】経国債の大量発行による景気の後退．公共資金による民間資金の押し出し・締め出し．

クラウディング アウト効果【crowding out effect】経公共資金による民間資金の押し出し，締め出し効果のこと．政府が国債を大量発行して民間の資金を吸収すると，利子率を上昇させ民間投資を減少させる．

クラウディング クライシス【crowding crisis】社刑務所が受刑者で満杯になって生じる危機的状況．

クラウド アニメーション【crowd animation】I算群衆の行動を自動制御で表現するコンピューターグラフィックスの技法．

クラヴマガ【Krav Maga】競ヘブライ語で接近戦闘術の意で，イスラエル軍やアメリカ政府機関で正式採用されている戦闘術．

クラウン【crown】①王冠．王位．②頂．頂上．③医歯冠．金冠．

クラウンエーテル【crown ether】化いくつかのエーテル結合 -O- を含む大環状ポリエーテルの総称．王冠状の分子構造をもつ．

クラウンジ ▶

クラウン ジュエル【crown jewel】 〔営〕敵対的企業買収の防衛手段として、優良部門の売却などをすること。焦土作戦ともいう。元来は、王権を表す王冠に付いている宝石のこと。

グラウンダー【grounder】 〔野球〕ゴロ。

グラウンドカバー プランツ【ground cover plants】 〔植〕地被植物。裸地を覆って生育する植物。

グラウンドゴルフ【ground golf 日】 〔競〕ゴルフに似た新考案の球技。木製クラブで打った球を、旗を立てた標的に入れて打数を競う。

グラウンドゼロ【ground zero】 ①〔軍〕爆弾の落下点。原水爆爆発の直下点。②〔社政〕アメリカ同時多発テロで崩壊した、世界貿易センタービルの跡地。③〔G-Z-〕〔社〕アメリカの反核団体。

グラウンドフロア【ground floor】 〔建〕イギリスで建物の1階。2階はファーストフロア。

グラウンドポジション【ground position】 〔競〕(レスリ)一方の選手がマット中央に両手・両ひざをつき、背後から相手選手が攻める構え。

グラウンドホステス【ground hostess】 〔営〕航空会社の搭乗受付業務などを行う女性。グラウンドスタッフ。

グラウンドレスリング【ground wrestling】 〔競〕(レスリ)寝技。

グラウンドワーク【groundwork】 基礎。土台。下地。原則。

グラウンドワーク活動【Groundwork】 〔環社〕イギリスで1980年代初めに始まった環境保全・整備の社会活動。

クラウンプリンス【crown prince】 (イギリス以外の)皇太子。

クラウンプリンセス【crown princess】 (イギリス以外の)皇太子妃。

クラクション【klaxon】 自動車の警笛。製造会社の名にちなむ。英語では普通 horn。

グラシ【glacis 仏】 〔美〕油絵で、つやを出すための上塗り技法。

グラシアス【gracias 西】 ありがとう。

グラジオラス【gladiolus】 〔植〕アヤメ科の多年草。南アフリカ原産で、葉は剣状をしている。

クラシカル【classical】 ①古典的な。正統の。②〔競〕(スキ)距離競技の走法の一つ。

クラシシズム【classicism】 〔芸文〕古典主義。

クラシック【classic】 ①古典的な。古典の。古めかしい。伝統的な。②古典作品。古典的な規範となる傑作品。

クラシック音楽【classical music】 〔音〕古典の芸術的音楽の総称。クラシックミュージックともいう。

クラシックカメラ【classic camera】 〔写〕年代物の歴史的カメラ。

クラシック クロスオーバー【classic crossover】 〔音〕クラシック風の音楽を取り入れたポップスのこと。

クラシックパンツ【classic pants 日】 〔服〕ふんどしのこと。

クラシックレース【classic races】 〔競〕3歳のサラブレッドによって行われる重賞競走。日本の中央競馬では、皐月賞、東京優駿(ダービー)、菊花賞および牝馬限定の桜花賞、優駿牝馬(オークス)を指す。

クラシファイド【classified】 ①分類された。項目別に分けた。機密扱いの。秘密扱いにされた。②〔広〕案内広告。クラシファイドアドともいう。

クラシファイド インフォメーション【classified information】 個人や企業の身近で役に立つ情報を掲載する刊行物。

クラシフィケーション【classification】 ①分類。分類作業。等級分け。格付け。②〔競〕競馬で、馬の能力を成績などから判断して、序列を付けること。

クラス【class】 ①学級。組。階級。等級。部類。種類。②〔教〕授業。③〔I算〕オブジェクト指向プログラミングで、オブジェクトの特徴を抽象化したもの。

クラスアクション【class action】 〔法〕集合代表訴訟。団体訴訟。同種の被害者のうち代表者が提訴し、判決は全員に適用されるもの。

グラスガーデン【glass garden 日】 〔植〕透明ガラス容器の中で小型観葉植物などを栽培する方法。テラリウム、ボトルガーデンともいう。

グラスコート【grass court】 〔競〕(テニ)芝生のコート。ローンコートともいう。

グラスコクピット【glass cockpit】 〔I〕自動化された飛行機の操縦席のこと。飛行運航を管理するコンピューターシステムを備え、数台の CRT (ブラウン管) 表示装置で統合している。

グラスシーリング【glass ceiling】 〔社〕男女平等とされても、現実には女性が目に見えない形で受ける差別や制限。ガラスの天井の意。

グラススキー【grass skiing】 〔競〕キャタピラ状のスキー板で、草の斜面を滑るスキー。

グラススティーガル法【Glass-Steagall Act】 〔経〕アメリカで、銀行業務と証券業務の分離を規定した1933年の銀行法。共同提案者のC.グラス上院議員とH.B.スティーガル下院議員の名にちなむ。

クラスター【cluster】 ①群れ。集団。房。②〔化〕複数のイオン、原子または分子が結合して作る集合体。③〔社〕都市計画などで、ある集合体を一つの単位(房)と考えて、複数の集合体を相互に関連づけて配置すること。④〔服〕編み物の編み方の一つで、2目以上を一度に引き抜いて房状にする編み方。⑤〔I算〕ディスクの記憶領域を論理的に区分した最小単位。ディスクの物理的な最小区分単位であるセクターをいくつかまとめた領域。

クラスターイオン【cluster ion】 〔化〕陽イオンまたは陰イオンが中心となり、周りに複数の原子または分子が集合して作るもの。

クラスター イオンビーム【cluster ion beam】 〔化〕1000個以上の原子の塊を用いたイオンビーム。

クラスター化合物【cluster compound】 〔化〕原子または分子が作るクラスターをもつ化合物。

クラスター スペシャリスト【cluster specialist】 〔営社〕いくつもの専門分野に精通している職業人。

クラスター爆弾【cluster bomb】 〔軍〕多数の小型爆弾を内蔵し、着弾寸前に飛び散る仕掛けの爆弾。

◀クラッド鋼

クラスター分析【cluster analysis】 社測定された個体間の親近性の度合いで，個体をいくつかのグループに分割する統計的技法．

クラスターロケット【cluster rocket】 機小型エンジンをいくつも束にして，大型エンジンのような性能をもたせる方式のロケット．

グラステックス【Grasstex】 競全天候型のテニスコートなどに使われる舗装材．ゴムとアスファルトを混合し弾力性がある．商標名．

クラスト【crust】 ①料パンやパイなどの皮．②地地殻．③生動物の甲殻．④堅雪．雪殻．積雪の表層が太陽熱や風などの影響を受けて堅くなったもの．

グラスノスチ【glasnost 露】 社政情報公開．公開化．旧ソ連のゴルバチョフ政権のキャッチフレーズの一つ．

クラスノヤルスク合意【Krasnoyarsk agreement】 政1997年に日本の橋本首相とロシアのエリツィン大統領が交わした，平和条約締結へ尽力するという合意．ロシアのクラスノヤルスクで会談．

グラスバンカー【grass bunker】 競(ﾃﾞ)ゴルフコースに設ける障害地の一つ．草を生やして作るバンカー．

グラスファイバー【glass fiber】 化ガラス繊維．融解したガラスを急速に引き伸ばして作る．断熱材，絶縁材，複合素材などに用いる．

グラスファルト【glassphalt】 化理ガラスとアスファルトを合成して作る容器などの素材．glass と asphalt の合成語．

クラス4ウイルス【class 4 virus】 医個体および地域社会に対する危険度が最も高いウイルス．エボラ出血熱ウイルスなど8種類が指定されている．

クラス別サービス群【differentiated services】 Ⅰ通信サービスをいくつかの種類に分類し，それに応じて事前に割り当てられた資源を優先利用する方式．

グラスボート【glass boat 日】 機船底の一部を強化ガラスで作り，海中や海底を見えるようにした遊覧船．

クラスマガジン【class magazine】 専門雑誌．限定した読者層を対象とした雑誌．

クラスメディア【class media】 広社対象を特定の階層に絞った広告・情報媒体．業界紙．⇔ゼネラルメディア．

グラスリッツェン【Glasritzen 独】 競ダイヤモンド針でガラス表面に絵柄を刻むガラス工芸．

グラスルーツ【grass roots】 一般大衆．民衆．庶民．草の根．

グラス ルーツ デモクラシー【grassroots democracy】 社政草の根民主主義．

グラスワイン【glass wine 日】 料グラスに注ぎ入れた量を一単位に販売するブドウ酒．

グラタン【gratin 仏】 料調理済みの食材をホワイトソースに混ぜ，チーズなどをかけて天火で焼いた料理．

グラチェ【grazie 伊】 ありがとう．

クラッカー【cracker】 ①料薄い固焼きの塩味のビスケット．②パーティーなどに使う爆発音とともに紙テープが飛び出すおもちゃ．③Ⅰ算他のコンピューターに侵入してデータを盗んだり，相手のプログラムやデータを破壊したりする行為をする者．悪意があったり，悪質なものをいう場合が多い．ハッカー．

クラック【crack】 ①割れ目．亀裂．裂け目．②薬コカインから作る安価で強力な麻薬．吸入によって陶酔状態に陥る．

クラックアップ【crack up】 ①粉砕する．だめになる．②社麻薬を吸う．喫煙麻薬を使う．

クラックダウン【crackdown】 締め付け．厳しい取り締まり．法律や条例の厳しい施行．

クラックハウス【crack house】 社麻薬の一種のクラックを密売する場所．

クラックバスターズ【crack busters】 社アメリカで，麻薬撲滅のための警察の特別取締班．

クラックヘッド【crackhead】 社麻薬の一種のクラックで中毒している麻薬常用者のこと．

クラックベビー【crack baby】 社麻薬を常用・乱用する母親をもつ幼児．体も小さく，生後間もなく死亡することが多いという．コカインベビーともいう．

クラッシャー【crusher】 機粉砕機．砕石機．

クラッシュ【crash】 ①物が崩れたり，ぶつかる時のすさまじい音．②航空機の墜落．車の衝突．③Ⅰ算コンピューターが突然こわれること．フロッピーディスクやハードディスクのデータが破壊されて，読み出しができなくなること．④経相場の暴落．恐慌．

クラッシュ症候群【crush syndrome】 医挫滅症候群．地震などの天災や戦争で，倒壊建造物の下敷きになった人が，救出された後に筋肉の挫滅・壊死に起因する種々の症状を起こす．クラッシュシンドローム．

クラッシュド ベルベット【crushed velvet】 服ベルベットの毛羽を押しつぶし，着古した感じを出した服装素材．

クラッシュド ベロア【crushed velour】 服けばを不規則に毛伏せし，くたびれた感じを出したもの．

グラッセ【glacé 仏】 ①料材料に糖衣をつけた料理．②凍った．冷やした．③光沢のある．つやをつけた．

クラッセンカンプ【Klassenkampf 独】 社階級闘争．

クラッター効果【clutter effect】 広雑音によって広告のコミュニケーション効果が妨害されること．

クラッチ【clutch】 ①機駆動軸から従動軸への動力を伝えたり切ったりする装置．連動機．②機クラッチの操作レバー．自動車のクラッチペダル．

クラッチスタート システム【clutch start system】 機クラッチを踏んだ時だけ自動車のエンジンが始動する方式．操作手順を間違えて急発進する事故の防止を目指す．

クラッチバッグ【clutch bag】 服抱えて持つ小型バッグ．

クラッチヒッター【clutch hitter】 競(野球)好機によく打つ打者．

クラッド【clad】 被覆材．被覆金属．ケーブルなどの中心部分を覆う周囲の部分．

グラット【glut】 過多になる．満腹する．あきあきさせる．供給過剰になる．

クラッド鋼板【clad plate】 化理複合材の一種．

151

クラップ ▶

厚鋼板の表面にニッケル，ステンレス鋼，銅などを被覆した外装材．

クラップ【clap】 手をたたく．拍手をする．パチンと音を立てる．

クラップスケート【klapschaats 蘭】 〘競〙(スケ)靴底のかかとにある支柱を固定しないで，ばねで刃を戻す仕組みのスケート靴．スラップスケートともいう．

グラデーション【gradation】 ①明暗の漸次移行．色調のぼかし．色彩や濃淡を少しずつ滑らかに変化させること．②等級．段階．変化．

グラデーション カット【gradation cut】 〘容〙段差をつけて刈る髪のカット．

グラデュエート スクール【graduate school】〘教〙大学院．

グラトフレーション【glutflation】 〘経〙商品が過剰に供給されている（グラット）にもかかわらず，価格が上がる（インフレーション）こと．

クラトン【craton】 〘地〙太古代，原生代初期に形成された大陸地殻．

グラニー【granny】 おばあちゃん．老婆．小うるさい人．

グラニーダンピング【granny dumping】 〘社〙身内の年寄りを病院や公共施設などの前に置き去りにすること．

グラニテ【granité 仏】 〘料〙冷菓．粒状の氷菓．

グラネックス【grannexe】 〘建〙年老いた親などを住まわせるために，母屋に接して建てた付属住宅・増築棟．グラニーアネックスともいう．

グラバーハンド【grabber hand】 〘Ｉ〙〘算〙手で紙を動かすように作業画面を自由な方向にずらす機能．

クラバット【cravate 仏】 〘服〙ネクタイ．

グラビア【gravure】 〘印〙凹版印刷法．写真の印刷に適する．

クラビー【clubby】 同好会的な．社交的な．クラブ風の．排他的な．入会資格が厳しい．

グラビティーダム【gravity dam】 〘建〙コンクリートで造ったダム自身の重さで，貯めた水の圧力を支えるダム．重力ダム．

グラビティーノ【gravitino】 〘理〙超対称粒子の一つ．グラビトンの対．

グラビティー プローブ衛星【Gravity Probe Satellite】〘宇〙時空の歪みの観測のため2004年にＮＡＳＡ（アメリカ航空宇宙局）が打ち上げた衛星．アインシュタイン衛星とも呼ばれる．

グラビティーモデル【gravity model】〘社〙人の移動，各地域の発着交通量と各地域間の距離によって測るモデルで，交通計画の策定に利用される．

グラビトン【graviton】 〘理〙重力量子．重力．四つの力のうちの一つ．

グラビメーター【gravimeter】〘理〙比重計．

クラブ【club】 ①同好会．社交会．②〘料〙会員制のバー．③〘競〙ゴルフなどで球を打つ棒．④トランプの札印の一つ．⑤〘音〙ディスクジョッキーが編成するダンス音楽などを流し，踊りを楽しめる娯楽施設．

グラフ【graph】 ①図表．図式．②画報．

グラファイト【graphite】 〘鉱〙黒鉛．石墨．結晶度の高い炭素．

グラファイトシート【graphite sheet】 〘Ｉ〙〘算〙グラファイト（黒鉛）を結晶化させシート状に加工したもの．ノートパソコン内でＣＰＵ（中央処理装置）などが発生させる熱を放散するために利用されている．

グラフィーム【grapheme】 〘言〙書記素．グラフェンともいう．

グラフィカル ユーザー インターフェース【graphical user interface】 〘Ｉ〙〘算〙画面，マウス，キーボードといったインターフェースに図や記号を用いて，その機能を視覚的に把握できるようにしたもの．グーイ．ＧＵＩともいう．

グラフィック【graphic】 ①図表の．図解の．図案的な．②挿絵．画報．グラフ誌．

グラフィックアート【graphic arts】 〘美〙書画・写真・印刷美術など，図像を描き出す芸術の総称．

グラフィック イコライザー【graphic equalizer】 〘音〙可聴帯域を3～5に分け，各々を増幅・減衰させることができる等価増幅器．グライコともいう．

グラフィックス【graphics】 ①製図法．製図学．②〘Ｉ〙〘算〙コンピューターの出力装置に表示される図形や図表．

グラフィックス アクセラレーター【graphics accelerator】 〘Ｉ〙〘算〙画面表示や画像の表示処理を高速化するアクセラレーター．

グラフィックス エンジン【graphics engine】 〘Ｉ〙〘算〙画像生成や画像処理を高速で行う専用ハードウエア．

グラフィックス ソフト【graphics software】 〘Ｉ〙〘算〙画像の作成，編集をするソフトウエア．ペイントソフト，フォトレタッチソフト，ドローソフトなど，データの処理や表現方法によって種類がある．

グラフィックス パイプライン【graphics pipeline】 〘Ｉ〙〘算〙三次元図形の表示を高速に行うためのハードウエアの一つ．

グラフィックス メモリー【graphics memory】 〘Ｉ〙〘算〙画面に画像や文字を表示する時に使用されるメモリーのこと．

グラフィックス ライブラリー【graphics library】〘Ｉ〙〘算〙コンピューターで図形に関する命令群．

グラフィックス ワークステーション【graphics workstation】〘Ｉ〙〘算〙三次元コンピューターグラフィックス表現に特化した専用ハードウエアをもつコンピューターシステム．

グラフィック ディスプレー【graphic display】 〘Ｉ〙〘算〙コンピューターの陰極管出力装置の一つで，図形の表示ができるもの．

グラフィック デザイナー【graphic designer】 〘広〙〘美〙印刷技術を生かした視覚的なデザインの専門家．

グラフィック デザイン【graphic design】 〘広〙〘美〙印刷技術を生かした平面的で視覚的なデザイン．広告やポスターなど大量複製をする商業デザイン．

グラフィティ【graffiti】 落書き．公道や建物の壁などに書かれた落書き．元来は遺跡の壁などにひっかくように描かれた絵や文字，掻（か）き絵のこと．

グラフィティ アート【graffiti art】 〘美〙壁や塀などに，落書きのように描かれた絵画．落書き芸術の意．

◀グランドス

グラフォスコープ【graphoscope】 ①算ライトペンを用いて画面上のデータの修正ができる装置.

クラブカルチャー【club culture】 音社ダンス音楽を流す娯楽施設のクラブから起こった若者文化.

グラフ機能【graphics function】 ①算表計算ソフトやデータベースソフトで，入力したデータをグラフに表す機能．

クラブチャンピオン【club champion】 ①競(ゴル)ゴルフクラブの選手権優勝者．毎年1回のクラブ選手権によって決まる．②競(サッカー)サッカークラブの選手権優勝チーム．

クラフティー【clafoutis 仏】 料フランスの菓子の一種．ブラックチェリーを入れて焼いたパイ．リムーザン地方の郷土菓子．

クラフト【craft】 ①技能．技巧．工芸．②手工芸．民芸品．

クラフト紙【kraft paper】 封筒や梱包などに用いる丈夫な茶色い紙．

クラフトタッチ【craft touch 日】 服手作り風で温かみが感じられる服や小物．

クラフトデザイン【craft design】 美職人的技術を生かした手工芸デザイン．

クラフトマン【craftsman】 職人．熟練工．工芸家．名工．名匠．

クラフトユニオン【craft union】 社職業別労働組合．

グラフの理論【theory of graph】 数一筆描きの絵のように，点とそれらを結ぶ線からなる図形自体の本質を研究する理論．

クラブハウス【clubhouse】 ①競建ゴルフクラブなどの会員のための建物．②競建各種の設備が完備したスポーツ施設．

クラブバッグ【club bag】 服両側に持ち手のある革製の手提げ袋．

クラブ ファッション【club fashion】 服日替わりのDJやテーマ，音楽，パフォーマンスなどが売り物の夜の歓楽場である「クラブ」に集まる人たちの独創的スタイル．

クラブプロ【club pro 日】 競(ゴル)ゴルフ場に所属するプロ選手．

クラブ法人【club —】 競日本の競馬で，一般の人が参加できる馬主制度をまねた方式の組織．クラブ会員が特定の馬に投資し，賞金が配当も得る．

クラブ ミュージック【club music】 音ジャズ，レゲエなどさまざまなリズムやジャンルを電子音と結合させた音楽．ロンドンやニューヨークのディスコで始まる．

グラフ理論【graph theory】 数グラフを代数的に分析する学術分野．

グラマー[1]【glamour】 肉体美と性的魅力にあふれた女性．英語では「妖艶な魅力」の意．

グラマー[2]【grammar】 言文法．文法書．

グラマーストック【glamour stock】 経投資家を引きつける魅力をもつ株．

グラマーチェッカー【grammar checker】 ①算入力文が文法ルールに合っているかを点検する機能．ワープロソフトなどに備える．

グラマラス【glamorous】 性的に魅力のある．魅惑的な．女性的美しさを表す言葉．

グラミー賞【Grammy Award】 音アメリカのレコード業界が，年間を通じて最もすぐれた音楽の作詞・作曲・演奏・歌唱などの分野別に贈る賞．

クラミジア感染症【chlamydia infection】 医性交で感染する性病の一種．クラミジアという微生物が寄生し，オウム病，鼠径部リンパ肉芽腫，トラコーマ封入体結膜炎などの疾病を起こす．テトラサイクリンが効力を示す．

グラミット ディテール【grommet detail】 服鳩目金を飾りとして使うこと．

グラム ラドマン ホーリングス法【Gramm-Rudman-Hollings Act】 経アメリカで，1985年に成立した均衡予算・緊急赤字抑制法．1990年10月1日までに財政赤字をなくすことを目指した．共同提案者の3人の上院議員の名にちなむ．

クラリオン【clarion】 音管弦楽用の金管楽器の一つで，明快な音色をもつ．

クラン【clan】 一族．一門．氏族．派閥．

クランウオッチ【Klan Watch】 社クークラックスクラン(KKK)監視隊．アメリカのアラバマ州にある団体．

クランク【crank】 ①機往復運動と回転運動を互いに移行させる装置．またその連結軸．②映旧式の映画撮影機のハンドル．③薬麻薬の一種．違法に生産されたアンフェタミン(中枢神経系興奮剤)．

クランクアップ【crank up 日】 映撮影を完了すること．「クランクアップする」は英語で finish shooting．⇨クランクイン．

クランクイン【crank in 日】 映撮影を開始すること．「クランクインする」は英語で start shooting．⇨クランクアップ．

クランケ【Kranke 独】 医患者．

グランジ【grunge】 音ハードロック，ヘビーメタル，パンクなどから生じたポピュラー音楽の一ジャンル．アメリカのシアトルで発展．

グランジ ファッション【grunge fashion】 服古びて色褪せたり，破れたり，よれよれのシャツなどを重ね着する装い．1980年代末にアメリカに起こったグランジロックの音楽家の服装をまねたもの．

クランチ【crunch】 ①料パリパリした歯ざわりをもつチョコレート．細かくしたナッツなどを混ぜて作る．②ガリガリとかむ．ザクザクと音を立てる．

グランデ【grande 西】 巨大な．大規模な．

グラント【grunt】 不平を言う．ブーブー言う．骨が折れるような．

グランド【grand】 大きい．壮大な．

グラント エレメント【grant element】 経贈与要素．援助条件緩和指数．先進国が途上国に対して行う政府開発援助の条件が，商業銀行の条件よりどのくらい有利かを示す指標．完全に贈与である場合は100%となる．GE．

グランドオペラ【grand opera】 音華やかな舞台で行う悲劇的な歌劇．

グランドスラマー【grandslammer】 競ゴルフやテニスなどで，主要競技大会のすべてで優勝した選手．完全制覇選手．

グランドスラム【grandslam】 ①競(野球)満塁ホ

グランドチ▶

ームラン．グランドともいう．②トランプゲームのブリッジで，13トリックを全勝すること．③〖ゴ〗ゴルフやテニスなどで，主要競技会のすべてを制覇すること．完全制覇．

グランドチャイルド【grandchild】 孫．グランドキッドともいう．

グランド ツーリングカー【grand touring car】 〖機〗高速性能をもった普通乗用車．一般にＧＴと呼ばれる．

グランドデザイン【grand design】 大規模計画．長期で壮大な構想・設計．

グランドナショナル【Grand National】 〖競〗1839年にイギリスのエイントリー競馬場に創設された世界最大の障害レース．

グランドフィナーレ【grand finale】 〖劇〗舞台などの華々しい最終場面．

グランドミストラル【Grand Mistral】 〖競〗(ﾖｯﾄ)世界一周レースの一つ．同一デザインの艇を使い，ポイント制で勝敗を競う．

グランパス【grampus】 〖動〗ハナゴンドウ．イルカ科の水生哺乳動物．サカマタ．シャチ．

グラン パドドウ【grand pas de deux 仏】 〖芸〗バレエのクライマックスで踊られる主役の男女二人の踊り．

グランピー【grumpie】 〖社〗自己陶酔的で物質主義的な価値観をヤッピーはもつが，それに反発する価値観をもつ人たちのこと．成熟した大人．grown-up mature person の略．

グランビルの法則【Granville chart theory】 〖経〗株価と移動平均線の実戦的な見方で，アメリカのＪ．グランビルが考案した法則．

クランプ【clamp】 〖機〗締め金．締め付け用工具．

グランブヌール【grand veneur 仏】 〖料〗シカやイノシシなどの肉料理に用いるソース．またはソースグランブヌールをかけた料理．原義は主任狩猟官．

グランプリ【grand prix 仏】 ①大賞．最高賞．②〖競〗モータースポーツでは，各国で行われる競技の頂点になる国際イベント．③〖競〗(陸上)グランプリサーキットの階層の一つ．

グランプリ サーキット【IAAF Grand Prix】 〖競〗国際陸上競技連盟（IAAF）が主催して1985年から始めた賞金付き競技会のサーキットシリーズ．

グランブル【Grumble】 〖軍〗ロシアの地対空ミサイル SA-10 の通称．

クリア【clear】 ①はっきりした．澄みきった．明晰な．②〖競〗(陸上)バーやハードルに触れないで跳び越すこと．③〖競〗試合で敵の攻撃を切り抜けたり，障害物を跳び越すこと．

クリアウエッジ【clear wedge】 〖服〗ウエッジソールのうち，ヒール部分がアクリルの透明のもの．

クリアエア タービュレンス【clear-air turbulence】 〖気〗晴天乱流．晴天乱気流．晴天の時に高高度で，大気層の力学的不安定のため発生する．

クリアカット【clear-cut】 輪郭のはっきりした．明快な．

グリア細胞【neuroglia】 〖生〗神経膠(こう)細胞．中枢神経系の支持細胞の総称．

クリアゾーン【Clear Zone】 〖環〗イギリスのノッティンガムの環境改善地域の呼称．自動車による大気汚染の軽減などを目指す．

クリアビジョン【extended definition TV】 〖放〗高画質テレビの日本方式の愛称．EDTV．

クリア ボイス システム【clear voice system】 ①いくつかの携帯電話に用いられる音質向上の技術．基地局側にノイズサプレッサーを設置して，環境雑音を除去する．

クリア メーキャップ【clear makeup】 〖服〗肌の色や目元，口元にめりはりをつけた鮮やかな印象の化粧法．

クリアラッカー【clear lacquer】 〖化〗塗料の一つ．透明ラッカー．

クリアランス【clearance】 ①一掃．②すき間．空間．③〖経〗決済．手形交換．④〖経〗通関手続き．⑤出港許可．離陸許可．

クリアランスセール【clearance sale】 〖営〗在庫品一掃大売り出し．蔵払い．

クリアランスレベル【clearance level】 〖理〗放射線の影響を無視できる放射能レベル．

クリアリング ハウス【clearing house】 〖営〗〖経〗商品取引の清算業務を行う会社．手形交換所．

クリアリング ローン【clearing loan】 〖経〗証券会社の有価証券購入に対して行われる銀行貸し付けで，融資当日に返済が必要．

グリー【glee】 〖音〗三部以上の無伴奏男声歌曲．

グリーキング【greeking】 ①〖電〗画面上で文書の配置を見る時に，文字が小さくて見えない場合，グレーの帯をかけて見ること．

クリーク[1]【clique】 小集団．派閥．仲間．同盟．

クリーク[2]【creek】 〖地〗小川．入り江．小さな運河．

グリーク【Greek】 ①ギリシャ人．ギリシャ語．ギリシャ風の．②意味のわからない言葉．ちんぷんかんぷん．

グリークラブ【glee club】 〖音〗男声合唱団．

クリース【crease】 〖競〗(ｱｲｽﾎｯｹｰ)ゴール前の区域．赤い線で示す半円の部分．

グリース【grease】 〖化〗油脂．粘度の高い潤滑油．グリスともいう．

クリーチャー【creature】 創造されたもの．生命のあるもの．生物．動物．

クリーチャー フレンドリー【creature-friendly】 〖環〗自然のままの状態で動物が生きやすい．生息環境が動物に適している．

グリーディー【greedy】 貪欲(どんよく)な．強欲な．

グリーティング カード【greeting card】 祝いの言葉などを書いて贈るカード．

グリード【greed】 欲ばり．強欲．大食い．食い意地がはっていること．

クリーナー【cleaner】 電気掃除機．汚れ落とし用洗剤．掃除用具．

クリーナー プロダクション【cleaner production】 〖営〗〖環〗資源消費量を少なくし，廃棄物の発生をできるだけ抑制する生産技術．CP．

グリーナリー【greenery】 ①青葉．緑樹．温室．

②環環境問題に対する関心．特に政治的な面での関心をいう．
グリーニー【greenie】環環境保護運動家．
グリーニズム【greenism】環環境保護主義．エンバイロンメンタリズムともいう．
クリーパーズ【creepers】服乳幼児用の服．
クリーピング インフレーション【creeping inflation】経忍び寄るインフレ．物価が持続的にゆるやかに上昇する傾向．
クリープ【creep】①はい歩き．忍びよること．②理物体が加圧・加熱などによって徐々に，変形しやすくなる現象．③いやなやつ．つまらない男．ごますり男．
クリープ運動【fault creep】地緩慢な断層運動で，地震波を発生しない運動．
グリーフ エデュケーション【grief education】社死別の悲しみに備える準備教育．
グリーフケア【grief care】社死別の悲しみに耐える人を支援する活動．
クリームスキミング【cream skimming】①科原乳から乳脂を分離・採取すること．②I営通信事業者が需要の多い地域だけにサービスを行う方法．
グリーン【green】緑色．緑地．芝生．
グリーン アスパラガス【green asparagus】種自然光の下で栽培したアスパラガス．緑色をしている．
クリーンアップ【cleanup】①掃き清める．②競（野球）走者一掃の打力をもつ打者．4番打者．クリーナップ．3, 4, 5番打者をいうクリーンアップトリオの略．
グリーン アドバイザー【green adviser 日】社植家庭園芸指導者．日本家庭園芸普及協会が資格を与える．1992年に発足．
クリーン アンド ジャーク【clean and jerk】競（重量挙げ）両手で握ったバーベルを一気に肩まで引き上げるクリーンと，次に頭上へ差し上げるジャークを行う一連の動作．
クリーン インダストリー【clean industry】営環無害産業．省エネルギー型の無公害の知識集約型産業．
グリーン インテリア【green interior】建築物の内部空間を観葉植物や緑樹などで装飾すること．
グリーン インベスター【green investor】経経環境保全などを重視する投資家．
グリーンウオッシュ【greenwash】環環境保護に努めているような言い方をしたり印象を与えることで，環境破壊をしている現実を隠そうとする企業の広報宣伝活動．環境保護団体のグリーンピースが用いた言葉．
グリーン エイド プラン【green aid plan 日】社産業公害などが起きている途上国に対して，エネルギー環境問題の解決に向けた自助努力を支援する国際協力．1992年から通産省（現経済産業省）が始めた．
クリーンエース【clean ace】競テニスや卓球などでの鮮やかなサービスエース．
グリーンエナジー計画【Green Energy Plan】農農水省の総合的研究計画の一つ．石油を使わないで，太陽熱・地熱・風水力などの自然エネルギーや植物成長の仕組みなどを利用した農林水産業を目指すもの．
クリーンエネルギー【clean energy】環有害ガスや廃棄物などを生じない無公害燃料．電気，LPG（液化石油ガス），水素など．
クリーンエネルギー自動車【clean energy vehicle】環機大気汚染などの原因となる物質の排出を大幅あるいは完全に抑制した自動車の総称．
グリーンエンジン【green engine】環機植物性のパーム油を燃料に使う自動車エンジン．
グリーン オーディット【green audit】環地球環境によい，環境にやさしいと唱える商品の内容点検や調査を行うこと．緑の監査の意．
グリーンカード【green card】社アメリカの外国人に対する永住許可書．
クリーン開発メカニズム【clean development mechanism】環経温室効果ガスの排出削減事業を先進国と途上国が共同で行い，得た削減量を先進国に移転する仕組み．CDM．
グリーンカラー【green-collar】I算コンピュータープログラマーやシステムエンジニアなど，ソフトウエア産業で働く労働者のこと．従来のホワイトカラー，ブルーカラーに区分けできないところから．
グリーンカンパニー【green company】営環環境保護や公害防止などを考えて商品開発を行う企業．
グリーンキーパー【greenkeeper】競（ｺﾞﾙﾌ）ゴルフコースの管理者．ゴルフ場の芝生などの管理・育成をする専門家．
グリーンケーキ【green cake】理濃縮ウランの製造に用いる四フッ化ウラン．緑色をしていることから．
グリーン ケミストリー【green chemistry】化環環境に与える負荷が小さい化学技術．
グリーン広告【green advertising 日】広環境広告．環境保護に配慮して行う広告．
グリーン購入【green purchasing】環経環境に配慮した商品などを優先的に購入すること．
グリーン購入ネットワーク【Green Purchasing Network】環社環境保全型商品を購入するネットワーク．1996年に環境庁（現環境省）が支援し，消費者団体，行政機関，企業が参加して結成した．
グリーン コーディネーター【green coordinator 日】室内に置く植物の配置方法などを企画調整する人．英語はfloral coordinator．
クリーンコール テクノロジー【clean coal technology】環地球温暖化，酸性雨などの環境問題への対応と，石炭の効率的利用を目的とした技術．CCTともいう．
グリーン コンシューマー【green consumer】環環境問題にかかわる種々の要素を考えて買い物をする消費者．地球環境によい企業行動を要求する消費者．環境を重視する消費者．
グリーン コンシューマリズム【green consumerism】環消費者が企業に対して環境によい企業行動を要求する運動．
グリーン GNP【green GNP】環社環境対策に

グリーンシ▶

かかる経費，自然破壊によるマイナス，環境対策の実施で生まれる利益などを数値化し，各国の環境を比べるのに使う環境指数．

グリーンシート【green sheet 日】 経日本証券業協会が定めた要件を満たす未公開株が取引される市場．

グリーンシステム【green system】 環地球生態系の基本をなす植物のさまざまな作用と，他の生物との連鎖関係のこと．

グリーン商品【green goods】 営環環境保護に配慮した商品．

グリーン水素【green hydrogen】 環風力・太陽光などの自然エネルギーを使って作る水素．

グリーンストア【green store】 環環境保全や省エネなどを考慮して，設計・施工を行うショッピングセンター．エコモールともいう．

グリーンストライキ【green strike】 環社労働者が地球環境の保護を訴えて行うスト．

クリーンスレート【clean slate】 りっぱな経歴．非の打ちどころがない経歴．白紙状態．

グリーン税【green tax】 経環環境保全などの観点をもつ税．

グリーンタフ【green tuff】 地日本の地層で，緑色凝灰岩を含み地質が緑色をしているもの．

クリーンタンカー【clean tanker】 機軽油やガソリンなど沸点の低い石油製品を輸送する船．

グリーンチャンネル【green channel 日】 放競馬や農林水産関係の情報を専門に扱う衛星放送サービス．

グリーン調達【green procurement】 営環環境への影響が極力少ない部品や資材を優先的に調達する経営方法．

グリーンツーリズム【green tourism】 社農家民宿．農山漁村に滞在して余暇を楽しみ，地域の人々と交流を図る活動．1993年に農水省が提唱．

グリーンティー【green tea】 料緑茶．

グリーン ディスプレー モニター【green display monitor】 IT出力する文字や図形を緑色で画面に映し出す装置．

グリーンデザイン【green design】 環地球環境の保護に責任意識をもった設計・デザイン．

グリーン電力【green power】 環太陽光や風力など環境への影響が少ない自然エネルギーから得る電力．

グリーン投資スキーム【green investment scheme】 環経他国の温暖化防止事業に投資して得た二酸化炭素削減分を，自国の排出権として取得する手法．GIS ともいう．

グリーントピア構想【greentopia plan 日】 社農村地域等情報化構想推進事業の通称．1986年から農水省が推進する．

グリーンハウス【greenhouse】 建温室．

グリーンハウス エフェクト【greenhouse effect】 気温室効果．大気中の微量ガスが地表面などから発生する熱を宇宙空間に逃さないために，気温が上昇する現象．

グリーンバック【greenback】 経アメリカドル紙幣．裏面が緑色で印刷されたドル札．

グリーンバンク【green bank 日】 社植住民から提供された樹木の苗などを自治体が保管し，希望者に配布する制度．

クリーンハンド【clean hands】 清廉潔白．無実．不正行為をしていないこと．

グリーンPC【green PC】 IT省電力対策が施されたパソコンのこと．一定時間パソコンに入力がない場合，省電力モードに自動的に切り替わったりする．

グリーンピース【Greenpeace】 環国際的な環境保護団体．1971年にカナダのバンクーバーで創設．本部はオランダのアムステルダム．

クリーンヒーター【clean heater 日】 換気もできる暖房器具．英語は room heater．

グリーンピープル【green people】 社行き詰まった現代社会を打破して新しい社会と人間関係の創造を意図するアメリカの若い世代．C．A．ライクの著書『緑色革命』から．

クリーンヒット【clean hit】 ①競(ﾔ野球)鮮やかな安打．②作戦や企画などが鮮やかに的中すること．大当たり．大成功．

クリーンビル【clean bill】 経担保物件の付いていない為替手形．

グリーンファンド【green fund】 環電力需要家から寄付を募り，環境への負荷が軽い風力や太陽光などの発電を支援する方法．ドイツやアメリカなどの電力会社で行われている．

グリーンフィー【green fee】 競(ｺﾞ)ゴルフ場使用料金．

グリーンフィーバー【green fever】 環緑熱病．自然環境保護に対する関心が高まり，運動が広がっている様子を表すもの．

グリーンブック【Green book】 政イギリスなどで，政府刊行物・公文書．

クリーンフュエル【clean fuel】 環きれいな燃料．自動車の排ガスを減らすために開発されているガソリン以外の燃料のこと．メタノールなどのアルコール燃料や水素燃料がある．

グリーンプラ【green plastic 日】 環生分解性プラスチックの愛称．1995年に命名．

グリーンフライ【greenfly】 ①生アブラムシの一種．モモアカアブラムシ．②野球選手などの後を追いかける熱烈なファンの俗称．

クリーンフロート【clean float】 経変動為替相場制に中央銀行などの通貨当局が介入しないこと．⇔ダーティーフロート．

グリーンプロダクト【green product】 営環地球環境を破壊しないように工夫や改良をして作られている製品．

グリーン プロデューサー【green producer】 営環再利用しやすい製品や処理・処分時の環境負荷が小さい製品を開発・製造する業者．

グリーンベルト【greenbelt】 環緑地帯．市街地に環境保全を図るために作られる．道路の上下車線の間などにも作られる．英語では planted median strip ともいう．

グリーンベレー【Green Beret】 軍アメリカ陸軍の対ゲリラ戦などを目的に組織された特殊部隊．ま

◀ク クリスタリ

たその隊員．

グリーン ポートフォリオ【green portfolio】環経株価や配当，安全性などに，環境保全への取り組みを評価に加えて選び出した，複数の株式銘柄の組み合わせ．

グリーンボール【green ball 日】植丸玉キャベツの一種．サラダなどに用いられる．

グリーン ポリティックス【green politics】環政ドイツの「緑の党」の名を借りた環境保全を中心的論点とする政治．

グリーンマーク【green mark 日】環社古紙の再生利用製品に表示する印．通産省（現経済産業省）が助成する古紙再生促進センターが推進．

グリーン マーケット【green market】営環環境に配慮した立場を重視する市場．

グリーン マーケティング【green marketing】営環環境の保護を唱えて商品を販売したり，環境問題に取り組む姿勢を広報・宣伝したりする企業活動．

グリーン ムーブメント【green movement】環環境保護運動の総称．

グリーンメーラー【greenmailer】経株の買い占めなどを行って荒稼ぎをする事業家．blackmail（恐喝）と greenback（ドル紙幣）からの造語．

グリーンメール【greenmail】経企業の買収を断念した時や，株による利益を意図した時に，その企業に高値で株を買い戻させること．

グリーンリーフ【green leaf】植レタスの一種．縮れた大きな葉をもち，食用になる．

クリーンリビング【clean living】環社タバコの煙などで汚染されない健康的な生活．

グリーン料金【green charge】営環経環境への負荷が軽い風力や太陽光などの発電を広めるため，任意参加の電力需要家が建設や買電などの費用に充てる割増料金を支払う制度．

クリーンルーム【clean room】建超微粒子を除去して高い清浄度を保った部屋．最先端技術や，医薬品・食品分野などに用いる．

グリーン レボリューション【green revolution】農緑の革命．高収量品種を開発し広めていく技術革新．小麦・米などの品種改良で途上国の農業生産向上に果たした．

グリーンレンタル【green rental 日】営植貸鉢業．ビルや事務所，商店などに鉢植え植物を貸し出す業種．

クリーンローン【clean loan】経外国為替銀行同士の無担保の短期借り入れ．

グリーン ロジスティクス【green logistics】環経環境への負荷低減を図る物流．容器や包装の再利用などを行う物資輸送法．

グリエ【grillé 仏】料直火焼き．網焼き．

クリエーション【creation】創造．創作．創作されたもの．創作物．

クリエーター【creator】①創造者．創作家．神．②工MacOS で，ドキュメントを作ったアプリケーションを示す情報．

クリエーティビティー【creativity】創造性．創造力．独創力．

クリエーティブ【creative】①創造的．創造力のある．創作的．独創的．②広広告や広告キャンペーンの案出者．

クリエーティブ エージェンシー【creative agency】広広告の制作や表現の開発を主な業務とする広告会社．

クリエーティブ ストラテジー【creative strategy】広広告の表現・伝達方法などを総合的に考える戦略．

クリエーティブチーム【creative team】広アートデザイナーやコピーライターなど，広告の制作者グループ．

クリエーティブ ディレクター【creative director】広広告制作の総括者．広告表現を決定し，デザイナーやコピーライターなどの制作スタッフを指揮する．

クリエーティブ ブティック【creative boutique】広広告表現に熱心な企業を主な得意先とする，比較的小さな広告制作会社．

クリエーティブ ブリーフ【creative brief】広広告主の指示に基づいて広告会社が作成する前提条件の確認書．

クリエート【create】創造する．作り出す．

クリオ【cryo】①薬血友病治療に用いる血液製剤の略称．クリオプレシピテートの略．②［cryo-］冷凍の．低温の．cry-ともつづる．

クリオネ【Clione 羅】生ハダカカメガイ．軟体動物の一種で，巻き貝の仲間．北極を囲む寒流域に生息する．半透明の体をもつ．

クリオプレシピテート【cryoprecipitate】生寒冷沈降物．血漿（けっしょう）を冷却して得る沈殿物．クリオと略称され，血友病治療用の血液製剤をいう．

クリオメトリックス【cliometrics】経歴数量経済史．計量経済史．1960年ごろアメリカで始まった．数量データを重視する実証的な歴史研究法．

グリケーション【glycation】化生糖転移酵素の働きなしでたんぱく質に起こる糖化反応．

クリケット【cricket】競11人編成の2チームが攻撃側・守備側に分かれて球を打ち合い，得点を競うイギリスの伝統的競技．

グリコーゲン【Glykogen 独】化生動物の肝臓や筋肉などに含まれる多糖類の一つ．

グリコシド【glycoside】化配糖体．加水分解で糖ができる化合物．

クリサンセマム【chrysanthemum】①植キク．②［C-］菊の紋．日本の皇室の紋章．

クリサンセマム クラブ【chrysanthemum club】親日派．日本をひいきする人．菊クラブの意．

クリシェ【cliché 仏】決まり文句．月並みな表現．常とう語句．

グリシニン【glycinin】化生大豆の主要たんぱく．

グリシン【glycine】化医薬品・化学調味料などに用いる，アミノ酸の一種．

クリスタ【crista】①生ミトコンドリアの内膜にあるくしの歯状の突出部．②とさか．鶏冠．

クリスタリゼーション【crystallization】結晶

157

クリスタル▶

方法．有形化．

クリスタル【crystal】①鉱水晶．水晶製品．②化結晶．結晶体．

クリスタルガラス【crystal glass】化鉛を含んだ透明度の高い高級ガラス．

クリスタル マイクロホン【crystal microphone】電圧電効果をもつ結晶板を利用したマイクロホン．

クリスタロイド【crystalloid】化晶質．結晶体．拡散速度が大きく膜を容易に通過し，結晶になりやすい物質．

クリスチャニア【Christiania】競(スキー)回転技術の一つで，足をそろえて外側の足に体重をかけて回転する．

クリスチャンネーム【Christian name】宗洗礼名．ギブンネーム．

クリスチャンポップ【Christian pop】音神の導きによる救いを説くロック音楽の一種．ヘブンリーメタルともいう．

クリスピー【crispy】①料食品がカリカリ，パリパリする．砕けやすい．②さわやかな．

クリスプ【crisp】パリパリする．カリカリする．新鮮な．歯切れがいい．

クリスプブレッド【crisp bread】料ライ麦粉で作った薄くカリカリしたビスケット．

クリスマスキャロル【Christmas carol】音クリスマスの祝い歌．クリスマス聖歌．

クリスマスリース【Christmas wreath】植クリスマスを祝って飾る花輪．ヒイラギやヒバなどの常緑樹や木の実などで冠状に作る．

グリズリー【grizzly】①動ハイイログマ．北アメリカ大陸の西部高地に生息する．グリズリーベア．②［G-］軍アメリカ陸軍の工兵戦闘車の通称．

グリセード【glissade】⛷️氷や雪の斜面を，ピッケルで制動をかけながら滑走する技術．

グリセミア【glycemia】医血糖症．

グリセリン【glycerin】化脂肪や油脂から得られる液体．薬用・化粧品などの原料となる．

グリター【glitter】光り輝く．きらめく．ぴかぴか光る．

グリタラーティ【glitterati】芸文芸能界や文学界で，ひときわ光り輝く名声を得ている芸能人や作家．glitter と literati の合成語．

グリチルリチン酸【glycyrrhizinic acid】化甘草などの根から抽出する化合物．皮膚炎に効果があり，外用剤などの医薬品や化粧品に用いる．

クリッカー【clicker】放テレビのチャンネル切り替えを遠隔操作するリモコンのこと．パッパッと切り替えられることから．

クリッカブル マップ【clickable map】IT算ウェブページ上の画像にリンク先のアドレスを埋め込む方法．

クリッカブルＵＲＬ【clickable uniform resource locator】IT算電子メールの本文中に書かれた URL 表示．クリックすると指定された URL のホームページへ移動できる．

クリック【click】①カチッ．カチカチ．コツン．カチッと鳴る音．②IT算マウスのボタンを押して離す操作

方法．

クリック アンド モルタル【click and mortar】IT算インターネットを利用した事業と実際の店舗で行う事業との融合．

グリッツ【grits】料トウモロコシの表皮を取り除いて粗びきした粉．カラス麦を粗びきした粉．またこれらの粉で作るオートミール．

グリッツィー【glitzy】飾り立てた．安っぽいきらびやかさ．これ見よがしの演出．ショービジネスの用語．

グリッド【grid】①格子．格子状の模様．②考古学の発掘対象場所で，格子を構成する正方形の小区画．

グリッド コンピューティング【grid computing】IT算インターネットで多数のパソコンをつなぎ，協調動作させる方式．

グリッド プランニング【grid planning】建社全体を碁盤の目に仕切り，部分ごとに建物の平面計画や都市計画を進めていく方法．

グリッドロック【gridlock】社交通まひ．交通渋滞．交差点に四方から車が無秩序に入り込み，動きが取れない状態．

グリッドロック コングレス【glidlock Congress】政アメリカ議会が有効に機能しないこと．無秩序な状態になっていること．

クリッパー【clipper】①はさみ．バリカン．英語は複数形で clippers とする．②機快速客船．快速旅客機．

クリッパー グラハム実験機【Clipper Graham SSTO Technology Demonstrator】宇機垂直離着陸する単段式シャトルのデルタクリッパー実験機がＮＡＳＡ（アメリカ航空宇宙局）の管理下となって名称変更したもの．

クリッパーチップ【Clipper Chip】IT算通信データを暗号化するための標準仕様．アメリカ政府が関連企業に提案．

クリッピング【clipping】①切ること．削除．刈り取ったもの．新聞などの切り抜き．②IT算コンピューターグラフィックスで，三次元物体を画像化する時に，仮想カメラの視野に入らない情景を判定すること．

クリッピングサービス【clipping service】IT算知りたいテーマに応じてキーワードを設定すると，関連記事が自動的に拾い出されるインターネットやファクスを使ったサービス．

クリッピング ビューロー【clipping bureau】切り抜き通信社．定期刊行物の切り抜きをプリントして売る会社．

クリップ【clip】①紙挟み．②容髪をカールさせるための器具．

グリップ【grip】①競バットやラケットなどの握りの部分．または握り方．②物事の把握．③手を握ること．④映セット要員．セットを組んだり大道具の出し入れを行う．

クリップアート【clip arts】IT算写真やイラストなど，既成の画像データやそのデータ集．

グリップ アンド グリン【grip-and-grin】放テレビ報道で使われる俗語で，議員同士が議会で握手を交わし，カメラに向かって笑顔をふりまく場面の

158

◀クルージン

こと.
クリプト デルタ【clipped delta】 航空機の新しい翼型の一種. デルタ翼の先端を切り落としたような形のもの.
クリップボード【clipboard】 ①[算]複写や切り抜きをしたデータを一時的に保存する場所. ②紙挟みを備えた筆記板.
クリティカル【critical】批判的な. 危機の.
クリティカル シンキング【critical thinking】 [社]批判的思考. 物事に対する批判的な考え方. アメリカの教育で重要視されている.
クリティカル テクノロジー【critical technology】 [軍]国防重要技術. 長期的視点からアメリカの質的技術優位を確保するため, 積極的に育成する技術分野. 国防総省が1990年から取りまとめて議会に提出.
クリティカルパス【critical path】 [工][営]危機経路. 開発計画を進める時に, 部分的活動の中で最も時間がかかる部分.
クリティカルマス【critical mass】 ①[営][広]望ましい結果を得るために必要とされる十分な数あるいは量. 消費者の関心を引きつけるために必要とされる小売販売数および広告量. ②[理]臨界質量.
クリティシズム【criticism】批評. 評論.
クリティック【critic】評論家. 批評家.
クリテリウム【criterium】 [競](自転車)ロードレースの一種. 市街地に設けた周回コースを1~2周くらい走行する.
クリトリス【clitoris 羅】[医]陰核.
クリニカル【clinical】[医]臨床の. 病床の.
クリニカル ティーチャー【clinical teacher】 [教]学習障害児の教育に従事する教師.
クリニカルパス【clinical path】[医]診療経路. 医師が示す, 入院から退院までの治療計画書.
クリニック【clinic】[医]診療所.
クリニックカー【clinic car 日】[医]移動診療所. 各種の医療設備をもち, 医師・看護師を乗せて巡回する診療車.
グリニッジ標準時【Greenwich Mean Time】 [天]地ロンドン郊外の旧グリニッジ天文台を通る経度0度の子午線に基づく地方標準時. GMT. 正式呼称としては「世界時」の使用が勧告されている.
グリパニアスピラリス【grypania spiralis 羅】 [生]アメリカのミシガン州で発見された21億年前の真核生物. 最古の真核生物の化石とされる.
クリフスノーツ【Cliffs Notes】本物を安直に要約したもの. もとは名作小説のあらすじをまとめた学習参考書シリーズのこと.
グリフター【grifter】詐欺師. ペテン師. いかさま賭博師. 流れ者.
クリプタンド【cryptand】[化]環状化合物の一種. 陰イオンを捕捉する超分子.
クリプトスポリジウム【cryptosporidium】[生]胞子虫類コクシジウム目の寄生性原虫. 人や動物に下痢を起こさせる. 水道水の塩素処理では死滅しない. クリプトともいう.
クリプトン85【Krypton-85】 [理]核分裂で生じる放射性物質. 不活性ガスで, 半減期は10.3年. 使用済み核燃料の再処理工場で放出される可能性がある.
クリフハンガー【cliffhanger】 ①[映文]最後まではらはらさせる映画や小説. 危機一髪のアクション満載のスリラー. ②[放]次回を期待させるような場面で終わる連続ドラマ.
クリミナル【criminal】①犯罪的な. 罪を犯した. 刑事上の. ②犯人. 有罪者.
クリムソン【crimson】深紅色. えんじ色.
クリモグラフ【climograph】[気]各地の気候状況を調べるためのグラフ. 気候グラフ.
クリューガー【klüger 独】賢い. 聡明な.
グリューネ プンクト【Grüne Punkt 独】[営][環]ドイツの食品包装に付くマーク. 環境保全費用の一部を企業が負担する. 緑の点の意.
グリューネ リステ【Grüne Liste 独】[環][政]緑の党. 自然環境の保護活動を行うドイツの団体.1977年に結成.
グリル【grill】①(日)[料]洋食店. ②[料]焼き肉料理.
グリルガード【grill guard】自動車の前面を覆うように取り付ける, 太い鉄パイプを格子状に組んだもの.
グリン【grin】ほほ笑む. にやりと笑う. にやにやする.
グリンゴー【gringo】[社]中南米で外国人, 特にアメリカ人に対する軽べつ的な呼び方.
クリンゴン【klingon】 アメリカの映画・テレビの「スタートレック」シリーズに登場するバルカン星人が話す言葉.
クリンジールック【clingy look】[服]体の線を出すため, 肌にぴったりさせる服装.
クリンチ【clinch】[競](ボクシング)相手に抱きついて攻撃をかわすこと.
クリントノミクス【Clintonomics】[経政]アメリカのクリントン政権の経済政策. 財政赤字削減を重視し, 人々を第一にという公約に沿い, 将来への投資を強調して増税も行った.
グル【guru】導師. 信奉者が崇拝する指導者.
クルアーン【Qur'an 亜剌;Koran】[宗]イスラム教の根本教典. ムハンマド(マホメット)がアッラーから受けた啓示・説教などを書いた114章からなる. アラビア語で, 読誦されるべきものという意. コーラン.
クルー【crew】①[競](ボート)チーム. ②乗組員. 搭乗員. ③[映放]制作部門の担当者.
グルーヴ【groove】[音]調子やリズムにうまく合うこと. クラブミュージックの仲間で使われ, 一般的になった. グルーブともいう.
グルーオン【gluon】[理]陽子や中性子を形づくるクオークを結びつける役目を果たす粒子.
クルーガーランド金貨【Krugerrand gold coin】[経]南アフリカ共和国発行の地金型金貨.
クルーカット【crew cut】[容]水兵好みの髪形で, 1960年代中ごろに流行した. 男性のショートヘアの基本の一つ. GIカット.
クルーザー【cruiser】①[軍]巡洋艦. ②[競]船室を備えた巡航型ヨット.
クルージング【cruising】ヨットでの航海. 自動車などでの漫然としたドライブ.

159

クルージング ライフスタイル【cruising lifestyle】社生活様式の中に積極的にクルージングを採り入れるやり方．

クルーズ【cruise】①豪華客船やヨットなどでの船旅．②巡洋．巡航．漫遊．③だ盛り場などを，相手になる異性を求めて歩き回ること．

クルーズ客船【cruise passenger boat】機船旅を楽しむ周遊旅行や，船内セミナーなどに用いる客船．

グルー スニッフィング【glue sniffing】社シンナー遊び．にかわ嗅ぎの意．

クルーズビジネス【cruise business 日】営大型客船で周遊旅行を楽しませる事業．

クルード【crude】加工していない．天然の．生の．未熟な．未完成の．

グルービー【groovy】すてきな．かっこいい．

グルーピー【groupie】社芸能人に付きまとう親衛隊の女の子．

グルーピング【grouping】類別．分類．配置．

グループ インタビュー【group interview】社集団面接法．グループごとに一つのテーマで討論させ，やりとりから結果を出す調査法．

グループウエア【groupware】I営共同作業をする作業グループの支援を目的として開発されたコンピューターシステムの総称．

グループサウンズ【group sounds 日】音19 60年代後半に日本で流行した小編成バンドによるポップス音楽．またはそのグループ．GS．

グループ スケジューリング【group scheduling】I営カレンダー形式で各個人のスケジュールを管理して，データを共有しグループのスケジュール調整を行えるようにする機能．

グループセラピー【group therapy】医精神病治療法の一種で，集団療法．

グループ ダイナミックス【group dynamics】心集団力学．集団の構成員が相互に及ぼす影響などを研究する社会心理学の一分野．

グループ テクノロジー【group technology】①営多品種少量生産を効率的に実施するための技術．②I社人工知能を集団社会学的側面に応用する考え方．GTともいう．

グループ ハウジング【group housing 日】建複数の人や世帯が，共同で土地や建物を購入・建設して居住する方法．

グループ ヒプノシス【group hypnosis】心催眠現象が集団や，催眠をかける人の影響によって集団内で起こること．集団催眠．

グループ プラクティス【group practice】医専門分野をそれぞれの医師が担当する医療体制．

グループホーム【group home】社孤児や障害者・高齢者が世話をする人とともに，数人で暮らす住宅．地域の中で暮らす場を作ることを目指す．

グループ ライティング【group writing】I営グループウエアの一つで，ネットワーク上で共同で文書を作成する機能．

グループリビング【group living 日】社高齢者が助け合って共同生活をする事業活動．

グループレース【group race】競競馬で，重要性や賞金額で区分けして競走を行うイギリスの制度．

グループ レクリエーション ワーカー【group recreation worker 日】社余暇生活支援者資格の一つ．集団活動を援助する．日本レクリエーション協会が認定する．

グループ連結経営【consolidated group management】営企業活動単位を法人格ではなく経済的単位の企業グループでとらえ，その価値最大化を目的とする経営モデル．

グループワーク【group work】①（日）医成人病などの予防や治療のため，患者や保健師などがグループを作って，生活改善などに努める方法．②社集団社会事業．

グルーマー【groomer】営愛玩動物の美容師．犬や猫などの全身の手入れをする人．

グルーミー【gloomy】沈うつな．陰気な．

グルーミング【grooming】①身繕い．装い．②猿の毛繕い．馬の手入れをすること．

グルーミングツール【grooming tool】身だしなみを整えるために使う道具．

クルエルティー【cruelty】残酷．虐待．残虐行為．むごたらしさ．

クルエルティーフリー【cruelty-free】①営ペット用の洗剤やシャンプーなどで，苦痛や痛みをできるだけ少なくした商品．②営動物実験などを行わないで製品開発をすること．

グルカン【glucan】化多糖類の一種．砂糖から作られる粘性のある物質．

グルコース【glucose】化単糖類．

クルス【cruz 葡】十字架．十字形．

クルゼ【Kurse 独】針路．進路．コース．路線．

クルセーダー【crusader】①社会改革のための現状破壊主義者．十字軍の戦士．②［C-］軍アメリカ陸軍の先進野戦砲システムで，高性能の155mm自走榴弾砲．

クルセード【crusade】歴十字軍．

グルタチオン【glutathione】化生アミノ酸の結合物の一種．肝細胞内で解毒に関与する．

グルタミン酸【glutamic acid】化たんぱく質の中のアミノ酸の一種．

グルタミン酸ナトリウム【monosodium glutamate】化グルタミン酸のナトリウム塩．吸湿性の透明の結晶．コンブのだし汁のうまみを形成する成分．化学調味料として用いる．グルタミン酸ソーダともいう．

クルツール【Kultur 独】文化．教養．カルチャー．

クルック【crook】①曲がったもの．自在鉤（かぎ）．②悪党．詐欺師．

グルテリン【glutelin】化生稲や小麦などの種子に含まれるたんぱく質．約500個のアミノ酸から構成されている．

クルド【Kurd】インドヨーロッパ語系の半遊牧民族の一部族．トルコ，イラク，イラン，シリア，中央アジアにまたがるクルディスタン山岳地帯に住む．

クルド愛国同盟【Patriotic Union of Kurdistan】軍イラクの政治組織の一つ．クルド

◀グレービー

民族の自治などを目指す．ＰＵＫともいう．
クルド サック【cul-de-sac 仏】袋小路．
クルド民主党【Kurdistan Democratic Party】　政イラクの政治組織の一つ．クルド民族の自治，イラクの民主化を目指す．1946年に結成．ＫＤＰともいう．
クルド問題【Kurd problem】政シリア，トルコ，イラク，イラン，中央アジアに分布するクルド民族が，各地で自治権拡大運動を進めることで起こる諸問題．
クルド労働党【Kurdistan Workers' Party】政トルコからの分離独立やクルド人の民族的権利要求を掲げる組織．1979年に設立．ＰＫＫともいう．
クルトン【croûton 仏】料スープに浮かべる揚げパン．クルートンともいう．
グルニエ【grenier 仏】建屋根裏部屋．
グルマン【gourmand 仏】料美食家．食通．健啖（けんたん）家．グールマン．
グルマンディーズ【gourmandise 仏】料食道楽．大食．
グルメ【gourmet 仏】料美食家．グールメ．
グルメキット【gourmet kit 日】料材料とプロの味付けをした調味料などをセットにして，自宅で簡単に調理できるようにしたもの．
グルメショップ【gourmet shop 日】料デパートや地下街などで，著名な食品会社や料理店の支店が並ぶ食品街．
グレア【glare】　Ｉ算ＣＲＴ（ブラウン管）画面が光の反射具合で，表示されている文字などが見えにくくなる状態．
グレア対策【glare control】　Ｉ算照明がＣＲＴ（ブラウン管）画面に反射してまぶしくなることを防止する対策．
クレアチン【creatine】生筋肉中にある，運動エネルギーを作るのに欠かせないアミノ酸の一種．
クレアトゥール【créateur 仏】服時代に先がけて個性のある装いを作り出すデザイナー．
グレイ【gray】理電離放射線で物質1kg当たり1ジュールのエネルギーが与えられる時の吸収線量．記号はGy．
グレイシー柔術【Gracie —】格闘技の一種．ブラジルで創設・発展した柔術の流派．創始者のエリオ・グレイシーの名に由来．
グレイジグッズ【greige goods】服縫製はすませたが，未染色のままの衣料．市場の動向に応じて染色を行う．
クレー【clay】①土．粘土．泥．②競クレー射撃の標的に使う粘土の一種．
グレーイング【graying】高齢化．老齢化．
グレーカラー【gray-collar】営社事務労働と肉体労働とを兼ねた職業．
グレーグッズ【gray goods】服未加工の織り地．
クレー化粧品【clay cosmetics】容天然泥化粧品．泥を使って余分な皮脂や汚れを取り除き，肌の手入れをする．
クレーコート【clay court】競表面を粘土や赤土で覆う競技場．
クレージー【crazy】異常な．熱狂的な．
クレージーハンドル【crazy handles】競

（バスケット
ボール）相手の防御をドリブルで軽々と突破する能力．
クレー射撃【clay pigeon shooting】競空中の標的を散弾銃で撃つ競技．クレーショット．
クレージング【crazing】理航空機の客席脇のアクリル製の窓が真っ白になる現象．
グレージング【grazing】放牧．牛などに牧草を食べさせること．牧草地．放牧地．
グレージング レストラン【grazing restaurant】料各国のさまざまな料理を並べ，各自が好みの料理を取って食べるレストラン．
クレーズ【craze】社熱狂的な行動現象．一時的熱狂．投機ブームや新興宗教など．
グレースケール【gray scale】　Ｉ算白黒の階調表示．また，カラーの画像を白黒の階調表示に変換するグラフィックソフトの機能．
グレーゾーン【gray zone】どっちつかずの中間の領域．漠然とした領域．灰色領域．
クレーター【crater】地噴火口．いん石孔．月面などの火口状の地形．
グレーダー【grader】服パタンナーが製作した基準の型紙のパターンを大小のサイズに拡大・縮小して展開する人．
グレーター イスラエル【Greater Israel】大イスラエル．ヨルダン川西岸やガザ地区などの占領地を含めたイスラエルの総称．
グレート【great】偉大な．素晴らしい．
グレード【grade】等級．階級．学年．
グレードアップ【grade up 日】質や等級を向上させること．英語で「グレードアップする」はupgrade．
グレート アトラクター【Great Attractor】天宇宙にあるとされる巨大重力源．
グレートウォール【great wall of galaxies】天太陽から2億〜3億光年離れた場所に存在する幅2億光年，厚さ1500万光年に及ぶ巨大なシート状の銀河集団の壁．
グレート スタグネーション【great stagnation】経世界的な景気低迷．大規模な経済の停滞．
クレード パック【clay de pack 日】容美顔術の泥パック．
グレートパワー【Great Power】経政強大国．列強．軍事力・経済力ともに強大な国．
グレードマーク【grademark】等級や品質を表す記号．等級表示．
クレードル【cradle】①揺りかご．乳幼児用の寝台．②Ｉ算ノート型パソコン用の機能拡張装置の一つ．
グレードレース【grade race】競競馬で，自国内で行う重要レースのこと．イギリスではグループレースと呼ぶ．Ｇレースとも表記．
グレーハウンド【greyhound】①動大型犬の一種．細長い体形で狩猟や競走などに用いる．②［Ｇ—］全米に路線をもつ世界最大のバス会社．
グレーパワー【gray power】①社老人の力．老人の影響力．オールドパワーともいう．②アメリカの老人差別反対運動の総称．
グレービー【gravy】①料ソースとして肉料理に添

161

える肉汁．②不正に得た金．あぶく銭．

クレーピジョン【clay pigeon】 競クレー射撃用の粘土の標的．

クレープ【crêpe 仏】 ①服縮み．縮み織物．ちりめん．②料小麦粉にミルクなどを混ぜ合わせて薄焼きにした菓子．

グレーブ【grave】 墓．墓所．埋葬所．墓穴．

グレーフェンベルク スポット【Gräfenberg spot】 医女性の性感帯の一つとされる膣内の尿道に近い部分．Gスポットともいう．

グレープシード オイル【grape seed oil】 料ブドウの種子から作る食用油．

クレープス【Krebs 独】 ①医がん．②生ザリガニ．はさみをもつエビ．

クレープ デ シン【crêpe de Chine 仏】 服絹の縮み織り．デシンともいう．

グレープナッツ【Grape Nuts】 料穀物を処理して作った人造の木の実．朝食用シリアルの商標．

グレープバイン【grapevine】 ①植ブドウのつる．②うわさ．口コミ．情報網．

クレーマー【claimer】 苦情を申し立てる人．要求者．主張者．

グレーマーケット【gray market】 営経正規の市場と闇市場との中間の市場のこと．灰色市場．秘密裏に取引が行われる点で闇市場と似ているが，必ずしも非合法ではない．

クレーマント ソサエティー【claimant society】社不平不満が多く権利要求が激しい社会．

クレーム【claim】 苦情．異議申し立て．損害賠償請求．権利の主張・要求．

クレームタッグ【claim tag】 旅客機の乗客の手荷物引換証．

グレーヤッピー【gray yuppies 日】 社中年になったヤッピー．米語では middle-aged yuppies という．

グレー リテラチャー【gray literature】 灰色文書．灰色情報．未公開や秘密扱いではないが手に入りにくい科学技術情報をいう．

グレーン【grain】 ①穀物．穀粒．粒状物．②ヤードポンド法の質量の単位の一つ．1ポンドの7000分の1で，1グレーンは約0.0648g．

グレーンウイスキー【grain whisky】 料発芽させていない大麦，ライ麦，トウモロコシなどに，大麦の麦芽を加えて作るウイスキー．

クレーンゲーム【crane game 日】 小型クレーンを操作して，ぬいぐるみや玩具などの賞品をつり上げて取り出すゲーム機．

クレーンズビル【cranesbill】 植ゼラニウム．フウロソウ科の多年草．ツルのくちばしの意．

クレオール【Creole】 ①言混交語．ピジン（混合語）が造語や借用語を加えて語数を増し母国語化した言葉．②西インド諸島や中南米で生まれ育った白人．特にスペイン人をいう．

グレゴリオ聖歌【Gregorian chant】 音カトリックの典礼音楽．ローマ教会の典礼聖歌として，900年ごろに完成．

グレコローマン スタイル【Greco-Roman style】 競(ｽﾎﾟ)下半身での攻撃・防衛が禁じられており，上半身だけで戦う試合形式．

クレジット【credit】 ①信用．信頼．②経割賦販売．③経借款．貸し越し勘定．銀行預金．④新聞雑誌などに使用された記事や資料などの提供者を明示する表記．

クレジット オーソリゼーション システム【credit authorization system】 営経クレジットカードの利用者の信用状況をすぐに照会し，使用承認が得られる即時応答システム．

クレジットカード【credit card】 ①営経販売信用機能，本人を確認する ID 機能，決済機能の三種類の機能をもつカード．②営経現金を使わない商品の購入，金銭の貸し付けなどのサービスが受けられ，後払いで精算するシステムのカード．

クレジットカード キー【credit card key 日】 カード型のスペアキー．プラスチック製カードを鍵状にくり抜いたもので，緊急時に使う．

クレジット カウンセリング【credit counseling 日】 経社消費者金融などでの多重債務者を救うため，日本クレジットカウンセリング協会が行う無料相談．

クレジットギャップ【credit gap】 営経社信用販売制度に生じる，売り手と買い手の関心事の隔たり．

クレジットクランチ【credit crunch】 経金融危機．金融窮迫．信用危機．金融機関の貸し渋り．

クレジットショップ【credit shop 日】 営社消費者金融を手軽に利用できるようにした店舗．

クレジットタイトル【credit title】 映製作・監督・脚本などの担当者を示す字幕．

クレジット通話【credit call】 IT他人から借りた電話機あるいは公衆電話機を使った通話料金を，事前に登録した電話番号に課金するサービス．

クレジット デリバティブ【credit derivative】 経金融派生商品の一つ．貸出債権の信用リスクを取引する．

クレジットトラブル【credit trouble 日】 営経社クレジット契約に関するもめごと．

クレジット トランシュ【credit tranche】 経国際通貨基金(IMF)の出資割当額の25％を超えて引き出した部分のこと．具体的な政策要望が条件となる．

クレジット ヒストリー【credit history】 営経社クレジットカードの使用実績．

クレジットホリック【crediteholic 日】 社収入を考慮しないで，クレジットカードを用いて不釣り合いな買い物をするような人．

クレジットメソッド【credit method】 経複数の国で所得がある場合に，二重課税を避けるため，居住地で課税された場合は外国での課税額を控除する方式．

クレジットユニオン【credit union】 経信用組合．

クレジットライン【credit line】 経信用供与の限度．貸出限度．中央銀行の都市銀行に対する貸出限度額を指す．

クレジビリティー【credibility】 真実性．信頼

性．信ぴょう性．信用できること．

クレジビリティー ギャップ【credibility gap】　政アメリカの大統領に対する国民の信頼と実際との間にある落差．相互不信．

クレズ【Klez】　IT算コンピュータウイルスの一種．2002年に発見された．

クレスチン【krestin】　薬カワラタケの菌糸体から抽出される多糖類で，がん患者の免疫機能を高める作用がある．PS-Kともいう．

クレスト【crest】　①鳥冠．たてがみ．②紋章．かぶと飾り．羽根飾り．

クレセント【crescent】　①建上げ下げ窓や引き違い窓に使われる三日月形の締め金具．②三日月．三日月形のもの．

クレチン症【cretinism】　医先天性甲状腺機能低下症．心身の発育が阻害される．

クレッド【cred】　営経クレジットカードのこと．

クレツマー【klezmer】　音東ヨーロッパのユダヤ系音楽．またはその奏者．小編成の楽団で祝祭時に演奏する．

クレバー【clever】　抜け目のない．頭のいい．

クレバス【crevasse】　地氷河や雪原にできる亀裂．地表の割れ目．

クレフ【clef】　音五線譜の各段の最初に書いて，音の高さを示す音部記号．ト音記号，ハ音記号，ヘ音記号の三種がある．

クレブス回路【Krebs cycle】　生有機物を酸素を用いて二酸化炭素と水に分解する過程．発見したイギリスの生化学者H.A.クレブスの名に由来．クエン酸回路，トリカルボン酸回路，TCA回路ともいう．

クレプトクラシー【kleptocracy】　政権力をもつ者が国の資源を食いものにする政治．

クレプトクラット【kleptocrat】　政盗人や搾取者と変わらない政府高官．

クレペリン検査【Kraepelin test】　心連続加算作業検査．横書きの1桁の数字を2個ずつ加算する作業から導き出された曲線から，性格や精神機能を測定する．

クレマチス【clematis】　植キンポウゲ科センニンソウ属のつる性植物．園芸品種でテッセン系やカザグルマ系などがある．

クレムリノロジー【Kremlinology】　政旧ソ連政治の動きを，主にクレムリンに出入りする党の最高幹部の動向から研究・分析する方法．

クレムリン【Kremlin 露】　①政旧ソ連政府のこと．②モスクワの宮殿．

クレメンタイン【Clementine satellite】　宇アメリカの国防総省とNASA（航空宇宙局）が共同で，1994年にタイタンⅡGロケットで第1号を打ち上げた小型月面探査機．

クレメンタインⅡ計画【Clementine Ⅱ project】　宇アメリカ国防総省の高等研究計画局が進める月探査計画．月を周回探査した後に，軟着陸し画像情報を送信する．

クレリックシャツ【cleric shirt】　服襟とカフスだけを白にした色ものや柄ものシャツ．

グレンイーグルズ サミット【Gleneagles Summit】　政イギリスのグレンイーグルズで2005年に開催された第31回主要先進国首脳会議．

クレンジング【cleansing】　①きれいにすること．浄化．②容クレンジングクリームの略．

クレンジング クリーム【cleansing cream】　容化粧を落としたり，皮膚の汚れを取り除き，清浄にする洗浄クリーム．

グレンチェック【glen check】　服コート，スーツ地などに利用する，太くて大きい格子柄．グレナカートチェックの略．

クロイツフェルト ヤコブ病【Creutzfeldt-Jakob disease】　医病原たんぱく質であるプリオンに起因し，さまざまな神経症状を示す病気．CJDともいう．

グロインペイン症候群【groin pain syndrome】　医骨盤と股関節への過度の負荷から鼠径部（ももの付け根）に痛みが発生すること．

グローカリズム【glocalism】　地球的規模で発想し，地域ごとに活動しようとする考え方．

グローカリゼーション【glocalization】　社政国際組織と地方自治体が相互連携して，地球的な問題に対応しようとすること．

グローカル アクション【glocal action】　環境問題を地球規模で考え，地域ごとに行動しようとすること．

グローカル マネジメント【glocal management】　営世界化と現地化を同時に達成しようとする経営．

クローク【cloak】　①服袖なしの外とう．②手荷物などの一時預かり所．クロークルーム．

クローク アンド ダガー【cloak-and-dagger】　軍社諜報にまつわる．スパイ活動の．陰謀の．

クロークルーム【cloakroom】　ホテルや劇場などの手回り品預かり所．

クローザー【closer】　競（野球）勝っている試合終盤での抑えの切り札となる投手．先発完投型の投手．ダブルヘッダーの第2試合．最終回のこと．

グローサリー【grocery】　営食料雑貨店．食料雑貨販売業．

クロージング【closing】　①閉じること．閉幕．閉会．②経証券取引の大引け．売買手続きの完了．③演説などの終わり・結び．

クローズ[1]【clause】　法律や条約などの条項・個条．

クローズ[2]【close】　①閉じる．終了する．閉店．②IT算ファイルやウインドウを閉じて，使用しなくすること．③IT算ネットワークの接続を終了・切断すること．

クローズ[3]【clothes】　服衣服．着物．

グロース【growth】　成長．発達．増大．

クローズアップ【close-up】　映写版大写し．英音はクロースアップが普通．

グロースストック【growth stock】　経有望株．成長株．

クローズド アーキテクチャー【closed architecture】　IT算機器の内部の仕様が公開されていない設計．⇔オープン アーキテクチャー．

クローズドアウト ネッティング【closed-out

クローズド ▶

netting】習経一括清算方式．当事者の一方が債務不履行した時点で，債権・債務を一括相殺し，一本の残額債権・債務とする．

クローズドエンド【closed-end】経資本額固定式．閉鎖型の．追加設定できない．投資信託などでの用語の一つ．⇔オープンエンド．

クローズド キャプション【closed-caption】放字幕放送．特に聴力障害者向けに音声を字幕化するもので，専用アダプターを付ければ，不要な時は消すことができる．

クローズド キャンペーン【closed campaign】広購買を条件として消費者に景品などを提供するキャンペーン．

クローズド コーポレーション【closed corporation】営経株を公開せずに小グループで独占している会社．非公開会社．

クローズド コンファレンス【closed conference】営定期船の船主が結成した運賃同盟の中で，競争の規制を求める閉鎖的同盟のこと．

クローズド サーキット【closed circuit】 ①電閉回路．有線テレビ方式．②競自動車レースなどを行う閉鎖周回路．

クローズドショップ【closed shop】社組合員以外の雇用を認めない労使間の労働協約．⇔オープンショップ．

クローズドスタンス【closed stance】競野球やゴルフで，打球の飛ぶ方向にある足を前に出して打つ構え．⇔オープンスタンス．

クローズドチェーン【closed chain】化三つ以上の原子が結合して環をなしている化学構造．閉鎖．⇔オープンチェーン．

クローズドポリシー【closed policy】営製品の規格を自社だけで保有するやり方．

クローズド モーゲージ【closed mortgage】経閉鎖式担保．担保付き社債の発行方式の一つで，一つの担保について一度に計画の額の社債を発行すること．またその社債．⇔オープンエンド モーゲージ．

クローズビュー【close view】Ⅱ算MacOSに付属するアクセシビリティー用コントロールパネルの呼称．視力の弱いユーザーを援助する機能．

クローズフット【crow's foot】①目じりのしわ．カラスの足跡．②みつまた模様．③服裁縫での松葉どめ．

クローズボックス【close box】Ⅰ算MacOSなどで，プログラムを終了させるための四角の表示．ここをクリックするとウインドウが閉じられる．

グロース リセッション【growth recession】営経現実の成長率が適正成長率を下回る状態．経済成長率はわずかに伸びても，雇用が増えない状態．

グロナス【GLONASS】軍ロシアの偵察衛星の通称．global orbiting navigation satellite systemの頭字語から．

クローニー【crony】親友．昔なじみ．旧友．仲よし．仲間．

クローニー キャピタリズム【crony capitalism】営経仲間同士で行う経済運営方式．

クローニング【cloning】生遺伝子組成が同一の細胞を作る技術．遺伝子工学では，不特定多数のDNA断片を酵素を用いて運搬体に連結し，これを宿主の大腸菌に感染させ，生じたコロニーなどの中から特定のDNA断片を単離すること．

クローバーリーフ【cloverleaf】建高速道路の出入口ランプが，四つ葉のクローバー形の曲線を描く立体交差路．

グローバリズム【globalism】世界統合主義．汎地球主義．世界化．

グローバリゼーション【globalization】①経国境を撤廃あるいは無視して経済活動を営むこと．世界化．世界経済の一体化．②社従来の生活圏としての国家の枠を超えて社会生活における相互関係，相互依存関係が進展していくこと．グローバライゼーションともいう．

グローバル【global】世界的．全世界的な．世界的規模の．地球の．地球的規模の．

グローバル アセット アロケーション【global asset allocation】経世界的規模で資産を分散運用する方法．GAAともいう．

グローバルアドレス【global address】ⅠⅩインターネットのIPアドレスやLANのMACアドレスで，世界中で重複がないもの．

グローバルアドレス空間【global address space】ⅠⅩインターネットのアドレス領域．固有のIPアドレスが割り当てられる．

グローバル アライアンス【global alliance】営世界的規模で行う企業連携．

グローバル インフラストラクチャー ファンド【Global Infrastructure Fund】社経世界公共投資基金構想．民間企業などによって計画・立案されている世界的規模の開発構想．GIFともいう．

グローバルウオー【global war】軍全地球戦争．地球全体を巻き込む戦争．

グローバル ウオーミング【global warming】気地球温暖化．

グローバル エージェンシー【global agency】広世界的規模で運営される広告会社グループ．メガエージェンシー，ネットワークエージェンシーともいう．

グローバル エージング【global aging】社世界的規模での高齢化．またそれで起こる諸問題．

グローバルＳＣＭ【global supply chain management】営受発注・資材調達・在庫管理・製品配送をコンピューターを用いて総合管理するＳＣＭを世界的に実施すること．

グローバルエリア【global area】Ⅰ通信機能の発達により，広域化した情報空間のこと．

グローバル オファリング【global offering】経世界各地で同時に有価証券の公募発行を行うこと．

グローバル カストディー【global custody】経国境を超えた証券投資に伴う証券決済や保管，それに付随する各種サービスの代理人業務を一括して行う国際金融サービス．

グローバル ガバナンス【global governance】社国家間の協調より市民などの協調を重

◀グローバル

視し，地球共同体の安全保障などの実現を図る概念．

グローバル ガバナンス委員会【Commission on Global Governance】 社地球規模で人類が取り組むべき課題や国連改革案などを提言する委員会．1992年に世界の有識者28人で構成．95年に「Our Global Neighbourhood」(邦訳「地球リーダーシップ」)をまとめた．

グローバルキャリー取引【global carry trade】 経国際投資家が行う世界の資本市場間での資金調達・運用による利ざや追求取引．

グローバルクオータ【global quota】 ①経世界中のどこの国からでも物を輸入できるように外貨割り当てを行うこと．②包括割当制．

グローバルグラット【global glut】 経世界的規模の過剰設備．アジア諸国の輸出停滞を起こした原因の一つ．

グローバル携帯電話【World Phone】 工海外に携帯電話を持ち出し，ローミングサービスを受けること．

グローバル コミュニティー【global community】 社地球共同体．食糧・資源・人口・貧困問題などを地球の立場でとらえ，人類を運命共同体とする考え方．

グローバルコモンズ【global commons】 経地球的規模の共有財．地球共有財産．国際協力を支える考え方の一つ．

グローバルコモンズ世界環境会議99【World Conference on Global Commons, Japan '99】 環地球共有財産世界環境会議99．日本の環境行動会議が主催し，1999年に東京で開催した．

グローバル コンパクト【Global Compact】 環社1999年の世界経済フォーラム(ダボス会議)で国連のアナン事務総長が提案した構想．国連と世界の有力企業などが連携して，労働環境の改善や環境保護などを進める．

グローバル債【global bond】 経アジア市場，ユーロ市場，アメリカ市場で同時に募集・発行する債券．

グローバル シーリング【global sealing】 軍核戦力を世界的規模で封じ込めること．

グローバルシリーズ【global series】 社政地球的問題群に対し，国連が国際世論の喚起や問題解決を目指して，世界会議の開催や国際年・国際の10年の制定などを行うこと．

グローバルスター【Global star】 工衛星携帯電話サービスを提供するシステム．

グローバル スタンダード【global standard】 営経社世界標準．世界基準．世界と対等な競争ができる共通の仕組み．

グローバルスランプ【global slump】 経世界不況．世界的な不景気．

グローバル セルラーシステム【global cellular system】 工地球的規模で行う衛星データ通信ネットワークの一つ．

グローバル ソーシング【global sourcing】 営経世界を視野に入れて，良質・低廉商品を最適な調達先から仕入れること．

グローバル ディグリー【global degree】 営教社世界で通用する資格．アメリカ，イギリス，フランスのビジネススクールで取得できる経営学修士号(MBA)などをいう．

グローバルテン【global ten 日】 営経世界市場での占有率が10％を超えること．

グローバル トレーディング【global trading】 経各国市場の取引時間の差を利用して連続的に金融・証券の取引を行うこと．24時間取引．

グローバル ネゴシエーション【global negotiation】 政包括的交渉．国連で南北間の諸問題を世界的規模で一括して話し合う交渉案．

グローバル ネットワーク【global network】 ①工衛星通信などを利用して，世界的な規模に広げた通信情報網．広域通信情報網の総称．②世界的な広がりをもつ組織網．

グローバル パーチェシング【global purchasing】 営国際的規模で行う商品調達法．低原価で高品質の商品を確保する仕入れ方法の一つ．

グローバル パーティー【global party】 政世界的視野をもっている政党．

グローバル パートナー【global partner】 世界的視野に立って行動をともにできる仲間．

グローバル パートナーシップ【global partnership】 世界的視野で行う協調関係．地球的規模で考え行動を共にする提携．

グローバルパワー【global power】 政世界を動かす力をもつ国家．

グローバルビレッジ【global village】 工社地球村．世界村．通信手段が発達して世界がせばまったことにより，人々が地球村というような意識をもつことをいう．マクルーハンが名付けた．

グローバル プライシング【global pricing】 営経生産物や製造品の価格が地球的規模で同一になること．

グローバル変数【global variable】 工算プログラム処理をしているすべての実行単位で値が有効な変数で，関数の外で宣言されるもの．

グローバルホーク【Global Hawk】 軍アメリカ国防総省の国防先進研究計画庁が，高高度長時間無人機計画で開発した無人監視機．

グローバル ポジショニング システム【global positioning system】 宇地理全地球測位システム．地球の静止軌道上に打ち上げた数個の衛星から発信される固有の電波により，現在地を把握するシステム．GPS．

グローバル ホップスコッチ【global hopscotch】 営海外進出企業が，低コストの労働力を求めて世界中を動き回ること．

グローバル マーケティング【global marketing】 営資源，技術，労働，市場などを全体でとらえ，全世界的視野に立って最適機能配置をするマーケティング．

グローバル レシプロシティー【global reciprocity】 経政世界相互主義．相手国の市場開放の度合いに応じて，その相手国がアメリカから利益を得ることができるとするアメリカの通商政策．

グローバル ローカリゼーション【global lo-

ク

165

グローバル▶

calization】社地球的規模の問題に，現地の視点で対処すること．

グローバル ワランティー【global warranty】①算アップル社のアフターサービスで，他の国で購入した機器でも，1年間なら世界のどこででも受けられる保証．

グローバル ワンストップ ショッピング【global one-stop shopping】①企業内通信網が多数の国にまたがっている場合，その全体の設計・構築・運営・保守を通信事業者などの一社がまとめて提供すること．

クローブ【clove】植チョウジ．つぼみを乾燥させて香料に用いる．

グローブ[1]【GLOBE】環政地球環境国際議員連盟．1989年に結成．Global Legislators Organization for a Balanced Environment の頭字語で，調和のとれた地球環境のための立法者の国際的組織の意．

グローブ[2]【glove】①服手袋．保温や汚れ防止，装飾などに用いる．②競野球やボクシングなどの革製手袋．

グローブボックス【glove box】理密閉容器．放射性物質などを付属手袋で外部から操作できる透明な容器．

グローベックス【GLOBEX】①経コンピューターを用いてユーロドル先物取引を行うシステム．シカゴ商業取引所がロイター通信と共同開発し，1989年に導入した．

グローマー チャレンジャー号【Glomar Challenger】機深海掘削船の一つ．1970年代に大型石油掘削船を改造し，世界各地で延べ約33万kmの掘削孔を開けた．

クロームテープ【chrome tape】録音テープの一種．磁性体として二酸化クロームを使うもの．

グローリアス【glorious】名誉．輝かしい．素晴らしい．さん然たる．

クローリング ペッグ【crawling peg】経1965年にアメリカのウィリアムソンが提案した国際間の為替レート調整方式．通貨価値を段階的に変更して摩擦を最小限にとどめる．

クロール[1]【Chlor 独】化塩素．消毒剤などに使われる，非金属元素の一つ．元素記号は Cl．クロルともいう．

クロール[2]【crawl】競(水泳)両腕で交互に水をかき，ばた足で泳ぐ泳法．

クロールデン【chlordane】化白アリ退治などに用いた無色・無臭で毒性の強い液体．1986年に使用禁止となる．

クローン【clone】①生分枝系．生物の個体や細胞から無性生殖で増殖した遺伝的に同一の個体群・細胞群．クロンともいう．②複製品．複製物．そっくりまねた製品．

クローン牛【cloned cow】生動遺伝子操作などの技術で作る，親と同一の遺伝子をもつ牛．

クローン動物【cloned animal】生動同じ遺伝形質をもつ動物の個体群．作製方法は胚細胞クローンと体細胞クローンの二つに分類できる．

グローンナップ【grown-up】成人．大人．

クローン羊【clone sheep】生動羊の成体の乳腺から取り出した体細胞を使って誕生した，親と同一の遺伝子をもつ羊．1996年に世界で初めてイギリスで生まれた．

クローン病【Crohn's disease】医限局性腸炎．主に小腸や大腸に炎症を生じる疾患．

グロクスター【Grokster】①イ算ファイル交換ソフトの一種．商標名．

クロコダイル【crocodile】①動クロコダイル科のワニの総称．大形で気性の荒い種が多い．②服ワニ革．最高級の皮革．

クロス[1]【cloth】服布．布地．織物．

クロス[2]【cross】①十字架．十字形．十字記号．クルスともいう．②交差．③(ｻｯｶｰ)タッチライン沿いから相手ゴール前にいる味方選手に送るパス．センタリング．④生交配．雑種．

グロス【gross】①数量の単位の一つ．12ダース．②総体の．全体で．↔ネット．

クロス商い【cross-trade】経同一の証券会社が一つの銘柄に対して同時に売り買い注文を出し，売買を成立させること．

クロス アセンブラー【cross assembler】①算あるコンピューターのアセンブリ言語で書かれたプログラムを，別のコンピューターのアセンブリ言語にして出力するプログラム．

グロスインカム【gross income】経収入の総額．経費を差し引く前の総収入．

クロス インデックス【cross index】相互参照方式の索引．

クロス オーガニゼーション【cross organization】営交差型組織．労務管理の一形態で，セクショナリズムをなくすために，命令系統や業務分野を入り込ませた組織を作ること．

クロスオーバー【crossover】①音ジャズにロックなど他の音楽様式が混じり合った音楽．②建高架道路．跨線橋．③異なる分野のものが混じり合うこと．

クロスオーバー車【crossover vehicle 日】機乗用車とミニバンの特徴を融合した車種．

クロスオーバー ファッション【crossover fashion】服違う様式の服を混ぜ合わせて着こなすこと．

クロス開発【cross development】①算ソフトウエアを動作させるコンピューターシステム上ではなく，別のシステム上でそのソフトウエアを開発すること．

クロスカウンター【cross counter】競(ﾎﾞｸｼﾝｸﾞ)攻撃してきた相手の腕と自分の腕が交差する形で打つカウンターパンチ．

クロスカリキュラム【cross curriculum】教特定の課題について教科横断的に編まれる教育課程．

クロスカルチャー【cross culture 日】異文化間．異文化圏．

クロスカルチュラル【cross-cultural】異文化間の．比較文化の．

クロスカントリー【cross-country】①山野横断の．断郊の．道路でなく野原や林などを横断する．②競断郊競走．クロスカントリーレースの略．スキー競技や自転車競技などの種目でもある．

◀グロスレー

クロスカントリー競走【cross-country race】 🏃(陸上)主に野原や草原地に限定したコースを走る競走．山野横断競走．
クロスカントリー スキー【cross-country skiing】 🎿(スキー)距離競技．15km，30km，50kmなどの種目がある．
クロスカントリー ラリー【cross-country rally】 🏁荒野などを長距離・長期間走る，冒険的要素の強いモータースポーツ．
クロスケーブル【crossing cable】 ①算パソコンや周辺機器同士を直接接続しデータ転送をするシリアル伝送用ケーブル．リバースケーブル．
クロスゲーム¹【close game】 接戦．
クロスゲーム²【cross game】 🎿(スキー)数人の選手が同時にスタートし，ジャンプ台やバンクを設けたコースを滑って速さを競う．
クロスコンパイラー【cross compiler】 ①算クロス開発で，目的のコンピューターシステム上で動作するようにオブジェクトプログラムを生成する翻訳プログラム．
グロス サーキュレーション【gross circulation】 広屋外広告や交通広告の受け手への延べ到達度総数．
クロス承認【cross recognition】 政相互承認．朝鮮半島の緊張緩和のために，日本とアメリカが北朝鮮を，中国と旧ソ連が韓国を承認して現状の安定を図ろうとした構想．
クロスステッチ【cross-stitch】 服刺しゅうの十字縫い．
グロススプレー【gloss spray】 容つや出しスプレー．髪に自然なつやを与える整髪剤．
クロスセリング【cross-selling】 ①営顧客のある商品の購買パターンを分析することで，別の商品の購買へと向かわせること．
クロスチェック【cross-check】 ①算社報告や情報などを異なった観点から点検すること．②競(アイスホッケー)スティックを氷面から離し，相手選手の体に交差させて妨害する反則行為．
クロスデフォルト条項【cross default article】 営経債務者の一部に対して債務不履行があった場合，債務者は債権者全体に対しても債務不履行の責めを負うという契約条項．
クロストーク【cross talk】 ①電信・電話などの混線．②漫才などの掛け合い問答．③たくみな応答．④放テレビで，一つのテーマについて論者が語り合うこと．
クロスドッキング システム【cross-docking system】 経流通センターなどで，入庫製品を保管せず直接顧客別に仕分けし，配送車両に積み込む方式．
クロストレード【cross trade】 経第三国間貿易．仲介貿易．外国相互間の商品取引で，間に立つ国の契約者が仲介手数料を受け取る．
クロストレーニング【cross training】 競複数のトレーニングやスポーツを行って，均整のとれた機能的な体を作る方法．1986年ごろにアメリカで提案された．
クロスバイク【cross bike】 機自転車の一種．荒れ地に適したマウンテンバイクと，舗装道路向きの軽量のロードバイクの特徴をあわせもつ．
クロスファンクショナル【cross-functional】 社一人でさまざまな仕事をこなす従業員．
クロスファンクショナル チーム【cross-functional team】 営特定の課題を達成するための組織横断的なプロジェクトチーム．
クロスフェード【cross fade】 放一つの音楽や画面を次第に消していく一方で，別の音楽や画面を次第にはっきりさせていく方法．
クロス プラットフォーム【cross platform】 ①算ソフトウエアやハードウエアなどが，異なる環境のOS（基本ソフト）間でも共通して使えること．
クロスプレー【close play】 競審判が判定をすぐに下しにくいような微妙なプレー．
クロス プレッシャー【cross pressure】 心交差圧力．個人が複数の組織とかかわりをもっている時，各組織の規範が互いに競い合うことによって受ける心理的な圧力．
グロス プロフィット【gross profit】 営経粗利益．
クロスボー【crossbow】 中世のいし弓．T字形で弦を放つ引き金装置をもつ柄と，弓の部分からなる．野外の遊び道具として使う．
クロスボーダー【cross-border】 国境を越える．国境を越えての．
クロスボーダー アドマイヤード カンパニー【cross-border admired company】 経国境を超えて尊敬される会社．強さと優しさをもち，論理的に普遍性のある自己主張で，世界の人々をひきつけることのできる企業．
クロスボーダーM＆A【cross-border merger and acquisition】 営国境を超えて行われる企業の合併・買収．
クロスボール【cross ball】 競(テニス)コートの対角線方向に打ち合う球．
クロスポスト【cross-post】 ①算インターネットに投稿する記事の内容が複数の分野にわたる場合，複数のニュースグループに同じ記事を送ること．
クロス マーチャンダイジング【cross-merchandising】 営特定の生活テーマのもとに，関連品を含めた品ぞろえと演出をして行う販売活動．CMDともいう．
クロスメディア クリエーティブ【cross-media creative】 広広告手法の一つで，さまざまなメディアを立体的に使うこと．
クロスライセンス【cross license】 営経相互使用特許権．
グロスリーチ【gross reach】 広延べ到達．受け手への広告メッセージの複数回の到達を単純に合計した値．
クロスリンク【cross-link】 ①算いくつかのネットワーク同士がリンクし合って，互いに情報を検索できるようにすること．
グロス レーティング ポイント【gross rating point】 広延べ聴取・視聴率．複数回CMを流した時，各回の視聴率を合計した値．GRPともいう．

167

クロスレート【cross rate】経為替相場の裁定基準．二国間の為替相場を第三国から見た場合の呼称．

クロスレファレンス【cross-reference】①相互参照．同一の書物の中で関連項目を参照できるようにしたもの．②算プログラムに表れる変数，定数，記号などの行番号と，参照している文の行番号を一覧できる機能．クロスリファレンスともいう．

クロスレファレンス リスト【cross-reference list】相互参照に便利な情報の一覧表．

クロスワード パズル【crossword puzzle】ヒントを基に言葉をます目に当てはめる遊び．

クロゼット【closet】①建手洗所．ウオータークロゼット．②建物置．押し入れ．小部屋．クローゼット．③表面に立たない．隠れ…．

クロソイド曲線【clothoid curve】建渦巻き曲線の一つ．自動車の安定走行を図るため，高速道路などの設計に用いられる．

クロッカス【crocus】植アヤメ科の多年草．春に6弁の花をつける．

クロッキー【croquis 仏】美速写画．略画．鉛筆やコンテを用いる大まかなデッサン．

グロッキー【groggy】①疲労などのためによろよろ，ふらふらになること．②競ボクシングで，相手の攻撃によるダメージを受けて陥る状態．グロッギーともいう．

クロッグ【clog】服木靴．

クロックアップ【clock up 日】I算 CPU（中央処理装置）を動作周波数以上のスピードで動作させてパワーアップを図ること．

クロックウオッチャー【clock watcher】社成功の機会が来るのを待っている若年層の人．ニューミドラーの類型の一つ．

クロック ジェネレーター【clock generator】I算水晶発振器による動作周波数の発生回路．

クロッグシューズ【clog shoes】服木靴を模した皮革製の靴．

クロック周波数【clock frequency】I算コンピューターのすべての処理動作の基準となる信号の周波数．

クロックワイズ【clockwise】時計回り．

クロッケー【croquet 仏】競木製の球を木づちで打って関門を通過させて競うフランスの伝統的な球技．

グロッサリー【glossary】特殊な主題や分野の術語を解説した用語集．グロサリー．

クロッシェレース【crochet lace】服かぎ針編みレース．手編みの素朴な味わいをもつ．

クロッシュ【cloche 仏】①服釣り鐘形をしている女性用の帽子．②植物などにかぶせて用いる，釣り鐘に似たガラス製の保護器．

クロット【clot】ぬるぬるしたもののかたまり．血のかたまり．

クロットバスター【clotbuster】薬心臓発作を引き起こす血栓を溶かす薬．

クロッピング【cropping】編集上，写真やイラストの必要部分だけを指定すること．トリミングともいう．

クロップトシャツ【cropped shirt】服裾を切り落としたような丈の短いシャツ．

クロップトパンツ【cropped pants】服裾の部分を切り取ったような丈の短めのパンツ．カットオフパンツもいう．

グロテスク【grotesque 仏】奇怪で異様なこと．グロともいう．

クロニクル【chronicle】①年代記．編年史．②記録．記録する．

クロニック ドリンカー【chronic drinker】医アルコール依存症患者．

クロノグラフ【chronograph】①機時間を精密に測定し，紙テープなどに記録する装置．②ストップウオッチ付きの腕時計．

クロノセラピー【chronotherapy】①医時間療法．覚醒と睡眠の周期を変えて不眠を治療する．②医薬時間治療．投薬時刻を変えて，効果を高め副作用を減らす．

クロノバイオロジー【chronobiology】生生物のもつ活動の周期性や体内時計などを研究する学問．

クロノファーマコロジー【chronopharmacology】生薬投薬量と体内リズムとの関係を研究する学問．chrono-（時，時間）と pharmacology（薬理学）の合成語．

クロノメーター【chronometer】航海や天文観測用の時計．

クロノロジー【chronology】①年代記．年表．②年代学．

クロファジミン【clofazimine】薬ハンセン病治療薬．1957年にスイスのガイギー社が抗結核薬として開発．62年にハンセン病に有効とわかった．

グロボコップ【Globocop】社地球の治安を守る国．アメリカのこと．世界警察の意．global と cop の合成語．

グロマー衛星システム【GLOMR】字軍世界中に分散配置している対潜水艦用の検知器などのデータを蓄積して，管制局に中継する小型衛星網を構築するアメリカ海軍の衛星システム．global low orbiting message relay satellite system の略．

クロマキー【chroma key】I色相（クロミナンス）の差から作成したキー信号を使って，ビデオ画像などの合成を行う方法．

クロマクリア【Chroma Clear】I算 NEC が開発したブラウン管（CRT）の一方式．従来の方式では円形の穴を用いたのを，長方形のスロットに変更して開口率を向上させた．

クロマチック【chromatic】①色彩の．着色の．②音半音階の．半音階的．クロマティック．

クロマチン【chromatin】生細胞の核の中の遺伝子を含む糸状の染色体．染色質．

クロマトグラフィー【chromatography】化色素物質やアミノ酸などを吸着剤を用いて分離する化学分析法．

クロマトロン方式【Chromatron】映カラーテレビの受像方式の一つ．

クロマニヨン人【Cro-Magnon】生更新世に属する化石新人を代表する人類．化石が発見されたフ

ランスの洞窟の名にちなむ．

クロミック材料【chromic material】 理光線や熱などに反応して色が濃くなり，遮ると元の色に戻る物質．クロミックはフォトクロミックの略．

クロミフェン【clomiphene】 薬アメリカで開発された排卵誘発剤．

クロム鋼【chrome steel】 化工具や機械構造の部品として用いる，鋼鉄にクロムを加えて作った合金．

クロライドペーパー【chloride paper】 写光速度が比較的遅い印画紙．

クロラムフェニコール【chloramphenicol】 薬放線菌から得られ，チフスなどに特効がある，抗生物質の一種．

グロリア【gloria】 栄光の賛歌．後光．光輪．グローリアともいう．

クロルデン【chlordane】 化有機塩素系化合物の一つ．無臭で，シロアリ駆除などに用いた殺虫剤．1986年に生産・輸入禁止．

クロルニトロフェン【chlornitrophen】 薬除草剤の一種．田植え前後に散布する．1965年に登録されたが，94年に使用自粛を厚生省（現厚生労働省）が通知した．

クロルプロマジン【chlorpromazine】 薬精神病や潰瘍などの治療に使う自律神経安定剤．

クロレラ【chlorella】 植淡水性の単細胞の緑藻植物．

クロロフィリン【chlorophyllin】 薬口臭を消したり傷口を治したりする効果がある，葉緑素を原料にした医薬品．

クロロフィル【chlorophyll】 生葉緑素．

クロロフルオロカーボン【chlorofluorocarbon】 化フロンガス．塩素も含むフッ素と炭素の化合物．ＣＦＣともいう．

クロロプレンゴム【chloroprene rubber】 化合成ゴムの一種．クロロプレンの重合体で，広い適用性をもつ．ＣＲともいう．

クロロブロマイド ペーパー【chlorobromide paper】 写感光速度の速い，引き伸ばし用印画紙．

クロロベンゼン【chlorobenzene】 化染料・溶剤などの原料で，ベンゼンを塩素化して得る無色の液体．

クロロホルム【chloroform】 薬アルコールなどから作る麻酔剤．

クロワゾンネ【cloisonné 仏】 金工工芸の一つ．七宝焼き．

クロワッサン【croissant 仏】 料バターをたっぷり使って焼いた三日月形パン．

クロン【chron】 地地球磁場が安定状態にある期間．

クワーオワー【Quaoar】 天太陽系の最も外側を回る小惑星．2002年に発見された．

クワイト【kwaito】 音南アフリカで1990年代中ごろから広まったダンス音楽．

クワッドリフト【quad lift】 ス(ｷｰ)4人乗りのリフトのこと．

グンダーセン方式【Gundersen method】 競(ｽｷｰ)ノルディック複合競技で，先に行うジャンプの成績にクロスカントリーの出走順の間隔を決める方法．

クンニリングス【cunnilingus 羅】 生舌や唇で女性性器を愛撫すること．

クンフー【kung fu 功夫 中】 競日本の空手に似た中国の拳法．カンフーともいう．

クンフー映画【kung fu movie】 映格闘技によるアクションを売り物にした映画．カンフー映画ともいう．

ケ

ケア【care】 保護．世話．介護．看護．心配．

ケア インターナショナル【CARE International】 社国際ケア機構．1945年にヨーロッパの被災者救援のため，アメリカで発足．現在は途上国への援助活動を行う．

ケアカード【care card】 医治療記録が記憶されている個人用のICカード．

ケア カンファレンス【care conference 日】 社サービス担当者会議．介護サービス計画の保健・医療・福祉分野の実務担当者で構成．

ケアギバー【caregiver】 社介護者．養護人．障害者や高齢者・乳幼児などの世話をする人．

ケアサービス【care service 日】 社高齢者などに対し，介護や家事援助を主に行うサービス．

ケアハウス【care house 日】 社軽費老人ホームの一種．けがや病気などをした時に入所する，介護付きの高齢者向け施設．英語では nursing home という．

ケアプラン【care plan 日】 営社介護サービス計画．介護が必要と認定された被保険者の依頼に応じ，サービス提供計画を作成する．

ケアマーク【care mark】 一般貨物の荷扱い指示マーク．作業者の安全と中身の損傷防止のために，包装容器に付ける．

ケアマネジメント【care management】 営社複合的な介護要求をもつ高齢者や障害者のために，福祉・保健・医療などのさまざまなサービスを組み合わせて提供する専門的援助方法．ケースマネジメントともいう．

ケアマネジャー【care manager 日】 営社介護支援専門員．介護サービスの提供を計画する資格をもつ．

ケアミックス【care mix 日】 医高齢者介護に加えて一般患者の診療も行う方式．

ケアレスミス ケアレスミステーク（careless mistake）の略．不注意による間違い．

ケアワーカー【care worker 日】 社介護福祉士．障害者や高齢者を介護する仕事の資格をもつ．

ケアンズ グループ【Cairns Group】 経農農産物貿易の完全自由化を主張する農産物輸出17カ国のグループ．ケアンズはオーストラリアの都市．

ゲイ【gay】 ①陽気な．②同性愛者．同性愛の．

ゲイゲーム【Gay Game】 競社同性愛者が参加

169

ゲイパワー ▶

する競技大会．1982年に始まり，4年に1回開催．

ゲイパワー【gay power】　社同性愛者解放を目指す勢力．

ケイマンボール【Cayman ball】　競(ゴル)通常のゴルフボールと直径は同じだが，重量は半分以下で水に浮き，飛距離が約半分になるボール．ケイマンはカリブ海の諸島名で，ジャック・ニクラウスが全長の短いコースを設計したことにちなむ．

ゲイム【GAME】　気アジアモンスーンエネルギー・水循環研究観測計画．日本が主導した国際研究計画．GEWEX Asian Monsoon Experiment の頭字語から．

ゲイライツ ムーブメント【Gay Rights Movement】　社同性愛者の権利獲得運動．

ゲイリブ【gay lib】　社同性愛者解放運動．

ケイリン【Keirin】　競(自転車)日本で生まれた競輪が国際化した速度競走の種目．

ゲイン【gain】　①手に入れる．得る．獲得する．勝ち取る．向上する．②獲得．収入．利益．③競(アメリカンフットボール)前進．距離獲得．④I算機械などの制御系で，入力信号に対する出力信号の大きさの比．

ケインジアン【Keynesian】　経ケインズ学派．イギリスの経済学者ケインズの経済学を継承しようとする人々．

ケインズ経済学【Keynesian economics】　経イギリスの経済学者ケインズが展開した需要を重視する経済学．

ケーオー【KO】　競(ボクシング)相手を打ち倒してカウント10を過ぎてもファイティング ポーズがとれないようにすること．knockout の略．

ケーオス【chaos】　混とん．無政府状態．カオス．

ケージ【cage】　鳥かご．おり．獄舎．エレベーターのかご．

ゲージ【gauge】　①基準寸法．標準規格の定規．②計器．計量器．③服編み物で基準となる目数．④銃の口径．⑤鉄道線路の軌間．

ゲージ対称性【gauge symmetry】　理物理の法則で，基準となるゲージ（定規）のとり方を変換しても数量の関係が不変であること．

ケージャン【Cajun】　音アメリカのルイジアナ州のフランス系住民から起こった音楽．

ゲージ粒子【gauge particle】　理ゲージ理論で力の統一的説明にかかわりのある粒子．ウィークボソン，グルーオンを指す．

ゲージ理論【gauge theory】　理自然界の四つの力に関連して，物理量をあるゲージ（定規）で測って数量化した数字の関係として与える理論．

ケース【case】　①場合．容器．②I算筐体（きょうたい）．パソコンなどの電子機器を収納する箱・外枠．③場合．事例．④法判例．

ケースインセンシティブ【case-insensitive】　I算アルファベットを入力する時，大文字と小文字の区別をしないこと．UNIX では区別をするが，一般に MS-DOS，MacOS などでは区別していない．

ケーススタディー【case study】　事例研究．実際に起きた具体的事例を分析・研究して法則性などを見いだす方法．

ケース バイ ケース【case by case】　個々の場合や状況で，対処方法を変えること．

ケースヒストリー【case history】　①事例史．②医既往症．病歴．

ケースメソッド【case method】　経事例に基づく研究．事例方式．

ケースメント【casement】　建開き窓．観音開きの窓．

ケースワーカー【caseworker】　社社会福祉主事．病気・貧困など社会福祉問題を個別的に扱い，解決のための指導をする人．ソーシャルワーカーともいう．

ケースワーク【casework】　①社社会福祉の問題の解決に，個別に対処すること．②医個々の患者の症状に応じた治療方針を立てること．

ケーソン【caisson】　建潜函基礎工事で地中に埋める鉄やコンクリート製の箱．

ケータイ　I携帯電話（mobile phone）の通称．

ケータリング サービス【catering service】　科パーティーなどに出張し，その場で調理した料理を提供する商売．

ゲーテッド コミュニティー【gated community】　社塀などで囲まれた町．犯罪防止などのため，1970年代にアメリカで始まった．

ゲーデルの不完全性定理【Gödel's incompleteness theorem】　数ゲーデルが証明した形式論理体系の不完全さを示す数学の定理．

ゲート【gate】　①建門．出入り口．扉．②I算電子回路で論理条件によって切断・接続のできる電子スイッチ．

ゲートアレイ【gate array】　I算新しく大規模集積回路(LSI)を作る場合に，あらかじめ論理回路の基本となる論理ゲートを基板上に配列しておき，利用者の需要に合わせて配線設計だけをするのに使うもの．

ゲートウエー【gateway】　①I算ネットワークを別のネットワークと接続して相互アクセスをする方法．また，自分が直接接続しているホストコンピューターから，相互接続しているホストコンピューターにアクセスすること．②建門の付いた出入り口．アーチ型通路．

ゲートウエー サービス【gateway service】　I算異なるプロトコル間を接続するサービス．

ゲートウエー装置【gateway unit】　I算 OSI基本参照モデルの7階層すべてにおいて，異なる複数のネットワーク同士を接続するための変換装置．

ゲートウエードラッグ【gateway drug】　社薬マリファナなど，気分転換を図るために用いる麻薬．これがきっかけで，より強い刺激などを求めるようになることから．また，違法ドラッグへ進む入り口となる合法ドラッグ．ゲートドラッグともいう．

ゲートキーパー【gatekeeper】　①門番．②広商品購入について決定権をもつ人．③I算インターネット電話を実現する技術の一つ．

ゲート ターンオフ サイリスタ【gate turn-off thyristor】　電100アンペア以上の大電流を切ったり入れたりするスイッチの役目を果たす半導体．重機の電流制御装置に用いられる．GTO サイリスタともいう．

ゲートハウス【gatehouse】　門衛詰め所．

ゲートフォールド【gatefold】　印（大型サイズの）

◀ゲームバラ

折り込みページ．ピンナップなどに使う．

ゲートボール【gate ball 日】　競5人ずつの2チームが，木製の球をスティックで打ち，関門を通過させるスポーツ．

ケードルセイ【Quai d'Orsay 仏】　政フランス外務省の通称．パリのセーヌ川沿いの所在地から．キドルセイともいう．

ケーパー【caper】　植フウチョウボクのつぼみを酢漬けにした香辛料の一種．

ケーパビリティー【capability】　①能力．才能．②営商品開発力など組織のもつ能力．

ケービング【caving】　洞窟探検．英語では spelunking ともいう．

ケーブ【cave】　洞穴．洞窟．

ケープ【cape】　①服女性用の袖なし外とう．肩に掛ける短い外とう．②地岬．

ケーブリングシステム【cabling system】　Ⅰ算 LAN を構成する要素のうち，コンピューターを接続するための装置や機器の総称．

ケーブル【cable】　①鉄索．太くて丈夫な綱．②Ⅰ 1本あるいは複数の電線を絶縁体で覆ったもの．パソコンや周辺機器との接続に用いる．③打電する．

ケーブル アンド ワイヤレス【Cable & Wireless】　Ⅰイギリスの電気通信事業者の一つ．Ｃ＆Ｗともいう．

ケーブル インターネット【cable Internet】　ⅠＣＡＴＶ（ケーブルテレビ）の広帯域回線を使って高速のインターネット接続サービスを提供する仕組み．

ゲーブルウインドー【gable window】　建屋根裏部屋の明かり取り用に取り付ける三角屋根．ドーマーウインドーともいう．

ケーブルコネクター【cable connector】　Ⅰ算ケーブルとケーブル，またはケーブルと装置とを接続させる接点．

ケーブル接続【cable connection】　Ⅰ算デジタルカメラの画像データなどをパソコンなどで利用するために，ケーブルにつないでデータを送ること．

ケーブルテキスト【cable text】　Ⅰ CATV（ケーブルテレビ）を通じて流される文字図形による番組．

ケーブルテレビ【cable television】　Ⅰ有線テレビ．同軸ケーブルや光ファイバーなどを用いて，テレビ番組を加入者に配信する方式．CATVともいう．

ケーブルテレビ電話【cable telephony】　Ⅰケーブルテレビのネットワークを利用して提供される電話サービス．

ケーブルドーム【Cabledome】　建高張力の鋼索で大屋根を支える膜構造建築の一種．大規模な競技場などに用いられる．商標名．

ケーブルニット【cable knit】　服メリヤスの編み目を縄状に交差させたニット．縄編みをした編み地．

ケーブル ボックス ネットワーク システム【cable box network system】　Ⅰ道路空間の活用を図るために，電話線などを地下溝に一括して収納する方式．キャブシステム．

ケーブルマン【cable man】　映撮影現場で使われる電源ケーブルや機材のコードなどを配置し管理する担当者．

ケーブルモデム【cable modem】　Ⅰ電ケーブルテレビ網で，高速の双方向データ通信を実現するための変復調装置．

ケーブルレス【cableless】　Ⅰ算接続線がないこと．ワイヤレスともいう．

ゲーマー【gamer】　①フットボールのような荒っぽいスポーツで，けがにも負けないで戦い抜く選手．英語では rough player ともいう．②（日）Ⅰコンピューターゲームを分析し，展開を解明して雑誌などに投稿する人，またその職種．

ゲーミング【gaming】　①賭博．②Ⅰ複雑な社会現象を取り入れたゲームを作ること．

ゲーミング コントロール ボード【gaming control board】　社賭博管理委員会．ラスベガスのあるネバダ州に設置されている．

ゲーム【game】　①勝敗を競う遊び．遊戯．勝負事．②競試合．競技．③計略．戦略．④（ｽﾞ）セットごとの区切り．⑤利害の対立する複数の主体による行動と結果を分析するのに用いるモデル．

ゲームウオッチ【game watch】　Ⅰ時計の機能をあわせもつ，名刺ぐらいの大きさのコンピューターゲーム機．

ゲーム カートリッジ【game cartridge】　Ⅰ算 ROM や SRAM，基板などの構成がプラスチック製のケースに入っているゲームソフトパッケージ．携帯用のゲーム機で用いる．

ゲームカウント【game count】　競（ｽﾞ）勝ったゲームの数．

ゲーム木【game tree】　Ⅰゲームを指すプログラムで，次の一手を決定するのに探索する手段として用いるもの．

ゲームキューブ【GAMECUBE】　Ⅰ算任天堂の家庭用ゲーム機．デジタル家電の仕様のないゲーム専用機．

ゲーム クリエーター【game creator】　Ⅰコンピューターゲームの製作者．

ゲームセット【game set 日】　競試合終了．英語は game and set．

ゲームセンター【game center 日】　遊技場．英語は penny arcade など．

ゲームソフト【game software 日】　Ⅰコンピューターゲームに使うプログラム．英語では software game．

ゲームチャンネル【game channel】　Ⅰ通信回線を用いて，好きなテレビゲームを選択し，遠隔の相手とも対戦できるサービス方式．

ゲームデザイナー【game designer】　Ⅰ算コンピューターゲームの筋書きの構成やプログラムの作成を行う統括者．

ゲーム脳【game brain 日】　Ⅰ心コンピュータの長時間利用者に起にる，脳の活動低下状態．作業中に前頭前野でベータ波の減少などが生じる．

ゲームの理論【theory of games】　数ゲームを行う競技者の意思決定のメカニズムを数学的に分析する理論．ゲーム理論ともいう．

ゲームバランス【game balance】　Ⅰコンピュー

171

ゲームバン▶

ターゲームの難易度を調整すること．
ゲームバン【game van】 ⒤韓国のインターネットカフェのこと．PCバン，インターネットバンともいう．
ゲーム フィッシング【game fishing】 釣り針にかかった時に強く抵抗する，大型魚などを対象とする釣り．
ゲームブック【gamebook】 何通りかのストーリーがあり，読者の選び方次第で異なった展開の楽しめる本．ストーリーの変わり目に，選択肢が設けられている．
ゲームプラン【game plan】 ①競試合ごとの作戦・戦略．②営経経済や営業活動などの計画・戦略．
ゲームフリーズ【game freezing】 競(テニ)ゲーム形式の練習でのコーチング法の一つ．問題があるプレーが出た時に，瞬時に練習を休止させ，その位置をもとに各選手の動きなどを理解させる．
ゲームプリザーブ【game preserve】 動物保護区．禁猟区．ゲームリザーブともいう．
ゲームポイント【game point】 ①競(テニ)ゲームの勝ちを決める1球．②勝負を決める得点．決勝の1点．
ゲームボーイ【Game Boy】 ⒤任天堂の8ビット携帯コンピューターゲーム機．1988年に発売．商標名．
ゲームボーイ アドバンス【GAMEBOY ADVANCE】 ⒤算任天堂の32ビット携帯ゲーム機．インターネットで通信対戦もできる．
ゲームポート【game port】 ⒤算ジョイスティックやジョイパッドなど，ゲーム用のコントローラーを接続するためのポート．
ゲーム ミュージック【game music 日】 ⒤音コンピューターゲームの中で流れる音楽．英語ではsoftware game music．
ケール【kale】 植緑葉キャベツ．青野菜．
ゲオポリティーク【Geopolitik 独】 政地政学．
ケジェリー【kedgeree】 ①料インド料理の一つ．米飯に，豆，タマネギ，香料などを混ぜた料理．②料ヨーロッパ料理の一つ．魚，卵，バターなどで作る混ぜご飯の一種．
ゲシュタポ【Gestapo 独】 社政1933～45年の間に活動したナチスドイツの秘密国家警察．Geheime Staatspolizei の略．
ゲシュタルト【Gestalt 独】 ①有り様．状相．②心統一性のある形態．
ゲシュタルト心理学【Gestaltpsychologie 独】 心心理学の一つで，精神現象を構成しているそれぞれの要素を統一的に把握しようとする心理学．形態心理学．
ゲシュタルト療法【gestalt therapy】 心自分らしくふるまうことを強調し，自己を統合しようという狙いで行う療法．
ゲステージ【guestage】 社政事実上は人質である賓客．1990年のイラクのクウェート侵攻で，イラクやクウェート国内に足止めされた外国人のこと．guest と hostage の合成語．
ゲスト【guest】 ①客．来賓．特別出演者．②⒤

⒤特定のネットワークに正式入会していない人．未登録の客．③化包接される分子．
ゲストハウス【guesthouse】 建迎賓館．客用の建物．
ゲスト プロフェッサー【guest professor】 教客員教授．
ゲストルーム【guest room】 客室．
ケセラセラ【que será, será 西】 なるようになるさ．映画の主題歌から．
ゲゼルシャフト【Gesellschaft 独】 社利益社会．契約・協定など合理的打算によって結びついた社会．国家・都市・会社などをいう．⇔ゲマインシャフト．
ケチャ【kecak ｲﾝ】 音インドネシアのバリ島で行われる，複雑なリズムの集団舞踊と伴奏音楽．
ゲッタウエー【getaway】 ①脱出．逃亡．②建都会生活から逃れるため，静かな遠隔地に建てた別荘や山小屋など．週末や休暇に使う．
ゲッタウト【get-out】 困難を切り抜ける方策．脱出手段．
ケッチ【ketch】 機2本マストの帆船．
ゲッツー【get two 日】 競(野球)併殺．連続した守備動作で2人をアウトにするプレー．英語はdouble play．
ゲット【get】 ①得る．手に入れる．②競(テニ)相手側にポイントを取られそうな球を打ち返すこと．③競バスケットボールなどで，得点を上げること．
ゲットー【ghetto 伊】 ①社ユダヤ人居住区．ユダヤ人強制隔離地域．②社特定民族集団の居住地域．
ケッヘル番号【Köchel-Verzeichnis-Nummer 独】 音モーツァルトの全作品に付けられた整理番号．記号はKまたはKV．オーストリアの音楽研究家L．A．ケッヘルが1862年に用い，以後何回か改訂された．
ケトル【kettle】 やかん．湯沸かし．ケットル．
ケナフ【kenaf】 植アオイ科の一年草．熱帯などで栽培され，紙の原料となる．
ケネディ宇宙センター【John F. Kennedy Space Center】 宇アメリカのフロリダ州にあるNASA(航空宇宙局)の発射場．KSCともいう．
ゲネプロ ゲネラルプローベ(Generalprobe 独)の略．音劇オペラやオーケストラなどの上演直前に行う舞台げいこ．
ゲネラルパウゼ【Generalpause 独】 音総休止．管弦楽などで，すべての楽器・声部が長く休止する部分．記号は G.P.
ゲノッセンシャフト【Genossenschaft 独】 社協同組合．仲間．人間的な連帯や人情を加味した利益社会集団．
ゲノミクス【genomics】 医ゲノム学．1個の生物を作る最小限の遺伝子セットであるゲノムを研究対象とする学問体系．
ゲノム【genome】 医生物の染色体の基本のセット．重複していない染色体の一組．1個の生物を作る最小限の遺伝子セット．
ゲノム インプリンティング【genomic imprinting】 医遺伝子刷り込み．
ゲノム創薬【genome —】 医薬人間がもつ固有

の遺伝情報を利用して，患者個人の病態に合わせた新薬を開発すること．

ゲノム重複【genome duplication】 生同一の細胞内に，ゲノムが2個以上存在すること．

ゲノムビジネス【genome business】 営生間のもつ固有の遺伝情報であるヒトゲノムの解読によって広がる事業領域．

ゲノム分析【genome analysis】 生生物の正常な生存に必要な最小限度の染色体一組みをいうゲノムの構成を分析し，種の起源や分化などを明らかにすること．

ゲバリスタ【Guevarista 西】 社政国境や民族などにとらわれないで世界革命を目指すゲバラ理論の信奉者．

ゲバルト【Gewalt 独】 ①力．暴力．権力．②社政国家権力に対する実力闘争．ゲバともいう．

ゲファー【gaffer】 ①映映照明主任．電源主任．撮影・照明用の電源を確保・管理する．②親方．かしら．じいさん．

ケフィア【kefir】 料カフカス地方などで産する発酵乳．健康的な飲料として知られる．

ゲフィチニブ【gefitinib】 薬抗悪性腫瘍薬の一つ．商品名はイレッサ．

ケプラー計画【Kepler mission】 宇NASA（アメリカ航空宇宙局）が進める地球型惑星の探査計画．2008年に観測衛星を打ち上げ予定．

ケベコワ【Québécoise 仏】 カナダのケベック州のフランス系住民．ケベックの人．ケベック党員．

ケベック党【Parti Québécois 仏】 政カナダの政党の一つ．ケベック州分離独立運動を進める．

ケベック分離独立運動【Quebec separatist movement】 社政フランス系住民が8割を占めるカナダのケベック州での，分離独立を求めたり，主権獲得やカナダとの経済的連合を訴えたりする動き．ケベック州分離独立運動．

ケベック連合【Bloc Québécois 仏】 政フランス系住民が8割を占めるカナダのケベック州の独立を主張する政党．1990年に結成．

ケマージー【chemurgy】 化農農産化学．

ゲマインシャフト【Gemeinschaft 独】 社共同社会．人間の自然な感情や意思で形成された社会集団．家族・村落などをいう．⇔ゲゼルシャフト．

ケミカル アセスメント【chemical assessment】 化環化学物質環境調査．

ケミカルウオッシュ【chemical wash】 服化学薬品を用いて脱色すること．ジーンズなどの加工法の一つ．

ケミカル エンジニアリング【chemical engineering】 化化学工業．化学工学．

ケミカル オートマトン【chemical automaton】 化生生体内での酵素の働きや自動調節作用を，機械が行う装置．自動化学反応装置．

ケミカルシューズ【chemical shoes】 服合成皮革で作る靴．流行性の強い女性用が多い．

ケミカルタンカー【chemical tanker】 機液体化学品を輸送する船．

ケミカルトイレット【chemical toilet】 建無臭式の便所．

ケミカルピーリング【chemical peeling】 容肌の角質などを酸で溶かす美容法．

ケミカル リファイナリー【chemical refinery】 営石油精製で燃料用としてよりも，石油化学原料用の生産に重点を置く精油工場．

ケミカルレーザー【chemical laser】 化理化学レーザー．化学反応を利用して高エネルギーのレーザー光を発生させる装置．

ケミストリー【chemistry】 ①化化学．化学作用．②相性．性質．個性．

ゲミュート【Gemüt 独】 心情．気持ち．心の動き．情感．情意．

ケム【chem】 軍化学兵器．毒ガスなどを用いる兵器．chemical weapon の略称．

ケモフォビア【chemophobia】 心化学薬品恐怖症．農薬や食品添加物などによって，健康に害が与えられると恐れること．

ゲラ【galley】 印校正刷り．英語では本来は galley proof．

ケラチン【keratin】 生動物の外皮・毛などを構成するたんぱく質．角質．

ゲランドの塩【sel de Guérande 仏】 料フランス・ブルターニュ地方のゲランド塩田で，伝統的製法によって作られる塩．

ケリーバッグ【Kelly bag】 服モナコ王妃グレース・ケリーに由来するエルメス社の手提げバッグ．台形状をしている．

ゲリコマ ゲリラ（guerrilla 西）とコマンド（comando 西）の合成語．軍国内に侵入し破壊工作活動をする非正規兵と奇襲部隊．

ゲリマンダー【gerrymander】 政選挙区を自党に有利になるように区画すること．

ゲリラ【guerrilla 西】 軍非正規兵．別動隊．

ゲリラ広告【guerrilla ad】 広あらゆるものを広告媒体として使う広告方法．ゲリラマーケティングともいう．

ゲリラ商法【guerrilla—】 社悪質訪問販売業者が，流出した顧客情報を基に，同じ高齢者などを何度も狙う詐欺．

ゲル【gel】 化膠化体．コロイド溶液がゼリー状になって，流動性を失ったもの．寒天，ゼラチンなど．ゼラチン（gelatin）の略．

ゲルインク【gel ink】 水性顔料．ボールペンのインクに用いる．

ケルト【Celt】 紀元前8～7世紀ごろ中欧に始まり，最盛期には東欧からアイルランドまで勢力を広げたヨーロッパの先住民族．

ケルト音楽【Celtic music】 音アイルランド音楽を主体とする音楽ジャンル．

ケルビン【kelvin】 理国際単位系（SI）の基本単位の一つ．熱力学温度の単位．記号はK．イギリスの物理学者W. T. ケルビンの名に由来する．

ケルベロス【kerberos】 IT算1980年代にアメリカのマサチューセッツ工科大学で開発された公開鍵方式の暗号認証システム．

ケルン【cairn】 登登山の記念の積み石．道標．

ケルンサミット【Köln Summit】 政ドイツのケルンで1999年に開催された第25回主要先進国首脳会

173

ゲレンデ▶

議．

ゲレンデ【Gelände 独】①競スキー場の斜面．②登岩登りの練習場．③地形．地帯．土地．

ゲレンデシュプルング【Geländesprung 独】競（ﾞ）滑降中に障害物を跳び越えて滑走すること．滑走跳躍．

ゲレンデスキー【Gelände ski 日】競リフトなどを用いて標高の高い所から滑降する技術を楽しむスキー．

ケロイド【Keloid 独】医やけどの傷跡．

ケロシン【kerosene】化灯油．

ゲンシャリズム【Genscherism】政ドイツの政治家ハンス・ゲンシャーの外交哲学．外相を18年間務め，ドイツ統一を成し遂げた．

ケンタッキー ダービー【Kentucky Derby】競アメリカの三冠馬レースの一つ．1875年に創設され，一度も中止の年がない．チャーチルダウンズ競馬場のダート10ハロン（2000m）で3歳馬が争うチャンピオン戦．

ケント【Kent】①アメリカ製の紙巻きタバコの一種．商標名．②軍ロシアの空中発射巡航ミサイルAS-15の通称．

ケント紙【Kent paper】白色の上質紙．製図などに用いる．

ケンネル【kennel】①犬小屋．犬舎．②営犬の売買を行う店．ケネルともいう．

ケンプ【kemp】生病気や老齢などで羊に生じる粗雑な毛．

コ

コア【core】①中心部分．核心．核．②果芯．果物の芯．③地地球の中心部．④電磁心．鉄心．⑤原子炉の炉心．

ゴア【gore】①三角布．②服洋裁で，まち．③映画流血を伴う暴力シーン．ゴーアともいう．

コアインフレ【core inflation】経実体的な国民経済における，季節的要因などを除いた分の物価上昇状況．

コア カリキュラム【core curriculum】教教科の枠にとらわれないで，生徒の実生活上の問題を核に据え，その解決過程を通じて総合的な学習を行う教育法．

コアゲーマー【core gamer 日】Ⅰ社テレビゲームに多くの時間とお金をかける人のこと．ヘビーユーザーともいう．

コア コンピタンス【core competence】①Ⅰ営事業に必要な中核能力．企業活動で中核的な能力をもつ事業部門．②軍軍隊が保有する核心能力．

コアシステム【core system】建建築設計において，共通使用設備を建物の中央にまとめて，その周囲に各部屋を放射状に配置する方式．

コアシブ ディプロマシー【coercive diplomacy】政強制的外交．国際秩序を乱す国家などに対してアメリカがとる外交策の一つ．強大な軍事力

を示して，秩序回復を図る．

ゴアスカート【gore skirt】服三角形の布を何枚か継ぎ合わせて朝顔形にフレアを出したスカート．

コアスタンダード【core standards】経会計基準として最低限保持するべき項目．

コアタイム【core time】営社フレックスタイム制（自由勤務時間制）の中で，全社員が勤務・就労している時間帯．

コアップマネー【co-up money 日】広製造業者が販売促進を進めるため，流通業者に援助する広告費．

ゴアテックス【Gore-Tex】服テフロン系樹脂に，極小の穴をあけた膜状のもの．衣服の蒸れをなくすのに役立つ素材．商標名．

コア ネットワーク【core network】Ⅰ携帯電話やPHSなどの移動通信システムで，移動端末と無線基地局間以外を中継する回線ネットワーク．

コアバンク【core bank】営経主取引銀行．主力銀行．

コアビタシオン【cohabitation 仏】①政保革共存政権．保守と革新が共存する政権形態．②同居．同棲．共同生活．

コアメモリー【core memory】Ⅰ算コンピューターの磁気コア記憶装置．

コアリッション【coalition】一体化．合同．連携．連合．融合．

コアリッション ゲーム【coalition game】政超大国同士が，表面上は対立関係にありながら，ともに利益を得るという立場から，裏で結託していること．

コアルーター【core router】Ⅰ算基幹ネットワークを構成する高速・高機能のルーター．

コアレスモーター【coreless motor】機固定子に永久磁石を使い，回転子の鉄心を固定子に固定させた小型モーター．

コアントロー【Cointreau】料フランス産のリキュールの一種．甘口でオレンジの香りをつける．商標名．

コイサンマン【Khoisanman】コイサン語族．アフリカ大陸最南部に居住する，コイサン語を用いる部族．

コイル【coil】①らせん状に巻いたもの．②Ⅰ電子部品の一つで，導線を筒状に巻いたもの．電流を流すと磁力を発生し，電流に比例して磁力を変えるなどの特性がある．

コイルガン【coil gun】電磁誘導によって搭載機材を短時間で軌道速度近くまで加速し，衛星高度に送り込む宇宙機打ち上げシステム．

コイルセンター【coil center 日】営コイル状の薄鋼板を切り板に加工・販売する業者．

コインオペ【coin operation】Ⅰ硬貨を投入すると作動する電子ゲーム機．業務用ゲーム機の通称．

コインシャワー【coin shower 日】営備え付けのシャワーを賃貸しで使用する無人の個室設備．英語は coin-op shower．

コインテルプロ【COINTELPRO】政対破壊者情報工作．FBI（アメリカ連邦捜査局）が反国家的活動をする人や組織に対して行う諜報活動．counterintelligence program の略．

コイントス【coin toss】硬貨投げ．コイン投げ．投げ上げた硬貨の表裏を当てる．

コインパーキング【coin parking 日】 [営]硬貨を入れて使用する無人式駐車場．

コインランドリー【coin laundry 日】 [営]洗濯機や乾燥機を設置し，無人で賃貸しする方式の店．アメリカでは商標名の Laundromat，イギリスでは元商標名の laundrette という．

コインレスカード【coinless card 日】 [営経]つり銭を受け取る代わりに，その分を繰り込んでいくカード．

コインローファー【coin loafer】 [服]甲の部分に切れ目の入った帯を左右に渡したスリッポン型の靴．

コエデュケーション【coeducation】 [教]男女共学．

コエド【coed】 [教]男女共学の大学などに通う女子学生．coeducational student の略．共学の学校．

コエンザイムQ10【coenzyme Q10】 代謝を行うときに働く酵素の働きを助ける補酵素．抗酸化作用により，細胞を若々しく保つ効果があるとされる．

ゴーアラウンド【go around】 着陸復行．航空機が安全に着陸できないと操縦士が判断してやり直すこと．ゴーイングアラウンド．

ゴーイング コンサーン【going concern】 [営]うまく機能している会社．上手に運営されている企業．

ゴーイング コンサーン規定【going concern 一】 [営]企業が存続する可能性を監査報告書に明記する規定．

ゴーイング マイ ウエー【going my way】 わが道を行くこと．

ゴーカート【go-cart】 [機]エンジン付きの小型遊戯自動車．カートともいう．

コーカサス安定協定【Stability Pact for the Caucasus】 [経政]カスピ海地域の安全保障や経済協力などを目指す協定．

コーカソイド【Caucasoid】 白色人種．三大人種の一つ．

コーキング剤【caulking agent】 防水充てん剤．漏水防止の詰め物．

コーク【Coke】 ①[料]清涼飲料水の一種．コカコーラ（Coca-Cola）を略した愛称．商標名．②［c-］[薬]コカインのこと．

コークスクリュー【corkscrew】 コルクの栓抜き．

コークバグ【coke bugs】 [医心]コカイン服用者が感じる特有の幻覚．おびただしい数の虫が現れるという．コークはコカインの別名．

ゴーグル【goggle】 [服]風防眼鏡．保護眼鏡．強風やごみ，光線などをよける大型の眼鏡．

ゴーグルテレビ【Goggle Television】 [I]ゴーグルに小型の液晶ディスプレーを組み込んだ映像システム．アメリカのバーチャルビジョン社が開発．

ゴーゴー【go-go dance】 [芸]ロックミュージックなどに合わせて，腰を中心にリズムをとって踊るダンス．

ゴーサイン【go sign 日】 ①許諾・認可を示す合図．②進めの合図．英語では green light．

コーザノストラ【Cosa Nostra 伊】 [社]アメリカのマフィアの秘密組織．原義はわれらのもの．ラコーザノストラともいう．

コージー【cozy】 心地よい．くつろいだ．雰囲気がよい．

コージェネレーション システム【cogeneration system】 [理]1種類のエネルギーから連続的に2種類以上のエネルギーを発生させ供給するシステム．コジェネレーションともいう．

ゴージカット【gorge cut】 [服]襟ぐりからバストにかけて入れるダーツ．

ゴージャス【gorgeous】 豪華な．華麗な．素晴らしい．

コーシャフード【kosher food】 [料]ユダヤ教の食物についての諸規則に従って調理された食品．清浄な材料で作られる．

コーション【caution】 注意．警告．用心．

コース【course】 ①道筋．順路．方向．経過．順序．②競走路．競泳路．英語では lane．③学課．課程．④[料]西洋料理の正餐（せいさん）で出される一定の順序．

コーズ【cause】 原因．根拠．

ゴーズ【GOES】 [宇気]アメリカの静止気象衛星．Geostationary Operational Environmental Satellite の頭字語．

ゴーズイースト【GOES East】 [宇気]アメリカの静止気象衛星の一つ．西経75度の赤道上空に静止．

コースウエア【courseware】 [I営]主に学校教育でいう科目や分野別に作られた教育ソフト．画像，動画，音声なども利用する．

ゴーズウエスト【GOES West】 [宇気]アメリカの静止気象衛星の一つ．西経135度の赤道上空に静止．

ゴースタン【go astern】 船を後進させる時の号令．「後進せよ」．⇔ゴーヘー．

ゴーステディー【go steady】 [社]特定の一人の異性とだけ交際すること．

ゴースト【ghost】 ①幽霊．亡霊．幻影．②[I電]テレビや画像表示装置に現れる多重像．

ゴーストイメージ【ghost image】 [電]電波が障害物に当たって反射して，テレビの画像がずれたり重なったりする現象．ゴーストともいう．

ゴースト ストーリー【ghost story】 怪談．

ゴーストタウン【ghost town】 [社]町を支える産業がなくなり，住民が去って無人化した町．

ゴースト フィッシング【ghost fishing】 [社]流失した漁網に魚がからみ捕られること．

ゴーストライター【ghostwriter】 代作者．

ゴーストワーク【ghost work】 [営社]企業の人員削減などで失職した社員が担当していて宙に浮いた仕事．

コースの定理【Coase's theorem】 [経]計量が困難なため経済取引の対象外とされる外部効果も，所有権について明確な法解釈がなされる場合には計算ができ，取引可能なものになるという定理．

コーズ ブランディング【cause branding】 [営]事業戦略に社会貢献活動を効果的に組み入れ，コーポレートブランドを戦略的に強化すること．コーズは大義の意．

コーズリー【causerie 仏】 閑談．おしゃべり．雑談．

コーズリレーテッド マーケティング【cause-related marketing】【営社】慈善運動などの大義名分をつけて行う販売促進活動.

コースレート【course rate】【競】(ゴル)ゴルフコースの公認された難易度を示す数値. コースレーティングともいう.

コースロープ【course rope 日】【競】(水泳)競泳路を区切る浮きロープ. 英語は lane rope, floating lane divider.

コーダ【coda 伊】【音】ソナタや交響曲などの結尾部.

コーダー【coder】[I算]仕事の作業手順に基づいてプログラム言語を書く人.

ゴータビリティー【goatability 日】 スケープゴート(贖罪のヤギ)にされやすい性質. 貿易摩擦を生じた日本への反発として, 日本人や日本企業をスケープゴートにしようとすること. scapegoatability という造語の略. 英語では, いけにえ(scapegoat)にすることは scapegoating, scapegoatism という.

コーチゾン【cortisone】[生]副腎皮質から分泌されるホルモンの一種. リューマチ性関節炎の治療などに用いられる.

コーチング【coaching】 ①技術指導者による指導. 個人指導. 特別指導. ②[営]直接管理指導. 上級管理者が管理技術を部下に直接指導する人材育成法.

コーチング ステッチ【couching stitch 日】【服】図案の線上に糸を置き, ところどころを細糸で留める刺しゅう法. 英語では単に couching.

ゴーディー【gaudy】①【服】服装が華美な. けばけばしい. 俗っぽい. ②文章が美辞麗句で飾り立てられている.

コーディネーション【coordination】 同等にすること. 調整. 協調.

コーディネーター【coordinator】 ①調整者. ②[営][服][放]服飾・放送・経営などの専門職で, 仕事の流れが円滑になるように調整する人. ③(日)[社]子育て支援指導者. 保育所等地域子育てモデル事業で, 保育所などに配置する.

コーディネート【coordinate】①調整する. 釣り合いをとる. ②【服】洋服やアクセサリーなどの組み合わせや色合いを調整する.

コーディネート ファッション【coordinate fashion】【服】衣服やアクセサリーを調和よく一つのイメージにまとめて着こなすこと.

コーディリスモ【caudillismo 西】[政]強者の支配制度. 特に中南米の軍事独裁者による支配傾向をいう. カウディリーズモ.

コーティング【coating】 ①被覆加工. 上塗り. ②【服】生地の表面に樹脂を塗って, 光沢, 防水, 防縮などの機能を加えたり見栄えをよくしたりする方法.

コーディング【coding】 ①記号化. 符号づけ. ②[I算]プログラムをコンピューターが理解できるような形式で書くこと. コード化.

コーデック【codec】 ①[I算]アナログ信号とデジタル信号とを相互変換するハードウエア. Compression/Decompression の合成語から. ②[I算]動画や音声を圧縮・伸張する技術.

コーデックス【codex】①薬製剤・処方集. 薬局方. ②古典などの写本. コデックスともいう.

コーデックス委員会【Joint FAO/WHO Codex Alimentarius Commission】[経]国連食糧農業機関(FAO)と世界保健機関(WHO)の合同食品規格委員会. 1962年に設立. 国際貿易で重要な食品について, 国際的な規格を策定する.

コーデックス規格【Codex standard】[経]食品規格. 食品の製造・加工, 流通, 貿易など各段階での国際的な統一ルール.

コーテッドレンズ【coated lens】[理]反射防止加工を施したレンズ.

コーデュロイ【corduroy】【服】綿や化繊の毛羽のある畝織り. ビロードの一種. コール天.

コート【court】①【競】テニスやバレーボールなどの競技場. ②[法]法廷. 裁判所. 中庭.

コード[1]【chord】[音]和音. 高さの異なる複数の音を縦に重ねたもの.

コード[2]【code】①符号. 暗号. ②[法]法典. 規約. ③[I算]コンピューターを作動させるためのプログラムの一部または全体. ④[I算]文字コード. 文字に割り当てられている番号. ⑤[I算]機密保持用に符号化(暗号化)したデータ.

コートオンコート【coat-on-coat】【服】防寒のためではなく, おしゃれとして上着やコートを重ね着すること.

コードコーリング【code calling】[I算]電話のコールバック方式の一つ. コールバック業者を呼び出して一度切り, 業者が利用者を呼び返してから通話可能となる. 国際電話の通信料金格差を利用した.

コード混用【code-mixing】[言]一つの言語を使う時に, 他の諸言語の要素を混じえること.

コート紙【coated paper】 表面を滑らかに加工した光沢のある洋紙.

コードシェアリング【code sharing】[営]提携している航空会社同士が路線を接続し, 同一の便名を使って運航すること.

コートシップ【courtship】 求愛. 求婚. 求婚期間.

コード生成【code generation】 [I算]原始プログラムを機械語によるプログラムに変換する処理過程のステップの一つ.

コード設計【code design】[I算]システム開発で, データ処理を効率化するために, 項目を識別するコードを決定して体系化すること.

コードチャート【chord chart】[音]伴奏に使われる和音の順序や長さを記号で表したもの. 和音表. コード表.

コートTV【Court TV】[法][放]アメリカで, 裁判所の裁判を専門に放送するケーブルテレビ.

コード入力【code input】 [I算]漢字や記号などを文字コードで入力すること. 日本語の文字コードはJIS コード, シフト JIS コード, 区点コード, EUC など.

コードネーム【code name】 暗号名. 分類するために付ける名称. 符号.

コートハウス【courthouse】 ①[法]裁判所. ②(日)[建]庭を屋内に取り入れた建物. 中庭を囲むように建てられた日本家屋.

コードバン【cordovan】服馬のでん部の皮を使った良質のなめし革．またその革の靴．スペインのコルドバ地方で開発された．

コードブック【code book】暗号書．暗号解読書．電信略号表．

コード変換【code conversion】 [I][数]異なる符号体系を他の符号体系に変換すること．

コードレス【cordless】電線がない．電気器具の接続線が不用な．

コードレス電話【cordless telephone】 [I]無線電話．電話線に接続していなくても通話できる電話．

コードレス ヘッドホン【cordless headphone】オーディオ信号を赤外線で伝送するヘッドホン．

コードレスホン【cordless phone】 [I]無線電話．無線電波で結ぶコードのない電話機．

コードレッド【Code Red】[I][計]マイクロソフトのWebサーバーソフトで感染を拡大するコンピューターワーム．2001年に発生．

コードン【cordon】①非常線．警戒線．②飾りひも．飾り用のリボン．

コードンプライシング【cordon pricing】[社]都市部の交通量規制策で，対象区域への流入車両に境界部で課金する方式．

コーナーエリア【corner area】[競][サ]コーナーキックを蹴り出す区域．タッチラインとゴールラインが接する四隅の部分．

コーナーキック【corner kick】[競][サ]攻撃側がコーナーエリア内から行うキック．CK．

コーナーバック【cornerback】[競][ア]守備側後列で外側に位置する選手．CBともいう．

コーナーフラッグ【corner flag】[競]サッカーやラグビーなどで，競技場の四隅を示す旗．

コーナーワーク【corner work 日】①[競][野球]投手の内・外角に対する投球術．英語はcatch the corners of the plate など．②[競]競走路のコーナーでの走法．

コーナリング【cornering】自動車などで角を曲がること．またその技術．

コーネル医学調査表【Cornell Medical Index health questionnaire】[医]アメリカのコーネル大学医学部が開発した健康調査用の心理テスト．

コーパス【corpus】①全集．言語資料集．②[I][算]データベースの一種．実際に発せられた言語や音声の情報を大量に集めたもの．

コーパス言語学【corpus linguistics】[言]テキストや発話を記録し，集積したデータベースに基づく言語研究．

コーハブ【cohab】[社]結婚しないが，性的関係をもち同棲する人．cohabitee あるいは cohabitor からの造語．

コーパル【copal】[化]ワニスや塗料の原料となる熱帯のさまざまな樹木から採れる天然樹脂．

コービー【COBE】[宇]絶対温度3度の宇宙背景放射のむらを測定するため，NASA（アメリカ航空宇宙局）が1989年に打ち上げた衛星．Cosmic Background Explorer の頭字語から．

コーヒークラブ【Coffee Club】[政]日本，ドイツ，ブラジル，インドの国連安保理常任理事国入りに反対するイタリア，韓国，アルゼンチン，パキスタン，メキシコなどの非公式グループの通称．イタリア人のコーヒー好きにちなんで．コンセンサス グループともいう．

コーヒーショップ&ショットバー【coffee shop & shot bar 日】[経]一つの店舗が朝・昼は喫茶店，夜は酒場に変わる営業形態．

コーヒーハウス【coffeehouse】[経]軽食のとれるコーヒー店．17～18世紀にロンドンで社交・情報交換の場として流行した．

コーヒーブレーク【coffee break】仕事の合間にコーヒーやクッキーなどをとりながらする休憩．中休み．

コーヒーマグ【coffee mug】[料]筒型のコーヒー茶わん．マグカップともいう．

コーヒーミル【coffee mill】[料]コーヒー豆をひいて粉にする器具．コーヒーひき．

コーヒーメーカー【coffee maker】[料]コーヒー沸かし．電熱を用いるコーヒー沸かし器．

ゴービハインド【go behind】[競](ジュ)組み合いから相手の後ろに回って攻勢に出ること．

コープ[1]【corp.】[経]会社．株式会社．法人．コーポレーションの略．

コープ[2] ①[CO-OP][社]消費生活協同組合．生活協同組合．生協．消費者が資金を出し合い，生活物資の購買などの事業を運営・利用する組織．co-operative あるいは consumers' co-operative の略．②[co-op][経]製造業者と小売業者が広告費を分担すること．cooperative の略．

ゴーファー【goffer】服飾りひだ．縮み．

コープ住宅【coop 一】[建]コーポラティブ ハウス（cooperative house）のこと．

コーフボール【korfball】[競]オランダで生まれた新しいバスケットボール．ゴールのバックボードがない．

ゴーフル【gaufre 仏】[料]ハチの巣模様の焼き型を使って作るワッフル．

ゴーヘー【go ahead】船を前進させる時に発する号令．⇔ゴースタン．

コーペティション【coopetition】[経]企業は競争だけでなく，時には協調も必要だとする考え方．competition と cooperation の合成語．

コーホート【cohort】[社]同時期に出生した人々の集団．

コーポクラシー【corpocracy】[経]企業官僚主義．会社官僚制．企業体質が官僚化し，経営効率が悪い状態をいう．corporate と bureaucracy の合成語．

コーポクラット【corpocrat】[経]企業官僚．企業官僚制の構成要員．corporate と bureaucrat の合成語．

コーポラス コーポレーテッド（corporated），またはコーペラティブ（cooperative）とハウス（house）の合成語．[建]高級アパート．コーポ．コープ．

コーポラタ▶

コーポラタイズ【corporatize】民営化.
コーポラティズム【corporatism】政協調組合主義. 国家の政策決定に, 有力企業や団体の参加を求める政治システム. 利益追求による対立を緩和するために行う.
コーポラティブ【cooperative】協同の. 協力的な. 組合の. 協同組合. コーペラティブ.
コーポラティブ ハウス方式【cooperative house system】建共同組合住宅方式. 高層住宅などを建てるために入居希望者が組合を結成し, 土地購入, 設計, 工事発注などを自分たちで行う方式.
コーポリマー【copolymer】化共重合体. 異種の単量体を結合させて作った合成繊維・合成樹脂など.
コーポレーション【corporation】法人. 社団法人. 株式会社. 有限会社. コープ.
コーポレートアート【corporate art】営芸企業による芸術助成活動. アメリカで盛んで, 企業が所有するの美術品を公開したり, 芸術活動へ資金援助などを行ったりする.
コーポレート アイデンティティー【corporate identity】営企業認識. 企業の経営理念を広く世間に訴え, 正しく理解してもらうようにする活動. CI ともいう.
コーポレート インセスト【corporate incest】職場恋愛. オフィスラブ, オフィスアフェアともいう.
コーポレート エアクラフト【corporate aircraft】営機企業向けの商用航空機.
コーポレート オートメーション【corporate automation】I営オフィスオートメーションを中心として, 組織全体のシステムが統合, 自動化されること.
コーポレート ガバナンス【corporate governance】営企業統治. 企業経営のあり方を監査・統治すること. 株主が行う企業の支配・統合.
コーポレートカラー【corporate color】営企業イメージをアピールするため統一された色彩を決め, パッケージ・広告・車などに計画的に使っていくこと. その色彩.
コーポレート カルチャー【corporate culture】営企業文化. 企業がもっている固有の価値観や行動規範.
コーポレート コレクター【corporate collector】営美企業収集家. 美術品などを収集している企業のこと.
コーポレート シチズン【corporate citizen】営社企業市民. 企業が社会の一員として, 地域社会発展のため奉仕活動や寄付などの支援を行うこと.
コーポレート シチズンシップ【corporate citizenship】営社企業市民性. 市民としての企業. 企業が寄付などを行って, 市民の社会活動を援助すること. 社会の中で問われる企業の市民性をいう.
コーポレート ステーショナリー【corporate stationery】営企業文具. 企業や団体で用いる封筒・名刺・便箋など.

コーポレート デイケアセンター【corporate day-care center】営社企業が設けている託児所・保育所.
コーポレート フィランソロピー【corporate philanthropy】営社企業の社会貢献. 社会的な活動に対して企業が行う自発的な資金提供.
コーポレートブランド【corporate brand】営会社がもつ無形の個性. 人々に存在感と信頼感を与え, 他社と区別する作用をする.
コーポレートブランド経営【corporate brand management】営コーポレートブランドの価値を高めることによって企業価値の創造を図る経営モデル.
コーポレート ホスピタリティー【corporate hospitality】営上得意の顧客に対して企業が行う接待やもてなし.
コーポレート ライセンス【corporate license】I営算企業など大口利用者向けのソフトウエアの使用許諾契約.
コーポレート レイダー【corporate raider】営企業買収家. 乗っ取り屋.
コーポレート レピュテーション【corporate reputation】営企業の評判. 評判のプラス, マイナスによって企業価値は大きく上下する.
コーマ【coma】医混迷. 昏睡状態. コマ.
コーミング【combing】①すみずみまで捜索すること. ②くしですくこと.
コーラ【cola】料清涼飲料水の一種. コーラの木の種子を原料とする.
コーラル【coral】①生サンゴ. サンゴ虫. ②サンゴ細工. サンゴ色.
コーラルアイランド【coral island】地サンゴ島. サンゴ礁でできた島.
コーラン【Koran】宗イスラム教の根本教典. ムハンマド(マホメット)がアッラーから受けた啓示・説教などを書いた114章からなる. アラビア語で, 読誦されるべきものという意. クルアーン.
ゴーリー[1]【goalie】競ゴールの守備をするゴールキーパーのこと.
ゴーリー[2]【gory】映暴力や流血などの場面が多い映画.
ゴーリスト【Gaulliste】政フランスの元大統領ドゴールの信奉者. ドゴール主義者.
コーリング【calling】①呼ぶこと. 叫び声. ②召集. 点呼. ③神のお召し. 召命. ④天職. 職業. ⑤訪問.
コール[1]【call】①経金融機関相互の資金の短期貸借. ②経債券などの払い込み. 返済要求. ③電話の呼び出し. ④テニスのブリッジでは「パス」の意. ポーカーでは相手の札の公開を求める時の合図の言葉. ⑤召集. 召喚. ⑥経為替オプションで買い付ける権利.
コール[2]【coal】鉱石炭.
ゴール【goal】①最終目標. 最終目的. ②競走などの決勝点. ③競球技で, 球を入れて得点する場所. また球を入れて得点すること.
ゴールイン【goal in 日】競競走などで, 決勝線に入ること. フィニッシュ, ゴールともいう. この意では英語は cross the goal.

コールイン ショー【call-in show】放テレビやラジオで行う，電話による視聴者参加番組．

コールウエイティング【call waiting】工電話サービスの一方式．キャッチホンのアメリカでの呼称．

コールウオーター ミクスチャー【coal-water mixture】化石炭と水に添加剤を混ぜた液体燃料．CWMともいう．

ゴールエリア【goal area】競(ｻｯｶﾞ)左右のゴールポストから両端へ6ヤード，前へ6ヤードの地点を結んだ四角形の区域．

コールオイル ミクスチャー【coal-oil mixture】化石炭石油混合燃料．微粉末の石炭と重油，添加剤を混ぜた液体燃料．COMともいう．

コールオプション【call option】経証券で，買付選択権．特定の証券を所定の価格で，一定期間だけ買い付けることができる権利．

ゴールキーパー【goalkeeper】競サッカー，ハンドボール，アイスホッケーなどで，ゴールの守備をする選手．GKともいう．

ゴールキック【goal kick】競(ｻｯｶﾞ)攻撃側選手のプレーした球がゴールラインを越えた時，その地点に近いゴールエリアの半分の区域内から守備側が行うプレースキック．GK．

ゴールサイド【goal side】競(ｻｯｶﾞ)相手選手また球よりも自陣ゴールに近い守備位置．

コールサイン【call sign】放無線局の呼び出し識別符号．

ゴールシーク【goal seek】工表計算ソフトで，特定の結果を出すために条件となる代入値を求める機能．

ゴールシェアリング【goal sharing】営生産性やサービス向上など特定の目標を掲げて，それを達成して得た収益を関係部門などの従業員に分配する報奨制度．ゲインシェアリング．

コール市場【call market】経金融機関相互間の資金の短期貸借が行われる市場．短資会社を通じて資金需給を図る．

コールスリップ【call slip】図書館の閲覧票．貸し出しカード．

ゴール セッティング【goal setting】目標を設定すること．またそのような方法．

コールセンター【call center】工営電話による受注の処理，問い合わせへの対応などの顧客対応業務を行う設備．

コールダーホール型原子炉【Calder Hall type reactor】理イギリスで開発された黒鉛減速・炭酸ガス冷却の原子炉．燃料は天然ウラン．この改良型が茨城県東海発電所に設置された，わが国最初の商業用発電炉．

コールタール ピッチ【coal-tar pitch】化石炭を乾留した際の残留物．道路舗装などに用いる．タールピッチともいう．

コールチェーン【coal chain】営経石炭を生産地域から消費地に輸送する流通のつながり．また，輸送に必要な一連の設備．

ゴール ディファレンス【goal difference】競(ｻｯｶﾞ)チームの総得点から総失点を引いた差．

ゴールデン【golden】①金色の．金製の．②素晴らしい．最高の．

ゴールデンアワー【golden hour 日】放視聴率や聴取率が最も高い時間帯．

ゴールデンウイーク【golden week 日】社黄金週間．4月末から5月初めにかけての休日の多い時期を指す．GWともいう．

ゴールデンエージ【golden age】①黄金時代．最盛期．②老年期．

ゴールデングローブ賞【Golden Globe Award】映ハリウッドの外人記者クラブが選出する賞．ドラマ部門とコメディー／ミュージカル部門に分かれる．1943年に始まる．

ゴールデンクロス【golden cross】経移動平均線同士の状況から株価の気配を判断する方法の一つ．中期線が長期線を下から上へ突き抜ける現象で，大勢強気と読み取れる．

ゴールデンゴール【golden goal】競(ｻｯｶﾞ)正規の試合時間が同点で終わった場合に延長戦を行い，一方のチームが得点した時点で勝敗を決定する方法．Vゴールともいう．

ゴールデンタイム【golden time 日】放テレビやラジオの視聴率が最も高い時間帯．一般に午後7時〜9時ごろ．ゴールデンアワー．

ゴールデン トライアングル【Golden Triangle】社黄金の三角地帯．ミャンマー，タイ，ラオスが国境を接する地帯で，世界有数のケシ栽培地．麻薬生産の拠点として知られる．

ゴールデン パラシュート【golden parachute】営会社乗っ取りの際，経営者の退職金を買収側が支払うように定めた契約．巨額の役員退職金を規定し，乗っ取りの防衛策としても役立つ．

ゴールデン ハンドシェーク【golden handshake】営経営幹部が退職した時に受け取る高額の退職金のこと．退職金制度のない欧米でいわれる．

ゴールデン ラズベリー賞【Golden Raspberry Award】映アカデミー賞と同時期にワースト作品・俳優に与えられる映画賞．

ゴールデンリーグ【Golden League】競(陸上)賞金サーキットの一つ．1998年にヨーロッパで発足．

ゴールデンルール【golden rule】黄金律．

コールドカット【cold cuts】料各種の冷肉やチーズをスライスして盛り合わせた料理．

ゴールドカラー【gold-collar】社知識・情報職種に従事している人．頭脳労働者．ホワイトカラー，ブルーカラーと区別して用いる．ゴールドカラーワーカーともいう．

ゴールドクレスト【goldcrest】植育種改良した針葉樹の一種．観葉植物に用いる．

コールドゲーム【called game】競(野球)最終回以前に，審判によって試合終了を宣告され，勝敗の決まる試合．試合が5回を過ぎていて，大量得点差がある場合，または降雨などの条件によって決定される．

コールドコール【cold call】営取引関係がない相手に，飛び込み訪問や電話をかけて商品販売を行う方法．→ウオームコール

コールドジョイント【cold joint】建施工不良などで，コンクリート壁に不均質が生じ強度が下がる現

象.

コールドスタート【cold start】 ［I][算]電源が切れた状態のコンピューターに電源を入れ，システムを立ち上げること.

コールドスプレー【cold spray】 [薬]冷たいガスで患部を冷やす噴霧器．筋肉疲労を柔げたり，打撲の炎症を抑えたりする．

コールドタイプ【cold type】 [印]写真植字機を利用して作る組み版法．

コールドチェーン システム【cold chain system】 [営]生鮮食料品や冷凍・冷蔵食品などを低温のまま，生産地域から消費地に輸送する流通方式．

ゴールドディガー【gold digger】 [競]オリンピックなどで金メダルの獲得が有力視されている選手．

ゴールドディスク【gold disc】 [音]100万枚売れたレコードの歌手などに贈られる黄金のレコード．

コールドドーム【cold dome】 [気]北極圏付近から日本へ南下してくる寒気の塊．

コールドパーマ【cold permanent wave 日】 [容]コールドパーマネントウエーブの略．薬品で髪を縮れさせる方法．英語では cold wave.

ゴールドバグ【goldbug】 ①[経]金本位主義者．金取引に投資する人．インフレヘッジとして金を利用する投資家．②[生]大型甲虫の一種．コガネムシ．ゴールドビートルともいう．

コールドパック【cold pack】 ①冷湿布．②缶詰の冷温処理法．

コール ド バレエ【corps de ballet 仏】 [芸]バレエの群舞．またその踊り手たち．

コールドファクシング【cold faxing】 [広][社]広告や文書などを見ず知らずの相手にファクスで一方的に送り付けること．

コールドブート【cold boot】 ［I][算]メインメモリーなどのハードウエアを完全に初期化してからコンピューターを再起動させること．

ゴールドプラン【gold plan 日】 [社]高齢者保健福祉推進10カ年戦略．在宅福祉を中心に保健福祉の基盤整備を図る計画．1989年に厚生省(現厚生労働省)が策定．94年に新ゴールドプランが発表され，99年にゴールドプラン21が発表された．

ゴールドプラン21【gold plan 21 日】 [社] 2004年度までの高齢者保健福祉サービスの基盤整備計画などを策定したもの．

ゴールド ブリオン スタンダード【gold bullion standard】 [経]金貨を鋳造・発行せずに対外支払いを金地金によって行うこと．金地金本位(制)．

コールドプルーム【cold plume】 [地]冷えて重くなった沈み込み海洋底プレートが，上部マントルと下部マントルの境付近でたまり，時々ちぎれて下降する現象．

コールド ボルテックス【cold vortex】 [気]寒冷渦．上空に現れる寒冷な低気圧性の渦で，豪雨・豪雪をもたらす．

ゴールドメダリスト【gold medalist】 [競]オリンピック競技の優勝者．優勝者に金メダルが贈られること．

ゴールド免許【gold driving license 日】 [社]5年間違反のない優良ドライバーに発行する運転免許証．1994年から実施．

コールドローンチ【cold launch】 [軍] ICBM(大陸間弾道ミサイル)の発射方式の一つ．発射台から射出後，空中で推進装置に点火する．

コールバック【callback】 ①欠陥製品の回収．②折り返し電話．③[I]本人の認証方法の一つ．折り返し電話を使って確認する．

コールバック サービス【callback service】 ［I]電話の着信者が，発信者を確認してからかけ直すこと．安全管理の対策や通話料を抑えるために用いる．

コールバック方式【callback system】 ［I]折り返し電話方式．日本発の国際電話をアメリカの変換機で一度止め，アメリカ側からかけ直す形式にする．格安料金サービスの一つ．

コールバックモデム【callback modem】 ［I][算]電話回線を使った通信で，受信側が電話料金を払うように設定された変復調装置．

ゴール フリー エデュケーション【goal free education】 [教]一律の目標を決めないで，生徒の個性に従って学習させる教育方法．

コールブローカー【call broker】 [経]コール市場で短期貸借の仲買いをする人．短資業者．

ゴールボール【goalball】 [競]球技の一種．1チーム3人で，2チームがコートの両サイドに分かれ，鈴の入った硬質の球を交互に投げ，相手ゴールに入れる．第二次世界大戦後にドイツで，視力障害者のリハビリ用に開発．

ゴールポール【goal pole 日】 [競](ｺﾞｰﾙﾎﾟｰﾙ)競技者が最後に球を当てる柱．

ゴールポスト【goalpost】 [競]サッカーやラグビーなどで，ゴールに立っている2本の支柱．または陸上競技の決勝点にある柱．

ゴールマウス【goalmouth】 [競]サッカーやホッケーなどで，ゴール前面の区域．

コールマネー【call money】 [経]金融機関相互の短期貸借の資金．

ゴールライン【goal line】 [競]サッカー，ラグビー，ホッケーなどで，ゴールに沿った線．競技場を囲む線のうち，短いほうの二辺．

コールラビ【Kohlrabi 独】 [植]カブカンラン．アブラナ科の越年草．キャベツの変種．

コールレート【call rate】 [経]コール市場で借りる短期資金の金利．当座貸付金の金利．

コールレシオ【coal ratio】 [営]1トンの銑鉄を生産するために必要な石炭の量．

コールローン【call loan】 [経]コール市場における貸付金・当座貸付金．

ゴーレバー【go lever】 [機]航空機の着陸やり直しに用いる装置．エンジン推力レバーの内側に2本備える．

コーン[1]【cone】 ①円すい形のもの．②[料]アイスクリームを入れる，穀物の粉で作る容器．

コーン[2]【corn】 [植]トウモロコシ．

コーンスターチ【cornstarch】 [料]トウモロコシのでんぷん．プディングやアイスクリーム，ビールなどの材料になる．

コーンスピーカー【cone type speaker】 円すい形の振動板をもち、縁の部分を電磁的に動かして、音を放射する型のスピーカー.

コーンチップ エフェクト【corn-chip effect】 心少しだけ食べるつもりだったコーンチップを途中でやめられず、袋が空になるまで食べ続けること.

ゴーントレット【Gauntlet】 軍ロシア海軍の艦対空ミサイル SA-N-9 の通称.

コーンフレーク【cornflakes】 料トウモロコシ粉から作る薄片状の食品.朝食などに用い、砂糖や牛乳をかけて食べる.

コーンミール【cornmeal】 料トウモロコシのひき割り粉.パンなどの原料に用いる.

コーンロウ スタイル【cornrow style】 容トウモロコシの粒が列状であるように、少しずつ分けた髪で細く三つ編みにして、先端にビーズを飾る髪型.英語は単に cornrow.

コカイン【cocaine】 薬コカの葉に含まれるアルカロイド.局所麻酔剤に用いるが、常用すると慢性中毒になるので麻薬として扱われる.

コカインカウボーイ【cocaine cowboy】 社コカインの密売人.

コカインベビー【cocaine baby】 社麻薬を常用・乱用する母親から生まれてくる子供.アメリカでは生まれつき麻薬中毒症状を現している場合が増えている.クラックベビーともいう.

コカゼロ作戦【coca cero 西】 政ボリビア、コロンビア、ペルーなどで展開されているコカ栽培一掃作戦.

コキーユ【coquille 仏】 料貝殻やそれに似た形の容器に、肉・魚・貝などを詰めて蒸し焼きにしたフランス料理.

コギト【cogito 羅】 哲自我の知的作用.デカルトが用いた.

コギト エルゴ スム【Cogito, ergo sum 羅】 哲「私は考える、ゆえに私はある」というフランスの哲学者デカルトの命題.

コキュ【cocu 仏】 妻を寝取られた男.

コクーニング【cocooning】 社カイコがまゆをつむぐように、家庭を大事にし再創造しようとするライフスタイル.

コクーン【cocoon】 生昆虫のまゆ.

コケットリー【coquetterie 仏】 媚態.あだっぽい.きょう態.

コケティッシュ【coquettish】 こびを売るような.なまめかしい.浮気な女.

ココム【COCOM】 経政対共産圏輸出統制委員会.本部はパリ.1949年に設立し、94年に解散した.Co-ordinating Committee for Export Control to Communist Area の略.

ココムリスト【COCOM list】 経共産圏への輸出規制を申し合わせたココムの趣旨によって輸出が規制された物資.戦略物資.

コサージ【corsage】 服女性のアクセサリーの一種.服や髪などに、生花や造花で作った小さな花束.コルサージュともいう.

コジェネ コジェネレーション（cogeneration）の略.

理熱電供給.熱併給発電.

コジェネレーション【cogeneration】 理熱併給発電.電気・熱併給.熱併給システム.一つのエネルギー源から電気と熱など二つ以上のエネルギーを取り出して利用するシステム.コジェネ、コージェネレーションともいう.

ゴシック【Gothic】 ①建美中世後期ヨーロッパの建築・美術の一様式.②印書体の一種.太い文字.ゴシック体.英語では boldface.③文怪奇的・幻想的な雰囲気の作風.

ゴシック アンド ロリータ【Gothic & Lolita】 服非日常的な服飾形式の一つ.少女趣味的装いに怪奇的・退廃的雰囲気を加えたもの.ゴスロリともいう.

ゴシック美術【Gothic art】 美ヨーロッパ中世美術の様式の一つ.1200〜1500年ごろにかけて、ロマネスクの後に現れた.

ゴシップ【gossip】 うわさ話.世間話.むだ話.おしゃべり.

ゴシップメーカー【gossip maker 日】 社うわさを触れ回る人.英語は単に gossip, gossiper.

ゴシボール【Gossypol 独】 薬男性用の避妊薬.

ゴジラ【Godzilla 日】 映東宝映画に登場した怪獣の名.1954年に第1作が上映され、98年にはアメリカ製作のものも作られた.

コスタリカ方式【Costa Rica 一】 政小選挙区比例代表並立制のもとで、二人の候補者が小選挙区と比例代表を総選挙ごとに交代して立候補する方式.

コスチューム【costume】 ①服服装.衣装.②劇舞台衣装.

コスチューム ジュエリー【costume jewelry】 服服や装いに合わせて、自由に選んで身につけるアクセサリーのこと.貝、プラスチック、模造宝石などに.ファッションジュエリー、ファンシーアクセサリーともいう.

コスチューム デザイナー【costume designer】 映衣装デザイナー.美術監督の指示を受け、出演者の衣装をデザインして生地を選ぶ.

コスト【cost】 営経原価.元値.生産費.経費.費用.値段.代価.

コスト アカウンティング【cost accounting】 営経原価計算.

コストアナリシス【cost analysis】 営経費用分析.

コスト インシュアランス アンド フレート【cost, insurance and freight】 経貿易の運賃・保険料込み値段.CIF.

コストインフレ【cost-push inflation】 経生産コストの上昇を原因として生じる物価上昇.コストプッシュインフレともいう.

コスト コントロール【cost control】 ①工営原価管理.コスト管理.業務経費やシステム開発費用などの収支を管理すること.②営経製造原価の切り下げ.

コストセンター【cost center】 ①営経原価中心点.②営企業の中で、収入を生み出さない部門.事務部門などを指す.

コスト パー サウザンド【cost per thousand】 広1000部当たり、または到達者1000人当たりの広告費．CPT，コストパーミルも．

コストパーミル【cost per mil】 広1000部当たり、または到達者1000人当たりの広告費．ＣＰＭ，コストパーサウザントともいう．

コスト パー リターン【cost per return】 広広告の一反応当たりのコスト．CPRともいう．

コスト パフォーマンス【cost performance】 営経投入した費用とその効果の比較分析．費用対効果．

コストプッシュ インフレ【cost-push inflation】 経生産コストの上昇が原因となって起こる物価上昇．コストプッシュ，コストインフレともいう．

コスト プラス フィー契約【cost plus fee contract】 営実費報酬加算式契約．工事機器の代金や従業員の賃金などを含む実費とは別に、工事会社への報酬を支払う契約方法．

コストミニマム【cost minimum】 営経生産原価を最小限にとどめること．最小生産原価．

コストモデル【cost model】 工ソフトウエアの開発工程で、ある工程で使う費用を算出するためのひな形．

ゴスバンク【Gosbank】 経旧ソ連の国立中央銀行．Gosudarstvennyj Bankの略．

ゴスプラン【Gosplan】 経政旧ソ連の国家計画委員会．経済活動の計画および調整をする最高機関．

コスプレ コスチュームプレー（costume play）の略．社服漫画やアニメの登場人物などの衣装をまねること．

ゴスペル【gospel】①宗キリストの教え．福音．②〔G-〕宗福音書．③音アメリカで起こった宗教音楽の一つ．黒人霊歌とブルースが融合．ゴスペルソングともいう．

ゴスペルソング【gospel song】 音黒人霊歌の一種．福音歌．

コズミック【cosmic】宇宙の．宇宙的規模の．無限の．コスミックともいう．

コズミックアート【cosmic art】 美宇宙科学技術の発達によって得た情報を基に、現実味のある宇宙空間を描く芸術作品．

コズミックダスト【cosmic dust】天宇宙塵．

コズミックレイ【cosmic ray】 理宇宙線．宇宙から地球の大気圏に飛び込んでくる微粒子．

コスメチック【cosmetic】 ①化粧品．②美容の．うわべを飾る．うわべだけの．

コスメッツ【COSMETS】気象資料総合処理システム．1988年から気象庁が運用．Computer System Meteorological Servicesの頭字語から．

コスメディック【cosmedic】先端技術を応用して化粧品が医薬品に近づく傾向を示す造語．cosmetic（化粧品）と medical（医学）から．

コスモス【cosmos】①宇宙．②秩序と調和．③植キク科の一年草．

コスモス1【Cosmos 1】 宇ソーラーセール（太陽風ヨット型宇宙船）の第1号．

コスモトロン【cosmotron】理陽子加速装置の一種．陽子シンクロトロン．

コスモネッツ【cosmonette】宇ロシアのソユーズＴＭ宇宙船の女性宇宙飛行士．

コスモノーツ【cosmonaut】宇宙飛行士．特にロシアの男性の宇宙飛行士をいう．女性はコスモネッツ．

コスモノーツパイロット【cosmonaut pilot】宇ロシアのソユーズＴＭ宇宙船の船長．ミール軌道科学ステーションに移乗してからはステーション長を務める．

コスモノーツ フライト エンジニア【cosmonaut flight engineer】宇ロシアのソユーズＴＭ宇宙船で飛行を担当する宇宙飛行技術士．

コスモポリス【cosmopolis】社国際都市．

コスモポリス21【Cosmopolis 21】宇宇宙観光用の飛行物体．アメリカのスペースアドベンチャーズ社が計画．

コスモポリタニズム【cosmopolitanism】世界主義．祖国にとらわれないで、世界的な視野で考え行動する主義．

コスモポリタン【cosmopolitan】 世界主義者．世界人．国際人．

コスモロジー【cosmology】哲宇宙論．宇宙の起源や仕組みを哲学的に研究する．

コソボ解放軍【Kosovo Liberation Army】軍1990年代初頭にユーゴスラビア・セルビア共和国コソボ自治州で、アルバニア人が組織した武装集団．99年に武装解除．KLAともいう．

コソボ自治州【Kosovo】セルビア・モンテネグロ南部にある自治州．アルバニア系住民が人口の80%以上を占める．

コソボ紛争【Kosovo Conflict】軍政1998年のコソボでの内戦．独立を求めるアルバニア人武装勢力とセルビア警察部隊などとの衝突から始まった．

コダーイメソッド【Kodály method】音ハンガリーの作曲家コダーイ・ゾルターンが体系化した音楽教育法．

コック[1]【cock】 ①鳥おんどり．②水道やガスの栓．③競ゴルフや野球などで球を打つ時、手首を曲げること．④卑語で、男根．

コック[2]【cook】料料理人．クックともいう．

コックス【cox】競ボートの舵手．coxswainの短縮形．

コックドール【coq d'or 仏】黄金のニワトリ．

コックニー【cockney】ロンドンっ子．下町っ子．ロンドンなまり．

コックピット【cockpit】機飛行機の操縦室．ヨットや競走用自動車の運転席．コクピットともいう．

コックピット アビオニクス【cockpit avionics】軍航空機の操縦室に装備される、電子機器に関する電子工学技術．

コックピット クルー【cockpit crew】航空機の機長・副操縦士・機関士など操縦にたずさわる乗組員．

コックピット情報管理【cockpit resource management】航空機の操縦室内の乗員同士のコミュニケーションを円滑に行い、安全運航に寄与さ

せようとするもの．CRMともいう．

コックピット ボイスレコーダー【cockpit voice recorder】 機旅客機に搭載されるコックピット音声記録装置．操縦室内の会話や操作音などを録音する．CVRともいう．

コックローチ【cockroach】 生ゴキブリ．

ゴッダム【goddamn】 いまいましい．いらだちの表現．ガッデムともいう．

コット【cot】 カンバスを張った簡易ベッド．

ゴッドファーザー【godfather】 ①宗名付け親．教父．②社マフィアの首領．

コットンカール【cotton curl】 容脱脂綿の芯に髪を巻いてカールする方法．

コットンペーパー【cotton paper】 印軟らかく厚手で軽い印刷用洋紙の一種．コットン紙．

コットンレース【cotton lace】 服網状模様をもつ綿製の織物．

コッパープレート【copperplate】 ①美銅版．銅版画．②印銅板．

コップ【cop】 社巡査．警官．ポリスマン．

コッヘル【Kocher 独】 料なべやフライパンなどを組み合わせた携帯用の炊事キット．クッカー，メスキット，メスギアともいう．

コデイン【Kodein 独】 薬せき止めなどに用いるアヘンに含まれるアルカロイドの一種．

コテージ【cottage】 建別荘．山小屋．山荘．田舎家．コッテージ．

コテージガーデン【cottage garden】 建田園生活向けの小住宅にある自然風の風景をもつ庭．19世紀にイギリスで田舎家の庭として普及した．

コテージチーズ【cottage cheese】 料脱脂乳などから作る白色で軟らかいチーズ．カッテージチーズ．

コテージピアノ【cottage piano】 音縦型の小型ピアノ．

コトヌー協定【Cotonou Convention】経 EU（欧州連合）がアフリカ，カリブ，太平洋諸島の国々に経済的・技術的援助などを行うことを目指す協定．ロメ協定を引き継ぎ，2000年にベニン共和国のコトヌーで締結．

ゴトランド級潜水艦【Gotland class submarine】 軍スウェーデン海軍の空気不要推進システムをもつ潜水艦．長期の潜航ができる．1996年に一番艦が就役．

コドン【codon】 生伝令RNAの3個の連続した塩基．1個のアミノ酸配列を規定する遺伝情報の最小単位．

コナ低気圧【kona cyclone】 気太平洋の亜熱帯地域で，冬期に発生する低気圧．

ゴナドトロピン【gonadotropin】 生ホルモンの一種．下垂体から分泌され，生殖腺の機能を調節する．生殖腺刺激ホルモン．

コニーデ【Konide 独】 地成層火山．溶岩と火山灰や砂礫が交互に層を形成して，円すい状になった火山．

コニファー【conifer】 植針葉樹．主に欧米で育種改良した針葉樹．

コニファーガーデン【conifer garden 日】建樹形や葉色の異なる針葉樹で構成する庭．高さ1mぐらいの改良種を用いることが多い．

コニャック【cognac 仏】 料フランスのコニャック地方で作られる極上質ブランデー．

コネーション【conation】 心行動を進める精神的な力．動能．

コネクショニズム【connectionism】 ①心結合説．アメリカの心理学者ソーンダイクが提唱．②IT人間の脳の神経回路網を見本とするコンピューターの仕組み．

コネクション【connection】 ①関係．つながり．結合するもの．②手づる．つて．コネとも．③社秘密の共謀組織．

コネクション型【connection-oriented type】 算通信の開始から終了まで，送受信する端末間での接続状態を保つ通信形態．

コネクションズ【Connexions】 社イギリスのニート世代対策の一つ．若者が社会とつながりを保つよう包括的支援を行う組織．

コネクション バイ ボーイング【Connexion by Boeing】 IT飛行中の航空機へ移動通信サービスを行う接続業務．ボーイング社が提供している．

コネクション マシン【connection machine】 IT算多数の演算処理装置で命令を同時処理する超並列コンピューター．科学技術計算の能力に優れている．

コネクションレス【connectionless】 つてがない．手づるがない状態．

コネクションレス型【connectionless type】 IT算端末間で接続しないで，あて先アドレスを明記したパケットを通信ネットワークに直接送る通信形態．

コネクター【connector】 ①接続器．連結装置．またその作業を行う人．②IT算ケーブルをパソコンや周辺機器などに接続する部位．

コネクタ率【connection ratio】 IT電話回線を通してプロバイダーに接続する時の可能性の率．回線数やプログラムの設備の都合で接続が悪いことがある．

コネクティング ルーム【connecting room】 営ホテルで，2人部屋を二つ借りる方式．

コネクティング ロッド【connecting rod】 機往復機関の連接棒．ピストン棒とクランク軸をつないで，往復運動に変える．コンロッド．

コネクテッドPC【connected PC】 IT算アメリカのインテルが提唱した，ネットワークで統合的に管理されるマルチメディアパソコンの概念．

コネックス【KONNEX】 IT経遠隔操作性を有するネット家電の，ヨーロッパでの通信規格．

コノシュア【connoisseur】 ①美美術品などの鑑定家．②目きき．本物を見極められる人．

コノスコープ【conoscope】 理偏光鏡．偏光顕微鏡．

コノテーション【connotation】 含意．内包．言外の意味．⇔デノテーション．

コパアメリカ【Copa América 西】 競(サ)南米選手権．第1回は1916年に行われ，最古の大陸大会といわれる．2年に1度開催．99年に日本が招待された．

183

コバルト▶

コバルト【Cobalt】 ⌈計⌋Linux ディストリビューションの一つ．インターネット関連のアプリケーションが中心に標準搭載されている．

コバルト リッチ クラスト【cobalt rich manganese crust】 ⌈地⌋水深800～2000mぐらいの海底にある，コバルトを多く含んだ自生鉱物．海水中の成分が沈着してできたもので，海底資源として注目されている．

コピー【copy】 ①複写．模写．写し．②⌈広⌋広告の文章．③⌈計⌋データを複写すること，またはその機能．文書内の特定範囲やファイル全体，ディレクトリーやドライブのコピーなどがある．④⌈計⌋画面上の文字列や画像などを範囲を定めて複写すること．

コピーアート【copy art】 ⌈美⌋コピー機を利用する制作表現．コピー機とコンピューターを連動して，画像の融合・加工などを行う．

コピー アンド ペースト【copy and paste】 ⌈計⌋文字列や画像などを範囲を定めて複写し，任意の位置に貼り付ける操作．⇨カット アンド ペースト．

コピーガード【copy guard】 ⌈計⌋ビデオソフトなどの著作権を守り，複製できないように挿入してある特殊な信号，またそのシステム．

コピーキャット【copycat】 何から何までそっくり物まねする人．模倣者．模作者．

コピーコード スキャナー【copycode scanner】複製防止走査装置．

コピーコントロール【copy control】 ⌈計⌋複製を防止する．複写できなくする．

コピーコントロールCD【copy control compact disc】 ⌈音⌋複製防止機能をもつ音楽CD（コンパクトディスク）．CCCDともいう．

コピー食品【copy food】 ⌈料⌋美味だが値段も高い食品を，別の原料を用いて味や外見をよく似せて作る食品．

コピープロテクション【copy protection】 ⌈計⌋著作物の複製などの防止や流通管理のための技術．

コピープロテクト【copy protection】 ⌈計⌋作成されたソフトウエアが，無断で複製されて不正使用されないようにした処理．

コピーボーイ【copyboy】 新聞社などの原稿運び係，使い走り．

コピーモード【copy mode】 ⌈計⌋ページプリンターで同じ内容を複数枚連続印刷する機能．

コピーライター【copywriter】 ⌈広⌋広告の文案を作成する人．

コピーライト【copyright】 ⌈経社⌋版権．著作権．著作物を複製し，頒布して利益を受ける権利．記号は©．

コピーレフト【copyleft】 ⌈計⌋著作権は放棄していないが，保護に固執しないで，公共財としてソフトウエアを流通させて利益を得ようとするもの．

コヒーレント【coherent】 ①⌈理⌋干渉性の．干渉光を発する．二つの波が干渉し合うことができる．②筋の通った．整合性のある．

コヒーレント光伝送方式【optical frequency-division multiplexing】 ⌈計⌋位相のそろった光による通信法．

コピーワンス【copyonce】 ⌈放⌋デジタルデータの不正利用を阻止する目的で，放送時を基準としてデジタル録画が1回しかできないという制限．

コブナント【covenant】 誓約．盟約．神と人間がかわす契約．

コブラ[1]【COBRA】 ⌈美⌋表現主義の活性化を目指し，1948年にパリで結成された画家たちのグループ．アレシンスキー，アペルなど．

コブラ[2]【cobra】 ①⌈生⌋毒ヘビの一種．②［C-］⌈軍⌋アメリカ陸軍の攻撃用ヘリコプターの通称．③⌈軍⌋オーストリアの特殊部隊の通称．

コブラ ゴールド【Cobra Gold】 ⌈軍⌋アメリカとタイ，シンガポールによる多国間共同演習．

コプラナー【coplanar】 同一平面上の．共面の．同一平面にある．

コプラナーPCB【coplanar polychlorinated biphenyl】 ⌈化環⌋ダイオキシン類の一つ．毒性がある．

ゴブラン織り【gobelin 仏】 ⌈服⌋つづれ織りの一種．カーテンや家具の張り布などに用いる．

ゴブルディグック【gobbledygook】 ⌈言⌋公文書などに見られる，まわりくどくて意味がつかみにくい表現．

コプルヌール【copreneur】 ⌈営⌋アントルプルヌール（起業家）を援助する共同経営者．

コフレ【coffret 仏】 ⌈服容⌋本来は小箱，宝石箱の意味だが，日本では化粧品メーカーがバッグやポーチに話題のメーク用品やお試しサイズの製品を詰め合わせたものを指す．

コプレジデンシー【co-presidency】 ⌈政⌋1992年のアメリカ大統領選挙戦で共和党陣営が，クリントンが当選すればヒラリー夫人に操られると皮肉って用いた言葉．二人大統領制．

ゴブレット【goblet】 ⌈料⌋わん型で取っ手のない台付きコップ．

コプロスパーリング ゾーン【co-prospering zone】 ⌈経社⌋共栄地域．目覚ましい経済的繁栄を遂げた国の恩恵を受けて，経済成長が達成される隣国地域．

コプロスペリティー スフィア【co-prosperity sphere】 ⌈経社⌋共栄圏．経済活動などによって，所属する国・地域などの相互の繁栄を目指す．

コプロセッサー【coprocessor】 ⌈計⌋主力のCPU（中央処理装置）を補助するための処理装置の総称．

コプロダクション【co-production】 ⌈映⌋映画の合作．2カ国以上の国の複数の映画会社が共同で製作し，配給・上映するもの．

コプロラグニー【koprolagnie 希】 ⌈社生⌋異性の排せつ物に快感を覚える異常性欲．

コペルニクス的転回【Kopernikanische Wendung 独】 ⌈哲⌋ドイツの哲学者カントにおける認識論上の発想転換を，天動説から地動説への転換になぞらえていう．

コペンハーゲン解釈【Copenhagen interpretation】 ⌈理⌋状態ベクトルと観測量との関係についての標準解釈．

コペンハーゲン規準【Copenhagen Crite-

◀コミットメ

ria】國 EU（欧州連合）加盟に必要な政治，経済の要件．1993年にコペンハーゲンで開催した EU 首脳会議で決定．
コボル【COBOL】 算事務用共通処理言語．Common Business Oriented Language の略．
コマ【coma】 ①天彗星の核の周りにある星雲状の部分．②医混迷．昏睡状態．
コマーシャリズム【commercialism】 営経商業主義．営利主義．
コマーシャルアート【commercial art】 営美商業美術．商品の販売や広告・宣伝を目的とするデザイン．
コマーシャル エージェンシー【commercial agency】 営商業信用興信所．広告代理店．
コマーシャルジャズ【commercial jazz】 音純粋ジャズの要素を少なくしたジャズ．
コマーシャルソング【commercial song 日】 広広告・宣伝用の歌．コマソンともいう．英語は advertising jingle，または jingle．
コマーシャルバンク【commercial bank】 営経商業銀行．
コマーシャルビル【commercial bill】 営経商業手形．
コマーシャルフィルム【commercial film】 広広告・宣伝用の映画．CFともいう．
コマーシャル プログラム【commercial program】 広民間放送で，広告主が番組費用を負担する番組．スポンサードプログラムともいう．⇔サスプロ．
コマーシャルベース【commercial basis】 営営利本位．商業ベース．
コマーシャルペーパー【commercial paper】 経短期資金調達のために，優良企業が国内で発行する無担保の約束手形．CP．
コマーシャルペーパー市場【commercial paper market】 経一般事業法人が発行できる無担保で短期の約束手形を取引する市場．ＣＰ市場ともいう．
コマーシャルミックス【commercial mix】 I算コンピューターの性能を評価する指標で，処理装置で使われる命令のうち，商業分野に使用される命令に比重を置くもの．
コマーシャル メッセージ【commercial message】 広商業活動における広告宣伝の言葉・映像など．特に民間放送で番組の間に挿入される広告放送．コマーシャル．CM．
ゴマージュ【gommage 仏】 容肌の手入れ法の一つ．古くなった角質を指でこすり落とす．ピーリングともいう．
コマース【commerce】 商業．通商．貿易．
コマースネット ジャパン【CommerceNet Japan】 I営算アメリカで設立された電子商取引の普及促進を目指す非営利の民間団体コマースネットの日本での提携団体．
コマンダー【commander】 ①軍指揮官．司令官．②スペースシャトルの機長．操縦を担当し，司令官も務める宇宙飛行士．COともいう．

コマンダー イン チーフ【commander in chief】 軍最高司令官．総司令官．
コマンド[1]【command】 ①命令．指令．司令部．②I算コンピューターに作業や処理を指示する指令．
コマンド[2]【commando】軍奇襲部隊，またその隊員．ゲリラ隊，またその隊員．
コマンドキー【command key】 I算 Macintosh のキーボード上にある，アップルマークか四葉マークが付いているキー．
コマンドドリブン【command-driven】 I算コマンド入力による操作方式．オンラインデータベースのメーンメニュー画面でコマンドを文字入力すると，目的の情報にジャンプするなど．⇔メニュードリブン．
コマンド方式【command-driven method】 I算コンピューターに対して処理の実行指令をキーボードから直接入力する方式．
コマンドモード【command mode】 I算コンピューターが，利用者からコマンドを受け付けられる状態になっていること．
コミカル【comical】こっけいな．喜劇的な．
コミケ【comic market 日】 コミックマーケットのこと．コミケットともいう．商標名．
コミック【comic】 喜劇の．こっけいの．漫画の．⇔トラジック．
コミックス【comics】 漫画．漫画本．漫画雑誌．続きコマ漫画．コミックストリップ．
コミックダンス【comic dance】 芸喜劇風なダンス．
コミックバンド【comic band】 音こっけいな動作や演奏などで笑いを誘う小編成の楽団．
コミックブック【comic book】漫画雑誌．漫画本．
コミックマーケット【comic market 日】 漫画同人誌即売会．コミケット，コミケともいう．商標名．
コミッショナー【commissioner】 ①委員．理事．②競プロ野球界などで，指令・裁定などの権限をもつ最高権威者．
コミッション【commission】 ①手数料．口銭．②委任．委託．③委員会．
コミッション ハウス【commission house】 経株式仲買店．
コミッション ブローカー【commission broker】 経証券や商品取引で，買い手の注文によって取引所内で売買を行い，手数料を受け取る業者．
コミッション方式【commission system】 広告費に含まれる媒体手数料で，調査費や広告制作費を賄う方式．
コミッション マーチャント【commission merchant】 営経委託売買人．
コミッティー【committee】委員会．委員．
コミッティー ヒアリング【committee hearing】 政アメリカ連邦議会の制度の一つ．委員会で学識経験者などから意見を聴くもの．
コミット【commit】 ①委託する．かかわる．確約する．②I算一定の処理単位が正しく行われ，終了したこと．
コミットメント【commitment】かかわり．関与．

185

コミュータ▶

参任．委任．約束．確約．公約．言質．

コミューター【commuter】①機小回りの利く超小型自動車．②定期券通勤者．③機コミューター航空で運航される輸送機．

コミューター カップル【commuter couple】社平日は単身赴任などで別々に暮らし、週末などに自宅で一緒になる共働き夫婦．

コミューター機【commuter aircraft】機社地域航空機．大都市とその地域内の小都市間や、中小都市同士を結ぶ路線を運航する旅客機．

コミューター空港【commuter airport】社地域空港便が発着する空港．

コミューター航空【commuter airline】社小型機による地域航空便．都心と空港、離島、地方都市間などを結ぶ交通手段に用いる．

コミューター タックス【commuter tax】経社通勤者税．都市近隣などに住む人が、大都市の職場に通勤して得た所得に対して課せられる大都市での地方税．

コミューン【commune 仏】①共同体．共同自治体．②政フランスやベルギーなどの自治行政区．③市民文化会館．

コミュナリズム【communalism】社政地方自治主義．

コミュニケ【communiqué 仏】公式発表．公式声明．公報．公式声明書．公式会議の経過や関係国の意思表示を表す．

コミュニケーション【communication】意思や情報の伝達．交通．

コミュニケーション エージェンシー【communication agency】広告のあらゆる領域を取り扱う総合的な広告会社．

コミュニケーション型学習【communication based learning】①教 LAN やインターネットを介してのコミュニケーションを使った学習形態．

コミュニケーション ギャップ【communication gap】社相互の意思の疎通を妨げる意見や考え方の隔たり．相互理解の欠如．

コミュニケーション ゲーム【communication game 日】①コンピューターゲームの種類の一つ．ルールや勝敗、謎解き、得点表などの要素をもたないゲームソフト．

コミュニケーション サーバー【communication server】①①算通信サーバーと呼ばれるネットワーク上で、コンピューター間の通信処理を支えるサーバー．

コミュニケーションズ【communications】通信．通信機関．通信施設．

コミュニケーション スペクトル【communication spectra】広商品などの広告コミュニケーションが消費者に伝える状態として、未知・知名・理解・確信の段階があり、それぞれの段階に応じた宣伝活動を展開するという考え方．

コミュニケーター【communicator】伝達者．通報者．国際間などの意思疎通を図る人．

コミュニケート【communicate】伝える．伝達する．通信する．意思の疎通を図る．

コミュニスト【communist】政共産主義者．

コミュニズム【communism】政共産主義．

コミュニタリアニズム【communitarianism】政哲共同体主義．個人よりも共同体の存在論的優位を唱える政治思想．個人に対する文化的伝統や慣習の先行性を主張する．

コミュニティー【community】社共同体．地域社会．共同生活体．

コミュニティー アンテナテレビ【community antenna television】①共同アンテナテレビ．難視聴地域などで、共同アンテナで放送を受信し加入家庭に流すシステム．

コミュニティーFM【community FM 日】放コミュニティー放送局．市町村単位の小規模FMラジオ局．総務省の免許が必要．

コミュニティー オーガニゼーション【community organization】社地域社会における福祉などの諸問題に対処するための活動．またその組織．

コミュニティーカー スキーム【community car scheme】社過疎地域の送迎サービスなどを自家用車で行った時に、運転者が燃料代などを利用者から徴収できる仕組み．イギリスで実施．

コミュニティー ガーデン【community garden 日】社住民が地域の中に共同で花壇などを造成・管理すること．

コミュニティー カレッジ【community college】教地域社会から出された要請に応える教科課程、特に成人教育を行うために開放される短期大学．

コミュニティーケア【community care】社地域規模での社会福祉．

コミュニティー サイクル【community cycle 日】社公共の貸自転車の一方式．地域社会内での移動が自由で、返還場所も選べる．

コミュニティーサイト【community site】①IT興味や関心の共通している人が集まるインターネット上のサイト．

コミュニティー シアター【community theater】劇社市民や自治体などによって自主上演される演劇．またその劇場．

コミュニティー スクール【community school】教社実社会の中に教材を求め、地域社会と学校教育との緊密なつながりを目指す学校．地域社会学校．

コミュニティー スポーツ【community sports】競社市民スポーツ．住民が自発的に、地域社会の交流を目指して行うもの．

コミュニティー センター【community center】社地域社会の中心となる共同施設．学校・公民館・図書館などからなる．

コミュニティーゾーン【community zone】社住宅地などで交通規制等を行い安全化を図る地域．

コミュニティー チェスト【community chest】社共同募金．

コミュニティー チャージ【community charge】経社地域社会税．地域住民税．地方税で、住民に一律に課税される．イギリスで施行されたが、1993年に廃止．

コミュニティー投資【community investment 日】 経社企業の社会的責任投資の一つ．低所得者層や開発途上地域へ資金融資を行う．

コミュニティー道路【community road】 社人と自動車が共存する道路．歩道と車道の境をジグザグにしたり，自動車が自然に減速するようなカーブを取り入れ，歩行者の優先を図るもの．

コミュニティーバス【community bus 日】 社一定の区域内を地域の必要目的に合わせて運行するバス．

コミュニティー ビークル【community vehicle 日】 機社近距離の通勤や買い物などに使う250ccくらいの経済的な超小型自動車．

コミュニティー ビジネス【community business】 営社地域の環境やさまざまな資源を生かして，地域社会の再生・発展を図る事業．

コミュニティー ファンド【community fund】 経社住民や自治体が出資して設立する基金．地域でのさまざまな活動に融資することを目的とする．

コミュニティー ペーパー【community paper】 社地域社会向けの生活情報紙．地域社会内の小さな新聞．

コミュニティー放送【community broadcasting 日】 社放地域密着型のきめ細かい情報を提供する小出力の日本のFM放送．1992年に制度化された．

コミュニティー放送局【community broadcasting station 日】 I社放市町村単位の小規模FMラジオ局．出力は10W以下で，免許が必要．コミュニティーFM．

コミュニティー ボンド【community bond】 経社住民引受債．街づくりの資金を住民に呼び掛けて集めるもの．

コミュニティー マート【community mart 日】 営暮らし全般にかかわる要求に応えられる商業集積を作り上げていこうとする概念．商店街の活性化を目指す．

コミュニティー リレーションズ【community relations】 営社企業などが地域社会とつながりをもち，よい関係を保つこと．

コミュニティー レストラン【community restaurant 日】 社 NPO（非営利組織）の活動の一つ．地域社会の活性化や雇用の促進などを目指して，食事を提供する場を設ける．コミレスともいう．

コミンテルン【Comintern】 政共産主義インターナショナル．1919年にレーニンの指導の下にモスクワで組織された国際組織．一般に第三インターナショナルと呼ぶ．43年に解散．

コミント【COMINT】 軍通信情報．通信を対象に軍事上の情報収集を行うこと．communications intelligence の略．

コミンフォルム【Cominform】 政共産党及び労働者党情報局．1947年にソ連と東欧6カ国，フランス，イタリアの9カ国の共産党代表が，連携を深めるために設立した．56年解散．

ゴム【rubber】 化弾性に富む高分子物質．天然ゴムや合成ゴムなどがある．生ゴムはゴムの木が分泌する乳液ラテックスから得られる．語源はオランダ語のgomから．

コムーネ【Kommune 独】 社政共同体．自治団体．

ゴム合金【elastic alloy】 化超弾性合金．普通の鉄の約10倍も伸び縮みする新材料．ニッケル・チタン合金などがある．

コムサット【COMSAT】 I字アメリカの通信衛星会社．1963年に設立．Communications Satellite Corporation の略．

コムソモレーツ【Komsomolets】 軍旧ソ連の実験用原子力潜水艦の一つ．1984年に竣工．マイク級ともいう．

コムデックス【COMDEX】 I算年2回，アトランタとラスベガスで開催される，コンピューターのディーラー向け展示会．Computer Dealer's Exposition の頭字語から．

コムニタス【communitas 羅】 社通過儀礼の隔離期間中に見られる，地位や役割から離れた個人同士の全人的で対等な人間関係．

ゴム補強プラスチック【rubber-toughened plastics】 化微細なゴム粒子を複合して，耐衝撃強度を高めたプラスチック．

コメコン【COMECON】 経政経済相互援助会議．旧ソ連や東欧などの社会主義諸国間の経済協力機構．1949年に設立され，91年に解散した．Council for Mutual Economic Assistance, Communist Economic Conference の略．

コメッツ【COMETS】 字日本の通信放送技術衛星．1991年に開発を始め，98年に打ち上げられた．Communications and Broadcasting Engineering Test Satellite の頭字語から．

コメット【comet】 天彗星．

コメディア デラルテ【commèdia dell'arte 伊】 劇舞踊，マイム，曲芸的な動きなどの身体的表現を通じて展開する仮面即興劇．16〜18世紀のルネッサンス期イタリアで隆盛．

コメディアン【comedian】 劇喜劇役者．喜劇俳優．おどけ者．

コメディー【comedy】 劇喜劇．⇔トラジディー．

コメディー映画【comedy】 映観客を笑わせるおかしな場面，しぐさなどを盛り込んだ映画．

コメディータッチ【comedy touch 日】 喜劇的な要素を盛り込むこと．喜劇調．

コメド【comedo】 容ニキビのできる第一段階の症状．

コメンタリー【commentary】 注釈．注解書．解説書．実況放送．

コメンテーター【commentator】 解説者．実況放送員．

コメント【comment】 ①論評．批評．意見．注釈．解説．説明．②I算プログラムに挿入する注釈部分．

コメントアウト【comment out】 I算プログラムの動作を点検するため，一時的にある命令を注釈扱いにしその動作を無効にすること．

コメントリンク【comment link】 I算電子掲示板にある書き込みに対して，自分の意見を書き込んだ

コモディテ▶

時, どの書き込みに対するものかを示す機能.

コモディティー【commodity】日用品. 生活必需品.

コモディティー エクスチェンジ【commodity exchange】営経商品取引所.

コモン【common】①共通の. 共同の. 共有の. ②普通の. 並の. ③一般の. 公衆の.

コモンウェルス【commonwealth】①政国家. 共和国. 民主国家. ②政連邦. ③［C–］イギリス連邦. ④団体.

コモンウェルス ゲームズ【Commonwealth Games】競イギリスの旧植民地諸国が参加して開催する競技大会.

コモンオントロジー【common ontology】[I] 略人工知能で, 知識システムの設計に利用する共通の知識ベースの存在.

コモンキャリアー【common carrier】①営運送業者. 運輸会社. 一般運送業. ②[I]営広域の電気通信サービスを行う事業者.

コモンズ【commons】環誰でも利用可能な共有の資源. 海, 川, 森など, 管理と利用に適切なルールを必要とする地球環境の要素.

コモンスペース【common space 日】社公共空間. 都市生活の憩いの場となる公的空間.

コモンセンス【common sense】常識. 良識.

コモンマーケット【common market】経共同市場.［C–M–］欧州経済共同体. EEC.

コモン マーケティゼーション【common marketization】経共同市場化. 一定の地域内で経済の統合を進めること.

コモン ミニマム プログラム【common minimum program】経社政2004年に就任したインドのシン首相が掲げる貧困対策に重点を置く基本政策.

コラーゲン【collagen】生動物の結合組織の皮, 骨などを構成する繊維状たんぱく質.

コラーゲンレンズ【collagen lens】生医動物の目のたんぱく質で作るレンズ. アメリカで, 傷んだ人間の角膜治療に用いる.

コラージュ【collage 仏】美貼り合わせ. 写真やイラストなどの部分や断片を組み合わせて, 独自の表現効果を狙う絵画技法.

コラール【Choral 独】音ドイツプロテスタントのルター派教会の賛美歌.

コライダー【collider】理衝突型加速器. 同じエネルギーに加速された粒子を正面衝突させて反応を研究する装置.

コラプション【corruption】汚職. 買収. 腐敗行為.

コラボTシャツ【collab T-shirt 日】服企業コラボレーションTシャツ. 異業種企業や商品のロゴを付けたTシャツ.

コラボレーション【collaboration】共同. 協力. 協調. 提携. 合作. 共同研究. 共同制作. さまざまな背景をもった人間がある目標に向けて協力し, アイデアを創発すること.

コラボレーション システム【collaboration system】[I]営グループウエアのようにネットワーク上で共同作業ができるシステム.

コラム【column】①新聞・雑誌の囲み記事. 時事・文芸に関する短評欄. 特別寄稿欄. ②建柱. 円柱.

コラムシフト【column shift】機自動車の変速操作レバーが, ハンドルのすぐ下横に付いているもの.

コラムニスト【columnist】新聞・雑誌のコラムの執筆者・寄稿者.

コラン【collant 仏】服タイツ. 体にぴったりとした細いズボン.

ゴラン高原【Golan Heights】シリア南西部にある高地. 1967年の第3次中東戦争でイスラエルの占領下に入る.

コランダム【corundum】鉱鋼玉. 酸化アルミニウムの鉱物で, ダイヤモンドに次いで硬い. 赤色がルビー, 青色がサファイア.

コリア プレミアム【Korea premium】経韓国系銀行に対する金利の上乗せ.

コリアン【Korean】朝鮮人. 朝鮮語.

コリアンダー【coriander】植香菜. セリ科の一年草. 地中海沿岸地方が原産. 香辛料や薬用に使う. コエンドロともいう.

コリオリの力【Coriolis force】理地球上で自由に動く動体に働く見かけの力. フランスの物理学者コリオリが唱えた.

コリジョン【collision】①衝突. 不調和. ②[I]算LANで共有伝送媒体に複数の情報機器が同時にデータを送信する時に, データ同士で発生する衝突のこと.

コリジョン アボイダンス【collision avoidance】機自動車の前後部に取り付けができる, 衝突防止用のレーダー警報装置.

コリジョン ドメイン【collision domain】[I]算イーサネットベースのネットワークで, コリジョンの起こる範囲のこと.

コリデール【Corriedale】動ニュージーランド原産の羊. 上質の毛と味のいい肉をもつ.

コリドー【corridor】建廊下. 回廊.

コリドール【Korridor】①建廊下. 回廊. ②回廊地帯. ③航空機の専用通路.

コリメーター【collimator】理レンズなどを利用して平行な光束を得る光学装置. 分光器などの絞り. 天体望遠鏡の視準器.

コルーチン【coroutine】[I]算データを呼び出した時に, 前の呼び出しで実行された最後の場所から始める処理.

ゴルカル【GOLKAR】政インドネシアのスハルト大統領時代に設立した翼賛組織. 軍人, 公務員, 職能団体などからなる. Golongan Karya の略.

ゴルカル党【Partai Golongan Karya；Golkar Party 略】政インドネシアの政党の一つ. 前身はスハルト政権の翼賛組織. 1998年に機構改革を図る.

コルサコフ症候群【Korsakoff's syndrome】医脳の機能障害のために起こる精神異常の諸症状. 記憶障害, 健忘症, 虚言癖が現れる. 健忘症候

◀コロナウイ

群．慢性アルコール中毒や脳腫瘍，頭部外傷などを原因として起こることがある．

コルシカ民族解放戦線【Front de Libération Nationale de la Corse 仏】軍コルシカ島の分離独立を目指す民族系テロ組織．1975年に結成．FLNC ともいう．

ゴルジ体【Golgi body】生細胞小器官の一つ．ゴルジ装置ともいう．

ゴルジュ【gorge 仏】①登峡谷．岩壁が迫って狭くなっている谷間．②のど．

コルチコステロイド【corticosteroid】化副腎皮質の分泌物で，アルドステロン，ハイドロコーチゾン，コーチゾンなどの各種ステロイド．

コルテックス【cortex】生皮質．毛髪の毛皮質．

コルネ【cornet 仏】料菓子やパイなどで，らっぱ状に巻いた形のもの．

コルバ【CORBA】I算分散システムのもとで，コンピューターで動作しているオブジェクト同士がデータをやりとりするための仕様．common object request broker architecture の頭字語から．

ゴルバチョフアイト【Gorbachevite】ゴルバチョフ支持者．ゴルバチョフ支持派．旧ソ連のゴルバチョフ大統領の政策を支持する人々．

コルヒチン【Kolchizin 独】薬コルチカムの種子や球茎に多量に含まれているアルカロイド．種なしスイカなどの品種改良に用いる．

ゴルフ【golf】競クラブで球を打ってホールに入れ，打数を競う野外球技．

ゴルファーズヒップ【golfer's hip】医ゴルフの練習などで，股関節の筋肉に負担がかかって起きる運動障害．

ゴルフアビリア【golfabilia】競ゴルフに関する収集趣味の対象物．golf と memorabilia（記憶・記録すべきこと）の合成語．

ゴルフ殿堂【Golf Hall of Fame】競ゴルフ史を飾った名選手を顕彰するため設立したもの．アメリカに PGA，LPGA，ワールドゴルフの三つがある．

コルホーズ【kolkhoz 露】社旧ソ連の集団農場．構成員が生産手段を共有し，生産物は各人の能力に応じて分配する農業経営形態．

コルポスコープ【colposcope】医膣鏡．子宮がんなどを体外から検診する顕微鏡．

コルレス契約【correspondent arrangement】経金融機関同士で代金の受け払いを代行し合うために結ぶ取引契約．

コレージュ【collège 仏】教フランスの中学校．中等教育課程前期の4年間通う．

コレオグラファー【choreographer】芸バレエなどの舞台舞踊の振り付け師．コリオグラファーともいう．

コレクション【collection】①収集．収集品．②服高級衣装店が季節に先駆けて行う創作発表会．またその作品．

コレクター【collector】①収集家．採集者．②電集電極．

コレクティビズム【collectivism】①政共産主義．②心集団主義．

コレクティブ【collective】①集合的な．集団

の．共同の．②集合体．集団．

コレクティブ セキュリティー【collective security】集団安全保障．

コレクティブハウス【collective house】建協同居住型集合住宅．私的な領域と公共領域の間に共用空間を設ける都市型集合住宅．食事や掃除など生活の一部を住民が共同で行う．

コレクト[1]【collect】集める．収集する．集中する．まとめる．

コレクト[2]【correct】①正しい．正確な．②修正する．直す．

コレクト オン デリバリー【collect on delivery】営着払い．キャッシュ オン デリバリー．

コレクトコール【collect call】料金受信者払い通話．

コレクトマニア【collectomania】収集に夢中になる人．collector と-mania の合成語．

コレステリック液晶【cholesteric liquid crystal】化液晶の一種．構成分子が光学活性な分子で，らせん構造で配列する．

コレステロール【cholesterol】生脊椎動物のすべての組織に分布する脂質．人体では脳，神経，脊椎などに多い．血管に多く沈着すると動脈硬化の原因となる．胆液（コール）の中の固形物（ステレオス）の意から命名．

コレスポンデンス【correspondence】通信．文通．コレポン．

コレスポンデント【correspondent】報道機関の通信員・特派員．

コレラ【cholera】医コレラ菌の感染で生じる法定伝染病．

コロイド【colloid】化にかわ質．直径100万分の1～1万分の1mmの粒子が分散している状態．でんぷん・たんぱく質の水溶液など．

コロイド化学【colloid chemistry】化コロイド粒子を含む系の特徴的性質などを研究する学問分野．

コロイド溶液【colloidal solution】化液体中にコロイド粒子が分散または溶解しているもの．ゾルともいう．

コロイド粒子【colloidal particle】化物質が分散した状態で，直径100万分の1～1000分の1mmぐらいの大きさである粒子．

コロケーション【collocation】①言語の配列．連語．②配列．配置．

コロシアム【coliseum】競競技場．大体育館．多目的屋内スタジアム．

コロジオン【collodion】化エーテルとアルコールに硝酸繊維素を溶かした黄色い粘性の液体．傷口の保護や写真感光膜などに用いる．

コロス【khoros 希】劇古代ギリシャ演劇において，市民など集団的な役柄と歌ęs役が担当した一隊．

コロタイプ【collotype】印ガラス板にゼラチンの被膜を形成して製版する印刷法．

コロナ【corona】①天光冠．太陽を取り巻くガス体．②気光環．太陽や月の周りに現れる光の輪．③天銀河系を取り巻く天体．

コロナウイルス【coronavirus】医かぜを引き起

189

コロナグラフ▶

こすウイルスの一種．冬の発生が多い．

コロナグラフ【coronagraph】 皆既日食以外の時にコロナを観測するための望遠鏡．

コロナホール【coronal hole】 太陽のコロナで，暗くて破れ目のように見える部分．コロナの穴．

コロニアリズム【colonialism】 植民地主義．

コロニアル【colonial】 ①植民地の．植民地風の．②群落の．群体の．

コロニアルスタイル【colonial style】 17～18世紀，イギリス，スペインなどの植民地で建築や服飾に現れた本国様式の模倣．

コロニー【colony】 ①植民地．移民団．②生物の群れ・集団．細菌の集落．③集団居住地．芸術家村．④身体障害者・結核患者などの長期療養の施設．

コロニー刺激因子【colony stimulating factor】 白血球の増殖と分化を促進する糖たんぱく質．CSF ともいう．

コロネーション【coronation】 戴冠．即位．戴冠式．

コロネード【colonnade】 柱廊．古典建築などに見られる柱の並ぶ回廊．

コロネット【coronet】 ①王侯などの位階を示す王冠．②花や金銀宝石をちりばめた冠状の飾り．

コロラトゥーラ ソプラノ【coloratura soprano 伊】 美しく華やかな技巧を駆使する高音域の声種．またはその歌手．コロラチュラソプラノともいう．

コロン【colon】 ①欧文の句読点の一つ．印は「：」．②［：］記号のこと．MS-DOS などはドライブ装置を示す記号．E: は「ドライブはE」の意味．インターネットでは WWW のホームページのアドレスに［http://．．．．］などと用いる．

コロンバス軌道実験室【Columbus Orbital Facility】 ESA（欧州宇宙機関）が国際宇宙ステーション計画の一環として，打ち上げ予定の衛星．COF ともいう．

コロンビア革命軍【Fuerzas Armadas Revolucionarias de Colombia 西】 コロンビアのゲリラ組織．1966年に結成．FARC．

コロンビア計画【Plan Colombia 西】 コロンビアのパストラナ政権が2000～01年に行った麻薬対策などの一連の政策．

コロンビア統一自衛団【Autodefensas Unidas de Colombia 西】 コロンビアの右派自警武装集団の一つ．AUCともいう．

コロンビアの尊厳【Dignidad por Colombia 西】 コロンビアのゲリラ組織．

コロンボ計画【Colombo Plan】 1951年に発足したアジア諸国の経済・技術協力機関．現在アメリカ，日本など先進6カ国と，開発途上20カ国が参加している．本部はコロンボ．

コロンボ作戦【Operación Colombo 西】 1975年，チリのピノチェト政権が119人の政治犯を殺害した事件．

コワーキング【co-working】 製造業者と小売専門チェーン店がともに大規模化した時に，全社的・全機能的・全階層的な対応が必要となる状態．

コンアーティスト【con artist】 詐欺・恐喝犯罪のコンゲームの主役を務める常習者．

コンガ【conga】 ①列をなして練り歩くキューバの陽気な民族舞踊．②手で打つ細長い太鼓．キューバなどの民族楽器．

コンカレンス【concurrence】 一致．同意．同時に発生すること．

コンカレント エンジニアリング【concurrent engineering】 研究開発，設計，製造，販売，管理などの各部門から人材が集まり，コンピューターを用いて，横断的な諸問題を協議して意思決定をすること．CE，サイマルテニアス エンジニアリングともいう．

コンキスタドール【Conquistador 西】 征服者．コルテスやピサロに代表される，スペインから新大陸へ送り込まれた征服者．

コンキリエ【conchiglie 伊】 貝殻状をしているパスタ．

コンク【conc.】 濃縮した，濃厚なの意．コンセントレーテッド（concentrated）の略．

コンクール【concours 仏】 競演会．特に美術・音楽などの競技会．

コンクラーベ【conclave 羅】 ローマ教皇選挙会議．

コングラチュレーション【congratulations】 祝辞で，おめでとう．

コンクリート【concrete】 ①セメントに砂利・砂・水などを混ぜた土木・建築用の材料．②具体的な．現実的な．

コンクリート ジャングル【concrete jungle 日】 コンクリート製の中高層ビルが密林のように立ち並ぶ都会のこと．

コンクリートパイル【concrete pile】 基礎工事用の鉄筋コンクリート製のくい．

コンクリートブロック【concrete block】 コンクリート製の組積材．ブロックともいう．

コンクリートミキサー【concrete mixer】 コンクリート材料をかくはんする機械．

コンクルージョン【conclusion】 終わり．結末．終局．結論．決定．

コングレス【congress】 ①代表者会議．②［C-］アメリカの連邦議会．

コングロマーチャント【conglomerchant 日】 複合小売業．百貨店・専門店・ディスカウントショップなどを一系列でもつ小売業．小売り以外の分野にも進出し生活総合産業化したものもある．conglomerate と merchant の合成語．

コングロマリット【conglomerate】 複合企業．業種の異なる会社を吸収合併して巨大化した多角経営企業．

コンゲーム【con game】 最初は相手を信用させておき，後で詐欺や恐喝を働く犯罪．コンはコンフィデンスの略．

コンコース【concourse】 ①公園やショッピングセンターの中央広場．②駅・空港などの中央ホール．

コンコーダンス【concordance】 ①用語索引．②一致．調和．同意．

コンコルド【Concorde】 イギリスとフランスが共

同開発した超音速旅客機．速度はマッハ2.2．座席数は128．1976年に就航．2000年のパリでの事故後，一時再就航したが，03年に運航停止．

コンコルド協定【Concord Agreement】[国際]自動車レース・F1の収益金の分配率などを定める協定．

コンサートマスター【concertmaster】[音]管弦楽団の第1バイオリンの首席奏者．

コンサーバトリー【conservatory】①[建]温室．植物栽培用でなく，くつろぐ場に使う防寒施設もある．②[教]音楽，美術，演劇などの専門学校．コンセルバトワールともいう．

コンサーン【concern】①関心事．心配．②利害関係．重要性．③営業．事業．

コンサイス【concise】簡潔な．簡略な．

コンサイメント契約【consignment agreement】[経]金取引で委託販売契約の方式．

コンサバ コンサバティブ（conservative）の略．①[服]伝統的な装い．冒険しない服装．②保守的な考え方や生活習慣を守る人．

コンサバエレガンス【conservative elegance 日】[服]日本で発展した派手な令嬢風の装い．

コンサバティブ【conservative】①保守的な．伝統的な．⇔プログレッシブ．②[服]伝統的な装い．コンサバともいう．③保守派．保守党．保守党員．

コンサルタント【consultant】[専]専門分野の知識，経験，技術を元に診断や助言を与える専門家．相談役．顧問．

コンサルタント エンジニア【consultant engineer】[営]技術士．顧問技師．技術面についての助言・指導を与える専門技師．

コンサルタント ドクター【consultant doctor】[医]直接医療行為に携わるのでなく，患者の相談相手となる医者．

コンサルタント ラップ【consultant wrap account】[経]証券会社が取り扱う個人向けの資産管理口座で，顧客の要望に沿う投資顧問会社を紹介する方式のもの．

コンサルティング【consulting】[営]会社経営など専門分野について指導をすること．

コンサルティング セールス【consulting sales】[営]専門的な知識と技術で消費者の相談にのって，商品を売り込む販売方法．

コンサルティング ビジネス【consulting business】[経]経営内容の診断や企業が直面する諸課題について分析・解決法などを提供する会社．事業化可能性調査や基本設計を請け負う場合もある．

コンサルテーション【consultation】①非公式の協議．専門家による会議．審議会．②相談．協議．諮問．③[心]カウンセリングのクライアントを直接担当するカウンセラーを，背後から絶えず援助する専門家の役割．

コンサンプション【consumption】消費．消費量．

コンシーラー【concealer】[美]しみ，目元のくまなど，肌の色ムラをカバーする部分用ファンデーション．

コンシェルジェ【concierge 仏】①[ホ]ホテルなどに配置され，劇場の切符や旅行の手配などを行う接客係．コンシェルジュともいう．

コンシェルジェ マーケティング【concierge marketing】[営]中高齢者の購買意欲を満足させるように構成する販売戦略や活動．

コンシェンシャス オブジェクター【conscientious objector】[社]良心的兵役拒否者．

コンシグニア【Consignia】 イギリスの旧郵政公社の民営化会社．2001年に発足．

コンシャス【conscious】 意識している．自覚している．知覚のある．意識的な．

コンシャスネス【consciousness】 意識．自覚．心象．意識をもっていること．

コンシャスネス レイジング【consciousness raising】①[心]自己発見法．自己実現を図るため，自分の状態や欲求をよく知ること．②[社]意識覚醒．社会問題や政治問題などに対して，考えを問い直し意識を高めること．CRともいう．

コンシューマー【consumer】①[営経]消費者．購買者．使用者．②[I]算価格が安く操作しやすい家庭用のパソコン．

コンシューマー インサイト【consumer insight】[社]消費者洞察．消費者理解．

コンシューマー インターポール【Consumer Interpol】[社]国際消費者監視行動網．有害物資の途上国への輸出などを禁止するため，30カ国の消費者団体が参加．

コンシューマー エイド【Consumer Aid 日】[社]東京都消費者センターが1991年に発足させた消費者啓発員．

コンシューマーグッズ【consumer goods】[営経]消費財．

コンシューマー クレジット【consumer credit】[営経]消費者信用．消費者と小売店・金融機関などとの信用関係．

コンシューマーゲーム【consumer game 日】①電子ゲームの一つで，ゲーム専用機とテレビ受像器を組み合わせて遊ぶ家庭用ゲーム．

コンシューマー コンフィデンス【consumer confidence】[社]典型的な消費者がもつ，現在の暮らしの状況と将来への確信を測る目安．

コンシューマー ストライキ【consumer strike】[営社]消費者の不買運動．

コンシューマーズ リサーチ【consumers' research】[営社]消費者調査．消費者層の実態調査や商品に対する反応を調査すること．

コンシューマードリブン【consumer-driven】[営社]消費者主導．消費者が中心となって取引などが行われること．

コンシューマーパック【consumer pack 日】[料]小人数世帯の消費者向けに少量を包装した食品．ハムなどを一度で食べ切れるぐらいの量にまとめて真空包装する．

コンシューマー プロモーション【consumer promotion】[営]販売促進の手法の一つ．購買が条件となる刺激を消費者に与える．

コンシューマー レスポンス革命【consumer response revolution】[営社]消費者の視点に立

191

って，メーカー，卸・小売業が連携し情報技術を使って，仕事の仕組みを革新すること．

コンシューマリズム【consumerism】图社消費者主義．企業に対して消費者の権利を強く主張する運動．

コンシリエーレ【consigliere 伊】①助言者．相談役．顧問．②社マフィアの首領の相談役．③法アメリカでは，汚職事件などに巻き込まれた政治家が，対策を相談する法律顧問．

コンスタント【constant】①不断の．不変の．一定の．②数理定数．常数．恒数．

コンスタント シェーディング【constant shading】Ⅰ算三次元コンピューターグラフィックスでポリゴン（多角形面）を表示する際に，その面の色を同一色で塗りつぶす方法．

コンスティチュエント【constituent】①構成する．組成の．選挙権のある．②構成要素．成分．③選挙区民．有権者．

コンスティテューショナル エコノミックス【constitutional economics】経新しい経済学の一つ．単純な市場交換のモデルを，複雑な立憲的契約の理論に拡張すべきと主張する．

コンスティテューション【constitution】①構成．構造．組織．②制定．設立．③政憲法．

コンステレーション【constellation】天星座．

コンステレーション組織【constellation system】图新規事業を始める時などに，本社から分離した小会社を作り機能を生かす組織．

コンストラクション【construction】建設．建造．構造．構成．

コンストラクション マネジメント【construction management】建建設業者や建築家が，発注主の立場に立って総合的な建設管理を行うこと．CMともいう．

コンストラクター【constructor】①建設者．建造者．②機（自動車）F1専用車の製造者．③造船技師．

コンストラクティビズム【constructivism】①政国際社会で国家などの自己組織的な資質や自己認識，共有観念などを重視して主体的な発展過程を見る理論．②建築や美術などでの構成主義．

コンストラクテッド フォトグラフィー【constructed photography】写アメリカ写真界の新しい傾向．スタジオで虚構のドラマや静物空間を演出して撮る．

コンスパ コンビニエンスストアとスーパーマーケットの合成語．图小型スーパーをコンビニ的な店舗に変えること．ダイエーが打ち出した新戦略．

コンスピキュアス コンサンプション【conspicuous consumption】経社財力を誇示するために，高価なものを購入すること．

コンスピラシー【conspiracy】①共謀．陰謀．たくらみ．結託．②法共謀罪．

コンセッショナリー チェーン【concessionary chain】图書籍・宝石などの専門店が行うチェーン店舗の一方式．百貨店の中などに店を出し，独立した営業活動をする．

コンセプション【conception】①概念．構想．着想．計画案．②医受胎．懐妊．

コンセプチュアリスト【conceptualist】デザインなどの発想・発案をする人．全体の構想を考える人．

コンセプチュアル アート【conceptual art】美概念芸術．作品そのものよりも，作品の提示によって着想や概念を伝えようとする考え．コンセプトアートともいう．

コンセプチュアル ファーニチャー【conceptual furniture】形態や実用性から，従来とは違う新鮮な発想でデザインされた家具．

コンセプチュアル フレームワーク【conceptual framework】概念の枠組み．問題に対する取り組み方の基本となる考え方など．

コンセプト【concept】①概念．観念．観点．考え方．既成のものにはない新しい考え方．②图特定の顧客集団にとり，他のものでは得られない特別の価値．③医表現者が作品を通して表現したい考えや意図．

コンセプトアド【concept advertising】広概念広告．商品の内容を直接示すのではなく，企業や商品に対する印象を高めるような宣伝方法をとる．

コンセプトウイルス【concept virus】Ｉイ算新しい性質や機能をもたせる意図で開発するコンピューターウイルス．

コンセプトカー【concept car】機新しい方向性や機能を目的とした実験用試作車．

コンセプトショップ【concept shop】图店作りの概念や方向性をもって品ぞろえをする店舗．

コンセプトビデオ【concept video】音楽とのイメージに合った映像を収録したビデオ．

コンセプトメーカー【concept maker 日】图購買層や志向などを基に，商品開発の概念づくりをする専門家．

コンセルバトワール【conservatoire 仏】①教フランスの音楽や美術，演劇などの専門学校．②［C—］18世紀末に設立された国立パリ音楽院．

コンセンサス【consensus】意見の一致．合意．

コンセンサス型【consensus type】政議院内閣制の議会の運営方法で，与野党が議会内で妥協案をまとめる形のもの．

コンセンサス グループ【Consensus Group】政日本，ドイツ，ブラジル，インドの国連安保理常任理事国入りに反対するイタリア，韓国，アルゼンチン，パキスタン，メキシコなどの非公式グループの通称．

コンセンサスドリブン【consensus-driven】意思決定が組織全体の同意を基本になされること．コンセンサス主導．

コンセンサス方式【consensus —】会議の採決などで，票決を行わず，反対意思の表明がないことで決定する方式．

コンセントレーション【concentration】集中．専心．専念．

コンセントレーター【concentrator】Ｉ算複数の情報伝送路をまとめて別の情報伝送路に接続する装置のこと．

コンセントレート【concentrate】一点に集める．

◀コンティニ

注意や努力を集中する．全力を注ぐ．

ゴンゾー【gonzo】ならず者の．不良っぽい．いかれた．

コンソーシアム【consortium】①経国際借款団．債権国会議．経済危機にある途上国に対し，先進国側の援助が重複・競合しないように政策調整を行う．②営企業共同体．共同事業体．事業連合体．③協会．組合．連合．

コンソーシアム保険【consortium insurance】営経国内や国外の企業と連合してプラント受注をした時に，相手企業の破産や過失などで生じる損害を補償する保険制度．イギリスの政府信用保証局が1976年に始めた．

コンソール【console】①テレビなどで，脚付きの大型のもの．②I算制御卓．操作台．③電制御装置．

コンソール カウボーイ【console cowboy】I バーチャル リアリティーゲーム用の操作卓を巧みに操り，カウボーイのような気概を示す操作者．

コンソールゲーム【console game】I電子ゲームの一つで，家庭用ゲームのこと．

コンソメ【consommé 仏】料澄ましスープ．肉と野菜を長時間煮込んでこしたスープ．一般に澄んだスープの総称．クリアスープ．

コンソリデーター【consolidator】①営売れ行きのよくない航空券を大量に仕入れ，超安値で売る業者．②営多数の荷送人から委託された小口貨物を，大口の扱い単位にまとめて輸送する混載業者．

コンソル公債【consols】経償還期限が定められていないイギリスの永久公債．consolidated annuities の略．

コンソレーション【consolation】①慰め．慰問．②競敗者戦．

コンソレーション ゲーム【consolation game】競敗者戦．

コンソレーション マネー【consolation money】慰慰謝料．

コンター【contour】①輪郭．外形．②等高線．

コンター彗星探査機【CONTOUR spacecraft】宇NASA（アメリカ航空宇宙局）が2002年に打ち上げた彗星探査用の人工衛星．

コンダクター【conductor】①音管弦楽団などの指揮者．②案内人．指導者．

コンタクト【contact】接触．接近．

コンタクト イメージセンサー【contact image sensor】I算イメージスキャナーなどに使われる撮像素子の一つ．構造が簡単なことからスキャナー本体を小型で薄型にできる．

コンタクト管理【contact management】I営顧客ごとに，どの営業担当者がいつ，どんな営業行為を行い，どのような結果が得られたかなどのデータを一元管理すること．

コンダクトコード【conduct code】営行動規範．依頼人をごまかして不正な利益を上げないようにするための心得などで作る．

コンタクト プリント【contact print】写密着印画．べた焼き．

コンタクト ポイント【contact point】営マーケティングにおいてブランドと顧客が接触する場面を指す．正確にはブランド コンタクト ポイント．

コンタクトレンズ【contact lens】眼球の表面に装着して用いる眼鏡レンズ．

コンタドーラ グループ【Contadora Group】政中米和平の実現を目指す調停グループ．メキシコ，パナマ，コロンビア，ベネズエラの4カ国で1983年結成され，1990年に解散．

コンタミネーション【contamination】放射能や有害・有毒物質による汚染．

コンタミネーション コントロール【contamination control】営汚染制御．作業環境や機械・装置が微生物などで汚染されないように管理・制御する．

コンチェルト【concerto 伊】音協奏曲．ピアノやバイオリンなどの独奏楽器と管弦楽との音楽．

コンチェルト グロッソ【concerto grosso 伊】音合奏協奏曲．複数の独奏楽器と合奏群がかけ合いをする楽曲．

コンチネンス【continence】①医社排泄の調節が自分でできること．②節制．禁欲．

コンチネンタル【continental】大陸風の．

コンチネンタル スタイル【continental style】服ヨーロッパ調の紳士服．肩幅が広めで胴をしぼった上着と細身のズボンが特徴．

コンチネンタル プラン【continental plan】営室料と朝食代を含むホテルの料金システム．

コンチネンタル ブレックファースト【continental breakfast】料ホテルでの，ヨーロッパ大陸式の簡単な朝食．パンとコーヒーだけで，卵や肉は出ない．

コンチネンタル マージン【continental margin】地大陸縁辺部．大陸棚・大陸斜面・大陸台地を合わせた海底．

コンチャベルト【concha belt】服アメリカインディアンが愛用していた銀細工の環を連ねたベルト．

コンツェルン【Konzern 独】営企業連携．一企業が多種の諸企業に出資して，実質的に支配してできる企業の統一体．

コンテ[1]【conté 仏】美素描などに用いるクレヨンの一種．

コンテ[2] コンティニュイティー（continuity）の略．映放撮影用台本．放送用台本．

コンディショナー【conditioner】①調整装置．②容いたんだ髪などの手入れをする溶剤．ヘアコンディショナーともいう．

コンディショナリティー【conditionality】経途上国がIMF（国際通貨基金）に救済融資を仰ぐ時，IMFが課す条件．

コンディショニング【conditioning】調節すること．心身ともに調子のよい状態を作り上げること．

コンディション【condition】①状態．状況．体調．②条件．制限．

コンティニュアス【continuous】連続する．継続的な．絶え間ない．

コンティニュアス プライシング【continuous pricing】社都市部の交通量規制で，対象区域を通過する車両の速度や所要時間で課金する方

193

コンティニ▶

式.

コンティニュアス モード【continuous mode】写オートフォーカスの一方法.シャッターボタンを半押しして,常に動きのある被写体に焦点を合わせ続ける.

コンティニュイティー【continuity】①映放撮影用台本.放送用台本.ショットの構図,カメラ位置など画面のつながりを書いてある.コンテ.②連続性.継続性.ひと続き.連続.

コンティニュイング ケアギバー【continuing caregiver】社やむを得ない事情で高齢の親や孫などの面倒を見ている人.ニューミドラーの類型の一つ.

コンティニュー【continue】続ける.続く.

コンテイニング ジャパン【containing Japan】日本封じ込め.貿易摩擦などによって用いられる.

コンティンジェンシー【contingency】偶発性.不確定性.不測の事態.

コンティンジェンシー プランニング【contingency planning】緊急時の対応計画.緊急事態の際にとるべき対応策を平常から考案しておくこと.

コンティンジェンシー理論【contingency theory】営環境適応理論.抽象的な普遍理論ではなく,業種や規模など具体的な環境条件に見合った経営方法をとろうとする経営理論.1970年代に台頭してきた.

コンティンジェント【contingent】①…次第で.…を条件に.②偶発的な.不測の.

コンティンジェント ワーカー【contingent worker】社時間や曜日,従事期間などに,一定の条件をもつ臨時雇用の労働者.

コンテキスト【context】①文脈.文章の前後関係.背景.②状況.③I算データ処理中の操作状態や環境.コンテクストともいう.

コンテキストメニュー【contextual menu】I算MacOSの機能で,ファイルやフォルダーのアイコン上でControlキーを押しながらクリックし,その位置にポップアップメニューを表示させること.

コンテスタブル マーケット【contestable market】営競争可能市場.独占や寡占ではなく,他の潜在的参入企業が市場参入する可能性がある市場.

コンテスト【contest】競争.競技.競技会.

コンテナ【container】容器.貨物輸送用の容器.大きさや用途などでさまざまな容器が使われている.

コンテナガーデン【container garden】植数個の容器や壁掛け鉢などに植栽して,門や玄関まわりを草花で飾ること.

コンテナ栽培【container culture】植容器栽培.大型植木鉢,木樽,プランターなどの容器に草花や木,観葉植物を植える.

コンテナ船【container ship】機コンテナ貨物を輸送する船.混載船,セミコンテナ船,フルコンテナ船がある.

コンテナターミナル【container terminal】営海上コンテナ輸送の中継に使う港湾施設.

コンテナリゼーション【containerization】輸送のコンテナ方式化.コンテナを用いる一貫輸送体系.

コンテナ列車【container train】機コンテナ輸送用の専用貨車で編成した列車.高速で拠点間輸送を行う.

コンデンサー【condenser】①電蓄電器.誘電体を電極を付けた金属板で挟んだ電子部品.キャパシターともいう.②機蒸気などの凝縮装置.圧縮装置.③理集光装置.

コンテンション方式【contention mode】I算2台の端末が対等の関係で接続されている直線の回線方式でデータをやりとりする方式.

コンデンスミルク【condensed milk】料練乳.加糖練乳.

コンデンセート【condensate】化特に重い天然ガスが凝縮して生じた天然ガソリン.

コンテンツ【contents】①中身.内容.情報内容.番組.②I算CATVやインターネットなどで流される情報の中身.パソコンなどで処理されるソフトウエアの情報の中身.

コンテンツID【content ID】I算デジタルデータに電子透かしの技術を用いてIDを埋め込むこと.またはそのID.

コンテンツ課金【pay per use of content】I算Web情報などのデジタルコンテンツの利用代金を回収すること.

コンテンツ規制【content regulation】I流通する情報の中身を,社会的影響を考慮し法律や倫理などの観点から点検・規制すること.

コンテンツ コミュニケーション【contents communication】広さまざまなコンテンツを組み合わせた広告手法.

コンテンツシート【content sheets】I算マルチメディアコンテンツ制作で,スタッフ間で共有するべき演出,素材のリストなどの情報が記された書類.

コンテンツ セキュリティー【content security】I算著作物や情報資産などの流出・流入や不正利用などを防ぐこと.

コンテンツ配信サービス【content delivery service】I算インターネットを用いて音楽などの情報を送信するサービス.online distribution service.

コンテンツ配信ネットワーク【content delivery network】I算分散配置されたサーバーにマルチメディア情報を配信する仕組み.CDNともいう.

コンテンポラリー【contemporary】現代の.同時代の.

コンテンポラリー アート【contemporary art】美現在も変化しつつある同時代の芸術.ごく最近の芸術をいう.

コンテンポラリー ジャポネズリ【contemporary japonaiserie】美日本画,陶芸,漆器など伝統的な日本の芸術を現代調にして再生させたもの.

コント【conte 仏】小話.寸劇.軽快な皮肉.機知のきいた小話.

コンドーム【condom】医男性用の避妊・性病予

防のための薄いゴム製の袋．

コンドームカルチャー【condom culture】社 厳格な性道徳とコンドームの使用を強調する社会的風潮．

コンドミニアム【condominium】①建分譲マンション．②建所有権と利用権を分け、所有者が余剰の利用権で収益を得る方式の分譲別荘・マンション．コンドともいう．

コントラ【Contra】政ニカラグアの革命政権に反発する保守派．スペイン語のコントラレボルシオン（contra revolución 反革命）の略．

ゴンドラ【gondola 伊】①ベネチアの平底の屋形船．②機ケーブルカーや気球などのつりかご・客室．③建ビルの窓ふき用のつりかご．

コンドライトモデル【chondritic model】地 地球の平均化学組成のモデル．コンドライトという隕石の化学組成から推定する．

コントラクショナリー【contractionary】経 経済を縮小させる傾向．

コントラクター【contractor】営経 契約者．契約人．請負業者．

コントラクト【contract】契約．請負．約定．契約書．

コントラクト ウエアハウス【contract warehouse】社 異業種のメーカーから委託されて、商品の保管・配送を協業化し効率のよい物流を行う営業形態．

コントラクト キリング【contract killing】社 契約殺人．ロシアではマフィアに雇われた者が、企業家や高官を殺害する事例が多発しているという．

コントラクト農業【contract farming】農 農家が農産物の生産・販売などに関して買い手とあらかじめ契約を交わし、生産を行う方式．契約農業．請負農業．

コントラクトブリッジ【contract bridge】 トランプゲームの一種．4人が2人一組になって勝負する．

コントラスト【contrast】①対照．対比．写真・テレビ・映画の画面の明暗の差．②I算画像表示装置を調節する機能の一つ．

コントラスト検出方式【contrast detection system】 I算イメージのコントラストが最も高くなる位置までレンズ調整することで、ピントを合わせる方式．

コントラスト メソッド【contrast method】 競ウエートトレーニング法の一つ．瞬発力を高めるもので、静止状態から急に負荷を軽減してすばやく動作する．

コントラセクシュアル【contrasexual】社経済的に自立し、成功のためにリスクを負う覚悟があり、恋愛も積極的に楽しむ女性のこと．

コントラセプション【contraception】医 避妊．

コンドラチェフの波【Kondratieff cycle】経 長期の景気循環波動．周期約50年に及ぶ長期間の変動の波．コンドラチェフ循環．

コントラプンクト【Kontrapunkt 独】音 対位法．定価律に他の旋律を組み合わせる作曲法．

コンドリオソーム【chondriosome】生糸粒体．動植物細胞の細胞質内にある粒状の小体で、呼吸作用を行う．ミトコンドリアともいう．

コントリビューション【contribution】 貢献．助力．寄付．寄与．

コンドル作戦【Operación Cóndor 西】政 1970〜80年代、南米諸国の軍部が、反軍政派の逮捕や情報交換などで行った協力．

コントレイリアン【contrarian】経 逆張り相場師．多くの投資家の動向とは常に逆になるような株の選別をする投資家．

コントローラー【controller】①機機械の制御装置．②I算処理対象を操作・制御するハードウエアやソフトウエア．③電整流器．④営企業経営の管理者．会計監査役などの管理部門．⑤航空管制員．

コントローラビリティー【controllability】 対処可能性．管理できること．

コントロール【control】①管理．支配．制御．統制．規制．②競（野球）投手の制球力．

コントロールＡＩ端子【control AI connector】 オーディオ機器を操作するためのコントロール端子．

コントロールカラー【control color】容ファンデーションの下に塗って肌の色を補正する化粧料．

コントロール キー【control key】I算他のキーと同時に押して特殊な機能実行を行うキー．上面にCTRLやCtrlと書かれている．

コントロール コード【control code】I算画面表示や印刷出力の際に書式を制御するために用いる文字コード．

コントロール センター【control center】 管理・統制を行う本部．

コントロールタワー【control tower】 航空管制塔．

コントロールチェンジ【control change】I算演奏表現を加工したり、音源モジュールの設定を制御するためのMIDIメッセージ．

コントロールド サーキュレーション【controlled circulation】広 定期刊行物などの発行者が広告主の意向に沿い調整した発行部数．

コントロールド デリバリー【controlled delivery】社密輸薬物の監視下移動．泳がせ捜査．麻薬捜査の手法の一つ．密輸や密売のルートを解明するために行う．CDともいう．

コントロールド メディア【controlled media】広定期刊行物などの発行部数や販売部数を発行者が自由に決められる媒体．広告媒体としての効率を高めるのに役立つ．

コントロールバー【control strip】I算 Mac OSの画面に表示される、諸設定をすばやく行えるメニュー．

コントロールパネル【control panel】①I算日付や時刻、画面の表示、マウスやキーボード、サウンド機能など、基本的な利用環境を設定するソフトウエアのアイコンを収めたウインドウ．②電配電盤．制御盤．

コントロールフリーク【control freak】周囲の物事を支配・管理することに強い欲求をもつ人．

コントロール プログラム【control pro-

コントロー▶

gram】 ①算基本ソフトウエアの一部で、周辺装置の制御や割り込み・優先処理などを行う制御プログラム.

コントロールホイール【control wheel】 飛行機の操縦輪. 操縦桿の上部にある半円形の部分.

コントロール文字【control character】 ①算制御文字. 周辺機器を制御する特殊文字. TABキーなどで入力する画面には表示されない文字.

ゴンドワナ大陸【Gondwanaland】 6億〜5億年前ごろに形成された大陸. その後に超大陸パンゲアができ, 再び分裂して, 現在の大陸配置になった.

コンパ コンパニー(company 交際)の略. 社学生用語で, 費用を各自が出し合い開く親睦会.

コンパー【comper】 競技やコンテストに決まって参加する人. コンテストの常連. competition と person の合成語.

コンバージェンス【convergence】 ①集中. 収束. 一点に集まること. ②①算カラー画像を表現する赤・緑・青の3成分の電子ビームがずれないように照射すること.

コンバージョン【conversion】 ①転換. 変換. 入れ替え. ②建建物の用途変換. ③①算記録済みのプログラムやデータを, 異なる形式・体系を用いて変換すること. ④図改宗. ⑤医心身症における転換症状.

コンバージョン ビジネス【conversion business 日】 営建都市部の事務所向け建物を住宅に転換する業態.

コンバージョン レンズ【conversion lens】 写焦点距離を変えるための補助レンズ. コンバーターレンズ.

コンバージョンレンズ アダプター【conversion lens adapter】 写コンバージョンレンズやフィルターを取り付けられるように, レンズに装着するアダプター.

コンバーター【converter】 ①①算電変換装置. データや信号などを変換する装置. ②転炉. ③営繊維の流通機構の中で, 二次加工メーカーと商社の機能を併せもつ業者. ④印刷用紙に罫線書きや穴開けなどを施す加工業者.

コンバーターレンズ【converter lens】 写焦点距離を変えるための補助レンズ. コンバージョンレンズともいう.

コンバーティブル【convertible】 ①機折り畳み式のほろの付いたオープンカー. ②服好みに応じて形を変えて着られる服.

コンバーティプレーン【convertiplane】 機転換式航空機. ヘリコプターとプロペラ機の利点を備えた航空機. 垂直離着陸を行い, 回転翼を傾斜させて飛行する.

コンバート【convert】 ①変える. 転化させる. 転用する. 改宗させる. ②運(ゞ)クロスバーを越えることゴールが成功すること. ③①算記録済みのデータを異なる形式・体系に書き換えること. ファイル形式を変換すること.

コンパートメンタリゼーション【compartmentalization】 自閉的な共同体の内部で学問の

研究が推進されていく状況. 列車の客室をいう compartment からの造語.

コンパートメント【compartment】 ①区画. 仕切り. ②列車などの仕切った客室.

コンパイラー【compiler】 ①算コボルやフォートランなど人間の言語に近い高級言語を, コンピューターが直接受け取れる機械語命令に変換するプログラム.

コンパイラー言語【compiler language】 ①算コンパイラーを使い原始プログラムから目的プログラムを生成するプログラミング言語.

コンパイル【compile】 ①算プログラミング言語で記述した原始プログラムを, コンピューターが実行できる機械語の目的プログラムに一括変換すること.

コンバイン【combine】 機農刈り取り・脱穀などの機能を兼ね備えた農業機械.

コンバインド【combined】 ①運(ゞ*)複合競技. ノルディック種目の一つ. ②結合した. 連結した. 複合の. 協力した.

コンバインド サイクル エンジン【combined cycle engine】 機超音速輸送機に用いる推進システムとして開発しているエンジン.

コンバインド サイクル発電【combined cycle power generation】 理ガスタービンを複数設置し, 発生する排ガスをボイラーで回収して, 蒸気タービンを運転して発電する方法.

コンバインド ラッシュ【combined rush】 運(ゞ)選手が一団となって突っ込む攻撃.

コンバイン ペインティング【combine painting】 美日常生活品や廃品, 写真などを絵の表面に張り付ける立体絵画. 1950年代にアメリカの画家ロバート・ラウシェンバーグが始めた. ネオダダと称された.

コンパウンド【compound】 化合物. 混合の. 混合する.

コンパウンド ドキュメント【compound document】 ①算複合文書. 文字だけ並ぶワープロ文書の中に, 写真や絵などの画像データ, 表, 音声, 動画などを埋め込んだもの.

コンパクト【compact】 ①小型の. 小ぢんまりした. かさばらない. ②密集した. ぎっしり詰まった. ③容小型のおしろいケース.

コンパクトカー【compact car】 機高性能だが, 低燃費で価格の安い自動車.

コンパクトカメラ【compact camera】 写すべての機能が自動化された35mmカメラの総称. AFコンパクトカメラともいう.

コンパクトシティー【compact city】 建社都市計画の概念の一つ. 適正規模の都市において物質循環の実現, 周囲の自然保全を図る.

コンパクトジャケット【compact jacket】 服着丈や袖丈が短い小ぶりのジャケット. 羽織る感覚の仕立てが特徴.

コンパクトスパン糸【compact spun yarn】 服綿糸の一種. 光沢があり滑らかな織物ができる.

コンパクト ディスク【compact disc】 ①算デジタル再生方式の音盤. CD. レーザー光を当ててデジタル信号を検出し, アナログ信号に変換する.

コンパクト フラッシュ【compact flash】 ①

【写】デジタルカメラに用いる，入れ替えできるカード型の記憶素子の一種．

コンパチビリティー【compatibility】 ①両立性．適合性．互換性．②[I]【算】異なる仕様でも使用・操作が可能なこと．パソコンや周辺機器などの互換性．

コンパチブル【compatible】 ①両立する．両立方式の．②[I]【算】互換性がある．

コンパチブル マシン【compatible machine】 [I]【算】特定のコンピューターと同じ動作をするコンピューター．内部構造は異なっているが，ソフトウェア面で互換性がある．

コンパッション【compassion】 思いやり．同情．あわれみ．

コンパッション ファティーグ【compassion fatigue】【社】日常的に慈善運動の呼びかけを受けると，かえって助力・援助を必要とする人々に対して無関心になること．同情疲れを起こすこと．

コンバット【combat】 戦い．戦闘．戦う．

コンバットブーツ【combat boots】【服】戦闘用の編み上げ靴．

コンバットペイ【combat pay】【営】【経】労働量の多い仕事や，危険を伴う仕事に対して支払われる特別手当．

コンバットマーチ【combat march 日】【音】スポーツの試合などで，応援のために演奏するマーチ音楽．英語は fight song．

コンパニオネート マリッジ【companionate marriage】【社】友愛結婚．結婚後一定期間子供をもうけず，互いに離婚の自由を認め合い，かつ経済的責任を求めないような結婚形式．

コンパニオン【companion】 ①(日)【営】宴会・展示場などで客を接待する女性．英語では attendant．②仲間．話し相手．気の合った友．伴侶．③手引き．必携の書．

コンパニオン アニマル【companion animal】【社】愛玩動物のこと．人間の仲間としての動物という意．動物の社会性を認め，人間の活動に共同参加できるとするところから．

コンパニオンプランツ【companion plants】【植】共栄植物．植物同士で相互あるいは一方の生育を促進する作用をもつもの．

コンパラティブ アドバタイジング【comparative advertising】【広】比較広告．他社製品と比較して自社製品を広告宣伝すること．

コンパラブル【comparable】 比較できる．同等である．相当する．

コンパラブル ワース【comparable worth】【社】同一価値原則．同一労働同一価値の原則．男女平等を目指し，異なった職種でもさまざまな要素から分析・評価し，同一価値を見いだそうとするもの．CWともいう．

コンパルション【convulsion】 【医】けいれん．発作．

コンパルソリー【compulsory】 ①必修の．強制の．義務的な．②【競】課題．規定．

コンビ コンビネーション(combination)の略．①2人で組むこと．またその2人組．②【服】色や素材を切り替えたデザイン．

コンビクション【conviction】 信念．確信．説得力．信服させること．

コンピテンシー【competency】【営】【社】高い業績を生む従業員がもつ行動特性や能力．

コンピテンス【competence】 能力．権限．企業がもつ独自の力．コンピタンスという．

コンビナート【kombinat 露】【営】企業集団．生産合理化のために，関連企業の工場設備が一地域に集められたもの．

コンビナート キャンペーン【kombinat campaign 日】【広】関連企業で共同して展開する宣伝広告活動．英語は joint campaign．

コンビナート システム【kombinat system 日】【社】都市機能の総合的な開発計画．

コンビナトリアル【combinatorial】 組み合わせの．結合の．

コンビナトリアル ケミストリー【combinatorial chemistry】【化】組み合わせ化学．構造的に関連があり少しずつ違う化合物を，短時間で多種類・系統的に作り出せる技術．新薬の開発などに用いる．コンビケムともいう．

コンビニ コンビニエンスストア(convenience store)の略．【営】一年中無休で長時間営業の小型スーパーマーケット．

コンビニＥＣ【EC at convenience stores】 [I]【経】【営】コンビニエンスストアを電子商取引(EC)の拠点とするビジネスモデルの呼称．

コンビニＡＴＭ【ATM at convenience stores】 [I]【経】【営】コンビニエンスストア内に設置された現金自動出入機(ATM)で行う，入出金や残高照会などの金融サービス．

コンビニエンス ストア【convenience store】【営】食品・日用品を中心に，無休・長時間営業・立地のよさ・品ぞろえの豊かさなどの便利さを売りものにした小型スーパーマーケット．コンビニ．CVS．

コンビニエンス フード【convenience food】【社】加工食品の中で，手を加える必要のある食品．味つけなどは自分の好みでできる．

コンビニコンボ【convenience combo 日】【営】カフェ，郵便局などほかのサービス業を併設したコンビニエンスストア．

コンビニポスト【convenience post 日】【営】コンビニエンスストア内に置かれた郵便ポスト．

コンビネーション【combination】 ①組み合わせ．組み合わせること．組み合わされたもの．結合．配合．②【服】上下ひと続きの衣類．③【化】化合．化合物．

コンビネーション ジャンプ【combination jump】【競】(スケ)フィギュアスケートで各種の回転ジャンプを組み合わせ，続けて飛ぶこと．

コンビネーション スイッチ【combination switch】【電】二つ以上の機能をあわせもつ電気のスイッチ．

コンビネーション ストア【combination store】【営】異業種の小売店が組み合わさった複合的な店．スーパーとドラッグストア，コンビニエンスス

コンビネー▶

アとレストランなど.

コンビネーション肌【combination skin】容 混合肌.頬は普通肌や乾燥肌で,顔のTゾーンの皮脂分泌量が極端に異なる場合をいう.

コンビネゾン【combinaison 仏】服袖が付いたトップとパンツ型のボトムがひと続きになった服.つなぎ.英語では combination.

コンピューター【computer】Ⅰ算電子回路を用いて数値計算,論理演算を行う装置の総称.電子計算機.

コンピューター アート【computer art】Ⅰ芸算コンピューターを利用する芸術.コンピューターグラフィックスなどの映像表現やコンピューターを使った音楽,照明技術などがある.

コンピューター アニメーション【computer animation】Ⅰ映広放コンピューターグラフィックスによる画像を基に作られたアニメーション.テレビの広告やタイトル画面などに用いる.

コンピューター アプリケーション【computer application】Ⅰ算コンピューターの利用.アプリケーションは応用・適用の意.

コンピューター アレルギー【computer allergy 日】Ⅰ算コンピューターを上手に運用できなかったり,仕事を肩代わりされるという不安から生じる嫌悪感や病状.英語は allergy to computer.

コンピューター囲碁【computer Go】Ⅰ算囲碁を打つプログラムあるいはその研究.

コンピューター イリテラシー【computer illiteracy】Ⅰ算コンピューター音痴.コンピューターに関する知識が不足し扱う能力がない.

コンピューター ウイザード【computer wizard】Ⅰ算少数の専門家しかわからないハードウエアやソフトウエアについて,詳しい知識をもっている人.

コンピューター ウイルス【computer virus】Ⅰ算コンピューターシステムや蓄積された情報などを使えなくするため,プログラム中に密かに仕組まれる不正な命令コード.

コンピューター オセロ【computer Othello】Ⅰ算オセロゲームを打つプログラムあるいはその研究.

コンピューター緊急対応センター【Japan Computer Emergency Response Team Coordination Center】Ⅰ算インターネットのシステムへの不正侵入や破壊・妨害への対応・対策を行う第三者機関.1996年に活動開始.JPCERT/CCともいう.

コンピューター クラスター【computer cluster】Ⅰ算数百から数千台のコンピューターを接続して,スーパーコンピューター並みの計算処理を行う方式.クラスターは束の意.

コンピューター グラフィックス【computer graphics】①Ⅰ算コンピューターを使う図形処理技術や装置.またその図形・映像.拡大・縮小・回転などができ,デザイン,設計,模擬実験などに用いる.②Ⅰ美コンピューターを用いるグラフィックな表現.CGともいう.

コンピューター ゲーム【computer game】Ⅰ算コンピューターを用いて楽しめるゲーム遊びの総称.子供の遊びからビジネスマン向けまで,さまざまなゲームがある.

コンピューター外科【computer-aided surgery】Ⅰ医算コンピューターグラフィックスを用いて,外科手術の計画を作成したり,手術中に予定どおりの部位を手術しているかを確認するための方法.

コンピューター ケミストリー【computational chemistry】Ⅰ化算計算化学.計算機化学.コンピューターを利用した化学.

コンピューター サイエンス【computer science】Ⅰ算情報をコンピューターで扱うことに関する研究科学.

コンピューターサヴィー【computer-savvy】Ⅰ算コンピューターのことがよくわかる.

コンピューター シーフ【computer thief】Ⅰ算コンピューター窃盗犯.コンピューター機器を盗み出す者.シーフは泥棒・盗人の意.

コンピューター シミュレーション【computer simulation】Ⅰ算コンピューターを用いて行う模擬実験.経済動向の分析など.

コンピューター将棋【computer Shogi】Ⅰ算将棋を指すプログラムあるいはその研究.

コンピューター数値制御【computerized numerical control】Ⅰ算装置に内蔵したコンピューターで数値制御を行うこと.CNCともいう.

コンピューター セキュリティー【computer security】Ⅰ算コンピューターの完全運用と安全を確保すること.また,データの不正利用や盗難を防ぐこと.

コンピューター ソフトウエア データベース【Computer Software Database】Ⅰ算特許庁が構築予定のデータベース.ソフトウエアのマニュアルや学術論文など非特許文献を中心に構築される.

コンピューター ソフトウェア倫理機構【Ethics Organization of Computer Software】Ⅰ算パソコンでアダルトゲームを販売するソフトウェアメーカーの有志が自主規制を目的に設立した任意団体.

コンピューター断層検査【computerized tomography】Ⅰ医算X線診断方法の一種.X線を人体の横断面に当て,内部の構造をコンピューターを用いて画像に表す.CT.

コンピューター チェス【computer chess】Ⅰ算チェスを指すプログラムまたはその研究.

コンピューター テレフォニー【computer telephony】Ⅰ算パソコンやワークステーションに電話機能がソフトウエアとして組み込まれ,コンピューターが電話端末となること.

コンピューター2000年問題【Year 2000 computer problem】Ⅰ算年号を西暦の下2けたで確認してきたコンピューターが,2000年を1900年と誤認したことで生じた問題.

コンピューター ネットワーク【computer network】Ⅰ算複数のコンピューターシステムを相互に通信回線で結んだもの.

コンピューター パイラシー【computer piracy】Ⅰ算コンピューターを不正に操作して,蓄

◀コンフィギ

積されたデータを盗み出すこと.

コンピューター犯罪法【information infrastructure protect act】 I算法データの改ざんやウイルスなどのコンピューター犯罪を取り締まるアメリカの法律.

コンピューター ビジョン【computer vision】 I算画像中の物理的な対象物について,明らかな記述をコンピューター内に作り出すこと.

コンピューター ヒップ マガジン【computer-hip magazine】 I算コンピューター技術者や愛好者向けの専門雑誌.

コンピューター フォビア【computerphobia】 I算心コンピューター恐怖症.

コンピューター プログラム【computer program】 I算コンピューターが行う処理手順を一定の形式に合わせて書き記したもの.

コンピューター ヘッジホッグ【computer hedgehog】 I算自分のコンピューターを十分に使いきれない人. パソコンをゲームにだけしか利用しない場合などをいう. ヘッジホッグはハリネズミの意.

コンピューター マッピング【computer mapping】 I算地コンピューターを用いて地理情報を図形化する手法. 各種のデータを入力しておき,用途に応じた図形表現ができる.

コンピューター ミュージック【computer music】 I音算作曲や演奏, 編集などにコンピューターを用いる音楽.

コンピューター名【computer name】 I算Microsoft ネットワーク上で各パソコンを識別するための名前.

コンピューター モニタリング【computer monitoring】 I算工場やオフィスのワークステーション(多機能端末機)で, 従業員のキーの操作回数をコンピューターに記録させて作業成績を管理すること.

コンピューター予約システム【computer reservation system】 I算コンピューターを用い,オンラインで予約や発券業務を行う仕組み. 航空券の予約・販売や, 宿泊施設・レンタカーの予約などで用いられる. CRS.

コンピューター リテラシー【computer literacy】 I算コンピューターに関する知識と操作能力があること. コンピューターを扱うための基本能力のこと.

コンピューター ワーム【computer worm】 Iイ算インターネット上で動作するネットワークシステムに侵入し増殖するプログラム. ワームともいう.

コンピューター ワクチン【computer vaccine】 I算コンピューターウイルスに対抗するための防止ソフト. ウイルス対策ソフト.

コンピュータエンターテインメント協会【Computer Entertainment Supplier's Association】 I算家庭用ゲーム機ソフト開発会社の業界団体. 東京ゲームショウの企画運営や雑誌の発刊を中心に活動している. CESA.

コンピュータエンターテインメントレーティング機構【Computer Entertainment Rating Organization】 I算ＣＥＲＯ(セロ). ゲームソフトの暴力・性的表現を審査する団体. 推奨対象年齢を4段階に区分する.

コンピュータソフトウェア著作権協会【Association of Copyright for Computer Software】 I算ソフトウエアや電子出版物などのデジタル著作物の権利を保護して, 著作権思想の普及活動を行う社団法人. ACCS.

コンピュータライズ【computerize】 I算コンピューターで処理する. 電算化する.

コンピュータリスト【computerist】 I算コンピューターに関する知識や利用法などに精通している人.

コンピュータリズム【computerism】 I算心コンピューターの弊害による病的状態や異常状況.

コンピュータリゼーション【computerization】 I算コンピューターを利用して行う合理化.

コンピューティング【computing】 I算計算. コンピューター処理. コンピューター使用.

コンピューテッド ラジオグラフィー【computed radiography】 I医算X線診断法の一つ. 少ないX線照射量で鮮明な画像が得られる. CRともいう.

コンピューテラシー【computeracy】 I算コンピューターを理解し, 使用・操作することができる能力. コンピューター リテラシーともいう.

コンピュートクラシー【computocracy】 I算社コンピューター支配.

コンピュートピア【computopia】 I算社コンピューターの発達・利用拡大などで大きく変化する理想的な未来社会のこと. computer と Utopia の合成語.

コンピュートポリス【computopolis】 I算社コンピューターを用いて高度な情報機能をもつようになる未来都市.

コンピュサーブ【CompuServe】 I算アメリカに拠点をもつオンラインサービス.

コンピュテーショナル【computational】 I算コンピューターを利用した. コンピューター使用の. 計算法の.

コンピュニケーション【compunication】 I算コンピューターと通信技術を統合した総合的な情報技術をいう. コンピューター・通信革命を表す用語として Ｃ＆Ｃ(computer and communication)なども使われる.

コンピレーション【compilation】①音一定の意図に基づいて編集されたアルバム. ②編集. 寄せ集め.

コンピレーション アルバム【compilation album】 音一定の意図をもってヒット曲などを編集したアルバム.

コンプ【comp】①習無料招待客. 無料招待券. complimentary の略. ②音即興演奏によるリズミカルなジャズ音楽.

コンファレンス ボード【Conference Board】 経政アメリカの全国産業審議会. NICB (National Industrial Conference Board)から改称した.

コンフィギュレーション【configuration】 ①配置. 形態. ②機自動車の各部品の組み合わせ.

199

③【I算】一つのデータ処理システムにおける構成．システム構成．

コンフィチュール【confiture 仏】【料】フランス語でジャムのこと．

コンフィデンシャル【confidential】①秘密の．極秘の．機密の．②信頼の置ける．

コンフィデンス【confidence】①信用．信頼．②自信．③秘密．内緒事．

コンフィデンスゲーム【confidence game】【社】詐欺．人のよい相手につけこむ信用詐欺．コンゲームともいう．

コンフェクショナリー【confectionery】①【料】菓子類．②【料】菓子製造業．菓子店．

コンフェクション[1]【confection】【料】菓子．砂糖菓子．

コンフェクション[2]【confection 仏】①【服】女性用の既製服．大量生産される女性用の出来合いの服．②製造．製作．

コンフェッション【confession】告白．ざんげ．告解．

コンフェッティ【confetti】紙吹雪．

コンフェデレーション【confederation】連合．同盟．連合国．連邦．国家連合．

コンフェデレーションズ カップ【Confederations Cup】【競（サ）】国際サッカー連盟（ＦＩＦＡ）が主催する大会の一つ．地域連盟ごとのチームなどが参加．

コンフォート【comfort】慰める．元気づける．励ます．慰安．楽しみ．

コンフォート ウーマン【comfort woman】【社】慰安婦．旧日本軍の従軍慰安婦問題を報道する際に，アメリカで日本語から翻訳した語．

コンフォート クッキング【comfort cooking】【料】伝統的で素朴な料理．郷土の味．おふくろの味を感じさせるような料理．

コンフォート シューズ【comfort shoes】【服】履き心地のよさを求めた靴．

コンフォーマル【conformal】①【数】等角の．②適合する．順応する．

コンフォーマルアレイ レーダー【conformal array radar】【軍】受信素子群を航空機の機体表面に張り付けたレーダー．

コンフォーマルソナー【conformal sonar】【軍】攻撃原潜が艦の両側面に装備する音響探知兵器．

コンフォーミスト【conformist】①順法者．順応主義者．②［Ｃ-］【宗】イギリスの国教徒．

コンプスタット【CompStat】【社】ニューヨーク市警察本部の情報管理方式．computerized statics の合成語から．

コンプトン衛星【Compton satellite】【宇】アメリカのガンマ線観測衛星．1991年にＮＡＳＡ（航空宇宙局）が打ち上げた．宇宙線観測の先覚者の名から．

コンプライアンス【compliance】①【法】法令順守．法律やルールなどを守ること．②【医】薬服用順守．患者が医師の処方どおりに正確に薬を服用すること．③服従．応諾．承諾．④【機】物体の変形のしやすさを表す量．ロボット技術の開発などで使われる．

コンフリー【comfrey】【植】ヒレハリソウ．ムラサキ科の多年草．葉を食用や薬用にする．

コンプリート【complete】①完全な．全くの．完備した．②完成する．仕上げる．完了する．

コンフリクト【conflict】①衝突．対立．争い．②【I算】あるメモリー領域内に存在する複数のルーチンが，互いの領域を侵害し合って起こす衝突．システムが壊れる原因となる．

コンフリクト ゾーン【conflict zone】【軍】政紛争地域．

コンプリケーション【complication】【医】余病．併発症．合併症．

コンプリヘンシブ【comprehensive】理解力のある．包容的な．総合的な．幅広い．

コンプリヘンシブ スクール【comprehensive school】【教】イギリスの総合制中等学校．地域内のすべての生徒を入学させる．

コンプリメンタリー【complimentary】おせじを言う．称賛の．優待の．無料の．

コンプリメンタリー メディシン【complementary medicine】【医】西洋医学に漢方などの東洋医学を取り入れるような，補完的な治療や療法．

コンプレックス【complex】①【心】観念複合体．感情によって色づけられた複合体．本来は精神分析学の概念．②劣等感．inferiority complex の略．③【建】集合建築．複合建築．団地．④複合．複合物．

コンプレックス ショップ【complex shop】【服】服飾の流行・傾向を考慮して生活様式を提案する複合型店舗．

コンプレッサー【compressor】①【機】圧縮器．圧縮装置．②【機】空気圧縮機．

コンプレッサー ストール【compressor stall】【機】航空機の圧縮機失速．エンジンへの空気流入が減少し，燃焼に異常が発生する．

コンプレッション【compression】①【競】圧縮．加圧．②【競（ゴル）】球の硬さを表す目安．

コンフロトーク【confrotalk】【放】テレビの討論番組の一種．番組のホストとゲストが反対の立場で議論し，視聴者も討論に参加する方式．confrontation（対立，対決）と talk の合成語．

コンプロミー【compromis 仏】【法】国際法で付託合意．仲裁契約．国際紛争を外交交渉で解決できない場合に，仲裁裁判に付託することを約した国家間の特別協定．

コンペ コンペティション（competition）の略．①【建】試作競技．課題による設計作品やデザインなどの公募．デザインコンペ．②【競（ゴル）】競技会．③【広】広告主へのプレゼンテーションが数社で競合すること．コンペティティブ プレゼンテーションの略．

コンベクション オーブン【convection oven】【料】対流式オーブン．

コンペ制【compensation system】【経】輸出超過となっている途上国などからの輸入に際し，価格の割高による損分を補償する制度．

コンペティション【competition】①競争．②【競】試合．ゴルフの競技会．コンペ．

コンペティター【competitor】競争相手．競争

◀ コンボドラ

コンペティター　アナリスト【competitor analyst】［営経］競合企業の生産方式や計画を探る産業スパイのこと．

コンペティティブ　アップグレード【competitive upgrade】［I経算］ソフトウエアを販売する際，自社製品の乗り換えを促進するために他社の競合製品の利用者に対して行う，低価格キャンペーンなどの拡販戦略．

コンペティティブネス【competitiveness】自由競争．競争力．競争．競合．

コンペティティブ　プレゼンテーション【competitive presentation】［匠］広告などの計画案の提示・説明を数社が競合して行うこと．

コンベヤー【conveyor】　［機］流れ作業などに用いる自動運搬装置．コンベアともいう．

コンベルシア【konversija 露】　［軍経］軍民転換．軍需産業を民需に転換すること．

ゴンペルツ曲線【Gompertz curve】　［I算］信頼成長曲線．開発したシステムの信頼性を評価するために利用する曲線．

コンベンショナル【conventional】　①伝統的な．因習的な．型にはまった．月並みの．協定の．②［軍］原子力によらない．在来型の．

コンベンショナル方式【conventional auction】［経］複数価格方式．日本では，国債発行における公募入札方法の一つ．発行予定額に達するまで，入札価格のうち有利なものから順次落札する．発行価格は複数となる．

コンベンショナル　メモリー【conventional memory】［I算］MS-DOS をインストールしたコンピューターで，搭載された全メモリーのうち，MS-DOS が直接使用する0～640キロバイトまでのアドレスに対応するメモリー領域のこと．メーンメモリーともいう．

コンベンション【convention】①［社］集会．交流会．代表者会議．特定の目的で多数の人が集まること．業者が行う集会．②［政］アメリカの党大会．代表者大会．

コンベンション　オーガナイザー【convention organizer】［営社］集会・会議や見本市・展示会などのコンベンションを企画し，主催し，実施する人．

コンベンション　シティー【convention city】［社］さまざまな集会や会議を誘致・開催して，地域開発に役立てようとする都市．

コンベンション　センター【convention center】特定の目的で集会を開催する場所．国際会議場や見本市会場などの巨大な集会施設．

コンベンション　ビューロー【convention bureau】［社］集会をまとめる事務局．

コンペンセーション【compensation】①償い．埋め合わせ．補償．②［医］代償作用．体の一部に欠陥ができると，他の器官などがそれを補うために発達すること．

コンペンセーション　インフレーション【compensation inflation】［経］企業経営者の報酬が高騰していること．

コンボ【combo】　［音］小人数編成のジャズバンド．一般に3人から8人ぐらいまでの編成．

コンポ　コンポーネントステレオ（component stereo）の略．

コンボイ【convoy】①護送．護衛．②護送船団．護衛隊．

コンポーザー【composer】作曲家．構成者．

コンポート【compote】①［料］砂糖漬けの果物．②［料］果物などを盛る脚付きの盛り皿．

コンポーネント【component】①構成要素．部品．成分．②［I算］ハードウエアやソフトウエアなどを構成する要素，機能などの単位．

コンポーネントウエア【componentware】［I算］再利用できるソフトウエア部品を組み合わせアプリケーションを開発する手法．また，開発のできるプログラミングツールのこと．

コンポーネント技術【component technology】［I算］ソフトウエア部品を組み合わせることでソフトウエアを開発する技術．

コンポーネント　ステレオ【component stereo】　［音］アンプやプレーヤーなどの単体機器を，自由に選択し組み合わせたステレオ装置．

コンポーネント　ソフト【component software】［I算］部品単位で組み合わせて利用できるソフトウエア．ユーザーが必要に応じて組み合わせることができる．

コンポーネント　タイプ【component type】［I算］単体機器を自由に選択・接続させて用いる，事務部門の効率化を図るOA機器類．

コンポジション【composition】①作文．作曲．②構図．構成．合成．

コンポジット【composite】①組み合わせの．合成の．②合成物．合成写真．合成画．③［機］結合剤を使って燃料と酸化剤を固めている非均質型の固体ロケット．

コンポジット　アーマー【composite armor】［軍］複合装甲．成型炸裂の対戦車弾やミサイル弾頭から戦車を防衛する新型の装甲．

コンポジット　インデックス【composite index】［経］景気の振幅を判断するため試算される景気動向指数．CI ともいう．

コンポジット材料【composite material】　［化理］複合材料．性質の異なる二つ以上の素材を組み合わせて，優れた性質をもたせた材料．

コンポジット　ビデオコネクター【composite video connector】［I算］ビデオ信号の入出力端子の一つ．色信号や輝度信号を一緒に送るコンポジット・ビデオ信号入出力に用いられるコネクター．

コンポジット　フォント【composite font】［I算］複数の基本のフォントを組み合わせて作るフォント．文字数が多い日本語に用いる．

コンポスター【composter】　［環］生ごみなどを使って堆肥を作る容器．

コンポスト【compost】　［農］堆肥．家庭のごみ，し尿，畜ふんなどを原料として作る有機肥料．園芸用培養土．配合土．

コンボドライブ【combo drive】　［I算］CD-R/RW の読み書きと，DVD の読み込みの両方が

201

コンボボッ▶

できるドライブ.

コンボボックス【combo box】 ① 算 Windows や MacOS などで項目の選択や入力に使用するインターフェース.

コンミュナリズム【communalism】 政 地方自治主義. 共同体主義. コミュナリズム.

コンメディア デッラルテ【commèdia dell'arte 伊】劇 16〜17世紀に全ヨーロッパに広まったイタリアの仮面劇. プロの役者が演じる民衆的な演劇. コメディア デラルテともいう.

コンメンタール【Kommentar 独】評釈. 注釈書. 論評. 批評. 時評.

サ

サーカスアート【circus art】 芸 踊りや物語などを加えた演出を重視するサーカス.

サーカディアンリズム【circadian rhythm】 生 概日リズム. 24時間周期で繰り返される生理的リズム.

サーカニュアルリズム【circannual rhythm】 生 概年リズム. 約1年周期で起こる生物リズム.

サーカム【SirCam】 I 算 コンピューターワームの一種. 2001年に発生.

サーキット【circuit】 ①競 自動車レースなどの環状競走路. ②電 回路. 回線. ③芸 映画・演劇などの興行系列. ④競(ゴ) 開催地域を巡回転戦して争われる選手権大会.

サーキット トレーニング【circuit training】 競 循環式訓練法. 身体各部位を強化する運動のほか数種の全身運動を組み合わせて, 数回繰り返す訓練法.

サーキット ブレーカー【circuit breaker】 ①電 回路遮断器. ②経 回路遮断システム. 値幅制限や取引停止措置などによって株価暴落を防止する方法.

サーキュラー【circular】 ①円形の. 循環性の. ②営 チラシ. 回状. 回報. 回覧板.

サーキュラーケープ【circular cape】 服 布地を丸く裁ち, 中央をくりぬいた形のマント.

サーキュラーミル【circular mil】 電線や針金などの断面積を測る単位. 1サーキュラーミルは直径1ミル(0.001インチ)の円の面積に等しい.

サーキュレーション【circulation】 ①循環. 流通. ②経 流通貨幣. 流通手形. ③広 出 定期刊行物の発行部数. 有料刊行物の販売部数. 折り込み広告や屋外広告の到達度数. テレビ, ラジオの視聴率. ④営 商品の普及高.

サーキュレーション データ【circulation data】 出 広 印刷媒体の発行部数を公査する機関が認証した数値. 日本では日本ＡＢＣ協会が公査する.

サーキュレーター【circulator】 機 空気などを循環・対流させる器具. またその方式を使ったガスストーブ.

サークル【circle】 ①同じ趣味・主義などをもつ人々の集まり. 同好会. 仲間. ②円. 円周.

サークルシステム【circle system】 競(水泳)一人または複数で, あるレーン内をぐるぐる回って泳ぐ練習方法.

サークルビジョン【circle vision】 映 マルチ映像の一種. 円いホールの全周に映像を投影するシステム. サークロラマともいう.

サージカルテープ【surgical tape 日】医 包帯, ガーゼ, 湿布などを固定するのに使う医療補助テープ.

サージャリー【surgery】医 手術法. 外科.

サージャン【surgeon】医 外科医. 軍医. 船医.

サーズ【SARS】医 重症急性呼吸器症候群. 新型肺炎. severe acute respiratory syndrome の頭字語から.

サースティー【thirsty】口やのどが渇いた. 熱望する.

サータス【SURTASS】軍 監視タス. 音響探知兵器の一つ. 日本の音響収集艦に装備され, 潜水艦の情報収集を行う曳航式アレイソーナーシステム. surveillance towed array sonar system の頭字語から.

サーチ【search】 ①探す. 調べる. じろじろ見る. ②捜索. 調査. 追及.

サーチ アンド レスキュー【search and rescue】捜索救難. S&R ともいう.

サーチエンジン【search engine】 I 算 検索エンジン. 膨大なインターネットの情報の中から, 利用者が必要な情報を効率よく見つけ出すのに役立つホームページ. 接続されたどのコンピューターにどんな情報が入っているかが見られる.

サーチビジョン【Search Vision】映 夜間に空中浮遊する気球や飛行船に, 自動追尾しながらスライドや映画を投影する装置.

サーチャー【searcher】 ① I 算 検索技術者. データベースに蓄積された多量な情報の中から, 必要なものの検索を利用者に代わって行う専門家. ②捜索者. 調査者.

サーチャージ【surcharge】 ①営 割り増し料. 課徴金. 追加料金. ②不当請求. 暴利. ③過重積み込み.

サーチライト【searchlight】 機 探照灯. 投光器. 遠方まで照らす大型の照明装置.

サーチロボット【search robot】 I 算 インターネットにどんな情報が公開されているかを自動的に検索するプログラム.

サーティファイ【certify】証明する. 保証する.

サーティフィケーション【certification】証明. 検定. 認可. 保証.

サーティフィケート オブ オリジン【certificate of origin】経 営 原産地証明書.

サード【THAAD】軍 アメリカ陸軍が開発している戦域ミサイル防衛用の高層空域迎撃ミサイル. Theater High Altitude Area Defense の頭字語から.

サートＦ【SIRTF】宇 医 NASA(アメリカ航空宇宙局)の大型赤外線望遠鏡. 2003年に打ち上げた.

◀サービスプ

Space Infrared Telescope Facility の頭字語から．

サードコースト【third coast】アメリカのメキシコ湾沿岸と，メキシコ国境を流れるリオグランデ川沿岸の地帯を指す呼称．

サードセックス【third sex】社心同性愛者．

サードニックス【sardonyx】鉱カメオ細工に用いる赤しまめのう．

サードパーティー【third party】①第三者．第三当事者．②工算第三者的な立場で使用機器を選んでゲームソフトを開発する会社．ソフトウエアや周辺機器の開発・供給を行う外部の専門企業．

サードパーティー ロジスティクス【third party logistics】工経荷主でも物流業者でもない，第三の主体が物流全体の管理活動を代行すること．

サードワールド【Third World】第三世界．アジア，アフリカ，ラテンアメリカなどの途上諸国．

サーネーム【surname】名字．姓．ファミリーネーム，ラストネームともいう．

サーバー【server】①競テニスやバレーボールなどで，サーブをする人．②料料理を運ぶ盆．③料食べ物を盛り分けるのに用いる大きなスプーンやフォーク．④工算ネットワーク上で他のコンピューターに対して各種の情報や処理の命令を提供するコンピューター．⇔クライアント．

サーバー型放送【server broadcasting system】工放受信機に内蔵するサーバーにテレビ番組を蓄積し，テレビやパソコン，携帯電話で視聴する形式の放送．

サーバーベース コンピューティング【server-based computing】工算企業内などネットワーク上で，アプリケーションもデータもサーバー上において処理するシステム．端末はシンクライアントとなる．

サーバー ホスティング サービス【server hosting service】工K ISP 業者が利用者に WWW サーバーの容量の一部を貸し与えるサービス．

サーバーマシン【server machine】工算処理の負荷分散を目的としたクライアント／サーバーシステムで，サービスを提供するコンピューター．

サーバーライセンス契約【server license agreement】工K ソフトウエアを同時に利用できる数を決めて，ライセンスサーバーで監視するライセンス契約．

サーバーレンタル【server rental 日】工K サービス提供をするプロバイダーが保有するサーバーの一部を利用者に貸し出す方式．

サーパシング【surpassing】すぐれた．期待を上回る．

サーバント【servant】使用人．家来．パブリックサーバント（公務員）の略．

サーピサー【servicer】営経債権回収専門業者．借金などの取り立て専門会社．

サービサー法【servicer 一】営経法債権管理回収業に関する特別措置法．1999年に施行．

サービス【service】①もてなし．接待．応接．給仕．奉仕．②営値引きやおまけによる客への奉仕．③営用役．役務．物質の生産はしないが，消費などに必要な労働のこと．

サービスアクセス ポイント【service access point】工算 OSI の論理アドレスの概念．OSI でサービスを提供する二層のインターフェースのアドレス，あるいは識別子のこと．サービスアクセス点，SAPともいう．

サービスエリア【service area】①高速道路の給油所やレストランのある場所．SA．②放放送局の電波が届く範囲．視聴良好区域．③電気・水道の供給区域．

サービス カウンター【service counter】営情報やサービスを提供する受付・場所．

サービスコスト【service cost】営経商品の包装や配達などサービスのために使う費用．

サービスサイズ【service size 日】写印画紙のサイズの一つで，一般的な大きさのもの．

サービス産業【service industry】営物質の生産以外の経済活動にかかわるすべての産業．卸・小売，金融，不動産，広告，観光など多様な産業が含まれる．第三次産業とほぼ同じ産業群．

サービス残業【service overtime work 日】営社賃金不払い残業．残業手当が支払われない時間外労働．

サービスジャッジ【service judge】競(卓球)プレーを始めるため打つサービスの，ルール違反などを判定する副審．

サービス ステーション【service station】①営自動車の給油所．ガソリンスタンド．②営電気製品や機械・器具の整備・修理所．

サービスステート【service state 日】政奉仕国家．国家は社会にとって利益になるように積極的に奉仕すべきだとする国家概念の一つ．英語は social state．

サービス多重【multiple service】工算家庭や企業へ引き込んだ1本のケーブルで，複数の通信サービスを多重に提供すること．

サービストレンド【service trend 日】営成長が期待できるサービス産業の潮流・傾向．

サービスニーズ【service needs 日】政行政が国民のためになすべきこと，あるいは国民が行政に求めること．英語は social needs．

サービスパック【service pack】工算アメリカのマイクロソフトの製品のソフトを修正するために使うソフトウエアモジュールのこと．

サービスフィー【service fee】営経手数料．サービスの提供を受けて支払う料金．

サービスプライス インデックス【service price index】営経企業向けサービス価格指数．日本銀行が開発し，1991年に公表．SPI．

サービスブレーク【service break】競テニスやバレーボールなどで，相手側のサービスを破って得た点．

サービスプログラム【service program】工算プログラミングの負担を軽減する基本ソフトウエアの一つ．入力や修正を行うエディターや，プログラムを機械語に翻訳するコンパイラーなどがある．

203

サービスプ ▶

サービスプロバイダー【service provider】 [IT] インターネットへの接続を提供する会社．一般にプロバイダーといわれる．

サービス貿易【service trade】 [経] 商品の輸出入以外の国際間取引．金融・情報通信などがある．

サービスマーク【service mark】 [経] サービス産業の商標．金融機関，運送業，ホテル，小売店，飲食店などで使われる営業標の一種．

サービス マーチャンダイザー【service merchandiser】 [営] 小売店に品ぞろえや価格設定，販売方法などを提案する卸売業者．

サービス マーチャンダイジング【service merchandising】 [営] 卸売業者が小売店の品ぞろえ，陳列，商品供給までを一括して請け負うサービス．

サービスモジュール【service module】 [宇] 人工衛星や宇宙基地などの機械船．ＳＭともいう．

サーフ【surf】 ①寄せ波．浜辺の波．②[競] 波乗りをすること．

サーブ【serve】 ①[競] テニスやバレーボールなどで，プレーを始めるために攻撃側から相手側に球を打ち込むこと．サービス．②客に飲食物を供したり，給仕したりすること．

サーファー【surfer】 [競] 波乗りをする人．

サーファーカット【surfer cut 日】 [容] 左右の髪に段をつけて後ろに流し，頭頂部は短めに切る髪形．濡れても手入れしやすいので，サーファーに親しまれる．

サーファーズ イヤ【surfer's ear】 [医] 骨が異常増殖して外耳道が狭くなる障害．サーファーに多く見られ，水が耳の奥まで入らないようにする生体防御反応の一つ．

サーファールック【surfer look】 [服] サーフィン愛好者が好んで着る，鮮やかな色彩や派手な模様の服や装いのこと．

サーフィン【surfing】 [競] 浮力のある板（サーフボード）を使って波乗りのテクニックを競うスポーツ．

サーフェス【surface】 ①表面．外面．うわべ．外観．②[数面]．サーフィスともいう．

サーフェスモデル【surface model】 [IT][算] コンピューターグラフィックスで，立体を構成する表面を多角形の集合として形状を記述する方法．

サーフジェット【surf jet】 [競] サーフボードに小型エンジンを付けたもの．波のない海岸でもサーフィンが楽しめる．英語では engine-powered surf board ともいう．

サーフパンツ【surf pants】 [服] 男性用の半ズボンの一種．海水パンツとしても使える．

サーフボード【surfboard】 [競] 波乗り板．サーフィンに用いる合成樹脂製などの板．

サープラス【surplus】 ①余分．過剰．過剰額．過剰量．②[経] 剰余金．

サープラス バリュー【surplus value】 [経] 剰余価値．マルクス経済学の用語．支払われた賃金以上に労働者が生産した価値．資本家の利潤となる．

サーブル【sabre 仏】 [競] フェンシング構えた時に，大腿骨上部にできるユニホームのしわから上半身が有

効面となる競技種目．突き技に斬る技も加えられる．

サーベイ【survey】 調査．探査．観測．測量．

サーベイメソッド【survey method】 [営][経][社] 企業や消費者などの景気判断や，将来の経済行動などを統計調査し，景気動向を予測する方法．

サーベイランス【surveillance】 [経] 経済政策の相互監視．先進国が互いに経済指標などを使い，国際収支の不均衡是正を図る．②監視．調査監視．見張り．指揮．

サーベイランス システム【surveillance system】 [医] 感染症サーベイランス事業．風しん，水痘などの発生状況を全国的に把握する．1981年から厚生省（現厚生労働省）が実施．

サーベイリサーチ【survey research】 [営] 一定の消費者や集団に対して調査を行い，購買動機などを知ろうという市場情報の入手研究法．

サーベンス オクスレー法【Sarbanes-Oxley Act】 [営][法] 企業統治や情報開示の強化を目的としたアメリカの法律．エンロンなどによる不正会計疑惑をきっかけに，2002年7月に制定．企業改革法とも呼ばれる．

サーボ機構【servomechanism】 [機] 制御量が機械的位置や角度である自動制御のこと．機械的位置・角度を自動制御する装置．船や航空機の自動操縦や兵器の自動照準などに用いる．

サーボ系【servo system】 [機] 自動制御機械などで，主に制御量が回転や位置のような機械量である制御系．

サーボブレーキ【servobrake】 [機] サーボ機構を利用したブレーキ．ペダルを軽く踏むだけで大きな制動が得られる．

サーボモーター【servomotor】 [機] サーボ機構の補助動力モーター．

サーマルニュートロン【thermal neutron】 [理] 熱中性子．核分裂で生じる高速中性子を減速材に衝突させ，熱平衡状態まで速度を遅くさせた中性子．

サーマルバリアー【thermal barrier】 [理] 熱障壁．大気との摩擦で飛行体が高熱になる現象．

サーマルプリンター【thermal printer】 [IT][算] 感熱式プリンター．加熱で発色する感熱紙に，サーマルヘッドで加熱印刷する印字装置．

サーマルリアクター【thermal reactor】 ①[機] 自動車などのエンジンの排ガスを少なくする装置．②[理] 熱中性子増殖炉．

サーマルリサイクル【thermal recycling】 [環][理] 廃棄物を都市ごみとともに焼却炉で燃やし，発生する熱を蒸気や電力として回収する方法．

サーミ人【Sami】 スカンジナビア半島に住む先住民族．

サーミスター【thermistor】 [電] マンガンやコバルトなどの酸化物を焼き固めて作る半導体．温度によって電気抵抗が変化する性質がある．

サーメット【cermet】 [化] セラミックと金属粉末を焼結した複合材料．耐摩耗性・耐熱性・ねばり強さをもち，高速切削用工具などに用いられる．

ザーメン【Samen 独】 [医] 精液．精子．

サーモエレメント【thermoelement】 [電] 熱電

対．熱電電流計．

サーモカップル【thermocouple】電熱電対．

サーモキャッチ【Thermocatch】服蓄熱保温作用のある素材．三菱レイヨンが開発．アクリル繊維にセラミックなどの無機系物質を練り込んで作る．

サーモグラフ【thermograph】気自記温度計．温度を自動的に記録する機器．

サーモグラフィー【thermography】医温度分布画像法．人体の温度分布の差から患部を診断する．乳がんの診断などに使われる．

サーモケミストリー【thermochemistry】化熱化学．物質の化学反応や蒸発・溶解などに伴う熱現象について研究する学問．

サーモコンクリート【thermoconcrete】建気泡コンクリート．軽量で断熱・防音にも効果がある．サーモコンともいう．

サーモシャワー【thermoshower 日】機自動調節をして一定の温度に保って使えるシャワー．英語は thermostatic shower．

サーモスタット【thermostat】電自動温度調節器．恒温器．検出された温度の変化に応じて熱源の働きを自動的に制御する装置．

サーモダイナミックス【thermodynamics】理熱力学．

サーモトロピック液晶【thermotropic liquid crystal】化高分子液晶の一種．溶融状態で生じる液晶．

サーモバリック爆弾【thermobaric bomb】軍熱圧爆弾．アメリカの特殊爆弾の一つ．

サーモバロメーター【thermobarometer】①気沸点気圧計．②気温度気圧計．

サーモフォーカス【Thermofocus】医非接触式の体温計．体から出る赤外線をとらえて体温を表示する．商標名．

サーモメーター【thermometer】気温度計．寒暖計．

サーモモーター【thermomotor】機熱機関．気体を加熱することによって生じる膨張力を利用した原動機．

サーモン¹【salmon】魚サケ．サケ科の魚．

サーモン²【sermon】説教．訓話．

サーモンピンク【salmon pink】赤みを帯びた桃色．サケ肉色．

サーロイン【sirloin】料牛の腰肉上部に当たる最上肉．

サイアー【sire】動雄親．種牡馬．

サイアーライン【sire line】競競走馬の父系血統．父，その父，さらにその父とさかのぼる．

サイアザイド【thiazide】薬利尿剤．血圧を降下させるのに用いる．

サイアロン【sialon】化ケイ素（Si），アルミニウム（Al），酸素（O），窒素（N）の四つの元素を基に作り出された窯業物質．高温にも耐え，腐食にも強い．

サイエンス イラストレーション【science illustration】科学イラスト．自然科学的な知識を基に，細部まで精密に描くイラスト．

サイエンスウオーズ【Science Wars】1990年代にアメリカで行われた科学者と科学論者による論争．

サイエンスカフェ【science café】社コーヒーやワインを片手に研究者と市民が語り合い，交流を深める取り組み．

サイエンスパーク【science park】社国公立の研究機関，あるいは地場産業や企業研究所を核にして形成される地域社会・学術都市．

サイエンス フィクション【science fiction】文空想科学小説．SF ともいう．

サイエンスライター【science writer】文科学情報を記事や作品などにまとめる文筆家．

サイエントメトリックス【scientmetrics】数科学計量学．科学研究に関する定量的把握を目指す新しい分野．

サイカ【Saiqa 亜刺】軍シリアのバース党などの支援を受けてできたパレスチナゲリラの組織．1968年に結成．

サイキック【psychic】①霊媒．超能力者．②心霊．超自然的な．③精神的な．心理的な．

サイキックス【psychics】心霊学．超自然的な現象を研究する．

サイクリスト【cyclist】自転車に乗る人．自転車旅行をする人．

サイクリックAMP【cyclic adenosine monophosphate】生環状アデニール酸．環状 AMP．アデノシンのリン酸エステルが環状構造になった物質．ホルモンの作用の発現を仲介する働きがあると考えられる．

サイクリング【cycling】競自転車を遠乗りすること．遊びやスポーツで自転車に乗ること．

サイクリングロード【cycling road】自転車専用道路．

サイクル【cycle】①周期．循環期．一巡．②理周波．③経景気の循環．④機エンジンなどの行程．

サイクル アンド ライド【cycle and ride】社通勤などで最寄りの駅やバス停まで自転車で行き，そこから鉄道やバスを利用すること．

サイクル宇宙【cyclic universe】理宇宙生成理論の一つ．ビッグバンを周期的に起こす二つのブレーン宇宙の衝突．

サイクルクロス【cyclecross】競整地されていない自然の野山で行う自転車競技．クロスカントリーともいう．

サイクルサッカー【cycle ball】競自転車の車輪で球をキックして，ゴールに入れるゲーム．

サイクル使用【cycle use】電頻繁に深い充放電を行う二次電池の使用法．

サイクルタイム【cycle time】I算処理装置が要求を出してから，次の要求が受け入れ可能になるまでに要する時間のこと．

サイクルパンツ【cycle pants】服自転車競技の選手が着用する膝丈の伸縮性のあるパンツ．

サイクルヒット【cycle hit 日】競（野球）1人の選手が1試合中に，単打，2塁打，3塁打，本塁打を打つこと．

サイクロイド【cycloid】①数直線上を円が回転する時，円周上のある1点が描く曲線．擺線（はいせん）．②医循環病質の．

サイクロス▶

サイクロスポリンA【cyclosporine A】 薬臓器移植後の拒絶反応を抑える免疫抑制剤．シクロスポリンともいう．

サイクロデキストリン【cyclodextrin】 化生グルコースが6～8個ドーナツ状に結合した物質．CD．シクロデキストリンともいう．

サイクロトロン【cyclotron】 理荷電粒子加速装置の一種．原子核構造などの研究に用いる．

サイクロプス計画【Project Cyclops】 宇地球以外の惑星に知的生物が存在する可能性を探って交信を目指すアメリカの宇宙開発計画．

サイクロペディア【cyclopedia】 百科事典．エンサイクロペディアともいう．

サイクロン【cyclone】 気インド洋上で発生する台風．

サイケデリック【psychedelic】 社心LSDやメスカリンなどの幻覚剤による陶酔状態・こうこつ状態．またその時起こるどぎつい色彩や模様などを音楽や美術，デザインなどに再現したもの．サイケともいう．

サイケデリック アート【psychedelic art】 美どぎつい色彩や珍奇な模様を取り入れて視覚的効果を高めた美術やデザイン．

サイコ【psycho】 ①医精神病患者．②精神分析の．心理の．

サイコアナリシス【psychoanalysis】 医心精神分析．精神分析学．

サイコオンコロジー【psycho-oncology】 医心精神腫瘍学．精神医学と腫瘍学と社会科学の学際分野を研究する．1970年代に欧米で起こり，がん患者対策として研究されている．

サイコガルバノメーター【psycho-galvanometer】 機人体に電気的刺激を与えて感情や反応を測定する機械．通称はうそ発見器．

サイコキネシス【psychokinesis】 念力．物体を動かしたり，影響を与えたりする超能力．

サイコグラフ【psychograph】 心性格の特徴を図表に表したもの．性格特性図表．

サイコサスペンス【psycho-suspense】 映異常心理による犯罪などを扱った作品．「羊たちの沈黙」「ケープ・フィアー」など．

サイコセラピスト【psychotherapist】 医心理療法を用いて治療を行う専門家．

サイコソマチックス【psychosomatics】 医心身症．精神身体医学．

サイコドラマ【psychodrama】 心集団心理療法の一つ．心理劇．精神病患者が演じた即興劇で，人格構造などを観察し治療に役立てる．

サイコニューロイミュノロジー【psycho-neuro immunology】 医心心理的要因が免疫システムに及ぼす影響などを研究する学問．病は気からを科学的に研究する方法．

サイコミステリー【psycho-mystery】 映文異常心理や狂気などを描いた映画や文学作品．

サイコロジー【psychology】 心心理学．心理．

サイコロジカル【psychological】 心心理的な．心の動きで左右される．精神的な．心理学の．

サイコロジカル マーケティング【psychological marketing】 営顧客の心理状態を的確につかんで営業活動に生かす方法．

サイコロジカル ライン【psychological line】 経日々の値上がり・値下がりのリズムから，短期的な株価の動きを予想する指標．

サイコロジスト【psychologist】 ①心心理学者．②人間の心の動きを上手に読み取れる人．

サイジング【display sizing】 Ｉ算display画面に画像を表示する際，その表示領域が表示面の中心に位置し，かつ上下左右のサイズが表示面からはみ出さないように調整すること．

サイズ【size】 ①寸法．大きさ．②服帽子や靴などの大きさを表す号・番．

サイズボックス【size box】 Ｉ算 MacOSで，画面の右下の，ウインドウの大きさを変える時にマウスを当てて引っ張る部分．

サイスミック ゾーニング【seismic zoning】 地地震危険度によって地域を区分けすること．

サイディング【siding】 建外壁に使う羽目板．下見板．板張りの外壁．

サイテーション【citation】 引用．援用．

サイテーション インデックス【citation index】 引用索引．科学論文などの引用件数などをまとめたもの．

サイテックアート【psytec art】 医心理学的な方法と科学技術を使って表現する造形美術．psytecはpsychoとtechnologyの合成語．

サイテックファンド【sci-tech fund】 経高度先端技術分野の株式を中心に組み入れて運用する日米欧合同の国際投資信託．

ザイテングラート【Seitengrat 独】 登側稜．主尾根に対する枝尾根．

サイト【site】 ①Ｉ算インターネットで情報を公開しているコンピューターがある場所のこと．②敷地．用地．

サイドアウト【sideout】 ①競テニスなどで，球がサイドラインを割ること．②競(バレー)6人制で，サーブ権をもつチームが得点できること．現在はラリーポイント制に変わった．

サイドインパクト【side impact】 自動車の車体側面に衝突すること．

サイド インパクト ビーム【side impact beam】 機自動車のドアの内部構造に取り付ける鉄製のバー．側面衝突時に乗員を保護する働きをもつ．

サイドウオーク【sidewalk】 歩道．舗装した人道．

サイド エア バッグ【side air bag system】 機自動車の乗員に加わる側面衝突の衝撃を和らげるエアバッグ．ドア内部や座席横に装備する．

サイドエフェクト【side effect】 医薬などの副作用．

サイト オートメーション【site automation】 建建設現場の高度な自動化．コンストラクションオートメーションともいう．

サイドカー【sidecar】 ①機側車．自転車やオートバイの横に付ける車．またはそれの付いているオートバイ．②料カクテルの一種．

サイトカイニン【cytokinin】 生植物ホルモンの一種．植物の細胞分裂や組織分化を起こす．

◀サイバート

サイドカット【sidecut】〘競〙スキーやスノーボードの板側面の湾曲部分．

サイトシーイング【sightseeing】観光．名所見物．

サイドスティック【side stick】飛行機の操縦席の側面に備える取っ手型操縦装置．

サイドストリーム スモーク【sidestream smoke】〘医〙〘環〙非喫煙者が灰皿などに置かれたタバコから出る副流煙を吸い込むこと．

サイドドア ビーム【side door beam 日】〘機〙自動車のドア内部に取り付ける補強材．車体側面への衝突に備える．

サイトドラフト【sight draft】〘経〙一覧払い為替手形．アットサイトドラフトともいう．

サイド バイ サイド【side by side】〘競〙(テニ)ダブルスで，自陣を縦に二分し，両選手が一方ずつを受け持って守る戦法．

サイドビジネス【side business 日】〘営〙本業の片手間にする仕事．副業．英語は sideline．

サイト プランニング【site planning】〘建〙地内に建物や道路・広場などを配置する計画．

サイドブレーキ【side brake 日】〘機〙手動操作の駐車用ブレーキ．英語は hand brake．

サイドプレーヤー【side player】〘映〙〘劇〙〘放〙わき役．助演者．バイプレーヤーともいう．

サイドベンツ【side vents】〘服〙背広などで，両わきの裾にある割り口．

サイドボード【sideboard】食堂や居間などに置く食器棚．

サイトメガロウイルス【cytomegalovirus】〘生〙ヘルペス属に分類される DNA ウイルス．CMV ともいう．

サイトライセンス【site license】〘Ⅰ〙〘算〙一つのソフトウエアを企業や学校などで複数のコンピューターや作業者が使うのを許諾する契約．

サイトリース【site leasing】〘Ⅰ〙〘算〙ソフトウエア会社が利用企業に対して，一定の手数料を取ってプログラムの複製を認める契約．

サイト ローカル アドレス【site local address】〘Ⅰ〙企業内の LAN などで個々の端末に割り振られるアドレス．IPv4 ではプライベートアドレスといった．

サイドワインダー【Sidewinder】〘軍〙アメリカの空対空ミサイル．パッシブ赤外線追尾方式で目標を追う．

サイネリア【cineraria】〘植〙キク科の多年草．カナリア諸島原産．根葉はフキに似て，園芸種が多い．シネラリアともいう．

サイバー【cyber】〘Ⅰ〙〘算〙電脳の．コンピューターの．インターネット上の．

サイバーアパート【cyber apartment house】〘建〙高速インターネット回線など，最新の通信設備をもつアメリカの高級アパート．

サイバーカルチャー【cyberculture】〘Ⅰ〙〘算〙コンピューター文化．電脳文化．

サイバーキャッシュ【cyber cash】〘Ⅰ〙〘算〙〘経〙電子マネー．決済手段として用いるため，金銭的価値を電子情報化したもの．

サイバーグローブ【Cyber Glove】〘Ⅰ〙仮想現実感（ＶＲ）の実現に用いる手袋状の入力装置の一つ．バーチャル・テクノロジー社の商品名．

サイバーコイン【CyberCoin】〘Ⅰ〙〘算〙〘経〙アメリカのサイバーキャッシュ社が開発したネットワーク型電子マネー．25円からの少額決済ができる．

サイバーコリア21【Cyber Korea 21】〘Ⅰ〙19 99年に韓国の金大中政権が提唱した国家情報化ビジョン．21世紀に創造的知識基盤国家を作ることを目指す．

サイバーサッカー【cybersucker】〘Ⅰ〙〘算〙コンピューターネットワークを利用する詐欺にかかりやすい人．

サイバーシーフ【cyberthief】〘Ⅰ〙〘算〙高価なコンピューターのマイクロプロセッサーなどを盗み出す泥棒．

サイバーシックネス【cybersickness】〘Ⅰ〙仮想現実感（ＶＲ）の技術を応用したゲームを操作している時に起こる吐き気やむかつき．

サイバージャヤ【Cyber Jaya】〘Ⅰ〙〘社〙マレーシアの情報技術産業都市計画の中核をなす先端情報化都市．1997年に起工．

サイバーショッピング【cybershopping】〘Ⅰ〙〘Ｚ〙インターネット上で，電子マネーで買い物をすること．そのような買い物ができる店がサイバーショップ（cybershop）．

サイバーショップ【cybershop】〘Ⅰ〙〘Ｚ〙インターネットなどに開設する消費者向けの店舗．オンラインショップともいう．

サイバージョブ【cyberjob】〘Ⅰ〙〘Ｚ〙インターネットなどデジタル関連メディアが進展することで生まれる職能．

サイバースカム アーティスト【cyberscam artist】〘Ⅰ〙〘Ｚ〙インターネットを利用して，人をだます詐欺師．

サイバースクワッティング【cybersquatting】〘Ⅰ〙〘営〙企業の商標，団体名，個人名もしくはそれに類似するサイト名を営利・売却目的でドメイン登録すること．

サイバースペース【cyberspace】①〘Ⅰ〙〘算〙電脳空間．コンピューターグラフィックスなどで表現され，擬似体験できる空想上の空間．②〘Ⅰ〙〘Ｚ〙ネットワーク上に作り出される仮想的な空間・世界．

サイバースリラー【cyberthriller】〘芸〙〘文〙コンピューター技術を盲信することで生じる恐怖を題材にした映画や小説など．

サイバー戦【cyber warfare】〘軍〙サイバー空間の利用をめぐる情報戦の一種．

サイバー選挙【cyberelection】〘Ⅰ〙〘Ｚ〙〘政〙インターネットや携帯電話を用いる選挙運動．

サイバーソサエティー【cybersociety】〘Ⅰ〙〘Ｚ〙インターネットを利用するネットワーク社会．

サイバーデモクラシー【cyberdemocracy】〘Ⅰ〙〘算〙コンピューターネットワークなどの情報システムを利用する民主主義．

サイバーテロ【cyberterrorism】〘Ⅰ〙〘Ｚ〙インターネットなどを通じてコンピューターに不正侵入し，システム破壊などを行うこと．

サイバートライブ【cybertribe】〘Ⅰ〙〘算〙コンピュー

207

サイバーナ▶

ターを利用する人々．電脳族．

サイバーナイフ【CyberKnife】 医放射線を照射して病巣を取り除く治療法．

サイバーナット【cybernut】 I算コンピューターに熱中する人．コンピューター愛好者．

サイバーノマド【cybernomad】 I算情報通信ネットワーク上で，新しいビジネスを創出して，新規市場，経済，知的財産を生み出す人のこと．

サイバー博物館【cybermuseum】 I社インターネット上のホームページに開設されている仮想上の博物館や美術館．

サイバーバック【cyberbuck】 I経算電子通貨．電脳ドルの意．

サイバーパル【cyberpal】 I算コンピューター友達．コンピューターネットワークを通じて交流する友達．

サイバーパンク【cyberpunk】 文 SF（空想科学小説）の新形式の一つ．ハイテク社会が進んだ近未来を主に描く．

サイバーパンク ジャーナル【cyberpunk journal】 I算コンピューター技術者や愛好者向けの専門雑誌．コンピューターヒップ マガジンともいう．

サイバー犯罪【cyber crime】 I社算インターネットなどの情報技術を利用した犯罪．

サイバービジネス【cyberbusiness】 I社情報通信ネットワーク内に仮想のビジネス空間・社会的空間を提供し，取引や相互交流などを実現するビジネス．

サイバーファッション【cyberfashion】 服人工頭脳から派生した未来的な感じをもつ流行服．

サイバーフェスト【cyberfest】 I社インターネット上で行われるフェスティバル．-fest は催し・にぎやかな集いの意．

サイバーフォース【cyberforce 日】 I ハイテク犯罪に対処する警察庁の専門家チーム．2001年に設置．

サイバーフォビア【cyberphobia】 I算コンピューターなどの情報機器への理解不足から，環境の情報機械化に抵抗感をもつ人．

サイバーブックストア【cyberbookstore】 I社算仮想書店．無店舗書店の一形態で，インターネットに書籍の情報を提供し，代金決済はクレジットカードで，配送は宅配便を使う．

サイバー法【cyber act】 I法1997年6月に郵政省（現総務省）が提言した，高度情報通信社会を実現するための環境整備に関する法律．

サイバーポリス【cyberpolice 日】 I社ハイテク・情報通信犯罪に対する捜査機関．警察庁が1999年に開設．

サイバーメディア【cybermedia】 I算コンピューターグラフィックスなどを駆使して，人間の思考や身体内部の知覚と複合的に結びついたメディア環境を作るシステム．

サイバーモール【cybermall】 I社営インターネット上で買い物ができるショッピングセンター．バーチャルモールともいう．

サイバーユニオン【cyberunion】 I社社インターネット上に構築した仮想的な労働組合．

サイバーライター【cyberwriter】 I算コンピューターネットワークを利用し執筆活動をする人．

サイバーリッチ ルック【cyber-rich look】 服ハイテク企業で財産を形成した起業家が着用する普段着風の装い．

サイハイ【thigh-high】 服ストッキングやブーツなどで，腿（もも）まで届くもの．

サイバネーション【cybernation】 I営算製造工程などを，コンピューターを用いて自動制御すること．

サイバネーション療法【cybernation therapy】 心主に心身症や不安障害などの患者に用いる療法．心と体の深い関連に気づかせ，自分自身で心身が調整できることを学ばせる．

サイバネート【cybernate】 I算コンピューターを用いて自動制御化する．人工頭脳化する．

サイバネティック アート【cybernetic art】 美動く美術．作品自体が動力装置で動くものや，光・風・音などの影響の効果を取り入れたものがある．

サイバネティックス【cybernetics】 I生物が自らを制御するメカニズムを機械系にとらえなおして，通信・制御・情報処理などを総合的に研究する学問の分野．

サイファー【cipher】 ①暗号．暗号を解読する鍵．②零．ゼロ．③オルガンの故障で自鳴すること．

サイファーパンク【cypherpunk】 I社算ネットワークで用いる暗号技術の規制に反対する活動家．

サイファイホラー【sci-fi horror】 映 SF 恐怖映画．sci-fi は science fiction（サイエンスフィクション）の略．

サイファイムービー【sci-fi movie】 映空想科学映画．sci-fi は science fiction の略．

サイボーグ【cyborg】 改造人間．人工臓器や自動機械などを体に埋め込んだで，超人的な力をもつ人間．cybernetic organism の略．

サイホン【siphon】 ①料水蒸気の圧力を利用したコーヒー沸かし器．②理大気圧を利用して，液体をいったん高所に移してから，低い所へ移すための曲管．

サイマルキャスト【simulcast】 放テレビとラジオで同じ番組を同時に放送すること．同じ番組を複数のチャンネルやメディアで放送すること．サイマル放送．simultaneous broadcasting の略．

サイマルテニアス【simultaneous】 同時に起こる．同時性の．

サイマルテニアス エンジニアリング【simultaneous engineering】 営同時並行開発．研究開発・設計・製造・販売・管理などの各部門が連携して，製品づくりを行う方法．コンカレント エンジニアリングともいう．

サイマル放送【simultaneous broadcasting】 放同じ番組を複数のチャンネルやメディアで放送すること．サイマルキャストともいう．

サイヤング賞【Cy Young Prize】 競（野球）大リーグの年間最優秀投手に贈られる賞．

サイリスタ【thyristor】 I理電力変換装置や半導体のスイッチに用いる半導体装置の一つ．

サイリスタ チョッパー方式【thyristor chopper system】機シリコン制御整流素子を使った電車制御方式.

ザイル【Seil 独】 登登山用の綱. クライミングロープともいう.

サイレンサー【silencer】 ①機消音装置. マフラーともいう. ②消音器付き拳銃.

サイレンス【silence】 沈黙. 静寂. 無言. 音信不通.

サイレント【silent】 口に出さない. 静かな. 音信不通の. 記録をしていない.

サイレントエイズ【silent AIDS】 医ヒト免疫不全ウイルス(HIV)に感染しているが, 抗体検査が陽性化していない現象. silent infection ともいう.

サイレントキラー【silent killer】 医症状が現れにくく知らぬ間に死を招く病気. 高血圧などがある.

サイレント地震【silent earthquake】 地地下の断層面が数十分以上かかってゆっくり破壊する地震. 長周期の地震計でも記録できず, 津波も発生しなくなる.

サイレントストーン【silent stone】 医胆石症で, 痛みを伴わない結石.

サイレント津波【silent tsunami】 社感染症や飢餓で毎日数千人が死亡しているサハラ以南のアフリカの貧困の状況.

サイレント ディジーズ【silent disease】 医沈黙の病気. 季節・天候の変化によって, ふだんは感じない症状が現れる病気.

サイレント バイオレンス【silent violence】 社沈黙の暴力. 家庭内で行われる虐待や暴力のこと. 他人に知られないようにする傾向が強いことから.

サイレントピアノ【silent piano】 音ヘッドホンを使って音を聞き, 外部に音を漏らさないピアノ.

サイレントベビー【silent baby】 医心あまり泣き声をあげたり笑ったりしない乳児. 目の輝きや表情に乏しい.

サイレントマーチ【silent march】 社紛争地での救援活動などで犠牲になった国連職員を追悼する行進. 1998年にジュネーブで行われた.

サイレント マジョリティー【silent majority】 社声なき大多数. 声高に主張しないが, 中道思想の多数派の人々.

サイロ【silo】 ①建農家畜の冬季用飼料や穀物などを貯蔵する円筒形倉庫. ②軍ミサイルの格納・発射をする地下施設.

サイン【sign】 ①署名. 人気者や著名人の署名. 英語では「署名」は signature, 特に有名人のものは autograph. ②合図. 信号. 兆し. 野球で出す「サイン」は英語では signal.

サインオフ【sign-off】 ①放放送終了. 放送の終了を告知する. ②契約を破棄する. 会から脱退する. ③IT算IDやパスワードを入力しないと利用できない装置やページの利用を停止すること. ログオフ, ログアウトともいう. ⇔サインオン.

サインオン【sign-on】 ①放放送開始. 放送の開始を告知する. ②契約を交わす. 採用する. ③IT算IDやパスワードを入力して, 装置やページの利用を開始すること. ログオン, ログインともいう. ⇔サ

インオフ. ④IT算コンピューターが操作者などを利用記録へ記入を始めること.

サインプレー【sign play 日】 競相手チームに気付かれないように合図してプレーすること. 英語は pick-off play.

サイン ランゲージ【sign language】 ①言手まねや身振りで意味を伝える言語. 手まね言語. 手話言語. 言葉の通じない外国人などとの会話に用いる. ②言手話. 指話法. ダクティロロジーともいう.

サインレス システム【signless system 日】 経伝票に署名しなくてすむクレジットカードの方式. 釣り銭がいらないので, 食品スーパーなどで使われる.

サヴァン症候群【Savant syndrome】 医心自閉症の一つ. 知的発達の遅れがありながら, 記憶や芸術などに特殊な才能を示す.

サウスセンター【South Center】 政途上国の連帯促進などを目指す常設政府間組織. 1995年に発足.

サウスブリッジ【south bridge】 IT算マザーボードにあるチップセットの構成要素の一つ. PCIバスとISA/EISAバスを接続するシステムコントローラーを指す.

サウスポー【southpaw】 ①競(野球)左投げ投手. ②競左利きの選手.

サウスポール【South Pole】 南極. ⇔ノースポール.

サウダーデ【saudade 葡】 愁い.

サウナ【sauna フィン】 建フィンランドの蒸し風呂. 蒸気と熱気を用いて発汗させる.

サウンディング【sounding】 ①水深測量. 水底の調査. ②社世論などの反応調査. ③気大気観測. 高層気象観測.

サウンディング バルーン【sounding balloon】 気高層大気探測気球. 自記観測計器を積んでいる.

サウンディング ボード【sounding board】 ①音音響効果を高めるために楽器などに取り付ける響板. ②建床や壁などの吸音板.

サウンディング レッド【sounding lead】 海底の深さや様子を調べる道具. 測鉛.

サウンディング ロケット【sounding rocket】 気大気観測ロケット.

サウンド【sound】 ①音. 音響. 音声. ②音特定の個人, 集団, 地域などに表れた, 一定の音楽の傾向.

サウンド エフェクト【sound effect】 音響効果. SEともいう.

サウンドカード【sound card】 IT算パソコンで音声・オーディオを扱えるように, 拡張バスやマザーボードに搭載する拡張カード.

サウンド機能【sound function】 IT算コンピューターでビープ音や, 音声, 音楽などのサウンドデータを再生するための機能.

サウンド キャリヤー【sound carrier】 音音の録音をする媒体. レコード, テープ, CDなど.

サウンド コラージュ【sound collage】 音音の合成. 違う曲をつなげたり, 異なるリズムを加えたりし

サウンドス ▶

て，音楽を聴かせる手法．

サウンド スカルプチャー【sound sculpture】芸金属棒などで制作する音の出る彫刻．

サウンドスケープ【soundscape】音音の風景．1970年代にカナダの作曲家マリー・シェーファーが造語．生活の中の音が，それぞれの地域に特有な音の風景を形づくるという．

サウンド スペクトログラム【sound spectrogram】I算時間を横軸，周波数を縦軸として，音声の周波数スペクトルを濃淡で表した図形．声紋．

サウンドデータ【sound data】I算コンピュータ上で音声データを扱うための方式．AIFF 方式，WAVE 方式，AU 方式などがある．

サウンド デザイナー【sound designer】放放送発信機能をもち，音楽環境を構成する制作者．SDともいう．

サウンドデモ【sound demo 日】社大音量で強烈な音楽を流しながら踊る示威行動．

サウンドトラック【soundtrack】映映画フィルムの端にある帯状の音響を記録する部分．サントラともいう．

サウンドノベル【sound novel 日】I電子ゲームなどで，効果音と小説が同時に楽しめるゲームソフト．

サウンドバイト【sound bite】放テレビやラジオのニュース番組などで放送される，話題の人物が語った寸評や解説・声明のこと．耳を引きつける音の意．

サウンドバリアー【sound barrier】理音の壁．飛行機が音速以上で飛行しようとしても突き抜けられなかった時代に呼ばれた「音速の壁」のこと．ソニックバリアーともいう．

サウンド バンキング【sound banking】営経健全経営の銀行．

サウンドビジネス【sound business】営健全な企業経営．堅実な事業・商売．

サウンド ブラスター【Sound Blaster】I算アメリカのクリエイティブ ラブズ社が開発した音源ボード．業界の標準仕様で，FM 音源，PCM 音源などを搭載．

サウンドプルーフ【soundproof】防音の．

サウンド編集ツール【sound editing tool】I算マルチメディアコンテンツの制作時に，音声の編集で使用するソフトウエア．

サウンドボード【sound board】I算音源のチップを搭載した拡張ボード．FM 音源，PCM 音源を搭載している．

サウンドホール【sound hole】音音孔．弦楽器にある響板の振動力を増すために開けた穴．エフ字孔ともいう．

サウンドボックス【sound box】音楽器の共鳴箱．

サウンドマン【sound man】音放音響関係を担当する人．音響技術者．

サウンドミキサー【sound mixer】音放録音や放送などを行うために，多種類の音を混合・調整する人．映画では，サウンドトラックのミキシング，ダビングを行う人．

サウンドロゴ【sound logo】営広テレビやラジオのコマーシャルの中で，会社名や商品名を歌う数秒間の音楽．ジングルともいう．

サエラ【çà et là 仏】あちらこちら．そこここ．あれこれ．

ザカート【zakat】宗喜捨．イスラム教徒が神への奉仕義務として貧者などに行う施し．

サキソホン【saxophone】音金属製の木管楽器の一つ．吹奏楽やジャズなどで用いる．音域によりソプラノ，アルト，テナー，バリトンなどの種類がある．ベルギーのアドルフ・サックスが考案．サクソフォン，サックス．

ザクースカ【zakuska 露】料ロシア料理の前菜．中心となる料理の前に出る料理．

サクセス【success】成功．出世．幸運．

サクセスストーリー【success story】社成功物語．立身出世物語．特にアメリカで信じられている一つの理念で，努力と才能により地位や名声を得られるという願望をもった物語．

サクセスフル エイジング【successful aging】社高齢期．仕事から引退して悠々自適な生活を送る時期．

サクセッション【succession】①連続．継続．②法相続権．③生ある植物群に他の植物が侵入して繁茂し，植物群が入れ替わること．

サグラダ ファミリア【Sagrada Familia 西】建築スペインのバルセロナにある聖家族教会．ガウディが設計責任者となり1883年に着工．現在も工事が続いている．

サクラメント【sacrament】宗キリスト教で，信徒が神の恵みを受ける儀式．

サクリファイス【sacrifice】犠牲．犠牲的行為・行動．いけにえ．供犠．

サクリファイス バント【sacrifice bunt】競(野球)犠牲バント．

サクリファイス フライ【sacrifice fly】競(野球)犠牲フライ．打者は捕球されてアウトになるが，走者が進塁・得点できる飛球．

サザンクロス【Southern Cross】天南十字星．

サジェスチョン【suggestion】暗示．示唆．ほのめかし．サゼスチョンともいう．

サジェスト【suggest】暗示する．示唆する．提案する．

サスカッチ【Sasquatch】生アメリカの太平洋岸北西部の山岳地帯に生息するといわれる人類に似た未確認動物．ビッグフットともいう．

サステイナビリティー【sustainability】環生耐性．防衛力．持続可能性．人間活動が生態系の中で長期間にわたって継続されること．環境維持の可能性．

サステイナブル【sustainable】環自然破壊や資源の枯渇を招かないで，環境を一定の水準に維持できたり，利用できたりすること．

サステイナブル エコノミー【sustainable economy】環経環境に配慮し健全で持続可能な経済．21世紀の経済の基本理念とされる．

サステイナブル建築【sustainable architecture】環建環境に負荷をかけない建築．

◀サテライト

サステイナブル コミュニティー【sustainable community】社持続可能な都市づくり活動．新たな強い共同体を作り出し，永続的な都市づくりを可能にしようとする考え方．

サステイナブル シティー【sustainable city】環環境への影響を減らして持続可能な都市づくりや地域づくりを行うための理念．

サステイナブル デベロップメント【sustainable development】環持続可能な開発．国連の環境開発世界委員会が1987年に打ち出した概念．

サステイニング プログラム【sustaining program】放商業放送で番組提供者をつけないで制作する自主番組．サスプロともいう．

サスプロ サステイニング プログラム（sustaining program）の略．放自主番組．民間放送局が，スポンサーなしで自主的に企画・制作・放送をする番組．→スポンサード プログラム．コマーシャル プログラム．

サスペンション【suspension】①機自動車の懸架装置．車体と車輪の間にあるばねなどを用いる装置．②化固体のコロイド粒子が水などの液体に分散したもの．

サスペンス【suspense】芸映画・劇・小説などの，はらはらするような緊張感．またそれを引き起こす技法．

サスペンス ジャンキー【suspense junkie】映文映画や小説のサスペンス物を特に好む人．

サスペンス スリラー【suspense thriller】映主人公の追いつめられた心理を描いたスリラー映画．

サスペンス ドラマ【suspense drama】映劇心理的な緊張感・不安感などを引き起こす劇．

サスペンダー【suspenders】服両肩に掛けてスカートやズボンをつるひも．

サスペンデッドゲーム【suspended game】競（野球）一時停止試合．試合続行が不可能な時，残りの回だけを後日に続行する．

サスペンド【suspend】①つり下げる．保留にする．中止する．②工算作業過程の実行中に一時的に停止すること．パソコンが省電力状態になること．

サゼスチョン【suggestion】暗示．示唆．ほのめかし．提案．サジェスチョンともいう．

サゼスチョン ボックス【suggestion box】社改善提案箱．従業員の改善提案などを受け付ける制度．

サセプタンス【susceptance】電交流回路で，電流の流れやすさに関連する量．

サターン【Saturn】①天土星．②機アメリカのロケットの一つ．有人衛星を打ち上げる．

サタイア【satire】風刺．皮肉．風刺文学．

サタデーナイト スペシャル【Saturday night special】廉価で入手できる小型拳銃．土曜の夜に歓楽街へ外出する時に携帯したことに由来する．

サタニズム【Satanism】悪魔崇拝．悪魔主義．

サタン【Satan】宗キリスト教で，悪魔．デビル．

サッカー[1]【seersucker】服綿を素材にした，表面に凹凸のある薄手の織物．

サッカー[2]【soccer】競ア式蹴球．手以外の体の部分を使って相手ゴールに球を入れて得点する球技．1チームは11人．アソシエーションフットボールともいう．

サッカーくじ【soccer－日】競スポーツ振興投票実施法で運用されるくじ．サッカーJリーグの試合結果を予想し，当たれば払戻金を受け取る仕組み．愛称は toto（トト）．

サッカー戦争【Soccer War】歴1969年に起こったエルサルバドルとホンジュラスの間の戦争のこと．

サッカーママ【soccer mama】社アメリカで，郊外に住んで子供のサッカー試合を熱心に応援する余裕をもつような，中産階級の白人女性層．1996年の大統領選挙でクリントン再選を支えたとされる．

サッカリン【saccharin】化人工甘味料の一種．砂糖の代用にする．発がん性を疑われたが否定された．

ザック【Sack 独】袋．リュックサック．

サックコート【sack coat】服乳幼児用のゆったりした上着．

サックス【sax】音サキソホン．

サッシュ【sash】①服装飾用の幅の広い帯布．飾り帯．肩帯．綬（じゅ）．②窓枠の一種．サッシ．

サッチャリズム【Thatcherism】経政財政引き締めによって小さな政府づくりを目指した，イギリスのサッチャー首相の経済政策．

サッツ【Satz 独】競（スキ）ジャンプの踏み切り．

ザッテル【Sattel 独】登山の鞍部．山頂近くの肩部もいう．

サッドマック【SadMac】工算 MacOS で，ハードが正常に作動していない時に画面に出る泣き顔のマーク．

ザッパー【zapper】放テレビのチャンネルを頻繁に切り替える人．

ザッハトルテ【Sachertorte 独】料チョコレートケーキの一種．ザッハはウィーンの料理人・ホテル経営者の名．

ザッハリッヒ【sachlich 独】即物的．

ザッピング【zapping】放テレビ番組中やCMの時にチャンネルを次々と替えること．

サテ【sate マレ】料鶏肉，牛肉，羊肉などの串焼き．インドネシアなどの料理の一つ．

サディスト【sadist】医心加虐性異常性欲者．残酷さを好む人．→マゾヒスト．

サディズム【sadism】医心加虐性異常性欲．加虐淫乱症．残酷さを好むこと．フランスの作家サド侯爵（通称）の名にちなむ．→マゾヒズム．

サテライト【satellite】①学人工衛星．②天衛星．③競（Jリ）日本のJリーグで，トップチームの下に位置する二軍チーム．

サテライト オフィス【satellite office】工営自宅と本社の中間のターミナルなどに，パソコンやファクスなどを設置したオフィスを作り，業務を行う勤務形態．

サテライト サーキット【satellite circuit】競（テニ）トッププロを目指す選手たちが最初に挑戦する小規模なトーナメント．

サテライト ステーション【satellite station】

211

サテライト ▶

宇宙基地．
サテライト ディッシュ【satellite dish】 衛星放送用の受信アンテナ．
サテライト テレホン【satellite telephone】 衛星電話．人工衛星を利用する移動電話．
サテライト ナビゲーション【satellite navigation】 自動車の走行位置などを人工衛星を用いて表示する方式．
サテライト ニュース ギャザリング【satellite news gathering】 地上系の中継網を使わず，通信衛星を利用してニュース現場からの映像を電送するシステム．SNG．
サテライト ビジネス【satellite business】 人工衛星を利用する新様式のビジネス．衛星通信による電話サービスなど．
サテライト レシーバー【satellite receiver】 衛星放送の受信機．
サテン【satin】 しゅす．滑らかで光沢があり，服地・帯地・裏地などに用いる．絹・化学繊維で織る．
サド サディズム(sadism)，サディスト(sadist)の略．⇔マゾ．
サドルシューズ【saddle shoes】 鞍の形をした飾り革を，ひも穴のある甲部に付けた靴．
サドンデス【sudden death】 (ﾌﾟﾛ)同点決勝方式の一つ．延長ホールで先に勝った方を優勝者とするもの．突然死，頓死の意．
サドンファイア【sudden fire】 突発火災．自動車の運転中に突然おこる火災．
サナトリウム【sanatorium】 病気の療養所．
サナトロジー【thanatology】 死生学．生と死に関する学際的研究．
ザナミビル【zanamivir】 インフルエンザウイルスの酵素の一種に阻害作用をもたらす薬物．
ザナミビル水和物【zanamivir hydrate】 インフルエンザ治療薬の一つ．
サニー【sunny】 日当たりのよい．陽気な．
サニタイズ【sanitize】 ①きれいにする．掃除や消毒などして衛生的にする．整える．②証拠を隠滅する．
サニタリー【sanitary】 ①衛生的な．衛生の．②(日)浴室，洗面所，便所，家事室などの水まわりのこと．
サニタリー エンジニアリング【sanitary engineering】 衛生工学．上下水道などの公衆衛生を扱う土木工学の一分野．
サニタリーコア【sanitary core】 浴室・洗面所・便所などの水まわり設備を1カ所にまとめるやり方．
サニタリーナプキン【sanitary napkin】 生理用ナプキン．
サニタリウム【sanitarium】 保養所．
サパー【supper】 夕食．軽い晩餐(ばんさん)．
サパークラブ【supper club】 軽い食事もできるナイトクラブ．
サバーバン【suburban】 郊外居住者．
サバービア【suburbia】 ①大都市周辺の郊外に新しく誕生した住宅地．②都市郊外地に特徴的に見られる風俗・習慣・生活様式．

サバーブ【suburb】 郊外．近郊．
サバール【sabar】 アフリカ・セネガルの太鼓の総称．
ザバイオーネ【zabaióne 伊】 イタリアの菓子の一つ．卵黄，砂糖，マルサーラ酒を湯せんで温めながら泡立てる．
サバイバビリティー【survivability】 ①生存性．残存性．②被弾した戦闘機の帰還できる可能性．
サバイバル【survival】 生き残る，生存の意．不慮の災難などに遭遇した時，冷静に対処してパニックを回避すること．本来は大自然の中での生存の知恵や技術のこと．
サバイバルキット【survival kit】 救命袋．遭難などの緊急時に備えて，水・医療品・食料や各種の救命備品をまとめたもの．
サバイバルギルト【survival guilt】 災害や事故などで生き残った人が犠牲者に対して抱く罪悪感．サバイバーギルトともいう．
サバイバルゲーム【survival game】 ①過酷な勝ち抜き競争．激しく先頭争いをすること．②エアガンなどを用い，着色弾を撃ち合う戦闘ゲーム．
サバイバル セックス【survival sex】 家出少年などが，同性愛者に体を売ること．エイズなどの危険を覚悟して行うセックスというところから．
サバイバル ツーリング【survival touring 日】 自動車や自転車に最小限の生活用品を載せ，行く先を定めずに小旅行に出掛けること．
サバイバル ファクター【survival factor】 鉄道・航空事故で被害者の生死を分けた要因．
サバイバルフーズ【survival foods】 地震などの災害時に備える非常用備蓄食品．
サバイバルルック【survival look】 流行にとらわれない実用本位の服装．
サバイブ【survive】 生き残る．存続する．
サバイヨン【sabayon 仏】 卵黄に水や白ワインなどを加え，湯せんで温めながら泡立てたもの．ソースや菓子などに使う．ザバヨン．
サパテアード【zapateado 西】 フラメンコなどで行われる足拍子．足を踏み鳴らして音を出す踊り方．
サバティカル【sabbatical】 1カ月以上の長期有給休暇．期間中に自己啓発することが求められる．sabbatical leave の略．
サパティスタ民族解放軍【Ejército Zapatista de Liberación Nacional 西】 メキシコのチアパス州で1994年に蜂起したゲリラ集団．EZLN ともいう．
サバト【Sabbath】 安息日．仕事を休んで礼拝する日で，ユダヤ教では土曜日，キリスト教では日曜日．
サバラン【savarin 仏】 リキュールなどを染み込ませた円筒形のケーキ．
サハリン 1【Sakhalin 1】 ロシアのサハリン沖の石油・天然ガス開発事業の一つ．エクソンモービル，伊藤忠商事などが出資．
サハリン 2【Sakhalin 2】 ロシアのサハリン沖の石油・天然ガス開発事業の一つ．ロイヤル・

ダッチ・シェル，三井物産，三菱商事などが出資．

サハリンマフィア【Sakhalin mafia】[社]ロシアのサハリン州で活動する犯罪組織．

サバルタン【subaltern】①[哲]言葉を奪われた被抑圧階級．自ら語り出すことのできない従属的な階級や民衆．②副の．次位の．下位の．

サバンナ【savanna】[地]熱帯地方の草原．雨が少なく植物もまばらな地域．

サブ【sub】①補助．助手．属官．subordinate の略．②[競](野球)補欠選手．substitute の略．③下・下位・副の意味を表す接頭語．

サブアドレス【sub-address】[I][算] ISDN 固有の番号で，加入者番号の後に付けることができる最大40けたの番号．特定の端末を呼び出すことができる．

サブアドレス通知サービス【sub-addressing service】[I]発信時に相手方の契約番号にサブアドレスを加えてダイヤルすると，指定の通信端末に着信できるサービス．

サファリ【safari】狩猟目的の旅行やその集団．特に東部アフリカでの猛獣狩り旅行．狩猟隊．

サファリパーク【safari park】[営][動]野生動物を放し飼いにした動物公園．アメリカでは animal park．

サファリラリー【Safari rally】[競]アフリカのケニアを拠点に草原・砂漠を走破する国際自動車競走．

サファリルック【safari look】[服]狩猟旅行服のデザインを採り入れた服装・装い．

サフィズム【sapphism】[社][心]女性の同性愛．ギリシャの女流詩人サッフォーから命名．

サブウエーシリーズ【Subway Series】[競](野球)大リーグの交流試合で，ともにニューヨークが本拠地のヤンキースとメッツの対戦．

サブエージェント【subagent】代理人代行．副代理人．

サブエンプロイメント【subemployment】[営][社]不完全雇用．非常勤や賃金が低い常勤など．

サブカルチャー【subculture】[社]部分文化．下位文化．副文化．地域・年齢・性・職業などで分化されたまとまりがもつ文化的特徴．

サブグループ【subgroup】群を分けた小群．

サブコミッティー【subcommittee】委員会の中の分科会．小委員会．

サブコン サブコントラクター(subcontractor)の略．[営]下請け業者．

サブコンシャス【subconscious】潜在意識の．潜在意識．

サブコントラクター【subcontractor】[営]下請け業者．サブコンともいう．

サブコントラクト【subcontract】[営][経]下請け契約．

サブサハラ【sub-Sahara】アフリカ大陸で，サハラ砂漠以南の地域を指す呼称．

サブサンプション アーキテクチャー【subsumption architecture】[機]ロボットの行動制御で，複数の要素行動間の競合・協調をもとに，行動を決定する制御構成法のこと．人工知能学者R．ブルックスの提唱による．

サブジェクト【subject】①主題．題目．②[言]主語．③[哲]主体．主観．我．自我．[↔]オブジェクト．④…される．⑤[I][イ]電子メールに付ける表題・題名．

サブシステム【subsystem】①下部組織．②[I][算]システムを構成する機能単位で分割された下部構造．

サブシディアリティー【subsidiarity】[政]権力配分．権限を分散し，多数の人々が賛同できるものにすること．最小単位の政治共同体の意思決定権を尊重し，上位単位の介入を最小限にしようとするもの．欧州統合を目指す過程で用いた造語．

サブシディー【subsidy】[営][経][社]助成金．補助金．奨励金．交付金．

サブスクリプション【subscription】①新聞・雑誌などの予約購読．有料テレビの加入契約．②[I][イ]オンラインゲームや音楽ダウンロードの代金を年会費・月会費などによって支払う方式．

サブスクリプション テレビ【subscription television】[I][放]加入金と月単位の番組料金を支払う有料テレビ放送．STV ともいう．

サブスタンス【substance】①物質．物．財産．②実質．中身．内容．③[哲]実体．本質．

サブストラクチャー【substructure】[建]基礎構造．土台．

サブスリー【sub three 日】[競](陸上)マラソンの42.195kmを3時間未満で走破するランナーの通称．

サブセット【subset】[I][算]廉価で使いやすくするために，通常の機能よりも少し機能を落としたソフトウエア．

サブタイトル【subtitle】①副題．[↔]メーンタイトル．②[映]説明のための字幕．

サブタイプ【subtype】亜類型．類型以下の型．特殊型．

サブダクション ゾーン【subduction zone】[地]地表部を形成する広大な岩盤のプレート同士がぶつかり，一方が相手の下に沈み込んでいる地帯．激しい地質現象が見られる．

サブディビジョン サーフェス【subdivision surface】[I][算]三次元コンピューターグラフィックスで，多角形面で構成されたモデルを滑らかに変形する技法．

サブディレクトリー【subdirectory】[I][算] MS-DOS や UNIX などの OS（基本ソフト）で，ファイル管理の単位であるディレクトリーのうち上から2番目の層にあるディレクトリーを指す．

サブテン【sub ten 日】[競](陸上)マラソンの42.195kmを2時間10分未満で走破するランナーの通称．

サブドミナント【subdominant】[音]下属音．各音階の第4音．

サブドメイン【subdomain】[I][イ]階層ツリー構造のドメインネームシステムで，上位のドメインに対して下位にあるドメイン．

サブドメイン名【subdomain name】[I][イ] URL の co.jp や ac.jp などの組織名の前に付ける，下位の WWW ドメイン名のこと．

サブトラック【subtrack】[競]準備・練習用の補助競技場．

サブネット【subnet】[I][算] IP ネットワークで，サ

サブネット▶

ブネットマスクで区切った IP ネットワークの範囲．ネットワーク内に多数のホストを抱える場合などに用いる．

サブネットマスク【subnet mask】[算] IP ネットワークでサブネットの分割を行うためのビット列．

サブノート【sub-notebook】①学習内容の補助や下書きなどに使うノート．②[算]ノートパソコンより回りほど小さい携帯型コンピューター．B5判程度のサイズ．

サブノート パソコン【sub-notebook personal computer】[算]小型の携帯型パソコン．B5サイズ以下で軽量のもの．

サブマージョン【submersion education】[教言]アメリカなどでの言語教育で，少数派言語を話す子供を，主流派言語を母語とするクラスに強制的に組み入れること．サブマージョンは水没，浸水などの意．

サブマリン【submarine】①[軍]潜水艦．②[競]（野球）下手投げの投手．サブマリン ピッチャーの略．

サブマリン特許【submarine patent】[法]一般化した発明に対して権利を主張する未公開の特許．先発明主義のアメリカ特許権で特徴的に現れる．

サブマリン ピッチャー【submarine pitcher】[競]（野球）下手投げ投手．サブマリンともいう．

サブミクロン【submicron】1ミクロン（1000分の1mm）以下の．ミクロンより小さい粒子からなる．超微細の．

サブミクロン加工法【submicron processing】[ ]集積度の大きい半導体集積回路の製造過程で必要となる，1ミクロン（1000分の1mm）以下の，サブミクロン単位の微細加工のこと．

サブミニチュア カメラ【subminiature camera】[写]超小型カメラ．手で握って隠せるくらいの大きさ．

サブミニチュア チューブ【subminiature tube】[電]超小型真空管．ミニチュアチューブよりさらに小型の真空管．

サブメニュー【submenu】[算]キーボードやマウスを使用して選択する階層化されたメニュー．

サブユニット【subunit】①部品．②[理亜粒子．高分子などが非共有結合で結ばれているいくつかの部分からなる時，その各部のこと．

サプライ【supply】供給．必需品．補給品．

サプライサイド【supply-side】[経]経済活動における生産物，サービスなどの供給側．

サプライサイド経済学【supply-side economics】[経]総供給（生産）面を重視するマクロ経済学の一つ．減税や勤労意欲を高めるための政策の見直しなどから生産・労働市場を活性化し，これが経済成長の要因となるとする．SSEともいう．

サプライショック【supply shock】[経]供給側が大きな影響を受ける衝撃．

サプライズ【surprise】①驚かす．びっくりさせる．②不意討ち．思いがけない出来事．

サプライズ パーティー【surprise party】①主賓を驚かすために秘密に準備を進めて開く祝いの会．②[軍]奇襲隊．

サプライチェーン【supply chain】[経]生産から消費までにかかわる生産者・卸売業・小売業・消費者を一貫した仕組みととらえる発想．

サプライチェーン管理ソフト【supply chain management software】[算]生産や販売，物流，購買，在庫など流通全体の動きを見ながら迅速な生産計画などの立案を支援するソフトウエア．

サプライチェーン マネジメント【supply chain management】[経]受発注・資材調達・在庫管理・製品配送をコンピューターを用いて総合的に管理する方法．SCMともいう．

サプライチェーン ロジスティクス【supply chain logistics】[ ]製造業者から消費者までの製品供給全般の活動にかかわる物流管理技法．

サプライヤー【supplier】[経]商品の供給者．供給国．売り手．売り方．↔バイヤー．

サプライヤーズ クレジット【supplier's credit】[経]自国で生産された設備などの輸出や技術の提供に対して，輸出入銀行が必要な資金の貸し付けや手形の割引を行うこと．

サフラワーオイル【safflower oil】[料]紅花の種子から採る油．不飽和脂肪酸のリノール酸を多く含む．

サブリーダー【subleader】副指導者．

サブリナパンツ【Sabrina pants】[服]体にぴったりの七分丈のパンツ．映画「麗しのサブリナ」の主人公が着用したところから．

サブリミナル【subliminal】[心]人間の感覚として認知できないが潜在意識には影響を与えうる刺激を，受信者に気付かれずに与えること．subliminal は閾下（いきか）の，無意識のという意味．

サブリミナル効果【subliminal effect】[映]知覚できない少量の情報を意図的に映画やテレビ番組などに混入して，人間の潜在意識に影響を与えること．

サブリミナル広告【subliminal perception advertising】[ ]テレビやラジオなどに，認知不可能な速度や音量でメッセージを出し，潜在意識に訴える広告．

サブリミナル知覚【subliminal perception】[心]生体が知覚反応を起こすには最小限の刺激が必要だが，この刺激閾（いき）以下の閾下刺激で生じる知覚のこと．

サブリミナル テープ【subliminal tape】無意識のうちに人の感情・思考を刺激する音楽などのテープ．

サプリメント【supplement】①補遺．付録．追加．補充．②栄養補助食品．特定の栄養素を主成分に作る．胚芽油，プロテインなど．

サプリメント加工【supplement finishing】[服]繊維や服飾品に健康づくりや美容効果などの機能をもたせる加工法．

サブルーチン【subroutine】[算]プログラムの中で同じ処理が繰り返される時，随時呼び出して実行できる副プログラム．

サブレ【sablé 仏】[料]フランス菓子の一種で，さくさくしたクッキー．

サプレッション【suppression】①抑止．抑制．②[生]抑圧．ある遺伝子に起こった突然変異の影響が，その突然変異と異なる部位で起こった第二の突

サブロック【SUBROC】 軍潜水艦に装備される対潜水艦攻撃用爆雷. submarine-to-submarine rocket の略.

サベージ【savage】 ①野蛮な. 未開な. 粗野な. ②未開人. 野蛮人.

サヘラントロプス【Sahelanthropus 羅】生歴 中部アフリカのチャドで発見された初期人類化石. 600万〜700万年前の地層から出土. 正式な学名はサヘラントロプス チャデンシス.

サヘラントロプス チャデンシス【Sahelanthropus tchadensis 羅】生歴サヘラントロプスの正式名称.

サヘル【Sahel】 地アフリカ大陸で, サハラ砂漠南縁地帯を指す呼称. アラビア語で縁の意.

サボ【sabot 仏】 ①服木底やコルク底で, かかとの高い靴やサンダル. ②服ブナやクルミなどの堅い木をくりぬいて作る木靴.

サポーター【supporter】 ①体の一部を保護するために用いる, ゴムを織り込んだ布製の帯. ②支持者. 後援者. 味方. ③競サッカーなどで, 特定チームなどを応援する観客. ファン.

サポータールック【supporter look 日】 服ひいきのスポーツチームを応援するために用いる服や小物.

サポーティブ ディタッチメント【supportive detachment】 社非密着的支援. アメリカの新しい親子関係の概念の一つ. 共働きなどで, 密着した育児時間は減るが, さまざまな施設などを利用して育児の責任を果たそうとするもの.

サポート【support】 ①支持. 援助. ②登登攀隊(とうはんたい)を支援する活動. ③I算コンピューターのハードウエアやソフトウエアに対するアフターサービスのこと. 利用者向けの故障の対応や利用法の案内.

サポート校【support school 日】 教不登校や高校中退者などを受け入れる無認可校. 公的な助成はないが, 高卒の資格が取れる.

サポートセンター【support center】 I算ユーザーサポートを担当する企業の窓口のこと.

サボタージュ【sabotage 仏】 労労働争議の一戦術. 労働者が作業の能率を低下させて, 企業者側に損害を与え, 争議の解決を要求すること. スローダウンともいう.

サポニン【saponin】 化植物の成分である配糖体の一群. 粉末状で, 強心剤・利尿剤・去痰剤(きょたんざい)として用いる.

サマーキャンプ【summer camp】 教社夏季のキャンプ. 林間学校. 臨海学校.

サマージャンプ【summer jump】 競夏に行われるジャンプ競技大会. 雪の上に人工芝を使い, 滑りやすくするために水をまくなどして開催される.

サマージョブ【summer job】 営社アメリカの企業が, 学生の職業選択に協力して夏期に働かせること. 学生が体験を通して, 職業・職種の適性を判断できる.

サマーソルト【somersault】 宙返りをする. 前転する. 反転する.

サマータイム【summer time】 社夏時間. 夏の間だけ時計を標準時刻より一定時間進めて, 昼間の時間を有効に利用するために実施. 米語では daylight saving time；DST という.

サマーツイード【summer tweed】 服麻や綿, シルクを織り込んだ軽やかな風合いでカラフルなツイード.

サマーハウス【summer house】 ①建避暑用の別荘・山小屋. ②建公園などに作る日よけ用のあずまや.

サマーリゾート【summer resort】 避暑地. 夏の休養地. ⇔ウインターリゾート.

サマーレビュー【summer review 日】 政国家予算の新年度編成に向けて, 夏に事業の見通しや予算の洗い直しを行うこと.

サマリー【summary】 要約. 概括. まとめ.

サミズダート【samizdat 露】 地下出版. 旧ソ連の国内で行われていた非合法の出版.

サミット[1]【summit】 ①頂上. 頂点. ②首脳会談. 頂上会談.

サミット[2]【summit conference】 政主要国首脳会議. 1975年にフランスで第1回の主要先進国首脳会議が行われ, 以後毎年各国の持ち回りで開催. アメリカ, イギリス, フランス, ドイツ, イタリア, 日本, カナダ, ＥＣ委員会に加え, 97年からロシアが正式に参加.

サム【sum】 総計. 総額. 合計.

サムアップ【sum up】 要約する. 概要を述べる. 要点を述べる.

サムシング【something】 ①あるもの. 何か. 確定できない物事. ②無視できない何らかの価値あるもの. または人.

サムターン【thumb turn】 扉の内側にある回転式つまみ. 開錠や施錠に用いる.

サムターン回し【thumb turn picking 日】 社扉の施錠などに用いる回転式つまみを, 工具などで開けて侵入する窃盗.

サムネール【thumbnail】 ①I算画像を一度に閲覧できるように小さく表示した画像インデックス. ②小さな肖像.

サムネールスケッチ【thumbnail sketch】 ①寸描. ②広基本構想を示した草稿.

サムホール【thumbhole】 美葉書大の小型キャンバス, またそれに描いた絵.

サムライ ベアーズ【Samurai Bears】 競(野球)アメリカの独立リーグ「ゴールデンベースボールリーグ」に参加した日本人選手だけの球団.

サムライボンド【samurai bond】 経サムライ債. 円建て外債. 日本の債券市場で, 円貨表示で発行される外国発行者の債券.

サムルノリ【sa mur nor i 朝】 音韓国の民俗音楽. ドラ, 鼓などの打楽器で力強いリズムをたたく.

サモギオン【samogon】 料自家製のウオッカ. 密造ウオッカ.

サモンズ【summons】 法召喚状. 裁判所の被告人や証人に対する出頭命令.

サライ【sarai】 宿. 宿舎. 隊商宿.

サラウンド ▶

サラウンド【surround】囲む．取り巻く．包囲する．

サラウンドシステム【surround system 日】[音]視聴者を音が包み込むような音響再生方式．英語は surround-sound system.

サラダバー【salad bar】[料]料理店などで，客が好みのサラダ食材を選べるように供したコーナー．

サラダボール【salad bowl】①[料]サラダを盛る大鉢．②[社]さまざまな人種や民族・文化などが独自性をもったまま共存する都市や地域．

サラバンド【sarabande 仏】[音]ヨーロッパの古典舞曲の一種．舞曲組曲を構成する基本の一つ．

サラファン【sarafan 露】[服]ロシアの民族衣装．袖なしで丈が長く，刺しゅうのある女性用の上衣．

サラブレッド【thoroughbred】①[動]競走馬の一品種．②毛並みのよいこと．

サラミ攻撃【salami attack】[I][算]コンピューター犯罪の手口の一つ．銀行の利子計算で切り捨てられる端数を特定の口座に集めるようにプログラムを細工する．

サラリー【salary】[営経]俸給．給料．長期単位で定期的に支払われるものをいう．

サラリーキャップ【salary cap】①[競](野球)大リーグ各球団の総年俸を，球団総収入の50％以内に抑えるもの．②[競](アメリカンフットボール)NFLの各チームが定めた選手の年俸総額の上限．

サリー【sari ヒンディー】[服]インドなどの女性用の民族衣装．

サリーメイ【Sally Mae】[社]アメリカの学生貸付購買協会の愛称．

ザリスキー位相【Zariski topology】[数]代数多様体を扱う位相数学の一分野．

サリチル酸【salicylic acid】[化]皮膚病薬，防腐剤などに用いるカルボン酸の一種．

サリドマイド【thalidomide】[薬]催眠・鎮静剤の一種．ドイツで開発．妊娠初期の服用で奇形アザラシ肢症が発生した薬害事件で知られる．製造販売が中止されたが，その後にがんなどへの薬効が認められた．

サリュート【Salyut 露】旧ソ連の軌道科学宇宙ステーション．

サリン【sarin】[化]有機リン系の猛毒物質．神経をまひさせる．1930年代末にドイツが開発した化学兵器の一種．GB剤ともいう．

サルーン【saloon】①[機]2ドアか4ドアで，4人以上乗れる箱型の乗用車．セダン．②[建]ホテルや船などの大広間．談話室．娯楽場．酒場．

サルコイドーシス【sarcoidosis】[医]リンパ節や肺などの主要な臓器に肉芽腫を形成する疾患．原因は不明．

サルコー【salchow】[競](スケート)フィギュアスケートのジャンプの一種．

ザルコマイシン【sarkomycin 日】[薬]日本で発見された制がん抗生物質の一種．ドイツ語のSarkom(肉腫)と英語のmycinの合成語．

サルサ[1]【salsa】[音]ニューヨークのプエルトリコ人地区から流行した新しいラテン音楽．

サルサ[2]【salsa 伊】[料]ソース．

サルサマリナーラ【salsa a la marinara 伊】[料]魚介類の料理などに使うソース．白ワイン，魚のだし汁，タマネギなどを煮込んで作る．

ザルツブルク フォーラム【Salzburg Forum】[政]オーストリア，チェコ，ルーマニアなど中・東欧諸国による地域安全保障のための情報交換の場．

サルティンボッカ アッラ ロマーナ【saltimbocca alla romana 伊】[料]子牛の薄切り肉に生ハムとセージをのせて焼いたローマ料理．

サルテ サーキット【Circuit de la Sarthe 仏】[競](自動車)ルマン24時間レースが開催される，フランス中西部・ルマン市のコース．

サルトリアン【Sartrien 仏】フランスの作家・哲学者サルトルの思想を信奉する人々．

サルビア【salvia】[植]ヒゴロモソウ．シソ科の多年草．ブラジル原産で，夏から秋にかけて鮮紅色の花を密集してつける．

サルファイド【sulfide】[化]硫化物．硫黄と多くは金属元素との化合物．

サルファ剤【sulfa drug】[医]スルファニルアミドを母体とした化学療法剤の総称．外傷などの治療薬や血圧降下剤．

サルベージ【salvage】①船舶の遭難時に人・船・荷物などを救助すること．沈没船の引き揚げ作業．②[営経]債権・借金・手形などを依頼人に代わって取り立てること．

サルベーションアーミー【Salvation Army】[宗]救世軍．

サルボダヤ運動【sarvodaya movement】[社]仏教精神に基づく非暴力の草の根運動．サルボダヤはすべての人々が平等に栄えるの意．

サルモネラ エンテリティディス【salmonella enteritidis】[生]サルモネラ属の細菌の一種．卵などに含まれ食中毒を起こす．SEともいう．

サルモネラ菌【salmonella】[生]腸内細菌科の棒状の好気性細菌の一群．口から感染して食中毒などの症状を起こす．

サルモネラ症【salmonellosis】[医]サルモネラ菌で起こる人畜共通感染症の一つ．保菌するイヌ，ネコ，カメとの接触や，菌に汚染された食物の摂取などで感染する．

ザ ロイヤル トロフィー【The Royal Trophy】[競](ゴルフ)男子ゴルフのアジアとヨーロッパの団体対抗戦．2006年創設．

サロー【sarrau 仏】[服]服の汚れを避けるための外衣．

サロゲート トラベル【surrogate travel】[社]代理旅行．疑似旅行．仮想現実感の技術を応用し，観光地のビデオ映像から好きなものを選び，旅行を疑似体験する方法．

サロゲートマザー【surrogate mother】[医生]代理母．妻が不妊の時，夫の精子を人工授精して子供を産んでもらう第三者の女性．

サロン[1]【salon 仏】①[建]客間．応接室．②[社]上流社会の客間で婦人を中心に開かれた文化的・社交的集まり．③[美]美術展覧会．特に全国的・定期的に開催するものをいう．④[料]ヨーロッパ風の酒場・

◀ サンタンロ

喫茶店．

サロン[2]【sarong】服インドネシア，マレーシアなどの民族衣裳．筒状の腰布．サロンスカートともいう．

サロンカー【salon car 日】①機応接室のような内装や設備の観光バス．②機個室や展望車など豪華な設備を備えた鉄道の特別車両．

サロンコンサート【salon concert】音公共の演奏会場ではなく，個人の家庭やホテルの一室などで催される私的な音楽会．

サロンドートンヌ【Salon d'Automne 仏】美毎年秋，パリで行われる美術展覧会．

サロン ド ボーテ【salon de beauté 仏】容美容院．

サロン ド メ【Salon de Mai 仏】美毎年5月，パリで開かれる招待出品制度を採る展覧会．1945年に始まり，前衛的な美術家の活躍する場となっている．

サロン フットボール【saloon football】競サッカーを小型化した競技．ほとんど弾まない球を使い，ゴールキーパーを含む5人制で競う．フットサルともいう．

サロン ミュージック【salon music】音客間などで行う小編成の器楽演奏．

サワー【sour】①料ウイスキーや焼酎などにレモンやライムの果汁を入れて，酸味を出したカクテル．②料乳酸などを含む酸味のある飲み物．③酸っぱい．酸っぱいにおいのする．

サワークリーム【sour cream】料乳酸菌を入れて発酵させた生クリーム．

サンアンドレアス断層【San Andreas Fault】地北アメリカ大陸西岸沿いに形成された大断層．トランスフォーム断層の一つ．

サンオイル【sun oil 日】容きれいに日焼けするのに用いる化粧液．

サンガ【samgha 梵】宗出家者の集団．修道士．仏道を共に学ぶ仲間．仏教の修道団．

サンキューカード【thank-you card】礼状．お礼用のカード．

サンクコスト【sank cost】営経設備や備品などにかけた費用のうち，回収不可能な費用のこと．埋没原価．埋没費用．

サンクション【sanction】①認可．許可．承認．②法賞罰規定．制裁．

サンクション バスティング【sanction busting】経政制裁破り．国連が行う経済制裁を守らないで，被制裁国などにひそかに物資や技術を売却すること．

サンクスギビング デー【Thanksgiving Day】感謝祭．11月の第4木曜日．1620年にメイフラワー号でアメリカに渡った清教徒たちが最初の収穫を祝って，神に感謝をささげたことに始まる．

サンクチュアリー【sanctuary】①聖域．②禁鳥獣保護地区．

サンクチュール【sans couture 仏】服サンは「…なし」，クチュールは「裁縫」の意．ほとんど縫い目が入っていない服．あるいは布を体に巻いてベルトでとめるだけの服．

サンクティティー【sanctity】尊厳さ．清らか

さ．高潔さ．神聖さ．

サングリア【sangría 西】料赤ブドウ酒，果汁，炭酸水などを混ぜて作る飲み物．

サンクロス【suncloth】服縦糸に梳毛糸，横糸に綿や毛を用いて，綾織りまたは小柄織りにした織物．レインコート地などに用いる．

サンケア指数【sun protection factor】容日焼け止め化粧品に表示されている，日焼け止め効果の目安を表す指数．SPF ともいう．

サンジカリズム【syndicalisme 仏】社急進的労働組合主義．ゼネストなどの直接行動をとり，労働組合管理の社会を目指す．

サンシャイン計画【Sunshine Project】理太陽光や地熱などを利用する新エネルギー技術開発の大型プロジェクト．

サン ジョルディの日【St. Jordi's Day】社親しい人や意中の人に本を贈る日．日本の出版・書店関係などの団体が，1986年から始めたキャンペーン．4月23日に当たる．サン ジョルディはスペインの守護聖人．

サンスーシ【sans souci 仏】気楽に．のんきに．

サンスクリット【Sanskrit】言梵語．古代インドの文章語．

サンストローク【sunstroke】医日射病．熱射病．ヘリオシスともいう．

サンセット【sunset】①日没．日の入り．夕暮れ．②終わり．終末．

サンセット インダストリー【sunset industry】経斜陽産業．

サンセット予算【sunset budget】経政期限付き予算．一定の時期に予算を見直し，以後継続の必要性を検討する方式．

サンセットロー【sunset law】法一定の期限付きの法律．

サンセリフ【sans serif】印算英字の字体で，飾りが付いていないシンプルな形のもの．サンセリフフォントの略．

サンタ【santa 葡】宗キリスト教で，聖人に列せられた人の名に冠して「聖なるもの」の意．

サンダーボルト【thunderbolt】気稲妻．雷電．

サンタフェ研究所【Santa Fe Laboratory】学問の新たな総合を目指すアメリカ・ニューメキシコ州の研究所．1984年に設立．複雑系の研究が盛ん．

サンタマリア【Santa Maria】宗聖母マリア．

サンタン【suntan】医容日焼け．小麦色．黒化・黄褐色の日焼け．

サンダンス インスティテュート【Sundance Institute】映アメリカのユタ州にある，才能ある若い映画人の育成と援助を目指す映画機関．1980年にロバート・レッドフォードが設立した．

サンダンス フィルム フェスティバル【Sundance Film Festival】映アメリカのユタ州パークシティーで開催される映画祭．1985年に始まる．

サンタン メーキャップ【suntan makeup】容小麦色に仕上げる化粧法．またはすでに日焼けした肌の色に合わせる化粧法．

サンタン ローション【suntan lotion】容肌を

217

サンチマン▶

きれいな小麦色に焼くために使う化粧品．オリーブ油や紫外線吸収剤などが主成分で，紫外線から肌を守る．

サンチマン【sentiment 仏】情緒．感情．優雅な感受性．

サンチュール【ceinture 仏】服ベルト．特にアクセサリーのような女性向けのもの．

サンディニスタ民族解放戦線【Frente Sandinista de Liberación Nacional 西】軍1979年に反ソモサ独裁革命を成功させたニカラグアの統一戦線．63年にカルロス・フォンセーカ・アマドールらが樹立．90年の選挙で与党連合に敗れる．

サンデー【sundae】料アイスクリームにチョコレートや果物のシロップをかけたもの．もとは日曜日（サンデー）に売られたことから．アイスクリームサンデーの略．

サンデースクール【Sunday school】教宗キリスト教会で毎週日曜日に開かれる学校．日曜学校．教会学校．

サンデーベスト【Sunday best】服晴れ着．よそ行きの服．

サンドイッチ ジェネレーション【sandwich generation】両親と自分の子供たちの両方の面倒を見なければならない世代のこと．年取った親の世話をし，子供の養育を続けている働き盛りの年代の人々をいう．

サンドイッチ症候群【sandwich syndrome 日】社上司からの締めつけと部下からのつき上げで中間管理職に生じるあつれき．

サンドイッチ テスト【sandwich test】I算折衷テスト．設計者側からのトップダウンテストと使用者側からのボトムアップテストを同時に行うテスト．

サンドイッチ ミュージック【sandwich music】音ジャズとロックを混合させた音楽．

サンドシューズ【sand shoes】服テニスなどで使うゴム底の軽い運動靴．

サンドスキー【sand skiing】競砂丘の急斜面を利用して滑る砂スキー．

サンドパイル【sand pile】建砂ぐい．土木工法で，軟弱な地盤に穴を開け，砂を詰め込んでくいのようにする．

サンドバギー【sand buggy 日】機砂地走行用の大型タイヤ付きの車．英語は beach buggy, dune buggy．

サンドバッグ【sandbag】①競(ボクシング)練習に用いる円筒の砂袋．英語は punching bag．②砂袋．砂のう．

サントラ サウンドトラック（sound track）の略．映フィルムの端にある音響記録部分．

サンドレス【sundress】服腕・肩・背中を露出した開放的な夏用の女性・子供服．

サンバ【samba】音ブラジルの民衆音楽．さまざまな打楽器を使った2拍子の強烈なリズムをもつ．

サンバースト【sunburst】①雲間から出る強い日光．②日輪形の花火・宝石・ブローチ．

サンバーン【sunburn】医炎日焼け．炎症を起こして赤くなる日焼け．

サンバイザー【sun visor】①服ひさしのついた帽子．サンシェード．②自動車内のフロントガラスの上方にある遮光板．

サンバス【sunbath】日光浴．

サンフォニー コンセルタント【symphonie concertante 仏】音協奏交響曲．交響曲の中に独奏的な効果を取り入れたもの．

サンプラー【sampler】音現実音をデジタル信号に変換し，音の質・幅・形態を変化させる電子楽器．

サンプリング【sampling】①営見本抽出．試供品．商品見本．商品のサンプルを使って，試用経験層を意図的に作り出そうとする活動．②I算標本抽出．連続な信号から不連続な信号を取り出すこと．③I音アナログ信号をデジタル信号に変換して記録する技術．デジタル楽器やゲーム機器などに用いる．

サンプリング キーボード【sampling keyboard】I算PCM方式（アナログ情報をデジタル情報に変換する方式）で録音したサウンドデータを音源として使う電子鍵盤楽器．

サンプリング周期【sampling frequency】I算コンピューターを用いて標本化の計測値を得るのに必要な間隔．アナログ信号をデジタル値へ変換するのにある程度の時間が必要となり，この間隔で計測を繰り返す．

サンプリング周波数【sampling frequency】I算アナログの音響信号を，一定の間隔（通例は1秒間）で区切ってデジタル化する時，1秒間に取り込める数値．

サンプリング調査【sampling survey】社一部の標本の調査を基に対象全体を推定する調査方法．サンプル調査．

サンプリング定理【sampling theorem】標本化定理．時間連続な信号波であるアナログ信号は，ある一定刻みの時間間隔で観測すれば，もとの信号波形を復元できるとする理論．

サンプリング ビット数【sampling bit rate】I算アナログ信号をデジタル信号に変換する際にどれだけ忠実に表現するか，解像度をビット数で表したもの．

サンプル【sample】①見本．実例．②営社サンプリング調査のための標本．試供品．

サンプルーフ【sunproof】太陽光線を通さない．耐光性の．

サンプル付き広告【sample attached advertisement】広商品見本を付着した広告．

サンプルフェア【sample fair】営経見本市．

サンプルリターン衛星【sample return probe】宇惑星から試料を持ち帰る衛星．

サンベッド【sun bed】日焼けマシンの欧米での名称．

サンベルト【Sunbelt】アメリカ南部の東西にのびる気候の温暖な地帯のこと．軍需産業・ハイテク産業などの進出がめざましい．太陽の当たる地帯の意．

サンボ【sambo 露】競技や服装が柔道に似たロシア伝統の格闘技．「武器なき自己防衛」という意味のロシア語を略したもの．

サンポーチ【sun porch】建日光がたくさん入るようにガラス張りにした，ベランダやベランダ風の部屋．

サンボリスム【symbolisme 仏】　[文]象徴主義の一. 言語を意味内容の伝達よりも感覚・情調を喚起する記号として用い, 内的眩暈を表現する傾向. 1880年代にフランス詩を中心に起こる.

サンライズ【sunrise】　①日の出. 日の出どき. ②初期. 初め.

サンルーフ【sunroof】　[機]自動車で, 屋根の一部が開口する仕様のもの. 日光や外気を直接車内に取り入れられる.

サンルーム【sunroom】　[建]日光浴などを行うガラス張りの部屋.

シ

シア級【Xia class】　[軍]中国のミサイル原潜. 夏級.

ジアシルグリセロール【diacylglycerol】　[化]一般の食用油に微量に含まれる油脂成分. この成分を含む食用油は通常より身体に脂肪がつきにくいとされる. DAG.

ジアスターゼ【Diastase 独】　[化]発芽中の大麦・芋などに含まれる, でんぷん糖化酵素.

シアトー【SEATO】　[政]東南アジア条約機構. アメリカの軍事同盟の一環として, 1954年に設立された. タイ, フィリピン, パキスタン, アメリカ, イギリス, フランス, オーストラリア, ニュージーランドが加盟. 77年に解散. Southeast Asia Treaty Organization の略.

シアトル会議【Seattle meeting】　[経]世界貿易機関（ＷＴＯ）の第3回閣僚会議. 1999年にアメリカのシアトルで開催.

シアノバクテリア【cyanobacterium】　[生]ラン藻. ラン色細菌.

シアン【cyan】　①[化]シアン化合物の熱分解などで得られる青素. 無色・猛毒の気体で, 独特の臭気がある. ②青と緑の中間の色.

シアン化合物【cyanide】　[化]シアノ基 CN をもつ化合物の総称.

シーアイランド サミット【Sea Island Summit】　[政]アメリカのシーアイランドで2004年に開催された第30回主要先進国首脳会議.

シーア派【Shiah Muslims】　[宗]イスラム教の一派. ムハンマド（マホメット）の死後, 後継者の一人であるアリーとその子孫をイマーム（指導者）と仰いで, その絶対性を強調する. シーアは党派の意.

シー アンド エア輸送【sea and air transport】　[営]国際的な輸送において, 船舶と航空機を結合して輸送する方式.

シー アンド レール輸送【sea and rail transport】　[営]国際的な輸送で, 船舶と陸上輸送を結合する方式. 主に北アメリカ西岸まで海上輸送し, 内陸部へ陸上輸送でつなぐ場合が多い.

シーウオーカー【sea walker】　[機]空気を送り込, 浅海の海底を歩けるヘルメット状の装置.

シーウルフ【Sea Wolf】　[軍]アメリカ海軍の高性能・重装備の攻撃型原潜の艦名.

シーカー【seeker】　[軍]ミサイルの目標検知追尾装置.

シーカセット【C cassette ; compact cassette】　オーディオ用カセットのこと. 幅3.81mmのテープが63mm×100mm×13mmのケース（カセットハーフ）に収められる. 1963年にオランダのフィリップス社が特許を公開.

シーカヤック【sea kayak】　[海]海で使う手こぎの小舟. レジャー用のカヌーに比べ, 大きくて重い.

シーキューブドアイ【C^3I】　[軍]近代的軍事力を効果的に行使するための, 通信・指揮・管制・情報の四大機能のこと. communication, command, control, intelligence の頭文字から. シースリーアイともいう.

ジーグ【gigue 仏】　[音]古典舞曲の一種. 舞曲組曲を構成する基本の一つ.

シークエンス【sequence】　①[教]学習単元の展開順序. ②トランプゲームで, 連続した3枚以上の同種のカード. ③[音]反復進行. ④続いて起こること. 連続. ⑤映像の単位の一種. 一つの意味のある動きを表現するシーンを重ねて, ストーリーを表現すること.

シークエンス エンジニアリング【sequence engineering】　[営]各種のアイデアをモデル化し最適の設計を行う時に, 設計・製造・販売の過程を順にたどり最適解を見つけるやり方.

シーク教【Sikhism】　[宗]15世紀にナーナクが創始したヒンズー教の改革派. 長髪, ひげ, ターバンが特徴.

シーク時間【seek time】　[I][算]ハードディスクなどの磁気ディスク記憶装置で, 磁気ヘッドが目的のデータがある位置に移動するのに要する時間. シークタイムともいう.

シークレット エージェント【secret agent】　[軍]諜報部員. 密偵. スパイ.

シークレット サービス【secret service】　①[政]国家要人を守る特別護衛官. ②[軍][政]機密機関. 諜報部. 秘密情報機関. ③［S-S-］[政]アメリカの財務省の特別護衛部に属する大統領警護官. USSS ともいう.

シークレット パートナー【secret partner】　[営]社員名簿に名前が記されていない社員. 匿名社員.

シークレット ブーツ【secret boots 日】　[服]外見ではわからないように, かかとを高くしたブーツ.

ジークンドー【Jeet Kune Do】　[競]実戦格闘術の一つ. 俳優のブルース・リーが創設.

シーケンサー【sequencer】　①[I][算]複数の処理を決められた手順に従って行うハードウエアやソフトウエア. 自動演奏をするシンセサイザーやその音源を制御するソフトウエアなど. ②育児退職などの後, 元の仕事を続けるために再就職する人. シークエンサーともいう.

シーケンシャル アクセス【sequential access】　[I][算]逐次アクセス. 情報の呼び出しを, 磁気テープの先頭から順に探索して, 記憶場所を見つける方法. ⇔ランダムアクセス.

シーケンシ▶

シーケンシャル インタビュー【sequential interview】社事件の真相を解明・伝達する方法の一つ．事件の中心人物に対して，関連する事項について次々に質問し，その答えの中から真相を引き出そうとするもの．

シーケンシャル ファイル【sequential file】①算順編成ファイル．磁気テープを使った磁気記憶装置の中のファイルなど，データを頭から順に読み書きされるファイル．

シーケンスソフト【sequence software】①算さまざまな形で入力された MIDI データを記録しておき，編集，再生を行うためのソフトウエア．

シーコントロール【sea control】海上交通路の支配．

シーザーサラダ【Caesar salad】料レタスに粉チーズ，サラミなどを混ぜ合わせたサラダ．メキシコのレストラン，シーザープレースの名に由来．

シーサイド【seaside】海辺．海岸．海浜．

シーサイドコース【seaside course】競(ゴ)海岸沿いのゴルフコース．ゴルフ発祥の地スコットランドでは，海岸近くの起伏のある場所にゴルフ場が作られ，リンクスと呼ぶ．

ジーザス コンプレックス【Jesus complex】心自分を殉教者あるいは救世主とみなす観念複合．

ジーザスフリーク【Jesus-freak】宗キリスト教の宗派に属し，熱心に宗教活動をする信者．

シーサット【Seasat】宇アメリカの人工衛星の一つ．海洋観測や資源探査などを行った．1978年に打ち上げ，3カ月半で機能停止した．

シーシック【seasickness】船酔い．

シージャック【seajack】社船を乗っ取ること．航海中の船舶の乗っ取り．海賊行為．

シーシャドー【Sea Shadow】軍アメリカ海軍のステルス実験艦．1994年に公表され，イージス艦などの設計に用いる．

シーズ【seeds】①植生種．種子．②営製造業者が新しく提供する特別の技術や材料．

シーズウオー【seeds war】植生農種子戦争．国家間あるいは企業間で，農林水産の種子の収集や，新品種開発のための情報収集が激しく争われている様子を指す．

シースター【SeaStar】宇アメリカの人工衛星の一つ．海洋広域観測センサーを搭載し海色観測を行う．1997年に打ち上げた．

シースドレス【sheath dress】服体にぴったり沿う環状の細長いシルエットのドレス．シースは刀などの鞘(さや)．

シースナイフ【sheath knife】野営などに携帯する，刃を固定してさやに入れるナイフ．

シーズニング【seasoning】①料調味料．薬味．②木材などの乾燥．

シースパロー【Sea Sparrow】軍アメリカ海軍の個艦防衛用の艦対空ミサイルの通称．

シースヒーター【sheath heater】渦巻き状の電熱線を耐熱材でさやのように覆うコンロ．電化住宅などに用いる．

シースリーアイ【C³I】軍近代的軍事力を効果的に行使するための四大機能．communication（通信），command（指揮），control（管制），intelligence（情報）の頭文字から．シーキューブドアイともいう．

シースルールック【see-through look】服シフォンやオーガンジーなどの薄い素材を用いて，肌が透けて見えるような服装．

シーズンイン【season in 日】特定の時期に入ること．シーズンが始まること．

シーズンオフ【season off 日】①季節はずれ．閑散期．オフともいう．②競スポーツのリーグ戦開催期間以外の時期．③狩猟の禁猟期．漁労の禁漁期．英語では off-season, out of season．

シーズンストック【season stock 日】経季節によって人気づく株．季節株．

シーソーゲーム【seesaw game】 一進一退の試合．接戦．

シーソーポリシー【seesaw policy】政シーソーのように揺れ動く政策．日和見政策．

シート¹【seat】①座席．腰掛けいす．予約席．指定席．②競(野球)守備位置．③議席．

シート²【sheet】①1枚の紙．一つづりの切手．③①算表計算ソフトで入力に用いる作業画面．④薄板．⑤日よけ・防水用の布．⑥船の帆足綱．⑦敷布．シーツ．

シード¹【SEAD】軍開戦当初の敵の防空活動を制圧すること．suppression of enemy air defense の頭字語から．

シード²【seed】①競勝ち抜き試合で，強いと考えられる選手やチーム同士が最初から当たらないように組み合わせること．②植生種．種子．

シートール【CTOL】軍アメリカの在来型離着陸機．次期多機能戦闘機の一種．conventional take-off and landing の頭字語．

シートキー【sheet key】家電製品などに備える，平面状の操作指示窓つきスイッチ．

シートグラス【sheet glass】板ガラス．

シード権【seed】競(ゴ)プロ選手がトーナメントに優先的に出場できる権利．前年度の賞金順位などで決まる．

シートコスメ【sheet cosmetic 日】容パック化粧品の一種でシート状のもの．

シート食品【sheet food】料食品を紙状にしたもの．食品を小さく切って接着剤を加えてからシート状に広げ，冷凍か真空乾燥する．しょうゆなどの液体や魚・肉なども加工できる．フィルム食品．セロハン食品．

シートパレット【sheet pallet】フォークリフトの荷役に使う，品物を載せる板紙やプラスチック製の丈夫なシート．スリップシート．

シードバンク【seed bank】植生種子銀行．高等植物の遺伝資源(種子)を貯蔵・保存する研究施設．

シートピア【seatopia 日】海中都市．sea と U-topia の合成語．英語では underwater city．

シートピッチ【seat pitch】旅客機の座席間隔．

シートフィード スキャナー【sheet feed scanner】①算イメージスキャナーの一種．コピー用紙を，自動的に送り出しながら順次文字などを読

◀シールド

み込んでいく．

シートベルト【seatbelt】 機自動車や旅客機などの座席に備えた安全ベルト．

シートベルト リマインダー【seatbelt reminder】 機自動車のシートベルトを締めないで発進すると，警報音などの警告を発する装置．

シート ミュージック【sheet music】 音無綴じの1枚の楽譜に1曲ずつ印刷されたポピュラー音楽．

シードル【cidre 仏】料リンゴ酒．

シードローム【seadrome】海上空港．航空機の中継あるいは緊急着陸用の海上浮遊空港．

ジーニアス【genius】①天才．非凡な才能．②特質．本質．③風潮．

ジーニスト【jeanist 日】服ジーンズ愛用者．ジーンズの似合う人．

シーニック アーティスト【scenic artist】映建造物・大道具・小道具の塗装などを行う人．

シーバース【sea berth】建浮き桟橋．

シーハイル【Schi Heil 独】競(ス*)スキーヤー同士のあいさつ語．スキーに幸いあれの意．

シーバス【CEBus】IT経遠隔操作性を有するネット家電の，アメリカでの通信規格．

ジーパルス【GPALS】軍アメリカの限定的攻撃を対象とする地球規模の防衛構想．Global Protection Against Limited Strikes の頭字語．

シービーム【sea beam】機高精度の音響測探機．正確な海底地形がわかる．

シープ【seep】機水陸両用ジープ．sea と Jeep の合成語．

ジープ【Jeep】機小型で強力な四輪駆動の自動車．第二次大戦中からアメリカ陸軍が使用．商標名．

シーファーミング【sea farming】営魚養殖漁業．海中養殖．マリカルチャーともいう．

シーフィット【CFIT】航空機が操縦系統の使用できる状態で墜落すること．controlled flight into terrain の頭字語から．

シーフード【seafood】料海産食品．海産食物．魚介類の料理．

シーフード レストラン【seafood restaurant】料海産食品を主に提供する料理店．

シーフォーアイ【C⁴I】軍近代的軍事力の有効な行使に必要な機能．command（指揮）, control（管制）, communication（通信）, computer system（コンピューターシステム），および intelligence（情報）の頭文字から．

ジープニー【jeepney】機フィリピンの小型の乗り合いバス．

シーベルト【sievert】理放射線が人体や生物に与える影響を表す．線量当量の単位．記号はSv．

シーホース¹【sea horse】①魚ヨウジウオ科の硬骨魚．タツノオトシゴ．②ギリシャ神話などで，海馬．

シーホース²【Seahorse】軍アメリカ海軍の無人潜航艇の通称．

シーボーム報告【Seebohm report】社1968年に，イギリスの社会福祉制度の改革を目指した，地方自治体ならびに関連対人社会サービス委員会が出した報告．委員長のシーボーム卿の名にちなむ．

ジーマーク【G mark 日】通産省(現経済産業省)意匠奨励審議会認定の優良デザイン品マーク．Gはグッドデザイン（good design）の略．

シーマン【seaman】船乗り．船員．船の操縦者．水兵．

シームレス化【seamless】IT経ワークフローシステムを利用して複数の組織にまたがる一連の業務を，滞りなく行うこと．

シームレス鋼管【seamless steel pipe】継ぎ目のない鋼管．ガス管や化学工業用の高圧管などに使う．

シームレス ストッキング【seamless stockings】服縫い目のない女性用の長靴下．

シームレス転換【seamless layer change】IT DVD の機能の一つ．ディスクの切り替えの際に画像を途切れさせずに切り替えられる．

シームレスベルト【seamless belt】継ぎ目のない伝動・搬送用ベルト．

シーメンス事件【Siemens case】社1914年に摘発されたドイツのシーメンス社と日本海軍高官との贈収賄事件．

シーモード【Cmode】IT携帯電話を用いて自動販売機の飲料などを買えるサービス．2002年に開始．

シーモンキー【sea monkey 日】生プランクトンの一種．ペット用や研究用に飼う．

シーラカンス【coelacanth】魚古生代から中生代に栄えた硬骨魚類の一種．

シーラブ計画【Sealab project】社アメリカ海軍の海底居住実験計画．Sealab はシーラボラトリー（sea laboratory）の略．

シーラム【serum】①医血清．血清剤．②漿液(しょうえき)．③牛乳の乳漿(にゅうしょう)．

シーランス【Sea Lance】軍アメリカ海軍の遠距離攻撃が可能な対潜兵器．

シーリング【ceiling】①政予算の概算要求の限度枠．②営経価格・賃金などの最高限度額．③天井．上限．④気雲底高度．雲の底面と地面との距離．

シーリング プライス【ceiling price】経天井値．限界値段．⇔フロアプライス．

シーリング方式【ceiling system】①経途上国からの輸入品に対して，一定の枠内で無税の特恵を与える方式．②経政各省庁共通の経費を一律に上限を設ける方式．

シーリング ロゼット【ceiling rosette】天井に取り付け，照明器具をつり下げる器具．

シール【seal】①封．封印．封印紙．②印章．紋章．③動アザラシ．④競(ス*)滑り止めに用いるアザラシの毛皮．⑤服アザラシやオットセイの毛皮．またそれに似たビロードの一種．シールスキンの略．

シールズ【SEALS】軍アメリカ海軍の特殊部隊の一つ．水中破壊や偵察任務を専門に行う．Sea-Air-and-Land Soldiers の略．

シールスキン【sealskin】①服アザラシやオットセイの毛皮．②服ビロードの一種．外見がアザラシの毛皮に似ている．シールともいう．

シールド【shield】①機トンネル工事用の鋼製円筒

221

シールドガ▶

保護枠．②【I算】機器が外部の影響を受けたり外部に影響を与えたりしないようにする保護．接続コードの覆いなど．③盾．防御物．

シールドガラス【shield glass 日】　【理】電波を通さない特殊ガラス．

シールド工法【shield tunneling】　【建】トンネル掘削技術の在来工法．鋼製の筒状の構造物をジャッキで押し込んで掘り進む．もぐら工法．

シーレーン【sea lane】　海上交通路．海上補給路．航路帯．

シーレベル【sea level】海面．平均海水面．

シーロスタット【coelostat】　【天】日周運動をしている天体からの光を回転している鏡で受けて，一定の方向に導く装置．天体の長時間撮影に用いる．シデロスタットともいう．

シーロメーター【ceilometer】　【気】雲高測定器．光の反射を利用して，地上から雲までの距離を測定する装置．

シーン【scene】①【映劇】【文】【放】場面．場．舞台．②【I算】コンピューターグラフィックスで，コンピューター内に作られる三次元の仮想世界．

ジーン【gene】　【生】遺伝子．遺伝情報を担う最小の機能的単位．

ジーンジャグラー【gene juggler】　【医】【生】遺伝子操作を行う科学者．

ジーンジュエル【jean jewel】　【服】ジーンズのベルト通しに付けるキーホルダー型のアクセサリー．

ジーンズ【jeans】　【服】丈夫な綾織りの綿布．またそれで作るズボンや上着などの衣類．ジーン，ジーパン，デニムともいう．

ジーンセラピー【gene therapy】　【医】【生】人工的に作り出した遺伝子と置き換えて，遺伝病を治療しようとする技術．

ジーン ターゲッティング【gene targetting】　【医】【生】遺伝子標的法．単離した遺伝子クローンを基に，遺伝子の改変で機能を破壊するなどして，変異をもつ動物を作り出す方法．

ジーンデリバリー【gene delivery】　【医】【生】投与した遺伝子を特定の目的場所にだけ十分な濃度で届ける方法．

ジーンバンク【gene bank】　【生】遺伝子銀行．研究に必要なヒトおよび動植物の培養細胞と遺伝子の収集・保存・供給を行うシステム．

ジーンハンター【gene hunter】　【医】【生】遺伝子研究者．遺伝情報を担う最小の機能的単位を研究対象とする．

ジーンフィクサー【gene fixer】　【医】【生】遺伝子治療学者．遺伝子の段階まで掘り下げて難病などを治療する方法や技術を研究する．

ジーンプール【gene pool】　【生】遺伝子保全．バイオテクノロジーの発展に伴い，多様な品種の収集が必要となっている．

ジーンプリント【gene print】　【生】遺伝子を用いて人物を特定する方法．人間の細胞中の遺伝子（ＤＮＡ）は人によって異なっていることを利用する．遺伝子の指紋という意．

シェア【share】①占有率．持ち分．分け前．株．②【営】【経】市場占有率．マーケットシェアの略．③分かち合う．分け合う．共有する．

シェアード ロジック ワードプロセッサー【shared logic word processor】　【I算】中央のコンピューターに複数の端末機を結んで，どれもワープロの働きができるようにしたもの．

シェアウエア【shareware】　【I算】一定の試用期間を設ける商用のソフトウエア．継続使用する場合は製作者に代金を払う．

シェア オブ ボイス【share of voice】　【広】広告費の市場占有率．ＳＯＶともいう．

シェアドアクセス【shared access】　【I】ＮＴＴによる，高速なインターネットのアクセスが実現可能な光ファイバーのサービス．

シェアドメモリー【shared memory】　【I算】複数のプログラムからアクセスできる記憶領域．並列システムにおける複数のＣＰＵ（中央処理装置）からのアクセスも指す．

シェアホルダー【shareholder】【営】【経】株主．

シェイクダラー【sheik dollar】　【経】オイルダラーの別称．アラブ地域で首長のことをシェイクと呼ぶところから．

ジェイティーズ【JTIDS】　【I算】【軍】アメリカの統合戦術情報伝達システム．戦場で4軍が敵味方の種類，規模，位置などの戦術情報を共有するために構築する．Joint Tactical Information Distribution System の頭字語から．

シェイプアップ【shape up】　【競】運動や減量などにより，体形や体調を整えること．英語では work-out が普通．

シェイプト キャンバス【shaped canvas】　【美】伝統的な矩形ではないキャンバスのこと．

ジェイペグ【JPEG】　【I】【算】カラー静止画像データの圧縮方式の一つ．またはその方式を制定した標準化団体の呼称．Joint Photographic Experts Group の頭字語から．

ジェイル【jail】刑務所．拘置所．

シェーカー【shaker】　【料】カクテルの混合調整用の容器．

シェーク【shake】　振る．揺り動かす．揺さぶる．振り回す．

シェークダウン【shakedown】　①機械の慣らし運転．②ゆすり．たかり．③身体捜査．

シェークハンド【shake hands】　握手する．英語で「握手」は handshake．

シェーダー【shader】　【I算】コンピューターグラフィックスの画像をレンダリングする際に，隠面処理や陰影処理などを行うためのプログラム．

ジェーターン【J turn 日】　【社】大都市の大学卒業者が出身地近くの中心都市に就職すること．

シェーディング【shading】　【I算】三次元グラフィックスで面の集合として表現した物体の各部に，光の当たり具合で色の変化を付け，より立体的に見せる方法．シェイディング．

シェーディング モデル【shading model】　【I算】実際の世界における物体表面での光のさまざまな反射の方法をモデル化したもの．

シェード【shade】①陰．日陰．②日よけ．日傘．電気スタンドなどの傘．③【美】陰影．

ジェード スクウォッド【Jade Squad】 社東洋系アメリカ人の警官で構成されるニューヨーク市警察の特別捜査班．アジア関係の犯罪を担当する．ジェードは翡翠（ひすい）の意味で，東洋を比喩する．

シェーバー【shaver】 かみそり．電気かみそり．削る道具．

シェービング【shaving】 ①容ひげや顔のむだ毛などをそること．②服やすりやグラインダーでこすり，ビンテージ効果を出す後加工．

シェーピング【shaping】 ①心形成化．②機形削り．

シェービング フォーム【shaving foam】 容ひげをそるのに用いる泡状のもの．

シェーマ【Schema 独】 図式．形式．

ジェームズ ウエッブ宇宙望遠鏡【James Webb space telescope】字NASA（アメリカ航空宇宙局）が開発中の宇宙望遠鏡．第2代長官の名にちなむ．JWSTともいう．

シェーレ【Schere 独】 経独占生産物と非独占生産物との差を示すはさみ状価格差．主に農産物が工業生産物の価格より不利となる現象．

シェーレン クリスチャニア【Scherenkristiania 独】 競（ス*）スキーをはさみ形に開き，回転方向の内側の足に体重をかけて行う急回転・停止技術．

シェーレン ボーゲン【Scherenbogen 独】 競（ス*）スキーをはさみ形に開き，開き出した足に体重をかけて行う回転技術．

ジェシー プロジェクト【JESSI project】 I 欧州企業連合による次世代半導体開発8カ年計画．1988年に発足し，96年に終了．JESSIは Joint European Submicron Silicon Initiative の略．

ジェシカ法【Jessica's Law】 法性犯罪者に対する厳罰化などを規定したアメリカの法律．フロリダで制定されている．誘拐殺害された少女，ジェシカ・ランスフォードの名にちなむ．

シエスタ【siesta 西】午睡．昼寝．

ジェスチャー【gesture】 ①身振り．手まね．見せかけ．②身体言語の一つで，身振りや手振りで表現すること．企画の売り込みなどで重要な技法の一つ．ゼスチュア．

ジェスチャー ポリティックス【gesture politics】 政実効がほとんど期待できない，見せかけの政治活動．ジェスチャリズムともいう．

ジエチレングリコール【diethyleneglycol】 化無色でほとんど無臭の吸湿性の液体．多量に飲むと中毒症状を起こす．

ジェット【jet】 ①噴出．噴射．②天銀河系中心などに見られる高速のガス流．③機ジェットエンジンの略．

ジェットエンジン【jet engine】 機航空機のエンジン形式の一つ．前方から吸い込んだ空気中で燃料を燃焼させ，加速された燃焼ガスを後方に吐き出す際の反力で推力を得る．

ジェット気流【jet stream】 気対流圏上部の圏界面付近で吹く強い偏西風．秒速100mを超えることもある．ジェットストリームともいう．

ジェットコースター【jet coaster 日】 機遊園地などの遊戯設備の一つ．高所に引き上げた客車が起伏のあるレール上を高速滑走する．

ジェット推進研究所【Jet Propulsion Laboratory】 字アメリカのカリフォルニア州にあるNASA（航空宇宙局）の研究所．JPLともいう．

ジェットスキー【Jetski】 機船型ボードにエンジンとハンドルを装備し水上を滑走するもの．商品名．

ジェットスクリーン【jetscreen】 映噴射ノズルで放出した霧に映像を投射し，中を来場者が通り抜けて臨場感を味わえる方式．

ジェットストリーム【jet stream】 気ジェット気流．

ジェットスピード【jetspeed】 営ジェット機で送る特急便．

ジェットスポーツ【jet sports】 競水上オートバイによる競技．

ジェットセット【jet set】 社ジェット旅客機で，世界各地の行楽地などを回って，ひまつぶしをしている大金持ち．

ジェットフォイル【jetfoil】 機ジェットエンジンを動力とし，海水を船尾から噴射させる水中翼船の一種．

ジェットミル【jet mill】 機粉砕機．原料を微細な粉じんに砕く．

ジェットラグ【jet lag】 社ジェット機による長距離旅行による時差ぼけ．

ジェトロ【JETRO】 経政日本貿易振興機構．1958年に発足した日本貿易振興会を2003年に改組した独立行政法人．Japan External Trade Organization の頭字語から．

ジェニタリア【genitalia】 生生殖器．特に外部生殖器をいう．

ジェネシス【GENESIS】 字NASA（アメリカ航空宇宙局）の太陽探査機．2001年に打ち上げた．GPS Environmental and Earth Science Information System の頭字語から．

ジェネティクス【genetics】 生遺伝学．

ジェネティック エンジニアリング【genetic engineering】生遺伝子工学．

ジェネティックコード【genetic code】 生遺伝暗号．遺伝情報．

ジェネリック【generic】 ①一般的な．包括的な．②営商標のない．商標登録していない．

ジェネリック テクノロジー【generic technology】 基盤技術．多くの先端技術分野に共通する基盤技術のこと．

ジェネリック ブランド【generic brand】 営ブランド名の付いていない商品．宣伝広告されていない地味な商品．ジェネリックは商標登録の保護を受けないの意．ノーブランド．

ジェネリック薬【generic drug】 薬後発医薬品．ゾロ製品．一般に特許期限が切れた使用頻度の高い医薬品のこと．

ジェネレーション【generation】世代．時代．

ジェネレーションX【generation X】社X世代．1990年代前半に10代後半から20代前半の若者たちを指した言葉．カナダの作家ダグラス・クープラ

ンドが命名．

ジェネレーション ギャップ【generation gap】社生まれ育った世代の違いから生じる考え方や価値観の差．

ジェネレーションＹ【generation Y】社ジェネレーションＸ（主に1965～75年生まれ）の次の世代．ベビーブーマーの二世で，主に76～95年生まれの世代．

ジェネレーター【generator】　①機電発電機．起電機．②化ガスや蒸気などの発生器．③Ｉ算生成プログラム．見本形式に合わせて自動的にプログラムを作成するソフトウエア．

ジェノグラフィック プロジェクト【Geno-graphic Project】社地アメリカのナショナル　ジオグラフィック協会と IBM による「人類進化・繁殖・移動」分析計画．ジェノグラフィックは「遺伝子地理」．

ジェノサイド【genocide】社ある民族・国民の計画的な集団虐殺．

ジェノサイド条約【Convention on the Prevention and Punishment of the Crime of Genocide】社政集団殺害罪の防止及び処罰に関する条約．1948年の国連総会で採択され、51年に発効．120カ国が当事国であるが、日本は参加していない．

ジェノバサミット【Genova Summit】政2001年にイタリアのジェノバで開催された主要先進国首脳会議．

ジェノフォビア【genophobia】生遺伝子恐怖症．遺伝子操作や遺伝子治療などの乱用によって自然界が変容するのを恐れる考え方．

シェパード【shepherd】　①動大型犬の一種．ジャーマンシェパードともいう．②羊飼い．

シェバア農地【Sheba farms】イスラエルとレバノンによる領土紛争地．

シェフ【chef 仏】料コック長．料理人頭．

ジェマー イスラミア【Jemaah Islamiyah】軍政イスラム過激派組織の一つ．イスラム共同体．JI ともいう．

ジェミニ【Gemini】天ふたご座．

ジェミニ望遠鏡【Gemini Telescope】天2001年にハワイとチリに設置された同型の二つの望遠鏡．アメリカ，イギリス，カナダなど7カ国が進める共同計画．

ジェム【gem】①服宝石．②宝石のように美しく貴重なもの．珠玉．

ジェムボリー【gemboree】宝石祭．オーストラリアで開かれる宝石・鉱産物ショーのこと．

ジェラート【gelato 伊】　料イタリア風のシャーベット．

ジェラシー【jealousy】しっと．やきもち．

シエラレオネ特別法廷【Special Court for Sierra Leone】法シエラレオネ内戦の戦争犯罪を裁く特別法廷．2002年に国連安全保障理事会が設置．

シェリー¹【chéri(e) 仏】かわいい人．恋人．仲よし．

シェリー²【sherry】料南スペイン産の白ワイン．発酵時に，石こうや焼石こうを加える．

ジェリーズ【jellies】服女性用のカジュアルシューズの一種．ゴム製や柔らかい合成樹脂製で，派手な色のもの．

ジェリーバッグ【jelly bag】服ポリ塩化ビニルまたは厚手の半透明ゴムで作られたバーキンスタイルのバッグ．素材の質感や色合いがジェリービーンズに似ていることから．

シェリフ【sheriff】社アメリカの郡部の治安を担当する保安官．

シェル【shell】①貝殻．卵などの殻．②建曲面板．シャーレン．③外板を一枚張りした小型の競漕艇．シェルボート．④Ｉ算利用者の命令を受けて OS（基本ソフト）を動作させるプログラムの総称．⑤砲弾．

ジェル【gel】①化ゲル．コロイド溶液が流動性をなくして凝固した状態．ゼリー状の．②容ゼリー状の整髪料．ディップローション．

シェル型鋳造【shell mold casting】理ケイ砂にフェノール樹脂を少量混合し，加熱成形した薄い殻を鋳型とする鋳造法．

シェル構造【shell structure】建貝殻構造．薄い曲面を外殻に用いて，荷重を曲面全体に分散させる．支柱間隔を大きくとれるため，体育館やホールなどに向いている．

シェルショック【shell shock】　医爆弾性ショック．戦争体験によって生じるといわれる自制力・記憶力喪失などの精神障害．

シェルスクリプト【shell script】　Ｉ算 UNIX 系 OS（基本ソフト）のコマンドを用いて書かれたプログラム．複数のコマンドを組み合わせて同時に実行する際に用いる．

シェルター【shelter】①防空ごう．避難所．②軍核戦争に備えた避難施設．③社ホームレスを収容する簡易宿泊施設．④社暴力被害者の女性のための緊急一時避難所．

シェルパ【Sherpa】　①登高峰登山の案内人，荷運び人．本来はネパール東部に住むチベット系高地民族の名称．②政国際会議の裏方．特に，共同コミュニケなどの草案作成をする補佐官や高級官僚．

シェルモールド法【shell molding method】理ケイ砂と合成樹脂で作った薄い半殻状の鋳型を用いる鋳造法．

ジェロントクラシー【gerontocracy】　政老人支配政治．

ジェロントロジー【gerontology】社老年学．老人学．

シェンゲン協定【Schengen Agreement】フランス，旧西ドイツ，ベルギー，オランダ，ルクセンブルクの地続き5カ国が，人の移動の基本原則を定めた条約．1985年にフランス，ドイツ，ルクセンブルクの3カ国国境に接するシェンゲン村で調印した．90年に欧州の市場統合に伴う国境規制廃止に備え，具体的措置を定めた補足条約を調印．

ジェンダー【gender】社自性．本来文法上の用語．文化・社会面から見た性別・性差の意味で用いられるようになった．

ジェンダー アイデンティティー【gender

◀シオン主義

ジェンダー identity】社社会的性同一性．社会的な意味で自分が男である，あるいは女であると自認すること．

ジェンダー イコーリティー【gender equality】社文化・社会面での男女格差の是正．

ジェンダー エンパワーメント指数【gender empowerment measure】社女性が積極的に経済界や政治活動に参加し，意思決定過程へ参画する具合を測る指数．国連開発計画（ＵＮＤＰ）が導入した．ＧＥＭともいう．

ジェンダー開発指数【gender development index】社女性の社会参加を測る指数の一つ．男女間の不平等を調整した指数．ＧＤＩともいう．

ジェンダーギャップ【gender gap】社男女の性差に基づく思想行動の違い．男女で支持率が極端に違うこと．

ジェンダー研究【gender studies】社女性も男性も含めた社会・文化状況を研究し，性別の差異化の構造などを調べること．

ジェンダー ステレオタイプ【gender stereotype】社男女の性別による型にはまった印象．

ジェンダー スペシフィック メディシン【gender specific medicine】医性差による特性に配慮して行う治療．

ジェンダー センシティブ【gender sensitive】社文化・社会面での性差に敏感なこと．

ジェンダー トラック【gender track】社能力開発などで，文化・社会的な性差に基づく進路．

ジェンダー ニュートラル【gender neutral】社文化・社会的な性差に中立的であること．

ジェンダーバイアス【gender bias】社男女の性による偏り．

ジェンダーフリー【gender-free】社性差からの解放．性別で役割分担するのをやめる．

ジェンダー ロール【gender role】社文化・社会的な性別の男女それぞれに期待する役割や行動．

ジェンツハット【gent's hat】服紳士用の帽子．gent は gentleman の短縮形．

ジエンド【the end】最後．結末．

ジェントリー【gentry】社上私階級．紳士階級．元来は，貴族の次に位置する上流階級のこと．

ジェントリフィケーション【gentrification】社街を若返らせて，高級化すること．

ジェントル【gentle】おとなしい．優しい．上品な．礼儀正しい．

ジェントル オーガナイザー【gentle organizer】営ホテルや保養地などで，余暇の過ごし方を助言したり，企画を立案したりして客を楽しませる人．

ジェントルネス【gentleness】優しさ．上品さ．温和なこと．

ジェントルマン【gentleman】紳士．

ジオイド【geoid】地物理学的に定義された地球の形．平均海水面で表現される．

ジオエコノミックス【geoeconomics】経地経学．経済力で世界に影響を与え，世界支配を目指すという考え方．

ジオカタストロフィー【geo-catastrophe】地球文明の破局．人類滅亡に至るシナリオを，東海大

学の坂田俊文などが発表．

ジオグラフィー【geography】地地理学．地理．地勢．地誌．

ジオサイド【geocide】環社地球虐殺．環境破壊がひどくなった状態をいう．geo-（地球）と genocide（皆殺し）の合成語．

ジオディメーター【Geodimeter】地光を利用して2点間の距離を測定する機械．商標名．

ジオテイル【geotail】地地球磁気圏の尾．太陽風で地球の夜側に磁気圏が引き延ばされる．

ジオドーム【geodome 日】建大深度地下開発の実証試験施設．1996年にエンジニアリング振興協会が神奈川県相模原市に設置．

シオニズム【Zionism】社政シオン主義．パレスチナに祖国を再建しようとするユダヤ民族運動．シオンはエルサレムにある丘の名で，シオニズムとはユダヤ教徒の「シオンへ帰ろう」という願望を表す言葉だった．

ジオバンカー【geobanker】営経世界中に支店や子会社などを設けて金融活動を行う銀行．

ジオフィジックス【geophysics】理地球物理学．

ジオプトリー【Dioptrie 独】理レンズの屈折率を表す単位．記号はＤ．レンズの焦点距離をメートルで表した数値の逆数．眼鏡レンズの度の強さを表す場合にも用いられる．

ジオプレイン【geoplane 日】機地中航空機．近未来交通の一つ．地中深くにトンネルを掘り，約1ｍ浮上させて運航するという，フジタの構想．

ジオフロント【geofront】社地下空間．特に，地上の過密状態を解消するために注目されている大深度地下をいう．

ジオポリティカル カード【geopolitical card】政その国の地理，経済，人口などの利点を交渉の取引材料とする外交政策上の手段．

ジオポリティックス【geopolitics】政地政学．国家の政策などを主として地理的な角度から研究する学問．ゲオポリティクスともいう．

ジオメトリー【geometry】数幾何学．

ジオメトリー エンジン【geometry engine】Ｉ算コンピューターグラフィックスで，モデルを変形する幾何学的な変換を行うための専用の ＩＣ（集積回路）．

ジオメトリー変換【geometry transformation】Ｉ算コンピューターグラフィックスで，モデルを幾何学的な図形変換で変形すること．

ジオメトリック プリント【geometric print】服幾何学模様の布柄．

ジオラマ【diorama 仏】①機幻視画．風景画の中に物を置き，照明を当ててのぞいて見る装置．②映スタジオに設置する，遠近法によって作られた小型セット．

ジ オリンピック プログラム【The Olympic Program】競国際オリンピック委員会の財源調達用のプロジェクト．1985年に世界の有力企業を対象に発足した．ＴＯＰ．

ジオロジー【geology】地地質学．

シオン主義【Zionism】社政ユダヤ民族主義．シ

シカゴ派▶

オニズムともいう.

シカゴ派【Chicago School】建19世紀末のアメリカのシカゴで, 高層建築の礎を築いた建築家たちのこと. またその作風.

シガレットパンツ【cigarette pants】服紙巻きタバコのような形をした細身のパンツ.

ジギタリス【digitalis 蘭】植キツネノテブクロ. ゴマノハグサ科の多年草. 葉に有毒成分を含む. 観賞用・薬用に栽培する.

シギント【sigint】軍通信や電波傍受などによる情報収集活動. signal intelligence からの合成語.

ジグ【jig】①機治具. 工作物を固定し, 切削工具を加工位置に案内する装置. ②釣りで用いる擬餌(ぎじ)針の一種.

ジグザグドリブル【zigzag dribble 日】競体力検査の一つ. 等間隔に並べた旗の間を球をつきながら回り, かかった時間を調べる.

シクスティーズ【sixties】服1960年代後半から70年代前半にかけての装い・デザイン.

ジグソーパズル【jigsaw puzzle】一枚絵の切片をばらばらにした後, 再び元の絵を作るパズル玩具. はめ絵.

シグナル【signal】信号. 合図. 信号機.

シグネチャー【signature】①署名. サイン. 署名欄. ②音テーマ音楽. 主題曲. ③医薬の用法指示. 薬の容器に使用法を記すこと. ④印折記号. 背丁(せちょう). ⑤I算電子メールの通信文などの最後に付ける自己紹介句.

シグネチャー コントロール【signature control】軍兵器本体から放射される可視光線・音響などの物理量を, 低減・変質して敵から発見されにくくする技術.

シグマ【sigma】①ギリシャ文字の第18字. Σ, σ. ②数総和を示す記号. Σ.

シクラメン【cyclamen】植サクラソウ科の多年草. 地中海沿岸原産で, 園芸種が多数ある.

シクロ【cyclo】機三輪タクシー. 人力や原動機で走行し, 東南アジアなどで使う.

シクロクロス【cyclo-cross】競(自転車)山野や林間などを自転車で走破する断郊競走.

シクロスポリン【cyclosporine】薬臓器移植後の拒絶反応を抑える免疫抑制剤として用いられる化学物質. サイクロスポリンA.

シクロデキストリン【cyclodextrin】生グルコースが6〜8個ドーナツ状に結合した物質. CD, サイクロデキストリンともいう.

シクロフィリン D【cyclophilin D】生ミトコンドリア内で働く酵素.

ジクロロメタン【dichloromethane】化発がん性が指摘される有機溶剤.

シケイン【chicane】競自動車レース場で, 減速・徐行させるために急角度の曲がり角などを設けること. 道路上に刻み目などを設けたり, ジグザグにしたりした障害.

ジゴロ【gigolo 仏】女に養われる男. 男めかけ. ひも.

シザーズ【scissors】①はさみ. ②競(体操)両脚交

閉. ③競(レスリング)はさみ締め. シザーズホールドの略.

シザーズカット【scissors cut】容はさみを使って行うカット. シザーカットともいう.

シシー【sissy】めめしい男の子. いくじなしの少年. 弱虫. 俗語で同性愛の男.

シシーボーイ シンドローム【sissy boy syndrome】社女の子のようなめめしい男の子の増加現象. 米英をはじめ日本でも1980年代後半から顕著になった.

シシカバブ【shish kebab】料トルコ料理の一つ. 羊肉の串焼き. シシケバブともいう.

シスアド【system administrator】I算組織において, コンピューターシステムの利用の管理を担当する責任者. システム アドミニストレーターの省略形.

シスオペ【system operator】I算電子会議室や掲示板などのコミュニケーションの場を管理, 運営する人. システム オペレーターの省略形.

シスコンシステムコンポーネント(system component)の略.

シスター【sister】①姉または妹. ②宗尼僧. 修道女. ③社同性愛の相手.

シスターボーイ【sister boy 日】女っぽい男. なよなよした感じのする男. 英語は sissy.

システマチック【systematic】組織的な. 体系的な. 計画的な.

システミック リスク【systemic risk】経ある銀行の経営破綻で決済不履行が起きると, 他に大きな影響を及ぼしかねないリスク.

システム【system】①組織. 制度. 方法. 方式. 目的を成し遂げるために機能する体系・組織. ②I算ハードウエアやソフトウエアなどを組み合わせ, 全体として機能させること.

システム商い【system trade】I経コンピューターを介して株式の売買を処理する商い.

システム アドミニストレーター【system administrator】I算コンピューターシステムの管理者. サーバーとクライアントのハードウエアとソフトウエア, およびネットワーク全体の保守管理をする.

システム アナリスト【system analyst】I算コンピューターシステムに対して調査を行い, その問題点を発見してシステムの分析評価を行う専門家.

システム アプローチ【systems approach】I全体の仕組みを体系的にとらえて問題解決を図ろうとするやり方.

システム インテグレーション【system integration】I営算システムの統合. 複数のシステムを用いて, コンピューターによる統合生産を行う方法. SIともいう.

システム インテグレーション事業【system integration business】I営算企業の業務開始に当たり, 独自のデータベースやプログラムを利用して, 企画・設計・開発・運用指導などに当たるビジネス.

システム インテグレーション マニュファクチャリング【system integration manufacturing】I営算システム統合生産. 個々のユーザーが個別に構築していた情報処理システムを,

多様のメーカーの機器とのネットワークで統合して処理できるようにした生産体制．

システム インテグレーター【system integrator】　[I][算]利用先の業務上の問題点や課題などに合わせた，総合的なシステム構築と保守管理などをする業者．SIともいう．

システム イン パッケージ【system in package】　論理LSI（大規模集積回路）などのシステムを構成する複数のチップを，一つの梱包部品に搭載する方式．SiP ともいう．

システム運用【system management】　[I][算]コンピューターシステムを管理して，問題なくスムーズに稼働させること．

システムエラー【system error】　[I][算]ＯＳ（基本ソフト）などのシステムソフトに及んで起こったエラー．

システムＬＳＩ【system LSI】　[I][算]1個のシリコンチップ上に半導体素子を超高密度に集積し，電子機器の基本機能をもたせた超大規模集積回路の総称．システムオンチップ，システムオンシリコンともいう．

システム エンジニア【systems engineer】　[I][算]コンピューターのシステムの開発・設計を担当する技術者．SE．システムデザイナー，システムプランナーともいう．

システム エンジニアリング【systems engineering】　[I][算]システム工学．組織工学．SE．

システム オーガナイザー【system organizer】　[営]商社のように，さまざまな分野・部門で活動しながら，全体では一つの目的にまとまっている形態の企業．

システム オペレーター【system operator】　①[I][算]電子掲示板などの運営・監視を行う管理者．シスオペ，SYSOP ともいう．②[放]ケーブルテレビ施設を管理する施設事業者．

システム オン シリコン【system on silicon】　[I][算]システム全体の機能を1個のシリコンチップ上にまとめた超大規模集積回路．システムオンチップ，システムＬＳＩともいう．

システム オン チップ【system on chip】　[I][算]システム全体の機能を1チップ化した超大規模集積回路．1個のシリコンチップ上に数百万個の半導体素子を，超高密度に集積する．システムオンシリコン，システムLSIともいう．

システム開発【system development】　[I][算]コンピューター上で稼働するソフトウエアを要求に従って開発すること．

システムカメラ【system camera 日】　[写]いろいろな交換レンズや広範囲の付属品を組み合わせて使用することのできるカメラ．35mmの一眼レフのカメラを指すことが多い．英語は multipurpose camera．

システム監査【system auditing】　[I][算]効率性や信頼性を確保するため，コンピューターやネットワークシステムの総合的な点検や評価をして，助言や勧告をすること．

システム管理【system administration】　[I][算]セキュリティー管理，ファイル管理など，システムを安定して運用するための管理方法．

システム管理者【system administrator】　[I][算]コンピューターシステム利用の管理を担当する責任者．システムアドミニストレーター．

システムキッチン【system kitchen 日】　[建]流し台・調理台・ガス台・収納部などを自由に組み合わせ，一体成型された天板をのせた台所．統一的デザインで構成される．英語は systematically equipped kitchen．

システム金融【system finance 日】　[営][経社]無登録の金融事業者の一種．ダイレクトメールやファクスなどで勧誘する高金利の闇金融．

システムクロック【system clock】　[I][算]コンピューターの中に内蔵された時計．電源を入れた時に充電されるので，電源を切っても作動を続ける．

システム コードレス電話【cordless telephone system】　[I][算]親機と子機の間を無線で接続できる電話．コードレス電話ともいう．

システムコール【system call】　[I][算]ディスクやメモリーの管理，データの入出力操作など，OS（基本ソフト）が管理する機能をアプリケーションソフトが利用すること．またそのための手順．

システムコスト【system cost】　[I][算]警備・防災などに電子機器を導入する際にかかるシステム全体の費用．

システム コンサルティング【system consulting】　[I][算]情報システム全体を経営戦略，効率性，安全性などから総合的に評価・助言し，設計・調整を行う事業．

システム コンバーター【system converter】　[放]テレビの標準方式変換器．日本，アメリカ，ヨーロッパの間でテレビ番組を交換する場合に，相手国の標準方式に変換するのに用いる．

システム コンポーネント【system component 日】　[電]単体の各機器を組み合わせてまとめたステレオ装置．システムコンポ．シスコン．英語は systematic component stereo．

システム産業【system industry】　[営]機能集積型産業．最終用途や開発のために多数の産業や企業を有機的に組み合わせた複合的な産業概念．宇宙・海洋開発産業など．

システム ジェネレーション【system generation】　[I][算]ある決まった目的のオペレーティングシステムを作り上げること．システム生成．

システム設計【system design】　[I][算]システム開発の際，利用される業務の内容を考慮してシステムを設計すること．

システムソフト【systems software】　[I][算]コンピューターシステム自体を制御するためのソフトウエア．システムソフトウエアとも．

システム ダイナミックス【system dynamics】　[営]時間とともに変動する企業の動態を模型化して分析する手法．1956年にアメリカのフォレスターが創案．SD ともいう．

システムダウン【system down 日】　[I][算]コンピューターが作動しなくなること．英語の The system is down．から．

システムディスク【system disc】　①[I][算]OS（基本ソフト）をインストールしたハードディスク．②[I]

システムデ▶

算OS（基本ソフト）をインストールするためのフロッピーディスク．③Ⅰ算ソフトウエアをインストールするためのフロッピーディスクのうち，基本的なプログラムが入っているもの．複数枚で一組みの場合は1枚目．

システムデザイン【system design】Ⅰ算システム設計．問題を分析し，情報を効果的に処理するする計画を立てること．

システムテスト【system test】Ⅰ算システム開発の一過程で，総合テスト．実際の利用環境を想定して，システムが要求にかなうものかどうかを全体的に確認する．

システム手帳【system pocketbook 日】予定表，住所録，鉄道路線図，罫線ノートなど，多機能を備え，取り外しができる手帳．

システムテレビ【system television 日】版ブラウン管，チューナー，スピーカーを別々にあつらえて組み合わせられるテレビ．英語は audio-visual components．

システム バイオロジー【system biology】生生物学の新潮流の一つ．生命をシステムとして理解することを目指している．

システムハウス【system house】Ⅰコンピューターのシステム設計，ソフトウエア開発や，各種の機器を組み合わせるシステムの組み立てなどを行う企業．

システムバス[1]【system bath 日】建気泡浴槽やサウナ，音響装置，テレビなど多機能を備えた快適な浴室．

システムバス[2]【system bus】Ⅰ算パソコン内で CPU（中央処理装置）と各種の装置との間で信号を送受信するための通路．装置に応じてさまざまなバスがある．

システム パッケージ【system package】Ⅰ算ソフトウエアのパッケージの一つ．データベース管理ソフトなどのミドルウエアをパッケージにしたもの．

システムファイル【system file】Ⅰ算 OS（基本ソフト）やアプリケーションソフトのシステム全体を構成する基本的なプログラムやデータファイル．

システム フォルダー【system folder】Ⅰ算 MacOS にとって重要なシステムファイルが格納されているフォルダー．

システムフォント【system font】Ⅰ算メニューやダイアログボックスで用いるシステムで設定済みのフォント．

システム フローチャート【systems flow-chart】Ⅰ算システム全体にわたってどのようにデータが流れていくかを表した図．

システム分析【system analysis】Ⅰ算業務における問題点を分析，把握して解決方法を見いだし，そのシステムの仕様を設計すること．

システム マーケティング【system marketing】Ⅰ営算組織の販売活動．コンピューターなどを用いて，マーケティング戦略を組織的に展開すること．

システムモニター【system monitor】Ⅰ算 Windows 95以降に標準で搭載されている，CPU（中央処理装置）やメモリーの利用状態を監視するためのソフトウエア．

システムリスク【system risk】Ⅰ経算個々の金融機関のリスクではなく，全国に張り巡らされた金融機関のネットワークシステムが機能不全に陥るようなリスク．

システムリソース【system resource】Ⅰ算 Windows で，プログラムの実行や画像の表示を行う時に利用されるメモリーの領域．

ジステンパー【distemper】動幼犬がかかることが多い，ウイルスによる急性伝染病．

シスト【cyst】①生原生動物などの被覆体．②医囊胞（のほう）．

ジストニー【dystonia】医筋失調症の一種．手足の筋肉が硬く縮み，動かせなくなる．

ジストマ【distoma 羅】生扁形動物吸虫類．人間や家畜の肺や肝臓に寄生する．

ジストロフィー【dystrophy】医筋委縮症．筋肉のまひや運動機能障害が特徴．

シスプラチン【cisplatin】薬プラチナの誘導体で抗悪性腫瘍剤．黄色の結晶性粉末で無臭．cis-diamine dichloroplatinum．CDDP．

シスポリイソプレンゴム【cispolyisoprene rubber】化合成ゴムの一種．イソプレンから立体規則性重合で作るゴム．天然ゴムに近い構造と性質をもつ．

ジスマーク【JIS mark 日】日本工業規格に合格した工・鉱業製品に付けるマーク．JIS は Japanese Industrial Standards の略．

シズルセール【sizzle sale】営買い手の購買欲を呼び起こさせる販売術．

シゾイド人間【schizoid】心分裂的な心理傾向をもつ現代人を表す言葉．自己中心的で責任感が希薄とされる．

シソーラス【thesaurus】①言分類語辞典．類語辞典．②Ⅰ算情報検索用の索引．データの検索に用いる同義語や類義語をまとめた辞書機能．

シゾンシアニディオシゾン（cyanidioschyzon merolae 羅）の略．生単細胞藻類の一種．原始的な構造で，強酸性を有する．

シタール【sitār ヒンディー】音インドの弦楽器の一種．金属弦をつめではじく．

シタラビン オクホスファート【cytarabine ocfosfate】薬半減期が短く，持続点滴静脈内注入をたびたび行う抗がん剤シタラビンの欠点を改善して，開発された薬剤．

シチズン【citizen】市民．文民．国民．

シチズン アドボカシー【citizen advocacy】社市民提言．積極的に提言を行う市民運動の進め方．

シチズンシップ【citizenship】①社市民権．公民権．②市民性．共同社会性．③市民の行動．

シチズンセクター【citizen sector】社民間非営利部門．行政から相対的な独立性をもつ第三セクター．

シチズンチャーター【Citizen's Charter】社政イギリスの市民憲章．1991年にメージャー政権が発表した．行政サービスの目標を明らかにし，市民へのサービス向上をうたった．

シチズンバンド【citizens' band】電トランシー

バー用に割り当てられた個人用の周波数帯．市民バンド．

シチュエーション【situation】①状況．立場．局面．場面．②映劇放登場人物に設定された境遇や場面．

シチュエーション エシックス【situation ethics】歴状況倫理．人間の置かれた状況によって変わる倫理観や価値観．

シチュエーション コメディー【situation comedy】映放人間関係が生み出す日常的なおかしさを主題にした映画やテレビドラマ．状況喜劇．

シチュエーション ルーム【situation room】軍戦況報告室．最高指揮官へ戦況を伝え，作戦の指揮を受ける．

シック[1]【chic 仏】いきな．あか抜けた．洗練された．

シック[2]【sick】医病気．気分の悪い．

シック[3]【thick】①服ズボンの股の部分の当て布．②厚い．濃い．

シックカー症候群【sick car syndrome】医自動車内で発生する化学物質過敏症．装飾品や接着剤の揮発性有機化合物(VOC)が原因．

シックサー【sixer】6本を一包みにした缶ビール．

シックスクール【sick school】医化教設備や備品などに用いる化学物質で，児童・生徒が被害を受ける問題が起きている学校．ワックス，消毒液，樹木の農薬などが原因とされる．

シックスシグマ【six sigmas】営 6σ．経営全般で起こるエラーやミスの発生率を100万分の3.4回に抑えることを目指す方法．シグマは標準偏差を示す記号．

シックスネイションズ【Six Nations】競ラグビーの国際大会．イングランド，スコットランド，ウェールズ，アイルランド，フランス，イタリアの代表チームによる対抗戦．

シックスパック【six-pack】6本入りの箱．6個詰めの容器．びんや缶に入った飲料を半ダース詰める取っ手付きの紙箱．

シックスポケット【six pocket 日】社1人の子供に，父母とそれぞれの祖父母の計6人が金を出してくれること．

シックネスバッグ【sickness bag】乗り物酔いの乗客のためのビニール袋．

シックハウス症候群【sick house syndrome】医化建材などから化学物質が出て起こる，めまいや頭痛，皮膚障害などの症状．

シックビル症候群【sick building syndrome】医化生ビルの中で，頭痛やめまい，目やのどの痛み，発疹，だるさなどの症状を起こすもの．換気不足などで生じる細菌や有機化合物，微小なダニなどが原因とされる．

シック ビルディング【sick building】医建空調設備が悪く，汚染された空気や微生物で従業員が病気にかかりやすい建物．

シックル【Sickle】軍ロシアの大陸間弾道ミサイルの一種．

ジッター【jitter】I算データ情報を伝送する際の伝達速度のばらつきや，その際に発生する遅延時間

のばらつき．

ジッタリング【jittering】I算三次元コンピューターグラフィックスで，画像のギザギザを目立たなくするための方法の一つ．画像を構成する一点において，中心点から外れた部分を代表とする．

シッチェス映画祭【Sitges Festival Internacional de Cinema de Catalunya 西】映ホラーとSFに特定化したスペインの映画祭．

シット【shit】①大便．排便．②見せ掛け．うそ．③「ちくしょう」「しまった」「くそっ」などといった悪口雑言．

シットイン【sit-in】社示威行為における抗議の座り込み．

シット オン トップ【sit-on-top】競(カヌ)艇の上に座る(sit on top)タイプのカヤック．

シットコム【sitcom】劇状況喜劇．場面設定と登場人物から生じるおかしさで笑わせるもの．situation comedy の略．

シットダウン【sit-down】社労働争議などの闘争戦術の一つで，職場や工場などに労働者が座り込むこと．

ジッパー【zipper】服開閉式の留め具．元来は商標名．ファスナーともいう．

シッパーズ ユーザンス【shipper's usance】営経支払期限延期の契約．輸入品が売りさばかれるまで，輸入業者が輸出業者に対して決済を延ばしてもらうこと．

ジッパードレス【zipper dress 日】服ジッパーをデザインに取り入れたドレス．

ジッパー ファッション【zipper fashion】服開閉具のジッパーを，メタリックなアクセント効果を狙ってデザインに取り入れたもの．

ジッピング【zipping】ビデオなどを早送りして飛ばし見すること．

シップ【ship】①船．艦．②字宇宙船．③船に積む．出荷する．

ジップアップ【zip-up】服前開きの部分をファスナーで留めるデザイン．

ジップコード【ZIP code】アメリカの郵便番号．ZIP は Zone Improvement Plan（郵便集配区域改善計画）の略．

シップメント【shipment】船積み．出荷．発送．積み荷．

ジッヘル【sicher 独】安全な．確かな．

ジッヘルング【Sicherung 独】登確保．ロッククライミングなどで，転落しないようにザイルを結んで保持すること．

シティー【city】①社地都会．都市．市．シティとも．②［C-］政イギリスのロンドン旧市部．金融・商業の中心地区に当たる．独立した行政区で，シティ オブ ロンドン(City of London)の略．

シティー アドミニストレーター【city administrator】政市行政管理者．市政の管理を任された専門家．

シティーエディター【city editor】①新聞社の地方版記事編集長．②新聞や雑誌の経済記事編集長．

シティーカー システム【city car system】

シティーガール【city girl】社都会的な感覚をもった若い女の子.

シティースケープ【cityscape】建都市景観. 街の造景. 自然の景色と区別する意味で用いる. タウンスケープともいう.

シティースタット【CitiStat】社アメリカのボルチモア市政に導入した情報管理方式.

シティーセンター【city center】社市役所・市民会館など都市の公共施設が集中する場所.

シティーバンク【city bank】経都市銀行.

シティー プランニング【city planning】社都市計画.

シティーボーイ【city boy】社都会的な感覚をもった若者. 都会の子供や若者.

シティーホール【city hall】建市議会・市役所など自治体の各施設を一つにまとめたもの.

シティーポスト【city post 日】大都市に設置する簡易郵便局の通称.

シティーポップス【city pops】音都会風な感覚をもつポピュラー音楽.

シティーホテル【city hotel 日】建都市の中心部にあるホテル. 英語では hotel in the center of the city.

シティー マネジャー システム【city manager system】社市支配人制. 市議会が選んだ行政の専門家に市政の実質的権限を委ねる行政形態. 欧米の地方都市で見られる.

シティーライフ【city life 日】社都市で営む生活. 都会的な生活.

シティホン【City Phone】工 NTT ドコモが提供する, 1.5GHz 帯の無線を利用した PDC 方式の携帯電話のサービス. 周囲の環境に影響されやすいが, 通話料は比較的安い.

ジデオキシイノシン【dideoxyinosine】薬逆転写酵素の阻害剤. HIV（エイズウイルス）の細胞内増殖を抑制する. ddI ともいう.

シトクロム P450【cytochrome P450】化生ポルフィリンと二価鉄の配位化合物であるヘム基をもつたんぱく質の一群. 一酸化炭素と結合すると450ナノメートル付近に吸収極大をもつスペクトルを示す. チトクロム P450, P450ともいう.

シトシン【cytosine】生デオキシリボ核酸（DNA）を構成する四つの塩基の一つ. 記号はC.

シドニー オリンピック【Sydney 2000 Olympic Games】競オーストラリアのシドニーで2000年9～10月に開かれた夏季オリンピック.

シトロン【citron】①植ブシュカン（仏手柑）. また その実. ②料炭酸水にレモン果汁などを加えた清涼飲料水.

シナゴーグ【synagogue】宗ユダヤ教の教会堂. ユダヤ教徒の集会.

シナジー【synergy】①共同. 共力作用. ②営個々の働きの合計よりも大きな効果をあげるために行われる協働力.

シナジー効果【synergy effect】営相乗効果. 一つの機能が多重利用される場合に発生し, 多角化戦略の理論づけのために使われる.

シナジー セラミックス【synergy ceramics】理相乗効果型セラミックス. セラミックスの機械的性質を向上させるため, 組織を高度に制御する.

シナストリー【synastry】占星術での相性.

シナプシス【synapsis】生染色体接合. 対合. 減数分裂の初期に相同染色体が並列し接合すること.

シナプス【synapse】生ニューロン（神経元）相互間の接合部. 一つのニューロンから他のニューロンや細胞に興奮を電気的または化学的に伝達する.

シナリオ【scenario】①映劇放脚本. 台本. ②工置表計算ソフトで, 一時変更したデータで結果を模擬的に予測する機能. ③工テレビゲームなどで表示されるメッセージや地の文章.

シナリオライター【scenario writer】映劇放脚本家. シナリオ作家.

シナントロプス ペキネンシス【Sinanthropus pekinensis 羅】歴北京原人. 北京近郊で発見されたホモ・エレクトウスの一種.

シニア【senior】年上の. 上級の. 年長者. 上級者. アメリカでは, 50歳以上の年長者を指す. ⇔ジュニア.

シニアサッカー【Seniors】競（ｻｯｶｰ）選手が40歳以上のチームが参加できるサッカー. 日本サッカー協会のチーム登録部門の一つ.

シニア シミュレーター【senior simulator 日】高齢者の生活感覚などを体験できる装置やプログラム. 東京ガスが開発した.

シニア住宅【senior house 日】建社高齢者用の集合住宅. シニアハウス, シルバーマンションともいう.

シニアシングル【senior single】社一人暮らしの高齢者.

シニアツアー【senior tour】競（ｺﾞﾙﾌ）満50歳以上のプロ選手によるトーナメント.

シニア ハイ スクール【senior high school】教日本の高等学校に相当するアメリカの学校.

シニアハウス【senior house 日】建社高齢者専用の集合住宅. シニア住宅, シルバーマンションともいう.

シニア バレーボール【senior volleyball 日】競（ﾊﾞﾚｰ）50歳以上の家庭婦人を対象とする9人制のバレーボール.

シニア ボランティア【senior volunteer 日】社社会奉仕活動に参加する高齢者.

シニアライフ アドバイザー【senior life adviser 日】社電話による中高齢者の生活相談を受け持つ人たち. 1992年に発足したシニアルネッサンス財団が実施.

シニアリーグ【senior league】競（野球）硬式球を使う少年野球で, 13歳より上の中学生を対象とするもの.

ジニー賞【Genie Award】映カナダの映画賞. アメリカのアカデミー賞に相当する.

ジニーメイ【Ginnie Mae】経アメリカの政府住宅抵当金庫の愛称.

シニオレッジ【seigniorage】〘経〙貨幣鋳造利差. 通貨発行特権. 国際通貨として使われる通貨を発行する国が, 国際取引や支払い準備に使用されることで得るさまざまな経済的利益.

シニカル【cynical】皮肉な. 冷笑的な.

ジニ係数【Gini's coefficient】〘経〙人口に対して所得分布の不平等度を表すローレンツ曲線グラフの中で, 不平等さを示す指標.

シニシズム【cynicism】①皮肉な見方. 冷笑癖. ②〘哲〙〔C-〕禁欲主義を唱えたソクラテス門下の一派, キニク学派の思想. 犬儒主義.

シニック【cynic】皮肉屋. すね者.

シニフィアン【signifiant 仏】〘哲〙記号表現. 能記. 記号としての言語がもつ二つの側面のうち, 音声表現の面をいう. スイスの言語学者ソシュールが用いた語. ⇔シニフィエ.

シニフィエ【signifié 仏】〘哲〙記号内容. 所記. 記号としての言語がもつ二つの側面のうち, 意味内容の面をいう. スイスの言語学者ソシュールが用いた語. ⇔シニフィアン.

シニヨン【chignon 仏】〘服〙ねじったり結んだりロールにしたりして束ねた髷(まげ).

シネアスト【cinéaste 仏】〘映〙映画作家. 映画人. 映画関係者. 映画愛好者. 映画ファン.

シネクティックス【synectics】創造工学. 集団で自由に意見を交換して問題の解決を目指すような, 創造的な過程を研究する.

シネクティックス グループ【synectics group】〘社〙想像力と思考力を自由に駆使して問題解決を図る人間集団.

シネクラブ【cineclub 日】〘映〙映画愛好家たちの同好会的な集団, またその活動. 英語は movie fan club.

シネコーダー【cinecorder】映画フィルムと同じ寸法の磁気フィルムに画像と音声を収録して, 同様性をもたせた磁気録音再生機.

シネコン シネマコンプレックス(cinema complex)の略. 〘映〙複合型映画館.

シネサイン【cine sign 日】〘広〙ビルなどの外壁に無数の電球の点滅で動画を映し出す広告. 英語は lighted advertising sign.

シネトロポリス【Cinetropolis】〘映社〙映像システムを主施設とする都市型の小規模テーマパーク. アメリカのアイワークス社が開発.

シネプレックス【cineplex】〘映〙複合型映画館. 一つの場に複数の映画館がある形態. シネマコンプレックス. シネマルチプレックス.

シネマ【cinema】〘映〙映画. 映画の技術や芸術を総称するのに用い, 映画作品を指すフィルムとは区別している.

シネマ歌舞伎【cinema kabuki 日】〘映〙松竹110周年事業の一環として企画された, 歌舞伎の劇場用映画.

シネマ コンプレックス【cinema complex】〘映〙複数のスクリーンをもつ複合型映画館. 一つの建物内に複数の映画館のある形態. シネコン, シネプレックスともいう.

シネマ ジャパネスク【Cinema Japanesque 日】〘映〙映画の企画・製作・配給を行う松竹の一部門. 1997年に設立し, 98年に廃止.

シネマスコープ【CinemaScope】〘映〙1953年にアメリカで開発された画面の縦横の比が1：2.55の大型スクリーン映画. 商標名.

シネマスター スタイル【cinema star style 日】〘服〙ハリウッド映画全盛期のスターを思い起こさせる優美なスタイル.

シネマテーク【cinémathèque 仏】〘映〙映画図書館. 重要な古典作品や資料・文献などを収集・保存する.

シネマトゥルギー【cinématurgie 仏】〘映〙映画技法. シネマツルギーともいう.

シネマトグラフ【cinematograph】〘映〙映画撮影機. 映写機. 映画館. 1895年にフランスのリュミエール兄弟が発明した映画撮影機の名に由来.

シネマトグラファー【cinematographer】〘映〙撮影監督. 映像化の責任者.

シネマバー【cinema bar】食事や飲酒をしながら映画鑑賞ができる酒場.

シネモード【cine-mode 日】〘服〙映画の中で主人公などが着て流行した装い. 英語は cinema fashion.

シネラマ【Cinerama】〘映〙1952年にニューヨークで初公開された画面の縦横比が1：2.88の大型スクリーン映画. 商標名.

シネラリア【cineraria】〘植〙キク科の多年草. カナリア諸島原産で, 園芸種が多数ある. サイネリアともいう.

シノグラフィー【scenography】〘劇〙光と音響による舞台装置. 遠近図法. 映像アート.

シノニム【synonym】①〘言〙同義語. 同意語. ②〘I算〙直接アクセス記憶装置を使うファイル方式で, 複数のレコードがもつキーを同一のアドレスに変換させること.

シノプシス【synopsis】梗概. 粗筋. 大意.

シノプチック気象学【synoptic meteorology】〘気〙総観気象学. 天気図をもとに大気の状態を解析・総合し, 気象変化を予知する学問.

シノワズリ【chinoiserie 仏】〘美〙中国趣味. 17世紀後半から18世紀後半に, 中国的装飾がロココ趣味と結びついて起こった.

ジハード【jihād 亜刺】〘宗〙聖戦. イスラム世界の防衛・拡大のため, 異教徒に対して行うイスラム教徒の戦い.

ジハード運動【Islamic Jihad】〘社政〙イスラム的解放闘争を掲げて運動する組織. パレスチナとイスラエルの和平に徹底して反対を唱える.

シバ神【Siva 梵】〘宗〙ヒンズー教の二大主神の一つ. 破壊と創造の神. シバともいう.

シバリチズム【sybaritism】快楽主義. ぜいたく.

シビア【severe】厳しい. 過酷な.

シビア アクシデント【severe accident】〘理〙設計時の予想を大幅に超える原発事故. 過酷事故.

ジビエ【gibier 仏】狩猟の獲物になる鳥獣類. またその食肉.

シビック【civic】市民の. 公民の. 都市の.

シビック ジャーナリズム【civic journalism】社市民とともに地域社会の問題などを解決するのに積極的に取り組もうとする報道姿勢．パブリックジャーナリズムともいう．

シビックトラスト【Civic Trust】環社主として都市環境の保全・改善を目的とするイギリス人の民間認可団体．1957年に設立．

シビック ハウスクリーニング【civic housecleaning】社政市民による政府・政治家の汚職や腐敗の追及，浄化運動．

シビリアン【civilian】一般市民．文官．民間人．非戦闘員．「軍人」に対比して用いる．

シビリアン コントロール【civilian control】軍政文民統制．文官が軍事権をコントロールするという政治優位の考え方．

シビリアンパワー【civilian power】社地球的規模で発展するNGOの働き・力量のこと．

シビリゼーション【civilization】文明．文明開化．

シビル【civil】市民の．文民の．民間の．

シビルウオー【civil war】①軍内戦．内乱．②［the C- W-］歴アメリカ南北戦争．

シビル エンジニアリング【civil engineering】土木工学．

シビルガバナンス【civil governance】社市民社会で起きる問題に市民の側から働きかけること．

シビルサーバント【civil servant】政軍人以外の公務員．文官．

シビル ソサエティー【civil society】社市民社会．第三セクターのこともいう．

シビルミニマム【civil minimum 日】社市民生活のための必要最小限の環境条件．教育・衛生・住宅などについて自治体が目標とする行政基準．英語は subsistence．

シビルユニオン【civil union】社市民契約．同性カップルに，遺産相続や年金などで結婚と同等の権利を認める制度．

シビルライト【civil right】社市民権．

ジフ【GIF】I算画像データフォーマットの一つ．インターネット上で標準的に利用される．graphics interchange format の頭字語から．

ジフェニル【diphenyl】薬カビ防止剤の一種．急性毒性が強い．

シフォン【chiffon】服薄くて柔らかい絹あるいは人絹の織物．

ジプシーパンプス【gypsy pumps】服甲の前部中央に縦の縫い目のある靴．

ジプシーボンネット【gypsy bonnet】服つばが広く，あごの下でひもを結ぶ女性・子供用の帽子．

シフト【shift】①移行．転換．場所や方向・位置などを変えること．②営社交代勤務制．交代勤務時間．③機自動車のギアを入れ替えること．④タイプライターのシフトレバー．

ジブドア【jib door】建部屋の壁面などに目立たないように作られた戸．

シフトキー【shift key】I算入力装置にあるキーの一つ．大文字・小文字の切り換えや，記号などを打つ時に使う．

シフトクリック【shift click】I算マッキントッシュで，シフトキーを押したままマウスをクリックする操作．

シフト JIS コード【shift JIS code】I算JIS規格の日本語文字コードの一種．2バイトのコードで1文字を表す．MS漢字コード．

ジフト法【ZIFT】医体外受精の一方法．接合子卵管内移植．受精を確認した段階で胚を卵管内に移植する．zygote intrafallopian transfer の頭字語から．

シフト命令【shift instruction】I算2進数のデータの演算で，ビットを左右へ一定の桁数移動させる命令．演算の効率化のために使う．

シブトラミン【sibutramine】薬肥満症治療薬の一種．国内未承認．

シフトレジスター【shift register】I算複数の直列のフリップフロップからなる電子回路．2進数からなるデータを効率的に演算する際に利用される．

シプリ【SIPRI】ストックホルム国際平和研究所．平和と紛争の諸問題を研究する．1966年にスウェーデンが創設．Stockholm International Peace Research Institute の略．

ジペプチド【dipeptide】化一つのアミノ酸のカルボキシル基と別のアミノ酸のアミノ基から水がとれて生じる化合物．

シベリアン ハスキー【Siberian husky】動犬の一品種．原産地はシベリア北東部で，そり引きや狩猟などに使われる中型犬．

ジベレリン【gibberellin】生植物の生長促進ホルモンの結晶物質．ブドウの熟期促進，花や野菜の生長促進などに用いる．

シボリ服本来は絞り染めのこと．プラダが無造作に液に浸したようなディップダイ（実際は板締め防染加工）を「シボーリ」と呼んだことから，このタイプの染め柄のことを指す．

シマ【sima】地大陸・海洋地殻深部のケイ素とマグネシウムに富む層．

シマンティックス【semantics】言意味論．意味構造．用語法．語義論．セマンティックスともいう．

シミュラークル【simulacre 仏】①まがいもの．模造．見せかけ．まねごと．②哲オリジナルとコピーの位階関係を無効化する記号やイメージのあり方．

シミュレーショニズム【simulationism】美1980年代前半にニューヨークで起こった美術の新傾向．現代の消費社会の基盤は再生産にあるとみなし，コピーをオリジナルを超えた現実性と考えて独創性を否定する．ネオジオ．

シミュレーション【simulation】①I算模擬実験．多くのデータを基に現実の場面を想定してモデル問題を作り，事態の変化・進展を分析・予測する方法．②競(";")反則の一つ．審判を欺く行為をすること．

シミュレーションRPG【simulation role playing game】I算ゲームの一領域．シミュレーションゲームとロールプレーイングゲームの特徴をもっているもの．

シミュレーション ゲーム【simulation game】I算パソコンを使ったロールプレーイングゲームの一つ．キャラクターや状況の設定・展開に伴

い、プレーヤーがゲームの世界の中を疑似体験できる。SLGともいう。

シミュレーション言語【simulation language】①算シミュレーションを行うための専用のプログラム。

シミュレーション ゴルフ【simulation golf 日】競ゴルフの競技内容を模擬体験できる装置。ゴルフ場を映した映写幕に向かって、クラブで球を打つと、速度や方向などを検知して、落下地点などを示す娯楽施設。

シミュレーション消費【simulation consumption 日】社さまざまな情報やメディアが作り出す模倣の世界によって成り立つ、現代の生活における消費活動。

シミュレーション ライド【simulation ride】①算疑似的なフライトを体験できる技術を利用して、宇宙船などの乗物を模した遊戯施設。

シミュレーター【simulator】①機算模擬実験装置。模擬訓練装置。機械類が実際に作動する時と同じ状態を作り出す。

シミュレーター シックネス【simulator sickness】医飛行模擬装置の利用者に現れる、頭痛や視覚のゆがみなどの症状。

シミュレート【simulate】まねる。模倣する。仮装する。

シミラー【similar】似た。類似の。相似の。同様な。同種の。

ジム【gym】競体育館。体操場。ボクシングの練習場。

ジムカーナ【gymkhana】競〔自動車〕障害物を使ってコースを設営し、タイムを競う自動車競技。

ジムクロウ【Jim Crow】社黒人差別。黒人差別政策。

シムソン線【Simson line】数三角形の外接円上の任意の一点から、三角形の三辺、あるいはその延長に下ろした垂線の足を結んでできる直線。

ジムナスティックス【gymnastics】競体操。体育。曲芸。

シメチジン【cimetidine】薬消化性潰瘍治療剤。胃液の分泌を抑制する。

ジメチルエーテル【dimethyl ether】化天然ガスを加工・合成して作る気体の一種。麻酔性があり、溶剤などに使う。DME。

ジャー【jar】広口瓶。飲食物を保温する広口の容器。

ジャーキー【jerky】料細切りにして乾燥させた保存肉。

ジャーク【jerk】競〔重量挙げ〕差し上げ種目。バーベルを肩、頭上へと差し上げ、両足をそろえて静止する。

シャークスキン【sharkskin】服サメの皮に似た織り目の綾織物。ざらっとした肌触りの化繊服地。

シャーク リペラント【shark repellent】経会社定款などに、敵対的買収に対する防衛策を盛り込んでおくこと。

ジャーゴン【jargon】言特殊用語。隠語。たわごと。

シャーシー【chassis】①機自動車のエンジンや車輪を取り付ける車台。②テレビやラジオの各種部品を組み込む枠。シャシーともいう。

ジャージー【jersey】①服編み目の比較的細かいメリヤス地。シャツなどに用いる。②服ラグビーなどで用いる伸縮性のある運動着。③〔J-〕動乳牛の一品種。ジャージー種。

ジャージー ストライプ【jersey stripe 日】服ジャージー製のしま模様の入った練習用の上下服をもとにしたデザイン。

シャーシー ダイナモメーター【chassis dynamometer】機車台動力計。自動車を路上走行する時と同じ状態で操作できる実験装置。

ジャーナリスティック【journalistic】新聞雑誌の。ジャーナリスト的な。時流にのった。

ジャーナリスト【journalist】新聞や雑誌の記者・編集者・寄稿者など、ジャーナリズムに関係する人の総称。

ジャーナリズム【journalism】新聞、雑誌、放送などによる大衆への情報伝達・論評活動。

ジャーナル【journal】①定期刊行物。日刊新聞。雑誌。②①算コンピューターで操作して各種データを自動的に記憶した記録の総称。

ジャーナルファイル【journal file】①算システムの運用状況を定期的に自動記録したファイル。データ復旧に活用される。

ジャーニー【journey】旅行。

ジャーヒリーヤ【jahiriya 亜刺】宗歴イスラム教が知られる以前(無知)の時代。

シャーピン【shear pin】機破損防止のためのピン。無理な力がかかった時に、このピンが折れて機械の重要部分の破損を防ぐ。

シャープ【sharp】①鋭い。鋭敏な。②音嬰(えい)記号。指定された音を半音上げる譜号。記号は♯。

シャーベット【sherbet】料氷菓子の一つ。果汁に砂糖や香料を加えて凍らせたもの。

シャーマニズム【shamanism】宗巫女(みこ)の呪術などで、神霊や祖霊と交わる原始宗教。

シャーマン【shaman】宗シャーマニズムにおける巫女(みこ)や呪術師。

ジャーマンガス【German gas】軍第二次大戦中にドイツが開発した有毒化学剤。タブン、サリン、ソマン、VXの総称で、神経組織を侵す神経剤。Gガスともいう。

ジャーミング【jarming】競上半身、特に腕の運動のこと。健康づくりに効果が大きいといわれる。

ジャーム【germ】①生細菌。ばい菌。病原菌。②生芽生え。胚。胚種。

シャーリング[1]【shearing】機板金をはさみ切る剪断(せんだん)加工をすること。

シャーリング[2]【shirring】服洋裁の縫い方の一つで、2段以上にギャザーを寄せること。

シャーレ【Schale 独】化細菌の培養などに用いる、ふた付きの円形ガラス皿。ペトリ皿。

シャーロッキアン【Sherlockian】文コナン・ドイル作の推理小説に登場する探偵シャーロック・ホームズの信奉者・研究家。

シャーロットタウン合意【Charlottetown Ac-

233

シャイ▶

cord】カナダのプリンス エドワード アイランド州の州都シャーロットタウンで1992年に，マルルーニー連邦政府首相と10人の州首相が合意した憲法修正案．

シャイ【shy】はにかみやの．内気な．

ジャイアンツ コーズウェイ【Giant's Causeway】イギリス・北アイルランドの世界自然遺産．火山噴火でできた石柱が密集している．

ジャイアント【giant】巨人．大男．巨漢．巨大な．偉大な．

ジャイアント インパクト説【theory of giant impact】地月起源論の一つ．原始地球に原始惑星が衝突し，飛び散った物質が地球周回軌道で集積し月ができたとする．

ジャイアント エレクトロニクス【giant electronics】電微細加工技術を用いて大面積の回路素子を作る電子工学の分野．高画質・大画面の映像表示装置の液晶や電力用太陽電池などをいう．

ジャイアントカラー【giant collar】服顔をおおう大きな襟．

ジャイアント スラローム【giant slalom】競(ｽﾞｰ)大回転．アルペン種目の一つ．滑降と回転の中間的な競技．リーゼンスラローム．

シャイニー メーキャップ【shiny makeup】容化粧法の一つで，輝きを出すために肌にコールドクリームなどを塗ること．

ジャイブ【jive】音黒人に特有な皮肉，ユーモアなどの感覚をもつジャズ．

ジャイロコンパス【gyrocompass】機転輪羅針盤．ジャイロスコープを応用して方位を測定する計器．

ジャイロスコープ【gyroscope】機理回転儀．回転するこまが三軸方向に自由に向きを変えられるようにした装置．船舶・飛行機の安定装置などに使われる．

ジャイロパイロット【gyropilot】機ジャイロコンパスなどを使った船舶や航空機の自動操縦装置．オートマチックパイロットともいう．

シャウティングヒル【shouting hill】叫びの丘．イスラエル占領地のゴラン高原にある．

シャウト【shout】叫ぶ．大声を出す．

シャウトライン【shoutline】広広告記事の中で，受け手の注意を引くように強調した部分．大きな文字や太字，傍線などを使って示す．

ジャガー【jaguar】動アメリカヒョウ．ネコ科の哺乳類．中南米に生息する肉食動物．

ジャカード【jacquard】①服紋織物．装飾で絹織物に多く用いる．②機紋織機．紋紙を利用して複雑な紋様を織る．

ジャカデミズム【jourcademism】学問研究と情報伝達媒体で活躍する人材が相互に交流を深め，知的資源を有効に使う仕組み．journalism と academism の合成語．

シャギー【shaggy】①服毛足の長い毛織物．②粗毛の．

ジャギー[1]【jaggy】IT算文字や画像を表示した時，縁に見えるギザギザのこと．

ジャギー[2]【jagy 日】音ジャズ音楽に合わせるダ

ンスの一種．英語は jazz gymnastic．

シャギーカーペット【shaggy carpet】毛足の長いカーペット．

シャギーカット【shaggy cut】容かみそりやはさみを用いて，髪の毛を不ぞろいにそぐ技法．

シャギーボブ【shaggy bob】容女性の髪型の一つ．毛先をもじゃもじゃにした髪型．

ジャグ【jug】水差し．取っ手と注ぎ口のある容器．

ジャクジー【Jacuzzi】泡ぶろ．噴流式の気泡ぶろ．商標名．ジャクージともいう．

ジャクソン法【Jackson structure programming】IT算プログラムの設計方法の一つ．実際に扱うデータの構造を決定した後に，それに基づいてプログラムを設計する．

ジャグラー【juggler】①芸曲芸師．手品師．奇術師．②社詐欺師．

ジャグリング【juggling】芸玉や輪などを投げる曲芸．

ジャケット【jacket】①服短い上着の総称．②本やレコード，CDなどのカバー．

ジャケットサイズ プレーヤー【jacket-size player】音LPレコードのカバーの大きさに合わせた小型音響再生装置．

ジャケットピアス【jacket pierce】服1粒の真珠や宝石に金製の飾りを付けたピアス．

シャコンヌ【chaconne 仏】音変奏曲の一つ．スペイン舞曲から発達した．

ジャズ【jazz】音アメリカで生まれた大衆的な都市型音楽．1900年ころ，南部の港町ニューオーリンズの黒人たちが始めた．

ジャスダック【JASDAQ】経株式店頭市場のコンピューター売買システム．Japanese Association of Securities Dealers Automated Quotation System の略．

ジャスダック市場【JASDAQ market】経日本証券業協会が運営する株式店頭市場．2001年に株式店頭市場の一般呼称名を変えた．

シャスタデージー【Shasta daisy】植キク科の多年草．フランスギクとハマギクの交配雑種．夏に枝頂に白い花が咲く．

ジャスティス【justice】①正義．公正．公明正大．②法裁判．司法．

ジャスティファイ【justify】正当化する．弁明する．

ジャスティフィケーション【justification】①正当化．②IT算文章の行幅が同じになるように体裁を整える機能．欧文の文章によく使われる．

ジャストインタイム【just-in-time】IT算部品の在庫をもたないで，指定時間にぴたりと合わせて部品を納入させる方式．JIT，かんばん方式ともいう．

ジャストインタイム エンプロイー【just-in-time employee】営社契約社員．必要な時に，必要な人数を確保しやすいところから．

ジャストインタイム エンプロイメント【just-in-time employment】営必要な時に必要な人員だけを雇用する方式．

ジャストインタイム マーケティング【just-in-time marketing】営店頭で顧客が出した反

◀シャドープ

応に即時に対応するマーケティング．

ジャスト計画【JAST program】軍アメリカ海・空軍共同の統合先進攻撃技術計画．1994年に始まった，次世代の攻撃機のための研究計画．Joint Advanced Strike Technology の頭字語から．

ジャストフィット【just fit】ぴったり合う．ちょうど適合する．

ジャスパーウエア【jasperware】カメオ細工に用いる磁器．イギリスの陶芸家ヨシア・ウェッジウッドが開発した．

ジャスミン【jasmine】 植モクセイ科ジャスミヌム属の総称．花は芳香があり香料をとる．

ジャズラガ【jazz raga】音インド音楽の旋律定型を取り入れたジャズ．

ジャズロック【jazz rock】音ロック感覚を取り入れた新しい形式のジャズ．

シャツ オン シャツ【shirt on shirt 日】服形や色などの違うシャツを重ね着すること．

ジャッカル【jackal】動イヌ科の哺乳類．アジアやアフリカに生息する夜行性の肉食動物．

ジャッキースタイル【Jackie style】服ケネデイ大統領夫人から海運王オナシス夫人となったジャクリーヌ（愛称ジャッキー）が着用した簡素で現代的な装い．

ジャッキー ロビンソン賞【Jackie Robinson Award】競（野球）大リーグの新人王の正式名称．第1回新人王（1947年）を獲得した黒人初の大リーガーの名に由来．

ジャック【jack】 Ⅰ算コネクターの差し込み口．ソケット．突起のある差し込む方はプラグという．

ジャックナイフ【jackknife】大型の折り畳み式ナイフ．

ジャックナイフ ダイビング【jackknife diving】競（水泳）飛び込み競技の，えび飛び．空中で体を二つに折って飛び込む型．英語では単にjackknife．

ジャックフルーツ【jackfruit】植クワ科の小高木．南インド，マレー半島原産．巨大な卵型の果実がなる．

ジャックポット【jackpot】①トランプ遊びのポーカーで，積み立て賭け金．②大当たり．特別賞．③競指定6レースの単勝当て馬券．

ジャグル【juggle】①競（野球）捕球の際，球をお手玉すること．②競（ゴルフ）空中にある球に連続して2回触れること．反則となる．③曲芸をする．手品をする．ジャグルともいう．

ジャッジ【judge】①競審判員．②判断．審判．③法裁判官．判事．

ジャッジペーパー【judge paper】競（ボクシング）主審・副審が選手の得点をラウンドごとに記録する判定用紙．英語では judging paper ともいう．

ジャッジメント【judgement】判断．判断力．判決．審判．

シャツジャケット【shirt jacket】服軽い素材で作る一重仕立ての上衣．シャツとジャケットに兼用でき

ジャッジランプ【judge lamp】①競（ボクシング）試合

で審判員が選手の得点を表示する合図灯．②競（重量挙げ）試技の成功を認める時に審判員が点灯するランプ．

シャッター【shutter】①建巻き上げ式のよろい戸．②写露光装置．

シャッタースピード【shutter speed】写露光速度．写真機の露光装置のシャッターを開いている時間で表す．

シャッターチャンス【shutter chance 日】写被写体をとらえ，シャッターを押すのに最適な瞬間．

シャットアウト【shutout】①締め出し．②社労働争議で行う職場閉鎖．工場閉鎖．ロックアウト．③競（野球）相手チームを無得点に封じること．完封．

シャットダウン【shutdown】①医一時休業．操業停止．②運転停止．③Ⅰ算実行中のソフトウエアを終了し，コンピューターの電源を安全に切れるようにすること．

シャッフル【shuffle】①切り混ぜる．あちこちに動かす．入れ換える．②芸ダンスで，すり足で踊る．

シャッフルボード【shuffleboard】競船の甲板上などで楽しむ簡易スポーツ．円盤を棒で押し出し，三角形の得点区域に入れて競う．

シャッポ【chapeau 仏】服帽子．

シャトー【château 仏】建城．大邸宅．

シャドー【shadow】影．陰影．

シャドーRAM【shadow RAM】Ⅰ算メインメモリーに BIOS（基本入出力システム）のプログラムをあらかじめコピーしておくことで，BIOS へのアクセス速度の向上を図ること．

シャドーイング【shadowing】Ⅰ算コンピューターグラフィックスで，他の物体による影付け処理．

シャドー インサーター【shadow inserter】放テレビで背景が白っぽい時，黒い影を付けて白い字幕を見やすくする．

シャドー キャビネット【shadow cabinet】政影の内閣．イギリスでは野党が次期政権への準備のため，閣僚に対応するポストに党員を任命し，議員幹部会を組織する．

シャドーステッチ【shadow stitch】服薄く透ける布地に裏から刺しゅうして，表から影のように見せる技法．

シャドーストライプ【shadow stripe】服布地の柄の一種．よりの違う糸で織り，光線の方向でしまが見え隠れする柄．

シャドーテスト【shadow test】医検影法．目の屈折異常を網膜検視鏡を使って検査する．

シャドープライス【shadow price】社公共施設の建築などで，かかった費用以上に社会にもたらされる価値のこと．

シャドーフラワー【shadow flower 日】服ベルベットやビロードなどの生地に，型押しなどで描いた花柄や植物柄．凹凸の柄が影のように見える．

シャトーブリアン【châteaubriand 仏】①料牛ヒレ肉の網焼きステーキ．②［C-］料フランスのボルドー地方産のワインの一種．

シャドープレー【shadow play】①競（野球）球を使わないで，動作だけをまねる守備練習．②芸影絵芝居．

235

シャドーボクシング【shadowboxing】競(ボクシ)相手を想定して攻防の技術を一人で行う練習法。

シャドーマスク方式【shadow mask】工算 3本の電子ビームを3本の蛍光体に正確に当てるために、穴の開いた金属板を用いるCRTの一方式。

シャドーロール【shadow roll】競競走馬の鼻革の上半分に付ける、毛皮を厚く巻いたもの。

シャドーワーク【shadow work】社影の労働。無償労働。家事・子育て・通勤など賃金を支払われない部分の労働。

シャトーワイン【château wine】料フランスのボルドー地方で作られる高級ワイン。

シャトル【shuttle】①織機の杼(ひ)。②ミシンの下糸入れ。③折り返し運転。定期往復便。シャットルともいう。

シャトルコック【shuttlecock】競(ジドミン)羽根球。水鳥の羽を半球状のコルクに植え込む。

シャトルバス【shuttle bus】近距離を往復運行するバス。

シャトル便【shuttle service】営社近距離を繰り返し往復する運行方式。

ジャニュアリー エフェクト【January effect】経前年12月までは安値で取引されていた株が、1月になると突然値上がりする現象。1月効果の意。

シャネラー【Chaneler 日】服飾品や化粧品などで著名な銘柄シャネルの愛好者。

シャネルスーツ【Chanel suit】服フランスのデザイナー、シャネルが考案したスーツ。襟なしジャケットと膝丈のスカートが基本形。

シャネルレングス【Chanel length】服スカート丈の一種で、ひざくらいまでのもの。

シャノンの符号化定理【Shannon's channel coding theorem】工算一定時間当たりの信号の平均情報量より大きな信号の送れる伝送系を使えるという条件の下で、信号のあいまいの度合いを限りなく小さくする符号化方法が存在するという定理。

ジャバ【Java】工算アメリカのサンマイクロシステムズが開発したオブジェクト指向プログラミング言語。OS(基本ソフト)に依存しないのが特徴。

シャハーブ3【Shahab 3】軍イランが2000年に発射実験に成功した最大射程約1300kmのミサイル。

ジャバスクリプト【JavaScript】工算インターネット用の簡易プログラミング言語。HTMLに埋め込む形で使う。Javaとは共通点はない。

ジャパナイズ【Japanize】日本化する。日本と同じようにする。日本風にする。

ジャパナイゼーション【Japanization】日本風にすること。日本人流にすること。

ジャパナポロジスト【Japanapologist】弁明家。日本を擁護する立場をとる日本研究家などをいう。Japanとapologist(弁明する人)の合成語。

ジャパニーズ イングリッシュ【Japanese English】言日本風英語。和製英語。

ジャパニーズ スマイル【Japanese smile】困った時、照れくさい時などに見せる日本人特有の愛想笑い。

ジャパニーズ ポップス【Japanese pops 日】音日本製の流行音楽の総称。

ジャパニーズ モダン【Japanese modern】芸美日本的で現代的な工芸デザイン様式。

ジャパニズム【Japanism】日本人気質。

ジャパニメーション【Japanimation】映日本製のアニメ映画。Japanとanimationの合成語。

ジャパネスク【Japanesque】日本的様式。日本風の。日本式の。

ジャパノフォーブ【Japanophobe】日本嫌い。日本を恐れる人。

ジャパノロジー【Japanology】日本学。日本研究。ヤパノロジーともいう。

ジャパノロジスト【Japanologist】日本学研究の外国人学者・研究家。

ジャパンインク【Japan, Inc.】営経日本株式会社。官民一体となった日本の経済・経営状況を皮肉った呼称。

ジャパン エキスポ【Japan Expo】営社経経済産業省が地域振興策として発足させた各県持ち回りで開く博覧会。毎年春と秋に東日本と西日本で一県ずつ開催する。

ジャパンカップ【Japan Cup】①競アメリカンフットボールやサッカーなどで、外国の代表的選手を招き、日本で開催する試合。②競(競馬)外国の代表的競走馬を招待して行う国際レース。

ジャパン コンソーシアム【Japan Consortium】映NHK(日本放送協会)と日本民間放送連盟で構成する組織。JCともいう。

ジャパン サーパシング【Japan surpassing】卓越した日本。期待を上回る日本。日本に対するアメリカの見方の一つ。

ジャパン社【Japan Corp. 日】営服外国の服飾関連企業などが設立する日本現地法人の通称。

ジャパンセブンズ【Japan Sevens】競(ラグ)日本ラグビーフットボール協会が主催する7人制ラグビー大会。

ジャパン ソサエティー【Japan Society】社日本との友好親善と文化交流を援助するアメリカの団体。

ジャパン バッシング【Japan bashing】経政日本たたき。貿易黒字が続く日本に対して諸外国が経済的制裁を加えようとすること。

ジャパン ファウンデーション【Japan Foundation】社日本の国際交流基金。諸外国との文化交流を進めるために作られた。

ジャパンファンド【Japan Fund】経日本特別基金。途上国へ国際収支の黒字を還流するために1987年に設置された。

ジャパンフォビア【Japanphobia】日本恐怖症。貿易摩擦などで用いられる。

ジャパン フットボール リーグ【Japan Football League】競(ジャッ)プロのJリーグ発足に伴い、Jリーグに参加しない旧日本リーグ1、2部のチームを中心に、1992年に発足したアマチュアリーグ。99年日本フットボールリーグに再編。JFLともいう。

ジャパン プラットフォーム【Japan platform】社 国際的な緊急支援を行うシステム．2000年にNGO（非政府組織），外務省，旧経団連が設立した．ＪＰＦともいう．

ジャパン プレミアム【Japan premium】経 日本の銀行が国際金融市場で資金調達をする時に行われる金利の上乗せ分．

ジャパン プロブレム【Japan Problem】経 政 日本問題．経済大国日本が，その経済活動により国際社会で批判を浴びる日本がらみの諸問題を指す用語．

ジャパンボウル【Japan Bowl】競(アメリカンフットボール)アメリカの優秀な大学4年生選手を東西の地区に分けて選抜し，日本で行うオールスター対抗試合．全米学生体育協会(NCAA)が公認．

ジャパンマネー【Japan money】経 日本に拠点をもつ企業の海外へ投資する資金・資本．

ジャパン ミュージアム【Japan museum project】IT デジタル化された日本国内の美術館や博物館の主要収蔵品に関するデータベースを，インターネット上で利用できるようにするプロジェクト．

シャビー【shabby】 衣服がよれよれの．使い古した．みすぼらしい．粗末な．

シャビールック【shabby look】服 貧乏風．よれよれの安い素材を使ったり，できあがったものを引き裂いたりして作る服・装い．

シャヒーン【Shaheen】軍 パキスタンのミサイルの一つ．

シャビット【Shavit】機 イスラエルの人工衛星打ち上げ用のロケットの一つ．

シャビング【shoving】競(ボクシング)相手のパンチを手や腕ではらいのける防御法．

ジャブ【jab】競(ボクシング)こぶしを連続的に小刻みに突き出して相手を牽制する技術．

シャフト【shaft】 ①機 ゴルフのクラブやテニスのラケットなどの柄．②機 回転軸．③エレベーターの昇降する空間部分．エレベーターシャフトともいう．

ジャプリッシュ【Japlish】言 日本人がよく間違った意味で使う英語．軽蔑して日本風の英語，日本英語の意で用いる．JapaneseとEnglishの合成語．

シャベリッチ【Shabericchi】IT NTTコミュニケーションズが提供するサービス．県外の指定した二つの電話番号への通話料金が，時間帯や曜日に関係なく40％割引になる．

ジャベリン【Javelin】軍 アメリカ陸軍の対戦車ミサイルの通称．1995年に装備開始．

シャペロン¹【chaperon】 若い女性が社交界に出る時に，付き添って保護・監督をする婦人．

シャペロン²【chaperone】生 未熟なたんぱく質が立体構造を形成する時に，正しく折りたたむように働きかけ，完成後に離れるたんぱく質．

ジャボ【jabot 仏】服 女性服の胸飾り．

ジャポニカ【japonica】 ①ヨーロッパやアメリカの人々の日本趣味．②植 ツバキ(の学名)．③植 米の種別の一つ．温帯適応型．短粒種．日本国内で栽培される．長粒種はインディカ．

ジャポニスム【japonisme 仏】美 日本主義．特に欧米の美術における日本の影響やその風潮を指す．ジャポネズリと同義で用いることもある．

ジャポネズリ【japonaiserie 仏】美 日本趣味．欧米の日本美術に寄せる興味や関心．欧米人が好んだ日本の美術品．

ジャミング【jamming】 ①放 雑音が入ること．②IT 電 妨害電波．通信の妨害．③軍 相手の電波探知を妨害すること．

シャム【sham】 ①服 見せかけのもの．例えばポケットのふただけ付けたもの．②枕のカバー，または敷布．③見せかけ．いんちき．まがいもの．偽造の．

ジャム【jam】 ①料 果実に砂糖を加えて煮詰めた食品．②音 ジャズなどを即興で演奏すること．③IT 算 印字装置などで，用紙が詰まって動かなくなった状態．ペーパージャムともいう．④無理に押し込む．

ジャム カシミール解放戦線【Jammu Kashmir Liberation Front】軍 インドのイスラム教徒の過激派組織．ジャム・カシミール州の分離独立を目指す．1965年に結成．JKLFともいう．

ジャムセッション【jam session】音 ジャズ演奏家たちによる即興演奏．

シャムポケット【sham pocket】服 飾りポケット．飾りの線やポケットのふただけを付けてポケットのように見せたもの．

ジャメビュ【jamais vu 仏】心 未視感．日常見なれた事物を初めて見たと感じる体験．

シャリーア【sharia 亜 刺】宗 イスラム法．イスラム教徒が従うべき信条・道徳・勤行などを示す．シャリアともいう．

シャリーア ファルコン大隊【Sharia Falcon Battalion】政 クウェートのイスラム過激派組織．

シャルテ【Scharte 独】登 峡谷．山の背の切れ込み．

シャルトルーズ【chartreuse】料 フランス産の芳香のあるリキュール酒．黄・緑・白の三種がある．

シャルマン【charmant 仏】 魅力のある．魅力的な．

シャルル ド ゴール【Charles de Gaulle 仏】①軍 フランス海軍の原子力空母の名．1998年に竣工．満載排水量は4万500t．ドゴール大統領の名に由来．②［― Airport］シャルルドゴール空港．パリの北東部にある国際空港．1974年に運用開始．

シャルロット【charlotte】料 デザート用菓子の一種で，トルコ帽のような形をした型の内にビスケットなどを入れ外側を作り，その中に果物やクリームなどを詰めたもの．

シャレー【chalet 仏】建 スイスの山岳地方に見られる農民や牧童の住む建物．またそれを模した別荘．

シャレード【charade】 出題された語句や文を身振りや動作などで示して当てさせる遊び．ジェスチャーで行うゲーム．

シャローヘッド【shallow head】競(ゴルフ)クラブヘッドの投影面積に対してヘッド厚が薄い形状のもの．

シャワー【shower】 ①じょうろのような口から湯や水を出す装置．またその湯や水．②気 にわか雨．夕

▶シャワー

シ

237

シャワーパ▶

立．③理宇宙線が原子と衝突して多くの素粒子を放射状に出すこと．

シャワーパーティー【shower party】 社誕生パーティーなど一人に多くの贈り物がどっと贈られるパーティー．その様子がにわか雨に似ていることから．

シャワープルーフ【showerproof】 服防水加工のしてある布地や衣服．

シャワールーム【shower room】 建シャワーを備えた箱型の建造物．室内などに設置できる簡易シャワー室．

ジャンキー【junkie】 社中毒者．麻薬常用者．麻薬常習者．麻薬中毒者．

ジャンク【junk】 廃品．廃物．がらくた．麻薬．特にヘロイン．

ジャンクアート【junk art】 美都市生活から生み出される廃品を使った前衛的な芸術．またその作品．

ジャンクアクセサリー【junk accessory】 服廃品利用の装身具．

ジャンク債【junk bond】 経格付け機関の評価が低く，投資リスクの高い高利回り債券．ジャンクボンド．現在はハイイールド債という．

ジャンクション【junction】 接合．結合点．合流点．接続駅．連絡駅．交差点．

ジャンクＤＮＡ【junk DNA】 生ＤＮＡの中で遺伝機能を果たしていないと見られる部分．

ジャンクファクス【junk fax】 I見ず知らずの相手から一方的に送信されたファクス．

ジャンクフード【junk food】 料即席食品や簡易食品の類に見られる栄養価の少ない食品．

ジャンクメール【junk mail】 Iネットワーク上で自分が望まないのに，勝手に送り付けられる情報．スパムメールともいう．

シャングリラ【Shangri-la】 架空の楽園．地上のパラダイス．理想郷．

ジャングル【jungle】 ①密林．熱帯の原生林．②音ロンドンのクラブで生じた音楽サブカルチャー．

シャンソニエ【chansonnier 仏】 音シャンソンを作る人．または自分で作詞作曲して歌う男性シャンソン歌手．女性の場合はシャンソニエール（chansonnière）．

シャンソン【chanson 仏】 音フランスの代表的な大衆歌謡．19世紀末にパリで盛んになる．人生の機微や恋などを歌ったものが多い．

ジャンダルム【gendarme 仏】 ①登主峰の前にそびえ立つ岩峰．②憲兵．警官．

シャンツェ【Schanze 独】 競(スキ)ジャンプ台．

シャンテ【chanter 仏】 歌う．さえずる．

シャンティイ【chantilly 仏】 料軽い甘味をつけて泡立てたクリーム．

シャンティバヒニ【Shanti Bahini 政バングラデシュの仏教徒反政府勢力の複合組織．1973年に結成．

シャンデリアイヤリング【chandelier earring】 服耳から垂れ下がるドロップイヤリングの一種．シャンデリアの形状に似ているもの．

ジャンパー【jumper】 ①服作業用やスポーツ用などの上着．ブラウスなどの上に着る袖なしのワンピース．②競陸上競技やスキーのジャンプ競技者．障害馬．③電電気回路の断線部を接続する導線．

ジャンパースカート【jumper skirt 日】 服胴着とスカートが連続したワンピース風の服．英語はjumper．

ジャンパーひざ【jumper's knee】 医ジャンプを繰り返す運動をしたり，長距離走やウエートレジングをした後に起きる，膝蓋骨と膝蓋靭帯の接合部が痛くなる運動障害．

ジャンパーピン【jumper pin】 I算マザーボード上にある設定スイッチの一種．ボード上にあるピンに対してピン間をショートさせるコネクターを脱すする．

ジャンバラヤ【jambalaya】 料炊き込みご飯の一種．肉類，魚介類，野菜などに香辛料を加えて作る，アメリカ南部のスペイン系料理．

シャンパン【champagne 仏】 料フランスのシャンパーニュ地方特産の炭酸ガスを含んだ発泡性のワイン．シャンペンともいう．

ジャンピング サーブ【jumping serve】 競(バレーボール)トスを高く上げ，跳び上がりながら打つサーブ．

ジャンプ【jump】 ①跳び上がること．跳躍．②経価格などの急騰．③競(陸上)走り幅跳び・走り高跳び・棒高跳びの総称．④競(スキー)飛躍種目．⑤競(ビリヤド)的玉に当たる前に手玉が跳び上がること．⑥映カメラまたは映写機の故障により，画像がとぶこと．⑦音ジャズなどで特有の躍動感のある表現．

ジャンプアップ【jump up】 ①跳躍する．跳び上がる．②急に立ち上がる．

ジャンプ機能【jump function】 I算作成中の文書の任意の個所にカーソルをジャンプさせる機能．文頭や文末，前ページや次ページ，任意のページや個所に移動できる．

ジャンプ競技【ski jumping】 競(スキー)競技種目の一つ．純ジャンプ．ジャンプ台から飛行して得点を競う．

ジャンプ週間【jump −】 競(スキー)ジャンプ競技の大会の一つ．ドイツのオーベルストドルフ，ガルミッシュパルテンキルヘン，オーストリアのインスブルック，ビショフスホーフェンの4会場で競技し，合計得点を争う．1953年に始まった．

ジャンプスーツ【jumpsuit】 服上下が続いているつなぎの服．

ジャンブルセール【jumble sale】 営経蔵払い．残品処分販売．雑品廉売．

シャンブレー【chambray】 服霜降状に見える織物．色糸と漂白したさらし糸を使って織る．

シャンペンカラー【champagne color】 明るい透明な茶色．

ジャンボ【jumbo】 巨大な．巨漢．巨獣．

ジャンボタクシー【jumbo taxi 日】 経深夜に一定のコースを運行する，バスに似た車両の大型タクシー．

ジャンボリー【jamboree】 ①社ボーイスカウトのキャンプ交歓大会．②競政政党やスポーツ団体などの大会．

ジャンル【genre 仏】 ①部門．種類．②芸芸術作

238

◀シュテムク

品の形態上の分類や様式．

ジャンルピクチャー【genre picture】映スリラー，SF，ホラーなど娯楽性の強い映画の呼称．

シュー【chou 仏】①植キャベツ．②服キャベツ形の装飾リボン．何重にもフリルを重ねた布製のブローチ．ちょう結び．③「お前」「あなた」の愛称．④科シュークリームの略．

ジュー【Jew】ユダヤ人．イスラエル人．

ジューイッシュ【Jewish】ユダヤ人の．ユダヤ人特有の．

シュークリーム【chou à la crème 仏】科小麦粉・卵などで作った焼き皮の中に，生クリームやカスタードクリームを入れた西洋菓子．

ジューシー【juicy】汁が豊かな．水分が多い．

ジュース[1]【deuce】競テニス，卓球，バレーボールなどで，あと1得点でセットまたはゲームが決まる局面で，双方が同点になること．一方が2点連取するまでゲームが続く．

ジュース[2]【juice】①科野菜や果物の絞り汁．またその加工飲料．②肉汁．③生動・植物体中の液．分泌液．

シューター【shooter】①競バスケットボールやサッカーなどで，シュートをする選手．またはシュートのうまい選手．②射手．

シューツリー【shoe tree】服靴型．靴の形崩れ防止などに用いる．

シューティング ゲーム【shooting game】①(日)野外で，レーザー銃で撃ち合うゲーム．②Iコンピューターゲームの一種．レーザー光線やミサイルを撃って敵を倒してゲームを進めるもの．

シューティング スクリプト【shooting script】映撮影台本．そのまま撮影できるようにカメラ割りまでしてある台本．

シューティング レンジ【shooting range】①競サッカーなどでシュートが可能な範囲．②ライフル射撃場．

シュート[1]【chute】①降ろし樋．荷捌らし．②競スキーやそりの滑降路．③パラシュート．

シュート[2]【shoot】①(日)競バスケットボールやサッカーなどで，ゴール目がけて球を投げたり，蹴ったりすること．②競(野球)右投手なら右へ小さく曲がる球．③射る．撃つ．飛ばす．④映写撮影すること．

ジュート【jute】服黄麻．シナノキ科の植物ツナソの茎から得られる繊維．

シュートアウト【shoot-out】撃ち合い．銃撃戦．決闘．対決．

シュードジーン【pseudo-gene】生偽遺伝子．疑似遺伝子．

シュートゼムアップ【shoot-'em-up】映撃ち合い場面が多い映画．シューテムアップ．

シュードニム【pseudonym】筆名．ペンネーム．偽名．

シュート フロム ザ ヒップ【shoot from the hip】衝動的な言動を取る．前後の事を考えないでしゃべる．せっかちに行動する．

シュートボクシング【SHOOTBOXING】競蹴り・投げ技・立ち関節技による総合格闘技．

ジュープ【jupe 仏】服スカート．

シューフィッター【shoe fitter】服客の足に合う，履きよく歩きやすい靴を選ぶ専門家．

シューラ【shura 亜刺】①評議会．②宗イスラム教で，部族間の協議機関．

シュール【sur- 仏】①「…の上に」「…を超えた」の意．②芸超現実主義．シュルレアリスムの略．

ジュール【joule】理エネルギーや仕事の単位の一つ．1ジュールは，物体を1ニュートンの力で1m動かした仕事量で，10^7エルグに等しい．記号は J．

ジュール ベルヌ トロフィー【Jules Verne Trophy】競フランスの空想冒険小説『八十日間世界一周』にちなんで，ヨットでの世界一周航海を80日間以内に達成した者に与えられる賞杯．

ジュール リメ杯【Jules Rimet Cup】競(サ)ワールドカップ優勝チームに授与されていた純金の女神像．1970年に3度目優勝のブラジルが永久保存．ワールドカップ創設に尽くしたフランスのジュール・リメの名に由来．

ジューンブライド【June bride】6月の花嫁．婚姻の守護神ユノ(ジュノー)にちなむ．6月に結婚する花嫁は幸福になれるとされる．

ジュエラー【jeweler】営服宝石商．貴金属商．

ジュエリー【jewelry】服宝石．宝石類．宝飾品．貴金属装身具類．

ジュエリーデザイナー【jewelry designer】服宝石を使って装身具のデザインを考える人．

ジュエル【jewel】服宝石．宝石を用いた装身具．玉飾り．

ジュエルサンダル【jewel sandal 日】服ビーズやラインストーン，カラーストーンなどをあしらったサンダル．

ジュエルパーツ【jewel parts】服ビーズやスパンコール，クリスタルを縫い取り，宝石を付けているように見せる部分装飾．

シュガーコート【sugarcoat】①薬などの糖衣．②難しい内容を具体例やユーモアなどを交えて理解させること．

シュガータイム【sugartime】金が次々と入ってくる時のこと．シュガーは俗語で，金の意味を表す．

シュガーダディー【sugar daddy】若い女性に貢ぐ金持ちの中年男性．おじ様．甘い父親の意．

ジュグラーの波【Juglar cycle】経周期10年前後の景気循環．設備投資循環．ジュグラー循環．

ジュゴン【dugong】動ジュゴン科の草食性海生哺乳動物．熱帯海域に生息する．

シュシュ【chouchou 仏】お気に入り．

ジュジュ ミュージック【juju music】音アフリカ音楽のリズムとさまざまな電子楽器を組み合わせたポピュラー音楽．

シュタージ【Stasi】政旧東ドイツの国家公安局．秘密警察．

シュタイルハング【Steilhang 独】①競(ス*)急斜面．急坂．②懸崖(けんがい)．

ジュップキュロット【jupe culotte 仏】服女性用衣服の一種．キュロットスカート．

シュテム クリスチャニア【Stemmkristiania 独】競(ス*)スキー板をV字形に開いて回転や速度変化のきっかけとする制動操作．

シ

239

シュテムターン【stemm turn 日】 競(スキ)制動回転. 外スキーをハの字に開きながら回転する技術.

シュテムボーゲン【Stemmbogen 独】 競(スキ)回転技術の一つで、山側スキーの尾部を開き出して回転を始める方法. ステムターン.

シュテルベベグライトゥング【Sterbebegleitung 独】 医医療従事者が患者の死の瞬間まで傍らを離れないで看護を行い、患者に信頼感をもたせて死への恐怖を和らげること.

シュテルベン【Sterben 独】 死. 死滅. 人間の死.

シュトルム ウント ドラング【Sturm und Drang 独】 文疾風怒濤時代. 18世紀後半のドイツ文芸思潮で、文学史上の革命的反抗精神とその時期をいう. ゲーテやシラーが中心.

ジュニア【junior】 ①年下の. 若い. 年少者. ②下級の. 後輩. ⇔シニア. ③息子.

ジュニアカレッジ【junior college】 教1年あるいは2年制の大学. 大学の教養課程か短期大学に当たる.

ジュニアシート【junior seat】 機子供用カーシートの一つ. 4～10歳ぐらい用で、座席に座りシートベルトを装着する形のもの.

ジュニアテスト【junior test 日】 競(スキ)全日本スキー連盟の技能検定の一つ.

ジュニアデパート【junior department store】 営小規模の百貨店. 小さなデパート.

ジュニア ハイ スクール【junior high school】 教アメリカで、7～9年級に相当する中等学校. 日本の中学校に当たる.

ジュニアボード【junior board】 営企業の将来を担う部長や課長などの中間層が、上層部が設定した課題などを討議するやり方.

ジュニアラグビー【junior rugby】 競(ラグ)12人制ラグビー. 中学生用に日本ラグビーフットボール協会が採用. スクラムは5人編成.

シュニッツェル【Schnitzel 独】 料ドイツ料理の一つ. 薄切りにした子牛や豚の肉のカツレツ. またその肉.

ジュネーブ軍縮会議【Disarmament Conference in Geneva】 軍政アメリカや旧ソ連などの合意で1961年に設立した、18カ国軍縮委員会（ジュネーブ軍縮委員会）が発展したもの.

ジュネーブ4条約【Four Geneva Conventions of 1949 on the Protection of War Victims】 赤十字条約. 戦争犠牲者保護の1949年ジュネーブ四条約. 戦時における傷病者、捕虜、文民などの保護を目的に、49年にジュネーブで結ばれた諸条約の総称.

シュノーケリング【snorkeling】 競J字型の潜水用呼吸器シュノーケルと水中めがね、足ひれを用いて潜水を楽しむ方法. スノーケリングともいう.

シュノーケル【Schnorchel 独】 ①潜水に用いる呼吸用パイプ. ②機潜水艦の潜航時用の吸・排気管. スノーケルともいう.

シュノーケル車【Schnorchel car】 機伸長式はしごや排煙装置を備えた消防自動車.

ジュピター【Jupiter】 ①ローマ神話で、最高神. ユピテルともいう. ②天木星.

ジュピターテレコム【Jupiter Telecommunications】 ①ケーブルテレビ事業者の一つ. 住友商事とアメリカのリバティが1995年に設立した合弁会社. 2000年にタイタス・コミュニケーションズと合併.

ジュビリー【jubilee】 特別な記念日. 特別な記念祭. 50年祭.

ジュビリー2000【Jubilee 2000】 経債務帳消しキャンペーン. 西暦2000年を記念祭の年として、最貧国の債務の取り消しをNGO（非政府組織）が呼び掛けた運動.

シュプール【Spur 独】 ①競(スキ)滑走したあとに雪上に残る筋. ②足跡. 形跡. 航跡.

ジュブナイル【juvenile】 ①少年少女の. 若い. 年少者の. 子供向けの. ②文少年少女向けの読み物・小説.

シュプレヒコール【Sprechchor 独】 社デモや集会で多人数でスローガンなどを叫ぶこと. 合唱のように集団で行う舞台上の朗読や朗唱.

シュペリオリティー【superiority】 優越. 優勢. 優位. 上位. スーペリオリティーともいう. ⇔インフェリオリティー.

シュペリオリティー コンプレックス【superiority complex】 優越感. ⇔インフェリオリティーコンプレックス.

シュポール シュルファス【Supports/Surfaces 仏】 美1970年代にフランスで起こった若い画家たちの美術運動. 支持体と表面の意で、同名の展覧会が70年にパリで行われた.

ジュポン【jupon 仏】 服スカートの下ばき. ペチコート.

シュミーズ【chemise 仏】 服女性用の肌着. ひもで肩につり、腰までゆったりと覆う.

シュミゼット【chemisette 仏】 服袖なしの短いブラウス.

シュミットカメラ【Schmidt camera】 天理ドイツのシュミットが考案した反射望遠鏡. 星雲や星団など微光天体の掃天観測によく用いる.

シュミット テレスコープ【Schmidt telescope】 天理天体撮影用の広角の反射望遠鏡.

シュミネ【cheminée 仏】 建壁に作り付けた暖炉. 煙突. チムニー.

シュラウド【shroud】 ①覆い. 包むもの. 囲い板. ②原原子力発電所の炉心隔壁.

ジュラシック【Jurassic】 地歴ジュラ紀の. 恐竜などが栄えていた中生代ジュラ紀の.

シュラスコ【churrasco 西】 料牛肉などを大串に刺して焼き、切り分けて食べる料理.

シュラフ【Schlaf 独】 登寝袋. 綿や羽毛などで作られ携帯できる. シュラフザックの略.

シュラフザック【Schlafsack 独】 登寝袋. 綿や羽毛などで作られ携帯できる. スリーピングバッグともいう.

ジュラマニア【Juramania 日】 ジュラ紀マニア.

ジュラルミン【duralumin】 化アルミニウムに銅、マグネシウム、マンガンなどを加えた合金. 軽くて軟鋼程度の強度がある. 航空機やロケットの構造材な

◀ショー

ジュリー【jury】①法陪審．②展示会などの審査委員会．

シュリンク【shrink】①医精神科医．精神分析医．ヘッドシュリンカーともいう．②縮む．減る．恐れる．収縮．萎縮．

シュリンク ラッピング【shrink-wrapping】収縮包装．プラスチック薄膜で品物を包み加熱後に急冷，薄膜を収縮させ密封状態にする．

シュリンクラップ【shrink-wrap】工算ソフトウエアをパッケージとして販売すること．

シュリンプ【shrimp】生科小エビ．

シュルレアリスティック【surréalistique 仏】超現実的な．シュルレアリスム風の．

シュルレアリスム【surréalisme 仏】芸超現実主義．第一次大戦後のフランスで，ブルトンを中心に起こった前衛芸術運動．特に潜在意識に潜む心象を表現するための方法を主張した．シュール，シュールレアリスムともいう．

シュレーディンガー方程式【Schrödinger equation】理量子力学の基本方程式．

シュレッダー【shredder】①機不用文書などを細かく刻む機械．②自動車の廃車を切断して破砕する設備．③競スノーボードの愛好者．

シュレッダー ダスト【shredder dust】自動車を廃車処理した時に，鉄を回収した後に残るプラスチックやゴムなどの物質．

シュレッディング【shredding】競雪上を滑るスケートボード．雪上サーフィン．スノーボーディングともいう．

シュワーベの法則【Schwabe's law】習経所得額が低いほど，全支出額に対する住居費支出の割合は大きくなるという法則．

シュワン細胞【Schwann cell】生末梢神経系の支持細胞．軸索をいくつか束ねたり，軸索の周囲で髄鞘を作ったりする．

シュワン鞘（しょう）【Schwann sheath】生神経繊維を覆う細胞質でできた薄い膜．

ジュンダッラー【Jundallah 亜刺】軍アラーの軍団．パレスチナで2005年に結成されたイスラム過激派集団．

ジュンド アッシャム【Jund Ash-Sham 亜刺】政2004年にレバノンで結成されたイスラム過激派組織．「ダマスカスの兵士」の意．

ショアの素因数分解アルゴリズム【Shor's factorization algorithm】理素因数分解の量子計算プロトコル．1994年にベル研究所のP．ショアが証明．

ジョイ【joy】喜び．歓喜．

ジョイスティック【joystick】工算パソコンゲームで用いる，前後左右に動く棒をもった入力装置．ジョイパッドともいう．

ジョイデス レゾリューション号【JOIDES Resolution】機深海掘削船の一つ．石油掘削船を改造した．JOIDESは深海底サンプリング海洋研究所共同研究機構のこと．

ジョイパッド【joypad】工算パソコン上でゲームなどを行うために用いる入力装置．家庭用ゲーム機

にも標準で搭載されている．

ジョイファイアリング【joy-firing】兵士などが戦闘終結を喜んで，上空に向けて銃を乱射すること．

ジョイフルトレイン【joyful train 日】機社お座敷列車やヨーロッパ風列車など，斬新なスタイルや豪華設備をもつ列車の愛称．

ジョイライダーズ【joyriders】社暴走族．面白半分に盗んだ自動車などを乗り回すグループ．

ジョイン【join】結合する．合流する．一緒になる．参加する．

ジョイント【joint】①継ぎ目．接合部．②提携．共同．合同．③節．関節．④機ロボットの関節．接合された部材同士が相対的に回転や並進の動きをとれる機構．⑤料骨付き肉．

ジョイント アカウント【joint account】経社共同預金口座．夫婦など，複数の個人や団体の共同名義になっている口座．

ジョイント広告【joint advertising】広共同広告．二社以上の企業や二つ以上の事業部門が共同で行う広告．

ジョイントコスト【joint cost】経結合原価．結合費用．連産品原価．一つの原料から数種類の生産品が得られる時，各生産品が分離される以前に発生する共通の原価・費用．

ジョイント コミッティー【joint committee】社政合同委員会．上下両院合同委員会．

ジョイント コンサート【joint concert】音合同演奏会．複数の演奏家や団体が出演する．

ジョイントスターズ【JSTARS】軍アメリカ空軍と陸軍が共同開発中の，航空機による戦場監視攻撃レーダーシステム．Joint Surveillance Target Attack Radar Systemの頭字語．

ジョイントソウ【JSOW】軍アメリカ海・空軍と海兵隊が共同開発している精密誘導兵器．航空機から投下して地上目標をスタンドオフ攻撃する滑空爆弾．Joint Stand-off Weaponの頭字語．

ジョイントダム【JDAM】軍アメリカ海・空軍と海兵隊が共同開発している精密誘導兵器．全天候下で目標点の10フィート以内に直撃できる終末精密誘導システム．Joint Direct Attack Munitionの頭字語から．

ジョイント ビジョン2010【Joint Vision 2010】軍アメリカが21世紀の軍事的優位を維持するための指針．1996年に統合参謀本部が構想を発表した．JV2010ともいう．

ジョイント フォース【Joint Force】軍統合部隊．陸・海・空の三軍または二軍が統一された指揮と作戦計画のもとで行動する．

ジョイント ベンチャー【joint venture】建共同企業体．共同請負．大型建設工事などで，複数の建設業者が共同して，一つの建設工事を請け負う事業形態．JVともいう．

ジョイントリターン【joint return】経社夫婦の収入を一つにまとめて申告するアメリカの所得税総合申告制度．

ショー【show】①見せ物．展覧会．展示会．②映劇映画・演劇などの興行．特に視覚的要素の強い

241

ジョー▶

舞台芸術．

ジョー【Joe】アメリカ人や兵士の俗称．

ショーイング【showing】①表示．展示．見せること．②屋外で見られる広告媒体についての広告露出率．

ジョーカー【joker】①トランプの番外札．最高の切り札，または代札として用いる．②道化者．冗談を言う人．

ジョーク【joke】冗談．しゃれ．

ショーグンボンド【shogun bond】ショーグン債．東京外貨債の俗称．日本の債券市場で，外貨建てで発行される外債．

ショーケース【showcase】①商品の陳列棚．展示．②報道関係者などへの特別公開．

ショー ザ フラッグ【show the flag】旗幟を鮮明にする．主張を明確にする．特定国への支持を明らかにする．

ショースキャン【Showscan】1秒間に60コマの速さで画面が流れる70mm映画の方式．通常の1秒24コマ画像に比べ鮮明．

ショーストッパー【showstopper】観客が称賛するためショーが中断するような名演技者．

ジョーゼット【georgette】薄地の縮み織りの絹布．女性の夏服などに用いる．

ショーター【shorter】①簡略版．②より短い．より簡潔な．

ショーダウン【showdown】①トランプのポーカーで，手持ち札を全部見せ勝敗を決めること．②計画などの暴露・公表．③最後の決着をつける対決．土壇場．大詰め．

ショーツ【shorts】運動着などに用いる短いズボン．ショートパンツ．女性用の下ばき．

ショート【short】①短い．②（野球）遊撃手．ショートストップの略．③（卓球）台に近く構える短打法．④（ゴルフ）球が目標に届かず，手前で止まること．⑤空相場の．空売りの．⑥（電）回路の短絡．ショートサーキットの略．

ショートアカウント【short account】短期見越し売り勘定．空売り勘定．信用売り合計．

ショートウエーブ【shortwave】短波．

ショートカット【short cut】①（日）短く刈った髪形．英語はshort hair, crop．②近道すること．③（ゴルフ）球に逆回転を与えてネット近くに返すこと．④（電）アプリケーションやファイルなどに直接アクセスできるように作るファイル．

ショートカット キー【shortcut key】（電）複数の手順が必要な操作を，数個のキーの組み合わせで行えるように割り当てる機能と，その割り当てたキー．

ショートカバー【short cover】外国為替取引などで売り持ちの状況にある時，反対取引によって相殺し，相場の変動によるリスクを回避すること．

ショートケーキ【shortcake】洋菓子の一種．スポンジケーキを台にして，果物や生クリームなどをあしらう．

ショートサーキット【short circuit】（電）回路の短絡．ショートともいう．

ショートサーキット アピール【short-circuit appeal】消費者の理性よりも感覚に訴えて商品を

イメージアップを図る広告．

ショートショート【short short story】普通の短編小説よりさらに短い掌編小説．

ショートスイング ルール【short-swing rule】アメリカの証券取引委員会が定める規則の一つ．企業関係者が自社株を安値で買い，6カ月以内に高値で売るのを禁じている．

ショートスキー【short ski】短いスキー板を用いるスキー．

ショートステイ【short stay】短期保護．在宅寝たきり老人などを家族に代わって一時的に福祉施設などで介護すること．

ショートストーリー【short story】短編小説．短編物語．

ショートストップ【shortstop】①（野球）遊撃手．ショート．②[S-]（軍）アメリカ陸軍が開発している近接信管破壊装置．

ショートターム【short-term】短期の．

ショートテニス【short tennis 日】テニスの小型版．小学生・高齢者や初心者向きで，短いラケットで軽い球を範囲を狭めたコートで打つ．ミニテニスともいう．

ショートトラック スピードスケート【short track speed skating】（ス）一周111.12mまたは125m以下の距離の短い室内リンクで行うスピードスケート．

ショートドリンク【short drink】食前などに飲むカクテル類．水などで割らない量の少ない酒．

ショートトン【short ton】米トン．ヤードポンド法の重量の単位の一つ．2000ポンド．

ショートニング【shortening】菓子などの歯ざわりをよくするのに使う油脂の一種．

ショートパンツ【short pants】ひざ上丈の短いパンツ．股下十数センチの三分丈で，ひざ丈が人気．

ショートハンド【shorthanded】①（バスケット）一時退場者が出て，相手チームより人数が少ない状態．②人手不足の．

ショートフィルム【short film】短編映画．数分から30分ぐらいのもの．

ショートプログラム【short program】（ス）フィギュアスケートで，規定されたジャンプやステップなどを組み込んで行う演技．SPともいう．

ショートヘア【short hair】女性の短い髪型．襟足から2cmくらいにカットした髪．

ショートヘッジ【short hedge】売りヘッジ．債券価格が下落傾向の時，将来買い戻す先物取引契約をして損失リスクを回避する方法．⇔ロングヘッジ．

ショートホール【short hole 日】（ゴルフ）距離が229m以下のホール．パー3のホール．英語ではpar-three hole．

ショートレンジ【short-range】短距離用の．射程の短い．短期の．

ショービジネス【show business】演芸・芸能業．興行．映画・放送などによる娯楽産業．

ショービニスム【chauvinisme 仏】極端な愛国主義．排外的な愛国主義．ナポレオンに心酔し

242

たフランスの兵士ショーバンの名から．

ショーファー【chauffeur】お抱え運転手．

ジョーボーニング【jawboning】強力な説得，要請．特に企業や労働組合に対する政府の強い価格・賃金抑制要請をいう．

ショーマン【showman】[芸]見せ物師．興行師．芸能人．人目を引く行動をする人．

ショーマンシップ【showmanship】[芸]芸能人気質．観客を楽しませようとする心構え．

ショールーム【showroom】[営]商品などの陳列室・展示室．

ショールカラー【shawl collar】[服]丸襟．へちま襟．肩掛けのような襟．

ショーロ【choro】[音]ブラジルの伝統的な器楽演奏形式．管楽器・ギター・マンドリン・パーカッションなどで軽快に演奏される．

ジョガー【jogger】[競]ジョギングをする人の意から転じて，日課としてスポーツをしている人を指す．ジョッガーともいう．

ジョガーズニー【jogger's knee】[医]長距離ランニングなどを続けると，膝を使いすぎるために起こる障害．ランナーズニーともいう．

ジョギング【jogging】[競]自分の体力に合った速さでゆっくり走る運動．元来はスポーツの準備運動として行われていた．

ショコラ【chocolat 仏】[料]チョコレート．

ショコラティエ【chocolatier 仏】[料]チョコレート職人．

ショコラトリー【chocolaterie 仏】[料]チョコレート専門店．

ジョセフソン効果【Josephson effect】[理]二つの超電導体の間に極めて薄い絶縁体があっても，電流はトンネル現象によってその間を流れること．1962年にイギリスのジョセフソンが発見した．

ジョセフソン接合素子【Josephson junction device】[I][算]次世代の超高速コンピューターの演算素子として注目される素子．二つの超電導体を電気的に弱く結合させて超電導電流が流れるジョセフソン効果を用いる．

ジョセフソン素子【Josephson device】[I]薄い絶縁体の膜を超電導体の膜で挟んだ構造をした素子．電力消費量が非常に少なくてすむのが特徴．

ジョッキー【jockey】[競]競馬の騎手．②[芸]ディスクジョッキー．

ショック【shock】①衝撃．驚き．動揺．②[医]出血などで起こる急性の血流不全状態．

ジョック【jock】競馬の騎手．操縦士．パイロット．ディスクジョッキー．

ショック アブソーバー【shock absorber】[機]自動車の車輪からの振動を吸収して車内に伝えないようにする装置．緩衝器．

ショックウエーブ【shock wave】[理]衝撃波．

ショックジョック【shock jock】[芸]わざと汚い言葉を用いたり，問題が起こるような言い方をしたりして，聴取者を怒らせるようなディスクジョッキー．

ジョックストラップ【jockstrap】[競]運動中に股に当てる男性用サポーター．アスレチックサポーターともいう．

ショック政策【shock policy】[経政]インフレ抑制のために，1980年代に中南米で行われた経済政策．

ショックセオリー【shock theory】[経]消費は激しいインフレなどの体験に左右されるという理論．

ショックセラピー【shock therapy】[医]薬物や電気ショックによる精神病治療法．衝撃療法．ショック療法．

ショックプルーフ メモリー【shockproof memory】デジタルディスク機器で，振動による音飛びを防止する回路や機能．

ショックロック【shockrock】[音]ロックンロールの一つで，下品な歌詞や幻覚的な音を用いて聴衆に衝撃を与えようとする音楽．

ショット【shot】①[映]一つの場面を連続的に撮影すること．またその映像．カット．②[競]ボールを打つこと．③射撃．発射．狙撃する．

ショットガン【shotgun】①散弾銃．②[競](アメフット)ショットガンフォーメーションの略．

ショットガン方式【shotgun start】[競](ゴルフ)多数のホールから同時に第1打を打ってゲームを始める方法．18ホールで最大18組が可能．

ショットガン マリッジ【shotgun marriage】[社]妊娠などをしたため，やむをえない立場になってする結婚．無理やりに行う結婚．ショットガン ウエディングともいう．

ショットキー ダイオード【Schottky diode】[I][電]金属と半導体の接触面を大きくしたダイオード．ショットキー バリアー ダイオード．

ショットバー【shot bar 日】ウイスキーなどを一杯売りする酒場．ワンショットバー．

ショットピーニング【shot peening】[機]加工物の表面に微小な鉄球を打ちつけて，強度・耐久性を増加させる鋼鉄加工技術の一種．

ジョッパーズ【jodhpurs】[服]乗馬ズボン．腰の部分が緩くひざから下がぴったりしている．ジョドプァーズともいう．

ショッピング エージェント【shopping agent】[I][K]インターネット上でのショッピングを支援するソフトウエア．希望の商品を指定すると，販売店や価格などを検索できる．

ショッピング カート【shopping cart】①買い物用の小型の手押し車．②[I][K][営]電子商店で購入品を複数選び出し，一括精算する方式．

ショッピングセンター【shopping center】[営]多種多様の小売店を集中させた商店街．開発業者が計画的に建設・運営し，ワンストップショッピングの利便性を提供する小売業，飲食業，サービス業などの集合体．SC．アメリカでは mall ともいう．

ショッピング バッグ レディー【shopping-bag lady】[社]全財産を買い物袋に入れて町中をうろつく，住居をもたない女性．バッグレディーともいう．

ショッピング ヒストリー【shopping history】[営]顧客の個人的な購買歴．これを分析すると，顧客の生活や消費性向がわかり，次の販売方針の参考になる．

ショッピング モール【shopping mall】[社]商店街で車道と歩道を分離するなど，安全・快適に買い物が楽しめるように工夫した街路．

243

ショップ ▶

ショップ【shop】 ①営商店．小売店．売り場．②仕事場．作業場．

ショップ イン ショップ【shop in shop】 営百貨店で，一つのフロアにいくつも専門店が並んでいる方式．インショップともいう．

ショップ オートメーション【shop automation】 営現場の管理業務や部品在庫管理などを自動化し，さらに製造現場を自動化すること．

ショップスチュワード【shop steward】 社職場委員．労働組合の役員で，各職場から選出された代表者．

ショッププランナー【shop planner 日】 営店舗の商品陳列方法や改装などで，企画・助言をする人．

ショップマスター制【shop master system 日】 営百貨店内に直営専門店を置き，社員の中から責任者を選んで独立運営させる方式．

ショップ モビリティー【shop mobility】 営社大型店舗などで歩行困難な人に電動移動機器を無料で貸し出す仕組み．1979年にイギリスで始まった．

ジョドファーズ【jodhpurs】 服乗馬ズボン．ジョッパーズともいう．

ジョバソン【jobathon】 放アメリカのテレビで，求職者の自己宣伝を放送する番組．jobとmarathonの合成語．

ショパホリック【shopaholic】 心買い物依存症．shoppingと-aholicの合成語．

ジョブ【job】 ①仕事．職務．②算コンピューター処理の作業の単位．③犯罪行為．

ジョブアクション【job action】 社順法闘争．労働者が行う営業戦術．

ジョブ エンラージメント【job enlargement】 社職務拡大．単調な作業の連続では労働意欲をそぐため，複数の仕事を任せること．

ジョブ エンリッチメント【job enrichment】 社職務充実．従業員に管理職的な仕事を任せ，仕事に責任感をもたせること．

ジョブカフェ【job cafe 日】 若年層の就職支援などを行う相談施設．官民協同で地域ごとに設置．

ジョブ管理【job management】 算コンピューターの制御機能の一つ．ジョブの入力から資源の割り当て，実行を管理する．

ジョブキラー【job killer】 社技術革新などが人間の仕事を奪っていくこと．

ジョブコーチ【job coach】 社障害者の雇用時に職場環境などへの適応を支援する係員．

ジョブサーチ【job search】 社求職活動．職探し．人材探し．

ジョブサポーター【job supporter 日】 社若年層の就職支援を行う相談員．

ジョブ シェアリング【job sharing】 社一つの仕事を二人で分け合う労働形態．互いに勤務時間などを調整・協力する．ワーク シェアリングともいう．

ジョブ シャドーイング【job shadowing】 教アメリカの職業教育の手法．子供に社会参加を意識させる目的で，社会人と一定期間行動を共にさせる．

ジョブ スケジューラー【job scheduler】 算汎用コンピューターで，ジョブの実行を管理，制御をする管理プログラムの一種．

ジョブ スケジューリング【job scheduling】 算情報システムをスムーズに運用するために，優先順位，前後関係といったジョブの順序を決めること．

ジョブ スプリッティング【job splitting】 社作業効率を上げるため，一つの仕事を2人の労働者に分ける労働形態．

ジョブダンピング【jobdumping】 イドイツのジョブマッチングサイト．求職者が求人情報に対して時給を示し，最も安い金額の者がその職を落札する．

ジョブ ディスクリプション【job description】 社職務記述書．職務範囲や役割分担など，仕事をするのに必要な条件が書かれている．

ジョブ ネットワーキング【job networking】 算ネットワーク内に複数のコンピューターを設置してジョブを分担することで，負荷を分散できるシステム形態．

ジョブ ハンティング【job hunting】 社仕事を探すこと．求職活動．

ジョブ ポスティング【job posting】 社企業内で空きがある仕事や職を公示する方法．従業員に挑戦意欲を起こさせるために行う．

ジョブホッパー【job-hopper】 社転職者．転職を繰り返す人．

ジョブホッピング【job-hopping】 社職を次々と変えること．転職を繰り返すこと．

ジョブマッチング【job matching 日】 営社求職・求人双方の条件などが合うこと．

ジョブメニュー【job menu】 算コンピューターで実行させる作業の一覧表．

ジョブレス【jobless】 社失業者．失業中の人々．仕事のない．

ジョブレス グロース【jobless growth】 経社雇用を伴わない経済成長．

ジョブレス プロスペリティー【jobless prosperity】 経社雇用が創出されない繁栄．

ジョブレス リカバリー【jobless recovery】 経社雇用を伴わない景気回復．

ジョブ ローテーション【job rotation】 ①社単調な労働による能率の低下を防ぐため，従業員を計画的に順次違う仕事に就かせること．②営後継経営者を育てるために各種の職務を経験させる方法．職務歴任制．

ショラン【SHORAN】 機船舶や航空機の自位測定装置の一種で，短距離無線航行装置．short-range navigationの略．

ショルダーウエア【shoulder wear】 服肩を覆う衣料品．丈の長短や材質など，さまざまな品目がある．

ショルダーカーディガン【shoulder cardigan 日】 服肩に羽織る小ぶりのカーディガン．

ショルダーバッグ【shoulder bag】 服肩掛け式のかばん．

ショルダーパッド【shoulder pad】 ①服肩の線を美しく見せる，服の裏に付ける布製の詰め物．②競（アメリカンフットボール）肩や胸に当てる保護具．

244

◀シリコンチ

ショルダー ファイヤード ミサイル【shoulder-fired missile】　軍肩にかついで発射する方式のミサイル。

ショルダーブロッキング【shoulder blocking】　競(アメリカンフットボール)相手の大腿部に肩を入れて倒し、前進を阻むこと。

ショルダーベルト【shoulder belt】　機肩から掛ける自動車の安全ベルト。ショルダーハーネスともいう。

ジョルトメーター【Joltmeter】　機道路の凸凹や穴などを測定する装置。アメリカの自動車連盟が開発した。

ジョンブル【John Bull】　イギリス人の代名詞・あだ名。典型的なイギリス人。

シラバス【syllabus】　教講義要目。講義の目的、文献などを講義計画として学期単位で示す。

シラビキー【siloviki 露】　社ロシアで、主として力によって政治を動かそうとする傾向の強い人々を指す。

シラブル【syllable】　音節。音声の単位の一つ。一語。片言。

シリアス【serious】　まじめな。真剣な。重大な。深刻な。

シリアスドラマ【serious drama】　映劇版人生・社会の諸問題と真剣に取り組んだ劇。

シリアル¹【cereals】　科コーンフレークスやオートミールなど、朝食用に加工された穀物。穀物食品。穀類。

シリアル²【serial】　①連続物。直列。②算時間軸に沿って、与えられたデータを順に処理していく逐次処理。もしくはインターフェースの一つ。

シリアル インターフェース【serial interface】　I算データの転送を1ビット単位で行うインタフェースの方式。マウス、スキャナーなどの周辺機器を接続する際の仕様、規格、機器。

シリアルATA【serial ATA】　I算ハードディスク接続の標準的規格 ATA の次世代仕様。

シリアルキラー【serial killer】　連続殺人魔。

シリアルケーブル【serial cable】　I算シリアル伝送用の入出力ポート間をつなぐケーブル。

シリアル伝送【serial transmission】　I算ビットずつデータを転送する伝送方式。コンピューターとマウス、スキャナーなど周辺機器との間のデータ転送に使う。⇔パラレル伝送。

シリアルナンバー【serial number】　①番号。通し番号。②I算ソフトウエアの一括包装製品ごとに付ける識別番号。

シリアルパラレル変換【serial-parallel conversion】　I算逐次処理されるシリアルデータを、並列処理されるパラレルデータへ変換すること。

シリアルプリンター【serial printer】　I算コンピューターで処理した結果を一字ずつ印字する機構。

シリアルポート【serial port】　I算シリアル伝送でデータの入出力をするための接続装置。

シリアルマウス【serial mouse】　I算シリアルポートに接続するタイプのマウス。主に RS-232C が利用される。

シリーズ【series】　①ひと続き。連続。続きもの。連続して刊行される書籍。②雑誌などの連載読み物。③映版同一テーマの、あるいは同一人物が登場する一連の作品。連続ドラマ。④競(野球)一定期間に連続して行われる試合。⑤電直列。⇔パラレル。

シリーズ ハイブリッド【series hybrid】　機ハイブリッドカーの方式の一つ。ガソリンエンジンで発電機を駆動し、その電力で電気モーターを動かす。

シリウス【Sirius】　天おおいぬ座のアルファ星。最も明るく輝いて見える恒星。

シリウッド【Siliwood】　I算カリフォルニア州にあるシリコンバレーとハリウッドを合わせた造語。映画産業とハイテク産業の連携を表すもの。

シリカ【silica】　化ケイ素の酸化物。セラミックスの材料として重要。結晶形の違いから、石英、水晶、石英ガラスなどになる。

シリカガラス【silica glass】　化耐熱用器具・光学用材料などに用いる石英ガラス。二酸化ケイ素を成分としたガラス。

シリカゲル【Silikagel 独】　化ゲル状の無水ケイ酸。乾燥剤として用いる。

シリカコート【silica coating】　I算 CRT ディスプレーの表面に二酸化ケイ素などをコーティングすることで反射防止を実現する技術。

シリコーン【silicone】　化有機ケイ素化合物の重合体の総称。耐熱性・耐水性・電気絶縁性などに優れている。接着剤や潤滑剤、絶縁剤などに用いる。

シリコーンクロス【silicone cloth】　シリコーン油を染み込ませた布。光学レンズや皮革製品のつやだし・汚れ防止に用いる。

シリコーン樹脂【silicone resin】　化ケイ素樹脂。ケイ素・酸素などが結合している合成樹脂。耐熱性・耐水性・電気絶縁性などに優れている。絶縁材料や耐熱塗料に用いる。

シリコナイゼーション【siliconization 日】　I算シリコン化。集積回路を各種の機械や製品に内蔵すること。産業構造の変革をもたらす契機となった。

シリコン【silicon】　化ケイ素。元素記号は Si。高純度のものは半導体材料として重要。

シリコン アイランド【Silicon Island】　I算半導体やコンピューター本体を量産するメーカーの工場が多くある地帯。台湾を指すことが多い。アメリカの Silicon Valley にならった言い方。

シリコンアレー【Silicon Alley】　I算コンピューターサービス関連の新興企業が集まった、ニューヨークのウォール街の周辺地域のこと。

シリコンウエハー【silicon wafer】　I算化単結晶のシリコンの塊を薄く切り取った板。集積回路を焼き付けるのに用いる。

シリコンオーディオ【silicon audio】　I算半導体などのシリコンメディアを利用したオーディオ機器。従来のオーディオメディアとは異なり、回転はしない。

シリコン カーバイド繊維【silicon carbide fiber】　化耐熱性・硬度に優れた、軽量の炭化ケイ素繊維。船舶や建築構造材に用いる。

シリコンサイクル【silicon cycle】　I算経半導体産業の景気循環波動。ほぼ4年ごとに好不況の波を繰り返す経験則。

シリコンチップ【silicon chip】　I算化単結晶のシリコンを使った集積回路小片。

245

シリコンディスク【silicon disc】 ⅠⅢ RAM 半導体を使ったメモリーでできた記憶装置．アクセス速度はハードディスクの数倍ある．

シリコンバレー【Silicon Valley】 ⅠⅢアメリカのカリフォルニア州サンタクララ郡一帯をいい，世界有数の半導体産業が形成されている渓谷地帯．

シリコンバレー エフェクト【Silicon Valley effect】 ⅠⅢ優れた技術者が各国から集まってくることで，新しい技術が開発されること．カリフォルニア州のシリコンバレーに現れたような効果を指すことから．

シリコンビデオ【silicon video】 ⅠⅢ半導体素子に動画記録を行う機器．

シリコン ファンドリー【silicon foundry】 ⅠⅢシリコン工場．半導体工場．

シリコン フォレスト【Silicon Forest】 ⅠⅢ半導体関連企業が集まるアメリカのオレゴン州ポートランド南郊の森林に囲まれた地域．

シリコン プレーリー【Silicon Prairie】 ⅠⅢ半導体メーカーが集まるアメリカのテキサス州ダラス北部の地域．プレーリーは大草原の意．

シリコンブレーン【silicon brain】 ⅠⅢマイクロコンピューターの中央処理装置（CPU）のこと．シリコン製の頭脳の意．

シリコン マウンテン【Silicon Mountain】 ⅠⅢ半導体を軍事技術に応用するメーカーが集まるアメリカのコロラド州コロラドスプリングス地域．

シリンダー【cylinder】 ①円筒．円筒容器．②ピストンが往復運動をする円筒部．気筒．③ⅠⅢ磁気ディスク装置で，データを記録する領域の集まりを仮想円筒と考えたもの．

シリンダーあふれ域【cylinder overflow area】 ⅠⅢハードディスク上の各シリンダーの領域からあふれたレコードを記録しておく領域．

シリンダー索引【cylinder index】 ⅠⅢ索引編成されたファイル形態で，シリンダー上のどこに特定のレコードが記録されているかを示すデータ．

シリンダー錠【cylinder lock】 開閉機構を円筒形の本体に納めた錠で，多種類の鍵を作ることができるのが特色．

シリンダー シルエット【cylinder silhouette】 円筒型をしたシンプルな服．

シルエッター【silhouetter】 自動採寸装置．身体の正面と側面を撮影して体形を割り出す．

シルエット【silhouette 仏】 影絵．影法師．輪郭．外形画像．

シルキー【silky】 絹状の．絹のような．

シルキージャージー【silky jersey】 絹糸やそれに似た化学繊維などで作る，光沢のある薄い布地．

シルクスクリーン【silkscreen】 孔版捺染法．特殊な絹布を使った印刷技法で，ポスターなどに用いる．

シルクニット【silk knit】 絹織物の原糸から作ったニット向きの厚め糸，横メリヤスに編んだもの．

シルクパウダー【silk powder】 絹の繊維成分を粉状にしたもの．食品などに用いる．

シルクハット【silk hat】 男性の礼装用帽子．表面は黒色の絹張りの．円筒形で縁はやや上がっている．トップハットともいう．

シルクプロテイン【silk protein】 絹から抽出したたんぱく質を綿などの素材に染み込ませる加工方法．

シルクロード【Silk Road】 絹の道．太古以来，アジアとヨーロッパおよび北アフリカを結ぶ東西交易路の総称．中国特産の絹がこの経路で西方に運ばれたことから．ドイツの地理学者リヒトホーフェンが命名．

シルクロード外交【Silk Road diplomacy 日】 中央アジアおよびカスピ海周辺諸国を重点地域として展開する外交．ユーラシア外交の別称．

ジルコニア【zirconia】 ジルコニウムの酸化物．耐熱性や耐アルカリ性に優れ，ガラス溶融炉や高炉，転炉などの耐火物に用いられる．単結晶はダイヤモンド類似石として装飾などに用いられる．

ジルコニア セラミックス【zirconia ceramics】 ジルコニウムの酸化物であるジルコニアを用いたセラミックス．摩耗・腐食に強く，曲げ強度や強靱さにも優れている．

ジルコニウム【zirconium】 金属元素の一つ．元素記号は Zr．酸，アルカリに強く，合金材料・原子炉用材料などに用いる．

シルト【silt】 沈泥．地層の粒子で，粘土より粗く砂より細かいもの．

シルト岩【siltstone】 堆積岩の一種．沈泥が固結してできる．

シルトプロテクター【silt protector】 土砂防御幕．海底工事で泥の拡散を防ぐ帯状の幕．

ジルバ【jitterbug】 アメリカで起こったダンスの一種．4分の4拍子の速いリズムに合わせて激しく踊る．ジッターバグのなまり．

シルバー【silver】 ①銀．銀色．銀製品．②（日）高齢者の，年長者の，老人向けのなどの意で用いる語．

シルバーウイーク【silver week 日】 11月の文化の日を中心に連休のある週．和製英語の golden week にならった言い方．

シルバーウエディング【silver wedding】 銀婚式．

シルバーオンライン【silver-on-line 日】 ⅠⅢ独り暮らしの高齢者専用の自動通報方式．

シルバーカー【silver car 日】 高齢者向けに作られた歩行補助車．英語は walker for an aged person．

シルバーガイド【silver guide 日】 動物園や公園で案内などを担当する中高年齢者．

シルバーコロンビア計画【Silver Columbia Plan 日】 1986年に通産省（現経済産業省）が発表した中高年齢者の海外移住計画．

シルバー サーティフィケート【silver certificate】 アメリカ政府が1963年以前に発行していた銀兌換紙幣．

シルバーサービス【silver service 日】 高齢者への福祉サービスを民間企業が行うもの．

シルバー産業【silver industry 日】 高齢者を直接の対象・顧客とする産業．英語は senior market．

シルバーシート【silver seat 日】 社電車やバスに設ける、高齢者や体の不自由な人などの優先座席.

シルバー人材センター【silver talent center 日】 社定年退職後などの高齢者が補助的・短期的就労を通じて社会参加し、追加的収入を得るように図る公益法人.

シルバースター【silver star 日】 社高齢者に気配りした宿泊施設. 全国ホテル旅館振興センターが1993年から認定登録.

シルバーストリーク【silver streak】 容銀粉を油で溶いて前髪に細く筋をつけるように塗り、装飾的効果を出す方法.

シルバーハウジング【silver housing 日】 建社高齢者向けに設計・整備された住宅.

シルバーハラスメント【silver harassment 日】社高齢者に対する虐待行為. 老人虐待.

シルバーパワー【silver power 日】 社高齢者の力. 特に労働力・行動力などが衰えていない高齢者たち. またその力・活力のこと.

シルバービジネス【silver business 日】 営社高齢化社会に伴って生まれた事業. 中高齢層を対象にして民間企業が行うビジネスの総称.

シルバーボランティア【silver volunteer 日】 社中高齢で日本から途上国などに出かけてボランティア活動をする人.

シルバーホン【silver phone 日】 I医社寝たきりの病人や独り暮らしの高齢者向けに開発された電話機で、緊急電話がボタン一つでできる.

シルバーマーク【silver mark 日】 社介護サービス関連会社に付与する認定マーク. 厚生労働省所管の社団法人「シルバーサービス振興会」が適格性を認定する.

シルバーマーケット【silver market 日】 営社高齢者市場. 時間的・金銭的に余裕があると見られ、高齢化社会に向けて有望視される.

シルバーマンション【silver mansion 日】 建社高齢者専用の集合住宅. シニア住宅ともいう.

シルバーライフ【silver life 日】 社老後の生活. 高齢者が営む生活.

シルバー ロボティックス【silver robotics 日】 機社高齢者の筋力・視力などの衰えた機能を補うロボットの研究開発.

シルバーワーク【silverwork】 銀細工. 銀の装飾品.

シルミン【silumin】 化ケイ素とアルミニウムの合金. 軽量で耐食性に優れ、航空機・自動車部品などの精密鋳物に用いる.

シルム 競朝鮮民族の古くから伝わる格闘技. 韓国相撲.

ジレ【gilet 仏】 服上着の下に着る胸飾りのある袖なしの胴着.

ジレッタント【dilettante】 好事家. ディレッタント.

ジレンマ【dilemma】 板挟み. 窮地. 進退窮まること.

シロセット加工【siroset process】 服繊維加工法の一種. 毛織物に長い使用しても長いような

▶シンクライ

ひだ・折り目をつけること.

シロッコ【sirocco】 気サハラ砂漠からイタリアなど地中海沿岸地方に吹く熱風.

ジロ デ イタリア【Giro d'Italia 伊】 競(自転車)イタリアを一周する自転車ロードレース.

シン【sin】 宗教上・道徳上の罪. 罪悪.

ジン【gin】 料ライ麦やトウモロコシを原料として、ネズの実で香りをつけたアルコール分の強い蒸留酒.

ジンガー【zinger】 痛烈な言葉. とげのある皮肉. 元気のいい人. 意外なもの.

シンガーソングライター【singer-songwriter】 音自分で作詞作曲したポピュラー音楽を歌う人.

シンガード【shin guard】 競防具のすね当て.

シンガポール英語【Singapore English】 言シンガポールの公用語の一つ. 反復語法などの特徴がある.

シンガポール取引所【Singapore Exchange】 経シンガポール国際金融取引所とシンガポール証券取引所が1999年に合併した取引所. SGXともいう.

シンガポール フライヤー【Singapore Flyer】 シンガポールで2007年12月の稼働を予定する世界一高い観覧車(170m).

シンガポールワン計画【Singapore One】 I シンガポール政府が推進する計画. IT（情報技術）インフラの整備や IT 関連企業への税制優遇措置などが計画されている.

ジンガロ【Zingaro 仏】 芸フランスの騎馬オペラ団.

ジンギスカン 料羊肉の焼肉料理. 日本独自の料理名で、モンゴルで羊肉料理が盛んなことから、歴史的英雄にちなんで命名されたといわれる.

シンギュラリティー【singularity】 気特異日. ある天候が特定の暦日に高い確率で現れること. 4月23日の霜、8月12日の猛暑、11月3日の晴天など. ②特異. 風変わり.

シンキング【thinking】 思考. 見解.

シンク【SINK】 社働き手は一人で子供のいない若い夫婦. single income, no kids の頭字語.

シンク オア スイム【sink or swim】 いちかばちか. のるかそるか. 運を天にまかせて思い切り行動すること.

ジングシュピール【Singspiel 独】 音歌劇の一種. 素朴な歌芝居のような風情をもつ.

ジンクス【jinx】 縁起の悪いこと. または縁起のよいこと. 縁起かつぎの対象となる物事. 英語では常に 'bad luck' の意で用いる.

シングソング【singsong】 ①音誰もが知っているような歌を即席で合唱すること. ②単調な詩. 抑揚のない話し振り.

シンクタンク【think tank】 営政政策研究機関. 調査研究機関. 頭脳集団. 頭脳工場. 調査・研究・立案などを商品とするサービス業. シンクファクトリーともいう.

ジンクピリチオン【zinc pyrithione】 化抗菌力に優れた物質. 洗髪剤やヘアトニックなどに用いる.

シンクライアント【thin client】 I算クライアン

247

シングリッ▶

トのシステムの肥大化を解消するためのシステム構想．アプリケーションやデータをサーバー側で管理することで，クライアント側のコストを削減する．

シングリッシュ【Singlish】 言シンガポール英語．not yet を「ノイェ」というなど，なまりのある英語．

シングル【single】 ①単独の．②未婚．独身．単身者．③(日)競ハンディキャップが9以下の人．英語は low handicapper．④服片前で1列のボタンの上着やコート．シングルブレスト．⑤服ワイシャツの袖，ズボンの裾などの折り返しのないもの．⑥科ウイスキーなどの量の単位の一つ．約30ミリリル．⑦競(野球)安打．⑧(日)一匹狼．個性的な価値観や考え方をもち自立して生活している人．

ジングル【jingle】 ①リンリン，チンチンと鳴る音．電話のベルの音．②音広テレビやラジオのコマーシャルに使われる音楽．会社名や商品名を読み込んだ歌詞がつくものが多い．

シングルイシュー【single issue】 政選挙運動などで，一つの問題にだけ関心を寄せる方法．

シングルイシュー ポリティックス【single issue politics】 政一つの明確な争点を基に起こる政治運動の形態．アメリカによく見られ，人権差別撤廃など多くの運動がある．ワンアイテム ポリティックス．

シングルウオール【single-walled】 単層の．

シングルA【single A】 ①競(野球)アメリカのマイナーリーグの階級の一つ．上から3番目に相当．②営経社債などの格付けの一つ．Aともいう．

シングル化【single－日】 社非婚化．男女とも未婚率が上昇する傾向が見られる．

シングルカット【single cut 日】 音CDアルバムなどの中から曲を選んで，シングル盤を作ること．

シングル コピー ライセンス契約【single copy license】I算ソフトウエア1本，システム一つ，またはコンピューター1台のみに使用許諾を与える契約．

シングル サインオン【single sign-on】I算ネットワークに対して一度ログインすると，複数のサイトやサービスを透過的に利用できるシステム．

シングルジョブ【single job】I算コンピュータに，一度に一つだけの動作を行わせること．またはその実行作業．

シングルス【singles】 ①競テニスや卓球などの一人対一人の試合．②独身者．

シングルスカル【single sculls】 競ボート競技の種目の一つ．両手でこぐ一人乗りボートによる競漕．

シングルステップ【single step】I算コンピューターの命令を，系列的に自動的に実行するのではなく，一つずつ実行していくこと．

シングルスバー【singles bar】 独身の男女が交際相手を見つけるために集まる酒場．デーティングバーともいう．

シングルスペース【single space】I算1インチ(2.54mm)に6行を入れる行間隔の取り方．文書作成や印刷の時に指定する．

シングルタスク【single task】I算コンピュータが，一度に一つの仕事を行うこと．またはその仕事．

シングルタスクＯＳ【single tasking OS】I算 MS-DOS のように一度に一つタスク処理をするOS（基本ソフト）．

シングルチップ コンピューター【single chip computer】I算コンピューターの機能をすべて一つの集積回路上にまとめたもの．

シングルトラック レース【single track race】 競(ｽﾞﾙ)一度に数人の選手が1周400mのトラックで競うレース．参加選手の多い場合に行われる．

シングルハンド【single-handed】 ①競(ｽﾞﾙ)一人で操縦すること．単独航海．②独力の．単独で．片手で．

シングルファーザー【single father】 社父子家庭の父親．

シングルフッド【singlehood】 社未婚．独身者．

シングルプレーヤー【single player 日】 競(ｽﾞﾙ)ハンディキャップが9以下のアマチュアゴルファー．数字が一桁のところから，シングルともいう．英語は low handicapper．

シングルマーケット【singles' market 日】 営社若者や高齢者など可処分所得が多い単身者を対象とする市場．耐久消費財やレジャーをはじめ，食品・日用品などにも広がっている．

シングルマザー【single mother】 社未婚の母．あるいは，離婚または別居して子供を養育している母親．シングルママともいう．

シングルモード【single mode】I算光ファイバーの種類の一つ．高速のデータ転送に適し，直径が8～10μmで長波長レーザーなどを使う．

シングルモード端末【single mode terminal】I算1種類の周波数帯や形式を支援する，携帯電話や PHS などの情報通信端末．

シングルモルト【single malt】 料大麦の麦芽だけを原料として作ったウイスキーの，原酒そのままのもの．

シングルユーザー【single user】I算一人が1台ずつを専有するコンピューターの使用者．

シングルライダーズ ジャケット【single rider's jacket】 服オートバイ運転者用の上着に似た，シングル打ち合わせの丈の短い上着．

シングルライフ【single life】 社一人暮らし．独身生活．

シングルロット【single lot】 営同一条件で作られた大量生産製品のひとかたまり．

シンクレチズム【syncretism】 宗哲混合主義．さまざまな思想や諸宗教を融合すること．

シンクロ ①シンクロナイザー（synchronizer）の略．写カメラのシャッターとストロボの同調装置．②シンクロナイズ（synchronize）の略．映放映像と音声をうまく合わせること．同時録音．③シンクロナイズド スイミング（synchronized swimming）の略．

シンクロエナジャイザー【synchroenergizer】 光が点滅するゴーグルや音楽を流すヘッドホンをつけて，幻覚状態を体験できる装置．

シンクロサイクロトロン【synchrocyclotron】 理サイクロトロンを改良して，高速で運動する粒子の周期と高周波電圧の周期を一致するようにし

◀シンドロー

た粒子加速装置．

シンクロスコープ【synchroscope】 電ブラウン管オシロスコープの一種で，高周波数や非周期的な波形の観測に用いる．同期検定器．

シンクロトロン【synchrotron】 理電子を光速度に近い速さで円運動させる大型加速器．素粒子の研究に用いる．

シンクロトロン放射【synchrotron radiation】 理一定の軌道に沿い高速度で運動している荷電粒子が，磁場によって急激にその軌道を曲げる時に電磁波を放出する現象．

シンクロトロン放射光【synchrotron orbital radiation】 理光速近くまで加速された電子や陽電子などが，磁場の影響を受けその軌道を曲げられる際に放射されるX線．SOR．

シンクロトロン放射光CT【synchrotron orbital radiation computed tomography】 I 理電磁波の一種のシンクロトロン放射光を用いるX線断層撮影．

シンクロナイザー【synchronizer】 機電同期装置．

シンクロナイズ【synchronize】 同期する．同時化する．同調する．時間的に一致する．

シンクロナイズド スイミング【synchronized swimming】 競(水泳)音楽に合わせて演技する水中バレエ．ルーティン競技とフィギュア競技の2部門がある．

シンクロナイズド ダイビング【synchronized diving】 競(水泳)飛び込み競技の一つで，同調性を競う種目．2人の選手が同時に演技する．シンクロナイズド飛び込み．

シンクロナス コンバーター【synchronous converter】 電同期変流器．交流を直流に，直流を交流に変える．コンバーターともいう．

シンクロニシティー【synchronicity】 共時性．同時性．同時発生．

シンクロニズム【synchronism】 ①時間的一致．同時性．②歴史的事件・人物などの年代別対照表示．③電電同期．

シンクロニック【synchronic】 言共時的な．

シンクロフラッシュ【synchroflash】 写シャッターとフラッシュの同調発光装置．

シンコペーション【syncopation】 音切分音．強拍・弱拍の位置を変えて，リズムに変化を与える．

シンサーバー【thin server】 I 情サーバー機能を限定し，必要最小限のものだけを提供する方法．

シンジケート【syndicate】 ①経生産割り当てや共同販売などを行う，カルテルの中央機関．カルテル全体のこと．②経国債・地方債・社債などの応募を引き受けたり融資したりする金融連合体．③社反社会的な組織集団．またその組織．④競種牡馬を共有すること．またその組織．

シンジケートローン【syndicated loan】 経世界各国の銀行が国際協調融資団(シンジケート)を結成し，各国の政府・政府機関，地方公共団体，民間企業などに対して行う中長期の融資．

ジンジャー【ginger】 植ショウガ．根茎を香辛料などに用いる．

ジンジャーエール【ginger ale】 料ショウガで味を付けた清涼飲料水．カクテルに用いる．

シンスプリント【shin splint】 医すねに痛みや炎症を生じるスポーツ障害の一つ．ジョギングなどでよく起こり，筋肉の痛み・硬さなどを伴うけいれんが反復する．

シンセサイザー【synthesizer】 I 音電子発振器を使って音を合成する機械．

シンセティック【synthetic】 ①総合の．総合的な．②化合成の．人工的な．

シンセティック ジュエリー【synthetic jewelry】 最新の科学技術によって，人工的に作られた宝石．組成は天然石に等しい．

シンセポップ【synthpop】 音シンセサイザーを使ったポップ音楽．

シンタクチック フォーム【syntactic foam】 化深海潜水艇などに使われる強度の高いプラスチック．

シンタックス¹【sin tax】 経タバコやアルコール類に対する税金．

シンタックス²【syntax】 ①言統語論法．構文法．②I 情コンピューターで用いるプログラミング言語などで，言語の使われる一定の構造を定めた構文や文法．

シンチョネロ人民解放運動【Movimiento Popular de Liberación Cinchonero 西】 軍ホンジュラスの人民革命同盟の武装組織．マルクス＝レーニン主義の反米理論を唱え，1980年に結成．91年に武装解除した．ＭＰＬＣともいう．

シンチレーション【scintillation】 理放射線が蛍光体に衝突して閃光を発する現象．火花．

シンチレーション カウンター【scintillation counter】 理シンチレーションを利用して放射線の定量的測定を行う装置．シンチレーション式計数管．

シンチレーション カメラ【scintillation camera】 医人間の器官内の放射性物質の動きを探り，記録するカメラ．シンチカメラ．

シンチレーション式計数管【scintillation counter】 理特定の物質において，放射線により上がったエネルギー状態が元に戻る際，差分のエネルギーが蛍光として放出される現象を利用した放射線測定器．

シンチレーション スペクトロメーター【scintillation spectrometer】 理放射性物質が放出する粒子のエネルギーを測定する装置．シンチレーション分析器．

ジンテーゼ【Synthese 独】 ①哲相反する概念を，より高次の概念の中に取り入れて統合すること．②化合成．

シンデレラガール【Cinderella girl 日】 社無名から一躍有名になった女性．

シンデレラ コンプレックス【Cinderella complex】 社心シンデレラ願望．いつか自分だけの王子様が現れることを心待ちにしている，他者依存性の強い女性の心理傾向．

シンデレラボーイ【Cinderella boy 日】 社無名から一躍有名になった男性のこと．

シンドローム【syndrome】 医症候群．一つの疾

249

シンドロー▶

患，障害などからなる一群の症状・徴候．

シンドロームX【syndrome X】 医炭水化物の過剰摂取などで，肥満，高血圧，高血糖，高脂血症を併発すること．

シンナー遊び【thinner —】 社有機溶剤や接着剤の蒸気を故意に吸入して酩酊する習俗．アメリカではグルースニッフィングという．

シンパサイザー【sympathizer】 同調者．共鳴者．支持者．シンパともいう．

シンパシー【sympathy】 同情．思いやり．あわれみ．共感．賛成．共鳴．

シンパシーストライキ【sympathy strike】 社ほかの労働組合のストライキなどを支持し援護するために行う同盟罷業．支援スト．

シンパセティック【sympathetic】 同情を寄せる．感慨を催す．好意的な．共感を誘う．

シンハラ民族【Sinhalese】 スリランカの人口の約70％を占める仏教徒．

シンバル【cymbals】 音打楽器の一つ．2枚の円形の金属板を打ち合わせたり，ばちで打って鳴らす．

シンビアン【symbian OS】 IT携帯電話用に開発された OS（基本ソフト）の一つ．

シンビン【sin bin】 競(ﾗｸﾞ)主審が危険なプレーや反則を繰り返す選手に10分間の退出を命じること．1996年から採用した国内特別ルール．罪の箱という意．

ジンフィズ【gin fizz】 料ジンに炭酸水，レモン，砂糖などを加えたカクテル．

シンフェイン党【Sinn Fein ｱｲﾙﾗ】 政北アイルランドの政党．アイルランド共和軍（ＩＲＡ）の政治組織．1905年に結成．

シンフォニー【symphony】 音交響曲．オーケストラのための最も大規模な楽曲．

シンプソンの公式【Simpson's rule】 数積分法を使った近似計算法．積分の区間を2×m倍に細分化し，計算する．解を計算できない関数にも有効．

シンプトム【symptom】 ①前兆．兆候．兆し．②医症状．徴候．

シンプリファイ【simplify】 簡潔にする．簡単にする．単純にする．

シンプル マジョリティー【simple majority】 ①単純多数．総投票数の半数に達しないが，必要とされる最小限は満たしている票数．②政登録されている有権者の過半数以上．

シンプルライフ【simple life】 社簡素な生活．質実な生活．

シンプルリッチ【simple rich 日】 服単純なデザインだが素材や質感で高級感を出す装い．

シンプレックス法【simplex method】 IT経数線型計画法（リニアプログラミング）で問題を計数的に解く方法．単体法．

シンポジウム【symposium】 社一つのテーマについて，何人かの講演者が意見を述べ，聴衆の質問に答える形式の討論会．

シンボライズ【symbolize】 象徴する．記号で表す．

シンボリズム【symbolism】 文象徴主義．サンボリスムともいう．

シンボリック【symbolic】 象徴的な．表象的な．

符号の．

シンボリック デバッガー【symbolic debugger】 IT算アセンブラーで記述されたプログラムで，英数字などのシンボル名を用いてプログラムの検査を行えるプログラム．

シンボリック マネジャー【symbolic manager】 経象徴的管理者．超一流の企業は技術や資金だけでなく，強い企業文化をもち，それを体現する象徴的管理者が重要とされる．

シンボル【symbol】 記号．符号．象徴．表象．

シンボルアスリート【Symbol Athlete 日】 日本オリンピック委員会（JOC）が肖像権ビジネスの中核とする選手たち．

シンボルカラー【symbol color 日】 博覧会，展示会などのテーマに沿って決められる色彩．または企業や製品を象徴・宣伝するために用いる色．英語は company logo colors．

シンメトリー【symmetry】 左右対称．釣り合い．調和．⇔アシンメトリー．

シンメトリカル アクセス【symmetrical access】 日米国間で大学や研究所同士などで行う，釣り合いのとれた相互アクセス．

ス

スイーツ【sweets】 料デザート菓子など，甘い菓子類の総称．

スイーティー【sweetie】 植イスラエル産のかんきつ類の一種．グレープフルーツに似た形で，果皮は緑色で厚く，甘味が強い果物．

スイート[1]【suite】 ①建ホテルの高級な続き部屋．②音組曲．一連の舞台からなる器楽曲・管弦楽曲．③ひと続き．ひとそろい．④IT算基礎的なビジネスソフトウエア数点を一つのパッケージにした商品．

スイート[2]【sweet】 ①甘い．甘口の．おいしい．魅惑的な．②料食後の甘い料理．または砂糖菓子．キャンデー類．③恋．恋人．④音ジャズなどで，即興を交えないで旋律をゆっくりと演奏すること．

スイートコーン【sweet corn】 植トウモロコシの一系統で甘味種．まだ熟しきっていない柔らかいトウモロコシ．

スイートスポット【sweet spot】 競ゴルフのクラブヘッドにある最適打球点．ラケットやバットでもいう．

スイートソルガム バガス【sweet sorghum bagasse】 化環植サトウキビの一種のスイートソルガムのしぼりかすから製造した燃料．バイオマス燃料として期待されている．

スイートナー【sweetener】 料甘味料．

スイートハート【sweetheart】 恋人．愛人．一般に女性に対していう．

スイートハート リース【sweetheart lease】 経社知人などに格安でリースサービスをすること．

スイートホーム【sweet home】 ①社楽しい家庭．②社新婚の家庭．この意味での英語は，newly married couple's home．

250

スイート マージョラム【sweet marjoram】 植シソ科の多年草．葉は香味料に用いる．

スイートルーム【suite room 日】建ホテルなどの特別室．独立した寝室，居間などがひと続きになっている豪華な部屋．英語では単にsuite．

スイーパー【sweeper】①清掃員．清掃車．②競(ｻｯｶｰ)マークのような特定の相手選手をもたない，守備のかなめとなるポジション．リベロ．

スイープ【sweep】①掃く．一掃する．取り除く．②広がり．範囲．限界．③競完勝．全勝．④建せり持ち．⑤Ⅰ算三次元コンピューターグラフィックスの手法の一つ．平面図形を，ある軸，軌跡に沿ってずらして立体化する．⑥競(ﾎﾞｰﾄ)両手で握る長大なオール．⑦経証券スイープアカウント．資金総合口座．

スイープス【sweeps】放テレビの放送番組のランキングを決めるため，アメリカの調査会社が設定した月．2月，5月，11月をいう．

スイカ【Suica】Ⅰ JR 東日本の非接触型 IC カードを用いる定期券や料金先払い式カード．2001年に導入．

スイサイド【suicide】自殺．自殺行為．シュイサイドともいう．

スイス フォーミュラ【Swiss formula】経 WTO（世界貿易機関）の農業交渉において，一定の算式により関税率に上限を設ける方式．

スイッチ OTC 薬【switch OTC】薬医療用医薬品のうち，比較的安全性の高いものを成分として使った一般用医薬品．OTC は over-the-counter drug（一般用医薬品）の略．

スイッチトレード【switch trade】経特定の第三国の通貨を貿易決済通貨として指定して，他の通貨地域から物品を輸入する方法．スイッチ貿易．

スイッチバック【switchback】機急傾斜をZ字形に上り下りする方式の鉄道．

スイッチヒッター【switch hitter】競(野球)左右どちらの打席でも自在に打てる打者．

スイッチャー【switcher】Ⅰ算複数のソフトを次々と切り換えて使うことができるようにした機能．Windows などに備わっている．

スイッチング【switching】Ⅰ算切り替え，開閉すること．

スイッチングハブ【switching hub】Ⅰ算 LAN でつながれた端末や ATM の端末を束ねる集線装置．それぞれの端末へのデータのスイッチング機能をもつ．

スイフト【swift】①速い．敏速な．②競(野球)速球．スイフトボールの略．

スイミング【swimming】水泳．

スイミング コスチューム【swimming costume】服水着．おしゃれ用の水着．

スイムスーツ【swimsuit】水着．海水着．

スインガー【swinger】①陽気な人．新しもの好きな人．②夫婦交換を行う人．

スイング【swing】①振る．振り回す．②競野球のバットやゴルフのクラブを振ること．③音体を揺り動かすようなリズム形式のジャズ．スウィングともいう．④ぶらんこ．

スイングアカウント【swing account】経二

国間で貸借の均衡を保ちながら一定限度までは信用取引で行い，限度を超えた場合には決済を行う貿易方法．振り子勘定．

スイングウエイト【swing weight】競(ｺﾞﾙﾌ)クラブを振った時の重量バランス．シャフトの硬さ・長さ，ヘッドの重さなどから算出する．

スイングサービス【swing service】経自動振替型預金．総合口座の普通預金が一定の残高以上ある場合，その超過分を定期預金に自動的に振り替える方式．

スイングスリーブ【swing sleeve】服袖ぐりのわきの部分を浅くして手の動きを自由にした袖．

スイング戦略【swing strategy】軍アメリカの軍事戦略の一つ．西ヨーロッパで紛争が起きた時，アジアの配備兵力を振り向けるというようなやり方．

スイングドア【swing door】建自在戸．前後どちらの側にも押すと開く戸．

スイングトップ【swing top】服ナイロン製のジャンパー．特にゴルフ用のものを指す．

スイングバイ【swing-by】字理重力援助．宇宙機（人工惑星）が惑星に近づいた時，その引力を利用して軌道を変更すること．スウィングバイ，フライバイともいう．

スイング プロデューサー【swing producer】経生産調整国．OPEC（石油輸出国機構）の中で，自国の産出量を増減させることで全体の総生産量を調整し，需給バランスを取る役割を果たす国家．サウジアラビアがこれに相当する．

スイングロック【swing rock】音スイングとロックを融合した，音楽の新傾向の一つ．アメリカで起こった．ネオスイングともいう．

スー【Sue】生世界最大の恐竜ティラノサウルスの愛称．

スーイズム【sueism】社法訴訟主義．アメリカで，なんでも訴訟を起こす傾向をいう．

スーイング ソサエティー【sueing society】社訴訟社会．アメリカ社会の傾向の一つ．どんな問題も訴訟で解決を図ろうとすること．

スウーンストック【swoon stock】経好ましくないニュースやうわさで株価が急落するような極端に敏感な株．

スウェーデンリレー【Sweden relay 日】競(陸上)4人の選手がそれぞれ100m，200m，300m，400mと異なる距離を走るリレー．400mから100mと逆に走ることもある．英語は Swedish relay．

スウェット【sweat】汗．スエット．

スウェットシャツ【sweat shirt】服運動用のセーター．日本ではトレーナーと呼ばれる．

スウェットスーツ【sweat suit】服運動選手などが用いる保温・発汗用の服．

スウェル【swell】膨張すること．はれること．ふくらませること．

スウォッチ【Swatch】服派手な色彩やデザインの腕時計．商標名．

スーク【sūq 亜剌】市場，バザール．

ズーク【zouk】音カリビアンロックのダンス音楽．

ズーストック計画【zoo stock project】生動複数の動物園が協力して，野生動物の繁殖を行い，

スーター ▶

種の保存を図る計画.

スーター【suitor】①営企業買収者と目される人. ②求婚者. ③法訴人. 原告.

スーダン人民解放軍【Sudan People's Liberation Army】軍スーダンの反政府ゲリラ組織. キリスト教徒の多い南部の分離独立を目指す. 1983年に結成. ＳＰＬＡともいう.

ズーチェック【zoo check】魚鳥動動物園, 水族館, 野鳥園などで生き物の飼育環境などを調べること.

スーツ【suit】①服洋服のひとそろい. ②営経営管理職者. 上役. 特にイギリスで使う.

スーツケース【suitcase】①服旅行用の小型かばん. ②Ⅰ算システム, 文字フォント, 音声などに関して, ある仕事をコンピューターシステムで行うためのソフトウエアの収納ファイル.

スウッシュ【swoosh】①シューと音をたてる. ピューンと鳴る. ②アメリカのスポーツ用品メーカーのナイキ社のロゴマーク.

スート【suit】法訴訟. ローストともいう.

ズートスーツ【zoot suit】服ひざまである長い上着, 裾でくくられるだぶついた長ズボンからなる男子服.

スートラ【sutra】①宗ヒンズー教の経書. ②宗仏教の経典.

ズーノーシス【zoonosis】医人畜共通感染症. 人間にも動物にも感染する病原体による疾病を指す.

スーパー【super】①「極度の」「超」「上の」などの意味を表す接頭語. ②外国映画の訳語字幕. スーパーインポーズ（superimposed title）の略. ③スーパーストア, スーパーマーケットの略.

スーパーアロイ【superalloy】化合金. ニッケルやコバルトが主成分の合金. 航空機エンジンやガスタービンなどの高温部材に使う.

スーパーインポーズ【superimpose】①映写画面上にせりふ字幕を焼き付けること. またその字幕. スーパー. 米語ではサブタイトル（subtitles）という. ②写二重焼き付け.

スーパーウーファー【super woofer】音低音増強のために付け加える低音専用スピーカー.

スーパーウーマン シンドローム【superwoman syndrome】医心エリートを目指す女性が役割を完全に果そうとして疲れることから起こるストレス症候群.

スーパーウール【super wool】服ファインメリノウールの中で極細のもの.

スーパーウッド【super wood】建木質系新素材の総称. 天然木材に化学物質を合成することで, 木材にはなかった新しい性質や機能をもたせたもの.

スーパーエース【super ace】競（バレーボール）攻撃を専門的に行う主力選手.

スーパーエコシップ【Super-Eco ship】機ガスタービン・電気推進の次世代内航船. 国土交通省が主導して開発.

スーパーMMC【super MMC】経市場金利連動型預金（MMC）の小口版の一種, 銀行が扱うものの愛称.

スーパーエンプラ【super engineering plastics】化超耐熱性, 超高弾性, 高強度特性などをもった超高性能プラスチック. 軍事や航空が主用途. 特殊エンプラ.

スーパーオーディオCD【Super Audio Compact Disc】Ⅰソニーとフィリップスが提案する次世代のコンパクトディスク. ＳＡＣＤともいう.

スーパーオキシド【superoxide】化酸素分子にさらに1個の電子が加わったもの. 超酸化物. スーパーオキサイドともいう.

スーパーオキシド ジスムターゼ【superoxide dismutase】化生肝臓などの臓器や血液中に存在する生理活性酵素. スーパーオキサイドジスムターゼ, ＳＯＤともいう.

スーパーカー【supercar】機洗練されたスタイルと高速性能が特徴のスポーツカー.

スーパー歌舞伎【—】劇歌舞伎俳優の市川猿之助が1986年から始めた, けれんの多い演出が特徴の新作歌舞伎.

スーパーカミオカンデ【SUPER-KAMIOKANDE】理岐阜県の神岡鉱山の地下1000mに据えた世界最大の水チェレンコフ光観測装置.

スーパーガン【Supergun】軍イラクが開発した高性能長距離砲.

スーパーキャッシュ【Super Cash 日】Ⅰ営新しい電子マネーの一つ. 1999年に日本で実験を開始. キャッシュカードにＩＣカードを組み込んである.

スーパーグランプリ【Super Grand Prix】競（陸上）世界各地で開催するグランプリサーキットで, 上から2番目の階層区分になる競技会.

スーパークリエータ【Super Creator 日】Ⅰ経済産業省所管の情報処理推進機構が認定する「天才プログラマー」.

スーパーグルー ミート【superglue meat】料細切れ肉を血漿でつないで形を整えた加工肉. ブラッドジェルミートともいう.

スーパークロス【supercross】競（オートバイ）陸上競技場などにモトクロス用のコースを仮設して行うオートバイ競技. スタジアムモトクロス.

スーパーK【super K】東南アジアを中心に出回った精巧な偽アメリカドル紙幣の一つ.

スーパーゲーム【supergame】経数ゲーム理論で, 無限回の繰り返しゲーム.

スーパーコブラ【Super Cobra】軍アメリカの攻撃ヘリコプター AH-1Z の通称.

スーパーコンコルド【Super Concorde】機次世代超音速旅客機の一つ. 1990年に計画が提唱され, 国際共同開発体制が整い, 2002年に機体開発を開始.

スーパーコンド【super condo】建内装を豪華にしただけでなく, 防犯装置などの管理も完備された超高級マンション. スーパーコンドミニアムともいう.

スーパーコンピューター【supercomputer】Ⅰ算大規模な科学技術計算などを超高速で行うコンピューター. スパコンともいう.

スーパー サイエンス ハイスクール【Super Science High School 日】教理数系教育重点高校. 文部科学省が指定する.

◀スーパート

スーパー35【super 35】映フィルム映像の方式の一つ．35mm で4パーフォレーションをもつフィルムを用いる．

スーパー301条【Super 301】経アメリカの新包括通商法に盛り込まれた条項で，相手国の不公正な貿易慣行に対する制裁強化を定めている．

スーパーサンプリング【supersampling】工算三次元コンピューターグラフィックスで表示される画像のギザギザを目立たなくするための方法の一つ．一つの画素をいくつかのサブピクセルに分けた後，レンダリングする．

スーパー大回転【Super Giant Slalom】競(ス*)スーパー大回転．アルペンスキーの競技種目の一つ．滑降と大回転の中間に位置する種目．

スーパーG3ファクシミリ【super group 3 facsimile】工G3 ファクシミリの 9.6Kbps より高速な 33.6Kbps の伝送速度のモデム利用したファクシミリ．

スーパーGT【Super GT 日】競FIA（国際自動車連盟）公認の自動車レース．全日本GT選手権が2005年から改称．

スーパーシェル【super shell】天銀河系にある巨大な卵形のガス雲．超新星爆発ででき，若い星が誕生する場所となる．

スーパージャイアント スラローム【Super Giant Slalom】競(ス*)スーパー大回転．アルペン種目の一つ．滑降と大回転の中間に位置する．

スーパージャパンカップダンス【Super Japan Cup Dance 日】競社交ダンスの全日本選抜選手権．

スーパーシューズ【supershoes】競服あらゆる条件を考慮して，技術の粋を尽くして開発された運動靴．

スーパー ショットキー ダイオード【super Schottky diode】電極低温にすると電気抵抗のなくなる超電導体と半導体を組み合わせたダイオード．SSD ともいう．

スーパー スーパーマーケット【super super-market】営食品販売に主力を置く大型のスーパーマーケット．

スーパースカラー【superscalar】工算複数の命令を同時に実行する技術の一つ．CPU（中央処理装置）の内部に複数のパイプラインを用意すると並列実行ができる．

スーパースター【superstar】映芸超スター．超大物．

スーパーステレオ【superstereo】音演奏会場で音響効果が最良の場にいて演奏を聞くような感じになる立体音響の再生．

スーパーストア【superstore】営衣料品・雑貨を中心に販売している大型小売店．

スーパーストラクチャー【superstructure】建建物の部材を集積して一本の巨大な柱・梁（はり）を構成し，架構を組んだ超高層建築物の構造システム．メガストラクチャー．

スーパーストリング理論【superstring theory】理超ひも理論．素粒子物理学で注目されている．

スーパースプレッダー【super spreader】医強力な感染源．多くの人に感染を広げるもとになった患者．ハイパートランスミッター．

スーパーセル【super cell】気竜巻の一種．単一の巨大な対流．

スーパー繊維【super fiber】化高性能強化繊維．比弾性率・比強度の優れたボロン繊維，炭素繊維，アラミド繊維，ケイ素繊維など．繊維強化プラスチックの強化材料に用いる．

スーパーセンター【supercenter】営郊外などに設ける巨大なショッピングセンター．スーパーマーケットとディスカウントストアなどを統合した商業形態．

スーパー銭湯【super ―】営社多数の設備をそろえた大型の入浴施設．

スーパーソニック【supersonic】超音速の．超音波の．

スーパー大回転【Super Giant Slalom】競(ス*)滑降と大回転の中間の競技．スーパージャイアント スラロームともいう．

スーパーチェーン【super chain 日】営連鎖店の形式によるスーパーマーケット．英語は super-market chain．

スーパーチャージャー【supercharger】機過給機．エンジンのシリンダーに空気を強制的に送り込み出力の向上に寄与する装置．

スーパーチューズデー【Super Tuesday】政アメリカ大統領選挙で，各党の候補者を決める予備選や党員集会が集中している，3月の火曜日の通称．

スーパーツイーター【super tweeter】音超高音用スピーカー．

スーパーツーリングカー【super touring car】競(自動車)競技用車両の一種．全長4.2m以上の4ドアセダンの車体に，自然吸気2000ccエンジンを搭載し，エンジン回転数の上限が8500rpmとする規定．

スーパーティーチャー【Super Teacher 日】教教科や部活動で卓越した指導力をもつ高校教師を認証する，京都市教育委員会の制度．

スーパー定期【super ―】経1000万円未満の自由金利型定期預金の通称．

スーパーデジタル【super digital】工NTT東日本・西日本が提供する，高速なデジタル専用線によるデータ伝送サービス．

スーパーデレゲート【super delegate】政アメリカ大統領予備選挙の際に，公選公務員などから選出される代議員．特定候補への支持を表明しない．

スーパーデンシティ ディスク規格【Super Density Disc standard】工SD 規格．東芝，松下，日立など7社が提案していたデジタルビデオディスクの規格．

スーパー12【Super 12】競ラグビーの国際大会．南アフリカ，オーストラリア，ニュージーランドの12のプロチームが戦う．

スーパードラッグ【superdrug】薬効能が格段に優れている医薬品．

スーパートラム【super tram】機超低床の高性能路面電車．

253

スーパーナ▶

スーパーナウ【Super NOW】 経アメリカの銀行が個人対象に発売した高利回りの利付き当座預金．NOW は negotiable order of withdrawal の略．

スーパーバイク【super bike】 競オートバイ競技のカテゴリーの一つ．市販車を基に改造範囲を制限する．4サイクルエンジンのみで，2気筒が1000cc以り，4気筒は750ccまで．

スーパーバイザー【supervisor】 監督者．管理者．指導教員．

スーパーハイスクール【Super High School 日】 教英語や理数系に特化した教育を行う高校を重点支援する文部科学省の事業．

スーパーハイスニーカー【super high sneakers 日】 服細くて足首を覆う丈長のスニーカー．

スーパーハイデッカー【super high-decker 日】 機座席が一般のバスより一段高い位置にある形のバス車両．長距離高速バスなどに用いる．

スーパーハイビジョン【Super High-Vision 日】 放 NHK の次世代ハイビジョンシステム．情報量が現行ハイビジョンの16倍に及ぶ超高精細映像システム．

スーパーハイ フリークエンシー【superhigh frequency】 I電極超短波．センチメートル波．SHF ともいう．

スーパーバグ【superbug】 生酸性度や塩分濃度などが高い環境でも生育する微生物群．

スーパーバッグ【super bag 日】 スーパーマーケットで商品の持ち帰りに供されるポリエチレン袋の総称．英語は grocery bag.

スーパーバブル【superbubble】 天銀河内の泡構造．数多くの超新星爆発が同時に起こり，個々の超新星の周りあるガスが互いに合体・膨張してできる．

スーパーパワー【superpower】 ①政超大国．②強大な力．超出力．

スーパーバンク【super-bank】 経アメリカで提案されている，債務国向けの金融機関．融資決定までの手続きを迅速化することが目的．

スーパーパンクロ【super panchromatic film】 写赤色の感度がよい人工光向きのフィルム．

スーパービジョン【supervision】 社社会福祉事業において，監督者が，個別的に相談を受ける社会福祉主事に対して，指導や援助を与えること．

スーパーヒット【super hit 日】 経信託銀行などが取り扱う据置型金銭信託．期間は1年．

スーパービレーン【supervillain】 超悪玉．敵対勢力や敵対国の最高指導者を指していう．

スーパーファミコン【SUPER FAMICOM】 I 商16ビットの家庭用ゲーム機．1990年に任天堂が発売．複雑なゲームを楽しめる．英語名は Super Nintendo Entertainment System（Super NES）．

スーパーフード【super food】 料高コレステロール成分を分子操作して，健康への悪影響を少なくした食品．

スーパーフェニックス【Superphénix 仏】 理

仏伊独の3国共同でフランスに建設したタンク型高速増殖炉の実証炉．1985年に臨界に達したが，現在は高速増殖炉開発から撤退．

スーパー14【Super 14】 競(ﾗｸﾞﾋﾞｰ)オーストラリア，ニュージーランド，南アフリカの3カ国14チームで編成されるリーグ．2006年にスーパー12に2チーム加えてスタート．

スーパーブラックバード【Super Blackbird】 軍アメリカ空軍の戦術・戦略偵察機．世界最速といわれた SR－71ブラックバードの改修機．

スーパーフラット【Super Flat】 建二次元的で平面的な感覚．アーティストの村上隆が唱えた造語．

スーパーブランド【super brand】 営経世界各地で多くの人々に使われている商品．

スーパープルーム【super plume】 地下部マントル下層に形成される不安定層から大量のマントルが上昇する現象．

スーパープレミアム【super premium】 超高級．

スーパーヘテロダイン【superheterodyne】 感度・選択度の優れた受信装置．またそれを使った受信機．

スーパーボウル【Super Bowl】 競(ｱﾒﾘｶﾝﾌｯﾄﾎﾞｰﾙ)全米プロフットボールの優勝決定戦．AFC と NFC の二つのリーグの1位同士が競う．

スーパーマーケット【supermarket】 営食料品を中心に家庭用品をセルフサービスで販売する大規模小売店．

スーパーマーケット ブランド【supermarket brand 日】 営スーパーマーケットが衣料製造業者などと共同開発して扱う商標．

スーパーマウス【super mouse】 生シロネズミの成長ホルモンを組み込んだ大型のハツカネズミ．遺伝子操作により誕生した．

スーパーマジョリティー規定【supermajority requirement】 営敵対的買収に対する防衛策の一つ．株主総会で絶対多数の賛成を必要とする規定．

スーパーマルチドライブ【super-multi drive】 I すべての光磁気ディスク（DVD，CD）の読み書きに対応したドライブ．

スーパーメジャー【Super Majors】 営巨大規模の国際石油資本．大手の国際石油資本同士が合併して設立される．

スーパーモデル【supermodel】 服パリコレクションなどで活躍する，完璧な体型で服を生き生きと見せることができるトップモデル．

スーパーヨーヨー【super yo-yo 日】 高機能をもつヨーヨー．複雑な技をこなせる．ハイパーヨーヨーはバンダイの商標．ハイテクヨーヨーともいう．

スーパーラーニング【superlearning】 教自己暗示やヨガによる精神の集中力などを取り入れた学習法．

スーパーライス【super rice】 農品種改良によって，収穫量が在来種より大幅に増やせるイネ．

スーパーリアリズム【superrealism】 美精細克明な写実主義．1970年ころから始まり，写真と見まがう絵画や生きた人形のような立体などを作る．ハ

◀スカイステ

イパーリアリズム，フォトリアリズムともいう．

スーパーリーグ【Super League】①競(バスケット)日本の男子リーグ．2001〜02年シーズンから発足．②競(卓球)中国の卓球の最上位プロリーグ．中国超級．

スーパー リージョナルバンク【super regional bank】経超大型の地方銀行．有力な大手地方銀行．アメリカでいくつかの州に営業拠点をもつ地方銀行．

スーパーリレーＦＲ【Super Relay FR】 I NTT コミュニケーションズが提供する，フレームリレーの方式をとる専用線サービス．

スーパーリレーＣＲ【Super Relay CR】 I NTT コミュニケーションズが提供する，非同期転送モードのセルを使った固定接続サービス．

スーパーレイヤード【super layered】服コートの上にコートを重ねて着るような，従来の重ね着の常識を超えた重ね着．

スーパーレディー【superlady 日】社優れた能力をもつ女性．英語は superwoman．

スーパーワクチン【supervaccine】医多くのウイルスに対し同時に免疫を作るワクチン．

スープアップ【soup up】I算利用者がパソコンの性能を，機器の増設や高速化をして増強すること．

スーフィー派【Sufism】宗イスラムの神秘主義．またはその信奉者・教団．神との神秘的合一を求める宗教生活を重視する．スーフは羊毛の粗衣の意で，それを着る人々の宗教生活に由来する．スーフィズムともいう．

スープカレー【soup curry 日】料とろみの少ないさらさらのカレー．北海道から日本全国に広がった．

スープストック【soup stock】料煮出し汁．スープ，ソース，煮込みなどの材料となる．

スープレックス ホールド【suplex hold】競(プロレス)相手の背後に回って投げ技をかけ，両腕で相手を抱えたままブリッジの姿勢で押さえ込む技の総称．ジャーマン スープレックス ホールドが有名．

スープレマシー【supremacy】至高．最高位．絶対的優位．主権．

スーベニール【souvenir】記念．思い出．記念品．土産物．スーベニア．スーブニール．

スーベニールショップ【souvenir shop】営土産物店．ギフトショップともいう．

スーペリア【superior】まさった．上位の．上級の．上質な．高級な．⇔インフェリア．

スーペリオリティー【superiority】優位．優越．優勢．シュペリオリティー．⇔インフェリオリティー．

スーペリオリティー コンプレックス【superiority complex】心優越感．シューペリオリティー コンプレックスともいう．⇔インフェリオリティー コンプレックス．

ズーム【zoom】①映写放ズームレンズを操作して画像を急激に拡大，縮小させること．あるいはロングショットからクローズアップに急に変えること．ズーミングともいう．②航空機が急上昇すること．③ズームレンズの略．

ズームイン【zoom in】写放映像を急に拡大する撮影法．ズームアップともいう．

ズームーズフォン【zoomoozophone】音ビブラフォンに似た楽器．微分音の演奏ができる．

ズームフラッシュ【zoom flash 日】写レンズの焦点距離に合わせて，閃光装置が動くシステム．

ズームレンズ【zoom lens】映写放可変焦点距離レンズ．焦点距離を連続的に変えて，カメラの位置を動かさなくても，画像を拡大または縮小できるレンズ．ズーム．ズーマー．

スエー【sway】①競(ボクシング)上半身を後ろに反らして，相手の打撃をかわすこと．②競スイング時に体の軸を左右に動かすこと．③競社交ダンスで回転時に体を左右に揺ぶること．④振り動かす．傾かせる．スウェーともいう．

スエード【suède 仏】服なめし革の一種．子ヤギや子牛の毛皮をなめして，内面を毛羽立てた柔らかい革．

スエット プディング【suet pudding】料細かく切った牛の脂肪部分や小麦粉・干しブドウなどを蒸したり煮たりしたプディング．

スカ【ska】音ジャマイカで起こったポピュラー音楽の一つ．レゲエの基になった．スカーともいう．

スカート【skirt】①服下半身に着用する洋服．②縁．周辺．都市の郊外．③保護・装備用の覆い．

スカーリング【sculling】競(水泳)水中で手のひらに角度をつけ，進行方向に対して垂直に動かして，前進する力を得る技法．

スカーレット【scarlet】緋色．深紅色．

スカイアート【sky art】芸空中や宇宙空間での芸術．または芸術行為．

スカイウエー【skyway】①航空路．②建高架幹線道路．

スカイウオーク【skywalk】建空中に架けられたビル内外の連絡通路．スカイブリッジ．

スカイカム【Skycam】映ハリウッドで開発されたカメラシステムの一つ．空中につり下げたカメラを自在に動かすことができる．

スカイサーフィン【sky-surfing】競サーフボードを使って，空中でスカイダイビングでは出せない速い動きをするレジャースポーツ．

スカイサイン【skysign】①広高所に設置された電光で広告文字を出す装置．②広航空機で煙幕を使って空に文字を浮かべる広告．英語は skywriting．

スカイシールド35【Skyshield 35 AHEAD Air Defense System】軍35mm 機関砲と特殊な砲弾を組み合わせた，ミサイル迎撃もできる高性能の防空システム．スイスのエリコン・コントラバス社が開発した．

スカイシャイン【skyshine】理原子炉から大気中に放出された中性子の降下現象．

スカイジャック【skyjack】社航空機の乗っ取り．ハイジャックともいう．

スカイスクレーパー【skyscraper】建超高層ビル．摩天楼．

スカイステーション【Sky Station】羽田空港の新しい旅客乗降方式．ターミナルビルのブリッジが

255

スカイスポ▶

使えないスポットに駐機した航空機の機体のそばに2階建てのビルを設け、ボーディングブリッジをつないだもの。

スカイスポーツ【sky sports 日】［建］航空機やハンググライダー、気球などで、空を飛ぶスポーツの総称。

スカイダイビング【skydiving】 飛行機から飛び降りたあと、パラシュートで降下目標地点に着陸する競技。

スカイネットアジア航空【Skynet Asia Airways】 宮崎を拠点とする航空会社。2002年に就航。SNAともいう。

スカイネット計画【sky-net project】 ①各種の通信機材を搭載した飛行船を成層圏に滞空させ、データ通信や放送などに利用する計画。

スカイパーキング【sky parking 日】［建］立体駐車場。高層・多階式の建物に自動車を収容する。英語は multistoried parking garage.

スカイパーフェクTV【SKY PerfecTV!】 ①［放］デジタル多チャンネル衛星放送の一つ。1998年に放送開始。パーフェクTVとJスカイBが合併して発足した日本デジタル放送サービスが提供する。スカパーともいう。

スカイプ【Skype】 ①［通］無料の IP 電話ソフト。ファイル交換ソフトの技術を転用。

スカイ ブルー チケット【Sky Blue Tickets】［環社］アメリカのオレゴン州ポートランドが交通規制による環境保全を図った制度。バスや路面電車を1日中無料で乗れる青色の切符を、大気の状況悪化が予測される日に企業の従業員に配付した。1999年の夏に実施。

スカイボックス【skybox】［建］競技場全体が見える、高い位置に設けた特別観覧席。

スカイマーク エアラインズ【Skymark Airlines】日本の航空会社の一つ。1998年に35年ぶりに定期航空事業に新規参入し、東京一福岡間で運航を始めた。

スカイマーシャル【sky marshal】 航空機内に配備される武装警備員。

スカイメイト【sky mate 日】［営社］12歳以上22歳未満の者が会員となれる航空機の割引運賃制度。国内線で空席のある場合に利用できる。

スカイメッセージ【sky message】［広］空中に飛行機で描く文字の広告。スカイ広告。

スカイラーク【skylark】［鳥］ヒバリ。

スカイライティング【skywriting】［広］飛行機から煙幕を出して空中に文字を描くこと。空中文字。空中広告。

スカイライン【skyline】①地平線。空際線。山や建築物などが空を画する輪郭線。②（日）［建］高山の山頂などに通じる自動車道路。

スカイラウンジ【skylounge】［建］高層ビルやホテルなどの最上階に設ける見晴らしのよいロビーや社交場、展望室。英語の skylounge は市中と空港を結ぶ乗り物もいう。

スカイラブ【Skylab】［宇］アメリカの有人宇宙ステーション。アポロ計画後に行われた宇宙開発計画。

スカイレジャー【sky leisure】［建］ハンググライ

ダー、パラグライダー、気球など、空を飛んで楽しむレジャー。

スカウト【scout】①偵察者。見張り。②［営競］有能な人材や新人選手を発掘・引き抜きしたりすること。またそれを職業とする人。

スカコア【ska-core】［音］ハードコアパンクにスカの要素が加わったもの。

スカジー【SCSI】［I算］小型コンピューターと周辺機器を接続するための規格。米国規格協会（ANSI）が定めている。Small Computer System Interface の頭字語から。

スカッシュ【squash】①［料］果汁と炭酸水を混ぜた飲み物の総称。②［競］壁に囲まれたコートで、壁面を使って2人の競技者がラケットで球を打ち合う競技。③押しつぶす。詰め込む。

スカッズ【scuzz】いやなやつ。むかつく思いをさせるやつ。

スカッド【Scud】［軍］旧ソ連が開発した戦術弾道ミサイル。

スカトロジー【scatology】ふん便学。排泄嗜好。ふん石学。

スカパー スカイパーフェクTV!（SKY PerfecTV!）の略。①［放］デジタル多チャンネル衛星放送の一つ。

スカビオサ【scabiosa】［植］セイヨウマツムシソウ。マツムシソウ科の園芸植物。

スカベンジャー【scavenger】 腐肉をあさる動物。掃除屋。清掃人。ごみ集めをする人。

スカベンジャー ラリー【scavenger rally】［競］(自動車)決められたコースを走って物を集め、その内容と数を競う自動車競技。

スカベンジング【scavenging】①［I算］コンピューターが実行した後に残された情報を盗むこと。スカベンジはごみの中からあさること。

スカラー【scalar】［数理］大きさだけをもち、方向をもたない量。⇔ベクトル。

スカラー演算【scalar operation】①［I算］演算方法の一つ。一つの命令によって一対のオペランドに対する演算のみを行う。

スカラーシップ【scholarship】［教］奨学金。給費制度または奨学金を受ける資格。

スカラー プロセッサー【scalar processor】①［I算］与えられた命令を一つずつ順に処理していく逐次処理タイプの演算装置。

スカラベ【scarab】 黄金虫の形に彫刻した宝石。古代エジプトで、守り札または装飾品として使用された。

スカラモビレ【scala mobile 伊】［経］イタリアの物価スライド制賃金システム。生計費指数を基に賃金を調整する。インフレの元凶となったため、1992年にアマート内閣が廃止。

スカル[1]【scull】［競］(ボート)両手に1本ずつオールを持って漕ぐ軽量の小型艇。またそのボート競技。

スカル[2]【skull】①［医］頭蓋骨。②［服］頭蓋骨のモチーフ使い。

スカルプ【scalp】①頭皮。②［S-］［軍］フランス空軍の空中発射巡航ミサイルの通称。

スカルプエッセンス【scalp essence】［容］頭皮

256

用の美容液.
スカルプケア【scalp care】容頭皮の手入れ.
スカルプチャー【sculpture】美彫刻.彫刻作品.彫像.
スカンクワーク【skunk works】営企業現場以外の場所で，自発的に新製品開発や戦略立案などに取り組む行動.
スカンディナビア主義【Scandinavianism】社政デンマーク，ノルウェーなど共通の歴史・文化をもつ北欧諸国で19世紀に芽生えた文化的・政治的統一志向.
スカンディナビア諸国【Scandinavian countries】北欧諸国.アイスランド，デンマーク，フィンランド，ノルウェー，スウェーデンの5カ国の総称.スカンジナビア諸国ともいう.
スカンピ【scampi 伊】生エビ.クルマエビ.
スキアスコープ【skiascope】医検眼鏡.眼球の状態を調べる医療器具.
スキーウオッチ【ski watch 日】服スキー用の腕時計.派手な色使いで，服の上から付けるため長いバンドがある.
スキー踵【skier's heel】医スキーヤーに生じる足関節のスポーツ障害.アキレス腱に持続的な負担がかかることで起きる.
スキージー【squeegee】ゴムぞうきん.ゴムほうき.窓ふきなどに用いる.
スキーデポ【ski dépôt 仏】登スキーを履いたまま登山をすることが困難な場合，スキーを置いておく場所.デポともいう.
スキート射撃【skeet shooting】競クレー射撃の一種.一つずつ，あるいは同時に打ち出される二つの標的を撃ち落とす.
スキーバス【ski bus 日】機社主要都市などからスキー場へ客を送迎するバス.
スキーバッジテスト【ski badge test 日】競(スキー)全日本スキー連盟の技能検定の通称.バッジテストは，級別テスト合格者に記章が授与されることに由来.
スキーバニー【ski bunny】社スキーに行くのに，最新ファッションで着飾る女性.
スキー パラグライダー【ski paraglider】競離着陸時にスキーを用いて，パラグライダーで滑空するスポーツ.SPGともいう.
スキーボード【ski board】競スキー状の板に乗り，モーターボートなどで引っ張る海洋スポーツ.
スキーマ【schema】①概要.大意.図解.②Ⅰ算データベース全体の物理的および論理的構造.またそれを記述したファイル.③心人間の記憶の中に蓄えられた知識の構造.
スキーマラソン【ski marathon 日】競スキーで長距離を自分に合った速度で楽しみながら走行すること.クロスカントリー用のスキー板を使う.
スキーマ理論【schema theory】Ⅰ人工知能における知識表現の形式の一つ.人間の記憶の中に蓄えられた知識の構造が，日常の状況に応じてどのように具体化され，また適用されるかの機能を考察する.
スキーム【scheme】①計画.企画.公的な計

画.②枠組み.機構.図式.概要図.
スキーヤークロス【skier cross】競(スキー)同時にスタートした複数の競技者が，コースを滑走して順位を競うスキー種目.
スキーヤーズ ヒール【skier's heel】医スキーヤーに起こるスポーツ障害の一つ.アキレス腱に持続的な負担がかかり，足関節を痛める.スキー踵.
スキゾ【schizo】①スキゾフレニー（schizophrenia）の略.医心統合失調症（精神分裂症）.②スキツォイドパーソン（schizoid person）の略.社シゾイド人間.社会に対して従順ではあるが不信と不安をもち，他人との密接な関係を避けたがる自己中心的な人.現代人に多い.
スキット【skit】劇寸劇.小喜劇.
スキッド[1]【skid】①機荷物の処理・運搬に使う台，または滑り材.②タイヤと路面に滑りが生じて，自動車の方向が急激に変わったり流されてしまうこと.横滑り.③競(スキー)回転などの時に横滑りすること.④飛行機やヘリコプターなどの着陸用そり.
スキッド[2]【SQUID】理超伝導量子干渉素子.磁場の強さを極小単位（量子量）で測定でき，宇宙・医学・物理・地磁気研究などに利用されている.superconducting quantum interference device の頭字語から.
スキッパー【skipper】①小型船の船長.②競運動チームの主将.野球チームの監督.
スキッフ【Skiff】軍ロシアの潜水艦発射弾道ミサイルの一つ.デルタⅣ原潜に搭載.
スキップ【skip】①左右交代に片足ずつ軽く跳ねること.②飛ばし読みすること.抜かすこと.③競(スケーティング)チームの主将.
スキップフロア【skip floor】建集合住宅などで床の高さを半階分ずらす建て方.あるいは一戸の住宅で床に高低の段差をつける形式.
スキマチック【schematic】①概略図.棚割り表.配線略図.②概要の.図解の.略図の.
スキミング【skimming】①速読.②上澄み.③Ⅰ社クレジットカードなどのデータを盗み取ること.④所得隠し.
スキムボード【skimboard】波打ちぎわの海面を小型の板に乗って滑走する遊び.またその板.
スキャット【scat】音歌詞の代わりに即興で意味のない音声で歌うこと.またその歌.
スキャナー【scanner】①電テレビの走査板・走査機.②Ⅰ算画像情報のコンピューター入力装置.イメージスキャナー.
スキャニング【scanning】①医放射性物質を体内に入れ，その動きを撮影して行う診断法.②医テレビの走査.映像を一定の順序で画点に分解する.③監視.観察.
スキャン【scan】①念入りに調べる.精査する.②ざっと見る.走り読みする.
スキャンコンバーター【scan converter】Ⅰ算コンピューターから画面表示のために送る走査周波数を変調する装置.
スキャンダル【scandal】醜聞.よくないうわさ.不正・使い込みなどの汚職事件.
スキャンティー【scanties】服非常に短い女性用

スキャンデ▶

パンティー.

スキャンディスク【scan disc】 [I算]ハードディスク上のエラーを発見して、その部分を修復するソフトウェア. Windowsに標準搭載されている.

スキャンデータ サービス【scan data service】 [営]小売店の商品別売り上げデータなどを収集・分析して、製造業者や問屋などに情報提供するサービス業務.

スキャンライン法【scan line method】 [I算]隠面消去の方法の一つ. 視点と走査線で決まるスキャンライン平面と呼ばれる二次元平面と物体表面との交線を求め、前後判定を行う.

スキャンロン プラン【Scanlon plan】 [経]アメリカのスキャンロンが提唱した利益分配方式. 労使共同委員会を設けて、生産単位当たりの労務費が標準を下回った場合、その成果を会社と労働者に分配する方式.

スキュー【skew】 [I算]ディスク上でいくつかのセクターにアクセスする時、処理時間を短くするために、同一のトラック上にセクターを飛び飛びに配置すること.

スキューバ【scuba】 [競]水中呼吸器. 潜水に用いる呼吸装置. self-contained underwater breathing apparatus（自給気式潜水器）の頭字語で、スクーバともいう.

スキューバ ダイビング【scuba diving】 [競]呼吸装置を使って行う潜水. スクーバともいう.

スキラ判【Skira edition】 [印]書籍の判型の一つ. 約18×16.5cmの大きさ.

スキル【skill】技能. 熟練. 技術.

スキルインテンシブ【skill-intensive】技術集約型の.

スキル インベントリー システム【skills inventory system】 [I算]技能目録システム. 企業が社員の経歴・資格などをコンピューターに記録しておくシステム.

スキルドワーカー【skilled worker】 [営社]熟練労働者.

スキルフル【skillful】熟練した. じょうずな.

スキン【skin】①肌. 皮膚. 皮革. ②[I算] GUI形式のプログラムの外観やインターフェースを変えるためのプログラム.

スキンアート【skin art】 [医]人体そのものに絵画などを描き、美術の材料とする芸術の様式. ボディーペインティングや入れ墨などがある. ボディーアートともいう.

スキンケア【skin care】 [容]肌の手入れ. またはその化粧品.

スキンケア化粧品【skin care cosmetic】 [容]皮膚の働きを助け、健康で美しい肌を保つために用いる化粧品.

スキンコンシャス【skin conscious】 [服]シースルーやボディータイツなど、素肌の感覚を強調した装い.

スキンシップ【skinship 日】①[社心]肌の触れ合いで情愛をはぐくむこと. ②[医]育児法の一つ. 親と子のきずなを作り上げる、抱く・授乳・添い寝・おんぶなどの皮膚接触による相互作用. ③[政]選挙運動の握手作戦.

スキンスーツ【skinsuit】 [競]身体を首から足首までぴったり包み込むトライアスロン選手用の競技スーツ. トライアサタードともいう.

スキンズマッチ【skins match】 [競](ゴル)各ホールごとに賭けられたポイントや賞金を、その組のベストボールが総取りする方式.

スキンダイバー【skin diver】 [競]素潜りで、またはフィン（ひれ）やシュノーケルなどを使って、水中を遊泳する人. ダイバーともいう.

スキンダイビング【skin diving】 [競]素潜り. 呼吸器具を使わない潜水. マスク、フィン、シュノーケルを使って水中散歩を楽しむこと.

スキントレード【skin trade】売春.

スキンバンク【skin bank 日】 [医]皮膚を保存・提供する機関.

スキンフリック【skin flick】 [映]わいせつな映画. ポルノ映画. ピンク映画.

スキンヘッド【skinhead】①[容]そり上げて丸坊主にした頭. はげ頭の人. ②[社]白人至上主義者ギャングの一員. 頭髪をそり丸坊主にしているところから.

スキンマガジン【skin magazine】ポルノ雑誌. ビニ本.

スクイーズ【squeeze】①圧搾する. 絞る. 絞り出す. 圧縮する. ②[I放]映画用のワイドスクリーン画像を横長テレビ画面に映すための画像圧縮方式.

スクイーズモード【squeeze mode】 [I放]ワイドテレビで画像を再生する場合に、垂直方向の解像度を落とさずに再生するための技術.

スクイズド状態【squeezed state】 [理]量子力学の不確定性原理で、一方の不確定さを極端に小さくした状態. 量子光学などで用いる. スクイズドステートともいう.

スクイズプレー【squeeze play】 [競](野球)打者がバントして3塁走者を生還させる戦法.

スクウェア エニックス【Square Enix】 [I算]日本のコンピューターゲームソフト製造会社. 2003年にスクウェアとエニックスが合併. 商標名.

スクウォッド【squad】分隊. 同じ仕事に就く一団. 一隊.

スクーナー【schooner】縦帆式帆船の一種.

スクープ【scoop】新聞・雑誌・放送などの特ダネ記事・情報. またそれを他社より早く報道すること. 本来の意味は「すくう」.

スクープネック【scoop neck】 [服]ドレスやブラウスで、丸く深く大胆にあけた襟あき.

スクーリング【schooling】 [教]通信教育で出席が義務づけられている一定期間の教室授業.

スクール アドバイザー【school adviser 日】 [教]日本の公立中学校に配置される心の教室相談員の通称.

スクールエージ【school age】 [教]就学年齢. 義務教育年限.

スクールガード【school guard 日】 [教社]学校内外を巡回して子供の安全を見守るボランティア.

スクールガール スタイル【schoolgirl style 日】 [服]女学生風の雰囲気をもつファッション.

スクール カウンセラー【school counselor】 [教]学校で児童・生徒の生活上の問題や悩みの相談

に応じ，指導・助言を行う担当者．

スクール サイコロジスト【school psychologist】教学校で教育評価や適性指導，進路相談などを職務とする職員．相談教諭．

スクール セラピスト【school therapist】教アメリカの学校で，児童・生徒の精神的問題への指導・助言を担当する専門家．

スクール ソーシャルワーカー【school social worker 日】教学校の環境を子供の福祉の面から整備する重要性を説き，働きかける係員．

スクールゾーン【school zone 日】教幼稚園・小学校の通学路指定区域．

スクールフォビア【schoolphobia】心学校恐怖症．学校嫌い．

スクエア【square】①数四角形．②四角な広場．交差点に作られた広場．③曲尺(かねじゃく)．直角定規．④数平方．二乗．⑤きまじめな堅物．野暮天．⑥経外国為替や債券取引などで，債権と債務が均衡している状態．⑦貸借のない．

スクエアジャケット【square jacket】服肩の形を四角くまとめた男性服仕立ての上着．

スクエアトー【square-toed】服四角に角張った靴の先のこと．

スクエアネック【square neckline】服襟あきが角形のもの．

スクデット【scudetto 伊】競(ｻｯｶｰ)イタリアのプロサッカーリーグ，セリエAでの優勝．優勝チーム選手に贈る盾形のバッジから転用．

スクラッチ【scratch】①傷つける．はぎ取る．かすり傷．②走り書き用の．雑記用の．③競ゴルフや自転車競技などで，ハンディキャップがないこと．走行技術と短距離の速さを競う自転車競技．現在はスプリントという．④音回転しているレコードを手で前後に早回しして出る雑音を使うこと．

スクラッチガード コート【Scratch Guard Coat】自動車の塗装表面のキズを自動的に修復する特殊塗料．日産自動車が開発．

スクラッチ広告【scratch advertising】広特殊な印刷技術を用いて銀色に印刷した部分を，硬貨などで削り落とす方式をとる広告．

スクラッチテスト【scratch test】医アレルギー体質の診断をする皮膚反応検査．皮膚を軽く傷つけてアレルギーを起こす物質をつけ，炎症が出るかどうかを調べる．

スクラッチヒット【scratch hit】①競(野球)凡打が運よく安打になったもの．②競ビリヤードなどのまぐれ当たり．

スクラッチ プレーヤー【scratch player】競(ｺﾞﾙﾌ)ハンディキャップ0のプレーヤーのこと．

スクラッチボード【scratchboard】美版画などで，厚紙に白い粘土を塗り，その土をひっかいて下地を出す描き方．またその絵．

スクラッチレース【scratch race】競(自転車)ハンディキャップなしの競技方法．

スクラップ【scrap】①新聞などの切り抜き．②鉄などの金属のくず．見返り原料．

スクラップ アンド ビルド【scrap and build】①営効率的でない施設を廃棄し，新しく効率のよい施設を作ること．②政行政組織で部署を新設する場合，同等の組織の統廃合を同時に行う，組織の肥大化防止法．

スクラップブック【scrapbook】①新聞の切り抜きなどを張り付けて保存しておくもの．②I算 Mac OS のアプリケーションの一つ．文書・画像・音声などのデータ保存を行う．

スクラブ【scrub】こすって洗い落とす．ごしごし洗う．

スクラブクリーム【scrub cream】容細かい粒子が入っている洗顔料．にきび肌・脂性肌に向き，毛穴の汚れなどを取るという．

スクラム¹【scram】理原子炉の緊急時に核分裂を止める仕組み．またその緊急停止．

スクラム²【scrum】①社デモ行進などで，腕や肩を組み合うこと．②競ラグビーで，両チームのフォワードが球を取るため組み合うこと．中間に球を投げ入れる．

スクラムジェット【scramjet】機極超音速機の推進システムに用いられるジェットエンジンの一種．

スクラロース【sucralose】料砂糖の600倍の甘さをもつ合成甘味料．砂糖を原料とするノンカロリーの甘味料．

スクランブラー【scrambler】I電通信などの盗聴を防止する周波数帯変換装置．

スクランブル【scramble】①軍防空戦闘機の緊急発進．②かき混ぜる．混ぜ合わせる．③歩行者を全方向に渡らせるスクランブル交差点の略．④I電放音声信号や映像信号を特殊な装置を使って変調し，通常の受信では送信された音声や映像を再現できないようにすること．契約者のみが受信できる．

スクランブルエッグ【scrambled egg】料バターや牛乳を加えた洋風のいり卵．

スクランブル交差点【scramble crossing 日】社車両の通行をいっせいに止め，歩行者が自由に横断できる交差点．

スクランブルド マーチャンダイジング【scrambled merchandising】営商戦の激化により，スーパーマーケットなどで食品以外の商品を何でも取り扱うようになった状態をいう．混合販売．

スクランブルレース【scramble race】競起伏の激しい山地を走るオートバイレース．

スクリーニング【screening】①映上映．②選考．審査．適格審査．ふるい分け．選別．③I算選別すること．コンピューター利用者の選別や送信データの選別など．

スクリーン【screen】①ついたて．遮蔽物．②映映写幕．映画．映画界．③印製版用の網目．④テレビやレーダー受信機などの映像画面．蛍光面．

スクリーンエージャー【screen-ager】社アメリカで，音楽の専門番組ばかりを放送するケーブルテレビを主に見て育った世代．

スクリーン キャプチャー【screen capture】I算通信ソフトウエアの機能の一部で，ホストシステムと接続して，開いたファイルのスクリーンを貼り込んで保存できるソフトウエア．

スクリーンクオータ【screen quota】映経韓国の国産映画保護規定．外国映画から市場を守る

スクリーン▶

ため，国産映画を一定の割合で上映するよう義務付ける．

スクリーンショット【screen shot】 ①算画面のウインドウ上に表示されたデータを画像ファイルとして保存すること．

スクリーンセーバー【screen saver】 ①算モニターの部分的劣化を防ぐためのソフトウエア．同一画面が一定時間表示されると，自動的に動画に切り替える方式．

スクリーンテスト【screen test】 映俳優志望者の適性を試すために行う撮影試験．

スクリーンフォント【screen font】 ①算画面上に文字を表示するために用いるフォント．ギザギザのない，より滑らかなフォントが求められる．

スクリーンプレー【screen play】 競(バスケットボール)守備側の選手の動きと協力しながら相手の攻撃を妨げ，有利な攻撃に導く組織的プレー．

スクリーンプロセス【screen process】 映スクリーンにあらかじめ撮影した背景を映写して，スクリーンの前の演技者やセットを一緒に写す技法．プロセスショットともいう．

スクリーンリーダー【screen reader】 ①算主に視覚障害者が利用する，テキストデータを音声データに変換するためのソフトウエア．

スクリプター【scripter】 映記録係．撮影現場で進行状況などを細かく記録する．英語では script girl．scripter は scriptwriter（台本作者）をいう．

スクリプチャー【Scripture】 宗聖書．経典．聖典．

スクリプティング【scripting】 ①算あらかじめ用意されたシナリオに沿って，さまざまなマルチメディアのデータを構成していくこと．

スクリプト【script】 ①映撮影作業を記録する係のスクリプターの書いた記録．②映脚脚本．台本．③ある出来事の粗筋．④手書き．手書き文字．原稿．⑤①算実行命令を処理する手順を記述したファイル．

スクリプトガール【script girl】 映撮影現場の状況などを細かく記録する係を示す用語．コンティニュイティーガールともいう．

スクリプト型ウイルス【Script type computer virus 日】①算スクリプト言語で記述されたコンピューターウイルス．

スクリプトキディー【script kiddy】 ①社算パソコンなどに不正アクセスをする幼稚なハッカー．

スクリプト言語【script language】 ①算コンピューターへの命令を，テキストを用いて記述するための言語．通常のプログラミング言語に比べて，容易に理解し利用できる．

スクリプトドクター【script doctor】 映劇放台本の書き直しを専門に行う人．

スクリプトライター【scriptwriter】 映劇放台本作家．脚本家．②医医薬品の処方箋を不正に売る医者のこと．これで購入した鎮痛剤や神経抑制剤などは，麻薬の代用品として使われる．

スクリプト理論【script theory】 人間が日常の出来事を筋道としてどのように理解しているかを扱う知識表現の枠組み．

スクリメージ【scrimmage】 ①つかみ合い．乱闘．②競(アメリカンフットボール)両チームが相対して位置につき，攻撃側のセンターがクオーターバックにボールを渡して始まる通常のプレー．

スクリメージ ライン【scrimmage line】 競(アメリカンフットボール)攻守両チームを分ける仮想の線．

スクリュー【screw】 ①ねじ．らせん．②機船の推進器の一部．数枚の羽根を軸に組み込んだもので，原動機の力で回転させる．③性交．

スクリュードライバー【screwdriver】 ①料カクテルの一種．ウオツカとオレンジジュースを混ぜたもの．②ねじ回し．

スクリュードライバー オペレーション【screwdriver operation】 営海外に現地生産工場を設置した日本企業が，部品など必要な材料を日本から輸入し，工場ではドライバーで組み立てるだけという方法．

スクリュードライバー プラント【screwdriver plant】 営海外で現地調達が困難なため，部品を日本から輸入しドライバーで組み立てるだけの開発方法．

スクリューボール【screwball】 競(野球)投手が投げる変化球の一種．打者の手元で急に落ちたりする．

スクリューボール コメディー【screwball comedy】 映男女間の恋愛関係をしゃれたせりふを織り込んだ喜劇的な手法で描く映画．

スクレイピー【scrapie】 生ヒツジやヤギの神経系の伝染性変性症の病原体．スクラピー．

スクレーパー【scraper】 ①土土砂のすくい込みや運搬をする土木機械の一つ．②きさげ．板などの面の仕上げに使う道具．

スクレローシス【sclerosis】 医動脈や神経組織などの硬化症．

スクロール【scroll】 ①渦巻き形．巻き物．掛け軸．②①算画像表示装置の画面を上下・左右に動かし，必要な情報部分を映し出す操作．

スクロールアロー【scroll arrow】 ①算ウインドウの右や下側に現れるボタン．ウインドウを移動させる時に使う．スクロールボタン．

スクロールエリア【scroll area】 ①算スクロールボックスとスクロールアローの隙間部分．クリックするとウインドウを1画面分移動できる．

スクロールバー【scroll bar】 ①算ウインドウ内の表示データを移動するための帯状の操作部分．垂直方向はウインドウの右枠などに，水平方向は下枠に現れるバーで操作する．

スクロールボックス【scroll box】 ①算ウインドウのスクロールを制御するボタン．

スクワット【squat】 競(重量挙げ)パワーリフティングの一種目．バーベルを肩にかついで立ち，しゃがんでから再び立ち上がる．脚や腰の力を競う．また，しゃがんだ姿勢．

スクワラン【squalane】 容皮脂類似成分．皮膚の油分として機能するもので，サメの肝油から精製する．

スケアクロー【scarecrow】 かかし．こけおどし．

◀ス コッチ

みすぼらしい人．やせた人．
スケーターズ【skaters】 服裾がやや広がった短いフレアースカート．フィギュアスケートの選手が着用するスカートに似ている．
スケーターズミニ【skater's mini】 服丈が極端に短く，やや裾が広がったスカートやワンピースのこと．
スケートボード【skateboard】 競スキー板状の合板に車輪を付けた滑走道具．スケボー．
スケープゴート【scapegoat】 身代わり．贖罪(しょくざい)のヤギ．古代ユダヤで，人間の罪を背負わせてヤギを荒野に放つ儀式から．
スケーラビリティー【scalability】 ①算コンピューターシステムで小規模システムから上位システム規模まで，ハードウエア機能，システム機能を一貫して提供できる能力．
スケーラブル フォント【scalable font】 ①算フォントを構成する線の方向や位置などを記録して，設定されたフォントサイズに合わせて滑らかな輪郭を作り出すフォント．
スケーリング【scaling】 ①①算コンピューターの計算で数値に定数を掛け，一定の範囲内におさめること．②歯石を取り除くこと．
スケーリング則【scaling principle】 ①MOS(金属酸化膜半導体)トランジスタの寸法を比例縮小すると，性能が比例倍になる特性．
スケール【scale】 ①目盛り．②物差し．③規模．大きさ．④音音階．⑤はかり．
スケールアップ【scale up】 拡大する．規模を大きくする．率に応じて増加させる．⇔スケールダウン．
スケールダウン【scale down】 縮小する．規模を小さくする．率に応じて減少させる．⇔スケールアップ．
スケール デメリット【scale demerit 日】 経消費が増加・拡大しても，生産者が損をするような仕組み．オンラインゲームで多数の利用者を獲得しても，サービスの負荷が増えて運営費用が増加するという構造．⇔スケールメリット．
スケールフリー ネットワーク【scale-free network】 ①理リンク数やアクセス数，ノード(結節点)の数などによって，ネットワークの成長に明確な偏りが生じてくることを示す理論．
スケールメリット【scale merit 日】 営経規模効果．規模の大きさに伴う利益．単位当たりの費用が経営規模の拡大につれて低下すること．英語はmerit of scale．⇔スケール デメリット．
スケールモデル【scale model】 実物の様子や動きを調べるために大きさを拡大または縮小した物体．
スケジューラー【scheduler】 ①算通常OS(基本ソフト)が処理を管理するのに備える機能．プログラムの実行優先順位や中央処理装置(CPU)の割り当て時間などを管理する．②算スケジュール管理に使うソフトウエア．電子手帳などにも用いる．
スケジューリング【scheduling】 ①算処理装置におけるジョブの管理機能の一つ．ジョブをその特性や優先順位に応じて実行順序を割り当てる．
スケジュール【schedule】 予定．予定表．日程．時間割り．時刻表．
スケジュール管理【schedule management】 ①算ネットワークを利用して業務のスケジュールを管理するグループウエアの機能の一つ．
スケッチ【sketch】 写生．写生図．下絵．素描．草稿．原案．小品．
スケッチ化現象【SKETCH phenomenon】 経辞家計の消費支出でサービス分野の比重が大きくなる現象．SKETCHはsports(スポーツ)，kitchen(台所)，education(教育)，travel(旅行)，culture(文化)，health(健康)の頭文字から．
スケッチホン【sketch phone 日】 ①算音声と手がきの絵や文字を相手側端末に同時に電送できる通信システム．テレライティング(telewriting)，描画通信と呼ばれる通信方法の愛称．
スケプティック【skeptic】 懐疑論者．疑い深い人．
スケルツォ【scherzo 伊】 音諧謔曲．テンポの速い3拍子の曲で，ソナタや交響曲の中で用いられる．
スケルトン【skeleton】 ①骨格．骨組み．概略．骨格が透けて見えるもの．②競骨組みだけの小型鉄製そりで，氷の急斜走路を滑走する競技．
スケルトン インフィル住宅【skeleton-infill housing】 建建物の骨格部分と内装部分を分離して建築する方式の住宅．間取りや設備などが自由に変更できる．SI住宅ともいう．
スケルトンシステム【skeleton system】 ①算コンピューターグラフィックスで，動物の動きを実現する際の方法．骨と関節を仮想的に作り出すことによる．
スケルトン法【skeleton method】 ①算コンピューターアニメーションの制作法の一つ．動きの対象を人間や動物と同様に考え，その形状を骨格と皮膚に分けて行う．
スケルトン方式【skeleton system】 建集合住宅の一戸分を基本構造のままで供給し，間取り・内装・設備などは入居者が決める方式．
スコア【score】 ①得点．成績．②音楽譜．
スコアメーク【score make 日】 成績をまとめること．得点を上げること．
スコアラー【scorer】 競試合の記録係．公式記録員．
スコアリング ポジション【scoring position】 競(野球)得点圏．安打が出れば得点できる2，3塁のこと．
スコーカー【squawker】 音中高音用スピーカー．
スコート【skort】 競テニスやバドミントンなどで，女性選手が着用する短いスカート．商標名．
スコープ【scope】 ①研究・活動・知識などの範囲．視野．②教学習内容を決定する時，目安にする基準．③①算プログラミング言語で，変数や関数などの有効範囲のこと．④①算IPv6で，アドレスの有効範囲のこと．
スコール【squall】 気熱帯地方のにわか雨．
スコーン【scone】 料小麦粉，バター，牛乳などで作る，丸くて小さい菓子パン．
スコッチ【Scotch】 スコットランド人．スコットランドの．スコッチウイスキーの略．

261

スコッチウ ▶

スコッチウイスキー【Scotch whisky】料イギリスのスコットランド産のウイスキーの総称.

スコッチグレイン【Scotch grain】服石目仕上げ. 紳士靴の革に施す技法の一つ.

スコットランドヤード【Scotland Yard】社政ロンドン警視庁の通称. 元の所在地名から.

スコティー【skotey】社アメリカで, 甘やかされて育った1980年代の子供のこと. 戦後のベビーブーム世代の親から生まれた世代. spoiled kid of the eighties の略.

スコトフォビン【scotophobin】化生ネズミの脳から抽出された, アミノ酸15個が結合したペプチド. 記憶物質ではないかといわれる.

スコポフィリア【scopophilia】医異常性欲の一種. 窃視症.

スコラ哲学【Scholasticism】哲中世ヨーロッパのキリスト教哲学. 教会や修道院付属の学校(スコラ)で説かれた.

スコンク【skunk】競零敗. 完敗.

スターアライアンス【Star Alliance】営国際的な航空企業連合の一つ.

スターウオーズ【star wars】宇軍宇宙戦争. 宇宙空間での戦争.

スターウオーズ構想【Star Wars Initiative】軍戦略防衛構想(SDI). 先端技術を用いて, 敵ミサイルをアメリカ本土着弾前に破壊しようという弾道ミサイル防衛システムの研究構想. 1983年レーガン大統領が提唱. 93年に宇宙防衛構想としての SDI を放棄した.

スターウオーズⅡ【Star WarsⅡ】軍アメリカが戦略防衛構想(SDI)に代えて策定した, 新しい弾道ミサイル防衛構想. 地上配備型の弾道弾迎撃ミサイルに重点を置く.

スター ウオッチング【star watching】天体観測. 自然趣味としてのものに用いる.

スターウオリアーズ【starwarriors】軍戦略防衛構想(SDI)に関する研究をする科学者たち.

スターガイド【star guide】宇天宇宙飛行で使われる星座図.

スター型ネットワーク【star formed network】I算ネットワークの中継点としての役割を果たすハブ集線装置を中心に, 放射状にコンピューターを接続する LAN 接続方法.

スターシステム【star system】映劇人気俳優を中心にした映画製作や, 戯曲作成の方法.

スタージョン【Sturgeon】軍ロシアの潜水艦発射弾道ミサイルの一つ. タイフーン級原潜に搭載.

スターズ アンド ストライプス【Stars and Stripes】星条旗. アメリカの国旗の通称. 星が現在の州の数(50)を表し, 赤と白の横線が独立当時の州の数(13)を示す.

スターター【starter】①競出発の合図係. 出場者. 出走馬. ②機エンジンの始動機. ③初心者. 最初の人.

スターターキット【starter's kit】I算初心者でもすぐに使えるようにあらかじめセットしたコンピューター関連商品.

スターターセット【starter set】入学, 就職, 結婚など, 新しく生活を始める人に必要な食器のセット.

スターターホーム【starter home】建社マイホームをもつのが初めての若い夫婦に, 購入しやすい価格で提供される住宅.

スターダスト【stardust】①星くず. ②天小星団. 宇宙塵.

スターダスト彗星探査機【Stardust mission to Comet】宇P／ワイルド2彗星のちりを収集し, 赤外線分光計で調査をする探査機. NASA(アメリカ航空宇宙局)が1999年に打ち上げ, 2006年1月にカプセルを回収した.

スターダム【stardom】映劇人気俳優などの座・地位. 芸能界. 映画界.

スターチ【starch】①料でんぷん. でんぷん食品. ②洗濯物の仕上げに用いる糊(のり).

スターチス【statice】植イソマツ科の多年草. 分枝に小花を多くつける. ドライフラワーにもよく用いる.

スターチャート【star chart】天星座表.

スターティング グリッド【starting grid】競(自動車)競走車が出走時の配置につくコース上のます目.

スターティング ゲート【starting gate】①競競馬で, 出走馬が同時に出走開始できるように工夫された装置. 発馬機. ②(スキ)ジャンプ競技で選手がスタートする場所.

スターティング ブロック【starting block】競陸上競技で使う発走用の足留め具.

スタート【START】軍政戦略兵器削減交渉. スタートⅠは1982年にアメリカと旧ソ連が交渉を開始し, 91年に調印した. スタートⅡは93年に調印し, 大幅な戦略核削減を定めた. Strategic Arms Reduction Talks の略.

スタートアップ【start up】①生まれたての. 新米の. ②急に立つ. ③起動. 操業開始. 生産開始. ④I算システムの起動. Windows で起動時に実行されるアプリケーション.

スタートダッシュ【start dash】競短距離競走などで, 発走直後の全力疾走.

スタートビット【start bit】I算送信データの前後に, 識別する信号を入れる方式の非同期通信で, 始めを識別する信号.

スタートボタン【start button】I算 Windows の画面左下にある, スタートと書かれたボタン. スタートメニューが表示されて, さまざまな操作が行える.

スタートメニュー【start menu】I算 Windows のスタートボタンを押した際に表示される各種メニュー. アプリケーションの起動などが行える.

スターバースト【starburst】①天爆発的な星形成. ②星形のもの. 照明弾.

スターブライト ワールド【starbright world】I三次元のバーチャル世界で, 病院に入院している子供同士が, 会話をしたり一緒に遊べるシステム.

スターフライヤー【Starflyer】営2006年3月開業の新規航空会社. 新北九州空港と羽田空港を結ぶ.

スターフルーツ【star fruit】植果物の一種. カ

◀スタッグパ

タバミ科の植物ゴレンシの実．切り口が星型をし甘酸っぱい．カランボーラともいう．

スタープレーヤー【star player】 ①競人気のある花形選手．②映劇版人気と演技力を兼ね備えた俳優．主役．

スターボード【starboard】 船や航空機の右側．右方向．⇔ポート．

スターボード タック【starboard tack】 競(ﾀ̌)右舷から風を受けて走る，左舷開きのヨット．

スターマイン【star mine】 花火の一種．いくつもの星が飛び散るような形になる．

スターリニズム【Stalinism】 政スターリン主義．旧ソ連の政治家スターリンの思想と政策の総称．一国社会主義論，共産党独裁体制，個人崇拝などが特色．

スターリング¹【starring】 映版主演級スター．主役を演じているスターを示す用語．

スターリング²【sterling】 経イギリス通貨の別称．英貨．ポンド．

スターリング エンジン【Stirling engine】 機イギリスのR．スターリングが発明した外熱式エンジンの一つ．熱効率が高く，低振動・低騒音で，各種の燃料が使える．

スターリング サイクル【Stirling cycle】 理往復動熱機関の熱サイクルの一つ．

スターリング シルバー【sterling silver】 純銀．銀含有率が92.5％以上の法定純銀．

スターリング ブロック【sterling bloc】 経イギリスポンド通用地域．貿易決済などがイギリスポンドでなされる諸国をいう．

スターレット【starlet】 映劇版若手女優．新進女優．

スタイラスペン【stylus pen】 I算ペン型の入力機器で，タブレットやデジタイザー（文字や図形を入力するためのプレート型の装置）で文字や図形，図面の座標を入力するために使われる．

スタイリスト【stylist】 ①気取り屋．おしゃれ．②営雑誌のグラビアなどの写真撮影の際に，モデルや小道具・衣服・髪型・撮影場所などを構成・選定する仕事を受けもつ人．

スタイリング【styling】 ①様式．外側の形．自動車などの外装．②営日用品やサービスなどの企画・デザインを新様式でまとめること．

スタイル【style】 ①姿．格好．風体．様子．②服飾や製品などの型，デザイン．③芸文様式．流儀．表現形式．文体．

スタイルアイコン【style icon】 社服映画やCM，さまざまなイベントなどを通じて，存在とファッションが常に大衆から意識されている人．

スタイル機能【style function】 I算フォント，サイズ，装飾，色などの文字スタイルの設定をまとめて登録しておき，一定の範囲に一括して適用できる機能．ワープロソフトや表計算ソフト，DTPソフトなどが備える．

スタイルグル【style guru】 服服飾スタイルの指導者．

スタイルシート【style sheet】 I算アプリケーションソフトに付属しているサンプル文書．フォントやレ

イアウトなど，文書の種類に応じた形式で作られている．

スタイルブック【stylebook】 服洋服の流行の型を集めて写真などで紹介する本．

スタイロフォーム【Styrofoam】 化発泡スチロール樹脂．商標名．

スタウト【stout】 料黒ビールの一種．苦味・酸味がともに強くアルコール分も高い．アイルランドのギネスなどの銘柄が有名．

スタグフレーション【stagflation】 経不況と物価上昇が併存する状況．stagnation（経済の停滞）とinflationの合成語．

スタジアム【stadium】 競競技場．野球場．観客席を備える運動場．

スタジアム ジャンパー【stadium jumper 日】 服野球やフットボールなどの選手が，競技場でユニホームの上に着る防寒用のジャンパー．スタジャンともいう．

スタジアム モトクロス【stadium motocross】 競(ﾀ̌)競技場などに作った仮設コースで行うオートバイの競技．スーパークロスとも．

スタジオ【studio】 ①録音室．②放放送室．③映版撮影所．④美芸術家の仕事部屋．アトリエ．⑤服写真撮影所．フォトスタジオ．

スタジオグラス【studio glass】 営社工房で作るガラス製品．自分で窯をもったり習ったりしてガラス製品を作ること．

スタジオ ミュージシャン【studio musician 日】 営録音スタジオなどで演奏するのを職業としている音楽家．

スタジオメーター【stadiometer】 測量器の一種．曲線や斜線などの長さを測る．

スタジャン スタジアム ジャンパー（stadium jumper 日）の略．服スポーツ選手が着用するジャンパー．

スタッカート【staccato 伊】 音個々の音をはっきり区切って演奏せよ．記号はstacc. ⇔レガート．

スタッカブルハブ【stackable hub】 I算複数のハブを連結して，1台のハブのように使えるLAN用のハブ．

スタッキングセット【stacking set】 積み重ねができるように工夫された，家具や食器などひとそろいのもの．

スタッキングチェア【stacking chair】 積み重ねができ，整理・収納がしやすいプラスチック製の軽便椅子．

スタッキングパーマ【stacking permanent wave】 容襟足から少しずつボリュームが出るように巻いてパーマネントをかけた髪型．スタックパーマともいう．

スタック【stack】 ①干し草やわらなどの山．物を積み重ねたもの．書庫．書架．②I算積み重ね形式の記憶装置．最後に記憶した情報を最初に読み出す方式のもの．

スタック接続【stack connection】 I算複数のハブを連結させて，専用のポートを用いて接続するネットワーク形態．

スタッグパーティー【stag party】 ①社男性だ

263

スタッグフ▶

けの社交的な集い．女性を伴わないパーティー．②囮結婚前に花婿のために催す男性だけのパーティー．囮ヘンパーティー．

スタッグフィルム【stag film】 囮エロ映画．ブルーフィルム．

スタック ポインター【stack pointer】 ①算スタックの一番上に並んでいるデータのアドレスを示すレジスター．データの出し入れにより値が変化する．

スタッコ【stucco】 囲建物の外装で，しっくいによる仕上げ．化粧しっくい．スツッコ．

スタッシュ【stash】 隠す．隠匿する．隠し場所．隠したもの．

スタッド【stud】 ①動種馬．種馬飼育場．繁殖用の動物．②飾りびょう．③服取り外しできるカラーやカフスのボタン．飾りボタン．

スタッドレス タイヤ【studless tire】 囮びょうなしの滑り止め用のタイヤ．冬期の雪道や凍結道路などで使われる．

スタッフ¹【staff】 ①部員．職員．担当者．陣容．幹部．②映劇囮出演者以外の関係者．③営企業組織の中で，製造販売などのライン部門に対して，専門的な立場から補佐や助言，または情報提供を行う部門．企画・調査部門などをいう．④軍幕僚．参謀．

スタッフ²【stuff】 ①材料．原料．素材．②詰め物をする．押し込む．③薬マリファナやヘロインなど麻薬の俗称．

スタッファー【stuffer】 営経囮請求書などに同封する通知書や広告．

スタッフィング【stuffing】 ①科西洋料理で，シチメンチョウなどの詰め物．またその材料．②ソファや人形などに詰める羽毛や綿．スタッフともいう．

スタッフド トピアリー【stuffed topiary】 囮観賞用造形園芸の一種．ミズゴケを詰めた金網製などの基本形に，つる性植物を植えて形を整える．

スタッフリース【staff lease】 囮アメリカで，リース会社が小規模会社の社長を含む全従業員を雇い入れ，そのまま元の会社にリースする方式．雇用者が行う人事雑務類を，リース会社が代行することになる．

スタッフロール【staff roll 日】 映放映画やテレビ番組などの最終部で流す製作担当者名の字幕．エンドロールともいう．

スタディー【study】 勉強．研究．調査．練習曲．習作．書斎．勉強部屋．

スタディーツアー【study tour 日】 囮NGO（非政府組織）などが呼び掛け，海外の活動状況などを見学・体験する視察旅行．

スタティスティックス【statistics】 統計．統計学．統計表．

スタティック【static】 ①静的な．静止の．囮ダイナミック．②電静電気の．③①算状態が変化しないままであること．

スタティックス【statics】 理静力学．静止している物体や物体の平衡力を研究する．

スタティック ストレッチング【static stretching】 競静的柔軟体操．目的部位の筋肉を限界近くまで伸展して30秒ぐらい静止する．

スタティックメモリー【static memory】 ①電源を切らないかぎり情報を記憶し続ける集積回路．RAMを使ったメモリーのこと．

スタティックRAM【static RAM】 ①算電源を切らないかぎり記憶情報が消えない，半導体を使ったメモリーのこと．RAM は random access memory の頭字語．

スタティック ルーティング【static routing】 ①算静的なルーティング．ネットワーク内で行われるルーティングに用いるデータを固定的に設定すること．

スタニスラフスキー システム【Stanislavskii system】 劇モスクワ芸術座の創始者の一人スタニスラフスキーが創り出した実践的な演技創造の体系．

スタビール【stabile】 美動く抽象彫刻に対して，動かない抽象彫刻．囮モビール．

スタビライザー【stabilizer】 ①機安定装置．航空機や船の震動・動揺を緩和する装置．②化火薬・顔料などの安定剤．③農各品目に生産上限枠を設け，生産量が上回った時は価格引き下げなどの生産抑制措置を講じること．

スタビライザー効果【stabilizer effect】 経景気後退時の経済を下支えする需要要因の働きのこと．財政赤字を問わない政府支出の拡大や輸出の増大など．

スタブ【stub】 ①算トップダウンテストで，上位モジュールをテストするためのダミー用下位モジュール．

スタミナ【stamina】 体力．耐久力．持久力．精力．

スタンガン【stun gun】 囮アメリカで開発された護身用の高圧電流銃．スタンは気絶させる，びっくりさせるの意．

スタンス【stance】 ①競野球やゴルフなどで，球を打つ時の足の構え．またその幅．②構え．姿勢．態度．

スタンダード【standard】 ①標準．規準．標準型．②音ポピュラー音楽などで，年月を超えて長く歌われ演奏されてきた楽曲．スタンダードナンバーともいう．

スタンダード＆プアーズ【Standard & Poor's】 営経アメリカ有数の投資顧問会社．格付機関の一つ．S&P．

スタンダード イングリッシュ【standard English】 言標準英語．アメリカでは中西部方言，イギリスではロンドンを中心とした南部方言が標準．教養のある人が使う英語．

スタンダードストック【standard stock】 営経鉄鋼・電力などの基幹産業の株式．

スタンダードナンバー【standard number】 音ジャズやポピュラー音楽などで，よく演奏されるなじみのある曲目．特定のバンドや歌手が，必ずといっていいぐらいは演奏するものをいう場合が多い．スタンダードともいう．

スタンダードミサイル-3【Standard missile-3】 軍アメリカの海軍戦域弾道ミサイル防衛で，上層を担当する迎撃ミサイルシステム．SM-3 ともいう．

スタンダードＭＩＤＩファイル【standard MIDI file】 ①算アメリカのオプコードシステムズが提唱したMIDIデータ用のフォーマット．「.mid」

という拡張子を使う．

スタンダードモード【standard mode】 [I][算] Windows 3.1 の動作モードの一つ．メモリー容量を効率よく使うもの．

スタンダップカラー【stand-up collar】 [服]まっすぐに立った襟．

スタンダップ コメディー【stand-up comedy】 [気]気のきいた短いジョークを連発して，客を笑わせる芸．

スタンディング ウエーブ【standing wave】 [機]自動車の高速走行中に発生するタイヤの変形現象．

スタンディング オベーション【standing ovation】 立ち上がって拍手喝采すること．

スタンディング スタート【standing start】 [競]([陸上])立ったままの姿勢で行うスタート．主に中・長距離競走で用いる．

スタント【stunt】 目を見はるような演技．妙技．離れ業．

スタンド【stand】 ①台．小卓．②[営][科]売り場．屋台店．軽飲食店．③[競]競技場などの階段式観覧席．④かさ付きの電気照明具．⑤立つ．立ち上がる．⑥立場．位置．

スタンドアローン【stand-alone】 ①[I][OA]機器で，他の機器と接続しないで，独立して機能できる機器．コピー，ワープロなど．②[I][算]一つのコンピューターだけで独立して動作できるもの．

スタンドアローン キャリア【stand-alone carrier】 [運]他社と提携しないで路線を独自に運行する航空会社．

スタンドイン【stand-in】 [映劇版]俳優の代役．替え玉．

スタンドオフ【standoff】 ①[競]([ラ])ハーフバックの一つ．スクラムハーフとスリークオーターバックスの中間を守る選手．またはその位置．ＳＯともいう．②軍敵の防空圏外から攻撃する．③離れている．孤立している．

スタンドオフ ディスペンサー【stand-off dispenser】 軍敵の防空圏外にある航空機から発進し，目標上空で自律誘導子弾を散布，攻撃する新兵器．

スタンドオフ ミサイル【stand-off missile】 軍敵の防空圏外から発射するミサイル．

スタントカー【stunt car】 [気]自動車の曲芸．またその見せ物．

スタントコーディネーター【stunt coordinator】 [映劇版]スタント監督．危険度の高いスタント場面の演出や，スタントマンの指導をする．スタントディレクターともいう．

スタンドスティル【standstill】 ①[経]ガット（現ＷＴＯ）の目標に合わない貿易制限的・歪曲的措置の即時停止など．②停止．休止．凍結．据え置き．

スタンドバー【stand bar 日】 細長いカウンターと椅子だけを備える洋風居酒屋．

スタンドバイ クレジット【standby credit】 ①[経]債務保証のための信用状．商社の海外支店が現地の銀行から資金を借り入れられるように，自国の銀行が保証する場合などに用いる．②[経] IMF（国際通貨基金）の保証による信用融資．

スタンドプレー グランドスタンドプレー（grandstand play）の略．[競][劇]スポーツや演劇などで，観衆の目を引こうとする派手な振る舞い．世間の注目を浴びようとする作為的な行動．ギャラリープレーともいう．

スタントマン【stunt man】 [映劇版]危険な離れ業をする専門家．または危険な場面の演技を請け負う代役．

スタンド レスリング【stand wrestling】 [競]([レスリ])立ち技．試合開始の構えをいう．

スタンバイ【standby】 ①準備．用意．待機．またそのための要員や物．②[版]本番直前の用意．本番開始の合図．中継番組の中止などに備えて用意されている予備番組や出演者．③[I][算]中央処理装置や画像表示装置，周辺機器などを省電力制御し，待機状態にすること．

スタンバイ使用【standby use】 [I]主電源のバックアップ用として二次電池を用いること．

スタンピード【stampede】 家畜などが暴走すること．群集が殺到すること．

スタンピング【stamping】 ①踏み付け．突き固め．②[機]打ち抜き加工．

スタンプ【stamp】 ①検印．消印．②ゴム製などのはんこ．③郵便切手．証紙．④[営]切手状のサービス券．⑤踏みつける．

スタンプサービス【stamp service 日】 [営]商店街や小売店が出す切手状のサービス券やスタンプカードで特典が得られるサービス．

スタンプ販売【stamp sale 日】 [営]消費者サービスの一つ．商品の販売の際に代金の額に応じてスタンプを渡し，その数によって商品などと引き換える制度．

スタンプ方式【stamp injection method】 [医]ＢＣＧ接種方法の一つ．皮膚にスタンプを押すようにして接種する．

スタンプラリー【stamp rally 日】 [社]観光地や鉄道の駅などで，一定の経路を回ってスタンプを集める遊び．

スタンレーカップ【Stanley Cup】 [競]([アイスホッケー])ＮＨＬ（北米プロアイスホッケーリーグ）の優勝チームに授与される優勝杯．

スチーマー【steamer】 [容]蒸気を発生させ，顔面に当てる美顔用具．

スチーム【steam】 ①湯気．蒸気．②(日)蒸気を利用して室内を暖める暖房装置．

スチームシップ【steamship】 [機]汽船．蒸気船．

スチームタービン【steam turbine】 [機]蒸気タービン．蒸気の力を利用して羽根を回転させて動力を得る装置．

スチームポイント【steam point】 沸騰点．

スチーム ロコモーティブ【steam locomotive】 [機]蒸気機関車．SL ともいう．

スチール[1]【steal】 ①盗む．②[競]([野球])盗塁．盗塁する．スティールともいう．

スチール[2]【steel】 鋼鉄．鋼．鋼製品．

スチール[3]【still】 [映]映画の宣伝などに使う一場面

スチールア ▶

の写真．本来は「静止した」の意．スチール写真，スチルともいう．

スチール アニメーション【still animation】 映静止した動画で，絵や写真などを組み込んだもの．

スチールウール【steel wool】 鉄毛．鋼毛．鋼の繊維状のもので，たわしや研磨に用いる．

スチールカメラ【still camera】 写写真機．カメラ．映画撮影用カメラに対して，静止画を写すカメラの意で用いる．

スチールカラー【steel-collar】 機社人間に代わり，自動工作機械やロボットが生産を行う状態を，ブルーカラーに対比していう．

スチールギター【steel guitar】 音鋼鉄製の弦を用いるギター．ハワイアン音楽などに使う．

スチールドラム【steel drum】 音ドラム缶から作った打楽器．カリブ海のトリニダード島が発祥．

スチールハウス【steel house】 建柱や梁などに木材の代わりに薄板の鋼材を使って建築する住宅．

スチールフォイル【steel foil】 鉄の薄い箔で，間仕切りや，道路の雪を溶かすヒートマットなどに用いる．

スチール フォトグラファー【still photographer】 映スチールカメラマン．映画の宣伝用に，撮影現場やスターの肖像写真などを写す．

スチールホイール【steel wheel】 機鉄素材を使った自動車のホイール．

スチール ラジアルタイヤ【steel radial tire】 機接地部分に鋼線を鋳込んだラジアルタイヤ．安全性や耐久性などに優れる．

スチューデント アパシー【student apathy】 教心学生無気力症．優秀な学生が特に理由もなく学業に対して無気力となる現象．

スチューデント カウンシル【student council】 教学生委員会．クラスから選出された学生代表の組織．社会活動などを行う．

スチューデント パワー【student power】 社大学の管理運営への学生参加や反体制的な社会運動に見られる学生たちの集団的な勢力．1960年代に世界的に盛り上がった．

スチューデント ユニオン【student union】 ①学生会館．②各大学間・各クラブ間などで組織された連合会や連盟．

スチュワーデス【stewardess】 旅客機などに乗務して乗客の世話をする女性．現在はフライトアテンダントという．

スチュワード【steward】 旅客機などに乗務して乗客の世話をする男性．フライトアテンダント．執事．支配人．

スチレットヒール【stiletto heel】 服細くて高い靴のヒール．ピンヒールともいう．

スチレン【styrene】 化炭素と水素の化合物の一つ．刺激臭のある無色透明の液体．合成樹脂・塗料などの原料になる．

スチレン樹脂【styrene resin】 化スチレンの重合でできる樹脂．無色透明で熱可塑性があり，電気絶縁材や家具などに用いる．ポリスチレン，ポリスチロールともいう．

スチレンダイマー【styrene dimer】 化芳香族炭化水素の一つスチレンの二量体．ポリスチレン樹脂に含まれる．

スチレントリマー【styrene trimer】 化芳香族炭化水素の一つスチレンの三量体．ポリスチレン樹脂に含まれる．

スチレンブタジエンゴム【styrene-butadiene rubber】 化合成ゴムの一種．スチレンとブタジエンの共重合体．生産量が多く，耐老化性・耐熱性・耐摩耗性などがよい．SBR．

スチレンペーパー【styrene paper】 化化学合成紙の一つで，スチレン樹脂を薄く伸ばして作る．光沢・耐水性がある．

スツール【stool】 背もたれやひじ掛けのない腰掛け．

ズッキーニ【zucchini 伊】 植ペポカボチャの一品種．実はキュウリに似る．

ステア【stare】 凝視する．じっと見つめる．

ステアタイト【steatite】 滑石．電気絶縁材や陶磁器・塗料などに使われる．

ステアリン【stearin】 化ステアリン酸を主体とする脂肪酸の一種で，白色の結晶．ろうそくや軟こうなどの原料に用いる．

ステアリング【steering】 機自動車などのハンドル装置．またはハンドルの切れ具合．

ステアリング ホイール【steering wheel】 機自動車のハンドル．船の舵輪．

ステアリン酸【stearic acid】 化魚油・牛脂などに含まれている高級脂肪酸の一種．

スティープルチェース【steeplechase】 ①競(競馬)障害物競馬．②陸上3000m障害．

スティール【steal】 ①盗む．こっそり動かす．②(バスケ)相手選手が保持する球を奪ったりたたき出したりすること．③競(野球)盗塁．スチールともいう．

ステイオンタブ【stay-on tab】 非分離型の缶や容器の引き手．瓶や缶のふたを開けても，飲み口の引き手が外れない構造のもの．SOT．

スティグマ【stigma】 ①汚点．汚名．欠点．②医紅斑（こうはん）．

スティッキーメニュー【sticky menu】 IT算MacOS に搭載されている機能の一つ．あるメニューをクリックすると，しばらくプルダウンの状態に保たれる．

スティック【stick】 ①棒．②容棒状口紅．③ホッケーやアイスホッケーで球を打つ用具．④IT算パソコンのポインティング操作をする装置の一つ．キーボードの中央付近に装備．

スティックバルーン【Stickballoon】 棒状の風船．スポーツの応援などに使う．商標名．

スティックマン【stickman】 ①競スティックを用いる競技の選手．バッター．②音ドラム奏者．ドラマー．

スティックライン【stick line】 服棒のように細く長いシルエット．

スティミュラス【stimulus】 刺激．刺激物質．

スティミュラント【stimulant】 ①興奮剤．刺激物．②料酒やコーヒーなどの興奮性飲料．

ステイヤー【stayer】 競持久力を要する長距離走

◀ステッパー

者．長距離を得意とする競走馬．

スティリスト【styliste 仏】 服既製服のデザイナー．スタイルを作る人の意．

ステイルネス【staleness】生気がないこと．へばり．気抜け．不調．

スティンガー【Stinger missile】軍アメリカ軍の携行式地対空ミサイル．

スティング【sting】①針で刺す．傷つける．②刺し傷．刺すこと．③だますこと．

スティング オペレーション【sting operation】社おとり捜査．

ステークス【stakes】競競馬で，馬主が支払う出馬登録料を賞金に加える特別賞金．またその賞金．

ステークス競走【stakes race】競競馬で，多頭数で争う競走形態．特別賞金競走．

ステークホルダー【stakeholder】①営企業に利害関係をもつ人々の総称．従業員，消費者，地域社会などをいう．②賭け金を預かる第三者．関係者．利害関係者．

ステージ【stage】①舞台．演台．②段階．時期．③演劇．劇場．④映画撮影に使う建物．

ステージエフェクト【stage effect】劇舞台効果．擬音や照明などによる演出効果．

ステージマネジャー【stage manager】劇舞台監督や演出家の助手．フロアディレクター．

ステーショナリー【stationery】文具．文房具．便箋．

ステーション【station】①建鉄道の駅．停留場．②放放送スタジオ．放送局．③営事業所．④I携帯電話を利用する地域別情報配信サービス．2000年からJ-フォン（現ボーダフォン）が始めた．

ステーション オペレーター【station operator】宇国際宇宙ステーションで，主に運用管理を担当する宇宙飛行士．SOともいう．

ステーション サイエンティスト【station scientist】宇国際宇宙ステーションで，主に科学・工学分野の活動を担当する宇宙飛行士．SSともいう．

ステーションタンカー【station tanker】機原油を積んだままの石油運搬船を係船して石油タンクの代用にするもの．

ステーションビル【station building 日】建駅ビル．駅に作られ，商店など駅以外の機能をあわせもつ建物．英語は terminal building．

ステーションブレーク【station break】放ラジオ・テレビの番組の変わり目．局名告知や宣伝に使われる短い時間．ステブレ．

ステーション ワゴン【station wagon】機荷物も積み込める乗用車．後部のドアから荷物の積み下ろしができる．

ステージレース【stage race】競（自転車）個人ロードレース，個人タイムトライアル，チームタイムトライアル，市街地の短いコースを走行するロードレースのクリテリウムなどを組み合わせ，移動しながら，個人総合や団体総合などを競う自転車のロードレース．

ステージング【staging】演出．脚色．コンサートなどの舞台構成．

ステータス【status】①地位．身分．②状態．情勢．③I算コンピューターおよびその周辺の機器が作動している状態．

ステータス シンボル【status symbol】経社社会的地位や経済力の象徴となるもの．またそれらを誇示する所有品や財産など．

ステータスバー【status bar】I算操作状況などの情報が表示されるウインドウ下端の帯状の領域．ワープロソフトでは，ページ番号や行数，カーソル位置などが表示される．

ステータス レジスター【status register】I算コンピューター内部のレジスターの一つ．CPU（中央処理装置）や周辺機器のステータスを一時的に記憶しておくもの．

ステーツマン【statesman】政政治家．理想を求める政治家．

ステーツマンシップ【statesmanship】政政治家としての手腕や能力．

ステート【state】①政国．国家．アメリカなどの州．②状態．様子．地位．身分．

ステートアマ【state amateur 日】競国が強化費用などを援助して養成するアマチュア競技選手．

ステート キャピタリズム【state capitalism】政国家資本主義．政府が企業を支配し，国民経済を統制する資本主義の一形態．

ステート セントリック【state centric】政国家中心主義．国際政治においては，究極的には国家権力こそが正当な行為主体であるという立場をとる．

ステート ソシアリズム【state socialism】政国家社会主義．重要産業や資源の国有化などによって富の平等を目指す理論．

ステート テロリズム【state terrorism】社政国家の支援を受けて行われるテロ行為．

ステート トルーパー【state trooper】社アメリカの州警察官．州警察の警護官．

ステートメント【statement】①声明．声明書．②I算プログラムの1行のこと．通常はプログラムの1行が一つの処理命令に当たる．

ステープラー【stapler】書類とじ器の一種．ホッチキスのこと．

ステーブル【stable】競（競馬）厩舎（きゅうしゃ）．

ステーブルフォード方式【Stableford system】競（ゴル）各ホールのあらかじめ決められたスコアに比較して与えられる得点の高さを競う試合形式．イギリスのフランク・ステーブルフォードが考案．

ステールメート【stalemate】①動きのとれない状態．行き詰まり．②チェスで手詰まり．どの手を指しても，両者とも自分のキングに王手がかかってしまう状態．

ステガノグラフィー【steganography】I暗号技術．伝えたい情報を第三者に気付かれずに安全にやりとりする技術．

ステッカー【sticker】裏に接着剤が塗ってある張り札．表に印刷をして広告・宣伝などに使われる．

ステッチ【stitch】服縫い目．縫い方．刺しゅうの刺し方やミシンの飾り縫いなど．

ステッパー【stepper】I逐次移動式露光装置．縮小投影型露光装置．半導体製造装置の一種で，シリコン基板上にICの回路パターンを焼き付ける．超LSIの製造に用いる．

ステッピング モーター【stepping motor】 機外部からのパルス数に対応した角度や距離の移動を制御なしに行える駆動装置．パルスモーターともいう．

ステップ¹【step】 ①歩調．足の運び．②階段．階級．段階．③［I算］プログラムの最小の処理単位のこと．通常は1ステップはプログラムの1行に当たるとされる．

ステップ²【steppe】 地中緯度地方に分布する温帯草原．雨が少なく樹木が育たない．

ステップアップ【step up】 一段ずつ上がる．上達する．段階的に増大する．

ステップアップ債【step-up bond】 経償還期限が近づくに従って，利回りが段階的に増大していく債．

ステップアップ リング【step-up ring】 ［I算］写デジタルカメラなどで，フィルターを取り付けるためのネジ径を拡大するためのアダプター．

ステップ スカルプチャー【step sculpture】 ［I算］人間工学的に工夫されたキーボードの形状．キーを押しやすいように，並び方に高低の段差を付け，位置によってキーの上面に傾斜を付けたもの．

ステップターン【step turn】 競（スキ）滑走中の方向転換の方法の一つで，曲がる方向にスキーを少しずつ踏み替えていく．

ステップダンス【step dance】 芸ステップを最重要とする踊り．

ステップ バイ ステップ【step by step】 一歩一歩．徐々に．着実に．

ステップファミリー【stepfamily】 社血縁関係のない家族．再婚で形成された，血縁のない継親子，義理の兄弟姉妹を中に含んだ家族．

ステップペアレント【stepparent】 社義理の親．再婚や里親などによる，血縁関係のない親．

ステップルーム【step room 日】 教心不登校の子供への適応指導教室．自分の学級に登校するまでに一時的に通う中間的な教室．

ステディー【steady】 ①落ち着いた．着実な．安定した．②社決まった相手とだけの交際．またその相手．

ステディカム【steadicam】 映版撮影者の体にカメラを固定して移動撮影する方法．映像のぶれがない．

ステディカム システム【steadicam system】 映版カメラマンが体にカメラを固定し歩いたりしながら移動して，映像がぶれないようにする撮影方法．

ステトロ【Stetro】 指形のくぼみのあるプラスチック製の握り．子供の習練用に鉛筆の軸に通して使う．商標名．

ステビア【stevia 羅】 植キク科ステビア属の多年草．南アメリカ原産．甘味成分のステビオサイドを含む．

ステベドア【stevedore】 営船舶貨物の荷役請負業務．ステベともいう．

ステム【stem】 ①植茎や幹．②軸．心棒．柄．③船のへさき．船首．

ステム セル【stem cell】 生幹細胞．

ステムレタス【stemlettuce】 植クキチシャ．レタスの一種．茎と若い葉を食用にする．セルタスともいう．

ステライト【stellite】 化コバルト，クロム，タングステン，鉄の合金．硬度や耐熱性に優れ，削岩用のドリルやバルブなどに使われる．

ステラジアン【steradian】 数国際単位系（ＳＩ）で，立体角の単位．記号は sr．

ステラレーター【stellarator】 理プラズマ閉じ込め装置の一種．

ステルス【stealth】 ①こっそり行うこと．内密．忍び．②［I算］コンピューターウイルスが，あたかも感染していないように振る舞うことで，ワクチンプログラムから逃れる潜伏方法．

ステルス技術【stealth technology】 軍航空機やミサイルをレーダーで探知されにくくする技術．特殊塗料を塗ったり，機体の形状を変える．ステルスは人目を忍ぶ，隠密の意．

ステルス キャンペーン【stealth campaign】 政人目につかない形で行われる選挙運動．

ステルス コルベット艦【stealth corvette】 軍スウェーデン海軍のステルス性能をもつ複合材料製の小型快速艦．

ステルス戦闘機【stealth fighter】 軍レーダーに探知されにくいステルス技術を用いる戦闘機．

ステルスミサイル【stealth missile】 軍レーダーに探知されにくいステルス技術を用いるミサイル．アメリカの国防総省が開発．

ステレオ【stereo】 ①電ラジオやオーディオなどの立体音響再生装置．ステレオ装置．②「立体」「実体」の意味を表す接頭語．立体写真や立体音響など．③音理立体音．立体音響方式．⇔モノラル．

ステレオカメラ【stereo camera】 写立体写真を撮影するのに用いる写真機．

ステレオグラム【stereogram】 ①立体画．実体画．実物の立体感を描いた絵や図．②平面に描いたものが，焦点の遠近の操作で立体に見える絵．ランドムドット ステレオグラム．

ステレオクローム【stereochrome】 美画法の一つ．ステレオクローム画．壁面に水彩顔料で描き，水ガラスで上塗りする．

ステレオゴム【stereoregular rubber】 化立体規則性重合で作る合成ゴム．天然ゴムに近い構造と性質をもつ．

ステレオスコープ【stereoscope】 写実体鏡．立体鏡．ステレオカメラで撮影した2枚の写真を見るための装置．

ステレオ図法【stereographic projection】 地平射図法．地図投影法の一つで，方向が正しく表せる．極地方の航空図を描くのに用いる．

ステレオタイプ【stereotype】 ①紋切り型．行動や発想が型にはまっていること．ステロタイプともいう．②印製版の一工程で，紙型から取る鉛版．

ステレオハイファイ【stereo high-fidelity】 電原音に忠実な立体音響を再生する装置．

ステレオビジョン【stereovision】 映ステレオスコープの原理を応用した立体映画．

ステレオプター【stereopter】 医眼科で用いる

◀ストック

ステレオ放送【stereo broadcasting】 放 FM 放送の音番組などの立体音による放送．

ステレオレコード【stereo record】 音立体音響方式で録音したレコード．

ステロイド【steroid】 化コレステロールに似た性状で，ステロイド核のある化合物の総称．胆汁酸，性ホルモン，副腎皮質ホルモンなど．

ステロール【sterol】 化生物体に含まれる多環式アルコール類の総称．コレステロール，エルゴステロールなど．

ステンカラー【soutien collar 日】 服折り立て襟．折り返しのある襟で，前の部分だけが首に沿って立っている．

ステンシル【stencil】 印紙や金属板，皮革などを切り抜いて作る刷り込み型．またそれで刷る印刷法．

ステント【stent】 医動脈の狭窄・解離に対して血管の内腔確保のため留置する金属の網．

ステンドグラス【stained glass】 美さまざまな色のガラスを鉛で接合して，絵や模様を描き出した絵ガラス．

ステンレス【stainless】 化不銹鋼．さびないの意．鋼鉄にクロムなどを加えて作る．

ステンレス スチール【stainless steel】 化不銹鋼．鋼にクロムなどを加えた合金鋼．耐食性に優れ，台所用品・電気機器・化学工業機器など幅広く用いられる．

ストア【store】 ①商店．小売店．商店．②Ⅰ算主記憶装置から呼び出した編集中のデータを，補助の記憶装置の方に保存しておくこと．

ストア アンド フォワード【store and forward】 Ⅰ算ルーターや交換機などに用いる技術の一つ．ノードにおいて，データをしばらくバッファーに蓄積してから，特定の出力ポートに送り出す方法．

ストアイメージ【store image】 商消費者が商店・販売店に対して，店の様子や店員の応対まで含めてもつ印象．

ストア オートメーション【store automation】 商店舗の運営・管理業務を合理化・省力化すること．SA．

ストアカバレッジ【store coverage】 商特定の商品についての取扱店率．

ストアド処理【stored procedure】 Ⅰ算クライアントサーバー型をとるデータベースで，よく利用される命令群をあらかじめサーバー側に用意しておき，データ処理速度を向上させる方法．ストアドプロシージャーともいう．

ストアブランド【store brand】 商自社ブランド．小売店などが独自の商標で販売すること．

ストア ロイヤリティー【store loyalty 日】 商店舗に対する顧客の信頼・愛用．ストア・ロイヤルティーともいう．

ストア ロケーション【store location】 商店舗の立地．あるいは，立地を選定する行為．

ストイシズム【stoicism】 禁欲主義．

ストイック【stoic】 ①禁欲的な．自己抑制的な．ストイカル．②禁欲主義者．

ストゥーパ【stupa 梵】 宗仏塔．仏舎利制度．日

本語の卒塔婆もこの言葉から．

ストーカー【stalker】 社しつこくつきまとう人．病的執拗さで相手を追いかけ回す人．

ストーキング【stalking】 ①釣りで，魚に気づかれないように接近する技術．②ストーカー行為をすること．

ストーパー【stoper】 機鉱山やトンネル作業で使う削岩機の一種．

ストーブリーグ【stove league 日】 競(野球)プロ野球で，シーズン終了後に行われるトレードなどの選手争奪戦．契約更改なども含む．英語は hot stove league．

ストーマ【stoma 希】 医人工肛門．人工膀胱．

ストーミー【stormy】 暴風雨の．荒れ模様の．荒れ狂った．嵐のような．

ストーム【storm】 ①気暴風．暴風雨．嵐．②（日）社学生寮などで放歌高吟して騒ぎ回ること．

ストームシャドウ【Storm Shadow】 軍イギリス空軍の空中発射巡航ミサイルの通称．

ストーリーサーカス【story circus 日】 芸サーカスの演出方法の一つ．物語を進行しながら，合間にさまざまな曲芸を織り込むもの．

ストーリーテラー【storyteller】 文話の運び方のうまい人．話の筋で読ませる作家．

ストーリーテリング【storytelling】 物語を話すこと．物語を書くこと．

ストーリーボード【storyboard】 広テレビ広告の場面の絵や，音楽効果などがすべて描かれたコンテ．広告主への説明などに用いる．

ストーリッジ【storage】 ①営保管．貯蔵．収容能力．②保管場所．倉庫．ストレージともいう．

ストール[1]【stall】 航空機が失速すること．自動車などのエンジンが止まってしまうこと．

ストール[2]【stole】 服長い肩掛け．

ストールン プロダクト【stolen product】 料卵，牛乳，チーズ，はちみつなどの食品のこと．動物から人間が盗んだ生産物の意．

ストーン【stone】 ①石．小石．②競(カーリング)氷上を滑らせて投げる取っ手付きの石盤．カーリングストーンともいう．

ストーンウォッシュ【stonewash】 服石洗い．ジーンズや革製品に着古した感じを施す加工方法．

ストーンサークル【stone circle】 歴環状列石．大きな自然石を輪のように巡らせた遺跡．

ストーンド【stoned】 果実の種子や芯などを取り除いた．

ストーン ハンティング【stone hunting】 鉱石，岩石，化石などを採集する趣味．

ストーンヘンジ【Stonehenge】 イギリス南部のソールズベリー平原にある環状の巨石遺跡．

ストカスティック【stochastic】 確率的な．

ストッカー【stocker】 営商店などで，冷凍・冷蔵食品を保管する陳列ケース．貯蔵庫．

ストッキングブーツ【stocking boots】 服ももあたりまである長いブーツ．

ストック【stock】 ①営在庫品．②経公債．株券．株式．③経蓄え．過去から蓄積された資本・財貨．↔フロー．④料スープのもとにする肉や骨の煮出し汁．

269

ストックア▶

⑤植アラセイトウ．春に咲くアブラナ科の多年草．ストックジリーフラワーの簡略形．⑥経金融資産負債．借金．

ストックアプローチ【stock approach】経為替レート決定・分析法の一つ．金融資産の需給の均衡で水準が決まるとする考え．

ストックインフレ【stock inflation】経資産インフレ．宝石，美術品，土地・株式や投機対象の大豆・小麦などの資産価格の持続的上昇．

ストック エクスチェンジ【stock exchange】経証券取引所．株式取引．

ストックオプション【stock option】経営企業の役員や従業員に与えられる自社株購入権．事前に決めた価格で株式を購入できる．

ストックオプション会計【stock option accounting】経営自社株購入権を従業員への報酬とみなす会計処理方法．

ストックオプション課税【stock option taxation】経営自社株購入権を行使して得た利益に所得税を課税すること．

ストックカー【stock car】①機一般に市販されている自動車．②競競走用に改造された普通乗用車．ストッカーともいう．

ストックカー レース【stock car race】競自動車レースの一種．市販車を改造した競走車で，楕円形の走路などを周回する．

ストックカンパニー【stock company】経営株式会社．

ストックジャック【stock jack 日】経営企業乗っ取りのための株の買い占め．stock と highjack の合成語．英語は hostile takeover．

ストックショット【stock shot】映画記録映画やニュース映画から抜き出した場面を別の映画に挿入して利用すること．

ストック調整【stock adjustment】経営生産設備や企業の在庫，家庭にあるストックが，景気動向に合わせて適正量に修正されること．

ストックパイリング【stockpiling】社非常時に備えて物資を貯蔵すること．備蓄．

ストックピッカー【stock picker】経証券コンサルタント．投資家に推奨する銘柄の提示などを行う．

ストックフォーム【stock form】I経一定の長さの部分にミシン目が入っている連続印刷用の印刷用紙．

ストック フォトライブラリー【stock photo library】写写真家が撮影した写真を整理・保管し，広告・出版などの利用者に貸し出し，著作権の許諾を行う業務．

ストックブローカー【stockbroker】経株式仲買人．シェアブローカーともいう．

ストックポイント【stock point】経営各工場から製品を集め，保管・配送する中継基地．

ストックホルダー【stock holder】経営経株主．シェアホールダーともいう．

ストックホルム アピール【Stockholm Appeal of the World Peace Committee】1950年にスウェーデンのストックホルムで開かれた，平和擁護世界大会委員会での宣言．最初の原子兵器を使う政府を，人類に対する犯罪者とみなすとした．

ストックホルム症候群【Stockholm syndrome】心1973年にストックホルムで起きた数日間にわたる銀行立てこもり事件で，人質が包囲する警察に恐怖と敵意を抱き，犯人との間に親和性を生じた現象．

ストックマーケット【stock market】経株式市場．株式市況．

ストックマーケット クラッシュ【stock market crash】経株式市場の暴落．

ストックマインド【stock mind】経株式投資への関心．

ストックメンテナンスビジネス【stock maintenance business】営オフィスなどの建築物ストックを有効活用することで成立するビジネス．

ストックヤード【stockyard】一時保管所．積み出し前の家畜などの一時置き場．

ストッパー【stopper】①機機械などの停止装置．安全装置．制止器．瓶などの栓．②機(野球)救援投手．③競(ボクシング)敵の攻撃を防ぐ選手．④競(サッカー)中央で相手のセンターフォワードをマークする守備側の選手．⑤人の注意を引き付けるもの．魅力的な女性や目立つ広告．

ストップ【stop】①停止．②信号などの「止まれ」の合図．③バスなどの停留所．④競相手の攻撃や得点を食い止めるプレー．⑤経株式市場の混乱を防ぐための騰落値幅の制限．

ストップ アンド ゴー【stop-and-go】①経国際収支が悪化すれば引き締め政策をとり，改善されれば引き締めを緩和する政策．②徐行運転．のろのろ運転．

ストップオーダー【stop order】経逆指し値注文．株の相場がある額まで上がれば買い，下がれば売るように仲買人に出す指示．

ストップ高【stop ― 日】経株式市場で，極端な株価変動を抑えるために定められた値幅制限値まで上がること．

ストップビット【stop bit】I算送信データの前後に識別する信号を入れる方式の非同期通信で，終わりを識別する信号．

ストップモーション【stop motion 日】映人物などの動きを一瞬停止させる手法．英語は freeze frame．

ストップモーション アニメーション【stop-motion animation】映アニメーションを実現する方法の一つ．少しずつ動かした対象をコマ撮りする．

ストップロス取引【stop-loss order】経先物取引で行う損失限定取引．

ストッページ【stoppage】①競(クリケット)各ピリオドの終わり．②支払停止．中止．休止．

ストブル【STOVL】軍短距離離陸・垂直着陸機．空中停止飛行ができる超音速機．short take-off and vertical landing の頭字語から．

ストライカー[1]【striker】①競(サッカー)得点することが主な役割の選手．ゴールゲッターともいう．②競(クリケット)打者役の選手．

ストライカー[2]【Stryker】軍アメリカ陸軍の兵員

◀ストリート

輸送用装輪装甲車．

ストライカー旅団戦闘団【Stryker Brigade Combat Team】軍装輪装甲車ストライカーなどを装備したアメリカ陸軍の機動行動部隊．SBCTともいう．

ストライカム【STRICOM】軍広範なシミュレーションセンターを目指すアメリカの組織．1992年に陸軍資材本部から発展して設立．Simulation, Training & Instrumentation Commandの頭字語から．

ストライキ【strike】社同盟罷業．労働者が集団で職場を放棄する争議行為．

ストライキング【striking】人目を引く．印象強い．目立つ．

ストライク【strike】①競(野球)投手の投球がストライクゾーンを通過すること．またその球．空振りなどを判定する場合もある．②完璧な送球．③競(ﾎﾞｳﾘﾝｸﾞ)1投目で10本全部のピンを倒すこと．④打つ．攻撃する．

ストライクアウト【strikeout】①競(野球)三振．②失敗とすること．やり損なうこと．

ストライド【stride】①大またの歩幅．②競競技などで，走る時の歩幅．

ストライドアングル【stride angle】競(陸上)競走者が走っている時に，開いた太ももが作る角度．

ストライピング【striping】①算複数のハードディスクに対して並列で読み書きを行い，高速化を図るRAID技術の一つ．

ストライプ【stripe】筋．しま．しま模様．

ストラクチャー【structure】構造．構成．組織．機構．建造物．ストラクチュアともいう．

ストラクチャード ファイナンス【structured finance】営経仕組み金融．仕組み債．金融派生商品などを用いて資金調達を行う方法の一種．

ストラクチャード プログラミング【structured programming】①算構造化プログラミング．プログラムを論理的な順序に並べて記述するプログラム作成法．

ストラクチャード ライン【structured line】服肩に詰め物を用いたりして，きっちりした箱型にするシルエット．

ストラッグル【struggle】戦い．闘争．もがき．かっとう．ストラグルともいう．

ストラップ【strap】ひも．革ひも．洋服の肩つりや乗り物のつり革など．

ストラップシューズ【strap shoes】服足の甲や足首の部分にひもやベルトが付いた靴．

ストラップト【strapped】銃器で武装していること．上着の下に銃をつっているという意．

ストラップ ドレス【strap dress】服細い肩ひもで身頃をつり下げたスリップ風のドレス．

ストラップレス【strapless】服肩ひものないブラジャー，水着，服のこと．

ストラティファイ【stratify】各層・各部分に分ける．層状にする．

ストラテジー【strategy】戦略．作戦計画．手段．計略．

ストラテジスト【strategist】戦略家．資産運用などの戦略を立てる専門職．

ストラテジック アライアンス【strategic alliance】営企業間の戦略的提携．自社だけでは短期間に達成できないようなテーマについて，一時的な研究協同組合を作って行うことなどをいう．

ストラトクラシー【stratocracy】軍政軍政．軍人政治．軍閥政治．軍部が政権を握る政治体制．

ストラトビジョン【stratovision】放成層圏中継放送．受信範囲を広げるために，送信設備などのある専用航空機を一定区域に旋回飛行させ，送信する方法．

ストラトフォートレス【Stratofortress】軍アメリカの戦略爆撃機 B-52H の通称．

ストラドリング ストック【straddling stock】魚経排他的経済水域(200カイリ)の内外に分布する魚類資源．

ストラドル取引【straddle trading】営経貴金属相場が商品によって動きが異なることを利用し，別の貴金属商品と組み合わせることで，その差益を得ようとする先物取引の一種．

ストランデッド【stranded】立ち往生した．取り残された．

ストリーキング【streaking】社公衆の面前で突然裸になり，街中などを駆け回ること．

ストリートエンゼル【street angel】街娼．街の女．

ストリート カルチャー【street culture】社都市部の若者たちに流行している生活様式や価値観．

ストリートキッズ【street kids】社貧困などのため，家を出て路上生活をする子供たち．

ストリートギャング【street gang】社街路で犯罪や非行を働く不良グループ．

ストリートシアター【street theater】劇街頭劇場．劇場を否定し街頭で行う前衛劇や大道芸の演劇空間．

ストリートシック【street chic 日】服粋で上品な感じの街着の装い．

ストリートスマート【street smart】街路で生きていくための知恵という意で，都会生活者に不可欠な知恵・知識のこと．

ストリートダンス【street dance 日】芸街路で踊ったり，踊りながら行進すること．

ストリート チルドレン【street children】社街頭で日雇い・物売り・物ごいなどをして，その日暮らしをしている子供たち．

ストリートバージョン【street version】競一般道路も走れるように改造した競走用の自動車．

ストリート バスケット【street basket】競一つのリングを両チームが共用し，1チーム3～5人が出場して行うバスケットボール．3対3で行うのをスリーオンスリーという．

ストリート パフォーマンス【street performance】芸街頭で歌や踊りなどを独自の表現で演じること．大道芸．

ストリートピープル【street people】社①街中をぶらつく人．街頭で仕事をする人．②路上生活者．ホームレスともいう．

ストリート ファーニチャー【street furniture】道路上に置かれた備品の総称．街灯・案内

271

ストリート ▶

板・ベンチ・電話ボックスなど、歩行者に快適さを提供する考え方からいわれる。

ストリート ファッション【street fashion 日】服若者が集まる街から自然発生的に生まれるファッション。

ストリートフード【street food 日】料改造した小型貨物車の屋台で販売される食品や料理。

ストリート マーケット【street market】営社青空市。街路で開かれる市場。

ストリートマネー【street money】政アメリカの選挙運動で運動員や奉仕員などに、仕事の経費やお礼として組織の責任者が出す少額のお金。ウオーキング アラウンド マネーともいう。

ストリート ミュージシャン【street musician】音街頭で演奏する音楽家。

ストリートメディア【street media】広街頭での広告媒体。屋外広告と街頭宣伝の総称。

ストリーマー【streamer】①釣りで使う小魚の形に似せた毛針。②IT算ハードディスクに記憶されたデータのバックアップ装置。磁気テープを使って大容量を記録できる外部装置。

ストリーミング【streaming】①教イギリスなどの初中等教育で、学力別のクラス編成。②IT算インターネットを用いて音声や動画などの情報を受信しながら同時に再生すること。

ストリーミング配信技術【streaming distribution】IT算ネットワークを利用して音声や動画などのデータを受信しながら同時に再生するための技術。

ストリーム【stream】①川．小川．潮流．気流．②IT算インターネット上で行う動画や音楽などの配信。

ストリームメディア【stream media】IT算インターネットで受信しながら再生する技術を使って情報伝達をすること。ビデオや音楽などで用いる。

ストリキニーネ【strychnine】薬フジウツギ科のマチンの種子から採る無色の結晶で、劇薬。微量を神経興奮剤や解毒剤とする。

ストリップ【strip】①服などを脱ぐこと。裸になること。②帯状の薄い板・布。③3枚以上つながった切手。④漫画などの続き絵。

ストリップス債【strips bond】経利息部分と元本部分を切り離し、別々の債券として売買する債券. strips is separate trading of registered interest and principal of securities の頭字語。ストリップスボンドともいう。

ストリップ デベロップメント【strip development】営社道路沿いの細長い土地の商業開発。

ストリップミル【strip mill】機連続式圧延機。厚い鋼板を圧延し、長い帯状の薄鋼板を作る。

ストリップモール【strip mall】営帯状に形成された小規模のショッピングセンター。

ストリンガー【stringer】①建側柱。縦桁。②船や航空機の縦材。③新聞社などの非常勤通信員。

ストリング【string】①ひも．弦．弦楽器．②競(ボク)得点数。③IT算文字列のこと。

ストリングス【strings】音弦楽器．弦楽器演奏や演奏者。

ストリングビキニ【string bikini】服ひものように幅の細いビキニ。

ストレイシープ【stray sheep】迷える子羊．聖書のたとえから、人生の道に迷った人。

ストレインゲージ【strain gauge】対象物に張って、その微小な長さの変化を正確に探知する計測器。

ストレインド【strained】①濾過した．②料料理などで裏ごしをした。

ストレージ【storage】①保管．貯蔵．倉庫．②IT算記憶装置。大容量の外部記憶装置。磁気でデータを記録するディスク装置。

ストレージ管理【storage management】IT算アクセス速度や性能、コストなどを考慮して、記憶装置を階層型に組み合わせて、システム全体の処理能力を安定させること。

ストレージリング【storage ring】理超高真空の容器をもつシンクロトロンで、高速加速された電子ビームや陽子ビームを長時間貯蔵できる。

ストレータム【stratum】①層．②地地層．岩層．③生組織の層．④社職業・収入・学歴・財産・生活様式など、さまざまな指標に基づいて行う社会成員層の分類。

ストレート【straight】①まっすぐな．一直線の．単刀直入の．直接に．率直な．②連続した．直列の．③(日)(野球)直球．④競(ボク)こぶしを一直線に突き出すパンチ．⑤料洋酒などで、混ぜものを加えないこと。

ストレートアヘッド【straight-ahead】音聴衆に迎合しないで、本物を志向しているジャズ演奏。

ストレートエッジ【straight edge】音保守的で過激な傾向をもつ、アメリカで生まれた若者の音楽グループ。

ストレートケーブル【straight cable】IT算LANを構築する際に、パソコンとハブなどの周辺機器同士を接続するのに利用されるケーブル。結線方法を反対にしたのがクロスケーブル。

ストレートジャンプ【straight jump】競スキーやスノーボードのコンテストで、ジャンプ台を使って空中に飛び出し、さまざまなポーズを決めること。ビッグエア、ワンメークジャンプともいう。

ストレートジュース【straight juice】料しぼったままの100%果汁。しぼった後に加熱処理し保存をよくする方法の濃縮還元をしていないもの。

ストレートスカート【straight skirt】服腰から裾にかけて、ひだなどを付けないで、まっすぐな感じのスカート。

ストレート スルー レポーティング【straight through reporting】経企業情報開示において、経理処理からユーザーの開示情報分析まで、人手を介さず電子的に一貫処理すること。STR.

ストレートセット【straight set】競テニスや卓球などで、1セットも負けないで一方的な試合。ストレート勝ち。

ストレートダラー【straight dollar】営経ドルによる現金決済。

ストレートチップ シューズ【straight tip shoes】服男性用のビジネスシューズの一種。ひも

付きで，つま先に切り替えがある型の靴．キャップトーシューズともいう．

ストレートパーマ【straight permanent wave】容髪の毛をまっすぐにするコールドパーマ．くせ毛や縮れ毛を直すだけでなく，髪を美しく見せるためにも行う．

ストレートプレー【straight play】劇音楽などのない芝居．

ストレート モルト ウイスキー【straight malt whisky】料混合していない純正のウイスキー．ウイスキーの原酒．

ストレーナー【strainer】濾過器．台所などの排水口に備えるごみ回収容器．

ストレス【stress】①圧迫．抑圧．②物理化学的・精神的・社会的なものなどで生体が影響を受けている状態．③言葉や音を強調して発音すること．④理変形．ひずみ．応力．

ストレス応答【stress response】生生物体や細胞がさまざまな環境ストレスによる損傷を防御・修復するために働く反応．

ストレス コントロール【stress control】心自分で緊張をほぐす方法を会得し，心身の健康を保つこと．

ストレッサー【stressor】医心物理化学的・精神的・社会的なもので生体に影響を与えるもの．

ストレッチ【stretch】①競競技場などの直線コース．②伸縮性のある布地．ストレッチ織物．③競筋肉を伸展させること．④いっぱいに伸ばす．広げる．拡大した自由な解釈をする．

ストレッチパンツ【stretch pants】服伸縮性のある素材で作るパンツの総称．

ストレッチブーツ【stretch boots】服伸縮性のある布素材を用い，脚にぴったりするブーツ．長さはさまざまなものがある．

ストレッチャー【stretcher】担架．担架車．伸張具．張り材．ボートの足掛け．

ストレッチング【stretching】競筋肉を伸展させる柔軟体操．準備運動や整理運動で行う．ストレッチ体操．

ストレプトコッカス【streptococcus】医連鎖球菌．連鎖球菌属の球菌の総称．

ストレプトマイシン【streptomycin】薬抗生物質の一種．結核，赤痢，ペストなどの治療に使われる．副作用で難聴などが起こることもある．マイシンともいう．

ストレングス【strength】力．強さ．精神力．

ストレンジ アトラクター【strange attractor】理算カオスと呼ばれる現象を表し，奇妙な振る舞いをするシンプルな形の方程式．

ストレンジクオーク【strange quark】理素粒子の基本的な構成子であるクォークの一種．

ストレンジマター【strange matter】理高密度核物質の一つ．陽子・中性子・ストレンジクォークからなる原子．

ストレンジャー【stranger】見知らぬ人．知らない人．外国人．異邦人．

ストローク【stroke】①競(水泳)腕のひとかき．②競(ボート)水中におけるオールのひとこぎ．整調手．舵手のすぐ前に座るこぎ手．③競ゴルフやテニスなどの打法．ひと打ち．④タイプライターのキーを打つ打数．⑤字画．⑥機ピストンなどの往復運動の距離または行程．⑦医発作．脳卒中．

ストロークカット【stroke cut】容髪を切る技法の一つ．はさみを動かしながら不ぞろいな形に切る．

ストロークプレー【stroke play】競(ゴル)18ホール単位の合計スコアで勝敗を決める競技方法．メダルプレー．

ストロップ【strop】①かみそりのとぎ革．②滑車を支えるロープ．

ストロボ【stroboscopic lamp】写高速撮影，暗所での撮影に使われるシャッターと連結させた閃光電球．

ストロボアクション【strobo action 日】映写版物の動きを，止まった瞬間の連続として見せる技法．英語は stroboscopic action．

ストロボスコープ【stroboscope】理急速に回転・振動する物体の速度や周期を測定する装置．物体に光を照射し，その明滅と物体の周期が一致すると，物体が静止状態に見える原理を利用．

ストロマトライト【stromatolite】鉱薄片状の石灰岩．地表の酸素の蓄積を増進するラン藻類の活動から生じた．

ストロング フィニッシュ【strong finish】競競馬で，追い込み馬．

ストロングマン【strongman】実力者．有力者．支配者．独裁者．力持ち．丈夫な人．

ストロンチウム90【strontium 90】化核分裂で生じる放射性物質の一つ．半減期は28年．カルシウムと混じって骨に沈着し白血病などを引き起こす．

スナイパー【sniper】①軍狙撃兵．狙撃手．②競射撃の選手．

スナギングアップ【snugging up】①服既製服に手を加えて着やすくすること．②経政景気の実勢に合わせ，すぐに政策調整すること．

スナッキーマガジン【snacky magazine】手軽に読める，安価で薄手の雑誌．

スナック食品【snack food】料つまみのように食べられる軽い食品．ポテトチップス，ポップコーンなどが代表的．

スナックバー【snack bar】軽食堂と酒場を兼ねた店．

スナッチ【snatch】①競(重量挙げ)脚・腰・背を中心とする引き上げ種目．かがんだ姿勢から一挙動でバーベルを頭上に引き上げる．②ひったくる．かっぱらう．

スナッピー【snappy】元気のよい．活発な．てきぱきした．即席の．刺激のある．

スナップ【snap】①服留め金．押しホック．スナップファスナーともいう．②競投球や打球の際に手首の力を効かせること．③競(アメフト)センターがバックフィールドに球を後投すること．スナッピングともいう．④写早撮りした写真．スナップショットのこと．

スナップ衛星計画【SNAP project】軍人工衛星の電源に原子力を用いるアメリカの計画．SNAPは Space Nuclear Auxiliary Power の

スナップシ▶

略.

スナップショット【snapshot】①写被写体をありのままの自然な状態で瞬間的に写すこと. ②競(※)手首の力を生かして打つシュート. パワーショットともいう.

スナップダウン【snap-down】軍空中戦で, 自機より下を飛んでいる敵機に向けて空対空ミサイルを発射すること.

スナッフフィルム【snuff film】映実際の殺人シーンが撮影されている映画やビデオ. スナッフはサド的な性行為として人を殺すこと. スナッフムービーともいう.

スニーカー【sneakers】服底がゴムで甲を布や革で作る軽快な靴.

スニーカーイン【sneakers in】服履き丈がごく短い靴下. スニーカーを履く時に用いる.

スニーカーショップ【sneakers shop】服運動靴の一種スニーカーの専門店.

スニーカーズネット【sneaker's net】I営事業所内の情報通信化が未整備な状態を皮肉った語.

スニーカーパンプス【sneaker pumps】服履き心地がよいスニーカーと優雅さがあるパンプスの性質をあわせもつ靴.

スニークアタック【sneak attack】①奇襲. ②広無意識のうちに人の感情や思考を刺激する方法で, 潜在意識に訴えかける広告.

スニークプレビュー【sneak preview】映観客の反応を見るために題名や内容を伏せたまま行われる試写会.

スニーズガード【sneeze guard】料セルフサービス式の飲食店や食品店などで, 調理済み食品の容器にかぶせる透明な覆い. 客の息などがかかるのを防ぐ.

スニフ【sniff】鼻を鳴らして息を吸う. クンクンとにおいをかぐ. 鼻を詰まらせる.

スヌーカー【snooker】①競ポケットビリヤードの一種. 手球は一つで, 21個の的球をポケットに落として点数を競う. 相手を妨害しながらゲームを進めるので, この名がある. スヌーカープール. ②妨害する. じゃまする.

スヌーピー【Snoopy】①アメリカのチャールズ・シュルツが描いた新聞漫画「ピーナッツ」に登場する人気キャラクター. チャーリー・ブラウン少年が飼うビーグル犬. 商標名. ②〔S-〕せんさく好きな. 世話を焼きたがる.

スネアドラム【snare drum】音小太鼓の一種. 鼓面に金属弦が張られていて, 独特の軽快な音感を出す.

スネーク【snake】生蛇.

スネークダンス【snake dance】①芸蛇踊り. 蛇のように体をくねらせたり, 蛇を体に巻き付けたりする. ②社デモなどで行うねった蛇状の行進.

スネークヘッド【snakehead】社不法移民を手引きする犯罪組織の構成員. 中国語の蛇頭が語源とされる.

スネールメール【snail mail】I社普通の郵便のこと. 電子メールに比べて時間がかかることから.

スノーガン【snow gun】機氷を雪状の細片にして噴出する人工雪製造機械.

スノーケリング【snorkeling】競J字型の潜水用呼吸器スノーケルと水中めがね, 足ひれを用いて潜水すること. シュノーケリングともいう.

スノーケル【snorkel】①競潜水に用いるJ字型の呼吸用パイプ. ②機潜水艦の潜航時用の吸排気管. シュノーケルともいう.

スノーサーフィン【snow surfing】競スノーボードで雪の上を滑るスポーツ.

スノーシュー【snowshoes】競社西洋かんじき. 裏面にスパイクがあり, 雪上散歩などに使う.

スノータイヤ【snow tire】機雪や氷の道で, チェーンをしいでも滑らないで走行できるように溝を深く切ったタイヤ.

スノーチュービング【snow tubing】浮き輪のような円形の用具(チューブ)に乗って雪山の斜面を滑り降りる遊び.

スノードロップ【snowdrop】植マツユキソウ. ヒガンバナ科の球根植物. 南ヨーロッパおよびコーカサス原産. 1～3月ごろに花茎先端に白い花を下向きにつける.

スノーバード【snow bird】社避寒客. 冬季に暖地へ移住していく人々. 原義は鳥類のユキヒメドリ.

スノーベルト【Snowbelt】雪の地帯の意. アメリカ東部・中西部を指す. フロストベルト.

スノーボート【snow boat】雪山で負傷者や荷物を運ぶために使われる舟型の雪ぞり.

スノーボード【snowboard】競雪上を滑走するのに使うサーフボード状の板.

スノーボードウエア【snowboard wear 日】服一枚板で雪上を滑るスノーボードで着る服装. スキーウエアよりだぼっとした感じ.

スノーボードクロス【snowboard cross】競スノーボード競技の一つ. 数人の選手が同時にスタートし, ジャンプ台やバンクを設けたコースを滑って速さを競う.

スノーボール アース仮説【snowball earth hypothesis】地原生代後期は地球表面の全体が氷床に覆われていたとする仮説.

スノーホワイト【snow-white】①雪のように真っ白な. 純白の. ②〔S- W-〕白雪姫.

スノッブ【snob】俗物. 気取り屋. 学芸・趣味などを鼻にかける人.

スノビズム【snobbism】俗物根性. 教養人を気取ること. 紳士気取り.

スパ【spa】鉱泉. 温泉. 温泉地. 保養地. 温泉場の保養施設.

スパーク打撃【競(※)タッチ成立後, 自球をスティックで打った衝撃で他球を移動させること.

スパークリングワイン【sparkling wine】料発泡性ブドウ酒. 2度目の発酵で生じる炭酸ガスを含んでいるブドウ酒. シャンパンなど.

スパート【spurt】競技などで全力を尽くすこと. 全速力を出すこと.

スパームバンク【sperm bank】生精子銀行.

スパーリング【sparring】競(※)練習用の大きめのグローブや防具をつけてリング上で実戦形式で

◀ス**パ**ングリ

行う練習法．

スパイ【spy】 軍社諜報活動．諜報行為．密偵．間諜．相手の情報・敵地の動きなどを探り出して報告すること．またそれをする人．

スパイウエア【spyware】 ⅠT パソコンユーザーが気付かない間にインストールされ個人情報などを収集したりするソフト．

スパイカー【spiker】 競(バレー)ネット際に上がった球をジャンプして相手側に打ち込む選手．アタッカーともいう．

スパイキータッチ【spiky touch】 容短い毛を逆立てたような髪型．

スパイク【spike】 ①くぎ．びょう．犬くぎ．②競運動競技で，足の滑りを防ぐために靴底に打ち付ける特殊な金具．靴底の金具で相手を傷つけること．あるいは傷つけられること．③競(バレー)ネット際に上がった球をジャンプして相手側に打ち込む攻撃法．

スパイクサーブ【spike serve】 競(バレー)高く投げ上げた球を跳躍しながら打つサーブ．ジャンピングサーブともいう．

スパイクタイヤ【spike tire 日】 機滑り止め用の金属製のびょうを打ち付けたスノータイヤの一種．英語はstudded (snow) tire．

スパイクレス シューズ【spikeless shoes】 競底にスパイクがないゴルフシューズ．

スパイス【spice】 料香辛料．薬味．香料．

スパイダー【spider】 生クモ．

スパイダーシルク【spider silk】 クモの糸．グラム当たりでは鉄より強度が高い．

スパイラル【spiral】 ①渦巻き線．らせん．②競(スケート)らせん形に滑る，フィギュア競技の基本型の一つ．

スパイラルCT【spiral CT】 医らせん状に連続撮影するコンピューター断層撮影装置．

スパイラルテープ【spiral tape 日】 医痛みやこりのある患部の表面に，らせん状に張る細いテープ．

スパイラルパーマ【spiral perm】 容細かいコイル状の強いウエーブ．

スパイラルモデル【spiral model】 ⅠT システムの開発方法の一つ．逐次改良しながらシステムを開発する方式．

スパウス【spouse】 配偶者．

スパウスアビューズ【spouse abuse】 社家庭内暴力．配偶者を虐待すること．

スパガリン【spergualin】 生バチルス ラテロスポルスという細菌の産生する抗悪性腫瘍物質．制がん効果のほか，臓器移植後の拒絶反応を抑える効果が注目された．

スパゲッティ【spaghetti 伊】 料イタリア特産の洋風めん類．デューラム小麦から作る小麦粉セモリナを原料に用いる．スパゲティ．

スパゲッティ ウエスタン【spaghetti western】 映イタリア製の西部劇映画．日本での呼称はマカロニウエスタン．

スパゲティー症候群【spaghetti syndrome】 医患者への無益な医療機器の使用状態をいう．体にさまざまな管がつながれた様子をスパゲティーに例えたもの．

スパコン スーパーコンピューター (supercomputer) の略．ⅠT 大規模で超高速の演算速度をもつ超大型コンピューター．

スパシーボ【spasibo 露】ありがとう．

スパダッツ【SPADATS】 宙北米防空軍に所属し，宇宙の全飛行物体を探知・追跡・識別・分類する任務をもつ地球規模のシステム．Space Detection And Tracking Systemの頭字語から．

スパツィアリスモ【Spazialismo 伊】 美空間主義．カンバスに穴を開けて，二次元と三次元を結びつけるなど，新しい空間概念を提唱した抽象表現の一つ．

スパッタリング【sputtering】 ①ⅠT理半導体の製造過程で用いられる真空技術の一つ．金属原子を飛ばして電子回路を作るための薄膜を形成する．光ディスクなどの製造にも使う．②飛び散った感じの模様．スパター柄．

スパッツ【spats】 服細身でぴったりとしたタイツ型の女性用パンツ．元来は短靴に付けて足首を覆う布製の脚半をいう．

スパット【spot】 競(ボウリング)投球の目標とする，レーンに付けられたくさび状の印．

スパニッシュ【Spanish】 スペインの．スペイン人の．スペイン人．スペイン語．

スパニッシュ アメリカ【Spanish America】 南北アメリカ大陸で，メキシコ，パナマ，アルゼンチン，チリ，ペルー，ウルグアイなどスペイン語を主要言語とする国々の総称．

スパニッシュ ダンス【Spanish dance】 芸スペイン舞踊．

スパニングツリー【spanning tree】 ⅠT ブリッジで接続された複数のLAN間を通過する接続で，データのループによるネットワークのダウンを防ぐためのアルゴリズム．

スパマー【spammer】 ⅠT算スパムを送信する人物や組織．

スパム【spam】 ⅠT算①不特定多数に対して際限なく広告メール，迷惑メールを送りつけること．②［S－］角型ソーセージ風豚肉の缶詰．商標名．

スパムメール【spam mail】 ⅠT 商品やウェブページの宣伝などを，電子メールで大量に相手を問わずに発送すること．

スパルタ【Sparta】 歴古代ギリシャでアテネと並んで勢力を誇った都市国家．厳しい軍事訓練や教育で知られる．

スパローミサイル【Sparrow missile】 軍アメリカ海軍の空対空誘導ミサイル．

スパン【span】 ①建築物・構造物などで支柱から支柱までの距離．航空機の両翼端間の距離．②競(ボウリング)球の親指から中指・薬指の穴までの距離．③手をいっぱい広げた時の親指の先から小指の先までの距離．④期間．

スパンキング【spanking】 ①尻を手でたたくこと．②活発な．強い．

スパングリッシュ【Spanglish】 言アメリカ西海岸地方で，中南米からの移住民の子孫たちが使う英語とスペイン語の交じった言葉．

275

スパンコー▶

スパンコール【spangle】 服舞台衣装などに縫い込む装飾品の一つ．金属やプラスチック製の小さなボタン型で，光が当たると光る．スパングルともいう．

スパンデックス【spandex】 化ポリウレタンを主成分とする伸縮性に富む合成繊維．

スパンドレコード【spanned record】 IT算レコードの一種．複数の物理レコードを一つの論理レコードの中に格納できる．

スパンローダー【span-loader】 機胴体ではなく主翼に人員や荷物を積んで運ぼうという飛行機の設計構想．

スピアリング【spearing】 競(アメリカン フットボール)ヘルメットで頭突きをするように，相手選手にタックルすること．

スピーカー【speaker】 ①電気信号を音に変換する機器．拡声器．②話し手．発言者．演説者．弁士．

スピーカーホン【speakerphone】 IT受話器を取り上げなくても通話できる仕組みの電話機．

スピーチクリニック【speech clinic】 言言語矯正所．話し方教室．

スピーチコード【speech code】 言人前で話をするための言葉遣いの規範．

スピーチ コミュニティー【speech community】 言言語や方言が共通である人々の集団．言語共同体．

スピーチコンテスト【speech contest】 弁論大会．

スピーチ シンセサイザー【speech synthesizer】 電子工学的に発声させる音声合成装置．

スピーチセラピスト【speech therapist】 医言語障害をもつ患者に機能回復の訓練をする専門家．

スピーチライター【speech writer】 政治家や名士の演説原稿を代筆する人．演説草稿者．

スピーディー【speedy】 手早い．能率的な．

スピード【speed】 ①速さ．速度．速力．②高速で進行する．非常に速い．③薬覚せい剤の俗称．Sともいう．

スピードウエー【speedway】 競自動車などの競走場．高速自動車道路．

スピードガン【speed gun】 競(野球)投手の球速を測る機械．球にマイクロ波を当て，反射の波長変化を分析する．レーダーガンともいう．

スピードキル【speed kill】 社スピードの出し過ぎによる交通事故死．

スピードゴルフ【speed golf】 競ゴルフコースを走りながらラウンドし，所要時間をスコアに加算する新しい競技．

スピードスキー【speed skiing】 競(スキー)直滑降の速さを競う競技．時速200kmを超える．

スピードスケート【speed skating】 競(スケート)速さを競う種目．

スピードスター【speedster】 IT算高速の中央処理装置を搭載した高性能パソコン．

スピードトライアル【speed trial】 競 (ヨット)500mの短距離を帆走し平均時速を競う大会．

スピードボール【speedball】 薬コカインにヘロインなどを混ぜた麻薬．静脈へ注射することが多い．

スピードメタル【speed metal】 音ヘビーメタルから派生した音楽．

スピッツァー望遠鏡【Spitzer Space Telescope】 宇天 NASA（アメリカ航空宇宙局）の4番目の宇宙望遠鏡．

スピッティング【spitting】 音携帯電話から流れる音楽をバックにする即興のラップ．イギリスの若者の間で流行．

スピット【spit】 ①つば．唾液．②つばを吐く．

スピットボール【spitball】 競(野球)投手が球の縫い目などにつばをつけて投球すること．球が意外な変化をするため，禁止された．

スピナー【spinner】 ①釣りで用いる疑似餌の一種．回転式の金属板．②紡績業者．紡績従事者．

スピネル構造【spinel construction】 鉱尖晶石構造．酸化物などの結晶構造の一つ．

スピノル【spinor】 理ベクトルの平方根に当たる量．

スピランカー【spelunker】 洞窟探検家．スペランカーともいう．

スピランキング【spelunking】 洞窟探検．ケービングともいう．

スピリチュアリズム【spiritualism】 ①音精神主義．唯心論．⇔マテリアリズム．②交霊術．生きている人と死者の霊が霊媒を通じて交信すること．スピリティズムともいう．

スピリチュアル【spiritual】 ①精神的．精神上の．⇔マテリアル．フィジカル．②音黒人霊歌．アメリカ南部で生まれた宗教歌．

スピリチュアル アクセサリー【spiritual accessory】 服パワーストーンと呼ばれる天然石や動物の骨や角を用いた魔よけなど，ヒーリングや精神力，第六感を高めるために身に付けるアクセサリー．

スピリッツ【spirits】 料アルコール分の強い蒸留酒．ジン，ウオツカ，テキーラ，ラムなど．

スピリット【spirit】 ①精神．活気．霊魂．魂．②料アルコール類．スピリッツともいう．

スピリティズム【spiritism】 交霊術．降神術．スピリチュアリズムともいう．

スピルオーバー【spillover】 ①あふれさせること．流出．②IT目的エリア外への電波漏れ．放送衛星からの電波が目的地域をはずれて外国へ漏れること．③営社会社や工場が近隣に及ぼす影響．功罪どちらにも使う．

スピルリナ【spirulina】 植藍藻類(らんそうるい)の一種．たんぱく源として注目された．

スピロヘータ【spirochaeta 羅】 生スピロヘータ目の微生物の総称．梅毒などの病原体も含む．

スピン【spin】 ①回転．旋回．球に回転を与えること．競(スケート)こまのように体を回す滑り方．②自動車が急ブレーキをかけた時に後輪が横滑りすること．③理静止した素粒子がもつ固有角運動量．④航空機のきりもみ降下．⑤マスコミに対する軍の情報操作．⑥競(スケート)フリースタイルスキーで，スキー板を雪面から離さないで水平回転すること．

スピンアウト【spinout】 ①営業務の一部を分離し，独立した別会社として経営すること．②自動車などの回転横滑り．スピンして飛び出すこと．

スピンオフ【spinoff】 ①放テレビ番組の連続物

で，主人公や場面設定を引き継いだ新連続物．②【営】会社の組織を再編成する際に，親会社が子会社の株式全部を自社株に組み入れること．③副産物．

スピンオフ革命【spinoff revolution】　【営】有能な技術者が大企業から独立して，新規製造企業を始める日本の傾向．前田昇が命名．

スピングラス【spin glass】　【理】強磁性的相互作用と反強磁性的相互作用が入り乱れて分布する物理系．

スピン コントロール【spin control】　①【広】広告代理業者が広告主・得意先に関連するニュース記事に対して，好意的な扱いをするように尽力すること．②【軍】軍隊がマスコミに対して行う情報操作．スピンともいう．

スピンターン【spin turn】　自動車を横滑りさせて向きを変える運転技術．

スピンドクター【spin doctor】　【政】選挙運動コンサルタント．政治家の報道対策を助言・支援する人．イメージ戦略に合わせて，現実的な対応を繰り広げる責任者．

スピントランジスタ【spin transistor】　【理】電子スピンを制御する素子．

スピンドル【spindle】　【I算】磁気ディスクを用いた記憶装置で，ディスクの回転軸．もしくは回転軸一つ当たりの複数枚の磁気ディスク．

スピントロニクス【spintronics】　【理】電子の属性であるスピンを電子部品の機能に生かす技術領域．スピンエレクトロニクスともいう．

スピンネーカー【spinnaker】　【艇】ヨットの大三角帆．横や後ろ方向から風を受けて帆走する時に使う袋状のセール．

スピンネーカー カイト【spinnaker kite】　ヨットの帆の一種の凧（たこ）代わりにして遊ぶこと．

スプーラー【spooler】　【I算】データをいったん磁気ディスク記憶装置に入れておき，プログラムの実行と並行して印字装置を出力させるなどの制御を行う機構．

スプール【spool】　①糸巻き．糸巻き状のもの．②【I算】アプリケーションソフトを実行したまま周辺機器で別の処理をするため，データを一時的に記録装置に入れ，周辺機器の稼動状況に合わせて順次装置を行う機能．

スプール機能【spool function】　【I算】コンピューターから，プリンターなどの比較的低速な入出力装置にデータを伝送する際，処理効率を向上させるためのジョブ管理機能の一つ．

スプール ディレクトリ【spool directory】　【I算】電子メールで送られたメッセージを格納する場所．

スプーン【spoon】　①さじ．②【競】（ゴルフ）クラブの一種で，3番ウッド．③釣り用の擬餌（ぎじ）針の一種．金属製でさじ型のものが多い．

スプーンダンス【spoon dance】　【音】木製のスプーンの背を合わせ，手の中で打ち鳴らしながら踊る中東の踊り．

スプーンフェド【spoon-fed】　過保護の．一方的に教え込まれた．恵んでもらう．

スフェロプラスト【spheroplast】　【生】植物や細菌

などの細胞で，細胞壁の除去が不完全で一部が残存するもの．

スフェロメーター【spherometer】　【理】球面計．球の曲率半径を測定するのに用いる．

スプライシング【splicing】　【生】遺伝子やDNAの一部を切り取ったり，つなぎ合わせたりする操作や過程．DNAがRNAに転写された後，イントロンを切り取り，エクソンだけをつなぎ合わせて，伝令RNAが作られる．

スプライス【splice】　遺伝子などを接合する．植え込む．組み継ぎする．

スプライト【sprite】　①【I算】画面全体の画像と，別データの図形や画像を重ね合わせて合成表示する方法．②小妖精．妖精のような人．

スプライン曲線【spline curve】　【I算】複数の任意点を滑らかに結ぶ性質をもつ曲線で，スプライン関数で生成する．曲線や曲面を表現するために使われる．コンピューターグラフィックスの作成時に多く使われる．

スプラウト【sprout】　①【植】新芽．芽．発芽したもの．②芽を出させる．

スプラッシュ【splash】　①水や泥などを跳ね返すこと．②【競】（ボブ）オールを水中に入れ損なって水しぶきを上げること．③【競】（ボウリング）10本のピンが飛び散るストライク．④【映】はじめから一般の映画館で広く公開すること．

スプラッシュページ【splash page】　【I々】ホームページの内容を読むのに必要な条件をユーザーに知らせるために設置される，ホームページの最初のページ．

スプラッター映画【splatter movie】　【映】血が飛び散るシーンが多い恐怖映画．splatterは液体が飛び散ること．スプラッタームービー．

スプラットファース法【Spratt-Furse provision】　【軍法】5Kt以下の小型核兵器の研究・開発を禁じたアメリカの法律．1993年制定．

スプリット【split】　【競】（ボウリング）1回目の投球で2本以上のピンが離れた位置に残った状態．

スプリット スクリーン【split screen】　【映】複数の場面を一つの画面に構成して同時に映写する手法．

スプリットタイム【split time】　【競】（陸上）長距離競走で，一定距離の所要走行時間．マラソンでは5000mごと，他では1000mごと．

スプリットタン【split tongue】　【容】ピアスを使って，舌の先端をヘビのように二つに裂いた形に見せること．

スプリット フィンガード ファーストボール【split-fingered fastball】　【競】（野球）人差し指と中指で球を浅く挟んで抜くように投げる変化球．球速は落ちないで，打者の手元にきて球が沈む．SFF．SFF球．

スプリットラン【split run】　【営広】同じ商品だが，地域ごとに違った広告を制作して消費者にアピールすること．

スプリットレイヤー【split layer】　【容】ショートヘアの一種．前髪は不ぞろいにして重なりをつけ，活発な感じにする髪形．

スプリング▶

スプリングエイト【SPring-8】理兵庫県にある大型放射光施設.日本原子力研究所(現日本原子力研究開発機構)と理化学研究所が共同建設し,1997年に運転開始.Super Photon Ring-8GeVの略称から.

スプリングコート【spring coat 日】服春・秋に着る薄手の外とう.スプリング.英語はtop-coat.

スプリングボード【springboard】①競(水泳)飛び込み板.②競跳躍用の踏み切り板.跳躍台.③一般に,思い切った行動や飛躍を促す契機となるもの.

スプリンクラー【sprinkler】①機建自動散水消火装置.天井などに取り付け,火災が発生すると自動的に散水・消火を行う.②機かんがい用・植木用の散水器.

スプリンター【sprinter】競短距離の走者・水泳選手.短距離向きの競走馬.

スプリント【sprint】①競短距離競走.短距離競泳.②全力疾走.力泳.③競走行技術と短距離の速さを競う自転車競技.以前はスクラッチといった.

スプリントカー【sprint car】①競短距離競走用の自動車.②出足のよい軽快な車.

スフレ【soufflé 仏】料魚のすり身やホワイトソースなどを加えてクリーム状にし,泡立てた卵白に混ぜてオーブンで焼く料理や菓子.

スプレードライ【spray-dry】料噴霧乾燥法.液状の食品を150～200℃の気流中に噴霧し,水分を蒸発させて瞬間的に乾燥する食品加工法.

スプレーネット【spray net】容ヘアスプレーの吹き付けによって,髪形を崩さないように仕上げること.

スプレッド【spread】①広げること.広がり.②家具の掛け布.ベッドカバーなど.③料パンなどに塗るジャム,ゼリーなどの食品.④経相場利幅.二種類の先物の価格差.

スプレッド貸出【spread lending】経銀行が市場金利に融資先企業の信用力を加味して利ざやを上乗せし貸し出しを行う方式.

スプレッドシート【spread sheet】I算作表,集計,計算などを行う表計算アプリケーション.ワークシートともいう.

スブローザ【sub rosa 羅】こっそりと.内密に.

スプロール現象【sprawl phenomenon】社都心への人口集中や地価高騰により,地価の安い郊外で無秩序に住宅化が進み,虫食い状態になる現象.

スプロケット【sprocket】機送り歯車.鎖歯車.自動車のチェーンを回す歯車など.

スプロケット ホール【sprocket hole】I算プリンターに送り出すために,連続用紙の両側に開けられた丸い穴.

スペア【spare】①予備.予備品.予備部品.②競(ボウリング)1フレームの2投目で残ったピンを全部倒すこと.

スペアリブ【sparerib】料ブタの骨付きバラ肉.ブタのあばら骨.

スペーシング チャート【spacing chart】I算データ入力画面や,印刷用画面の詳細なレイアウトを行うための方眼用紙.

スペース【space】①空間.余白.場所.②字宙.③I算空白文字.

スペースウオーク【space walk】字宇宙遊泳.

スペースオペラ【space opera】映文近未来の宇宙を舞台にしたSF小説か映画.

スペース オペレーション センター【space operation center】字アメリカの宇宙開発計画で,半永久的な構造物を宇宙に建設して居住し,各種の技術実験などを行おうとするもの.

スペースガン【space gun】字宇宙飛行士が宇宙遊泳の時に使用する携帯用の噴射式推進装置.宇宙銃.

スペース管理【space management】I算磁気ディスクの容量を管理するための制御プログラム.

スペースキー【space key】I算1文字分の空白を入力するためのキー.日本語の環境では,かな漢字変換にも利用される.

スペースクラフト【spacecraft】字宇宙船や人工衛星など,宇宙空間を飛ぶ飛行体の総称.

スペース ケーブルネット【space cablenet 日】I通信衛星を利用した番組供給と,地上の多チャンネル型ケーブルテレビ施設を結びつけるメディアの仕組み.

スペース コラボレーション システム【space collaboration system】I大学や各種研究機関の間の交換授業などを実現する通信衛星システム.

スペースコロニー【space colony】字宇宙植民島.多くの人間が宇宙に永住できる人工の生活圏構想.

スペース サジェスチョン【space suggestion】建一つの居住空間を使い分ける時,天井の高低や床の様子などで違いを示し,固定した仕切りを付けない方法.

スペース産業【living space industry 日】営家具や照明器具など,建物内部に置かれる製品を生産する産業.

スペースシップ【spaceship】字宇宙船.

スペースシップワン【SpaceShipOne】字アメリカの航空宇宙技術開発会社スケールド・コンポジッツが開発した有人宇宙機.SSOともいう.

スペースシャトル【space shuttle】字NASA(アメリカ航空宇宙局)が打ち上げている宇宙連絡船.オービター(軌道船)は再使用する.

スペースジャンク【space junk】字地球の軌道上に打ち捨てられた宇宙機器の残骸のこと.使い捨てロケットなどをいう.宇宙ごみ.

スペーススーツ【space suit】字宇宙服.大気圏からの脱出時や突入時の重力や気圧の激変,宇宙空間での活動に耐えるための特殊な衣服.

スペース ステーション【space station】字宇宙基地.宇宙飛行を行う際の中継基地となる大型人工衛星.

スペーススピーク【space speak】言宇宙語.宇宙飛行関係の特殊な用語.

スペースチャーター【space charter】営共同

◀スペシャル

配船．共同運航．他の海運業者が運航する船舶の貨物室の一部を借り受けて，自社の貨物を輸送する方法．

スペースデブリ【space debris】 回宇宙のご み．地球の周りの宇宙空間にあるロケットや人工衛星などの残骸・破片．

スペーストラベル【space travel】 回宇宙旅行．

スペースバイク【space bike】 回旧ソ連の宇宙遊泳装置．宇宙飛行士が背負い，ガスを噴出して移動する．

スペースハブ計画【Space Hab Project】 回スペースシャトルのオービター(軌道船)の荷物室に積む，アメリカ民間資本の商業用宇宙実験室．

スペースビークル【space vehicle】 回宇宙船．

スペースファンタジー【space fantasy】 文宇宙の戦闘を題材にした SF 小説．

スペースフライト【space flight】 回宇宙飛行．大気圏外飛行．

スペースプレーン【spaceplane】 回機宇宙と往復運航ができる航空機．スペースシャトルのオービター(軌道船)のように，滑走路に着陸できる有翼ロケット．

スペースブローカー【space broker】 広新聞や雑誌などから買い取ったスペースを広告主に売る広告業務．

スペースミラー【space mirror】 回理地球の静止軌道上の宇宙船に取り付ける宇宙鏡．日照の少ない地域などに，太陽光を反射させるような計画・研究が進められている．

スペースラブ【spacelab】 回宇宙実験室．宇宙飛行を続けながら科学実験や観測を行う．

スペースレンタル【space rental 日】 営経利用価値を高めた不動産を賃貸すること．

スペードワーク【spadework】 根回し．計画を実行するための事前の調停工作．

スペキュラティブ【speculative】 ①思索的な．推論的な．②投機的な．不確実な．好奇の．

スペキュラティブ フィクション【speculative fiction】 文思索的小説．空想科学小説(SF)の一つの方法．

スペキュラティブ プレゼンテーション【speculative presentation】 広投機的プレゼンテーション．広告の企画案が採用される確率が低い場合をいう．

スペキュレーション【speculation】 ①考えを巡らすこと．思索．瞑想．憶測．②経思惑買い．投機．③トランプ遊びで，一番強い札．

スペキュレーター【speculator】 ①投機家．相場師．②思索家．理論家．

スペクター【specter】 幽霊．妖怪．恐怖を引き起こすもの．

スペクタクル【spectacle】 映画大仕掛けな装置，多数の出演者を動員した壮大な場面．

スペクテーター スポーツ【spectator sports】 運観客動員力があるスポーツ．

スペクトラム拡散通信【spread spectrum system】 □符号分割による多重通信の一方式．ＳＳ通信ともいう．

スペクトル【spectre 仏】 ①理複雑な組成をもつものを，共通の要素で分析し，配列したもの．②理光を分解し，波長の順に並べたもの．

スペクトル型【spectral type】 天可視光のスペクトルに見られる吸収線の現れ方で，恒星を分類したもの．

スペクトル サブトラクション法【spectral subtraction method】 □電入力された音声のスペクトルから，あらかじめ登録した周辺雑音のスペクトルを差し引くことで，音声認識における雑音の影響を低減させる方法．

スペシフィケーション【specification】 明記．詳述．明細事項．仕様．仕様書．スペック．

スペシフィック【specific】 明白な．はっきりした．特定の．ぴったりした．

スペシメン【specimen】 見本．代表例．動物・植物などの標本．

スペシャリスト【specialist】 専門家．特殊技能者．

スペシャリティー【speciality】 専門．本職．特製品．特質．

スペシャリティー カタログ【speciality catalog】 広ビジネス小売業の一方式．扱う商品を絞り込み，消費者の要求に合わせて商品別のカタログを作って配布する方法．

スペシャリティー ケミカル【speciality chemicals】 化特殊化学製品．多品種で少量生産される化学製品．

スペシャリティー広告【speciality advertising】 広手帳・マッチ・時計などに社名や商品名を入れて広告媒体とする広告．ノベルティー広告ともいう．

スペシャリティー ストア【speciality store】 営専門店．消費者の要求に合わせた商品選びをする店舗．特選品を販売する店．スペシャリティーショップともいう．

スペシャル【special】 特別な．専門的な．特殊な．

スペシャル エフェクツ【special effects】 映特殊効果撮影．特撮．SFX ともいう．

スペシャル オリンピックス【Special Olympics】 運知的障害者のための国際スポーツ大会．1968年に創設．4年ごとに夏季，冬季大会を開催．SO ともいう．

スペシャル クオーテーション【special quotation】 経特別清算指数．株式先物取引の最終的な決済価格．SQ ともいう．

スペシャル クリアランス【special clearance】 社船舶が入港・出港するたびに一船ごとに許可をとらせる制度．

スペシャル ディビデンド【special dividend】 経株主に対して，普通配当に加えて支払われる配当．特別配当．

スペシャル デリバリー【special delivery】 速達便．エクスプレス デリバリーともいう．

スペシャル トランスポート サービス【spe-

スペシャル▶

cial transport service】社移動困難者などに特別仕様の昇降機付き車両などを提供する公共交通の一種．ＳＴＳともいう．

スペシャル ドローイング ライツ【special drawing rights】経国際通貨基金（ＩＭＦ）の特別引き出し権．SDR ともいう．

スペシャル パートナー【special partner】習社会社の負債額のうち，自分の出資額分だけ責任をもつ社員．有限社員．リミテッドパートナーともいう．⇔ゼネラルパートナー．

スペシャル メーキャップ アーティスト【special makeup artist】映特殊メイク．怪奇映画や SF 映画などで，異様なメーキャップを特殊な材料や顔料を使って創造する人．

スペシャルレフェリー【special referee】競(ｻｯｶｰ)日本サッカー協会が審判員の質の向上を目指して，2002年に始めた制度．ＳＲともいう．

スペシャログ【specialog】営特定の専門市場を狙った商品の広告カタログ．special と catalog の合成語．

スペック【spec】仕様．仕様書．設計明細書．specification の略．

スペックブック【spec book 日】広デザイナーやコピーライターが，自作をまとめた広告作品の見本集．

スペツナズ【spetsnaz】軍重要施設の破壊や要人の監視などを行った旧ソ連の特殊部隊．

スペランカー【spelunker】洞窟（どうくつ）探検家．

スペランキング【spelunking】洞窟（どうくつ）探検．

スペリング【spelling】言アルファベットなどの単語を表記する文字のつづり方．つづり．スペルともいう．

スペリングビー【SPELLING BEE】社子供たちが英単語のつづりの知識を競う全米大会．

スペル【spell】言語をつづる．つづりをいう．

スペルチェッカー【spell checker】Ｉ算入力した英単語のつづりや日本語の文章などを調べるソフトウエア．

スペンサー ジャケット【Spencer jacket】服ウエスト丈ないしはそれより短い丈のジャケット．クラシック調が流行する時に登場することが多い．

スペンダソン【spendathon】習経社長期間にわたって行われている浪費．spend と marathon の合成語．

スペンディング ポリシー【spending policy】経政景気回復を図るため大規模な財政投資や政府支出を行う政策．

スポイラー【spoiler】①機自動車などに取り付ける気流調整機．高速時の走行安定性を高めるための板状の空力的付加物．②機航空機の揚力減衰装置．③有力なものを突き崩すためにとる行動や組織．

スポイル【spoil】損なう．損ねる．悪くする．子供などを甘やかして駄目にすること．

スポイルズ システム【spoils system】政猟官制．選挙に勝った政党が，自党に所属する党員に情実で官職を振り当てる習慣．

スホーイ【Sukhoi 露】軍旧ソ連の戦闘機の一種．

スホーイＳ－37【Sukhoi S-37 露】軍ロシア空軍の第五世代の大型戦闘機を目標に，スホーイ設計局が開発した試験機．ベルクトともいう．

スポークスパーソン【spokesperson】①代弁者．報道官．②広テレビなどのコマーシャルで商品説明をする人．

スポークスマン【spokesman】代弁者．報道官．政府や団体で，所信などを公式に発表する担当者．

スポークスモデル【spokesmodel】営広企業の広報活動に登場する女性モデル．spokesperson と model の合成語．

スポーツ医【sports doctor】医競一般人を対象に医学的診断（メディカルチェック）を行い，運動処方をする専門家．1982年に日本体育協会が公認制度を始め，91年に日本医師会も導入した．スポーツドクターともいう．

スポーツ医学【sports medicine】医競運動を研究する医学の一分野．体力の限界を競うスポーツ競技と，健康維持のためのスポーツを対象とする．

スポーツウエア【sportswear】①服気軽に着られる普段着．カジュアルウエアのアメリカでの言い方．②競服運動着．

スポーツウオッチ【sports watch 日】競登山や自転車旅行，潜水などさまざまな野外活動に使え，それぞれに適した機能をもつ若者向けの腕時計．

スポーツエイド【Sports Aids】社アフリカの飢餓救済のため，1986年に行われた慈善行事．10 kmロードレース，テニス，フィギュアスケート，体操などの競技会が世界各地で開かれ，テレビ放映権料や競技参加料，寄付金などをアフリカの被災民に贈った．

スポーツエージェント【sports agent】競スポーツ関連の交渉などの代理業務を行う専門家．

スポーツカート【sports cart】競競走などに用いる小型四輪車の一種．レーシングカートより最高速度は遅いもの．専用コースで走る．

スポーツカード【sports card】競人気スポーツ選手の写真や個人成績などを印刷した名刺大のカード．

スポーツカイト【sports kite】2本のひもで操る，化学繊維製の三角形のたこ．

スポーツ クライミング【sports climbing】競安全確保用にロープを使うフリークライミングが競技化したもの．

スポーツグラス【sports glasses】競スポーツ用のサングラス．強い風や光線を避けるために選手が着用する．

スポーツゲーム【sports game】Ｉ算ゲームのジャンルの一つ．各種のスポーツを疑似的にプレーできる．

スポーツ憲章【sports —】競日本体育協会が加盟競技団体に示した一種の倫理規定．1986年にアマチュア規定を全面的に見直して施行．

スポーツコート【sports coat】①(日)服スポーツ観戦時などに着用する，耐寒性のある長上着．陸上競技の選手などが用いたものが広まった．②服軽快に着こなす上着．

◀スポンテニ

スポーツサンダル【sports sandal】服かかとと足首、甲の部分を帯で固定する形のサンダル。アウトドアスポーツにも適する。

スポーツシューズ【sports shoes】競スポーツで用いる靴。競技種目ごとに適した機能をもつ靴を使う。

スポーツ障害【dyskinesia】医競長い間同じスポーツを続ける時に起こる、原因が不明確な障害。

スポーツ心【athletic heart】医競持久力が必要な運動を長期間続けると、心臓が大きくなり、最大心拍出量や最大酸素摂取量の増加が見られること。スポーツ心臓ともいう。

スポーツ代理人【sports agent】競スポーツ関連の交渉などを代理業務とする専門家。

スポーツ仲裁裁判所【Court of Arbitration for Sport】競スポーツに関連する問題を調停するための独立機関。国際オリンピック委員会（ＩＯＣ）が1996年に創設。ＣＡＳともいう。

スポーツテスト【sports test 日】競文部科学省が青少年を対象に毎年実施するテスト。体力診断テストと運動能力テストがある。英語は physical fitness test.

スポーツドクター【sports doctor】医競一般人を対象に医学的診断をして運動処方をする専門家。スポーツ医ともいう。

スポーツドリンク【sports drink 日】競料スポーツなどの発汗で失われた水分や電解質の補給に効果的な飲料。英語は isotonic drink.

スポーツナイロン【sports nylon】服野外活動用コートなどに使う高密度織物のナイロン素材。

スポーツバー【sports bar】飲食物を楽しみながら、テレビのスポーツ実況中継やビデオを観賞できるバー、レストラン。

スポーツビジネス【sports business】営競スポーツ関連の業務、営業活動。

スポーツフィッシング【sportfishing】娯楽や健康づくりなどで行う釣り。

スポーツブック【sports book】競スポーツ賭博。アメリカなどでスポーツを対象とする賭け事の総称。

スポーツブランド ファッション【sports brand fashion】服スポーツ用品メーカーが提供する衣服や服飾品。

スポーツプログラマー【sports programmer 日】競スポーツ相談、体力測定などを基にプログラムを作成・提供し、安全で効果的な楽しいスポーツ活動を指導する人。

スポーツ ポリティックス【sports politics】国際スポーツ組織の運営や国際大会の招致などに見られるスポーツの政治的駆け引き。

スポーツマンシップ【sportsmanship】競運動選手らしい正々堂々とした精神や態度。

スポーツマンライク【sportsmanlike】競社競技者精神の。公明正大で礼儀正しい。

スポーティー【sporty】動きやすい、軽快な。スポーツをするのに適した。

スポーティー エレガンス【sporty elegance】服スポーティーな感じと優雅さを兼ね備えた

ファッションや着こなし。

スポールブール【sport-boules 仏】競球技の一種。金属球を投げたり転がしたりして木製の標的に近づけて勝敗を競う。

スポッター【spotter】①目印を付ける人、しみ抜きをする人。②監視員、見張り。特定のものを捜し出す人。

スポット【spot】①点、地点、場所。②写印画の傷の白点を墨で埋める斑点修正法。スポッティング。③空港の乗客の乗降地点。④営経現物。⑤競ビリヤードで黒い目印付きの白玉。

スポットアド【spot ad】広映画館や劇場などで幕あいに行う広告。

スポットアナウンス【spot announcement】放番組の変わり目に流す短いニュースや広告。英語は単に spot.

スポット衛星【SPOT】学ＣＮＥＳ（フランス国立宇宙研究センター）が開発した地球環境観測衛星。第1号は1986年、第5号を2002年に打ち上げた。

スポット価格【spot price】経先物市場に対する現物取引の価格。

スポットカラー【spot color】工算特色。画像に表示されている個別の色のインクをそれぞれ用意して印刷すること。

スポット キャンペーン【spot campaign】広一定地域に限定して行う宣伝活動。

スポット原油【spot oil】営経一回ごとの契約で取引される原油。

スポットコマーシャル【spot commercial】放番組の間に流す短い広告・宣伝。

スポットチェック【spot check】営社無作為で抽出する検査。抜き取り検査。

スポット取引【spot trading】経原油取引で、1回ごとの契約で取引されるもの。価格は需給関係をすばやく反映する。

スポットニュース【spot news】放番組と番組の間に流す短いニュース。

スポットファンド【spot fund】経経済情勢や株式・債券市況に合わせて随時設定される単位型株式投資信託。

スポットライト【spotlight】劇舞台の特定の場所を明るく照らすために使われる照明装置。またそれを使った照明。

スポット レデューシング【spot reducing】競体の特定部位だけの脂肪を運動によって取り除くこと。

スポンサー【sponsor】①放民間放送の番組提供者、広告主。②営経出資者、資金上の後援者。

スポンサーシップ【sponsorship】保証人であること、後援者になること。

スポンサード プログラム【sponsored program】放民間放送で、広告主が提供する番組。コマーシャルプログラム。⇔サスプロ。

スポンジチタン【titanium sponge】化塩化チタンを液化して溶解マグネシウムに滴下して得る金属チタン。海綿状をしている。

スポンテニアス【spontaneous】自発的な、自然な、任意の、自主の、野生の。

281

スマート▶

スマート【smart】①服服装などが格好のいい．こざっぱりした．②体型などがすらっとしている．③行動が気の利いた．手際よい．④頭のよい．コンピューター化した．高性能の．

スマートウェイ【Smart Way 日】Iセンサーや光ファイバーネットワークなどの高度な技術が組み込まれた道路の整備を目指すプロジェクト．国土交通省が推進．

スマートウエポン【smart weapon】軍ハイテク兵器．先端技術を駆使する兵器．

スマートカー【smart car】I機マイコンやセンサーなどを搭載して，運転者の負担を減らし，快適性や安全性などを高め便利にした自動車．インテリジェントカーのこと．

スマートカード【smart card】I集積回路（IC）を組み込んだカード．クレジットカードなどの記憶媒体に IC を用い，従来の磁気ストライプより情報容量が格段に大きい．

スマートキー【smart key 日】機自動車の扉を遠隔操作器具を用いて開閉する方式の一つ．

スマートグロース【smart growth】建社都市計画の概念の一つ．自動車に依存した郊外開発の抑制をねらう．賢い成長の意．

スマートコマース ジャパン【Smart Commerce Japan】I通産省（現経済産業省）が行っていた電子商取引推進事業の一環として，1997年2月に設立されたコンソーシアム．

スマートシニア【smart senior】I社インターネットなどを活用して情報収集し，積極的に消費行動を起こす年長者．

スマートセンサー【smart sensor】機感知機能に情報処理機能をあわせもったセンサー．

スマートディスプレー【Smart Display】I算マイクロソフトが提唱する家庭用情報端末．商標名．

スマート爆弾【smart bomb】軍航空機からレーザー光線などで誘導される爆弾．

スマートバッテリー【smart battery】I算アメリカのインテル社とデュラセル社が共同で定めた，携帯型パソコンのバッテリーの仕様規格．現在はあまり使われていない．

スマートバレー【Smart Valley】Iカリフォルニア州の半導体産業集積地帯シリコンバレーを，再活性化するため営利の非営利会社．

スマートピクセル【smart pixel】I算入出力用の光エレクトロニクスデバイスと半導体集積回路を組み合わせた複合素子．

スマート ビルディング【smart building】I建算照明・冷暖房・防災などの機能をコンピューターで集中管理して，高度に自動化されているビルディング．

スマートホーム【smart home】I算建照明・冷暖房・防災などの機能をコンピューターで集中管理している自動化住宅．

スマートボール【Smartball】アディダス社などが開発した IC チップ内蔵のサッカーボール．ゴールラインを割ると審判に合図が届く．

スマートボックス【smart box 日】II郵便局が届くと受け取人にインターネットなどを用いて知らせる私書箱の愛称．1998年に郵政省（現総務省）が開発し，神奈川県藤沢市で設置した．

スマートボム【smart bomb】薬抗がん剤と組み合わせたモノクローナル抗体．がん細胞だけに作用する．マジックブレットともいう．

スマートメディア【smart media】Iデジタルカメラに用いる，入れ替えできる小型のカード式データ記録素子．

スマートランダー【smart lander】宇ＮＡＳＡ（アメリカ航空宇宙局）の火星着陸探査機．ＳＬともいう．

スマート ロジスティクス ワールド【smart logistics world 日】運輸省（現国土交通省）がまとめた次世代の物流システム構想．物流情報の自動化，地下の輸送管利用，トレーラーの多連結輸送や無人運行などの将来像を提示．

スマートロック【smart rock】軍電子制御付きのミサイル攻撃弾．

スマート1【SMART-1】宇ＥＳＡ（欧州宇宙機関）の小型月周回探査機．Small Missions for Advanced Research in Technology-1 の頭字語から．

スマートＩＣ【smart interchange 日】機高速道路のパーキングエリアなどに設置する ETC（通行料自動収受システム）専用の出入口．IC はインターチェンジの略．

スマイリー【smiley】I算文字や記号などを組み合わせて，さまざまな表情や感情を表したもの．(^_^)や(^^)といったものがある．顔文字．

スマイルカーブ【smile curve】経パソコン産業で，製品製造部門や販売部門より部品製造部門やサービス部門の収益性が高い傾向．台湾のエイサー社の創業者スタン・シーが提唱．

スマグラー【smuggler】社密輸業者．密輸船．

スマグリング【smuggling】密輸の．

スマック【smack】①ばしっと打つ．ぴしゃりとたたく．②俗語でヘロイン．英語の原義は，独特の風味．③競ウレタン製のなぐり棒を使う格闘技．突きのみで攻撃する．

スマッシャブルハット【smashable hat】服くしゃくしゃにでき折り畳める帽子．携帯に便利．英語では crush hat ともいう．

スマッシュ【smash】①料ウイスキーやブランデーに砂糖，ハッカ，氷などを入れた飲み物．②競テニスなどで相手陣に強打する打法．

スマッシュ アンド グラブス【smash-and-grabs】社自動車の窓ガラスやショーウインドーなどを壊して金品を盗む犯罪行為．

スマッシュヒット【smash hit】大当たり．出版物や映画などが大ヒットすること．

スマット【smut】①すす．よごれ．②みだらな絵や話．

スミア【smear】I算写比較的輝度の高い被写体を撮影した場合に，縦に光の筋が入る現象．CCD などで起こる．

スミソニアン インスティチューション【Smithsonian Institution】スミソニアン協会．イギリスの化学者スミソンの基金により，1846年ワシ

◀スモールパ

ントンに設立されたアメリカの国立学術文化研究機関．博物館・天文台・美術館などがある．

スミソニアン体制【Smithsonian system】 経 1971年，金・ドル交換停止により，ワシントンのスミソニアン博物館で開かれた10カ国蔵相会議で合意された国際通貨体制．固定為替レート再調整を行ったが，その後のドルの切り下げにより崩壊し，全面フロート（変動制）の時代となった．

ズムウォルト型【Zumwalt-class】 軍 アメリカ海軍の21世紀型対地攻撃駆逐艦 DD21 の通称．

スムージー【smoothie】 料 新鮮な果実に牛乳やヨーグルト，アイスクリームなどを加えた飲料．

スムージング【smoothing】 I 算 文字や画像を画面表示や印刷する時，縁にギザギザが生じないよう線や輪郭を滑らかにすること．

スムージング オペレーション【smoothing operation】 経 為替相場の急激な変動を防ぐため，中央銀行が市場に介入すること．

スムーズ【smooth】 滑らかな．円滑な．流ちょうな．

スムーズ横断歩道【smooth crossing 日】 社 車道の横断部分を歩道と同じ高さにかさ上げする方式．

スムーズ シェーディング【smooth shading】 I 算 コンピューターグラフィックスで，曲面を表現するのに，多面体を用いる形状データを基に滑らかな陰影変化で表す手法．

スムーズスクロール【smooth scroll】 I イ 算 画面が滑らかに表示される，ブラウザー（Internet Explorer）に搭載されているスクロール機能．

スムーズニット【smooth knit 日】 服 表裏とも表面が滑らかなメリヤス編みの布地．

スムートホーレーの子供たち【Smoot-Hawley's children】 政 保護主義化を強めているアメリカの議会のこと．世界大恐慌の引き金となった，典型的な保護主義政策のスムートホーレー法にちなむ．

スムートホーレー法【Smoot-Hawley Tariff Act】 経法 アメリカの関税の大幅引き上げを定めた法案．1930年代初頭に R．スムートと W．ホーレーが共同提案して成立．

スムス【smooth】 服 表裏ともにメリヤス編みのように見える両面編みのこと．表面が滑らか．スムース編みともいう．

スメアテスト【smear test】 医 子宮がんの有無を判定する分泌物の検査．

スメクチック液晶【smectic liquid crystal】 化 液晶の一種．平行に配列した棒状分子が層を形成する．

スメグマ【smegma】 生 垢脂（こうし）．恥垢．分泌物の一種で，生殖器に生じるもの．

スメルター【smelter】 営 精錬業者．製錬業者．製錬所．

スメロビジョン【Smellovision】 映 においの出る映画．セントビジョンともいう．

スモーカー【smoker】 喫煙者．喫煙家．

スモーカーズ フェース【smoker's face】 医 長期にわたる喫煙が原因といわれる特有のしわが顔に現れること．

スモーガスボード【smorgasbord】 料 食卓に各種の料理を盛った皿を並べ，各自が好きな料理を取るスウェーデンの食事方式．

スモーキー【smoky】 煙った．すすけた．くすんだような．

スモーキー マウンテン【Smoky Mountain】 フィリピンのマニラの下町トンド地区の通称．スラムを形成し，大量投棄されたごみの山が自然発火して煙を上げている．

スモーキズム【smokeism】 社 喫煙者を差別するようなやり方．企業が喫煙者を雇用しないことなど．

スモーキングガン【smoking gun】 決定的証拠．スモーキングピストルともいう．

スモーキング ジャケット【smoking jacket】 服 タキシードのこと．元来は，食後にタバコを楽しむために着たガウンのような服．

スモーク【smoke】 ①煙．喫煙．煙灰色．煙に似たもの．②映劇版 舞台やスタジオで効果に用いる発煙筒．③料 薫製の．

スモークアウト【smokeout】 一日禁煙．長期にわたる禁煙もいう．

スモークイン【smoke-in】 社 マリファナ吸引集会．マリファナの社会的承認・合法化などを要求して開く．

スモークサーモン【smoked salmon】 料 サケの薫製．

スモークシェード【smokeshade】 化環 大気中の微粒子状汚染物質．

スモークスタック【smokestack】 建 工場などの煙突．スタックともいう．

スモークトーン【smoke tone】 服 光線の加減で色調が変わって見えるように織った布地．またその色調．

スモークドライ【smoke-dry】 料 肉・魚などを薫製にすること．

スモークフリー【smoke-free】 禁煙．煙がない，タバコの煙から自由という意味．

スモークフリー ソサエティー【smoke-free society】 社 無煙社会．喫煙者のいない社会．アメリカの公衆衛生局が提唱し，いろいろな対策をとっている．

スモークマシン【smoke machine 日】 映劇 版 ドライアイスなどを用いて煙を出す装置．舞台などに霧が発生したような効果をもたせる．

スモールカー【small car】 機 排気量が1〜1.4ℓぐらいの乗用車．

スモール ガバメント【small government】 政 小さな政府．安上がりな行政府．チープガバメントともいう．

スモールグループ インセンティブ【small-group incentive】 営 少人数のグループが目標達成や業績向上などを行った場合に，グループの従業員全員に一律支給される報奨金．

スモールサット【smallsat】 小型で安価な通信衛星．small と satellite の合成語．チープサット，ライトサットともいう．

スモールパッケージ サービス【small package service】 営 アメリカで生まれた国際宅配便

283

スモールビ▶

の一つ．日本の宅配便に当たる．ＳＰともいう．

スモールビジネス システム【small business system】 ［Ⅰ経］社員の総人数が数十人程度の小企業などにおける情報システム．

スモールフォワード【small forward】 ［競］(バスケ)ポジションの一つ．オールラウンドプレーヤーで得点能力の高い選手．

スモール ポーション【small portion】 ［料］少量．外食産業などの少量メニュー．

スモールマーケット チーム【small-market team】 ［競］観客動員力の少ないプロスポーツのチーム．

スモール マウス バス【smallmouth bass】 ［魚］コクチバス．スズキ目の肉食性淡水魚の一種．北アメリカ原産．

スモール ワールド ネットワーク【small world network】 ［Ⅰ理］知人の知人を6段階程度たどれば世界の誰とでもつながるという経験則と、実際に生じる知人の重複などが両立することを考察するネットワーク理論．

スモコロジー【smocology 日】 ［社］嫌煙運動．smoke と ecology の合成語．英語は anti-smoking movement．

スモッキング【smocking】 ［服］布に小さなひだを付け、刺しゅうで留める方法．

スモック【smock】 ［服］ゆったりした上っ張り．

スモッグ【smog】 ［化環］ちりや煤煙が水蒸気などと結びついて霧状になったもの．smoke と fog の合成語．

スモックドレス【smock dress】 ［服］仕事着として着るスモックにヒントを得た装い．

スモン【SMON】 ［医］亜急性脊髄視神経障害．sub-acute myelo-optico neuropathy の略．

スラーブ【slurb】 ［社］郊外の貧民居住地区．slum と suburb の合成語．

スライサー【slicer】 ［料］パンやハムの薄切り器．

スライス【slice】 ①薄切り．薄いひと切れ．②［競］テニスなどで、球の回転に変化をつける打ち方．③［競］(ゴルフ)打球が途中から右(左利きでは左)方向に曲がって飛ぶこと．

スライダー【slider】 ①［競］(野球)打者の目前で水平に外側にそれる変化球．②滑り台．滑り降りる遊戯施設．

スライディング【sliding】 ①滑ること．②［競］(野球)滑り込み．

スライディング システム【sliding system】 ［営経社］物価や景気などの変動に応じて賃金を調整する制度．スライド制、スライディング スケール メソッドともいう．

スライディング タックル【sliding tackle】 ［競］(サッカー)滑り込んで相手の球を奪うタックル．

スライド【slide】 ①滑ること．滑らせること．②［映写］幻灯機．それに用いる陽画フィルム．

スライドアクション【slide-action】 自動式銃で、初弾が発射された後、直ちに次弾が装てんされる仕組み．自動式拳銃では、遊底の前後方向の動きで装てんが行われる．

スライドカット【slide cut】 ［容］毛髪を切る技法の一つ．はさみを滑らせるようにして、不ぞろいな形に切る．

スライドグラス【slide glass】 ［生理］顕微鏡用の観察物をのせるガラス板．検鏡板．

スライドショー【slide show】 ［Ⅰ算］複数の画像を順に次々と切り替えて表示させる機能．

スライドスケール コミッション方式【slide-scale commission system】 ［広］広告のコミッション(媒体手数料)方式の一種で、事前に設定した費用水準の変動によって手数料の率を変える．

スライド制【sliding scale】 ［営］賃金を特定の指標の変動に合わせて自動的に調整する方式．

スライドドア【slide door】 住宅やワゴン車などに備えられる滑り扉．

スラウチ【slouch】 ［服］気張らず肩の力を抜いた生き方やファッション感覚のこと．

スラウチニット【slouchy knit】 ［服］腰回りが隠れるくらいの長さがある、ゆったりしたセーター．

スラグ【slag】 ［鉱］鉱滓(こうさい)．鉱ъ物の精錬過程で、不純物と溶剤の反応でできる非金属生成物．発泡建材や路面材などに用いる．

スラグフレーション【slugflation】 ［経］物価上昇と経済成長の鈍化が共存する状態．sluggish growth と inflation の合成語．

スラッカー【slacker】 ①怠け者．責任回避をする人．②［社］高学歴だが、反物質主義的で、低所得者が多く住む地区で働く若者．

スラッガー【slugger】 ［競］(野球)強打者．長打者．［競］(ボクシング)パンチ力のある選手．

スラッカリズム【slackerism】 責任回避主義．

スラッギング アベレージ【slugging average】 ［競］(野球)長打率．打数で塁打数を割った数字．

スラックス【slacks】 ［服］ズボン．細身の替えズボン．

スラッジ【sludge】 泥．泥のような沈殿物．

スラッシャー映画【slasher film】 ［映］刃物や切断工具で人間を切り刻む残虐場面を見せ物にする映画．スラッシャームービー、スラッシャーフィルムともいう．

スラッシュ【slash】 ①切り口．切れ込み．②［服］衣服に切り込みを付けること．③［Ⅰ印］斜線．「/」の記号．

スラッシング【slashing】 ［競］(アイスホッケー)スティックを振り回して相手選手にぶつけ妨害すること．反則の一つ．

スラップスケート【slap skate】 ［競］(スケート)靴底のかかとにある支柱を固定せず、ばねで刃を戻す仕組みのスケート靴．クラップスケート．

スラブ【slab】 ①［建］床板．垂直方向の荷重を受ける板状のもの．②［地］沈み込み帯でマントル内へ斜めに沈み込む海洋底プレートのこと．

スラブスティック コメディー【slapstick comedy】 ［映劇］ドタバタ喜劇．笑劇．

スラブヤーン【slub yarn】 ［服］繊維の束を一定間隔で撚りこんで太さを変えた編み糸．

スラマー【slammer】 ［料］テキーラと炭酸レモネードを混ぜて作るカクテル．

スラミング【slamming】 ［Ⅰ通］通信事業者間の競争

により，長距離電話をかける際に，優先接続する事業者を利用者に無断で変更する行為．

スラム¹【slam】 トランプゲームで，全勝またはそれに近い勝ち．

スラム²【slum】 社貧民街．都会で貧しい人々が集まって住んでいる地区．

スラム クリアランス【slum clearance】社スラム化地域を再開発し，生活環境の改善と土地の高度利用を図る考え方．

スラムダンス【slam dance】音パンクロックダンスの一種．踊り手同士が活発に動きぶつかり合うのが特徴．

スラローム【slalom スヌ】①競カヌー競技の一種．急流に立てられた旗門を縫うようにこぎ抜ける競技．②競スキーの回転競技．

スラロームポール【slalom pole】競（スヌ）アルペン競技の回転種目で用いる可倒式の旗門．

スランガー【slanger】社麻薬の密売組織に属する者．麻薬取引を行う者．

スラング【slang】言俗語．卑語．仲間言葉．特定の集団だけに通用する言葉．

スランプ【slump】①一時的な不振・不調の状態．②営経相場の暴落．不景気．不況．③コンクリートの調合条件の一つで，軟らかさや流動性を表す指標．

スリーアールズ【three R's】①教教育の基本となる読み・書き・算術．またそれができる人．三つのRは，Reading, wRiting, aRithmetic の単語から取ったもの．②基本．基礎．

スリーウエーバッグ【three way bag 日】服肩掛け式や手提げ式に兼用できるひも付きのかばん．

スリー オン スリー【three on three】競1チーム3人が出場して行うストリートバスケット．3 on 3．

スリークオーター【three-quarter】①競（野球）上手投げと横手投げの中間的な投法．やや外側からの上手投げ．②4分の3．③競（スヌ）ハーフバックの後方に位置する4人の後衛の選手．スリークオーターバックスの略．

スリークスタイル【sleek style】容ウエーブなどをつけずに，髪の流れを生かしたカット．若い女性のショートヘアの髪形などをいう．

スリークッション【three cushions】競ビリヤードで競技法の一つ．手球を二つの的球に当てるのに，3回以上周りのクッションに当てるのが規則．

スリーサム【threesome】競（ゴル）1人対2人の組に分かれて，各1個の球をプレーし，2人の組は球を交互に打つ試合方法．

スリー シーズン コート【three-season coat】服三つの季節を通して使える外とう．オールイヤー ラウンド コートともいう．

スリーズ【sleaze】政政治の腐敗．低俗さ・安っぽさの意の俗語．

スリーストライクス ユーアーアウト法【"Three Strikes and You're Out" Law】政アメリカの三振アウト制法．重罪を3回重ねた容疑者には，終身刑を科すことを義務づける条項．1994年に承認された犯罪防止法案に盛

り込まれた．

スリーズファクター【sleaze factor】政政官界の倫理的・道徳的腐敗度を示す要因．スリーズはいかがわしさ，低俗さの意．

スリーター【threeter 日】機三輪バイク．英語は three-wheeler．

スリーディー【three-D】①三次元．立体．立体感．②映立体映画．③写立体写真．three-dimensional の略．3Dともいう．

3D映像【three-dimensional scenography】映立体映像．両眼のわずかな視野のずれを利用して，視覚的な立体感を得る映像．

3Dカメラ【3D camera】写立体写真撮影用のカメラ．

3Dディスプレー【3D display】IT算両眼の視差など奥行き知覚要因を利用して立体画像を表示する装置．

スリーデーマーチ【three-day march】競健康づくりを目指し，3日間にわたって決められたコースを歩くウオーキング大会．

スリートップ【three top 日】競（スヌ）攻撃の最前線になるフォワードを3人置く布陣．

スリーパー【sleeper】①出掘り出し物の出版物など．突然真価を認められて，大いに売れる人や商品・企画．②劇演劇などで思いがけないヒット作．③服部屋着も兼ねる寝間着．

スリーバック システム【three backs system】競（スヌ）ゴールキーパーを除いてディフェンダーを3人にする布陣．

スリーピース【three-piece】服三つぞろいの服．男性では背広の上下とベスト，女性ではコート，スカート，ブラウスの組み合わせ．

スリーピート【threepeat】3連覇．

スリーピング パートナー【sleeping partner】営社形だけの協力関係にある人や企業など．

スリーピングバッグ【sleeping bag】寝袋．シュラフザックともいう．

スリーピング ビューティー【sleeping beauty】①眠り姫．眠れる美女．②営乗っ取り工作が進行していることに気づかない優良企業．

スリーピングメンバー【sleeping member】社活動には参加しないで，名前だけ登録してある部員・会員．

スリーブ【sleeve】①服袖．たもと．②音レコードのジャケット．

スリープ【sleep】①睡眠．眠り．活動休止．永眠．②眠る．寝る．③IT算中央処理装置や画像表示装置などを省電力のため一時停止すること．

スリープイン【sleep-in】①社特定の施設や場所を占拠して眠り込むデモ行為．②住み込みの使用人．

スリープ ウオーキング【sleepwalking】医夢遊病．夢中歩行．

スリープショップ【sleep shop】営睡眠用具専門店．ベッドや耳栓をはじめ，眠くなる絵やレコードを売っている店．

スリープ ラーニング【sleep-learning】教睡眠学習．ギプノペジャともいう．

スリーブレス【sleeveless】服袖なし服.
スリーポイント フィールドゴール【three-point field goal】競(バスケ)スリーポイントラインの外側から行ったシュートによるゴール．得点は3点．
スリーポイント ライン【three-point line】競(バスケ)リングの真下を中心とする半径6.25mの半円をエンドラインまで延長した線．外側からのショットでゴールすると3点．
スリーマー【slimmer 日】服女性用の腰まである肌着．
スリーマイル島【Three Mile Island】アメリカのペンシルベニア州のサスケハナ川にある島．1979年に原発事故が起こった．
スリザー【slither】滑り落ちること．滑走すること．
スリックカート【slick cart】表面を滑りやすくした競走路を小型遊戯自動車で走る遊び．スリックは滑らかな，道路などがつるつる滑るという意．
スリット【slit】①服スカートの裾など動きの多い部分に入れる切れ目・切り込み．②細長いすき間．
スリットカメラ【slit camera】写固定した枠を通過する像を，動体と等速で逆方向にフィルムを動かして，動きを連続的にとらえるカメラ．競走の決勝点の判定などに使う．
スリットスカート【slit skirt】服脇，後ろ，前などに切り込みを入れたスカート．
スリップ【slip】①服女性用の下着の一種．②滑ること．車のタイヤが滑ること．③営新刊の本に挟む書店用の補充注文伝票．
スリップオーバー【slipover】服頭からかぶって着る服．ドレス，ブラウス，セーターなど．
スリップストリーム【slipstream】機プロペラの回転で生じる後流．高速走行中のレーシングカーなどの後方にできる低圧の領域．
スリップストリーム小説【slipstream novel】文従来の小説のジャンルから少し離れて，風変わりで新鮮な魅力をもつ小説．
スリップドレス【slip dress】服スリップ型の女性用の上衣．
スリップフォーム工法【slip form construction】建塔状の中空コンクリート構造物に用いられる型枠工法．足場の付いた型枠を垂直方向に連続的に滑らせるように動かしてコンクリートを打設する．
スリップ ワンピース【slip one-piece 日】服下着のスリップを上衣にした装い．キャミソールドレスともいう．
スリッポン【slip-on】①服ひもなどがなく容易に履ける靴．スリッポンシューズともいう．②服頭からかぶって容易に着られる衣服．スリップオーバー，スリップオンともいう．
スリフティー ファッション【thrifty fashion】服古着を気の利いた感じで着る装い．
スリフト【thrift】倹約．節約．繁茂．成長．
スリフト インスティテューションズ【thrift institutions】経貯蓄銀行．アメリカの相互貯蓄銀行，貯蓄貸付組合，信用組合などの総称．
スリミング【slimming】服食事療法や運動などを行って減量する健康管理法．
スリミング化粧品【slimming cosmetics】容皮下脂肪やたるみなどを減らす機能があるとされる化粧品．
スリム【slim】①ほっそりした．やせた．②服細身のぴったりとしたズボン．
スリムスカート【slim skirt】服裾を少し細くして，体にぴったりとしたスカート．タイトスカートの一種．
スリムスタイル【slim style】服ほっそりとしたスタイルの服．
スリムタワー【slim tower】I算机上据え置き式パソコンで，小型の縦長で箱型状のもの．
スリムディジーズ【slim disease】医エイズ．発病するとやせていくことから，特に英語圏のアフリカ諸国で用いる．スリムともいう．
スリム ノートパソコン【slim notebook personal computer】I算本体をできるだけ薄型に設計した携帯型パソコン．
スリムライン【slim line】服体形を細く見せるようにデザインされた線．
スリラー【thriller】映劇文読者や観客に恐怖や戦慄を与える小説・映画・劇．
スリランカ自由党【Sri Lanka Freedom Party】政スリランカの政党の一つ．SLFPともいう．
スリランカ人民解放戦線【Janatha Vimukthi Peramuna ｼﾝﾊﾗ】軍スリランカの過激派組織の一つ．JVPともいう．
スリリング【thrilling】わくわくさせる．ぞっとさせる．戦慄的な．
スリルライド【thrill ride】遊園地などの遊戯施設の一つ．回転・落下・揺れなどで恐怖感や刺激を与える乗り物．絶叫マシン．
スリングショット【slingshot】小石などを飛ばすぱちんこ．投石器．
スリングショット デリバリー【slingshot delivery】競(ﾊﾞｽﾌﾞ)肩を軸にして後方へ振った腕を，反動を利用して全力で前方へ振りながら投球する方法．
スルーザグリーン【through the green】競(ゴル)コースのうちで，現にプレーしているホールのティーグラウンド，グリーン，コース内の全ハザードを除いた地域．フェアウェーとラフを指す．
スルーパス【through pass】競(ｻｯｶｰ)守備陣の間を通し，相手の後ろにある空いたスペースに球を送るパス．
スループット【throughput】I算コンピューターのシステムが一定時間内に処理する実質的な仕事量．システム自体が行う主記憶装置の割当などの仕事は含まない．
スルタン【sultan】イスラム教国の君主．国王．族長．サルタンともいう．
スルファミン【sulfamine】薬医薬用スルファニルアミドの通称．多種のサルファ剤の主成分．ズルフォンアミドともいう．
スルフォラファン【sulforaphane】化植ブロッコリーの新芽などに多く含まれる物質．がん抑制効果があるという．
スレート【slate】①粘板岩．②建薄い石板．屋根や床・壁などに用いる．

スレーブ【slave】①奴隷．②[IT]「マスター」と対になる言葉で主従関係の従にあたる側．IDEポートでは2台装置を接続できるが、2台目の装置を指す．

スレーブハンド【slave hand】[IT]人間の手の動きに合わせて、指を曲げ伸ばしできる腕状のロボット．

スレーブレイバー【slave labor】[社]捕虜・奴隷などの強制労働者．またその労働力．割の合わない仕事．

スレット【threat】おどし．脅迫．脅威．

スレッド【thread】①[IT]マルチタスク環境で行われる各処理内のひとかたまりの処理命令．②[IT]インターネットのメーリングリストやニュースグループで、一つの話題に関する一連の電子メール．③糸．縫い糸．④話の筋道．脈絡．続き．③[工]フレキシブル生産システムの機能をもつ最小単位のシステム．

スレットシステム【threat system】[政]脅迫状況．国際政治の均衡が軍事力によって保たれている状況をいう．

スレットテーブル【threat table】[軍]電子戦支援のデータベース．平時から収集した電磁波の特徴を分析して記録・蓄積する．

スレンダー【slender】細い．やせた．すらりとした．

スレンダーライン【slender line】①ほっそりした体の線．②[服]肥満体の人をほっそりと見せるようにデザインした服の線．

スロー【throw】投げること．投球．

スローアウエー【throwaway】[社]家出する少年・少女．特に家庭環境の悪さから家を出ざるを得ない場合にいう．元来は、チラシ・ビラ、使い捨てという意．

スロー アンド ステディー【slow and steady】着実にゆっくり．急がば回れ．

スローイン【throw-in】[競](サッカー)タッチラインを出た球を競技場に投げ入れること．最後に球に触れた選手の相手チームが行う．

スローウイルス【slow virus】[医]感染すると体内に長期間にわたって潜伏し、慢性病の原因となるウイルス．

スローガン【slogan】[広][社]宣伝文句．合言葉．個人または集団の主張・目標などを端的に表した標語．ウオッチワードともいう．

スロー地震【slow earthquake】[地]ゆっくりした断層運動で生じる地震．

スロー消費【slow consumption】[社]時間をかけて購買を決める消費行動．

スロージン【sloe gin】[料]洋酒の一種．ジンにリンボクの実の色と香りを付けたもの．

スローシンクロ【slow synchro 日】[写]ストロボをスローシャッターと同期させ、一部分にはぶれを生じさせ、一部分ははっきりと瞬間を写す表現方法．

スローダウン【slowdown】①減速．②[社]怠業．能率を下げること．サボタージュともいう．

スローテンポ【slow tempo】遅い調子の．遅いテンポ．

スローバック ジャージー【throwback jersey】[競][服]アメリカのプロバスケットボールの過去の名選手の復刻ユニフォーム．

スローピッチ ソフトボール【slow-pitch softball】[競]ソフトボールの一種．投手は球を山なりに投げる．1チーム10人で10人目の選手はフェア地域内ならどこでも守備できる．

スロービデオ【slow-motion video】[放]速い動きをゆっくりした動きの画面に変えて再生するテレビ再生の一手法．英語ではslow-motion replayともいう．

スローピング【sloping】①傾斜のある．勾配をもつ．②(日)[競]坂道や階段などを歩いて運動する方法．

スロープ【slope】傾斜．勾配．坂．

スローフード【slow food】[社]ゆっくり楽しんで食事をすること．家族などとゆとりのある暮らしをすることを目指して提唱された．南イタリアの生活様式に基づく．

スローモーション【slow motion】①動作などののろいこと・緩慢なこと．②[映]フィルムの回転を速めて撮影しておき、映写時には被写体の動きが遅くなる技法．

スローライフ【slow life 日】[社]ゆったりした時間をもつ生活様式．

スローンDSS計画【Sloan Digital Sky Survey Project】[学][天]25億光年先までの宇宙地図の作成を目指す日米共同の計画．1億個以上の銀河の位置などを調べ、宇宙全体の4分の1の地図を作る．アメリカのスローン財団の資金援助で行う．SDSSともいう．

スローンルック【Sloane look】[服]イギリスの伝統的な雰囲気をもつ代表的スタイル．格式のある中に、現代的要素を取り入れた装い．スローンは、ロンドン南西部にある元貴族階級の人が多い、中流階層の住む街路の名．

スロッシング【sloshing】[地]地震動に共振して容器に入った液体が揺れ動く現象．

スロッティング アローアンス【slotting allowance】[営経]スーパーマーケットなどで、製品を特別扱いで陳列する場合に、メーカーが請求される別途料金のこと．

スロット【slot】①公衆電話や自動販売機などの料金差し入れ口．郵便箱の差し入れ口．②工作物などの溝穴．

スロットマシン【slot machine】①[機]自動販売機など料金を入れると作動する機械．②[機]とばく・娯楽用機械．窓の中で回った絵が止まった時の組み合わせで懸賞コインが出る．

スロット翼【slot wing】[機]航空機の揚力装置で、失速を防ぐために主翼の縁に付けられた小さなすき間翼．

スロットル【throttle】[機]内燃機関などで蒸気やガソリンの流量を調節する絞り弁．

スロッピー【sloppy】しまりのない．だらしのない．汚れた．まずそうな．

スワートゲバール【swart gevaar】[社]黒の脅威．黒禍．南アフリカの白人が黒人に対して抱いた、根拠のない恐れや妄想をいった．

ズワーブパンツ【zouave pants】[服]ギャザーがたくさん入ったひざ下丈のズボン．

スワール▶

スワール【swirl】 容巻き毛．毛先を渦巻き状にまとめた髪形．

スワールスカート【swirl skirt】 服らせん状の切り替えのある丈の長いスカート．エスカルゴスカートともいう．

スワガーコート【swagger coat】 服女性用の七分丈のコート．ゆったりと直線的に仕立てられている．

スワッパー【swapper】 社夫婦交換に参加する人．スインガーともいう．

スワッピング【swapping】 ①社夫婦交換．複数のカップルが互いに相手を交換して行う性行為．スインギング．②I算主記憶装置と補助記憶装置のデータを入れ替えること．

スワップ【swap】 ①営経社交換．物々交換．取り換え．②I算現時点では必要のないデータを，メモリから外部記憶装置に移すこと．スワップアウトともいう．

スワップイン【swap in】 I算割り込みで他の仕事をする時に，実行中のプログラムやデータを一時的に補助記憶装置に移したものを，後でまた主記憶装置に戻すこと．

スワップ協定【swap arrangement】 経為替相場の安定を目指して，中央銀行間で自国の通貨を預け合うようにする協定．

スワップション【swaption】 経金利スワップとオプションを組み合わせた新しい金融商品．

スワップ取引【swap transaction】 経国際金融取引などで，複数の当事者が互いの債務の支払いを交換する取引．

スワップファイル【swap file】 I算優先順位の低いメインメモリ内のデータを，一時的にハードディスクなどの外部記憶装置に移しておくためのファイル．

スワッププロフィット【swap profit】 経スワップ取引で，直物と先物の相場の差からもたらされる利益．

スワップボディー【swap body】 機トラックの載せ替え荷台．脱着式の荷台で，そのまま列車や他のトラックに積み替えできる．

スワップボンド【swap bond】 経スワップ債．複数の取引参加者が互いの債務支払いの交換に同意するスワップ取引を可能にした債券．

スワップミート【swap meet】 営社中古社・不要品・手作り品の交換市．

スワデシ【Swadesi】 社政外貨排斥・国産品愛用．スワラジと並ぶ，インド独立運動の標語の一つ．

スワラジ【Swaraj】 社政インドのイギリスからの独立自治．スワデシと並ぶ，インド独立運動の標語の一つ．

スワロフスキータイプ【Swarovski type】 服オーストリアのカットクリスタル製造会社スワロフスキーの製品の総称．

スワンダイブ【swan dive】 競(水泳)飛び込み台の上で前方に高く踏み切り，腕を伸ばしたまま頭からまっすぐに水中に飛び込む方法．前飛び．

スンナ【sunna 亜刺】 宗預言者ムハンマド(マホメット)が行った慣行・範例．イスラムの口伝律法．

スンニー派【Sunni Muslims】 宗イスラム教の一派．イスラム教徒の大部分を占める．スンナ（慣例・規範）に従う人々の意．スンニ派，スンナ派ともいう．

セ

セアオ【CEAO】 経政西アフリカ経済共同体．1970年に設立．フランス語の Communauté Economique de l'Afrique de l'Ouest の頭字語．

セイファート銀河【Seyfert galaxy】 天中心核が凝縮して明るく，高いエネルギーをもつ原子から強い輝線を放射する銀河．1943年にアメリカの天文学者カール・セイファートが記録した銀河系外星雲の一種．

セイ法則【Say's law】 経経済全体の総供給は総需要に一致するとの考え方．

セイム【same】 同一の．同じ．同様の．

セイルトレーニング【sail training】 教社帆船を使う青少年のための訓練航海活動．

セイント【saint】 宗キリスト教で聖人．セントともいう．

セインフリーズ【SANE/FREEZE】 社アメリカの反核グループの一つ．セイン(正気の核政策を求める全米委員会)とフリーズ(核兵器凍結キャンペーン)が1987年に合併して発足．現在はピースアクションとして活動．

ゼウス【Zeus 希】 ギリシャ神話で，最高の神．オリンポスの頂上に住み，天空を支配する．ローマ神話のジュピターに当たる．

セージ【sage】 植ヤクヨウサルビア．シソ科の多年草．香辛料や薬用に使う．

セージグリーン【sage green】 サルビアの葉のような灰色がかった鈍い黄緑色．

セービング【saving】 ①競サッカーのゴールキーパーやラグビー選手などが，体ごと倒れ込んで球を止めること．②節約．貯蓄．

セービンワクチン【Sabin vaccine】 医小児まひ予防用の経口ワクチン．アメリカのセービンが開発した．生ワクチン．

セーフ【safe】 ①安全な．無事な．確実な．信頼できる．②競(野球)走者が間違いなく塁に達したとされる判定．⇔アウト．③競(テニス)球が間違いなくコート内に入ったとされる判定．

セーブ【save】 ①節約する．抑制する．蓄える．②救う．助ける．③競プロ野球で勝利に貢献した救援投手に与えられる記録．④I算メモリ上のデータをフロッピーやハードディスクに保存すること．

セーファーセックス【safer sex】 医性的感染症の増加やエイズの流行などによって，新たに求められている，より安全なセックス．

セーフガード【safeguard】 ①経ガット(現WTO)の特例規定に基づく輸入政策の安全弁条項．貿易協定を結んだ相手国からの特定品目の輸入が増加して国内産業を圧迫した場合に，緊急に輸入を制限する権利．②保護．防護．安全装置．

セーフコ フィールド【Safeco Field】競(野球) 大リーグのシアトル・マリナーズの本拠地球場。セーフコはスポンサーの保険会社の名称。

セーフセックス【safe sex】生安全なセックス。性的感染症やエイズなどを防ぐために行う。さらに安全度を高める意味を込めて、セーファーセックスという語も生まれた。

セーフティー【safety】①安全。無事。②競(アメリカンフットボール)攻撃側の球を持つ選手が過って味方のエンドゾーンの後ろに出たり、エンドゾーン内でタックルされた時、守備側に与えられる得点。③競(アメリカンフットボール)守備側最後部のポジション。SF。セーフティーマンともいう。

セーフティー コンシャス【safety conscious】安全性を重視する。

セーフティーシュー【safety shoe】機エレベーターの中扉。安全を保つために、閉まる扉より少し早くせり出す仕組みをもつ。

セーフティー スタンダード【safety standard】安全基準。

セーフティーゾーン【safety zone】安全地帯。

セーフティーネット【safety net】①経社金融機関の破綻などに対する預金者などの保護。②サーカスなどで使う安全網。安全を守るための網。③万一の事態に対する備え。

セーフティーファースト【safety first】安全第一。

セーフティー ブランケット【safety blanket】心緊張状態の中で、自分を落ち着かせ、力を発揮させる特別な道具・小物。乳幼児が気に入った毛布を使うと安眠できることから。

セーフティーベルト【safety belt】機安全ベルト。航空機や自動車に装備する。

セーフティーレコーダー【safety recorder】機自動車に搭載して、事故などの状況を精密に記録する装置。

セーフティーロック【safety lock】①機自動車のドアの安全錠。盗難防止用の安全錠。②銃の安全装置。

セーフヘイブン通貨【safe haven currency】経変動が大きく不安定な為替相場で、比較的安全とされる通貨。避難通貨。

セーブポイント【save point】競(野球)プロ野球で、救援投手が投げ切った時に与えられるセーブと救援勝利を合計した数字。

セーフモード【safe mode】IT何らかのエラーが発生して、Windowsを正常に起動できない場合に用いる起動方法の一つ。

セーブル【sable】動クロテン。またその毛皮。

セーフロード【safe load】理機能を害することのないように、安全な範囲で使用を認められた荷重。安全荷重。

ゼーベック効果【Seebeck effect】理2種の金属を輪状につなぎ、双方の温度に差をつけると電流が流れる現象。熱電流効果。

ゼーマン効果【Zeeman effect】理光源を磁場に入れるとスペクトル線が分かれる現象。

セーム革【Sämischleder 独】服羊やシカなどのもみ革。シャミ、シャモアともいう。

セームセックス マリッジ【same-sex marriage】社同性同士の結婚。

セーラー【sailor】船員。船乗り。海員。水兵。

セーラーハット【sailor hat】服麦わら製で山部が低くつばの狭い帽子。

セーラーパンツ【sailor pants】服水兵ズボン。ラッパズボン。裾が広がったズボン。

セーラムラン【Serum Run】競アラスカの犬ぞりレース。

セーリング【sailing】帆走。出帆。帆走法。航海術。

セーリング クルーザー【sailing cruiser】機船室をもつヨット。船底におもりが付き、復元力が大きい。

セール【sale】営販売。特売。売り出し。

セールス エンジニア【sales engineer】営技術に関する専門的な知識を身につけていて、商品の販売を行う者。販売技術員。

セールス キャンペーン【sales campaign】営広商品の販売促進のために催し物などを行う宣伝・販売活動。

セールス スーパーバイザー【sales supervisor】営本社から現場に派遣されて販売の指導・管理に当たるスタッフ。

セールスタックス【sales tax】経消費者が購入した売上額に対して課税される税。

セールストーク【sales talk】営外交販売などの効果的な話術。売り込み口上。

セールスドライバー【sales driver 日】営販売業務も兼任する運転手。

セールス プロモーション【sales promotion】営商品に対する客の関心を高める活動。販売促進。見込み顧客に対する需要拡大。

セールス プロモーション エージェンシー【sales promotion agency】広販売促進を専門に企画・制作活動を行う広告代理店。

セールスポイント【sales point 日】営商品販売時に、特に強調する特徴や優良個所。英語ではselling point。

セールスマニュアル【sales manual】営販売の技術・情報・商品知識などをまとめた手引書。

セールスマンシップ【salesmanship】①営販売の手腕・技術。②営販売員としての心構え。

セールフィッシュ【sailfish】魚バショウカジキ。背びれが芭蕉の葉や帆の似ているところから。

セオクラシー【theocracy】宗政神権政治。神政政治。僧職政体。

セオドライト【theodolite】天経緯儀。天体などの方位角・仰角を測定する装置。

ゼオライト【zeolite】鉱沸石。種々の火成岩中に含まれる鉱物の一種。吸着剤や分子ふるいなどに用いる。

セオリー【theory】学説。理論。主義。

セオリーZ【Theory Z】営アメリカの経営学者ウィリアム・オオウチ教授の提唱する、信頼と協調を軸にした集団的経営を目指す理論。日米両国の経営の長所を取り入れたもの。個人責任を重視しながら長

セオリスト▶

期雇用を目指す.

セオリスト【theorist】理論家. 空論家.
セオロジー【theology】神学. 神学理論.
セカンダリー【secondary】 第二の. 次の. 中等の. 中級の.
セカンダリーＤＮＳサーバー【secondary DNS server】 ⅠⅡプライマリーの DNS サーバーに何らかの故障が生じた際に稼働する代替の DNS サーバー.
セカンダリー バイヤー【secondary buyer】経ファンドが投資先の企業を別のファンドに転売して利益を稼ぐ手法.
セカンダリー バンキング【secondary banking】経イギリスの非銀行金融機関.
セカンダリー ボイコット【secondary boycott】営社二次的ボイコット. 争議中の労働組合が, 会社と取引のある他企業の製品に対して購買ボイコットを行ったり, 自社製品の購買を拒否するよう取引先に勧誘したりして, 間接的に要求貫徹を図ること.
セカンダリー ミーニング【secondary meaning】営長期にわたり特定の商品だけを示すのに使われてきたことから商標化が許された呼び名. 通常は一般的名称は商標化できない.
セカンド【second】 ①第二の. 二番目の. ②競(野球)二塁. 二塁手. ③機自動車などの二番目の変速ギア. ④秒. 時計の秒針. ⑤競ボクシングで選手の介添人. セコンド.
セカンドウインド【second wind】競生激しい運動をして息切れ状態になった後に, 呼吸や循環機能が楽になって比較的スムーズに運動が続けられること. 元気の盛り返し・回復.
セカンドオピニオン【second opinion】医第二診断. 今かかっている医師とは別の医師が意見を述べること. 主治医以外の専門家が治療法などを検討する.
セカンドカー【second car】2台目の車.
セカンドガード【second guard】競(バスケットボール)ポジションの一つ. 的確な指示を出すリードマンを援助する働きをもつ選手.
セカンドキャッシュ【second cache】 ⅠⅡ二次キャッシュ. 一次キャッシュとメインメモリーの間にあるキャッシュメモリー.
セカンドキャリア【second career 日】社定年で退職した60歳以上の国家公務員を再雇用する制度.
セカンドクラス【second class】①二等車. 二等席. 第二等. 二流. ②［second-class］二流の. 二等の. 第二種で.
セカンドシフト【second shift】 社共働き夫婦の妻の家事労働. アメリカの社会学者ホックシールドの著書名から.
セカンド シリアル ライト【second serial rights】本を出版した後に, その本の抜粋や一部を, 雑誌や新聞に売る権利.
セカンドスクール【second school 日】教社都会の小中学生を対象に, 自然の中で体験学習をさせる学校. 英語は school for outdoor life.
セカンドストライク【second-strike】軍核戦争における最初の攻撃に対する反撃. またそれに備える反撃用核兵器.
セカンドソース【second source】 ⅠⅡ算二次供給者. 二次供給品. 他社開発の製品と互換性のある製品を製造供給する会社やその製品.
セカンドチャンサー【second chancer】社人生の辛苦を経験し, 第二の飛躍の機会を求めている人. ニューミドラーの類型の一つ.
セカンドツーダイ ポリシー【second-to-die policy】経夫婦で加入し, 両者の死亡後に保険金が支払われる特殊な生命保険. ⇔ファーストツーダイポリシー.
セカンドハウス【second house】 ①(日)建別荘. 週末レジャー用の別宅. ②2番目の家.
セカンドハウス ローン【second-house loan 日】 経建別荘などの所有に対する融資. 住宅金融公庫での正式名称は田園住宅融資制度. 1987年から実施.
セカンドハンド【secondhand】 中古. 古物. セコハンともいう.
セカンドベスト【second-best】 次善の. 次位の. 第二位の.
セカンドベスト論【theory of second best】経国際貿易で, 一部の国だけと行う地域的自由貿易という次善の政策をとることが, 自国の経済状態を改善しない場合があるとする説.
セカンドママ【second mama 日】社核家族の若い親の子育てなどを援助し, 弱点を補ってくれる人. 近親者や近所の住民, 幼稚園の先生など.
セカンドライフ【second life】 社第二の人生. 定年後の人生など.
セカンドライン【second line】服オリジナルブランドの普及版. 2番目のブランドの意.
セカンドラン【second run】映二番館での再興行. またその映画館.
セキュアード ドキュメント【secured document】 ⅠⅡ算インターネットで伝送しても, 盗聴や改ざんが行われる危険性のない, 安全性が保証された文書.
セキュアメール【secure mail】 ⅠⅡ算メール本文のテキストデータを暗号化したり, デジタル署名を付すことで安全性を高めたメール.
セキュリタイゼーション【securitization】経金融の証券化. 資金の調達方法が, 借り入れから証券形態に移り変わっていること.
セキュリタリアン【Securitarian】 1992年に創刊した防衛庁の広報誌.
セキュリティー【security】①安全. 安全性. 安心. 予防措置. 防犯. 安全保障. 担保. ② ⅠⅡ算コンピューターやネットワークのシステムの安全性保持や, 利用者の機密保護.
セキュリティー アナリスト【security analyst】営経証券分析家. 株式会社の内容を調査し, 発行される株式の投資価値などの評価を専門にする人.
セキュリティー カウンシル 【Security Council】政国連の安全保障理事会.
セキュリティー管理【security manage-

ment】　[I][算]ネットワークに対する不正アクセスやデータの改ざん，破壊などを防ぎ，システムの安全性を保つこと．

セキュリティー コミュニティー【security community】　[社][政]安全保障共同体．国際化の進展に伴い，国家間の相互依存・各国共通の安全保障が必要であると考えられることをいう．

セキュリティー コンサルタント【security consultant】　[営]企業の幹部が誘拐などにあった際，さまざまな手段を講じて救出の手助けをする会社．

セキュリティー サービス【security service】　①[警]警備保障．人身・財産・企業などの安全を守る業務．②[I][算]ネットワークシステムの不正使用を防御するためのサービス．

セキュリティーズ【securities】　[経]有価証券．

セキュリティーズ レンディング【securities lending】　[経]証券貸借取引．保有する有価証券を第三者に貸し出し，貸料を得る取引．

セキュリティー タウン【security town】　[社]治安上の理由で外部と遮断する住宅の街区．

セキュリティー チェック【security check】　[社]空港などで保安のために行う身体検査．ボディーチェック．

セキュリティー パトロール【security patrol】　[社]ガードマンなどによる巡回警備．

セキュリティー ビジネス【security business】　[営]警備事業．

セキュリティー プロトコル【security protocol】　[I][算]ネットワークにおけるセキュリティー性を高めるために利用されるプロトコル（通信規約）．SSLなどが代表的．

セキュリティー ホール【security hole】　①安全対策上に生じる穴，抜け道．②[I][算]プログラムの不備などから生じる安全性の弱点．

セキュリティー ポリシー【security policy】　[I][算]ネットワーク上のコンピューターシステムのセキュリティー性を，具体的な方法で維持するための対策規定．

セキュリティー ポリス【security police】　[社]要人警護に当たる警察官．SPともいう．

セキュリティセンター【Information-technology Security Center】　[I][算]情報処理振興事業協会内に設立された，コンピューターのセキュリティー関連の問題を一括して扱う機関．1997年に設立．

セグウェイ【Segway】　[機]アメリカ製の電動2輪車の商標名．左右の車輪の間の台上に立ち，重心の移動で進む方向を変える．

セクササイズ【sexercise】　[生]膣圧を高めるための運動法．

セクシー【sexy】　色っぽい．性的魅力のある．

セクシーカジュアル【sexy casual 日】　[服]街着として若い女性が着る露出度の高い服飾．

セクシーポイント【sexy point 日】　性的魅力を強く感じる心身の特徴となるところ．

セクシズム【sexism】　[社]性差別主義．女性差別．

セクシャリティー【sexuality】　性的特質．男女の別．性的たんでき．性衝動．

セクシュアリテ【sexualité 仏】　性．性的特徴．性徴．

セクシュアル【sexual】性的な．肉感的な．男女の．セクシャルともいう．

セクシュアル オリエンテーション【sexual orientation】　性的パートナーに対する各人の自然な好み．

セクシュアル パーミッシブネス【sexual permissiveness】　[社]性的な寛大さ．性革命に伴って性の許容度が広がっていく状態をいう．

セクシュアル ハラスメント【sexual harassment】　[社]性的嫌がらせ．特に職場などで男性が女性に対して行うことをいう．セクハラ．

セクシュアル プレデター【sexual predator】[社]性犯罪者．

セクシュアルライツ【sexual rights】　[社]性に関する権利．性について自由に意思決定する権利．

セクショナリズム【sectionalism】　[社][政]割拠主義．派閥的・排他的な考え方．部局割拠主義．縄張り．所管争い．セクト主義ともいう．

セクション【section】　①区分．区画．部分．②組織などの部門．③段落．節．項．④断片．⑤新聞・雑誌の欄．⑥[建]断面図．

セクションカット【section cut 日】　[容]髪をいくつかに区分けしてカットする方法．形や質感を調整しやすい．

セクスタント【sextant】　[天]六分儀．太陽や星の高度を測る器具．

セクスプロイテーション【sexploitation】　[映]性描写を売り物にすること．またその種の作品．sex と exploitation（利用）の合成語．

セクセーション【sexsation】　扇情的な事件．またその報道．sex と sensation の合成語．

セクソロジー【sexology】　[生]性科学．性行為のみならず，人間として生きていく上での性の意味合いを研究する．

セクター【sector】　①[I][算]フロッピーディスク，ハードディスクなどのディスク上の記憶単位で，中心から扇形に分割された部分．②扇形．③[軍]防衛区域．④部門．分野．方面．領域．

セクター主義【sector principle】　[政]地極地に近い国が，領域の両端から極点に引いた子午線に囲まれる球面三角形の領域は自国の領土だと主張していること．

セクターローン【sector loan】　[経][政]政府開発援助（ODA）の一方法．途上国が行う農業や電力など特定の分野の開発に対して，必要な商品の輸入代金を援助する．

セクター ワイド アプローチ【sector-wide approach】　[経][政]開発援助を受け入れ国主導で行う手法．SWApともいう．

セクト【sect】　[社][政]思想的・政治的同調者の集団．派閥．分派．学派．党派．宗派．

セクハラ　セクシュアル ハラスメント（sexual harassment）の略．[社]性的嫌がらせ．

セグメンテーション【segmentation】　①区分．分割．②[生]細胞分裂．③市場を区分けして各市場に適した企業活動を行うこと．④[I][算]プログラムを構

セグメンテ▶

成要素単位に分割すること.

セグメンテーション ページング【segmentation paging】 ①算主記憶装置内の空間を効率的に利用する方法である. セグメンテーションとページングを合わせた方法.

セグメント【segment】 ①区分. 部分. 線分. 弧. ②①算主記憶装置を管理するために, ひとまとめで補助記憶装置から主記憶装置へ出し入れする単位. 上位から下位に分ける.

セグメント化【segmentation】 ①算システム開発におけるモジュールの設計段階で, 一つのモジュールをいくつかの群に分けること.

セグメント情報【segment information】 営経企業の売上高や損金を地域別, 事業部門別などに区分して開示される情報.

セグメント方式【segmentation】 ①算主記憶装置内のデータ管理方法の一つ. 一つのプログラムやデータをセグメントに分割して記憶しておく方式.

セグメント マーケティング【segment marketing】 顧客の属性や嗜好, 地域などで細分化した市場に対して重点販売を行うこと.

セグリゲーション【segregation】 ①分離. 隔離. 区別. ②社民族, 人種, 社会階層間などのすみ分け.

セクレタリー【secretary】 ①秘書. 書記. ②〔S-〕政閣僚. 大臣. 長官.

セグファ【Segyehwa 朝】 政世界化. 韓国の金泳三大統領が1994年に唱えた政治スローガン.

セザール賞【Césars 仏】 映フランスのアカデミー賞に当たる年度賞. プロの映画人の投票によって選出される.

セサミ【sesame】 植ゴマ. またその種子.

セサモール【sesamol】 化ゴマの油に含まれる抗酸化物質の一つ. 脂肪などの酸化を防止し, また酸化したものを元に戻す働きがある.

セシールカット【Cécile cut 日】 容ごく短い女性の髪形の一つ. 映画「悲しみよこんにちは」のヒロイン, セシールの髪形から.

セシウム137【cesium 137】 化「死の灰」として話題となる核分裂生成物で, 半減期は30年. 強いガンマ線を放出し, 特に生殖器への被曝が問題となる.

セシボン【C'est si bon 仏】 ①とてもすてき. ②音シャンソンの題名の一つ.

セセッショニスト【secessionist】 政分離主義者. 分離論者. 分離派.

セゾン【saison 仏】 季節. 英語のシーズン（season）に当たる.

ゼタ【zetta-】 10^{21} を表す国際単位系(SI)の接頭語. 記号はZ.

セダン【sedan】 機普通の箱型乗用車. 2ドアか4ドアで, 4～6人乗り. サルーンともいう.

セダンクルーザー【sedan cruiser】 機クルーザーの一種. 外洋航海もできるモーターボートで, 船室が箱型になっているもの.

セチルアルコール【cetyl alcohol】 化高級アルコールの一つ. 化粧クリームや洗剤などに用いる.

ゼツェッション【Sezession 独】 美分離派. 19世紀末にドイツとオーストリアで, 保守的な展覧会の機構や芸術家の組織に反発して結成されたグループ.

セックスアピール【sex appeal】 性的魅力. 異性に訴える色気.

セックス オフェンダー【sex offender】 社性犯罪者.

セックス カウンセリング【sex counseling】 心生性についての相談・治療. その相談機関.

セックススレーブ【sex slave】 社売春を強要される女性. 慰安婦. 性の奴隷.

セックスセラピー【sex therapy】 医性治療. 性機能障害などを治療する.

セックスチェック【sex check】 競生スポーツ競技の前に, 女子選手が女性であることを判定するのに行う検査.

セックスパート【sexpert】 性風俗・性問題の専門家. あるいはセックスドクターのこと. sexとexpertの合成語.

セックスフレンド【sex friend 日】 社性的な関係だけで成り立っている異性間の友人関係. 英語はsexual companion. セフレともいう.

セックスホルモン【sex hormone】 生性ホルモン. 生殖機能に作用し, 第一次と第二次の性的特徴の発現に関係する.

セックスレス【sexless】 社生性交渉のない. セックスなしで, 性の欲求が充足できる状況.

セックスワーカー【sex worker】 社売春婦.

ゼッケン【Decke 独】 競スポーツ選手や競走馬などが胸や背に付ける番号を書いた布. またその番号. 語源をドイツ語のZeichen（目印）とする説もある.

セッション【session】 ①開会. 開演. ②授業時間. 学期. ③議会の会期. ④会合. ⑤①算システム間に設定する, データ転送時の接続開始から終了までの一連の作業. ⑥①CDの記録部分の領域. リードイン, データ, リードアウトで構成される.

セッション アット ワンス【session-at-once】 ①算CD-Rに対して何らかのデータを書き込む際に, セッションの頭から終わりまで連続して書き込む方法のこと.

セッション層【session layer】 ①算OSI参照モデルの第5層を指す語. アプリケーション間でやりとりされるデータを構造的に制御.

セッティング【setting】 ①据え付けること. おぜん立て. ②映劇版舞台装置や大道具を作ること. ③画作する. ④競(野球)延長戦を行う時のルール. 指定された点数を先取した選手・チームが選択できる独特のルール.

セット【set】 ①一組み. 一式. ②競試合の一区切り. テニスでは6ゲーム先取で決まる. ③映劇版実物を模した装置. ④容髪形を整えること. ⑤置く. 据える. 定める. 組み立てる. 整える.

セットアッパー【setupper】 競(野球)中継ぎ投手. セットアップマンともいう.

セットアップ【set up】 ①据え付ける. 設定する. 組み立てる. 調整する. ②①算コンピューターが使えるように, 周辺機器に接続し, 必要なプログラムの使用環境を整えること. ③競(野球)中継ぎ投手を救援すること.

セットアップ チャージ【setup charge】 ①新

◀ゼネラルパ

規参入の通信事業者が，NTTの回線を使う場合に接続料として支払うコスト．

セットアップ プログラム【setup program】①コンピューターの使用環境などを設定して，いつでもコンピューターを使うことができる状態にするためのプログラム．

セットイン【set-in】服袖やポケットなどが縫い込んだ形のもの．

セット イン ユース【set in use】放受像機の台数に対して実際に視聴しているテレビの台数の割合．テレビの視聴率調査用．

セットオール【set all 日】競(テニ・卓球)両競技者の得たセット数が同じ場合をいう．英語は even set.

セットオフ【setoff】①埋め合わせ．負債などの相殺．②印裏移り．

セットオフェンス【set offense】競(バスケ)攻撃側が敵陣内で有利な位置を占め，じっくり攻める組織的プレー．ディレードオフェンス．

セットスクラム【set scrum】競(ラグ)審判の命令で，スクラムの中央に球が投げ入れられるようにスクラムを組むこと．タイトスクラム．

セットスコア【set score】競テニスなどの試合で，勝ち取ったセット数のこと．

セットデザイナー【set designer】映劇放舞台や撮影所，戸外などに作る装置建造物の設計・装飾を行う担当者．セットデコレーター．

セットトップ ボックス【set top box】①放狭義には，NTSC方式のテレビ放送の信号解読装置．広義には，有線もしくは無線で伝送される放送信号を受信し，NTSC方式の映像信号と音声信号を出力するための装置．元来は，ケーブルテレビ（CATV）事業者が配信する情報を受け取る利用者がもつ端末機．STBともいう．

セットバック【setback】建建物の上部を下部よりも後退させ，日照や通風をよくすること．

セットプレー【set play】競ルールにのっとった陣形をとってから再開するプレー．サッカーではコーナーキックやフリーキック，ラグビーではスクラムやラインアウトなどをいう．

セットヘア【set hair 日】容大きくゆるめの巻き毛にした髪形．

セットポイント【set point】競テニスやバレーボールなどで，セットの勝敗を決める得点．

セットポジション【set position】競(野球)投手の投球前にとる姿勢の一つ．軸足を投手板につけ，他の足を投手板より前に置く．球を体の前に持ち，1秒以上静止してから投げる．

セットローション【setting lotion】容整髪した髪を長持ちさせる化粧料．

セップ【CEP】軍円形公算誤差．半数必中径．発射総数のうち確率的に半数が入る円を仮定して，その半径で命中精度を表す．circular error probableの頭字語から．

セツルメント【settlement】①定住．居住．定住地．入植地．②清算．決算．解決．③社比較的の貧しい地域で，住民の生活向上などを図る援助活動．またそのための託児所や診療所などの施設．隣

保事業．

セデーション【sedation】医鎮静作用．鎮静状態．

セデロム【cédérom 仏】フランス語でCD-ROMのこと．

セニエット塩【Seignettesalz 独】化酒石酸カリウムナトリウム．緩下剤などの薬品やインキ液の製造・圧電素子などに用いる．ロッシェル塩ともいう．

ゼニット3SLロケット【Zenit 3SL launch vehicle】機人工衛星の洋上発射事業を行うシーロンチ社が運用するロケット．

セニョーラ【señora 西】既婚の女性に対する敬称．奥様．夫人．英語のミセス（Mrs.）に当たる．シニョーラともいう．

セニョール【señor 西】男性に対する敬称．…さん．…氏．英語のミスター（Mr.）に当たる．シニョールともいう．

セニョリータ【señorita 西】未婚の女性に対する敬称．娘さん．お嬢さん．英語のミス（Miss）に当たる．シニョリータともいう．

セニングカット【thinning cut】容はさみやかみそりを用いて毛髪を不ぞろいにすく技法．

セネート【Senate】①政上院．②［s-］政議会．立法機関．議事堂．

ゼネコンゼネラルコントラクター（general contractor）の略．営土木一式工事と建築一式工事を請け負う総合工事業者．総合建設会社．

セネター【senator】政上院議員．

ゼネラリスト【generalist】豊富な能力・知識をもち広い視野から判断できる人．万能選手．

ゼネラリゼーション【generalization】一般化．普遍化．一般論．通則．概括．総合．

ゼネラル【general】①一般の．普通の．②将軍．総督．ジェネラルともいう．

ゼネラル アセンブリー【general assembly】①政議会などの総会．②［G-A-］国連総会．

ゼネラル エクスペンス【general expense】営経一般経費．総経費．

ゼネラル エレクション【general election】政総選挙．定期選挙．

ゼネラルオーディオ【general audio】音音質や特性だけでなく，操作性や機能性・価格などの実用面もあわせて考えたオーディオ機器の総称．

ゼネラルカタログ【general catalog】営カタログ小売業の一方式．数多くの分野の商品見本を掲載したカタログを作り，消費者に配布するやり方．

ゼネラル スタッド ブック【General Stud Book】競(競馬)イギリスのサラブレッド血統書．1973年にウェザビー商会が第1巻を刊行．

ゼネラルスタッフ【general staff】営経営全般にわたり経営者を援助・補助するスタッフ．企画部・調査室・社長室などの部門．

ゼネラルストライキ【general strike】社全国の全産業の労働者が一斉に仕事を停止すること．総罷業．ゼネスト．

ゼネラルパートナー【general partner】営社無限責任社員．⇔スペシャルパートナー．

ゼネラル パートナーシップ【general part-

293

ゼネラルマ▶

nership】営合名会社.
ゼネラルマネジャー【general manager】①競(野球)総支配人. オーナー直属で, チームの総括や球団経営を推進する. ②営企業の総括管理者. 事業本部長. GM.
ゼネラルメディア【general media】広社一般大衆を対象にした広告・情報媒体. ⇨クラスメディア.
ゼネラルモーゲージ【general mortgage】営経一般担保. 会社の総財産を担保とすること.
ゼノファイル【xenophile】外国かぶれの人. 外国人好きの人.
ゼノフォビア【xenophobia】外国人嫌い. 外国人恐怖症. 外来者嫌い.
ゼノンの逆理【Zenonian paradox】数運動についての一連の逆理.「アキレスは亀に追いつけない」など.
セパージュ【cépage 仏】植ブドウの品種. ブドウの苗木.
セパタクロー【sepa takraw】競藤(とう)製の球を相手陣に蹴り込む競技. マレー語のセパ(蹴る)とタイ語のタクロー(球)から.
セパレーター【separator】①機混合物を分離する機械. 分離器. ②電陰極と陽極の接触を防止する板. 隔離板. ③I算文字列を区切る働きをする符号・記号.
セパレーツ【separates】①服上下に分かれた衣服. ②服上下に分かれているが, ビキニより体の露出が少ない女性用水着. ③自由に組み合わせる道具セット. セパレートともいう.
セパレート【separate】分けられた. 別々の. 離れた.
セパレートコース【separate course】競陸上競技やスピードスケートなどで, 各選手の走路を区分したコース. ⇨オープンコース.
セピア【sepia】黒褐色. 黒みがかった茶色.
セピア写真【sepia print】写濃い茶褐色の色調で仕上げた写真.
セフ【SEV】コメコン(経済相互援助会議)のロシア語の略称.
セファルディーム【Sephardim 𜱛】イスラエルに移住したアラブ系ユダヤ人. 多くはイスラエル建国後, イエメン, イラク, 北アフリカなどから移住し, 人口の過半数を占める.
セフィーロ【céfiro 西】①気西風. ②そよ風.
セフタ【CEFTA】経中欧自由貿易協定. 1992年にチェコ, ポーランド, ハンガリー, スロバキアが調印. Central European Free Trade Agreement の頭字語から.
セプテンバー ピープル【September people】社55歳以上の中年後期の人を指す呼称.
ゼプト【zepto-】10^{-21} を表す国際単位系(SI)の接頭語. 記号は z.
ゼブラ【zebra】動シマウマ. ウマ科の哺乳類.
ゼブラストライプ【zebra stripe】服シマウマのしまのような太いし柄.
ゼブラゾーン【zebra zone 日】社歩行者優先の横断歩道. 白ペンキのしま模様がシマウマを思わ

せるところから. 英語は zebra crossing.
セフレ セックスフレンドの略.
セブン ア サイド【seven a side】競(ラグ)7人制ラグビー.
セブンサミッツ【seven summits】登7大陸最高峰. またその全部の登頂.
セブンスイニング ストレッチ【seventh-inning stretch】競(野球)大リーグの本拠地球場で7回の自軍攻撃前に行う, 観客の体のこりをほぐす慣例.「私を野球に連れてって」を合唱する. 休憩, 息抜きの意味でも使う.
セブンティーズ【seventies】服1970年代に流行したヒッピールック, ワークルック, フォークロアなど, 自然や自由, 原点回帰を想起したファッション.
セブンファウル【seven fouls】競(バスケ)1チームが各ハーフで7回反則すると, それ以後の反則に対して, 相手チームにワンエンドワンのフリースローが与えられる規則.
セブンラグビー【seven rugby】競7人制のラグビー.
セベランスペイ【severance pay】営社解職手当. 解雇する従業員に企業が支払う手当.
セマウル運動【Semaul Movement】社韓国が農村の近代化を進めるために, 1970年から始めた新しい村づくり運動.
セマテック【SEMATECH】I算アメリカの官民共同による半導体製造技術研究組合. 1987年に発足した. Semiconductor Manufacturing Technology Institute の頭字語から.
セマフォ【semaphore】I算複数のタスクに対して並行処理をする場合に, タスク間で発せられる同期メッセージの制御などを行うための信号.
セマンティック アナリシス【semantic analysis】心意味解析. 言葉の意味や印象を定量的に測定する方法. 例えば,「よい⇔悪い」の形容詞対を「非常に…・やや…」などの段階に分け, その尺度から概念を位置づける. イメージ調査などで利用される.
セマンティック エラー【semantic error】I算プログラムの文などに意味の違い, 矛盾, 数値の誤りなどによって生じるエラー.
セマンティックス【semantics】①論理学で記号論. ②言意味論.
セミ【semi-】「半分」「半分の」「準」の意味を表す接頭語.
セミアクティブ ホーミング【semi-active homing system】軍地上や航空機からレーダー波や音波を標的に向けて発し, その反射波を使ってミサイルを誘導する方式.
セミオフィシャル【semiofficial】準公式の. 半官半民の.
セミカスタム IC【semicustom integrated circuit】I算すべてを利用者の要求に合わせた集積回路ではなく, 部分的に注文に合わせ, 一部は標準的な設計を取り入れたもの.
セミカスタムLSI【semicustom LSI】I算電大規模集積回路の製造法の一つ. 論理回路の基本は基板上に配列を済ませ, 利用者の需要による配線

設計だけを行う.
セミコンダクター【semiconductor】　[1]半導体. シリコン, ゲルマニウムなど, 電導性が導体と絶縁体の中間ぐらいの物質.
セミドキュメンタリー【semidocumentary】　映画記録映画の手法を取り入れて製作された劇映画・番組. 半記録的映画・番組.
セミナー【seminar】　教社講習会. ゼミナール.
セミナーハウス【seminar house 日】　学生が演習を行ったり, 社会人が研修・討議を行ったりできる施設.
ゼミナール【Seminar 独】　教演習. 共同研究. 研修会. 研究室. 演習室. セミナーともいう.
セミナリー【seminary】　教神学校. 高等教育のための学校.
セミナル【seminal】　発生の. 生殖の. 将来性のある. 生産的な.
セミファイナル【semifinal】　競準決勝戦. ボクシングなどで, メーンイベントの直前に行われる試合.
セミフォーマル【semiformal】　①準公式の. ②服準正装. 半正装. 略礼装.
セミプロフェッショナル【semiprofessional】　技量などが専門家の水準に達しない人. 準専門家. セミプロともいう.
セミモノコック構造【semimonocoque structure】　航航空機の機体の構造で, 外板とフレームで形状を保持し, 縦通材を併用する方式のもの. 商業用航空機の翼や胴体に用いる.
セミワイドボディー機【semi-widebody transport】　航準広胴形旅客機. 客席数に通路を2本もち, 胴体がワイドボディー機より一回り細い.
セムテックス【Semtex】　軍プラスチック爆弾の一種. 破壊力が大きい.
セメスター制【semester system】　教年2学期制. 半年間ごとの学期制.
セメトリービジネス【cemetery business】　営葬式や埋葬に関する仕事・商売. セメトリーは埋葬地, 共同墓地の意.
セメンテーション【cementation】　①化金属の表面層に他の元素を浸透させ, 硬度・耐食性を向上させる処理法. ②建セメント注入. トンネル掘削などで, 亀裂個所に行う.
セメント【cement】　①接合剤. 接着剤. ②建コンクリートなどを作る, 石灰石が主原料の材料.
セモリナ【semolino 伊】　料硬質小麦の胚乳などから作る粒状の小麦粉. マカロニやプディングなどに用いる.
セラー[1]【cellar】　①地下室. 食糧や酒などの地下貯蔵庫. 穴蔵. ②競各種リーグ戦の最下位チーム.
セラー[2]【seller】　①営売り手. 販売人. 販売者. ②売れ行きのよい品.
セラーズオプション【seller's option】　経証券取引所で, 売り方が任意に引き渡し期日を選べる特別の権利.
セラーズマーケット【seller's market】　経需要が供給に比べて多く, 売り手にとって都合のいい市場.

◀ゼリービー

売り手市場.
セラチア菌【serratia】　生腸内細菌の一種. 人間の腸内などに常在する微生物.
ゼラチン【gelatin】　化誘導たんぱく質の一種. 動物の筋・皮などのコラーゲンを加水処理して得られる白色の粉末. または透明の板状のもの. 製菓・止血剤・薬用カプセル・接着剤などに用いる.
ゼラチンアレルギー【gelatin allergy】　医ゼラチン製品などを摂取して起こるアレルギー反応.
ゼラチンフィルター【gelatin filter】　①写写真用の色彩バランス補正フィルターの一種. ②劇舞台照明用のフィルター.
セラック【sérac 仏】　①地登氷河上にできた塔状氷塊. ②料スイス産の白チーズの一種.
ゼラニウム【Geranium 羅】　種フウロソウ科の多年草. 南アフリカ原産. 夏に花茎の先端部に5弁の花を散状につける. 多くの園芸種がある. クレーンズビルともいう.
セラビ【C'est la vie 仏】　人生とはそんなものだ. それが人生さ.
セラピー【therapy】　医治療. 療法.
セラピー犬【therapy dog】　動動物介在療法を取り入れた活動に参加できるように訓練を受けた犬.
セラピスト【therapist】　医心医師などの治療専門家. 特に精神病者・傷病者などの社会復帰の療法を専門に行う人.
セラミック エンジン【ceramic engine】　機強度や熱に強い新素材の窯業製品を利用したエンジン. 自動車用などを開発中.
セラミック高温超電導体【ceramic superconductor】　理電気抵抗がゼロになり反強磁性をもつセラミック材料.
セラミック コンデンサー【ceramic condenser】　電セラミックスの特性を利用した蓄電器.
セラミックス【ceramics】　化理窯業製品. 高温で焼いて作る非金属の無機質固体材料. ガラス, 陶磁器, セメント, 耐火物などをいう.
セラミックセンサー【ceramic sensor】　理セラミックスの特性を利用した感知器. 温度センサー, ガスセンサーなど.
セラミックターボ【ceramic turbocharger】　機エンジンの過給機にセラミックスを採用した車. 過給効果が早いので加速が出る.
セラミック ヒーター【ceramic heater】　機セラミック発熱体を用いる暖房器.
セラミック ファイバー【ceramic fiber】　化セラミックス材料から作る繊維. アルミナ繊維や炭化ケイ素繊維など長繊維のものもある. 断熱材や宇宙航空機などに用いる.
セラミックフィルター【ceramic filter】　理セラミックス材料を用いたろ過器.
ゼリアトリックス【geriatrics】　医老人病医学. 老人病学.
ゼリー【jelly】　料果汁や肉汁などをゼラチンや寒天に加え, 冷やして固めた菓子や料理. ジュレ, ジェリーともいう.
ゼリービーン【jelly bean】　①料菓子の一種. ②服けばけばしい服装をする人. はでな格好をする

295

人．ジェリービーンともいう．

セリエ【série 伊】①ひと続き．ひとそろい．一組み．シリーズ．②競各競技のリーグやクラス．競技連盟．

セリエA【Serie A 伊】競イタリアのプロスポーツの1部リーグ．サッカーが有名．

セリグラフィー【serigraphy】美絹のような薄いスクリーンを用いて原画を転写する表現形式．謄写版に似た孔版．シルクスクリーン．

セリバシー【celibacy】社独身．独身生活．独身主義．

セリング【selling】①営販売．売却．②販売に関する．売れ行きのよい．③経証券会社の業務の一つ．募集・売り出し業務．

セリング オペレーション【selling operation】経日本銀行が通貨を過多と認める時に，所有する証券を売却して通貨を回収する公開市場操作．売りオペレーション．

セリングパワー【selling power】販売力．

セリングポイント【selling point】営商品が消費者の購買意欲に特に訴える部分．セールスポイント．

セル【cell】①Ⅰ算表計算ソフトの画面で，縦(列)と横(行)で区切られた矩形の入力領域の一つ一つ．各セルに情報を入力する．②Ⅰ無線通信システムで，基地局のもつ電波到達範囲を複数の部分に分割した地域．③小室．④生細胞．⑤電電池．⑥Ⅰソニー，東芝，IBMが共同開発した64ビットのマルチコアプロセッサー．

セルアウト【sellout】①売り切れ．売り尽くすこと．②劇芝居など興行の札止め．大入り．

セルアレイ【cell array】生多数の細胞において，細胞内の遺伝子やたんぱく質の動きを網羅的に解析する技術．

セル参照【cell reference】Ⅰ算表計算ソフトで，セルに入力する数式に特定のセル番地を指定すること．

セルシェーダー【cell shader】Ⅰ算三次元コンピューターグラフィックスのレンダリング手法の一つ．質感を段階的な陰影などを用いてセル画のように表現する．

セルス【CELSS】宇閉鎖生態系生命維持システム．宇宙ステーションで人間が長期滞在するための技術．closed ecological life support system の頭字語より．

セルスルー【sell-through】①営経小売の．②営レンタルに対する小売の割合．小売高．③営賃貸方式でなく，消費者に直接販売方式をとる商品．

セルテート【celltate】服アセテートを用いて織る洋服地．

セル範囲【cell field】Ⅰ算表計算ワークシート上で，複数のセルに同じ操作を一括して行う場合に選択する範囲．

セルビデオ【sell video 日】営販売用ビデオ．小売り用に販売するビデオ．

セルフ アイデンティティー【self-identity】社自分が自らと同一であるという認識．自己同一性．自己確認．

セルフアセンブリー機構【self-assembly organization】生たんぱく質の分子が集まり，大きさも機能も同一な組織を作り上げること．

セルフアナリシス【self-analysis】心自分の性格や行動を自らが分析し，判断する方法．自己分析．

セルフクー【self-coup】政自主クーデター．政権統治者が政治権力を一層強固にする目的などで行う．

セルフケア【self-care】医社健康の自己管理．

セルフコンシャス【self-conscious】自意識の強い．

セルフコントロール【self-control】①自制．克己．克己心．②機自己制御．自動制御．

セルフサービス【self-service】営客が商品の選択，運搬などを自分で行う販売方式．人件費の節約から廉価販売が可能となる．

セルフサポート【self-support】自活．自給．自立．自営．

セルフジャッジ【self-judge】競(ミニ')審判なしで，競技者が互いに自分のコートのラインコールをすること．

セルフスタンド【self-stand 日】営客が自分で給油する方式のガソリンスタンド．

セルフセレクション【self-selection】自己選択．自主選択．

セルフタイマー【self-timer】写シャッターボタンを一定時間後に自動的に作動させる装置．タイマーともいう．

セルフチェックアウト【self-checkout】営自動勘定方式．スーパーマーケットなどで，顧客が機械で購入金額を調べ，自動支払い機などで精算する．

セルフディフェンス【self-defense】①自己防衛．自衛．②法正当防衛．

セルフバーニング【self-burning】焼身自殺．

セルフヘルプ【self-help】①自立．自助．②法法律によらないで自らの権利を守ること．自己救済．

セルフヘルプ クリアリング ハウス【self-help clearing house】社自助グループの情報を集め，求める人に提供し，研修や交流会を行ってグループを支援する機関．

セルフヘルプ グループ【self-help group】社当事者グループ．自助グループ．本人の会．拒食症や過食症，薬物依存の治療などを，患者同士がグループを作り，悩みを語り合い互いに支え合う．

セルフヘルプ ブック【self-help book】生きるための自立・自助の方法を教える本．

セルフポートレート【self-portrait】自画像．

セルフメード【self-made】自力で作り上げた．独力独行の．

セルフ メディケーション【self-medication】医薬大衆薬などを使い，自分で自分の健康管理をすること．

セル プロセシング センター【cell processing center】生細胞培養センター．ヒト細胞だけを扱う．CPCともいう．

セルポインター【cell pointer】Ⅰ算表計算ソフトで，選択中のセルの位置を示すカーソル．色反転

セルモーター【cell motor 日】　電電池を電源とし、自動車などのエンジンを始動するための電動機。英語は starter.

セルラーテレホン【cellular telephone】　①自動車用や携帯用の移動電話。携帯電話。半径10kmの区画など、細胞状に同じ構造・装置をもつものを規則的に数多く結合して、移動中に無線で接続して使える。

セルラー方式【cellular system】　①移動電話に使われている無線通信方式。地域をセル状に分割して、それぞれに基地局を置く。

セルリアンブルー【cerulean blue】　鮮やかな青色。緑がかった青空色。

セルリレー【cell relay】　①算ATM（非同期転送モード）のセルを利用してデータ伝送を行う固定接続サービス。

セルロイド【celluloid】　化プラスチックの一種。ニトロセルロースを主原料とし、しょうのうを加えて作る、半透明な弾性体。

セルロース【cellulose】　化繊維素。植物の細胞膜や繊維の主成分。火薬・人造絹糸・紙などに用いる。

セレーネ【SELENE】　宇JAXA（宇宙航空研究開発機構）が計画する月探査機。SELenological and ENgineering Explorer の略。2006年に打ち上げ予定。

セレクション【selection】　選ぶこと。選択。展示品。

セレクター【selector】　①機電気器具などの機能選択装置。②算 MacOS で、印字装置やファクスへの出力の切り替えを行うもの。

セレクティブ【selective】　選択的な。選抜式の。淘汰の。

セレクティブ キリング【selective killing】　動増え過ぎた動物を間引くこと。

セレクト【select】　選ぶ。選択する。選別する。選抜する。

セレクトショップ【select shop 日】　営生活様式や暮らし方を全体的に提案し、衣類・家具・雑貨などを扱うが、店主などの好み・個性で商品を選んで展示する店。

セレス【CERES】　営興経社会的観点に立った投資家や投資顧問会社を中心に、環境保護団体なども加わるアメリカの連合組織。正式名は Coalition for Environmentally Responsible Economies（環境に責任をもつ経済のための連合）。

セレソン【seleção 葡】　①麓ブラジル代表の異称。選抜チーム。②選ばこと。

セレナード【serenade】　音小夜曲。叙情的な甘い調べの曲が多い。セレナーデ。

セレビュータント【celebutant】　社社交界に話題を提供し、中心となる人物。celebrity と debutant の合成語。

セレブカジュアル【celeb casual 日】　服ハリウッドの芸能人やスポーツ選手などの夜遊びスタイルや日常着をお手本にする着こなし。

セレブダイエット【celeb diet 日】　容女優や歌手、モデルなど、アメリカのセレブ女性が実践したことからブーム化するダイエット手法の総称。

セレブブランド【celeb brand 日】　服芸能人やセレブと呼ばれる有名人をデザイナーに起用したブランド。

セレブリティー【celebrity】　有名人。名士。名声。著名人。セレブ、セリブリティーともいう。

セレブレーション【celebration】　祝典。祝賀。祝賀会。

セレモニー【ceremony】　儀式。式典。

セレロン【Celeron】　①算パソコンの中枢となる集積回路の一種。アメリカのインテルが発売した。

セレン【Selen 独】　化イオウ族元素の一つ。元素記号は Se。光にさらすと電気伝導率が著しく増加する。セレニウムともいう。

セレンディピティー【serendipity】　予期しないものを偶然に発見する能力。偶然と幸運による発明。運よく発見・発明したもの。

ゼロアウト【zero out】　営経税金を払わないこと。

ゼロアラート計画【zero alert】　軍偶発核戦争防止のため、戦略核部隊の警戒態勢を解除し、平時では核運搬手段と弾頭を切り離す構想。1992年にロシアが提案。

ゼロアワー【zero hour】　①軍攻撃を開始する予定時間。②決定的瞬間。③放24時間休みなく放送を続けること。ゼロアワーシステム。

ゼロ アワー システム【zero hour system】　放24時間放送を続けること。またはいかなる時間でも放送できること。ゼロアワー。

ゼロイールド【zero yield】　社土木目的の平和的核爆発を含め、あらゆる規模の核実験禁止。

ゼロインクリース【zero increase】　増加がゼロになること。

ゼロインベントリー【zero inventory】　営経無在庫。在庫がゼロの状態。

ゼロエネルギー住宅【zero energy house 日】　建エネルギーの自足率が100％を超える住宅。

ゼロエミッション【zero emission】　営経排出ゼロ。企業活動や生産活動をして、排出物・廃棄物を一切出さないようにする仕組み。

ゼロエミッション車【zero emission vehicle】　機排ガスを出さない車。電気自動車などがある。ゼロエミッションビークルともいう。

ゼロオプション【zero option】　軍ヨーロッパ地域に配備されたアメリカと旧ソ連の中距離核ミサイルを、全面的に廃棄するという軍備制限構想。1981年にレーガン大統領が提案。

ゼロ改行【zero 一】　①算印刷の時にある行の上に次の行を重ね打ちする機能。文字列の上に打ち消し線を引く、文字を□で囲むなどの場合に使う。

ゼロ金利政策【zero interest rate policy】　経政実質的に金利が0％で推移する政策。

ゼロクーポン債【zero coupon bond】　経海外で発行される長期外貨建て割引債で、利札（クーポン）のついていない債券。発行価格を低くし、額面との差額を利息に相当させる。

ゼログラフィー【xerography】　機電子写真方式の一種。セレンを用いて普通の紙に複写を行う装

297

ゼロコスト ▶

置．乾燥状態で処理され，複写速度が速いために広く用いられる．

ゼロコスト オプション【zero cost option】
経為替の差損を回避する手法の一つ．ドルを売る権利を購入すると同時に，ドルを買う権利を売却するようなやり方で，コストをかけないで損失を回避する．

ゼロサプレション【zero suppression】 IT算数桁の数値を表示する時に，上位の意味のない0を取り除くこと．ゼロ抑制．

ゼロサム【zero-sum】 勝ち分と負け分を合計すると差し引きゼロになるという考え方．

ゼロサムゲーム【zero-sum game】 営経社零和ゲーム．一方の得が必ず他方の損となる条件の下で行うゲーム．

ゼロサム社会【zero-sum society】 経アメリカの経済学者サローの提唱する理論で，低経済成長下では所得の増大する者がいると，別の誰かが必ず損をしているというもの．

ゼロシーリング【zero ceiling 日】 経政公共予算の概算要求枠が前年度と同額であること．

ゼロ出力条件【zero power condition】 理臨界プラズマ条件．核融合炉の運転に必要なエネルギーと，生産されるエネルギーが等しくなる条件．利用できる正味のエネルギーがゼロであることから．ローソン条件ともいう．

ゼロゼロシート【zero-zero ejection seat】 軍ジェット戦闘機などで，乗員の緊急脱出時にパラシュートの開く高度まで乗員を射出する装置．

ゼロ知識証明【zero knowledge proof】 IT算パスワードなどの秘密の情報を自分が知っていることを，相手に直接知らせないで証明する手法．

ゼロデイアタック【zero-day attack】 IT社算発見された弱点を補修する対策ソフトが提供される前に行われる不正アクセス．

ゼロディフィシット【zero deficit】 経政財政赤字をゼロにすること．

ゼロディフェクト【zero defect】 営社無欠陥．工場での生産で欠陥製品を皆無にしようというもの．ZD，ZD運動ともいう．

セロトニン【serotonin】 医神経伝達物質の一種．この物質が少なくなると睡眠時間が減少する．5－ヒドロキシトリプタミン．5-HT₃．

セロトニン受容体拮抗剤【serotonin —】 薬抗悪性腫瘍剤投与に伴う悪心・嘔吐を抑える働きのある薬剤．

ゼロトレランス【zero tolerance】 ①営不良品を一切容認しないという品質管理の理念．②教校則違反を一切認めないとする学校の指導方式．③社麻薬使用などで，情状酌量を認めないアメリカの政策．

ゼロバジェット【zero budget 日】 経政ゼロベース予算編成．前年度の予算規模実績を考えず，各年度でゼロから予算編成を行う．英語ではzero-based budgeting という．

ゼロベース【zero base】 白紙に戻してやり直すこと．

ゼロモーメント ポイント【zero moment point】 理移動体の重心に働くモーメントを力で換算した総合的な力の延長線が地面に交わる点．これが接地多角形の中にあれば安定歩行ができる．ZMPともいう．

ゼロワン地域 法地方裁判所本庁と支部の管轄区域内に，弁護士が1人のみ，あるいは1人もいない地域のこと．

ゼンガー スペースプレーン【Sänger Space-plane】 字機ドイツで研究を進めている二段式水平着陸型の宇宙往還航空機．

センサー¹【censor】 ①出版物・演劇・映画などの検閲官・検閲係．②検閲する．

センサー²【sensor】 機理感知器．感知装置．対象物の物理量を検出する機器．ロボットに備わっている感覚のこと．

センサーシップ【censorship】 検閲．検閲制度．検閲官の職権・任務．

センサーチップ【sensor chip】 IT各種の知覚検知器が付随した素子．

センサーネット【sensor net】 IT大量のセンサーで人間の行動や建物内の様子を常時観察するシステム．

センサー フィードバック制御【sensor feedback control】 IT出力量を入力信号と比べ，差を0に近づけて正確な出力量を得るロボットの制御方式．出力量の検出に感応素子を使う．

センサーフュージョン【sensor fusion】 感覚融合．視覚，聴覚，触覚など複数の感覚から得られる情報を利用して，状況などを総合的に判断する技術．

センサス【census】 社人口調査．国勢調査．各種の社会調査．

センシティビティー【sensitivity】 ①感受性．敏感さ．鋭敏さ．②写感光度．③電無線機や測定器などの感度．

センシティビティー トレーニング【sensitivity training】 社集団生活によって対人関係をよくする訓練．集団感受性訓練．

センシティブ【sensitive】 感じやすい．感覚が鋭い．神経質な．過敏な．

センシティブ アイテム【sensitive item】 営経外国製品の流入で国内市場が不当に乱される恐れのある場合に，輸入の制限や禁止ができる品目．輸入要注意品目．

センシトメトリー【sensitometry】 写写真感光材料の感度や特性の測定．

センシビリティー【sensibility】 感覚．感性．感受性．理解力．

センシビリティー ギャップ【sensibility gap】 社民族や世代などの違いから生じる，感覚や感性のずれ．

センシブル【sensible】 分別のある．ものわかりのよい．

センシュアリズム【sensualism】 肉欲主義．官能を至上とする態度．

センス【sense】 感覚．知覚．感受性．分別．味．

センセーショナリズム【sensationalism】 事件などを誇張して報道すること．扇情主義．

センセーショナル【sensational】扇情的．あっと言わせるような．

センセーション【sensation】興奮．感動．大評判．大事件．感覚．

センター【center】①中心．中心地．中心となる施設・機関．②［球技］で，競技場の中央部，またその位置につく選手．③［映］(ゴ)ゴール下のコントロールタワーの役目をする選手．

センター オブ エクセレンス【center of excellence】［営］優秀な人材と最先端の設備を整え世界的に評価される研究機関．COE．

センターＧＵＹ［社］センターガイ．東京・渋谷のセンター街にたむろする，日焼けした顔にメークをした若い男性．

センターコート【center court】［競］競技会場の中心で，主要な試合を行うコート．

センターサークル【center circle】［競］サッカーなどで，競技場の中央部分を示す円．

センタースプレッド【center spread】［広］中央見開き．新聞や中綴じ雑誌などで，総ページ数の真ん中に当たる見開きに入る広告．

センターパート【center part】［容］頭の真ん中で左右に分ける髪の分け方．

センターバッチ処理【center batch processing】［I営］コンピューターの所まで処理データを人手で運び，一括処理をしていた1980年ごろまでの古い処理方式．

センターピース【centerpiece】食卓などの中央に飾りとして置くもの．陶器，刺しゅう，レースなどの小物をいう．

センタープレス【center press 日】［服］パンツの中心につける折り山．

センターベンツ【center vent】［服］上着の背中の中央にある割り口．

センターポール【center pole】［競］競技場などの中央部に立てられた柱．

センターライン【centerline】①中央に引いた線．中心線．②道路の中央に引かれている白線．③［競］競技場を二分する中心線．

センターライン パス【centerline pass】［競］（ホッケー）自軍の防御ゾーンからセンターラインより先にいる味方にパスを出すこと．オフサイドの一つ．

センタール【centare 仏】面積の単位の一つ．1アールの100分の1．m²に同じ．記号はca．

センダイウイルス【Sendai virus】［生］細胞融合活性をもつＲＮＡウイルス．インフルエンザを起こすウイルスの一種．ＨＶＪともいう．

センタリング【centering】①［競］サッカーなどで，相手ゴール近くにいる味方選手にパスを送ること．クロス．②［I営］中央ぞろえ．文字列を1行の左右幅の中央にすること．表題などで使う．

センチ【centi-】10⁻²(100分の1)を表す国際単位系(SI)の接頭語．記号はc．

センチメンタリズム【sentimentalism】感情や心情におぼれやすい態度．

センチメンタル【sentimental】感傷的．感じやすい．多感な．涙もろい．

センチメント【sentiment】①感傷．感情．情緒．②［芸文］芸術・文学上の情感・情動．

センチュリー【century】①世紀．100年．②［印］欧文活字の一種で，最も一般的な書体．③アメリカで100ドル紙幣．

センチュリー ハウジング【century housing 日】［建］100年住宅．耐用期間が100年の住宅．

センチュリーボンド【century bond】［経］償還期間が100年という長期の普通社債．

センチュリーミックス【century mixed】［服］15世紀ごろのビザンチン，17世紀のバロック，18世紀のロココなど，各世紀の古典的特徴を混合した回顧的デザイン．

センデロ ルミノソ【Sendero Luminoso 西】［軍］ペルーの共産党から分派した左翼ゲリラ組織．1970年に結成．輝く道の意．

センテンス【sentence】①文．文章．②判決．

セント【saint】［宗］キリスト教で，聖人・聖徒．セイント，サンともいう．

セントエルモの火【St. Elmo's fire】［理］山頂や船のマストの先端などで雷雲が近づいた時などに見られる発光現象．コロナ放電による．

セントール【Centaur】［機］液体水素などを燃料にするアメリカの強力なロケットエンジン．人工衛星などの打ち上げに使用される．

センドバック【send back】［I営］パソコンや周辺機器が故障した場合，製品のメーカーに送り返して修理してもらうこと．

セントパトリック デー【St. Patrick's Day】［宗］守護聖人を記念したアイルランドの祭日(3月17日)．

セントポーリア【saintpaulia】［植］アフリカスミレ．イワタバコ科の多年草．スミレに似た花をつける．多くの園芸種がある．

センドメール【sendmail】［I営］ユーザー間におけるメールのやりとりを仲介するソフトウエア．UNIXに標準搭載されている．

セントラライズド システム【centralized system】［I営］［経］製造・販売・安全などを電子機器を利用して中央で集中管理するシステム．

セントラリゼーション【centralization】①中央集権化．②［経］経営管理の集中化．

セントラルアタック【central attack】［営］［法］商標権の出願において，国際登録の日から5年以内に本国での出願・登録が無効または取り消しとなった場合に国際登録も取り消されること．

セントラルエアコン【central air conditioning】［建］一戸建て住宅で，1台の空気調節装置で全室の空気調節を図るもの．

セントラルキッチン【central kitchen】［建］1カ所で集中的に調理して，給食や食堂などに料理を供給するちゅう房方式．

セントラルクリーナー【central cleaner 日】［建］住宅の集中掃除システム．大型掃除設備と屋内をパイプで結び，掃除機用ホースでごみを吸い込む．

セントラルドグマ【central dogma】［生］中央課題．1958年にF．クリックが提唱した分子遺伝学の基本原理．デオキシリボ核酸（DNA）をもった遺伝情報は，リボ核酸（RNA）を介してたんぱく質へと一

セントラル ▶

方向にのみ伝えられるというもの．

セントラル バイイング【central buying】
営経チェーン店などで，本社が商品を一括して仕入れること．

セントラルバンク【central bank】 経中央銀行．国の金融政策を実行し，銀行券の発行・国庫金の出納などを行う．

セントラル ファイル システム【central file system】 ①算支店や工場にある端末コンピューターと本社のコンピューターを結び，すべてのデータを本社で集中管理する方式．

セントラルヨーロッパ【Central Europe】 中欧．中部欧州．中央ヨーロッパ．

セントラルリーグ【Central League】 競(野球)日本のプロ野球リーグの一つ．日本野球連盟が1949年にセ・パに分裂し，50年にスタート．現在は6球団が所属．セ・リーグ．

セントラルレート【central rate】 経変動相場制に移行する前のアメリカドルに対する各国為替の公定交換比率．

セントリーノ【Centrino】 ①算携帯型パソコンのプラットフォームの一種．インテルが提唱．商標名．

セントリフュージ【centrifuge】 機理遠心分離機．

セントリフュージ ファシリティー【centrifuge facility】 生理生命科学実験施設．遠心力で人工重力を作り，生物への影響などを調べる．CFともいう．

セントレア【Centrair 日】 中部国際空港の愛称．

セントレジャー【St. Leger】 競イギリスの競馬で，五大クラシックレースの一つ．毎年9月に行われる．

セントロニクス【centronics】 ①算コンピューターと周辺機器，特に印字装置との接続の規格．パラレル伝送のインターフェースの標準的な規格となっている．正確には centronics parallel interface.

セントロメア【centromere】 生動原体．染色体のくびれ部分にある粒子．

センナ【senna 羅】 植マメ科カワラケツメイ属の低木．葉などを下剤に用いる．

ソ

ソアラー【soarer】 機グライダーの種名．計器を備えていて，高度な滑空技術を必要とする．

ソアリング【soaring】 グライダーで滑空すること．

ソイソース【soy sauce】 料醤油．ソイは大豆の意のソイビーンの略．ソイ，ソイアともいう．

ソウル【soul】 ①魂．精神．霊魂．②音ソウルミュージックの略．

ソウルフル【soulful】 魂のこもった．情熱のあふれた．音楽などの形容に用いる．

ソウル ミュージック【soul music】 音リズムアンドブルースにゴスペルなどの影響を受けた黒人大衆音楽．ソウルともいう．

ソーイング【sewing】 服裁縫．縫い物．

ソーサス【SOSUS】 軍音響監視システム．潜水艦を探知・識別する装置で，アメリカ海軍が世界中の海に配備．sound surveillance system の略．

ソーシャビリティー【sociability】 社交性．

ソーシャリー レスポンシブル カンパニー【socially responsible company】 営環社環境保全や地域開発などに取り組み，社会的責任を果たす企業．

ソーシャリスト【socialist】 社政社会主義者．社会主義支持者．

ソーシャリズム【socialism】 社政社会主義．

ソーシャリゼーション【socialization】 ①社会化．社会主義化．②社交．社会生活でのつきあい．

ソーシャル アカウンタビリティー【social accountability】 社社会的責任．社会的説明義務．社会的実施義務．

ソーシャル アカウンティング【social accounting】 営経国民経済における企業・家計・政府・外国部門間の相互関係を企業会計の勘定形式で把握すること．

ソーシャル アクション【social action】 社社会行動．社会的行為．

ソーシャル アドバタイジング【social advertising】 広政公共広告．政府や地方自治体，公共団体などが，啓蒙や告知をするために行う広告．

ソーシャル アントレプレナー【social entrepreneur】 社社会的企業家．福祉，環境，教育など社会的課題の解決に取り組む事業の担い手．

ソーシャル アンバランス【social unbalance】 社政公共財は欠けているのに，私的財が豊かな状態．個人生活は豊かだが公共的なサービスが行き届いていない状況．

ソーシャルインフレ【social inflation 日】 経企業活動の結果生じる公害などを防止するためにかかった負担金を，企業が製品価格に上乗せして起こるインフレ．英語は expenses passed on to consumers が近い．

ソーシャル インベストメント【social investment】 営経社会に貢献する投資．健全な社会活動などをしていると思われる機関や企業に投資すること．

ソーシャルウエア【social wear 日】 服簡略化した社交服．少し改まった場所などで着用．

ソーシャル キャピタル【social capital】 社社会的資本．社会に有用に機能する対人関係などの資源．

ソーシャル グループ ワーク【social group work】 社集団指導．社会福祉活動の一つで，集団を作って，その中で個人が自発的に行動し，社会的な適応性を身につけることを援助する．グループワークともいう．

ソーシャルコスト【social cost】 経社会の費用．公害対策など社会全体が負担する費用．

◀ソープレス

ソーシャルサービス【social service】社組織的に行われる社会福祉事業．社会奉仕活動．
ソーシャルスキル【social skill】社社会生活をおくるために必要な技術や能力．
ソーシャルストック【social stock】経社誰もが便益を受けられる社会資本．鉄道，港湾や公園，下水道施設など．
ソーシャル セキュリティー【social security】社社会保障．
ソーシャルタギング【social tagging】イ一つの URL に対して，多数のネットユーザーがタグによって意味付けを行うこと．
ソーシャルタリフ【social tariff】社社会的関税．外国からの移民の受け入れを制限すること．
ソーシャルダンス【social dance】芸社交ダンス．ソシアルダンスともいう．
ソーシャル ダンピング【social dumping】営経社劣悪な労働社会条件を利用して，原価を下げて海外市場で製品の安売りを行うこと．
ソーシャル ツーリズム【social tourism】社経済的な理由などで観光旅行に無縁だった人々に，その機会を得られるような状態を作り出すこと．また，現代社会での観光の位置づけを考えることも指す．
ソーシャル ディジーズ【social disease】医社社会病．社会との接触によって起こる病気．一般には性病を指していう．
ソーシャル テクノロジー【social technology】社社会工学．都市の公害，地方の過疎などの社会問題を扱う．
ソーシャル デモクラシー【social democracy】社政社会民主主義．
ソーシャル テンション【social tension】社個人または集団相互間の不和・対立関係．社会的緊張．
ソーシャル ネットワーキング サービス【social networking service】イ友人からの招待を受けると参加できるインターネット上の非開放的なコミュニティーサイト．
ソーシャル ネットワーク【social network】①社家族や友人・知人などを含む豊かな人間関係．②社社会福祉におけるネットワーク．
ソーシャル ブックマーク【social bookmark】イ注目するウェブサイトの URL をウェブ上で編集・表示，他のユーザーも閲覧利用できるようにするサービス．
ソーシャル マーケティング【social marketing】営企業が利益追求の半面で社会的責任を果たすために行う市場活動．商品の安全性への配慮や内容表示だけでなく，環境保全，地域社会への貢献などの社会参加も含める．
ソーシャル マーケティング エージェンシー【social marketing agency】広告メディアを用いて社会の利益に貢献する活動を扱うマーケティング・広告会社．
ソーシャルミニマム【social minimum】社すべての国民，または住民が保障されるべき社会的な最低基準．
ソーシャルワーカー【social worker】社社会福祉士．障害者や老人などの相談に応じたり援助を行ったりする．

ソース¹【sauce】料西洋料理に用いる液状調味料・汁の総称．
ソース²【source】源．原因．出所．水源．
ソースコード【source code】Iプログラミング言語を使って書かれたプログラムの設計図．コンピューターが解釈できる機械語プログラムに変換して使う．⇔オブジェクトコード．
ソースファイル【source code file】I算コンピューターが実行するファイルに変換できるソースコードを記述したファイル．
ソースプログラム【source program】I算原始プログラム．プログラム言語によって書かれた翻訳の対象となるコンピューター用プログラム．
ソーダ【soda】①化炭酸ナトリウム．炭酸ソーダ．ナトリウム塩の総称．②料甘味や色付けをした炭酸飲料．
ソーダ灰【soda ash】化無水炭酸ナトリウム．農薬，染料，ガラスなどの原料として用いる．
ソーダパルプ【soda pulp】木材を苛性ソーダで処理したパルプ．他のパルプと混ぜ合わせて上質紙を作る．
ソーティー【sortie】軍任務遂行機会数．延べ機数．波(は)．戦闘・爆撃・偵察などすべての軍事行動に関連する航空機の出撃数．
ソーティング【sorting】I算コンピューター処理でデータを一定の条件に従って分類・区分けすること．
ソート【sort】①I算データの大小や語順など特定の順序に並び替えること．②整列．分類．
ソート アルゴリズム【sorting algorithm】I算複数のデータをある特定の規則に基づいて順番に並べ替えるためのアルゴリズム．
ソートキー【sort key】I算表計算やデータベースソフトで，データを数字順，文字順に並べ替える時の基準フィールド．
ソーナー【SONAR】機水中音響探信機．水中聴音機．超音波などを用いて船舶や魚群への距離や方位を測定する．sound navigation ranging の略．ソナーともいう．
ゾーニング【zoning】①社都市計画などで，特定区域ごとに建築用途の種類をかえて規制すること．②I算ＯＡ機器の導入などで，事務所を働きやすい机の配置などにすること．
ソービッグ【Sobig】Iイ算ワーム型コンピューターウイルスの一種．2003年に出現．
ソープ¹【soap】石けん．シャボン．
ソープ²【THORP】理イギリスの核燃料再処理施設．Thermal Oxide Reprocessing Plant の頭字語から．
ソープオペラ【soap opera】放通俗的な連続放送劇．メロドラマ．
ソープランド【soapland 日】営風俗営業の一つ．性的サービスを売りものにする個室の特殊浴場．英語は massage parlor．
ソープレスソープ【soapless soap】化合成洗剤の一種．従来のように油脂を原料にしたものでな

301

ソープワー▶

洗剤.

ソープワート【soapwort】 植シャボンソウ. ナデシコ科サポナリア属の多年草. ヨーロッパ, 西アジアが原産.

ソーホー【SOHO】 [1]社情報通信ネットワークを使い, 自宅近くに設ける中継事務所で働いたり, 自宅で在宅勤務したりする遠隔勤務形態. small office, home office の頭字語.

ソーラーエンジン【solar engine】 理機太陽エネルギーで動くエンジン. 太陽光による空気の膨張と冷却装置でピストンを動かす.

ソーラーカー【solar car】 理機太陽電池自動車. 太陽エネルギーを用いる.

ソーラークッカー【solar cooker 日】 科太陽熱を利用する調理器具.

ソーラーコレクター【solar collector】 機理平板型および真空管型の太陽熱集熱器. 太陽光の入射面に選択吸収膜を張った金属板を置き, 入射光が逃げないようにガラスなどで覆って, 熱効率を高める.

ソーラーシステム【solar system】 ①天太陽系. ②(日)機理冷暖房や給湯などに太陽熱を利用する装置. 英語は solar heating system.

ソーラータワー【Solar Tower】 電オーストラリアで建設予定の高さ1000mの太陽熱発電所. ソーラーチムニーともいう.

ソーラーハウス【solar house】 建太陽熱を利用して冷暖房, 給湯などを行う住宅や工場など.

ソーラーパネル【solar panel】 理太陽電池板.

ソーラーパワー【solar power】 理太陽エネルギー. 太陽熱・光利用の発電や動力など.

ソーラーB【Solar-B】 宇日本の旧宇宙科学研究所の太陽観測衛星. 2001年に打ち上げた.

ソーラー ファウンテン システム【solar fountain system 日】 理地中に蓄えられている太陽熱を暖房や冷房などに利用するやり方.

ソーラーフレア【solar flare】 天太陽面に起こる, 光・電波・X線などを放出する爆発現象.

ソーラープレーン【solar plane】 機太陽電池を動力に用いる飛行機.

ソーラーポンド【solar pond】 理太陽発電の一つ. 人工池に高濃度の塩水を入れ, その上に淡水を満たすと, 対流が起きないために太陽熱のエネルギーが底にたまる. その温度差を用いて発電する方法.

ソーラリアム【solarium】 建病院などに設ける日光浴室. サンルームのこと.

ソール【sole】 ①底の部分. 底面. ②服靴底.

ソールドアウト【sold-out】 営売り切れの. 完売の. ソルドアウトともいう.

ゾーン【zone】 地域. 地帯. 周辺.

ゾーン10進数【zone decimal number】 [1]算10進数を表す方法の一つ. 一桁の数字を8ビットで表し, それをさらに4ビットずつ, ゾーン部と数値部に分ける.

ゾーン制【zone system 日】 営社タクシー料金や航空運賃などで, 一定の上限値と下限値の枠を設ける運賃制度.

ゾーン ダイエット【zone diet】 栄養の摂取割合を炭水化物4, たんぱく質3, 脂質3にする方式.

ゾーン ディフェンス【zone defense】 競バスケットボールなどで, 守備範囲を分担して, 相手の攻撃を阻止する方法.

ゾーンバスシステム【zone bus system 日】 社バス利用の多い地域内で, 路線網の整備, 一方通行や優先走行などにより, バスサービスの向上を目指すもの.

ゾーンフォーカス【zone focus】 写レンズの被写界深度を計算に入れて, 撮影距離を遠景・中景・近景などのゾーンに区分し, 距離合わせを簡便にした焦点調節方式.

ゾーンプレス【zone press 日】 競(バスケ)攻撃の前線から最終線までの範囲を狭めた陣形.

ゾーンペックス【zone PEX】 営社個人旅行用の往復割引航空運賃. 個人特別回遊運賃の条件を緩和して認可された. PEXは special excursion fare の略.

ゾーンボディー【Zone Body】 機自動車の衝突安全性を高める車体機構の方式の一つ. 日産が開発.

ゾーンライン【zone line】 競(アイスホッケー)リンクを3区域に分ける青色の2本線.

ソクラテス法【Socratic method】 教問答によって帰納的に一般原理を理解させる方法.

ソケット【socket】 ①電電球の差し込み口. コンセントともいう. ②機差し込み式の受け口. ③競(ゴルフ)クラブのシャフトとヘッドの連結箇所. またはそこに当たる打球. ④[1]4算ネットワーク接続における概念で, データを受け取る機能のこと. ⑤[1]算中央処理装置（CPU）を取り付ける台. CPU の差し替えができる.

ソサエチー【futebol de society 葡】 競(サッカー)ブラジルのミニサッカーの一種. 主に1チーム7人で, 人工芝のコートで行われる. フッチボウ・デ・ソサエチーの略.

ソサエティー【society】 社社会. 社交界. 協会. 学会. 社会団体.

ソシオ【sócio 伊】 社会員. 協会員. 組合員. 共同出資者. 株主.

ソシオエコノミックス【socioeconomics】 経政治・社会・心理学などの要素を総合的に取り入れた新しい経済学.

ソシオグループ【sociogroup】 心特定の問題に関して利害を等しくする人々の集団.

ソシオドラマ【sociodrama】 心社会劇. 即興劇を演じさせることで, 集団内の相互関係を改善する心理療法の一つ.

ソシオバイオロジー【sociobiology】 社生社会生物学. 生物学の知識で, 下等生物から人間に至る社会の進化の過程を明らかにし, 生物に見られる社会的行動を研究する学問.

ソシオメトリー【sociometry】 社計量社会学. 社会関係を測定する方法.

ソシオメトリック テスト【sociometric test】 心集団内の個人の相互関係を測定するための技法の一つ. 人に対する好意・反感・無関心などを基に人間関係を発見・研究するのに用いる.

ソシオロジー【sociologie 仏】 社社会学.

ソジャーナ【Sojourner】 宇アメリカの無人の火星

302

◀ソフトウエ

探査車．1997年にマーズパスファインダーが搭載して火星に着陸した．

ソックス[1]【socks】服短い靴下．もとは古代ギリシャの喜劇役者が履く短い靴．

ソックス[2]【SOx】化硫黄化合物．硫黄の酸化物の総称．sulfur oxidesの略．

ソティ【sotie 仏】劇フランス中世の通俗劇の一つ．俳優自らが阿呆と称し，時事風刺的な茶番劇を演じる．②文筆者が小説の中の出来事と読者の間に入って，風刺的な解説をはさんで進行する小説．

ゾディアック【zodiac】①天黄道帯．獣帯．②天十二宮図．黄道帯にある十二星座．

ソテー【sauté 仏】料肉や野菜などを油でいためた料理．

ソドミー【sodomy】男色．少年愛．獣姦．

ソトワール【sautoir 仏】①服女性用の細長い首飾り．②バター焼きなどに用いる両手なべ．

ソナー【sonar】機水中音波探知機．ソーナー．

ソナグラム【sonagram】音を録音・再生して分析する装置を用いてできる図形．

ソナタ【sonata 伊】音奏鳴曲．ソナタ形式を採用した器楽曲．

ソナタ形式【sonata form】音古典・ロマン両派の最も重要な音楽形式．主題の提示部，展開部，再現部などからなる．18世紀後半にハイドンが完成し，ベートーベンが発展させた．

ソナチネ【sonatine 伊】音小奏鳴曲．小規模なソナタ．

ソニーランキング【Sony Ranking】競（ゴルフ）世界ゴルフランキング．スポンサーのソニーが1998年に降り，ワールドゴルフランキングに名称変更．

ソニックブーム【sonic boom】理航空機が超音速を出す時に衝撃波によって起きる爆発音．衝撃音．

ソニックブルーム【sonic bloom】農音波発生器で起こした特殊な波長音を農作物に聞かせる栽培法．

ソネット【sonnet】文14行からなるヨーロッパ叙情詩の一形式．

ソノケミストリー【sonochemistry】化超音波を利用して研究を行う化学の学問分野の一つ．

ソノシート【Sonosheet】紙や塩化ビニールでできた薄いレコード盤．商標名．

ソノブイ【sonobuoy】機音響探知機を備えた浮標．潜水艦・魚群・地形などの探索用．

ソノメーター【sonometer】理音の高低の測定装置．

ソノモンディエル【sonomondial 仏】音地球的音楽．ワールドミュージックのこと．世界中の人々が聴ける要素をもった音楽を表す．

ソバージュ【sauvage 仏】容毛先の方から弱いパーマをかけ波状にした野性味のある髪形．

ソビエト【sovet 露】ロシア語で会議の意．旧ソ連＝ソビエト社会主義共和国連邦の略称．英語ではsoviet．

ソフィア【sophia 希】英知．知恵．単なる学問・知識の集積ではなく，真理を知るために知識を正しく用いうる高度な知恵をいう．

ソフィスティケーション【sophistication】気取り．高度の教養．趣味などの洗練．精緻．

ソフィスティケート【sophisticate】洗練された．世間ずれした．都会風な．精巧な．

ソフィスト【sophist】詭弁家．へ理屈屋．へ理屈を弄する人．

ソブストーリー【sob story】お涙ちょうだい物語．他人の同情を求めるような弁解．

ソブゾキサン【sobuzoxane】薬経口投与できる抗悪性腫瘍剤．全薬工業と上海薬物研究所が共同研究して発見した新しい化合物ビスジオキソピペラジン誘導体．

ソフト【soft】①柔らかい．柔軟な．穏やかな．⇔ハード．②工算ソフトウエアの略．

ソフトウエア【software】①工算コンピューターを利用するための技術．特にプログラム体系に関する技術．また一般的に，機械類（ハードウエア）が機能するのに必要な情報要素．⇔ハードウエア．②営企業活動における，サービスや情報の要素．

ソフトウエア エンジニアリング【software engineering】工算ソフトウエア工学．コンピューターのソフトウエアの効率的な設計・開発・評価方法や品質管理法などを研究する．

ソフトウエア音源【software synthesizer】工算 MIDI の外部音源やシンセサイザーの機能など，コンピューター上でソフトウエアとして実現させるもの．

ソフトウエア キーボード【software keyboard】工算マウスでキーボードの機能の操作ができるようにしたもの．

ソフトウエア クライシス【software crisis】工算コンピューターのハードウエアの急速な進歩にソフトウエアが追いつけない状態．

ソフトウエア工学【software engineering】工算システムやプログラムの開発でソフトウエアの生産性の向上を総体的に研究する学問．

ソフトウエア サーボ【software servo】工算コンピューターのソフトウエアを用いる，ロボットの自動制御機構のこと．デジタルサーボ，デジタルフィードバックともいう．

ソフトウエア シンセサイザー【software synthesizer】工算ウェーブテーブル用の音源をサウンドカード内の PCM 音源と CPU の処理で実現すること．

ソフトウエア スイッチ【software switch】工算ハードで直接行っていた機能の切り換えを，画面上のプログラムで切り換えられるようにしたもの．

ソフトウエア著作権【software copyright】工算著作権法により保護されているソフトウエアに関する著作権．

ソフトウエア テクノロジー パーク【Software Technology Park of India】工営ソフトウエアと情報サービスの輸出促進を図るインドの工業団地．1991年に創設．ＳＴＰＩ．

ソフトウエア動画【software motion video】工算 CPU（中央処理装置）の処理とソフトウエアで，DVD などの動画を再生すること．

ソフトウエア特許【software-related inven-

303

tion】　Ⅰ算ソフトウエアに対する特許．プログラムやデータが記録された記憶メディアに対して認められる．

ソフトウエアハウス【software house】　Ⅰ算コンピューターのソフトウエア開発を専門に行う企業．ソフトハウスともいう．

ソフトウエアバス【software bus】　Ⅰ算各種のソフトウエアを仲介して、組み合わせて使えるようにするソフトウエア．

ソフトウエア パッケージ【software package】　Ⅰ算ワープロソフトや表計算ソフトなどのように，一般の利用者用に商品化されたソフトウエア．

ソフトウエア バンドリング【software bundling】　Ⅰ算コンピューター本体に特定のソフトウエアを搭載して利用者に提供すること．

ソフトウエア保守【software maintenance】　Ⅰ算開発したソフトウエアに対して，バグを発見し変更や修正を加えること．

ソフトウエア モデム【software modem】　Ⅰ算コンピューター上のソフトウエアによってモデムの機能を実現すること．

ソフトウエア ルーター【software router】　Ⅰ算コンピューター上のソフトウエアによってルーター機能を実現すること．

ソフトエコノミー【soft economy】　経経済の成長率だけが高く，国民生活の基礎などが固まっていない経済．→ソリッドエコノミー．

ソフトエネルギー パス【soft energy path】　理理太陽エネルギー，地熱，潮汐など自然エネルギー利用の考え方．1976年にイギリスの環境保護運動家A.ロビンスが，地球の環境を守ることを目的として提唱した．

ソフトエラー【soft error】　Ⅰ算宇宙からの中性子線によって半導体の回路が誤作動を起こす現象．

ソフトオープニング【soft opening】　営新しく開業するホテルやレストラン，テーマパークなどで，工事完了前に一部の得意客などのために部分的にオープンすること．

ソフトカードミルク【soft curd milk】　料酸で凝固した牛乳中の成分を柔らかく処理した乳児用の粉末ミルク．

ソフトカバー【softcover】　紙表紙の軽装本．ソフトカバーブック，ペーパーバックともいう．

ソフトグッズ【soft goods】　営織物・衣服など短い年数で消費されてしまう品物．非耐久消費財．

ソフトクロマキー【soft chroma-key】　放輪郭のぼけを生かして，はめ込む画面と背景の不自然さをなくした画面合成法．

ソフトコア【soft-core】　性描写などをぼかした．おとなしい．暗示的な．

ソフトコア ポルノ【soft-core porno】　映性行為や描写などが暗示的でどぎつくないポルノ映画．ソフトポルノともいう．

ソフトコピー【soft copy】　Ⅰ算画像表示装置に映し出される出力情報．→ハードコピー．

ソフト コンタクト レンズ【soft contact lens】　含水率が高い材料で作るコンタクトレンズ．

ソフトサイエンス【soft science】　新領域の学問分野を統合した科学技術手法．環境・都市などの社会問題の解決を図る．

ソフト産業【software industry】　営主に付加価値の高い知識・情報やサービスなどの産業の分野．

ソフトスイッチ【softswitch】　Ⅰ算ＩＰ電話網で交換機の役割を果たす仮想的な機能．

ソフトスーツ【soft suit 日】　服幅広で体をゆったり包み，色調・素材も軽やかなスーツ．

ソマトスタチン【somatostatin】　医アルツハイマー病の原因であるアミロイドβペプチドを分解する生体物質．

ソフト セラミックス【soft ceramics 日】　化吸水性のある窯業品．

ソフトセル【soft sell】　広間接的な表現による訴えかけ．柔らかくささやきかけたり，ユーモアを交えたりする販売法．

ソフトターゲット【soft target】　①軍たやすく攻撃できる標的．監視が甘い施設や武装していない民間人などをいう．②軍標的が人間であることを指す用語．兵器の設計者が使う．

ソフトダラー【soft dollar】　経証券取引などに関する情報・サービスに対する手数料．

ソフト著作権【software copyright】　Ⅰ算営コンピューターのプログラムを著作物として法的保護をした権利．

ソフト通貨【soft currency】　①経外国為替市場で需要が低く，供給が多い通貨．→ハード通貨．②経対外収支が赤字の経済力の弱い国の通貨．

ソフトテニス【soft tennis】　競(テニ)軟式庭球．軟式テニス．1992年に名称変更．

ソフトドラッグ【soft drug】　薬麻薬の中で比較的習慣性の弱いもの．マリファナなど．

ソフトドラマ【soft drama】　文見た目にはほとんど変化がないようだが，奥深いところで社会構造や産業構造を変えるような動きをテーマにしたノンフィクション作品．アメリカのデービッド・ハルバースタムが提唱．

ソフトドリンク【soft drink】　料アルコール分を含まない清涼飲料．

ソフトノミックス【softnomics 日】　営経社生活の質の向上，心の豊かさを重視するソフト化社会に対応する経済政策・経済運営のあり方．大蔵省（現財務省）が提唱した造語．英語は economics for better lifestyle が近い．

ソフトバイク【soft bike 日】　機排気量が50cc以下の小型オートバイ．タウンバイク，ファミリーバイクともいう．

ソフトハウス【software house】　Ⅰ算営企画，開発など一連のソフトウエアの開発作業を受託する企業．

ソフトパス【soft path】　Ⅰ情報化社会では，物的・量的な経済から質的経済に向かうこと．

ソフトパッチ【soft patch】　経一時的な景気停滞．元来は，雨で地面がぬかるんだ状態などを指す．

ソフトパワー【soft power】　①国際関係における文化や思想などのこと．②政政治権力の二面性のう

◀ソリッドス

ち，経済力や世論のような強制的でない影響力のこと．

ソフトピアジャパン【SOFTPIA JAPAN】①岐阜県に整備されている大規模な情報科学の総合産業パーク．

ソフトファクス【soft fax】①コンピューターを使って取り交わすファクス．

ソフトフォーカス【soft focus】映写被写体を柔らかくぼかした撮影技術．

ソフトプリント【soft print】①算情報取り出しを画像表示装置に映して行う方法．

ソフトボイルド【soft-boiled】①料半熟の．②文文体・内容が穏便な小説．

ソフトボーダー【soft border】柔軟な（交流が一部可能な）境界線．

ソフトボール【softball】競野球に類似した球技．また使う球のこと．球は野球より重く大きい．投手は下手投げで投球する．

ソフトマター【soft matter】理高分子，ゲル，液晶など，弾性をもつ柔らかな物質の総称．

ソフトマネー【soft money】営社アメリカで，企業や労働組合などから州レベルの党組織に行われる献金．選挙資金規制をかわす一方法．⇔ハードマネー．

ソフト メーキャップ【soft makeup】容肌に溶け込むような色を使い，柔らかな印象を与える化粧法．

ソフト ランディング【soft landing】①経高度成長から安定成長への移行を，不景気を招かず達成しようとする経済政策．②宇軟着陸．月などで宇宙船が逆噴射ロケットを使い，静かに着陸すること．⇔ハードランディング．

ソフトルック【soft look】①服体の柔らかい線を強調するようにデザインされた服．②柔らかい色調・配色．

ソフトレンズ【soft lens】含水率が高い材料で作るコンタクトレンズ．ソフトコンタクトレンズともいう．

ソフトロー【soft law】法法的拘束力はもたないが，国連総会宣言や国際機関の行動綱領など国際法的な規範．

ソフトローン【soft loan】①経世界銀行の姉妹機関である国際開発協会（IDA）の借款方式．無利子，長期で，現地通貨による返済が認められる．②経貸付条件の厳しくない借款．

ソフトロック【soft rock】音ギターやピアノなどの繊細な音を強調するロック音楽．

ソフトワイヤードＮＣ【soft-wired numerical control】①算コンピューター数値制御の一つ．機能がプログラムで決定されるので固定的でない．

ソフホーズ【sovkhoz 露】政農旧ソ連の国営農場．集団化された農業経営形態で，国家計画に従って生産活動に従事し，その生産物も国家に引き渡した．

ソプラノ【soprano 伊】音声楽で女声の最高音域．またその音域をもつ歌手．

ソブリン【sovereign】政主権者．元首．支配者．独立国．

ソブリン格付け【sovereign credit rating】経ある国の政府が発行した外貨建て債務証書に対する格付け．

ソマトスタチン【somatostatin】医アルツハイマー病の原因であるアミロイドβペプチドを分解する生体物質．

ソマン【Soman】化神経ガスの一種．致死性の猛毒物質．

ソムリエ【sommelier 仏】料酒番．レストランのワイン係．フランス料理店などで，ブドウ酒を専門に扱う給仕人．

ソムリエナイフ【sommelier knife】料ブドウ酒のコルク栓を抜くのに用いる栓抜き．

ソユーズ スラビヤン【Soyuz Slavyan 露】社スラブ同盟．スラブ民族の再生を訴え，1990年にロシアのソルジェニーツィンが提唱．

ソユーズＴＭ-2宇宙船【Soyuz TM-2 Spacecraft】宇ロシアの最大3人乗りの宇宙船．

ソユーズＵロケット【Soyuz-U launch vehicle】機ロシアの2段式ロケット．

ソラナ ペーパー【Solana Paper】軍EU（欧州連合）の安全保障戦略をまとめた文書．ソラナ共通外交・安全保障上級代表が作成した．

ソラニン【solanin】化ジャガイモの新芽に含まれる有毒成分．食べると中毒症状をおこす．

ソラリゼーション【solarization】①写感光．露光過度の時，画像の明暗が逆転する現象．またそれを利用する写真技法．パソコンで写真をデジタル処理して修正する時にも用いる．

ソリオン【solion】①電電気回路の増幅装置．②電電解質溶液中のイオンの移動を利用した平面型トランジスタ．

ソリスト【soliste 仏】①音独唱者．独奏者．②芸バレエで単独で踊る人．英語は soloist．

ソリタリー【solitary】ひとりぼっちの．孤独の．単独の．

ソリダリティー【solidarity】①結束．団結．連帯．②法連帯責任．

ソリダリティー マネー【solidarity money】競連帯金．国際オリンピック委員会（IOC）が財源調達後で取得した協賛金を，国内オリンピック委員会に配分するもの．

ソリッド【solid】化理固形の．固い．充実した．中味のある．固体．⇔リキッド．

ソリッドエコノミー【solid economy】経経済基盤や国民生活の基礎がしっかりした厚みのある経済．⇨ソフトエコノミー．

ソリッドギター【solid guitar】音胴に共鳴させる部分のないエレキギター．

ソリッドサーキット【solid circuit】①電固体状の超小型電子回路．一つの固体の中に多くの回路が組み込んである．

ソリッドステート【solid-state】電トランジスタ化した部品．真空管の代わりに半導体を利用した電子回路を用いる．

ソリッドステート アンプ【solid-state amplifier】電トランジスタ式アンプのことで，真空管式アンプに対していう．小型で消費電力が少ない．

ソリッドス▶

ソリッドステート メモリー【solid-state memory】 ①算半導体を利用して、機械的に動く部分をなくした記憶装置. データの読み書きが速く、耐久性も高い.

ソリッドタイヤ【solid tire】 機内部までゴムで作るタイヤ. パンクせず、高荷重に耐える.

ソリッド テクスチャリング【solid texturing】 ①算三次元コンピューターグラフィックスで物体を表現する際に、三次元の座標をもとに物体表面の模様を計算で求めること.

ソリッドモデル【solid model】 ①算コンピューターグラフィックスで、三次元の物体の形状を固体として表現する形状モデル.

ソリトン【soliton】 ①数空間に局在する粒子的性質をもつ孤立波. 形や速さを変えずに伝わり、波同士が衝突しても変化しない.

ソリブジン【sorivudine】 薬アラビノフラノシルウラシル誘導体、抗ヘルペスウイルス剤. 帯状疱疹(ほうしん)の治療薬で、経口投与で用いる. 抗がん剤の併用で副作用が発生し問題となった.

ソリューション【solution】 ①①算最適システムへ向けての解決策. 通信とコンピューターを活用し、業務革新の道具とすることで問題解決を図る方法. ②溶液. 溶剤. ③解決. 解釈. 説明. 解決策. 問題解決.

ソリューション ビジネス【solution business】 ①算情報技術(IT)を利用して、企業内のシステム構築やビジネスモデルなどを提供するサービス.

ゾル【sol】 化コロイド溶液. 液体中にコロイド粒子が分散または溶解しているもの.

ソルガム【sorghum】 植イネ科の一年草で、モロコシ、タカキビともいう.

ソルジャー【soldier】 軍陸軍軍人. 兵隊. 兵士. 隊員. 下士官.

ソルド【solde 仏】 営特売品. 特価品.

ソルドアウト【sold-out】 営売り切れの. 完売の. 札止めの. ソールドアウトともいう.

ソルトレークシティー オリンピック【Olympic Winter Games, Salt Lake City 2002】 競2002年にアメリカのユタ州ソルトレークシティーで開催された冬季オリンピック. アメリカでは冬季で4度目の大会.

ソルバー【solver】 ①算表計算ソフトなどで、与えられた制約条件下で最適な答えを探し出す機能. 考えるケースを効率的に総当たりしてデータ値を変化させながら答えを求める.

ソルビトール【sorbitol】 化液状などに含まれる水溶性の結晶. 糖尿病患者用の甘味料などに用いる. ソルビットともいう.

ソルフェージュ【solfège 仏】 音音楽教育の基礎. 音程、リズム、音部記号の読譜能力や視唱能力を訓練する教程.

ソルベンシー【solvency】 営経支払い能力. 財力.

ソルベンシー マージン【solvency margin】 営経生命保険会社の経営の健全性を測る指標の一つ. 支払い余力を分子に、資産運用や保険金支払

いのリスクを分母にして算出する. ソルベンシー マージン比率ともいう.

ゾルレン【Sollen 独】 哲当為. 既にあったり、自然必然的にあったりすることに対して、「かくあるべきこと」の意.

ソレイユ【soleil 仏】 ①天太陽. ②植ヒマワリ.

ソレノイド【solenoid】 電線輪筒. コイルを細長く円筒状に巻いたもので、電流を通すと磁界を生じる.

ソロ【solo 伊】 ①音独奏. 独唱. ②競芸バレエ、フィギュアスケートなどでの独演.

ゾロアスター教【Zoroastrianism】 宗前7〜前6世紀のゾロアスターを開祖とするペルシャの古代宗教. 善悪二神の対決・抗争に基づく二元論を唱える. 火を神聖視し、拝火教ともいわれる.

ソロプチミスト【Soroptimist】 社国際的な連帯と社会奉仕を目的として、女性の事業家などが始めた団体の会員.

ソワール【soir 仏】 夕方. 夕暮れ時. 晩.

ソワニエ【soigner 仏】 世話をする. 手入れする. 看護する.

ソワレ【soirée 仏】 ①夜会. ②夜会服. 芝居などの夜の部. ③宵.

ソングサンダル【thong sandals】 服革ひも製の鼻緒付きサンダル. トングサンダルともいう.

ソングスター【songster】 ①音歌手. ②音作詞家.

ソングバード【songbird】 ①社密告者. 情報提供者. ②鳴鳥(めいちょう). 女性歌手.

ゾンデ【Sonde 独】 ①医体内の診断や治療に用いる棒状の器具. ②気上空や地中の状況を探る装置.

ゾンド【Zond 露】 宇旧ソ連が打ち上げた無人月探査機.

ゾンビ【zombie】 超自然的な力で生き返らされた死体. 恐怖映画などに登場する.

ゾンビコンピューター【zombie computer】 ①①算ウイルスやワームに攻撃され、乗っ取られたパソコン. ゾンビ PC ともいう.

ソンブレロ【sombrero 西】 服つばが広く山が目立って高い麦わらやフェルト地の帽子. スペインや中南米諸国で用いる.

ソンブレロパワー【sombrero power】 政第三世界のうち、ラテンアメリカ諸国のリーダー格であるメキシコの指導力のこと.

ゾンマーシー【Sommerski 独】 競(スキ)残雪期などに使う短いスキー板. 夏スキーの意.

タ

ダーウィニズム【Darwinism】 生イギリスの生物学者ダーウィンが主張した生物進化説. 生物のうち、環境に適したものが生き残るという自然淘汰、適者生存を唱えた.

ダーウィン【Darwin】 宇ＥＳＡ(欧州宇宙機関)が2012年に打ち上げ予定の宇宙望遠鏡.

ターキー【turkey】 ①鳥シチメンチョウ. ②競

◀ダービー

（ボツクリ）ストライクを3回続けて出すこと．

ダーク【dark】 暗い．暗黒の．暗色の．濃い．暗やみ．夕暮れ．

ダークエネルギー【dark energy】 天理アインシュタインが一般相対性理論で導入した宇宙項．宇宙のエネルギーの約70％を占め，その膨張を加速させている未知のエネルギー．

ダークカラー【dark color】 暗色．渋くてあまり目立たない色調．

ダークグリーン【dark green】 ①環政地球環境全体の調和を保つことが重要と考える政治姿勢．自然環境の保護に加え，経済や軍事などの抑制を含めた包括的政策が必要と説く．②暗緑色．沈んだ緑色．

ダークスーツ【dark suit】 服男性のビジネススーツ．本来は略式礼服として着られる格調あるスーツのこと．

ダークスター【Darkstar】 軍アメリカ国防総省の国防先進研究計画庁と国防空中偵察局が共同で開発した無人ステルス偵察機．1995年に公開．

ダークチェンジ【dark change】 劇舞台を暗くして背景を次の場面に合わせて変えていくこと．暗転．英語は blackout，または fade-out．

ダークファイバー【dark fiber】 ①通信用に敷設されたが利用されていない光ファイバー．

ダークホース【dark horse】 ①穴馬．勝ち馬になるかもしれない予想外の力をもつ馬．②予想外の力量をもつ競争相手．

ダークマター【dark matter】 宇天宇宙にある見えない物質のこと．ミッシングマス．

ターゲット[1]【TARGET】 経欧州域内で1999年1月の新通貨ユーロ導入と同時に稼働開始した即時グロス決済システム．Trans-Europe Automated Real-time Gross settlement Express Transfer の頭字語から．

ターゲット[2]【target】 ①的．標的．目標．②広想定する広告対象．

ターゲット産業【target industry】 営政国の産業政策として，長期的に育成すべき戦略産業．

ターゲットゾーン【target zone】 目標範囲．目標相場圏．

ターゲットディール【target deal】 経社債を公募する時に，引受証券会社が特定の機関投資家などを対象に発行条件を設定する方式．

ターゲット バード ゴルフ【target bird golf】 競バドミントンの羽を付けたような合成樹脂製の球を，ゴルフクラブでホールを目がけて打つゲーム．

ターゲットマーカー【target marker】 宇日本の惑星探査衛星 MUSES で，着陸の目標にするため投下した小球．

ターゲット マーケティング【target marketing】 営購買層を絞り込んで，販売促進や宣伝などを行う市場活動．

ターゲットマン【target man】 競(サッカー)攻撃の時に最前線で球を受ける選手．

ターゲティング【targeting】 ①広広告対象を細かく絞り込む手法．②目標設定．対象選定．ターゲッティングともいう．

ターゲティング ポリシー【targeting policy】 経政時代に合った重要な産業を育てるために行われる政策．目標産業政策．

ターコイズ【turquoise】 鉱トルコ石．青緑色の宝石．

ターコイズブルー【turquoise blue】 青緑色．碧青色．トルコ石色．淡く緑がかった青色．

ダージリン【Darjeeling】 紅茶の産地の一つ．インド北東部の保養地．

ダース【dozen】 物の数え方の単位．同一種類の物12個，または12個の物一組みを1ダースという．ギリシャ・ローマ時代の12進法に由来する．ダズンともいう．記号は doz, dz.

ターター【tartar】 生歯石．歯の表面に付着する沈殿物．

タータン【tartan】 服さまざまな色を使った格子柄の毛織物．またその格子柄模様．タータンチェックともいう．

ダーチャ【dacha】 露建別荘．田園地方にある邸宅．菜園付きの別荘．

ダーツ[1]【dart】 服服を仕立てる時，体形に合わせるためのつまみ縫い．

ダーツ[2]【darts】 競投げ矢遊び．円形の標的に小型の矢を投げて，得点を競う．

ダーティー【dirty】 汚れた．汚い．卑劣な．

ダーティーフロート【dirty float】 経変動為替相場制に通貨当局が過度に介入すること．⇔クリーンフロート．

ダーティーボム【dirty bomb】 軍放射性物質を拡散させる小型爆弾．

ダートコース【dirt course】 競競馬用走路で，砂と土でできているコース．自動車やオートバイの走路で舗装していないコース．

ダートトライアル【dirt trial】 競(自動車)非舗装地に走路を設定し，1台ずつ走って所要時間を競う自動車競走．

ダートマス会議【Dartmouth summer research project】 工人工知能（AI）が研究分野としての市民権を得たとされる会議．1956年の夏にアメリカのダートマス大学で開催．

タートルネック【turtleneck】 服とっくり襟．タートルはカメの意．

タートルマラソン【turtle marathon 日】 競速さや時間を競うのではなく，健康の維持と体力づくりを目的とした高齢者マラソン．

ターナー日記【The Turner Diaries】 文アメリカのウィリアム・L．ピアースが書いた人種差別色の濃い小説．オクラホマ市連邦政府合同庁舎ビル爆破事件の手本になったという．

ターニング【turning】 ①転換．反転．変転．②競球の周囲を回るようにして行う防御法．

ターニングポイント【turning point】 変わり目．転機．転換期．

ターバン【turban】 ①服イスラム教徒やインドのシーク教徒の男性が頭に巻く布．②服頭にぴったりしたターバン風の女性用の帽子．

ダービー【Derby】 ①競(競馬)ロンドン郊外のエプ

307

ダービーマ▶

ソムダウンズで毎年行われるイギリス最大の競馬．ダービー卿が1780年に創始したことにちなむ．日本でも，日本ダービーとして最も名誉あるレースの一つ．出走は3歳馬に限られる．②競競争．競技．

ダービーマッチ【Derby match】 競プロサッカーなどで，同一都市・地域に本拠を置くチーム同士が対戦する試合．

タービダイト【turbidite】 地乱泥流によって深海底まで運ばれた陸源性の堆積物．

タービュランス【turbulence】 ①気乱気流．②大荒れ．大揺れ．

タービン【turbine】 機流水，蒸気，ガスなどのエネルギーを羽根車の回転で機械的動力に変換する機械．

ターフ【turf】 ①芝．芝生．②競(ｼﾞﾙ)フェアウエーやグリーンの芝地．

タープ【tarp】 防水シート．タールを塗った防水布．

ターフコース【turf course】 競競馬用走路で，芝を敷き詰めたコース．

ターフスキー【turf skiing】 競小さな車輪を付けたスキーを使って芝生の上を滑るスポーツ．芝スキー．グラススキー．

ターブルドート【table d'hôte 仏】 料西洋料理で，定食．

ターボ【turbo】 機排気圧力でタービンを回して，空気の吸入量を増やし，エンジンの出力を大きくする装置．ターボチャージャーの略．

ターボジェット エンジン【turbojet engine】 機航空機用ジェットエンジンの一種．前方から取り入れた空気を圧縮，燃料とともに燃焼させ高温・高圧のガスにして後方に噴出して推進力とする．

ターボシャフト エンジン【turboshaft engine】 機ターボジェットエンジンの出力をすべて軸出力として取り出し，減速装置を付けたもの．ヘリコプターに用いる．

ターボチャージャー【turbocharger】 機自動車などのエンジンに取り付けられる過給機の一つで，特に排気駆動式の装置．エンジン排気圧力でタービンを回してシリンダー内に大量の空気を強制的に送り込み，エンジン出力を高めるもの．ターボともいう．

ターボファン エンジン【turbofan engine】 機航空機用ジェットエンジンの一種．ターボジェットの変形で前方にファンをもつ．圧縮空気の一部をバイパスで流し，燃焼ガスと合流させる．燃焼効果も上がり騒音も減る．大部分のジェット旅客機がターボファンを使用．

ターボプロップ エンジン【turboprop engine】 機航空機用ジェットエンジンの一種．燃焼ガスの噴射圧力を用いて，ジェットエンジンのタービン翼軸でプロペラを回転させて推進力を得る．

ターポリン【tarpaulin】 防水布．タールを塗って加工したもの．

ターミナル【terminal】 ①社鉄道の始発・終着駅．交通機関が集まる駅．ターミナルステーション．②運空港の税関やサービス業務施設などのある建物．ターミナルビル．③Ⅰ算コンピューターの端末装置．ネットワークでアクセスする側の端末装置．その機能をもつソフト．④電端子．⑤終末．終端．

ターミナル アダプター【terminal adapter】 Ⅰ算デジタル回線であるISDN回線にアナログ電話機，変復調装置，ファクスなどを接続するための中継装置．

ターミナル エミュレーション【terminal emulation】 Ⅰ算ネットワーク上のコンピューターをホストコンピューターに対する端末装置として機能させること．ソフトウエアなどを組み込んで実現する．

ターミナル エミュレーター【terminal emulator】 Ⅰ算ネットワーク上のコンピューターをホストコンピューターに対する端末装置として機能させるためのソフトウエア．

ターミナルケア【terminal care】 医緩和ケア．対症療法に重点を置き，痛みの緩和を図る．がんの末期など死が近い患者への医療．

ターミナルデパート【terminal department store 日】 鉄道の起点・終点などにある百貨店．

ターミナル防衛セグメント【terminal defense segment】 軍弾道ミサイル迎撃を着弾直前に行う方式．

ターミナルホテル【terminal hotel 日】 交通機関と密着した場所にあるホテル．

ターミナルメディシン【terminal medicine】 医終末の医学．安らかな死への医学．

ターミネーター【terminator】 ①Ⅰ算芋づる式の接続をしたハードウエアで末端位置にある装置の出力側コネクター．②Ⅰ算SCSI機器の使っていない出力側コネクターに，電気的な整合性をとるため取り付ける終端抵抗．

ターミネーター プラント【terminator plant】 植不稔性作物．遺伝子組み換え作物の一種で，生産者が自家まき用の種子を作れないようにしたもの．

ターミノロジー【terminology】 ①言術語．専門用語．②言術語法．専門用語法．

ターム【term】 ①期間．学期．任期．②言学術用語．専門用語．③契約・協定などの条件．

ダーム【dame 仏】 夫人．奥様．

タームローン【term loan】 経経期間が1年以上の長期貸し出しとなる事業金融．

ターメリック【turmeric】 ①植ショウガ科の多年草．熱帯アジアなどに生育．ウコン．②料香辛料の一つ．ウコンの乾燥させた根茎の粉末．染料などにも使う．

ダーリン【darling】 かわいい人．いとしい人．あなた．最愛の人を呼ぶ時に用いる．

タールサンド【tar sand】 地油砂．重質な高粘質のタール分を含んだ砂岩．乾留などにより石油を抽出する．オイルサンドともいう．

ターレット【turret】 ①建小塔．②軍旋回砲塔．

ターレット絞り【turret iris】 Ⅰ算写デジタルカメラなどに搭載されている絞りの一種．丸い穴が開いた複数の円盤を回転させる方法．

ターン【turn】 回転．方向転換．折り返し．

ターンアラウンド【turnaround】 旋回．方向転換．折り返し準備ներ，その所要時間．

ターンアラウンド スペシャリスト【turnaround specialist】 経経営不振な企業の再建

◀タイツ

ターンアラウンド タイム【turnaround time】①［計］コンピューターに処理命令を投入してから処理結果が出るまでにかかる時間。②シャトル着陸から次回打ち上げまでの時間。

ターンオーバー【turnover】①向きを変えること。反転。回転。②［球技］球の保持権が相手チームに移ること。③［医］皮膚の新陳代謝現象。④［競］（水泳）競泳選手が一定の距離や時間の間に水をかく、ストロークの数。

ターンキー【turnkey】［営建］完成品を引き渡す方式。プラント輸出や施設建設工事などで、一括受注する契約方法のこと。

ターンキーシステム【turnkey system】［計］主に中小企業向けに、業務に応じて使えるパソコンを保守サービスも含めて提供すること。

ターンテーブル【turntable】①［音］レコードプレーヤーの回転盤。②［機］鉄道車両の向きを変える回転台。転車台。

ターンパイク【turnpike】有料道路。高速自動車道路。

タイ【tie】①［競］同点。得点が等しいこと。②［競］過去の記録と並ぶこと。③［楽］同じ高さの二音を結ぶ弧線。記号は⌒。④関係。⑤ネクタイの略。

ダイ【die】①打ち型。②［計］半導体部品のチップ本体。シリコンウエハーに半導体形成上の加工を加えたもの。③死ぬ。

ダイアグノスティックス【diagnostics】［計］コンピューターの機器やソフトウエアが正常に作動しているかどうかを診断すること。

ダイアクロニック【diachronic】［言］通時的な。

ダイアジン【Diazine】［薬］スルファジアジンの商標名。サルファ剤の一種で、肺炎・淋疾・化膿性疾患などに効果がある。

ダイアド【dyad】［社］人間の社会関係の中で最小の単位。自己と他者の二者関係をいう。

タイアップ【tie-up】①協力。提携。②［営社］異業種などが共同して事に当たること。

ダイアトニック【diatonic】［音］全音階。五つの全音と二つの半音を含む七音音階。

ダイアパー【diaper】［服］菱形などの幾何学模様のある織物。おむつ。

ダイアフラム【diaphragm】［機］絞り自動制御によって、室内に光を取り入れたり遮断したりする装置。

ダイアボリズム【diabolism】悪魔主義。魔法。

ダイアモンドトロン【diamondtron】［計］三菱電機が開発した、すだれ状に配置されたフィラメントを用いたアパーチャーグリル方式の CRT（ブラウン管）ディスプレー。

ダイアリー【diary】日記。日記帳。日誌。

ダイアローグ【dialogue】対話。会話。問答。ディアローグともいう。⇔モノローグ。

ダイアログボックス【dialog box】［計］Windows や MacOS の OS やアプリケーションソフトなどの設定時や操作の確認時などに表示される特殊なウインドウ。

タイイン【tie-in】①抱き合わせ。抱き合わせ販売。②関連。結びつき。

ダイイン【die-in】［社］示威行為の一つで、死んだまねをして路上などに横たわること。

ダイエタリー ファイバー【dietary fiber】［生］食物繊維。食中にある消化されない成分で、海藻類、穀物の外皮や野菜・果物などに多く含まれる。便秘を予防し、食物中の有害物質を吸着・排泄する働きがある。

ダイエット【diet】①制限食。食事の量や質を制限すること。②［D-］［政］議会。国会。

ダイエットコーラ【diet COLA】［営経社］生計費のスライド調整を行う時に、物価へのスライド率を下げる方式。COLA は cost of living adjustment の略。糖分を減らしたコーラをもじった語。

ダイエット コンシャス【diet conscious】食事療法を意識している。ダイエット志向の。

ダイエットテープ【diet tape 日】［競］ガーゼなどを固定するのに使う医療用補助テープを指に巻いて、特定部分をスリムにする方法。

ダイオード【diode】［電］二つの電極をもつ電子素子。一般に半導体で作ったものをいい、整流・増幅・検波などの作用がある。

ダイオキシン【dioxin】［化］ダイオキシン類。塩素を含むベンゼン環二つを酸素でつなぐ分子構造の物質。ポリクロロジベンゾダイオキシンの略称。

タイガースラム【Tiger slam】［競］（ゴ）アメリカのプロゴルフ選手タイガー・ウッズが2000～01年に4大選手権をすべて制覇したこと。年間グランドスラムに準じることからの造語。

ダイカスト【die casting】［理］溶けた金属を加圧して金型に入れる鋳造法。ダイキャスト。

タイクーン【tycoon】実力者。大立者。

ダイクドール【Dyke Dolls】アメリカで発売された女性同性愛者の人形。商標名。

ダイグロシア【diglossia】［言］一つの言語の中に、二つの言語ができている状態。二つの変種が別個の機能をもちながら、共存していること。

タイゲーム【tie game】［競］引き分け試合。

ダイコトミー【dichotomy】①［哲］論理学の二分法。②二つに分裂すること。

ダイジェスト【digest】①要約。概要。②［映芸文］著作物・映画などの要約版。③食物を消化する。

ダイシングソー【dicing saw】［計］半導体基板を小片状に切断する装置。

ダイス【dice】①さいころ。②［料］野菜などのさいの目刻み。

タイスコア【tie score 日】［競］同点。タイともいう。

タイダイド シャツ【tie-dyed shirt】［服］絞り染めをして模様をつけたシャツ。

タイタン【Titan】①ギリシャ神話で、大力無双の巨人。②［天］土星の衛星の一つ。太陽系で唯一の大気がある衛星。③［軍］アメリカ空軍の大陸間弾道ミサイル。

タイタンロケット【Titan launch vehicle】［軍］アメリカの人工衛星打ち上げ用ロケットの一つ。1964年にII型で打ち上げたのが最初。

タイツ【tights】［服］体に密着するように作られた衣服。一般に下半身をつつむものをいい、防寒用下着や

タ

309

タイト▶

バレエの練習着などに用いる.

タイト【tight】 ①引き締まった. ぴんと張った. 緊迫した. ②胴体にぴったりした.

タイトスペース【tight space】 建安全性などを考慮して, 扉や鍵などで固定化して融通性をなくす空間管理方法.

タイトフィット【tight fit 日】 服体に服がぴったりと合うこと. 英語は tight fitting.

タイドプール【tide pool】 環潮だまり. 岩礁海岸などで, 干潮時にくぼみに海水が取り残された場所.

タイトル【title】 ①書名. 題名. 表題. 見出し. 称号. 肩書. ②競選手権.

タイトルナイン【Title IX of Education Amendments of 1972】 教団1972年教育修正法第9篇. アメリカの教育機関における性差別を禁止している.

タイトルバー【title bar】 I算ウィンドウ最上端の帯状の領域. そのウィンドウで使用中のソフトウエア名やファイル名を表示する.

タイトルバック【title back 日】 映版字幕の背景となる画面. 英語は title background.

タイトルページ【title page】 印本の扉. 題名や著者名を示した巻頭のページ.

タイトルマッチ【title match】 競選手権試合.

タイトルミュージック【title music】 映版作品の初めに出る字幕とともに演奏される音楽.

タイトルロール【title role】 映劇題名主題役. 主人公の名が題名となっている作品で, その主役のことを指す. 『ハムレット』など.

タイトロープ【tightrope】 (綱渡りの)張り綱.

タイドローン【tied loan】 経外国に対する融資のうち, 貸付国または貸付機関が使途を限定したもの. 拘束借款. ⇔アンタイドローン.

ダイナー【diner】 ①食事をする人. 正式な食事に招かれた客. ②列車の食堂車. ③道路沿いにある軽食堂. 簡易食堂.

ダイナトロン【dynatron】 電発振器に用いる4極管で, 二次放電を利用するもの.

ダイナブック【Dynabook】 ①I算アメリカのコンピューター科学者のアラン・ケイが, 1970年代初頭に提案した理想のコンピューター案. ② [d-] 東芝製ノートパソコン. 商標名.

ダイナマイズ【dynamize】 ①増強する. 増大する. 活性化する. ②社労働年金の算定基礎にインフレ分を加味して, 年金を増額すること. 特にイギリスで行う.

ダイナマイト【dynamite】 化爆薬の一種. ケイ藻土やニトロセルロースなどの吸収剤にニトログリセリンを吸収させて製造する.

ダイナミズム【dynamism】 ①力強さ. 活力. ②哲すべての事象は自然力の作用によるものとする力本説.

ダイナミック【dynamic】 ①力強い. 活動的な. 力学的な. ⇔スタティック. ②I算状態が変化し続けていること.

ダイナミック アジア経済地域【Dynamic Asian Economies】 経アジアNIES(香港, シンガポール, 台湾, 韓国)にタイ, マレーシアを加

えた国と地域. DAEともいう.

ダイナミックHTML【dynamic HTML】 I計インターネット上のコンテンツに動きを出すためのHTML言語の拡張機能.

ダイナミック シミュレーション【dynamic simulation】 I算コンピューターグラフィックスで, 物体の落下や重量感, 人間の歩行の動きなどの自然の物理運動を, 力学的に正確に模擬実験して表現できるアニメーション.

ダイナミックス【dynamics】 ①理力学. 動力学. 動力. 原動力. ②経動学. 経済成長理論など, 経済の時間的変動を理論づけたもの.

ダイナミック ストレッチング【dynamic stretching】 競動的柔軟体操. 反動を利用して筋肉を伸展させる運動.

ダイナミックDNS【dynamic domain name system】 I算ネットワーク上の端末に動的に割り当てられたIPアドレスとともに, ホスト名も割り振る方法.

ダイナミック メモリー【dynamic memory】 I算動的記憶装置. 電流を通じることで記憶の保持・読み出し動作を行う. ダイナミックストレージともいう.

ダイナミックRAM【dynamic RAM】 I算コンデンサーを利用したデータを記録するRAM. DRAMともいう.

ダイナミック レンジ【dynamic range】 音理オーディオ機器で, 録音・再生可能な最強音と最弱音の範囲.

ダイナメーター【dynameter】 理拡度計. 望遠鏡の倍率を測定する.

ダイナモ【dynamo】 機発電機.

ダイナモ効果【dynamo effect】 理地磁気の変動によって電離層に誘導電流が生じる現象.

ダイナモ理論【dynamo theory】 地理地球中心核のダイナモ(発電機)作用で地球の磁場が維持されるとする考え方.

タイニー【tiny】 小さな. 豆のような. 幼児.

タイニーシャツ【tiny shirt】 服小さな肩幅で, 腕や体にぴったりとしたシャツ.

タイニートップ【tiny top】 服小さくて体にぴったりのセーター, ポロシャツなどの上着.

ダイニング【dining】 ①食事. ②建ダイニングルーム, ダイニングキッチンなどの略.

ダイニングキッチン【dining kitchen 日】 建食事室と台所を一つにまとめた部屋. DK. 英語はcombined dining room-kitchenなど.

ダイニングルーム【dining room】 建食堂.

ダイネット【dinette】 建食事室. 小食堂.

ダイノトイ【dino toy】 恐竜玩具.

ダイノナット【dinonut】 恐竜の熱狂的愛好者.

ダイノマニア【dinomania】 恐竜マニア.

ダイバー【diver】 ①水に潜る人. 潜水者. 潜水夫. ②競(水泳)飛び込み競技の選手.

ダイバーシティー【diversity】 ①多様性. ②電複数の受信アンテナを用いて, 受信する信号の強さが大幅に低下するのを防ぐ技術.

ダイバーシティー アンテナ【diversity antenna】 電カーラジオなどで複数のアンテナが備えられている時、自動的に強い電波を受信しているアンテナに切り替わる方式のもの.

ダイバージョン【diversion】①転換. 転用. 流用. ②着陸予定地に着陸できない航空機が、事前に決めた代替飛行場へ着陸すること.

ダイバーズウオッチ【diver's watch】潜水者が用いる防水時計.

ダイハード【diehard】なかなかくたばらないしたたかな人. 頑強な抵抗者.

タイバック【tieback】カーテン用の留め飾り. カーテンを片側に寄せておくのに使う.

ダイバリオン【dibaryon】理高密度核物質の一つ. 核子同士がくっついたもの.

ダイビング【diving】①潜水. ②競(水泳)飛び込み種目. ③飛行機が急降下すること.

タイプ【type】①型. 様式. 典型. ②印活字. ③タイプライターを打つこと. ④タイプライターの略.

ダイブ【dive】①水中へ飛び込む. 潜水する. ②急降下する.

タイフーン【typhoon】気台風.

タイフーン級【Typhoon class】軍ロシアのミサイル原潜の一種.

タイプA型【coronary-prone type A】心成功への欲求や競争心が強く、きちょうめんで性急な性格. 急げ急げ病.

タイプA行動パターン【type A behavior pattern】心猪突猛進タイプで仕事を素早く処理し、人に負けることを嫌うなどの行動パターン. 冠動脈疾患の患者に多くみられる. TABP ともいう.

タイフ合意【Taif Accord】軍政1989年に交わされたレバノン内戦終結とシリア軍撤退の取り決め.

タイプB行動パターン【type B behavior pattern】心一事に専念し、のんびり型を身上とするパターン. おっとりと着実に仕事をこなし、周囲との平和共存を目指す.

タイプフェース【typeface】印活字の書体. 活字面.

タイブレーカー【tie breaker】競(ﾃﾆｽ)7回終了時に同点の場合、延長8回まで二塁に走者を置いた状態でイニングを始めるルール.

タイプレーク【tie-break system】競(ﾎﾞｳﾘﾝｸﾞ)取得ゲーム数が6対6になった時、次のゲームで2ポイント以上の差をつけて7ポイント先取した者が勝ちとなる方法.

ダイベスティチャー【divestiture】営子会社または事業部の売却. 企業再構築のため、不採算部門や非主流部門を売却・整理する.

ダイベストメント【divestment】経投資の撤退.

ダイポールアンテナ【dipole antenna】工アンテナの構造の一つ. 二つの金属棒の合わさった部分に給電点があるタイプ.

ダイポール型スピーカー【dipole-type speaker】スピーカーの前面からだけでなく、後方にもまったく同じ音が出るシステム. 自然な響きが得られる.

ダイポールモード現象【dipole mode event】気インド洋西部の海面温度が上がり、アフリカ東部から日本までの気象に影響を与える現象.

タイポグラフィー【typography】①印広美活字などで印刷されるものの体裁や刷り方を工夫するデザイン. ②印活版印刷. 活字学.

タイポロジー【typology】類型学.

タイマー【timer】競計時係. 記録員. ストップウオッチなどの計時器. 自動計時器. セルフタイマーの略.

ダイマー【dimer】化二量体.

タイミング【timing】物事を行うのに最も適切な瞬間・時期. 時機を見計らうこと.

タイム¹【thyme】植タチジャコウソウ. シソ科の小低木. 香味料や薬用に使う.

タイム²【time】①時間. 時刻. 時代. 期間. ②競試合の一時中止. ③競記録時間.

ダイム【dime】経10セント銀貨.

タイムアウト【time-out】①競試合の一時中止. バスケットボールなどで、選手の交代や休息を行う短い休止期間. ②進行中の仕事を一時中止すること. 作業などの中休み. ③工ネットワーク上の応答が設定時間を超えると起きる現象. 回線が切れ処理が終了する.

タイムアップ【time up 日】競時間切れによる試合終了. 英語は end of game because time is up.

タイムカード【time card】営社タイムレコーダー用の記録用紙. クロックカードともいう.

タイムカプセル【time capsule】社未来に残す目的で現代を象徴する文明の記録を収めた容器. 1938年のニューヨーク万国博で地中に埋めたのが始まり.

タイムキーパー【timekeeper】①競計時記録係員. 時間記録係. ②音拍子をとる人. ドラマーのこと.

タイムコード【time code】ビデオテープ上に記録するフレームごとの絶対時間.

タイムサーバー【timeserver】社世論に追従する人. 日和見主義者.

タイムシェアリング システム【time sharing system】①工算時分割処理方式. 処理時間を時分割し、多人数が同時に利用する方法. TSS. ②社1年間を1週単位で分割して、保養施設などの利用権を買う方法.

タイムシフト【time shifting】①放テレビ番組を録画し後で再生して見ること. ②工放放送中の番組をビデオのように一時停止したり巻き戻したりして見ることの機能.

タイムスタディー【time study】営作業時間を総合的に測定・分析し、より有効な生産方法を求めること. 時間研究.

タイムスタンプ【time stamp】工算作成されたファイルに記録される、データの作成日時や更新日時などのデータ.

タイムストレッチ【time stretch】工複数のオーディオデータを組み合わせる場合に、決めておいた時間でオーディオデータを再生すること.

タイムスライス【time slice】①工算コンピュー

タイムスラ▶

ターがタスクを実行する際，中央処理装置（CPU）を使うために割り当てる時間のこと．②映静止した物体の周りを視点が回りながら移動するように撮影する方法．

タイムスライド ビジネス【time slidden business】 通常の営業時間からずらして行うビジネス．24時間営業のスーパーや夜間ゴルフ場など．

タイムセービング【timesaving】 時間を節約する．

タイムセール【time sale】 百貨店などで，時間を区切って特売をすること．

タイムダラー【time dollar】 経社時間預託．アメリカの地域通貨の一つ．少数民族の地域社会での介護・福祉サービスを対象とする．

タイムディスタンス【time distance】 社時間距離．交通などで目的地に到達するまでにかかる時間．

タイムテーブル【timetable】 時刻表．時間割．予定表．実施計画表．

タイムトライアル【time trial】 自転車や自動車などの競走で，一定距離を単独で走行して所要時間を競うもの．

タイムトラベル【time travel】 過去や未来を旅行すること．時間旅行．タイムトリップ．

タイムトリップ【time trip】 時間旅行．時空を超えて過去や未来へ旅をすること．

タイムトンネル【time tunnel】 過去や未来の世界へ行くことができるという想像上の通路．

タイムプラス【time plus 日】 NTT東日本・西日本が提供する選択的料金サービスの一つ．定額料金を払うと，市内通話の単位料金当たりの通話時間が延長される．

タイムマーケット【time market 日】 ゆとりある生活時間を作り出す商品やサービスを提供する市場．

タイムマシン【time machine】 過去や未来の世界に自由に行き来できるという空想上の機械．イギリスの作家ウェルズの空想科学小説『タイムマシン』から．

タイムライン【time line】 時刻表．時間割．

タイムラグ【time lag】 時間のずれ．時間差．

タイムリー【timely】 適時の．時宜を得た．

タイムリー ディスクロージャー【timely disclosure】 企業内容開示の情報を早期に，そして適時に行うこと．流通市場における半期報告書や臨時報告書など．

タイムリミット【time limit】 制限時間．時限．日限．英語では deadline ともいう．

タイムレース【time race】 個々の競技者の記録を集計して優劣を決める競技方法．競技会の予選などで行う．

タイムワーク【timework】 社時間決めで賃金を支払う仕事．

タイムワープ テレビジョン【time warp television】 昔のヒット番組を再放映するテレビ番組．

ダイアグノース【diagnose】 病状を診断する．問題などの原因を探る．

ダイヤグラム【diagram】 図．図表．列車の運行表．時刻表．ダイヤ．

ダイヤグラム配送【diagram delivery】 効率のよい経路を決めて商品を配送する方法．

ダイヤメーター【diameter】 直径．

ダイヤモンド【diamond】 ①鉱金剛石．炭素の同素体の一つ．最も硬い物質で，宝石，切削材，研磨材などに用いる．ダイヤともいう．②（野球）内野のこと．本塁と1，2，3塁に囲まれた四角の区域．

ダイヤモンド シンジケート【diamond syndicate】 経ダイヤモンドの価格決定能力をもつ企業・集団．

ダイヤモンド図解【diamond diagram】 ある項目を構成する複数の要素を，関連性をダイヤモンド型の図を用いて表したもの．

ダイヤモンドダスト【diamond dust】 気細氷．細かい氷の結晶が降る現象．太陽の光が当たると輝いて見える．

ダイヤモンド薄膜【diamond thin film】 人工ダイヤモンドの一種．工具の超硬化処理や，半導体材料などの用途が考えられる．

ダイヤモンド リング【diamond ring】 皆既日食で，太陽が月の陰に入りきる直前と，陰から出た直後に見られる現象で，太陽光がダイヤの指輪状に輝く．

ダイヤル【dial】 ①時計や指針付きの計器の文字盤．②電話機の回転式数字盤．③ラジオやテレビの選局つまみ．またはラジオの周波数標示盤．ダイアルともいう．

ダイヤルアップ【dial-up】 接続ソフトと標準的な変復調装置などを使いインターネットに接続すること．ダイアルアップ．

ダイヤルアップ IP 接続【dial-up IP connection】 プロバイダーを通してインターネットに接続する時に，その度に電話をし，回線がつながっている間だけインターネットに接続できること．

ダイヤルアップ回線【dial-up service】 電話回線を通してネットワークとの接続ができるサービス．またはその回線．

ダイヤルアップ ネットワーク【dial-up network】 モデムなどを利用して，ダイヤルアップ接続でインターネットなどに接続するための機能．

ダイヤルアップ ルーター【dial-up router】 LAN からダイヤルアップ接続でインターネットに接続するのに用いるルーター．

ダイヤルイン【dial-in 日】 ①話し中．通話中．英語は The line's busy．②交換を通さない直通方式の電話．英語は direct dialing．

ダイヤル回線【dial line】 ダイヤル式の電話で使用する電話回線．

ダイヤルQ²【dial Q²】 電話を使う情報料課金・回収代行サービスのこと．利用者がサービス識別番号の0990で始まる10桁の番号を回すので，99をキューキューと読み，Q²と表記した．

ダイヤルゲージ【dial gauge】 理長さの測定器の一つ．測定値は円形目盛り盤の指針の動きで読み取る．

ダイヤルビジネス【dial business 日】 電話

を活用して行う業種・仕事．

タイユール【tailleur 仏】服紳士服の仕立人．男仕立ての背広のような服．

ダイラタンシー【dilatancy】地岩石などが変形によって膨張する現象．

タイラント【tyrant】暴君．専制君主．自分の権力をほしいままにする人．

タイル表示【tile display】コ複数のウインドウを表示できる画面で，複数のウインドウを重ねないで敷き詰めるように表示すること．

ダイレクト【direct】直接の．じかの．直接的な．直進の．間に介在物のない様子．

ダイレクト アクション【direct action】直接行動．

ダイレクト オーバーライト【direct overwrite】コ光磁気ディスクにデータを書き込む際に，過程の一つを省略して書き込み速度を向上させること．

ダイレクト カッティング【direct cutting】音マイクロホンで集音した音を直接レコードに収録する方法．

ダイレクト カレント【direct current】電直流．DC ともいう．

ダイレクト ドライブ【direct drive】音レコード再生装置で，モーターと回転盤が直接つながっているもの．

ダイレクト ドライブ モーター【direct drive motor】機直動モーター．大トルクを発生できるトルクモーターの特性を生かして，減速機をなくして使用するモーター．

ダイレクト ドライブ ロボット【direct drive robot】機直動形ロボット．歯車などの減速機構をなくし，モーターの出力を直接ロボットの関節の動きとして伝える機構をもつもの．ＤＤロボットともいう．

ダイレクト バンキング【direct banking】コ営銀行の無店舗経営方法の一つ．電子メールや郵便などを使って顧客と直接取引をする．

ダイレクト マーケティング【direct marketing】営ダイレクトメールやカタログ販売など，消費者に直接働きかけて反応を求めるマーケティングの方法．DMG．

ダイレクト マーケティング メディア【direct marketing media】広広告の受け手に直接働きかける手法の広告媒体．

ダイレクトメール【direct mail】広あて名広告．広告主が見込み客に向けて直接郵送する広告・印刷物．DMともいう．

ダイレクトメソッド【direct method】教外国語の直接教授法．学習する外国語しか使わない教授法．

ダイレクト レスポンス【direct response】営顧客の直接反応．

ダウザー【dowser】ダウジングを行って水脈などを探し当てる人．

ダウジング法【dowsing method】振り子などを使い潜在意識を知る方法．ダウズは占い棒で水脈や鉱脈を見つけるという意．

ダウト【doubt】①疑い．疑念．②手持ちの札を番号順に捨てて，早くなくした人が勝つトランプ遊びの一つ．

ダウニング街【Downing Street】政イギリスのロンドン中西部にある街の名．10番地に首相官邸があることから，同官邸やイギリス政府・内閣を指す．ダウニングテンともいう．

ダウ平均株価【Dow-Jones average】経アメリカの通信社ダウジョーンズ社が開発したニューヨーク株式市場の平均株価．

タウラス【Taurus】軍ドイツ空軍の全地球測位システム搭載の誘導ミサイル KEPD350 の通称．

ダウリ【dowry】社新婦が結婚時に持参する金品．結婚持参金．

タウリン【taurine】化魚に含まれるアミノ酸の一種．血中コレステロールを下げる作用がある．

タウン【town】町．都会．

ダウン【down】①下落．降下．下がること．下げること．②競(ボクシング)打たれて倒れること．③意欲を失った状態．④競(野球)死．アウト．⑤競(アメリカンフットボール)攻撃プレーの単位．⑥競(ゴルフ)マッチプレーで，負けているホール数．⑦競テニスなどで，サーブ権を失うこと．⑧鳥の綿毛．羽の下の毛．⑨機械や装置などが故障すること．

タウンウエア【townwear】服街着．街で着るのにふさわしいやや改まった感じの服装．ストリートウエア，ストリートドレスともいう．コカントリーウエア．

タウンウオーク【town walk 日】街角などを散策すること．都会での散歩．

タウンウオッチング【town watching】社街角などを観察すること．都会の通行人や世相などを観察すること．

ダウンエージング【down aging】社中年層になったベビーブーマーが，若さや体力などを取り戻そうと努力している姿を指す言葉．

ダウンサイジング【downsizing】①コ営小型コンピューターでシステム処理を分散して行わせる方法．②小型化．規模や形などを小型化すること．③営経営合理化を図るため，従業員のレイオフや解雇などを行うこと．

ダウンサイズ【downsize】縮小する．小型化する．

ダウンサイド【downside】①下側．下がり気味で．下側の．②都合の悪い面．

ダウンサイド リスク【downside risk】営経予想以上に景気の悪化が表面化してくること．

ダウン ザ ライン【down the line】競(テニス)ラインに沿っての意で，サイドラインと平行な打球のこと．d-t-l ともいう．

ダウンシフト【downshift】機自動車の運転中に低速ギアに切り換えること．

ダウンジャケット【down jacket】服カモやガチョウなどの水鳥の羽毛を主に使った防寒用の上着．

ダウン症候群【Down's syndrome】医染色体異常による病気で，生まれつき体が小さめで知能発達の遅れを伴う．

ダウンスイング【downswing】①競(ゴルフ)クラブを振り下ろす動作．②競(野球)球を地面にたたきつけ

313

ダウンスケ▶

るようにしてバットを振ること。③💰経景気などの下降・減少。⇔アップスイング。

ダウンスケール マーチャンダイジング【downscale merchandising】💰高級品志向をなくした消費者により安く、銘柄品でない商品を販売すること。

ダウンステアーズ【downstairs】階下。下り専用の階段。

ダウンストリーム【downstream】①下流へ。下流に向かう。②理原子力発電の核燃料サイクルで、燃やした後の再処理、廃棄物処理などの流れのこと。③IT交換局から加入者側へ通信を行うこと。⇔アップストリーム。

ダウンゾーニング【down zoning】建建築物の容積率引き下げ。一定の地域を対象に指定容積率を引き下げて、開発を規制する。

ダウンタイム【downtime】💰機械設備が故障や整備のため、操業が停止になる時間。休止時間。稼働休止時間。

ダウンタウン【downtown】🏢下町。都市の中心地。ビジネス街。⇔アップタウン。

ダウンパーカ【down parka】服水鳥の羽毛を入れた、フード付きの防寒上着。

ダウンバースト【downburst】気空気の塊がなだれのように落ちて地面と衝突し、四方に広がって突風を起こす現象。空間規模が4km以上のもの。

タウンバイク【town bike 日】競排気量が50cc以下の小型オートバイ。ソフトバイク、ファミリーバイクともいう。

タウンハウス【town house】建連棟式の低層集合住宅。数戸で共用敷地をもつ。

ダウンビート【downbeat】音強拍。下拍。指揮者が手を振り下ろして強拍部を示すこと。

ダウンヒル【downhill】①競(スキー)競技種目の一つ。滑降。②下り坂。③競(自転車)マウンテンバイクで急勾配を下る技術。

ダウンフォース【down force】競(自動車)走行中の車体を空気の流れを利用して、下方に押さえ付ける力。

ダウンブロー【down blow】競野球やゴルフで、球を打ちつけるようにする打ち方。

ダウンベスト【down vest】服水鳥の羽毛を入れてある防寒用チョッキ。

タウンホール【town hall】建市民ホール。公会堂。市(町)公会堂。

タウン マネジメント【town management 日】街づくりの手法の一つ。中心市街地や都市の商業集積地を一つのショッピングモールと考えて整備し、統一的な運営・管理を行う。

タウン マネジメント組織【town management organization 日】💰🏢商店街や中核的商業施設の整備などを目指す街づくりを推進する組織。商工会議所や第三セクターなどで構成する。TMOともいう。

タウン ミーティング【town meeting】①政アメリカのクリントン大統領が展開した、国民や企業関係者などとの対話作戦。②政小泉内閣が2001年から実施した国民との対話集会。

タウンモビリティー【town mobility 日】🏢高齢者や身体障害者などの移動を援助する運動組織。電動車いすなどの貸し出し、街頭での段差是正などを行う。ショップモビリティー。

ダウンライト【downlight】電天井に埋め込んで下方を照らす電灯。

ダウンリンク【down-link】①電通信衛星から地上局に向けて電波を送信すること。⇔アップリンク。

ダウンリンク データ【downlink data】宇宙船や人工衛星から地球へ送られてくる情報。

ダウンレンジ局【downrange station】ロケットの動きを追跡・監視する地上局。

ダウンロード【download】ITネットワークを通じてサーバーコンピューターにあるデータを取り込むこと。⇔アップロード。

タオ【Tao】宗中国の民族的宗教である道教の根本教説で、宇宙の根本原理のこと。

タオイズム【Taoism】宗道教。中国の民族的宗教。古来の信仰・習俗を基に、道家・儒家の思想や後漢末に伝来した仏教思想などが結合して形成された。

ダガー【dagger】①短剣。短刀。②印活字の記号の一種。短剣符。「†」。

ダカーポ【da capo 伊】音音楽記号の一つ。初めに戻って演奏せよ。略号は D.C.

タカヘ【takahe】鳥ニュージーランド産の飛べない鳥。クイナ科の一種。

タガント【taggant】非合法な目的に使われないのに備えて、爆発物に付加される無反応物質。

タキオン【tachyon】理秒速30万kmという光速度を最小値とする仮想的粒子。

タキシード【tuxedo】服男性の略式の礼服。主に晩餐会(ばんさんかい)で用いる。イブニングジャケット、ディナーコート、スモーキングジャケットともいう。

タキストスコープ【tachistoscope】機瞬間露出機。絵や文字などによる視覚的刺激を瞬間的に与えて、受け手の反応を調べる装置。広告コピーのテストなどに用いる。

タキソイド製剤【taxoid preparation】薬強い抗悪性腫瘍作用をもつ製剤。西洋イチイから抽出された植物毒から作る。

タグ【tag】①ITデータの集まりや終わりであることを示したり、文書の書式や構造を設定したりするために付ける記号のこと。②💰値札。荷札。③服衣服の垂れ飾り。タッグ。

タクシーイング【taxiing】航空機が地上を自力走行すること。駐機場と滑走路の間などで行う、航空機の地上走行。

タクシーウエー【taxiway】建誘導路。飛行場に設ける航空機の地上通路。

タクシーベイ【taxi bay】建タクシーの乗降場。歩道をくぼませてあって乗降しやすい。

タグシステム【tag system】💰商品の値札を利用して、在庫や販売法などの管理を行う仕組み。

タクティカル ボーター【tactical voter】政戦術的投票者。二大政党のいずれかの支持者でありながら、支持政党を懲らしめるために、あるいは反対する政党の力をそぐために第三党に投票する人。

314

◀ダッカ宣言

タクティクス【tactics】戦術．戦法．タクティックスともいう．

ダクティッド ロケット【ducted rocket】軍飛行中に空気取り入れ口から入る空気で，燃料を再燃焼させる仕組みをもつロケットやミサイル．推進力を高めるための一方式．

ダクティッド ロケットエンジン【ducted rocket engine】軍ミサイル用の超音速エンジン．ガス発生器が送り込む高温ガスを燃料にし，内圧が変化しても燃焼を続けられる．

ダクティロロジー【dactylology】手話．手話法．指話法．

ダクティング【ducting】温度差の大きい大気層でレーダー信号が変調してしまうこと．

タクト【Takt 独】音拍子．指揮．指揮棒．

ダクト【duct】①建空気などを送る管．通風路．②電線渠（せんきょ）．

タクトシステム【tact system】営流れ作業の一種．一定時間だけコンベヤーが停止し，その間に必要な作業を行う仕組み．

タグボート【tugboat】機大型船の離着岸を助けたり，大型船をえい航したりする，強馬力の引き船．

タグライン【tag line】広広告文案の中で最も訴えたいことをずばりと言い表した言葉．

タグラグビー【tag rugby】競（?）タックルの代わりに腰に下げた短いひもを取り合う初心者向きのラグビー．

タクロリムス【tacrolimus】薬免疫抑制剤の一種．放線菌から得られたマクロライド系抗生物質．

タコグラフ【tachograph】機トラックなどの運行記録計．回転速度変化を自動的に記録し，速度や走行距離が求められる装置．

タコス【tacos 西】料メキシコ料理の一種．トウモロコシ粉の薄焼きに，炒めたひき肉や生野菜，チーズなどの具をはさんだもの．

タコメーター【tachometer】機速度計．自動車などのエンジン回転速度計．

タシスム【tachisme 仏】美非定型芸術．自由に定まらない形で描かれた抽象絵画．アンフォルメルともいう．

タシット【tacit】無言の．暗黙の．ものを言わない．

タシットブルー【Tacit Blue】軍アメリカ国防総省が1996年に公表した世界最初のステルス実験機．国防先進研究計画庁と空軍が70年ごろから共同開発を行う．

タシット レインボー【Tacit Rainbow】軍アメリカ空軍と海軍の対レーダーミサイル．

ダシュメシュ連隊【Dashmesh Regiment】軍インドのシーク教徒の過激派組織．パンジャブ州に分離独立国家の樹立を目指す．1982年に結成．

タス【TASS】旧ソ連の国営通信社．1925年に設立．Telegrafnoe Agentstvo Sovetskovo Soyuza（ソ連電報通信社）の略．92年にロシア国営のITAR（ロシア電報情報通信社）に改組．イタル タス．

タスク【task】①仕事．職務．課業．②I算CPU（中央処理装置）の中での作業単位．

タスク管理【task management】I算処理装置が行う制御機能の一つ．与えられたタスクのCPU への割り当てや割り込み要求などを管理する．

タスク切り替え【task switching】I算マルチタスク環境で行われる複数の処理を，それぞれを終了することなく切り替えて実行すること．

タスク スケジューラー【task scheduler】I算プログラムを指定すると，スケジュールに従いプログラムを定期的に実行できる，Windows に標準搭載されるソフトウエア．

タスクバー【task bar】I算Windows に標準搭載されていて，デスクトップの右下にあるバー．アプリケーションの起動や設定変更などを行うのにいる．

タスクフォース【task force】①対策本部．機動部隊．企画開発班．②軍特定任務を遂行する特別編成部隊．プロジェクトチーム．

タスク法【task method】広課業法．広告の目標達成のため，必要な予算を設定する方法．

ダスター【duster】①よごれをふく布．②競（野球）投手が打者の体すれすれに投げてのけぞらせる投球．ブラッシュバックともいう．

ダスターコート【duster coat】服ほこりよけの外とう．実際はファッション感覚で着用することが多い．ダスターともいう．

ダスティー【dusty】ちりまみれの．ほこり状の．灰色の．

ダスト【dust】①ちり．ほこり．ごみ．粉末．②つまらないもの．くだらないもの．

ダストカバー【dustcover】家具・車などに掛ける，ほこりよけの覆い．

ダストシュート【dust chute 日】建中高層集合住宅などで，上階のごみを地上の階に落とすための筒穴．ダスターともいう．英語は rubbish (garbage) chute．

ダストストーム【dust storm】気砂嵐．強風によって砂やちりなどが巻き上げられる現象．

ダストマン【dustman】天太陽系の惑星は，星雲中のちりが太陽の重力場の中で付着成長してできたという説をとる学者．

タスマニアタイガー【Tasmanian tiger】動フクロオオカミ．オーストラリア・タスマニア島産の肉食有袋動物で，絶滅したとされる．

ダダ【Dada 仏】美既成の芸術概念や社会制度を否定し，快楽の追求などを目指した芸術運動．第一次大戦中にヨーロッパとアメリカで起こり，やがてシュールリアリズムに結びついた．ダダイズムともいう．

ダダイズム【dadaïsme 仏】美文1920年代にヨーロッパで起きた絵画・彫刻・文学における反抗運動．ダダともいう．

タタミゼ【tatamiser 仏】社畳の上の暮らしという意．椅子を使う生活から床でくつろぐ生活への様式の変化．フロアライフもいう．

ダッカサミット【Dhaka Summit】経バングラデシュ，インド，パキスタンの首相が1998年にダッカで開催した会議．三国間の相互貿易促進を提唱した．

ダッカ宣言【Dhaka Declaration】経政南アジア地域協力連合（SAARC）が2005年11月に採択し

315

タッキング▶

た宣言．インド，パキスタンなど加盟7カ国による南アジア自由貿易圏(SAFTA)の06年1月発足などを最終確認した．

タッキング【tucking】 服布に縫いひだを付けること．

ダッキング【ducking】 競ボクシングなどで相手の攻撃を腰をかがめてかわすこと．

ダック[1]【DAC】 経政開発援助委員会．経済協力開発機構(OECD)の下部機関．Development Assistance Committee の頭字語から．

ダック[2]【duck】 鳥カモ．アヒル．

ダッグアウト【dugout】 競(野球)選手の控え場所．球場の1・3塁側に設置する席．ダグアウトともいう．

タックイン【tuck-in】 ①押し込む．②服ブラウスやセーターの裾をスカートやパンツの中に入れる着方．

タックサフォビア【taxaphobia】 経社課税嫌い．

タックシール【tuck seal】 I算あて名などを印刷する時に使う，ラベル型のシール．またはそれが並んだ印刷用紙．

タックス【tax】 営経税．税金．

タックス アンサー【tax answer 日】 I営経国税庁が納税者向けに1987年から始めたサービス．コンピューターを用いて電話で応答する．英語は telephone tax assistance service．

タックス カウンセラー【tax counselor】 営経税務相談係．

タックス コンベンション【tax convention】 営経二国間で課税が重複しないように締結する租税条約．

タックスシェルター【tax shelter】 営経タックスヘイブンのうち，国外での源泉所得に対し非課税や低率課税の優遇措置を講じる国．

タックス セービング【tax saving】 営経節税．税法の範囲で租税の軽減を図ること．

タックスセール【tax sale】 営経不動産にかかる税金を払うために，不動産を売却すること．

タックス ハーモナイゼーション【tax harmonization】 営経各国の税制の違いを少なくして，課税上の紛争などを避けようとする考え方．

タックス パラダイス【tax paradise】 営経タックスヘイブン(税金避難地)のうち，税金が全額免除される国．

タックスフリー【tax-free】 営免税の．非課税の．無税の．

タックスフレーション【taxflation】 営経増税や税負担が重いことから生じる物価上昇．tax と inflation の合成語．

タックスヘイブン【tax haven】 営経税金避難地．国際取引による収益などに対し，税制上の優遇措置がとられている国．

タックスペイヤー【taxpayer】 営経納税者．

タックスホリデー【tax holiday】 営経免税措置．企業誘致などに伴いさまざまな税金を免除する制度．

タックスレボルト【tax revolt】 社税金の引き下げを目指す運動．納税者の反乱の意．

タッグマッチ【tag match】 競プロレスリングで，2人ずつ組になって戦う試合方法．

タックル【tackle】 ①体当たりする．組み付く．仕事や問題に取り組む．②競ラグビーなどで，相手の前進を飛びついて妨げるプレー．③競(ジュドー)相手の足を取って攻めること．④巻き揚げ装置．

タックルボックス【tackle box】 釣りで使う小道具などを入れる携帯用の箱．

タッサー【tussah】 服サクサンから採った糸で織った柔らかい織物．木綿の厚手の平織物．

ダッシュ【dash】 ①突進．全力疾走すること．②語句と語句の間に入れる符号．印は「—」．またa'のように文字の肩に付ける符号．

ダッシュボード【dashboard】 機自動車の運転席前にある計器盤．

タッセル【tassel】 房．房飾り．

タッセルスリッポン【tassel slip-on】 服ひもがなく，飾り房の付いた靴．

タッセルローファー【tassel loafer】 服房飾りを付けた，ひもなしで履けるスリッポン型の靴．

タッチ【touch】 ①感触．手で触れること．②美文絵画や文章などの筆遣い．③競(野球)アウトにするため走者などに球を触れること．④物事などに関与すること．⑤競(ゴルフ)自球を他の競技者の球に当てること．

ダッチ【Dutch】 オランダの．オランダ人の．

ダッチアカウント【Dutch account 日】 経割り勘．英語は equal split．「割り勘にする」は go Dutch．

タッチアップ【touch up 日】 競(野球)飛球が直接捕球された後，走者がすぐ次塁に走れるように塁に触れていること．英語は tag-up．

タッチ アンド ゴー【touch and go】 航空機の離着陸訓練．着陸時に軽く脚を触れし，すぐに上昇する．特に艦載機の着艦訓練で用いる．

タッチー【touchy】 触れると問題が起こりそうな．敏感な．

ダッチオークション【Dutch auction】 営経だんだんと値段を下げていく競売法．オランダ式競売法．逆せり．

ダッチオーブン【Dutch oven】 料鋳鉄製のなべ．野外生活などでよく用いる．

タッチケア【touch care】 医親が乳幼児にマッサージを施す育児法．ベビーマッサージ．

タッチショット【touch shot】 競(ゴルフ)相手の速い打球を減速した軟らかい当たりの打法．

タッチスイッチ【touch switch】 軽く触れると作動するスイッチ．

タッチセンサー【touch sensor】 ①I機対象物の確認を実際の物理的接触を検知して行う機器．②I算データ名を表示したキーを多数用意し，触れると容易に入力できる装置．

タッチタイピング【touch typing】 I算キーを打つ指を覚えないで，画面を見ながらタイピングすること．ブラインドタッチともいう．

タッチダウン【touchdown】 ①競(アメフトボール)攻撃側の選手が球をもって相手側エンドゾーン内に入ること．TD．②競(ラグビー)防御側の選手が味方のインゴ

ールで球を押さえること.

タッチダンス【touch dancing】芸普通は離れて踊るロックダンスなどで,パートナー同士が抱き合って踊ること.

タッチトーン【touch-tone】押しボタン式の.プッシュホン式.

タッチパネル【touch panel】①手で触れるだけで操作できる電子機器の制御・操作盤.タッチスクリーンともいう.

タッチフットボール【touch football】競アメリカンフットボールを小規模化した形式.1チーム6人編成で,タックルの代わりに両手で相手選手に触れるとボールデットとなる.ヘルメットや防具などは着用しない.

タッチ ミュージアム【touch museum】美視覚障害者が作品に触れられる美術館.

タッチメソッド【touch method】①算データ入力装置のキーボードの打ち方で,それぞれの指の分担を決めておくやり方.

タッチモデル【touch model】美目の不自由な人が,手で触れて鑑賞できる美術作品の複製.

タッチライン【touch line】競サッカーやラグビーなどで,ゴールラインと直角をなす競技場の側線.

タッチラグビー【touch Rugby】競スクラム,タックル,キックプレーがないが,基本的にはラグビーと同じ球技.守備側はボールを持った選手の体にどこでもいいからタッチし,6回繰り返すと攻守が逆になる.

タッチレス【touchless】触れない.非接触の.

ダッチロール運動【dutchroll motion】機航空機が安定性を失い異常飛行する状態を示す語の一つ.機体の横すべり,横揺れ,偏れが合成された蛇行運動を短い周期で繰り返す.

ダッチワイフ【Dutch wife】等身大の女性代用人形.

タッチング¹【tatting】服レース編みの一種.小さな輪をたくさん作った飾り編み.縁取りなどに用いる.

タッチング²【touching】①社身体接触による育児法.②人の心を動かす.

タッパーウエア【Tupperware】料ポリエチレン製の食品保存容器.商標名.

タップ【tap】①電中間差し込み口.②機雄ねじを切る工具.③競(ﾀﾞｯ)ピンが1本だけ残ること.④①算ペンタッチの操作で指示を与える時に,画面に軽く触れる動作.⑤軽くたたく.軽やかに拍子をとる.⑥蛇口.栓.

タップダンス【tap dance】芸靴底に取り付けた金具で床を踏み鳴らす軽快な踊り.

ダッフル【duffel】①服ベルギーのダッフル産の毛羽立った厚手の粗織りラシャ.外とうに用いる.②キャンプ用の衣類や毛布.

ダッフルコート【duffel coat】服起毛した厚手の紡毛織物で作る,フード付きの防寒コート.うき型や棒状のボタンをループで止める.

タトゥー【tattoo】入れ墨.

タトゥーシール【tattoo seal 日】容入れ墨の代わりに貼る,絵柄を付けたシール.

タトゥーワイヤー【tattoo wire】服指や腕などにはめる,伸縮性をもつナイロン製のひもで編む輪状アクセサリーのボディーワイヤーの異称.肌に密着し,入れ墨のように見える.

タナトス【Thanatos】心死の本能.死の衝動.フロイトが用いた言葉.古代ギリシャでは擬人化された死,死の擬人神を指す.

タナトロジー【thanatology】医死亡学.死学.死亡論.死の科学.死とその周辺状況に関する研究・学問.

タバコモザイク ウイルス【tobacco mosaic virus】生タバコモザイク病の病原体.ウイルス学の歴史で,重要な研究対象となった.TMVともいう.

タピオカ【tapioca】料キャッサバの根から採るでんぷん.その粉や粒を料理に用いる.

ダビング【dubbing】①映せりふだけ別の外国語に吹き替えること.ダブともいう.②再録音.合成録音.複製盤.

タフ【tough】強い.頑丈な.不屈の.

タブ¹【tab】①①算文書作成画面で,カーソルを特定の幅だけ移動させる機能.②①算GUIで多数の設定項目がある場合に用いる標識状の仕組み.③つまみ.つけ札.

タブ²【tub】ふろおけ.浴槽.

ダフ【duff】競(ｺﾞﾙ)球を打ち損ねて,球の手前の地面をたたいてしまうこと.

ダブ【dub】音レゲエの音楽家が好むリミックスの技術.

タフィー【taffy】①社家庭内にコンピューターなどの電子機器をもつ,豊かで教育水準の高い家族.technologically-advanced familyの略.②料黒砂糖で作るキャンディー.

タブー【taboo】社禁忌.禁制.触れたり言及してはならないもの.

タフォノミー【taphonomy】地化石学.化石生成学.動植物が土に埋もれて化石になる過程や条件を研究する.

タフガイ【tough guy】頑強な男.精力的な男.不死身の男.

タブキー【tab key】①算文書作成画面などでカーソルをある幅だけ右へ移動させたり,表計算ソフトでカーソルを右のセルへ移動させるなどの機能を担うキー.

タブ区切り【tab delimited】①算ある項目が表のように構成されているデータに対して,タブ記号で項目ごとに区切るテキストファイルの形式.

タブコントロール【tabulation control】①算ダイアログボックスの形で示された設定項目を,何枚もの設定用紙を重ねたように表示する方法.

タフターゲット【tough target】社犯罪者が手を出しにくい相手.

ダブダブダブ計画【WWW】気世界気象監視計画.World Weather Watchの頭字語から.

タフトハートレー法【Taft-Hartley Act】全国労使関係調整法(Labor Management Relations Act)の俗称.社法アメリカの労使関係法.ストライキの制限やクローズドショップの禁止など

タフネゴシ▶

を定めている.

タフ ネゴシエーター【tough negotiator】 手ごわい交渉相手. 強力な交渉者.

タフネス【toughness】 疲れを知らない粘り強さ. 強じん性. 頑丈であること.

タフ フォーリン ポリシー【tough foreign policy】政対外強硬政策.

タブブラウザー【tab browser】IT算開いたウェブページをタブの形式で管理できるブラウザー.

ダブラー【doubler】①2倍にするもの. 倍電圧器. ②I算ディスクの容量や記憶装置の領域を2倍にするもの.

タブラオ【tablao 西】芸フラメンコの舞踏場. フラメンコの実演が鑑賞できる店.

タブラリウム【tabularium 羅】歴古代ローマの記録保管所.

タブリエ【tablier 仏】服エプロンのような後ろ開きのオーバードレス. 前掛けの意.

タプル【tuple】I算1件分のデータのこと. 組を意味する.

ダブル【double】①二倍. 二重. ②服両前合わせの上着. ダブルブレストともいう. ③服ズボンのすそなどに折り返しのあるもの.

ダブルイーグル【double eagle】競(ゴルフ)一つのホールで, パーより3打少ないこと. アルバトロスともいう.

ダブルイメージ【double image】映画ある画面に他の画面を重ねて映す方法.

ダブルインカム【double income】社共働き世帯など, 一世帯に二つの収入源があること. 共稼ぎ. ツーインカム, ツーアーナー, ダブルポケットともいう.

ダブル ウィッシュボーン【double wishbone】機自動車の車台に取り付けたA型形状のアームを上下に2個使った懸架装置.

ダブルA【double A】①競(野球)アメリカのマイナーリーグの階級の一つ. 上から2番目に相当. ②営経社債などの格付けの一つ. AAともいう.

ダブルエージェント【double agent】軍二重スパイ. 逆スパイ. 自国のための諜報活動を装いながら, 逆に相手国側に自国の秘密を売り渡すスパイ.

ダブル エクスポージャー【double exposure】写二重露光. 1コマのフィルムに2回露光し, 別々に写した二つの対象を一つの画面に重ねる技法.

ダブルエッジ【double edge】服女性らしさと男性らしさのように両端の性質を組み合わせたデザインや装い.

ダブルエントリー【double entry】営経複式簿記. 複式記帳法. ある取引について, 増加したものとその代わりに減少したものの両方を記入する.

ダブルカーソル【double cursor】服衣服に付けるファスナーに二つのクリップを備える方式. 上下から開閉できる.

ダブル カセット デッキ【double cassette deck】二組のカセットテープ用のテープデッキを備えた器具. 録音テープの複製などができる.

ダブルクリック【double click】I算マウスのボタンを素早く2回押すこと.

ダブルクロス【double cross】裏切り. 欺くこと. 二重スパイ.

ダブルコンタクト【double contact】競(バレーボール)1人の選手が球に連続して2回触れる反則. ドリブルともいう.

ダブル コンティンジェンシー【double contingency】二重の偶発性. 社会秩序の生成で問題とされる.

ダブルス【doubles】競テニスや卓球などの2人一組みのチームで行う試合.

ダブルスカル【double sculls】競ボート種目の一つ. 2人の選手がそれぞれ2本ずつのオールを操作する.

ダブルスクール【double school 日】教大学に籍を置いたまま, 専門学校にも通う学生. 各種の資格を取って, 就職活動を有利にしようとする場合などに見られる. 英語はdouble schooler.

ダブルスコア【double score】競勝者の得点が敗者の得点の二倍になること.

ダブルスタック トレイン【double stack train】機海上コンテナを二段積みにした貨車で編成される貨物列車. DSTともいう.

ダブルスタンダード【double standard】社対象によって標準を変える二重基準. 例えば, 男女で道徳基準が違うなど.

ダブルスピーク【doublespeak】言遠回しな表現. 自分の真意を隠すあいまいな語句.

ダブルスペース【double space】①I算インチ(2.54cm)に3行を入れる行間隔の取り方. ②1行分の行間を開けてタイプする方法.

ダブル選挙【double 一】政同日選挙. 国政レベルの2種類の全国選挙を同時に実施すること. 1980年に第36回衆議院議員総選挙と第12回参議院議員通常選挙が同日に行われたのが, わが国では初めて.

ダブルダッチ【double Dutch】言わけのわからない言葉. ちんぷんかんぷん.

ダブルタップ【double tap】I算ペン入力による基本操作の一つ. ペン先でたたくタッチを2回行うこと.

ダブルチェック【double check】再確認. 二重に確認すること.

ダブルディール【double deal】再利用. 不用品のリサイクル. 二度扱うの意.

ダブル ディグリー【double degree 日】教共同学位. 二つの大学や大学院で同時に学位を受けられる制度. 英語ではjoint degree, またはdual degree.

ダブルデッカー【double-decker】機二階建てのバスや電車. 二段ベッド.

ダブルトーク【double-talk】言あいまいな言葉遣いで話すこと. あいまいな話.

ダブルトラッキング【double-tracking】二つの航空会社が同一路線に乗り入れること. 英語ではoverlapping routeともいう.

ダブルトラック【double truck】広雑誌などの見開き2ページにまたがる広告.

ダブルトラック レース【double track

318

race】競2人の選手が1周ごとに、内側と外側のコースを入れ替わりながら滑走し、所要時間を競うスピードレース.

ダブルドリブル【double dribble】競(バスケ)両手のドリブル.または二度ドリブルすること.バイオレーションの一つ.

ダブルネーム【double name 日】服コラボレーションの一つで、商品に二つのネームのブランドタグを付けること.

ダブルバードン【double burden】社二重負担.特に、女性の仕事と家庭の両方の責任などについていう.

ダブルハル タンカー【double hull tanker】機二重船殻船.二重船体構造のタンカー.外板の内側に井げた状のブロックを取り付けて、船体の強度を高める.

ダブルフェース【double-faced】服表と裏で色や柄などが異なる衣料品.

ダブルブッキング【double booking】営二重に予約を受けること.ホテルなどで予約取り消しに備えるために行う.

ダブルフランチャイズ【double franchise】競プロ野球の球団などが2カ所を保護地区とし、どちらでも興行権を所有できる制度.

ダブルブランド【double brand】営一つの商品に、メーカーと販売会社の両方のブランド名を入れたもの.

ダブルプレー【double play】競(野球)併殺.一連の守備動作で2人をアウトにするプレー.ゲッツーもいう.

ダブルベース【double base】競(野球)一塁に用いる通常の2枚ある色分けしたベース.

ダブルヘッダー【doubleheader】競(野球)同じ2チームが同じ日に2試合続けて行うこと.2頭立ての馬車の意から.

ダブルヘリックス【double helix】生二重らせん.特にデオキシリボ核酸(DNA)の分子モデル.

ダブルポケット【double pocket 日】社ダブルインカムのこと.共働き世帯.英語は two-income household.

ダブルミニ【double mini】競トランポリンの種目.20mの助走路を走り、二つのミニトランポリン上で演技を行い着地する.

タブルユース【double use 日】服二通りの着用方法が楽しめる、意外性のあるデザイン.ツーウェーアイテムともいう.

タブレット【tablet】①薬錠剤.②はぎ取り式のメモ帳や便せん.③単線区間の鉄道で使う通行証.④I算入力装置の一つ.平らなシートの上をペンで触れると、座標軸が検出され、データが入力できる.

タブレットPC【tablet PC】I算ペンで触れて入力する操作面をもつ装置を使うパソコン.

タブロイド【tabloid】印新聞の判型の一つで、普通の新聞紙の約半分の大きさ.

タブロイド テレビジョン【tabloid television】放セックスやスキャンダル、ゴシップを売り物にするテレビ放送.

タブロー【tableau 仏】美絵画作品.素描などとは違う完成された作品の意味を含む.

タブン【tabun】化神経ガスの一種.高致死性の猛毒物質.

タペストリー【tapestry】服壁掛けなどに用いる絵模様のつづれ織.タピスリーともいう.

タベルナ【taverna 伊】料小料理屋.軽食堂.小規模の料理店.居酒屋.

ダボス会議【Davos conference】経政世界経済フォーラム会議の通称.毎年1月スイスのダボスで開催.

ダマスク【damask】服縦糸と横糸の光線の反射が異なることを使って、模様を浮き上がらせた装飾性の高い織物.

タマリロ【tamarillos】植輸入果物の一種.実は赤や黄色で、果肉はトマトに似るが渋みが強い.ツリートマトともいう.

ダミー【dummy】①模型.型見本.店頭のマネキンなどのモデル人形.②営取引などで、便宜上使う身代わり会社.③映危険な場面などでの替え玉.④競ラグビーなどで、パスすると見せかけて相手をかわす技法.

ダミーガバメント【dummy government】政かいらい政府.植民地などに支配国のかいらいとして設立する政府.

ダミーヘッド【dummy head】ヘルメット状をした録音器.耳の部分にマイクを付けて録音するので、臨場感のある音が録音される.

ダミーレコード【dummy record】I算レコードが順番どおりに編成されたファイルで、欠番レコードがあった場合に、その部分を補うレコード.

タミフル【Tamiflu】医薬スイスのロシュ社が製造するインフルエンザ治療薬.一般名オセルタミビル.

タミルイーラム解放の虎【Liberation Tiger of Tamil Eelam】軍スリランカ北部に拠点を置く、タミル系住民の過激派武装組織.LTTEともいう.

タミル統一解放戦線【Tamil United Liberation Front】軍政スリランカのタミル民族独立運動の穏健派組織.TULFともいう.

タミル民族【Tamil】スリランカやインド南部などに住む種族.ヒンズー教徒が多い.

ダム【dumb】愚鈍な.頭の悪い.無口な.

ダムカード【dumb card】I算磁気ストリップに少量のデータしか記録できない従来型のマネーカードなどのこと.

ダムサイト【damsite】建ダム建設用地.

ダムターミナル【dumb terminal】I算端末装置のうち、単純な送受信だけを行い、自身ではデータ処理機能をもたないもの.

タムタム【tom-tom】①音打楽器の一種.アフリカなどで用いる胴の長い太鼓.改良した楽器をジャズ演奏などで使う.トムトムともいう.②音どらに似た金属製の打楽器.tam-tamともつづる.

ダムダム弾【dumdum bullet】軍銃弾の一種で、命中すると破裂し、傷を大きくする.

ダムバーター【dumb barter】経社沈黙交換.物々交換の一種.品物を置く場所だけ決めておき、交換者同士は会わない.

ダメージ ▶

ダメージ【damage】損害．損傷．被害．
ダメージ加工【damage finishing】服ビンテージ風の味わいを出すための，生地を傷める後加工．
ダメージコントロール【damage control】敵の攻撃による被害を最小限にする手段・対策．
ダラーライゼーション 経ドル化．通貨不安などが生じた自国の通貨を，ドルに替えてもとうとすること．ドラライゼーションともいう．
ダライラマ【Dalai Lama】宗ラマ教の教主．活仏または観音の仏身とされ，代替わりには特別の瑞相をもった新生児が選ばれる．
タラソテラピー【thalassothérapie 仏】医容海洋療法．海洋気象療法．海水・海藻・海泥などを用いる，循環器障害・不安障害などに対する治療法．または美容法．
タラップ【trap 蘭】機船や飛行機の乗り降りに用いる階段．ランプともいう．
タランティズム【tarantism】医ハンチントン病．舞踏病．
ダリア【dahlia】植テンジクボタン．キク科の多年草．葉は羽状複葉で，夏から秋にかけて茎頂に頭花をつける．多くの園芸種がある．
タリアテレ【tagliatelle 伊】料パスタの一種．平らなひも状をしている．
タリバン【Taliban】政アフガニスタンのイスラム原理主義組織．イスラム神学校学生および求道者の意味で，1994年に活動を開始．タリバーン．
タリフ【tariff】関税．関税表．関税率．
タリフィケーション【tariffication】経輸入課徴金や数量割り当てなどによる輸入規制を，関税をかける方式に転換すること．
タリフ エスカレーション【tariff escalation】経輸入品の関税率が原材料では低く，加工度が進むにつれて高くなる制度．
タリフクオータ【tariff quota】営一定期間内に輸入される特定商品について，割当数量までは低い税率を適用し，それを超過する分については高い税率を適用するもの．
ダル【dull】鈍感な．動作が緩慢な．沈滞した．退屈な．
ダルカルサ【Dal Khalsa】軍インドのシーク教徒の過激派組織．パンジャブ州でシーク教徒独立国家の創設を目指す．1978年に結成．
ダルク【DARC】医薬物依存者のための日本の民間リハビリ施設．1996年に東京に始まり，全国に約50カ所ある．Drug Addiction Rehabilitation Center の頭字語から．
タルタルステーキ【tartar steak】料生の牛肉を細かくたたいて卵黄をのせた料理．刻みタマネギやパセリ，ピクルスなどを添える．
タルタルソース【tartar sauce】料マヨネーズにみじん切りのピクルスやタマネギなどを加えて作るソース．魚料理やサラダに使う．
ダルテパリン ナトリウム【dalteparin sodium】薬血液凝固阻止剤の一つ．スウェーデンが開発した．
タルト【tarte 仏】料果物入りのパイ．またそれに似せた菓子．タートともいう．

タルトレット【tartelette 仏】料小型のタルト．一人前分ずつ作る小型のパイ．
ダルパ【DARPA】政アメリカ国防総省の国防先進研究計画庁．Defense Advanced Research Projects Agency の略．1996年に旧名の ARPA に再改称．
ダルフール虐殺【genocide in Darfur】軍政2003年にスーダンのダルフール地方で起こった虐殺事件．スーダン政府軍と民兵によって住民7万人以上が殺されたとされる．
ダルホプリスチン【dalfopristin】薬抗菌薬の一つ．ダルフォプリスチンともいう．
ダルマ【dharma 梵】宗悟りを得る真理．
タレント【talent】①才能．特技．②芸才能・特技のある人．③(日)テレビやラジオなどの人気出演者・芸能人．
タレント エージェンシー【talent agency】映劇放映画などで芸能人の斡旋をする会社．
タレントショップ【talent shop 日】営有名芸能人などが経営する店舗．
タロットカード【tarot card】56枚の数字札と22枚の絵入り札の計78枚からなる，占いに用いるカード．タローカードともいう．
タワー型パソコン【tower model PC】工算パソコン本体の形状の一つ．縦長の形状で基本的に縦に置く．高さはフル，ミドル，ミニと3段階ある．
タワーマンション【tower mansion 日】建塔状の超高層集合住宅．
ダワ党【Daawa Party】政イラクのイスラム教シーア派政党．
タン[1]【tan】日に焼く．なめす．褐色．
タン[2]【tongue】料牛などの舌肉．
タンカー【tanker】①機槽船．液体貨物を輸送する船．石油類を運ぶ油槽船，LPGタンカー，ケミカルタンカーなどがある．②軍空中給油機．
タンカーフレート【tanker freight】営経タンカーの運賃．
タンカラー【tan color】皮膚が適度に日焼けした感じの色．黄褐色に近い．
タンキニ タンクトップ(tank top)とビキニ(bikini)の合成語．服丈の短いランニングシャツに似た開放的な上着とビキニのショーツを組み合わせた水着．
タンク【tank】①気体や液体を貯蔵する容器．②軍戦車．
ダンクショット【dunk shot】競(バスケ)球をバスケットの真上から強く投げ込むシュート．ダンクシュートともいう．
タングステン鋼【tungsten steel】化タングステンを含有する特殊鋼．
タングステン フィラメント【tungsten filament】電タングステンで作った，光や熱電子を放出させる繊条．発光コイル．
タングステンランプ【tungsten lamp】電発光コイルにタングステンを用いた電球．
タンクトップ【tank top】服ランニングシャツに似た形の，肩をひもで留めた開放的な上衣．水着型の女性用上着．
タングラム【tangram】正方形の板を三角形や四

角形に切り分け，組み合わせを楽しむパズル遊び．知恵の板．

タンクローリー【tank lorry】 機液体・気体を運搬する特殊なトラック．タンクトラック．

ダンケシェーン【Danke schön 独】 どうもありがとう．

タンゴ【tango】 音アルゼンチンのブエノスアイレスで19世紀末ごろ生まれたダンス音楽．バンドネオン，ピアノ，バイオリンなどを用い，2拍子で歯切れよく演奏される．ヨーロッパに伝わり優美になったコンチネンタルタンゴと区別して，アルゼンチンタンゴともいう．

ダンサブル【danceable】 医ダンス向きの．曲などが踊りに適している．

タンジェントポリ【tangentopoli 伊】 社政汚職都市．わいろが多く腐敗した都市．1992年に表面化した，イタリアの政官財界の贈収賄事件から生まれた言葉．

ダンスガード エシュガー振動【Dansgaard-Oeschger oscillation】 地約3000年周期で温暖期と寒冷期を繰り返す変動．グリーンランドの氷床コアで見られ，その研究者2人の名に由来．

ダンスゲーム【dance game 日】 I ゲームセンター向けのゲーム機の一種．踊りの要素を取り入れたゲーム．

ダンスセラピー【dance therapy】 医舞踏療法．精神病患者の治療に舞踏を利用する方法．

ダンスディレクター【dance director】 映ダンス監督．出演者に振り付けを指導する．

ダンディー【dandy】 おしゃれな男．だて男．

ダンディールック【dandy look】 服男性の洗練された服装．または女性が着る男物に似せた服装．

ダンディズム【dandyism】 男のおしゃれ．おしゃれ精神．だて好み．

タンデム【tandem】 ①機座席が縦に二つ並んだ2人乗り用の自転車．②縦並びの．

タンデム結合【tandem connection】 I 算コンピューターを直列に接続することで，システムの性能や信頼性を向上させること．

タンデム触媒【tandem catalysis】 化複数のひと続きの反応を連続して起こす錯体触媒．

タンデム弾頭【tandem warhead】 軍対戦車武器の一つ．成型炸薬を縦に二重配置して侵徹効果を高めたもの．

タンデムプロセッサー【tandem processor】 I 算複数の CPU（中央処理装置）を備えた装置．主目的に使われる以外のものはバックアップ用．

ダンドラフ【dandruff】 医ふけ．頭皮表面の角質層からはがれ落ちたもの．ふけ症．

タンドリーチキン【tandoori chicken】 料ヨーグルトと香辛料に漬け込んだ鶏肉を壺型のかまど（タンドール）で焼いたインド料理．

タンナー【tanner】 製革業者．皮なめし工．

ダンパー【damper】 ①制振器．振動を吸収する装置．②音弱音器．

タンパーエビデント【tamper-evident】 商品の包装が，一度開けるとすぐわかるように設計・製作されていること．中身にいたずらができないようにする工夫の一つ．

タンバリン【tambourine】 音打楽器の一つ．丸形のたがの片面に革を張り，回りに小さな鈴を付けたもの．

ダンピング【dumping】 ①営投げ売り．採算を無視して低価格で商品を販売すること．②経安値輸出．外国市場で国内市場価格よりも安く商品を販売すること．③環ごみなどを投げ捨てること．核廃棄物や有害廃棄物などを不法投棄すること．

ダンピング関税【anti-dumping duties】 営経外国商品の投げ売り・安売りを防止するための付加関税．

ダンプ【dump】 I 算記憶装置内に記憶されているデータを，プリンターなどへ出力すること．バグの発見などをする際に行われる．

ダンプカー【dump car 日】 機荷台を傾けて積み荷を一気に下ろせる仕組みのトラック．英語では dump truck.

タンブラー【tumbler】 ①料平底で取っ手のない大型のコップ．②宙返りする人．

タンブリング【tumbling】 競（体操）マット上で各種の回転・跳躍運動を連続して行うこと．

ダンプリング【dumpling】 料小麦粉などを練ってゆでた洋風団子．シチューなどに用いる．

タンブルバルブ【tumble valve】 宇スペースシャトルの外部燃料タンクが大気圏に再突入する時に，落下位置のずれが生じないように働くバルブ装置のこと．

タンペラマン【tempérament 仏】 気質．

ダンベル【dumbbell】 競運動具の一つで，ボディービルなどに用いる亜鈴．

タンポン【tampon 仏】 医止血や分泌物の吸収のために傷口や腟に挿入する綿やガーゼなどの栓．

チ

チアガール【cheer girl 日】 競スポーツ競技や試合で活動する女子応援団員．英語では cheerleader.

チアノーゼ【Zyanose 独】 医呼吸障害などで血液中の酸素が欠乏し，口唇・耳・ほおなどの皮膚が青紫色になる症状．

チアホーン【cheer horn】 競サッカーの試合などで用いる応援ラッパ．

チアリーダー【cheerleader】 競スポーツ試合で，観客の応援を指揮する人．

チアリーディング【cheerleading】 競スポーツ試合での応援方法．

チーキー【cheeky】 生意気な．ずうずうしい．

チーク[1]【cheek】 ほお．

チーク[2]【teak】 植熱帯アジアに産するクマツヅラ科の落葉高木．家具などに用いる．

チークダンス【cheek dance 日】 医男女が体をつけ，ほおを寄せて踊るダンス．

チーズ【cheese】料乳製品の一つ．乳酸菌などを加えた乳からできる凝固物から水分を除き，貯蔵・熟成させて作る．

チーズ アドバイザー【cheese advisor 日】営チーズの特徴やブドウ酒との相性などを顧客に助言する資格をもつ人．

チーズケーキ【cheesecake】　①料洋菓子の一種．チーズを入れて作るケーキ．②セクシーな女性．

チーズフォンデュ【cheese fondue】料白ブドウ酒などでよく溶かしたチーズを，パンにつけて食べるスイスのなべ料理．

チート【cheat】I不正にゲームを進めること．

チーフ【chief】　①長．支配者．②営事業所の責任者．上役．主任．③部門．部局．

チーフ エグゼクティブ【chief executive】政州知事．市長などの行政長官．

チーフ エグゼクティブ オフィサー【chief executive officer】営最高経営担当役員．最高経営責任者．企業の最高幹部で，普通は会長あるいは社長を指す．CEO．

チープ ガバメント【cheap government】政安価な政府．安上がりの政府．必要最小限の費用で国政を運営すること．

チープサット【cheapsat】宇小型で安価な通信衛星．cheap と satellite の合成語．スモールサット，ライトサットともいう．

チープシック【cheap chic】服お金をかけないで，安いものをシックに着こなすこと．

チープラブ【cheap love】売春．容易に手に入る愛の意．

チープレイバー【cheap labor】営社低賃金．労働に見合わない賃金．

チープレイバー ヘイブン【cheap-labor haven】営社低賃金労働力の供給地．

チームサムライ 04【Team Samurai 04】軍ＰＳＩ（拡散防止構想）に基づき，日米など40カ国が参加して2004年に行った海上訓練．

チームスピリット【Team Spirit】軍韓国軍とアメリカ軍による合同軍事演習．

チームセリング【team selling】営営業担当者一人一人が活動を行うのでなく，営業部門全体で活動することで，高い生産性を得ようとする考え方．

チーム タイム トライアル【team time trial】競（自転車）自転車競技の一つ．一定距離のチームの走破時間を争う．

チーム ティーチング【team teaching】教複数教師による指導．教科の難しさやつまずきやすい単元などで，1クラスに2人以上の教師が入って，きめ細かい指導をする授業方法．

チームパシュート【team pursuit】競（自）団体追い抜き競技．1チーム3人が先頭を入れ替わりながら滑る．

チームプレー【team play】　営競社競技や共同作業で全員が協力し合って行うこと．

チームワーク【team work】営競社チームとしての行動・連携．共同作業．

チェア【chair】　①背もたれのあるいす．②議長．委員長．chairperson（チェアパーソン）の略．

③議長をつとめる．

チェアスキー【chair ski】競（スキ）スキー板にいすを取り付けたもの．身体障害者のアルペン競技などに用いる．

チェアパーソン【chairperson】議長．委員長．従来のチェアマンの代わりに使われている中性名詞．

チェアマン【chairman】　①議長．委員長．会長．頭取．性の区別のない用語として，chairperson がよく使われる．②競（サカ）日本のプロサッカーのＪリーグの最高責任者．

チェーサー【chaser】　①料強い酒を飲んだ際に添える，水や軽い飲み物．②追跡者．猟師．③軍追撃機．駆潜艇．

チェーシング【chasing】彫金．金属面に工具で彫刻を施すこと．

チェーン【chain】　①鎖．②連鎖経営組織をとる店舗や施設．③タイヤチェーンの略．

チェーンストア【chain store】営同一の経営下に組織された多数の同種小売店．

チェーンスモーカー【chain smoker】タバコを間断なく吸う人．

チェーンベルト【chain belt】服金属製の鎖をつなげたベルト．

チェーンメール【chain mail】IT不幸の電子メール．偽情報などを捏造して電子メールを送り，次々と連鎖的に転送させること．

チェーンレター【chain letter】社連鎖手紙．受取人が文面を写し，数人に同一の内容の手紙を差し出す方式．「不幸の手紙」などがその例．

チェス【chess】西洋将棋．64区画の盤上で，6種類16個ずつの駒を使う．

チェスターフィールド【chesterfield】服紳士用の外とうの一種．シングルの比翼仕立てで，多くはベルベットの上襟が付いている．

チェスト【chest】　①ふた付きの大箱．整理だんす．②胸．胸部．

チェストボイス【chest voice】音胸声．胸から発する低音域の声．

チェダーチーズ【cheddar cheese】料イギリスの代表的なハードタイプのチーズ．原産地名にちなむ．

チェチェン紛争【Chechen conflict】軍政ロシアのチェチェン共和国が独立を目指して発生した戦い．1991年に当時のドゥダエフ大統領がチェチェン独立を宣言したのが始まり．

チェッカー【checker】　①照合や検査を行う人．②盤上競技の一種．赤黒12個ずつの丸いこまを市松模様の盤上に並べて，互いに相手のこまを取り合う競技．英語は checkers．③市松模様．チェック．

チェッカーフラッグ【checkered flag】競自動車レースで，ゴールインの時の合図に振る市松模様の旗．チェッカーともいう．

チェッカー ボーディング【checker boarding】政地方テレビ放送局が視聴率の高い時間帯に，キー局と異なる番組を放送すること．

チェック【check】　①照合．検査．検査を行ったという印．②阻止．抑制．③小切手．④市松模様．格子じま．⑤チェスで，王手．

チェックアウト【checkout】 ホテルなどで，勘定を済ませて部屋を空けること．⇔チェックイン．

チェックアウト タイム【checkout time】 チェックアウトするように決められた時刻．

チェック アンド バランス【check and balance】 各部門が互いに抑制し合って均衡を保つこと．三権分立の指導原理．

チェックイン【checkin】 ①ホテルなどで，宿泊の手続きをすること．⇔チェックアウト．②空港にある航空会社のカウンターで搭乗手続きをすること．

チェックイン バゲージ【check in baggage】 委託手荷物．航空機の搭乗者が預ける手荷物．

チェックオフ【checkoff】 労働組合の依頼によって，雇用者が組合員の賃金から組合費を天引き徴収する制度．

チェックサム【checksum】 データが正しく送信されたかどうか調べるため，送信データの末尾に付ける情報．

チェックシート【check sheet】 項目についてチェックするために作成したシート．QC（品質管理）七つ道具の一つ．

チェックスイング【check swing】 (野球)バットを振りかけて，途中でやめること．ハーフスイングともいう．

チェックデジット【check digit】 数字などの入力ミスをチェックするために，情報システム内のデータにつけられる文字．

チェックブック【checkbook】 小切手帳．

チェックブック ジャーナリズム【checkbook journalism】 金品を贈って得た情報を報道すること．話題の人物などに報酬を出して独占契約し，報道・放送・出版すること．

チェックブック ディプロマシー【checkbook diplomacy】 小切手外交．経済力で問題解決を図ろうとする外交政策．

チェックブック ポリティックス【checkbook politics】 高額を記入した小切手帳が行き交う政治．企業や団体などからの多大な献金を資金として行う政治をいう．

チェックプライス【check price】 過当競争などによる市場混乱を避けるために，輸出商品の一部に適用する最低価格．

チェックポイント【checkpoint】 ①検問所．②問題となる個所．注意すべき点．この意味での英語は points to be checked．

チェックボックス【check box】 GUIでウインドウの中に表示される，各項目を選択するかしないかを指定する小さな四角枠．

チェックメイト【checkmate】 チェスで，王手・詰み．

チェックライター【checkwriter】 手形刻印機．手形の額面をあとから書き直せないように，紙面に刻印する事務器．小切手振出人．

チェックリスト【checklist】 照合表．検討を要する項目を書き留めた一覧表．

チェボル【chaebol】 韓国の財閥．

チェボル改革【chaebol reform】 韓国の財閥改革．財閥の家族経営的企業体質の転換を図る．

チェリー【cherry】 ①桜．サクランボ．②サクランボ色．桜材．

チェリーブランデー【cherry brandy】 サクランボを原料として作るブランデー．

チェリオ【cheerio】 さようなら．ごきげんよう．おめでとう．乾杯．別れのあいさつや乾杯・祝杯の時に用いる言葉．

チェリスト【cellist】 弦楽器チェロの演奏家．

チェリモヤ【cherimoya】 熱帯アフリカ産の小木．緑色の果実を食する．果肉は乳白色で柔らかく，森のシャーベットといわれる．

チェルノブイリ【Chernobyl】 ウクライナ北部の都市．1986年に原発事故が発生した．

チェルノブイリ原発事故【Chernobyl accident】 1986年にウクライナのキエフ近郊のチェルノブイリ原子力発電所第4号炉で起きた爆発事故．2000年12月15日に完全閉鎖．

チェレンコフ光【Cherenkov radiation】 チェレンコフ放射．荷電粒子が高速で水中飛行などをする際に発生する微光．1934年にソ連の物理学者チェレンコフが発見．

チェロ【cello】 弦楽器の一種．バイオリン属の大型低音楽器．セロともいう．

チェンジアップ【change-up】 (野球)速球と同じ投球動作をしながら球速を遅くし，打者のタイミングをはずす変化球．

チェンジオーバー【changeover】 ①政策・戦略などの転換・切り替え．改変．②為替取引．スワップ取引．

チェンジマスターズ【change masters】 経営環境の変化をすばやく見抜いて対応策を考え，適切な企業変革を推進する人々や組織．

チェンバー【chamber】 部屋．会議室．

チェンバー オブ コマース【chamber of commerce】 商工会議所．商工業者による任意加入の経済団体．

チェンバーミュージック【chamber music】 室内楽．小規模編成の合奏団のために書かれた音楽．

チェンマイ イニシアティブ【Chiang Mai Initiative】 東南アジア諸国の通貨危機を防ぐために結んだ，中央銀行相互間の外貨の相互融通協定．2000年にタイのチェンマイで合意．

チカーノ【Chicano】 メキシコ系アメリカ人の総称．

チキータ【chiquita】 少女．女の子．かわいい子．小さいもの．

チキンゲーム【chicken game】 度胸を試すため，どちらが先に引き下がるかみるゲーム．

チキンナゲット【chicken nugget】 骨を取り除いた鶏肉を固めて揚げたもの．

チキンホーク【chicken hawk】 中年以上の同性愛の男性で，主に少年に興味を示す人．

チキンラン【chicken run】 暴動や騒乱などの発生地域から群集が大挙して逃げ出すこと．原義は鶏の囲い場．

チクロ▶

チクロ シクロヘキシルスルファミン酸ナトリウム（Natriumcyclohexylsulfamate 独）の略．化白色の結晶性粉末で，砂糖の約40倍の甘味がある，人工甘味料の一つ．食品への添加は多くの国で禁止されている．

チゲ【tchigae 朝】料なべ料理．

チケット金融【ticket finance 日】経違法な貸金手法の一つ．借り手に売った金券を換金して返済させる．

チケットサービス【ticket service】Ⅰ算コンピューターによる一括管理システムを用いた，入場券などの販売サービス．

チケットショップ【ticket shop 日】営金券ショップ．乗車券，商品券，入場券など，さまざまな券や切符を格安で提供する．

チコリ【chicory】植キク科の多年草．軟白葉を収穫し，サラダなどに用いる．ビタミンA，Cが多く含まれる．

チター【Zither 独】音弦楽器の一種．オーストリアや南ドイツなどで用いる民族楽器．

チタナイト【titanite】鉱カルシウムやチタンなどを含有する鉱物．多くの岩石中にくさび状の結晶で存在する．

チタン【Titan 独】化原子番号22の金属元素．耐熱・耐食性に優れ，軽くて強い．軍用機やロケットの構造材などに使われる．英語では titanium．

チタンカーバイト【titanium carbide】化炭化チタン．融点が高く，アーク溶融電極などに用いる．

チタンクラブ【titan club 日】競(ｺﾞﾙ)ヘッド部分をチタン合金で作るゴルフクラブ．比重が軽いので，ヘッドを大型化しやすい．

チタン酸ストロンチウム【titanic acid strontium】化人造宝石の一つで，酸化チタンと酸化ストロンチウムとの合成でできた結晶．ダイヤモンドによく似た輝きがある．

チタンテープ ダイエット【Titan tape diet 日】医チタン付きのばんそうこうをツボにはり，足のむくみや headache の解消などを行う方法．

チッカー【ticker】株式市況・ニュースなどを速報する電信式の受信装置・印字装置．

チッキ【check】営託送手荷物．またその合い札・預かり証．英語では baggage check ともいう．

チック[1]【tic】医心目，鼻，のどなど身体の一部を突発的，反復的，常同的に，また急速で非律動的に動かす運動や発声のこと．

チック[2] コスメチック（cosmetic）の略．容整髪用の固い棒状の香油．

チックフルター【chick furter】料鳥肉で作るフランクフルトソーセージ．

チップ[1]【chip】①木片．②ポーカーやルーレットで，現金代用の象牙やプラスチック製の札．③料食べ物や菓子などの薄切り．ポテトチップス．④Ⅰ算集積回路（IC）が構成された半導体の小片．IC や LSI のこと．IC チップともいう．

チップ[2]【tip】①心付け．祝儀．②競(野球)球が打者のバットをかすめること．③先．先端．

チップオフ【tip-off】秘密情報を暴露すること．内報．警告．

チップカルチャー【chip culture】Ⅰ算高密度集積回路の製品を用いる生活様式や文化．

チップショット【chip shot】競(ｺﾞﾙ)傾斜角度の少ないクラブで打球を転がし，ホールに寄せる方法．ランニングアプローチともいう．

チップセット【chip set】Ⅰ算周辺 LSI．コンピューターに使われている集積回路のうち，CPU（中央処理装置）のチップ類のこと．

チップ テクノロジー【chip technology】Ⅰ算高密度集積回路を用いる工業技術．

チトクロム【cytochrome】化生物の細胞呼吸に関係するいくつかの酸化還元酵素の総称．サイトクローム，シトクロムともいう．

チトクロム P450【cytochrome P450】化生ポルフィリンと二価鉄の配位化合物であるヘム基をもつたんぱく質の一群．シトクロム P450，P450 ともいう．

チノクロス【chino cloth】服綿綾織物の一種．丈夫で，作業着や実用着などに用いられる．チーノクロスともいう．

チノパンツ【chino pants】服厚手の綿綾織物で作るパンツ．綿パンと呼ばれる．

チベット高気圧【Tibet anticyclone】気モンスーン期の5〜9月ごろ，チベット高原付近に現れる高気圧．北日本上空にまで張り出すと，日本は猛暑になる．

チベット仏教【Lamaism】宗ラマ教．チベットを中心として中国西北辺，東北部，内外モンゴルに広まった密教系の仏教．教主はダライ・ラマ．

チマ【chima 朝】服朝鮮の民族衣装の一つ．胸からくるぶしまでの丈があるスカート．

チミジンキナーゼ【thymidinekinase】生DNA（デオキシリボ核酸）の構成成分の一つであるチミジンのリン酸化を促進する酵素．DNA の合成速度を制御する働きがある．

チミン【thymine】生デオキシリボ核酸を構成する四つの塩基の一つ．記号は T．

チムニー【chimney】①建煙突．煙突状のもの．②登人が入って登れる程度の岩の裂け目．③地海嶺中軸谷などにできる沈着物の筒状の口．

チャージ【charge】①充電．②自動車などに燃料を入れること．③料金．代金．④反則．⑤突進．突撃．⑥容疑．非難．告発する．⑦競サッカーやラグビーなどで，相手選手にわざとぶつかること．⑧競ゴルフなどで，積極的な姿勢を見せること．

チャージアカウント【charge account】営経掛け売り．売掛金勘定．

チャージカード【charge card】営経翌月など1回払い決済方式をとるクレジットカード．

チャージコレクト【charge collect 日】営経運賃の着地払い．英語は carriage on delivery など．

チャージャー【charger】①電充電器．②装てん器．③軍突撃兵．

チャージング【charging】①競(ﾊﾞｽｹ)相手選手に故意に体をぶつけて妨害する反則．②競(ﾊﾞｽｹ)球をもった選手が相手選手にぶつかっていく反則．③競(ｱｲｽﾎｯｹｰ)跳んだり，2歩以上助走したりして相手選

手に体当たりする反則．④突撃すること．勢いよく進むこと．

チャーター【charter】①[営]乗り物を一定期間契約して借りること．②[法]憲章．

チャータースクール【charter school】[教]学校設置の認可を得て，親や教師などが設立・運営する選択制の公立学校．

チャーターバック【charter back】[経]いったん外国の船会社に売った自国籍船を使用すること．外国人船員を安く利用するために行う．

チャート【chart】①[地]海図．水路図．地図．②図表．グラフ．③[経]株式のケイ線．株価の足取りを記録したグラフ．

チャート分析【chart analysis】[営][経]価格，出来高などの推移を図示して，傾向や行動様式などを認識し，現在の位置や将来の動きを読み取ろうとする株価分析．

チャーミング【charming】魅力的な．人の心を引き付ける．かわいい．

チャーム【charm】①魅力．なまめかしさ．魔力．②魔よけ．お守り．呪文．③[服]お守りとして腕輪などに付ける小さな飾り．

チャームスクール【charm school】[教]女性を対象に，化粧法，着付け，エチケットなどを教える教室．

チャームポイント【charm point 日】最も魅力的な点．英語は most charming point．

チャーモロジー【charmology 日】女性の魅力を研究する学問．英語は the study of women's beauty．

チャールストン【Charleston】[芸]ダンスの一つ．脚を蹴り上げるようにして軽快に踊るもの．同名のアメリカの町で起こったところから．

チャーン【churn】①かきまわす．激しく動く．②[I]料金やサービスが有利な電話会社に次々に変える利用者のこと．

チャイ【chai】[料]茶．紅茶．インドなどではミルクティー．

チャイドル チャイルド(child)とアイドル(idol)の合成語．10代前半のアイドル．

チャイナ【China】①中国．中国人．②［c-］陶器．陶磁器．

チャイナ イングリッシュ【China English】[言]中国英語．特に中国独自の文化形態・行動様式・価値体系を国際的に伝えるための英語．

チャイナカード【China card】[政]アメリカが旧ソ連を牽制するために，中国を有力な切り札と見て利用したこと．

チャイナジョイ【China Joy】[I]中国で最大のゲーム産業見本市の通称．正式名称は，中国国際デジタル娯楽商品技術応用展示会．

チャイナ シンドローム【China syndrome】[理]アメリカの原子炉で炉心溶融事故があると，溶けた燃料棒が地下に沈み，やがては地球の反対側になる中国に噴き出すという考え方．チャイナアクシデント．

チャイナタウン【Chinatown】中華街．中国人街．本国以外の都市内などに形成される．

チャイナライゼーション【Chinalization】[経][社]中国化．中国返還が近付いた時期に香港で起きた現象で，華僑と中国資本の融合が進行していた状態．

チャイニーズ ウォール【Chinese Wall】[経][証]券会社の引受部門と営業部門，金融機関の融資部門と資金運用部門の間にできた情報の壁．インサイダー取引の規制強化で，企業情報の流出を防ぐ．万里の長城の意．

チャイニーズ ハーブ ネフロパティ【Chinese herb nephropathy】[医]漢方薬腎症．ある種の漢方薬の常用で起こる腎機能障害．

チャイブ【chive】[植]ユリ科アリウム属の球根植物．アサツキに似た葉をもつ．

チャイム【chime】鐘．呼び出し用などのベル．

チャイルディッシュ【childish】子供っぽい．子供じみた．幼稚な．

チャイルドアビュース【child abuse】[社]幼児虐待．児童虐待．親などが子供を暴力的，性的に虐待すること．

チャイルド考古学【Childe Archaeology】[歴]イギリスの考古学者ゴードン・チャイルド(1892～1957)によって集大成されたヨーロッパ近代考古学初期の研究成果を高く評価する学派．

チャイルドシート【child seat 日】[機]自動車の子供用安全座席．

チャイルドセーフティー シート【child-safety seat】[機]旅客機の子供用安全席．

チャイルドソルジャー【child soldier】[軍][社]子供兵士．地域紛争などで戦闘行為やスパイ活動に強制参加させられる18歳未満の兵士．

チャイルドプルーフガン【childproof gun】アメリカで，子供に安全な銃．子供が手に取っても暴発しない．

チャイルドマインダー【childminder】[社]子供を有料で自宅に預かる専門家．

チャイルド ミッシング【child missing】[社]幼児失踪．誘拐や殺人などによる幼児の行方不明を指す．行方不明になった子供をミッシングチャイルド(missing child)という．

チャイルド モレスター【child molester】[社]幼児虐待者．幼児に性的いたずらをする者．

チャイルド ライフ スペシャリスト【child life specialist】[社][心]アメリカの，子供の発達や心理の専門家資格．略称・CLS．

チャイルドライン【childline】[I][社]子供に関する問題・悩みごとの相談に応じる電話サービス．

チャイルドレイバー【child labor】[社]法定就労年齢以下で非合法に働かされる子供たち．ワーキングチルドレンともいう．

チャイルド レイバー アビュース【child labor abuse】[社]法定就労年齢以下の労働力に対する虐待．特に途上国などで，子供が長時間の重労働につかされていることをいう．

チャイルドロック【child protector】[機]子供が不用意に自動車の内部ドアハンドルを操作しても開かないロック機能．

チャウダー【chowder】[料]スープの一種．魚介

チャオ▶

類や野菜などを煮込み，具が多い．

チャオ【ciao 伊】おはよう・こんにちは・さようならなどを兼ねるあいさつ語．

チャガラグ【chug-a-lug】一気飲み．ゴクゴク飲み干す．

チャクラ【cakra 梵】ヨガで，生命のエネルギーが存在するといわれる，背骨に沿った九つ，または五つの点．

チャコール【charcoal】木炭．木炭色．木炭画．

チャコールグレー【charcoal gray】濃いねずみ色．黒灰色．

チャコールフィルター【charcoal filter】タバコなどの活性炭入りフィルター．

チャシ歴アイヌの遺跡の一つ．砦や交易・集会施設などの城館遺跡．

チャタリング【chattering】Ⅰ算一度入力しただけで，同じ文字が重複して表示される異常現象．キーボードの故障や高速入力などが原因となる．

チャチャチャ【cha-cha-cha 西】音中南米で起こったリズムの速い音楽．またはその踊り．

チャッカーブーツ【chukka boots】服靴の一種．2～3のひも穴の付いたくるぶしまでの深靴で，スエードなどの柔らかい革で作る．

チャット【chat】①おしゃべり．雑談．打ち解けた談話．②Ⅰ算ネットワーク上で同時に複数の人がメッセージを交換すること．即時に会話を楽しむこと．オンライントークともいう．

チャッ友【chat friend 日】Ⅰ算インターネットを使う会話のチャットでの友達．

チャツネ【chutney】料果物・にんにく・唐辛子などを混ぜて作る甘酢っぱい香辛料．

チャドル【chador】服イランなどで，女性が頭髪や肌などを覆うのに用いる大きな布．

チャネラー【channeler】別の次元の意識を人に伝える媒介者．宇宙存在と交信する．元来は情報などを伝達・仲介する人の意．

チャネリング【channeling】日常ではない別の次元の意識を媒介者が伝えること．宇宙存在と交信すること．

チャネル【channel】①放チャンネルのこと．テレビやラジオなどの割り当てられた周波数帯．②Ⅰ算データの通路・伝送路．データの入出力を制御する装置．③経路．道すじ．④水路．海峡．⑤霊媒．

チャネル コンフリクト【channel conflict】Ⅰ営流通経路摩擦．商品がメーカーから卸，小売，消費者とわたる流通機構の中で起こる相互の利害が対立する状況．インターネットを利用した流通網の構築などでも起こる．

チャネルリンケージ【channel linkage】営製造業者と流通業者・小売業者の結びつき．

チャパティー【chapati】料小麦粉をこね，せんべいのように焼いたもの．ネパールやインド地方の人たちの主食．

チャフ【chaff】軍電子戦器材の一つ．電波をよく反射するアルミ箔を空中にまいて，ミサイル攻撃を回避する．

チャブ【chav】イギリスで，経済的に貧しい家庭に育った10～20代の若者．元来はロマ（ジプシー）の言葉で，子供を意味する．

チャプスイ【zasui 雑砕 中】料中華料理の一つで，油でいためた野菜・豚肉などをスープで煮て小麦粉などでとろみをつけたもの．

チャプター【chapter】章．節．

チャプターイレブン【Chapter 11】営経アメリカの1978年連邦改正破産法の手続き．過剰債務に陥った時に，企業再建に当たって申し立てできる．チャプター11ともいう．

チャペル【chapel】宗礼拝堂．教会．主に教会堂・学校・病院などの中にあるものをいう．

チャリティー【charity】①慈善．慈悲．宗教的な愛．②社イギリスでは公的にされた社会公益組織のこと．

チャリティーショー【charity show】社慈善興行．収入を慈善事業や福祉事業に寄付する目的で開く催しや興行．

チャレンジ【challenge】①挑戦．困難な仕事．やりがいのある仕事．②申し込み．異議．説明要求．申し立て．③Ⅰ算相手が問い合わせてくるキーワード．

チャレンジアド【challenge ad】広自社製品の長所を，他社製品と比較しながら誇示するような挑戦的な広告．

チャレンジ査察【challenge inspection】軍政申し立て査察．締約国の申し立てにより，化学兵器禁止条約に違反する疑いがある施設・場所に対して行う．

チャレンジ バレーボール【challenge volleyball】競(バレーボール)身長制限のあるバレーボール．身長の低い人も親しめる種目として導入．

チャレンジポスト【challenge post】営一定期間，管理業務を担当させた後で適否を判断する制度．

チャレンジャー【challenger】挑戦者．

チャレンジャー海淵【Challenger Deep】地マリアナ海溝の南西部にある海淵．水深は1万911m．1951年にイギリスの研究船チャレンジャー8世号が発見．

チャレンジャー2【Challenger 2】軍イギリスの主力戦車の通称．

チャレンジ レスポンス認証【challenge response authentication】Ⅰ算利用ごとに変わる使い捨てパスワード．安全性が高い．ワンタイムパスワード，ダイナミックパスワードともいう．

チャンキング【chunking】Ⅰ算1枚のシートに書いた内容の中で，グループ化できるものを枠で囲む方法．OHPを利用した資料作成に使う．

チャンスメーカー【chance maker 日】①好機を作り出す人．②競得点のきっかけを作る選手．英語は heads-up player．

チャンドラX線天文台【Chandra X-ray observatory】宇天NASA（アメリカ航空宇宙局）が研究開発した大型X線望遠鏡．1999年にスペースシャトルから地球周回軌道に投入．CXOともいう．

チャンネル【channel】①テレビ受像機などの選局つまみ．②放テレビやラジオなどの割り当て周波数帯．③地水路．海峡．④営販売・流通などの経

チャンネル オペレーション【channel operation】 📡通信衛星を利用して配信する番組供給業者が、ケーブルテレビのチャンネルの一部を管理して番組を供給する形態。

チャンネル キャプテン【channel captain】 📡製造から小売までの商品流通過程で、取引関係で優位に立つもの。チャンネルリーダー。

チャンネル広告【channel advertising】 📣流通広告。流通業者に販売促進を活発にしてもらうために行う製造業者の広告。

チャンネル サーフィン【channel surfing】 📺テレビのチャンネルを次々と変えて見ること。

チャンネルバー【channel bar】 💻Windows搭載のパソコンへ指定したWWW上のコンテンツから、更新データが定期的にダウンロードされるよう指示する領域。

チャンネルプラン【channel plan】 📻周波数割当計画。放送に使う電波の周波数帯域（チャンネル）を各放送局に割り当てる。総務省が所管している。

チャンピオンシップ【championship】 🏆選手権。決勝戦。優勝大会。

チャンピオンシップシリーズ【Championship Series】 ⚾アメリカのプロ野球で、ディビジョンシリーズを勝ち上がったチームが対戦し、各リーグの優勝を争う。

チャンピオンズカップ【Champions Cup】 ⚽ヨーロッパ最強クラブを決めるチャンピオンズリーグの前身大会。1955年に開始。

チャンピオンズツアー【Champions Tour】 ⛳満50歳以上のプロが参加するアメリカのツアー。もとはシニアツアーと呼ばれていたが、2003年に改称。

チャンピオンズリーグ【Champions League】 ⚽ヨーロッパ最強クラブを決める大会。UEFAチャンピオンズリーグ。CLともいう。

チャンピオンズレース【champions race】 🎾テニス選手の世界順位を1月1日に全選手が持ち点0から始めて表示する方式。

チャンピオンフラッグ【championship flag】 🏁優勝旗。英語ではpennantともいう。

チャンプ【champ】 大将。偉大なやつ。頼りになるやつ。

チュアブル【chewable】 ①かみくだける。そしゃくできる。②薬水が不要で、口の中でかみくだいて服用する錠剤。

チュアリア【Chuaria 羅】 🧬真核生物化石の一つ。18億年前の地層で見つかった、大きな細胞をもつ化石。

チューター【tutor】 ①家庭教師。個人教師。②研究会などの講師。助言者。

チュートリアル【tutorial】 💻コンピューターのハードウエアやソフトウエアの使用法を説明した教材。

チューナー【tuner】 ①📺テレビやラジオの電波同調装置。②調律師。

チューニング【tuning】 ①⚡同調。波長調整。②🎵調律、調律すること。③⚙自動車など機械類の調整.

チューバ【tuba】 🎵金管楽器の一種。大型で低音を出す。

チュービング【tubing】 🏖タイヤのチューブを使い、川を下ったり雪面を滑ったりする遊び。

チューブ【tube】 ①管。筒。②練った薬剤や歯磨きなどの絞り出し容器。③タイヤの内側にはめ込むゴム管。④地下鉄。サブウエー。⑤ブラウン管。テレビの俗称。

チューブ エクササイズ【tube exercise】 🏋ゴム製のチューブやバンドを使って行う筋力トレーニング。

チューブステーキ【tube steak】 🍴ホットドッグのこと。

チューブソックス【tube socks】 👕伸縮がいい織物で作るかかとのない靴下。

チューブトップ【tube top】 👕肩ひもがなく腹巻きのようにして上半身に着る服。

チューブラー シルエット【tubular silhouette】 👕トップからボトムまで凹凸がなく、まっすぐ管状になっているシルエットをいう。

チューブ ライディング【tube riding】 🏄波のすき間にできる管状などの空間をくぐり抜ける演技方法。

チューブライン【tube line】 👕ほっそりして丸みのある筒状の服の型。

チューブリン【tubulin】 🧬微小管を構成する球状のたんぱく質。

チューブレス タイヤ【tubeless tire】 🚗チューブを使用していないタイヤ。パンクしにくい。

チューリップ【tulip】 🌷ユリ科の多年草。オランダで品種改良され、多くの園芸種がある。春に茎頂につりがね形の花をつける。

チューリップ革命【Tulip Revolution】 🏛2005年のキルギス共和国の民主革命。同国の代表的な花にちなんで。

チューリング機械【Turing machine】 💻1936年にイギリスの数学者チューリングが、人間の思考作用の中で最も論理的な計算能力を基に考え出した仮想の計算機械。現在のデジタルコンピューターの基本原理となる。チューリングマシンともいう。

チューリング賞【Turing Award】 💻計算機科学の分野で永続的に貢献した個人に授与する賞。1966年に始まる。

チューリング テスト【Turing test】 💻コンピューターが知能をもったかどうかの判定基準となるテスト。

チューリング パターン【Turing pattern】 🧪化学反応系で見られる分岐現象。物質の濃淡がしま状の模様で示される。

チュール【tulle 仏】 👗薄い網状の織物。女性のベールやイブニングドレスなどに用いる。

チュールレース【tulle lace】 👗チュールに刺繍（ししゅう）を施し、柄を出したもの。

チューンアップ【tune up】 ①自動車のエンジンなどを調整して機能や効率を高めること。チューンナップともいう。②調子を合わせる。調整する。③調律する。

チュチェ思想【chuche ideologie】 社政主体思想．北朝鮮の党および国家の基本理念をなす思想体系．

チュックボール【chuck ball】 競スイスでハンドボールから考案された球技．1チーム4～5人で，傾斜させたスプリング用ネットにハンドボール用の球を投げつけ，得点を競う．

チュニック【tunic】 服腰や腰下までの上着，スカートの裾より短いコートなどのこと．

チュリーン【tureen】 料ふたと脚の付いた深なべ．スープやソースなどを入れるのに用いる．

チュリトス【churritos】 料棒状のドーナツ．

チョイス【choice】 選択．選択能力．えり抜きのもの．

チョーカー【choker】 服首輪状の飾りひも．首飾り・襟巻きなど，首にぴったり巻くもの．

チョーク¹【chalk】白墨．

チョーク²【choke】 ①窒息させる．息を止める．ふさぐ．②機エンジンなどの空気調節弁．

チョークストライプ【chalk stripe】 服濃色の地に白墨で引いたような太目の白いしま柄．

チョゴリ【chogori 朝】服朝鮮の民族衣装の一つ．丈の短い上着．

チョッパー【chopper】①料野菜や肉などを切り刻む器具．②電接触断続器．ある間隔で電流を流したり切ったりする．

チョッパーオール【chopper oar】 競(ボート)入水時に下方になる側が幅広な非対称オール．従来のオールは左右対称．

チョップ【chop】 ①たたき切ること．②競空手などで，上から物をたたき切るようにして打つ打ち方．③料あばら骨の付いた豚・羊・子牛などの肉．

チョップス【chops】 ①あご．口腔．口．②音楽的才能．

チョモランマ【Chomolungma チベット】 エベレスト．大地の母神の意．

チラー【chiller】 超自然現象を扱う不気味でぞっとさせる内容の話．

チリソース【chili sauce】 料トウガラシにいろいろな香料を加えて作るトマトソース．魚肉料理などに用いる．

チルダ【tilde】 IT情URLやファイル名に使う左上に「〜」の形の記号．Excelでは文字列やファイルなどの検索に使うワイルドカードの一つ．

チルデンセーター【Tilden sweater】 服オフホワイトの縄編みVネックセーターで，襟ぐりに沿い太めの赤や紺の1本線がある．1925年ごろ活躍したテニスのチルデン選手が着用したことから．

チルト【tilt】 ①映カメラを1か所に据え付けたまま，上下に角度を変えて撮影する方法．②傾き．傾斜．斜面．ティルトともいう．

チルド【chilled】 冷蔵する．0℃前後を保つ低温冷蔵をした．

チルトウイング エアクラフト【tilt-wing aircraft】 機プロペラが取り付けられた主翼を垂直方向に動かして，垂直離着陸を行う航空機．離陸後には主翼を水平に戻して，通常の固定翼機として飛行する．

チルド食品【chilled food】料凍結しない氷結点の温度帯で保存し，流通・販売する食品．

チルト ステアリング【tilt steering】 機自動車の運転者の姿勢に合わせてステアリングの角度が変えられる機能．

チルドデザート【chilled dessert】 料ゼリー，プリン，ババロアなど，冷蔵保存が必要なデザート類．

チルドビーフ【chilled beef】 料0℃前後で保存される冷蔵輸送牛肉．肉質の変化が少なく，冷蔵中に適度に熟成して味もよい．

チルド輸送【chilled transport】 営冷蔵輸送．品質保持のために，5〜マイナス5℃くらいの温度を保って行う輸送方法．

チルトローター方式【tilt-rotor system】 機航空機の主翼両端にエンジンを装備し，そのエンジンを回転させるとプロペラの回転面も変化する方式．ティルトローター．

チロシナーゼ【tyrosinase】 化生チロシンをメラニン色素に酸化するのに働く酵素．動植物組織に存在する．

チロシン【tyrosine】 化生アミノ酸の一種．代謝に重要な働きをする．

チワワ【chihuahua】 ①動犬の一品種．メキシコ原産のごく小型の犬．②[C-] メキシコ北部の州．

チン【chin】 あご．下あご．

チンザノ【Cinzano】 料イタリア産のリキュールの一種．商標名．

チンタナカーン マイ【Chintanakanmai タイ】 政新思考．一党独裁下での市場経済化を目指すラオスの路線．

チンダル現象【Tyndall phenomenon】 理透明物質中に多数の微粒子が分散している状態で光線を当てると，光線の通路を観察することができる現象．

チンネ【Zinne 独】 登尖峰．頂上がとがって突き出ている岩山．

チンミュージック【chin music】 ①競(野球)投手が打者の体すれすれに投げる球で，あごをかすめるもの．②雑談．おしゃべり．

チンロック【chin lock】 競(レスリング)相手のあごを挟みつけて身動きが取れないようにする技．

ツ

ツアー【tour】 営小旅行．遠足．

ツアー【czar 露】 帝政ロシアの皇帝の称号．カエサル(Caesar)からの派生語．

ツアーオブジャパン【Tour of Japan】 競(自転車)日本国内を転戦するステージレース．

ツアーコンダクター【tour conductor】 添乗員．旅程管理者．団体旅行に同行して円滑な運営を図る人．ツアコンともいう．

ツアーリズム【czarism 露】 政帝政ロシアの政治体制．皇帝による専制的な支配．

ツアイトガイスト【Zeitgeist 独】 時代の精神．

ある特定の時代を顕著に表す精神.

ツアッケ【Zacke 独】①[登]アイゼンの爪. ピッケルの石突き部. ②山に切り立った岩.

ツイーター【tweeter】[音]ステレオなどに取り付けられている高音専用のスピーカー.

ツイード【tweed】[服]スコットランド産の毛織物. 羊毛を紡いだ手織りで, 織り目がはっきり出ている. またそれをまねた織物.

ツイスト【twist】①[芸]4拍子のリズムで腰をくねらせて踊るダンス. またその曲. ②ねじ曲げる. ひねる. ③[競]卓球やビリヤードなどで, 球を回転させること.

ツイストスタイル【twist style 日】[容]髪をひねるようにして整えた髪形. 英語は twist hair-style.

ツイストパーマ【twist perm】[容]ロットにねじった毛束を巻き付けてパーマをかける方法.

ツイスト ペア ケーブル【twisted pair cable】①絶縁物で覆った銅線2本からなるケーブル. 低価格で扱いも簡単. LAN ケーブルなど.

ツイストボール方式【twist ball −】①[理]電子ペーパーで, 半球を白黒に塗り分けた球形微粒子を用いる画像表示方式.

ツイル【twill】[服]綾(あや)織物. 綾織り.

ツイン【twin】①[生]双生児. ②対になった. 一対の.

ツインカム【twin cam】[機]エンジンのシリンダーヘッドの上部に2本のカム軸をもつもの.

ツインチップスキー【twin tip ski】[競](スキ)スキー板の先端と後端が反り返った形のもの.

ツイン ディフィシット【twin deficit】[経]双子の赤字. アメリカの慢性化している財政赤字と経常収支赤字のこと.

ツインニット【twin knit】[服]一組みになっている編んだ衣料品. 同じ色や柄などで調和がとれている.

ツインプラント【twin plant】[経]アメリカ側に管理部門と技術集約的な工場, メキシコ側に現地法人の労働集約的な工場を置く方法. メキシコの輸出保税加工地区の利用法の一つ.

ツインルーム【twin room】[営建]同じ型のベッドを二つ備えている客室.

ツインレンズ ビデオカメラ【twin-lens video camera】広角と望遠の二つのレンズを組み込んだ8mmビデオカメラ.

ツーアーナー【two-earner】[経]一世帯に二つの収入源があること. 共働き世帯. ダブルインカム, ダブルポケット, ツーインカムともいう.

ツーインカム【two-income】[経]共働き世帯など, 一世帯に二つの収入源があること. ダブルポケット, ダブルインカム, ツーアーナーともいう.

ツーウエー【two-way】二つの用途をもった. 両用の. 双方向の. 両面通行の.

ツーウエーアイテム【two-way item 日】[服]二通りの着方に切り替えられる意表を突いたデザイン. ダブルユースともいう.

ツーウエー イヤリング【two-way earring】[服]本体に取り外しができるぶら下がり式の飾りのついた耳飾り.

ツーウエーコート【two-way coat】[服]二通りの着られるコート. 表裏両面で着られるものや, 取り外しのできる裏地を用いて襟口や裾で重ね着の感じを出すものなどがある.

ツーウエー コミュニケーション【two-way communication】①双方向伝達. 双方向通信. 情報を出し手と受け手が共有すること.

ツーウエー スピーカー システム【two-way speaker system】[音]低音用と高音用の二つのスピーカーが一組になったスピーカー.

ツー切り【two −】①携帯電話などで2回着信音を鳴らして切り, 着信履歴を残す手法.

ツーサイクル エンジン【two-cycle engine】[機]内燃機関で, 吸入・圧縮・燃焼・排気の作業が二つの行程で一巡する仕組みのエンジン.

ツーサイクル発電【two cyclic power generation】[環]地熱水利用発電. 地熱発電で環境汚染を防ぎ, 発電効率も高める方式. バイナリーサイクル発電ともいう.

ツーショット【two shot 日】①[社]男女が2人になること, 一組みの男女. ②[映放]登場人物が2人映っている場面. ③[有]有料電話サービス(ダイヤルQ²)の一種. 互いに見知らぬ男女の会話をつなぐもの.

ツーショットダイヤル【two shot dial 日】①利用者がかけた電話を, 業者の回線交換機能をもつコンピューターでつなぎ, 未知の異性と話せるなどのサービスを提供する業態.

ツースマニキュア【tooth manicure】[容]歯を白くしてつやを出すマニキュア.

ツーセクションカット【two section cut 日】[容]髪を上下に二分して整髪する技法.

ツー テン ジャック【two ten jack 日】トランプ遊びの一つ. 点数のある札を集め, 最高点数を得た者が勝つ.

ツートーンカラー【two-tone color 日】バランスのよい二つの色彩の組み合わせ.

ツートップ【two top 日】[競](サカ)攻撃の最前線になるフォワードを2人置く布陣.

ツーパーティー システム【two-party system】[政]二大政党制. 二つの主要政党が互いに政権を担当するような制度.

ツーバーナー【two-burner 日】火口が二つある大型のキャンプストーブ.

ツーバイフォー工法【two-by-four method】[建]北アメリカ大陸で発達した木造住宅の工法. 断面の寸法が2インチ×4インチの木材を基本として, 耐力壁を作る. プラットホームフレーム工法.

ツーピースボール【two-piece ball】[競]射出成型した二層構造からなるゴルフボール.

ツービート【two-beat】[音]ジャズの奏法. 4分の4拍子の2拍目, 4拍目を強調する.

ツープライス ストア【two-price store】[営]服価格設定が2種類だけの若年層向け衣料品店の業態.

ツープラスツー【two plus two】[政]日米安全保障協議委員会. 1990年に日本側から外相と防衛庁長官, アメリカ側から国務長官と国防長官が協議したのが始まり. 2プラス2ともいう.

ツーペ【toupee】[容]はげ隠し用の部分かつら.

ツーボール フォアサム【two-ball foursome】〔ゴルフ〕2人対2人の組に分かれ、両サイドとも各1個の球を打つマッチプレー.

ツーマンクルー【two-man crew】〔コンピューターを活用し、大型旅客機を運航乗員2人で行う方式.

ツーマン コックピット【two-man cockpit】二乗員型操縦室. 正副2人の操縦士だけで運航できる装備をもつ新型旅客機の操縦室. ツークルーコックピット.

ツーリスト【tourist】観光客. 遊覧客.

ツーリストクラス【tourist class】〔旅〕旅客機や客船などの一般客室.

ツーリストビューロー【tourist bureau】〔社〕旅行案内所. 旅行相談所.

ツーリズム【tourism】観光業. 旅行業. 旅行事業. 観光旅行.

ツーリング【touring】乗用車やオートバイなどで遠乗りすること. 自転車で山道などを走行すること. カヌーをこいで旅行すること.

ツーリング イン【touring inn】〔営〕自転車旅行者向けの簡易ホテル.

ツーリングカー【touring car】〔機〕長距離走行が楽にできる乗用車.

ツーリングカー レース【touring car race】〔競〕（自動車）量産乗用車を改造した車両によるレース.

ツール[1]【tool】①道具. 工具. 手段. 処理手段. ②〔コンピューターの利用環境をよくする、単一機能をもつ小規模なソフトウエア. ③〔ゲームを開発するためのハード機器と開発ソフトのこと.

ツール[2]【tour 仏】①回転. 周囲. 一周. ②建塔. 高層ビル.

ツール ド フランス【Tour de France 仏】〔競〕（自動車）フランス一周自転車競走. フランス全土を巡る約4000kmのコースを、およそ3週間かけて走破する.

ツール ド 北海道【Tour de Hokkaido 日】〔競〕（自動車）北海道で行われる日本最高峰の自転車ロードレース.

ツール ド ランカイ【Tour de Langkawi】〔競〕マレーシアで開催の自転車レース.

ツールバー【tool bar】〔コンピューターウインドウの上部、メニューバーの下などに表示される帯状の領域. よく使う機能をボタン化して並べる.

ツールボタン【tool button】〔コンピューターソフトウエアで表示画面に、機能を実行するコマンドを視覚的なボタンにして表示したもの.

ツールボックス【toolbox】①工具箱. ②〔コンピューターツールバーのこと. ジャストシステムの製品で用いる語.

ツェッペリンＮＴ【Zeppelin Neuer Technologie 独】全長75mの大飛行船. 現存する飛行船としては世界最大.

ツェルトザック【Zeltsack 独】〔登〕登山用の軽い袋状のテント.

ツチ族【Tutsi】東アフリカの内陸国ルワンダ、ブルンジなどに住む民族の一つ. 少数派だが多数派のフツ族を支配したことなどから抗争が続く. ツチ人ともいう.

ツナ【tuna】①〔魚〕マグロ. ②マグロの肉を缶詰にしたもの.

ツナミ【tsunami】津波. 日本語からの借用.

ツリー構造【tree structure】〔コンピューター〕樹木構造. コンピューターのファイル管理の概念で、枝分かれした樹を逆さまにした形の階層構造.

ツリートップ【treetop】〔政〕COG(continuity of government 政府の継続)計画中の主要な計画の一つ. 核攻撃を受けた時に、極秘データを持つチームが大統領後継者に随行して秘密指令部へ向かう一連の行動. 樹木の頂部の意.

ツリーハッガー【tree-hugger】〔過激な環境保護主義者. 樹木にしがみつく人の意.

ツリーフリー マーク【treefree mark 日】〔環〕サトウキビのしぼりかすなど農業廃棄物を原料にして作る、紙製品に付けるマーク. 利益を還元して森林保護を行う市民運動が考案. ツリーフリーは非木材、木材以外のものを使うという意.

ツリーボム【tree bomb】〔植〕苗木を底がやり状の容器に入れ、飛行機から投下する植林方法.

ツンドラ【tundra 露】〔地〕凍土. 凍原. 凍土地帯. シベリア、アラスカなどに見られる.

テ

テアトル【théâtre 仏】〔芸〕劇場. 舞台. 演劇. 英語のシアター(theater)に当たる.

テアトロピッコロ【teatro piccolo 伊】〔劇〕小劇場. 規模の小さな劇場.

ティア【tear】涙. 泣きの涙. 悲嘆.

ティアード【tiered】〔服〕ひらひらしたラッフルや帯状の布を重ねたデザイン.

ティアードスカート【tiered skirt】〔服〕ギャザー、プリーツなどが2段以上に折りたたまれているスカート.

ディアウオーズ【deer wars】〔社〕シカ戦争. 急増したシカによる農作物や森林資源への害を防ぐ対策.

ティアオフメニュー【tear-off menu】〔コンピュータープルダウンメニューの一部を、作業ウインドウとは独立した位置に表示したメニュー.

ディアスポラ【Diaspora】①ユダヤ人のパレスチナからの離散. ②[d-] 離散. 集団移住.

ティア3マイナス【Tier 3 minus】〔軍〕アメリカの先進研究計画庁が秘密裏に開発した無人ステルス偵察機.

ティアドロップ【teardrop】涙のしずく状をしたもの. 装身具のデザインなどに用いる.

ティアラ【tiara】①〔服〕花や宝石を使った女性の髪飾り. ②〔宗〕ローマ教皇のかぶる三重冠.

ディアレクティーク【Dialektik 独】〔哲〕弁証法. 対話・討論の術.

ティア1【Tier 1】〔コンピューターアメリカ国内の大手インターネットサービスプロバイダー(ISP)をまとめていうのに用いる呼称. ティアは階層という意味.

ティーアップ【tee up】 競(ゴル)第1打を打つために，球を球座に乗せること．

ティーオフ【tee off】 競(ゴル)ティーに乗せた球を打ち出すこと．競技を始めること．

ティーザー【teaser】 ①いじめる人．じらす人．悩ませる者．②映画予告編よりも前に上映されるごく短いミニ予告編．③[I算]CD-ROM が自動再生する時に起動するプログラム．

ティーザー アプローチ【teaser approach】 [広]人々の話題になるように，時期をずらせながら，次第に製品の全貌を明らかにしていく方法．ティーザー広告．

ティーザー広告【teaser advertising】 [広]じらし広告．商品名や広告主を少しずつ明らかにして，消費者の注意と興味を高める手法．

ティーショット【tee shot】 競(ゴル)ティーグラウンドから球を打つこと．各ホールの第1打．

ディースクエアード【DSQUARED²】 服カナダ出身の双子の服飾デザイナー，ダンとディーン・カーティンのブランド名．

ディーゼル【diesel】 機ディーゼル機関．燃料に重油または軽油を用いる内燃機関．発明者R．ディーゼルの名から．

ディーゼルエンジン【diesel engine】 機軽油を燃料とするエンジン．

ディーゼルカー【diesel car 日】 機ディーゼルエンジンを動力源にして走行する鉄道車両・自動車．英語は diesel engine vehicle.

ディーゼルサイクル【diesel cycle】 理往復動熱機関の熱サイクルの一つ．

ディーゼル排気微粒子【diesel exhaust particles】 化環ディーゼル排気に含まれるすす状の浮遊粒子物質．ＤＥＰともいう．

ディーゼル微粒子除去装置【diesel particulate filter】 化環ディーゼル排気に含まれる粒子状物質などを除去する装置．排気管に取り付ける．

ディーセント【decent】 上品な．礼儀正しい．

ティーチイン【teach-in】 社政時事・政治問題などに関する学内討論会・討論集会．

ティーチャー トレーニング【teacher training】 教教員が教育方法などを改めて研修すること．

ティーチング プレーバック方式【teaching playback method】 機ロボットの教示再生方式．動作を記憶装置に教えこんでおき，実際の作業でそのまま再現させるもの．

ティーチングプロ【teaching pro 日】 競(ゴル)アマチュアなどに技術指導を行うことを主とするプロ選手．レッスンプロともいう．

ティーチングマシン【teaching machine】 教自学自習用の教育学習機器．TM ともいう．

ティードレス【T-dress】 服ドレスとして着られる丈の長いティーシャツ．

ティー バッティング【tee batting】 競(野球)球台を使って行う打撃練習．ゴルフのティーショットをヒントに考案された．

ディープインパクト彗星探査機【deepimpact mission to comet】 宇テンペルⅠ彗星に高速で衝突実験を行う機器を搭載した観測衛星．

2004年にＮＡＳＡ（アメリカ航空宇宙局）が打ち上げた．05年彗星に衝突．

ディープキス【deep kiss】 舌を深く入れてするキス．フレンチキスともいう．

ディープキャンバス【deep canvas】 [I映算]二次元の静止画を加工して疑似三次元の映像を生み出す制作方法の一つ．

ディープサウス【Deep South】 地アメリカの典型的な南部地方．最南部．

ディープシャフト法【deepshaft sewer processing】 環生地中深く埋め込んだ鋼管内で汚水を循環させ，微生物の働きによって有機物を分解する汚水浄化法．

ディープスペース【deep space】 宇天太陽系外の宇宙．

ディープスペース1号【Deep Space 1】 宇ＮＡＳＡ（アメリカ航空宇宙局）が1998年に打ち上げた小惑星探査機．人工知能やイオンエンジンなどを搭載．ＤＳ－１ともいう．

ディープスロート【deep throat】 営社政匿名の内部告発者．政府や企業などの秘密情報や犯罪行為を密告する，内部事情に詳しい人．

ディープソート【Deep Thought】 算チェス専用のコンピューター．1980年代後半にアメリカのカーネギーメロン大学の大学院生グループが開発した．

ディープダウン ファッション【deep-down fashion】 服ぴかぴか光るボタンや派手な飾りなどを用いない，あっさりしたデザインの服や装い．

ディープ ディスカウンター【deep discounter】 営経最新技術を使って省力化を図り，手数料を大幅に割り引いた売買注文執行だけを顧客に行う証券会社．

ディープ テクノロジスト【deep technologist】 専門性が高い技術領域の技術者．

ディープトウ【deep-tow system】 船とケーブルでつないだ観測機器類を海底近くで曳航する方法．

ディープ バックグラウンド【deep background】 新聞発表をする際などに発表者が報道機関に求める協定事項の一つ．発言の引用や発表者の公表を避け，一般的な意見を取材した形をとる．

ディープフリーザー【deep freezer】 強力冷凍機・冷蔵庫．

ディープブルー【Deep Blue】 算チェスの世界選手権者と対戦したアメリカの IBM 製のスーパーコンピューター．

ディープヘッド【deep head】 競(ゴル)クラブヘッドの投影面積に対してヘッド厚が厚い形状のもの．

ディープポケット【deep-pocket】 資金力がある．金持ち．

ディープポケット効果【deep-pocket effect】 営事業部制組織に移行することで，新規事業の自助努力を強調し，全社的な支援が得られるという効果．

ティーボール【teeball】 競高齢者や障害者でも参加できるよう考案された生涯スポーツ．野球とソフトボールとゴルフを合わせたようなルールで，ティーの上に載せたボールをバッティングする．

ティームスターズ【Teamsters】 営社全米運輸

労組.

ディーラー【dealer】①営経小売店. 商人. 販売代理店. 特約小売店. ②I算パソコンや周辺機器などの販売代理店. ③カードを配る人. トランプ遊びでの親. ④麻薬の密売人. ⑤経証券での自己売買業者. 委託でなく, 自分で証券取引などを行う業者.

ディーラー プロモーション【dealer promotion】営販売促進法の一つ. メーカーが取扱店に, 陳列物の提供や販売コンテストなどの刺激・督励を行うようなやり方.

ディーリング【dealing】経為替や債券などの売買業務.

ディーリング端末【dealer board】I算経金融機関のディーリング業務向けに開発された多機能端末. 多数のワンタッチキーで情報をすばやく呼び出せる.

ディーリングルーム【dealing room】経金融機関などの債券や為替の取引室.

ディール【deal】従事する. 扱う. 取引する. 取引. 政策. 取り決め.

ディーン【dean】教大学の学部長.

ティーンエージャー【teenager】13歳から19歳までの人. 10代の少年・少女. 13～19は英語で, -teen で終わることに由来.

ディインダストリアライゼーション【de-industrialization】営産業の空洞化. 生産拠点の海外進出や製品の輸入依存の進展などで, 基幹産業である製造業が衰弱化する現象.

ディクショナリー【dictionary】辞書. 辞典.

ディクテーション【dictation】書き取り. 口述筆記.

ディクテーション ソフトウエア【speech dictation software】I算マイクロホンなどに向かって話すと, 内容をテキストに文字化するソフトウエア. あらゆる言葉を音声認識する.

ディクテーティング【dictating】口述筆記すること. テープや直接話すのを聞きながらワープロに入力すること.

ディクテーティング マシン【dictating machine】口述筆記用のテープレコーダー. テープの操作を足元で行えるので, 手は筆記などに専念できる.

ディグニティー【dignity】威厳. 威信. 体面. 威厳のある態度.

ディグニティ計画【Plan Dignidad 西】政ボリビアのバンセル政権(1998～2002年)下で実施されたコカ栽培撲滅政策.

ディクライニスト【declinist】没落論者.

ディクライン【decline】①下り坂. 衰退. 下落. 低下. ②断る. 拒否する. 下りになる.

ディグリー【degree】①程度. 等級. ②角度. 温度などの度. ③資格. 称号. 学位.

ディグリーデー【degree day】気度日. 積算温度を表す一方法.

ディグリーミル【degree mill】社偽学位を販売する業者.

ディグリオクラシー【degreeocracy】政学閥による政治. 学位の意の degree と, 支配・統治を表す語尾の -cracy の合成語.

ティグレ人民解放戦線【Tigre Popular Liberation Front】軍政エチオピアの反政府組織. ティグレ州の自治を要求する. TPLFともいう.

ディグレッション【digression】本題からの逸脱. 余論. 余談.

デイケア【daycare】①社心身に多少障害があるが, 寝たきりになっていない高齢者を昼間だけ預かるサービス. デイサービス, デイホームともいう. ②医退院しているが社会復帰していない精神障害者が, 病院などでプログラムに従い一日を過ごす制度.

デイケアセンター【daycare center】社託児所. 保育所.

デイケア ホスピタル【daycare hospital】医入院する代わりに毎日通院して, 回復訓練や医療指導などを受けるための病院.

ディケード【decade】10年間.

ディコミッション【decommission】廃棄する. 退役する. 引退する.

ディコンストラクション【deconstruction】哲脱構築. 解体. 解体構築. フランスの哲学者デリダの用語. 構築物の構成要素を一つずつ解体して, 断片の性質や働きを再発見し, そこから別の思想的構築物を作るというもの. デコンストラクションともいう.

ディコンストラクト【deconstruct】解体する.

ディザー[1]【dither】I算アナログ信号をデジタル化する時に, 量子化特性をよくするために加える雑音.

ディザー[2]【dithering】I算白黒2色のドットの配分を変化させて, 疑似的に中間色の階調を表現する方法. グラフィックソフトなどがこの機能を備える.

デイサービス【day service 日】社日帰り介護. 在宅高齢者を施設に送迎し, 入浴や食事などを提供する. 英語は adult daycare.

デイサービス フランチャイズ チェーン【day service franchise chain 日】営社在宅高齢者を施設に送迎して入浴や食事などを提供するデイサービスを, 加盟方式でチェーン展開するビジネス.

ディザー法【dither method】I算デジタル画像で, 色を交互に配色して少ない色で多くの色を表現する技術.

ディサイファー【decipher】暗号解読する.

ディザスター【disaster】災害. 天災. 災い. 不幸. 惨事.

ディザスター ムービー【disaster movie】映人々を恐怖・不安に陥れる自然災害, 火災, 大事故などを主題にした映画作品.

ディジェスティフ【digestif 仏】料食後酒. 消化促進のために飲む酒類.

ディシプリン【discipline】①訓練. 鍛錬. 修業. 教育. しつけ. 訓戒. 懲らしめ. ②競(スポ)チームプレーを行う上での互いの共通理解や約束事のこと.

ディジャンキング【de-junking】経格付け評価が低く, リスクの高いジャンクボンドを売却すること.

デイジョブ【day job】経社正規の仕事や主たる収入源.

ディスアーブ【disurb】 社脱中心化した地域. 都心から離れたところに住空間を形成する現象からできる.

ディスアセンブリー【disassembly】 解体. 分解. 取り外し.

ディスアドバンテージ【disadvantage】 不利. 不利な立場・条件. 不利益. 損失.

ディスアビリティー【disability】 ①社能力障害. 日常生活の維持に困難が伴う状態. ②無力. 無能. 無資格.

ディスイリュージョン【disillusion】 幻滅.

ディスイリュージョンド ファンクショナリスト【disillusioned functionalist】 経技術者などの専門家から, 総合管理職になるのを目指す人.

ディスインターメディエーション【disintermediation】 ①社仲介業者排除. 企業と消費者がインターネットで直結されて生じた「中抜き」現象. ②経金融仲介中断. 証券の直接投資のために, 銀行から多額の預金を引き出すような現象が起こる.

ディスインダストリアライゼーション【disindustrialization】 経無工業化. 経済活動における工業分野の縮小・削減.

ディスインフォメーション【disinformation】 ①軍偽情報. 逆情報. 敵に対して意図的に流す. ②国家・企業・組織, あるいは人の信用を失わせるため, マスコミなどを利用して虚偽の情報を流すこと.

ディスインフレ ディスインフレーション（disinflation）の略.

ディスインフレーション【disinflation】 経インフレーションの抑制・収束で物価が安定することと, それに伴う現象. ディスインフレ.

ディスインベストメント【disinvestment】 経投資の食いつぶし.

ディスエージョン戦略【dissuasion strategy】 政潜在的な敵国に対し, 敵対的な政策や軍事力増強に走らないように仕向ける政策手法.

ディスエコノミックス【diseconomics】 経企業不況の要因調査. 公害などの外部要因, 管理部門の膨張による内部要因などを分析する.

ディスエンゲージメント【disengagement】 撤退. 離脱. 解放.

ディスエンチャントメント【disenchantment】 迷いや幻想などから覚醒すること. 目覚め.

ディスオーダー【disorder】 混乱. 無秩序. 騒乱. 不穏.

ディスカウンター【discounter】 経品ぞろえを大衆・実用品にしぼり, 割引価格で販売する大型セルフサービス店.

ディスカウント【discount】 割引. 値引き.

ディスカウント キャッシュフロー方式【discounted cash flow method】 経将来の収益予想などに基づき割引現在価値によって資産を評価する方式. DCF ともいう.

ディスカウント ストア【discount store】 経実用品を中心に低価格で販売する小売業態. 低益率・高回転, 郊外立地, 倉庫型店舗などが特徴.

ディスカウント セール【discount sale】 経大安売り. 割引販売.

ディスカウント チケット店【discount ticket shop 日】 経金券ショップ. 切符, 商品券, 図書券など各種のチケットを割安売買する.

ディスカウント ブローカー【discount broker】 経売買手数料を安くし, 顧客からの取次業務だけを行う証券業者. 手形割引仲買人.

ディスカウント レート【discount rate】 経手形割引率.

ディスカッション【discussion】 討論. 討議.

ディスカバー【discover】 発見する.

ディスカバリー【discovery】 ①発見. 発見されたもの. 新しい発見物. ②情報開示.

ディスカバリー制度【discovery system】 法アメリカで, 民事訴訟手続きの一つ. 公判が始まる前に, 当事者が相手に情報の提出を求めるもの. 企業の情報開示などに役立つ.

ディスカバリー月・惑星探査ミッション【Discovery Mission】 宇アメリカの NASA（航空宇宙局）が計画している, 将来の月・惑星の有人探査につながる四つの無人ミッション. 1993年に開始.

ディスカレッジ【discourage】 希望を失わせる. 勇気を失わせる. がっかりさせる.

ディスカレッジド ワーカー【discouraged worker】 社就業意欲喪失者.

ディスク【disc】 ①工算データを格納, 読み書きするための円盤状の磁気記録媒体. ハードディスク, フロッピーディスクなども中にある. ②音音盤. レコード.

ディスクアクセス【disc access】 工算ディスクの内容を読み出したり, ディスクのデータに書き込みをしたりすること.

ディスク圧縮【disc compression】 工算ドライブに保存できる容量を増やすために, ファイルを圧縮する機能. 圧縮・伸張は自動的に行われる.

ディスク アット ワンス【disc-at-once】 工算1枚の CD-R に, 1回でデータを書き込んでしまう記録方法. 記録の信頼性は高いが, 追加の書き込みはできない.

ディスクアレイ【disc array】 工算複数のディスク装置を用いてデータを分散して記憶させ, データ転送速度や信頼性を高める技術.

ディスクアレイ システム【disc array system】 工算複数のハードディスクを一組みの補助記憶装置としてコンピューターに認識させて利用するシステム.

ディスクーリング【deschooling】 教脱学校化. 教育を学校以外の場に求めること. 歴史学者イリイチなどが提唱. デスクーリング.

ディスクール【discours 仏】 言直言説. 談話. 討議.

ディスク オペレーティング システム【disc operating system】 工算コンピューターを作動させる基本的ソフトウエアを磁気ディスク記憶装置で行う方式. DOS. ドス.

ディスクカメラ【disc movie】 工算写テープを使わず, DVD などを用いて高画質動画, 高画質静止画, ランダムアクセス再生の3つの機能を備えた

デジタルカメラ．

ディスクキャッシュ【disc cache】①算ディスクに収納した情報の中で，よく利用されるものを，読み書き可能なメモリー（RAM）に保存し利用する方法．またその装置．

ディスク最適化【defragmentation】①算ディスクの断片化をなくすために行う，クラスターを再配置する作業．ディスクに書き込まれているファイルは，クラスター単位で保存されている．

ディスクジョッキー【disc jockey】放レコードなどをかけながら，その間に解説や会話を交えるラジオの放送番組．またその司会者．ＤＪともいう．

ディスク デュプレックス機能【disc duplex function】①算主力の補助記憶装置が故障した時のために，補助記憶装置を二重化しておく機能．

ディスクドライブ【disc drive】①算フロッピーディスクやハードディスクを動かす装置．

ディスクパック【disc pack】①算複数の磁気ディスクがまとまっている，取り外しができる補助記憶装置．これを交換すると大量のデータ処理が可能．

ディスク フォーマット【disc format】①算何の処理もしていないディスクを，所定の目的に使えるように初期化すること．

ディスクブレーキ【disc brake】機回転軸に取り付けられた円盤の両面を押さえ付けて回転を制動するブレーキ装置．円盤型制動装置．

ディスクホイール自転車【disc wheel bicycle】機カーボンファイバー製の円盤を車輪に用いた自転車．

ディスクマガジン【disc magazine】①算紙を用いないで，フロッピーに内容をインプットして市販される雑誌．

ディスク ミラーリング【disc mirroring】①算ディスクの共有の記憶領域に，鏡に対照させたように同じデータを複数保存して，データが破壊された時の危険を解消する方式．

ディスクリート【discrete】 分離した．別個の．離散の．単独の．

ディスクリートデバイス【discrete device】理電子工学で用いる単独の素子．

ディスクリプション【description】 記述．説明．描写．種類．銘柄．

ディスクリミネーション【discrimination】 差別．区別．

ディスクレ ディスクレッション（discretion）の略．自由裁量権．自己の判断に基づく決定権．

ディスクレコーダー【disc recorder 日】①算 DVD（デジタル多用途ディスク）レコーダーや，コンピューターの記憶媒体を使うハードディスクレコーダーのこと．

ディスクロ ディスクロージャー（disclosure）の略．習企業内容の公開．

ディスクロージャー【disclosure】①習経営公開．企業情報公開．企業内容開示．株主や投資家に向けて，企業が自社の経済的情報などを広く公開すること．②発表．暴露．

ディスクロージャー制度【disclosure system】習企業内容開示制度．企業を取り巻く利害関係者に対し，経営などの内容を知るのに必要な情報を開示する制度．

ディスクローズ【disclose】 暴露する．明らかにする．公表する．

ディスケット【diskette】①算フロッピーディスクの別名．IBM 系の機器ではこの語を用いることが多い．

ディスコ【disco】 習レコードをかけて踊る店．転じて，ダンスをさせる店．ディスコテーク．

ディスコース【discourse】 談話．対話．対談．講演．論説．

ディスコース アナリシス【discourse analysis】 言談話分析．一定の内容をもった文の集合を分析する，言語学の研究方法．

ディスコグラフィ【discography】音個々のレコードのデータを調査・記録する作業．

ディスコサウンド【disco sound】音ディスコで踊るのに適したような音楽．

ディスコテーク【discothèque 仏】習ディスコのこと．

ディスコネクト【disconnect】 連絡を断つ．分離する．切り離す．

ディスタンクシオン【distinction 仏】①哲卓越化．卓越性．自己を他人から際立たせるために用いる概念．②区別．差異．

ディスタンス【distance】 距離．みちのり．間隔．隔たり．

ディスチャージ ランプ【discharge lamp】放電管を使う自動車のヘッドランプ．

ディスデイン【disdain】軽蔑する．見下す．

テイスト【taste】①趣味．好み．②味．テーストともいう．

ディストーション【distortion】ゆがみ．ねじれ．映像・音響などのひずみ．

ディストーション サウンド【distortion sound】音電気的処理をする装置やアンプを使って音にひずみを与えること．

ディストピア【Distopia】 ①逆ユートピア．空想上の暗黒世界．②文空想上の暗黒世界を描くことで，現実の世界を批判する文学．

ディストラクション【destruction】破壊．破壊行為．絶滅．滅亡．

ディストリクト【district】 地区．地域．地方．郡や市町村などの行政区域．

ディストリビューション【distribution】 ①分配．配給．配給品．②習流通．販売．③①算 Linux で，OS の中核部分にさまざまな機能を添付した使用環境．

ディストリビューター【distributor】 ①配給者．配達人．②習総代理店．卸売店．問屋．③①習算パソコンや周辺機器などの卸売専門業者．④配電器．分配器．

ディストレス【distress】 心暮らしに不安を感じる心理反応．不快になるストレス．⇔ユーストレス．

ディストレス マーチャンダイズ【distress merchandise】習経現金獲得のための，相場を下回る投げ売り商品．

ディズニーランド【Disneyland】 ロサンゼルス

近郊にある大規模遊園地．1955年にウォルト・ディズニー(Walt Disney 1901-66)が創設．商標名．

ディスパッチマネー【dispatch money】経契約より早く仕事が終わった時に船主が用船者に支払う料金．早出し料．⇔デマレージ．

ディスパッチャー【dispatcher】①航空機の運航管理者．鉄道の運行管理者．警察の通信指令係．②I算制御プログラムの機能の一つ．仕事の最小単位であるタスクの優先順位を選び，中央処理装置の処理時間を割りふる．

ディスピュート【dispute】論争．議論．

ディスプレイスメント マッピング【displacement mapping】I算三次元コンピューターグラフィックスで，柄や模様などに基づきモデルの表面を立体的にひずませること．

ディスプレー【display】①商品などの展示・陳列．美術作品の展示．②I算コンピューターやテレビの表示用出力装置．画像表示装置．③動動物が求愛や威嚇などをする時に，自分を大きく見せたり，体の特徴を強調したりすること．誇示の意．ディスプレイ．

ディスプレー アドバタイジング【display advertising】広新聞・雑誌などに載せる普通の印刷広告．ディスプレーアドともいう．

ディスプレーカード【display card】I算パソコンの画面をディスプレーに表示する拡張カード．ビデオカード，ビデオアクセラレーターともいう．

ディスプレー広告【display advertising 日】広銀行の現金自動出入機などの表示画面を媒体にする広告．

ディスプレーサイズ【display size】I算ディスプレーの大きさ．実際のデータ表示領域はこれより小さくなることがある．

ディスプレー装置【display unit】I算画面に文字や図形などを映し出す，コンピューターの出力機器．

ディスプレー ドライバー【display driver】I算コンピューターがビデオカードを制御してディスプレーを使うためのソフトウエア．

ディスプレーホン【display phone 日】I算液晶の画像表示装置，変復調装置，中央処理装置(CPU)を搭載し，PC カードなどでアプリケーションソフトを利用できる電話機．電話回線を介しての予約や受発注の業務などに用いる．英語では smart phone．

ディスプロダクト【disproduct】営経実質的な経済成長にはつながらない負の生産．

ディスペンサー【dispenser】①分配者．②自動販売機で，ナプキンや紙コップなどを1枚または1個ずつ取って使えるようになっているもの．

ディスポーザー【disposer】生ごみをくだいて下水道に流す台所用品．

ディスポーザブル【disposable】①使い切りの．自由に使える．②I使い切り方式のICカード．料金先払いカードなどをいう．

ディスポーザブル ワーカー【disposable worker】社臨時雇用労働者．

ディスポーザル バッグ【disposal bag】乗り物や宿泊施設などに備える汚物処理用の袋．

ディスラプション【disruption】①破裂．破壊．分裂．②理超高温プラズマが突然不安定になり，瞬間的に飛び散る現象．トカマク型核融合炉で発生する．

ディスリスペクト【disrespect】失礼．無礼．敬意を欠くこと．軽べつする．ばかにする．

ディスロケーション【dislocation】①位置を変えること．転位．②断層．③化結晶における原子配列の欠陥．

ディセンサス【disensus】合意を見ていないこと．意見が一致していないこと．

ディセントラリゼーション【decentralization】①地方分権．地方分散化．②非中心化．分権化．

ディゾルブ【dissolve】①分解する．溶かす．②解散する．解消する．③映前の画面をしだいに暗くし次の画面を鮮明にしていく技法．オーバーラップ．

ディダクション【deduction】①控除．差引額．②理演繹法(えんえきほう)．前提となる命題や法則から，結論を導き出す推論の方法．⇔インダクション．

ディタッチャブル シャツ【detachable shirt】服襟やカフスが取り替えられるシャツ．

ディタッチャブル スリーブ【detachable sleeve】服取り外しのできる袖．スポーティーなブルゾンなどにも用いられる．

ティッシュ【tissue】①服金糸や銀糸を織り込んだ薄い織物．②生(細胞の)組織．③ティッシュペーパーの略．

ディッシュ【dish】①料大皿．鉢．食器．一皿に盛る料理．②放衛星放送受信用のアンテナ．③魅力のある女性．美しい女性．

ティッシュウオッシャー【dishwasher】①機自動食器洗い機．皿洗い機．②料皿洗い係．

ティッシュ エンジニアリング【tissue engineering】医生組織工学．組織や臓器を人為的に再構築させる治療法．

ティッシュトート【Tisch-Tod 独】医術中死．ティッシュは手術台のこと．TT ともいう．

ティッシュ プラスミノーゲン アクチベーター【tissue plasminogen activator】生ヒト組織プラスミノーゲン活性化因子．血管内皮細胞などで生産される酵素．血栓溶解剤として期待されている．TPA．

ティッシュペーパー【tissue paper】化粧などに用いる薄いちり紙．

ティッピング【tipping】容前髪の先端だけを明るく染める方法．

ディップ【dip】①少し浸す．すくい取る．②料ポテトチップスなどにつけるクリームソース．③経証券取引などで，相場が上昇基調の途中で小幅に下がること．押し目．④容濡れたような光沢を与えるゼリー状の整髪料．ディップローションの略．

ディップスイッチ【DIP switch】I算スイッチ回路をまとめた小型のチップ状のもの．基板に取り付け，周辺機器などの動作設定に使う．

ディップローション【dip lotion】容ゼリー状の

335

デイディー ▶

整髪料．髪に濡れているような光沢を与える．ディップ，ジェルともいう．

デイディーリング【day dealing】 IT経インターネットなどを利用し，1日単位で決済する証券取引．デーディーリングともいう．

ディテール【detail】 詳細．細目．細部．部分．デテールともいう．

ディテクター【detector】 電理探知器．検波器．検電器．デテクターともいう．

ディテクティブ【detective】 ①探偵．調査官．②探偵の．検出用の．探知用の．

ディテクティブ ストーリー【detective story】 文探偵小説．推理小説．ディテクティブノベルともいう．

デイトリッパー【day-tripper 日】 薬2005年4月に新たに麻薬指定を受けた脱法ドラッグの一種．AMTともいう．

デイトレーダー【day-trader】 I経パソコンを使って1日に何度も証券取引を行う個人投資家．デートレーダーともいう．

ディナー【dinner】 料晩餐（ばんさん）．正餐．午餐会．晩餐会．

ディナークルーズ【dinner cruise 日】客船で海上から夜景と食事を楽しむこと．

ディナージーンズ【dinner jeans】 服正式な場でも着ることができるようにデザインしたジーンズ．

ディナージャケット【dinner jacket】 服男性の夜用の略礼装．タキシードともいう．

ディナーショー【dinner show】 夕食をとりながら見るショー．

ディナースーツ【dinner suit】 服非公式な晩餐会（ばんさんかい）などで着る女性用のスーツ．絹やビロードなどの布地が用いられる．男性のタキシードを指すこともある．

ディナーパーティー【dinner party】 晩餐会（ばんさんかい）．正餐会．夕食会．

ディノサウロイド【dinosauroid】 恐竜人．恐竜から進化したと仮定する生物．カナダの生物学者デール・ラッセルが提唱．dinosaur（恐竜）と-oid（のようなもの）の合成語．

デイパーティング【dayparting】 放テレビ放送で，特定の視聴者向けのショー番組の放送日時を設定すること．

ディバイス【device】 ①機器．装置．考案物．②意匠．図案．デバイスともいう．

ディバイダー【divider】 ①［-s］製図器の一種で，寸法を移したり，線分を分割するのに用いる．②仕切り．

デイパック【daypack】 日帰り旅行に用いる小型の簡易リュックサック．デーパック．

ディバグ【debug】 ①I算プログラムを作動させて欠陥や誤りを修正すること．②盗聴装置を取り除くこと．③害虫駆除．

ティピカル【typical】 典型的な．模範的な．

ディビジョン【division】 ①組織の課・部・局．②行政・司法上の管区．③軍陸・空軍の師団．④競地区．クラス．級．⑤分割．区分．

ディビジョンシリーズ【Division Series】 競（野球）アメリカのプロ野球で，二大リーグの各3地区での優勝チームとワイルドカードが対戦するシリーズ．

ディファレンシエーション【differentiation】 区別．分化．差別化．特殊化．

ディフィート【defeat】 ①打ち負かす．破る．打破．打倒．②敗北．失敗．敗戦．

ディフィシット【deficit】 赤字．欠損．

ディフィニション【definition】 ①定義．定義付けること．②写レンズの解像力．③写版再生映像などの鮮明度．デフィニションともいう．

ティフィン【tiffin】 料軽い昼食．ランチ．

ディフェクト【defect】 欠点．短所．欠陥．欠乏．不足．

ディブエックス【DivX】 Iビデオ圧縮伸張規格の一つ．ディビックスともいう．

ディフェンス【defense】 防御．防衛．守備．守備チーム．⇔オフェンス．

ディフェンス フォー チルドレン インターナショナル【Defence for Children International】 社子供の権利擁護を目指す国連NGO．1979年に設立．本部はスイスのジュネーブ．DCIともいう．

ディフェンダー【defender】 競（ｽｯﾞ）チームの後方に位置し，防御や守備のかなめとなる選手．DF．バックスともいう．

ティフォジ【tifosi 伊】熱心な愛好者．熱心なスポーツ観戦者．ファン．単数形は tifoso．

ディフュージョン【diffusion】 放散．普及．流布．拡散．伝播．

ディフュージョン インデックス【diffusion index】 経景気動向指数．景気指標を集め，景気動向全体を表す工夫をした指数．景気の転換点の判定に用いられる．DI．

ディフュージョン ブランド【diffusion brand】 営対象とする年齢を低くするが，質は落とさないで価格は安くした普及版のブランド商品．

ディフュージョン ライン【diffusion line】 服デザイナーが発表するオリジナルブランドの普及版のこと．

ディフレクター【deflector】 ①そらせ板．流体の流れを変える装置．②理偏針儀．磁気羅針盤の狂いを測定・修正する装置．

ディプレッション【depression】 ①経不景気．不況．②沈下．憂うつ．ふさぎこむこと．意気消沈．落ち込み．デプレッションともいう．

ディプログラミング【deprograming】 社心脱洗脳．新興宗教などにのめり込んだ人を元に戻すために行う，価値体系の解体作業．

ディプロスピーク【diplospeak】言外交専門用語．外交用語．diplomatic と speak の合成語．

ディプロマ【diploma】 教卒業証書．学位や各種資格の免状．

ディプロマシー【diplomacy】 外交．外交術．外交的手腕．

ディプロマット【diplomat】 外交官．外交的手腕のある人．

ディプロマティック イミュニティー【diplomatic immunity】外交官免責特権．

◀ディレクト

ディベート【debate】討論．討論のテクニック．一つの論題に対して肯定側と否定側に分けて、説得性を競う言葉のスポーツ．
ディベストメント【divestment】営採算の合わない事業や部門などを整理すること．
ティペット【tippet】服女性用の毛皮の肩掛け．毛糸の長い首巻き．
ディベルティメント【divertimento 伊】音嬉遊曲．娯楽的性格の器楽合奏曲．
ディベロッパー【developer】①都市などの開発業者．②写現像液．デベロッパーともいう．
デイホーム【dayhome】社寝たきりではないが、介護を要する高齢者を昼間だけ預かるサービス．デイケアともいう．
デイホスピタル【day hospital】社介護を要する高齢者などを日中だけ預かり、治療や訓練を行う施設．
ディボット【divot】競(ゴル)ショットの時にクラブで削り取られた芝の断片とコースのくぼみ．
ディマー【dimmer】①劇舞台照明などで使う調光器．②駐車用の小ランプ．自動車のヘッドライトの減光装置．
ディマースイッチ【dimmer switch】電照明などの明るさを調節するスイッチ．
ディマネジメント【demanagement】営従業員の自主性に任せようという脱管理経営法．
ディマンド【demand】①要求する．必要とする．②需文．要求．要求物．請求．デマンド．
ディマンドプル インフレ【demand-pull inflation】経需要インフレ．需要が拡大することで引き起こされる物価上昇．
ディミニッシング リターンズ【diminishing returns】経生産費を増加させると、生産費に対する収益率が漸減するという法則．収益逓減．
ディメンション【dimension】①数理次元．②大きさ．寸法．規模．
ティモス【thymos 希】気概．困難を乗り越えようとする強い意志．
テイラー展開【Taylor expansion】数対数関数などの特殊な関数を(x-a)のべき乗の級数に変換し、xの多項式として計算する近似計算法．
デイライトシンクロ【daylight synchronization】①写日中の、光が十分なところでストロボを強制発光させること．
デイライト スクリーン【daylight screen】映明るい場所でも映せる映写幕．
デイライト セービング タイム【daylight saving time】環社夏時間．太陽光の有効活用時間制度．DST．サマータイムともいう．
デイライトタイプ【daylight type】写昼光用カラーフィルム．
ティラニー【tyranny】①政支配者の暴政．権力の乱用．②歴古代ギリシャの僭主政治．
ティラピア【tilapia】魚イズミダイ．チカダイ．アフリカ原産の淡水魚．養殖され、肉質はタイに似ている．
ティラミス【tiramisu 伊】料イタリアのデザート菓子の一種．チーズに生クリームを加えて作る小型のケーキ．

ティランジア【tillandsia】植パイナップル科の気生植物．熱帯アメリカ産で、樹木や岩石の上などで生育する．数種類をかごに盛ったり、枝などに付着させたりして観賞する．
デイリー【daily】毎日の．日常の．日刊の．一日当たりの．デーリー．
デイリーズ【dailies】①映撮影後すぐに現像して焼き付けた未編集のポジフィルム．ラッシュともいう．②通いのお手伝いさん．
ディリクレ多項分布【Dirichlet Multinomial Distribution】広広告の到達率・到達人数と情報到達の頻度についての予測モデルの一つ．DMDともいう．
テイル【tail】尾．しっぽ．後部．テールともいう．
ディル【dill】植ヒメウイキョウ．セリ科の多年草．実や葉を香料に用いる．
ティルト【tilt】①傾ける．②傾斜．斜面．③映カメラを縦に動かす撮影法．チルトともいう．
ディルドリン【dieldrin】化シロアリ駆除に用いられた有機塩素系化学物質．毒性のため1981年から使用禁止．
テイルローター【tail rotor】機ヘリコプターの尾翼に付ける小型回転翼．大型回転翼の回転で生じる反作用トルクを打ち消す働きをする．テールローターともいう．
ディレ【delay】遅らせる．延期する．
ディレード オンライン処理【delayed on-line processing】①算トランザクションというコンピューターシステムの処理単位を、非同期に処理する方法．
ディレードスチール【delayed steal】競(野球)投手の投球の際ではなく、守備側の意表をついて行われる盗塁．
ディレー放送【delay broadcasting】放生中継で不適切な場面が出てしまう事態に備えて、一定の時差を設けて放送する方法．
ディレギュレーション【deregulation】規制緩和．自由化．デレギュレーション．
ディレクション ファインダー【direction finder】方向探知器．方位測定器．
ディレクター【director】①映劇監督．②音指揮者．③放番組担当者．演出責任者．④指導者．⑤支配人．長官．所長．
ディレクター オブ フォトグラフィー【director of photography】映撮影監督．シネマトグラファーともいう．
ディレクターズスーツ【director's suit】服男性の準礼装に用いる礼服．黒の上衣とチョッキに黒白の縦縞のスラックスの組み合わせ．
ディレクティブ【Directive】欧州連合(EU)が加盟国に出す法案の指示文書．
ディレクテッド バイ【directed by】映監督．映画の創作上の責任者を示す用語．
ディレクトリー【directory】①一定の地区内の住所氏名録．住居案内板．②①算コンピューター内に記憶されたデータの収納記録．
ディレクトリー型検索サービス【directory

337

ディレクト▶

type search engine】[I][K] Web ページの情報が分野や種類ごとにまとまっている検索サービス．

ディレクトリー サービス【directory service】[I][算]コンピューターのアプリケーションプログラムを管理するための分散処理環境．

ディレクトリーツリー【directory tree】[I][算]ファイルを階層構造で管理するためのディレクトリーの構造．

ディレクトリーパス【directory path】[I][算]最上位のルートディレクトリーから目的のディレクトリーを指定するパス．

ディレクＰＣ【Direc PC】[I]アメリカのヒューズネットワークシステムズが開発した，デジタル衛星放送とパソコンを組み合わせた情報提供サービス．

ディレッタンティズム【dilettantism】趣味・道楽として，学問・芸術を学び楽しむこと．芸術趣味．半可通．道楽．

ディレッタント【dilettante】素人の立場で学問・芸術を愛好する人．好事家．ジレッタント．

ディレバレッジング【deleveraging】[営][経]てこ入れ方法を停止すること．借入金で投資を行い，利潤率を高めるやり方を中止すること．

デイレポーティング【day reporting】[社][法]アメリカで，仮釈放者の更生を点検する制度の一つ．毎日欠かさず，通勤途中などにチェックを受ける．

ディンギー【dinghy】[競](ﾞｷﾞｰ)マスト1本，帆1枚の12フィート級の小型ヨット．乗組員の体重の移動でバランスを取り帆走する．

ディンクス【DINKS】[社]共働きで子供のいない夫婦．double income, no kids の略．

デインスティテューショナリゼーション【de-institutionalization】[医][政]脱施設化．アメリカで大規模な精神病院を縮小・廃止した政策．

ティント【tint】ほのかな色．薄く色づくこと．線ぼかし．

ティンパラシュート【tin parachute】[営][社]会社を乗っ取られた一般社員に給与や退職金などを保証する計画．ティンは，スズ・ブリキのことだが，安物・現金の意もある．

ティン パン アレー【Tin Pan Alley】[音]ポピュラー音楽のこと．1880年代末に始まったポピュラー音楽業界の音楽家や出版業者が集まったニューヨーク市の地区名にちなむ．

ディンプル【dimple】[競](ﾞﾌﾟﾙ)球の表面にある小さなくぼみ．

ディンプルキー【dimple key】[機]鍵の一種．平面に小さなくぼみをいくつも施す方式．

テークアウト【takeout】[料]料理品や飲食物の持ち帰り方式．テイクアウト．

テーク オア ペイ契約【take or pay contract】[営][経]液化天然ガスの輸出国が輸入国に対して求める，需給に関する契約．取引量を定め，その量を引き取るか，その全量分の代金を支払うかを選択する．

テークオーバー【takeover】[営]会社乗っ取り．テイクオーバーともいう．

テークオーバー ビッド【takeover bid】[営][経]株式公開買付制度．経営権の支配などを目指して大量の株式を取得する方法．TOB，テンダーオファーともいう．

テークオフ【takeoff】①離陸．離昇．②[競]跳躍競技の踏み切り．③[経]経済の成長段階における発展への飛躍期．離陸期．

テーザー級【tasar】[競](ﾞｻﾞｰ)小型ヨットの一種．2人乗りで扱いやすい．

デージー【daisy】[植]ヒナギク．キク科の多年草．茎頂に単花をつける．デイジーともいう．

デージーカッター【daisy cutter】[軍]アメリカの破砕性が強力な大型爆弾．

デージーチェーン【daisy chain】[I][算]複数のハードウエアをいもづる式につなぐ方法．ヒナギクをつなぎ合わせたひもの意．

デージーホイール【daisy wheel】[印]欧文の電子式印字装置に用いられる円盤形の印字要素．活字がヒナギクの花弁のように放射状に配置されている．

テースティー【tasty】おいしい．味のよい．

テースト【taste】趣味．好み．味．テイスト．

テーゼ【These 独】①[哲]命題．定立．立言．⇔アンチテーゼ．②綱領．運動方針書．

データ【data】①資料．事実に基づく情報．②[I][算]コンピューターで扱うデジタル化された情報．

データ圧縮【data compression】[I][算]情報の内容量を変えないで，ファイルのデータ量を減らすこと．圧縮したファイルを元に戻すことを，解凍，展開，伸張などという．

データ ウエアハウス【data warehouse】[I][算]複数のシステム上にあるデータを整理・統合し，企業の意思決定や戦略立案に役立てるため収納しておく蓄積庫．

データ オン デマンド【Data on Demand】[I][K] KDDI が提供する，経済的インターネットプロバイダーへの接続サービス．全国一律料金．

データ管理【data management】[I][算]制御プログラムの機能の一つで，データ入出力の管理を行うこと．

データ記述言語【data description language】[I][算]データベースの構造や容量などの定義を行う言語．これを用いてスキーマなどの記述を行う．

データグローブ【data glove】[I][算]手や指の位置や動きを電気信号に変えてコンピューターに入力する装置．

データ源泉／データ吸収【data origin / data terminator】[I][算]四角形の中に記入した，データの発生源や到着点を示すデータフローダイアグラムの構成要素．

データ構造【data structure】[I][算]コンピューターの中に何かを記憶させたり，中で何かの処理をしたりする時のデータの表現形式．

データ項目【data item】[I][算]データの集合を構成している各要素．

データ互換【data interchange】[I][算]異なるコンピューターシステムや OS（基本ソフト）などとの間で，同じようにデータを扱えること．

データコップ【datacop】[I][算]コンピューターシステムに蓄積されたデータの安全を守る，企業の専門

◀データベー

部門や政府の機関.

データサービス【data service】□各種の情報を必要に応じ提供すること.特に大量集積したデータを目的・用途別に提供するもの.

データ収集【data collection】□面接,アンケート調査などで,業務の現状把握をするための情報収集活動をすること.

データ主導型【data oriented type】□算データの流れや関連から分析する技法.データフローの図解や,E-R モデルなどがある.

データ処理【data processing】□算プログラムあるいはモジュールがデータの演算や処理などを行い,結果を導き出すこと.

データストア【data store】□算データフローダイアグラムの中で,データを蓄積しているファイルのこと.ファイルともいう.

データ ストレージ サービス【data storage service】□算企業情報のデータベースの保安を図るため複製を取り,総合的に管理・蓄積するサービス.

データスペース【data space】□ VSAM ファイルを保存する補助記憶装置である DASD の VSAM ファイル領域.

データセット【data set】□算ファイルとほぼ同じ意味で,データの集まりのこと.

データセンター【data center】□☑顧客のサーバーを預かり,インターネット利用者と直接接続する業態や設備.

データ操作言語【data manipulation language】□算データベースのデータの検索,更新,削除などを行う言語.SQL (structured query language)のこと.

データ通信【data communication】□算コンピューターと通信回線を直結して,データの交換利用ができる仕組み.

データ ディレクトリー【data directory】□算データベースの名前や表の定義などの情報を保存する領域を示すもの.データディクショナリーともいう.

テータテート【tête-à-tête 仏】 差し向かい.相対.密談.対談.

データ伝送【data transmission】□算データのやりとりを,モデム同士の通信で考えた時の呼び名.これに対して,ホストコンピューターと端末との間ではデータ通信という.

データ転送速度【data transfer rate】□算コンピューター同士,またはコンピューターと周辺装置とで単位時間に転送できるデータの量を示したもの.通常はビット/秒やバイト/秒で表す.

データ独立【data independence】□算中立的な形式で作られ管理されたデータを,複数のプログラムから共有できる状態のこと.

データハイウエー【data highway】□算データをまとめて送る高速通信路のこと.特に光ファイバーなどを使って即時・大量に処理する通信路.

データバンク【data bank】□情報銀行.多量の情報を集中的に蓄積・保管し,提供する機関.データベースを指す場合もある.

データファイル【data file】□算整理・蓄積さ

れた一群の情報.磁気ディスクなどに記憶させている.

データフォーマット【data format】□算コンピューターが扱うデータの形式.アプリケーションや OS(基本ソフト)ごとに形式が決まっているが,同じデータをどの形式でも使えるようにすることが必要.

データフロー【data flow】□算データフローダイアグラムの中でデータの流れを表す矢印.

データフロー ダイアグラム【data-flow diagram】□算コンピューターのシステム構成を表した図.またはプログラムのデータの流れをフローチャートで表した図.DFD ともいう.

データプロセシング【data processing】□算データ処理.情報処理.

データベース【database】□算相互に関連のあるデータを蓄積したもの.情報や資料を収集・分類・整理し,多目的に利用できる統合化ファイル.DBともいう.

データベース エンジン【database engine】□算データベースソフトのシステム中で,データベースファイルにアクセスして検索や更新などを担当する中核部分.

データベース管理【database management】□算データの削除,更新,新規のフォームの作成や保守など,データベースを運用する時の作業.

データベース管理システム【database management system】□算データベース(DB)の維持・運営を行うソフトウエア.情報をデータに加工・編集したり整列・統合などが行える.DBMS ともいう.

データベース管理者【database administrator】□算データベースの設計や編成,運用・管理などを行う担当者.

データベース機能【database function】□算表計算ソフトでデータベースを作る機能で,検索,抽出や並べ替えができる.

データベース言語【database language】□算データベースなどの作成や削除,データの検索・更新などを行うための言語.データ記述言語,データ操作言語などがある.

データベース サーバー【database server】□算データベースファイルを定義,運用,管理して,他のコンピューターからの検索や更新の要求も受けるコンピューター.

データベース サービス【database service】□算情報提供サービス業.さまざまな情報を収集・蓄積し,目的に応じて提供する業態.

データベース ソフト【database software】□算データの収集,計算,分析などをしてデータベースを作成するソフトウエア.またそのデータベースを利用するための機能をもったソフトウエア.

データベース ディストリビューター【database distributor】□算データベースサービスを,主に企業や団体などの利用者に提供する業者,または業務.データベースベンダー.

データベース パッケージ【database package】□算 CD-ROM や DVD-ROM などの

339

データベー▶

形で提供されるデータベース．百科事典や語学辞書のCD-ROMやDVD-ROMが発売されている．

データベース プロデューサー【database producer】 ①算データベースサービスで，データベースを作成する業者．データベースプロバイダー．データベースサプライヤー．

データベース マーケティング【database marketing】 ①営顧客の行動履歴や購買履歴の情報を蓄積し，その顧客層に合う対応をしようとするマーケティング戦略．

データ放送【data broadcasting】 ①放衛星および地上波テレビ放送のデータチャンネルを利用し，各種データを家庭へ送る放送サービス．

データポート【data port】 ① ISDN 回線に接続した時の信号変換を行うターミナルアダプターのコネクター．RS-232C ケーブルと接続する．

データホン【data phone】 ①データ通信機能をもつ電話．

データマート【data mart】 ①算特定のユーザーグループの主題に合わせて，絞り込んだデータを格納しているデータウエアハウスのサブセット．

データマイニング【data mining】 ①算膨大な量のデータとの対話を通じて，経営やマーケティングにとって必要な傾向動向，相関関係，パターンなどを導き出す技術や手法．

データマン【data man 日】 編集者や著者の指示で資料収集・取材を行い，データとなる原稿を作る人．英語は research assistant.

データモデル【data model】 ①算コンピューターの中に作る，現実世界のデータに対応するモデル．網型，階層型，関係型などがある．

データライブラリー【data library】 ①算オンラインソフトウエアやテキストデータを登録する保管庫的な部分のこと．

データリンク層【data link layer】 ①算 OSI 基本参照モデルの第2層の名前．LAN の MAC（メディアアクセス制御）プロトコルがこれに当たる．

データリンク プロトコル【data link protocol】 ①算データ転送が正しく行われるための OSI 参照モデルの中にあるデータリンク層のプロトコル．

データレート【data rate】 ①算1秒間当たりの映像データ量．比較的高速な環境での利用の場合は，圧縮率などを調整して，利用するメディアに適したものにする．

データレコーダー【data recorder】 ①算コンピューター用のデータやプログラムを記憶・再生する装置．

デート【date】 ①異性と会う約束．異性と会うこと．あいびき．②日付．日時．年月日．時．時代．年代．

デートクラブ【date club 日】 営社風俗営業の業態の一つ．入会金を払った会員が，店内にいる女性を連れ出してデートをする．

デートスポット【date spot 日】 デートをするのに向いている場所．デートに適する場所．

デートDV【date domestic violence 日】 社若年の親密な異性間の虐待や暴力．

デートレイプ【date rape】 女性をデートに誘い出して強姦すること．

テーパー【taper】 先端にいくにつれて次第に細くなっていること．先細りの形をしているもの．細いろうそく．

テーパーカット【taper cut】 容かみそりやはさみを使って，毛先をそぐ技法．

テーパード【tapered】 服先細りの．裾すぼまりの．パンツのシルエットを示すのに用いる．

テーピング【taping】 競選手がけがが防止や治療用に，関節・筋肉などにテープを巻くこと．

テープカット【tape cut 日】 社道路や橋，鉄道の開通などの祝いの行事として，紅白のテープを切ること．英語は tape cutting, ribbon-cutting ceremony.

テープストリーマー【tape streamer】 ①算磁気テープ記憶装置で，サーバーなどのデータのバックアップに使う．

テープ速度【magnetic tape velocity】 ①算秒間に磁気テープが磁気ヘッドを通過する長さ．2000 mm/秒などと表示する．

テープデッキ【tape deck】 録音テープ用の再生装置．音響装置と組み合わせて用いる．

テーププレーヤー【tape player】 小型の録音テープ用の再生装置．

テープマーク【tape mark】 ①算磁気テープに記録するファイルと，識別のために付けるラベルを区別するため，その境に記録される特殊文字．

テープメジャー【tape measure】 巻き尺．布製や金属製のものがある．

テープライブラリー【tape library】 ①演劇・音楽・古典芸能などをテープに録音し，整理・保管する施設．②社目の不自由な人のために本を朗読したテープを貸し出す施設．

テーブル【table】 ①食卓．机．台．②一覧表．③①算表計算ソフトやデータベースソフトで，表として作られたデータの集合．表形式のデータのこと．

テーブルゲーム【table game】 ①算将棋，トランプ，マージャンなどの古くからのゲームをコンピューター上でも遊べるようにしたもの．

テーブルスピーチ【table speech 日】 言社宴会・会食などで行うあいさつや話．英語は単に speech, あるいは after-dinner speech.

テーブルセンター【table center 日】 食卓や応接用テーブルなどの上に敷く装飾用の小布，またはレース布．英語では centerpiece, tablecloth という．

テーブルチャージ【table charge】 料レストランなどでの席料．飲食代とは別料金となっている．カバーチャージともいう．

テーブルテニス【table tennis】 競卓球のこと．その打球音から「ピンポン」とも呼ばれたが，アメリカで業者が商標登録したため，公式には使われない．

テーブルトップ【table-top】 テーブルの上面．卓上用の．

テーブルファイアー【table fire】 営経火災保険会社が保険金の不正流用を謀って作り上げる架空の火事．机上火災．

テーブルポイント【table point】 ①競（陸上）マラ

者．びり．
ソンで選手用の飲食物を置くテーブルのある地点．②〘競〙(スキ-)ジャンプ台でＰ点(標準点)とＫ点(極限点)の中間のこと．

テーブルマナー【table manners】食卓での行儀作法．

テーブルマネー【table money】娯楽施設やクラブなどの食堂使用料．

テーブルワイン【table wine】〘料〙食事中に飲むブドウ酒．手軽に飲める安いものが多い．

テーマ【Thema 独】①主題．②主旋律．

テーマ株【theme stock 日】〘経〙世の中の動きを反映して，株式市場で人気の中心となっている銘柄．

テーマソング【theme song】〘映放〙主題歌．

テーマパーク【theme park】〘営〙特定の主題に基づいて施設全体の構成・演出をする大型レジャー施設．テーマ遊園地．

テーマ プロモーション【theme promotion 日】〘営〙小売業者が主題を決めてから，その流れに沿った商品を集めて，宣伝活動を行って販売促進を図ろうとする方法．

テーマ ミュージック【theme music】〘映放〙主題曲．テーマ音楽．映画・放送番組などで，繰り返し流される曲．ＴＭともいう．

テーマ レストラン【theme restaurant 日】〘営料〙店内の装飾や什器などをテーマにのっとって統一整備し利用価値を高めたレストラン．期間を限定した仮店舗の営業が多い．アミューズメントレストラン，アメニティーレストランともいう．

デーモン【demon】①悪魔．悪霊．魔神．サタン．デビル．②ギリシャ神話で，超自然的存在の鬼神．ダイモン．③〘Ｉ〙〘算〙ある条件が出るまで隠れている管理システム．事象の進行で手続きが必要になった時に呼び出される．

デーモン ダイヤラー【demon dialer】〘Ｉ〙公開されていないネットワークへの侵入口(電話番号)を探し出すソフトウエア．不正アクセスの手口の一つ．

テーラー【tailor】〘服〙男性服専門の洋服店．男性服を仕立てる店．またその裁断師．

テーラーシステム【Taylor system】〘営〙アメリカの技術者テーラーが提唱した科学的な経営管理法．作業時間・作業量などに基づく課業の設定・賃金刺激による現場管理組織の改善を唱えた．

テーラード カラー【tailored collar】〘服〙女性用上着で男物の背広をまねた襟型．

テーラード ジャケット【tailored jacket】〘服〙男物の背広仕立ての女性用上着．

テーラード スーツ【tailored suit】〘服〙女性用の服で男物の背広仕立てのもの．

テーラード メディシン【tailored medicine】〘医〙個人の体質や環境に合わせた治療法をとる方法．テーラーメード治療，オーダーメード治療ともいう．

テーラーメード【tailor-made】〘服〙洋服店仕立ての．女性服を男性服のように仕立てた．

デーリー【daily】毎日の．日常の．日刊の．一日当たりの．デイリー．

テール【tail】尾．しっぽ．尾部．後部．末尾．翼．テイルともいう．

テールエンダー【tailender】〘競〙最下位．最下位

テールエンド【tail end】末端．最後尾．

テールゲーティング【tailgating】先行する車に自分の車をぴったりつけて運転すること．

テールコート【tail coat】〘服〙えん尾服．

テールフィン【tail fin】①高速走行時の安定を図るため，自動車の後部に取り付けるひれ状の板．②魚の尾びれ．

テールプレーン アイシング【tailplane icing】飛行中に航空機の水平尾翼に氷が付着すること．

テールライト【taillight】〘機〙自動車や列車などの尾灯．車体後部に備える赤色の照明灯．テールランプともいう．

デオキシリボ核酸【deoxyribonucleic acid】〘生〙遺伝子の本体とされる高分子化合物で，二重らせん構造をもつ．ＤＮＡともいう．

デオドラント【deodorant】①脱臭の．におい消しの．②〘容〙脱臭剤．汗のにおいや体臭を防ぐ化粧品．

デオドラント シャンプー【deodorant shampoo】〘容〙悪臭を防ぐ殺菌作用をもつ洗髪剤．

デカ【deca-】10¹(10倍)を表す国際単位系(SI)の接頭語．記号は da．

デカール【decal】図案や絵などが描いてある転写シール．

デガウス【degauss】〘Ｉ〙ＣＲＴ(ブラウン管)のシャドーマスクなどに帯磁した磁気を，電磁コイルなどを使って消去する機能．

デカスロン【decathlon】〘競〙(陸上)十種競技．1日目に100m，走り幅跳び，砲丸投げ，走り高跳び，400m，2日目に110mハードル，円盤投げ，棒高跳び，やり投げ，1500mの順に行う男子競技．

デカダン【décadent 仏】①退廃的な．自堕落な．②〘芸〙退廃主義・唯美主義的な芸術理論を信奉する人．退廃的な人．

デカダンス【décadence 仏】①退廃．自堕落．②〘文〙退廃的な事象の中に潜む真実を表現しようとした，19世紀末のフランスの象徴派詩人の一派．またその傾向．

デカダンティスム【décadentisme 仏】退廃主義．唯美主義．

デカップリング政策【decoupling farm program】〘農〙農業政策の中立性を保ちながら，市場歪曲効果を切り離し，農民の所得支持を図る政策．

デカルコマニー【décalcomanie 仏】〘美〙転写画．ガラス板などに水性塗料を塗り，紙に模様を写し取る方法．シュールレアリスムで使う技法の一つ．

デカンター【decanter】〘料〙ブドウ酒などを入れる卓上用のガラス器．デキャンターともいう．

デカンタージュ【décantage 仏】上澄みを移し取ること．ブドウ酒をガラス容器に移し変えること．沈殿物を取り除き，香りなどをよくする．

テキーラ【tequila 西】〘料〙メキシコ産の強い蒸留酒．リュウゼツランの樹液から作る．

テキーラ効果【tequila effect】〘営経〙メキシコの通貨危機を契機に，新興市場への投資を警戒するようになった傾向．

テキーラシ▶

テキーラショック【tequila shock】経1994年末から始まったメキシコ通貨危機の俗称.

テキサスウエッジ【Texas wedge】競(ｺﾞﾙﾌ)グリーン外からパターで寄せる打法.

テキサスヒット【Texas hit 日】競(野球)打球が内野手と外野手の中間にぽとりと落ちるような安打. 英語は Texas leaguer.

デキシー【Dixie】①アメリカの南部諸州. ②イスラエルのこと. 湾岸アラブ諸国が用いた言葉.

デキシーランド ジャズ【Dixieland jazz】音ニューオーリンズでの初期の形式をもつジャズ. クラリネット, トランペット, マンドリン, ピアノなどの小編成で演奏. デキシー.

テキスタイル【textile】服織物. 織物原料.

テキスタイル デザイン【textile design】服毛織りのものから機械生産でのプリントのものまでを含めた織物のデザイン.

テキスト【text】①本文. 原典. ②教科書. テキストブックともいう. ③I算文字や記号からなる文字列, 文章のこと. コンピューターでは, 各文字は文字コードとして認識される.

テキスト広告【text advertising 日】I算広数行の文章を掲載するインターネット広告.

テキスト合成方法【text-to-speech synthesis】I算文字入力から音声を合成する方法. 音声合成技術の一つ. 自然な音声を合成するのはまだ難しい.

テキスト コンバーター【text converter】I算異なる機種のワープロで作成されたデータを, 相互に読めるように変換するソフトウエア.

テキストデータ【text data】I算可読文字で構成されるデータ.

テキストファイル【text file】I算文字や記号からなる文章を収めたファイル. ↔バイナリーファイル

テキストボックス【text box】I算ユーザーが設定項目を入力・編集するための仕組み.

テキスト マイニング【text mining】I算膨大なテキストデータの中から, さまざまな手法を用いて有用なデータのみを抽出すること.

デキストラン硫酸ナトリウム【dextran sulfate】薬高脂血症の治療薬. 血液凝固阻止作用をもち, エイズウイルスの増殖を抑制する効果もある.

デキストリン【dextrin】化でんぷんを希酸や酵素で部分的に加水分解して得られる多糖類.

テキストレコード【text record】I算文字・数値などで構成されており, 長さが一定でないレコード. これが集まったものをテキストファイルと呼ぶ.

テクスチャー【texture】①きめ. 生地. 質感. 手ざわり. ②服視覚的な質感・風合いのこと. ③組織. 構成. 織物. 織地. ④I算 CG 作成段階でポリゴンの表面に貼り込む画像や模様のこと.

テクスチャー座標系【texture coordinate system】I算2軸の座標系. 三次元コンピューターグラフィックスで, 柄や模様を付けるためにモデルの表面に作る. 面単位で座標を作ることもできる.

テクスチャー マッピング【texture mapping】I算コンピューターグラフィックスで, 写真や図柄などを物体表面に張り付けて, 写実的表現をする方法.

テクスチュアド ヤーン【textured yarn】服癖のない長繊維によりや曲がりを付けて, 加工しやすくした糸.

テクセル【texel】I算コンピューターグラフィックスで, テクスチャー画像そのものということ. テクスチャー画像のピクセル(画素)を呼ぶ場合もある.

テクトスフェア【tectosphere】地地殻構造の一つ. 古い大陸地殻の下にあり, 流動しにくいリソスフェアが厚く, 温度が低くて地震波速度が大きい層.

テクトニクス【tectonics】①構築学. 構造学. ②地構造地質学. 地質構造. 地殻変動.

テクトロニック エージ【techtronic age】I算マイクロエレクトロニクスの応用技術時代. 半導体がさまざまなところに利用されている現代を指していう. テクトロニックは technology と electronics の合成語.

テクニカラー【Technicolor】映カラー映画の一方式. 赤・青・緑の3色による3本の陰画フィルムを作製し, これを重ねて1本のフィルムにする方法. 商標名.

テクニカラーメーキャップ【technicolor makeup】容素肌に近い自然さを出す化粧法. 透明化粧法.

テクニカル【technical】技術的な. 技法の. 専門的な. 学術的な.

テクニカルスクール【technical school】教工業技術などを専門に教える教育施設.

テクニカルターム【technical term】術語. 専門用語. 学術用語.

テクニカル ディレクター【technical director】放技術スタッフの最高責任者. TD.

テクニカル ノックアウト【technical knockout】競(ボクシング)勝負判定の一つ. 選手が負傷したり, 一方的に打たれて試合続行が危険な場合などで, レフェリーが判定する. TKO.

テクニカルファウル【technical foul】競(バスケットボール)スポーツマンシップに著しく反する行為に宣する反則. 度の過ぎた抗議や悪口・やじなどに対する罰則.

テクニカルプレス【technical press】特定の専門技術情報を扱う新聞や雑誌.

テクニカル分析【technical analysis】経証券分析の一つ. 価格変動の事実のみから証券を評価し, 価格を予想する.

テクニカルメリット【technical merit】競(スケート)フィギュアスケートで, フリー演技の技術評価点. 難度, 多様性, 確実性などから, 6点満点で採点. 2004年から新採点法のもとで廃止.

テクニカルライター【technical writer】機械・器具などの取り扱い説明書などを書く人.

テクニクス【technics】①技術. 工芸. ②言専門的な術語. 専門語. 学術語.

テクニシャン【technician】技術専門家. 技巧家. 高度な技術・技能をもっている人.

テクニック【technique】技術. 技法. 技巧. 芸風. 画風. テクニークともいう.

342

テクネチウム【technetium】 化 人工的に作った最初の金属元素．元素記号は Tc．

テクネチウム99【technetium 99】 化 放射性同位元素の一つ．半減期が6時間と短く，がんの診断など医療用として使用されている．

テクネトロニック【technetronic】 技術と電子工学をまとめた呼称．産業や社会にさまざまな影響を与えている．technology と electronic の合成語．

テクノ[1]【techno】 音 ハウスミュージックの一種．シンセサイザーやコンピューターなど電気的なテクニックを用いて作る音楽．techno-pop の略．

テクノ[2]【techno-】 「科学技術の」「先端コンピューター技術の」の意の接頭語．

テクノアート【techno-art】 芸 コンピューターや新素材などの先端技術を利用する芸術．

テクノ依存症【techno dependence syndrome 日】 算心 コンピューター業務への過剰適応で起こる，人間関係の希薄化などの症状．

テクノイド【technoid】 技術偏重主義者．technology と paranoid の合成語．

テクノウエポンリー【techno-weaponry】 軍 最先端技術を用いる兵器類．

テクノエコノミックス【technoeconomics】 科学技術と経済学の両方の面を結びつけて研究する学問．

テクノエコロジー【technoecology】 生 科学技術を生態系に調和させるための学問．

テクノカード【techno-card】 経国 自国のもつ工業力・実用技術力を対外関係の切り札に使おうという考え方．

テクノガゼットリー【techno-gadgetry】 機 最先端技術を用いる小型の機械装置．

テクノカット【techno cut 日】 容 もみあげを耳の上で切り，襟足を柔らかい感じで刈り上げる髪型．

テクノカルチャー【technoculture】 コンピューターなどの技術進歩で生み出される新しい文化．

テクノクラート【technocrat】 社政 高度な専門技術をもつ行政官・管理者・官僚．

テクノクラシー【technocracy】 一国の社会機構や産業資源などを高度な専門技術者の手で管理・統制しようとする考え方．技術主義．技術家政治．

テクノクリエーター【techno creator 日】 社 工具や職人などの新しい呼称．熟練工の技をデータベース化することを目指し，東京・大田区が使い始めた．

テクノクルック【technocrook】 社 先端技術を悪用する詐欺師．

テクノグローバリズム【techno-globalism】 技術世界化政策．先端技術などを全世界に広めようとするやり方．

テクノコロニー【techno-colony】 最先端技術の分野で，先進国に支配され植民地のような扱いを受ける国．

テクノショック【techno-shock】 営 アメリカ国内で，日本のハイテク産業，特にコンピューター関連産業が伸長し，自国製品を圧迫されそうな状態を危惧して用いた言葉．

テクノ スーパーライナー【techno super liner 日】 機国 土交通省が主導する超高速貨物専用船の計画．1989年に研究開発を始めた．TSL ともいう．

テクノストック【techno stock】 営経 研究開発費の累積額．

テクノストラクチャー【technostructure】 営 さまざまな知識・経験・才能をもつ人々で組織された，企業内の管理・意思決定機構．

テクノストレス【technostress】 OA機器の多用化に伴って起こる人間の精神的なひずみ．コンピューターに対して拒絶反応を起こす場合と，同化しすぎて耽溺する場合がある．アメリカのブロードの造語．

テクノスリラー【techno-thriller】 文 ハイテク技術を用いる現代の戦争行為のからくりを描いたスリラー小説の新分野．

テクノセントリズム【technocentrism】 技術中心主義．技術力の充実を主軸とする政策．

テクノナショナリズム【techno-nationalism】 技術国家主義．先端技術などを他国に公開しないようなやり方．

テクノパイレーツ【technopirate】 営社 先端技術情報などを盗む企業．企業のもつ知的所有権を侵害する企業．

テクノバトル【techno-battle】 高度先端技術をめぐる闘い．開発した高度先端技術の実用化に伴い，技術の標準としての確立を目指して企業や国が争うこと．

テクノバブル【technobabble】 言算 技術専門用語．特にコンピューターや先端技術分野で使う専門用語．

テクノバンディット【techno-bandit】 高度先端技術を盗み出す人．高度先端技術を専門に狙う産業スパイ．

テクノパンプキン【techno-pumpkin】 社 才能はあるが，仕事一辺倒で余裕がない女性を皮肉っていう言葉．

テクノファシズム【technofascism】 営社 管理社会で権限の集中と画一化が一段と強化される傾向．管理ファシズム．

テクノ不安症【techno ―】 心 コンピューターへの抵抗感や拒否感から起こる心身の不調和などの症状．

テクノフォビア【technophobia】 心 科学技術恐怖症．テクノ恐怖症．コンピューターの操作やメカニズムに慣れないため，心身が拒絶反応を起こすもの．

テクノフリーク【techno-freak】 高度先端技術に熱中している人．

テクノポート大阪【Technoport Osaka】 大阪市による大阪港の南港・北港地区の開発計画．

テクノポップ【technopop】 音 電子音を使って作曲したポップロック．エレクトロポップ．

テクノポリス【technopolis 日】 営社 高度技術集積都市．先端技術や研究開発を目的にする新産業都市づくり．地方自治体が主体となって，先端技

術産業や大学・研究機関を誘致．

テクノマート【technomart 日】 営技術取引市場．技術の交流や移転を円滑に進める目的で作られた先端技術とその関連情報取引のため，通産省（現経済産業省）が計画した仲介・斡旋システム．英語は technology market.

テクノマネジメント【technomanagement】 営研究開発費の増額や，創造的技術を生む体制の整備などを重視する経営管理法．

テクノミスト【technomist】 営算経営能力と同時に，コンピューターなどの科学技術を使いこなす能力をもつ人．technology と economist の合成語．

テクノライター【techno-writer】 Ⅰパソコンなどの手引書や，新しい情報技術の解説書などを書く人．

テクノリージョン【technoregion】 Ⅰ宮先端技術の新興企業の集中地域．

テクノレディー【techno-lady 日】 社科学技術を使いこなして働く女性．TL ともいう．英語は female technology expert など．

テクノロジー【technology】 科学技術．

テクノロジーアート【technology art】 美電子工学などの新しい科学技術を利用して構成する芸術．

テクノロジー アセスメント【technology assessment】 営技術評価．健全な技術開発を進めるため，事前に社会的影響などを調査・分析し，その方向を調査すること．TA．

テクノロジーギャップ【technology gap】 技術格差．

テクノロジードライバー【technology driver】 技術けん引者．

テクノロジー トランスファー【technology transfer】 技術移転．ある分野や国家・企業などの開発技術を導入し有効利用すること．

テクノロジードリブン【technology-driven】 営製品開発などで技術が中心となること．技術主導．

テクノロジー ライセンシング オフィス【technology licensing office】 Ⅰ技術移転機関．大学と企業の共同研究の斡旋，寄付金の受け入れ，特許化などを行う組織．TLO．

テクパージュ【découpage 仏】 切り抜き細工．調度品などに紙の切り抜きを張り付ける技法．デコパージュともいう．

テクライン【decline】 衰退．没落．堕落．衰微．下り坂．低下．ディクラインともいう．

テクラッセ【déclassé 仏】 落伍者．社会的地位を失った者．

テクラメーション【declamation】 大げさな演説．熱弁．朗読．朗読法．

テグリー【degree】 段階．等級．階級．程度．範囲．度．学位．号．

デクリスニング【dechristening】 政政党名からキリスト教の名を削除すること．腐敗議員が続出したイタリアのキリスト教民主党が改称することを，1993年に決議した．

デクルートメント【decruitment】 営社年取った管理職者を低い地位に還流させて，人材の再活用を図ること．

デグレーダブル【degradable】 分解できる．分解性の．物質を分解可能な．

デコイ【decoy】 ①おとり．②鳥の模型．

デコイ技術【decoy technique】 軍相手の偵察装置をくらませる，おとり技術．銀紙を散布して，レーダーに多数のヘリコプターが飛んでいるように見せるなど．

デコーダー【decoder】 ①Ⅰ営解読器．暗号化された情報を復元する装置．②Ⅰ暗号化された衛星通信の電気信号を受信側で解く装置．

デコード【decode】 ①Ⅰ営符号化された情報を解読する．②暗号文などを翻訳する．

デコール【décor 仏】 ①劇舞台装置．背景．②飾り．

デコヒーレンス【decoherence】 理エンタングルメント（絡み合い）などの量子力学的な相関が，環境条件やノイズなどの混入によって壊れること．

デコファブリック【decor fabric】 服装飾性が豊かな生地．

デコミュナイズ【decommunize】 政非共産化する．共産主義を解体する．

デコミュナイゼーション【decommunization】 政共産主義の解体．

デコラ【Decola】 合成樹脂加工による化粧板．家具・建材に用いる．商標名．

デコラティブアート【decorative art】 美装飾美術．

デコラティブ ペインティング【decorative painting】 芸建小物・家具・壁などに，模様や花柄を絵付けする装飾技法．

デコルテ【décolletée 仏】 服大きく開いたネックラインで肩や背中を露出したスタイル．

デコレーション【decoration】 飾り．飾り付け．装飾．装飾様式．飾り物．

デコレーションケーキ【decoration cake 日】 料洋菓子の一種．クリームや果物などで飾った大型のケーキ．

デコレーター【decorator】 営広ショーウインドーなどの飾り付けを担当する専門家．

デコレート【decorate】 飾る．装飾を施す．飾りたてる．

デコン【deconstructivism】 建フランスの哲学者 J. デリダが唱えたデコンストラクション（脱構築）に影響を受けた建築の現象・傾向．

デコンストラクション【deconstruction】 哲脱構築．解体構築．脱構築主義．フランスの哲学者 J. デリダの哲学やその影響を受けた批評活動など．デコンストルクシオン．

テコンドー【tae kwon do 朝】 競格闘技の一種．空手に似るが，防具を胴に着用して手や足で打ち合う．韓国の国技とされる．2000年シドニー・オリンピックから正式競技として採用された．

デコントラクテ【décontracté 仏】 服ルーズで着くずしたような感じの装い．

デザーティフィケーション【desertification】 砂漠化．肥沃な土地が不毛な荒地と化すこと．

デザート¹【desert】[地]砂漠．荒地．不毛の地．
デザート²【dessert】[料]食後に出される菓子，果物，プディング，アイスクリームなど．
デザートブーツ【desert boots】[服]ゴム底の編み上げ靴の一種．スエード革などで作り，荒地を歩くのに適した軽快なもの．
デザートワイン【dessert wine】[料]食後などに飲む甘口のブドウ酒．
デザイナー【designer】①[服]洋服などのスタイルや意匠・服飾・図案などを考える人．②意匠図案家．設計者．舞台装置家．
デザイナー クリアカット【designer clear-cut】[営]森林伐採で，間隔を開けて樹木を残しながら行う方法．伐採地の境界がわからない感じになる．
デザイナークレイ【designer clay】[環]地中に埋めた有毒廃棄物を包み込んで，漏れ出た場合に吸い取る特殊土．
デザイナージーン【designer gene】[生]遺伝子操作で，特定の性質が強く現れた遺伝子．
デザイナージーンズ【designer jeans】[服]改まった場所にも着ていくことのできるファッション性の高いジーンズ．
デザイナーズ ブランド【designer's brand】[営][服]デザイナーの個性や特徴が強く出ている商品．服飾品や小物などに多い．DB ともいう．
デザイナーズ マンション【designer's mansion 日】[建]建築デザイナーの設計意図に基づいて建てる中高層集合住宅．
デザイナードラッグ【designer drug】[化]合成麻薬．理科実験室などにある材料で合成でき，コカインやヘロインに似た効果をもつ．
デザイナーバンク制度【designer bank system 日】[営]中小企業に各種商品のデザインが提供されるように，中小企業庁が作ったデザイナーの人材銀行．
デザイナーフーズ【designer foods】[料]新機能性食品．目的に応じてさまざまに調合した栄養補強食品．
デザイナープリント【designer print 日】[服]服飾デザイナーなどの個性や独自性を強調するプリント柄．
デザイナーベビー【designer baby】[医][生]着床前遺伝子診断などを用いて受精卵を選択し出産した子供．
デザイニング【designing】①たくらみのある．下心のある．計画的な．②設計．意匠図案．
デザイニング ウーマン【designing woman】[社]結婚相手と狙いをつけた男を，さまざまな計略を立てて捕まえようとする女性．下心をもつ女性という意．
デザイン【design】意匠．図案．下絵．設計．設計図．計画．意図．目的．構想．
デザイン ア チップ ソフトウエア【design-a-chip software】[I算]複雑な集積回路の設計を自動的に行うコンピューターのプログラム．
デザインイン【design in 日】①[営]製造業の生産部門や開発部門やメーカーを取り込み，開発

期間の短縮やコスト削減などを図る方法．②[営]生産する側と使う側の技術者が設計段階から打ち合わせて，特色のある機能をもつ製品を生産すること．
デザインパターン【design pattern】[I算]オブジェクト指向プログラミングにおけるソフトウエア再利用方法の一つ．部品の構成と使い方を規定したもの．単独では動かない．
デザインポリシー【design policy】[営]企業や商品などのデザイン政策．
デザイン ミュージアム【Design Museum】[美]ロンドンにある，デザインを中心とする美術館．1989年に開館．
デシ【deci-】10⁻¹(10分の1)を表す国際単位系(SI)の接頭語．記号はd．
デジアナ【Digiana】[服]針と数字表示の両方を備えた時計．数字表示が主体のもの．商標名．
デジウッド【Digiwood】[I映]デジタルとハリウッドを合成した造語．別名 Digital Hollywood．デジタル時代に入ったアメリカの映画産業を表す．
デジカメ デジタルカメラ(digital camera)の略．[I写]記憶素子に画像をデジタルデータで記録するカメラ．電子スチルカメラ．
デジグネーテッド ドライバー【designated driver】[社]指名運転手．パーティーなどに参加するが飲酒をしないで，友人などの車の運転を引き受ける人．
デシジョン【decision】①決着．決定．決断．解決．裁決．判断．②[法]判決．
デシジョンサポート システム【decision support system】[I算]情報技術機器などを使って，経営の意思決定を援助する方法．
デシジョン メーキング【decision making】[営]意思決定．経営者の経営政策の決断．
デシジョンルーム【decision room】[営]企業の意思決定を，効果的・能率的に行えるように，情報技術機器などを配備した役員会議室．
デジタイザー【digitizer】①[I算]図形や図面の位置を入力するプレート状の装置．座標入力装置．②[I算]アナログデータをデジタル化するための機器の総称．
デジタル【digital】①[数]計数型．数や量の表示を数字を用いて表す方式．段階的・離散的の値で表すこと，またはその量．⇔アナログ．②[I算]コンピューターが情報を0と1の数字の組み合わせで処理する方式．ディジタル．
デジタル アーカイブ【digital archive】①[I算]遺跡や文化財などをデジタル情報にして記録・保管する方法．②[I算]資料・所蔵品・書類などをデジタル情報にして保管すること．
デジタルアクター【digital actor】[I映]コンピューターグラフィックスで作られた俳優．危険なシーンの撮影などでスタントマンとして利用する．
デジタル アルゴリズム【digital algorithm】[I算]ハイビジョンテレビなどで利用される，デジタル技術を使った信号処理．アナログ技術では不可能だった画質を実現する．
デジタルイメージング【digital imaging】[I算]コンピューターを使って，写真などの画像を加工す

デジタルウ▶

ること.

デジタルウオッチ【digital watch】 腋デジタル時計.文字盤がなく数字によって時刻を表示する方式の時計.

デジタル映画【digital movie】映デジタル技術を用いて制作し,専用装置で映写する映画.

デジタル衛星データ放送【digital satellite data broadcasting】 ⅠⅣデジタル多チャンネル衛星放送の空き部分を利用してデータ通信を行うサービス.

デジタルHDTV【digital high definition television】 Ⅰ放デジタル伝送方式を用いる高品位テレビ.デジタルハイビジョンともいう.

デジタルエコノミー【digital economy】Ⅰ営 冥企業間の電子商取引など,経済活動がデジタルネットワーク上で実現できる環境.

デジタルオーディオ【digital audio】 Ⅰ音をデジタル信号に置き換えて録音・再生する方式.またその音響機器.

デジタル オーディオ ディスク【digital audio disc】 Ⅰ音声信号をデジタル化してディスクに記録したもの.CD,AHD,MD の三つの方式がある.DAD ともいう.

デジタル オーディオテープ【digital audio tape recorder】Ⅰ音音声デジタル記録再生機.音声信号をデジタル変換して小型回転ヘッドで記録し,アナログ変換して出力するもの.DATともいう.

デジタル オーディオ デッキ【digital audio deck】 Ⅰ可聴周波を符号化して録音・再生する装置.

デジタル オーディオ プレーヤー【digital audio player】 Ⅰデジタル記憶媒体を使う携帯型音楽再生機.小型ハードディスク,メモリーカードなどを内蔵する.

デジタル オポチュニティー【digital opportunity】 Ⅰ情報技術(ⅠT)を経済格差をなくす手段に利用する考え方.

デジタル回線【digital line】Ⅰ算 ISDN のようにデジタル信号でデータを転送する回線.

デジタルカウンター【digital counter】 計数表示装置.

デジタル化権【digitization right】Ⅰアナログ形態の情報をデジタル化することで発生する,権利の在り方.アナログの著作物をデジタル化することは,創作行為ではなく複製行為だとされる.

デジタル家電【digital 一】Ⅰ算家庭用の電化製品にコンピューターを融合した機器.今後は家庭内ネットワークで協調動作することが期待されている.

デジタル加入者線サービス【digital subscriber line service】Ⅰ電話回線を用いて高速のデジタル伝送を行うサービス.DSLサービスともいう.

デジタルカメラ【digital still camera】Ⅰ算写光を検知する半導体素子(CCD)を使って画像をデジタル信号に変換し,画像ファイルとして PC カードや磁気ディスクに記録する電子写真システム.デジカメともいう.

デジタル機械【digital machine】 Ⅰすべて0

か1の組み合わせで表される,離散的な値をもつようなデータを処理する機械.

デジタルキャッシュ【digital cash】 ⅠⅣ電子マネー.電子通貨.ネットワーク上で,オンラインで買い物をする時に,現金代わりの決済方法に用いる.

デジタル携帯電話【digital cellular phone】 Ⅰアナログ携帯電話に続く,第二世代以降の携帯電話.秘匿性や高速データ伝送能力などに優れている.

デジタル ケーブルテレビ【digital cable television】Ⅰ放デジタル伝送方式で情報を送信するCATV.デジタル CATV ともいう.

デジタル交換網【digital data exchange network】 Ⅰ算デジタルデータを送受信するための情報交換網.通常,デジタル回線による情報交換網をいう.

デジタル公衆回線【digital public line】 Ⅰ ISDN 回線に接続する公衆電話のように,デジタル通信を行える公衆回線.

デジタルコミック【digital comic】 ⅠⅣインターネット上で配信できるよう,デジタルデータ化されたマンガ作品.

デジタル コミュニティーズ【digital communities】 Ⅰ21世紀の新しいネットワーク社会を築くため,国内外複数の地方自治体を対象にした地域の情報化.

デジタル コンテンツ【digital content】ⅠⅣインターネット上で取引が完結できるデジタルデータの商品やサービス.音楽データなど.

デジタル コンバージェンス【digital convergence】 Ⅰ電子技術がデジタル技術に収束する傾向.

デジタル コンパクトカセット【digital compact cassette】Ⅰコンパクトカセットをデジタル化したもの.オランダのフィリップス社が提案.DCC.

デジタル コンパクトカメラ【digital compact camera】 Ⅰ写一般的なデジタルカメラのこと.レンズとカメラを一体化したもの.

デジタル コンピューター【digital computer】Ⅰ算計数型コンピューター.一般的に使われているコンピューターのこと.

デジタル コンポジット【digital composite】 Ⅰ映算映像制作などのオプティカル合成のデジタル化.高い精度で複雑な合成ができ,以前は撮影不可能だった映像も作れる.

デジタル コンポジット システム【digital composite system】Ⅰ算画像合成を行うシステム.PRIMATTE やロトスコープ,リムーバル,フィルターなどの機能を含む.

デジタルサーボ【digital servo】 Ⅰ算コンピューターを中心とするデジタル素子で構成されるサーボ系やサーボ機構.

デジタルサウンド【digital sound】 Ⅰ放数示録音・再生装置による高忠実度の音.

デジタルCATV【digital cable television】 Ⅰ放デジタル伝送方式で情報を送信するケーブルテレビ.デジタルケーブルテレビともいう.

デジタルシティー【digital city】 ⅠⅣインター

◀デジタルⅤ

ネット上の都市情報システム．

デジタル辞典【electronic reference book】　①算国語・英和・和英辞典，百科事典など，膨大なデータ量の辞典をデジタル化したもの．CD-ROM や DVD-ROM などが使われる．

デジタルシネマ【digital cinema】　①映映画1本分をデジタルデータにして，直接映写幕に投影する方式．フィルムは使わない．エレクトロニックシネマ，Eシネマともいう．

デジタル写真【digital photograph】　①写デジタルデータでデジタルカメラやコンピューターなどに記録する写真．

デジタル住宅【digital —】　①建算家庭内の電気機器がネットワークで協同動作したり，さらには電気，ガス，放送，医療などの社会システムにもネットワークで結合できる住宅．

デジタル署名【digital signature】　①算電子署名．電子捺印．デジタル情報に署名を付加して，文書の正当性・信用性を保証する技術．公開鍵暗号が用いられる．

デジタル処理【digital processing】　①算連続的に変化するアナログ信号をデジタルコンピューターにより，0と1の符号に変換処理すること．

デジタル信号処理【digital signal processing】　①算断続的に発生し，振幅を離散的に変化するデジタル信号を用いて，多様化・高度化・高速化した信号処理を行うこと．

デジタル シンセサイザー【digital synthesizer】　①音電気的の発振音を利用した電子楽器で，信号を数値情報に置きかえて音を出す方式のシンセサイザー．音の自由な加工や蓄積などができる．

デジタルズーム【digital zoom】　①算データの一部をソフトウエア的に拡大すること．光学式ズームより低コストだが，画質は劣る．

デジタル スチルカメラ【digital still camera】　①写デジタルカメラのこと．⇔デジタルビデオカメラ．

デジタル セルラーカード【digital cellular card】　①算携帯型パソコンと携帯電話機を接続してデータ通信を行うための PC カード．

デジタル総合サービス網【integrated services digital network 日】　①算デジタル技術を基礎とする公衆交換網で，音声・データ・画像通信を総合的に提供できる統合ネットワーク．ISDNともいう．

デジタルダービー【digital derby】　①小型化，低価格化，高速化を推進するデジタル技術の企業間競争．

デジタルタコグラフ【digital tachograph】　機デジタル式の運行記録計．大型トラックなどに装備する．

デジタル多チャンネル衛星放送【digital multi-channel broadcasting】　①放通信衛星を利用するデジタルテレビジョン放送．多数のチャンネルが放送できる．DMC ともいう．

デジタルタブ【digital tab】　①算数字の小数点や文章の右端をそろえるタブ．表などで十進法の数字を見やすくするために用いる．

デジタルタレント【digital talent 日】　①算コンピューターグラフィックスなどで生成された人物．バーチャルキャラクターともいう．

デジタル通信【digital communications】　①データをデジタル方式で伝送する通信．信頼性，音声・データ・画像の統合性，量産化効果などの長所がある．

デジタル通信網【digital communication network】　①算光ファイバーや ISDN 回線で構築した通信網で，音声，画像や動画データをデジタルで送受信する．

デジタルディスク【digital disc】　①基になる音を数値に変換して録音した音盤．

デジタル ディスプレー【digital display】　①算画面の各画素を，デジタル信号で段階的に制御するディスプレー．鮮明な表示ができるが，色数が制限される．

デジタルデバイド【digital divide】　①算情報化が生む経済格差．情報技術をもつ人ともたない人との間に生じる格差．居住地・収入・学歴・人種・性別などさまざまな要因で生じるとされる．デジタルディバイドともいう．

デジタルテレビ【digital television】　①内部回路にデジタル処理技術を使うテレビ受像機．

デジタル伝送【digital data transmission】　①算0と1に変換されたデータを，デジタル回線を使って伝送すること．高速で高品質な通信ができる．

デジタルドメイン【Digital Domain】　①映アメリカの VFX（visual effects）プロダクション．映画「タイタニック」の特撮を行った．

デジタル ニューディール構想【Digital New Deal Project 日】　①算1999年7月に経団連が提言した産学官共同プロジェクト提案の一つ．

デジタル バーサタイル ディスク【digital versatile disc】　①算マルチメディアで使えるように規格された記録容量が大きいディスクメディア．DVDともいう．

デジタル ハイアラーキー【digital hierarchy】　①算チャネル分割多重化方式であるデジタル回線の伝送速度規定として定められているもの．階層的な多重化方法を定めている．

デジタル ハイビジョン【digital Hi-Vision】　①放圧縮・伝送ともデジタルで，2チャンネル伝送ができる高精度テレビジョン．

デジタルPBX【digital PBX】　①算デジタル式の構内交換機．外線から直通電話をかけるダイヤルインや不在時の電話転送などのさまざまな機能が可能になる．

デジタルビデオ【digital video】　①テレビの信号をデジタル記録する民生用のビデオテープレコーダー．DVともいう．

デジタル ビデオカメラ【digital video camera】　①算デジタル方式のビデオカメラ．6.5mmのビデオテープを用い小型化した．DVC．⇔デジタルスチルカメラ．

デジタルVTR【digital VTR】　①デジタル方式で映像・音声を記録・再生するビデオテープレコーダー．

347

デジタルフ▶

デジタルフォト【digital photo】　Ⅰ写デジタルカメラやカメラ付き携帯電話で撮影した写真．デジタル制作過程を経た写真作品．

デジタルブック【digital book】　Ⅰ電子書籍．デジタルの記憶素子を使う電子出版．

デジタル フライトデータレコーダー【digital flight data recorder】　デジタル式の飛行データ記録装置．旅客機に搭載し，25時間分の記録をする．ＤＦＤＲともいう．

デジタル プラネタリウム投影装置【digital planetarium projection system】　Ⅰ映プラネタリウムの建物の中にある，コンピューターグラフィックスで作った星を映す装置．バーチャリウムなどがある．

デジタルベータカム【digital betacam】　Ⅰソニーの放送用 VTR 機器．アナログのベータカムと互換性をもつ．

デジタル放送【digital broadcasting】　Ⅰ放デジタル伝送方式を使う放送．

デジタル放送テレビ【digital broadcasting television】　Ⅰ放受信にデジタル方式を用いる衛星テレビ放送．1本の中継器で3〜6チャンネルの伝送ができる．

デジタルポップ【digital pop】　Ⅰ音コンピューターの記憶機能などを創作や演奏で利用するポピュラー音楽．

デジタル マットペインティング【digital matte painting】　Ⅰ算コンピューターを応用して作成する背景画．映画などで利用される．何度でも微調整が行え，完成度の高い画像が作れるようになった．

デジタルマップ【digital map】　Ⅰ算地デジタルデータにした地図．地図表現する情報を数値化してコンピューター処理をする．

デジタル万引き【digital shoplifting 日】　社書店などで，雑誌・書籍を購入せず掲載情報をカメラ付き携帯電話で撮影する違法行為．

デジタル ミュージアム【digital museum】　Ⅰ算収蔵物の展示や保存にデジタル技術を取り入れている博物館や美術館．

デジタル ミレニアム著作権法【Digital Millennium Copyright Act】　Ⅰ米国著作権法の改正法の通称．1998年10月に発効．96年12月に締結された「著作権条約及び実演・レコード条約」に基づき改正された．ＤＭＣＡ ともいう．

デジタルムービー【digital movie】　Ⅰ算パソコンで，音声や動画を再生・編集したり，ディスプレー上に自作の映像や音声を演出するもの．

デジタル ムービーデータ【digital movie data】　Ⅰ算コンピューターで動画データを扱うための方式．アメリカのアップルコンピュータの QuickTime やマイクロソフトの Windows Media などがある．

デジタルメーター【digital meter】　Ⅰ放世帯視聴率測定器の一つ．ＢＳデジタル放送などに用いる．

デジタルメディア【digital media】　Ⅰデジタル方式を用いる放送・通信などの媒体．

デジタルメディア協会【Association of Media in Digital】　Ⅰ前身はマルチメディア タイトル制作者連盟（ＡＭＤ）．デジタルメディアの発展と，情報ネットワークの普及などを目指す活動を行う．

デジタルライツマネージメント【Digital Rights Management】　Ⅰデジタルコンテンツの著作権管理テクノロジー．デジタルコンテンツに関する視聴制限．

デジタルラジオ媒体【digital radio media】　Ⅰ放デジタル方式によるラジオ放送を利用してコンテンツを配信する媒体．

デジタルリーチ【digital reach】　Ⅰ ＮＴＴ が1998年8月に始めた長距離専用線サービス．現在は ＮＴＴ コミュニケーションズが担当している経済的なサービス．

デジタル レシート アライアンス【Digital Receipt Alliance】　Ⅰ営算電子商取引の際に，当事者の証明書を統合して，共通の電子領収書を取り扱うことを目指す民間団体．

デジタル レボリューション【digital revolution】　デジタル革命．アナログ技術を用いていたさまざまな製品に，デジタル技術が取って代わろうとしている技術革新のこと．

デジタルロック【digital rock】　音テクノとロックを融合した新傾向の音楽．イギリスで始まった．

デシベル【decibel】　①理音の強さなどを表す単位．人間の可聴音の最小限度の強さを標準音とし，それとの比で表す．記号は dB．②電増幅・減衰の程度を表す単位．伝送回路の信号の得失を表す単位．

デシマル【decimal】　数10進法．

デジメーション【digimation】　Ⅰ算デジタル技術を使って製作したアニメーション．デジタルとアニメーションの合成語．

デジャビュ【déjà vu 仏】　心既視感．初めて見る情景なのに，以前に見たと感じる体験．

デジュアリ【de jure】　正当な．適法の．法律上の．⇔デファクト．

デジュアリ スタンダード【de jure standard】　公的標準．公式に決められた標準．

デジュネ【déjeuner 仏】　料遅い時間にとる朝食．昼食．

デジラッティ【digerati】　算コンピューターのことなら何でも知っている人．

デジロック　デジタルロック（digital rock）の略．音テクノサウンドとロックを融合した音楽．

デシン【de Chine 仏】　服絹の縮み織り．クレープデシンから．

デス エデュケーション【death education】　社死への準備教育．死に直面したり，親族と死別したりすることの苦悩を和らげる教育．

デスカレーション【deescalation】　縮小．段階的縮小．⇔エスカレーション．

デスク【desk】　①机．②新聞などの編集責任者・編集主任．

デスクジョッキー【desk jockey】　社事務員．事務屋．机に向かって仕事をする人．

デスクトップ【desktop】　①卓上型の．小型の．

机上用．②【算】グラフィカルな OS を起動した時に現れる基本画面．作業するための基本となる画面上の領域．

デスクトップ管理【desktop management】【算】大量に企業に導入されたパソコンなどのデスクトップ機を管理すること．アメリカの DMTF という非営利団体がこの分野を主導している．

デスクトップ キュイジーヌ【desktop cuisine】【科】ファクスなどの通信網を使ってレシピーを送り，それをもとに料理する方法．著名なレストランなどの料理が，どこででも味わえるというもの．

デスクトップ検索【desktop search】【算】パソコン内のすべての情報を多角的に検索できる機能．

デスクトップ コンピューター【desktop computer】【算】机上据え置き式のコンピューター．デスクトップパソコンともいう．

デスクトップ コンファレンス【desktop conference】【算】卓上会議．通信ネットワークとパソコンを利用して行うテレビ会議．DTC．

デスクトップ コンポ【desktop component stereo 日】机の上や本棚などに収納できる，小型のステレオ装置．

デスクトップサーチ【desktop search】【算】デスクトップ検索．パソコン内のすべての情報を多角的に検索できる機能．

デスクトップパソコン【desktop personal computer】【算】机上据え置き式のパソコン．

デスクトップ パブリッシング【desktop publishing】【算】編集作業や文書保管などを情報技術機器を使って行い，コンピューターネットワーク化する出版様式．DTP．

デスクトップ ピクチャー【desktop picture】【算】MacOS の機能の一つ．デスクトップ上に任意の絵や画像を貼り付けることができる．

デスクトップ プレゼンテーション【desktop presentation】【広算】パソコン上で，文字，イラスト，写真，映像や音声を組み合わせて資料を作成して，プレゼンテーションを行うこと．

デスクトップ ミュージック【desktop music 日】【算音】コンピューターシステムによる音楽制作の場．DTMともいう．

デスクプラン【desk plan】机上計画．実際には役に立たない計画．ペーパープラン．

デスクポテト【desk potato】机から離れる時がないほど仕事に熱を入れて働いている人．

デスクレス コンピューター【deskless computer】【算】専用の机がいらない携帯型のコンピューター．ラップトップコンピューター．ノートパソコン．

デスクワーク【desk work】机での仕事．机上作業．事務職．

テスター【tester】①【電】回路計．回路測定器．②検査・調査を行う人．検査員．

デスティニー【destiny】運命．宿命．必然性．

デスティネーション【destination】目的．用途．予定．目的地．到着地．ディスティネーションともう．

デスティネーション ショッパー【destination shopper】【社】購入予定のものをはっきり決めて買い物に行く人．

デスティネーション ストア【destination store】【営】消費者が特定商品を買う目的地とする店舗．

テスティモニアル広告【testimonial advertising】【広】証言広告．立証広告．第三者の権威機関，専門家，著名人などに広告商品の優秀性を証言させる形式．

テスティモニー【testimony】証言．証明．証拠．

デ スティル【De Stijl 蘭】【芸】1917年にオランダでモンドリアンやドゥースブルフらが起こした芸術運動．スティルは様式の意．

テスティング【testing】検査．試験．実験．

テスト【test】①試験．検査．下調べ．下げいこ．②【算】開発したシステムが設計仕様書どおりに動作するか，プログラムのエラーはないかなどを検証する作業．

テスト技法【test 一】【算】情報システムを実際に運用する前に，要求を満たしているかどうかの評価テストを行う方法．

テスト キャンペーン【test campaign】【広】新製品を試験的に売り，消費者の反応で本格的販売の実施を決める方法．またその宣伝活動．

テスト計画【test plan】【算】システム開発のテストの際に，工程ごとにテスト内容や手順を決めること．

テストケース【test case】【算】システムやプログラムのテストを行うための条件．

テストケース設計【test case design】【算】システム開発のテスト計画における作業の一つ．各種の仕様書を十分に分析した上で作られる．

テストステロン【testosterone】【生】雄牛の睾丸（こうがん）などから抽出される男性ホルモン．筋肉増強効果があるとされる．

テスト設計【test design 日】【算】情報システムを作るに当たって，どのようなテストを行えばよいかを検討して決めること．

テストデータ【test data】【算】システム開発のテストを行う上で，すべてのテストケースをカバーするように準備されたデータ．

テストデータ作成【test data creation】【算】システム開発のテストで，各工程で使用するデータを作成すること．

テストドライバー【test driver】①開発中の自動車などの試走をする運転士．②【算】システム開発のプログラム同士の整合性テストで，上位プログラムの代用に使うプログラム．

テストドリル【test drill】試掘．

テストパイロット【test pilot】新型機などの試験飛行を行う飛行機の操縦士．

テストパターン【test pattern】①【放】テレビ受像機の画面のひずみや色調などを調整するため送信する図形．②実験的な試み．

テストプラント【test plant】試験設備．

テストマーケティング【test marketing】【営経】新商品を売り出す際に，一定期間ある地区で試験的に発売すること．市場実験．

テストマッチ【test match】【競】国の代表であるナショナルチーム同士の試合．

テストライ▶

テストライダー【test rider】 開発中のオートバイなどの試運転をする人．

テストラン【test run】 機械・自動車・コンピューターなどの試運転．

デストロイヤー【destroyer】 ①破壊者．②[軍]駆逐艦．

デスバレー【Death Valley】 ①カリフォルニアとネバダの州境にある酷暑の盆地状の砂漠地帯．死の谷．②[競](野球)ヤンキースタジアムの外野部分で最深の左中間をいう通称．

デスペレート【desperate】 絶望的な．自暴自棄な．命がけの．

デスボール【death ball】 [競](野球)フォークボールの異称．投手の寿命を縮める球の意．

デスマスク【death mask】 死面．死者の顔形・容姿を保存するために，死後すぐにとる顔面像．

デスマッチ【death match 日】 死を賭けるほどの戦い．死闘．英語は life-or-death battle．

テスラ【tesla】 [理]磁束密度の単位．ＳＩ組立単位の一つ．記号はＴ．

デセール【dessert 仏】 ①[料]軟らかく焼いたビスケットの一種．②[料]干し果物を使ったフランス菓子．③[料]デザート．

デターミニズム【determinism】 [哲]決定論．世界の諸現象，ことに人間の意思はすべて外的な要因によって規定されるので，人間は自由に意思を決定できないとする立場．

デタッチトコート【detached coat】 [服]裏地が取り外しのできるコート．

デタレント ギャップ【deterrent gap】 [軍]抑止力の開き．特に，アメリカと旧ソ連の間の核兵器の保有量の差をいった．

デタンティスト【détentist】 緊張緩和支持の．

デタント【détente 仏】 緊張緩和．張っていたものが緩むの意．

デッキ【deck】 ①船の甲板．②列車の昇降口の床．③建屋上の平らな屋根．桟橋や飛行場の送迎所．④テープデッキのこと．

テッキー【techie】 [I]技術者．特にハイテク技術者．ハイテク装置の製造・開発・利用などをする専門技術者．

デッキシューズ【deck shoes】 [服]ヨットの甲板ではく靴．防水，滑り止めの工夫がある．

デッキチェア【deck chair】 折り畳みいすの一種．木製や金属製の枠に帆布などを張る．

テック【tech 日】 自動車やオートバイなどの運転技術の練習場．遊園地．テクニカルセンター（technical center）の略．

テックスメックス【Tex-Mex】 テキサス州に居住するメキシコ系アメリカ人のこと．またその生活文化や音楽．Texas Mexican の略．

テックトイ【tech toy】 小型コンピューターなどのハイテク技術を利用したおもちゃ．技術玩具．

テックビズ【tech biz】 [経]技術力を売り物にするビジネス．technology business の略．

テックライト ライフスタイル【tech-lite lifestyle】 [社]昔ながらの古い技術しか受け付けない生活様式．

デッサン【dessin 仏】 [美]素描．下絵．

デット【debt】 借金．負債．恩義．義理．

デッド【dead】 ①死んでいる．枯れた．不活発な．生気のない．効力を失った．②[競]([ゴ])打球がホールのそばで止まること．

デッドウエイト【deadweight】 車両や航空機などの構造体そのものの重さ．

デッドエア【dead air】 停滞空気．屋内などに閉じ込められた，動かない空気．

デット エクイティー スワップ【debt-equity swap】 [経]債務の証券化．累積債務危機を改善する手法の一つ．

デッドエンド【dead end】 袋小路．行き止まり．行き詰まり．

デット カウンセリング【debt counseling】 [経][社]クレジットカードなどの債務返済不能者に，専門家が助言や支援を行うこと．

デット クライシス【debt crisis】 [経]累積債務危機．

デッドクロス【dead cross】 [経]移動平均線同士の状況から株価の気配を判断する方法．

デッドコピー【dead copy】 ①[経]製品開発の時に他企業の同種の製品をまねて製造すること．②そっくりそのまま複写すること．

デット サービス レシオ【debt service ratio】 [経]債務返済比率．途上国の債務負担の大きさを表す指標の一つ．

デッドストック【dead stock】 ①[営][経]滞貨．売れ残り．在庫．売れる見込みのない在庫品．遊休資源．②[服]廃版になった売れ残りの洋服，靴，時計などのこと．

デッドタイム【dead time】 生きがいを感じられずに，無為に過ごす時間．

デット デフレーション【debt deflation】 [経]物価下落の影響で企業や家計が破綻して，金融機関の不良債権の増加などを起こすこと．

デッドバード ネットワーク【dead bird network 日】 [医][社]西ナイル熱の感染検知を目的に作られた，カラスなどの大量死を情報収集する仕組み．

デッドパン【dead pan】 顔色ひとつ変えない人．無表情な顔の人．ポーカーフェイス．何食わぬ態度で行う演技．

デッドヒート【dead heat】 [競]複数の競走者・競泳者が決勝点に入るまでに激しい競り合いを演ずること．白熱戦．英語では同着の意．

デッドビート カントリー【deadbeat country】 [経][政]国連の分担金を滞納している加盟国．

デッドビートダッド【deadbeat dad】 [社]子供に対する親の責任を無視する父親．

デッドピクセル【dead pixel】 [I][算]液晶画面の「ドット抜け」のこと．

デットファイナンス【debt finance】 [営][経]企業の負債になる社債や借入金による資金調達．

デット フォー ネイチャー スワップ【debt for nature swap】 [経]環境スワップ．途上国の対外債務と引き換えに環境保全を求める方法．債務と自然保護の交換の意．環境保護団体が集めた寄付金で，開発途上国の対外債務の一部を肩代わ

◀デノミ

りする．
デッドヘッド【deadhead】①空車．回送．②營社招待券などを用いる無料入場者・無料乗客．
デッドヘディング【deadheading】營社若くて能力のある社員を登用するため，先輩社員を飛び越して昇進させること．
デッドマン装置【deadman's control】機非常ブレーキの一種．運転者が何らかの事故によって運転装置から手または足を離すと，自動的にブレーキがかかる安全制御装置の総称．
デッドライン【deadline】①最後の線．限界．死線．②新聞社などの原稿の締め切り時間．
デッドリフト【dead lift】競(重量挙げ)パワーリフティングの種目の一つ．床上のバーベルを腰の高さまで持ち上げてまっすぐに立つ．背，脚，腰の力を競う．
デット リリーフ アプローチ【debt relief approach】營経雪だるま式に膨張する債務問題の打開のために，債務の一部を免除するという考え方．
デッドルーム【dead room】吸音効果がよくて，残響時間の短い部屋．
デッドレコニング【dead reckoning】機ロボットの現在地計算手法の一つ．検知器を使って外界を確認し，現在地と姿勢を推定する．
デッドロック【deadlock】①行き詰まり．②I算データや入出力装置を占有して処理するロック状態の解除を，二つのプログラムが互いに待っていること．
デディケーション【dedication】①本や楽曲などの献詞．②奉納．献納．
テディベア【teddy bear】熊のぬいぐるみ．
テディベア シンドローム【teddy bear syndrome】社よく考えず，孤独をいやしたり，感情的な慰めを得たりするために結婚するような傾向．相手にぬいぐるみのクマの役割を求めるところから．
デテクター【detector】①電電波検出用の検波器．②電漏電チェック用の検電器．③化化学物質の検出器．④探知器．ディテクターともいう．
デトックス【detox】解毒．浄化．体内にたまった毒素の排出を促進する健康法．
デトネーション【detonation】①機内燃機関の異常爆発燃焼．爆発．②化ニトログリセリンなどの可燃性物質の燃焼反応が，音速を超える速度で爆発的に起こること．爆轟．
デトノクラート【debtnocrat】營国際的な債務問題を専門に扱う国際機関などの上級官僚．debtとtechnocratの合成語．
テトラエチル鉛【tetraethyl lead】化4エチル鉛．刺激臭のある無色の液体で極めて有害．ガソリンのアンチノック剤として微量を混ぜていたが，現在は使用禁止されている．
テトラクロロエチレン【tetrachloroethylene】化有機塩素系の液体．ドライクリーニング，工業溶剤，金属洗剤に用いる．
テトラサイクリン【tetracycline】薬抗生物質の一種．破傷風，ジフテリア，赤痢，肺炎などの治療に用いる．
テトラハイドロゲストリノン【tetrahydrogestrinone】薬筋肉増強効果のあるステロイドの一種．THG．
テトラパック【Tetrapack】三角形四面からなる紙製の容器．牛乳・清涼飲料水などに用いる．商標名．
テトリス【TETRIS】I テレビゲームの一種．表示画面の上方から徐々に下がる図形を移動させながら，すき間をつくらないように並べる．商標名．
デトレーニング【detraining】競トレーニングを中止したため，トレーニング効果が減少していく過程のこと．
テトロドトキシン【tetrodotoxin】化フグの卵巣や肝臓に含まれている毒の主成分．
テトロン【Tetoron】化服ポリエステル樹脂系の合成繊維で，耐摩耗性・耐水性があり，しわになりにくい．商標名．
テナー【tenor】音テノールのこと．男声の高音域．またその歌手．
デナイアビリティー【deniability】政政府高官などが行う関係否認の能力や権利．
テナント【tenant】家屋・店舗・土地などを借りる人．
テナント ハラスメント【tenant harassment】社家主や建物管理人が行う，借家人に対する嫌がらせ．
デニール【denier】生糸やナイロンなど長繊維の糸の太さを表す単位．記号はDまたはd．1デニールは長さ450mで50mgの糸の太さ．
テニス【tennis】競庭球．長方形のコートを使い，ラケットで球を打ち合う競技．
テニスエルボー【tennis elbow】競(テニ)テニスひじ．利き腕のひじが使い過ぎなどによって痛むこと．
デニスカ【denim skirt】服デニム地のスカートの略称．
テニス趾【tennis toe】医足底部に起きるスポーツ障害．足の指の痛みと爪の下に出血を生じる．テニスのプレー中の急な停止や方向転換などで，足先に靴がぶつかることで起きる．
テニス レーティング【tennis rating】競(テニ)選手の競技能力を初心者からトッププロまで客観的に判定する階級付け．日本テニス協会が認定する．
デニッシュ【Danish pastry】科パイ状の生地を用いた菓子パンの一種．
デニム【denim】服厚手の丈夫な綿の綾織物．
デニムファッション【denim fashion】服藍染めの綾織り綿布で作る服飾品．またそれに似せたもの．
テニュア【tenure】①教社アメリカで，勤務年数など一定条件を満たした教員や公務員に保障される終身的雇用．②保有条件．保有権．
テニュアトラック【tenure-track】社終身的雇用につながるコースにいる．終身的地位が認められる教員身分である．
テノール【Tenor 独】音声楽で男声の高音域．またその声域をもつ歌手．テナーともいう．
デノテーション【denotation】表示的意味．外延．⇔コノテーション．
デノミ デノミネーション（denomination）の略．経貨幣単位の呼称変更．貨幣単位の呼称切り下げ．

テ

351

デノミネーション【denomination】　経通貨呼称単位の切り下げ．新しい通貨呼称単位に切り替えること．デノミ．

デパーチャー【departure】　出発．発車．⇔アライバル．

デパートメント【department】　部門．一単位．部．局．課．省庁．大学の学部・科．

デバイス【device】　①装置．機器部品．素子．ディバイス．②IT算メモリー，ディスクドライブ，キーボード，マウスなど，CPU（中央処理装置）に接続される各種の周辺装置や部品．

デバイス インディペンデント【device independent】　IT算パソコンの周辺機器の性能によらないで，同じ結果を生み出せること．同じデータをもとに，プリンターなどの各機能の性能に合わせて出力することができる．

デバイスドライバー【device driver】　IT算コンピューターに接続する周辺機器を利用可能にするソフトウエア．ドライバーともいう．

デバイスプラス【device plus】　小型化した基本機能をもつ本体に，オプション装置を付け足して機能強化を図る方式．

デバイスマネジャー【device manager】　IT算　Windows がもつシステム管理機能．コンピューターのさまざまな機能を一元的に管理でき，ハードウエアの不具合も解決できる．

デバイディング ネットワーク【dividing network】　音電オーディオのスピーカーの構成要素の一つ．アンプからの全声域オーディオ信号を低域／高域と構成ユニットに応じた周波数帯域に分ける．

デパスパ　デパートとスーパーマーケットの合成語．置大型スーパーの業態を，デパート地下のように食品分野に絞り込むこと．ダイエーが打ち出した新戦略．

デパ地下　置商デパート地下階の略．百貨店の地下階に設ける食品売場．

デバッガー【debugger】　IT算プログラムの論理的な誤りや欠陥を取り除くソフトウエア．

デバッグ【debug】　IT算コンピュータープログラムの欠陥や誤りを見つけ出して修正すること．虫取りの意．ディバッグ．

テバトロン【Tevatron】　理アメリカのフェルミ研究所にある素粒子加速器．

テハノ【Tejano】　音メキシコ系アメリカ人のポップス音楽の様式．

デバリュエーション【devaluation】　経平価切り下げ．

デビアン社会契約【Debian Social Contract】　IT算　Debian GNU/Linux の開発者らが結成したプロジェクトがフリーソフトウエア コミュニティーに対して行っている誓約．1997年に提案された．

デビスカップ【Davis Cup】　競（テニス）アメリカのデビスが寄贈した純銀製カップを国別トーナメントで争う大会．1900年の米英対抗試合が始まり．

デビック【DAVIC】　IT算インタラクティブテレビなどの国際標準を作成する民間標準化団体．日米欧のコンピューター，家電，通信機器メーカー，電気通信事業者などが参加して設立．Digital Audio Visual Council の略．

デビットカード【debit card】　IT営経即時決済カード．買い物などの代金が利用時点で銀行預金口座から引き落とされる．DC．

デビトロセラム【devitro ceram】　化アメリカで開発された特殊加工のガラス．耐熱・耐摩耗性に優れ，食品からロケットの部品にまで利用される．devitrified ceramics の略．

デビュー【début 仏】　初登場．初舞台．作品などを初めて世に問うこと．

デビュタント【debutant；debutante】　社交界に初めて出た人．

デビル【devil】　悪魔．魔王．魔神．サタン，デーモンともいう．

デビルズナイト【devil's night】　悪魔の夜．デトロイトでハロウィーン（10月31日）の前夜に，毎年のように起こる放火．火の手がいくつも上がり，1980年代が特に多かった．

テビロン【Teviron】　服合成繊の一つ．保温性・耐久性に富んでいる．商標名．

デフ【deaf】　難聴の．耳の聞こえない．聴覚障害の．

デファクト【de facto】　事実上の．⇔デジュアリ．

デファクト スタンダード【de facto standard】　IT営市場の競争を通して決まる事実上の標準．

デフィニション【definition】　定義づけ．はっきりさせること．ディフィニションともいう．

デフォルト【default】　①営経債務不履行．②競棄権．不参加．不出場．③IT算コンピューターシステムにおいてユーザーが設定する前の状態．初期設定状態．設定値．

デフォルト エントリー【default entry】　IT算あらかじめ選択された標準的な設定に従い，特に指定されていないときに先に送られること．

デフォルト オプション【default option】　経オプション取引の一種で，債務不履行の危険性を回避する手段の一つ．

デフォルト ゲートウェイ【default gateway】　IT算　LAN などで，自分のネットワークにはないホストとデータをやりとりする際に，経路制御を任せるホストのこと．

デフォルト値【default value】　IT算既定値．システム開発者があらかじめ設定した標準値．ユーザーは値を変更できる．

デフォルメ【déformer 仏】　芸美自然の形を芸術的に変形する．

デフコン【DEFCON】　軍防衛基地態勢．戦時防衛即応態勢から平和時の戦闘準備態勢まで数段階がある．defense condition の略．

デプス インタビュー【depth interview】　心深層面接．患者の背後に隠された感情など，より深層部を知るための面接法．

デブソル【Dev Sol】　軍革命的左翼．トルコの左翼系テロ組織．反米，反トルコ，反NATO（北大西洋条約機構）を提唱．1978年に結成．

デフラグ【defrag】　IT算最適化．ばらばらになった記憶データを修正する作業．デフラグメントともいう．

デフラグメンテーション【defragmentation】
①算記録・消去などの作業の繰り返しで起こるハードディスク内のデータの断片化や空白をなくして、連続した形で保存し直すこと。

デブリ【débris 仏】 ①地岩石などの破片。②登雪崩で押し流されて積もった雪塊や土砂。原義は残留物。

デブリーフィング【debriefing】 ①業務や任務を終えた人から報告を聞くこと。②心職場での個人のストレスを緩和する方法の一つ。

デフレ デフレーション（deflation）の略。⇔インフレ。

デフレーション【deflation】 経有効需要が供給に対して不足するために生じる物価水準の低下などの経済現象。デフレともいう。⇔インフレーション。

デフレーター【deflator】 経国民所得統計の名目値を実質値に換算する時に用いる、国民経済計算上の物価指数。

デフレート【deflate】 ①経実質因子を使って名目国民所得や価格変動の実質額を算出すること。②しぼませる。

デフレギャップ デフレーショナリーギャップ（deflationary gap）の略。経完全雇用水準を達成するのに必要な有効需要水準より、現実の有効需要水準のほうが下回る時のその差。⇔インフレギャップ。

デフレ スパイラル【deflationary spiral】 経物価の下落と企業収益の悪化がらせん状に繰り返され、不況が深刻化していく現象。

デプレッション【depression】 ①経不景気。不況。②意気消沈。憂うつ。③沈下。下降。ディプレッションともいう。

デプログラミング【deprogramming】 社心信じていることを強く説得して捨てさせること。洗脳された人を目覚めさせること。

テフロクロノロジー【tephrochronology】 地火山灰などの火山性放出物を分析して地史編年を探る研究。

デフロスター【defroster】 霜取り装置。

デフロック【differential locking device】 機自動車などの差動歯車止め装置。差動歯車装置が働いてはならない場合に自動的に差動歯車を止めて、スリップや片振りなどを防止する。

テフロン【Teflon】 化フッ素樹脂系の合成樹脂の一種。酸・高温などに強く、絶縁体などに利用される。デュポン社の商標名。

テヘランゼルス【Teherangeles】 イラン人が多く住むロサンゼルスのこと。

デベロッパー【developer】 ①開発業者。開発会社。都市開発業者。住宅開発業者。②写現像液。現像する人。ディベロッパーともいう。

デベロッピング カントリー【developing country】 経途上国。開発途上国。発展途上国。

デベロップメント【development】 ①発達。開発。発展。展開。②写現像。

デポ【depot】 商集配の中継地・配送所。倉庫。

デポジター【depositor】 経預金者。供託者。

デポジット【deposit】 経預け入れ。預金。担保。保証金。手付金。

デポジット制【deposit system】 環空き缶の回収方法の一つ。缶入り飲料を売る時に預かり金を上乗せし、空き缶を返す時に戻すもの。

デポジット ライブラリー【deposit library】 保存図書館。企業や個人が所有する本や資料の提供を受け、整理して一般に再利用できるようにした施設。

テポドン【Taepo Dong】 軍北朝鮮の開発したミサイル。射程1500km以上の1号と、射程3500〜6000kmの2号がある。

デボネア【debonair】 快活な。愉快な。愛想のよい。礼儀正しい。

デボリューション【devolution】 権限委譲。権利や地位などの移転。

デポリューション【depollution】 環汚染除去。大気汚染・水質汚濁・騒音などの環境公害を除去すること。

デマーケティング【demarketing】 営社たばこの節煙を促す表示などのように、企業などが社会的な立場に立って自社製品の抑制を呼び掛けること。

デマージャー【demerger】 経戦略的に行う事業分離。事業部などを本社機構から切り離す。

デマゴーグ【Demagoge 独】 扇動政治家。扇動者。民衆扇動者。

デマゴギー【Demagogie 独】 ①政政治的宣伝。政治的な虚偽情報。②根拠のないうわさ話。デマともいう。

デマシフィケーション【demassification】 大衆化を妨げること。政治家の考えや政策が大衆に伝わりにくい状態。

デマレージ【demurrage】 経超過停滞料金。船や貨車への荷の積み下ろしが契約期間を超過した場合、使用者が支払う料金。⇔ディスパッチマネー。

デマンド クリエーション【demand creation】 広消費者の潜在的欲求を掘り起こして市場拡大につなげること。

デマンドサイド マネジメント【demand side management】 営電気事業者が電力需給を望ましい形にするため、需要家の電気使用に影響を与える施策。DSMともいう。

デマンドチェーン【demand chain】 経社消費者から情報を得て、消費者の要求に合った商品の開発や品ぞろえにすばやくつなげる仕組み。

デマンドバス【demand activated bus】 社基本路線外でも利用客の呼び出しに応じて一定地区内を運行するバス。

デミ【demi-】「半分の」「小型の」の意の接頭語。

デミグローブ【demi-glove】 服指先のついていない手袋。

デミシーズン【demiseason】 服合着・合服。ドミセゾンともいう。

デミタス【demi-tasse 仏】 料小さなコーヒーカップ。またその中で飲む食後のコーヒー。ドミタスともいう。

デミニッシュ【diminish】 ①減じる。減少させる。小さくする。②音半音下げる。

デミベジ【demiveg】 菜食を中心とするダイエットを行う際に、時々鶏肉や魚などの動物性たんぱくを

食べる方法．またその実行者．

デミング賞【Deming Prize】　[営][経]日本で工業製品の品質管理の向上に業績のあった個人や会社に与えられる賞．

デメリット【demerit】不利益となる点．劣っている面．短所．⇔メリット．

デモ　デモンストレーション（demonstration）の略．[社]示威運動．

デモーニッシュ【dämonisch 独】悪魔的な．超人的な．物につかれたような．

デモクラシー【democracy】[政]民主主義．

デモクラット【democrat】①[政]民主主義者．民主主義主唱者．民主政治擁護者．②［D-］[政]アメリカの民主党員．⇔リパブリカン．

デモクラティザーツィア【demokratizatsiya 露】[政]民主化．旧ソ連のゴルバチョフ政権が進めた政治社会改革の柱の一つ．

デモクラティック【democratic】民主的な．民主主義の．

デモクラティック ソーシャリズム【democratic socialism】[政]民主社会主義．議会主義の基盤の上に立った社会主義．1951年に社会主義インターナショナルが宣言した．

デモグラフィー【demography】人口統計学．

デモグラフィック【demographic】人口動態の．人口の統計的な．

デモジュレーター デコーダー【demodulator decoder】[I][算]変調されて伝送されてきたデータを，復調して元の信号に直す装置．

デモテープ【demonstration tape】[音]オリジナル曲やバンドの売り込み，音見本などに用いるために作られる録音テープ．オーディションテープともいう．

デモリション【demolition】破壊．解体．取り壊すこと．

デモンストレーション【demonstration】①[社]示威運動．行進．②[社]実演宣伝．③[競]運動競技会の公開演技．④自己顕示．デモともいう．

デモンストレーション効果【demonstration effect】[経][社]追随効果．家庭や個人の消費パターンが，同地域の他者の影響を受けやすいこと．また，途上国が先進国の消費傾向の影響を受ける現象をもいう．

デモンストレーター【demonstrator】①[営]商品の使用法を説明しながら宣伝販売をする人．実地指導者．②[社]示威運動の参加者．デモ隊．

デュアスロン【duathlon】[競]一日で「ランニング（第1ラン），バイク（自転車），ランニング（第2ラン）」を続けて行う競技．トライアスロンから水泳を除いたレース構成になる．

デュアラブルグッズ【durable goods】[営][経]耐久財．

デュアル【dual】二元的な．二重の．二者の．

デュアル カレンシー債【dual currency bond】[経]二重通貨建て債．払い込み・利払いと償還の時の通貨が異なる債券．

デュアルコアプロセッサー【dualcore processor】[算]一つのチップ上に二つのプロセッサーを実装したもの．

デュアル構成【dual configuration】[I][算]二つの CPU（中央処理装置）や周辺機器を同時に利用するシステム．一つのデータを別々の CPU で同時に処理でき，システムの可能性が広がり，信頼性も増す．

デュアル債【dual bond】[経]二重通貨建て債．デュアルカレンシー債．

デュアルシステム【dual system】①[社]企業実習と専門学校などでの教育訓練を組み合わせた人材育成制度．②[I][算]2台のコンピューターに同一処理を行わせて，結果を比較する方式．

デュアル スピード ハブ【dual speed hub】[I][算]10BASE-T(10Mbps)と100 BASE-T(100 Mbps)という二つの規格に両方対応でき，データのやりとりを可能にするハブ．

デュアル スラローム【dual slalom】[競](スキ)同数の旗門を設けた回転コースを並列して二つ作り，2人の競技者が同時にスタートして速度を争う回転競技．デュアル方式，パラレルスラロームともいう．

デュアル ディスプレー モード【dual display mode】[I][算]MacOS で，2台の画像表示装置を接続して，二つの画面を一つとして利用できる機能．

デュアルパーパス モデル【dual purpose model】[機]多用途性をもった自動車．市街地でも荒地でも走れる機能をもつ．

デュアルバッグ システム【dual bag system】[機]二重エアバッグ装置．自動車の運転席と助手席に衝撃緩和用の空気袋を付ける方式．デュアルエアバッグシステムともいう．

デュアルビジョン【dual vision】[I][放]テレビ画面の一角に，同時に放送されている別の番組を映すテレビ受像機．

デュアルフュエル エンジン【dual-fuel engine】[機]二種類の燃料を使用できるエンジン．特に重油・天然ガス混焼型の船舶用ディーゼル機関をいう．

デュアル プロセッサー【dual processor】[I][算]CPU（中央処理装置）を2個搭載しているプロセッサー．分散処理ができるが，OS はデュアルプロセッサー対応のものが必要．

デュアルポートRAM【dual port RAM】[I][算]データの出力と入力用のポートを一つずつ備えたRAM．出力と入力が同時に行えるので，高速処理ができる．

デュアルモーグル【dual mogul】[競](スキ)フリースタイルスキーの種目の一つ．2人の選手が同時発走，こぶのある斜面で技術力を競う．

デュアル モード システム【dual mode system】[社]複合交通方式．電車とバスの二つの機能をあわせもつ乗り物を使う新都市交通方式．

デュアル モード端末【dual mode terminal】[I][算]異なる種類の通信方式どちらにも対応できる移動通信端末．NTT ドコモのドッチーモなどがこれに当たる．

デュアル モード バス【dual mode bus】[機][社]手動と自動運転の両用バス．DMB ともいう．

デュアル モード ビークル【dual mode vehicle】▣線路と道路の両方を走れる車両．DMVともいう．

デュアルユース【dual-use】二つの用途向けの．軍用・民用のどちらにも使える．

デュアルユース テクノロジー【dual-use technology】民用・軍用のどちらにも使える最新科学技術．DUT．

デュアルレンズ【dual lens】▣焦点距離の異なる二つのレンズが一つのカメラに搭載されていること．

デュー【due】①手形などが満期の．支払い時期のきた．②正当な．当然の．③賦課金．

デューク【duke】①公爵．②ヨーロッパの公国や小国の君主．

デュークス【DEWKS】▣共働きで子供がいる若い夫婦．dually employed with kids の略．

デューティー【duty】①義務．任務．義理．②税．関税．

デューティーフリー【duty-free】免税の．

デューテリウム【deuterium】▣重水素．水素の同位体の一つ．原子核は陽子1個と中性子1個で構成される．

デュー デリジェンス【due diligence】▣法適正評価手続き．不動産や貸出債権などで担保関等の入り組んだ権利関係を整序するのに行う．

デューテロン【deuteron】▣重陽子．

デュープ デュープリケート(duplicate)の略．①▣写フィルムから複製してカラースライドを作る方法．②写し．複写．

デュープレックス【duplex】①▣送信と受信が同時にできる二重通信方式の．同時送受話方式の．②▣一棟を二戸用に分けて建てた住宅．③二重の．デュプレックスともいう．

デュープレックス 構成【duplex configuration】▣2個のCPU（中央処理装置）を使って処理すること．片方に障害が起きても，もう片方で処理できる．ホットスタンバイ方式とコールドスタンバイ方式がある．デュプレックス構成ともいう．

デュープレックス システム【duplex system】①▣待機システム．コンピューターシステムの信頼性を高めるために主機と予備機によって構成されるシステム構築方法．

デュープロセス【due process】▣法適正手続き．正当な手続き．法律などに従って行う手続き．

デュー プロセス オブ ロー【due process of law】▣法刑罰などを適用する際には法律に定められた手続きに従わなければならないこと．法の適正な手続き．

デューンバギー【dune buggy】▣砂地の上を乗り回す自動車．

デュエット【duet】▣二重唱．二重奏．デュオともいう．

デュオ【duo】▣二重奏．二重唱．

デュプレキシング【duplexing】①▣データの書き込みに障害が発生した時に対応するため，データをディスクと制御装置の両方に書き込んで補完処理をしておくこと．

デュラム小麦【durum wheat】▣小麦の一種．スパゲティなどの原料になる．

デュレーション【duration】①▣債券投資元本の回収までに要する平均残存期間．②継続期間．存続期間．持続時間．

テラ【tera-】10^{12}(1兆倍)を表す国際単位系(SI)の接頭語．記号はT．

テラー¹【teller】①▣金銭出納係．金融機関窓口で，預金・為替・証券などを扱う職員．②話し手．

テラー²【terror】恐怖．

テラコッタ【terra cotta】▣装飾用の素焼きの陶片．素焼きの像や器．先史時代の土偶など．

デラシネ【déraciné 仏】▣根なし草．故郷を失った人．

テラス【TERRA-S 日】▣東海道新幹線早期地震警報システム．Tokaido shinkansen EaRthquake Rapid Alarm System の略．

テラス栽培【terracing】▣傾斜地栽培方式の一つ．傾斜地にある農地をテラス状にして，土壌浸食を防ぎ作業をしやすくする．

テラスハウス【terrace house】▣各戸ごとにテラスをもつ連棟式の住宅．

テラゾー【terazzo 伊】▣人造石の一種．大理石の砕石にセメントを混ぜて固め，表面を磨いたもの．建築・工芸の材料に用いる．

デラックス【deluxe】豪華な．高級な．

テラトロン【theratron】▣ガンマ線を疾患部に照射するがん治療機械．

デラニー条項【Delaney clause】1958年にアメリカの食品薬品及び化粧品法の改正で設けられた規定．人間や動物にがんの原因となることが判明した添加物の使用はいっさい認めないというもの．

デラパージュ【dérapage 仏】▣(スキー)横滑り．

テラバイト【terabyte】▣情報量の単位の一つ．1テラバイトは10の12乗バイト．1024 ギガバイトに当たる．

テラビット通信【terabit communication】①光通信を用いる超高容量通信．

テラヘルツ【tera-heltz】▣電光と電波の間にある未利用の周波数領域．テラは「1兆」．

テラマイシン【Terramycin】▣抗生物質の一種．肺炎，百日ぜき，チフスなどに効力がある．オキシテトラサイクリンの商標名．

テラリウム【terrarium】①▣生動小動物飼育用の容器．②▣植物栽培用のガラス容器．またその容器に植物を植え，室内装飾として観賞栽培すること．

テラリューレ【Terra Lliure 西】▣スペインの民族主義系テロ組織．カタロニア地方の分離独立を目指す．1973年に結成．TLともいう．

テリークロス【terry cloth】▣コットンなどの吸湿性のよい素材をタオルのように織った布地の総称．

デリート【delete】①▣入力された命令・記号などを削除すること．校正記号で「トル」．

デリートキー【delete key】①▣選択中のファイルや，ファイル内の文字列や画像の部分などのデータを削除する機能を担うキー．

テリーヌ【terrine 仏】▣つぶした肉や魚などを型に詰め，オーブンで蒸し焼きにしたもの．

テリーヌバッグ【terrine bag 日】▣卵形のなべ

デリカシー▶

を使うフランス料理のテリーヌに似た形のバッグ．半円形で底が平らなバッグ．

デリカシー【delicacy】 繊細さ．優美さ．鋭敏さ．思いやり．美味．

デリカテッセン【Delikatessen 独】 料調理済みの食品．比較的高級な食材店もいう．本来は美味，美食の意．英語では delicatessen．

デリケート【delicate】 繊細な．傷つきやすい．鋭敏な．かすかな．微妙な．上品な．優雅な．

デリゲートサーバー【delegate server】 Ⅰ算 さまざまな漢字コードを，利用者のシステムで表示可能なコードに編集するソフトウエア．

デリジェンス【diligence】 勤勉．努力．ディリジェンスともいう．

デリッカー サイケデリック（psychedelic）から派生した語．服原色使いの派手なストリートファッション．

デリック【derrick】 機船舶などで用いられる起重機の一種．旋回する垂直支柱の基部から斜めに腕が出ている型．

テリトリー【territory】 ①領土．領地．領域．縄張り．②生動物が侵入者から防衛する地域．③営セールスマンなどの販売担当地域．

テリドン【Telidon】Ⅰ算カナダ通信省が開発した文字図形情報ネットワークシステム．

デリバティブ【derivative】 ①Ⅰ経金融商品．金融商品の価格変動リスクを避け，経費を安くし利回りをよくするような条件を，確保するために開発された取引．金利，為替，株式，債券などの金融商品を組み合わせる．②派生的な．他のものをまねた．

デリバティブ市場【derivative market】 経 基本となる短期金融市場や株式市場などから派生した金融派生商品を中心とする金融市場．

デリバティブ投資信託【derivatives investment trust】 経株式指数先物取引やオプション取引などの金融派生商品を用いる投資信託．デリバティブ投信ともいう．

テリパラタイド【teriparatide】 薬骨粗しょう症の治療薬の一つ．2002年に承認された．

デリバリー【delivery】 配達．宅配．引き渡し．出荷．納品．

テリブル【terrible】 恐ろしい．厳しい．

デリヘル【delivery health 日】 電話などを受けて女性をホテルなどに派遣する性風俗サービス．デリバリーヘルスの略．

デリミタ【delimiter】 Ⅰ算データ項目に区切りとして使われている記号．セパレーター．

デリンジャー現象【Dellinger phenomenon】 理太陽面の爆発によって磁気あらしが起こり，電離層が乱されて一時的に無線通信ができなくなる現象．

デル【Dell】 Ⅰ算デルコンピュータ．アメリカのパソコンメーカー．インターネット上でのパソコンの直売をいち早く開始した．正式名称は Dell Computer Corporation．

テルセルカミノ【Tercer Camino 西】 政ベネズエラの左派組織．ユートピア的な政治形態を主張．ベネズエラ革命党を前身に1989年結成．

デルタ【delta 希】 ギリシャ文字の第4文字．Δ，δ．三角州．三角形のもの．

デルタ級【Delta class】 軍ロシアのミサイル原潜の一種．

デルタクリッパー【Delta Clipper】 機垂直に離発着する単段式の再利用型シャトル．有人でも無人でも運用ができる．アメリカ国防総省が1993〜95年に実験を行った．DC ともいう．

デルタコネクション【delta connection】 電三角接続．三相交流に用いられる．

デルタスター【Delta Star】 字軍アメリカのミサイル探知用衛星．SDI（戦略防衛構想）の一つとして，1989年に打ち上げられた．

デルタ2型ロケット【Delta-Ⅱ launch vehicle】 機アメリカのボーイング社の3段式ロケット．1990年に運用開始．

デルタ3型ロケット【Delta-Ⅲ launch vehicle】 機アメリカのボーイング社の2段式ロケット．1998年に運用開始．

デルタ4型ロケット【Delta-Ⅳ heavy launch vehicle】 機アメリカのボーイング社が開発した重量物運搬ロケット．1号機は2003年に打ち上げ成功．

デルタフォース【Delta Force】 軍テロリストの制圧と人質解放を専門とするアメリカ軍の特殊作戦部隊．

デルタロケット【Delta launch vehicle】 機 アメリカの中型衛星打ち上げ用のロケット．1960年に1号機を打ち上げ．

テルネット【telnet】 Ⅰ算インターネットで接続された別のコンピュータに接続し，ID あるいはパスワードを入力するためのソフト．電話回線を使わずにできる．

デルビジョン【DelVision】 Ⅰ映電通テックが開発した展示用疑似立体映像システム．映像が浮いているように見せる展示装置．

デルファイ法【Delphi method】 社専門家の意見の要約・分散を数回のアンケート調査を通して調べ，予測資料にする方法．

デルフィニウム【Delphinium 羅】 植キンポウゲ科の園芸植物．日本ではヒエンソウ，チドリソウなどが観賞用に栽培される．

デルフィニジン【delphinidin】 化植アントシアニンの一種で，これを含む植物は青色を発現する．

テルフェナジン【terfenadine】 薬経口抗アレルギー薬．アメリカのメレル・ダウ社研究所が開発．商品名はトリルダン錠．

テルペン【terpene】 化精油に含まれる炭化水素とその誘導体の総称．香料や医薬品に使う．

テレ【tele-】「遠い」「遠隔の」の意の接頭語．

テレイグジスタンス【teleexistence】 機遠隔臨場提示技術．遠隔地にあるロボットの状況を臨場感をもって操作者に示す技術．テレプレゼンスともいう．

テレイン【terrain】 地形．地勢．地域．地面．航空機での地表接近．

テレオペレーション【teleoperation】 機ロボットなどの遠隔制御技術．

テレカ 営テレホンカード（telephone card）の略．NTTテレカが製造・販売．商標名．

テレキネシス【telekinesis】 離れた場所にいて物

理的な力を用いないで，物や人を動かすこと．念動．念動作用．
テレキャスト【telecast】 図テレビ放送．
デレギュレーション【deregulation】 規制緩和．自由化．行政が民間への介入をひかえたりするなどの諸方策．ディレギュレーション．
テレクラ【telephone club】 圖略風俗営業の一種．見知らぬ男女が営業店の電話で話す．
デレゲーション【delegation】 派遣団．代表団．代表派遣．
テレコード【telecode 日】 図テレビ放送倫理規定．風俗・政治・思想などでモラルや公平などを規定した放送界の自主規制．television と code の合成語．
テレコテージ【telecottage】 I建社最新の通信伝達技術やコンピューターを用いて，中心都市や世界各地と連絡・交信できる地方共同体の中の住宅施設．
テレゴニー【telegony】 生家畜などの遺伝で，前の雄親の特徴が，別の雄親との間に生まれた子に伝わること．感応遺伝．
テレコネクション【teleconnection】 図遠隔連結．ある地域の気圧変動が偏西風によって遠くまで伝わり，気圧場の上昇域・下降域が次々と連結していく現象．
テレコミューティング【telecommuting】 I社通信勤務．在宅勤務の一種．自宅にコンピューターの端末機を備え，在宅で仕事をすること．テレワーク，リモートワークともいう．
テレコミュニケーション【telecommunication】I電気通信．電気通信全般．テレコム．
テレコム【telecom】I電気通信．テレコミュニケーションの略．
テレコムサービス協会【Telecom Service Association, Japan】 I旧第二種電気通信事業者を中心に構成された業界団体．現在の会員数はインターネットプロバイダーなど約400社．市場のさまざまな問題に業界として取り組んでいる．
テレコムタウン【telecom town 日】 I広域情報圏の中核都市などを中心に情報通信基盤を整備する構想．郵政省（現総務省）が地域指定した．
テレゴング【telegong】 I選択肢ごとに電話番号を設定し，即時集計してテレビ放映などを行う投票方式．1993年にNTTが運用開始．
テレコントロール システム【telecontrol system】 I建電話回線を利用して，外からの通話による指示で，住宅内の機器の制御や安全確認などができるシステム．
テレコンバージョンレンズ【teleconversion lens】 写カメラのレンズに取り付けて，焦点距離を延長するための補助レンズ．
テレコンピューティング【telecomputing】 I中央コンピューターと端末装置を一般の電話回線につなぎ，自宅などで利用すること．
テレコンファレンス【teleconference】 Iテレビ会議．電話を用いて遠隔地の人と居ながらにしてできる会議．テレカンファレンスともいう．
テレジェニック【telegenic】 図テレビ映りのよい．テレビ放送向きの．
テレシネ【telecine】①図テレビ映画．②Iフィルム映像をビデオ信号に変換する工程．film to video conversion．
テレシャルジェ【telecharger 仏】 Iフランス語でダウンロードのこと．
テレジョーズ【TELE-JOZU】 I NTT コミュニケーションズのサービスの一つ．毎月一定の料金を払えば，市外通話料金を割り引く．
テレショップ【tele-shop 日】 圖略テレビで紹介される商品を見て，電話などで注文するもの．英語は telephone shop, phone mart．
テレジンミュージック【Terezin music】音ナチスがユダヤ人芸術家を多く収容したテレジン収容所で作曲されたり，演奏されたりした音楽作品．テレジンはチェコのプラハ北西にある小都市．
テレスキャン【telescan 日】 図テレビ番組を放映中の画面にニュースなどが字幕で流れるテレビ．英語は teletext，または closed caption．
テレスコープ【telescope】理望遠鏡．
テレセラー【teleseller】 図テレビで紹介されたりしたことがもとでベストセラーになった本やレコードなど．television と best-seller の合成語．
テレソン【telethon】 図慈善事業の訴えなどを行う長時間のテレビ放送．television と marathon の合成語．
テレターミナル【teleterminal】 I交通情報などの送信装置．
テレターミナル システム【teleterminal system】 I基地局とサービス加入者の専用端末機との間で無線通信するシステム．端末機は自動車などの移動体で使える．
テレタイプ【Teletype】 I電信印刷機．着信電文を自動的に印字する装置．商標名．
テレチョイス【TELE-CHOICE】 I NTT コミュニケーションズのサービスの一つ．毎月一定の料金を払えば，指定した市外局番への通話料金を割り引く．
テレックス【telex】 I加入電信サービス．電話回線を通じてテレタイプで打つ文字を通信できる仕組み．teleprinter と exchange の略．
テレテキスト【teletext】 図テレビ電波のすき間を用いて，文字や図形を放送する情報伝達手段の国際的統一呼称．多重放送サービスの一つで，わが国では文字放送という．
テレデシック【Teledesic Corp】 I字アメリカのビル・ゲイツとクレイグ・マッコーの2人が1994年に設立した LEO（低軌道）衛星通信サービス会社．
テレテックス【teletex】 I通信機能をもたせたワープロによる文書通信．アルファベット文字を主体とする国際基準方式がある．
テレテル【Télétel 仏】 Iフランスが開発した文字図形情報ネットワークシステムの名称．
テレドーム【Teledome】 I NTT コミュニケーションズの大量情報提供サービス．1本の音源回線に，多数の利用者が同時にアクセスしても，話中になりにくいことが利点．
テレノベル【telenovel】 図テレビ小説．連続テレ

テレパシー▶

ビドラマ。

テレパシー【telepathy】言語や五感による伝達手段を用いず，思考・感情・観念などが他の人に伝わること．精神感応．以心伝心作用．

テレパス【telepath】精神感応能力を持つ人．

テレバンジェリスト【televangelist】宗テレビを利用して，家庭に福音を伝えるキリスト教伝道師．television と evangelist の合成語．

テレビ会議【teleconference】①テレビ電話技術などを使って，遠隔地を結んで行う会議．テレコンファレンスともいう．

テレビゲーム【television game 日】①テレビ画面上にコンピューター利用のゲームを映す遊戯装置．英語は video game．

テレビゲーム ソフトウェア流通協会【Association of Retailers of TV-game Software】①岡山市のアクトを中心にして，中古ソフトを販売する家庭用ゲーム機ソフト販売店各社が結成した任意団体．ARTS．

テレビコンテ【television continuity】放すぐに放送できるように書き直した放送台本．

テレビジャパン【TV Japan】放衛星を使って，欧米の在留邦人向けに日本と同じ番組を有料で放送するもの．

テレビショッピング【television shopping】営放テレビ放送を用いる通信販売．

テレビジョン サテライト【television satellite station】①放テレビの難視聴地域のための放送中継局．

テレビジョンデータ多重放送【television data multi-broadcasting】①放データ放送．衛星放送，地上波放送のデータチャンネルを利用して，データやプログラムを送信するサービス．

テレビ政治【telepolitics】放テレビなどの映像による情報伝達媒体を使う政治．テレポリティックスともいう．

テレビチューナー カード【TV tuner card】①算パソコンでテレビを見ることができる拡張カード．今後はデジタルテレビのチューナーカードが普及すると見られる．

テレビチューナー ボード【TV tuner board】①算テレビ放送を受信するためのボード型の周辺機器．コンピューターの画面でテレビが見られる．

テレビディナー【TV dinner】料冷凍食品の一種．使い捨てできる特殊加工紙を用いた皿に，ステーキなどのおかずとポテトなどの主食を盛り付ける．TV ディナーともいう．

テレビデオ【televideo 日】テレビとビデオテープレコーダー（VTR）が一体化した家電機器．

テレビ電話【television telephone】①静止画あるいは動画と音声を送受信できる電話装置．相手の顔をテレビで見ながら通話できる．

テレビ ニュース マガジン【TV news magazine】放ニュースを素材にして，関係者の証言やインタビューなどを加えて詳報を伝え，分析をするテレビ番組．

テレビ番組格付け制度【TV program rating system】放過度な暴力，セックス描写のテレビ番組を未成年が視聴できるかどうかを指定するアメリカの制度．

テレビフォトシステム【television photo system】写放撮影した写真をテレビで見られるシステム．プリント，ネガ，スライドなどをもとに画像を磁気ディスクに記録し，再生装置でテレビに映す．

テレビ放映権【television ─】競放競技大会などをテレビ放映する権利．競技団体などに使用権料を支払う．

テレビマガジン【TV magazine】放テレビの報道番組の一方法．雑誌のように，いくつかの特定のテーマを掘り下げて報道する．

テレビマネー【television money 日】競放放映権料．テレビ局がスポーツイベントなどを放映する権利を得るために支払う金．

テレビムービー【TV movie】放テレビ放映用に製作される劇映画．

テレファクス【telefax】①電話ファクシミリ．fax は facsimile（模写電送）の略．

テレフィーチャー【telefeature】放テレビ用長編映画．television と feature の合成語．

テレフォト【telephoto】写電送写真．ケーブルフォトともいう．

テレフォニカ ダカール【Telefonica Dakar Rally】競パリ・ダカール ラリーの正式名称．

テレフタル酸【terephthalic acid】化フタル酸の位置異性体．合成繊維ポリエステルの主な原料．

テレプレゼンス【telepresence】遠隔臨場提示技術．離れてある物や空間を体感し，遠隔操作を行える仕組み．テレイグジスタンス．

テレブローキング【telebroking】①経証券取引などを，コンピューターと電話回線を用いて行う方法．

テレフロード【telefraud】社電話セールスによる詐欺．

テレポイント【telepoint】①携帯電話が利用できるサービス地域のこと．

テレホーダイ【TELE-HODAI】① NTT 東日本・西日本の電話料金サービスの一つ．最大二つの指定番号の早朝・深夜料金を時間に関係なく，定額にできる．

テレポーテーション【teleportation】念力で物や自分自身を遠くへ移動させること．

テレポート【teleport 日】①高度情報通信処理基地．通信衛星地球局と地域社会の通信ネットワークを組み込む．telecommunication と port の合成語．

テレポートタウン【teleport town 日】①高度な情報通信施設を備えた近代的なオフィスビルが並び立つ新開発都市．

テレポリティックス【telepolitics 日】放テレビ政治．テレビなどの映像メディアを活用する政治．

テレホン アポインター【telephone appointer 日】職経電話を使って，勧誘や商品の売り込み・受注などを行う接客係．

テレホンカード【telephone card】①公衆電話機用の料金先払い式の磁気カード．テレカは

NTT テレカが販売するカードの略称．

テレホンサービス【telephone service 日】
[1]電話による問い合わせに対して，情報を提供するサービス．道路交通情報，株式・商品市況，レジャー情報など，さまざまなものがある．英語では telephone information service．英語の telephone service の意味は，電話の業務のこと．

テレホン セクレタリー【telephone secretary 日】[官]依頼主の秘書役を務め，客からの電話に応対する人．複数の依頼主をもち，一カ所の受付場所で集中管理する場合が多い．

テレホン ディプロマシー【telephone diplomacy】[政]諸外国の支援を求めて首脳と電話で個人的に交渉を進める外交手法．

テレホンバンキング【telephone banking】
[1][経]電話で窓口と同様に振り込みや残高照会などの銀行業務を行えるサービス．

テレホンフロード【telephone fraud】[社]電話サービス技術を悪用して，他人の電話回線を不正利用すること．

テレマーク【telemark】[競](スキ)片ひざを深く曲げる大半径の回転技術．ノルウェーのテレマーク地方で始まった．

テレマーク姿勢【telemark —】[競](スキ)ジャンプ競技で着地する時に片足を前に出して膝を折り曲げる姿勢．

テレマークスキー【telemark ski】[競]かかとを板に固定し，金属エッジのあるスキー板．山間や林間で滑るのに適する．

テレマークポジション【telemark position】
[競](スキ)ノルウェーで生まれたスキー板のテレマークスキーで，足を前後に広げ片ひざを曲げて滑走する独特の姿勢．

テレマーケティング【telemarketing】[1][経]電話などの通信手段を使った販売促進・顧客サービス活動．

テレマーケティング サービス【telemarketing service】[官]電話やファクスで，オペレーターが顧客の注文や苦情を受けたり，アンケート調査や販売活動を行う代行サービス．

テレマティーク【télématique 仏】[1]高度情報社会．電気通信と情報処理の融合を目指すフランスの国家計画もいう．télécommunication と informatique の合成語．

テレマティクス【telematics】[1]自動車などの移動体に通信システムを組み合わせて，リアルタイムに情報サービスを提供すること．

テレマティックアート【telematic art】[1][芸]
[官]ネットワーク技術を使って，創造の参加の場を地球上に広げようとする新しいアート表現．イギリスのロイ・アスコットが提唱した．

テレメーター【telemeter】[機]遠隔測定器．自動計測電送装置．遠隔地から送信される測定値を表示・記録する装置．

テレメータリング【telemetering】遠隔測定．遠方の水力発電所の運転状態などを，中央管理室で測定するような方法．

テレメディシン【telemedicine】[医]テレビ医療．遠隔医療．テレビなどを通じて，遠隔地の患者に医療をすること．

テレメンタリー【telementary】[放]テレビ放映する実録作品・記録作品．television と documentary の合成語．

テレモニター【telemonitor】[1]外出先から自宅の様子を電話回線を使って確かめる装置．

テレラーニング【telelearning】[1][教]アメリカで，テレビとコンピューターを用いて大学レベルの講義を家庭で受講するシステム．現在の e ラーニングの初期の形態．

テレライター【telewriter】電子写字機．無電によって自動的に文字を記す装置．

テレライティング【telewriting】[1]描画通信．電話回線などを用いて，手書き文字や図形などを通信する．

テレロボティクス【telerobotics】[1]離れたところにあるロボットを操作する技術．

テレワーク【telework】[1]従業員が受け持つ仕事のすべて，あるいは一部分を，在宅や自宅近隣の作業所で行う仕組み．テレコミューティング，リモートワークともいう．

テレワークセンター【telework center】[1]
[官]地方自治体が，定住者の増加を目指して進めている計画．総務省の補助を受けている．企業の代わりにサテライトオフィスを設けて，インターネットにつながったパソコンや機器が住民が利用できるようにする．

テレワイズ【TELE-WISE】[1] NTT コミュニケーションズの電話料金サービスの一つ．毎月一定料金で，通信時間帯に関係なく，すべての市外通話料金を割り引く．

テロ対策委員会【Counter-Terrorism Committee】[政]2001年9月，同時多発テロを契機に設置された国連安全保障理事会の補助機関．CTCともいう．

テロップ【telop】[放]テレビ放送で，映像中に絵や文字などを流す装置．television opaque projector の略．

テロテクノロジー【terotechnology】[官]プラント設備などの運転を，その全使用期間を通じて経済性・信頼性・保全性などあらゆる面にわたって最適化する方法を研究する工学技術．

テロメア【telomere】[生]末端小粒．真核生物の染色体の末端領域．

テロメラーゼ【telomerase】[生]染色体の末端テロメアは細胞分裂を繰り返すとしだいに短くなるが，これを修復し伸長する酵素．

テロリスト【terrorist】[政]暴力主義者．暴力などの手段を用いて政治目標を遂げようとする人．

テロリズム【terrorism】[政]暴力や恐怖手段に訴える政治上の主義．またその行為．テロ．

テロリラ【terrorilla】[軍][政]イスラエル軍がテロとゲリラを相手に戦っている状況を指す語．terrorism と guerrilla の合成語．

テロル【Terror 独】暴力．恐怖手段．暗殺などの手段を政治目的のために使用すること．またその行為．

デン【den】①[動]野生動物の巣．巣穴．②[建]小ぢ

359

テンアサイ ▶

んまりした私室．書斎．仕事部屋．

テンアサイド【ten a side】 競(ラグビー)10人制ラグビー．シンガポールなどで普及している．

テン ガロン ハット【ten-gallon hat】 服カウボーイなどがかぶるつばの広い帽子．カウボーイハットともいう．

テンキー【ten key 日】 IT算数字と演算の機能キー（＋，－，＊，/など）が電卓のように配列されたキー．通常，キーボードの右側にある．英語はnumeric key．

テンギス油田【Tenghiz oil field】 カザフスタン西部のカスピ海沿岸にある油田．

デング熱【Denguefieber 独】 医蚊が媒介するウイルスで発病する熱帯地方に多い伝染病．高熱，関節・筋肉の激痛，発疹などの症状を生じる．

デンケン【denken 独】 考える．思考する．思索する．

テンション【tension】 ①緊張．切迫．②理弾体性の張力．応力．気体の膨張力．

テンセル【Tencel】 服セルロース繊維の一種．さらっとした肌ざわりをもつ．パルプを溶かして木の繊維をそのまま取り出して作る．イギリスのコートルズ社が1990年に発表．

テンダーオファー【tender offer】 経公開買い付け．経営権の支配などを目指す大量の株式取得の方法．テークオーバービッド．

テンダーネス【tenderness】 優しく，思いやりのあること．

テンダーロイン【tenderloin】 料牛や豚の腰部の柔らかい肉．ヒレ肉．

テンタティブ【tentative】 試験的な．一時的な．不確かな．

テンダリー【tenderly】 優しく．思いやりがある．親切に．

デンタル【dental】 歯科の．歯の．

デンタル エステティック【dental esthetic】 医審美歯科．年齢に合った歯の美容を心の問題までも含めて行う．

デンタルフロス【dental floss】 歯間を掃除するのに使う加工糸．歯垢（しこう）や食べ物かすなどを取り除く．

テンデンシー【tendency】 傾向．風潮．性質．

テント構造【tensile building】 建鋼鉄製やナイロン製の網で亜麻布を架ける構造．大規模な競技場などの屋根に見られる．

テントドレス【tent dress】 服テントのように裾に向かって広がったドレス．

デンドリマー【dendrimer】 化超分子の一種．樹木のように中心から星状に枝が伸びた構造をとる高分子．

デンドログラム【dendrogram】 数樹状図．発達の様子を樹の形で示した図形．

テンパー【temper】 気質．気性．体質．性質．傾向．

デンバーサミット【Denver Summit】 政アメリカのデンバーで，1997年に開催された第23回主要国首脳会議．ロシアが全面的に参加．

テンプル【temple】 ①建神殿．寺院．聖堂．

②こめかみ．

テンプレート【template】 ①IT算アプリケーションソフトに付属するサンプル文書．②IT算MS-DOSで，直前に入力したコマンドを簡単なキー操作で再表示や編集をする機能．③型取りに使う工具．樹脂に用いる型抜．

テンプレート マッチング法【template matching】 機ロボットの画像認識の方法．明るさや色の違いから得た形状を，すでに記憶している形と比較して対象物を同定する．

テンペ【tempé ﾃﾝﾍﾟ】 料インドネシアやマレー半島で作られる伝統的な大豆発酵食品．納豆に似ているがにおいや粘りはない．

テンペスト【tempest】 ①気暴風雨．大荒れの嵐．②大騒動．

テンペラ【tempera】 美卵白，ハチミツ，イチジクの汁などを膠着剤とする不透明絵の具，またそれを使った作品．

テンペラメント【temperament】 体質．気質．気性．

テンポ[1]【tempo】 機インド製の乗合三輪自動車．

テンポ[2]【tempo 伊】 音拍子．楽曲の演奏を行う速度．物事の進む速さ．調子．

テンポラリー タトゥー【temporary tattoo】 シール式などの入れ墨．体に彫りこまず，入れ墨の絵柄などを肌に貼って楽しむもの．

テンポラリー ファイル【temporary file】 IT算作業のために一時的に作成するファイル．

テンポラリー ワーカー【temporary worker】 社一時雇い．能力や経験を基に，自分の都合に合わせて仕事に従事している人．

テンポラル【temporal】 時間の．時制の．現世の．世俗の．

テンポラル法【temporal method】 経財務諸表の各項目の性質に応じて，為替レートを使い分けて換算する方法．

テンポルバート【tempo rubato 伊】 音一定の拍子内で音の長さを増減して演奏すること．

ト

ドアステッピング【doorstepping】 取材のため，記者やカメラマンが渦中の人物の家や事務所の前で待ち構えること．

ドアストッパー【door stopper】 ①扉のあおり止め．戸を開いたまま固定しておく器具．②戸を開いた時に，壁などに当たらないように取り付ける器具．ドアストップともいう．

ドア ツー ドア【door-to-door】 戸別の．戸別訪問式の．戸口直送．戸口から戸口への一貫運送方法．ハウス ツー ハウスともいう．

ドアミラー【door mirror】 自動車の扉に取り付ける後方確認用の鏡．

ドイツ技術協力公社【Deutsche Gesellschaft für Technische Zusammenarbeit 独】政国際協力や二国間援助を行うドイツの機関の一つ．ＧＴＺともいう．

ドイツ赤軍派【Rote Armee Fraktion 独】軍政ドイツの極左アナーキスト系テロ組織．1968年に結成．別名バーダー・マインホフ・グループ．ＲＡＦともいう．

ドイツリート【Deutsch Lied 独】音19世紀のドイツ語圏で発展した歌曲．シューベルト，シューマン，ブラームス，ヴォルフなどが活躍した．

トイティック【toyetic】玩具にすると売れそうな潜在性をもつもの．人気漫画や映画の主人公などをいう．

ドイモイ【doi moi 越】社政ベトナムで行われている改革・再建政策．刷新の意．ドイムイ．

ドイリー【doily】レースで作った小さな敷物．紙製のナプキン．

トイレタリー【toiletry】日用品を含む化粧品や化粧用具の総称．トイレットリーともいう．

トウ【tow】牽引する．綱で引く．

トゥイール【Tweel】機タイヤとホイールを一体化したタイヤ．tire と wheel の合成語で，ミシュラン社の商標名．

トゥイーン【tween】Ⅰ算映像編集ソフトの機能．アニメーションを作る際，初めと終わりを指定して，その間を自動的に生成する．

トゥイッツ【TWITS】社自分で使える所得のある十代の子供たち．teens with income to spend の略．

ドゥ イット ユアセルフ【do-it-yourself】日曜大工など自分の手で行う創作活動．DIY．

トゥイナー【tweener】①社つつましくバランスのとれた安定した生活をする人．中庸の生活程度・生き方をする人．アメリカでヤッピー以後の新しい生活形態を指ことば．between からの造語．②競(野球)外野手の間を抜けるヒット．

トゥインクル レース【twinkle race 日】競夜間に開催する競馬．東京の大井競馬場が最初．

トゥースフレンドリー協会【Tooth Friendly Society】医社虫歯予防を目的に，歯に安全な間食用の食品を推賞する国際的組織．

トゥーマイ【Toumai 羅】生700万年前の猿人サヘラントロプス チャデンシスの愛称．ラテン語で「生命の希望」の意．

ドゥーラ効果【doula effect】医妊婦に近親者や看護師が付き添い，心身両面から補助することによって現れる効果．分娩時間の短縮や母乳の分泌がよくなるとされる．ドゥーラはギリシア語で助ける人の意．

ドゥーワップ【doo-wop】音リズムアンドブルース系のポップスの一形態．バックコーラスにドゥワ，ドゥワというフレーズをよく用いたことから．

トゥーンレンダリング【toon rendering】Ⅰ算ゲーム画面をアニメーションのように加工するコンピューターグラフィックスの技法．

ドゥエボットーニ【due bottoni 伊】服襟元にボタンを二つ付け，きちんとした感じを出すシャツ．

ドゥエリング【dwelling】住居．すみか．

ドゥエリング ハウス【dwelling house】住宅．

トゥエンティーズ ルック【the 20's look】服ウエストがゆるめで全体的にほっそりとしたシルエットの服．

トゥエンティーワン【twenty-one】トランプ遊びの一つ．持ち札の合計が21に近い数になった者を勝ちとする．

ドゥオモ【duomo 伊】建図大聖堂．カテドラル．

トゥシュ【touche 仏】競(フェンシング)命中打．

トゥパクアマル革命運動【Movimiento Revolucionário Tupac Amaru 西】軍ペルーの左翼ゲリラ組織の一つ．1983年に結成．MRTAともいう．

トゥパク カタリ ゲリラ軍【Ejército Guerrillero Tupak Katari 西】軍ボリビアのテロ組織．インディオ共同社会の建設を目指す．ＥＧＴＫともいう．

トゥパマロス国民解放運動【Movimiento de Liberación Nacional Tupamaros 西】軍ウルグアイの共産系武装革命組織．1963年に結成．85年の民政移管で通常の政治活動を行う政治結社となる．ＭＬＮともいう．

ドゥムカ【dumka ｽﾗｳﾞ】音スラブ音楽の哀歌．

トゥモロー【tomorrow】明日．

トゥルー タイプ フォント【TrueType font】Ⅰ算アメリカのアップルコンピュータが開発し，Windows や MacOS が標準で採用している書体．

トゥループ【toe loop】競(ﾌｨｷﾞｭｱ)フィギュアスケートのジャンプの一種．つま先部分を使って跳び上がる．

トー【toe】爪先．足指．ひづめ．

トーイン【toe-in】自動車の前輪をそれぞれわずかに内側に向けて取り付けること．直進性が向上し，タイヤの摩耗も少なくなる．

トーカバー【toe cover】服パンプスやミュール用のつま先だけのカバー．

トーキー【talkie】映像と同時に録音を再生するもの．発声映画．音声はフィルムの端のサウンドトラックで再生する．サウンドモーションピクチャー．トーキングピクチャー．

トーキック【toe kick】競サッカーなどで，球を爪先で蹴ること．

トーキョーアイト【Tokyoite】東京都民．東京人．

トーキングペーパー【talking paper】政外交上，政治会談などの際に事前に用意しておく文書．討議資料．ポジションペーパーともいう．

トーキングヘッド【talking head】Ⅰ人間の顔の形をしたスクリーン．本物の顔がしゃべっているような効果を生み出せる．アメリカのディズニーランドのアトラクションなどで使われている．

トーク[1]【talk】話す．談話する．語る．しゃべる．談話．会談．演説．

トーク[2]【toque】服女性用のつばのない筒形の帽子．トックともいう．

トークイン【talk-in】討論会．演説会．

トークショー【talk show】放著名人のインタビューや座談番組．気取らないおしゃべりを主とする放送番組．

トークダウ▶

トークダウン【talk down】①航空機に無線で着陸指示をする．無線で誘導する．②けなす．おとしめる．

トークバック【talkback】①劇終演後に観客を舞台に招き，演技や演出などの感想を求めること．②視聴者などの反応・応答．

トークラジオ【talk radio】放トーク番組を中心とするラジオ放送．

トークン【token】①I算コンパイルの単位を表す記号．②I算コンピューター，特にデータ通信では，端末装置に与えられる送信権．

トークン パッシング【token passing】I算LANの通信制御方法の一つ．トークンという信号を一方向に巡回させることで，送信権を制御して，データの衝突を防ぐ．

トークンリング【token ring】I算ケーブルでコンピューターを輪状に接続したネットワーク．IBMが開発したLANの一方式．巡回しているトークンという信号を受け取ったクライアントだけがデータを送信できる．

トーシューズ【toeshoes】芸トーダンス用の靴．女性用で爪先を固くする加工がしてある．

トースティング【toasting】音レゲエなどの音楽に合わせて調子よく語りを乗せる手法．

トースト【toast】①料焼いた薄切りの食パン．②音レゲエなどの音楽に乗せて語りをのせること．

ドーズリミット【dose limit】理線量限度．原子力を利用する時に受ける放射線の許容量．

ドーターボード【daughter board】I算マザーボードに追加して接続するボード．

トータル【total】①合計．総計．総額．全部．全体．②すべての．全部の．全体の．

トータルアプローチ【total approach】営企業や事務所全体にとって最適な形を求め，総合的にOA化を進めていくこと．

トータルアルバム【total album】音全体が一つのテーマをもっているLPレコードやCD．

トータルウーマン【total woman】社男性への献身をモットーにする女性．M.モーガンの著書から．

トータル クオリティー マネジメント【total quality management】営製品やサービスの品質と競争力を向上させるため，企業全体で行われる経営管理技術．TQM．

トータルショップ【total shop 日】営生活様式や暮らし方を全体的に見通して提案する店．衣類・家具・日用雑貨から食品までも扱う．

トータル セキュリティー システム【total security system】I算コンピューターで統合された機器を使う総合的な防犯・防災態勢．

トータル セルフ クリーニング【total self-cleaning】営洗濯・しみ抜き・乾燥・アイロンかけなどを一貫して，顧客自身が行う方式の洗濯サービス．またはその施設．ウール製品や布団，毛布なども洗濯できる．

トータルチェック【total check】①OA機器類が全体として効率的に機能しているかどうかを検討すること．②総合的な検討．

トータル デジタル ネットワーク【total digital network】I算総務省が提案する21世紀初のネットワークインフラ．利用者が大容量のマルチメディアサービスを受けることができる．旧郵政省が提案した．

トータルバン【total ban】輸出入規制などで，全面禁止．

トータル ビューティー【total beauty】容全身美容．体全体の美容を心身両面から行う．

トータルプロダクト【total product】営商品自体の機能や価値だけではなく，アフターケアやクレジットなどの付加的要素も加えて，すべての面からとらえた商品のイメージ．

トータル マーケット ポテンシャル【total market potential】営市場分析のために，商品を一定の期間市場に出して，期待される最高の販売高を測定すること．

トータル マーケティング【total marketing】営市場調査・販売経路・販売促進などの総合的な販売活動．

トータルリスク ミニマム【total risk minimum】環境境への損害・危険度を，できるだけ対象を広げ期間を長くみて最小にすること．

トータルルック【total look】服洋服を中心に帽子，靴，バッグ，アクセサリーなど，装いに統一性をもたせること．

トーダンス【toe dance】芸バレエで，つま先立ちで踊ること．

トーチ【torch】①たいまつ．聖火．②懐中電灯．③(日)作業用の携帯用小型バーナー．トーチランプの略．

トーチカ【tochka 露】軍コンクリート造りの小型の防御陣地．

トーチランプ【torch lamp 日】配管工事などに用いる携帯用の小型バーナー．英語はblowtorch, blowlamp．

トーテミズム【totemism】社未開社会の組織および宗教形態の一つ．特定の崇拝物をもつことで結び付いている氏族や部族社会．

トーテム【totem】社未開社会の部族などで，特別の関係があるとして崇拝する動物・植物・自然現象やそれらの象徴物．

トーテムポール【totem pole】トーテム(鳥獣や記号など)を彫った木の柱．特に北アメリカ大陸北西部に住むインディアンの風習として残り，家の前などに立てる．

トーテンクロイツ【Totenkreuz 独】医死の直前に起こる現象で，体温曲線が急に降下し，逆に脈拍曲線が急上昇して，これらが交差すること．死の十字架．死兆交差．

トートバッグ【tote bag】服手ひものついた実用的な手提げ袋．

トートロジー【tautology】言同語反復．同じことを表す言葉を不必要に繰り返すこと．「女の女子学生」など．

ドーナツグラフ【doughnut chart】I数円グラフの中心部分がないドーナツ型のグラフ．穴の部分に，表題や全要素の数値などが入る．

ドーナツ現象【doughnut pattern】①社地価

高騰などのため都市中心部の住民が減少し，周辺圏の人口が増加する現象．ドーナツ化現象ともいう．②[地]大地震の発生する前に，震源域内の地震活動が低下する空白域の周辺で，かえって地震活動が盛んになる現象．

トーナメント【tournament】 [競]勝ち抜き戦で，勝者だけが試合を進め，最後に残った二者間で優勝決定を行う方式．

トーナメントプロ【tournament pro 日】[競]ゴルフなどで，公式な試合に出場するプロ選手．英語では professional player，または具体的に professional tennis player (golfer)．

ドーバートンネル【Channel Tunnel】ドーバー海峡を通り，ロンドンとパリを結ぶ海底トンネル．1994年に開業．ユーロトンネル．

ドーパミン【dopamine】 [生]脳にある，神経間の連絡をつかさどる神経伝達物質．

ドーハラウンド【Doha round】 [経][政]世界貿易機関(WTO)の多角的貿易自由化交渉．2001年にカタールの首都ドーハで開始が決定．途上国の開発なども扱い，ドーハ開発アジェンダとも別称される．

ドーピング【doping】 [競]薬物使用．選手が競技成績を上げるために，刺激剤や抑制剤などの薬物を使うこと．国際オリンピック委員会の医事委員会は，これを禁じている．

ドーピング コントロール【doping control】[競]ドーピング検査．競技場内と日常生活上で検査が実施される．

トービン税【Tobin tax】[経]国際為替取引に課税し，世界の環境・貧困対策などの財源とする構想．経済学者のジェームズ・トービンが提唱．

トービンのq【Tobin's q】[営][経]企業の株価の金融市場での評価額を，固定資本ストックの時価評価額で割って求める比率．企業の設備投資行動についての指標となる．1969年にアメリカのジェームズ・トービンが発表した．

ドープ【dope】 ①麻薬．麻酔薬．刺激剤．興奮剤．②ドープ塗料．航空機の翼などの防水・強化のために塗る塗料の一種．③[化]自動車の出力増進用の混合燃料．

ドープチェック【dope check】 [競]スポーツ選手などに行う薬物検査．ドーピングテスト，ドーピングコントロールともいう．

トーフッティ【Tofutti】 [料]豆腐とハチミツで作るソフトクリーム風の食品．商標名．

ドーマー【dormer】[建]屋根裏部屋などに設ける採光用の小窓．ドーマーウインドー．

トーマス方式【THOMAS system】 [経]貿易でバーター制取引の一種．輸出を先行させ，一定期間内にそれと同額の輸入を行う方法．

ドーミーホール【dormie hole】[競](ゴルフ)マッチプレーで，勝ったホール数と残りホール数が同じになったホールのこと．

ドーミトリー【dormitory】[教]大学などの寄宿舎．学生寮．

ドーミトリー シティー【dormitory city】 [社]大都市周辺の住宅区域．郊外のベッドタウン．ベッドルームコミュニティーともいう．

ドーム【dome】 [建]丸屋根．丸天井．半球形の建造物など．

ドームスタジアム【dome stadium】 [競](野球)屋根付き球場．1965年アメリカのテキサス州ヒューストンにできたアストロドームが最初．ドーム球場．

ドームズデー【doomsday】 判決の日．最後の審判の日．核戦争などによる地球最後の日．

ドームズデー クロック【doomsday clock】地球最後の日の時計．核戦争勃発までの接近度を午前0時から何分前かで示す．

ドームズデー プロジェクト【doomsday project】[軍]アメリカの有事の際の極秘軍事計画の一つ．不意に核攻撃を受けた際に，政府機能の継続を図り，軍事報復を行うなどの手順を決めてある．COG (continuity of government 政府の継続)計画ともいう．

ドームパーク【dome park 日】 [建]半球状の屋根を設け，柱のない広い内部空間をもつ建造物．

ドームハウス【dome house】 [建]三角形の壁材を用い，アーチ構造の半球体外壁を作るドーム工法で建てた円形の住宅．

ドームふじ観測拠点【Dome Fuji Station】日本が南極の氷床掘削のため設けた臨時基地．1993年に建設を始め，95年に掘削開始．

トーラー【Torah】 [宗]ユダヤ教の律法．預言者モーゼと唯一神ヤハウェの契約を確認するために授けられた．

ドーラン【Dohran 独】 [映][劇][放]舞台，映画，テレビ出演者用の油性の練りおしろい．ドイツのドーラン社製の製品から，この名がある．被覆力が強く化粧持ちがよい．ドップラーランジともいう．英語は greasepaint．

トーリング【toe ring】[服]足の指にはめる指輪．

トール【toll】 ①[営][経]使用料．通行料・渡船料・鉄道料金などの総称．②犠牲．損害．

ドール【dole】[営][社]失業手当．

トールゲート【tollgate】[社]有料道路や橋の出入り口などの通行料金徴収所．

トールサイズ【tall size】 [服]背の高い人用の服の大きさ．

ドールハウス【dollhouse】 ①(日)小型模型の家具や小物類などを使い，家や店を組み立てるもの．②おもちゃの家．人形の家．

トールフリー【toll-free】 [I]料金先方払いで通話できるアメリカの電話の方式．日本では NTT コミュニケーションズの提供するフリーダイヤルなどがある．

トール ペインティング【tole painting】[芸]空き缶や木箱に，花柄などを描いて装飾品にする技法．トールはブリキ，板金の意．

トーン【tone】調子．色調．色合い．音色．楽音．音調．

トーン オン トーン【tone on tone】 [服]ある色の上に同系統の色をもってくること．

トーンクラスター【tone cluster】 [音]狭い音程間隔で多数の音が鳴る密集音群．ピアノの鍵盤を手のひらで演奏した時などをいう．音の房の意．

トーンコントロール【tone control】 [電]ラジオ，ステレオ装置，電蓄などの音色調節．またその装

置.

トーンダイヤル【tone dial 日】　[I電]音の周波数でダイヤル先の電話番号を交換機に伝える方式. プッシュホン回線のダイヤル法. プッシュダイヤルともいう. 英語は Touch-Tone. ⇔パルスダイヤル.

トーンダウン【tone down】調子や色合いを和らげること. 勢いを弱めること. 後退すること.

ドーンレイド【dawn raid】[経]証券取引などで, 一日の取引開始直後にすばやく買い操作をすること.

トガウイルス科【Togaviridae】[生]RNA型ウイルスの一種. 動物の体内で不顕性感染を起こし, 蚊などの節足動物によって人間に媒介されるウイルス.

トカマク【tokamak 露】[理]ドーナツ型の磁場でプラズマを閉じ込める方式の核融合炉の一つ. 容器の外側に磁場コイルを巻き, 重水素と三重水素のプラズマを容器中に浮かせて加熱し超高温状態を作り出す.

トカレフ【Tokarev】[軍]旧ソ連の軍用拳銃の一種. 1930年代にフェールド・カレフが開発した. 旧ソ連では54年に製造中止になったが, 中国など共産圏諸国でコピー生産.

トキシック【toxic】毒の. 毒性の. 中毒の. 有毒の.

トキシック ウエイスト【toxic waste】[環]工場などから出る環境に有害な産業廃棄物.

トキソプラズマ【toxoplasma】[生]原生動物の一種. 住血原虫. 哺乳類・鳥類などの内臓や神経組織に寄生する.

トキソプラズマ症【toxoplasmosis】[医]人畜共通感染症の一つ. トキソプラズマ原虫の寄生で起きる.

ドキュテインメント【docutainment】[放]ドラマや娯楽番組の演出手法を用いて, 実際に起こったことを伝えるテレビ番組. documentary と entertainment の合成語.

ドキュトライアル【docu-trial】[放]ドキュメンタリー裁判. 事実を基に裁判記録を制作したテレビドラマ. documentary と trial の合成語.

ドキュドラマ【docudrama】[放]実際の事件をドキュメンタリー風に劇化したテレビ番組. documentary と drama の合成語.

ドキュメンタリー【documentary】[映文][放]実録作品. 虚構や演出を加えていない記録物.

ドキュメンタリー映画【documentary film】[映]現実をありのままに記録した映画作品.

ドキュメンタリー ドラマ【documentary drama】[放]事実を基に制作したテレビドラマ.

ドキュメンタリー ビル【documentary bill of exchange】[営経]荷為替手形. 荷為替引き渡し手形.

ドキュメンテーション【documentation】①文書資料. 記録. またはそれらを整理・体系化し, 提供する技術. ②[I算]コンピューターシステムがどのように設計開発され, 稼働できるようにしたかを記録したもの.

ドキュメント【document】①記録. 実録. 文献. 文書. 書類. 証書. ②[I算]ソフトウエアやハードウエアの仕様書. 説明書.

ドクターカー【doctor car 日】①[医]重傷者が出た場合などに, 医師と看護師が同乗して出動する救急車. ②[医]救急医療自動車. 救急患者の心電図などを電送できる装置を備えた車.

ドクターK【doctor K】[競](野球)三振奪取数が多い投手の通称.

ドクターコース【doctor course 日】[教]博士課程. 大学院で修士課程を経た者が専門分野をさらに研究する課程. 英語は doctoral program, または Ph D. program.

ドクター ショッピング【doctor shopping】[医]次々と医者を代えて診察を受けること.

ドクターズコスメ　ドクターズ コスメティックス (doctors' cosmetics)の略. [医容]皮膚科医などが開発に関与した化粧品.

ドクターストップ【doctor stop 日】①[競](ボクシング)試合中に選手が負傷した場合に, 医師が試合の続行が不可能であると判断し, 中止させること. 負傷選手は TKO 負けとなる. ②病状が重く, 十分な静養を必要とする時, 医師が患者に仕事などを休むことを命じること. 英語は doctor's order warning.

ドクターデス【Dr. Death】[医]患者の安楽死や自殺の手助けをするような医者.

ドクター ハラスメント【doctor harassment 日】[医社]患者に対する医師の嫌がらせやいじめ. ドクハラともいう.

ドクターヘリ【doctor helicopter 日】[医]医師が同乗して救急活動を行うヘリコプター.

ドクトリン【doctrine】①教義. 主義. 信条. 学説. ②[政]政策の基本を示す教書.

ドグマ【dogma】①独断. 独断的な主張. ②[宗]教義. 教理. 教条.

ドグマチック【dogmatic】①独断的な. 独善的な. ②教理に関する. 教義上の.

ドクメンタ【Documenta 独】[美]ドイツのカッセルで5年ごとに開催される現代美術の展覧会.

トグルスイッチ【toggle switch】[I電]レバーを上下, あるいは左右に動かして, オン, オフなど, どちらかの状態を作るスイッチ.

ドコサヘキサエン酸【docosahexaenoic acid】[化]魚の脂肪分を構成する多価不飽和脂肪酸の一種. 記憶力の向上, 老人性認知症の改善, 動脈硬化防止などの作用がある. 背の青い魚に多く含まれる. DHA ともいう.

ドコモモ【DOCOMOMO】[建]20世紀の近代建築や土地・周辺環境などの調査・保存を目指す国際組織. Documentation and Conservation of Buildings, Sites and Neighbourhoods of the Modern Movement の頭字語から.

トシル酸スプラタスト【suplatast tosilate】[薬]日本で開発されたアレルギー疾患治療薬. 免疫調整作用を有する含硫化合物の研究からできた.

トス【toss】①[競]野球などで, 近くの選手に下から軽く投げる送球. ②[競](バレー)味方の選手に攻撃させるために球をネット際に上げること. ③順番を決める時に硬

◀トッピング

貨などを投げ上げて，その裏表で決めること．コイントス．

ドスキン【doeskin】　①雌ジカの革．②服毛織物の一種で，柔らかく光沢のある厚手のしゅすのラシャ．礼服などに用いる．

ドセタキセル【docetaxel】　薬抗悪性腫瘍作用が強いタキソイド製剤の一種．ヨーロッパイチイの針葉抽出液から作る．

トッカータ【toccata 伊】　音チェンバロやオルガンなどのための前奏曲・楽曲．反復が多く急テンポの盛り上がりが特徴．

ドギーバッグ【doggie bag】　持ち帰り袋．残った料理を犬のために持ち帰るのに使うというところから．ドギーバッグともいう．

ドッキング【docking】　①機船のドック入り．②二つのものが連結すること．③宇宙船同士が宇宙空間で連結すること．

ドッキング ステーション【docking station】　Ⅰ算周辺機器から切り離して軽量化したノートパソコンを接続して，机上型パソコン並みの性能をもたせる装置．

ドック【dock】　①波止場．埠頭．②艦船の建造・修理，荷の積み下ろしなどの施設．船渠（せんきょ）．③医人間ドック．健康人が受ける総合的な健康診断．

ドッグイヤー【dog year】　Ⅰ4算インターネットをはじめとする情報技術の進歩の速さを表現した言葉．インターネット分野の進歩は，既存の産業の数倍になる．

ドッグショー【dog show】　動犬の品評会・展覧会のこと．品種改良や繁殖の向上，普及などを目的に開催される．

ドッグスクール【dog school】　動犬の訓練学校．家庭犬のしつけや訓練を行う．

ドッグチョーカー【dog choker】　服首の付け根にぴったり巻く首飾り．犬の首輪の意．

ドッグファイト【dogfight】　軍戦闘機による空中戦．

ドッグフィッシュ【dogfish】　魚ツノザメ，メジロザメ，トラザメなどの小型サメの総称．

ドッグフィッシュ ドラッグ【dogfish drug】　薬サメの細胞から発見された抗生物質．

ドッグフード【dog food】　動加工食品で保存に便利な飼い犬用のえさ．

ドッグラン【dog run】　動犬の引き綱を外して，自由に遊ばせる広場．

トグル【toggle】　①縄や鎖の環などに突き通す棒．②服ダッフルコートで用いるうき型や棒状のボタン．トグルともいう．

ドッグレース【dog race】　競動犬の競走．競犬．グレートハウンド犬が模型のウサギを追って競走する．競馬と同様に金銭を賭けて楽しむ．

ドッグレッグ【dogleg】　競（ゴル）犬の後ろ足のように，右または左に曲がっているホール．

ドッコミニアム【dockominium】　音ヨットやクルーザーの所有者に船の係留場所を売るマリーナ．dock と condominium の合成語．

ドッジボール【dodge ball】　競避球．球技の一種．コート内で二組みに分かれて球を投げ合う競技．ドッチともいう．

ドッチーモ【Doccimo】　Ⅰデジタル携帯電話とPHSの機能に対応できる携帯端末．NTTドコモが開発．1999年に販売開始．商標名．

トット【tot】①幼児．子供．②少量．一杯の酒．

ドット【dot】　①点．斑点．②Ⅰ算パソコンやワープロなどの印字の点の数表示単位．ピクセルともいう．③Ⅰ算カラー画像表示で赤・青・緑を発色する点．その点の集合体で画像を表す．④服小さな水玉模様．⑤音音符の符点で2分の1だけ音を伸ばす印．またはスタッカートの印．

ドット アンド ダッシュ【dot and dash】　電モールス信号の短音と長音の組み合わせ．

ドットインパクト プリンター【dot impact printer】　Ⅰ算インクリボンを印字ヘッドの金属のピンで叩いて用紙に印刷する印字装置．

ドットクロック【dot-clock】　Ⅰ算アナログ RGB（red，green，blue）信号で，ドットを検出するためのクロック．

ドットコム【.com】　Ⅰ4インターネット関連の新興企業などに対する俗称．またはその企業が作るウェブサイトのアドレスに付く記号．

ドットコム企業【.com company】　Ⅰ4経インターネットでビジネスを行う企業の俗称．会社を表すドメインとして，.com が多く使われている．

ドットジェイピー【dot-jp】　社学生を議員や首長の事務所に実習生として斡旋している NPO 法人．

ドットピッチ【dot pitch】　Ⅰ算画像装置の解像度，および印字装置のドットマトリックスの間隔を表すもの．この数値が小さいほど解像度，鮮明度が高い．

ドットフォント【dot font】　Ⅰ算格子状に仕切った正方形の枠内に，点の位置で文字を構成して，データ化したフォント．

ドットプリンター【dot printer】　Ⅰ算文字や図形をドット（点）の集まりで表示する印字装置．ドットマトリックス方式ともいう．

ドットマップ【dot map】　地地図の一種．点の大小・粗密によって単位地域の分布状態を表す．人口密度や生産高などの図表に用いる．

ドットマトリックス【dot matrix】　Ⅰ算文字や図形などを，格子状に並んだ細かい点の集合で表すこと．基本的にすべてのプリンターやディスプレーはこの方式．

ドットマトリックス ディスプレー【dot matrix display】　Ⅰ算さまざまな解像度の画像の，個々の画素に対応した表示装置を内蔵しているディスプレー．

ドットマトリックス プリンター【dot matrix printer】　Ⅰ算文字や画像を点の集合で表現して印刷する印字装置．

トッパー【topper】　①競映画産業で，企業や組織のトップのこと．②服女性用の丈の短い軽装コート．トッパーコートともいう．

トッピング【topping】　①競（ゴル）攻撃者が先にジャンプしてトスされる球を待ち，すばやく打ち込むこと．②機常圧蒸留装置．③科アイスクリームやハンバーガーなどの上にナッツやトマトなどを載せること．

トップ▶

トップ【top】 ①頂上．先端．最高部．②第一位．首席．先頭．③新聞紙面の最上段記事．④営企業・会社などの最高幹部．⑤服上半身に着る服の総称．

トップアタック【top attack】 軍戦車を上方から攻撃すること．

トップエントリー型高速炉【top-entry type fast reactor】 理一次冷却系ナトリウムの流れる配管を逆U字管とし，容器の上方から挿入して連結する構造をもつ高速炉．

トップオフ【top off】 映配給する映画の宣伝費を劇場側が一部負担し，それに相当する興行収入も得る方法．

トップガン【top gun】 最優秀の成績をあげた者．トップクラスの．

トップクォーク【top quark】 理6番目のクォーク粒子．第三世代のクォークの一つ．

トップクラス【top class】 最高級．最上級．英語は top, top drawer, top flight など．

トップグループ【top group 日】 先頭の集団．首位を争う一団．英語は the leading group．

トップコート【topcoat】 ①容マニキュア用品の一種．エナメルの乾きを早くするとともに光沢をよくする．②服春秋に着る薄手の外とう．スプリングコート．

トップコップ【top cop】 政強大な軍事力をもち，国際秩序を守る役目があると唱える超大国．世界の警察官．

トップ コンディション【top condition】 心身の最良の状態．

トップサイダー【topsider】 営企業や組織の指導層．高官．

トップシークレット【top secret】 最高機密．極秘事項．

トップス【tops】 服上半身用衣服の総称．

トップス アンド ボトムス【tops and bot-toms】 薬アメリカで広まっている麻薬の一種．鎮静剤と抗ヒスタミンの混合剤．

トップダウン【top-down】 ①営企業の経営計画・目標・方針などを首脳陣が決め，その実行を下部組織に指示する管理方式．②上から下へ組織化するやり方．③全体や大きな構造から始めて細部に至る方法．⇔ボトムアップ．

トップダウン テスト【top-down test】 Ⅰ算システム開発で，上位から下位へとモジュールのテストを行う方式．比較的大規模なプログラムのテストで使われる．

トップダウン プログラミング【top-down programming】 Ⅰ算プログラミングの構造を，初めに全体の設計を行い，次に各セクションへと順に進めて構成していく方法．

トップテナー【top tenor】 音テナーの首席歌手．テナーの楽器の首席奏者．

トップテン【top ten】 上位の10人．1位から10位まで．

トップピック【top pick】 ①トップ選出．②競野球などのドラフト会議で1位指名の選手．

トップヘビー【top-heavy】 ①競(ヂ)クラブのヘッドがシャフトに比べて重いこと．②頭でっかち．不安定．不均衡．③営経資本過剰．

トップ マネジメント【top management】 営企業の最上層部．最高経営陣．企業全体のかじ取りをする．

トップモード【top mode 日】 服流行の最先端を取り入れた服装．英語は high style など．

ドップラー効果【Doppler effect】 理波源と観測者の相対運動のために，振動数が大きい，あるいは小さく観測される現象．

ドップラー ソナー【Doppler sonar】 機理ドップラー効果を利用する水中音響機器．船底から超音波を発射し，海底からの反射音波から船の移動距離を測る．

ドップラー レーダー【Doppler radar】 気電波のドップラー効果を利用して，大気中の雨滴や雪片などの移動速度を風として測定するレーダー．

トップライト【top light】 ①建採光のために天井に設ける天窓．スカイライトともいう．②劇団頭上からの照明．

トップライン【top-line】 ①第一人者の．最重要の．②映劇版ポスターなどに載る出演俳優の名の序列が最上位であること．

トップランナー方式【top runner standard 日】 環通産省エネルギー基準を利用可能な機器の中で最高の効率値に設定する方式．

トップリーグ【Top League 日】 競(ラ)最上位チームによる全国リーグの通称．社会人12チームで構成し，2003年に開始．

トップレス【topless】 服水着などで，乳房を覆う部分がないもの．

トップレディー【top lady 日】 ①社社会の第一線で活躍する女性．②政元首や首相などの要人の夫人．ファーストレディーともいう．

トップレベル【top-level】 最高水準の．最高級の．

トップレベル ドメイン【top-level domain】 Ⅰ算インターネットのアドレスなどを，ドメイン（領域）というグループに階層を作って分類した構造の最上位のもの．TLD．

ドデカフォニー【dodecaphony】 音十二音音楽．シェーンベルクが1921年に考案した十二音技法による音楽．

トト【toto】 競サッカーくじの愛称．

トトカルチョ【totocalcio 伊】 競プロのサッカー試合の勝敗に賭ける賭博．イタリアでは公認の宝くじ．

トトゴール【totoGOAL 日】 競サッカーくじの一種．Jリーグ3試合の得点を予想する．

トドラー【toddler】 ①幼児．よちよち歩きする子供．②服衣料品業界の年齢区分表示の一つ．ベビー（乳児）とスクール（児童）の間．

トナー【toner】 Ⅰ算静電複写印刷に用いる，フェノール樹脂などを着色して作る粉末．

ドナー【donor】 ①寄贈者．施主．贈与者．②医献血者．臓器移植手術に必要な臓器の提供者．③政政府開発援助の供与国．⇔ドニー．

ドナーカード【donor card】 医臓器提供に同意したことを証明する携帯カード．

トナー カートリッジ【toner cartridge】 Ⅰ算

◀ドメスティ

レーザープリンターなどで使う粉状インク(トナー)の入った入れ物.

ドナテッロ賞【Premi David di Donatello 伊】映イタリアの映画賞. アメリカのアカデミー賞に相当する.

ドナルド ダック【Donald Duck】ウォルト・ディズニーの漫画映画に登場するアヒル. 人気キャラクターの一つ. 商標名.

ドニー【donee】受贈者. ⇔ドナー.

トニー賞【Tony Awards】劇ニューヨークのブロードウェーで上演される舞台作品を対象に選ぶ賞. 正式名は The American Theatre Wing's Tony Awards.

トニータイ【tony tie】服細身のネクタイ.

トニック【tonic】①薬強壮剤. ②容毛髪の栄養剤. ③音主音. 主和音.

トニックウオーター【tonic water】料ウイスキー, ジンなどに混ぜて使う炭酸飲料の一種.

ドネーション【donation】IT シェアウエアの使用料金を払うこと. もとの意味は寄付.

ドネルケバブ【doner kebab】料トルコ料理の一つ. 棒に巻き付けて焼いた羊肉の塊を薄切りにして供する.

ドバイ ワールドカップ【Dubai World Cup】競競馬の世界的レースの一つ. アラブ首長国連邦のドバイにあるナドアルシバ競馬場で行う. 1996年に第1回を開催.

トピアリー【topiary】植樹木を幾何学模様や動物の形などに刈り込んで彫像的に仕立てる人工造形.

ドビークロス【dobby cloth】服小柄で凹凸模様のある紋織物.

トピカル コレクション【topical collection】切手の収集で, 魚や航空機など特定のテーマを決めて行うコレクション.

トピック【topic】話題. 論題. 項目. 要旨.

トピックス【TOPIX】経東証株価指数. Tokyo stock price index and average の頭字語から.

トピックニュース【topic news】世間で話題になったニュース. トピックスともいう.

ドブロイ波【de Broglie wave】理量子力学で検出される動きの一つ. フランスの物理学者の名に由来.

トペックス／ポセイドン【TOPEX/Poseidon】宇海洋観測衛星の一つ. NASA(アメリカ航空宇宙局)のジェット推進研究所とフランス国立宇宙研究センターが共同開発. 1992年に打ち上げた. TOPEX は Topography Experiment から.

トボガン【toboggan】植木製のそりで氷のコースを滑走する競技. リュージュともいう.

トポス【topos 希】よく使われる型にはまった表現・主題. ありふれた概念・考え. 原義は場・場所.

トポル【Topol】軍ロシアの大陸間弾道ミサイルの一つ.

トポロジー【topology】①数位相幾何学. 連続変形を行っても不変な図形の性質を研究する. topos(位置)と logos(論)の合成語. ②IT ネットワークに必要な装置などの物理的配置.

トマス杯【Thomas Cup】競(バドミントン)男子世界選手権(団体戦)の別称. 初代会長ジョージ・トマス卿寄贈の銀製賞杯が贈られることから.

トマトピューレ【tomato purée 仏】料煮込んだトマトをこしたもの. トマトソースなどのもとになる.

トマピー【tomapi 日】植トマトのような形をした新種のパプリカ. ビタミンA・B2・Cを豊富に含む.

トマホーク【tomahawk】①アメリカインディアンが戦闘に用いる石おの. ②[T-] 軍アメリカ海軍の新型中距離巡航ミサイル.

ドミグラスソース【demiglace sauce】料牛肉と野菜を炒め, スープ, トマトピューレなどを加えて煮込み, 裏ごしした茶色いソース. デミグラスソースともいう.

ドミタス【demitasse 仏】料小さなコーヒーカップ. デミタス.

ドミナント【dominant】①音属音. 各音階の第5音. ②優勢な. 最有力な. 主要な.

ドミナント規制【dominant regulation】I業界ごとに支配的な事業者に適用する規制. 健全な市場競争環境を育てるため. 日本の電気通信事業ではNTTに適用.

ドミノ【domino】西洋カルタの一つ. 象牙や木製などの28枚の親指大の牌(はい). またそれを用いた遊び.

ドミノ理論【domino theory】政一国が共産主義化すると, 周辺の国々が次々にそのあとを追う可能性があるという理論.

トムソン効果【Thomson effect】理均一な導体に温度勾配がある時に電流を流すと熱の吸収または発生が起こる現象.

トムトム【tom-tom】音アメリカインディアンなどが使う胴の長い太鼓. 素手で打つ. タムタムともいう.

トムヤムクン【tom yum kung タイ】料タイ料理の一つ. 辛いエビ入りスープ.

ドメイン【domain】①領域. 領土. 勢力範囲. 領域. ②IT インターネットやネットワーク上にあるコンピューターを区別するための識別子. インターネット上の住所にあたるもの. ③IT Windows で, ネットワークのサーバーが利用者を管理する仕組み. ④営企業の事業活動の領域. 本業.

ドメインアドレス【domain address】IT 算電子メールなどのやりとりの際, 数字で表現したアドレスに対して, 略号で構成したアドレス.

ドメインネーム サーバー【domain name server】IT ドメイン名と, 数字で表現される IP アドレスを対応させるシステムを管理しているコンピューター.

ドメインネーム システム【domain name system】IT 算ネットワーク上のサーバーにドメイン名を付け, サーバーの IP アドレスと対応させるシステム. DNS ともいう.

ドメイン名【domain name】IT インターネットで組織を表す名前. 「.」(ピリオド)で区切られた文字列で示す. 右端から順に第1, 第2, 第3…レベルとなり, 第1レベルは原則としてアメリカとカナダを除いて国名を示す. ドメインネームともいう.

ドメスティック【domestic】家庭の. 家庭的.

367

ドメスティ ▶

国内の．国産の．ドメスチックともいう．

ドメスティック アーツ【domestic arts】 教家政学．家政科．家庭科．ホームエコノミックス．

ドメスティック パートナーシップ ロー【domestic partnership law】 社法アメリカの家事パートナー法．結婚した同性愛者にも，普通の夫婦と同等の権利を認める法律．

ドメスティック バイオレンス【domestic violence】 社家庭内暴力．特に夫やパートナーから女性に向けられる暴力．DVともいう．

トモグラフィー【tomography】 医X線の断層写真撮影法．断層画像．トモともいう．

トヨタカップ【TOYOTA Cup】競（サ）クラブの世界一決定大会．ヨーロッパと南アメリカの最強クラブが対戦．トヨタ自動車がスポンサーで，1981年から日本で開催．2005年からFIFAクラブワールドチャンピオンシップに吸収統合．

トライ【try】 ①試みる．試す．努める．努力する．②競（ラ）相手のインゴールにボールをつけることで，得点となる．略号はT．

ドライ【dry】 乾いた．乾燥性の．無味乾燥な．割りきった．辛口の．⇔ウエット．

ドライアイ【dry eye】 I医涙の分泌量が少なくて目が乾く病気．コンピューターなどの表示装置を長時間注視するために起こることもある．ドライアイ症候群．

ドライアイス【dry ice】 化固形二酸化炭素．－80℃ぐらいの低温が得られ，冷却剤に使う．

トライアウター【tryouter】 競プロ野球などのテスト生．

トライアウト【tryout】 ①競予選試合．予選競技．②競新人テスト．実力判定試験．③劇本公演の前に行われる実験的公演．

トライアサタード【triathatard】 競体を首から足首までぴったり包み込むトライアスロン選手用の競技スーツ．triathlonとleotardの合成語．スキンスーツともいう．

トライアスリート【triathlete】 競トライアスロンの競技者．三種競技選手．

トライアスロン【triathlon】 競遠泳（スイム）と自転車レース（バイク）と長距離走（ラン）の3種目を連続して行い，所要時間を争う競技．アイアンマンレース．

トライアド【triad】 社人間の社会関係の中で，自己と他者の関係に第三者が介入した三者関係をいう．

トライアル【trial】 ①競競技・試合の開始前に行われる試走・試技など．フィールド競技の予選．②競複雑な地形に作られたコースを，足をつけないように走るオートバイ競技．③試み．試し．試練．④法裁判．

トライアル アンド エラー【trial and error】 試行錯誤．考えられる方法をいろいろと試みて，解決できうな方法を探ること．

トライアル雇用【trial employment】 営社試行就業．本採用の前に有期契約雇用をする方式．

トライアル雇用制度 社ハローワークを介して派遣された若年者（30歳未満）を，企業が最長で3カ月間試行的に雇用する制度．

トライアル マリッジ【trial marriage】 社試験結婚．合意に基づいて一定期間を試験的に同棲し，互いを理解しようとする形式．

トライアローグ【trialogue】 三者による対話・対談・会談．鼎談（ていだん）．日米欧による三極対話．

トライアングル【triangle】 ①音打楽器の一つ．鋼鉄製の棒を三角形に曲げたもので，鋼鉄の棒で打つ．②三角形．三角形状のもの．③三角定規．

ドライカーゴ【dry cargo】 商乾貨物．雑貨や鉱石，穀物など．

ドライカット【dry cut】 容髪を水などでぬらさずに切る整髪法．⇔ウエットカット．

ドライカッパー【dry copper】 I銅芯をもつメタリック通信ケーブルの中で，空いている芯線．また，他の通信事業者の芯線を借りて，サービスを提供する方式．

トライカラー チューブ【tricolor tube】 放カラーテレビに使われる3色受像管．

ドライ クリーニング【dry cleaning】 蒸気や石油系の有機溶剤を用いて行う洗濯法．乾式洗濯．ドライともいう．

トライゲッター【try getter 日】 競（ラ）トライをなし得る能力のある選手．

ドライ コンストラクション【dry construction】 建工場生産された材料の組み立てが中心で，水を要しない乾式構築の工事方法．乾式組立工法による構造．

ドライシーズン【dry season】 気乾季．雨が降らない季節．

ドライシーズン ガーデニング【dry-season gardening】 農乾季や干ばつ地域で農作物の生産ができるようにする技術．ユニセフが技術開発の促進を提唱している．

ドライシェービング【dry shaving】 容石けんなどで顔をぬらさずにひげをそること．

トライシクル【tricycle】 ①幼児用の三輪車．②三輪自転車．

ドライシャンプー【dry shampoo】 容髪を湯水でぬらさずに，整髪剤で洗髪すること．

ドライジン【dry gin】 料辛口のジン．

ドライスーツ【dry suit】 防寒性に優れた潜水服．首や手首の切り口部分が，肌に密着して水が服の中に入らない．

ドライスキン【dry skin】 容乾性の肌．荒れ性の肌．

トライデント【Trident】 軍アメリカ海軍の大型原子力潜水艦．またそれに搭載されている航続距離の長い弾道ミサイル．

トライデントⅡ【Trident Ⅱ】 軍アメリカの潜水艦発射弾道ミサイルの一つ．

トライデント マイクロシステムズ【Trident Microsystems】 I算アメリカのビデオチップメーカー．8900Cチップなどで知られる．

トライネイションズ【TriNations】 競ラグビーの国際大会．南アフリカ，ニュージーランド，オーストラリアの3カ国対抗ラグビー．

ドライバー【driver】 ①自動車の運転手．②ねじ

回し．英語は screwdriver．③競（ゴルフ）1番ウッド．④[I電]各種の機器を利用可能にするための回路や装置，ソフトウエアのこと．周辺機器を利用するためのソフトウエアは，デバイスドライバーという．

ドライバビリティー【driveability】 運転のしやすさ．

トライバリズム【tribalism】 [社]部族主義．部族中心の団結意識や運動．

ドライビング スクール【driving school 日】 [社]免許所有者が安全運転の技術などを修得するために受ける講習会．

ドライビングドック【driving dock 日】 [社]中高齢者が運転技術や反応動作などを再点検する講習会．

トライブ【tribe】 ①種族．部族．②一族．家族．連中．

ドライブ【drive】 ①車を運転すること．自動車で遠出すること．②競テニスなどで，ボールに順回転とスピードを与える打法．③[I電]ディスクドライブのこと．ハードディスクと外部記憶媒体などを使うための駆動装置．

ドライブイン【drive-in】 道路沿いにある自動車の乗客向けの食堂・休憩所など．

ドライブイン シアター【drive-in theater】 [映]自動車に乗ったまま戸外に設けた大型スクリーンで映画を観賞できる施設．音声はカーラジオで聞く．パークインシアターともいう．

ドライブイン デポジット【drive-in deposit】 [経]自動車に乗ったままで預金の出し入れができる銀行の窓口などの設備．

ドライブイン バンク【drive-in bank】 [経]自動車に乗ったままで用の足せる銀行．

ドライブウエー【driveway】 ドライブに適した自動車道路．運転が快適にできるように整備された観光用道路．英米では，公道から玄関や車庫などに通じる私道をいう．

ドライフーズ【dry foods】 [料]乾燥させた食品．水分を少なくした乾燥食品．

トライ フォア ポイント【try-for-point】 競（アメリカンフットボール）タッチダウン後に与えられる一回限りの攻撃．TFP，ポイント アフター タッチダウンともいう．

ドライブスルー【drive-through】 [営]自動車に乗ったままで買い物などができる店．

ドライブタイム【drive time】 [放]ラジオ放送で，朝と夕方の自動車通勤時に聴取者が多くなる時間帯．

ドライブバイ【drive-by】 オートバイや自動車を使った．

ドライブバイ シューティング【drive-by shooting】 走行中の自動車から銃を乱射すること．

ドライブバイワイヤ【drive-by-wire】 電子制御方式による自動車の運転．ブレーキやアクセル機構などを電子制御する．

ドライブベイ【drive bay】 [I電] CD-ROM ドライブやフロッピーディスクドライブなどを取り付ける，パソコン内部のスペース．

ドライブマップ【drive map 日】 [地]道路地図．自動車運転者などが使う．ロードマップ．

ドライフラワー【dry flower 日】 [植]生花を乾燥させたもの．着色するものもある．英語は dried flower．

トライフル【trifle】 [料]デザートの一種．ブドウ酒などに浸したスポンジケーキにジャムを塗り，カスタードソースや生クリームを添える．

ドライフルーツ【dried fruit】 [料]乾燥果実．保存食品の一種．

ドライブレコーダー【drive recorder】 [機]自動車の走行記録装置．速度や加減速などの走行情報を記録し，事故時の検証に用いる．

ドライ プロモーション【dry promotion】 [営][社]地位のみで，昇給が伴わない昇進．

トライベッカ【Tribeca】 ニューヨーク市マンハッタン南部の三角地帯．流行の先端を行く地域．triangle below Canal（カナル通り以南の三角）から．

トライベッカ映画祭【Tribeca Film Festival】 [映]ロバート・デ・ニーロ主宰のアメリカの映画祭．

ドライポイント【dry point】 [美]銅版画法の一つ．刀で直接に画像を彫る．

ドライホール【dry hole】 [営]空井戸．採算が取れない油井．不採算製品．

トライポッド【tripod】 ①三脚台．三脚の腰掛け．②[写]三脚．

トライボロジー【tribology】 [理]機械の潤滑・摩耗・耐久性などに対する研究や技術．総合潤滑技術．摩擦学．

ドライマウス【dry mouth】 [医]口腔乾燥症．唾液量が減り，口の中が乾く．

ドライミルク【dry milk】 [料]粉ミルク．粉乳．英語では dried（powdered）milk ともいう．

ドライヤー【dryer】 ①乾燥機．乾燥剤．②ヘアドライヤーの略．

トライラテラル【trilateral】 三国間の．

ドライラボ【dry lab】 [I電]物理・化学の実験を，実際の装置・薬品などを用いないで，コンピューターを利用して行う模擬実験．

ドライリース【dry leasing】 [営]航空機を機体だけ借り受ける方法．⇔ウエットリース．

ドライリハーサル【dry rehearsal】 [放]テレビ番組での下げいこ．スタジオに舞台装置を組み，衣装や化粧はなしで行う素げいこ．

トラウマ【trauma】 ①[心]心的外傷．あとにまで残る激しい恐怖などの心理的衝撃や体験．②[医]外傷．傷害．

ドラクエ ドラゴンクエスト（Dragon Quest）の略．[I電]スクウェア・エニックス発売のロールプレイングゲーム．

トラクション コントロール システム【traction control system】 [機]自動車の駆動力調整装置．凍結や降雨などで滑りやすくなった道路でも，タイヤがスリップやスピンを起こさないように制御する方式．TCS ともいう．

トラクター フィーダー【tractor feeder】 [I電]連続用紙の両側に空いた丸い穴を突起付きベルトに引っかけて，その回転でプリンターに用紙を送り出す装置．

ドラゴン【dragon】 竜．飛竜．翼があり口から火

369

ドラゴンク ▶

を吐くというヨーロッパの伝説上の怪獣.

ドラゴンクエスト【Dragon Quest】 Ⅰ算スクウェア・エニックスが発売しているRPG（ロールプレイングゲーム）の名作シリーズ. ドラクエともいう.

ドラゴンフルーツ【dragon fruit】 植サボテン科の植物で, 食用月下美人の仲間の果実. 実は皮が赤く果肉は白い.

ドラゴンボンド【dragon bond】 経アジア開発銀行が台湾, 香港, シンガポールで発行する米ドル建て長期債券. 1991年に始めた.

トラジック【tragic】 悲劇の. 悲劇的な. 悲惨な. 痛ましい. ⇨コミック.

トラジック コメディー【tragic comedy】 劇 悲喜劇. 涙と笑いの交錯した劇.

トラジディー【tragedy】 ①映劇版悲劇. ⇨コメディー. ②悲劇的な事件.

トラス[1]【trass】 鉱凝灰岩の一種. セメントの原料として用いる.

トラス[2]【truss】 建三角形を基本単位とした構造物の枠組み. 橋など重量のかかるものに適している.

ドラスチック【drastic】 過激な. 激烈な. 猛烈な. 徹底的な. 思いきった.

トラスツズマブ【trastuzumab】 薬抗がん剤の一種. 転移性乳がんに用いる. 遺伝子組み換えで作ったヒト化モノクローナル抗体.

トラスティー【trustee】 ①受託者. 管財人. 信託治世人. ②Ⅰ算 NOS（ネットワーク オペレーティング システム）の安全管理機能.

トラスト【trust】 ①企業合同. 販売市場の独占などを目的とする同種企業間の資本・経営の合同化. カルテルよりも強固な企業形態. ②信用. 委託. 信託財産.

トラストバスター【trust buster】 社アメリカで, 反トラスト法の違反者を取り締まる役人.

トラストバンク【trust bank】 経信託銀行.

トラストレシート【trust receipt】 経輸入荷為替の手形を受け取って銀行に差し入れ, あらかじめ担保になっている船積み書類を借り出すために提出されるもの. 質入れ書類預託証.

トラッキング【tracking】 ①映版カメラを前方に移動させる撮影法. またによる画面の効果. ②追尾. 追跡. ③能力別クラス編成. アメリカのハイスクールで行われる進路別・課題別のグループ分け. ④トラックの外装を装飾・改造すること.

トラッキング ステーション【tracking station】 人工衛星などの動きを観測する地上局.

トラッキングストック【tracking stock】 営経事業収益連動株. 企業内の特定事業部門だけを対象とする株式.

トラック【track】 ①道. 通った跡. わだち. 鉄道線路. ②競陸上長円形の競走路. またはそこで行う競技. ③Ⅰ算ディスクの物理的な記憶領域. 同心円状に配置され, 各トラックには認識番号が割り振られる. トラックをさらに区分した最小単位がセクター.

ドラッグ[1]【drag】 ①引く. 引きずる. 引っ張る. ②Ⅰ算マウスのポイントを対象物に合わせて, マウスのボタンを押したまま移動などをさせること. ドラグともいう.

ドラッグ[2]【drug】 薬薬. 薬品. 薬種. 麻薬. 麻酔薬. LSDなどの幻覚剤.

トラック アット ワンス【track-at-once】 Ⅰ算 CD-Rにトラックごとデータを書き込む方法. CD-Rに空き容量があれば最大99トラックまで追記ができる. 音楽CDの書き込みなどに向いている.

トラックアップ【track up】 映版カメラを被写体に向かって移動させながら大写しにとる撮影方法. ⇨トラックバック.

ドラッグアディクト【drug addict】 社麻薬を常用する人.

ドラッグ アンド ドロップ【drag and drop】 Ⅰ算マウスのボタンを移動対象物に合わせて押し, そのまま目的位置まで動かしてボタンを離すこと. ドラグアンドドロップ.

トラック アンド フィールド【track and field】 競アメリカで陸上競技のこと. トラックは長円形の競走路, フィールドはトラックに囲まれた内側を指す. イギリスではアスレチックス（athletics）という.

ドラッグ アンド ホールド【drag and hold】 Ⅰ算ドラッグの状態を保つこと. MacOSでファイルをフォルダーに移動・コピーする場合, フォルダー上でこの動作を行うと, フォルダー内を確認することができる.

ドラッグウオー【drug war】 社麻薬戦争. 麻薬撲滅を目指す戦い.

ドラッグカルテル【drug cartel】 社麻薬取引の支配を狙って編成される大規模な犯罪組織.

トラック競技【track】 競(陸上)長円形競走路を使って行う競技. 短距離, 中距離, 長距離, ハードル競走, 障害物競走, リレー, 競歩などがある.

ドラッグキングピン【drug kingpin】 社麻薬シンジケートの中心人物.

ドラッグコート【drug court】 法アメリカの麻薬裁判所. 主に麻薬取締法違反の初犯者を対象とする.

トラック索引【track index】 Ⅰ算シリンダー単位で構成される索引編成ファイルの一部. シリンダー内のレコード検索を迅速にする.

トラックシステム【truck system】 営経社員などの賃金を証券や物品で支払う制度. 現物給与制度. トラックは物々交換の意.

ドラッグシュート【drag chute】 着陸滑走距離を短くするため, 着陸時に機体尾部で開く落下傘. 主に軍用ジェット機に付けられる.

ドラッグストア【drugstore】 営薬薬屋. 特に, 薬のほかに日用雑貨品なども売る店.

トラックターミナル【truck terminal】 経積み合わせトラックの地域間輸送のための拠点施設. 宅配便をはじめ, 各種混載貨物輸送を支える物流合理化拠点となる.

トラックダウン【track down】 音演奏区分ごとに多数のテープに収録された音を, ステレオの場合ならば2トラックに整理・収容して原盤を完成させる作業. ミックスダウン.

ドラッグツアー【drug czar】 社アメリカの麻薬取締局長官の俗称. 麻薬問題担当の長官.

ドラッグディーラー【drug dealer】 社麻薬の

売人．麻薬の密売者．

ドラッグデザイナー【drug designer】 社合成麻薬の製造人．

ドラッグデリバリー【drug delivery】 医薬投与した薬品を目的部位に高濃度で到達させる手法．

ドラッグデリバリー システム【drug delivery system】 薬薬物輸送系．薬物送達システム．生体に投与された薬物が吸収されてから放出されるまでの過程．DDS．

ドラッグド ドライバー【drugged driver】社麻薬を使用しながら自動車の運転をする人．

ドラッグバスター【drugbuster】①アメリカの州政府の麻薬取締官．②競国際スポーツ連盟が運動選手の薬物使用を取り締まるため，各国に派遣されるドーピング検査官．

トラックバック【track back】①IT ブログの機能の一つ．別のブログへリンクを張った際に，リンク先の相手に対して，リンクを張ったことを通知する仕組みのこと．②映放カメラを被写体から後退移動させながら次第に小さく写していく方法．→トラックアップ．

トラックバック システム【trackback system】 IT ブログで情報を参照した場合，オリジナルの作者にそれを伝える仕組み．

トラックパッド【trackpad】 IT算マウス操作用のプレート状の装置．人間がもつ静電気を感知してマウスカーソルを動かす．

ドラッグバント【drag bunt】 競（野球）打者が出塁するために用いるセーフティーバント．特に，左打者が一塁方向に転がすもの．

ドラッグフリー【drug-free】 麻薬のない．麻薬を使う人がいない．

トラックポイント【trackpoint】 IT算アメリカのIBMが開発した，スティック型のポインティングデバイス．キーボード中央に突き出たもの．

トラックボール【track ball】 IT算マウスを逆さまにしたような，裏側に球が埋め込まれた仕組みのマウス操作用の装置．球を手で動かしてマウスカーソルを移動させる．

ドラッグマネー【drug money】 社麻薬密売で手に入れた資金．

トラックマン【track man 日】 競競走馬の調教を競走場などで見て，レースの予想を記事にまとめる担当者．

トラック密度【track density】 IT算単位当たりのデータ記録領域の数．通常は1インチ当たりの値で表す．単位は TPI．

ドラッグユーザー【drug user】 社麻薬を使用する人．

トラックレーサー【track racer】 競（自転車）競技場で行う自転車競技に用いる自転車．1人乗り（ソロ）と2人乗り（タンデム）がある．

トラックレース【track race】 競（自転車）競技場の競走路で行う自転車競技．

ドラッグレース【drag race】 競自動車やオートバイで，発進から4分の1マイル（約400m）までの加速を争う競技．

ドラッグロード【drug lord】 社麻薬取引の元締め．麻薬王．

トラッシュ【trash】 ごみ．くず．がらくた．くだらない話．駄作．

トラッシュスタッシュ【trash stash】 埋立地．ごみを隠す場所の意．

トラッシュツーエナジー システム【trash-to-energy system】 環理高い温度で燃やせるごみを燃料として使い，発電を行う方式．

トラッシュテレビ【trash TV】 放くずのような番組ばかりで堕落したテレビ放送を皮肉っていう呼称．

トラッド【trad】 服伝統的に好まれる紳士服が基本となる装い．traditional style の略．

トラットリア【trattoria 伊】 社軽食堂．大衆的な料理店．

トラッピー【truppie】 社大型トラックにしつらえた居住室で生活し，長距離輸送を行うトラック運転手のこと．運転席の後ろにある居住室で，家族も一緒に移動生活をする場合もある．

トラップ【trap】①粘土製の鳥型の射撃標的を空中に飛ばす器械．放鳥器．②U字型などの排水管で，一時水をためて，下水の悪臭などを防止する装置．防臭弁．③わな．策略．たくらみ．④競（ｻｯｶｰ）パスなどによる飛球を腕以外の体の部分で受け止めて，自在にコントロールすること．⑤IT半導体中にある，結晶欠陥などの不規則な場所．

トラップ射撃【trapshooting】 競（射撃）トラップから空中に飛ばした標的を撃つ競技．

トラップ波【trapped wave】 地断層破砕帯内のみを伝わる特殊な地震波．ガイド波ともいう．

トラディショナル【traditional】 伝統的な．

トラテロルコ条約【Treaty of Tlatelolco】 軍ラテンアメリカ非核化条約．1968年に発効．ラテンアメリカでの核兵器禁止を図る．

ドラド【dorado 西】①金色の．黄金の．②魚アマゾン南部の湿原に住む，全身が金色の魚．

トラネキサム酸【tranexamic acid】 化薬容薬用アミノ酸誘導体で，しみ，そばかすに対する有効成分．

トラバース【traverse】①登斜面．岩壁などで直登降を阻まれた時，横切って進むこと．②競（ｽｷｰ）斜滑降．

トラバーユ【travail 仏】①労働．仕事．②著作．論文．トラバイユともいう．

トラバント【Trabant 独】 機旧東ドイツの代表的な小型自動車．1991年に生産を終了．トラビともいう．

トラピーズ【trapeze】 競小型ヨットやウインドサーフィンで，艇やボードから体を乗り出して均衡を保つ時に使う命綱．競芸空中サーカスや体操などで用いるぶらんこ．

トラフ【trough】 ①地舟状海盆．海洋底プレートが他のプレートの下に沈み込む場所にできる海底の谷．海溝より幅が広くて浅く，さまざまな形態がある．②園岩石などをくり抜いて作った植木鉢．

トラフィッカー【trafficker】 社密売人．密輸人．不正取引をする商人．

トラフィッキング【trafficking】 社性的搾取などを目的とした女性や子どもの「人身売買」．

トラフィック[1]【TRAFFIC】 環世界自然保護基

金が運営している組織．1975年に設立．本部はケンブリッジ．Trade Records Analysis of Flora and Fauna in Commerce の略．

トラフィック[2]【traffic】①人や車の行き来．往来．交通．②運輸業．③[I算]ネットワーク上を一定時間に流れるデータの量・通信量．

トラフィック アドバイザリー【traffic advisory】[機]航空機の衝突防止装置にある機能の一つ．最接近地点に達する約40秒前に乗員に対して発する信号．TAともいう．

トラフィック カーミング【traffic calming】[社]学校や病院などの地域で，静かな環境を守るために，自動車の速度低下や騒音防止などの交通対策を講じること．

トラフィック理論【traffic theory】[I情報通]信ネットワークでのデータの流れをいうトラフィックの性質をモデル化して解析する理論．

トラフェルミン【trafermin】[薬]遺伝子組み換えによる医薬品の一つ．皮膚潰瘍の治療などに用いる．

ドラフティング【drafting】[競](自転車)前を走る相手選手の真後ろについて走行すること．

ドラフト【draft】①図面．設計図．図案．草案．②型紙の下絵．③[野球]新人選手を選択して指名する制度．④通気．通風．またその装置．⑤[経]為替手形．⑥軍徴兵．⑦たる出しの．生の．

ドラフト制【draft system】[野球]プロ野球で各チームの戦力を平均させるために採用された新人選択制度．各球団が一堂に会して新人選手を順番に指名し，契約交渉権を得る．

ドラフトビール【draft beer】[料]生ビール．

トラブル【trouble】もめごと．いざこざ．面倒．迷惑．悩み．故障．調子の悪いこと．

トラブル シューテング【trouble shooting】①争議やもめごとを解決する．②故障を直す．③[I算]コンピュータ操作の不調などを解決する方策・行為．

トラブルショット【trouble shot】[競](ゴル)打ちにくい状態にある球を打つこと．

トラブルド ティーンズ【troubled teens】[社]不安な10代．荒廃する10代．

トラブルメーカー【troublemaker】面倒を起こす人間．もめごとの原因となる人．

トラペーズ【trapèze 仏】[服]肩から裾にかけて広がるシルエットの衣装．台形の意．

トラペーズライン【trapeze line】[服]肩から裾にかけて広がる台形のシルエット．

トラベラー【traveler】旅行者．旅行家．

トラベラーズ チェック【traveler's check】[経]旅行者用小切手．TC，T／Cともいう．

トラベリング【traveling】[競](バスケ)球を持った選手が，ルールで許された範囲を越えてステップすること．プログレッシング ウィズザボールともいう．

トラベル【travel】旅行．旅．

トラベル エージェンシー【travel agency】[営]旅行代理店．トラベルビューローともいう．

トラベルボランティア【travel volunteer 日】[社]旅行をする身体障害者の介助を行う奉仕活動．またはその係員．

トラベルローン【travel loan】[経]旅行のための小切手．旅行者用の貸し付け．

トラホーム【Trachom 独】[医]伝染性結膜炎．顆粒性の結膜炎．トラコーマともいう．

ドラマ【drama】①劇劇．演劇．芝居．戯曲．脚本．②[放]テレビドラマ，ラジオドラマの略．③劇的な事件．

ドラマチック【dramatic】劇的な．感動的な．芝居がかりの．ドラマティックともいう．

ドラマチック ソプラノ【dramatic soprano】[音]劇的な表現力をもつソプラノ．

ドラマツルギー【Dramaturgie 独】[劇]戯曲作法．作劇法．

トラム【tram】[機]路面電車．市街電車．

ドラム【drum】[音]打楽器の一種．太鼓．中空の円筒形部品．

ドラムブレーキ【drum brake】[機]自動車のブレーキの一種．車輪内のドラムに摩擦材を張ったシューを押しつけて制動する方式．

ドラムマシン【drum machine】[音]拍子を自動的に刻む装置．

ドラムンベース【drum 'n' bass】[音]ロンドンで生まれた音楽であるジャングルから発展したダンス音楽．ドラムとベースのビートが基調．D＆Bともいう．

ドラライゼーション【dollarization】[経]高級品や高額な買い物は国際通貨のドルを使うこと．日常的な買い物にはその国固有の貨幣を使う．ダラーライゼーションともいう．

トランキライザー【tranquilizer】[薬]精神・神経安定剤．鎮静剤．

トランキライト【Tranquilite】[鉱]月面からアポロ11号が持ち帰った鉱石で，チタン・鉄・マグネシウムの混合物．

ドランク【drunk】酒に酔った．泥酔した．酔いしれた．

トランクス【trunks】[服]ウエストにゴムが入ったゆとりのある半ズボン状のパンツ．

トランクスルー【trunk through 日】乗用車の後部荷物入れと車室内がつながった形になる機能．

ドランクドライバー【drunk driver】[社]飲酒運転者．

トランクライン【trunk line】鉄道などの主要幹線．本線．

トランクルーム【trunk room 日】①[建]温度調整などの設備をもつ，家具や書類などの保管室・保管庫．②[機]乗用車の座席後部の荷物入れ．英語では単に trunk．

トランケーション【word truncation】[I算]部分一致．データベースなどの検索を行う時，キーワードの一部を任意の文字列として指定すること．

トランザクショナル アナリシス【transactional analysis】[心]精神分析の面接治療法の一方法．交流分析．

トランザクション【transaction】①業務などの処理・取り扱い．②商取引．③国際間での人間や経済・文化などの交流現象．④[I算]ひとまとめの処

◀トランスフ

トランザクション管理【transaction management】 ①算 トランザクションの処理が正当になされるよう管理すること．ファイルやデータの更新の際，二重更新や不整合，障害による更新内容の矛盾などを防ぐために行う．

トランザクション処理【transaction processing】 ①算 遠隔地で発生したトランザクションをセンターで処理して，すぐに，あるいは待ち行列にためた後に処理する形態．

トランザクション ファイル【transaction file】 ①算 データベースで，一定の意味のある処理範囲・単位をまとめたファイル．

トランザクション分割【transaction decomposition】 ①算 システムにおけるデータ処理をトランザクション単位で分けること．トランザクション処理が一つのモジュールとなるように設計する．

トランシーバー【transceiver】①①携帯用の無線通信機．②①算 LANボードの接続端子とケーブルの形状が合わない場合に使う接続機器．

トランジション【transition】 ①移行．過渡期．②①算 前の画像と次の画像とを切り替える時の方法．ページをめくったり，徐々に置き換えたりするなどの方法がある．

トランジション効果【transition effect】 ①映 カットの間をつなぐ際に使う映像表現．ディゾルブやワイプという技術などがある．映像編集ソフトなどに多く用意されている．

トランジスタ【transistor】 ①電 三端子構造の固体素子で，増幅，発振などを行う軽量，小型の電子部品の総称．一般には，三層構造にした半導体増幅素子をいう．

トランジスタ グラマー【transistor glamour 日】 小柄だが成熟した魅力のある女性．英語は petite and glamourous girl など．

トランジット【transit】①空港での乗り換え．乗り継ぎ．通過．通行．輸送．②機 測量機械の一つ．転鏡儀．経緯儀．垂直角・水平角を測定する器械．土地測量などに用いる．

トランジットモール【transit mall】 社 歩行者専用だが公共交通の運行だけはできる遊歩道．

トランス¹【trance】 ①恍惚状態．呆然自失．有頂天．夢中．②音 ポピュラー音楽の様式の一つ．最初の拍を強調したリズムなどの特色をもつ．1990年代初めにドイツ南部で起こる．

トランス²【transformer】 電 変圧器．電圧の大きさを変化させる装置．トランスフォーマーともいう．

トランス アトランティック【Trans Atlantic（形）】 競 ニューヨークのアンブローズ灯台から英仏海峡のリザート岬までの大西洋を，一人で帆走する競技．

トランス アフリカン ハイウエー【Trans-African Highway】 社 ケニアのモンバサからナイジェリアのラゴスまで，アフリカ大陸内陸部を横断する道路プロジェクト．全長は約6400kmで，主要都市を経由する．

トランスカスピ ライン【Trans-Caspian pipeline route】 経 トルクメニスタンの天然ガスをヨーロッパ方面へ輸出するパイプライン構想．

トランスクライバー【transcriber】 筆記する人．速記者．タイプを打つ人．

トランスクリプション【transcription】 ①写し．複製．②音 録音．③音 編曲．

トランスクリプトーム【transcriptome】 生 RNA（リボ核酸）の集合体のこと．

トランスコンチネンタル【transcontinental】 大陸間の．大陸横断の．

トランスジェニック【transgenic】 生 遺伝子導入の．遺伝子組み換え技術で，異種の生物から外来遺伝子を導入した．

トランスジェニックイネ【transgenic rice】 植生 遺伝子組み換え技術で形質変換したイネ．

トランスジェニックス【transgenics】 生 外来遺伝子を細胞の中に入れて，新しい種や改良した種の動植物を作り出すこと．

トランスジェニック動物【transgenic animal】 生 遺伝子導入実験動物．個体発生初期の胚に対して，外来遺伝子を導入したり，特定の部位に変異を導入し機能破壊を施したりする．

トランスジェニック フード【transgenic food】 生料 遺伝形質を転換した食品．

トランスジェニック マウス【transgenic mouse】 生動 遺伝子導入実験動物の一種．ラットを宿主にしたもの．

トランスジェンダー【transgender】 ①服 性別の概念を超えたファッション．男性っぽさと女性っぽさの両方の要素が混じっている．②社 性同一性障害による手術までは求めない性の変更．TGともいう．

トランス脂肪酸【trans fatty acid】 不飽和脂肪酸の一種．マーガリン，ショートニングなどに含まれる．

トランスセクシュアリズム【transsexualism】 心生 横断性愛．雄的側面と雌的側面が相互の距離を保ちつつ，横断的に交わり合うこと．

トランスセクシュアル【transsexual】 ①性転換者．性転換の．②社 外科的手術による性同一性障害の解消を望む人．③心 パラフィリア．

トランスディシプリナリー【transdisciplinary】 分野を超えた学問・研究．学際．

トランスナショナル【transnational】 多国籍企業の．一国の利害を超えた．国境を越えた．

トランスパーソナル心理学【transpersonal psychology】 心 神との交感，宇宙との融合感などというように，人間の知覚を超えた外部からの心理的影響を研究する学問．

トランスパシフィック トレードウオー【transpacific trade war】 経日米貿易戦争．太平洋をまたいで起きる日米間の貿易摩擦．

トランスファー【transfer】 ①移動．移転．転移．②転写した絵や図案．写し絵．③乗り換え．乗り継ぎ．④権利などの譲渡．⑤経 有価証券などの名義書き換え．

トランスファーRNA【transfer RNA】 生転移RNA（リボ核酸）．運搬RNA．細胞内のたんぱく質合成に働く物質．

トランスファー プライシング【transfer

373

トランスフ▶

pricing】　経移転価格操作．親会社と海外子会社など関連企業間の取引で用いる輸出入価格を操作して，税負担の軽減を図ること．

トランスファー プライス【transfer price】　経移転価格．親会社と海外子会社など関連企業間の取引に用いられる輸出入価格．

トランスファーマシン【transfer machine】　経順に配置した専用の工作機械の間を自動運搬装置で連結して，加工・仕上げなどを連続して行う生産設備．

トランスフェア【TransFair】　経公平貿易．投機対象になりやすいコーヒー豆を一定価格で買い上げ，生産者の生活安定を図る運動．

トランスフェクション アレイ【transfection array】　生細胞の機能的・形態的変化を解析するために，一度に多数の細胞に異なる遺伝子を導入する技術．

トランスフォーム断層【transform fault】　地海嶺にほぼ直交する横ずれ断層．1965年にカナダのJ.T.ウィルソンが命名した．

トランスフォーメーション【transformation】　①変形．変換．変化．転換．②服ひもの使い方や腕・首の通し方で，形や服種が変わる服．

トランスプラント[1]【Trans Plant】　工算人工生命体をアートとして提示する，コンピュータを用いた映像システム．観客の動きを認識し，その軌跡で草木の画像が現れ成長する．

トランスプラント[2]【transplant】　①移植する．移動させる．移住させる．②経海外に建設する現地生産工場．transplanted plantの略．

トランスペアレンシー【transparency】　工OHPで使う透明なシート．文字やイラストを透過光でスクリーンに写す時に使う．

トランスペアレント【transparent】　①透明な．わかりやすい．②服薄地の素材などを用いて，肌が透けて見える装い．

トランスペアレント伝送【transparent transmission】　工算データの内容を加工しないでそのまま送ること．トランスペアレントは透過という意．

トランスポーテーション【transportation】　輸送．運搬．運輸．輸送機関．運送業．

トランスポート【transport】　①輸送．運輸．移送．輸送機関．②運ぶ．移す．

トランスポート層【transport layer】　工算OSI参照モデルの第4層の名称．5種類のクラスがあり，端末間でデータを加工しないでそのまま送る．

トランスポゾン【transposon】　生可動性遺伝因子．転移要素．ある染色体から他の染色体へ移動したりする因子で遺伝子の進化などに関与するとされる．

トランスポンダー【transponder】　工通信・放送衛星などに設備する無線中継器．受信電波の周波数を変換し，増幅して再び送信する．

トランスミッション【transmission】　①伝達．送信．②機動力伝導装置．

トランスミッション ギア【transmission gear】　機自動車などの歯車式変速機．

トランスミッション コントロール プロトコル【transmission control protocol】　工算イン

ターネットで用いる通信規約の一つ．TCPともいう．

トランスミッター【transmitter】　電送話器．送信器．発信装置．⇔レシーバー．

トランス モジュレーション方式【transmodulation】　工放デジタル放送の信号をCATV（ケーブルテレビ）用に変換し，家庭に配信する手段．セットトップボックスを経て，映像・音声を受信する．

トランスモダン【transmodern】　哲現代思想の成果を継承し，潜在力を救い出して，未到来の新しいモダンの軌道を設定すること．

トランスルーセント【translucent】　半透明の．くもりガラス状の．

トランスレーション【translation】　翻訳．翻訳物．解釈．

トランスレーター【translator】　①翻訳家．通訳．②工算さまざまな変換プログラム．

トランソニック【transonic】　理航空機などが音速近くで飛ぶ時，周りの空気の流れが部分的に音速を超えること．遷音速．

トランタン【trente ans 仏】30歳．

トランパー【tramper 日】　不定期船．不定期貨物船．⇔ライナー．英語はtramp，tramp steamer．

トランペット スカート【trumpet skirt】　服腰部はぴったりしていて，長めの裾をアサガオ状に広げたスカート．

トランポリン【trampoline】　競弾力性のあるマットを使った運動用具．跳躍，転回，ひねり技などで演技する競技種目にもなっている．

ドリア【doria 仏】　料魚介入りの西洋風おじや．ライスグラタンともいう．

トリアージ【triage】　医治療の優先順位に基づいて行う負傷者の選別．多数の死傷者が発生する災害医療では，重傷だが治療可能な患者を優先する．

トリアージタグ【triage tag】　医社事故や災害で大量発生した負傷者の治療優先度を示す識別票．

トリアシルグリセロール【triacylglycerol】　中性脂肪．一般の食用油に含まれる．TAG．

トリアゾラム【triazolam】　薬ベンゾジアゼピン系の睡眠導入剤．商品名はハルシオン．

ドリアン【durian】　植パンヤ科の常緑高木．果肉は黄乳色クリーム状で独特の香りがあり生食する．果物の王様と呼ばれる．

ドリー【dolly】①小さな車輪の付いた台車．②映撮影機の移動用の台車．③人形の愛称．

ドリーグリップ【dolly grip】　映撮影機材やカメラ操作者などを乗せる，撮影用の移動台車を動かす係．

ドリーショット【dolly shot】　映カメラを台車や手押し車に乗せて，被写体に接近・後退する移動撮影法．

トリーティー【treaty】　条約．国家間や国際機構間で成立した合意事項を文書にしたもの．

トリート【treat】　①処遇する．扱う．表現する．②ごちそうする．歓待する．供応する．

トリートメント【treatment】　①容栄養剤などによる髪の保護・回復処置．②治療．③取り扱い法．待遇．

ドリーミー【dreamy】 夢見るような．夢の多い．すてきな．

ドリーム【dream】 夢．空想．あこがれ．

ドリームアナリシス【dream analysis】 心夢分析．夢の内容を分析して無意識のうちに抑圧されている願望・欲求・本能を解明する．

ドリームキャスト【Dreamcast】 I家庭用ゲーム機の一種．1998年にセガ・エンタープライゼス（現セガ）が発売．2001年に製造中止．商標名．ドリキャスともいう．

ドリームチーム【Dream Team】 競アメリカのプロバスケットボール選手を中心に編成した史上最強チーム．1992年のバルセロナ オリンピックへの出場が最初．夢のチーム．

ドリームチケット【dream ticket】 政アメリカ大統領と副大統領の理想的な組み合わせ．

ドリーム トレイン インターネット【Dream Train Internet】 Iインターネット接続サービスを提供している会社．またはそのサービス．個人・法人両方に向けたサービスを提供している．DTIともいう．

ドリームライナー【Dreamliner】 機ボーイングの次世代旅客機 B7E7 の通称．

トリウム【thorium】 化天然放射性元素の一つ．元素記号は Th．トリウム232が中性子を吸収するとウラン233に変わり，原子炉の燃料として使える．

トリエステ【Trieste】 機有人深海潜水調査船の一つ．アメリカが所有し，1960年に世界最深のマリアナ海溝チャレンジャー海淵の底部に到達した．

トリエンナーレ【triennale 伊】 美3年に一度開催される美術展．

トリオ【trio】 ①三人組．三つ組み．②音三重奏．三重唱．

トリオソナタ【trio sonata】 音バロック時代の室内楽の一形式．二つの旋律楽器と通奏低音からなる．

トリオポリー【triopoly】 営経市場が大手三社で独占されていること．

トリオホン【TRIOPHONE 日】 I3人同時通話ができる簡易電話会議サービス．NTT 東日本・西日本が提供している．

トリオンファン級【Le Triomphant class 仏】 軍フランスのミサイル原潜の一種．

トリガー【trigger】 ①銃などの引き金．②写カメラのフィルム巻き上げ装置の一種．引き金式で速写できる．

トリガー価格【trigger price】 営経引き金価格．アメリカが，ダンピング輸出の調査開始の基準とする価格．

トリガー産業【trigger industry】 営国や地域の産業開発あるいは企業集積の引き金となるべき産業．

トリカルボン酸回路【tricarboxylic acid cycle】 化生クエン酸回路．有機物を酸素を用いて二酸化炭素と水に分解する過程．TCA回路ともいう．

トリクル充電【trickle charge】 I補償充電．二次電池の，自己放電による容量減少を防ぐための充電方法．負荷から切り離した状態で，時々微小な電流を流す．

トリクロロエタン【trichloroethane】 化有機塩素系化合物の一つ．メチルクロロホルム．金属部品などの洗浄剤に用いる．オゾン層破壊物質として規制され，1995年末までに全廃．

トリクロロエチレン【trichloroethylene】 化不燃性で有害・無色の芳香のある液体．溶剤・消火剤・駆虫剤などに広く用いる．大気汚染防止法による規制の対象．トリクレンともいう．

トリクロロメタン【trichloromethane】 化有機塩素系化合物の一つ．炭化水素の塩素置換体．規制の対象となる指定化学物質の一つ．クロロホルムともいう．

トリコット【tricot 仏】 服縦メリヤス編みの生地の一つ．弾力性・伸縮性があり，ほつれにくい．肌着・手袋・子供服などに使われる．トリコともいう．

トリコマイシン【trichomycin】 薬抗生物質の一つ．しらくも・水虫などの治療に有効．

トリコモナス【trichomonas 羅】 医人体の消化器官や膣などに寄生する鞭毛虫の一種．婦人科系疾患を起こす．

トリコロール【tricolore 仏】 三色の．三色旗．特にフランスの国旗を指す．

トリジェネレーション【trigeneration】 環営電気・熱・排気併給．熱電併給とその排気を活用する．

トリスタン【Tristan 日】 理高エネルギー物理学研究所が筑波研究学園都市に建設した大型加速器．Transposable Ring Intersecting Storage Accelerator in Nippon の略．

トリセリ法【Torricelli Act】 経政法アメリカの対キューバ経済封鎖強化のための法律．1992年キューバ民主主義法．民主党のロバート・トリセリが提案した．

トリチウム【tritium】 化三重水素．原子核が陽子1個と中性子2個で構成される．水素の同位体の一つ．

トリッキー【tricky】 ずる賢い．策略のある．扱いにくい．

トリック【trick】 策略．計略．たくらみ．ごまかし．手品．奇術．芸当．トランプ遊びでの勝ち札．

トリックアート【trick art】 美だまし絵．目の錯覚などを用いて鑑賞者をだます美術作品．

トリックスター【trickster】 神話や民話に登場するいたずら者．道化もその一種．

トリックプレー【trick play】 競相手の虚をついてだますプレー．

トリッピング【tripping】 競サッカー，アイスホッケーなどで，手足やスティックなどで相手選手を倒したりすること．反則の一つ．

ドリッピング絵画【dripping art】 美画布を床に敷き，棒で絵の具を滴らせる手法．抽象表現主義の代表的な画家ジャクソン・ポロックが考案．ドリップペインティングともいう．

トリップ【trip】 ①旅．旅行．②社心麻薬などによる幻覚症状・幻覚状態．

ドリップ現象【drip phenomenon】 化理科解凍する際に，冷凍魚肉の細胞内の水が流出する現

ドリップコ▶

象．急速凍結をした場合は肉質内にできる氷が微細なので，この現象が起きないで生鮮状態と似た外形を保てる．

ドリップコーヒー【drip coffee】科滴下式コーヒー．コーヒー豆の粉末に直接熱湯を注いで滴下させる入れ方．

ドリップドライ【drip-dry】服洗ってもしわにならず，アイロン掛けのいらない衣服．

トリップビデオ【trip video】麻薬を使ったような幻覚気分が生じるビデオ．

ドリップ ペインティング【drip painting】美ドリッピング絵画．抽象表現主義の代表的な画家ポロックが用いた技法で，つゆ状の絵の具をたらすもの．

トリップメーター【trip meter】機自動車などの走行距離計．一定区間の走行距離などを測るのに用いる．

トリトン【Triton】天海王星の衛星．

トリニトロトルエン【trinitrotoluene】化トルエンのニトロ化合物．爆薬などの起爆剤．TNT火薬．

トリニトロン【trinitron】工広ソニーが製造・販売しているアパーチャーグリル方式 CRT（カラーテレビ）の商品名．

トリノオリンピック【Torino Olympic Winter Games】競イタリアのトリノで2006年に開催された冬季オリンピック．

トリハロメタン【trihalomethane】化有機塩素系化合物の一種．発がん性をもつ．水道水が含む腐食質と滅菌用塩素の化合でできる．

トリビア【trivia】つまらないこと．些細なもの．またはそれに関する知識．雑学的な事象や知識．

トリビアリズム【trivialism】瑣末主義．つまらない末梢的なことばかりを重視して，事柄の本質を見極めようとしない態度・考え方．

トリビアル【trivial】くだらない．取るに足らない．瑣末な．

トリビュート【tribute】①みつぎ物．租税．贅辞．②音流行音楽で特定のミュージシャンに対し，称賛や尊敬の意を表すための企画．

トリビューナル【tribunal】裁判所．法廷．裁定委員会．

トリビューン【tribune】①［T-］新聞の名称．②人民の権利の護護者．

トリプシン【trypsin】化すい臓から分泌されるたんぱく質分解酵素の一つ．

ドリフター【drifter】漂流者．漂流船．

トリブチルスズ【tributhyl tin】化船底の防汚剤に用いる塗料に含まれる化学物質の一つ．毒性がある．有機スズ化合物．

ドリフト【drift】①吹きだまり．漂流物．②営経社賃金上積み．賃金ドリフト．業績のよい企業などで，中央交渉での賃金率を上回る賃金になる現象．③機金属の穴を広げる道具．

ドリフト軌道【drift orbit】漂流軌道．静止衛星が静止状態になる直前のほぼ円形の軌道．

ドリフト ダイビング【drift diving】競マリンスポーツの一種．潜水具を付け，潮の流れに乗って移動し，海中潜水する方法．

ドリフトネット【driftnet】流し網．網漁具の刺網の一種．

トリプル【triple】①三重の．三倍の．三連続の．②競(野球)三塁打．

ドリブル【dribble】①競サッカーなどで，球を小刻みに蹴りながら前進すること．②競(バスケットボール)球を手でつきながら前進すること．③競(ホッケー)球やパックをスティックで小刻みに打ちながら前進すること．④競(バレーボール)一人の選手が続けて球に2度以上触れる反則．ダブルコンタクトともいう．

トリプルアクセル【triple axel】競(スケート)フィギュアスケートの三回転半ジャンプ．前向きで踏み切り，後ろ向きに着地する．

トリプルウォミー【triple whammy】営経外国株を購入すると，株価の値上がり，配当，為替差益の三つの利得が期待できること．

トリプルA【triple A】①経債券発行時に信用度などを評価する時の最優良銘柄．②競(野球)アメリカのマイナーリーグの階級の一つ．最上位に相当．AAA，3A ともいう．

トリプルクラウン【triple crown】競三冠王．主要三部門のタイトルを独占した選手．野球では打率，本塁打，打点の三部門．

トリプル クラウン ホース【triple crown horse】競競馬で三冠馬．イギリスでは2000ギニー，ダービー，セントレジャーの三大レースに勝った馬．

トリプル碁【triple go】ヨーロッパで人気の3人一組による碁．

トリプルジャンプ【triple jump】競(陸上)三段跳び．(スケート)フィギュアで，三回転ジャンプ．

トリプル トラッキング【triple tracking】営社三つの航空会社が同一路線に乗り入れること．

トリプルパンチ【triple punch】一度に三つの痛手を受けること．

トリプルプレー【triple play】競(野球)三重殺．連続した守備動作で三人の選手をアウトにするプレー．

トリプル マーカーテスト【triple marker test】医胎児の出生前診断の一つ．母体血清マーカー．生命操作に結びつく可能性も指摘され，批判もある．

トリプレット【triplet】①音三連音符．三連符．②三つ子．③三つ組み．三つぞろい．④三人乗り自転車．⑤建集合住宅の中で，一つの住戸が三つのフロアに分かれているもの．

トリマー[1]【trimer】化三量体．

トリマー[2]【trimmer】①犬猫などペットの毛を刈りそろえる技術者．②仕上げ道具．

トリミング【trimming】①写無駄な部分を削除して構図を整えること．②服襟や袖口などをレースや刺しゅうで縁飾りすること．③動飼い犬・猫などを整毛して形を整えること．④工算デジタル画像の一部を切り出したり削除したりする操作．

トリム【trim】服帽子や服に飾りを付ける．縁取りをする．②芝生や頭髪を刈り込む．切り整える．

トリム運動【trimm】競心身のバランスをとるために各人が行う，スポーツによる健康・体力づくり推進運

◀トレーサー

動．トリムはノルウェーの造船用語で，船のバランスを取るの意．

トリュフ【truffe 仏】 植西洋ショウロ．地中に育ち，珍味として知られるキノコ．

トリル【trill】 ①音装飾音の一つで，主音と2度上の音を交互に繰り返し演奏する方法．顫音(せんおん)．記号は tr．②震え声．

ドリル【drill】 ①機穴を開ける工具の一つ．削岩用など．②教練習．特に反復練習による学習法．またその教材．

トリレンマ【trilemma】三者択一の窮地．

ドルーズ派【Drūz 亜刺】 宗イスラム教系の一宗派．イスラム教徒の多くからは異端視される．

トループ【troop】①動物などの群れ．人や物の集まり．一団．②〔-s〕軍隊．

トループシート【troop seat】多人数で座れるいす．

トループシステム【troupe system】 劇劇団制．演劇の興行を一定の団員をもつ劇団が行う方式．

トルーマン宣言【Truman Declaration】 政法1945年にアメリカ大統領のトルーマンが宣言した，大陸棚と沿岸漁業のための水域に関する海洋政策．

トルエン【toluene】 化芳香族炭化水素の一つ．非水溶性・可燃性の無色の液体．コールタールや石油などから得られる．爆薬・合成繊維・香料などの原料．

ドル化【dollarization】経通貨政策の一つ．自国の通貨を廃止し，アメリカドルを国内で直接流通させる．ダラーライゼーションともいう．

トルク【torque】①ねじりモーメント．ある軸を中心にものを回そうとする力．自動車エンジンなどの回転力．②競(ゴルフ)クラブシャフトのねじれ度を表す数値．

トルク コンバーター【torque converter】機流体変速機．作動油を使って回転動力を自動的に加減変速する装置．トルコン．

トルクモーター【torque motor】 機強力な磁性合金を用い大トルクを発生できるモーター．

ドルクローズ【dollar clause】経貿易の決済や外債の支払いなどをドルで行うことを取り決めた条項．

ドルコスト平均法【dollar cost averaging】 経機械的な株式投資手法の一つ．特定の銘柄に一定のタイミングで，一定の金額を投資する．定額定期買い．

トルコルート【Turkish route】カスピ海沖の石油をヨーロッパ市場へ運ぶパイプラインの経路．

ドルシフト【dollar shift 日】 経貿易資金を扱う銀行などが，円金融からドル金融へ調達方法を変えること．正式には switch in currency for trade financing from yen to dollar．

ドルショップ【dollar shop】 商ドルで買い物ができる店．

トルソー【torso 伊】 ①人間の胴体．②美人体の胴体部だけの像．③未完成の作品．

ドルチェ【dolce 伊】①音優しく，甘美に演奏せよ．②優しい．甘美な．③デザート．菓子やケーキ．

トルテ【Torte 独】食円板形の洋菓子．

トルティーヤ【tortilla 西】 食メキシコ料理の一

種．トウモロコシの粉をこね，丸型に薄く焼いたもの．トルティージャともいう．

トルネード【tornado】気主にアメリカ中・南部で暖候期に発生する竜巻の一種．

ドルビーNR【Dolby noise reduction】 エテープ録音のための雑音低減方式．アメリカのドルビー研究所が開発した．

ドルビー デジタル【Dolby Digital】エ映画用の音声再生システムであるドルビーステレオのデジタル仕様．

ドルビー デジタルAC-3【Dolby Digital AC-3】エアメリカのドルビー研究所が開発したマルチトラックのサラウンド方式．デジタル音声信号圧縮方式によるもので，従来に比べて臨場感が増す表現ができる．AC-3 方式ともいう．

ドルビー デジタル サラウンドEX【Dolby Digital Surround EX】 エ1999年夏公開された映画「スター・ウォーズ・エピソード1」で初めて使われたフォーマット．DVD にも収録される．

ドルビー プロロジック【Dolby prologic】エ映画音声用の録音再生システムの民生用のもの．アメリカのドルビー研究所が開発した．

ドルビー方式【Dolby system】録音テープの雑音を低減する方法の一つ．商標名．

ドルビー ラボラトリーズ【Dolby Laboratories】エサンフランシスコに本拠をもつ映画音響の技術開発会社．劇場用と家庭用で同一のチャンネル配置を設定する．ドルビーステレオ，ドルビーサラウンドなどを開発．

ドルフィン【dolphin】動イルカ．

ドルフィンキック【dolphin kick】競(水泳)バタフライ泳法で，イルカのように両足をそろえて水を蹴る方法．

ドルフィンスイム【dolphin swim】 社野外余暇活動の一つ．イルカと一緒に泳ぐこと．

ドルペッグ制【dollar peg -】経自国通貨の交換レートをアメリカドルと連動させ一定に保つやり方．

ドル暴落【dollar crash】 営経ドルへの信認が揺らぎ，資金が一挙に大量流出すること．

ドルマンスリーブ【dolman sleeve】 服袖ぐりが深くゆったりし，袖口が詰まっている袖．

ドルメン【dolmen】歴平らな天井石を他の石で支える構造をもつ古代の巨石建造物．

ドルユーザンス【dollar usance】経ドルで表示されている為替手形の支払い期限．

ドルリンク政策【dollar link -】経政自国通貨の対アメリカドル平価を1対1に保つ政策．ブラジルやアルゼンチンが行った．

トレアドル【toreador 西】闘牛士．

トレアドル パンツ【toreador pants】服細身で脚にぴったりするひざ下までの女性用ズボン．闘牛士のズボンに似ているところから．

トレー【tray】 書類などの整理用の箱．浅い整理箱．盆．盛り皿．

トレーサー【tracer】①設計図面などを転写する人．②服布地などに印を付ける洋裁道具の一つ．ルーレット．③化生追跡子．放射性の指示薬で，生体内の異常や種々の化学反応を調べるのに用いる．

377

トレーサビ▶

④【計】実行中のプログラムの動作手順が，正しく働いているかどうかを調べるプログラム．

トレーサビリティー【traceability】①【営社】履歴管理．追跡可能性．生産から流通に至る履歴を管理して追跡確認できる仕組み．②【理】測定器の標準追遡性．適切な標準と測定器を比較較正すること．

トレーサビリティー システム【traceability system】【営】食品などの生産から販売までの情報をさかのぼって調査できる仕組み．

トレーシングペーパー【tracing paper】透写紙．複写紙．原図などの写し取り用．

トレース【trace】①追跡する．跡をたどる．②痕跡．③図面を引いたり，複写したりすること．④製造工程などの検査で，工程をもう一度たどること．⑤【登】先行登山者の踏み跡．踏み跡をたどること．⑥【競】(スケ)滑り跡．⑦【計】誤りを検出する方法．プログラムの各段階の動きや結果をたどって記録し表示したもの．

トレースプログラム【trace program】【計】誤りの検出で，プログラムの各段階の動きや結果を追って記録して表示するソフトウエア．

トレーダー【trader】【営】貿易業者．証券業者．株式や通貨などの売買を行う業者．

トレーディング カード【trading card】交換カード．プロスポーツの人気選手や競馬の馬などの写真で飾ったカード．トレカともいう．

トレーディング カンパニー【trading company】【営経】貿易商社．

トレーディング スタンプ【trading stamp】【営】小売店の販売促進活動の一つ．商品の購入金額によって点数を与え，一定数を集めると景品を提供する方式．

トレード【trade】①【営】貿易．商業．商売．取引．②【競】チーム間で行う選手の交換・移籍．

トレードオフ【trade-off】①【営社】物価と雇用の相対関係．完全雇用の状態に近づくと物価が上昇し，逆に物価上昇が収まれば失業者が増えるという現象．②一方の条件を満たすと他方が犠牲になるような関係．③取引．交換．協定．

トレードオフィス【trade office】【営経】貿易事務所．

トレード キャラクター【trade character】【広】商品を消費者に印象づけるための商標やマーク．擬人化した動物などを使う．トレードパーソナリティーともいう．

トレード シークレット【trade secret】【営】営業秘密．企業秘密．競争相手より優位に立つための業務上の秘密．事業活動に有利な秘密の情報．企業の財産的情報．

トレードショー【trade show】【営】来場者を専門家に限定して，メーカーとユーザーが直接取引する場を提供する見本市．

トレードタームズ【trade terms】【営経】貿易用語で，国際的慣行である各種の貿易契約の条件．

トレードドレス【trade dress】【営】商品を特定しうる形態のうち，第二次的機能が生じるような模様・形状その他の特徴のこと．

トレード パブリケーション【trade publication】特定の業界のニュースを専門に扱う新聞または雑誌．

トレードバランス【trade balance】【営経】貿易収支．

トレード プロモーション【trade promotion】【営】販売促進の領域の一つ．売り場づくりを刺激する方法．

トレード プロモーション テクニック【trade promotion technique】【営】販売業者向けの販売促進手法．

トレードマーク【trademark】①登録商標．マークともいう．②個性的な特徴．

トレードマネー【trade money 日】【競】選手が所属チームを移籍するのに伴う支払い金．移籍料．英語は waiver fee．

トレードメーション【tradomation】【計経営】証券会社の業務をコンピューターを用いてオートメーション化すること．主に機関投資家向けの金融商品の売買などに用いる．TAともいう．

トレードユニオン【trade union】【社】労働組合．職業別組合．

トレーナー【trainer】①【競】練習の指導者．コーチ．②【競】選手の体調などを整える人．調整係．③【服】運動着などの上に着る綿などのゆったりとした上着．トレーナーシャツともいう．英語は sweatshirt．④調教師．

トレーニー【trainee】訓練・練習を受けている人．職業研修生．見習い．新兵．

トレーニング【training】①練習．訓練．教練．養成．②【競】人体の組織や器官を強化するさまざまな運動．

トレーニングウエア【training wear 日】【競服】スポーツの練習などに用いる上下着．

トレーニング センター【training center 日】【競】競馬で，競走馬を集中的に調教・管理する施設．日本中央競馬会では関東では美浦，関西では栗東に開設した．②【競】走路やさまざまな運動器具を備えた体育施設．トレセンともいう．

トレーニング マシン【training machine】【機競】筋肉鍛練用の機器．おもりや油圧，水圧，空気圧，スプリングなどを利用して筋肉に抵抗を与え筋力を養う．

ドレーピング【draping】【服】立体裁断．体に直接布地を掛け，体型に合わせて裁断すること．

ドレープ【drape】①【服】ひだ飾り．ゆったりとした布のたるみ．②飾り布．③【医】手術などで患者に着せる掛け布．

トレーラー【trailer】①【機】付属車．走行用の動力装置がない被牽引車．②【映】予告編．

トレーラーハウス【trailer house 日】【機建】移動住宅．自動車で牽引する居住設備のある車両．英語は house trailer．

トレール【trail】①荒野や山の中の道．けもの道．②人や獣の足跡．③手掛かり．④オートバイで山道などを走ること．またその車種．

ドレーン【drain】排水溝．排液管．ドレイン．

トレカ　トレーディングカード(trading card)の略．交換カード．

トレジャリー【treasury】 営経国庫．公庫．資金．基金．歳入．

トレジャリー ストック【treasury stock】 営経企業が市場から買い戻して保有する自社株式．金庫株．

トレジャリー ストリップ債【treasury strip bond 日】 経アメリカの長期国債の利息分と元本部分を別々に売買するもの．日本では元本だけが証券会社で販売されている．英語は stripped treasury bond．

トレジャリービル【treasury bill】 経アメリカの財務省短期証券．割引債形式で発行される．TBともいう．

トレジャリーボンド【treasury bond】 経アメリカの財務省長期証券．期限10年を超える利付債．日本では大蔵省（現財務省）証券，食糧証券，外為証券などを指す．

ドレスアップ【dress up】 服盛装する．着飾る．

ドレスウオッチ【dress watch】 服着飾った装いに合う腕時計．薄型で上品なデザインのものが多い．

ドレスシャツ【dress shirt】 服男性が着用する礼装用ワイシャツ．

ドレススーツ【dress suit】 服男性が着用する礼服．正装用のえん尾服．

ドレスダウン【dress down 日】 服カジュアルでさりげなく着こなすこと．高級な絹地でTシャツを作ったりするようなこと．

ドレスフォーム【dress form】 服仮縫いなどで使う胴体だけの人体の模型．ボディともいう．

ドレスメーカー【dressmaker】 服女性服専門の洋装店．女性服を仕立てる店．またその裁断師．

ドレスメーキング【dressmaking】 服洋裁．女性用の服の仕立て．またその仕立屋．

ドレスリハーサル【dress rehearsal】 劇本番前に行う仕上げのけいこ．総ざらい．実際の舞台装置で本番と同じ化粧・衣装で行う．

トレセン トレーニングセンター（training center）の略．訓練センター．運動や練習を行う体育施設．

トレッカー【trekker】 社登山歩きをする人．徒歩旅行をする人．

トレッキング【trekking】 社登山歩き．登頂が目的でない，気軽な山歩き．

トレッキング シューズ【trekking shoes】 登軽登山靴．気軽な山歩きなどに使う登山靴．

ドレッサー【dresser】 ①着付けをする人．②着こなしのうまい人．③洋式の鏡台・化粧台．

ドレッシー【dressy】 服服装が上品で，優雅な様子．

ドレッシング【dressing】 ①料魚や野菜にかける調味料の一種．②服装．化粧．

ドレッシング ルーム【dressing room】 化粧室．楽屋．

トレッド【tread】 ①タイヤの接地面．②自動車の左右のタイヤの接地面の中点から中点までの距離．③芸ダンスの足さばき・足運び．

ドレッドノート【dreadnought】 ①怖いもの知ず．恐れるものが何もないという人．②軍イギリスの弩（ど）級戦艦．

トレッドパターン【tread pattern】 自動車のタイヤ表面の溝模様．

ドレッドヘア【dread hair 日】 容髪がもつれて細い縄状になった髪型．英語は dreadlocks．

トレッドミル【treadmill】 ①機器立体での運動負荷をかける機器．走行時の身体測定に用いる．原義はハツカネズミなどが回る踏み輪．②繰り返しの続く退屈な仕事．単調な仕事．

トレハロース【trehalose】 化二糖類の一種．酵母やきのこ，海藻などに含まれ，細胞の形態を保つ作用がある．

トレビアン【très bien 仏】 とてもよい．英語のベリーグッド（very good）に当たる．

トレビス【trévise 仏】 植野菜の一種．キク科でチコリの仲間．紫キャベツに似た形で葉を生食する．

トレモロ【tremolo 伊】 音震音．震わせる感じで歌ったり，演奏したりすること．

トレランス【tolerance】 寛容．度量．包容力．

トレリス【trellis】 交差部分をびょうで止めた格子形状のもの．園芸などに使う．

トレンチ【trench】 ①壕．遺跡調査の細長い溝．②服トレンチコートの略．

トレンチ エフェクト【trench effect】 理火災が起きた時に，炎が傾斜路を伝わって上階へも燃え移る現象．

トレンチコート【trench coat】 服ダブルの打ち合わせ，右肩に防風雨用のあて布，袖口のミニベルトなどのデザインをしたコート．

トレンチ調査【trench excavation survey】 地過去の地震発生時などを知るのに行う活断層調査法．

ドレンチャー【drencher】 建建物の外壁に巡らした防火・消火装置の一つ．

トレンチング【trenching】 地活断層部分を掘って断層の様子を調べること．

トレンディー【trendy】 最新流行の．今はやりの．いきな．

トレンディー ドラマ【trendy drama 日】 放都会を舞台に，若い女性たちの風俗や願望などをテーマにしたテレビドラマ．

トレンド【trend】 ①傾向．方向．風潮．動向．趨勢．②服流行の先端．

トレンドカラー【trend color】 それぞれの時期の傾向となる色．流行色を決める国際会議（インターカラー）の選定が基調となる．

トレンド商品【trend goods 日】 営感覚的に最も先端的で，一つの傾向をもち，流行を作り出しそうな商品群の総称．

トレンドスポッター【trend spotter】 営流行の変化を観察し，予測を立てる人．

トレンドセッター【trendsetter】 営流行を創出する人．流行を決める人．トレンダーともいう．

トロイカ【trojka 露】 ロシア特有の3頭立て馬ぞりや馬車．2～4人乗り．原義は「三つ」．

トロイカ方式【trojka system】 政三頭政治．

トロイデ【Tholoide 独】 地鐘状火山．溶岩円頂

トロイの木▶

丘．粘性の強い溶岩が流出して釣り鐘状に固まったもの．

トロイの木馬【Trojan horse】①[IT][算]偽装したプログラムで，実行するとファイル削除などの破壊活動を起こすもの．感染能力を問わない点でウイルスと区別する．ただし，ウイルスを感染させる方法に使われることもある．②内部崩壊をさせるもの．危険な贈物の意でも用いる．

ドロー¹【draw】①[競]試合や勝負などの引き分け．②[競](ﾄﾞﾛｰ)競技の組み合わせを決める抽選．③[競](ﾄﾞﾙ)打球が途中から左（左利きでは右）方向に曲がって飛ぶこと．④[競](ｶﾇｰ)艇を横に寄せるこぎ方．

ドロー²【drawing】[I][算]コンピューターで画像を描く方法の一つ．画像を線や面からなる図形の集合体として描画する方法．

ドローイング【drawing】①建設計図などを書くこと．製図．②[美]水彩画など筆を使って描いた絵画．デッサン．③くじ引き．④[競]組み合わせ抽選．

ドローイング アカウント【drawing account】[経]現金・商品などの資本引き出しを記載する勘定．引出金勘定．

ドロー ストリング【draw string】[服]袖口，ウエスト，すそなどの穴にひもを通して引き締めること．

ドローソフト【drawing software】[I][算]図形表現に用いるメタデータ形式の画像ファイルを作成するソフトウェア．線画で画像を構成する．

ドローチ【troche】[薬]のどや口腔の病気の治療に用いる円形の平たい錠剤．

ドローバック【drawback】①欠点．不利益．障害．②[経]払い戻し．割り戻し．

ドローボール【draw ball】[競](ﾄﾞﾙ)右利きのゴルファーが，球を緩やかに右から左へ意識的に曲げること．またその球．

ドロール【trawl】遠洋漁業などで使用されている底引き網の一種．

ドローン【drone】[機]あらかじめ定めたプログラムによって飛行する有翼無人機の総称．

トロツキスト【Trotskyist】①[政]ロシアの革命家トロツキーの思想を信奉する人．②共産主義者などの間で，分派活動者や裏切り者を非難していう言葉．

トロツキズム【Trotskyism】[政]ロシアの革命家トロツキーの思想．スターリンの一国社会主義に対して世界革命論を唱え，極左主義の代名詞となった．

トロット【trot】[競]馬術で，だく足．並歩と速歩の中間に当たる歩調．

ドロップ【drop】①[競](野球)投球で，打者の手元で急に落ちる球．②滴り．滴．落下する．落第すること．③[料]あめの一種．

ドロップアウト【dropout】①[社]社会体制などからの脱出・脱落．落伍者．②[競](ﾗｸﾞ)防御した球を自陣の22mライン内から蹴り出すドロップキック．③[I][算]磁気テープのごみなどで誤信号が伝わること．④[教]高校などを中途退学すること．

ドロップイヤリング【drop earring】[服]耳から垂れ下がるイヤリング．

ドロップイン【drop-in】[社]体制や組織から離脱するような考えをもちながら，体制にとどまったり，一度離脱して舞い戻ったりした人．

ドロップ インサイダー【drop insider 日】[社]組織から離脱する考えをもちながら，組織にとどまっている人．

ドロップオフ【drop-off】急な下降．急傾斜．減少．落ち込み．衰退．

ドロップショルダー【dropped shoulder】[服]肩よりも腕のほうに落としてある袖付け．

ドロップストーン【drop stone】[鉱][地]氷河作用で海に流出した砂礫が海底堆積物にはさまったもの．

ドロップゾンデ【dropsonde】[気]高層気象を観測するために，航空機から投下する探測・発信器械．パラシュートが付いている．

ドロップデッド【drop-dead】ぎりぎりの限界．

ドロップバイ【drop-by】[政]いくつものパーティーに手際よく出席する政治家のやり方の一つ．会場に着くとすばやく握手や談笑をし，短時間で会場を立ち去る．D.B. ともいう．

ドロップハンドル【drop handle 日】オートバイや自転車のハンドルで，下向きに曲がっているもの．英語は racing handlebar．

トロピカライゼーション【tropicalization】熱帯向きに改修すること．装備や服装などを熱帯に適するように変えること．

トロピカル【tropical】[気]熱帯の．熱帯地方の．熱帯で見られるような．

トロピカル ドリンク【tropical drink】[料]熱帯産の果実などを加えたアルコール飲料．

トロピカル フルーツ【tropical fruits】[植]熱帯産の果物．マンゴー，パパイアなど．

トロピズム【tropism】[生]動植物が光・温度などの物理的刺激に対して示す性質．向性．

トロフィー【trophy】[競][社]入賞記念品．競技などの入賞者に与えられる優勝杯・盾・像など．

トロポポーズ【tropopause】[気]圏界面．特に対流圏と成層圏の境界面をいう場合もある．

ドロモロジー【dromologie 仏】[哲]速度論．ヴィリリオの造語．

トロリー【trolley】[電]集電器．架線などから電力を受け取る滑車状の装置．

トロン計画【TRON project】[I][算]コンピューターの共通基盤となるオペレーティングシステムを開発する計画の一つ．TRONは The Realtime Operating System Nucleus の頭字語．

ドロンゲーム【drawn game】[競]悪天候などのために試合の勝負がつかないで引き分けになること．ドローンゲーム，ドローゲームともいう．

トロンビン【thrombin】[化]血液の凝固に携わるたんぱく質分解酵素．

トロンプルイユ【trompe-l'œil 仏】①[美]だまし絵．本物と錯覚させるほど細密に写実的に描く．②[服]襟や打ち合わせを二重にして重ね着のように見せかける装い．

トロンプルイユ ダブル ジャケット【trompe-l'œil double jacket 日】[服]重ね着のように見えるが，実際は1枚だけの上着．

ドロンワーク【drawn work】[服]欧風刺しゅうの一種．糸を抜き取り，透かし模様を作る．オープンワークともいう．

380

ドワーフ【dwarf】小人．背の小さい人．
トワール【toile 仏】服麻や木綿などの織物．
トワイライト【twilight】薄暮．薄明かり．
トワイライト インダストリー【twilight industry 日】経斜陽産業．サンセット インダストリーともいう．英語は declining industry．
トワエモア【toi et moi 仏】あなたと私．
トワリスト【toiliste 仏】服デザイン画から型紙を製作する人．
トワレ【toilette 仏】建トイレット．
トワレット【toilette 仏】建化粧室．洗面所．便所．トワレともいう．
トン【ton】①メートル法の質量の単位の一つで，1000kg．記号はｔ．メートルトンともいう．②船舶の大きさを表す単位．
ドン【Don 西】首領．親分．指導者．大人物．
ドンキー【donkey】①動ロバ．②愚鈍な人．強情な人．頑固な人．③補助の．
ドンキーエンジン【donkey engine】機補助エンジン．補助機関．小型の携帯用エンジン．
トング【tongs】ものをはさむのに使う道具．2本の棒を1カ所で留めた形のもの．
トングサンダル【thong sandals】服革ひも製の鼻緒付きサンダル．ソングサンダル，あるいはトングともいう．
ドンゴロス【dungarees；dongeryus】①麻袋．または麻袋用の丈夫で目の粗い布地．②服刺しゅう用の目の粗い麻布．
ドント式【d'Hondt method】政ベルギーの数学者ドントが考案した比例配分法．選挙の比例代表制などに用いる．
ドント ノー グループ【don't-know group】社アンケート調査などで，知らない・わからないと回答する人々．DKグループ．
トンネル効果【tunnel effect】理粒子の運動は，壁があれば止まるはずだが，ある確率で通り抜けられるという量子力学的な現象．
トンパ文字 言象形文字の一種．中国雲南省のナシ族が用いる．
ドンファン【Don Juan 西】女たらし．好色漢．色事師．

ナ

ナーサリー【nursery】①社育児室．保育所．②生苗床・養魚場・養殖場など，動物や植物を育てる場所．
ナーサリースクール【nursery school】社託児所．保育所．
ナーシングホーム【nursing home】医社医療・福祉が一体化された特別養護老人ホーム．特にアメリカで発達した養護施設．
ナース[1]【NAS】軍アメリカ海軍の攻撃型原潜開発計画．new attack submarine の頭字語から．

ナース[2]【nurse】①医看護婦．看護師．②乳母．保母．
ナースウオッチ【nurse watch】医看護師が胸に付ける時計．天地逆の表示になっている．
ナースエイド【nurse aide】医看護助手．
ナース カウンセラー【nurse counselor】医患者の心のケアを専門に行う看護師．
ナースキャップ【nurse cap】医看護師がかぶる帽子．
ナースコール【nurse call system】医病室などから看護師と連絡をとるのに用いる装置．
ナース ステーション【nurse's station】医看護師の詰め所．
ナースセンター【nurse center 日】医看護師の資格をもつ離職者の再就職を斡旋する制度．またその機関．ナースバンクを1992年に改称．
ナーチュア【nurture】育てる．養育する．育成する．教育する．
ナード【nerd】落ちこぼれ．ぐずぐずしている人．服装や流行などに無関心な人．遅れているやつ．おたく族．
ナーバス【nervous】神経質な．神経過敏な．臆病な．怒りっぽい．
ナーバスノビス【nervous novice】社人生経験が乏しく，不安定な生活状態にある若年層の人．ニューミドラーの類型の一つ．
ナイ【nay】音フルート属の楽器の一種．アシ製の笛で，ルーマニアなどの民族音楽に用いる．パンフルートともいう．
ナイアシン【niacin】薬ビタミンの一つ．ニコチン酸，ニコチン酸アミドの総称．不足すると，皮膚炎・下痢・口舌炎などの症状が出るペラグラを起こす．レバー，肉，魚，ピーナッツなどに多く含まれる．
ナイーブ【naive】純真な．あどけない．
ナイスガイ【nice guy】すてきな男．いい男．いいやつ．いかすやつ．
ナイスミディ【nice midi 日】社すてきな中年女性．人間的に充実し魅力のある女性．
ナイスミディ パス【nice midi pass 日】経社JR線の企画切符の一つ．30歳以上の女性が二人以上のグループで利用できる．
ナイスミドル【nice middle 日】社すてきな中年男性．社会的にも人間的にも成熟した男性．英語は attractive middle-aged men など．
ナイター【nighter 日】競夜間試合．英語は night game．
ナイティー【nightie】服女性用の寝室着・寝間着．ナイトドレスともいう．
ナイト【knight】①イギリスの爵位の一つ．②中世ヨーロッパの騎士．③貴婦人に同伴する礼儀正しい男性．④チェスで，馬の首を模した駒．
ナイトウエア【nightwear】服夜着．寝間着．
ナイトウオッチ【night watch】夜番．夜警．夜間勤務の警備員．
ナイトガウン【nightgown】服夜着．寝間着の上に着るゆったりとした室内着．ナイトローブ，ベッドガウンともいう．
ナイトキャップ【nightcap】①服寝る時にかぶ

ナイトクラ▶

帽子．②料夜寝る前に飲む酒．

ナイトクラビング【nightclubbing】 社ナイトクラブで音楽や踊りを楽しむこと．酒場を次々と変えて飲み歩くこと．

ナイトクリーム【night cream】 容肌に栄養を与えるために就寝前に使う油性のクリーム．

ナイトケア【night care】 社夜間に介護や福祉援助を行う宿泊施設を備えたサービス方式．

ナイトゲーム【night game】 競夜間，照明の下で行われる試合．日本ではナイターという．

ナイトコート【night court】 法アメリカの夜間刑事法廷．容疑者の拘置を決めたり，微罪ならば即決で判決を出したりする．

ナイトショップ【night shop 日】 営夜間営業をするブティック・美容室などの店舗やスポーツ・レジャー施設．

ナイトスポット【nightspot】 ①社夜間の盛り場．夜ににぎわう歓楽街．②高級酒場．夜間社交場．ナイトクラブ．

ナイトテーブル【night table】 寝台のまくら元に置く小さなテーブル．ベッドサイドテーブル，ベッドスタンドともいう．

ナイトドレス【nightdress】 服女性用の寝間着．ナイティーともいう．

ナイトビジョン ゴーグル【night vision goggles】 理暗視技術を用い，暗闇でも自由に見える双眼鏡状の装置．

ナイトビジョン テクノロジー【night vision technology】 理暗視技術．わずかな光を増幅し夜間の視度を改善する映像技術．

ナイトホーク【Night Hawk】 軍アメリカ空軍のＦ－117Aステルス戦闘機の通称．

ナイトホスピタル【night hospital】 医精神障害者の社会復帰を助けるための施設の一つ．日中は職場や学校に通い，夜は入院する形式．

ナイトメア【nightmare】 悪夢．

ナイトメア シナリオ【nightmare scenario】 予測される状況の中で，最悪の事態のこと．

ナイトライフ【nightlife】 夜遊び．歓楽街やナイトクラブなどで楽しむ夜の生活．

ナイトロックス【nitrox】 酸素の含有率を高めた潜水用タンク．

ナイルパーチ【Nile perch】 魚ナイルアカメ．アフリカ中部のビクトリア湖などで獲れるスズキの一種で，大型の食用魚．

ナイロビ宣言【Nairobi Declaration】 軍対人地雷全廃への指針．2004年にケニア・ナイロビでの対人地雷禁止条約サミットで採択．

ナイロン【nylon】 化ポリアミド樹脂系合成繊維の総称．元商標名．耐水性・弾力性などに優れるが，熱・光に弱い．

ナイロンファー【nylon fur】 服ナイロンを使った人工毛皮の一つ．

ナイン ツー ファイバー【nine-to-fiver】 社勤務時間内しか働かず，退社時刻になると仕事をやめてすぐ帰ってしまう人．映画「9時から5時まで」にちなむ呼称．

ナインティーンス ホール【nineteenth hole】 競（ブル）競技終了後に休憩する建物．クラブハウス．18ホールを終了したあとの19番目の場所という意味．

ナウ【now】 今の．現代風な．最新の．

ナヴィエ ストークス方程式【Navier-Stokes equation】 数理微分方程式の一つ．粘性流体の基礎方程式として広い適用性をもつ．

ナウキャスト【nowcast】 気短時間予報．遠隔観測装置網による即時天気予報．

ナウナウイズム【now-nowism】 社目先にあることにしか興味を示さず，将来のことに取り組むのを避けたがる傾向．

ナウマン象【Elephas naumanni 羅】 動歴化石動物の一種．更新世後期に栄えた象．

ナガランド民族社会主義評議会【National Socialist Council of Nagaland】 政インドの過激派組織の一つ．ナガランド州を中心に活動．カプラン派とムイヴィー派に分裂している．NSCNともいう．

ナグウエア【nagware】 Ⅰ算ユーザー登録をしていないと，未登録であることをうるさく警告するメッセージを表示するプログラム．

ナゲット【nugget】 ①化天然の貴金属のかたまり．鉱床に含まれる塊金．②料衣をつけた鶏肉などを油で揚げたもの．

ナゴルノ カラバフ紛争【Nagorno-Karabakh conflict】 アゼルバイジャンのナゴルノカラバフの帰属をめぐるアルメニアとの紛争．

ナサ【NASA】 宇アメリカの航空宇宙局．1958年に設立．National Aeronautics and Space Administration の頭字語から．

ナシゴレン【nasi goreng ィン】 料インドネシア料理の一つ．焼き飯．

ナショナリスト【nationalist】 政民族主義者．国家主義者．国粋主義者．

ナショナリズム【nationalism】 政民族主義．国家主義．民族あるいは国民の統一と独立を求める思想や運動．

ナショナリゼーション【nationalization】 国有化．国営化．国粋化．ナショナライゼーションともいう．

ナショナリティー【nationality】 国民性．民族性．民族的感情．国籍．

ナショナル【national】 国家の．国民の．国家的な．国粋的な．国立の．国有の．全国の．

ナショナルアイコン【national icon】 国を象徴するもの．

ナショナル アイデンティティー【national identity】 政民族的同一意識．国民的統一性．同一民族，あるいは国民の中にある一体感．

ナショナル アセスメント テスト【national assessment test】 教イギリスの全国一斉学力テスト．1988年の教育改革法で導入．テスト結果を学校別・学区別に公表する．

ナショナルアド【national ad】 広全国的規模の広告．

ナショナルアトラス【national atlas】 地国勢地図帳．国土の地形以外に人口・産業・交通・文

382

◀ナチュラリ

化などの地域分布の状態や変化を図示．

ナショナル インタレスト【national interest】国民的利益．国家的利益．国益．

ナショナルカラー【national color】 国家・国民を象徴する色．国旗の色．

ナショナル カリキュラム【national curriculum】教イギリスの公立校に適用する教育課程．1988年の教育改革法で導入．コア教科と基礎教科があり，到達目標を示してある．

ナショナルゲーム【national game】 競国技．日本の相撲など，その国特有の競技・技芸．ナショナルスポーツともいう．

ナショナル コマンド オーソリティー【National Command Authority】 軍アメリカの国家指揮最高部．国家指揮中枢．大統領，国防長官などで構成される軍事システムの最高戦争指導部のこと．NCAともいう．

ナショナル コンセンサス【national consensus】政国民全体の合意．国民共通の意見．

ナショナル コンベンション【national convention】政アメリカの政党の全国大会．4年ごとの大統領選挙の年に開催される．

ナショナルスタッフ【national staff】営社外国に設けた事業所などで採用した現地社員．

ナショナル スタンダード【national standard】社ナショナルミニマム（国民の最低限度の生活水準）よりやや高い水準の生活．行政側の期待をこめた守られるべき国民生活水準．

ナショナル セキュリティー【national security】政国家の安全保障．

ナショナルセンター【national center】社労働組合の全国中央組織．

ナショナルチーム【national team】 競国を代表する選手団．

ナショナルチェーン【national chain】営全国的な店舗網．またそのような店舗網をもつスーパーマーケット．

ナショナル チャンピオン【national champion】営その国を代表するような企業．

ナショナルデー【national day】 社建国記念日．独立記念日．国の代表的な祝祭日．

ナショナルトラスト【National Trust】環開発や都市化から自然や歴史的環境を守るため，広く基金を募って保存・管理する運動．1895年にイギリスで始まった民間組織．

ナショナル トレーニング センター【national training center】競各競技のトップレベルの選手などを組織的に練習させる国営の大規模施設．ナショナルトレセンともいう．

ナショナルパーク【national park】国立公園．

ナショナルパスタイム【national pastime】国民の娯楽．

ナショナルパワー【national power】 国力．他国に影響を与える可能性のある国の力．

ナショナル フットボール カンファレンス【National Football Conference】競（アメリカンフットボール）全米プロフットボールリーグのカンファレンスの一つ．NFCともいう．

ナショナルフラッグ【national flag】国旗．

ナショナル フラッグ キャリア【national flag carrier】 営国際線に定期運航をしている，国を代表する航空会社．

ナショナルブランド【national brand】 営製造業者ブランド．生産者が自社製品につける商標．名の通った一流メーカーの商標．全国規模で販売される有名ブランド．NBともいう．

ナショナル プレステージ【national prestige】国家の威信．国民の誇り．

ナショナル プログラム【National Program】トルコがEU（欧州連合）加盟を目指してまとめた中期目標．2001年に国会で承認．

ナショナル プロジェクト【national project】経政国家的規模の開発計画．

ナショナルホリデー【national holiday】社国民の祝祭日．

ナショナル マシーナリー【national machinery】国内本部機構．

ナショナルミニマム【national minimum】社国が保障すべき国民の最低限度の生活水準．

ナショナルリーグ【National League】競（野球）アメリカンリーグと並ぶ，大リーグの一つ．1876年に創立．

ナスカーレース【NASCAR race】競改造した市販のスポーツカーで行う競走．統括団体のNASCARは1947年にアメリカで設立．

ナスタースキー【NASTAR ski】競（スキー）競技者の実力に応じて負担を課す回転競技．NASTARはNational Standard Raceの略．

ナスターチウム【nasturtium】 植キンレンカ．ノウゼンハレン科のつる性植物．南アメリカ原産で，葉はハスに似る．5弁の花をつける．

ナスダック【NASDAQ】I経アメリカの店頭株式市場．店頭銘柄気配自動通報システムのこと．将来性の高いベンチャー企業が公開しやすく，ハイテク関連企業の上場も多い．National Association of Securities Dealers Automated Quotationの頭字語から．

ナスダック ジャパン【NASDAQ Japan】I経アメリカの店頭株式市場ナスダックと日本のソフトバンクが共同で，2000年に大阪に開設した店頭株式市場．2002年に契約解消し，大証ヘラクレスと改称．

ナスティー【nasty】 下品な．ひどくきたない．不良っぽい．みだらな．

ナタ デ ココ【nata de coco 西】料ココナッツミルクを酢酸菌で発酵させて固める，寒天に似た食品．低カロリーで，食物繊維を多く含む．フィリピンで生産される．

ナチズム【Nazism】 政ナチスの信奉する政治思想・政治体制．帝国主義に社会主義思想を結びつけて，反ユダヤ主義と一党独裁の政治原理をもつ．Nationalsozialismusの略．

ナチュールモルト【nature morte 仏】 美静物．静物画．

ナチュラリー グローン【naturally grown】農有機栽培の野菜や果物．自然に育てられたという

383

意.

ナチュラリスト【naturalist】 ①自然主義者. 自然愛好者. ②自然誌研究家. 博物学者.

ナチュラリズム【naturalism】 哲自然主義.

ナチュラリゼーション【naturalization】 帰化. 順応. 土着化. 移植. 移入.

ナチュラル【natural】 自然の. 天然の. 生まれつきの. 天性の. 気取らない. 率直な.

ナチュラルウエーブ【natural wave】 ①生まれつきの縮れた髪の毛. ②容自然な感じを生かした髪のうねり.

ナチュラルキラー細胞【natural killer cell】 生腫瘍細胞を殺す働きをもつ有核のリンパ球. がんの発生を抑制する仕組みで重要視されている. NK細胞.

ナチュラル サイエンス【natural science】 自然科学.

ナチュラル セレクション【natural selection】 生自然淘汰. これによる適者生存が生物進化の要因の一つといわれている.

ナチュラルソープ【natural soap】 天然素材で作るせっけん.

ナチュラルチーズ【natural cheese】 料牛乳などを自然発酵させ, 熱処理をしていないチーズ. 製造方法や産地などで多くの品種に分けられる.

ナチュラルハイ【natural high 日】 薬物などを使わないで生じる, 自然の精神の高揚.

ナチュラルヒストリー【natural history】 自然誌. 博物学. 博物誌.

ナチュラルフーズ【natural foods】 料自然食品. 生産・加工の過程で農薬や薬品などを使わない食品.

ナチュラルヘア【natural hair】 容パーマなどを施さない生まれつきの髪.

ナチュラルママ【natural mama 日】 社家庭生活と仕事を自然体でこなす母親.

ナチュラル ミネラル ウオーター【natural mineral water 日】 料地表から浸透し地下を移動・滞留中に, 地層中の無機塩類が溶け込んだ地下水. ミネラルウオーターの品名表示区分の一つ.

ナチュラルメーク【natural makeup】 容顔の作りや肌の自然な感じを生かして個性を引き出す化粧法.

ナチュラルルック【natural look】 服自然な肩の線を生かしたスタイル.

ナックシー【NACC】 北大西洋協力評議会. 1991年に発足. North Atlantic Cooperation Council の頭字語から.

ナックルフォア【knuckle four 日】 競ボートの競技種目の一つ. 幅が広く安定度の高い艇を使い, コックス(舵手)と4人の漕ぎ手で行う漕艇.

ナックルボール【knuckle ball】 競(野球)つめを立てるように握って投げる変化球. ほとんど回転せず, 不規則に曲がる.

ナッシング【nothing】 何もない. 無. つまらないこと. 取るに足りない存在.

ナッソー【nassau】 競ゴルフにおける賭けの一種. 普通はアウト, インおよび1ラウンドを単位に勝負を競う.

ナッチング【notching】 容毛先にはさみを斜めに入れ, V字型の刻み目を入れる技術.

ナッツ【nuts】 植堅い殻をもつ木の実の総称. 特にクルミ, アーモンドなど食用になるもの.

ナッツクラッカー【nutcracker】 クルミ割り.

ナッティ【nutty】 木の実のような. 木の実が多くなる.

ナット【nut】 ボルトにねじ込む雌ねじ. 留めねじ.

ナットシェル【nutshell】 植クルミなど堅い木の実の殻.

ナットロボット【gnat robot】 医超小型の医療ロボット. 人体内に入れ検査や手術などを行うことを目指して開発されている.

ナッピング【napping】 服織物の毛羽を立てること. または毛羽立てをした織物.

ナップサック【knapsack】 リュックサックを簡単にし小型化したもの. キットバッグ.

ナップスター【Napster】 I算ユーザー同士でMP3ファイルを交換するためのクライアントソフト. またはサービスを提供するアメリカの企業.

ナツメグ【nutmeg】 植熱帯で栽培されるニクズクの種子. 薬用・香辛料に用いる.

ナトー【NATO】 軍政北大西洋条約機構. 1949年に発効した北大西洋条約に基づいて創設されたアメリカとヨーロッパ諸国が加盟する安全保障同盟機構. North Atlantic Treaty Organization の頭文字から.

ナトリウムポンプ【sodium pump】 生細胞の内から外へナトリウムイオンをくみ出す細胞膜の仕組み.

ナニー【nanny】 ①乳母. 親が留守の間などに, 子供の世話をする人. ベビーシッターともいう. ②社イギリスの国家資格の一つで, 教育ベビーシッター. 出産直後から小学校入学ごろまでの子供の世話をする専門教育を受ける.

ナニーゲート【nanny-gate】 社アメリカにおける不法移民の家政婦雇用問題. クリントン政権の閣僚人事で指名辞退などの事態が発生したところから.

ナニーステート【nanny state】 社福祉国家. 何でも国が面倒を見てくれると, 中傷的な意味で使う.

ナノ【nano-】 10^{-9}(10億分の1)を表す国際単位系(SI)の接頭語. 記号はn.

ナノインプリント【nanoimprint】 理極微細加工技術を用いて型を作り, 対象物に押し付けてパターンを作ること.

ナノガラス【nanoglass】 化理極微細材料の一つ. ガラス内部にレーザー照射や加熱を行い, 極微細構造を制御して新機能を発現する.

ナノグレイ【nanogray】 10億分の1グレイ. グレイは物質に吸収された放射線のエネルギーを表すSI単位.

ナノ材料【nanomaterials】 化理極微細材料. 10億分の1mの領域で物質改良などを図る材料・素材の総称.

ナノセカンド【nanosecond】 10億分の1秒. コンピューターの演算速度に使う. 記号は ns.

ナノチューブ【nanotube】 理直径が10億分の1mぐらいの極小の筒. 数十個から数百個の原子を包み込む.

ナノチューブ電子デバイス【nanotube electronic device】 理カーボンナノチューブがもつ半導体的な性質を利用した電子素子.

ナノチューブ トランジスタ【nanotube transistor】 I半導体層にカーボンナノチューブを用いる構造電界効果トランジスタ.

ナノチューブ流体デバイス【nanotube fluidic device】 理カーボンナノチューブの極微細円筒状の形を流体に利用するもの.

ナノテク ナノテクノロジー(nanotechnology)の略. 理超微細加工技術.

ナノテク化粧品【nanotech cosmetics 日】 容素材がナノメートル(10億分の1m)のレベルで制御され, 乳化技術や反射特性などの面で新たな機能が創製された化粧品.

ナノテクノロジー【nanotechnology】 理10億分の1mの領域の極細な単位を扱うことを目指す技術. 半導体や機械加工, 生物や医学分野に応用されるという. ナノテクともいう.

ナノバイオ【nanobio】 理生極微細加工技術と生物工学を融合した産業分野.

ナノバイオテクノロジー【nano-bio technology】 生10億分の1m単位の微細な解析技術で得た成果を医療や測定などに用いる, 基礎生物学と先端科学技術を融合した学問分野.

ナノバイオロジー【nanobiology】 生生命現象などを10億分の1mの領域で研究・観察しようとする学問分野.

ナノフォトニクス【nanophotonics】 理10億分の1mの領域での光電子工学技術. 光の回折限界を超えた近接場光を用いる.

ナノブリッジ【nanobridge】 理固体電解質中を動くイオンを制御したスイッチ素子.

ナノプローブ【nanoprobe】 生理ナノメートル単位の観測に用いる探針.

ナノプローブ技術【nanoprobe technique】 理極微細加工技術で作る針などを使って試料を制御する技術. 最新式の顕微鏡などに使う.

ナノマシン【nanomachine】 理極微細加工技術で作るナノメートル単位の機械や器官.

ナノメーター【nanometer】 10億分の1m. ナノメートルともいう.

ナノリソグラフィー【nanolithography】 理ナノ構造の作製方法の一つ. 微細パターンを作った素材を転写してナノ構造を作る.

ナノロボット【nanorobot】 機ナノサイズの極小ロボット. マイクロマシン.

ナノワイヤ【nanowire】 理ナノメートル単位の細線で作る配線.

ナパーム弾【napalm bomb】 軍ナフサとパーム油を主材料にした大型油脂焼夷弾.

ナビゲーション システム【navigation system】 I地自動車などで, 地図データと衛星電波を利用した位置情報を得て, 映像表示装置に映し出す運行誘導方式. 自動航行システム. 電子航法システム.

ナビゲーター【navigator】 ①航海者. 航海長. 航空士. ②競自動車ラリーなどで, 運転者に道先を指示する人. ③IT インターネット上の情報を分類・整理して, サービスを提供するホームページ.

ナビゲート【navigate】 ①操縦する. 位置を確認して進路を決定する. ②ITインターネットの中を, 情報を求め検索して回ること.

ナブエイド【navaid】 機航法支援装置. 航空機の飛行を, 地上施設あるいは通信衛星を利用し, 電波を使って支援する装置. navigation と aid の合成語.

ナフサ【naphtha】 化石油を蒸留して得られる軽質のガソリン. 自動車用ガソリンや石油化学工業製品の原料など, 用途は広い.

ナブスター【Navstar】 I字アメリカの航行援助衛星. navigation satellite timing and ranging の略.

ナフダトール ウラマ【Nahdlatul Ulama 传】 宗インドネシア有数のイスラム組織. 国民覚醒党の基盤. NU ともいう.

ナフタリン【Naphthalin 独】 化芳香族炭化水素の一つ. コールタールを蒸留してできる白色の結晶で, 防虫剤・溶剤・合成樹脂などの原料として用いる.

ナフトール【Naphthol 独】 化ナフタリンから得られる無色の結晶で, 塗料・薬品・香料・防腐剤の原料として用いる.

ナブラブ【nablab】 料アルコール分を含まないビールと, 低アルコールのビールの総称. no-alcohol beer, low-alcohol beer の頭字語.

ナプルプス【NAPLPS】 I算ビデオテックスにおける北米標準方式. コンピューターによる画像表示の手順を標準化するために定められた規約. North American Presentation Level Protocol Syntax の頭文字から.

ナポリタン【napolitain 仏】 料ナポリ風の味付けをしたもの. トマトを用いることが多い.

ナマステ【namaste ヒンディ】こんにちは. ヒンズー教徒が合掌して行うあいさつ.

ナムフレル【NAMFREL】 政フィリピンの民間組織. 自由選挙のための全国市民運動. National Citizens' Movement for Free Elections の頭文字から.

ナムル【namul 朝】 料朝鮮料理の一つ. 野菜のあえ物.

ナラタージュ【narratage 仏】 映回想場面などで, 画面外のナレーターの声によって物語の進行を図る手法. narration と montage の合成語.

ナラティブ【narrative】 物語. 話術. 語り. 説明.

ナラティブセラピー【narrative therapy】 心理病気や治癒にかかわる自己物語を作り, 問題点を表現する方法.

ナラマイシン【naramycin】 薬抗生物質の一つ. 放線菌から生成し, 農薬に用いる. 学名はシクロヘキシイミド.

ナ リーグ【National League】 競(野球)ナショナ

ナリシング▶

ルリーグの略．アメリカンリーグと並ぶ大リーグの一つ．

ナリシングクリーム【nourishing cream】栄養クリーム．

ナリッシュ【nourish】 栄養を与える．養う．肥やす．助長する．はぐくむ．

ナリッシュメント【nourishment】栄養．滋養．食物．栄養状態．

ナルコクレプトクラシー【narcokleptocracy】麻薬取引で大きな利益を得る，麻薬取引業者・軍指導者・政治家で構成される組織．特に中南米諸国のものをいう．narcotic（麻薬）と klepto（盗み）と -cracy（政体）の合成語．

ナルコティズム【narcotism】麻薬中毒．睡眠薬常用．麻酔剤の作用．

ナルコテロリズム【narco-terrorism】破り民主主義の秩序を乱す大規模な麻薬犯罪．

ナルコレプシー【narcolepsy】睡眠発作．日中などに短時間突然眠り込んでしまうもの．

ナルシシズム【narcissism】 自己陶酔．自己愛．ナルシズムともいう．

ナルシスト【narcissist】 自己陶酔型の人．自己愛の強い人．うぬぼれの強い人．ナルシシストともいう．

ナレーション【narration】①舞台や場面の進行などを説明する声．語り．②語ること．物語．③話法．

ナレーター【narrator】ナレーションをする人．語り手．

ナレーター コンパニオン【narrator companion】見本市・展示会・発表会などで，製品の機能や特徴などを入場者に説明する女性の係員．

ナレッジ【knowledge】知識．学識．情報．ノレッジともいう．

ナレッジ エンジニアリング【knowledge engineering】知識工学．

ナレッジ ナビゲーター【knowledge navigator】アップル社の提案による概念．自然言語を理解し，音声に応答する機能を備えたコンピューターシステム．

ナレッジ マネジメント【knowledge management】知識管理，知識経営．企業内の知的資産の効果的な活用を図る手法．

ナロー【narrow】狭い．細い．精密な．

ナローキャスティング【narrowcasting】狭い範囲を対象とする放送．限定された地域向けや，チャンネルごとに専門放送をする方法などをいう．

ナローシルエット【narrow silhouette】身体にぴったりした服飾デザイン．

ナローバンド【narrow band】 54Kbps や64Kbps という狭い帯域をもつ回線．既存の回線で，ブロードバンドの対語として用いる．

ナローボディー機【narrow-body transport】狭胴旅客機．客席部の通路が1本で胴体直径が細い．

ナローマルチビーム測深機【narrow multi-beam echo sounder】高精度の音響測深機．指向角の狭い音波を船の直下で送受信し，海底地形を描き出す．

ナン【naan】インドの平焼きパン．壺形のかまどの内壁に張り付けて焼く．

ナンセンス【nonsense】無意味なこと．ばかげていること．

ナンセンスコドン【nonsense codon】終結コドン．対応するアミノ酸がない3組の遺伝情報の単位．たんぱく質合成の終了を指定する役割をもつ．

ナンセンス コメディー【nonsense comedy】だじゃれを多用するばかばかしい喜劇．

ナンバー【number】①数．数字．番号．②自動車などの登録番号．③定期刊行物の号数．④音曲目．

ナンバー アナウンス【caller ID announcement service】 NTT 東日本・西日本が提供する電話サービス．136をダイヤルすると，かかってきた電話の日時と相手の電話番号を知ることができる．

ナンバー規制【number restriction】自動車の登録番号（ナンバープレート）を使い，都市部への進入規制を行う手法．

ナンバーズ【NUMBERS】 数字選択式宝くじ．1994年から発売．

ナンバーズゲーム【numbers game】アメリカなどで行われる数当て賭博．新聞に発表されるさまざまな統計数字などを対象とする違法の賭博．

ナンバーディスプレイ【number display】発信電話番号表示サービス．発信電話回線の電話番号を着信側の電話機に液晶表示する．NTT東日本・西日本が提供．

ナンバープレース【Number Place】 数独．方眼をダブらない数字で埋める，日本で生まれたパズル．

ナンバープレート【number plate】 自動車や機械などに付けられる登録番号板．アメリカ英語は license plate．

ナンバー ポータビリティー【number portability】携帯電話の加入会社を変えても，電話番号がそのまま使えること．

ナンバーリング【numbering】 整理番号を付けること．ナンバリングともいう．

ナンバーワン【number one】第一号．第一位．第一人者．

ナンバー1ヒット【No.1 hit】最高興行収入作品．普通はシーズンの最高興行収入作品を指すが，それ以外に歴代，オープニング，週末，月間別，さらにジャンル別，レーティング別でも集計される．

ナンプラー【num pla】魚醤（ぎょしょう）．タイ料理の調味料に用いる．

ナン ルーガー法【Nunn-Lugar Act】旧ソ連の核兵器などの解体に協力するためのアメリカの法律．

◀ニコルプリ

ニアイースト【Near East】　近東．近東諸国．西南アジア，エジプト，バルカン半島などの諸国を漠然と指す．

ニアウオーター【near-water】科限りなく水に近い飲料．天然果汁などでほのかな香りをつけたものが多い．

ニアシューメーカー【NEAR Shoemaker】宇近地球小惑星探査機．1996年にＮＡＳＡ（アメリカ航空宇宙局）が打ち上げ，小惑星マチルドを近接探査した後，小惑星エロスに着陸した．

ニアデス【near-death】臨死体験．

ニアパーフェクト【near-perfect】ほぼ完全な．完璧に近い．

ニアビール【near beer】科アルコール度が0.5％以下の醸造飲料．アメリカではビールと呼べないので，ビールに近いものの意で表示する．モルトベバリッジ，シリアルベバリッジともいう．

ニアフォール【near fall】競(ﾚｽ)相手をフォールに近い状態に押さえ込むこと．

ニアマーケット【near-market】営研究開発を進めている製品が，商業生産をする段階にほぼ近づいたこと．

ニアミス【near-miss】①航空機の異常接近．②軍有効近接爆撃．至近弾．③今一歩で成功すること．

ニーアクション【knee action】①機自動車の左右の前輪をそれぞれ別個に上下できる緩衝装置．②ひざの使い方・動かし方．

ニーオーバー【knee over 日】服長さがひざ上まである長い靴下．ニーオーバーソックス．

ニーオーバーソックス【knee-over socks 日】服ひざ上までの長い靴下．英語は over-the-knee socks．

ニーキャップ エアクラフト【kneecap aircraft】軍政核攻撃を受けた時に，政府や軍の最高首脳が乗り込んで指揮をとる航空機．ニーキャップは NEACP（National Emergency Airborne Command Post 国家緊急機上指令部)を発音表記したもの．

ニーサポーター【knee supporter】競服伸縮性のあるひざ当て．主にスポーツ選手が使う．

ニーズ【needs】客が望む物．客が要求する物．必要な物．必要性．需要．

ニーズアセスメント【needs assessment】社要望・必要性に関する調査．

ニース条約【Nice Treaty】　ＥＵ（欧州連合)基本法であるアムステルダム条約の改正法．2000年にニースで開催されたＥＵ首脳会議で決定した．

ニースラックス【knee slacks】服ひざまでの半ズボン．ニーパンツともいう．

ニーソックス【knee socks】服ひざ下までの長い靴下．ハイソックスともいう．

ニート[1]【neat】整った．きちんとした．さっぱりとした．きちょうめんな．

ニート[2]【NEET】社就学も職業訓練もしていない若年層の無業者．not in education, employment or training の頭字語から．

ニード【need】必要．入用．需要．要求．要請．欠乏状態．複数形はニーズ（needs）．

ニートファッション【neat fashion】服さっぱりした装い．飾りの少ない装い．

ニードル【needle】①針．編み針．磁針．②登針のようにとがった岩山．

ニードルパンチング【needle punching】服布地を2～3枚重ね，剣山のようなもので刺して，毛羽立ててからみつかせる加工法．

ニードルワーク【needlework】服刺しゅうや裁縫などの針仕事．またその作品．

ニーハイブーツ【knee-high boots】服丈の長い長靴の一種．ひざより上まで丈がある．

ニーハオ【nǐhǎo 你好 中】こんにちは．

ニーホールド【knee hold】競(ﾚｽ)足取り固め．相手のひざを動かせないように固めてフォールする技．

ニーモニック コード【mnemonic code】Ⅰ算コンピューターの機械語命令を人間が読みやすいように置き換えたコード．表意記号．

ニーモン【mnemon】生記憶単位．脳が記憶できる最低限の単位．

ニーレングス【knee-length】服ひざ丈までのドレス．ひざまでの長さの靴下．

ニエオ【NIEO】経新国際経済秩序．1974年国連で樹立宣言と行動計画が採択された．自国の富・天然資源・経済活動の主権確立，途上国に不利な交易条件の改善，多国籍企業の規制と監視などを内容とする．New International Economic Order の頭字語から．

ニクソンショック【Nixon shock】経政アメリカのニクソン大統領が1971年8月にドルと金の交換性の停止を宣言したこと．

ニグロ【Negro】黒人．黒色人種．特にアフリカ黒人の血を引く人についていう．

ニグロ スピリチュアル【Negro spiritual】音黒人霊歌．スピリチュアルともいう．

ニクロム【Nichrome】化ニッケルとクロムの合金．電気抵抗が大きい．商標名．

ニコチン【Nikotin 独】化タバコの葉に含まれるアルカロイドの一つ．毒性が強く中枢神経を侵す．

ニコチン依存症【nicotine dependence】医心喫煙をやめられないという精神障害．

ニコチンガム【nicotine gum】薬禁煙ガム．チューインガム状の口腔粘膜吸収製剤．医師の指導を受けて用いる．スウェーデンのレオ社が開発．

ニコチンシール【nicotine seal 日】薬ニコチン含有貼付薬．禁煙補助薬の一つ．皮膚からニコチンを吸収させ，禁煙時の禁断症状を和らげる．

ニコチンパッチ【nicotine patch】薬禁煙による禁断症状を抑える効用のあるばんそうこう．皮膚からニコチンを吸収させる．

ニコルプリズム【Nicol prism】理方解石の複屈折を応用した偏光プリズムの一つ．

387

ニスガ インディアン【Nisga'a Indian】カナダのブリティッシュコロンビア州西北部の山岳地帯に住む先住民族．1998年に連邦政府および州政府と土地返還協定を調印．

ニッカーボッカー【knickerbockers】 服 ひざ下をベルト締めにしたゆったりとしたズボン．ゴルフパンツ，ニッカー，ニッカボッカともいう．

ニッカド電池 ニッケルカドミウム電池（nickel-cadmium battery）の略．電 正極はオキシ水酸化ニッケル，負極はカドミウム，電解液は水酸化カリウム水溶液を用いる充電可能な二次電池．

ニックネーム【nickname】あだな．愛称．

ニッケル カドミウム電池【nickel-cadmium battery】 電 ニッカド電池．負極にカドミウム，正極にニッケル酸化物を用いる電池．

ニッケル水素電池【nickel-hydrogen battery】 電 正極はオキシ水酸化ニッケル，負極に水素吸蔵合金を用いる二次電池．1989年に開発．

ニッケルハルパ【nyckelharpa 瑞】 楽 スウェーデンの伝統的弦楽器．弦を鍵盤で押さえて弓で弾く．

ニッチ【niche】①奥まった所．へこんだ所．②建 壁龕（へきがん）．花瓶や人形などを置く壁のへこみ．③経 新しいビジネス機会がある市場のすき間．

ニッチアナリシス【niche analysis】経 市場のすき間分析．

ニッチ産業【niche industry】経 すき間産業．過当な商品市場の間隙をぬって，新商品や独自の工夫で進出する産業．ニッチは花や彫刻などを置く壁のくぼみの意．

ニッチ市場【niche market】経 すき間市場．取引される商品が製品の差別化，価格の多様化などで細分化された部分市場．ニッチマーケットともいう．

ニッチ戦略【niche strategy】経 商品市場の過当な部分を避け，独自の分野で集中的に対応する企業戦略のこと．

ニッチビジネス【niche business】経 すき間業種．誰も目をつけていない商売．

ニッチプレーヤー【niche player】経 すき間市場で活動する企業．

ニッチャー【nicher】経 特定の市場領域で優位に立つ企業．

ニット【knit】服 編み物．編んだように織った布地．またその洋服．

ニットキャップ【knit cap】服 編み地素材で作る縁なしの帽子．

ニッパハウス【nipa house】建 屋根をニッパヤシの葉でふいた家．東南アジアなどに多い．

ニップル【nipple】①乳頭．哺乳瓶の乳首．②ねじ付きの継ぎ管．

ニップルエンハンサー【nipple enhancer】服 乳首の突起を衣服の上からでも目立たせるための女性用アクセサリー．付け乳首ともいう．

ニッポフィリア【Nippophilia】 日本びいき．Nippon と philia の合成語．

ニトリルブタジエン ゴム【nitrile-butadiene rubber】化 合成ゴムの一種．ブタジエンとアクリロニトリルの共重合体．耐油性に優れる．ＮＢＲともいう．

ニトロ【nitro】化 酸素原子にニトロ基が結合している硝酸エステルに付ける名称．

ニトログリセリン【nitroglycerin】化 三硝酸グリセリン．無色透明の液体で爆発しやすい．ダイナマイトや医薬などに用いる．

ニトロゲナーゼ【nitrogenase】化 窒素固定酵素．根粒細菌などに含まれ，分子状窒素を還元してアンモニアを作る．

ニトロセルロース【nitrocellulose】化 硝化綿．硝酸繊維素．無煙火薬，塗料，セルロイドなどの原料に使う．

ニトロソアミン【nitrosoamine】化 強い発がん性のある化学物質．魚などに含まれるアミン類と，発色剤・防腐剤などが，胃液と反応して作られるといわれる．ニトロサミン（nitrosamine）ともいう．

ニトロベンゼン【nitrobenzene】化 ニトロ化合物の一つ．ベンゼンに硝酸・硫酸を化合して作る．染料の原料に用いる．

ニパウイルス【nipah virus】医生 パラミクソウイルス科のウイルス．家畜から昆虫を介して人間に感染する．

ニヒリスティック【nihilistic】虚無的．虚無主義の．

ニヒリズム【nihilism】政哲 既成の真理・秩序・価値などをすべて否定する思想．虚無主義．

ニヒル【nihil 羅】虚無．無価値．無関心で冷酷なこと．現実逃避的で無情なこと．

ニフティ【nifty】①ＩＴ 算 インターネット接続サービスを提供する企業の一つ．1986年に富士通と日商岩井が設立したパソコン通信サービス会社が始まり．＠nifty．②気のきいた．粋な．すてきな．すばらしい．

ニブル【nibble】ＩＴ 算 4ビットのこと．また，1バイトの半分のビット数で表現される数を表すこともある．0から15までの16個を0～9と A ～ F を用いて表す．

ニムダ【Nimda】ＩＴ 算 コンピューターウイルスの一種．2001年に発生．NIMDA ともつづる．

ニュアンス【nuance 仏】①言葉などで表現できない微妙な意味合い・差異．②陰影．色合い．あや．

ニュアンスパーマ【nuance permanent 日】美 ゆるめにかけ，自然な質感を出すパーマ．

ニューアーキオロジー【new archaeology】新考古学．コンピューターを利用した統計学的な研究方法をとる考古学．

ニューアーバニズム【new urbanism】社 歩行者を中心にした考えで，街づくりや都市計画を進めること．

ニューアメリカン キュイジーヌ【new American cuisine】料 新アメリカ料理．脂肪のとりすぎなどを見直し，健康的でシンプルな料理を好む傾向に合わせたもの．

ニューインナー【new inner 日】服 薄手でしゃれた感じの新しい女性用肌着．体の線をすっきりと見せ，明るい色を使って，レースなどをあしらってある．

ニューウエーブ【new wave】新しい波．思想や芸術などの新しい傾向．音楽やファッションなど

で，若者たちが示す新しい傾向．

ニューウエーブ エコノミックス【new wave economics】 経市場金利が経済を微調整すると主張している．アメリカで起きた新傾向の経済理論．

ニューウエーブ ファッション【new wave fashion】 服綿や麻などで作る天然素材の服を，気軽な感じに着こなすファッション．

ニューエージ サイエンス【New Age science】 ニューサイエンスのことで，本来の英語での呼び方．

ニューエージ トラベラー【New Age traveler】 社西洋の常識的価値観を批判し，放浪生活を続ける人．

ニューエージ ミュージック【New Age music】 音ジャズや民族音楽，クラシックなど，さまざまな音楽要素を混合した新傾向で，気軽に聴けて心和む音楽．

ニューエージャー【New Ager】 社輪廻や黙想，超自然などを信じ，実行する人．環境保護者や菜食主義者などを含むこともある．

ニューエコノミー論【new economy】 経景気循環がなくなり，インフレなき成長が続くという，新しい経済の時代にアメリカが入ったとする議論．

ニューカーボン【new carbons】 化新開発の炭素材料．グラファイト状結晶を一方向にそろえて細い糸にした炭素繊維などがある．

ニューカマー【newcomer】 新人．初心者．新参者．新来者．

ニューカラー【new-collar】 社ベビーブーム世代に属するアメリカの中流階級の労働者．

ニュー カラー フォトグラフ【new color photograph】 写自分の意図に合わせて自由に色彩を調整した写真表現をする方法．1970年代にアメリカなどで起こる．

ニューガラス【new glass】 化理高機能ガラス．従来のガラスの性質に特定の高い機能をもたせた新材料．光ファイバーが代表的．ファインガラスともいう．

ニューガラス産業【new glass industry】 経技術革新によってガラスの非晶質性がもたらす透光性，平坦性，溶媒性などを向上させ，新しい需要分野を開拓した産業分野．

ニューカルチャー【new culture】 社既成の物質的な文化に反対し，反体制的であり，精神的な面を重視する文化．

ニューカレドニア独立運動【New Caledonia ―】 政フランス領ニューカレドニアのメラネシア系先住民が起こした，フランスからの分離・独立を目指す運動．

ニュークチュール【new couture】 服オートクチュール（高級注文服）のような感じのカッティングや技を用いた服．

ニュークピューク【nuke puke】 環理核廃棄物．

ニュークメア【nukemare】 核によって引き起こされる惨事の悪夢．nuclear と nightmare の合成語．

ニュークラシカル【new classical】 経資源の効率的配分の実現を，マクロ経済の名目変数量の安定を通じて行うと唱える考え方．

ニュークリア【nuclear】 核の．核をなす．核兵器の．原子力の．

ニュークリア アレルギー【nuclear allergy】 軍社理核アレルギー．原子力アレルギー．核および原子力に対して過度に神経質になること．

ニュークリア ウインター【nuclear winter】 軍核の冬．核戦争が起こったら，地球はちりや煙に覆われ，太陽光線が遮られて気温は氷点下に下がり，生物はすべて死に絶えるという仮説．

ニュークリアクラブ【nuclear club】 軍政核兵器保有国．米・露・英・仏・中の5カ国を指す．

ニュークリア セーフティー ネットワーク【Nuclear Safety Network 日】 社理原子力の安全への取り組みを進める日本の民間組織．1999年に起きた東海村のウラン加工施設での臨界事故を契機に設立．ＮＳネットともいう．

ニュークリアニンジャ【nuclear ninjas】 軍テロリストによる核攻撃の危険に備えて，アメリカで組織された秘密特殊部隊．

ニュークリア ファミリー【nuclear family】 社核家族．父母と子供からなる家族．

ニュークリア フュエル【nuclear fuel】 理核燃料．ウラン235などの核分裂によってエネルギーを発生する物質を含む．

ニュークリア プロリフェレーション【nuclear proliferation】 軍政核拡散．核が保有国から非保有国へと広まっていく現象．

ニューケインジアン【new Keynesian】 経ケインズの経済学を継承する一派．財政政策と金融政策を併せて経済政策目標を達成させる政策を唱える．

ニュー コモン キャリア【new common carrier】 Ⅰ電気通信事業の自由化に伴い，第一種電気通信事業者として新規参入した企業グループのこと．NCCともいう．

ニューサービス【new service】 経新アイデアのサービス業．買い物代行，家庭パーティーのための出張調理，単身赴任者のための家事代行など，各種の新商売など．

ニューサイエンス【new science】 1970年代のアメリカに起こった反近代主義運動の一つ．物質至上主義を克服して，自然と一体になろうとするもの．ニューエージサイエンス．

ニューサンシャイン計画【New Sunshine Plan 日】 環エネルギー環境領域総合技術開発推進計画．地球的規模のクリーンエネルギーシステムの確立を目指す．通産省（現経済産業省）がサンシャイン計画とムーンライト計画を統合し，1993年に発足．

ニューサンス【nuisance】 ①迷惑な行為．広義の公害．②法不法妨害．騒音・振動などによる安眠妨害など，他人の生活・利便などを，直接的な行為によらないで侵害する行為．

ニュージーズ【newsies】 放テレビ・ラジオなどの電子メディアの報道機関のこと．

ニューシネマ【new cinema】 映1960年代後半から世界各国で注目され出した新しい傾向の映画．

ニュージャ ▶

若者の立場に立って反体制の心情を描いた．一般的には「俺たちに明日はない」(1967年)，「イージー・ライダー」(1969年)など，アメリカの脱ハリウッド映画を指す．

ニュージャーナリズム【new journalism】記者あるいはレポーターが，取材対象の側に入り込んで取材調査を行い，その実態を体験的に描こうとする報道手法．事件を客観的に断片的に報道する，従来の伝統的な報道手法を批判して生まれた．

ニュージャーマン シネマ【new German cinema】映1960年代末ごろ西ドイツ映画界に登場した，若手作家による自己主張のはっきりした個性的な映像表現．

ニュージャズ【new jazz】音1960年代のアメリカで，コールマンやアイラーなどによって演奏されたジャズのスタイル．フリージャズ．

ニューシルク【new silk】服絹と合成繊維の組み合わせや，合成繊維の特殊加工によって，絹に似た風合いをもたせた高級繊維．

ニューシングル【new-single 日】社自分だけの時間・空間を大切にし，家族や会社に帰属しない人間．既婚・未婚を問わない．

ニュース【news】①報道．情報．記事．②IT インターネットに投稿された記事のこと．

ニュースアナリスト【news analyst】放ニュース解説者．

ニューズウィーク【Newsweek】アメリカ有数の時事週刊誌．1933年に創刊．商標名．

ニュースウオッチャー【NewsWatcher】IT 算マッキントッシュ用のニュースリーダー．

ニューススーツ【new suit 日】服手作業や部品を減らすなど，縫製の工程を簡略化した生産システムで作る紳士スーツ．

ニュース エージェンシー【news agency】新聞や放送などの報道機関に対して，ニュースを配信する通信社．

ニュース オン デマンド【news on demand】IT 放双方向CATV（有線テレビ）を使い，見たい時に希望したニュースが見られる仕組みのサービス．

ニュースギャザラー【news gatherer】放テレビのニュース番組の取材記者とカメラマン．

ニュースキャスター【newscaster】放ニュース解説者．ニュースを伝えながら解説する人．キャスターともいう．

ニュースグループ【newsgroup】IT 算インターネットの電子会議システムで，テーマごとに情報を交換したり，討議をしたりするグループのこと．

ニュース コンファレンス【news conference】記者会見．プレスコンファレンス．

ニュースサーバー【news server】IT 算インターネットの電子会議の記事を読み書きする時の拠点になるところ．通例は，自分が所属するプロバイダーに用意されている．

ニュースサイト【news site】IT 算インターネットを通じてニュースを提供するサービス．またはそれを行っているサイト．WWW 新聞ともいう．

ニュースショー【news show】放事件などを再構成しショー形式で報道するテレビ番組．

ニュースソース【news source】情報源．情報の出所．

ニュー スタンダード【new standard】音自作を歌う歌手によるスタンダードナンバー．

ニューズネット【NewsNet】IT 算アメリカのニューズネット社が提供する商用のデータベースサービス．

ニュースバリュー【news value】報道価値．報道すべきニュースの価値．

ニュースフィード【newsfeed】IT 投稿された記事のパケット（情報のひとまとめ）を次のニュースサーバーに送り出すこと．

ニュースフラッシュ【news flash】放ニュース速報．特報．

ニュースポーツ【new sports 日】競新考案の競技．余暇活動などで取り入れられる手軽なものが多い．

ニュースマガジン ショー【newsmagazine show】放ニュース雑誌や時事解説誌の特徴を取り入れたテレビ番組．

ニュースリーダー【news reader】IT 算ネット上に設置された掲示板を活用するためのソフトウエア．

ニュースリリース【news release】政府・官庁・団体・企業などがマスコミに対して行う情報提供．プレスリリース．ハンドアウト．

ニュースレター【newsletter】企業や官公庁などが出す回報・会報．年報．月報．

ニューセラミックス【new ceramics】化理新しい窯業材料．またその製品．非金属物質から作られた素材で，熱に強く硬くてさびないなどの性質をもつ．ファインセラミックス．

ニュータウン【new town 日】社大都市の周辺部に建設される新興住宅都市．英語は satellite city．

ニューディール【New Deal】経社政アメリカのルーズベルト大統領が行った経済復興と社会保障についての諸改革．1933年に始まった．新規まき直しの意．

ニューテク【new-tech】新技術．

ニューテスタメント【New Testament】宗新約聖書．

ニュー トポグラフィック フォトグラフィー【new topographic photography】写特定の場所を正確に記録する写真．風景写真の意味を問い直し，新たな価値を発見しようとする作品．

ニュートラ ニュートラディショナル（new traditional 日）の略．服1970年代に生まれたブランド志向の強い日本特有の装い．良家の子女風の優美な感覚．ニュートラッド．

ニュー トラディショナリズム【new traditionalism】新伝統主義．アメリカ社会の保守化傾向を指していう．

ニュートラム【new tram】社大阪などで運行している自動運転の軌道交通機関．高架軌道をゴムタイヤで走る．

ニュートラリーノ【neutralino】理重い中性弱作用粒子の総称．

◀ ニューミド

ニュートラリズム【neutralism】 政中立．中立主義．中立政策．

ニュートラリティー【neutrality】 中立の状態．局外中立．

ニュートラル【neutral】 ①中立の．中性の．②ギアなどに動力がかかっていない状態．またその位置．③中立．④色がくすんだ．

ニュートラル ゾーン【neutral zone】 ①中立地帯．中間地帯．②アイスホッケーなどでリンクの中央に引いてある2本の線の間の区域．③アメリカンフットボール プレー開始時の攻撃側と守備側との間にある，ボール1個分の幅の区域．④競輪場で走路の内側にある回避地帯．

ニュートリノ【neutrino】 理中性微子．原子核崩壊の際に放出される素粒子．

ニュートリノ質量【neutrino mass】 理標準理論ではゼロとされていたニュートリノの質量．絶対値は未確認だが，質量値をもつことが確認された．

ニュートリノ振動【neutrino oscillation】 理異なった質量状態が混合するニュートリノのタイプによって，伝搬の際に質量の差に比例した振動数でうなり現象が生じること．

ニュートリノ天文学【neutrino astronomy】 天太陽や星での核反応や素粒子反応に伴って発生するニュートリノを観測し，星の進化や銀河形成などの仕組みを探る学問分野．

ニュートロン【neutron】 理中性子．素粒子の一つ．電気的に中性で，水素以外の原子核の重要な構成要素．記号は n．

ニュートン【newton】 力の単位．SI 組立単位の一つ．記号はN．

ニュートン法【Newton's method】 数反復法を用いて方程式の解を求める方法．ニュートン ラフソン法ともいう．

ニュー ハートランド【new heartland】 社新しく形成された心臓地帯．アメリカでは，従来の大都市に対して，ハイテクやサービスなどの新しい産業の盛んなウィスコンシン，オレゴン，ノースカロライナなどの州にある小都市を指す．

ニューハーフ【new half 日】 社男性から女性に性転換した人．女装した男性．

ニューハイテクノロジー カンパニー【new hightechnology company】 営新先端企業．先端技術と起業家精神をもつ小規模企業のベンチャービジネスのこと．

ニュー ハビテーション【new habitation】 社新しい居住形態の総称．一世帯で違う場所に二つ以上の住居をもったり，新幹線で通勤したりするような生活スタイル．

ニュービー【newbies】 IT パソコンやインターネットの利用の初心者．電脳宇宙の初心者．new と baby の合成語．

ニュービジネス【new business】 営消費者のライフスタイルにかかわる新傾向の産業．新規性のあるビジネス．

ニューブア【new poor 日】 社貧しい生活水準ではないが，ゆとりを感じられないという人々の層．相対的に貧困と思っている階層．

ニュー ファクトリー化【new factory 日】 営日本の中小製造業で起きた，工場の外観や内装を刷新し，快適な職場環境に作り変える動き．

ニューファミリー【new family】 社戦後生まれの世代が，従来の夫婦観や家庭観とは異なったライフスタイルを志向する新しい家族像を指す．1970年代後半から使われている．

ニューフェース【new face 日】新人．特に映画の新人スター．

ニューブリーズ【new breeze】 新しい風．アメリカ第41代大統領ブッシュが1989年の就任演説で強調した言葉．

ニューブリード【New Breed】 映アメリカの既存・大手の映画界に反発・挑戦し，新しい意識と自覚をもつ若手スター．

ニュープリント【new print】 写写真家自身が撮影時から年月を経た後にプリントし直した写真作品．モダンプリントともいう．

ニュー フロンティア【new frontier】 ①新開拓者．新開拓者精神．② [the N-F-] アメリカのケネディ大統領が掲げた政策目標．開拓時代の精神にのっとって，自由世界におけるアメリカの指導的地位の確立と国民の自覚を促した標語およびその精神．

ニュー ペインティング【new painting】 美新表現主義．1980年代に台頭した，具象的傾向が強い絵画手法．ネオエクスプレッショニズムともいう．

ニューボイス【new voice】 ①音新人歌手．英語は new singer．②放新人アナウンサー．英語は new announcer．

ニュー ポピュリズム【new populism】 政新人民主義．貧富の格差を今以上に広げず，富の公正な分配を行うべきとする考え方．

ニューホライズンズ【New Horizons】 宇NASA（アメリカ航空宇宙局）が2006年1月に打ち上げた冥王星の無人探査機．

ニューマザー【new mother 日】 社新しいタイプの主婦像．主婦業・子育て・趣味活動・仕事などを上手にこなし，家族との関係も良好で，生活への満足度も高い．

ニューマティック【pneumatic】 空気の．気体の．

ニューマティック構造【pneumatic structure】 建空気膜構造．曲面状皮膜の内外に気圧差を与え，引張力で構造を維持する．

ニューマフィア【new Mafia】 社かつてのイタリア系マフィアに代わって，南米コロンビア系を中心として組織される犯罪グループ．

ニューマン【new man】 ①社仕事だけでなく，趣味から家事・育児までを人生の楽しみとして行う志向をもつ新しい男性像．②女性に優しい態度をとる男性．

ニューミーズ【new me's】 社大きな挫折を経験し，新しい自己を発見して新たな人生を歩もうと志す人．ニューミドラーの類型の一つ．

ニューミドラー【new middler】 社新しい中高年グループ．1990年代後半から50歳代に増加しているアメリカのベビーブーム世代．

391

ニュー ミュージカル エクスプレス【New Musical Express】 音イギリスの音楽業界誌. 1952年創刊. 商標名.

ニュー ミュージック【new music 日】 音日本のフォークソングが, 1970年代にポピュラー音楽の新分野として扱われ始めた時に用いられた呼称. 多くは自分で作詞作曲して歌う.

ニューメディア【new media】 I 新しい情報通信媒体. 情報の通信媒体を構成する送信手段・伝送手段・受信手段の三要素の全体, あるいは一部に新しい電子技術を利用しているものの総称.

ニューメラル【numeral】 数の. 数字で表す. ニュメラルともいう.

ニューメリカル【numerical】 数の. 数値の. 数字で表す.

ニューメリック【numeric】 I 数, 数字, 数値データのこと. アルファベットを加えるとアルファニューメリック.

ニューメンズ ムーブメント【new men's movement】 社アメリカの女性の権利拡張運動に対抗する男性陣営の活動. 女性や少数民族への優先は逆差別だと主張する.

ニューモード【new mode】 服新しい流行. またそれを取り入れた服.

ニューヨーク証券取引所【New York Stock Exchange】 経世界最大規模の証券取引所. 1792年から組織的に取引が行われる. NYSEともいう.

ニューヨーク タイムズ【New York Times】 アメリカ有数の日刊紙. 1851年に創刊. 商標名.

ニューヨーク マーカンタイル取引所【New York Mercantile Exchange】 営経ニューヨークにある商品取引所. NYMEX, ナイメックスともいう.

ニューライト【New Right】 ①政新保守主義. 保守主義を社会の変動に合わせて柔軟に修正する考え方. またはその信奉者. ②社保守派内で, 比較的進歩的な考え方をもつ一派.

ニューライフ【new life 日】 社従来の社会的慣習などにはとらわれず, 自分の意思や好みを生かした暮らし方. 英語ではnew lifestyle.

ニューラウンド【new round】 経WTO(世界貿易機関)で行われる多角的貿易交渉(ラウンド)において, 最も新しいラウンドを指す.

ニューラル コンピューティング【neural computing】 I 算人間の脳の機能を応用して, 情報処理を行う方法.

ニューラル ネットワーク【neural network】 I 生神経回路網. 人間の脳神経の働きを模倣した, 超並列的な分散情報処理システム.

ニューリッチ【new rich 日】 社新富民階層. 効率的な財産形成をして小金持ちとなり, 高級品志向をもつ人々の呼称.

ニュールック【new look】 服容服装や髪形のデザインの新しい様式.

ニューレフト【New Left】 政新左翼. 本来は, 1960年ごろ西欧で知識人・学生を中心にして生まれた, 急進的人道主義的な社会主義者グループの理論と運動をいう. 日本では急進的左翼主義に対して用いられる.

ニューロ【neuro-】 神経の. 神経組織の. 神経系の. neur- ともつづる.

ニューロ コンピューター【neuro computer】 I 算人間の脳神経の働きを模倣して作るコンピューター.

ニュー ロスト ジェネレーション【new lost generation】 文1980年代後半に出版されたアメリカ現代小説の作家グループ. あらかじめ失われた世代と呼ばれ, 自分だけの世界を求めるおとなしい若者たち.

ニューロチップ【neuro chip】 I 生神経回路網を模型化し, 人間の脳や眼の情報処理手法を手本とするLSIチップ.

ニューロック【new rock music】 音シンセサイザーなどの電子音などを用いる前衛的なロック音楽. アートロックともいわれ, 後にはプログレッシブロックとも呼ばれた.

ニューロフィロソフィー【neurophilosophy】 生哲脳神経科学と哲学体系を統合した学問.

ニュー ロマンチシズム【new romanticism】 服人間が本来もつ素朴で純粋な気持ちに回帰しようとする, 服飾などの傾向・動向.

ニューロラブ【Neurolab】 宇宙環境で神経科学実験を行う国際協力計画. アメリカや日本など8カ国が参加. 1998年にスペースシャトルで実施された.

ニューロロジー【neurology】 医神経学. 神経系の病気に関する学問.

ニューロン【neuron】 生神経単位. 神経元. 神経系を構成する一個の細胞全体をいい, 細胞本体と樹状突起, 軸索などを含む.

ニュピ【Nyepi】 祭インドネシア・バリ島の新年の祭日. ヒンドゥー教サカ暦に従って断食と瞑想が行われる.

ニュメラシー【numeracy】 数計算能力. ニューメラルリテラシー(numeral literacy)から.

ニョクマム【nuoc mam】 社料ベトナムの魚醬(ぎょしょう). 小魚を塩漬けして発酵させ, 上澄み液を濃縮する. ヌクマムともいう.

ニョッキ【gnocchi 伊】 料パスタの一種. ジャガイモ, 小麦粉, 卵などで作る, 小さなだんご状のもの.

ニルバーナ【nirvāna 梵】 宗仏教が最終目的とする悟りの境地. 涅槃(ねはん).

ニンコンプープ【nincompoop】 ばか者. とんま.

ニンジャ映画【ninja film】 映日本の忍者が活躍するアメリカの低予算アクション映画.

ニンテンドーDS【NINTENDO DS】 I 任天堂が発売したダブルスクリーンの携帯用ゲーム機. スタイラスペンで操作ができる.

ニンバス[1]【Nimbus】 宇アメリカの海洋観測衛星の一つ. 沿岸水色走査計を搭載して, 1978年に打ち上げた. 海面のプランクトン濃度分布の記録を8年間収集した.

ニンバス[2]【nimbus】 美宗教画などの後光. ハロ.

ニンビー シンドローム【NIMBY syndrome】〔環社〕危険物を用いる工場やごみ処理場などを建設する必要があっても，自分たちの居住地域には建ててほしくないという考え方．NIMBY は not in my backyard の略．

ニンフ【nymph】①ギリシャ神話で，森・川などにすむ歌と踊りの好きな妖精．ナンフともいう．②美少女．

ニンフォマニア【nymphomania】女性の色情症．女性の異常性欲．

ヌ

ヌーディー【nudie】〔映文〕裸体を見せ物にした映画や雑誌．

ヌーディスト【nudist】裸体主義者．

ヌーディスト キャンプ【nudist camp】〔社〕裸体主義者が一定の期間，共同生活をする海岸や離れ島などの場所．

ヌーディスト クラブ【nudist club】〔社〕裸体主義者の集まり．一定の場所で全裸生活をする会．

ヌーディティーフリー【nudity-free】裸体なしの．裸を見せない．

ヌード【nude】裸．裸体．裸の．裸体の．裸体画．裸婦画．

ヌードカラー【nude color 日】〔服〕肌色．透ける肌色のシャツなどを着て，裸に見せるような驚きをねらうもの．

ヌードストッキング【nude stockings 日】〔服〕体に密着するように作られた衣服．タイツ．英語は flesh colored stockings．

ヌードマウス【nude mouse】〔医動〕実験用にハツカネズミの突然変異種の一つ．全身無毛で免疫性がない．

ヌートリア【nutria】〔動〕げっ歯目の哺乳動物．南アメリカ原産．ネズミを大型化した体形で，四肢に水かきがある．

ヌードリング【noodling】魚の手づかみ捕り．オーストラリアではオパール探しをいう．

ヌードル【noodle】〔料〕洋風めん類の一種．小麦粉を卵で練った細めん．

ヌードル ウエスタン【noodle western】〔映〕日本製の西部劇．和製西部劇．イタリア製の西部劇をいう spaghetti western（日本での呼称はマカロニウエスタン）をもじって，アメリカで呼ばれはじめた．

ヌードルスープ【noodle soup】〔料〕ヌードルを入れたスープ．

ヌーブラ【NuBra】〔服〕肩ひもなどがなく，肌に貼るシリコン製のブラジャー．アメリカのブラジェル社が開発．商標名．

ヌーベル キュイジーヌ【nouvelle cuisine 仏】〔料〕新フランス料理．新鮮な材料を生かして，少量で健康的という料理形式．

ヌーベルシノワ【nouvelle chinois 仏】〔料〕中国料理の新しい形．従来なかった素材の組み合わせや淡白な味，フランス料理風の盛り付けなどが特徴．

ヌーベルバーグ【nouvelle vague 仏】〔映〕1958年ごろからフランス映画界に現れた新しい世代の作品傾向．トリュフォー，ゴダールらが知られる．新しい波の意で，ある分野に若いエネルギーが台頭することを指して広く用いられる．

ヌーボー【nouveau 仏】①新しい．②〔料〕ブドウ酒の新酒．ヌーヴォーともいう．

ヌーボーシルク【nouveau cirque 仏】〔芸〕サーカスの技を取り入れた新しい舞台表現．新しいサーカスの意．

ヌーボー レアリスム【Nouveau Réalisme 仏】〔美〕工業生産品の寄せ集めなどを提示して，新しい自然としての都市の環境や現実への関心を示そうとするもの．1960年にフランスの評論家ピエール・レスターニが提唱．ヌーヴォーレアリスムともいう．

ヌーボーロマン【nouveau roman 仏】〔文〕新しい小説．1950年以後フランスで起こったロブ＝グリエ，サロートらに代表される前衛的小説．アンチロマンともいう．

ヌーン【noon】正午．真昼．全盛期．絶頂期．

ヌエボペソ【nuevo peso 西】〔経〕メキシコの新ペソ．1993年にデノミを行った新通貨単位．

ヌガー【nougat 仏】〔料〕あめ菓子の一種．アンズ，アーモンド，ピーナツなどの果実が入り，白くて柔らかい．

ヌクレオシダーゼ【nucleosidase】〔化〕ヌクレオシドを特異的に加水分解する酵素．

ヌクレオシド【nucleoside】〔化〕核酸の構成単位のヌクレオチドのリン酸基を除いたもの．

ヌクレオソーム【nucleosome】〔生〕細胞の染色質の基本単位構造．

ヌクレオチド【nucleotide】〔化〕核酸の構成単位で，窒素を含む塩基・糖・リン酸が結合したもの．

ヌナブット【Nunavut】カナダ北東部に1999年に生まれた先住民族自治区の準州．イヌイットの言葉で，わが土地の意．

ヌバック【nubuck】〔服〕牛や羊などの表皮を削って毛羽立たせ，ビロードのようなしなやかな手触りをもたせた革素材．

ヌメア協定【Nouméa agreement】〔政〕ニューカレドニアに対する自治権付与や独立問題をめぐる合意文書．1998年にフランス政府，カナク社会主義民族解放戦線（FLNKS），独立反対派の共和国カレドニア連合が調印した．

ヌル【null】①〔I算〕16進コードで00となっている文字のこと．文字列の停止のコードとして用いることが多い．数字の0ではないので注意．②無効な．無価値な．存在しない．

ヌルジュ【Nurcu】〔宗〕トルコ有数の信者数をもつイスラム教団．1920年代に創設．

ヌルモデム【null modem cable】〔I算〕ネットワークを中継することなく，直接にコンピューターやその周辺機器を接続するためのケーブル．クロスケーブルともいう．

ネ

ネアンデルタール人【Neanderthal man】 生旧人．約13万〜4万年前ごろまでの化石人類．1856年にドイツのネアンデル渓谷で化石人骨が発見されたことから命名．

ネイセイヤー【naysayer】 反対する人．拒否する人．否定する人．

ネイチャー【nature】 自然．天然．天性．本性．性質．ネーチャーともいう．

ネイチャーイン【Nature-Inn 日】 環日本自然保護協会が発足させた協定宿舎制度．

ネイチャー ウオッチング【nature watching】 環自然観察の総称．

ネイチャーゲーム【nature game】 環ゲームをしながら体全体を使って自然と触れ合う手法．アメリカのナチュラリストである J. コーネルが考案した．

ネイチャースキー【nature skiing】 環スキーを装備して雪が降った森林を自然観察してゆっくり歩くこと．

ネイチャートレール【nature trail】 環森林や山地などに設ける自然遊歩道．

ネイチャー トレッキング【nature trekking】 環自然の楽しさを味わいながら、一人あるいは少人数でゆっくり歩くこと．

ネイチャーフォト【nature photo】 環写動植物を含む自然の生態を観察し記録する写真．

ネイティビスト【nativist】 極端な保護主義者．移住民などの排斥を目指す排外主義者．

ネイティビズム【nativism】 極端な保護主義．排外主義．土着文化保護．

ネイティブ【native】 生まれながらの．生得の．母国の．自国の．自然のままの．土着の．

ネイティブ アメリカン【Native American】 アメリカインディアン．アメリカ先住民．

ネイティブ カントリー【native country】 母国．故国．故郷．出生の地．

ネイティブ スピーカー【native speaker】 その言語を母語とする人．

ネイティブモード【native mode】 Ⅰ算機器本来の機能がフルに利用できるモード．ハードウエアやソフトウエアの本来の動作モード．←→エミュレーションモード．

ネイバーフッド【neighborhood】 ①近隣．近所．付近．②隣人たち．住民．

ネイバーフッド型SC【neighborhood type shopping center 日】 営近隣型ＳＣ．食品スーパーやドラッグストアなどを核店舗にし、書店や飲食店などを集積した小規模なショッピングセンター．ＮＳＣともいう．

ネイバーフッドバー【neighborhood bar】 近所のバー．自宅から歩いていける近隣地域にあるバーをいう．

ネイバリング【neighboring】 社近隣関係．都市社会学の研究課題の一つ．

ネイピア数【Napier number】 数自然対数の底．記号はe．イギリスの数学者ジョン・ネイピアの名にちなむ．

ネイビー【navy】 海軍．海軍軍人．ネービー．

ネイル【nail】 ①生手足の爪．②くぎ．びょう．ネールともいう．

ネイル アーチスト【nail artist】 容爪の装飾をする専門家．ネイルアーティストともいう．

ネイルアート【nail art】 美容人間の爪に絵を描いたり工作したりする創作活動．あるいは、そのような方法で施す爪のおしゃれ．

ネイルエナメル【nail enamel】 容爪につやや色を付けるマニキュア用のエナメル状の液．

ネイルケア【nail care】 容爪を保護し健康で美しく保つために行う手入れ．

ネイルサロン【nail salon】 容爪の化粧を専門に行う美容室．

ネイル トリートメント【nail treatment】 容爪の手入れ．

ネイルファイル【nail file】 容爪やすり．

ネイル ファッション【nail fashion】 容爪に模様を描いたり、シールをはったりするおしゃれ法．

ネイルポリッシュ【nail polish】 容マニキュア溶液．爪に光沢・色を付けるために塗る．

ネージュ【neige 仏】 ①雪．②料卵の白身を泡立てて作るクリームやカスタード．

ネーション【nation】 国民．国．国家．民族．

ネーションステート【nation state】 政国民国家．民族国家．

ネーダーリズム【Naderism】 社ネーダー運動．アメリカの消費者運動などの推進者ラルフ・ネーダーの名にちなむ．

ネービー【navy】軍海軍．海軍軍人．ネービー．

ネービー エリア ディフェンス【Navy area defense】 軍海軍地域防衛．アメリカ海軍の戦域弾道ミサイル防衛で、下層防空圏を担当すること．

ネービー シアター ワイド ディフェンス【Navy theater-wide defense】軍海軍戦域広域防衛．アメリカ海軍の戦域弾道ミサイル防衛で、上層防空圏を担当すること．

ネービーブルー【navy blue】 濃紺．イギリス海軍の制服の色から．

ネービールック【navy look】 服海軍の制服デザインに似た服装．マリンルックともいう．

ネーブル【navel】 ①植ミカン科の果物．果皮が薄くかおりがよい．英語は navel orange．②へそ．へその形のもの．

ネーミング【naming】 名前を付けること．特に新製品などの命名．

ネーミング広告【naming advertising】 広命名権を購入し、施設名に社名を付けるなどといった宣伝手法．

ネーミングライツ【naming rights】 競命名権．競技場や運動施設などに協賛企業や商品の名前を付与する権利．

ネームサーバー【name server】 Ⅰ②インターネットで、接続したコンピューターに与えられた名前を

◀ネオリベラ

数値記号に変換するシステム．

ネームサービス【name service】 ＩＴネットワーク内で，コンピュータの名前に関する情報を，問い合わせに応じて IP アドレスとして提供すること．

ネームディスプレイ【name display 日】 Ｉ 発信者名表示サービス．NTT 東日本・西日本が提供．

ネームバリュー【name value 日】 名前のもつ価値．名声．英語では established reputation という．

ネームプレート【nameplate】 表札．名札．

ネームプレートペンダント【nameplate pendant】 服名前や好きな言葉などを書いたプレートを吊るタイプのペンダント．

ネール【nail】 手足の爪．ネイルともいう．

ネール温度【Néel temperature】 理反強磁性を示す物質が常磁性へ転移する特定の温度．フランスの物理学者ルイ・ネールの名から．

ネオ【neo-】「新しい」「最新の」「最近の」という意の接頭語．

ネオアイデアリズム【neo-idealism】 文新理想主義．

ネオアナーキズム【neo-anarchism】 政左翼主義に対する呼称．新無政府主義．

ネオエクスプレッショニズム【neo-expressionism】 美新表現主義．1980年代に台頭した，色彩や形態，筆づかいが自由奔放で，具象的な傾向が目立つ手法．ニューペインティングともいう．

ネオクラシシズム【neoclassicism】 芸古典主義への復帰を志向する芸術各分野における運動と理論．新古典主義．

ネオクラシック【neoclassic】 芸新古典主義の．

ネオコーポラティズム【neo-corporatism】 政国の主要な行政・経済政策に各分野の利益代表を参加させて，全体の調和を図りながら政策を実行せようというもの．

ネオゴーリスト【neo-Gaullist】 政新ドゴール主義者．フランスの威信を示すため，核実験を強行したシラク大統領の政治姿勢をいう．

ネオコロニアリズム【neocolonialism】 経政新植民地主義．1960年の第2回アジア・アフリカ人民連帯会議で，初めて明確に規定された植民地主義の新しい形．政治的には独立を与えても，経済的には植民地支配を維持しようとするもの．

ネオコン【neo-con】 政新保守主義．新保守派．新保守主義者．ネオコンサバティブの略．

ネオコンサバティビズム【neo-conservativism】 政新保守主義．アメリカで1960年代に台頭．2002年以降ブッシュ政権の外交・軍事面に影響を与えた政策傾向．ネオコンともいう．

ネオコンサバティブ【neo-conservative】 政新保守主義．新保守派．新保守主義者．ネオコンともいう．

ネオジオ【neo-geo】 美1980年代前半にニューヨークで起こった，現代美術の傾向の一つ．シミュレーショニズムともいう．

ネオシックスティーズ【neo-sixties】 社新60年代志向の世代．活気にあふれた1960年代にあこがれる若者のこと．

ネオ ジャパネスク【neo-Japanesque】 ①営新日本様式．経済産業省がトヨタ自動車や松下電器産業などと共同でつくる「メード イン ジャパン」に代わる新ブランド．②服日本的様式を現代感覚で服飾デザインなどに取り入れたもの．

ネオシュガー【neosugar 日】 料砂糖から作られる新種の極甘味料．低カロリーで，砂糖と同じように菓子などに加工できる．商標名．

ネオダーウィニズム【neo-Darwinism】 生新ダーウィン主義．ダーウィンの進化説の中で自然選択（自然淘汰）だけを基に進化を説明する説．

ネオダダ【neo-dada】 美1950年代にニューヨークに現れた，廃品などより新しい表現を試みた J．ジョーンズと R．ラウシェンバーグの大胆な作風に与えられた呼称．

ネオテニー【neoteny】 生幼形成熟．幼態保持．動物の個体発生が一定の段階で止まり，そのまま成熟すること．

ネオナチ運動【neo-Nazi movement】 社ドイツの極右勢力の総称．1989年の東西ドイツ統一後に起きた，長引く不況と失業の増大を背景に台頭した．

ネオナチズム【neo-Nazism】 政1960年ごろ西ドイツを中心に台頭した反ユダヤ主義．ユダヤ人排撃・反共産主義を主張し，個人より国家を重視する．

ネオヒッピー【neo-hippie】 服1960年代後半に現れたヒッピーの風俗から，現代のアクセサリーや装飾品の制作案などに取り入れたもの．

ネオファシスト【neofascist】 政アメリカ，ドイツ，イタリア，イギリスなどの新興右翼勢力．一党独裁による新国家主義を提唱．

ネオポリス【neopolis 希】 社新都市．新しく開発された都市や住宅地．

ネオマイシン【neomycin】 薬抗生物質の一種．目や皮膚などの疾患治療に用いる．

ネオマジック【NeoMagic】 Ｉ算アメリカの半導体メーカーの一つ．1993年に設立．ノートパソコン用のビデオチップなどが有名で，MagicGraph 128シリーズなどで知られる．

ネオマスキュリン ルック【neo-masculine look】 服男っぽい装いを基本に，女性らしさを強調する服飾の表現方法の一つ．

ネオラグジュアリー【neo-luxury】 服最上級の素材を形式ばらずに粋に扱う着こなしや加工法．

ネオラッダイト【neo-Luddites】 目まぐるしい技術革新や先端技術を嫌悪する人．

ネオラマルキズム【neo-Lamarckism】 生用不用説を唱えたラマルクの主張を支持する考え方や，ダーウィンの唱えた自然選択に反対する考え方などをまとめた呼び名．

ネオリアリズム【neorealism】 ①政国際政治を動かす源泉を，国際体系の構造とその不安定性に見いだそうとする考え方．②哲新実在論．20世紀初頭にアメリカの哲学者 W．P．モンタギューや G．サンタヤナなどが唱えた．③映イタリアで起こった写実主義的な映画手法．ネオレアリズモともいう．

ネオリベラリズム【neo-liberalism】 政新自由

395

ネオレアリ▶

主義．経済への国家の関与を縮小し，市場分野を拡大することによって，経済の活性化を図る考え方のこと．

ネオレアリズモ【neo-realismo 伊】 映第二次大戦後，イタリア映画に現れた写実主義的な映画手法．ロッセリーニの「無防備都市」，デシーカの「自転車泥棒」などがあり，現実生活の記録的描写を特徴とする．ネオリアリスモ，イタリアンリアリズムともいう．

ネオロカビリー【neo-rockabilly】 音1950年代生まれのロカビリーを再認識して演奏する動き．1980年代に起こった．

ネオロジー【neology】 言新造語．新語の創出．新造語の使用．

ネオロジズム【neologism】 言新語．またはそれを作ったり使ったりすること．ネオロジー．

ネオロマンチシズム【neo-Romanticism】 芸文新ロマン主義．19世紀末から20世紀初めにかけてドイツを中心にして起こった文芸思潮．象徴主義的傾向の強い芸術至上主義．

ネオン【neon】 化希ガス類元素の一つ．無色・無臭．元素記号は Ne．放電によって赤色に光るので，ネオンサインなどの封入ガスに用いる．

ネガ ネガティブフィルム（negative film）の略．写陰画．原版．

ネガティブ【negative】 ①否定的．消極的．同意しない．反対の．②数負の．③医陰性の．④電陰極の．⇔ポジティブ．⑤写陰画．原版．ネガティブフィルムの略．

ネガティブ アプローチ【negative approach】 広商品やサービス内容にあるマイナス面も訴え，信頼度を増す広告方法．

ネガティブ オプション【negative option】 営通信販売業者が勝手に商品を送りつけ，購入の意思がないことや返品の意思を消費者が示さないと，購入するとみなして代金を請求する販売法．

ネガティブカッター【negative cutter】 映フィルム編集者が編集したラッシュを基にネガを接続する係．ネガカッターともいう．

ネガティブ キャンペーン【negative campaign】 政選挙運動で，対立候補の中傷や欠点暴露などで自分の立場を有利にする手法．

ネガティブ キャンペーン アド【negative campaign ad】 政対立候補を攻撃するなどの汚い選挙宣伝放送．アタックアドともいう．

ネガティブ コンセンサス方式【negative consensus system】 営国会議の採決などで，全参加者が反対しない限り否決されないとする方式．

ネガティブ スプリット【negative split】 競水泳などで前半よりも後半の計時の速いこと．

ネガティブスペース【negative space】 営経価値のない不動産．利殖に適しない土地．

ネガティブゾーン【negative zone】 経拒絶相場圏．為替相場安定の目標水準を維持するため，ある通貨が下落してはならない範囲．

ネガティブ ニュークリアパワー【negative nuclear power】 軍経核兵器の解体や核廃棄物の処理にかかる多大な経費．負の核のパワーの意．

ネガティブ フィルム【negative film】 写陰画フィルム．焼き付けて印画を得る．ネガフィルムともいう．⇔ポジティブフィルム．

ネガティブリスト【negative list】 営経輸入制限品目録．輸入規制を必要とする商品の一覧表．⇔ポジティブリスト．

ネガフィルム【negative film】 写陰画フィルム．原版．白黒写真では明暗が陽画と逆で，カラー写真では補色の関係になる．ネガ，ネガティブフィルムともいう．⇔ポジフィルム．

ネガポジプリント【negative positive print】 写カラーネガフィルムからカラー印画を得る方法．

ネガワット【negawatt】 環経省エネルギー活動をして節約される電力量．

ネクステルカップ シリーズ【Nextel Cup Series】 競（自動車）ＮＡＳＣＡＲが統括するナスカーレースの最上位カテゴリー．

ネクスト【next】 次の．次回の．今度の．

ネクスト エコノミー【next economy】 営2000年代以降の，中高年層が市場を引っ張る経済や社会．アメリカのエリオット・エッテンバーグが提唱．

ネクスト キャビネット【next cabinet 日】 政日本の民主党が設置した「次の内閣」の通称．

ネクトカリス【Nectocaris 羅】 生バージェス頁岩化石動物群の一種．体の前半部はエビで後半部は魚の形をしている．

ネグリジェンス【negligence】 ①法過失．過失による不法行為．②怠慢．だらしない行為．

ネグリチュード【negritude】 社黒人的特性．黒人精神．アフリカの黒人文化に対する自覚と誇り．

ネグレクト【neglect】 ①無視する．軽視する．なおざりにする．放置する．②社子供に対する不適切な保護・養育，無関心・怠慢，放置，養育の拒否などのこと．

ネクローシス【necrosis】 生壊死．生体の器官・組織・細胞の死．病的な細胞死．

ネクロフィリア【necrophilia】 医心死体愛好症．屍姦．死体愛．

ネクロフォビア【necrophobia】 医心死亡恐怖症．恐死症．死体恐怖症．

ネゴ ネゴシエーション（negotiation）の略．

ネゴシエーション【negotiation】 折衝．交渉．協議．ネゴ．

ネゴシエーション クレジット【negotiation credit】 経手形の正当な所持人は，どの銀行にも買い取ってもらえるという信用状．

ネゴシエーター【negotiator】 交渉者．協議担当者．

ネシクス【nethics】 Iコンピューターのネットワークを利用する上での倫理．

ネスティング【nesting】 ①社巣ごもり．夜は早く家に帰り，趣味などに打ち込んで自宅にこもりやすい傾向のこと．②I算ある構造の中に別の構造を組み入れること．

ネスト【nest】 ①巣．避難所．隠れ家．②組み重ね式になる．入れ子状に重なる．

ネストテーブル【nest table 日】 大・小数個を組み重ねる形式のテーブル．英語では nest of

tables.

ネスパ【n'est-ce pas? 仏】会話の中で軽く同意を求める表現. そうじゃない？ そうでしょう？ 英語のイズント イット(isn't it?)に当たる.

ネスラー試薬【Nessler's reagent】⑫アンモニアの検出に用いる最も重要な試薬. アンモニアと反応して褐色に混濁または沈殿する.

ネセサリー【necessary】①必要な. 不可欠な. 避けられない. ②必需品.

ネセシティー【necessity】必要性. 必然性. 必要物. 必需品.

ネチケット【netiquette】①④ネットワーク上のエチケットのこと. インターネットで情報をやり取りする時のマナー. net と etiquette の合成語.

ネチズン【netizen】①④ネットワークで結ばれ合った人たち. ネットワーク市民とでも訳すことができる. net と citizen の合成語.

ネッカチーフ【neckerchief】服首に巻く、薄くて柔らかい四角形状の布.

ネッキング【necking】首から上の部分の愛撫. 首にキスをして抱き合うこと.

ネック【neck】①生き物・器物・楽器などの首. 首のような部分. ②隘路. 難所. ボトルネックの略.

ネック アンド ネック【neck and neck】接戦. 互角の争いをすること.

ネックピース【neck piece 日】服首にかけたひもに装飾品などをつるす装い. ランヤード.

ネックライン【neckline】服襟ぐり. 襟回りの線.

ネックレス【necklace】服首飾り.

ネッティング【netting】①網製品. 網細工. 網を作ること. 網漁. ②営経差額決済. 相殺決済. 経済・金融取引で発生した債権・債務を一定期日に決済する手段の一つ. 債権と債務の残高を差し引きし, 正味のみを決済する.

ネッティング システム【netting system】経国際間での資金の受け渡し・受け取り関係がある場合, 最終的にそれらの差し引き分の受け渡しによって決済するシステム.

ネット【net】①網. 網状のもの. ②重量や経費の正味. ⇔グロス. ③正価. 純益. ④①算ネットワークの略. LAN（企業内情報通信網）などのネットワークから、インターネット、デジタル回線網までに使われる. ⑤ネットインの略.

ネットアート【net art】①医コンピューターとネットワークを利用したアート表現. インタラクティビティー、参加型、リアルタイム、遠隔操作、脱領域、地球意識などが特徴.

ネットイン【net in 日】競テニスやバレーボールなどで、球がネットに触れてから相手コートに入ること.

ネットウエア【NetWare】①算アメリカのノベル社のネットワーク構築用 OS.

ネットオークション【net auction】①④インターネットを使う商品の競売や売買交渉.

ネット カーディーラー【Internet car dealer】①④インターネットで自動車を販売するサービス事業者. 見積仲介サービスのみを行う事業者や、車種の検索・契約までもサイト上で行う事業者など多様. ネットディーラー.

ネット家電【network home electronics 日】①④営ネットワークに接続して遠隔操作ができる家電製品.

ネットキーサービス【net-key service】①算 NTT コミュニケーションズが OCN で提供しているサービス. 電子メールのセキュリティー機能を提供するもので、共通鍵暗号方式を使う.

ネット銀行【net bank 日】①④経インターネットを通じて取引などを行う銀行.

ネットゲーム【net game 日】①④インターネットを使いネットワーク上で楽しむゲーム.

ネット広告【net advertising 日】①④広インターネットを利用する広告.

ネットコミュニケーション【net communication】①④社インターネットや携帯電話でのコミュニケーション.

ネット サーキュレーション【net circulation】広屋外広告や交通広告の累積到達人数.

ネットサーフィン【net surfing】①④インターネットで、興味のおもむくままに情報を探していくこと. 波乗りにたとえていう.

ネットサン【netsun】①算コンピューターネットワーク市場で力をもつ企業. ネットスケープ コミュニケーションズとサンマイクロシステムズの合成語.

ネット自殺【net suicide 日】①④社インターネットで仲間を募る集団自殺. ネット心中. 英語では Internet suicide pact.

ネット証券【net securities 日】①④経インターネットを用いて証券取引サービスを提供する証券会社.

ネット証券取引【Internet trading】①④経インターネットを通じて株式や債券などの取引を受け付ける方式.

ネットスーパー【net supermarket 日】①④営インターネットで注文を受け、食料品や日用品などを配達する業態. 英語では online grocer.

ネットスカイワーム【Netsky Worm】①④算メールの添付ファイルを介して感染を拡大するワーム.

ネットスケープ ナビゲーター【Netscape Navigator】①④アメリカのネットスケープコミュニケーションズ（AOLが買収）が開発したインターネット閲覧用ソフトウエア.

ネットストーカー【net stalker 日】①④インターネット上で異性や他人に対してつきまとい行為をする人.

ネットセキュリティー産業【network security industry】①④営コンピューターネットワークの安全性を守る防衛策を提供する産業.

ネット調査【Internet research】①④社インターネット利用者に関連する、消費動向やホームページ利用率などの調査.

ネットデイ【NetDay】①④算シリコンバレーにあるすべての教室で、高速ネットワークを利用したインターネットが使える計画. アメリカのサンマイクロシステムズのジョン・ゲージが提唱.

ネットTV【net television】①④テレビ受像機と電話回線などを接続し、テレビ画面でインターネットサービスなどが受けられる装置.

ネットトラ▶

ネットトラブル【net trouble 日】❶❷社インターネットの利用で起こるもめごとや違法行為．

ネット トレーディング【net trading】❶❷経インターネット上で株式や投資信託などの取引を行うこと．オンライントレードともいう．

ネットニュース【net news】❶❷インターネットにおける電子掲示板のこと．テーマごとにニュースグループができている．

ネットバブル【net bubble】❶❷営経インターネット関連の株への投資で，企業に実勢以上の評価がつき，過剰に投機された状態．2000年にバブル崩壊が起きた．

ネットバンキング【net banking】❶❷経インターネットを利用して残高照会や振り替え，振り込みなどの銀行取引を行えるサービス．インターネットバンキングともいう．

ネット犯罪【net crime 日】❶❷社インターネットを悪用する犯罪．

ネットビジネス【net business 日】❶❷営インターネットを利用する商業形態．インターネットビジネスともいう．

ネットプライス【net price】正価．

ネットプレックス【netplex】❶アメリカのワシントン D.C. に形成された情報通信産業の集積地．network と complex の合成語．

ネットボール[1]【netball】①競バスケットボールを簡略化して考案された球技．1チーム7人で，パスだけ行い，ドリブルはできない．英連邦諸国の女子に広く普及している．②(日)競バレーボールコートで1チーム12人の選手が，球をバウンドさせないで捕球して，3秒以内にパスあるいは相手陣へ両手で投げ入れるゲーム．バレーボールを行うための前段階として発展．主に小学生が行う．

ネットボール[2]【net ball】競テニスやバレーボールなどで，サービスした球がネットに触れても相手側コートに入ること．

ネットミーティング【NetMeeting】❶❷ネットワークを利用して，ディスプレー上で会議を行うためのソフトウェア．アメリカのマイクロソフトが開発した．

ネットムービー【net movie 日】❶❷インターネットでのみ見ることができる動画．

ネットランチャー【net launcher】不審者にクモの巣状の網を発射して身動きできなくさせる防犯具．

ネットリーチ【net reach】広広告メッセージの純到達．一度でもその広告が到達した人の割合．複数回の到達は積み上げて計算しない．

ネット レーティング ポイント【net rating point】広テレビCMなどを複数回出した時，一度でも聴取・視聴した人の割合．

ネットワーカー【networker】❶❷インターネットで情報を求めることが好きで，よく利用する人．ネットウオーカーともいう．

ネットワーキング【networking】①個人やグループなどでの人のつながり．相互の交流や情報の交換などが行われる．②❶算コンピューターネットワークを設備し利用すること．

ネットワーク【network】①網状の組織や構造．②❶放送網．通信網．回線網．③営企業の支店・事業所網．商店のチェーン網．④網細工．⑤❶❷算通信で結ばれた複数のコンピューターおよび関連機器全体やその通信路．

ネットワーク アーキテクチャー【network architecture】❶算種類の異なるコンピューターや端末装置間で，基本的な技術基準を統一した通信体系．

ネットワーク アダプター【network adapter】❶算パソコンやサーバーを複数台つないで LAN などを構築するために必要な拡張カード．ネットワークカード．NIC（network interface card）．

ネットワーク アドレス【network address】❶❷ネットワークに接続しているすべての装置に付けられたアドレス．

ネットワーク インターフェース【network interface】❶❷算パソコンをネットワークに接続するのに用いるもの．LANアダプター．

ネットワーク エージェンシー【network agency】営広複数の広告会社が連合して地球的規模になったグループのこと．

ネットワークOS【network operating system】❶算ネットワークシステムの OS ソフトウェアのこと．LAN の基本的な機能，ディスクや印字装置の共有，システム全体の管理をする OS．

ネットワーク型ウイルス【network-type computer virus】❶算ネットワークの弱点を突き，接続すると感染するウイルス．

ネットワーク型データベース【network-type database】❶算網型データベース．データベースのデータ構造の一つ．データ同士が網の目のように対応している方式．

ネットワークカメラ【network camera】防犯などの目的でモニターに接続されたカメラ．

ネットワーク管理者【network administrator】❶算ユーザー登録やアクセス権の設定を行う LAN システムの管理者．ネットワークマネジャーともいう．

ネットワーク機能【network function】❶算ネットワーク管理を行うための機能．OS のもつ機能の一つ．LAN やインターネットへの接続や，ファイル，プリンターの共有機能などを指す．

ネットワークケーブル【network cable】❶算コンピューターと周辺機器を接続して，LAN を構築するためのケーブル．LAN ケーブルともいう．

ネットワークゲーム【network game】❶算コンピューター同士を通信回線で結んで遊ぶゲーム．オンラインゲームともいう．

ネットワーク コントローラー【network controller】❶算ネットワークに対して，故障が起きても停止することなく修復を行う機能を提供するアダプターとその管理機能．

ネットワーク コンピューター【network computer】❶算インターネットに接続して利用することを前提に設計された装置．NC．

ネットワーク システム【network system】❶算通信網の構築により，情報処理の合理化・効率化を図る方式．

◀ノイズレス

ネットワーク スキャナー【network scanner】 ①算ネットワーク上で共通デバイスとして利用できるスキャナー．コピー機能やプリンター，ファクス機能が付くものもある．

ネットワーク セキュリティー【network security】 ①算ネットワーク環境で行う，不正侵入の防御や機密保持のための対策．

ネットワーク層【network layer】 ①算 OSI参照モデルの第3層の名称．端末間のデータ授受のルールを規定する．代表的なものに IP（Internet Protocol）などがある．

ネットワーク組織【network organization】 営製造業者や卸売業者などが，小売店との間に情報ネットワークを設け，商品・顧客情報や販売状況を共有する組織．

ネットワーク ドライバー【network driver】 ①算 LAN アダプターを制御して，LAN アダプターの間でデータ交換を行うために必要なソフトウエア．

ネットワーク ドライブ【network drive】 ①算共有ディスク．LAN を使って複数の人が共同で利用するドライブ．各種サーバーのプラットホームとしても使われる．

ネットワーク プリンター【network printer】 ①算共有プリンター．LAN を経由して複数の人が共同で利用するプリンター．高速で高品質の印刷ができるものも多い．プリントサーバーともいう．→ローカルプリンター．

ネットワーク プロテクト【network protect】 ①算ソフトウエアに対する違法なコピーを防ぐ仕組み．LAN に接続されるパソコンで特定のソフトウエアが起動している数を調べ，購入数以上だと起動できなくする．

ネットワーク マネジメント【network management】 ①①算ネットワークのシステムが，多様なメーカーの製品で構成されるようになったので，もめごとなどが起こらないようにネットワーク全体を管理すること．

ネットワーク マネジャー【network manager】 ①①算ネットワークの管理を行うツールや管理装置のこと．②①算 LAN の運営管理をする人．

ネットワークリスク【network risk】 ①①算ネットワークにある特有のリスク．複数の回線やシステムを経由するインターネットは，データの誤りや紛失が起こる可能性がある．

ネットワーク リソース【network resource】 ①①算ネットワークの利用者が使うことのできる共用の資源，装置など．

ネットワーク リテラシー【network literacy】 ①算ネットワークを活用する能力．

ネットワークロボット【network robot 日】 ①①算通信網に接続して遠隔操作するロボット．介護支援や災害救助活動などを行う．総務省が提唱．

ネットワークワーム【network worm】 コンピューター ネットワーク外部から積極的に侵入し，自己複製しながらネットワークに広がっていくソフトウエア．

ネップ【NEP】 経政新経済政策．1921～28年に旧ソ連共産党が採用した経済政策．生産手段の公有化と中央集権的計画経済に並行して私的企業も認めた．ロシア語で Novaya Ekonomicheskaya Politika の略．

ネップヤーン【nep yarn】 服糸や繊維の小さな固まりを撚りこんだ糸．

ネバーマインド【never mind】 「気にするな」「平気平気」を意味する掛け声の一つ．ドンマイに同じ．ネバーマインともいう．

ネビュラ【nebula】 天星雲．

ネプチューン【Neptune】 ①ローマ神話で，海神．ネプトゥヌスともいう．②天海王星．

ネブライザー【nebulizer】 医医療用具の一つで，噴霧器．薬液などを霧状にして鼻や口に噴き出す．

ネフローゼ【Nephrose 独】 医腎臓の疾患の総称．英語は nephrosis．

ネフロパティ【nephropathy】 医腎障害．腎症．

ネフロン【nephron】 生腎単位．腎臓の組織で尿を作る単位．

ネポティズム【nepotism】 社政縁故主義．縁者びいき．身内びいき．血縁支配．血縁者を引き立てるやり方．

ネマチック【nematic】 理液晶の一種．電圧が変わると透明度に違いが出る．

ネマチック液晶【nematic liquid crystal】 理液晶の一種．棒状分子が長軸をほぼ平行に配列するが，位置は無秩序な状態．

ネルソン【nelson】 競（レスリング）首固め．首攻め．

ネレウス【Nereus】 天小惑星の一つ．

ノ

ノア衛星【NOAA satellite】 宇アメリカの気象観測衛星．海洋大気庁（NOAA）が運用する太陽同期衛星．

ノイ【noy】 理航空機などの音のうるささを表す単位．ジェット機の離陸時に起こる騒音は約110ノイ．

ノイジー【noisy】 騒々しい．うるさい．騒音に満ちた．やかましい音を立てる．

ノイジー マイノリティー【noisy minority】 社騒々しい少数者．少数意見を口うるさく主張する人々．ボーカルマイノリティーともいう．

ノイズ【noise】 ①雑音．騒音．物音．電気的に生じる余計な信号や音．②経仲買人同士が行う株式の売買．証券取引の専門家間で行われる取引．

ノイズ系 音雑音や騒音のような音で演奏される実験的なロック音楽．

ノイズリダクション【noise reduction】 録音テープに発生する雑音を減らすための回路．

ノイズレス【noiseless】 ラジオやステレオなどの雑音のない．音のしない．静かな．

ノイズレス サーチ【noiseless search】 ① VTR の録画・再生ヘッドのドラム部分の傾きを制御することで，サーチ時の再生と同じ速度で記録する

399

ノイマン型▶

ようにした仕組み．

ノイマン型コンピューター【von-Neumann-type computer】 ①算 フォン・ノイマンが整理した原理に基づいたコンピューター．実際に使用されるものの大半がこれ．

ノイラミニダーゼ【neuraminidase】 生 糖たんぱくの化学構造を研究するのに重要な役割をもつ酵素．シアリダーゼともいう．

ノイローゼ【Neurose 独】 医 不安障害その他．心因性による心の不調で，精神病とされるほど重くない状態のもの．症状は広い意味の「不安」であり，しかもその悩みを自覚している．英語は neurosis．

ノウアスフィアの開墾【Homesteading the Noosphere】 ①算 エリック・レイモンドが著した論文．オープンソース方式の開発での所有権を記述．

ノウハウ【know-how】 特殊技術．特殊技能．秘密情報．技術情報．秘訣（ひけつ）．実際に応用するために必要とする秘密の技術的知識・経験またはそれらの集積．ノーハウともいう．

ノエル【Noël 仏】 ①宗 クリスマス．キリスト降誕祭．②クリスマス賛歌．

ノー アクション レター【no action letter】 社 政 法令適用事前確認手続き．民間企業や個人が行政機関に法令の適用対象や違反の可否などを問い合わせ，回答を書面で受け取る．

ノーヴィエ ルースキエ【novie russkie 露】 営 新ロシア人．ロシアの新興ビジネスエリート富裕層の通称の一つ．

ノー オペレーション命令【no operation instruction】 ①算 無演算命令．実質的にはなんの動作も演算も行わない命令．デバッグのために一時的にサブルーチンへの呼び出しを止めたりする時に使われる．

ノーカーデー【no car day 日】 社 都心部の混雑緩和などのため，自動車の乗り入れや使用を自粛しようと提唱した日．

ノーカーボン紙【no-carbon paper】 カーボンを使わないで複写できる紙．

ノーカット【no cut 日】 映 映画のフィルムなどで，部分的な切除や削除のないこと．英語では省略・削除をしていないのは uncut, full-length, 無検閲なのは uncensored という．

ノー カラー ファンデーション【no color foundation 日】 容 無着色で透明感があり滑らかで素肌をきれいに見せる下地用の化粧品．

ノークラッチ【no clutch 日】 機 自動車で，変速操作にクラッチ（clutch）を使わない仕組み．動力の伝達は自動変速装置による．英語は automatic transmission．

ノークローニング定理【no-cloning theorem】 理 量子テレポーテーションで，未知の量子状態の複写を禁止すること．

ノーコメント【no comment】 何の注釈も説明も加えない．言うべきことは何もない．

ノーサイド【no side】 競（ﾗｸﾞﾋﾞｰ）試合の終了．攻防が終わった瞬間に敵味方の区別がなくなるということから．

ノーサンキュー【No, thank you.】 「いいえ，結構です」の意．辞退を表す言葉．

ノーショー【no-show】 営 宿泊や車の座席などの予約をしながら，当日使用しなかった人．

ノーズアップ【nose up 日】 自動車を急に加速すると，前部が浮き上がるようになる現象．

ノースアメリカ コンテント【North American content】 営 経 北米現地調達率．北米製の製品や部品などが一定の割合以上使われていなければ，関税が0にならない．

ノーズガード【nose guard】 競（ｱﾒﾘｶﾝﾌｯﾄﾎﾞｰﾙ）攻撃側センターの正面に位置する守備選手．NG，ミドルガードともいう．

ノースカロライナ情報ハイウエー【North Carolina Information Highway】 ①算 1994年に始まったアメリカ初の実用レベルでの情報スーパーハイウエー構想．さまざまな分野のサービスを，ノースカロライナ州のすべての住民が平等にアクセスできるようにするのが基本ビジョン．

ノーズクリップ【nose clip】 鼻腔を広げるため鼻柱に貼る用具．

ノーズジョブ【nose job】 容 鼻の美容整形手術．

ノーズダイブ【nose dive 日】 自動車を急に減速すると，前部が沈み込むようになる現象．

ノーズパック【nose pack】 容 鼻付近の毛穴の汚れを取る専用パック．

ノースブリッジ【north bridge】 ①算 マザーボード上で PCI バスと CPU（中央処理装置）を接続するシステムコントローラー．

ノースポール【North Pole】 地 北極．

ノースモーキング【no smoking】 禁煙．

ノースリーブ【no-sleeve 日】 服 袖のないこと．一般には女性の袖なし服をいう．英語は sleeveless．

ノースリッジ地震【North Ridge Earthquake】 地 1994年にロサンゼルス北西部で発生した地震．ノースリッジ地区の直下で発生した地震．

ノーター【Notor】 機 尾部回転翼のないヘリコプター．エンジン排気を噴出させて反トルク力を得る．no tailrotor の意．商標名．

ノータイム【no time】 ①競（野球）試合再開を告げる言葉．英語では Play ball! という．②時間のないこと．③時間をかけないこと．

ノータックス【no tax 日】 営 経 無税．英語は tax-exempt, tax-free．

ノータッチ【no touch 日】 ①競（野球）守備側の選手が走者に球をつけないこと．英語は no tagging．②手を触れないこと．関与しないこと．この意味では英語は have nothing to do with ～．

ノータム【NOTAM】 機 航空情報．航空従事者に通知される航空機の安全運航に関する情報．notice to airmen の略．

ノーチェ【noche 西】 夜．夜間．暗闇．暗黒．

ノーチラス レーザーシステム【Nautilus laser system】 軍 アメリカ海軍とイスラエル共同開発の戦場のレーザー防空システム．

ノーチルドレン【No Children】 映 アメリカ映画協会が表示する成人向け映画．児童禁止の意で，

◀ノーモア

1990年からXに代わって用いる.

ノーツ【Notes】 ①[コンピュータ]アメリカのロータスが発売した，クライアント用のグループウエアソフト. 簡単にデータベースなどが利用できる.

ノーティー【naughty】 ①やんちゃな. 行儀の悪い. ②みだらな. わいせつな.

ノーティービッツ【naughty bits】 わいせつなデジタル情報.

ノーティカルマイル【nautical mile】 海里. 国際空里. 航海や航空で使う距離の単位. 記号はnm. 1nmは1,852km.

ノーティフィケーション【notification】 通知. 通告. 通告書. 告示文.

ノーテーション【notation】 ①専門的な表記法. 記数法. ②[コンピュータ]デスクトップミュージック(DTM)で，楽譜を作成できる機能のこと.

ノート【note】 ①帳面. ②筆記すること. 書き留めること. ③注. 注釈. 注目. 注意. ④[音]音符. 楽譜.

ノード【node】 ①[コンピュータ]ネットワークシステム中の接続中継点のこと. ②[コンピュータ]インターネットで接続されている機器. ③[コンピュータ]階層型データベースで，ツリー構造の分岐点. ④[営]物流などの分岐点，結節点. ⑤結び目. こぶ.

ノードアドレス【node address】 [コンピュータ]ネットワークの中のノードを特定するために，ノードに当たる機器それぞれに与えるアドレス. ルーターを識別するためのIPアドレスなどがこれに当たる.

ノート情報【note event】 [コンピュータ]デスクトップミュージック(DTM)で，電子楽器を外から制御する情報の一つ. 音を出したり止めたりする情報.

ノードステーション【node station】 [営]貨物の保管・積み替えなどを行う場所. 物流拠点.

ノートナンバー【note number】 [コンピュータ]音の高さを表現するMIDIメッセージ. 0から127の数値で表す. 音程はC4などと数字とアルファベットを組み合わせる.

ノートパソコン【notebook-sized personal computer】 [コンピュータ]ノートサイズの携帯型コンピューター. A4判程度までのものをいう. ノート型パソコン，ブック型パソコン.

ノートパッド【note pad】 [コンピュータ]気軽にメモを書き入れることができるアプリケーション.

ノートリアス【notorious】 悪名の高い. 評判の悪い. 名うての.

ノーナッシング【know-nothing】 無知な人. 無学の人. 何も知らない人. またその振りをする人.

ノーニューカー【no-nuker】 [社]反核派. 反核運動を進める人々.

ノーパーキング【no parking】 [社]駐車禁止.

ノーヒッター【no-hitter】 [競](野球)無安打無得点試合(ノーヒットノーラン). それを達成した投手.

ノーヒットノーラン【no-hit no-run】 [競](野球)無安打無得点試合. 四球, 死球, 失策などの走者は出したが, 安打も得点も許さない.

ノービリティー【nobility】 貴族階級. 貴族社会. 貴族. 気高さ. 高潔さ. ノーブレス.

ノーブラ ノーブラジャー(no brassiere)の略. [服]ブラジャーを着けていないこと. 英語ではbraless

だが, no-braともいう.

ノープライス制【no-price method】 [営]製品の定価表示をやめ, 物価変動に従って販売する方法.

ノーブランド【no brand 日】 [営]メーカーのブランド名の付いていない商品. 日用品・雑貨などに多く, 価格も安い. ジェネリックブランド. 英語はoff-brand.

ノーブル【noble】 高貴な. 上品な. 気品のある. 高尚な.

ノーブレス【noblesse】 高貴な身分. 貴族. 気高さ. 崇高さ. 品のよいこと. 高潔さ. ノービリティーともいう.

ノーブレス オブリージ【noblesse oblige 仏】 [社]高い身分・地位に伴う義務や振る舞い. 地位の高い人には, それにふさわしい義務があるという意味. ノブレスオブリジェともいう.

ノーフロスト【no frost】 冷蔵庫などの霜取り装置.

ノーペーパー ソサエティー【no-paper society】 [コンピュータ][社]コンピューターや記憶媒体が進歩し, 文書などを記録する紙がいらなくなった社会.

ノーベル財団【Nobel Foundation】 ダイナマイトの発明で巨富を築いたスウェーデンの化学技術者アルフレッド・ノーベルの遺志で, 1900年に設立されノーベル賞を制定した財団.

ノーベル賞【Nobel prize】 ノーベル財団が世界の学術や平和に貢献した人に授与する賞. 1901年に始まり, 現在は物理学, 化学, 生理学・医学, 文学, 平和, 経済学の6部門.

ノーホー【NoHo】 [芸]服ニューヨークのマンハッタンにある芸術活動やファッションの盛んな地区. North of Houston Streetの略.

ノーボーダー【no-border 日】 無国境. 国境のない.

ノーボスチ通信【Novosti Press】旧ソ連のニュース通信社. 1991年にロシア通信に吸収合併された.

ノーマライゼーション【normalization】 ①常態化. 正常化. 標準化. ②[社]社会生活上の障害を取り除き, 誰もが一緒に暮らせる社会にすること.

ノーマリティー【normality】 正常. 常態. ⇔アブノーマリティー.

ノーマル【normal】 正常な. 正規の. 普通の. 標準的な. 典型的な. ⇔アブノーマル.

ノーマルテープ【normal tape】 [コンピュータ]磁性体に酸化鉄を用いた通常の録音テープ.

ノーマルヒル【normal hill】 [競](スキ)ジャンプ競技の種目の一つ. ヒルサイズが85〜109mのジャンプ台で行う. 旧70メートル級. またそのジャンプ台のこと.

ノーメイク【no makeup 日】 [容]化粧をしない. 素顔のままの.

ノーメンクラツーラ【nomenklatura 露】 [政]旧ソ連の党, 政府などに形成された特権階級. 共産党の承認を必要とした秘密の重要ポストの一覧表.

ノーモア【no more】 もう二度と繰り返さない. もうご免だ.

401

ノーラッド【NORAD】軍北米防空軍．北米航空宇宙防衛司令部．北アメリカ大陸を戦略核攻撃から守るためのアメリカとカナダ共同の軍事機構．1957年に創設．North American Aerospace Defense Command の頭字語から．

ノーリグレット戦略【no regret strategy】営社原因がはっきりしない現象などへの対応策をできるだけ小規模に絞るとする考え方．

ノーリンギング通信サービス【no ringing communication service】Ⅱ NTT 東日本・西日本が提供する電話サービスの一つ．電話機のベルを鳴らさず、電気・水道・ガスなどのメーターを遠隔操作で読み取りデータ伝送する．

ノールックパス【no-look pass】競バスケットボールなどで、送球する方向を見ないで、味方に球を渡すやり方．

ノー ワーク ノー ペイ【no work, no pay】営経働かない者に賃金は払わないという原則．

ノクターン【nocturne】音夜想曲．ノクチュルヌ、ノットゥルノともいう．

ノクタンビュル【noctambule 仏】医夢遊病者．夢中歩行者．

ノクトビジョン【noctovision】機理暗視装置．赤外線やマイクロ波を使い、闇夜や濃霧でも対象物を目で見るように捕らえられる．

ノス【NOSS】軍アメリカ空軍の海洋監視衛星．海洋と艦船の情報収集を行う軍事衛星．Navy ocean surveillance satellite の頭字語．

ノスタルジア【nostalgia】郷愁．望郷病．ノスタルジーともいう．

ノスタルジック【nostalgic】郷愁を感じる．故郷や過去を懐かしむ．

ノズル【nozzle】①液体や気体を噴出するための噴射口・噴射管．②筒状．

ノチール号【Nautile 仏】機フランスの潜水調査船．乗員は3人で、6000mまで潜航できる．

ノッカー【knocker】①玄関の戸に取り付ける金具で、来訪者がこれをたたいて来訪を知らせる．②競(野球)ノック練習で球を打つ人．英語は fungo hitter（batter）．

ノッキング【knocking】①機内燃機関のシリンダー内で燃料が異常爆発を起こし、たたくような音を出す現象．②ノックすること．またその音．機械のガタガタいう故障の音．

ノック【knock】①打つこと．戸をたたくこと．またその音．②競(野球)打者が自ら球を放り上げて打つ守備練習用の打撃．この意味では英語は hitting for fielding practice（drill）、または fungo hitting．

ノックアウト【knockout】①競競技判定の一つ．倒された競技者が10秒以内に起き上がり競技再開できないこと．②競勝ち抜き式の．失格制の．競技大会やレースで使う．

ノックアウトマウス【knockout mouse】生動特定の遺伝子を人工的に破壊したネズミ．

ノックス【NOx】化窒素酸化物．nitrogen oxides.

ノックダウン【knockdown】①競(ボクシング)パンチを受けて、足以外の部分でマットに着いたりロープに寄り掛かったりすること．10秒以内に立ち上がり戦意を示さないとノックアウト負けとなる．②組み立て式のもの．

ノックダウン家具【knockdown furniture】組み立て式家具．部品がセットになっていて自分で組み立てる．

ノックダウン ピッチ【knockdown pitch】競(野球)投手が打者の体すれすれに投げる球で、打者がひっくり返って避けるようなもの．

ノックダウン輸出【knocked-down export】営経部品セットのまま輸出して、現地で組み立てて完成品にする方式．KD 輸出．

ノッチドカラー【notched collar】服刻み目のある襟．背広の広襟などがその例．

ノッチドラペル【notched lapel】服菱襟．一般的な背広の襟型をいう．

ノッチバック【notchback】機後部が段状になっている乗用車の型．

ノッティング【knotting】結節．ロープの結び方．編み細工．

ノット【knot】①服結び目．②船舶の速さの単位．1ノットは1時間に1カイリ（約1852m）進む速さ．記号は kt または Kn．

ノットスタイル【knot style 日】容まとめ髪の一種．分け取った毛束の根元をゴムで縛り、毛束全体をねじってから、さらにゴムを巻いたりしてまとめる．

ノットヤーン【knot yarn】服ノット糸．芯になる糸に別糸で規則的に節を作る飾り糸．

ノティス【notice】通知．通達．警告．注目．ノーティスともいう．

ノドン【Nodong missile】軍北朝鮮の開発したミサイル．射程約1300km．

ノニ【noni ?】植アカネ科の常緑低木．南太平洋諸島、熱帯アジアなどに分布．果汁をジュースなど機能性飲料に用いる．

ノニルフェノール【nonylphenol】化内分泌攪乱性を疑われる物質の一つ．工業原料に用いる．

ノネナール【nonenal】化生中高年特有の体臭である加齢臭の原因物質．脂肪酸の一種が皮膚の細菌などが分解して発生する．資生堂などの共同研究で解明された．

ノバ【Nova】理アメリカのローレンス リバモア国立研究所が1985年に開発した、世界最大級のレーザ装置．

ノビス【novice】初心者．未熟者．

ノブ【knob】扉などのつまみ．取っ手．

ノブレス オブリジェ【noblesse oblige 仏】社高い身分・地位に伴う義務や振る舞い．ノーブレスオブリージともいう．

ノベライゼーション【novelization】文テレビや映画などでヒットしたシナリオを小説化すること．

ノベリスト【novelist】文小説家．

ノベル【novel】文小説．長編小説．

ノベルティー【novelty】①目新しさ．新奇．新案．②広告主が、贈呈用の品物に会社名などを入れて配布するもの．

ノベレット【novelette】①文中編小説．②音自

◀ノンステッ

由形式のピアノ小品曲.

ノマディック コンピューティング【nomadic computing】 🄽利用者が自由に移動しながらコンピューターを利用すること.ノマディックは遊牧の,放浪のという意.

ノマド【nomad】 🄳遊動民.遊牧の民.放浪者.ノマッド,ノーマッドともいう.

ノマドロジー【nomadologie 仏】 遊牧民的生活様式の復活を図る現代思想の一つ.ノマディズムもいう.

ノミナリズム【nominalism】 🄹唯名論.普遍はただ名辞にすぎず、実在するのは個体だけであるとする立場.

ノミナル【nominal】 ①名目の.有名無実の.②🄴商いが成立していない名目だけの株式相場.

ノミナルウエイジ【nominal wage】 🄴貨幣価値で表される賃金.名目賃金.

ノミナルプライス【nominal price】 🄳🄴気配.最近の市価や関連商品の価格などから判断した相場価格.

ノミナルマネー【nominal money】 🄴名目金.売買の形を整えるためのわずかな金額.

ノミネート【nominate】 候補に指名推薦する.

ノモグラフ【nomograph】 🄻計算図表.能率的に計算するための早見計算表.

ノライズム【Noraism】 🄳女性が人間として解放され、個人の自由を確立させて生きようとする主義.イプセン作『人形の家』の女主人公ノラの生き方から.

ノルアドレナリン【noradrenaline】 🄵哺乳類の交感神経の末端から出る神経伝達物質.1946年にスウェーデンのオイラーが発見した.ノルエピネフリンともいう.

ノルディック【Nordic】 ①北欧人種.ノーディックともいう.②🄺丘陵地の多い北欧の生活から生まれたスキー種目.距離競技,ジャンプ競技,その二つを組み合わせた複合競技がある.

ノルディックスキー【Nordic skiing】 🄺丘陵地の多い北欧の生活の中から生まれたスキー.

ノルプラント【Norplant】 🄐合成黄体ホルモンを封入したカプセルを皮下に埋め込む女性用の避妊薬.商標名.

ノルマ【norma 露】 ①標準.基準.②🄳一定時間内に仕上げるべき労働の責任量・基準量.英語はnorm.

ノルム【Norm 独】 法規.規格.標準.規範.

ノレッジ【knowledge】 知識.学識.見識.情報.ナレッジともいう.

ノレッジ インダストリー【knowledge industry】 🄳知識産業.知識や情報を商品として扱う分野.

ノレッジ エンジニア【knowledge engineer】 🄽人工知能の知識,開発の技術などを専門とするソフトウエア技術者.KEともいう.

ノレッジ エンジニアリング【knowledge engineering】 🄽知識工学.人工知能を医療診断や化学分析などに応用するもの.1977年の第7回人工知能国際会議でのE.ファイゲンバウムの講演名に

由来する.

ノロウイルス【Norovirus】 🄼食中毒・感染症の病原体の一種.

ノワール【noir 仏】 黒の.黒色の.暗い.陰気な.英語のブラック(black)に当たる.

ノンアタッチメント ディジーズ【non-attachment disease】 🄼親子間の肌の触れ合い不足から,子供の情緒が成育せず,無気力や無表情,乱暴などの症状が現れること.

ノンアラインメント【nonalignment】 🄹非同盟.中立.非同盟主義.中立政策.

ノンアルコール【nonalcoholic】 🄺アルコールを含まない飲料.アルコール分が1%以下の飲み物.

ノンアルコールビール【nonalcohol beer 日】 🄺酒類とされないビール風飲料.日本の酒税法ではアルコール含有量1%未満は酒類としない.

ノンイズム【non-ism】 🄳精神衛生や健康に悪影響を及ぼす飲食物・薬品などを,使わないようにする生活の仕方や考え方.

ノンインターレース【non-interlace】 🄽画面上のフォントの表示方法の一つ.走査線を一本ずつ走査する方式.ちらつきが少ない.プログレッシブスキャンともいう.

ノンインパクト プリンター【non-impact printer】 🄽電気や熱,静電気,光などを利用して印字出力する装置.

ノンオイル ドレッシング【non-oil dressing】 🄺油をまぜないで作るドレッシング.

ノンカレントローン【non-current loan】 🄳🄴アメリカの不良債権の定義の一つ.経営破綻先および90日以上の延滞債権.

ノンカロリー【noncaloric】 🄬🄺カロリーゼロの.カロリーのない.低カロリーの.日本の食品の栄養表示基準制度では100g(液体は100mℓ)当たり5kcal未満.

ノンキャリア組【non career 日】 🄳国家公務員試験の国家公務員採用Ⅱ種およびⅢ種に合格した職員.英語ではnon-careerで形容詞.

ノンクエスチョン クエスチョン【non-question question】 記者会見やインタビューで,別の話題に触れながら,知りたい答えや情報をたくみに引き出す方法.

ノングレア【non-glare】 🄽CRT(ブラウン管)ディスプレーの表面に施してある反射防止加工.表示を見やすくし,目の疲れを軽減する.

ノングレア処理【non-glare processing】 🄽ブラウン管画面に生じる表示の反射を抑えるように行う加工処理.

ノンコミッタル【noncommittal】 言質を与えない.あいまいな.どっちつかずの.

ノンシャラン【nonchalant 仏】 無関心な.投げやりな.のんきな.

ノンシュガー【non-sugar 日】 🄺飲食物に砂糖を含んでいないこと.

ノンスター ミュージカル【non-star musical】 🄳劇集団によるダンスなどを中心としたミュージカル.主役は特定のスターでなく,集団である形式.

ノンステップバス【non-step bus 日】 🄼超低

403

床バス．無段差バス．乗降口に階段がなく，直接床に乗降できる．

ノンストア リテーリング【non-store retailing】 圏 CATVなどによる無店舗販売．通信販売の高度化したもの．訪問販売や自動販売機による販売のこともいう．

ノンストップ【nonstop】 途中で止まらないこと．途中無着陸で飛ぶこと．直行すること．

ノンストップ行政サービス【nonstop public service】 情行 インターネットなどを通じて，行政が行うさまざまなサービスを，年中無休で提供すること．

ノンストップ システム【nonstop system】 算 故障が起きてもすべての動作を停止しないように設計されたシステム．フォールトトレランスともいう．

ノンストライカー【nonstriker】 ①社 ストライキ不参加者．②鏡 (クリケ) 投手側のウィケットにいる次打者．

ノンセクション【non section 日】 どの分野・領域にも属さないこと．

ノンセクト【non sect 日】 社宗政 特定の党派や宗派に属さないで行動すること．またその人．英語では non-sectarian で形容詞．

ノン セクト ラジカル【non sect radicals 日】 政 既成の団体に属さずに過激な政治運動をする集団．またその行動．英語は independent radicals．

ノンタイトル【nontitle】 競 ボクシングなどで，選手権や王座などがかかっていない試合．

ノンタリフバリアー【non-tariff barrier】 経政 輸入を抑えるために，関税以外の方法で外国品と国産品との間に差を設ける政策や制度．非関税障壁．NTB ともいう．

ノントロッポ【non troppo 伊】 音 過度にならないように．演奏標語の一つで，他の演奏標語に付して用いる．

ノンバーバル コミュニケーション【non-verbal communication】 算 言語以外での情報伝達．身ぶり・手ぶりによる対話やテレビ・映画・ウィンドーディスプレー・各種の標識などの情報伝達方法がある．

ノンパッケージ流通【non-package distribution】 算 ソフトウエアや画像などのデジタルコンテンツを，ネット上で販売する流通形態．ダウンロード販売ともいう．

ノンパフォーミング ローン【non-performing loan】 営 不良債権．

ノンバンク【nonbank 日】 経 金融業者．非銀行金融機関．リース会社や信販会社などが，預金などを受け入れないで与信業務を行う．英語では nonbank financial institution．

ノンファーストユーズ【non-first use】 軍 核の先制不使用．相手が核兵器を使わない限り自らも核兵器を使わないという宣言．

ノンフィギュラティフ【non-figuratif 仏】 美 非具象，非形象の意．抽象絵画が，純粋に造形的に存在することを強調する．

ノンフィクション【nonfiction】 映芸文 文学や映画などで，事実に基づいた記録作品．

ノンフォトリアリスティック レンダリング【non-photorealistic rendering】 算 セル画調や絵画調に画像作成する手法．

ノンフリージング【nonfreezing】 凍りにくい．不凍の．不凍性の．

ノンブル【nombre 仏】 ①数．英語のナンバー (number) に当たる．②印 本などの印刷物に付すページを示す数字．No.と略記する．英語は page number, pagination．

ノンプロ【nonpro】 略 非職業の．専門職でない．専門ではない．nonprofessional の略．

ノンプロフィット【nonprofit】 利益を目的としない．非営利の．

ノンプロフィット オーガニゼーション【non-profit organization】 社 民間非営利団体．非営利法人．NPO ともいう．

ノンプロフィット セクター【nonprofit sector】 社 民間非営利部門．第三セクターのこと．

ノンプロフェッショナル【nonprofessional】 非専門家．アマチュア．ノンプロともいう．

ノンポリ ノンポリティカル (nonpolitical) の略．社政 政治や学園闘争などに無関心な学生．英語は nonpolitical students．

ノンメタル スパイクシューズ【non-metal spiked shoes 日】 競 底に付けるすべり止めの釘に樹脂製品などを用いたゴルフ用の靴．

ノンリアクティブ調査【non-reactive research】 社 調査対象者とできるだけ接触しないで，周辺の関連する行為やそこに残された結果などから，必要なデータを収集・解析する社会調査の方法．

ノンリーサル ウエポンズ【nonlethal weapons】 軍 非致死性兵器．戦場で不必要な人命殺傷や環境破壊をしないで，戦争目的を達成する兵器．NLW ともいう．

ノンリコース ローン【nonrecourse loan】 経 非遡及型 (ひそきゅうがた) 融資．借り手が事業を失敗しても，担保を金融機関に譲渡することで取り立てを受けない．

ノンリニア【nonlinear】 非線形の．

ノンリニア編集【nonlinear editing】 算 動画で撮影したテープ信号を，一度ディスクメディアに複写してから，ディスク上で編集すること．

ノンルフールマン原則【non-refoulement principle】 社政 難民を，迫害が予想される国や地域に送ってはならないという，亡命者の地位に関する条約にある原則の一つ．

ノンレブ【non-revenue passenger】 営社 料金の25%以下の割引航空券を利用する乗客．

ノンレム睡眠【non-REM sleep】 医 通常の睡眠の時期．眠りが深く眼球の運動は起きない．オーソ睡眠ともいう．⇨ REM

ノンワイヤ カンパニー【nonwire company】 算 携帯電話会社．

ハ

パー¹【par】①同等．同価．同水準．②経有価証券の市価が額面と同一であること．③競(ゴルフ)基準打数．

パー²【per】①…につき．…ごとに．…ずつ．②割合を表す語．百分率．パーセントの略．

バー アソシエーション【bar association】法アメリカの法曹協会．弁護士・検察官・裁判官・法律研究者によって構成される．

パーカ【parka】服エスキモーが着るずきん付きの上着．または同形の防寒用の上着．

バーガー【burger】料ハンバーガーの略称．

バーガーイン【burger-in 日】社ハンバーガーと飲み物などの軽食ができる店．drive-in などに準じた造語．

パーカッション【percussion】音打楽器．

バーガリー【burgery】料ハンバーガーを販売する店．

パーキング【parking】駐車．車を止めること．

パーキングエリア【parking area】社駐車区域．駐車場．

パーキングチケット【parking ticket】①(日)社自動券売機で売っている駐車チケット．一定の路上の指定場所に駐車するため，このチケットを自動車に掲示する．②駐車違反呼び出し状．

パーキング ドライバー【parking driver 日】社有料駐車場などで，利用客の車を運転して効率よく駐車させる係り．

パーキングメーター【parking meter】駐車時間を計り，料金を徴収する装置．

パーキンソン病【Parkinson's disease】医主に中年以降に起こる脳の変性疾患．手足のふるえや硬直などの症状を示す．

パーク【park】①公園．遊園地．②駐車する．③競競技場．野球場．

ハーグアジェンダ【Hague agenda】21世紀の平和と正義のための課題．1999年に開催されたハーグ平和アピール市民会議で採択した．

パーク アンド ライド【park and ride】社最寄りの駅やバス停まで自家用車で行き，電車やバスに乗り継ぐ移動方式．P&R ともいう．

ハーグ国際行動規範【Hague International Code of Conduct】軍政弾道ミサイルの拡散に対する国際行動規範．2002年に93カ国が署名して制定された．

パーク ファクトリー【park factory 日】社テーマをもって施設づくりをし，見学コースなどが楽しめるように工夫された新型の工場．

パークフットボール【park football】競素人が集まってで広場などで行うサッカー．

ハーグ平和アピール市民会議【Hague Appeal for Peace Citizen's Conference】第1回ハーグ平和会議の100周年記念に，NGO (非政府組織)が1999年にオランダのハーグで開催した会議．

バーグ報告【Berg Report】経政世界銀行が1982年に発表した報告．アフリカ諸国に市場原理導入を提言．

パークレンジャー【park ranger 日】環日本の国立公園管理官．自然保護を図り，国立公園を守る環境省の職員．

バーゲニング【bargaining】経社取引．売買．

バーゲニングパワー【bargaining power】対外交渉能力．交渉力．外国と交渉して国益を守ることができる能力．

ハーケン【Haken 独】登登はんの補助などに用いるくぎで，岩壁の割れ目や氷雪に打ち込む．ピトンもいう．

バーゲン【bargain】①商見切り品．掘り出し物．取引．売買協定．②バーゲンセールの略．

ハーケンクロイツ【Hakenkreuz 独】かぎ十字(卐)．ヒトラーの率いたナチスの記章．

バーゲンセール【bargain sale 日】商大安売り．特売．バーゲン，グランドセールともいう．英語では単に sale，または bargain．

バーコード【bar code】I製造業者名・商品名などの情報を，太さの異なる棒線の組み合わせで表示したもの．しま模様を光学的検知法で読み取り，売り上げ集計などに用いる．

バーコード ストライプ【bar code stripe】服さまざまな太さの線が不規則に並ぶ縞模様．

バーコード バトラー【Barcode Battler】I商品に印刷されたバーコードを読み取り，攻撃力・生命力・守備力などを数値に変換して操作するゲーム．商標名．

バーコード リーダー【bar code reader】Iバーコードを読み取る装置．バーコードに光を当てて，反射した光を元の英数字に変換してコンピュータに送る．

パーコール法【percoll method】医男女の産み分けに使われる精子の遠心分離選別法．

パーゴラ【pergola】植つる棚．つる性植物などをからませた木製の桁組．

パーコレーション【percolation】浸透．濾過．浸出．

パーコレーター【percolator】①濾過器．②料濾過装置の付いたコーヒー沸かし．

パーサー¹【parser】I算構文解析システム．自然言語処理や機械翻訳で入力文の文法構造を分析するプログラム．パーサともいう．

パーサー²【purser】旅客機や客船の事務長．

バーサス【versus】二者を対立させていう言葉．…対．．v．またはvs．と略記する．

バーサタイル【versatile】多機能な．使い勝手のよい．万能な．融通のきく．

バージ【barge】海港内や河川などで，曳き船に曳航されて貨物輸送する小型の船．

パージ【purge】追放．粛清．追放する．粛清する．清める．

バージェス頁岩動物群【Burgess shale fauna】地古生代カンブリア紀の頁岩(けつがん)層に

バージェス ▶

含まれた．約5.2億年前の多細胞動物化石群．1909年にアメリカ人ウォルコットがカナディアンロッキーのバージェス峠で発見した．

バージェス モンスター【Burgess monster】 生歴カナディアンロッキー山中の，バージェス頁岩の地層から掘り出された古生物化石群．

バージニア級【Virginia class】 軍アメリカの攻撃型原潜の一種．

バージニティー【virginity】 処女性．童貞であること．未婚生活．

パーシモン【persimmon】 植カキの木の総称．特にゴルフのウッドクラブのヘッドによく用いられていた，北米産のカキ材をいう．

パーシャル【partial】 部分の．局所的な．一部の．偏った．不公平な．

パーシャル フリージング【partial freezing】 科食品をマイナス3°Cの半冷凍状態で保存すること．品質変化が防げ新鮮な状態が保てる．スーパーチリング．ライトフリージング．

パーシャルROM【partial ROM】 I算 MOなどの光磁気ディスクで，データの書き込み可能な領域以外に，書き込み不可能な読み出し専用の領域を作ったもの．

ハーシュ【harsh】 不快なもの．ポストベビーブーマーがよく用いる言葉．元来はざらざらした，粗い，耳障りなという意．

バージョニング【versioning】 I算開発したソフトウエアに対して，機能にある程度の制限をかけることで価格差を作り出すこと．

バージョン【version】 ①I算ソフトウエアを改良したり，修正したりした場合に，以前のものと区別するために付ける番号．②改訂．…版．作り変え．型．部門．

バージョンアップ【version up 日】 I算ソフトウエアのバージョンを上げること．ソフトウエアを改訂すること．

バージョン管理【version management】 I算ソフトウエアのバージョン（世代番号）や利用マニュアルの改版番号を管理すること．

バージン【virgin】 処女．童貞．最初の．新しい．新鮮な．

バージン オリーブオイル【virgin olive oil】 料よく熟したオリーブの果実からしぼったままで精製していない油．

パーシングⅡ【Pershing Ⅱ】 軍アメリカの地対地核ミサイル．

バージンソイル【virgin soil】 処女地．学問などの未開拓分野．

バージンパルプ【virgin pulp】 木材だけを原料にして作るパルプ．

バージンロード【virgin road 日】 教会で花嫁が父親と手を組んで通る中央の通路．

ハース【hearth】 いろり．暖炉．炉辺．家庭．

バース【berth】 ①船の停泊水域・停泊位置．②列車や船などの寝台・寝棚．

パース パースペクティブ ドローイング（perspective drawing）の略．建透視図．住宅や建築などの設計意図の説明図．マンションなどの完成予想図．

バーズ アイ ビュー【bird's eye view】 鳥瞰図．上から見た図．バーズアイともいう．

バース エデュケーター【birth educator】 医妊産婦と病院・医師の間に立って，出産方法や病院の選択から育児まで，妊産婦のさまざまな相談に応じる人．

バースコントロール【birth control】 医社産児制限．バスコンともいう．

バースツール【barstool】 酒場などに備える座部が高い円形のいす．

バースデー【birthday】 誕生日．

バースデーグラム【birthdaygram】 営友人や恋人などへ，誕生日のプレゼントを代行して贈り届けるサービス業．birthday と telegram の合成語．

バースデーブック【Birthday Book】 1日ずつを1冊にした本のシリーズ．その日に起きた出来事や伝説，花ことばや占いなどをまとめる．1993年にイギリスのデビッド・キャンベル社が出版．

バースト【burst】 ①破裂．爆発．②理宇宙線でイオンが多数できる現象．電離気体柱．

バースト誤り【burst error】 I算デジタル回路で，ある時間の間に集中して発生するビットの誤り．

バース党【Baath Party】 政統一，自由，社会主義を理念とするイデオロギー政党．正式名はアラブ復興社会党で，1947年に創設．Baath はアラビア語で復興の意．

ハーストーリー【herstory】 歴女性史．女性に関する歴史研究．history をもじった造語．

バースネーム【birth name】 社女性の結婚前の姓．出生した時の名字という意．性差別を避けるため，メイドンネームの代わりに用いる．

パースペクティブ【perspective】 ①遠近法．透視図法．②建姿図．見取り図．③予想．見通し．見込み．展望．

パースペクティブ コレクト【perspective correct】 I算三次元コンピュータグラフィックスで，テクスチャー（柄や模様）画面のひずみを補正すること．

パーセク【parsec】 天太陽系以外の天体の距離を測る単位．記号は pc．1パーセクは約3.26光年，30兆8600億km．

パーセプション【perception】 知覚．感知．認知．直観的認識．受け止め方．

パーセプション アナライザー【perception analyzer】 脈アメリカのテレビ放送で，政治家の演説や意見などに対して，視聴者が示す反応を即時に分析し，図表などで示す装置．

パーセプション ギャップ【perception gap】 社各国の言語・習慣・文化などの違いで，物事の認識の仕方が異なること．国際間の問題認識などでよく用いる．

バーゼル条約【Basel Convention】 環国連環境計画（UNEP）が1989年に採択した有害廃棄物の越境移動とその管理に関する条約．

パーセンテージ【percentage】 百分率．百分比．割合．

406

◀バーダビリ

パーセント【percent】　割合を表す語．百分率，つまりある量が全体の100分のいくつを占めるかを表す．記号は%．

パーセントクラブ【percent club】 営社コミュニティーの中核企業が集まり，税引き前利益の一定比率を目標に寄付をするアメリカの仕組み．

パーセント法【percent law】 政法納税者が所得税の1％ないし2％を，支援したい公共機関に提供できる法律．ハンガリー，スロバキア，リトアニア，ルーマニアなどで採用．

パーソナライゼーション【personalization】 Ⅰ⇔ある特定のユーザーの要求を満たすようにWebページを変更すること．

パーソナリティー【personality】　①個性．人格．人柄．性格．性質．人の特徴．役割．役者．②放強い個性で訴えるディスクジョッキー番組の司会者．この意味での英語は，disc jockey, deejay．

パーソナル【personal】　個人的な．個人用の．小型で手軽な．

パーソナル アイデンティティー【personal identity】 営社内起業家精神．従業員のもつ個人的な才能や能力を企業内で十分生かそうとするもの．PIともいう．

パーソナル移動通信システム【personal mobile communication system】 Ⅰ利用者の個人識別を基本とする通信サービス．個人番号やカードを使って，利用者の位置登録や追跡接続などの実現を目指す．

パーソナル インフルエンス【personal influence】　マスコミの中で個人が一般に及ぼす影響．口コミ．

パーソナル化サービス【personalization service】 Ⅰ⇔Webページなどで，個人ごとに必要な情報だけを提供するサービス．

パーソナルコール【personal call 日】Ⅰ指名通話．英語ではperson-to-person call．英語のpersonal callの意味は，私用の電話・私用の訪問のこと．

パーソナル コミュニケーション【personal communication】1対1での意思の伝達．対話．電話連絡．

パーソナル コミュニケーター【Personal Communicator】Ⅰ算携帯電話とファクスとパソコンを一つにまとめた，超小型の携帯型情報端末．1993年にAT&Tなどの企業グループが発売．

パーソナル コンピューター【personal computer】 Ⅰ算一般利用者向けの個人用の小型コンピューター．パソコン，PCともいう．

パーソナルスペース【personal space】 心個人空間．個人の身体を取り巻く感情的な意味をもった領域．腕を伸ばせば指が触れ合う個体距離より内側の空間．

パーソナルセリング【personal selling】営セールスマンが直接に客と対面して販売する方法．

パーソナルタイム【personal time】社仕事を休んでも，欠勤や休暇などにならず有給扱いとされる一定の時間．

パーソナルチェック【personal check】経個人名義で振り出す個人小切手．

パーソナル通信【personal communication】 Ⅰ個人ごとに一つまたは複数の番号と小型携帯端末を用い，電話の発着信ができる通信．

パーソナル通信サービス【personal communication service】 Ⅰ電話の設置場所の番号に接続するのでなく，個人ごとに一つまたは複数のパーソナル番号と小型携帯端末によって，どこでも電話の発着信ができる通信のこと．

パーソナル ハンディホン【personal handyphone system】 Ⅰ屋内・屋外共用のデジタルコードレス電話．PHSともいう．

パーソナル ヒストリー【personal history】個人の来歴．履歴書．

パーソナル ファイアウォール【personal fire wall】 Ⅰ⇔インターネットの個人利用者向けの不正アクセス防止法．

パーソナル ファイナンス【personal finance】 経収入・貯蓄・保険・相続など金銭にかかわる問題を，個人がそれぞれ把握し対策を立てるべきとする考え方．

パーソナルファウル【personal foul】 競（バスケ・ラグビ）選手が不当に体に接触した反則．

パーソナル ポリティックス【personal politics】 政政治をもっぱら人間関係の変化と見る政治観．誰が首相になるか，その人間関係や人柄・能力はという面に注目し，非人格的な社会的勢力やイデオロギーは無視する．

パーソナル無線【personal radio】 Ⅰ個人用無線．1982年の電波法改正で可能となった，登録すれば誰にでも利用できる無線．

パーソナルユース【personal use】　私用．個人で使用すること．

パーソナル ロボット【personal robot 日】Ⅰ傷病人の介護や家事などを援助する，一般家庭向けのロボット．

パーソネル【personnel】職員．社員．人員．人事係．人事課．

パーソネルマップ【personnel map】営コンピューター管理による人事制度．人材地図．

パーソン【person】人間．人格．個人の性格．パースンともいう．

パーソン ウイズ エイズ【person with AIDS】医エイズ患者．PWAともいう．

パーソン ツー パーソン コール【person-to-person call】Ⅰ国際電話で相手先の通話者を指名する方法．指名通話．パーソナルコール．

パーソントリップ調査【person trip survey】社一人の人間の一日の移動を調査・分析する方法．PT調査ともいう．

バーター【barter】①物々交換．②経物々交換貿易．③経相手国と輸入出額の均衡を図る求償貿易．

バータージョイント【barter joint】営相異なる企業間での施設などの相互利用方法．

バーダビリティー【birdability】 放衛星中継の費用を払っても，十分な価値があるニュース．birdは人工衛星の意．

パーチェシ▶

パーチェシング エンジニアリング【purchasing engineering】 圏科学的購買管理.

パーチェス【purchase】 ①購入する．買う．手に入れる．②購入．買った物．

パーチェス法【purchase method】 圏企業合併の会計処理に際し，被合併会社の資産・負債を時価で評価，引き継ぐ方式．

パーチメント【parchment】 ①羊皮紙．羊の皮などをなめして作る書写材料．②(教)(社)卒業証書．修了証書．

バーチャスティー【virtuosity】 ①名人芸．②(競)(体操)平均台の演技の審査基準で，動きのリズムと滑らかさの評価．

バーチャリウム【VIRTUARIUM】 I映コンピューターグラフィックス(CG)の映像を，直接ドームスクリーンに投影する映像システム．フルカラーCG映像をリアルタイム生成して投影できる．

バーチャル【virtual】 ①仮想の．実質上の．②I圏インターネットに代表される架空の空間．またそこに存在するもの，やりとりなど．

バーチャルアイドル【virtual idol 日】 I三次元コンピューターグラフィックスで作成された仮想アイドル．

バーチャル アスレチックス【virtual athletics】 I圏コンピューターの仮想現実感を利用した運動競技．

バーチャル エンバイロンメント【virtual environment】 I圏コンピューターグラフィックスやカメラで作り出されるインタラクティブ シミュレーションの呼称．

バーチャル外為市場【virtual 一】 I圏経インターネット上で各国通貨建ての電子マネーを両替・流通・決済させようとする市場．

バーチャルカメラ【virtual camera】 I映算二次元の静止画を基に疑似三次元の映像を制作する方法の一つ．

バーチャル キャラクター【virtual character 日】 I圏コンピューターグラフィックスなどで生成された個性的な人物や役柄．デジタルタレントともいう．

バーチャル広告【virtual advertising】 I広仮想広告．テレビ中継でデジタル技術を用いて企業のマークなどを画像に入れ込むような手法の広告．

バーチャル コーポレーション【virtual corporation】 I圏仮想企業体．ネットワークを使って，外部から技術などを取り入れて組織化を図る．VCともいう．

バーチャル コミュニティー【virtual community】 I圏インターネットなどのネットワークで形成される電子的な交流の場．仮想コミュニティー．オンラインコミュニティー．

バーチャル コングレス【virtual Congress】 I政仮想議会．コンピューターネットワークを利用して，公聴会を傍聴する．

バーチャル サーキット【virtual circuit】 I(イ)仮想回線．データ発信の前に準備する通信路．

バーチャル細胞【virtual cell】 I圏生コンピューターの中に模擬的に実現された細胞．

バーチャルサラウンド【virtual surround】 I前面の左右に装備したスピーカーだけで，後方にスピーカーがあるような効果があるサラウンド音声の再生方式．

バーチャルシティー【virtual city】 I算社仮想都市．コンピューターのネットワーク上に作られる仮想の空間．

バーチャル ショッピング【virtual shopping】 I(イ)圏インターネット上に仮想の商店を開設し，多様な商品サービスの販売を行うもの．

バーチャルショップ【virtual shop】 I(イ)圏インターネットなどの情報ネットワーク上に開設する仮想の店舗．「楽天市場」がその例．

バーチャルスタジオ【virtual studio】 I圏仮想のスタジオセット映像とテレビカメラで撮影した実写映像を合成する機能をもつテレビスタジオ．

バーチャルセット【virtual set】 I圏テレビカメラで撮ったスタジオの人物映像を，コンピューターグラフィックスで作成した仮想のスタジオセット映像に合成する手法．バーチャルスタジオともいう．

バーチャルドメイン【virtual domain】 I(イ)仮想ドメイン．サーバーの設備をもっていない企業や個人が，ISP(Internet service provider)の設備を一部借りて使うドメイン．

バーチャルトリップ【virtual trip】 I圏パソコン上で体験できる仮想旅行．世界各国の観光地の画像や音声をDVDなどに記録したものを使う．

バーチャル ドルビー サラウンド【Virtual Dolby Surround】 I(イ)バーチャルサラウンドをドルビー社が規格化した方式の一つ．商標名．

バーチャル ドルビー デジタル【Virtual Dolby Digital】 I(イ)バーチャルサラウンドをドルビー社が規格化した方式の一つ．商標名．

バーチャル内視鏡【virtual endoscope】 医コンピューター断層撮影した消化器の画像を加工処理して，内視鏡画像を作成すること．

バーチャルヒューマン【virtual human】 I圏コンピューターグラフィックスやデジタル処理で作られる人物．VHともいう．

バーチャル病院【virtual hospital】 I(イ)医インターネットを使い，医療や健康についての質問にボランティアの医師が答える仕組みのもの．

バーチャル プライベート ネットワーク【virtual private network】 I(イ)圏データの暗号化技術を使って仮想的な回線を施設間に備えた組織内のネットワーク．VPNともいう．

バーチャル ブランチ サービス【virtual branch service】 I経算金融機関が仮想店舗を開設し，実在の営業店舗と同じ機能をもってサービスを提供すること．

バーチャル プロトタイピング【virtual prototyping】 軍装備品の開発で，要求性能に応じた提案をシミュレーションで評価する技術．

バーチャルペット【virtual pet】 I圏コンピューターで生成される仮想愛玩動物．

バーチャル マニュファクチャリング【virtual manufacturing】 I営算コンピューター上に仮想の生産システムを作ってシミュレーションを行い，評価をすること．

408

バーチャル ミュージアム【virtual museum】 ネットワーク上に仮想的に作られた博物館や美術館．世界中のどこからでも，インターネットで収蔵物などの情報を見られる．

バーチャルモール【virtual mall】 インターネットで買い物ができる店を集めた仮想の商店街．

バーチャル ユニバーシティー【virtual university】 オンラインで大学レベルの講義が受けられるインターネットによる教育組織．実際の大学の受講も可能になりつつある．

バーチャルＬＡＮ【virtual LAN】 LANシステムで，物理的なケーブルや機器によらずLAN上の特定のステーションで仮想のグループを作る技術．

バーチャル リアリティー【virtual reality】 仮想現実．仮想現実感．人工現実感．コンピューターシミュレーションなどで作る仮想環境で疑似的体験ができる技術．VR．

バーチャル リアリティー システム【virtual reality system】 スクリーンやモニターに示される虚像を見る人に，現実と感じさせるシステムの総称．VRシステムともいう．

バーチャルリハビリ機【virtual rehabilitation machine】 バーチャルリアリティーを使って効果的にリハビリテーションを進めるための機器．

バーチャルワールド【virtual world】 架空世界．仮想世界．コンピューターを用いて仮想体験ができること．

パーツ【baht】 タイの通貨単位．

パーツ【parts】 部品．

パーツモデル【parts model】 手や足など体の一部分を撮影対象として提供するモデル．

パーディー【birdie】 （ゴルフ）パーより1打少なくホールアウトすること．

パーティー【party】 ①社交的な会合．集まり．②仲間．一行．③政党．党派．④一隊．

パーティーウイルス【party virus】 異業種交流会やパーティー，グループ活動などに入り込み，営利目的にし，人脈や名簿などを利用している．

パーティー オーガナイザー【party organizer】 若者のパーティー志向をとらえ，ビジネスとして趣向をこらしたパーティーを企画する人．パーティー コーディネーター．

パーティーガール【party girl】 ①社交パーティーや宴会などで，接待係として雇われる女性．②売春婦．

パーティーハウス【party house】 パーティーに必要な品物や，簡単な設備を備えた貸し室．パーティーの運営なども引き受ける．日本の家屋が狭いところから生まれた新商売の一つ．

パーティーライン【party line】 電話を利用したサービス・情報提供の方式の一つ．指定の電話番号に電話すると，パーティーを開いたように，複数の利用者と話ができる回線．

ハーディ ガーディ【hurdy-gurdy】 中世ヨーロッパの辻音楽師が使った弦楽器．ハンドルを回

して音を出す．

バーティカル インテグレーション【vertical integration】 直接生産販売．一つの組織が生産から販売までを一貫して行い，他の製造・流通機構が入らない態勢．垂直統合．

バーティカル ディスインテグレーション【vertical disintegration】 垂直崩壊．経営合理化などで，ほとんど契約社員だけで操業している状態．

バーティカル テイスティング【vertical tasting】 特定銘柄の一種類のブドウ酒を，醸造年ごとに試飲すること．

バーティカル バイ【vertical buy】 テレビやラジオで，ある曜日の一日を通して多くの時間を買い，広告を行うこと．

バーティカル ブラインド【vertical blind】 縦型の日よけ．

バーティカル プロリフィレーション【vertical proliferation】 核兵器の垂直拡散．核兵器の保有数が特定の国だけで増えること．

バーティカル ポータル【vertical portal】 特定分野に特化したポータルサイト．Yahoo!やAOLなどの大規模ポータルに対抗して，特化した深い情報を提供してユーザー獲得を狙う．

パーティキュレート【particulate】 微粒子．微粒子からなる．粒状の．

パーディクト【verdict】 陪審員による評決．

パーティクル【particle】 ①微小なもの．微片．微量．②素粒子．③文書や記述の条項・項目．

パーティクル システム【particle system】 コンピューターグラフィックスで，粒子（パーティクル）・小片の位置や動きを制御し，炎・雲などの立体的表現，動物の動きなどをシミュレーションする手法．

パーティクル ボード【particle board】 削片板．木材を切り刻み接着剤を入れて加圧して作る合成板．芯材に用いる．チップボード．

パーティゴ【vertigo】 ①めまい．②戦闘機のパイロットが，急旋回などで多大な重力加速度を受けて気を失ったようになること．

パーティシペーション【participation】 参加．関与．関係．分配を受けること．

パーティシペーション プログラム【participation program】 相乗り番組．複数の番組提供者が共同で提供する番組．PT番組．

パーティショニング【partitioning】 一つのデータベーステーブルやインデックスをいくつかに分割して，それに対応するデータの格納場所も分割しておくこと．

パーティション【partition】 ①仕切り．間仕切り．分割．分配．②大容量のハードディスクの中身を分割して，複数のドライブとして扱うこと．

バーティポート【vertiport】 都市心部に設けるヘリコプターなどの垂直離着陸機用の離発着ターミナル．verticalとairportの合成語．ヘリポートターミナルともいう．

バーディング【birding】 野鳥観察．バード

ウオッチングともいう．

バーテンダー【bartender】科酒場で酒類の調合などをする人．バーテン．barkeeper ともいう．イギリスでは通例 barman．

ハート[1]【HAART】医高活性抗レトロウイルス療法（highly active antiretroviral therapy）．

ハート[2]【heart】心臓．心．気持ち．愛情．勇気．

ハート[3]【hurt】①傷つける．傷める．損害を与える．②けが．傷害．傷ついた状態．

ハード【hard】①堅い．⇔ソフト．②ハードウエアの略．③苦い．猛烈な．すさまじい．

バート【bart】准男爵（baronet）の略称．バロネットはイギリスの世襲階位の最下位．

パート[1]【part】①部分．②役割．③編．章．巻．④器楽曲や声楽曲の各音部・声部．楽曲の一部．⑤営社時間勤務．非常勤勤務．パートタイムの略．

パート[2]【pâte 仏】美油絵の具の延び具合・付着具合．色layer．絵の具の付着層．

パート[3]【PERT】経プロジェクトの実行計画を合理的に推進するための工程管理の手法の一つで，人員や資材のむだのない配置を解明して，工期の短縮を図るもの．program evaluation and review technique の略．

ハードウエア【hardware】①金物．金属製品．②コンピューターなどの電子機器装置．また一般的に情報要素（ソフトウエア）を機能させる機械類．⇔ソフトウエア．

ハードウエア記述言語【hardware description language】I算プログラミング言語．半導体デバイスの回路設計などで使われる．HDL ともいう．

ハードウエアT&L【hardware transform and lighting】I算三次元コンピューターグラフィックスを表現する際に，座標変換（トランスフォーム）と光源処理（ライティング）をハードウエアで行うこと．

ハードウエア レンダリング【hardware rendering】I算コンピューターグラフィックス画像を生成するための専用ハードウエアを用いた高速な画像生成方法．

バードウオッチャー【bird watcher】動鳥野鳥観察者．探鳥者．バーダーともいう．

バードウオッチング【bird watching】動鳥野鳥観察．探鳥．野鳥の生態を観察したり，鳴き声を聞いたりする．バーディングともいう．

ハードエッジ【hard-edge】美抽象絵画の一つで，鋭いエッジ（縁）で色面を区切る作風．

ハードエッジド【hard-edged】迫力のある．鮮明な．抽象画法の一つハードエッジから生まれた語．

ハードエラー【hardware error】I算コンピューター機器の故障で，キー入力の不能やディスプレー表示の不能など，正常な作動をしなくなること．

バードカービング【bird carving】鳥の木製彫り物．または鳥の彫り物をすること．

ハードカバーブック【hardcover book】堅表紙の本．

ハードカレンシー【hard currency】①経金貨，銀貨などの硬貨．②経アメリカドルなど国際的に流通している通貨と自由に交換できる通貨．

ハードグッズ【hard goods】経耐久財．

バードケージ【birdcage】空港の交通管制下にある空域．鳥かごの意．

ハードコア【hard core】①中核．核心．②永久的に残存する部分．重要部分．

ハードコアパンク【hard-core punk】音荒々しいロックをさらに激しくした現代風のロック音楽．

ハードコアファン【hard-core fan】熱烈なファン．

ハードコアポルノ【hard-core porno】映性行為や露骨な描写を主体としたポルノ映画．ハードポルノともいう．

ハードコート【hard court】競（テ=ニ）硬い材質で造る屋外コート．

バードコール【birdcall】鳥鳥寄せに使う鳥笛．鳥の鳴き声をまねた声．

ハードコピー【hard copy】I算出力結果の表示をそのまま記録紙に印字したもの．ハードプリント．⇔ソフトコピー．

ハートコンシャス【heart conscious 日】心を意識した．心の充足を目指すことをいう．

ハード産業【hard industry 日】営主に製品それ自体を作る産業．

バード サンクチュアリー【bird sanctuary】動鳥類の保護地域．自然生態系が保護され，指導員などが野鳥を守る活動をしている．

ハードシップ指数【hardship index】経経済的困窮度を示す指数．

バード修正法【Continued Dumping and Subsidy Offset Act of 2000】経法反ダンピング関税の収入を被害業界に分配するとしたアメリカの法律．WTO（世界貿易機関）から協定違反と見なされ，2007年10月に撤廃された．バード修正条項ともいう．

バードストライク【bird strike】航空機と鳥の衝突．飛行中に鳥の群れがぶつかったり，エンジンに吸い込まれたりする．

バードセーバー【bird saver】中高層建築物の窓ガラスに，野鳥などがぶつかるのを防ぐシール．タカが飛ぶ形などを描いたもの．

ハードセール【hard sale 日】営品物の特長を客に直接的に強い表現で訴える販売法．英語は hard sell．

ハート セキュリティー【Hart Security Ltd.】営軍キプロスに本社を置くイギリス系民間軍事会社．

バードソン【birdthon 日】動鳥社野鳥観察を一昼夜にわたって行い，観察した種類数に応じて企業や個人のスポンサーから募金を集める野鳥保護運動の行事．birdwatching と marathon の合成語．

ハードターゲット【hard target】①軍硬い標的という意で，標的が人間以外の硬い物体であることを指す用語．兵器の設計者が用いる．②スパイ活動の重要目標．国際紛争の発火点と予測される国や地域．

パートタイマー【part-timer】 常勤の労働者に比べて、所定の労働時間が短く限定されている労働者。

パートタイム【part time】 短時間雇用。非常勤労働。時間勤務。パートともいう。

パートタイム マザー【part-time mother】 外で働いているため、家庭での仕事が非常勤労働のようになっている母親。

パートタイム４ＷＤ【part-time four wheel drive】 自動車で、通常は二輪駆動で走行し、必要な時だけ四輪駆動に切り替える方式。

パートタイム労働【part-time work】 短時間労働。同一事業所に雇用される労働者の所定労働時間に比べて短い場合にいう。

パートタイム労働法【Part-time Labor Act 日】 短時間労働者の雇用管理の改善等に関する法律。パートタイム労働者の福祉の増進を図る。1993年に成立。

ハード通貨【hard currency】 外国為替市場で需要が根強く、供給が少ない通貨。⇔ソフト通貨。

ハート ツー ハート【heart-to-heart】 腹を割った。心の底からの。誠意のある。

ハードディスク【hard disc】 高速回転する円盤上にデータを記録して、読み書きする記憶装置。パソコン内部に内蔵のものと外付けタイプがある。

ハードディスク ドライブ【hard disc drive unit】 固定ディスク装置。固体磁気記憶装置。磁性体を塗った円盤を重ね合わせて密閉容器に収納する。磁気ヘッドで書き込み・読み出しを行う。

ハードディスク レコーディング【hard disc recording】 録音スタジオの演奏を直接ディスクに録音する技術。コンピューターによるデジタル録音を使い、テープは不用。

ハードトップ【hardtop】 ①乗用車の型の一種。屋根に剛性をもたせ、左右の窓の中間の柱が不要で広い視野が得られる。②屋根のある映画館。野外映画館に対する語。

ハードドラッグ【hard drug】 麻薬の中で習慣性の強いもの。ヘロイン、モルヒネなど。

ハードトレーニング【hard training】 厳しい練習・訓練。

パートナー【partner】 ①相手。相棒。仲間。②共同経営者。③ダンスの相手。

パートナーシップ【partnership】 ①提携。協力関係。連合。②共同経営。組合関係。

パートナーシップ契約【partnership contract】 長期間生計を共にしている同性のカップルに、異性間の結婚とほぼ同じ法的地位を与える法律。オランダ、デンマークなどで法律化された。

パートナーシャフト【Partnerschaft 独】 労働者と経営者が協力して企業経営に当たる経営共同体論。または経営共同体思想。

パートナードッグ【partner dog】 障害者や介護の必要な高齢者などの自立を助けるために特別に訓練された犬。介助犬。

ハードナンバー【hard numbers】 具体的な数字。予測や見積もりに対応して使う。

バードバス【birdbath】 小鳥の水浴び台。

ハードパワー【hard power】 ①国際関係における軍事や経済などのこと。②政治権力の二面性のうち、軍事力や警察力に代表される物理的強制力のこと。

パートバンク【part bank 日】 パートタイマーを対象とする職業紹介機関。英語は employment agency。

ハートビル法【Heart Building Act 日】 高齢者、身体障害者等が円滑に利用できる特定建築物の建設の促進に関する法律の通称。1994年に施行。

ハートフル【heartful】 心からの。心を込めた。真心をもった。

ハートブレーカー【heartbreaker】 悲嘆にさせる人やもの。断腸の思いをさせる人やもの。

ハートブレーク【heartbreak】 ①(日)失恋。②傷心。悲嘆。失恋の痛手。

ハートブロークン【heartbroken】 傷心の。落胆した。打ちひしがれた。

ハードボイルド【hard-boiled】 ①非情なリアリズムで描写する作風。1930年代のアメリカ文学に現れた手法。②冷酷な。非情な。③卵などの固ゆで。

ハードボード【hardboard】 人造木材の一つ。パルプと接着剤を一緒に高温で圧縮した板。建築材料・家具などに利用する。

ハードマネー【hard money】 アメリカで、選挙立候補者個人に対して行われる献金。⇔ソフトマネー。

バードマン【birdman】 ①飛行士。②鳥類の研究者。剝製師。

パートユニオン【part-timers' union】 パートタイム労働者が組織・加入する労働組合。

ハードラック【hard luck】 苦境。不運。不幸。災難。気の毒なこと。

ハード ランディング【hard landing】 ①硬着陸。宇宙船が天体に激突するように着陸すること。②強硬な対応をする経済対策。⇔ソフトランディング。

ハートランド【heartland】 心臓部。中心地域。

ハードリカー【hard liquor】 蒸留酒。アルコール度数の高い酒。生のままのウイスキー。

ハードリング【hurdling】 (陸上)障害競走で、ハードルを跳び越えすこと。

ハードル【hurdle】 ①障害。障害物。②(陸上)障害競走に用いる障害物。

バートレット法【Bartlett Act】 アメリカの領海および漁業専管水域での外国漁船の漁業を禁止した法律。1966年に成立。

ハードレフト【hard left】 左翼過激派。

ハードレンズ【hard lens】 含有水分が少ない硬い材質で作るコンタクトレンズ。ハードコンタクトレンズともいう。

パート労働条約【Part-time Labor Treaty】 1994年に国際労働機関(ILO)総会が採択したパートタイム労働に関する条約。パートタイム労働者

パート労働▶

の労働権，賃金，保護などは，労働時間に応じてフルタイム労働者と均等に扱うことを求めている．

パート労働法【Part-time Labor Act】 [社][法] 短時間労働者の雇用管理の改善等に関する法律．1993年に成立．パートタイム労働法ともいう．

ハードロック【hard rock】 [音]エレキギターを中心に，強烈なビートとサウンド，ボーカルの典型的なロックスタイル．

ハードワーク【hard work】 きつい仕事．重労働．

パートワーク【partwork】 分冊方式の出版物．書籍などを分冊にして逐次発行する方法．

ハードワイヤード【hard-wired】 [I][算]コンピューター本体と外付けのハードディスクなどを，ワイヤーケーブルで結合すること．入出力回線などがプログラムにではなく配線による．

ハードワイヤードNC【hard-wired numerical control】 [I][算]論理素子や記憶装置などの組み合わせで構成される初期の数値制御装置．

パートン【parton】 [理]陽子と中性子の複合粒子である核子の構成要素をなすとされる仮説粒子．

パードン【pardon】 許し．慈悲．勘弁．

バードン シェアリング【burden sharing】 ①責任分担．共同責任分担．②[政]国際政治で防衛・国際援助などを分担し合うこと．

バーナー【burner】 ガスや液体燃料などを燃焼させる器具．ガスや石油コンロの点火器．

バーナキュラー【vernacular】 地域特有の．その土地固有の．

バーナリゼーション【vernalization】 [農]作物の種子をまく前に，人為的に温度条件を加えて生育を早めること．春化処理．

バーニアロケット【vernier rocket】 [機]ロケットの微調整用の補助噴射装置．

ハーネス【harness】 ①安全ベルト．パラシュートの背負い革．②馬具．引荷用の引き具．

バーネット【burnet】 [植]オランダワレモコウ．バラ科ワレモコウ属の多年草．ヨーロッパ，西アジアが原産．

ハーバー【harbor】 ①[建]港．船着き場．船舶停泊所．②避難所．

バーバー【barber】 [容]理髪店．理容店．床屋．

ハーパス【purpose】 目的．用途．意図．意志．

バーバリアン【barbarian】 野蛮人．未開人．教養のない人．

バーバリー【Burberry】 [服]イギリス製の綿ギャバジンに防水加工した上質の布地．またはその布で作られたレインコート．商標名．

バーバリズム【barbarism】 野蛮な行為をあえてすること．原始的・反文化的な行為，主義．

バーバル【verbal】 語の．言葉の．口語の．逐語的な．

バービー人形【Barbie Doll】 金髪で青い目をしたプラスチック製人形．人気キャラクターの一つ．商標名．

パーヒューム【perfume】 芳香．よい香り．香水．香水．パヒューム，パフュームともいう．

ハーブ【herb】 [料]香草．香辛料のうち，主に草類を生や乾燥して使うもの．料理や茶に使ったり，飾りにして香りを楽しんだりする．

ハープ【harp】 [音]弦楽器の一種．竪琴．

ハーフ アンド ハーフ【half-and-half】 半々．半々の．どっちつかずの．

ハーフウエー【halfway】 途中で．中間の．ほとんど．幾分．

ハーフウエー ハウス【halfway house】 ① [社]アルコール依存症患者や受刑者の社会復帰のために設けられる更生訓練所．②[医]高齢患者が家庭復帰できるよう回復訓練を行う治療施設．

ハーフウエーライン【halfway line】 [競]サッカーやラグビーなどで，ゴールラインに平行な競技場の中央線．

ハープーン【Harpoon】 [軍]アメリカ海軍の空対艦・艦対艦ミサイル．

パーフェクTV【PerfecTV】 [I][放]日本初の衛星デジタルテレビ放送．1996年に開始．JスカイBと合併し，98年よりスカイパーフェクTV！．

パーフェクト【perfect】 ①完全な．完璧な．②[競](野球)完全試合．パーフェクトゲームの略．

パーフェクトゲーム【perfect game】 ①[競](野球)完全試合．無安打，無四死球，無失策で打者を一人も出塁させない．②[競](ボウリング)1ゲームの12投を全部ストライクで終わること．

パーフェクトピッチ【perfect pitch】 [音]絶対音感．

パーフェクト リバティー教団【Perfect Liberty】 [宗]習合神道系の新宗教．PL教団．

パーフォレーション【perforation】 [I][映]映画フィルムの縁にある送り穴．一定間隔で開けられ，数が多いほど画質が高い．

ハーフキャップ ヘルメット【half cap helmet】 帽子状の浅いヘルメット．ミニバイクなどの運転者が着用する．

ハーフケア【halfcare】 [社]高齢者を施設に収容して，普段は日常生活を営ませ，必要な時だけ看護人が世話をする介護方法．

ハープ計画【HAARP】 [軍]高周波アクティブオーロラ研究計画．アメリカ空軍の地球環境を軍事的に利用する研究開発の一つ．high-frequency active auroral research program の頭字語から．

ハーフコート【half coat 日】 [服]腰丈ぐらいの短い外とう．ドミマントともいう．英語は half-length coat．

ハーフサイズ【half size】 半分の大きさ．半分の大きさのもの．

ハーフサイズ カメラ【half-size camera 日】 [写]35mm判のフィルムを用い，その半分の大きさの画面で撮れるカメラ．ハーフサイズ．英語は half-frame camera．

ハーフタイム【half time】 ①[競]サッカー，バスケットボール，ラグビーなどで，前半戦と後半戦との間に設ける休憩時間．②[社]半日勤務．半日労働．ハーフともいう．

ハーフティンバー【half timber】 [建]木骨れんがづくりの建築．

412

◀パームオイ

ハーフ デュプレックス【half duplex】 ㊄コンピューターの伝送方式の一つで，一度に一方向にのみ情報を送るもの．半二重方式．

ハーフトーン【halftone】①㊁美絵画などで明暗の中間部分の調子．中間調．②㊄グラフィックスの表現方法の一つ．白黒の連続階調で写真などを表現する．③音半音．④印網版．ドミトーンともいう．

ハーフパイプ【half pipe】①㊁雪面を掘って半円筒状にしたコースでジャンプなどの技術を争う種目．②㊁スケートボードなどで使う，滑走面を半円筒状にした設備．

ハーフバック【half-back】㊁サッカーやラグビーなどで，中衛．フォワードとバックの間に位置し，中盤でプレーする選手．サッカーではミッドフィールダーということが多い．ハーフ，HB ともいう．

ハーフパンツ【half pants】㊂太めでひざが隠れるくらいの丈のパンツ．

ハーフピッチ【half pitch】㊄コネクターのピン同士の間隔．フルピッチより，間隔が狭くピンも小さい．

ハーフブーツ【half boots】㊂半長靴．

ハーフマラソン【half marathon】㊁(陸上)10マイル(約16km)，20km，30kmなどの距離で行われるマラソン．

ハーフミット【half mitt】㊂指先の部分を切り取った形の手袋．

ハーフミラー【half mirror】㊉明るいほうから見ると鏡だが，暗いほうからは透けて見える鏡．半透明鏡．

ハーフメード【half made 日】㊂半既製服．細かい部分は客の注文に応じて仕上げる半既製の洋服．英語では半製品を semi-manufactured goods，または half-finished goods．

パーフュージョン【perfusion】①まきちらすこと．散水．②㊉局所灌流．

パーフュージョン バルーン【perfusion balloon】㊉冠動脈の狭窄・閉塞した部位を拡張させる医療技術の一つ．冠血流を保ったまま風船カテーテルを用いて拡張できる．

パープル【purple】紫の．紫色の．

パーフルオロオクタンスルホン酸【perfluorooctane sulfonate】㊉フッ素化合物の一種．PFOSともいう．

ハーフレート方式【half rate system】 ㊄携帯電話のチャネル数を増やすために，1チャネルのデータ伝送速度(11.2kbps)を半分(5.6kbps)にした方式．

パーベイシブ【pervasive】広がる，浸透するの意．ユビキタスと類似の概念．

ハーベイ ロードの前提【presuppositions of Harvey Road】㊉ケインズ学派の経済政策は，エリートによって実践されて初めて成立するものだとする説．R.ハロッドが「ケインズ伝」の中で命名した言葉．ハーベイ ロードは，ケインズの生誕地名．

バーベキュー【barbecue】㊂肉や野菜を焼きながら食べる野外料理．またそのパーティー．②㊂牛・豚などの丸焼き．

バーベキューグリル【barbecue grill】㊉まき

や炭を燃料に使う調理器具．

ハーベスト【harvest】収穫．刈り入れ．収穫物．収穫期．

バーベル【barbell】㊁重量挙げや筋肉強化に用いる運動具．鉄棒の両端に鉄のおもりを付けたもの．

バーボン【bourbon】㊉アメリカ産ウイスキーの一つ．トウモロコシを主原料に製造する．バーボンウイスキーともいう．

バーボンウイスキー【bourbon whiskey】㊉トウモロコシを主原料にし，焼いたホワイトオーク材の新樽で熟成させて作るアメリカのウイスキー．

パーマ パーマネント ウエーブ(permanent wave)の略．

パーマネント【permanent】永久の．不変の．

パーマネント ウエーブ【permanent wave】㊉熱や薬品を使って毛髪に長い期間消えない波形をつけること．またその髪や髪形．パーマ．英語ではpermanent, perm ともいう．

パーマネント エスタブリッシュメント【permanent establishment】㊉課税の対象となりうる外国企業の恒久施設．

パーマネント ファイブ【permanent five】国連安保理常任理事国である米，露，英，仏，中の五大国のこと．P5ともいう．

パーマネント ファイル【permanent file】㊄過去の商品情報，研究データなど，長い間データの変更を行わない予定のファイル．

パーマネント プリーツ【permanent pleats】㊂永久ひだ．洗濯しても折り目がとれないように特殊加工をしたもの．

バーミセリ【vermicelli 伊】㊉スパゲティより細めのめん類の一種．

パーミッシブ【permissive】許す．許可する．寛容な．寛大な．

パーミッション【permission】①許可．免許．許諾．認可．②㊄UNIX などで，ファイルを他の利用者が閲覧したり上書きしたりできないように設定する機能．

パーミッション マーケティング【permission marketing】㊉ネット上におけるマーケティングの一つ．利用者が開示した情報を基に，運営側が利用者の必要としている情報を提供する．

バーミヤン遺跡【Bamiyan ―】㊉アフガニスタン中部のヒンズークシ山脈にある仏教遺跡．多数の石窟がある．2003年に世界遺産に指定．

バーミリオン【vermilion】朱．朱色の顔料．朱色の．

パーミル【per mille】割合を表す語．千分率，つまり，ある量が全体の1000分のいくつを占めるかを表す．記号は‰．またはppt(parts per thousand)．

バーミンガムサミット【Birmingham Summit】㊉イギリスのバーミンガムで，1998年に開催された第24回主要国首脳会議．

パーム【palm】①手のひら．たなごころ．②㊉ヤシ科の植物の総称．パルムともいう．

パームオイル【palm oil】㊉パーム油．ヤシ油．アブラヤシの果肉から採る．

413

パームコーダー【palmcorder】 ＩＴ手のひらに載るぐらい小型の録画・再生用8mmビデオカメラ.

パームサイズPC【palm size personal computer】 ＩＴ算手のひらぐらいの大きさのパソコン. アメリカのマイクロソフトが提唱した携帯情報端末. Ｐｓ／ＰＣともいう.

パームスタンプ【palm stamp】 医ゼリー状の培地に手のひらを押しつけ、数日間培養して雑菌の有無を調べる検査.

パームトップ【palmtop】 ＩＴ算手のひらに載る大きさのコンピューター. パームトップコンピューターともいう.

パームトップ コンピューター【palmtop computer】 ＩＴ算手のひらに載るぐらいの小型コンピューター. アメリカのアップルコンピュータが提唱した携帯情報端末.

パームボール【palm ball】 競(野球)球を手のひらに当てて親指と小指でささえ、押し出すように投げる変化球. 球はほとんど回転せず、不規則に曲がったりする.

パームレスト【palm rest】 ＩＴ算キーボード操作による手の疲れを減らすため、キーボードの手前に置いて手のひらの下部を載せる台.

ハーモナイゼーション【harmonization】 協調. 調和. 国際整合化. 法規や制度などを同じくすること.

ハーモニー【harmony】 ①調和. 和合. ②音和声.

ハーモニックス【harmonics】 音倍音. 基本に対してその整数倍の振動数をもつ音.

パーラー【parlor】 料洋風の軽飲食店. 飲み物・洋菓子・果物などを出す喫茶店. 本来は居間、談話室などの意. この意味の英語は coffee shop, snack bar.

ハーラーダービー【hurler derby】 競(野球)リーグ戦における投手の最多勝争い.

パーライト【perlite】 ①鉱真珠岩. ②セメントタイトとフェライトが交互に層をなすもの. ③建吸音・防火建築材の一種.

パーラメンタリズム【parliamentarism】 政議会主義. 国民が選挙で選出した議員によって、国家の最高意思が決定される政治方式.

パーラメント【parliament】 政国会. 議会.

バーリトゥード【vale-tudo】 競格闘技で、残虐性をできるだけ排除した上での何でもありのオープンルール.

バール¹【bar】 ①理圧力の単位の一つ. 記号は bar. ②かなてこ.

バール²【bar 伊】 喫茶店. 酒場. 手軽に飲食できる店.

パール【pearl】 ①真珠. 真珠色. ②容口紅などで、全体的に輝きを放つもの. ③真珠に似たもの.

パールホワイト【pearly white】 真珠のような光沢を帯びた白色.

バーレスク【burlesque】 ①劇風刺的でこっけいな劇. 風刺演劇. ②文風刺詩.

ハーレム¹【harem】 後宮. ハレム.

ハーレム²【Harlem】 アメリカのニューヨークの一地区. マンハッタン島の北東部にあり、黒人居住地区として有名.

ハーレムパンツ【harem pants】 服足首のところをすぼませて、たるみをつけたズボン.

パーレン【Parenthese 独】 印丸かっこ. ( ) などがある.

バーン【barn】 理核分裂などの断面積の単位. 1 バーンは $10^{-24} cm^2$.

バーンアウト【burn out】 ①機エンジンの燃焼終了. ロケットの推進剤の燃え尽き点. ②麻薬やアルコールの乱用で、支離滅裂になっている人.

バーンアウト シンドローム【burn-out syndrome】 社燃えつき症候群. 一つのことに没頭していた人が、急に無気力になったり、自己嫌悪や仕事拒否を起こしたりすること.

ハイ【high】 ①高さや程度が高い. ⇔ロー. ②麻薬などで興奮している状態.

パイ¹【pi 希】 ①ギリシャ文字の第16文字. Π, π. ②数円周率を表す記号. π. ③数総乗を表す記号. Π.

パイ²【pie】 料小麦粉にバターなどの脂肪を混ぜ合わせ、オーブンで焼いたもの. 小麦粉と脂肪が幾層にも重なり、はがすと紙のようになるフレンチタイプと一枚皮のアメリカンタイプがある.

バイアウト【buyout】 営買い占め. 買い取ること. 買収すること.

バイアウトファーム【buyout firm】 営経社 M&A（企業の合併買収）をビジネスとする会社で、特に企業買収を専門に行う会社.

バイアグラ【Viagra】 薬性的不能の治療薬. アメリカのファイザー社が1998年に発売した男性の性機能改善治療薬の一つ.

バイアス【bias】 ①偏見. 先入観. ②数かたより. ひずみ. 偏位. ③電真空管やトランジスタの電極などで、電流を抑えるため別に与える直流電圧. ④電微小音を録音するために磁気録音テープに与える磁気振動. ⑤社社会調査で、質問文の用語法や調査員の質問の仕方などで、回答に偏りが見られること.

バイアスロン【biathlon】 競(ス*)距離レースと射撃を組み合わせた競技. コース途中にある射場で立射と伏射を交互に行いながら、スキーでコースを走破する.

ハイアブソーバー【high absorber】 経 OPEC（石油輸出国機構）諸国の中で、石油による収入を使い切る国. イラン、アルジェリア、インドネシアなどがある.

ハイ アベイラビリティー【high availability】 ＩＴ高可用性. システムの一部に障害が発生した時に、短時間で復旧・作業再開できる機能. HA ともいう.

バイアメリカン【Buy American】 経政ドル防衛のため、自国製品を優先的に購入することを国民に訴えるアメリカの政策.

ハイアラーキー【hierarchy】 社階層制. 位階制. 階層組織. ヒエラルキーともいう.

ハイアラーキー モデル【hierarchy model】 ＩＴ階層モデル. 人の行動が順を追って認知から行動に至るのを示す標準形式.

◀バイオコン

ハイアライ【jai alai】[競]前・片側・後ろの三面を壁で囲んだコートで、前壁面に球を打ちつけ合う競技. 枝で編んだ用具を手にはめ、二人の選手が交互に球を投げ返す.

ハイアリー【hiree】[営社]被雇用者. 雇い入れた従業員. ハイアードパーソンともいう.

パイ アンド マッシュ【pie and mush】[料]パイとマッシュポテトを一緒に食べる、ロンドンの庶民風料理.

バイアンプ【biamplifier】[音]2台のアンプを高音用と低音用に使って接続する方法.

ハイイールド債【high yield bond】[経]格付けが「投資不適格」の高利回り債券. 以前はジャンクボンドと称した.

バイイングパワー【buying power】[営]購買力. 買い手の優位性.

ハイインパクト【high impact】[環]自然への影響力が大きいこと. 野外でのたき火など.

バイウィークリー【biweekly】①隔週の. ②隔週刊行物.

ハイウェイカード【Highway Card 日】[営]高速道路で用いる料金前払いカード. ハイカ. 2005年9月で販売終了.

ハイウエー【highway】①[建社]高速道路. 自動車専用道路. この意味では英語は expressway, freeway. ②公道. 本街道.

ハイウエーオアシス【highway oasis 日】[営]高速道路を降りないでスキー場、美術館、温泉などを楽しめる施設. サービスエリアやパーキングエリアに車を止めて利用する.

ハイウエー ヒプノシス【highway hypnosis】[社]高速道路で長時間運転をしていると、注意力が散漫になり半睡状態に陥ること. 高速道路催眠現象.

ハイエナジー【high energy】[音]イギリスに起こった、テンポの速いエネルギッシュなディスコミュージック. ユーロビートともいう.

バイエル¹【Bayer】[化]ドイツ有数の総合化学業.

バイエル²【Beyer 独】[音]ドイツの作曲家バイエルが著した初歩のピアノ教則本の名.

ハイエンド【high end】高級志向. 高級志向の. 高級な. 最高価格帯の. ⇔ローエンド.

ハイエンド プロダクト【high-end product】[営]高額製品. 高級製品.

ハイエンドマシン【high-end machine】[I][算]最上級の性能をもつパソコン製品やシリーズのこと.

ハイエンドモデル【high-end model】[I][算]メーカーが販売するパソコンなどのシリーズで最上級のモデルのこと.

バイオ【bio-】「生命」「生物」の意味を表す接頭語.

バイオアーキテクト【bio-architect】[建]建築物と周囲の環境との調和を考え、地球環境に対応した意識をもつ建築家.

バイオ安全議定書【Cartagena Protocol on Biosafety】[遺]遺伝子組み換え動植物を取引する時のルールを取り決めたもの. 2000年に採択. バイオセーフティに関するカルタヘナ議定書.

バイオイベント【bioevent】[生]恐竜の絶滅のような、生物に起きた大事件・大変動. 地質学的過去に生きた古生物を、地球的変動から探ろうとする計画がある.

バイオイメージング【bio-imaging】[生理]蛍光たんぱく質の導入や蛍光プローブにより、イオンや細胞内物質の発光解析を行い、細胞の状態を観察する手法.

バイオインダストリー【bioindustry】[営生遺]伝子組み換え・細胞融合・大量培養などの生命工学技術を用いて、生物がもつ機能を高めたり、有用な生物から作りだしたりする産業.

バイオインフォマティクス【bioinformatics】[I][生]生物情報科学. 分子生物学的データに関する総合科学. ゲノム研究を支援するコンピューター技術.

バイオインベージョン【bio-invasion】[生]ある生態系から別の生態系への生物の侵略.

バイオエコロジー【bioecology】[生]生物生態学.

バイオエシックス【bioethics】[生]生命を扱う倫理上の問題を研究する学際的分野. 脳死・臓器移植・末期医療・遺伝子操作など、従来の生命観では対処できない問題を取り扱う. ギリシャ語の bios（生命）と ēthikē（倫理）からの造語.

バイオエタノール【bioethanol】[化]生物資源を原料とするアルコールの一種. サトウキビなどを用いる.

バイオエネルギー【bioenergy】[環]動植物資源やその廃棄物から燃焼などの化学反応で得られるエネルギー. バイオマスエネルギーともいう.

バイオエレクトロニクス【bioelectronics】[生電]バイオテクノロジーと電子技術を融合させた技術や製品.

バイオ音楽【bio-music】[医音心]大脳生理学や心身医学の原則に従い、ストレスや心身症の予防・治療に用いられる音楽.

バイオガス【biogas】[環]ごみ・排泄物・植物などの生物資源から作り出されるガス. メタンガスが主成分である.

バイオキュパンシー ビークル【high-occupancy vehicle】[機]バスやバンなど、乗客収容能力が高い車. HOV ともいう.

ハイオクタン【high-octane】[化]オクタン価の高いガソリン. ハイオク.

ハイオクタン ストック【high-octane stock】[経]急激に値上がりする株式.

バイオグラフィー【biography】[文]伝記. 伝記文学.

バイオクリーン システム【bioclean system】[医]無菌状態で病気の手術や治療を行う方法.

バイオクリーン ルーム【bioclean room】無菌室. 有機微生物を取り除いた部屋. BCR.

バイオケミストリー【biochemistry】生化学.

バイオコンパチビリティー【biocompatibility】[生]人工臓器の生体適合性.

バイオコンピューター【biocomputer】[I][算]生体物質とその機能を応用するコンピューター. 生物

ハ

415

バイオサー▶

化学素子を利用して，人間の頭脳と同じ仕組みのものを作ることを目指す．

バイオサーファクタント【biosurfactant】 環生微生物の生産する界面活性剤．環境汚染に対して有効で，洗剤や食品添加物などへの応用が考えられている．

バイオサイエンス【bioscience】 生命科学．宇宙における生物学的現象を研究する学問．

バイオジオグラフィー【biogeography】 地生物地理学．

バイオ食品【bio food 日】 料バイオテクノロジーを用いて生産された食品．

バイオ植物【bio plants 日】 植バイオテクノロジーで育成・増殖された植物．

バイオス【BIOS】 Ⅰ算コンピューターの周辺機器に対する基本的な入出力命令群．basic input/output system の頭字語から．

バイオスフェア【biosphere】 社生生物圏．生活圏．生物が生息し得るあらゆる地球上の範囲．バイオスフィアともいう．

バイオスフェア－J【biosphere-J】 環生ミニ地球．日本の閉鎖型生態系実験施設．青森県六ヶ所村の環境科学技術研究所にある．

バイオセラミックス【bioceramics】 生体機能性セラミックス．人工関節や人工骨など生体代替に用いるセラミックスで，生体によくなじみ異物反応がなく，耐久性があり加工や滅菌が容易という要素が求められる．

バイオセンサー【biosensor】 ①生生物的感知装置．生物の性質を利用する．②生生体感応装置．生命過程の情報を得るために用いる．

バイオセントリズム【biocentrism】 生人類を含め，地球上のすべての生物がそれぞれ倫理的地位を有しているとする考え方．

バイオソナー【biosonar】 生動物がもつ機能の一つで，周囲の安全性や距離などを測る器官．

バイオダイナミックス【biodynamics】 生人間を含む生物全体の動きを研究対象とする，体と動きの科学．

バイオダイバーシティー【biodiversity】 生生物の多種・多様性のこと．

バイオチップ【biochip】 Ⅰ算生生物化学素子．たんぱく質の三次元構造を利用して，未来のコンピューター素子として研究・開発している．

バイオテクノロジー【biotechnology】 生生命工学．生体工学．生物のもつ生命活動の仕組みを解明し，工業的に利用しようとする技術．遺伝子組み換え，細胞融合，組織培養など．

バイオデグレーダビリティー【biodegradability】 環生生物分解性．微生物によって，ごみなどが腐敗して土に還元されること．

バイオデグレーダブル【biodegradable】 環生生物が分解可能な．プラスチック製品などを微生物が分解できる．

バイオデザイン【biodesign】 生美生体的デザイン．自然界で生体に働いている力の原理に基づき，抵抗の少ない曲線を基調とする．ルイジ・コラーニが主張している．

バイオテレメトリー【biotelemetry】 生海洋生物に発信機を取り付け，遠隔測定して種々の情報を収集する技術．

バイオテロ【bio-terror】 軍社ウイルスや細菌などを用いるテロ行為．バイオテロリズムともいう．

バイオ特許【bio patent 日】 営生遺伝子やたんぱく質を対象に認められる特許．

バイオドラマ【biodrama】 映劇放伝記ドラマ．有名人の一生を描く劇．biographical drama の短縮形．

バイオトロン【biotron】 生人工的に環境を調節できる実験室．温度や光・熱などの条件を変えて生物を育てて，その影響を研究する．

バイオ ナノ テクノロジー【bio-nano technology】 生理DNA（デオキシリボ核酸）を鋳型にして分子を形作ったり，情報を転写したりするなど，生体の物質を利用して微小サイズの構造体を作製する手段．

パイオニア【pioneer】開拓者．先駆者．

パイオニアスピリット【pioneer spirit】 開拓者精神．

バイオニクス【bionics】 Ⅰ算生生体工学．生物がもつ機能を分析して工学的に実用化する学問分野．音声入力コンピューター，二足歩行ロボット，学習機械などが研究されている．

バイオニック【bionic】生物工学的な．生体工学の．

バイオネット【PIO-NET】 社全国消費生活情報ネットワークシステム．国民生活センターと各地の消費生活センターを結び，消費者被害早期警戒情報を出す．practical-living information on-line network system から．

バイオハザード【biohazard】 生有害な微生物や人為的に遺伝子を組み換えられた微生物が研究所などから漏れたりして，病気がはやること．生物災害．

バイオハッカー【bio-hacker】 社バイオテクノロジーの技術の発達に伴って現れる，高度な技術や専門的知識を身につけたマニアのこと．

バイオバンク【biobank】 生多数の人の遺伝情報を記録・収集する仕組み．医学研究や医療などに用いる．

バイオファンクショナビリティー【biofunctionability】生人工臓器の生体機能性．

バイオフィードバック【biofeedback】 心心身症や不安障害その他の療法の一つ．自分自身で，血圧や心拍などのチェック装置を用いて精神を安定させる訓練法．

バイオフィルム【biofilm】 医肺炎菌の周囲にできる膜．

バイオプシー【biopsy】 医生生検．生体から組織をごくわずか取り出し，細胞を染色して顕微鏡検査をすること．

バイオプラスチック【bioplastic】 環自然界の微生物が作るポリエステル．地中などに放置すると数週間で分解されるので，生分解性プラスチックとして注目される．

バイオプリベンション【bioprevention】 営環

◀ハイキート

バイオプルヌール【biopreneur】 営バイオテクノロジー分野の研究開発に投資し、商品化して業績を上げている企業家．biotechnology と entrepreneur の合成語．

バイオベルト【biobelt】 宇宙飛行士の腰回りに取り付け、生理状態を記録・送信する遠隔測定装置．

バイオベンチャー【bioventure】 営遺伝子解析技術や医薬品開発技術を生かす起業家．

バイオホルモン【biohormone】 生遺伝子組み換え技術を、食品や農業分野に応用して生産するホルモン．

バイオホロニクス【bioholonics 日】 生生体の働きの基礎となる個々の要素と全体の調和の関係を解明して、医学や工学などに応用しようというもの．holon は「全体」を表すギリシャ語 holos からの造語．

バイオポンプ【biological pump】 生海水の表層から深層へ海洋微生物が炭素を運ぶこと．

バイオマイシン【biomycin】 薬抗生物質の一つ．土中の放線菌から採り結核治療に用いる．

バイオマス【biomass】 ①生生物体総量．一定区域内に生きる生物の量．②生生物有機体をエネルギー資源として利用する方法．

バイオマス エネルギー【biomass energy】 生生物体をエネルギー源に用いること．石油成分の抽出、メタン発酵やアルコール発酵などからエネルギーを取り出している．

バイオマス資源【biomass resources】 生エネルギー資源や原料にできる生物やその関連資源．

バイオマット【biomat】 生地微生物の集合体．また、それが作りだす皮膜．

バイオマテリアル【biomaterial】 生生体機能材料．人工骨を作るファインセラミックスや、人工皮膚を作るコラーゲンなどの医療用材料をいう．

バイオミメティックス【biomimetics】 生生体模倣科学．コンピューターが脳の計算機能を模倣して生み出されたように、生命や生物の本質的な働きを研究して、21世紀型の新技術を開発しようという学問．

バイオミュージック【bio-music】 音人間の身体や精神に安らぎを与えることを目指して作る音楽．

バイオメカニカル ポンプ【bio-mechanical pump】 医人体の筋肉の収縮作用で人工心臓を動かす未来の医療機器．手足の筋肉の一部を改造して、血液などをポンプして取り付ける．

バイオメカニクス【biomechanics】 生理身体力学．生体力学．人体の構造と運動機能を力学的に研究する学問分野．

バイオメディカル【biomedical】 生物医学の．生物医学的な．

バイオメディシン【biomedicine】 医生物医学．生存能力を主に扱う臨床医学．バイオメッドともいう．

バイオメトリクス【biometrics】 Ⅰ生生物測定．指紋や声紋など、人間の肉体そのものの特徴を登録して読み取る個人識別法．バイオメトリックスともいう．

バイオメトリック認証【biometric identification】 Ⅰ生指紋・虹彩・声紋などの人体の特徴で個人を認証するシステム．短時間で精度の高い認証ができる．

バイオラング【bio lung 日】 環植物都市の壁面などに緑化壁を設置し、空気浄化や蒸散作用による気温低下などをもたらす装置．bio（生物）と lung（肺）の合成語．

バイオリアクター【bioreactor】 生固定化酵素や固定化微生物を触媒として、物質の分解・合成や化学変換などを行う生物反応器、あるいは反応システムのこと．生物的環境浄化．

バイオリズム【biorhythm】 生生物の活動に見られる周期性．人間の身体・知性・感情の活動のリズムが誕生日から一定周期で変動するという説もバイオリズムという．

バイオレーション【violation】 ①違反．反則．妨害．じゃま．②競（パーソナル）ファウルを除くすべての違反．

バイオレーダー【bioradar】 機倒壊した建物などにマイクロ波を発信して、生存者を探知する装置．旧ソ連で開発された．

バイオレメディエーション【bioremediation】 環廃棄物に含まれる有害物質を取り除くため微生物を利用する技術．

バイオレンス【violence】 暴力．暴行．激しさ．猛烈．猛威．

バイオロギング【biologging】 生動生物にカメラやセンサーなどを取り付けて、行動や生態を調べる学問．

バイオロジカル コントロール【biological control】 生生物的防除．有害な動植物を抑制するのに天敵などの生物を用いる方法．

バイオロジカル ファミリー【biological family】 生物学的家族．

バイオロジスト【biologist】 生生物学者．

ハイカー【hiker】 野や山を歩く人．

バイカーブルゾン【biker blouson】 服オートバイ愛用者が着る皮革製の上着．ライダーズジャケットともいう．

バイカールック【biker look】 服オートバイに乗る人の着衣から発想を得た、野性的な感じの装い．ライダースルックともいう．

ハイカラー[1]【high collar】 服襟腰の高い襟型．

ハイカラー[2]【high color】 Ⅰ算 RGB（red, green, blue）という色形式で、5ビット32階調で表し、3万2768色を表現することができるカラー方式．他に6ビット64階調で、6万5536色を表現する方法もある．

バイカルチュラリズム【biculturalism】 二カ国文化．二文化併存．異質の二つの文化が共存すること．

ハイキー【high-key】 映写版全体に明るく仕上げた画調．⇔ローキー．

ハイキートーン【high-key tone】 映写版照明を明るくして、明暗をはっきりさせる画面や画調．⇔ローキートーン．

ハイキックポイント【high kick point】（ゴルフ）クラブシャフトのしなる位置が手元に近い手元調子のもの.

ハイキャプテン システム【High Captain System】Ⅰ算 地上系の高速公衆回線でつなぐ双方向画像情報システム.

バイキュービック法【bicubic】Ⅰ算 三次補間法. 自然な画面を得るために画像を補間する方式.

ハイキング【hiking】社 徒歩旅行. 標高の低い野山を歩くこと.

バイキング【Viking】①8〜11世紀にスカンジナビア半島とデンマークを原住地に、ヨーロッパ各地に進出したゲルマン系ノルマン人の別称. vik は入り江、ing は人の意. ②(日)料 食べ放題式のバイキング料理のこと. この意味では英語は smorgasbord.

バイク【bike】オートバイ. 自転車.

バイクウエー【bike way】建 自転車に関連する道路の総称.

ハイクオリティーVHS【high quality VHS】ビデオテープレコーダーの一つで、VHS方式の高画質化技術によって開発された.

バイクパス【bike path】建 自転車の専用道路. 一般道路から完全に独立している.

バイクパッキング【bikepacking】社 自転車にキャンプ道具を積んで長期間旅行すること.

ハイクラス【high-class】高級の. 一流の.

ハイグリップ タイヤ【high grip tire 日】機 道路に密着しやすい自動車のタイヤ.

バイクルート【bike route】建社 自転車と自動車が共用しても安全という推薦車道.

ハイグレード【high-grade】高級な. 上質な. 程度の高い. ⇔ローグレード.

バイクレーン【bike lane】建社 自転車が走ることのできる車道. 駐車帯と共用の場合もある.

バイゲモニー【bigemonie】経政 両頭支配. 国際経済上の日米の覇権. 日米共同覇権. bi- とドイツ語の Hegemonie の合成語.

ハイ コーディネーション【high coordination】きめ細かい、感覚の鋭いプランづくり.

ハイコールプラン【high call plan】Ⅰ算 携帯電話の料金制度の一つ. 基本料金が割高で、通話料金が割安なプラン.

ハイコスト エコノミー【high cost economy 日】営経政 産業育成政策などの政府の保護を受けたため、競争意識が低下して他国よりコストが高くなった経済. 英語では regulated economy.

ハイコマンド【high command】最高司令部. 最高指揮権. 首脳部.

バイコロジー【bicology 日】環社 自動車に代えて自転車に乗り、自然を守り人間性の回復を図る運動. bike と ecology の合成語.

バイコロビクス【bicorobics 日】競 サイクリングによる健康法. bike と aerobics から.

ハイコンポ【high-component 日】横幅30cm以下の小型の単品コンポを組み合わせた音響機器システム. コンパクト ハイファイ コンポーネントの略.

ハイサイブーツ【high-thigh boots】服 太もも丈の長靴.

ハイジーン【hygiene】衛生学.

ハイシエラ フォーマット【High Sierra format】Ⅰ算 CD-ROM の論理フォーマットの規格. ソニー、フィリップス社などがネバダ州のハイシエラホテルの会合で定めた.

バイシクルキック【bicycle kick】競(サッカー)体を後方回転させながら跳び上がり、頭越しに球を蹴る方法. オーバーヘッドキックともいう.

バイシクル トライアル【bicycle trial】競(自転車)人工あるいは自然の地形を利用したコースを走破する競技. BTR ともいう.

バイシクルポロ【bicycle polo】競(自転車)マウンテンバイクに乗って、木づちで合成樹脂製の球を打ち合い、相手ゴールに入れて得点を競うゲーム. 1チーム4人、15分ハーフで行う.

バイシクル モトクロス【bicycle motocross】競(自転車)起伏に富んだコースにジャンプ台やヘアピンカーブなどを設けて、着順を争う競技. 1972年にアメリカで始まった. BMX.

ハイジャッカー【hijacker】社 航空機などの乗っ取り犯. ハイジャックの犯人.

ハイジャック【hijack】社 航空機などを乗っ取ること. スカイジャックともいう.

ハイジャック防止条約【Convention for the Suppression of Unlawful Seizure of Aircraft】航空機不法奪取防止条約. 国際民間航空業務を保護するための条約. 1970年にハーグで署名. 71年に発効し日本も同年に加盟.

ハイジャック防止法【highjack —】法 航空機の強取等の処罰に関する法律の通称. 1970年に制定.

ハイジャンプ【high jump】競 走り高跳び.

ハイスクール【high school】①教 高等学校. ②教 アメリカの中等教育課程の学校.

バイスタティック レーダー【bistatic radar】軍 送信機系と受信機系を分離して設置するレーダー.

バイスタンダー効果【bystander effect】生 理 一つの細胞に限定して放射線を照射した時でも、周囲の細胞が被曝の影響を受ける現象.

ハイスティック【high stick】競(アイスホッケー)肩よりにスティックを上げて相手選手と競ったりすること. 反則の一つ.

バイスバーサ【vice versa】逆に. 反対に. ある命題の逆. 逆もまた同じ. v.v. ともいう.

ハイスピード スチール【high-speed steel】機 高速度鋼. 金属を高速で切削するのに用いる特殊鋼. ハイスともいう.

ハイスピード トレーン【high-speed train 日】機 在来線で時速200km以上で走行できる鉄道車両. JR総研が開発を進めている.

ハイスピード ビルボード【high-speed billboard】競広 高速走行する広告塔. 車体に提携企業の広告を付けているレース用自動車の異称.

ハイスピード フィルム【high-speed film】写 高感度フィルム. ハイスピードともいう.

バイス プレジデント【vice president】①政

副大統領．②営社副会長．副総裁．副社長．

バイセクシュアル【bisexual】 雌雄同体の．男女両方の性に性的欲求をもつ人．両性愛の．

ハイゼニック クリーム【hygienic cream】
容脂肪分の少ない中性の化粧用クリーム．

ハイセンス【high sense 日】 好みや趣味がしゃれていて上品なこと．

ハイソサエティー【high society】 社上流社会．上流社交界．

パイソン【python】①動大きな蛇の総称．②服蛇柄．ハンドバッグやベルトに使われる．

ハイターゲット作品【high target — 日】 営 10代後半をマーケティング対象として製作されたアニメ作品などを指す．

ハイタッチ【high touch】 ①社発達した技術社会で求められる高密度の人間関係．②[日]鼓喜びを表現するため，選手などが高く上げた手を打ち合わせること．

ハイタッチ産業【high-touch industry】
社主にサービス部門でのニュービジネス．ハイテク産業と対比的に使う．

バイタミンショップ【vitamin shop】 営ビタミン剤を食品のように扱って売る店．

バイタリティー【vitality】活力．活動力．

バイタル【vital】 ①活力に満ちた．生き生きした．生命を維持するのに必要な．②重大な．

ハイタレント【high talent 】 I算コンピューター関連機器を使いこなす専門知識や技術力などを身につけている人．

ハイチケット アイテム【high-ticket item】
営高額商品．

パイ中間子【pi meson】理素粒子の一つ．質量は電子の約270倍で，宇宙線の中に発見された．

ハイツ【heights】 ①鼓高台．丘．②[日]建集合住宅地．中高層建築の集合住宅にも使う．

ハイティズム【heightism】 社背が低いことを理由に，人を不当に差別すること．

ハイテク【high tech】①無機質な技術性を強調した室内装飾や調度品などの様子．ハイスタイルテクノロジー．②[high-tech]先端技術の．高度の技術の．

ハイテク エスピオナージュ【high-tech espionage】 軍ハイテク技術を駆使したスパイ行為．特に，相手国の防衛コンピューターネットワークなどに侵入して，機密情報を盗み出すこと．

ハイテク家具【high-tech furniture】 機能性，耐久性などに優れた事務用家具を家庭で使用するもの．

ハイテク ギャンブラー【high-tech gambler】 社最先端の金融技術を使って投資するように見せかける賭博師．

ハイテク建築【high-tech architecture 日】
建主に先進技術的な素材を用い，それ自体が巨大な機械的システムの感じをもつ建築物．

ハイテク産業【high-tech industry】 I営算先端技術産業．マイクロエレクトロニクスとそれを用いるコンピューターや情報・通信，オプトエレクトロニクス（光電子工学），バイオテクノロジー，新素材，人工知能など高度先端技術に関連する産業をいう．

ハイテクスニーカー【high-tech sneakers 日】服表面に伸縮性や耐久性のある素材を使い，内部に衝撃吸収材を入れるなど，ハイテクを駆使して作るスポーツシューズ．

ハイテクノロジー【high technology】 高度生産技術．高度先端技術．ハイテクともいう．

ハイテクノロジー セラミックス【high technology ceramics】 化人工原料で製造する先端的無機非金属材料のファインセラミックスのこと．アドバンストセラミックスともいう．

ハイテクノロジー マネジメント【high technology management】 営高度先端技術の進歩が産業界に与える影響を考慮して，企業がその技術を事業の中に組み入れるなどの対応策を立てること．

ハイテクパーク【high-tech park】 営社先端技術産業の工場が多くある地域．

ハイテク犯罪【technological crime】I算社コンピューターもしくはネットワークにかかわる犯罪の総称．不正アクセスを通した盗聴やデータ改ざんなど．

ハイテクブラ【high-tech brassiere 日】服形状記憶合金のワイヤーやセラミック加工の素材を使うブラジャー．

ハイテクポリス【high-tech polis 日】 営社先端技術産業を一カ所に誘致して行う新しい工業都市計画．

ハイテク摩擦【high technology conflict】
営経半導体をはじめとする先端技術製品をめぐる日本とアメリカの貿易摩擦．

ハイテクヨーヨー【high-tech yo-yo 日】 高機能性をもつヨーヨー．軸のベアリングなどの高度化で複雑な技を可能にする．スーパーヨーヨーともいう．

ハイテク旅客機【high technology transport】 機エンジンや各種システムの監視をコンピューター化し，計器を液晶表示装置などに換えた大型の旅客機．

ハイテク ワークグループ【high technology work group 日】 1982年に設置された日米先端技術産業作業部会．

ハイデッカー【high-decker 日】 機観光用バスの一種．座席が一般のバスより高い位置にあるため，車窓からの眺めがよい．

ハイデフィニション【high-definition】 高解像度の．高精細度の．高品位の．

ハイデフィニションＣＧ【high-definition computer graphics】 I算NTSC方式のテレビ用コンピューターグラフィックスに比べ，6倍以上の画像情報量をもつ方式．

バイト[1]【beitel 蘭】 機旋盤などの工作機械に用いる切削用刃物．

バイト[2]【byte】I算コンピューター処理の基本となる情報量の単位．二進一桁を1ビット，8桁すなわち8ビットを1バイトという．

バイト[3] アルバイト（Arbeit 独）の略．本職以外の稼ぎ仕事．学業の傍らの稼ぎ仕事．

ハイドアウト【hideout】隠れ家．潜伏場所．アジト．

バイトコード【bytecode】［算］Java 仮想マシンのマシンコード．Java 言語で開発したソフトの配付形式として用いる．

バイトサイズ ベジー【bite-size veggies】［料］食べやすいように，一口大に切ってある野菜．

バイトランド【byteland】［算］コンピューターのもつ多様な機能を使うこと．コンピューターの世界の意．

ハイドレート【hydrate】［化］水和物．水化物．水と他の分子が結合した化合物．

ハイドロ[1]【hydraulic】水圧・油圧を利用した．水圧または油圧式の．ハイドロリックの俗称．

ハイドロ[2]【hydro-】「水の」「水素の」の意味を表す接頭語．ヒドロともいう．

ハイドロー【high draw】［競］(ヂル)右利きのゴルファーが球をまっすぐに高く打ち上げ，落下時にやや左方向へ曲がるように打つこと．

ハイドロカルチャー【hydroculture】［植］水耕園芸．室内用の観葉植物などの鉢植えに，土を使わないで発泡煉土を培地にして，容器の底に水をためて栽培・管理する方法．

ハイドロキシアパタイト【hydroxyapatite】［医］水酸化リン灰石．脊椎動物の結合組織が形成される骨や歯などに含まれる無機化合物．

ハイドロクラッキング【hydrocracking】［化］水素添加分解法．石油からハイオクガソリンやジェット燃料などを精製する方法の一つ．

ハイドログラフ【hydrograph】水位図．川のある地点における流量の時間的・季節的変化を示す図．

ハイドロクロロフルオロカーボン【hydrochlorofluorocarbon】［化］代替フロンの一種．炭素，フッ素，塩素，水素を含む化合物．対流圏での寿命が比較的短い．2020年に原則全廃される．HCFCともいう．

ハイドロゲンカー【hydrogen car】［機］水素自動車．水素を燃料にして走る自動車．

ハイドロダイナミックス【hydrodynamics】［理］流体力学．

ハイドロトーン【hydro-tone】［競］水中で行うトレーニング法の一つ．特別仕様の靴や手袋を用いて，水中で手足を活発に動かし，筋や心肺機能に過負荷をかける．

ハイドロ ニューマチック【hydro-pneumatic】［機］特殊な溶液と窒素ガスの圧力を用いる自動車の懸架装置．

ハイドロフルオロカーボン【hydrofluorocarbon】［化］フロン系の代替物の一つ．炭素，フッ素，水素の化合物．1997年の京都議定書で温室効果ガスとして削減の対象になった．HFCともいう．

ハイドロプレーニング【hydroplaning】［機］自動車がぬれた道を高速走行すると，路面とタイヤ間に水膜が生じ，ブレーキなどが利かなくなる現象．アクアプレーニング．

ハイドロプレーン【hydroplane】［機］水上飛行機．水上滑走艇．

ハイドロフロー【hydro flow】シリコン液を流動させて衝撃を吸収する方式．運動靴のかかと部分などに用いられる．

ハイドロボール【hydroball 日】発泡煉石．粘質土を高温燃焼して作る．

ハイドロポニック【hydroponics】［農］養分を水溶液にして植物を栽培する方法．水耕栽培．

ハイドロホン【hydrophone】［理］水中聴音器．水中の物体の位置を音の反射で探知する機械．

ハイドロメーター【hydrometer】［化・理］液体比重計．浮きばかり．

ハイナイン【high-nine】材料・材質などの高純度化．99．……％と純度を高めることから．

バイナリー【binary】①2つの．一対の．二進法の．②［算］コンピューターの内部処理に使われる，1（オン）と0（オフ）の数字の組み合わせによるデジタル信号で表された情報．

バイナリーウエポン【binary weapon】［軍］二種類の化学物質で構成される化学兵器．弾頭に分けて収納された化学物質が，爆発時に混じり合うと化学反応を起こして，神経ガスを発生するもの．

バイナリー エディター【binary editor】［算］バイナリーファイルを編集するためのソフトウエア．ファイル内容を16進コードとそれに対応するキャラクターコードで表示する．

バイナリーコード【binary code】［算］中央処理装置（CPU）が理解できる2進数で表したコード．コンピューター処理の命令に使う．

バイナリー互換【binary compatible】［算］あるコンピューター用の機械語が，他機種でも動くこと．ロードモジュール互換ともいう．

バイナリーサイクル発電【binary cyclic power generation】［理］地熱発電方法の一つ．地熱でフロンなどを熱し，その圧力でタービンを回す二段階式の発電．ツーサイクル発電．

バイナリー デジット【binary digit】［算］二進数字．

バイナリーファイル【binary file】［算］1（オン）と0（オフ）の数字の組み合わせによるデジタル信号で表された情報を収めたファイル．⇔テキストファイル．

バイニュークリア ファミリー【binuclear family】［社］離婚したため生じる，親と子供だけの二つの核家族．父親と子供，母親と子供の二世帯ができる．

ハイネック【high neck 日】［服］首回りに沿って立った襟．英語は high-necked collar．

バイノーラル【binaural】①両耳の．双耳用の．②［音］人間の両耳が感じる音響差を再生した音響装置．またその方式．

ハイパー【hyper-】超越した．超過の．過度の．非常に．接頭辞の一つ．

ハイパーインストルメント【hyperinstruments】［音］従来の楽器の概念を超越する楽器．

ハイパーウェイズ【HyperWAIS】［算］マッキントッシュ用のハイパーカード（マルチメディアに対応しているソフト）で，WAIS（キーワードで情報を検索するツールの一つ）のサービスを受ける利用者．

ハイパーウオー【hyperwar】［軍］超電撃戦．超スピードで行われる電撃の集中攻撃．

ハイパーウオール【hyper wall】［広］動画とスラ

420

イドが同時に投影できる媒体．

ハイパーカード【HyperCard】 [I]算 マッキントッシュ用のマルチメディア対応ソフトウエア．カード上に文字，画像，音声，動画などをデザインすることができる．

ハイパー核【hyper nucleus】 理 陽子，中性子をハイペロンあるいは一般にu，d以外のクォークを含むバリオンで置き換えた原子核．

ハイパーカジュアル【hyper casual】 服 サイケデリックなプリントやビニール素材を使う，個性の強い街着の装い．

ハイパーキャピタリズム【hypercapitalism】 経 高度に進歩した資本主義．

ハイパーサーミア【hyperthermia】 医 温熱療法．がんの治療法の一つで，正常細胞に比べてがん細胞が高温に弱いところから，がん部位や全身を約42℃に加温する．

ハイパーシューズ【hyper shoes】 服 通気性や防水加工などの優れた機能をもつ靴．

ハイパー スタグフレーション【hyper stagflation】 経 不況下の超インフレ．

ハイパースピード【hyperspeed】 超高速．猛烈な速さ．

ハイパースレッディング【Hyper Threading】 [I]算 インテルが Pentium 4 プロセッサーに搭載する処理効率を高める機能．商標名．

ハイパーソニック【hypersonic】 理 極超音速．音速の5倍以上をいう．

ハイパーチャージ【hypercharge】 理 物体の落下する速度を決めるとされる力のこと．その速度は物体の化学構造で異なるといわれる．

ハイパーテキスト【hypertext】 [I]算 平面的な網のように，複数のテキストを相互に関連付けて一つのデータとして扱う概念．データベースやアプリケーションプログラムの基本ソフトの開発に利用される．

ハイパーテキスト データベース【hypertext database】 [I]算 ネットワーク構造をしたデータベース．テキスト同士のリンクで作られ，ヘルプ機能やインターネットで用いる．

ハイパーテロリズム【hyper-terrorism】 軍社 政 大量破壊を伴うテロリズム．

ハイパートーク【hyper talk】 [I] NTT ドコモの携帯電話機209，502i シリーズより導入された通話品質を向上させる技術．

ハイパードライブ【hyperdrive】 超大キャンペーン．

ハイパー トランスミッター【hyper transmitter】 医 多人数へのウイルス感染源となった感染者．スーパースプレッダーともいう．

ハイパードル【high hurdles】 競(陸上)高障害競走．110mの距離に，高さ106.4cmのハードルが10台置いてある．

ハイパーニア海底油田【Hibernia offshore oil field】 カナダのニューファンドランド島沖のジャンヌダーク海盆で掘削された海底油田．ハイバーニア社はカナダ・モービル石油，シェブロン，ペトロ・カナダ，ガルフ・カナダ資源の合弁会社．

ハイパーネーション【hibernation】 [I]算 パソコ

ンの電源を切ると同時に，その直前まで実行していた作業データをハードディスクに自動的に保存する機能．

ハイパーパワー【hyperpower】 軍政 超大国を超えた超国家．アメリカを指す．

ハイパープルーラリズム【hyperpluralism】 社 超多元論．情報化の進展に伴い，一層加速される社会的多元性のこと．

ハイパーマーケット【hypermarket】 営 ヨーロッパで発達した小売業の業態の一つ．経費を削減して，販売商品に価格競争力をもたせた店舗．

ハイパーメディア【hypermedia】 [I]超高性能メディア．コンピューターやビデオ技術，映像・音声などを有機的に連結した総合的で，より高次元のメディア環境．

ハイパーヨーヨー【Hyper Yo-yo】 高機能性をもつヨーヨー．バンダイがアメリカから輸入．商標名．

ハイパーリアリズム【hyper realism】 美 写真を感情抜きで克明に写しとるような没個性的作品．1970年代からアメリカを中心に広まる．スーパーリアリズムともいう．

ハイパーリンク【hyperlink】 [I]算 ハイパーテキスト(テキストとそれに関係付けられたものを総合的に取り扱えるようにしたもの)をつなぐリンク構造．

バイパス【bypass】①交通量の多い幹線道路の混雑を緩和するための自動車用迂回路．②わき道．側道．側路．③ガスや水道などの補助管．④[I]企業の通信システムなどで，電話会社によらないで接続すること．

バイパス手術【bypass operation】 医 詰まった冠状動脈を迂回させたり，局所性腸炎の腸を短くしたりする短絡迂回手術．

バイパススクール【bypass school 日】 教 大学入学資格検定の受験者などを受け入れる私的な教育施設．

バイパス通信【bypass technology】 [I] 従来の電話線を利用しない送信技術とその方式．衛星通信や有線テレビ(CATV)などをいう．

バイパス比【bypass ratio】 理 ターボファンエンジンで，圧縮した空気の一部をそのまま噴出させるバイパス空気流と燃料室へ送る空気の比率．

バイバック【buyback】①経 買い戻し．石油会社が石油生産量のうち，産油国側が主張する分を買い戻すことなど．②営 経 企業買収の防衛策として，市場で自社株を買い戻すこと．

バイパック【bipack】 写 カラーフィルムの一種で，2種類の感光性の異なる膜をフィルムに重ね合わせたもの．

ハイパワードマネー【high-powered money】 経 日本銀行など中央銀行が直接的に管理・操作できる通貨量．銀行券と日本銀行預け金の合計をいう．HPM ともいう．

ハイバンドビデオ【high band VTR】 2分の1インチ用ビデオテープレコーダーの方式の一つ．画面の明るさにかかわる輝度信号の帯域を高域側に広げて，情報量を増し画質の改良を図ったもの．ハイバンドベータともいう．

ハイビジョン【High-Vision】 [I]放 高画質で広い

大画面に適する放送規格．NHKが開発．

ハイビジョン テレシネ【Hi-Vision telecine】 ①フィルム映像をハイビジョン規格のビデオ信号に変換する手法．

ハイビジョンテレビ【Hi-Vision television】 ①版1125本の走査線のハイビジョン信号を受信できるテレビ．MUSE信号を復調できる．

ハイビジョンVTR【High Vision VTR】 ①ハイビジョン信号を記録・再生するビデオテープレコーダー．

ハイビスカス【hibiscus】 植アオイ科フヨウ属の属名．園芸ではブッソウゲやその近似種をいう．雄しべが多数ある赤い花柱が目立つ南国の花．

ハイピッチ【high pitch 日】 ①進行が速いこと．高調子．②競（ボート）一定の時間にオールを漕ぐ回数が多いこと．③音調子の高いこと．音調の高いこと．

パイピング【piping】 服バイアス布などを用いる縁始末のこと．玉縁縫い．

ハイプ【hype】 ①大げさに宣伝する．ごまかして販売する．②広誇大広告．③映もうけを期待して仕掛ける宣伝．

パイプ【pipe】 ①算 UNIX や MS-DOS などのOSで，あるコマンドの出力を別のコマンドにつなげるための機能．複数のコマンドを同時に実行でき，操作を効率的にする．

ハイファイ【hi-fi】 音電再生音が原音に非常に近いこと．またその音響機器．高忠実度．high fidelityの略．

ハイファイビデオ【high-fidelity video tape recorder】 音声信号を映像信号と同じトラックにFM変調記録する，高音質のビデオテープレコーダーの総称．

ハイファイブ【high-five】 競ホームランを打った打者などと手をたたき合うこと．ハイファイブサリュートともいう．

ハイファッション【high fashion】 服最先端をいく流行．

バイフォーカル【bifocal】 二焦点の．二焦点レンズの．遠近両用の．

パイプオルガン【pipe organ】 音鍵盤楽器の一つ．大小のパイプに風を送って演奏する．

パイプカット【pipe cut 日】 医男性の輸精管を切断または糸で縛る避妊手術．英語では精管切除をvasectomyという．

ハイフニスト【hyphenist 日】 異なる要素を強い個性でつなぎとめる人．二つ以上の肩書をもち，個性豊かに活躍している人．ハイフンからの造語．

ハイフネーション【hyphenation】 ①印算欧文で，行末で単語が切れて次の行にわたる場合に，行末にハイフン（-）を挿入する機能．

ハイプライス ローボリューム ストラテジー【high-price low-volume strategy】 営高価格少量販売戦略．

パイプライン【pipeline】 ①石油・天然ガスなどを送るための管路．②①算中央処理装置（CPU）の処理速度を速める方法．一つの命令を分割し，実行処理を高速化する．

ハイフライング【high-flying】 高く飛ぶ．高く上がる．野心的な．大それた．

パイプライン処理【pipeline processing】 ①①算中央処理装置（CPU）の内部機構で，処理を高速化する方法．②①算 MS-DOS や UNIX など文字主体のOSで，コマンド入力時に複数の処理命令を一記号で区切って並べ，処理結果を連続的に各処理に受け渡すこと．

ハイブラウ【highbrow】 知識人．学識・教養のある人．知識・教養をひけらかす人．ハイブローともいう．

ハイブリダイゼーション【hybridization】 生雑種形成．交雑．相補的結合．

ハイブリッド【hybrid】 ①雑種．混成物．混成語．②混合の．混成の．③①算 CD-ROM の記録方式の一つ．WindowsとMacOSのファイルシステムを共存させる．

ハイブリッドIC【hybrid integrated circuit】 ①電混成集積回路．2種以上の集積回路，あるいは独立したデバイスと集積回路を組み合わせる．

ハイブリッド アプリケーション【hybrid application】 ①算ネットワークと CD-ROM タイトルをリンクさせたコンテンツ．寿命の長いコンテンツが制作できる．

ハイブリッドカー【hybrid car】 ①機市街地では電気を使い，郊外ではガソリンを使って走る自動車．②機エンジンを使って発電し，その電力でモーターを回して走行する自動車．ハイブリッド車，ハイブリッド自動車ともいう．

ハイブリッド カーナビ【hybrid car navigation system】 ①算 GPS（全地球測位システム）と自律航法を併用して測位を行う自動車用航法システム．

ハイブリッド材料【hybrid materials】 化理異なる物質を人為的に原子・分子の段階で組成制御して，規則正しく配列させた人工材料．

ハイブリッド米【hybrid rice】 農人工交配した雑種の一代目の米．収穫量が多くなる．

ハイブリッド マネジャー【hybrid manager】 営事務系と技術系の双方の技量・経験を兼ね備えた経営技術者．

ハイブリドーマ【hybridoma】 生雑種細胞．細胞融合誘起物質などを用いて，細胞を融合させたもの．染色体の解析や遺伝子治療などに応用される．

バイブル【Bible】 宗キリスト教の聖書．ある分野における最も権威ある書物．

バイブルベルト【Bible Belt】 聖書の教義に忠実で保守的なファンダメンタリストが多い，アメリカ南部や中西部のこと．

バイブレーション【vibration】 ①振動．②音声や声を震わせること．ビブラートともいう．

バイブレーター【vibrator】 振動器．振動装置．電気あんま．

バイプレーヤー【byplayer 日】 映劇わき役．助演者．サイドプレーヤーともいう．英語は supporting player．

ハイフレックス【HYFLEX】 字宇宙開発事業団（現宇宙航空研究開発機構）の極超音速飛行実験

機．HOPE 開発の一環として1996年に打ち上げた．Hypersonic Flight Experiment の頭字語から．

ハイプロファイル アニマル【high-profile animals】 絶滅の恐れがある動物の中で，一般の人々に注目されることが多い，目立つ動物のこと．トラやサイ，パンダなど．

ハイフロンティア【high frontier】 21世紀の新しいフロンティア（開拓）を指した言葉．

ハイフロンティア計画【High Frontier Plan】 アメリカの高度軍事防衛計画．SDI（戦略防衛構想）のような衛星を開発する戦略構想．

バイヘゲモニー【bi-hegemony】 円＝ドル体制．日米二国で世界経済を主導する．

ハイペロン【hyperon】 重核子．ストレンジクォークを含む重粒子．ラムダ粒子やシグマ粒子が代表的．

ハイポ【hipo】 出世や成功への道をトントン拍子で進むビジネスマンのこと．high potential（高い可能性をもった）の略．

ハイポイド歯車【hypoid gear】 自動車の車軸などに使う食い違い傘型歯車．

ハイポータブル【Biportable】 NTT東・西日本が屋内通信向けに提供する高速デジタル回線サービス．

バイポーラー【bipolar】 二極な．二極式の．両極性の．双極性の．正反対の．

バイポーラーシステム【bipolar system】 超大国による二極対決の国際政治構造．

バイポーラー トランジスタ【bipolar transistor】 n型・p型半導体を npn, pnp という順で接合した構造のトランジスタ．高速に動作して大電流を流せるが，消費電力が大きく，高集積化が難しい．

バイポーラーPROM【bipolar PROM】 一度だけ書き込みのできる ROM．

ハイボール【highball】 ウイスキーを炭酸水などで割る飲料．

ハイポキシア【hypoxia】 低酸素症．

ハイポキシア トレーニング【hypoxia training】 低酸素トレーニング．高地トレーニングにて．酸素が希薄な高所で全身持久性を養うために行う．

ハイポニカ【hyponica】 水気耕栽培．養液栽培の一つで，土壌を使わないで，必要な養分を含んだ水を循環させて供給し，圧搾空気で酸素を補給する方式．

ハイポリティックス【high politics】 高度政治．外交の主題が軍事・安全にあることをいう．1960年代までの国際政治の傾向．

ハイボリューム セックス【high-volume sex】 多くの異性と性交をすること．

ハイボリューム ユーザー【high-volume user】 常に多量の製品を購入する顧客．

ハイマート【Heimat 独】 故郷．郷里．

ハイマート2000構想【Hymart 2000 plan 日】 未来型商業サービス集積点開発構想．通産省（現経済産業省）が提唱した．ハイマートは hybrid mart（複合商業拠点）の略．

ハイマット【HighMAT】 パソコンと家電で情報記録媒体を使うための標準規格．商標名．

バイマンスリー【bimonthly】 ①隔月の．②隔月刊行物．

ハイミスター【high mister 日】 高齢独身男性．結婚しない男性．

ハイム【Heim 独】 集合住宅．家．英語のホーム（home）に当たる．

ハイムズ【HIMES】 航空宇宙科学研究所（現宇宙航空研究開発機構）の中層大気観測用無人機．Highly Maneuverable Experimental Space Vehicle の略で，高運動性の観測用宇宙飛行体という意味．ハイムズともいう．

バイメタリズム【bimetallism】 金銀複本位制．またはこの制度を支持する主義・主張．

バイメタル【bimetal】 熱膨張率の異なる二種類の金属を張り合わせた板．温度調節装置や自動温度計に用いる．

バイヤー【buyer】 買い手．買い方．サプライヤー．

バイヤーズ クレジット【buyer's credit】 輸出国の金融機関が直接相手先の輸入業者に資金を貸し付けること．BC ともいう．

バイヤーズ マーケット【buyer's market】 買い手市場．

ハイライズビル【high-rise building】 高層ビル．高層建築．

ハイライト【highlight】 ①興味を引く出来事や場面．見せ場．やま場．圧巻．最高要点．②画面中の最も白く明るく見える部分．

ハイライフ【highlife】 ①優雅な生活．ぜいたくな暮らし方・生き方．②アフリカのポピュラー音楽の一種．西アフリカで起こったジャズダンス曲．

バイライン【byline】 署名記事．新聞記事に記者の署名を入れること．

バイラテラリズム【bilateralism】 ①二国間主義．各国の貿易の成果を二国間で評価しようとする主義．②双務契約主義．③左右相称．

バイラテラル【bilateral】 双方の．二者間の．二国間の．

バイラテラル サーボ【bilateral servo】 双方向の情報伝達があるサーボ機構．

バイラト【bilat】 二国間で行う首脳会談．bilateral meeting の略．

バイラルCM【viral CM】 インターネット広告の一種で，ネット上での口コミを狙って配信される過激な表現のCM．

バイラル マーケティング【viral marketing】 口コミを利用したマーケティング手法．インターネットなどで利用者側から積極的にアクセスさせるよう話題作りをすること．バイラルはウイルス性のという意で，ウイルスに感染したように広まっていくこと．

ハイランド【highland】 高地．高原．

ハイリスク【high-risk】 危険性が高い．危険が大きい．

ハイリスク セックス【high-risk sex】 エイズ感染の危険性がある性交．

ハイリスク ハイリターン【high-risk, high-

バイリンガ▶

return 日】 経失敗する危険性も高いが、成功すれば高利益を生む運用法．英語は high-yield, high-risk という．

バイリンガリズム【bilingualism】 言二カ国語使用．二カ国語使用．個人が二つの言語を使用すること．またそのような社会状況．

バイリンガル【bilingual】 言二カ国語を自由に話せる．二カ国語で書かれている．

バイリンガル教育【bilingual education】 教言二カ国語使用教育．母語とそれ以外の言語による学校教育．二言語の高度な運用能力の獲得と、二言語による学科の学習を目指す．

バイリンガル教育法【Bilingual Education Act】 教言アメリカが1968年に制定した、二言語を使う学校教育に関する法律．公立学校で少数民族の子弟に母語で授業をし、英語を第二言語として教える．

パイル【pile】 ①服布地の表面を輪や毛羽で覆った織物．またその輪や毛羽．②建基礎固めに地下に打ち込むくい．

パイルカーペット【pile carpet】 表面を平らにした、一般によく用いられるじゅうたん．

パイルジャケット【pile jacket】 服パイル素材、特にタオル地を用いた上着をいう．

パイレーツパンツ【pirate pants】 服海賊パンツ．海賊スタイルの女性用ズボン．

パイレート エディション【pirated edition】 社無断出版．海賊版．

ハイレグ【high-leg】 服裾のくりを高くした女性用の水着．

ハイレグカット【high-leg cut】 服女性用の水着などで、また下部の裾を急角度に切り上げる裁断方法．

ハイレゾリューション【high resolution】 高解像の．高解像度の．ハイレゾともいう．

ハイレゾリューション モード【high resolution mode】 IT算高解像度モード．パソコンの画面表示能力が低かった時代に、高解像度の表示モードとして使われた．

ハイレベル データリンク制御手順【high-level data link control】 IT算フラグ同期による全二重通信ができる伝送制御手段．大量データ伝送のため開発された．HDLC ともいう．

ハイローラー【high roller】 社大金を賭ける賭博師．金遣いの荒い人．

パイロット【pilot】 ①航空機の操縦士．②水先案内人．③宇スペースシャトルでコマンダーを補佐し、操縦を行う宇宙飛行士．

パイロット ガザ計画【Pilot Gaza】 政中東和平構想実現のため、ガザ地域での和平実現構想．

パイロットサーベイ【pilot survey】 社本調査の前に行う予備調査．

パイロット自治体【pilot local autonomy 日】 政地方分権特例制度．特定自治体について分権を試行する制度．国の許認可・補助金の弾力的運用や手続きの簡素化などを認める．

パイロットショップ【pilot shop】 経商品の売れ行きを調査するためにメーカーが設けた店舗．アンテナショップともいう．

パイロットトンネル【pilot tunnel】 建本トンネルを掘削する準備のために通す小トンネル．

パイロットハウス【pilothouse】 操舵室．船の舵を取る場所．

パイロットファーム【pilot farm】 農実験農場．

パイロットプラント【pilot plant】 経実験工場．試験工場．

パイロットボート【pilot boat】 機入港の船舶を誘導する水先案内船．

パイロットランプ【pilot lamp】 電電気機器などの作動の状況を示す豆電球．表示灯．パイロットライトともいう．

パイロテクニシャン【pyrotechnician】 映火炎技術者．火災、爆発、閃光、砲火などを安全に表現し、消火する専門家．pyrotechnic は花火の意．

パイロメーター【pyrometer】 理高温計．1600℃くらいまでの高温の測定に用いる．

パイロライト【pyrolite】 地かんらん岩と玄武岩の混合組成をもつ仮想的マントル．オーストラリアの地球物理学者リングウッドが提唱．

バイワイヤリング【biwiring】 アンプからスピーカーの高音用と低音用の接続端子へそれぞれ一組ずつケーブルを接続して、4台のスピーカーを鳴らす方法．

バインダー【binder】 ①新聞・書類などのとじ込み用具．②農作物の刈り取りから結束までを行う自動刈取機．

バインダーズクロス【binder's cloth】 印製本用の布地．ブッククロスともいう．

ハインリヒ イベント【Heinrich events】 地地球の気候変動で大陸氷床が流れ出し、大洋海底に砂礫が堆積したこと．発見者の名にちなむ．

ハウ【how】 ①「どういうふうに」「どういう手段で」「どういう訳で」「どの程度で」などの疑問を表す言葉．②方法．手段．

ハウジング【housing】 ①建住宅、または住宅供給などの意．土地・建物・家具など住居に関するあらゆる分野をいう．②IT利用者の通信機器を通信事業者やインターネット接続業者などの建物の中に取り付けること．

ハウジングサービス【housing service】 IT ASP 業者による、インターネットの接続と、サーバー上のスペースを提供するサービス．

ハウジングスタート【housing starts】 経建新しく建設された住宅の戸数．経済指標に使う．

ハウス【house】 ①家．住宅．家屋．②会社．③音1980年代半ばにシカゴで起こったダンス音楽．ハウスミュージックともいう．④農(ｼﾞｬ)円形の標的．

ハウスアカウント【house account】 広企業専属の広告会社から広告主である親会社を指している語．

ハウスウエア【housewares】 家庭用品．

ハウス エージェンシー【house agency】 広特定の企業・企業グループのみの広告業務を行う広告会社．

ハウスオーガン【house organ】 広企業や団体

が広告宣伝のために発行する定期刊行物．カンパニーマガジン．カンパニーペーパー．

ハウスカード【house card 日】 圖百貨店などのカード発行者が自社の顧客に発行し，自社グループ内のみで通用するクレジットカード．

ハウスカジュアル【house casual 日】 服家の中で自分の時間を楽しむのに着用する服．

ハウスキーパー【housekeeper】 ①家事をつかさどる人．お手伝いさん．事務所や住宅などの管理人．②社単身赴任者などへ，主婦に代わって食事の支度や掃除・洗濯などの家事サービスを行う人．

ハウスキーピング【housekeeping】 ①家事．家政．家計．②宇人工衛星の運航管理．

ハウスキーピング システム【housekeeping system】 ①圖家事管理や住設機器の操作・制御など，日常生活を援助する情報システム．

ハウスクリーニング【housecleaning】 圖家庭の清掃作業を代行するサービス業．

ハウス栽培【farming in house 日】 農ビニールやポリエステルで覆いをした簡易温室設備を作り，その中で作物栽培すること．英語は farming under glass．

ハウスサウンド【house sound】 圖ディスクジョッキーの好みで既製曲を基に作成するダンス音楽．クラブミュージック，ハウスミュージックともいう．

ハウスシェアリング【house sharing】 社都市再生機構（旧都市基盤整備公団）の賃貸募集に非親族同士で申し込める制度．

ハウスダスト【house dust】 医室内で生じるほこり．ダニやその排泄物などが含まれ，アレルギー疾患の原因の一つとされる．

ハウスＤＪ【house DJ】 圖二つのターンテーブルで2枚のアナログレコードを同時にかけ，一方を手で押さえ別の盤の気に入った部分とつないでいく，新しいダンス音楽作り．

ハウスドレス【housedress】 服女性用の家庭着．簡単服．ホームドレスともいう．

ハウスバウンド ワイフ【housebound wife】 社家に引きこもり，外出を好まない主婦．

ハウスハズバンド【househusband】 社主夫．妻が外に出て働く家庭などで家事をする夫．

ハウスビル【house bill】 経同一企業の本支店間での決済のために振り出される為替手形．

ハウスブランド【house brand】 ①自社ブランド．販売を担当する小売業者などが商品につける独自の商標．②服歴史や伝統をもつ一族による服飾関係の商標．特有の伝統的モチーフや色使いを特色とする服飾関係の商標．

ハウスホールド【household】 世帯．所帯．家庭．

ハウスホールド ペット【household pet】 動純血種ではなく，家庭で普通に飼う愛玩動物．

ハウスマヌカン【house mannequin 日】 圖服デザイナーブランドやキャラクターブランドの服を中心にした店の女性販売員．自社の商品を着用している．英語は shop assistant in a boutique，または boutique clerk．元来はオートクチュール（高級注文服）の専属モデルのこと．

ハウスミュージック【house music】 圖ダンス音楽の一種．1980年代半ばにシカゴで起こる．既製曲を電子的に再編集する．ハウス，ハウスサウンド，クラブミュージックともいう．

ハウスワーク【housework】 炊事・洗濯などの家事．

ハウスワイン【house wine】 飲食店独自で供される一般的なブドウ酒．グラス単位で注文できる割安なものが多い．

パウダー【powder】 ①粉．②白粉．③火薬．④ベビーパウダー，ベーキングパウダーの略．

パウダーエイト【powder eight】 競究極の深雪（パウダー）スキー．二人一組で深雪の急斜面を滑り，8の字でシュプールを描いて，同調された形の美しさを競うコンテスト．

パウダーケーキ【powder cake】 图化粧用ファウンデーションの一つ．耐水性がよく化粧くずれが少ないので，夏やスポーツ時に向く．ケーキともいう．

パウダースノー【powder snow】 粉雪．湿気の少ないさらさらした雪．

パウダールーム【powder room】 建女性用の化粧室．洗面所．手洗い．

パウチャー【voucher】 ①証票．証明書．②料金預かり証．引き換え証．商品券．③保証人．④共通食事券．企業などの近隣の飲食店で使用できる食事券．

パウチャーシステム【voucher system】 圖経支払い票制度．転記事務の簡略化と出納事務の正確化を図る方法．

ハウツー【how to】 方法．仕方．やり方．手引きの．英語では how-to で形容詞．

バウハウス【Bauhaus 独】 教美ドイツの造形学校．1919年にワイマールに設立．

バウビオロギー【Baubiologie 独】 建建築生物学．地球環境という視点から建築や街づくりを考え，実践しようとする研究分野．

ハウプトシューレ【Hauptschule 独】 教ドイツの本課程学校．義務教育の後期課程で，レアールシューレ（実業中等学校）へ進学しない生徒が通う．

バウムクーヘン【Baumkuchen 独】 图ドイツ菓子の一種．「木の菓子」の意味で，切り口が木の年輪のような模様であるところから．

パウリスタ【paulista 葡】 图ブラジルコーヒーを飲ませる喫茶店．サンパウロ人の意．

パウリの原理【Pauli's principle】 理2個以上の電子がすべての量子数が等しい状態をとることはないとする原理．オーストリア生まれのアメリカの物理学者W.パウリが1924年に発見した．

ハウリング【howling】 ①理音響的再生作用．スピーカーから出た音がマイクなどに入って雑音を生じる現象．②犬などの遠ぼえ．風の鳴る音．

バウンスフラッシュ【bounce flash】 写天井や壁に光を反射させて写す技法．

バウンス メッセージ【bounce message】 ①I電子メールがあて先に届かなかった時，発信者に戻されてくるあて先人不明のメッセージ．

バウンティー【bounty】 图社報奨金．助成金．賞与．懸賞金．

バウンティ ▶

バウンティー ハンター【bounty hunter】 社賞金稼ぎ. 報奨金や懸賞金を目当てに犯罪人や猛獣などを追う人.

バウンド【bound】 球などが地面に落ちて跳ねること.

パウンドケーキ【pound cake】 料洋菓子の一種. 小麦粉・卵・バター・砂糖の主な材料を1ポンドずつ混ぜて焼いたもの.

ハウンドトゥース【hound's tooth】 服千鳥格子.

ハウンドドッグ【hound dog】 ①動猟犬. ②俗語で, 女性の尻ばかり追いかける男.

パエリア【paella 西】 料スペイン風の炊き込みご飯. 魚介類や肉, 野菜類を入れ, サフランで香りをつける. パエリヤ, パエジャともいう.

パオ【bāo 包 中】 建モンゴル遊牧民が用いる移動式テント状住居. 木製骨組みを布や皮で覆う. ゲルともいう.

バオバブ【baobab】 植パンヤ科の高木. 熱帯アフリカ原産.

ハカ【haka ﾆｭｰｼﾞ】 ①社マオリ族の戦いの儀式. 出陣踊り. ②競ラグビーチームなどが試合前に行う出陣踊りをまねた踊り. ウオークライ.

バガス【bagasse】 植サトウキビの搾りかす. パルプの原料や飼料などに使う.

バガボンド【vagabond】 社放浪者. 浮浪者. 流浪者. 漂泊者.

バカラ【baccarat】 トランプ遊びの一種. 2～3枚の手札の合計点数の下1桁の大小を競う.

バカロレア【baccalauréat 仏】 教フランスの大学入学資格. 中等教育課程の終了試験の合格者に与えられる.

バカンス【vacance 仏】 休暇. 保養.

バカンスウエア【vacance wear 日】 服保養地などで着るような, くつろいだ感じの服. 英語は resort wear.

バギー【buggy】 ①軽装馬車. ②乳母車. ③機自動車の俗称.

バギーカー【buggy car】 機砂地や悪路も走れるオートバイ型の四輪車.

バギールック【baggy look】 服だぶだぶの服装. バギートラウザーズ (baggy trousers) .

パキスタン三軍統合情報部【Pakistan Inter-Services Intelligence】 軍パキスタンの大統領直属の軍情報・諜報機関. ＩＳＩともいう.

バキューム【vacuum】 ①真空. 真空管. ②空白. 空虚.

バキュロウイルス【baculovirus】 生昆虫に感染するウイルス. 細胞内に遺伝子を運ぶ運搬体 (ベクター) として活用されている.

ハグ【hug】 抱きしめる. 祝福する. 愛情を込めて抱きつく.

バグ【bug】 Ⅰ算プログラムにある誤り. 元来は虫の意.

パグウォッシュ会議【Pugwash Conferences】 科学と国際問題に関する会議. 核兵器廃絶や世界平和などを訴えたラッセル・アインシュタイン宣言を受けて, 1957年にカナダのパグウォッシュで第1回を開催した国際科学者会議.

バグ管理図【bug control graph】 Ⅰ算システム開発のテスト工程で, バグ累積数, 未消化テスト項目数, 未解決バグ数を一つのグラフにまとめたもの.

バグ曲線【bug curve】 Ⅰ算システム開発のテスト工程でバグの累積数をグラフ化した時に表れる曲線.

バクテリア【bacteria】 生細菌.

バクテリア リーチング【bacteria leaching】 鉱鉱石に含まれる金属を溶出させるために微生物を使う方式. 低品位鉱や廃鉱から金属が回収でき, 資源が有効に使える.

バクテリオファージ【bacteriophage】 生細菌に感染するウイルス. 細菌ウイルス. ファージは食うの意.

パクト【pact】 契約. 条約. 協定.

バクドレーユ【bague d'oreille 仏】 服耳の中ほどにつける環状の耳飾り.

バグパイプ【bagpipe】 音吹奏楽器の一種. スコットランドの軍楽隊などが使用する革袋に音管を取り付けた風笛.

バグフィックス【bug fix】 Ⅰ算バグを修復し, 不具合やトラブルの原因を修正すること.

バグベアー【Bugbear】 Ⅰ算コンピューターウイルスの一種. 2003年に出現.

パクリタキセル【paclitaxel】 薬抗悪性腫瘍作用が強いタキソイド製剤の一種. アメリカ産セイヨウイチイの葉や小枝の抽出液から作る.

バゲージ【baggage】 手荷物. 旅行かばん.

バゲージクレーム【baggage claim】 荷物受取所. 空港で手荷物を引き取る場所.

バケーション【vacation】 休暇. 休み.

ハゲタカファンド【vulture fund】 経投資先企業の破たんを念頭に債権回収を進める買収ファンド.

バゲット【baguette 仏】 料細長いフランスパン.

パケット【packet】 ①小包. 一塊. ②Ⅰ算分割して送られるデータの個々. 受ける側は元のデータに順番をそろえて組み直す.

パケット交換【packet switching】 Ⅰ算デジタル通信の一種. 伝送する情報を一定の長さのパケットに分割して蓄積・交換によって送受信し, 通信を行う方式.

バケットシート【bucket seat】 スポーツカーや航空機用の座席. 搭乗者の体がすっぽり座席の中に納まるようにつくられている.

バケットショップ【bucket shop】 ①営格安の旅行切符を販売する旅行代理店. ②経株式などを不正取引する証券会社のこと. いかがわしい店の意.

パケットスニファー【packet sniffer】 Ⅰ算ネットワークシステムに不正侵入を図る者が送り込むソフトウエア. ネットワークを流れるパケットを監視させる.

パケット通信【packet communication】 Ⅰ算収集した情報を小分けして伝送するデータ通信サービス.

パケット定額サービス【fixed-fee packet data service】 Ⅰ算パケット通信サービスを定額 (月

◀パスカル

バケット トレーディング【bucket trading】 經仲買人が行う株式の不正取引のこと．バケットはいかがわしい仲買をするという意．バケッティングともいう．

パケット フィルタリング【packet filtering】 I算パケットのあて先アドレスと送信元アドレスの組み合わせを調べて，よいパケットと阻止すべきパケットを区別すること．またはその機能．

パケット方式専用線【packet type leased line】 I算情報をパケットにして伝送する専用線．フレームリレー伝達多重方式などがある．

バケット輸送【bucket transport】 營植切り花を水の入ったバケット（バケツ）に挿して輸送する方法．

パケットライト【packet writing】 I算CD-Rにデータを書き込む時に，コンピュータのデータを64KB程度のパケットに分割して書き込む方式．

パケハ【pakeha】 ニュージーランドのヨーロッパ系白人．

パゴダ【pagoda】 宗東南アジアの仏教寺院に見られる仏舎利を納める塔．

バザー【bazaar】 社慈善市．主に慈善資金を得るために奉仕団体などが行う雑貨品などの展示即売会．バザールともいう．

ハザード【hazard】 ①競（ゴルフ）コース内に設けられた障害物．すべてのバンカーとウオーターハザードをいう．②ある地域に，限られた一定の時間内に，災害をもたらす自然現象の発生する確率．③危険性．危険要素．

ハザード比【hazard quotient】 理暴露量の許容量に対する比率．HQともいう．

ハザードマップ【hazard map】 地災害予測図．ある地域に，限られた一定の時間内に，災害をもたらす自然現象の発生する確率を図にしたもの．

ハザードランプ【hazard lamp】 機自動車の危険標識点滅灯．高速道路で故障して停車した時などに使用する非常用のランプ．

バサロ泳法【Vassallo kick】 競（水泳）背泳ぎで，スタート後は潜水したままドルフィンキックだけで進む泳法．アメリカの競泳選手ジェシー・バサロが開発した．

バジェット【budget】 ①經社予算．運営費．家計．②營広告・販売促進にかかわる予算．

バジェットウオー【budget war】 政予算戦争．国の予算案作成を巡る与野党の争い．

バジェット カッター【budget cutter】 政予算削減派の議員．

バジェット マフィア【budget mafia】 社政国家予算を食い物にして私腹を肥やす政治家や役人．

バジェット メッセージ【Budget Message】 經政アメリカの予算教書．大統領が毎年春に議会に示す翌会計年度の予算案．

バシジ【Basij】 イランのイスラム組織．「動員」の意味で，1979年のイスラム革命直後，指導部の親衛隊「革命防衛隊」につながる民兵組織として発足．

ハシッシュ【hashish】 薬インド大麻．葉などを麻酔剤に用いる．ハッシシともいう．

パシフィスト【pacifist】 社平和主義者．反戦主義者．非暴力主義者．

パシフィズム【pacifism】 社平和主義．反戦主義．暴否定主義．

パシフィック【pacific】 ①平和的な．和解的な．穏やかな．②[P-]太平洋の．

パシフィック ウエー【Pacific way】 1970年にフィジーの初代首相カミセセ・マラが，国連総会で用いた言葉．太平洋の伝統的社会構造と文化を保ちながら，緩やかな近代化を図ることを目指す．

パシフィックゴーズ【Pacific GOES】 宇気アメリカ海洋大気庁のゴーズ9号衛星の通称．2003年に日本の気象衛星の代替で観測．

パシフィックリーグ【Pacific League】 競（野球）日本のプロ野球リーグの一つ．日本野球連盟が1949年にセ・パに分裂し，50年にスタート．現在は6球団が所属．パ・リーグ．

パシフィックリム選手権【Pacific Rim Championship】 競環太平洋地域の国別対抗戦．1996年に日本，カナダ，アメリカ，香港が参加したのが始まり．

パジャマコール【pajama call 日】 I社深夜電話．夜遅くに電話をかけること．

パシュトゥーン【Pashtun】 アフガニスタンやパキスタンに居住する民族の一つ．

バジリコ【basilico 伊】 植シソ科の植物．スパゲティなどの料理に用いる．バジルともいう．

バジル【basil】 植メボウキ．シソ科の一年草．香辛料などに用いる．バジリコともいう．

バス¹【Bass 独】 音男声の最低音域．またその声で歌う歌手．

バス²【bass】 魚スズキ目サンフィッシュ科の淡水魚の一種．肉食性で，北アメリカ原産のラージマウスバス，スモールマウスバスなどがいる．

バス³【bath】 建浴室．浴槽．西洋風のふろ．

バス⁴【bus】 ①機乗合自動車．②I算母線．複数の装置間を結び，複数の信号を一度に送るための信号回路．パソコンが外部と情報をやりとりするのに使う信号線経路．

パス¹【PAS】 薬パラアミノサルチル酸．結核治療用の薬．para aminosalicylic acid の略．

パス²【pass】 ①合格すること．通過すること．②競バスケットボールやサッカーなどで，味方に送球すること．③トランプ遊びで，自分の番を飛ばして次の人に回すこと．④營社通行証．無料入場券．無料乗車券．定期券．

パス³【path】 ①小道．通り道．②I算MS-DOSやWindows，UNIXなどで一般的な階層構造中のディレクトリーやファイルの場所を示す記述法．

バズーカ【bazooka】 軍対戦車用の携帯式ロケット砲．第二次大戦中に実用化された．

バズーコ【bazuko】 薬コカインを主成分とした麻薬の一種．クラックより効きめが強く，中毒性も高い．

バス型ネットワーク【bus network】 I算ネットワークの接続構成の一つ．バスと呼ばれる通信ケーブルに多数の端末を接続する．

パスカル【pascal】 ①国際単位系(SI)の圧力の単位．1パスカルは1㎡に1ニュートンの力が作用する時

427

ハスキー▶

の圧力．②［P-］**I算**コンピューター処理がすべてできる万能プログラム言語．1971年にスイスの N. ウィルトが設計．

ハスキー【husky】　声が低くしわがれている．しわがれ声の．かすれ声の．

バズキル【buzzkill】　気分のいい時間をぶちこわす人やもの．

バスキン【buskin】　服編み上げサンダル．半長靴．

バスク【basque】　①服細身のチョッキや胴着．②［B-］バスク人．バスク語．

バスクシャツ【Basque shirt】　服横じまの丸首シャツの一種．

バスク祖国と自由【Euzkadi Ta Askatasuna】　軍政スペインのテロ組織．バスク人の独立国家の建設を目指す．1959年に結成．ＥＴＡともいう．

バスグッズ【bath goods】　浴室に備える各種の小物類．気分よく入浴するのに使う小物．

バスク分離運動【Basque separatist movement】　政スペインとフランスにまたがり居住するバスク人の，スペインからの独立運動．

バスケタリー【basketry】　かご細工．かご細工製品．

バスケット【basket】　①手提げの付いたかご．②競（バスケットボール）ゴールの金輪に付いている底のない網．バスケットボールの略．

バスケットペッグ【basket peg】　経自国通貨をドル，ユーロ，円などの複数の通貨と連動させる手法．通貨価値の急変による影響を緩和できる．

バスケットボール【basketball】　競5人編成の2チームが球を相手のバスケットに投げ入れて得点を争う球技．1891年にアメリカのネイスミスが考案．

パススルー方式【pass-through】　Ｉ算 ＣＡＴＶ（ケーブルテレビ）網を通じて，デジタル放送の信号を無変換で家庭に配信する手段．デジタル放送用の受信システムを要する．

パススルー率【pass-through ratio】　経輸出企業による為替レートの変化に伴う輸出先価格の変更を示す割合．

バズセッション【buzz session】　①社集団でアイデアを生み出すための討議運営の一方法．小グループに分かれて意見を出し合い，その結論を持ち寄って大勢の意見をまとめる方法．②教グループによる学習方法の一つ．小人数のグループに分け，一定時間，話し合わせる学習法．バズ学習．

パスタ【pasta 伊】　料洋風めん類の総称．マカロニ，スパゲッティ，ヌードルなどがある．

バスター【buster】　①（日）競（野球）打者がバントすると見せかけて，強打すること．②破壊する人・物．ばか騒ぎ．

バスターズ【busters】　破壊する人．やっつける人．アメリカ映画「ゴーストバスターズ」の大ヒットから広く使われるようになった．

バスタード【bastard】　①社婚外子．②いやなやつ．悪いやつ．ろくでなし．

パスタイム【pastime】　娯楽．気晴らし．

バスタブ【bathtub】　建浴槽．湯船．

パスチャライズ【pasteurize】　料低温殺菌を行う．最小限の滅菌をする．

バスツアー【bus tour 日】　社日帰りまたは一泊程度のバス旅行．

パスツリゼーション【pasteurization】　生低温殺菌．62℃～65℃で30分加熱する殺菌方法．フランスの細菌学者パスツールが開発した．

パスツレラ症【pasteurellosis】　医猫や犬の口内や爪に付いているパスツレラ菌による人間の感染症．

パスティーシュ【pastiche】　寄せ集め．ごたまぜ．混ぜ合わせたもの．模倣．模倣作品．

パスティス【pastis 仏】　料カンゾウなどの薬草を加えたリキュール．

パステル【pastel】　美粉末顔料とゴム溶液などを練り合わせて，棒状にした画材．パス．

パステルカラー【pastel color】　柔らかい色調の中間色．淡い色．

パステルトーン【pastel tone】　パステル調．柔らかく明るく澄んでいる色調．

バスト【bust】　①生服女性の胸部．胸囲．胸回り．②胸像．半身像．

バストコンシャス【bust conscious】　服女性の豊かな胸を強調する装いやスタイル．バスコンともいう．

バストライン【bust line】　服胸回りの線．

パストラル【pastoral】　①音牧歌．②文田園的な風景や生活を主題とした詩・文学．③美牧歌的な風景画．

パスネット【Passnet 日】　置社料金前払い方式の磁気カードを用いる乗車券．首都圏の私鉄や地下鉄で共通使用できる．商標名．

バス配線【bus wiring】　Ｉ算 ISDNを宅内に配線する方法の一つ．DSUと端末をつなぐ配線として4線式のバスケーブルを使い，最大8個の端末を接続できる．

バス幅【bus width】　Ｉ算一度に転送できるデータ量．32ビットバスは32本の結線からなり，一度に32ビット転送できる．

ハズバンドアンドワイフ デフェンス【husband-and-wife defense】　競（バスケットボール）コンビネーションの強い防衛．選手をそっぽを向いた夫婦になぞらえたもの．

パスファインダー【Pathfinder】　軍アメリカ国防総省が開発中の太陽光発電を使う無人機．高高度を低速度で飛ぶ全翼機．

バスフィッシング【bass fishing】　バス釣り．ラージマウスバスなどをルアーなどを使って釣る．

パスフレーズ【passphrase】　Ｉ石算パスワードの文字数を長くしたもの．

バスベイ【bus bay】　建歩道をくぼませて，バスが停車しやすいようにした区域．

パスポート【passport】　社政旅券．政府が発行する海外旅行者の身分証明書．

バスマウス【bus mouse】　Ｉ算コンピューターのマウス専用コネクターに接続して使うマウス．PS/2マウスが代表的．

バスマスター【bus master】　Ｉ算中央処理装置（CPU）にバス上のデータ転送処理を渡さずに，

428

◀パターンマ

独自に処理を制御する機能．この機能を搭載した拡張ボードなどを使うと，CPU への負担が減り，データ転送を高速化できる．

パスモ【PASMO 日】🈺🈳首都圏ですべての電車・バスに利用できる IC カード．

ハスラー【hustler】活動家．やり手．詐欺師．

パズル【puzzle】①なぞ．判じ物．②当惑．困らせるもの．解決に工夫が必要になる問題．

パズルゲーム【puzzle game】🈑一定のルールの中で特に頭脳を使う必要があるゲーム．詰め将棋やナンバークロスワード，パソコンゲームのテトリスなど．

バスレーン【bus lane】🈳バスが優先的に走る車線．

バスレフバスリフレックス（bass reflex）の略．🈔スピーカーボックスに開口部をつける方式．低音再生に効果的．

バスロケーション システム【bus location system】🈑バスの定間隔運行を図る交通システム．バスの位置情報をセンターで管理し，だんご状運行を防ぐ．

パスワード【password】①合言葉．秘密保持のための暗証番号．②🈑データ機密保持のためにファイルに付けられた文字，または記号．③🈑複数の利用者をもつシステムで，利用者が本人であることを確認するために入力する文字．

ハセップ【HACCP】🈺🈳危害分析重要管理点．加工食品の衛生管理法の考え方の一つ．hazard analysis and critical control point の頭字語から．

パセティック【pathetic】哀れな．無残な．感傷的な．情緒的な．

パセティックドラマ【pathetic drama】🈐観客を悲しませるドラマ．感傷劇．

バセドー病【Basedow's disease】🈓甲状腺の機能の異常による疾患．甲状腺が肥大し，心臓の動悸が激しくなり，眼球が突出する．

パセリ【parsley】🈛オランダゼリ．セリ科の多年草．葉は香気があり，料理に添える．

パソグラフィー【pathography】🈓病跡学．パソグラフィーともいう．

パソコンパーソナルコンピューター（personal computer）の略．🈑一般利用者向けの小型のコンピューター．

パソコン恐怖症【computer phobia】🈑パソコンの取り扱いに慣れず，恐怖にとりつかれたりすること．中高年の管理職などに起こる．

パソコンゲーム【personal computer game 日】🈑電子ゲームの一種．パソコンとパソコン用モニターを組み合わせて遊ぶ．コンピューターゲーム，PCゲームともいう．

パソコンショップ【personal computer shop】🈑パーソナルコンピューターとその関連商品を販売する店舗・売り場．

パソコン ソフトハウス【personal computer software house】🈑パソコン用のパッケージソフトを専門に開発している会社．

パソコン通信【personal computer commu-nication】🈑パソコンを使い，電気通信回線を通じてネットワークを形成し，情報やメッセージを送受信する通信．

パソコン通信サービス【commercial online service】🈑パソコンホストコンピューターを会員に開放し，さまざまな情報サービスを提供するもの．パソコンを端末とし，電話回線を使ってホストコンピューターと接続する．

パソコンバンキング【personal computer banking】🈒🈑ホームバンキングの一種．顧客がパソコンを利用して，銀行の窓口業務と同様の取引を行うこと．

パソコンＬＡＮ【personal computer LAN】🈑パソコンを主体にして構成する LAN．高性能ネットワーク OS の開発などで，大型コンピューターに匹敵する LAN 構築が可能になった．

パソコン リサイクル【personal computer recycling】🈑使用済みパソコンの回収とリサイクルの仕組みを確立するもの．パソコンは2002年から家電リサイクル法の対象品に．

パソドブレ【paso doble 西】🈛スペインの舞曲．8分の6拍子の軽快なリズムが特徴．

バタークリーム【butter cream】🈝バターに砂糖を入れてかき混ぜ泡立てたもの．

バターソース【butter sauce】🈝バター・小麦粉・塩・香辛料などを混ぜて水でのばした調味料．

バタード ウーマン【battered woman】🈳夫や恋人から虐待・暴力を受けた女性．

バタードワイフ シンドローム【battered wife syndrome】🈓女性が夫や愛人に繰り返し暴行を受けて重度のけがを負うこと．

パターナリズム【paternalism】父親的温情主義．父親的干渉．親が子に温情をかける行為．

パターン【pattern】型．類型．見本．様式．図案．図形．定まった方式．決まった形態．

パターン オン パターン【pattern on pattern】🈚二つの柄を組み合わせた複合柄．花柄とチェック，水玉とストライプなどのように柄が組み合わさっているもの．

パターンセッター【pattern setter 日】🈺🈳日本の賃金引き上げ交渉で，回答を先行して引き出す役目をする産業別連合組織のこと．

パターン認識【pattern recognition】🈑物の形状，画像，音声などをデータとして取り込み，特徴を引き出して，既知のデータとの照合などに用いる技術．

パターンファイル【pattern file】🈑ウイルスの検出に用いる対策ソフトで，過去に発見されたウイルス情報をまとめたファイル．

パターンブック【pattern book】🈚スタイル，デザインの具体的な説明や裁断を中心としたカタログ式の雑誌．

パターン プラクティス【pattern practice】🈕外国語を学習する方法の一種で，基本文型を中心にして学習するやり方．

パターンマッチング【pattern matching】🈑🈑複数の画像や，その一部の類似度を求める画像処理操作．

429

パターンメ▶

パターンメーカー【patternmaker】　服デザイン画から型紙を起こす専門家．パタンナー．

パターン理解【pattern understanding】　I算文字・図形・音声などをコンピューターに処理させる技術．文字や声紋などのパターン情報の意味を理解するもの．

バタフライ【butterfly】　①競(水泳)両手で同時に水をかき，両足をそろえて水を蹴る泳法．1956年のメルボルンオリンピックから独立の種目となる．②生チョウ．

バタフライガーデン【butterfly garden】　植チョウが求める花を集めて作る庭．

バタフライ効果【butterfly effect】　気チョウがはねを動かすような小さな空気流の変動が，次々と伝播して，遠くで大きな気象の変化を起こすという理論．気象学者のE．ローレンツが唱える．

バタフライナイフ【butterfly knife】　折り畳み式ナイフの一種．

バタリー飼育【battery breeding】　畜養鶏場で産卵だけを目的とした飼育法．棚形の鶏舎に鶏を並べて飼う．

パタンナー【patterner 日】　服デザイン画から型紙を起こす専門家．英語は patternmaker．

バチェラー【bachelor】　①学士．学士号．②独身の男性．未婚の男性．

バチェラーズ ディグリー【bachelor's degree】　教学士号．

バチカン外交【Vatican diplomacy】　宗政ユダヤ教，キリスト教，イスラム教の三大宗教間の融和を図り，ローマ教会の影響力を高めようとするローマ教皇の外交手法．

バチサーモグラフ【bathythermograph】　機深海水温の自記測定器．

バチスカーフ【bathyscaphe 仏】　機深海調査潜水艇．

バチスタ手術【Batista procedure】　医末期心不全に対する外科治療法．

パチャクティク【Pachakutik】　政エクアドルの先住民政党．

バチルス【Bazillus 独】　①医棒状の細菌．②あるものにつきまとって利益を横取りし，奪うもの．またその人．社会を害する者．

バチルス チューリンゲンシス【Bacillus thuringiensis】　生土壌細菌の一種．この菌が生産するたんぱく質性の毒素を用いて，微生物農薬を製造する．Bt ともいう．

ハッカー【hacker】　I算コンピューター中毒の愛好家．コンピューターに関係する知識に精通した人．転じて，ネットワークでつながるコンピューターなどに侵入して，データの悪用や誤作動などを図る不正行為者をいう．

ハッカー戦【hacker war】　I軍算軍事情報などに不正侵入を図るハッカーを阻止し，ネットワークやシステムを防衛する戦い．

バッカス【Bacchus 羅】　ローマ神話で，酒の神．ギリシャ神話のディオニソスに当たる．

バッキーボール【buckyball】　化多数の炭素原子が結びついたサッカーボール状の分子構造．アメリカの建築家，発明家，思想家バックミンスター・フラーの愛称にちなむ．フラーレンともいう．

ハッキング【hacking】　I算コンピューターに対して不正なやり方でアクセスすること．

バッギング【bugging】　盗聴すること．

パッキング【packing】　①包装．荷造り．②管の接合部などにあてがい，気体や液体が漏れるのを防ぐ部品．パッキンともいう．③荷物の破損を防ぐための詰め物．

パッキングケース【packing case】　荷造り用の箱．ボール箱．

バック【back】　①背中．後ろ．裏．背景．後退する．支持する．後ір援．後援者．後衛．②競(水泳)背泳ぎ．バックストローク．

パック[1]【pack】　①包み．袋．包装する．詰める．②競(ラグビー)味方同士でしっかり組んだスクラム．③容肌の美容法の一つ．

パック[2]【puck】　競(アイスホッケー)アイスホッケー用の球．厚さが2.5cm，直径が7.62cmの円盤で，重さが156～170gの硬化ゴム製．

バックアクセント【back accent】　服背中の部分を大きく開けたデザインなど，後ろ姿にポイントを置いたファッション．バックインタレストともいう．

バックアタック【back attack】　競(バレー)後衛に位置する選手がアタックラインの後方から跳躍して攻撃する方法．

バックアップ【backup】　①後援すること．後ろ盾になること．支援．②競選手を後方で補助すること．③機主装置の故障や事故発生時に，その代替機となる補助装置．④I算オリジナルのプログラムやデータの破損に備えて，その複製コピーを作ること．

バックアップ機能【backup function】　I算ハードウエアの故障，ソフトウエアやファイルの障害，事故などに対処する機能．

バックアップコピー【backup copy】　I算データの予備を作るために，ハードディスクやフロッピーディスクなどの内容を複製すること．または複製したディスク．

バックアップ バッテリー【backup battery】　I算マザーボード上の時計回路などのさまざまな機能に，電源を供給するバッテリー．電源がオフの時も常時電源を供給する．

バックアップ ユーティリティー【backup utility】　I算ハードディスクの内容を，別の外部記憶メディアに保存するためのソフトウエア．データ消失の際に復旧ができる．

バックアップライン【backup line】　経償還原資の不足などに備えた銀行からの借り入れ枠．コマーシャルペーパー発行での債務不履行のリスク対策の一つ．

ハック アンド スラッシュ【hack-and-slash】　I算戦闘や暴力を中心とするテレビゲームやパソコンのゲーム．

バックインタレスト【back interest】　服後ろ身ごろにアクセントをつけた服．バックアクセントともいう．

バックウッド【packwood】　政特定の問題に対する自分の政治的立場や主張を逆転させること．アメリカのボブ・パックウッド上院議員の名にちなむ．

バックエイク【backache】背中の痛み．肩こり．腰の痛み．

バックエンド【back-end】①研究開発などの最終段階．②理核燃料サイクルの終末過程．ダウンストリーム．

バックエンド対策【back-end ―】理原子力施設の運転で生じる放射性廃棄物の処理対策と，原子力施設自体の廃止措置を併せたもの．

バックエンド プロセッサー【back-end processor】囲算タンデム結合形態のコンピューターシステムに用いる処理装置の一つ．処理の負荷分散と効率化が実現できる．

バックオーダー【back order】囲経注文の残りで，自動的に次の注文に繰り越されたもの．繰り越し注文．

バックオフィス【back office】①囲事務管理部門．後方で事務処理や管理業務を行う部門．②主要部分を支える二次的または裏方の部門．

バックカントリー【backcountry】囲農村地帯．田舎．未開拓地．辺境地．

バックカントリー アクション【back-country action】囲反核活動家が核実験を阻止したり社会的関心を起こしたりするため，核実験場へ侵入すること．核実験場の多くが辺境地方にあるところから．

バックカントリー スキー【back-country ski】競冬の野外活動の一つ．自然に触れながら雪原などをスキーで歩くこと．

バックギャモン【backgammon】遊具の一種．西洋すごろく．

バックグラウンド【background】①背景．⇔フォアグラウンド．②経歴．境遇．③囲算複数処理が実行できる環境で，利用者の操作が受けられない状態にあるプログラム．

バックグラウンド印刷【background printing】囲算複数処理が実行できる環境で，ワープロソフトを使いながら印字装置で印刷するなど，背後のタスクとして行われる印刷．

バックグラウンド タスク【background task】囲算複数処理が実行できる環境で，利用者の入力などを受けつけず，背後で動作中の処理のこと．フォアグラウンドタスク．

バックグラウンド ノイズ【background noise】オフィス内のプリンターや空調設備からの雑音をマスキングする目的で流す不快にならない音．

バックグラウンド ビデオ【background video】環境ビデオ．空間の雰囲気づくりに用いるビデオ．BGV．

バックグラウンド ミュージック【background music】音テレビや映画，あるいは病院や工場などで，画面や仕事などに関係なく流す背景音楽あるいは環境音楽．BGM．

バックコーミング【backcombing】容髪を逆立てるヘアデザインの技術．

バックシート ドライバー【backseat driver】囲運転者の後ろで，運転にうるさく口出しをする乗客．お節介な人．

パック10進法【packed decimal number】囲算コンピューターでの10進法を表す方法の一つ．数字の一けたを4ビットで表す．

パックジャーナリズム【pack journalism】スキャンダルを追いかけることに熱中する報道のあり方をいう．パックは猟犬の群れの意．

パックス【pax 羅】囲平和．戦争のない状態．

パックス アトミカ【Pax Atomica 羅】囲核抑止による平和．パクスアトミカともいう．

パックス アメリカーナ【Pax Americana 羅】政アメリカ主導の国際秩序．

パックス アメリッポン【Pax Amerippon 羅】政アメリカと日本両国が共同で作り出した黄金時代．日米両国の共同の天下．

バックスイング【backswing】競野球やテニス，ゴルフで球を打つ時に，バットやラケットなどを後方に引いて振り上げる動作．

パックス エコノミカ【Pax Economica 羅】経経済成長や開発によってのみ平和が得られるとする概念．

バックスキン【buckskin】服シカ革．またそれに似せて作る牛や子羊の革．シカ革に似た風合いを出した毛織物．

バックスクリーン【back screen 日】競(野球)打者が投手の投球を見やすくするために設置したセンター後方にある緑色の板．英語は center field screen(fence)．

バックスクロール【back scroll】囲算ウインドウ内に表示されていない，前の部分をさかのぼって見ること．

パックス コンソーシアム【Pax Consortium】社主要国による平和維持の共同管理体制．

パックス コンソルティス【Pax Consortis】社多国間の協調による平和．

パックス ジャポニカ【Pax Japonica 羅】経汎日本．日本による経済上の世界支配をいう．

バッグスタッファー【bag stuffer】囲広繁華街などで手渡される販売促進用のチラシ．買い物袋に詰め込まれるチラシの意．

バックステージ【backstage】劇舞台裏．楽屋．

バックストップ【backstop】競球技場などの囲い．バックネットのこと．

バックストップ テクノロジー【backstop technology】囲環枯渇の恐れのないエネルギー資源と資源再利用を組み合わせる究極的な技術体系．

バックストリート【back street】裏通り．裏路地．裏町．

バックストレッチ【backstretch】競陸上競技や競馬などのトラックで，決勝点の反対側の直線走路．

バックストローク【backstroke】競(水泳)背泳ぎ．クロールを仰向けにした泳法が主流．

バックスピン【backspin】競ゴルフやテニスの打法の一つで，打球に逆回転を与えること．

バックスペース【backspace】囲算文書作成画面でカーソルを1文字分前に移動，同時に移動前にカーソルの前(横書きなら左)にあった1文字を削除する機能．

バックスラッシュ【backslash】囲算\記号の名称．ASCII コードを利用しているコンピューターで使

パック3 ▶

われる．シフトJISなどの一般的な日本語の文字コードの環境では￥に置き換えられる．

パック3【PAC-3】　軍アメリカ陸軍の戦域ミサイル防衛で，下層空域を担当する迎撃ミサイルシステム．Patriot Advanced Capability-3 の頭字語から．

パックスロマーナ【Pax Romana 羅】　歴ローマの平和．古代ローマの黄金時代をいう．これにならってパックスアメリカーナ，パックスジャポニカなどと使われる．

バックソナー【back sonar】　機自動車の後部に取り付ける衝突防止装置．後進する時に働き，警報を発する．

バックソルバー【backsolver】　Ⅰ算目標の値を得るために，計算式の変数がどのような値になればいいのか求める機能．

バックチャンネル【back channel】　政裏工作に使われる秘密の外交ルート．

バックデータ【back data 日】　Ⅰ算選択・判断の材料となるデータ．

バックドア【back door】　Ⅰ算企業内の情報ネットワークやサーバーに遠隔からアクセスするため，通常経路外に設けられた裏口経路．

バックトラック【back-track】　Ⅰ算いくつかの可能性を調べて，目的となる解を得る方法．人工知能などで用いる．

バックドロップ【backdrop】　①劇背景を描いた垂れ幕．②社事件などの背景．

バックナンバー【back number】　雑誌の既刊号数．自動車の後方にある登録番号．運動選手の背番号．

バックネット【back net 日】　競（野球）本塁の後方に設置する網．英語では backstop．

バックノイズ【back noise】　映劇版その場の雰囲気を出すために使う効果音．

バックパッカー【backpacker】　社枠付きのリュックサックを背負って旅行する人．

バックパッキング【backpacking】　社徒歩旅行．野外生活用具を入れたリュックサックを背負って山や野原などを歩く．

バックパック【backpack】　枠組み付きのリュックサック．

バックパック ニューク【backpack nuke】　軍一人で持ち運びできる核兵器．

バックハンド【backhand】　競逆手打ち．テニスや卓球などで，利き腕の反対側に来た球を打つこと．バックともいう．⇔フォアハンド．

バッグピープル【bag people】　社所持品を紙袋などに入れて持ち歩き，路上生活をする人．バッグパーソンともいう．

バックファイア【backfire】　①機内燃機関における逆火．②［B-］ロシアの中距離爆撃機．

バックプレーン【backplane】　Ⅰ算ルーターやスイッチングハブの内部で，情報伝達や電力供給を行う部分．

バックペイ【back pay】　社不当労働行為によって解雇された労働者の救済を目的とする，解雇時から復職時までの賃金相当額遡及払い．

バックボーン【backbone】　①背骨．信条．精神的・思想的によりどころとなるもの．②Ⅰ算ネットワークの中枢になる通信回線．基幹回線．また，オフィスビルなどの各階・各部署の LAN を接続するケーブル．

バックボーン ネットワーク【backbone network】　Ⅰ算複数のネットワークを相互接続する中継・幹線ネットワーク．LAN では 100BASE-T などが使われる．

バックボーンLAN【backbone LAN】　Ⅰ算幹線 LAN．高速な通信回線を利用し，オフィスビルでの LAN の相互接続などに使う．

バックマーカー【backmarker】　①競周回遅れになる走者や競走車．②競大きなハンディキャップを与えられた選手．

バックマージン【back margin 日】　営経利益の一部を払い戻す形の値引き．英語は kickback, rebate．

バックマイグレーション【back migration】　社逆移住．移住先から元の居住地へ戻ること．

バックマン ダイアグラム【backman diagram】　Ⅰ算論理・データモデルを構築する際に，データ要素の集合したものを視覚的に表した図．バックマン線図ともいう．

パックマン ディフェンス【packman defense】　営企業の合併・買収を防ぐ方法の一つ．株式公開買付け（TOB）をかけてきた相手に対し，逆に TOB をかけるもの．パックマンはテレビゲームの品名の一つ．

バックヤード【backyard】　①建裏庭．②なじみの場所．

バックライト【backlight】　①Ⅰ算特殊な蛍光管を使った液晶式の画像表示装置で，液晶の背後から照らす照明．②背面光．逆光線．

バックライト液晶ディスプレー【backlight LCD】　Ⅰ算画面表示をはっきりさせるため，液晶パネルの背面や横から光を当てるディスプレー．

バックラッシュ【backlash】　①機歯車がかみ合う時のすき間．がた．②リールの釣り糸のもつれ．③あと戻り．巻き返し．

パック旅行【pack tour 日】　営社旅行業者が行程を設定し，宿泊費や交通費などが一切込みで団体にまとめる旅行．パックツアー，パッケージツアーともいう．

バックリング【buckling】　理柱などの長い構造材が，長さの方向に圧力を受けると曲がる現象．挫屈．

バックレス【backless】　服背中を露出した婦人服や水着．英語では backless は形容詞．

バッグレディー【bag lady】　社全財産を買い物袋に入れて町中をうろつく，定まった住居がない女性．ショッピングバッグレディー，ペーパーバッグレディーともいう．

バックログ【backlog】　①Ⅰ算計画しているがまだ完成していない未着手のプログラム．②営経受注残高．滞貨．

パッケージ【package】　①荷造り．包装．小包．ひとまとめにして扱う．②Ⅰ算集積回路（IC）をプラスチックなどで包装したもの．

パッケージソフトウエア【package software】 ①算特定の適用業務用に作られた，市販されているプログラム．パッケージソフト，パッケージプログラムもいう．

パッケージツアー【package tour】 営社旅行業者が企画する日程・旅程・経費などが定められた旅行．乗り物・宿泊先・観光などをセットにして旅行を商品として売るもの．

パッケージディール【package deal】 営一括取引．ひとそろいにしたセット販売．

パッケージデザイン【packaging design】 商品の包装デザイン．

パッケージ媒体【package media】 広商品包装に他社製品の広告を入れる方法．

パッケージ プログラム【package program】 ①版プロダクションなどが独自に制作した番組を広告主や放送局に売るもの．パッケージプロともいう．②①算コンピューター用のプログラムで，ソフトウエア会社が不特定多数の利用者向けに提供する，できあいのもの．

パッケージ保険【insurance package】 経火災・傷害・賠償責任事故などの保険を組み合わせて，一つの契約にしたもの．

パッケージリース【package lease 日】 営不動産から住宅設備まで一括して賃借する方式．

パッケージング【packaging】 ①包装．荷造り．梱包．②①算半導体素子の容器に集積回路などを装着する操作や技術．

バッケン【Backen 独】 競(ス*)スキーに靴を固定するための金具．

バッケンレコード【bakken record 日】 競(ス*)ジャンプ台の最長不倒距離．バッケンはノルウェー語でジャンプ台の意．

パッサージュ【passage 仏】 建ガラスの屋根が張られた街頭の通路．パサージュともいう．

パッサカリア【passacaglia 伊】 音切れ目なしに続く継続変奏曲の一つ．バロック時代にスペイン舞曲から発達した．

パッジ【pudge】 ずんぐりした体形の人．背が低く太っている人．podge ともつづる．

バッジシステム【BADGE system】 軍自動警戒管制組織．日本の航空自衛隊の地上の防空通信機構．BADGE は Base Air Defense Ground Environment の頭字語．

バッジテスト【badge test 日】 競(ス*)全日本スキー連盟が行う級別テストの別称．合格者に各級の記章が授与される．

パッシブ【passive】 ①受動的．消極的．②言受動態．⇔アクティブ．

パッシブ運用【passive investment】 経株価指数などの指標をまねて証券運用をする方法．

パッシブ スモーキング【passive smoking】 社受動喫煙．間接喫煙．非喫煙者が喫煙者のタバコの煙で喫煙したのと同じ状態になる．

パッシブ セーフティー【passive safety】 機事故発生時に，乗員の被害を最小限にする自動車の安全対策．

パッシブソーナー【passive sonar】 機軍聴音専用の艦船音響探知機．

パッシブ ソーラー システム【passive solar system】 環機械で太陽熱を取り入れるのではなく，建築的な工夫をして太陽熱の利用効率を高め，屋内の快適さを保つようにする方式．

パッシブフォーカス【passive focus】 ①算被写体からの反射光だけを使ったオートフォーカス（AF）機構．コントラスト検出と位相差検出の2方式がある．

パッシブホーミング【passive homing】 軍目標物から発する音波・赤外線・電波などをとらえて，ミサイルを誘導する方式．

パッシブメーター【passive meter】 広個人視聴率を記録するピープルメーターで，検知機を使い受像機から確実に視聴しているのを調べる方式のもの．

バッシャー【basher】 攻撃する人．…たたきの専門家．

ハッシュ関数【hash function】 ①算数デジタル認証や完全性検査に利用される数学的な処理法．

ハッシュキット【hush kit】 機ジェット機の騒音を低減する消音装置．

ハッシュドビーフ【hashed beef】 料細切りの牛肉とタマネギをドミグラスソースで煮込んだ料理．

ハッシュ法【Hash method】 ①算データを効率よく検索，格納する方法の一つ．アセンブラーやコンパイラーで，変数名やラベル名のテーブルを高速で検索する．

ハッシュマネー【hush money】 口止め料．内済金．

パッショネート【passionate】 情熱的な．多情多感な．

パッション【passion】 ①熱情．激情．情熱．②［P–］宗キリストの受難．パッシォともいう．

パッションフルーツ【passion fruit】 植トケイソウの食用果実．果肉がゼリー状で酸味が強い．ジュースなどに用いる．

バッシング【bashing】 ①強打すること．攻撃．②虐待．…たたき．

パッシングショット【passing shot】 競(ス*)相手選手がネット際に前進した時に，その横を抜いて得点する打法．パッシング．パス．

ハッスル【hustle】 張り切って活動すること．

パッセ【posse】 ①社ニューヨークで活動するジャマイカ出身の若年層のギャング．②治安維持を担う保安隊．警官隊．捜索隊．

パッセージ【passage】 ①一節．段落．通路．出入り口．③通行．輸送．移り変わり．

パッセンジャー【passenger】 乗客．旅客．

バッター イン ザ ホール【batter in the hole】 競(野球)2ストライク，ノーボールのように，ボールカウントが打者に不利になること．⇔ピッチャー イン ザ ホール．

ハッチ【hatch】 ①船の甲板などの上げぶた式の出入り口．②厨台所や調理場と食堂との間に作られた料理の出し入れ口．

パッチ【patch】 ①服継ぎはぎ．継ぎ当ての布．②①算プログラムの一部を修正すること．③①算コンピ

ューターグラフィックスで，物体の形状を表現するのに用いる微小な多角形．

ハッチウォール【hatchwall 日】ハッチ（台所と食堂の間に設けた料理の出し入れ口）と食器戸棚を兼ねた家具．

バッチコントロール【batch control】 [I算]コンピューターで決まっている処理をまとめて行う方式．

バッチ処理【batch processing】 [I算]一括処理．コンピューターを利用する時にデータを一定量，または一定時間でまとめて処理すること．複数のプログラムを処理するのに，受け付けた順にプログラムを実行する方式．

バッチ処理システム【batch processing system】 [I算]バッチ処理を使っているシステム．実行中に処理手順の変更がきかないため，一定期間のデータを集めて処理する業務などに向く．

パッチテスト【patch test】[医容]薬品や化粧品に対するアレルギー反応を検査する試験．検査する物質を小布に染み込ませ，皮膚に張り付けて結果を見る．

ハッチバック【hatchback】[機]乗用車のトランクルームと後部座席を共通にし，はね上げ扉を後ろに取り付けたもの．リフトバック．

バッチファイル【batch file】[I算]一連の手続き（処理命令）を記録しておくファイル．

パッチポケット【patch pocket】[服]はり付けポケット．

パッチワーク【patchwork】[服]はぎ合わせ細工．いろいろな小布をはぎ合わせて模様を作る．寄せ集め．継ぎはぎ．ごちゃ混ぜ．

ハッチング【hatching】 [I算]指定した範囲や図形の中を網，斜線，格子などで塗りつぶすこと，またはその機能．

バッティング[1]【batting】 [競](野球)打撃．打撃法．

バッティング[2]【butting】 ①[競](ボクシング)頭，肩，ひじ，ひざが相手の顔にぶつかること．故意の場合は反則．②競合すること．鉢合わせ．予定などが重なること．

バッティング[3]【vatting】 [料]醸造用の大型容器に入れて熟成させる方法．

パッティング【patting】 [容]化粧水で肌をたたく美容法．

バッテッドモルト【vatted malt】[料]大麦芽で作るモルトウイスキーの原酒同士を混ぜたもの．ピュアモルトともいう．

バッテラ【bateira 葡】 ①[船]舟形の木枠に入れて作るサバの押しずし．バッテラずし．②はしけ．ボート．救命ボート．

バッテリー【battery】 ①[電]電池．充電して繰り返して使える蓄電池．②[競](野球)投手と捕手をあわせた呼び方．

バッテリーパック【battery pack】 [I算]携帯用のパソコンなどに付属している電池．交流電源に接続できない場合でも一定の時間は機械を作動できる．

ハット【hat】[服]帽子．特に，山部が低く広いつばのある帽子．

バット[1]【BAT】[軍]アメリカ陸軍の終末誘導子弾．対戦車用の自律兵器で，ミサイルの弾頭に組み込む．Brilliant Antiarmor Submunition から．

バット[2]【bat】①[競]球技で，打撃棒．球を打つ用具．②[動]コウモリ．

バット[3]【vat】平皿．平らな角形容器．料理などに用いる．

パット【putt】[競](ゴルフ)グリーン上で球を穴に向かって打つこと．パッティング．

パッド【pad】 ①[服]洋服の肩の部分などに，形を整えるために入れる詰め物．パディングともいう．②[I算]ノートパソコンなどのポインティング操作をする装置の一つ．指でこすると静電気を感知してカーソルを動かす．トラックパッドともいう．③生理用品の一種．

バットウイングスリーブ【batwing sleeve】[服]手首が細く袖ぐりがゆったりとした，コウモリのつばさのような袖の形．

パットデレファン【pattes d'éléphant 仏】[服]裾の広がった形のパンツ．象の足の意．

ハットトリック【hat trick】 ①[競]サッカーなどで同一選手が一試合で3得点すること．元来はクリケット用語で，投手が打者を3人連続アウトにした時に帽子を贈ったことから．②[競](野球)サイクル安打．

バッドバンク【bad bank 日】[経]各銀行から切り離した不良債権を集約する国策金融機関の構想．

バッドブレス【bad breath】 口臭．BBともいう．

パッド文字【pad character】[I算]伝送の単位の前後に付けて，伝送が正しいかどうかを確認する文字．同期通信や固定長ブロックの通信で用いる．

バッピー【buppie】[社]黒人のヤッピー．black と yuppie の合成語．

バッピー【puppie】[社]貧しい哀れなヤッピー．証券ブローカーとして活躍していたが，1987年10月の株の大暴落で失職するはめになったヤッピーをいう．poor yuppie の略．

ハッピーウーマン シンドローム【happy woman syndrome 日】[社]雑誌などに紹介される画一的な幸せ像を求め，他人と異なることに不安をもつ若い女性の心情．

ハッピーエンド【happy ending】幸福な結末．

ハッピーコート【happi-coat】[服]はっぴ型の女性用上着．日本のはっぴがアメリカで流行し，ハッピー（happy）にかけて呼ばれた．

ハッピーマンデー【happy Monday 日】[社]連休をとりやすくするため，特定の祝日を月曜日に移行する制度．2000年から施行．

ハッピーモチーフ【happy motif 日】[服]幸福を招くという絵柄・図案．服飾品にお守りのように付ける．

ハッピネス【happiness】幸福．喜び．至福．ハピネスともいう．

ハッピネス ホルモン【happiness hormone】[生]情緒が安定している時や，創造的な働きをしている時に脳に分泌されるホルモン．幸福のホルモンの意．

バップ【bop】[音]第二次大戦中に起こったジャズの演奏形式の一つ．即興技法が発展し，モダンジャズの

先駆となった．ビーバップ．
パップ【pap】①薬多量の粉末を含む泥状またはかゆ状の湿布剤．②科幼児・病人用のパンのかゆ．どろどろしたもの．
バッファー【buffer】I算装置と装置の間に置いて，一時的にデータを記憶させるメモリーおよび装置．CPU（中央処理装置）とプリンターの間に使うのが代表的．
バッファー アンダーラン【buffer under-run】I算 CD-R への書き込みの途中で転送していたデータが途切れてしまうこと．
バッファーストック【buffer stock】営経緩衝在庫．一次産品の価格や輸出所得を安定させるための一方法．
バッファーゾーン【buffer zone】緩衝地帯．
バッファー プレーヤー【buffer-player 日】政牽制的投票者．基本的には政権党の支持者でありながら，権力への牽制や批判などの意味を込めて，選挙では他党に投票する人．
バッファーメモリー【buffer memory】I算動作速度の異なる装置間でデータの転送が行われる時，動作の差違を調整するため，そのデータを一時的にためておく記憶装置．
パップテスト【pap test】医染色法によるがんの早期発見テスト．パパニコロー検診．
ハッブル宇宙望遠鏡【Hubble Space Tele-scope】天アメリカの空飛ぶ天文台．1990年にスペースシャトルから打ち上げた．HST．
ハッブルの法則【Hubble's law】天地球から遠い銀河ほど速く遠ざかるという法則．アメリカの天文学者ハッブルが1929年に発見．
ハッブルヘリテージ計画【Hubble Heritage project】宇天ハッブル宇宙望遠鏡で宇宙創世から十数億年後の銀河を観測する計画．2000年に開始．
パテ¹【pâte 仏】料肉入りパイ．
パテ²【putty】建ガラスの枠留めなどに用いる粘性の接合剤．
バディー【buddy】①友達．相棒．親友．②医エイズ患者に対するボランティアの支援者．
バディーシステム【buddy system】社エイズ患者の精神的支えになるボランティア制度．
パティオ【patio 西】建南欧風の塀に囲まれた中庭．パテオ，パチオともいう．
パティシエ【pâtissier 仏】料菓子職人．ケーキ作り職人．ケーキ屋．パティシェともいう．
パティスリー【pâtisserie 仏】料ケーキ菓子屋．
バティック【batik 蘭】服インドネシアのジャワ島などで作るろう染めの布．ジャワサラサ．
バティントン【batington】競バドミントン，テニス，ピンポンを混合した新しいスポーツ．
パデッド【padded】服詰め物をした服．中綿入りの服．パッデッドともいう．
パデッドジャケット【padded jacket】服肩パッドを入れてかっちりした肩の形にまとめた上着．
パテト ラオ【Pathet Lao】政フランスからの完全独立を目指して結成されたラオスの左派組織．1975年にラオス人民民主共和国を樹立した．ラオス人の

国という意．
パテント【patent】営社特許．特許権．
パテントアトーニー【patent attorney】法特許弁護士．弁理士業務も兼務する弁護士．
パテント アプルーバル【patent approval】営社知的財産権への対策の一つ．研究開発を進める際に，関連する特許を調べ，計画の推進などの判断を下すこと．
パテント エージェント【patent agent】営特許代理人．弁理士業務を行う人．
パテント ファミリー サービス【patent family service】営社同一特許をめぐる国際間の情報を家系図の形に整備し，利用しやすくしたもの．
パトグラフィー【pathography】医心病跡学．天才芸術家などの精神状態と作品の関係を研究する学問．パソグラフィーともいう．
パトス【pathos 希】哲情念．衝動．⇔ロゴス．
パドック【paddock】競競馬場の下見所．出走前に馬の状態を観客に見せるための場所．自動車レースで競技車両の駐車区域．
ハトフ3【Hatf 3】軍パキスタンの短距離ミサイル．別名ガズナビ．
バドミントン【badminton】競羽根球（シャトルコック）を相手陣にネット越しに打ち込んで得点を競う競技．
バトラー【butler】執事．召し使い頭．使用人頭．
パトリオット【patriot】①愛国者．②［P-］軍アメリカ陸軍が開発した中距離地対空ミサイル兵器．ペトリオットともいう．
パトリオティズム【patriotism】祖国愛．愛国心．愛国．
ハドリング【huddling】営社組織内の問題の解決策を少人数で非公式に話し合うこと．
パドリング【paddling】①競（カヌー）櫂（かい）で水をかいてカヌーを進めること．②競（サーフィン）沖へ出る時，両手で水をかいてサーフボードを進めること．
ハドル【huddle】①群れ集まる．やたらに詰め込む．②競（アメリカンフットボール）各ダウンの間に攻守両チームがそれぞれ集合して行う作戦会議．攻守の指示を伝える．
バトル【battle】戦闘．闘争．交戦．合戦．
パドル¹【paddle】櫂（かい）．先が幅広い棒状の道具．
パドル²【puddle】水たまり．
バトルクルーザー【battle cruiser】軍巡洋戦艦．
バトルジャケット【battle jacket】服前あき部をファスナーで閉める短い上着．戦闘服の形を模したもの．
バトルステーション【battle station】軍アメリカの SDI（戦略防衛構想）の一つ．宇宙空間に設けるエネルギー指向型などのさまざまな兵器や管制誘導システムを備えた衛星．
バトルテニス【paddle tennis】競ラケットで球を打ち合うテニスに似たスポーツ．コートはテニスコートの約半分で，アンダーハンドで1回だけサービスを行う．
バトルハート【battle heart 日】競空気が入っ

バトルバス ▶

た合成樹脂製のバトルバーを手に持ち、ハート型の空気入りの球をゴールにシュートするゲーム．1チーム7人，7分ハーフで得点を競う．1991年に日本で考案された．

バトルバス【battlebus】 政議員選挙の立候補者などが乗り込んで選挙運動をする大型車．選挙カー．特にイギリスで用いる．

バトルフィールド【battlefield】 戦場．バトルグラウンドともいう．

バトルロイヤル【battle royal】 大混戦．死闘．最後の一人になるまで戦う方法．

ハドレー循環【Hadley circulation】 気大気が高温域で上昇し，低温域で下降する循環．低緯度地方と極地方に見られる．

パドレス【padres 西】 両親．親たち．神父．

パトローネ【Patrone 独】 写写真機用の円筒形のフィルム容器．カートリッジ．

パトロネージュ【patronage 仏】 有力者などによる保護・後援．

ハドロン【hadron】 理陽子，中性子，パイ中間子など核力にかかわりのある一群の素粒子の総称．

パトロン【patron 仏】 ①保護者．後援者．②〔日〕社異性に経済的援助をしている人．

ハトロン紙【Patronenpapier 独】 褐色の丈夫な包装紙．

バトンガール【baton girl 日】 音音楽隊のパレードなどの先頭で，バトンを振る女子隊員．英語は baton twirler, drum majorette．

バトンタッチ【baton touch 日】 ①競リレー競走で，次の走者にバトンを渡すこと．この意味では英語は baton pass．②仕事などの引き継ぎ．

バトントワラー【baton twirler】 音音楽隊の先頭で，バトンを振って音楽の指揮をする人．

バトン トワリング【baton twirling】 競指揮棒を扱う技術．さまざまなバトンさばきを競う，個人や団体で行う競技．

バナー【banner】 ①IT ホームページに掲載される横長の細い見出し画像．②国・軍隊・組織などの旗印．のぼり．垂れ幕．横断幕．

バナー広告【banner advertising】 IT 広インターネットのホームページなどに挿入する帯状やのぼり状の広告．

バナッハ位相【Banach topology】 数関数空間を扱う位相数学の一分野．

バナナキック【banana kick】 競（サ）球の中心をはずして蹴る方法で，球は大きく曲がって飛ぶ．

バナナスキン【banana skin】 政政治家がもらすちょっとした失言や失敗．政治生命にはほとんど影響がない小さな失点．

バナナ戦争【banana war】 経欧州連合（EU）が1993年に加盟国の旧植民地以外の国からのバナナ輸入に対し輸入制限措置をとったため，EUと中南米諸国とアメリカの間で対立が起きたこと．

パナビジョン【panavision】 ①映70mm映画の撮影方法の一つ．②医レントゲンによる多角透視鏡．

パナマックス【Panamax】 パナマ運河を航行することができる最も大型の船舶のこと．5万〜8万t級の船舶が当たる．Panama と maximum の合成

語．

パナマ帽【Panama hat】 服加工したパナマソウで編んだ白っぽい夏用の帽子．

バナル ファッション【banal fashion】 服平凡で見慣れた服．奇をてらい個性を主張することへの反意で，1996年ごろから現れた傾向．

ハニー【honey】 ①料ハチミツ．②私のかわいい人．愛する人への呼びかけ．

バニーガール【bunny girl】 営酒場でウサギをかたどった装いで働くサービス係の女性．

バニースロープ【bunny slopes】 競初心者向きの傾斜がなだらかなゲレンデ．

パニーニ【panini 伊】 料イタリアのパンの一種．小さな丸型でサンドイッチなどに用いる．パニーノ（panino 伊）は単数形．

ハニーバンタム【honey bantam】 植トウモロコシの一品種．甘味が強い．

ハニーポット【honeypot】 IT 算ネットワーク上に設置された故意にセキュリティーを甘くしたサーバー．侵入手口などのデータを探る．

ハニカムウィーブ【honeycomb weave】 服ワッフル織り．ハチの巣の模様の織物．

ハニカムマスク【honeycomb mask】 ハチの巣状をした和紙製のマスク．保湿性があり，のどの乾燥を防ぐ．日本航空が開発した．

バニシング オフィス【vanishing office】 営営業相当なサービス系職種の従業員の机を，事務所から削減・撤去する手法．自宅勤務や顧客訪問などで，労働生産性の向上を目指す．

バニシング クリーム【vanishing cream】 容化粧品の一種．皮膚への吸収が速い非油性のクリーム．

パニック【panic】 ①危機状態において起こる大混乱．恐慌．②経経済恐慌．

パニック映画【panic movie】 映人々を恐怖や不安に陥れる自然災害，高層建築物の火災，大事故などをテーマにした作品．

パニック障害【panic disorder】 医心恐慌障害．突然，心臓発作のような息苦しさや動悸を繰り返し，再発するかもしれないと不安に陥るもの．パニックディスオーダーともいう．

パニック発作【panic attack】 医心強い恐怖や不快感を感じる激しい不安発作．動悸，発汗，震え，めまいなどの身体反応が起こる．

パニッシュメント【punishment】 罰．処罰．刑罰．虐待．酷使．

バニティー【vanity】 ①虚栄心．空虚．無価値．くだらないこと．②服流行の装飾品．

バニティーケース【vanity case】 容化粧品類や小物を入れる箱形の手提げかばん．バニティーバッグ，バニティーボックスともいう．

バニラ【vanilla】 植ラン科のつる性多年草．メキシコ原産．果実から香料を採り，食品などに用いる．

バニラエッセンス【vanilla essence】 料バニラの果実から作られる食品香料．

バニング【vanning】 ①営貨物用コンテナなどに物品を積み込むこと．②機箱形の貨物自動車の外装を装飾・改造すること．

◀パフェ

パネトーネ【panettóne 伊】料砂糖漬けや干した果物などを入れて作る円筒形の菓子パン．イタリアでクリスマスに食べる．パネットーネともいう．

ハネムーン【honeymoon】社新婚旅行．蜜月．結婚後の1カ月間．

ハネムーンベビー【honeymoon baby 日】社結婚後すぐに妊娠して生まれた子供．

パネリスト【panelist】社公開討論会の出席者．パネラーともいう．

パネル【panel】①絵や写真の展示板．②電配電盤の板．③建羽目板．④経WTO（世界貿易機関）の紛争処理小委員会．⑤社政審議会．小委員会．⑥講師陣．調査団員．⑦服スカートなどにはめ込む長方形の布．

パネル工法【panel construction】建鉄骨や木材で枠組みしたパネルを床・壁材などに用い、建物を組み上げる工法．

パネルスカート【panel skirt】服表面に装飾的な別布を付けたスカート．

パネル調査【panel survey】社回答者を固定しておき、継続的・規則的に調査する方法．パネルサーベイ．

パネル ディスカッション【panel discussion】社専門的知識をもつ出席者たちが論題について討議し、その後に聴衆と一緒に討論を進めていく形式の公開討論会．

パネル ディスプレー【panel display】①算薄い板状で大きい画面を使った表示装置．液晶方式やプラズマ方式などがある．

パネルテクニック【panel technique】社世論形成やその変動を正確に把握するため、同一人物に2回以上の面接調査を行って、意見の内容の時間的な変化を調べる方法．

パネルヒーター【panel heater】機鋼製のパネルの中にオイルを入れて電気で暖め、熱を発散させる方式の暖房器具．

パネルプリント【panel print】服1枚の絵のような柄を捺染（なっせん）するもの．

パノラマ【panorama】①美広い視野でとらえた風景．②野外風景などを絵画・小道具・照明などを使い人工的に作り出す装置．回転画．

パノラマカメラ【panorama camera】写横長に写せるカメラ．集合写真や風景写真に迫力のある絵柄が楽しめる．

パパクオータ制【papa quota system 日】社育児休業の一部を父親に割り当てる方式．

ババコ【babaco】植パパイヤ科の樹木．熱帯南アメリカ原産で、オクラのように五稜角をもつ果実は食用にし、熟すと黄色くなりさっぱりとした味．

ハバナシガー【Havana cigar】キューバ産のタバコの葉を使った葉巻．

ハバネラ【habanera 西】音緩やかな2拍子のリズムを特色とするキューバの舞曲．

ハバネロ【habanero】料メキシコ産のトウガラシ．世界で最も辛いともいわれる．

パパビリ【papabili 伊】宗ローマ教皇の候補者のこと．

パパラッチ【paparazzi 伊】写フリーランスの写真家．原義は人の周りをうるさく飛び回る虫．特に有名人を追い回す写真家をいう．

ババロア【bavarois 仏】料牛乳と卵黄・砂糖を混ぜ、ゼラチンなどで固めた冷菓．ババリアンクリームともいう．

パピーウオーカー【puppy walker】社盲導犬の育成を援助する里親のボランティア．盲導犬の訓練を始める前に、生後1カ月半から約10カ月、一般家庭で飼育し社会性を身につけさせる．

パピエ【papier 仏】紙．用紙．書類．

ハビタット【habitat】生物の生息地・産地・居場所．居住の場所．

ハビタット会議【HABITAT】国連人間居住会議（United Nations Conference on Human Settlements）の通称．

ハビタットⅡ【HABITAT-Ⅱ】第2回国連人間居住会議．1996年にトルコのイスタンブールで開催．Conference on Human Settlements ともいう．

ハビテーション【habitation】居住地．住所．集落．

パヒューマー【perfumer】調香師．原料を組み合わせて香りを作る人．香料製造業者．

パヒューム【perfume】香り．芳香．香料．香水．パーヒューム、パフュームともいう．

パヒュームコロン【perfume cologne 日】香アルコールに対する香料の割合が5～10％の芳香製品．香水よりその割合が少ない．

パピヨット【papillote 仏】料骨付き肉の骨の端を包む装飾用の紙．魚や肉などを包み焼きにする紙．

パピヨン【papillon 仏】①生チョウ．②動犬の一品種．耳が大きく長毛の小型犬．

ハピリィ【Happily】商コンビニエンスストア大手のam/pmが始めた女性向け店舗の名称．

パビリオン【pavilion】建博覧会場の展示館．運動会などの大テント．公園のあずまや．

パピルス【papyrus 羅】印植古代エジプト時代に書写に用いた紙．またはその材料となるカヤツリグサ科の多年草．

パピローマ ウイルス【papilloma virus】医乳頭腫ウイルス．いぼウイルス．PV ともいう．

ハブ¹【have】①持つ．所有する．②富める者．富める国家．

ハブ²【hub】①機車輪などの中心部．中枢．②①算複数のワークステーションなどを LAN に接続する時に使う中継装置．ケーブルを同心円状に伸ばし端末を接続する．

パブ¹【pub】食事と酒類を出す大衆的な居酒屋．パブリックハウスともいう．

パブ²【publicity】広パブリシティーの略．広告．広告料．宣伝能力．宣伝活動．広報．

ハファデイ【hafa adai 先】こんにちは．ようこそ．あいさつに用いる．

ハブ アンド スポーク【hub-and-spoke】経社自転車の車輪のように、拠点となるハブ空港から近隣空港にスポーク路線が延びるという航空路線形態のこと．海運輸送についてもいう．

パフェ【parfait 仏】料アイスクリームと果物などを

ハ

パフォーマ▶

飾り，泡立てた生クリームを添えた冷菓．

パフォーマー【performer】 ①実行する人．②音芸劇音楽や演劇などを，舞台などで公演して自己表現をする人．

パフォーマンス【performance】 ①実行．成就．功績．②芸公演．興行．音楽・演劇・舞踊などの，芸術家が人前で身体的行為によって行う表現．またハプニング的な自己表現の行動など．③経証券などの過去の運用実績．

パフォーマンス アニメシステム【Performance Animation System】 Ⅰ算コンピューターグラフィックスシステムの一種．アメリカのシムグラフィックス・エンジニアリング社が開発した．PASともいう．

パフォーマンス シアター【performance theater】 劇役者が主体となって，即興的に演じたり，せりふや筋書きが書かれたりする実験的な演劇．

パフォーマンス測定【performance calculation】 経投資家は投資資金がうまく運用されているか判断し，運用者は投資戦略の成果を監視するのに用いる手段．時間加重収益率を尺度にするのが一般的．

パフォーマンス テスト【performance test】 心作業適性検査．

パフォーマンス モニター【performance monitor】 Ⅰ算コンピューターの性能を評価・監視すること．診断，傾向分析，負荷予測，パフォーマンスチューニングという四つの内容がある．

パフォーム【perform】 行う．実行する．演じる．公演する．演奏する．

パブキャスター【pubcaster】 放公共のラジオ，テレビ放送でよく使われる，型にはまったジャーナリズムの口調．public broadcaster からの造語．

ハブ空港【hub airport】 営社拠点空港．中核となる空港．多くの路線が周辺都市から乗り入れている大都市の空港．

ハブ港【hub port】 営社海運の運航形態で拠点となる港．

パブ広告【publicity advertisement 日】 広広告に準じた媒体料を支払って行う，一種の無料広告．英語では paid publicity．ペイドパブともいう．

パフシート【puff sheet】 営ボーナス支給額の算定などに使う自己申告書．手掛けた業務内容などを記入．パフは宣伝，はでな称賛の意．

パフスリーブ【puff sleeve】 服肩先や袖口にギャザーで膨らみをもたせた形の袖．

パプテスト【Baptist】 宗キリスト教プロテスタント派の一宗派．バプチストともいう．

パプテスマ【baptisma 希】 宗洗礼．キリスト教入信の儀式．

パフトライス【puffed rice】 料米を密閉して加熱した後，急に圧力をなくし膨らませたもの．

ハプニング【happening】 ①突発的な出来事．②芸創造者と観賞者の間に突発的な出来事を演出する前衛芸術．

ハブノット カントリー【have-not country】 経石油などの天然資源をもたない国．

パブリー【bubbly】 泡のような．泡状の．泡立つ．

パプリカ【paprika】 ①植赤トウガラシ．甘味があり，種類も多い．②料赤トウガラシの実を粉末にした香辛料．

パブリケーション【publication】 出版．発刊．公表．公にすること．発表．

パブリシティー【publicity】 広広告．広告性．宣伝能力．宣伝活動．広報．一般の記事や放送で取り上げられる間接的広告．

パブリシティー エージェント【publicity agent】 広広告代理店．広告代理業者．

パブリシティー権【publicity 一】 営社著名人の氏名や肖像によって生じる財産的権利．その経済的利益や価値は，当人に所属する．

パブリック【public】 公の．公共の．一般の．人民の．大衆的．⇔プライベート．

パブリック アート【public art】 芸ホールや広場など公共的空間を豊かにする芸術作品．

パブリック アクセス【public access】 社市民がメディアを活用して行う活動．

パブリック アクセスサイト【public access site】 Ⅰ社誰もがアクセスできるサーバーや，利用者のコンピューターにデータファイルを複製することができるサイト．

パブリック アクセス チャンネル【public access channel】 放社市民が地域社会の問題や自分の主張を訴えるため自主制作した番組を，放送局が放送するチャンネルや時間帯のこと．

パブリック アクセプタンス【public acceptance】 社開発や原子力発電所建設など，周辺地域に大きな影響を与えるような問題に対して，地域住民の合意を得ること．PA．

パブリック アコモデーション【public accommodation】 建公共性のある施設．不特定多数の人が集まるホテル，料理店，劇場など．

パブリックアドレス【public address】 コンサートなどで用いる拡声装置．元来は政治集会など公衆の面前での演説の意．

パブリック アフェアーズ【public affairs】 広公共問題を積極的に改善・強化していく企業広報業務．PA．

パブリック インタレスト【public interest】 公益．社会的利益．

パブリック インボルブメント【public involvement】 社都市再開発などの計画作成に住民参加を図る方式．ＰＩともいう．

パブリック オピニオン【public opinion】 社世論．

パブリック オファリング【public offering】 営経債券公募．一般の人々を対象に社債などの債券募集をすること．

パブリック オフィス【public office】 政官公庁．官庁．

パブリック カンパニー【public company】 営経株式を公開している会社．

パブリックグッズ【public goods】 社政道路のように，公共団体が供給し，すべての人々が利用す

438

パブリックコース【public course 日】 競(ｺﾞﾙ) 会員制でなく一般の人が利用できるゴルフ場.

パブリック コーポレーション【public corporation】社政公共事業体. 公社. 公団.

パブリック コミュニケーション【public communication】広政中央官庁や地方自治体が行う広報活動.

パブリック コメント【public comment】政省庁の規制について政省令や告示の原案を公表して意見を募り, 省庁の考えをまとめて公表すること. 2000年から開始. PC ともいう.

パブリック サーバント【public servant】社政公務員. 役人. サーバントともいう.

パブリック サービス【public service】①社電気, ガス, 水道などの公共事業. ②社政公務員としての職務. 公務.

パブリックサポートテスト【public support test】社 NGO・NPO 法人などの, 総収入金額に占める寄付金・助成金の割合に関する規準. 支援税制の規準.

パブリック ジャーナリズム【public journalism】読者や視聴者の要請に応え, 問題の解決方法をともに探し経過を報道するジャーナリズムの手法. シビックジャーナリズム.

パブリック スクール【public school】①教イギリスの上流家庭の子弟のための私立中学校. ②教アメリカやカナダなどの公立学校.

パブリックスペース【public space】建建物内外のスペースで, 一般市民が利用できるように開放されている場所.

パブリック ディプロマシー【public diplomacy】政交渉経過や交換文書などを国民に公開しながら外交政策を進めるやり方.

パブリックドメイン【public domain】I営作権などを放棄した状態. 使用料が無料.

パブリック ドメイン ソフトウエア【public domain software】I営利用希望者が誰でも自由に利用できる, 一般に公開されたソフトウエア. PDSともいう.

パブリック ヒアリング【public hearing】政行政への苦情や注文などを住民から聞きながら進める行政機関の活動.

パブリックビューイング【public viewing】社競技場などの大型スクリーンでスポーツの試合を中継するイベント.

パブリック ファンド【public fund】社共同基金. 公共基金.

パブリック プライベート パートナーシップ【public-private partnership】経社公共サービスを民間委託するだけでなく官も市民も参加して住民のニーズ実現を目指す手法.

パブリック ユーティリティー【public utility】社公益事業. 公益企業.

パブリック リレーションズ【public relations】①広広報・宣伝活動. PR. ②集団や個人が周囲の状況とよい関係を保つこと.

パブリッシャー【publisher】出版元. 出版社. 発行者.

パブリッシュ オア ペリッシュ【publish or perish】教大学などで教授や研究者を評価する指標の一つ. 期間中の発表論文量, 著作物, 国際会議での報告など. 書かない人は滅びるの意. POPともいう.

バブル¹【babble】①乳児がバブバブいう. しきりにしゃべる. ②意味不明の専門用語.

バブル²【bubble】①泡. 気泡. ②建半円形のドーム構造物. ③経泡沫的な投機現象. 経済が実体以上に, 泡のように膨らんだ状態.

バブルガム【bubble gum】風船ガム.

バブル経済【bubble economy】経株式, 不動産, 美術品などの資産が, 投機で急激に価値が上昇し多大な利益を生んだ経済形態.

バブル ジェット プリンター【bubble jet printer】I算インクジェットプリンターの一種. インクの入ったノズルの一部を加熱し, インクを気化させて泡を発生させ, 圧力で紙に飛ばして印刷する. BJPともいう.

バブルジュニア【bubble junior 日】社服青春期がバブル経済に当たる世代を母親にもつ10代前半の子供. またその子供を消費層とする服飾市場.

バブルソート【bubble sort】I算時間はかかるが, 最も単純な検索の方法. データ全体を1列に並べ, 最初のデータを基点として残りのすべてのデータと比べ, 必要に応じてデータを大小の順に並べかえていく.

バブルメモリー【bubble memory】I磁性体の中に発生する薄膜の泡の有無で情報の記憶をする記憶素子.

ハプロタイプ【haplotype】生単模式種.

パペット【puppet】芸人間とは異なる形状の生物などを表現する時に使う人形. 棒やワイヤ, 空気圧などを用いて外部から操る.

パペット アニメーション【puppet animation】映人形を少しずつ動かして撮影したフィルムを連続して映写することで動きを見せるアニメ.

パベリング【pavé ring】服ダイヤモンドなど小粒の宝石をすき間なく取り付けた指輪. パベはフランス語で, 敷石・舗装用の石の意.

バベルの塔【Tower of Babel】実現不可能な計画.「旧約聖書」の故事にちなむ.

ハボック【Havoc】軍ロシアの攻撃ヘリコプターMi-28 の通称.

パポバウイルス科【Papovaviridae】生 DNA 型ウイルスの一種. 外膜のない小さなウイルス. イボの原因となる.

ハマー¹【hammer】アマチュア無線を趣味にしている人.

ハマー²【Hummer】軍アメリカ陸軍の高い機動性を備えた多目的車両. 道のない地形を走り, 川を渡ることができる.

ハマス【Hamas】政パレスチナ占領地内で組織されたイスラム原理主義組織. 1987年に創設. 2006年1月のパレスチナ立法評議会選挙で第一党になり, 3月に政権についた. Hamas はアラビア語で「イスラム抵抗運動」の頭字語.

ハマトラ ▶

ハマトラ ヨコハマトラディショナル(Yokohama traditional)の略．[服]横浜市元町付近から起こったアメリカ風のトラッドな服装に基づいた装い．

バミー【bammie】[料]キャッサバ粉を使うジャマイカのパン．

バミーズ【VUMMIES】[社]強い上昇志向をもっている母親たち．very upwardly mobile mommiesの略．

バミューダ協定【Bermuda Agreement】[法] 1946年にアメリカとイギリスの間で結ばれた二国間航空協定．

バミューダ トライアングル【Bermuda Triangle】大西洋北西部のバミューダ諸島，プエルトリコ島，フロリダ半島の3か所を結ぶ海域．船や飛行機がたびたび行方不明になったことで知られる．

バミューダパンツ【Bermuda pants 日】[服]ひざ上丈の細身の半ズボン．バミューダショーツ．

バミューダレングス【Bermuda length】[服]バミューダ丈．長めの半ズボンであるバミューダショーツ丈．

ハミング【humming】鼻歌．

ハム[1]【ham】①アマチュア無線家．②[料]豚肉を塩漬けにしたあと，薫製にして保存性をもたせた食品．

ハム[2]【hum】ラジオなどが発するブーンとうなるような雑音．

ハムスター【hamster】[動]キヌゲネズミ．キヌゲネズミ科の哺乳動物．実験用や愛玩用に飼われる．

ハモン イベリコ【jamón ibérico 西】[料]イベリコ豚(黒豚)で作ったスペイン産の生ハム．

ハモン セラーノ【jamón serrano 西】[料]主に白豚で作ったスペイン産の生ハム．

バラード【ballade 仏】①[文]短い叙事詩．②[音]叙事歌曲．

バラエティー【variety】①多様性．変化．②[言]変種．言葉に見られるさまざまな種類のこと．③[芸]寄席演劇．バリエテ．

バラエティーショー【variety show】[放]歌や踊り・演芸を盛り込んだ華やかな番組．

バラエティー ショップ【variety shop】[営]陶器・木製品・人形など，趣味や贈り物などとして利用される商品を販売する店．

バラエティーストア【variety store】[営]広範な種類の商品を安く売る小売店．

パラグライダー【paraglider】[競]枠のないナイロン地の翼に風を受けて滑空するスポーツ．パラシュートとハンググライダーの機能をあわせもつ．

パラグラフ【paragraph】①文章の節．段落．一区切り．②[新]新聞記事の短評．小論説．

パラグラフ システム【paragraph system】[文]あらかじめ作られた文例を，適当に並べ換えて文書化する文章作成法．

パラグリフ プリンティング【paraglyph printing】[写]放射線写真の陽・陰画を若干ずらした焼き付け．立体の効果が出る．

パラサイコロジー【parapsychology】[心]超心理学．実験を通して心霊現象を研究する分野．

パラサイト【parasite】寄生者．寄生体．

パラサイトカップル【parasite couple 日】[社]結婚後も親に依存して暮らす男女．

パラサイトシングル【parasite single 日】[社]親と同居し独身生活を享受している人．

パラジウム【palladium】[化]金属元素の一つ．銀白色で，耐腐食性に富む．記号は Pd．

パラシュート スカート【parachute skirt】[服]三角形に裁断した布を縫い合わせて，裾に量感をもたせたスカート．

ハラショー【khorosho 露】素晴らしい．すてきだ．よろしい．承知した．

パラ睡眠【para-sleep】[生]眠りが浅くなり高速な眼球の運動が起こる睡眠の時期．レム睡眠．

バラスト【ballast】①[機]船舶に積む安定用のおもり．潜水艇の沈降用おもり．底荷．気球の浮力調整用の砂袋．②鉄道の道床や道路に敷かれる砂利や砕石．バラスともいう．

パラソル【parasol】日傘．

パラダイム【paradigm】規範．範例．枠組み．時代を反映する思想・考え方．

パラダイムシフト【paradigm shift】[社]社会全体の枠組みの変動．社会の価値観の移行．パラダイムチェンジともいう．

パラダイム論【paradigm theory】1960年代にトーマス・クーンが科学史と科学哲学を包含する形で提案した考え方．

パラタクシス【parataxis】併置．並列．

パラチオン【Parathion 独】[化]有機燐化合物の強力な殺虫用の農薬．

パラドクシカル【paradoxical】逆説的な．

パラドクシカル ルック【paradoxical look】[服]従来の服飾感覚では考えられない，ジーンズにミンクのコートを着るような特異な装い．

パラドックス【paradox】[哲]逆説．背理．矛盾した事柄．

パラトランジット【para transit】[社]準公共交通機関．従来の路線バスや鉄道以外の自動車による公共的な道路交通手段の総称．相乗りタクシー，呼び出しバス，短期レンタカーなどをいう．

パラドル バラエティーアイドル(variety idol 日)の略．[放]話せて笑いがとれるアイドル．

パラノ パラノイア(paranoia)の略．[心]執着型の人．ある事に心を奪われると他のものが見えなくなるタイプ．

パラノイア【paranoia】[医]偏執症．妄想症．

パラパラ[芸]手が主体の振り付けをする日本独特のダンス．テンポの速い曲に乗って踊る．

パラフィリア【paraphilia】[心]性欲倒錯．性的倒錯．異常性愛．

パラフィン【paraffin】[化]石ろう．石油から採る白色半透明の固体．ろうそくなどの原料に用いる．

パラフレーズ【paraphrase】わかりやすく言い換える．意訳．注釈．

パラプレーン【paraplane】[機]機体に角型のパラシュートを付け，レバーとペダル操作だけで簡単に操縦できる軽飛行機．

ハラペーニョ【jalapeño 西】[料]チリトウガラシで作る極辛の香辛料．メキシコでタコスなどに用いる．ハラピニオともいう．

440

◀パラレルリ

パラボラ【parabola】数放物線.
パラボラアンテナ【parabola antenna 日】①放射面形の反射面をもつ指向性アンテナ．金属面または金属網で作られる．英語では単に parabola, または parabolic antenna.
パラホルモン【parahormone】生副ホルモンとして体内の組織の代謝作用を調節する物質．
パラマウント【paramount】最高の．卓絶した．至上の．
パラマス方式【paramas system】競ボウリングなどで，予選の上位数人を選び，下位から順に勝ち抜き戦を行って優勝を決める方法．
パラミクソウイルス科【Paramyxoviridae】生 RNA 型ウイルスの一種．麻疹，おたふくかぜや呼吸器に局所的な感染を起こすパラインフルエンザウイルス，RS ウイルスなどがある．
パラミリタリー【paramilitary】①軍社準軍事組織．民兵組織．またその構成員．②軍コロンビアの右翼民兵組織．パラミリともいう．
ハラム【haram】亜刺 宗禁忌．イスラム教で禁じられている食物．
パラメーター【parameter】①算媒介変数．特にサブルーチンを呼び出す場合に，呼び出す側と呼び出される側との間で受け渡されるデータのこと．
パラメーター言語【parameter language】①算問題向け言語．プログラムの言語を知らない人でも自由に活用でき，コンピューターを操作することができる言語．
パラメディカル【paramedical】医医師の仕事を補助する医療従事者の総称．
パラメディカル スタッフ【paramedical staff】医医師以外の医療従事者．医師の仕事を周辺から支えている人や職種．看護師やX線技師などをいう．
パラメディック【paramedic】①医アメリカの特別救急医療士．日本の救急救命士．高度の救急処置技術を身につけた救急隊員．またその資格．②医診療補助者．パラメディカルスタッフともいう．
パラメトリック曲線【parametric curve】①算自由曲線．コンピューターグラフィックスで，媒介変数（パラメーター）形式で定義される曲線．
パラメトリック曲面【parametric surface】①算パラメトリック曲線と同様に，媒介変数（パラメーター）形式で表される曲面．
バラモン教【Brahmanism】宗古代インドの民族宗教．祭司階級のバラモンを頂点に形成された．聖典であるベーダを信奉する．
バラライカ【balalaika 露】音三角胴で3弦のロシアの民族楽器．ばちを使って演奏する．
パララックス【parallax】①写ファインダーに映る被写体とフィルムに現れる像との間のずれ．視差．②天同一天体を異なった地点で観測した時の視差．
パララックス バリアー式立体映像【parallax barrier stereoscopic system】①映スクリーンの前に障害物を置き，視差分だけずらした像を見て立体ができる方法．
パラランゲージ【paralanguage】言葉以外のしぐさや表情による意思の伝達．

パラリーガル【paralegal】法アメリカの法律家補助員．法律文書の作成や調査などを行う．
パラリシス【paralysis】医まひ．
パラリンピック【Paralympics】競身体障害者の国際スポーツ大会．正式名称は，麻痺者のための国際ストークマンデビル競技会（the International Stoke Mandeville Games for the Paralyzed）という．Parallel（もう一つの）と Olympics の合成語．
ハラル【halal】料イスラムの戒律に従って処理された食物．インドネシアでは，その食品に付ける認証．
パラレル【parallel】①平行の．平行．類似．②①算同時並行で処理を実行すること．③電並列．↔シリーズ．
パラレル インターフェース【parallel interface】①算複数の信号線を用いて同時にデータを送る伝送方式．通常は IEEE1284 によるプリンターポートを指す．
パラレル カレンシー【parallel currency】経並行通貨．自国通貨と並行して使われる国際通貨のこと．人為的な通貨単位を自国通貨と並行する場合も指す．
パラレル競技【parallel race】競（スキ）2選手が同時にスタートする競技．
パラレル クリスチャニア【parallel christiania】競（スキ）左右のスキー板を平行に保ったまま高速度で回転する滑降技術．パラレルシュブング，ライナーシュブングともいう．
パラレルケーブル【parallel cable】①算プリンターとパソコンの接続に使うパラレルポート同士の接続ケーブル．
パラレル スラローム【parallel slalom】競（スキ）回転競技の一種で，隣接コースに同じ数の旗門を設け，二人の選手が同時にスタートしてスピードを競う．デュアルスラローム．
パラレル接続【parallel connection】①算機器を並列接続すること．
パラレルターン【parallel turn】競（スキ）両スキーを平行に保ったまま回転する技術．パラレル，パラレル クリスチァニアともいう．
パラレル転送【parallel transfer】①算並列転送．プリンターとのデータ転送に使う．8ビットや16ビットまとめて転送する仕組み．
パラレル伝送【parallel transmission】①算8本または16本のデータ線を通じて複数ビットを同時に転送するデータ伝送方式．↔シリアル伝送．
パラレルトラック【parallel track】薬開発中の新薬を臨床試験で服用する患者のほかに，希望する患者にも提供する方法．
パラレル ハイブリッド【parallel hybrid】機ハイブリッドカーの方式の一つ．エンジンとモーターが並列し，発進時にモーターがエンジンを助け，減速時には発電器機能でバッテリーを充電する．
パラレルポート【parallel port】①算パソコンにおけるプリンターポートのこと．多目的なポートというニュアンスを込めていう．
パラレルリンク機構【parallel link mechanism】機ロボットに応用する平行リンク機構．航空

ハ

441

パラレルワ▶

機の飛行中の傾きや振動を模擬する装置にこの原理を用いる。

パラレルワールド【parallel world】文空想科学小説で、現在の世界と次元が異なる世界があると仮定すること。

バランサー【balancer】釣り合い装置．平衡器．平均を保つ人やもの．

バランスウエイト【balance weight】理平衡．おもり．バランスともいう．

バランス オブ トレード【balance of trade】営経貿易収支．

バランス オブ パワー【balance of power】政国家間の力の均衡．

バランス オブ ペイメンツ【balance of payments】営経国際収支．

バランスシート【balance sheet】営経貸借対照表．ある一定時点での企業の財政状態を明らかにする計算書類．B/S．

バランスト スコアカード【balanced scorecard】営経業績評価システムの一つ．財務指標、顧客、社内ビジネスプロセス、学習・成長の視点をもつ．1991年にアメリカのキャプランとノートンが開発．

バランスファンド【balanced fund】経株式や債券などが均衡よく組み合わされていて、安全性の高い投資信託．バランス投信、バランストファンドともいう．

バランスボール【balance ball 日】競容塩化ビニール製のスポーツフィットネス用ボールの一種．

パラントロプス【Paranthropus 羅】生歴東部・南部アフリカの約100万〜270万年前の地層から発見された初期化石人類．あごの発達具合から、繊維質の多い植物を主食とし、現代人の系統とはなく絶滅したと考えられている．

バリア【barrier】①防護壁．さく．境界線．②障壁．障害．バリヤ、バリアーともいう．

ハリアー【Harrier】軍イギリス空軍のVSTOL（垂直・短距離離着陸）戦闘攻撃機．

ハリアーⅡ プラス【Harrier Ⅱ Plus】軍イギリスの艦隊用の垂直・短距離離着陸戦闘機シーハリアーを改良した攻撃機．

パリアティブ ケア【palliative care】医末期患者などに施す、苦しみや痛みなどを緩和する治療方法．

バリアフリー【barrier-free】社障壁なし．障害除去．障壁を取り除いた．不便をなくす．障害者や高齢者などの誤用を避けたり、使いやすい工夫をしたものをいう．

バリアフリー住宅【barrier-free house 日】建高齢者や障害者の安全や自立を考慮し、内部などの障壁を除去した住宅．

バリアフリーツアー【barrier-free tour 日】営社旅行会社などが障害除去の工夫をし、高齢者や障害者が気軽に参加できる旅行．

バリアブル【variable】①変わりやすい．可変的な．変化に富む．②生変異性の．③数変数．

バリアブル コンデンサー【variable condenser】電電容量を変えることができる蓄電器．可変コンデンサー．バリコンともいう．

バリアブル プライシング【variable pricing】営経顧客や販売状況などに応じて価格を変えること．

バリアブルリスト【variable list】エ算プログラム中で使用されている変数のリスト．

ハリー ポッター【Harry Potter】文イギリスの女性作家J．K．ローリングの長編小説．またその主人公の名．

バリウム【barium】化金属元素の一つ．元素記号はBa．合金の材料、顔料、レントゲン検査の造影剤として用いる．

バリエーション【variation】①変形．②生変異．③音変奏曲．

バリオグラフ【variograph】理光学的な手法で図形を創作する機構装置．

バリオン【baryon】理原子を作る素粒子のうち、陽子・中性子などの重粒子類．

パリクラブ【Paris club】経政先進国政府で構成する主要債権国会議の通称．パリに集まることから．

バリケード【barricade】防壁．とりで．障害物．妨害物．

ハリケーン【hurricane】気西インド諸島など大西洋西部で発生する台風・暴風雨．

パリ憲章【Charter of Paris】1990年に全欧安保協力会議（CSCE）で調印された憲章．ヨーロッパの新時代到来をうたい、CSCEの新機構と制度化などを規定している．

パリコレクション【Paris Collection】服パリで開かれる新作デザイン発表会．オートクチュール（高級注文服）、プレタポルテ（高級既製服）のそれぞれ秋冬もの、春夏ものの時期を分けて展示・発表する．パリコレ．

パリジェンヌ【parisienne 仏】パリ生まれの女性．→パリジャン．

パリジャン【parisien 仏】①パリ生まれの男性．→パリジェンヌ．②料細長い形のフランスの堅焼きパン．

パリ条約【Paris Convention for the Protection of Industrial Property】工業所有権の保護に関するパリ条約．1883年に成立した国際的取り決め．日本は1899年に加入．

バリスタ【barista 伊】喫茶店や酒場などの給仕人．バーテンダー．

バリスティック【ballistic】①軍理弾道の．②電衝撃の．

バリスティック伝導【ballistic transport】理電子が散乱を受けずに導体中を伝播すること．

バリスティック ミサイル【ballistic missile】軍弾道弾．弾道ミサイル．

パリ ダカール【Paris-Dakar】競（自動車）クロスカントリーラリーのイベントの一つ．パリからセネガルのダカールまで2週間以上かけてアフリカ大陸を走破したのが始まり．スタートとゴール地点は年ごとに変わる．

パリティー【parity】①等しいこと．等価．等量．②経平価．平衡価格．③エ算データが正しく送受信されているかを確かめる方法の一つ．④理素粒子の対称性の一つ．

パリティー乖離率【parity rate of deviation】 経転換社債の相場が、そのパリティー価格に比べ、どのくらい高いか安いかを示す比率.

パリティー価格【parity price】 経理論価格. 転換社債の市場価格が、株価の水準と転換価格との関係で割高か割安かを判断し、購入の目安にする基準値.

パリティー計算【parity account】 営経物価の変動を考慮に入れて価格を算定する方法.

パリティー指数【parity index】 経販売価格と、その商品の生産に要した資材購入価格との比率を、基準時に比べて指数化したもの. 農産物価格の統制によく用いられる.

パリティーチェック【parity check】 I 算記憶装置内のデータの移動の際に記憶の誤りの有無を検査すること. 偶奇検査.

バリデーション療法【validation therapy】 医徘徊老人、認知症の老人に共感を込めて接する介護法.

パリテ法【parité 仏】 政フランスの公職選挙候補者男女同数法. 2000年に制定.

バリトン【Bariton 独】 音男声で中間音域. またその音域で歌う歌手.

ハリファクスサミット【Halifax Summit】 政カナダのハリファクスで、1995年に開催された第21回先進国首脳会議.

パリミューチュエル【parimutuel 仏】 経社賭け事の主催者が、売上総額から手数料などを差し引いた後、残額を的中者に各々の賭けた金額に応じて配当する方式. 1870年にフランスのピエール・オラーが考案した.

バリュアブル ペーパー【valuable papers】 営経有価証券.

バリュー【value】 ①価値. 値打ち. 対価. ②美明暗度.

バリュー アット リスク【value at risk】 営経アメリカの大手銀行がとるリスク管理手法の一つ. 過去の記録から予想される最大損失額.

バリューアディド タックス【value-added tax】 営経付加価値税. 商品の付加価値を課税標準とする租税. ＶＡＴともいう.

バリューアナリシス【value analysis】 経価値分析. 購買分析. 加工技術. 購買管理などを検討分析してコスト低下を図る. VA.

バリュー エンジニアリング【value engineering】 経低コストで同等以上の価値を生み出す各種の手法のこと. VE ともいう.

バリュー消費【value consumption】 営社消費経験を積んだベビーブーマー世代がとる消費行動. 商品や店舗の選択を厳しくし、鮮度を求める.

バリュースター【VALUESTAR】 I 算 NEC が販売する個人向けデスクトップパソコンのシリーズ名.

バリューチェーン【value chain】 経原材料の調達、製造、販売などの各事業が連鎖して、それが生み出す利益を自社内で取り込むやり方.

バリューチェーン マネジメント ネットワーク【value chain management network】 経研究開発、製造、流通・販売にいたる世界的なネットワーク.

バリューデート【value date】 営経手形や証書の発効日時.

バリュー プライシング【value pricing】 営質や量に比べて安い価格設定をすること. 価値があるものを安く買えること. アメリカの三大自動車メーカーが打ち出した価格戦略.

バリュエーション【valuation】 営経見積もり. 評価. 査定額. 査定価格.

バル¹【bar 伊、西】 社料カウンター形式の酒場. バー.

バル²【VAL】 社フランスの自動運転の軌道交通機関. 1983年にリール都市圏に開業. Voiture Automatique Légere の頭文字から.

パル【pal】 友人. 友達. 仲間. 仲よし.

バルーニング【ballooning】 熱気球に乗ること. 熱気球の操縦.

バルール【valeur 仏】 美色価. 色彩の明暗や濃淡、色調の関連をいう.

バルーン【balloon】 気球. 風船.

バルーンシルエット【balloon silhouette】 服スカートや袖などをバルーン（風船）のように丸く膨らませ、裾の部分でつぼめたシルエット.

バルーンヘルプ【balloon help】 I 算 Mac OS でヘルプ表示の機能. ウインドウやメニュー、アイコンなどの上にカーソルをもっていくと、その近くに漫画の吹き出し状に手助けの説明が表示される.

バルーンライン【balloon line】 服風船のように膨らんだ型のスタイル.

バルーン療法【balloon therapy】 医血管中に挿入した管先にある風船状のものを膨らませて、動脈を押し広げる療法.

パルカ【parka 仏】 服フードの付いた上衣. パーカともいう.

バルカン症候群【Balkan syndrome】 医旧ユーゴスラビア紛争で使用された劣化ウラン砲弾が原因とされるさまざまな病状.

バルカン半島【Balkan Peninsula】 ヨーロッパ南東部に位置し、アドリア海、エーゲ海、黒海に囲まれた半島.

バルキー【bulky】 ①かさばる. 分厚い. 厚手の. ②服太い毛糸. またそれで作る衣類.

バルキーカーゴ【bulky cargo】 営かさは大きいが、付加価値の低い貨物. 繊維、木材、食料品、非鉄金属など.

バルキーニット【bulky knit】 服太い糸を使い、ざっくりとした感じに仕上げた編み地. またそのセーター類.

バルキールック【bulky look】 服量感のあるゆったりとした感じのジャケットやコート.

バルキング【bulking】 汚水処理で汚泥が沈殿しない状態になること.

ハルク【hulk】 老朽船. 廃船.

バルクカーゴ【bulk cargo】 営ばら積み貨物. 鉱石や穀物などのように、粉粒体で輸送される貨物. 専用車両や専用船が使われる.

バルクキャリアー【bulk carrier】 営機船を一

つの容器として鉄鉱石・小麦などをばらのまま大量に積載する船．ばら積み貨物船．

バルクセール【bulk sale】 営経一括売却．まとめ売り．大量売り．

バルク送信【bulk transfer】 ①算複数の通信チャネルを使って大量のデータを並列接続すること．

バルクバイヤー【bulk buyer】 経アメリカで，整理信託公社から抵当流れ不動産などの資産を，大量に安値で買い取り，第三者に高値で売却して利益を得る仲介業者．

バルク品【bulk product】 営社不正規のルートで出回る商品．パッケージや製品保証がなかったりする．メーカーが在庫の商品を市場に放出し，販売店が簡易包装にして売る．

バルクライン【bulk line】 ①営農米価の決定に当たって用いられる農家の経営条件を考慮して定めた基準線．②薬薬価基準の一つ．

パルコ【parco 伊】 ①営専門店の集合形式をとった販売店の名称．②公園．広場．

バルコニー【balcony】 建露台．窓の外に張り出した手すりのある台．劇場の2階の桟敷．

バルサ【balsa】 植南アメリカ原産のパンヤ科の常緑高木．材質は軽く，工作用材料などに用いる．

パルサー【pulsar】 天周期的にパルス（脈動性電波）を出す天体．強い磁場をもつ中性子星が高速で自転しパルスを放射する．

バルサミコ酢【balsamico 伊】 料白ブドウ液を酢酸発酵させ，4～6年熟成させたイタリアの酢．バルサミコは芳香性のという意．

バルサム【balsam】 化バルサムモミなどのマツ科の針葉樹から採る樹脂．薬用・香料・加工材料・光学レンズの接着剤などに用いる．

バルジ【bulge】 ①天渦状銀河の中央部にあるやや膨らんだ球状の成分．②たるなどの胴部．膨らみ．船底の湾曲部分．

パルシステム【pal system】 営首都圏コープ事業連合が実施する個人単位の宅配プロジェクト．

パルス【pulse】 ①医動悸．脈拍．脈数．プルス．②電理短時間だけ流れる間欠電流・電波．

パルスジェット エンジン【pulse-jet engine】 機空気を断続的に取り入れて燃焼させる方式の航空機用ジェットエンジン．

パルスダイヤル【pulse dial 日】 ①電話番号をダイヤルするたびにオン／オフが切り替わって電気信号を発生し，その回数で番号を交換機に伝える方式．英語は dial pulse．⇒トーンダイヤル．

パルス中性子源【pulse neutron source】 理周期的に中性子を発生する装置．

パルス通信【pulse transmission】 電衝撃電流をデジタル信号に変調させたパルス信号を使う通信方法．

パルスモーター【pulse motor】 理外部より与えられたパルス数に対応した角度または距離の移動を制御なしに行える駆動装置．ステッピングモーターともいう．

バルセロナ会議【Barcelona conference】 EU（欧州連合）と域外の地中海12カ国・地域による合同閣僚会議．1995年にバルセロナで開催．

パルタイ【Partei 独】 政結社．党．党派．共産党の別名．

パルチザン【partisan 仏】 軍不正規軍．遊撃隊．ゲリラ隊員．武装した市民兵．

バルチャーファンド【vulture fund】 営経ハゲタカファンド．金融機関がもつ不良債権の担保である不動産などを集中的に買い込む外資系金融機関のこと．

バルディーズ原則【Valdez principles】 営環アメリカの環境保護団体 CERES がまとめた環境問題に対する企業の倫理基準．アメリカのエクソン社のタンカー「バルディーズ号」が1989年に起こした原油流出事故がきっかけ．

パルティータ【partita 伊】 音17～18世紀の楽曲の形式の一つ．後に組曲を指す呼称となる．

パルト【paletot 仏】 服ゆったりした外とうの一種．

バルト海沿岸諸国評議会【Council of the Baltic Sea States】 環バルト海諸国間の地域的協力を支援する会議．1992年に発足し，バルト三国，北欧5カ国，ドイツ，ロシア，ポーランド，EU が参加．

バルト三国【Baltic States】 バルト海東部に位置するエストニア，ラトビア，リトアニアの三つの共和国の総称．

パルドン【pardon 仏】 ごめんなさい．失礼しました．

パルナシアン【Parnassiens 仏】 文高踏派．1860年ころのフランスの詩人のグループで，「芸術のための芸術」をうたった．

バルネラビリティー【vulnerability】 ①医可傷性．傷つきやすさ．弱さ．ヴァルネラビリティーともいう．②I コンピューター利用の高度化に伴って起こる社会の脆弱性（ぜいじゃくせい）．③心暴力誘発性．④軍攻撃誘致性．

バルビゾン派【Ecole de Barbizon 仏】 美19世紀半ば，パリ近郊フォンテーヌブローの森のバルビゾン村で制作活動をした風景画家たち．テオドール・ルソー，ドービニー，コローなど．フォンテーヌブロー派．

バルブ[1]【bulb】 ①植球根．球茎．②電球．③写カメラのB目盛り．シャッターを開放の状態にできる．

バルブ[2]【valve】 ①機栓．弁．②電真空管．電子管．

パルプ【pulp】 植木材から抽出した植物繊維．

バルフォア宣言【Balfour Declaration】 歴1917年にイギリスの外相バルフォアが，ユダヤ人がパレスチナに民族的郷土を建設することに同意した宣言．

バルブプランター【bulb planter】 植園芸用品の一つ．球根植え器．

パルプマガジン【pulp magazine】 低俗な雑誌．ザラ紙を使い内容も低級なものが多い．

バルマカーン【balmacaan】 服ラグラン袖の男性用のオーバーやレインコート．

ハルマゲドン【Armageddon】 社宗最後の大決戦．元来はキリスト教で世界の終末における悪魔と天使の決戦場．アルマゲドンともいう．

パルミトオレイン酸【palmitoleic acid】化海藻中に含まれる繊維質の脂肪酸．血圧を下げる作用がある．

パルムドール【Palme d'Or 仏】①金賞．②映カンヌ映画祭で最優秀作品に贈られる賞．

パルメザンチーズ【Parmesan cheese】料イタリア産の硬質チーズの一つ．粉末でよく用いる．原産地パルマの名に由来．

ハルモニウム【harmonium】音足踏み式のオルガン．

バレエ¹【ballet 仏】芸舞台舞踊．舞踊劇の一種．

バレエ²【ballet skiing】競（スキ）フリースタイルスキーの種目の一つ．音楽に合わせて滑走しながら演技する．

バレエシューズ【ballet shoes】服バレリーナシューズ．トウシューズも含めて似た形の靴もこう呼ばれる．

ハレーション【halation】写強い光の反射でフィルム面が多重感光し画面がぼやける現象．

ハレー彗星【Halley's Comet】天太陽系内を76年の周期で回る彗星．1986年2月9日太陽に最も接近する近日点を通過した．核は長さ15km，幅4〜5kmのピーナツ殻状をしている．次回の出現は2062年．

パレード【parade】①行列．行進．②軍観閲式．閲兵．

パレート効率性【Pareto efficiency】経新厚生経済学の基本概念．一つのことがらを改善するには，他のことがらの悪化はやむを得ないという状態をいう．スイスの経済学者パレートによって提唱された．パレート最適（Pareto optimality）ともいう．

パレート図【pareto graph】工算 QC（品質管理）七つ道具の一つ．件数の棒グラフと累積和の折れ線グラフを組み合わせた図．

バレーボール【volleyball】競ネットを挟んで2チームが球を落とさないようにして打ち合い得点を争う球技．国際式の6人制と日本独自の9人制がある．

パレオ【paréo 仏】服タヒチ島などの現地の人が腰に巻きつけて用いる長方形の腰巻き風スカート．

パレオマニア【paleomania】社歴古代に強い関心をもつ人．古代妄想狂．池澤夏樹の著作名から．

パレス【palace】建宮殿．豪華な邸宅．大規模な建築物．

パレスチナイスラム聖戦【Palestine Islamic Jihad】政イスラム教スンニー派系の原理主義組織．1960年代にムスリム同胞団から分裂．イスラエル撃滅を掲げる．本部はシリアのダマスカス．

パレスチナ解放機構【Palestine Liberation Organization】政1974年，パレスチナ人を代表する唯一正統の機関として承認された組織．同年の国連総会でオブザーバー（準加盟国）の資格が与えられ，94年のパレスチナ暫定自治政府設立を主導した．創設は1964年．PLO．

パレスチナ解放軍【Palestine Liberation Army】軍パレスチナの過激派組織．1964年にパレスチナ解放戦線の軍事組織として結成．司令部はシリアのダマスカス．PLAともいう．

パレスチナ解放人民戦線【Popular Front for the Liberation of Palestine】政パレスチナ解放機構傘下の反主流過激派組織．1967年にPLFなど3グループが統合して創設．PFLPともいう．

パレスチナ解放人民戦線総司令部派【Popular Front for the Liberation of Palestine-General Command】政パレスチナ解放人民戦線の穏健化に反対し離脱したテロ組織．パレスチナ国家の樹立を目指す．1968年に結成．PFLP-GCともいう．

パレスチナ解放人民戦線特別司令部派【Popular Front for the Liberation of Palestine-Special Command】政パレスチナ解放人民戦線の分派の流れをくむテロ組織．1979年に結成．PFLP-SCともいう．

パレスチナ解放戦線【Palestine Liberation Front】政パレスチナ解放戦線総司令部派に反対して離脱した親イラク系ゲリラ組織．1977年に結成．PFLPの母体となった同名の組織とは別．PLFともいう．

パレスチナ自治政府【Palestinian National Authority】政1993年のオスロ合意（暫定自治原則）に基づき，94年に設立されたパレスチナ自治区の暫定政府．PLO（パレスチナ解放機構）が主導し，アラファトPLO議長が初代政府長官に就任．96年に実施された選挙により，国会に相当するパレスチナ立法評議会が発足した．PNA，PAともいう．

パレスチナ難民【Palestine refugees】社政中東戦争などで土地を追われたパレスチナ人．

パレスチナ民主解放戦線【Democratic Front for the Liberation of Palestine】政パレスチナ解放機構傘下の非主流派ゲリラ組織．マルクスレーニン主義を唱える．1969年に結成．DFLPともいう．

パレスチナ民族解放運動【Palestinian National Liberation Movement】政PLO（パレスチナ解放機構）傘下の最大組織．ファタハと呼ばれる．

パレスチナ立法評議会【Palestinian Legislative Council】政パレスチナ自治政府の国会に相当する機関．2006年1月の選挙では，イスラム原理主義組織ハマスがPLO（パレスチナ解放機構）主流派のファタハを抑えて第1党になり，3月に政権についた．PLCともいう．

パレチゼーション【palletization】運パレット（荷台）をベースに荷造りして，フォークリフトなどで扱い，輸送・保管・包装の合理化を図る商品移送の方法．パレット輸送．

バレッタ【barrette】容髪を束ねるピン．髪止め．バレットともいう．

パレット¹【palette】①美絵の具を溶いたり混ぜたりする板．②工算画面表示に使う色を指定するために，RGB（赤-緑-青）各色の濃淡を数値で調節して作成した色を登録しておくもの．またはその機能．③工算グラフィックソフトなどが備える，RGB値を調節して色を作成する機能．④工算各種のアプリケーションソフトで，さまざまな操作をするために表示さ

パレット▶

れる特殊なウインドウの一種．

パレット²【pallet】①荷役運搬機器で取り扱いやすくするため、物品を載せる面をもつ荷役台．②陶工や左官の使うへら・こて．

パレット化粧品【palette cosmetic】容ファウンデーション、アイシャドー、口紅、ブラシなど各種の化粧品をひとまとめにケースに入れた商品．

パレットナイフ【palette knife】美絵筆代わりに使う金属製のへら．

パレット プール システム【pallet pool system 日】置物流に使う荷台を共用する方式．空いた荷台を別の荷主が利用し、荷台回収の難しさを緩和する．

パレットロード【pallet load】物流で荷台を基盤に積荷を一つにまとめるもの．

ハレム【harem】①イスラム教国の上流家庭の女性の居室．②イスラム教国の王宮にある男子禁制の後宮．ハーレムともいう．

バレリーナ【ballerina 伊】芸バレエの女性の踊り手．女流舞踊家．

バレル【barrel】①胴の膨らんだたる．胴．胴体．銃身．ボールペンなどの軸．②ヤード・ポンド系の容量の単位の一つ．③アメリカで、肉や粉などの重さの単位．バーレル．

バレルスカート【barrel skirt】服たるのように上下がすぼまり、中間部が膨らんだ形のスカート．

ハレルヤ【hallelujah】宗神をたたえていう言葉．アレルヤともいう．

バレンシア【valencia 仏】服羊毛と絹、または木綿と麻を交ぜ織りしたラシャ生地．チョッキなどに用いる．

バレンタインデー【Valentine Day】社2月14日の聖バレンタインの記念日．女性が男性に愛を告白できる1年に1度の日とされている．チョコレートを贈るのは日本だけの現象．セントバレンタインデーともいう．

ハロウィーン【Halloween】社宗ローマカトリックの万聖節の前夜祭．10月31日．子供たちはカボチャでお化けちょうちんを作ったり、お化けの仮装をしたりして街を練り歩く．

ハロウィーン文書【the Halloween document】IT算アメリカのマイクロソフトがオープンソースに対抗して制作した戦略メモ．1998年10月に公開．

ハロー【halo】①天太陽や月の周りの光のかさ．②天銀河系の円盤部を大きく包むように広がる部分．③光輪．光輪状のもの．④宗教画などの後光．ヘイロー、ニンバスともいう．

ハロー効果【halo effect】心特定の部分の強烈さのために他の部分が目に入らない現象．人や物への部分的な印象・評価の善しあしが、そのものすべての評価材料になること．

ハロー コーポレーション【hollow corporation】管部品または製品を低コスト国から輸入し、自社ブランドで売るメーカー．物を作らなくなった製造業者のことで、アメリカの産業空洞化を示す言葉として用いられる．

ハローワーク【Hello Work 日】社公共職業安

定所の通称．1990年から使い始めた．

ハローワーク インターネット サービス【Hello Work Internet service】IT雇用に関するさまざまな情報を、求職者などにインターネットで提供する試み．

パロキアリズム【parochialism】①宗教区制．キリスト教徒が教区内で完結した生活を送ること．②地方根性．偏狭性．

ハロゲン【Halogen 独】化フッ素、塩素、臭素、ヨウ素、アスタチンの5元素の総称．ハロゲン元素、ハロゲン族元素．

ハロゲンヒーター【halogen heater】ハロゲンランプが出す赤外線が熱源の加熱調理用や暖房用の器具．高出力ですぐに発熱し、熱効率が高い．

パロチン【Parotin 独】医耳下腺から分泌される唾液腺ホルモン．骨・歯などを強くし、老人病に有効といわれる．

バロック【baroque 仏】芸ルネサンス末期（16世紀後半）、イタリアに起こりヨーロッパに広がった芸術様式．躍動的な表現や誇張された装飾性が特色．

バロック演劇【baroque drama】劇バロック様式の演劇．古典劇的な考え方に対置する概念をもつ．

バロック音楽【baroque music】音16世紀末から18世紀中ごろまでの音楽．情感あふれる声楽形式、豊かな表現を特徴とする．バロック音楽を集大成したといわれるバッハをはじめ、ヘンデル、ビバルディ、クープランなど多くの作曲家が輩出した．

バロット【ballot】①無記名投票．投票．②政全候補者名が印刷されている無記名投票用紙．

バロットシステム【ballot system】政選挙の投票用紙に候補者の氏名と所属政党などを印刷しておき、投票者が印をつける投票法．

ハロッド ドーマー モデル【Harrod-Domar model】経経済動学化されたケインズ経済学による固定係数モデル．研究者の名に由来．

パロディー【parody】芸戯作．ある作品や作風のもじり．批判・風刺の効果を狙ったものが多い．

バロメーター【barometer】①物差し．基準．度量計．②気気圧計．晴雨計．

ハロン¹【furlong】競競馬で、距離の単位．1マイルの8分の1で、200mに換算している．

ハロン²【halon】化臭素を含むフルオロカーボンの通称．ハロン1301などは消火剤に用いていたが、モントリオール議定書でオゾン層破壊物質として規制された．

バロンタガログ【barong tagalog】服フィリピンなどで着用される男性用の正装シャツ．ゆったりとして通風性がよい長袖シャツ．

バロンデッセ【ballon d'essai 仏】①気観測用気球．②政相手の動きを打診するために意図的に流す情報．

バロンドール【ballon doré 仏】競（サッカー）ヨーロッパ年間最優秀選手賞．スポーツ誌「フランスフットボール」が選出．黄金の球の意．

パワー【power】力．強さ．能力．体力．権力．

パワーアップ【power up 日】力が増すこと．英語で increase in power．

パワーアンプ【power amplifier】[電]電力を増幅するアンプ．セパレート型のステレオ装置を構成する部品の一つ．

パワーウオーキング【power walking】[競]腕を活発に振り，大股でピッチを上げる歩行運動．心拍数を基準とする．

パワーエリート【power elite】[政]国家の重要決定に参与できる実力のある官僚や政治家．

パワー エレクトロニクス【power electronics】[電理]電力用電子工学．発電・変電などの大電力を扱う電子工学．

パワーオンキー【power-on key】 [I][算] Apple Desktop Bus（キーボードやマウスなどの入力の機器を接続するための規格）に対応した，キーボード上でマッキントッシュの電源を入れるためのキー．

パワーカップル【power couple】[社]二人とも職業をもち，優れた能力を発揮している夫婦．

パワーケース【power case】 [電]電気配線を簡略化するために作られた分電盤．

パワーケーブル【power cable】[電]送電線．

パワーゲーム【power game】①[社][政]権力争い．権力闘争．指導権争い．②[政]国際政治で行われる大国間の駆け引きや主導権争い．

パワーシェアリング【power sharing】 [政]権力分担．権能共有．

パワーシフト【power shift】[社][政]力の移動．権力移行．旧来の考えや勢力が揺らぎ，新たな秩序が生まれようとしているさま．アルビン・トフラーの著作名から．

パワーショット【power shot 日】 [競](アイスホッケー)手首の力を十分に生かして放つシュート．スナップショットともいう．

パワーステアリング【power steering】 [機]自動車の動力操縦装置．油圧の利用で軽いハンドル操作ができる．

パワー ストラクチャー【power structure】 [社]権力構造．権力機構．権力が社会の各階級・階層の間に，どのような関係をもって，どんな影響を及ぼしているかを示す概念．

パワースポット【power spot】 その場に立つと，不思議にエネルギーが満たされたように感じられる場所．パワスポともいう．

パワーセンター【power center】 [営]特定分野の商品を豊富にそろえて割引販売をする大型店を中心に，いくつかの専門店を集積したショッピングセンター．

パワードライブ【power drive】[競](卓球)フォアハンドおよびバックハンドによる強力なトップスピン．

パワー トレーニング【power training】[競][瞬]発力を高めるために行うトレーニング．

パワーバイワイヤ システム【power-by-wire system】 [機]航空機のエンジン制御を電子工学技術で行うシステム．PBWともいう．

パワーハラスメント【power harassment 日】[社]職場で職務権限などをもとに行う嫌がらせの．パワハラともいう．

パワー半導体【power semiconductor】 [I]電力を制御する素子．

パワーPC【Power PC】 [I][算]モトローラ社製の最新のCPU（パソコンの中枢となる集積回路）．商標名．

パワーフォワード【power forward】[競](バスケットボール)ポジションの一つ．ゴール近くでの相手選手との身体的接触に強く，リバウンドもとれる選手．

パワープラント【power plant】①[機]エンジンなどの動力装置．②[機]発電所．

パワープレー【power play】 ①[競](アイスホッケー)一方のチームが反則で退場者を出し人数が少なくなった時，人数の多い相手チームが行う集中攻撃．②力による戦法．

パワーブレーキ【power brake】[機]動力ブレーキ．運転者が制動装置を操作すると，働きが増強する装置を備えたもの．

パワー ブレックファースト【power breakfast 日】[社]朝食を食べながら早朝打ち合わせなどを行うこと．

パワーブローカー【power broker】[政]有力者を陰で操る実力者．

パワープロジェクション能力【power projection capability】 [軍]戦力投射能力．自国の外で軍隊を展開する能力．

パワーポイント【Power Point】 [I][算]アメリカのマイクロソフトが開発した，プレゼンテーション用ソフト．講演会やセミナーなどで用いる．

パワーポップ【power pop】 [音]力感があって親しみやすいロックンロール．1970年代後半からアメリカなどで広まった．

パワー ポリティックス【power politics】 [政]武力を基盤に安全保障を重視した外交政策．権力政治．ハイポリティックスともいう．⇔ローポリティックス．

パワーマーケッター【power marketer 日】 [営]自家発電や購入による電力を販売する小売事業者．

パワーマッキントッシュ【Power Macintosh】 [I][算]アップルコンピュータが開発したパソコンの一種．1994年に販売開始．商標名．

パワーユーザー【power user】 [I][算]高度な処理を要求するコンピューターの利用者．

パワーヨガ【Power Yoga】 ダイナミックな一連の動きでダイエット効果が高いとして，ハリウッド女優たちに人気の出たヨガ．

パワーランチ【power lunch】 [営]商談などをしながらとる昼食．招待客に，高級レストランなどで常連客扱いを受けるのを見せたりする．

パワー リフティング【power lifting】[競]バーベルを使って挙上記録を競う力の競技．スクワット，ベンチプレス，デッドリフトの3種目があり，体力づくりにも利用される．

ハワイアン【Hawaiian】 ①ハワイの．ハワイ風の．ハワイ人．ハワイ語．②[音]ハワイの民俗音楽．またはこれを基に発展したポピュラー音楽．

パワフル【powerful】 強力な．馬力の強い．力のある．

ハワラ【hawala】 [経]インドで，委託された闇の外貨送金のこと．

バン▶

バン¹【ban】禁止．禁制．非難．禁止令．追放．禁令．

バン²【VAN】①電気通信事業者から専用線を借りて，付加価値をつけて再販売する業者のこと．value added networkの頭字語から．

バン³【van】①機後部を荷台にした箱型自動車．②屋根付きの貨車．荷馬車．

パン¹【pan】①映画カメラを横に動かして撮影すること．パノラミック（panoramic）の略．②平底の取っ手付きなべ．

パン²【pun】言だじゃれ．地口．語呂合わせ．

パンアジアニズム【Pan-Asianism】社政汎アジア主義．アジア民族による大同団結主義．

パンアフリカニズム【Pan-Africanism】社政汎アフリカ主義．アフリカの個性を基にアフリカの統一，復権を図ろうとする運動．植民地主義からの脱却を唱えるアフリカの民族主義思想．

パンアメリカニズム【Pan-Americanism】社政汎アメリカ主義．アメリカ大陸全体の結合の強化と改善を目的とする運動．

バンアレン帯【Van Allen belt】天地球を環状に取り巻く二つの放射線帯．1959年にアメリカの科学衛星が探知した．

ハンガー¹【hangar】建航空機の格納庫．

ハンガー²【hanger】衣服掛け．ドレスハンガーの略．

ハンガー³【hunger】飢え．飢餓．空腹．

バンカー¹【banker】①(日)銀行員．英語では bank employee, bank clerkという．②経銀行家．頭取．銀行の経営者．

バンカー²【bunker】①競(ゴル)障害物の一つ．コース上に設けるくぼみや砂地の障害区域．②燃料庫．燃料貯蔵室．

バンカーオイル【bunker oil】船舶用C重油．

ハンガー ストライキ【hunger strike】社断食を行い世論などに訴える抗議方法．ハンスト．

ハンガー ディスプレー【hanger display】広広告物をつり下げて展示する方法．

バンガード【vanguard】①軍前衛．②先駆者．③政政治運動などの指導者．

バンカーバスター【Bunker Buster】軍アメリカ空軍のレーザー誘導徹甲爆弾 GBU-28 の通称．地中貫徹爆弾の一種．

バンカシュアランス【bancassurance】経銀行が保険の販売も行うこと．

バンカブル【bankable】①銀行への担保にできる．割引のきく．②確実にもうかる．

バンカブル スター【bankable star】映観客動員数が多く映画会社が赤字を被ることがない大物俳優．

バンガロー【bungalow】①建平屋建てのキャンプ用宿泊施設．キャンプ小屋．②建ベンガル地方の家屋をまねた平屋建て．

バンガロール【Bangalore】①インドの情報技術（ＩＴ）関連産業が発達した地域．

ハンギング バスケット【hanging basket】園園芸や装飾などに使うつりかごや壁掛けかご．

ハンギング バスケット マスター【hanging basket master 日】認日本ハンギングバスケット協会の認定資格で，ハンギングバスケット（つり鉢や壁掛け鉢の植栽）の指導をする人．

ハンク【hunk】セクシーな男．セックスアピールのある筋骨たくましい男性．

ハング【hang】①つり下げる．掛ける．②絞首刑に処す．

バンク【bank】①銀行．②土手．堤防．③地堆(たい)．海底に見られる小隆起．④競車の競走路などの傾斜路．⑤航空機などが機体を横に傾けること．

パンク¹【puncture】①タイヤの破損．この意味では英語は flat tire ともいう．②限界を超えたため機能がまひすること．破裂．

パンク²【punk】①つまらない人・物．青二才．不良．②服容1970年代後半以降に，ロンドンの若者などの間で流行した奇抜な服装や髪型．パンクファッション．③音1970年代後半にニューヨークとロンドンでほぼ同時に起こった過激なロック．パンクロック．

バンク アクセプタンス【bank acceptance】経銀行引受手形．振出人の手形の買い取り・引き受け・支払いを銀行が保証した為替手形．BA，バンカーズアクセプタンスともいう．

ハングアップ【hang up】①掛ける．つるす．②電話を切る．通信回線を切る．③①覧コンピューターが入力を受け付けなくなり，動かなくなること．

バンクーバー オリンピック【Vancouver Olympics】競2010年にカナダのバンクーバーで開催する冬季オリンピック．

ハングオーバー【hangover】①二日酔い．②残存物．名残り．余波．

バンクカード【bank card】経銀行が発行する預金の出し入れもできるクレジットカード．

ハンググライダー【hang glider】機競金属の骨組みに布製の三角翼を張った滑空機．またはそれを操って気流に乗り滑空するスポーツ．

パンクシック【punk-chic】服過激で奇抜なパンクファッションを基調に，上品であか抜けた感じにまとめる装い．

バンクス【BANCS】経都銀キャッシュサービス．Banks Cash Service の略．

バングスタイル【bang style】容前髪を垂らしたヘアスタイルの総称．バングは前髪．切り下げた前髪の意．

バンクチェック【bank check】営経銀行小切手．キャッシャーズチェックともいう．

パンクチュアル【punctual】時間厳守の．時間をよく守る．時間どおりの．

パンクチュエーション【punctuation】言ピリオドやコンマなど文章の区切り記号の用法．句読法．

バンク ディーラー【bank dealer】経債券の売買業務を認められた金融機関．

バンク ディーリング【bank dealing】経銀行が公社債の売買を行うこと．

バンク デポジット インシュアランス【bank deposit insurance】経銀行預金保険．倒産などで銀行が支払い不能の際に，預金者の被害を補償するもの．

バンクノート【bank note】経銀行券．紙幣．

バンクバランス【bank balance】営経銀行預金の残高．銀行残高．

バンクビル【bank bill】①経アメリカで，銀行券．バンクノートもいう．②経イギリスで，銀行手形．発行・受取人がいずれも銀行．

パンク ファッション【punk fashion】服金属的な飾りを多用した若者の過激な装い．

バンクブック【bankbook】営経銀行預金通帳．

パンクヘア【punk hair】容ロンドンの反体制的な若者などによる過激なパンク風俗から生まれた髪型．

バンクホリデー【bank holiday】①社イギリスの法定休日．祝祭日．②営土曜・日曜以外に設ける銀行休日．アメリカなどで行う．

バンクメモリー【bank memory】I算主記憶装置の一部にメモリーバンクを確保し，読み込んだバンクの内容をそこにあてて，見かけ上のメモリー量を増やす方式．

バングラデシュ民族主義党【Bangladesh Nationalist Party】政バングラデシュの政党の一つ．BNPともいう．

バングラビート【Bangla beat】音イギリスで生まれた新傾向のダンス音楽．インドやパキスタン系移民などが，伝統音楽の要素にロックなどを加えて作った．

バンクラプシー【bankruptcy】営経破産．倒産．

バンクラプシー アトーニー【bankruptcy attorney】法破産弁護人．

ハングリー【hungry】飢えた．空腹である．渇望する．

ハングリースポーツ【hungry sports 日】競耐乏精神が必要とされるスポーツ．ボクシングなどでよくいわれる．

ハングル【hangeul】言15世紀半ば李氏朝鮮が制定した国字で，日本のかな文字に当たる．現在は14の子音字母と10の母音字母からなる．

バングル【bangle】服金属，木，プラスチック製の丸い腕輪．

バンクレート【bank rate】営経公定歩合．

バンクロール ポリティックス【bankrolled politics】政金権政治．マネーポリティックス．

バンクローン【bank loan】①経銀行貸し付け．②経銀行間借款．銀行が途上国の金融機関に融資し，それをその金融機関の責任で自国の企業に貸し出す民間経済協力方式．

パンクロック【punk rock】音1970年代末に起こった，強烈で単純なリズムのロックミュージック．主に，社会に対する不満や怒りを歌う．パンクともいう．

パンクロマチック フィルム【panchromatic film】写肉眼に近い感光性をもつフィルム．全整色フィルム．

パンゲア【Pangaea】地三畳紀以前に地球に存在したという仮説上の大陸．

パンケーキ【pancake】食洋菓子の一つ．小麦粉に卵，牛乳などを加えて丸く焼く．

ハンゲーム【hangame】I企韓国で始まり，日本でも運営されているインターネットゲームポータルサイト．

バンケッター【banqueter 日】営パーティーや宴会などで接客係をつとめる女性．

バンケット【banquet】①宴会．晩餐会（ばんさんかい）．ごちそう．②(日)宴会でサービスする女性．バンケットホステスの略．

バンケットホステス【banquet hostess 日】営宴会やパーティーなどで，給仕や接客をする役目の女性．

パンゲネシス【pangenesis】生パンゲン説．微小な粒子によって遺伝形質が伝達されるというダーウィンの遺伝学説．

バンコク条約【Bangkok Treaty】軍政東南アジア非核兵器地帯条約．1995年に10カ国がタイ・バンコクで調印．97年3月発効．

バンコマイシン【vancomycin】薬抗生物質の一種．ブドウ球菌などに効く．

バンコマイシン耐性腸球菌【vancomycin-resistant enterococcus】生メチシリン耐性黄色ブドウ球菌（MRSA）に効く抗生物質のバンコマイシンを無効にする腸球菌．VRE．

パン サヘル イニシアチブ【Pan Sahel Initiative】軍政アフリカ・サヘル地域（サハラ砂漠南縁部）諸国の軍隊に対して，アメリカが行っている軍事訓練．PSIともいう．

ハンサム【handsome】端正な．顔立ちが整った．美しい．

バンサンカン【vingt-cinq ans 仏】25歳．ヴァンサンカンともいう．

パンジー【pansy】植スミレ科の越年草．春に花茎頂に花をつける．多数の園芸品種がある．

バンジージャンプ【bungee jump】橋上などから飛び降りる冒険的な遊び．伸縮性のある綱で足首などを結ぶ．バンジージャンピング．

バンジュール憲章【Banjul Charter on Human and Peoples' Rights】社地域人権条約の一つ．アフリカ統一機構が1981年に採択，86年発効．アフリカ人権憲章ともいう．

バンジョー【banjo】音マンドリンに似たアメリカの弦楽器．

パンション【pension 仏】①社年金．②営下宿屋．英語ではペンション（pension）．

パンス　アドバンス（advance）の略．前払い．前金．前借り．

ハンズオフ【hands-off】無干渉の．無干渉主義の．

ハンズオフ アプローチ【hands-off approach】営他企業の領域を侵さない経営姿勢．

ハンズオン【hands-on】①博物館などで展示品を実際に手で触れる鑑賞方法．実体験できる方式．②手作りの．直接関与する．実地の．

ハンスト　ハンガーストライキ（hunger strike）の略．

ハンズフリー【handsfree】手を使う必要がない．機器を扱う時に音声入力などを用い，手を使わなくてすむ方法．

パンスラビズム【Pan-Slavism】社政汎スラブ主義．スラブ民族統一思想．

パンセ【pensée 仏】哲瞑想．追想．思索．思想．思考．思考力．

ハンセン病【Hansen's disease】医マイコバクテリウムレプレという細菌が引き起こす慢性の感染性疾患．らい病．

パンソリ【pan so ri 朝】芸歌い手と太鼓の鼓手の二人だけで演じる朝鮮の伝統的口承芸．

ハンター【hunter】狩猟家．かりゅうど．欲しいものを追い求める人．

バンダー【bander】鳥渡り鳥に付けた標識の調査を行う人．

ハンターキラー【hunter killer】軍対潜掃討部隊．海中の潜水艦を探知して撃破する．アメリカ海軍や日本の海上自衛隊での通称．

ハンターキラー サテライト【hunter-killer satellite】衛星攻撃衛星．

パンタグラフ【pantagraph】①機電電車の集電装置．菱形で車両の屋根に付いている．②理写図器．図形を拡大・縮小する時に用いる．

バンダナ【bandanna】服更紗(さらさ)模様の入った服飾用小物の布．ヒンズー語で絞り染めの意のバンドニュから．

バンダプール【Vanderpool】理1台のパソコンを複数台あるかのように見せかけるインテルの技術．

バンダリズム【vandalism】社公衆電話など公共施設を破壊すること．本来はローマを侵略したバンダル族の蛮行にちなんで，芸術品などを破壊すること．

パンタレイ【panta rhei 希】哲万物は流転する．古代ギリシャの哲学者ヘラクレイトスの言葉．

パンタロン【pantalon 仏】服裾幅の広いスラックス．

パンチ【punch】①握りこぶしでなぐること．②活力．迫力．③穴を開けること．穴開け器．④穿孔機．⑤工作物に目印を付けるのに使う，先のとがった棒状の器具．

パンチェンラマ【Panchen Lama】宗チベット仏教で，ダライラマに次ぐ地位にある活仏．阿弥陀如来の生まれ変わりとされる．

パンチカード システム【punch-card system】I算パンチカードを使って行う情報処理方式．自動的に穿孔・分類・統計などを行う．PCSともいう．

パンチカーペット【punch carpet】プラスチック繊維製のカーペット．丈夫で値段が安い．

パンチパーマ【punch permanent 日】容刈り込んだ髪に細かなウエーブをつける，アイロンパーマの髪型．

パンチボウル【punch bowl】料ポンチやジュースなどを入れて供する大きな器．ポンチ鉢．ポンチボウルともいう．

パンチャー【puncher】競パンチの強いボクサー．

パンチャーヤット制度【panchayat 印】政民主化以前のネパールで行われていた国王親政体制．

ハンチング【hunting cap】服鳥打ち帽子．ハンティングキャップともいう．

バンチング【bunching】①数珠つなぎ．こぶ状につらなった．ひどく込んでいる状態．②理引き続いて起こりやすい事象が塊状で生じること．

パンチング【punching】①競(ボク)ゴールキーパーが球をこぶしではじき出して防御する方法．②機押し抜き．穴抜き．

パンチングボール【punching ball】競(ボクシング)打撃練習用の革製のつり球．

ハンチントン病【Huntington's chorea】医手足などが意思と関係なく動き，思考力が低下する神経変性疾患．

パンツ【pants】①服ズボン類の別称．②男性用の下ばき．

バンツースタン【Bantustan】政領土的隔離政策．アパルトヘイト時代の南アフリカで政府が行った．

ハンディハンディキャップ(handicap)の略．ハンデともいう．

ハンディー【handy】扱いやすい．便利な．手ごろな．

ハンディーガードル【panty girdle】服胴から太ももまでの体型を整える女性用下着．パンティー形式のガードル．

ハンディーコピー機【handy copier】片手で持ち運びができるほどの小型コピー機．

ハンディー コンピューター【handy computer】I算携帯できるコンピューター．ハンドヘルドコンピューターともいう．

パンティースカート【panty skirt 日】服パンティー付きの運動用の短いスカート．

ハンディースキャナー【handy scanner】I算画像情報のコンピューター入力装置の一種．パソコンなどに接続する簡易なもの．ハンディスキャナともいう．

パンティー ストッキング【panty stockings 日】服胴までつながった長いストッキング．パンストもいう．英語は panty hose．

パンティースリップ【panty slip】服裾丈が少し長い女性用の下ばき．

ハンディー ターミナル【handy terminal】I算簡単な計算機能とカード型などの小型メモリーを備えた携帯用の端末機．通信機能をもつものもある．

ハンディートーキー【Handie-Talkie】I算小型で携帯できる無線通信器．商標名．

ハンディキャッパー【handicapper】競競馬などで，ハンディキャップを決定する係員．

ハンディキャップ【handicap】①不利な条件．負担．不利益．身体などの障害．またはそれによる社会的な負担．②競力量の差がある時に，優者に不利な条件をつけたり，劣者に有利な条件を与えること．③競(ゴ)基準打数(72)と自己の平均打数の差を基にして与えられた持ち点．ハンデ，ハンディともいう．

ハンディキャップ レース【handicap race】①競競技者間の優劣の差を考慮して，実力に応じて負担を課す試合方法．②競競馬レースの一つで，出走馬の能力に応じて負担重量に差をつけて行う．ハンディキャップ戦．英語では単に handicap．

ハンディクラフト【handicraft】手工芸品．手工芸の仕事．ハンドクラフトともいう．

バンディット【bandit】盗人．盗賊．

◀ハンドル

ハンティング【hunting】狩り．狩猟．探し求めること．ハントともいう．
バンディング【banding】①帯状の布・ひも．②鳥渡り鳥に通し番号付きの脚輪を付けること．
バンデージ【bandage】包帯．ボクサーが手に巻く布．
パンテール【panthère 仏】服カルティエ伝統のヒョウ柄．時計や指輪などに復刻している．
パンデミック【pandemic】医世界的な流行病．または，ある感染症が世界的に流行すること．
バンデラロハ【Bandera Roja 西】政ベネズエラの左派組織．農村革命の推進を目指す．1969年に結成．
ハンド【hand】①手．取っ手．②機機械やロボットの細長い形状の腕で，先端にある実際にものをつかんだり，作業を行ったりする部分．③鏡ゴールキーパー以外の選手が，球を手や腕で扱う反則．ハンドリングともいう．④発表物．ハンドアウト（handout）の略．
バンド【band】①服幅の広いひも．ベルト．②音軽音楽の楽団．③電周波数帯．frequency band の略．④一団．群れ．移住集団．採集狩猟民の地域集団．
パント【punt】鏡ラグビーやアメリカンフットボールなどで，球が地面につく前に蹴ること．
ハンドアイ システム【hand-eye system】機人工の目と手が協調して動作を行うロボットシステム．
ハンドアウト【handout】社官庁・団体・企業などが行う広報活動．ニュースリリース，プレスリリースともいう．
ハンドオーバー【handover】①携帯電話やPHSなどのセルラー無線システムで，自動的に基地局を切り替えて通信の途切れを防ぐ機能．ハンドオフともいう．
ハンドオフ【handoff】①鏡球を保持した選手が，球をもたないほうの手で相手側の選手を突き放しながら進むこと．②鏡バックの一人から他の一人へ球を手渡しする攻撃方法．③鏡手渡しパス．
バンドカラー【band collar】服襟の型の一つで，立ち襟．
パン ド カンパーニュ【pain de campagne 仏】料田舎パン．丸型で大きく，表面に切り込みがある素朴なパン．
バンドギャップ【band gap】理電子エネルギーのバンドモデルで，充満帯と伝導帯の間のエネルギー幅．
ハンドキャリヤー【hand carrier 日】営預かった書類や手荷物をもって電車などで運び，依頼先に届ける仕事をする人．
バンド 構造【band structure】理電子が特定の原子に属さず結晶内を動き回り，エネルギー準位がある範囲に広がった帯状になる構造．
ハンドシェーク【handshake】①握手．②コンピューターが周辺機器にデータを送る時などに，初めに相手に同意を求め，相手の承認を得てから動作を開始する方式．

バンドスペクトラム【band spectrum】理帯（たい）スペクトル．輝線が集まって帯状に見える不連続スペクトルの一種．
ハンド ツー ハンド【hand-to-hand】①肉薄．相手に接近した状態．②直接手で渡すこと．
ハンド ツー マウス【hand-to-mouth】その日暮らし．
パントテン酸【pantothenic acid】化生物の組織内の成長や代謝に重要なビタミンB複合体の一つ．
ハンドニット【hand-knit】服手編み製品．
バンドネオン【bandoneón 西】音アルゼンチンタンゴで使うアコーディオンに似た楽器．
バンド幅【bandwidth】I算帯域幅．ある特定の回線をある時間内に流れる情報の量をいう．単位はbps(bits per second)．
ハンドパワー【hand power 日】手から発する超能力．中国の気功などで，生命エネルギーの気を手から発すること．
ハンドブック【handbook】簡単な案内書．
ハンドフリー【hand free 日】物をつかんだり握ったりせず，手が自由に使えること．
ハンドフリー電話【handsfree telephone】I手が自由に使える状態で送受信できる電話機．
ハンドヘルド【hand-held】手でもち運びができる．小型の．
ハンドヘルド コンピューター【hand-held computer】I算手にもてるコンピューター．パソコンとほぼ同じ機能をもち，液晶式の薄いディスプレーを備える．ハンドヘルドPC．
ハンドボール【handball】鏡2チームがパス，ドリブルなどで球を運び，サッカーのゴールを小型にした形のゴールにシュートして得点数で競う競技．1チームは7人．
パントマイム【pantomime】劇身振りと表情の変化だけで演技する無言劇．
ハンドマネー【hand money】営経手付金．保証金．内金．
ハンドメード【handmade】手製の．手製品．
ハンドラー【handler】①警察犬などの調教を担当する人．訓練士．②調教師．調教者．トレーナーともいう．
ハンドライティング【handwriting】手書き．肉筆．筆跡．
パンドラの箱【Pandora's box】ギリシャ神話で，人類のすべての災いを封じ込めた箱．パンドラはゼウスが下界に送った人類最初の女．好奇心から，その箱を開けたため人類の不幸が散らばったという．
パントリー【pantry】料食品や食器類の収納室．食料貯蔵室．食器室．
ハンドリング【handling】①扱い方．取り扱い．②車の運転技術．③鏡ペナルティーエリア内のゴールキーパーを除いて，選手が球に手を触れる反則．ハンドともいう．④鏡バスケットボールなどでの球の扱い方．
ハンドル【handle】①取っ手．車や機械などを運転操作する握りの部分．②肩書．名前．愛称．あだ

451

バンドル▶

名．③【I算】コンピューターによる操作の対象を識別するための ID．インターネットの掲示板などで用いる自分のニックネームや肩書．ハンドルネームともいう．④【I算】コンピューターグラフィックスで，画像を移動する時に，範囲を示して囲む四角い枠．

バンドル【bundle】 ①束．包み．塊．②【I算】別々に販売している製品を一括販売する方式．ハードウエアにアプリケーションソフトが同梱されることが多い．

バンドル【peindre 仏】【美】色彩画を描く．色彩中心で描く．

ハンドルネーム【handle name 日】【I算】インターネットの掲示板などで用いる自分のニックネームや肩書．

ハンドレッドデイズ【Hundred Days】【政】百日議会．1933年にアメリカのルーズベルト大統領が就任直後の100日間に，ニューディール政策関連の諸法案を成立させたことに由来．

ハンドワーク【handwork】手仕事．手作り．手際．ハンディーワークともいう．

バンドワゴン【bandwagon】①【音】パレードの先頭に立つ楽隊車．②【政】時流に乗っている優勢な側．人気のある側．

バンドワゴン効果【bandwagon effect】【社】【心】先蹤効果．楽隊馬車効果．派手に先頭を行く楽隊車につられて見物人がついていくような効果．時代の先取りを狙った政治スローガンや広告宣伝文，ファッションショーなどがその典型．バンドワゴンエフェクトともいう．

パンナコッタ【panna cotta 伊】【料】イタリア風のデザート菓子の一種．

ハンナラ党【Han Nara Party】【政】韓国の政党の一つ．1997年に新韓国党と民主党が合併して発足．

バンニング【vanning】【運】貨物用コンテナなどに物品を積み込むこと．バニングともいう．

パンニング【panning】【社】川底の土砂をすくった平らな容器を振るって砂金を採取すること．

ハンバーガー【hamburger】【料】丸パンにハンバーグと野菜類を挟んで，香辛料で味付けした軽食．バーガーともいう．

バンパイア【vampire】吸血鬼．

パンパシフィック水泳選手権【Pan Pacific Swimming Championships】【競】（水泳）環太平洋地域諸国が参加する水泳大会．1985年に第1回を開催．

パンパス【pampas 西】【地】アルゼンチン，ブラジル，ウルグアイの3カ国に広がる草原地帯．パンパ．

ハンパ丈パンツ【服】ひざ丈，七分丈などハーフ丈パンツの総称．丈短パンツとも呼ばれる．

パンハンドラー【panhandler】物ごい．街頭で人を呼び止めて，金銭や食べ物などを願い求めること．

バンビ【Bambi】①オーストリアの作家ザルテンの動物小説．その主人公の子ジカの名．ディズニーが1942年に製作した映画．②【競】（卓球）日本の年齢別区分の一つ．8歳以下．

ハンプ【hump】①ラクダなどの背こぶ．出っ張り．②【建】【社】道路を横切って設ける隆起．③貨車操車場で，行き先別の車両の仕分けに使う軌道に傾斜をつける小丘．

バンプ[1]【bump】ぶつかる．衝突する．体や腰を軽くぶつけ合うダンス．

バンプ[2]【vamp】妖婦．バンパイアともいう．

パンフ パンフレット（pamphlet）の略．小冊子．

バンブー【bamboo】①植竹．②竹材．竹製の．

バンブーケーン【bamboo cane】釣り道具の一種．竹製の六角さお．

パンフォーカス【pan-focus】【映】被写体全般に焦点を合わせ，画面に奥行きを出す撮影方法．⇒アウトフォーカス．

パンプキン【pumpkin】【植】カボチャ．

パンプス【pumps】【服】ひもや留め金のない女性用の靴．エスカルパンともいう．

パンプスイン【pamps in 日】【服】パンプスをはく時に用いる，はき丈のごく短い靴下．

バンプマッピング【bump mapping】【I算】コンピューターグラフィックスで，複雑な凹凸模様を二次元濃淡画像を用いて，簡略に表現する方法．

パンブラン【vin blanc 仏】【料】白ブドウ酒．

ハンブル【humble】控えめな．謙虚な．謙遜する．

ハンメル図法【Hammer projection】【地】地図投影法の一種．地球全体を表すのに用いる正積図法．

パンヨーロピアン【Pan-European】汎ヨーロッパの．全ヨーロッパの．

バンロゼ【vin rosé 仏】【料】白と赤の中間色のブドウ酒．バラ色のワインの意．

ヒ

ピア【peer】①同僚．同等の地位の人．②【I人】ネットワーク上で，階層としては同じレベルにあって，直接に通信するコンピューター．

ビアード【beard】①あごひげ．あごひげを生やした人．②釣り針や矢じりなどのあご．③【印】活字と面の間の傾斜部．どて．

ピア カウンセリング【peer counseling】【社】障害者が自らの体験に基づいて他の障害者の相談に応じ，問題解決を図ろうとすること．

ピアグループ【peer group】【社】同年代，同世代などで構成されている集団．

ビアサーバー【beer server 日】【料】生ビールをジョッキなどに注ぎ分ける器具．ビールサーバーともいう．

ピアサポート【peer support 日】【教】【社】役割演技法などを行って，仲間同士の支え合いを身につける指導法．

ピアス ピアスド イヤリング（pierced earring）の略．【服】耳たぶに穴を開けて付ける耳飾り．

ピアツーピア【peer-to-peer】【I算】遠隔地にいる利用者同士が直接自分のもつファイルを交換する

仕組み．

ピアツーピア型ＬＡＮ【peer-to-peer LAN】　[I][算]サーバーを使わず，各パソコンが対等にデータや機能を利用する小規模向け LAN．

ピアツーピア ネットワーク【peer-to-peer network】　[I][算]ネットワークを構成する各結節点が同じような機能をもっている仕組み．

ビアテイスター【beer taster 日】　[科]ビールを正しく評価できる専門家．日本地ビール協会が資格認定する．

ピアニシモ【pianissimo 伊】　[音]極めて弱く演奏せよ．記号は pp．⇔フォルティシモ．

ピアノ【piano 伊】　[音]弱く演奏せよ．記号は p．⇔フォルテ．

ビアバー【beer bar 日】　[科]主にビールを飲ませる酒場．

ビアバーン【beer barn】　[営]ビールをパックやケース単位で販売するドライブスルー形式の量販店．

ピアフス【PIAFS】　[I] PHS を利用する高速データ伝送のための標準規格．PHS インターネット・アクセス・フォーラムが開発．PHS Internet Access Forum Standard の頭字語から．

ビアボール【beer ball】　[科]球形のプラスチック容器に詰めたビール．アメリカでレジャー用に使われる．

ヒアリング【hearing】　①聞くこと．特に語学学習での聞き取り．②事情聴取．公聴会．③[法]直接相手に話などを聞く面接調査方法．ヒヤリングともいう．

ヒアリングエイド【hearing aid】　補聴器．

ヒアルロン酸【hyaluronic acid】　[化][生]強い保水力をもつムコ多糖類の一種．人間の皮膚に多く存在する．

ビアレストラン【beer restaurant 日】　主にビールを飲ませ，食事も楽しめる店．

ピアレビュー【peer review】　同僚評価．朋友間の批判．国家間の相互批判．

ビーイン【be-in】　[社]体制に反抗するヒッピーなどの集会．

ピーエル保険【PL insurance】　[経]製造業者や販売業者などが，自らの製造・販売する製品が原因で起きた事故などで損害賠償をする時，その肩代わりをする保険．製造物賠償責任保険．PL は product liability の略．

ビーガール【b-girl】　[音]ラップミュージックに熱中する少女ファン．b- は breakdance から．

ピーキング【peaking】　[運]運動選手が競技会当日に最高の状態で臨めるよう工夫すること．

ピーク【peak】　①最高点．頂点．最高潮に達する点．絶頂．②山頂．頂上．とがった先．

ピークアウト【peak out】　①登りつめる．頂点に達する．②[経]株価などが最高値で横ばい状態になること．

ピーククライシス【peak crisis】　最大電力需要の伸び率が急で，危機的な状態になること．

ピークド ラペル【peaked lapel】　[服]背広の襟型の一つ．下襟の先端が上向きで鋭角になっているもの．剣襟．

ピークパフォーマンス【peak performance】　[運]競技スポーツなどでの最高の成績．

ビークル【vehicle】　①乗り物．車．運搬具．飛行体．②媒体．手段．③[広]広告媒体．広告情報を乗せて伝達するところから．

ビークル相互情報システム【inter-vehicular information system】　[軍]アメリカ陸軍が，戦闘効率の向上を目指した戦場同時表示の最優先手段として推進するシステム．IVIS．

ビークルダイナミックス【vehicle dynamics】　[機][理]車体力学．車体運動力学．自動車の乗り心地や走行挙動などを研究する．

ピークレベル【peak level 日】　[理]断続的に発生する音の最大値．鉄道や航空機などによる騒音，工事の音などにいう．

ピーコート【pea coat】　[服]船員用の短い厚地の上着．ピージャケットともいう．

ピーコック【peacock】　①[鳥]クジャクの雄．②気取った人．

ビーコン【beacon】　航空路標識．水路標識．かがり火．のろし．信号所．

ピーサン【服]ビーチサンダルのこと．

ピーシーバン【ＰＣ van】　[I][社]韓国のインターネットカフェの通称．ＰＣ房．

ヒース【heath】　①[植]エリカの英語名．②[地]荒野．荒れ地．

ビーズ【beads】　[服]手芸・装飾に用いる小さな玉．

ピース[1]【peace】　平和．平隠．安心．無事．安らぎ．治安．秩序．

ピース[2]【piece】　小片．断片．一部．作品．

ピースウィンズ ジャパン【Peace Winds Japan】　[社]国際的支援活動の NGO．

ピースキーパー【Peacekeeper】　[軍]アメリカの次期主力大陸間弾道ミサイルMXの愛称．平和の監視者の意．

ピースキャンプ【peace camp】　[社]軍備拡大に反対するため，軍事施設の近くで共同生活して行動すること．

ビースクール【B-school】　[営][教]ビジネススクール．アメリカでは企業経営者や管理者の養成を行う大学院のこと．School of Business Administration あるいは Business School の略．

ピースコー【Peace Corps】　[社]平和部隊．1961年アメリカに起こった，青年による途上国援助組織．

ピースサイクル【peace cycle 日】　[社]自転車で全国各地を走って，反戦・反核・反原発などを訴える平和運動．

ピース ディビデンド【peace dividend】　[政]平和の配当．安全保障問題が大きくなると国防予算が増大し，平和が回復すると常態に戻り，節約分が他の支出に回されること．

ビースト【beast】　動物．獣．野獣．

ピースフル【peaceful】　平和な．穏やかな．温和な．おとなしい．

ピースブローカー【peace broker】　[政]地域紛争の和平実現を図る黒幕的調停者．

ピースボート【Peace Boat】　[社]日本の市民活動組織の一つ．1983年に辻元清美などが創設．

ピースマーク【peace mark 日】　[社]平和を訴えたり，賛同を示したりする時，指でV字形を作ること．

ピースメー▶

ピースメーカー【peacemaker】 社政調停者．仲裁者．仲裁人．

ピースモンガー【peacemonger】 政和平交渉の仲介者．

ピースリーアイ【P³I】 政アメリカ国防総省の装備品改良事前計画．pre-planned products improvement の略．ピーキューブドアイともいう．

ピースリサーチ【peace research】 社戦争をなくし，永久の平和を確立するための研究．戦争の原因や軍縮政策などを課題にしている．

ピースワーク【piecework】 営社出来高払いの仕事．賃仕事．手間仕事．

ピーター【beater】 ①たたく道具．つき固める器具．②料卵などの泡立て器．

ピーターの原理【Peter's principle】 営下位の仕事で考課点の高かった人が，管理職などの上位の仕事でも高い能力を発揮できるとは限らないということ．

ピーターパン シンドローム【Peter Pan syndrome】 社心親や周囲の人々に甘やかされた成年期の男性が，いつまでも大人になれないでいる現象．アメリカのカイリーが命名．

ピータン【pidan 皮蛋 中】 料木灰・塩などを混ぜた汁に漬けたアヒルの卵で，中華料理の前菜に用いられる．

ビーチウエア【beachwear】 服海辺で着る服．泳ぐためではなく，日光浴をしたり遊んだりするための服．

ビーチコーミング【beachcombing】 浜辺で漂着物を拾い集めること．

ビーチサッカー【beach soccer】 競(サッ)砂浜でのサッカー．1チーム5人で行う．

ビーチサッカー ワールドカップ【FIFA Beach Soccer World Cup】 競(サッ)ビーチサッカーの世界大会．2005年より FIFA（国際サッカー連盟）が開催．

ピーチスキン【Peachskin 日】 服モモの皮にあるような，滑らかなけばをもつ布地．商標名．

ビーチドッジボール【beach dodge ball】 競海岸で行うドッジボール．1チーム7人で競う．

ビーチバレー【beach volleyball】 競砂浜にコートを設けて行うバレーボールのような球技．通例は1チーム2人で行う．

ピーチフェース【peach face】 服モモのような短くて柔らかい産毛が表面を覆う繊維素材．

ビーチフラッグ【beach flag】 競ライフセービング競技の種目の一つ．砂浜に立てた小旗を短距離走って奪い合う．

ヒート¹【HEAT】 軍成型炸薬で装甲を貫く対戦車榴弾．high explosive anti-tank の頭字語．

ヒート²【heat】 ①熱．暑気．暖かさ．熱意．②警察などによる圧力．追跡．捜査の手．

ビート¹【beat】 ①打つこと．打つ音．②音拍子．③競(水泳)ばた足．④うなり．共振．⑤受けもち区域．巡回地域．

ビート²【beet】 植西洋赤カブ．サトウダイコン（砂糖大根）．テンサイ（甜菜）．

ピート【peat】 鉱泥炭．炭化の度合が最も低い石炭

で，燃料や肥料にする．

ヒートアイランド【heat island】 気熱の島．大量の人工熱や大気汚染物質が放出される都市では，平均気温が周辺より高くなり，等温線で表すと島の形になるところから．

ビートー【veto】 拒否権．禁止．ベトーともいう．

ヒートショック【heat shock】 医冷房病．

ヒートシンク【heat sink】 Ⅰ算作動時に発熱の量が大きい素子に付け，効率よく熱を発散する放熱板．

ビート スイートナー【beat sweetener】 アメリカの政府番記者が，内部情報をもらしてくれた情報源にお返しするため，有利になるように書く記事．ビートはワシントンビートのことで，政府番をいう．

ビートニク【beatnik】 社1950年代のアメリカで起こった，保守的な社会・文化を否定するビート・ジェネレーション運動の若者．ビート族ともいう．

ヒートパイプ【heat pipe】 ①機理パイプにガラス繊維を入れ，フレオンやアンモニアなどの熱媒体を詰めて熱エネルギーを伝送するもの．伝送ロスが極少．②算作動時の発熱による IC の損傷防止を図る放熱用パイプ．

ビートボックス【beatbox】 ①音ドラムや打楽器の音を出す電子楽器．②音ラップ音楽で，リズム器の口まねをする人．

ヒートポンプ【heat pump】 理熱ポンプ．気化熱の原理を用いて低温の熱源から高温部へ熱を汲み上げる装置．冷暖房などに利用する．

ピートモス【peat moss】 鉱草炭．ミズゴケが泥炭化したもの．

ビートル【beetle】 生カブトムシ．

ビーナス【Venus】 ①ローマ神話で，美と愛の女神．ギリシャ神話のアフロディテに当たる．②美人．あこがれの女性．③天金星．④［v⁻］考古学で，象牙や土製の小さな女人像．化石時代の新人が作った．

ビーナス エクスプレス【Venus Express】 宇 ESA（欧州宇宙機関）が2005年11月に打ち上げた金星探査機．

ピーナッツ ポリティシャン【peanut politician】 政つまらない政治家．取るに足りない政治家．

ビーバー【beaver】 動ビーバー科の哺乳動物．小枝などで川をせき止めて巣を作る．

ビーパー【beeper】 Ⅰポケットベルのこと．呼び出し音がピーッ（beep）と鳴るところから．

ビーバップ【bebop】 音ジャズの演奏形式の一つ．ビバップともいう．

ピーピングトム【Peeping Tom】 出歯亀．のぞき見男．

ピーピングルーム【peeping room】 のぞき見部屋．

ヒープ【HEIB】 営社企業内消費者問題専門職．消費者の苦情処理や，消費者教育，消費者の声の提案を生かす活動など，消費者と企業のパイプ役を果たす．home economist in business の頭字語から．

ヒープ【heap】 ①Ⅰ算コンピューターで，到着した順に格納した項目の塊．②Ⅰ算 RAM のメモリー空間をシステム用とアプリケーション用に分けて管理

する方式．③塊．群れ．

ビープ音【beep】［I算］パソコンの内蔵ブザーが発する警告音．誤操作をした時などに注意を促すために発する．

ビーフジャーキー【beef jerky 日】［料］干し牛肉．牛肉を乾燥させた食品．

ピープショー【peep show】［芸］のぞき穴や，のぞき眼鏡などを使う，いかがわしい見せ物．

ヒープ領域【heap area】［I算］プログラムで利用するデータ領域．他のプログラムを実行するため必要がなければシステムに戻す領域．

ピープルズ キャピタリズム【people's capitalism】［経社］証券，特に株式が広く大衆に保有される状態．大衆資本主義．

ピープルパワー【people power】［社］フィリピンの民衆が行う非暴力運動．たびたび政変の原動力となった．

ピープルメーター【people meter】［広］アメリカのＡＧＢ社，ニールセン社が開発した個人視聴率の測定システム．

ビーボーイ【b-boy】［音］ラップミュージックに熱中する少年ファン．b-はbreakdanceから．

ピーポッド【peapod】［理］カーボンナノチューブにフラーレンを取り込んだ極微細材料．

ビーマー【beemer】BMW車のアメリカでの俗称．

ピーマン【piment 仏】［植］セイヨウトウガラシ．トウガラシの変種の一つ．ピメントともいう．

ビーム¹【beam】①［理］光・電子・電波などの流れの束．光線．②［建］梁（はり）．

ビーム²【BIEM】［音］国際レコード著作権協会事務局．Bureau International de l'Edition Mécaniqueの頭文字から．

ビームアンテナ【beam antenna】［通］電波を一方向に集中させる送信用，または受信用のアンテナ．

ビーム管【beam tube】［電理］電子の流れとグリッドとがぶつからないように電極が配置された真空管．

ビームストローク【beam stroke】［競］（水泳）人間本来の動きを活用し，力を束ねて効率的に速さを得る泳法．

ビーム兵器【beam weapon】［軍］指向エネルギー兵器の代表的なもの．電磁波や粒子ビームを用い時間的，場所的に集中して相手を破壊させるもの．

ヒーメン【Hymen 独】［医］処女膜．ハイメン．

ピーラー【peeler】［料］果物などの皮むき器．

ヒーリング【healing】治療する．いやす．回復する．心をいやす．

ピーリング【peeling】［容］古くなった角質を，パック剤などを用いて指でこすり落とす，肌の手入れ法．ゴマージュともいう．

ヒーリングアート【healing art】［医芸］患者の心を和ませ治療に助力する芸術．病院に絵や彫刻などを飾り，患者の治す意欲を引き出す．

ヒーリングガーデン【healing garden 日】［植］憩いと安らぎを与える庭や緑化施設．病院などに設ける．

ヒーリングサウンド【healing sound 日】［音］いやしの音楽．心身の安らぎを得るのに聴く．

ヒーリング ミュージック【healing music】［音］心身の疲れをいやす効果をもたらす音楽．

ヒール【heel】①［圧］かかと．動物の後足．②［服］靴のかかと．③［競］（ゴ）クラブヘッドの曲がり目．④悪役．卑劣漢．

ビール【beer】［料］麦芽を主原料にした発泡性のアルコール飲料．ビアともいう．

ヒールアウト【heel out】［競］（ラ）スクラムの中から球を後ろに蹴り出すこと．

ヒール アンド トー【heel-and-toe】①かかとでアクセルを踏み，つま先でブレーキをかけること．またその逆の動作．自動車レースで，カーブを高速で通る際などの技術．②［競］常に一方の足が地に着いている競歩の歩き方．

ビールス【Virus 独】［医生］濾過性病原体．ウイルス．

ヒールバック【heel back】［競］（ラ）かかとで球を後方に蹴る，または押しやること．

ヒーロー【hero】①［映劇文］英雄．劇などの男の主人公．⇔ヒロイン．②［競］競技などで華々しく活躍した人物．

ビーンタウン【Beantown】アメリカのボストン市の愛称．名物の豆料理にちなむ．

ビーンバッグ【bean bag】お手玉．お手玉遊び．お手玉型をして柔らかい大型の座布団．

ビーンボール【bean ball】［競］（野球）投手が打者の頭を狙って投げる球．

ピエゾ効果【piezoelectric effect】［理］圧電効果．結晶や高分子に力を加えると，応力に比例した電気分極が発生し，その固体表面に電位差を生じる現象．

ピエゾ素子【piezoelectric element】［理］圧電素子．圧電効果を利用した検知器・計測器または作動装置．

ピエタテール【pied-à-terre 仏】［建］仮住居．仮宿．短期間だけ使う貸間．出張先などで借りるアパート．

ピエドプール【pied-de-poule 仏】［服］千鳥格子．

ヒエラルキー【hierarchy】［社］ピラミッド型に構成される階級組織・位階制．階層性．ハイアラキーともいう．

ピエロ【pierrot 仏】［芸］道化．

ピエロカラー【pierrot collar】［服］ピエロが着る服の襟のように，ひだを取った二重襟．

ヒエログリフ【hieroglyph】［言］古代エジプトの象形文字．神聖文字．

ピエロ ファッション【pierrot fashion】［服］芝居の道化者が着ている水玉や横しま模様の服で，Ｔシャツ，ジャケット，スカートからニーオーバーソックスまで同じ柄を揃える．

ビエンナーレ【biennale 伊】［美］2年ごとに開かれる国際美術展．

ビオ【bio 仏】［植］無農薬で作られた作物などのフランスでの呼称．

ビオガーデン【biogarden 日】［環建］中高層建築物の中庭や個人の庭などを生態系保護の場所としたもの．

ビオゲン【biogen】［生］生源体．細胞の生命活動の

ビオス▶

源として仮想された物質．

ビオス【bios】 生酵母の増殖に必要とされる微量物質群．

ビオトープ【biotope】 独生生き物のための最小空間．安定した環境をもつ野生生物の生息空間．

ビオメハニカ【biomekhanika】 露 劇人体力学論．生体動力化論．旧ソ連の演出家メイエルホリドが創案した演技術．

ビオラ【viola】 伊 音弦楽器の一つ．形はバイオリンに似ていて，バイオリンとチェロの間の音域をもつ．

ピカタ【piccata】 伊 科イタリア料理の一種で，薄切り肉を小麦粉にまぶし，卵につけてから焼くもの．

ピカドール【picador】 西 闘牛士の助手．馬上からやりで牛を挑発する．

ピカレスク【picaresque】 文悪漢小説．16～17世紀にスペインで流行した．ピカレスクロマンともいう．

ビガロポリス【bigalopolis】 社超巨帯都市．メガロポリスよりもさらに大きい都市．

ピギーバック方式【piggyback system】 営貨物列車にトラックやトレーラーを載せて輸送する方式．ピギーバックは背負う・肩車の意．

ビギナー【beginner】 初心者．初学者．

ビギナーズラック【beginner's luck】 ゲームや賭け事などで，初心者が往々にして得る幸運や良い成績．

ビキューナ【vicuña】 西 動南アメリカのアンデス山中に生息する，ラクダ科の草食動物．ビクーナ，ビクニアともいう．

ピグー課税【Pigouvian Tax】 経生産量の増加に対し，社会的費用と私的限界費用との差だけ課税すること．ピグーは厚生経済学で知られるイギリスの経済学者．

ピグー効果【Pigouvian effect】 経貨幣の実質的価値の変化が貯蓄や消費に与える効果．

ピクサー アニメーション スタジオズ【Pixar Animation Studios】 映アメリカのジョージ・ルーカスが，1979年にルーカスフィルム内に一部門として発足させたアニメーションスタジオ．

ピクセル【pixel】 写画素．デジタル画面や画像の表示，印刷面を構成する最小単位．

ピクチャーサーチ【picture search】 ビデオ撮影テープから必要な場面を探し出す装置．

ピクチャレスク【picturesque】 絵になる．絵に描いたような．目を引く．

ビクティム【victim】 被害者．遭難者．犠牲．犠牲者．いけにえ．

ビクティム フェミニズム【victim feminism】 社女性は弱い立場のものという被害者意識による発想が，女性解放を遅らせたとする主張．

ピクトグラフ【pictograph】 ①絵文字．象形文字．②数絵を使った統計図表．ピクトグラムともいう．

ピクトグラム【pictogram】 絵文字．絵ことば．絵グラフ．グラフィックシンボルの一種．ピクトグラフともいう．

ピクトリアル【pictorial】 絵で表した．絵入りの．グラフィック．

ビクトリアン【Victorian】 イギリスのビクトリア王朝時代（1837～1901年）の．ビクトリア朝風の．

ビクトリー【victory】 勝利．優勝．

ピグメント【pigment】 顔料．染料．色素．

ピクリン酸【picric acid】 化トリニトロフェノール．爆発性・毒性をもつ黄色の結晶．医薬や分析用試薬に用いる．

ピクルス【pickles】 科野菜の酢漬け．主に野菜類にスパイスを加えて酢漬けにしたもの．

ピケ ピケッティング（picketing）の略．社労働争議で，裏切り行為などを監視すること．

ピケット【picket】 社労働争議などの際に，脱落者や妨害者が出ないように出入り口を見張ること．またその役目の人．ピケともいう．

ピケットライン【picket line】 社労働争議などの際に配置する妨害阻止のための横隊．

ピコ【pico-】 10^{-12}（1兆分の1）を表す国際単位系（SI）の接頭語．記号は p．

ピコー【pekoe】 料小枝の先の葉だけで作る上等の紅茶．ペコーともいう．

ピコグラム【picogram】 1兆分の1グラム．記号は pg．

ピコット【picot】 仏 服レースなどの編み物につける飾り輪．ピコともいう．

ピコネット【pico net】 情算 Bluetooth を利用した無線通信で，周波数の変更パターンが同じ端末同士の組．

ピコルナウイルス科【Picornaviridae】 生 RNA型ウイルスの一種．ウイルスの中で最も多くの型が存在する．腸管から侵入する腸内ウイルスと，一般のかぜの原因となるライノウイルスがある．

ビザ【visa】 社査証．外国人の入国許可の証明．ラテン語の carta visa（査証済み）の略．

ピザ【pizza】 伊 科小麦粉を練って丸く平たくし，種々の具とチーズをのせて焼いたイタリア料理．ピザパイ，ピッツァともいう．

ビザール【bizarre】 仏 奇妙な．変なもの．

ビザンティン美術【Byzantine art】 美東ローマ帝国の首都コンスタンティノポリスを中心に栄えた中世キリスト教美術．

ビジー【busy】 ①忙しい．にぎやかな．②情算人気のあるサイトに接続しようとしたり，回線が混んでいて接続できない状態．

ビシェグラード地域協力【Visegrád Regional Cooperation】 経 1990年にハンガリー，チェコスロバキア（当時），ポーランドの首脳が集まり，政治経済協力などのために形成した組織．

ビシソワーズ【vichyssoise】 仏 料ジャガイモやセイヨウネギなどを煮込んで作る冷製クリームスープ．ヴィシソワーズともいう．

ビジター【visitor】 ①訪問者．観光客．②競会員外の競技者．③遠征チーム．

ビジット ジャパン キャンペーン【Visit Japan Campaign】 日 社訪日外国人観光客を増やし，観光立国を目指す日本政府の計画．

ビジティングフェロー【visiting fellow】 教外国の大学や研究所に特定団体からの給付研究費で派遣される研究員．給費派遣研究員．

ビジティングライト【visiting right】 社面会

◀ピシバニー

権．離婚などをした親が子供に面会する権利．

ビジネス アーキテクチャー【business architecture】営複雑なシステムを形成する，独立設計できる部分の連結方法を示す基本構造や模式図．

ビジネス アセスメント【business assessment】営社企業が社会的責任を果たしているかどうかを査定すること．

ビジネス インキュベーター【business incubator】営教研究開発型企業育成施設．研究型大学の近くに企業を集め，人材と資金を供給して，大学で開発した技術を企業化する．

ビジネス インテリジェンス【business intelligence】I営データベースなどを利用して，ビジネス情報を収集する活動．

ビジネスキャリア制度【business career 日】営社職業能力修得．労働省（現厚生労働省）が1994年に始めた，事務系従業員を対象とする資格認定制度．

ビジネスクラス【business class】営社旅客機で，ファーストクラスとエコノミークラスの中間に当たる客席．

ビジネス グラフィックス【business graphics】I営算コンピューターの画像処理技術を経営上の意思決定などに利用すること．経営管理情報を図やグラフにして，大局的な状況や動きを理解するのに役立てる．

ビジネスゲーム【business game】営現実の企業と同様にモデル会社を作り，ルールに従って意思決定をすると，業績が表れるゲーム．

ビジネス コーポレーション【business corporation】営営利を目的とする法人．営利会社．

ビジネス コンサルタント【business consultant】営経営コンサルタント．企業の経営状態を診断して指導する．

ビジネスコンビニ【business convenience 日】I事務サービスのコンビニエンスストア．

ビジネスサーベイ【business survey】営経景気動向調査．

ビジネスシステム【business systems】I営算事務系アプリケーションシステムの総称．企業活動の合理化・効率化の支援を図る．

ビジネスショウ【Business Show】I営日本経営協会と東京商工会議所および大阪商工会議所の共催による，事務機器，OA 機器，情報処理システム関連の展示会．毎年5～6月にかけて東京と大阪で開かれる．1949年に第1回を開催．2006年に第58回．

ビジネススクール【business school】①教アメリカなどの大学にある経営学大学院．②教簿記・速記など商業実務を教える学校．アメリカでは business college という．

ビジネスセレブ【business celeb 日】ビジネス界の有名人．

ビジネスセンター【business center】営都市で企業の事務所が集中して経済活動が行われている地域．

ビジネスソフト【business software】I営算販売・在庫管理・給与計算など事務処理用のソフトウエア．業務ソフト．

ビジネスティー【business tea】レストランなどでお茶を飲みながら行うビジネス．

ビジネス デモクラシー【business democracy】営社事業民主主義．市場に自由参加して事業が起こせ，資金も自由に運営できること．

ビジネス テレビジョン【business television】I営通信衛星を利用する企業用の映像ネットワーク．BTV ともいう．

ビジネスプロセス アウトソーシング【business process outsourcing】営人事や経理などの事務作業を外部企業に任せる手法．

ビジネス プロセス リエンジニアリング【business process reengineering】I営業務などを根本的に革新すること．業務などを組み立て直して，経費削減や製品・サービスの高品質化を図り，企業業績を改善する経営革新手法．BPR，リエンジニアリングともいう．

ビジネスペーパー【business paper 日】営事務用などで使われている紙類．新聞・雑誌やコピー用紙などをいう．

ビジネスポータル【business portal】I営算インターネットで，企業ユーザー向けの機能を用意した Web サイトの最初にアクセスするページ．

ビジネスホテル【business hotel 日】ビジネスマン向けの比較的低料金のホテル．英語は no-frills hotel for businesspersons．

ビジネスポリシー【business policy】営経営方針．営業方針．

ビジネスマッチング【business matching】営ベンチャー企業と投資家や提携企業の調和・協調を図ること．

ビジネスマン【businessman】営社会社員．この意味では英語は company employee, office worker．本来は経営者や実業家をいう．

ビジネスモデル【business model】I営算ビジネスの手法や方法．中でも電子商取引などの，ネット関連ビジネスをいうことが多い．

ビジネスモデル特許【business model patent】I営電子商取引などの事業方法や仕組み，そのソフトウエアなどを対象とする特許．

ビジネスライク【businesslike】事務的・職業的に事物を処理すること．実際的な．実務的な．てきぱきした．能率的な．

ビジネスランチ【business lunch】打ち合わせ・商談などを行いながら食べる昼食．

ビジネス リーダーシップ【business leadership】営企業の経営者や管理者が経営のために発揮する指導性．

ビジネスリスク【business risk】営経営する上で企業が直面しているリスクのこと．

ビジネス レポーティング【business reporting】営経営状況の情報開示を行うための新たなモデル．1994年にアメリカ公認会計士協会が提唱した概念．

ピシバニール【picibanil OK-432】薬溶血性連鎖球菌の一種をペニシリンで処理して作る薬．悪

457

ビジビリテ ▶

性腫瘍に有効であり、消化器がんや肺がんなどに用いられる。

ビジビリティー【visibility】 視程．可視性．可視度．

ビジブル【visible】 目に見える．可視の．明白な．

ビジブル ヒューマン プロジェクト【visible human project】 医米国医療図書館で行われているプロジェクト．ボランティアで提供された死刑囚の人体を冷凍して、学術研究のためさまざまな画像に残す．

ビジブル マイノリティー【visible minority】 カナダでヨーロッパ系以外の民族．

ヒジャーブ【hijab 亜細】 宗女性のイスラム教徒が頭を覆う黒い布．ヘジャブ．hejab ともつづる．

ビジュアライゼーション【visualization】 ①I算可視化．コンピューターを使って、普通では見えないものを見えるようにすること．②視覚化．心にあるイメージを具体的に表現すること．③競運動選手が技術や能力の向上を目指して行う心理トレーニング法．

ビジュアリスト【visualist】 ①視覚型の人．ビジュアライザーともいう．②映映像作家．ビデオや映画など視覚に訴える表現を行う．

ビジュアル【visual】 視覚の．視力の．光学上の．目に見える．

ビジュアル開発ツール【visual development tool】 I算コンピュータープログラムを開発するためのツール．プログラムの処理手続きを部品化して、画面上で組み合わせる．

ビジュアル系【visual 一】 音視覚的衝撃が強い音楽家．髪を染めたりメークをしたりする．

ビジュアル コミュニケーション【visual communication】 視覚伝達．またはそのための表現全般を指す．

ビジュアル スキャンダル【visual scandal】 囚人目を引くため強烈な表現をする広告方法．

ビジュアル デザイン【visual design】 美絵や写真など、視覚的な効果を強調した美術デザイン．

ビジュアル ベーシック【Visual Basic】 I算アメリカのマイクロソフトが開発した、Windows 上で動作するプログラミング言語．

ビジュアル マーチャンダイジング【visual merchandising】 営視覚的な効果を重視し、店舗のデザインや飾り付けを行う販売促進．

ビジュアル メモリー【visual memory】 I算セガのゲーム機 Dreamcast 用の外部記憶システム．

ビジュアル ランゲージ【visual language】 言視覚言語．絵文字など、視覚的イメージで意味や感情を伝達する．

ビジュー【bijou 仏】 服宝石．珠玉．細密な工芸品．装飾品．

ビシュヌ神【Viṣnu 梵】 宗ヒンズー教の二大主神の一つ．太陽の神．

ヒジュラ【Hijra 亜細】 宗聖遷．激しい迫害を受けたムハンマド（マホメット）が信徒を引き連れてメッカからメディナに移住したこと．西暦622年で、この年をヒジュラ暦（イスラム暦）元年とする．

ビショップ【bishop】 宗司教．主教．監督．チェスのこまの一つ．

ビショップ環【bishop's ring】 因太陽の火山の大爆発や核爆発などの際に、太陽の周囲に現れる赤みがかった輪．

ビジョン【vision】 ①将来に対する展望．見通し．先見．構想．②視覚．視力．視野．ロボットがもつ人工視覚．

ビジョン2020【Vision 2020】 I経マレーシアのマハティール首相が1991年に表明した構想．情報通信基盤を確立し2020年の先進国入りを目指す．

ビジョン2025【Vision 2025】 I経アジア通貨危機後に韓国が策定した情報技術（ＩＴ）計画．1999年に発表．

ビジョンブラッド【pigeon blood】 深紅色．

ピジン【pidgin】 言混合語．外国人同士がいくつかの言語を混合して用いる補助言語．

ピジン イングリッシュ【pidgin English】 言東南アジア、メラネシア、西アフリカなどの混合英語．通商などで使う．ピジン英語．

ビスク【bisque 仏】 料鳥肉・貝・魚などを主な材料にした濃厚なスープ．

ビスクドール【bisque doll】 素焼きの陶器製の西洋人形．

ビスコッティ【biscotti 伊】 料イタリア生まれの硬く焼いたビスケット．

ビスタ【vista】 展望．眺め．見通し．

ビスタカー【vista car 日】 機電車・列車の2階建てになった展望車．英語は dome car, observation car．

ビスタコーチ【vista-coach】 機普通の客車より展望の広い客車．

ビスタビジョン【Vista Vision】 映画面の広いワイドスクリーン方式映画の一種．画像の鮮明度が高い．商標名．

ビスタビジョン サイズ【vista vision size】 I映フィルムを非圧縮で撮影し、上映時に上下を黒くマスクして映写するフィルム映像方式．

ヒスタミン【histamine】 化アミノ酸のヒスチジンが分解してできる物質．血管拡張、胃液分泌の亢進、血圧降下などを起こし、アレルギー症状とも関連がある．

ヒステリー【Hysterie 独】 医不安障害の一種で、精神的な原因によって病的な症状を呈するもの．単に女性の異常興奮を指すこともある．

ヒステリー性格【hysterie 一】 心演技性人格障害．感情が刺激されやすく、他者から注目されたいという欲求がとても強い．

ヒステリシス【hysteresis】 理磁性体や弾性体の外圧に対する反応が、以前の経歴によって左右される現象．履歴現象．履歴効果．経済用語でも使う．

ヒステリック【hysteric】 ひどく興奮している．理性を失った．

ピスト【piste 仏】 ①競自転車競技や陸上競技などの競技場・走路．フェンシングの台上に設ける競技場．②芸サーカスなどの舞台．

ヒストグラム【histogram】 数統計上のグラフで、

柱状グラフ．度数分布表．
ヒストリアン【historian】歴史家．歴史学者．
ヒストリー【history】①歴史．経歴．来歴．②ⅠＴ算 MS-DOSなどで，入力したコマンド文の履歴を記録し，再度キー操作などで呼び出して実行できる機能．③ⅠＴ算 ブラウザソフトで，訪ねたサイトの履歴を記憶し，次にメニューから選ぶとジャンプして戻れる機能．
ヒストリカル ファイル【historical file】ⅠＴ算 過去の処理の履歴を記録したファイル．
ヒストリカル ランドマーク【historical landmark】遺跡．歴史的な遺構・遺物．
ヒストリック リハビリテーション【historic rehabilitation】建歴史的に価値のある建造物に手を加えて再利用すること．
ビストロ【bistro】小さな酒場．料理店．
ヒストロジー【histology】①生組織学．組織の構造や発生を研究する生物学の一分野．②生生物組織の微細構造．
ヒストン【histone】生塩基性たんぱく質の一つ．真核生物の細胞の核内でＤＮＡ（デオキシリボ核酸）と結合した形で存在する．
ヒスノイズ【hiss noise】磁気録音テープで発生するサーッという雑音．
ヒスパニック【Hispanic】社アメリカに住むスペイン語を話すラテンアメリカ系の市民．メキシコ，カリブ海諸島から移住した人々とその子孫．スパニッシュアメリカン．
ヒズブアッタフリール アルイスラーミーヤ【Hizb ut-Tahrir al-Islamiya 亜刺】政イスラム解放党．中央アジアの非合法イスラム組織の一つ．
ビスフェノールA【bisphenol A】化有機化合物の一種．ポリカーボネートやエポキシ樹脂などの原料．環境ホルモン性が疑われる．
ヒズボラ【Hezbollah】政レバノンのイスラム教シーア派の過激派．神の党の意．
ビスマス系高温超電導セラミックス【bismuth-based superconducting ceramics】化理電気抵抗がゼロになり反強磁性を示す性質をもつセラミックス材料の一つ．$Bi_2Sr_2Ca_2Cu_3O_{10}$ の組成をもち，110Kの臨界温度を示す超電導体．1988年に発見．
ヒソップ【hyssop】植ヤナギハッカ．シソ科の香草．地中海沿岸地方が原産．
ビター【bitter】①苦い．苦みがある．②痛切な．つらい．
ビタースイート【bittersweet】ほろ苦い気分．苦痛や悔恨を伴う喜び．
ヒターノ【gitano 西】社インド北西部からヨーロッパや北アフリカを経て，スペインに移住した民族．
ビターレモン【bitter lemon】食レモンと炭酸水で作る飲み物．
ビタバーレー【vita barley】食強化精麦．ビタミンＢ₁，Ｂ₂を添加して精麦された大麦．
ピタパン【pita bread 日】食中近東や地中海地方の平らパン．内部が空洞で，好みの具を挟んで食べる．ピタともいう．
ビタビ復号【Viterbi decoding circuit】Ⅰ算デジタル信号処理の研究者アンドリュー・ビタビが1966年に開発した信号の品質向上の方策．DVDプレーヤーなどに導入された．
ビタマー【vitamer】化化学構造と生理作用がビタミンに似た物質の総称．
ビタミン【vitamin】化生食品中に微量だが含まれ，生命を維持する上で不可欠な一群の物質の総称．A，B，Cなど多くの種類がある．
ビタミンカラー【vitamin color】服ビタミン豊富な果物や野菜に似たさわやかな色．
ビタミンC誘導体【vitamin C derivative】化容ビタミンCの欠点である経皮吸収性の低さや不安定性を改善した化合物．
ピチカート【pizzicato 伊】音弦楽器の弦を指先ではじく奏法．
ピッキング【picking】①社鍵穴に特殊な工具を差し込んで不法に開けること．②営物流サービスで，保管場所から物品を取り出すこと．
ビッグ【big】①大きい．大規模な．成長した．②経収益満期受取型貸付信託のこと．信託銀行が取り扱う代表的な長期貯蓄商品．
ピック【pick】①選ぶ．念入りに選択する．②音弦楽器の弦をはじくつめ．
ピッグアウト【pig out】過食する．ブタのようによく食べるという意．
ピックアップ【pickup】①選び出すこと．拾い上げること．②機レコードから針で音を拾う装置．カートリッジ．③機無蓋の荷物運搬部分のある貨物自動車．④競（ラグ）スクラム内の球を手で拾い上げること．反則の一つ．
ビッグアップル【Big Apple】ニューヨーク市の愛称．
ビッグイシュー【Big Issue】社路上生活者の自立支援を図る雑誌．1991年にロンドンで創刊．商標名．
ビッグイベント【big event】大行事．記念すべき出来事．大試合．ビックエベント．
ビッグエア【big air】競スキーやスノーボードのコンテストで，ジャンプ台を使って空中に飛び出し，様々なポーズを決めること．
ビッグエッグ【Big Egg 日】競日本初の屋根付き球場である東京ドームの愛称．
ビッグ エンディアン【big endian】Ⅰ算整数をバイトで表す場合，上位の桁を番地の前のほうに記憶する方法．⇔リトルエンディアン．
ビッグオイル【big oil】経大手石油会社．国際石油資本（メジャー）を除く，有力な石油企業の総称．
ピックオフプレー【pick-off play】競（野球）走者を油断させておき，牽制などでアウトにする守備側のサインプレー．
ビッグガバメント【big government】政政府支出の大きい政府．
ビッグガン【big gun】有力者．重要人物．
ビッググリーン【Big Green】環カリフォルニア州の住民提案128号のこと．画期的な州環境保護法の制定を目指したが，1990年の住民投票で否決された．
ビッグゲーム プランナー【big game plan-

ビッグサイ▶

ner】　略会社を設立し、起業家(アントルプルヌール)と呼ばれるような経営者になることを目指す人．

ビッグサイエンス【big science】　巨大科学．原子力開発・宇宙開発など、費用・規模ともに大掛かりな科学．

ビッグサイト【Big Site 日】　東京国際展示場の愛称．展示面積は8万㎡．

ビッグショット【big shot】　重要人物．大物．

ヒッグス粒子【Higgs boson】　理素粒子の間に働く四つの力のうちの、重力を除く三つの力についての量子論的理論である標準理論を構成する粒子．真空の転移を説明するものだが、実験的には未発見．

ビッグタバコ【big tobacco】　略アメリカの大手タバコ会社を指す俗称．

ビッグチル【big chill】　気大寒波．異常気象などで起こる大型の寒波．

ビッグネーム【big name】　有名人．著名人．名士．

ビッグバード【bigbird】　羽田空港(東京国際空港)のターミナルの愛称．1993年に開業．

ビッグバイク【big bike 日】　機排気量750cc以上の大型オートバイ．

ビッグパイプ【big pipe】　IT算高速リンク．伝送速度の異なる LAN が混在する環境の中で、サーバーなどをつなぐ部分に使う．

ビッグバス【big bath】　略会計処理の一手法．損失発生要因を当期に一括して費用化する．

ビッグバン【Big Bang】　①理宇宙創成の大爆発．宇宙は150億〜200億年前に大爆発し膨張し始め、現在も膨張し続けているといわれる．②経イギリスの金融・資本市場自由化の一つで、1986年に実施された証券制度の改正．

ビッグバンテスト【big bang test】　IT算一つ一つのモジュールを一度に結合して動作確認を行うテスト．

ビッグピーチ【Big Peach】　アメリカのジョージア州アトランタ市の愛称．

ビッグビジネス【big business】　略大資本企業．巨大企業．巨大産業．

ビッグファイブ【Big Five】　①略世界の五大会計事務所．②政五大国．国連安全保障理事会の五つの常任理事国．アメリカ、イギリス、フランス、ロシア、中国をいう．ビッグ5ともいう．

ビッグフット【Bigfoot】　サスカッチの異称．

ビッグブラザー【big brother】　①兄．②[B-B-] 全体主義国家の独裁者．個人に不当な権力をふるう独裁的な指導者や組織．BBともいう．

ビッグブルー【Big Blue】　IT算アメリカのコンピューター製造会社 IBM の異称．

ビッグフロイド【Big Floyd】　IT算アメリカのFBI (連邦捜査局)の犯罪捜査用コンピューターネットワーク．

ビッグヘッド ラケット【big-head racket】　競(テニス)打球面が大きく、握りの部分も太いラケット．

ビッグベリー【BigBelly】　環アメリカの環境保護活動家ジム・ボスが考案したゴミ箱．太陽エネルギーを利用したエンジンでゴミを圧縮し、収集車の出動回数を減らす．

ビッグベン【Big Ben】　建イギリスの国会議事堂にある時計塔の大時鐘．

ビッグボード【Big Board】　経ニューヨーク証券取引所の通称．巨大な株価表示板があるところから．

ビッグホーン【bighorn】　動オオツノヒツジ．ロッキー山脈に生息する野生の羊．

ビッグマーケット【big market】　略巨大市場．大規模な購買力をもつ市場．

ビッグマック指数【Big Mac standard】　経購買力平価理論に基づいた為替レートのこと．マクドナルド社のハンバーガーのアメリカ国内の価格と海外諸国での価格を比較する．

ビッグリーグ【big league】　高度な技術をもつ専門家集団．トップレベルにある専門家チーム．

ビッグローブ【BIGLOBE】　IT NEC が提供するインターネット接続サービス．

ピッケル【Pickel 独】　登鋼鉄製の頭部と木製または金属製の柄からなる登山用具．

ヒッコリー【hickory】　①植クルミ科カリア属の高木の総称．強くて弾力があり、スキー材用になる．②服厚地で綾織りの木綿シャツ地．

ピッコロ【piccolo 伊】　音木管楽器の一つ．フルートより一回り小さい形をしている．

ヒッチ【hitch】　ひっかける．からまる．くいなどにつなぐ．

ピッチ【pitch】　①回数．速度．②能率．調子．③競野球やクリケットなどで球を投げること．ボートやカヌーで1分間に漕ぐストロークの回数．④ねじ山とねじ山の間の距離．⑤化コールタールを蒸留して得られる残留物．⑥競サッカーやホッケーなどの競技場．⑦IT算出力装置で用いる行送りの幅や文字間の広さ．

ピッチアウト【pitch out】　競(野球)投手がわざとストライクゾーンを外して投球すること．

ピッチアンドラン【pitch and run】　競(ゴル)グリーン近くからの打法の一つ．球を落とす場所を考え、打ち上げて止めるピッチと、転がすランの特徴を生かして打つ．

ピッチコークス【pitch cokes】　化ピッチを乾留して作る炭素からなる固体．炭素製品原料や人造黒鉛に用いる．

ヒッチコックスタイル【Hitchcock style】　服ヒッチコック映画に主演したグレース・ケリーらが着たエレガントなマダムスタイル．レディススタイルともいう．

ピッチショット【pitch shot】　競(ゴル)グリーン近くからの打法の一つ．高く打ち上げ、落下後はすぐに止まる．

ピッチ走法【pitch running】　競歩幅を狭くして走る走法や、スケートなどの滑走法．

ヒッチハイカー【hitchhiker】　社通りがかりの車に無料で便乗しながら徒歩旅行をする人．

ヒッチハイク【hitchhike】　社無銭旅行．通りすがりの車を乗り継いで、目的地まで旅行すること．ヒッチともいう．

ピッチパイプ【pitch pipe】　音調子笛．楽器の調音・調律に用いる．

ピッチャー イン ザ ホール【pitcher in

◀ヒップライ

the hole】 競(野球)投手が苦境に追い込まれること．ノー ストライク スリー ボールの時などをいう．⇔バッター イン ザ ホール．

ピッチング【pitching】①競(野球)投球．投球法．②船などの縦揺れ．⇔ローリング．

ピッツェリア【pizzeria 伊】ピザ専門店．ピザを食べさせる料理店．

ヒット【hit】 ①競(野球)安打．②成功．大当たり．③命中．一撃．打つ．ぶつける．④[I]算検索する内容に適合するデータに出会うこと．⑤(日)経信託銀行などで取り扱われる据置型金銭信託の通称．据置期間は1カ月．

ビット[1]【bit】 ①[I]算情報伝達の最小単位．0と1の二つを区別する2進数字．binary digit の略．②数2進法．③削岩機などの先端に取り付け，岩石に穴を開ける小さい刃．④服馬が口にくわえるはみを形どった金具．

ビット[2]【bitt】綱などを結ぶために船の甲板に設置された短い柱．

ビッド【bid】 ①[I]経入札．競売などで値をつける．②トランプ遊びで，せりの申し出．

ピット【pit】 ①競自動車レースで給油・整備所．②競(陸上)跳躍競技の着地用の砂場．③競(ゴルフ)倒れたピンが落ちる穴．④くぼみ．考古学で小さな穴．

ピットイン【pit in 日】競自動車レースで，タイヤ交換や給油・故障などのために競走車が整備所に入ること．英語は pit stop．

ピットクルー【pit crew】競自動車レースで，出場車両の給油や整備を担当する作業員．ピットマンともいう．

ビットコミットメント【bit commitment】 [I]理量子暗号プロトコルで，ビット値を伏せて提出し，時間差を設けて開示する方法．

ヒット商品【hit item】経その年に圧倒的な売れ行きになった商品やサービス．

ヒット数【hit count】[I][4] WWW サーバーが，ブラウザーに転送したファイルの総数．サーバーの視聴行動調査の単位．

ビットストリーム【bit stream】[I]デジタル記録をする仕組み．入力するデジタル信号をそのまま記録する．

ヒットチェック【hit check 日】 [I]電子ゲームなどの，当たり判定．ゲームに登場する物体同士の接触・衝突をコンピューターで判断すること．

ヒットチャート【hit chart】音流行歌の人気や，CD などの売れ行き順を示した表．

ビット長【bit length】[I]算データ通信などで，1文字を表すビット数のこと．

ビットトレント【BitTorrent】[I][4]大容量ファイルを高速でダウンロードできる新世代型ファイル交換システム．

ビットパターン【bit pattern】[I]算さまざまなビットの組み合わせ．

ビットバレー【bit valley 日】[I][4]インターネット関連の新興企業が集積する渋谷周辺の異称．渋谷を英語に逐語訳した bitter valley からの造語．

ビットバン【Bit Bang】[I]算コンピューターの技術革新．ビッグバンからの派生語．

ビットビジネス【bit business】 [I]情報産業．従来の製造業を指すアトムビジネスに対比する意味で使う．

ピットブル【pit bull】社凶暴で人に威圧感を与える者．元来は，獰猛な犬の意．

ビットマップ【bitmap】[I]算文字や画像を点のパターンで表現すること．

ビットマップ ディスプレー【bitmap display】 [I]算画面表示をドット単位で扱える表示装置．複雑な図形などの表示に適している．

ビットマップ データ【bitmap data】[I]算パソコンのグラフィックスソフトの一種．点の集合で表現し，写真に近い画像が得られる．

ビットマップ フォント【bitmap font】[I]算文字の形を点（ドット）の組み合わせで表現するフォント形式．

ヒットマン【hit man】殺し屋．

ビットミュール【bit mule 日】服甲の部分を覆ったつっかけ型のサンダルで，馬のくつわ状の飾り金具を付けたもの．

ヒットメーカー【hit maker】音文大当たり作品を生み出す作家や音楽家などのこと．

ビットモカシン【bit moccasin】 服ひもがなく，馬のくつわ状の飾りを付けた靴．

ビットレート【bit rate】[I]算デジタル回線で1秒間に伝達されるビット数．またはデジタル機器が1秒間に発生するデータのビット数．ビット速度ともいう．

ビットローファー【bit loafer】服ひもなしで履けるスリッポン型の靴で，馬のくつわ状の飾り金具を付けたもの．

ヒッパルコス【HIPPARCOS】宇 ESA（欧州宇宙機関）の世界初の天体位置観測衛星．1989年に打ち上げた．High Precision Parallax Collecting Satellite の頭字語から．

ヒッピー【hippie】社1960年代後半にアメリカに現れた新風俗の若者たち．物質文明や社会的拘束を否定し，長髪や型破りな服装に代表される風俗を生み出した．

ヒップ【hip】①進んでいる．流行事情に明るい．物事に通じている．粋な．センスのいい．②尻．腰部．

ビップ【VIP】要人．very important person の頭文字から．ブイアイピーともいう．

ピップ【pip】電レーダー上で物体の位置を示す像．

ヒップスター【hipster】服腰骨に引っかけてはく，股上の浅いパンツや，ローウエストのスカート．

ヒップハンガー【hip hanger 日】服股上が浅く腰に引っかけてはくパンツ．ローライズドパンツともいう．

ヒップボーン【hipborn】服スカートやスラックスを腰骨に引っかけてはくスタイル．その服を英語では hip-hugger．

ヒップホップ【hip-hop】音リズムにしゃべり言葉を乗せるラップに，ダンスが伴う音楽．アメリカの黒人文化の一つ．

ヒップポップ スタイル【hip-hop style】服曲芸的な動きや踊りをするヒップポップ音楽に合う，だぶついたシャツなどの装い．

ヒップライン【hipline】 服腰回りの寸法，または

461

ビデオ▶

腰回りの輪郭線.

ビデオ【video】 映像.画像.録画.ビデオテープレコーダー.

ビデオアーキビスト【video archivist】 版テレビ番組の資料整理・保存など,映像を特に電子系で記録する専門家.

ビデオアート【video art】 芸モニターテレビなどを利用して,さまざまな映像表現を試みる芸術活動の総称.

ビデオエアプレー【video airplay】 版録画済みの音楽公演などの素材をテレビ放送すること.

ビデオエンジニア【video engineer】 版テレビカメラが映した映像を調整する技術者.

ビデオ オーバーレイ【video overlay】 Ⅰ算 映像機器からビデオ信号をコンピューターなどに取り込み,複数の独立した動画として同時に表示する機能.

ビデオ オン デマンド【video on demand】 Ⅰ版 都合のよい時に好きな番組を呼び出して視聴できる,CATV のサービス方式の一つ.

ビデオカード【video card】 Ⅰ算 画像表示装置に絵や文字を表示するためのカードボード.

ビデオカセット【video cassette tape】 カセットの録画記録用のテープ.VCT ともいう.

ビデオカメラ【video camera】 カメラと小型VTRを複合した手軽に撮影・録画できる機器.映像・音声を電気信号に分解してテープに記録する.カメラ一体型 VTR.

ビデオ キャプチャー【video capture】 Ⅰ算 ビデオやアニメーションなどの動画を,デジタルデータに変換してコンピューターに取り込むこと.またはそのための周辺機器.

ビデオ キャプチャー カード【video capture card】 Ⅰ算 ビデオ入力用の拡張カード.CPU(中央処理装置)に高負荷をかけずに映像データを圧縮・入力できる.

ビデオクラシー【videocracy】 政版 テレビの宣伝効果や影響を重視して行う政治・政体.

ビデオクリップ【video clip】 音 新曲の売り出し用に作られたビデオ.プロモーションビデオともいう.

ビデオゲーム【video game】 Ⅰ算 パソコンを利用したゲーム.ゲームセンターに備える業務用ゲームや,家庭用テレビゲームなどがある.

ビデオ コンピューティング【video computing】 Ⅰ算 コンピューターを用いてビデオ画像を処理すること.アナログ形式の動画をデジタル形式に変換する方法がある.

ビデオ コンファレンス【video conference】 Ⅰ算 ビデオ会議.ビデオ映像をインターネット上に流して行う.

ビデオサーバー【video server】 Ⅰ算 映像などのマルチメディア情報を蓄積し,端末からの要求に応じてその情報を配信する装置.

ビデオシアター【video theater】 Ⅰ映 ビデオシステムを使って,映画などを上映する小規模の劇場.

ビデオＣＤ【video compact disc】 Ⅰ算 デジタル動画映像や高精細静止画を,デジタル音声が記録された CD と同サイズのディスク.

ビデオ ジャーナリスト【video journalist】 版取材,撮影,編集,現場報告などの業務を一人でこなす映像記者.

ビデオジョッキー番組【video jockey program】 版テレビで,主に新曲紹介のビデオをまとめて放映する音楽番組.

ビデオジン【videozine】 アメリカのビデオ形式の雑誌.video と magazine の合成語.

ビデオ シングルディスク【video single disc】 Ⅰ映像付き音声で約5分間だけ記録した直径12センチの光ディスク.

ビデオ信号【video signal】 Ⅰ算 コンピューターやテレビの画像表示装置に送られる映像信号のこと.コンピューターでは,一般的に,RGB(赤・緑・青)信号という3原色の輝度を表す信号を用いる.

ビデオソフト【video soft 日】 テープまたはディスクによるビデオ用のプログラム.映画の再生用のほか,教育・広報・資料・娯楽などさまざまな分野のものがある.英語では video software.

ビデオ ダイヤルトーン【video dial tone】 Ⅰ電話回線を通じて映画,テレビ番組などの映像プログラムを伝送するサービス.ビデオ伝送サービス.

ビデオチップ【video chip】 Ⅰ算 パソコンの画面表示を担当するチップ.ビデオコントローラーともいう.

ビデオチャット【video chat】 Ⅰ算 キーボードを使わずに動画カメラを使ったネットワーク上のおしゃべり.

ビデオディカル【videodical】 定期的に発行されるマニア向けのビデオカセット.video と periodical の合成語.

ビデオディスク【videodisc】 Ⅰ音声信号と映像信号が記録されているディスク.VD ともいう.

ビデオテープ【video tape】 Ⅰ版 テレビ放送などの録画・再生用の磁気テープ.

ビデオテープ レコーダー【video tape recorder】 Ⅰ版 テレビ放送などの録画・再生装置.VTR.

ビデオ デジタイザー【video digitizer】 Ⅰ算 ビデオ信号をコンピューターで処理できるようにデジタル信号に変換する装置.

ビデオテックス【videotex】 Ⅰ電話回線を利用し,情報センターに蓄積された文字・図形情報を,利用者のテレビ受像機に表示させるシステム.1980年代に始まった.VTX ともいう.キャプテンもその一方式.

ビデオテロッパー【video telopper】 Ⅰ算 ビデオカメラで撮影した画面に,別の画像や文字などを重ね合わせる装置.

ビデオトリップ【video trip】 版ミュージックビデオのもつ画像と音響の特長を一層強調し,陶酔的な心理状態などを演出するビデオ.

ビデオ入力コネクター【video input connector】 Ⅰ算 外部機器のビデオ出力信号を取り込むために必要な端子.

ビデオパイレーツ【videotape pirate】 ビデオテープを無断で複製する者.著作権をめぐる問題が起きている.

ビデオビジット【video visit】 家族や友人などが、日常生活をビデオ撮影して、手紙代わりに送ること。ビデオによる訪問の意。

ビデオブース【video booth】 街角で録画用のビデオテープにメッセージを収録して、郵送できる仕組み。アメリカで始まる。

ビデオプラス【Video Plus】 ①放 Gコードという3～8桁の予約コードを入力して、テレビ番組の録画予約をする機器。アメリカのジェムスター社が開発した。

ビデオプリンター【video printer】 ビデオ映像信号を画像に変換して紙に印刷する機械。

ビデオ プロジェクター【video projector】 ①放 テレビによる映像投射機。テレビに映った画像をスクリーンに投影するもの。

ビデオボード【video board】 ①算 パソコンの画面をディスプレーに表示するための拡張カード。ビデオカードともいう。

ビデオマガジン【video magazine 日】 雑誌風にテーマ編集して販売されるビデオ。英語は video periodical。

ビデオ ミュージック【video music】 映音 映像と音楽を組み合わせた表現。

ビデオムービー【video movie】 カメラ一体型の携帯用 VTR。録画専用のものと録画と再生の機能を備えたものがある。

ビデオメーター【Videometer】 放 視聴率調査のための記録装置。テレビセットに取り付け、視聴者のチャンネル操作を電気的に自動記録する。商標名。

ビデオメモリー【video memory】 ①算 画面に表示するイメージのデータを保存するメモリー。必要な容量は、解像度と色数で決まる。

ビデオモニター【video monitor】 ビデオ装置の表示装置の部分。

ビデオ ライブラリー【video library】 ビデオテープやビデオディスクの収集・保存・貸し出しなどを行う施設・機関。

ビデオリンク方式【video link】 社法 裁判で証人が別室からテレビモニターを介して証言すること。

ビデオレター【video letter 日】 ビデオテープ画像を用いる手紙。

ピテカントロプス エレクトゥス【Pithecanthropus erectus 羅】 生歴 ジャワ原人。ホモエレクトゥスの一種。

ビデノート【videnaut】 テレビゲームの達人。

ヒトインスリン【human insulin】 化生 人間のすい臓のランゲルハンス島β細胞より分泌されるホルモン。糖尿病の治療に用いる。

ビトウィーン ファミリーズ【between families】 社 自分が子供として育った家族と、自分が親となる家族の間にある、独身生活をしている期間・状態。

ピトー管【Pitot tube】 理 圧力差を利用した流体速度測定器の一つ。航空機の速度計などに用いる。

ビドキッド【vidkid】 テレビゲームっ子。

ヒトゲノム【human genome】 生 人間の遺伝情報の総体。ヒトの全遺伝情報。

ヒトゲノム計画【Human Genome Project】 生 人間のもつすべての遺伝子を解読する計画。

ヒトパピローマウイルス【human papilloma virus】 医生 性行為感染症の一つである尖形コンジロームの原因となるウイルス。HPV。

ヒトプロテオーム計画【Human Proteome Project】 生 人間がもつたんぱく質の構造・機能を解明する計画。

ヒドラジン【hydrazine】 化 窒素と水素との化合物で、無色の液体。ロケット燃料に用いる。

ヒドロキシカルバミド【hydroxycarbamide】 薬 尿素誘導体の一つ。1869年にドイツのドレスラーらが合成した。1960年代にアメリカで抗腫瘍作用があることが認められた。

ピトン【piton 仏】 登 岩壁の割れ目や氷雪に打ち込むくぎ。ハーケンともいう。

ヒドン コンピューター レボリューション【hidden computer revolution】 ①算 集積回路のマイクロ化が進み、利用者が気づかないところで進展するコンピューター革命。

ビナイン【benign】 親切な。優しい。親切で優しい態度の。良性の。善意ある。

ピナクル【pinacle 仏】 ①登 小さい岩峰。②建 西洋の中世建築に見られる小さな尖塔。

ビニール【vinyl】 化 ビニール化合物の総称。合成樹脂・合成繊維などの重要な原料。

ビニールペイント【vinyl paint】 ビニール樹脂塗料。はげにくく光沢がある。

ビニール本【vinyl magazine 日】 ビニールの袋に密封した扇情的な裸体写真集。ビニ本。英語は skin magazine。

ビニリデン【vinylidene】 化 塩化ビニールから合成する繊維の一種。防湿性に優れ、摩擦に強いため、テントや車の内張りなどに用いる。

ビニロン【vinylon】 化 ポリビニール アルコールから作る合成繊維の総称。保温性・耐久性に優れ、作業衣・漁網などに用いる。

ビネガー【vinegar】 料 酢。リンゴ、ブドウ、麦芽などから作る。ビネグルともいう。

ピノー【pineau 仏】 料 フランス製の食前酒。

ヒノキチオール【hinokitiol】 化 ヒノキやヒバの抽出油に含まれる化合物の一つ。抗菌性などの働きがある。

ピノプシン【pinopsin】 生 ニワトリの松果体で光を感じるたんぱく質。

ビバ【viva 伊】 万歳。ビーバ。

ビバーク【bivouac 仏】 登 露営。一般に宿泊施設のない時に行う予定外の露営をいう。

ビハーラ【vihara 梵】 宗 仏教の僧院・寺院。元来は休養の場所、休息所の意。

ビハーラケア【vihara care 日】 医 仏教を背景にして行う終末期医療・看護。

ビハインド【behind】 後方に。より遅れて。より劣って。遅れている。

ビハインド ザ シーン【behind the scenes】 舞台裏。

ビバップ【bebop】 音 第二次大戦中に起こったジャズの演奏形式の一つ。即興技法が発展しモダンジャ

▶ビバップ

ヒ

463

ズの先駆けとなった．ビーバップ，バップともいう．

ビバリウム【vivarium】 生動自然動物園．生態動物園．飼育展示ケース．

ビバリッジ報告【Beveridge report】 1942年に経済学者ビバリッジを議長とするイギリス戦時内閣の各省委員会がまとめた「社会保険及び関連サービス」という報告書．

ビバレッジ【beverage】 飲料．飲み物．ベバリッジともいう．

ビビッド【vivid】 生き生きとした．真に迫った．生々しい．

ビビッドカラー【vivid color】 鮮やかな色．ピンク，オレンジ，黄色，緑色などをいう．

ビヒモス【behemoth】 巨大で奇怪な人や物．

ビビンバ【pibimpap 朝】 料朝鮮料理の一つ．米飯に野菜のあえ物や炒めた牛肉などを盛る．

ビフィズス菌【bifidus bacterium】 生乳酸菌の一種．腸内腐敗をなくす働きがある．

ビフェニル【biphenyl】 化炭化水素の一種．二つのフェニル基からなり，伝熱媒体として用いる．

ビフォアサービス【before service 日】 営販売前にカタログやチラシで，潜在需要者に働きかけること．

ビフォアナイン【before nine】 社出勤前の個人的な時間．午前9時以前の意．アフターファイブに対応して用いられる言葉．

ビブス【bibs】 競サッカーなどで，練習に用いる網織り状のベスト．番号などを付ける．

ヒプノセラピー【hypnotherapy】 医催眠療法．催眠術療法．

ヒプノティズム【hypnotism】 催眠．催眠術．

ビブラート【vibrato 伊】 音音程を震わせながら歌ったり，演奏したりする方法．

ビブラホン【vibraphone】 音音を震わせるためのモーターがついている鉄琴．ビブラフォン，ビブラフォーンともいう．

ビブラム【vibram 伊】 登ゴム底に，びょうのような突起のある登山靴．

ビブリオグラフィー【bibliography】 書誌学．参考文献目録．図書目録．

ビブリオファジック【bibliophagic】 書物を次々とむさぼり読むこと．

ビブリオマニア【bibliomania】 書籍収集癖．蔵書癖．猟書癖．

ビヘイビア【behavior】 行為．行動．態度．振る舞い．品行．行儀．

ビヘイビア コントラクト【behavior contract】 教社入寮者の行状についての契約．アメリカの大学で，寮での生活心得などをまとめて契約し，反社会的な行動を防止している．

ビヘイビア パターン【behavior pattern】 社行動様式．

ビヘイビアラル エコノミックス【behavioral economics】 経行動経済学．経済学に行動心理学を応用するもの．

ビヘイビアリズム【behaviorism】 心客観的に見ることのできる行動のみを研究の対象とする心理学．行動主義．

ヒポキサンチン【hypoxanthine】 化生体内のプリン誘導体で，核酸の塩基類似物質．主に生化学の研究に用いる．

ヒポコンデリア【hypochondria】 心憂鬱症．心気症．ヒポコンデリーともいう．

ピボット【pivot】 ①機計測器などに用いる先端が円錐形の軸．②競ダンスや体操などで片足を軸にして回る方法．

ピボットテーブル【pivot table】 I算アメリカのマイクロソフトの表計算ソフト Excel で，表を作り直す機能．項目を並べ替えたり，集計方法を変えたりできる．

ピボットマン【pivotman】 競(ピポットポジション)ポジションの一つ．長身で，ゴール下の司令塔の役目をする選手．センターともいう．

ピボットレート【pivot rate】 経アメリカのドルに対する各国為替の基準レート．

ヒム【hymn】 ①宗賛美歌．②賛歌．

ヒヤシンス【hyacinth】 植ユリ科の多年草．小さな釣鐘状の花が密集して咲く．多くの園芸種がある．

ビヤンド【viande 仏】 料肉料理．食用の肉．ヴィヤンドともいう．

ピュア【pure】 純粋な．きれいな．清潔な．

ピュアウォール【pure wall 日】 建ビルの外壁をフッ素系樹脂を用いて洗浄・保護する技術．

ピュア オリーブオイル【pure olive oil】 料精製オリーブオイルとバージンオリーブオイルを混合したもの．

ピュアフラット管【pureflat-tube】 I算表示面が完全な平面で，事実上平面に見えるCRT（ブラウン管）．フラット管はフラットスクエア管の俗称．

ピュアモルト【pure malt】 料モルトウイスキーの原酒同士を混ぜたもの．バッテッドモルトともいう．

ビュー【view】 景色．展望．視力．視界．考え方．見解．所見．

ビューイング座標系【viewing coordinate system】 I算視点座標系．コンピューターグラフィックスで使う視点を基準とした座標系．

ビューカメラ【view camera】 写レンズ取り付け部・感光材料装着部・蛇腹のそれぞれが自由に調節でき，肖像や風景の撮影などに用いる組み立てカメラ．

ピューク【puke】 吐き気．へど．げろ．

ビューグル【bugle】 ①らっぱ．角笛．②服装飾などに用いるガラス製の管玉．

ヒューズコック【fuse cock 日】 ガスの安全コック．ガス管が外れるとコックの中の玉がガスの流れを止める．東京ガスが開発．

ピューター【pewter】 化白目(しろめ)．スズを主成分に鉛などと作る合金．

ビューティー【beauty】 ①美．美しさ．②美人．美女．

ビューティー コンテスト【beauty contest】 美人コンテスト．

ビューティー サイクル【beauty cycle 日】 容車輪のない美容用自転車．商標名．英語は stationary bicycle．

ビューティー サロン【beauty salon】 容美容

◀ヒューマン

院．ビューティーショップ，ビューティーパーラーともいう．

ビューティー スポット【beauty spot】 容アクセントとして，ほおなどに小さな模様を描くメーキャップ．本来は付けぼくろの意．

ビューティー プッシュ【beauty push 日】 容顔のつぼを指で押して疲れなどを取る美容法．英語は finger-pressure beauty therapy．

ビューティフル【beautiful】 美しい．素晴らしい．すてきな．優雅な．

ビューティフル ピープル【beautiful people】 社上流階層の人々．国際社交界で活躍する人たち．美しさや優雅さの流行の先駆けとなる．

ビュー表【view table】 I算関係データベースに対して操作を行ってできる，見かけ上の表のこと．

ビュー ファインダー カメラ【viewfinder camera】 写小型軽量35mmカメラのこと．独立したのぞき窓をもつことから．

ヒューボ【Hubo】 機韓国の科学技術院が開発した二足歩行ロボット．

ビューポイント【viewpoint】 立場．考え方．ポイント オブ ビュー．

ビューポート【view port】 I算コンピューターグラフィックスの画像生成工程で，投影変換した図形を表示する長方形の領域．

ヒューマニスト【humanist】 人道主義者．人文主義者．

ヒューマニズム【humanism】 ①人道主義．人間中心主義．②人文主義．ヨーロッパのルネサンス運動の中心思想．

ヒューマニゼーション【humanization】 営企業経営上の人間関係を改善すること．

ヒューマニタリアニズム【humanitarianism】 ①キリスト教的博愛主義．人道主義．②宗キリスト人性説．キリストには神性はないとする神学説．

ヒューマニタリアン【humanitarian】 博愛主義の．人道主義の．

ヒューマニタリアン カタストロフィー【humanitarian catastrophe】 社政人道上の破局．国家権力などが人権抑圧や暴虐行為を行うこと．hc등い．

ヒューマニティー【humanity】 人間性．人間らしさ．慈愛．慈悲．ユマニテともいう．

ヒューマノイド【humanoid】 人間に似た想像上の宇宙人．

ヒューマノイド ロボット【humanoid robot】 I人間型ロボット．人間に似た形状と特徴をもつ．頭，二つの目，二本の手，二本の足などを有する知能ロボット．

ヒューマン【human】 人間らしい．人情味のある．人間の．人間．

ヒューマン アセスメント【human assessment】 営適正配置のために，人材の能力を事前に評価すること．

ヒューマン アプローチ【human approach】 人間性に訴える接近法．感情・情緒への訴え・話しかけ．

ヒューマン インターフェース【human interface】 I算人間が機械から情報を受け取ったり，それを操作する仕組みや規約，考え方などの総称．

ヒューマン インタレスト【human interest】 ①人間的な興味・関心．人間が一般的に示す興味．②放テレビなどで，視聴率を上げるために視聴者が関心をもちそうな内容を盛り込むこと．

ヒューマン インタレスト コピー【human interest copy】 広誰もがもっている感情に訴えて宣伝をする広告文．

ヒューマン インベントリー【human inventory】 営企業に必要な，人間と機械・作業環境の関係を，心理学や生理学などによって分析し，人間にとって最適の条件を創出しようとする研究．人間資産目録．

ヒューマンウエア【humanware】 I算コンピューターの利用が進むことによって起こる，利用する側の人間の意識や資質のこと．

ヒューマン エコロジー【human ecology】 生人間生態学．ヒトを他の生物の中の一員と考え，自然環境だけでなく社会環境との相互関係を研究する．

ヒューマンエラー【human error】 人的原因で起こる過ち．人間が引き起こす間違い．機械の誤動作への対語的語法．

ヒューマン エンジニアリング【human engineering】 ①望ましい作業環境を創り出すために，人間の機能・特性を研究する学問．人間工学．HEともいう．②営心理学的手法を用いた企業内での人事管理法．

ヒューマン カウンター【human counter 日】 理放射性物質のある場所で働く作業員に用いる，放射線量の計測器．

ヒューマン キャピタル【human capital】 営人的資本．人間を投資によって生産力を高めることができる資本とみなしたもの．

ヒューマンゲノム計画【Human Genome Project】 I生デオキシリボ核酸（DNA）の塩基配列を全部解明し，人体の設計図を明らかにしようとする科学プロジェクト．ヒトゲノム計画．

ヒューマンスケール【human scale】 建人間の体の大きさを基準にして決めた空間．または基準値．

ヒューマン セクシャリティー【human sexuality】 生生殖という枠組みを超えた人間の性のあり方．

ヒューマンタッチ【human touch】 芸絵画や写真などを鑑賞する人に，人間的な感情をもたせる表現の手法．

ヒューマンチェーン【human chain】 社人間の鎖の輪．反核や平和運動などの示威行動の一つで，大勢の人が手をつないで反対の対象となる建物・場所などを取り囲むこと．

ヒューマン ドキュメント【human document】 人間性を描出する記録．

ヒューマン ビートボックス【human beatbox】 芸リズム楽器などを口まねしてラップ音楽を表現する方法．

ヒューマン ファクター【human factor】 営

465

ヒューマン▶

囲人的要因．人間が問題を引き起こす要因となること．

ヒューマン フロンティア サイエンス プログラム【Human Frontier Science Program】 生生体機能応用技術に関する国際基礎研究協力計画．1987年のベネチアサミットで提唱された．HFSPともいう．

ヒューマン ポテンシャル【human potential】人間の潜在能力．

ヒューマン ライツ ウオッチ【Human Rights Watch】 囲非政府組織（NGO）の一つ．人権監視を目的に法律家や学者などが，1978年に結成．本部はニューヨーク．

ヒューマン リソース デベロップメント【human resources development】囲人的資源開発．従来の従業員教育訓練を新しく言い換えたもの．HRDともいう．

ヒューマン リソース マネジメント【human resources management】囲人的資源管理．従来の人事労務管理を新しく言い換えたもの．HRMともいう．

ヒューマン リレーションズ【human relations】囲社人間関係．企業の経営管理などで，人間関係を重視する考え方．HR．

ヒューミント【humint】 軍諜報活動．スパイによる情報収集活動．human intelligence からの合成語．

ヒューム管【Hume pipe】 建鉄筋コンクリート管．水道管・排水管などに用いる．

ヒューメーン【humane】 人情のある人．人の道にかなった．慈悲のある．ヒューマンとは区別して用いる．

ヒューモリスト【humorist】 ①ユーモア感覚のある人．ひょうきんな人．②文ユーモア作家．

ヒューリスティック【heuristic】 ①発見性のある．②教生徒に自分で発見させる．

ヒューリスティック アプローチ【heuristic approach】Ⅰ算発見的解決方法．人工知能分野の用語で，複雑な問題を解くのに，コンピューターに試行錯誤を繰り返させ，自らその解決案を見つけ出せるようにする方法．

ヒューリスティックス【heuristics】 常に成り立つとは限らないが，多くの場合に有効とされる経験的知識．発見的知識．

ヒューリスティック探索【heuristic search】Ⅰ算人工知能の分野で，個々の問題領域に特有な情報を用いて解を求める方法のこと．

ピューリタニズム【Puritanism】 ①宗清教．清教主義．清教徒の信条．② ［p-］厳格主義．

ピューリタン【Puritan】 宗清教徒．16世紀後半，英国国教会のカトリシズムに対して宗教改革の徹底・強化を行おうとした人々．

ビューリミア【bulimia】 医大食症．病的飢餓．

ピューレ【purée 仏】 料野菜などを煮て裏ごししたもの．

ピューレックス法【purex process】 理核燃料の再処理法の一つ．使用済み核燃料を有機溶媒でウラン，プルトニウム，核分裂生成物に分離する．

ビューロー【bureau】 ①事務室．事務所．官庁などの局．②鏡付きの寝室用たんす．

ビューロクラシー【bureaucracy】 政官僚政治．官僚主義．官僚社会．官僚制．

ビューワー【viewer】①スライドを拡大して見る光学装置．ビューアともいう．②テレビ視聴者．見る人．③Ⅰ算編集機能などはなく，確認用にファイルの中味を閲覧するためのソフトウエア．またはその機能．ブラウザともいう．

ビュスチエ【bustier 仏】 服紐なしのキャミソール風トップ．バストを覆うものの意．ビスチェともいう．

ヒュッテ【Hütte 独】 建山小屋．山小屋風の宿泊施設．

ビュッフェ【buffet 仏】 ①駅や列車内の簡易食堂．②料立食式の食事やパーティー．③食器棚．ブッフェともいう．

ピュリツァー賞【Pulitzer Prize】 アメリカで報道・文学・音楽などの分野で，毎年優れた作品に贈られる賞．

ビュルガー病【Buerger disease】 医血栓性閉塞性血管炎．手足の動脈がつまって指の痛みや潰瘍を起こす疾患．成人男子に多いが，病因は明らかになっていない．バージャー病．

ビュレット【burette 仏】 化目盛りのついた滴下用ガラス器具．液体の体積を量る実験器具の一種．

ビヨンドライト【beyond right】以遠権．航空交渉で用いられる．

ピョンヤン宣言【Pyongyang Declaration】 政日朝平壌宣言．2002年9月，小泉純一郎首相が北朝鮮の平壌を訪問，金正日総書記と合意した宣言．

ビラ【villa 伊】建郊外の別邸．別荘．

ピラー【pillar】建柱．標柱．

ピラティス【pilates】 競ゆったりした動きで体をほぐし，ゆがみを正すエクササイズ．ドイツ人のJ.H.ピラティスが考案．

ピラニア【piranha】 魚カラシン科の熱帯淡水魚．南アメリカに生息し，鋭い歯をもつ．

ピラビタール【pyrabital】 薬鎮痛剤の一つ．解熱鎮痛剤に催眠剤を加えて鎮痛効果を高めた化合物．

ピラフ【pilaf 仏】 料洋風炊き込みご飯．洋風焼き飯．元来はトルコからヨーロッパに広まった米料理で，バターで炒めた米をスープで炊いたもの．

ピラミッド【pyramid】 ①建歴古代エジプトの王族の墓．四角錐形に石を積み上げて造る．②金字塔．

ピラミッドグラフ【pyramid graph】 数棒グラフを水平，対称に並べて，全体の形から特徴を読み取るグラフ．

ピラミッドシステム【pyramid system】 競ウエイトトレーニングで用いる，ピラミッド型の図形に合わせたようなトレーニングプログラムの進め方．

ピラミッドスキーム【pyramid scheme】 営ネズミ講．ネズミ算式に会員を増やすやり方の無限連鎖講．

ピラミッドパワー【pyramid power 日】 ピラミッド形状物の中で働く不思議な力．

ヒリー【hilly】丘陵性の．起伏に富む地形の．山がちな．

ビリーフ【belief】信念．信条．信仰．信頼．

ピリオディカル【periodical】日刊のものを除いた定期刊行物．雑誌．

ピリオド【period】終止符．一区切り．完結．期間．時代．周期．月経．

ビリオネア【billionaire】億万長者．

ビリオン【virion】[生]ウイルス粒子．ウイルスが成熟して粒子としての形態をもつもの．

ピリミジン【pyrimidine】[化][生]核酸の構成成分の一つ．

ビリヤード【billiards】[競]玉突き．球をキューでついて持ち点を競う．撞球．

ビリング【billing】①[映劇]ポスターやプログラムに書かれる俳優の序列．②[広]広告会社が広告主に対して行う請求のこと．

ピリン系薬剤【pyrine medicine】[薬]アミノピリン，スルピリンなどの解熱・鎮痛剤．人によっては副作用を生じる．

ピリン疹【pyrine rash】[医]ピリン系薬剤の投薬によってできる発疹．

ビル【bill】①[営]勘定書．請求書．②[営]証書．手形．③紙幣．④張り紙．チラシ．⑤[法]訴状．⑥法案．

ピル【pill】[薬]経口避妊薬．合成黄体ホルモン（ゲスタゲン）と卵胞ホルモン（エストロゲン）を混合して作る．排卵を抑制する．日本では1999年6月に解禁．oral contraceptive pill の略．原義は丸薬．

ビル オブ エクスチェンジ【bill of exchange】[営経]為替手形．

ビル オブ グッズ【bill of goods】[営]商品量．商品託送量．

ビル風【building —】[気]高層ビル周辺で起こる強風．

ヒルクライム【hill climb】①[競]険しい山道などで行う自動車やオートバイの競走．一定距離の上り道を一人ずつ走行して計時する．②[競]マウンテンバイクで急勾配を登る技術．

ピルグリム ファーザーズ【Pilgrim Fathers】[宗]清教徒の一団．1620年に信仰の自由を求めてメイフラワー号でアメリカ大陸に移住した．

ヒルサイズ【hill size】[競]スキーのジャンプ競技でジャンプ台の規模を表す数値．

ビルズオンリー政策【bills only policy】[経]中央銀行が公開市場操作に乗り出す際に，短期の証券だけを対象とすること．

ピルスナー【pilsner】①[料]ホップがきいた軽い貯蔵ビール．ピルゼンビールともいう．②底が細まっている細長いグラス．ピルゼングラス，ピルスナーグラスともいう．

ビルダー【builder】①建築業者．②ブロックなどの組み立ておもちゃ．③洗濯効果をよくするために，洗剤に加える研磨剤．

ビルダーリング【buildering】[競]岩登りの技術を使って高層ビルの外壁を登るスポーツ．building と bouldering の合成語．

ビルトアップ エリア【built-up area】[社]既

市街地．ビルが立ち並ぶなど土地が有効利用されている地域．

ビルトイン【built-in】作り付けの．はめ込みの．組み込まれた．内蔵された．

ビルトイン家具【built-in furniture】作り付けの家具．壁面全体を収納スペースにしたものなどがある．ビルトインは作り付けの意．

ビルトイン機器【built-in equipment】台所設備や冷暖房機器など，住宅本体に組み込まれた設備機器．

ビルトイン スタビライザー【built-in stabilizer】[経]自動安定化装置．景気変動を自動調節するように働く財政制度の安定要因．

ビルトイン マイク【built-in microphone】小型のテープレコーダーなどに取り付ける組み込み式マイクロホン．

ビルトゥオーソ【virtuoso 伊】名人．名手．主に演奏家についていう．

ビルドゥングスロマン【Bildungsroman 独】[文]教養小説．主人公の人間的な成長をテーマにする小説．

ビルド オペレーション トランスファー【build, operate and transfer】[建]建設会社が工事資金を調達して高速道路や橋などを建造し，通行料金で資金回収した後に，政府などに引き渡す方式．プラント輸出でも行われる．BOT ともいう．

ビルドダウン【build-down】[軍]新しい兵器を一つ導入するたびに，それまで配備していた兵器を一つ廃棄する方式．

ビルドツーオーダー【build to order】[営]顧客からの注文を受けてから機器を組み立て，販売する方式．BTO ともいう．

ヒルトレーニング【hill training】[競]起伏のある地形を意識的に速さに緩急をつけて走るトレーニング方法．ニュージーランドやオーストラリアで発達した．

ビルニュス10【Vilnius 10】[政]ルーマニア，ブルガリア，スロバキア，スロベニア，エストニア，ラトビア，リトアニア，クロアチア，マケドニア，アルバニアの中・東欧10カ国．呼称はリトアニアの首都に由来．

ヒルビリー【hillbilly】[音]アメリカ南部山岳地方の民謡．またそれを現代風に編曲した音楽．

ビルブック【bill book】[営経]手形明細帳．

ビルボード【billboard】①[広]野外広告の看板．掲示板．②［B-］[音]アメリカの音楽業界の週刊誌．1894年に創刊．

ビルマ民主同盟【Democratic Alliance of Burma】[政]ミャンマーの反政府武装組織の一つ．20の組織を統合し1989年に結成．DAB．

ビルマ連邦国民連合政府【National Coalition Government of the Union of Burma】[政]ミャンマーの反政府勢力が結成した臨時政府．1990年にカレン民族連盟の支配地域内で発足．NCGUBともいう．

ビルメンテナンス【building maintenance】[営建]建物を維持管理すること．

ヒレ【filet 仏】[料]ヒレ肉．牛や豚の腰の背骨の内側の肉．脂身がほとんどない．フィレ．

ビレイ【belay】🔲確保．ザイルで確保すること．ジッヘルング．

ビレイヤー【belayer】🔲フリークライミングで，命綱を確保する人．

ビレッジ【village】村．村落．集落．

ヒロイズム【heroism】英雄的行為．武勇．勇壮．英雄気取り．英雄崇拝主義．

ヒロイック【heroic】英雄の．勇ましい．雄雄しい．

ヒロイン【heroine】小説・映画・劇などの女主人公．⇔ヒーロー．

ビロード【veludo 葡】表面が毛羽で覆われた織物．英語のベルベット(velvet)に当たる．

ピロートーク【pillow talk】恋人や夫婦がかわす寝床での語らい．睦言(むつごと)．

ビロード革命【Velvet Revolution】🔲1989年に起きたチェコスロバキアの民主化．一党支配体制の打破が衝突や流血などを生じないで進み，共産党政権が倒壊した．

ビロード離婚【velvet divorce】🔲1993年のチェコとスロバキアの平和裏の分離のこと．

ピローフィッター【pillow fitter】枕診断士．

ピロシキ【pirozki 露】🔲小麦粉の皮の中に肉・野菜などを包み，油で揚げたまんじゅう．

ピロティー【pilotis 仏】🔲建物を支持する独立した柱が並ぶ吹きさらし空間．1階は支柱だけで2階以上を部屋として使用する．

ピロ電気【pyroelectricity】🔲温度の変化により結晶の表面に生じる電気．

ピロリ菌【helicobacter pylori】🔲ヒトの胃粘膜に感染する細菌．胃炎，胃潰瘍，胃がんの発生に関与する．ヘリコバクターピロリともいう．

ピン【pinta 葡】①さいころの目などの1．②最初．最高．

ピンイン【Pinyin 拼音 中】🔲1958年に制定された中国語のローマ字表記法．欧米で広く使われてきたウェード式に代わって，特にジャーナリズムを中心に世界的に用いられている．

ピンカール【pin curl】🔲毛束を丸めてピンで留め，カールを固定させるセット方法．

ピンキー¹【pinkie】🔲品質劣悪な赤ブドウ酒．

ピンキー²【pinky】①みだらな．わいせつな．②桃色の．

ピンキング【pinking】①🔲手芸法の一つ．浅いつまみ縫いで模様を浮き立たせるもの．②🔲布のほつれを防ぐために特殊なはさみで裁ち目をギザギザに切ること．

ピンク映画【pink film 日】🔲日本の中小プロダクションが，低予算・短期間で製作したソフトポルノ．

ピンクエレファント【pink elephant】🔲飲酒や麻薬の使用で起こる幻覚．桃色の象の意．

ピンクカラー ジョブ【pink-collar job】🔲典型的な女性の仕事．看護師，保母など伝統的に女性が多く占める職種．

ピンクサロン【pink salon 日】🔲性的なサービスを売り物にする社交酒場．ピンサロともいう．

ピンクシート【pink sheet】🔲アメリカの未上場株式・銘柄．取引情報をピンクの用紙に記載したことが由来．

ピンクスリップ【pink slip】🔲解雇通知．解雇通告．解雇命令書．

ピンクリスチン【vincristine sulfate】🔲抗悪性腫瘍剤．ニチニチソウから抽出される物質で，細胞分裂を妨害する働きがある．

ピンクリボン【pink ribbon】🔲乳がんの早期発見や治療の啓発活動に用いる記章．1980年代にアメリカで始まる．

ビンゴ【bingo】数多くのます目に仕切られた盤に玉を投げ込み，その数字と手持ちカードの数字を合わせる室内ゲーム．ビンゴゲーム．

ピン互換【pin compatible】🔲中央処理装置(CPU)やメモリーチップなど，接続用のピンが付いた電子部品が，同じ信号の配置をもつ他の同種製品と差し換えて使えること．

ヒンジ【hinge】①🔲ちょうつがい．②ちょうつがいのような働きをするもの．③切手をアルバムに張るためののりの付いた小さな紙．

ピンジャック【pin jack】オーディオ装置の入出力端子．オーディオ信号を送受信する．RCAジャックともいう．

ピンズ【pins】🔲ピンで留める小さなバッジ．胸元や帽子などに付ける．ピンバッジともいう．

ヒンズー教【Hinduism】🔲インドの民族宗教．バラモン教を基に大衆信仰や呪術を取り入れて，多様な教義と儀礼を生み出した．ヒンズーはインド人の意．ヒンドゥー教ともいう．

ピンストライプ【pinstripe】🔲細い縦じまの服地やスーツ．

ヒンターランド【Hinterland 独】🔲港の背後にあって，その経済活動を支える地域．事業所・広告物建設にかなった地域．

ピンタック【pin tuck】🔲ごく細めに取ったひだ．ひだ縫い．

ピンチ【pinch】危機．窮地．苦しい立場．

ピンチ効果【pinch effect】🔲放電管の中でプラズマが磁場によってひも状に絞られる現象．

ピンチコック【pinchcock】🔲ゴム管などを挟むのに用いる金具．流体の量を調節する．

ピンチヒッター【pinch hitter】①🔲(野球)代打．②危急の際の身代わり．代役．

ピンチペニー【pinchpenny】倹約．節約．しみったれ．けち．

ピンチョス【pinchos 西】🔲スペイン料理の一種．肉，魚，野菜などの串焼き．

ビンディング【Bindung 独】🔲(スキー)スキー板に靴を固定させる締め具．バインディング．

ビンテージ【vintage】①🔲優良ワイン．特に限られた地域のもの．極上のもの．②最上級の．最優秀の．古くて価値のある．③🔲時代を経て，価値の高くなった古着ファッション．

ビンテージ アプローチ【vintage approach】🔲技術進歩を考慮した経済成長モデル．ビンテージモデルともいう．

ビンテージイヤー【vintage year】🔲ブドウ酒の当たり年．ブドウの作柄がよく，ビンテージワインと

◀ファースト

いう高級ブドウ酒が作られた年．
ビンテージカー【vintage car】 機20世紀初めに製造された由緒ある歴史をもつ自動車．
ビンテージ加工【vintage finishing】 服生地や服飾製品に年代物の風合いを出す後加工．
ビンテージシック【vintage chic】 服古着をおしゃれのファッション．
ビンテージ ファッション【vintage fashion 日】 服時代を経て価値が高くなった古着ファッション．
ビンテージプリント【vintage print】 写作者が撮影直後に自ら焼き付けた写真．プライマリープリントともいう．
ビンテージ ミュージック【vintage music】 音過去の名盤をコンパクトディスク(CD)に再録して発売するもの．
ビンテージワイン【vintage wine】 酒由緒ある醸造元でブドウの当たり年に作られた高級ブドウ酒．
ヒント【hint】手掛かり．暗示．ほのめかし．
ピント【brandpunt 蘭】 ①理レンズの焦点．②物事の中心．重要な点．英語では focus．
ヒンドゥトヴァ【Hindutva】 社ヒンドゥー至上主義．ヒンドゥー民族意識．
ピントグラス【brandpunt glas 蘭】 写焦点ガラス．写真撮影の際に焦点が合っているかどうかを見る．英語では ground glass．
ピンナップ【pinup】壁に張って楽しむ写真．ピンアップともいう．
ピンナップボード【pinup board】コルクを張った黒板の一種．メモやカードなどをピンで止めて用いる．
ピンパーマ【pin permanent wave】 容毛束をピンでカールしてパーマをかける方法．主にサイドや襟足などに用いる．
ピンバッジ【pin badge】 服押しピンで留める方式の小型の記章．ピンズともいう．
ピンヒール【pin heel】 服細くて高いかかとの靴．スチレットヒールともいう．
ピンフォール【pinfall】 競(レスリング)有効な押さえ込みでフォールする技．
ピンヘッズ【pinheads】 競社いろいろな競技大会を記念して発売されるバッジの収集家．
ピンポイント【pinpoint】 ①ピンの先．②ささいなこと．③小さな的．
ピンポイント アタック【pinpoint attack】 軍都市部にある特定の軍事目標だけを選択し精密攻撃すること．
ピンポイント スキャン ディスプレー【pin-point scan display】 I算事前に定めた単一の水平，垂直走査周波数にだけ対応するディスプレー．かつてはこの方式が主流だったが，現在は減少している．
ピンポイント爆撃【pinpoint bombing】 軍精密照準爆撃．一点爆撃．
ビンボーイ【bimboy 日】 社美男でセクシーだが，知性に欠ける男性．ビンボーからの派生語．
ピンホール【pinhole】針で突いた小さな穴．小さな穴．
ピンホール カメラ【pinhole camera】 写針穴写真機．レンズの代わりに箱に開けた穴から採光し，フィルムを感光させるカメラ．
ピンポン伝送方式【ping-pong transmission system】 I算二線式回線で，全二重デジタル伝送を行う技術．TCM(時間圧縮多重化)方式ともいう．
ピン レバー ウオッチ【pin-lever watch】歯車の制御装置に鋼のピンを使った腕時計．大量生産で安価．

フ

プア【poor】貧しい．貧弱な．みすぼらしい．かわいそうな．⇔リッチ．
ファー【fur】服毛皮．毛皮製品．
ファーザー【father】①父．父親．⇔マザー．②宗神父．修道院長．
ファーザーリング【fathering】 社父親がとる養育行動．
ファージ【phage】 生ウイルスの一種．バクテリオファージ．細菌を宿主とするウイルス．
ファージベクター【phage vector】 生遺伝子の運搬体となるウイルス．
ファースティング【fasting】断食．超低カロリーによる食事療法．
ファースト[1]【fast】敏速な．速い．高速撮影の．高感度の．しっかり固定された．ファストともいう．
ファースト[2]【first】①第一の．最高の．一級の．②競(野球)一塁．一塁手．
ファーストイン ファーストアウト【first-in first-out】 I算先入れ先出し．保存データを，先に処理保存した順に処理すること．FIFO．
ファースト インプレッション【first impression】第一印象．
ファーストクラス【first class】①営社乗り物などの1等席．②一流．最高級．
ファーストシーン【first scene】 映劇最初の場面・光景．
ファースト ストライク【first strike】 軍核兵器による第一撃．先制攻撃を受けた側からの報復攻撃の最初の一撃もいう．
ファーストセール ドクトリン【first sale doctrine】 法著作物やその複製物を公衆に頒布する時，その権利は最初の適法な頒布で使い尽くされるとする法理．FSDともいう．
ファーストタイム ママ【first-time mom】 社初産の母親．ベビーブーム世代の夫婦が高齢出産をして最初の子をもつ傾向が見られることから．
ファーストツーダイ ポリシー【first-to-die policy】 経夫婦で加入し，どちらか一方が死亡すると保険金が支払われる特殊な生命保険．⇔セカンドツーダイポリシー．
ファーストドクター【First Doctor】 社政アメリカの公衆衛生局長の俗称．医務官僚のトップを示す．Surgeon General のこと．

469

ファースト▶

ファーストネーム【first name】名．姓に対する名．

ファースト パーソン シューティング【first person shooting】[IT算]画面中央部に銃を備え，プレーヤーの視点で標的を撃つ方式のゲーム．FPSともいう．

ファースト ファミリー【first family】①[社]人生において家族を最優先に考える人．ニューミドラーの類型の一つ．②[社]最高の社会的地位にいる一族・一門．

ファースト フラッシュ【first flush】[料]一番摘みの紅茶．

ファーストホスト【First Host】[社]歓迎会などの主催者となって客をもてなすアメリカ大統領のこと．

ファーストライト【first light】[天]新規建設した天体望遠鏡を使用開始すること．初めて天体の光をとらえるところから．

ファーストラン【first run】[映]封切り．初めて上映・興行すること．

ファーストルック ファーストキル【first look, first kill】[軍]中・長射程のミサイルを使う空対空戦闘の戦法の一つ．敵より早く発見し，ミサイルを発射して撃破すること．

ファーストレディー【first lady】①[社]各界の第一線で活躍する女性．トップレディー．②[F- L-][政]大統領夫人．首相夫人．

ファーティライザー【fertilizer】①肥料．化学肥料．②[生]受精の媒介者．

ファーティリティー クリニック【fertility clinic】[医]試験管人工受精を行う医院．

ファーティリティー ピル【fertility pill】薬妊娠促進剤．

ファートリミング【fur trimming】[服]人造毛皮をコートの襟・袖口などにあしらう技法．

ファーニチャー【furniture】家具．調度品．ファニチャーともいう．

ファーニッシング【furnishing】①作り付けの家具．備品．服飾品．②供給．準備．

ファービー【Furby】言語学習機能をもつおしゃべり人形．アメリカ生まれの電子ペットの一つ．日本では1999年にトミーが発売．商標名．

ファーマー【pharmer】[IT算]オンライン詐欺のファーミングをする者．

ファーマーズ マーケット【farmer's market】[農]農産物直販店．農業生産者が消費者に直接販売する方式．

ファーマシー【pharmacy】薬薬局．薬学．

ファーミング[1]【firming】引き締める．しっかりさせる．

ファーミング[2]【pharming】[IT算]オンライン詐欺の一つ．偽サイトに誘導して個人情報を盗み取る．farming（農耕）をもじった言葉．

ファーミング化粧品【firming cosmetics】[容]胸部や腰回りなどのぜい肉やたるみをとるのに用いる全身用化粧品．

ファーム[1]【farm】①[農]農場．農園．②[野球]選手養成チーム．プロ野球の二軍チーム．③[政]アメリカのCIA（中央情報局）の幹部要員訓練場．

ファーム[2]【firm】①[営]会社．企業．②堅固な．しっかりした．ぐらつかない．安定する．③[経]市況の堅調．

ファームウエア【firmware】[IT算]ハードウエアを制御するためのソフトウエア．ROM（読み出し専用メモリー）などに組み込まれている．

ファームシステム【farm system】[競][野球]アメリカの大リーグで，各球団が系列下にもつマイナーリーグ所属の予備軍．ファーム制度．

ファームステイ【farm stay 日】[社]農学生などを農家に寄宿させて農業を体験させる試み．

ファームバンキング【firm banking 日】[IT算経]企業などの得意先と金融機関を通信回線で結び，決済などの各種の金融業務を行う仕組み．FB．英語はonline business banking service．

ファーレンダラー【fur renderer】[IT映]映画撮影などで，コンピューターグラフィックスで動物の毛皮の質感などを出す手法．

ファーロング【furlong】ヤード・ポンド系の長さの単位．耕地用で，「耕地または畦道の長さ fur-row-long」の縮まったもの．イギリスでは220ヤード（1マイルの8分の1，約201m）．

ファイア【fire】①火．炎．たき火．②火事．ファイアー，ファイヤーともいう．

ファイアアウト【fire out】[営社]アメリカ流の首切り．解雇すること．

ファイアアラーム【fire alarm】火災報知器．火災警報．

ファイア アンド フォーゲット ミサイル【fire-and-forget missile】[軍]目標を捕らえて発射すれば，後は相手の誘導を必要としないで，自動的に目標に突入する型のミサイル．

ファイア インシュアランス【fire insurance】[経]火災保険．

ファイアウィード【fireweed】[植]焼け跡や開墾地などに生える雑草．

ファイアウオール【firewall】①[営経]業務の障壁．銀行と証券会社の職能を分けている条項．銀行と証券の両方の業務を行う金融機関に対して，それぞれの業務を完全に分けることを求める法規制．②[IT算]ネットワークへの不法侵入を防ぐシステムのこと．③防火壁．ファイアーウオールともいう．

ファイアエスケープ【fire escape】火事の際の避難設備．

ファイアストーム【fire storm 日】①[社]キャンプでたき火を囲んで歌ったり踊ったりすること．②[社]学生や寮生たちが校庭などでたき火を囲んで，踊って歌ったりして騒ぐこと．

ファイアボール【fireball】①火の玉．②[天]大流星．③精力家．④[野球]速球．

ファイアマン【fireman】①消防士．②蒸気機関車・汽船の機関員．③[競][野球]救援投手．

ファイアンス【faïence 仏】マジョリカ焼きなどの装飾用陶器．

ファイター【fighter】①闘士．頑張り屋．②[競][ボクシング]接近戦を得意とする攻撃型の選手．③[軍]戦闘機．

ファイティング【fighting】戦闘．戦闘用の．好

◀ファイブア

戦的な．
ファイト【fight】①気力．闘志．戦意．②励ましの掛け声で，頑張れ．
ファイトプラズマ【phytoplasm】 植生植物原形．植物に寄生し病気を引き起こす微生物．
ファイトマネー【fight money 日】 格闘技のプロ選手に支払われる試合の報酬．
ファイトレメディエーション【phytoremediation】 環植植物を利用して環境汚染の修復を図る技術．土壌，大気，水などの汚染を植物で浄化する方法．
ファイナライズ【finalize】 ①放 DVD レコーダーで DVD-R メディアにデータを書き込んだ後，どの機器でも再生できる DVD ソフト（DVDビデオ）と同様に見せかけるために施す信号処理．
ファイナリスト【finalist】 競決勝戦出場選手．決勝出場者．
ファイナリゼーション【finalization】決着．完結．交渉成立．
ファイナル【final】 ①競決勝戦．②最後の．最終の．決戦の．
ファイナルアンサー【final answer 日】 最終回答．最後の答え．テレビのクイズ番組で司会者が回答者に問い掛けるのに使った言葉．
ファイナルセット【final set】 競テニスやバレーボールなどで，勝負を決定する最後のセット．
ファイナル ファンタジー【Final Fantasy】 Ⅰ日本のスクウェアが発売したロールプレーイングゲーム．シリーズ化していて，エニックスの「ドラゴンクエスト」シリーズと並んで人気がある．
ファイナル 4【Final Four】 競(バスケ)アメリカの大学チャンピオンを決めるトーナメントで，準決勝戦以降のこと．
ファイナンシャル【financial】 経財政の．財務の．金融の．フィナンシャル．
ファイナンシャル アナリスト【financial analyst】 経証券アナリスト．投資アナリスト．企業の財務分析，相場動向の分析，産業界や経済の動向調査などを行う証券分析の専門家．
ファイナンシャル インスティテューション【financial institution】 経金融機関．
ファイナンシャル エンジニアリング【financial engineering】 経財テク．資金運用などで高度のテクニックを使い，金融取引による利益の獲得を狙うこと．
ファイナンシャル プランナー【financial planner】 経社個人の財産づくりや資産運用のアドバイザー．個人資産の増大や金融商品の多様化によって専門家が出てきた．ＦＰ．マネードクターともいう．
ファイナンシャル プランニング【financial planning】 経社顧客の資産，負債，所得，将来設計などに基づき，最も有利な資産運用方法と包括的な生活設計を作成すること．
ファイナンシャル リスク【financial risk】 経財政危機．
ファイナンシング ミックス【financing mix】 経資金調達の際，さまざまな金融商品などを

組み合わせて目的額を達成させるためのプログラム．
ファイナンス【finance】 経財務．財政．金融．資金源．融資．財政学．フィナンスともいう．
ファイナンスイン【finance in 日】 営経製造業の生産部門に財務部門を取り込み，価格変動の危険性や在庫コストなどを削減する方法．
ファイナンス カンパニー【finance company】 経金融会社．
ファイナンスリース【finance lease】 経リース期間中に，リース物件の取得額に金利や手数料を加えた金額を，リース料の形で全額回収する方式．
ファイバー【fiber】 ①繊維．繊維質のもの．②木綿やパルプの繊維を圧縮して固めたもの．電気絶縁体などに用いる．③科栄養価の少ない繊維食物．ダイエタリー ファイバーの略．
ファイバーアート【fiber art】 美繊維素材などで制作する芸術表現．ファイバーワーク．
ファイバーアンプ【optical fiber amplifier】 理光ファイバー増幅器．光ファイバー中に希土類イオンを添加し，短波長の励起光による誘導放出を利用して信号増幅を行う．
ファイバー オプティックス【fiber optics】 理光を伝えるガラス繊維を利用した光学技術．光ファイバ．
ファイバーケーブル【fiber cable】 Ⅰ毛髪ぐらいの細いガラス繊維ケーブルで，光を通して情報を送れる．光ファイバーケーブル．
ファイバースコープ【fiberscope】 医内視鏡．ガラス繊維製の管の先に超小型カメラを取り付け，胃や腸や肺などの診断撮影に用いる．
ファイバーチャネル【fiber channel】 Ⅰ算同軸ケーブルや光ファイバーケーブルなどで結び，高速データを送信するためのインターフェース規格．SCSI規格に比べ格段に速い．
ファイバー ツー ザ ネイバーフッド【fiber to the neighborhood】 Ⅰ広帯域のデジタル総合サービス網の一形態．近隣まで光ファイバーを引き，同軸ケーブルなどで各家庭に分配する．ＦＴＴＮともいう．
ファイバー ツー ザ ホーム【fiber to the home】 Ⅰ市内の電話局と家庭を光ファイバーで結び，音声や画像などの電気通信サービスを提供すること．FTTHともいう．
ファイバーボード【fiberboard】 建パルプやガラスなどの繊維を固めて板状にしたもの．内装用の壁材・天井材に用いる．
ファイバーワーク【fiber work】 美繊維素材を多用した自由な表現．1960年代から盛んになる．ファイバーアートともいう．
ファイファイ【fi-fi】 文経済的話題を物語の中心とする小説．主人公はビジネスマンやビジネスウーマン．financial-fiction の略．
ファイブ ア サイド【five-a-side】 競(サ)5人制のサッカー．ミニサッカーの一種．
ファイブ アデイ プログラム【5 A DAY program】 社科アメリカ国立がん研究所が推進する，健康のための食生活プログラム．野菜や果物，冷凍品，乾燥食品などで構成する1単位を，毎日5単位

471

ファイブコ▶

以上食べようとするもの.

ファイブコインズシネマ【5 Coins Cinema 日】映山形市で2005年7月に開業した小映画館. 低製作費のインターネット配信用作品を500円で公開する.

ファイブスター【five-star】 五つ星の. 最優秀の. 第一級の. 最高級の.

ファイブ ダブリュ ワン エイチ【five W's one H】 ニュース報道に不可欠とされる六つの要素. いつ(when), どこで(where), 誰が(who), 何を(what), なぜ(why), いかにして(how)を指す.

ファイラー【filer】 [I算]ファイル管理をするためのソフトウエア.

ファイリング【filing】 新聞・雑誌の切り抜きや書類などを分類・整理してとじ込むこと. 磁気媒体やマイクロフィルムなども用いる.

ファイル【file】①書類とじ. 紙挟み. ②書類・新聞・雑誌などを整理してとじ込むこと. ③[I算]フロッピーディスクなどに記憶されている, 組織的に集められた情報. またその一まとまりの単位. ④やすり.

ファイルアクセス【file access】 [I算]ディスク上にプログラムやデータなど意味をもつ単位で格納するファイルを, 読み書きすること.

ファイルアクセス法【file access method】 [I算]各種ファイルの, 編成方式に合わせたアクセス方式. 順次アクセス方式や直接アクセス方式などがある.

ファイル管理【file management】 [I算] OSの基本機能の一つ. ファイル作成, 読み込みなどの機能をもつ. また, ユーザーがファイルの整理を行うこと.

ファイル管理ソフト【file management software】 [I算]ハードディスクなどの外部記憶装置のファイルに, 削除や移動などの操作を簡単に行えるユーティリティーソフト. 最近ではあまり必要性がない.

ファイル形式【file format】 [I算]データをファイルとして保存する時の形式のこと. 複数のソフトウエアで読み込める共通のファイル形式もあり, 互換性のない形式もある.

ファイル交換ソフト【file exchange software】 [I算]個人利用のパソコン同士をインターネットで接続し, 記録情報を検索・コピーしてやりとりするソフトウエア.

ファイル構造【file structure】 [I算]ファイル中のデータの構造. UNIX や Windows の OS では1種類, MacOS では2種類のデータを格納.

ファイル コンバーター【file converter】 [I算]データ形式の異なるファイル間の変換を行うユーティリティーソフト. ただし相互の機能の違いから, 完全な変換は難しい.

ファイルサーバー【file server】 [I算] LAN上にあるコンピューターで, 共有して使っているファイルのある磁気ディスク.

ファイルシステム【file system】①事務処理の能率化のため, 書類・カード・切り抜きなどを取り出しやすく整理・保管すること. ファイリングシステムともいう. ②[I算]基本ソフトウエアがファイルを管理する方式.

ファイルスロット【file-slot】 [I算]補助記憶装置実装スペースの一種. NEC が PC-9801 FA/FS/FX 以降の機種で採用した, 周辺機器を接続するためのスロット.

ファイル操作【file operation】 [I算]コンピューターが補助記憶装置にファイルを作成, 削除したり, ファイル中のデータを検索したりすること.

ファイルタイプ【file type】 [I算]ファイルの名前に付けられる英数字の属性情報. Windows でファイルの名前の最後に付く拡張子.

ファイル転送【file transfer】 [I算]ネットワークに接続された他のコンピューターからファイルを取り出したり, ファイルを送り込んだりすること.

ファイルネーム【file name】 [I算]ファイル名. 一組みのデータまたはプログラムを外部記憶装置に書き込み・読み出すためにつける名前.

ファイル媒体【file media】 [I算]ファイルを記憶させる媒体. 磁気ディスクやフロッピーディスクなど.

ファイル編成法【file organization method】 [I算]コンピューターが扱うファイルの理論的な記録形式や, 補助記憶装置上での物理的な構成などのこと.

ファイル マネジャー【file manager】 [I算] Windows 3.1 と Windows NT に付属するファイルの管理用ソフトウエア.

ファイルメーカーPro【FileMaker Pro】 [I算]日本のファイルメーカーが発売するデータベースソフト. OSが混在した環境でデータ共有できるソフトウエア.

ファイル メンテナンス【file maintenance】 [I算]ファイルの更新, 削除やバックアップなどで, ファイルの管理や保守をすること.

ファイル レイアウト【file layout】 [I算]ファイル構造に関する情報を記述したもの. ファイル構造は, (1)データの属性, (2)大きさ, (3)順序などがある.

ファインアート【fine art】美絵画・彫刻・建築などの美術.

ファイン化【finezation】 営精密化・微細化の意. 産業用語では, 大量生産過程に対比する概念として用いられる. 高付加価値・高加工度・高機能性という内容をもつ.

ファインガラス【fine glass】 化高機能ガラス. 透光性, 平坦性, 溶媒性などを大幅に向上させたもの.

ファインケミカル【fine chemical】 化薬精密化学薬品. 医薬・香料などで純度の高く扱い量が少ない化学製品.

ファインスチール【fine steel 日】 金属材料の高級化, 高付加価値化を追求する先端素材.

ファイン セラミックス【fine ceramics】 化通常のセラミックスのもつ耐熱性・耐食性などに加え, 電磁気性など優れた性質をもった無機非金属材料・製品.

ファインダー【finder】①写構図を決めピントを合わせる, カメラののぞき窓. ②観察する対象を見つけ出す時に用いる, 大望遠鏡の見出し望遠鏡.

ファイン チューニング【fine tuning】経政短

期間に起こる経済の変動に応じて政策を立て，きめの細かい景気調整を行うこと．

ファインフード【fine food】 科高付加価値食品．普通の食品に有用性を付加した食品．ヨード卵など．

ファインプレー【fine play】 競美技．妙技．見ごたえのある技．

ファインポリマー【fine polymer】 化高価で少量しか使われないが特殊な機能をもつ重合体（ポリマー）の総称．超耐熱性材料や半導体材料などがある．

ファウンダー【founder】 営社創立者．創業者．発起人．設立者．開祖．元祖．

ファウンデーション【foundation】 ①基礎．土台．②財団．協会．③服女性用の下着．④容化粧の下地クリーム．ファンデーション．

ファウンドリー【foundry】 ①算LSI の量産を専門に請け負う企業．台湾やシンガポールに多い．シリコンファウンドリー，Si ファウンドリーともいう．

ファカルティー【faculty】 ①能力．才能．技能．②教大学の学部．大学教員．教授陣．

ファカルティー ディベロップメント【faculty development】 教大学教員の資質・教授能力の向上を図ること．

ファクサブル【faxable】 ①ファクスを使って情報などの伝達ができること．ファクシミリ完備の意．

ファクシミリ【facsimile】 ①複写電送装置．文字や図形を点に分解し電気信号に変えて送信し，受信側で紙面上に再生する通信方式．ファクス，ファクス，faxともいう．

ファクシミリ放送【TV broadcast through facsimile】 ①テレビ放送用の電波で文字・図形・写真などの画像情報信号を送り，ファクシミリで受信するサービス方式．

ファクショナリズム【factionalism】 派閥主義．党派心．派閥争い．

ファクション【faction】 ①派閥．党派．②映文事実(fact)と虚構(fiction)を取り混ぜた実録作品．実録小説．実録映画．

ファクス【fax】 ①複写電送装置．ファックス，ファクシミリ，フォトテレグラフともいう．

ファクスサーバー【fax server】 ①算 LAN 上でファクスの送受信の機能を一挙に受けもつサーバー．

ファクスハッカー【fax hacker】 ①送信を依頼していない相手に，ファクスを送りつける人や業者．

ファクスモデム【fax modem】 ①算ファクス機能が付いた変復調装置．

ファクター【factor】 ①要素．要因．②数因数．因子．③生遺伝因子．

ファクターE【factor E】 ①楽しく気持ちがいい要素をもつ業態が消費者に支持されるとする主張．E は entertainment の略で，娯楽の意．

ファクターコスト【factor cost】 経物品税などを差し引いた価格．要素費用．

ファクタリング【factoring】 経債権買い取り業．企業の売掛債権を手数料を取って買い取り，代金の回収を行う業務．

ファクチュアリズム【factualism】 事実重視主義．実証第一主義．

ファクト【fact】事実．真相．実説．

ファクト データベース【fact database】 ①算研究・調査で得られる，一次情報そのものを収録するデータベース．ソースデータベース．

ファクトリー【factory】工場．製造所．

ファクトリー アウトレット【factory outlet】 経工場放出品市場．直接に工場や倉庫を通す販路．特にバーゲンなどで，一般店頭では販売しない方法の一つ．

ファクトリー アウトレットストア【factory outlet store】 経工場やその付近で過剰在庫品，サイズの半端物，傷物，返品商品などを販売する形態．

ファクトリー オートメーション【factory automation】 営工場におけるオートメーション．生産システムの自動化を目指す．FA．

ファクトリーチーム【factory team】 競自動車メーカーが編成する自動車競走のチーム．

ファクトリーパーク【factory park】 営敷地内に庭園や池を配したり，博物館や広場を設けたりして，地域住民などが自由に出入りできるようにした工場施設．

ファクトリープライス【factory price】 営経工場渡し価格．

ファクトリーブランド【factory brand】 服デザイナーなどがもつ商標とは別に，生産工場が独自にもつ商標．

ファゴット【fagotto 伊】 音筒形の木管楽器．英語では bassoon（バスーン）．

ファサード【façade 仏】 ①建建物の正面．②外観．見せかけ．

ファジー【fuzzy】 ①あいまいな．柔軟性のある．境界が不鮮明な．②けばに似た．綿毛状の．③①算あいまいさを数値化して，コンピューターなどで処理できるようにすること．

ファジー コンピューター【fuzzy computer】 ①算あいまいな判断でも確率的に適正であればよいとするファジー理論を，理解し実行できるコンピューター．

ファジー推論【fuzzy reasoning】①算あいまいな知識を用いて，あいまいな推論をコンピューターで行うこと．

ファジー制御【fuzzy control】①算あいまいな情報や表現を基にした，柔軟な操作をファジー理論でモデル化し，コンピューターで実行すること．

ファジー プロセッサー【fuzzy processor】 ①算ファジー理論によるデータ処理を高速で行うための大規模集積回路(LSI)．

ファシスト【fascist】 社政ファシズムを信奉する人．ファシスタ党の党員．

ファシズム【fascism】 政イタリアのムッソリーニを党首とするファシスタ党の思想・支配体制．広義には独裁的国家主義．

ファシリティー【facility】 ①便宜．設備．施設．機関．②営建ホテルなどで利用者の便宜を図るための設備．

ファシリテ▶

ファシリティー トリップ【facility trip】 営公費旅行．企業が宣伝目的で行う，交通費・宿泊費・食費のかからない旅行．

ファシリティー マネジメント【facility management】 ①I算コンピューター室の機械設備の運転や保守管理の作業．②営企業で設備全般の管理・運用を行う仕事．

ファシリテーター【facilitator】 円滑な進行を図る役目の人．調整役．

ファスティング【fasting】 ダイエット用語で「プチ断食」のこと．

ファステスト【fastest】最速の．最高計時の．

ファステック360【FASTECH 360】 機JR東日本が開発中の世界最速次世代新幹線．

ファスト【fast】敏速な．速い．すばやい．ファーストともいう．

ファスト イーサネット【fast Ethernet】 I算データ伝送速度が 100Mbps に高速化した LAN のこと．

ファストカジュアル【fast-casual】 営料ファストフード店とカジュアルレストランの中間業態．

ファストトラッカー【fast-tracker】 営出世街道を駆け上がるエリートビジネスマンのこと．

ファストトラック【fast-track】 ①政早期一括承認手続き．政府提案の関係法案を一括審議し賛否を問う仕組み．②建逐次分割発注方式．建築物全体の設計ができ上がる前に，設計の終わったところから順に工事を始める方式．

ファストバック【fastback】 機車体後部が流線型で，トランクが車室内にある乗用車の型．ファーストバックともいう．

ファストバック オペレーター【fast-buck operator】 経濡れ手に粟でもうけた金を操る投資家．

ファストピッチ ソフトボール【fast pitch softball】 スポ投手は速球や変化球を投げることができ，走者は盗塁できる試合方式．

ファストフード【fast food】 料注文するとすぐできる食品．ハンバーガーやドーナツ，フライドチキン，すしや牛丼など，多岐にわたっている．ファーストフードともいう．

ファストフォワード【fast forward】 ①I ビデオテープ，録音テープ，CD，DVD などの早送り．②事態の推移を要点だけまとめてすばやく解説すること．ファーストフォワード．

ファストブレーク【fast break】 スポ相手が守備態勢を整える前にすばやく球を運び，容易にゴールを狙う速攻法．

ファストリンク【fastlink】 建社信号などを設置しないで二点間を結ぶ連絡道路．高速走行ができる．ファーストリンクともいう．

ファスナー【fastener】 服衣類やかばんなどの留め具．締め具．ジッパー，チャックともいう．

ファズバスター【fuzzbuster】 機スピード違反を取り締まる警察のレーダー装置を感知するアメリカ製の電子装置．

ファズワード【fuzzword】 言一つ一つの言葉遣いは明瞭だが，全体としては意味がわかりにくくなる議会独特の言い回し．

ファセット【facet】 I算三次元コンピューターグラフィックスで，隣り合った多角形体の境界線を明確にするために，頂点の法線ベクトルを再調整する操作．

ファタハ【Fatah】 政パレスチナ民族解放運動．パレスチナ解放機構傘下の最大の民族主義的政治組織．アルファタハともいう．

ファック【fuck】性交．交接．交接する．

ファックサー【faxer】ファクスをよく利用する人．

ファッジ【fudge】 料チョコレート，牛乳，砂糖，バターなどで作る軟らかなキャンデー．

ファッショ【fascio 伊】 政ファシズム的な傾向・体制．英語では fascism．

ファッショナブル【fashionable】 流行を取り入れた．時代の最先端を行く．

ファッション【fashion】 ①服流行．流行の型．特に服装についていう．②流儀．やり方．

ファッション アドバイザー【fashion adviser】 ①服ファッションに関連する情報を収集・分析し，デザイナーや仕入れ担当者などに助言する職種の人．②服服飾品売り場で，来店客に助言を与える販売員．

ファッション キュレーター【fashion curator 日】 服服飾を流行としてだけでなく，歴史的・学術的に研究する人・職種．

ファッション コミュニティー【fashion community 日】 営社服ファッション産業を集中させ，相互交流を図る地域を作ろうとする構想．通産省（現経済産業省）が提唱．

ファッション サイクル【fashion cycle】 服流行現象の循環や周期．

ファッション パブリシスト【fashion publicist】 服服飾関係の広報・宣伝を仕事とする人．

ファッション ビジネス【fashion business】 営服服飾産業．

ファッションビル【fashion building 日】 営建洋装店や飲食店など，さまざまな専門店が同居しているビル．

ファッション マッサージ【fashion massage 日】 営女性の性的マッサージサービスを売り物とする店．風俗営業の一つ．英語は massage parlor．

ファッションリーダー【fashion leader】 服服飾などの流行の先端に立ち，その動きを支えるグループ・階層．

ファッティー【fatty】 脂肪過多の．脂肪質の．脂肪状の．油っこい．

ファッティズム【fatism】 社肥満気味の人を意図的に差別すること．ウエイティズムともいう．

ファット【fat】 ①太った．脂肪の多い．豊富な．濃い．②料動植物の脂肪．料理用の脂．

ファッド【fad】 極めて短期間，一時的に流行するファッションや製品．気まぐれの意．

ファットウエア【fatware】 I算アプリケーションソフトのプログラムの量が膨大なもの．fat と software の合成語．

ファットキャット【fat cat】 政党などに多額の献金をする人．金持ち．有力者．重鎮．

ファットスキー【fat ski】 スポ深雪専用のスキー．

◀ファミリー

通常のスキーより幅広の形状のため、浮力がある.

ファット スプレッド【fat spread】 科肥満防止用に作られた低脂肪のマーガリン.

ファットフリー ファット【fat-free fat】 科肥満のもとになる脂肪を含まない脂肪食品.

ファディクト【faddict】 流行を追うことに熱中している人. fad と addict の合成語.

ファディズム【faddism】 一時的流行を追うこと. 流行好き. …にうるさい人.

ファディッシュ【faddish】 一時的流行の. 物好きな. 気まぐれな.

ファド【fado 葡】 音ポルトガルの民俗音楽.

ファドロゾール【fadrozole】 薬閉経後乳がんの治療薬.

ファトワ【fatwa】 宗宗教令. イスラム教指導者がイスラム法に基づいて下す裁断. fatwah ともつづる.

ファナティシズム【fanaticism】 熱狂. 狂言. 迷信的態度.

ファナティック【fanatic】 ①熱狂的な. 狂信的な. ②熱狂者. 狂信家.

ファニー【funny】 おどけた. こっけいな.

ファニーバイク【funny bike】 前輪または前後輪に小径のホイールを使った自転車.

ファニーフェース【funny face】 個性豊かで魅力のある顔.

ファニーメイ【Fannie Mae】 経アメリカの連邦住宅貸付抵当金庫の愛称.

ファブリケーション【fabrication】 ①製作. 組み立て. ②作り話. うそ. でっち上げ.

ファブリケーテッド フード【fabricated food】 科組み立て食品. ジャガイモをマッシュポテトにしてチップ状に焼きあげたポテトチップスなど.

ファブリケート【fabricate】 製作する. 組み立てる. 作り上げる. でっち上げる.

ファブリック【fabric】 織物. 布地. 織り方. 構造. 仕組み.

ファブレス【fabless】 営メーカーだが、設計だけを行い、製造を他社にゆだねること.

ファブレス経営【fabless business】 営自社では生産設備をもたず、独自に企画・設計した製品を他社に委託して生産する経営方式.

プアホワイト【poor white】 社アメリカ南部の社会的地位の低い貧しい白人. 移民・非熟練工などが多い.

ファミーユ【famille 仏】 家族. 家庭.

ファミコン ファミリーコンピュータ(Family Computer)の略.

ファミコントレード【family computer trade 日】 ①ゲーム用のファミリーコンピュータを使って株式取引をしたり、情報を入手したりするシステム.

ファミリアー【familiar】 よく知られている. ありふれた. 親しみのある. 親密な. 気楽な.

ファミリー【family】 ①家族. 一門. 親しい間柄. 種族. 語族. ②生分類上の単位. 科.

ファミリー アイデンティティー【family identity】 社家族構成員は誰と誰であり、家族の特色あるいは個性は何であるかなどについて家族員がもつ意識. FIともいう.

ファミリー エンターテインメント【family entertainment】 家族向け娯楽. アメリカで、家族回帰の傾向が高まり求められている.

ファミリーカー【family car 日】 機比較的低価格で販売する家族向けの車.

ファミリーグループ【family group】 社家族や親族の集団. 閨閥.

ファミリー グループ ホーム【family group home】 社養護児童を家庭の中で育てる方式の養護制度.

ファミリー コンピュータ【Family Computer】 ①1983年に任天堂が発売したテレビゲーム用の8ビットコンピューター. 商標名. アメリカではホームコンピューターという. ファミコンともいう.

ファミリーサークル【family circle】 社身内. 仲間うちの連中.

ファミリー サービス クラブ【family service club】 社会員同士で家事の援助をし合う組織. 家庭援助組織.

ファミリーサイズ【family-size】 営家族用の量や大きさ. 小人数の家族向けに作られた商品などに用いる.

ファミリー サポート センター【family support center 日】 社地域の中で子育ての相互援助活動をする日本の会員制組織.

ファミリーステーキ【family stake 日】 料牛の横隔膜の肉や大豆たんぱくなどを張り合わせて作る成形肉. ファミリーレストランのステーキによく使われるところ.

ファミリーツアー【family tour 日】 営社家族向きに企画された海外旅行商品.

ファミリーナンバー【family number】 競競馬で、母系血統の分類整理に用いる番号.

ファミリーネーム【family name】 名字. 姓. サーネーム.

ファミリーバイク【family bike 日】 機排気量が50cc以下の小型オートバイ. ソフトバイク、タウンバイクともいう.

ファミリーハウス【family house 日】 医重病の子供と親が一緒に暮らせる、小児病院に併設する滞在施設.

ファミリーバリュー【family values】 社家族の価値観. 離婚や未婚女性の妊娠増加などで伝統的な家形態が崩れることを懸念して使う.

ファミリーファンド【family fund 日】 経単位型株式投資信託の一つ. 毎月募集、設定されるファンドをまとめて合同運用する方式.

ファミリープラン【family plan 日】 医社家族計画. 特に受胎調節についていう. 英語は family planning.

ファミリーブランド【family brand】 ①代表商標. 一企業の共通ブランド名. 一企業が複数のブランドをもつ場合には、その中の代表的なもの. ②(日)服家族に対応する衣料ブランド. 親子向けに統一感をもたせる.

ファミリー フレンドリー【family-friendly】

フ

475

ファミリー ▶

ファミリー【family】①家族にやさしい．②ポルノを扱っていない．雑誌販売店などで用いる語．

ファミリー フレンドリー企業【family-friendly company】営社 仕事と育児や介護などの家族的責任を両立させる従業員に協力・支援を行う企業．

ファミリーフレンドリー ストア【family-friendly store】営社 アダルト雑誌などを販売していない店．家族にやさしい店の意．

ファミリーマシン【family machine】I算 コンピューターをはじめOA機器でソフトウエアに交換性をもたせた機器．

ファミリー ライフサイクル【family life cycle】社 家族の発生・発展・衰退・消滅という過程を分析して，一般的には，新婚期から孤老期まで7〜8段階に区分する．

ファミリーライン【family line】競 競馬で，母系血統．母，その母，さらにその母とさかのぼる血統．

ファミリーリーブ【family leave】営社法 アメリカの育児介護休業法（FMLA）の通称．1993年に施行．家族の介護のある従業員に，企業が無給の休暇を認めるもの．

ファミリールーム【family room】建 居間．家族が集う娯楽室．一家団らんをする部屋．

ファミリーレストラン【family restaurant 日】料 家族連れの客向けに，多様で安価な料理をそろえた食堂．ファミレスともいう．

ファミリズム【familism】社 家族主義．家族の共同体としての性格を重んじ，それを社会全体にまで適用しようとするもの．

ファム【femme 仏】①女．女性．婦人．②（日）服容 女性用．服飾や化粧品などに使う語．

ファラオ【Pharaoh】古代エジプト王の称号．

ファラド【farad】電理 静電容量の単位．SI 組立単位の一つ．記号はF．ファラッドともいう．

ファラブンド マルティ人民解放軍【Fuerzas Populares de Liberación Farabundo Martí 西】軍 エルサルバドルの過激派組織．マルクスレーニン主義を唱える．1970年に結成．FPLともいう．

ファラブンド マルティ民族解放戦線【Frente Farabundo Martí para la Liberación Nacional 西】軍政 エルサルバドルの五つの左派ゲリラの統一組織．反米左翼政権の樹立を目指し，1980年に結成．92年に合法政党化した．FMLNともいう．

ファランガ【falanga】足の裏を繰り返し蹴ってはれ上がらせる拷問の方法．

ファリシズム【phallicism】男根崇拝．生殖器崇拝．

ファルス【farce 仏】劇 笑劇．茶番劇．中世の宗教劇の幕あいに演じられたのが始まり．

ファルセット【falsetto 伊】音 男声の裏声．

プアルック【poor look】服 ボロルック．乞食ルック．わざと穴をあけたり，くたびれた感じの布地を使ったりするファッション．

ファルトボート【Faltboot 独】競 組み立てて使う折り畳み式ボート．

ファルトレク【fartlek スウェ】競 起伏に富んだ地形で行う体力づくりのための走運動．スピードプレイともいう．

ファルトレク トレーニング【fartlek training】競 平地を意識的に速さに緩急をつけて走るトレーニング方法．北ヨーロッパで発達．

ファロペネム ナトリウム【faropenem sodium】薬 広域抗菌スペクトルを有するペネム系経口抗生物質．サントリーが世界で初めて開発した．

ファン[1]【fan】①熱狂者．愛好者．fanatic の短縮形．②送風機．扇風機．③扇．うちわ．④地 扇状地．

ファン[2]【fun】おもしろい．愉快な．

ファンカラティーナ【funkalatina】音 ラテン音楽を取り入れたロック．イギリスで起こる．

ファンキー【funky】①音 ジャズやソウルミュージックなどで，音色や演奏が原始的で生々しく黒人らしさが感じられること．②泥臭い．野性的な．派手な．けばけばしい．

ファンキャッチャー【fan-catcher】機 ジェットエンジンの空気取入口の内側に取り付ける金属製の環．破損したタービン翼の破片がエンジン外に飛び出すのを防ぐ．

ファンク【funk】音 1950年代の黒人ジャズがもっていた泥臭い表現に，都会的なセンスを加えた音楽．

ファンクショナリズム【functionalism】機能主義．機能本位主義．

ファンクショナル【functional】①機能的な．実用本位の．職務上の．②数 関数の．

ファンクショナル アイソメトリックス【functional isometrics】競 静的筋力トレーニング台を使って，動的と静的の筋力トレーニングを組み合わせて行う方法．

ファンクショナル トレーニング【functional training】競 チーム戦術に基づく各ポジションの動きや技術などを重点的に訓練する方法．

ファンクション【function】①機能．働き．作用．②職務．役目．③数 関数．

ファンクションキー【function key】I算 キーボードでソフトウエアによって特殊な機能を入力できるように割り当てられたキー．

ファンクションコール【function call】I算 機能を利用するために，プログラムから呼び出すこと．

ファンクション ポイント法【function point method】I算 システム開発の規模を，開発しようとする機能の内容で見積もる方法．

ファンクンロール【funk'n'roll】音 ファンクにハウスミュージックの手法を取り入れたロック．

ファンゴ【fango 伊】医 イタリアで産出する温泉泥．リウマチの治療などに用いる．

ファンゴセラピー【fango therapy】医 凝りや疲れをいやす療法の一つ．有機物を含む火山泥を用いる．

ファンシー【fancy】①空想．幻想．気まぐれ．②服 装飾的な．凝った．

ファンシーグッズ【fancy goods】服 手芸品．装身具．小間物．主として趣味的な品物．

◀フィーダー

ファンシーショップ【fancy shop 日】 営装飾小間物を扱う店．主に趣味的なものを販売する小間物店．英語では fancy goods store．アメリカでは notions store，イギリスでは haberdashery ともいう．

ファンシー タキシード【fancy tuxedo】 服格式ばらないタキシード．素材やデザインを変えて着用する上下の準礼装．

ファンシードレス【fancy dress】 服仮装舞踏会用の衣装．凝った衣装．

ファンシーネーム【fancy name】 その年の流行性をもった色彩の名．一時的な流行で終わる場合もあるが，そのまま使われて標準色となる場合もある．

ファンシーボール【fancy ball】 社仮装舞踏会．

ファンシーヤーン【fancy yarn】 服飾り糸の総称．意匠糸．

ファンジェット【fan-jet】 機航空機用ジェットエンジンの一種．空気取り入れ口にエンジンの排気ジェットで動かす羽根をつけ，それによって圧縮された空気を噴出させることで推力を得る．ターボファンともいう．

ファンジン【fanzine】 ファン雑誌．ファン同士で作る同人誌．特に空想科学小説が多い．fan または fantasy と magazine の合成語．

ファンスキー【fun ski 日】 競短いサイズのスキー板で滑るスキー．通常のスキー板の3分の1くらいの長さのもの．ターンなどがしやすくできる．

ファンタジー【fantasy】 ①空想．夢想．幻想．気まぐれな想像．②音幻想曲．③心白日夢．④薬麻薬の一種．アンフェタミン（中枢神経系興奮剤）とメスカリン（幻覚剤）を混合して作る．ファンタジアともいう．

ファンタジスタ【fantasista 伊】 競（サッカー）個性豊かなプレーで観客を魅了する選手．

ファンタスティック【fantastic】 空想的な．幻想的な．風変わりな．異様な．すてきな．とても素晴らしい．ファンタジックともいう．

ファンタスティック映画【fantastic film】 映非現実的な題材を扱う映画の総称．空想や幻想の世界を映像化する．ファンタジー映画ともいう．

ファンダメンタリスト【fundamentalist】 宗根本主義者．教条主義者．

ファンダメンタリズム【fundamentalism】 ①宗根本主義．第一次大戦後にアメリカで起きたプロテスタント教会の教義運動．②原理主義．

ファンダメンタル【fundamental】 基本の．基礎となる．根本的な．主要な．

ファンダメンタルズ【fundamentals】 経経済の基礎的条件．国際経済が安定化するための基本的な条件．各国の適度な経済成長，安定した物価，少ない失業，国際収支の安定など．

ファンダメンタル分析【fundamental analysis】 経利潤証券あるいは支配証券としての株式の投資価値に関する分析の総称．

ファンダンゴ【fandango 西】 音スペインのアンダルシア地方で生まれた3拍子の軽快な民族舞踊．またその曲．

ファンチャート【fan chart】 I算ある特定の時点でのデータを基準にして，その後の変動を比率で表す折れ線グラフ．

ファンデーション【foundation】 ①基礎．土台．②容ベースとなる肌色を作る化粧料．ファウンデーション．

ファンデッド デット【funded debt】 経利付長期公債．公債発行借入金．

ファンデルワールス力【van der Waals force】 理分子の間に働く引力で，ナノ粒子や液体の凝集にも関係する．

ファンド【fund】 営経基金．資金．信託財産．

ファンド オブ ファンズ【fund of funds】 経外部委託型投信．資金運用をほかの投資信託で行う投資信託．1999年から全面解禁．

ファンド オブ ヘッジファンズ【fund of hedge funds】 経ヘッジファンドを複数まとめて分散投資する個人向けヘッジファンド．

ファンドトラスト【fund trust】 経信託銀行が投資顧問の役割を兼ねて自ら運用する金融商品で，企業や機関投資家から裁量をまかせられて個別に運用する．ファントラ．

ファンドマネジャー【fund manager】 経金融資産を専門に運用する担当者．

ファントム【phantom】 幻影．幽霊．

ファントムストック【phantom stock】 経株式を所有させないが，株価上昇に連動した報酬を会社役員などに支払う方式．

ファンドレイザー【fund-raiser】 社基金調達係．非営利団体などへの助成金や寄付を集める専門家．

ファンネル【funnel】 じょうご．漏斗．

ファンネルネック【funnel neck】 服筒状にしっかりと首を覆うハイネック．

ファンヒーター【fan heater】 機石油やガスを燃やし，熱を送風装置で送り出す暖房機．

ファンファーレ【fanfare 伊】 音式典などで，主にトランペットで高らかに吹奏される曲．

ファンブル【fumble】 ①競野球などで，球を一度捕球しながら取り落とすこと．②しくじる．へまをする．まごつく．

ファンラン【fun run】 競記録を競うのでなく，楽しんでマラソンなどを走ること．

ブイ【buoy】 ①浮標．水面に浮かべる標識．②救命用浮き輪．

フィアンセ【fiancé 仏】 いいなずけ．婚約者．男性は fiancé，女性は fiancée．

フィー【fee】 営経報酬．手数料．謝礼．料金．納付金．祝儀．

フィー制度【fee system】 広媒体側が広告会社に支払う媒体手数料を定額料金とする方法．

フィーダー【feeder】 ①電テレビのアンテナと受像機の電子回路との間をつなぐ線．給電線．②機供給装置．送り装置．③飼育器．

フィーダーサービス【feeder service】 ①社主要な公共交通機関への乗り継ぎサービス．鉄道ターミナル駅へ乗り入れるバスなど．②営海上コンテナ輸送で，寄港地以外への発着貨物を他の船舶や鉄道などで輸送するもの．

フィーチャ▶

フィーチャー【feature】①容貌．特色．②音ある楽器を特に際立たせる演奏．③映長編．劇映画．④放特別番組．見もの．聞きもの．⑤音楽団演奏で団員の一人に独奏させること．

フィーチャー ストーリー【feature story】新聞や雑誌の目玉商品的な特集・特別記事．

フィーチャリング【featuring】音楽団演奏などで，団員の一人に独奏させること．またその人．

フィードバック【feedback】①工算出力側のエネルギー・信号などを一度入力側に戻すこと．②結果をもう一度現状に当てはめて考え直すこと．現状の再検討．③社情報やサービスなどの受け手側が出す反応・意見．

フィードバック システム【feedback system】工算社指令に基づく結果を常に自動調節器に送り，もとの指令を調整して，安定した機能や働きを得るようにする体制．

フィードバック制御【feedback control】工出力量を入力信号と比較し，差をゼロに近づけて正確な出力量を得るロボットの制御方式．

フィードバック制御理論【feedback control theory】数サイバネティクスの考え方の一つ．目標値と達成値の違いを縮めるために提示した理論．

フィードフォワード制御【feed-forward control】工出力が外乱の影響を受ける前に，必要な訂正動作を取る機械などの制御方式．

フィードロット【feedlot】農穀物肥育場．牛や豚などの飼養場．

フィーバー【fever】①熱狂．異常な興奮．②医体の異常．発熱．③医熱病疾患．

フィーバーヒュー【feverfew】植ナツシロギク．キク科の多年草．西アジアやバルカン半島が原産．

フィーフォ【FIFO】工算先入れ先出し法．入力した順に処理作業が行われる方式．first-in first-out の略．

フィー方式【fee system】広仕事ごとの報酬を広告会社へ支払う方式．

フィーメール【feemail】法買い占めた株の買い取り要求などを法廷で解決するのにかかる訴訟費用のこと．

フィーリング【feeling】感情．漠然とした感じ．印象．感触．

フィーリング広告【feeling advertising】広感情に訴えることを狙った広告．

フィールズ賞【Fields medal】数数学の研究で業績のあった満40歳以下の学者に，国際数学者会議が授与する賞．数学のノーベル賞といわれる．日本人では1954年に小平邦彦，70年に広中平祐，90年に森重文が受賞した．

フィールディング【fielding】競(野球)野手の守備動作．

フィールド【field】①分野．範囲．②電気力・磁気力の場．③野．野原．④競(陸上)陸上競技場の競走路で囲まれた部分．またそこで行う競技．フィールド競技．⑤工算ファイルの最小単位．欄や項目のこと．データベースで一つのデータ項目．フィールドが複数集まって1件のデータ単位としてのレコードを構成する．

フィールド アーチェリー【field archery】競コースを回りながら洋弓で標的を射抜き，得点を競うスポーツ．

フィールド アスレチック【Field Athletics】競自然の地形を利用して，丸太やロープなどで障害物を作り，楽しみながら体力作りを目指す野外スポーツ施設．商標名．

フィールドエミッター【field emitter】電針状の細線を配列し，強電界により電子を放出するデバイス．プラズマディスプレーなどに用いられる．

フィールド エンジニア【field engineer】工算コンピューター周辺機器の管理者．

フィールドオフィス【field office】地方事務所．出先機関．

フィールド競技【field event】競(陸上)走り幅跳びや棒高跳びなどの跳躍競技と，円盤投げや砲丸投げなどの投てき競技のこと．

フィールドゴール【field goal】競(アメリカンフットボール)スクリメージダウンでプレースキックした球が，ゴールポストのクロスバー上を通過すること．得点は3点．

フィールドゴルフ【field golf】競硬質プラスチック製の球を，1本のクラブで打って競技を続ける一種のミニゴルフ．

フィールドサーベイ【field survey】社実地調査．現地に出向いて行う調査．

フィールドスポーツ【field sports】競狩猟・射撃・馬術・釣りなど，野外で行うスポーツ．

フィールドノート【field note】現場観察記録．実地踏査記録．

フィールドプレーヤー【field player】競(サッカー)ゴールキーパー以外の競技者．

フィールドホッケー【field hockey】競屋外で行われるホッケー．

フィールドマン【fieldman】営巡回サービス員．特約店・小売店などを回って，販売や宣伝の方法・陳列の仕方などを指導する．

フィールドワーク【fieldwork】社現地調査．実地研究．野外や現場で行う研究・調査．

フィエスタ【fiesta 西】①祭典．祝日．祭り．②宗祭礼．

フィギュア【figure】①図形．図案．②人形．像．③数量．計数．④体つき．体格．⑤人物．間．⑥競(スケート)フィギュアスケートの略．スケート競技の一種．

フィギュアスケート【figure skating】競(スケート)スケート競技の一種．シングル，男女1組のペア，アイスダンスの3種目がある．フィギュア，フィギュアスケーティングともいう．

フィギュアパターン【figure pattern】服具象柄．動植物など具体的な題材に基づく柄．

フィギュラティフ【figuratif 仏】美具象的．新具象．

フィギュリン【figurine】磁器や金属で作る小立像．18世紀に始まり，ヨーロッパなどで室内装飾や食卓の飾りに用いた．

フィクサー【fixer】①調停者．まとめ役．事件などを陰で調停・処理して報酬を受けるような黒幕的な人物．②写定着剤．定着液．

フィクシー【fixie】 機自転車の fixed gear（固定ギア）の略．後輪にフリーホイール機構が組み込まれておらず，ペダルがチェーンを介して後輪と直結しているため，ペダルを止めた状態での慣性走行ができない．

フィクション【fiction】 ①虚構．作りごと．②映文版虚構・想像による物語や小説．

フィクスチャー【fixture】 ①家具など作り付けの備品．据え付け品．②法土地・建物に付属した定着物．

フィジオクラシー【physiocracy】 経重農主義．18世紀後半にフランスで提唱された．

フィジオロジー【physiology】 生生理学．

フィジカリー チャレンジド【physically challenged】 身体障害者．肉体的に試練を受けている人の意．

フィジカル【physical】 物質的な．有形の．肉体の．身体的な．物理の．物理学的な．⇔スピリチュアル．

フィジカル エフェクト【physical effect】 ①映版特殊効果．ライブアクションを撮影中に，天候や自然災害を操作して作ること．プラクティカルエフェクトともいう．

フィジカル サイエンス【physical science】 物理科学．自然科学．

フィジカル ディストリビューション【physical distribution】 営物流．物的流通．物資の移動によって商品価値の上昇を伴う経済活動．PD ともいう．

フィジカル トレーニング【physical training】 競身体面を強化する訓練法．

フィジカル フィットネス【physical fitness】 競体力．スポーツの分野で使われ，特に筋力や持久性・柔軟性などの行動体力．

フィジカル プロテクション【physical protection】 軍核物質防護．核物質やそれを用いる原子炉や輸送車などの，乗っ取りや奪取を防ぐこと．PP ともいう．

フィジシャン【physician】 医内科医．医師．

フィジックス【physics】 理物理学．

フィジビリティー【feasibility】 実現可能性．実行できそうな状態．フィージビリティー．

フィジビリティー スタディー【feasibility study】 営社計画を実施する前に，その実現の可能性を調査すること．企業化調査．採算可能性調査．実行可能性調査．FS ともいう．

フィシュー【fichu 仏】 服女性用の肩掛け．絹やレースなどの薄いもの．

フィズ【fizz】 料ソーダ水やシャンパンなどの発泡性の飲料．アルコール類にレモン，砂糖，ソーダ水などを混ぜた冷たい飲み物．

フィスカリスト【fiscalist】 経経済政策は財政の政策が最も重要であるとする財政主義者．

フィスカルイヤー【fiscal year】 営経会計年度．事業年度．

フィスカル イリュージョン【fiscal illusion】 経政財政幻覚．政治家は人気取りのために所得税などの減税を行うが，同時に消費税など目に見えない部分で増税をする．このような減税だけが行われたように見える財政的錯覚の概念のこと．

フィスカル インジケーター【fiscal indicator】 経政財政政策が景気に与えた影響を見ようとする指標．

フィスカルドラグ【fiscal drag】 経財政障害．財政的歯止め．累進税構造が需要の伸びを抑え，経済成長を阻害すること．

フィスカル プランニング【fiscal planning】 経政財政計画．国家財政計画と地方財政計画がある．

フィスカルポリシー【fiscal policy】 経政補整的財政政策．政府支出や税制の変更を行い有効需要を拡大して経済の安定化を図る政策．

フィスティング【fisting】 競(サッ)ゴールキーパーが球をたたき落として得点させないようにすること．パンチングともいう．

フィスト【fist】 こぶし．げんこつ．

ブイチップ【V-chip】 放暴力시や性的場面を売り物にするテレビ番組を受信できないようにする装置．

フィックス【fix】 ①固定する．備え付ける．日時・場所などを決める．修理する．②映カメラを固定して撮影すること．フィクスともいう．

フィックスド フィー方式【fixed fee system】 広一定期間の作業量に変動があっても，固定した料金を広告会社へ支払う方式．

フィッシャー効果【Fisher effect】 経実質金利は名目金利から物価上昇率を引いて得られるという考え方．

フィッシャーマンズ セーター【fisherman's sweater】 服太い毛糸で編んだセーター．縄編み，ダイヤ編みなどの編み柄が特徴．ヨーロッパの漁師などが愛用したもの．

フィッシャーマンズ ワーフ【Fisherman's Wharf】 営サンフランシスコの魚市場．魚介類を扱う商店や料理店が並ぶ．

フィッシュアイ レンズ【fisheye lens】 写魚眼レンズ．超広角レンズ．

フィッシュ アンド チップス【fish and chips】 料揚げた白身魚に細切りジャガイモのから揚げを添え，塩や酢などで食べるもの．イギリスの簡易料理の一つ．

フィッシュ ウオッチング【fish watching】 社野外余暇活動の一つ．陸上から川の中などの魚を観察して楽しむ．

フィッシュチェック【fish check】 環魚を使って排水の毒性を調べる方法．

フィッシュビーフ【fish beef 日】 料魚肉を原料にした加工肉．

フィッシュミール【fish meal】 魚魚粉．イワシなどの魚を乾燥粉末にした家畜用飼料や肥料．

フィッショントラック法【fission-track dating】 理歴年代測定法の一つ．ジルコン結晶など，ウランを含む物質が高熱を受けると，それまでのウランの核分裂（フィッション）によるトラック（傷）を一度消す性質を利用する．

フィッシング【fishing】 釣り．魚釣り．

フィッシング【phishing】 ①Ｉ Ｔインターネットで，

フィッシン▶

偽のホームページにより利用者の情報を盗む行為．sophisticated（洗練された）と fishing（釣り）を合わせた造語．

フィッシングスカム【phishing scam】［Ⅱ］［社］なりすまし詐欺．ネットオークションの事業者名をかたり，偽装サイトに利用者を誘導して個人情報などを盗む詐欺手法．

フィッシングベスト【fishing vest】［服］魚釣り用の機能的なベスト．

フィッチ レーティング【Fitch Ratings】［経］アメリカの格付け会社．

フィッティング【fitting】①装着．取り付け．②設備．付属器具．③試着．寸法合わせ．

フィッティングルーム【fitting room】［服］試着室．仮縫い室．

フィット【fit】①衣類が体にぴったり合う．似合っている．適合する．②［Ⅰ］［算］機器が故障を起こす割合を表す単位．1フィットは1000時間稼働して0.0001％の故障発生をいう．

フィット&フレアーライン【fit and flare line】［服］上半身を体にぴったりさせ，下半身は裾広がりにしたシルエット．

フィット イン ビジネス【fit in business】［医］［社］企業内で行われる健康管理．定期健康診断，栄養指導，スポーツ行事などをいう．

フィットネス【fitness】適合．健康．健康づくり．体力．行動体力．

フィットネス ウオーキング【fitness walking】［競］健康と体力づくりを目指し，歩くことを運動として行う方法．

フィットネスクラブ【fitness club】［競］訓練器具を備え，健康増進などを目指す運動施設．

フィデュシアリー【fiduciary】受託者．

フィデリティー【fidelity】①約束などを忠実に守ること．厳守．誠実．②忠義．忠誠．③［電］忠実度．特に再生音の原音に対する正確度．

フィトアレキシン【phytoalexin】［化］［生］植物が微生物と接触した時に合成・蓄積する抗菌性のある低分子化合物の総称．

ブイトール【VTOL】［機］垂直離着陸機．vertical take-off and landing aircraft の略．

フィトケミカル【phytochemicals】［化］植物に含まれる化学物質．

フィトトロン【phytotron】［植］人工的に光や温度などを調節して植物を育てる装置．

フィトンチッド【fitontsid 露】［化］植樹木から発生する揮発性の物質．特に針葉樹に多いといわれ，森林浴の効用として認められている．旧ソ連の生態学者B．トーキンが発見した．

フィナーレ【finale 伊】①［音］最終楽章．②［劇］最終演目．③最終場面．終幕．大詰め．

フィナンシャル【financial】財政の．金融の．ファイナンシャルともいう．

フィナンス【finance】［経］財務．財政．金融．ファイナンスともいう．

フィニッシャー【finisher】①仕上げ工．完成者．②［競］長距離走などの完走者．

フィニッシュ【finish】①［競］体操競技などの締めくくりの技．②仕上げ．各種工程の仕上げ作業．③終わり．終結．終了．

フィニッシュライン【finish line】［競］決勝線．

フィニッシング スクール【finishing school】［教］教養学校．若い女性などにマナーや教養などを教育・訓練する私立学校．

フィフティーズ【fifties】［服］1950年代のアメリカの若者の服装．ポニーテール，サーキュラースカート，アロハシャツ，革製ジャンパーなどが流行した．

フィブリノゲン【fibrinogen】［薬］血液凝固剤の一つ．旧ミドリ十字（現三菱ウェルファーマ）が製造．C型肝炎ウイルスの感染源の疑いがある．

ブイヤベース【bouillabaisse 仏】［料］南フランスのマルセイユの名物料理．魚介類に香草を加え塩味で煮込む．スープと魚料理を兼ねる．

フィヨルド【fjord ノル】［地］氷河の浸食によってできたU字谷に海水が入り込んでできた入り江．ノルウェーなどの北ヨーロッパ，アラスカなどで見られる．

ブイヨン【bouillon 仏】［料］肉類・野菜類を煮詰めて取っただし．

フィラー【filler】①充てん剤．②［服］穴埋め用の番組．③新聞・雑誌の埋め草原稿．

フィラテリスト【philatelist】切手収集家．

フィラメント【filament】①［電］電球・真空管などの発熱コイル．②長く連続した繊維．

フィラリア【filaria】［生］糸状虫．線虫の一種．犬糸状虫がよく知られ，犬の心臓や肺動脈に寄生し，フィラリア症を起こす．

フィラリア症【heartworm disease】［医動］ペットに起こる病気．犬糸状虫が原因となる心臓糸状虫症．

フィランソロピー【philanthropy】［営］［社］博愛主義．慈善行為．社会貢献．企業や民間人が行う社会貢献活動．民間が行う公益活動．

フィランソロピスト【philanthropist】文化支援者．

フィリップサイト【philipsite】［地］海底に積もった火山灰が変成した鉱物．灰十字石．

フィリップス曲線【Phillips curve】［営］［社］失業率が低くなると名目賃金の上昇率が高まり，賃金上昇率が低くなると失業率が高まるという関係を示した曲線．イギリスの経済学者 A．フィリップスが発見した．

フィリバスター【filibuster】①［政］長い演説による議事進行妨害．またはそれを行う人．②［社］不法侵入者．海賊．不法に外国を侵す戦士．

フィリング【filling】①詰めること．満たすこと．充てん．②［料］パイなどの中身・詰め物．③［医］歯科用の充てん材．

フィリング ステーション【filling station】［営］道路沿いなどの給油所．ガソリンスタンド．

フィルター【filter】①ニコチンやタールを除去する紙巻タバコの吸い口．②濾過器．濾過装置．③［写］濾光板．特定の光だけを通す．④［電］濾波器．特定の周波数だけを通す．

フィルダース チョイス【fielder's choice】［競］（野球）野手選択．野選．頭脳的失策．ゴロを捕った野手が一塁へ送球せず，先行走者をアウトにしようと他の塁に送球し，セーフにするようなプレー．

フィルタースラッジ【filter sludge】理原子炉の冷却水などの濾過装置についた液状のかす．強い放射能をもつ．

フィルタリング【filtering】①選別．情報選別．②I算標準入力したテキストファイルに処理を加え書き直すプログラム．③I算入力信号の特定部分を目的に応じ除去すること．

フィルタリング ソフト【filtering software】I イインターネット上で有害なサイトへの接続を阻止したり，目的の情報のみの通過を許可するソフト．

フィルハーモニー【philharmony】音交響楽団の名称に使われる語．ギリシャ語の phil（愛す）と英語の harmony（調和）の合成語．

フィルハーモニック【philharmonic】①音音楽を愛好する．音楽好きな．交響楽団の．②音交響楽団．音楽協会．

フィルハンドル【fill handle】I算表計算ソフトExcel の，セルの選択範囲右下に出てくる黒いポインター．ドラッグすると自動的にデータ入力ができる．

フィルム【film】写真や映画の感光材料の一つ．またそれで撮影・現像したもの．

フィルムエディター【film editor】映フィルム編集者．撮影フィルムを台本に合わせて編集し筋書きをまとめる．

フィルムクリップ【film clip】映放映画やテレビ映画の一部分を切り抜いたもの．

フィルムコミッション【film commission】映放映画・テレビ・ビデオのロケ撮影を支援する事業を行う組織．ロケの誘致や撮影の進行に便宜を図ったりする．

フィルム食品【film food】科食品をシート状に加工したもの．しょうゆ，魚肉，野菜類などが出回っている．シート食品．セロハン食品．

フィルムスキャナー【film scanner】I算ネガフィルムやポジフィルムの画像を，デジタルデータに変換してコンピューターに取り込むスキャナー．

フィルムネット【film net】放親局が製作したフィルム番組を地方局に配付して放送すること．

フィルムノワール【film noir 仏】映フランスの暗黒街映画．1940年代～60年代に多く製作された．

フィルムバイ【film by】映…作品．その映画の創作上の責任者を示す用語．監督の名が記されることが多い．

フィルムバッジ【film badge】放射線被曝量を検知するフィルムで作るバッジ．被曝の危険性のある場所で働く人が胸に付ける．

フィルム ライブラリー【film library】映映画や文献・資料などを保管し，映写したり貸し出したりする施設．

フィルムレコーダー【film recorder】I算コンピューター画面に表示される画像を，写真用フィルムに撮影する装置．

フィルモグラフィー【filmography】映映画の監督・俳優・カメラマンなどの全作品リスト．特定の映画監督・俳優に関する本や論文．

フィレ【filet 仏】科牛や豚の腰の内側の肉．ヒレ．ヒレ肉．

フィレット【fillet】I算コンピューターグラフィックスで，面同士を滑らかにつなぐため，新しい面を作成すること．

フィレネット【filet net 日】服大きな網目状の透けて見える感じをもつレース．フィレレースともいう．

フィロソフィー【philosophy】①哲哲学．哲学体系．②原理．人生観．

ブイロボット【buoy robot 日】機ブイ（浮標）に自動気象観測器材を載せて，海洋データを収集する装置．

フィン【fin】ひれ．ひれ状のもの．

フィンガー【finger】①指．指状のもの．②建飛行場の送迎用デッキ．

フィンガーウエーブ【finger wave】容髪を巻かずに，くしや指を使うだけでウエーブを与える整髪法．

フィンガーフード【finger food】科指でつまんで食べられる食べ物．小さく切ったりする．

フィンガープリント【fingerprint】指紋．指紋を取る．

フィンガーボウル【finger bowl】科西洋料理で，指先を洗う水を入れて卓上に出す容器．

フィンガーボード【Finger Board】全長9cmと手のひらに載る大きさのスケートボード．玩具メーカーのレッズが1999年に発売．

フィンガーポスト【finger post】道しるべ．指の形をまねて作る道路標識．

フィンスイミング【fin swimming】競（水泳）足にひれを付けて泳ぐ水中競技．

フィンランド化【Finlandization】政フィンランドが対ソ友好政策をとることで，内外外交面で規制を受けるようになる傾向を指していった国際政治用語．フィンランドモデル．

ブーイング【booing】ブーブーと言って，やじを飛ばすこと．または不満を表すこと．

フーガ【fuga 伊】音遁走（とんそう）曲．主題が各声部で追いかけ，反復される．

プーカ【puka ？】ハワイの浜辺でよく見られる白い貝殻．つなげて装身具などに用いる．

ブークレ【bouclé 仏】服毛織物の一つ．輪になった糸をアストラカンのように浮き立たせた布地．

ブーケ【bouquet 仏】小さな花束．

ブーケガルニ【bouquet garni 仏】科香草などを束ねたもの．料理の香りづけに使う．

ブーケトス【bouquet toss 日】社結婚披露の後に，新婦が花束を投げること．

ブーゲンビリア【bougainvillea】植オシロイバナ科のつる性植物．観賞用などに栽培する低木．ブーゲンビレアともいう．

ブーゲンビル島問題【Bougainville problem】政パプアニューギニアのブーゲンビル鉱山争議から発展した独立運動などをめぐる政治課題．

ブージー【bougie】医診察・薬品注入のため，尿道などに挿入する細い管状の医療器具．

ブース【booth】間仕切りをした小部屋．語学教室の個人用仕切り部屋，電話ボックス，投票所の投票用紙記入ボックス，切符売場，仮設売店など．

ブースター【booster】①電昇圧器．電波などの増幅器．テレビや携帯電話などで受信感度が悪く

ブースター ▶

なった電波を改善する．②機補助ポンプ．③医薬などの効能促進剤．

ブースター ステーション【booster station】 放テレビ中継放送局．受像困難な地域に設けて，送信波を増幅して放送をする．

ブースターロケット【booster rocket】 機人工衛星やミサイルなどの飛行体を軌道に乗せるための推進補助ロケット．

ブースト段階迎撃【boost phase intercept】 軍敵の打ち上げた弾道ミサイルを発射直後の加速段階で撃破する構想．BPIともいう．

ブースト防衛セグメント【boost defense segment】 軍弾道ミサイル迎撃を発射直後の加速段階で行う方式．BDSともいう．

フーズヒー【who's he】人物評論．

フーズフー【Who's Who】 社紳士録．有名人や社会的地位の高い人の氏名・住所・経歴などを掲載．人名録．

フーゼル油【fusel oil】 化アルコールが発酵する際に生じる高級アルコールの混合物．毒性があり，二日酔いの原因となる．

ブータブルＣＤ【bootable CD】 Ｉ算パソコンを起動するための情報が入った CD-ROM, CDR，CDRW のこと．

プーチ【pooch】動犬．愛犬．

プーチノロジー【Putinology】 政プーチン研究．ロシア大統領プーチンの実像を分析すること．

ブーツ オン ザ グラウンド【boots on the ground】 軍政日本政府にイラクへの地上部隊派遣を求めたアメリカ政府の言い回し．

ブーツカット【boots cut】 服ブーツを履きやすくするためのパンツの裾のカット法．

フーディアム【Foodium 日】 営食品スーパーとコンビニエンスストアを融合させた，ダイエーの新型店舗の名称．フードとスタジアムの合成語．

フーディー【foodie】 社食べ物に貪欲な関心を寄せる人．食い道楽．

フーディズム【foodism】 社食べ物，特に自然食品や添加物のない食品に深い関心をもつこと．

フーデッドコート【hooded coat】 服フード付きの外とう・上着．

フード[1]【food】食物．食料．食品．

フード[2]【hood】①服外とうなどに取り付けるずきん型の帽子．②カメラのレンズに付ける覆い．③機械器具の覆い．④調理台の上などに取り付ける排煙口の囲い．

ブート【boot】 Ｉ算コンピューターの電源を入れると，起動プログラムが作動し，各部を点検した後，OSをメモリーに読み込み，システムが使用可能な状態になる過程．

フード イラジエーション【food irradiation】 理ガンマ線を照射して食品を長持ちさせる処理．

ブードゥー エコノミックス【voodoo economics】 経おまじない経済政策．呪術経済政策．実際の効果がわからない経済政策．

フードエアバッグ【hood air bag】 機自動車のボンネットに装着するエアバッグ．歩行者が車と衝突した際に，頭部を強打するのを防ぐ．

フードガイド【food guide】 食生活の改善や知識の普及を目的に，適正な食事の摂取量を明示したもの．

フードガイドピラミッド【food guide pyramid】 一日にとるとよい食品を五層のピラミッド型に表現したもの．

フード コーディネーター【food coordinator 日】 営科飲食店などで，仕入れから販売方法までの指導・調整をする人．メニューや製品の開発，業態の提案などを行う専門家．

フードコート【food court】 営ショッピングセンター内で，ファストフードを供する設備の部分．

フードシステム【food system】 営食料農水産物が生産・流通し，消費者に渡るまでの総体．

ブート ストラップローダー【boot strap loader】 Ｉ算コンピューターの電源を入れたり，またリセットなどを行うと，自動的に実行される ROM に組み込まれたプログラム．

フードセキュリティー【food security】 政災害などの緊急時に備えて国民のための食料を備蓄する政府による食料安全保障．

ブートセクター【boot sector】 Ｉ算パーティションの先頭にある，OSを起動するためのプログラムが書き込まれている部分．

ブートセクター ウイルス【boot sector virus】 Ｉ算 OS 起動プログラムが書き込まれているブートセクターに感染したウイルス．システム起動時に発症する．

フードセンター【food center 日】 営科飲食店や食料品店が多数集まる所．英語では飲食店街は restaurant complex，食料品店街は food market．

フードチェーン【food chain】 生食物連鎖．

フード チェーンストア【food chain store】 営出資と全体的な経営管理を本社が行うチェーン式の食品小売店．または同じ商標の商品を扱うチェーン式の飲食店．

フードテーマパーク【food theme park 日】 営社大衆的な食品や料理の名店を中心に構成する遊戯施設．

フートピア【hutopia 日】 社理風力エネルギーの開発・利用を目指す科学技術庁（現文部科学省）の計画．風力で生活に使う電力や熱をまかなえるように構想された地域．

フードファイト【food fight】 社食戦．米国がん協会が提唱している食生活改善運動．

フードファディズム【food faddism】 医健康や病気に対して，食物や栄養分が与える影響を過信したり過大に評価したりすること．

フードプロセッサー【food processor】 科電動式の調理器具の一種．材料をすばやく切ったり，すりつぶしたり，混ぜたりする．

フードマイスター【food Meister 日】 社地域伝統の味や製造技術を伝える技術者．農水省が表彰する食の人間国宝のこと．

フードマイレージ【food mileage】 経食品の輸入量と輸送距離からエネルギー消費を算出する方

法．

フードリコール【food recall 日】営社料食品事故や欠陥食品による無料回収と代替措置．

ブートレグ【bootleg】①音無許可音源商品．音楽会などを無断で録音し，著作権者に無許可で商品化する．②密造酒．無許可製造品．

フーパー【hooper 日】競ストリートバスケットボールを楽しむ若者たち．フープがゴールリングを指すところから．

ブービー【booby】競社最下位．日本では最下位から二番目をいう．とんま・まぬけの意から転じた．ゴルフなどで用いる．

ブービーメーカー【booby maker 日】競ゴルフなどで，成績が最下位の人．

フープ【hoop】①輪回し遊びに使う輪．②服張り骨．スカートを膨らませるための輪．

ブーファー【boofer】社麻薬を密売する者．

ブーミング【booming】理音響再生時に，低音域の特定音だけが響いて聞こえる現象．

ブーミングタウン【booming town】社産業や住環境などで発展している，活気のあふれた郊外都市．

ブーム【boom】急に人気が出ること．急に盛んになりだすこと．急に景気がよくなること．

ブームオペレーター【boom operator】映版スタジオ内でマイクやカメラの自在つり下げ装置を操作する係．BOともいう．

ブームカー【boom car】機大型のアンプやスピーカーを取り付け，音楽などを大音量で鳴らして走る自動車．

ブームカット【boom cut】音流行することが確実と思われる録音済みの音楽．

ブームズデー【boomsday】経経済的繁栄を迎える日・時期．doomsday（ドームズデー）のごろ合わせから．

ブームボックス【boom box】旅行かばんぐらいある超大型のラジカセ．

ブームレット【boomlet】経短い期間の好景気．好景気に移る前兆．

ブーメラン【boomerang】①オーストラリア先住民が狩猟に使った，くの字形の木片．空中に投げると回転しながら手元に戻る．②社自活していた子供が親元に戻ること．③社質問者に対し質問自体を問い掛け返す応答方法．

ブーメラン型応答【boomerang answer】①広聞き手が質問した内容を聞き手自身に答えさせるプレゼンテーション手法の一つ．Uターン型応答ともいう．

ブーメランキッド【boomerang kid】社都会生活をやめて，故郷に帰り親と一緒に暮らしている若者．ブーメランベビーともいう．

ブーメラン現象【boomerang phenomenon】営経先進国が投資・技術移転などを行って途上国の技術水準が上がり，製品が逆輸入されて先進国の産業と競合するようになる現象．

ブーメランジャー【boomeranger】社失業や離婚などを理由にして，親と同居したがる20代の若者のこと．

ブーメランの法則【Boomerang Principle】営顧客に奉仕し，再度の利用を促す経営戦略．アイルランドのファーガル・クインが提唱．

ブーメラン プロジェクト【Boomerang project】天理ミリ波・銀河系外起源放射および地球物理学の気球観測．balloon observations of milimetric extragalactic radiation and geophysicsの頭字語から．

ブーメランベビー【boomerang baby】社大学を卒業し一定の収入がありながら，自立しないで親元に帰る若者のこと．

フーリエ級数【Fourier series】数周期関数を三角関数に近似して表示したもの．関数の分析によく用いる．

フーリエ変換【Fourier transform】数時間軸上の関数として観測される信号は，周波数軸上の関数に変換できるというもの．

フーリガニズム【hooliganism】競サッカーの応援団などの暴徒化現象．

フーリガン【hooligan】①乱暴者．ごろつき．不良．ならず者．②競社イギリスなどで，熱狂的で無謀なサッカーファン．熱狂するあまり乱闘事件を引き起こすことがある．

ブーリティン【bulletin】公示．広報．速報．至急報．ブレティン．

ブール【beur】社マグレブ系を中心とするフランスの移民第二世代．arab（アラブ）の逆読みに由来．

プール【pool】①水泳場．水たまり．②何かに備えて集め蓄えること．③営共同出資．企業連合．④競ビリヤードの一種目．ポケット．

プール取材【pool reporting】代表取材．報道陣が多い時に，代表が取材し内容を他の報道陣に報告する方法．

ブール代数【Boolean algebra】①算命題の真・偽を扱う論理や集合の交わり・結びなどの関係演算を，0と1の数値演算に置き換えた理論．

プールバー【pool bar】ビリヤードを備えている酒場．

ブールバール【boulevard 仏】大通り．遊歩道．並木道．ブルバードともいう．

ブールバール劇【Boulevard 仏】劇フランスの大衆向け娯楽劇の総称．パリの盛り場ブールバール大通りに由来する．

フールプルーフ【fool proof】誰でも間違えようのないようにすること．

フーワー【福娃 中】競2008年北京オリンピックの5種類のマスコットキャラクターの総称．福娃は，幸福をもたらす者の意．

フェア[1]【fair】①公平な．公正な．②競野球やテニスなどで，打球がフェアグラウンドやコート内に入ること．③博覧会．見本市．催し物．

フェア[2]【fare】乗り物の料金．運賃．

フェアウェル【farewell】さようなら．別離．

フェアエンデン【verenden 独】動物や家畜などが死ぬ．のた れ死ぬこと．

フェア エンプロイメント【fair employment】営経純粋に能力だけで判断する雇用．公正雇用．

483

フェアセックス【fair sex】女性.

フェア ディスクロージャー【fair disclosure】 経 証券市場などに参加する全員に公平な情報開示を行うという考え方.

フェアトレード【fair trade】①営経 公正貿易. 公正取引. ②公正な貿易関係を築こうとする取引. 民衆交易. オルターナティブトレードともいう.

フェアトレード商品【fair trade goods】営経 先進国と途上国の間で, 公正な貿易関係を築こうとして取引される商品.

フェアネス【fairness】①公正さ. 公平. 公明正大. ②美しさ. 色白.

フェアハウジング ロー【fair housing law】社法 アメリカの公正住宅法. 人種や性の区別がなく住宅の売買・賃借ができることを保障する.

フェアプレー【fair play】正々堂々とした試合態度. 公明正大な態度.

フェアリー【fairy】妖精.

フェアリーテール【fairy tale】文 童話. おとぎ話. 昔話. 作り話.

フェアリーランド【fairyland】おとぎの国. 妖精の国. 桃源郷.

フェイキー【fakie】競 スキーやスノーボードで, 後ろ向きに滑るテクニック.

フェイク【fake】①ごまかし. もどき. ②音 ジャズで即興演奏をすること. ③贋作. 模造品. 偽物. ④競 (アメリカンフットボール) 意図のプレーを相手に気取られないようにする見せかけの動作. ⑤音 メロディーを装飾的に変奏すること.

フェイクファー【fake fur】服 アクリルなどの合成繊維を素材とする人造毛皮. 模造毛皮.

フェイジョア【feijoa】植 フトモモ科の低木. 南アメリカ産の果物. 果実は緑色, 果肉は乳白色でパイナップルとモモを混ぜた味がする.

フェイジョアーダ【feijoada 葡】料 ブラジル料理の一つ. 黒豆, 肉類, 香辛料などを煮込んで作る. 米飯に添えて食べる.

フェイス【face】顔. 顔つき. フェースともいう.

フェイルセーフ【fail-safe】①I機械類が故障した場合や作業者が誤作動した場合などに, 安全側に働くシステム. ②軍 核兵器を積んだ航空機が攻撃任務についた時の命令確認など, 偶発戦争を防ぐための仕組み.

フェイルセーフ ソフト【fail-safe software】I算 コンピューターシステムで操作ミスや故障により機能の制約を受けても, 処理を続行できる対策付きのソフトウエア.

フェイント【feint】①競 ある攻撃をするように見せかけて, すばやく他の攻撃を仕掛けること. おとり攻撃. ②見せかけ.

フェーヴ【fève 仏】料 パイ菓子のガレット デ ロワの中に隠す陶器製の人形. もとはそら豆の意.

フェーシャル アニメーション【facial animation】I算 三次元コンピューターグラフィックスで, 人間の顔のモデルに表情をつけること. 顔モデルの頂点座標を動かして, 表情を制御する.

フェーシャル キャプチャー【facial capture】I算 三次元コンピューターグラフィックスで, 機械式・光学センサーを使って人間の表情の動きを直接データ化する技法.

フェーシャル マッサージ【facial massage】容 美容法の一つ. 顔面マッサージ.

フェージング【phasing】I PHS方式の電話で生じる障害. 自動車などで高速移動すると短い間隔で急激に発生する.

フェース[1]【face】①顔. 顔つき. ②外見. 外面. 表面. ③登 急な岩壁. ④営経 額面. フェイスともいう.

フェース[2]【faith】信頼. 信仰. 誓約.

フェーズ【phase】相. 様相. 局面. 段階.

フェーズアウト【phase-out】段階的廃止. ⇔フェーズイン.

フェーズイン【phase-in】段階的導入. 新しい政策などで行う. ⇔フェーズアウト.

フェースオフ【face-off】競(アイスホッケー) 試合開始時や競技再開時などに, 審判が両軍の2選手のスティックの間にパックを落とすこと.

フェースタイム【face time】営社 勤務時間のうち, 会社で顔を見せて仕事をしている時間.

フェーズダウン【phase-down】段階的削減.

フェースツーフェース【face-to-face】面と向かって. 向かい合って. 差し向かいで.

フェーズドアレイ アンテナ【phased-array antenna】軍 位相配列アンテナ. 高速で飛来するミサイルなどを電子走査できる.

フェーズドアレイ レーダー【phased-array radar】軍 多くの送受信素子を平面配列し, 電子的に電波ビームを高速走査する方式.

フェースパウダー【face powder】容 粉白粉. 肌のてかりを抑え, 化粧のもちをよくする.

フェースバリュー【face value】営経 額面価格.

フェース ペインティング【face painting】容 顔に着色剤などで模様を描くこと.

フェースマーク【face mark】Iイ算 入力端末にある特殊記号などを使い絵文字を描き, 感情を表現するもの. 顔文字. スマイリー.

フェースマウンテッド ディスプレー【face mounted display】I算 奥行き感のある立体視にする軽量眼鏡式の画像表示装置. FMD.

フェース リフティング【face lifting】①容 美容整形. ②建 建物などの外装直し.

フェースリフト【face lift】①容 顔面のたるみやしわを上部につり上げる用具. その美容術. ②自動車などを, 部分的に改良すること. 英語では face lifting という.

フェータリズム【fatalism】哲 運命論. 宿命論. 宿命観.

フェータル【fatal】運命的な. 宿命的な. フェイタルともいう.

フェーディング【fading】①電 電波が伝わる時に電波干渉などによって受信強度が時間的に変わること. ②次第に色あせること.

フェート【fate】運. 運命. 宿命.

フェード【fade】①映画面が少しずつ移り変わること. ②競(ゴルフ) 打球が右打ちの場合は左から右へ曲がって飛ぶこと. ③しぼむ. 衰える. 色あせる. ぼやけ

る.

フェードアウエー【fadeaway】①消滅．衰退．消えていくこと．②〔籠(バスケ)〕ゴールネット近くで跳び上がり落下する途中で放つシュート．

フェードアウト【fade-out】映放溶暗．画面が徐々に暗くなり映像が消えること．⇔フェードイン．

フェード アウト フォーミュラ【fade-out formula】営政途上国が外資系企業を徐々に自国企業にしていくこと．

フェードイン【fade-in】映放溶明．画面が徐々に明るくなり映像が現れること．⇔フェードアウト．

フェーバリティズム【favoritism】偏愛．えこひいき．お気に入りのもの．

フェーブル【fable】文寓話．たとえ話．伝説．

フェーム【fame】名誉．名声．高名．

フェーン【Föhn 独】気山腹を吹き降りした乾燥した熱風．

フェーン現象【foehn】気風が山脈を越える時，風下側で気温が上昇し乾燥する現象．フェーンは温かく乾燥した風の意でドイツ語の Föhn から．

フェザーカット【feathercut】容羽毛のようにふわふわとした感じに仕上げる短い髪型．

フェザーステッチ【featherstitch】服羽毛状に左右交互に連続して施す刺しゅう縫い．縁取りなどに用いる．

フェザープレーン【feather plane】胴体などにバルサ材を用い，翼に薄いマイクロフィルムを張った室内模型飛行機．

フェザーベッディング【featherbedding】社労働組合の失業対策としての水増し雇用要求．

フェスタ【festa 伊】祭り．祭礼．祝祭．祝日．

フェスティバル【festival】祭り．祝祭．記念祭．催し物．演劇祭．

フェスティバル マーケット プレース【festival market place】営さまざまな店舗を並べ，自然発生的な市場にあふれる活気を創出して，非日常的な興奮を演出する商業開発手法．

フェスピック【FESPIC】籠極東・南太平洋障害者スポーツ連盟．Far East and South Pacific Games Federation for the Disabled の頭字語から．

フェダーイー【fedayee 亜刺】軍アラブゲリラ．パレスチナ解放運動の戦士．

フェチ フェティシズム(fetishism)の略．心倒錯性愛の一つ．異性の体の一部分などに強い執着を示す．

フェッチ【fetch】I算 CPU（中央処理装置）が命令を解読するために，メモリーから命令を読み出す機能．

フェップ【FEP】I算データの前処理を行う部分およびシステム．パソコンで主にかな漢字変換 FEP をいう．front-end processor の頭字語から．

フェティシズム【fetishism】①呪物崇拝．自然物に霊力があるとして崇拝すること．②異性の体の一部や身に着けているものを，性的満足を得る性倒錯．拝物愛．フェチともいう．

フェティッシュ【fetish】呪物．物神(ものがみ)．迷信の対象．性的倒錯の対象物．

フェティッシュ ファッション【fetish fashion】服性的倒錯の対象となる服飾の傾向を取り入れた装い．

フェデックス【fedex】①フェデラル エクスプレスの宅配便で送る．またその荷物や手紙．②〔FedEx〕フェデラル エクスプレスの略称．商標名．

フェデラリスト【federalist】連邦主義者．連邦制度主義者．

フェデラリズム【federalism】政州ごとの自治権を認めた連邦制国家の構成原理．アメリカ，スイスなどで行われている．

フェデラルファンド レート【Federal Funds rate】経アメリカの主要な短期金利．フェデラルファンド金利，FF レートともいう．

フェデレーション【federation】①政連邦政府．②籠社連合．連盟．

フェドカップ【Fed Cup】籠(テニス)国際テニス連盟が主催する唯一の女子選手の国別対抗戦．1963年に開始．

フェドガバナー【Fed governors】経アメリカの連邦準備制度理事会の構成員．Fed は FRB；Federal Reserve Board のこと．

フェトチーネ【fettuccine 伊】料平らなひも状のパスタ．イタリア料理で使う．フェットチーネともいう．

フェドチーフ【Fed chief】経アメリカの連邦準備銀行の総裁．フェドチェアマンともいう．

フェナセチン【phenacetin】薬解熱鎮痛剤の一つ．鎮痛作用は強いが，副作用も強い．

フェニックス【phoenix】①不死鳥．エジプト神話に出てくる想像上の鳥．②植ヤシ科フェニックス属の植物の総称．カナリーヤシ，ナツメヤシ，ソテツジュロなど．③〔P-〕理フランスが開発した高速増殖炉の原型炉．1973年に臨界．現在は高速増殖炉開発から撤退した．

フェニックス プロジェクト【Phoenix Project 日】環高レベルの放射性廃棄物をレーザーなどで非放射性物質に変え，中に含まれる有用な希少金属を回収する業務．1987年から動燃と日本原子力研究所が開始．

フェニルケトン尿症【phenyl-ketonuria】医アミノ酸代謝異常の一つ．フェニルアラニンを分解する酵素が欠けているため，フェニルケトンが尿中に排出される．誕生後すぐ発見しないと脳が侵され，けいれんや知能低下を起こす．

フェネック【fennec】動キツネの一種．北アフリカに分布し耳が大きい．愛玩用にも飼う．

フェノール【phenol】化石炭酸．無色で，特異なにおいがあり，消毒剤・殺菌剤などに用いる．

フェノール試薬【phenol reagent】化比色定量のための試薬の一つ．たんぱく質と反応して，青藍色を示す．

フェノール樹脂【phenol resin】化ベークライトなど，フェノール類とアルデヒドの縮合で合成される樹脂．熱・電気に強く，絶縁体・接着剤などに用いる．

フェノールフタレイン【phenolphthalein】薬下剤の一種．発がん性がある．国内未承認．

ブエノスディアス【buenos dias 西】こんにち

フェビアニ ▶

は．おはよう．

フェビアニズム【Fabianism】 社政フェビアン主義．イギリスのフェビアン協会の穏健な社会主義思想．

フェビアン主義【Fabianism】 社政イギリスのフェビアン協会の穏健な社会主義思想．倫理的な社会改良主義．フェビアニズム．

プエブラ パナマ計画【Plan Puebla-Panamá】 西 メキシコのプエブラ州以南と中央アメリカ全域を含む総合開発計画．2001年に関係諸国が合意．

フェミニスト【feminist】 社女性を大事にする男性．男女同権主義者．女権拡張論者．

フェミニスト セラピー【feminist therapy】 心女性解放の立場から女性の置かれた社会・文化的条件などを考慮して行う心理療法．1960年代後半にアメリカで生まれた．

フェミニズム【feminism】 社女性尊重の風潮．男女同権論．男女同権主義．女性解放論．

フェミニニティ テスト【femininity test】 生オリンピックで行われる染色体検査．女子に限られた競技では，規定の女性テストを受けなければならないという憲章の医事条項がある．フェミニニティコントロール，セックスチェックともいう．

フェミニン【feminine】 女性の．婦人の．女性らしい．女性特有の．

フェミニンルック【feminine look】 服女性らしい服装．

フェムト【femto-】 10^{-15}を表す国際単位系(SI)の接頭語．記号は f ．

フェムトケミストリー【femtochemistry】 化通常は10fs (フェムト秒，1fs は 10^{-15}秒)から100 fs の速さで行われる化学反応を，レーザー光を用いて直接観測すること．

フェライト【ferrite】 酸化鉄にマンガン，ニッケル，亜鉛などを配合して焼結した酸化物系磁性材料．日本で発明された．

フェラチオ【fellatio 羅】 唇や舌で男性の性器を愛撫すること．

フェリーボート【ferryboat】 機自動車ごと旅客や貨物などを輸送する連絡船．

フェリカ【FeliCa】 I経ソニーが開発した非接触ＩＣカード技術の方式．

フェルト【felt】 服羊毛などを圧縮して作る布地．保温・防湿・防音性に富み，服飾品・敷物などに用いる．

フェルマー数【Fermat number】 数著名な素数の一つ．$p=2^{2^n}+1$の形の素数．

フェルマータ【fermata 伊】 音音符や休符の上につけて音や休みを長くする印．記号は⌒．

フェルマーの定理【Fermat's last theorem】 数17世紀のフランスの数学者フェルマーが残した最終定理．「ｎが3以上の自然数の時，$X^n+Y^n=Z^n$を満たす自然数X，Y，Zは存在しない」．1994年にアメリカのプリンストン大学のワイルズが証明した．

フェルミオン【fermion】 理フェルミ粒子．半整数のスピンをもつ．2個以上が同一の量子状態を占められない粒子．

フェルミ粒子【Fermi particle】 理2個以上が同一の量子状態を占められない粒子．フェルミオンともいう．

フェレット【ferret】 動イタチ科の小動物．愛玩用などに飼育される．

フェロアロイ【ferroalloy】 化鉄合金の一つ．特殊鋼を作る際の添加剤に用いる．

フェロエレクトリック【ferro-electric】 理強誘電体．電源を切っても電気がたまっている不揮発性と，電気を多く蓄える高誘電性をもつ．F，Feともいう．

フェロー【fellow】 ①仲間．同輩．友達．やつ．あいつ．お前．親しみをこめた言い方．②教大学などの特別研究員．フェローシップの略．

フェローシップ【fellowship】 ①教大学などの特別研究員．フェローともいう．②研究奨学金．③仲間同士．友情．同好会．

フェロシルト【ferrosilt 日】 化土壌補強・埋め戻し材の商標名．化学メーカーの石原産業が生産していたが，六価クロムなどの含有が判明し，産業廃棄物と認定された．

フェロモン【pheromone】 生動物が体外に微量に分泌し，同一種の個体間に特異な反応を引き起こさせる物質．

フェンシング【fencing】 競西洋の剣技がスポーツになったもの．フルーレ，エペ，サーブルの3種目があり，突きまたは斬りで勝負を争う．第1回オリンピックから正式種目．

フェンダー【fender】 自動車の泥よけ．ストーブの囲い．

フェンタニル【fentanyl】 薬がん疼痛治療に用いる貼付薬．

フェンネル【fennel】 植ウイキョウ．セリ科の多年草．薬用や香味料に用いる．

フォア【four】 4つの．4人の．フォーともいう．

フォアグラ【foie gras 仏】 鳥料人工的に肥育させたガチョウやカモの肥大した肝臓．オードブルに用いる．世界三大珍味の一つ．

フォアグラウンド【foreground】 ①前景．⇔バックグラウンド．②前面．最先端．最も目立つ位置．③I算複数処理が実行できる環境で利用者が操作可能な状態にあるプログラム．

フォアグラウンド ジョブ【foreground job】 I算あるアプリケーションがアクティブで前面に表示されているジョブ．

フォアグラウンド処理【foreground processing】 I算時分割利用方式(タイムシェアリングシステム)で，優先される処理．

フォアグラウンド タスク【foreground task】 I算マルチタスク環境で実行中の複数の処理のうち，利用者との対話型処理ができるプログラムの処理のこと．⇔バックグラウンドタスク．

フォアサイト【foresight】 先見の明．先の見通し．将来への配慮．

フォアシュピール【Vorspiel 独】 音前奏曲．導入的性格をもつ器楽曲．プレリュードともいう．

フォアハンド【forehand】 競テニスや卓球で，球を利き腕側の位置で打つこと．フォアともいう．⇔バ

ックハンド.

フォアフロント【forefront】 ①最先端. 最前線. 第一線. 先頭. ②中心. 最も重要な位置.

フォアマン【foreman】 [営社]現場の職長.

フォー[1]【four】 数字の4. 4つの. 4個の. 4人の. フォアともいう.

フォー[2]【pho 社】 [科]ベトナムの屋台料理などで用いる麺(めん). 米粉で作る.

フォーウォール【four-wall】 [映社]映画館などを借り切って上映すること. 自主興行をすること.

フォーエバー【forever】 永久に. 永遠に.

フォーガー【pho ga 社】 [科]ベトナムの麺(めん)料理の一つ. ビーフンに鶏肉入りスープをかける.

フォーカス【focus】 ①焦点. 的. ピント. フォーカルポイントともいう. ②[営社]経営活動を一つの事業に絞ること. 経営の特化.

フォーカスグループ【focus group】 [営社]市場調査や世論調査の対象となる典型的な人々.

フォーカスグループ法【focus group method】 [営社]広告の事前調査で, 消費者を代表して数名から購入可能性や関心度を調査する方法. 感想や分析を聞き, 集団で討議をしてもらう. フォーカスグループインタビュー.

フォーカスド ファクトリー【focused factory】 [営社]得意分野に絞り込んで製造する工場.

フォーカマイユ【faux camaïeu 仏】 [服]同系色の組み合わせが遠目には単色に見えるもの. フォーは偽りの, カマイユは単彩画の意.

フォーカル プレーン シャッター【focal-plane shutter】 [写]遮光膜の移動速度と, 遮光膜で作ったすき間の大きさによって, 露光が決まる方式のシャッター.

フォーキャスト【forecast】 予想. 天気予報.

フォーク【folk】 ①民俗. 民衆. 人々. ②[音]フォークソングの略称.

フォークアート【folk art】 [芸]民衆芸術. 民俗芸術. 民芸.

フォーク ソサエティー【folk society】 [社]閉鎖的で規模の小さい血縁社会.

フォークソノミー【folksonomy】 [イ]一つのURLに対して, 多数のネットユーザーがタグによって意味付けを行うような分類法.

フォークソング【folk song】 [音]民謡. ポピュラー関係の用語では, 時代風潮を反映したメッセージ性の強い若者の歌をいう. フォーク.

フォークダンス【folk dance】 ①レクリエーションとして学校や会社などで行われるダンス. ②民俗舞踊.

フォークテール【folktale】 [文]民間に伝わる説話. 伝承物語. フォークストーリーともいう.

フォークボール【forkball】 [競](野球)人差し指と中指の間に球をはさんで投げる変化球. 回転が少なく, 打者の手元で鋭く沈む. 握る指の形が食卓のフォークに似ていることから.

フォークリフト【forklift】 [機]フォーク状の鉄製の爪を付けた特殊車両. 爪を上下させて重い荷物の運搬などを行う.

フォークロア【folklore】 [社]民間伝承. 民俗学.

フォルクローレ.

フォークロック【folk-rock】 [音]ロックのリズムや楽器を取り入れたフォークソング.

フォーコンタクト【four contact】 [競](バレーボール)球を受けてから相手コートに返すまでに, 球に触れることのできる, 原則として3回の制限回数を超えた反則. オーバータイムスともいう.

フォーサイト【foresight】 先見. 洞察力.

フォーサム【foursome】 [競](ゴルフ)二人一組ずつ二組でそれぞれが一つの球を順に打つ競技方法. ツーボールフォーサム. フォアサム.

フォーシーズン【four season】 四季. 春夏秋冬の四つの季節.

フォース【force】 ①力. 勢力. 武力. 戦力. ②[-s][軍]軍隊. 陸・海・空軍.

フォース17【Force 17】 [軍]パレスチナのゲリラ組織の一つ. 1970年代初めに創設. ファタハ本部内事務所の内線番号に由来する.

フォース21【U.S. Army Force XXI】 [軍]21世紀に生き残る姿を探究するアメリカ陸軍の構想研究. 2010年を想定目標年とし, その時までに実用可能な兵器・技術を基に, 軍隊の編成や戦法などを具体化する.

フォース フィードバック【force feedback】 [I算]操作する側へ, 操作の結果を情報として送り出す機能・システム.

フォーチャンネル ステレオ【four-channel stereophonic system】 [音]音源を四つに分離し, それを四つのスピーカーで再生する方式のステレオ装置.

フォーチュン【fortune】 ①運. 運命. 幸運. ②富. 財産.

フォーディズム【Fordism】 [営経]フォード主義. 20世紀のアメリカ型経済発展形態を指すレギュラシオン理論の用語.

フォードシステム【Ford system】 [営]ベルトコンベヤーを使った作業の合理化によって大量生産を行う経営管理方式.

フォードラゴンズ【Four Dragons】 [経]新興工業経済地域(NIES)の中心となる韓国, 台湾, 香港, シンガポールの四地域の俗称. 四頭の小竜の意.

フォー トラック ステレオ テープ【four-track stereo tape】 [音]録音テープの一つ. ステレオ録音の往復録音ができる.

フォートラン【FORTRAN】 [I算]科学技術計算用プログラム言語の一つ. 1956年の開発で改良を重ねて, 事務処理やデータベース構築用にも使える万能言語とされる. formula translation の略.

フォートレス【fortress】 要塞. 要塞都市. 堅固な場所.

フォーナイン【four nines】 金の純量を示す品位表示で, 1000分の999.9以上あるもの. 純金のことを指し, 9が4つ続くことから.

フォーバック システム【four backs system】 [競](サッカー)ゴールキーパーを除いてディフェンダーを4人にする布陣.

フォービート【four-beat】 [音]ジャズの奏法. 4分

の4拍子で，1小節に四つの打音が入る．

フォービスム【fauvisme 仏】 美野獣派．20世紀初頭にフランスで起こった芸術運動．原色を用いた激しい野性的な描写法に特徴がある．マチス，ブラマンク，ルオーなど．フォーヴィスムともいう．

フォーフィッテッド ゲーム【forfeited game】 競(野球)放棄試合．没収試合．

フォープロフィット【for-profit】 営利的な．営利目的の．

フォーマッター【formatter】 Ⅰ計 ハードディスクや光磁気ディスクなどの，外部記憶装置を初期化するためのソフトウエア．

フォーマット【format】 ①Ⅰ計 磁気記憶媒体に記載される記録方式，データの配列や形式．書式．②Ⅰ計 初期化．磁気記憶媒体に，データを書き込める状態にすること．③版 番組の構成・形式．④判型．紙や本の大きさ．⑤形．形態．体裁．

フォーマット ホルダー【format holder】 Ⅰ計 半導体製造などの標準規格の権利保有者．

フォーマット容量【formatted capacity】 Ⅰ計 ハードディスクの記憶容量．単位は MB（メガバイト）や GB（ギガバイト）．

フォーマリズム【formalism】 ①形式主義．虚礼主義．フォルマリスム．②美 作品の内容よりも形式の分析に重点を置く美術批評．

フォーマル【formal】 正式の．儀礼的な．形式的な．⇔インフォーマル．

フォーマルイベント【formal event】 公式の行事・祝典・催し．

フォーマルウエア【formal wear】 服 正装．礼服．⇔カジュアルウエア．

フォーマル コミュニケーション【formal communication】 社 公的な組織内での人間同士の意思疎通．

フォーマルドレス【formal dress】 服 夜会や公式的な訪問の時に着用する女性の正装．

フォーマル ミーティング【formal meeting】 政 公式協議．国連の安全保障理事会が開く会議で，公開されるか採決のみを行う．

フォーミュラ【formula】 ①決まり文句．式文．前例に倣った方法．方式．②化 数式．公式．③処方．作り方．④規約．⑤競 F1（エフワン）など自動車レースの規格・規定．

フォーミュラカー【formula car】 競(自動車)競技用の公式規格車．

フォーミュラ ニッポン【Formula Nippon】 競 日本国内の自動車レースの頂点として，1996年から始まった新フォーミュラ．

フォーミュラプラン【formula plan】 経 証券投資で，あらかじめ決められた投資基準に従って機械的・自動的に売買する方法．定率法，ドル平均法，定額法などがある．

フォーミュラ方式【formula pricing】 経 仕向け先地域の各市場で決まった原油スポット価格に，油種別に調整項を加えて，原油価格を設定する仕組み．

フォーム[1]【foam】 泡．

フォーム[2]【form】 ①形．姿．②医 形式．形相．フォルムともいう．③Ⅰ計 画面表示や印刷などに用いる形式設定．

フォーム オーバーレイ【form overlay】 Ⅰ計 プログラム全体を主記憶装置が容量不足で読み込めない時に，外部記憶装置を併用する方法．

フォームクリート【foamcrete】 建 発泡コンクリート．セメント，水，発泡剤を混ぜた滑走路用舗装材．

フォーム集【template collection】 Ⅰ計 アプリケーションソフトのテンプレートをまとめたもの．状況に応じてユーザーが修正することもある．

フォームラバー【foam rubber】 化 多孔性ゴム．スポンジゴム．防寒材，防音材・寝具などに用いる．ホームラバーともいう．

フォーメーション【formation】 ①競 バスケットボールやラグビーなどの攻撃・守備陣形．またはそれに伴う動き．②隊形．陣形．

フォーラム【forum】 ①公開の広場．②社 公開の討論会．座談会．③古代ローマで市の中心部にあった集会用大広場．④Ⅰ計 ネットワークなどで情報交換の場所．会議室．

フォーラム ディスカッション【forum discussion】 社 問題とするテーマに対して全員が参加する公開討論．公開討論会．フォーラム．

フォーリン アクセス ゾーン【foreign access zone】 経政 輸入促進地域．1992年に通産，運輸，農水，自治の4省共管で施行された，輸入の促進および対内投資事業の円滑化に関する，臨時措置法の柱の一つ．FAZともいう．

フォーリン オペレーションズ【foreign operations】 営 企業の海外活動．商品輸出・技術輸出・海外投資などの活動を指す．

フォーリングダウン【falling down】 競(ラ)両チームのフォワードが組み合うスクラムを故意につぶすこと．ペナルティーキックが科せられる．

フォール【fall】 ①競(レス)相手の両肩を同時に一定時間マットに押さえ付けること．②秋．秋期．③落ちること．

フォールアウト【fallout】 理 放射性降下物質．死の灰．

フォールアウト シェルター【fallout shelter】 軍 核シェルター．核の攻撃による被害から逃れるために，地下に造られる防空壕．

フォールクラシック【fall classic】 競(野球)ワールドシリーズの別名．アメリカのプロ野球の二大リーグの優勝チームが戦う選手権試合．

フォールス ネガティブ【false negative】 Ⅰ計 不正侵入の検知で，実際に侵入しているものを，そうでないと判断してしまうこと．

フォールス ポジティブ【false positive】 Ⅰ計 不正侵入の検知で，実際には侵入ではないものを，侵入とみなしてしまう誤検出．

フォールスメモリー シンドローム【false-memory syndrome】 心 虚偽記憶症候群．実際には起きなかった事柄を，覚えていると信じ込む心理的状態．

フォールディング カヤック【folding kayak】 競 折り畳み式カヤック．川下りなどに用いる．

◀フォトトラ

フォールト【fault】①失敗．過ち．②地断層．
フォールト トレランス【fault tolerance】①算無停止となる設計．故障が起きても稼働し続け，その間修復を行う．
フォールトトレラント コンピューター【fault-tolerant computer】①算耐故障性を備え，システムの一部が故障しても，全体に影響を及ぼさずに処理を続けられるコンピューター．FTC．ノンストップコンピューター．
フォールバック【fall back】①情報通信システムや構成機器を，機能や性能を落とした状態で運用すること．
フォールライン【fall line】①鉱斜面の最大傾斜線．②地瀑布線．台地と平地の境界部分．
フォールンエンジェル【fallen angel】経買い得を期待して買われる，斜陽企業などの価格の下落した株．地獄に落ちた天使の意．
フォー レター ワード【four-letter word】言英語の卑猥な汚い言葉．4文字の単語が多いことから．fuck, cock, shit, homo, damn など．
フォーン シェーディング【phong shading】①算三次元コンピューターグラフィックスで，隣接する多角形間で明るさが滑らかに変化するよう処理する技法の一つ．
フォカッチャ【focaccia 伊】料薄くて平らな丸型パン．イタリアの主食に用いる．
フォギング【fogging】①算コンピューターグラフィックスで，霧の効果を画像作成に適用すること．密度や色などに設定できる．
フォクシー【foxy methoxy】薬フォクシー・メトキシ(5-Meo-DIPT)の通称．麻薬に指定されている薬物．
フォスターケア【foster care】教社孤児養育．非行少年などの教育．
フォスターチャイルド【foster child】里子．
フォスタープラン【Plan International】社スペインの戦災孤児を救済するため1937年に設立した国際里親組織．現在はアジア，アフリカ，中南米などの子供を援助する．
フォスター ペアレント【foster parent】社里親．養い親．特に，途上国に生まれ育った子供たちを援助する運動の会員．FP．
フォックストレル【foxtrel】性的魅力のある若い女性．fox（魅力的な女性）と popstrel の合成語．
フォックス ハンティング【fox hunting】電理電波の発信源を探すこと．アマチュア無線で使う言葉．キツネ狩りの意．
フォッグランプ【fog lamp】機電自動車に取り付ける霧灯．フォグライトともいう．
フォッサマグナ【Fossa Magna 羅】地中央大地溝帯．日本の本州中央部を南北に二分する大地殻構造．
フォティーノ【photino】理超対称粒子の一つ．光子の対．
フォト【photo】①写写真．フォトグラフともいう．②理照度の単位の一つ．1cm^{2}当たり1ルーメンの照度をいう．

フォトインク【photo ink】算カラー印刷に必要な6〜9色をカートリッジに収めたインクジェットプリンター用のインク．
フォトエージング【photo-aging】生光による皮膚や髪などの老化．
フォトエキスポ【Photo Expo】写アメリカのニューヨークで開催されるカメラの見本市．
フォト オポチュニティー【photo opportunity】新聞や雑誌などのカメラマン向けに，よい写真を撮れる機会を与えるために設ける催し・会合など．
フォトカプラー【photocoupler】①算発光素子と受光素子を一つの素子として密閉したパッケージに収め，光の形で電気信号の受け渡しを行うもの．
フォトギャラリー【photogallery】写写真展覧会場．写真家の作品を展示する場所．
フォト クオリティー【photo quality】①算コンピューターを使って写真などの画像加工をした時の，写真並みの品質．
フォトグラフ【photograph】写写真．フォト．
フォトグラファー【photographer】写写真家．カメラマン．
フォトグラフィー【photography】写写真撮影．写真術．
フォトクロミック【photochromic】理光を当てると着色や色調変化を起こし，別の光や熱を当てると脱色や色調還元をする現象．
フォトクロミック ガラス【photochromic glass】理光を当てると着色・変色するガラス．眼鏡に利用されている．
フォトクロミック高分子【photochromic polymer】理光を当てると着色または色調が変化し，別の波長の光や熱で脱色あるいは色調が元に戻る性質をもつ高分子．
フォトクロミック分子【photochromic molecule】理特定の光を当てると構造が変わる分子．大容量の記録材料への応用が期待されている．
フォトCD【Photo CD】①算写写真を記録できるコンパクトディスク．100コマ以内で追加ができる．ビューワーソフトやフォト CD プレーヤーで見る．
フォトジェニー【photogénie 仏】映写カメラのレンズを通すことで，対象の本質，純粋なイメージが得られること．
フォトジェニック【photogenic】写真映りのよい．
フォトジャーナリズム【photojournalism】写グラフ誌，写真雑誌を中心とするジャーナリズム．グラフジャーナリズムともいう．
フォトスキャナー【photo scanner】①算写真画像をパソコンなどに取り込む装置．
フォトストーリー【photo story】写組み写真による物語．写真に物語風の解説を施す．
フォトダイオード【photodiode】①電光の信号を電気的に読み取る光検出器．ダイオードの接合部に光を当てると光電効果で電流が流れる現象を利用する．
フォトトランジスタ【phototransistor】①トランジスタを内蔵して増幅機能をもたせ，高感度にした半導体光検出素子．

489

フォトニク▶

フォトニクス【photonics】 ①光通信を扱う学問分野．光に用いる情報伝達の技術などを研究する．

フォトニクス材料【photonics material】 理 光機能材料．光学と電子工学にまたがるオプトエレクトロニクスなどで用いる．

フォトニック クリスタル【photonic crystal】 理光の屈折率を周期的に変調した構造をもつもの．

フォトニック結晶【photonic crystal】 理光に対する透過帯と禁制帯をもつ微細構造．

フォトニック ネットワーク【photonic network】 ①理次世代の超高速・大容量の光通信網．

フォトニックバンドギャップ【photonic bandgap】 理光の存在が許されない領域．光に対して透過帯と禁制帯があり，ある波長の光の存在（伝播）が許されないところ．

フォトニックフラクタル【photonic fractal】 電理三次元フラクタル構造をもつ誘電体が，電磁波や光を閉じ込める機能を有することから名づけられた造語．

フォトニック ルーター【photonic router】 ①理次世代の光通信網に用いる，データ伝送を制御するルーター．

フォトニュートロン【photoneutron】 理光中性子．光分解中に原子核から放出される．

フォトノベル【photonovel】 文絵や漫画の代わりに写真を使うロマンチック小説．写真にせりふなどを入れる吹き出しが付く．

フォトフィニッシュ【photo finish】 競写真判定．

フォトプリント【photo print 日】 服写真を合成転写したプリント．

フォトプロトン【photoproton】 理光陽子．光分解中に原子核から放出される．

フォトマスク【photomask】 ①算シリコンチップ上に素子や回路パターンを作る時に用いる原版．実際の IC 製造には十数種類のフォトマスクを使う．

フォトモンタージュ【photomontage】 写合成写真．複数の写真を組み合わせて1枚の写真にしたもの．

フォト ライブラリー【photo library】 写写真保存室．写真の保存・貸し出しをする施設．

フォトリアリスティック レンダリング【photo-realistic rendering】 ①算コンピューターで行ったレンダリングの出力結果を，写実的にコンピューターグラフィックスで表現すること．

フォトリアリズム【photo-realism】 美写真のような精細さで克明に描く絵画の写実主義の一傾向．スーパーリアリズム，ハイパーリアリズムともいう．

フォトレジスト【photoresist】 理感光性樹脂．感光性ポリマー．光や放射線を当てると，照射部分だけ構造変化する高分子．IC, LSI，プリント配線基板，印刷版などに用いる．

フォトレタッチ【photoretouching】 ①写写真の傷，色合い，露光などを修正・補正すること．②①算スキャナーでコンピューターに取り込んだ写真画像を編集，加工すること．

フォトレタッチ ソフト【photoretouching software】 ①算撮影した写真に，パソコン上で修正を加えるためのソフトウエア．アメリカのアドビシステムズが発売した PhotoDeluxe などの製品がある．

フォトン【photon】 理光子．光量子．量子論で光を粒子として考える場合の概念．

フォトンSTM【photon STM】 理物質との相互作用によって極近傍に局在する光を利用する顕微鏡．STM は scanning tunneling microscope（走査型トンネル顕微鏡）の略．

フォトン ファクトリー【photon factory】 理光子工場．筑波高エネルギー物理学研究所の電子線加速装置の別名で，正式には放射光実験施設という．

フォニー【phony】 偽物．まがい物．

フォノスコープ【phonoscope】 機音声などの発音体の振動状態を観察するため，音波を電波に変えて映像化する機械．聴覚障害者の発声・発音訓練，犯罪捜査に用いる．

フォノン【phonon】 理素励起の一つ．結晶格子や超流動体の振動で生じる波動を記述する．

フォブス【FOBS】 軍部分軌道爆撃系．軌道爆弾．核衛星．人工衛星の軌道の一部を利用して攻撃する核兵器．旧ソ連が1967年から71年にかけて実験した．fractional orbital bombardment system の略．

フォリーウオーカー【foley walker】 映擬音係．トーキー初期の擬音開発の先駆者 J．フォーリーの名にちなむ．

フォリオ【folio】 ①印書物などの二つ折り判．全紙を半分に折った大きさ．②折り紙挟み．③本や新聞のページ数．

フォリナー【foreigner】 ①外国人．異邦人．②外国製品．舶来品．

フォルク【Volk 独】国民．人民．

フォルクローレ【folklore】 音南アメリカのアンデス地方に住むインディオの民俗音楽．

フォルダー【folder】 ①紙挟み．書類挟み．②①算収納記録を視覚化したもの．マッキントッシュやウインドウズなどで書類挟み状のアイコンで表す．ホルダーともいう．

フォルダー ナビゲーション【spring-loaded folder】 ①算 MacOS の機能の一つ．ドラッグしたアイコンをフォルダー上に重ねるだけで，自動的にフォルダーを開く．

フォルタイン党【Pim Fortuyn Party】 政オランダの極右政党．党首ピム・フォルタインは2002年に暗殺された．

フォルツァ イタリア【Forza Italia 伊】 政イタリアの政党の一つ．ベルルスコーニが率い，2001年の選挙で中道右派連合の中心となった．

フォルテ【forte 伊】 音強く演奏せよ．記号は f．⇔ピアノ．

フォルティシモ【fortissimo 伊】 音非常に強く演奏せよ．記号は ff．⇔ピアニシモ．

フォルトライン【Fault Line】 社國異なる文明間を隔てる「断層線」．S．ハンチントンが『文明の衝突』

◀プチブルジ

論で提唱.

フォルム【forme 仏】 形．姿．有り様．形式．形相．フォームともいう．

フォロー【follow】 ①続く．あとに従う．助ける．②競〈バスケットボール〉味方選手がシュートしそこねた球をすかさず拾ってシュートすること．

フォローアップ【follow-up】 ①後に従うこと．後まで面倒を見ること．②競球技で，球をもった味方の後ろについて走ること．③広前に出した広告に続けて出す広告．④前に出した記事・論説などに追加して書かれる記事．⑤営社追跡調査．継続監視．⑥Iイネットニュースで，記事に対応して返答を出すこと．

フォローアップ調査【follow-up survey】 社追跡調査．世論・社会調査などで，一度調査の対象とした人を数年後に再び調査すること．

フォローアップ ミルク【follow-up milk】 料生後9カ月以後の離乳期に使用するミルク．

フォローシーン【follow scene 日】 映動くものをカメラで追う移動撮影による場面．英語の follow shot が「移動撮影」．

フォロースルー【follow-through】 競野球やテニスなどで，打球を確実にするために，腕を伸ばして球を十分に押し出すこと．

フォローミルク【follow milk】 料離乳期用ミルク．生後6カ月から使える．

フォロロマーノ【Foro Romano 伊】 古代ローマの政治の中心部．

フォロワー【follower】 追従者．弟子．

フォワーダー【forwarder】 営荷主と輸送会社を結び付け，ドアツードア輸送を行う業者．自社では輸送手段をもたないが，さまざまな方法を組み合わせて国際複合一貫輸送を行う．

フォワーディング【forwarding】 Iイネットシステムの中で，パケットやデータを前方に送ること．入力ポートから入ってきたパケットやフレームを，適切な出力ポートに送り出すこと．

フォワード【forward】 ①競サッカーやラグビーなどで，前衛．主に攻撃を行う選手．チームの最前線に位置し，攻撃の軸となる．FW．②Iイ転送すること．

フォワード クオーテーション【forward quotation】 営経先物相場．

フォワード デリバリー【forward delivery】 営経先渡し．

フォワードパス【forward pass】 競〈アメリカンフットボール〉一回の攻撃中に一度だけ可能な，前方へ投げるパス．

フォン シェイディング【Phong shading】 Iイコンピューターグラフィックスで，滑らかな陰影変化を表現する技法の一つ．

フォンダイヤラー【phone dialer】 Iイプッシュホン式電話機のボタンを押した時に出る音を発生する装置．

フォンダン【fondant 仏】 料洋菓子に用いる．砂糖と卵を練り合わせたもの．口に含むと溶ける糖菓．

フォンデュ【fondue 仏】 料スイスのなべ料理．チーズを白ブドウ酒で溶かし，角切りパンをひたして食べるチーズフォンデュが有名．

フォント【font】 印刷字母．明朝体やゴシック体などという字体，字の種類．同一の字体・書体のひとまとまり．

フォントウエア【fontware】 Iイ標準では装備していない書体や文字を作り出せるソフトウエア．

フォントカード【font card】 Iイ書体パターンを記録したメモリーカード．印字装置に印字できる書体を追加するのに使う．

フォントキャッシュ【font cache】 Iイ一度ビットの集合としての図形に変換したアウトラインフォントのイメージを，ハードディスクに保存しておく機能．

フォントフォルダー【font folder】 IイMac OSやWindowsのシステム内で，フォントを収納しておくところ．

フォント変形ツール【font effect tool】 Iイ文字列に，変形や強調などのさまざまな効果を加えるツール．

フォントメモリー【font memory】 Iイ文字や図形を表示するための点の集まりを記憶した装置．

フォン ノイマン ボトルネック【Von Neumann bottleneck】 Iイノイマン型コンピューターで，性能向上を妨げる要因．CPUとメモリー間のデータ転送に制限があることから生じる処理能力の限界を指す．キャッシュメモリーや並列コンピューターではある程度解消できる．

フガート【fugato 伊】 音多声楽曲の形式の一つ．自由なフーガ．

ブギウギ【boogie-woogie】 音1920年代に起こったブルースと同じ曲構造をもつ器楽音楽．

フゲッタ【fuggetta 伊】 音多声楽曲の形式の一つ．小型のフーガ．

フゴイド運動【phugoid motion】 航空機が安定を失い異常飛行する状態を示す語の一つ．ほぼ一定の迎え角のまま飛行速度と高度が激しく変化する，縦揺れ運動．

フジショック【Fuji-shock】 経政ペルーのフジモリ大統領が行った急激な経済改革計画のこと．

プシュケー【psychē 希】心．霊魂．

ブタジエン【butadiene】 化炭化水素の一つ．無色無臭で引火性のある気体．主として合成ゴムの原料に用いる．

ブタン【butane】 化メタン系炭化水素の一種．天然ガスや石油分解ガスの中に含まれる無色の気体．燃料や合成ゴムの原料などに用いる．

プチ【petit 仏】 小さい．細かい．わずかな．かわいい．愛らしい．

プチクートー【petit couteau 仏】 料理用の小型包丁．

プチ食品【petit food】 料一人が一回で食べきれる量を商品化した食品．

プチテート【petite-tête 仏】 容小さくまとめられた髪型．

プチフール【petit four 仏】 料一口大の小さな菓子類．

プチブルジョア【petit bourgeois 仏】 社小市民．資本主義社会でブルジョアジーとプロレタリアートの中間に位置し，経済的基盤は労働者階級に属しつつ，心情的には資本家階級に近い．プチブルとも

フ

491

プチホテル ▶

いう.

プチホテル【petit hotel 日】 設備や食事などが充実し, 洗練されている小型のホテル.

ブチルゴム【butyl rubber】 囮合成ゴムの一種. イソブチレンと少量のイソプレンの共重合体. ガス透過性が低い. タイヤのチューブなどに用いる. IIRともいう.

ブッカー賞【Booker Prize】 図イギリスの文学賞の一つ. 英連邦の作家が書いた小説が対象となる.

ブッキー【bookie】 图社競馬などの賭けの胴元. 私設の馬券屋. ブックメーカーともいう.

ブッキッシュ【bookish】 学問に凝っている. 学者ぶった. 堅苦しい. 書物上の. 非実際的な.

フッキング【hooking】①競（アイス）セットスクラムに投げ入れられた球を足でかき入れること. ②（アイスホッケー）スティックで相手選手を引っ掛けて妨害すること. 反則の一つ.

ブッキング【booking】①経記帳. ②部屋や席などの予約. ③切符購入. 出札. ④映画興行などの契約.

フック【hook】①留めかぎ. かぎ形のもの. ②競（ゴルフ）打球が利き腕と反対の方向へ曲がること. ③競（ボクシング）ひじを曲げて側面から打つこと.

ブック【book】①本. 書籍. とじ込み. 帳面. ②Ⅰ算 表計算ソフトの1枚の表データであるワークシートを複数束ねたもの. ③芸写自作を整理してまとめたファイル.

ブックインブック広告【book-in-book advertising 日】 広雑誌広告の手法の一つ. 広告主と提携したページを本誌より小型にしてとじ込み, 取り外すと小冊子になる.

ブックエンド【bookend】本立て.

ブックキーピング【bookkeeping】图経簿記.

ブックスタート【bookstart】社0歳児のいる家庭に絵本を贈る事業. 市町村など自治体単位で活動. 1992年にイギリスで始まる.

ブックタイプ パソコン【book-type personal computer】Ⅰ算 ブック型パソコン. 携帯できる書籍型の小型軽量パソコン. ノートパソコンともいう.

ブック ディテクション システム【book detection system】 図書持ち出し禁止装置. BDSともいう.

ブックデザイン【book design】 美造本. 装丁. 書体, レイアウト, 紙質など書物全体をまとめる. 図書設計.

ブック ビルディング方式【book building method】経社債・転換社債の発行条件を決める方法の一つ. 引き受け証券会社が仮の条件を示し, 事前に投資家の購入需要を聞き取ってから決定する. 需要予測方式. ブライストーク方式.

ブックマーク【bookmark】①しおり. ②Ⅰ算情報検索中に必要と思われるものに印を付け, 後ですぐに参照できるようにしたもの.

ブックマッチ【book match】 二つ折りになっている紙マッチ. 軸をはぎ取って使う.

ブックメーカー【bookmaker】①競馬などの賭けの胴元. 賭博会社. ②出版者. 編集者. 本を製作する人.

ブックモビール【bookmobile】社自動車に書物を積んだ移動図書館.

ブックレット【booklet】小冊子.

ブックレビュー【book review】書評. 新刊図書の批評・紹介. 書評欄.

プッシー[1]【pushy】厚かましい. ずうずうしい. 押しの強い. 強情な.

プッシー[2]【pussy】隠語で女性の性器. 子猫.

ブッシェル【bushel】ヤードポンド系の体積の単位. イギリスで穀物用に使い始めた. 1ブッシェルは 36.37ℓ, アメリカでは 35.24ℓ.

プッシャー【pusher】①押す人. 推進器. ②社麻薬密売人. 麻薬の売人. ③押しの強い人. 出しゃばり.

プッシャーバージ【pusher barge】機貨物を載せた大型はしけを押して運搬する方式の船.

ブッシュ【bush】①低木. かん木. やぶ. 茂み. ②俗語で, あごひげ. 陰毛.

プッシュ【push】①押す. 押し出す. 突き動かす. ②経手近な販売協力者に力を入れて, 需要に働きかける販売戦略.

プッシュアップ ジーンズ【push-up jeans】服ヒップアップ効果があるデザインを施したジーンズ. ボトムアップジーンズともいう.

プッシュ回線【touch tone line】Ⅰ電話回線で, 電話機のダイヤルボタンを押すとトーンの周波数の違いで番号を識別する方式.

プッシュ型サービス【push technology】Ⅰイサーバー側から登録された利用者に, 積極的に最新情報を送り込んで画面表示する方法.

プッシュ技術【push technology 日】Ⅰイ利用者が指定する情報を, インターネットで自動的に端末に配信する技術.

プッシュ戦略【push strategy 日】 経マーケティング戦略の一つ. 外交販売員や流通業者への刺激を重視し, 積極的な販売活動を創り出す.

プッシュ ドクトリン【Bush doctrine】政2002年にブッシュ大統領が発表した安全保障政策. アメリカ国家安全保障戦略.

プッシュバック【pushback】飛行場の混雑で, 離陸許可を待つ旅客機が出発予定時刻を繰り下げられること.

プッシュプル回路【push-pull circuit】電2個の真空管またはトランジスタなどを, 互いの位相が逆に動作するように接続した回路. 増幅器に用いる.

プッシュボタン ウオー【push-button war】軍押しボタン戦争. 兵器が高度化し, ボタン一つで始まりすぐに終わる最後的な戦争.

プッシュホン【Pushphone 日】Ⅰ押しボタン式の電話機. 商標名. 英語では push-button telephone, あるいは商標名からきた Touch-Tone, touch-tone telephone ともいう.

プッシュロック【push lock】押しボタン式錠前. 取っ手の中央の押しボタンを押すと鍵がかかる. モノロックともいう.

フツ族【Hutu】東アフリカの内陸国ルワンダ, ブルンジなどに住む民族の一つ. 少数派だが支配を続けていたツチ族との抗争が続いた. フツ人ともいう.

◀フライ

ブッダ【Buddha 梵】　宗仏陀．釈迦牟尼の尊称．悟った人，覚者の意．

フッター【footer】　①算データを印字した時に，ページの文字版面の下に印刷される，ページ数，文書番号，所定のロゴなど．

フッティング【footing】　①足場．足掛かり．②安定した地歩．確実な地位．地位．身分．③建土台．基礎．フーチングともいう．

フット【foot】　①足．脚部．足の働きをする部分．②文詩の韻脚．

プット【put】　①置く．据える．入れる．加える．②営売り付ける権利．売る権利．プットオプションもいう．

プットアウト【putout】　競(野球)刺殺．打者または走者をアウトにすること．

プットオプション【put option】　経証券で，売付選択権．特定の証券を所定の価格で，一定期間だけ売りに出すことができる権利．

フットカバー【foot cover】　服つま先からかかとまで覆うローソックス．パンプスやスニーカーを履く時にむれを防ぐ．スニーカーインともいう．

フットギア【footgear】　服履物．フットウエア．

フットケア【footcare】　容足の手入れ．足美容．

フットサル【FUTSAL】　競5人制のミニサッカー．1988年に世界統一ルールを制定．スペイン語のFutbol de Salon の略．サロンフットボール，インドアサッカーともいう．

フットスイッチ【foot switch】　足で踏んで電源が入れられる器具．

フットノート【footnote】　脚注．⇨ヘッドノート．

フットパス【footpath】　歩行者専用道．歩行や徒歩旅行を楽しむ人のために整えた小道．

フットバッグ【foot bag】　競直径5cmの球を地上に落とさず，足やひざで蹴り続ける競技．アメリカで考案された．

フット フェティシズム【foot fetishism】　心足に過度な性的愛着を示すこと．

フットプリント【footprint】　①足跡．足型．足紋．②人工衛星などの着陸予定地．

フットライト【footlight】　劇脚光．舞台の床の前端からの照明．

フットワーク【footwork】　競球技やボクシングなどにおける足運び・足さばき．

ブディスト【Buddhist】　宗仏教徒．仏教信者．

ブディズム【Buddhism】　宗仏教．

ブティック【boutique 仏】　①服洋服や装身具を売るしゃれた感覚の小売店．ブチック．②広独創的な作業を行う小規模の広告代理店．

ブティック型医療【boutique −】　医得意分野に絞り込む専門特化方式の医療．

ブティック コンサルタント【boutique consultant】　営産業スパイをする組織やコンサルタントのこと．特に防衛機密情報を扱う．

ブティック ファーマー【boutique farmer】　農珍しい野菜や果物の栽培を主に行う農家．

プディング【pudding】　料洋風蒸し菓子の一種．一般には牛乳・卵・砂糖などを材料としたカスタードプディングをいう．ほかに米やパンなどのプディング

もある．プリンともいう．

ブデソニド【budesonide】　薬気管支ぜんそく治療に用いる粉末吸入ステロイド薬．

プトマイン【Ptomain 独】　化たんぱく質の腐敗毒．死毒．

プトラジャヤ【Putrajaya】　政マレーシアのマルチメディアスーパーコリドー計画による新行政都市．

ブミプトラ政策【bumiputra】　経政マレーシアのラザク首相が1969年に提唱した新経済政策．マレー人を優先し経済的地位の向上を目指す．

フューザン【fusain 仏】　美デッサン用の木炭．木炭画．

フュージョン【fusion】　①溶解．溶解物．②政党派の連合．③音ジャズ，ロック，ポピュラーなどが融合した音楽．フュージョンミュージックの略．④理核融合．

フューチャー【future】　①未来．将来．前途．②先物．先物売買．

フューチャー ショック【future shock】　未来衝撃．科学のめざましい発展，ライフスタイルの急激な変化などに合っての挫折感をいう．

フューチャリスティック【futuristic】　未来的．未来の．超現代風の．

フューチュリズム【futurism】　①芸未来派．20世紀初期イタリアに起こった芸術の新運動．動的で機械的な表現を特徴とし，文学・絵画など多くの分野に影響を与えた．②服未来派志向主義．近未来を描いたファッション．

フューツロスコープ【Futuroscope】　映フランス文化省が一種の僻地対策として計画した，世界初の映像のテーマパーク．

フューネラルマーチ【funeral march】　音葬送行進曲．行進曲の一種で，葬送の際などに用いる悲痛な感じの曲．

フュエル【fuel】　燃料．フューエルともいう．

フュエルリサイクル【fuel recycling】　環廃棄物を燃料に再利用する方法の一つ．廃プラスチックを油化やガス化したり，他の可燃性廃棄物と混ぜて固体化したりして燃料に用いる．

フュゾー【fuseau 仏】　服体にぴったり合ったズボンで，裾に足掛けベルトが付いているもの．糸巻き棒の意．スキーパンツともいう．

フラー【hurrah】　万歳．歓喜．喝采の叫び声．

プラーク【plaque】　①金属や陶器で作る飾り額．ブラクともいう．②医歯垢(しこう)．歯の表面に着生した微生物やその産物．③生ファージにより細菌が溶菌してできる斑点．

プラーク ハイブリダイゼーション【plaque hybridization】　生遺伝子の解析を行うため，細菌に感染して増殖するウイルスであるファージを，寒天などの培養体にできた斑点から選び出す方法．

フラーレン【fullerene】　化数十から百個以上の炭素原子が結びついた，かご状炭素分子の総称．C60は60個の炭素原子が結びついたもので，最も安定し合成しやすい．バッキーボールともいう．

フライ【fly】　①競(野球)飛球．高く打ち上げた打球．②釣りで使う毛ばり．羽毛で水生昆虫などに似せて作る擬餌(ぎじ)．③生ハエ．④飛ぶ．飛ばす．

493

フライアウ ▶

フライアウエー【flyaway】①ひらひらする．うわついた．気まぐれな．②空輸準備が整った．空輸のために荷造りされた．③①通信衛星にテレビ電波を送信できる携帯送信機．

フライアッシュ【fly ash】 石炭の燃えかす．道路工事などに使う．

フライアメリカン【Fly American】 営社自国の航空会社を使おうというアメリカのスローガン．

フライ＆クルーズ【fly and cruise】 社片道または往復に航空機の利用を組み入れた船旅．

プライウッド【plywood】 合板．

プライオメトリックス【plyometrics】 競大きな衝撃を筋肉に与えて筋収縮の速度を高め，爆発的な力を出させる方法．陸上競技や球技などの訓練方法の一種．

プライオリティー【priority】 優先権．優先事項．先取権．自動車などの先行権．

フライガール【flygirl】 社ダンスが伴うラップ音楽であるヒップホップの若い女性ファン．

フライキャスティング【fly casting】毛針釣り．毛針を使って投げ釣りすること．フライフィッシングともいう．

プライシング【pricing】 経値付け．価格設定．価格政策．

フライス【fraise】 機フライス盤に用いる刃物の総称．回転しながら工作物を切削するもの．

フライズ【flies】 劇舞台天井にある作業空間．背景などを上げ下げしたりする．

プライス【price】 営経価格．値段．代価．相場．

プライス【prize】 賞．賞品．懸賞金．

プライス インデックス【price index】 営経物価指数．

プライスキャップ【price cap】 料金上限規制．消費者物価上昇率に一定の比率を乗じて，その範囲内で公共料金が自由に決められる．

プライスセールス レシオ【price-sales ratio】 経株価売上比率．株価を一株当たり売上高で割って求める．

プライスダウン【price down 日】 営経値下げ．販売価格を下げること．英語では mark-down．

プライステーカー【price taker】 経価格受容体．市場での価格支配力が弱く，価格を与えられたものとして行動する経済主体．

プライスポイント【price point】 営経小売市場で商品が売れる価格．

プライズマネー【prize money】賞金．

プライス メカニズム【price mechanism】 経需要が供給を上回ると価格が上昇し，需要が減少し供給が増加すると価格が下落するという現象によって，需要と供給の均衡がもたらされる仕組み．

プライスライン ドットコム【Priceline.com】 ①アメリカのウォーカー・デジタルが設立した企業．消費者が購入条件を指定する逆オークションのシステムに関するビジネス．

プライスリーダー【price leader】 経市場の製品価格の決定力をもつ業界の有力企業．

プライス リーダーシップ【price leader-ship】 営経価格先導制．少数の大企業によって市場が支配されている状態で，大企業の決める価格に他の企業が追随することによって，その商品の価格が決まること．

フライゾーン【fly zone】 競（陸上）400mリレーで，バトンの受け渡しを行う10m区間．エクスチェンジゾーンともいう．

ブライダル【bridal】①社婚礼．結婚式．②花嫁の．新婦の．婚礼用の．新婚者用の．

ブライダルブーケ【bridal bouquet】 社植結婚式で花嫁が手に持つ花束．

ブライダル マーケット【bridal market】 営結婚に関連する市場．結婚して新家庭をもつ際に必要な品物などを取り扱う産業・市場．

フライダンパー【fly dumper】 環社汚物やごみの処理を請け負い，空き地などに不法投棄する無許可のトラック運送業者．

フライデーウエア【Friday wear 日】 服会社員などが金曜日に着る仕事着．普段着の感じをもたせた仕事用の服装．フライデーカジュアルともいう．

フライデー カジュアル【Friday casual 日】 服ビジネスマンが金曜日に着る，普段着感覚の服装．

フライト【flight】 ①飛行．定期飛行便．②航空機の操縦．③競（スキー）ジャンプすること．④競（陸上）障害競技で，ハードルを跳び越えること．⑤競（ゴルフ）羽根球の飛ばし方．

プライド【pride】 誇り．自尊心．自信心．うぬぼれ．思い上がり．

フライト アテンダント【flight attendant】旅客機の乗客の世話をする客室乗務員．

フライト エンベロープ【flight envelope】航空機の飛行可能領域．

フライト キャピタル【flight capital】 営経逃避資本．税金逃れやインフレによる損害を避けるために，外国へ移された資本．

フライト コントロール【flight control】①営社定期航空会社における航空機の日常の運航に関する経営管理．運航統制．②機航空機の操縦装置．フライト コントロール システム．

フライト サージャン【flight surgeon】 宇宇宙飛行士の健康管理を担当し，航空宇宙医学を研究する専門医．

フライトシーイング【flightseeing】 社遊覧飛行機やヘリコプターを利用する観光．flight と sightseeing の合成語．

フライト シミュレーター【flight simulator】①宇機パイロットや宇宙飛行士用の模擬操縦装置．リンクトレーナーともいう．②①パソコンゲームなどで，航空機の操縦を行うゲーム．

フライトシム ゲーム【flight-sim game】 ①模擬飛行訓練装置を利用して，航空機の操縦や空中戦などを行う遊戯設備．

フライトジャケット【flight jacket】 服アメリカ空軍が着用する，軽くて軟らかな感じのジャンパー．またそれに似せた上着．

フライトテスト【flight test】 飛行試験．フライトチェックともいう．

フライトナンバー【flight number】 航空機の便の番号.

ブライトネス【brightness】 ⅠⅣディスプレーの調整パラメーターの一つ.入力信号によらないで,画面全体の明るさを一律に変化させる.

フライドライス【fried rice】 料炒めご飯.

フライトレコーダー【flight recorder】 機航空機の自動飛行記録装置.飛行状態が記録され,事故などの原因究明の手掛かりとなる.

ブライトレバー【bright liver】 医脂肪肝の通称.肝臓が白っぽくきらきら輝くことから.

ブライトン宣言【Brighton Declaration on Women and Sport】 競社女性とスポーツに関するブライトン宣言.スポーツ分野での女性差別撤廃条約.1994年開催の世界女性スポーツ会議で採択された.

フライバイ【fly-by】 宇理重力援助.宇宙探査機が天然天体の重力を利用して軌道を変えること.スイングバイともいう.

フライ バイ ナイト【fly-by-night】 金銭的に無責任な.当てにならない.信頼できない.

フライ バイ ライト【fly-by-light】 Ⅰ機算航空機の操縦システムに光ファイバーを用い,光信号で制御する方式.FBL.

フライ バイ ワイヤ【fly-by-wire】 Ⅰ機算航空機の機体安定を保つのに,コンピューターの制御で行う方式.FBW.

プライバシー【privacy】 私事.私生活.個人の私事が社会や他人から干渉を受けない権利.

プライバシー権【privacy right】 法自分に関係する情報を自分自身の判断に基づいて公開・拒否などを決める権利.プライバシーの権利.

プライバシーの保護【privacy protection】 法個人情報の漏洩や不正使用などを防ぎ,個人の権利と尊厳を守ること.

プライバシー保護条例【privacy －】 社政自治体などが保有する個人情報について,私的生活に干渉されない権利を保護する条例.

プライバシー ポリシー【privacy policy】 ⅠⅣインターネットのサイトの運営主体が,利用者の情報の取り扱い方針や自らの連絡先などを明記したもの.

プライバシーマーク制度【privacy mark system】 ⅠⅣ個人情報の取り扱いに関する認定制度で,日本情報処理協会(JIPDEC)の定める基準を満たしていると認定されればこのマークを使用することができる.

プライバタイゼーション【privatization】 経民営化.国営または公営の事業や企業を,民間経営に移行すること.

ブライブ【bribe】 わいろ.おとり.

フライフィッシング【fly-fishing】 毛針釣り.昆虫などに似せた疑似針を用いる.フライキャスティングともいう.

プライベーター チーム【privater team 日】 競(自動車)自動車レースに個人参加するチーム.

プライベート【private】 私的な.個人的な.内輪の.秘密の.非公開の. ⇔パブリック.

プライベート アドレス【private address】 ⅠⅣ大規模な LAN を構築している場合,ネットワークで使われるアドレスが不足するので,LAN 内部だけでも個々の IP アドレス.

プライベート アドレス空間【private address space】 ⅠⅣ LAN で社内などの内部だけ使えるネットワーク用のアドレス領域.インターネットには,本来の IP アドレスを使う.

プライベート エクイティー ファンド【private equity fund】 経企業投資ファンド.機関投資家などの資金を集め,未公開企業などを買収して,経営・財務内容を改善してから株式を上場し,売却して利益を得る方法.PEFともいう.

プライベート オファーリング【private offering】 経取引所外の株の取引.PO ともいう.

プライベート オペレーター【private operator】 軍民間人の諜報員・作戦実行者.軍事行動に関連する技術・知識をもつ傭兵.

プライベートＣＡ【private certificate authority】 ⅠⅣネットワーク上の個人認証の際に使用される所有者の証明書を発行する認証局(CA)を,企業や組織ネットワーク内に構築したもの.

プライベート ネットワーク【private network】 ⅠⅣ私設網.企業の内部だけで利用する専用ネットワーク.基本的に外部とはつながらない.

プライベート バンキング【private banking】 経資産家の財産を総合管理し,資産運用や情報提供などを行う金融機関の業務.

プライベート バンキング市場【private banking market】 経個人の金融資産を運用・管理する金融サービスを取引する市場.PB市場ともいう.

プライベート ピアリング【private peering】 ⅠⅣインターネットのプロバイダーの相互接続で,個別に相互接続する形態.プロバイダーの IX(Internet exchange)への集中を防ぎ,流れをよくする.

プライベート ビデオテックス【private videotex】 ⅠⅣ一定地域内や企業内だけで利用する情報を,比較的簡易なシステムで提供するビデオテックス.プライベートキャプテン,ミニキャプテンともいう.

プライベート ファイナンス イニシアチブ【private finance initiative】 経政社会資本整備などの公共サービスを民間から資金を導入し,主に民間事業者が行う方法.PFIともいう.

プライベート フィルム【private film】 映公開上映を目的としないで,個人的な主張を映像化した作品.

プライベート ブランド【private brand】 ①経商業者商標.自家商標.小売業者や問屋が企画製作した独自のブランド商品.一般にメーカー製品より廉価になることが多い.PBともいう.②経百貨店などが独自に企画し,他では販売していない商品.

プライベート ライン サービス【private line service】 ⅠⅣ国際通信の専用線サービス.または賃貸回線サービス.

プライベートルーム【private room】 私室.

個室．

フライホイール【flywheel】機はずみ車．クランク軸の回転速度を一定にする．

フライホイール発電システム【flywheel power generation】電はずみ車を使ってエネルギーや電力を貯蔵し，必要に応じて発電を行う仕組み．

プライマー【primer】手引書．入門書．プリマーともいう．

プライマリー【primary】①最初の．初歩の．重要な．最優先の．②初心者用グライダー．③[算]エンハンスト IDE の第一チャンネル．

プライマリー エレクション【primary election】政予備選挙．アメリカの大統領選挙で民主，共和両党の大統領候補は全国党大会で代議員の投票により指名される．予備選挙は，この代議員を選ぶ方法の一つで，州の有権者の直接投票による．

プライマリー カラーズ【Primary Colors by Anonymous】1992年のアメリカ大統領選挙の内幕を描いた小説．96年に発売．

プライマリーグループ【primary group】社第一次集団．家族・友人などの人間関係で成立している．

プライマリーケア【primary care】医基本医療．一次医療．初期診療．初期治療．

プライマリーケア テーカー【primary care taker】社主となる養育者．父親・母親という性差でなく，子育ての中心となる人を指すのに用いる言葉．

プライマリー スクール【primary school】教イギリスでの小学校・初等学校．狭義には最初の3学年をいう．

プライマリー ディーラー【primary dealer】経ニューヨーク連邦準備銀行から認可される，アメリカ政府の公認証券ディーラー．連邦政府債を手広く扱う．

プライマリー バランス【primary balance】経基礎的財政収支．公債費を除いた歳出と公債発行額を除いた歳入に基づく財政収支．

プライマリー プリント【primary print】写写真の原作者が撮影直後に焼き付けた写真．ビンテージプリントともいう．

プライマリー ヘルスケア【primary health care】医社患者の病気の診断・治療だけでなく，予防・健康増進・社会復帰・地域開発を含めて広くとらえようとする考え方．PHC．

プライミング【priming】①機内燃機関の始動に際して，シリンダーやキャブレター内に燃料を注入すること．②機ポンプの呼び水入れ．

プライミング種子【primed seed】植あらかじめ塩類溶液に漬けることで，発芽しやすいよう処理した種子．

プライム【prime】①最初の．根本の．主要な．②最良の．最上質の．③全盛の．④数素数．

プライムコスト【prime cost】営経仕入れ原価．

プライムタイム【prime time】①放視聴率が最も高い時間帯．ゴールデンアワー．②[通]通信回線などで，利用者が最も多い時間帯．

プライム ミニスター【prime minister】政総理大臣．首相．

プライムレート【prime rate】経アメリカの商業銀行が，優良大企業に対する短期無担保の貸し出しに適用する最優遇金利．

フライヤー[1]【flier】①生空を飛ぶ虫や鳥．②飛行士．飛行機．③広チラシ．ビラ．広告．

フライヤー[2]【fryer】料揚げ物用の鍋．揚げ物をする料理人．

フライライン【fly line】競フライフィッシングで，フライ(毛ばり)とさおをつなぐ道糸．

フライリール【fly reel】競毛ばりを使うフライフィッシングで，道糸を巻いて収納するための器具．

フライロッド【fly rod】競毛ばりを使うフライフィッシング用のさお．

フライング【flying 日】競陸上競技・水泳などで，合図前にスタートする違反．英語は false start．

フライング ジャンプ【flying jump】競(スキ)巨大なジャンプ台を使って飛距離を競う競技．スキーフライングともいう．

フライング スタート【flying start】①競自動車レースで，スタートラインの手前から走りながら出発する発走方式．②競自転車競走で，発走員が後輪を押して出発する方式．

フライング ソーサー【flying saucer】空飛ぶ円盤．

フライング ディスク【flying disc】競ポリエチレン製の円盤を投げて飛距離などを競う競技．フリスビー．

フライング ディスク ゴルフ【flying disc golf】競高さ40cm，直径70cmの専用ゴールにフライングディスクを，より少ない投球数で投げ入れることを競うゲーム．

フライングヒル【flying hill】競(スキ)ジャンプ競技の種目の一つ．ヒルサイズが185m以上のジャンプ台で行う．またそのジャンプ台のこと．

ブラインド【blind】①(日)日よけ．②目隠し状態．何かが視野を遮っていること．

ブラインド カーボンコピー【blind carbon copy】[IT]自分以外の誰にそのメールのコピーが送られたのか，電子メールの受け取り人に知らされない方式．Bcc ともいう．

ブラインド セーリング【blind sailing】社視覚障害者がヨットを操縦して楽しむこと．ニュージーランドで始まった．

ブラインドタッチ【blind touch 日】パソコンなどの操作で，キーボードや手元を見ずに正確にキーを叩くこと．英語では touch typing（タッチタイピング）．

ブラインドデート【blind date】社相手がわからないデート．お見合いのように，第三者が仲介して出会った男女のデート．

ブラインドテスト【blind test 日】広目隠しテスト．商品の銘柄などを隠して使用感を聞いたりする調査方法．英語は blindfold test．

フラウ【Frau 独】女性．女子．主婦．妻．夫人．

ブラウエライター【der Blaue Reiter 独】美

青騎手．ドイツで起こった表現主義の絵画団体の一つ．1911年に新芸術家同盟が分裂・進展．

ブラウザー【browser】①[I][算]編集機能などはなく，ファイルやCD-ROMの中身を閲覧するためのソフトウエア．ビューワーともいう．②[I][ィ]WWWなどのサイトを閲覧，利用するためのソフトウエア．

ブラウザー クラッシャー【browser crusher】[I][ィ]Webページに悪意をもって仕掛けるプログラム．ブラクラともいう．

ブラウザフォン【browserphone】[I]インターネットに接続しホームページ閲覧機能をもつ携帯電話．

ブラウジング【blousing】[服]ブラウスやジャケットの裾にできるウエスト周辺のふくらみ．

ブラウス【blouse】[服]シャツ風に仕立てた女性・子供用の上着．ブルーズともいう．

ブラウズ【browse】[I][ィ][算]Webページやデータベースなどを，表示を切り替えながら拾い読みすること．

プラウダ【Pravda 露】ロシアの新聞．もとは旧ソ連共産党発行の日刊新聞で，1912年に発刊．真理の意．91年ソ連共産党解体後の独立系紙を経てロシア連邦共産党の機関紙．

プラウド【proud】得意気な．高慢な．尊大な．誇るべき．名誉の．

ブラウニー【brownie】[料]チョコレートとバター，小麦粉などを混ぜて焼き上げる菓子．

ブラウン運動【Brownian motion】[理]物質の分子が示す不規則な熱運動．1827年イギリスの植物学者ブラウンが水中を浮遊する花粉の微粒子の不規則運動を観察したのが研究の始まり．

ブラウン判決【Brown decision】[社][法]アメリカの黒人問題，人種差別解消運動において重要な連邦最高裁判決．1951年にカンザス州トピカ市で，黒人少女リンダ・ブラウンが求めた白人小学校への入学を，教育委員会が認めなかったことに対して，全米黒人地位向上協会(NAACP)が提訴．54年に最高裁が，公立学校での人種分離教育は憲法修正第14条に違反すると判決を下した．

ブラウンフィールド【brownfield】既開発地の．更地で再開発を待つ．

ブラウンヘア【brown hair 日】[容]茶色の髪．脱色をして茶色っぽい栗色の髪にすること．

プラカード【placard】[広][社]標語や広告などを公示する掲示板．手に持って示すものを呼ぶことが多い．

ブラカップ【bra cup 日】[服]乳パッド．胸を形よく見せるためにブラジャーの中に入れる．パッドともいう．英語はpad．

ブラキストン線【Blakiston's line】[生]北海道と本州の間の津軽海峡に東西に引いた動物分布上の境界線．1880年にイギリスの動物学者ブラキストンが提唱した．

ブラキセラピー【Brachy therapy】[医]小線源療法．転移のない早期がんに対し，ごく小さい放射性物質を患部に注入する治療法．

フラグ【flag】①[I][算]実行中のプログラムがどのような状態になっているかを示す表示．②[I][算]プログラムの実行中に特定の条件が成立したかどうかを表す変数．

プラク【plaque】金属製や陶器製などの飾り額，飾り板．プラークともいう．

プラグ【plug】①[電]コードの差し込み．②内燃機関の点火装置．点火栓．スパークプラグ．③釣りで使う小動物に似せた擬餌(ぎじ)．

プラグ アンド プレー【plug and play】[I][算]周辺装置を追加する際に必要な作業を自動化し，周辺装置を接続するだけで利用できるようにする機能．

プラグイン【plug in】[I][算]アプリケーションに機能を追加するためのソフトウエアを接合させること．

プラグイン ハイブリッド車【plug-in hybrid car】[環][機]充電池とガソリンを動力源に併用する自動車．風力発電の電力を利用してガソリン消費量を半減させる構想．

プラクシテル【PRAXITELE】[社]公共レンタカーの一つ．パリ郊外の都市サンカンタン・イブリーヌで1997年に実験開始．

フラクション【fraction】[政]左翼政党が労働組合，大衆団体などの中に設ける党員組織．

フラクタル【fractal】[I][数]自己相似構造をもつ図形のこと．ある図形の任意の一部を取り出した時，それが図形全体と相似形であるような図形．1975年にフランス育ちのアメリカ人 B.マンデルブローが命名．

フラクタル圧縮【fractal compression】[I][算]全体の形状がその部分の形状と似ている自己相似性を利用した画像の圧縮方法．画像をもとの数百分の1にまで圧縮できる．

プラクティス【practice】①実践．実行．実施．②練習．③習慣．慣習．④業務．実務．

フラクトオリゴ糖【fructo-oligosaccharide】[化]ショ糖に果糖分子が結合したもの．ビフィズス菌の成長を促進する．虫歯予防，コレステロール低下作用もある．

フラクトフュージョン【fractfusion】[理]電極のパラジウムやチタンの表面の亀裂に電位差が生じて核融合が起こるとする理論．

プラグボード【plugboard】[I][算]配線盤．端子盤．パッチボードともいう．

プラグマティクス【pragmatics】[言]語用論．言語学の一分野．対人関係での言語の使い方や相手への影響などを研究する．

プラグマティスト【pragmatist】①[哲]実用主義者．②実務家タイプの人．

プラグマティズム【pragmatism】[哲]実用主義．人間の思考を，行動を基礎に理解し，実際に役立つものが真であるとする立場．主に19世紀以降，アメリカ資本主義の急速な形成とともに発展した．パースが提唱．

プラグマティック【pragmatic】実用主義的な．実利的な．現実に即した．

フラグメンテーション【fragmentation】①分裂．断片化．細分化．②[I][算]ファイルをハードディスクに収納する時，一つのファイルが複数の部分に分割している状態．

ブラクラ[I][ィ][算]ブラウザークラッシャーの略．Webページに仕掛けられた悪意あるスクリプトやプログ

ブラケッテ

ム．

ブラケッティング【bracketing】政選挙運動で対立候補を追い落とす戦術の一つ．対立候補の演説前後に政治的姿勢などを攻撃する．ブラケットは夾叉（きょうさ）射撃の意．

ブラケット【bracket】①印角かっこ．記号は［ ］．②建腕木．③壁や柱などに取り付ける張り出し式の照明器具．

プラザ【plaza 西】広場．市場．

プラザ合意【Plaza Accord】ニューヨークのプラザホテルで1985年に開催された先進5カ国蔵相中央銀行総裁会議での合意事項．

ブラシ【brush】①はけ．筆．②発電機または電動機の整流子に接して電気の供給を行う装置．刷子．ブラッシュともいう．

プラシーボ【placebo】薬偽薬．形・色・味などを本物そっくりに作る．本物の薬の効きめを客観的に調べるのに使う．プラセボ．

フラジルルック【fragile look】服ほっそりした輪郭線，抑えた色調，薄く透ける生地などで，繊細さを表すファッション．

ブラス【brass】①黄銅．真ちゅう．またはその製品．②音金管楽器．

フラスクボトル【flask bottle】料携帯ができる180mℓ入りのウイスキーの小瓶．

フラスコ【frasco 葡】化首の長い耐熱ガラス器具．化学実験などに使う．

プラスサム【plus sum】全員が得をする．皆が一緒に得をする．

プラス成長【plus growth 日】経実質国内総生産の増加率で示す経済成長率がプラスの値になること．↔マイナス成長．

プラスター【plaster】しっくい．石膏．膏薬．

プラスターボード【plasterboard】建石膏仕上げを施した建材．壁や天井に用いる．

ブラスターワーム【Blaster Worm】ＩＴ算ワーム型コンピューターウイルスの一種．2003年に出現．

プラスチームガイスト【+ Teamgeist】蹴（ﾂﾞ）ワールドカップドイツ大会で使用される公式球の名称．ガイストはドイツ語で「魂」の意．プロペラ型のパネルが特徴．アディダス社の商標名．

プラスチック【plastics】①化合成樹脂．有機高分子化合物の総称．熱や圧力を加えると成形加工のできる高分子物質．②力を加えると変形し，もとには戻らない性質．

プラスチック オペレーション【plastic operation】医整形手術．

プラスチック デバイス【plastic device】ＩＴシリコンを使わない廉価デバイス．

プラスチック爆弾【plastic bomb】軍火薬をゴムと練り合わせた粘土状爆弾．

プラスチックパパ【plastic papa】社継父．血のつながりのない父親．

プラスチック光ファイバー【plastic optical fiber】ＩＴプラスチック材料を使った光ファイバー．石英ガラス光ファイバーに対応する．安価で使いやすい短距離リンクに適す．POF．

プラスチックビル【plastic bill】経プラスチック製の通貨．紙幣の代わりにする札．プラスチックカレンシーともいう．

プラスチックマネー【plastic money】営クレジットカードのこと．

ブラスト【blast】突風．突然出る大きな音．爆発．吹奏．

ブラストオフ【blast-off】ロケットやミサイルなどの打ち上げ・発進．

フラストレーション【frustration】①心欲求不満．②挫折．失望．③理つじつまの合う配置が見いだせない物理系．

フラストレーション トランス【frustration tolerance】フラストレーションに耐えうる能力．

プラストロン【plastron】服ドレスやブラウスなどの胸飾り．

ブラスバンド【brass band】音吹奏楽団．本来は金管楽器と打楽器による金管合奏団のことだが，木管楽器が加わることもある．

プラズマ【plasma】①血漿（けっしょう）．血球を除いた，血液の液体成分の全部をいう．②理原子が電離したガス状態．太陽コロナ，蛍光灯の放電管内など，高温状態で，原子が電子と陽イオンとに電離すること．

プラズマ エッチング【plasma etching】ＩＴ集積回路(IC)の製造で，下地の材料に回路を刻み込むのにプラズマを用いる方法．

プラズマシート【plasma sheet】理太陽風で生じる電離した大気であるプラズマの薄い層．

プラズマジーン【plasmagene】生細胞質遺伝子．核外遺伝子．細胞質にあり，遺伝的形質を支配する因子．

プラズマ ディスプレー【plasma display】ＩＴ蛍光体をプラズマで光らせる表示装置．PDPともいう．

プラズマ ディスプレー パネル【plasma display panel】ＩＴ算プラズマ放電による発光を利用した表示装置．通常のディスプレーに比べ薄型，軽量なものが製作可能．PDPともいう．

プラズマテレビ【plasma television】放蛍光体をプラズマで光らせる平らな画面をもつテレビ受像機．

プラズマ物理学【plasma physics】理分子や原子から電離したプラズマが，宇宙環境で示す独特の集団運動などを研究する学問．

プラスミド【plasmid】生核外遺伝子．細胞内で染色体とは別に自己増殖する遺伝因子．

プラズモン【plasmon】生細胞質内にある遺伝子の総称．

プラズモン【plasmon】理素励起の一つ．プラズマ振動を表す．

ブラスリー【brasserie 仏】料食事，飲酒など多目的に利用することのできる洋風居酒屋．

ブラスロック【brass rock】音強烈な音響を作り出すために金管楽器を加えた大型のロック音楽．

プラセンタエキス【placental extract】生牛や羊などの胎盤から得る抽出物．

プラター【platter】料浅い大皿．

フラターニティー【fraternity】兄弟愛．団体．組合．アメリカの男子学生の友愛会．

プラタナス【platanus 羅】［植］スズカケノキ．スズカケノキ科の落葉高木．

フラダンス【hula dance】［腰］を振りながら，手指の動きで表現するハワイの民族舞踊．英語では単に hula．

プラチナ【platina 蘭】［化］白金．金属元素の一つ．記号は Pt．

プラチナ ナノコロイド【platinum nanocolloid】［化容］白金ナノコロイド．白金を超微粒子にして溶液化したもの．抗酸化作用があるとされる．

プラチナプリント【platina print 日】［写］古典印画法の一つのプラチナ印画法で仕上げた写真画像．耐久性や保存性に優れる．

プラチナペーパー【platina paper 日】入手しにくい催事の入場券や，希少価値の高い会員券などのこと．

ブラック【black】黒．黒色．黒い．黒色の．黒人の．

ブラックアイスバーン【black eisbahn 日】路面温度が 0～−3℃で凍結した状態．スリップ事故が最も多い．

ブラックアウト【blackout】①場面転換に際し，場内や画面が暗くなること．②［ス］スポーツなどの放送を，特定区域にだけ送信すること．③ニュースの報道禁止．④停電．灯火管制．⑤記憶喪失．⑥通信などの途絶．

ブラックアウト デート【blackout date】［営］マイレージサービスなどで，獲得した無料切符が利用できない期日のこと．

ブラックアウト爆弾【blackout bomb】［軍電］力関連施設の回線をショートさせ，停電を起こすことを目的とした爆弾．

ブラックアフリカ【Black Africa】黒いアフリカ．アフリカ大陸のうちサハラ以南で開発が遅れた地域．19世紀には植民地分割が盛んに行われた．

ブラック アンド ホワイト【black and white】①白黒の．無彩色の．②白黒の画面・写真・絵画．

ブラックウォーター【Blackwater】［営軍］アメリカの民間軍事会社．

ブラック エクスプロイテーション【black exploitation】［映金］もうけを主目的に制作された，1970年代の黒人観客向けの黒人俳優アクション映画．ブラックスプロイテーション（blaxploitation）ともいう．

ブラックキャブ【black cab】［営社］ロンドンの個人営業タクシー．ロンドン警視庁が免許を交付する．車体が黒塗りのところから．

フラッグキャリア【flag carrier】［営］その国を代表する航空会社．

ブラックコーヒー【black coffee】［料］ミルクや砂糖を入れずに飲むコーヒー．

ブラックコメディー【black comedy】［映劇］鋭い風刺と不気味さをあわせもつ喜劇．

ブラック コンテンポラリー【black contemporary】［音］聴きやすいサウンドをもつ大衆向けのソ ウルミュージック．

ブラックシープ効果【black sheep effect】劣ったり逸脱した集団内成員への評価や行動が，集団外の人に比べて厳しくなること．

フラッグシップ ショップ【flagship shop】［営］旗艦店．ブランドを代表したり，複数出店の中心となる店．

フラッグシップ ストア【flagship store】［営］スーパーマーケットなどの小売チェーンの本店・主力店．

フラッグシップ ブランド【flagship brand】［営］最重要な商標．グループ中で最も優れた商標．フラッグシップは旗艦の意．

ブラック ジャーナリズム【black journalism】裏面の事実や相手の弱みなどを取材し，その情報をもとに利益を得ようとする新聞・雑誌・書籍などのジャーナリズム活動．

ブラックジャック【blackjack】①トランプゲームの一つ．手札の合計が21点以下で21点未満で最大の人が勝つ．②［B-］［軍］ロシアの戦略爆撃機 Tu-160 の通称．

ブラックシャフト【black shaft】［競］（ゴル）クラブの柄をカーボングラファイト（高強度炭素繊維）で作ったもの．軽さ・耐久性・弾力性などの特徴がある．色が黒いところから．

フラックス【flux】流れ．流動．流量．

ブラックスモーカー【black smoker】［地］海底の海嶺付近にある筒状の岩塊から噴出する熱水のこと．水は海水と反応して白色または黒色になるので，この名がついた．銅・鉛・亜鉛・銀・鉄・マンガンなどが含まれる．

ブラックタール【black tar】［薬］メキシコ北部地方で栽培されるケシから作られるヘロイン．製造工程が単純なため，色がタールのように黒く，濃度が高い．

ブラックタイ【black tie】［服］黒い色のネクタイ．タキシードの略礼装のこともいう．

ブラックチェンバー【black chamber】①秘密室．機密室．②［軍社］秘密情報機関．

ブラック ナショナリズム【black national-ism】［社政］白人から分離して黒人自治社会の建設を唱える考え方．アメリカの黒人民族主義の潮流の一つ．

ブラックパール【black pearl】［服］黒い真珠．黒蝶貝が作り出す青や紫などの光を放つ．

ブラックバス【black bass】［魚］スズキ目サンフィッシュ科の外来淡水魚．肉食魚でルアー釣りの対象魚として，また食害で注目されている．

ブラックパワー【black power】［社政］黒人の力・勢力．黒人に対する人種的偏見を打破し，その社会的地位の向上を獲得しようとする力，または運動．

ブラックパンサー【Black Panther party】［政］黒豹党．1966年にアメリカ西部で結成された過激な黒人解放組織．

フラッグフットボール【flag football】［競］（アメフト）防具を着用しないアメリカンフットボールのミニチュア版の一つ．腰の両側に着けた布を取ってタック

ブラックベ ▶

ルの代わりとする．1チームは5人編成．
ブラックベレー【black beret】軍社旧ソ連の連邦内務省特殊部隊の通称．
ブラックホーク【Black Hawk】軍アメリカ軍の多用途ヘリ．正式名称はUH-60．
ブラックボーダー【black border】映テレビの画面の周囲にときどき現れる黒いくま取り．
ブラックホール【black hole】①天重力が強いために光さえ脱出できない天体．超高密度で光や物質を吸い込んでいる．恒星が進化の最終段階で，超新星爆発を起こし，中心核が重力収縮して中性子星となり，さらに収縮が続いて重力崩壊してできる．②営経思惑買いをする投資家から無制限に金を吸い上げる企業やプロジェクト．
ブラックボックス【black box】①機地下核実験探知用の自動地震計．②機それ自体が独立して取り付け・取り外しができる電子回路装置．航空機に搭載される飛行データ記録装置とコクピット音声記録装置の総称．③利用者にとっての機能のみを問題とし，内部の構成や仕組みはわからなくてもよいとする装置・システム系の要素．内部がわからない箱の意．
ブラックボックス テスト【black box test】I算システム開発で，入力データと出力データの関係が仕様書どおりの結果であるかどうか調べるテスト方法．
ブラックマネー【black money】経不正な手段で得た所得．地下経済で取引されているため，アングラマネーともいう．
フラッグマン【flagman】競競技で，合図の旗を振る人．
ブラックマンデー【Black Monday】経社歴1987年10月19日の月曜日にニューヨーク市場で寄り付きから起こった株大暴落．
ブラックムービー【black movie】映アメリカ映画で，黒人による監督作品や主演作品．
ブラックメール【blackmail】①社ゆすり．恐喝．②ゆする．恐喝する．
ブラックモスレム【Black Moslem】社政黒人ナショナリズムを唱えるアメリカの団体．1930年代に設立．イスラムの国(Nation of Islam)が正式名称．
ブラックユーモア【black humor】笑わせたあとで，ぞっとさせるような薄気味悪さをもったユーモア．
ブラックリスト【black list】社警戒すべきものの一覧表．要注意人物などを記した名簿．ブラックブックともいう．
フラッシャー【flasher】自動車の自動点滅方向指示器．広告看板などの自動点滅装置．
フラッシュ【flash】①写室内あるいは暗い所で写真を撮る時に用いる装置で，瞬間的に強い光を出す．②映ごく短い瞬間的な場面．
ブラッシュアップ【brushup】①ブラシをかけて整えたり磨いたりすること．②勉強し直すこと．③I音源や映像などをデジタル補正すること．
フラッシュオーバー【flashover】理火災の初期段階で，たまった可燃性ガスに引火して突然，爆発的に火が燃え上がること．

フラッシュガン【flashgun】写写真撮影用フラッシュの発光装置．閃光電球やマグネシウム粉がある．
フラッシュ サーフェス【flush surface】自動車などのボディー表面を全体的に滑らかにすること．空気抵抗を少なくし，車体の仕上がりも美しくなる．
フラッシュニュース【flash news 日】映速報．速報ニュース．すばやく簡単に報道されるもの．英語は news flash, または flash．
フラッシュパス【flashpath】I算スマートメディアなど小型のメモリーカードを 3.5 フロッピーディスクドライブで，記録媒体として用いるためのアダプター．
フラッシュバック【flashback】①映物語の進行中に瞬間的な画面を速い調子で重ね合わせて，緊張感や心理的動揺などを表現する手法．②心過去の思い出をまざまざと思い出すこと．幻覚の再現．
フラッシュバック【brushback】競(野球)投手が打者の胸元をえぐるように投げる速球．
フラッシュバック現象【flashback phenomenon】医シンナーや覚せい剤の中毒になった後で，薬物を使わなくてもストレスなどがもとで幻覚や妄想などが起こること．
フラッシュバルブ【flashbulb】写閃光電球．フラッシュをたく時に用いる電球．
フラッシュピックス【Flashpics】I算デジタル画像記録方式の一つ．解像度の異なる複数の画像を用いる．アメリカのライブピクチャー社が開発した．
フラッシュポイント【flash point】発火点．引火点．
ブラッシュボール【brush ball 日】競(野球)打者をのけぞらせるように，体すれすれに投げる球．英語では brushback という．
フラッシュメモリー【flash memory】I算半導体記憶装置の一つ．電気的に一括消去，再書き込みが可能な読み出し専用メモリー．
ブラッシュワイン【blush wine】料薄い桃色をした白ブドウ酒．赤ブドウ酒用のブドウで作る．
ブラッシング【brushing】①ブラシかけ．はけ塗り．②容ブラシとドライヤーで髪の手入れをすること．
フラッシング スイッチ【flashing switch】理電気を使わず光によって動作するスイッチ．在来型のトランジスタのスイッチが電流を通したり遮断したりするのと同じ働きをするもので，光コンピューター開発の中心技術の一つ．トランスフェーザーともいう．
フラッター【flutter】ひらひらする．はばたく．どきどきする．動揺する．
フラッツ【flats】服かかとの低い靴．フラットヒールドシューズ(flat-heeled shoes)から．
フラット【flat】①平らなこと．平面．②競所要時間の記録の秒以下の端数がないこと．③建各階の部屋を1世帯が住めるように設備した共同住宅．
ブラッド【blood】①血．血液．血気．活力．②流血ざた．殺人．③血統．④動純血種．
フラットカラー【flat collar】服平襟．婦人服の襟で形が平らな感じのもの．
フラットケーブル【flat cable】I算複数の電線を並べた帯状のケーブル．パソコン内部の配線などに使う．

◀ブラヒミ報

フラットスクエア【flat square】平面直角．ブラウン管のスクリーンの形をいう．

フラットスクエア管【flat-square tube】［Ⅰ算］シャドーマスク方式の表示面を，四隅を広げて四角い面にして，面の湾曲率も下げたCRT（ブラウン管）．

フラット3【flat-3 defending system】［競］日本代表監督（1998〜2002）のトルシエが唱えた，3人の守備選手が横一線に並ぶ守備方法．

ブラッドセンター【blood center】［医］血液センター．日本赤十字社の献血機関．

ブラッドソーセージ【blood sausage】［料］腸詰めの一種．豚の血を多く含み黒っぽい．

フラットタイヤ【flat tire】タイヤの破損．パンク．

フラットタックス【flat tax】［経］所得の高低にかかわらず，課税率を同一とする税金．

フラットテレビ【flat television 日】［Ⅰ］壁掛けテレビ．液晶などを用いて奥行きの薄いテレビ．

ブラッドパッチ療法【blood patch therapy】［医］低髄液圧症候群の療法．患者本人の血液を注射，髄液が漏れた場所を血液凝固でふさぐ．

フラットパネル ディスプレー【flat panel display 日】［Ⅰ］平面状の表示装置の総称．厚さが薄く，液晶ディスプレーが代表的．

ブラッドバンク【blood bank】［生］血液銀行．保存血．

フラットヒール【flat heel】［服］かかとの低い平底の靴．フラットともいう．

プラットフォーム【platform】①［建］駅の乗降場．ホームともいう．②［Ⅰ算］基盤となるソフトウエアやハードウエアのこと．一般的に，前者はOSを，後者はコンピューター自体を指す．③演壇．高台．踊り場．④［放］通信衛星放送などの運営会社．プラットホームともいう．

プラットフォーム ホルダー【platform holder】［Ⅰ算］家庭用ゲーム機を販売する製造会社．各メーカーが独自の規格で製品を作る．

フラットブラウン管【flat cathode-ray tube】［Ⅰ算］前面の表示部分が平らなブラウン管．カーブをもつブラウン管と比べて，照明や外光の映り込みが少ない．

フラットベッド スキャナー【flatbed scanner】［Ⅰ算］ガラス台に原稿を置く形式のイメージスキャナー．コピー機状の外形で設置面積は大きい．

プラットホーム シューズ【platform shoes】［服］つま先からかかとまでがひとつなぎになった，厚いコルク底の靴．

プラットホーム ソール【platform sole】［服］つま先からかかとまでがひとつなぎになった靴底をもつ靴．

フラットヤーン【flat yarn】［服］手芸糸の一種．扁平で太目の糸．帽子や手提げ袋などを編むのに用いる．

フラットライト【floodlight】投光照明．投光照明灯．

フラットレース【flat race】［競］［陸上］障害物競走を除くトラック競技．

フラットレート タックス【flat rate tax】［経］税率の段階を少なくし，税率を低めること．

ブラッドレス サージャリー【bloodless surgery】［医］輸血をしないで行う外科手術．

フラッパー【flapper】①おてんば娘．②ぱたぱたとたたいたり，音を出したりするもの．

フラッパーヘア【flapper hair】［容］緩やかなウエーブをつけ，七三に分けたモダンな髪型．

フラップ【flap】①［機］航空機の下げ翼．離着陸時の失速防止に用いられる高揚力装置．②ポケットや封筒の垂れぶた．

フラップドア【flap door】［建］落とし戸．扉の下縁が開閉の軸になり下方に開く．開いた扉の水平面で作業などができる．

フラップハウス【flophouse】［建］簡易宿泊所．

フラップポケット【flap pocket】［服］ふた付きのポケット．

フラッペ【frappé 仏】［料］かき氷の上にアイスクリームや果物などをのせた冷菓．細かく砕いた氷にリキュール酒をかけた飲み物．

プラトー【plateau】①［心］高原現象．学習曲線の上昇の一時的停滞．練習効果が上がらないで伸び悩む現象．②［地］台地．高原．

プラトーン【platoon】［軍社］軍隊や警察の小隊．

プラトニックラブ【Platonic love】［心］精神的な愛．肉欲を伴わない愛．

プラトン公共政策プラットフォームの略称．［政］日本の民主党が設立した政策研究機関．

プラニング【planning】計画．立案．

プラネタリーギア【planetary gear】遊星歯車．内歯と外歯を組み合わせる．

プラネタリウム【planetarium】［天］天象儀．丸天井に四季の天体の運行や配置の様子を映し出す装置．

プラネット【planet】［天］惑星．遊星．

プラネットバンク【planet bank】［経社］市民を基にする新しい国際機関．欧州復興開発銀行の初代総裁ジャック・アタリが提案した，インターネット利用のバーチャル世界銀行構想．

プラネットB【PLANET-B】［宇］第18号科学衛星．のぞみ．宇宙科学研究所（現宇宙航空研究開発機構）の火星周回探査機．1998年に打ち上げた．

プラネットフッド【planethood】［社］地球社会．地球全体を一つの社会と考えること．

フラノフランネル（flannel）の略．［服］織物の一種．平織りや綾織りの毛羽を立てた柔らかい生地．

プラノグラム【planogram】［営］棚割り表．制約のある棚スペースに，どんな商品をどのように陳列すればよいかを明示する．

プラバスタチン【pravastatin】［薬］コレステロール合成阻害薬．多くの微生物の中から得た，2種の微生物の二段発酵で産出される．

フラバンジェノール【flavangenol】天然松ポリフェノール．血液をさらさらにする効果があるとされる．

フラビウイルス科【Flaviviridae】［生］RNA型ウイルスの一種．

ブラヒミ報告【Brahimi Report】2000年に国連平和活動検討パネルが国連総会と安保理に提出

501

した報告書の通称．正式名称は Report of the Panel on United Nations Peace Operations. 委員長の名に由来．

ブラフ【bluff】虚勢．はったり．おどし．

ブラフマン【Brahman 梵】①宗インドのバラモン教で宇宙の根本原理とされるもの．②宗梵天．ヒンズー教の最高神．

ブラボー【bravo 伊】いいぞ．うまいぞ．すてき．喜びや称賛の気持ちを表す叫び．

フラボノイド【flavonoid】生ベンゼン環にグルコースが結合した高分子化合物．レモンなどの皮に含まれる．血圧降下作用をもつ．

ブラマンジェ【blanc-manger 仏】料牛乳などで作る白いプディング菓子．ブランマンジェ．

フラミンゴ【flamingo】鳥ベニヅル．フラミンゴ科の水鳥．羽は薄紅色で，足に水かきがある．

フラメンコ【flamenco 西】芸スペインのアンダルシア地方に伝わる民族舞踊．またその伴奏曲．ギターの伴奏に合わせて手をたたいたり足を踏み鳴らしたりして踊る．

プラモデル【Plamodel】組立式のプラスチック製模型の一種．商標名．

フラロデンドリマー【fullerodendrimer】化超分子の一種．フラーレンを核に樹木状の構造をもつ高分子．

フラワー¹【flour】料穀物の粉．小麦粉．メリケン粉．

フラワー²【flower】植花．花卉(かき)．

フラワー アレンジメント【flower arrangement】生け花．

フラワーショー【flower show】植草花品評会．園芸展示会．

フラワースクール【flower school 日】教花に関する技術指導や講義などを行う教室・学校．

フラワーセラピー【flower therapy 日】医花で飾りなどを作る作業を通して，認知症の高齢者などの治療に役立てる方法．

フラワー データ ブック【Flower Data Book】植日本花普及センターが毎年発行する，花卉(かき)に関する年報．

フラワーデザイナー【flower designer 日】花を用いた装飾や設計をする人．

フラワーデザイン【flower design 日】花を装飾に利用すること．花を使う装飾設計．英語は floral decoration．

フラワードリンク【flower drink 日】料花を素材にした缶入りやびん入りの飲料．香りを楽しむことができる．

フラワービジネス【flower business 日】営花を素材とする商売．観賞，園芸，食用などの需要がある．英語は florist business．

フラワープレス【flower press】押し花作りに使う圧縮用具．

フラワーボトル【flower bottle 日】生生花をガラス瓶の中で乾燥させ，ドライフラワーにしてそのまま飾るもの．

フラワーリフォーム【flower reform 日】植鉢植え植物を預かり，観賞できる状態に戻して返却する栽培管理法．

フラワーロック【flower rock】踊る花．センサーで音を感知して，花や茎の部分をくねらせて踊る鉢植えの玩具．1988年にタカラが発売．

ブラン【buran】①気シベリア地方などで起こる暴風．冬は猛吹雪，夏は砂あらしとなる．②[B-]字旧ソ連が開発した，無人の宇宙連絡船．第1回は1988年に打ち上げ・帰還に成功．

プラン【plan】①計画．企画．構想．案．②建設計図．平面図．

フランカー【flanker】競(ﾗｸﾞ)スクラム第3列のフォワード6番・7番の選手．

ブランキング【blanking】IT パスワードの入力時に，文字がアスタリスク(*)などの記号に置き換えられて表示されること．周囲の人から見られることを防ぐ．

フランク【frank】率直な．ざっくばらんな．遠慮のない．

ブランク【blank】①白紙．空白．余白．空白期．②競完封する．無得点に抑える．

ブランクチェック【blank check】営区白地小切手．金額が記入されていない．

プランク定数【Planck constant】理量子論で用いる基本定数．記号は h．1 h は 6.63×10⁻³⁴ ジュール・秒．ドイツの物理学者M．プランクの名にちなむ．

ブランクテスト【blank test】化ある条件の効果を調べるために，その条件以外のすべての条件を整えて行う実験．

プランクトン【plankton】生浮遊生物．水中浮遊して生きる微小生物の総称．

フランクフルト学派【Frankfurter Schule 独】ドイツのフランクフルトの社会研究所に集まったグループ．1930年代の第一世代は社会哲学者のホルクハイマー，美学理論家のアドルノなど．戦後の第二世代では哲学者・社会学者のハーバーマスが知られる．

フラングレ【Franglais 仏】言フランスでの輸入英語．Français と Anglais の合成語．

ブランケット【blanket】①毛布．毛氈(もうせん)．ケットともいう．②印オフセットのゴム引き布．活字印刷機に用いる被覆．③理原子炉内部の燃料に転換できる核物質．

ブランケット エリア【blanket area】放放送局の周辺にあって電波障害が起きやすい地域．

ブランケット クリアランス【blanket clearance】軍入港・出港をまとめて許可すること．この許可によって，港内での燃料や水の補給，荷役施設の利用などができる．

フランサフリック【Françafrique 仏】政フランスの政軍財界とアフリカの政府との癒着関係を皮肉る言葉．

ブランシール【blanchir 仏】漂白する．白くする．洗濯する．

プランジャー【plunger】長い柄付きの吸引器具．排水管が詰まった時などに用いる．

フランス語局【Office de la langue française 仏】政カナダのケベック州政府が設置した機

関．1977年に制定したフランス語憲章に基づく．

フランスデモ【France demonstration 日】 社手をつなぎ道路に広がって行進するデモ．

フランセ【français 仏】フランスの．フランス人の．フランス語の．

プランター【planter】①植物栽培用の容器．②農園経営者．開拓移住民．③種まき器．植え付け器．

プランタン【printemps 仏】春．青春．青春時代．

ブランチ[1]【branch】①枝．枝に分かれたもの．②部門．支店．支部．③地支流．

ブランチ[2]【brunch】 料昼食を兼用する遅い朝食．breakfast と lunch の合成語．

ブランチ デビディアン【Branch Davidian】 社宗ブランチデビディアン教団．アメリカの武装宗教集団．1993年にテキサス州ウェーコ郊外の本拠地で FBI と銃撃戦．

ブランチャー【bruncher】 料昼食を兼用する遅い朝食を食べる人．

フランチャイザー【franchiser】営チェーン店組織の本部．親業者．

フランチャイジー【franchisee】営チェーン店組織の加盟者．

フランチャイジング【franchising】営チェーン組織の店舗の展開で，本部が各小売店舗に与える免許行為．

フランチャイズ【franchise】①軍本拠地占有権．プロ野球の球団などが本拠地を置き，そこで試合する際に特別の興行権をもつこと．②営経一手販売権．③参政権．選挙権．団体権．④映ヒット作品の続編を制作すること．

フランチャイズ チェーン【franchise chain】 営本部が仕入れ・販売促進・広告・人事教育などの経営指導を行い，加盟小売店に地域を限定した営業代理権を与える小売り形態．サービス業，外食産業，コンビニエンスストアなどで普及している．FC ともいう．

ブランディング【branding】営製品のブランド名や商標を設定すること．

ブランデー【brandy】料ブドウ酒を蒸留し熟成させた酒．コニャックが代表的なもの．熟成期間によりVO（very old）〜VSOP（very superior old pale）などのランク付けがある．

プランテーション【plantation】農先進国が植民地などで経営した大農園．コーヒー，ゴム，綿花などを大量に栽培した．

ブランド【brand】①営商標．銘柄．商品やサービスの名称やデザイン．②品種．種類．

プラント【plant】①工場施設．生産設備一式．工場．②植物．草木．

ブランド アイデンティティー【brand identity】 営商品販売のための消費者へのアピールを商標に集約し，その独自性を強く印象づけること．BI ともいう．

ブランドイメージ【brand image】営ある商品のブランドに対して社会や消費者がもっている印象．

ブランド エクイティー【brand equity】 営

経ブランドを数値的・金銭的な評価ができる無形の資産とする考え方．

ブランド オークション【brand auction 日】営高級銘柄の中古品を扱う市場．

プラントオパール【plant opal】鉱穀物の含む珪酸（けいさん）が細胞の形のまま化石となったもの．

ブランド キャラクター【brand character】広銘柄の個性．またその個性を消費者に効果的に印象づける広告．

ブランド広告【brand advertisement】広企業姿勢や商品価値を強調し，その印象の活性化を図る広告手法．

ブランドCD【brand compact disc】音楽音楽関連でない業種の店舗などが，商品や商標の個性を打ち出して製作する音楽 CD．

ブランドニュー【brand-new】 新品の．買ったばかりの．できたての．真新しい．

ブランドネス【blandness】 温和．穏やかなこと．刺激が少ないこと．退屈なこと．

プラントハンター【plant hunter】植生有用植物や珍種を探索して各地を歩き回った人．ヨーロッパの大航海時代に始まる．

ブランドビジネス【brand business】営幅広い分野で高級ブランドを数多くもつ複合企業．

ブランド米【brand rice 日】営銘柄米．品種名を付けて販売する米．

ブランドマネジャー【brand manager】営特定のブランドについて，マーケティング計画と広告戦略の全責任をもつ人．

プラント輸出【plant export 日】営大規模な工場建設などを計画する他国へ設備・技術などを一式輸出すること．英語は export of industrial plants．

プラント リノベーション計画【plant renovation project】営政日本が援助した東南アジア諸国にある既存の事業施設を調査して，活性化を図る計画．

プラントレイアウト【plant layout】営工場生産での機械や設備の配置方法．合理化の一方法として重要．

ブランド ロイヤルティー【brand loyalty】営商標や銘柄に対する顧客の信頼・愛用．ブランドロイヤリティーともいう．

プランナー【planner】立案者．計画者．

プランニング【planning】 計画を立てること．企画すること．

フランネル【flannel】服平織りなどの厚手で柔らかい毛織物．本ネル．フラノともいう．

フランベ【flamber 仏】 料料理にブランデーなどをかけて火をつけ，アルコール分を飛ばすこと．

プランルカスト水和物【pranlukast hydrate】薬気管支喘息（ぜんそく）の治療薬．

プリアンプ【preamp】 前置増幅器．チューナーやレコードプレーヤーからの弱い信号電圧を，増幅・調整してメーンアンプに送る装置．セパレート型のステレオ装置で用いる．

フリー【free】①自由な．自由なこと．無所属．無料．②競（스）フィギュアスケートでの演技の一つ．③

ブリー▶

競(スキー)距離競技での走法の一つ．④フリーランサーの略．

ブリー【brie 仏】 料表面を熟成させた白く柔らかいチーズ．フランスのブリー地方で作る．

フリーアクセス フロア方式【free-access floor wiring】 ①算二重床にしてOA機器の配線をたやすく変えられるようにしたもの．

フリーアルバイター【free arbeiter 日】 社定職につかず，アルバイトを続けている人．英語はpart-time jobber．

フリーインターネット【free internet 日】 ①インターネット接続サービスの料金が無料で，利用した電話料金のみを支払う仕組み．

フリーウィッグ【free wig】 容万能かつら．

フリーウイル【free will】 哲自由意志．自由選択．

フリーウエア【freeware】 ①算利用希望者がネットワークを通じて，配布に必要な経費を除いて無償で利用できる公開ソフトウエア．フリーソフトウエアともいう．

フリーウエイト【free weight】 競練習者が自由に動かせるトレーニング用おもり．バーベルやダンベルをいう．

フリーウエー【freeway】 社立体交差で停止信号のない自動車専用の多車線式高速道路．

フリーエージェント【free agent】 ①競(野球)本来は，どの球団からも拘束されない選手の意．アメリカの大リーグでは同一チームで6年間(日本のプロ野球は9年)プレーすると，球団の保有権が消滅し，自由に他球団と交渉できること．②競(アメリカンフットボール) NFLで，4年以上の経験をもつ選手が資格を得る自由契約制度．

フリーエージェント社会【free agent nation】 営社組織に雇用されない労働形態が増大する社会．アメリカのダニエル・ピンクが提唱．

フリー エンタープライズ【free enterprise】 営自国政府の管理・統制を受けない企業．自由企業．

フリーエントリー【free entry】 ①営自由参入．特定産業に新しい事業者が自由に参入できること．②競自由参加．

フリーキック【free kick】 競(サッカー)反則や不正行為があった時に，その地点で相手チームに与えられるキック．

フリー キャッシュフロー【free cash flow】 経企業の純利益と減価償却費の合計から設備投資額を差し引いたもの．純現金収入が明らかになる．

フリーキング【phreaking】 ①算電話会社の長距離電話サービスを無料で不正使用すること，またその手順．

フリーク【freak】 社反体制的な人．ヒッピー．麻薬常用者．奇人．変人．変わり者．奇形．珍奇なもの．熱狂者．熱中している人．

フリークアウト【freak-out】 社既成社会の型にはまらない行動・生き方をすること．麻薬などで幻覚症状を起こすこと．またその状態．

フリークエンシー【frequency】 ①頻繁に起こること．頻度．②電振動数．サイクル数．周波数．

③広到達頻度．広告に接する平均回数を示す．

フリークエンシー バンド【frequency band】 電版周波数帯．周波数の幅．

フリークエント ショッパー【frequent shopper】 営利用頻度の多い顧客．

フリークエント フライヤー【frequent flier】 社商用などで旅客機をよく利用する人．回数や飛行距離によって，航空会社からさまざまな特典が得られる．

フリークエント フライヤー プログラム【frequent flier program】 営航空会社が顧客の搭乗距離に応じて，無料航空券などを提供するサービス．FFPともいう．

フリーグッズ【free goods】 営経無税品．空気などの自由材．

プリークネス ステークス【Preakness Stakes】 競競馬で，アメリカの三冠レースの一つ．毎年5月中ごろにメリーランド州で行われる．

フリークライミング【free climbing】 競岩の凹凸だけを利用して，安全確保の命綱以外は，ハーケンやロープなどの用具を使わないで行う岩登り．

フリークライミング ジム【free climbing gym 日】 競壁に付けた人工の突起物を利用し，自分の手足だけでよじ登る競技の専用施設．

フリーゲージ トレイン【free gauge train】 機軌道可変列車．軌道変更鉄道．1994年からJR総研と日本鉄道建設公団(現鉄道建設・運輸施設整備支援機構)が共同開発．

フリーコール【free call】 ①KDDIの電話の着信者課金サービス．NTTコミュニケーションズのフリーダイヤルに相当する．

フリーコミューン【free commune】 政スウェーデンの自由自治体．1984～91年に実施し，機構改革などを図った．

フリーザー【freezer】 冷凍庫．冷凍室．

ブリーザー【breather】 ①空気孔．息抜き管．換気孔．②休息．ひと休み．

フリージア【freesia】 植アサギズイセン．アヤメ科の多年草．芳香の強い花が咲く．

フリージャズ【free jazz】 音従来の技法的な約束ごとにとらわれない自由な演奏のジャズ．1960年代初頭にオーネット・コールマンが始めた．アバンギャルドジャズともいう．

ブリージュネエ ザルベージエ【blizhnee zarubezhe 露】 解体した旧ソ連諸国のこと．近くの外国の意で，ロシア人の居住者の多い地域をいう．

フリージング ポイント【freezing point】 化氷点．凝固点．アイスポイントともいう．⇔ボイリングポイント．

フリース【fleece】 服長いけばで覆われた高級毛織物．ポリエステル繊維を起毛させた素材で作るスウェットやジャンパーもいう．

フリーズ【freeze】 ①凍結する．氷結する．冷えきる．②動くな．じっとしていろ．その場に立ち止まれ．③核兵器凍結キャンペーン．1982年にアメリカで始まった反核運動．

フリースクール【free school】 教自由学校．学びたいものを生徒が選んで学ぶような自由な学習

◀フリーネッ

法を行い，従来の学校にある管理や評価などを行わない教育施設．

フリースケーティング【free skating】競(スケ)フィギュアでの自由演技．音楽伴奏に合わせ，自由に構成して滑る．

フリースタイル【freestyle】①競(レスリング)相手の全身を自由に攻める試合形式．②競水泳などで，自由型．③音即興で押韻を多く入れてラップ音楽を聞かせること．④I算パソコンに蓄積した画像や音楽などのデータを，大型テレビなどに表示するための仕様．

フリースタイルスキー【freestyle skiing】競(スキー)宙返りやジャンプなどの技術や華麗さを競うスキー．宙返りなどの空中演技を行うエアリアル，急斜面を滑降してタイムと自主性を競うモーグル，音楽に合わせて演技するバレエの3種目がある．

フリースタイル スキークロス【freestyle ski cross】競(スキ)数人の選手が同時にスタートして，ジャンプ台や起伏のあるコースで速さを競う競技．

フリーズドライ【freeze-dry】凍結乾燥．真空凍結乾燥．食品を急速に凍結し，さらに真空状態にして脱水する．FDともいう．

フリーズニク【freezenik】軍核兵器の凍結を支持する人．核兵器の製造や使用を停止することを求めている人．

フリースペース【free space】①電理自由空間．絶対零度の空間で，重力や電磁場が存在しない状態．②教子供の自由と自主性を尊重して設置される空間．③(日)自由に使える広場・空間．

フリースロー【free throw】競(バスケ)相手の反則で，フリースローラインの後ろから妨害されないで投球するショット．ゴールすると1点．

フリーセーフティー【free safety】競(アメリカンフットボール)状況に応じて守備位置などを変える後方防御の選手．FSともいう．

フリーセックス【free sex 日】社社会的・道徳的慣習にとらわれない，性に対する自由な考え方．またその現象．英語は free love．

フリーゾーン【free zone】経港などで荷揚げや保管に関税のかからない地域．自由地帯．

フリーゾーン運動【Free Zone Movement】農農業者が遺伝子組み換え作物の栽培をしないと宣言すること．

フリーソフトウエア【free software】I算一般に広く使ってもらう目的で無料配布され，無料で使えるソフトウエア．フリーソフト，フリーウエアともいう．

フリーソフトOS【free software OS】I算フリーウエアとして流通している OS．Linux や FreeBSD が代表的．

フリーター【freeter 日】社定職につかないで，アルバイトを続けている人．フリーアルバイター．英語は part-time jobber．

ブリーダー【breeder】①生家畜や植物などを繁殖させる人．純血種の犬，猫などの繁殖家．②理増殖炉．核分裂物質を作る原子炉．

ブリーダーズカップ【Breeders' Cup】競競馬で，1984年にアメリカの生産者たちが創設した重要行事．7部門に分け，七つの選手権レースを1日で行う．

フリーターム【free term】I算自然語．キーワードで特定できない，検索に使用する任意の言葉．

フリーターム方式【free term method】I算データ中の任意の単語や文字列をキーワードとして使える検索方式．

フリータイトル制【free title system 日】社管理職と専門職を両立させようとする並行序列制で，専門職の肩書を自由に選ぶ制度．

フリーダイビング【free diving】競素潜り．

フリータイム【free time】自由時間．各自が自由に使える時間．

フリーダイヤル【free dial 日】I営 NTT コミュニケーションズが提供している電話サービス．商品の注文などの通話料を受信者が支払う．

フリータックス【free tax 日】営経免税．英語は tax exemption．「免税の」は tax-free, tax-exempt．

フリーダム【freedom】自由．解放．

フリーダムフライ【freedom fry】ジャガイモの空揚げ．2003年のイラク戦争に関連して，フレンチポテトを呼び替えた．

ブリーチ¹【bleach】①漂白すること．または漂白剤．ブリーチャーともいう．②毛髪などを脱色すること．むだ毛を抜くこと．

ブリーチ²【breach】①動鯨が水面上に跳躍すること．②違反．反則．破ること．

ブリーチアウト【bleach out】服漂白剤で脱色すること．ジーンズなどの加工法の一つ．

ブリーチマスク【bleach mask】容美顔術の一つ．オキシドールなど漂白剤入りの化粧品を使って肌を白くすること．

ブリーチャー【bleacher】競野球場などの外野席・屋外観覧席．

ブリーチング【bleaching】漂白．漂白法．

プリーツ【pleats】服スカートなどのひだ．折りひだ．

ブリーディングローン【breeding loan】動繁殖させるために動物園同士で行われる動物の貸し借り．

ブリード【bleed】①血を流す．心を痛める．②印裁ち切り．写真や図版をページの端まで印刷して，仕上げで一部分を切り落とすこと．

フリートーキング【free talking 日】社自由討論．自由な話し合い．英語は free discussion．

フリードマン反応【Friedmann reaction】医尿を動物の静脈内に注射して，その卵巣の変化で判定する早期妊娠診断法．

フリードマン比率【Friedman ratio】経国民総生産に対して政府部門の支出が占める割合．提唱者の名にちなむ．

フリートレード【free trade】経自由貿易．自由貿易主義．

フリートレードゾーン【free trade zone】経自由貿易地域．貿易の活性化を図るため，関税優遇措置などを行っている地域．FTZ．

フリーネット【free-net】I算設備の利用を無償にしてアクセスを許可するネットワーク．主としてデータ保護の目的で特定の会員に限定していることが多い．

505

フリーノッ▶

フリーノックダウン制【free knockdown system】 競(ボクシング)1ラウンドに何度ダウンしても、立ち上がれば試合を続けられる方式。

プリーバーゲン【plea bargain】 法司法取引。有罪答弁取引。アメリカなどで、検察側が譲歩して求刑を軽くするなどする代わりに、被告側が有罪を認めたりする方法。

フリーバース【free birth 日】 社政出産費無料化。日本の少子化対策の一つとして、出産費用全額を国が負担するという構想。

フリーバード【freebird】 社時間的・経済的な余裕が十分にある人。自由な鳥の意。ニューミドラーの類型の一つ。

フリーバーン【free barn】 農運動場・搾乳室・給餌室などを連ねて別々に設け、牛が自由に動き回れる牛舎。またその飼育方法。

フリーハンデ【free handicap】 競(競馬)各馬の能力をその競走成績、レース内容などから、重量に換算して序列を付けること。

フリーハンド[1]【freehand】 手書きの。フリーハンドで。自由画。

フリーハンド[2]【free hand】 自由行動。行為の自由。

フリーハンド ドライヤー【freehand drier 日】 容据え置き式で手に持たないで使えるヘアドライヤー。

フリーＰＣ【free PC】 Ｉ　算無料で配付するパソコン。インターネットプロバイダーがユーザー確保のために配る例が多い。

プリーフ【brief】 ①服男性用の体にぴったりと合う短い下ばき。パンツ。②要約。概要。要領報告書。③短時間の。短い。しばらく。簡便な。

フリーファイアーゾーン【free-fire zone】 軍無差別砲撃地帯。無差別銃撃地帯。

フリーファッション【free fashion】 服型にとらわれないで自由に着こなすこと。

プリーフィング【briefing】 ①指示。報告。説明。②メディアに対する当事者の状況報告。要旨説明。

プリーフィングルーム【briefing room】 政報道関係者との会見室。政府高官や報道官などが報道陣と会見するのに用いる部屋。

フリーフォーオール【free-for-all】 ①Ｉ　算参加希望者は誰でも自由に閲覧・書き込みができる電子掲示板。②競社競技・討論会などに自由参加の。飛び入り自由の。③入場無料の。

フリーフォール【free-fall】 理重力だけで落下すること。自由落下。落下傘が開くまでの降下の様子などをいう。

プリーフケース[1]【briefcase】 書類入れ。書類かばん。プリーフともいう。

プリーフケース[2]【brief case】 Ｉ　算 Windows 95以降で、ネットワークで接続された、2台のパソコン間のファイルを同一に保つための機能。

フリーフライヤー【free flyer】 宇宇宙の無重力・高真空という環境を利用して、新材料の製造やバイオテクノロジーなどの実験を行う衛星のこと。宇宙実験機。

フリーフライヤー無人宇宙実験機【Free-Flyer Unmanned Platform】 宇スペースシャトルなどで所定の地球周回軌道に投入された後、半年～1年ぐらい自由飛行する無人型実験機。

プリーフ リラクセーション【brief relaxation】 心心と体を弛緩・解放させる心理療法の一つ。全身に力を入れた後、一気に力を抜きリラックス状態に入る。心理学者の内山喜久雄が提唱。

フリーフロー【free flow】 営流れ作業において、ベルトコンベヤーを各作業員が自由に制動できるようにした方式。

フリーベース【free base】 薬コカインにエーテルを混ぜて純度を高めた麻薬。加熱して蒸気を吸入することが多い。

フリーペーパー【free paper】 社無代紙。無料新聞。広告新聞。広告で制作費から紙代、印刷代に至るまですべてをまかなって、無料で配布される新聞。

フリーホイール【freewheel】 機自在輪。

フリーポート【free port】 経関税のかからない港。自由港。

フリーマーケット【flea market】 ①社のみの市。がらくた市。②社不用品を会場に持ち寄り、売買や交換を行う市民運動の一つ。のみの市が起源だが、free market ともつづる。

フリーマーチン【freemartin】 生ウシの雌雄二卵性双生児で、雌の卵巣が変化して間性や精巣に似た状態を示した雌。

フリーマン【Freeman of the City of London】 経社ロンドンの金融街シティーが授与する名誉市民の称号。

プリーム【preem】 映芸劇ショーや舞台の初公演。映画の初日、封切日。歌手や俳優をデビューさせること。

フリーメーソン【Freemason】 社18世紀初頭にイギリスで設立された博愛主義団体。自由・平等・博愛をモットーとし、現在も世界的規模をもつ。閉鎖性が強く非公開のため秘密結社と見られることもある。

フリーメール【free mail】 Ｉ　算ホームページ閲覧ソフトを用いてメールの読み書きをする方法。メールアドレスを無料で取得できる。

フリーメール サービス【free mail service】 Ｉ　算電子メールアドレスを無料で配布するサービス。

フリーメン【Freemen of Montana】 社アメリカのモンタナ州の農場に立てこもる強硬な反政府の自治集団。

フリーライター【free writer 日】 自由契約で働く記者や文筆家。

フリーライダー【free rider】 ①社無賃乗客。ただ乗り。②経社費用を負担しないで便益をはかる人。

フリーライド【free ride】 ①無賃乗車すること。ただもうけすること。②競スキー場外の原野などを滑走すること。

フリーライン【free line】 服自由な線を強調したデザインの服。

フリーラジカル【free radical】 化遊離基。不対電子をもつ不安定な物質。

フリーランサー【freelancer】 営芸社自由契約者. 特定の会社に属していない記者・俳優・歌手など. フリー，フリーランスともいう.

フリーランス【freelance】 ①社自由契約で働く人. ②独自行動をする. 自由契約の.

フリーランニング【free running 日】 競特定の目的をもたないで，楽しむために走る健康法. 英語の jogging がこれに当たる.

フリーリスト【free list】営経免税表.

フリー ルーティン コンビネーション【free-routine combination】競(水泳)シンクロナイズド・スイミングの種目. 1人のソロ，2人のデュエット，最大8人のチーム演技を交互に行う. 世界選手権で2003年大会から採用.

フリーレント【free rent】営貸しビルや貸し倉庫などの契約で，賃料・保証金の値下げや，一定期間を無料にする方式.

フリーローン【free loan 日】営経使途を特定しないで行う融資.

フリーワーカー【free worker 日】社定まった就職先をもたずに，パートタイムや人材派遣業に籍を置いて働く人. 英語では freelancer がこの意味に近い.

フリーワールド【free world】 自由主義諸国. 自由世界.

ブリイング【bullying】いじめ. 弱い者いじめ.

プリインストール【preinstall】 I算前もってインストールすること. また，コンピューターを販売するのに，前もって OS やアプリケーションソフトなどを組み込むこと. プレインストールともいう.

プリエンプティブ マルチタスク【preemptive multitasking】 I算複数処理が実行できる環境で，ある処理を短時間中止して他の処理を行う切り替えを OS が制御する方式.

プリオール【prior 羅】第一番の. ぬきんでた.

ブリオッシュ【brioche 仏】料パン菓子の一種. 卵やバターなどを混ぜて作るカステラ状の軽いパン. ブリオシュともいう.

プリオン【prion】生たんぱく質性感染粒子. 非通常性ウイルス. 羊のスクレイピーなどの病原体と考えられる. アメリカの S. B. プルシナーが発見し命名. proteinaceous infectious particle の略.

プリオン病【prion disease】医生たんぱく質性感染因子プリオンが体内に入って感染する伝染病.

ブリガーテ ロッセ【Brigate Rosse 伊】政赤い旅団. イタリアの極左過激派のテロ集団で，1970年ごろ結成された.

フリカッセ【fricassée 仏】料フランス料理の一つ. 子牛・鶏などの肉の細切れをホワイトソースで煮込んだもの.

プリキャッシュ機能【precache function】 I算使われる頻度の高い情報とその関連情報のデータをあらかじめ蓄えておくこと.

プリギャップ【pre-gap】 I算CD-Rに記録する時に，記録領域であるトラック間に挿入される無音部分.

フリクション【friction】①紛争. ②理摩擦.

フリクション ミニマム【friction minimum】摩擦最小.

プリクラ プリント倶楽部. 好みのイラスト枠に入った顔写真シールがその場でできるゲーム機. アトラス・セガが開発. 商標名.

プリクラッシュ セーフティー システム【pre-crash safety system】 機車載コンピューターが衝突を予知すると，安全装置が作動するシステム.

フリゲート【frigate】軍軍艦の一種. 国によって種類が異なり，アメリカでは巡洋艦と駆逐艦の間，イギリスでは小型駆逐艦，日本では哨戒護衛艦.

ブリコラージュ【bricolage 仏】手仕事. 日曜大工. 器用仕事. 持ち合わせのもので状況を切り抜けること.

プリコンパイラー【pre-compiler】 I算プログラム言語の文法に従って利用者がプログラムを作るのに先立ち，その準備を行うソフトウエア.

ブリザード【blizzard】気暴風雪. 特に極地での猛吹雪.

プリザーブド フラワー【preserved flower】 植特殊な溶液を吸収させることで，長期保存ができるようにした花. 水なしで半年ぐらい生きた状態を保つ.

ブリスケット【brisket】動動物の胸部. 食肉の部位を表す胸肉はブリスケという.

フリスビー【Frisbee】 ポリエチレン製の円盤であるフライングディスクの一つ. 商標名.

プリズム[1]【PRISM】営多角的企業評価システム. 日本経済新聞社と日経リサーチが開発. Private Sector Multi Evaluation System の頭字語から.

プリズム[2]【prism】①理ガラスや水晶製の透明な多角柱. 三角柱のものが多い. 光の屈折・分散作用があり，光学機器などに用いる. ②プリズムを通過した光.

プリズム スペクトル【prisme spectre 仏】理プリズムを用いた分光器によって光を分解した時に見られる色の帯.

プリズン【prison】刑務所. 牢獄. 拘置所.

プリセラー【preseller】営料飲食物などの販売で，事前に注文を取る営業担当者.

プリセリング【preselling】営広事前販売. 消費者が事前に商品の銘柄を決めて購買するようにさせる広告や販売促進活動.

フリッカー【flicker】テレビの画面上に現れる光のちらつき. 閃光. 視覚的に感じる光のちらつき.

フリッカー映像【flicker 一】放異なったテレビ画像を高速で連続して切り替える技術. ちらつきを感じる.

プリツカー賞【Pritzker Architecture Prize】 建建築界のノーベル賞ともいわれるアメリカの国際的建築賞.

フリッカーテスト【flicker test】心疲労度や注意力を検査するテストで，光のちらつきに対する反応によって測定する.

フリック【flick】①軽く打つこと. はじくこと. 軽快に動くこと. ②映画.

プリッグ【prig】 道徳家ぶる人. 堅苦しい人. 気取

り屋．清潔症の人．

ブリック＆モルタル企業【brick and mortar company】 ①経歴史ある大企業．ITビジネスよりも，現実世界でのビジネスを中心に行う傾向がある．

ブリックス¹【BRICs】 経営新興経済4カ国の総称．ブラジル(Brazil)，ロシア(Russia)，インド(India)，中国(China)の頭文字をとったもの．複数形を表すsを南アフリカ(South Africa)とする場合もある．

ブリックス²【Brix】 化溶融砂糖の比重を計る分度計．ブドウの甘さなどを計測するのに使う．ドイツの発明家ブリックスの名にちなむ．

ブリックティー【brick tea】 料茶の葉を固めて作ったれんが状のもの．断片を少しずつ湯でほぐして飲む．

ブリックパック【brick pack】 料飲料を入れる直方体状の紙製容器．

ブリッジ【bridge】 ①建橋．陸橋．②トランプ遊びの一つ．③船橋．船舶の指揮をとる場所．④医架工義歯．隣り合った歯に金冠などをかぶせ欠損の歯を連結するもの．⑤車両と車両を連結する部分．⑥眼鏡の鼻にかける部分．⑦競(ジム)仰向けの体を頭と足先で支えて橋のように反りかえる体勢．⑧①算LAN同士を接続するのに用いる基本的な装置．イーサネットの延長装置．⑨音ポピュラー音楽の楽曲の中で変化を付けるように作られている部分．日本語ではサビ．

ブリッジゾーン【bridge zone】 服一般的な領域と一つ格上の領域との中間にある商品群．

ブリッジバンク【bridge bank】 経破綻した金融機関の受け皿が見つかるまで，その金融業務を引き継ぐ公的機関．つなぎ銀行．

ブリッジホリデー【bridge holiday 日】 社日曜や祝日に挟まれた平日を休日にする制度．

ブリッシュ【bullish】 経証券・商品・為替市場などで，先行き強くなるとみる先高感のこと．相場の基調や地合いを表す際に用いる．

ブリッジ／ルーター【bridge/router】 ①算LANの相互接続装置の一つ．ブリッジとルーターの機能をあわせもつもの．中継経路を選択するルーティング機能などがある．ブルーター(brouter)ともいう．

フリッター【fritter】 料洋風の天ぷら．卵黄・水などで溶いた小麦粉に泡立てた卵白を混ぜてころもにし，肉・魚・野菜などを揚げる．

ブリッツ【blitz】 競(アメフトン)守備の奇襲行動の一つ．ラインバッカーなどがスナップと同時に相手陣へ突っ込む行動．

ブリッツクリーグ【blitzkrieg】 軍電撃戦．電撃的集中攻撃．

ブリット【bullet】 銃弾．薬包．

フリッパー【flipper】 ①競足につけるひれ状のゴム製潜水用具．②テレビのチャンネルを次々に切り替えて見る視聴者．ダイヤルホップ．③経投資会社の資金運用係の中で，主に公開株式の初期売り出し取引の担当者．

フリッピング【flipping】 ①放テレビのチャンネルを次々と切り替えて視聴する方法．ザッピングともいう．

フリップ【flip】 ①社放講演やテレビ番組などで用いる図表や説明文などを記したカード．フリップチャートともいう．②はじき飛ばす．ぱらぱらとめくる．③競(スケ)フィギュアスケートのジャンプの一種．

フリップフロッパー【flip-flopper】 社意見や立場を180度変える人．変節漢．

フリップフロップ【flip-flop】 ①算双安定回路．双安定トリガー回路．1ビットの情報を記憶できる回線(2値素子)．

フリップフロップ回路【flip-flop circuit】 ①半導体記憶装置に利用される電気回路で，信号によって二つの可能な回路状態のうち，どちらか一方を安定した状態で維持する回路．

プリティーサービス【pretty service 日】 ①算ツーカーセルラー東京のプリペイド型携帯電話サービス．

プリティーン【preteen】 社10〜12歳の思春期を目前にした子供．

プリティコンサバ【pretty conservative 日】 服かわいらしく清楚だが，大人っぽさももった保守的な服．またそのファッション．

ブリティッシュパブ【British pub】 社料イギリス風の立ち飲み酒場．

ブリティッシュ フィルム インスティテュート【British Film Institute】 映映画の研究・保存，製作支援を行うイギリスの民間機関．1933年に設立．本部はロンドン．BFI．

プリパッケージ【prepackage】 営食料品などを売る前に包装すること．プリパックともいう．

プリビレッジ【privilege】 特権．特典．特別免除．

プリファードライ【preferred lie】 競(ゴル)プレー中の球を他の位置に移動させてよいとする特別ルール．一定の条件の下で適用され，6インチなど決められた距離を動かせる．

プリファランス【preference】 好み．好物．優先権．

プリフィックス【prefix】 ①言接頭辞．②敬称など，初めに付けるもの．③前に付ける．初めに置く．前もって決める．あらかじめ決定する．

プリフィックス レストラン【prix fixe restaurant】 セットメニューの料理店．前菜，主菜，デザートなどがコースで決めてある．

プリブミ【pribumi 族名】 経インドネシアの純粋民族資本．外国資本に対抗し，インドネシア国内で自国民資本を優遇する政策による．

プリプレス【prepress】 ①印刷する前までの段階または作業工程．書籍作成では作成工程のうち割付，組版，校正などの作業をいう．

プリプロセッサー【preprocessor】 ①算ソースコードをコンパイラーで翻訳する前に，いろいろな前処理を行うプログラム．

プリプロダクション【preproduction】 映映画製作などの準備段階．

プリペイドカード【prepaid card】 ①代金前払いカード．使用のたびに残額が表示される．

◀プリンター

プリペイド型電子マネー【prepaid electronic money】　[I経]プリペイドカードのように電子情報のみで利用する仮想通貨のこと．

プリペイド式携帯電話【prepaid mobile phone】　[I]一定額の通話料を先払いして，その金額だけ通話できる携帯電話．

プリベイリング【prevailing】　流行する．一般の．広く知られる．有力な．

プリベンション【prevention】　防止．予防．阻止．妨害．

プリベンティブケア【preventive care】　[社][政]行政などがある計画を進めようとする際，事前に住民・企業などの関係者と意見調整を図り，対策を立てること．

プリベンティブ ディプロマシー【preventive diplomacy】　[政]予防外交．地域紛争の発生・拡大を予防する外交活動．

フリホーレス【frijoles 西】　[料]メキシコ料理の一つ．豆の煮込み．

プリマスタリング【premastering】　[I算]製品などの原盤を製作する工程の前に，データを各種のフォーマットに変換する作業過程．

プリマドンナ【prima donna 伊】　[音]オペラで，主役を演じる女性歌手．男性歌手はプリモウォーモ（primo uomo 伊）という．

ブリミア【bulimia】　[医]過食症．大食症．⇔アノレキシア．

プリミティーフ【primitif 仏】　[美]原始的であること．アフリカなどの未開種族の稚拙さとデフォルメ技術を用いる美術様式．

プリミティブ【primitive】　①原始的な．原始の．素朴な．根本の．基本の．②[I算]基本要素．コンピューターグラフィックスで，図形を構成する点や線などをいう．

プリミティブアート【primitive art】　[美]原始美術．未開民族の造形美術．原始的あるいは素朴で色彩の強い芸術．

プリミティブ クチュール【primitive couture】　[服]あつらえ仕立ての服に土臭い原始的な要素を加えるやり方．

プリムラ【primula 羅】　[植]サクラソウ科サクラソウ属の植物の総称．観賞用に栽培する．プリムローズともいう．

プリムラポリアンサ【primula polyantha 羅】　[植]サクラソウ科サクラソウ属の園芸植物．

プリメーンアンプ【pre-main amplifier】　[電][理]オーディオアンプとしての全機能をもつ，最も一般的なもの．電気信号の増幅，音量・音質の調節機能をもつプリアンプと，スピーカーを鳴らすためのパワーメーンアンプが一体化したもの．

プリモウォーモ【primo uomo 伊】　[音]オペラで主役を演じる男性歌手．

ブリリアント【brilliant】　きらきら輝く．光沢のある．華麗な．

ブリリアント アイズ【Brilliant Eyes】　[宇][軍]アメリカ空軍が戦域ミサイル防衛構想で提唱した，中・短距離の戦術弾道弾の打ち上げを探知・追尾する警戒監視衛星．BEともいう．

ブリリアント カット【brilliant cut】　ダイヤモンドの研磨法の一つ．一般に58面体をしている．ブリリアンカットともいう．

ブリリアント ペブルズ【Brilliant Pebbles】　[軍]アメリカの戦略防衛構想（SDI）で開発されていた宇宙配備の弾頭迎撃構想．1991年のGPALS（地球規模防衛構想）では，打ち上げ数の縮小と設計変更が行われた．光輝く小石の意．BPともいう．

フリル【frill】　[服]ひだやギャザーをとった波状の縁飾り．襟・袖口などに付ける．

プリレコ【prerecording】　[映][放]音声だけを先に録音して，画面をあとで撮影すること．⇔アフレコ．アフターレコーディング．

ブリンカー【blinker】　[競]競走馬などの遮眼帯．前方だけが見える革製の目隠し．

ブリンキング【blinking】　[I算]ディスプレー上の文字・画像を点滅させること．データやメッセージの強調のために用いる．

ブリンク【blink】　①[I算]ブラウン管の画面上でカーソルが点滅すること．②またたき．光の点滅．

フリンジ【fringe】　①[服]ショールやスカーフなどに用いる房飾り．②へり．周囲．③[理]光の干渉や回折によってできる明暗のしま．

フリンジ視聴率【fringe rating】　[放]ゴールデンアワー前後の時間帯の視聴率．

フリンジタイム【fringe time】　[放]視聴者が最も多い放送時間帯に隣接する時間帯．通常は午後7時前と11時過ぎをいう．

プリンシパル【principal】　①主要な．第一の．②[営][社]校長・社長など組織体の首長．上司．③本人．依頼人．

プリンシプル【principle】　原理．法則．主義．

フリンジ ベネフィット【fringe benefit】　[営][経][社]現金給与以外の付加給付．厚生年金保険や健康保険料などの法定福利費や，退職金などの費用，住居費などの法定外福利費などがある．

フリンジレイバー【fringe labor】　[社]縁辺労働力．中年の女性などが家計上の理由などで労働市場に臨時に登場してくることをいう．

プリンス【prince】　①皇太子．王子．⇔プリンセス．②貴族の称号の一つ．公．公爵．

プリンス コンソート【prince consort】　女王の夫君．

プリンセス【princess】　王女．王妃．皇太子妃．妃殿下．⇔プリンス．

プリンセス コンソート【Princess Consort】　イギリス国王の配偶者．チャールズ皇太子の即位で想定されるカミラ夫人の呼称．

プリンター【printer】　①[厚]印画の焼き付け機．②[I算]出力情報を打ち出す印字装置．印刷出力を得るための装置．③印刷機．印刷業者．

プリンターコマンド【printer command】　[I算]コンピューターから印字装置に送られる印刷命令．

プリンター シェアリング【printer sharing】　[I算]LANなどを使って，ネットワーク環境で1台のプリンターを複数のコンピューターで共有すること．

プリンター制御コード【printer control code】　[I算]プリンターに印刷を指示するコードの文

509

プリンター▶

字．これは直接印刷されない．

プリンター ドライバー【printer driver】 I
理印字装置を制御するソフトウエアで，デバイスドライバーの一種．

プリンター バッファー【printer buffer】 I
理コンピューターからの印刷データを受信してバッファーメモリーに記録し，印字装置の稼働状況に合わせて順次データを送る緩衝装置．

プリンターポート【printer port】 I算パソコンにプリンターを接続するために設けるポート．他の機器をつなぐこともできる．USB に取って代わりつつある．

プリン体【purine body】 医尿酸のもと．肉類やレバー，モツ類，卵類に多く含まれる．高尿酸血症を誘引する．

プリンティング【printing】 ①写焼き付け．②印刷．印刷術．印刷業．印刷工程．

プリント【print】 ①印印刷．印刷物．②写焼き付け．陰画を焼き付けによって陽画にすること．③捺染．型紙などを用いて模様を染め抜くこと．またその布地．④美版画．

プリントアウト【print out】 I算パソコンなどに記録・蓄積したデータを，印字装置で打ち出すこと．印刷出力すること．

フリントガラス【flint glass】 理鉛ガラス．光の屈折率・分散などが大きく，装飾あるいは光学機械に用いるガラス．

プリント基板【printed circuit board】 理銅箔による配線を張り巡らせた電子回路が載った高絶縁性合成樹脂の基板．この基板に電子部品を取り付ける．

プリント合板【printed plywood】 建木目を印刷した紙を張り，樹脂加工を施したベニヤ板．化粧張りに使う．

プリントサーバー【print server】 I算 LAN 上でプリンター共有ができるコンピューターやソフトウエア．複数のプリンターが使える．

プリント ジャーナリスト【print journalist】
活字を媒体としているジャーナリスト．

プリントショップ【print shop】 ①印少量注文に応じる印刷店．②美版画販売店．

プリントスプーラー【print spooler】 I算アプリケーションを実行したまま印刷をするために，データを一時的にハードディスクやメモリーに記録し，印字装置の稼働状況に合わせて順次処理をするソフトウエア．

プリント配線回路【printed circuit】 電導線を使わないで，合成樹脂の板に金属箔を張り付けたものを用いた配線回路．電子装置の小型部品に用いる．レーザープリントなど技術的にもっと進歩したものも含めていう．

プリント フォーマット【print format】 写印画紙の判型．

プリント ホログラフィー【print holography】 印理レーザー光線による干渉縞を利用した印刷技術の一つで，プラスチックなどの記録媒体に立体画像を印刷する．

ブリンブリン【bling bling】 服宝石をたくさん身につけたり，ピカピカの外車に乗ったり，派手な服装や

髪形で出歩いたりすること．ラップミュージックから生まれた言葉．

ブル【bull】 ①動去勢していない雄牛．②経株式相場などにおける買い方．強気筋．⇔ベア．

プル【pull】 ①引く．引っ張る．②営最終利用者に力を入れて，需要に働きかける販売戦略．③I 算ブラウザーを利用してウェブサイトに接続し，必要な情報を引き出すこと．

プルアウト【pullout】 ①移動．撤退．撤収．②飛行機が急降下飛行から水平飛行に移ること．引き起こし．③本の図版などの引き出しページ．

プルアップ【pull-up】 飛行機の水平飛行からの急上昇．引き上げ．

フルー【flu】 医流感．流行性感冒．インフルエンザ（influenza）のこと．

ブルー【blue】 ①青色．空色．②憂鬱な．気の滅入る．

ブルーアイス計画【Blue Ice Program】 社各国の子供たちが手作りした旗を南極へ送る運動．NASA（アメリカ航空宇宙局）のワシレフスキー博士が提唱．数カ国からの旗と一緒に南極で写真を撮り，旗と写真は子供の手に戻る．

ブルー アイ ストック【blue-eye stock】 経外国人が狙う株式銘柄．

ブルーアイドソウル【blue-eyed soul】 音黒人のリズム感覚をもつ白人が歌うソウル音楽．

フルーイディックス【fluidics】 理流体工学．流体を使った自動制御装置の研究をする工学の一部門．

ブルーインパルス【Blue Impulse 日】 軍航空自衛隊の曲技飛行チームの愛称．パイロットの操縦技術の向上と宣伝のために，航空ショーなどで高度な飛行技術を見せる．原義は青い衝撃．

ブルーオリンピック【Blue Olympics】 競水中競技世界選手権．水中ラリーや水中銃で漁獲量を競う種目などがあり，2年ごとに開催．

ブルーカラー【blue-collar worker】 営社直接生産現場で働く労働者のこと．青色の作業着や仕事着を着て働くイメージから．

ブルーギャラクシー【blue galaxy】 天特殊天体の一つ．準々星．BSO，QSGともいう．

ブルーギル【bluegill】 魚サンフィッシュ科の淡水魚．原産地はミシシッピ川流域．日本各地でも繁殖している．

プルークボーゲン【Pflugbogen 独】 競（スキー）スキー板をハの字形にして回転する技術．全制動回転．

ブルーグラス【bluegrass】 ①牧草．②音カントリーの中でも最も素朴なスタイルのアメリカの音楽．ギター，バンジョー，バイオリン，マンドリンなどで演奏される．

ブルークロス【Blue Cross】 医社アメリカの健康保険組合の一つ．主に被雇用者とその家族を対象とする．1929年に設立．

ブルーコーン チップス【blue-corn chips】 料ブルーコーン（紫色のトウモロコシ）を粗びきしたコーンミールで作るスナック菓子．

ブルーシールド【Blue Shield】 医社アメリカの

510

非営利的な医療保険組合．1917年に設立．

ブルージーンズ【blue jeans】［服］藍色の染料で染めた綾織りの綿布．またそれで作るズボンや上着など．ジーンズともいう．

ブルーシルク【Bluesilk】［I･I］産学での利用を考えている次世代検索エンジンシステム．

ブルース【blues】［音］19世紀後半，アメリカ南部でギターやバンジョーで弾き語りをしていた黒人たちから生まれた音楽．哀調を帯びたスローテンポの曲が多い．英音はブルーズ．

ブルーズ【blouse 仏】［服］ゆったりとした上着．

ブルースカイ【blue sky】①青空．よく晴れた空．②空想的な．実利的価値のない．

ブルーストリーム パイプライン計画【Blue Stream pipeline project】［経］ロシアの天然ガスをトルコ・サムスンに輸送する黒海海底パイプライン建設計画．

ブルースハープ【blues harp】［音］ブルースの演奏に用いるハーモニカ．

ブルーセックス【blue sex 日】［社］同性愛．英語は homosexual．

ブルーゾーン【blue zone】［軍］国連停戦監視区域．国連軍兵士が青色のベレーやヘルメットを着用していることに由来．

ブルーター【brouter】［I･I］LAN 同士を接続する中継装置であるブリッジと，同じ接続装置で第3層のネットワーク層に接続するルーターの機能をあわせもつ装置．bridge と router の合成語．

フルータリアン【fruitarian】［食］健康上の理由や倫理上の考えから，果物，木の実，オリーブ油などを食する人．動物性食品は摂取しない．

ブルーチーズ【blue cheese】［料］チーズの一種．青かびチーズ．特異なにおいがある．

ブルーチップ【blue chip】［経］優良株．アメリカの株式市場で，健全な財務内容を維持している知名度の高い銘柄．

ブルーツーリズム【blue tourism】［社］漁村に滞在してくつろぎ，海に親しむ活動をする旅行．

フルーツソース【fruit sauce】［料］果物を原料にしたソース．ケーキやヨーグルトに添える．

フルーツパーラー【fruit parlor 日】［料］果物を主とした菓子や飲み物を出す喫茶店．

フルーツビネガー【fruit vinegar】［料］果実酢．ブドウやリンゴなどから作る．

フルーツポンチ【fruit punch】［料］種々の果物を小さく刻んでシロップや果汁などをかけたもの．フルーツパンチともいう．

フルーツワイン【fruit wine】［料］ブドウ以外の果物で作るワイン．

フルーティー【fruity】果物の風味をもった．甘ったるい．

ブルーデー【blue day 日】［生］生理日．ブルーが「憂鬱」を意味するところから．英語は monthly, monthlies．

プルーデンス【prudence】用心深いこと．細心．慎重．

プルーデンス政策【prudence policy】［経政］金融システムの秩序を維持するための諸政策．

プルーデント パーソン ルール【prudent person rule】［経］信託財産の運用受託者は，慎重な専門家として判断して資産運用に努めるという法理．

フルート【flute】［音］木管楽器の一つ．洋式の横笛．金属製のものが多い．

ブルートゥース【Bluetooth】［I･I］携帯情報機器向けの短距離無線通信のデータ転送方式．無線を使う移動電話機と情報機器間のデータ伝送技術．

ブルートフォース攻撃【brute force attack】［I･I］総当り攻撃．与えられた条件のもとで，すべての組み合わせパスワードを試すという，不正アクセスの手口．

ブルードメア サイアー【broodmare sire】［競］競馬で，繁殖牝馬（母）の父のこと．

ブルートレイン【Blue Train 日】［機］JR 線の夜行寝台特急列車の愛称．車体をブルーに塗ってあることから．

ブルーノート【blue note】［音］ブルースなど黒人音楽独特の音階．ミとシが半音下がる．

ブルーバード【blue bird】「青い鳥」．幸せの象徴．ベルギーの作家メーテルリンクの作品から．

ブルーバック合成【blue matte process】［I･I］［放］映像合成の一つ．青の背景で撮影した人間などの画像から，青の部分をマスクとして抽出し，別に撮影した背景画像と合成する．

ブルーパブ【brew pub】自家醸造ビールを出す飲食．

ブルービート【blue beat】［音］ジャマイカで生まれた音楽スカのイギリスでの呼称．

プルーフ【proof】①証拠．証明．②酒などの標準アルコール強度．③品質試験済み．④［印］校正刷り．

ブルーブック【blue book】①［政］イギリス政府または議会の公式報告書．青書．②アメリカ行政府の職員録．

ブルーブラッド【blue blood】名門．貴族．名家の出身．貴族の血統．

ブループリント【blueprint】青写真．設計図．綿密な計画．英語では動詞で blueprint, 名詞では blueprinting となる．

ブルーベリー【blueberry】［植］ツツジ科コケモモ属の落葉低木．果実は濃い青紫色で，ジャムなどに用いる．

ブルーヘルメット【blue helmet】［軍政］国連の平和維持活動に従事する各国から派遣された兵士などの俗称．国連の色である青色のヘルメットやベレー帽をかぶるところから．

ブルーヘルメット フォース【blue helmet force】［軍］国連平和維持軍の異称．

ブルーボーイ【blue boy 日】［社］女性的男性．特に性転換手術をした男性．英語は transsexual（性転換者）．

ブルーマー【bloomers】［服］女性用の下ばき．ひざ上までのゆったりしたもので，裾にゴムが入っている．ブルマーともいう．

ブルーマウンテン【Blue Mountain】西インド諸島のジャマイカ島産のコーヒー豆．

ブルーマン▶

ブルーマンデー【blue Monday】 休み明けの憂鬱な月曜日.

ブルーム¹【bloom】 花. 開花. 花が咲いていること. 最も盛んな状態にあること.

ブルーム²【broom】 ①ほうき. ②競(カデリ)氷面をはくのに使うほうき.

プルーム【plume】 ①地地球深部から起きる円筒状の上昇流. ②高速船などの水しぶき. ③羽飾り. 羽毛.

ブルームズベリースタイル【Bloomsbury style】 服2004年秋冬コレクションで注目された英国調の女らしいドレスファッション.

プルーム テクトニクス【plume tectonics】 地マントル内部にある柱状の流れが, 上昇・下降することで, 地球内部の運動を説明しようとする理論. プルームは, 原爆などの水中爆発でできる巨大な水柱の意. プリュームテクトニクスともいう.

ブルーラインタクシー【bule-line taxi 日】 経月曜から金曜の深夜だけ営業が許可され, 運行しているタクシー.

ブルーラリズム【pluralism】 ①多元論. 多元主義. 多元構造. 複合文化主義. ②社社会的多元化. 人種や宗教などの異なる集団が共存している状態. プリューラリズムともいう.

ブルーリボン【blue ribbon】 ①ガーター勲章の青リボン. 一等賞. ②禁酒会員の青リボン記章. ③北大西洋横断で最大平均時速を出した船がマストに掲げる青リボン. ④(日)北朝鮮による拉致問題解決を目指す活動で用いる記章.

ブルーリボン賞 ①〔Blue Ribbon Award 日〕東京の新聞・通信社などの映画記者が, 年間の優秀な映画や俳優などを選んで表彰する賞. ②〔Blue Ribbon〕大西洋横断のスピード記録を更新した船に与えられる賞.

フルーレ【fleuret 仏】 競(フェデ)柔軟な剣を使う競技. 頭, 脚, 腕を除く上半身が有効面.

ブルーレイ ディスク【Blu-ray Disc】 I青紫色レーザーを当てて利用する次世代光ディスク. BRD, BDともいう.

フルオートプレーヤー【fully automatic player】 音演奏開始・演奏終了・演奏途中などが自動的に行えるレコードプレーヤー.

プルオーバー【pullover】 服頭からかぶって着る形の衣服. 特にセーターやシャツをいう.

フルオロカーボン【fluorocarbon】 化炭素とフッ素の化合物. フロン, フロンガスの正式名称.

プルオン【pull-on】 服引っ張って着るもの. 頭からかぶって着るセーターなど.

ブルカ【burka】 服イスラム教徒の女性が人前で着用する外衣. 頭からかぶり全身を覆う.

フルカスタムLSI【full custom LSI】 I電利用者の注文に合わせて, 独自の論理回路を設計・製造する大規模集積回路.

ブル型投信【bull fund】 経先物の買いを用いて, 相場の上昇時に利益を得る投資信託の形態. ⇔ベア型投信.

フルカラー【full color】 I電パソコンのグラフィック回路が一つの点で表現できるすべての色数. 1画素が24ビットの情報量で表すことから1677万7216色となる.

フルキーボード【full keyboard】 I電テンキーやファンクションキー, 機能キーなどをすべて備えたキーボード. 一部キーが省かれるテンキーボードに対応する用語.

フルクサス【Fluxus】 美1960年代に欧米各地で活動した前衛的芸術家たち. ジャンルを超えて, さまざまな反芸術的試みを行った.

ブルクリット【bull crit】 いい加減な評論家. 作品を全部読まないで批評を書くような人.

フルコース【full course 日】 料スープに始まり, デザート, コーヒーで終わる正式な西洋料理. 英語はfull-course dinner.

ブルゴーニュ楽派【Burgundian school】 音15世紀前半に発達した中世音楽. 三和音的和声の基礎となった. ブルグンド楽派ともいう.

プルコギ【burgogi 朝】 料韓国料理の一種. たれを付けた牛肉を金網や鉄板で焼く.

フルコンタクト空手【full contact −】 競(空手)直接打撃ができる競技規則で行う空手.

フルコンパチブルLDプレーヤー【fully compatible LD player】 I電LD, CD, CDVなど, あらゆる光学式ディスクを再生できるプレーヤー. マルチディスクプレーヤーともいう.

フルサービス ディスカウンター【full-service discounter】 経割安な手数料で投資の売買注文執行をしながら, 一定の示唆・助言などを提供する証券会社.

フルサービス ネットワーク【full-service network】 I広帯域や双方向などケーブルテレビ（CATV）の伝送特性を生かした多様なサービスのこと.

フルサービス ブローカー【full-service broker】 経投資に関する情報, 独自の調査内容や示唆・助言などを積極的に顧客に提供して売買を勧誘する証券会社.

プルサーマル【plutonium thermal use 日】 理ウランにプルトニウムを混合して燃料にする軽水炉. プルトニウムの有効利用を図る.

プルサーマル計画【plu-thermal project 日】 理原子力発電所の使用済み燃料を再処理し, 取り出したプルトニウムをウランと混ぜて加工し, 再び燃料に使う計画.

フルＣＧＩアニメ【full CGI animation 日】 映算すべての映像がコンピューターによる 3D 立体モデルで描かれたアニメーション. CGI は computer-generated image の略.

プルシャ【puruṣa 梵】 精霊.

ブルジョア【bourgeois 仏】 経社資本家. 資本家階級に属する人. 金持ち. 中世フランスにおける町民. ブルともいう. ⇔プロレタリア.

ブルジョアジー【bourgeoisie 仏】 経社資本家階級. 市民階級. 中産階級. ブル. ブルジョア階級.

フルショット【full shot】 映人物の全身を画面に大きく映す撮影法.

フルスカート【full skirt】 服裾を広げたスカート

◀フルページ

の総称.

フルスクリーン【full screen】 ①算全画面表示. ウインドウを画像表示装置の画面いっぱいの最大サイズにした状態.

フルスケール【full-scale】 ①実物大の. ②全体的な. 全面的な. 本格的な.

ブルスケッタ【bruschetta 伊】 料焼いたパンににんにくを塗り, オリーブ油をかけたもの.

フルストップ【full stop】終止符. ピリオド.

プル ストラテジー【pull strategy】 経製造会社が販売店に働きかけて自社製品を店頭に並べさせて売ろうとする商戦略.

フルセット【full set】 ①競テニスやバレーボールなどで, 最終セットまでプレーをすること. ②数個で一組となる個々の構成部分.

ブルセラショップ【bloomers sailor suit shop 日】 経女子高校生が着たブルマーやセーラー服などを売る専門店.

プル戦略【pull strategy】 経マーケティング戦略の一つ. 宣伝や店頭活動を重視し, 消費者の買う気を創り出す.

ブルゾン【blouson 仏】 服胸回りがゆったりとし, 裾をすぼませた形のジャケットの総称. ジャンパーも含まれる.

フルターンキー輸出【full turnkey export】 経工場用地の基盤整備から工場の設計・建設, 操業まで行う輸出方法. 受注先には鍵を渡すだけという, プラント輸出の一形態.

フルタイム【full-time】 社常勤の. 全日勤務の. 専任の. オールタイム.

フルタイム4WD【permanent four wheel drive】 機自動車で, 常に4輪が駆動状態にある駆動システム.

フルタイム労働者【full-time worker】 経社常勤労働者. 全日勤務の労働者. フルタイマー.

プルダウンメニュー【pull-down menu】 ①算画面やウインドウ上部のメニューバーに表示される項目をマウスなどで選択すると, 垂れ下がるように現れる細項目のリスト.

プルタブ【pull tab】缶や容器のふたを開けるために引くつまみ. 引き手.

フルタワー【full tower】 ①算机上据え置きパソコンで, 大型の縦長で箱型収納方式のもの.

フルチャンネル テレテキスト【full-channel teletext】 ①算有線テレビで, 走査線を全部利用してるコード型文字放送.

フルテキスト データベース【full-text database】 ①算タイトルやキーワードだけでなく, テキストの本文全体を記録して参照できるようにしたデータベース.

プルトップ【pull-top】 つまみを引き起こして缶や容器のふたを開ける方式.

プルトニウム【plutonium】 化ウランから人工的に生成される放射性元素. 元素記号は Pu.

プルトニウム239【plutonium 239】 化理ウラン238が原子炉の中で中性子を浴びてできる超ウラン元素の一つ. 核分裂を起こすことができ, 人工の核燃料といわれる.

プルトニウム爆弾【plutonium bomb】 軍1945年長崎に落とされた原子爆弾の一種. プルトニウムを原料とし, その核分裂のエネルギーを利用した爆弾.

プルトニウム リサイクル【plutonium recycle】 理原子炉の中でできたプルトニウムを, それ自体またはウランと混ぜて原子炉の燃料として再利用すること.

ブルトレ【Blue Train 日】 JRの寝台特急列車の愛称「ブルートレイン」の略.

フルドレス【full dress】 服正式の礼装. 正装.

ブルトン【breton 仏】 服①つばが上向きになった帽子. ②ブルターニュ地方の. ケルト族の.

プルニエ【prenier 仏】 料フランス料理で, 魚料理の総称. 魚料理専門店.

フルネーム【full name】 ①略さない名前. 名字と名前. 姓名. ②①算ネットワークの登録利用者の本名.

フルネット【brunette】 黒みがかった目・皮膚・髪の女性. 黒みがかった髪の毛. ブルーネットともいう.

フルネルソン【full nelson】 競(ジュド)両腕で羽交い締めにする首攻め.

フルバック【fullback】 競ラグビーなどで, 後方に位置し, 主に守備に当たる選手. バック, FBともいう.

プルバック【pullback】 ①撤退. 撤兵. 引き揚げ. ②機引き戻し装置. ③障害物.

フルパッケージ【full package】 経社旅行業者が設定するパック旅行商品で, 添乗員や食事などのサービスが完備したもの.

フルピッチ【full pitch】①算コネクターの仕様の一つ. ピン同士の間隔が広く, コネクターも大きい. ハーフピッチと対応する語.

フルファッション ストッキング【full-fashioned stockings】 服脚部の形に応じて目減らしをしたストッキング.

フルフィールド【full field】 社アメリカのFBI(連邦捜査局)が, 連邦政府の高官になる可能性のある人物に対して行う背景調査.

フルフェース【full face】 顔全体を覆うヘルメット, または帽子.

フルブライト法【Fulbright Act】 経社法余剰物資の売却で得た資金を外国との文化交流に充てるアメリカの法律.

フルフラットシート【full flat seat 日】 自動車で, シートを寝かせるとすべてがつながり, ほぼ平らな状態になる仕組みのシート.

プルフリッヒ効果【Pulfrich phenomenon】 ①片方の目の明るさを20%落として, 疑似的な立体感を得るというもの. 明るさで脳が光を感知するスピードが変わるという反応を応用している.

フルフレームＣＣＤ【full frame CCD】 ①算特別な伝送路を設けず, 受光素子をそのまま伝送路として使う電荷結合素子(CCD).

フルページ ディスプレー【full-page display】 ①算A4判の縦1ページ(アメリカでは8×11インチのレターサイズの1ページ)が画面に実寸大で

513

ブルペン ▶

表示できる表示装置．

ブルペン【bull pen】①競(野球)救援投手が投球練習をする場所．②建工事現場の小屋．

フルボディー【full-bodied】科ブドウ酒などで，こくのある飲み口のもの．

フルマーク【full mark】満点．

ブルマーケット【bull market】経強気相場．上昇相場．⇔ベアマーケット．

フルマラソン【full-length marathon】競(陸上)42.195kmを走るマラソン．

フルムーンパス【full moon pass 日】営社JRの企画切符の一つ．年齢合計が88歳以上の夫婦が対象で，1981年から発売．

フルモーション【full motion】映アニメーションの映像を毎秒30コマ程度(映画では24コマ)の速度で撮影，再生する方式．

フルモデルチェンジ【full model change 日】営自動車などの，全面的な型式の変更．

フルラップ衝突【full-wrap frontal collision】機自動車の前部全体が対向車などにぶつかる衝突．⇔オフセット衝突．

プルラリズム【pluralism】多元論．多元主義．プルーラリズムともいう．

フルレートＡＤＳＬ【full-rate asymmetric digital subscriber line】[I] ADSLの規格のうち，最大伝送周波数が1.1MHzのもの．ITU-T 勧告 G.992.1．モデムのほかにスプリッターという装置がいる．

フルレングス【full-length】①服足全体を覆う長さのストッキング．②服コートやドレスなどの着丈．③無削除の．

フルレンジ スピーカー【full-range speaker】音全帯域スピーカー．単体で低音から高音までの領域を再生する．

ブルワリー【brewery】ビールなどの醸造所．ブリュワリー，ブルーハウスともいう．

フレア【flare】①服スカート，ズボン，コートなどの裾の朝顔状の広がり．②写光斑．レンズの内部反射により原板上に生じる円形の曇り．③理外部からの反射により入ってくる不必要な光．④天太陽内部で磁場と流体が作用し合ってエネルギーを得た磁力の管が，密度の低い外層大気中に現れ，急激にエネルギーを解放する爆発現象．

フレアアップ【flare-up】①ぱっと燃え上がること．瞬間的に光ること．②天収縮が進んだ原始星で，中心に閉じ込められていた放射エネルギーが表面に出て，急に明るくなる現象．

フレアキュロット【flared culottes】服裾広がりのキュロット．

フレアスカート【flared skirt】服裾が朝顔状に広がったスカート．

プレイオンライン【Play Online】[I]日本のスクウェアによる総合的ネットワークサービス．

プレイガイド【Play Guide 日】営演劇・映画・音楽などの催しの案内所・前売り所．またその会社．商標名．英語では ticket agency, booking agency．

プレイグ【plague】医疫病．流行病．

ブレイク ビーツ【break beats】音特定のパートを繰り返す演奏方法で，ヒップホップで使われる呼称．

プレイショーツ【play shorts】服運動をする時に着る半ズボン．

プレイステーション【PlayStation】[I]家庭用ゲーム機の一種．SCE（ソニー・コンピュータエンタテインメント）が1994年に発売．商標名．プレステともいう．

プレイステーション３【PlayStation3】[I] SCE（ソニー・コンピュータエンタテインメント）のゲーム機「プレイステーション2」の後継機．2006年秋に発売予定．PS3．

プレイステーション２【PlayStation2】[I]ＳＣＥ（ソニー・コンピュータエンタテインメント）が2000年に発売したゲーム機．ＤＶＤソフトの再生もできる．

プレイステーションBB【PlayStation BB】[I]イ算ブロードバンドネットワークに常時接続してプレイステーション2を楽しめるサービス．2002年に開始．商標名．

プレイステーション ポータブル【PlayStation Portable】[I]ＳＣＥ（ソニー・コンピュータエンタテインメント）が2004年に発売した携帯用ゲーム機．ＰＳＰと略される．

ブレイディ構想【Brady plan】経債務削減により累積債務打開を図ろうとする，1989年にアメリカのブレイディ財務長官が行った提案．

ブレイディ法【Brady Law】社法アメリカの短銃規制法．1994年に発効．短銃購入時に5日間の待機期間を設け，当局が購入申請者の犯罪歴を調べる．81年にレーガン大統領暗殺未遂事件で重傷を負った，ジェームズ・ブレイディ元大統領報道官の名にちなむ．

ブレイド【blade】①歴石刃．石器の一つ．細長い整った形の剥片．②刃．刃状のもの．ブレードともいう．

ブレイドサーバー【blade server】[I]算一枚の基盤の内部にCPU，メモリー，ハードディスクなどコンピューターの機能を組み込んだもの．

ブレイドルック【braid look】容編んだ髪型．多くの編み方，より合わせ方がある．

ブレイトンサイクル【Brayton cycle】理熱力学のサイクルの一つ．断熱圧縮，等圧加熱，断熱膨張，等圧冷却で成り立ち，ガスタービンによる発電に用いる．

プレウイドーフッド エデュケーション【pre-widowhood education】教社配偶者の死に備える教育．死の悲嘆への準備教育の一つ．配偶者を喪い，孤独な日々を送ることへの心の準備を整えるもの．

プレー アット オール コスト【play at all costs】競選手が体を張って行うプレー．命がけのプレー．

プレーイング スカルプチャー【playing sculpture】社美遊園地や公園に子供の遊戯用として造られたコンクリート製の彫刻．プレーウォールともいう．

プレーオフ制度【playoff －】競(野球)パ・リー

◀フレーマー

グの優勝決定戦方式．公式戦終了後に上位3チームで行う．2004年に導入．セ・リーグも07年から導入予定．

ブレーカー[1]【braker】⚽ボブスレーで，後ろに乗る選手．スタート時にそりを押す．

ブレーカー[2]【breaker】電遮断器．異常電流が流れた時，回路を自動的に遮断する装置．サーキットブレーカーの略．

ブレーキアシスト機構【brake assist system】機自動車のブレーキの踏力を補う装置．緊急ブレーキ時などに作動する．トヨタが初めて採用．

ブレーキングゾーン【braking zone 日】⚽(ｽｷｰ)ジャンプ競技で選手が着地した後，減速，停止するための場所．

フレーク【flake】料薄く切って加工した食品．

ブレーク【break】①休憩．休止．②⚽組み合った選手が離れること．③⚽相手側のサービスゲームを取ること．④破壊する．砕ける．壊れる．⑤急に動き出す．急変する．大流行する．ブレイクともいう．

ブレークアウエー【breakaway】①⚽(ｱｲｽﾎｯｹｰ)パックを持った選手が相手ゴールキーパーと1対1になった状態．②⚽(ﾗｸﾞﾋﾞｰ)球を持って相手ゴールへ突進すること．

ブレークアウト【breakout】1国際専用線を公衆電気通信網と接続して，第三国との通信を可能にすること．

ブレークアップ【breakup】解体．解散．崩壊．分裂．

ブレークアップ バリュー【breakup value】営経解体された企業が部門別などに売却された後に，その企業がもっている残余価値．

ブレークイーブン【break-even】①営経収支とんとん．損益なしの．②理核融合反応において，反応のために費やされるエネルギーと，核融合から取り出されるエネルギーが等しくなる状態．

ブレークイーブン ポイント【break-even point】営経損益分岐点．

ブレークキー【break key】1算実行中のプログラムを中止したり，通信中にブレーク信号を出すなどの機能を担うキー．

ブレーク信号【break signal】1算実行中のデータの送受信を強制的に中断させるために，端末側からホストコンピューターに発する中断信号．

ブレークスルー【breakthrough】難関突破．克服．躍進．前進．

ブレークダウン【breakdown】身体的な衰弱．消耗．疲労．機械などの故障．損傷．

ブレークダンス【breakdance】芸ニューヨークの場末で少年たちが街頭で始めた踊り．アクロバティックな動作が多い．

ブレークビート【break beat】音特定のパートを繰り返す演奏法．電子楽器などで行う．

フレージング【phrasing】①音楽句切り法．句節法．旋律を楽句に区切るやり方．②言語法．言葉遣い．

フレーズ【phrase】①音楽句．小楽節．②成句．言い回し．言句．

ブレース【brace】建筋交い．斜材．
プレース【place】①場所．②立場．位置．③広場．④競入賞順位．

プレーススポット【play spot 日】社歓楽街．盛り場．英語は amusement center, red-light district.

プレースメントテスト【placement test】振り分け試験．クラス分け試験．

プレーセラピー【play therapy】心遊戯療法．子供の日常生活への適応異常などを，遊びを利用して診断・研究するもの．

プレーゾーン【play zone 日】社盛り場．娯楽街．英語は amusement center, red-light district.

フレート【freight】営経普通貨物便．運送料．

ブレード【blade】①刃．刃状のもの．スケート靴の刃など．②歴石刃．細長い剝片石器．ブレイドともいう．

プレート【plate】①板．金属板．看板．②地地球表層の流動しにくい層．リソスフェアともいう．③電真空管の陽極．④写感光板．⑤皿．⑥印図版．

フレートエージェント【freight agent】営貨物取扱人．運送業者．

プレート境界地震【interplate earthquake】地プレートの境界で発生する地震．プレート間地震．

プレートテクトニクス【plate tectonics】地大規模な地表面の変動をプレートの動きで説明する理論．プレートは，地球表層を覆う厚さ約70〜150kmの固い岩石の層で，海底の海嶺で作られ，年に数cmの速さで動く．

プレート内地震【intraplate earthquake】地プレートの内部で発生する地震．

フレート フォワーダー【freight forwarder】営運送取扱人．荷主と運送業者の間に立って，貨物の運送や取り次ぎ・受け取りを行う．

フレートライナー【freight liner】機コンテナ輸送専用の高速貨物列車．

プレーナウ ペイレーター【play-now pay-later】楽しみを先に費用を後払いにすること．

フレーバー【flavor】①香り．風味．独特の味．味わい．②理素粒子のクォークとレプトンの種類などを識別するための性質．電荷差に相当する．

プレーパーク【play park】社冒険遊び場．子供がのびのび遊べるように禁止事項を少なくし，地域住民が自主運営するもの．

フレーバーコーヒー【flavored coffee】料香り付きのコーヒー．豆を焙煎(ばいせん)する時にバニラなどの香料を入れる．

フレーバーティー【flavored tea】料草花や果物などの香りをつけた紅茶．

プレーバック【playback】録音・録画再生．再生装置．再生機構．

フレーバリスト【flavorist】料食品などに使う香味料を調合する専門家．

プレーフード【play food】料本物に似せて作るプラスチック製の料理見本．

フレーマー【framer 日】芸額縁を中心に，絵画の種類，部屋のデザイン，色調などを含めたイン

フレーミン▶

テリアの総合的な助言・提案をする民間業者の資格.

フレーミング【flaming】［Ⅰ計算］ネット上で罵倒,批判,憎しみを増幅させる行為.

フレーム[1]【flame】①炎.火炎.激情.情熱.②［Ⅰ計算］電子メールや電子掲示板,ネットニュースの記事などでぶつけ合う,怒りやののしりを表す伝言.

フレーム[2]【frame】①枠.縁.②眼鏡の枠.③［建築］骨組み.軸組み.フレームワークとも.④［競技］(ﾎﾞｳﾘﾝｸﾞ)1ゲーム分の各投球回.⑤自転車・自動車などの車体枠.⑥［Ⅰ計算］動画を構成する一つ一つの画像.短時間出力して連続させると動いて見える.⑦［Ⅰ計算］人工知能の分野で,コンピューターが物語や情景を理解するために準備する,典型的な状況を表現するデータ構造.M.ミンスキーが提唱した.

フレームアウト【frame out 日】［映］出演者が画面外へ消えること.⇔フレームイン.

フレームアップ【frame-up】事件・犯人などのでっち上げ.陰謀.

フレームイン【frame in 日】［映］出演者が画面に現れること.⇔フレームアウト.

フレームウオー【flame war】［Ⅰ計算］ネットワーク上の意見の交換で,議論を通り越して,互いを攻撃し合うこと.

フレーム オブ レファレンス【frame of reference】物事を評価する基準体系.

フレームステッチ【flame stitch】［服］刺しゅうの技法の一つで,ジグザグなステッチ.

フレーム トランスファーCCD【frame transfer CCD】［Ⅰ計算］受光部の下を流れる電荷を保持できる,遮光された蓄積部を設けた電荷結合素子(CCD).フルフレームCCDの改良型.

フレームバッファ【frame buffer】［Ⅰ計算］画面全体を格子状に細分化し,各微小単位で色・明るさの情報を蓄える二次元構造メモリー.

フレーム問題【frame problem】［Ⅰ］人工知能の最も基礎的課題.問題解決の対象となっている状態空間は,計画が遂行されるに伴って変化していくが,この変化の状況に対して,どの性質が変化し,また一貫しているかを,適切な計算モデルで処理するにはどうすればよいかという問題.

フレームリレー【frame relay】［Ⅰ］広帯域データ交換サービスのこと.ATM交換に発展する方向で,各国で登場している.

フレーム理論【Minsky's theory of frames】［Ⅰ］人工知能の分野で,物語や情景の理解のために,コンピューターがもつべきデータの性質は何かを考えたもの.マサチューセッツ工科大学のM.ミンスキーが提唱した.

フレームレート【frame rate】［Ⅰ計算］ビデオカードの3D表示や動画の記録・再生で,1秒間に表示できるコマ数.単位はフレーム/秒,またはfps(frames per second).

フレームワーク【framework】構成.体制.骨格.骨組み.枠組み.構成要素などの大枠.

プレーメート【playmate】遊び仲間.

プレーヤー【player】①［競技］競技者.選手.②［音］演奏者.演奏家.③［劇］演技者.④レコードプレーヤーやCDプレーヤーなどのこと.再生装置.

プレーライト【playwright】［劇］劇作家.脚本家.脚色家.

プレーリーダー【play leader 日】［社］児童公園や児童館などで活動する遊びの指導員.

プレーリードッグ【prairie dog】［動］げっ歯目リス科の動物.北アメリカ大陸の大草原に分布し,穴を掘って集団で暮らす.

プレーロット【play lot】［社］児童遊園.幼児向けの小規模な遊び場.

ブレーン【brain】①頭脳.知能.②知的指導者.③優秀な人材.

プレーン[1]【plain】単純な.凝っていない.飾らない.明白な.平らな.

プレーン[2]【plane】①［機］航空機.飛行機.②面.平面.③［Ⅰ計算］画面に色彩の階調の1種類を表す時の単位.

プレーン イングリッシュ【plain English】［言］平易な英語.一読して理解できる英語.

プレーンウオーター【plain water】［料］炭酸やアルコールなどを含まない真水.ブランクウオーターともいう.

プレーンオムレツ【plain omelet】［料］卵だけで作るオムレツ.

ブレーンジム【brain gym】［社］心の安らぎを求めて,さまざまな器具を用いて脳や神経を刺激させる施設.

ブレーンスキャナー【brain scanner】［医］放射線物質などを用いて,脳の障害を診断する医療機器.

ブレーンストーミング【brainstorming】［社］集団思考.思い付きを自由に出し合い,独創的なアイデアを引き出そうとする討論方法.

ブレーンチップ【brain chip】［Ⅰ医］脳波を感知する電子素子.

プレーンテキスト【plain text】［Ⅰ計算］純粋にテキストデータ(文字コードやタブなど)だけをもったファイル.

ブレーンデッド【brain-dead】①［医］脳死.ブレーンデスともいう.②愚か者.愚鈍な人.

プレーントー【plain toe】［服］男性用のビジネスシューズの一種.ひも付きで,つま先に切り替えなどがない型の靴.

ブレーントラスト【brain trust】①［社政］政府などの学識経験者からなる顧問団.政治・経済・社会問題などの研究・検討を行う.②［映］視聴者からの質問に即答するための専門解答者グループ.ブレーンともいう.

ブレーンドレーン【brain drain】［社］頭脳流出.優秀な知的人材が研究条件などの理由から,活躍の場を外国に移すこと.

ブレーンの理論【theory of brane】［理］四つの力の統一理論と時空の量子論を建設する試みで,ひもとブレーン(面)の共存する時空論.

プレーンバニラ【plain vanilla】［経］想定元本に対する固定金利と変動金利を交換する最も基本的な金利スワップ.

ブレーンパワー指標【brainpower index】［教］国の発展能力を測る基準となる,国民の総合的

な知能水準のこと．BPI．

ブレーン フィットネス【brain fitness】 社余裕のある日常生活を送るため，脳に活力を与え想像力を高める脳の健康法．

プレーンヨーグルト【plain yogurt】 社甘味などの添加物を加えないヨーグルト．

ブレーン ライティング【brain writing】 社一定の時間内に思いついた案を次々と紙に書き取っていく方法．ドイツの経営コンサルタントのホリゲルが考案した発想促進法．BW．

ブレーンワールド【brane world】 理時空論で，三次元空間を高次元空間の超平面とみなすこと．

ブレオマイシン【bleomycin】 薬抗悪性腫瘍性抗生物質の一つ．1962年に東京大学の梅沢浜夫らが抽出した．皮膚がん・頭頸部がんなどに有効．

プレオリンピック【pre-Olympic trials】 競オリンピックの前年に，その開催予定地で開かれる競技大会．

フレオン【freon】 化フロンガス．メタンおよびエタンのフッ化物の総称．アメリカでデュポン社の商標名が通称化した．クロロフルオロカーボンの商標名．

プレカット【precut】 建住宅用の木材を工場などであらかじめ加工すること．裁断，接合部加工，貫穴などを行う．

プレカットベジー【precut veggies】 料事前に切り分ける処理をした野菜サラダ．

プレカルチャー【pre-culture】 社遺伝ではなく，後天的な学習によって得られた知識による行動様式．プロトカルチャーともいう．

フレキシビリティー【flexibility】 柔軟性．可撓性．融通性．順応性．

フレキシブル【flexible】 柔軟な．しなやかな．融通のきく．順応力のある．

フレキシブル オートメーション【flexible automation】 営市場変化，製品変更など多種多量生産に対応した自動化方策．

フレキシブル オフィスオートメーション【flexible office automation】 営OA機器を用いて，事務員がそれぞれ複数の事務をこなす方式．

フレキシブル コンテナ【flexible container】 穀物などの粉粒体を運ぶために用いる，変形自在な袋．ナイロンやビニロンなどで作る．

フレキシブルシート【flexible sheet】 建石綿を高圧で固めた板状の建材．

フレキシブル フライヤー【flexible flier】 社安値で航空券が買えた時に合わせて，航空機を利用して旅行などを楽しむ客．

フレキシブル フリーズ【flexible freeze】 経政アメリカの第41代大統領ブッシュの政権が，連邦予算の赤字解決を図るために行った歳出の柔軟な凍結．

フレキシブル マニピュレーター【flexible manipulator】 工軽量で細長いので柔軟だが，振動が起きやすいロボットのハンド(手先)とアーム(腕)のこと．

フレキシブル マニュファクチャリング システム【flexible manufacturing system】

①産業用ロボットを使って，多品種の製品を数量の多少にかかわらず生産する方式．FMS．

フレキシプレース【flexiplace】 ①営コンピューターの発達で，在宅のまま端末機を操作して勤務する近未来社会での職場，すなわち自宅．

プレキャンセラス【precancerous】 医前がん症状の．

プレグナンシー【pregnancy】 医生妊娠．

フレグランス【fragrance】 産香水，オーデコロンなどの芳香製品の総称．

プレグランディン【Preglandin】 薬妊娠中期の人工流産剤．ロケット型の座薬で1984年に厚生省(現厚生労働省)が認可した．商標名．

プレザージュ【présage 仏】 前兆．予感．

プレサイクル【precycle】 環リサイクルしやすい商品やごみにならない商品だけを買うこと．リサイクルをさらに進めた活動で，アメリカで起こった．

プレシェービング【preshaving】 産ひげをそる前に行う準備．蒸しタオルで顔を覆ったり，シェービングクリームをつけたりする．

プレシジョン【precision】 ①正確．精密さ．精度．②競(スケ)フィギュアスケートの競技種目の一つ．1チーム12〜24人の選手が氷上で群舞し，一体感や独創性などを競う．

プレジデンシー【presidency】 政大統領権．大統領・総裁などの職や地位，任期．

プレジデンツメン【President's men】 政アメリカの閣僚，大統領補佐官たちの異称．

プレジデント【president】 ①政大統領．②営教社社長．頭取．総裁．学長．議長．

プレジデントカップ【President Cup】 競(ゴル)アメリカと，ヨーロッパを除く世界選抜の男子プロ対抗戦．1994年にアメリカ大統領の命名で始まった．

プレジャーファイア【pleasure fire】 社野営活動で，参加者が集まって囲むたき火．

プレジャーボート【pleasure boat】 レジャー用の船．モーターボートやヨットなど．

プレシャライズド ボール【pressurized ball】 競(テニ)ゴム製の芯の内部に加圧したガス体を封入してある球．

プレジュディス【prejudice】 偏見．先入観．

ブレス[1]【bless】 神聖にする．祝福する．賛美する．幸せにする．

ブレス[2]【breath】 ①息．呼吸．一呼吸．②競音水泳や歌唱での息つぎ．

プレス【press】 ①押し付けること．圧すること．アイロンをかけること．②機圧縮機．圧搾機．③印刷物．出版物．新聞社．報道機関．報道関係．⑤産アパレルメーカーなどの広報・販売促進担当者．アタッシェドプレス．

プレスオンブズマン【press ombudsman】 報道に対する苦情受け付けに当たる人．スウェーデンの報道倫理制度の一つ．1969年に設置された．

プレスカード【press card】 取材記者証．報道関係者が携帯する入場許可証．大会や催事の主催者側が発行する．

プレスキット【press kit】 広社記者会見などで，あらかじめ報道陣に渡される資料．広報資料．

517

プレスキャ▶

プレス キャンペーン【press campaign】広 社新聞を通じて行う啓蒙・宣伝活動．

フレスコ【frésco 伊】美壁土が乾かないうちに水性顔料で描く壁画の技法．退色しにくい．フレスコは生のうちに，新鮮なの意．

プレスコアリング【prescoring】映放撮影前にせりふや音楽を録音する方式．プレスコ．

プレス コンファレンス【press conference】記者会見．ニュースコンファレンス．

プレスサーモ【BREATH THERMO】服ミズノが開発した保温素材．湿気を吸うと発熱する機能をもつ繊維で，防寒具などに用いる．

プレスセンター【press center】報道機関用の記者詰め所．取材・報道センター．

プレステ プレイステーション(PlayStation)の略．I算家庭用ゲーム機の一種．

プレスティージ【prestige】威信．名声．プレステージともいう．

ブレスト【breast】①胸．胸部．②競(水泳)平泳ぎ．ブレストストローク．

プレスト【presto 伊】音非常に速く演奏せよ．

ブレスト ストローク【breast stroke】競(水泳)平泳ぎ．

プレストレスト コンクリート【prestressed concrete】建鋼弦コンクリート．伸張処理を施した鉄筋を用いて，コンクリートに圧縮応力を与えたもの．

プレスリマークス【press remarks】広国首脳会談後などに，参加者がマスコミに対して発表する論評・短評．

プレスリリース【press release】営広社政府・官庁・団体・企業などがマスコミに対して行う情報提供．ニュースリリース．ハンドアウト．

プレス リレーションズ【press relations】営広企業の広報活動の中で，マスコミ，言論機関への積極的な働きかけ・活動をいう．

プレスルーム【pressroom】新聞記者室．新聞記者会見室．

ブレスレット【bracelet】服腕輪．装飾用に腕・手首につけるもの．

ブレゼ【braiser 仏】料蒸し煮．

プレゼン プレゼンテーション(presentation)の略．広広告計画案を提出し直接説明すること．

プレゼンス【presence】存在．

プレゼンター【presenter】贈与者．推薦者．

プレゼンテーショナリスト【presentationalist】政政策の内容より提示方法に重点を置く政治家．

プレゼンテーション【presentation】①提示．提示活動．発表．紹介．上演．②企画提示．提案説明．広告取引などで計画案・企画案を提出し説明すること．プレゼ，プレゼン．

プレゼンテーション層【presentation layer】I算OSI 基本参照モデル第6層の名称．アプリケーション層がやりとりするデータの，表現方法を規定する．

プレゼンテーション ソフト【presentation software】I算プレゼンテーション資料を効率よく作成，発表するためのアプリケーション．DTPR ソフトともいう．

プレタクチュール【prêt-à-couture 仏】服オートクチュール(高級注文服)の技術や感性を取り入れたプレタポルテ(既製服)．オートクチュールの制作場で作られるもの．

プレダトリー プライシング【predatory pricing】営経貿易相手国の企業の競争力を奪い，市場を破壊するような低価格政策．

プレタポルテ【prêt-à-porter 仏】服既製服．有名なデザイナーが作る高級既製服．

フレックス【flex】①曲がる．収縮させる．②競(ゴル)クラブシャフトの硬さを表すもの．

フレックス ジョブ システム【flex job system】営課・係などの小組織単位から，企業活動の実情に応じて，流動的な体制で仕事をしていく制度．

フレックスタイム【flextime】社自由勤務時間．時差勤務．規定の労働時間を守れば，出退社時間は従業員各自が自由に決められる．

フレックスバス【flex bus】社利用者の要望に応じるデマンドバスの一種．タクシーとバスの特徴をあわせもつ．スウェーデンが開発．

フレックスホン【flexphone service】I INS ネットサービスで，コールウェイティング，通信中転送，三者通話，着信転送という四つの機能を組み合わせたもの．

プレッジ【pledge】約束．誓約．公約．抵当．

フレッシャー【fresher】①教大学の一年生．新入生．②営社新入社員．フレッシュマン．

プレッシャー【pressure】圧力．圧迫．強制力．苦悩．重圧．

プレッシャー ポリティックス【pressure politics】政圧力政治．政府や議会の政策に，自己の利益を反映させようとする集団によって政治が運営されていること．

フレッシュ[1]【flesh】①肉体．人間臭さ．②動物の肉．食肉．

フレッシュ[2]【fresh】真新しい．新鮮な．すがすがしい．さわやかな．新入りの．

フレッシュアイ【FreshEye】I広日本のフレッシュアイが行っているロボット型検索サービス．複数のショッピングサイトを同時検索できる．

フレッシュイーター【flesh eater】生食肉細菌．溶血性連鎖球菌の感染で，敗血症や壊死性筋膜炎などを起こす．

フレッシュセル セラピー【fresh cell therapy】医殺したばかりの動物の細胞から作った血清を，人体に注入する回春療法．多くの医学者は効果がなく生命に危険だとしている．

フレッシュ ベーカリー【fresh bakery】料焼きたてのパンや手作りのパンを売る店．

フレッシュマン【freshman】①教高校や大学の1年生．新入生．②営社新入社員．新人．新顔．

プレッシング【pressing】服アイロンなどでしわを伸ばすこと．

フレッツ【FLET'S】I広 NTT 東日本・西日本が提供する，地域 IP 網に接続するサービスの総称．

◀プレリュー

フレッツＩＳＤＮ【FLET'S ISDN】[IT] NTT東日本・西日本が提供する定額IP接続サービス．インターネットへの接続通信料が月額固定になる．

ブレッツェル【pretzel】[料] ひもをゆるく結んだ形をした塩味のビスケット．また，同じ味と形の堅いパン．ドイツ語のBretzel（ブレッツェル）に由来．

プレッピールック【preppie look】[服] 紺のブレザー，カシミヤのセーター，ポロシャツという本物志向で伝統的な装い．プレッピーはアメリカ東部の名門大学を目指す私立高校生の俗称で，彼らが好むファッションをいう．

プレップスクール【prep school】[教] 大学進学のための準備教育をする寄宿制の私立学校．preparatory schoolの略．

フレディーマック【Freddie Mac】アメリカの連邦住宅貸付担当公社の愛称．

プレディクト【predict】予言する．予測する．予報する．

フレティリン【FRETILIN】[政] 東ティモール独立革命戦線．1974年にポルトガル領からの独立が決まったティモール島東北部のインドネシアからの分離・独立を目指して活動した．ポルトガル語のFrente Revolucionária de Timor-Leste Independenteの頭字語による．

ブレティン【bulletin】①報告．告示．広報．②ニュースの速報．③学会報告．研究紀要．

ブレティン ボードシステム【bulletin board system】[IT] コンピューターによる通信ネットワークサービスの加入会員同士が，パソコンを端末機として使用し，相互に情報を交換し合うことができる"電子伝言板"システム．BBSともいう．

プレテスト マーケティング【pre-test marketing】[営] 地域や数量などを限定して試験的に売り，製品の売れ行きを調べること．

プレデター【predator】①捕食者．略奪する人．②［P-］[軍] アメリカ国防総省の国防先進研究計画庁開発の無人機の愛称．

ブレトン【breton】[服] つばの反り上がった女性用の帽子．

ブレトンウッズ体制【Bretton Woods system】[経政] 1944年にアメリカのニューハンプシャー州ブレトンウッズに集まった先進主要国間で承認された国際通貨体制のこと．

プレネイタル ビジット【prenatal visit】[医] 出産前小児保健指導．小児科医が妊娠中の健康指導にかかわり，子供の成長を見すえた育児指導，出産後の乳児の緊急時に対応できる医師の確保を行う．

プレハブ住宅【prefabricated house】[建] 工業化住宅．工場生産住宅．工場で作られた規格部品を現場で組み立てて造る住宅．英語では単にprefabともいう．

プレハブ美学【prefab esthetics】[美] 現代美術の傾向の一つ．素材に既成のものを使うことで，創造に専念しようとする．

プレパラート【Präparat 独】[理] 顕微鏡観察用の標本．観察材料を2枚のガラスに挟んで密封したもの．

プレパラトリー スクール【preparatory school】[教] アメリカで，進学指導が中心の私立中学校・高等学校．プレップスクール．

プレビジュアライゼーション【pre-visualization】[I] 映像撮影の際，本格的な撮影の前に簡単なコンピューターグラフィックスによるアニメーションを作り，場面の模倣をすること．アニマティックスともいう．

プレヒストリー【prehistory】先史学．ある状態に達するまでのいきさつ．

プレビュー【preview】①映画試写．試演．②内覧．内見．③[IT] 画像などの加工を実行したり印刷したりする前に結果を見せる機能．

プレファランス【preference】①[IT] 利用者の好みの使用目的に応じて，ソフトウエアの環境設定を記憶しておく機能．②好み．選択．

プレペンティアム ビンテージ【pre-Pentium vintage】[IT] CPU（中央処理装置）がペンティアム以前の旧型パソコン．

プレホスピタル ケア【prehospital care】[医] 病院前救護．入院に至る前の適切な医療処置．入院時にはすでに手遅れになっているケースがあり，その必要性が注目されている．

プレミア【première 仏】[映音劇] 初演．初公開．

プレミアショー【premiere show】[映劇] 有料試写会．披露興行．

プレミアページ【premiere page】[IT] 特定企業ユーザーを目標にした専用ホームページ．企業間での電子商取引の主要サービスとして拡大すると見られる．

プレミアム【premium】①賞．賞金．②[経] 額面以上に払う割り増し金．手数料．保険の掛け金．打歩．額面超過額．③[営] 購買を刺激するために提供される商品．景品．プレミア．

プレミアム ガソリン【premium gasolin】[化] アンチノック剤，燃焼促進剤，エンジン清浄剤などを添加した，オクタン価100以上の無鉛ガソリン．

プレミアムセール【premium sale】①[営] 景品付きの商品販売．②興行用の切符が割り増し金付き料金で売られること．

プレミアムデニム【premium denim】[服] デザイン性を強調した高級デニムパンツを指す．セレブ系デニムともいう．

プレミアム バイアウト【premium buyout】[営] 株を大量に買い占められた会社が，企業防衛のためにプレミアム付きでその株を買い戻すこと．

プレミアムビール【premium beer】[料] 価格が一般のものより高いビール．

プレミアム油【premium oil 日】[料] 原料名をそのまま命名した食用油で，色や香りに特徴のあるもの．

プレミアリーグ【Premier League】[競] イングランドのプロサッカーリーグの最高峰．

フレミッシュ ブロック【Flemish Bloc】[政] ベルギーの極右政党．北部のオランダ語圏のフランダースが基盤．Vlaams Blokともつづる．

プレリミナリー【preliminary】予備の．準備の．

プレリュード【prélude 仏】[音] 前奏曲．導入的性格をもつ自由な形式の小楽曲．

フ

519

プレルーバ▶

プレルーバー【preluber】予注油機．自動車の発進前に，エンジン各部に加圧油を供給して，摩耗を防ぐ働きをする電子制御のポンプ．

ブレンダー【blender】①調合の専門家．ウイスキー，香水，タバコなどを混合・調整する．②料理などに用いる混合器．

フレンチ カジュアル【French casual 日】簡潔で柔らかな感じの輪郭線，ニットやカットソーを多用するパリジェンヌのような小粋な感覚のファッション．

フレンチキス【French kiss】濃厚な口づけ・接吻．ディープキスともいう．

フレンチトースト【French toast】食パンを牛乳や卵を混ぜた液に浸し，フライパンで焼いたもの．

フレンチ ドレッシング【French dressing】酢・油・塩・香辛料などを混ぜ合わせて作るソース．サラダなどに用いる．ビネグレットソースともいう．

フレンチ パラドックス【French paradox】動物性脂肪を多食することで，心筋梗塞による死亡者が少ないという現象．フランスの逆説の意で，赤ワインに含まれるポリフェノールの働きとされる．

フレンチポップス【French pops】第二次大戦後にフランスで起こった電気楽器を用いる大衆歌謡．

フレンチロール【French roll】①ロールパンの一種．②女性の髪型の一つ．後頭部で束ねた髪を縦ロールにして垂らす．

プレンティフ【plaintiff】原告．訴訟を起こす側．当事者．

ブレンデッド ウイスキー【blended whisky】グレンウイスキーとモルトウイスキーを混合したもの．

ブレンデッド ファミリー【blended family】混合家族．再婚した男女が新しい家族に加えて，離婚した元の家族とのつき合いも続けることで生じる家族関係．

ブレンド【blend】①混合．調合．異なった特色のある種類のものを好みに合わせて混ぜること．または混ぜて作るもの．②数種のコーヒー豆を混合して作るコーヒー．

フレンドシップ【friendship】友情．友好関係．

ブレンド茶【blend tea 日】数種類の原料を混合して作る茶飲料．

フレンドリー【friendly】友好的な．好意的な．

フレンドリー テークオーバー【friendly takeover】友好的買収．企業を買収した際に，旧経営陣にそのまま経営を任せる．

フレンドレス【friendless】友人のいない．友のない．友達ができない．知り合いがいない．

プロ プロフェッショナル，プロダクション，プロパガンダなどの略．

フロア【floor】①床．床面．階．②フロアプライスの略．③議場．

フロアアド【floor ad 日】駅や商店街などの通路の床面を広告面にする手法．

フロアサンプル【floor sample】店頭展示．特に展示後，割り引き値段で売却されるもの．

フロアシフト【floor shift】自動車の変速切り替え装置が運転席のわきの床に取り付けられている形式のもの．

フロアショー【floor show】客席と続いた床で行うショーや余興．

フロアスタンド【floor stand 日】床に立てる背の高い大型電気照明器具．英語では floor lamp．

フロア ディスプレー【floor display】店の床面に配置された商品陳列・展示．

フロア テクニシャン【floor technician】テレビ局の調整室外で働く，カメラマンやオペレーターなどの技術スタッフの総称．

フロアパーケット【floor parquet 日】住宅の床などで，合板の上に張り付けるサクラやナラの薄い板．

フロアヒンジ【floor hinge】ちょうつがいの一種で，上下に支点をつけた形のもの．

フロアプライス【floor price】底値．最低価格．⇔シーリングプライス．

フロアブローカー【floor broker】証券取引所などの場内仲買人．

フロアマネジャー【floor manager】①テレビ番組で演出者を補佐する係員．スタジオなどで演出者の指示を受けて，出演者への指揮連絡を行う．②百貨店などの売り場主任．③大会議場などの司会者・議事進行担当者．

フロアモデル【floor model 日】店頭見本．店に見本として置いておく家具や器具．

フロアライフ【floor life 日】洋間でも，いすを使わないで床でくつろぐ生活．

フロアレディー【floor lady 日】酒場などの接客係の女性．

フロイディズム【Freudism】フロイトの説いた精神分析学説．フロイト主義者．

ブロイラー【broiler】①運動させず育てた丸焼き用の若鶏．②肉のあぶり焼きに使う道具．

フロイライン【Fräulein 独】令嬢．お嬢さん．

フロー【flow】①流れ．流動．流れる．②一定の期間内に動く財貨の流量．⇔ストック．③ラップ音楽の語り口や歌い方．フロウ．

ブロー【blow】①襲撃打撃．攻撃．強打．②不幸．精神的打撃．③ドライヤーで熱風を吹きつけブラシで髪型を仕上げること．④暴風．吹出し．クジラの潮吹き・噴気．

ブローアップ【blowup】①破裂．暴発．②引き伸ばし．

フローアプローチ【flow approach】為替レートを決定する理論の一つ．国際資本移動が制限される時，貿易と公的市場介入による外貨の需給フローを重視する．

フローイングパンツ【flowing pants】柔らかな素材で作る，フレアスカートを思わせる幅広なロングパンツ．

ブローカー【broker】仲買人．株式仲買人．委託売買業者．仲介人．周旋業者．

ブローカ野【Broca area】人間の脳の連合野の一部．運動性言語中枢がある．左前頭葉で一次

運動野の下方に位置する．

ブローキング【broking】 ①商仲買の．仲買業の．②経証券会社の業務の一つ．委託売買業務．

ブロークン【broken】 破格の．文法を無視した．自己流の．傷ついた．

ブロークンアロー【broken arrow】 軍折れた矢の意．アメリカ国防総省が用いる，重大な核兵器事故を指す言葉．

ブロークン イングリッシュ【broken English】言誤りの多い自己流の英語．

ブロークンハート【broken heart】 傷心．失望．失恋．

ブロークン プロミス エフェクト【broken promise effect】社心期待はずれ効果．楽しいはずの週末が期待はずれに終わった月曜に自殺に走る傾向．

プロージット【Prosit 独】健康のために．おめでとう．乾杯をする時に用いる言葉．

プローズ【prose】文散文．

フローズン【frozen】①冷凍の．極寒の．②経預金や物価が凍結された状態．

フローズンダイキリ【frozen daiquiri】科ラム酒を基本にして，細かい氷を入れたカクテル．

フローズンフード【frozen food】科冷凍食品．

フローズンミドル【frozen middle】 営創造性や意欲などに欠ける中間管理職．当人の意欲のなさだけでなく，組織の硬直化による不適切な人事なども原因となる．

フローズンヨーグルト【frozen yogurt】科ヨーグルトをアイスクリーム状にした食品．

フロー制御【flow control】 I算データ送信装置と受信装置の間で安定したデータの送受ができるようにデータの流れを制御すること．

ブローチ【brooch】服襟留めや胸飾りとして用いるアクセサリー．

フローチャート【flow chart】 ①I算流れ図．プログラムの作成手順を記号で図式化したもの．②営流れ作業図．生産工程の作業手順や経路を図式で示した一覧表．フローシート．

フローチャート シンボル【flow chart symbol】I算流れ図記号．処理手順の段階ごとに付けられている記号．

フローディター【frauditor】経社会社の経理や経済取引などでの不正行為を調査する専門家．fraud（不正行為）と auditor の合成語．

フローティング ウインドウ【floating window】I算他のウインドウから独立して，常に作動状態にあるウインドウ．

フローティング ストック【floating stock】経浮動株．

フローティング ハウス【floating house】建海に浮かぶ住宅．海上浮遊環境都市研究会が考案した未来の一戸建て住宅．

フローティング パレット【floating palette】I算画面上を自由に移動できるパレットのこと．画面上から消すこともできる．

フローティング ボート【floating vote】政選挙などの浮動票．

フローティングレート ノート【floating rate note】経変動利付債．金利が乱高下して不安定な市場で発行され，一定期間に利率が変動する債券．FRN ともいう．

フロート【float】①科アイスクリームなどを浮かべた冷たい飲み物．②釣り道具の浮き．③水上飛行機の浮き舟．④経変動相場制．

フロード【fraud】詐欺．欺瞞．不正な手段．

ブロード【broadcloth】服平織りで光沢がある毛織物．光沢があり，シャツ地などに用いる綿織物．ブロードクロスともいう．

ブロードウェー【Broadway】劇ニューヨークのタイムズスクエア界隈の劇場街．アメリカ商業演劇の代名詞として使う．ブロードウェイともいう．

フロートガラス【float glass】化溶かした鉛やすずの上に浮かして作るガラス．表面が滑らかで研磨の必要がない．

ブロードキャスター【broadcaster】 放送者．番組の司会や実況放送などの担当者．放送会社．放送局．

ブロードキャスティング【broadcasting】 テレビやラジオの放送．

ブロードキャスト【broadcast】①放送する．流布させる．② 放送．放送番組．③I算ネットワーク上のコンピューターに流される一斉情報．あて先を定めず，不特定多数にデータ送信を行うこと．

ブロードキャスト ストーム【broadcast storm】I算ネットワーク上に行き交う同報通信用パケットが，ネットワーク機器の故障などで多量発生すること．

ブロードキャスト ドメイン【broadcast domain】I算ブロードキャストが届くネットワーク上での範囲．ブロードキャストを通さないルーターで切り分けられた範囲を示すことが多い．

ブロードサイド【broadside】 ①軍軍艦の舷側砲．またそれを一斉射撃すること．②悪口などの一斉攻撃．

フロート充電【float charge】 I算二次電池と負荷を並列に接続して，二次電池に一定の電圧を加えて充電状態を保つ方法．

フロードスター【fraudster】社詐欺師．fraud と gangster の合成語．

フロート制【floating rate system】経変動相場制．外国為替レートを固定しないで，市場の需給に合わせて自由に変動させる制度．

ブロードバンディング【broadbanding】営給与体系を簡素化し，職種間の異動をしやすくする経営方法．

ブロードバンド【broadband】I算広帯域・高速通信によるコンピューターネットワーク．光ファイバーや CATV などを用いる．

ブロードバンド インターネット【broadband Internet】I算広帯域インターネット．伝送路のバンド幅が広く，伝送容量が大きい．

ブロードバンド広告【broadband ad】I算広通信回線を高速化，大容量化したインターネットを用いる広告．

ブロードバンド テクノロジー【broadband

521

ブロードバ▶

technology】　Ⅰ広帯域テクノロジー．数多くの周波数帯域を活用する通信技術．

ブロードバンド伝送【broadband transmission】　Ⅰ広帯域伝送．広帯域・高速度のデータ伝送を行うこと．広い周波数帯域の信号を使ってデータ伝送すること．

ブロードバンド方式【broadband system】　Ⅰ算あらゆる形式のデータを統合して，高速，大量，広範囲に送る方式．

ブロードバンド ルーター【broadband router】　Ⅰイ算ブロードバンド接続に用いる伝送経路の制御機能がある中継装置．

フロードレス【fourreau dress】　服さや型のドレス．ほっそりとしたシルエットをもつ．シースドレスともいう．

ブローム【Brom 独】　化臭素．元素記号はBr．常温で液体．

フローラ【flora】　植植物相．一地域にあるすべての植物群．フロラともいう．

フローリング【flooring】　建床材．特に木質系の床材．床板．床を張ること．フロアリング．

プローン【prawn】　魚中型の食用エビの総称．クルマエビ，テナガエビなどを指す．

ブロガー【blogger】　Ⅰイネット上の日記であるブログを使い情報発信する人．

ブロガン【progun】　社すべての市民は護身のために銃器をもつ権利があると主張し，銃器の取り締まりに反対すること．銃所持を支持する．銃規制に反対する．

プロキシファイト【proxy fight】　営株主総会での議決権委任状の争奪戦．

プロキュアメント【procurement】　Ⅰイ算インターネットを用いた資材・部品調達の仕組みや，それを実現するためのB to Bアプリケーション．

ブログ【blog】　Ⅰイ算日記形式の個人用サイト．ウェブログともいう．

ブログ広告【blog advertising】　Ⅰイ広ブログを利用するインターネット広告．

プロクシ【proxy】　①代理．代用．委任状．②Ⅰ算あるものの代理となって処理を実行するプログラム．

プロクシサーバー【proxy server】　Ⅰイ算実際の情報提供者に代わって，利用者の求めに応じた情報提供をするサーバー．

プロクシミティー トーク【proximity talk】　政近接会議．当該国の代表者が別々の部屋にいて，仲介者を通して討議を行う外交会議方式．

ブログ小説【blog novel】　イ文インターネットのブログ上に書き込まれた小説．

プログラマー【programmer】　Ⅰ算コンピューターを動かすプログラムの作成者．

プログラマーズ ワークベンチ【programmer's workbench】　Ⅰ算プログラミング作業を支援するソフトウエア群．エディター，コンパイラーなどの基本ツールと，それらに連携させる機能を指す場合が多い．

プログラマブル コントローラー【programmable controller】　Ⅰ NC工作機械，産業用ロボット，無人搬送車などのFA機器を設定どおりに運転させる制御装置．PCともいう．

プログラミング【programming】　Ⅰ算コンピューターに目的の仕事をさせるための処理手順を，プログラミング言語で作成したもの．

プログラミング言語【programming language】　Ⅰ算コンピューターが実行する処理手順を記述するための人工言語．プログラム言語．

プログラミング ツール【programming tool】　Ⅰ算オフィス用ソフトを好みに合わせて変更するためのソフトウエア．アメリカのマイクロソフトのVBA（visual basic application editor）など．

プログラム【program】　①番組．番組表．②計画．予定．予定表．③Ⅰ算コンピューターを動かすための作業順序などを書いた一連の命令のまとまり．

プログラム アナライザー【program analyzer】　放番組分析機．映画や放送の内容に対して，調査対象者がどのように反応するかを測定する装置．内容全体を連続して分析できる．アナライザーともいう．

プログラムエイド【program aid】　経政途上国の計画に従って行う経済援助方式．

プログラム オフィサー【program officer】　いろいろな企画を立案し，推進する担当者．

プログラム学習【programmed learning】　教学習法の一つ．段階的に配列された問題を解き進めることによって，目的に到達するように考えられている学習法．

プログラム間インターフェース【program interface】　Ⅰ算プログラム間でやりとりするデータ．プログラム間で受け渡すデータを明らかにすることを目指す．

プログラム細胞死【programmed cell death】　生動物体の発生・分化の過程で，遺伝的なプログラムに基づいて起こる細胞死．

プログラム サプライヤー【program supplier】　放放送番組提供者．または提供局．ケーブルテレビ向けの番組供給事業者．

プログラム情報【program information】　Ⅰ算システムで利用する，各種プログラムに関する情報を定義したもの．設計段階でのプログラム仕様書や，機能仕様書などが含まれる．

プログラム制御【programmed control】　Ⅰ算あらかじめ決められた制御手順どおりに，機械や道具などを制御する方法．

プログラム設計【program design】　Ⅰ算システム開発での工程の一つ．内部設計の仕様に基づき，プログラムの構造化を図る設計をすること．コード設計ともいう．

プログラムソース【program source】　放放送，ビデオテープなど，テレビを視聴できるための番組源．

プログラム パートナー【program partner】　営航空機の開発計画に参画し，リスクをも分担する製造会社．

プログラム売買【program trade】　Ⅰ経株式の複数銘柄を同時に売買する取引方法．機関投資

◀プロジェク

家などがコンピューターを用いて，相場の変動に合わせて自動的に売買注文をする．

プログラムバンク【program bank】 Ⅰ算多くの人が共用できるように保管・蓄積されたプログラム．プログラムライブラリーともいう．

プログラム ピクチャー【program picture】 映二本立ての場合の添え物の映画．

プログラム ファンクションキー【programmable function key】 Ⅰ算ユーザーが作成したプログラムや市販のアプリケーションなどのプログラムごとに，対応した機能を設定できるキー．

プログラム フローチャート【program flow chart】 Ⅰ算コンピューターによる処理手順を記号や符号を使って図示したもので，プログラム作成の基になる．

プログラム保守【program maintenance】 Ⅰ算バグの修正やバージョンアップなど，システムのメンテナンスをプログラム面から行うこと．

プログラム マネジャー【program manager】 Ⅰ算 Windows 3.1 や NT などを起動すると表示される基本的なウインドウ．

プログラム ミュージック【program music】 音標題音楽．あらかじめ内容を暗示するような題名が付けられていることが多い．

プログラム モジュール【program module】 Ⅰ算プログラム全体を構成する機能ごとに一括されたもの．モジュールの集まりがプログラム．

プログラム ライブラリー【program library】 Ⅰ算共用するために蓄積されたプログラム．

プログラムロード時間【program load time】 Ⅰ算外部記憶装置などからプログラムを見つけ出し，読み取りを始めるまでに要する時間．

プログレス【progress】進歩．発達．進行状態．進度．経過．

プログレッシブ【progressive】①進歩的な．進歩主義の．革新主義者．進歩主義者．⇔コンサバティブ．②音ロック音楽の一つで，前衛的傾向をもつもの．

プログレッシブＪＰＥＧ【progressive JPEG】 Ⅰ算画像データの保存形式の一つ．モザイクのかかった画像から次第にピントを合わせるように表示される．

プログレッシブ スキャン【progressive scan】 Ⅰ算全画素読み出し方式．走査線を上から順番に走査していく方式．画質がきわめてよく，圧縮効率が高い．ノンインターレース方式ともいう．

プログレッシブ スキャンＣＣＤ【progressive scanning CCD】 Ⅰ算プログレッシブスキャンで画像を読み込む電荷結合素子（CCD）．DVC で静止画像の画質を上げるのに用いる．

プログレッシブ方式【progressive scanning】 Ⅰ算ブラウン管の走査方式の一つ．順次走査．上から下へ順番に走査して一枚の画像を作る．

プログレッシブ ロック【progressive rock】 音シンセサイザーなどを使い，変化に富んだ演奏をする進歩的なロック音楽．プログレ．

プロゲステロン【progesterone】 生女性ホルモンの一種．黄体から分泌する．

プロザック【Prozac】薬抗うつ薬の一つ．アメリカで製造され，副作用が少ないという．商標名．

プロジェクショニスト【projectionist】 映映写技術者．映写機の操作者．

プロジェクション【projection】①投射．発射．②企画．設計．③映放映写．④数投影．⑤心投射．

プロジェクション ディスプレー【projection display】 Ⅰ算 CRT（ブラウン管）や液晶パネルで作られた小型表示装置の画像を，拡大して大画面に表示する機能をもつディスプレー．

プロジェクション テレビ【projection TV】 Ⅰ小型ブラウン管や液晶パネルをスクリーンパネルに投影して映すテレビ．

プロジェクター【projector】 ①計画者．考案者．②映写機．幻灯機．投影機．③Ⅰ映像投射機．フィルムによらない映写方式のもの．ビデオプロジェクターともいう．④Ⅰ算パソコンの画面を映写幕に映す投射型表示装置．

プロジェクター ファイル【projector file】 Ⅰ算アメリカのマクロメディアが開発した，エンドユーザーへのコンテンツの配布形態．

プロジェクト【project】①計画．企画．計画事業．開発事業．②計画する．提案する．投影する．映し出す．③営社特定の目的達成のために設ける組織や業務のこと．

プロジェクト アポロ【Project Apollo】広アメリカで VNU 社とアービトロン社が始める，広告視聴と購買行動の相関関係を詳細に調べるプロジェクト．

プロジェクト型組織【projectized organization】 Ⅰ営算プロジェクトを遂行するために必要な，それぞれに技能をもつメンバーからなる臨時の組織．

プロジェクト管理【project management】 Ⅰ算グループウエアの一種．ソフトウエアによって，プロジェクトのスケジュールやコストなどを管理すること．

プロジェクト管理ソフト【project management software】 Ⅰ算プロジェクトの遂行に必要なスケジュール管理，資金や資源の管理などに使うソフトウエア．

プロジェクト管理ツール【project management tool】 Ⅰ算情報システムの開発の際に，スケジュールやコスト，品質などの管理をコンピューターで支援するためのソフトウエア．

プロジェクト サイクル マネジメント【project cycle management】社国際的な開発援助に対する参加型評価手法．PCM ともいう．

プロジェクト制度【project system】 営社特定の企画を完成したり，特殊な課題を解決したりするため，少人数を集めてグループを作り，専念させる制度．

プロジェクトチーム【project team】 営社特別編成チーム．主に企業内で新規の企画・開発などに実際に集中的に問題解決を図る際に設けられる．タスクフォースともいう．

プロジェクト ファイナンス【project finance】 営経資源開発や大型プラント建設などで

フ

523

プロジェクト▶

用いる資金調達方法．融資元の銀行が調査・立案段階から参画し，収益性や負債返済能力などを分析・評価する．開発物件そのものを担保に融資する．PFともいう．

プロジェクト マネジャー【project manager】 [営社]プロジェクトチームを統率する運営管理者．

プロジェクトメソッド【project method】 [教]生徒の自発性に任せて学習の計画・遂行をさせる教授方法．

プロジェクト モントレー【Project Monterey】 [I算]大規模なエンタープライズ向けUNIX OSの開発を目指して設立されたプロジェクト．事実上終了した．

プロジェクトローン【project loan】 [経政]ある国の開発計画に対して行われる世界銀行の融資の一つ．

プロ私募【private placement for qualified institutional investors】 [経]適格機関投資家のみを対象とする有価証券の発行．

プロシューマー【prosumer】 手作りや創造性志向の強い消費者．部品を買って組み立てたり，自ら大工仕事や工作をする消費者のあり方．アルビン・トフラーが著書『第三の波』で用いた．producerとconsumerの合成語．

プロショッパー【pro shopper 日】 [営]実演販売員．商品を実際に使って対面販売する係員．

プロショップ【pro shop】 [営競]プロの専従指導員が管理するゴルフ用品専門店．

プロスタグランディン【prostaglandin】 [生薬]精のう腺から分泌し，血圧を下げ平滑筋を収縮する物質．陣痛誘発，消化性潰瘍治療のほか，人工妊娠中絶にも使われる．PGともいう．

フロスティ【frosty】 霜でおおわれた．冷淡な．冷えた．冷ややかな．

プロスティテュート【prostitute】 [社]売春婦．娼婦．男娼．

フロスティング【frosting】 ①[理]霜降り現象．物質の表面が粉をふいたりして結霜状になること．②金属のつや消し．着霜仕上げ．

フロスト【frost】 ①[気]霜．霜柱．②氷結．凍結．冷凍庫などの霜着き．

プロスペクト【prospect】 見込み．予想．展望．眺望．

プロセス【process】 ①工程．手順．経過．過程．②加工した．処理した．③印写真製版法．④[I算]プログラムの実行単位．

プロセス イノベーション【process innovation】 [営]生産工程の革新．他の技術を応用・改良して生産工程の効率化を図ること．

プロセスカラー【process color】 [I印]カラー印刷に使うシアン（藍），マゼンタ（赤），イエロー（黄），ブラック（黒）の4色を配合して作る色のこと．またその表現方法や印刷方法．

プロセス間通信【interprocess communication】 [I算]コンピューターで実行しているプロセス同士で情報を交換する機能．

プロセス考古学【Process Archaeology】 [歴]考古学上の事象について，そのプロセスが生じた理由を重視する研究．アメリカのビンフォードらによる1960年代の新考古学運動から生まれた学派．

プロセス コントロール【process control】 [I]自動制御の一部門で，コンピューターなどを利用して工場生産の各工程を自動的に管理する方式．

プロセス制御【process control】 ①[I算]生産自動化の分野で，コンピューターを利用して製造工程などを制御すること．②[I算]リアルタイム処理システムの分野で，24時間連続稼働システムの監視・制御を行うこと．

プロセスチーズ【process cheese】 [科]ナチュラルチーズを加熱溶解して発酵を止め，配合・再成形・調味などの加工をしたチーズ．保存がきき，味は単一になる．

プロセスフロー【process flow】 [I算]プログラム処理の流れを記号や言葉などで表したもの．内部設計工程で決定される．

プロセッサー【processor】 ①[I算]パソコンの中枢となる集積回路．処理装置．演算装置．②[営]加工業者．処理業者．

プロセット【brochette 仏】 [料]焼き肉の金ぐし．

プロセニアムアーチ【proscenium arch】 [劇]額縁舞台．舞台と客席が緞帳（どんちょう）で区切られている形式の劇場．

プロダクション【production】 ①生産．製作．②製作所．製作会社．特に映画・放送・出版関係のものをいう．プロともいう．

プロダクションカー【production car】 [競]自動車競走で，量産乗用車を基に改造範囲を限定した車両．

プロダクション コントロール【production control】 [営]生産管理．工程管理．

プロダクション シェアリング方式【production sharing method】 [経]生産物分与方式．先進国の途上国への経済協力の一つで，貸し付けの決済を物資で受け取る．

プロダクション システム【production system】 [I]「もし…ならば，…である」という形式のルールを処理する人工知能のシステム．

プロダクション デザイン【production design】 [映]大作映画で，美術監督の上に立ち，セットデザイン，大道具，小道具，衣装，メイクを統括する責任者．

プロダクション マネジャー【production manager】 [映]製作主任．撮影日程を立案し，機材の手配などを行う．

プロダクション リサーチ【production research】 [映]考証．史劇や時代劇などで，衣装・道具・風俗などの歴史的事実を検討する担当者．

プロダクティビティー【productivity】 生産性．生産力．

プロダクティブ エイジング【productive aging】 生産的な高齢期．晩熟期．第三の人生．

プロダクト【product】 製品．生産品．産物．作品．成果．結果．

プロダクトアド【product ad】 [広]製品広告．特

◀ブロック紙

に製品の型・性能・値段などに重点がおかれた商品広告．

プロダクト イノベーション【product innovation】 営画期的な新製品開発．新機軸を打ち出した製品開発．

プロダクト イン ハンド方式【product-in-hand system】 営成果保証方式．プラント輸出に際して，製品が実際に生産できるようになるまで，長期間の指導を行うことを契約条件とするもの．

プロダクトコスト【product cost】 営経製品原価．製品コスト．

プロダクトタイイン【product tie-in】 広映画などの中で，特定の製品を使って宣伝に出るようにし，その代わりに企業からその製品の無料提供を受けること．

プロダクト チャンピオン【product champion】 営新製品のアイデアを具体化する推進者．アイデアの承認から新製品開発の資源を社内各所から調達することなどを行う．

プロダクトデザイン【product design】 営生産デザイン．大量生産にかかわる機械・製品などの立体デザインを主とするが，手仕事による工芸デザインも含まれる．

プロダクト プランニング【product planning】 営製品計画．新製品の販売政策．

プロダクト プレースメント【product placement】 映広提携商品を画面に何気なく写し，宣伝効果を高める手法．

プロダクト ポートフォリオ マネジメント【product portfolio management】 営一覧表による製品の系列管理．市場での商品の売れ方などを調査して分析する．PPM．

プロダクト マネジャー制【product manager system】 営製品の企画から製造・販売まで，その製品にかかわるすべてを一人の担当者に任せる制度．

プロダクトミックス【product mix】 営製品構成．企業が市場の動向を見て，生産・販売する製品の構成を考えること．

プロダクト ライアビリティー【product liability】 営法製造物責任．商品の欠陥や説明不備などで被害にあった消費者に対する製造会社の法的責任．PL．

プロダクト ライフサイクル【product lifecycle】 営製品の市場における消長のこと．新しく誕生した商品は売り上げ増により成長期を迎え，類似商品の参入により成熟期からさらに衰退期に入る．

プロチョイス【pro-choice】 社妊娠した場合に産む産まないは女性の選択に任されるべきだとする中絶賛成支持のこと．

ブロッキング【blocking】①競バスケットボールなどで，体を接触して相手の攻撃を防ぐこと．②競(バレーボール)ネット際で跳び上がり，手を壁にして相手の打球を防ぐ方法．③心連想が抑圧的に阻止される現象．④理髪の毛の分け方．

ブロッキング現象【blocking phenomenon】 気偏西風の波動変化によって高気圧の東進が妨げられる現象．

ブロッキング高気圧【blocking anticyclone】 気偏西風を阻止する位置にできる上層の高気圧．

ブロッキング スイッチ【blocking switch】 Ⅰ算プロトコルのオーバーヘッドやフレーム間隔が原因となり，論理上の最大パケット数を処理できない構造スイッチ．

ブロッキング低気圧【blocking cyclone】 気偏西風を阻止する位置にできる上層の低気圧．

フロック[1]【fluke】 まぐれ．偶然の幸運．

フロック[2]【frock】①服身ごろとスカートがつながっている室内用の女性・子供服．②服男性の昼間用の礼服．フロックコートの略．

ブロック[1]【bloc】 政政治・経済面での共通目的のため結成された国家・団体などの連合．

ブロック[2]【block】①建建築用の石材．コンクリートブロック．②積み木．塊状のもの．③街区．一区画．④相手の攻撃を阻止すること．⑤Ⅰ算一群のレコードで構成されるデータの論理単位．⑥Ⅰ算ワープロ文書作成で長方形の領域．

ブロック アニメーション【flock animation】 Ⅰ算動物の大群などを表現するアニメーション技法．大量の粒子の振る舞いを模倣する制御技術を応用する．

ブロック暗号【block cipher】 Ⅰ算共通鍵信号方式で主に用いる暗号方式．情報を一定のブロックに区切り，ブロック単位で暗号化・複合化を行う．

ブロックオファー【block offer】 経オープン型投資信託の追加設定で，期間を定めて固定価格で売り出す方法．

ブロックカーソル【block cursor】 Ⅰ算四角形のカーソル．MS-DOSやUNIXなどで伝統的に使われている．

ブロック化因数【blocking factor】 Ⅰ算補助記憶装置やメモリー，周辺装置の間でデータをやりとりする際に，一つのブロックに含まれるレコードの数．

フロック加工【flock finish】 服静電気を利用し生地の表面に短い繊維を植え付ける加工法．

ブロック間隔【interblock gap】 Ⅰ算磁気テープなどに記憶されるブロック同士の間隔．ギャップともいう．

ブロック経済【bloc economy】 経広域経済．数カ国が結合してできた経済圏．同盟国間，あるいは植民地と本国間などに見られる．

ブロックゲージ【block gauge】 理工学用素材などに使う，最も精度の高い測定器．

ブロックケベコワ【Bloc Quebecois 仏】 政カナダのケベック独立を主張する政党．1990年に結成．

ブロック コポリマー【block co-polymer】 理2種類以上の高分子(ポリマー)鎖が集合した高分子ブロック共重合体．サイズ調整も可能で，ナノ構造作製に期待される．

ブロックサイン【block sign 日】 競(野球)相手側に見破られるのを防ぐため，さまざまな動作を組み合わせたサイン．英語ではintricate signalなど．

ブロック紙【block newspaper 日】 いくつかの

525

ブロックシ▶

県にまたがる地域を対象に発行している一般人向けの新聞．

ブロックシステム【block system】　①経需要量の増加に応じて料金が安くなる制度．②社閉塞式鉄道．1区間に1列車しか運転させない方式．

フロックス【phlox】　植ハナシノブ科サキョウチクトウ属の植物．北アメリカ原産．キキョウナデシコ，シバザクラなどが栽培される．

ブロック ダイアグラム【block diagram】　①地地形を立体的に表した図．②I機機械装置や回路などの配置・構成を示した図．

ブロックノイズ【block noise】　I算 JPEGで，画像の圧縮率を上げていくと目立つノイズ．MPEGをはじめとする動画の圧縮フォーマットにも発生する．

ブロックバスター【blockbuster】　①広新聞・雑誌・放送などを総動員した強力な広告戦略．②映芸文超大作映画や超ベストセラーの本など，圧倒的な印象や影響を与えるもの．③軍街区を壊滅させる大型高性能爆弾．

ブロックブッキング【block booking】　映包括契約．1本の話題作を提供する抱き合わせに，他の映画も上映させるという配給会社と映画館の取引方法．

ブロック編集【block editing】　I算枠などで指定した文書中の特定範囲に文字入力，削除，移動，挿入などの編集をすること．

フロッグマン【frogman】　潜水作業員．潜水工作兵．

ブロック リノベーション【block renovation】　社街や敷地をより使いやすい街区にするために行う改修工事．

フロッケ　フロッピーディスク（floppy disc）とマーケット（market）の合成語．I算自主制作したソフトを収納したフロッピーディスクの展示即売会場．

ブロッケン現象【Brocken specter】　理山頂などで霧が出た時に太陽を背にして立つと，霧に自分の影が大きく映り，そのまわりに光輪が見える光学現象．ドイツのブロッケン山でよく起こる．ブロッケンの妖怪．グローリー（光輪）．

プロッター【plotter】　I算自動作図機．線画や付随している文字を用紙に描く出力装置．

フロッタージュ【frottage】　美対象物の上に紙を置き，鉛筆や木炭などでこすって模様を写し取る技法．

プロット【plot】　①芸小説・演劇・映画などの筋・構想．②策略．陰謀．

フロッピー【floppy】　①ばたばたする．へなへなした．だらしのない．②I算フロッピーディスクの略．

フロッピーディスク【floppy disc】　I算円板状のポリエステルの表面に磁気塗装した外部記憶媒体．一般的なのが3.5インチで，1.44メガバイトの記憶容量をもつ．FDともいう．

フロッピーディスク ドライブ【floppy disc drive】　I算フロッピーディスクの内容を読み取装置．

プロップ【prop】　①競（ラグ）スクラム第1列両端のフォワード1番・3番の選手．②支柱．

フロップオーバー【flopover】　放調整不良などのためにテレビ画面に生じる画像の上下の揺れ動き．

プロップジェット【propjet】　機ターボプロップエンジンによってプロペラを駆動するジェット機．ターボプロップともいう．

フロップス【FLOPS】　算コンピューターの性能を表す数値の一つ．floating-point instructions per secondの頭文字で，1秒間当たりの浮動小数点演算命令実行回数．100万回であれば1MFLOPS．

ブロッホライン【Bloch line】　理磁性体の単結晶薄膜に生じる細かい磁化のよじれ．高密度の記憶媒体として利用される．

プロテア【protea】　植プロテア科の低木．南アフリカが原産．包葉で，松かさに似た頭状花が咲く．栽培はむずかしい．

プロテアーゼ【protease】　生たんぱく質分解酵素．微生物や動物などに広く存在し，抗ウイルス作用をもつ．

プロテアソーム【proteasome】　生細胞ががん化すると警報を出す大型酵素．

プロディーラー【prodealer】　営工務店などの業務用の品揃えが主のホームセンター．

プロディジー【Prodigy】　I算アメリカのIBMとシアーズ ローバック社共同運営のオンラインサービス．

プロテイン【protein】　①化たんぱく質．②料大豆たんぱくを主成分とした食品．

プロテイン エンジニアリング【protein engineering】　化たんぱく質工学．プロテインデザインともいう．

プロテイン ストッキング【protein stocking】　服たんぱく質加工をしたストッキング．

プロテイン デザイン【protein design】　化生生体内で働く酵素や抗体などのたんぱく質の構造を変化させ，新機能の付与や改良をすること．プロテインエンジニアリング．

プロテイン パウダー【protein powder】　化生たんぱく粉．たんぱく質の粉末．

プロテーゼ【Prothese 独】　医容人工の鼻・耳・乳房など，医用や美容に使う人工器官．

プロテオーム【proteome】　化生たんぱく質の集合体．protein（たんぱく質）とgenome（ゲノム）の合成語．

プロテオミクス【proteomics】　化生異なる二つの細胞や組織のたんぱく質を解析・比較して，発現に差のあるたんぱく質を同定すること．

プロテクショニズム【protectionism】　保護主義．保護貿易主義．

プロテクション【protection】　①保護．防御．防護物．後援．②経保護貿易制度．

プロテクター【protector】　①競防具．防護用具．②保護者．後援者．③医男性性器にかぶせる避妊用具．コンドームのこと．

プロテクティブ プット【protective put】　経現物株とプット買いを組み合わせた投資戦略．

プロテクト【protect】　①危険などから守る．保護する．攻撃などを防ぐ．②I算プログラムの不正な

複製を防止する仕掛けを施すこと．コピープロテクトともいう．

プロテクトモード【protected mode】 []算保護仮想アドレスモード．インテルの16ビットCPUである80286以降の中央処理装置（CPU）の動作モードの一つ．複数のプログラムを同時に動かす時に，各タスクが使うメモリー領域を他のタスクにアクセスされないように保護する．

プロテスタンティズム【Protestantism】 宗新教．新教教義．

プロテスタント【Protestant】 宗新教．新教徒．16世紀にローマカトリック教会にプロテスト（抗議）して分離したキリスト教の各派．聖書を中心とする個人の信仰を重視する．

プロテスト【protest】 ①抗議．異議申し立て．②抗議する．異議を申し立てる．

プロテストソング【protest song】 音社社会問題への抗議や主張を唱える歌．

プロテニス選手協会【Association of Tennis Professionals】 競（テニ）男子プロ選手で組織される団体．1968年に設立．ＡＴＰともいう．

プロデューサー【producer】 映劇放製作者．映画などで，一つの作品を企画し完成させるまでの製作活動の全面にわたる権限をもって管理・指揮する人．

プロデューサー システム【producer system】 映劇放製作者の企画・責任において人員などを集め，製作・上演する方式．

プロデューサー ディレクター【producer director】 映映画の企画・立案から公開までの製作権限と，演出を兼務する人．

プロデュース【produce】 ①映劇放映画・演劇などを製作・演出する．②製作する．

プロデュースト バイ【produced by】 映製作者．映画を企画・製作する責任者を示す．

プロトエイビス【protoavis】 生1986年にアメリカで化石が発見された鳥類の先祖．

プロトコル【protocol】 ①政条約の議定書．国家間の協定．②[]算データ通信でのデータ送受信のための手順や規則．送信側と受信側が同じプロトコルを使う必要がある．③外交儀礼．慣習．

プロトコル アナライザー【protocol analyzer】 []算通信回線や LAN 上を流れるデータを取り込んで分析する装置．

プロトコル階層【protocol hierarchy】 []算ネットワークアーキテクチャーで，プロトコルをその種類別に階層化したもの．OSI の7階層モデルなどがある．

プロトコルスイート【protocol suite】 []算コンピューターネットワークのための通信規約を集合したもの．

プロトコルスタック【protocol stack】 []算複数のプロトコルを階層構造に積み重ねたもの．互いに関連する階層構造をもつ．

プロトコル変換サービス【protocol conversion services】 []算プロトコル変換機能を提供する接続サービス．異なるプロトコルを用いる情報通信機器の間で，データを送受するのに必要．

▶プロバビリ

プロトタイピング【prototyping】 []算大まかなプログラムを作成し，徐々に利用者の要求仕様を固めていくソフトウエア開発手法．

プロトタイピング モデル【prototyping model】 []算ソフトウエア開発手法の一つ．試作品をユーザーに見せて，要求や意見を確認しながらシステムを完成させていく手法．

プロトタイプ【prototype】 ①原型．基本型．典型．試作モデル．②機航空機や自動車などで，量産に入る前の試作機や試作車．

プロトタイプモデル【prototype model】 []算試作品によってユーザーの要望を反映させてシステムを開発する技法．

プロトプラスト【protoplast】 生原形質体．リゾチームなどの酵素により細胞壁が取り除かれた裸の細胞．

プロドラッグ【prodrug】 薬改質薬物．薬物の化学構造を改質して，副作用を少なくし効き目を増した薬物．

プロトン【proton】 理陽子．一個の陽電荷を帯びている素粒子．

プロトンM型ロケット【Proton M launch vehicle】 機ロシアの最新型の大型ロケット．

プロトンロケット【Proton Launch Vehicle】 機ロシアの衛星打ち上げロケットの一つ．

プロパー【proper】 ①専門の．独特な．固有な．本来の．②医薬病院に対する医薬品の紹介・販売に従事する者．この意味では英語は detail man．③営小売り店で値引きしないで，正価で販売する商品．

プロバイオティクス【probiotics】 生体によい影響がある生菌．またその生菌を含む食品．

プロバイダー【provider】 []算インターネットへの接続サービスを有料で提供する業者．

プロパガンダ【propaganda】 広宣伝．宣伝活動．特に思想・教義などの宣伝や誹謗を目的とするものをいう．

プロパゲルマニウム【propagermanium】 薬経口のＢ型慢性肝炎治療剤．日本で開発された有機ゲルマニウム化合物．

プロバスケットボール【professional basketball】 競（バス）プロ契約した選手によるバスケットボールリーグ．アメリカのＮＢＡ，ＵＳＢＬなどがある．

プロパティー【property】 ①資産．財産．所有物．所有権．ものの属性．固有性．②映小道具．手に持って運べるぐらいの撮影用具を調達する係．③[]算ファイルや機能の属性に関連する情報．

プロパティー マネジメント【property management】 建対象となる不動産の稼働率を上げて不動産価値を高めることを目指す管理業務．

プロパテント【pro-patent】 営アメリカでの特許権強化の動き．知的財産権の保護・強化．

プロパテント政策【pro-patent policy】 営政創造された技術に強力な特許権を与え，有効活用を支援する政策．

プロバビリティー【probability】 可能性．見込み．確率．公算．

プロパンガス【propane gas】 化液化石油ガス．プロパンを主成分とし，広く家庭用燃料などに用いる．英語では単に propane．

プロピオン酸フルチカゾン【fluticasone propionate】 薬ぜんそく治療に用いる粉末吸入ステロイド薬．

プロビデンス【providence】 摂理．神意．先見．用心．備え．節約．

プロピレン【propylene】 化石油留分中の分解ガスに含まれる無色で刺激臭のある気体．燃料や合成繊維の原料などに用いる．

プロピレン グリコール【propylene glycol】 化多価アルコールの一種．無色の液体で，溶剤，保湿剤などに用いる．

プロビンチア【provincia 伊】 ①地方．田舎．②競地方の小規模なクラブ．ローカルクラブ．プロヴィンチャともいう．

プロファイラー【profiler】 ①気気象や自然現象などを観測・記録する装置．②文人物紹介記事を書く作家．

プロファイリング【profiling】 社殺人現場の類型や動機を，公的記録や面接で得た情報からデータベース化し，それを基に犯人像に迫るアメリカのプログラム．

プロファイル【profile】 ①横顔．輪郭図．大略．プロフィールともいう．②I算 Windows で，さまざまな設定情報を集約したもの．

プロフィール【profile】 ①横顔．横顔の像．②人物紹介．輪郭．③建側面図．縦断面図．

プロフィット【profit】 利益．収益．もうけ．

プロフィット シェアリング【profit sharing】 営経企業収益に基づいて全従業員に賃金を一律支給する制度．

プロフィットセンター【profit center】 営経利益責任単位．利益の確保に対して責任と権限をもつ組織単位．

プロフィット マネジメント【profit management】 営経利益管理．企業が予算編成・損益分岐点の分析などから予想利益を計画する面と，各部門の業績を予算と比較して統制する面をもつ．

プロフェッサー【professor】 教教授．大学教授．略号は Prof．

プロフェッショナリズム【professionalism】 専門職業意識．くろうと気質．プロ精神．↔アマチュアリズム．

プロフェッショナル【professional】 ①専門家．本職．くろうと．②競スポーツの職業選手．プロ．↔アマチュア．

プロフェッショナル エンジニア【professional engineer】 営産アメリカの国際資格の一つ．理工系技術や責任能力を証明する．PE ともいう．

プロフェッショナル サービス【professional service】 I算高度な専門知識を必要とする，情報処理システム上流工程に関するサービスの総称．

プロフェッショナル スクール【professional school 日】 教実務的専門大学院．

プロフェッショナル ファウル【professional foul】 競相手の得点を防ぐため，許されない行為と知りながらあえて犯す反則．

プロフェッション【profession】 ①職業．特に知的職業．②告白．公言．宣言．

プロフォーマ インボイス【pro forma invoice】 営経見積もり送り状．

フロプティカル ディスク【floptical disc】 I算磁気記録方式のフロッピーディスクにも読み取れる光磁気記憶装置．floppy と optical の合成語．

プロプライエタリー システム【proprietary system】 I算特定メーカーの独自仕様のハードウエアやソフトウエアで構築される互換性に乏しいシステム．オープンシステムの逆．

プロプリエテ【propriété 仏】 ①所有権．所有物．所有財産．②固固有性．特性．

プロブレム ドリンカー【problem drinker】 社飲酒習慣によって生活上に何らかの問題を抱えている人．

プロブレムメソッド【problem method】 教問題の解決過程の中で学習させる教授法．

プロベーション【probation】 法保護観察．刑務所や少年院の仮出所者らを保護観察官が監督すること．

プロペシア【Propecia】 薬世界初の飲む発毛薬の商標名．アメリカのメルク社が開発．

プロポーザル【proposal】 申し込み．提案．

プロポーザル方式【proposal method】 経債券の発行に際して，複数の引受幹事証券候補者に発行条件を提示させる方式．

プロポーショナル印字【proportional print】 I算和文字幅の中に欧文2字を入れるのでなく，欧字の字幅の比率に合わせて印字する機能．

プロポーショナル フォント【proportional font】 I算文字ごとに異なった幅をもつフォント．Windows に標準装備されている MS-P 明朝や MS-P ゴシックなどをいう．

プロポーション【proportion】 ①均整．特に体つきの釣り合い．②割合．比．③数比例．

プロポーズ【propose】 結婚の申し込み．求婚．

プロポジション【proposition】 提案．発議すること．計画．企画．

プロボノ【pro bono】 社弁護士などが，無料あるいは廉価でサービスの提供を行うこと．公益のためにというラテン語による．

プロポリス【propolis】 生ハチの巣から採集する物質．花粉やハチの唾液酵素などからなり，抗菌・抗ウイルス作用などがある．

フロマージュ【fromage 仏】料チーズ．

ブロマイド【bromide】 写人気俳優や歌手などの葉書大の写真．

プロミス【promise】 ①約束．契約．誓約．②将来伸びる可能性．見込み．前兆．

プロミスリング【promise ring 日】 服色鮮やかな刺しゅう糸で作るひもを，手首に巻く輪状のアクセサリー．ミサンガともいう．

プロミネンス【prominence】 ①天太陽に現れる紅炎．②目立つこと．強調するところ．

プロミネント【prominent】 ①傑出した．著名な．②目につく．顕著な．

プロム【prom】①[教]大学や高校などの卒業記念に行うパーティー．②[社]公式の舞踏会．

プロムナード【promenade 仏】①遊歩道．散歩道．②そぞろ歩き．散歩．散策．

プロムナード コンサート【promenade concert】[音]遊歩道音楽会．気軽な開放的雰囲気で行われる野外音楽会．

プロメテウス計画【PROMETHEUS】[機][社]地球の環境改善や，安全で経済的な道路交通システムの構築を目指すヨーロッパの計画．Program of European Transport System with Highest Efficiency and Uuprecedented Safety の略．

プロモーション【promotion】①興行．②助長．促進．奨励．③発起．④[営]販売促進のための宣伝資料．⑤昇格．昇進．

プロモーション カラー【promotion color】流行色の指針として，服飾関係の団体が毎年示す色．

プロモーション ビデオ【promotion video】[音]新曲などを売り出すために，テレビメディア用に作られるビデオ．ビデオクリップ．

プロモーター【promoter】①[営]呼び屋．外国から音楽家，芸能人，プロのスポーツ選手などを呼んで興行を企画する人．主催者．発起人．②[医]がんなどの促進因子．③[生]DNA 上にある，転写酵素が結合し転写を始める領域．

プロモーター領域【promoter region】[生]調節遺伝子の一つ．RNAポリメラーゼなどが結合し転写を始める．

プロモート【promote】①[芸][社]公演などを興行する．②増進する．助成する．③[営]販売促進をするための活動を行う．④事業を始める．

フロラ【flora】[植]植物相．一地域に分布するすべての植物群．フローラともいう．

プロライフ【pro-life】[社]妊娠中絶反対運動を支持すること．生命が何より大事と考える．

プロライファー【pro-lifer】[社]人工妊娠中絶に反対する人．妊娠中絶反対者．

フロリゲン【florigen】[植]開花ホルモン．植物の花芽を作り，開花させる働きがある．

フロリスト【florist】花屋．草花栽培者．

プロリフィレーション【proliferation】増殖．拡散．

プロレス【pro wrestling】[競]興行を主とするレスリング．1880年代にアメリカで定着した．

プロレタリア【Proletarier 独】[社]無産者．賃金労働者．～ブルジョア．

プロレタリアート【Proletariat 独】[社]労働者階級．無産者階級．

プロレタリア文学【Proletarier －】[文]社会主義思想に基づいて書かれた文学

プロローグ【prologue】発端．導入．序幕．序言．前置き．前口上．序詞．↔エピローグ．

プロログ【PROLOG】[I][算]第五世代コンピュータなどで使われる論理プログラミング．programming in logic から．

フロン【flon 日】[化]炭素とフッ素の化合物であるフルオロカーボンの通称．

フロンガス【flon gas 日】[化]フッ素と塩素を含む炭化水素化合物．冷蔵庫の冷媒やスプレー式製品の噴射剤に用いていたが，モントリオール議定書によりオゾン層破壊物質として規制された．正式名はクロロフルオロカーボン（chlorofluorocarbons），CFCs という．フルオロカーボン．フレオン．

フロンティア【frontier】①[地]辺境．国境地方．特にアメリカで開拓地と未開拓地との境界線．②学問や知識を開く新領域．最先端の業績．

フロンティア スピリット【frontier spirit】開拓者精神．

フロンティア電子理論【frontier electron theory】[化]分子のいちばん外側のフロンティア電子が，分子反応に重要な役割を果たすという理論．

フロント【front】①ホテルなどの受付．②正面．前面．③最前部．表面．④前線．戦線．⑤見せかけ．⑥[営]会社などの首脳部・幹部．⑦[野球]プロ野球で，興行・広報などの各部門の責任者．

ブロンド【blonde】 金髪．金髪の女性．blond ともつづる．

フロント エンジン フロント ドライブ【front engine front drive】[機]自動車で，エンジンが車体前部にあり，前輪を駆動する方式．前部エンジン前輪駆動．FF 方式．

フロントエンド プロセッサー【front-end processor】①[I][算]前処理を実行する部分．ハードウエアとソフトウエアで用いる語．②[I][算]かな漢字変換をする日本語入力ソフトウエアのこと．FEP ともいう．

フロントオフィス【front office】①[営]企業の総務室．事務総局．首脳部．②[経]証券や為替の取引を行うディーリングルームのこと．

フロントガラス【front glass 日】自動車の前面の窓ガラス．英語では windshield, windscreen．

フロントサイドバス【front side bus】[I][算]Pentium Pro や Pentium Ⅱ などのプロセッサーで，チップセットやメインメモリーと接続するデータバス．

フロント速度【front velocity】[理]発射した光の先端が移動する速さ．相対論での限界速度を超えることはない．

フロントドライブ【front drive 日】[機]自動車の前輪駆動．英語は front-wheel drive．

フロントページ【FrontPage】[I][算]アメリカのマイクロソフトが開発した，ホームページ制作・管理用ソフト．見栄えのよい Web ページが簡単に制作できる．

フロントホックブラ【front hook bra】[服]前留め形式のブラジャー．

フロントランナー【front-runner】競争で先頭に立つ人．第一人者．最有力候補．

フロントロー【front row】[競]([ラ])スクラムを組む場合の最前列の3人．

フロントローディング【front-loading】[社]アルコール類が出されない催しや会合で，出席する前に飲酒すること．

プロンプタ ▶

プロンプター【prompter】 劇放演技中の俳優に陰からせりふを教える人。またはせりふを伝えるのに使う器具。

プロンプト【prompt】 ①即座の。すばやい。思いつかせる。後見する。促す。駆り立てる。②I算主に文字主体の OS である MS-DOS や UNIX などの画面で、利用者からのコマンド入力待ちの状態であることを示す記号。入力促進記号。

フンシンペック党【FUNCINPEC party】 政カンボジアで、1993年の総選挙で第一党となった政党。81年にシアヌーク殿下が創設。

ブンデスリーガ【Bundesliga 独】 競(スポ)ドイツのプロサッカーリーグ。

ブント【Bund 独】 社政同盟。連盟。

ヘア【hair】 毛。髪の毛。
ベア¹【bare】 裸の。むき出しの。
ベア²【bear】 ①動クマ。②無骨な乱暴者。がさつ者。③経証券取引などにおける売り方。弱気筋。⇔ブル。②偉い人。すごい人。
ペア【pair】 ①一組の男女。二つで一組になっているもの。②競二人一組で行う競技。

ヘア エステティック【hair esthetic】 容美しく健康的な髪に仕上げるための、髪や頭皮の総合的な手入れ。

ヘアエッセンス【hair essence 日】 容髪と同じ成分を多く含む美容液。

ヘアオイル【hair oil】 容油性タイプの整髪料。髪に油分を補い、適度なつやと潤いを与えて、ヘアスタイルを整えやすくする。

ペア オキュペーション【pair occupation】 社職場において、一つの地位を二人で分かち合ったり、交代で勤務したりする方法。

ベア型投信【bear fund】 経先物の売りを用いて、相場の下降時に利益を得る投資信託の形態。⇔ブル型投信。

ヘアカラー【hair color】 ①容毛染め。毛染め薬。髪の毛を好みの色に染めるのに用いる。ヘアダイともいう。②毛髪の色。

ヘアケア【hair care】 容髪の手入れ。

ヘア コンディショナー【hair conditioner】 容いたんだ髪などの手入れをする溶剤。コンディショナーともいう。

ベアショルダー【bare shoulder】 服肩をむき出しにした服やファッション。

ペア スケーティング【pair skating】 競(スポ)一組の男女が一緒になって滑るフィギュアスケート。

ヘア スタイリスト【hair stylist】 映放髪型を整える担当者。

ヘア スタイリング【hair styling】 容髪の形や色などを整えること。

ヘアスプレー【hair spray】 容仕上げに吹きつけてヘアスタイルのくずれを防ぎ、持ちをよくするための整髪剤。ヘアラッカー。

ヘアダイ【hairdye】 容毛染め。毛染め剤。ヘアカラーともいう。

ベアトップ【bare top】 服洋服の肩や背中の部分が大きく露出したスタイル。

ベアドライブ【bare drive】 I算パソコンなどの機器に組み込むドライブ単体。ユーザーが自分でハードディスクの増設ができる。

ヘア トリートメント【hair treatment】 容いたんだ髪を直し、弾力とつやを与えて、健康な髪を保つための手入れ。

ヘアドレッサー【hairdresser】 容理容師。美容師。

ヘアドレッシング【hairdressing】 容美容業。調髪業。髪油・栄養剤などの整髪用品。

ヘアヌード【hair nude 日】 写陰毛が写っている裸体写真。

ベアネック【bare neck】 服襟なしの首のあらわに出ているデザイン。

ベアバック【bare back】 服背中を大胆に露出したスタイル。

ヘアバンド【hair band】 容髪の毛の乱れを防いだり、飾りのために付ける頭髪用ベルト。

ヘアピアス【hair pierce 日】 服頭髪に付ける小型のアクセサリー。髪を挟んだり、絡めたりするものがある。

ヘアピース【hairpiece】 容かもじ。部分かつら。はげ隠し用のかつら。

ヘアピンカーブ【hairpin curve 日】 U字形に曲がった道路。特に自動車競走路のU字形のカーブのこと。ヘアピンともいう。

ベアボード【bare board】 I算チップがついていない、またはついていても非常に少ない回路基板。

ベア ボート チャーター【bareboat charter】 営社乗組員を付けずにボートやヨットだけを借りる方法。

ベアマーケット【bear market】 経売り人気の相場。弱気相場。⇔ブルマーケット。

ヘアマスカラ【hair mascara】 容一時染毛剤の一種。毛髪に小さなブラシで部分的に色づけする。

ヘアマニキュア【hair manicure 日】 容髪を少し染め、つやと弾力を与える染毛剤の一種。

ベアミドリフ【bare midriff top】 服短い丈の上着を素肌に着て、腹部を露出する着方。

ヘアモード【hair mode】 容流行の髪型。

ベアラー セキュリティー【bearer securities】 経持参人払い証券。無記名証券。

ヘアライン【hairline】 I算印字や印刷ができる限界に近い細い罫線。

ベアラーサービス【bearer service】 I通信回線の利用目的を規定せず、ユーザーデータを単なるビットデータとして運ぶ通信サービス。

ヘアラッカー【hair lacquer】 容ヘアスプレーの別称。

ヘアラップ【hair wrap】 容頭髪の装飾の一種。刺しゅう糸などでひも状に髪の毛を覆う。

ベアリッシュ【bearish】 経証券・商品・為替市場などで、相場は先行き下落すると見る先安感のこ

530

◀ペイロード

と．相場の基調や地合いを表す際に用いられる．

ペアリング【pairing】①つがいにすること．一対になること．二人一組になること．②動物が交尾すること．③社男女が結婚をしないで共同生活などをすること．

ヘアリンス【hair rinse】图シャンプー後に髪をすすぐこと．またその溶剤．油分を補い，髪をしっとりとしなやかにする．

ペアルック【pair look 日】服恋人・夫婦などが同じ色や柄の服を着ること．英語では his and hers．

ペアレンタルライト【parental right】親権．

ペアレンタルロック【parental lock】社親が子供に見せたくないテレビ番組などを暗証番号で管理する機能．

ペアレンティング【parenting】社親業訓練．子供に対する親の望ましい態度．1962年にアメリカの心理学者ゴードンが体系化した．

ペアレント【parent】①親．両親．②社ユースホステルの管理責任者．

ヘアワックス【hair wax】图固形油分を主成分とする整髪剤．

ベイ【bay】①湾．入り江．②①算コンピューター本体内で，ハードディスク，フロッピーディスクドライブ，CD-ROM ドライブなどを内蔵する空間．③建格間．柱間．

ペイ【pay】①経賃金．給料．手当．②支払う．③割りが合う．採算がとれる．利益がある．

ペイアウト【payout】①支出．支払い．②社まちづくり活動の基金を，絞り込んだテーマに集中投資して事業を行う方式．

ペイエクイティー【pay equity】営経社同一価値労働同一賃金原則．賃金の平等．同等価値の労働には同等の賃金を支払うべきとする考え．

ベイエリア【bay area】社地湾岸地域．新しく産業・研究・公共の施設などが開発されている，埋め立て地などの海岸地域．

ペイオフ【payoff】①営経社給料や勘定などの支払い．②経小口預金の払い戻し．③納金日．④決着．清算．

ペイケーブル【pay cable】①放 CATV（ケーブルテレビ）で基本受信料金のほかに，付加的な料金を支払うと得られるサービス方式．

ヘイシャン ミュージック【Haitian music】音ハイチのポピュラー音楽．西インド諸島の民族音楽を取り入れたリズムが特徴．

ペイズリー柄【paisley】服まが玉文様．松かさを模したとされる柄．カシミール柄．ペーズリー柄とも．

ペイデー【payday】経社給料日．支払日．

ペイテレビ【pay television】①放有料テレビ放送の一つ．加入金と月単位の番組料金を支払う方式のもの．

ヘイト【hate】憎悪．憎しみ．嫌悪．反感．

ベイト【bait】①餌．おとり．誘惑．②餌をまく．餌をつける．おびき寄せる．

ベイト アンド ウエイト【bait and wait】広テレビ広告で，始まりに工夫を凝らして視聴者の興味を引きつけて，広告を全部見てもらうようにする表現技

術．餌をまいて待つという意．

ヘイトクライム【hate crime】社憎悪犯罪．人種などの差別や偏見が原因となる犯罪．

ヘイトショー【hate show】放白人の人種的優位を説き，有色人種を排斥するアメリカのテレビ番組．

ヘイトスピーチ【hate speech】憎悪の念を込めた言葉を使う攻撃．文化的多元主義が広がる中で，少数派に向けて発せられる．

ヘイトテレビ サーキット【hate-TV circuit】放白人優位主義者が出演するテレビ番組を放送するケーブルテレビ網．

ペイドパブ【paid publicity】広広告に準じた媒体料を支払う方法をとる広告．報道価値を感じさせる広告．パブ広告ともいう．

ペイパークリック【pay per click】①インターネット広告料金の一つ．バナー広告から広告主のホームページへ飛んだ人数で課金する．

ペイパーチャンネル【pay per channel】①放チャンネル単位に一定期間当たりの料金が決まっているケーブルテレビの方式．

ペイパーパフォーマンス【pay per performance】①営検索連動型の課金モデル．宣伝効果を数値化して課金する．

ペイパービュー【pay per view】①放視聴番組の本数や時間によって料金を決めるケーブルテレビ方式．PPVもいう．②①ビデオソフト発売前の新作映画を有料でケーブルテレビを通して送信する方式．

ペイ バイ ホン【pay by phone】①経銀行がプッシュホンを通じて行う口座振替サービス．

ペイバック アグリーメント【payback agreement】経社新入社員が短期間で退職した場合に，企業にかかる新入社員教育費などの諸経費を返済する雇用契約．

ヘイフィーバー【hay fever】医枯草熱（こそうねつ）．花粉病．アレルギーの一種で，花粉のため目・鼻・のどに炎症を生じる．

ペイフォーノレッジ【pay for knowledge】経従業員が取得している技術や，仕事の数量を基に，賃金支給率を決める制度．

ベイブレード【Beyblade】玩具製造会社のタカラが開発したベーゴマ型の玩具．1999年に発売．商標名．

ペイポーズ【pay pause】営政賃金凍結．賃金上昇の本数や時間に深刻な影響を与えると判断した時に，国が行う賃上げ停止措置．

ペイメント【payment】営経支払い．支出．返済．補償．

ペイメントカード【payment card】営経現金に代わる決済手段．クレジットカード，デビットカード，電子マネーなどの総称．

ベイル【bail】保釈．保釈金．保釈保証人．

ベイルジャンパー【bail jumper】社逃亡者．保釈中に逃亡した者．

ペイロード【payload】機有償荷重．旅客・貨物機などで，操縦飛行に必要なもの以外の搭載物のこと．設計・運航の際に用いられる．また打ち上げロケ

531

ペイロード ▶

ットの許容搭載量もいう．

ペイロード コマンダー【payload commander】 スペースシャトルの実験運用責任者．実験用搭載物全体の責任を負う．PCともいう．

ペイロード スペシャリスト【payload specialist】 スペースシャトルに乗り込み，各種の実験装置を操作する科学技術者．PSともいう．

ペイロールタックス【payroll tax】 社会保障税．アメリカの公的年金の財源．

ペインクリニック【pain clinic】 手足・腰などの疼痛性疾患や内臓性疾患からくる痛みを取り除く治療．

ペインター【painter】 画家．彩色家．塗装作業員．

ペインティング ナイフ【painting knife】 油絵用の金属製の特殊なナイフ．こて．

ペイント【paint】 ①塗料．ペンキともいう．②絵の具．③コンピューターで画像を描く方法の一つ．画像を点で描画する．

ペイントソフト【painting software】 点の集合で画像表現するビットマップ形式の画像を作成するソフトウエア．

ペイントボール コンバット【paintball combat】 蛍光塗料付きの弾丸を発射する空気銃を用いる戦闘ゲーム．

ペインユニット【pain unit】 患者が住み込んで痛みに対処する術を学び，治療を受けられる施設．

ベーカー【baker】 ①自家製のパン屋．パンや菓子を作る職人．パン類製造業者．②携帯用の簡易天火．

ベーカリー【bakery】 パン屋．パン菓子やケーキ専用の製造販売店．

ベーキングパウダー【baking powder】 パンや菓子類を作る時に用いる膨張剤．ふくらし粉．パウダーともいう．

ベークオフ【bake-off】 パン生地を店頭で焼き上げる方式．

ベークドポテト【baked potato】 ジャガイモを皮つきで丸ごと天火に入れて焼いたもの．

ベークライト【Bakelite】 電気絶縁材・食器などに用いる合成樹脂．フェノール樹脂の商標名．

ベーグル【bagel】 ドーナツ型の堅ロールパン．ベーゲルともいう．

ベーグルワーム【bagel worm】 電子メールを介して感染するワームの一つ．バグルワームともいう．

ベーコン【bacon】 豚の横腹・背中の肉を塩漬けにして薫製にした食品．

ペーサー【pacer】 陸上競技などで，指定された速度でレースを先導する選手．ラビット．

ページ【page】 ①書物などの紙の一面．またはその順序を示したり数えたりする数字．②コンピューターの仮想記憶方式で，仮想空間を分割する単位．ロードモジュールなどの実行形式プログラムはこの単位で分割する．

ページ インプレッション数【page impressions】 閲覧されたWebページ数をカウントする際の単位．インプレッションともいう．

ペーシェンス【patience】 ①一人でするトランプゲーム．独り遊び．②忍耐．根気．がんばり．

ページェント【pageant】 ①祭りや宣伝の時に行われる野外での派手なショー．仮装行列．②野外劇．

ページ記述言語【page description language】 ページプリンターに印刷イメージを伝えるプログラム用言語．イメージはプログラムに基づいた計算処理などをして作られるので，微細な表現ができる．PDLともいう．

ページシステム【page system】 決勝トーナメントの方式の一つ．予選1・2位と3・4位が初めに対戦し，1・2位戦の敗者と3・4位戦の勝者が準決勝を行い，その勝者と1・2位戦の勝者が決勝を戦う．

ベーシス【basis】 ①債券の現物と先物との価格差．②土台．基礎．③主な要素．主成分．

ページ設定【page style】 ワープロソフトなどで作成する文書の，用紙サイズや文字数，余白などさまざまな設定を行う機能．

ベーシック【basic】 ①基礎的な．根本的な．②塩基性の．アルカリ性の．

ベーシック イングリッシュ【Basic English】 基礎英語．イギリスの心理学者オグデンが考案した国際補助語．850の語彙（ごい）を基本とする．BasicはBritish, American, Scientific, International, Commercialの略．

ベーシック言語【BASIC language】 会話型で，コンピューターの入出力ができる形式の初心者向けプログラム言語．主にパソコンに用いられる．BASICはBeginner's All-purpose Symbolic Instruction Codeの頭字語．

ベーシック手順【basic mode data transmission control procedure】 データ伝送制御の一つ．正式名称は基本形データ伝送制御基準．1970年代に普及した古典的プロトコル．

ベーシックドレス【basic dress】 基本的なスタイルのドレス．アクセサリーや組み合わせの変化で幾通りにも着られる．

ベーシック認証【basic authentication】 WWWサーバーで，ユーザーIDやパスワードなどで認証を行う仕組み．ファイルやディレクトリー単位でアクセス権を設定する．

ベーシックマスター【BASIC MASTER】 日本初のパソコン．日立製作所が1978年出荷開始．主流の機種にはなれなかった．

ページビュー【page view】 Webサイトのアクセス数を表す単位．

ページプリンター【page printer】 受信データを，ページ単位で構成し印刷する方式の印字装置．多くがレーザープリンター．

ページボーイ【pageboy】 ①給仕人．ボーイ．②肩のあたりで毛先を内巻きにする髪型．

ページャー【pager】 ①携帯用の無線呼び出し器．無線を用い，呼び出し信号や短いデータを送信できる移動体通信方式．ポケットベル．②テキストを表示するのに，見やすいように1ページずつ表示するソフトウエア．

ベージュ【beige 仏】 ①薄茶色．薄いとび色．②服染めていない毛織物．

ヘージング【hazing】社先輩による新入生いじめ，しごき．自分たちの仲間になれるのかを試す通過儀礼として行う．

ペーシング【pacing】競〔馬術〕前の右足と後ろの右足というように前後の足を同時にそろえて動かすこと．だく足．

ページング【paging】Ⅰ算コンピューターの主記憶装置と補助記憶装置とのやりとりで，主記憶装置を数キロバイトごとのページ単位に分けること．

ベージングスーツ【bathing suit】服水着．

ベース【base】①競〔野球〕塁．②基地．根拠地．③土台．基本．④主成分．基剤．基酒．⑤化塩基．⑥〔bass〕音コントラバス．

ペース【pace】歩調．速度．調子．進み具合．

ベースアップ【base up 日】営経社平均賃金水準の引き上げ．賃上げ．ベア．英語は raise, hike．

ベースアドレス指定【base addressing】Ⅰ算コンピューターのアドレス指定方法の一つ．再配置可能なプログラムが作成できる．

ベースカンパニー【base company】経課税負担を軽減する目的で外国に設立された子会社．

ベースキャンプ【base camp】①登足場とする野営基地．②軍基地．

ベースコート【basecoat】容マニキュア用品の一種．ネールエナメルを塗る前につめに塗って表面を滑らかにする．

ベースダウン【base down 日】営経社平均賃金水準の引き下げ．賃下げ．

ペースト【paste】①食魚肉・野菜などをつぶして，のり状にしたもの．②はんだ付けの時に，金属表面の酸化被膜を取り除くために用いる軟こう状のもの．③Ⅰ算複写や切り抜きをしたデータを任意の場所に貼り付けること．

ベースバンド【baseband】Ⅰ算域内情報通信網の一種で，パソコン同士を専用線で接続する方式をとるシステム．

ベースバンド伝送【baseband transmission】Ⅰ算データ信号を変復調しないで，直接電話回線などの媒体を通して送る方式．

ベースブリード構造【base bleed 一】軍アメリカ陸軍が開発中の155mm長射程誘導砲弾の弾底の構造．弾尾から少量のガスを噴射して，弾底の渦を消す．

ベースヘッド【basehead】社中毒性の強い麻薬のクラックを喫煙する人．

ベースボール カード【baseball card】競〔野球〕アメリカで，大リーグ選手のカード．収集品の対象の一つ．

ベースボールキャップ【baseball cap】服野球帽．つばの大きいものや，逆にかぶりが深くつばが短いジョッキー帽タイプなどがある．

ベースボールドッグ【baseball dog 日】野球場でボール運びなどの手伝いをする犬．

ベースボール ホール オブ フェーム【Baseball Hall of Fame】競アメリカの野球殿堂．1939年に野球発祥の地とされるニューヨーク州のクーパースタウンに創設．

ベースボール ミリオネア【baseball millionaire】競〔野球〕大リーグの百万長者．年俸が100万ドルを超える選手．

ベースマネー【base money】経現金通貨と中央銀行預け金との合計のハイパワードマネーのこと．マネーサプライの基礎となる．

ペースメーカー【pacemaker】①競中・長距離競走でペースの基準になるため，先に出て走る選手．②競〔自転車〕レースに際し，選手の調子を作るための誘導車・走行器．③医自動式の心室収縮装置．心臓に刺激を与え，拍出量を保つようにする器械．

ベースメーク【base makeup】容メーキャップの下地として肌を整える化粧全般．

ベースメタル【base metal】化卑金属．銅，鉛，亜鉛，スズ，鉄など．

ベースメント【basement】建地階．地下室．建築物の基layer部．

ベースメントストア【basement store】営返品された衣料品や生活用品などを安く仕入れて，郊外で場所を借りて安売りする商法．

ベースライン【base line】①基準線．最低線．②競〔野球〕塁と塁を結ぶ線．③Ⅰ算アルファベットの小文字の g, q, y などで，字体の一部が下に出ているところを除いて，下になる基本部分を結ぶ線．④軍軍艦の建造で，5～6隻ごとに装備の改善を行うこと．

ペーズリー【paisley】服勾玉（まがたま）を図案化したものに，花や曲線を組み合わせた模様．またその模様入りの布地．

ベースレート【base rate】経イギリスの政策金利に相当する市場貸出金利．基準利率．基本料金．

ベースレジスター【base register】Ⅰ算基底レジスター．CPU（中央処理装置）の制御装置内部にあるレジスター．ベースアドレス指定方式で用いる．

ベーゼ【baiser 仏】接吻．キス．愛撫．

ヘーゼル【hazel】①植ハシバミ．カバノキ科の落葉低木．②うす茶色の．

ペーソス【pathos】哀感．哀調．

ベーダ【Veda 梵】宗インド最古のバラモン教の経典．神々への賛歌や祭式規範からなる聖典．

ペータースブルク任務【Petersburg tasks】軍1992年に西欧同盟（WEU）が自ら規定した欧州共通防衛政策における任務内容．

ベーダーンタ【Vedānta 梵】宗ベーダ聖典のウパニシャッドの別称．ベーダの最終部分の意をもつ．

ベータ型インターフェロン【beta interferon】生ウイルス増殖抑制因子．線維芽細胞で生産するたんぱく．抗ウイルス作用が抗がん作用をもつ．

ベータカット【beta cut】Ⅰ算ゲーム木の探索範囲を狭める方法の一つ．ある自局面の評価が，同じ手番の他の局面よりも有利だとわかれば，その手に連なる他の選択肢の探索はしなくてすむ．

ベータカロテン【β-carotene】薬βカロテン．プロビタミンAとも呼ばれるカロテンの仲間の一つ．体内に吸収されてビタミンAになる．緑黄色野菜が

ベータ線 ▶

多く含む．ベータカロチンともいう．

ベータ線【beta ray】 理高速の電子からなる放射線．原子核がベータ崩壊する時に放出される．

ベータ値【beta value】 ①理プラズマの圧力を磁場の圧力で割って求めた値．②経市場指標に対する個別銘柄の価格弾力性値．β値ともいう．

ベータテスト【beta test】 I算ソフトウエアの開発に際して，社内の最終検討に続いて，社外の人に使ってもらって行うテスト．

ベータトロン【betatron】 理電子加速装置．磁気の誘導で加速して，がん治療などに用いる．

ベータ2項分布【beta binomial distribution】 広広告の媒体計画で立てる予測モデルの一つ．

ベータバージョン【beta version】 I算ソフトウエアなどの製品完成直前に，使い勝手や性能の最終テストを行うもの．ベータ版．

ベータ崩壊【beta decay】 理原子核が電子または陽電子を放出する現象．

ベータ方式【Beta system】 Iビデオテープレコーダーの規格の一つ．記録トラックにすきまのないベタ書き方式というところからベータと名づけられた．

ベーチェット病【Behçet's disease】 医難病の一つ．1937年にトルコの皮膚科医ベーチェットが報告した原因不明の病気．口や目の炎症，皮膚のかゆみ，外陰部の潰瘍が主な症状．

ベーツ擬態【Bates' mimicry】 生無害で捕食されやすい動物が，有害・有毒なものに形を似せて敵を欺くこと．

ベーパー【vapor】 ①蒸気．湯気．霧状のもの．②薬噴霧式の吸入薬．

ペーハー【pH】 化溶液の酸性度・アルカリ度を示す指数．水素イオン濃度．0〜14の値をとり，7が中性で，それ以上だとアルカリ性，それ以下だと酸性．ピーエッチともいう．

ペーパー【paper】 紙．新聞紙．書類．論文．

ベーパーウエア【vaporware】 I算宣伝が先行しているが，未完成状態のハードウエアやソフトウエアのこと．完成せずに蒸気のように消えることもあるところから．

ペーパーウエート【paperweight】 文鎮．紙押さえ．

ペーパーウォール【paper wall】 経紙の壁の意で，日本の非関税貿易障壁．市場参入時に，大量の許認可申請書を提出するところから．

ベーパーエンジン【vapor engine】 機水以外の物質を用いる蒸気エンジン．

ペーパー オーナー ゲーム【paper owner game 日】 競仲間内で競走馬を選んで架空の馬主となり，実際のレース結果から商品などをやり取りするゲーム．POGともいう．

ペーパーカンパニー【paper company 日】 経税金逃れなどのために設けられた名目だけの会社．幽霊会社．英語はdummy company (corporation)．

ペーパークラフト【papercraft】 美紙細工．紙工芸．

ペーパー クロマトグラフィー【paper chromatography】 化水を含んだ濾紙を固定相，溶媒を移動相とする試料分離法．アミノ酸などの微量分析に用いる．

ペーパー商法【paper marketing plan】 社現物まがい取引．金やダイヤモンドなど現物を売ると見せかけて預かり証だけを渡すやり方．

ペーパータイガー【paper tiger】 張り子のトラ．見掛け倒しの人や物．

ペーパータトゥー【paper tattoo】 "紙の入れ墨"のことで，昔あった写し絵を応用したもの．花やチョウなどのカラフルなデザインを胸元や手首などに紙から写し取る．

ペーパー電池【paper battery】 電ICカードなどに内蔵する極めて薄いシート状の電池．

ペーパードライバー【paper driver 日】 社運転免許証はあるが，まるで運転しない人．英語では日曜日など，時間に余裕のある時だけ運転する人をSunday driverという．

ペーパードレス【paper dress】 服紙で作る衣服．

ペーパーバック【paperback】 紙表紙の軽装本のこと．ソフトカバーブックともいう．

ペーパーマージン【paper margin】 経帳簿上でのみ発生する利益．問屋の斡旋でメーカーが商品を直接販売店に運び，問屋にはマージンだけが支払われる場合などをいう．

ペーパーレス【paperless】 I情報を伝達するのに紙を使わないこと．書類などを電子化してやりとりすること．

ペーパーレス オフィス【paperless office】 I営職場において，情報の記録・処理方法が電子機器で行われ，紙を使わなくなること．

ペーパーレスＣＰ【paperless commercial paper】 経券面なしで発行される有価証券．

ペーパーレス システム【paperless system】 経証券類を発行しないで，口座に記帳するだけで売買や譲渡を行う制度．

ペーパーレス取引【paperless trading】 I営ネットワークを通じて電子的に取引すること．請求書や領収書などの紙がいらない．

ペーパーレス ファイリング【paperless filing】 I営マイクロフィルムや磁気記憶媒体などによって，従来の文書・メモ・図面などの書類を整理・保存すること．

ベーパーロック【vapor lock】 機ブレーキオイルに気泡が生じたり，燃料供給装置に蒸気が発生したりして起こる故障．

ペーパーワーク【paperwork】 書類などを作成する仕事．

ベーパライゼーション【vaporization】 軍核戦争によって，すべての生物や鉱物などが蒸発してしまうこと．

ペーブメント【pavement】 舗道．舗装道路．舗装した歩道，人道，車道．ペーブともいう．

ペーブメント アーチスト【pavement artist】 美白墨などを使って舗道に絵を描く人．歩行者などに見せて金をもらう．

ヘール【HALE】 軍アメリカ国防総省が提唱した高

空域長期滞空無人機．high altitude long endurance の頭字語から．

ベール【veil】①服かぶりもの．女性が顔を覆うのに使う薄い布や網．②覆い隠すもの．包み隠すもの．

ペール¹【pail】手おけ．バケツ．

ペール²【pale】青白い．蒼白な．青ざめた．色の薄い．淡い色の．

ペールオレンジ【pale orange】淡いだいだい色．赤みが薄くかかった黄色．

ペールトーン【pale tone】淡くぼんやりとした色調．

ヘールボップ彗星【Comet Hale-Bopp】天 1995年にアメリカのアラン・ヘールとトーマス・ボップが発見した彗星．97年に地球に最接近した．

フェーロン【feilong 飛竜 中】綬中国式の競漕．またそれに用いる船．ハイロンともいう．

ベガ【Vega】天こと座のアルファ星．織女星．七夕伝説で知られる．

ヘキサクロロベンゼン【hexachlorobenzene】化有機合成や殺虫剤に用いていた無色針状の化合物．特定化学物質として製造および使用が禁止された．

ヘキサン【Hexan 独】化メタン系炭化水素のうち，炭素数が6のものの総称．溶剤などに用いる．

ペキノロジー【Pekingology】政中国政治に関する問題の分析・研究．

ペグ【peg】留め具．釘．くい．くさび．

ペグインターフェロン【peginterferon】薬C型肝炎治療薬．商品名・ペグイントロン．

ヘクシャー オリーン定理【Heckscher-Ohlin theorem】経自国の資本や労働という生産要素の構成比が，貿易パターンを決めるとする理論．スウェーデンの経済学者ヘクシャーが提唱し，同国のオリーンがさらに展開した．

ベクター【vector】生遺伝子組み換えで，遺伝子を細胞内の目的の場所まで運ぶ物質．遺伝子運搬体．

ベクター スキャン ディスプレー【vector scan display】IT算ディスプレー画面上で，イメージに沿って自由な軌跡を描かせて描画するスキャン方式．

ペクターゼ【pectase】化ペクチンを分解する酵素の一種で，果実に含まれている．

ベクター/秒【vectors per second】IT算グラフィックスアクセラレーターの性能を表す指標の一つ．数値が大きいほど性能がよい．

ヘクタール【hectare 仏】メートル法での面積の単位の一つ．1ヘクタールは100アールで，10000 m²．記号は ha．

ペクチン【pectin】化果実などに含まれる多糖類の一つ．ペクチン質の主成分．

ヘクト【hect-】10^2（100倍）を表す国際単位系（SI）の接頭語．記号は h．

ヘクトパスカル【hecto-pascal】圧力および応力の単位の一つ．記号は hPa．1ヘクトパスカルは1cm²当たり10^3ダインの圧力．

ベクトル【vector】①数理力・速度などに用いる，大きさ（長さ）と方向で表される量．⇔スカラー．②方

向．方向性．

ベクトル演算【vector operation】IT算CPU（中央処理装置）が複数組のデータに対して，一つの命令で同一演算を行う方式．

ベクトル画像【vector image】IT算数式による幾何学的な定義で絵柄を表現する画像．拡大・縮小しても鮮明さは失わない．

ベクトルデータ【vector data】IT算文字や図形を方向と長さをもつ線（ベクトル）の組み合わせとして記録したデータ．

ベクトル場【vector field】数微分方程式を幾何学的に捉えると，空間の各点に連続的にベクトルが与えられた状態となること．

ベクトル プロセッサー【vector processor】IT算ベクトル演算が実行できる処理装置．高速処理ができる．アレイプロセッサーともいう．

ベクレル【becquerel】理放射能の国際単位．原子核が放射線を出しながら崩壊していく割合をいう壊変率を表す．記号は Bq．

ベクレル線【Becquerel rays】理放射性物質から出る放射線の総称．

ヘゲモニー【Hegemonie 独】主導権．支配権．

ヘゲモニズム【hegemonism】政覇権主義．大国がその支配権の確立を目指して行う対外拡張政策のこと．特に，領土拡張政策をとっている場合についていう．

ベゴニア【begonia】植シュウカイドウ科ベゴニア属の植物．熱帯，亜熱帯に広く分布する．葉は左右不対称．数多くの園芸種がある．

ペザント【peasant】農小作人．農民．

ペザントアート【peasant art】芸農民芸術．

ペザントルック【peasant look】服ヨーロッパの農民の素朴な服装をまねて街着にアレンジした装い．

ベジェ曲線【Bezier curve】IT算始点と終点と複数の制御点を決め，制御点で曲線の伸びる方向を指定することで数学的定義に基づいて描かれる自由曲線．コンピューターグラフィックスで用いる．

ベジタブル【vegetable】①野菜．青物．蔬菜（そさい）．②植物．

ベジタブル ガーデン【vegetable garden 日】料観賞と収穫を兼ねて，料理に使う野菜を栽培する庭．

ベジタブル ファイバー【vegetable fiber】服生分解性衣料素材の一つ．植物から作る繊維のこと．

ベジタリアン【vegetarian】菜食主義者．

ヘジテーション【hesitation】①芸ダンスで，足を1歩踏み出し，そのままの姿勢で少し休止すること．②躊躇（ちゅうちょ）．ためらい．

ベジテーション【vegetation】植草木．一定地域にある植物．植生．

ベジバーガー【vegeburger】料野菜や大豆たんぱくの調理食品で作るハンバーガー．

ヘジフレーション【hesiflation】経景気はよくないがインフレだけが進行する経済状態．

ペシミスティック【pessimistic】悲観的な．厭世的（えんせいてき）な．

ペシミスト【pessimist】悲観主義者．厭世主義

者．⇔オプチミスト．

ペシミズム【pessimism】 悲観論．厭世主義．厭世観．⇔オプチミズム．

ベシャメルソース【sauce béchamel 仏】料 小麦粉をバターで炒め牛乳でのばし、塩・香辛料を入れて煮つめた白色の濃厚なソース．ホワイトソース．

ベジョータ【bellota 西】料スペイン語で「どんぐり」のこと．どんぐりを食べて育った最高級のイベリコ豚にも使われる．

ヘジラ【Hegira】社宗ムハンマド（マホメット）が622年にメッカからメジナに逃れ移ったこと．イスラム暦元年．回教紀元．

ベステッドスーツ【vested suit】 服三つぞろいのスーツ．

ベスト[1]【best】 ①一番よい．最もよい．⇔ワースト．②最善．全力．

ベスト[2]【vest】 服チョッキ．胴着．

ペスト【Pest 独】 医黒死病．法定伝染病の一つ．桿状菌の一種であるペスト菌によって発病する．英語では plague ともいう．

ベスト アンド ブライティスト【best and brightest】社エリート階級．

ベストエフォート型【best effort type】I算ネットワークの混雑時に、エンドツーエンドの実行伝送速度を保証しないサービス．

ベスト コンディション【best condition】 最良の状態．絶好調．

ベストセラー【best seller】営最もよく売れている商品．とくに書籍など．

ベストドレッサー【best dresser 日】服洋服を上手に着こなす人．洗練された装いのできる人．英語は best-dressed person．

ベスト ビフォア デート【best before date】料食品の包装や容器などに記す賞味期限の日付．

ベストプラクティス【best practice】営経営やマーケティング活動の革新を図るのに最も優れた事例．

ベストボーイ グリップ【best boy grip】映撮影・照明用の電源を確保し管理する担当者．

ベストボール方式【best-ball 一】競（ゴルフ）団体戦で、一チームごとに各ホールの一番良いスコアを採用する方式．

ベストポケットパーク【vest-pocket park】社小公園．ポケットパークのこと．

ペストリー【pastry】料パン菓子やパイなどの菓子類．

ベストン【veston 仏】服ふだん着の背広服．

ベストンクロワゼ【veston croisé 仏】服ダブルの上着．

ベスナリノン【vesnarinone】薬経口強心剤の一つ．

ヘスペロス【Hesperos 希】天宵の明星．夕方に西の空に輝く金星．

ベセト演劇祭【Beseto 一】劇東アジア最大の演劇祭．1994年に第1回を開催．ベセトは北京（Beijing）、ソウル（Seoul）、東京（Tokyo）の頭字語から．

ペタ【peta-】10^{15}を表す国際単位系（SI）の接頭語．記号はP．

ベターエージング サービス【better aging service】営社高齢者の生きがいと健康志向にこたえて、よりよい生活を支援・演出する事業．シルバービジネスの一つ．

ベターハーフ【better half】 よき妻．よき伴侶．愛妻．妻．

ベターリビング【better living】社もっと豊かなよりよい生活．

ペダゴジー【pedagogy】 教教育学．教授法．元来は少年の教育学の意．

ペダロ【pedalo】足踏み式で推進するボート．娯楽施設などで用いる．

ペタンク【pétanque 仏】競直径約3cmの木製の標的球に、金属球を2チームの選手が一人2投し、標的球に近い球の数で競う球技．

ペダンチズム【pedantism】 学者ぶること．知ったかぶり．衒学（げんがく）趣味．

ペダンチック【pedantic】 学をひけらかす．知ったかぶりをする．

ペチカ【pechka 露】ロシア式暖房装置．壁に作り付けた暖炉．ペーチカともいう．

ペチコート【petticoat】 服スカート状の女性用下着．

ペチコート ガバメント【petticoat government】社女性優位の社会．女性による政権．

ペチュニア【petunia】植ツクバネアサガオ．ナス科の1年草．南アメリカ原産．広漏斗状の花が咲く園芸種．

ペッカリー【peccary】動ヘソイノシシ．ペッカリー科の哺乳動物．南北アメリカに生息する．皮革は手袋などの材料になる．

ペッキングオーダー【pecking order】 序列．階級組織．

ペッグ【peg】①経価格や為替レートなどのくぎ付け水準．②くぎ．くい．栓．ペグともいう．

ベックマン温度計【Beckmann thermometer】化理100分の1度の温度差が測れる精密温度計．

ペッサリー【pessary】 医女性用避妊具の一種．膣内に挿入して子宮口をおおう．

ヘッジ【hedge】①経つなぎ売買．市場価格変動に伴う取引評価損の回避手段の一つ．②丸損を避けるためにする両賭け．③障壁．障害．

ヘッシー【HESSI】宇NASA（アメリカ航空宇宙局）の高エネルギー太陽像観測衛星．2001年に打上げた．high energy solar spectroscopic imager の頭字語から．

ヘッジ取引【hedge 一】経掛けつなぎ取引．為替変動リスクを減少させるため、先物取引で直物と反対の持高を組むこと．

ヘッジファンド【hedge fund】経先物やオプションなどを用い投資効果を狙うファンド．

ヘッジング【hedging】経つなぎ売買．

ベッセル【vessel】①底のくぼんだ器．②船．③飛行船．④動脈管．血管．⑤植導管．

ヘッダー【header】①標題．小見出し．②I算

出しなどのこと．
ベッティング【betting】賭け事．賭け金．
ベッティング【petting】 社性交を伴わない性的愛撫．メーキングアウトともいう．
ヘッド【vet 蘭】 科牛の脂肪．またそれから採る料理用の油．
ヘッド【head】 ①頭．頭部．② 競(ゴルフ)クラブの先の球を当てる部分．③ Ⅰテープレコーダーなどで，磁気テープに接触し，録音・再生・消去を行う部分．④頭．長．主任．指導的立場にある人．⑤頭脳．知力．
ベット【bet】賭け．賭ける．
ペット【pet】 ①動愛玩動物．②お気に入り．かわいがっているもの．
ペットアーキテクチャー【pet architecture 日】 建都市中心部などで，狭くて不定形なすき間のような敷地を利用した建築物．PA．
ヘッドアップ ディスプレー【headup display】 軍戦闘機などの操縦士が注視する前方視野内に，攻撃兵器の照準表示や各種計器の飛行情報を映し出す装置．映像は透過性の反射鏡に機外の景色と重なって表示される．HUDともいう．
ベッド アンド ブレックファースト【bed and breakfast】 営社英米での民宿の方式．一般家庭が安い値段で，旅行者に宿泊させ朝食を提供するサービス．B＆B ともいう．
ベッドイン【bed-in】 ①社街頭などにベッドを持ち出して，その中に入って抗議運動を行うこと．②男女が性行為をもつこと．この意味では英語は go to bed with ～，または sleep together という．
ヘッドエンド【head end】 Ⅰ放ケーブルテレビ事業者のセンター設備．分配する番組をチャンネルごとの周波数に合わせて送信する．
ヘッドカーペンター【head-carpenter】 映劇放大道具の主任．セットや観客席など木工全般の製作主任．
ヘッドカチーフ【headkerchief】 服女性が頭にかぶるふろしき状の布．
ペット感染症【pet-infection】 医病原体がペットなどの動物から人間に感染する疾患．鳥からのオウム病，鳩の糞からのクリプトコッカス症などが知られる．
ヘッドギア【headgear】 競頭部を保護する防具．ボクシングやラグビーなどで用いる．
ペット共生住宅【pet 一】 建動犬や猫などの愛玩動物が飼える設備・環境を備えた住宅．
ヘッドクオーター【headquarters】 ①本部．司令部．本社．②本部員．司令部員．
ペットグラス【pet grass 日】 植犬や猫など愛玩動物用の食用草．
ペットクローン【pet clone】 生動クローン技術によってペットを作り出すこと．
ヘッドコーチ【head coach】 競コーチ団の主任格の人．
ペットシェルター【pet shelter】 動愛玩動物用の避難所．犬や猫などがリハビリや治療を受けたり，新しい飼い主を見つけたりすることを目指す施設．

ヘッドシザース【head scissors】 競(レスリング)相手の頭を両手で挟み，締めあげる技．
ペットシッター【pet-sitter】 営飼い主が家を留守にする時に，愛玩動物の世話を引き受ける職種．
ペット シッティング【pet sitting】 社留守番を兼ねてペットの世話をする仕事．
ヘッドスタート【head start】 ①競競走などで得た有利なスタート．②人に先んじること．機先．③教アメリカの就学前教育補助政策．貧しい家庭の幼児が対象．1960年代に開始．
ヘッドスピン【headspin】 芸ブレークダンスで，逆立ちして頭を床などに着けて回る踊り方．
ペットセラピー【pet therapy】 医心動物との触れ合いで，人間の健康向上や生活の質の向上に役立てること．ペット療法，アニマルセラピーともいう．
ベッドタウン【bed town 日】 社大都市周辺の住宅区域．都心に働きに出た住民が寝るためにだけ帰ってくる町ということから．英語は bedroom town, bedroom community, commuter town, dormitory suburb（town）．
ペットチャンネル【pet channel 日】 放愛玩動物を含む動物専門チャンネル．スカイパーフェクＴＶで始まり，さまざまな動物情報を扱った．
ペットツリー【pet tree】 携帯ミニ植物カプセル．親指大のカプセルにサボテンなどの観葉植物を入れて育てる．
ヘッドトーン【head tone】 音頭声．高い声を出す時の発声．
ヘッドノート【headnote】頭注．⇨フットノート．
ペットパスポート【pet passport】 社動ペット専用の旅券．2004年にEU（欧州連合）が導入．
ヘッドハンター【headhunter】 ①優秀な人材のスカウトを行う業者あるいは人．② 競(フットボール)相手の頭を狙って激しいタックルをする守備側の選手．③首狩り人．
ヘッドハンティング【headhunting】①営社企業などが行う人材集め．引き抜き．②未開部族の首狩り．
ヘッドピース【headpiece】 ①かぶと．かぶりもの．帽子やヘルメットなどを指す．②書物の章やページの冒頭部分に入れる小型の挿絵．
ヘッドピン【headpin】 競(ボウリング)1番ピン．三角形の頂点にあるピン．キングピンともいう．
ヘッド ファッション【head fashion】 容ヘアリボン，ヘアバンド，ターバン，帽子などを用いて髪を飾ること．
ペットフード【pet food】 動愛玩動物用の食料．栄養素がバランスよく配合されている．
ヘッドボイス【head voice】 音頭声．裏声．鼻と頭の間を共鳴させて出す高い声．
ペット法学会【pet 一】 動愛玩動物と共生するための法律の整備を目指す日本の学会．1998年に設立．
ベッドホッピング【bed-hopping】 社多くの異性と性的な関係をもつこと．
ペットホテル【pet hotel 日】 営飼い主が家を留守にする時に，愛玩動物を預けられる施設．

537

ペットボト ▶

ペットボトル【PET bottle】 化ポリエチレンテレフタレート(polyethylene terephthalate)製の透明容器．軽くて落としても割れない．

ペットボトル再生繊維【PET bottle —】 化ペットボトルを再利用して生産したポリエステル糸．1993年にアメリカの繊維メーカーがフリースの上着を発売した．

ペットボトル症候群【PET bottle syndrome 日】 医清涼飲料の飲み過ぎで高血糖となり脱水症状でのどが渇き，さらに清涼飲料を多量に飲むという悪循環から昏睡状態に陥る症状．

ペットボトル ロケット【PET bottle rocket 日】 ペットボトルを再利用し，空気圧で水噴射のロケットを飛ばす遊び．

ヘッドホン オーディオ【headphone audio】 音ヘッドホンで聴くオーディオ機器．

ヘッドホンステレオ【headphone stereo】 ヘッドホンを用いて聴く携帯用プレーヤー．

ヘッド マウンテッド ディスプレー【head mounted display】 I算頭に直接取り付けて，仮想現実感を実現する装置．HMDともいう．

ヘッドマッサージ【head massage】 容頭皮に施すマッサージ．毛髪の生育を助ける．

ペットマンション【pet mansion 日】 建愛玩動物と一緒に暮らせる中高層集合住宅．犬や猫などを自由に飼えるように工夫されている．

ベッドメート【bedmate】 ベッドを共にする仲間，すなわち愛人のこと．

ヘッドライン【headline】 新聞・雑誌などの記事の見出し．

ヘッドライン ゴール【Headline Goal】 政1999年にヘルシンキ欧州理事会で設定されたEU(欧州連合)独自部隊の達成目標．

ペット療法【pet therapy 日】 医心動物と触れ合って心身の健康向上などを図る療法．ペットセラピー，アニマルセラピーともいう．

ベッドルーム コミュニティー【bedroom community】 社夜間に寝るためだけに帰る大都市周辺の住宅区域．郊外のベッドタウン．ドーミトリーシティーともいう．

ヘッドレスト【headrest】 機自動車の座席などにある頭支え．

ペットロス【pet loss】 心愛玩動物などを失って悲しんでいる心理状態．

ペットロボット【pet robot 日】 I愛玩動物の代わりにするロボット．1999年にソニーがロボット犬「アイボ」を発売．

ヘッドワーク【headwork】 社頭脳労働．頭を使う仕事．

ヘップ【hep】 ①最新の流行に詳しいこと．②音ジャズ演奏家の発する音などの掛け声のこと．③皮膚感覚的に同化・感応できること．

ペティキャッシュ【petty cash】 経小口現金．小遣い銭．

ペディキュア【pedicure】 容足の爪の手入れ．エナメルを塗ったりして足先を美しく見せる．

ペティジャスティス【petty justice】 小さな正義．つまらない者たちの正義．

ペティナイフ プチ(petit)とナイフ(knife)の合成語からの転．果物ナイフ．この意味では英語は fruit knife．

ペディメント【pediment】 ①建古代ギリシャ・ローマ時代の建築で，建物上部に設ける三角形の壁．②建扉や窓の上に設ける三角形の部分．

ヘディング【heading】 技(蹴)頭(ズ)で球を飛ばす技術．シュート，パス，クリアに用いる．②技(ボク)頭・肩・ひじ・ひざが相手の顔にぶつかるバッティングのこと．アマチュアの場合に使う用語．

ベデカー【Baedeker 独】 旅行案内書．ドイツのベデカー出版社の旅行案内書．

ペデスタル【pedestal】 放テレビカメラを前後左右に動かせる台．

ペデストリアン【pedestrian】 歩行者．徒歩の．

ペデストリアン モール【pedestrian mall】 建歩行者道路．繁華街などに作る自動車や自転車の入れない道路．

ペデラスティ【pederasty】 社心男性の同性愛．男色．男色関係．

ベテラン【veteran】 ①熟練者．老練家．その道の達人．この意味では英語は expert．②軍復員軍人．退役軍人．

ヘテロ【hetero】 異形．異性．異質．

ヘテロジーニアス【heterogeneous】 異質な．異種の．雑多な．混合の．⇔ホモジーニアス．

ヘテロセクシズム【heterosexism】 社同性愛者に対して差別的な考え方や態度をとること．

ヘテロセクシャリティー【heterosexuality】 社異性愛．⇔ホモセクシャリティー．

ヘテロ接合【hetero-junction】 化ガリウム・ヒ素とガリウム・アルミニウム・ヒ素など，異種の半導体の層を重ねて特別の効果を発揮させる接合．

ヘテロダイン【heterodyne】 電無線受信法の一つ．受信電波に近い周波数の電気振動を出して，うなりを生じさせて検波する．

ヘテロダイン検波【heterodyne detection】 理複数の位相成分を計測する量子測定法．

ヘテロドキシー【heterodoxy】 異端．非正統．異説．⇔オーソドキシー．

ヘテロドックス【heterodox】 異端の．正統でない．⇔オーソドックス．

ヘテロドックス ショック【heterodox shock】 経インフレ抑制のため1980年代に中南米諸国が行った経済政策の一つ．デフレの苦痛を避けながらインフレを収束させようとする．

ベドウィン【Bedouin】 アラブの遊牧民．砂漠を中心に遊牧生活を営む．

ベトー【veto 羅】 拒否権．

ベトナム世代【Vietnam generation】 社アメリカのベトナム戦争(1960〜75年)のころ徴兵される年齢だった世代．

ヘドニズム【hedonism】 快楽主義．享楽主義．

ペドファイル【pedophile】 心幼児性愛者．小児性愛者．子供を性欲満足の対象とする性的倒錯傾向をもつ人．

ペドフィリア【pedophilia】 心子供に性的欲望を感じる変態性欲．

ペドメーター【pedometer】歩数記録計.

ペトリオット【patriot】軍アメリカ陸軍が開発した対空ミサイルシステム. 車載で機動性が高い. パトリオット.

ペトローリアム【petroleum】化石油.

ペトロザウルス【petrosaurus】営巨大石油会社. 巨大な恐竜になぞらえた呼称.

ペトロフード【petrofood】料石油を材料にして作った食物. petroleum と food の合成語.

ベナール対流【Bénard convection】理非平衡開放系で起こる分岐現象. 2枚の水平な境界面の間に水などの流体を入れ, 下面を上面より高温に保った時, 温度差が限界を超えると対流が生じる.

ヘナ トリートメント【henna treatment 日】容ヘナの葉や幹を乾燥し, 粉末にして整髪剤に用いるもの. ヘナは北部アフリカやインドなどの熱帯地方に産する灌木.

ペナルティー【penalty】①罰則. ②反則行為に対する罰則. 罰. 罰金.

ペナルティーエリア【penalty area】競(サッカー)ゴールキーパーが手を使えるゴール前の四角形の区域.

ペナルティーキック【penalty kick】①競(サッカー)ペナルティーエリア内で守備側が犯した直接フリーキックとなる反則に対し, 攻撃側に与えられるキック. ②競(ラグビー)相手側に反則があった時に与えられるキック. PK ともいう.

ペナルティー ボックス【penalty box】競(アイスホッケー)罰則席. 反則した選手が一定時間退場する所に入る.

ペナント【pennant】①細長い三角形の小旗. ②競野球などで優勝旗. 転じて, 優勝・覇権.

ペナントレース【pennant race】①競(野球)プロ野球の公式戦. ②優勝を争うこと. またその試合.

ペニーアーケード【penny arcade】社硬貨を使ってゲーム機器などが楽しめる娯楽施設. ゲームセンター.

ペニーピンチング【penny-pinching】節約. 倹約. 極端にけちをすること.

ペニシリン ショック【penicillin shock】医ペニシリンを注射・服用した際に起こる急性の副作用反応. 時には死亡することもある.

ベニヤ板【veneer 一】建合板. 薄板(ベニヤ)を多数張り合わせて作る. 本来, 合板に用いる薄板をベニヤといい, 合板は英語では plywood.

ベニュー【venue】①競技会や演奏会などの開催地・会場. ②法犯行の発生地. 現場.

ペニョワール【peignoir 仏】服化粧着. 部屋着. ガウン. ペニェは櫛でとかすという意.

ペニョワール スタイル【peignoir style】服打ち合わせにボタンがなく, ゆったりと羽織るガウン風のスタイル.

ベネチア国際映画祭【Mostra Internazionale d'Arte Cinematografica Venezia 伊】映1932年に設立された国際映画祭. 最も長い歴史をもつ.

ベネチア ビエンナーレ【Biennale di Venezia 伊】美イタリアのベネチアで2年に一度開催される展覧会. 100年余りの歴史をもつ.

ベネチアン【Venetian】①ベネチアの. ベネチア風の. ②服毛織物の一つ. しゅす織り, または綾織りで光沢がある. コートや背広などに用いる. ベネシアンともいう.

ベネチアンガラス【Venetian glass】ベネチア製の装飾ガラス器. ベネチアングラスともいう.

ベネチアン ブラインド【Venetian blind】日よけ用の板すだれ. ひもで引っ張って採光を調節する.

ペネトレーション テスト【penetration test】I算企業のネットワークに侵入してセキュリティーを点検する侵入検査. ネットワークコンサルティング企業などが依頼を受けて行う.

ペネトレーション フォールト【penetration fault】競(バレーボール)ネットを越えて相手方コート内にある球に触れる反則. オーバーネット.

ペネトレーター【penetrator】①貫通機. 針入度計. ②洞察者. 正体などを見破る人.

ベネフィット【benefit】①利益. 利点. 有益なこと. 恩恵. ②経社保険金の給付金. ③営社慈善興行. 慈善を掲げて行う商品販売.

ベネルックス【Benelux】ベルギー, オランダ(ネーデルラント), ルクセンブルクの3国. 本来は1944年に調印された3国間の関税同盟協定を指す. Belgium, Netherland, Luxembourg の頭文字から.

ペパーミント【peppermint】植ハッカ. ハッカ油. ハッカ油を主成分とした果実酒.

ベバリッジ【beverage】料茶, ビール, 牛乳など, 水以外の飲み物. ビバレッジともいう.

ベバリッジ報告【Beveridge Report】社社会保険及び関連制度」と題する報告書. イギリスの社会保険のあり方を検討した委員会(委員長はベバリッジ)が1942年に発表した.

ヘビー【heavy】重い. 重たい. 強度の. 激しい. 厳しい. 困難な. ↔ライト.

ヘビーウエイト【heavyweight】①重量のある. 平均以上の重さの. ヘビー級の. ②業界の大手企業・有力企業. ③有力者. 重鎮.

ヘビーオイル【heavy oil】化重質油. 硫黄分が高く流動性に乏しい石油系資源.

ベビーギャング【baby gang 日】いたずらっ子. 手に負えないいたずらをする子.

ベビーゴルフ【baby golf 日】競(ゴルフ)コース距離の短いゴルフ. パターだけでコースを回る小規模ゴルフ. ミニチュアゴルフともいう.

ベビーサークル【baby circle 日】組み立て式の乳幼児用の囲み柵.

ベビーサイズ【baby size】小型. 小型の.

ベビーシート【baby seat 日】乳児用のカーシート.

ベビーシッター【baby-sitter】社親が留守の間, その家庭で乳幼児の世話をする人のこと. ナニーともいう.

ベビースイミング【baby swimming】競乳児水泳. 生後2週間〜2歳代を対象とする.

ヘビースモーカー【heavy smoker】社タバコをたくさん吸う人.

539

ヘビーデューティー【heavy-duty】 酷使や激務に耐え得るように作られた．丈夫な．激務．
ベビートーク【baby talk】 言幼児語．
ベビードール【baby doll】 あどけない子供のような女性．
ペピーノ【pepino 西】 植ナス科の多年草．ペルー原産．熱帯産の果物の一つ．実は卵形で果皮は黄色，熟すと紫色の縦しまが入る．
ベビーバギー【baby buggy】 乳母車．
ベビーバスターズ【baby busters】 社自分の時間を犠牲にして働かず，成功するまでゆっくり楽しむようなアメリカの若者たち．出生率が急落した時期に生まれた世代で，ベビーブーマーの後に当たる．
ヘビーハンズ【heavy hands】 競丈夫なバンドのついたダンベルのようなおもり．腕の筋肉鍛練などに用いる．
ヘビービード【heavy bead】 軍国防予算要求の中で最も高額な支出を伴う費目．アメリカの国防総省などで使う用語．
ベビーピンク【baby pink】 淡い桃色．柔らかい桃色．乳児用品などに使う．
ベビーフード【baby food】 料離乳食．特に缶詰などの市販製品についていう．
ベビーブーマー【baby boomer】 社第二次大戦直後のベビーブームで生まれた世代．BB．
ベビーブーム【baby boom】 社出生率が急激に高くなること．日本では第二次大戦後の団塊の世代をいい，アメリカでは1946～64年生まれたか．
ベビー ブームレット【baby boomlet】 社アメリカで，ベビーブーム世代を親にもつ，1978年以降生まれの人たち．
ベビーフェース【baby face】 童顔．
ベビーブルー【baby blue】 淡い青色．柔らかい青色．乳児用品などに使う．
ベビープルーフ【babyproof】 社乳幼児がけがなどをしないように，環境を安全にすること．
ベビーベル【Baby Bell】 工1984年にアメリカのAT&Tが企業分割した時にできた7つの地域電話会社．
ベビーホテル【baby hotel 日】 哲子どもを預かる民間施設の一つ．保護者の事情に合わせて，託児日数や時間帯を決める．英語は day nursery, day-care center．
ベビーマッサージ【baby massage 日】 医乳幼児向けにした乳幼児の体を親が手足から体の中心に向け徐々にさする方法．タッチケアともいう．
ヘビーメタル【heavy metal】 楽大音量と重いビートを特徴とするロックの一種．過激さを演奏舞台だけでなく，風俗，ファッション，動きなどすべての面で表現する．ヘビメタ．
ヘビーユーザー【heavy user】 工パソコンやテレビゲームなどを頻繁に利用する人．
ベビー用化粧品【baby-cosmetics】 容乳幼児の皮膚生理に基づいた，安全性にすぐれた乳幼児用の化粧品．
ヘビー ローテーション【heavy rotation】 放ラジオ局が推奨する新曲を，一日に何回も放送する方法．パワープレーともいう．

ベピコロンボ【Bepi Colombo】 宇日本とヨーロッパ共同で進めている水星探査計画．2013年に打ち上げ予定．
ヘファー【heifer】 ①動まだ子を産まない若い雌牛．②太った女の子．
ペプシン【pepsin】 化胃液中のたんぱく質分解酵素の一種．ペプシネともいう．
ヘプタスロン【heptathlon】 競（陸上）七種競技．女子の混成競技．連続2日間で，1日目に100mハードル，走り高跳び，砲丸投げ，200m，2日目に走り幅跳び，やり投げ，800mの順に行う．1981年に始まる．
ペプチド【peptide】 化2個以上のα-アミノ酸がペプチド結合してできる化合物の総称．
ペプトン【peptone】 化たんぱく質をペプシンで加水分解したもの．
ペブル【pebble】 丸い小石．玉石．水晶．
ペブルベッド モジュール型炉【pebble bed modular reactor】 理原子炉の一種．ドイツが開発した高温ガス炉．
ヘブン【heaven】 天国．楽園．天．空．
ヘブンアーティスト制度【heaven artist －】 芸社駅，公園などの指定場所で，公認を得た芸人が演芸などを見せる方式．2002年に東京都が開始．
ヘブンズゲート【Heaven's Gate】 宗アメリカのカルト集団の一つ．1997年にカリフォルニア州で38人の信者が集団自殺をした．
ヘブンリー【heavenly】 天国の．天空の．神聖な．神々しい．
ペヘレイ【pejerrey 西】 魚アルゼンチン原産のキスに似た体形の小型淡水魚．肉は白身で淡泊な味．日本でも養殖が進められている．
ヘボン式【Hepburn style】 言日本語をローマ字で書き表すのに用いるつづり方の一つ．アメリカの宣教師ジェームズ・ヘボンが考案．
ヘマチン【hematin】 化血液中のヘモグロビンの色素部分をなす暗青色の物質．
ヘミング【hemming】 服縁縫い．伏せ縫い．
ヘム【hem】 服洋服の縁や裾のこと．
ヘムステッチ【hemstitch】 服裾の折り返しや縁などの布端に施すかがり縫い．
ヘムト【HEMT】 電高電子移動度トランジスタ．ガリウム・ヒ素とN型アルミニウム・ガリウム・ヒ素をヘテロ接合させた面を，電子が高速で移動する性質を用いる超高速トランジスタ．high electron mobility transistor の頭字語から．
ヘムライン【hemline】 服裾の線．縁線．
ヘモグロビン【Hämoglobin 独】 化赤血球に含まれる色素たんぱく質．酸素の運搬に重要な役割を果たす．
ヘモロイド【hemorrhoid】 医痔．
ヘラ【Hēra 希】 ギリシャ神話で，最高の女神．ゼウスの妻で，女性の結婚生活を守る神．
ベライゾン コミュニケーションズ【Verizon Communications】 工営アメリカの大手通信会社．
ヘラクレス【Hēraklēs 希】①ギリシャ神話で，12の難事に挑んで成功した英雄．ヘルクレス，ハーキ

◀ベルギーワ

ュリーズとも．②経大阪証券取引所の新興株式市場の通称．

ベラム【vellum】写本・製本用の子牛や子羊の加工皮．またそれを模した上質紙．

ヘラルド【herald】伝達者．使者．先駆者．

ペリア方式【Peoria system】ゴルフプライベート競技のハンディキャップ算出法の一つ．アメリカのイリノイ州ペオリアで生まれた．

ベリー【berry】①植イチゴやブドウなど，水気の多い小さな果実．②魚魚卵．

ベリーガン【belly gun】短銃．護身用の小型拳銃．ピストル．

ベリーダンス【belly dance】医腹部や腰をくねらせて踊る，中近東アラブ系の官能的なダンス．ベリーは腹の意．オリエンタルダンスともいう．

ベリー ツー ベリー セリング【belly-to-belly selling】営互いが間近で向き合う形をとる直接販売のこと．

ベリーニ【bellini】料シャンペンとピーチネクターを混合した清涼飲料．

ペリー プロセス【Perry Process】政アメリカのクリントン政権末期に構想された北朝鮮の核・ミサイル問題解決への段階的取り組み．

ベリーロール【belly roll】競(陸上)走り高跳びの跳び方の一つ．腹を下にして，バーを回るような形で越える．

ヘリウム【helium】化希ガス元素の一つ．水素の次に軽い気体．気球や極低温研究などに用いる．元素記号は He．

ヘリオグラフ【heliograph】①理日照計．日照時間などを測定する．②カメラや信号設備などで，日光を利用したもの．日光通信機．日光写真機．

ヘリオシス【heliosis】医日射病．

ヘリオスコープ【helioscope】天太陽観測用の望遠鏡．

ヘリオスタット【heliostat】機日光を鏡で反射させて常に一定方向に送る時計仕掛けの回転鏡装置．

ヘリオトロン【Heliotron】理京都大学にある，磁場によるプラズマ閉じ込め装置．

ヘリオポーズ【heliopause】天太陽系圏．太陽の影響が及ぶ限界付近のこと．太陽から冥王星までの距離の2〜3倍で，太陽系全体を大きく包み込んでいるという．

ベリカードベリフィケーションカード(verification card)の略．放海外放送を受信して，その状態などを放送局に知らせると，送られてくるカード．受信確認カード．

ヘリカルＣＴ【helical CT】医X線管球がらせん状に連続回転運動して，投影データを収集するCT(コンピューター断層撮影法)．撮影台を連続的に移動させ，停止しなくても撮影ができる．スパイラルCT ともいう．

ヘリカルスキャン方式【helical scan】工算データ記録方式の一つ．テープに対して斜め方向にデータを記録していく方法．高容量化が容易．

ヘリコバクター ピロリ【Helicobacter Pylori】医らせん状の鞭毛(べんもう)がある好酸性グラム陰性桿菌．1983年にワレンとマーシャルが慢性胃炎患者の生検胃粘膜から分離した．

ヘリコプター【helicopter】機回転翼航空機．大型回転翼が起こす揚力で機体を浮上させる．

ヘリコミューター【helicommuter 日】社ヘリコプターを使う地域航空便．

ヘリスキー【heliskiing】競ヘリコプターで高山などに降り立ち，スキーをすること．

ペリスコープ【periscope】潜望鏡．展望鏡．

ベリタス【veritas 羅】真理．真実．

ヘリテージ【heritage】①遺産．受け継いだもの．伝承．②法相続財産．世襲財産．

ヘリテープ【helitape】ヘリコプターに取り付けたビデオカメラで撮影したビデオテープ．

ヘリテレ【helitele】ヘリコプターに取り付けて撮影するテレビカメラやビデオカメラ．

ヘリパッド【helipad】運ヘリコプター着陸帯．ヘリコプター発着場．

ベリファイ【verify】①確かめる．間違いないことを証明する．②工算ファイルをコピーした時に，元と同じかどうかを確認すること．

ペリフェラル【peripheral】工コンピューターやゲーム機の周辺機器のこと．

ヘリポート【heliport】建ヘリコプターの発着場．

ベリリウム【beryllium】化金属元素の一つ．元素記号は Be．引っ張り強さがあるので，航空機やミサイルの構造材に用いる．

ペリルポイント【peril point】経関税をこれ以下に引き下げると，国内産業に打撃を与えるという危険点．

ペリンダバ条約【Pelindaba Treaty】アフリカ非核化条約．1996年にカイロで49カ国が調印．南アフリカ原子力公社の所在地の地名に由来．

ヘリンボーン【herringbone】①杉綾織り．杉綾模様．②スキー開脚登高．斜面を逆ハの字形で登る方法．ヘリングボーンとも．

ヘル[1]【hell】地獄．ひどく苦しい状態．

ヘル[2]【Herr 独】男性に対する敬称．…氏．…さん．英語のミスター(Mr.)に当たる．

ベル【belle 仏】美人．一番美しい女性．花形．

ペル【pel】工算画素．コンピューターの画面全体を格子状に細分化した極小単位．picture element の合成語．ピクセルともいう．

ベル アグスタＢＡ609【Bell/Agusta BA609】機民間の小型輸送機の一つ．ベルとイタリアのアグスタが開発．

ベルウェザー【bellwether】指導者．先導者．

ベルエポック【belle époque 仏】歴「美しき時代」の意．普仏戦争後から第一次大戦までの，文化や芸術が栄えた時期．

ペルオキシソーム【peroxisome】生細胞質内の小胞．過酸化水素を分解する酵素を含む．

ベルカント【bel canto 伊】音オペラなどで，滑らかな音の美しさを出すイタリア式の唱法．

ベルギー派【Belgium 一】美1990年ごろからパリコレクションで活躍し始めたベルギー出身の服飾デザイナーたちの総称．アントワープ派ともいう．

ベルギーワッフル【Belgian waffle】料くぼみのある格子模様のワッフル．ベルギーのリエージュ地

541

方の家庭に一般的な菓子の一つ.

ベルクト【Berkut】 軍ロシア空軍のスホーイS-37の愛称. 第五世代の大型戦闘機の開発用試験機.

ベルクハイル【Berg Heil 独】 登登山者間のあいさつの言葉.

ベルクロ【Velcro】 服2枚一組の布からなる面状の止め具. ベルクロ社が商標をもち, 一般的名称として用いる. 日本ではクラレがマジックテープの名で商標登録している.

ヘルシー【healthy】健康な. 健全な.

ヘルシーフード【healthy food】 社健康・自然食品などを含めた健康志向的な要素のある食品や料理.

ヘルシンキ市民集会【Helsinki Citizens' Assembly】 社ヨーロッパの平和・人権運動を進める組織. 1990年にプラハで結成. HCA.

ヘルシンキ宣言 ①[Declaration of Helsinki] 医1964年ヘルシンキで採択された人体実験に対する倫理指針. ②[Helsinki Declaration] 経政欧州安全保障協力機構(OSCE)が1995年に最終文書として発表した安保・経済・人権に関する宣言.

ヘルシンキ プロセス【Helsinki process】 営環ヨーロッパの森林を対象として, 保全と持続可能な森林経営の国際的基準・指標を1994年に合意したもの.

ヘルス【health】健康. 体調. 衛生. 保健.

ヘルスキーパー【health keeper 日】 営企業内理療師. 社員の健康管理のため企業が雇用するマッサージ師.

ヘルスクラブ【health club】 経容健康増進や美容を目的とする運動施設・クラブ.

ヘルスケア【health care】健康管理.

ヘルスケアビジネス【health care business】 営社医療・介護関連の業態と健康増進関連の業態の総称.

ヘルスケアファンド【health care fund 日】 経医薬品, 医療機器, 介護関連事業など, ヘルスケア関連企業の株式で資金を運用する投資信託.

ヘルス コンシャスネス【health consciousness】健康意識. 健康についての意識.

ヘルス サイコロジー【health psychology】 心健康心理学. 心理学に行動医学を加え, 総合的に健康推進のあり方を研究する.

ヘルスセンター【health center】 社保養・休息・遊戯施設の整った大衆娯楽場. 原義は保健所. この意味では英語は recreation center.

ヘルスナット【health nut】 健康狂. 健康保持について深い関心をもち続けている人.

ヘルスパンダー【Healthpander】 競筋肉を鍛練する健康増進器. 商標名.

ヘルスメーター【health meter 日】 家庭用の小型の体重計. 英語は bathroom scale.

ペルソナ【persona 羅】 ①仮面. ②心外的人格. 外の世界に適応するための外面的・社交的な人格. ③[P-] I算ハンドヘルドパソコンの一種. 商標名.

ペルソナ グラータ【persona grata】 政外交使節などの接受国が, 好ましい人物として示す受け入れ承認. ⇔ペルソナ ノングラータ.

ペルソナ ノングラータ【persona non grata】 政外交使節などの接受国が, 好ましくない人物として示す受け入れ拒否. ⇔ペルソナグラータ.

ヘルダイブ【helldive】軍航空機の急降下爆撃.

ペルチェ効果【Peltier effect】理異種の金属の接触部に電流が流れると熱の発生または吸収が起こる現象. フランスの物理学者の名にちなむ. ペルティエ効果ともいう.

ペルチェ素子【peltier device】 I算電流を流すと片側が低温になり, 反対側が高温になるデバイス. 温度に敏感な半導体レーザーなどの温度補償用に使う.

ヘルツ【Hertz 独】 I理音波や電磁波などに用いる周波数の単位. 1秒当たりの振動回数で示す. 記号はHz.

ヘルツシュプルング ラッセル図【Hertzsprung-Russell diagram】 天横軸に星のスペクトル図あるいは有効温度, 縦軸に絶対等級あるいは全放射量をとって星々を表示した図. HR図ともいう.

ペルテス病【Perthes disease】 医股関節に痛みや鈍重感がある, 子供に多い病気.

ベルテッドコート【belted coat】 服ベルト付きコート.

ベルテッド ジャケット【belted jacket】 服ベルト付きの上着. 共布のベルトをよく用いる.

ベルト【belt】 ①服帯. バンド. ②動力伝達や物品運搬のための帯. ③社帯状に続く地域.

ベルトウエー バンディット【Beltway bandits】 軍アメリカの軍事コンサルタントの異称. 国防総省と軍需企業の仲介をする. 首都ワシントンの環状ハイウエー沿いに事務所が多いところから.

ベルトシュメルツ【Weltschmerz 独】世界苦. 悲観的な世界観. 感傷的な厭世主義.

ベルトハイウエー【belt highway】 建社都市周辺に作られる環状道路. ベルトウエーともいう.

ベルトポーチ【belt pouch】 服ベルトに下げる小さなかばん.

ヘルニア【hernia 羅】 医脱腸. 体内臓器が他の部位に逸脱する病気.

ベルヌ条約【Berne Convention for the Protection of Literary and Artistic Works】 1886年にスイスのベルン(ベルヌ)で制定された著作権の国際的保護条約. 日本は1889年に加入. ほかに, 1952年に成立した万国著作権条約(Universal Copyright Convention)があるが, 日本はこちらにも加入している.

ベルの不等式【Bell's inequality】 教ヨーロッパ原子核研究機関のJ. S. ベルが1969年に提出した不等式. 局所性と決定論を維持する隠れた変数があれば, 必ず満たされる相関数の不等式. その後の実験で否定され, 量子力学での"隠れた変数"の考えが否定された.

ヘルパー【helper】 ①助手. お手伝い. 家政婦. ②競水泳の練習用補助器具.

ヘルパー アプリケーション【helper appli-

ヘルパンギーナ【herpangina】医のどに水疱（すいほう）ができ、高熱が出る乳幼児の病気。夏に多くウイルスで感染する。

ヘルプ【help】①同意。援助。②助けになる人。手伝い人。③I算ソフトウエアの操作法や機能説明を表示する機能。たいていのソフトウエアに組み込まれている。

ヘルプキー【help key】I算実行中のソフトウエアのヘルプを表示させる機能を担うPC-98用のキーボードキー。

ヘルプ機能【help function】I算ソフトウエアなどの操作方法の説明文を、画面に表示する機能。ヘルプアイコンやヘルプキーなどを使う。

ヘルプシステム【help system】I算操作の手順や文字をアニメーションで説明するもの。

ヘルプセンター【help center】I算HTMLで記述したヘルプドキュメントの呼称。Mac OS 8.5から採用された。AppleScriptヘルプ、Macヘルプなどがある。

ヘルプデスク【help desk】I算パソコンやソフトの使い方などの相談・質問に電話で応答するサービス。

ヘルプライン【helpline】I生活や暮らしの悩みごとの相談に応じる電話サービス。

ヘルペス【herpes】医疱疹（ほうしん）。皮膚に小水疱が集中的に生じ、高熱・激痛を伴う。

ヘルペスウイルス【herpesvirus】生動物に感染するウイルスの一群。単純疱疹ウイルスが代表的なもの。

ヘルペスウイルス科【Herpesviridae】生DNA型ウイルスの一種。皮膚や粘膜に病変を起こす単純ヘルペスウイルスや水痘帯状疱疹ウイルス、先天性感染などで問題となるサイトメガロウイルスなどがある。

ヘルペスワクチン【herpes vaccine】薬単純疱疹（ほうしん）ウイルスによる症状の発現を予防・軽減するワクチン。

ベルベット【velvet】服柔らかい毛羽のある光沢をもった織物。ビロードともいう。

ベルベットゲットー【velvet ghetto】営女性ばかりで占められる職場。

ベルベティーン【velveteen】服別珍。綿ビロード。起毛した綿織物の一種。

ベルボトム【bell-bottom】服ズボンなどの裾広がりの形。ひざから下が釣り鐘状に広がっている。

ベルマーク【bell mark 日】教社教育基金助成票の通称。特定商品に付いているベル形のマーク。集めた点数で教育備品がもらえる。

ヘルムズバートン法【Helms-Burton Act】経政法1996年キューバ開放と民主連帯法。アメリカのキューバに対する経済封鎖強化を図る法律。

ヘルメス【Hermes】①ギリシャ神話で、商業、学芸、旅行などの神。②1987年のESA（欧州宇宙機関）閣僚レベルの会議で承認された宇宙往還機。

ベルモット【vermout 仏】料ニガヨモギ入りのブドウ酒。主にイタリア、フランスで造られ、食前酒やカクテル材料に用いる。

ベルモデル609【Bell Model 609】機ティルトローター方式の民間用航空機。標準7座席のビジネス機。

ベルモント ステークス【Belmont Stakes】競競馬で、アメリカの三冠レースの一つ。毎年6月にニューヨーク市近郊のベルモントパーク競馬場で行う。

ベルリン国際映画祭【Internationale Filmfestspiele Berlin 独】映1951年に西ベルリンで始まり、毎年開催されている映画祭。

ベルリンファッション【Berlin fashion】服ドイツの伝統を見直すアートな視点に特徴のあるファッション。旧東ベルリンにアートや音楽の拠点が移るにつれて脚光を浴び始めた。

ベルリン プラス アレンジメント【Berlin Plus arrangement】軍政NATO（北大西洋条約機構）の共同資産・軍事力を使用するための枠組み。

ペレグリン【peregrine】①社海外居住者。②流浪の。異国の。③鳥ハヤブサ。ペレグリンファルカンともいう。

ペレストロイカ【perestroika 露】経社政改革。再建、建て直し。旧ソ連のゴルバチョフ政権が進めた経済・社会などの改革をいう。

ペレット【pellet】①球粒。泥や紙などを丸めた小球。②薬丸薬。③弾丸。

ペレット種子【pelleted seed】種コーティングして大きさを整え、まきやすくした種子。

ペレットストーブ【pellet stove 日】機細砕した木材を乾燥・圧縮して作る粒状の固形燃料を用いる暖房器具。

ヘレニズム【Hellenism】①歴前4世紀アレキサンダー大王の東征以後に、地中海東岸から西南アジアにかけて広まった、東西融合の文化。②ギリシャ精神。ギリシャ的文化。

ベロア【velour】服ベルベット状の短い毛羽のある柔らかい毛織物。

ヘロイン【heroin】薬麻薬の一種。鎮静剤・麻酔剤として用いるが、常用すると中毒症状を起こす。俗語ではhorseという。

ベローズ【bellows】①ふいご。送風器。②カメラ・引き伸ばし機・接写装置などの蛇腹。

ベロシティー【velocity】①速度。速力。②I算コンピューターミュージックの音の強弱を表す数値。0から127までの数値で表す。

ペロタ【pelota】競素手やグローブ、ラケットなどを使い、壁面に当てた球を打ち返し合うゲームの総称。

ベロタクシー【verotaxi】自転車タクシー。ベロはラテン語が起源で自転車を意味する。

ベロ毒素【Vero toxin】医生大腸菌O157の病原性を担う毒素。赤痢菌の赤痢毒素に由来するとされる。

ペロン党【Peronist party】政アルゼンチンの正義党の異称。1946年に軍人政治家ペロンが大統領に選ばれた時の支持母体として発足。

ペンクラブ【PEN Club】社国際ペンクラブ。1921年にロンドンで結成し、文筆家の国際的な友

ペンコンピ▶

好・親善を図るのを目的とする．International Association of Poets, Playwrights, Editors, Essayists and Novelists の略．日本ペンクラブは1935年に結成された．

ペン コンピューティング【pen computing】 【情】キーボードやマウスで行う操作をペン型の入力機器で行うこと．

ペンション【pension】 ①西洋風の民宿．賄い付きの宿泊設備．②【経】年金．恩給．

ペンシル シルエット【pencil silhouette】 【服】ドレスの全体が細くて鉛筆のような感じの型．

ペンシル ストライプ【pencil stripe】 【服】細いはっきりした線のしま模様の布地．

ペンシルビル【pencil building 日】 【建】狭い敷地に建てる鉛筆状の細長い中高層建築物．

ペンシルプレス【pencil press】 鉛筆やペンなど筆記用具を使って文章を書く，活字メディアのジャーナリスト．

ベンジン【benzine】 【化】揮発油．石油を分留すると60〜120℃ぐらいで得られる引火性の液体．衣服の染み抜きなどに用いる．

ベンゼン【benzene】 【化】炭化水素の一種．石油などから得られる無色の揮発性液体．

ベンゼン ヘキサクロライド【benzene hexachloride】 【薬】有機塩素系の殺虫剤．BHC．

ベンゾピレン【benzopyrene】 【化】タールなどに含まれる発がん物質．

ベンダー【vendor】 ①【経】販売会社．売り手．売り主．②【情】OA機器，ソフトウエア，システムなどの販売納入業者や製造会社．

ベンダーストア【vendor store 日】 【経】さまざまな商品の自動販売機を備える形態の店舗．

ベンダーリース【vendor lease 日】 【経】販売会社向けの金融サービス．

ペンタクォーク【penta-quark】 【理】SPring-8（大型放射光施設）で発見された，五つのクォークによる準安定状態．通常の物質の素粒子は三つで構成．

ペンタクロロフェノール【pentachlorophenol】 【化】殺菌剤・除草剤などに用いる白色粉末状の結晶．1990年に生産中止．PCPともいう．

ペンタゴン【pentagon】 ①五角形．②［P–］【政】アメリカの国防総省の俗称（建物の由来する）．Department of Defense．

ペンタッチ【pen touch 日】 【情】表示装置の画面上に示される文字や図形などを，ライトペンでなぞって入力する方法．

ペンタプリズム【pentaprism】 【理】五角プリズム．光が直角に屈折する．

ペンタミジン【pentamidine】 【薬】エイズ患者によく発生するニューモシスティス カリニ肺炎に対する特効薬．

ベンダリゼーション【venderization】 【営】街頭での各種サービスの自動販売機化．

ペンダント【pendant】 ①【服】垂れ飾りの付いた首飾り．②天井からつるす照明器具．

ベンチウォーマー【bench warmer】 【競】（野球）ベンチを暖めている人．控え選手．

ベンチ サイエンティスト【bench scientist】 科学研究員．研究室や実験室で，実験台を離れないで研究を進める科学者．

ベンチプレス【bench press】 【競】パワーリフティングの種目の一つ．ベンチに仰向けになり，バーベルを両手で胸の上に押し上げる．

ベンチマーキング【benchmarking】 【営】業界の優良企業が示す経営指標を目標にして，業務改善を進める経営方法．

ベンチマーク【benchmark】 ①【建】地測量の水準基標，または水準点．②判断や判定のための基準・尺度．計測指標．③【営】標準価格．

ベンチマーク テスト【benchmark test】 【情】ハードウェアの性能を調べるため，一定の評価基準に基づいて行う試験．

ベンチャー【venture】 ①冒険．投機．賭け．思惑．②【経】投機の対象．冒険的な事業．

ベンチャー エンタープライズ センター【Venture Enterprise Center】 【営】研究開発や新分野の事業展開を目指す中小企業を支援する，通産省（現経済産業省）の外郭団体．VECともいう．

ベンチャー企業【venture business】 【営】高度な技術や専門的知識などを生かして，創造的事業活動を展開する中小企業．

ベンチャーキャピタル【venture capital】 【営】【経】成長性のあるベンチャービジネスに対する投資を専門に行う企業．VCともいう．

ベンチャービジネス【venture business】 【営】【経】高度な技術力と専門的な知識を生かして新事業を行う中小企業．アメリカではスモールビジネスともいう．

ベンチャーファンド【venture fund】 【営】【経】途上国などで成長余力のある国の，複数の企業の株式を集約して投資・運用する信託資金．

ベンチレーション【ventilation】 換気．通風．風通し．

ベンチレーター【ventilator】 【機】通風装置．換気装置．送風機．

ペンティアム【Pentium】 【情】インテル社製のCPU（中央処理装置）．

ペンティアムⅢ【Pentium Ⅲ】 【情】インテル社が開発したCPU（中央処理装置）．SSEなどを搭載して，マルチメディアへの対応が強化されている．

ペンティアム4【Pentium 4】 【情】インテル社が開発した32ビットのCPU（中央処理装置）．ペンティアムⅢより性能が向上している．

ペンティアムマシン【Pentium machine】 【情】インテル社のCPU（中央処理装置）であるペンティアムを搭載した機器．同時に二つの命令を実行できる．

ペンディング【pending】 保留．未決定．

ベンディングマシン【vending machine】 自動販売機．ベンダーともいう．

ベント【bentgrass】 【植】ゴルフコースに用いられる多年草の一種．

ベンド【bend】 ①【競】（スキー）板の反り具合．②ダンス

のひざの曲がり具合．③2本のロープをつなぐこと．④靴底などに使う上質の皮革．

ペントース【pentose】化五炭糖．炭素原子が5個ある単糖類．

ペントップＰＣ【pentop PC】[I]算手書き入力パソコン．キーボードの代わりにペンを使って入力できる．ペントップマシンともいう．

ベントパイプ【Bent pipe】軍数個の小型衛星群を戦術通信に利用するアメリカ国防総省のシステム開発計画．

ペントハウス【penthouse】①建屋上室．ビルの屋上塔屋．給水・換気装置などを収容する．②建窓などの上のひさし屋根．テニスコートの屋根付き回廊．

ヘンドラウイルス【hendra virus】医パラミクソウイルスの仲間．豚から昆虫を介して人に感染する．

ペンネーム【pen name】文筆家が用いる本名以外の名前．

ヘンパーティー【hen party】社女性だけの社交的な集まり・会合．⇔スタッグパーティー．

ペンパル【pen pal】文通仲間．ペンフレンド．

ヘンプ【hemp】植アサ．クワ科の1年草．

ペンフレンド【pen-friend】 文通友達．文通仲間．ペンパル．

ペンホルダー【penholder】 ①ペン軸，ペン掛け．②競(卓球)ラケットをペンを持つように握る方法．ペンホルダーグリップ．

ペンローズ タイリング【Penrose tiling】数理2種類の菱形タイルで平面を埋め尽くすこと．またその模様図．

ホ

ボア【boa】①動ボア科の大型ヘビ．無毒で，南アメリカに生息する．②服毛皮や羽毛で作る女性用の襟巻き．

ポア【powa チベ】宗浄土へ導くこと．より高い境地へ魂を導く儀式．

ポアソン【poisson 仏】①魚．魚介料理．②料メーン料理としての魚料理．ポワゾンともいう．

ホイール【wheel】①車．車輪．船の舵輪や自動車のハンドル．②[I]算インテリマウスに装備された車輪型のボタン．

ホイールベース【wheelbase】自動車の前後軸の軸の間の距離．軸間距離．

ホイールローダー【wheel loader】機建設機械の一種．ブルドーザー状で4輪走行する．

ボイコット【boycott】社排斥．排斥運動．共同不参加．共同放棄．不買同盟を結ぶこと．

ボイジャー【Voyager】①宇アメリカの木星および土星探査機．②機1987年に無給油・無着陸で地球を一周したアメリカの軽飛行機．4万500kmを9日間で飛んだ．

ボイジャー計画【Voyager project】 宇字

生物の有無などを調べるアメリカの惑星探測計画．

ボイス【voice】 ①声．音声．②声に出す．言い表す．表明する．③言態．相．

ボイスアーティスト【voice artist】映版声優．アニメーション映画などで台詞や歌の吹き替えをする．ボイスアーチストともいう．

ボイスオーバー【voice-over】映版テレビ番組や映画，ＣＭなどで，画面に現れない解説や語りを行う人の声．

ボイスチャット【voice chat】[I]Ｉマイクロホンを使いネットワーク上のおしゃべりをすること．

ボイス トレーニング【voice training】 発声訓練．発声について訓練・指導をすること．

ボイスプリント【voiceprint】 理声紋．人間の声を音響分析器で図に表したもの．

ボイスメール【voice mail】[I]コンピューターを利用して，通信網内の音声蓄積装置に蓄積された伝言を，自由に呼び出して聞ける通信システム．声の私書箱．音声メール．

ボイス ラインアップ【voice lineup】社被疑者の声を録音したテープを証人に聞かせ，当事者を割り出す方式．

ボイスレコーダー【voice recorder】機航空機に搭載される音声記録装置．操縦室内の会話や交信内容を記録する．

ボイスワープ【voice warp 日】[I]ＮＴＴ東日本・西日本が提供する転送電話サービス．1996年に開始．

ポイズン【poison】毒．有毒物．劇薬．弊害．

ポイズンピル【poison pill】營毒薬条項．企業の敵対的な合併・買収の回避法の一つ．買収が起きる前に，買収企業に不利となる契約を締結しておく．

ホイッスル【whistle】笛．口笛．警笛．合図．

ホイッスル ストップ ツアー【whistle-stop tour】政アメリカの選挙で，短時間で多くの場所を遊説すること．列車で遊説し小駅（whistle stop）ごとに後部デッキから演説をしたことから．

ホイッスル ブローイング【whistle-blow-ing】營社企業内告発．企業内部から起こる告発．

ホイッスル ブローワー【whistle-blower】①内部告発者．密告者．②營企業内告発者．

ホイットブレッド世界一周レース【Whit-bread Round The World Race】競(ヨット)世界最長距離の外洋ヨットレース．ビールメーカーのホイットブレッド社が提供している．

ホイップ【whipping】料卵やクリームを泡立てること．また泡立てたもの．

ホイップクリーム【whipped cream】料泡立てた生クリームのこと．

ボイド【void】 ①役に立たない．無効の．中空の．空いている．②天宇宙の大規模構造を構成する空間．超銀河同士のネットを隔てる空間で，5000万光年から数億光年の大きさ．

ボイド効果【void effect】理沸騰水型原子炉で，冷却材である水は核分裂反応が進むと沸騰も進み泡ができるため，密度の低下が著しくなること．

ボイリングポイント【boiling point】化沸点．⇔フリージングポイント．

◀ボイリング

ホ

ホイル▶

ホイル【foil】 ①箔．調理用のアルミニウム箔．金属の薄片．②引き立て役になる人やもの．

ボイル[1]【boil】煮る．ゆでる．沸かす．

ボイル[2]【voile】服薄地の織物．夏服やカーテンなどに用いる．

ボイルドエッグ【boiled egg】料ゆで卵．

ポインセチア【poinsettia】植トウダイグサ科の常緑低木．メキシコ原産で，花のように見える苞葉は鮮緑色，黄色，白色などを呈する．

ポインター【pointer】 I算画面上での位置を指し示すための記号．カーソルやマウスポインターなどをいう．

ポインティング デバイス【pointing device】I算表示装置の画面で，特定の位置を指示するのに使う装置．本体を移動させ，位置の相対的移動を入力するマウスなどをいう．

ポインテッドカラー【pointed collar】服先のとがった形の襟．またその襟付き洋服．

ポインテッドトー【pointed toe】服とがった靴の先端のこと．

ポイント【point】 ①要点．重点．②競得点．③鉄道の転轍機．④印活字の大きさの単位．⑤地点．個所．⑥時機．⑦数小数点．⑧I算操作しようとする画面上の対象にマウスポインタを合わせる動作．⑨I算ワープロソフトなどで用いる文字の大きさの単位．

ポイント オブ パーチェス【point of purchase】広購買時点で設置される宣伝材料．ＰＯＰともいう．

ポイント オブ パーチェス広告【point of purchase advertising】広購買時点広告．ポップ広告．ＰＯＰ広告ともいう．

ポイント オブ ビュー【point of view】 観点．立場．考え方．見解．

ポイントカード【point card 日】営買い物金額に応じて点数が付与・加算される消費者サービス用のカード．一定金額になると，買い物券と交換したり，特典を与えたりする．

ポイントキャスト【pointcast】I算利用者が指定する情報を端末側から定期的にサーバに取りに行き，スクリーンセーバー上に表示する方式．

ポイントゲッター【point getter 日】競よく得点をあげる選手．ゴールゲッターとも．英語は main scorer．

ポイントサービス【point service 日】営商品などを購入するとポイントが付き，たまったポイント数でさまざまな特典が得られる方式．

ポイントシステム【point system】①評価の点数．②印活字の大きさをポイント数で示す方式．③社交通違反の点数制．

ポイントツーポイント【point-to-point】I算二地点間方式．直結方式．コンピュータに接続されている複数の端末それぞれに，専用回線を使う方式．

ポイントレース【point race】競(自転車)一定の距離ごとにあるポイントラインの通過順位で得点をし，完走後の合計得点で順位を決める競技方式．

ポウザーダ【pousada 葡】 歴史的建造物を利用したポルトガルの国営宿泊施設．

ボウラー【bowler】競(ｸﾘｹｯﾄ)投手役の選手．

ボウラーズサム【bowler's thumb】医競ボウリングで起きるスポーツ障害．投球する親指のつけ根に炎症が起きるもの．

ボウリング【bowling】 競球を転がして10本のピンを倒し，点数を競う室内競技．

ボウル【bowl】①半球形の容器．深い鉢．②競ボウリング競技に用いる球．またはボウリング場．③パイプの火皿．タバコを詰める部分．④競アメリカンフットボールの試合．

ボウルアライアンス【bowl alliance】競(ｱﾒﾘｶﾝﾌｯﾄﾎﾞｰﾙ)全米大学の最優秀校を決めるため結ばれた協定．

ホエール ウオッチング【whale watching】環動趣味のクジラ観察．船や展望台などからクジラを観察・観賞すること．

ポエジー【poésie 仏】①詩情．②文詩．詩学．

ポエット【poet】文詩人．

ポエティック【poetic】 詩的な．詩趣に富む．空想的な．ポエティカルともいう．

ポエトリー【poetry】文詩．韻文．詩情．詩趣．

ポエム【poem】文詩．一編の詩．韻文．

ボー[1]【baud】 I算データ伝送における伝送の速度の単位．デジタル信号とアナログ信号を相互に変換する時の1秒間の変調回数の単位．

ボー[2]【bow】 ①弓．弓形のもの．②音弦楽器の弓．③服チョウ結びにしたネクタイやリボン．ボータイの略．

ボーア効果【Bohr effect】 化血液中のヘモグロビンは，炭酸分圧が高いほど酸素解離がしやすくなる現象．

ボーイスカウト【Boy Scouts】社青少年の健全な精神的・肉体的発達を目指す世界的な組織．

ボーイズラブ小説【boys' love novel 日】文少年同士の愛情関係を主眼とした作品．少年愛を意味する boys' love から．

ボーイズリーグ【boys league】競(野球)硬式球を使う少年野球のリーグの一つ．小学生の部と中学生の部に分かれる．

ボーイソプラノ【boy soprano】音変声期前の少年が出すような，澄んだ高音域の音色．

ボーイッシュ【boyish】 少年らしい．少年風の．女性の服装などが男の子風のさま．

ボーイッシュボブ【boyish bob】容女性がする，少年風の髪型．

ボーイッシュ ルック【boyish look】服女性がする，少年風の服装・髪型．

ボーイミーツガール【boy-meets-girl】 お定まりの．お決まりの．紋切り型の恋愛物語などに使う．

ボーイング ソニック クルーザー【Boeing Sonic Cruiser】機2001年にアメリカのボーイング社が概念を発表した新世代の旅客機．

ボーイング7E7【Boeing 7E7】 機アメリカのボーイング社が開発中の新型ワイドボディー旅客機．通称はドリームライナー．

ボーイング717【Boeing 717】 機アメリカのボーイング社のジェット旅客機．標準座席数は106席で，シリーズで一番小型の機体．

ボーイング777【Boeing 777】 機アメリカのボー

546

イング社が日本の航空業界と共同開発した旅客機. 1995年に就航. B777.

ボーイングB767AST【Boeing B767 airborne surveillance testbed】 軍アメリカ国防総省が開発した AST 空中監視試験機. 戦術ミサイルの探知などを行う.

ポーカーフェース【poker face】 感情を表に出さない顔付き.

ボーガス【bogus】 いんちきの. にせものの.

ボーガスウエア【bogusware】 I算コンピューターウイルスのこと.

ボーカリスト【vocalist】 音声楽家. 歌手.

ボーカル【vocal】 ①声. 音声. ②音声楽. 歌唱部分. ヴォーカルともいう.

ボーカル ミュージック【vocal music】 音声楽. 声楽曲.

ボーガン【bowgun】 石弓. 弓の一種で, 矢を発射するのに引き金を用いる.

ボーキサイト【bauxite】 鉱アルミニウムの主要な鉱石. 主産地はオーストラリア北部, ジャマイカなど.

ホーキング放射【Hawking radiation】 理強い重力場中で起こる量子現象. 輻射を放出してブラックホール自体がなくなる.

ホーク【hawk】 ①鳥タカ. ②政タカ派の人. 強硬派. 強硬論の立場をとる人.

ボーク[1]【balk】 競(野球)投手が正規の投球姿勢をとらずに打者に投球する反則. 走者がいる場合にいい, 全走者に1個の進塁を許す.

ボーク[2]【bork】 社政選挙の候補者や公的な地位にある人物を, マスコミを使って組織的に攻撃すること.

ボーグ【vogue 仏】 流行. 流行品.

ポークソテー【pork sauté 日】 料豚肉の切り身を油で炒め焼きにした料理.

ポークチョップ【porkchop】 料骨付きの豚のあばら肉を切り身にして焼いた料理.

ポークバレル【pork barrel】 政特定の選挙区だけを優遇するような補助金・法案. 議員が公共事業や公共施設の計画などを自分の選挙区にもっていき, 地元選挙民に取り入る手段とする. 豚肉が詰まったたるの意.

ボーゲン【Bogen 独】 ①競(スキー)全制動回転. スキーをハの字形にして, 斜面を蛇行して滑走すること. ②音弦楽器の弓. 英語のボー(bow)に当たる.

ポージーリング【poesy ring】 服短い詩やメッセージを刻んだ指輪.

ポーション【portion】 ①部分. 取り分. 分け前. ②社法財産の相続分.

ホーズ【hose】 服紳士用の長靴下.

ポーズ【pose】 ①姿. 形. 態度. 見せかけ. 気構え. ②適当な姿勢をとる. 主張する.

ボーズアインシュタイン凝縮【Bose-Einstein condensation】 理最低エネルギー状態を占める粒子数がマクロな大きさになること.

ホースシューズ【horseshoes】 蹄鉄(ていてつ)投げ遊び. 馬の脚に付ける蹄鉄をくいに向かって投げる.

ホーストレーディング【horse-trading】 ①抜け目のない取引. 馬の売買の意. ②政連立政権の与党間で行われる政治的取引.

ホース トレッキング【horse trekking】 社馬に乗って, 野山の自然の中に出かけること.

ホースパワー【horsepower】 理馬力.

ホースラディッシュ【horseradish】 植西洋ワサビ. 調味料などに用いる.

ボーズ粒子【Bose particle】 理スピンがゼロまたは整数の粒子の総称. 同一の量子状態を何個でも占めることのできる粒子. ボゾン.

ホースレース【horse race】 競競馬.

ポースレン【porcelain】 磁器. 磁器製品. ポーセレンともいう.

ボースン【boatswain】 甲板長. 水夫長.

ボーゾーフィルター【bozo filter】 I算他人に迷惑をかける電子メールなどを読まなくても済むように処理するソフト.

ボーター【voter】 社政投票者. 有権者. 選挙人.

ボーダー【border】 境界. 境. へり. 国境線.

ポーター【porter】 ①運搬人. ホテルなどの荷物運搬係. 赤帽. ②(日)社路上を車庫代わりにして違法駐車を請け負う人.

ボーダータックス【border tax】 経輸出課徴金. 国境税.

ボーダープリント【border print】 服縁に飾り模様が付いている布地.

ボーダーライン【borderline】 ①境界線. 分かれ目. 国境. ②心境界例. 感情の起伏の激しさや衝動性などが特徴的な症状.

ボーダーライン事例【borderline case】 医境界例. 精神病と不安障害の中間, パーソナリティー障害と精神病の中間のような症状を示す事例.

ボーダーレス【borderless】 境界がない. 境界線があいまいな. 国境がない. 国境を越えて人や物などが動く国際社会から生まれた語.

ボーダーレス エコノミー【borderless economy】 経無国境経済. 金融・証券や企業活動が世界的規模で行われ, 国境の概念がなくなっていること.

ボータイ【bow tie】 服チョウ結びのネクタイ.

ポータビリティー【portability】 ①持ち運びできる手軽さ. 軽便さ. ②I算プログラムやソフトウエアの移植性・移植可能性. ③社確定拠出型年金で, 自分の年金原資を転出先に移せること.

ボーダフォン【Vodafone】 Iイギリスで設立された世界有数の携帯電話会社.

ボーダフォンライブ！【Vodafone live!】 Iボーダフォンが提供する携帯電話のインターネット接続サービスの名称. 旧称 J-Sky.

ポータブル【portable】 持ち運びできる. 携帯用の. 移動式の.

ポータブル アーキテクチャー【portable architecture】 建移動建築. 動く建築. 移動や建築が容易にできる構造の建築物.

ポータブル エグゼクティブ【portable executive】 ①営経営請負人. すぐれた経営手腕をもち, 会社を次々と代えて, 経営立て直しなどを図る人. ②I営さまざまなハイテク機器を用いて, 会社

ポータブル▶

や自宅，あるいは移動中でも仕事ができる重役．

ポータブルMP3プレーヤー【portable MP3 player】 [Ⅰ算]単独で MP3 データを再生できる，携帯型ハードウエアの総称．小型で，音飛びが発生しないものが多い．

ポータブルオフィス【portable office】 [Ⅰ算]電話，ファクスなどの機能を装備した携帯用コンピューター．

ポータブルペンション【portable pension】 [経]携帯年金．企業が個別に行っている年金で，企業を移っても年金権は維持される方式．

ポータル【portal】 ①正門．入口．物事の始まり．②[生]門脈．[Ⅰ算]ウェブサイトの最初のページ．情報やサービスの入口となる．

ポータルサイト【portal site】 [Ⅰ算]インターネットに接続した利用者が最初に立ち寄るサイトのこと．

ポーチ[1]【porch】 [建]建物本屋とは別の屋根をもち，壁体から張り出している建物の入り口．玄関近くに設けられた屋根付きの車寄せ．1階のベランダ部分．

ポーチ[2]【pouch】 [服]小袋．小型のかばん．さいふ．小銭入れ．取り外しできる衣服のポケット．

ポーチドエッグ【poached egg】 [料]落とし卵．熱湯に卵を割り入れて煮る料理．

ホーティカルチャー【horticulture】 [植]園芸．園芸学．

ホーティカルチュラル セラピー【horticultural therapy】 [医]植心園芸療法．園芸セラピー．植物と触れ合って，心身の健康の回復や向上を促す療法．ホーティカルチャーセラピーともいう．

ホーティセラピー【hortitherapy】 [医]植心園芸療法．植物に接して心身の健康向上などを図る療法．ホーティカルチュラルセラピーともいう．

ボーディング【boarding】 ①板張り．床張り．②寄宿．下宿．③乗船．搭乗．④[競](アイスホッケー)相手選手に体ごと激しく当たり，フェンスにぶつけること．反則の一つ．

ポーティング【porting】 [Ⅰ算]あるコンピューター向けに作られたプログラムを，他機種のコンピューターに移して作動させること．

ボーディング ケアハウス【boarding care-house】 [社]賄い付きの老人ホーム．アメリカの小規模な民間施設．

ボーディングスクール【boarding school】 [教]全寮制の学校．

ボーディングパス【boarding pass】 航空機の搭乗券．ボーディングカードともいう．

ボーディング ブリッジ【boarding bridge】 搭乗橋．空港で，待合室と航空機内をつなぐ乗客誘導用の通路．

ポート【vote】 [政]投票．表決．投票権．選挙権．投票用紙．

ボード【board】 ①板．厚紙．盤．②[社]委員会．会議．官庁の局・部・課．③[Ⅰ算]プリント基板に電子部品を搭載したもの．プリント板．カード．

ポート【port】 ①港．波止場．空港．通関港．②船や航空機の左側．左舷．左方向．[⇔]スターボード．③[Ⅰ算]パソコンに備えて，周辺機器を接続するた

めの端子．

ポートアドレス【port address】 [Ⅰ算]インターネットで特定のアプリケーションを識別するための番号．

ボード オブ ディレクター【board of directors】 [営社]取締役会．重役会．役員会．理事会．

ボードゲーム【board game】 盤上でこまを動かして行うゲーム．チェスや，さいころを用いるモノポリーなど，各種のものがある．

ポートゲッター【vote getter】 [政]選挙でうまく票集めをした人．人気のある候補者．

ボード コンピューター【board computer】 [Ⅰ算]基板上にマイクロプロセッサー，メモリー，IOインターフェースなどを搭載したもの．通信用，計測用，画像処理用など機能別になっている．

ポートサイド【portside】 ①船舶の左舷．②(日)[社地]臨海地域．港の周辺地区．

ポートスキャン【port scan】 [Ⅰ算]インターネットに接続しているコンピューターのネットワークサービスポートに次々と接続して，セキュリティー上の弱点を洗い出す不正アクセスの手口．

ボードセーリング【boardsailing】 [競]サーフボードに帆をつけて水上をヨットのように走るスポーツ．ウインドサーフィンともいう．

ポートセレクター【port selector】 [Ⅰ算]複数のコンピューターと多くの端末の間に置き，同時にネットワークを使用することなどを調整するスイッチ．

ポートタック【port tack】 [競](ョット)左舷から風を受けて走る，右舷開きのヨット．

ボードチェック【board check】 [競](アイスホッケー)相手選手に体を寄せて，フェンスにぶつける防御法．

ボートディール【bought deal】 [経]一括買取引受．債券の新規発行で，主引き受け幹事・幹事会が全額または残額の引き受けを確約する方式．

ポートノート【boat note】 [経]輸出入の際の貨物受取証．B／N ともいう．

ポート番号【port number】 [Ⅰ算]IP アドレスをもつホスト間でサービスのやりとりを行う際に使う通り道．ソケットともいう．

ボートピア【Boatpia 日】 競艇の場外舟券売り場．1986年に1号店を設置．

ボートピープル【boat people】 [社]内戦による戦火などを避けて，小型船で自国から海外脱出を図るインドシナ難民．

ボードビリアン【vaudevillian】 [劇]軽喜劇役者．寄席演芸の出演者．

ボードビル【vaudeville 仏】 [芸]歌や踊りをはさんだ軽喜劇．寄席演芸．

ポートフォリオ【portfolio】 ①紙挟み．折り畳み式の書類かばん．②[営経]投資家の有価証券類の内訳．資産の内訳．③[営]業務改善などを行う時に問題・課題を分類・整理すること．

ポートフォリオ インシュアランス【portfolio insurance】 [営経]相場が下落しても，できるだけ安定した資産運用を行おうとする投資手法．主に機関投資家が用いる．PI ともいう．

ポートフォリオ図【portfolio diagram】 [Ⅰ]さま

548

ざまな事象をもつ項目を組み合わせて，カテゴリー別に分けて表した図．

ポートフォリオ選択【portfolio selection】経資産選択．資産保有の最適な組み合わせ表．貨幣・預金・債券・株式などに資産を分散させ，危険防止と効率運用を図る．ポートフォリオセレクションともいう．

ポートフォリオ バランス【portfolio balance】経証券や貨幣などの需要と供給が平衡状態になり，人々の資産選定が定まって証券などの価格が安定すること．

ポートフォリオ理論【portfolio theory】経多種多様な有価証券への分散投資で，収益が最大でリスクが最小となるような理論化，体系化をしたもの．

ポートプログラム【port program】算コンピューターの外部との入力・出力を制御するプログラム．

ポートライナー【port liner 日】社兵庫県神戸市に作られた自動運転の軌道交通機関．

ポートラップ【port lap】料赤ブドウ酒に砂糖を入れて熱湯で割った飲み物．

ポート リプリケーター【port replicator】算シリアルポートやパラレルポートなど，パソコンの各種コネクター類を搭載した拡張ユニット．

ポートレート【portrait】①肖像画．肖像写真．②人物紹介．③算画面いっぱいの肖像画の大きさ（約15インチ）の縦型の画像表示装置．

ポートレート プリント【portrait print】服肖像画やスターの顔写真をTシャツなどにプリントしたもの．

ポートワイン【port wine】料甘味をつけたポルトガルの赤ブドウ酒．ポルト酒ともいう．

ボーナス【bonus】経賞与．特別手当．②景品．おまけ．③経株式の特別配当金．

ボーナストラック【bonus track】音CD制作で，余剰収録時間にアルバム収録曲以外の音源を追加すること．

ホーバークラフト【Hovercraft】機船底から高圧の空気を噴出して船体を水面に浮かせ，プロペラ発動機で推進する船．商標名．ホバークラフトともいう．

ホープ¹【HOPE】宇宇宙開発事業団（現宇宙航空研究開発機構）が開発研究していた第一世代の宇宙往還輸送機．無人の日本版スペースシャトル．H-Ⅱ Orbiting Plane の頭字語から．

ホープ²【hope】有望な新人．将来を嘱望されている人．希望．期待．

ポープ【Pope】宗教皇．ローマ法王．

ホープX【HOPE-X】宇宇宙開発事業団（現宇宙航空研究開発機構）の宇宙往還技術試験機．1996年から開発研究を始めた．H-Ⅱ Orbiting Plane-X の略．

ホープフル【hopeful】希望をもった．望みをかけている．有望な．

ホープレス【hopeless】絶望的な．見込みのない．どうにもならない．

ホーボールック【hobo look】服故意にぼろぼろ

の衣服を着る着こなし方．

ホーミー【homie】社ストリートギャングの仲間の総称．

ホーミング【homing】①家に帰る．巣に戻る．帰巣する．②軍ミサイルや魚雷などの自己誘導方式．自動追尾方式．

ホーミング アビリティー【homing ability】生帰巣本能．生物が自分の巣に戻ってくる本性．

ホーミング技術【homing technology】軍ミサイルや魚雷などを目標に命中させるために使われる，最終段階の誘導技術．

ホーミングビーコン【homing beacon】機電波標識．航空機が方向を知るための電波を発する地上局．ノンディレクショナルビーコン．

ホーミング誘導【homing guidance】軍ミサイルの目標到達過程での最終期における誘導．

ホーム【home】①自宅．家庭．②医社療養所・養護施設などに用いる呼称．③故郷．本国．④競（野球）ホームベースの略．

ホームアート【home art 日】美絵や版画，アートポスターなどを家庭に飾ること．

ホーム アンド アウエー【home and away】競サッカーなどで，自チームと相手チームの本拠地で交互に試合を行う方式．

ホームイング【homing 日】①室内の調度品を買いそろえたり庭を整備したりすること．②生活を楽しむこと．

ホーム インプルーブメント【home improvement】経社家庭改善．家の修理などを自分ですること．またその素材・道具類を販売すること．HI ともいう．

ホーム インプルーブメント ストア【home improvement store】経雑貨を幅広く品ぞろえした小売業態．ホームセンターともいう．

ホームウオッチ【home watch】社隣人同士が犯罪から互いを守るため，隣の様子に注意を向けて助け合う方法．HW，ネイバーフッドウオッチともいう．

ホームエコノミックス【home economics】社アメリカ型の家政学のこと．家庭は個人や家族が幸福を求めて自己開発・実現をする場と考える学問体系．

ホーム エデュケーション【home education】教学校に行かないで自己成長しようとする教育のあり方．ホームスクーリングともいう．

ホーム エレクトロニクス【home electronics】社ホームオートメーションのこと．HE．

ホーム エレベーター【home elevator 日】建個人住宅用エレベーター．

ホーム エンターテインメント【home entertainment】社家庭での娯楽．家庭で娯楽を楽しむこと．

ホームオフィス【home office】①経本社．本店．②Ⅰ経自営業者が自宅を事務所や作業所として兼用する方法．パソコンやネットワークの普及で広がった．③能率的に家事ができるよう工夫した空間．

ホームギャラリー【home gallery】美家庭画廊．家庭美術品陳列室．

ホームグラウンド【home ground】競野球などで、本拠地の球場・競技場。自分の本領の発揮できる場所・分野。この意味では英語は a (team'-s) home (field)。

ホームケア【home care】医在宅医療。在宅看護。地域医療チームなどを活用し、末期がん患者などを自宅に戻して治療をする方法。

ホームコール【home call 日】I故国の家族などと通話する国際電話。

ホームコロジー【homecology】建住まいを総合的な環境・生態系としてとらえる考え方。home と ecology から。

ホーム コンピューティング【home computing】I算家庭などでの個人単位のコンピューター利用のこと。

ホームサーバー【home information server】I算家庭内デジタルネットワークにおける大量情報蓄積装置。デジタル放送やインターネットから家庭に入る情報を蓄積する。

ホームシアター【home theater】I家庭で映画館のような臨場感が味わえる再生方式。家庭映画館。

ホームシアター システム【home theater system】映社家庭で映画館と同じような質の画像・音声を楽しむやり方。

ホームシック【homesickness】 里心。郷愁。懐郷病。

ホームシッター【homesitter】社家屋の所有者や家族の留守中に、代わりに住んで建物の管理一切を請け負う人。

ホーム ショッピング【home shopping】営家庭にいて買い物ができる方式。通信・カタログ販売、テレビショッピング、訪問販売、ご用聞き、仮想店舗など。英語では catalog(telephone) shopping などともいう。

ホーム スクーリング【home schooling】教社子供を通学させないで、親がわが子に自宅で勉強を教える方法。学校に行かないで自己成長を図る教育のあり方。

ホームステイ【homestay】教社語学研修などの目的で、外国の一般家庭に滞在すること。

ホームステイ ツアー【homestay tour】社外国の一般家庭に滞在し、語学研修や観光をするツアー。

ホームストレッチ【homestretch】①競陸上競技や競馬などのトラックで、決勝線手前の直線走路。②仕事の最終部分。追い込み。

ホームスパン【homespun】服手紡ぎの太い糸で織った織物。または手織りの感じに織った目の粗い生地。

ホーム セキュリティー システム【home security system】社ガス漏れ、火災・盗難など家庭内の危険を防止し、安全を保つためのシステム。検知器が働き、自動的に緊急連絡先へ通報する方式が一般的。

ホームセンター【home center】営生活素材を幅広く品ぞろえした店。日曜大工用品をはじめ、手工芸・園芸・自動車関連用品、組立式家具類などを販売している。アメリカでは home improvement store。

ホームソーイング【home sewing】服家庭で洋服などを作ること。家庭裁縫。

ホームターミナル【home terminal】I家庭にいながらいろいろな情報が得られる、ネットワークの端末機。

ホームタウン【hometown】①本拠地。主とする居住地。出生地。②競本拠地球場。

ホームタウン デシジョン【hometown decision】競(ボクシング)地元有利判定。自国出身の選手に、自国から選出されたジャッジが、有利な点数を入れること。

ホームTHX【HOME THX audio system】音家庭で劇場並みの音質を提供する音響再生システム。

ホーム ディーリング【home dealing】I経算コンピューターを用い、家にいたまま株式・債券の売買や銀行取引などができる方式。

ホーム ディレクトリー【home directory】I İインターネットで、あるホームページ内の、先頭のデータのファイルを含むディレクトリー。利用者の作業スペースでもある。

ホーム テスティング【home testing】自分の健康や身体について、家庭で検査をすること。

ホームデリバリー【home delivery】営在宅配達。電話などで注文すると、自宅まで届けてくれる方式のもの。

ホームテレホン【home telephone】I1本の電話回線に複数の受話器を接続する方式の家庭用電話。

ホームドア【platform door 日】機社駅の乗降場と線路の間に壁を設けて備える、車両の扉と同時に開閉する方式の扉。

ホームドクター【home doctor 日】医家庭医。かかりつけの医師。英語は family doctor, family physician。

ホームドラマ【home drama 日】放家庭内の日常的な出来事を題材にした劇。英語は play depicting family life ; drama of home life。

ホームトレード【home trade】I経家庭のパソコンなどと証券会社のコンピューターを接続し、株式や債券などの取引ができる方法。

ホーム ネットワーク【home network】I家庭にある情報端末機器や電化製品などを接続して、相互に情報交換する方式。

ホームパーティー【home party 日】社料家庭で行う小宴会。英語は house party。

ホームバス【home bus】I家庭内の共用情報通信路。

ホームバス システム【home bus system】I電話や音響・音楽機器を含めた家電機器などの共通の接続手段の標準的規格。制御信号を送受信する回線を一つにまとめたホームバスを用いる。

ホームバンキング【home banking】I経通信回線を用いて、家にいたまま預金の残高照会・振替などの金融業務が行えるシステム。

ホーム バンキング サービス【home banking service】 [経]金融機関のサービスの一つ．家庭にいたままオンラインで残高照会や口座振込・振替などができる．

ホームビジット【home visit】 [社]外国人に国内の実情を見せるための家庭訪問制度．

ホームビデオ【home video 日】 [I]趣味で録画し，家庭で再生して見るビデオ．

ホーム ファーマシー【home pharmacy 日】 [薬]かかりつけの薬局．家庭薬局．基準薬局制度．薬についての正しい知識や情報を提供し，一般の人々の健康相談などにも応じるような薬局をいう．community pharmacy ともいう．

ホーム ファニシング【home furnishing】 生活全般に関連する家具や設備の備え付け・取り付け．

ホームファニシング ストア【home furnishing store】 [営]寝具用品や台所用品などを主に品ぞろえした大型店．

ホーム フリージング【home freezing】 [家]家庭の冷凍冷蔵庫で，調理済みの総菜や，材料を冷凍すること．

ホームブルード ビア【home-brewed beer】 [料]自家製ビール．自家醸造ビール．アメリカでは地方特産のビールが流行し，一般家庭でもビールを作ることがある．

ホームフロント【home front】 [軍]戦時下の国内前線．国内戦線．銃後の活動．

ホームページ【homepage】 [I][算]WWWで提供される情報の表紙となるページ．文字だけでなく画像や音声も入れられる．HPともいう．

ホームページ ビルダー【homepage builder】 [I][算]アメリカの IBM が開発した，ウェブのホームページ作成用ソフトウエア．ワープロ感覚でHTML 文書の作成できる．

ホームベースト ビジネス【home-based business】 ①[営]自宅を拠点とするビジネス．②[営]家庭を対象とするさまざまな新しいサービス産業のこと．

ホームヘルパー【home helper 日】 [社]家庭奉仕員．日常生活に支障のある人の家に派遣され，掃除・洗濯・食事の世話などの家事をする．英語では助力者，手伝い人を単に help, helper という．イギリスでは home help．

ホームヘルプ サービス【home-help service】 [社]家庭や老人の世話をする奉仕員制度．

ホームヘルプ制度【home-help system】 [営][社]企業が従業員のためにホームヘルパーを雇用する制度．

ホームポジション【home position】 [I][算]キーボード操作時の基本とされる指の位置．

ホーム ミール リプレースメント【home meal replacement】 [営]スーパーマーケットなどで家庭用のメーンディッシュを販売すること．HMR ともいう．

ホームメーカー【homemaker】 主婦．女性解放運動家がハウスワイフに代わって用いることを主張している用語．

ホームメード【homemade】 自家製の．手製の．国産の．

ホームメードインフレ【homemade inflation】 [経]需要の超過や賃金コストの増大など国内的な要因によって起こる物価上昇．

ホームランド【homeland】 ①母国．自国．②根拠地．本拠地．③[政]南アフリカのアフリカ黒人自治地域．バンツースタン(Bantustan)．

ホームリキュール【home liqueur】 [料]自家製果実酒．

ホーム リザベーション【home reservation 日】 [I][社]インターネットなどの通信手段を使い，家庭のパソコンから予約できる．

ホーム リザベーション サービス【home reservation service 日】 [I][営]航空会社や旅行代理店・宿泊施設などが提供するサービスの一つ．家庭にいたままオンラインで予約できる．

ホームルーム【homeroom】 [教]学級の自治や生徒の生活指導のための教科外の学習時間．

ホームルール【home rule】 自治憲章．地方自治．

ホームレス【homeless】 [社]住まいを失った人．住居がなく，街頭などで暮らす人々．路上生活者．屋外生活者．野宿生活者．

ホームワーク【homework】 ①[教]宿題．自宅学習．②家庭でする仕事．

ホームワーク ステーション【home workstation】 [I][算]家庭に導入される複合的なコンピューターの端末．

ポーラータイ【polar tie】 [服]丸ひものネクタイ．飾りの金具で締める．

ポーラス【porous】 気孔の多い．多孔質の．多孔性の．

ポーラス アルミナ【porous alumina】 [化]多孔質アルミナ．超微細材料の一つ．

ポーラログラフィー【polarography】 [化]電解分析の一つ．電気分解により未知試料の検知・定量などを行う．

ホーリーウオー【holy war】 [宗]聖戦．信条や意見が極端に異なる教徒間の争い．ジハード．

ホーリーネーム【holy name】 ①[宗]教祖から与えられる宗教上の呼び名．②［H-］[宗]キリストの御名．

ホーリスティック ヘルス【holistic health】 [社]健康を肉体的な面だけでなく，精神的・感情的な面まで含めてとらえる考え方．

ボーリング【boring】 ①穿孔(せんこう)すること．②[地]地質調査の試掘．

ポーリング【polling】 [I][算]通信回線を制御する方法の一つ．CPU(中央処理装置)から多数の端末装置に，通信すべき情報の有無を問い合わせ，待ち時間などを少なくするもの．

ポーリング/セレクティング方式【polling selecting mode】 [I][算]データリンク確立方式の一つ．1本の回線に複数の端末が接続される分岐回線方式に用いる．

ポーリング方式【polling】 [I][算]一つの主局と複数の従局の間で通信するときの，方式の一つ．分岐回

ボール ▶

線方式でも使う．

ボール【ball】①球．まり．②競(野球)ストライクゾーンを外した投球．

ポール[1]【pole】①棒．さお．柱．②競トラックや自動車レースなどで，最前列内側の出走位置．ポールポジションともいう．③極．極地．極板．極線．

ポール[2]【poll】投票．得票数．世論調査．

ホールアウト【hole out】①(日)競(ｺﾞﾙﾌ)1ラウンドのすべてのプレーを終了すること．英語ではcomplete the round．②球をカップに入れること．

ホールインワン【hole in one】競(ｺﾞﾙﾌ)第1打が直接ホールに入ること．エースともいう．

ホール効果【Hall effect】理電流が流れている導体に垂直に磁場をかけると，電流と磁場に垂直な方向に電場が生じること．アメリカの物理学者の名にちなむ．

ボールコンタクト【ball contact】競選手が球に触れること．球技種目によって，触れられる身体部位に許容範囲がある．

ポールシッター【pole sitter 日】競自動車レースなどで予選最速者．最前列の出発位置につく選手．

ホールセール【wholesale】営経卸売り．

ホールセール クラブ【wholesale club】営中小商店や消費者を対象にした会員制卸売りクラブ．アメリカで1977年に始まり，発達した新しい業態．

ホールセール バンキング【wholesale banking】営経卸売銀行業務．ホールセール業務．大企業を中心に大口顧客との金融取引．またはその業務を行う銀行経営．

ホールセールバンク【wholesale bank】営経大口業務を主とする銀行．大企業向けの設備資金の貸し付けや社債の受託などを行う．

ホールセラー【wholesaler】営卸売り業者．中間販売店．問屋．大規模卸売業者．

ホール素子【Hall element】Ⅰ半導体素子の一つ．磁界を検知する．ホール効果の発見者E.H.ホールの名に由来する．

ホールター【halter】①服前身ごろを首からつり，背中・肩・腕を露出した女性服．②馬などにつなぐ端綱．

ポールタックス【poll tax】経人頭税．一定以上の年齢の住民に一律の税額を課すもの．イギリスで施行したが，1993年に廃止．

ポールディスプレー【pole display】営店頭の柱を生かして商品を陳列する方法．

ホールディング【holding】①競サッカー，アイスホッケーなどで，相手選手の体などをつかんで妨害する反則．②競(ﾊﾞﾚｰ)球を手や腕で保持する反則．

ホールディング カヌー【folding canoe】競折りたたみ式のカヌー．カヤック．

ホールディング カンパニー【holding company】営経持ち株会社．

ホールディング ナイフ【folding knife】野営などに携帯する折りたたみ式のナイフ．

ホールディング バイク【folding bike】機折りたたみ式の自転車．

ホールド【hold】①つかむ．②登岩登りの時に手や足をかける部分．③競(ﾎﾞｸｼﾝｸﾞ)相手の体に抱きつく行為．④競(ｼﾞｭｰﾄﾞｳ)相手をマットに押さえ込むこと．

ボールト【vault】①建丸天井．アーチを組み合わせた曲面天井．②建地下貯蔵室．銀行などの金庫室．

ボールド【bold】Ⅰ印算印字で太字，肉太書体のこと．フォント(書体)で太字をもっているものもある．

ホールドアップ【hold up】手を挙げろ！強盗．追いはぎ．

ホールトーン【whole tone】音全音音階．すべて全音からなる六音音階．

ボールドルック【bold look】服大胆な柄や太い線などを用いるスタイル．

ボールパーク【ballpark】競野球場．

ボールパーク フィギュア【ballpark figure】見積もり．およその概数．

ホールフード【whole food】料無添加食品．自然食品．完全食．

ボールボールト【pole vault】競(陸上)棒高跳び．ポールジャンプともいう．

ポールポジション【pole position】競自動車レースなどで，予選タイムが最も速かった車に与えられる最前列内側の出走位置．PPともいう．

ホール ユニオニズム【whole unionism】社総合組合主義．労働組合の活動目標を，賃上げなどの経済問題にとどめないで，社会全般に目を向けて幅広く運動すべきだとする方針．

ボールルーム【ballroom】芸建舞踏室．舞踏会場．ホテルや大邸宅などに設ける．

ボーレート【Baudot rate】Ⅰ算変調速度．情報を音に変えて伝送する速度単位．単位はbaud．フランスのJ.M.E.ボーの名にちなむ．

ホーン【horn】①自動車などの警笛．角笛．②動物などの角．③音ホルンのこと．管楽器の一種．

ボーンアート【bone art】美動物の骨を素材にする芸術作品．室内装飾などに使われる．

ボーンアゲイン【born-again】生まれ変わる．心を入れかえる．復活する．再生する．

ボーンショップ【pawn shop】営質屋．ポーンブローカーともいう．

ホーンフリーク【phone phreak；phone freak】Ⅰ社電話を無料でかけられるように改造する者．

ボーンヘッド【bonehead】①競(野球)間の抜けたプレー．この意味では英語はbonehead play；boner．②愚鈍な人．

ボギー【bogey】競(ｺﾞﾙﾌ)一つのホールの打数が基準打数より一つ多いこと．

ボギー車【bogie car】機揺れを少なくしたり脱線を防いだりするため，車体を載せる車台に車輪が取り付けられた鉄道車両．

ボキャブラリー【vocabulary】言語彙(ごい)．単語集．記号集．用語解説．

ボクサーショーツ【boxer shorts】服ウエストにゴムが入ったボクサー用のトランクス．

ボクササイズ【boxercise】競健康を増進したり持久力を高めたりするためにボクシングの練習方法を

552

◀ポシビリテ

取り入れた運動のこと．boxing と exercise の合成語．

ボクシーライン【boxy line】［服］直線的で箱状に見える輪郭．ボックスラインともいう．

ボクシング【boxing】［運］拳闘．手にグローブをはめた2選手が，リング上で互いに打ち合う競技．

ボクセル表現【voxel】［I算］三次元コンピューターグラフィックスで，物体を同一の小さな立方体の組み合わせによる固まりで表現すること．

ボグリボース【voglibose】［薬］糖尿病治療薬の一つ．食後の過血糖を改善する．

ポグロム【pogrom】組織的・計画的に行われる民族虐殺．大虐殺．

ボケーション【vocation】職業．天職．使命．使命感．

ポケタブル【pocketable】ポケットに入るほど小型の．

ポケットＭＡＬ【pocket multimedia access line】［I算］KDDI のインターネットや企業情報通信網へのアクセスサービス．

ポケットオフィス【pocket office】［I］小型化され持ち運びができるオフィス機器．携帯電話，ノート型パソコンなど．

ポケット コンピューター【pocket computer】［I算］ポケットに入るぐらいの大きさの携帯用コンピューター．電子式卓上計算機（電卓）の技術を発展させたもの．ポケコン．

ポケットパーク【pocket park】［建］中高層ビル街の一画に作られる小さな公園．わずかな土地を利用して，都市環境をよくしようとするもの．ベストポケットパークの略．

ポケットバイク【pocket bike 日】［機］超小型のオートバイ．ポケバイ．

ポケットビートー【pocket veto】［政］アメリカ大統領による法案の握りつぶし．議会で可決した法案を拒否することで，故意に署名を保留すること．

ポケットベル【pocket bell 日】［I］ポケットに入る小型無線機端末．英語では pager．初期のものはアメリカで beeper，イギリスでは bleeper．ポケベルともいう．

ポケットボード【PocketBoard】［I式］インターネットメールの送受信端末．ＮＴＴドコモが発売．

ポケットボード ピュア【PocketBoard PURE】［I式］ＮＴＴドコモが発売したメール専用端末．ポケットボードの後継機．

ポケットボード プラス【PocketBoard PLUS】［I式］メール専用端末であるポケットボードピュアの変形版．

ポケットマネー【pocket money】［経社］小遣い銭．

ポケット モンスター【Pocket Monster】［I］ゲームボーイ用ソフトの一つ．1996年に任天堂が発売したロールプレイングゲーム．商標名．ポケモンともいう．

ポケベル【pocket bell 日】［I］ポケットに入る無線機端末．ポケットベルの略称．

ポケモン［I］ゲームボーイ用ソフトのポケットモンスターの略称．

ポコ【poco】政治的に正しい．politically correct の略．

ポコ ア ポコ【poco a poco 伊】［音］少しずつ．しだいに．

ボコーダー【vocoder】［I］自動音声合成機．人工的な発声装置の一つ．

ボゴール宣言【Bogor Declaration】1994年にジャカルタ近郊のボゴール宮殿で開催したアジア太平洋経済協力会議（APEC）で採択した宣言．自由で開かれた貿易および投資を先進国は2010年，その他の国は2020年までに完成させる．

ホサナ【hosanna】［宗］キリスト教で，神を賛美する声．

ボサノバ【bossa nova 葡】［音］1950年代にブラジルで生まれた音楽．サンバにモダンジャズのリズムを組み合わせた4拍子のリズム．

ポジポジティブ（positive）の略．［写］陽画．

ポシェット【pochette 仏】①［服］小物を入れる小型のバッグ．②［服］胸ポケットにのぞかせる飾りハンカチ．

ポジショニング【positioning】①位置取り．②［営］市場で自社の位置付けを明確にする戦略．

ポジショニング分析【positioning analysis】［I営］製品を比較対象する項目を設定し，市場における対象製品の位置づけを評価する手法．

ポジション【position】①位置．地位．②［運］守備の定位置．③［音］弦楽器の演奏で，弦を押さえる左手の位置．④［経］外国為替や債券取引での持ち高．債権と債務の差額．

ポジションペーパー【position paper】討議資料．トーキングペーパー．

ポジティブ【positive】①積極的．肯定的．②［数］正の．③［医］陽性の．④［電］陽極．⇔ネガティブ．⑤［写］陽画．ポジティブフィルムの略．

ポジティブ アクション【positive action】［営社］積極的差別は正常．企業などが積極的に男女の格差是正を図り，人材を活用するもの．

ポジティブ アプローチ【positive approach】［広］肯定接近法．売ろうとする商品の長所や利便性などを強調する広告方法．

ポジティブ オプション【positive option】［営］通信販売の一種．買い手が商品目録などを見て，欲しいものを選んで注文する方式．

ポジティブ シンキング【positive thinking】［社］肯定的に物事を考えること．失敗をおそれない積極的な生き方．

ポジティブ フィードバック【positive feedback】［営］市場支配力の強い企業が増えて，さらに強くなること．

ポジティブ フィルム【positive film】［写］陽画フィルム．直接ポジ像を得る．ポジフィルムともいう．⇔ネガティブフィルム．

ポジティブヘルス【positive health】［営社］地域や職場などで，定期検診だけでなく，より積極的な健康管理・保健対策を行うこと．

ポジティブリスト【positive list】［営経］輸入制限国が自由化を許可した貿易品目や業種の一覧表．⇔ネガティブリスト．

ポシビリティー【possibility】可能性．将来性．

ホ

553

ポジフィル▶

ポジフィルム【positive film】写陽画フィルム．ポジ．ポジティブフィルム．⇔ネガフィルム．

ポシブル【possible】可能な．実行できる．起こりうる．

ポジポジプリント【positive positive print 日】写カラーリバーサルフィルムから直接カラー印画を得る方法．

ボジョレーヌーボー【Beaujolais nouveau 仏】科フランスのブルゴーニュ地方ボジョレー地区産のブドウ酒の新酒．出荷解禁日は11月の第3木曜日．ボージョレヌーボーともいう．

ボス【boss】①親分．上役．首領．②実力者．③植勤隆起物．いぼ状突起．④機械突起状の装飾具・部品．突出部分．

ボス【POS】I算販売時点管理．コンビニなどで行うバーコードによる在庫減少を目指す商品管理．point of salesの頭字語から．

ボス イズ カミング【Boss is coming mode】I算上役が来た時に，仕事をしていたように即座に画面を切り換えるモード．ゲームなどに付いていることがある．

ホスカルネット ナトリウム【foscarnet sodium】薬抗ウイルス薬の一種．スウェーデンのアストラ・アーカス社で開発した．

ホスゲン【Phosgen 独】化塩化カルボニル．塩素系の有毒ガスの一種．呼吸器を刺激し，窒息させる働きがある．第一次世界大戦中にドイツが開発した．

ポスターバリュー【poster value】宣伝効果．

ホスタイル【hostile】敵意のある．対立する．冷淡な．友好的でない．敵の．

ホスタイル テークオーバー【hostile takeover】営敵対的買収．企業を買収した際に，旧経営陣の総退陣を求める．

ホスタイルビッド【hostile bid】営経敵対的値付け．経営権を奪取するため，市価より高く株の買い付けを申し入れること．

ホスティング【hosting】I イインターネットプロバイダーが，利用者にネットワーク資源を貸し出すサービス．利用者は個人のホームページをもつことができる．

ホスティング サービス【hosting service】I イ ASP 業者による，Web サーバーの貸し出しサービス．サーバーの運用管理も含む．

ポスティングシステム【posting system】競（野球）アメリカの大リーグ球団が，移籍を希望する日本のプロ野球選手との独占交渉権を獲得するために行う入札制度．

ホステス【hostess】①(日)営バーやクラブなどで客を接待する女性．②社パーティーなどの女性の主催者．接待係の女性．⇔ホスト．

ホステリング【hosteling】社ユースホステルを利用しながら旅行すること．

ホスト【host】①社パーティーなどの男性の主催者．②(日)営クラブなどで客を接待する男性．⇔ホステス．③化網状などの構造をとり，包接する格子を作る分子．④I算ホストコンピューターのこと．

ポスト¹【post】①郵便箱．郵便受け．この意味では英語は mailbox, postbox, letterbox という．②地位．持ち場．部署．③軍駐とん地．④建柱．くい．支柱．標柱．⑤経上場銘柄を業種などで分類して売買を行うカウンター．⑥I イニュースグループに記事を投稿すること．

ポスト²【post-】「…以後」「次の」の意味を表す接頭語．

ホストアドレス【host address】I算 IP アドレスの中で，コンピューターを識別するアドレス．

ポストイット【Post-it】付箋紙の一つ．貼ったりはがしたり，繰り返し使用できる．商標名．

ポスト インダストリアル ソサエティー【post-industrial society】社脱工業社会．未来学者たちが提唱した将来社会．サービス重視社会への移行，ニューサービス産業・ソフト産業の出現，消費者であり生産者でもあるプロシューマーの出現などがいわれる．

ボストーク湖【Lake Vostok】南極にあるロシアのボストーク基地付近の氷床下に潜在する湖．

ポストオフィス【postoffice】I算電子メールの送受を管理するメールサーバーの機能．メールサーバーそのものも指す．

ポストカード ファイル【postcard file】郵便はがきを整理するための紙挟み．

ホストカントリー【host country】幹事国．国際会議や首脳会談の主催国．

ポスドク【post-doctoral researcher】教社博士号をとった後，定職として研究職につかない状態にある研究者．

ホストクラブ【host club 日】男性の接客係が女性客の相手をする酒場．英語は a club which provides male hosts for women.

ポストケインジアン【post-Keynesian】経ケインズ経済学を忠実に継承しようとする学派．

ポストゲノム【post-genome】営生ヒトゲノムの解読の次に来る技術分野や事業領域．

ポストココム【post-COCOM regime】軍経政 1994年に解体された対共産圏輸出統制委員会（ココム）に代わる，通常兵器や関連汎用品の輸出を管理する新しい機構．

ポストコンカッション シンドローム【post-concussion syndrome】医脳しんとう後症候群．激しい試合などで脳しんとうを起こしたスポーツ選手が，後で見舞われるさまざまな症状．

ホスト コンピューター【host computer】I算複数のコンピューターからなるシステムで，中心となる上位機種のコンピューター．ホストマシン．

ポストコンフリクト【post-conflict】政地域紛争後の復興策の制度構築を目指す考え方．緊急援助・人道的援助から長期的開発計画までを含めて考える．

ポストシーズン【post-season】①季節遅れ．②競シーズン終了後．

ホストシステム【host system】I算複数のコンピューターや端末を含むシステムの中心となっているコンピューター．インターネットでは，構成しているネットワークの中核となっているシステムをいう．

ポストスクリプト【PostScript】I算アメリカの

◀ボタニカル

アドビシステムズが開発した，印刷用の組版のページを記述する言語．

ホストセリング【host selling】広放テレビ番組の主人公で出演したタレントが，CMにも登場して広告効果を高めること．

ポスト ニュートラリティー【post-neutrality】政冷戦終結後のヨーロッパ国際秩序再編期に，中立を国家の基本方針としてきた国々の外交方策の再編をめぐって用いた言葉．

ホストネーション サポート【host nation support】軍友好国での港湾・飛行場施設の利用体制のこと．

ポストノーティス【post notice 日】社不当労働行為の裁定方法の一つ．労働委員会が救済申し立てを認め，労働者を元の状態に戻して，使用者に陳謝や誓約を命じるもの．

ポストノーマル サイエンス【post-normal science】従来の科学技術の取り組みとは異なる科学研究の進め方．

ポストハーベスト【postharvest】農害虫やカビなどを防止するため，収穫後の農産物に農薬を散布すること．

ポストヒューマン【posthuman】美科学や先端技術が急速に進歩し，人間が新たな存在に進化しているという考えから表現する，現代美術の新傾向．

ホストファミリー【host family】社ホームステイで留学する人を滞在させる家庭．

ポストフォーディズム【post-Fordism】経大量生産方式が多品種少量生産方式に移っていく傾向を指す概念．フォード自動車が始めたベルトコンベヤーを使う大量生産から，産業ロボットやコンピューターを使う生産方式に転換してきている様子に用いる．

ホストブリッジ【host bridge】I算 CPU（中央処理装置）の外部バスと，PCIバスを接続するコントローラー．CPUの種類にかかわらず同じ機能の拡張バスを使える．

ポストプレー【post play】①競(ｻｯｶｰ)攻撃時に最前線にいる選手へパスを送り，受けた球をさらにパスでつないで攻撃する方法．②競(ﾊﾞｽｹｯﾄ)ゴール近辺にいる長身の選手や球扱いの上手な選手にパスを送って行う攻撃方法．

ポストプロセス考古学【Post-Process Archaeology】歴イギリスの考古学者ホッダーが1980年代に始めた象徴考古学に端を発する学派．プロセス考古学に比べて，空間考古学を重視する傾向が強い．

ポストペインタリー アブストラクション【post-painterly abstraction】美絵画的抽象後の抽象．デザインの物理的な開放性と線的な明瞭性を特徴とする．

ポストペット【PostPet】I 通日本のSo-netが提供する，ピンクのクマなどのキャラクターを用いたメールソフト．

ポストポリオ【post-polio】医ポリオ後症候群．小児まひを発症した人が数十年後に二次後遺症を起こすこと．

ホストマザー【host mother】医代理出産で，子を産む役割を務める女性．

ホスト名【host name】I計組織を表す名前の一番左側の文字列が，ネットワークに接続した個々のコンピューターを示す場合の呼称．

ポストモダニズム【post-modernism】哲脱近代主義．近代主義の行き詰まりを打破しようとする活動・傾向．意味の多重化を重視する．

ポストモダン【post-modern】哲脱近代主義．近代主義における機能本位の合理性を否定し，感性を重んじる傾向をいう．建築では，近代建築を乗り越えようとする傾向．

ポストモダン セラピー【post-modern therapy】心現実や自己について多元的な説明を行う療法．

ポストロイカ【postroika 露】社政1989〜91年ごろに起こったペレストロイカの変質状態をいう語．ポストペレストロイカの意．

ボスニア紛争【Bosnia conflict】軍政旧ユーゴスラビアのボスニア・ヘルツェゴビナで起こった，セルビア，クロアチア，ムスリムの3民族による内戦状態．1995年に停戦に合意．

ホスピス【hospice】医末期患者の看護システムのこと．がん末期などの患者が死を安らかに迎えられるように，心理的・社会的・宗教的援助を行う医療施設．元来は，貧困者や病人を収容する慈善施設．

ホスピスケア【hospice care】医終末医療患者に心理的・精神的な援助を主に行う医療態勢．

ホスピタリズム【hospitalism】医長期の入院などが原因で，ノイローゼなどの症状を起こすこと．保育児などにもいわれる．

ホスピタリティー【hospitality】①歓待．親切なもてなし．②受容力．柔軟性．

ホスピタリティー インダストリー【hospitality industry】経接客産業．ホテルや料理店などの接客業．

ホスピタル プレー スペシャリスト【hospital play specialist】医心イギリスの，遊びを通じた病児ケアの資格．略称・HPS．

ホスピテル【hospitel】医ホテル形式の施設や設備をもつ病院．hospitalとhotelの合成語．

ホスホマイシン【fosfomycin】薬抗菌剤の一種．FOMともいう．

ボスマン判決【Bosman ruling】競(ｻｯｶｰ)1995年に欧州司法裁判所がベルギーのプロサッカー選手ボスマンに下した判決．契約満了時にはフリーエージェントになる．

ポセイドン【Poseidon 希】ギリシャ神話で，海神．主神ゼウスと兄弟になる．

ボセンタン水和物【bosentan hydrate】薬肺動脈性高血圧症の治療薬．一般名．

ボソン【boson】理スピンがゼロまたは整数の粒子の総称．相互作用を媒介する．ボーズ粒子ともいう．

ホタ【jota 西】音カスタネットなどで伴奏するテンポの速いスペインの民族舞踊曲．

ポタージュ クレール【potage clair 仏】料澄んだスープ．

ボタニカルアート【botanical art】美植物画．植物を精密に描く美術作品．

ボタニカル ガーデン【botanical garden】

555

ポタリング▶

植物園.

ポタリング【pottering】 気ままに自転車を乗り回すこと.

ボタン[1]【botão 葡】服衣服などの合わせ目を留める用具. 一方の側の穴やループなどを通してかける.

ボタン[2]【button】①器具や機械などを作動するのに押す突起状のもの. ②服衣服などの合わせ目を留める用具. ③[I算]パソコンの画像表示で, 機能そのものをデザイン化したもの.

ボタンカバー【button cover】服シャツなどのボタンにかぶせて使うアクセサリー.

ボタン ダウン カラー【button-down collar】服襟の一種. 襟先をボタンで身ごろに留め付けるもの. ワイシャツなどに用いる. ボタンダウンともいう.

ボタン電池【button cell】平らな円盤形状の電池. ミニチュア電池, マイクロ電池ともいう.

ボックス【box】箱. 箱形のもの. 箱状をしたもの.

ボックスウイルス【poxvirus】医生天然痘などを起こすウイルス.

ボックスオフィス【box office】①営切符売り場. 入場券売り場. ②興行. 興行売上.

ボックスオフィス ディザスター【box office disaster】映映画の興行成績が大失敗に終わること.

ボックスカーフ【box calf】服子牛のなめし革. またはその革で作った靴.

ボックス圏【box zone】営経為替レートの変動幅が小さく, 安定している状態を指す.

ボックスコート【box coat】服肩が角ばって全体が箱型をした女性用のコート.

ボックスシート【box seat】①劇劇場などで, 箱状に区切ったます席. ②社電車などで, 2人ずつ向き合って座る4人掛けの席.

ボックスシフター【box-shifter】営電気製品などの完成した商品の販売だけを行う企業. 生産や修理, サービスは他の会社に委託.

ボックスストア【box store】営店舗・人員・サービスなどをできるだけ簡略化し, 小売価格を安くする店舗形態. ドイツで開発された.

ボックスセット【box set】音複数枚のCDやDVDを箱に収納した商品.

ボックス相場【box market price】経価格の上限と下限が決まった額の中でだけ動く相場.

ボックスパレット【box pallet 日】物品を載せる面をもつ荷役台で, 箱状やかご状に立体化したもの.

ボックスプリーツ【box pleats】服箱ひだ. 折り目は裏で突き合わされている.

ホッケー【field hockey】競11人編成の2チームが, L字型のスティックを使って球をパスあるいはドリブルして相手ゴールに入れ, 得点を競う球技.

ホッチキス【Hotchkiss】コの字形の針を用いる手動式の紙とじ器. 商標名. ホチキスともいう. 英語はstapler.

ボット【bot】[I社]コンピューターを乗っ取り攻撃に利用する不正なプログラム.

ポッド【pod】①豆類のさや. まゆ. ②機機体につるす流線型の容器. ③生鳥類や魚類などの群れ.

ホットウイスキー【hot whiskey】料ウイスキーを湯で割ってレモンなどを入れた飲み物.

ホットエア【hot air】①環地球温暖化ガス削減の排出権取引で, 目標超過分を他国に売れる排出権. ②たわごと. 大ぼら.

ホットカーペット【hot carpet 日】電熱を利用する放熱装置を組み込んだ, じゅうたん状の暖房具.

ホットカーラー【hot curler 日】容電気を利用して髪を巻き毛にする器具. 英語はhair curler (roller).

ホットキー【hot key】[I算]実行中のソフトウエアを瞬時に切り替えたり起動したりする機能を担うキー.

ホットコイル【hot coil】熱延幅帯鋼.

ホットショップ【hot shop】広創造的な広告制作を主とする小規模な広告会社.

ホットスタート【hot start】[I算]メモリーにプログラムを残したままリセットすること. ウオームスタートともいう.

ホットスタッフ【hot stuff】営話題となり, 人気が出た新製品.

ホットスタンバイ【hot standby】[I算]故障などに備えて予備のコンピューターを稼働させておく方法. 障害発生への対応策の一つ.

ホットスタンバイ システム【hot standby system】[I算]現在使っているコンピューターに故障が起こったら, すぐに他のコンピューターに切り換えるシステム.

ホットスプリング【hot spring】地温泉.

ホットスポット【hot spot】①地マントル深部の熱のために溶けたマグマがたまっている場所. 地球内部物質の噴き出し口. ②武武力の衝突などが起こったり, 起きそうな場所. ③[I社]NTTコミュニケーションズが商標登録している, 無線LANアクセス・サービス. また, 無線LANを用いて公共の区域にインターネット接続環境を設けた場所. ④生態系が破壊されて, 多くの珍しい種が絶滅の危機に直面している地域のこと. ⑤[I算]表示装置の画面に現れるマウスの正確な位置. 矢印型なら先端部になる.

ホット スワッピング【hot swapping】[I算]ノートパソコンで使うPCカードなどを, 電源を入れたまま抜き差しできること.

ホットチャット【hot chat】[I算]オンラインのネットワークで取り交わされる, 性的な通信文や画像.

ホットドッグ【hot dog】①料温めたロールパンの間に, 焼いたソーセージと辛子などの香辛料を挟んだ食べ物. ②競(サーフ)波乗り板の上で高度な離れ業をする演技方法.

ホットドッグ スキー【hot-dog skiing】競空中回転など曲芸中心のスキー.

ホットニュース【hot news】入手したばかりの最新情報.

ホット パーティクル【hot particle】理原子炉の事故などで大気中に放出される高い放射能をもつ微粒子.

ホットハウジング【hothousing】社子供を幼児

◀ボツリヌス

期から教育施設に入れて，知的な刺激などを与えるという傾向．スーパーベビーフェノメノンともいう．

ホットバナナ【hot banana】経欧州統合で経済活動が盛んになった地域のこと．イギリス東部から北フランス，ベネルックス，北部イタリア，カタルーニャ地方まで，バナナ状に湾曲した形に描ける地域．

ホットバルーン【hot-air balloon】熱気球．

ホットプラグ【hot plug】①算システムの設定を，コンピューターや周辺機器の電源が入った状態で可能にするもの．

ホットプレート【hot plate】科調理用の鉄板．電熱器．料理保温器．

ポットホール【pothole】舗装道路などにできた路面のくぼみ．地面の穴．

ポットホール ポリティシャン【pothole politician】政道路の建設や補修工事などで有権者の人気取りをする政治家．

ホットボタン【hot-button】政治的に重大な反応を引き起こす．重大事が起こりそうな．

ホットマネー【hot money】経国際金融市場を金利差に応じて動き回る投機的な短期資金．

ポットマム【potmum】植生長抑制剤で丈を低くした鉢植えのキク．ヨーロッパやアメリカで栽培が盛ん．

ポッドモール【pod mall】商人口密度が高い都市部にある小規模なショッピングセンター．コンビニエンスセンターともいう．

ホットヨガ【Hot Yoga】容温度と湿度を高めた場所で行う発汗量の多いヨガ方式．商標名．

ホットライン【hot line】①①各国首脳間を結ぶ直通電話．ワシントンのホワイトハウスとモスクワのクレムリン間の直通通信が始まり．②①緊急非常用の直通電話．

ポットラック【potluck】科有り合わせの料理．

ホットリスト【hotlist】①算よく利用する情報を収納したコンピューターや，ネットワークを含むシステムを一覧できる表にしたもの．

ホットロッド【hot rod】機高速走行や加速性能がよくなるように改造した自動車．一定の直線を走ってスピードに挑戦する車もいう．

ホップ【hop 蘭】植クワ科の多年草．雌花をビールの芳香苦味剤に用いる．

ポップ【pop】①大衆的な．通俗的な．ポピュラー（popular）からとった語．②軽やかさ．ポップコーンのはじけることから．③気まぐれな．即興的な．行動力にあふれた．④(日)音軽く明るい洋風な音楽．

ポップアート【pop art】美1960年代にニューヨークとロンドンを中心に起こった新しい傾向．マスメディアのイメージを重視し，看板，広告，日用品など日常の事物をテーマにした．popular art（ポピュラーアート，大衆芸術）の通称．

ポップアップ【pop-up】中からポンと飛び上がる．飛び出し方式の．

ポップアップ ウインドウ【pop-up window】①算ウインドウをデスクトップの一番下でドラッグしたり，タイトル部分がタブ化した最前面に表示されるウインドウに変わる MacOS の機能．

ポップアップ広告【pop-up advertising】広雑誌広告の一つ．誌面を開くと広告が立体的になる．

ポップアップ メニュー【pop-up menu】①算操作中の画面に飛び出すように現れるメニューのこと．特定の項目を選択したり，マウスをクリックしたりすると現れる．

ポップカントリー【pop country】音都会的感覚をもつカントリーミュージックの新型式．

ポップ広告【point of purchase advertising】広購買時点広告．商品の近くに置き，買い物客に商品を知らせ説得するポスター，ステッカー，ディスプレー，店内放送などをいう．POP広告ともいう．

ポップコーン ムービー【popcorn movie】映大衆向けの娯楽映画．

ポップゴスペル【pop gospel】音黒人霊歌を大衆化した音楽．強烈なリズムと熱狂的な唱法が特徴．

ポップジャズ【pop jazz】音ロックンロールを取り入れたジャズロックやムードジャズなど，誰にでも親しみやすいジャズ．

ポップシンガー【pop singer】音流行歌手．ポピュラー音楽の歌手．

ポップス[1]【POPs】化環残留性有機汚染物質．persistant organic pollutants の頭字語から．

ポップス[2]【pops】音大衆的な流行音楽．若者向けのリズミカルな軽い音楽をいう場合が多い．popular music の略．

ホップスコッチ【hopscotch】石蹴り遊び．

ポップス条約【POPs treaty】化環ダイオキシン，PCB，DDTなど12種類の有害な化学物質の国境を越えた移動を防止するための国際条約．国連環境計画が提唱し2001年に採択．04年発効．

ポップスター【pop star】音流行音楽の人気者．ポピュラー音楽の演奏家や歌手．花形歌手．

ポップストレル【popstrel】音若い女性ポップ歌手．

ポップスリー【POP3】①算メール受信時に利用される，現時点で最も普及しているプロトコル．ポート110を利用する．

ポップファッション【pop fashion】服派手な色を大胆にはぎ合わせたり，変わったアクセサリーを付けるなど，意外性のある，また，陽気で明るい色使いの装い．

ホップフィールド ネットワーク【Hopfield network】①算カリフォルニア工科大学の物理学者ホップフィールドが提案したニューラルネットワークの新しい演算法．

ホップフィールド モデル【Hopfield model】理一つの記憶パターンをスピン配列の一つのパターンに対応させ，記憶情報を系の局所的安定状態に対応させるというもの．

ポップフィクション【pop fiction】文通俗小説．ポップノベルともいう．

ポップライター【POP writer 日】広店頭などに出す購買時点広告に絵や文字を描く人．

ポップワード【pop word 日】言即興言語．意味不明の，調子のよいことば．

ボツリヌス菌【botulinus bacillus】生嫌気性

ホ

557

ボディー▶

桿菌(かんきん)の一種．食中毒の原因となる．

ボディー【body】 ①[圧]体．肉体．身体．胴体．腹．②本体．主要部．

ボディーアート【body art】 [芸]美付属物をいっさい使わないで，作家が自分の肉体そのもので行う芸術的表現．

ボディーイメージ【body image】 [心]体験的にもっている自己の身体に対する意識や心象．

ボディーウエア【bodywear】 [服]元来は，体に直接つける下着の総称．最近は，ワンピース型水着のようなボディースーツ，ストッキングとボディースーツがつながったようなボディーストッキング，レオタードなどをいう．

ボディーウオッシュ【bodywash】 [軍]紛争などがない地域で軍人が戦死した時に，他の地域で事故死したように工作すること．

ボディーケア【body care】 [容]健やかで美しい体づくりのために行う，さまざまな働きかけの総称．

ボディー化粧品【body cosmetic】 [容]体の手入れ用の化粧品を総称する．ボディーシャンプー，ボディーローション，脱毛剤，ハンドクリームなど．

ボディーコンシャス【body conscious 日】 [服]体の線がくっきりと出るようなデザインの服．美しい体への意識の意．ボディコン．

ボディー サウンディング【body sounding】 [音]体を使って表現する音楽．体をたたいたり，楽器の音を口まねしたりする．

ボディーシャンプー【body shampoo 日】 [容]体を洗うのに使う液体せっけん．

ボディースイング【body swing】 [競](野球)投手が投球の前に体を前後に揺り動かすこと．

ボディースーツ【bodysuit】 [服]女性用下着の一種．シャツとパンティーがひと続きになった水着型の下着．

ボディー スカルプチャー【body sculpture】 [競]運動をして，彫刻のように体に肉をつけたりそぎ取ったりして，体形を整える方法．

ボディースキャナー【body scanner】 [医]コンピューター技術を利用して，人体の断層写真の撮影をするX線診断用機器の総称．

ボディー ストッキング【body stockings】 [服]ワンピース型水着のようなボディースーツとストッキングがつながったような形の下着．

ボディーチェーン【body chain 日】 [服]腰やウエストの部分に巻く鎖のベルト．

ボディーチェック【body check】 ①(日)[社]危険物所持か否か確かめるため，身体に触って調べること．この意味では英語は security check．②[競](アイスホッケー)体当たりを使った防御法．

ボディーテディ【body teddies】 [服]ブラジャーやガードルなどがひと続きになった，おしゃれ感覚に富む下着．ソフトボディースーツ．

ボディーパーマ【body perm】 [容]ゆるめのパーマをかけ，自然な量感を与える技法．

ボディーバッグ【body bag 日】 [服]体形に沿った形状の軽量で機能的なかばん．肩掛け式や腰に巻くものなど種々ある．

ボディー ピアシング【body piercing】 ①[容]乳首や舌・唇などに小さな穴を開けて，飾りを付けること．②[心]身体部位を突き刺す行為．

ボディーピアス【body pierce 日】 [服]耳以外にするピアスのこと．

ボディービル ボディービルディング(body-building)の略．[競]各種の器具を使う全身の筋肉鍛錬法．

ボディー ファッション【body fashion】 [容]肉体装飾．人体そのものを飾り立てるもの．

ボディープレス【body press】 [競](レスリング)自分の体重を利用して相手を押さえ込む技．

ボディー ペインティング【body painting】 [美]体に絵の具で色彩豊かな模様状の絵をかいたり，いろいろな色を塗ること．

ボディーボード【body board】 [競]サーフボードを小型にした発泡ウレタン製の波乗り板．ハワイで生まれた．ボディボーともいう．

ボディー マス インデックス【body mass index】 [医]生肥満度．体重を身長の二乗で割ったものが肥満度数値となる．BMIともいう．

ボディーメーク【body makeup 日】 [容]首から胸・胴・背・手足までの身体の美容を総称するもの．

ボディーライン【body line】 [機][服]人間の体や自動車などの外形の輪郭の線．

ボディーランゲージ【body language】 身振り・手振りなど，体の動きを通して行われる意思伝達．身体言語．

ボディーローション【body lotion】 [容]入浴後などにつける全身用化粧水．荒れた肌を滑らかにする．

ボディーワイヤ【body wire 日】 [服]手首や指，首などに付ける，伸縮性のあるナイロン製のアクセサリー．肌に密着し，入れ墨のように見える．タトゥーワイヤともいう．

ボディコン ボディーコンシャス(body conscious 日)の略．[服]体の線を強調した女性の装い．

ホテイチ [営][社]ホテルの一階に設置された食品売場．高級・高品質が売りもの．

ポテトチップ【potato chip】 [料]薄切りにしたジャガイモのから揚げ．

ポテンシー【potency】効力．潜在的能力．勢力．

ポテンシャル【potential】 ①潜在能力．可能な能力．②潜在的な．可能性．③電電位．

ポテンシャル バイヤー【potential buyer】 [営]潜在購買者．

ポテンシャル マーケット【potential market】 [営]潜在市場．

ポテンショメーター【potentiometer】 [理]機械装置の回転角度の絶対値をアナログ電圧値に変換する計測器．

ポテンツ【Potenz 独】 [医]男性の性的能力．生殖力．勃起力．

ホトール【HOTOL】 [機]水平離着陸型スペースプレーン．滑走路を利用する単段式の有翼再使用型ロケット．horizontal takeoff and landing の頭字語から．

ポトフー【pot-au-feu 仏】 [料]フランスの家庭料理

◀ポピュリズ

の一つ．牛肉とカブ，ニンジン，タマネギなどの野菜類を香草を入れて煮込んだもの．

ポトベリード ピッグ【potbellied pig】動太鼓腹をした豚．だるま豚．アメリカなどでペットとして飼う人がいるという．

ボトム【bottom】①下部．底．でん部．②服下半身に着ける服の総称．

ボトムアウト【bottom out】①大底に達する．底を打つ．②経株価などが底入れすること．

ボトムアップ【bottom-up】下位から上位へ伝わること．下から上への運動．基礎から始めて全体を組み立てる方式．⇔トップダウン．

ボトムアップ型経営【bottom-up management】経企業の意思決定が下からの発議でなされる経営形態．

ボトムアップ ジーンズ【bottom-up jeans】服ヒップアップ効果のあるデザインで作ったジーンズ．プッシュアップジーンズともいう．

ボトムアップ社会【bottom-up society】社政治や経済などで，下部が大きな役割を担う社会．下からの情報や意見が上へ流れて方向を決定づける働きをする．

ボトムアップ テスト【bottom-up test】I算システム開発で，プログラム間の入出力の整合性を考えて，下位プログラムから上位プログラムへ順次結合しながらテストする方法．

ボトムアップ レビュー【Bottom-Up Review】軍アメリカ国防総省が冷戦終結後の戦力構成見直しを行った報告書．1991年に着手し，93年にまとめた．

ボトム フィッシング【bottom fishing】経株式相場などで底値買い．

ボトムライン【bottom line】最終利益．最終損失．最終結論．決算書の最後の行の意．

ボトムレス【bottomless】①底なしの．底知れぬ．計り知れない．②下半身を露出させた．

ポトラッチ【potlatch】社アメリカ北西部の先住民の間で行われる儀礼交換．自分の地位を高めるため，多くの財産を使ってもてなし，客は後でそれ以上の返礼をしないと地位などを失うとされる．

ポトラッチ ディナー【potlatch dinner】参加者が各自の得意料理を持ち寄る夕食会．

ボトルガーデン【bottle garden】植透明ガラス容器の中で小型観葉植物などを栽培する方法．テラリウム，グラスガーデンともいう．

ボトルカン【bottle can 日】ねじ込み式のふたが付いた金属製の飲料用容器．

ボトル キープ【bottle keep 日】酒場などで，客が酒を瓶ごと買い置くこと．

ボトルドウオーター【bottled water】料人工的にさまざまな処理をした飲料水．ミネラルウオーターの品名表示区分の一つ．

ボトル トゥ ボトル【bottle to bottle】環使用済みのペットボトルを化学的に分解し，再びペットボトルの樹脂を作るリサイクル．

ボトルネック【bottleneck】①隘路．難関．障害．ネックともいう．②I算コンピュータの処理の障害となるもの．③音瓶などの首を使ったギター奏法の一つ．

ボトルネック インフレ【bottleneck inflation】経全体の需給関係はよいが，特定の産業や分野で供給が制約されて生じる物価上昇．

ボトルワイン【bottled wine】料瓶入りのブドウ酒．飲食店などで瓶詰めごと注文する．

ボナ【VONA】高架軌道を使って電動車を走らせる未来の近距離輸送方式．Vehicles of New Age の頭字語から．

ボナファイド セール【bona fide sale】営経買い手と売り手が互いに誠意をもって行う取引．

ボナンザ【bonanza】豊かな鉱脈．鉱脈を当てたような大当たり．幸運．

ボナンザグラム【bonanzagram】文章の中の空欄に，文字を入れて完成させるクイズ．

ホニアラ和平協定【Honiara Peace Accord】軍政ソロモン諸島の内戦を停止させるために1999年に結ばれた協定．

ポニースキン【pony skin】服子馬の毛皮．

ポニーテール【ponytail】容長い髪を上部で束ねて尾のように垂らした女性の髪型．

ボニールック【Bonnie look】服1967年のアメリカ映画『俺たちに明日はない』の女主人公ボニーの服装をファッション化したもの．

ホノビジョン【phonovision】I有視電話．テレビ電話．相手の顔を見ながら通話ができる．

ホパティー【poverty】貧困．貧乏．欠乏．不足．不十分．

ホバリング【hovering】宇宙遊泳．大空遊泳．ヘリコプターやハチドリなどの空中停止．

ホバリング ロケット【hovering rocket】機空中停止や横移動ができる単段式のロケット．アメリカが提唱する完全再利用形式のもの．

ホビー【hobby】趣味．道楽．

ポピー【poppy】①植ケシ．ケシ属の植物の総称．②植ヒナゲシ．ケシ科の一年草．

ホビーイスト【hobbyist】趣味に熱中する人．道楽者．

ホビークラフト【hobby craft 日】社趣味の手作り．半製品の材料を使って室内装飾品などを作ること．英語は do-it-yourself craft．

ホビージネス【hobbysiness 日】営趣味と実益を兼ねた主婦ビジネス．hobby と business の合成語．

ホビーマシン【hobby machine】I算ゲームや特定の趣味のために使うコンピュータ．一般にキーボードはなく，操作盤になる．

ポピュラー キャピタリズム【popular capitalism】経大衆資本主義．国民に広く資本主義が浸透していること．

ポピュラーソング【popular song】音流行歌．

ポピュラー ミュージック【popular music】音クラシック音楽や芸術音楽とその対極にある民俗音楽との間の，広い領域の音楽のこと．ポピュラー音楽．

ポピュラリティー【popularity】大衆性．人気．

ポピュリズム【populism】政人民主義．民衆主義．民衆の要求と支持に基づく運動．特に，中南米

559

ポピュルー▶

諸国の都市化に伴って現れた政治動向．ポプリスモともいう．

ポピュルーション【populution】⚓人口公害．人口の増加が公害の主原因だとする考え方．populationとpollutionの合成語．

ポピュレーション【population】①人口．②一定地域の全住民．

ボビンレース【bobbin lace】🧥複数の糸巻き糸を編んで作るレース．

ボブ【bob】💇断髪．短い髪型の基本の一つ．

ボブスレー【bobsleigh 仏】🏁鋼鉄製のそりで雪を凍らせたコースを滑走する競技．二人乗りと四人乗りがある．スイスのアルプス地方で発達した．

ホフマン式計算法【Hoffmann method】⚖️⚓自動車事故などの損害賠償額の算定方法の一つ．被害者の推定総収入から，生活費・所得税などの諸費用を差し引き，それに就労可能年数を掛け，さらに中間利息を控除したもの．

ホフマン防衛競技集団【Wehrsportgruppe Hoffmann 独】🌐ドイツのネオナチ系の極右グループ．1973年に結成．WSGともいう．

ポプリ【potpourri】①花香．乾燥させた花弁などを容器や袋に入れて香りを楽しむこと．②曲や雑文の寄せ集め．

ポプリスモ【populismo 西】🌐人民主義．特に，20世紀中南米諸国の都市化を反映して現れた政治動向．ポピュリズムともいう．

ホペイロ【ropeiro 葡】⚽用具係．

ボヘミアン【Bohemian】①世間の常識にとらわれないで，自由奔放に生きる人．②[b-]🧥1999～2000年の秋冬コレクションで提案された服飾の傾向．質感のあるブラウスやロングスカート，民族調の装飾などを用いる．

ポペリスム【paupérisme 仏】①🧥貧困者風のファッション．わざと色あせたり古着風に仕立て，新しい価値観をもたせる傾向．シャビールックともいう．②貧困状態．窮乏状態．

ボマーク【Bomarc】🪖超音速で飛ぶアメリカ空軍の防空用地対空迎撃ミサイル．

ボマージャケット【bomber jacket】🧥厚手のムートンの毛皮で作る防寒ジャケット．第二次大戦中にアメリカ空軍の爆撃兵（ボマー）が着た革ジャンパーに似せたところから．

ポマト【pomato】🌱トマトとジャガイモから作られた体細胞雑種の植物．細胞融合技術を用いた異種間雑種の一つ．地上部にトマトの実がなり，地下にジャガイモができる．

ボムスニッファー【bomb sniffer】爆発物探知装置．

ボムブランケット【bomb blanket】爆弾処理などに用いる新素材の毛布．万一起爆しても爆発力を吸収するケブラー繊維製のもの．

ホメオスタシス【homeostasis】🧬恒常性．生物体が形態的・生理的な性質を一定に保とうとする性質．体温，血糖値，血液の浸透圧などに見られる．

ホメオティック遺伝子【homeotic gene】🧬真核生物の体節の決定や形態形成に関する塩基配列を含む遺伝子群．

ホメオパシー【homeopathy】💊類似療法．下痢に下剤というように，治療中の病気と同じ症状が現れる薬剤を少しずつ投与する方法．

ホメオボックス【homeobox】🧬ショウジョウバエの体節形成に関与する遺伝子の中にある共通の塩基配列．

ホモ【homo-】①「同一」「同質」の意を表す接頭語．②ホモセクシュアルの略称．

ホモエルガスター【Homo ergaster 羅】🧬📜東アフリカの150万～190万年前の地層から見つかっている初期化石人類．学名は「働くヒト」を意味する．

ホモエレクトゥス【Homo erectus 羅】🧬📜原人．化石人類の一種．約160万年前から約13万年前まで活動した．

ホモ牛乳【homogenized milk】🥛脂肪球を分散させて均質化し，消化しやすくした加工牛乳．

ホモサピエンス【Homo sapiens 羅】①現在の人類の学名．②🧠理性人．

ホモサピエンス サピエンス【Homo sapiens sapiens 羅】🧬📜新人．現世人類．約4万年前に出現し，現代人も含む．

ホモサピエンス ネアンデルターレンシス【Homo sapiens neanderthalensis 羅】🧬📜旧人．化石人類の一種．約13万年前から約4万年前まで活動した．

ホモジーニアス【homogeneous】同種の．同質の．均質の．⇔ヘテロジーニアス．

ホモジナイズ【homogenize】同質化する．均質にする．

ホモセクシャリティー【homosexuality】⚓心同性愛．男性の場合をいう．⇔ヘテロセクシャリティー．

ホモセクシュアル【homosexual】①⚓心同性愛．自分と同じ性に対するエロチックな反応．②同性愛者．同性愛の．

ホモ接合体【homozygote】🧬組成が同じ遺伝子の接合体．

ホモソーシャル【homosocial】⚓男性が，女性を排除して男性に利益を与える関係．

ホモソシオロジクス【homosociologics】⚓社会学上の人間に対する概念で，社会的地位と役割から見た人間．

ホモダイン検波【homodyne detection】📡特定の位相成分を計測する量子測定法．

ホモハビリス【Homo habilis 羅】📜化石人類の一つ．約200万年前の地層から発見．

ホモフォニー【homophony】🎵単音的音楽．1個の旋律をハーモニーが支える和声音楽．

ホモフォビア【homophobia】💭ホモ恐怖症．ゲイ文化に恐怖感をもつこと．

ホモ フローレシエンシス【Homo floresiensis 羅】🧬📜インドネシア東部・フローレス島の約1万8000年前の洞窟堆積物から発掘された小型の化石人類．脳容量は約380cc，身長は約1m程度．

ホモモーベンス【homo movens】⚓移動人間．移動民．交通・通信の発達により，めまぐるしく変化する社会の中で，新しい価値や情報を追い求

◀ポリエステ

ホモルーデンス【homo ludens 羅】 社遊戯人間．レジャー時代の人間像．
ホモロゲーション【homologation】 競(自動車)競技参加車両の規約適格の認定．
ホモロジー【homology】 ①同性愛の研究．②同族関係．
ホラー【horror】 恐怖．戦慄．恐ろしい思い．
ホラー映画【horror movie】 映恐怖映画．怪奇な趣向で観客に恐怖を感じさせる映像娯楽をすべて含む．
ホライズン【horizon】 ①地平線．水平線．②知識・思考などの範囲・限界．
ホライズン ディスタンス【horizon distance】 放局の送信アンテナから見渡せる最も遠い地点までの距離．
ホライゾン計画【Horizon project】 軍英仏伊によるフリゲート艦の共同開発．
ボラティリティー【volatility】 ①経予想変動率．相場が変動する可能性を示す尺度．②変わりやすさ．変動性．揮発性．
ポラライジング マイクロスコープ【polarizing microscope】 化理偏光顕微鏡．結晶や繊維組織を調べるのに用いる．
ポラリス【Polaris】 ①天北極星．②軍アメリカ海軍の中距離弾道ミサイル．
ポラロイドカメラ【Polaroid Land camera】 写撮影後，すぐにその場で現像できるアメリカ製のカメラ．商標名．ポラロイド，ポラロイド ランド カメラともいう．
ポラロイド式立体映像【polarized stereoscopic system】 Ⅰ映左右に撮り分けたフィルムにそれぞれ90度ずらした偏光フィルターを取り付け，偏光フィルター眼鏡をかけて立体映像を見る方式．
ボラン【volant 仏】 服スカートや下着などの裾飾り．
ボランタリー【voluntary】 任意の．自発的な．志願の．
ボランタリー オーガニゼーション【voluntary organization】 社非営利組織．イギリスでの呼称．ＶＯともいう．
ボランタリーセクター【voluntary sector】 社民間非営利部門．第三セクターのこと．イギリスでの呼称．
ボランタリーチェーン【voluntary chain】 経任意連鎖店．独立小売店が共同して統一的な営業活動を行う方式．
ボランタリー パーチェス【voluntary purchase】 経自発的購入．日本の自動車製造会社が，行政指導などによらないでアメリカ製部品を買い入れること．
ボランタリズム【voluntarism】 社個人が自発的に公共施設や福祉事業に協力する無報酬の活動をいう．アメリカでの市民活動の一環．
ボランチ【volante 葡】 スミッドフィールダーの中で，後方に位置して主に守備を担当する選手．移動できる，可動するという意．
ボランティア【volunteer】 社篤志奉仕者．民間

奉仕者．無報酬で福祉などの事業活動に参加する人．社会をよくするため，自分の時間と技術を自発的・無報酬で提供する人．志願者．
ボランティア休暇制度【volunteer 一】 営社社員がボランティア活動に参加する時に，企業が一定期間の休暇や休職を認める制度．
ボランティア休職【volunteer 一】 営社社員のボランティア活動を奨励する制度の一つ．企業が長期的な休職を認めて，活動終了後の復職を保証する．
ボランティア国際年【International Year of Volunteers, 2001】 1997年の国連総会で定められた国際年．2001年が活動年．
ボランティアサミット【Presidents' Summit for America's Future】 1997年に開かれた「アメリカの将来のための現・元大統領サミット」の通称．アメリカのボランティア活動の推進を話し合った．
ボランティアネット【volunteer network】 ⅠＨボランティアの人々が，インターネットなどのネットワーク技術を用いて，情報を発信したり交換したりすること．
ボランティアバンク【volunteer bank 日】 社ボランティアを希望する人たちが登録をして，各種のボランティアの情報の提供を受けるシステム．文部省(現文部科学省)が提唱したもので，各県や市町村の窓口で受け付けている．
ボランティア保険【volunteer 一】 経社ボランティア活動中の傷害保険と賠償責任保険をセットしたもの．
ボランティアマッチ【volunteer matching program】 社従業員がNPOなどでボランティア活動をした時間に応じて，企業もNPOに寄付する仕組み．
ポリアーキー【polyarchy】 政多頭政治．
ポリアセタール樹脂【polyacetal resin】 化代表的な高機能樹脂．ホルムアルデヒドやトリオキサンを重合した熱可塑性樹脂．耐熱性，耐摩耗性，機械的強度に優れている．
ポリアセチレン【polyacetylene】 化半導体や導体になるプラスチック．アセチレンを重合し，ヨウ素やアンチモンを注入すると電気を通すようになる．
ポリアミド【polyamide】 化構造中にアミド結合をもつ高分子化合物の総称．繊維原料として用いられる．
ポリープ【polyp】 ①生腔腸動物の形態の一種．管状で，他に付着して生活する．②医皮膚や消化器，鼻腔，子宮頸部などの粘膜にできる異常突起．ポリプ．
ポリイミド樹脂【polyimide resin】 化耐熱性に優れた高機能樹脂．プリント基板やコンピューター部品などに使う．
ポリウッド【Bollywood】 映製作本数が世界最大規模のインドの映画産業のこと．ボンベイ(現ムンバイ)が中心．BombayとHollywoodの合成語．
ポリエステル フィルム【polyester film】 化ポリエステルの薄膜．包装・磁気テープなどに用いる．

561

ポリエスニ ▶

ポリエスニック【polyethnic】多民族の．多様な民族からなる．

ポリエチレン【polyethylene】化エチレン結合をもつ安定性の高い合成樹脂．各種の化学製品の材料として用いる．ポリともいう．

ポリ塩化ジベンゾダイオキシン【polychlorinated dibenzo-p-dioxin】化ダイオキシン類の一つ．強い毒性をもつ有機塩素化合物．ＰＣＤＤともいう．

ポリ塩化ジベンゾフラン【polychlorinated dibenzofuran】化ダイオキシン類の一つ．毒性の強い有機塩素化合物．ＰＣＤＦともいう．

ポリ塩化ビフェニル【polychlorinated biphenyl】化不燃性で化学的に安定している化合物．毒性が強く環境を汚染したため使用禁止．PCB．

ポリオ【polio】医脊髄性小児まひ．急性灰白髄炎．

ポリオレフィン樹脂【polyolefin resin】化オレフィン系炭化水素物を原料とする合成樹脂．塩素を含まない素材．ポリエチレン，ポリプロピレンなどが代表的．

ポリカーボネート【polycarbonate】化使用量が多いエンジニアリングプラスチック(高性能樹脂)の一つ．電子機器や機械部品などに広く使う．耐熱性・強度などの優れた素材．

ポリガミー【polygamy】社一夫多妻制．⇔モノガミー．

ポリグラフ【polygraph】生生理的な変化をグラフ上に記録する機械．呼吸，血圧，皮膚電気反射の生理反応を調べて，犯罪認識などに用いる．通称うそ発見器．

ポリクローナル抗体【polyclonal antibody】生生体内に混在する，抗原に対する特異性の異なった多種類の抗体．

ポリクローム【polychrome】多彩色の．多色画の．多色刷りの．

ポリゴン【polygon】①多角形．始点と終点が一致した線分列．②Ｉ算コンピューターグラフィックスで，描画の基本単位となる多角形．

ポリゴンゲーム【polygon game】Ｉ算３Ｄゲーム．三次元コンピューターグラフィックスの技術を使い，動きの自由度と立体感のある画像をもつゲームのこと．

ポリゴン/秒【polygons per second】Ｉ算グラフィックスアクセラレータの性能を表す指標の一つ．数値が大きいほど性能がよい．

ポリサー【policier】映文刑事や犯罪などを題材にしたミステリー小説あるいは映画．

ポリサリオ戦線【Polisario Front】政1974年にスペインが領有権を放棄した西サハラの領有を唱える組織．モロッコと軍事抗争が続いた．

ポリシー【policy】①政策．方針．②経保険証券．③Ｉ算Windowsの機能の一つ．パソコンへの操作を制限する設定ができる．

ポリシーコスト【policy cost】営経企業の研究費・広告費・交際費などの金額．経営方針によって年度ごとに増減がある．

ポリシーボード【policy board】政政策委員

会．政策決定機関．

ポリシーミックス【policy mix】経政経済の安定成長を達成するため，財政政策や金融政策などの複数の政策手段を最適な状態に一体化すること．

ポリシラン【polysilane】化ケイ素を含む重合体の一つ．主鎖がケイ素－ケイ素結合だけのもの．

ポリシリコンＴＦＴ液晶【polysilicon TFT liquid crystal】Ｉ算 TFT 液晶の薄膜トランジスタに多結晶シリコンを用いたもの．小型化，低価格化が図れる．

ポリス¹【police】①社警察．警察官．警察隊．②(日)巡査．警官．英語では policeman．

ポリス²【polis 希】歴古代ギリシャの都市国家．

ポリスアクション【police action】映刑事映画．刑事や警官が活躍する映画．

ポリスチレン【polystyrene】化スチレンの重合体．家電製品の外装材や，自動車の内装材などに用いる合成樹脂．

ホリスティック【holistic】全体的に．包括的に．全体論の．全人的な．

ホリスティック アプローチ【holistic approach】広さまざまなメディアを有機的に組み合わせて活用し，広告予算の配分を最適化する手法．

ホリスティック医療【holistic medicine】医全体観的医学．科学的医学以外の自然療法なども採り入れた医療．

ポリセントリズム【polycentrism】政国際共産主義は旧ソ連による独裁ではなく，各国の共産党の自主的な路線の上に成り立つべきだとした考え方．

ポリソムノグラフィー【polysomnography】医睡眠中の脳波，呼吸，心臓や四肢の動きなどを記録する装置．

ホリゾンタル テイスティング【horizontal tasting】料同じ年に仕込まれたブドウ酒を，さまざまな銘柄で試飲すること．

ホリゾンタルバイ【horizontal buy】広テレビやラジオで，ある時間帯を決めて一週間あるいは平日を通して買い，広告を行うこと．水平購入．ヨコ型購入．

ホリゾンタル プロリフィレーション【horizontal proliferation】軍核兵器の水平拡散．核兵器の保有国数が増えて，保有総数が増加すること．

ホリゾント【Horizont 独】①照明を当てて背景を効果的に表現するための舞台奥の装置．②地平．地平線．水平線．

ホリック【-holic】…中毒．中毒者．接尾辞の一つ．

ポリッシュリムーバー【polish remover】容除去液．マニキュアを落とす化粧品．

ポリッシング【polishing】研磨．つや出し．

ポリティカル アームチェア クオーターバック【political armchair quarterback】政政治家でもないのに，知ったかぶりに政治のことを解説する人．

ポリティカル アクション コミッティー【political action committee】政政治活動委員会．アメリカの選挙運動で，資金を集め候補者に献金す

る団体．PAC，パックともいう．

ポリティカル アサイラム【political asylum】　政政治亡命．政治上の信条から，自国内の外国大使館などに保護を求める場合が多い．

ポリティカル アパシー【political apathy】　政政治的無関心．

ポリティカル キャンペーン【political campaign】　政政治運動．選挙運動．

ポリティカル コレクトネス【political correctness】　政治的に正しいこと．政治的正当．ポコ．PC．

ポリティカル サイクル【political cycle】　経政政治的景気循環．政府が支持を得るために作り出す景気の動き．

ポリティカル フィクション【political fiction】　文政治的・社会的な空想の出来事を扱った小説．PF ともいう．

ポリティカルマシン【political machine】　政選挙の際の投票獲得組織．アメリカ，イギリスなどに見られる．

ポリティカル ユニオン【political union】　政政治統合．欧州連合（EU）で論議されている，一つの欧州政府を目指す考え方．

ポリティシャン【politician】　政政治家．主に，権力欲に走る政治家．策士的な政治家．

ポリティックス【politics】　政政治．政策．政略．政治問題．政治学．

ホリデーツリー【holiday tree】　クリスマスツリーのこと．

ホリデー プログラマー【holiday programmer】　I算プログラムを作ることに興味をもって，主に休日にコンピューターに取り組んでいる人．

ポリトビューロー【Politburo 露】　政旧ソ連共産党の中央委員会政治局．

ポリヌクレオチド【polynucleotide】　化核酸の構成単位であるヌクレオチドが鎖状に重合したもの．

ポリファーマシー【polypharmacy】　医薬漬け医療．

ポリフェノール【polyphenol】　化水酸基を多数もつ芳香族ヒドロキシ化合物．抗酸化物質や色素などとして食物に含まれる．

ポリフェム【Polyphem】　軍光ファイバー誘導ミサイル．独仏の陸軍による共同開発．

ポリフォニー【polyphony】　①音多音．重旋律音楽．多声音楽．②差異の重層性・多元性．

ポリフォニック【polyphonic】　音多音の．多声音楽の．

ポリプロピレン【polypropylene】　化プロピレンを重合した合成樹脂．耐熱性が高くて軽い．繊維やフィルムなどに用いる．

ポリペクトミー【polypectomy】　医胃などにできたポリープを，内視鏡の先端にあるワイヤにかけ，高周波電流で焼き切る技術．

ポリペプチド【polypeptide】　化多数のアミノ酸がペプチド結合でつながっている化合物．

ポリポリズム【polypolism】　営経需要超過のため，買い占めや売り惜しみによって引き起こされる市場機能の低下．多占病．

ポリマー【polymer】　化重合体．2個以上の分子を結合させて作る高分子物質の総称．

ポリマーアロイ【polymer alloy】　化理二種以上の高分子からなる多成分系高分子材料．高分子を機械的に混ぜて新しい特性をもたせる研究・開発が注目されている．

ポリマーサイエンス【polymer science】　化重合体科学．高分子重合体の基礎および応用に関する研究を行う．

ポリマー電池【polymer battery】　化理コバルト酸リチウムを正極，炭素材を負極，導電性高分子に可塑剤を加えたものを電解液に用いる電池．紙状に薄くできる．

ポリマー光ファイバー【polymer optical fiber】　理中核材料にアクリル樹脂などを使う光ファイバー．POFともいう．

ポリモーフィズム【polymorphism】　I算多態性．多相性．オブジェクト指向プログラミングで，同じメッセージでも受け手のオブジェクトごとに適切な処理を実行すること．

ポリューション【pollution】　環汚染．汚れ．不潔な状態．公害による大気や水の汚染．

ボリューム【volume】　①量感．容量．音量．②書物の巻数．③I算フロッピーディスクや磁気ディスク装置で管理上の単位．

ボリューム コントロール【volume control】　電ラジオなどの音量調節器．または音量調節．

ボリューム ディスカウント【volume discount】　I算ソフトウエアなどを複数購入した時に単価を割り引くこと．

ボリュームマップ【volume map】　I算ハードディスク，光磁気ディスクなどのボリューム中のファイル名と使用目的，編成法などを書いたもの．

ボリューム名【volume name】　I算磁気ディスクやフロッピーディスクなどの媒体を管理する単位であるボリュームに付ける名前．ボリュームラベルともいう．

ボリュームレシオ【volume ratio】　経一定期間の株価上昇日の出来高と下落日の出来高合計による百分比．

ボリューム レンダリング【volume rendering】　I算三次元コンピューターグラフィックスで，同じ大きさの小さな立方体で表現されたモデルを可視化するための画像生成技法．

ポルカ【polka】　音芸19世紀にヨーロッパで流行した4分の2拍子の軽快な舞踊音楽．

ボルサ【bolsa 西】　経中南米主要国の株式市場．

ポルシェ計画【PORSHE】　化理赤道直下の南太平洋に巨大ないかだを浮かべ，太陽エネルギーを集めて海水から水素を作るという構想．Plan of Ocean Raft System for Hydrogen Economy の頭字語から．

ボルシェビキ【bolsheviki 露】　①政ロシア社会民主党の多数派党員．1917年の10月革命で政権を握る．ボリシェビキ．②政左翼過激派．

ボルシェビズム【bolshevism 露】　①政正統的な共産主義思想．マルクス・レーニン主義の思想．②政過激な左翼思想．

ボルシチ ▶

ボルシチ【borshch 露】料ロシア料理のシチュー. 牛のバラ肉や野菜などを煮込んで作る. ビート(赤カブ)で赤い色をつけるのが特徴.

ホルスタイン【Holstein 独】動乳牛の品種の一つ. 大型で, 白黒まだらの毛をもち乳量が多い. ドイツの地名に由来.

ホルダー¹【folder】①紙挟み. 書類挟み. ②工収納記録を視覚化したもの. フォルダーともいう.

ホルダー²【holder】所有者. 保持者. 物を固定する器具.

ポルターガイスト【Poltergeist 独】騒霊. 家の中で原因不明の音や騒動などを起こす幽霊.

ホルターネック【halter neck】服細いひもや身頃から続いた布で, 金太郎の腹掛け風に首からつるすデザイン.

ボルダーリング【bouldering】競大岩登り. 器具を使わないで素手で岩登りをするスポーツ.

ボルツマン方程式【Boltzmann equation】理分子運動の力学に基づき, ある仮定の下に分布関数の不可逆変化を記述する方程式.

ボルテージ【voltage】①電電圧. 電位差. ボルト数. ②感情などの激しさ. 強さ.

ボルテックス【vortex】渦. 渦巻き. 旋風.

ポルテニア【porteña 西】音ラテンアメリカ音楽. 特にアルゼンチンのブエノスアイレスを中心とする地域の音楽.

ボルト【volt】電電流・電圧・起電力の単位. 記号はV.

ポルトアレグレ世界社会フォーラム【World Social Forum, Porto Alegre】社反グローバリズムを掲げる市民社会組織などの国際会議. 2001年, 02, 03, 05年にブラジルのポルトアレグレで開催.

ボルドーワイン【Bordeaux wine】料フランス南西部のボルドー地方産のブドウ酒.

ポルノ映画【porn film】映性交場面を見せるにした映画.

ポルノグラファー【pornographer】写美文好色文学作家. 春画家. わいせつ写真家.

ポルノグラフィー【pornography】芸性を主題にした作品の総称. 性的行為の描写を主眼とした文学・写真・絵画・映画など. ポルノ.

ポルノ税【porn tax】経国イタリアの新税. ポルノ映画・ビデオ・雑誌に20%の税金を課す.

ポルポト派【Khmer Rouge】政カンボジアの共産革命組織クメールルージュの異称. ポルポト(Pol Pot)元首相が率いたことから.

ボルマイザー【volumizer】容髪のボリュームを増すムースやクリーム類.

ホルマリン【Formalin 独】化ホルムアルデヒドの水溶液. 防腐剤・消毒剤として用いる. 元商標名. ホルムアルデヒド液ともいう.

ホルミシス【hormesis】理放射線ホルミシス. 放射線に被曝することが生物活動を活発化させる働きがあるとする説.

ホルムアルデヒド【formaldehyde】化メチルアルコールの酸化, または有機物の燃焼によって生じる無色の気体. 化学薬品・合成樹脂などに用いる. フォルムアルデヒドともいう.

ホルモン【hormone】化生生体内の器官から分泌され全身の物質代謝を調節する化学物質.

ホルモンシャワー【hormone shower】生男子の胎児で, 妊娠12週目から18週目ごろに, 大量のホルモンが分泌される現象.

ホルモン補充療法【hormone replacement therapy】医更年期障害改善のため女性ホルモンのエストロゲン(卵胞ホルモン)とプロゲストロン(黄体ホルモン)を, 体外から補完する治療法. HRTともいう.

ホルン【Horn 独】音開口部は朝顔形で, 管が輪状の金管楽器. 角笛.

ボレー【volley】競球技で, 球が地面に着かないうちに直接打ったり蹴ったりする方法.

ボレーキック【volley kick】競(サッ)パスなどによる飛球をトラップしないで直接蹴ること.

ポレミック【polemic】①論争的な. ②論争好きな人. 論客. ③議論.

ボレロ【bolero 西】①音カスタネットで伴奏する4分の3拍子のスペインの民族舞曲. ②服前あきでボタンがなく腰部より丈の短い上着.

ボレロ風ニット【bolero-type knit 日】服闘牛士のボレロ(前あき形の短い上着)のようなニット.

ポレンタ【polenta 伊】料トウモロコシの粉に水, 油, スープなどを加えたかゆを, 混ぜながら煮詰めたもの. 北イタリアの主食.

ポロ【polo】競4人ずつ二組が, 馬に乗って木づち状の棒で木製の球を相手ゴールへ打ち込み, 得点を争う球技.

ボロー【borrow】①工算桁借り. 減算の際に生じる, 桁の下がりのこと. ⇔キャリー. ②借りる. 借用する.

ホローファイバー【hollow fiber】化理中が空洞の繊維. 高分子材料の一種.

ホログラフィー【holography】理レーザー光を使って立体像を空間に描出させる技術.

ホログラフィック トレー【holographic tray】工野球場などに備える, ホログラフィー技術を使った薄型の膝置きテレビスクリーン.

ホログラフィック メモリー【holographic memory】工1991年にアメリカのベルコア社が開発した, ホログラフィーを利用したメモリー素子.

ホログラム【hologram】理被写体に参照光と物体光の二つのレーザー光線を, 同時に当てた時にできる干渉縞模様を記録したフィルム. コンピューターの情報記録などに用いる.

ホログラム光カード【holographic card】工光の干渉縞としてデータを記録するホログラム記録技術を用いて, 記録媒体の形状をカードにしたもの.

ホログラム光ディスク【holographic versatile disc】工光の干渉縞としてデータを三次元記録する次・次世代の大容量光ディスク. HVDともいう.

ホロコースト【holocaust】社大虐殺. 特にナチスによるユダヤ人大量虐殺を指す.

ホロスコープ【horoscope】占星術. またそれに用いる十二宮図.

564

ホロニック【holonic】 全体と個の有機的な調和を図ること.

ホロニックパス【holonic path】 经全体と個が調和をとりながら, 生存の条件を確かなものにしていく道筋.

ホロニック マネジメント【holonic management】 经個々が力を発揮しながら互いに調和を図り, 全体が機能するようにする企業経営の方法. 全体と個体とが有機的に結ばれ, 全体も個体も生かすようにする. ホロン経営.

ポロネーズ【polonaise 仏】 4分の3拍子のポーランドの伝統的な舞曲形式.

ポロロッカ【pororoca 葡】 地アマゾン川で起こる潮津波. 毎年春季の大潮の時に, 河口から上流へ向けて潮が逆流する現象.

ホロワイゼーション【hollowization】 经空洞化. 特に産業の空洞化をいうが, 資本や技術・人材が海外に流出する場合にも用いる.

ホロン【holon】 全体子. 生物の器官のように, 体全体から見ると部分であるが, 細胞レベルから見ると全体であるような機能単位. 1967年にイギリスの A. ケストラーが名づけた.

ボロン【boron】 化ホウ素. 非金属元素の一つ. 記号はB.

ボロン繊維【boron fiber】 化タングステンの線材にホウ素を蒸着させた強化繊維. 炭素繊維以上の引っ張り強度や曲げ強度をもつ. 炭素繊維に比べて価格が高い.

ホワイエ【foyer】 建劇場やホテルなどの休憩室. 広間. ロビー. 元来はフランス語で, 炉・家庭などの意.

ホワイトアウト【whiteout】 気雪面や雲の乱反射によって空間が白光で満ち, 高低や方向・距離がわからなくなる現象. 吹雪などによる視界不良.

ホワイトウオーター事件【Whitewater scandal】 经政アメリカのクリントン大統領が, アーカンソー州知事だったころに設立したホワイトウオーター開発会社をめぐり, 資産形成にからむ疑惑が指摘されたもの.

ホワイトウオーター ロデオ【white-water rodeo】 競急流を乗り切ることを目指すカヤック競技.

ホワイトカラー【white-collar worker】 经社事務系労働者.

ホワイトカラー イグゼンプション【white-collar exemption】 经社事務系社員に対する労働時間規制などの適用除外.

ホワイトカラー クライム【white-collar crime】 经社企業内で事務系労働者が犯す犯罪. 株式のインサイダー取引などをいう.

ホワイトグッズ【white goods】 经電気冷蔵庫や洗濯機などの大型家電製品のこと. 白色のものが多いところから.

ホワイトスペース【white space】 広広告の余白部分. 意図的に文字や絵などを入れないで, 広告効果を高める.

ホワイトスモーカー【white smoker】 地海嶺中軸谷近辺で沈着物の筒状の口から熱水が噴き上がり, 白色を呈するもの.

ホワイトスモッグ【white smog】 環白いスモッグ. 光化学スモッグ.

ホワイトソース【white sauce】 料小麦粉をバターで炒めて, スープと牛乳で溶いた白っぽいソース.

ホワイトタイ【white tie】 服白いネクタイ. 一般に, 正装の燕尾服のこと.

ホワイトデー【white day 日】 经バレンタインデーのお返しとして, 男性から女性へキャンデーを贈る日. 3月14日. 日本独特の習慣.

ホワイトトップ【white top】 经高齢者. 白い頭部の意.

ホワイトナイト【white knight】 经乗っ取られかけた企業を救う友好会社. 白い騎士の意.

ホワイトナックラー【white knuckler】 観客をはらはらさせる緊迫した試合. 握りこぶしが白くなることから.

ホワイトナックル【white knuckle】 遊園地などにあるスリルを楽しむ乗り物. 絶叫マシンの異称. 乗っていると, 握りこぶしが蒼白になるところから.

ホワイトニング【whitening】 ①白くすること. ②化漂白剤.

ホワイトニング化粧品【whitening cosmetics 日】 容日焼けによるしみやそばかすの予防と回復を助ける, 美白効果のある化粧品群.

ホワイトハウス【White House】 政アメリカの大統領官邸. アメリカ政府もいう. 白亜館.

ホワイトハウス事務局【White House Office】 政アメリカの大統領行政府の内局といえる機関. 対議会工作, 法務, 報道などを担当.

ホワイト バックラッシュ【white backlash】 经社アメリカで, 少数民族差別撤廃に対して, 白人が反発したり反感をもったりする傾向. またそのような主張・考え.

ホワイトバランス【white balance】 IT算写ビデオカメラやデジタルカメラで色のバランス調整をする機能. デジタルカメラでは色の補正を自動で行う機能がある.

ホワイトページ【white pages】 IT一般の電話番号に相当するドメイン名や, 電子メールのアドレスの個人別データベースのこと.

ホワイトペーパー【white paper】 社政白書. 特に政府が公表する簡単な報告書.

ホワイトペパー【white pepper】 料香辛料の一つ. 白しょう.

ホワイトボード【white board】 白板. 事務所などに用いられる.

ホワイトホール[1]【white hole】 天外へ出ることはできても, 内部に入り込めない時空.

ホワイトホール[2]【Whitehall】 政イギリスのロンドンの官庁街. 官庁が並ぶウエストミンスター地区の街路名から. 転じて, イギリス政府のこと.

ホワイトボックス テスト【white box test】 IT算システム開発で, プログラムの内部構造が妥当かどうかをテストする方式.

ホワイトミート【white meat】 料白身肉. 子牛, 鶏, ウサギなどの白色系の肉.

565

ホワイトメ ▶

ホワイトメア【whitemare】社アメリカ社会などで、白人による人種差別の恐怖. white と nightmare の合成語.

ホワイトユーザー【white user 日】Ⅰライトユーザーよりさらに気軽・手軽にゲームソフトを消費する顧客層.

ホワイトリカー【white liquor 日】料焼酎.

ホワイトリスト【white list】好ましいものを記す一覧表. 推薦に適するもののリスト.

ホン【phon】理音の大きさを表す単位. 主に騒音測定に用いられる. 日常の会話は60ホンで、80ホン以上は騒音とされる.

ボン【bon 仏】よい. 英語のグッド (good) に当たる.

ボンエルフ【Woonerf 蘭】社生活の庭の意. 歩行者と自動車の共存という概念から設計された道路. 自動車が直進できないような出っ張りを配置するなどの構造をもつ.

ホンキートンク【honky-tonk】①社安酒場. 場末の酒場. 安っぽいナイトクラブ. ②音安酒場で演奏するような即興性のある軽音楽. わざと安っぽく弾くピアノ演奏などが多い.

ボン教【Bon】宗チベットの呪術的な土着宗教. 仏教が伝わる以前からあった.

ボンゴレ【vongole 伊】料スパゲッティなどで、殻付きのアサリを入れたもの. 原義はアサリ.

ボンサンス【bon sens 仏】良識. 分別.

ポンジー[1]【pongee】柞蚕糸 (さくさんし) で平織りした絹地. 絹紬 (けんちゅう).

ポンジー[2]【Ponzi】社投資を装う詐欺の一種. 利殖性が高い投資対象を示し、先行投資者が後発投資者の投資金で利殖を得るというもの.

ボンジュール【bonjour 仏】こんにちは. 朝から夕方までのあいさつ語.

ボンソワール【bonsoir 仏】こんばんは. 夕方から夜にかけてのあいさつ語.

ポンチ【punch】①料飲料の一種. 洋酒類に果汁、砂糖、ソーダなどを混ぜて作る. パンチともいう. ②工作物に目印を付ける棒状工具.

ポンチャック音日本のヒット歌謡曲を、テクノリズムの2拍子に乗せて韓国語で歌う、メドレー仕立てのダンスミュージック.

ポンチョ【poncho 西】服毛布様地の真ん中に穴を開けて、頭からかぶるようにした外衣. 防水布などで作った袖のない上着.

ボンディング【bonding】①接合. 結合. ②服2枚の布地を張り合わせて一重仕立てにしたもの.

ボンディング加工【bonding finish】服織物・編み物・糸などを組み合わせ、接着剤や熱を用いて一体化する加工方法.

ボンデージ【bondage】①束縛. 屈従. とらわれの身. 農奴の境遇. ②社心サドマゾ趣味で、肉体をしばること.

ボンデージ ファッション【bondage fashion】服体をぴったりと包む皮革やエナメルの服や、かかとの高い長靴などの装い.

ポンデケージョ【Pão de queijo 葡】料ブラジルの小型チーズパン.

ボンド【bond】①経公社債. 証券. 債務証書. ②[B-]接着剤の一種. 商標名. ③保釈金. ④慣経社保証契約. 保証金.

ボンド制度【bond system】建建設工事の入札制度の一つ. 工事完成保証制度. 工事受注会社と別に、完成を保証する業者を決める.

ポンド地域【pound area】営経貿易や対外決済における取引の中心通貨をポンドにする地域. 英連邦諸国、アイスランドなどが入る. スターリングブロックともいう.

ポンドテスト【pound test】釣り糸の強度表示.

ボンドブラスト【bond blast】経債券市場の大暴落.

ボンド保証制度【bond ―】経旅行会社の倒産に備え、弁済業務保証制度と併用して任意加入し、消費者への弁済額を増加させる制度.

ポンドユーザンス【pound usance】経ポンド貨幣で表示された輸入代金の為替手形の支払い期限の延期.

ボンニュイ【bonne nuit 仏】おやすみなさい. 英語のグッドナイト (good night) に当たる.

ボンネット【bonnet】①自動車のエンジン部分の覆い. アメリカでは hood という. ②服女性用の縁のない帽子.

ポンパー【pumper】経ポンプ式採油法を取り入れている石油産出国. 原義はポンプ使用者.

ポンパドール【pompadour】①容男性の髪型の一種. 前髪を後ろになで上げた形. ②容女性の髪型の一種. ルイ15世の愛人だったポンパドール侯爵夫人の髪型をもとにしたもので、全体に膨らみをもたせたアップスタイル.

ポンピドー センター【Centre Pompidou】フランスの総合文化センター. パリにあり、1977年に開設. 創設を決めたポンピドー大統領の名にちなむ.

ポンプ プライミング【pump priming】経政景気刺激政策. 呼び水政策.

ホンブルグ【homburg】服フェルト製の柔らかい中折れ帽.

ボンベ【Bombe 独】理高圧の気体・液体の貯蔵・運搬などに用いる鋼鉄製の円筒形容器. 原義は爆弾.

ボンボワイヤージュ【bon voyage 仏】よいご旅行を. 旅に出る人へのあいさつ語.

ボンボン【bonbon 仏】料洋菓子の一つ. 洋酒類や果汁などを入れて砂糖やチョコレートでくるむ.

ポンポン【pompon】服小さな飾り玉. 毛糸やリボン、毛皮などで作る.

ボンボン ショコラ【bonbon chocolat 仏】料コーティングされた一口サイズのチョコレート.

ボンマルシェ【bon marché 仏】営掘り出し物. お買い得品.

▼

マーカー【marker】①印を付ける人. または道

◀マーケティ

具．②目印．③得点記録係．④トランプなどの遊びで，数取り．⑤競サッカーなどで，相手選手の動きに合わせ，自在にプレーさせないようにする役目をもつ選手．

マーカー遺伝子【marker gene】 生遺伝子組み換え体の検出をたやすくする遺伝子．

マーカービーコン【marker beacon】 機航空機の計器着陸で，コース上方へ向けて電波を発信し，滑走路までの距離を知らせる装置．

マーカンティリズム【mercantilism】 経重商主義．

マーキング【marking】 ①印を付けること．印づけ．②印．荷物に付けるマークなど．③動物が仲間に自分の領域や地位，性別，行き先などを知らせるために行う印づけ．尿をかけたり，分泌物の臭いを残したり，爪跡をつけたりする行動．

マーク【mark】 ①印．目印．記号．符号．②点．点数．記録．③水準．標準．④特定のものに注目すること．狙うこと．⑤競サッカーなどで，相手選手の動きに合わせ自在にプレーをさせないようにすること．

マークアップ【markup】 ①経値上げ．定価を高くすること．利幅．②I算文書の書体や割り付け，処理方法などを指示すること．またそれに用いる記号．

マークアップ言語【markup language】 I算独自に定義された書式に基づき，レイアウト情報や文字の大きさなどを直接指定して文章を記述する言語．

マークシート【mark sheet 日】 I算コンピューターへの入力方法の一つ．必要な選択肢を鉛筆で塗りつぶす．英語では mark sensing card，computer-scored answer sheet．

マークスリー【Mark 3】 宇船外活動をする宇宙飛行士を，流星塵や打ち捨てられた宇宙機器の残骸などの危険から守るように設計された宇宙服．

マーケタイゼーション【marketization】 経自由主義市場経済への移行．市場化．計画経済から自由競争の原理に基づく体制に移行すること．マーケティゼーションともいう．

マーケッター【marketer】 ①経市場で売買する人や会社．②経市場調査の係員．

マーケッタビリティー【marketability】 経市場性．市場への適応力．

マーケット【market】 経市場．販路．各種の店が集まっている場所や建物．

マーケットアナリシス【market analysis】 経市場の要因・地域性などを分析すること．市場分析．

マーケットイン【market in 日】 経製造業の生産部門に販売部門を取り込み，市場情報を反映して，在庫最少化などを図る方法．

マーケットグル【market guru】 経金融証券市場で，多くの信奉者をもつ指導的投資コンサルタント．

マーケットシェア【market share】 経市場占拠率．市場占有率．企業の独占度の指標となる商品の販売高の比率．シェアともいう．

マーケット セグメンテーション【market segmentation】 経市場細分化．市場を地域，顧客の属性，趣味・嗜好，生活スタイルなどから細かく分けて対象をしぼり，マーケティングを行うこと．

マーケットセンター【market center】 経国際流通センター．卸売業に製造業を加えた常設の商品取引拠点．

マーケット バスケット方式【market basket method】 経社労働者の賃金基準を算出する方法の一つ．生活必需品の数量を定めて，それに価格を乗じて必要経費を割り出す．賃上げなどの算定に用いられる．

マーケットプライス【market price】 経市場価格．市価．

マーケット ブリーダー【market breeder】 競競走馬を販売する目的のために生産・育成を行う人．

マーケットプレース【market place】 I計経いくつもの買い手と売り手を一カ所のサイトに集めてオークションを行うインターネットサービス．インターネット取引所ともいう．

マーケットフレンドリー アプローチ【market friendly approach】 経政市場競争を重視しながら，マクロ経済の安定化や人的投資などの政府の役割を再確認すること．1991年の「世銀開発報告」で取り上げた．

マーケットメーカー【market maker】 ①経市場を形成する消費者．②経大規模な証券売買などを行う業者．発表した特定の証券の売買価格で注文に応じる証券会社．

マーケットメーキング【market making】 経証券取引で，投資家の取引成立までの間に，ディーラーが取引相手となって取引を成立させる方法．

マーケティング【marketing】 経市場に向かって働きかける技術の総称．生産，販売，サービスにわたる企業活動の全体．

マーケティング エージェンシー【marketing agency】 広市場調査や商品計画，販売促進などを主体として営業している広告会社．

マーケティングコスト【marketing cost】 経売り手から買い手に渡るまでの市場活動のために必要な宣伝費・人件費などの総額．流通コスト．

マーケティング コミュニケーション【marketing communication】 経販売促進を目的として，企業とそれをとりまく環境とのコミュニケーションを図ること．

マーケティング サーベイ【marketing survey】 経市場調査．マーケティングリサーチ．

マーケティング戦略【marketing strategy】 経市場における到達課題を達成するために，多様なマーケティング活動の最適結合を見つけ出し，実践すること．

マーケティング マネジメント【marketing management】 経流通過程で行われる市場活動を管理すること．

マーケティング ミックス【marketing mix】 経製品・流通経路・販売促進活動・価格の四つの要素を，狙いとする市場の規模や特性に合わせて構成すること．

マーケティング リサーチ【marketing research】 経商品の販売促進，新製品の開拓などのために，市場の規模や実態，商品の流通経路，

567

マージ ▶

需給関係などを調査・分析すること．市場調査．マーケットリサーチともいう．

マージ【merge】①［Ⅰ算］併合．二つ以上のファイルを一つに合成または結合すること．特定のルールで整列化されたデータを整列を崩さないで結合すること．②併合する．合併する．

マーシー【mercy】慈悲．寛容．情け．

マージナル【marginal】端の．辺境にある．限界的な．

マージナルコスト【marginal cost】経限界費用．生産量を一単位増加させることで生じる総費用の増加分．

マージナルマン【marginal man】社境界人．周辺人．二つ以上の集団に属しながら，そのどちらの集団にも同化できず，情緒的に不安定な状態にいる人．

マージャー【merger】経企業の合併・合同．吸収合併．

マージャー アンド アクイジション【merger and acquisition】経企業の合併・買収．これを事業とする企業もある．M&A．MA．

マーシャラー【marshaler】到着機誘導員．着陸した航空機を地上で誘導する係員．

マーシャルアート【martial art】競武道．武術．格闘技．

マーシャルラーナー条件【Marshall-Lerner Condition】経自国通貨の下落の際に，貿易・サービス収支が改善するための輸出入需要の弾力性に対する条件．

マーシュ【mâche 仏】植ノヂシャ．オミナエシ科の1年草．しゃもじ型の小さく柔らかい葉を食用にする．

マージョラム【marjoram】植シソ科の多年草．葉は肉料理などの香味料に用いる．

マージン【margin】①習経もうけ．利ざや．販売収益．②手数料．③経株取引の証拠金．④［Ⅰ算］各ページの印刷面以外の余白．上下左右に設定する．欄外．

マージン トランザクション【margin transaction】経株の信用取引のこと．一定の保証金を納めさせて，株の買い付けに金を貸し付け，一定期間後に清算する方式．

マージンマネー【margin money】経銀行が業者に信用状を与える場合の保証金．

マージンミックス【margin mix】経高収益商品と薄利多売商品の組み合わせで高い利益率を達成すること．

マージン リクワイアメント【margin requirement】経証券会社が信用取引の保証として収めさせる委託保証金．

マーズ【Mars】宇ロシアの無人火星探査機．

マーズ エクスプレス【Mars Express】宇ESA（欧州宇宙機関）の火星周回探査機．2003年に打ち上げた．MEともいう．

マーズ エクスプロレーション ローバー【Mars Exploration Rover】宇NASA（アメリカ航空宇宙局）の火星軟着陸探査機．1号は2003年に打ち上げた．MERともいう．

マーズ オブザーバー【Mars Observer】宇NASA（アメリカ航空宇宙局）の火星探査機．1992年に打ち上げ，93年に火星周回軌道に入る予定だったが，通信不能となった．

マーズ グローバル サーベイヤー【Mars Global Surveyor】宇NASA（アメリカ航空宇宙局）の火星衛星ミッションの2番機．1997年に火星周回の極軌道に投入．重量は1060kg．MGSともいう．

マーズ サイエンスラボ【Mars Science Lab】宇2009年打ち上げ予定のNASA（アメリカ航空宇宙局）の火星着陸探査機．大型走行探査車にレーザー照射器とスペクトロスコープ（分光器）を搭載する．

マーストリヒト条約【Maastricht Treaty】欧州連合条約．改正ローマ条約．1991年にオランダのマーストリヒトで開いた欧州共同体（EC）首脳会議で合意し，92年に調印．

マーズ パスファインダー【Mars Pathfinder】宇NASA（アメリカ航空宇宙局）の火星探査機．1996年に打ち上げ，97年に火星に着陸した．

マーズ リコナイサンス オービター【Mars Reconnaissance Orbiter】宇NASA（アメリカ航空宇宙局）が2005年8月に打ち上げた火星周回衛星．リコナイサンスは偵察の意．

マーチ【march】①音行進曲．②進む．練り歩く．行進する．③行進．進軍．④［M−］3月．

マーチマッドネス【March madness】競（ぼうらん）狂乱の3月．アメリカの大学チャンピオンを決めるNCAAトーナメントの別称．

マーチャンダイザー【merchandiser】習一つの商品について仕入れ・陳列・販売促進・苦情処理などのすべてに責任をもつ担当者．

マーチャンダイジング【merchandising】習商品流通の合理的な管理方法で，適正な販売数量・価格・時期などを検討して，商品を市場に流すこと．

マーチャンダイジング ライト【merchandising right】習発明品・映像・漫画のキャラクターなどを商品として発売する権利．商品化権．

マーチャンダイズ【merchandise】習商品．品物．

マーチャント【merchant】習商人．小売商人．商店主．貿易商人．

マーチャント システム【merchant system】［Ⅰ系］インターネットで大規模な買い物のサービスを提供するシステム．即時対応のマーケティング戦略ができる．

マーチャント バンク【merchant bank】経手形引受や海外貿易の金融など，多様な金融関連業務を行うイギリスの金融機関．

マーチングバンド【marching band】音行進楽隊．吹奏楽を行進しながら演奏する楽団．

マーティアー【martyr】殉教者．犠牲者．

マート【mart】習市場．マーケット．

マーフィーの法則【Murphy's Law】経験から生まれたいろいろな発見や知恵を，おもしろくまとめたもの．

マーブリング【marbling】①マーブル染め．大

理石模様を染め付けること．②印マーブル取り．書籍や帳簿の小口・表紙などに墨流しの方法で装飾模様を施すこと．

マーブル【marble】 ①鉱大理石．②遊戯用のおはじき．③大理石模様のある洋紙．またその模様．④あめの一つで，変わり玉．

マールブルグ出血熱【Marburg hemorrhagic fever】 医ウイルス性感染症の一種．アンゴラで流行．マールブルグ出血熱ともいう．

マーベリック【maverick】①政独自路線を行く政治家．会派に属さない政治家．②焼き印のない子牛．

マーマリング【murmuring】人や動物の群れが不安や不満のために，ざわめきの声を発すること．ぶつぶつつぶやくこと．

マーマレード【marmalade】 料オレンジなどの柑橘類（かんきつるい）の果皮を細かく切って砂糖で煮詰めたジャムの一種．

マーメイドスカート【mermaid skirt】服マーメイド（人魚）のようにひざのあたりまで身体に沿ってカーブを描き，裾が魚の尾ひれのように広がった形のスカート．

マーメード【mermaid】 人魚．マーメイドともいう．

マール[1]【Maar 独】 地噴火によるなべ型陥没地形のことで，多くは内側に水をたたえて，湖を形成している．秋田県男鹿半島にある一の目潟，二の目潟などがその例．

マール[2]【marc 仏】 ①ブドウなどのしぼりかす．②料ブドウのしぼりかすから抽出した液を発酵させ，蒸留して作るブランデー．

マールブルグ ウイルス【Marburg virus】医生フィロウイルス科に属する感染性因子．アフリカ起源で激しい出血熱の原因となる．サルからヒトへ広がった．

マイ【my】私の．自分自身の．
マイカ【mica】鉱雲母．きらら．
マイカーローン【my car loan 日】営経自動車ローン．新規購入や買い替え，車検や修理など自動車に関連することを対象とする融資．オートローンともいう．

マイクロ【micro-】 ①微小な．極微な．多くは接頭語として用いる．ミクロともいう．②$10^{-6}$（100万分の1）を表す国際単位系(SI)の接頭語．記号はμ．

マイクロアクチュエーター【micro-actuator】 [I]マイクロマシンの駆動要素．次世代ハイテク技術として注目される．

マイクロアレー【micro-array】 生DNAを半導体に規則正しく配列したもの．DNAチップともいう．

マイクロインジェクション【microinjection】圧微量注入法．核酸やたんぱく質などを細胞内に直接注入し，その変化から注入したものの性質を調べる．

マイクロウエーバブル【microwavable】 料電子レンジで調理できる．電子レンジ使用可を示す用語．

マイクロウエーブ【microwave】電極超短波．波長が1mm〜1mの電波で，レーダーやテレビ放送などに利用される．

マイクロエレクトロニクス【microelectronics】 [I]極微小電子工学．固体素子の超微細化を目指す半導体技術などの研究．ME．

マイクロオプティクス【micro-optics】 理微小光学．光ディスクのピックアップ，小型複写機等に応用されている実装技術．

マイクロカード【microcard】 図書館などで，文献や書籍・新聞などを縮写した写真カード．閲読器で拡大して読む．

マイクロカーネル【micro kernel】[I]算肥大化するOSを見直し，必要最小限の機能を提供するもの．

マイクロ化学【microchemistry】化効率的で高選択性に反応を進める生物の細胞の仕組みを，マイクロメートル空間で人工的に実現し，新しい知見・概念を得ようとするもの．

マイクロ革命【microrevolution】理理工学分野で，マイクロエレクトロニクスや遺伝子工学などの超微小技術がもたらす変革．

マイクロガスエンジン【micro gas engine】機理発電力が1kW程度の小型ガスエンジン．主に家庭用で，コージェネレーション（熱電併給）システムの一種．

マイクロガスタービン【micro gas turbine】機理発電力が30〜300kWの小型ガスタービン．店舗や集合住宅などの小規模需要家向けに設置する分散型電源の一つ．

マイクロカプセル【microcapsule】 理0.1ミクロンから十数ミクロンの径の極小容器．大きなものは数mmに達するものもある．

マイクロキッド【microkid】マイコンっ子．マイコンに熱中するちびっ子．

マイクログラビティー【microgravity】 理宇宙の無重力状態を応用した技術開発を研究する学問．

マイクログラム【microgram】100万分の1グラム．記号はμg．

マイクログリッド【microgrid】理電風力・太陽光発電などと燃料電池を組み合わせた小規模地域配電網．

マイクロクレジット【microcredit】経少額融資．途上国の貧困層に，NGOや国際機関などが経済的自立の支援を目指して行う融資．

マイクロクレジット サミット【microcredit summit】経少額融資サミット．途上国の貧困層への融資・援助について，1997年にアメリカの民間団体主催で開かれた国際会議．

マイクロコピー【microcopy】写縮小複写．微粒子写真フィルムを使う．

マイクロコントローラー【microcontroller】 [I]民生機器用の半導体の一種．家電製品やOA機器などに用いる．MCUともいう．

マイクロコンピューター【microcomputer】 [I]算コンピューターのCPU（中央処理装置）を1個のIC（集積回路）に形成した超小型の製品．CPUと記憶・入出力制御の各部を形成したものも用いる．

マイクロサ▶

マイコンともいう.

マイクロサージェリー【microsurgery】 医極細な部分の手術を,手術用顕微鏡の下で行う外科技術.

マイクロサテライト不安定性【microsatellite instability】 生 DNAの一塩基または二塩基の繰り返し配列の部分であるマイクロサテライト配列に変異が起こりやすいこと.

マイクロスイッチ【microswitch】 電自動制御装置などに利用される小型の高感度スイッチ.小さな力で操作できる小型のスイッチ.接点の開閉を迅速に行うことができ,大きな電流の断続にも利用できる.

マイクロ水力発電【micro hydropower generation】 理発電出力が小さい水力発電技術.分散型電源の一つ.

マイクロスコープ【microscope】 化理顕微鏡.

マイクロスター【MicroStar】 軍アメリカの歩兵携行用の超小型無人飛行機の一つ.

マイクロセル リアクター【microcell reactor】 経化生物の細胞の仕組みを応用した,次世代のバイオ生産システム.通産省(現経済産業省)のプロジェクトが基礎技術を開発.

マイクロゾーニング【microzoning】 地都道府県以下の狭い地域で,地震危険度を地域別に区分けすること.地盤や土地利用,人口分布などを考えて行う.

マイクロソフト ドット ネット【Microsoft.NET】 I社ネットワークを使って情報サービスを提供する,マイクロソフト社の戦略.2000年に発表.

マイクロタワー型パソコン【micro-tower model PC】 I算タワー型パソコンより省スペースを考えたパソコン.画像表示装置とともに机上に置ける.

マイクロチップ【microchip】 I算電子回路などに用いる極微薄片状のIC.

マイクロチップ鑑札【microchip license 日】 I動動物の皮下に埋め込む超小型の集積回路チップ.家畜や希少動物などの個体識別に用いる.

マイクロチャネル【Micro Channel】 I算アメリカ IBM 社の PS/2 と,日本アイ・ビー・エムの PS/55 機で採用されたバスの規格.MCAともいう.

マイクロドライブ【Microdrive】 I超小型のハードディスク駆動装置.日立 GST が開発.商標名.

マイクロドレス【microdress 日】 服尻が見えそうなほど丈の短いドレス.

マイクロバースト【microburst】 気雷雲や積乱雲の近くで吹き出す強い下降気流.空間規模が4km以下のもの.渦を巻いた突風で,破壊力が大きい.

マイクロ波凝固治療【microwave coagulation therapy】 医肝細胞がんに対する局所治療.腫瘍部にマイクロ波を照射する.

マイクロ波着陸装置【microwave landing system】 I機マイクロ波とデジタル技術を使って,広範囲に高精度の三次元情報を提供する航空機の着陸援助装置.21世紀の主流とされる方式,MLSともいう.

マイクロファクトリー【micro factory】 生理各種ナノテクノロジーを複合した超小型工場.生産設備や医療診断への応用も考えられる.

マイクロフィジオ メーター【microphysiometer】 医人体の機能を細胞単位で細かく診断するという未来の医療機器.

マイクロフィッシュ【microfiche】 写マイクロフィルムの一種.たくさんのコマを1枚のフィルムに収めた形のもの.

マイクロフィルター【microfilter】 理孔径0.1〜10ミクロンの微細な穴を通して物質を濾過する高機能分離膜.精密濾膜.

マイクロフィルム【microfilm】 写記録保存用に縮写したフィルム.新聞などの複写保存に用いる.また縮写用の不燃性フィルム.

マイクロフィルム リーダー【microfilm reader】 写印刷物などを縮小して撮影したマイクロカード,マイクロフィルムの映像を,すりガラスの画面に拡大して投影する機械.

マイクロフルディクス【microfluidics】 I理マイクロ流路.超微細加工技術を用いて基板上に作る.

マイクロブルワリー【micro brewery】 小規模ビール製造会社.

マイクロプログラム【microprogram】 I算コンピューターに要求される機能を中央処理装置(CPU)内部に組み込むプログラム.細かい素子の制御手順を示す.

マイクロプロセッサー【microprocesser】 I算超小型の演算処理装置.プログラムの命令を解読・実行する中央処理装置(CPU)の機能をもつ超LSI.

マイクロフロッピー【micro floppy】 I算3.5インチサイズのフロッピーディスク.現在ではさらに小さいサイズのものをいう.

マイクロペイメント【micropayment】 I営経円から数百円ぐらいの低額の電子決済.

マイクロポリゴン【micropolygon】 I算三次元コンピューターグラフィックスで,曲面や多角形面(ポリゴン)などをより一層細かい三角形ポリゴンに分割する技法.

マイクロホンアレイ【microphone array】 I算二つ以上のマイクロホンを並列するシステム.雑音環境の中でも音声認識ができる.

マイクロマーケティング【micromarketing】 営消費者が多種多様な欲求をもっていることに対応して行う個別マーケティング.

マイクロマイクロ【micromicro】 100万分の1の100万分の1,すなわち1兆分の1を表す語.100万分の1ミクロン.

マイクロマウス【micromouse】 I算検知器と自分の知能となるマイクロコンピューターで,迷路を探って走行できる小型のロボット.

マイクロマシン【micromachine】 理微小機械.微細機械.数mm以下の大きさの微小な機械の総称.超小型の機械,機械要素,ロボットなどを指す.マイクロメカニズム,マイクロロボットともいう.

マイクロマネジメント【micromanagement】　軍軍事作戦に先立って，局地作戦行動を中央の軍最高司令官や政府高官が細かく立案し，命令する方式．

マイクロミニ【micro mini】　服極短のミニスカートやホットパンツ．

マイクロ無人機【micro air vehicle】　軍携行が可能な超小型の無人飛行機．MAVともいう．

マイクロメーター【micrometer】　理測微器．測微尺．ねじを利用して正確な長さや厚さを測定する．ミクロメーターともいう．

マイクロメーンフレーム リンク【micro-to-main frame link】　IT算ネットワークで結んだ大型汎用CPUと，ワークステーションやパソコンが連携して，業務やデータを分散して処理する方式．

マイクロメカニズム【micromechanism】　理超小型の機械要素．微小機構．微細機構．

マイクロライティング【micro-lighting】　IT算マイクロコンピューターの集積回路に損傷を与える静電気放電のこと．

マイクロライト[1]【micro light】　機超小型軽量の動力付き航空機．

マイクロライト[2]【microlite】　鉱微結晶．微小石．

マイクロラブサット【μ-Lab Sat】　宇無人月探査周回衛星の分離機構の実証実験などを行う日本の衛星．

マイクロリーダー【microreader】　映マイクロフィルムなどを拡大して読むのに用いる映写装置．

マイクロレンズ【microlens】　IT算受光素子に効率的に光を集めるために，各画素に微細な集光レンズを搭載したもの．

マイクロロボット【microrobot】　理極小のロボット．人体や機械などの内部に入って作業できるロボット．

マイコトキシン【mycotoxin】　生米穀類のかびの毒素．黄変米の問題が起きたのを契機に研究が進んだ．

マイコプラズマ【mycoplasma】　医生細菌とウイルスの中間とみなされる微生物．呼吸器系に感染したり，肺炎を起こすものもある．

マイコプラズマ肺炎【mycoplasma pneumonia】　医微生物の一種マイコプラズマの感染による肺炎．小児や若年層に多い．

マイコン　IT算マイクロコンピューター(microcomputer)の略．またはマイコンピューター(my computer)の略．

マイコンピュータ【my computer】　IT算Windows 95以降で採用している，デスクトップ上にあるアイコン．外部記憶装置の一覧などがある．

マイスター【Meister 独】　師匠．親方．名匠．巨匠．大家．

マイスナー効果【Meissner effect】　理磁場に置いた金属を超伝導状態にすると，金属内部の磁場がゼロになること．

マイセン磁器【Meissener Porzellan 独】　ドイツのドレスデンのマイセン窯で作られる磁器．優美で良質であり彫刻的なもの．ドレスデン磁器，ドレスデンチャイナともいう．

マイト【mite】　生ダニ．
マイドキュメント【my documents】　IT算Windows 98以降で採用しているユーザーインターフェース．クリックすると文書を保存できるフォルダーにつながる．
マイトブ【Mytob】　IT算コンピューターウイルスの一つ．パソコンに不正な「裏口」を仕掛けて外部からファイルを削除したり，勝手に外へメールを送りつけたりする．
マイトマイシン【mitomycin】　薬制がん性抗生物質の一種．
マイナー【minor】　①小さいほうの．劣った．二流の．次位の．少数の．②音短調．短音階．短和音．↔メジャー．
マイナーキー【minor key】　音短調．
マイナーチェンジ【minor change】　小規模な手直し．部分的な作り替え．自動車などの一部分のモデルチェンジ．
マイナー バージョンアップ【minor version up 日】　IT算ソフトウェアの変更で，既存の機能に影響を与えない程度で行うもの．
マイナーパーティー【minor party】　政少数党．↔メジャーパーティー．
マイナー ペナルティー【minor penalty】　競（アイスホッケー）反則を犯した選手が2分間退場になる罰則．
マイナーライター【minor writer】　文一般に知られていないが，存在価値のある作家．
マイナーリーグ【minor league】　競（野球）アメリカ大リーグの各球団と選手供給契約を結んだチームが所属する連盟．3A，2A，A，ルーキーの4段階に分かれる．
マイナーレーベル【minor label】　営音小規模なレコード製作会社．
マイナスイオン【minus ion 日】　化負の電荷をもつ大気中の水分子の集合体．
マイナス金利【minus interest 日】　経資金の貸し方が借り方に金利を支払うこと．
マイナス シーリング【minus ceiling 日】　経政次年度予算についての概算要求を，前年度予算額に比べて減額して行うこと．英語はminus-based budget．
マイナス成長【minus growth 日】　営経実質国内総生産(GDP)の増加率で示す経済成長率がマイナスになること．英語ではnegative economic growth．↔プラス成長．
マイニング【mining】　採鉱．鉱業．発掘．
マイネットワーク【my network】　IT算Windows 2000で，共有フォルダーやプリンター，登録したウェブ，FTPサイトなどが参照できるデスクトップ上のアイコン．ネットワークコンピュータを改称．
マイノリティー【minority】　社少数．少数勢力．少数派．↔マジョリティー．
マイブーム【my boom 日】　自分が現在好きで凝っていること．
マイペース【my pace 日】　自分なりの物事の進め方・やり方．英語はone's own pace．
マイム【mime】　劇無言劇．パントマイム．
マイヨ【maillot 仏】　服舞踊などで履く，ぴったりし

571

マイヨジョーヌ【maillot jaune 仏】▶競 自転車競技のツールドフランスで，その日の時点で総合成績トップの選手が着る黄色のシャツ．

マイラー【miler】▶競 競馬で，1マイル（約1600m）ぐらいの距離を走るのに適している馬．

マイライン【MYLINE 日】▶I 2001年5月からNTT東日本・西日本が提供する電話会社選択サービス．利用者が前もって登録した事業者に優先的につなぐ．

マイライン プラス【MYLINE PLUS 日】▶I 2001年5月からNTT東日本・西日本が開始した電話会社固定サービス．あらかじめ登録した通信事業者を通じてのみ，つながるようになる．

マイル【mile】ヤードポンド法の長さの単位．1マイルは1609.344m．

マイルート【my route 日】▶経 個人年金信託の一種．相互扶助型で保証期間付きの有期年金．加入年齢は50～70歳．

マイルストーン【milestone】①里程標石．1マイルごとの里程標．②画期的な出来事．

マイルストーン賞【Milestone Award】▶電 電気・電子技術分野の優れた業績に対するアメリカ電気電子技術者協会（IEEE）の表彰．

マイルド【mild】①穏やかで温和な．寛大な．厳しくない．②食 酒やコーヒーなどの，まろやかで強くないもの．

マイルドインフレ【mild inflation】▶経 物価が緩やかに上昇するインフレーション．英語では slow inflation ともいう．

マイルドリセッション【mild recession】▶営経 緩やかな景気後退．

マイレージ【mileage】①総マイル数．里程．マイル当たり旅費．②利用度．有用性．使用量．恩恵．

マイレージ サービス【mileage service】▶営 航空会社が，自社路線の利用者に対して行うサービスの一つ．一定距離以上を搭乗するとポイントを与え，増えるにつれてさまざまな恩典を贈与する．

マインカンプ【Mein Kampf 独】ナチスの指導者ヒトラーの著書「わが闘争」の原題．

マインダー【minder】▶営社 雇主を暴力やスキャンダルなどから守る役目をもつ人．元来は世話をする人・番人の意．

マインド【mind】心．精神．意識．理性．

マインド コントロール【mind control】▶心社 心の制御，統制．精神統制．個人の精神や意識を管理・統制すること．またその技術．宗教などの教義宣伝などで使われる．

マインドシェア【mind share】▶営 消費者の購入予定までを組み入れた，商品の販売予定の割合．商品に対する消費者の知名度シェア．

マインドスケープ【mindscape】抽象化された世界の景観．商品の生産やサービス，相互通信を可能にする膨大なコンピューターのネットワークを指す．クレイグ・ブロードが用いた言葉．mind と landscape の合成語．

マインド フィットネス【mind fitness 日】▶心 精神面でのストレス解消を図る方法．

マウイグランプリ【Maui Grand Prix】▶競 ハワイのマウイ島で行われるウインドサーフィンの競技大会．

マウス【mouse】①I算 パソコンの簡易入力装置．その形状がネズミに似ているところから．②動 ハツカネズミ．実験用などに用いる．

マウスウオッシュ【mouthwash】▶薬 うがい薬．口内洗浄液．口臭防止や歯周病予防などに用いる．

マウス エミュレーター【mouse emulator】▶I算 マウスの動きを，手以外の部分を使って行える代用装置．

マウスパッド【mouse pad】▶I算 マウスを滑らかに動かすための下敷き．機械式のマウス用，光学式マウス用のものがある．

マウスピース【mouthpiece】①競(ボクシング) 口の中に入れる防具の一つ．②音 管楽器の口にくわえる部分．吹口（すいこう）．③パイプの吸い口や電話の送話口などの部分．④代弁者．

マウスポインター【mouse pointer】▶I算 マウスの動き通りに画面を動くアイコン．いろいろな形があるが，多いのは矢印で表すもの．

マウスポテト【mouse potato】▶社 自宅で菓子などを食べながらパソコンで遊ぶこと．

マウスユニット【mouse unit】▶化生 フグなどの毒性を表す単位．1マウスユニットは体重19～21gのマウスを死亡させるのに要する量．

マウンダー極小期【Mounder's minimum】▶気地 16～17世紀の気候の寒冷期．太陽活動の低下が関連すると唱えたイギリスの天文学者マウンダーの名に由来．

マウンティング【mounting】▶動 サルなどが，自分の優位を表すために，劣位のサルの後ろから乗りかかる順位付け行動．

マウンテン シックネス【mountain sickness】▶医 高山病．気圧の減少や，酸素が薄くなるため，頭痛・めまい・呼吸困難などを起こす．

マウンテンパーカ【mountain parka】▶登服 防風・防水用のフード付きジャケット．

マウンテン バイキング【mountain biking】▶社 マウンテンバイクを使って遠出すること．

マウンテンバイク【mountain bike】▶競 全地形型自転車の一種．山や荒れ地を走るための自転車．MTBともいう．1996年のアトランタオリンピックで自転車競技の正式種目となった．

マウンテンバイク競技【mountain bike race】▶競(自転車) 整地されていない野山に自由にコースを設定し，サーキットレース，ダウンヒルあるいはヒルクライム，タイムトライアルなどを行う競技．

マウンテンボード【mountain board】▶競 スノーボードの前後に小型車輪を4個付けた乗り物．またそれを使うスポーツ．

マウント【mount】①絵・写真などの台紙や枠．②山．丘．③I算 コンピューターからハードディスクなどの周辺機器装置にアクセスできるようにすること．⇔アンマウント．④写 カメラの交換レンズ装着部分．

マエストロ【maestro 伊】▶音芸 芸術上の名匠・

巨匠．大音楽家．名指揮者．

マオリ【Maori】　ニュージーランドのポリネシア系先住民族．人口の約15％を占める．

マオリ党【Maori Party】　政マオリ人の伝統的土地所有権を守ることを掲げるニュージーランドの政党．2004年結成．

マカ【maca】　植宿根性植物の一種．アンデス高地に分布．古くから球根を薬用などに使う．

マガジン【magazine】　①雑誌．②写カメラのフィルム用の巻き取り枠．フィルムマガジンともいう．③軍弾薬庫．弾倉．

マガジン パッケージ方式【magazine package system】　放番組の変わり目に流す，短い広告放送時間だけを広告主に売る方式．

マガジンラック【magazine rack】　新聞・雑誌を入れておくかご．

マカレナ【macarena】　国スペインで生まれたラテン系の軽快な踊り．アメリカで広まって，1996年に日本に伝わる．

マガログ【magalog】　通信販売などに用いられるカタログ付きの雑誌．magazine と catalog の合成語．

マカロニ【macaroni】　料イタリアが本場のめん類の一種．原料は小麦粉．普通は管状であるが，花形・貝殻の形のものなどもある．イタリア語ではマッケローニ（maccheroni）．

マカロニウエスタン【macaroni western 日】　映イタリア製の西部劇映画．英語は spaghetti western．

マギーマニア【Maggie mania】　サッチャー人気．イギリスのマーガレット・サッチャー首相に対する高い人気を表した言葉．マギーはマーガレットの愛称．

マキシ【maxi】　服くるぶしが隠れるくらいの長さのスカート．

マキシシングル【maxisingle】　音直径12 cm の音楽コンパクトディスク（CD）．

マキシマム【maximum】　①最大量．最大限．最高．②数極大．極限．最大値．⇔ミニマム．

マキシマル【maximal】　最大の．最高の．最大限の．⇔ミニマル．

マキシム【maxim】　格言．金言．

マキャベリズム【Machiavellism】　政権謀術数主義．政治目的のためには，暴力手段も許されるとするイタリアのマキャベリの思想．転じて目的のためには手段を選ばないやり方．

マキラドーラ【Maquiladora 西】　営経メキシコの保税加工工場制度．工業化・雇用促進・外貨獲得などを目指し，1965年に制定．

マキラドーラ ゾーン【Maquiladora zone】　営経メキシコの輸出保税加工地区．アメリカとの国境線の内側20km圏に位置する．

マグ【mug】　料取っ手の付いた大型の円筒形茶わん．マグカップともいう．

マグサイサイ賞【Magsaysay Award】　アジアの社会奉仕や報道，文学などの功労者・団体に贈られる賞．フィリピン大統領ラモン・マグサイサイ（Ramon Magsaysay 1907－57）の名にちなむ．

マクスウェルの魔物【Maxwell's demon】　理熱力学の第二法則に矛盾するような仮想上の生き物．スコットランドの物理学者Ｊ．Ｃ．マクスウェルが気体分子運動論で論じた．

マグナム【magnum】　①火薬を多量に入れた銃弾．またその銃弾を用いる拳銃．②［M-］写国際報道写真家の団体名．「大きい」の意．

マグニチュード【magnitude】　①地震源域の大きさを表す指標．記号はM．地震のエネルギーと対応．正しくは Richter scale magnitude．②寸法や規模などの大きさ．重大さ．

マグネシウム合金【magnesium alloy】　工算マグネシウムを主材に，アルミニウムや亜鉛を加えて強度を高めた合金．多くのノートパソコンの筐体（きょうたい）に採用され薄型化に貢献した．

マグネチック【magnetic】　磁石の．磁性の．

マグネチックカード【magnetic card】　工磁気カード．カード表面に磁性材料を塗布し，データを記録させたもの．

マグネチック コア【magnetic core】　工算磁芯．磁気コア．コンピューターの記憶装置で，1単位の情報を記憶する小さな環状の素子．

マグネチック ストーム【magnetic storm】　理磁気あらし．太陽表面で起こる爆発の影響による地球磁気の異変．電波の受信障害を伴う．

マグネチック テープ【magnetic tape】　録音用の磁気テープ．

マグネット【magnet】　①磁石．②鉱磁鉄鉱．③人を引き付けるもの．

マグネット スクール【magnet school】　教魅力のあるカリキュラムや教授法にして，多様な生徒を広い地域から集める学校．人種統合や公立学校の質の向上を目指して設立した．

マグネット セラミックス【magnetic ceramics】　化理磁性をもつ非金属無機材料．

マグネトグラフ【magnetograph】　天太陽の磁場の分布状態を記録する装置．

マグネトダイオード【magneto-diode】　電磁気ダイオード．感磁性ダイオード．

マグネトロン【magnetron】　電理磁電管．極超短波（マイクロ波）を発生させる電子管．電子レンジ，工業加熱，レーダーなどに用いる．

マグノックス炉【magnox reactor】　理ガス冷却型原子炉の一種．被覆材にマグネシウム合金を使っている．

マグノリア【magnolia】　植モクレン科モクレン属の植物の総称．モクレン，タイサンボク，コブシなどがある．

マグノン【magnon】　理素励起の一つ．スピン方位の微小振動を表す．

マクファーソン ストラット【MacPherson strut】　機コイルスプリングと緩衝器を車体に直接取り付ける構造をもつ自動車の懸架装置．イギリス フォードの Ｅ．Ｓ．マクファーソンが開発した．

マグマ【magma】　地岩漿（がんしょう）．地殻下部やマントル内にある高温で溶融した岩石物質．流動性に富み，地表に達して噴火現象を起こして火山とな

573

こともある．地中で固化すると火成岩になる．

マグマオーシャン【magma ocean】地地球形成の初期に，原始惑星の表層が融解状態になったこと．マグマの海．

マグマ発電【magma 一】地理火山発電の一つ．地中のマグマだまりに注水して水蒸気を取り出す方法．

マクラメ【macramé 仏】服麻糸や絹糸を手で結び合わせて模様を作るレース編み．マクラメレースともいう．

マグレジャー【magnet ledger】営経磁気テープを付けた帳簿．コンピューターを用いて事務処理ができる．

マグレブ¹【Maghreb】アフリカ大陸の北西部の呼称．

マグレブ²【maglev】①機 JR の超電導磁気浮上鉄道．②機リニアモーター推進方式を用いる高速鉄道．リニアモーターカー．magnetic levitation propulsion system の略．

マグレブ ヨーロッパ ガスパイプライン【Gazoduc Maghreb-Europe 仏】アルジェリアのハッシルメルガス油田からスペインのセビリアまでをつなぐガス輸送管路．1993年に工事開始．

マクロ【macro-】「非常に大きいこと」「巨大」「巨視的」の意を表す接頭語．⇔ミクロ．

マクロウイルス【macrovirus】I算ワープロソフトや表計算ソフトにあるマクロ機能を使って作られたコンピューターウイルス．電子メールなどで感染する．

マクロエンジニアリング【macroengineering】営社地球的規模の開発事業を巨視的にとらえ，最先端技術を使い遂行・実現に導く方法．

マクロ管理【macroeconomic management】経社社会保障給付費を管理する手法の一つ．高齢化要因を加味した GDP（国内総生産）に給付を連動させる．

マクロ機能【macrofunction】I算特定の操作を自動化するために複数の命令群を一つの命令で実行できるように定義したプログラム，またはそのプログラムを作る機能．

マクロ経済学【macroeconomics】営経巨視的経済学．経済社会全体から経済の動きを分析する学問．マクロエコノミックス．

マクロ経済スライド【macroeconomic slide】経社年金給付額を国内経済状況に連動させる方式．

マクロコスモス【macrocosm】大宇宙．人間を小宇宙とみなすのに対して，宇宙そのものをいう．⇔ミクロコスモス．

マクロスコピック【macroscopic】肉眼による．肉眼で見える．巨視的な．

マクロバースト【macroburst】気ダウンバーストの一種で，影響が4km以上に及ぶもの．

マクロビオティックス【macrobiotics】料長寿法．菜食や自然食による健康法．玄米正食の食事法．

マクロファージ【macrophage】医体内の異物や老廃物などを取り込み，消化する大型アメーバ状の細胞の総称．大食細胞．

マクロフィジックス【macrophysics】理巨視的物理学．古典物理学が適用できる大きな対象を扱う．⇔ミクロフィジックス．

マクロ分析【macro analysis】経巨視的分析．国民所得・物価水準などの経済量の分析・統合により，経済社会全体の動きに法則性を見いだそうとする理論．⇔ミクロ分析．

マクロ命令文【macro instruction】I算プログラム言語のアセンブラーで用いる命令の一つ．機械語に変換されると複数の命令になる．

マクロモード【macro mode】I写デジタルカメラやビデオカメラで，至近距離の撮影ができるモード．

マクロライド【macrolide】化塩基性抗生物質．

マザー【mother】①母．母親．⇔ファーザー．②宗カトリック教会の女子修道院院長．

マザーグースの歌【Mother Goose's Melody】音イギリスに古くから伝わる童謡・童歌．

マザー コンプレックス【mother complex 日】心青年が母親や，母親的な女性を思慕する傾向．幼児期に抑圧されていた感情が現れる．エディプスコンプレックスの一種．マザコン．

マザーズ【MOTHERS】経ベンチャー企業向けの株式市場の一つ．東京証券取引所に1999年に開設した．

マザーズデー【Mother's Day】母の日．5月の第2日曜日．

マザーストア【mother store】営親店．拠点店．

マザーズハローワーク【Mothers' Hello Work 日】社子育てなどで離職した女性の再就職や起業を支援するためのハローワーク（公共職業安定所）．全国12カ所に設置される．

マザーテープ【mother tape】親テープ．レコードやテープの多量複製を作る基となる録音テープ．マスターテープを編集して作る．

マザーフィクス【mother fix】心母親との精神的な結びつきから離れないこと．マザーコンプレックスと違い，男女の愛情に近い．fix は fixation の略．

マザーボード【mother board】I算パソコン内部の回路基板．

マザーマシン【mother machine】機工作機械のこと．機械製品を生み出す機械．

マザーランド【motherland】祖国．母国．故国．マザーカントリーともいう．

マザーリング ザ マザー【mothering the mother】心妊娠・出産・育児で母親をいたわり勇気づけて，精神的支えとなること．エモーショナルサポートともいう．

マサラ【masala】料混合香辛料．インドのカレー料理に用いる．

マサラムービー【masala movie】映インド映画の異称．娯楽映画が多い．

マザリーズ【motherese】社母親が乳児に優しく話しかけること．

マザリング【mothering】心母親が子を肌を通じてかわいがること．母親がとる養育行動．マザーリン

◀マスク

グともいう。

マシーナリー【machinery】 機械装置類．からくり．

マジシャン【magician】 ①魔術師．魔法使い．②医手品師．奇術師．

マジソン街【Madison Avenue】 ニューヨークの一区域で、アメリカ広告業の中心地．マジソンアベニューともいう．

マジック【magic】 ①魔術．妖術．②医奇術．手品．③「魔術」の意を表す接頭語．④マジックインキ、マジックナンバーの略．

マジックガラス【magic glass 日】 化理片側からしか透視できない特殊ガラス．扉に付けるのぞき窓など、防犯用にも利用される．マジックミラーともいう．

マジック数【magic number】 化理魔法数．元素として自然に存在する安定な原子核がもつ特別な数の組み合わせ．

マジックナンバー【magic number 日】 競（野球）プロ野球の公式戦で、首位を争う球団が優勝決定までに必要な勝ち試合数．マジックともいう．

マジックハンド【magic hand 日】 理放射性物質を扱う時など、被曝や汚染の危険を避けるため、厚いガラス越しに遠隔操作する人工の腕．マニピュレーターともいう．

マジックビジョン【magic vision】 I斜めにしたハーフミラーに別の映写機などから投影して画像を作る方式．一種の虚像が見える．電通テックが開発．

マジックブレット【magic bullet】 薬抗がん剤を組み合わせたモノクローナル抗体．がん細胞だけに作用する．スマートボムともいう．

マジックボックス【magic box 日】 I NTT東日本・西日本のメッセージ録音サービス．かかってきた電話に出られない状態の時に、センターが応答する．

マジック マッシュルーム【magic mushroom】 植幻覚作用を生じるキノコの総称．

マジックミラー【magic mirror 日】 化理半透膜を施した板ガラス．暗い側からは透視できるが、明るい側からは鏡になる特殊ガラス．マジックガラス．英語では one-way mirror．

マジックランタン【Magic Lantern】 軍機雷広域探知装置．アメリカ海軍が推進し、掃海ヘリに装備する．

マシナブル セラミックス【machinable ceramics】 化理工具で加工できるセラミックス．精密加工品、プリント配線基板、軸受け部品などに用いる．

マシニングセンター【machining center】 機複合 NC 工作機械．数十から数百本の工具を収納して、主軸の工具を自動的に交換し一度の段取りで数多くの加工作業を行う．

マジパン【marzipan】 料すりつぶしたアーモンドと砂糖をまぜた練り粉．

マジョリカ【majolica】 イタリア製の装飾陶器．

マジョリティー【majority】 社多数．多数勢力．多数派．⇔マイノリティー．

マシン【machine】 ①機械．機関．②競競走用の自動車．マシーンとも．

マシンウオッシャブル【machine-washable】 洗濯機で洗えること．

マシンウオッシャブル スーツ【machine-washable suit】 服家庭用洗濯機で洗える羊毛素材のスーツ．

マシンガン【machine gun】 機関銃．機関砲．

マシン語【machine language】 I算機械語．CPU（中央処理装置）が直接解釈して実行するコード．0と1で表された数列．

マシン固定ライセンス契約【machine license agreement】 I算登録したコンピューターにのみソフトウエアの使用ができる契約．

マシンツール【machine tool】 工作機械．工作工具．

マジンドール【mazindol】 薬向精神薬の一種で、食欲抑制作用もある．国内未承認．

マシンパワー【machine power】 I算そのコンピューターがもっている総合的な能力．特に処理速度が速く、システム構成力のあるコンピューターについていう．

マシンワード【machine word】 算機械が1単位として処理する文字やビット．

マス【mass】 ①集まり．集団．②大衆．民衆．③多数．多量．④宗カトリックのミサ．

マスカスタマイゼーション【mass-customization】 営大量生産と受注生産とを同時に実現する方法．顧客の多様な要求に応じながら、量産で原価を引き下げる．

マスカラ【mascara】 容まつげを濃く長く見せるために塗る化粧料．

マスカルチャー【mass culture】 社大衆文化．マスコミ文化．

マスカレード【masquerade】 ①仮面舞踏会．仮装舞踏会．②仮装．見せかけ．仮面．変装．

マスキー法【Muskie Act】 環法アメリカの大気汚染防止法の別称．マスキー上院議員が提案したので、この名がある．

マスキュリスト【masculist】 社男性の権利の擁護を主張する人．

マスキュリズム【masculism】 社男権拡張運動．男こそ差別されているとするもので、アメリカに始まりヨーロッパで広がっている．

マスキュリニスト【masculinist】 社女性より男性のほうが優れているという考え方をする人．

マスキュリン【masculine】 服女性が男物を着たり、紳士服のようなファッション．男性の、男っぽいの意．マニッシュともいう．

マスキング【masking】 ①I算ビットパターンのある部分に覆いをかけ、変更・分離・削除などをすること．②I OHP で、資料用シートの一部を覆って遮光し、徐々に表示していく方法．マスキング法ともいう．

マスク【mask】 ①面．仮面．覆面．②顔．顔立ち．容貌．③病原菌やほこりなどを防ぐ、口・鼻を覆うガーゼなどの布．④競野球の捕手・主審、フェンシングの選手などが顔面につける防具．⑤I算グラフィックソフトなどで画像を描く時に、編集したくない部分に覆いをかけて保護する機能．

575

マスクルー▶

マスクルーシブ【massclusive】 服マス(大量生産)でありながらエクスクルーシブ(限定品)の魅力をもつ商品や考え方.

マスクROM【mask ROM】 I算記録内容に応じて作るフォトマスクを使って、製造時にデータを書き込むロム. 製造後はデータの書き換えはできない.

マスゲーム【mass game 日】 競団体競技. 集団で行う徒手体操やダンスなど. 英語は mass gymnastic display.

マスコット【mascot】 ①幸運や福をもたらす人や物. ②I算マッキントッシュで、画面上を動き回るかわいい人形の形をしたもの.

マスコミ マスコミュニケーション(mass communication)の略.

マス コミュニケーション【mass communication】 社大衆伝達. 新聞・週刊誌・雑誌・書籍・ラジオ・テレビ・映画などのマスメディアによる、多数の人々に対する情報伝達活動. マスコミともいう.

マス コンサンプション【mass consumption】 営大量消費.

マス スクリーニング【mass screening】 医集団検査. 乳幼児の先天性疾患を早期発見・治療するために行う.

マススタート【mass start】 競(ス*)距離競技などで一斉にスタートを切る方式.

マスセールス【mass sales】 営大量販売.

マスソサエティー【mass society】 社大衆社会.

マスター【master】 ①主人. だんな. 親方. ②営酒場・飲食店の経営者. この意味では英語はowner, manager. ③教社政長官. 船長. 学長. ④一芸一道に熟達する. 精通する. 技術を習得する. ⑤教大学院の修士課程修了者に与えられる学位. ⑥I算電子ゲームなどの開発で、ソフトウエア上での完成型. マスタープログラム.

マスターエンジニア【master engineer 日】 営社中高齢の技術者. 技術的には遅れていて、給与水準は高い.

マスター オブ セレモニー【master of ceremony】 社礼式の進行係. 司会者. MC ともいう. ②式部官.

マスターキー【master key】 親鍵. 多くの異なった錠に合う鍵.

マスタークラス【master class】 教ある教科を修めるための専門の課程.

マスターコース【master course 日】 教大学院の修士課程. 大学の学部卒業者がさらに専門の研究をするための教育課程. 修了年限は、普通2年以上. 英語は master's course.

マスター索引【master index】 I算索引編成ファイルの索引の一つ. シリンダー検索を効率よく行うための索引.

マスターズ【The Masters Tournament】 競(ヅ*)四大メジャー競技の一つ. ジョージア州オーガスタで毎年4月第2週に行われる.

マスターズカップ【ATP Masters Cup】 競(ス*)年末に世界ランキング上位の男子選手を集め、シングルス世界一を決める大会.

マスターズ競技大会【masters competitions】 競中高齢者が年齢別で行う、陸上競技や水泳などのスポーツ大会.

マスターズゲームズ【Masters Games】 競世界マスターズ競技会. 中高年のスポーツ愛好者向けの国際大会. 陸上、水泳、テニス、卓球など22競技を行う. 第1回は1985年にカナダのトロントで開催した.

マスターズ スイミング【masters swimming】 競(水泳)満25歳以上を対象とする水泳競技. 5歳きざみの年齢別で行う.

マスターステーション【master station】 放親局. 番組制作局. キーステーション.

マスターズリーグ【Masters League】 競(野球)プロ野球OBが行うリーグ戦. 2001年に5チームで開催.

マスタースレーブ マニピュレーター【master-slave manipulator】 機ロボットマニピュレーターの操作を、人間の手の動きを検出する装置で行うロボットシステム.

マスター調節遺伝子【master regulation gene】 生動物の発生過程で、形態形成の調節作用をする遺伝子.

マスターテープ【master tape】 すべてのデータを記録してある親テープ.

マスタード【mustard】 ①科からし. 洋がらし. ②からし色.

マスタードガス【mustard gas】 化びらん性毒ガス. イペリット.

マスタードソース【mustard sauce】 科西洋がらしを加えたソース.

マスタートラスト【master trust】 経信託銀行が年金基金の資産を一括管理する仕組み.

マスター トランザクション処理【master transaction processing】 I算ファイル管理で、マスターファイルに変化分のデータを付け加えて最新版に更新すること.

マスターピース【masterpiece】 傑作. 名作.

マスターファイル【master file】 I算基本データを収めたファイル. これを基に特定のデータ処理を行う. 顧客管理に用いる顧客基本台帳など.

マスタープラン【master plan】 基本計画. 基本設計.

マスターベーション【masturbation】 自慰. 手淫. オナニーともいう.

マスタリング【mastering】 I算製品などの原盤を制作する工程. ソフトウエアや音楽 CD などを制作する際にとられる.

マス デモクラシー【mass democracy】 社政大衆民主主義. 大衆デモクラシー.

マスト細胞【mast cell】 医生肥満細胞. アレルギー反応を引き起こすヒスタミンなどを放出する細胞.

マストシー ストップ【must-see stop】 必見の場所. 観光客にとって見逃せない名所.

マストランジット【mass transit】 社大量公共輸送機関. 鉄道・地下鉄などをいう.

マスナンバー【mass number】 理質量数.

マス バーゲニング【mass bargaining】 社大

衆団交.

マスファッション【mass fashion】 服大衆に受け入れられて，大量生産される服飾品.

マス プロダクション【mass production】 営大量生産．マスプロともいう．

マス マーケッター【mass marketer】 営大衆消費財を販売する企業．

マスマーケット【mass market】 営大衆消費者向けの大量販売．またその市場．

マス マーケティング【mass marketing】 Ⅰ営大量生産により，標準化された消費者ニーズに基づいた商品を販売するためのマーケティング活動．

マスメディア【mass media】 社新聞・雑誌・ラジオ・テレビ・映画など大衆伝達の媒体となるものの総称．不特定多数の人々に対して，情報を大量生産し，大量伝達する機構およびその伝達システムをいう．

マスメディア宣言【Mass Media Declaration of UNESCO】 自由な情報の流れを基礎とした国際的なコミュニケーション秩序の確立を宣言したもの．1978年のユネスコ第20回総会で採択．

マズルカ【mazurka ポ】 音3拍子の舞踊・舞曲．ポーランドの民族舞踊から起こった，情熱的な激しいリズムの舞踊．

マスレジャー【mass leisure 日】 社大衆の余暇活動．

マセドワン【macédoine 仏】 ①料野菜のごった煮．②文文芸作品を抜粋してまとめた文集．寄せ集め．

マセマティクス【mathematics】 数数学．数学的方法．

マゼラン【Magellan】 宇アメリカの金星探査機．1989年にスペースシャトルから打ち上げ，90年に金星周回軌道に入った．

マゼラン流【Magellanic stream】 天銀河系とマゼラン銀河をつなぐ中性水素の流れ．

マゼンタ【magenta】 化メタン系の塩基性染料の一種．深紅色になる．

マゾ マゾヒズム（masochism），マゾヒスト（masochist）の略．⇔サド．

マゾヒスティック【masochistic】 自虐的な．被虐的な．被虐性愛の．

マゾヒスト【masochist】 医心自虐的な性質・傾向のある人．相手から精神的・肉体的な苦痛を受け性的快感を得る．⇔サディスト．

マゾヒズム【masochism】 医心異常性欲の一種．被虐症．苦痛を受けることで，快感を得る性癖．オーストリアの作家ザッヘル・マゾッホにちなむ．マゾともいう．⇔サディズム．

マターナリズム【maternalism】 営社仕事と家庭の両立を図る従業員に配慮した労務対策．女性経営者が採用することが多いことから．

マターナル【maternal】 母の．母性の．母らしい．母性的な．

マターナル スモーキング【maternal smoking】 医社妊婦の喫煙による胎児の間接喫煙．

マターナル デプリベーション【maternal deprivation】 医心母性はく奪．乳幼児が母親に接する時間が少ないと，心身発達に悪い影響があるという考え方．イギリスのボウルビィが提唱した．

マタドール【matador 西】 闘牛士．最後に登場して剣で牛に止めを刺す主役のこと．

マタニティー【maternity】 ①母親らしさ．母性．②医産科医院．

マタニティー スイミング【maternity swimming】 医競安産のために取り入れられた妊婦の水泳法．

マタニティー ドレス【maternity dress】 服妊婦服．腹部の寸法の調節が自由で，身体を圧迫しないようにしている．

マタニティー ブルー【maternity blue】 心出産直後の母親に見られる不眠や不安，軽いうつ状態．イギリスの精神科医ピットが命名．

マタニティビクス【maternitybics 日】 医競妊婦が健康児を出産するための体操．水泳やダンスなどが採用されている．maternity と aerobics の合成語．

マチエール【matière 仏】 ①材料．物質．②美画家が絵具などを使って出す質感や絵肌．

マチェテロス【Macheteros】 政プエルトリコのテロ組織．独立国家の建設を目指す．1978年に結成．

マチェドニア【macedonia 伊】 料デザートの一種．細かく切った果物をシロップに漬けたり煮たりしたもの．

マチネー【matinée 仏】 音劇演劇や音楽会などの昼興行．

マチュア【mature】 円熟した．心身が成熟した．分別のある．

マチョ【MACHO】 天銀河系周辺部のハローに存在が想定されている，暗い小質量の恒星や惑星などのこと．massive compact halo object の頭字語から．

マッカーサー草案【MacArthur's draft of Constitution】 1946年に日本政府に提示された占領軍総司令部の憲法草案．連合国軍最高司令官のダグラス・マッカーサーの名に由来．

マッカーシズム【McCarthyism】 政第二次大戦後にアメリカのマッカーシー上院議員が強行した極端な反共主義．俗に「赤狩り」といわれた．

マッキントッシュ【Macintosh】 Ⅰ算アップルコンピュータ社が開発したパソコン．グラフィックなインターフェースで，コマンド操作がほとんどいらない．Mac，マックともいう．

マック【Mac】 Ⅰ算アップルコンピュータが開発したパソコン．マッキントッシュの通称．

マックス【MUCCS】 社都市に住み専門的職業をもつ，本物志向の強い成熟した夫婦あるいは独身者．新しい消費者像の一つ．matured urban career couples and singles の略．

マックレーカー【muckraker】 醜聞を暴く人．腐敗暴露記者．20世紀初めにニューヨーク市当局の腐敗を糾弾した記者を，ルーズベルト大統領がこのように呼んだ．

マッコリ 料酒の一種．朝鮮半島で米などから作る濁り酒．マッカリともいう．

マッサージ▶

マッサージ【massage】医薬手で皮膚や筋肉を刺激して血行を整え、変調部分などを治す方法.

マッサージクリーム【massage cream】容マッサージに使うクリームで、皮膚に浸透しやすいオイル成分が配合されている. コールドクリームともいう.

マッサージパーラー【massage parlor】容アメリカのマッサージ店. 日本のソープランドに当たる店.

マッシャー【musher】犬ぞりの乗り手. 犬ぞりの御者. 犬ぞり旅行をする人.

マッシュ【mash】料野菜などを煮つぶして裏ごしにかけたもの.

マッシュポテト【mashed potatoes】料ジャガイモをゆでて裏ごしにかけ、牛乳、バター、調味料を加えたもの.

マッシュルーム【mushroom】①植キノコ. 主に食用にするもの. ②植担子菌類ハラタケ科のキノコ. シャンピニオンともいう.

マッシュルーム カット【mushroom cut】容きのこ状にカットした髪形. 1960年代ビートルズによって世界的に流行した.

マッシュルームボブ【mushroom bob】容断髪の一種. 前髪で額を覆い、全体に丸味のある輪郭にする.

マッジョーレ【maggiore 伊】音長調. 長音階. 長和音. 長音程. 英語のメジャー(majer).

マッシング【massing】建建築物の量塊性、ボリューム感のこと.

マッス【masse 仏】①美彫刻・絵画で、ある大きさをもち一まとまりで把握される形象. またその一部. ②立体的な量感のある塊.

マッスル【muscle】①筋肉. 筋力. 腕力. ②力ずくで押し進む. 強引に押しまくる.

マッチ【match】①試合. 勝負. 競技. 競争者. 敵手. ②調和すること. 釣り合うこと. 似合うこと. ③軸木の先につけた発火剤を摩擦して火をつける発火用具.

マッチ コミッサリー【match commissary】競(ｻｯ)日本サッカー協会およびＪリーグを代表して、試合全般を監視する係員. 公式戦に派遣される.

マッチプレー【match play】競(ｺﾞﾙﾌ)競技方法の一つ. 二人の選手が1ホールごとに打数で勝敗を争い、勝ったホールの数を競う.

マッチポイント【match point】競テニスやバレーボールなどの試合で、勝敗を決める最後の1点.

マッチポンプ【match pomp 日】社一方では事件を追及し、他方では収拾を持ち掛けて金品などを受け取るやり方. 火付けと、もみ消しの二役を演じるところから.

マッチムーブ【match move】Ⅰ算実写映像をコンピューターに取り込み、撮影時のカメラの画角、空間位置、動きなどの情報を計算すること. またその結果から三次元コンピューターグラフィックスと実写映像の動きを合成する作業.

マッチメイト【matchmate】好敵手. 競争者.

マッチョ【macho】男っぽさ. 男らしさ. 男意気. マーチョとも.

マッチング【matching】①調和. 2種類以上のも

のを組み合わせること. 色や形などをつり合わせること. ②Ⅰ算オンラインゲームの対戦相手などを引き合わせること.

マッチング ギフト制度【matching gift —】社社員が社会福祉や災害援助などに寄付金を出すと、企業も同額を拠出する制度.

マッチング サービス【matching service】Ⅰ算KDDIが提供している、対戦型ゲームのネットワークサービス. ゲーム会社に対して、通信回線や課金システムを提供する.

マッド【MAD】軍磁気異常探知装置. 潜水艦探知に用いる. magnetic anomaly detector の頭字語から.

マッドガード【mudguard】自転車や自動車の泥よけ. マッドは泥の意.

マットカラー【mat color】美媒剤に樹脂を用いた光沢のない絵の具. グワッシュ、水性テンペラ、ポスターカラーなどをいう.

マッドバス【mud bath】容泥浴. 体を泥だらけにする健康法.

マット ペインター【matte painter】映画はめ込み合成をする時に、消去する背景を塗描する技術者.

マット ペインティング【matte painting】映画ロケ地の風景やセットなどを細かく描写した背景画. またはこれを用いる撮影技法.

マッハ【Mach 独】理航空機やロケットなどの速さの単位. 音速をマッハ1とし、空気中で時速約1225km、成層圏で約1060km.

マッパー【mapper】①地地図作成者. ②社認症の介護状況を観察・評価する係員. イギリスで始まった.

マッハコーン【Mach cone】理航空機の超音速飛行で生じる、機首を頂点に円錐面に圧力がたまったもの.

マッピー【muppie】社大都市やその近郊に住み、知的専門職をもつ中年層. middle-aged urban professional の略.

マッピング【mapping】①地地図製作. 地図作成. ②生染色体上の遺伝子の位置関係を、組み換え率をもとにして決めること. ③Ⅰ算コンピューターグラフィックスで、物体形状とは別にある二次元画像のもつ性質を三次元物体表面に表現する操作.

マテ【mate】①料マテ茶. 南アメリカ産の茶の一種. ②植モチノキ科の常緑高木. 葉を乾燥して茶に用いる.

マティーニ【martini】料ジンと辛口のベルモットのカクテル. オリーブの実を添える.

マディソン【madison】競(自転車)二人一組みのチームが、一定距離ごとにあるポイントの通過順位で得点をしていく競技. アメリカンチームレースともいう.

マテハン装置【material handling equipment】Ⅰ算工場の自動化で、部品や加工物を自動搬送する機器.

マテリアリズム【materialism】哲唯物論. 唯物主義. 精神的なものよりも物質的なもののほうが根源的であるとする考え方で、マルクスに代表される. ⇔スピリチュアリズム.

◀ マニュアル

マテリアル【material】 ①材料．原料．生地．織物．②物質の．有形の．⇔スピリチュアル．

マテリアルサイエンス【material science】 材料科学．素材科学．

マテリアル ハンドリング【material handling】 部品・製品・資材などの運搬・管理を効果的に進めるための技術・方法などの総称．マテハンともいう．

マドモアゼル【mademoiselle 仏】 未婚の女性に対する敬称．娘さん．お嬢さん．

マドラー【muddler】 ジュースやカクテルなど飲み物の中身をかき回すための棒．

マドラサ【Madrassa 亜刺】 イスラム教徒としての基礎的な教育を行う宗教教育学校．

マドリード プロトコル【Madrid Protocol】 1891年に成立した「標章の国際登録に関するマドリード協定」を修正・補完する条約．1995年に発効．

マドリガル【madrigal】 叙情短詩．伴奏がつかない合唱曲．合唱曲．歌曲．マドリガーレともいう．

マトリックス【matrix】 ①回路網の一種．磁気コアなどの部品を網状に配列して導線でつなぐ．②数列．③母材．複合材料などで基となるもの．マトリクス．④母体．基盤．

マトリックス図【matrix chart】 行と列の二つの要素で構成する図．

マトリックス図法【matrix diagram】 表を使って項目間の関連，問題点や特徴を明らかにして，新発想を見つける手法．新 QC（品質管理）七つ道具の一つ．

マトリックス組織【matrix organization】 一人の構成員が上下関係という縦の系列だけではなく，横の系列や枠を超えたチームの構成員となる組織．

マトリックス データ解析法【matrix data analysis】 項目間の特性を数値データで表し，散布図などで傾向分析する手法．新 QC（品質管理）七つ道具の一つ．

マドリングスルー【muddling through】 組織の明確な目標が定まらないことを前提とし，その場で直面した問題を一つずつ解決していく漸進的なプロセスのこと．その場しのぎで切り抜けるという意．

マドレーヌ【madeleine】 ①型に入れて焼いて作るカステラ風の小型ケーキ．②記憶や追憶をかきたてるもの．プルーストの小説『失われた時を求めて』から．

マトロート【matelote 仏】 ウナギなどの魚にタマネギを入れワインで煮た料理．

マドロス【matroos 蘭】 船員．船乗り．英語では sailor, seaman．

マトロックス【Matrox】 カナダの有力なビデオチップメーカー．高級ビデオカードの MGA や，中価格帯の Millennium シリーズなどがある．

マトン【mutton】 成羊の肉．

マドンナ【Madonna 伊】 ①聖母マリアの呼び名．絵画・彫刻で表されたマリアの像．聖母像．②あこがれの女性．

マナー【manner】 行儀．作法．態度．習慣．風習．方法．「行儀・作法」の意味では英語は manners．

マナイズム【manaism】 超自然的な呪力・現象を信じる原始宗教．

マナティー【manatee】 アメリカ，アフリカの熱帯地方の大西洋岸海域に群生する水生哺乳動物．カイギュウともいう．

マニア【mania】 ①（日）ある事物に熱中する人．愛好者．②熱狂．熱中．

マニアック【maniac】 度の過ぎた熱中者．

マニエール【manière 仏】 表現方法．手法．

マニエリスム【manierisme 仏】 西ヨーロッパでのルネサンスとバロックとの間の美術様式．1530～1600年ごろが盛ん．マニエリズモともいう．

マニキュア【manicure】 手の爪の手入れ．爪を磨いて専用の液を塗り，指先を美しく見せる．

マニッシュ【mannish】 女性が男物を着たり，紳士服のような男っぽい装いをすること．マスキュリンともいう．

マニッシュカラー【mannish collar】 女性の衣服の襟で，男性用の背広に多い襟の形．

マニッシュルック【mannish look】 男っぽい装いで，女性らしさを強調する表現方法．

マニピュラティブ【manipulative】 可動式の．動かせる．操作できる．

マニピュレーション【manipulation】 ①巧みな扱い．②市場や市価などの巧みな操作．

マニピュレーター【manipulator】 ①放射性物質など危険物を扱う時に，危険を避けるため厚いガラス越しに用いて操作する人工の腕．マジックハンドともいう．②シンセサイザーやシークエンサーなどの電子楽器をプログラミングする専門家．

マニピュレーター飛行実証試験【Manipulator Flight Demonstration】 スペースシャトルを利用して行う日本の実験モジュールに搭載する精密作業用ロボットアームの試験．MFDともいう．

マニフェスト[1]【manifest】 ①明らかな．はっきりしたさま．②船などの貨物明細書．積荷目録．③飛行機の乗客名簿．

マニフェスト[2]【manifesto】 ①宣言．声明書．檄文．宣言文．②政権公約．具体的な政策目標などを掲げた公約集．

マニフェスト制度【manifest 一】 管理票を照合して，不法投棄された廃棄物の排出・移動経路を特定する方法．

マニホールド【manifold】 ①多気筒の内燃機関で各気筒に吸気・排気を行う管を，一つの管にまとめたもの．②多様体．集合体．

マニュアル【manual】 ①小冊子．手引．便覧．必携．説明書．解説書．②手で行う．手動式の．人力の．

マニュアル管理【management by manual】 人事管理の手法の一つ．部下の自由裁量は認めず，すべてを定めた手順どおりに行うことを要求する．

マニュアル敬語 ファミリーレストランやコンビニエンスストアの接客用マニュアルに使用されている敬語．

マニュアル トランスミッション【manual transmission】 自動車で，ギア変速を手動で

マニュアル▶

行うトランスミッション．MTともいう．

マニュアル フォーカス【manual focus】①［算］［写］カメラレンズのフォーカスを手動で調整する方式．デジタルカメラの液晶画面を見ながらフォーカスの微調整ができる．

マニュアル マニピュレーター【manual manipulator】［機］産業用ロボットの一種．初歩的なもので，人間の操作によって動く．

マニュアルモード【manual mode】［写］ピントを合わせることと露出を決定することを撮影者が手動で行う設定．

マニュスクリプト【manuscript】原稿．手書き本．写本．スクリプトともいう．

マニュファクチャー【manufacture】①［工］工場制手工業．製造業．②製品．③生産．製作．

マヌーバー【maneuver】策略．作戦．機動作戦．演習．

マヌエル ロドリゲス愛国戦線【Frente Patriótico Manuel Rodríguez 西】［軍］南チリの左翼系テロ組織．1983年に結成．97年に政治闘争に路線転換した．FPMRともいう．

マヌカン【mannequin 仏】陳列用の人形．マネキン．

マネー イリュージョン【money illusion】［経］貨幣錯覚．物価変動に気づかず，名目値の変化を実質値の変化と見誤ること．

マネーゲーム【money game】［経］高金利目当ての資金運用．

マネーサプライ【money supply】［経］貨幣供給量．通貨供給量．一国の経済で使われている通貨の総量．現金通貨と預金通貨を合計したもの．民間の非金融部門が保有する通貨のこと．マネーストックともいう．

マネージドケア【managed care】［医］管理医療．アメリカで，一定額の医療費を会員から受け取り，医療保険やサービスなどを提供する．

マネージング ディレクター【managing director】［営］取締役．常務取締役．イギリスでは社長を指すことが多い．MDともいう．

マネーセンター バンク【money-center bank】［営］［経］ニューヨークなどの金融センターに本拠を置くアメリカの大手商業銀行．

マネードクター【money doctor 日】［営］［経］個人の資産運用のアドバイザー．ファイナンシャルプランナーともいう．

マネービル　マネービルディング（money building）の略．［営］［経］利殖．財産づくり．英語ではmoney making．

マネーフロー【money flow】［経］国民経済の中での，資金・通貨の流れや変化．資金循環．

マネー ポリティックス【moneyed politics】［政］金権政治．

マネーマーケット【money market】［経］短期資金の運用・調達をする市場．

マネー マーケット ファンド【money-market mutual fund】［経］短期金融資産投資信託．1971年にアメリカの投資信託会社が開発．MMFともいう．

マネー マネジメント ファンド【money management fund】［経］1992年から募集開始された短期新型の公社債投資信託．MMF．

マネー ロンダラー【money launderer】［経］［社］非合法に収得した資金の出所をわからなくして，きれいに見せる働きをする業者．キャッシュクリーナーともいう．

マネー ロンダリング【money laundering】［経］［社］資金洗浄．犯罪に関係して不正に得た金を，普通の商取引を装って預金・送金すること．マネーローンダリングも．

マネキン【mannequin】①［営］［広］商品の宣伝に使う陳列用の人形．マヌカンともいう．②［営］商品を試用して，宣伝・販売に努める女性．マネキンガールともいう．③ファッションモデル．

マネキンクラブ【mannequin club 日】［営］百貨店や大型店などに派遣する，店頭販売員の民間職業紹介所．

マネジメント【management】①［営］経営．管理．監督．またその才覚．②経営者．管理者．

マネジメント インフォメーション システム【management information system】［営］経営情報システム．企業経営に関する情報をコンピューターに集めて処理し，経営者の意思決定に役立つデータを必要に応じて提供するシステム．MIS，ミスともいう．

マネジメント ガイド【management guide】［営］経営管理のための規定・規格・標準．MG．

マネジメント コンサルタント【management consultant】［営］経営士．経営顧問．経営管理の診断・指導・相談などに当たる．

マネジメント コンサルティング サービス【management consulting service】［営］公認会計士が行う業務の一つ．財務諸表の作成，経営・財務に関する調査・立案・相談など．

マネジメント サービス【management service】［営］経営コンサルタントが，経営管理について行う専門的なアドバイス．

マネジメント サイクル【management cycle】［営］経営管理の機能の循環過程．計画・組織・指揮命令・評価調整・統制の5過程からなる．

マネジメントシステム【management system】［営］企業の経営管理の制度や方式．

マネジメント シミュレーション【management simulation】［営］［経］経営模擬実験．経営モデルにいろいろな変化要件を当てはめて各種の実験を行い，企業戦略の展開やリスクの回避に役立てる．

マネジメント バイアウト【management buyout】［営］［経］経営者が自社株を買い取って，株式を非公開にすること．企業の合併・買収に対する防衛策の一つ．MBO．

マネジメント バイ ウオーキング アバウト【management by walking about】［営］［社］雇用者と従業員が，日常的に顔を向け合う労使関係を重視する経営管理方式．

マネジメント バイ エクセプション【management by exception】［営］基準から逸脱する事項だけに注意して，経営管理を行う方法．

マネジメント バイ オブジェクティブス【management by objectives】 営経従業員が達成すべき目標を、雇用者と話し合って互いに合意し、協調的に経過を監視する経営管理方式.

マネジリアル エコノミックス【managerial economics】 営経管理者経済学. 企業経済学. 企業の経済的問題を研究対象とするもの. ビジネスエコノミクスともいう.

マネジリアル グリッド【managerial grid】 営経管理者のリーダーシップの類型を格子状の図表で示したもの. 縦軸に人間に対する関心度、横軸に業績に対する関心度をとる. 二つの関心の度合いの組み合わせから管理者の資格の判定ができる.

マネジリアル マーケティング【managerial marketing】 営経経営者の立場からマーケティングを合理的・効率的に追求すること.

マネタイズ【monetize】 IT インターネットへの無料接続、コンテンツの無料提供などで利用者を獲得して、収入は有料コンテンツや広告から得る事業方式.

マネタイゼーション【monetization】 ①経現金化. ②経通貨制定.

マネタリー【monetary】 経通貨の. 金銭の. 財政の.

マネタリーサーベイ【monetary survey】 経国際通貨基金（IMF）に加盟している国の中央銀行が作成する、各種金融機関の総合貸借対照表.

マネタリー ダンピング【monetary dumping】 経過小評価された通貨政策をとること.

マネタリーベース【monetary base】 経現金通貨と中央銀行預け金の合計. ハイパワードマネー、ベースマネーともいう.

マネタリーユニット【monetary unit】 経貨幣単位. 通貨単位.

マネタリスト【monetarist】 経通貨主義者. 貨幣量の変化が総名目所得の変化をもたらすと考え、金融政策の役割を重く見る経済学者.

マネタリズム【monetarism】 経経済の安定化には金利操作や通貨供給の調節など、通貨政策が最も重要とする考え方.

マノメーター【manometer】 理流体圧を測定する圧力計. 水銀や水を入れたU字管の両端に測定したい圧力を導き、液柱の高さの差から圧力差を読み取る.

マハーバーラタ【Mahābhārata 梵】 文古代インドの大叙事詩. 北インドのバラタ族に属するクル族とパーンドゥ族の18日間に及ぶ大戦争を語っている.

マハラジャ【maharaja 梵】インドの大王. 地方君主. 土侯国の君主. maharajah ともつづる.

マフ¹【MUF】 理核物質不明量. 原子力関連施設などで起こる原因不明の損失. material unaccounted for の略.

マフ²【muff】 服防寒具の一つ. 毛皮や毛織物などを筒形にして、両端から手を入れて温める. 主に女性用.

マフィア【Mafia】 社アメリカ、カナダに勢力をもつ秘密犯罪組織. イタリアのシチリア島出身の構成員が多い.

マフィン【muffin】 料ベーキングパウダーを使った朝食用の小型パン. 円形のマフィン型に入れて焼くところから. イングリッシュ マフィン.

マフディ軍【Mahdi Army 亜刺】 軍イラクのイスラム教シーア派で強硬派のムクタダ・サドル師傘下の部隊.

マフラー【muffler】 ①服襟巻き. ②機内燃機関の排気音を和らげる装置. 消音器. サイレンサー. ③音ピアノの弱音器. ④競ボクシングなどで用いる二股になったグローブや手袋.

マペット【muppet】 芸指や腕を内部に入れて操る人形.

マベリック【maverick】 社組織内の一匹狼.

マホガニー【mahogany】 ①植センダン科の常緑高木. カリブ海周辺の熱帯地方などに生育する. 家具、工芸などの材料になる. ②赤褐色.

マボ判決【Mabo decision】 社先住民族アボリジナルにもともとの土地所有権を認めた、オーストラリア連邦最高裁の1992年の判決.

マミートラック【mommy track】 社母親になるための道に乗り換える若い女性たちが選ぶ生き方.

マミーバッグ【mummy bag】 体にぴったり合い、顔だけ出す形の寝袋.

マモニスト【mammonist】 経拝金主義者. 金銭第一主義者.

マヤ族【Maya】 中米のユカタン半島、ベリーズ、グアテマラなどに居住する先住民族.

マラカス【maracas 西】 音ラテン音楽などで使う打楽器の一種. ヤシの殻やそれを模したものにビーズなどを入れ振ってリズムをとる.

マラゲーニャ【malagueña 西】 芸フラメンコ舞踊・舞曲の一種. 3拍子で、南スペインのマラガ地方の民族舞踊が発展したもの.

マラソン【marathon】 ①競(陸上)42.195kmの長距離競走. 紀元前490年、マラトンの戦場からアテネまで戦勝を告げに走ったギリシャ兵士の故事に由来. ②長丁場の大会・集会.

マラニック【maranic 日】 競長距離コースを飲食物を持って散策する野外スポーツ. marathon と picnic の合成語.

マラミュート【malamute】 動大型犬の一品種. エスキモー犬. そり犬などに用いる. アラスカンマラミュートともいう.

マラリア【malaria】 医蚊が運ぶ原虫に寄生されて発病する感染症. 高熱や頭痛、吐き気などの症状が起こる. 熱帯・亜熱帯地域を中心に推定感染者数2億〜3億人とされる.

マリアッチ【mariachi 西】 音メキシコの民族色豊かなダンス音楽の楽団編成. ギター、トランペットなどを組み入れている.

マリー【marry】 営経為替リスクを回避するために、外貨建て債権・債務を組み合わせて平衡を保ち、相殺してしまうこと.

マリーゴールド【marigold】 植キク科センジュギク属の植物. メキシコ原産. 頭状花をつける. 園芸種が多い.

マリーシア【malícia 葡】 悪意. 敵意. ずる賢さ. 自分の利益のためにうまく立ち回ること.

マリーナ【marina】建ヨットなどの小型船舶用の停泊港.

マリオネット【marionette 仏】芸操り人形. またその人形劇.

マリオン【mullion】建ガラス窓などの縦仕切り. 竪子(たてご).

マリカルチャー【mariculture】営海中養殖. 海洋牧場. シーファーミングともいう.

マリタルレイプ【marital rape】社妻が拒否しても夫が無理やり性交に及ぶこと. アメリカでは, 婦女暴行と同様の犯罪行為とされる.

マリッジ【marriage】①結婚. ②トランプ遊びで, 同じマークのクイーンとキングがそろうこと.

マリッジ カウンセラー【marriage counselor】社結婚問題の相談役・助言者.

マリネ【mariné 仏】料魚や肉などの酢漬け. 酢に油やブドウ酒, 香りづけの野菜などを混ぜた調味液に漬ける.

マリネラ【marinera 西】芸ペルーで発達した8分の6拍子の軽快な民族舞曲.

マリノフォーラム21【Marinoforum 21】営日本周辺水域の総合漁業開発に関する技術・海洋開発の推進と, マリノベーション構想の具体化を目指す社団法人組織. 1985年に発足.

マリノベーション構想【Marinovation Plan】社水産業の体質改善を目指し, 水産庁が提唱した海洋開発構想. 漁港・漁村の環境整備と再構築, 水産資源の増大などを図る. marine と innovation の合成語.

マリファナ【marihuana 西】薬麻薬の一種. 乾燥させた大麻の葉の粉末で, 茶褐色をしている. マリワナ.

マリン【marine】①海の. 海事の. 海洋用の. ②[M-]軍海兵隊. 海兵隊員. マリーン.

マリン エクスプレス【marine express 日】機水陸両用のリニアモーターカー構想. 九州大学やJR九州などの委員会が開発を図る.

マリンスター【marine star 日】潜水艇の運航中に, 深海で見られる発光物体.

マリンスノー【marine snow】生浅海から数千mの深海までに見られる降雪に似た現象. プランクトンの死骸などが海底に沈殿するものと考えられる.

マリンスポーツ【marine sports】競海洋や海岸で楽しむスポーツ.

マリンバ【marimba】芸打楽器の一種. 音板の下に共鳴管を備えた木琴.

マリン バイオテクノロジー【marine biotechnology】生海洋生物を利用して, 医薬品などの開発を目指す生命工学. マリンバイオともいう.

マリンビーフ【marine beef 日】料イワシ, タラなどの魚肉を原料にして作る人工肉.

マリンブルー【marine blue】海に似た青色.

マリンブルー21【Marine Blue 21】社団法人「海と諸環境美化推進協議会」の通称. 1992年に設立.

マリンランチング【marine ranching】営海洋牧場. 海藻で作る人工造林や魚礁などを海中に設け, 漁場の改善・造成を図り生産増大を目指すもの.

マリンルック【marine look 日】服水兵の服装に似せた服装.

マリンレジャー【marine leisure】競社海を利用するレジャーの総称.

マリンワン【Marine One】軍政アメリカ海兵隊に所属する大統領専用ヘリコプター.

マルウエア【malware】IT算他のコンピューターに侵入や攻撃をする, 悪意のあるウイルス. malは「悪い」という接頭辞.

マルガリータ【margarita】料カクテルの一種. テキーラをレモンジュースで割ったもの.

マルキシズム【Marxism】政マルクス主義. 19世紀中ごろ, マルクスとエンゲルスによって唱えられた思想体系. 弁証法的唯物論を根底にした科学的社会主義.

マルキスト【Marxist】政マルクス主義者. マルクスの思想・理論の信奉者.

マルサス主義【Malthusianism】社イギリスの経済学者トマス・マルサスが唱えた人口論. 人口は幾何級数的に増えるが, 食糧は算術級数的にしか増えないので, 人為的な人口制限が必要だとする説.

マルシェ【marché 仏】市. 市場. 見本市.

マルシップ【MARU ship】日本船の代名詞. 日本籍船を外国の船会社に貸して, 外国人船員を乗せて使用する船.

マルス【Mars 羅】①ローマ神話で, 軍神. ギリシャ神話のアレスに当たる. ②天火星.

マルチ【multi-】①「多数の」「種々の」の意を表す接頭語. マルティ. ②農地表を覆う農業資材. 塩化ビニールやポリエチレンで作る.

マルチアレイ【multi-array】理特定物質の検出を図るナノ構造の配列.

マルチアングル【multi-angle】Ⅰ算DVD-video で, 角度の異なる映像をいくつも取り込む機能. スポーツや舞台の映像で用いる.

マルチ アンプ システム マルチチャンネルアンプリファイアー システム(multichannel amplifier system)の略. 置重高音用・中音用・低音用のスピーカーを, それぞれ専用の増幅器で作動させる再生方式.

マルチインカム【multi-income】経社世帯主の他にも所得を得ている人がいること. 1世帯に二つ以上の収入源があること.

マルチウインドウ【multiple windows】Ⅰ算ブラウン管画面の情報表示部分を複数の領域に仕切って, 異なる情報を表示できる機能.

マルチウインドウ システム【multiwindow system】Ⅰ算複数のプログラムを同時利用するため, 一つの画面を複数に分割し個々のアプリケーションの出力を表示する方式.

マルチウォール【multi-walled】多層の.

マルチエージェント システム【multi-agent system】Ⅰ算人工知能分野で, 自律的に動作するプログラムを複数組み合わせて, 一つの機能を働かせるシステム.

マルチ エンディング【multi-ending】Ⅰゲー

◀マルチビシ

ムの最終場面が複数用意されてあること.

マルチカルチュラリズム【multiculturalism】社文化的多元主義. 多文化主義. 少数派や傍流の立場などの役割を強調する考え方. アメリカの歴史教育の見直しで用いられる. MC.

マルチカンパニー【multicompany】圕二種以上の異なる業種を営む大企業.

マルチキャスト【multicast】 Ⅰ圧インターネット上で1人から多数へ情報を伝えること. 一対多数の通信. ネズミ算式に特定の端末に伝わっていく. ↔ユニキャスト.

マルチキャリアパス【multicareer path】圕社従業員が個人の希望と能力に合わせて昇進形態が選べる人事システム.

マルチクライアント広告【multiclient advertisement】圧一つの広告で、複数の企業の商品を宣伝するもの. マルチCMともいう.

マルチコアプロセッサー【multicore processor】圧一つのチップ上に複数のプロセッサーを実装したもの.

マルチコーディネーション【multi-coordination】服自分のセンスで、異なったデザインや素材の衣装を、多様に組み合わせて楽しむこと. プレタコンポゼともいう.

マルチ商法 マルチレベル マーケティング プラン (multilevel marketing plan)の略. 圕多層式販売方法. 販売員が新しい販売員を次々に組織に加入させてネズミ算的に増やし、商品を販売する. ピラミッドセリング.

マルチスキャン【multiscan】 Ⅰ圧解像度の切り替えのため、複数の水平走査周波数、垂直走査周波数に対応するディスプレー機能.

マルチスキャン機能【multiscanning】 Ⅰ圧画像表示装置の機能の一つ. 走査周波数の異なる信号を探知・同期して、映像を正しく映し出す.

マルチスキャン ディスプレー【multiscan display】 Ⅰ圧コンピューターの画像表示装置の蛍光体を電子ビームで走査する時に、水平方向と垂直方向という複数の走査周波数に対応できるディスプレー. マルチスキャンモニターともいう.

マルチスクリーン方式【multi-screen system】映多くの映写機を使って、いくつもの場面をスクリーンに映写する方式.

マルチスタジオ【multi-studio】放一つの副調整室でいくつものスタジオを結び、一つの番組を製作している複合スタジオ.

マルチストーリー【multi-story】 Ⅰ圧 DVD-videoに収録する、いくつもの筋書きと結末をもつ物語. ユーザーの好みで選ぶと物語がさまざまな枝葉に分かれて展開する.

マルチスピーカー サウンドカード【multi-speaker sound card】 Ⅰ圧独立した別々の音が出せる四つのスピーカーと、4チャンネル以上の仕様をもつサウンドカード.

マルチスペシャリスト【multi-specialist】複数の分野で優秀な能力を発揮する人.

マルチスレッド【multithread】 Ⅰ圧サーバーの処理単位を分割した単位.

マルチセッション【multisession】 Ⅰ圧データの追記ができるフォトCDなどのように、複数組みのデータを記録できるCD-ROMのフォーマット.

マルチタスク【multitask】 Ⅰ圧一台のコンピューターで同時に複数の仕事ができること.

マルチタスクOS【multitasking OS】 Ⅰ圧複数の処理を平行して実行できるOS. WindowsやUNIXがその例.

マルチタレント【multitalent 日】劇放いろいろな芸ができるタレント. 英語はmulti-talented entertainer.

マルチチャネラー【multichanneler 日】多彩な情報源をもち、豊富な行動力を有する人.

マルチチャンネル アクセス【multichannel access】 Ⅰ圧近距離無線システムの一つ.

マルチチャンネル サービス【multichannel service】 Ⅰ放ケーブルテレビ(CATV)や衛星放送で、10数〜100チャンネル以上の番組を視聴できるサービス.

マルチディスプレー【multi-display】 Ⅰ圧二つ以上の系統になるビデオカードとディスプレーを1台のパソコンに接続して、同時表示を行うこと. 広い編集画面が使える.

マルチトラック【multitrack】音録音の帯(トラック)が24チャンネルから32チャンネルぐらいあるもの. レコーディングなどに用いる.

マルチナショナル コーポレーション【multinational corporation】圕多国籍企業. 複数の国に多くの子会社をもち、世界的な規模で事業活動を行っている企業. マルチナショナル エンタープライズともいう.

マルチナショナル バンク【multinational bank】経多国籍銀行. 複数の国の銀行によって設立された国際銀行.

マルチパーティー システム【multiparty system】政三党以上の政党によって国会が運営されている多党制.

マルチパーパス【multipurpose】 多目的の. 多用途の.

マルチパーパス ポリシー【multipurpose policy】政政治・経済・外交・文化などいろいろな分野の目標の同時達成を目指す政策.

マルチパーパス ワゴン【multipurpose wagon】機乗用車的な機能を備えた荷台付きの小型の箱型自動車. ミニバンともいう.

マルチパス【multipath】 Ⅰ理直進した電波と、山や建物で反射して別経路をたどった電波などが重なって、受信アンテナに入ること.

マルチパック【multipack】 缶飲料を6本一組みにまとめる包装、またその販売方法.

マルチハビテーション【multi-habitation】社複数地域居住. 1世帯で二つ以上の住居をもち、平日は家族の働き手が勤め先に近い場所で単身で暮らし、週末は郊外の自宅で家族とともに過ごすような居住形態.

マルチビジョン【multi-vision 日】 Ⅰ圧CRT(ブラウン管)を複数並べて、コンピューターで制御する仕組み. 英語ではビデオウオール(video

583

マルチヒット▶

wall).

マルチヒット【multi-hit】 競(野球)1試合で2本以上の安打を打つこと.

マルチファイナンス方式【maltifinance system】 経プラント輸出などの際に,複数の関係国の金融機関が分担して融資を行う方式.

マルチファインダー【MultiFinder】 Ⅰ算マッキントッシュで,複数のアプリケーションを同時に使えるようにするソフトウエア.

マルチファンクション【multifunction】 多機能の.

マルチファンクション ターミナル【multi-function terminal】 Ⅰ算多機能端末装置. 多機能端末機.

マルチファンクション ポリス構想【Multi-function Polis Plan】 社日豪協力でオーストラリアに複合機能をもつ未来都市の建設を図る計画. MFP構想ともいう.

マルチフィード【multifeed】 Ⅰ炎容量の多いコンテンツを蓄積したサーバーから,いくつものプロバイダーのバックボーンに効率よく分けて配信する技術.

マルチフォント【multifont】 Ⅰ算画面表示や印刷の時に,一つの文書に複数の書体を混在できる機能.

マルチブック【Multibook】 Ⅰ教算日本のベネッセコーポレーションが教師と共同開発した小中学校の教師向け教材ソフト.

マルチプライヤー【multiplier】 ①数乗数. ②電理倍率器. 熱・電気などの効力増強装置. ③乗算機.

マルチフラッシュ【multi-flash】 写高速度で点滅する発光装置. 瞬間瞬間を連続撮影する時に用いる.

マルチプラットフォーム【multi-platform】 Ⅰ算異種の OS やハードウエアが混在する環境. またはあるソフトウエアが,異種の OS やハードウエア上で稼働すること.

マルチブランド戦略【multi-brand strategy】 営企業が営業上有利と考えた場合,代表商標を使わないで,商品にそれぞれ異なる商標をつける販売方法.

マルチプル【multiple】 ①複式の. 多数の. 複数の. 倍数の. ②美美術家が制作する小さめな独創的作品で,一定の量を生産したもの. マルティプルともいう.

マルチプル広告【multiple advertising】 広新聞・雑誌で行う多ページにわたる広告.

マルチプル システム オペレーター【multiple system operator】 営複数のケーブルテレビ(CATV)局を運営する企業. MSO ともいう.

マルチプル人事管理【multiple personnel management】 営社一企業内だけではなく同一企業グループ内での転職や勤務状況を設定する人事管理. 1984年より西武セゾングループが採用した.

マルチプルチョイス【multiple-choice】 教いくつかの解答の中から正解を選択させる試験方法. 多項式選択法. マルチョイともいう.

マルチプル リーガル ハラスメント【multiple legal harassment】 社法多元的な法的嫌がらせ. いろいろな法規を持ち出して相手を攻撃したり,制限を加えたりしようとすること.

マルチプレックス シネマ【multiplex cinema 日】 映同一施設に規模の違う映画館を複数配置し,運営を一括管理し効率化したもの. シネプレックス. シネマコンプレックス.

マルチプレックス ホログラム【multiplex hologram】 Ⅰ映ホログラム技術を用いて,一眼で平面的に撮影した映画フィルムから立体像を得て,1枚のフィルムに記録する方式.

マルチプログラミング【multi-programming】 Ⅰ算多重プログラミング. 複数のプログラムを一つのコンピューターで同時に処理する方式. 汎用コンピューターで常用する.

マルチプロジェクション【multi-projection】 映複数同時映写システムの一つ. 一つのスクリーンに複数の映写機で映写する場合と,複数のスクリーンにそれぞれ映写する場合がある. 映画やスライドが用いられる.

マルチプロセッサー【multi-processor】 Ⅰ算記憶装置を共有し,一つのオペレーティングシステム(OS)の制御下で動作する複数の中央処理装置(CPU). それぞれの CPU が複数の仕事を分担して同時並行的に処理できる.

マルチプロセッシング【multi-processing】 Ⅰ算多重処理.

マルチプロトコル レイヤースイッチ【multi-protocol layer switch】 Ⅰ炎ルーターの技術とスイッチの技術を組み合わせた通信装置.

マルチベイ【multi-bay】 Ⅰ算ノートパソコンに,フロッピーディスクドライブや CD-ROM ドライブを内蔵するためにある受け皿型のスロット.

マルチベンダー【multi-vendor】 Ⅰ算異なる製造業者や機器などの販売納入業者による製品を用い,情報処理システムを構築すること.

マルチポイント ディストリビューションサービス【multipoint distribution service】 Ⅰ多点配信システム. 指向性の強いマイクロ波を用いて,限定された利用者にテレビ番組やデータなどを送信する. アメリカでは半径40kmぐらいの地域が対象. MDS.

マルチホーミング【multihoming】 Ⅰ炎一つのコンピューターを用いていくつもの WWW サーバーを運営する時に,サーバーごとに別々のコンピューターがあるように見せる技術.

マルチポーラー【multipolar】 多極の. 多極性の. 多極体の.

マルチポーラー システム【multipolar system】 政多極構造. アメリカや旧ソ連をはじめ,中国・西欧諸国・日本・第三世界などが,それぞれ影響を与え合う国際社会の状況をいう.

マルチボール システム【multi-ball system】 競(ﾀﾝ)競技区域外で6人が1個ずつ球を持ち,球が大きく区域外に出たら,速やかに新しい球を入れて時間の損失を少なくする方法.

マルチポスト【multipost】 Ⅰ炎同じ文章を無差別

◀マルツィア

に複数の掲示板に貼り付ける行為．

マルチボックス【multibox】 言数カ国語に訳された言葉がイヤホンで聞ける装置．

マルチマイキング【multimiking】 音音楽の録音技術の一つ．オーケストラの各楽器群の音を近接領域で集録するため，多くのマイクロホンを配置する方式．

マルチマトリックス【multi-matrix】 一つのもので複数の目的に対応すること．多目的な欲求に対応する複合思想をいう．

マルチメディア【multimedia】 IT デジタル化された情報を基礎に，文字・数字・音声・静止画・動画などの複数のメディア（情報の表現形態）を統合して扱える方式．

マルチメディア アクセスライン【multimedia access line】 IT KDDI が提供するダイヤルアップのインターネットアクセスサービス．通信料金は全国一律．MAL ともいう．

マルチメディア移動アクセス【multimedia mobile access communication systems】 IT 光ファイバーを用いる高速通信網と接続する超高速で高品質な移動体通信システム．動画や音声などのデータをどこでも取り扱える．

マルチメディア オペレーティング システム【multimedia operating system】 IT マルチメディア処理ができる OS．容量の大きい画像データや音声データを，効率よく一元的に処理が行える．

マルチメディア コンテンツ振興協会【Multimedia Content Association of Japan】 IT マルチメディア技術と品質のよいコンテンツの発展を目指す日本の業界団体．

マルチメディアCD【multimedia CD】 IT ソニー，フィリップスなどが提唱しているデジタルビデオディスクの規格．1枚のディスクが2層になっている方式．MMCD ともいう．

マルチメディア情報センター【Multimedia Information Center】 IT マルチメディアソフトの開発を支援する組織．通産省（現経済産業省）が1994年に設置した．MMIC ともいう．

マルチメディア処理システム【multimedia processing system】 IT 文字・数字に加えて画像や音声などさまざまな情報メディアをコンピューターで取り扱う仕組み．

マルチメディア振興センター【Foundation for Multimedia Communications】 IT 広帯域 ISDN（B-ISDN）を主に，通信の高度利用と普及促進を目指す総務省の外郭団体．

マルチメディア スーパーコリドー【Multimedia Super Corridor】 IT マレーシアのクアラルンプール市周辺に世界最先端の情報技術産業都市を建設する計画．1996年にマハティール首相が提唱した．MSC ともいう．

マルチメディア通信【multimedia telecommunication】 IT 文字，画像，動画，サウンドなどの素材を組み合わせたインターフェースで，情報のやりとりができる通信システム．テレビ会議やテレビ電話など．

マルチメディア データベース【multimedia database】 IT 数値・文字だけでなく，画像・音声などについても，記録・管理して使えるデータベース．

マルチメディア パソコン【multimedia personal computer】 IT 文字，画像，動画，サウンドなどのさまざまな素材を，統一的に処理できる能力をもつパソコンの仕様．

マルチメディア法【multimedia act】 IT ドイツで1997年に成立した「情報通信サービスの基本条件の規制に関する法律」の通称．

マルチメディアボックス【multimedia-box】 IT 映像・音響・活字などいくつもの情報媒体の集積所．

マルチメディア ワークステーション【multimedia workstation】 IT 数値・文字だけでなく，画像・音声などの処理機能を備えたワークステーション．

マルチモーダル【multimodal】 ① IT 機械と人間を結ぶさまざまな接点・コミュニケーションを探る技術．視覚・聴覚・触覚など複数の感覚を用いた情報処理．② 多様な．

マルチモード【multimode】 IT 光ファイバーの種類の一つ．コアの直径は50または 62.5μm（マイクロメートル）．光源は発光ダイオードなどを使う．

マルチユーザー【multiuser】 IT コンピューターが利用者の命令を待つ間に他の利用者が使えるよう，1台のコンピューターを複数の利用者に順次割り当て共有させる利用法．

マルチラテラリズム【multilateralism】 経政 多国間主義．多国間で行う相互自由貿易．多国間の共同政策．

マルチラテラル【multilateral】 多面的な．多国間の．多角的な．

マルチリンガリズム【multilingualism】 言多言語使用．

マルチリンガル【multilingual】 ① 言多国語の．多言語使用の．② IT 世界中のあらゆる言葉が利用できるソフトウエア．

マルチリンク サスペンション【multi-link suspension】 機 アッパーアームとロアアームに加えて，サードリンクを組み合わせた自動車の懸架装置の方式．

マルチリンクＰＰＰ【multi-link PPP】 IT データリンク層プロトコルとしてインターネットで使うPPPを拡張して，複数回線を用いて並列伝送を行うもの．

マルチレイヤー スイッチング【multi-layer switching】 IT ネットワーク層に加えてトランスポート層やアプリケーション層の通信量を識別して，ネットワーク上のデータが用いる経路を高速に割り出す技術．

マルチング【mulching】 農 作物の根元の周りに，わらや木の葉などをかぶせて，土の乾燥や湿り過ぎを防ぐ栽培方法．

マルチンゲール【martingale】 数 確率過程の一種．マーチンゲールともいう．

マルツィアーレ【marziale 伊】 音 行進曲風に演

585

奏せよ．

マルトース【maltose】 化 麦芽糖．二糖類の一種で，でんぷんを麦芽などに含まれるアミラーゼで分解して得られる．

マルトリートメント【maltreatment】 社 不適切なかかわり．小児虐待で，虐待と怠慢・無関心・放置などをいうネグレクトの上位概念に用いる．

マルトレ【martelé 仏】 音 弦楽器の奏法の一つ．弓で弦をたたくように音を短く切って弾く方法．スタッカートで奏された．

マレアビリティー【malleability】 適応性．融通性．可塑性．

マロウ【mallow】 植 ウスベニアオイ．アオイ科ゼニアオイ属の多年草．ヨーロッパが原産．

マロニエ【marronnier 仏】 植 セイヨウトチノキ．ウマグリ．トチノキ科の落葉高木．街路樹，公園樹などに用いる．

マロングラッセ【marrons glacés 仏】 料 栗を砂糖で煮詰め，香料や洋酒で風味を付けたフランス風の菓子．

マロンシャンティ【marron chantilly 仏】 料 栗を，泡立てた生クリームなどでくるんだフランス風の菓子．マロンシャンテリーともいう．

マンアワー【man-hour】 営 人時．労働などの延べ所要時間．1マンアワーは一人が1時間労働すること．

マンウオッチング【man watching】 社 人間観察．人間行動を観察すること．

マン オブ ザ イヤー【man of the year】 年間最優秀功労者．その年最大の業績などをあげた人．

マンガン乾電池【manganese dry cell】 化 実用一次電池を代表するもの．酸化剤は二酸化マンガン，還元剤は亜鉛，電解質は塩化アンモニウム・塩化亜鉛水溶液．

マンガンクラスト【manganese crust】 地 やや扁平な球状をしたマンガンが，多数付着し合って板状に海底面を覆っていること．

マンガン団塊【manganese nodule】 地 深海底に広く分布する，マンガン，鉄，ニッケル，コバルト，銅などを含む塊．特に太平洋に多く，鉱物資源として注目されている．マンガンノジュールともいう．

マングスタ【Mangusta】 軍 イタリアの攻撃ヘリコプター．A129 の通称．

マングローブ【mangrove】 植 熱帯地方などの海岸や河口の泥地に群生する常緑樹の総称．ヒルギ科，クマツヅラ科などの樹木がある．

マンゴスチン【mangosteen】 植 オトギリソウ科の常緑高木．熱帯果物の女王と呼ばれ，果皮は紫紺色で果肉は白くミカン状の房がある．

マンサード屋根【mansard roof】 建 腰折れ屋根．フランス屋根．二重勾配の屋根で，上部の勾配は緩く，下部は急．

マンション【mansion】 建 中高層の集合住宅．主に民間企業が供給するもの．原義は大邸宅・館．この意味ではアメリカでは apartment, apartment house，イギリスでは flat．

マンションプロ【mansion production 日】 略 小人数のスタッフでテレビ放送などの制作を請け負う会社．マンションに事務所を置くことが多いところから．

マンション法【mansion —】 建法 建物の区分所有等に関する法律の通称．

マンション リフォーム【mansion reform 日】 建 分譲された中高層住宅の専有部分（室内部分）で行う改装．

マンション リフォーム マネジャー【mansion reform manager 日】 建 中高層住宅の改修で，工事企画の提案，管理組合と施工業者との調整・指導・助言などを行う専門員．1992年に発足した認定資格．

マンスリー【monthly】 ①月刊の．②月刊雑誌．月一回の刊行物．マンスリーマガジン．

マンスリーマンション【monthly mansion 日】 建 1カ月単位で賃貸する中高層集合住宅．

マンスローター【manslaughter】 法 故殺．計画性のない殺人．殺意なき殺人．日本での傷害致死に当たる．

マンダラ【Mandala 梵】 宗 曼荼(陀)羅．仏陀や菩薩の多くの像を幾何学的な図形の様式で描いた画像．密教では本尊として礼拝する．

マンダリン【mandarin】①植 中国原産のミカンの一系統で，主に温州ミカン型の欧米系ミカンをいう．②［M—］言 標準中国語．北京官話．③料 オレンジから作るフランス原産のリキュール．

マンダリンカラー【mandarin collar】 服 中国服に見られる幅の狭い立ち襟．

マンダリンコート【mandarin coat】 服 中国服に見られる袖口の広い装飾的な外とう．

マンダリン ジャケット【mandarin jacket】 服 幅の狭い立ち襟の付いたジャケット．

マンダル委員会報告【B.P. Mandal Commission Report】 インドの低カースト層の待遇改善を検討した報告書．1980年にマンダルを委員長とする委員会が提出した．

マン ツー マン【man-to-man】 ①一人対一人の．②競 選手一人にコーチ一人がついて指導・練習をさせること．③競 守備方法の一つで，各人が相手側の特定の選手一人をマークすること．マンツーマンディフェンス．④一般に，一人に一人が一人に対応すること．この意味では英語は one-to-one．

マンティーラ【mantilla 西】 服 丈の短い女性用マント．メキシコやスペインなどの女性用ベール．

マンデー [1] 【man-day】 一人が一日にこなす仕事量．人日(にんぴ)．

マンデー [2] 【mandhe 梵】 水浴．

マンデート【mandate】 命令．指令．命令書．委任状．

マンデー トーナメント【Monday tournament】 競 (ゴル)出場資格をもたない選手にも出場機会を与えるための予選制度．トーナメントの週の月曜日に開催したことが名の由来．

マンデート難民【mandate refugee】 UNHCR（国連難民高等弁務官事務所）が難民と認定した外国人．

マンデーラビット【Monday rabbit】 競 (ゴル)

月曜日のトーナメント予選に出場するシード権のない選手のこと．

マンデル フレミング モデル【Mundell-Fleming Model】 経国内経済と対外経済の関係を同時に分析することを目指すモデル．分析者の名から．

マンデルブロ集合【mandelbrot set】 I取り出した図形の一部が図形全体の縮小図になっているという，自己相似性をもつ図形．

マンドリン【mandolin】 音リュート属の弦楽器の一種．洋梨形の胴に金属製の弦を2本ずつ4組み張り，ピックではじいて演奏する．

マントル【mantle】 ①地地殻の内側にある中間層．地殻との境界から約2900kmの深さで，ゆっくりした対流運動があるもの．②白熱套（とう）．ガス灯の点火口にかぶせるもの．ガスマントルともいう．

マントル遷移層【mantle transition zone】 地地表からの深さ400km〜660kmの地球内部構造のことで，地震波速度が急増する．

マントル対流【mantle convection】 地地球内部にあるマントルは岩石質だが流動性をもち，1年に数cm動いていること．

マントル トモグラフィー【mantle tomography】 地地球内部構造を多数の地震波の到来時刻を基に三次元モデルを構築して行う研究．水平方向の不均質性が明らかになった．

マントルピース【mantelpiece】 建れんがなどで作られた暖炉．またその上の飾り棚．マンテル，チムニーピースともいう．

マントルプルーム【mantle plume】 地下部マントルの下部にある厚さ約200kmの不安定領域であるD″層に，相当量のマグマがたまり，マントルを突き抜けてマントル物質が地殻表層の近くまで噴き上げること．

マンナン【mannan】 化多糖類の一種で，加水分解してマンノースとなるもの．ゾウゲヤシやコンニャクなどに多く含まれる．

マンネリズム【mannerism】 芸社方法や態度が習慣的・惰性的に繰り返されて，独創性や新鮮味がなくなること．特に芸術作品で，内容や手法が型にはまって創造性が見られなくなること．マンネリ，マナリズムともいう．

マンハッタン【Manhattan】 ①ニューヨーク市の島．またその中心となる地区．②料カクテルの一種．ウイスキーとベルモットで作る．

マンハッタン計画【Manhattan Project】 軍アメリカで，第二次大戦中に遂行された原子爆弾製造計画．

マンハッタン2【Manhattan 2】 I社アメリカの運輸保安局による次世代手荷物検査機器の開発プロジェクト．

マンパワー【manpower】 ①人的資源．有効労働力．②有効総人員．③軍動員可能総人員．

マンパワーポリシー【manpower policy】 社政人間の能力資源開発政策．経済発展の基盤は人間の能力にあるとする考え方による．

マンパワー マネジメント【manpower management】 経人事管理．労務管理．

マンハント【manhunt】 社女性が男性を追い求めること．本来は犯人の集中捜査の意．

マンボ【mambo 西】 音ラテン音楽の舞踏曲．キューバが起源．

マンホール チルドレン【manhole children】 社貧困などのため，家を出てウランバートル市街に設置された温水供給配管が通るマンホールで暮らすモンゴルの子供たち．

マンマシン インターフェース【man-machine interface】 I算コンピューターなどのシステム機器で，人間が操作を行う部分．ヒューマンインターフェースともいう．

マンマシン コミュニケーション【man-machine communication】 I人間と機械との対話．人間の命令を機械にわかる形で与えて，機械からは自分の動きの状態を人間にわかる形で知らせる．

マンマシン システム【man-machine system】 I目的達成のためには，人間も機械もその構成要素の一つであり，それらが有機的に結合することで，バランスの取れたシステムができるという考え方．

マンモグラフィー【mammography】 医乳房レントゲン撮影法．またその装置．

マンモス【mammoth】 ①動第4期氷河時代にヨーロッパ，アジア北部，北アメリカなどに生息した象．②「巨大な」の意で，複合語を作る語．

マンモトーム【mammotome】 医乳がん検診用X線で見つかった小さな病変を針で吸引する器具．

マンモン【mammon】 ①宗『新約聖書』で，悪の根源としての富や財貨．②［M-］財産の神．富や強欲の偶像とされる．マモンともいう．

ミアカルパ【mea culpa 羅】 自己過失の肯定．自己が犯した失態を認めること．

ミーイズム【meism】 自分主義．自己中心主義．

ミーガン法【Megan's Law】 社法1996年に成立したアメリカの法律．性犯罪者が出所後に，一般の居住地に住む場合には，当局からその地の警察に連絡する．性犯罪者に殺害された少女，ミーガン・カンカの名にちなむ．

ミーゴレン【mi goreng インドネシア】 料インドネシア料理の一つ．焼きそば．

ミー ジェネレーション【me generation】 自分中心の考え方をもつ世代．

ミーズ【MEADS】 軍米独伊共同開発の中距離射程延伸型防空システム．medium extended air defense system の頭字語から．

ミーティング【meeting】 会合．集会．打ち合わせ．

ミート【meet】 ①出会う．会う．直面する．接触する．②競技会．会合．集まり．③蹴（野球）バットを投球にうまく当てること．

ミートアップ【meet up】 ①社政共通の趣味や考えなどをもつ人が開く小規模な集会．②偶然に会う．

ミートソース【meat sauce】 料ひき肉とタマネギを細かく刻んだものを炒めて、トマトジュースなどで煮込んだソース。

ミートボール【meatball】 料肉団子。

ミーム【meme】 生文化の情報をもち、模倣を通じて人間の脳から脳へ伝達・増殖する仮想の遺伝子。実体のない価値の遺伝子。イギリスの生物学者ドーキンスが命名。gene と、ギリシャ語で模倣の意の mimeme の合成語。

ミール[1]【meal】 ①料定時の食事。②料粗びきにした穀物や豆類の粉。

ミール[2]【Mir】 宇1986年に旧ソ連が打ち上げた新型の軌道科学宇宙ステーション。2001年に運用終了し廃棄。

ミール軌道科学ステーション【Mir space station】 宇旧ソ連が1986年に地球周回軌道に打ち上げたミールを核に増設された宇宙ステーション。

ミール ソリューション【meal solution】 料食事の解決策。スーパーマーケットなどが料理店並みの持ち帰り食材を提供する。MS。

ミーンサン【mean sun】 天平均太陽。赤道上を一定速度で動く仮想の太陽。実際の太陽の動きでは1日の長さが一定しないために考え出したもの。

ミーンズテスト【means test】 営経資産調査。財産調べ。資力調査。

ミーンバリュー【mean value】 数平均値。平均数。

ミエローマ【myeloma】 医骨髄腫。一般に細胞が腫瘍化して増殖するが、増殖の遺伝的特徴からバイオテクノロジー分野で研究される。

ミオグラフ【myograph】 機筋肉の動きを測定して記録する計器。

ミオクロニー【myoclony】 医筋肉のけいれん。

ミオシン【myosin】 生筋組織に含まれる収縮性たんぱく質の一つ。

ミキサー【mixer】 ①(日)料果実や野菜からジュースなどを作る器具。英語では blender, liquidizer。②放放送の音量調節者。音量調節装置。ミクサーともいう。③コンクリートのかくはん機。

ミキシング【mixing】 ①音音声や映像を混合・調整する技術。②服さまざまな素材や服飾要素を混ぜ合わせて新味を出すこと。

ミキシンググラス【mixing glass】 料カクテルなどを作る時に使う混合用グラス。

ミグ【MIG】 軍旧ソ連の戦闘機。設計担当技術のミコヤン(Mikoyan)とグレビッチ(Gurevich)の頭文字から。

ミクスチャー【mixture】 ①混合。混交。混合物。ミックスチュアともいう。②音ファンクと近接したヘヴィメタル系ロック音楽。ミクスチャーロック。

ミクロ【micro 仏】 ①極小。極微。②「非常に小さいこと」「極小」「微視的」の意の接頭語。⇔マクロ。③メートル法で、100万分の1を表し、長さや重さの基本単位名の前に付ける。

ミクロ経済学【microeconomics】 営経微視的経済学。個々の消費者や企業の経済行動を分析する。

ミクロコスモス【microcosm】 小宇宙。完結した小世界。人間を指す。⇔マクロコスモス。

ミクロスコープ【microscope】 化理顕微鏡。マイクロスコープ。

ミクロスコピック【microscopic】 顕微鏡による。微細な。微視的な。

ミクロソーム【microsome】 生細胞原形質中にある微小粒子の総称。

ミクロフィジックス【microphysics】 理微視的物理学。分子・原子などの極小の物質を対象とする分野。⇔マクロフィジックス。

ミクロフィラリア【microfilaria】 生血液中に寄生する糸状虫(フィラリア)の子虫。

ミクロフィルター【microfilter】 理細かいものをふるい分ける装置。

ミクロ分析【micro analysis】 経微視的分析。生産者や消費者が個人で行う経済行為を分析・統合して、経済社会全体の動きに法則性を見いだそうとする理論。⇔マクロ分析。

ミクロマネージ【micromanage】 細かい点にまで、あれこれ指図をすること。

ミクロメーター【Mikrometer 独】 理測微器。

ミクロン【micron】 ①長さの単位の一つ。1mmの1000分の1。記号はμ。②直径0.2～10μぐらいの微粒子。

ミサ【missa 羅】 宗ローマカトリック教で、罪の償いや神の恵みを祈り、神を賛美するために行う儀式。聖晩餐式(せいばんさんしき)。

ミサイル【missile】 軍自動推進装置および誘導装置を備えたロケット爆弾。ロケットモーター、エンジンなどの推進手段を内蔵し、目標まで誘導飛行して目標を破壊する兵器。

ミサイル技術管理レジーム【missile technology control regime】 軍ミサイルと関連品目・技術の輸出を規制する制度。1987年に発足。MTCRともいう。

ミサイル コネクション【missile connection】 軍ミサイル技術の密売組織。

ミサイルサイロ【missile silo】 軍ミサイルを格納し発射する地下施設。サイロともいう。

ミサイル防衛【missile defense】 軍弾道ミサイル迎撃システムを地球規模で作る構想。2001年にアメリカが発表。MDともいう。

ミサイル療法【missile therapy】 医がん細胞にだけ反応する抗体に制がん剤をつけて送達したり、炎症部位に抗炎症薬を選択性に作用させたりする治療法。薬物ターゲティング。

ミサンガ【missanga 葡】 刺繍(ししゅう)糸やビーズで編んだひもの腕輪。一種のお守り。

ミザントロープ【misanthrope 仏】 社他人との交際を嫌う人。人間嫌い。

ミシガン ミリシャ【Michigan Militia Corps】 軍アメリカの極右武装集団の一つ。本部はミシガン州のハーバースプリングス。

ミシャップ【mishap】 不幸なできごと。災難。災害。不運。事故。

ミシュラン【Michelin】 フランスのタイヤ製造会社。また同社が発行している旅行案内書。ホテルや

レストランなどの厳密な格付けで知られる.
ミス¹【Miss】 [社]未婚の女性に対する敬称. …さん. …嬢. 美人コンテストなどに優勝した女性に付ける名称.
ミス²【myth】 神話.
ミス³ 失敗. 過ち. 過失や誤解がもとで起こる誤り. 元来は何かをしそこなう, 取り逃がすという意味. 英語は mistake.
ミズ【Ms.】 [社]未婚, 既婚を区別しないで用いる女性の敬称.
ミスアラインメント【misalignment】 [経]為替相場水準が, それぞれの経済的基礎的条件から決定される適正水準と乖離している状態.
ミスアンダースタンディング【misunderstanding】 誤解. 考え違い. 意見の相違.
ミスキャスト【miscasting】 [映劇放]配役を誤ること.
ミスコンダクト【misconduct】 [社]違法行為. 非行. 反抗的な行動.
ミスター【Mr.；Mister】 [社]男性に対する敬称. …さん. …氏. 団体やチームなどを代表する男性.
ミスターレディー【Mr. lady 日】 [社]女装している男性.
ミスティー【misty】 霧のような. かすみがかった. もやが立ち込めた.
ミスティーグレー【misty gray】 霧のような白を含んだ青みがかった淡いネズミ色.
ミスティシズム【mysticism】 神秘. 神秘主義.
ミスティック【mystic】 神秘的な. 不可思議な.
ミスティフィケーション【mystification】 ごまかすこと. 言いくるめること.
ミステリアス【mysterious】 神秘的な. 不思議な. 不可解な.
ミステリー【mystery】 ①神秘. 不思議. ②[宗]キリスト教で, 秘跡. ③[文]推理小説.
ミステリーサークル【mystery circle】 [社]畑の中に作物を倒して幾何学模様などができる現象. イギリスでよく現れ, 特異な気象現象が原因といわれたが, いたずららしい.
ミストサウナ【mist sauna】 低温・高湿度で早い発汗を促すサウナ.
ミストラル【mistral 仏】 [気]フランスの地中海沿岸で, 冬から春にかけて吹く乾燥して冷たく強い北風.
ミストレス【mistress】 [社]情婦. 女主人. 女性の権力者.
ミスフォーチュン【misfortune】 不運. 不幸. 逆境. 災難.
ミスプリント【misprint】 [印]誤記. 誤植. 文字などを間違って印刷すること. またその印刷物. ミスプリともいう.
ミスマッチ【mismatch】 ①不適合. 不適当な組み合わせ. ②[経]資金調達と運用期間を一致せず調達コストを下げること. ③[服]傾向の異なる装いを組み合わせて新鮮さを出す手法.
ミスユース【misuse】 悪用. 乱用.
ミスユース検出【misuse detection】 [I][算]サーバーなどへの不正侵入を検出したものの中で, 既知の攻撃パターンやセキュリティーホールを利用した

攻撃を検出するもの.
ミスリード【mislead】 誤った方向に導く. 迷わせる.
ミセス【Mrs.】 [社]既婚の女性に対する敬称. …さん. …夫人. 既婚の女性. 奥様. 夫人.
ミゼット【midget】「超小型」の意で, 複合語を作る語.
ミゼットマン【Midgetman】[軍]アメリカの小型で移動式の大陸間弾道ミサイル.
ミゼラブル【misérable 仏】 惨めな. 不幸な.
ミゼリー【misery】 悲惨. 窮状. みじめさ.
ミゼリーインデックス【misery index】 [経社]国民経済の失業率とインフレ率とを合計した指数. 困窮指数. MI ともいう.
ミゾフォビア【mysophobia】 [医]不潔恐怖症. 不潔なものに対して異常な嫌悪感をもち, 極端にこわがる.
ミソロジー【mythology】 神話. 神話学. 神話研究. ミトロギーともいう.
ミッキー【mickey】 [I][算]マウスの感度を示す単位. マウスを1インチ動かした時にコンピューターに送られる移動量で表す.
ミッキーマウス【Mickey Mouse】 ウォルト・ディズニーの漫画映画などに登場するネズミ. 人気キャラクターの一つ. 商標名.
ミックス【mix】 ①混ぜる. 混ぜ合わせる. 混入する. ②[競]テニス, 卓球などで, 男女が一組みで戦う種目. ミックスダブルスの略.
ミックススタイル【mix style】 [服]性質や特徴が異なるものを組み合わせた装い.
ミックスダウン【mixdown】 [音]演奏分野ごとに多数のテープに収録した音を整理・収容して, マスターテープを完成する作業. トラックダウンともいう.
ミックスチュア【mixture】 混合. 混合物. ミクスチュアともいう.
ミックスト【mixed】 混ぜ合わせた. 混合した. ミクストともいう.
ミックストエコノミー【mixed economy】 [経]混合経済. 資本主義経済と社会主義経済の特徴や要素が入り交じった経済.
ミックスト クレジット【mixed credit】 [経途]上国へのプラント輸出に対して行われる, 政府開発援助と一般輸出信用を組み合わせた混合借款.
ミックストダブルス【mixed doubles】 [競]テニスや卓球で, 男女一人ずつが一組みになって行うダブルス種目. 混合ダブルス.
ミックスト メディア【mixed media】 ①[社]テレビ, 映画, スライド, レコード, 絵画, 写真など, 同時に複数の媒体を用いること. 芸術表現や教育に利用される. ②[美]複数の素材を用いて制作された絵画や彫刻.
ミックスト リアリティー【mixed reality】 [I][算]複合現実感. 本物の映像にコンピューターグラフィックス技術を組み合わせたもの.
ミックスモードＣＤ【mixed-mode CD】 [I][算]データトラックとオーディオトラックを1枚のＣＤに記録したもの. ゲームソフトなどに使う.
ミッシー【missy】 お嬢さん. 娘さん.

ミッシーマ ▶

ミッシーマインド【missy mind】若々しい女性の感覚.

ミッシュメタル【misch metal】化希土類元素が混合する鉱石を，単一元素の抽出・精製をしないでそのまま用いるもの.

ミッション【mission】①使命．任務．②宇人工衛星の任務．③宗伝道．布教．④代表団．使節団．外国への派遣団．外交代表部．

ミッション クリティカル【mission critical】I算銀行のオンラインシステム，製造ラインの制御システムなど，システムダウンが許されないような基幹の情報処理システムであることを形容する語．基幹系システム.

ミッション コントロールセンター【mission control center】宇スペースシャトルの任務遂行を助け，飛行管制をする機関.

ミッション スクール【mission school 日】教宗キリスト教団体が伝道のために設立した学校．英語は parochial school，または Christian school.

ミッション スペシャリスト【mission specialist】宇アメリカのシャトル計画用の宇宙飛行士で，宇宙船本体と実験装置などの搭載物の調整を担当し，さらに船外活動のできる科学者などのこと.

ミッション ツー プラネット アース【Mission To Planet Earth】宇環かけがえのない地球を見直し，地球を宇宙から観測し監視する宇宙活動．アメリカの地球観測システム計画が中心．MTPEともいう.

ミッシング【missing】欠けている．紛失した．行方不明になっている.

ミッシングシンク【missing sink】環地球上に放出された二酸化炭素の一部を吸収するとされる未解明の吸収源.

ミッシング ベビー ボーイズ【missing baby boys】社欧米で1950年代から男子の出生比が減少し続けていること.

ミッシングマス【missing mass】天宇宙全体にも個々の銀河にもある，光らなくて見えない物質．その正体は現在解明されていない．ダークマターともいう.

ミッシングリンク【missing link】生歴失われた鎖の環．特に，類人猿から人間に進化する過程に存在したと推定されながら，その化石が未発見の仮想の動物を指す.

ミッド【mid】①中間の．中部の．②音声再生装置の中音域.

ミッドコース防衛セグメント【midcourse defense segment】軍弾道ミサイル迎撃を飛行途中の大気圏外で行う構想．MDSともいう.

ミッドサマー【midsummer】夏至．真夏.

ミッドサマー クラシック【midsummer classic】競（野球）大リーグのオールスターゲームの別称．真夏の伝統行事の意.

ミッドシップ エンジン【midship engine】機自動車のエンジンを座席と後車軸の間に取り付ける方式．運動性能がよくなる.

ミッドタウン【midtown】社住宅地区と商業地区の中間の地区.

ミッドナイト【midnight】真夜中．深夜.

ミッドナイト エクスプレス【midnight express 日】長距離高速バス．夜行高速バス．運行距離が300km以上で，多くは高速道路を深夜に走る.

ミッドナイトショー【midnight show】映劇深夜興行.

ミッドフィルダー【midfielder】競（サッカ）中盤でプレーする選手．攻撃にも守備にもかかわる自在のポジション．ミッドフィールダー，MF，ハーフバック，ハーフもいう.

ミッドポイント【midpoint】①中間点．②数測定値の最大値と最小値との算術平均値.

ミッドムービー【midmovie】映映画の上映中．映画を映写している最中.

ミップス【MIPS】I算コンピューターの処理速度の単位．1秒間に実行できる命令数を100万単位で表す．million instructions per second の頭字語から.

ミップマッピング【mip mapping】I算コンピューターグラフィックスで，柄や模様などの縮小画像群を数種作り，オブジェクトの大きさに合わせたサイズで張り付ける方法.

ミッレミリア【Mille Miglia 伊】競イタリアで行われる，クラシックカーで公道を走行し速度を競う自動車レース．1000マイルの意.

ミディ[1]【middy】軍アメリカの海軍士官候補生・海軍兵学校生徒．ミッドシップマン（midshipman）の愛称.

ミディ[2]【MIDI】I音デジタル方式の電子音楽を相互連動させるための統一規格．musical instrument digital interface の頭字語から.

ミディ[3]【midi 仏】①服スカートの丈がふくらはぎの中央部までの長さのもの．②正午.

ミディアム【medium】①料肉などの焼き方で，中程度の焼け具合のもの．②媒体．媒介物．③中間．中程度のもの.

ミディアム ターム ノート【medium term note】経社債の一種．発行企業は社債発行総額の範囲内で，条件を変えて何回も発行できる．MTNともいう.

ミディアムテク【medium-tech】高度先端技術と既存技術の中間に位置づけられる技術.

ミディアムボディー【medium-bodied】料ブドウ酒などで，軽めでこくがある飲み口のもの．フルボディとライトボディの中間.

ミディアムモデル【medium model】I算コンピューターのシリーズの中で，中程度の機能を備え，中程度の価格で購入できる機種.

ミティゲーション【mitigation】①緩和．軽減．②代償措置．大規模開発手法の一つ．開発で失われる自然を近隣地域に復元させ，環境への影響を抑える．環境の等価交換.

ミディコミ【midi communication 日】社マスコミとミニコミの中間的な伝達方式．またその刊行物.

ミディネット【midinette 仏】服パリの下町の若い女性を連想させる装い.

ミディメディア【midi media】社マスコミとミニコ

ミディルック【middy look】服セーラー服に似たスタイル.

ミトキサントロン【mitoxantrone】薬抗がん剤の一種. アメリカで開発された合成抗悪性腫瘍剤.

ミトコンドリア【mitochondria】生糸粒体. 動植物細胞の細胞質内にある小体. 呼吸作用を行い, 細胞のエネルギー源であるアデノシン三リン酸(ATP)を大量に作る. コンドリオソーム.

ミトコンドリア イブ【mitochondrial Eve】生現世人類の祖先と推定される, 約20万年前の女性の通称.

ミトコンドリアDNA【mitochondrial DNA】生ミトコンドリア内にある環状のDNA(デオキシリボ核酸). mtDNAともいう.

ミトザントロン【mitoxantrone】薬抗がん剤の一種. 多くのアントラキノン誘導体の中から選び出した合成抗悪性腫瘍剤. ミトキサントロンともいう.

ミドリフ【midriff】①医横隔膜. ②服ミドリフトップの略.

ミドリフトップ【midriff top】服みぞおちあたりまでの短い丈の上着. 腹部を見せて着たり, 重ね着したりする.

ミドルアップダウン経営【middle-up-down management】営中間管理層を中心に, 経営首脳陣の高い理想と生産現場からの情報を, 組織的にまとめて企業経営を進める方法.

ミドルアメリカン【Middle American】社中部アメリカ人. アメリカの中産階級. 特に中西部に住む中流意識と保守思想をもつ中産階級. 単に常識的・平均的なアメリカ人もいう.

ミドルイースト【Middle East】 中東. 一般に, リビアからアフガニスタンまでのアフリカ北部とアジア南西部の国々をいう.

ミドルウエア【middleware】 I算OSとユーザーアプリケーションの間にあるソフトウエアの総称. OSなどプラットホームの違いを隠すことができる.

ミドルエージ【middle age】社中年. 40歳ぐらいから60歳ぐらいまでをいう.

ミドルエージ シンドローム【middle age syndrome】社心中年に現れる諸症状で, 仕事一辺倒の, いわゆる会社人間によくみられる. 昇進に感じる昇進うつ病などの過剰適応症候群, 昇進の見込みがないと知った時に現れる上昇停止症候群など.

ミドルガード【middle guard】競(アメリカン) 攻撃側センターの正面に位置する守備選手. MG, ノーズガードともいう.

ミドルクラス【middle class】 社中産階級. 中流階級.

ミドルスクール【middle school】教欧米諸国の中等学校.

ミドルティーン【middle teen】日社10代中ごろの少年・少女. 英語はmid-teens.

ミドルディスタンス ホース【middle distance horse】競2000〜2400m前後に距離適性がある競走馬.

ミドルネーム【middle name】中間名. 人名が三つの要素からなる場合の, 名と姓の間に入る.

ミドルマネジメント【middle management】営企業組織の中間管理層. 部長や課長など.

ミナレット【minaret】 建イスラム教寺院の尖塔. ここから礼拝の時刻を知らせる.

ミニ【mini】 「小さい」「小型の」の意で, 複合語を作る語.

ミニアチュール【miniature 仏】美細密画. ミニアチュアともいう.

ミニアルバム【mini-album】音通常のLPレコードより短い5〜6曲入りのアルバム.

ミニ移植【mini-transplantation】医造血幹細胞を投与してがん細胞を攻撃する治療法.

ミニFM局【mini FM station】放微弱な電波を用いて, 狭い区域向けに独自のFM放送をする放送局. 到達範囲は半径100mぐらいで, 電波法の規制を受けない.

ミニオン【minion】 お気に入り. 権力者などの手先. 従属者.

ミニカー【minicar】 ①機軽自動車. 小型自動車. ②模型の小型自動車. 英語ではminiature carともいう.

ミニキャブ【mini cab】 営社ロンドンの私設ハイヤー.

ミニ原発【mini-type power reactor】理出力が5万〜30万キロワットぐらいの原子力発電所. 通産省(現経済産業省)が提案.

ミニ公募債【mini 一】 経政地方自治体が発行する個人向けの地方債.

ミニコミ 社ミニコミュニケーション(mini-communication)の略. 限定された特定の人々を対象とする情報の伝達. 地域に密着した小雑誌や印刷物, 少部数の出版物などをいう. マスコミに対する言葉. 英語はcommunication among a limited number of people.

ミニコンピューター【minicomputer】 小型コンピューター. IC(集積回路), LSI(大規模集積回路), 超LSIを用いて多機能・多目的で安価なものが作られる. ミニコン.

ミニコンポ【mini component】音小型のコンポーネントステレオ.

ミニサブ【mini-sub】軍排水量250t以下の小型潜水艇.

ミニシアター【mini theater 日】映小規模な映画館. 小劇場. 上映作品を単独で選ぶ方式のところが多い.

ミニシリーズ【mini series】放数回に分けて放映するテレビ用に製作した映画.

ミニスーパー【minisuper】I算超小型スーパーコンピューター. 小型だが, 超大型汎用コンピューターの機能を上回るもの. minisupercomputerの略.

ミニスカート【miniskirt】服丈の短いスカート. ひざ上10〜20cmくらいのものをいう.

ミニスター【minister】 ①政大臣. 閣僚. ②公使. ③宗聖職者. 牧師. ④代理人.

ミニステート【ministate】 政極小国家. 国土面積や人口の小さい国.

ミニストリー【ministry】①政省．内閣．②宗聖職．牧師．③代理．
ミニストレージ【ministorage】収納場所が少ない分譲アパートの住民向けに、アメリカで開発されたセルフサービス式の小型倉庫．
ミニ政党【mini political party】政小規模の政党，政治団体．
ミニソフト バレーボール【mini-soft volleyball】競軟らかく軽いゴム製の球を使う4人制のバレーボール．小学校の体育教材用に日本バレーボール協会が普及を目指す．
ミニタワー【mini tower】I算机上据え置き式パソコンで、やや大型の縦長の箱型収納方式のもの．
ミニチュア【miniature】小型模型．縮小模型．縮図．
ミニチュアカー【miniature car】実物を精密に模した小型の模型自動車．ミニカー．
ミニチュアカード【miniature card】I算アメリカのインテルが規格・製品化しているメモリーカード．大容量化が図れず、あまり普及していない．
ミニチュアゴルフ【miniature golf】競ひな型ゴルフ．ベビーゴルフ．
ミニチュアセット【miniature set】映版小型模型セット．特撮用などに用いる．
ミニチュアブック【miniature book】豆本．
ミニット【minute】時間の単位．分．
ミニットマン【Minuteman】軍アメリカの固体燃料を使った大陸間弾道ミサイル．弾頭に水爆を装着する．
ミニディスク【mini disc】I算録音・再生ができるパーソナルオーディオ．光学式ディスクと光磁気ディスクの二種類を使う．ソニーが開発．MDともいう．
ミニテープ【minitape】携帯用小型テープレコーダー．
ミニテニス【mini tennis】競（ﾐﾆ）球やラケットを子供が扱える重さ・サイズにして考案したゲーム．コートはバドミントンと同じぐらいの広さ．
ミニテル【minitel】I算フランスのビデオテックス（電話回線を利用する情報通信サービスシステム）で用いる簡易型端末．フランステレコムが電話加入者に無料配布した．
ミニドーム【minidorm】建アメリカで、大学生をもつ親が子供のために購入した家．下宿などを営み、家賃収入を学費に当てる．
ミニドリンク【minidrink 日】薬小型の瓶入りの保健・強壮剤．
ミニノート【mininote】I算サブノートより一回り小さいパソコン．重量は1kg以下．
ミニバイク【minibike】機1人乗りのレジャー用小型オートバイ．イギリスでは light-weight motorcycle という．
ミニバン【minivan】機荷台を備えた小型の箱型自動車．乗用車的な機能をもつもの．マルチパーパスワゴンともいう．
ミニピル【minipill】薬薬量の少ない経口避妊薬．少量のゲスタゲンだけを含む．
ミニブーケ【mini bouquet】植小ぶりの花を束ねた小さなブーケ（花束）．

ミニプラント【miniplant 日】植品種改良や生育中の薬品付与で小ぶりにした植物．
ミニブルワリー【minibrewery】小規模なビール工場．
ミニプレックス【miniplex 日】映小規模の複合映画館．スクリーン数が6未満のもの．
ミニ フロッピー ディスク【mini floppy disc】I算フロッピーディスクの一種で、直径5.25インチのもの．
ミニベジタブル【mini-vegetable】植小ぶりに栽培された野菜．
ミニマックス原理【minimax principle】①営勝敗を争うゲームで、あらゆる行動の結果を想定して、最小限の損失で勝利をおさめる戦略．②営政最悪の事態においても、損失を最小限度にとどめる行動の原理．
ミニマックス定理【minimax theorem】数ゲームの理論でJ．フォン・ノイマンが示した、ある種の条件でミニマックス原理のもとでの最適戦略の存在．
ミニマックス法【minimax method】I算ゲーム木を探索するための基本的な手法．
ミニマム【minimum】①最小量．最小限．②数最小値．極小．⇔マキシマム．
ミニマムアクセス【minimum access】経最低限輸入義務．最小限の市場参入機会．すべての貿易品目に最低限の輸入枠を設定する．
ミニマム エッセンシャルズ【minimum essentials】教最低限必要水準．社会人にとって必要な最小限度の知識・教育などをいう．
ミニマム スタンダード【minimum standard 日】最低基準．
ミニマリズム【minimalism】①芸建美装飾を省き，最小限の方法で最大の効果をあげようとする考え方．②服素材や仕立ての質にはこだわらず、素朴で飾りのない服を作ること．
ミニマル【minimal】最小の．最小量の．⇔マキシマル．
ミニマルアート【minimal art】美最小限の芸術の意．材料の使用と表現を最小限にしようとする．1960年代に盛んになった．
ミニマル マイキング【minimal miking】音音楽の録音技術の一つ．マイクロホンの数を最小限にして、聴衆が実際にコンサートホールで耳にするのに近い音を録音する方式．
ミニマル ミュージック【minimal music】音微小な音のパターンを少しずつ変化させながら延々と繰り返す音楽．1960年代後半にアメリカで始まる．
ミニミニコンポ【mini mini component 日】音横幅が30～35cmくらいのミニコンポを、さらに小型化したステレオセット．
ミニミル【minimill】工くず鉄を原料にする小規模製鉄所．電炉メーカー．
ミニメーカー【minimaker】I算アメリカでパソコンの製造販売を行う個人経営会社．
ミニメディア【mini media 日】社読者や視聴者の要求に合った情報を提供する小規模の媒体．特定の年齢層・専門領域・地域などを対象とすることが多い．

ミニラグビー【mini rugby】 競(ﾗｸﾞ)9人制ラグビー．小学生向きで，フォワードは4人で編成する．

ミニロト【mini loto 日】 社数字選択式の宝くじ．1～31の数字の中から5個の数字を自由選択する．1999年に発売開始．

ミネストローネ【minestrone 伊】 料イタリア料理の一種．肉や野菜を細かく刻んで煮た具の多いスープ．

ミネソタ多面人格目録【Minnesota multiphasic personality inventory】 心質問紙法によるパーソナリティー検査．精神障害者と健常者との識別を主とする．ミネソタ大学病院の精神科医J. C. マッキンレイと心理学者ハサウェイが作成した．1943年に刊行．

ミネラル【mineral】 ①化無機塩類の形で吸収される．人体に有益な元素．カルシウム，マンガン，鉄，コバルトなどの鉱物性栄養素．②鉱鉱物．天然の無機物．

ミネラルウオーター【mineral water】 料各種の無機塩類や二酸化炭素などが地下で溶け込んだ飲料水．

ミネルバ【MINERVA】 宇小惑星イトカワの探査ロボット．宇宙航空研究開発機構の探査機「はやぶさ」から投下されたが，着地に失敗した．ミネルバは，Micro/Nano Experimental Robot Vehicle for Asteroid の頭字語で，ローマ神話の知恵の女神も意味する．

ミノキシジル【minoxidil】 薬高血圧症の治療に用いる経口薬．末梢血圧管を拡張する働きがある．アメリカで開発．副作用に多毛症があり，発毛剤に再開発された．

ミプロ【MIPRO】 営日本の製品輸入拡大の推進を図る協会．1978年に官民協力のもとに設立．Manufactured Imports Promotion Organization の頭字語で，現在の名称は対日貿易投資促進協会．

ミミックリー【mimicry】 ①人まね．模倣．模造．②生擬態．

ミメーシス【mimesis 希】 ①哲文模倣．②生擬態．

ミモレ【mi-mollet 仏】 服スカート丈の一種で，ふくらはぎ中央までのもの．

ミモレット【Mimolette】 料フランス北部産のハードチーズ．鮮やかなオレンジ色で，熟成とともに固さが増す．

ミューオン【muon】 理μ（ミュー）粒子．レプトンの一種．

ミュー5型ロケット【Mu-V rocket】 機宇宙科学研究所（現宇宙航空研究開発機構）が開発した3段式固体燃料ロケット．1997年に運用開始．

ミューザク【Muzak】 音ホテル，レストラン，スーパーマーケットなどで流される有線放送のバックグラウンド音楽．商標名．

ミュージアム【museum】 博物館．美術館．

ミュージアムグッズ【museum goods】 営美美術館や博物館などが所蔵する作品を複製したり，他の用品に取り入れたりした商品．

ミュージアム ショップ【museum shop】 営美美術館や博物館の館内や隣接地にあるギフトショップ．

ミュージカル【musical】 劇音楽と踊りで展開する演劇．1920年代にアメリカで盛んになる．

ミュージカル映画【musical film】 映音楽や踊りの要素が強い映画作品．

ミュージカル コメディー【musical comedy】 芸劇音楽と踊りを豊富に取り入れた大衆演劇．ミュージカルスともいう．

ミュージカルショー【musical show】 劇音楽と踊りを中心に構成された劇．

ミュージカル ディレクター【musical director】 映劇音楽監督．

ミュージシャン【musician】 音音楽家．作曲家．演奏家・指揮者・歌手などの総称．

ミュージックセラピー【music therapy】 心音楽療法．音楽鑑賞・歌唱・作曲・器楽演奏・舞踊などを利用する心理療法の総称．精神遅滞，アルコール依存症，不安障害その他の心身障害の治療に用いる．

ミュージックテープ【music tape】 音楽を録音したテープ．

ミュージックドラマ【music drama】 劇楽劇．伝説や神話を素材にして作られた音楽劇．

ミュージックＰＯＤ【music publishing on demand】 音音楽の自動販売機．レコード店の駅の売店などに設置する，インターネットを利用する端末．ミュージックポッドともいう．

ミュージックビデオ【music video】 音楽と映像を複合化した商品．

ミューズ ①【MUSE】 ①多重サブサンプル方式．ハイビジョンを衛星放送などで送信するための帯域圧縮技術．multiple sub-nyquist sampling encoding の頭字語から．②［m-］営服ブランドイメージの源泉やデザイナーとして広告などにも登場する女性のこと．本来は女神の意で，芸術界をはじめとする創造者のインスピレーションをかき立てる女性．

ミューズデコーダー【MUSE decoder】 ①帯域圧縮されたハイビジョン信号を，元の信号に復元する機器．MUSEは multiple sub-nyquist sampling encoding の頭字語．

ミューゼスB【Muses-B】 宇宇宙科学研究所（現宇宙航空研究開発機構）の第16号科学衛星．超長基線電波干渉計衛星として，1996年に打ち上げた．

ミューゼスC【Muses-C】 宇日本の小惑星探査衛星．小惑星ネレウスの岩石破片の採取を目指し2003年に打ち上げた．

ミュータント【mutant】 生突然変異体．

ミューチュアル【mutual】 相互の．互いの．共同の．相関関係にある．

ミューチュアル インシュアランス【mutual insurance】 経相互保険．保険加入者が損失を防ぐために築いた基金．

ミューチュアル ファンド【mutual fund】 経アメリカのオープン型投資信託．小口資金を集めて，株式や債券に分散投資する投資信託の一種．

ミューチュアル ラップ【mutual wrap ac-

ミュー中間 ▶

count】経個人向けの資産管理口座の一つ．証券会社を通じて複数の投資信託の組み合わせを購入する．

ミュー中間子【μ meson】理宇宙線に含まれる素粒子の一種．質量が電子の200倍．スピン量子数は2分の1．1937年にアメリカの原子物理学者アンダーソンが発見した．初めは中間子とされたが，電子の仲間と判明．ミュー粒子，ミューオンともいう．

ミューテーション【mutation】①突然変異．変化．変質．②[I]電コンピューターウイルスが突然変異する機構．

ミュート【mute】①音弱音器．弦楽器や管楽器などで，音を弱めたり音色を変えたりするのに用いる装置．ソルディーノともいう．②音声を出さない．無音の．

ミュール【mule 仏】服かかとの部分がなく，甲の部分まで深く包み込んだサンダル．

ミューロケット【Mu rocket】機宇宙科学研究所(現宇宙航空研究開発機構)の探査ミッション用に開発した固体燃料ロケットのシリーズ名．Mロケットともいう．

ミュージック コンクレート【musique concrète 仏】音具体音楽．具象音楽．自然の音や人の声などを録音し，それを分解・再構成して作る音楽．電気的操作で変形・組み合わせを行うこともある．ミュージック コンクレートともいう．

ミュジック ストカスティック【musique stochastique 仏】音推計音楽．コンピューターを用いて音の分布を計算する．フランスのクセナキスが1962年に始めた．

ミュジック セリエル【musique sérielle 仏】音十二音音楽の一種．音の高さや長さ，強弱，音色に一定の音列を設定する様式．

ミュゼ【musée 仏】美術館．博物館．資料館．

ミュトス【mythos 希】伝説．神話．ミトス．

ミュンヒハウゼン症候群【Munchausen syndrome】医多数の病院に入退院を繰り返し，虚偽の多い劇的な症状や生活史を述べる患者の症状．ほらふき男爵といわれたミュンヒハウゼン男爵の名にちなむ．マンチャウゼン症候群ともいう．

ミラ【mira 伊】目をつけること．標的．羨望．

ミラーイメージ【mirror image】理鏡像．鏡像関係．左右対称の像．

ミラーガラス【mirror glass】建熱線反射ガラス．表面に薄い金属の膜を張りつけたもの．断熱効果が高く，高層ビルなどに用いる．

ミラーサーバー【mirror server】[I]電インターネット上のコンピューターで，他のFTPメーンサーバーが事故を起こした場合，代用運営できるようにデータやファイルを複製し，同じ情報をもたせたサーバー．

ミラー サイクル エンジン【Miller cycle engine】機四行程燃焼サイクルエンジンの一種．圧縮行程を短じ，小さな圧縮比と大きな膨張比を組み合わせる．1947年に R.H.ミラーが発表した．船舶や発電用，自動車用エンジンなどが開発された．

ミラーサイト【mirror site】[I]電一カ所にアクセスが集中するのを避けるため，他のサイトと同じ内容・容量を収納したファイルを蓄積しているサイト．

ミラージュ【mirage】蜃気楼(しんきろう)．幻影．幻覚．

ミラーバーン【mirror bahn 日】雪道が氷状に固まり滑りやすくなった現象．

ミラーボール【mirror ball】ディスコなどの天井に下げる小球に多数の反射鏡を張った飾り玉．

ミラーリング【mirroring】[I]電ハードディスクやハードディスクコントローラーを二重化して，一方に異常が発生した場合の対策とすること．ディスクミラーリングともいう．

ミラクル[1]【MIRACL】軍中赤外線化学レーザー．アメリカ海軍がTRW社と開発．mid-infrared advanced chemical laser の頭字語．

ミラクル[2]【miracle】奇跡．驚異．

ミラクルフルーツ【miracle fruit】植アカテツ科に属する小果樹．熱帯アフリカ原産．実は赤く，食べると酸味を甘く感じる．

ミラクルライス【miracle rice】植農収量が倍増するような米の新品種．

ミランコビッチ サイクル【Milankovitch cycle】地氷河期の天文学説の定量的評価を行って算出した，地軸の歳差運動と離心率の変動で起こる気候歳差の周期，地軸の傾き角の変動の周期，軌道離心率の変化の周期を総称したもの．ユーゴスラビアの地球物理学者M．ミランコビッチが1910〜30年代に研究した．

ミリ【milli-】10^{-3}(1000分の1)を表す国際単位系(SI)の接頭語．記号はm．

ミリアトムセンチ【milliatom centimeter】気気柱に含まれるオゾン量を0℃，1気圧の時の厚さで測り，mm 単位で表したもの．

ミリオネア【millionaire】百万長者．大金持ち．ミリオネールともいう．

ミリオン【million】100万．100万の．

ミリオンセラー【million seller】100万以上売れた書籍やCDなどの商品．

ミリシャ【militia】軍アメリカの極右武装集団．大半の州で個別に組織が作られている．

ミリセント【millicent】[I]経アメリカのコンパックコンピュータ社によるネットワーク型の電子マネー．0.1円単位の小額決済ができる．

ミリタリー【military】①軍軍隊の．軍用の．陸軍の．②軍軍．軍部．軍隊．

ミリタリー インダストリー【military industry】軍需産業．兵器・関連備品の生産だけでなく宇宙・情報などの分野も含む．

ミリタリー ガバメント【military government】軍政軍事政権．占領軍の総司令部．

ミリタリーショップ【military shop 日】営軍服や軍人の装備品などを販売する専門店．

ミリタリースピーク【militaryspeak】軍事用語．軍事に関する専門用語．

ミリタリー テクノロジー【military technology】軍軍事技術．ミリテクともいう．

ミリタリールック【military look】服軍服に似た雰囲気の男性的な装い．アーミールック．

ミリタリズム【militarism】 政軍国主義.
ミリタント【militant】 好戦的な. 戦闘的な. 闘争的な.
ミリテク ミリタリー テクノロジー(military technology)の略. 軍事技術.
ミリングマシン【milling machine】 機フライス盤. 盤上の工作物を回転刃物で削ったり切ったりする工作機械.
ミル【mil】 ①アメリカで主に針金など直径測定に用いる長さの単位. 1000分の1インチ. ②軍砲撃の時に使う角度の単位. 円周(360度)を6400ミルとする.
ミルキーウエー【Milky Way】 天天の川.
ミルキーハット【milky hat】 服登山帽に似た軽い布製の中折れ帽子.
ミルキング アクション【milking action】 生筋肉の動きが血管を圧迫し, 末梢の静脈血の還流量を増加する働き.
ミルクアレルギー【milk allergy】 医牛乳を原料とする乳製品に異常な過敏反応を起こす食物アレルギー.
ミルクバー【milk bar】 牛乳, サンドイッチ, 乳製品などを飲食させる簡易店舗.
ミルク ファイバー ライス【milk fiber rice 日】 料学校給食で用いられる精素入りミルク炊きピラフ.
ミルクフード【milk food】 料乳児用の粉ミルク.
ミルクラム【milk lamb】 料母乳のみで生育した子羊の肉.
ミルクラン【milk run】 営工場を回り集荷する輸送システム. 牧場を巡回して牛乳を集荷したことから.
ミルシート【mill sheet】 鋼材の製品検査証明書. 日本の鉄鋼製造会社がJIS(日本工業規格)に適合することを証明して発行する.
ミルスター【MILSTAR】 宇軍事戦略戦術通信中継衛星システム. Military Strategic and Tactical Relay Satellite Communication System の頭字語から.
ミルスペック【Mil. Spec.】 軍軍用規格. 兵器や一般軍需品の調達に用いる詳細な規格. military specification の略から.
ミルフィーユ【mille-feuille 仏】 ①料パイ皮を重ね, その間にクリームなどを挟んだ菓子のこと. フランス語で千枚の葉という意味. ②服チュールやレース, オーガンジーなど薄い素材を重ねていく手法.
ミレナリオ【millenàrio 伊】 1000年. 1000年祭. 1000年紀.
ミレニアム【millennium】 1000年. 1000年間. 1000年期. 1000年祭.
ミレニアム開発目標【Millennium Development Goals 日】 政2015年までに達成すべき国際社会の開発目標. 00年の国連ミレニアムサミットで採択した宣言に基づく. MDGs.
ミレニアム サミット【millennium summit】 政2000年8月に国連で開かれた首脳会議. 世界各国の国王, 大統領, 首相など首脳が一堂に会した.
ミレニアム プロジェクト【millennium project 日】 ①産官学が共同で先端的な技術開発に取り組む計画. 小渕首相が1999年に提唱した.

ミングル【mingle】 混ぜる. 一緒になる. 共有する.
ミンコウスキー時空【Minkowski space time】 理通常の三次元空間の3軸のほかに, 時間軸を加えた四次元空間(四次元時空). 1908年にミンコウスキーが特殊相対論の説明に提出.
ミンチ【mince 日】 料細かく刻んだ肉. ひき肉. 英語も minced meat, ground meat.
ミンチパイ【mince pie】 料ひき肉に干しブドウやリンゴなどを入れて作るパイ.
ミント【mint】 ①植ハッカ. ②造幣局.

ム

ムーアの法則【Moore's law】 I算 LSI に集積できるトランジスタ数が, 約 1.5 年で2倍に増える」という, CPU (中央処理装置)集積密度の技術開発スピードの経験則.
ムーサ【mutha】 音ヘビーメタルのロック音楽ファン.
ムース¹【moose】 動ヘラジカ.
ムース²【mousse 仏】①容泡状の整髪用品. ②料口当たりが滑らかで, ふんわりした感じの料理. 卵白と生クリームを泡立てゼラチンなどで固めた冷菓など. こけ・泡の意.
ムーチ【mooch】①社商品詐欺の標的にされる人. だまされやすい人. カモ. ②失敬する. せしめる.
ムーチョ【mucho 西】大いに. たいへん.
ムーディー【moody】情緒のある. 雰囲気のある. 元来はむっつりした, むら気なという意味.
ムーディーズ インベスターズ サービス【Moody's Investors Service】経アメリカの格付け会社.
ムード【mood】情緒. 雰囲気.
ムード コンディショニング【mood conditioning】雰囲気調整. 職場に音楽などを流して, 仕事の能率を上げたり安全の確保を図ったりする.
ムード ミュージック【mood music】音雰囲気や情緒を盛り上げるような音楽.
ムートン【mouton】服羊の毛皮. ムトンともいう.
ムーバ【mova 日】I携帯電話機の一種. NTTが開発した超小型のもの.
ムーバス【move-us 日】社東京の武蔵野市が1995年から運行を始めたコミュニティーバス.
ムーバブルバンド【movable band】経変動相場制に代わるものとして提案された為替相場制度構想の一つ. 中心レートあるいは上下の変動幅を随時調整できるようにする.
ムービー【movie】映映画. ムービングピクチャー, モーションピクチャーともいう.
ムービーカメラ【movie camera】映映画用の撮影機.
ムービートリップ【movie trip】映映画館に足を運ぶ回数.
ムービーファイル【movie file】I算動画・音

595

ムービー編▶

声を記憶したファイル．AVI や QuickTime ムービーなどが代表的．

ムービー編集ツール【movie editing tools】 ①算素材となる動画データを編集しながら，1本の動画フィルムを作るツール．アメリカのアドビシステムズの Premier や After Effects などが知られる．

ムービングコイル型【moving coil type】電アナログレコードの再生機のカートリッジが，針先の振動で直接コイルを動かし電気信号にする方式．MC型ともいう．

ムービング ファイアウォール【moving firewall】①算サーバーを標的とする分散 Dos 攻撃の防御技術の一つ．

ムービング マグネット型【moving magnet type】電アナログレコードの再生機のカートリッジが，針先からの振動で磁石が動き，コイルを経て電気信号にする方式．MM型ともいう．

ムーブメント【movement】 動き．運動．行動．変動．芸術上の主義・主張のための運動．ムーブマンともいう．

ムームー【muumuu ?】服大きな柄を原色で染めあげた，切り替えのないゆったりとした夏用ワンピース．

ムール貝【moule 仏】生イガイ．黒色で楕円形をした二枚貝．食用となる．

ムーンウオーク【moonwalk】 ①無重力の中の月面歩行．②月面歩行に似た踊り方．アメリカの歌手マイケル・ジャクソンがしばしば振り付けに取り入れたので知られる．

ムーンエクリプス【moon eclipse】天月食．

ムーンサルト【moon salto】 競(体操)月面宙返り．1972年のミュンヘンオリンピックで日本の塚原選手が初めて見せた技．salto (宙返り)はドイツ語から．

ムーンシャイナー【moonshiner】社密造酒業者．

ムーンストーン【moonstone】服半透明の乳白色の石．健康，長寿，富を象徴するという．

ムーンバギー【moonbuggy】宇月面車．アポロ計画で使われた月面探査用の小型車．

ムーンフェース【moonface】医満月様顔貌．薬の副作用で起こり，顔がむくんで丸くなる．

ムーンライター【moonlighter】社夜間の副業．夜間アルバイトをする人．掛け持ちで仕事をする人．本業のほかに夜間などに行うもの．

ムーンライティング【moon lighting】社夜間の副業．労働者が正規の勤めを終わってからアルバイトに出かけること．二つの仕事を兼業すること．

ムーンライト【moonlight】①月光．月の光．月明かり．②アルバイト．

ムーンライト ジョブ【moonlight job 日】社副業．主に夜間のアルバイト．

ムーンロック【moonrock】薬麻薬の一種．ヘロインとクラックを合成する喫煙麻薬．

ムエタイ【muay-thai ?】競タイ式ボクシング．タイの国技．

ムジーク【Musik 独】音楽．曲．英語のミュージック(music)に当たる．

ムシキング【MUSHIKING】 ①社セガが開発したゲームセンター向けゲーム．正式名称は甲虫王者ムシキング．

ムジャヒディン【Mujahedeen 亜刺】軍政イスラム自由戦士．アフガニスタンで社会主義政権の政府軍や旧ソ連軍と戦った反政府ゲリラ．1992年に首都カブールを制圧し，ムジャヒディン9派による暫定政権を樹立した．

ムジャヒディン ハルク【Mujahedeene-e-Khalq 亜刺】軍政イランの過激派組織．イランの社会主義化を目指す．1965年に結成．79年のイラン革命に参加したが後に排除された．人民戦士隊の意．ＭＥＫともいう．

ムジュタヒド【Mujtahid 亜刺】宗政イスラム法に基づく判断を下すことを許された者．

ムスカリ【muscari 羅】植ユリ科の球根植物．花茎に総状花序を立て，鐘状や房状の花を数多くつける．

ムスカリン【muscarine】化アルカロイドの一種で，猛毒をもつ物質．

ムスタング【mustang】動アメリカの野生馬．

ムスリーヌソース【sauce mousseline 仏】料マヨネーズに泡立てたクリームを加えて作るソース．

ムスリム【Muslim】宗イスラム教徒．モスレムともいう．

ムスリム 8【Muslim 8】 政イスラム系の途上国8カ国の閣僚会議．イラン，インドネシア，エジプト，トルコ，ナイジェリア，パキスタン，バングラデシュ，マレーシアが参加．1997年にトルコのイスタンブールで開催．

ムスリム同胞団【Muslim Brotherhood】 政スンニ派のイスラム原理主義組織．1928年にエジプトでハッサン・バンナが設立．イスラムの徹底化を主張する極右過激派の政治団体．

ムチン【mucin】化粘液素．生物の粘液の主体．

ムック【mook】雑誌と書籍の中間的出版物．雑誌のような造本形式だが，定期的な購読を前提としないで出版される．magazine と book の合成語．

ムッシュー【monsieur 仏】社男性に対する敬称．…さん．…様．…氏．英語のミスター(Mr.)に当たる．

ムッラー【mulla】宗イスラム聖職者．イスラム法や教義に通じた人への尊称．ムラー．

ムトン【mouton 仏】①服羊の毛皮．ムートンともいう．②建くい打ち機の落槌(らくつい)．

ムニエル【meunière 仏】料魚に小麦粉をつけて，バター焼きにする料理．

ムハマディア【Muhammadia】宗インドネシアの改革派イスラム教団体．1912年に結成．マホメットの教えを順守するイスラム教の普及を目指す．

ムピロシン【mupirocin】薬シュードモナス フローレッセンスの産出する抗菌物質．MRSA(メチシリン耐性黄色ブドウ球菌)の除菌に有効．

ムラート【mulato 西】社中南米で，白人と黒人の混血．

ムラミターゼ【muramitase】生細菌の細胞壁を作る物質を分解する酵素．動物体を細菌感染から守

◀ メールクラ

る働きをする．リゾチームともいう．
ムルロア環礁【Atoll de Mururoa 仏】タヒチの東南にあるツアモツ諸島内のサンゴ礁．
ムレタ【muleta 西】闘牛士（マタドール）が用いる旗状などの赤い布．ムレータともいう．
ムロモナブ−CD3【muromonab-CD3】薬ヒトT細胞表面抗原CD3に対するモノクロナール抗体となる特異的免疫抑制剤．
ムントテラピー【Mund Therapie 独】口頭治療．患者へ病気の説明をして治療を行うこと．ムンテラともいう．

メ

メイズ【maze】迷路．迷宮．
メイストーム【May storm】気 5月に日本海や北日本で発達する，強い温帯低気圧の一種．
メイドカフェ【maid café 日】社ウェートレスがメイドに扮して接客する喫茶店．おたく文化の拠点である東京・秋葉原で誕生した．
メイドン【maiden】①娘．処女．未婚の女性．②少女らしい．未婚の．③初めての．
メイドンネーム【maiden name】社女性の結婚前の名字．女性の生家の姓．
メイドンフライト【maiden flight】処女飛行．初飛行．
メイドンボイージ【maiden voyage】処女航海．初航海．
メイプルシロップ【maple syrup】科カエデ糖蜜．サトウカエデから作る．メープルシロップともいう．
メイプルリーフ金貨【Maple Leaf gold coin】経カナダ政府が発行する地金型金貨．
メイヘム【mayhem】社無差別の暴力傷害．
メイン【main】主な．主要な．主部の．幹線の．メーンともいう．
メーカー【maker】営製造会社．製造業者．
メーキャップ【makeup】①化粧．化粧品．特に俳優などの化粧・扮装．またはドーランなどの舞台用化粧道具．②構成．構造．
メーキャップ アーチスト【makeup artist】容メーキャップをデザインし，表現する人．
メーキャップ シミュレーター【makeup simulator】I容コンピュータを使った化粧システム．テレビ画面に映った顔に，希望する色やパターンの化粧を模擬的に試せる．
メークオーバー【make over】①服仕立て直し．作り直す．②服服の組み合わせを変える．③譲渡する．移管する．変更する．
メークドラマ【make drama 日】競社1996年に大差を逆転してセ・リーグ優勝した，プロ野球読売ジャイアンツの長嶋監督が唱えたキャッチフレーズ．
メークラブ【make love】①セックスをすること．②社1960年代の若者の反乱を象徴するスローガンの一つ．「愛し合おう，戦争よりも」．
メークワーク プログラム【make-work program】営社雇用創出計画．
メーザー【MASER】電理マイクロ波の増幅器．雑音が少ないので，宇宙通信・超遠距離レーダーなどのマイクロ波受信器への利用が考えられている．microwave amplification by stimulated emission of radiation の略．
メーズ【maize】①植トウモロコシ．②トウモロコシ色．
メーターモジュール【meter module】建1mを基準寸法とすること．
メーツレシート【mate's receipt】営貨物の船積みが終わった時，本船から発行される積み荷の受取証．
メーデー[1]【May Day】社もとは5月1日に行われた，春の到来を祝う5月祭だったが，現在では主に国際的労働者祭をいう．
メーデー[2]【Mayday】無線電話の国際救難信号．
メーデーシステム【Mayday system】機社自動車に取り付けた機器で位置情報を伝え，緊急時の救援時間の短縮を図る方式．
メート【mate】①仲間．友人．配偶者．②動つがいの片方．
メード【maid】お手伝いさん．家事の手助けをする少女．英語では housemaid ともいう．
メードイン【made in】…製．メードインジャパン，メードインフランスのように，あとに国名や地名を付けて生産地を表す．
メートル【mètre 仏】国際単位系（SI）の基本単位の一つ．1mは北極から赤道までの子午線の長さの1000万分の1．
メーラー【mailer】①I工電子メールを送受信するためのソフトウエア．メールプログラムともいう．②郵便差出人．郵便係．
メーリングリスト【mailing list】I工電子メールのアドレスを記録したデータベース．特定の話題に関心がある人たちを集め，一斉に同一内容のメールを送るシステム．ML．
メール[1]【mail】①郵便物．郵便．②I工ネットワークを使い送受信する手紙．電子メール．
メール[2]【male】①男．男性．②男らしい．男性的な．③動雄．植雄株．
メールアート【mail art】美郵便や通信の手段を用いて行う表現．
メールアカウント【mail account】I工電子メールの利用者を識別するための文字．電子メールアドレスから@とドメイン名を除いた部分．ユーザーIDともいう．
メールアドレス【mail address】I工電子メールのあて先を示す形式．基本形は「ユーザー名@ドメイン名」となる．
メールAPI【mail API】I算アプリケーションソフトから電子メールの機能を利用するためのソフトウエアの規格．APIは application program interface の略．
メールオーダー【mail order】営通信販売．郵便を使って受注・発注する方式．
メール クライアント【mail client】I工電子

597

メールクレ ▶

メールのサービスの利用者.

メールクレジット【mail credit】経輸出手形を買い取った銀行が, 支払地の銀行にその手形を郵送中の期間に, 相手に電信連絡をすると, 資金の立て替え払いを受けられる制度.

メール広告【Email advertising】I広広告メールを利用するインターネット広告.

メールサーバー【mail server】I電子メールシステムを構成するさまざまな機能をもつコンピューター. 送信側は SMTP サーバー, 受信側は POP サーバーという.

メールサーベイ【mail survey】郵便調査法.

メールシュート【mailchute】ビルなどで郵便物を階下の郵便箱に落とし込む装置.

メール ショービニスト【male chauvinist】社男性優越主義者. 男尊女卑思想の持ち主.

メールショット【mailshot】経通信販売などで, 大量のダイレクトメールを発送して, 販売促進を図ること. メーリングショットともいう.

メールニュース広告【mail news advertising】I広メールマガジンの文中に掲載される, 短い広告文と URL. インターネット広告の一種.

メール配信サービス【mail distribution service】I算メーリングリストを用いる電子メールの情報提供サービス.

メール爆弾【mail bomb】I算いたずらや嫌がらせのため, 特定の電子メールアドレスに受信者にはかかわりのないメールを送りつけること.

メール プレファランス サービス【mail preference service】 日本通信販売協会が1987年から始めた, ダイレクトメールの受け取りを拒否できる制度. MPS 制度ともいう.

メールプログラム【mail program】I算電子メールを送るためのソフトウエア. メーラー.

メールヘッダー【mail header】I算電子メールの頭に付ける情報. 日付, 発信人, あて先などに, 自分独自の情報も加えられる.

メールボックス【mailbox】 ①郵便箱. ②I算電子メールのメッセージを保管する記憶媒体の領域.

メールボックス サービス【mailbox service】I算郵便を電気通信的手段で送るサービスの一種. 発信した情報内容が中間で交換機やコンピューターに蓄積され, 着信者の要求に応じて配信されるもの.

メールマガジン【mail-magazine】I広インターネットの電子メールを使い, 登録読者に編集した情報を配信する仕組み. メルマガ.

メール リフレクター【mail reflector】I算電子メールのあて先の全員にメールを送れるソフトウエア.

メールレビュー【male revue】芸男性が踊るストリップショー.

メーン【main】 ①主な. 中心の. メインともいう. ②競ヨットの主帆. メーンスルの略.

メーンイベント【main event】競芸プログラムの中心となる演目や試合. メーンエベント.

メーンエベンター【main eventer】競中心となる試合に出場する選手.

メーンオフィス【main office】営本社. 本店.

メーンカルチャー【main culture】社一つの国または社会で, 中心となっている文化.

メーンゲート【main gate】主要門. 表門.

メーンコース【main course】料正餐(せいさん)の主な献立.

メーンスタンド【main stand 日】競競技場などの正面観覧席・特別席. 英語は grand stand.

メーンストリート【main street】大通り. 目抜き通り.

メーンストリーム【mainstream】本流. 主流.

メーンスル【mainsail】競ヨットの主帆.

メーンタイトル【main title】正式題名. 主となる題名. ⇔サブタイトル.

メーンディッシュ【main dish】料本料理. 正餐(せいさん)の中心となる料理.

メーンテーブル【main table】社料部屋の入り口から見て正面に位置するテーブル席. 中央の主賓用テーブル.

メーンバンク【main bank 日】営経主力銀行. 主力取引銀行. 英語は main financing bank.

メーンバンク システム【main bank system 日】経資金借り入れ企業と特定銀行が, 通常の取引を超えた付き合いを長期的・固定的に構築しているシステム.

メーンフレーム【main frame】I算元は演算装置と制御装置からなる中央処理装置(CPU)の構造や枠組みのこと. 最近は中央処理装置, コンピューター本体を指すことが多い.

メーンプログラム【main program】I算プログラムを起動した後, 最初に実行される処理. メーンルーチンともいう.

メーンボード【main board】 I算コンピューターの中心となる中央処理装置と, その周辺回路, 主記憶装置などを搭載した基板.

メーンポール【main flagpole】競社競技場やプールなどの正面に立つ掲揚用の柱.

メーンメモリー【main memory】I算主記憶装置. コンピューターの内部記憶装置で, 外部に設置して使う補助記憶装置と区別される.

メカ【mech.】 ①機械的. 機械製の. メカニカル. ②理機械工学. 力学. メカニックス. ③機機械. 機械の仕組み. 機構. メカニズム.

メガ【mega-】 10⁶(100万倍)を表す国際単位系(SI)の接頭語. 記号はM.

メガウェルス インデックス【megawealth index】営社長者番付. 超富豪番付.

メガエージェンシー【megaagency】広巨大広告会社. 特にニューヨークのマジソン街にある大手広告会社.

メガカンパニー【megacompany】 営巨大企業. さまざまな事業分野をもつ巨大で優秀な企業.

メガキャリヤー【megacarrier】①営巨大航空会社. 企業規模が並外れて大きい航空会社. ②I営巨大総合通信事業者. 世界有数の企業規模を有する. メガキャリアともいう.

メガ小売業【megaretailer】 营地球的規模で展開する巨大小売業.

メガシティー【megacity】 社巨大都市. 100万人以上の人口を抱える大都市.

メガジョブ【megajobs】 社巨大労働力. 巨大な人口を抱える途上国の労働力をいう.

メガスター【megastar】 映劇スーパースターを超える, 大きな名声と財産を得たスター.

メガストア【megastore】 营超大型の小売店.

メガストラクチャー【megastructure】 建規模がとても大きい高層建築物・集合建築物.

メガスポーツ【megasports】 競規模がきわめて大きいスポーツ興行.

メガタンカー【megatanker】 海巨大タンカー.

メガチャーチ【megachurch】 宗アメリカのプロテスタント系の巨大教会.

メガディーラー【megadealer】 营複数の自動車製造会社の商品を扱う自動車販売業者.

メガディール【megadeal】 营途方もなく大きな取引.

メガディンク【megadink】 経身なりや行動が派手な投資銀行の若いディーラーのこと. ディンクは, 共働きで子供がいない人々（DINKS）から.

メガデス【mega death】 軍核戦争が起こった時の被害単位. 1メガデスは死者100万人を表す.

メガトレンディー【megatrendy】 最新流行. 流行の最先端を行く人. 先端性を質量ともに最大限に強調している言葉.

メガトレンド【megatrend】 社社会学者Ｊ．ネイスビッツが著書の『メガトレンド』で提唱したアメリカ社会の未来を方向づける10の潮流. コンピューターとロボットの利用, ハイテクの発展と人間性の回復, 北部から南部への産業・文化の移動などがあげられている.

メカトロ店舗【mechatronics store】 营先端技術を導入して合理化・省力化しようとする小売店. 商品搬入の無人化, 生鮮食品の無菌保存, 照明・空調・防災などの集中管理などのシステムがある.

メカトロニクス【mechatronics】 機電電子工学と機械工学を結合した技術. またその技術を応用した電子機械装置. 機械の電子化, 機電一体化の意味で用いる. mechanism あるいは mechanics と electronics の合成語.

メガトン【megaton】 水素爆弾の爆発力を表す単位. 記号は Mt. 1メガトンは TNT 火薬100万 t に相当する爆発力. 原義は100万 t.

メカニカル アロイング【mechanical alloying】 化理数種の純金属粉を撹拌機で長時間混合・粉砕して新しい材料を製造する方法.

メカニカル エフェクト【mechanical effect】 Ⅰ映映画などのアクション場面の撮影で, 油圧・水圧, モーターやエンジン, 人力などで即時に特殊効果を表現する技術.

メカニカル オートメーション【mechanical automation】 Ⅰ营工場におけるオートメーションの一つ. 機械工業の分野での各工作機械の自動化と流れ生産を行うもの.

メカニカル デザイナー【mechanical designer】 機械装置設計者.

メカニカル トランスレーション【mechanical translation】 Ⅰ营コンピューターを利用した翻訳. 機械翻訳.

メカニズム【mechanism】 構造. 仕組み. 技法. 手法.

メカニック【mechanic】 機械工. 修理士. 整備士. 整備員. 整備係. メカともいう.

メカニックス【mechanics】 ①力学. 応用力学. 機械学. ②機能. 構造. 仕組み.

メガバーシティー【megaversity】 教超マンモス大学.

メガバイト【megabyte】 Ⅰ营100万バイト. 1ビットが8桁, すなわち8ビットに当たる1バイトの100万倍を表す.

メガバックライター【megabuck writer】 文百万長者のベストセラー作家. バックはドルを表す俗語.

メガバンク【megabank】 营経巨大規模銀行. 都市銀行や信託銀行の大規模な統合・合併で生まれた.

メガピクセル【megapixel】 Ⅰ营100万以上の画素数をもつ CCD（電荷結合素子）. またはその CCD を備装したデジタルカメラ.

メガヒット【megahit】 营100万単位で流行商品が売れること.

メガビット【megabit】 Ⅰ营100万ビット. コンピューターの最小処理単位である二進一桁の1ビットの100万倍を表す.

メガファーマ【megapharma】 营合併などで巨大化した製薬会社.

メガプレックス【megaplex 日】 映大規模の複合映画館. スクリーン数が18以上あるもの.

メガフロート【Mega-Float】 機超大型浮体式海洋構造物. 長さ数km, 広さ数百ha, 耐用年数百年以上という構想.

メガプロフィット【megaprofit】 营経巨大な利益. 巨利.

メガホン【megaphone】 拡声器. 声を遠くまで伝えるのに用いるらっぱ状の道具.

メガマージャー【megamerger】 营経都市銀行や信託銀行による大規模な統合・合併.

メガムリオン【megamullion】 地海嶺とトランスフォーム断層の交点にある高地状の地形.

メガメディア構想【mega-media plan】 Ⅰ超高速ネットワークの研究開発構想. 1996年に NTT が発表.

メガモール【megamall】 营巨大ショッピングセンター.

メガ リテーラー【megaretailer】 経年間売上高が数兆円に及ぶ欧米の巨大小売業.

メガレストラン【megarestaurant】 科500席以上ある巨大な料理店.

メガロポリス【megalopolis】 社巨帯都市. 超巨大都市圏. 首都圏から近畿圏までの東海道本線沿いの人口密集地帯などをいう.

メガロマニア【megalomania】 誇大妄想.

メキシカン メルトダウン【Mexican meltdown】経メキシコの通貨危機.

メコン川委員会【Mekong River Commission】　ベトナム，カンボジア，ラオス，タイが1995年から運営する国際機関．

メシア【Messiah】　宗救世主．キリスト教ではイエス・キリスト．メサイアともいう．

メシア コンプレックス【Messiah complex】　救世主的な役割を果たす使命があるとする抑圧された考え．

メシエ天体【Messier heavenly body】　天18世紀にフランスの彗星探索家メシエが登録し番号をつけた天体．その番号をメシエ番号と呼び，Mで表す．

メジャー[1]【major】　①［M-］営国際石油資本．Major Oil Companiesの略．⇔インディペンデント．②音長音階．③大きいほうの．多数の．大手の．⇔マイナー．

メジャー[2]【measure】　①巻尺．物差し．②計測量．③数約数．

メジャーカップ【measuring cup】　料目盛りを付けた計量容器．

メジャートーナメント【major tournament】　競ゴルフの四大大会．全英オープン，全米オープン，全米プロ，マスターズの総称．

メジャーパーティー【major party】　政多数党．⇔マイナーパーティー．

メジャー ペナルティー【major penalty】　競(アイスホッケー)反則を犯した選手が5分間退場になる罰則．

メジャーリーグ【Major League】　競(野球)大リーグ．アメリカプロ野球の最上位のリーグ．ナショナルリーグとアメリカンリーグがある．メジャーリーグ ベースボール，MLBともいう．

メジャーレーベル【major label】　音大手のレコード会社の商標．

メシル酸イマチニブ【imatinib mesilate】　薬慢性骨髄性白血病の治療薬．

メシル酸パズフロキサシン【pazufloxacin mesilate】　薬抗菌薬の一つ．

メスギア【mess gear】　料野営などで使う携帯用の食器類．メスキットともいう．

メスキット【mess kit】　料野営などで使う携帯用の食器類．メスギアともいう．

メスティーソ【mestizo 西】　社中南米で，白人と先住民インディオの混血．

メスバウアー効果【Mössbauer effect】　理原子核からガンマ線が放出され，同種原子核によってそのガンマ線が共鳴吸収される現象．原子核が結晶中にある場合に生じる．

メスバウアー分光法【Mössbauer spectroscopy】　理歴鉄やすずを含有する遺物にガンマ線を当て，その吸収や照射を測定（分光）することで遺物の製作技法を推定する方法．

メセナ【mécénat 仏】　芸社文化活動の擁護．文芸庇護（ひご）．企業などが行う文化・芸術活動に対する支援．擁護．

メソ【meso】　気数十km〜数百km四方の中規模で大気現象のこと．高・低気圧のような大規模現象と，積乱雲のような小規模現象の中間という意．

メゾ【mezzo 伊】「中間」「中位の」「半分の」の意味を表す接頭語．メッツオ，メッゾともいう．

メソアメリカ【Mesoamerica】　中部アメリカの古代都市文明圏．マヤ地方を含む先住民文化が盛んだった地域．

メソ気象学【mesometeorology】　気気象学の一分野で，数十kmから数百km四方という中規模の範囲で起こる大気現象を研究する．通常の天気図には現れない集中豪雨，中規模の高・低気圧や局地前線などが対象となる．

メソジスト【Methodist】　宗英国国教会から分離したプロテスタントの一派．

メソスコピック【mesoscopic】　原子よりは大きく，マクロな物質よりは小さいという中間的観察領域．

メソスコピック エレクトロニクス【mesoscopic electronics】　電理微細な原子レベルの領域と，巨視的な領域の中間に当たる領域で起こる電子現象を利用する電子工学．

メソスコピック系の物理学【physics of mesoscopic systems】　理原子より大きく，マクロな物質より小さい中間的観察領域についての物理学．量子力学的現象などを扱う．

メゾソプラノ【mezzo soprano 伊】　音音域の一つ．ソプラノとアルトの中間の女声．メッゾソプラノともいう．

メゾチント【mezzotint】　美銅版画の技法の一つ．全面に彫り込んだ線に細工を加えて明暗を付ける．

メソッド【method】　①方法．方式．手段．メソード，メトードともいう．②I算オブジェクト指向プログラミングで，オブジェクトの処理手続きを記述したプログラム．

メソトリウム【mesothorium】　理トリウム鉱物に含まれる放射性同位元素で，2種ある．ラジウムの代用として用いられる．

メゾネット【maisonnette 仏】　建中高層の集合住宅などで，一つの住戸が二つ以上の階にまたがっているもの．

メゾン[1]【maison 仏】　建中高層の集合住宅．家．建物．会社．店．メイゾンともいう．

メゾン[2]【meson】　理中間子．パイ中間子などの中間子族．

メタ【meta-】「のちに」「変化して」「ともに」などの意味を表す接頭語．

メタキセニア【metaxenia】　植植物を交配した場合，雌植物の特徴が雌核と無関係の組織に現れる現象．

メタキャラクター【metacharacter】　I算文字列の中にあって，それ自体は意味を表さず，次の文字に対してのみ特別の意味をもたせる働きをもつ文字．

メタ言語【metalanguage】　I算言語の意味を記述するのに用いる言語．記号と語の定義を行い，定義に基づいた体系を作る．BN（バッカス）記法が代表的．

メタサイコロジー【metapsychology】　心超心理学．超意識心理学．無意識の領域を体系的に研究する分野．

メタシアター【metatheater】　劇伝統的な戯曲

を超える戯曲．悲劇，喜劇，まじめな喜劇というヨーロッパ演劇の三大区分のいずれにも入らない演劇．メタプレーともいう．

メタ述語【meta-predicate】　［I算］ある問題を解決する際に知識の使い方を制御するメタ知識や，推論を行う際にどの推論を利用するかを制御するメタ推論を，論理型言語上で処理できるようにするもの．

メタスタビリティー【metastability】　［化理］準安定性．外因の釣り合いでかろうじて保たれている安定性．

メタセコイア【metasequoia】　［種］アケボノスギ．スギ科の落葉高木．

メタセンター【metacenter】　［理］浮体の傾斜の中心点．

メタデータ【metadata】　［I算］パソコンのグラフィックスソフトの一種．直線・円・矩形など，画像を細かい図形部品の集合で表現する．

メタノール【methanol】　［化］アルコールの一種．メチルアルコールともいう．

メタノール改質型発電【power generation by methanol reforming】　［化理］天然ガスをメタノールに変えて輸入し，発電所で水素，一酸化炭素，二酸化炭素に改質して，水素を燃料にしてガスタービンで発電するもの．

メタノール自動車【methanol automobile】　［機］メチルアルコールを燃料とする自動車．出力が強く排ガスが少ない．メタノール車．

メタファー【metaphor】　［文］隠喩．暗喩．メタフォルともいう．

メタフィクション【metafiction】　［文］メタ小説．小説について考える小説．

メタフィジカル【metaphysical】　［哲］形而上学的な．形而上学の．抽象的な．

メタフィジカル絵画【Pittura Metafisica 伊】　［美］形而上絵画．イタリアの美術運動の一つ．1917年にデ・キリコやカルロ・カルラが提唱した．静寂な光景や物体を神秘的に描き，遠近法を強調したり，だまし絵風の精密描写などを行った．

メタフィジックス【metaphysics】　①［哲］形而上学．第一哲学．純正哲学．②机上の空論．

メタボールシステム【metaball system】　［I算］三次元コンピューターグラフィックスで，球体間の引力効果を考えて変形させ，滑らかな曲面を作る表現技法．

メタボール モデル【metaball model】　［I算］濃度球モデル．コンピューターグラフィックスで形状モデリングの手法の一つ．

メタボリズム【metabolism】　［生］物質代謝．新陳代謝．物質交代．

メタボリック シンドローム【metabolic syndrome】　［医］代謝症候群．肥満，高血糖，高血圧などの危険因子が重なった状態．

メタミュージック【metamusic】　［音］現代音楽の傾向の一つ．ヨーロッパ的な音楽を超えて新しい音楽の世界を作りあげようという動き．メタムジークともいう．

メタモルフォーゼ【Metamorphose 独】　変身．変形．メタモルともいう．

メタランゲージ【metalanguage】　［言］言語研究に用いる特殊な言語や記号群．

メダリオン【medallion】　①［服］ペンダントなどに用いる大きなメダルの付いた飾り．②［営］アメリカのタクシーの営業許可プレート．③［建］円形浮き彫り．

メダリスト【medalist】　［競］入賞メダルの獲得者．メダル受領者．

メタリック【metallic】　金属的．金属製．

メタリックカラー【metallic color】　金属的な光沢のある色彩．

メタル【metal】　金属．

メダル【medal】　金属製の記念章．賞牌．

メタルウッド【metal wood】　［競］(ゴ)金属製のヘッドをもつウッドクラブ．

メダルゲーム【medal game 日】　［機］ゲームセンターに設置されたメダルを賭けるゲームのこと．

メタルテープ【metal tape】　磁性体に純鉄を用いる録音・録画用テープ．

メタルパーツ【metal parts】　［服］服飾品に用いる金属製の部品．

メダルプレー【medal play】　［競］(ゴ)1コースの合計スコアで勝敗を決める試合形式．かつて，その予選で1位にメダルを贈ったことから．ストロークプレーともいう．

メタルヘッド【metalhead】　［音］ヘビーメタル音楽の熱狂的なファン．

メタル レボリューション【metal revolution 日】　［化］次世代金属資源生産技術．溶鉱炉を使わないで，鉱石から非鉄金属を分離する．

メタン【Methan 独】　［化］炭化水素の一種．天然ガスに含まれる無色・無臭で可燃性の気体．燃料などの原料に用いる．メタンガス．

メタンハイドレート【methane hydrate】　［化］かご状に結合している水分子の内部に，メタン分子が安定して取り込まれた状態の物質．

メチエ【métier 仏】　［芸］芸術家や職人の専門家的な手わざ．作者独特の表現技法．

メチオニン【Methionin 独】　［化生］たんぱく質に含まれるアミノ酸の一種．医薬品に用いる．

メチシリン耐性黄色ブドウ球菌【methicillin-resistant staphylococcus aureus】　［医］ペニシリン耐性のブドウ球菌に対して開発された，合成ペニシリンであるメチシリンにも耐性を得た黄色ブドウ球菌．MRSAともいう．

メチルアルコール【Methylalkohol 独】　［化］無色で揮発性のある液体の合成アルコール．工業原料などに用いる．メチルともいう．

メチル ターシャリ ブチル エーテル【methyl tertiary butyl ether】　［化］アンチノック剤としてガソリンに添加する物質．石油精製時の副生ガスとメタノールから作る．発がん性があるとされる．MTBEともいう．

メッカ【Mecca】　①［地］サウジアラビア西部にある宗教都市．イスラム教の総本山カーバ神殿があり，マホメットの生誕地．イスラム教発祥の地となっている．②［社］あこがれの地．多くの人々の関心や活動の中心となる場所．

メッシュ[1]【mèche 仏】　［容］毛髪の束の意．髪の一部分だけを脱色したり染めたりすること．またその部

メッシュ▶

分の毛髪.

メッシュ[2]【mesh】①網の目状. ②服網の目状の生地や編み地でできた製品. ③粉体や粒体などの平均的な大きさを表す単位.

メッシュ気候値【mesh —】 図日本全土を1kmの網目に区切って求める気温・降水量などの気候値.

メッシュ データ システム【mesh-data system】 社地地域を碁盤の目のように等面積の正方形に細分化して、それぞれの区域における社会・経済・自然などの特徴が一目でわかるようにしたもの.

メッシュヘア【mèche hair 日】 容毛染めの一種. 髪全体を均一に染めないまだら染め.

メッシュマップ【mesh map】 地量的分布図の表現法の一つ. 方形の網の目状を単位区画として色分けしたもの.

メッセ【Messe 独】 営社見本市. 国際見本市. ドイツ語の原義は教会のミサ(聖祭)のこと.

メッセージ【message】①言づて. 伝言. あいさつ. ②声明. ③國アメリカ大統領が議会に送る教書. ④芸芸術作品などが訴える意味内容. ⑤I算一連の通信情報. 電子メールの本文. インターネット通信などの投稿文・記事.

メッセージエリア【message area 日】 I算市内通話区域. NTTが設定した単位料金区域. MAともいう.

メッセージ交換機能【message switching】 I算通信回線を用いて、効率よくメッセージをやりとりする機能. オンラインシステムで伝送するデータをメッセージという.

メッセージサービス【message service】 I算携帯電話やPHSを用いるメッセージ伝送サービス.

メッセージソフト【messaging software】 I算インターネットで接続している相手の間で、サーバを介さないで通信メッセージを直接やりとりできるソフトウエア. インスタントメッセージ, IMともいう.

メッセージソング【message song】 音聞き手に伝えたい内容や声明を織り込んだ歌.

メッセージ ダイジェスト【message digest】 I算データ通信でやりとりしたメッセージの正しさを証明するために、もとのメッセージから特徴的なパターンを作る技術.

メッセージボックス【message box】 I算 算 GUI(graphical user interface)の構成要素. システムやプログラムがコンピュータの利用者に確認を求め表示する小さなウインドウ.

メッセージ連携ソフト【message queuing software】 I算異種のアプリケーション間の通信に、メッセージングを使うミドルウエア.

メッセンジャー[1]【MESSENGER】学NASA(アメリカ航空宇宙局)の水星周回探査機. 2004年に打ち上げた. mercury surface, space environment geochemistry and rangingの頭字語から.

メッセンジャー[2]【messenger】 言づてや品物などを届ける役目の人. 伝令. 配達人.

メッセンジャーRNA【messenger RNA】 生伝令RNA. 細胞の核内でDNAのもつ遺伝情報を転写し、たんぱく質合成の場へ伝える役目を担う. mRNAともいう.

メッゾ【mezzo 伊】 中間の. 中位に. 半分の. メゾ, メッツォともいう.

メディア【media】①媒体. 手段. 情報伝達媒体を指すことが多い. ②I算データを記録するのに使う媒体. ハードディスクやフロッピーディスクなど.

メディアアート【media art 日】 I芸科学技術を活用した芸術で、機械と人間の相互関係を重視するもの.

メディア アウェアネス ネットワーク【Media Awareness Network】 I社カナダの非営利組織の一つ. 情報伝達媒体への接し方などを教育する. MNetともいう.

メディアアクセス制御【media access control】 I算 LANの端末が、バスケーブルなどの共有伝送媒体にデータ送信する時の伝送制御技術. MACともいう.

メディア アクティビスト【media activist】 社市民運動の活動内容などをビデオテープに記録し、不特定多数の人が見られるように作品を提供する人.

メディアイベント【media event】 社マスコミの宣伝によって仕立て上げられた事件. マスコミの報道で重大事件となった小さな事件. メディアエベント.

メディア インペリアリズム【media imperialism】 I國情報帝国主義. 先進資本主義国がさまざまなメディア内容を輸出することを通して、世界を支配しているとする考え.

メディア ウイザード【media wizard】 営新聞, 雑誌, テレビなどさまざまな媒体を使って, スターを作り出す専門家.

メディア エクスポージャー【media exposure】 社情報を伝達する媒体に身をさらすこと.

メディア カフェ【media cafe 日】 社まんが喫茶にインターネットやダーツ、シャワー、マッサージ、ネイルケアなどの設備が加わった店.

メディア教育開発センター【National Institute of Multimedia Education】 I算マルチメディアに関連する国立大学の共同利用機関. 1997年に設置. さまざまなメディアを利用する教育などの研究開発と、その成果の提供を目指す. NIMEともいう.

メディアクラート【mediacrat】 社マスメディアを支配する人.

メディアクラシー【mediacracy】 社新聞・テレビ・ラジオなどの大衆伝達組織(マスメディア)が巨大化して、人々に大きな影響を与え、社会を支配しているような状況をいう. クラシーは支配・政府・政体の意.

メディアサーカス【media circus】 社視聴率や販売部数の獲得のためには、あらゆる機会を独占報道しようとするマスコミの姿勢.

メディア サイコロジー【media psychology】 心情報伝達での人間の心理的側面を研究する学問分野.

メディアジャック【media jack 日】 広媒体乗っ取り. 新聞・雑誌や車両の広告スペースなどをす

◀メトロポリ

べて一社が買い取る方法．
メディアスクラム【media scrum】 過熱した取材・報道活動．集団的過熱取材．
メディア ターミナル【media terminal】 社空港や駅での新情報システム．ディスプレー装置を用いてホテル・観光の案内，交通情報などを提供する．
メディア バイイング会社【media buying company】 広テレビや新聞などの伝達媒体がもつ広告枠を購入する業務を主とする会社．
メディア プランニング【media planning】 広広告媒体と消費者集団がともに多様化・細分化する状況の中で，使用する媒体の最適化を計画する手法．
メディア プレーヤー【media player】 IT算Windowsで音声や動画を再生するためのアプリケーション．
メディア プロセッサー【media processor】 IT算マルチメディア信号処理を一括して行う大規模集積回路の一種．DVDやテレビ会議などに用いる．
メディア変換【media conversion】 IT算データは同じ内容のままで，収める記憶媒体を変えること．
メディアミックス【media mix】 広宣伝効果を一層高める広告媒体の組み合わせ．
メディア リテラシー【media literacy】 電子メディアの操作能力．コンピューターなどを使い，情報を把握・分析して活用する能力．
メディアン【median】 ①IT算中央値．統計処理で数字を大きい順に並べた時の中央の値．②数中位数．中央値．中点．中算．メジアンともいう．
メディウム【Medium 独】 仲介物．媒介物．
メディカル【medical】 医医学の．医療の．
メディカル エレクトロニクス【medical electronics】 医医療のための電子工学を主体とした技術・機器．MEともいう．
メディカル エンジニアリング【medical engineering】 医理電子工学の技術や器具を治療に応用する学問．医用工学．
メディカルサービス【medical service】 医医療の専門家が行う医療サービス．健康診断や医療処置などをいう．
メディカルスクール【medical school】 医教医学専門学校．医学校．大学の医学部．
メディカル ソーシャルワーカー【medical social worker】 医社医療福祉専門職．病院内で患者の社会的・経済的問題の解決・指導をしたりするケースワーカー．MSWともいう．
メディカルチェック【medical checkup】 医競運動や競技を始める前に行う医学的な診断．
メディカル テクノロジスト【medical technologist】 医衛生検査技師・臨床検査技師など医療関係の各種技術者．
メディカル トリートメント【medical treatment】 医内科治療．
メディカルリポート【medical report】 医診療報告．診断書．
メディギャップ【medigap】 医高齢者などを対象

にしたアメリカ政府の医療保険はメディケアと呼ばれるが，その保険ではまかない切れない分の医療費のこと．在宅看護や長期入院などの費用の一部が患者負担となる．
メディケア【Medicare】 医65歳以上の高齢者などが対象のアメリカの公的医療保険制度．
メディケード【Medicaid】 医低所得者や身体障害者向けのアメリカの公的医療扶助制度．
メディシン【medicine】 医薬品．医薬．医術．
メディシンバッグ【medicine bag】 服アメリカインディアンが薬草やお守りを入れる携帯用の皮革製の小さな袋．
メディテーション【meditation】 心瞑想．
メディトピア【meditopia 日】 社医療・教育施設を中心にして，文化的環境を作ろうという未来社会の構想の一つ．medicineとeducationとUtopiaの合成語．
メテオ【meteor】 天流星体．いん石．
メテオサット【Meteosat】 宇ESA（欧州宇宙機関）が打ち上げた静止気象衛星．経度0度上空にある．
メデジンカルテル【Medellín cartel】 社コロンビアの麻薬密売組織の一つ．北西部の都市メデジンに拠点をもつ．
メデュラ【medulla】 生髄質．毛髪の毛髄質．
メトセラ【Methuselah】 長命な人．またその一族．特にSFでよく使われる．もとは969年生きたという聖書中の人物をいう．
メトニミー【metonymy】 言換喩，転喩．
メトリック【Metrik 独】 ①文韻律法．韻律学．詩学．②音拍節法．
メドレー【medley】 ①音二つ以上の曲の連続演奏．②競メドレーリレーの略．
メドレーリレー【medley relay】 競チーム単位で異なる種目を引き継ぎ形式で行う競技．水泳では，背泳ぎ・平泳ぎ・バタフライ・自由形の順に等距離を4人が泳いでリレーする．
メトロ【métro 仏】 社地下鉄．英語のサブウエー（subway）に当たる．
メトロアーティスト制度【metro artist system】 社地下鉄構内などの指定場所で，公認を得た芸人が演芸などを見せる方式．ニューヨーク市が始めた制度．
メトロセクシュアル【metrosexual】 社服身だしなみに気を配り，完璧な外見のためにはお金とエネルギーを惜しまない都会の男性．
メトロノーム【metronome】 音音楽の拍子を取る振り子式の器具．
メトロポリス【metropolis】 ①社国や県・州・地方などの中心都市．主要都市．国際的な大都市・大都会．②歴古代ギリシャの都市国家の中心地．
メトロポリタン【metropolitan】 首都の．都会の．都会人．
メトロポリタン エリア ネットワーク【metropolitan area network】 IT通用地域が一つの都市ぐらいの広さの通信網．都市型CATVを放送以外の電話回線・データ通信回線に用いたりする．

603

メトロポリ▶

MAN ともいう。

メトロポリタン系光ネットワーク【metropolitan photonic network】 [I算]光通信ネットワークの一つ。家庭や企業に直結する末端網と長距離の基幹網を接続する部分。メトロ系ネットワークともいう。

メニエール症候群【Ménière's syndrome】 [医]自律神経失調などによる、耳鳴り・めまいなどの症状が出る病気。

メニュー【menu 仏】 ①[料]食事の献立表。またはそれに似たもの。予定。②[I算]コンピューターを操作する利用者に選択肢を提示し、選ばれた項目・内容に基づいて処理をコンピューターに指示する方式。

メニュー アプローチ【menu approach】 [経]債権回収策のメニュー化。途上国の累積債務を解決する対策を併記したもので、1987年のIMF暫定委員会で共同採択された。

メニューソフト【menuing software】 [I算] OS上でアプリケーションソフト、ユーティリティーソフトなどを、簡単な操作で起動できるようにするソフトウェア。

メニュードリブン【menu-driven】 [I算]画面に出たメニューに順次従って、コンピューターを操作する方式。⇔コマンドドリブン。

メニューバー【menu bar】 [I算]ウインドウ上部にあるメニュー項目を並べた部分。MacOSでは画面上部にある。マウスポインターを合わせてクリックするとメニューが開く。

メニュー方式[1]【menu-driven method】 [I算]利用者に画面表示した実行指令や機能を選択させる方式。

メニュー方式[2]【menu system】 [建]間取り・内装・設備などでいくつかの種類を設けて、住宅購入者に選ばせる方式。

メヌエット【menuet 仏】 [音]17世紀にフランスで生まれた3拍子の舞曲。おだやかなテンポの優美な宮廷舞踊だったが、やがて独立した器楽曲となった。

メノナイト【Mennonite】 [宗]プロテスタントの一派。再洗礼派の流れをくむ。メノー派。

メフリエ【mehrie ﾄﾙ】 [社]イランで、離婚の際に男性側が支払う慰謝料のこと。婚姻法によって、結婚前に双方が金額を決めておくことになっている。

メメントモリ【memento mori 羅】 死の警告。死を象徴するもの。「死を覚悟せよ」の意。

メモ【memo】 覚え書き。控え。記録。メモランダム(memorandum)の略。

メモ帳【notepad】 [I算]テキストエディターソフト。テキストファイルの編集に必要な、最低限の機能をもつ。Windowsのアクセサリに付属。

メモランダム【memorandum】 ①覚書。備忘録。記録。メモ。②[政]外交で取り交わす覚書。

メモリアル【memorial】 回顧録。記念。記念するための物・碑・建物など。

メモリアル キルト【memorial quilt】 [社]エイズで亡くなった人を追悼して親族や友人などが作ったキルト。

メモリアルパーク【memorial park】 [社]霊園。共同墓地。埋葬地。

メモリアル ホール【memorial hall】 [建社]記念館。記念堂。

メモリー【memory】 ①思い出。記憶。名残。②[I算]記憶装置。記憶素子。処理手順を示した命令列であるプログラムや処理されるデータを格納する。

メモリーカード【memory card】 [I算]半導体が内蔵されたカード。磁気テープのカードより記憶容量が大きい。

メモリー管理【memory management】 [I算]アプリケーションが使うメモリーを効率的に割り当てる機能。

メモリーキャッシュ【memory cache】 [I算] CPU（中央処理装置）が一度使ったデータを蓄積して、コンピューターの処理速度を高める仕組み。CPUとメインメモリーの間に別のメモリーを置く。

メモリー効果【memory effect】 [I算]二次電池を使い切らない状態で充電を繰り返すと、連続使用時間が短くなる現象。見かけ上の充電容量の低下が原因。

メモリー混載ロジックLSI【logic LSI with memory circuit mounted】 [I算]メモリー回路を一つのチップに組み込んだロジックLSI。開発期間が短く柔軟な変更が可能。

メモリースイッチ【memory switch】 [I算]メモリー容量、起動ドライブなどの設定というコンピューターのシステム設定を行う機能。

メモリースティック【memory stick】 [I算]ソニーが規格・製品化しているメモリーカードの商品名。板ガム状で接点部分が小さい。

メモリーセル【memory cell】 [I算]記憶装置の最小単位。記憶された一つのデータ要素。

メモリーソケット【memory socket】 [I算]メモリーモジュールを装着するのに用いるソケット。

メモリー保護【memory protection】 [I算]記憶保護。OSのメモリー領域を他のアプリケーションが使わないように保護する機能。

メモリーマップ【memory map】 [I算]主記憶装置の中にあるプログラムやデータなどの割り当てをグラフや数値で表したもの。

メモリーリーク【memory leak】 [I算]アプリケーションが獲得した動的メモリーが解放されず、メモリー空間に残る状態。多くはアプリケーションやOSのバグが原因で起こる。

メモワール【mémoire 仏】 ①[社]追想録。回顧録。手記。②[教社]学術論文。研究報告。

メラー【meller】 [映劇版]メロドラマ。恋愛を扱う通俗劇。

メラトニン【melatonin】 [生]脳にある松果体に含まれる物質。両生類や魚類の体色を変化させたり、ほ乳類の生殖腺の活動を抑制したりする働きをもつ。

メラニン【melanin】 [生]動物の皮膚に現れる黒色素。紫外線の刺激などにより増大する。皮膚の色を決定する色素。

メラネシアウエー【Melanesia way】 [政]1980年代以降のメラネシア諸国の団結を意図するナショナリズム。民族的覚醒を背景とし、メラネシアの政治的共同性の実現を意図した言葉。

メラノーマ【melanoma】 [医]黒色腫。

メラノサイト【melanocyte】 [生]色素形成細胞。

メラミン樹脂【melamine resin】 化合成樹脂の一つ．硬度が高く耐熱性が優れているので，家具や塗料などに広く用いられる．

メランコリー【melancholy】 ①憂うつ．憂愁．ふさぎこみ．②医憂うつ症．

メランコリー親和型【melancholy —】 心きちょうめんで，律義で，仕事熱心で，何事もきちんとしないとすまない気配り人間というタイプ．うつ病者の病前性格によく見られる．

メランコリック【melancholic】 憂うつな．気が滅入る．

メリーゴーラウンド【merry-go-round】 回転木馬．

メリッサ【Melissa】 Iイ算コンピューターウイルスの一種．1999年に発生．

メリット【merit】 ①長所．利点．優れた特性．⇔デメリット．②功績．業績．

メリットウォンツ【merit wants】 社政価値欲求．国民の公的欲求の一つで，住宅の供給や教育などのように，政府が介入して充足される国民の消費欲求をいう．

メリット財【merit goods】 経社食品・住居・教育など，所得水準を問わずに人々が消費する財貨．

メリットシステム【merit system】 営社実力本位制．実績主義．能力主義任用制．成績・能力などを基準に人事を行う制度．メリット制．merit rating system ともいう．

メリット制【merit rating】 社労災保険で，同業種でも事業主の災害防止努力などによって保険料が増減する仕組み．

メリット プロモーション プログラム【merit promotion program】 営社企業が，配置転換や空いている部署を公募し，社員の希望と能力を考慮した上で人事異動を行う労務管理の方式．

メリットボーナス【merit bonus】 営経社年功序列ではなく，実力に応じて支払われる賞与．

メリディアニ プラヌム【Meridiani Planum】 天火星の赤道帯付近にある，以前は湖底だったと推定される場所．

メリディアン【meridian】 ①地子午線．経線．②医経絡．東洋医学で気の流れる通路．

メリトクラシー【meritocracy】 社実力主義．能力主義．実力社会．能力主義社会．才能があり努力を重ねた人が優遇される社会．イギリスの社会学者M.ヤングの著書に由来する．

メルカバ【Merkava】 軍イスラエルの主力戦車Mk4 の通称．

メルクマール【Merkmal 独】 目印．指標．記号．識標．特徴．

メルコスール【MERCOSUR】 経南米南部共同市場．ブラジル，アルゼンチン，ウルグアイ，パラグアイの4カ国からなる．1991年のアスンシオン共同宣言で採択．95年に発足．スペイン語の Mercado Común del Cono Sur の略．メルコスともいう．

メルシー【merci 仏】 ありがとう．英語のサンキュー（thank you）に当たる．

メルシーボクー【merci beaucoup 仏】 どうもありがとう．英語のサンキュー ベリー マッチ（thank you very much）に当たる．

メルセンヌ数【Mersenne number】 数著名な素数の一つ．$P = 2^q - 1$の形の素数．

メルティング ポイント【melting point】 化融点．固体物質が液体になる融解温度．

メルティング ポット【melting pot】 るつぼ．さまざまな人種や民族・文化などが融合した都市や地域．

メルトインクルージョン【melt inclusion】 鉱地鉱物の結晶に取り込まれたマグマ．

メルトダウン【meltdown】 理炉心溶融．原子炉に破損が生じて炉心の水位が下がると，温度が上がり溶融する恐れがある．

メル友 Iイ携帯電話やインターネットなどの，メールを通じてできた友人．または友人を作ること．

メルトン【melton】 服目がつんだ厚手の保温性に富む紡毛織物．

メルヘン【Märchen 独】 文おとぎ話．童話．

メルボルン－大阪ダブルハンドレース【Melbourne Osaka double-handed yacht race】 競(ﾖｯﾄ)2人乗りヨットでメルボルンから大阪までの約1万kmを帆走するレース．

メルルーサ【merluza 西】 魚タラ科の深海魚．またはタラ科から独立させたメルルシウス科の魚．タラに似た白身の魚で食用とする．

メレーナ【melena】 医消化管の出血による下血症状．メレナともいう．

メレンゲ[1]【merengue 西】 音ドミニカ共和国で生まれた2拍子のダンス音楽．

メレンゲ[2]【meringue 仏】 料卵白に砂糖を加えて泡立てたもの．またはそれを軽く焼いたもの．菓子などに使う．

メロ【mero 西】 魚コオリカマス．ギンムツ．スズキ科の食用魚．南米南部の海域や南極海に生息する．

メロー【mellow】 甘い．芳純な．成熟した．円熟した．

メロキシカム【meloxicam】 薬非ステロイド性の消炎・鎮痛剤の一つ．ドイツのベーリンガーインゲルハイム社が合成．

メロコア【melo-core】 音ハードコアパンクにポップなメロディー的要素を加えたもの．

メロディアス【melodious】 音旋律的な．美しい音の．音楽的な．

メロディー【melody】 音旋律．音色．曲の節回し．近代西洋音楽の主要3要素の一つ．

メロドラマ【melodrama】 映劇文愛情や恋愛を感傷的に扱った通俗劇．またはそのような内容の映画や小説など．

メンズエステ【men's esthétique 日】 容男性向けの全身美容や脱毛・美顔などの美容技術．

メンズコスメ【men's cosmetics】 容男性用の化粧品全般を指していう．

メンズショップ【men's shop】 服紳士物を売る店．男性用衣類店．

メンズデー【men's day 日】 映男性に限る映画入場料の割引日．

メンズポーチ【men's pouch】 服脇に抱える型

605

メンズリブ ▶

の男性用かばん．

メンズリブ【men's lib】社男性解放運動．men's liberation の略．

メンズルーム【men's room】建男性用手洗い．⇔レディースルーム．

メンター【mentor】優れた指導者．助言者．

メンター制度【mentorship program】営先輩社員（メンター）が後輩や新人に指導や支援を継続的に行う制度．

メンタリー チャレンジド【mentally challenged】精神障害者．精神的に試練を受けている人の意．

メンタリティー【mentality】心的傾向．精神作用．精神状態．

メンタル【mental】精神的な．精神の．心の．

メンタルイルヘルス【mental illhealth】心精神的不健康．社会的規範への過剰な適応などで生じる．

メンタル エコノミー【mental economy】心超意識心理学の研究分野の一つ．単なる意識の枠を超えた視野から精神分析を試みる．

メンタルコミット ロボット【mentally committing robot】I機ペットロボットのように，人間に楽しさや親しみ，安らぎを与えることを目的とするロボット．

メンタルディジーズ【mental disease】医心精神病．精神異常や極度の不安障害をいう．

メンタルテスト【mental test】心知能検査．

メンタル トレーニング【mental training】競精神的・知的トレーニング．競技スポーツなどで技能や体力の強化と合わせて，集中力など精神力を強化する方法．メンタルマネージメントともいう．

メンタルヒーリング【mental healing】医心医薬や外科療法によらないで，暗示・精神集中で治療する方法．精神治療法．

メンタルヘルス【mental health】医心精神衛生．心の健康．神経や精神の異常の早期発見・治療などを充実させて，体の健康とともに心身の健康保持を図る．

メンタルヘルスケアサービス【mental health care service】営社企業への指導や個人へのカウンセリングなどを通じて，精神面でのケアを行うサービス．

メンタルマップ【mental map】個々の人間が頭の中にもち，各自の行動のもとにしている認知地図．

メンタル マネジメント【mental management】競競技スポーツでの精神的・知的トレーニング．メンタルトレーニングともいう．

メンタルワーカー【mental worker】営社頭脳労働者．

メンテナンス【maintenance】①保存．維持．営繕．管理．整備．保守サービス．②Ｉネットワークやシステム，機器などを保守・点検すること．

メンテナンス キット【maintenance kit】器具類などの点検整備に使う用具一式．

メンテナンスフリー【maintenance free】①点検や整備がいらないこと．②Ｉネットワークやシステム，機器などの保守・点検作業が不要なこと．

メンテナンス リース【maintenance lease】営物件の賃貸だけでなく，保守・管理などのサービスを付与したリース方式．自動車リースによく用いられる．

メンデルの法則【Mendel's laws】生オーストリアのメンデルが，エンドウの交配実験から発見した遺伝の基本法則．優性の法則，分離の法則，独立の法則の三つに分けられる．

メント【Ment】音ジャマイカの大衆音楽．

メントール【Menthol 独】化ハッカ脳．ハッカから抽出する結晶状の芳香性アルコール．香料・薬品などに用いる．メンソールともいう．

メンバー【member】①社構成員．会員．所属人員．顔ぶれ．②Ｉ算一つの順編成ファイル．区分編成ファイルのメンバー域に収められる．メンバーは名前が付けられる．

メンバーコース【member course 日】競（ゴルフ）会員制のゴルフコース．英語は private golf course．

メンバーシップ【membership】社会員資格．会員としての身分・地位．

メンバーズカード【members card 日】営社会員であることを示すカード．英語は membership card．

メンバーズネット【members' net】Ｉ NTTコミュニケーションズが提供する，VPN（仮想私設網）サービス．公衆電話網や INS ネットを用いて，独自の内線番号を決められる．

メンヒル【menhir】歴新石器時代の巨大立石．ヨーロッパなどに残る柱状の巨石構造物．

メンフィス【Memphis】美原色を基調とし，装飾性と遊びに富んだ家具や室内設計を特徴とする，ミラノの若手デザイナーグループ．1980年に結成．

モ

モアイ【moai】南太平洋のイースター島にある巨石像．

モアレ【moiré 仏】①印写真印刷で，網版の重なりによって生じる紋・模様．②Ｉ画像表示装置上に干渉縞が起こる現象．③木目状の地紋のある織物．

モイスチャー【moisture】水分．水蒸気．湿気．

モイスチャー化粧品【moisturizing cosmetic】容肌の水分を適度に保つ働きをする化粧品．美容液，乳液，クリームなどがある．

モイスチャーバランス【moisture balance】容皮膚表面の適度な水分・皮脂量．

モイストペレット【moist pellet】魚海の魚の養殖に用いる飼料．海洋汚染の防止に役立つ．

モイラーエンジン【Meuler engine】機音と振動の少ないディーゼルエンジン．ドイツのモイラーの発明による．

モウズ【MAWS】軍赤外線誘導ミサイルに対するアメリカ空軍機用のミサイル接近警報装置．missile

◀モード

approach warning system の略．モーズともいう．

モーグル【mogul】 競(スキ)フリースタイルスキーの種目の一つ．凹凸のある急斜面をターンと空中ジャンプを交えて滑降し，タイムを競う．

モーゲージ【mortgage】抵当．抵当権．

モーゲージ型ＲＥＩＴ【mortgage REIT】 経不動産投資信託の一種．不動産所有者に抵当権などを担保として融資し金利収入を得る．

モーゲージ担保証券【mortgage-backed securities】 経住宅ローン債権に基づき発行される資産担保証券．

モーション【motion】 ①動き．運動．活動．行動．動作．身振り．行為．②動議．提案．

モーション キャプチャー【motion capture】 Ｉ算コンピューターグラフィックスで，主に人間の身体の動きを抽出して，登場人物などにリアルな動きを付けるシステム．

モーション グラフィックス【motion graphics】 Ｉ算ウェブページやゲームの画像で，Javaやモーフィング技術などを使って作る，動きや音のある文字．

モーション コントロール【motion control】 映被写体やカメラの動きをコンピューターで制御する撮影法．

モーション コントロール カメラ【motion control camera】 Ｉ映コンピューター制御によって自在に動く特殊撮影用カメラ．模型をピアノ線で動かす方法に代わって，カメラがプログラムされたとおりにその周辺を動いて撮影するなど，多様な撮影方法が可能．

モーションＪＰＥＧ【Motion JPEG】 Ｉ凡連続する動画像の１コマ１コマを，静止画を対象とするＪＰＥＧ方式を用いて圧縮する方法．

モーションスタディー【motion study】 営最大の効果をあげるための作業動作を見いだす研究．またそのための機械の改良．

モーション トラッキング【motion tracking】 Ｉ算画面上にある特定のものを目標にして，物体やカメラの動きを解析して画像処理すること．

モーション ピクチャー【motion picture】 ①Ｉ算三次元コンピューターグラフィックスで，人物の動きを表現する手法の一つ．人間の関節の動きを取り込む．②映映画．ムービー．

モーションブラー【motion blur】 Ｉ算動きぼかし．１枚の静止画の中にある物体にぼかしをかけて動いているように見せること．

モースト バリュアブル プレーヤー【most valuable player】 競最優秀選手．最高殊勲選手．ＭＶＰともいう．

モーター【motor】 機電気などのエネルギーを回転や直進の運動に変換する装置．原動機．発動機．内燃機関．

モーターウエー【motorway】 ①車道．②高速道路．エクスプレスウエー．

モーターグライダー【motor glider】 機動力付きの滑空機．エンジンを搭載し自力で飛び立つグライダー．

モーターケード【motorcade】 自動車の行列．自動車パレード．オートケードともいう．

モーターサイクル【motorcycle】 機自動二輪車．オートバイ．モーターバイク．

モーターショー【motor show】 営展示を主とする自動車やオートバイの見本市．

モータースクーター【motor scooter】 機自動二輪車の一種．スクーター．

モータースポーツ【motorsports】 競自動車やオートバイを用いる競技やレース．

モーターたんぱく質【motor protein】 生細胞内の物質輸送や筋肉・繊毛・べん毛などの運動を行うモーター分子の別称．たんぱく質から成ることから．

モータードライブ【motor drive】 写ボタンを押し続けるとシャッターが連続して切られ，同時にフィルムも巻くカメラの付属装置．

モーターバイク【motorbike 日】 機オートバイの一種．自転車に小型のエンジンを搭載したもの．交通法規では，原動機付き自転車に当たる．バイク，モーターサイクル，モーターバイシクルともいう．

モータープール【motor pool 日】 建駐車場．配車場．英語は parking, parking lot.

モーター分子【motor molecule】 生細胞内のアクチンフィラメントや微小管と相互作用して，細胞内の物質輸送や筋肉・繊毛・べん毛などの運動を行う分子．

モータウン【Motown】 音アメリカのデトロイトで設立されたレコード会社．主にビートのきいた黒人音楽を出す．自動車産業が盛んなデトロイト市の愛称から．

モータウンサウンド【Motown sound】 音リズム＆ブルースにゴスペルの要素を取り入れたソウル音楽を一般向けにしたもの．

モーダス ビベンダイ【modus vivendi 羅】 ①和解案．暫定協定．②生活態度．

モータリゼーション【motorization】 社自動車化．車社会化．日常生活での自動車の一般化．自動車使用の普及．

モーダル【modal】 様式の．形式の．様態の．

モーダルシフト【modal shift】 営輸送の方式を切り換えること．トラックに偏った貨物輸送を，内航・鉄道・航空機に転換すること．

モーダルスプリット【modal split】 社利用交通機関の調査・分析．

モーダル パーソナリティー【modal personality】 社一定地域で見られる住民の共通の意識．県民性などをいう．

モーチュアリー【mortuary】 建社死体仮置場．霊安室．

モーティブ【motive】 動機．目的．モチーフ．

モーテル【motel】 営社自動車旅行用の休憩・宿泊施設．motorists' hotel の略．日本ではラブホテルと同義語．モーターロッジ，モーターホテル，モテルともいう．

モード【mode】 ①服流行．流行している服の型．②方法．様式．③Ｉ数最頻度数．最頻値．④Ｉ算動作体系の設定が目的に合わせて切り替えられる場

モ

607

モード1 ▶

合，その動作体系のこと．⑤[音]旋法．音階．

モード1【mode 1】 専門分野ごとに縦割りされ，学部・学科・講座などの制度的枠組みをもつ科学研究．

モード2【mode 2】 専門分野を横断する形で行われる科学研究．

モーニングアフター【morning after】 二日酔い．後悔．

モーニングカップ【morning cup 日】 [科]主に朝食で用いる大型のコーヒー茶碗．マグカップ．

モーニングコート【morning coat】 [服]紳士用正装の一種．黒の上着と縞のズボンからなる．モーニング．英語では cutaway coat ともいう．

モーニングコール【morning call 日】 [営]ホテルで行う業務の一つ．朝の指定された時間に，宿泊客を電話で起こす．英語では wake-up call という．

モーニングサービス【morning service】 ①(日)[科]飲食店でのサービスの一つ．午前中の一定時間だけ割安料金にしたり，サービス品を付けたりする．英語は breakfast special．②[宗]キリスト教で，朝の礼拝．

モーニング シャンプー【morning shampoo 日】[容]朝，出かける前に髪を洗う習慣．

モーニングドレス【morning dress】①[服]女性用の家庭着の一種．②[服]男性用礼服の一種．モーニングともいう．

モービル【mobile】 移動式の．可動性の．機動力のある．モビールともいう．

モービル コンピューター【mobile computer】 [Ⅰ算]自動車などの移動体に備えるコンピューター．

モービル コンピューティング【mobile computing】[Ⅰ算]ノート型パソコンなど移動できるコンピューターを用いて，場所を限定しないで情報を処理すること．モバイルコンピューティングともいう．

モービルハウス【mobile house】 [機][社]移動住居．自動車で引いて移動することができる．モービルホームともいう．

モービルハム【mobile ham】 [電]自動車に無線機を積んで交信する移動式のアマチュア無線．

モーフィアス【Morpheus】 [Ⅰ算]ファイル交換ソフトの一種．商標名．モーフェウス．

モーフィーム【morpheme】 [言]形態素．意味をもつ最小の言語単位のことで，単語やその一部分をいう．

モーフィング【morphing】 [Ⅰ算]コンピューターグラフィックスで，実際には存在しない変形途中のコマを計算で作り出すこと．画像に映った人間の顔を別の人間の顔に変貌させる技術．metamorphosis に由来する語．

モーメント【moment】①瞬間．ちょっとの間．機会．契機．要素．②[理]運動量．モメント．

モーメント マグニチュード【moment magnitude】 [地]地震エネルギーの大きさを表す数値．地震でできた断層の面積とずれの度合いから求める．

モール[1]【mall】 ①遊歩道．散歩道．木陰の多い散歩道．②[営]ショッピングセンター．ショッピング街．英語では shopping mall ともいう．

モール[2]【maul】 [競](ﾗｸﾞﾋﾞｰ)球を持った選手のまわりに両チームの選手が集まり，球を奪い合う密集状態のこと．

モール[3]【mogol 葡】①針金と繊維や金属の薄片などを撚り合わせて，毛羽立たせたひも状のもの．手芸・工作・装飾などに用いる．②[服]インド産の絹織物の一種．モール織り．

モール糸【mogol yarn 日】 [服]一度織って縦糸の方向に細く裂き，撚りをかけて作る糸．

モールスキン【moleskin】 [服]モグラの毛皮．またそれに似せて作る厚手の綿織物．

モールス符号【Morse code】 [電]無線電信に用いる符号体系の一つ．長音と短音の組み合わせで50音，アルファベット，数字などを表す．発明者モールスの名にちなむ．

モールディング【molding】 成型．造形．型込め．成型物．鋳造物．

モーレス【mores】 [社]一つの集団や社会のしきたり・慣習・習俗．個人の利益に反しても，集団にとっては福利となる制度をいう．

モカシン【moccasin】 [服]もともとはアメリカインディアンが履いた底が平らな柔らかい靴．革ひもが付いているのが特徴．

モザイク【mosaic】 ①[建]美石・ガラス・金属などの細片を平面に敷き並べて図柄を表す技法．床や壁などの装飾に用いる．②[生]1個の受精卵に基づく，部分的に細胞の遺伝構成が異なる単一個体．③[Ⅰ算]イリノイ大学の開発部門が開発した，最初のWWWブラウザー．

モザイク遺伝【mosaicism】 [生]遺伝現象の一つ．昆虫などの1個体で，色違いのような異形質の混在が見られること．

モザイク病【mosaic disease】 [植]植物がかかる病気の一種．ウイルスが原因で起こり，葉に白っぽいまだらが現れる．

モサド【Mossad】 [軍][政]イスラエルの秘密情報機関．1951年に首相直属の組織として国の安全を守る目的で創設された．

モザンビーク民族抵抗運動【Resistência Nacional Moçambicana 葡】[軍]モザンビークの反政府右翼ゲリラ組織．1975年にローデシアの支援で結成．ＲＥＮＡＭＯともいう．

モジュール【module】①[Ⅰ算]交換可能な構成部分の単位．通常，小さなプログラムの集まりをいう．②機械や電子装置の機能単位としての部品．③建築や家具の組み立てユニット．④[機]宇宙船で，それぞれ独自の機能を果たす構成要素．司令船や機械船，着陸船など．⑤[教]特定の学科の学習単位．

モジュール化【modular method】 [経]複雑なシステムや工程を連結方法などを考えながら，独立した規格に分解すること．

モジュール間インターフェース【module interface】 [Ⅰ算]プログラムのモジュール間で受け渡しを行うデータの，種類や数に関する取り決め．

モジュール言語【module language】 [Ⅰ算]COBOLなどの高水準言語から呼び出して，データベ

モジュール生産【modular production】ースに対する処理を行う言語．親言語方式の一つ．多数の部品をグループにまとめてから組み立てる生産様式．複合生産．

モジュール設計【module design】[I算]プログラミングのモジュールでの処理内容をはっきりさせて，コーディングのための設計書やテスト計画書を作成すること．

モジュラーケーブル【modular cable】[I算]両端にモジュラージャックが付いたケーブル．

モジュラー コーディネーション【modular coordination】[建]建物の基本寸法を人間の暮らしの快適さから割り出して定め，建築材料の量産や建築作業などを容易にすること．

モジュラージャック【modular jack】[I電話]回線で取り付ける規格構造式の差し込み口．

モジュラーステレオ【modular stereo】[音]スピーカー以外の部分を一つにまとめた小型のステレオ装置．

モジュラーホーム【modular home】[建]工場で一部屋単位で作られたものを，現場で一軒の家屋に組み立てる建築法．

モジュラリゼーション【modularization】[算]標準化した部品の組み合わせによって，多種類の製品を生産しようとする方式．

モジュレーション【modulation】①調節．調整．②[音]転調．変化．③[電]変調．モデュレーションともいう．

モジュロ【modulo】[I算]剰余演算．割り算の余りを求める演算．例として，8を5で割った時の余りは8 mod 5 = 3と表す．

モス【MOS】[宇]日本の海洋観測衛星．1号機は1987年に，2号機は90年に打ち上げた．可視熱赤外放射計で海面水温を測定．marine observation satellite の頭字語から．

モスキート【mosquito】[生]蚊．

モスキートノイズ【mosquito noise】[I算]圧縮されたデジタル画像において，色調の違いが顕著な領域の輪郭周辺に発生する，蚊がまとわりついたような噪（もや）．

モスク【mosque】[宗]イスラム教の聖堂．広い中庭と聖地の方角に向けた礼拝堂がある．

モスグリーン【moss green】コケのような黄みがかった暗緑色．

モスクワ条約【Moscow Treaty】[軍]戦略攻撃力削減条約．アメリカ・ロシア両国が実戦配備した戦略核弾頭を削減する．2003年6月発効．

モスコミュール【Moscow Mule】[料]カクテルの一種．ウオツカにレモンジュースとジンジャーエールを加えて作る．

モストピアリー【moss topiary】[園]針金製などの造形物をこけで覆って形を整える園芸．

モスバイト【MOS bite】[放]テレビで，街路を歩いている人にインタビューすること．MOSは，man-on-the-street の略．

モスパワー【Mospower】[植]蚊連草．蚊に忌避効果のある，オーストラリアで開発されたバイオ植物．

モスボール【moss ball】[植]根を土とこけで覆って丸めた植物．こけ玉．

モスリン【mousseline 仏】[服]毛・綿の薄くてしなやかな織物．モス，メリンスともいう．

モスレム【Moslem】[宗]イスラム教徒．ムスリムともいう．

モダニスト【modernist】[社]現代主義者．近代主義者．現代風な人．新しいものを好む人．

モダニズム【modernism】[芸]現代主義．近代主義．伝統的な審美的態度・思想を打破して，現代的なものを主張する諸傾向．

モダニゼーション【modernization】現代化．近代化．モダナイゼーションともいう．

モダノロジー【modernology】[社]考現学．現代に固有の現象・風俗・世相などを研究対象とする分野．モデルノロギオともいう．

モダフィニル【modafinil】[薬]興奮剤，中枢神経用薬の一種．

モダリティー【modality】①様式．形式．様相．状態．様式的であること．②視覚・聴覚などの第一次感覚形式．

モダンアート【modern art】[美]現代芸術．近代芸術．20世紀の芸術界に見られる抽象的・象徴的な諸傾向．

モダンクラフト【modern craft】[社]陶磁器やガラス器などの生活用品に，現代感覚で手づくりのよさを取り入れようとすること．

モダンジャズ【modern jazz】[音]1940年代に生まれた新しいジャズ様式の総称．旋律・和声などの面で，新しい奏法を開拓するもの．

モダンダンス【modern dance】[芸]近代舞踊．20世紀初頭，アメリカのイサドラ・ダンカンに始まる新形式の舞踊．伝統的バレエの制約を受けずに踊り，人間の内面まで掘り下げるような表現を追求する．

モダンバレエ【modern ballet】[芸]19世紀の古典バレエを否定し，モダンダンスの要素や現代音楽などを取り入れた新表現様式のバレエ．

モダンプリント【modern print】[写]写真家が撮影直後にプリントした作品以後に，新たにプリントした写真作品．ニュープリントともいう．

モダン ポートフォリオ理論【modern portfolio theory】[経]各資産に配分された資金をさらに個別銘柄などに配分するのを，数理的に体系化したもの．1952年にH. マーコビッツが提唱．MPTともいう．

モダンメモリー マネジャー【Modern Memory Manager】[I算]パワーマッキントッシュ用に改良されたメモリーマネジャー．

モチーフ【motif 仏】①[芸]主想．動機．創作行為の中心となる内容・主題．②[音]動機．楽曲構成上の最小単位となる旋律の型．③[服]編み物などで，一つの作品を構成する単位としての小さな図案・断片．モーティブともいう．

モチベーション【motivation】[教]心動機付け．やる気．意欲．熱意．士気．行動・意欲を起こさせる要素．

モチベーション リサーチ【motivation research】[営]客が商品を購入した動機を調査・研究すること．

609

モックアップ【mock-up】実物大に作った模型．実物大模型．原寸模型．研究・試験・展示などに用いる．

モックシューズ【moc shoes】服ひもの代わりに甲の部分にゴムやファスナーを付けたスニーカー．

モックメンタリー【mockumentary】報道の中に虚構の要素を加えて制作されるドキュメンタリー形式のテレビ・ラジオ番組．mock と documentary の合成語．

モッシュピット【mosh pit】音ロックコンサートが行われる舞台の前部区域．

モッズルック【mods look】服1960年代半ばロンドンのカーナビーストリートを中心にしたビート族のファッション．長髪で，裾広がりのパンツ，花柄のシャツなどを着用した．

モッツァレラチーズ【mozzarella cheese】料イタリア産チーズの一種．白くて軟らかい．

モットー【motto】座右の銘．標語．信条や目標を表した言葉．

モッブ【mob】①暴徒．群衆．やじ馬．②暴力組織．組織犯罪集団．

モップ【mop】長い柄の付いたぞうきん．床などの掃除に用いる．

モディスト【modiste】服女性用の流行している服飾品．

モディファイ【modify】修飾する．限定する．部分修正する．緩和する．

モディフィケーション【modification】①変更．修正．②修飾．③一時的変異．④音に変化を付けること．

モデスト【modest】控え目な．つつましい．

モテット【motetto 伊】音声楽曲の一種．聖書の章句に作曲する．

モテ服服異性に受ける服．「モテる」を演出するファッション．

モデム【modem】①変復調装置．電話回線を用いてデータ通信をする時に使う．パソコンと電話回線をつなぐための機械．

モデムケーブル【modem cable】①モデムとコンピューターを接続するためのケーブル．多くはRS232-C ケーブルを用いる．

モデムサーバー【modem server】LAN 上でモデムの機能を一挙に受け持つサーバー．

モデムポート【modem port】①マッキントッシュで，背面盤にある装置接続用のソケットの一つ．モデムを接続するのに使う．

モデュール【module 仏】建建築物を設計する際に基準となる単位．

モデュロール【Modulor 仏】建スイスの建築家ル・コルビュジェが考案した建築の尺度．空間の均衡を図るために，黄金分割と人体の寸法を組み合わせて作ったが，実用化されていない．

モデラート【moderato 伊】音中ぐらいの速さで演奏する．

モデリスト【modéliste 仏】服デザイナーのデザイン画に従い，作品見本を作り上げる人．

モデリング【modeling】①心他の人々の行動やその結果を観察して，新しい思考や行動の様式を獲得したり，反応パターンが変わったりする過程．②コンピューターグラフィックスで，ある具体的な形をコンピューターに理解できるデータとして完成させる作業．③模型製作．彫刻などの肉づけ．

モデル【model】①見本．手本．模型．原型．②作品の題材となる人物・対象物．③小説などで素材になった，実際の出来事や実在する人物など．④服ファッションモデルの略．

モデル化【modeling】①業務の効率を上げるため，現状調査したデータと業務の流れを図式化したもの．

モデルケース【model case】模範・基準となる事例．実験例．

モデルシップ【model ship】置物などの装飾品に用いられる精巧な船の模型．

モデルスクール【model school】教特別な教育計画をもち，それを実験的に推し進めるための設備などを備えた学校．模範校．実験校．

モデルチェンジ【model change 日】商品の型式変更や性能向上などを図ること．

モデルナンバー【model number】プロセッサーの種類を表す型番．

モデルプラント【model plant】標準工場．

モデルルーム【model room】①建見本用住宅・部屋．②家具などの見本製品の展示室．

モデレーション マネジメント【Moderation Management】社飲酒習慣からの脱却を目指す人を指導・支援するアメリカの団体．断酒ではなく，適度な管理方法を身につけさせることを説く．

モデレーター【moderator】①理減速剤．②インターネット上のメーリングリストやニュースグループに送られてきた電子メールが適切なものかどうかを調整する人．③討論会やテレビ番組などの司会者．

モデレート【moderate】①穏健な．適度の．中庸を得た．②メーリングリストなどへ送った記事が審査を通って投稿されること．

モトクロス【motocross】競原野に設けた非舗装のコースを周回するオートバイ競技．motorcycle と cross country の合成語．

モトGP【moto GP】競オートバイ競技で世界選手権の最上位クラス．

モトトレイン【mototrain 日】機乗客と一緒にバイクを運ぶ列車．

モトローラ【Motorola】①アメリカ有数のマイクロプロセッサーのメーカー．1928年に創立．移動体通信分野にも強い．

モナーキー【monarchy】政君主制．君主政治．君主国家．

モナザイト【monazite】鉱希土類元素の原料の鉱石．放射能をもつ．モナズ石．

モナジー【monergy】経理エネルギーの経済的な利用．money と energy の合成語．

モナステリー【monastery】宗修道院．主に男子の場合に使う．女子修道院は nunnery．

モナド【monad】①哲単子．ドイツの哲学者ライプニッツの形而上学説で中心に置かれた概念．②単一

610

◀モノレール

体．個体．

モナド論【monadologie 仏】哲ドイツの哲学者ライプニッツの形而上学説．実在の形而上学的単位として不可分なモナドを考える．

モナミ【mon ami(e) 仏】私の友人・愛人．

モニズム【monism】一元論．唯一の原理ですべての現象・問題を説明しようとする態度・考え方．モニスムともいう．

モニター【monitor】①番組や製品などを試験的に視聴・使用して、感想を述べる人．この意味では英語は test user, consumer reception tester．②版作り出された音響・画像などを監視・調整するための機器．または調整技術者．③監視装置．④I算コンピューター用の表示装置．ディスプレーともいう．

モニターテレビ【monitor television】版元来は放送局などで使う監視・確認用のテレビ．画像再生のよい高性能テレビ．

モニター プログラム【monitor program】I算監視プログラム．コンピューターシステムの動作状況を監視するプログラムで、OS に納められている．

モニタリング【monitoring】監視．観察すること．探知すること．記録すること．消費者動向などを調査すること．

モニタリング ポスト【monitoring post】機理放射能漏れを監視する自動観測設備．主に空間線量を測定する．

モニュメント【monument】記念碑．記念物．遺物．遺跡．歴史に残るような業績・仕事．モニュマンともいう．

モノ【mono-】「単一」の意を表す接頭語．

モノオペラ【mono opera】音一人で演じられる歌劇．出演は一人だが、フルオーケストラで伴奏が付く．

モノカイン【monokine】生マクロファージが抗原物質を捕らえて産出するたんぱく．

モノガミー【monogamy】社一夫一婦制．⇔ポリガミー．

モノカルチャー【monoculture】農単作．単式農法．単一栽培．

モノキニ【monokini】服前はワンピース型だが、後ろはビキニのような型の水着．

モノクラシー【monocracy】政独裁政治．

モノグラフ【monograph】教社専攻論文．限定された単一の小分野の問題だけを扱っているもの．モノグラフィーともいう．

モノグラム【monogram】名前の頭文字などを図柄として組み合わせたもの．

モノクローナル抗体【monoclonal antibody】生クローン抗体．特定の種類の細胞や抗原にだけ特異的に反応する抗体．

モノクローム【monochrome】①美一色だけで描かれた絵．単彩画．②映写白黒の画面・映像作品．英語では black and white ともいう．

モノコック【monocoque】車単一構造体．モノコック構造．車体と台車を一体化した自動車などの構造をいう．

モノコック構造【monocoque structure】機航空機の機体の構造で、外板とフレームで形状を保持し、せん断応力や曲げ応力を外板に受け持たせる方式のもの．

モノスキー【monoski】競1本のスキー板を足をそろえてはき、ストックを使って滑るもの．

モノスペース フォント【monospace font】I算すべての文字の横幅が同じ書体．英字体のクーリエなどがその例．

モノセックス【monosex 日】社男性の女性化、女性の男性化が進んで、男女の区別がつきにくくなったこと．英語は unisex．

モノトーン【monotone】単調なこと．変化のないこと．一本調子なこと．

モノドラマ【monodrama】劇一人芝居．独白劇．

モノフィラエ【monophylloe 羅】種イワタバコ科の植物．葉を1枚しかつけない．東南アジアに約30種が分布．

モノフォニー【monophony】音単旋律の楽曲．

モノフォニック【monophonic】モノラルの．単旋律の．

モノフォビア【monophobia】心孤独恐怖症．孤独な状態に対して恐怖感をもつ．

モノボーディング【monoboarding】競1枚の幅の広いスキー板をはいて滑るスキー．モノスキー、スノーサーフィンともいう．

モノポール【monopole】理磁気単極子．NまたはSだけの単独の磁気をもつ素粒子．

モノポライズ【monopolize】独占する．独占的に販売する．

モノポライゼーション【monopolization】経私的独占．

モノポリー【monopoly】①経独占．独占権．専売権．モノポールともいう．②［M-］卓上ゲームの1種．商標名．

モノマー【monomer】化単量体．低分子量の物質で、同種または異種の分子を伴って重合体を形成するもの．

モノマニア【monomania】心偏執狂．

モノマニアック【monomaniac】偏執的な．異常な執着を示す．

モノラル【monaural】音理単一の伝送系統を用いて録音・伝達された音を片耳で聞くこと．録音・再生などを単一の伝送系統を通して行うこと．またはその音．⇔ステレオ．

モノリシック【monolithic】一体成型の．継ぎ目のない．一体化している．

モノリシックIC【monolithic IC】I算1枚のシリコン単結晶板の一方の表面上に、回路を配線して作る半導体集積回路．

モノリシック カーネル【monolithic kernel】I算 OS の構造形態の一種．OS の中心的な機能を担うカーネルに、できるだけ周辺の機能も取り込む設計のもの．

モノレール【monorail】機レールが1本しかない電車．車両がレールの上をまたがって走る跨座式と、レールにつり下がった懸垂式のものがある．単軌鉄

611

道．

モノローグ【monologue】 劇独白．登場人物の心理などを語る，会話でないせりふ．⇔ダイアローグ．

モバイル【mobile】①IT移動中に情報の送受信をすること．またはその携帯情報端末．②移動式の．移動性の．

モバイルIP【mobile IP】 IT利用者が，いつも使っているネットワーク以外のネットワークに接続しても，その情報機器のIPアドレスが使えるようにする技術．

モバイル インターネット【mobile Internet】 IT携帯電話やPHSなどを使って，移動中や外出先でインターネットを利用すること．

モバイルNCリファレンス仕様【mobile network computing reference specification】 ITネットワークコンピューターを基にしたモバイル端末の仕様．NCRP（NC Reference Profile）をモバイルコンピューティングに拡張したもの．MNCRSともいう．

モバイルオフィス【mobile office 日】IT営企業内情報システムなどを用い，外出先の営業担当者が携帯端末で情報交換を行うこと．

モバイルギア【mobile gear】 ITNECが発売したPDA（携帯情報端末）．移動中や外出先で電子メールやインターネット接続ができる．

モバイル コンピューター【mobile computer】 ITノートパソコンや携帯情報端末など携帯ができる小型コンピューター．

モバイル コンピューティング【mobile computing】 ITコンピューターを携帯してオフィスの外で利用すること．携帯型コンピューターとそれを支えるネットワークを構築して，移動しながら情報を処理すること．モービルコンピューティングともいう．

モバイルGBシステム【mobile GB system】 ITGB（ゲームボーイ）カラーやGBアドバンスを，携帯電話やPHSとつなぐとネットワークゲームやWWWの閲覧などができるシステム．

モバイルスイカ【mobile Suica】 IT営携帯電話に搭載された「スイカ」機能．

モバイルCeleron【Mobile Celeron】 ITアメリカのインテルが製造するノートパソコン用のCPU．モバイルセレロンともいう．

モバイルセントレックス【mobile centrex】 IT携帯電話を内線電話としても利用できるようにする技術．

モバイル通信【mobile communication】 ITノートパソコンやPDA（携帯情報端末）などを用いて，移動中や外出先で会社のサーバーからデータを取り出したり，電子メールをやりとりすること．

モバイル媒体【mobile media】 広広告媒体として使う移動端末．

モバイルパソコン【mobile personal computer】 IT営携帯して使えるパソコン．

モバイルバンキング【mobile banking】 IT経携帯電話の液晶画面で，残高照会や振込などの銀行業務を扱えるサービス．

モバイル ファッション【mobile fashion】 服携帯電話などの収納を考えたデザインの服．または野外活動に対応する性能をもつ服．

モバイルプロセッサー【mobile processor】 IT営携帯型パソコンに用いる，低消費電力化を図った集積回路．

モバイルペンティアム【Mobile Pentium】 IT営1997年にアメリカのインテルが発表したノートパソコン用のCPU（中央処理装置）．

モバイルペンティアムⅡ【Mobile PentiumⅡ】 IT営アメリカのインテルが発売したノートパソコン用のCPU（中央処理装置）．1998年4月から出荷開始．

モバイルペンティアムⅢ【Mobile PentiumⅢ】 IT営アメリカのインテルが発売したノートパソコン用のCPU（中央処理装置）．1999年10月から出荷開始．ノートパソコンでのSSE利用ができるようになった．

モビール【mobile】①美可動彫刻．部品を平衡状態に配置して，空気の動きなどで動くようにした空間的構成物．⇔スタビール．②移動式の．可動性の．動きやすい．

モビール ディスプレー【mobile display】 広モビール式広告．糸・針金などを用い，自然の揺れで客の目を引き付ける室内広告．

モヒカンカット【Mahican cut】 容頭頂部に縦一列だけ，とさかのように残して他を剃り上げた髪形．パンクヘアの一種で，アメリカインディアンのモヒカン族の風俗をまねた．

モビセントリック人事【mobicentric personnel management】 営管理職を同一職種・同一部門でなく，他職種・他部門へと次々と配置転換する方式．管理職が企業全体を把握できるようにしたもの．

モビリティー【mobility】 ①職業・居住などの流動性．②機動性．動きやすさ．移動．

モビリティー社会【mobility society 日】社人間の移動が活発になった社会．農村へのUターンや大都市と地方の交通の発達による接近で金融・消費などが活性化した社会現象．

モヘア【mohair】 服アンゴラヤギから採る毛糸．またその毛織物．モーヘル．ヘル．

モホール【Mohole】 地深海底を掘削して地殻物質とマントル最上部の試料を採取する穴．Moho（モホ層）とhole の合成語．

モホロビチッチ不連続面【Mohorovičić discontinuity】 地地球の構造で，地殻とその下部になるマントルとの境界のこと．ユーゴスラビアの地球物理学者モホロビチッチが発見．

モミズム【momism】 社母親中心主義．

モメンタム【momentum】情勢．勢い．機運．

モラール【morale】 軍社軍隊・従業員などの風紀・士気．

モラールサーベイ【morale survey】 営社従業員の士気調査・勤労意欲調査．

モラトリアム【moratorium】 ①営経支払い猶予．支払い延期．債務支払い猶予．非常時に，合法的に債務の返済期間を延長すること．②心成熟した社会人になる前の猶予期間．修業期間．③社法

弁護士などの専門職の修業期間．④一時的な停止・中止・禁止．⑤[理]原子力発電所の設置禁止措置．

モラトリアム人間【moraliste person】[社]成熟した社会人になる前の試行期に，精神的に成人になりたがらない青年．自己の確立ができず，社会に出ることを延期しようとする．

モラリスト【moraliste 仏】道徳家．道徳を重んじる人．

モラリティー【morality】道徳．倫理．品行方正．

モラル【moral】道徳．道義．倫理．英語はmorals. ⇔インモラル．

モラルセンス【moral sense】道徳感覚．善悪や正邪などを認識できる能力．

モラルハザード【moral hazard】①[経]保険に加入したことで，かえって損害に対して無関心になることの危険性．被保険者側の不注意や故意によって保険者側に及ぶ危険．②（日）[営][哲]倫理の欠如．道徳的危険．経営倫理や道徳的節度などが失われている状態．③[I]ネットワークシステムで起こる，自由な発言が相手の人権を侵害してしまうような事態．

モラルハラスメント【moral harassment】[社]言葉や態度で人格や尊厳を傷つける暴力．

モラルファンド【moral fund】[営][経]アメリカで，環境保全など社会的責任に取り組む企業の株式を選択して，設定した投資信託ファンド．

モラルマジョリティー【Moral Majority】[宗]アメリカの超保守的な政治思想をもつキリスト教団体の一つ．道徳的多数派．

モリニズム【Molinism】[宗]人間同士の協力によってこそ神の恵みが得られるとする神学説．

モル【mole】[化]物質量の国際単位系(SI)単位．記号は mol.

モルグ【morgue 仏】死体置き場．死体公示場．

モルタル【mortar】[建]セメント，砂，水を混合した建築用材料．

モルト【malt】[化]麦芽．麦芽酒．

モルトウイスキー【malt whiskey】[化]大麦の麦芽だけを原料とするウイスキー．

モルヒネ【morfine 蘭】[薬]ケシの実から採るアヘンに含まれているアルカロイド．鎮痛・麻酔・催眠剤に用いる．習慣性があり，毒薬・麻薬に指定されている．モヒともいう．

モルフォゲン【morphogen】[生]多細胞動物の発生過程で，胚の中での分布状態によって形態形成を支配する物質の総称．

モルモット【marmot 蘭】①[動]研究・実験用のテンジクネズミの俗称．②実験台に立たされる人．

モルモン教【Mormonism】[宗]キリスト教の一派．アメリカのジョセフ・スミスが1830年に『モルモンの書』を経典として創設した．本部はアメリカのユタ州．正式名称は末日聖徒イエスキリスト教会(The Church of Jesus Christ of Latter-day Saints)．

モレキュラー【molecular】[化][理]分子の．分子からなる．

モレキュラー クロック【molecular clock】[生]死ぬことが決定づけられた細胞の寿命を知らせる分子の時計．

モレキュラー ナイフ【molecular knife】[生]エイズウイルスの遺伝子の特定部分を切って，再生を抑制する遺伝子物質．

モレクトロニクス【molectronics】[理]極小電子工学．分子のような小さい物質を扱う電子工学．molecular と electronics の合成語．

モレスター【molester】[社]痴漢．女性に性的いたずらをする者．

モロ イスラム解放戦線【Moro Islamic Liberation Front】[軍][政]フィリピンのイスラム武装組織．ミンダナオとその周辺諸島で活動．モロ民族解放戦線の分派が1978年に結成．MILFともいう．

モロヘイヤ【mulukhiya】[植]青ジソに似た葉をもつ緑黄色野菜．ぬめりがあり，栄養分が豊富．中東などで常用される．

モロ民族解放戦線【Moro National Liberation Front】[軍]フィリピンのイスラム系分離独立派の反政府組織．ミンダナオ島を中心にモロ族共和国の樹立を目指す．1968年に結成．96年に政府と和平合意文書に調印．MNLF．

モンキージャケット【monkey jacket】[服][船]員が着る短い上着．メスジャケットともいう．

モンキービジネス【monkey business】猿まね．詐欺．いたずら．ふまじめな行為．

モンキーポッド【monkeypod】[植]アメリカネムノキ．テレビCMの"この木なんの木"の木．

モンク【monk】[宗]修道士．修道者．僧侶．

モンゴリアン ラム【Mongolian lamb】[服][生]後1年以内の子羊の毛皮．羊毛のようなつやがあり，毛足が10cmほどあるのが特徴．

モンゴロイド【Mongoloid】[生]蒙古人種．黄色人種．東アジア，大洋州，アメリカなどに分布する．主に黄色系の肌，直毛黒色の髪をもつ．人類の三大人種区分の一つ．

モンシェリー【mon chéri 仏】わが最愛の男性．女性の場合はマシェリー(ma chérie)．

モンスーン【monsoon】[気]季節風の一つ．アラビア海で夏に吹く南西風と冬に吹く北東風．インドや東南アジアでは雨期または雨のこと．

モンスター【monster】化け物．怪物．怪奇な形をしたもの．巨大な形をしたもの．

モンセニョール【Monseigneur 仏】[社]殿下．高位の人や官職にある人を呼ぶ場合に使う尊称．

モンタージュ【montage 仏】①[映]複数の画面を組み合わせて，作品として完成させること．編集の技法により高度の映像表現ができる．②[写]モンタージュ写真の略．断片的な映像・写真を組み合わせて作る写真．

モンデアリスム【mondialisme 仏】世界主義．

モンテカルロ法【Monte Carlo method】[I][算][数]確率的誤差を含む近似計算．規則性をもたない問題を規則性のある類似の問題に置き換えて解決する方法．

モンデックス【Mondex】[I][経]電子マネーの一つ．ICカードの回路に金銭の情報を保存する．イギリスで1995年に実用実験を開始．

モンテレー ▶

モンテレー合意【Monterrey Consensus】経 2002年3月の開発資金国際会議で採択．ODA（政府開発援助）の増額と貧困国の債務緩和を呼びかけた．

モンド¹【monde 仏】 ①社世間．社会．世界．②社社交界．世間の人々．

モンド²【mondo】 珍奇なもの，意外性のあるものに新しい意味を見つけて面白がること．

モンド音楽【mondo music】音旧作の掘り出しを楽しむ音楽傾向．ヤコペッティ監督の映画『MONDO CANE』（世界残酷物語）を命名のヒントにした．

モントリオール議定書【Montreal protocol】環オゾン層保護条約議定書．オゾン層破壊物質の規制策を盛り込み，1987年に採択．

モントリオール行動計画【Montreal Action Plan】 環2013年以降の温暖化対策に関する協議継続の合意．COP/MOP1（京都議定書第1回締約国会議）で採択された．

モントリオールプロセス【Montreal process】営熱帯林とヨーロッパ以外の森林を対象とし，保全と持続可能な森林経営の国際的基準・指標を1995年に合意したもの．

モンブラン【mont-blanc 仏】料洋菓子の一種．クリを練ってクリームに混ぜ，スポンジケーキなどに盛る．

モンローエフェクト【Monroe effect】気女性のスカートをめくるような風が吹くこと．高層ビル街などで起こる．

モンロー主義【Monroe Doctrine】歴1823年にアメリカのモンロー大統領が提唱した外交政策．非植民・不干渉に基づく孤立主義で，その後の国際関係に大きな影響を与えた．

ヤ

ヤーコン【yacon】植キク科の植物．アンデス高地原産．葉を茶にしたり，塊茎を食用にしたりする．機能性食品の一つ．

ヤード【yard】 ①構内．中庭．庭園．②建鉄道操車場．③長さの単位の一つ．1ヤードは約91.44 cm．

ヤードスティック【yardstick】 ①判断の基準．ヤード尺の意から．②経地域独占の公益事業に競争を促す制度で，平均的企業のコストを基に料金を算定するような方法をとれる．

ヤードスティック規制【yardstick regulation】営地域独占状態の複数の事業者間に，間接的に競争状況を作り出すための価格規制．最優良企業の料金を基準として効率化を促す．

ヤードセール【yard sale】風経自分の庭に不用品を並べて売買や交換を行うこと．

ヤードポンド法【yard pound system】 長さにヤード，質量にポンド，水の体積にガロンを用いて表示する単位系．

ヤール ヤード（yard）の転．服主に布地の長さを表す時に用いる．

ヤーン【yarn】服編み物・織物の材料用の糸．

ヤウンデ協定【Yaoundé convention】経欧州共同体（EC）と途上国との連合関係を規定した協定の一つ．1963年にカメルーンのヤウンデで第一次協定を締結．71年に第二次協定が発効した．

ヤクホント【Yakhont】軍ロシアの艦対艦ミサイル SS-N-26 の通称．

ヤッカー【yacker】社商品詐欺をもくろみ，金やダイヤモンドなどを売りつける専門家．

ヤッケ【Jacke 独】 服ずきん付きの防風・防寒・防水用の上着．アノラックともいう．

ヤッピー【yuppie】社アメリカで，都会やその近郊に住み知的専門職をもつ青年たち．教育程度も高く，収入も多く，豊かな趣味をもっている．young urban professionals の略．

ヤッピースカム【yuppie scum】社ヤッピーのような豊かな生活をしながら，趣味や娯楽などは生活水準が低い階層の人々が行うようなものを楽しむ人．

ヤドバシェム【Yad Vashem】イスラエルのエルサレムにあるホロコースト記念館．

ヤヌス【Janus 羅】 ローマ神話で，戸口の神．あらゆることの初めの神とされている．前と後ろ二つの顔をもつ．

ヤハウェ【Jahveh】宗ユダヤ教の万物の創造主である最高神．キリスト教のエホバに当たる．ヤーベともいう．

ヤフー【Yahoo!】IT世界最大級の登録型インターネット情報検索エンジン．検索の他にも多彩なサービスを提供している．

ヤフービービー【Yahoo! BB】IT ADSL（非対称デジタル加入者線）によるインターネット接続サービスの一つ．ソフトバンクグループが提供．

ヤポンスキー【yaponskii 露】日本人．日本の．

ヤムチャ【yǐncha 飲茶 中】料点心と呼ぶ軽食と茶を飲む中国の簡単な食事．

ヤロビザーチヤ【yarovizatsiya 露】農春化処理法．種子をまく前に低温処理して増収を図る農法．ヤロビ農法，ミチューリン農法，バーナリゼーションともいう．

ヤンガー ジェネレーション【younger generation】 若い世代．次の時代．

ヤンガーチャーチ【younger church】宗アジア，アフリカなどの非キリスト教国で，宣教師たちの伝道によって生まれた教会．

ヤンキー【Yankee】 アメリカ人の俗称．アメリカ北部諸州の人．

ヤンキーイズム【Yankeeism】 ヤンキー気質．アメリカ人かたぎ．

ヤンキー ドゥードル【Yankee Doodle】IT軍コンピュータウイルスの一種．感染すると毎日午後5時にパソコンが「Yankee Doodle」（アルプス一万尺）を演奏．

ヤンキーボンド【yankee bond】経アメリカ市場で発行される外債．

ヤング【young】 ①若い．②若者．若い世代．この意味では英語は the young．

ヤングアダルト【young adult】社10歳代後半の若者．時には20歳代前半も含む．

ヤングオールド【young old 日】①自立していて元気で若々しい感じの高齢者．②前期高年齢人口．65歳から74歳までの人口をいう．

ヤングスター【youngster】少年．若者．

ヤングハローワーク【young hellowork 日】社若年層の就職活動を支援する公共職業安定所の通称．

ヤングパワー【young power】若々しい力．若人の力．

ヤングマン【young man】若者．青年．

ヤングミセス【young Mrs. 日】若妻．若夫人．

ヤングライン【young line 日】服オリジナルブランドの普及版．

ヤング リタイアメント【young retirement】社資産のある家に生まれたり，若いうちに財産を築いたりして，早々と仕事を離れること．

ヤング率【Young's modulus】理伸びの弾性率．弾性係数の一種．

ヤングリッチ【young rich 日】社資力のある若者．購買欲があり，金銭的に裕福な若者層．

ヤンピー【yumpie】社都会に住む出世志向をもつ若い専門職者．ヤッピーと同義．young upwardly mobile professional の略．

ユ

ユーアピール【you-appeal】広あなたに訴えるという呼びかけで，印象づける広告方法．

ユーカリ【Eucalyptus 羅】植フトモモ科の常緑高木．葉からユーカリ油を採り，医薬品などに用いる．コアラの食草．英語では eucalypt．

ユーカリスト【Eucharist】宗パンとブドウ酒で，キリストに感謝の意を示す儀式．またはそのパンを指す．聖体．聖餐（せいさん）．

ユークリッド幾何【Euclidean geometry】数前300年ごろに古代ギリシャのユークリッドが著した『原論』にまとめられた幾何学の体系．

ユークリッドの互除法【Euclid's algorithm】①算自然数の最大公約数を効率的に求める方法．世界で最初のアルゴリズムとされる．

ユーゲニズム【yugenism】文幽玄主義．日本語の幽玄から作られた英語．

ユーゲント【Jugend 独】青年．若者．青春．

ユーゴフレンズ【Yugo friends】1993年に旧ユーゴスラビア周辺各国が開始した，ボスニア内戦終結後の地域の安定維持に関する，非公式の話し合いの通称．

ユーザー【user】①使用者．利用者．需要者．商品使用者．②①算コンピューターを利用する人・組織．

ユーザーID【user identification】①算利用者の認証に用いる番号や文字列の識別符号．コン

ピューターシステムの安全性を守り，利用者の管理などを行う．パスワードとともに厳重な管理が必要．

ユーザー インターフェース【user interface】①算コンピューターの使い勝手や総合的な利用環境のこと．

ユーザー インターフェース サーバー【user interface server】①算ウィンドウ方式の GUI を使って，ユーザーインターフェースを専門に管理するサーバー．

ユーザーオリエンテッド【user-oriented】営顧客本位．顧客第一主義．利用者を志向した，利用者を優先させたの意．カスタマーオリエンテッドともいう．

ユーザー管理【user management】①算コンピューターシステムの利用者を管理すること．

ユーザーグループ【user group】①①算特定の機器，または特定のプログラムを使う利用者たちの集まり．同一のことに興味をもって情報交換するグループ．②①算マルチユーザーシステムをとっている UNIX で，グループに分けて管理している利用者．

ユーザー固定ライセンス契約【user fixed license agreement】①算ソフトウェア一本につって，一人のユーザーを登録できるライセンス契約．

ユーザーサポート【user support】①算ハードウェアやソフトウェアの購入者や，プロバイダーの加入者に，利用方法の相談に応じるサービス．

ユーザー辞書【user's dictionary】①算日本語入力ソフトで，利用者が独自の単語や熟語，短文を登録し，かな漢字変換に使う辞書．

ユーザー車検【user 一】社自動車の所有者が車検場へ直接行くやり方．

ユーザーズマニュアル【user's manual】①算パソコンや周辺機器に付属する取扱説明書．

ユーザーチャージ【user charge】経社公共の財産・施設を使用する際，その一部を使用者に負担させること．

ユーザー定義文字【user defined character】①算外字．ユーザーやメーカーが独自に作成して登録した文字．JIS コード表にない異字体や記号．

ユーザーテスト【user's test】営機使用者試験．特に，自動車メーカーが自動車の発売後，使用者側の苦情で手直しなどをすること．

ユーザー登録【user registration】①①算ソフトウェアやハードウェアの購入時に，添付の書類などをメーカーや販売会社に送って正規の利用者登録すること．②①算アプリケーションソフトでさまざまな利用者独自の登録ができる機能，または登録されたデータ．

ユーザー認証【user authentication】①算システムやアプリケーションの正当なユーザーであることを確認する電子認証．

ユーザーファイル【user file】①算使用者が使える外部記憶装置に記憶された情報．

ユーザーフレンドリー【user-friendly】利用者に親切である．使い勝手がよい．親しみやすい．わかりやすいの意でも使う．

ユーザー フレンドリー プライス【user-friendly price】 営経利用者に配慮した求めやすい価格.

ユーザーホスタイル【user-hostile】 営社利用者にとって使いにくい. 不便な.

ユーザー網インターフェース【user network interface】 Ⅰ算通信ネットワークと利用者の間の、インターフェース規定. 主に ITU-T 勧告として国際標準に準拠する.

ユーサナジスト【euthanasist】 社安楽死を肯定する人.

ユーザビリティー【usability】 Ⅰ算機器やプログラムの使いやすさ.

ユーザビリティー パラドックス【usability paradox】 軍核兵器の保有国が、相手国からの核による報復を恐れて、核攻撃ができないという逆説. 核による抑止力を支える考え方.

ユーザンス【usance】 経手形期限. 為替手形の支払い延長措置.

ユーザンスビル【usance bill】 経支払い期限付きの為替手形.

ユージェニックス【eugenics】 生優生学.

ユージャリー【usury】 営経高利貸し. 法外に高い金利. 暴利.

ユージュアル【usual】 日常の. 通常の. 平素の. ↔アニュージュアル.

ユース【youth】 若さ. 若者. 青年. 青春時代.

ユースウエア【useware】 Ⅰ算ハードウエアとソフトウエアを除いた、コンピューター関連のサービス. 機器導入時の指導、システムの設計、データ入力などを行うもの.

ユースセンター【youth center】 社青年運動の中心施設. 1939年ごろアメリカに始まり、レクリエーションを中心に青年たち自身で運営. 日本にはYWCA にその施設がある.

ユースタシー【eustasy】 地地殻の隆起にともなって起こる海岸線の後退.

ユーズドカー【used car】 中古車.

ユーズド加工【used finishing】 服使い古したような感じを生地や製品に出す後加工法.

ユーストレス【eustress】 心毎日の暮らしに張り合いが出てくる心理反応. 元気の出るストレス. ↔ディストレス.

ユーズ バイ デート【use-by date】 料食品などの包装や容器に記す使用期限の日付.

ユースマーケット【youth market】 営若年齢層の市場.

ユーターン【U-turn】 社逆戻り. 自動車などが、道路上をU字形に旋回して進路を変えること.

ユータナジー【euthanasie 仏】 社安楽死. ユーサネイジアともいう.

ユーティリティー【utility】 ①有用性. 効用. 実利. 実益. 有用. 万能. ②公益事業. 英語では public utility ともいう. ③電気・ガス・水道などの利用設備. この意味では utilities. ④(日)建家事室. 洗濯や縫い物など家事用の器具を備えている部屋. ⑤Ⅰ算コンピューターの作業環境の整備や仕事の補助をするプログラム. ツールともいう.

ユーティリティー ソフト【utility software】 Ⅰ算コンピューターの使い勝手を向上させる便利なソフトウエアの総称.

ユーティリティー ナイフ【utility knife】 万能小刀.

ユーティリティー ビークル【utility vehicle】 機社実用性を主体にした車. 多用途車.

ユーティリティー プレーヤー【utility player】 競万能選手.

ユーティリティー ルーム【utility room】 建家事作業を機能的に行う部屋. 台所に接して設け、洗濯機・掃除機などの器具を備える.

ユーティリティー コンピューティング【utility computing】 Ⅰ算コンピューターの従量課金制サービス. ネット経由で提供事業者のコンピューター機能を利用し、利用時間に応じた料金を支払う.

ユートピア【Utopia】 社現実には存在しない理想の国. イギリスのトマス・モアの書いた社会啓蒙書の題名にちなむ.

ユートピアニズム【utopianism】 哲ユートピア思想. イギリスのトマス・モアの著作『ユートピア』に描かれた理想的な社会についての考え方.

ユートピアン【utopian】 夢想家. 理想家. 空想的社会改良家.

ユードラ【Eudora】 Ⅰ算マッキントッシュ用の電子メールソフトの一つ. 画面にニワトリが登場するなど、親しみやすい作りのもの.

ユーナニミティー【unanimity】 政満場一致. 全員一致.

ユーバー【über 独】 上位の. 優先して. 超….

ユーバー杯【Uber Cup】 競(バドミントン)団体戦の女子世界選手権の別称. 2年に1回開催され、かつての全英チャンピオン、ユーバー夫人が寄贈した優勝杯を争う. 正式には Lady's International Badminton Championship for The Uber Cup.

ユーバーパワー【Uberpower】 政超大国. 強大化するドイツをいう. ドイツ語の über と power の合成語.

ユーバーメンシュ【Übermensch 独】 超人. スーパーマン.

ユーフィミズム【euphemism】 言遠回しな言い方. 婉曲語法.

ユーフォー【UFO】 未確認飛行物体. 空飛ぶ円盤など、正体不明の飛行物体の総称. unidentified flying object の略. ユーエフオー.

ユーフォリア【euphoria】 幸福感. 多幸症. 上機嫌. 陶酔. 楽観論.

ユーフォロジー【ufology】 UFO学. 未確認飛行物体を研究する.

ユーボート【U-boat】 軍第二次大戦当時、ドイツが建造した潜水艦.

ユーモア【humor】 上品で高級なしゃれやこっけい. ヒューモア、フモールともいう.

ユーモアアプローチ【humor approach 日】 広ユーモアのある言葉で消費者に接近して、広告の成果をあげようとする方法.

ユーモラス【humorous】 ユーモアのある. こっけ

いな．

ユーモリスト【humorist】ユーモアのある人．しゃれやこっけいがわかる人．諧謔家．

ユーラシア【Eurasia】ヨーロッパとアジアを一つの大陸とみなす時の呼称．Europe と Asia の合成語．

ユーラシア外交【Eurasia diplomacy 日】ロシア，中国から中央アジア諸国までを含めた地域へ外交を展開する日本のやり方．1997年に橋本首相が提唱．

ユーラシア経済共同体【Eurasian Economic Community】ロシア，ベラルーシ，カザフスタン，キルギス，タジキスタンの5カ国による共同体．単一の経済空間形成を目指して，2000年に発足．

ユーラシアプレート【Eurasia plate】ヨーロッパとアジアをおおう大陸をのせるプレート．西南日本はその東縁にある．

ユーラシア ランドブリッジ【Eurasian Land-Bridges】中国江蘇州・連雲港からオランダ・アムステルダムに至る鉄道．新シルクロード鉄道ともいう．

ユーラトム【EURATOM】欧州原子力共同体．共通のエネルギー政策を目指し，西ヨーロッパ各国が共同して原子力産業を開発推進するために，1958年に設立した．European Atomic Energy Community の略．

ユーラフリカ【Eurafrica】ヨーロッパとアフリカを総称する語．Europe と Africa の合成語．

ユーレールパス【Eurailpass】西ヨーロッパ16カ国の鉄道全線に利用できる外国人旅行者専用の周遊券．国際特急列車(TEE)を含む1等車に自由に乗れる．

ユーレカ【EURECA】欧州先端技術共同体構想．1984年にフランスのミッテラン大統領が提唱．英語での呼称は European Research Coordination Action.

ユーレカ計画【Eureka】ESA(欧州宇宙機関)の本格的フリーフライヤ型衛星による無人実験．European Retrieval Carrier Project の頭字語から．

ユーロ【Euro】欧州連合(EU)の共通通貨．欧州統一通貨．1999年1月からドイツ，フランスなどのヨーロッパ諸国で導入．

ユーロアトランティック【Euro-Atlantic】欧大西洋．西ヨーロッパからロシアまでの地域を含んだ呼称．

ユーロ円【Euro yen】海外に流出した円が日本に還流せずに海外で取引されること．

ユーロ化【euroization】自国の法定通貨をEU統一通貨のユーロにすること．

ユーロカレンシー【Eurocurrency】ある国の通貨が他国の銀行に預金されるなど，国内市場以外で保有される通貨のこと．

ユーロキッド【Eurokid】ヨーロッパっ子．欧州連合(EU)の職員や多国籍企業の従業員などの子供たち．親が EU 域内の諸国に転任することが多いところから．

ユーロクリア【Euroclear】ユーロ債の集中振替決済などを行う国際証券決済機関．1968年に設立．

ユーロコーズ【Eurocorps】ヨーロッパ防衛軍．NATO(北大西洋条約機構)の域外で平和維持活動に当たるヨーロッパ合同軍．

ユーロコミュニズム【Eurocommunism】フランス，イタリアなどの西ヨーロッパ諸国における共産主義．西欧式共産主義．

ユーロ債【Eurobond】ヨーロッパを中心とした国際的金融市場であるユーロ市場で発行されるさまざまな通貨建ての債券．

ユーロシッド【Eurosid】自動車の衝突実験に用いる身代わり人形．オランダ製で，ヨーロッパの成人男子の平均的体格に基づき作成．European Side Impact Dummy から．

ユーロシマ【Euroshima】ヨーロッパの反核運動の標語に使う，広島をもじった造語．

ユーロスクレローシス【Eurosclerosis】ヨーロッパ諸国の慢性的失業問題のこと．ヨーロッパの動脈硬化の意．

ユーロスケプティックス【Euroskeptics】欧州連合(EU)加盟に懐疑的な人．加盟で生じるとされる利益・利点に疑問をもつ人．

ユーロスター【Eurostar】ユーロトンネルを通り，ロンドンとパリを結ぶ直通高速旅客列車の呼称．イギリス，フランス，ベルギーの国鉄が共同開発し，運行している．

ユーロスペース【Eurospace】ヨーロッパの航空宇宙・エレクトロニクス企業80社以上からなる非営利国際団体．1961年に発足し，ヨーロッパの宇宙活動を推進している．European Space Industry Study Group の略．

ユーロソシアリズム【Eurosocialism】西ヨーロッパ式社会主義．従来の社会主義や社会民主主義を超えようとして起こった．

ユーロダラー【Eurodollar】ヨーロッパ諸国の金融機関を中心に預けられたドルのこと．為替変動などによる利ざや稼ぎのためにしばしば運用される．

ユーロディフ【Eurodif】欧州ウラン濃縮機構．フランス，イタリア，スペイン，ベルギー，オランダの共同事業．

ユーロテロリズム【Euroterrorism】ヨーロッパの極左集団によるテロ活動の総称．

ユーロ取引【Euro trade】ユーロカレンシー建て資産取引．外国為替銀行が，所属国の通貨当局の影響が及ばないユーロ市場で行う．

ユーロトンネル【Eurotunnel】ドーバー海峡を通り，ロンドンとパリを結ぶ海底トンネル．1994年に開業．ドーバートンネルともいう．

ユーロナショナリズム【Euronationalism】国際政治・経済において，ヨーロッパが独自の行動をとろうとするヨーロッパ民族主義．

ユーロネット【Euronet】ヨーロッパ各国を結ぶ通信ネットワーク．本拠地はオランダのアムステルダム．

ユーロ バロメーター【Euro Barometer】EU(欧州連合)加盟国の世論調査．

617

ユーロバン▶

ユーロバンク【Eurobank】 経ユーロカレンシーによる預金を，金融事業活動の主軸にしている銀行．

ユーロピアン イングリッシュ【European English】 言ヨーロッパ英語．欧州連合（EU）結成などに合わせて作ろうという動きがあった．

ユーロビジョン【Eurovision】 放ヨーロッパのテレビジョンの交換中継放送の一つ．

ユーロ評議会 経ユーロ地域諸国の金融・通貨対策を実質的に討議する非公式会議．Euro11（ユーロイレブン）の通称で呼ばれる．

ユーロファイター【Eurofighter】 軍欧州次期主力戦闘機．ヨーロッパ諸国による戦闘機の共同開発を目指す構想．

ユーロファイター2000【Eurofighter 2000】 軍イギリス，ドイツ，イタリア，スペインが共同開発した戦闘機．通称はタイフーン．

ユーロファイル【Europhile】 社欧州連合（EU）加盟に好意的な人．

ユーロFED【Eurofed】 経ユーロフェド．欧州連合（EU）の欧州中央銀行制度の通称．

ユーロフローラ【Euroflora】 植国際園芸博覧会．イタリアで5年ごとに開催される．

ユーロポール【Europol】 社欧州刑事警察機構．

ユーロポリティーク【Europolitik】 政旧ソ連のゴルバチョフ政権が西欧に対してとった接近外交政策．改革路線の推進に欠かせない貿易・技術などを西欧に頼ろうとした．

ユーロボンド【Eurobond】 経ヨーロッパの資本市場で，起債市場国の通貨によらないで発行される外債．

ユーロマネー【Euromoney】 経各国の金利差などによる利ざやを求めて，ヨーロッパ金融市場を中心に世界を浮動する資金．ユーロダラーはその代表的なもの．

ユーロマネー市場【Euromoney market】 経各国の通貨がそれらの母国外で，自由に預貸取引できる資金および債券取引市場の総称．

ユーロモッブ【Euromob】 社ヨーロッパ全域で活動しているといわれる暴力組織．

ユーロランド【Euroland】 経欧州連合（EU）が1999年に実施した通貨統合に伴って形成された単一通貨圏のこと．

ユーロリージョン【Euroregion】 社ヨーロッパで進めている国境を越えた地域間の協力活動体．またはその組織．

ユカギルマンモス【Yukagir mammoth】 動ロシア連邦サハ共和国のユカギル村で，永久凍土の中から発見されたマンモス．

ユグノー【Huguenot 仏】 宗フランスの新教徒であるカルバン派の呼称．

ユダヤ教【Judaism】 宗前5〜前4世紀に成立した，万物の創造主ヤハウェを唯一神として信奉するユダヤ人の宗教．

ユナイター【uniter】 結び手．団体相互間の連携を担う役．

ユナイテッド【united】 連合した．複合した．結合した．

ユナイテッド キングダム【United Kingdom】 政現在のイギリスの公称．正式名は United Kingdom of Great Britain and Northern Ireland．ユーケー，U.K. ともいう．

ユナイテッド ステーツ オブ アメリカ【United States of America】 政アメリカ合衆国．USA ともいう．

ユナイテッド ネーションズ【United Nations】 政国際連合．UN ともいう．

ユナニミスム【unanimisme 仏】 文一体主義．集団の心理や感情を表現することを目指す，20世紀初めに起こったフランスの文学潮流．

ユナフェイ【UNAFEI】 社アジア極東犯罪防止研修所．国連地域研修機関の一つで，1961年に東京に設立．United Nations Asia and Far East Institute for the Prevention of Crime and the Treatment of Offenders の頭字語．

ユナボマー【Unabomber】 社アメリカのFBI（連邦捜査局）が連続小包爆弾犯に付けたコードネーム．大学と空港を標的に，数多くの殺傷事件を起こした．1998年に釈放なしの終身刑判決が下った．

ユニ【uni-】「一つの」「一つにまとめられた」などの意味の接頭語．

ユニーク【unique】 唯一の．類のない．独特な．風変わりな．

ユニオニズム【unionism】 社労働組合主義．組合主義．

ユニオン【union】 ①社連合．合同．同盟．団結．組合．労働組合．②[U-] 政イタリアの旧「オリーブの木」など野党中道左派連合の名称．

ユニオンカード【union card】 社組合の会員証．

ユニオンジャック【Union Jack】 イギリスの国旗．イングランド，スコットランド，アイルランドの国旗を組み合わせた．

ユニオンショップ【union shop】 社労働組合と雇用主の協定で，労働者は企業に採用されると同時に組合加入の義務が生じ，組合脱退とともに解雇されるという制度．

ユニオンデパート【union department 日】 営連合百貨店．各種の専門店が集まって百貨店形式になったもの．

ユニオンラグビー【union rugby】 競(ﾗｸﾞ)15人制ラグビーのこと．

ユニカール【unicurl】 競カーリングに似せて，1979年にスウェーデンで考案された競技．特殊なカーペット上に石を滑らせて目標点に近づける．1チーム3人で行う．

ユニカメラル システム【unicameral system】 政一院制議会．

ユニキャスト【unicast】 IT電子メール，ファイル転送プロトコル（FTP）などのように，ホストコンピューター同士が1対1で通信すること．⇔マルチキャスト．

ユニコード【unicode】 IT算16ビットで全世界の文字を表現する文字コード．

ユニコーン【unicorn】 一角獣．

ユニサイクル【unicycle】 競一輪車．

ユニスペース【UNISPACE】 字国連宇宙平和利

用会議．United Nations Conference on the Exploration and Peaceful Uses of Outer Space の略．

ユニスポ【universal sports】社だれもが楽しめるスポーツのこと．ユニバーサルスポーツの略称．

ユニセックス【unisex】社服男女共通．特に服飾などで，男女どちらにも向くものをいう．

ユニセフ【UNICEF】国連児童基金．1946年に設立された国連国際児童緊急基金（United Nations International Children's Emergency Fund）の後身で，53年に改称したが，略語はそのまま用いている．正式には United Nations Children's Fund．

ユニゾン【unison】①音多くの人が同じ音で歌う歌唱方法．斉唱．楽器による場合は斉奏．②調和．同調．一致．

ユニタリー【unitary】統一の．統一された．

ユニタリーステート【unitary state】政単一国家．一つの政府に統治されている国家．

ユニタリー タックス【unitary tax】経合算課税．アメリカの税制の一つ．州で事業を営む事業所や工場の利益だけでなく，州外（国外）にあるその企業の親会社・子会社などでも単一性が認められる場合は，その利益も合算して，州の課税額を計算する．

ユニックス【UNIX】Ⅰ算1969年にアメリカのAT&Tベル研究所が開発したオペレーティングシステム．

ユニット【unit】①全体の構成をなす一つずつの構成単位．②集団．ひとまとまりになる一団．③経ユニット型投資信託の略．

ユニット型投資信託【unit 一】経投資信託の一種．単位型投資信託．購入時期が個別の募集期間に限定される．

ユニットキッチン【unit kitchen】建調理台，ガスレンジ，流しなどが，一体的に機能的にデザインされた台所．

ユニットケア【unit care 日】社小集団の生活単位と個室を組み合わせた介護施設の運営方法．

ユニット工法【unit construction 日】建プレハブ工法の一種．工場内で生産した住宅各部の箱状構成単位を，現場に運搬・組み合わせて一戸の住宅を構成する工法．

ユニットコスト【unit cost】営経単位当たりの原価．単価．

ユニットコントロール【unit control】営商品の在庫高・仕入れ量・販売高などを一品目ごとに管理する方式．コンピューターによるPOSシステムで把握する．

ユニットシステム【unit system 日】営単位組み立て方式．一定の基準で生産された各単位を自在に組み合わせて，家具や機械などを作る方式．この意味では英語は unit construction（system）．

ユニットドレス【unit dress】服組み合わせて着るように作った服．ブラウスとスカート，ワンピースとベストなど．

ユニットハウス【unit house 日】建組み合わせ式住宅．工場で完成された部屋を自由に組み合わせて作るプレハブ住宅の一種．英語は prefabricated house．

ユニットバス【unit bath 日】建浴槽と床や壁などが一体化している浴室．

ユニットパターン【unit pattern】服いくつかの柄を集めたものを，さらに組み合わせたパッチパターン風のプリント柄．

ユニット ファーニチャー【unit furniture 日】組み立て式家具．英語は sectional furniture．

ユニット プライシング【unit pricing】営単位価格表示．食品や日用品などの商品に，容量・重さ・長さなどの一定量単位当たりの販売価格を表示する方式．

ユニットプライス【unit price】①営経単価．②営経合計料金．

ユニットリスク【unit risk】生基準量の発がん性物質を含む空気を生涯を通して吸入した時に示される発がんリスクの値．

ユニット レーバー コスト【unit labor cost】営経社労働者一人当たりの製品価格に占める労働賃金の割合を示す指標．

ユニットロード【unit load】経複数の物品または包装貨物を一つの単位にまとめた貨物．物流機械での取り扱いをしやすくする．

ユニットロード システム【unit load system】経多くの物品や包装貨物をパレットやコンテナなどを使ってまとめ，輸送・保管・荷役などの物流を一貫して行う機能の総称．

ユニティー【unity】統一．一貫性．単一性．

ユニディスク コンセプト【unidisc concept】Ⅰ算DVD-video や DVD-ROM，DVD-RAM などのいわゆる DVD ファミリーの間で，互換性を確保しようという考え方．

ユニテリアン【Unitarian】宗キリスト教プロテスタントの一派．三位一体論を否定して，キリストを神とはしない教義をもつ．

ユニド【UNIDO】経国連工業開発機関．1967年に国連の補助機関として設立．86年に専門機関となる．本部はオーストリアのウィーン．United Nations Industrial Development Organization の頭字語から．

ユニバーサリズム【Universalism】宗万人救済説．人類はすべて，終局において救われるというキリスト教神学説．

ユニバーサリティー【universality】普遍性．一般性．

ユニバーサル【universal】普遍的な．全部の．万能の．自在の．全世界の．宇宙の．

ユニバーサル アクセス【universal access】Ⅰ誰もが平等に情報通信システムを利用できる環境．

ユニバーサル アクセス権【right to universal access】Ⅰ放スポーツ大会の放映権を地上波放送局が得て，一般視聴者がテレビ視聴できる権利．

ユニバーサルＡＤＳＬ【universal asymmetric digital subscriber line】Ⅰ ADSL（非対称デジタル加入者線）の規格の中で，最大

ユニバーサ ▶

伝送周波数が 550kHz のもの．機能が簡略化され，一般家庭への普及を目指す．

ユニバーサル ケア【universal care】 社国民皆保険．国民皆保険制度．国の負担で全国民を健康保険に加入させる．

ユニバーサル サービス【universal service】 社全国均質サービス．全国で均質に均一料金で受けられるサービス．

ユニバーサル ジョイント【universal joint】 機自在継手．二つの軸を結び付ける継ぎ手で，自由自在の角度で屈曲できる．

ユニバーサル商品【universal goods 日】 社高齢者や身体障害者向けと一般向けとの差異を少なくして共通化した商品．

ユニバーサル シリアルバス【universal serial bus】 I算パソコンと周辺機器を接続するのに使うインターフェース規格．USB．

ユニバーサル スタジオ ジャパン【Universal Studios Japan】 大阪にあるアメリカ映画をテーマにした大規模遊戯施設．2001年に創立．商標名．USJ ともいう．

ユニバーサル スペース【universal space】 建内部に柱や壁をできるだけ設けない建築空間．用途に応じ間仕切りなどを使って区切る．

ユニバーサル タイム【universal time】 社世界時．万国標準時．UTともいう．

ユニバーサル ツーリズム【universal tourism】 社誰でも楽しめる観光旅行．旧経団連が2000年に提唱した．

ユニバーサル デザイン【universal design】 I算みんなが快適に利用できる製品や機能などのデザイン．アメリカのロン・メイスが提唱．

ユニバーサル デザイン フード【universal design food】 科すべての人が食べやすいように開発された，家庭向けの食品．

ユニバーサル バンキング【universal banking】 経総合銀行業．金融機関がその本体で普通銀行業務，長期信用業務，信託業務，証券業務など，すべての金融・証券業務を取り扱うこと．

ユニバーサル ファッション 日【universal fashion 日】 服装いを楽しむことを考えた障害者や高齢者を対象とする服や服飾雑貨．

ユニバーサル プラグ アンド プレー【universal plug and play】 I算消費者向けのネットワークの規格．アメリカのマイクロソフトが提唱．UPnP ともいう．

ユニバーサル保険【universal life insurance】 社人生設計の変化に応じて保険金額，保険料，保険期間の三つのうち二つを自由に設計できる保険．

ユニバーシアード【Universiad】 競国際学生スポーツ大会．1957年から2年ごとに開催され，夏季大会と冬季大会を行う．大学生または卒業後2年以内の者に参加資格がある．

ユニバーシティー【university】 教大学．総合大学．大学院を併設する大学．

ユニバーシティー アイデンティティー【university identity】 教大学の存在を広く知らせること．大学の個性や特徴を広く訴える．UIともいう．

ユニバース【universe】 宇宙．全世界．全人類．

ユニファイド メッセージ【unified message】 I算 CTI（computer telephony integration）のアプリケーションの一つ．各種の通信機器のサービス機能を CTI サーバー上で連携させること．

ユニフィケーション【unification】 I算形の違いや不確定要素のある複数の文字を，同じ文字として統合すること．Unicode 作成時に，文字数を減らすために用いた．

ユニフェム【UNIFEM】 社国連女性開発基金．1976年に設けられた国連女性の10年基金を85年に改称した．United Nations Development Fund for Women の略．

ユニフォーミティー【uniformity】 ①画一性．同一性．均等性．均一．等質．②I算ブラウン管表示装置で，白一色の画面表示で現れる色むら．ユニホーミティーともいう．

ユニホーム ファッション【uniform fashion 日】 服事務服や作業服をファッショナブルなデザインにすること．

ユニポーラ【unipolar】 単極の．単極性の．単軸の．

ユニポーラIC【unipolar IC】 I算単極性集積回路．

ユニポーラ トランジスタ【unipolar transistor】 理単極性トランジスタ．

ユニホック【unihoc】 競ホッケーに似たスウェーデン生まれの競技．プラスチック製のスティックと穴あき球を使う．

ユニモグ【unimog】 機社優れた清掃能力をもつ道路清掃車のこと．スーパートラックともいう．

ユニラテラリズム【unilateralism】 一方的制裁主義．一方的軍縮論．単独主義．

ユネスコ【UNESCO】 社国連教育科学文化機関．教育・科学・文化・通信を通じて国家間の協力を促進し，世界の平和と安全に寄与することを目指している．1942年に設立された知的協力国際機関が前身．United Nations Educational, Scientific and Cultural Organization の略．

ユネスコ憲章【Charter of the United Nations Educational, Scientific and Cultural Organization】 社国連教育科学文化機関（UNESCO）憲章．1945年11月採択．

ユネスコ条約【UNESCO treaty】 ユネスコ（国連教育科学文化機関）の斡旋により，1952年にできた万国著作権条約．日本は56年に加盟．

ユビキタス【ubiquitous】 遍在する．至る所にある．いつでもどこでも．同時遍在性．

ユビキタス インターネット【ubiquitous Internet】 I算いつでもどこでもインターネットを利用できる環境．

ユビキタス コンピューティング【ubiquitous computing】 I算家庭や職場などをはじめ，身の回りの至る所に，生活を支援する情報機器が環境の一部として存在すること．

ユビキタスネット ジャパン【ubiquitous net

Japan】 [I]総務省が提示する2010年の情報通信を活用した社会像.

ユビキタス ネットワーク【ubiquitous network】[I][通]いつでもどこからでもネットワークに接続しコンピューターが使える環境.

ユビキタス ロボット【ubiquitous robot】[機][社]どこにでもあまねくロボットが存在するような状態.

ユマニスム【humanisme 仏】ヒューマニズム. 人道主義.

ユマニテ【humanité 仏】人間性. ヒューマニティー.

ユラスムス【Erasmus】[教社]欧州連合（EU）加盟国の大学間で, 学生の研究交流や協力などを図るための活動計画. Erasmus は European Region Action Scheme for the Mobility of University Students の頭字語.

ユリア樹脂【urea-formaldehyde resin】[化]尿素樹脂. 尿素とホルムアルデヒドを縮合した熱硬化性樹脂. 成型材料・接着剤・塗料などに用いる.

ユリイカ【eureka】「わかった, これだ」という意味の歓喜の表現. 古代ギリシャの哲学者アルキメデスが, 黄金の純度を量る方法を思いついた時に叫んだという言葉.

ユリウス暦【Julius calendar】[因]古代ローマの皇帝ユリウス・カエサルが, 前46年に制定した暦. 365日と6時間で1年とするもので, のちにグレゴリオ暦に受け継がれて, 現行の太陽暦の基礎となる. ジュリアン暦ともいう.

ユリシーズ【Ulysses】[宇]太陽の南北極を観測する探査機. ESA（欧州宇宙機関）とアメリカのNASA（航空宇宙局）が, 1990年にスペースシャトルで打ち上げた.

ユルニオン【Eurunion】[経]ヨーロッパの主要銀行が設立した投資信託機関. ヨーロッパ大陸の資本交流を促進するのが目的で, 1959年に業務を開始した.

ユレダス【UrEDAS】[地]地震動早期検知警報システム. 鉄道総合技術研究所が開発. 1990年に運用開始. Urgent Earthquake Detection and Alarm System の頭字語から.

ユンカー【Junker 独】[歴]プロイセンの貴族の通称. 特に19世紀のドイツ帝国建国の中枢となった保守派の貴族をいう. ユンケル.

ヨ

ヨーガ【yoga 梵】[競]呼吸を整え, 感覚や意識を統制して悟りの境地に達しようとする方法. ヨガともいう.

ヨーク【yoke】[服]身ごろやスカートの上部の切り替え部分.

ヨークシャー【Yorkshire】[動]豚の一品種. イギリスのヨークシャー地方原産で, 体毛が白い.

ヨーグルト【yogurt】[科]牛乳やヤギの乳などに乳酸菌を添加して, 発酵させた乳酸飲料. 凝固させたものもある.

ヨーデル【Jodel 独】[音]裏声と胸声を交互に織り交ぜて歌う, アルプス地方独特の牧人の民謡. またその歌唱法.

ヨード131【iodine 131】[理]核分裂生成物の一つ. 半減期は8日. 自然の大気中にはないため, 放射能漏れなどの観測指標となる. ヨードはドイツ語で Jod.

ヨード卵【Jod egg】[科]海藻粉末などを飼料の中に入れて生産したニワトリの卵.

ヨーロッパ基本権憲章【European Charter of Fundamental Rights】EU（欧州連合）加盟国が順守する共通の基本権を示した憲章. 2000年にEU首脳会議で調印.

ヨーロッパ協議会【Council of Europe】[政]EU（欧州連合）加盟国, 加盟候補国, 欧州委員会などの代表で構成. 第1回会合は2002年.

ヨーロッパ憲法【European Constitution】[政法]EU（欧州連合）の基本構造となる憲法.

ヨーロピアニズム【Europeanism】ヨーロッパ精神. ヨーロッパ統一主義.

ヨーロピアン カジュアル【European casual 日】[服]ヨーロッパ調の都会的で上品な感じを取り入れた日常着.

ヨーロピアンプラン【European plan】[営]室料とサービス料のみで, 食事代は別勘定となるホテルの料金方式. 日本やアメリカに多い.

ヨガ【yoga 梵】[競]インド哲学で古くから行われている黙想的修行法. 正しい姿勢, 呼吸法, 瞑想法が自然の摂理に従って体系づけられた健康法になっている. ヨーガともいう.

ヨクト【yocto-】10^{-24} を表す国際単位系（SI）の接頭語. 記号はy.

ヨタ【yotta-】10^{24} を表す国際単位系（SI）の接頭語. 記号はY.

ヨッティング【yachting】ヨット遊び. ヨット操縦法.

ヨッテル【yachtel 日】[営]ヨットを使った旅行をしている人のためのホテル. yacht と hotel の合成語. 英語ではボート所有者や船客用の水際のホテルをボーテル（boatel）という.

ヨットチェア【yacht chair】木製の枠組みに布を張った, 折り畳み式のひじ掛けいす.

ヨットパーカ【yacht parka】[服]ヨット用のフード付きの上着.

ヨットハーバー【yacht harbor】[建]ヨットが停泊する港.

ヨットレース【yacht race】[競]ヨット競走. 艇種が同じ場合や異なる場合など, さまざまなレース形態がある.

ヨニ【yoni 梵】[医]女性の性器. 陰門. 女陰.

ヨハネスブルク サミット【Johannesburg summit】[環]持続可能な開発に関する世界首脳会議. 環境・開発サミット. 2002年にヨハネスブルクで開催したことから.

ヨフィーズ【YOFFIES】[社]若くて醜く太った人々. young out-of-shape fat folks の略.

ヨルダン パレスチナ戦線【Jordan Palestine Front】[政]ヨルダンの王制からの解放を通じ

てパレスチナ解放を目指す過激派組織．1984年に結成．

ラ

ラーク【lark】 鳥ヒバリ．
ラーゲ【Lage 独】 性性行為における男女の位置・姿勢．体位．
ラーゲル【Lager 独】 社政政治犯収容所．強制収容所．捕虜収容所．Konzentrationslagerの略．
ラージ【large】 大きい．大規模な．広い．広範な．多量の．
ラージヒル【large hill】 競(ｽﾞ)ジャンプ競技の種目の一つ．ヒルサイズが110〜184mのジャンプ台で行う．旧90メートル級．またはそのジャンプ台のこと．
ラージボール【large ball】 競従来の基準や他のものと比べて大きい球．
ラージ マウス バス【large mouth bass】 魚スズキ目の肉食性淡水魚の一種．北アメリカ産で，釣りの対象魚．ブラックバスともいう．
ラート【Rad 独】 ①ドイツで生まれた新スポーツ．身長より長い直径をもつ二つの輪をつないだ器具を用い，回転やひねりなどを行う．Rhönradの略．②車輪．はずみ車．
ラード【lard】 料豚脂．豚の脂肪を精製した調理用の油．
ラーニング【learning】 ①学ぶこと．学習すること．②学問．
ラーニング ディスアビリティーズ【learning disabilities】 教学習障害．脳の軽い機能障害などから，学校や家庭で落ち着きがなかったり，集団になじめなかったりすることがある．LDともいう．
ラーバン地域【rurban area】 社都市と農村の中間地帯．ラーバンはruralとurbanの合成語．
ラーマン効果【Raman effect】 理物質に光が当たった時，散乱光の一部に波長の変動が見られる現象．
ラーメン構造【Rahmen construction】 建部材が各節点で剛接合されている骨組み構造．Rahmenはドイツ語で枠という意．
ラーラースカート【rah-rah skirt】 服ひだ飾りの付いた丈の短いスカート．チアリーダーが着用するスカートに似ているところから．
ラール プール ラール【l'art pour l'art 仏】 医芸術のための芸術．芸術至上主義．
ライ[1]【lie】 ①うそ．偽り．②競(ｽﾞ)打球が止まった位置．ゴルフクラブのヘッドをシャフトに取り付ける角度．
ライ[2]【rai】 音アルジェリア生まれのポピュラー音楽．東洋風のメロディーに，ラテンのリズムと西洋のロックを混合した音楽．
ライアビリティー【liability】 ①責任．義務．負担．②負債．債務．借入金．

ライアビリティー インシュアランス【liability insurance】 経社被保険者に損害賠償の支払いが課せられた場合に，その一部または全部を肩代わりする保険．責任保険．
ライオット【riot】 社暴動．騒乱．大混乱．
ライオンズクラブ【Lions Club】 社アメリカに本部がある社会奉仕を目的とする国際的な民間組織．
ライオンズシェア【lion's share】 最もよい分け前．大きな分け前．イソップ物語からの用語．
ライ角度【lie —】 競(ｽﾞ)クラブをソールした時のシャフトの立ち上がり角度．
ライクラ【Lycra】 化ポリウレタン弾性繊維．アメリカのデュポン社の商標．一般にはスパンデックスという．
ライザーカード【riser card】 I算ISAなどの拡張スロットを装備した基板．マザーボード上のスロットに付けて使う．
ライ症候群【Reye syndrome】 医全身の器官，特に小児の肝臓と脳をおかす急性の病気．オーストラリアのライが1963年に報告．
ライジング ジェネレーション【rising generation】 青年層．若い世代．
ライジングショット【rising shot】 競(ﾃﾆ)バウンドした球の上がり端を打つ打法．最高点に到着する前に打ち，すばやく攻撃する．
ライジングボート【rising vote】 社政起立者の数で賛否を決める表決方法．
ライス【rice】 料米．飯．
ライスケーキ【rice cake】 料米を主材料にした菓子．米菓．モチ．
ライスセンター【rice center 日】 農脱穀した米を乾燥・調整する米作農家の共同利用施設．省力化と低コスト化を図る．
ライステラス【rice terrace】 農段丘水田．フィリピンのルソン島北部にあり，山岳地の傾斜面を利用して，水稲栽培をする耕地．
ライスプディング【rice pudding】 料米を主材料にしたプディング．
ライスボウル【Rice Bowl】 競(ｱﾒﾘｶﾝ)(ﾌｯﾄﾎﾞｰﾙ)日本選手権のこと．学生チャンピオンチームと社会人チャンピオンチームが戦う．
ライスボール【rice ball】 料おにぎり．
ライズボール【rise ball】 競(ｿﾌﾄ)速球派の投手が投げる，下から上へと浮き上がる変化球．ライザーともいう．
ライセンス【license】 ①免許．免許証．認可証．許可．②I算ソフトウエアの使用許可．
ライセンスサーバー【license server】 I算ネットワーク上で，同時にアプリケーションプログラムを使うことができる利用者の人数を，契約の単位で決めるもの．
ライセンス生産【license production】 経外国企業または他企業から，製品の設計や製造に関する技術提供を受けて生産する方式．
ライセンスビジネス【license business】 ①経商標登録をしておき，各種業者がその商標を使う時に，使用許可料をとる事業．②経一定の講習など

◀ライトテー

ライセンスフリー【license free】①算ディストリビューターやソフトウエアの開発者から使用許諾を受ける必要のないこと．

ライター【writer】文文筆家．著述家．記者．作家．

ライダー[1]【lidar】化気理大気中の湿度、温度、視程、浮遊微粒子、成層圏中の火山性微粒子などを測定する装置．レーザーレーダーともいう．

ライダー[2]【rider】競社二輪車の運転者．乗り手．騎手．運転者．

ライダーカップ【Ryder Cup】競(ﾃﾞﾙ)アメリカとヨーロッパの男子プロゴルフ対抗戦．

ライター症候群【Reiter's syndrome】医発疹と、眼や尿道の炎症を伴う関節の病気．

ライダース ジャケット【rider's jacket】服オートバイ愛用者が着る皮革製の上衣．バイカーブルゾンともいう．

ライター ディレクター【writer director】映放自分で脚本も書き、監督もする人．

ライチ【litchi】種レイシ．ムクロジ科の常緑高木．中国原産で、果樹で栽培する．果実は直径3cmほどで皮が硬く、果肉は白く多汁．

ライツビジネス【rights business 日】営企業の名前やロゴをユニホームに付けたり、競技会場に命名するなどの権利(ライツ)を売る商業行為．

ライツプラン【rights plan】営敵対的な企業合併・買収に対する回避法の一つ．買収が起きる前に、買収企業に不利となる契約を締結しておく．ポイズンピル(毒薬条項)とも呼ばれる．

ライティング[1]【lighting】①劇建照明．照明法．照明配置．②点灯．点火．③I算コンピューターグラフィックスで、仮想的な光源をワールド座標系の適切な位置に配置して、表示すべき物体に照明を当てること．

ライティング[2]【writing】書くこと．著作．執筆．

ライディング【riding】①乗ること．乗馬．②競(ｼﾞﾘ)相手を押さえつけて動けなくすること．

ライディングコート【riding coat】服乗馬用のコート．

ライティングソフト【writing software】I算 CD-R にデータを書き込むのに使う専用ソフトウエア．

ライディング ハビット【riding habit】服女性用の乗馬服．上着は胴がくびれて、ズボンは裾あたりが緩く、すそが細い．

ライティング ビューロー【writing bureau】戸棚のふたを倒すと卓板になるような、収納を兼ねた机．ライティングデスク．

ライディング ブリーチ【riding breeches】服乗馬用ズボン．腰からひざまでがゆったりとし、ひざから下が細くなっている．

ライティング マテリアルズ【writing materials】筆記用具．文房具．

ライト[1]【light】①光．明かり．光源．光線．照明．②軽い．軽量の．手軽の．⇔ヘビー．③色の薄い．明度の高い．

ライト[2]【right】①正当な権利．②正当性．正義．③右．右側．右派．右翼．⇔レフト．④競ライトフィールダー、ライトフィールドの略．

ライド【ride】馬や乗り物などに乗る．乗って行く．またはする．

ライトアート【light art】美光の芸術．ネオン管や蛍光灯、ストロボなどを用いて、空間や環境に変化を与える．

ライトアップ【light up 日】建社建造物や庭園、橋などを照らし夜の景観を演出すること．

ライト インダストリー【light industry】営軽工業．食品・繊維などを製造する産業．

ライトウエア【light wear】服軽快な服装．気軽に着られる服．

ライトウエイト【lightweight】①重量の軽い．平均以下の重さの．ライト級の．②力がなく地位の低い人．取るに足らない人物．

ライトオークル【light ocre】容下地クリームや白粉の色で、明るい小麦色系のもの．

ライトオープン【light open】劇舞台に照明を当てている状態で幕を開けること．LO．

ライトカクテル【light cocktail】料酒類の量やアルコール度数を少なめにしたカクテル．

ライトキャッシュ【write cache】I算メモリーからディスクへの書き込みの時に、ディスクの動作が遅いのでその時間の浪費を避けるために書き込んでおくキャッシュメモリーの領域．

ライトクリーム【light cream】料乳脂肪分が25%ぐらいまでの生クリーム．

ライトグリーン【light green】環政自然環境の保護のみに重点を置く政治姿勢．

ライトコート【light court】建庭を取り囲む形で採光や日照、通風をよくする住宅設計法．光の庭の意．ライトコア．ライトウエル．

ライトコーン【light cone】理ミンコウスキー時空で、光速度は一定なため、いろいろな方向に進む光の束が作る面．

ライトサイジング【right-sizing】①営社適正型化．適正規模化．見合った規模に修正すること．②I算システムの特徴などに見合ったハードウエアを選ぶこと．

ライトサット【lightsat】宇小型で安価な通信衛星．light と satellite の合成語．スモールサット、チープサットともいう．

ライト食品【light food】医料肥満や生活習慣病予防などのために、塩分・糖分・脂肪・アルコールなどをひかえめにした食品．light food の本来の意味は軽食、消化しやすい食物．

ライトスルー【write through】I算キャッシュメモリーにデータを書き込む時、磁気ディスク上のデータを同時に同内容で更新すること．

ライトダウン【light down 日】社夜間の光害防止のため、消灯や照明低減などを行うこと．

ライトタッチ【light touch】美軽快な筆致．

ライト ディレクター【light director】映劇放照明担当者．

ライトテーブル【light table】すりガラス製の卓面の下から光を当てる作業用の机．

623

ライトノベ ▶

ライトノベル【light novel】 文軽めの文体で書かれた若者向け小説.

ライドパーク【ride park】 社乗り物を中心とする遊園地やレジャー施設.

ライトバック キャッシュ【write back cache】 ①算キャッシュメモリーの性能を向上させる手法の一つ. キャッシュメモリーは, CPU（中央処理装置）とメインメモリーの間でアクセスを高速化するもの.

ライトバリュー【light value】 写ある露出条件で撮影する際の光量を示す数値. LV 値.

ライトバルブ投射型プロジェクター【light valve projector】 ①算収容人員が多いホールや劇場などでよく用いる映像投影方式. 輝度が高くて大画面に使える.

ライトバン【light van 日】 機貨物室の付いた小型の箱型自動車. この種の車を, アメリカでは station wagon, beach wagon, イギリスでは estate car という.

ライトビール【light beer】 料アルコール度数やカロリーが低いビール.

ライト フリージング【light freezing】 料食品を半冷凍状態で保存すること. パーシャルフリージング, スーパーチリングともいう.

ライトプロテクト【write protect】 ①算フロッピーディスクやハードディスクなどの書き込みや消去を, 物理的な方法, あるいはソフトウエアによって禁止すること.

ライトペン【light pen】 ①算手動の入力装置の一つ. ブラウン管に表示された文字や図形を, 修正したり移動したりするのに用いる.

ライトボディー【light-bodied】 料ブドウ酒などで, 軽い飲み口のもの.

ライトモチーフ【Leitmotiv 独】 音人物・感情などを象徴する特定の楽句. 作品の中心となる理念.

ライトユーザー【light user】 ①算・手軽にゲームソフトを消費する顧客層のこと.

ライトリモコン【light remote control】 光線を当てて遠隔操作・操縦する装置.

ライトワンス【write once】 ①算書き込み可能で, 消去不可能な記録方式. データの追加書き込みは可能. CD-R や DVD-R など.

ライナー【liner】 ①直線のように飛ぶ速い打球. ②機定期船. 航空機の定便. ⇔トランパー. ③線引き道具. ④服コートに付け, 取りはずせる裏地.

ライナーノーツ【liner notes】 音レコードやCD のジャケットなどに付いている解説・批評文. スリープノートともいう.

ライニング【lining】 ①服裏地. ②裏打ちすること. またそれに用いる材料. ③本の背張り. ④補強・腐食防止用の内張り.

ライノウイルス【rhinovirus】 医生かぜの原因となるウイルスの一種.

ライバル【rival】 競争者. 対抗者. 好敵手.

ライヒ【Reich 独】 国ドイツ帝国. 国家. 国.

ライブ【live】 ①生きた状態の. 生の. 事実のままの. 実況の. ②①算インターネット上で, 即時対応で提供されるサービス.

ライブアクション【live action】 映実写映像とアニメ映像を同一画面に合成する技術.

ライブ アニメーション【live animation】 ①算実際に人間が行う動作でコンピューターグラフィックス（CG）キャラクターを動かし, アニメーション化するもの.

ライフ インシュアランス【life insurance】 経生命保険.

ライフ インダストリー【life industry 日】 社健康に関する医薬品・食品・健康食品を総合的に研究開発する産業. 英語は health-related industry.

ライブウエア【liveware】 ①算コンピューターのハードウエアやソフトウエアを開発したり, 操作したりする人間の頭脳のこと. 人間的要素. ウエットウエアもいう.

ライブエイド【Live Aid】 音社アフリカの飢餓救済のため, 1985年に行われたロックイベント.

ライフエステート【life estate】 法所有者の生存中に限って認められる不動産権.

ライブ エレクトロニック ミュージック【live electronic music】 音演奏済みの音を電子的な処理をして作る音楽.

ライフォ【LIFO】 ①①算後入れ先出し法. 最後に入力したデータから順に処理作業が行われる方式. ②経後入れ先出し法. 棚卸し資産評価法の一つ. last-in, first-out の略.

ライブオーディオ【Live Audio】 ①算ネットスケープナビゲーターに搭載されている, オーディオファイル再生用のソフトウエア.

ライフカード【LifeCard】 医治療に必要とされる各種のデータを収納したレーザーカード. 商標名.

ライフガード【lifeguard】 社水難救助員. プールや海水浴場などの救助員・監視員.

ライブカメラ【live camera】 ①算インターネット上に切れ目なく生中継の映像を送り続けるカメラ.

ライフコース【life course】 社家族の分析を主としたライフサイクルの考え方を発展させて, 個人の人生を中心に家族との相互関係でとらえようとする研究法. 結婚・就職・出産などを人生の区切りとして重視する.

ライフサイエンス【life science】 生命科学. 生命体を対象とした総合的な科学.

ライフサイクル【life cycle】 ①生生活環. 循環過程. 生物の発生から死までの全過程. ライフヒストリー. ②社生涯過程. 人間の生活周期. 生活設計などのため人生をいくつかの段階に分けたもの. ③①算システムの企画・開発から運用・保全までの全過程. ④営商品の寿命. 商品が市場に登場してから売れ行きが落ちるまでの過程.

ライフサイクル アセスメント【life cycle assessment】 営製品やサービスが環境に与える影響を定量的に評価する方法. 製品の生産から流通, 消費, 廃棄処理までの一生を, 全体的にとらえる環境評価方法. LCAともいう.

ライフサイクル アナリシス【life cycle analysis】 営商品の環境に対するやさしさの度合いを分析すること.

624

ライフサイクル エネルギー【life cycle energy】 [理]生活必需品の生産工程などで使われるエネルギーの総量．生産から消費までの全過程で直接働くエネルギーに，間接的に働くエネルギーも加えたもの．

ライフサイクル型ファンド【life cycle fund】 [経]投資家の生活実態に合わせてファンドを乗り換えていく追加型株式投資信託．

ライフサイクル シンキング【life cycle thinking】 [理]製品やサービスなどの全寿命で環境負荷を定性的に考慮するやり方．LCTともいう．

ライフサイクル マネジメント【life cycle management】 [建]建設物の構想・計画から供用を経て解体に至る過程を考え，企画・設計・施工・管理を総合的に行う方法．LCM．

ライフサイズ【life-size】 等身大の．実物大の．

ライフサポート【life-support】 生命維持装置の．生命を維持する．

ライフサポート アドバイザー【life support adviser】 [社]シルバーハウジング構想の一つ．高齢者へのサービスとして，相談員の派遣，施設の充実，住宅内の改修などを行うもの．

ライフサポート情報通信システム【life support telecommunication system】 [1]高齢者の利便性を高めることを目指す情報通信システム．1997年から郵政省(現総務省)が主導して推進．福祉情報サービス提供支援システムなど．

ライフジャケット【life jacket】 水に浮くように作られた救命胴衣．

ライブショー【live show】 [芸]実演．特にセックス場面を中心にした寸劇風の見せ物．

ライフスキル教育【life skill education】 [教]生きる力教育．アメリカで開発された，主に健康教育に用いる方法．

ライフスタイル【lifestyle】 [社]行動様式や価値観，暮らしぶり，習慣などを含む生活様式．

ライフスタイル ストア【lifestyle store】 [営]特定の生活様式に基づいて品揃えする小売業．

ライフスタイル センター【lifestyle center】 [営]個性的，専門的テナントを集め，娯楽性とくつろぎ感を重視したショッピングセンター．

ライフスタイル ディジーズ【lifestyle disease】 [医]食生活などの生活様式から生ずる病気を指す．生活習慣病の多くがこれに当たる．

ライフスタイル ドラッグ【lifestyle drug】 [薬]生活改善薬．生活の質を改善したり向上させるのに役立つ薬．

ライフステージ【life stage】 [社]人間の一生を段階区分したもの．通常は幼年期・少年期・青年期・壮年期・老年期に分ける．

ライフスパン【life span】 寿命．一生．

ライフスポット【lifespot】 [社]大規模災害が発生した時に，自活のための要素を備え市民生活を維持できる，地域単位での自立できる拠点．

ライフセーバー【lifesaver】 [社]人命救助員．海水浴場などの救助員．

ライフセービング【lifesaving】 [競][社]人命救助法．水難救助法．救急事態が起きた時に人を救助するための知識・処置法など．スポーツとしても発達した．

ライフタイム【lifetime】 生涯．寿命．存在期間．継続期間．

ライフタイム シェア【lifetime share】 [営]利益を決めるのは，顧客の継続的な引き立てによるとする考え方．LTS，ライフタイムバリューともいう．

ライフデザイン【life design】 [社]生活設計．進路や職業の選択，育児など，節目となるできごとで自分の一生を考えること．

ライブハウス【live house 日】 [音]ロックやジャズなどの生演奏を聞かせる店．

ライフバスケット【life basket】 救命かご．救助かご．火事が起きて高い所から下りる際などに用いる．

ライフプラン【life plan 日】 [社]生涯計画．就職・結婚・住宅取得などを基に設計する．

ライフ プラン アドバイザー【life plan adviser 日】 [社]利殖計画の作成や，生きがいや健康づくりなどの助言・支援を行う専門員．日本生活協同組合連合会が1994年から養成している．

ライフベスト【life vest】 救命胴衣．

ライフボート【lifeboat】 ①救命艇．救命ボート．船舶に積み込む非常用ボート．②[経]財政的危機に陥った企業などを救済するために設立された基金．

ライフマスク【life mask】 生存中にとる人の顔面像．

ライフライン【lifeline】 ①命綱．救いの綱．救命索．②[社]生活線．生命線．電気や水道などの補給線．広義には人間の生命や社会的生活の維持に直結した線上の構造物．

ライフラフト【life raft】 救命いかだ．水や食料などを備え，ゴム製で膨張式のもの．

ライブラリアン【librarian】 司書．図書館員．図書係．

ライブラリー【library】 ①図書館．図書室．蔵書．②双書．シリーズともいう．③[1][算]コンピュータープログラムの集まり．複数のプログラムで汎用的に使える，特定の処理を示すひとかたまりの命令をファイル化したもの．

ライブラリー管理【library management】 [1][算]システムやデータなどの履歴管理をすること．運用仕様書・手続書で規定された基準に沿って行う．

ライブラリー判【library size 日】 書籍の判型の一種．文庫判と新書判の中間に当たる，携帯に便利な大きさ．

ライフル【rifle】 施条銃．長い銃身の内側に弾丸を回転させるらせんの溝が付いている銃．

ライブ レコーディング【live recording】 [音]演奏会場などでの演奏を録音すること．

ライブレコード【live record 日】 [音]演奏会場などでの演奏を録音したレコード盤．

ライフレビュー セラピー【life review therapy】 [医]人生の見直しと再評価．人生の総決算．末期患者の死への準備の一つで，さまざまな未解決の問題を整理すること．レーベンスビランツともいう．

ライフワーク【lifework】 [芸][社]一生を費やす仕事．研究・創作などで最も力を注いだもの．代表的

ライム▶

な作品や仕事．

ライム¹【lime】植東南アジア原産のミカン科の果樹．果実は香りがよく，酸味が強い．

ライム²【rhyme】①言韻．韻を踏むこと．押韻．脚韻．②音ラップ音楽の歌詞で用いる押韻．ライミングともいう．

ライムウオーター【limewater】化石灰水．または炭酸カルシウムなどを多く含む自然水．

ライム病【Lyme disease】医マダニが媒介するスピロヘータで感染する病気．独特な皮膚症状や発熱，関節炎などが現れる．1975年ころ，アメリカのコネティカット州のライム地方で発生したので，この名が付いた．

ライムライト【limelight】①劇電石灰光を用いる照明器具．強い白色光を生じ，以前は舞台などで使った．②社注目の的．評判．名声．人気．

ライラック【lilac】植ムラサキハシドイ．モクセイ科の落葉樹．初夏に芳香のある花が咲く．リラともいう．

ライン【line】①線．境界線．船や航空機の航路．②競出発線・走塁線・区画線・決勝線など，競技上で必要な線．③系列．系統．④経企業組織の中で，製造・販売など経営の本来的な活動を行う部門．⑤経生産工程で，流れ作業となっているもの．⑥ヤードポンド法の長さの単位の一つ．1ラインは12分の1インチ．⑦競（フットボール）スクリメージライン上に位置する選手．

ライン アンド スタッフ組織【line and staff organization】経上から下への命令伝達の組織（ライン）と専門的な立場で横のつながりをもつ組織（スタッフ）の，双方の長所を生かす企業の組織づくり．

ラインエディター【line editor】I算テキスト編集用のプログラムで，各行に番号を付けて編集する方式．

ラインオフ【line off】経流れ作業で，その工程から離脱すること．

ラインカンパニー制【line company－】経社工場を細分化して，独立会社と見立てた少人数のグループごとに工場管理を行う方法．

ラインストーン【rhinestone】人造ダイヤモンド．首飾りやイヤリングなどに用いる．

ラインズマン【linesman】競球技における線審．ラインキーパーともいう．

ライン端子【line input/output】I算外部機器との間でアナログ音声信号を直接入力するのに用いる端子．

ラインダンス【line dance 日】芸踊り手たちが多人数で隊列を作って踊る踊り．英語は precision dance.

ラインドライブ【line drive】競直線のように飛ぶ速い打球．ライナー．

ラインナップ【lineup】①競（野球）打順．試合に出る選手の陣容と打撃順．バッティングオーダーともいう．②人員構成．③整列．

ラインバッカー【linebacker】競（フットボール）最前列の守備ラインの直後を守る選手．またその守備位置．LBともいう．

ラインフィード【line feed】I算行を替えること．

改行．

ラインプリンター【line printer】I算1行分の印字ヘッドで，行単位で印刷する方式の印字装置．主に汎用機用の印字装置として普及．

ラインマネジャー【line manager】経企業などの管理組織で，製造・販売などの部門の活動について意思決定を行う人．

ラウド【loud】声や音が大きい．騒々しい．

ラウベ【Laube 独】①社簡易な小屋などを備える滞在型の市民農園．②建小屋．あずまや．

ラウンジ【lounge】運船舶やホテルなどの休憩室．社交室．

ラウンジウエア【lounge wear】服家庭で着用するくつろぎ着．

ラウンジスーツ【lounge suit】服ふだん着る背広．

ラウンジ ミュージック【lounge music】音気軽に聴ける音楽．イージーリスニングのこと．

ラウンド【round】①競ボクシングやレスリングなどで，試合の回．②競（ゴルフ）ゴルフコースを一回りすること．③関税一括引き下げ交渉．その行われた地名や人名をつけて呼ぶ．

ラウンドステーキ【round steak】料牛のもも肉を使った焼き肉料理．

ラウンドダンス【round dance】芸円舞．ワルツなど，一組ずつが回りながら踊るもの．

ラウンドテーブル【round table】 円形テーブル．円卓．平等の立場で討議するために集まった人々．

ラウンドテーブル コンファレンス【round-table conference】社円卓会議．出席者が平等の発言権をもって臨む．

ラウンドトリップ【round trip】①社往復．周回旅行．一周旅行．②I算情報通信ネットワークで，一つの機器からデータを送り，それが相手に届いて応答が返ること．

ラウンドトリップ タイム【round trip time】I算パケット（情報をまとめて一定の大きさにしたもの）を用いた通信で，パケットが接続先のコンピューターに情報を送り，その反応が返ってくるまでにかかる時間．

ラウンドナンバー【round number】数端数のない数．概数．

ラウンドネック【round neck】服丸い襟ぐり．

ラウンドロビンＤＮＳ【round-robin domain name system】I算 TCP/IP ネットワークで，一つのドメイン名にいくつもの IP アドレスを割り当て，ドメイン名検索のたびに異なる IP アドレスを返す機能．

ラウンドロビン方式【round-robin system】I算コンピューターのタイムシェアリングシステム（時分割方式）で，各タスクに一定の時間を与え均等に実行する権利をもたせる方式．

ラエクセプシオン キュルチュラル【L'exception Culturelle 仏】ウルグアイラウンドで，映画貿易の完全自由化に反対したフランスのキャンペーン．文化的例外の意．

ラエリアン ムーブメント【Raelian Movement】宗新興宗教団体の一つ．フランスのラエルが1973年に設立．

ラオス人民革命党【Lao People's Revolutionary Party】政ラオス唯一の政党．1955年にラオス人民党を結成し，72年に改称．ラオス愛国戦線(パテートラオ)を結成・指導した．LPRPともいう．

ラガー【rugger】競ラグビーのこと．日本的用法で，ラグビーをする人．ラグビー選手．

ラガーシャツ【rugger shirt】服ラグビー選手が着る綿ジャージーで作るシャツ．

ラガービール【lager beer】料通常の貯蔵ビール．大麦の麦芽(モルト)を用いて熱処理をする．ラーガービールともいう．

ラガマフィン【ragamuffin】①社ぼろを着すぎたない少年・男．うらぶれたやつ．②音レゲエにしゃべり言葉を乗せる音楽の形式．

ラグーン【lagoon】地潟(かた)．礁湖．環礁で囲まれた浅瀬．小さな沼．

ラグジュアリー【luxury】ぜいたく．ぜいたくな．豪華な．

ラグジュアリー スイート【luxury suite】建続きの間付きの豪華な特別観覧席．

ラグジュアリー タックス【luxury tax】競(野)課徴金制度．ぜいたく税．アメリカ大リーグで，選手年俸総額が基準以上になる球団が，超えた分に一定税率をかけて拠出する．

ラグジュアリー ブランド【luxury brand】服主にぜいたく品を扱う商標．

ラクス マジュール【L'axe majeur 仏】美大都市軸．フランス政府のパリ衛星都市整備政策のもと，大胆な芸術的環境設計で建設された新都市の中心部．

ラクソバージ【luxo-barge】機豪華な大型乗用車．アメリカ製乗用車によく見られる．

ラグタイム【ragtime】音1890年代にアメリカの黒人ピアニストたちの間で行われた奏法．シンコペーションを多用するのが特徴．

ラクトフェリン【lactoferrin】化鉄結合性糖たんぱく質．乳汁などに含まれる．

ラグビー【Rugby】競楕円形の球を相手のインゴールに持ち込んでトライするか，ゴールキックによって得点を競う球技．ラグビーフットボールともいう．

ラグビー ワールドカップ【Rugby World Cup】競ラグビーの世界大会．1987年に始まり，4年に1回開催．

ラグペーパー【rag paper】綿や亜麻で作った上質紙．強くて変化・変色しない．

ラグマット【rug mat 日】厚手の敷物．もうせん．織物や毛皮などで作り，床の一部に敷いたりする．ラグともいう．

ラグランスリーブ【raglan sleeve】服ラグラン袖．襟ぐりから袖下へ斜めに切り替えた緩やかな袖の形．

ラグランデ【LaGrande】算ペンティアム4に実装されたセキュリティー技術．

ラクロス【lacrosse】競カナダで生まれた球技の一つ．10人ずつ2チームが網つきの棒でゴム製ボールを投げゴールを目指す．crosseはフランス語で，杖・スティックの意．

ラクロス アップグレード【Lacrosse upgrade】軍アメリカのレーダー画像広域偵察衛星．

ラゲージ【luggage】社服旅行者の手荷物．旅行用の携帯品．旅行かばん．

ラゲージスペース【luggage space】機小型の荷物を積むところ．ステーションワゴンの後部にある荷室．

ラケット【racket】競テニス，バドミントン，卓球などの打球用具．

ラケットボール【racket ball】競スカッシュに似た競技．ネットはなく，相手が壁・床・天井に当て跳ね返った球を小型のラケットで打ち返す．1949年にアメリカで考案された．

ラザーニャ【lasagna 伊】料パスタの一種．板状の平らな洋風めん類．またその料理．ラザーニア，ラザニアともいう．

ラジアル【radial】放射状の．放射線の．

ラジアルエンジン【radial engine】機ピストンが軸から放射状の方向に運動する仕組みのエンジン．

ラジアルタイヤ【radial tire】機補強部材の繊維層を放射状の構造にした高速用タイヤ．

ラジアン【radian】数平面角の単位．記号はrad．半径に等しい弧に対する中心角の大きさ．約57度．

ラジウム療法【radium therapy】医放射線療法の一種．ラジウムなどの放射性物質を腫瘍の治療に利用するもの．

ラジエーション【radiation】放射．照射．放散．放射線．

ラジエーション ダメージ【radiation damage】理放射線損傷．

ラジエーター【radiator】①機内燃機関などの冷却用の放熱器．②暖房設備の熱放射装置．③放送用アンテナ．

ラジオアイソトープ【radioisotope】化理放射性同位元素．

ラジオオートグラフィー【radioautography】理放射能がフィルムに感光するのを利用して，放射性物質の分布状態などを知る方法．

ラジオカーボン テスト【radiocarbon test】理生物遺体に含まれる放射性炭素は一定の年限で半減するため，その半減率を測定して考古学的に年代を決定する方法．

ラジオギャラクシー【radio galaxy】天銀河系星雲の中で，時々強い電波を発するもの．

ラジオコントロール【radio control】電電波による無線遠隔操縦．ラジコンともいう．

ラジオコンパス【radio compass】電航空機や船舶の無線方向探知機．地上の無線標識の電波を受信して進路・位置を確かめる装置．

ラジオシティ[1]【Radio City】ニューヨークの中心部付近の一画．放送局や通信社がある．

ラジオシティ[2]【radiosity】I算コンピューターグラフィックスの表現手法の一つ．拡散反射特有の柔らかな照明環境表現を可能とする照明モデル．

ラジオ ショッピング【radio shopping 日】

ラジオ星▶

営阪ラジオ番組の中で商品を紹介し，電話で受注する販売方式．

ラジオ星【radio source】 天電波源．電波星．宇宙にあって，特に強い電波を発している，銀河系外の星雲や銀河系内の超新星などをいう．宇宙の電波の源．

ラジオゾンデ【radiosonde】 気高層大気の気圧・気温・湿度を測定する気象観測器械．ゴム気球に取り付け，小型無線器でデータを地上に送信する．

ラジオテレスコープ【radio telescope】 天電波望遠鏡．

ラジオテレタイプ【radio teletype】 電無線で送信・受信する印字式の電信機．

ラジオ トーク ショー【radio talk show】 阪司会者や進行役の話に，聴取者からの電話による意見・苦情などを交えて報じる，アメリカのラジオ番組の形式．

ラジオ ナビゲーション【radio navigation】 理電波計器を使った航法．電波航法．

ラジオ波【radiowave】 理数 m 以上の波長をもつ電磁波．

ラジオバー【radio bar】 I 文 アメリカのマイクロソフトの Internet Explorer 5 から付与された機能．ストリーミング放送が聞ける．

ラジオビーコン【radio beacon】 I 無線電波によって航空機や船舶に進路・位置を知らせる装置．ビーコンともいう．

ラジオボタン【radio button】 I 算複数の選択肢から一つを選ぶために押すボタン．画面上ではクリックする．昔のカーラジオのチャンネル選択ボタンに似ていることから．

ラジオ マーカー ビーコン【radio marker beacon】 機無線位置標識．航空機が上空を通過すると，標識から電波を発射しているので，その位置がわかる．

ラジオマルチ【Radio Marti】 阪ボイス オブ アメリカのキューバ向け放送．キューバの愛国者で作家のホセ・マルチの名を付けた．

ラジオ民主アフリカ【Radio Democratic Africa】 阪アメリカ政府が行うアフリカ向けラジオ放送．1999年に開始．アフリカ諸国の民主化や経済改革の促進を図る．

ラジオメーター【radiometer】 理放射エネルギーの強度などを測定する計器．

ラジオ メテオロロジー【radio meteorology】電波気象学．電波と気象の関係を研究する．

ラジオ文字放送【radio 一】 阪 FM 文字多重放送サービスの一種．FM ラジオに備えた画像表示装置に情報を文字化して表示する．

ラジカセ ラジオ（radio）とカセット（cassette）の合成語．ラジオとカセットレコーダーを一つにまとめた家電機器．1968年に日本で初めて作られた．英語は radio cassette tape player.

ラジカリスト【radicalist】 阪急進主義者．過激派．ラディカリストともいう．

ラジカリズム【radicalism】 急進主義．過激論．ラディカリズムともいう．

ラジカル【radical】 ①急進的な．過激な．②徹底的な．根本的な．③急進派．過激論者．ラディカルともいう．④化遊離基．不対電子をもつ化学種．フリーラジカルともいう．

ラジカル反応【radical reaction】 化遊離基が関与する反応．有機化合物の緩慢な酸化やビニル化合物の付加重合など．

ラジコン ラジオコントロール（radio control）の略．機電波による無線遠隔操縦．またそれを用いたおもちゃ類．

ラシュカレ トイバ【Lashkar-e-Toiba】 政カシミール分離独立を主張するパキスタンのイスラム過激派．

ラショナリスト【rationalist】 合理主義者．理性主義者．

ラショナリズム【rationalism】 合理主義．理性主義．理性論．

ラショナル【rational】 合理的な．分別のある．ともな．理性的な．

ラス遺伝子【ras gene】 生発がん遺伝子．

ラスカー賞【Lasker Award】 医基礎医学と臨床医学の優れた業績に与えられる賞．1946年にアメリカのアルバート・メアリー・ラスカー基金が始めた．

ラスカル【rascal】 社悪人．ならず者．ごろつき．いたずら者．悪童．

ラスク【rusk】 料パンやカステラの薄い小片を天火で焼いた菓子．

ラスタ【Rasta】 社政ジャマイカの社会宗教運動の信奉者ラスタファリアンのこと．

ラスター グラフィックス【raster graphics】 I 算コンピューターグラフィックスで，画面を格子状に並んだ画素の集まりとしてモデル化したもの．

ラスタースキャン ディスプレー【raster scan display】 I 算 CRT（ブラウン管）の画像表示方式の一つ．輝点を高速で左右移動させて走査線を描き出し，それを垂直方向にずらす．CRT の主流になっている．

ラスタファリアニズム【Rastafarianism】 社政黒人回帰主義．1930年代にジャマイカに起こった宗教・政治的な運動．黒人が精神的にアフリカへ帰ることで救われると説く．

ラスタファリアン【Rastafarian】 社元のエチオピア皇帝を救世主とするジャマイカの社会宗教運動の信奉者たち．ラスタともいう．

ラスタライザー【rasterizer】 I 算画像表示装置の表示や印刷用に，アウトラインフォントのデータをビットマップデータに変換するソフトウエアやハードウエア．

ラスタライズ【rasterize】 I 算コンピューターグラフィックスで，始点と終点をつなぐ走査光点の軌跡をビット（ドット）の集合としての図形に変換すること．

ラスト[1]【RAST】 医アレルギーを起こす免疫グロブリン E を検出する血液検査法．

ラスト[2]【rust】 さび．鉄さび．

ラストクロップ【last crop】 競死亡した種牡馬の最後の子馬の世代を指す言葉．

ラストシーン【last scene】 映劇幕切れの場面．終わりの場面．

ラストスパート【last spurt】①競ゴール間際の全力疾走・力泳．②最終段階での頑張り．

ラストナンバー【last number】音阪終曲．放送番組などで，最後に演奏される曲や歌．

ラストネーム【last name】姓．氏．名字．サーネーム．

ラストヘビー【last heavy 日】競最後の力闘．追い込み．英語は last spurt．

ラストベルト【rust belt】営アメリカ中西部を中心とする，鉄鋼・自動車などが1980年代に不況に陥った重工業地帯．使われなくなった工場がさびついて止まっていることから．

ラストホープ【last hope】最後の切り札．

ラストラップ【last lap】競最後の一周．

ラストリゾート【lender of last resort】経債権の最後の引き受け手．最後の貸し手．国内では中央銀行が行う．

ラストワンマイル【last one mile】①大容量・高速の基幹通信回線を消費者の家庭に直結する回線．最後の1マイルの意．

ラスペイレス指数【Laspeyres index】社政国家公務員の平均給与額を100として，地方公務員の平均給与額を算定した指数．

ラズベリー【raspberry】植キイチゴの一品種．果実はジャムなどに用いる．

ラズベリル【Raspberyl】鉱紫がかった淡紅色の鉱物で，宝石の一種．2002年にマダガスカルで発見．

ラスボード【lath board】建穴あき石こう板．壁の下地などに用いる．

ラセミ体【racemic modification】化アミノ酸を人工的に合成して得る，D形アミノ酸とL形アミノ酸が1対1となる混合物．

ラダーステッチ【ladder stitch】服刺しゅうのステッチの一つで，はしご状に糸をかけていく縫い方．

ラタトゥイユ【ratatouille 仏】料南仏料理の一種．ピーマン，ナス，ズッキーニなどをオリーブ油で炒めて煮込む．

ラタン【rattan】藤（とう）．家具などに用いる．

ラチェット【ratchet】機歯形状の丸板に爪を差し込んで固定したり，開放したりする機械要素．爪車装置．

ラチェット効果【ratchet effect】経社歯止め効果．景気が後退して当期の所得の伸びが鈍っても，消費はあまり鈍化しないというもの．

ラチチュード【latitude】①写フィルムの露出寛容度．②緯度．

ラッカー【lacquer】化樹脂やセルロースなどから作られ，木工品や金属面の塗装に用いる速乾性の塗料．

ラッカープラン【Rucker's plan】営経生産性向上の成果を配分する方法の一つ．売上額の増加や人件費の節約で月々の人件費率が一定基準下がった時，節約額の一部を基金として積み立て，残りを従業員に分配する．

ラッキーカントリー【lucky country】鉱物資源が豊富なオーストラリアのこと．

ラッキーセブン【lucky seven 日】競（野球）得点が入りやすい7回表・裏の攻撃．

ラッキーボーイ【lucky boy】運のいい，ついてる男．競技などで味方の勝利を呼び込んだ，つきのある選手．何をやっても運よく成功する男．

ラック[1]【rack】①網棚．収納架．物品を保管する，支柱と棚で作る構造物．②機回転運動を直進運動に変換する歯車．

ラック[2]【ruck】競（ラグビー）地上にある球をはさんで両チームの選手が，体を密着させて球を奪い合う状態．

ラックジョバー【rack jobber】営限定機能卸売業．問屋が大型小売店の陳列棚の一部を借りて独自の商品販売を行う形態．

ラックマウント【rack-mount】①算いろいろなコンピューター機器を，ある一定の大きさのケースに搭載すること．

ラッサウイルス【Lassa virus】生ラッサ熱の病原となるウイルス．アフリカノネズミが自然宿主．

ラッサ熱【Lassa fever】医ウイルス性出血熱の一種．アレナウイルスに属するウイルスで感染し，出血や炎症を起こす病気．

ラッシャー【rusher】①突進する人．急ぐ人．②競（アメリカンフットボール）球を持って突進する役目の選手．

ラッシュ【rush】①急激な興隆．激増すること．殺到すること．②突進すること．猛進．③朝夕の交通機関の混雑．④急いで行う．手際よく仕上げる．⑤映撮影後すぐに焼き付けた未編集のポジフィルム．ラッシュプリントの略．デイリーズともいう．

ラッシュプリント【rush print】映撮影後，出来上がりを検討するために急いで焼き付けて仕上げたフィルム．未編集の状態のもの．ラッシュともいう．

ラッシング【lashing】梱包すること．綱やひもなどで縛ること．

ラッセル[1]【Rassel 独】医聴診器に聞こえる雑音の一種．呼吸器系の異常を示す．ラ音．

ラッセル[2]【Russell】①登雪が深い場所で，雪をかき分け道をつけて進むこと．ラッセル車のイメージから，日本独自の使われ方．②機ラッセル車．ラッセルは考案者，または製造会社名からきたもの．除雪車を英語では snowplow という．

ラッセル アインシュタイン宣言【Russell-Einstein Manifesto】水爆戦争の危険とその回避を訴えた宣言．1955年にバートランド・ラッセルとアルベルト・アインシュタインが提唱した．

ラッセルのパラドックス【Russell's paradox】数記号論理で数学の再構成を試みたイギリスのB.A.W.ラッセルが発見した集合論の重要な矛盾．

ラッセル法廷【Russell Court】社法世界平和と人権を守り，それを脅かす行為を裁こうとする法廷．イギリスの哲学者バートランド・ラッセルが1960年代の中ごろに設立した．

ラット【rat】①動大型のネズミの総称．クマネズミ，ドブネズミなど．②社政裏切り者．脱党者．③営社密告者．卑怯者．

ラットラン【rat run】社交通渋滞に巻き込まれないように，幹線道路でなく狭い道や郊外の道路などを走ること．

ラッパー【rapper】①音音楽にのってしゃべるような

ラッピー ▶

唱法を用いる歌手．②おしゃべりな人．

ラッピー【ruppie】 社大都市近郊に住み，豊かな身分になった専門職を持つ人．いわゆるヤッピーになった人．rich urban professionals の略．

ラッピング[1]【rapping】 音器楽伴奏に乗せて，韻を踏む歌詞をリズミカルに語ること．

ラッピング[2]【wrapping】 贈り物を，センスのいい包装紙やリボンなどで包装すること．

ラッピング広告【wrapping advertising】 広バス，電車，旅客機などの機体全面を広告に使う方法．

ラッピング ショップ【wrapping shop】 音包み紙やリボンなどの専門店．プレゼントなどで個性を生かした包装ができる．

ラッピングバス【wrapping bus 日】 広車体全面を広告で覆った路線バス．

ラップ[1]【lap】 競競走・競泳などで，コースの一周・一往復．また，一周・一往復ごとの所要時間．中間記録．ラップタイムの略．

ラップ[2]【rap】 音ニューヨークの黒人ディスクジョッキーの間から始まった，音楽にのって軽くナレーションをするような唱法．

ラップ[3]【wrap】 食品などの包装・保存に用いる透明の薄膜．

ラッファーカーブ【Laffer curve】 経税率と税収入の関係を表す曲線．税率が上がると税収入は増えるが，一定水準を超えると税負担が増え税収入が減少する．ラッファー曲線．

ラップ アカウント【wrap account】 経投資家が証券会社に一定の手数料を支払って資産運用を任せる仕組み．

ラップ口座【wrap account】 経証券の包括的な運用契約を交わす口座．資産管理を伴う個人向けサービスの一種．投資家は手数料を出し，証券投資運用サービスの提供を受ける．

ラップ ジャケット【wrap jacket】 服ボタンなどがなく，ベルトで締めて着用する上着．

ラップトップ型パソコン【laptop PC】 [I]算ノートサイズの本体に液晶ディスプレーとキーボードを内蔵した一体型パソコン．ノート型パソコンともいう．

ラップトップ コンピューター【laptop computer】 [I]算腰を掛けてひざの上に置ける小型コンピューター．

ラップトップ パブリッシング【laptop publishing】 [I]編集機能を高めた携帯用のパソコンによる文書の編集．ページでまとめる編集などが容易にできる．

ラップ ミュージック【rap music】 音アメリカの黒人に流行している音楽．歌うのではなく調子のよいリズムに乗せて歌詞を聴かせる．

ラップ メタル【rap metal】 音ヒップホップと近接したロック音楽のこと．

ラッフル【ruffle】 ①服服の縁などに付けるひらひらした飾り布．②ひだを取る．波立たせる．③いら立つ．いばる．

ラティーノ【Latino】 社アメリカ在住のラテンアメリカ出身者やその子孫．

ラディカル エコノミックス【radical economics】 経政社会主義あるいはマルクス主義の伝統を引き継いだ政治経済学のアメリカでの呼称で，ニューレフトのこと．最近は，1968年にアメリカで結成された急進的政治経済学連合の構成員による政治経済学をいう．

ラディカル構成主義【radikaler Konstruktivismus 独】 反実在論的な方向をとる構成主義．E. グラーザーズフェルトなどが提唱．

ラティス【lattice】 ①格子．方眼．またはその縦横の線の交点．立体格子．②化結晶内の原子の格子形配列．

ラディッシュ【radish】 植ハツカダイコン．赤カブ．

ラティフィケーション【ratification】 法条約の批准．他国と条約を結んだ後，国内の法律に従い条約が拘束力をもつことを認めること．

ラテカセ【radio television cassette】 ラジオとテレビとカセットレコーダーをひとまとめにした家電機器．商標名．

ラテックス【latex】 化ゴムの樹皮から採取される，天然ゴムを含んだ白い乳状の液．ラバーラテックスともいう．

ラデファンス【La Défense 仏】 1989年のフランス革命200周年を機に，ミッテラン政権が打ち出したパリ改造計画の中の代表的な地区の名．

ラテラル【lateral】 横の．外側の．側面の．横からの．

ラテラル ウオーターハザード【lateral water hazard】 競(ゴ)コース内にある水域の障害物で，打ち直す球を落とす範囲が後方にとれないもの．

ラテン【Latin】 ①言ラテン語．②ラテン民族．③ラテン系の．

ラテンアメリカ【Latin America】 メキシコ以南のアメリカ大陸とカリブ海を指す．南・中央アメリカの，スペイン，ポルトガルなどラテン系言語が使われる諸国の総称．⇔アングロアメリカ．

ラテンアメリカ経済機構【Sistema Económico Latinoamericano 西】 経中南米諸国の地域経済協力機構．1975年に結成．中南米33カ国のうち26カ国が参加．事務局はベネズエラのカラカス．SELA ともいう．

ラテンアメリカ統合連合【Asociación Latinoamericana de Integración 西】 経中南米諸国の経済協力機構．1981年にラテンアメリカ自由貿易連合（LAFTA，ラフタ）の後を受けて設立．11カ国が加盟．ALADI ともいう．

ラテン アメリカニズム【Latin Americanism】 中南米諸国が結束し，地域の統一を図る考え方．

ラテンアメリカ非核化条約【Treaty for the Prohibition of Nuclear Weapons in Latin America】 政ラテンアメリカにおける核兵器の禁止に関する条約．1967年に署名，68年に発効．トラテロルコ条約ともいう．

ラテン音楽【Latin American music】 音ラテンアメリカ諸国の音楽の総称．ブラジルのサンバ，アルゼンチンのタンゴ，キューバのルンバなどがよく知られる．

ラテンリズム【Latin American rhythm】
音マンボ，サンバなどに見られる，ラテン音楽独特のリズム．

ラド【rad】理吸収された放射線量の単位．記号はrad，またはrd．

ラドバーン レイアウト【Radburn layout】
社「自動車から安全な街」の構造．1929年にアメリカのニュージャージー州フェアローンのラドバーン地区で生まれた．

ラドン【radon】化第86番元素．記号はRn．天然に存在するウランの娘核種の一つ．

ラドンドーターズ【radon daughters】化タバコの煙から検出される放射性分子のこと．

ラナンキュラス【ranunculus 羅】植キンポウゲ科の多年草．アネモネの近縁の植物．

ラニーニャ現象【La Niña 西】気東太平洋赤道域の海水温が，12月前後の数カ月間低くなる現象．

ラノリン【lanolin】化羊毛から抽出する油分．人の皮脂構成成分に類似．化粧品などに使う．

ラバー[1]【lover】①恋人．愛人．相手が男性の場合に用いる．②愛好家．熱愛者．

ラバー[2]【rubber】①化弾性ゴム．②消しゴムなどのゴム製品．

ラバーシューズ【rubber shoes】服ゴム靴．

ラバーシルク【rubber silk】服雨天用外とうなどに使う，表面にゴム引き加工をした絹布．

ラバーソール【rubber sole】服ゴム底の靴．ゴム底．ラバーソールドシューズ（rubber soled shoes）からの転．

ラバトリー【lavatory】建洗面所．化粧室．

ラバリエ【lavallière 仏】服大きな蝶結びで襟元を飾る．ネクタイとスカーフの中間のようなファッション小物．

ラビ【rabbi】①宗ユダヤ教で，宗教的指導者．②わが師．…先生．

ラビオリ【ravioli 伊】料イタリア料理の一種．ギョウザに似ているもので，トマトソースや粉チーズをかけて食べる．

ラビゴット【ravigote 仏】料油，酢，みじん切りの香味野菜などを混ぜて作る冷たいソース．ラヴィゴットソースともいう．

ラピスラズリ【lapis lazuli】鉱瑠璃（るり）．研磨して装飾品に用いる．

ラビット【rabbit】①動ウサギ．②臆病者．③競マラソンなどで，途中までの先導役・ペースメーカーを務める選手．④下手な競技者．

ラピッド デベロップメント フォース【rapid development force】競急展開軍．有事にすばやく紛争地に出動できる軍隊．

ラピッドファイア【rapid fire】競射撃競技の種目の一つで，速射．

ラピッド プロトタイピング【rapid prototyping】工算三次元CADで制作した形状データから，立体モデルを作る技術．製品開発工程で，早い段階で試作品を入手できる．

ラビリンス【labyrinth】迷宮．一度入り込んだら出られない迷路．ラビラントともいう．

ラビング【rubbing】動ネコによく見られる，頭や体

をこすりつける行動．

ラフ【rough】①粗いこと．粗雑．②ざらざらした感触．③気取らない様子．無造作なこと．④ゴコース内の雑草地帯．⑤競テ硬式ラケットのガットの裏側．

ラブ[1]【lab】①料アルコール度の低いビール．low-alcohol beer の頭字語．②ラボラトリーの略．

ラブ[2]【love】①愛．恋愛．恋．②恋人．愛人．主に女性に対して用いる．③競テニスやバドミントンなどで，得点のないこと．

ラファール【Rafale 仏】軍フランス空軍の戦闘機．

ラファエル前派【Pre-Raphaelite Brotherhood】美1848年にロンドンで結成された芸術家集団．素朴な作画態度と自然への誠実さを唱えた．

ラブアフェアー【love affair】情事．恋愛．

ラフィア【raffia】植服マダガスカル産のシュロの葉の繊維．帽子やかごバッグなどに使う．

ラフィーネ【raffiné 仏】洗練された．品のよい．

ラブイン【love-in】社集団で麻薬や性行為を楽しむために開く集会．

ラフィング【roughing】競（アイスホッケー）相手選手を殴るような乱暴な行為．反則の一つ．

ラブウイルス【Love virus】I T算コンピューターウイルスの一種．2000年に発生．

ラブウオーク【love walk 日】社健康づくりを目指す歩く大会に参加するとともに，その参加料などをまとめて途上国の子供たちへ贈る慈善事業．

ラ フォル ジュルネ【La Folle Journée 仏】音フランス西海岸のナント市で開かれるクラシック音楽祭．

ラブゲーム【love game】競テニスなどで，一方が0点の勝負．

ラブコール【love call】求愛の呼びかけ．熱心に勧誘すること．

ラプコン【RAPCON】機航空交通管制．着陸しようとする航空機をレーダーでとらえ，スクリーンに映しながら管制する装置．またその方式．radar approach control の略．

ラブサン【Lovsan】I T算ワーム型コンピューターウイルスの一種．2003年に出現．

ラブシック【lovesick】恋の悩み．

ラフスケッチ【rough sketch】美大ざっぱなスケッチ．

ラブストーリー【love story】芸文恋愛小説．恋の物語．

ラブセット【love set】競テ一方が1ゲームも勝てずに終了したセット．

ラプソディー【rhapsody】音狂詩曲．幻想曲風の自由な器楽曲で，民族的要素によるものが多い．

ラプター【Raptor】軍アメリカ空軍のF-22戦闘機の通称．

ラプタータロン システム【Raptor Talon system】軍長時間滞空する無人偵察監視用機ラプターに，迎撃ミサイルのタロンを搭載したもの．アメリカの中央情報局（CIA）と国防総省が開発．

ラブチャイルド【love child】社私生児．

ラフティング【rafting】 競ゴム製のいかだなどを使う川下り．

ラブドラッグ【love drug】 薬催淫剤．幻覚作用を起こす合成麻薬の一種．

ラブハンター【love hunter 日】 恋を求め歩く人．恋の狩人（かりゅうど）．

ラフプレー【rough play】 競粗雑なプレー．粗暴なプレー．

ラブメーキング【lovemaking】 性交．求愛．

ラブリー【lovely】 すてきな．かわいらしい．

ラフレイアウト【rough layout】 広美イラスト・写真・広告文案などのおよその配置を表したデザイン．ルールドカンプリヘンシプ．

ラフレシア【rafflesia】 植ラフレシア属の寄生植物．大きな花が咲く．東南アジア産．

ラブレター ウイルス【love letter virus】 I IT算自己増殖型の電子ウイルスの一種．メールに添付されたファイルを開くと，保存データを破壊して，新たなメールを作り感染を広げる．英語ではVBS/loveletterと表記．アイラブユーウイルスともいう．

ラブロマンス【love romance 日】 恋愛事件．恋愛物語．ロマンスともいう．

ラベリング【labeling】 ①張り札や標識を張ること．②決めつけること．

ラベル【label】 ①張り札．張り紙．付箋．レーベル，レッテルともいう．②IT算プログラム，データの各項目，ボリュームなどを識別するためにファイルの前後に付ける情報．

ラベル スイッチング【label switching】 I 算ルーターを高速化する技術．パケット（IPデータグラム）ごとにあて先IPアドレスを調べて，出力ポートを決める処理が省ける．

ラペルピン【lapel pin】 服ジャケットの襟に刺す飾りのピン．スティックピンともいう．

ラベンダー【lavender】 植シソ科の小低木．香りのよい薄紫色の花から油が採れる．

ラボ ラボラトリー（laboratory）の略．①研究室．②写現像室．③教語学専用教室．ランゲージラボラトリー（language laboratory）の略．

ラポール【rapport 仏】 ①心意思の疎通性．親密な関係．相互の信頼関係．元来は報告・つながり・関係の意．②社面接調査で，調査員と被調査員の間にできる友好的関係．

ラホール宣言【Lahor Declaration】 1999年にインドのバジパイ首相とパキスタンのシャリーフ首相が発表した，信頼性醸成措置の促進などをうたった宣言．ラホールはパキスタン中東部の都市．

ラボオンチップ【laboratory on chip】 理超微細加工技術を用いて，化学反応実験を基板上で自動化する方法．マイクロ化学チップ．

ラボシステム【language laboratory system】 教語学専用教室を使った外国語の教育法．LLシステムともいう．

ラボラトリー【laboratory】 ①実験室．研究室．演習室．②写現像室．ラボ，ラブともいう．

ラボラトリー オートメーション【laboratory automation】 I 算研究所や実験室，開発部門などにコンピューターを取り入れて研究活動を自動化すること．LA．

ラボラトリー スクール【laboratory school】 教大学付属の学校．教育法の訓練・研究などを行う．

ラマーズ法【Lamaze method】 医無痛分娩法の一つ．妊娠中に各種の訓練を行い，夫も産前教育に参加し分娩に立ち会う．1951年にフランスの産科医F.ラマーズが考案した．

ラマ教【Lamaism】 宗チベットを中心に中国西北辺，東北部，内・外モンゴルに広まった密教系の仏教．仏・法・僧に，法を伝える師（ラマ blama）を加えた四宝に帰依する．教主はダライラマ．チベット仏教ともいう．

ラマダーン【Ramadan】 社宗イスラム暦の第9月．イスラム教徒は1カ月にわたり，日の出から日没まで断食するが，その断食のこともいう．ラマダンともいう．

ラマピテクス【Ramapithecus】 生サルから人類への進化の過程にある猿人．1400万年前から800万年前ころにいたといわれる．

ラマルキズム【Lamarckism】 生19世紀初めにフランスの生物学者ラマルクが唱えた進化についての説．よく用いる器官は発達して子孫に伝わり，用いない器官は退化していくという用不用説．

ラマン散乱【Raman scattering】 理入射光と素励起とエネルギーのやりとりを行うため，散乱光中に入射光とは異なる波長成分が含まれる現象．

ラミー【ramie】 植イラクサ科の多年草．チョマ．麻衣料の一種として，ちぢみや上布に利用される．リネンよりも手ざわりが少し硬め．

ラミネート【laminate】 薄い板にする．合板にする．積層加工したもの．

ラム¹【lamb】 ①動子羊．②料子羊の肉．

ラム²【RAM】 ①IT算随時書き込み・読み出しができる記憶装置．random access memoryの頭字語から．②軍アメリカ，ドイツなどが共同開発した個艦防衛用の短距離ミサイル．rolling air-frame missileの頭字語から．

ラム³【rum】 料糖蜜またはサトウキビを発酵させて作るアルコール分の強い蒸留酒．

ラムウール【lamb's wool】 服子羊の毛．またその毛織物．

ラムサール条約【Ramsar Convention】 環国際湿地条約．水鳥湿地保全条約．1971年にイランのラムサールで採択．正式名は「特に水鳥の生息地として国際的に重要な湿地に関する条約」．

ラムズイヤ【lamb's ear】 植ワタチョロギ．シソ科スタキス属の多年草．葉は子羊の耳に似る．

ラムスキン【lambskin】 服子羊の革．またそれに似た織物の一種．ラムともいう．

ラメ【lamé 仏】 ①服金銀などの箔でできた糸．またそれが織り込まれた布．②容口紅などのメーキャップ製品の美しい質感を演出するために用いられ，一般的にキラキラとした点在感のある輝きを放つもの．

ラメ ストッキング【lamé stocking】 服金糸・銀糸を織り込んだ光る感じの靴下．

ラモラ【la molla 伊】 服らせん状の鋼鉄を輪にした

◀ランダムサ

細い腕輪．数十本重ねてつける．原義はばね．
ララバイ【lullaby】音子守歌．
ラリアット【lariat】①家畜や荷物を捕らえるための投げ縄．②競プロレスの技の一つ．ひじで相手の首などを引っかけて倒す．
ラリー【rally】①競テニス、卓球、バレーボールなどの、ひと続きの打ち合い．②競自動車一般公道を使い、指定コースを指示速度に従って走行し順位を競うレース．
ラリークロス【rally cross】競非舗装地にコースを設け、複数の自動車が同時に走って所要時間を争う競技．
ラリージャパン【Rally Japan】競自動車世界ラリー選手権（WRC）の一環として日本で開催されるラリー．北海道・十勝で2004年より開催．
ラリーポイント制【rally point system】競バレーボール得点制度の一つ．サーブ権の有無に関係なく相手にミスや反則があれば得点となる．
ラリーモンキー【Rally Monkey】競野球大リーグのエンゼルスの猿のマスコット．本拠地球場のスクリーンに登場して応援する．
ラリエット【lariat】服輪になっていない紐状のアクセサリー．ラリアットの転訛．
ラルゴ【largo 伊】音非常にゆっくりと、表情豊かに演奏せよ．
ラロックプラン【Laroque plan】社フランスが1945〜46年に社会保障制度の統一化を図った計画案．初代社会保障局長官ラロックが提唱．
ラロトンガ条約【South Pacific Nuclear Free Zone Treaty, Rarotonga】南太平洋非核地帯条約．1985年にクック諸島ラロトンガで開かれた南太平洋会議で採択．核爆発物の実験、製造、貯蔵、取得、管理を禁止し、放射性廃棄物の投棄を禁じた．
ラワン【lauan 比】植フタバガキ科の常緑高木．アジアの熱帯雨林などで生育する．家具や建築材に用いる．
ラン[1]【LAN】IT算構内ネットワーク．ある範囲内のコンピューター同士を接続したネットワーク．バス型、リング型、スター型などさまざまな形態がある．local area network の頭字語から．
ラン[2]【run】①走る．駆ける．②映劇連続興行．③服靴下・編物のほつれ．伝線．④競野球得点．⑤競ゴルフ落下後の打球が転がる距離．
ラン アンド ガン チーム【run-and-gun team】競バスケ速い動きと正確なシュートが売り物のチーム．ガンはシュートの意．
ランウエー【runway】①競走路．助走路．②建航空機の滑走路．ランディングストリップ．③劇花道．④ファッションショーの舞台のこと．
ランカー【ranker】①日競実力などを示す順位に入る人．上位を占める人．②整列する人．並べる人．③軍下士官出身の将校．
ランガージュ【langage 仏】言言語．
ランキング【ranking】順位付け．序列．等級．
ランキングチャート【ranking chart】IT算順位チャート．複数の項目をある基準で順位をつけて並べて傾向を見るための表．

ランキンサイクル【Rankine cycle】理熱機関の標準的なサイクル．作動物質の等圧加熱、断熱膨張、等圧冷却、断熱圧縮で成り立つ．
ランク【rank】順位．順序．階級．等級．格．
ラング[1]【langue 仏】言言語．社会的体系としての言語をいう．
ラング[2]【lung】生肺．肺臓．
ラングミュア プロジェット膜【Langmure-Blodgett film】生有機性超薄膜の一つ．LB膜．
ランゲージ【language】言言語．国語．
ランゲージ ポリューション【language pollution】言日常生活の中に、不快な俗語やわからない外国語が氾濫すること．
ランゲージ ラボラトリー【language laboratory】教スピーカーやイヤホーンなどの応答機器を備えた語学専用教室．ラボ．LL．
ランサー【lancer】①槍騎兵．②音スクエアダンスの一種．
ランジ【lunge】競フェンシング突き、または斬りの構え．
ランジェリー【lingerie 仏】服寝室着なども含めた女性用下着の総称．
ランジェリールック【lingerie look】服フリルやレース飾りのある下着のような形でデザインされた装い．
ランス【lance】①槍（やり）．槍騎兵．②軍アメリカ陸軍の中距離戦術ミサイル．
ランスルー【run-through】劇版本番前に行う通し稽古．
ランセット【lancet 蘭】医外科用の細い針状の両刃の小刀．ランセッタともいう．
ランターン【LANTIRN】機航空機用の赤外線夜間低高度航法装置および目標指示装置．low altitude navigation and targeting infrared for night の頭字語から．
ランタイム【run time】IT算実行時．コンピューター上でプログラムが実行している時間．
ランタイム版【run time】IT算コンピューター上で、翻訳された機械言語のプログラムが実行されている時のこと．
ランタイム モジュール【run-time module】IT算プログラムの実行時に使うソフトウエアモジュール．外部プログラムの一種．
ランダマイジング【randomizing】IT算直接編成ファイルで、間接アドレス方式にすると必要になるアドレス変換の方式．除算法や重ね合わせ法などがある．
ランダム【random】無作為なこと．行き当たりばったりなこと．
ランダムアクセス【random access】IT算乱呼び出し．メモリーの番地を指示すれば、データの順序に関係なくどの部分からでも記憶データが読み出せる．⇔シーケンシャル アクセス．
ランダムアクセス メモリー【random access memory】IT算データの書き込みと読み出しができるメモリー．電源が切れると消去される．RAM ともいう．
ランダム サンプリング【random sam-

633

ランダムス ▶

pling】社無作為標本抽出法．調査対象とした集団の中から無作為にサンプルを抽出する方法．英語では単に sampling ともいう．

ランダムスキャン【random scan】Ⅰ算テレビ画面を用いる表示装置の一つ．画面上で輝度の必要な部分だけに電子ビームを移動させる方式．

ランダム ドット ステレオグラム【random dot stereogram】Ⅰ算コンピューターグラフィックスで，裸眼による立体視のための技術．オートステレオグラムともいう．

ランタン【lantern】 携帯用の角灯．ちょうちん．灯台の灯室．ラテルネともいう．

ランチ¹【launch】機小型蒸気船．はしけ．大型船に積み込む小型船．

ランチ²【lunch】料昼食．弁当．洋風定食．

ランチ³【ranch】牧場．農場．

ランチエ【rentier 仏】社金利生活者．年金受給者．

ランチェスター戦略【Lanchester strategy】 経軍イギリスの航空工学技術者 F．W．ランチェスターが提唱した，兵力と火力の積とする戦力についての軍事戦略．それを経営戦略に適用し，特定分野に経営資源を集中的に投入するのがよいとする方法．

ランチェラ【ranchera】楽スペインのポピュラー音楽で，カントリー アンド ウエスタン調のもの．

ランチカー【lunch car 日】 昼食時の都心などで仕出し弁当を売る自動車．

ランチャー【launcher】①機軍ミサイルやロケットなどの発射機．ローンチャー．②Ⅰ算アプリケーションなどを事前に登録し，クリックで起動できるソフトウエア．

ランチョン【luncheon】料正式な午餐(ごさん)・昼食．

ランチョンバッグ【luncheon bag 日】料弁当を入れる手提げ袋．

ランチョンマット【luncheon mat】食器を載せるため食卓に敷く敷き物．

ランディング【landing】着陸．着地．上陸．

ランディングネット【landing net】水中の魚を捕らえるための手網．

ランディング バーン【landing Bahn 日】競(スキー)ジャンプ競技で，ジャンプ台に作られた着地後の滑走路．Bahn はドイツ語で，道・表面の意．英語は landing hill．

ランデブー【rendez-vous 仏】 ①待ち合わせ．会う約束．あいびき．②宇宙船や人工衛星が合体などを行うために，宇宙空間で接近して飛行すること．

ランドアート【land art】美大地に人為的な痕跡を残す芸術的行為．現代芸術の一方法．アースアート，アースワークともいう．

ランド ウォーリア システム【land warrior system】軍21世紀の歩兵用装備の研究実験．アメリカ陸軍とレイセオン社が1999年から開始した．

ランドクルーザー【land cruiser】機自動車の一種．頑丈で長距離走行ができる乗用車．

ラントクルフト【Landkluft 独】登春から夏にかけてできる雪渓と山の間の裂け目．元来は「淵の裂け

目」の意．

ランドケア【land care】 環地球環境を保護し，よくするという考え方．

ランドサイド【landside】社一般の人々の立ち入りが認められている空港施設・区域．

ランドサット衛星【Landsat】宇アメリカの多種多様の地球観測ができる衛星．地図作成，資源探査，海洋気象，雲分布，植生調査などができ，観測データは各国で直接受信して利用している．

ランドスケーピング【landscaping】社緑地帯や広場，公園の花壇などに公共サービスとして植栽し，景観を作ること．本来は造園の意．

ランドスケープ【landscape】 ①景観．眺め．目でとらえた風景．②Ⅰ算横幅が広いコンピューター用の画像表示装置．③Ⅰ算ワープロなどの印刷で，用紙の横置き．

ランドスケープ アーキテクチャー【landscape architecture】社街全体や国土の風致まで含めた景観設計，都市計画のこと．より人間的で美しい都市空間を創出するための総合的応用科学・技術ないし．

ランドスケープ ガーデニング【landscape gardening】植造園法．ランドスケーピング．

ランドセーリング【landsailing】競帆付きの三輪車で砂浜などを走るスポーツ．

ランドトロニクス【landtronics】社理想的な都市のあり方を，建築・システム工学・電子工学など広い分野から考えるもの．

ランドネット【randnet】Ⅰ算任天堂の家庭用ゲーム機 NINTENDO64 とその周辺機器を使うネットワークサービス．日本のランドネットディディが運営．

ランドピープル【land people】社陸路を使って国外脱出した難民．

ランドブリッジ【land bridge】経海上輸送に加え，大陸部分は陸路横断を行う国際輸送方式．コンテナを用い，時間と費用を節減する．

ランド ポリューション【land pollution】軍未処理で地中に残った地雷が散在する土地．地雷に汚染された土地．

ランドマーク【landmark】①陸上の目印．土地の境界標識．②建歴その土地や場所の目印や象徴となっている建造物．歴史的建築物．

ランドマイン【land mine】軍地雷．

ランドリー【laundry】営洗濯業者．

ランナー【runner】①競(野球)走者．出塁した選手．②競(陸上)競走者．③競(ゴルフ)球を前に進める選手．④そりやスケート，ボブスレーなどの滑走部．⑤カーテンの小滑車．

ランナーアップ【runner-up】競2位に入賞した人やチーム．

ランナーズニー【runner's knee】医競陸上競技の長距離走などでひざを使いすぎた時に起こる運動障害の一つ．ランナーひざ，ジョガーズニーともいう．

ランナーズハイ【runner's high】競走っている途中でうっとりとして，思考を停止したような状態になるランニング中毒．

◀リアリティ

ランナウエー【runaway】家出人．脱走者．逃亡．家出．

ランナウエー ベストセラー【runaway best-seller】他を寄せつけない大ベストセラー．

ランナップ【run-up】①［競］跳躍などの助走．②［経］値上がり．ランアップともいう．

ランニング【running】①走ること．競走．②(日)［服］ランニングシャツの略．

ランニング アプローチ【running approach】［競］(ゴルフ)グリーン近くからの打法の一つ．球を転がして目標地点に寄せる．チップショットともいう．

ランニングコスト【running cost】［営経］運営経費．運転資金．機械などの運用資金．

ランニングステッチ【running stitch】［服］表裏交互に針目を出していく刺し方．運針と同じ形になる．

ランニングストック【running stock】［営経］正常在庫．運転在庫．経営活動を続けるために必要な在庫．

ランニングドレス【running dress】［服］ランニングシャツのような襟ぐりのワンピース．

ランニングバック【running back】［競］(アメリカンフットボール)攻撃チームでライン後方にいて，球を受け取って走る選手の総称．RBともいう．

ランニングラグビー【running rugby】(日)［競］(ラグビー)速さや持久力が求められる走ることを主体にしたラグビー．

ランバー【lumber】①がらくた．②加工済みの用材．挽き材．

ランバーサポート【lumbar support】(日)［機］自動車で，シートの背後から腰の位置付近の固さや位置を調整できる機構．

ランバダ【lambada】［音芸］ブラジルで起こったダンス音楽．男女が腰などを密着させて踊る．

ランピー【rumpie】［社］地方に住み，豊かな生活をしている保守派の若い専門職者．rural upwardly mobile professionalの略．

ランプ¹【lamp】石油などを入れて灯芯に火をともす照明器具．

ランプ²【ramp】①傾斜路．ランプウエー．タラップ．②空港の駐機場．

ランプ³【rump】［料］牛のしり肉．

ランプウエー【rampway】［建］斜道．立体交差路などの高さの違う道路をつなぐ道路．またその出入り口．ランプともいう．

ランブータン【rambutan】［植］ムクロジ科の常緑高木．マレー諸島原産．果実は卵大で赤いとげが生え，果肉は白く多汁で甘ずっぱい．

ランプーン【lampoon】風刺．皮肉．悪意のある痛烈な風刺．

ランプ コントローラー【ramp controller】［営］空港から航空機に，駐機場の配置や誘導路への進入などを，無線で指示する係員．

ランプサム ペイメント【lump-sum payment】［経社］個々の従業員の成績に応じて，一括払いされる報酬．基本給以外に支給される．ランプサムは一括払いの意．

ランフラット タイヤ【run flat tire】［機］パンク

して空気圧がゼロになっても安定走行が可能な自動車用タイヤ．

ランブリング【rambling】［社］ぶらぶら気ままに歩くこと．余暇活動の一つで，田園地帯をのんびり歩くこと．

ランブルシート【rumble seat】［機］自動車の折り畳み式後部補助席．クーペ型などに多い．

ランヤード【lanyard】［服］首にかけてアクセサリーなどをつるすひも．

リ

リアウインドー【rear window】自動車などの後部のガラス窓．

リアエンジンカー【rear-engine car】［機］エンジンを車体の後部に取り付けた自動車．

リアガード【rear guard】［軍］後衛．

リアクション【reaction】反応．反動．反作用．

リアクション ショット【reaction shot】［映放］中心人物よりも，その相手方の反応を主に写し出して場面の効果を出す方法．反応描写．

リアクション タイム【reaction time】［競心］反応時間．刺激を与えてから反応が起こるまでの時間．

リアクター【reactor】①［理］原子炉．②［化］反応装置．③［電］交流回路に誘導抵抗を与える装置．リアクトルともいう．

リアクタンス【reactance】［電］誘導抵抗．電気回路に交流を流した時に生じる．

リアシート【rear seat】自動車などの後部座席．バックシートともいう．

リアス式海岸【rias coast】［地］川に浸食されて起伏ができた陸地が沈下して形成される，複雑に入り組んだ海岸．

リアップ【RiUP】［薬］壮年性脱毛症に対して発毛効果をもつ医薬品．高血圧治療剤のミノキシジルの副作用に多毛症があることから再開発された．1999年に大正製薬が発売．

リアドライブ【rear drive】［機］自動車の後輪駆動．エンジンの駆動力が後輪に働く方式．

リアプロジェクション テレビ【rear projection television】［放］大画面薄型テレビの一種．画面後方から映像を投射する．リアプロともいう．

リアライズ【realize】実感する．悟る．了解する．実現する．

リアリスティック【realistic】現実的な．現実に即した．写実的な．レアリスティック．

リアリスト【realist】①現実的な人．現実主義者．②［芸］写実主義の画家・作家．③［哲］実在論者．レアリストともいう．

リアリズム【realism】①現実主義．現実的な考え方．②［芸］写実主義．③［哲］実在論．レアリズムともいう．

リアリゼーション【realization】現実化すること．実感．認識．リアライゼーション．

リアリティー【reality】現実性．実在性．真実

リアリティ ▶

味．本質．実体．レアリテともいう．

リアリティーショー【reality show】 放一般人が参加する方式をとる記録作品仕立てのバラエティー番組．

リアル【real】 真実の．現実の．現実的な．本物の．実在する．

リアルＩＲＡ【Real IRA】 軍アイルランド共和軍から分派した過激組織．

リアルウエイジ【real wage】 営経物価の変化を考慮に入れた賃金．実質賃金．

リアルエステート オウンド【real estate owned】 営経アメリカの不良債権の定義の一つ．抵当流れで当該銀行に帰した不動産．

リアルオーディオ【RealAudio】 IT 好きな時に目的の音声によるニュースやサーバーから取り出せるソフトウエア．

リアルオプション【real option】 営利益をもたらす行動を選択できる権利という考え方を，実物資産に応用し，企業の投資意思決定に役立てるもの．

リアルクローズ【real-clothes】 服生活に密着した実質的な服．

リアルタイム【real-time】 ①I算同時処理．即時処理．実時間処理．②物理現象が起きるまでに要する実時間．③即時．同時．

リアルタイムイメージング【real-time imaging】 生理従来は静止状態しか観察できなかった生体物質などの挙動を，動的に観察する微細技術．

リアルタイムＯＳ【real-time operating system】 I算要求された時間内に処理を実現することを重視したOS．反応のよさや実行時間の速度などが重視される．

リアルタイム クロック【real-time clock】 I算コンピューター，ワープロに内蔵される時計．電源を切っても内蔵の電池で作動する．

リアルタイム システム【real-time system】 I算即時処理を行うためのシステム．

リアルタイム シミュレーション【real-time simulation】 社地域防災計画などの策定後に，災害の展開を予測する被害想定の手法．

リアルタイム処理【real-time processing】 I算データの発生や利用者からの要求が届くと同時に処理を始める方式．銀行のATMなどが代表的．

リアルタイム３ＤＣＧ【real-time 3D computer graphics】 I算ポリゴン（立方体の粒）で画像を描き，さまざまな設定を即時に演算して動画にする技術．

リアル タイム プロセッシング システム【real-time processing system】 I算即時処理方式．即時処理方式．データをその発生と同時に，コンピューターで処理して結果を出力する方式．

リアルタイム モニター【real-time monitor】 I算家電製品などに装備されるマイクロコンピューターを制御するのに用いる小規模OS．

リアルポリティックス【real politics】 政現実政策．現実政治．現実的利益を優先する現実主義的な政策．

リアルマネー【real money】 経実質貨幣．

気対策で公共事業の額が発表された場合，年度内に実際に需要として発生する部分．

リアルマネートレード【real money trade】 IT オンラインゲームの疑似通貨や用具の売買．RMT．

リアルモード【real mode】 I算80286以上の中央処理装置（CPU）の動作モードの一つ．下位モデルである8086などのCPUと同じ動作をするため，8086用のOSやアプリケーションソフトを実行できる．

リアル ワールド コンピューティング【real world computing 日】 I算人間の思考に近い，柔らかい情報処理ができる次世代コンピューターの研究開発計画．1992年に通産省（現経済産業省）が始めた．RWC計画ともいう．

リーガ エスパニョーラ【Liga Española 西】 競(略)スペインのプロサッカーリーグ．

リーガル【legal】 法法律の．法令の．法的に正当な．適法．法的な．⇔イリーガル．

リーガルエイド【legal aid】 法裁判費用を払えない困窮者への法律扶助．無料の法律相談．

リーガルエージ【legal age】 社法法定年齢．成年．現在の日本では満20歳．

リーガルクリニック【legal clinic】 社法住民が抱える法律問題や悩みなどを，弁護士や各種の専門家が担当し，無料で相談・助言を得られる事務所．

リーガル サービスセンター【legal service center】 社法日本全国で法的サービスを提供する司法ネットの運営主体．

リーガルサイズ【legal size】 洋紙サイズの一種で，8.5×14インチ（約216×356mm）のもの．契約書などによく使う大きさ．

リーガルヘイブン【legal haven】 営法律回避地．国際的に活動する企業にとって，法律上有利な行動をとることができる国や地域．

リーガルマインド【legal mind】 法法律の適用に必要とされる，経験に基づく適切な判断．

リーキ【leek】 植ユリ科の2年草．ヨーロッパで栽培されるネギに似た野菜．ポワロー，ポロネギともいう．

リーク【leak】 ①秘密や情報などを漏らすこと．漏洩．漏れ口．②漏電．

リーグ【league】 ①連合．連盟．②競野球などで，いくつかのチームからなる連盟．

リーグチャンピオン【league champion】 競リーグ優勝チーム．リーグ最強チーム．

リーグラグビー【league rugby】 競13人制で行うラグビーに類似したプロ競技．

リーケージ【leakage】 ①漏れ．漏れた量．②経漏損．③電漏電流．

リーサット【Leasat】 宇軍アメリカ海軍が通信に用いる海事衛星．

リイシュー【reissue】 ①営前に販売されたレコードを，再度製造して発売すること．②再発行する．再支給する．

リージョナリズム【regionalism】 ①政地方分権制度．②地方主義．地域主義．

リージョナル【regional】 地域の．地方的な．地帯の．局地的な．

636

リージョナル インテグレーション【regional integration】 政 一定の地域内にある国々が、国家の枠を超えて共同体を作ること。

リージョナル型SC【regional type shopping center 日】 営 広域型ＳＣ。核店舗のほかに50店以上の店舗を集積し、広大な商圏人口を対象とするショッピングセンター。ＲＳＣ。

リージョナルコード【regional code】 ⓘ ＤＶＤビデオに記録されている地域別コード。

リージョナル シアター ムーブメント【regional theater movement】 劇社 地域劇団運動。都市偏重の演劇傾向に対して、地方にも演劇を定着させて、底辺の拡大を図るもの。

リージョナル チェーンストア【regional chain store】 営 特定の地域に限定して展開する小売店網。

リージョナルバンク【regional bank】 経 地方銀行。

リージョン【region】 ①地帯。地方。地域。②社 行政区域にとらわれなく、自然の環境・交通・経済などで一つにまとめられる地域。

リース[1]【lease】 営経 物品賃貸。物品を設備投資資金の代わりに貸し出す制度。固定資産を使用する権利を一定期間移転する契約。

リース[2]【wreath】 植 花輪。花や葉などで作る冠。室内装飾や扉飾などに用いる。

リーズ アンド ラグズ【leads and lags】 経 国際間の取引で、決済を早めたり、逆に引き延ばしたりすること。為替レートの変動によって生じる。

リース金融【lease-back financing】 経社 違法な貸金手法の一つ。借り手から買い上げた車などをリースして返済させる。

リース産業【leasing industry】 経 設備や物品を一定期間、企業などに賃貸して利益を得る産業。

リーズナブル【reasonable】 道理に合った。筋の通った。合理的な。手ごろな。割安な。

リース バイ バック【lease buy back】 営 外国から工場設備などを長期契約で借り、その賃借料を生産物で支払う方式。

リースバック方式【leaseback system 日】 経社 公共団体が所有する財産を売却した後、同じ物件を賃借する方式。

リースマンション【lease mansion 日】 営建 主に投資を目的とした賃貸用マンション。英語は condominium for rent。

リースレンタル【lease and rental】 ⓘ 営 パソコンなどの情報設備を、購入以外で導入する手段。短期間使用はレンタル、長期使用はリースという。

リーズン【reason】 ①理由。原因。道理。分別。思慮。②社 理性。

リーズンホワイ コピー【reason-why copy】 広 商品の必要性を説明する形で、購買動機に訴える広告。

リーセンシー【recency】 最新。新しさ。

リーセンシー プランニング【recency planning】 広 商品への心理的近接度が高い消費者に対して、最も効果的に作用する広告媒体の使い方を考えること。

リーゼンスラローム【Riesenslalom 独】 競 (キョ) 大回転競技。アルペン種目の一つ。ジャイアントスラロームともいう。

リーゼントスタイル【regent style】 容 男性の髪形の一つ。前髪は高く持ち上げ、左右の髪も後ろに流してなでつける。

リーダー[1]【leader】 ①指導者。指揮者。②印 破線。点線。③営 優位企業。市場競争で優位にある企業。④録音テープなどの先端の引き出し部分。⑤釣り用のはりす。

リーダー[2]【reader】 ①読者。②教 学校用読本。語学などの教科書。

リーダーシップ【leadership】 指導力。指揮権。統率力。指導者・指揮者の地位。

リーダーシップ サーベイ【readership survey】 広 注目率調査。読者数調査。閲読率調査。印刷媒体での受け手調査。

リーダビリティー【readability】 読みやすさ。読みごたえ。

リーダブル【readable】 読んでおもしろい。読みやすい。おもしろく書かれた。

リーチ【reach】 ①到達する。届く。達する。②伸ばした腕の長さ。③競 (ボク) 選手の腕の届く攻撃範囲。両手を左右に伸ばした範囲。④競 (テニ) ネットプレーでの守備範囲。⑤広 広告メッセージの到達のこと。

リーディング[1]【leading】 主要な。指導的。先頭の。最初の。

リーディング[2]【reading】 読むこと。語学学習などで読む練習。読書。

リーディング カンパニー【leading company】 営経 先導企業。主導企業。業界などで主導的な役割をする企業。

リーディング ケース【leading case】 法 判例の中で、特に先例となるような判例。

リーディング サイアー【leading sire】 競 競馬で、産駒の獲得賞金の合計で決める種牡馬の序列。またはその首位。

リーディング産業【leading industry】 営 戦略産業。主導産業。産業構造を革新し、一国または一地域の経済成長を牽引する中軸となる産業。リーディングインダストリー。

リーディング ジョッキー【leading jockey】 競 競馬で、年間最多勝騎手。

リーディング デスク【reading desk】 書見台。本を置く部分が斜めになった読書用の台。

リーディング トレーナー【leading trainer】 競 競馬で、年間最多勝調教師。

リーディング ヒッター【leading hitter】 競 (野球) 首位打者。リーディングバッター。

リーディング ルーム【reading room】 ①図書館などの閲覧室。読書室。②印 印刷所の校正室。

リート[1]【Lied 独】 音 歌曲。特に、19世紀のドイツ語圏で盛んになった芸術性の高い歌曲。

リート[2]【REIT】 経 不動産投資信託。アメリカでは年金基金などの投資対象とする。real estate investment trust の頭字語。

リード▶

リード[1]【lead】①先導すること. ②競競争相手に勝ち越すこと. 差を付けて引き離すこと. ③競(野球)走者が盗塁などのため離塁すること. ④新聞などで、見出しに続く前文. ⑤電接続用の導入線. ⑥手掛かり.

リード[2]【reed】音オルガンや管楽器などの有簧(ゆうこう)楽器にある発音装置. 空気の振動を利用して音を出すもので、アシ・木・金属などの薄片の舌.

リード アフター ライト【read after write】Ⅰ算データの信頼性を高めるのに使うエラー訂正機能. 元データとの整合性を点検する.

リードオフマン【lead-off man】①競(野球)一番打者. トップバッター. ②先頭に立って指揮をとる人.

リードオルガン【reed organ】音発音装置に金属製の舌を用いて、足踏み式で送風を行って音を出すオルガン. 送風を電動式で行うものもある.

リードオンリー【read only】Ⅰ算読み込みは可能で、書き込みは不可能な状態. CD-ROMやDVD-ROMがこの状態の媒体.

リード化合物【lead —】化薬新薬開発の先鞭となる有望な化合物. その構造を少しずつ変化させ、より活性が高いものを選び出す.

リードタイム【lead time】営企画されてから製品化されるまでの時間. 製品を発注してから配達されるまでの時間.

リードマン【leadman】競(バスケットボール)ポジションの一つ. 試合中にコート内で味方選手に的確な指示を出す役目をもつ選手. ガードともいう.

リードミーファイル【read me file】Ⅰ算オンラインソフトや市販のアプリケーションなどに添付されるファイル. 製品の動作環境や使用方法, 注意が書かれている.

リードユーザー【lead user】営購入量は少ないが、買った製品のことを絶えず考えて使っている顧客.

リーナス トーバルズ【Linus Torvalds】Ⅰ算UNIX系OSであるLinuxを開発したフィンランド人.

リーフ[1]【leaf】①植葉. ②一枚ずつに分かれた紙.

リーフ[2]【reef】①地砂州. 礁. ②鉱鉱脈.

リープ【LEAP】軍大気圏外軽量弾. アメリカの海軍戦域弾道ミサイル防衛構想で、上層を担当する迎撃兵器. lightweight exo-atmospheric projectileの頭文字.

リーフレット【leaflet】①営広社一枚刷りの宣伝・説明などに用いる印刷物. チラシ. 手引. 説明書. ②植植物の小さい葉.

リーベ【Liebe 独】恋愛. 恋人. 英語のラブ(love)に当る.

リーマン幾何学【Riemannian geometry】数歪んだ空間の描写を可能にした幾何学. 曲面上の幾何学を二次元の曲がった空間ととらえる. 微分幾何学から生まれた. ドイツの数学者G.F.B.リーマンの名にちなむ.

リーマン予想【Riemann hypothesis】数素数に関するゼータ関数で、0になる点の条件.

リーリング【reeling】釣り糸を巻き上げて、魚を引き上げること.

リーンバーン エンジン【lean burn engine】機希薄燃焼エンジン. リーンバーンは、大量の空気に少量の燃料を混合した状態で燃焼させる方式.

リーン プロダクション【lean production】営余剰部分のほとんどない生産. リーンはやせた、脂肪のない、ぜい肉のないという意.

リインベンション【reinvention】①再発明. 再創造. ②営企業の再創造. 企業がもつ固有の価値を見直し、従業員の士気を高める方法.

リインベント【reinvent】最初から作り直す. 徹底的にやり直す.

リウマトレックス【Rheumatrex】薬リウマチ治療薬. 一般名・メトトレキサート.

リエゾン【liaison】①連絡. 連絡係. ②言連音. 特にフランス語で、語尾の子音と次の語の語頭の母音をつなげて発音すること.

リエット【rillettes 仏】料豚、ウサギ、ガチョウなどの細切り肉をその脂で煮込み、ペースト状にして冷やした料理.

リエマージング ウイルス【reemerging virus】医生再興ウイルス. 再出現ウイルス. 一度出現したウイルス感染症が再度出現し流行すること.

リエンジニアリング【re-engineering】①Ⅰ算コンピューターや情報処理システムの導入効果が上がるように、事前に作業過程や仕事の流れを再構成すること. ②営業務の根本的革新. 経営基盤や業務形態などを見直し、再構築を図ること.

リエントラント【reentrant】Ⅰ算一つのプログラムが使われている時でも、複数の処理のために再度プログラムに入れること.

リエントリー【reentry】①再入国. 留学生や海外駐在員などの帰国. ②宇機ロケットや宇宙船の大気圏再突入. ③権利再取得. 再登録.

リオグループ【Rio Group】政中南米12カ国が構成する非公式な政策協議機構. 1987年以降、毎年首脳会議を開く.

リオ宣言【Rio Declaration】環環境と開発に関するリオデジャネイロ宣言. 1992年にブラジルのリオデジャネイロで開かれた国連環境開発会議(地球サミット)で採択した.

リオトロピック【lyotropic】化離液性の. 溶媒変性の.

リオトロピック液晶【lyotropic liquid crystal】化理溶液の状態で液晶としてふるまうもの.

リカー【liquor】酒アルコール飲料. 特にアルコール度の高い蒸留酒.

リカーシブ【recursive】Ⅰ算再帰的. 関数の定義をする時に、その一部に関数自身を使うこと.

リガーゼ【ligase】生合成酵素.

リカード効果【Ricardo effect】営好況期の後半に見られる現象. 実質賃金の低下に伴い、企業が機械労働力よりも人間の労働力によって生産能力の上昇を図るようになる.

リカード バローの等価定理【Ricard-Barro equivalence theorem】財人々は合理的期待

を形成でき、生涯所得や将来世代への遺産をも考慮して、現在の消費・貯蓄を決めるとする定理.

リカバー【recover】回復する. 取り戻す.

リカバリー【recovery】①回復. 取り戻すこと. 回収. ②[算]故障などでこわれたプログラムやデータ，ハードウエアを元の状態に回復させること.

リカルド フランコ戦線【Ricardo Franco Front】[軍]コロンビアの過激派組織. RFF.

リカレント教育【recurrent education】[社]社会人が再び学校へ入る循環・反復の教育体制. OECD（経済協力開発機構）が提唱する生涯教育構想の一つ.

リキッド【liquid】①[化][理]液体の. 流動体の. 液体. ⇔ソリッド. ②透明な. 澄んだ. ③[容]液状整髪剤. ヘアリキッドの略.

リキッドクラック【liquid crack】[薬]強烈な刺激があるアルコール飲料. コカインと似た刺激が得られるという.

リキャップ【recap】要約. 概約要点の再現. re-capitulationの短縮形から.

リキャピタリゼーション【recapitalization】[営]企業の乗っ取り・買収を防ぐ方法の一つ. 借入金を増やして財務内容を悪化させ，その資金で配当を増やし株価をつり上げて，買収意欲を減退させるもの. リキャップともいう.

リキュール【liqueur】[料]醸造酒や蒸留酒または飲用アルコールに，果実・薬草を浸したり，糖類・香味料・色素などを加えたりして作る混成酒の一種.

リグ【rig】①[機]石油の掘削装置. オイルリグともいう. ②帆装. 艤装. ③装備. 用具.

リクード【Likud】[政]イスラエルの政党の一つ. 1973年にヘルート党，自由党，ラアムの右派政党が統合した. ヘブライ語で連合の意.

リクープ【recoup】控除する. 取り戻す. 弁償する.

リクエスト【request】要求. 要請. 請願. 要求物. 演奏希望曲. 放送希望曲.

リクエスト プログラム【request program】[放]視聴者の要望に応じて放送される番組.

リグニン【lignin】[化]植物の細胞膜間に存在する高分子化合物の一つ. 細胞の結合を強化する作用がある.

リグベーダ【Rig-Veda】[梵][宗]紀元前12世紀ごろにインドで編纂（へんさん）された最古の聖典.

リクライニング シート【reclining seat】[機]背もたれが後ろに倒せるようになっている自動車・電車などの座席.

リクルーター【recruiter】①(日)[社]就職希望の学生に接し，採用活動に関与する同窓の先輩社員. ②補充係. 給補係.

リクルート【recruit】①新兵. 新入生. 新入社員. ②新人を募集する. 新しく補充する.

リクルートカット【recruit cut 日】[容]学生が就職前に整える短い髪形. 英語は job-hunting hairstyle.

リクルート ファッション【recruit fashion 日】[服]就職試験や会社訪問の際に着る画一的な装い. 男子は紺系のスーツ，女子は白のブラウスにグレー系のブレザーや襟なしのジャケットが多い. 英語は formal suit for job-hunters.

リグレット【regret】後悔する. くやしがる. 残念. 遺憾.

リクワイアメント【requirement】必要条件. 資格. 要求.

リゲイン【regain】取り戻す. 回復する. 奪還する. 復帰する.

リケッチア【rickettsia】[医]グラム陰性微小球菌様微生物の一群の総称. 細菌とウイルスの中間のもので，病原性リケッチアは，発疹チフス病原体などがこれに属する.

リコーダー【recorder】[音]特に中世およびバロック時代に盛んに用いられた竪笛. 柔らかい音色が特色. ブロックフレーテともいう.

リコール【recall】①[政]公職者の解職要求. 公職者を有権者の投票などで解職できる. ②[営][社]欠陥製品などの回収. 自動車などの無償回収・修理. ③呼び戻す. 思い出す.

リコグニッション【recognition】承認. 承知. 容認. 認定. 見覚え. 勧告. 再認.

リコメンデーション【recommendation】①推薦. 助言. 推薦状. ②[I算]営顧客の取引履歴などのデータを分析し，購入が予測される商品を推奨する方法. レコメンデーションともいう.

リゴリスト【rigorist】厳格主義者. 理性第一主義者.

リコンシリエーション【reconciliation】和解. 仲直り. 一致. 調停.

リコンストラクション【reconstruction】再建. 復元.

リコンパイル【recompile】[I算]ソースプログラム（原始言語で書かれたプログラム）を再度，目的言語に翻訳すること.

リコンビナント【recombinant】組み換え型による. 組み換え体の.

リコンファーム【reconfirm】[社]旅客機の予約の再確認.

リサーチ【research】[営][社]調査. 研究.

リサーチ エシックス【research ethics】研究倫理. 科学技術の高度化に伴って生まれた学問領域.

リサーチコア構想【research core plan 日】[社][政]高次の産業支援機能を有する施設を整備して，地域の研究開発水準の向上，頭脳労働機会の創出，地域産業構造の高度化を実現しようとするもの.

リサーチ トライアングル パーク【research triangle park】[I算]アメリカのハイテク研究都市の一つで，ノースカロライナ州にあるもの. 企業・研究所・大学などの研究開発部門が集まっている.

リサーチナース【research nurse】[医]臨床試験の準備や折衝，データ整理などを担当する看護師や医療従事者.

リサーチパーク【research park 日】[営][教]研究開発型企業や国公立の研究機関などの研究施設を核にして建設する団地.

リサーチ プログラム【research program】時間的経緯の中での推移をとらえるための概念. パラ

ダイムに代わる概念として、I.ラカトシュが提唱.

リサーチペーパー【research paper】 研究論文. 学術研究を発表する論文.

リサーチャー【researcher】 版クイズ番組の設問のために資料集めを担当する人. 原義は研究員, 学究.

リサーチ リテラシー【research literacy】 社会調査や統計データを解読する能力.

リザーバー【reservoir】 ①貯蔵庫. 貯水池. 給水所. ②地球化学サイクルで, 各サブシステムにおける物質の存在量. レザボアともいう.

リサービア【resurbia】郊外地の性格をあわせもつリゾート地. 別荘に定住する人が増え, 郊外住宅地のようになった地域. resort と suburbia の合成語.

リザーブ【reserve】 ①予約. 貯蔵品. ②保有する. 確保する. ③保留地区.

リザーブド【reserved】 営社予約済み.

リザーブ トランシュ【reserve tranche】 経国際通貨基金(IMF)の出資割当額の25%以内で任意に引き出しができる部分.

リサイクリング【recycling】 ①営環社資源の再利用. ②経社大量の投機資金が他国へ移動した場合, 流入国が流出国へ資金を還流させる制度.

リサイクル【recycle】 ①環廃棄物の再利用. 不用品やエネルギー資源などの再生利用. 資源の再利用, 再生. ②経資金の再循環.

リサイクル機器試験施設【Recycle Equipment Test Facility】理高速炉用核燃料の再処理施設. 1995年から東海村に建設を始めたが, もんじゅ事故などで停滞し2000年に試験棟だけ完成のまま工事は中断. RETF ともいう.

リサイクルショップ【recycle shop 日】 営消費者から不用品を預かり販売する店. 英語では中古品の販売店, 特に慈善のための中古衣料を扱う店をthrift shop という.

リサイクルセンター【recycle center 日】 環社地方公共団体などが運営するリサイクル施設. 家庭から出た家具や電気製品などを再生利用して配布・販売する.

リサイクル2法【recycle 一】 経法1991年に制定した再生資源利用促進法(リサイクル法)と, 97年に改正した廃棄物処理法のこと.

リサイクルビジネス【recycle business】 営環廃棄物や不用品を再利用や再資源化する事業・業態.

リサイクル ファッション【recycle fashion】 服フリーマーケットなどで入手した古着をつぎはぎしたものや, リサイクルのように見せたファッション.

リサイクル ブックストア【recycle bookstore 日】 営新古書店. 読者から買い取った新刊本などを低価格で販売する.

リサイクル法【Recycle Act 日】 環法再生資源の利用の促進に関する法律. ごみの減量化と資源の再利用の促進を目的に, 1991年に施行.

リサイズ【resize】 I算 Windows の画面上で, ウインドウの大きさを変更すること. または表示中の図形の大きさを変えること.

リサイタル【recital】音独唱会. 独奏会.

リザイン【resign】 辞任する. 辞職する. やめる. 放棄する.

リザベーション【reservation】 ①保留. 残しておくこと. ②予約. レザベーション.

リザルト【result】結果. 成績.

リジェクション【rejection】拒否.

リジェクト【reject】拒む. 辞退する.

リジャーマン【re-German】 ドイツ回帰. ドイツに学ぼうとするアメリカの機運.

リシン【ricin】化ヒマの実から採れる毒性のあるたんぱく質の一種. 血球を凝集させる働きをもつ.

リジン【lysine】医必須アミノ酸の一つ.

リス【Riss 独】 地岩壁の小さい割れ目.

リズール【liseur 仏】読書家. 精読者.

リスキー【risky】 危険な. 大胆な. 危険が高い. きわどい.

リスキリング【reskilling】社従業員の再教育.

リスク[1]【RISC】 I算縮小命令セットコンピュータ. 命令を単純なものに数を絞った CPU (中央処理装置). reduced instruction set computer の頭字語から.

リスク[2]【risk】①危険. 危機. 危険性. 危険度. ②経保険の対象となる事故や損害が発生する可能性.

リスクアセスメント【risk assessment】営社危険や危機の事前評価.

リスクアセット【risk asset】経危険資産. 現金回収に危険性を伴う債権.

リスクインフォームド規制【risk-informed regulation in the nuclear safety area】営社原子力災害によって施設周辺に被害が及ぶ確率など, 潜在的な危険性に関する情報を活用した原子力安全規制.

リスク科学【risk science】理ある事象の危険性とそれにさらされる度合いの積をいう, リスクを科学的に研究すること.

リスク管理【risk management】I算情報システムの安全を守るため, 発生しうるデータの漏洩, 盗聴, 不正アクセスなどのリスクを管理すること.

リスク管理債権【loans under risk management】経元本や利息の回収見込みが立たず, 収益を生まない金融機関の債権.

リスクキャピタル【risk capital】営経危険や危機を引き受け高収益を目指す投資資本.

リスク コミュニケーション【risk communication】化化学物質の環境リスクを正しく評価し, 適切な情報を提供すること.

リスク コンサルティング【risk consulting 日】 営さまざまな危険情報を集め, 企業向けに回避方法などの支援・助言を提供する事業.

リスクコントロール【risk control】 I営経営上やネットワーク上などで起こる各種の危機を未然に防いだり, 発生の度合いを少なくしたりするために, 技術的・人的な対策を立てること.

リスク資産【risk asset】経高い利益が狙える分, 危険もそれなりに高い資産. 株式や債券, 外貨預金など.

◀リスポンス

リスクテーカー【risk taker】 経金融市場や経済活動で、リスクを引き受ける役目をもつ人や機関.

リスクテーキング【risk taking】 営社危険をおかしても積極的な対応で、損害や事故の発生などの事態を乗り越えること.

リスク トレードオフ【risk trade-off】 環環境問題で対象とするリスクを削減すると、別のリスクが生じ、全体としてリスク削減の効果が打ち消されてしまう現象.

リスクファイナンス【risk finance】 I算営経経営上やネットワーク上などで危機が生じた時のために、保険を掛けて資金面での対策を立てること.

リスクファクター【risk factor】 医個体内にあって、ある疾患にかかりやすい形態的・機能的因子のこと.

リスク プレミアム【risk premium】 経投資家が株式などのリスク資産へ投資する際に期待するリターンで、安全資産を上回る分.

リスク プレミアム理論【risk premium theory of exchange rate】 経為替リスクプレミアムを考慮した為替レート理論.

リスクヘッジ【risk hedge】 営危険分散. 予想される危険への対応.

リスクマップ【risk map】 社災害をもたらす自然現象による被害を予測して図化したもの. 死傷者数や財産の被害、経済社会活動の阻害などを示す.

リスク マネジメント【risk management】 営危機管理. 危険管理. 経営上に起こるさまざまな危険を、最小の費用で最小限に抑えようとする方法.

リスクメーター【risk meter】 環環境問題におけるリスクの相対比較のために、ハーバード大学リスク解析センターが提案している尺度. 有害レベルの暴露を受ける「暴露確率」と、人口などを考慮した「影響の大きさ」.

リスケ【rescheduling】 経政債務繰り延べ. 債務支払い繰り延べ. リスケジューリングの略.

リスケジューリング【rescheduling】 経政債務返済繰り延べ. 債務国が返済期限の延期を、債権国に要請すること. リスケともいう.

リスタート【restart】 ①再出発. 再着手. 再び開始すること. 再び飛び立つこと. ②I算コンピューターをすでに起動している状態から、再び起動し直すこと.

リスティチューション センター【restitution center】 社犯罪者の矯正施設の一種. 受刑者はこの施設で生活しながら、地域社会の中で仕事につく.

リステリア症【listeriosis】 医鞭毛をもつ短桿菌の一種リステリア菌が、人間や家畜、鳥類などに起こす感染症.

リスト¹【list】 ①一覧表. 名簿. ②I算データなどが列をなして並んでいるもの、また表になっているもの. ③I算プログラムの内容を印刷したり、画像表示装置に表示したもの.

リスト²【wrist】 手首.

リストア【restore】 I算プログラム作成で、データを元の場所に戻すこと.

リストアップ【list up 日】 選出すること. ある基準によって選抜したものの一覧表や目録. 英語では listing.

リストアップ工法【list up construction 日】 建外装パネルの取り付け、屋根防水施工などを低位置で行い、建物の外部をほぼ仕上げた後に、所定の位置まで持ち上げる工法.

リストカッティング シンドローム【wrist cutting syndrome】 医心手首自傷症候群. 手首に傷を付けて疑似自殺を繰り返す.

リスト処理【list output】 I算データベース内のテーブルやクエリーなどの結果を、一覧表にまとめて出力すること.

リスト処理言語【list processing language】 I算リスト構造のデータを処理するプログラミング言語. Lisp や Pascal、C 言語などがある.

リストバンド【wristband】 服手首に巻くバンドや飾り.

リストフォン【wristphone】 I算腕電話. 腕時計と携帯電話の機能をひとまとめにした製品.

リストプライス【list price】 営経表示価格. カタログなどに表記されている価格.

リストブローカー【list broker】 営年齢別・地域別・出身校別など、さまざまな名簿を作成して、企業などに提供する業者.

リストボックス【list box】 I算アプリケーションソフトなどで、ダイアログボックス中などに表示される複数の選択肢がリストされている窓型の領域.

リストラ【restructuring】 営リストラクチャリングの略. 企業再構築. 再構築. 再編成. 構造改革.

リストラクチャー【restructure】 再構築する. 再構成する. 改造する.

リストラクチャード ローン【restructured loan】 営経アメリカの不良債権の定義の一つ. 金利減免などで再建途上の企業への債権.

リストラクチャリング【restructuring】 営企業再構築. 非採算事業からの撤退や成長分野への進出という事業内容の再編、人員減少や組織見直しなどの動きをいう. リストラともいう.

リストリクション【restriction】 制限. 規制.

リストリクテッド クレジット【restricted credit】 営経手形の買い取り銀行を指定する信用状. ↔オープンクレジット.

リストレーション【restoration】 ①復活. 復旧. 回復. 再生. ②美術品や建物の修復. または修復されたもの. ③〔R-〕王政復古.

リスナー【listener】 聴き手. 聴取者.

リスニングルーム【listening room】 音音楽鑑賞室. 音楽を聴くための設備がある部屋.

リスプ【Lisp】 記号処理のために開発されたプログラム言語. list processor の短縮形.

リスペクト【respect】 尊敬. 敬意. 重視.

リスポンシビリティー【responsibility】 責任. 負担. レスポンシビリティーともいう.

リスポンシブル マーケティング【responsible marketing】 営利用者に対するアフターサービスまでを考えた信頼できる輸出.

リスポンス【response】 ①応答. 反応. ②機自動車のアクセルやブレーキ操作に対する反応性. レスポンスともいう.

リスポンスタイム【response time】 I算営社応

641

答時間．ある刺激や命令を与えた場合に，それに反応するまでに要する時間．

リズム【rhythm】 ①規則的・周期的な繰り返し．反復．音の強弱・長短で生じる規則的な律動．②言文章の調子．リトムともいう．

リズムアクション【rhythm action game】 Ⅰゲームのジャンルの一つ．音楽に合わせて登場人物を踊らせたり音楽を演奏したりする．パラッパラッパーや beatmania などが知られる．

リズム アンド ブルース【rhythm and blues】 音1940年代にアメリカの黒人から起こった大衆音楽．伝統的なブルースにギターなどを加えリズムを強調したもの．ロックンロールやソウルにつながっていく．リズム＆ブルース，R&B，r&b ともいう．

リズム現象【rhythmic phenomenon】 理非平衡開放系に見られる自発的秩序形成現象の一つとして現れる発振現象．

リズムボックス【rhythm box】 Ⅰ音電子回路を用いてさまざまなリズムを自動的に演奏する機器．リズムマシンともいう．

リズムマシン【rhythm machine】 音リズムボックスのこと．

リセ【lycée 仏】 教フランスの教育機関の一つ．7年制の国立または公立の高等中学校．

リセールプライス【resale price】 営経再販価格．

リセエンヌルック【lycéenne look】 服フランスの中学・高校の女子生徒が着ている日常着をまねた若者のファッション．簡素だが小粋な感じがする．

リセッション【recession】 ①経景気後退．②退去．退場．後退．くぼみ．

リセット【reset】 Ⅰ算電源は切らないで，ハードウエア，特にコンピューターを起動し直すこと．正常な動作でなくなった時や基本的なシステムにかかわる変更をした後などに行う．

リセットスイッチ【reset switch】 Ⅰ算コンピューターを初期化し，再起動させるスイッチ．リセットボタン，リセットキーともいう．

リセラー【resaler】 Ⅰ再販業者．電気通信事業で，回線を大量に低価格で購入し，一般利用者に再販する業者．

リソース【resource】 ①資源．源泉．供給源．算段．方策．②Ⅰ算コンピューターシステムで行う仕事を完了させるのに必要なハードウエアやソフトウエアなどのシステム資源．

リソースキット【resource kit】 Ⅰ算マイクロソフト製品の使用に習熟するための公式資料集．書籍，CD-ROM，WWW などの形態で提供される．

リソース シェアリング【resource sharing】 Ⅰ算コンピューターシステムのハードウエア，ソフトウエア，データなどの情報資源を共同利用・共有すること．

リソースフォーク【resource fork】 Ⅰ算 Macintosh で作るファイル構成の一つ．OS が主に使う情報をもつ．

リソースリカバリー【resource recovery】 環資源の再生利用．燃やすごみを電力などのエネルギ

ーに変える技術．

リゾート【resort】 社避暑・避寒・静養・保養のために行く海辺や高原などの行楽地．

リゾートウエア【resort wear】 服遊び着の一種．行楽地でくつろぐ時などに着る服．

リゾートオフィス【resort office】 ①Ⅰ通信出勤の形態の一つ．リゾート地での勤務．②営余暇生活が楽しめる別荘地や保養地などに作る仕事場・事務所．

リゾート サイクリング ネットワーク【resort cycling network 日】 社建設省（現国土交通省）の自転車道整備計画．リゾート地や観光地での自転車利用の効率化を図る．

リゾート プロジェクト【resort project 日】 社リゾート法関連で作成された開発計画・構想．

リゾート法【resort law】 社総合保養地域整備法の通称．1987年に制定．民間活力の導入を図り，日本各地で開発計画が立てられた．

リゾートホテル【resort hotel】 営建避暑・避寒・静養・保養のために利用されるホテル．

リゾートマンション【resort mansion 日】 営建保養地・行楽地などにある分譲・賃貸マンション．英語は vacation condominium, resort condominium．

リゾートライフ【resort life 日】 社滞在型の余暇生活．

リゾーム【rhizome 仏】 ①植根茎．タケやハスなどに見られる地下茎．②哲全方向にからまり合って伸びる地下茎を思想上のイメージにした用語．多様性，多面性，多方向性をもつ思想形態をいう．

リソグラフィー【lithography】 ①石版印刷．②Ⅰシリコンなどの基板上に集積回路パターンを作るのに用いられる蝕刻技術．

リソグラフィー技術【lithography technology】 Ⅰ集積回路の構成を基板上に露光転写する技術．

リソスフェア【lithosphere】 地岩石圏．地球表層の流動しにくい層．

リソソーム【lysosome】 生細胞内にあり，加水分解酵素をもつ粒子．

リゾチーム【lysozyme】 生細菌の細胞壁を構成する物質を分解し，動物体を細菌感染から防ぐ酵素．ムラミターゼともいう．

リゾット【risotto】 料イタリア風の炊き込みご飯．米に肉，タマネギなどを入れて煮込む．

リゾラバ【resort lover 日】 社主に海外の行楽地での即席の恋人．リゾートラバーの短縮形．

リゾリューション アドバイザリー【resolution advisory】 機航空機の衝突防止装置にある機能の一つ．最接近地点に達する約25秒前に乗員に対して発する信号・音声．RAともいう．

リゾルバー【resolver】 ①Ⅰ算ホスト名と IP アドレスの対応表を保有する DNS サーバーからの返答内容をもとに，ユーザーの要求に合う情報を伝えるプログラム．②解決する人．解答者．

リターナー【returner】 ①社育児期間などを休職した後に，元の職場や専門職に復帰する人．②アメリカフットボールキックオフされた球を捕り前進する役目をも

◀リップルマ

つ選手.

リターナブル【returnable】①返却できる. 返還すべき. ②瓶瓶や缶などが返却され, 再生利用できること.

リターナブル ガラス【returnable glass】瓶 回収・再利用できる一般向けガラス.

リターナブル瓶【returnable bottle 日】瓶 回収・再利用できる瓶. ビール瓶, 一升瓶, 牛乳瓶などがある. R瓶ともいう.

リターン【return】①元に戻ること. 帰ること. 返すこと. ②経投資に対する回収・利益. ファイナンス用語の一つ.

リターンキー【return key】算文字入力中に改行を入れる, かな漢字変換を確定する, 画面表示されている選択項目を確定するなどを行う時に押すキー. エンターキーともいう.

リターンマッチ【return match】①敗者復活戦. ②競ボクシングなどで, 選手権を奪い返すための試合. 英語では return game ともいう.

リタイア【retire】①競棄権. 試合放棄. ②引退する. 引き下がる.

リタイアメント ビザ【retirement visa】社海外に長期滞在する年金生活者に発給する査証.

リダイヤル【redial】Ⅰ再ダイヤル. 電話番号のかけ直し. 直前にかけた電話番号に再びかけること.

リダイレクション【redirection】Ⅰ算ファイルの入出力先を変更する機能.

リダイレクト【redirect】Ⅰ算 UNIX で標準入力, 標準出力を変更すること. MS-DOS も同様の仕組みを採用している.

リダクション【reduction】①縮小. 削減. 割引. ②化還元. ③約分. 通分.

リタッチ【retouch】修正. レタッチ.

リタルダンド【ritardando 伊】音次第に緩やかに演奏せよ.

リダンダンシー【redundancy】①冗漫. 冗長. ②装置や回路の重複性.

リダンダント【redundant】冗長な. 長たらしい. 余分な. 過剰な. 重複した.

リチウム【lithium】化最も軽い金属元素. 元素記号は Li. ガラス工業などに用いる. 重水素と化合した重水素化リチウムは水爆の原料となる.

リチウムイオン電池【lithium ion battery】理リチウム電池を充電可能にしたもの. ニッカド電池に比べて体積比の容量は2倍ぐらい.

リチウムイオン二次電池【lithium ion secondary battery】理充電して繰り返し使える小型二次電池の一種. 1990年に開発された.

リチウム乾電池【lithium dry cell】理負極にリチウムを使う乾電池. 放電末期まで電圧が落ちないため, 長期保存に向く. アルカリ乾電池に比べて軽い.

リチウム電池【lithium battery】Ⅰ化アルカリ金属のリチウムを一方の電極に用いた一次電池. 起電力が高く, 軽量で高エネルギー密度があり, 寿命が長い.

リチウム爆弾【lithium bomb】軍リチウムと重水素の核融合により爆発エネルギーを発する核爆弾の一種.

リチウムポリマー電池【lithium polymer battery】Ⅰ理繰り返し充電ができる二次電池の一つ. 小型の携帯情報機器などに用いる.

リチウムポリマー二次電池【lithium polymer 一】理電解質に固体を用いて薄板状やフィルム状にした二次電池. 1997年に開発.

リツキシマブ【rituximab】薬抗がん剤の一種. 遺伝子組み換え医薬品.

リックラック【rickrack】服ジグザグ形の細い平ひも. 飾りなどに用いる.

リッサウイルス【lyssavirus】医生狂犬病ウイルス.

リッサウイルス感染症【lyssavirus 一】医狂犬病ウイルスをコウモリが媒介して起こす人畜共通感染症.

リッソール【rissole 仏】料パイの皮に詰め物を包み込んで, 油で揚げる料理.

リッターカー【liter car】機エンジンの排気量が1000cc(1リッター)の自動車.

リッターバイク【liter bike 日】機エンジンの排気量が1000cc(1リッター)ある大型オートバイ.

リッチ【rich】金持ちの. 豊かな. ⇔プア.

リッチテキスト形式【rich text format】Ⅰ算アメリカのマイクロソフトが策定した文書ファイルの標準フォーマット. 書体などを制御記号で文書に埋め込みができる. RTF.

リッパー【ripper】①Ⅰ算 CD-ROM ドライブでオーディオ CD の音声情報を PCM ファイルとして抜粋するのに使うツール. ②切り裂き殺人者.

リッピング【ripping】Ⅰデジタル携帯音楽プレーヤーなどに音楽 CD のデータを取り込むなど, 記録媒体からデータを取り込むこと.

リップ【lip】①唇. ②容器などのへり, 縁.

リップエントリー【rip entry】競(水泳)飛び込み競技で, 水しぶきの小さい入水をすること.

リップカレント【rip current】地海岸線と並行して流れる並岸流から生じる, 沖へ向かう流れ. 海面から海底まで一様に沖に向かい, 秒速1mを超えることもある.

リップグロス【lip gloss】容つや出し用の口紅. 透明のものが多く, 口紅の上につける.

リップサービス【lip service】お世辞. 口先だけの言葉.

リップシンク【lip-sync】録音した音に合わせて口を動かすこと. 歌手などが行う口パク. lip synchronization の略.

リップスティック【lipstick】容棒状の口紅. ルージュともいう.

リップ マイクロホン【lip microphone】電小型マイクロホンの一種. 雑音が入りやすい街頭録音などで, 話し手の口先に置いて使う.

リップ リーディング【lip reading】読唇術.

リップル【ripple】服表面加工をして縮ませた綿生地.

リップルマーク【ripple mark】地砂紋. 海底の砂などの堆積物の表面に, 広範囲にわたってある起伏.

643

リテーラー【retailer】営小売業者．
リテール【retail】営小売業．小売店．小口の取引や融資．
リテール アウトレットストア【retail outlet store】営プライベートブランド商品の在庫処分をするための店．アメリカの百貨店や専門店などが行う小売業態．
リテールサポート【retail support】営小売店支援．卸売業者が取引関係を強めるため，中小規模の小売店に陳列方法などを提案したりする方法．RS ともいう．
リテール サポート ビジネス【retail support business】営卸売業が中小規模の小売店に対して，情報システムの提供や物流システムの合理化による効率的な商品供給を行い，積極的に小売業の経営を支援すること．
リテール バンキング【retail banking】営経リテール業務．主に個人顧客との小口金融取引．またはその業務を行う銀行経営．
リテールバンク【retail bank】営経小口業務を主とする銀行．個人預金の受け入れ，個人や中小企業への貸し付けなどを行う．
リテールプライス【retail price】営経小売価格．
リテールブランド【retailer's brand】営小売業者が生産させる独自ブランド．プライベートブランドともいう．
リデベロップメント【redevelopment】再開発．再建．
リデュース【reduce】①減らす．縮小する．抑制する．②値引きする．③化還元する．④約分する．通分する．
リデュースト コミッション方式【reduced commission system】広広告のコミッション（媒体手数料）方式の一種で，広告費が大きくなると手数料の率が減少する．
リテラシー【literacy】①読み書きの能力．識字率．教養があること．堪能なこと．②I情報やコンピューターを扱う能力．
リテラチャー【literature】文社文学．文芸作品．文献．報告書．論文．リテラチュールともいう．
リテラリズム【literalism】①文作品を文字どおりに解釈しようとする考え方．直解主義．②営直写主義．
リテラル【literal】I算プログラムの中で指定したままの値を用いる定数．実行中に値が変わるものを変数という．
リテンション【retention】保持．保有．継続．
リトグラフ【lithograph】美石版画．
リトグラフィー【lithography】美石版．石版画．石版画の制作技術．
リトマス【litmus】化リトマスゴケから採取される色素の一種．酸とアルカリの色素判定用のリトマス試験紙に使われる．ラクムス．
リトミック【rythmique 仏】①律動的な．調子のよいこと．②教音楽，体育，踊りを統合した幼児向けなどの教育法．
リトラクタブル【retractable】機格納式の．自動収納式の．
リトラクタブル ヘッドライト【retractable headlight】機可変式ヘッドライト．通常は乗用車のボンネット内部に格納され，必要に応じて外部に出る前照灯．
リトラクト【retract】I算ヘッドでディスクを傷めないように，ストップキーを押してヘッドを安全な場所に移動すること．自動的に処理をするものが多い．
リトリート【retreat】①社仕事や家庭などの日常生活を離れ，自分だけの空間や人間関係に浸る生活様式．②隠居所．隠れ家．避難所．退却．引退．
リドリル【redrill】再掘削する．穴をあけ直す．削岩し直す．
リトル エンディアン【little endian】I算バイト数で整数を表す場合，桁が下位の数を前の番地に記憶する方法．⇔ビッグエンディアン．
リトルマガジン【little magazine】文同人雑誌．実験的な小説や詩などを載せる文芸雑誌．
リトルヨーロッパ【Little Europe】経政小欧州．元の欧州自由貿易連合の俗称．EU（欧州連合）以前のEC（欧州共同体）に加盟していなかったアイスランド，オーストリア，スイス，スウェーデン，ノルウェー，フィンランドの6ヵ国．
リトルリーグ【Little League】競(野球)硬式球を使う少年野球のリーグの一つ．アメリカに本部をもち，9～12歳の少年少女が対象．
リドレス【redress】直す．修復する．是正する．修正する．
リトンバイ【written by】映オリジナル脚本．映画用に書き下ろした脚本の担当者を示す．
リナックス【Linux】I/Z算コンピューターの基本ソフトウエアの一種．フィンランドのライナス・トーヴァルドがゼロから開発した UNIX 互換のパソコン用OS．インターネットで無料提供され，開発・改良に世界中の技術者が自由に参加している．リヌックス．
リニア【linear】直線の．線形の．
リニア エンコーダー【linear encoder】理機械装置の直進運動の変位を検出する計測器．
リニアック【liniac】①理直線型の電子加速器．②医がんの放射線治療に用いられる電子加速装置．リニアアクセレレーターともいう．
リニアパーク【linear park】社鉄道線路跡を転用して，サイクリングやジョギングなどできる公園．直線の道が続く公園の意．
リニア プログラミング【linear programming】経各要素を一次関数で表し，限定資本の投入による利益の最大化，コストの最小化などの諸活動の組み合わせを解く方法．線形計画法．LPともいう．
リニアメディア【linear media】テープ方式の記憶媒体．カセットテープやビデオテープなどをいう．
リニアモーター【linear motor】電通常の回転モーターを線状にしたもので，磁力によって直線推力を発生させる電動機．
リニアモーターカー【linear motorcar】①機リニアモーターで動く車両の総称．車体の支持方式

が車輪のものと，磁気や空気の浮上力による無車輪のものがある．②機超電導磁気浮上式の超高速列車．磁石の反発力で車体を浮かせて走る無車輪方式の列車．

リニューアル【renewal】 ①更新．復興．刷新．再生．再開発．②建建て替えでなく，建物の外観，インテリアなどの改修．③営小売店舗の全面的な活性化戦略．

リネーム【rename】 I算ファイルやフォルダーの名称を変えること．

リネゾリド【linezolid】 薬合成抗菌剤の一つ．バンコマイシン耐性腸球菌に抗菌活性を示す．

リネン【linen】 服亜麻布．シャツ，シーツなど布製品の総称．リンネルともいう．

リノール酸【linoleic acid】 化大豆油や綿実油などの植物油に含まれる不飽和脂肪酸の一種．動物の必須栄養素である．

リノベーション【renovation】 ①刷新．革新．②修理．改築．③建建物の更新のための工事．歴史的建築物の外装や設備を修理して更新すること．

リノリウム【linoleum】 建樹脂や植物の粉を混合して加工した合成建材．床・壁・家具などに用いる．

リバーサイド【riverside】 地川岸．川沿い．

リハーサル【rehearsal】 映劇放予行演習．けいこ．事前練習．

リバーサル【reversal】 逆にすること．逆転．反．

リバーサルフィルム【reversal film】 写反転現像フィルム．直接ポジ像を得る．

リバーシブル【reversible】 ①服表裏両面が着用できる．表裏兼用の．②反転できる．

リバーシブル ファブリック【reversible fabric】 服表裏両用できる織物．

リバーシブルレーン【reversible lane】 社交通量の調整で，中央分離帯が移動できる道路．

リバース【reverse】 逆の．反対の．逆転の．反転の．逆走行の．

リバース エンジニアリング【reverse engineering】 I機算分解工学．逆行分析工学．調査解析．解析複製．他社の新製品などを分解・解析して，その技術や構造を自社製品に応用する手法．REともいう．

リバース ディスクリミネーション【reverse discrimination】 社逆差別．少数派への差別撤廃措置で，多数派の中に不利が生じること．アメリカで黒人などの人種的少数派の問題改善に伴って起こっている．

リバース デュアル カレンシー債【reverse dual currency bond】 経払い込みと償還を円建，利払いだけ外貨建にした債券．

リバース ベンディング【reverse vending】 環社アメリカのリサイクル運動の一つ．空き缶や空き瓶を回収装置に入れると，金券や回収料金が支払われる．

リバースモーゲージ【reverse mortgage】 経社所有する土地や建物を担保に，老後の介護費用などを借り入れる方法．

リバースロール【reverse roll】 容毛先を内側に巻き込んだ女性の髪型．

リバース ロジスティクス【reverse logistics】 営社製品使用後の空容器や廃棄物などの回収や処理に伴う物流活動．

リパーゼ【lipase】 生脂肪分解酵素．動物の膵臓や植物の種子などに含まれる．

リバーダンス【Riverdance】 芸アイルランドの音楽と踊りを融合した舞踊芸術作品．

リバーツーリング【river touring】 競カヌーやカヤックで川下りをすること．

リバーフロント【riverfront】 地川岸．都市部の河川沿いの地域．

リバー ライディング【river riding】 競四輪駆動車などを使って浅瀬を走るスポーツ．

リバイアサン【leviathan】 巨大なもの．元来の意味は『旧約聖書』中の巨大な水生動物．

リハイドレーション【rehydration】 補水すること．水を加えて乾燥食品などを元に戻すこと．再水和作用．

リバイバル【revival】 ①映劇放再上演．再上映．②復活．再生．再帰．

リバイブショップ【revive shop 日】 服寸法が合わなくなったり，流行遅れになった服を着られるように作り直す店．英語は alteration（renovation, remodeling）shop．

リバウンド【rebound】 ①跳ね返る．元へ戻る．②医治療薬の使用を突然停止すると，急激に症状が悪化すること．

リバタリアニズム【libertarianism】 自由至上主義．自由意志論．

リバタリアン【libertarian】 自由意志論を主張する人．政府などによる個人へのあらゆる規制に反対する人．

リパッカー【repacker】 営農産物を輸入し，袋詰めし直して売る卸業者．

リバティー【liberty】 自由．解放．独立．リベルテともいう．

リバティープリント【Liberty Print】 服1874年創立のロンドンのリバティー社独特のプリント柄．現在では細かい小花柄を総称することが多い．

リハビリ リハビリテーション（rehabilitation）の略．医社会生活への復帰を目指す総合的な治療や訓練．

リハビリテーション【rehabilitation】 医身体障害者や精神神経障害者，事故や病気による後遺症をもつ人などに，最大限の機能回復と社会生活への復帰を目指して行われる総合的な治療と訓練のこと．リハビリともいう．

リバビリン【ribavirin】 薬C型慢性肝炎治療薬．経口抗ウイルス薬の一つ．

リバプールサウンド【Liverpool Sound】 音イギリスのリバプールを中心に若者たちによって作られた音楽．

リパブリカン【republican】 ①政共和主義者．②［R-］アメリカの共和党員．⇔デモクラット

リペレント【repellent】 寄せつけない．はじく．いやな．不快な．

リピーター【repeater】 ①社料飲食店や宿泊施

645

リピーター▶

設などで，繰り返し利用してくれる客．海外旅行などに何度も出かける人．繰り返す人の意．②[I][算]LAN 上で，信号を増幅中継する装置．信号の伝送距離を延ばす．

リピーター医師【repeater doctor 日】　[医社]医療ミスを繰り返し起こす医師．

リピーターハブ【repeater hub】　[I][算]　10BASE-T や 100BASE-T などの基本的なハブ．原型はマルチポートリピーター．

リピート【repeat】①繰り返し．反復．②[音]反復記号．レピートともいう．③[放]再放送．再上映．リピートパフォーマンスともいう．④[I][算]ゲームソフトの追加注文のこと．

リピート機能【repeat function】　[I][算]直前に実行した操作を再度繰り返す機能．新しい操作をするまでは前の履歴を記録している．

リビジョニスト【revisionist】　[経]政修正主義者．見直し論者．特に，アメリカの対日政策見直し論者のことで，日本社会の特殊性を考えて対応を変えていこうとする．

リビジョニズム【revisionism】修正論．修正主義．改正論．特に日本見直し論をいう．

リビジョンアップ【revision up】　[I][算]ソフトウエアの重要度の低い部分で行う変更．

リビドー【libido 羅】①[心]性的欲望．性的衝動．オーストリアの神経科医フロイトの解釈．②[心]精神分析学において，原始的衝動から発するあらゆる本能的な欲望．スイスの精神科医ユングが唱えた説．

リビュテーション【reputation】　[I][社]迷惑メールを発信する送信者なのかどうかの評価．

リビルド部品【rebuild parts 日】　[営]構成単位まで分解して再利用する中古部品．

リビング【living】①生きている．現存する．②[社]生活．暮らし．③[建]居間．茶の間．リビングルームの略．

リビングウイル【living will】　[医法]生前発効の遺言．生前の意思表示．不治の病にかかった場合などは，延命治療を拒否する意思を生前に示しておくこと．

リビングウイル運動【living will movement】　[医社]不治の病にかかった場合などを考え，尊厳死を事前に書面で要望しておく運動．

リビングキッチン【living kitchen 日】　[建]居間を兼ねた台所．LK ともいう．英語は combined living room-kitchen．

リビングコスト【living cost】　[社]生活費．一家族が暮らしを営むために必要とする経費．

リビングストック【living stock】　[営]生活関連産業の株式．生活に密着した企業の株式．

リビングデザイン【living design】　[社]生活デザイン．より豊かで，快適な暮らしを目指して生活空間を工夫すること．

リビングデッド【living dead】　[営経]株式公開の見込みがない企業．生ける屍の意．

リビングニーズ特約【living needs ―】　[経]社生命保険の特約の一つ．余命6カ月以内と診断されると，死亡保険金を生前支給する．

リビングフィルター【living filter】　[生]生物膜．

岩や石・砂などの表面に付着する微生物群．

リビングブックス【living books】　[I][算]アメリカのブローダーバンドが発売したパソコン用絵本ソフトシリーズ．日本語版は東京のインタープログから発売．

リビングルーム【living room】　[建]居間．リビング，シッティングルームともいう．

リブ¹【lib】　解放．釈放．リベレーション（liberation）の略．ウーマンリブの略．

リブ²【rib】①[医]肋骨．あばら骨．②[料]骨付きのあばら肉．③構造部材の小骨．肋材．

リファイナリー【refinery】　[営]精製工場．

リファイナンス【refinance】　[経]財政を再建する．資金を補充する．

リファイン【refine】洗練する．精製する．純化する．

リファレンス【reference】　参考．参照．参考書．参考図書．参照文献．問い合わせ．照会．レファレンスともいう．

リファレンス データベース【reference database】　[I][算]欲しい情報を検索するための参照情報を収録するデータベース．

リファレンス マシン【reference machine】　[I][算]ハードウエアやソフトウエアの互換性を調べるのに使う，基準となるハードウエア．現在は複数のコンピューターで行う．

リファレンス レンジ構想【reference range regime】　[経]替相場協調安定化策の一つ．中心レートを設定しないで，各国の許容する適正相場圏を想定する．参考相場圏構想．

リファンピシン【rifampicin】　[薬]抗生物質の一つ．結核の内服療法に用いる．RFP．

リフィル【refill】差し替え用．詰め替え用の品．補給品．

リブイン【live-in】　[社]同棲．男女が結婚しないで，同居していること．試験結婚．英語では「住み込みの」という形容詞で，a live-in maid のように使う．

リブート【reboot】　[I][算]再起動．ソフトウエア，特に OS を起動し直すこと．

リフォーマー【reformer】　改良者．改革者．改革の指導者．

リフォーミュレーテッド ガソリン【reformulated gasoline】　[化環]大気汚染の減少を目指し，組成を大幅に変更したガソリン．アメリカで1990年の大気浄化法改正に伴い，含酸素化合物などを配合したものが製造されている．

リフォーミング【reforming】　[化]触媒などを用いてガソリンのオクタン価を上げる石油改質法．

リフォーム【reform】①改良．改善．改革．②（日）[建]古い建物を修理・改築すること．英語は alteration．③（日）[服]古い洋服などを仕立て直すこと．英語は making over．

リフォーム インストラクター【reform instructor】　[建]建物の改築・改装をする時に相談や設計を担当する人．英語は remodeling expert．

リフォーム コーディネーター【reform coor-

◀リフレッシ

dinator 日】建家の増改築の際に依頼者の希望に合わせて、室内外のプランを立てたり調整したりする専門家．

リフォーム詐欺【reform― 日】社主に高齢者を狙い、不要な住宅リフォーム契約を結ばせる詐欺．

リフォームヘルパー【reform helper 日】建社介護を要する高齢者世帯の住宅改良について、相談に応じたり助言したりする係員．

リフォームローン【reform loan 日】経建住居の増改築のために資金を融資する制度．

リフォメーション【reformation】 ①改革．刷新．②［R-］歴宗教改革．16世紀のローマカトリック教会に対する批判から始まった運動．この結果プロテスタントが生まれた．

リフォメート【reformate】 化改質油．改質ガソリン．粗製ガソリンを改質機にかけて生産するもので、オクタン価が高い．

リブセーター【rib sweater】服うね編みのセーター．英語は ribbed sweater．

リフティング【lifting】 ①競(ﾌ)球を地面に落とさないで、手以外の身体を使い打ち上げ続けること．②競(ﾗｸﾞ)ラインアウトで球を投げ入れた時に、味方選手を持ち上げること．③容肌にはりを与える施術や化粧品．

リフト¹【lift】 ①機昇降機．②競スキー場などで、人を運ぶいす式の運搬機．③持ち上げる．上げる．

リフト²【rift】 ①切れ目．割れ目．裂けた所．②地断層．地溝．大陸が分裂する初期にできる溝状の地形．

リフトアップ工法【lift up constructure 日】建鉄骨組立工事、外装用材の取り付け、屋根防水施工などを、できるだけ地面に近い場所で行い、建物外部の仕上げ段階で所定の位置へ押し上げる工法．

リフトオン リフトオフ船【lift-on lift-off ship】営機海上輸送貨物をコンテナの荷役方式で、クレーンで積み卸しする船．

リフトカール【lift curl】容髪の毛を地肌から持ち上げて作る巻き毛．

リフトバス【lift bus 日】機社昇降機を使い車椅子で乗り込める方式のバス．

リフトバック【liftback】競乗用車の型式の一つ．車体の後背部に上に開く扉を備える．ハッチバックともいう．

リフトブリッジ【lift bridge】建船が通航する際、橋桁全体を水平につり上げる方式の橋．

リブニット【rib knitted】服畝(うね)のような筋が浮き出る編み方．ゴム編み．

リフューザル【refusal】 ①拒否．拒絶．辞退．②優先権．

リプライ【reply】 ①返事．応答．返答．②ＩＴ電子メールなどで返信を送ること．

リフラクション マッピング【refraction mapping】 ＩＴ屈折マッピング．コンピューターグラフィックスで、半透明物体で起こる光の屈折現象を、疑似的に再現する技術．

リプリゼンテーション【representation】①表現．表示．代表．②劇上演．レプリゼンテーション．

リプリント【reprint】 出版物の増刷・再版．復刻版．絵画・写真などの複製．

リブレ【livret 仏】手帳．通帳．小冊子．

リプレー【replay】 ①ＩＴテープなどの再生．②音再演奏．③競再試合．④劇再上演．

リフレーション【reflation】 経景気を刺激するため、インフレーションを引き起こさない程度に通貨供給量を増やすこと．通貨再膨張．統制インフレ．

リフレーション政策【reflation ―】 経政通貨供給量を増やして物価上昇圧力を意図的にかける政策．リフレ政策．

リプレース【replace】 ①取り換える．置き替える．人員の配置替えをすること．②競(ｺﾞ)拾い上げた球を、元の位置に置き直すこと．③ＩＴ算システムや周辺機器などを新機種や別の製造業者の機種に取り換えること．

リフレーン【refrain】 詩・楽曲で、繰り返される部分．ルフランともいう．

リフレクション【reflection】 反射．反射作用．投影．熟考．沈思黙考．

リフレクション マッピング【reflection mapping】 ＩＴ算コンピューターグラフィックスの表現手法の一つ．環境マッピング．レイトレーシングを用いないで、高速かつ疑似的に周囲の景色を物体表面に映り込ませる．

リフレクソロジー【reflexology】 競容足裏健康法．足の裏などをマッサージして血行をよくしたり緊張をほぐしたりする．反射療法．

リフレクター【reflector】 ①自転車などの反射板．②映写撮影で使う採光用の反射板．③ＩＴアメリカのコーネル大学が開発した、パソコンによるテレビ会議システムで、送られてきたパケットを各マシンへ送り返す機能．

リプレゼント【represent】 ①代表する．②表現する．現す．③意味する．レプリゼント．

リフレックス【reflex】 ①反射．②生反射作用．レフレックスともいう．

リフレックス療法【reflex remedy】 生体の各器官の反射点の凝りをほぐすことで症状を直す方法．

リプレッサー【repressor】 ①生抑制因子．調節遺伝子から作られる制御たんぱく質．②抑圧するもの．抑制するもの．

リフレッシュ【refresh】 ①元気を取り戻す．気分を新たにする．②(日)建中古マンションの改良工事．

リフレッシュ休暇【refresh leave 日】社一定の年齢や勤続年数に応じて、従業員に特別に与えられる休暇．

リフレッシュ教育【refresh education 日】教社会人を対象に、大学・大学院などで職業上の知識・技能を再生・更新する教育．文部省(現文部科学省)が1993年から推進．

リフレッシュ コーナー【refresh corner】 社会社や工場の休憩用空間．従業員の疲労回復や作業効率回復、またはコミュニケーションの場．

リフレッシュ サイクル【refresh cycle】 ＩＴ算メモリーコントローラーが記憶装置からデータを読み出したり、電荷を補充する操作を一定の間隔で行うこと．

647

リフレッシ▶

リフレッシュ タウン【refresh town 日】社既成の中心市街地の再活性化を図る再開発計画.

リフレッシュメント【refreshment】①元気回復.爽快なこと.②競マラソンコースの途中に用意してある飲食物など.この意味では英語は refreshments.

リフレッシュ ルーム【refresh room】建会社内に設けて,仮眠や休息をとって気分転換を図る部屋.

リフレッシュ レート【refresh rate】[I]算垂直走査周波数.画像装置の解像度が変動することで揺らぎを起こさないように,画面全体を電子ビームが書き直す周波数.

リプレッション【repression】①弾圧.抑圧.制止.②経大不況と一時的な景気後退との中間の経済状態.

リブレット【libretto 伊】音歌劇などの脚本.リブレともいう.

リブロース【rib roast】料食肉部位の一つ.牛肉で,肋骨の背面部分に当たる.霜降りが多く最上級の肉.

リプロダクション【reproduction】①模写.複写.複製.再生すること.再生産.再演.再刊.②生生殖.繁殖.

リプロダクティブ ヘルス【reproductive health】社生性と生殖に関する健康.生殖に関して,生命の安全や健康などを保つようにするべきだという考え方.

リプロダクティブ ヘルス／ライツ【reproductive health/rights】社生性と生殖に関する健康と権利.「国連女性の10年」を契機に生まれた,家族計画の新しい考え方.

リプロダクト ビジネス【reproduct business 日】経古くなったものなどを作りかえて,新しい価値を生み出す商売.リフォームの新しい呼び方.

リプロデュース【reproduce】①再生させる.②複製を作る.

リペア【repair】修理.元どおりにする.

リペアテープ【repair tape】応急修理などに使う粘着テープ.

リベ【libber】社女性解放運動の運動家または支持者.liberationist の短縮形.

リベート【rebate】経世話料.手数料.割り戻し.払い戻し.合法的なものをいう.英語では世話料,手数料は commission.

リベット【rivet】金属板接合用の鋲.

リペラー【repeller】撃退器.侵入者などを追い払う人.

リベラリスト【liberalist】自由主義者.

リベラリズム【liberalism】自由主義.人間は本来自由であると考える思想と運動.

リベラル【liberal】①自由な.寛容な.自由主義的な.②[L-]政イギリスの自由党員.

リベラルアーツ【liberal arts】①大学の教養課程.一般教養科目.②文芸.学芸.

リベラル エデュケーション【liberal education】教人格養成を重視する教育方法.自由主義教育.

リベリオン【rebellion】暴動.反乱.反抗.

リベルタドーレス杯【Copa Libertadores 西】競(サッカー)南アメリカの最強クラブを決める国際大会.1960年に開始.コパ リベルタドーレス.

リベルテ【liberté 仏】自由.解放.無拘束.リバティー.

リベレーション【liberation】解放.釈放.

リベロ【libero 伊】競(サッカー)守備のかなめとなるポジション.マークする特定の相手選手をもたないで,攻守に自在に加わる.自由な人の意.スイーパーともいう.

リベロ プレーヤー システム【libero player system】競(バレーボール)守備専門の選手を置く方式.6人制で後衛の選手とだけ交代できる.

リベンジ【revenge】復讐.雪辱.あだ討ち.報復.仕返し.リヴェンジともいう.

リポーター【reporter】取材記者.新聞通信員.レポーター.

リポート【report】報告書.調査報告書.レポートともいう.

リボ核酸【ribonucleic acid】生糖の部分がリボースである核酸.細胞内にあり,たんぱく質合成に関与する.RNA.英語では yeast nucleic acid ともいう.

リポコルチン【lipocortin】生副腎皮質ステロイドホルモンが標的細胞に作用する時に,細胞で作られるたんぱく質の一種.

リボザイム【ribozyme】生酵素活性をもつリボ核酸(RNA).ribonucleic acid と enzyme の合成語.

リポジショニング【repositioning】広競争相手となる商品の弱点を示すことで,自社の商品を宣伝すること.

リポジトリー【repository】[I]算情報システムを管理するためのメタデータを集積したデータベース.

リポステロイド【lipo-steroid】薬副腎皮質ホルモン剤を,炎症部位に働きかける力をもつ脂肪性の物質で包み込んだもの.リューマチ性関節炎の治療に用いる.

リボソーム【ribosome】生細胞質内にある小顆粒.細胞のたんぱく質合成を行う.

リポソーム【liposome】生脂質小胞体.リン脂質や糖脂質を水などにさらすと生成する.

リボルバー【revolver】連発式の拳銃の一種で,弾倉が回転するもの.回転式拳銃.レボルバーともいう.

リボルビング【revolving】①回転する.循環する.回帰する.回転式の.②[r- system]経クレジットカードの支払い方法の一つ.回転信用方式を取り入れたクレジット販売.

リボルビング クレジット【revolving credit】経回転信用勘定.未返済の融資限度内であれば,必要に応じて借り入れができる方式.

リボルビング クレジット ファシリティー【revolving credit facility】経一定の期間や限度枠内で,企業が自由に借入や返済ができる契約.

リボルビングドア【revolving door】建回転扉.

リボルビング ローン【revolving loan】〘経〙クレジットカードの使用やキャッシングサービスの月間利用枠を設定し、返済は毎月一定額あるいは残高に対する一定比率を支払うクレジット販売の方法.

リボンアート【ribbon art】〘服〙リボンで作る装身具・装飾品.

リボングラス【ribbon grass】〘植〙シマガヤ。イネ科の多年草。園芸品種の一つ.

リボンストライプ【ribbon stripe】〘服〙衣服の布目にリボンを通して作る縞柄(しまがら).

リマーク【remark】寸評。感想。注目。発言.

リマ症候群【Rima syndrome】〘心〙1996年に在ペルー日本大使公邸で起きた人質事件で、犯人が人質に感化され、攻撃的態度が緩和されたという現象.

リマスター【re-master】〘音〙レコーディングの最終段階を記録した2チャンネル・マスターテープの音質を再調整して、再発売用の新マスターテープを作成する作業。リマスタリングともいう.

リミックス【remix】〘音〙ディスコなどで、複数のレコードをかけながら、合成や引き抜きなどをして独自の音を作ること.

リミッター【limiter】〘電〙周波数変調波の一定以上の強さを除去する振幅制限器.

リミット【limit】限度。限界。範囲。区域.

リミットチェック【limit check】〘I算〙データを読み込んだ時に、その数が限度を越えるとプログラム本体を壊すことになるので、点検しながら読み込むこと.

リミテーション【limitation】①制限。限界。②〘法〙出訴期限.

リミテッド【limited】限られた、狭い.

リミテッド カンパニー【limited company】株式会社。有限会社。Co., Ltd. ともいう.

リミテッド パートナーシップ【limited partnership】〘経〙合資会社.

リミテッド ライアビリティー カンパニー【limited liability company】〘経〙有限責任会社。アメリカの新しい企業形態。LLCともいう.

リム【rim】①自動車・自転車などのタイヤをはめ込む車輪の輪の部分。②へり、縁、端.

リムーバー【remover】①移動するためのもの。取り除くためのもの。ペンキなどの剥離剤。②〘引〙っ越し運送業者.

リムーバブル【removable】①移動できる、取り外しができる。②〘I算〙記憶メディアが取り替え可能なこと.

リムーバブル記憶装置【removable storage】〘I算〙ディスク部分を取り外せる外部記憶装置。フロッピーディスクや光磁気ディスクなど.

リムーバブル ディスク【removable disc】〘I算〙フロッピーディスクやMOなど着脱ができる記憶媒体.

リムーバブル ハードディスク【removable hard disc】〘I算〙取り外しできるハードディスク。大容量のデータを持ち運べる。PCカード型のものもある.

リムーバブル メディア【removable media】〘I算〙取り外しできるデータ保存用の記憶媒体.

リムジン【limousine】〘機〙運転席が仕切られている前後二室の箱型の大型乗用車。空港などの旅客送迎用バス.

リムパック【RIMPAC】〘軍〙環太平洋合同演習。アメリカ海軍が中心で太平洋周辺諸国の海軍が参加する。1971年に開始。Rim of the Pacific Exercise の短縮形から.

リムランド【rimland】〘政〙米ソ対立の時代に、政治的・軍事的に世界の最重要地域を取りまいていた場所に位置する地帯。日本・中国・東南アジア・中近東・ヨーロッパを指す.

リメーク【remake】①再製する、作り直す。②〘映〙再映画化、またその作品。③〘建〙既存建築を基に、別の作家が改編版を作ること。④〘音〙以前に発売したレコードを再度発売すること。リイシューともいう.

リメーク ファッション【remake fashion 日】〘服〙古着などを使って作り直した商品を主に、さまざまな組み合わせをする装い.

リメーリング【remailing】〘営社〙大量の郵便物を料金の安い国に持ち出し、目的の国に郵送する方法。違法行為とされる.

リメンバー【remember】思い出す、忘れないでおく。「よろしく」と伝言する.

リモート【remote】①すぐそばにない。遠隔の。遠く離れた。②〘I算〙自分のもの以外のコンピューターやネットワーク.

リモートアクセス【remote access】〘I算〙通信回線を通じて、離れたところにある機器にアクセスすること.

リモートアクセス サーバー【remote access server】〘I算〙遠隔地からの接続を行うためのネットワーク機器。移動中や外出先から自宅のパソコンに接続して、ファイル共有などができる。RASサーバともいう.

リモートカー【remote-car 日】〘放〙中継車。中継放送に用いる。英語は mobil unit.

リモート コントローリゼーション【remote controlization】〘I算〙遠隔操作化。電話などを使って、離れた場所から機器類の操作ができるようになること.

リモートコントロール【remote control】遠隔操作。陰で人を操ること。リモコン.

リモートシステム【remote system】〘I算〙遠隔操作ができる機能をもったシステム。最近では電話回線を用いた遠隔操作による装置や、システムの管理などが可能になってきている.

リモートジョブ エントリー【remote job entry】〘I算〙中央のコンピューターに蓄積されている情報などを、遠隔地の端末機で一括入出力して利用するオンラインシステム。RJEとも。英語では remote batch ともいう.

リモートスイッチ【remote switch】離れた所から切り替えられるスイッチ.

リモートセンシング【remote sensing】〘I算〙遠隔探査。人工衛星や飛行機などから、電磁波を使って地上の形状・環境・資源などを探査・測定する方法.

リモートセンター コンプライアンス【re-

リモートソ▶

mote center compliance】 ①精密な挿入が自動的に行えるように工夫された、柔らかなロボットの手首機構．RCCともいう．

リモートソフト【remote control software】 ①算外部からパソコン操作を行うためのソフトウエアの総称．大規模LANなどのメンテナンス性を高めるのに欠かせない．

リモートターミナル【remote terminal】 ①算コンピューターと通信回路でつながっている端末装置．

リモート端末【remote terminal】 ①算通信回線で接続している端末装置．ホストコンピューターやLANなどに接続して、データのやりとりができる．

リモートドライブ【remote drive】 ①算通信回線を通して遠隔利用できるハードディスク装置．情報ネットワークの共有資源の一つ．

リモートバッチ処理【remote batch processing】 ①算まとまった単位のデータを、通信回線を使ってホストコンピューターに送り、そこで一括処理した結果を、また端末側に出力すること．

リモート ピックアップ【remote pickup】 放放送局以外の場所から送られる中継放送．

リモート マニピュレーター アーム【remote manipulator system】 宇スペースシャトルに装備されるロボットアーム．RMS．

リモート メンテナンス【remote maintenance】 ①算通信回線などを介してあるコンピューターから別のコンピューターにアクセスし、システムの診断や修理をすること．

リモートルーター【remote router】 ①イネットワーク同士を接続する装置（router）をもった総合デジタルサービス網のアダプター．

リモートログイン【remote log-in】 ①イ通信回線を利用して端末からホストコンピューターやLANなどに接続して、データのやりとりやファイルの操作をすること．

リモコン リモートコントロール（remote control）の略．遠隔操作．遠隔制御．

リモネン【limonene】 化テルペンの一種．柑橘類の皮などから抽出し、芳香剤などに用いる．発泡スチロールを溶かす働きがある．

リユーザビリティー【reusability】 ①算機器やプログラムなどが再利用ができる性質．

リュージュ【luge 仏】 競小型の木製そりで氷の急斜走路を滑走する競技．ハンドルもブレーキもなく手綱でかじをとる．トボガン．

リユース【reuse】 再利用する．再生する．

リュードベリ定数【Rydberg constant】 理諸元素のスペクトル分析などで用いられる普遍定数の一つ．

リューマチ【rheumatism】 医関節・筋肉が激しく痛むアレルギー性疾患．リューマチ熱・慢性関節リューマチなどを総称したもの．リウマチ、ロイマチスともいう．

リュクス【luxe】 豪華、上品、優雅、贅沢などの意．

リュックサック【Rucksack 独】 背負い袋．背嚢（はいのう）．装備や食糧などを入れて登山などに用いる．リュックとも．

リユニフィケーション【reunification】 再統一．再統合．

リョフィリゼーション【lyophilization】 化理凍結乾燥．血清・医薬品・食品などの保存・製造方法の一つ．急冷して真空中で乾燥させる．

リヨンサミット【Lyon Summit】 政フランスのリヨンで1996年に開催された第22回先進国首脳会議．

リライアビリティー【reliability】 信頼度．

リライト【rewrite】 原稿・文章などに加筆・削除して書き直すこと．

リラクシング ウエア【relaxing wear】 服休日など家でくつろぐ時に着用する衣服．

リラクセーション【relaxation】 息抜き．緊張をほぐす方法．リラクゼーションともいう．

リラクセーション システム サービス【relaxation system service 日】 心生ハイテク機器を使い、特殊音や光線で人の感覚に刺激を与え、心身共にくつろがせること．

リラクタンス【reluctance】 電磁気抵抗．磁気回路の長さに比例する抵抗．

リラックス【relax】 緊張を解くこと．力を抜くこと．くつろぐこと．

リラン【rerun】 ①放再上映．再放送．再送．②①算操作や処理作業の再実行．

リリーサー【releaser】 生解発因．動物の形態、色彩、姿勢、音、臭いなどの特徴が、同種の他の個体に特定の反応を誘発すること．

リリース【release】 ①外す．緩める．②解除．解放．釈放．公表．③写シャッター解放装置．④釣った魚を水に戻すこと．⑤①算製品を発表し、発売を行うこと．⑥算マウスのボタンを離すこと．

リリースバージョン【release version】 ①算実際に出荷されて利用者に提供される段階になっているプログラム．

リリーバー【reliever】 ①競（野球）救援投手．リリーフピッチャー．②救済者．緩和装置．

リリーフ【relief】 ①救援．救助．交代要員．軽減．安心すること．②競（野球）リリーフピッチャーの略．③美浮き彫り．レリーフ．

リリーフピッチャー【relief pitcher】 競（野球）救援投手．リリーフ、リリーバーともいう．

リリカル【lyrical】 叙情的．叙情詩的な．リリックともいう．

リリシズム【lyricism】 叙情性．叙情味．感傷．リリスムともいう．

リリック【lyric】 叙情的な．叙情詩の．

リリックテナー【lyric tenor】 音男声の一つで、叙情的な表現に適した声種．

リリヤン【lily yarn】 服人絹糸を細い丸ひもに織った手芸材料．リリアンともいう．

リレー【relay】 ①中継すること．中継で送ること．②電継電器．③交替要員．④競陸上競技・水泳などで、チームになった選手が規定の距離をつないで争う競技法．リレーレース．⑤社一つの質問に対して、複数の担当者が順に答えていく手法．

リレー衛星【Relay】 宇NASA（アメリカ航空宇宙局）が打ち上げた通信衛星の一つ．テレビなどの

中継が目的．

リレーショナル データバンク【relational data bank】[I算]情報サービスのデータ構造モデル．多くの利用者が任意のデータ系列を呼び出し，相互に関連づけて操作して目的の情報を得られるようにしたもの．

リレーション【relation】①関係．関連．親類．血縁関係．②[数]順序対の集合．関係．

リレーションシップ【relationship】[I算]関係．E-Rモデルの三つの要素である実体，関係，属性の一つ．またはデータベースで，複数のテーブルの共通フィールドを関連付けること．

リレーションシップ インベスティング【relationship investing】[営経]株式を長期間保有して，収益率を上げようとする投資方法．

リレーションシップ バンキング【relationship banking】[経]長期継続的な顧客の経営情報を蓄積し，金融サービスを提供する地域密着型銀行モデル．

リレーションシップ マーケティング【relationship marketing】[営経]顧客と店舗などとの関係を密にすることを目指す販売活動．

リレーションシップ マネジメント【relationship management】[営経]金融機関の顧客管理法の一つで，預金・融資・外国為替など企業との取引状況を総合的に判断して収支を算出するもの．

リレー発問【relay question】[I広]プレゼンテーションで，座席順など，一定の順で質問していく手法．

リレギュレーション【reregulation】[経政]再規制．規制緩和後に新たな規制をすること．

リレンザ【Relenza】[薬]インフルエンザ治療薬の一つ，ザナミビルの商品名．

リローダブル型【reloadable electronic money】[I経算]ICカードを使う電子マネーの一種．繰り返して使用でき，専用端末や銀行のATMから金額の補充もできる．

リロケーション【relocation】①移転．再配置．②(日)[営]転勤などで一時的に空き家となる住宅を扱うビジネス．

リロケーション サービス【relocation service】[営]海外赴任者などを対象に行う生活関連総合サービス．留守宅管理，引っ越し，子弟への通信教育などあらゆる業務を行う．

リロケータブル【relocatable】[I算]コンピュータの記憶領域内のどこに入れても実行可能なプログラム．

リワインド【rewind】[I]テープの巻き戻し．

リンカー【linker】[I算]ソースプログラムを翻訳して作る複数のオブジェクトプログラムを結合して，実行できるようにするソフトウエア．リンケージエディターともいう．

リンガフランカ【lingua franca】①[言]地中海東部で用いる混成語．イタリア語，フランス語，ギリシャ語などを混合して話す．②[言]混成国際語．英語やフランス語で借用した．③[言]母語の異なる人同士が用いる共通語．

リンガラ【lingala】[音]アフリカで起こったポピュラー

音楽の一種．

リンク[1]【link】①[I工]インターネットのホームページなどで，他のサイトへ接続させること．②連結すること．③鎖の環．輪状をしているもの．④[機]動力伝達装置の連結軸．⑤ヤードポンド法で長さの単位の一つ．1リンクは約20cm．⑥[営]物資の輸送経路．

リンク[2]【rink】[競]スケート場．

リング【ring】①輪．指輪．②指輪．③[競]ボクシングなどで試合台．競技場．④[競](体操)器械体操のつり輪．⑤[競](ｽﾞﾙ)ストックの先に付ける輪．⑥[医]子宮腔内に着ける避妊用の金属性の輪．⑦[社]一味．徒党．

リングア計画【lingua plan】[教国]外国語教育を通じて，EU（欧州連合）以前のEC（欧州共同体）加盟各国の国民の間に，相互の言語の多様性と複雑性とを認識させ，相互理解と共同体意識の浸透を図ろうとしたECの社会教育計画．1989年に策定．

リング型ネットワーク【ring network】[I算]ネットワークの接続構成の一つ．柔軟な構成が組め，ケーブルの延長が大きいLANを作れる．

リンク機構【linkage mechanism】[機理]複数の棒を関節で接合した構造をもつ機構．

リンクス【links】[競](ｺﾞﾙﾌ)ゴルフコース．特にシーサイドコースの別称．

リンクス デジワークス【Links DigiWorks】[I算]コンピューターグラフィックスやVFX（visual effect）を扱う日本のプロダクション．本社は東京．

リンク制【link system】[営経]輸出を条件に輸入を認める貿易制度．リンクもいう．

リングメンバー【ring member】[経]ロンドン金属取引所の公認会員．

リンクル【wrinkle】しわ．ひだ．

リンクルケア【wrinkle care】[容]目元や口元など小じわになりやすい部位の美容・手入れ．

リンクルフリー【wrinkle-free】[服]しわにならないシャツなどの衣料品．ノーアイロン．

リンク ローカル アドレス【link local address】[I算]IPv4でプライベートアドレスと呼ばれたものの一つ．ルーター内のホストに対し，起動ごとに割り当てられるアドレス．

リングワンデルング【Ringwanderung 独】[登]登山者などが霧などのために方向を見失って，同じ場所をぐるぐる回り歩く現象．

リンケージ【linkage】①[生]連関．連鎖．遺伝学上の現象で，同一染色体にある遺伝子の特質が集中して遺伝すること．②[政]国家間関係の構造変化．③関連．

リンゲル液【Ringer's solution】[医]塩化ナトリウムなどを溶かした生理的食塩水の一種．体液の代用として用いられる．リンゲル，リンガー液，リンゲル氏液ともいう．

リンゴー【lingo】[言]専門語．意味不明の専門用語．訳のわからない言語．

リンス【rinse】[容]洗髪後，洗剤を中和したり，毛髪に栄養を与えるためにすすぐ液．またそれですすぐこと．

リンチ【lynch】[社]私的制裁．私刑．

リンディホップ【lindyhop】[芸]アメリカ生まれのダンスの一種．1930年代にスイングジャズに合わせ

て踊られ，ジルバやマンボなどの基になった．

リンドグレン賞【Astrid Lindgren Memorial Award for Literature】[文]児童文学のノーベル賞といわれる文学賞．『長くつ下のピッピ』の作者，アストリッド・リンドグレンにちなむ．

リンネ種【Linnean species】[生]スウェーデンの植物学者リンネが考案した，形態に基づく植物分類法の基本単位．

リンネル【linière 仏】[服]亜麻の繊維で織った薄い布地．手触りがよく，主に夏向きの素材．リネン．

リンパ【lympha 蘭】[生]脊椎動物の体液の一つ．体内を循環して，酸素・養分の運搬，病原体への免疫抗体作用などを行う．リンパ球を含む．リンパ液．

リンパ球【lymphocyte】[生]白血球の一つ．血液中，組織中，リンパ液内に見られる．

リンパ性体質【lymphatic temperament】[医]リンパ組織の肥大などを伴う，刺激に対して抵抗力が弱い体質．

リンパ節【lymph gland】[生]リンパ管に見られる球状組織で，リンパ球生産や免疫抗体生産の重要機能をもつ．リンパ腺．

リンフォカイン【lymphokine】[生]リンパ球が抗原などで刺激された時に遊離する可溶性たんぱくの総称．細胞に傷害を与える作用があるため抗悪性腫瘍剤への応用が注目されている．インターフェロンもこの一種．

リンボ【limbo】①[宗]キリスト教に接する機会のなかった善人や，洗礼を受けなかった小児・異教徒などの霊魂が死後に住む世界．天国と地獄の中間にあるとされる．リンボ界．古聖所．②[社]拘置所．刑務所．

リンボーダンス【limbo dance】[芸]低く横に渡した棒の下を反り身になって踊りながらくぐる曲芸的な踊り．リンボーともいう．

ル

ルアー【lure】擬餌(ぎじ)針．金属・バルサ材・ゴム・合成樹脂などで作る．元来は誘惑する・おびき寄せるの意．

ルアー フィッシング【lure fishing】疑似餌釣り．人工餌のルアーを投げ，リールを巻いて動かしながら魚を誘って釣る．

ルイボスティー【rooibos tea】[料]南アフリカの喜望峰付近に産する茶の一種．老化防止作用があるとされる機能性食品．

ルー [1]【loo】[建]便所．手洗い．トイレット．

ルー [2]【roux 仏】[料]小麦粉をバターや脂肪性の材料で炒めたもの．

ルーキー【rookie】①[競]野球などで，新人選手．②[軍][社]新参者．新米．新兵．

ルーキーリーグ【rookie league】[競](野球)アメリカのマイナーリーグの階級の一つ．最下位に相当するクラス．

ルーシー【Lucy】[歴]約300万年前の女性のものとされる化石人類の通称．

ルージュ【rouge 仏】赤い．赤色．棒型の口紅．リップスティック．

ルーズ【loose】だらしのない．たるんだ．英音はルース．

ルース カップリング【loose coupling】人や組織の互いの結びつきが緩やかなこと．

ルーズソックス【loose socks 日】[服]足首付近をたるませて履く，緩い感じの靴下．

ルーズパーマ【loose permanent wave 日】[容]毛先から中ほどまでパーマをかける方法．

ルーズパンツ【loose-fitting pants】[服]腰回りに余裕をもたせたズボン．

ルーズフィット【loose fit】[服]衣服が比較的緩やかに体に合う状態．またそのシルエット．

ルーズベルト連合【Roosevelt ―】[政]アメリカで，労働組合や黒人，白人リベラル派の大同団結でできた組織．

ルーズリーフ【loose-leaf】自在に用紙の抜き差しができる，とじ穴方式のノートや帳簿．loose-leaf notebook の略．

ルーズルーズ【lose-lose】大敗北．

ルーター【router】[I][算]ネットワーク上の中継装置．伝送データを送信先と情報通過量を検討して，最も効率がいいと判定した伝送経路に転送する機能をもつ．ルータともいう．

ルーチン【routine】①日課．日常業務．決まり切った仕事．ルーチンワークともいう．②[I][算]プログラムの構成要素の中で，一つのまとまりをもった機能を果たす部分．共通ルーチン，汎用ルーチンなどがある．ルーティンともいう．

ルーツ【roots】根源．源泉．祖先．

ルーティング【routing】①[I][算]通信ネットワークで，送信先のホストの装置に達するまでのルートを見つけること．経路選択．②手順の取り決め．配達計画．

ルーティング アービター【Routing Arbiter】[I][算]それぞれの NAP (network access point)にルーティング情報を提供する機関．NSF (全米科学財団)が設立．

ルーティング テーブル【routing table】[I][イ]他の組織のネットワークにパケット(情報のひとまとめ)を送るために用いる経路図．

ルーティング プロトコル【routing protocol】[I][算]ルーティングアルゴリズムを実行して，ルーティングテーブルを管理するのに欠かせない情報を収集するプロトコル．IGP や EGP などがある．

ルーティング メルトダウン【routing meltdown】[I][算]多くのルーターで同時期にルーティングデータベースの更新処理が大量に起こり，ユーザーデータの中継ができなくなる状態．

ルーティング レジストリー【routing registry】[I][算]大量のルーティング情報を集めたデータベース．RR ともいう．

ルーデサック【roede-zak 蘭】[医]避妊・性病予防用のゴム製の袋．コンドーム．

ルート [1]【root】①[数]平方根．乗根．記号は $\sqrt{\ }$．

◀ルールオブ

②根．③言語幹．④Ⅰ算コンピューターでは，階層構造の最上位であるルートディレクトリーがこれに当たる．⑤Ⅰ算 UNIX のシステム管理を担当する利用者．スーパーユーザー．

ルート[2]【route】経路．路線．道路．交通路．

ルートキット【rootkit】Ⅰ算侵入した痕跡の消去など，ハッカーがコンピューターに不正侵入した後に使用するツール類の総称．

ルートセールス【route sales】営巡回販売．販売員が一定の得意先を決まった順路に従って訪問し，商品を販売する方法．

ルートッピング【loo topping】トイレの便座を好みで取り替えること．

ルートップ【loo top】便座．

ルートＤＮＳ【root domain name system】Ⅰ算ドメインネームを管理している，DNS（domain name system）の多段ツリー構造の最上位．

ルート ディレクトリー【root directory】Ⅰ算ファイルの階層構造で最上位階のディレクトリーのこと．樹木を逆さまにした形のツリー構造で根元の部分に当たる．

ルーバー【louver】建日除けや通風，目隠しのため窓や換気口などに羽板を取り付けたもの．よろい戸やブラインドなどもこの一種．

ルービックキューブ【Rubik's Cube】ハンガリーの数学者ルービックが考案した，各面9個の小立方体からなり，色をそろえて遊ぶ立方体のおもちゃ．商標名．

ルーブ【lube】潤滑油．

ループ【loop】①服糸・ひもなどで作る輪．輪穴．②数図形の中の固定した1点から出て，その点に戻る曲線．③（スケート）フィギュアスケートでジャンプの種類の一つ．④航空機の宙返り．⑤Ⅰ算反復して使われるプログラムの命令群．またその命令を反復使用すること．⑥音特定の部分を繰り返し演奏する方法．

ループアンテナ【loop antenna】輪形アンテナ．受信・方向探知・測定などに用いる．コイルアンテナともいう．

ルーフィング【roofing】建屋根ふき．屋根ふき用の材料．

ルーフガーデン【roof garden】建屋上庭園．ビルの屋上に設ける．

ループカーペット【loop carpet】輪になっている毛を植え込んだじゅうたん．

ルーフキャリア【roof carrier】機オートキャンプ用の自動車で，屋根に荷物を載せるための留め具．ルーフラックともいう．

ループ線【loop line】鉄道の環状線．線路をらせん状にして勾配を緩め，回りながら少しずつ高所にたどり着く方式の線路．

ループタイ【loop tie】服陶器などの留め具を付けたひも状のネクタイ．英語は bolo（bola）tie．

ルーフデッキ【roof-deck】建平屋根を利用して，園芸や日光浴などに使う場所．

ルーフパッキング【roof packing】自動車の屋根に荷積みすること．

ループホール【loophole】抜け穴．抜け道．城壁などに設ける銃眼．小窓．

ループメール【loop mail】Ⅰ算同じ電子メールが無限にやりとりされること．電子メールソフトの自動返信機能を使う際，誤ってあて先に自分のアドレスを入力すると起こる．

ループヤーン【loop yarn】服小さな輪が付いている数種の撚り合わせ毛糸．

ルーフラック【roof rack】乗用車の屋根に付けた荷台．

ループ理論【loop theory】理一般相対論を量子化して，超ひも理論よりも範囲を限定し，対象を時空に絞った理論．原子のようなもので時空が構成されているとする．

ルーブル【ruble】経ロシアの通貨単位．

ルーブル安定化基金【Ruble Stabilization Fund】経欧ロシア支援策の一つ．1992年にワシントンで10カ国蔵相会議で合意した．RSF．

ルーブル美術館【Musée du Louvre 仏】美パリのセーヌ川沿岸にあるフランス国立美術館．

ルーペ【Lupe 独】化理拡大鏡．虫眼鏡．

ルーマー【rumor】うわさ．風聞．陰口．

ルーマリー【rumoree】社うわさになっている人．うわさの主．

ルーミーキュロット【roomy culottes】服幅の広いズボン式スカート．

ルーミート【roo meat】料食用にするカンガルーの肉．

ルーミーライン【roomy line】服広がりのある服のシルエット．アンプルライン．

ルーミング【rooming 日】建社部屋のレイアウト．限られた広さの部屋の中で，自分の生活様式に合った部屋づくりをすること．英語は room arrangement, room arranging．

ルーム シェアリング【room sharing】社他人同士がマンションや一戸建て住宅で共同生活をすること．

ルームシミュレーター【room simulator】イインターネット通販で家電量販店が始めた新サービス．顧客がネット上に実際の部屋を撮影した画像を映し出し，冷蔵庫やテレビなどの画像を画面上に配置できる．

ルームチャージ【room charge】営ホテルなどの宿泊料．

ルームメート【roommate】同宿人．同室者．

ルーラー【ruler】①支配者．統治者．②定規．物差し．③Ⅰ算ワープロソフト，DTP ソフト，グラフィックスソフトなどの画面に表示される目盛付いた帯状の領域．カーソルの位置などを示す．

ルーラル【rural】田舎の．田園の．田園に住む．⇔アーバン．

ルーラル ソシオロジー【rural sociology】社農村社会学．農村問題を社会学的に研究する学問．

ルーリングパーティー【ruling party】政与党．

ルール オブ ロー【rule of law】法法の支配．すべての人が法律の下にあるという考え方．

653

ルールファ▶

ルールファイブ ドラフト【Rule 5 draft】競 〔野球〕アメリカの大リーグで、マイナーリーグの選手を対象に行われるドラフト。毎年12月に行われる。

ルーレット【roulette 仏】①賭博の一つ。小さな球を目盛り付きの回転盤に入れて、出た目を当てる。②服洋裁用具の一つ。布地や紙に点線を付けるのに使う。

ルーレット族【roulette ―】社首都高速道路の環状線をレース用周回コースに見立てて、改造自動車などで走行する運転者たちの俗称。

ルカロックス【lucalox】理アルミナを焼結して作る透光性アルミナ。ナトリウムランプに用いる。

ルクス【lux】理照度の単位。記号はlx。1ルーメンの光束で1m²の平面を照らす場合の光の強さ。メートル燭。

ルクレール【Leclerc】軍フランスの主力戦車。

ルゴール液【Lugol solution】薬ヨウ素・ヨウ化カリウムなどを混合した褐色の液体で殺菌作用がある。ルゴールともいう。

ルコンポゼ【recomposer 仏】美再構成。対象を一度完全に分解して、自己の感覚に従って再び構成し直すこと。立体派の用語の一つ。

ルサンチマン【ressentiment 仏】恨み。遺恨。憎悪。弱者が強者に対してもつ敵意。

ルシフェラーゼ【luciferase】生発光酵素の一つ。生物が発光する場合に作用する。

ルシフェリン【luciferin】生発光色素。生物の体内にあって発光酵素の作用で発光する物質。

ルダンゴト【redingote 仏】服上半身は体に合い、腰から下は自然に広がった形のコート。ライディングコートともいう。

ルチャドール【luchador 西】競格闘家。プロレスラー。

ルチャリブレ【lucha libre 西】競観客を楽しませる場面が多いメキシカンプロレス。

ルチン【rutin】薬配糖体の一種。そばや卵黄に含まれる。淡黄色の粉末で、血管補強剤・止血剤などとして利用する。

ルッキズム【lookism】社容姿によって人を不当に差別すること。

ルック【look】①様子。スタイル。②見る。

ルックアップ【lookup】I算表計算ソフトで使われる関数の一種。一定範囲内から条件に合うものを選んで対応するデータを見つける。

ルックアップ テーブル【look-up table】I算ある言語で書かれたプログラムを別の言語に変換するために作った、対応する語の対照表。

ルック アンド フィール【look and feel】I算画面の構成からアイコンのデザインに至るまでが、利用者が直接に見て、触って感じることができるやり方。

ルックイースト政策【Look East policy】政マレーシアの政策で、西ヨーロッパに代わって日本・韓国というアジアの先進国に学ぼうとするもの。1981年にマハティール首相が提唱し、留学生や研修生の日本派遣、技術導入、学術・文化研究などが進められた。

ルックス【looks】顔つき。容貌。様子。

ルッコラ【rucola 伊】植アブラナ科の1年草。葉はゴマに似た風味とクレソンに似た辛味がある野菜。ルコラ、ロケットサラダともいう。

ルッツ【Lutz】競(ﾂ)フィギュアスケートのジャンプの一種。後ろ向きに跳び上がる。スケーターの名に由来。

ルテイン【lutein】化生結晶状のカロチノイド(赤黄色素)の一つ。卵黄や緑色植物などに含まれる。その不足が加齢による眼病に関係しているとされる。

ルドベキア【rudbeckia 羅】植キク科ルドベキア属の植物。北アメリカ原産。オオハンゴンソウなどを観賞用に栽培する。

ルナー オブザーバ【Lunar Observer】宇アメリカの月探査機。1998年に打ち上げた。

ルナー プロスペクター【Lunar Prospector】宇月探査機の一つ。NASA(アメリカ航空宇宙局)の月探査ミッションで1998年に打ち上げた。

ルナA【LUNAR-A】宇宇宙科学研究所(現宇宙航空研究開発機構)の月探査機。

ルナオービター【Lunar Orbiter】宇アメリカの月探査ロケットの名。月軌道船。多くの月面写真を撮影し、月面地図の作成に貢献した。

ルナモジュール【Lunar Module】宇アメリカのアポロ宇宙船の月着陸船。LMともいう。

ルネサンス【Renaissance 仏】歴文芸復興。再生の意。14〜16世紀にイタリアに始まりヨーロッパに広まった社会・文化の革新運動。人間性復興を目指し、古代ギリシャ・ローマの文化を規範とした。ルネッサンスともいう。

ルネサンス音楽【Renaissance music】音均質な響きと整った形式感を特徴とする、1450〜1600年ころまでの音楽。

ルノホート【Lunokhod 露】宇旧ソ連の月面無人探査車。1970年に打ち上げられたルナ17号に初めて積み込まれた。

ルバイヤート【Rubaiyat】12世紀ペルシアの抒情詩集。

ルバシカ【rubashka 露】服ロシア風の男性用の上着。麻・木綿などで作られ、襟・前立て・袖口・裾などに刺しゅうがしてある。ルパシカともいう。

ルビ【ruby】①印印刷の際に活字に付ける振り仮名。または振り仮名用の活字。イギリスの活字ルビー(5.5ポイント)から。②I算漢字などに付ける振り仮名・読み、小さな文字で表す。

ルビー【ruby】鉱紅玉。濃紅色の鋼玉。アルミナに酸化クロムを少量加えた単結晶。装飾やレーザーの母材などに用いる。

ルプソアール【repoussoir 仏】美遠近感を強調するため前景として描かれる人物や物。

ルブリケーション【lubrication】滑らかにすること。潤滑。注油。

ルベール トロンプルイユ【revers trompe-l'œil 仏】服別の布地を張りつけて、折り返し部分に見せかけること。

ルポルポルタージュ(reportage 仏)の略。

ルポライター【repowriter 日】現地報告をする記者。探訪記者。reportageとwriterの合成語。英語はreporter。

654

ルポルタージュ【reportage 仏】①現地報告をする記事。②派探訪番組。記録番組。③文記録文学。報告文学。事実を記録的に書いた文学。ルポ、レポルタージュともいう。

ルマン24時間レース【24 Heures du Mans 仏】競(自動車)フランス中西部のルマン市郊外で毎年開催される、スポーツカーの世界有数の耐久レース。

ルミネッセンス【luminescence】理蛍や燐光のように発熱を伴わないで発光する現象。冷光現象。ルミネセンスともいう。

ルミネッセンス年代測定法【luminescence dating】理歴放射線量による年代測定法。火山噴火物や土器など高熱を受けた物質、あるいは強い太陽光を受けた土壌は、それまでに吸収していた自然界の放射線を失うため、その時点から現在までに再び吸収した放射線の量を測定して年代を割り出す。

ルミノール【luminol】化3アミノフタル酸ヒドラジド。このアルカリ水溶液に過酸化水素を加えると発光し、血液に強く反応する特性を血痕の鑑識に利用する。

ルモンド【Le Monde】フランス有数の夕刊紙。1944年に創刊。商標名。

ルレックス【Lurex】化アクリル糸をアルミ箔で覆った金属糸。ダウケミカル社が開発した、硬質な光を放つ人工素材。商標名。

ルワンダ愛国戦線【Rwanda Patriotic Front】政ルワンダの政治勢力の一つ。1994年に全土を制圧し、5年間の暫定政府を発足。RPFともいう。

ルワンダ国際法廷【International Criminal Tribunal】法ルワンダで部族対立から発生した住民の大量虐殺に関する戦争犯罪国際法廷。1995年に始まる。

ルンゲ【Lunge 独】医生肺。肺臓。肺結核。

ルンゼ【Runse 独】登山腹の急な岩溝。クーロワールともいう。

ルンバ【rumba 西】音19世紀初めにキューバに起こった民族舞踊音楽。活気に満ちた速いリズムに特徴がある。

ルンペン【Lumpen 独】社浮浪者。失業者。

ルンペンプロレタリアート【Lumpenproletariat 独】社長期にわたる失業と窮乏の結果、労働意欲を喪失している極貧層。ルンペンプロレタリアともいう。

レ

レア【rare】①まれな。珍しい。②希薄なこと。③料肉などの焼き方の一つ。生焼けの状態のもの。↔ウエルダン。

レアアース【rare earth】化希土類元素。原子番号57のランタンから71のルテチウムの15元素に、スカンジウムとイットリウムを加えたものの総称。

レアメタル【rare metal】化希少金属。天然の存在量が少ないもの、存在量が多くても濃縮された品位の高い鉱物が少ないもの、バリウム、ガリウム、ウランなどがある。

レアリテ【réalité 仏】現実。実在。現実感。実在感。

レアルシューレ【Realschule 独】教ドイツの実業中等学校。義務教育の前期課程修了後に進学する。レアールシューレともいう。

レアルプラン【Real plan】経ブラジルのインフレ抑制策。1993年に提案された。

レアルポリティーク【Realpolitik 独】政現実路線の政策。現実政治。実際の政治。

レイ【lei】圏ハワイで訪問客の首に掛ける花輪。

レイアウエー プラン【layaway plan】商商品の予約購入法。月賦のように、手付金を払って購買予約をして、残金を払い終わった時に、商品が手に入る購入方法。

レイアウト【layout】①設計。陳列の仕方。新聞・書物などの割り付け。②I算画像表示装置の入力画面の配置設計。

レイアウトソフト【layout software】I算文章や画像などを流し込んで、ページ単位でレイアウトを組むソフトウエア。ページレイアウトソフト、DTPソフトともいう。

レイアウト表示【layout display】I算ページ全体の文章や画像などのレイアウトを見るためにページイメージを表示する機能。

レイヴ【rave】1980年代後半にイギリスなどで起こった踊りを中心とするイベント。自由に踊り自己解放することを目指す。レイブ。

レイオフ【layoff】社再雇用を条件とした一時的な解雇。

レイオフ シンドローム【layoff syndrome】社一時解雇が日常的に行われると、社員が安心して仕事ができなくなるような影響が現れてくること。

レイジ【rage】怒り。猛烈。情熱。

レイジー【lazy】無精な。のろまな。怠惰な。

レイシズム【racism】社政人種主義。政治的に、ある人種について優生性を認めて、人種による差別をしようとする考え方。

レイシャル【racial】人種の。人種上の。

レイダー【raider】侵略者。侵入機。市場などを荒らす人。

レイタンシー ピリオド【latency period】医病気などの潜伏期間。潜在期間。

レイテンシー【latency】I算あるデバイスに命令を出し、その結果が返るまでの遅延時間。

レイトカマー【latecomer】①遅刻者。②最近参加の。参入した人。新参者。

レイド ゴロワーズ【Raid Gauloises 仏】競動力を使わないで難路を走破する冒険レース。フランスの冒険家ジェラール・フィジールが主催。1989年に第1回が行われた。

レイトショー【late show】映深夜興行。大人向けに深夜に映画を上映する興行方法。

レイトボーン【lateborn】医高齢出産の。高齢出産児。

レイトレーシング法【ray tracing method】I算光線追跡法。コンピュータグラフィックスで、

655

レイノルズ▶

隠面消去と現実感のある画像表現能力を兼ね備えた映像化技法．

レイノルズ数【Reynolds number】 理流体の流れを示す無次元量．流体の粘性力に対する慣性力の大きさ．

レイバー【labor】 労働．苦心．骨折り．

レイバーインテンシブ【labor-intensive】 社 労働集約型の．

レイバー エクスチェンジ【labor exchange】 社職業紹介所．

レイバーキャンプ【labor camp】 社政強制労働収容所．労働キャンプ．季節労働者のための宿泊施設．

レイバー スケジューリング システム【labor scheduling system】 I算社コンピューターを用いて，効率的な人員配置を検索し，自動的に勤務表を作成する仕組み．流通業やサービス業などの労働集約型の職種で使う．LSS．

レイバー ターンオーバー【labor turnover】 営社会社に対する不安感から従業員が転職していく現象．

レイバーデー【Labor Day】 社勤労祭．イギリスでは5月1日．アメリカでは9月の第1月曜日．

レイバーフォース【labor force】 営社労働力．労働者人口．

レイバーフロー表【labor flow table】 社労働移動表．労働力の移動状況を表にしたもの．

レイバーユニオン【labor union】 社労働組合．

レイバリズム【laborism】 政労働者階級による社会支配を唱える理論．

レイプ【rape】 社強姦．性暴行．強制された性行為．

レイプ サバイバー【rape surviver】 社強姦の被害者．性的暴力を受けている時も，その後も苦しみながら生き抜かなければならないところから．

レイマン【layman】 素人．一般の人．

レイマン コントロール【layman control】 政政治や行政の一部の運営を，一般の人にまかせるやり方．

レイムダック【lame duck】 政足の不自由なアヒルの意．再選されなかったが任期の残っている議員や任期切れを控えた大統領など．

レイヤー【layer】 ①I算 OSI（開放型システム間相互接続）の参照モデルで，7個の層に分けた通信機能の，その個々の層のこと．②I算コンピューターグラフィックスで，絵が描かれている，透明なシートのような個々の層．

レイヤーカット【layered cut】 容段カット．毛束ごとに段をつけてカットし毛先が重なり合うようにしたもの．

レイヤー2スイッチ【layer 2 switch】 I算イーサネットスイッチを含む LAN スイッチの一種．パケットをあて先 MAC アドレスに対応する出力ポートに転送する．

レイヤー3スイッチ【layer 3 switch】 I算 TCP/IP LAN を含む TCP/IP ネットワークのノード製品の一種．パケットをあて先の IP アドレスに対応する出力ポートに転送する．IP スイッチともいう．

レイヤー4スイッチ【layer 4 switch】 I算 TCP, UDP のポート番号をアドレス情報として，データパケットを転送するノード装置．

レイヤード【layered】 ①服重ね着．②層を形成した．層状になる．

レイヤードルック【layered look】 服重ね着をした装い．

レインアウト【rainout】 競社雨で中止になった催し物や試合．

レインカネーション【reincarnation】 再生．輪廻．霊魂が再来すること．

レインズ【REINS】 I営国土交通大臣指定の不動産流通機構が運営する，不動産情報に関するコンピューターネットワークシステム．Real Estate Information Network System の頭字語．

レインボー【rainbow】 気虹．

レインボー コアリッション【rainbow coalition】 社少数派や社会的に不利な立場にある人々と共闘すること．虹色の連合の意．

レインボー ストライプ【rainbow stripe】 服虹のような多彩なしま模様．

レインボートラウト【rainbow trout】 魚ニジマス．

レインボープラン【Rainbow Plan 日】 教21世紀教育新生プラン．2001年に文部科学省が策定．

レインボーブリッジ【Rainbow Bridge 日】 社東京臨海副都心と都心部を結ぶ高速道路などに用いる橋の愛称．

レーウィンゾンデ【rawinsonde】 気高層大気の気圧・気温・湿度・風を測定する気象観測器械．気球でつり上げ，小型無線器でデータを送信する．

レーガノミックス【Reaganomics】 経政1981年に就任したアメリカのレーガン大統領による経済政策の総称．政府支出の抑制，減税と雇用創出，各種政府規制の緩和，新しい通貨政策と健全な金融市場の復活などを行い，強いアメリカの再現を目指した．

レーガンデモクラット【Reagan Democrats】 政1984年の大統領選挙で，2期目を目指す共和党のレーガン候補に投票した民主党支持者．

レークサイド【lakeside】 湖畔．湖岸．

レーサー【racer】 ①競競走者．自動車競走などの運転者．②競競走用の車．レーシングカー．

レーザー【laser】 理分子の固有振動を利用して周波数も位相も一定な電磁波を増幅・発振する装置．宇宙通信，光通信，精密工作などに用いる．light amplification by stimulated emission of radiation の頭字語．

レーザーアクティブ【Laser Active】 レーザーディスクを基にした対話性をもつニューメディア．商標名．

レーザーエネルギー ネットワーク【laser energy network】 宇宙宇宙発電構想の一つ．太陽光発電衛星で生み出した電力をレーザーに変換して用いる．日本の航空宇宙技術研究所などが計画を推進．LE-NET 計画ともいう．

レーザーカード【laser card】 ①レーザー方式による高密度の磁気記録カード．光メモリーカード．レーザー光線を照射して書き込み，弱いレーザー光線を当て反射光で読み出す．

レーザー核融合炉【laser fusion reactor】 理重水素や三重水素をガラスの小球に密閉するなどして，強力なレーザー光を照射し，核融合反応を起こせさようとするもの．

レーザー加工【laser beam machining】 理パワー密度が1cm²当たり10万～10億ワットに達するレーザー光による材料加工．

レーザーカッター【laser cutter】 服赤外線レーザー光線とコンピューターによって，瞬間的に布地をカットする裁断機．

レーザークレー射撃【raser clay pigeon shooting 日】 競クレー射撃用の散弾銃を改造したレーザー銃を使う射撃施設．イギリスのブリティッシュクレーシューティングシステムが開発．

レーザー光凝固術【laser photocoagulation】 医レーザー光の光エネルギーを使い，焦光点での熱作用で組織のたんぱく質を凝固させて治療を行う方法．

レーザー サージャリー【laser surgery】 医レーザー光線による手術．

レーザージャイロ【laser gyroscope】 機ジャイロのメカニズムにレーザー光の干渉を用いるもの．慣性航法装置などに用いる．

レーザースキャナー【laser scanner】 ①算複雑な形状のものにレーザーを直接照射してデータを取り，数値データ化するのに用いる装置の一種．

レーザースキャン【laser scanning】 映レーザー光線を用いて，映像パターンを描き出す方法．

レーザーダイオード【laser diode】 ①レーザー光を出す半導体素子．

レーザー通信【laser communications】 ①光通信．レーザー光を利用した通信手段．大量に高速で通信することができる．

レーザーディスク【laser disc】 ①レーザー光をディスクに当て信号を読みとる光学式ディスク．映像・音声信号が記録される．LD．

レーザー内視鏡【laser endoscopy】 医光ファイバーを用い，体腔内に導いたレーザー光で診断や治療を行う技術．

レーザービーム【laser beam】 理レーザー光．誘導放出によって発光する．

レーザービーム プリンター【laser beam printer】 理複写技術と主にレーザー光線による光技術を組み合わせた，電子写真方式のプリンター．LBP ともいう．

レーザープラズマ加速【laser plasma acceleration】 理高強度のレーザー光がプラズマ中に入射すると，一部の荷電粒子が加速されること．

レーザープリンター【laser printer】 ①算理レーザー光線を用いて出力情報を印字する装置．印刷が速く，印字も美しい．

レーザー プロジェクター【laser projector】 ①算理R（赤），G（緑），B（青）の各レーザー光線を，回転する鏡に反射させて画像を作る投影機．レンズを使わないのでスクリーンの選択が自由にできる．

レーザー兵器【laser weapon】 軍レーガン大統領が提案した宇宙防衛システム（SDI 構想）の中心となるもの．地上からレーザー光線を発射し，宇宙空間の巨大な鏡に反射させて，飛んでくる ICBM（大陸間弾道ミサイル）を破壊する．

レーザーポインター【laser pointer】 ①機レーザー光を使って指示位置を示す器具．

レーザー マニピュレーション【laser manipulation】 化理レーザーを用いた種々の化学操作．

レーザーメス【lasermes 日】 医レーザー光線を使い組織の切開・凝固止血を行う手術用器具．形成外科・脳外科などで使用．英語の laser とオランダ語の mes の合成語．

レーザーレーダー【laser radar】 化気理大気中の湿度・温度・浮遊微粒子・火山性微粒子などを測定する装置．ライダーともいう．

レーザリアム【laserium】 芸レーザー光線による光と音のショー．

レーザレムアップ ゲーム【laser-'em-up game】 ①レーザー光線を発射して敵を倒すテレビゲーム．

レーシー ストッキング【lacy stocking】 服レース編みのような女性用の長靴下．

レーシック手術【LASIK surgery】 医エキシマレーザー生体内角膜切開術．近視を矯正する治療法の一つ．

レーション【ration】 ①定量．割当量．②食料．糧食．③携帯口糧．

レーシングカート【racing cart】 競競走などに用いる小型四輪車の一種．車体は簡単な鋼管製フレームで作り，最高時速は100km以上出せる．専用コースで走行する．

レーシングカヌー【racing canoe】 競湖沼などの静水コースで行うカヌーのレース競技．

レーシング カレンダー【racing calendar】 競競馬の競走成績書．イギリスでは1727年にジョン・チェニーが最初に刊行．

レース¹【lace】 服糸でいろいろな透かし模様に編んだ布．組みひも．

レース²【race】 ①競競走．②専用の周回路などで，複数の車両が一斉に走行して速さを競う自動車競技．

レースクイーン【race queen 日】 競自動車レースで，スポンサーの広報などを行い，レースに彩りを添える女性．

レースゲーム【racing game】 ①算コンピューターゲームの一種．自動車や自動二輪車を運転し，レースを行う．実写さながらの画面や車のデザインを表現するものもある．

レースコース【racecourse】 競競走路．競馬場．

レーズドネック【raised neck】 服立ち襟．身ごろから続いて首に沿って立つ．

レーストラック【race track】 競競馬場．競走路．

レースレーティング【race rating】 競競馬レースで，上位4頭の評価指数の平均．

レーゼシナリオ【Lesescenario 独】 文読む脚本. 読む目的のために書かれた脚本.

レーゼドラマ【Lesedrama 独】 文実際の上演のために書かれたのでなく、戯曲という形式による文学作品. 英語では closet drama.

レーゾンデートル【raison d'être 仏】 哲存在理由. レゾンデートル.

レーダー【radar】 機電波の反射によって、対象の距離や方向などを測定する装置. radio detecting and ranging の略.

レーダーガン【radar gun】 競(野球)投手の球速を測る機械. スピードガンともいう.

レーダーサイト【radar site】 軍レーダー基地.

レーダースコープ【radarscope】 機レーダー電波の映像スクリーン.

レーダーゾンデ【radar sonde】 気電波反射板を取り付けた気球をレーダーで追って、高層の風向・風速などを測定する装置.

レーダーチャート【radar chart】 工算円周上に設けた各項目に向かって、円の中心点から数値をとって作成するチャート.

レーダービーコン【radar beacon】 機レーダー電波の受信装置.

レーテ【Lethe 独】 ギリシャ神話で、忘却の川. 黄泉(よみ)の国にあるといわれる.

レーティング【rating】 ①算経課税対象の評価. 見積もり. 評価額. 債券などの格付け. ②映映画による映画の等級分け. ③船舶などの等級. ④工算ホームページの格付けをすること. ⑤チェスや将棋の実力の評定. または評定を行うための対局. ⑥機電定格. ⑦競競馬で、競走内容を指数評価したもの. レイティングともいう.

レーティング エージェンシー【rating agency】 経格付機関. 格付会社.

レーティング システム【rating system】 映作品の内容や描写に従って等級分けする制度. 1968年にアメリカ映画協会が採用した.

レーテスト【latest】最新の. 最近の. 最後の.

レート【rate】割合. 率. 料金. 価格. 相場.

レーニニズム【Leninism】 政レーニン主義. 帝国主義・独占資本主義の段階に対応して、レーニンが発展させたマルクス主義理論.

レーブンロック【raven rock】 軍核戦争が起きた時に、軍が戦争遂行の作戦指揮をとる地下壕. サイトRともいう.

レーベリング【labeling】 営製品の品質・性能・内容などを表示すること.

レーベル【label】 ①音レコード会社のブランド表示. 元来はレコード盤の中央に張ってある紙の意. 曲名・演奏者名などが書いてある. ②張り紙. 付箋.

レーベルゲートＣＤ【label gate compact disc】 工音ネットワーク認証型の複製防止機能付きCD. ソニーミュージックエンタテインメントが提唱.

レーベンスビランツ【Lebensbilanz 独】 社人生の見直しと再評価. 人生の総決算. 末期患者の死への準備の一つ. ライフレビューセラピーともいう.

レーベンスフィロゾフィー【Lebensphilosophie 独】 哲人生哲学. 処世哲学.

レーヨン【rayonne 仏】 服人造絹糸.

レール【rail】 鉄道線路. 軌道. 敷居などに取り付ける鉄製の棒.

レールウエー【railway】鉄道.

レールガン【railgun】 理電磁力を使って物体を高速噴射する装置.

レールゴー サービス【Rail Go Service 日】 経社新幹線による小荷物輸送. 2006年3月でサービス終了.

レールサイド リテーラー【railside retailer 日】 営集客力の強いターミナル駅近くに展開する総合品揃え型の大型店舗.

レールバス【rail bus】 機軌道上を走るバス. ローカル鉄道に代わる省力型交通機関.

レーン【lane】 ①小道. 車線. ②船や飛行機の航路. ③競(ボウリング)球を転がす板張りの床.

レオ[1]【LEO】 宇人工衛星の高度による軌道の分類の一つ. 高度1000 km 前後の低い周回軌道. low earth orbit の頭字語から.

レオ[2]【Leo】 ①童話などに登場するライオンの名. ②天しし座. ③十二宮の一つ. しし宮. しし座生まれの人.

レオタード【leotard】 服上下がひと続きの水着型スポーツウエアの一種. 伸縮性に富み体にぴったり合う. 体操やダンスなどに用いる.

レオパルト【Leopard】 軍ドイツの主力戦車の通称.

レオポン【leopon 日】 動雄ヒョウと雌ライオンの種間雑種. leopard と lion の合成語.

レオロジー【rheology】 理流動学. 物体の流動・変形を考察する学問.

レオンチェフ パラドックス【Leontief paradox】 経国アメリカの貿易パターンについての逆説的な実証研究の結果. ロシア系アメリカ人の経済学者ワシリー・レオンチェフが発見.

レガーズ【leg guards】 競野球などで用いるすね当て. 英語では shin guard ともいう.

レガート【legato 伊】 音滑らかに演奏せよ. ↔スタッカート.

レガシー【legacy】 経社遺産. 遺言による遺贈. 過去の遺産.

レガシー インターフェース【legacy interface】 工算従来のパソコンが採用してきたインターフェースの総称.

レガシーコスト【legacy cost】 営過去から受け継いだコスト. 退職者や従業員への医療・年金費などの負担.

レガシーシステム【legacy system】 工算前世代のシステム. システム刷新の際に置き換えられる現行システムをいったり、集中型アーキテクチャーのシステムを指したりする.

レガシーフリー【legacy free】 工算従来のパソコンが採用していたレガシーインターフェースを取り外すこと.

レガシーフリーＰＣ【legacy-free PC】 工算IBM PC/AT 以来の古いインターフェースに対応しているレガシーデバイスを撤廃したパソコン.

レガッタ【regatta】 競定期的に開かれるボート競技大会.

レガノルド【Northern League】 政北部同盟. イタリアの右派政党の一つ. 北部ロンバルディア地方の地域主義的権益擁護と, 自治権拡大, 移民労働者制限を主張する.

レキシコン【lexicon】 ①辞書. 特にギリシャ語, ラテン語などの辞書. ②語彙集. 用語集.

レギュラー【regular】 通常の. 定期的な. 正規の. 規則的な. ⇔イレギュラー.

レギュラーウエー【regular way】 経株式の普通取引. 4日目決済取引.

レギュラーガソリン【regular gasoline】 化無鉛ガソリン. 一般に使われているオクタン価の低いもの.

レギュラークラス【regular class】 ①標準型. ②正規に行われる授業.

レギュラーコーヒー【regular coffee 日】 料ひいた豆の粉を用いていれるコーヒー.

レギュラーシーズン【regular season】 競(野球)公式戦を戦う期間.

レギュラースタンス【regular stance】 競一枚板のスノーボードに, 左足を前に乗る方式. ⇔グーフィースタンス.

レギュラーポジション【regular position】 競攻撃や守備における各選手の正規の位置.

レギュラーメンバー【regular member】 ①正会員. いつもの仲間. 常連. ②競正選手. ③放常時出演者. レギュラーともいう.

レギュラシオン理論【théorie de la régulation 仏】 経1970年代半ばにフランスに起こった経済理論. 危機的局面にある資本主義が構造的に調整していく過程の分析を目指す.

レギュラトリー【regulatory】 調節する. 規制する. 取り締まる.

レギュラトリー サイエンス【regulatory science】 規制科学. 科学技術の安全性や危険性の根拠を示す科学.

レギュレーション【regulation】 規則. 調整.

レギュレーションFD【regulation fair disclosure】 経公平情報開示規則. 証券分析専門家や投資家に未公表情報を優先開示することを禁じる.

レギュレーション キュー【Regulation Q】 経Q規定. アメリカ連邦準備制度理事会が定める銀行預金利率の最高限度.

レギュレーター【regulator】 ①機調節装置. ②整理・取り締まりをする人.

レギンス【leggings】 服足首まで覆う大人用の細身パンツ. もともとは幼児の防寒用ズボンのこと.

レグ【leg】 競ヨットレースやリレー競技などの一区間. ひと区切り.

レクイエム【requiem 羅】 音鎮魂曲. 死者の霊の安息を祈る音楽. 元来はカトリックの教会音楽.

レクタンギュラー【rectangular】 長方形の. 矩形(くけい)の. 方形の.

レクチャー【lecture】 講義. 説教. 要旨説明.

レクチャー デモンストレーション【lecture demonstration】 劇伝統演劇などを実演を交えながら解説・講演すること.

レクチン【lectin】 生細胞膜の成分と結合して, 細胞の凝集・分裂などを起こさせる物質.

レクリエーショナル ビークル【recreational vehicle】 機野外でのレジャーに使われる自動車. RVともいう.

レクリエーショナル ユーザー【recreational user】 社麻薬を常用しないが, 時々楽しむために使用する人. カジュアルユーザーともいう.

レクリエーション【recreation】 社休養. 娯楽. 気晴らし. リクリエーションともいう.

レクリエーション インストラクター【recreation instructor 日】 社レクリエーション全般の指導者. 日本レクリエーション協会が養成・認定する, 余暇生活支援者資格の基本となる資格.

レクリエーション コーディネーター【recreation coordinator 日】 競生涯スポーツの指導者として幅広い領域で活動する係員. 日本レクリエーション協会が養成・認定する, 余暇生活支援者資格の一つ.

レクリエーション水泳【recreation swimming】 競競泳, 水球, 飛び込み, シンクロナイズドスイミング以外の, 水泳レースまたはゲーム.

レクリエーション スポーツ【recreation sports 日】 競多くの人が楽しめ参加できる, 新しく生まれたスポーツの総称.

レクリエーション ハイツ【recreation heights 日】 建社勤労者向けの研修・娯楽設備をもつ宿泊施設. 英語はrecreation facilities.

レクリエーション療法【recreation therapy】 医心団体的な娯楽や活動を通じて, 自閉症などの障害を取り除く治療法.

レグレッション テスト【regression test】 工覧情報システムを修正・変更したことで, 新たな問題がシステムに発生しないかを確認するテスト.

レゲエ【reggae】 音ジャマイカで生まれた黒人大衆音楽. メッセージ性の強い歌詞が多い.

レゲーセン【工】初期の懐かしいテレビゲームなどが楽しめる遊技施設. レトロ(retro)なゲームセンター(game center 日)から.

レゲトン【reggaeton】 音プエルトリコで生まれた新しいレゲエ. スペイン語でラップをするダンスホールレゲエ.

レコーダー【recorder】 ①機録音機. 記録装置. ②記録係.

レコーディング【recording】 音や声を吹き込むこと. 録音. 収録.

レコーディング ディレクター【recording director】 映録音監督. 音声関連全般の責任を負う.

レコード【record】 ①記録. ②競陸上競技などの最高記録. ③音音盤. ディスクともいう. ④工覧データベースで, データ項目が複数集まり, 1件のデータを構成するもの.

レコード型【record type】 工覧階層型データベースや網型データベースで, 同じ内容をもつレコードの集合を定義したもの. レコードタイプともいう.

659

レコード間▶

レコード間隔【interrecord gap】 ［I算］磁気テープなどの補助記憶装置に，レコード単位で記録されているブロックとブロックの間隔．ギャップともいう．

レコード形式【record format】 ［I算］データベースのテーブルを構成するレコードの内容や種類．

レコード番号【record number】 ［I算］各レコードに付けられる重複のない番号．データベースの検索に使う．

レコードポインター【record pointer】 ［I算］データベースソフトで，現在の処理対象となっているレコードの番号を示す機能．

レコードホルダー【record holder】 ［競］最高記録保持者．

レコメンドサービス【recommend service】 ［I営］数多くの利用者が登録した趣味や趣向のデータから，傾向や嗜好を割り出して，新たな製品やサービスなどを推奨するサービス．

レコントラ【recontra】 ［軍］ニカラグア右派の武装勢力．反革命武装ゲリラのコントラが武装解除協定を結んだ後に，一部の勢力が再武装したもの．

レコントラFN-380【Recontra Frente Norte 3-80 西】 ［軍］ニカラグアの元コントラ兵士が結成した武装組織．

レコンパ【Reconpa 西】 ［軍］ニカラグアの過激派組織．サンディニスタ民族解放戦線から派生．

レザー¹【leather】 ［服］革．皮革製品．革の．皮革製の．

レザー²【razor】 かみそり．

レザーウエア【leather wear】 ［服］皮革製または合成皮革製の衣服．

レザーカット【razor cut】 ［容］かみそりで毛髪を切り整える方法．

レザークラフト【leather craft】 ［服］皮革を用いた手芸．

レザークロス【leathercloth】 ［服］皮革に似せて布や厚紙を加工したもの．

レザースニーカー【leather sneaker】 ［服］皮革製のスニーカー．

レザーメッシュ【leather mesh】 ［服］革ひもを網状に編んで作る服飾品．

レザベーション【reservation】 ①［営社］予約．②確保．残しておくこと．留保．制限．

レジ レジスター（register）の略．［営経］金銭登録器．出納係．英語では金銭登録器が cash register，出納係が cashier, checker という．

レシート【receipt】 ［営経］領収証．

レシーバー【receiver】 ①［競］卓球やバレーボールなどで，サーブを受ける人．受け手．②［電］受話器．受信機．受信装置．⇔トランスミッター．③ラジオシーバーの略．

レシーブ【receive】 ①［競］テニスや卓球などで，相手が打ってきた球を打ち返すこと．②受け取る．受領する．

レジーム【regime】 制度．社会制度．体制．

レジェンド【legend】 ①［文］伝説．説話．②［原］聖者伝．聖徒伝．

レシオ【ratio】 比率．割合．

レジオネラ菌【legionella】 ［医生］アメリカで発見された，急性肺炎を起こす在郷軍人病の病原菌．

レジオネラ症【Legionnaires' disease】 ［医］急性肺炎を起こす感染症．在郷軍人病．1976年のアメリカの在郷軍人大会で最初の発症例．

レジオンドヌール【Légion d'honneur 仏】 ［社］ナポレオンによって制定されたフランスの最高の勲章．五階級に分かれている．

レジスター【register】 ①金銭登録器．出納した金額を自動的に登録できるもの．出納係．キャッシュレジスター，レジともいう．②［I算］置数器．1語あるいは数語を一時的に保持しておく記憶回路．

レジスタード トレードマーク【registered trademark】 ［営］登録商標．記号は®．

レジスタード プレーヤー【registered player】 ［競］（卓球）日本卓球協会が1986年に規定した認定プロ．

レジスタンス【résistance 仏】 ①抵抗．②［社］占領軍や圧政に対する抵抗運動．

レジスタンス トレーニング【resistance training】 ［競］筋力トレーニング．筋は強い抵抗に対して収縮させるトレーニングで発達する．

レジスト【resist】 ①抵抗する．反対する．逆らう．がまんする．耐性がある．②［I］IC 回路の製造工程で，耐性があり侵食されないで残る部分．

レジストラー【registrar】 ①［美］美術館の学芸員の中で，収蔵作品の管理や保管に当たり，作品の損傷，変化，物理的状態を記録する人．②［教］大学などの学籍係．登記係．③［社］登録機関．④［I算］ドメイン名や IP アドレスの申請登録を受付・処理する機関．

レジストリー【registry】 ①［I算］Windows95 以降で使われた各種の環境設定やドライバーの指定などの情報を，すべて一元管理するファイル．②［I算］ドメイン名や IP アドレスの割り当てや登録作業を担当する機関．

レジストリー エディター【registry editor】 ［I算］Windows95 以降の OS が装備している，レジストリーを編集するのに用いるユーティリティーソフト．

レジストレーション【registration】 ①登録．登記．記録．記載．②［I算］ソフトウエアの利用登録をすること．

レジストレーション ブック【registration book】 自動車の登録証．車両登録証．

レジストレーション マーク【registration mark】 ［I印算］判型の寸法に合わせてページ四方の端に付けた印．

レジスレーション【legislation】 ［法］法律制定．法制化．立法．

レシチン【Lecithin 独】 ［化］脳・卵黄・大豆などに含まれている燐脂質の一つ．食品の酸化防止剤などに用いる．

レシテーション【recitation】 暗唱．朗読．

レジデンス【residence】 ①建住宅．邸宅．官邸．②在住．駐在．居住．

レジデント【resident】 ［医］専門医学実習生．インターン制度に代わる制度．

レシピ【recipe】 ①［料］料理の材料分量と作り方の順

660

◀ レターボッ

序．調理法．②医処方箋．
レシピエント【recipient】①受取人．入れ物．②化生受容体．③医臓器移植を受ける患者．
レシプロエンジン【reciprocating engine】機ピストンがシリンダー内を往復運動したものを回転運動に変換する方式のエンジン．
レシプロシティー【reciprocity】相互主義．相互利益．互恵主義．相互依存の状態．リシプロシティーともいう．
レジャー【leisure】社余暇．自由にできる時間．
レジャーストック【leisure stock 日】営経人々の余暇利用によって潤う産業の株式．余暇株．
レジャースポーツ【leisure sports 日】競余暇に行うさまざまな新しいスポーツの総称．アクションスポーツともいう．
レジャービークル【leisure vehicle 日】機遊び用の乗り物．余暇を楽しむための乗り物．英語はrecreational vehicle．
レジャーマーケット【leisure market 日】営余暇産業市場．英語はmarket for leisure goods and service．
レジャーランド【leisure land 日】社遊園地．大規模な娯楽施設．
レジューム機能【resume function】工算OSやアプリケーションソフトで、コンピューターの電源を切る直前の状態を記録し、再度電源を入れた時に同じ状態で再開する機能．
レジュメ【résumé 仏】①要約．摘要．大略．概要．またそれを記したものや印刷したもの．②履歴書．レジメともいう．
レジン【resin】化理樹脂．主に天然樹脂．薬品、ワニス、プラスチックなどの製造に用いる．
レジンコートタイプ【resin coat type 日】写印画紙の一種．表面をプラスチックで被覆したもの．
レジンペレット【resin pellet】工プラスチック製品の中間材料．径が数mmのものが多い．
レスキュー【rescue】救出．人命救助．
レスキュー科学【rescue science】災害救援や救命活動に応用する情報科学技術．
レスキューロボット【rescue robot 日】機社災害救援や救命活動などを人に代わって行うロボット．
レスティ【Rösti 独】料薄切りジャガイモをお好み焼き風に焼くスイスの家庭料理．
レストハウス【rest house】休憩所．宿泊所．保養所．
レストラン【restaurant】料料理店．西洋料理店．飲食店．
レストランシアター【restaurant theater 日】舞台を見ながら食事ができるレストラン．英語はdinner theater．
レストルーム【rest room】社劇場やデパートなどの手洗い・便所・休憩室．
レストレーション【restoration】復旧．回復．復活．修復．改修すること．
レスパイトケア【respite care】医社休息介護．被介護者を一時的に預かり、介護者に休息を与える方法．

レスパイトサービス【respite service】社障害をもつ子供の親を援助・補助するサービス．
レスビアニズム【lesbianism】社心女性同士の恋愛．サッフィズムともいう．
レスビアン【lesbian】社心女性同士の同性愛．女性の同性愛者．
レスピレーター【respirator】医人工呼吸器．
レスポンシビリティー【responsibility】責任．分担．リスポンシビリティー．
レスポンシブル ケア【responsible care】営興社企業や自治体が化学物質の自主管理・環境監査をして、化学物質の環境リスクを減らす行動．
レスポンス【response】①応answer．反応．感応．②工算入力された情報を処理・応答すること．
レスポンスタイム【response time】工算入力装置に入力してから、出力装置への出力が開始するまでの時間．
レスポンデント【respondent】①反応する．感応する．応答する．②心特定の刺激によって引き起こされる応答的反応．
レスリング【wrestling】競2人の選手がマット上で組み合い、フォールおよびポイントを競う競技．
レセプション【reception】①歓迎会．特に公式の歓迎会をいう．②ホテルや会社などの受付．③工通信電波の受信．受信状態．リセプションともいう．
レセプター【receptor】化生受容体．受容器．リセプターともいう．
レセプタント【receptant 日】社パーティー会場などで、接待や給仕を担当する女性．receptionとattendantの合成語．
レセプト【Rezept 独】医診療報酬明細書．医療報酬の請求書．病院や診療所が健康保険などの報酬を公的機関に請求するためのもの．
レセプト開示【医社診療報酬明細書を開示すること．医療機関の架空請求を防止するのがねらい．レセプトはドイツ語のRezept（処方）から．
レゼルブ【réserve 仏】①経貯え．貯蓄．②料取っておきの酒．③大事に保存するもの．
レゾー【réseau 仏】服細かな網目模様のレース編み生地．
レゾンデートル【raison d'être 仏】哲存在理由．レーゾンデートルともいう．
レター オブ インテンツ【letter of intents】営注文内示書．購入意思を表示するもの．
レターサイズ【letter size】洋紙サイズの1種で、8.5×11インチ（約216×279mm）のもの．手紙などでよく使う大きさ．
レタージン【letterzine】社ファンクラブなどの会員向けに発行する機関誌・会報．newsletterとmagazineの合成語．
レタードネックレス【lettered necklace】服ネームプレートネックレスのこと．
レターヘッド【letterhead】便箋に印刷した企業名・住所・電話番号など．またそれが印刷された便箋．
レターボックス【letterbox】映シネマスコープ形式の映画を、オリジナル画面のままテレビ放映すること．横長の画面が封筒に似ていることに由来．

661

レタッチ【retouch】 修正．絵・写真などに筆を入れてきれいにすること．リタッチ．

レタリング【lettering】 印刷美字体を工夫して文字を書くこと、またその文字．文字の図案化、またその技術．

レチタティーボ【recitativo 伊】 音歌劇やオラトリオで、朗唱に近い語るように歌う部分．

レチノール【retinol】 薬ビタミンAと呼ばれる脂溶性物質．視覚・聴覚・生殖の機能保持などの生理作用をもつ．

レチン酸【letin acid】 化ビタミンA誘導体の一つ．にきびの治療に用いる．

レッカー車【wrecker】 機クレーンを備えた救援車．路上で故障した車または駐車違反の車などの処理に用いる．レッカーともいう．

レッグウオーマー【leg warmer】 服くるぶし付近を覆って温める筒状の防寒具．

レッグホールド【leg hold】 競（レスリング）足取り固め．トーホールドともいう．

レッグメーク【leg makeup 日】 容脚のおしゃれ．

レッグレット【leglet】 服足首につける環状の装飾品．アンクレットともいう．

レッスンプロ【lesson pro 日】 競ゴルフやテニスなどで、アマチュアなどへの技術指導を主業務とするプロ選手．

レッセフェール【laisser-faire 仏】 社無干渉主義．自由放任主義．レセフェールともいう．

レッセフェール レッセパッセ【laisser-faire, laisser-passer 仏】 経なすに任せよ、行くに任せよ」の意．18世紀にフランスの重農主義者が唱えた、経済的自由主義の標語・主張．フランスの経済学者グールネーが用いた言葉．レッセフェールともいう．

レッテル【letter 蘭】 発売元・商品名などを示す紙片．商標紙．英語では label．

レット【let】 競テニスなどで、サーブがネットに当たって相手コートに入ること．サーブのやり直しとなる．

レッドアイ【red-eye】 ①社夜間飛行便．夜行列車．睡眠不足で目が赤くなっている人が多いところから．②泣きはらしたり寝不足で、目が赤くなること．

レッドカード【red card】 競（サッカー）主審が極端に悪質な反則を犯した選手に示す退場カード．

レッド キャピタリスト【red capitalist】 経経済の自由化を推進する社会主義国の資本家．

レッドグッズ【red goods】 営広範囲で売れて回転率がよいが、利幅が比較的小さい商品．食品など．

レッドクリスタル【Red Crystal】 社赤い水晶．赤十字運動のシンボルとして承認された赤十字、赤新月に続く第三のマーク．

レッドクロス【Red Cross】 社赤十字社．

レッドダイアパー ベビー【red diaper baby】 社アメリカで、1960年代から70年代に左翼思想の影響を受けた世代の子供たち．ダイアパーはおむつの意．

レッドチップス【red chips】 営香港に進出した中国企業の子会社で、香港株式市場に上場して支配会社を買収・資本参加して裏口から上場を果たしたもの．

レッドデータブック【Red Data Book】 生絶滅に瀕している動植物の種を記した資料集．日本に関しては1989年に出版された．

レッドテープ【red tape】 ①役所的形式主義．繁文縟礼（はんぶんじょくれい）．イギリスで公文書を縛るのに赤いテープを使ったことから．②営業務の遂行に必要なペーパーワーク．

レッドデビルス【red devils】 競（サッカー）韓国サッカー代表チームを応援する団体の呼称．

レッドネック【redneck】 社アメリカ南部の貧しい白人の農民や労働者．日焼けをして首筋が赤いことから．

レッドネック ストア【redneck store】 営社白人至上主義者が経営するKKKのバッジやTシャツなどを売る店．

レッドパージ【red purge】 政共産主義者を職場や公職から追放すること．

レッドパワー【red power】 社アメリカのインディアンへの差別と偏見に反対する人権運動の総称．北アメリカ大陸の先住民であるインディアンを肌の色からレッドインディアンといったことによる．

レッドミート【red meat】 料赤身肉．牛や豚などの赤色系をした肉．

レッドミート スピーチ【red-meat speech】 社政聴衆が飛びつくような反応を起こさせる刺激の強い演説．

レッドリスト【Red List】 ①生絶滅のおそれのある野生生物の種名リスト．②政府の危険リスト．

レディー¹【lady】 社淑女．知性と品位を備えた女性．貴婦人．女性．婦人．

レディー²【ready】 ①用意のできた．②競試合開始前の指示で「用意せよ」の意．③速い．機敏な．

レディースコミック【lady's comics 日】 成人女性向けの漫画雑誌．

レディースデー【lady's day 日】 映女性に限る映画入場料の割引日．

レディース ハローワーク【Ladies Hello Work 日】 社女性専用に設けた公共職業安定所の愛称．1991年より大阪で開始．

レディーズルーム【ladies room】 建女性用手洗い．⇔メンズルーム．

レディー ツー ウエア【ready-to-wear】 服既製服．

レディー ツー ラン【ready to run】 IT算電源を入れればすぐにプログラムを作動させる準備ができていること．

レディーファースト【ladies first】 社女性を優先させること．欧米の習慣の一つ．

レディーミックス【ready-mix】 料材料が調合済みの即席食品．

レディーメード【ready-made】 営既製品．出来合い．⇔オーダーメード．

レティグ報告【Rettig report】 チリのピノチェト軍政時代の人権侵害に関する「真相と和解全国委員会」の報告書．1991年に提出．

レディネス【readiness】 ①心学習者が効果的な学習をするために必要な経験や基礎知識、身体的な

発達を備えている状態．学習受け入れ態勢．②支度．用意ができている様子．

レディメイド【Ready Made】 美既製品を用いた作品を生み出す際の創作活動に関連した用語．マルセル・デュシャンが用いた．

レテリエル裁判【el caso de Letelier 西】法 1976年にチリの元外相オルランド・レテリエルが亡命先のワシントンで暗殺された事件で，秘密警察の長官と直接の指揮者が裁かれた裁判．95年にチリ最高裁が判決を出した．

レトリーバー【retriever】 動撃ち落とした獲物を拾って来るように訓練を受けた猟犬．

レトリック【rhetoric】 言文修辞学．美辞学．巧みな表現・言い回し．

レトルト【retort 蘭】 ①化蒸留や乾留のために使うガラス製あるいは金属製の実験器具．②科レトルト食品のこと．

レトルト食品【retort food】 科調理済み食品を密封・高温滅菌した即席食品．レトルトパウチ食品．

レトルトパウチ【retort pouch】 理科食品を袋状や箱型の容器に入れ，高圧加熱殺菌して密封する方法．

レトロ レトロスペクティブ（retrospective）の略．懐古的．回顧的な．追想する．retro は後方へ・過去にさかのぼるの意．

レトロウイルス【retrovirus】 生感染した細胞でRNA（リボ核酸）がDNA（デオキシリボ核酸）に逆転写されるウイルス．

レトロウイルス科【Retroviridae】 生 RNA型ウイルスの一種．逆転写酵素をもつがんウイルス．成人T細胞白血病の原因であるHTLV-1，エイズの原因であるHIV-1, HIV-2 が知られる．

レトロファッション【retro fashion 日】 服懐古的な傾向をもつ装い．

レトロフィット【retrofit】 ①機旧式化した装置を更新すること．②建建物や設備の改修．既存の建物の補修．

レトロフューチャー【retro future】 服かつての斬新な流行を取り入れた装い．懐古的な未来感覚の意．

レトロランニング【retrorunning】 競後ろ向きに走る競走．

レニン【renin】 生腎臓の皮質にできるたんぱく質分解酵素．細動脈を収縮させて血圧を上げる働きがある．

レノボ【Lenovo】 I営聯想集団．IBMのパソコン事業を買収した中国最大手のパソコンメーカー．

レバー[1]【lever】 てこ．操作桿．

レバー[2]【liver】 科牛・豚・鶏などの肝臓・肝．

レパートリー【repertory】 ①音劇演劇・音楽などで，上演・演奏できる演題・曲目．②専門または得意とする分野．知識・活動などの守備範囲．

レバレッジ【leverage】 ①てこ．てこの作用．②経借入資本を利用して投資を行うこと．

レバレッジ効果【leverage effect】 営経てこ入れ効果．借入金によって投資を行い，利子率より高い利潤率を上げること．

レバレッジド バイアウト【leveraged buyout】 営経借入資本によって企業や株式を買い取ること．LBO ともいう．

レビテーション【levitation】 空中浮揚．心霊術や奇術などで物体が空中に浮き上がること．

レビュー[1]【review】 ①評論．批評．書評．②I算システム開発で，工程ごとに成果物の内容や品質を検証すること．

レビュー[2]【revue 仏】 劇歌と踊りを中心にした演劇．

レピュディエーション【repudiation】 経債務返済拒否．債務国が一方的に破産を宣告し，債務返済を拒否すること．

レピュテーション【reputation】 評判．世評．信望．名声．

レピュテーション マネジメント【reputation management】 営コーポレート レピュテーション（企業の評判）を管理・統制する手法．

レピュテーション リスク【reputation risk】 営企業の評判の低下によって生み出されるリスク．

レファレンス【reference】 参考．参照図書．問い合わせ．照会．リファレンスともいう．

レファレンス グループ【reference group】 社準拠集団．自分の態度や判断の基準としている複数の他者．

レファレンス サービス【reference service】 営図書館などで，参考資料や情報を提供する業務．またそれに携わる機関・施設．

レファレンス ブック【reference book】 参考図書．

レファレンス レンジ【reference range】 経参考相場．先進各国が許容する外国為替相場の変動範囲．前もって望ましい為替レートを決めておくもの．

レファレンダム【referendum】 社政住民投票．直接民主制の一つで，選挙民の表決で事案の採否を決定する制度．リファレンダムともいう．

レフェリー【referee】 競主審．審判長．審判員．競技委員長．

レフェリーカレッジ【referee college 日】 競（ガッコウ）審判学校．日本サッカー協会の審判員養成機関．

レフェリーストップス コンテスト【referee stops contest】 競（ボクシング）KO や TKO に代わる判定として，アメリカで用いる語．

レプタイルバッグ【reptile bag】 服爬虫類の革で作ったハンドバッグ．

レプチン【leptin】 化生体内の脂肪を溶かす働きをもつ物質．

レフティスト【leftist】 政左翼支持者．急進派．

レフト【left】 ①左．左側．左派．左翼．⇔ライト．②競レフトフィールダー，レフトフィールドの略．

レプトスピラ症【leptospirosis】 医人畜共通感染症の一種．イヌの尿などに含まれる細菌から感染する．

レフトハンド【left-hand】 ①左の．左手の．② [left-handed] 左利きの・左手用の．

レプトン【lepton】 理弱粒子．核力に関与しない電子，ミュー中間子やニュートリノなどの素粒子の総

レフュジー▶

レフュジー【refugee】 社亡命者．難民．避難民．逃亡者．
レプラ【lepra 羅】 医ハンセン病．レプロジー．
レプリカ【replica】 ①美模写．模作．②複製．複製されたもの．
レプリケーション【replication】 I算ネットワークがもつデータベースの複製に，更新内容を自動的に送る仕組み．またはファイル複製の自動更新機能．
レプリゼンテーション【representation】①表現．表示．代表．②劇上演．
レプリゼント【represent】 代表する．表す．意味する．
レブルー【Les Bleus 仏】 競(サッカー)フランス代表チームの愛称．ユニホームの青色から．
レフレクター【reflector】 ①自転車などの後部に付いている反射板．②映写撮影の時に使う採光用の反射板．リフレクターともいう．
レフレックス カメラ【reflex camera】 写プリズムあるいは反射鏡で像を反射させて，フィルム面と同じ像が見られる構造になっているカメラ．レフともいう．
レブロン義務【Revlon duty】 経法経営者が会社を売りに出した場合，最も高い買収価格を提示する相手に売ることを義務づける規定．
レペティション【repetition】①繰り返し．反復．②模写．複写．
レベニュー【revenue】 営経収入．歳入．
レベニューシェア【revenue share】 営経防衛関連企業などが合弁会社の設立が許可されない時に，互いに収入を分与するやり方．
レベニュー シェアリング【revenue sharing】 競(野球)所得分配制度．アメリカ大リーグで，球団独自の収入が多い球団から一定割合を徴収し，少ない球団に分配する．
レベル【level】 ①水平．水準．標準．②理水準器．
レベル補正【level adjusting】 I算デジタル画像の明るさやコントラストが適切かどうかを見て補正する機能．画像を構成するピクセルのRGB（red, green, blue）値の分布を変えて行う．
レポ ①レポーター（reporter）の略．社政地下運動などの秘密連絡員．リポーター．②レポート．
レポーター【reporter】 報告者．新聞通信員．取材記者．リポーター．
レポータレット【reporterette】 女性ニュースレポーター．
レポーティング システム【reporting system】 営社指示命令に対する遂行の結果を上位者に報告する方式．報告制度．
レポート【report】 ①報告文書．報告書．報道文．報告書．レポ．リポート．②I算データベースの記録を割り付けし印刷する機能．
レボリューション【revolution】 社政革命．変革．
レボルト【revolt】反抗．暴動．反乱．
レミング【lemming】 動ネズミ科の哺乳類の総称．北ヨーロッパに分布するタビネズミなど．時々大増殖をして集団行動を起こす．
レム【rem】 理線量当量の単位．生体実効線量．人体レントゲン当量．roentgen equivalent in man の頭字語．
レム睡眠【REM sleep】 生逆説睡眠．熟睡している時に，眼球が急速に動いている状態の睡眠．夢を見ている時といわれる．REM は rapid eye movement の頭字語．英語では paradoxical sleep ともいう．
レメディエーション【remediation】 改善．修復．矯正．
レモネード【lemonade】 料レモン水．レモンの果汁と砂糖・炭酸水を混ぜて作る．
レモン【lemon】 社アメリカの俗語で，不良品，期待はずれのものなどをいう．
レモングラス【lemongrass】 植イネ科の多年草．東南アジアやインドなどで料理に用いる．
レモン市場【market for lemons】 営品質の劣った財が品質のよい財を駆逐し，不良品が横行するレモンの原理が働いている市場．
レモンバーベナ【lemon verbena】 植クマツヅラ科の低木．葉はレモンの香りをもつ．
レモンロー【lemon law】 営法購入商品に欠陥があると認められた時に，交換を義務づけるアメリカの法律．レモンは欠陥商品の意．
レヤーケーキ【layer cake】 料クリーム，ジャム，ゼリーなどを層状にいくつも重ねたカステラに似た西洋菓子．
レリーフ【relief】 美浮き彫り．浮き彫り細工．リリーフともいう．
レリーフ写真【relief photo】 写浮き彫りのような立体感をもたせるため，ネガを少しずらして二度焼きした写真．
レリジョン【religion】 宗宗教．宗教団体．
レリック【relic】 生残留種．氷河期に南下した北方系の生物群のうち，気候の温暖化で再び北上する際，高山地帯などに残ったもの．日本アルプスのライチョウやカモシカなど．
レリュール【relieur 仏】 製本工芸家．装本家．製本職人．ルリュールともいう．
レンキスト法廷【Rehnquist Court】 法1972年にアメリカ最高裁判事となり，86年に長官に就任したウィリアム・レンキストの下での最高裁判所．保守色が強まった．
レングス【length】 長さ．縦．丈．艇身．馬身．
レンジ【range】 ①区域．領域．範囲．②料天火の付いた調理器具の略称．③I算数値データの分布範囲．
レンジ ファインダー【range finder】 理カメラや銃に付いている距離計．
レンジフード【range hood】 調理用レンジのための煙抜きの筒．換気扇に接続しているものが多い．
レンジフォワード【range forward】 経通貨オプションの売りと買いを同時に行って，取引コストを軽減する方法．
レンジャー【ranger】 ①軍森林警備員．②軍特殊訓練を受けた戦闘員．③日本の国立・公立公園の管理員．

レンズ【lens】 🔬両面あるいは片面が湾曲したガラス製などの透明な物体．光線を収束・拡散する．

レンズシャッター【lens shutter】 ⅠⅡ算レンズの一部に組み込まれた絞り機構を開閉させてシャッターの代わりをさせるもの．デジタルカメラに用いる．

レンダー【lender】 経貸手．貸主．貸す人．

レンダー ライアビリティー【lender liability】 経金融機関の貸手責任．

レンタカー【rent-a-car】 営貸し自動車．走行距離や使用時間などによって賃料を支払う．

レンタサイクル【rent-a-cycle 日】 社駅周辺の放置自転車を少なくする対策の一つとして，自治体や鉄道会社などが扱う貸し自転車．

レンタジャッジ【rent-a-judge】 法民間判事．アメリカで，民事の争議を私的に扱う引退した元判事．裁判所に提訴すると時間がかかるため，民事訴訟の関係者双方が合意して雇う．

レンタハズバンド【rent-a-husband】 営便利屋．家庭の仕事のうち，男手が必要なものの代行をする職業．

レンダラー【renderer】 ⅠⅡ算三次元コンピューターグラフィックスで，画像生成の最終工程を行うための専用のプログラム．

レンダリング【rendering】①機械透視図法で描いた完成想像図．建物・自動車などに用いる．② ⅠⅡ算三次元グラフィックスで，最終的に行う色づけと陰影づけ．

レンタル【rental】 営経地代．賃貸料．賃貸物件．機器や設備などを短期間借用すること．

レンタル業【renting business】 営設備機械や消費財を短い期間，企業や個人に賃貸する業務．

レンタルサーバー【rental server】 ⅠⅠ営インターネットを利用する企業や個人に，一定容量のディスクスペースを貸すサービス．

レンタルシステム【rental system】 営経持ち主から期間を決めて物品などを借り受けて，使用料を支払う制度．主として短期借用の事務機などに採用される．

レンタルソフト【rental software】 ⅠⅡ営算ソフトウエアを有料で業者が貸し出すこと．

レンタルドレス【rantal dress】 服貸しドレス．流行の型のドレスなどを賃貸するもの．

レンタルビデオ【rental video 日】 営貸し用のビデオテープ．英語では video rental, rented video movie．

レンタル ファッション【rental fashion 日】 服貸衣装．借り着でおしゃれを楽しむこと．

レンタルブティック【rental boutique】 営服流行の服やアクセサリーなどを貸し出す店．

レンタルペット【rental pet 日】 営愛玩動物を飼いたい人に，期間限定で貸し出す方式．

レンタル ホームページ サービス【rental homepage service】 ⅠⅠ営企業や個人にホームページを掲載するための，一定容量のディスクスペースを貸すサービス．レンタルサーバーが提供する．

レンタル ラボラトリー【rental laboratory 日】 経賃貸方式の実験室・研究所．高度な研究機器などの設備をもつ．

レンタルルーム【rental room 日】 営時間単位で賃貸しする部屋．

レンチキュラー【lenticular】①両凸レンズ状の．水晶体の．②映写フィルムに波打ち加工をする．

レンチキュラー スクリーン式立体映像【lenticular screen stereoscopic system】 映複数のカメラで撮影した映像を縦割分化して並べ，かまぼこ状レンズを並べたもので見て，立体映像を得る方式．

レンチナン【lentinan】 薬シイタケから抽出・精製された抗腫瘍性多糖体．

レンティーズ【renties 日】 社借家志向をもつ人々．賃貸住宅で気楽に生活することを積極的に行う人々．

レント【lento 伊】 音遅くゆっくりと演奏せよ．

レントゲン【roentgen】 理放射線の照射線量の実用単位．記号は R．X線を発見したレントゲン（Röntgen）の名にちなむ．

レントシーキング【rent seeking】 営企業が非生産活動を通じて利潤を追求すること．

レント シーキング コスト【rent seeking cost】 営社既得権益あるいは新たな権益を得るために，政府に対してロビイストや利益団体で圧力をかける非生産活動に伴う費用．

レンニン【rennin】 生凝乳酵素．たんぱく質分解酵素の一つ．

レンネット【rennet】 料チーズの製造に使う酵素剤．

ロアーリング エイティーズ【Roaring Eighties】 営経狂乱の80年代．好況と企業の買収合併にわいたアメリカの1980年代の経済．

ロアーリング トゥエンティーズ【Roaring Twenties】 社狂乱の20年代．アメリカに現れた，ジャズと狂騒の1920年代．

ロイアレット【royalette 仏】 服最高級の羊毛の梳毛と綿糸で織った毛織物．

ロイコチトゾーン【leucocytozoon】 生原虫の一種．鳥類の血液に寄生し貧血などを起こす．

ロイコトリエン受容体拮抗薬【leukotrien-receptor antagonist】 薬ぜんそく治療薬の一つ．

ロイコプラキー【Leukoplakie 独】 医白斑症．ほお・唇・舌などに白い斑点ができる．喫煙者などに多い．

ロイシン【Leucine 独】 化生必須アミノ酸の一種．ほとんどのたんぱく質に含まれる白い板状の結晶で水に溶けにくい．

ロイズ【Lloyd's】 営経ロンドンの個人保険業者による団体の名称．300年続く世界最大の保険組織．シンジケートを作って世界の損害保険の中心的な市場を形成する．

ロイター【Reuters】 イギリスの国際通信社．ドイツ生まれの通信事業家ポール・J．ロイター男爵

(Paul Julius, Baron de Reuter, 1816-99)が創設.

ロイター指数【Reuter's U.K. Commodity Index】 〔営経〕イギリスのロイター通信社が発表する商品相場指数. 1931年9月を100とする.

ロイホック攻撃ヘリコプター【Rooivalk assault helicopter】 〔軍〕南アフリカのデネル社が開発した攻撃ヘリコプター. 1990年に初飛行に成功した.

ロイヤリスト合同軍事司令部【Combined Loyalist Military Command】 〔軍〕イギリスや北アイルランドで活動するプロテスタント系過激派の連合組織. 1994年に停戦. CLMC.

ロイヤル【royal】王の. 王者らしい. 気高い.

ロイヤル アカデミー【Royal Academy of Arts】イギリスの王立美術院. 1768年創立.

ロイヤルゼリー【royal jelly】 〔生〕ミツバチの働きバチの分泌物で, 女王バチの幼虫のえさ. 栄養剤などに用いる.

ロイヤルティー[1]【loyalty】 誠実. 忠実. 忠誠. 忠義. ロイヤリティーともいう.

ロイヤルティー[2]【royalty】①王権. 王位. ②〔営経〕特許権の使用料. 著作権の使用料. ロイヤリティーともいう.

ロイヤルティー マーケティング【loyalty marketing】 〔営〕信頼性や愛着心のある店舗や銘柄として, 顧客に繰り返し購買させる戦略.

ロイヤルボックス【royal box】 〔建〕劇場などに設けられた特別席. 貴賓席.

ロウフード【raw food】 〔料〕低温調理食品. 48℃以上で食材を加熱しない.

ロー[1]【law】 ①〔法〕法律. 法令. 条例. ②原理. 法則.

ロー[2]【low】①高さや程度が低い. ⇔ハイ. ②自動車で, 前進ギアの第一速度. 低速度. ③〔服〕(ラウエスト)腰の部分.

ローアウト【row out】 〔競〕ボートやカヌー競技で, 全力で最後まで漕ぎぬくこと.

ローアングル【low angle】 〔映写〕対象を低い位置から見上げる角度. またはその角度で撮影すること.

ローインテンシティー コンフリクト【low-intensity conflict】 〔軍〕テロやゲリラなどを鎮圧・撃退する際に, 比較的軽い武力行使をすること.

ローインパクト【low impact】 〔環〕自然への影響が少ないこと. 自然にやさしい接し方.

ローウエスト【low waist】 〔服〕胴回りを低く仕立てること.

ローエンド【low end】 大衆志向. 大衆志向の. 普及型の. 最低価格帯の. ⇔ハイエンド.

ローエンドマシン【low-end machine】 〔I営〕パソコン製品のシリーズなどで最下位クラスの性能の製品.

ロー オブザーバブル テクノロジー【low observable technology】 〔軍〕ミサイルや航空機などを, 敵の探知装置に捕捉されにくくする技術.

ローカーボダイエット【low carbohydrate diet】 〔医料〕炭水化物の摂取を極端に少なくする減量法.

ローカライザー【localizer】 〔機〕航空機に発信する計器着陸用の誘導電波装置. 滑走路の中心線を示して, 横ずれを防ぐ.

ローカライズ【localize】 ①地方的な特色をもたせる. 一地方に制限する. ②〔I営〕アメリカで開発されたプログラムを日本で使えるようにするなど, ハードウエアやソフトウエアを他の国, 地域で使えるようにすること.

ローカリズム【localism】 〔社〕地方主義. 地域偏愛. 偏狭性. 地方色.

ローカル[1]【local】 ①地方の. 地方的な. 地元の. ②〔I営〕利用者が直接使っているコンピューター. またはそれが属する LAN.

ローカル[2]【low-cal】 〔料〕低カロリー. 低カロリーの食事. low-calorie の略.

ローカルアジェンダ21【Local Agenda 21】 〔環〕1992年の国連環境開発会議(地球サミット)が採択したアジェンダ21をもとに, 自治体がまとめた地球規模の環境問題への行動計画.

ローカルアドレス【local address】 〔I営〕ユーザーが自分で考えた IP アドレス. グローバルアドレスの規則に従って IP アドレスを決めるネットワークとは接続しないが, ローカルアドレスを使っている企業内ネットワークがある.

ローカル エージェンシー【local agency】 ①〔広〕巨大広告会社グループに所属しないで, 独自性を生かす広告会社. ②出先機関. 地方代理店.

ローカルエコー【local echo】 〔I〕ホストコンピューターに送信された文字列が, 端末側に送り返されて画面表示されること. エコーバックともいう.

ローカル エネルギーシステム【local energy system】 〔環理〕小規模だが各地域で得られる太陽熱・風力・水力・地熱などのエネルギーを利用するシステム.

ローカルエリア ネットワーク【local area network】 〔I営〕区域内情報通信網. 企業では, 工場やオフィスに配置されているコンピューターや端末機を接続して, 企業内の情報通信の高速化・システム化を図る. LAN.

ローカル オフィス システム【local office system】 〔I営〕ローカルエリアネットワークの中で, 地域的に分離・独立したオフィスをもつシステム. 在宅勤務もその一形態.

ローカル オプティマム【local optimum】 〔社〕地域ごとの最適化. 公共サービスの効率化を図る手法の一つ.

ローカル ガバメント【local government】 〔政〕地方自治. 地方自治体. 地方公共団体.

ローカルカラー【local color】 ①地方色. 郷土色. ②美物体の固有色.

ローカルカレンシー【local currency】 〔経国〕際決済に用いる基軸通貨以外の各国の通貨.

ローカルコンテント【local content】 〔営経〕現地調達率. 製造品の部品が現地産である割合.

ローカルコンテント法案【Local-Content Bill】 〔営〕アメリカの自動車部品国内調達法案. アメリカで自動車を販売している製造会社にアメリカの国産部品を一定比率以上使用させようというもの.

◀ロータリー

ローカル座標系【local coordinate system】
[I][算]コンピューターグラフィックスで，モデルの作成時に用いる座標系．個々のモデルやライト，カメラが一つずつもつ．

ローカルターミナル【local terminal】 [I][算]コンピューターと直接連結している端末装置．

ローカルドライブ【local drive】 [I][算] LANの環境で，端末になるパソコンに備えるハードディスクドライブ．

ローカルニュース【local news】 地方ニュース．地元ニュース．

ローカルパーティー【local party】 [政]地域政党．地方の要望に基づく政策・主張を強く打ち出す政党．

ローカルバス【local bus】 [I][算]中央処理装置(CPU)のバス信号を周辺機器や拡張スロットに直接接続するバスの形式の一つ．

ローカル ハビテーション【local habitation】 [社]田園地域での居住．都市圏の高年齢者などが農山漁村に移住し，自然に囲まれた生活をすること．

ローカルプリンター【local printer】 [I][算]自分が使用するコンピューターに，直接つながるプリンター．⇔ネットワークプリンター．

ローカル変数【local variable】 [I][算]局所変数．プログラム処理の中で，宣言された実行単位内だけで有効な変数．

ローカル マニフェスト【local manifesto】 [政]自治体選挙の際の政策綱領．基本的な政策の数値目標，期限，財源などを明示したもの．

ローカルルール【local rule】 [競]基本的な規則のほかに，場所や状況の必要に応じて採用される特別な規則．

ローキー【low-key】 [映写版]全体に黒っぽい感じに仕上げた写真・映像．⇔ハイキー．

ローキートーン【low-key tone】 [映写版]画面を全体的に暗い調子に仕上げること．⇔ハイキートーン．

ローキックポイント【low kick point】 [競](ゴ)クラブシャフトのしなる位置がヘッドに近い先調子のもの．

ローグレード【low-grade】 低級な．質の悪い．程度の低い．⇔ハイグレード．

ローコール型料金【low call fee 日】 [I]移動電話の選択料金制の一つ．通話料が少し高いが，基本料金が安くなるもの．

ローコスト オペレーション【low cost operation】 [営]低コスト型の効率的な店舗運営．

ローサルファ原油【low sulphur crude oil】 [化]低硫黄原油．硫黄含有率が1％以下の原油．LS原油ともいう．

ローシューズ【low shoes】 [服]短靴．

ローション【lotion】 ①[容]乳液・化粧水など液状の化粧品．②洗浄剤．

ロース ロースト(roast)からの転．[料]牛や豚の背中から肩や腰にかけての上等な肉．roast の本来の意は「(肉などを)焼く」またはそのための肉をいう．

ローズ【rose】 ①[植]バラ．②バラ色．③ダイヤモンドに多く使われる24面カット．

ローズウッド【rosewood】 紫檀(したん)．家具などに用いる赤みがかった堅い材質の木材．

ロースクール【law school】 [教]法科大学院．法律家を養成する大学院相当の講座．

ロースター[1]【roaster】 ①[料]魚肉用の焼き器具．②[料]焼き肉用の若鶏．

ロースター[2]【roster】 [競](野球)大リーグの現役選手登録名簿．

ロースト【roast】 [料]肉などを焼く．肉などをあぶる．焼き肉．

ローストチキン【roast chicken】 [料]丸焼きにした鶏．

ローストビーフ【roast beef】 [料]蒸し焼きにした牛肉．ロースビーフともいう．

ローズマリー【rosemary】 [植]マンネンロウ．シソ科の常緑低木．香料などに用いる．

ロゼ【rosé 仏】 ①[料]赤ブドウ酒よりコクが薄いバラ色のブドウ酒．②バラ色の．淡紅色の．ロゼともいう．

ロゼット【rosette】 電話機を屋内配線に接続する，配線をネジで止める方式の器具．

ローソディウム フード【low-sodium food】 [料]低塩食品．

ローソン条件【Lawson criterion】 [理]臨界プラズマ条件．核融合炉の運転に必要なエネルギーと生産されるエネルギーが等しくなる条件．

ローター【rotor】 ①[機]電動機・発電機などの回転子．②[機]ヘリコプターなどの回転翼．③自動巻き腕時計のぜんまいのおもり．

ローダー【loader】 ①[機]石炭などの積み込み機．②[I][算]プログラムを外部媒体から記憶領域に取り込む作業をするプログラム．ローディングプログラム．ローディングルーチン．

ロータークラフト【rotorcraft】 [機]ヘリコプターなど回転翼によって飛ぶ航空機．ロータープレーンともいう．

ロータス【lotus】 ①[植]ハス．スイレン．②ギリシャ神話で，忘却の果実．

ロータススクリプト【lotusscript】 [I][算]アメリカのロータスデブロップメントが開発・販売しているパッケージソフトウエアで，共通用マクロ言語．

ロータス ノーツ/ドミノ【Lotus Notes/Domino】 [I][算]アメリカのロータスデブロップメントが開発したグループウエア．文書データベースや電子メールなどの各機能を，利用者が自由に組み合わせて使える．

ロータリアン【Rotarian】 [社]ロータリークラブの会員．

ロータリー【rotary】 ①[社]交差点の中央部に設けられた円形の地帯．環状交差路．②回転式の．回転機械．③[機]回転子を用いる内燃機関．ロータリーエンジンの略．④[印]輪転機．ロータリープレスの略．

ロータリー エンコーダー【rotary encoder】 [理]機械装置の回転運動をする部分の角度変化や角速度を検出するために用いる計測器．

ロータリーエンジン【rotary engine】 [機]内燃機関の一つ．回転子によって吸入・圧縮・爆発・排気の全行程を行い，その回転子の運動から直接回

ロータリー▶

転運動を得る.

ロータリーキルン【rotary kiln】機回転窯. セメント製造の焼成工程で用いる.

ロータリークラブ【Rotary Club】社実業家や知識人などによる国際的な社会福祉・親善団体. 1905年にアメリカで設立.

ロータリーシステム【rotary system】社環状交差路で車を同一方向に旋回させながら交通整理を行う方式.

ロータリーロケット機【rotary rocket】機アメリカの1段式の完全再使用型宇宙ロケット. 全長は19.20m. 愛称はロートン.

ローティーン【low teen 日】社10代の前半の少年少女. 英語では early teen boy(girl).

ローディング【loading】①積み込み. 積荷. 装填(そうてん). ②I算外部記憶装置から主記憶装置にデータを読み込むこと.

ローテーション【rotation】①競(野球)投手の登板順序. ②競選手が規定に従って守備位置を変えること. ③農輪作. ④天自転. ⑤交代の順序, 組み合わせ. 回転. 循環.

ローテク【low-tech】既存の一般的な技術.

ローテク ペアレント【low-tech parents】社コンピューターなどを使いこなせない親.

ロード[1]【load】①積み荷. 積載量. 荷重. 負荷. 負担. ②I算メモリや中央処理装置(CPU)内部の高速メモリーにデータを読み込むこと. また, アプリケーションソフトにデータを読み込むこと.

ロード[2]【Lord】イギリスで, 貴族・上院議員などの呼称. 造物主. 神. 原義は「主人」「君主」.

ロード[3]【road】道. 道路. 街道.

ロード アンド ゴー【load and go】①I算プログラムをコンピューターにかけ, ただちに実行すること. ②I算原始言語で書かれたプログラムを機械語に翻訳し, 主記憶装置に記憶させ, すぐに実行すること.

ロードクリアランス【road clearance】自動車の最低地上高. この数値が小さいほど車の重心が低くなり安定がよくなる.

ロードゲーム【road game】競相手チームの本拠地で行う試合.

ロードサイド【roadside】道端. 路傍. 道路沿い.

ロードサイド リテーラー【roadside retailer】営郊外の幹線道路沿いの小売店舗.

ロードショー【road show 日】映特別独占興行. 大規模な映画館で話題作を先行封切りすること. 原義は地方巡業. 英語は preview.

ロードスター【roadster】機オープンカーの一種で, 簡単な幌のついた二人乗りのもの.

ロードテスト【road test】営路上試験. 路上で行う自動車の性能試験.

ロードバイク【road bike】機一般道路走行用の軽量自転車またはオートバイ.

ロードバランサー【loadbalancer】I算ネットワークでの負荷分散装置の一つ. 利用者数やデータの転送量を考えて, 効率的に負荷分散を行う.

ロード ヒーティング【road heating】社道路の積雪・凍結を防止する装置の一つ. 舗装の下に電熱線を設けて雪などを溶かす.

ロードファクター【load factor】I算磁気ディスクのデータ格納を行う領域中で実際にデータを記憶した領域.

ロードプライシング【road pricing】経社中心地乗り入れ賦課金制度. 特定の地域や道路を走行する車から料金を徴収する.

ロードホールディング【road holding】走行時の自動車の安定度.

ロードマップ[1]【road map】地道路地図.

ロードマップ[2]【Roadmap to Peace in Middle East】政中東和平への行程表. 2003年にアメリカ国務省が提示.

ロードマネジメント【load management】営電気事業での負荷管理. ピーク需要の削減や移行, ボトム需要の造成などをいう.

ロードミラー【road mirror】社道路鏡. 見通しの悪い地点などに設置される. 凸面鏡のものが多い.

ロードムービー【road movie】映旅行や放浪をしながら主人公が変貌していく様子を描いた映画. 特にアメリカ映画で用いる.

ロードモジュール【load module】I算コンピューターが実行できるプログラムの形式. 実行時には, ローダーというプログラムが主記憶装置に書き込む.

ロードリレー【road relay】競(陸上)駅伝. 国際陸連規則に登録された正式種目名.

ロードレージ【road rage】社路上で運転者が起こす激怒・逆上. 交通渋滞などによるいらいらが原因となる.

ロードレース【road race】競マラソンや自転車競走などの, 一般道路上で行われる競走.

ロードレース グランプリ【Road Race Grand Prix】競サーキット周回で行うオートバイ競技の世界選手権.

ロードワーク【roadwork】競体力強化や足腰の鍛錬のために, 路上を走りながら行う訓練方法.

ロートン【Roton】機アメリカの1段式の完全再使用型宇宙ロケットの愛称.

ローネック【low-necked】服襟ぐりの深い襟. ローカットともいう.

ローノイズ テープ【low noise tape】雑音を少なくする磁性材を使った録音テープ.

ローパティション【low partition】I算立ち上がると周囲を見渡せるようにしたオフィス空間の低い間仕切り.

ローハードル【low hurdles】競(陸上)低障害競走. 距離は200mで, 高さ76.2cmのハードルが10台配置される.

ローパス フィルター【low pass filter】I算電気回路で, 低い周波数だけを通過させるフィルター. CCD(電荷結合素子)の全体に組み込まれている.

ローブ【robe 仏】①服裾が長くて, ゆったりした外衣・化粧着・部屋着. ②服裁判官・聖職者などが着る丈の長い職服.

ローファー【loafer】服スリッポン型の靴の一種. 甲革の切り替えを外縫いにしてある.

668

ローファーム【law firm】法法律事務所．
ローファット【low fat】医低脂肪．
ローファット ミルク【low-fat milk】料低脂肪の牛乳．普通の牛乳に比べ低脂肪分だけを少なくしてある．
ロープウイービング【rope weaving】競（ボクシング）ロープに体をつけて相手の攻撃を防ぐこと．
ローフード【raw food】ダイエット用語で，食物を加熱せず，生に近い状態で摂取することを指す．
ローブデコルテ【robe décolletée 仏】服女性の礼服の一つ．襟あきが大きくて，裾が長い服．一般には夜会服をいう．
ローブデュソワール【robe du soir 仏】服夜会服．イブニングドレス．
ローブモンタント【robe montante 仏】服女性用の普通礼服．
ロープライス ハイボリューム ストラテジー【low-price high-volume strategy】営経低価格大量販売戦略．
ロープライス保証【low price 一】営同一商品の他店販売価格がより安いことを購買客が指摘すると，その値段で販売する商法．
ローフロアバス【low floor bus】機超低床バス．床高が低くすべての利用者が乗りやすい．
ロープロファイル【low profile】社目立たない人．人目につかない態度．
ロープロファイル スピーシズ【low-profile species】医絶滅の恐れがあっても，一般の人々から注目されることが少ない種のこと．特に昆虫や植物をいう．
ロープロファイル タイヤ【low profile tire】機自動車のタイヤの一種で，幅に対する高さの比率を表す扁平率が小さいタイヤ．現在は扁平率が60％ぐらいのものをいい，高性能車に使われるが乗り心地は悪くなる．
ロープワーク【ropework】ロープの使い方．ロープの製作法．
ローポリティックス【low politics】政実務政治．経済・通信・環境・社会問題などの追求を国家の第一義として進める．⇔パワーポリティックス．
ローマーチャント【law merchant】営法商慣習法．商事法．
ローマカトリック【Roman Catholic】宗キリスト教の宗派の一つ．旧教．天主教．カトリックともいう．
ローマ教皇【Pope】宗ローマカトリック教会の最高権威者．ローマ法王．
ローマクラブ【Club of Rome】社財界人・経済学者・科学者による国際的な研究・提言グループ．人類の未来予測を課題に，食糧・人口・産業・環境問題などを研究する．1968年にローマで結成された．
ローマ字入力【Roman letters input】Ⅰ算キーボードのアルファベットを使ってローマ字で入力する日本語入力．
ローマ宣言【Rome Declaration on Peace and Cooperation】平和と協力に関するローマ宣言．ヨーロッパの安全保障の主体性強化，旧ソ連・東欧諸国に対してNATOとの対話の場として，北大西洋協力評議会を創設することを内容とする．1991年に採択．
ローマテリアル【raw material】原料．素材．
ローミング【roaming】①広域を移動すること．相互乗り入れ．②ⅠⅣインターネットや移動体通信などで，異事業者間の相互接続．
ローム【loam】地砂・沈泥・粘土をほぼ等量に含む肥沃な土壌．関東地方の赤土が代表的．
ローメーカー【lawmaker】政立法者，国会などの議員．
ローヤー【lawyer】法弁護士．法律学者．
ローラーゲーム【roller game】競ローラースケートを履いて楕円形のバンクを滑走し得点を競う競技．
ローラーブレード【roller blade】競車輪が一直線に並んでいるローラースケート．
ローラーホッケー【roller hockey】競ローラースケートを着用して行うホッケー．5人ずつ2チームが，アイスホッケーより小型のリンクとゴールで，パックを打ち込んで競う．
ローラーミル【roller mill】機原料をローラーの間に通して粉砕・圧延などを行う装置．小麦粉などの製造に用いる．
ローライズパンツ【low-rised pants】服股上が浅いパンツ．ヒップハンガーともいう．
ローランギャロス【Roland Garros 仏】競（ろランがろス）全仏オープンの正式名称で，会場となるテニススタジアムの名称でもある．
ローリー【lorry】機貨物運搬車．
ローリエ【laurier 仏】①植月桂樹．クスノキ科の常緑樹．②料香辛料の一種．月桂樹の葉を乾燥する．ローレル，ベイリーフともいう．
ローリスク ローリターン【low-risk, low-return 日】営経利潤も少ないが不安も少ない事業などへ投資すること．英語は low-yield, low-risk という．
ローリング【rolling】①回転．転がること．②船や航空機の横揺れ．ロールともいう．⇔ピッチング．③圧延．
ローリング決済方式【rolling delivery】経債券ディーラー間の日々の売買の決済を，それぞれの一定期日後に逐次行う方式．
ローリングスタート【rolling start】競（自動車）レースの発走方式の一つ．先導車が出場車の前に立ってコースを周回し，エンジンの調子が出たところでスタートする．
ローリングストーン【rolling stone】社転居や転職を繰り返す人．住所などを次々と変える人．移り気な人．活動家．転がる石の意．
ローリングプラン【rolling plan】営経営などの長期計画を進める時に，実施状況と計画とのずれを随時点検しながら修正を図る方法．
ロール¹【role】劇役割．役．
ロール²【roll】①巻いたもの．②容巻き毛．③料渦巻きパン．
ロールアウト【roll-out】Ⅰ算コンピューターの実記憶管理方式で，主記憶装置上に空き領域がない

ロールアッ▶

時に，すでにあるジョブを補助記憶装置に追い出すこと．スワップアウトとも．⇔ロールイン．

ロールアップ【roll-up】 カーテンやブラインドなどで巻き上げ式のもの．

ロールイン【roll-in】 ①算コンピューターの実記憶管理方式で，実行中のジョブが終了した時に，補助記憶装置に追い出していたジョブを主記憶装置上に戻すこと．スワップインともいう．⇔ロールアウト．

ロールオーバー【roll over】 競走り高跳びで，バーの上で体を横に寝かせて回転しながら越える方法．

ロールオン ロールオフ船【roll-on roll-off ship】経海上輸送貨物のコンテナの荷役方式で，傾斜路を使いトレーラーやフォークリフトで積み卸しする船．

ロールケーキ【roll cake】料クリームや果物をスポンジ生地で巻いて作る洋菓子．

ロールコール方式【roll-call on record vote】政点呼表決．国連の投票方式の一つで，各国の名前が順に読み上げられて投票する．

ロールシャッハ検査【Rorschach test】心投影法性格検査の一つ．インクのしみなどで作った左右対称の図版を見せ，何に見えるかの答えから知能水準・感情傾向・感受性・向性・心的葛藤など人格の診断を行う．スイスの精神科医ロールシャッハが考案した．

ロールスクリーン【roll screen 日】巻き上げ式カーテン．ロールカーテンともいう．

ロールバー【roll bar】機車両の転覆から運転手を守るため，屋根または車体上部に取り付けられる補強材．

ロールバック【rollback】 ①巻き返し．②経割り戻し方式の物価対策．①算処理中に異常が発生した時，一時中止して処理前の状態に戻すこと．

ロールフィルム【roll film】写巻きフィルム．

ロールプレイング【role playing】営社員教育法の一つ．社員に多様な立場の人を演じさせ，それぞれの問題点や解決方法を考えさせる．役割実演法．ロールプレーイング．

ロール プレイング ゲーム【role playing game】①登場人物などにゲームの操作者が成りきって，その世界を楽しむゲーム．ドラゴンクエストやファイナルファンタジーが有名．ロールプレーイングゲーム．RPGともいう．

ロール ボックス パレット【roll box pallet 日】経物流に使う荷役台を立体化し，四隅に小型の車輪を取り付けたもの．

ロールモデル【role model】社役割モデル．青少年に対する見本となること．

ロ―レベル フォーマット【low level format】①算ディスクを使用可能な状態にするフォーマットの第一段階．ディスク上のトラックを分割することで，コンピューターからの制御が可能になる．

ローレライ【Lorelei 独】①ドイツ西部のライン川沿岸にある巨岩．②美しい歌声で船人を誘い寄せて難破させるというライン川の妖精．③文ハイネの詩によるジルヒャーの歌曲．

ローレンツ変換【Lorentz transformation】理系の電磁気学の基本方程式が変わらないような基準系の間の座標変換．1904年にローレンツが発見した．

ローン[1]【lawn】 ①植芝．芝生．芝地．②服薄手の平織り綿布．

ローン[2]【loan】 営経貸し付け．貸し出し．貸付金．融資．

ローンウルフ【lone wolf】社一匹狼．

ローン担保証券【collateralized loan obligation】経銀行などの貸出債権を証券化する金融商品．CLO．

ローンチ【launch】 ①進水させる．発射する．着手する．送り出す．②経ユーロ債の募集開始のこと．

ローンチカスタマー【launch customer】営航空機メーカーが開発を計画している新型航空機の最初の顧客・発注者のこと．

ローンテニス【lawn tennis】 競芝生のコートで行うテニス．

ローンバリュー【loan value】 経生命保険の証書を担保にして貸し出される最高貸付金．貸付価額．

ローンボウルス【lawn bowls】 競砲丸大の木製や樹脂製のボールを芝生の上で転がす球技．ローンボウリングともいう．

ローンワード【loanword】言外来語．借用語．

ロカイユ【rocaille 仏】 美貝殻・植物などを模したロココ様式の曲線的な装飾模様．

ロカティオ【Locatio】 ①算日本のセイコーエプソンが開発した，GPS（全地球測位システム）機能とデジタルカメラを備えたPHS端末．位置表示サービスなどが可能．

ロカバラード【rock-a-ballad】音簡単な物語を，ロカビリー調で演奏したもの．

ロカビリー【rockabilly】音ロックンロールとヒルビリーの混じった激しいリズムの音楽．

ロガリズム【logarithm】数対数．記号は log．

ログ【log】 ①航海日誌．航空日誌．運航日誌．業務日誌．ログブックともいう．テレビ・ラジオの番組進行表．②船の航程．速度を測るのに用いる測定器．③丸太．丸木．④①算障害回復のためのデータベースの更新情報などの記録．ログファイルともいう．

ログアウト【log-out】①算インターネットなどで，ネットワークへの接続を断つこと．ログオフともいう．

ログイン【log-in】①算コンピューターでネットワークに接続し，ユーザーIDとパスワードを入力する操作．ログオンともいう．

ログインネーム【log-in name】①算インターネットの利用者が，コンピューターに対して使用許可を求める時に入力する英数字のこと．パスワードと組みにして用いる．

ログ管理【log management】①算情報システムが働いている時に，ハードウエアの状況や更新の記録（履歴）を管理すること．

ログキャビン【log cabin】建丸太小屋．

ロクサバ【Lok Sabha】政インド国会の下院．

ログハウス【log house】建丸太小屋．一般住宅用の丸太づくりの家．

ログ ビルディング【log building】 建丸太を用いて家づくりをすること.

ログファイル【log file】 Ⅰ算データベースを更新する前と後の, 情報や操作内容をもっているファイル. ジャーナルファイルともいう.

ロケーション【location】 ①映屋外撮影. ロケともいう. ②場所. 位置. 配置.

ロケーション マネジャー【location manager】映ロケ地に先行して撮影許可や, 人員・資材などの調達・確保をする担当者. ロケマネジャーともいう.

ロケット[1]【locket】服写真などを入れて首に下げる装身具.

ロケット[2]【rocket】 ①機燃料の燃焼でガスを噴出し, 反動で推進する飛行物体. またその推進装置. ②植キバナスズシロ. 地中海地方原産のアブラナ科の香草. 葉にゴマに似た風味とクレソンに似た辛味がある. ルッコラ.

ロケット サイエンティスト【rocket scientist】営数学とコンピューターを学んだ金融専門家. 頭脳明晰な切れ者の意でも使われる.

ロケットランチャー【rocket launcher】機ロケットの発射台・発射装置.

ロケハン ロケーションハンティング(locationhunting)の略. 映野外撮影に都合のよい場所を探し歩くこと.

ロゴ【logo】 営美社名・商品名などを図案化した文字. ロゴタイプ, ロゴマークともいう.

ロゴグラム【logogram】 略示記号. 省略符号. ロゴグラフともいう.

ロゴ言語【LOGO language】 Ⅰ算図形処理を主目的に開発されたプログラム言語. マサチューセッツ工科大学(MIT)が開発し, 児童などにコンピューターの仕組みを理解させるのによいとされる.

ロココ【Rococo】18世紀中ごろ, フランス宮廷を中心に栄えた美術・建築の様式. 岩や貝類, 植物などの形を基にした曲線や渦巻きを多用し, 華やかな装飾をもつ.

ロココトーン【rococo tone】 服ロココ調. 装飾的な芸術様式を装いに取り入れる.

ロゴス【logos 希】 哲言葉. 理性. 思想. 原理. ↔パトス.

ロゴタイプ【logotype】 印営美合成文字. 社名・商品名などをデザインしたもの. 元来は成語をまとめて鋳造した合字活字. ロゴ.

ロゴTシャツ【logo T-shirt】 服ブランド名などを大きくプリントしたTシャツ.

ロゴマーク【logo mark】営トレードマーク, 商品名, 企業名のマークのこと. ロゴともいう.

ロコモーティブ【locomotive】機機関車.

ロザリオ【rosario 葡】宗聖母マリアへの祈り. またはその祈りに用いる数珠.

ロシア安全保障会議【Russian Security Council】政1992年にエリツィン大統領が創設した機関. 96年にレジが書記に任命され, 安全保障政策の中枢機関とされた.

ロシア宇宙庁【Rossiyskoe Kosmitcheskoe Agentsvo 露】 宇ロシアの宇宙開発機関. 1992年に設立. 本部はモスクワ. RKAともいう.

ロシア共産党【Communist Party of the Russian Federation】政旧ソ連のロシア共和国で1990年に創設された政党. 91年に活動禁止とされたが, 93年にロシア連邦共産党として復活.

ロシア国防会議【Russian Defense Council】政1996年にロシアの軍政改革に取り組むため設置された会議. 同名の会議はロシア革命直後などたびたび設立された.

ロシア正教会【Russian Orthodox Church】宗キリスト教の宗派の一つ. 東方正教会に属する.

ロシアマフィア【Russian Mafia】 社ロシアの秘密犯罪組織.

ロシアンファッション【Russian fashion】服コサック帽や帝政ロシア時代の軍服の装飾性, 毛皮などを生かしたゴージャスなファッション.

ロシアンルーレット【Russian roulette】回転式弾倉に1発だけ弾丸を入れた拳銃を使って, 順に銃口を自分の頭に当てて撃つ危険なゲーム.

ロジカル【logical】論理的な. 筋の通った.

ロジカル オフィス サービス【logical office service】 Ⅰ算 IPを用いる端末の移動を支援する仕組み. NTTの研究所が開発.

ロジカル オペレーション【logical operation】 Ⅰ算論理演算. 真・偽二つの値をとる変数間の演算.

ロジカルチャート【logical chart】 Ⅰ算論理演算の図式表現. 論理流れ図.

ロジシエル【logiciel 仏】 Ⅰフランス語でソフトウエアのこと.

ロジスティクス【logistics】 営企業のすべての物流を管理する技法. 原材料や商品の仕入れに関する調達物流, 顧客への販売に関する販売物流, 返品に伴う返品物流など, さまざまな物流活動がある. 元来は軍事補給の意. ロジスティックスともいう.

ロジスティクス センター【logistics center】営物流機能と情報ネットワークを利用して, 生産から流通までを一元的に管理する部門.

ロジスティック戦略【logistic strategy】営多国籍企業が世界的規模で経営資源を配置すること.

ロジステロ【logistello】 Ⅰ算コンピューターオセロの一種. 現在最強といわれる. ドイツ人のブーロが開発.

ロジ担 ロジスティックス担当者(logistics —)の略. 政国際会議などの裏方的な仕事を担当する日本の外務省職員のこと.

ロジック【logic】論理. 理論. 論法. 論理学.

ロジックLSI【logic LSI】 Ⅰ算演算処理を行うために作られた LSI (大規模集積回路). さまざまな計算, データの比較, 他回路の管理などを行う.

ロジックボム【logic bomb】 Ⅰ算論理爆弾. 特定の状況になると, プログラムに仕組まれた不正な命令コードが作動し, コンピューターを使えなくすること. ロジックタイムボム.

ロジャー【roger】 無線通信で「了解」. よし, わかった. all right. OK. ラジャーともいう.

ロジンバッグ【rosin bag】 松やにの粉末を入れ

ロス▶

た袋．野球のバットや弦楽器の弓などに塗り，滑りを調節する．

ロス【loss】喪失．紛失．損失．損害．浪費．

ロス シェアリング【loss sharing】 経損失分担．破たん銀行を引き継いだ後に生じた二次損失の一部を国などが補てんする方法．

ロスター【roster】①人員名簿．登録簿．名簿．ロースターともいう．②[R-]社国連の経済社会理事会が認定し資格を与える NGO の種類の一つ．専門分野の会議だけ出席できる．

ロスタイム【loss of time】営社競損失時間．英語では lost time ともいう．

ロスト ジェネレーション【Lost Generation】文第一次大戦後，既存の価値体系が崩れた時代に活動を始めたヘミングウェイなどアメリカの一群の作家．失われた世代．

ロストル【rooster 蘭】 かまどの底に敷く鉄製などの格子．火格子．

ロスビー波【Rossby wave】気偏西風波動．惑星波．偏西風が南北方向に蛇行し波状となる現象．スウェーデン生まれのアメリカの気象学者C.A.ロスビーの名にちなむ．

ロスリーダー【loss leader】営広客を集めるために損をして売る目玉商品．特売品．

ロスレーショ【loss ratio】 営経損害率．損害保険における収支の比率．

ロゼ【rosé 仏】酒白と赤の中間色のブドウ酒．バラ色のブドウ酒．ローゼともいう．

ロゼッタストーン【Rosetta stone】 歴ロゼッタ石．18世紀にナポレオンの遠征軍がナイル川河口のロゼッタで発見した石碑．前196年に三つの様式の文字で刻まれた碑文で，エジプト古代文字解読の手掛かりとなった．

ロゼッタネット【Rozetta Net】IT企業間電子商取引を円滑に行うための標準化を提案するアメリカの民間団体．1998年に設立．

ロゼット【rosette】①バラの花形の装飾模様やリボン結び．②植タンポポやオニノゲシなどのように，地表に葉が放射状に広がっている形の葉群のこと．根出葉．

ロッカー【ROKR】ITアップルの携帯音楽プレーヤー「iPod」の機能を搭載した携帯電話．商標名．

ロッカープラント【locker plant】 建小型の食料冷凍庫を備えた倉庫，一般用に貸し出す．

ロッカソン【rockathon】音多くのバンドが次々と出演し，長時間にわたって演奏が続けられるロックコンサート．rock と marathon の合成語．

ロッキングチェア【rocking chair】揺りいす．

ロッキング モーション【rocking motion】競（野球）投手の投球前の予備動作で，腕や上体を前後に揺り動かすこと．

ロック[1]【lock】①鍵を掛けること．錠を下ろすこと．②鍵．錠．③閉じ込める．固定する．④競フォワード2列目の2人の選手．⑤IT算一つのプログラムが更新のためにデータを読み込んだ時，他のプログラムからは同じデータを更新できないようにすること．

ロック[2]【rock】①岩．岩壁．暗礁．②危険の．禍根．③競タンゴのステップで，前後に足を開いた

まま体を揺り動かすもの．④音電気音と強いビートの音楽．1960～70年代に若者の反社会的な姿勢と結びつき広まった．

ロックアウト【lockout】社労働争議で，使用者側が職場を閉鎖し，労働者が就業できないようにすること．シャットアウトともいう．

ロックイン【lock-in】 ①固定化．変更ができなくなること．制約．②営市場を支配する企業の製品が，市場の標準として固定化すること．

ロックウール【rock wool】鉱岩綿．岩質繊維．断熱・絶縁材料などに用いる．ロックファイバーともいう．

ロックオペラ【rock opera】劇ロック音楽の要素を取り入れ，音楽と踊りで展開する演劇．

ロックオン【lock-on】軍理レーダーで飛行物体を追跡すること．

ロックガーデン【rock garden】植岩石で構成される庭園．高山植物を育てる岩石庭園．

ロッククライミング【rock-climbing】登岩壁を登はんすること．岩登り．

ロックジム【rock gym】 競室内に突起物を取り付けた人工壁を作ったフリークライミング用の施設．

ロックステディ【rock steady】音レゲエの前身となるジャマイカ起源の音楽．

ロック T シャツ【rock T-shirt】服ローリング・ストーンズ，ニルヴァナなどのツアー T シャツや，ロックスターの顔やロゴが大きくデザインされている T シャツ．

ロックテースト【rock taste】服ロックミュージシャンの服装感覚を取り入れたデザイン．

ロックフィルダム【rock-fill dam】建岩石を積み上げて堤防を作り，上流側などを止水壁で補強するダム構築法．

ロックフェスティバル【rock festival】音ロック音楽の大規模な演奏公演．ロックフェスともいう．

ロックボトム【rock-bottom】最低の．最低状態の．どん底．底値．

ロックンロール【rock'n'roll】音黒人のリズムアンドブルースと白人のカントリー音楽が結合した強烈なリズムの演奏方式．1950年代にアメリカで生まれた．R&R ともいう．

ロッジ【lodge】建小屋．山小屋．簡易宿泊所．

ロッタリー【lottery】抽選．くじ引き．福引．

ロッテルダム条約【Rotterdam —】化特定有害化学物質・農薬の国際取引に関する事前通報同意条約の通称．1998年に採択．

ロット【lot】経工業製品の製造単位．原料・工程・時期が同一の製品を1ロットとする取引単位．②一組．一口．

ロッド【rod】釣りざお．棒．つえ．

ロッドアンテナ【rod antenna】電1本になった棒状のアンテナ．

ロット プロダクション【lot production】経割当量の繰り返し生産．

ロティ【rôti 仏】料焼き肉．肉をあぶること．

ロデオ【rodeo】 競荒馬を乗りこなしたりする，カウボーイの競技大会．

ロト【loto 日】宝くじの一種．数十個の数字から数個

の数字を選んで当てる.
ロトスコーピング【rotoscoping】 [映]アニメーションなどで用いる画像合成用マスクを,人が手描きで一コマずつ作画する技法.
ロハス【LOHAS】 [社]健康を守り,環境維持の可能性を大切にする生活様式.アメリカで1998年ごろ始まった. lifestyles of health and sustainability の頭字語から.ローハスともいう.
ロハス コンファレンス【LOHAS Conference 日】 [営]ロハスビジネスに参加している企業人の大会.
ロビー【lobby】 ①建物内の玄関と通路を兼ねた広間.控えの間.休憩や応接などに用いる.②[社][政]圧力団体.政治工作活動をする勢力や団体.③[I][算]オンラインゲームで,利用者同士が待ち合わせる場所.
ロビーイング【lobbying】 [政]議案通過運動.院外運動.陳情運動.ロビイズムともいう.
ロビー活動【lobbying】 [政]利益団体が議員に働きかけること.陳情活動.院外運動.ロビーイングともいう.
ロビー活動公開法【Lobbying Disclosure Act】 [法]アメリカ議会のロビー活動の制限強化を図る法律.1995年に採択し,96年に発効.
ロビイスト【lobbyist】 [政]院外団.陳情者.特定の組織の利益代表として議会工作を行う人.報酬をもらって院外活動をする陳情者.
ロビー ソーシャリゼーション【lobby socialization】 [社]ロビーの社交場化.ホテルや公共施設などのロビーが社交場のようになること.アメリカで,景気後退などの影響で盛んになる.
ロビング【lobbing】 [競](ﾞﾃﾆｽ)球を高く打ち上げること.
ロビンソン【robinson】 [競](ｻｯｶｰ)ゴールキーパーが身を投げ出してシュートを防ぐこと.
ロブ【lob】 [競](ﾃﾆｽ)高く打ち上げられた打球.
ロブスター【lobster】 [生]ウミザリガニ.アカザエビ科に属する海洋産の大型の食用エビ.
ロブスター テルミドール【lobster thermidor】 [料]ロブスターの肉をクリームソースと混ぜて殻に入れ,焼き目を付ける料理.
ロフト【loft】 ①[建]屋根裏.工場・倉庫などの上階.②[競](ｺﾞﾙﾌ)クラブの柄に対する打球面の傾斜角度.
ロフト ジェネレーション【loft generation】 [美]屋根裏部屋を仕事場にしているような画家.修業時代.
ロフトジャズ【loft jazz】 [音]建物上部の倉庫などで演奏する前衛的なジャズ.
ロペット【loppet】 (ﾉﾙ)[競]スキーマラソンの大会.ゆっくり走るの意.
ロペットマスター【loppet master】 [競](ﾌｽ)クロスカントリースキーのワールドロペットを構成する12大会のうち,10大会を走破すると得られる称号.
ロベルト クレメンテ賞【Roberto Clemente Award】 [競](野球)大リーグで毎年,最も社会活動に貢献した選手に贈る賞.1972年に飛行機事故で亡くなった元パイレーツの外野手ロベルト・クレメンテの名にちなむ.

ロボカップ【RoboCup】 [社]人工知能ロボットによるサッカーのワールドカップ大会.第1回国際大会は1997年に名古屋で,第2回は98年にパリで開催.
ロボカップ レスキュー【RoboCup-Rescue】 [機][社]ロボットによる大規模災害救助を目指す,日本初の国際プロジェクト.
ロボコン ロボットコンテスト(robot contest 日)の略.[機]高専生や大学生がチームを組み,自作の遠隔操作型ロボットで競技を行う大会.
ロボタイゼーション【robotization】 ロボット化.自動化.
ロボット【robot】 ①[機]自動式の機械人間.②[機]人間の労働を代替して,自動的に所定の作業を行う装置・機械.③意思をもたない人形.他人の言うままになる人間.もとはチェコ語で労働の意.
ロボットアーム【robot arm】 [機]ロボットや機械の腕状の部分.アーム.マニピュレーター.
ロボット型検索サービス【robot search service】 [I][H] Web ページを自動巡回して情報収集した結果から,指定された情報を検索するサービス.
ロボットキャリア【robot carrier】 [機]搬送ロボット.自動制御工作機械の間をつなぐ働きをする.無人化と多品種少量生産を目指す工場などで用いられる.
ロボット言語【robot language】 [I][算]ロボットを動かすために人間が記述し,制御装置やコンピューターに入力する手続き表現.
ロボット災害【injuries and damages caused by robots】 [社]ロボットの故障によって起こる災害.その作業環境や設置状況からロボットの安全性は格段に重要とされる.
ロボット三原則【Three Laws of Robotics】 [機][社]ロボットが守るべき基本原則.①人間に危害を加えない,②与えられた命令に服従する,③自己を守らねばならない.
ロボットスーツ【robot suit】 [機]身に着けた人の歩行を助けたり,重い荷物を持ち運べるようにする装着型のロボット.
ロボットセラピー【robot therapy】 [医][機]心愛玩用ロボットなどを用いる心理療法.
ロボットデザイン【robot design】 [機]人間と共生することを考えたロボットのデザイン.
ロボット特区【special zone for robot development and testing 日】 [機][経]規制緩和政策の特区制度を利用してロボットの研究開発や実証実験を行う地域.
ロボットビジョン【robot vision】 [I][算]ロボットの視覚機構.三次元認識や動画像認識などを応用する技術.
ロボット マニピュレーター【robot manipulator】 [機]ロボットの手のこと.ロボットのハンド(手先)とアーム(腕)を合わせた呼称.
ロボットロジー【robotology】 ロボット学.ロボットに関して文化的,社会的,心理的,経済的,科学技術的に広く研究する学問分野.
ロボティックス【robotics】 [理]ロボット工学.ロボットを工学技術的に研究する学問分野.

ロボドック ▶

ロボドック【robodoc】 医医療用ロボット．精密な外科手術などを行うものが開発されている．

ロボトミー【lobotomy】 医精神外科手術法の一つで，大脳の前頭葉を切開するもの．かつて精神分裂病（統合失調症）の治療に用いられた．

ロボフェスタ【RoboFesta】 ロボット創造国際競技大会．2001年に日本で開催された世界的ロボット競技大会の愛称．

ロボポスト【robopost】 IT ロボットプログラムで自動的にインターネットの電子掲示板，ニュースグループなどに情報を送ること．

ロボマニア【robo-mania】 営社ロボット愛用熱．産業用ロボットの開発・利用が盛んな状態．

ロマ【Roma】 インド北西部で発祥した民族．現在は広くヨーロッパ各地に住む．金物細工，かご作り，楽師などが伝統的な生業．

ロマネコンティ【Romanée-Conti 仏】 料フランスのブルゴーニュ産の赤ブドウ酒．最高級の品質をもつといわれる．

ロマネスク【Romanesque】 ①伝奇的．空想的．②芸建美 8世紀末から12世紀ごろヨーロッパで行われた美術・建築の様式．古代の伝統と東方の影響を取り入れ重厚な構造をもつ．

ロマネスク美術【Romanesque art】 美西ヨーロッパの中世美術の様式の一つ．950年ごろから1200年ごろに起こった．

ロマン【roman 仏】 文長編小説．

ロマン主義【Romanticism】 文古典主義的理性への反逆として，個人感情の解放，内面性の絶対視を特徴とする運動．19世紀初頭のヨーロッパに広まった．

ロマンス【romance】 恋愛事件．伝奇・空想物語．恋物語．恋愛小説．歌曲・器楽曲の物語風な小品．元来はロマンス語で書かれた中世の恋愛譚・武勇譚．

ロマンスグレー【romance gray 日】 ①社落ち着いた魅力のある中年の男性．この意味では英語は attractive middle-aged man．②容白髪混じりの髪の毛．

ロマンチスト【romanticist】 空想家．ロマンチストともいう．

ロマンチシズム【Romanticism】 ①芸ロマン主義．18～19世紀にヨーロッパで広まった芸術思潮．②感傷的な傾向．空想にふけること．ロマンティシズムともいう．

ロマンチック【romantic】 非現実的な．夢のような．情熱的な．ロマンティックともいう．

ロマンチック コメディー【romantic comedy】 映男女の恋愛を喜劇風に描く映像手法．

ロマンチック メーキャップ【romantic make-up】 容淡く優しい感じの化粧法．女性らしくかわいらしい表情に仕上げる．

ロマン派【romantic school】 美個人の主観的感情表現を重視して新しい様式や技法を開拓し，また音楽と文学の結合を追求した楽派．1820～90年ころが中心．

ロム【ROM】 IT 算 読み出し専用記憶装置．read only memory の略．

ロムドル CD-ROMとアイドル（idol）の合成語．IT インターネットや CD-ROM が生んだアイドル．

ロメ協定【Lomé Convention】 欧州共同体（EC）と，アフリカ・カリブ海・太平洋地域の途上国68カ国の経済協力協定．1975年にトーゴの首都ロメで締結した．1990～2000年の第4次協定で終了．

ロモ【LOMO】 写旧ソ連製のコンパクトカメラ．元来は軍用に開発された．

ロヤジルガ【Loya Jirga ﾊﾟｼｭﾄｩｰ】 社政国民大会議．民族評議会．アフガニスタンの意思決定機関．ロヤジェルガともいう．

ロラン【LORAN】 機航空機や船舶の遠距離航法システム．long range navigation の略．

ロリータ コンプレックス【Lolita complex 日】 心少女だけにしか性欲を感じない異常性欲．アメリカの作家ナボコフの小説『ロリータ』に由来する．ロリコンともいう．

ロリータファッション【Lolita fashion 日】 服少女趣味的な装い．

ロリポップ【lollipop】 料棒付きのあめ・砂糖菓子．

ロルノキシカム【lornoxicam】 薬オキシカム系の非ステロイド性消炎・鎮痛剤．

ロレアル ユネスコ女性科学賞【L'Oreal UNESCO Awards For Women in Science】 国連教育科学文化機関（ユネスコ）とフランスの化粧品大手ロレアル社が，優れた女性科学者に贈る賞．1998年に創設．

ロレンソセラヤ人民革命軍【Fuerzas Populares Revolucionarias Lorenzo Zelaya 西】 軍ホンジュラスのマルクス・レーニン主義系のテロ組織．1978年に結成．91年に武装解除を受諾．FPRLZともいう．

ロング＆ナロー【long and narrow】 服長丈のジャケットに，ストレッチパンツ，あるいはロングタイトのスカートを合わせたほっそりした装い．

ロング＆ミニ【long and mini】 服長い丈の上着に，ミニあるいはショート丈のボトムを合わせること．

ロング＆リーン【long and lean】 服細くて長いシルエットのこと．

ロング サーキット アピール【long circuit appeal】 広顧客の理性的な購買動機に訴えかける広告．

ロングショット【long shot】 ①映遠写し．遠距離から全景を撮影すること．②大穴．のるかそるかの賭け．③野普通より長い距離に球を打つこと．

ロングステイ【long stay】 社海外滞在型余暇．長期間にわたって余暇を過ごすため，海外の一定地域に滞在して生活すること．

ロングステイ プラン【long stay plan】 社長期滞在を目的とする海外旅行の企画．

ロングセラー【long seller 日】 営長期にわたり売れ続ける商品．

ロングセラー商品【long seller item 日】 営長期間にわたり顧客の支持や愛用を得ている商品．

ロング ターム ボンド【long-term bond】 経長期債券．

ロングディスタンス【long-distance】 長距離

◀ワーキング

の．長期の．

ロングドリンクス【long drinks 日】 料時間をかけてゆっくり飲む，やや量の多いカクテル類．英語は large cocktail．

ロングトルソー【long torso】 服長くて細い胴を強調した服の型．

ロングトン【long ton】 英トン．ヤードポンド法の重量の単位の一つ．2240ポンド．

ロング パス エコー【long-path echo】 理演奏会場などで，舞台上の音が客席後方から反響となって聞こえる現象．

ロング ファイル ネーム【long file name】 算Windows95 以降で使用可能になった長いファイル名．VFAT というファイルシステムを用いて，理論上最長255文字まで使える．

ロングブーツ【long boots】 服丈の長い靴．

ロングフライト血栓症【long flight thrombosis】 医急性肺動脈塞栓症．エコノミークラス症候群．

ロングヘッジ【long hedge】 経買いヘッジ．債券価格が上昇局面の時，将来売り付けの先物取引をして損失リスクを回避する方法．⇨ショートヘッジ．

ロング ポイント カラー【long point collar】 服襟先が細長くとがっているワイシャツの襟形．

ロングボー ヘルファイア【longbow hellfire】 軍アメリカ陸軍と海兵隊が開発した空中発射型の対戦車ミサイル．

ロングマフラー【long muffler】 服丈が長いマフラー．

ロングライフ住宅【long-life 一】 建耐久性が高く，寿命の長い住宅．

ロング ライフ ミルク【long-life milk 日】 料150°Cぐらいの温度で短時間滅菌し，無菌の容器に詰めた長期保存用の牛乳．LL 牛乳．英語は low perishability milk．

ロングラン【long run】 映劇映画や演劇などの長期にわたる興行．

ロングラン システム【long-run system】 劇観客の動員状況を見て，上演期間を決める興行方式．

ロングレンジ【long range】 ①遠距離用の．長期の．②長期的展望の．

ロンゲット ファッション【longuette fashion】 服長いスカートを用いた服飾やスタイル．ロンゲットともいう．

ロンサム【lonesome】 寂しい．孤独な．

ロンド【rondo 伊】 音主題を繰り返し演奏する回旋曲．輪舞．

ロンド形式【rondo form】 音主題が他の楽想をはさんで反復される構造を取る形式．

ロンドソナタ形式【rondo sonata form】 音大規模なロンドで，中間部にソナタ形式のような展開技法が入る形式．

ロンドレス【londres 西】 大型の葉巻タバコ．

ロンドン オリンピック【London 2012 Summer Olympic Games】 競2012年にイギリスのロンドンで開催される夏季オリンピック．

ロンドン ガイドライン【London guideline】 軍核兵器の拡散規制措置の一つ．核物質及び原子力関連資機材に関する指針．1978年に合意．

ロンドンブーツ【London boots】 服靴底が厚くヒールが高いロングブーツ．1970年ごろロンドンで始まった．

ロンパース【rompers】 服上着とズボンがひと続きになった幼児用の運動服．

ロンバード型貸し出し制度【Lombard-type lending】 経金融機関が申し込むと日本銀行が自動的に公定歩合で貸し出しを行う制度．2001年に導入．

ロンバードレート【Lombard rate】 経債券担保貸し出し金利．ロンバードは銀行家，金融業者の意．中世にロンドンのロンバード街で銀行業を始めたことに由来する．ロンバード街はシティー内にあり金融の中心地．

ロンパールーム【romper room】 社子供用の遊戯室．

ロンバルディ杯【Lombardi Trophy】 競(アメフット)NFL（全米プロフットボールリーグ）の優勝決定戦であるスーパーボウルの勝利チームに贈られるトロフィー．

ロンリー【lonely】 独りぼっちの．孤独の．

ワ

ワーカー【worker】労働者．工具．

ワーカーズ コレクティブ【workers collective】 社労働者生産協同組合．組合員が共同出資して経営者となり，労働にも従事して報酬を得る組織．

ワーカデー【workaday】仕事日の．日常の．ありふれた．

ワーカフィル【workaphile】 社長時間にわたって一生懸命働くことに喜びを見いだし，生きがいにしている人．

ワーカブル【workable】 実行できる．実現できる．運転できる．加工できる．

ワーカホリック【workaholic】 社働きすぎの人．仕事に熱中しすぎる人．work と alcoholic の合成語．

ワーキングウーマン【working woman】 社働く女性．男性と同じように働く女性．

ワーキングガール【working girl】 社売春婦．

ワーキングカップル【working couple】 社共働きの夫婦．

ワーキンググループ【working group】 営社作業部会．問題解決や計画推進などを図るために設ける．

ワーキング チルドレン【working children】 社法定就労年齢以下で非合法に働かされる子供たち．チャイルドレイバーともいう．

ワーキングディナー【working dinner】仕事の話を進めながら食べる夕食．

ワーキング ディレクトリー【working direc-

675

ワーキング▶

tory】［Ｉ算］作業ディレクトリー．コンピューターで作業中，自分が今いるディレクトリーのこと．カレントディレクトリーともいう．

ワーキングネーム【working name 日】［社］結婚後に改姓して生じる事務手続きや仕事上の煩雑さを減らすため，職場で使う旧姓．

ワーキングファーザー【working father】［社］仕事と育児などを両立しようと努める父親．

ワーキングホリデー【working holiday】［社］相手国での労働が認められる青少年向けの海外観光旅行制度．日本ではオーストラリア，ニュージーランド，カナダなどとの間で採用．

ワーキングマザー【working mother】［社］仕事と家事や育児を両立させている母親．働く母親の意．

ワーキングメモリー【working memory】①［生］人間の脳にある，意識の中にはっきりとどめておける記憶．②［Ｉ算］演算途中の結果を記憶できる装置．

ワーキングモデル【working model】［機］実用模型．実物の機械などと同じ動きをする模型．

ワーキング ユニホーム【working uniform】［経］［服］従業員が着る企業の制服．

ワーキングランチ【working lunch】　仕事の話を進めながら食べる昼食．

ワーク【work】　①労働．仕事．業務．②［機］仕事量．③［電］負荷．④作品．⑤加工物．工作物．

ワークアウト【workout】　①練習．②［競］練習試合．③［営］契約不履行が生じた場合，倒産などを避けるため債務者と債権者が解決方法を見いだす努力をすること．④［営］企業革新の方法の一つ．事業部ごとに管理職，社員，パートなどが参加して，問題点を確認して，改善策を決める会議を中心とする．元来は点検の意．

ワークイン【work-in】　［社］労働者側が閉鎖される工場を占拠して，自主的に操業を継続する生産管理争議．

ワークウエア【workwear】［服］作業着．労働着．

ワークエリア【work area】［Ｉ算］プログラムが作業用に使用するメモリーの領域．作業が終わると解放される．

ワークグループ【workgroup】　［Ｉ算］　Microsoft　ネットワークを介して接続されるパソコンのグループ．小規模なネットワークの単位．大規模なネットワークではドメインと呼ばれる単位を利用する．

ワークサンプリング【work sampling】　［Ｉ算］品質管理のデータ分析手法の一つ．稼働率の推定などに用いる．

ワークシート【work sheet】①［営］作業票．仕事に関する指示を記入した伝票．②企画参考資料紙．③練習問題紙．計算用紙．④［Ｉ算］表計算ソフトウエア上の作業用画面．

ワークシェアリング【work sharing】［社］仕事の分け合い．労働時間の短縮，労働量の減少などで，仕事を分け合う労働形態．ジョブシェアリングともいう．

ワークショップ【workshop】①［営］［社］職場．作業場．仕事場．②意見や技術の交換・紹介を行う研究会．参加体験ができる講習会．

ワークス【works】［営］［競］製造会社自身の手になる．レース用自動車などで用いる言葉．

ワークスチーム【works team】［競］（自動車）自動車レースで，自動車メーカーが主体となって編成されたチーム．

ワークステーション【work station】①［Ｉ算］技術者などの専門家のための個人用高性能コンピューター．②［Ｉ算］事務作業を行う OA 機器の配置場所．最近は，ホストコンピューターに接続された多機能パソコンをいう．

ワークパーミット【work permit】［営］労働許可証．

ワークパンツ【work pants】［服］作業用のズボンの総称．

ワークブーツ【work boots】　［服］作業用などの，丈夫な編み上げ式の革製長靴．

ワークフェア【workfare】［社］労働福祉制度．政府が労働者に社会福祉を保障する代わりに，職業訓練や社会奉仕を要求するもの．work と welfare の合成語．

ワークブック【workbook】　練習帳．指導書．計画帳．

ワークプレース【workplace】［営］［社］職場．仕事場．作業場．

ワークプレース デーケアセンター【workplace day-care center】［営］［社］企業内託児所．社内託児所．従業員の子供のために職場に設ける託児所．

ワークフロー【workflow】　［Ｉ算］業務についての情報の流れ．業務過程をコンピューターで管理して，業務効率を上げる．

ワークフロー管理【workflow management】　［Ｉ算］業務についての情報の流れをコンピューターで管理して，業務の効率低下を招く問題を解決すること．

ワークフロー システム【workflow system】［Ｉ算］コンピューターとネットワークを利用して，一連の業務の流れを監視・制御しながら効率的に行うシステムのこと．

ワークフロー分析【workflow analysis】　［Ｉ算］システム開発における業務分析で，伝票や帳簿の流れに基づいて，人や部門間の仕事の流れを分析すること．

ワークホース【workhorse】　①丈夫な乗り物．②［機］宇宙への運搬ロケット．元来は馬車馬・使役馬の意．

ワークボックス【workbox】道具箱．

ワーク ライフ バランス【work-life balance】［社］仕事と生活の調和．やりがいのある仕事と充実した私生活を両立させる，という考え方．

ワークルック【work look】　［服］作業服，仕事着の要素をもつ機能的で実用性，耐久性のある服装・ファッション．ワーカールックともいう．

ワークレート【workrate】［競］サッカー選手などの運動量を指す言葉．

ワージー【worthy】値打ちのある．立派な．

ワース【worth】　価値．真価．…に値する．…の価値をもつ．

ワースト【worst】最悪の．⇔ベスト．
ワーストケース シナリオ【worst-case scenario】營ある出来事が起こって最悪の事態を招く可能性を想定した筋書き．またその危機に対応する想定筋書き．
ワーディング【wording】言言葉による表現．語句の使い方．言い回し．
ワード【word】①言語．言葉．単語．②I算語．コンピューターはワードを基本の記憶単位とする．③[W-]．I算マイクロソフトのワープロソフト．
ワード アソシエーション テスト【word association test】心言葉の連想による心理テスト．
ワード オブ ザ イヤー【The Word of the Year】営アメリカのオックスフォード米語辞典編集部が毎年選定する「話題の新語」．
ワードオブマウス【word of mouth】ロコミ．口頭で．
ワードカウント【word count】I算文書中にある単語数を数えること．日本語ワープロでは文字数を数えること．
ワードバイト【word bite】広政人目を引き印象に残るような簡潔な宣伝文句や声明など．
ワードパッド【wordpad】I算 Windows95以降の OS が標準装備している簡易ワープロソフト．
ワードプロ【Word Pro】I算アメリカのロータスデベロップメントが発売したワープロソフト．ビジネスワープロとしての多彩な編集機能をもつ．
ワード プロセッサー【word processor】①I算文章の作成・編集・印字に使うアプリケーションソフト．②I算文書作成機．文章を編集・加工・印字するための機器．ワープロ．
ワード プロセッシング【word processing】①文書の作成・編集の処理．②I算文書作成に用いるアプリケーションソフト．ワープロ．
ワードラップ【word wrap】I算文字入力時の欧文で，行末の単語が分割されそうな時，単語をそのまま次の行に送るワープロの機能．
ワードローブ【wardrobe】①洋服だんす．衣装だんす．②服持ち衣装．
ワードローブ スーパーバイザー【wardrobe supervisor】映衣装監督．主役を除く出演者用の衣装やアクセサリー類を調達・借用したり，新たに製作を発注したりする担当者．
ワーフ【wharf】建波止場．埠頭．岸壁．
ワープ【warp】①ゆがみ．ひずみ．ねじれ．②文SF（空想科学小説）では，宇宙空間のひずみ．ワープ宇宙船はそのひずみを利用して超光速航行をする．
ワープロ　ワードプロセッサー（word processor）の略．I算文書作成用のアプリケーションソフト．
ワープロソフト【word-processing software】I算文書の作成，編集，印刷を行うソフトウエア．
ワーム【worm】①生虫．ミミズなど脚がない体の細長い虫の総称．②ミミズのような形をした釣り用擬餌（ぎじ）．③I算ネットワークでつながったコンピューターの間を，複製を繰り返しながら移動するプログラム．

ワームホール【wormhole】①虫食い．虫食いあと．②天宇宙にあるとされる虫食い穴．ブラックホールと，そこから物質が放出される口といわれるホワイトホールをつなぐ連絡路．③I イ システムへ不正に侵入する目的で作られた進入口．
ワールド【world】世界．
ワールドウオー【world war】軍世界大戦．世界の主な国々が参戦して行われる戦争．
ワールドウオッチ研究所【Worldwatch Institute】社世界の環境・資源・経済を分析する民間機関．
ワールドエンジン【world engine】営機世界各地の市場に投入する主力モデルに搭載する，基本構想を共通化した自動車エンジン．
ワールドカー【world car】①営機多国籍企業化した自動車メーカーが，各国の分業で共同開発した小型車．②営機世界戦略車．世界各地の工場で基本設計に基づき製造する乗用車．
ワールドカップ【World Cup】競各種運動競技の世界選手権大会．またその優勝杯．4年ごとに開かれる大会では，1930年から始まったサッカーが有名．
ワールドカップ スキー【World Cup Alpine Ski Series】競ワールドカップ アルペンスキー シリーズ．1967年に始まる．滑降，回転，大回転の3種目を組み合わせて，順位を競う．
ワールドグループ【World group】競（テニ）デビスカップの決勝トーナメントに参加する上位16カ国．
ワールドクロック【world clock】世界各地の時刻がわかる時計．
ワールドゲームズ【World Games】競オリンピック種目にない競技で争う国際総合スポーツ大会．男子ソフトボール，ボウリングなどを行う．第1回は1985年にロンドンで開催．
ワールドコム【WorldCom】I アメリカの長距離通信事業の企業．1983年に設立．2002年に経営破綻．
ワールド ゴルフ ビレッジ【World Golf Village】競（ｺﾞﾙ）フロリダ州セントオーガスティンにあるゴルフ関連施設．1998年に開設．ゴルフ殿堂がある．
ワールドゴルフランキング【Official World Golf Rankings】競（ｺﾞﾙ）世界各地域のツアーのトーナメントにおける活躍度をポイント化した世界ランキング．1998年以前はソニーランキング．
ワールド座標系【world coordinate】I算コンピューターグラフィックスで，三次元空間を規定する基準となるもの．原点を通り互いに直交する x，y，z の3軸からなる．
ワールドシリーズ【World Series】①競（野球）アメリカのプロ野球の二大リーグの優勝チームが戦う選手権試合．②競競馬で，世界的権威のあるレース結果をポイント化して優勝馬を決めるシリーズ．1999年に開始．
ワールドスケール【world scale】経国際間の基準運賃から算出する，タンカーの一航海の用船料を示す指数．
ワールドセブンズシリーズ【World 7's Se-

ries】競(ﾗｸﾞ)世界各地を転戦しながら年間王者を決定する，7人制ラグビーのワールドシリーズ．

ワールド ソーラーチャレンジ【World Solar Challenge】競オーストラリア大陸を縦断するソーラーカーレース．3年ごとに開催．

ワールドツアー【world tour】音世界各地で公演を行う音楽家の大規模な演奏旅行．

ワールドトラベラー【world traveller】営社国際線旅客機の普通席の通称．英国航空が1991年から使い始めた．

ワールドパートナーズ【World Partners】I地球的規模で総合サービスを提供する，通信事業の企業連合．1993年に設立．AT&T，KDD などが設立したワールドパートナーズカンパニーが運営する．

ワールドバンク【World Bank】経世界銀行．国際復興開発銀行の別称．IBRDともいう．

ワールドビジョン【World Vision】社国際的な民間援助機関の一つ．1950年に設立．途上国などの貧困層や子供たちに支援活動を行う．

ワールド フェデラリズム【world federalism】政世界連邦主義運動．第二次大戦後に起こった，世界を一つの連邦国家として組織しようとする運動．

ワールド ベースボール ウイーク【World Baseball Week】競(野球)国際野球連盟が世界各地に野球を一層普及させる目的で，1992年から行う催し．野球がオリンピックの正式競技になったのを機に始めた．

ワールドベースボール クラシック【World Baseball Classic】競(野球)世界一を決定する国・地域別対抗戦．2006年3月に行われた第1回大会では，王貞治監督率いる日本が強敵キューバを決勝で破り初代王者になった．09年に第2回，13年に第3回大会が開催される．WBCともいう．

ワールドボウル【world bowl】競(ｱﾒﾘｶﾝﾌｯﾄﾎﾞｰﾙ)ヨーロッパで開催されるワールドリーグのチャンピオンを決める選手権試合．

ワールドミュージック【world music】音欧米以外の民族音楽を総称したもの．また，各国各民族の音楽を受け入れる多元的音楽価値観もいう．

ワールドユース選手権【FIFA World Youth Championship】競(ｻｯｶｰ)年齢別の世界選手権の一つ．20歳になるまでの選手が対象．第14回大会は2005年にオランダで開催．

ワールドラリーカー【world rally car】競市販乗用車をラリー専用に改造したもの，世界ラリー選手権の参加車両．WR カーともいう．

ワールドリーグ【world league】競(ｱﾒﾘｶﾝﾌｯﾄﾎﾞｰﾙ)ヨーロッパ4カ国，6チームで争われるプロフットボールリーグ．1994年に開始．NFLとアメリカのテレビ局の合弁事業．98年にNFLヨーロッパと改称．

ワールドロペット【World Loppet】競市民スキーマラソンの国際組織．1978年に発足．クロスカントリースキーの世界規模の振興を図る．日本では81年創立の札幌国際スキーマラソンが正式加盟．12大会で構成する．

ワールドワイド【worldwide】世界的な．世界的規模の．世界中の．

ワールド ワイド ウエブ【World Wide Web】I算ネットワーク上に離散するさまざまな情報を，誰もが取り出せる情報として公開するためのメカニズム．スイスにある CERN が始めた．WWWともいう．

ワイズ【wise】賢い．賢明な．博学な．

ワイスマニズム【Weismannism】生遺伝の法則を生殖質で説明したドイツの生物学者アウグスト・ワイスマンの学説．自然淘汰説の立場をとる．

ワイズマン【wise man】賢人．知者．知恵のある人．

ワイズメングループ【wisemen group】賢人会議．

ワイズユース【wise use】環賢い利用．自然環境を多面的に賢く使おうという考え方．

ワイダー ヨーロッパ【Wider Europe】政EU（欧州連合）が2003年に発表した，ロシアから北アフリカ・地中海沿岸に至る近隣諸国との共同関係を表す．

ワイタンギ条約【Waitangi Treaty】イギリスとニュージーランドの原住民マオリ人との間で1840年に締結された約定．これでニュージーランドがイギリス領となった．

ワイタンギ トリビューナル【Waitangi tribunal】法ニュージーランド政府が設けた土地裁判所．先住民族のマオリの正当な土地返還要求を審査する．

ワイド【wide】①幅広い．大きい．②(日)経利子一括払型利付金融債．期間は5年．半年複利方式の確定利付債券．③競日本の馬券で，入着順を問わずに1～3着のうちの2頭を当てる方式．

ワイドアスペクト【wide-screen aspect】I放デジタルハイビジョンなどの新世代放送が採用する，16：9という横長の画面比．

ワイドアングル【wide-angle】写広角の．焦点距離の短いレンズを用いた．

ワイドアングル レンズ【wide-angle lens】写広角レンズ．標準レンズに比べて広い視野が収まる，遠近感がはっきりする．

ワイドショー【wide show 日】放テレビなどで，いろいろな内容を盛り込んで作る番組．英語は variety show．

ワイドスクリーン【wide-screen】I映横長の画面を使うフィルム映像方式の総称．

ワイドスプレッド カラー【widespread collar】服ワイシャツの襟の形の一つ．襟羽の開きの角度が大きいもの．

ワイドテレビ【wide television 日】横長テレビ．画面の横と縦の比が16：9．

ワイドニング【widening】経政欧州連合（EU）加盟国がとる拡大政策．

ワイドベルト【widebelt】服幅の広いベルト．

ワイドボディー機【wide-body transport】機広胴旅客機．客席部に通路が2本ある．

ワイナリー【winery】ブドウ酒の醸造所．

ワイプ【wipe】①ふく．ぬぐう．②映放画面を片隅からふき取るように消して，次の画面につなげる方法．

◀ワクチンソ

ワイフビーター【wife-beater】［社］妻に暴力をふるう夫．

ワイフ ビーティング【wife beating】［社］夫が妻をなぐること．家庭内暴力の一つ．

ワイマール憲法【Weimarer Verfassung 独】［法］第一次大戦後にワイマール共和国で成立したドイツ共和国憲法．近代的な民主主義憲法の先駆となる．

ワイマール トライアングル【Weimar triangle】［政］ドイツ，フランス，ポーランドの3カ国．1991年に3国がワイマールで行った首脳会議にちなむ俗称．

ワイマックス【WiMAX】［I］広範囲なエリアをカバーできる高速無線通信の規格．Worldwide interoperability for Microwave Access の略．2.5GHz 帯域の周波数を使用し，2007年に実用化の見通し．

ワイヤアクション【wire action】［映］吊りひもを使って空中で行う格闘演技．

ワイヤードシティー【wired city】［I］［社］ケーブルテレビ網で結ばれた未来都市．

ワイヤード ロジック制御方式【wired logic control】［算］電子回路だけですべての命令実行を行う方式．高速に実行できる．

ワイヤサービス【wire service】加盟新聞社などにニュースを提供する通信社．

ワイヤタッピング【wire-tapping】［I］電信・電話通話・情報などを盗聴すること．

ワイヤフレーム モデル【wireframe model】［I］［算］コンピューターグラフィックスで，線分の集合で立体を表現するもの．

ワイヤリムーバル【wire removal】［I］［映］アクション場面などで，俳優やスタントマンに安全用の吊り下げワイヤなどを付けて撮影し，映像からワイヤなどを除去する技術．

ワイヤレス【wireless】無線の．電線がない．無線電信の．

ワイヤレスカード【wireless card】［I］半導体を用いる記憶装置を内蔵するカード．電波を使って情報を交換するシステムに用いる．

ワイヤレステレホン【wireless telephone】［I］無線電話．ラジオテレホン．ワイヤレスホン．

ワイヤレス フラッシュ【wireless flash】［写］コードなしで使える自動測光型フラッシュ．

ワイヤレスマイク【wireless microphone】［電］コードがなく，送信装置を内蔵したマイクロホン．

ワイヤレス ローカル ループ【wireless local loop】［I］基地局と固定端末の間を無線回線で結ぶネットワークのこと．WLL ともいう．

ワイルディング【wilding】①［社］ワイルドなことをしよう．残虐な少年非行の加害者が，自分たちの行動を表現するのに使ったもの．②はみ出し者．③［生］野生植物．野生動物．

ワイルド【wild】未開の．野生の．荒々しい．

ワイルドウオーター【wild water】①急流．激流．②［スポ(カヌ)］急流にコース設定して行うカヌー競技．

ワイルドカード【wild card】①［スポ］大会規定の選手数やチーム数以外に主催者の意向で参加できる特別枠．大リーグのプレーオフに地区2位のうちの最高勝率チームが出場できる枠．②［I］任意の文字列を表す特殊文字．＊（0個以上の文字）や？（1文字）などがよく使われる．③トランプの自由札．

ワイルドキャット【wildcat】①［動］ヤマネコ．②短気な人．むこうみずな人．

ワイルドキャット ストライキ【wildcat strike】［社］労働組合の指示なしに一部の労働者が行う違法罷業．山猫スト．

ワイルドキャット ローン【wildcat loan】［経］［社］政府が承認していない金融機関による投機的な融資．

ワイルドピッチ【wild pitch】［スポ(野球)］暴投．

ワイルドフラワー【wildflower】［植］やせ地でも生育するような草花の種子を多種混ぜてまく緑化法．季節によって違う種類の花が咲く．原義は野生の花．花をつける野草．

ワイルドライフ【wildlife】［生］野生生物．野生の動物・鳥類・魚類などのこと．

ワイル病【Weil's disease】［医］人畜共通感染症のレプトスピラ症の一つ．

ワイン【wine】［料］ブドウ酒．ブドウを原料とした醸造酒．

ワイン アドバイザー【wine adviser 日】［料］酒店や百貨店などで客に接するブドウ酒の専門家．日本ソムリエ協会の資格の一つ．

ワイン エキスパート【wine expert 日】［料］一般人を対象に日本ソムリエ協会が行うブドウ酒の認証試験の合格者．

ワインカラー【wine color】暗赤色．赤ブドウ酒のような色．

ワインクーラー【wine cooler】①［料］ブドウ酒を瓶ごと冷やす容器．②［料］アルコール度の低いフルーツ飲料．

ワインセラー【wine cellar】ブドウ酒の貯蔵庫，地下貯蔵室．ワインケラーともいう．

ワインテースター【wine taster】［料］ブドウ酒の品質鑑定人．ブドウ酒鑑定の時に使う杯．

ワインドアップ【windup】［スポ(野球)］投手が投球の際に，腕を後ろや上に振る動作．

ワインビネガー【wine vinegar】［料］ブドウ酒を酢酸発酵した酢．

ワウ【wow】［電］回転むら．音むら．レコードや録音テープの再生装置の回転速度が変化することで発生する．

ワウワウ【WOWOW】［放］日本衛星放送．1984年に設立した民間の衛星放送会社．90年に放送開始．

ワギナ【vagina 羅】［医］膣．女性器．バギナ．

ワクセンデハウス【Wachsendehaus 独】［建］家族の増加に合わせて増築する仕組みの家．

ワクチン【vaccine】①［医］［生］感染症に対する免疫力を人工的に与える免疫原．病原体や，その毒素液の毒を弱めたものなどを使う．独語は Vakzin．②［I］［算］コンピューターやネットワークでのウイルス対策用ソフト．ワクチンソフト．コンピューターワクチンともいう．

ワクチンソフト【vaccine software】［I］［算］コンピューターウイルスを見つけ出し，取り除く働きをする

679

ソフトウエア．ワクチンともいう．

ワゴン【wagon】①［機］大きめの収納部分をもつ乗用車．②［機］多人数が乗れるワンボックス系の乗用車．③［機］四輪車．配達用トラック．荷馬車．④手押し車．⑤脚輪の付いた食器台．

ワゴンサービス【wagon service 日】①［料］手押し車に料理・酒などを載せて、客の好みのものが取れるようにした接待方法．英語では料理などを運ぶ手押し車を serving cart, tea wagon という．②［営］特別な売り場を設けて、値引きした商品を手押し車に載せて行う販売方法．ワゴンセール．

ワゴンセール【wagon sale 日】［営］割安価格商品などを移動式荷台に載せて販売すること．

ワシントンコンセンサス【Washington consensus】［経政］アメリカ型経済改革を他国に要求したり働きかけたりすること．アメリカ政府と国際通貨基金（ＩＭＦ）がともにワシントンにあるところから．

ワシントン条約【Washington Convention】［環］動植物国内譲渡規制法．正式名は「絶滅のおそれのある野生動植物の種の国際取引に関する条約」（CITES）．

ワシントン ポスト【Washington Post】アメリカ有数の日刊紙．首都ワシントンで発行．商標名．

ワスプ【WASP】［社］正統的なアメリカ人の意．イギリスから移住した人々の子孫で、現代アメリカ社会の主流をなす．白人（White），アングロサクソン（Anglo-Saxon），新教徒（Protestant）の頭文字から．

ワスプファンク【wasp funk】［音］1960年代に流行し、近年再度人気が高まっている若者向け音楽．ワンクともいう．

ワセリン【Vaseline】［化］石油から作るゼリー状をした物質．機械類の潤滑剤・化粧品・医薬用軟こうなどに用いる．商標名．

ワックス【wax】①ろう．つや出しに用いたり、スキー板の滑走面に塗ったりする．②［容］固形油分を主成分としたクリーム状の整髪剤．

ワッセナー協約【Wassenaar Arrangement】［軍］通常兵器など軍事関連技術についての、国際的輸出体制の取り決め．1995年に合意．ワッセナー アレンジメントともいう．

ワット【watt】［電］工率（仕事率），電力などの単位．記号はW．1ワットは，1秒間に1ジュールの仕事をする割合．電力の場合は1ボルトの電圧で1アンペアの電流により毎秒消費される電気エネルギー．蒸気機関の発明者であるイギリスのジェームズ・ワットにちなむ．

ワットマン紙【whatman paper】［医］布を再生した手すきの画用紙．

ワッハーブ派【Wahabi】［宗］イスラム教の分派の一つ．教義を厳格に守る．ワッハービー．

ワッフル【waffle】［料］小型の丸いパンケーキを二つ折りにして、クリームやジャム類を挟んだ菓子．ワーヘルともいう．

ワッフルクロス【waffle cloth】［服］ハチの巣のように、ひし形にへこんだ模様の織物．表面がワッフルに付ける模様に似ることから．

ワッフルヘア【waffle hair】［容］細かく編んだ三つ編みをほどいたような小さい波形の髪型．

ワッペン【Wappen 独】①［服］図案や紋章を縫い取りした装飾兼用の記章・標章．エンブレムともいう．②裏にのりの付いたシール．

ワニス【varnish】［化］アルコールなどで樹脂を溶かした塗料．家具などの上塗りに用いる．

ワヤン【wayang】［芸］インドネシアの伝統的な人形芝居・影絵芝居．

ワラビー【wallaby】①［動］カンガルー科の哺乳動物．カンガルーよりも小形で、オーストラリアとニューギニアに生息する．②［W-］［服］イギリスのクラーク社製のカジュアルシューズ．スエードの一枚革を縫いした甲と、天然ゴムの靴底をもつ．商標名．

ワラビーズ【Wallabies】［競］(ラ)オーストラリア代表チームの愛称．

ワラント債【warrant bond】［経］新株引受権付社債．ワラント付社債．その会社に新株を発行させてこれを買い付ける権利が付いている社債．WB ともいう．

ワルシャワ条約機構【Warsaw Treaty Organization】［軍］旧ソ連および東欧諸国による軍事機構．西側の北大西洋条約機構（ＮＡＴＯ）に対抗して1955年に発足したが、92年に解消．ＷＴＯ．ワトー．

ワルソー条約【Warsaw Convention】航空機事故の被害を補償するため、航空会社の責任を定めた国際条約．1929年に制定．

ワルツ【waltz】①［芸］19世紀にオーストリアで起こった4分の3拍子の舞踏形式．②［音］4分の3拍子の円舞曲形式の器楽曲．

ワン アイテム ショップ【one item shop 日】［営］一つの商品項目だけを扱う専門店．リボンだけ，ぬいぐるみだけというように、品ぞろえを極端に絞り込んで特徴を出す店舗．

ワン アイテム ポリティックス【one item politics 日】［政］単一論点の政治．争点を一つの問題に絞って運動を起こし、選挙や政府などに影響を及ぼす政治の形態．シングルイシュー ポリティックスともいう．

ワンイヤールール【one-year rule】①（日）［社］人材派遣の規定で、派遣期間を1年限りとするもの．②1年を単位とする制度．

ワンウエー【one-way】一方的な．一方通行の．一度使うと再使用ができない物流方式．

ワンウエー ストリート【one-way street】［建］一方通行の道路．

ワンウエー チケット【one-way ticket】［営社］片道切符．

ワンオーワン【101】基礎編．基礎講座．入門編．入門講座．書名や題名などに用いる．

ワンオンワン【one-on-one】一対一の．一騎打ちの．

ワンカット【one cut】［映画］一コマ．一場面．

ワン切り【one —】［I］携帯電話などで1回着信音を鳴らして切り、着信履歴を残す手法．

ワンク【wunk】［音］1960年代に流行した若者向けの音楽．リバイバルで人気が出た．ワスプファンクともいう．

◀ワンビット

ワンクリック詐欺【one-click fraud】 ［コ］特定のホームページをクリックしただけで、登録料を請求する詐欺。

ワンクリック特許【patent for one-click technology】 ［コ］［算］アメリカのアマゾンドットコムが保有するビジネスモデル特許で、クリックを1回行うだけで利用者が安全に商品購入・決済ができる技術。

ワンクリック募金【one-click donation】 ［コ］サイト上の募金ボタンをクリックすると無料で募金ができる仕組み。

ワンゲル ワンダーフォーゲル（Wandervogel 独）の略。［社］青少年の徒歩旅行。

ワンコイン【one coin 日】 ［経］料金が硬貨一つですむこと。

ワンコインタクシー【one coin taxi 日】 ［営］初乗り運賃が500円のタクシー。

ワンコインバス【one coin bus 日】 ［社］100円玉1枚で乗れる、地域の利便性を考えた主に地方公共団体が運用するバス。

ワンコイン ビジネス【one coin business 日】 ［営］硬貨1枚分の値段で商品やサービスを提供するビジネスの総称。

ワンコイン ランチ【one coin lunch 日】 ［料］500円玉など硬貨1枚でとれる昼食。

ワンサイドゲーム【one-sided game】 ［競］一方のチームの圧倒的な優勢で終始する試合。ワン サイデッド ゲームともいう。

ワンショルダー【one shoulder】 ［服］片方の肩だけ覆い、もう一方は露出するスタイル。

ワンススルー方式【once through system】 ［理］核燃料を使い捨てにして、再利用処理をしないで廃棄あるいは保管する方式。

ワンステップ【one step】 ①一段階。一歩。②［芸］社交ダンスの4分の2拍子で、変化のある速いステップ。

ワンストップ行政サービス【one-stop public service】 ［コ］［算］必要なものを1カ所でまとめ買いができる方式を、行政情報の入手などの行政サービスで行うこと。

ワンストップサービス【one-stop service】 ［経］一つの金融機関窓口で、預金、株式、投資信託、保険などさまざまな金融商品を提供すること。

ワンストップサービスセンター【one-stop service center】 ①［社］若年者向けの雇用に関する情報サービスを1カ所で受けることができる相談所。②［営］中小建設企業の新分野進出などを支援する相談窓口。地方整備局が開設。

ワンストップ ショッピング【one-stop shopping】 ［社］消費者が買い物や金融機関などの利用を、一カ所ですべて済ませる購買行動。

ワンスモア【once more】 もう一回。もう一度。

ワンセグ ［コ］［政］携帯端末向けの地上デジタルテレビ放送のこと。one segment broadcasting の略、13ある電波帯域のうちの一つ（ワンセグメント）を使うことから。

ワンセット【one set】 一組。ひとそろい。

ワンソース マルチユース【one source multi use】 ［広］一つの表現や内容を複数の広告媒体に使用すること。

ワンダー【wonder】 不思議な。不思議がる。驚き。驚嘆。

ワンダーフォーゲル【Wandervogel 独】 ［社］集団生活を通じて相互の親睦を図り、健康を目指そうとする青少年の徒歩旅行。

ワンダーボーイ【wonder boy】 ［社］並外れた才能や能力を備えた若者。時代の寵児。

ワンダーランド【wonderland】 不思議の国。空想上の国。おとぎの国。

ワンタイムパスワード【one-time password】 ［コ］［算］一度しか使えない使い捨てのパスワード。安全強化のための認証方式としてアメリカで開発された。

ワンタッチ【one touch 日】 ①操作が簡単なこと。一回押すだけで作動する機械などの押しボタン方式。②一回だけ触れること。

ワンタッチスルー【one-touch through】 ［経］債券の売買で、相場が上向きになると、買い入れた債券を速やかに売って差益を得ること。

ワンダフル【wonderful】 すばらしい。

ワンチップ化【one-chip microprocessor system】 ［コ］一つの半導体基板上に各種機能をまとめること。

ワンチップ マイクロコンピューター【one-chip microcomputer】 ［コ］［算］コンピューターの中央処理装置部・記憶部・入出力制御部を一個の集積回路上に組み合わせたシステム。

ワンチャイナ ワンタイワン【One China, One Taiwan】 ［政］台湾独立を目指す民主進歩党のスローガン。「一つの中国、一つの台湾」。

ワン ツー ワン マーケティング【one-to-one marketing】 ［コ］［経］特定の顧客のシェアを高めようとするマーケティング。一人一人の顧客に対応する。

ワンデー【one-day】 一日だけの。一日限りの。一日で終了する。

ワンデルング【Wanderung 独】 ［社］徒歩旅行。遠足。旅。

ワントゥワン マーケティング【one-to-one marketing】 ［営］顧客一人ひとりをニーズの異なる個客としてとらえ、顧客の囲い込みと満足度向上を図るマーケティング手法。

ワントップ【one top 日】 ［競］(サッカー)攻撃の最前線になるフォワードを1人置く布陣。

ワンナイト スタンド【one-night stand】 ［社］一夜だけの催し物。ワンナイターともいう。

ワンナンバーサービス【one-number service 日】 ［コ］一つの番号で、複数の通信端末の中から指定した端末に接続する仕組み。

ワン ネイション党【One Nation】 ［政］反多文化主義を掲げる、オーストラリアの政党。統一国民党ともいう。

ワンハンドレッド デイズ【First One Hundred Days】 ［政］アメリカ大統領就任後の約100日間。議会も政権に協力するため、蜜月（honey moon）と呼ばれる。

ワンビットDAC【one bit D/A converter】

681

ワンプライ ▶

I微小信号の音質に優れ，経費的にも有利な1ビット方式による，デジタル信号をアナログ信号に変換する変換器．1ビットDAC．

ワンプライス ショップ【one-price shop 日】
営100円ショップなど，全商品を一つの価格で販売する小売業者．

ワンプライス制【one-price system 日】営値引きなどをしない実売価格を明示する方式．

ワンプロダクト カンパニー【one-product company】営単品企業．一つの製品を主力とする会社．

ワンページ マネジメント【one-page management】営企業の効果的で経済的な情報流通についての経営手引書の名称．アメリカの経営学者ローバーとカデムの共著による．

ワンポイント【one point】①競1点．②(日)服一カ所だけ刺しゅうや模様を置く装飾効果．③一カ所．

ワンポイント マーク【one point mark 日】服衣服に一つの特徴を入れたもの．製造業者の商標として付けるマークなどがある．

ワンポイント リリーフ【one point relief 日】競(野球)打者一人だけに投げるというように，短い時間だけ登板する救援投手．

ワンポイントルック【one point look 日】服シャツやブラウスなどに目立つ刺しゅうを一つ付けて強調したもの．

ワンボックスカー【one box car 日】機貨物兼用の乗用車．座席を畳むと，荷物を運んだり休憩などに使ったりできる．

ワンマイルウエア【one mile wear】服生活着．装飾を省いて機能性をもたせた，外出着と室内着の中間的なもの．自宅から1マイルぐらいの外出には問題ないということから．

ワンマン【one-man】①独占的な．自分勝手な．②政独裁者．③機社乗務員が一人だけの車やバス．ワンマンカー，ワンマンバスの略．

ワンメークジャンプ【one make jump】競スキーやスノーボードのコンテストで，ジャンプ台を使って空中に飛び出し，さまざまなポーズを決めること．ビッグエア，ストレートジャンプともいう．

ワンルーフ サービス【one-roof service】経インドネシアで実施された投資許認可サービスの手続き簡素化．

ワンルーム マンション【one-room mansion 日】建一部屋に浴室とトイレ，台所がある形式のマンション．単身者住宅や事務所などに用いる．英語は studio．

ワンレート【one rate】I長距離電話料金が距離に関係なく国内は均一のもの．

ワンレングス【one-length】容全部同じ長さにそろえてカットする長髪の髪型．

ワンワールド【One World】①国際的な航空企業連合の一つ．②[o- w-]社政一つの世界．国際協調によって実現を図る．

ワンワールドマンガ【1 World Manga】社世界の貧困やエイズなどをテーマにした啓発マンガシリーズ．世界銀行がアメリカの出版社ヴィズ・メディアと提携して出版．

Abbreviations
欧文略語

A

A*アルゴリズム【A* algorithm】［I］人工知能の分野などで用いる，最良優先探索の一種．エースターアルゴリズム．

A型肝炎【hepatitis type A】［医］RNAウイルスで起こる肝炎．糞便から口へ伝わる経路で広がり，約2週間の潜伏期間後に発症する．

A型肝炎ワクチン【hepatitis A vaccine】［薬］A型肝炎の予防ワクチン．

A決勝［競］(水泳)予選タイムの1～8位が出場して行う決勝レース．

Aボーイ【A-boy 日】［社］おたく文化の拠点である東京・秋葉原に集う男性のこと．

Aライン【A line】［服］Aの字状に，上が小さく裾が広がったシルエットのこと．

Aリスト【A-list】各界を代表する人物の顔ぶれ．能力や地位などが一流の人物を指す．

A3D【Aureal 3D】［I］アメリカのオーリアル・セミコンダクターが開発した，三次元や移動体の動きに合わせた音響効果をもつ音響技術．

A19型潜水艦【A-19 submarine】［軍］スウェーデン海軍のスターリングエンジンを使った潜水艦．1996年に完成．

AA ①【affirmative action】［社］アファーマティブアクション．積極的差別是正措置．②［経］債券の格付けの一つ．安全性が高いことを示す．③【Asian-African；Afro-Asian】アジアアフリカの．④［競］(野球)アメリカのマイナーリーグの階級の一つ．ダブルA．⑤【Automobile Association】イギリス自動車協会．⑥【Alcoholics Anonymous】［医］［社］アメリカのアルコール依存症患者自主治療協会．1935年に創立．⑦【antiaircraft】対空．⑧【absolute altitude】絶対高度．⑨【anti-aliasing】［I］［算］コンピューターグラフィックスで，ぎざぎざを目立たなくする技法．

AA会議【Asian-African Conference】［政］アジアアフリカ会議．バンドン会議ともいう．1955年に第1回開催．

AAグループ【Asian-African group】アジアアフリカグループ．

AA制【automatic approval system】［経］輸入自動承認制．

AAA ①［経］債券の格付けの一つ．安全性が最も高いことを示す．②［競］(野球)アメリカのマイナーリーグの階級の一つ．トリプルA．③【Agricultural Adjustment Administration】アメリカの農業調整局．1933年に設立．④【Amateur Athletic Association】［競］イギリスのアマチュア陸上競技協会．⑤【American Automobile Association】［社］アメリカ自動車協会．1902年に創立．⑥【American Arbitration Association】［社］アメリカ国際商事仲裁協会．⑦【animal assisted activity】［社］アニマル アシステッド アクティビティー．動物介在活動．動物との触れ合いで人間の生活の質の向上を図る．⑧【Agricultural Adjustment Act】アメリカの農業調整法．⑨【Act Against AIDS】［音］［社］音楽活動を通じてエイズ啓発を目指す日本の任意団体．

AAAA【American Association of Advertising Agencies】［広］アメリカ広告業協会．

AAAI【American Association for Artificial Intelligence】［I］アメリカ人工知能学会．

AAAL【American Academy of Arts and Letters】アメリカ文学芸術アカデミー．現在はAAIALと改称．

AAAM【American Association of Aircraft Manufacturers】アメリカ航空機工業会．

AAAS【American Association for the Advancement of Science】アメリカ科学振興協会．1848年に設立．学校での科学教育の振興を目的とする．

AAAV【advanced amphibious assault vehicle】［軍］アメリカ海兵隊の水陸両用戦闘車．

683

AAC【advanced audio coding】❶❼MP3やWMAなどと並ぶ，音声圧縮方式の一つ．音楽配信サービスなどにおける利用価値が高いといわれている．

AACM【Afro-Asian Common Market】経アジアアフリカ共同市場．

AACS【Advanced Access Content System】❶HD（高解像）映像パッケージソフトの不正コピー防止に関する仕様．

AAF ①【Army Air Forces】軍アメリカの陸軍航空隊．1941年に設立され，47年にUSAFに吸収された．②【American Advertising Federation】広アメリカ広告連盟．

AAH【advanced attack helicopter】軍新型攻撃ヘリコプター．

AAIAL【American Academy and Institute of Arts and Letters】アメリカ芸術院．

AAJA【Afro-Asian Journalists Association】社アジアアフリカジャーナリスト協会．

AAL2【ATM adaptation layer type 2】❶❼64bps未満の音声圧縮符号を転送するための非同期転送モード仕様の一つ．

AALA【Asia, Africa, Latin America】アジア，アフリカ，ラテンアメリカ諸国．

AALCC【Asian-African Legal Consultative Committee】アジアアフリカ法律諮問委員会．

AAM【air-to-air missile】軍空対空ミサイル．

AAP ①【Association of American Publishers】社アメリカ出版社協会．②【Australian Associated Press】オーストラリアの通信社．1935年に創立．

AAPC【Asian-African Peoples' Conference】アジアアフリカ諸国民連帯会議．

AAR ①【against all risks】経海上保険で，全危険負担．②【Association of American Railroads】社アメリカ鉄道協会．

AARP【American Association of Retired Persons】社全米退職者協会．1958年に設立された高齢者を支援する団体．アメリカ最大の特殊利益団体．

AAT【animal assisted therapy】医心動物介在療法．ペット療法．

AATC【automatic air traffic control】自動航空管制．

AAU【Amateur Athletic Union】競全米体育協会．アマチュアの運動競技連盟．

AAW【antiaircraft warfare】軍対航空戦．

AB ①【American Bureau of Shipping】社アメリカ船級協会．ABSともいう．②【at bats】競（野球）打数．

A.B.【artium baccalaureus 羅, Bachelor of Arts】教文学士．

ABA ①【American Bankers Association】経アメリカ銀行協会．②【American Bar Association】法アメリカ法曹協会．③【American Basketball Association】競アメリカンバスケットボールアソシエーション．独立リーグの一つ．

ABAC【APEC Business Advisory Council】アジア太平洋経済協力会議（APEC）ビジネス諮問委員会．

ABB【Anyone But Bush】政ブッシュ以外なら誰でもいい．2004年のアメリカ大統領選挙で使われた頭字語．

ABC ①【activity-based costing】経活動基準原価計算．製造原価を計算する方法の一つ．②【Audit Bureau of Circulations】発行部数監査機関．新聞雑誌部数公査機構．新聞雑誌などの発行部数を調査し発表する．③【American Broadcasting Company】放アメリカ放送会社．アメリカの三大テレビネットワークの一つ．④【automatic brightness control】テレビの明るさ自動調節．⑤【Arab Boycott Committee】アラブボイコット委員会．⑥【Asian brown cloud】理東南アジアなどの焼畑や産業活動で生じる粒子状物質．大気汚染が問題となっている．

ABC時代 Aは合金（alloy），Bは混合（blend），Cは複合（composite）を表す．急速に発展している新材料の分野でいわれる．

ABC分析【ABC analysis】❶分析対象を，構成比率の高いものから順にA，B，C順に並べ，パレート図を用いてその重要度を分析する方法．

ABC兵器【atomic, biological and chemical weapons】軍核・生物・化学兵器の総称．

ABCC【Atomic Bomb Casualties Commission】社原爆傷害調査委員会．日米共同の原爆調査機関．

ABCS【Automatic Broadcasting Control System】放番組自動送出システム．NHKが1969年に開始．

ABEDA【Arab Bank for Economic Development in Africa】経アフリカ経済開発アラブ銀行．

ABET【Accreditation Board for Engineering and Technology】アメリカの工学系大学で組織する科学技術の認証機関．

Abilene ❶❼インターネット2プロジェクトに対応するため構築された学術的情報通信網．

ABL【airborne laser】軍航空機搭載レーザー．アメリカ国防総省の国防先進研究計画庁と空軍が開発した．

ABM ①【antiballistic missile】軍弾道弾迎撃ミサイル．②【activity-based management】営活動基準経営管理．社員の業務活動を分析し，効率化や原価削減を図る経営手法．

ABM条約【Treaty on the Limitation of Anti-Ballistic Missile Systems】軍対弾道ミサイル条約．弾道弾迎撃ミサイルシステム制限条約．1972年に米ソが署名．2002年に失効．

ABRES【advanced ballistic re-entry system】軍高性能弾道再突入システム．

ABS ①【antilock brake system】機アンチロックブレーキシステム．自動車で急ブレーキ時の車輪ロックを防止するシステム．②【asset-backed securities】営経資産担保証券．アセットバック証券．企業が保有する金融資産の一部を切り離し，それを

担保に発行する．③【alkyl benzene sulfonate】化アルキルベンゼンスルホン酸．合成洗剤の材料．

ABS関数【ABS function】I算表計算やプログラミングで指定された数値の絶対値を返す関数の一つ．

ABS樹脂【acrylonitrile-butadiene-styrene resin】化アクリロニトリル，ブタジエン，スチレンの共重合体．プラスチックの一種．

ABU【Asian Pacific Broadcasting Union】放アジア太平洋放送連合．1963年に結成．

ABWR【advanced boiling water reactor】理改良沸騰水型炉．1970年代末から開発されてきた原子炉．

AC①【adult children】社アダルトチルドレン．大人になりきれない大人．②【adaptive control】適応制御．適応制御装置．③【Advertising Council】広アメリカの広告協議会．④【Japan Advertising Council】広日本の公共広告機構．1971年に設立された社団法人．⑤【alternating current】電交流．強さと流れる向きが周期的に変化する電流．

A-Cバイパス術【aortocoronary bypass】医冠血行再建術．

AC'97【audio codec '97】I算アメリカのインテルが提唱したPCIバス用サウンド機器の仕様．

ACABQ【Advisory Committee on Administrative and Budgetary Questions】国連の行財政問題諮問委員会．

ACAP①【advanced composite airframe program】機理先進複合材料体構造計画．航空機の機体構造を先進複合材料で作るというアメリカの計画．②【Association of Consumer Affairs Professionals】営社エイキャップ．消費者関連専門家会議．企業の消費者関連業務の担当者による連絡機関．1980年に設立．

ACC①【Arab Cooperation Council】アラブ協力会議．1989年にエジプト，ヨルダン，イラク，北イエメン（イエメン）の4カ国で設立．②【All Japan Radio TV Commercial Council】広全日本CM協議会．③【Administrative Committee on Coordination】国連の行政調整委員会．④【area control center】航空路管制センター．⑤【Asian Cultural Council】社アメリカの財団の一つ．1980年に設立．アジアとアメリカの芸術分野の交流活動を支援する．

ACCS【Association of Copyright for Computer Software】I算コンピュータソフトウェア著作権協会．

ACCU【Asia/Pacific Cultural Centre for UNESCO】社ユネスコ・アジア文化センター．1971年に設立した財団法人．本部は東京．アジア太平洋地域の識字教育や文化財保護などを行う．

ACD【Asia Cooperation Dialogue】経政アジア協力対話．25カ国参加の国際フォーラム．

ACDA【Arms Control and Disarmament Agency】軍アメリカの軍備管理軍縮局．

AC/DC【alternating current/direct current】電交直両用．

ACE①【advanced computing environment】I算日米のパソコンのメーカーなど約100社が提唱した新世代コンピューターの規格．②【Allied Command Europe】ヨーロッパ連合軍．③【automatic calling equipment】自動呼び出し装置．④【American Cinema Editors】アメリカ映画編集者協会．

ACES①【annual cycle energy system】年間循環エネルギーシステム．②【affluent college-educated seniors】社エイシズ．大学での教育を受け，豊かな暮らしをしている高齢者たち．

ACG油田【ACG oil field】アゼルバイジャンのカスピ海域にある油田．アゼリー（Azeri），チラグ（Chirag），グナシリ（Gunashli）の地名から．

ACID特性【ACID characteristics】I算トランザクション処理の四つの必須特性．原子性・一貫性・独立性・耐久性の略．

ACK【acknowledgement】I算アック．確認応答．コンピューター間でのデータの送受信における，受信側の肯定的な応答のこと．

ACL【Atlantic Container Line】ヨーロッパコンテナ専用船グループ．アメリカのコンテナ輸送に対抗してヨーロッパ諸国が1967年に結成．

ACLANT【Allied Command Atlantic】軍大西洋連合軍．

ACLI【American Council of Life Insurers】社アメリカ生命保険協会．

ACLS【American Council of Learned Societies】アメリカ諸学会評議員会．

ACLU【American Civil Liberties Union】社アメリカ市民自由連合．1920年に設立された，基本的人権の擁護をする団体．

ACM①【advanced composite material】機理先進複合材料．先端複合材料．高性能強化繊維を用いた複合材で，航空機・自動車などの構造材料に使われる．②【Association for Computing Machinery】I算アメリカのコンピューター学会．③【Arab Common Market】アラブ共同市場．④【advanced cruise missile】軍新型巡航ミサイル．

ACMI【air combat maneuvering instrumentation】軍空中機動戦闘用計器．

ACoA【Adult Children of Alcoholics】社アルコール依存症の患者がいる家庭で育ったアダルトチルドレン（大人になりきれない子供）．

ACP①【Autoridad del Canal de Panamá 西】パナマ運河公社．パナマ運河の運営・管理に当たるパナマの公社．②【African, Caribbean and Pacific Area】アフリカ・カリブ・太平洋地域．

ACP諸国【ACP countries】欧州共同体（EC）とロメ協定を結んだアフリカ，カリブ海，太平洋の諸国．ACPはその頭文字．

ACPF【Asia Crime Prevention Foundation】社アジア刑政財団．1982年に設立．国連と日本政府が共同運営するアジア極東犯罪防止研修所

の諸活動を援助するのが主目的.

ACPI【advanced configuration and power interface】[I][算]インテル,マイクロソフト,東芝が共同作業で策定したパソコンの電力制御に関する規格. 1996年に発表.

ACR ①【automatic carrier routing】[I]市外電話の通信事業者を選択する機能. ②【airfield control radar】空港監視レーダー. ③【Audience & Consumer Report】日本のビデオリサーチ社が毎年発行する,広告媒体の接触に関する個人データの報告書.

Acrobat [I][算]アクロバット. 高品質な文書を作成・表示するために開発されたソフトウエア. アメリカのアドビシステムズが開発.

ACRR【American Council on Race Relations】[社]アメリカ人種問題協議会.

ACRS【Advisory Committee on Reactor Safeguards】[理]アメリカ原子炉安全諸問委員会.

ACRV【assured crew return vehicle】[宇]緊急時乗員帰還船. アメリカの宇宙ステーション計画の中にある緊急時地上帰還用の宇宙船.

ACS【Association of Caribbean States】カリブ諸国連合.

ACSA【Acquisition and Cross Servicing Agreement】[軍]物品役務融通協定. 共同訓練時に, 燃料などの物品や, 輸送などの役務を参加国の軍隊が相互提供すること. アメリカが同盟国と結ぶ政府間取り決め.

ACT ①【air city terminal】[日][社]空港の搭乗手続きが行える出先施設. ②【American College Test】[教]アメリカ大学入学学力テスト. ③【Action for Children's Television】[社]アメリカの市民団体の一つ. 子供向けテレビ番組の改善を目指す.

ACTコントロール【ActiveX computer telephony control】[I][算]ActiveXを利用し, CTI (コンピューター電話統合)とフロントオフィスアプリケーションを連携させるAPI.

ACTD【Advanced Concept Technology Demonstration】[軍]先進概念技術実証. アメリカ国防総省が1994年に提示. 急進する新技術を兵器システムに適宜取り入れるのを目指す.

ACTH【adrenocorticotropic hormone】[生]アクス. 副腎皮質刺激ホルモン.

ActiveX [I][算]マイクロソフトが提唱するウェブページのスタイル.

ACU ①【Asian Clearing Union】[経]アジア清算同盟. 南西アジア6カ国が1974年に設立した多角的決済機構. ②【Asian Currency Unit】[経]アジア通貨単位. ASEAN(東南アジア諸国連合)と日中韓の13カ国の通貨の加重平均値. ③【arithmetic and control unit】[I][算]コンピューターの演算制御装置. ④【automatic calling unit】電話の自動呼び出し装置.

ACV【air-cushion vehicle】[機]エアクッション艇. ホバークラフト.

AD ①【automatic depositor】[経]現金自動預け入れ機. ②【art director】[広美]アートディレクタ

ー. 美術監督. 広告美術の責任者. ③【assistant director】[版]アシスタントディレクター. 演出助手. ④【anno Domini】[羅] 西暦紀元. ⑤【Assured Destruction】[軍]確証破壊戦略. ⑥【airworthiness directive】[機政]耐空性改善命令. アメリカの連邦航空局による国内の航空会社に対する改善や検査の命令. ⑦【Action Directe 仏】[軍]アクシオンディレクト. アナーキスト系極左テロ組織の一つ. 1979年に結成.

A/D変換【analog-to-digital conversion】[I][算]アナログ量(連続する物理量―電圧・電流など)をデジタル量(不連続量―計数形・数字形の量)に変換すること. この逆を D/A 変換という.

ADA ①【Americans for Democratic Action】[政]民主的行動のためのアメリカ人. 市民運動指導者・学者などで結成された政治団体. ②【Americans with Disabilities Act of 1990】[法]アメリカの障害者差別禁止法. 障害をもつアメリカ人法. 1990年に発効し, 92年に施行.

Ada [I]エイダ. 1980年に開発された手続き型のプログラミング言語. 文法的にはPascalに近い.

ADA欠損症【adenosine deaminase deficiency】[医]アデノシンデアミナーゼ欠損症. 原発性免疫不全症の一つ.

ADAMS【ASAHI Data And Multimedia Service】[I][放]朝日放送が開発した, テレビ放送の周波数のすき間を用いて送るHTML形式のデータ放送サービス.

ADAT【Alesis digital audio tape recorder】[I][算]アメリカのアレシス社が開発した, S-VHSテープ上で8トラックの同時録音再生が可能なデジタルテープレコーダー.

ADB ①【Asian Development Bank】[経]アジア開発銀行. アジア太平洋地域の経済開発などを進める国際機関. 1966年に業務開始. AsDBともいう. ②【African Development Bank】[経]アフリカ開発銀行. 1964年に設立. AFDBともいう. ③【Apple Desktop Bus】[I][算]マッキントッシュで, キーボードやマウスなどの入力機器を接続するための規格.

ADC ①【Air Defense Command】[軍]日本の航空総隊司令部. ②【Aerospace Defense Command】[軍]アメリカの防衛航空宇宙軍. 空防指令部. SACとTAC に改組.

ADD【attention deficiency disorder】[医心]注意不足障害. 落ち着きがない, 気が散りやすい, 情緒不安定などの症状がある.

ADE【automated design engineering】自動設計エンジニアリング.

ADELA【Atlantic Community Development Group for Latin America】アデラ. 大西洋共同体ラテンアメリカ開発グループ.

ADEOS【Advanced Earth Observing Satellite】[宇]地球観測プラットホーム技術衛星. 1996年に打ち上げ, 「みどり」と命名された.

ADEOS-II【Advanced Earth Observing Satellite-II】[宇]宇宙開発事業団(現宇宙航空研究開発機構)の環境観測技術衛星. 2002年に打ち上

ADESS【automatic data editing and switching system】図アデス．気象資料自動編集中継装置．

ADF①【automatic direction finder】機自動方向探知機．船や航空機が自分の位置を知るために使う．②【Air Defense Force】軍航空自衛隊の航空方面隊．③【Arab Deterrent Force】アラブ平和維持軍．④【African Development Fund】経アフリカ開発基金．1972年に設立．⑤【Asian Development Fund】経アジア開発基金．

ADH【antidiuretic hormone】医抗利尿ホルモン．

ADHD【attention deficit hyperactivity disorder】医心注意欠陥多動性障害．知的発達に遅れはないが，特定のものの習得・使用に困難を示す状態・症状．

ADI【acceptable daily intake】化一日摂取許容量．農薬散布を行った際などの摂取量の安全な基準を示す．

ADIZ【air defense identification zone】軍防空識別圏．自国が防衛する領土圏内として各国が設定する領域．

ADL①【activities of daily living】社日常生活能力．高齢者の介護認定などに用いる．②【Arthur D. Little, Inc.】アーサー・D・リトル．1886年にアメリカで最初に組織化された研究機関．経営コンサルタント的業務が多い．

ad lib【ad libitum】羅音アドリブ．即興．

ADM①【air-launched decoy missile】軍空中発射おとりミサイル．②【admiral】軍海軍大将．

ADMD【Association for Dignified Mental Death】社尊厳死の権利のための協会．アメリカで結成された．

ADP①【automatic data processing】IT算自動データ処理．コンピューターを用いてデータを処理する方式．②【adenosine diphosphate】化生アデノシン二リン酸．

ADPC【Abu Dhabi Petroleum Company】アブダビ石油．

ADPCM【adaptive differential pulse code modulation】IT算適応型差分PCM．音声信号を符号化する方式の一つ．信号の予測値と実際の値に生じる差を適応量子化する．

ADR①【American Depositary Receipt】経アメリカ預託証書．②【alternative dispute resolution】法裁判以外の方法による紛争解決手続き．裁判外紛争処理制度．③【automatic dialogue replacement】映自動台詞交換．後で録音したものを原版と差しかえる．

ADR機関【alternative dispute resolution facilities】社裁判外紛争処理機関．消費者に関連する紛争解決を図る第三者機関．

ADSL【asymmetric digital subscriber line】IT算非対称デジタル加入者線．電話回線を使って双方向高速データを伝送できる技術の一つ．上りと下りの転送速度が違う．

ADSM【air defense suppression missile】軍防空制圧ミサイル．

AE①【account executive】広得意先の広告費を仕切る広告会社の営業責任者．②【automatic exposure】写カメラの自動露出機構．

AEカメラ【automatic exposure camera】写自動露出調整カメラ．

AE剤【air entraining agent】建空気連行剤．コンクリートを強くするための混入剤．

AEA【Atomic Energy Authority】理イギリスの原子力公社．

AEB【Agência Espacial Brasileira 葡】ブラジル宇宙庁．本部はブラジリア．

AEC①【Atomic Energy Commission of Japan】理日本原子力委員会．1956年に設立．原子力の平和利用の研究・開発・利用に関する行政の民主的な運営を図る総理大臣の諮問機関．②【Atomic Energy Commission】理アメリカの原子力委員会．1946年に設立．75年に ERDAとNRCに改組．③【ASEAN Economic Communitiy】経ASEAN（東南アジア諸国連合）経済共同体．

AECB【Arms Export Control Board】政アメリカの武器輸出統制委員会．

AED【automated external defibrillator】医自動体外式除細動器．救急医療機器の一つ．

AEF【American Expeditionary Force】軍アメリカ海外派遣軍．

AEG【Allgemeine Elektrizitäts Gesellschaft Telefunken 独】アーエーゲー社．ドイツの総合電機会社．

AEI【American Enterprise Institute for Public Policy Research】社アメリカン エンタープライズ公共政策研究所．1943年に設立されたアメリカの研究・教育機関．

AEIBC【American Express International Banking Corporation】アメリカン エキスプレス インターナショナル銀行．

AEROSAT【aeronautical satellite】宇エアロサット．地上と航空機との通信に用いる航空衛星．

AES【advanced encryption standard】IT算DESの次世代型の国際標準暗号．アメリカ商務省により承認され2002年5月発効．アルゴリズム名は「Rijndeal」．

AES/EBU【Audio Engineering Society / European Broadcasting Union】IT音響技術学会とヨーロッパ放送協会により提案された業務用デジタルオーディオ信号の規格．

AET【assistant English teacher】教日本の公立中学・高校で英会話指導を担当する外国人補助教員．

AEW【airborne early warning】軍空中早期警戒．航空機の機体上部にレーダードームを載せて敵機の侵入を早期に探知する．

AF①【Air Force】軍空軍．アメリカの空軍．②【audio frequency】電脳可聴周波数．③【automatic focusing】写自動焦点調整．焦点を自動的に調節する機能．

A

AFカメラ【autofocus camera】写自動焦点カメラ.

AFAS【advanced field artillery system】軍アメリカ陸軍の新型野戦用自走155mm榴弾砲システム.

AFBF【American Farm Bureau Federation】農アメリカン ファーム ビューロー フェデレーション. アメリカ最大の農民組織. 政治圧力団体としても有力.

AFC ①【automatic frequency control】放自動周波数制御. 高精度の送信波を受信し, 基準周波数発生回路の周波数を自動調整する. ②【automatic flight control】機自動飛行装置. ③【American Football Conference】競アメリカン フットボール カンファレンス. NFLの二大プロリーグの一つ. ④【Asian Football Confederation】競(サ)アジアサッカー連盟. 地域連盟の一つ. ⑤【Affordable Family Car】習機新興工業市場向けの低価格な乗用車. トヨタ自動車が1997年に発売. ⑥【alkaline fuel cell】化理アルカリ型燃料電池. 電解質に水酸化カリウムの水溶液などを使う.

AFCチャンピオンズリーグ【AFC Champions League】競(サ)アジア最強クラブを決める大会.

AFCI ①【Association of Film Commissioners International】映国際フィルムコミッショナーズ協会. ロケ撮影の誘致などをするフィルムコミッションの連合体. 世界の300以上の団体が参加. ②【advanced fuel cycle initiative】理先進核燃料サイクルイニシアチブ. アメリカの原子力技術開発の一つ.

AFCS【automatic flight control system】機飛行機の自動操縦装置.

AFDB【African Development Bank】経アフリカ開発銀行. ADBともいう.

AFDC【aid to families with dependent children】社アメリカの母子家庭補助制度.

AFESD【Arab Fund for Economic and Social Development】経アラブ経済社会開発基金.

AFI【American Film Institute】映アメリカ映画の保存・振興を行う非営利組織. 1967年に設立.

AFK【Arbeitsgemeinschaft für Friedens- und Konfliktforschung】独社平和・紛争研究学会. 1968年に設立された, ドイツの代表的な平和研究学会.

AFL-CIO【American Federation of Labor and Congress of Industrial Organizations】社アメリカ労働総同盟産別会議. 1955年に労働総同盟と産業別組織会議が合併.

AFM【atomic force microscope】理原子間力顕微鏡. 試料表面の三次元立体像を原子の尺度で得る顕微鏡.

AFMA【American Film Marketing Association】映独立系の配給会社の連合体. 1980年に設立. アメリカをはじめ全世界の約130社が加盟. 2004年にIFTAと改名.

AFN ①【American Forces Network】放アメリカ軍放送網. 旧称FEN. ②【Assembly of First Nations】先住民協議会. カナダの先住民首長の全国会議.

AFP ①【Asia Forest Partnership】環アジア森林パートナーシップ. 持続可能な森林経営を目的としたアジア諸国の共同取り組み. 2002年発足. ②【Affiliated Financial Planner】経日本ファイナンシャルプランナー協会が認定する国内資格. FP 普通資格. ③【alpha fetoprotein】化医胎児性血清たんぱく質. ④【Agence France-Presse 仏】フランス通信社. 1944年に創立された半官営の国際通信社.

AFRTS【Armed Forces Radio and Television Service】放アメリカの海外駐在軍隊放送.

AFS【American Field Service】教社アメリカンフィールド サービス. 各国高校生の交換留学をすすめるアメリカの民間団体.

AFSATCOM【Air Force Satellite Communications System】宇軍アメリカの空軍衛星通信システム.

AFSC【American Friends Service Committee】社アメリカフレンド奉仕団. クエーカー教徒の団体で, 1947年にノーベル平和賞受賞.

AFTA【Association of South-East Asian Nations Free Trade Area】経アセアン自由貿易地域. 1992年のASEAN(東南アジア諸国連合)首脳会議で合意された構想. 93年から15年間を目標に, ASEANの域内経済協力を拡大するため創設することを決めた.

AFTN【aeronautical fixed telecommunication network】アフトゥン. 航空固定電気通信網.

AFTRA【American Federation of Television and Radio Artists】芸放アメリカテレビラジオ芸能人連盟.

AGA【androgenetic alopecia】医男性型脱毛症. DHT(ジヒドロテストステロン)が高濃度になることが原因.

AGASA【Akeno Giant Air Shower Array】理東京大学宇宙線研究所明野観測所が設置した, 空気シャワーを伴うチェレンコフ光の観測機器.

AGC【automatic gain control】理自動利得制御. 電波の強弱に関係なく, 常に出力が一定になるように作用する装置. テレビや電話などに組み込まれている.

AGCM【atmospheric general circulation model】気大気大循環モデル. 地球規模の大気変動を表す数値モデル.

AGF ①【Asian Games Federation】競アジア競技連盟. 1982年にアジアオリンピック評議会(OCA)に改組. ②【angiopoietin-related growth factor】医アンジオポエチン関連成長因子. 肥満を防ぐ働きをするたんぱく質.

AGI【L'Alliance Graphique Internationale 仏】広美国際グラフィックデザイン連盟. グラフィックデザイナーの団体で, 1952年にパリで設立.

AGM ①【air-launched guided missile】軍空中発射誘導ミサイル．②【air-to-ground missile】軍空対地ミサイル．地上の目標に対して航空機から発射する．ASM．

AGMA【American Guild of Musical Artists】音劇米国音楽芸術家組合．舞台芸術にかかわる歌手，舞踏家，振付師，演出家，演奏家などが加入する．1936年に設立．

AGN【active galactic nuclei】天活動銀河核．活動銀河のエネルギー源である中心核．

AGP【accelerated graphic port】工軍インテルが提唱するパソコンのグラフィック専用の高速バス．

AGR【advanced gas-cooled reactor】理改良ガス冷却型原子炉．

AGT【automated guideway transit】社自動運転の軌道交通機関．主に都市で使われる．

AGV【automated guided vehicle】機無人搬送車．定まった経路を自動的に移動し，物品の搬送や受け渡しなどを行う．

AH【attack helicopter】軍攻撃ヘリコプター．

AH-64 軍アメリカ陸軍の主力攻撃ヘリコプター．通称はアパッチ．

AHC【acute hemorrhagic conjunctivitis】医急性出血性結膜炎．

AHL【American Hockey League】競(アイスホッケー)アメリカンアイスホッケーリーグ．NHL(北米プロアイスホッケーリーグ)の下部組織．

AHP【analytic hierarchy process】社階層分析法．集団意思決定法の一つ．1971年にアメリカのトーマス・サティーが提唱した．

AHS【advanced cruise-assist highway system】工走行支援道路システム．道路に埋め込まれた誘導システムをセンサーで感知し，自動車を自動運転する方式．

AHT【animal health technician】動獣医看護士．動物病院の助手，獣医助手のこと．

AI ①【artificial intelligence】工人工知能．②【Amnesty International】社国際アムネスティ．アムネスティインターナショナル．1961年に民間有志が設立した国際的な人権擁護組織．

AI言語【artificial intelligence language】工人工知能(AI)技術を利用したプログラミング言語．

AIBA【Association Internationale de Boxe Amateur】仏競(ボクシング)国際アマチュアボクシング協会．1924年に設立．

AIBD【Association of International Bond Dealers】経国際債券ディーラーズ協会．ユーロ債の売買を扱うディーラーが1969年に結成．

AIBO 機アイボ．ソニーが開発した犬型ペットロボット．1999〜2006年に販売．

AICA【Association Internationale de Critique d'Art】仏美国際美術評論家連盟．

AICC【Aviation Industry CBT Committee】工軍航空産業におけるコンピューターを利用した従業員の教育，訓練に関する国際的な団体．

AICO【ASEAN Industrial Cooperation】経アセアン産業協力計画．ASEAN域内の複数国で生産分業する企業に特恵関税を認める．

AICOスキーム【ASEAN Industrial Cooperation scheme】経企業内で貿易を行う時に，ASEAN域内での関税引き下げを前倒しで適用する構想．

AICPA【American Institute of Certified Public Accountants】経アメリカ公認会計士協会．

AID ①【Agency for International Development】政アメリカ国際開発局．途上国の援助機関．②【artificial insemination by donor】医生非配偶者間人工授精．夫以外の男性の精液を用いる．

AIDAの法則【AIDA's rule】広アイダの法則．Aは注目(attention)，Iは興味(interest)，Dは欲望(desire)，Aは行動(action)．

AIDCAの法則【AIDCA's rule】広アイドカの法則．Aは注目(attention)，I は興味(interest)，Dは欲望(desire)，Cは確信(conviction)，Aは行動(action)．

AIDMAの法則【AIDMA's rule】広アイドマの法則．Aは注目(attention)，I は興味(interest)，Dは欲望(desire)，Mは記憶(memory)，Aは行動(action)．

AIDS【acquired immunodeficiency syndrome】医後天性免疫不全症候群．エイズ．

AIDSの法則【AIDS's rule】広アイズの法則．Aは注目(attention)，Iは興味(interest)，Dは欲望(desire)，Sは販売(sell)．

AIH【artificial insemination by husband】医生配偶者間人工授精．

AIIB【Anti-Imperialist International Brigades】軍反帝国主義国際旅団．中東各地でテロ事件を起こした実態不明の組織．

AIM ①【air-launched intercept missile】軍空対空迎撃ミサイル．②【American Indian Movement】社アメリカインディアン運動．民族自決運動の一つ．

AIMS【Association of International Marathons and Road Races】競(陸上)国際マラソンロードレース協会．エイムズともいう．

AIP潜水艦【air independent propulsion submarine】軍スウェーデン海軍の空気不要推進システムをもつ潜水艦．1996年に就役．

AIPAC【American Israel Public Affairs Committee】社政アメリカ イスラエル広報委員会．アメリカ外交でイスラエル支持政策をとるようにさせる政治圧力団体．

AIPH【Association Internationale des Producteurs de l'Horticulture】仏植国際園芸家協会．1948年に設立．

AIPPI【Association Internationale pour la Protection de la Propriété Intellectuelle】仏経社国際知的財産保護協会．国際工業所有権保護協会(Association Internationale pour la Protection de la Propriété Industrielle 仏)として1897年に設立．2001年に名称変更．

AIPS【①Association Internationale de la Presse Sportive 仏】国際スポーツ記者協会．②【AIDS induced panic syndrome】医エイズ誘発パニック症候群．

AIQ制【automatic import quota system】経輸入自動割当制．通産省（現経済産業省）への輸入申請手続きだけで，割り当てを受けられる制度．

AIS【accounting information system】IT 営会計情報システム．情報の電子化により，事務処理コストの削減と会計作業の効率化を目的としている．

AISASの法則【AISAS's rule】広アイサスの法則．Aは注目（attention），Iは興味（interest），Sは検索（search），Aは行動（action），Sは情報共有（share）．

AISSF【All India Sikh Students Federation】政全インドシーク教徒学生連盟．アカリダル連合傘下の学生テロ組織．

AIU【American International Underwriters】アメリカ国際保険会社．

AIWF【Association of International Winter Sports Federations】競冬季国際競技連盟連合．

AIX　ITアメリカのIBMが開発した，同社のRS/6000上で稼働する商用UNIX系オペレーティングシステム．

AIZ【Antiimperialistische Zelle 独】政反帝国主義細胞．ドイツの左派武装組織．

AJJF【All Japan Judo Federation】競（柔道）全日本柔道連盟．全柔連．1948年に設立．

AJKF【All Japan Kendo Federation】競（剣道）全日本剣道連盟．

AK47【Automatic Kalashnikov-47】軍旧ソ連・中国製の自動小銃．

AKEL【Anorthotikon Komma Ergazomenon Laou 希】政キプロス労働者人民進歩党．

AL　①【artificial life】IT 理人工生命．生命現象を人工的システムで実現するもの．②【American Legion】社アメリカ在郷軍人会．③【American League】（野球）アメリカンリーグ．アメリカのプロ野球の二大リーグの一つ．④【Asia League Ice Hockey】競（アイスホッケー）アジアリーグ・アイスホッケー．日本を中心としたアジアのチームで2003年に創設．

ALA　①【Alliance for Labor Action】社アメリカの労働行動同盟．②【American Library Association】社アメリカ図書館協会．

ALADI【Asociación Latinoamericana de Integración 西】経ラテンアメリカ統合連合．1981年に設立した経済協力機構．

ALAR【approach landing accident reduction】着陸事故削減．航空機事故対策の一つ．

ALARA【as low as reasonably achievable】社理原子力発電所周辺の住民ができる限り被曝しないようにすること．合理的に達成可能な限り低くするという意．

ALARM【air launched anti-radar missile】軍アラーム．イギリス空軍用の対レーダーミサイル．

ALB【American land bridge】アメリカンランドブリッジ．国際的な輸送のすべてを海路によるのではなく，陸路も使って行う輸送方式の一つ．日本〜北アメリカ太平洋岸〜〈鉄道〉〜北アメリカ大西洋岸〜ヨーロッパのルートがよく用いられる．

ALBM【air-launched ballistic missile】軍空中発射弾道ミサイル．

ALC【autoclaved lightweight concrete】建軽量気泡コンクリート．断熱効果に優れる．

ALCM【air-launched cruise missile】軍空中発射巡航ミサイル．

ALE　①【atomic layer epitaxy】IT 原子層エピタキシー法．二種類の原料ガスを使い，ガス分子を吸着させた基板表面で，一原子層ごとに分解反応を起こして結晶成長させる方法．②【annual loss expectancy】営経年間予測損失額．損失の大きさを金額で示す方法の一つ．

ALF【Arab Liberation Front】軍政アラブ解放戦線．

ALFLEX【Automatic Landing Flight Experiment】機アルフレックス．小型自動着陸実験機．1996年に滑空飛行実験を行った．旧宇宙開発事業団が進めたHOPE開発の一環．

ALGOL【algorithmic language】IT算科学技術計算用のプログラミング言語．1960年代初頭にヨーロッパの学者たちが開発．

ALI【annual limit of intake】理放射性物質の年間摂取限度．

ALM【assets and liabilities management】営経資産負債管理手法．アメリカ大手商業銀行で開発された銀行の経営管理手法．

ALMA計画【Atacama Large Millimeter/Submillimeter Array project】理アタカマ大型ミリ波サブミリ波干渉計計画．日米欧の協力で，チリのアタカマ砂漠に巨大電波望遠鏡を設ける．2003年に開始．

AL-Mail　IT アルメール．横浜のクレアル提供のメール用ソフトウエア．

ALMS【American Le Mans Series】競（自動車）アメリカで開催されるスポーツカーの耐久レース．ルマン24時間レースと同じ規定で行われる．

ALOS【Advanced Land Observing Satellite】宇エイロス．日本の陸域観測技術衛星．2006年に打ち上げた．

Alpha　IT アルファ．DEC社が開発した縮小命令セットコンピューター（RISC）形のプロセッサー．

ALPS【advanced linear programming system】高度線形計画システム．

ALRT【advanced light rapid transit】社都市用の革新的な軌道システム．

ALS　①【automatic landing system】自動着陸装置．②【amyotrophic lateral sclerosis】医筋萎縮性側索硬化症．③【area licensing scheme】社シンガポールの自動車の都心乗り入れ抑制を図る賦課金方式．1975年に実施．

ALT【assistant language teacher】教外国語

690

◀ANSA

Altキー【alternate key】[I訳]オルトキー．アルトキー．キーボード上のキーの一つで，通常は別のキーと組み合わせて使う．

AltiVec　[I訳]アルティベック．アメリカのモトローラのPowerPC G4に追加されたマルチメディア処理命令群の総称．

ALU【arithmetic logic unit】[I訳]算術論理演算装置．加算・減算などの算術演算回路と論理和・論理積などの論理演算回路から構成される装置．

AM　①【ante meridiem 羅】　午前．a.m.　②【amplitude modulation】電波の振幅が変わることで電気信号を現す方式．振幅変調．③【Anand Marg】政アナンドマルグ．反共産主義のヒンズー教系過激派組織．1955年に結成．

AMステレオ【amplitude modulation stereo】放中波ラジオをステレオで放送する方式．

AMA　①【American Management Association】営アメリカ経営協会．②【American Medical Association】医アメリカ医学会．

AMANDA【Antarctic Muon and Neutrino Detector Array】理南極の氷の下に埋設した宇宙高エネルギーニュートリノ観測機．

AMDA【Association of Medical Doctors of Asia】医社アジア医師連絡協議会．アムダ．日本のNGOの一つ．アジアやアフリカで，緊急救援医療や長期の医療救助活動を行う．1984年に設立．本部は岡山．

AMeDAS　【automated meteorological data acquisition system】気アメダス．地域気象観測システム．

AMEX【American Stock Exchange】経アメックス．アメリカ証券取引所．ASEともいう．

AMF　①【Asian Multimedia Forum】[I]アジアマルチメディアフォーラム．アジア地域のマルチメディアに関連するサービスなどの整備を図る国際組織．1997年に設立．②【Asian Monetary Fund】経アジア通貨基金．1997年に日本が提唱した構想．

AMI【alternative mark inversion】[I訳]日本国内のISDNに導入されている，"1"を正負二つのパルスの状態で表して伝送する符号伝送方式．

AMI BIOS　[I訳]エーエムアイバイオス．アメリカのアメリカン・メガトレンドが開発した基本入出力システム（BIOS）．

AMM【antimissile missile】軍ミサイル迎撃ミサイル．

AMR　①【adaptive multirate】[I訳]最大12.2Kbpsの音声圧縮符号化方式．次世代携帯電話システムの一つに採用される．②【audio／modem riser】[I訳]アメリカのインテルが発表した，オーディオとモデムの機能を加えた拡張カードの規格．

AMRAAM　【advanced medium range air-to-air missile】軍アムラーム．新型中距離空対空ミサイル．

AMS【accelerator mass spectrometry】理加速器質量分析法．放射性炭素14などの半減期を測定し，年代を調べるのに用いる．

AMSA【advanced manned strategic aircraft】軍アメリカ空軍の新型有人戦略爆撃機．

AMSAM【antimissile surface-to-air missile】軍ミサイル攻撃地対空ミサイル．

AMT【alpha-methyltryptamine】薬麻薬に指定された薬物．デイトリッパーともいう．

AMTICS【advanced mobile traffic information and communication system】社新自動車交通情報通信システム．

Amtrak【American(travel on)track】アムトラック．全米鉄道旅客輸送公社．1970年に設立．

AMU　①【Asian Monetary Unit】経アジア通貨単位．アジア準備銀行などの計算単位．②【astronaut maneuvering unit】宇宇宙遊泳用操縦装置．③【Arab Maghreb Union】経アラブマグレブ連合．1989年に設立した北アフリカの地域経済協力機構．

ANA　①【All Nippon Airways】アナ．全日本空輸．全日空．②【Anaheim Angels】競（野球）アナハイム・エンゼルス．米大リーグの球団の一つ．

ANC【African National Congress】アフリカ民族会議．反アパルトヘイト運動を進めた南アフリカの黒人解放組織．1912年に設立．24年に改称し，90年に合法化された．

ANCOM【Andean Common Market】アンコム．アンデス共同市場．1969年に発足．

AND回路【AND circuit】[I訳]アンド回路．論理演算のうち，論理積を行う回路のこと．

ANF【Atlantic nuclear forces】軍大西洋核戦力．

ANG【American Newspaper Guild】アメリカ新聞協会．1933年設立の新聞労働者の団体．

ANK【Alphabet, Numerals and Kana】[I訳]アンク．半角の英数字，記号，カタカナの文字の総称．日本工業規格で定められた8ビットの文字コードが割り当てられている．

ANN【All Nippon News Network】放テレビ朝日系列のニュース放送網．

ANO【Abu Nidal Organization】政アブニダル機構．ファタハ革命評議会．パレスチナ人テロ組織の一つ．1974年に結成．

ANOC【Association of National Olympic Committees】競各国オリンピック委員会連合．1979年に設立．

anonymous ftp　[I]イアノニマスエフティーピー．ftpサーバーに対して匿名でアクセスできるようにしたftp．

ANPA【American Newspaper Publishers Association】　社アメリカ新聞発行者協会．

ANRPC【Association of Natural Rubber Producing Countries】経天然ゴム生産国連合．

ans.【answer】答え．

ANSA【Agenzia Nazionale Stampa Associata 伊】　ANSA通信社．イタリアの代表的国際通信社．1945年に新聞組合の運営で創立され，49年に半官半民となる．

A

691

ANSER▶

ANSER【Automatic Answer Network System for Electrical Request】 ①アンサー．NTT データが提供する自動音声照会通知システム．

ANSI【American National Standards Institute】①アンシー．米国規格協会．アメリカの工業分野の規格統一と標準化を目指す．1928年にASAを設立し，66年にUSASIと改称．さらに69年にANSIと改称．

ANSP【Agency for National Security Planning】韓国の国家安全企画部．1961年に発足したKCIAが母体．99年に廃止．

ANTARES計画【Astronomy with a Neutrino Telescope and Abyss environmental RESearch】理地中海中に設置した観測装置．ミューオンが作るチェレンコフ光から宇宙高エネルギーニュートリノを観測．

ANTOR【Association of National Tourist Office Representatives in Japan】在日外国政府観光代表者協議会．

ANZCERTA【Australia-New Zealand Closer Economic Relationship Treaty Agreement】オーストラリア・ニュージーランド経済協力緊密化協定．CERともいう．

ANZUK【Australia, New Zealand and the United Kingdom】軍アンザク．イギリス，オーストラリア，ニュージーランドの連合軍．

ANZUS【Australia, New Zealand and the United States】アンザス．太平洋安全保障条約．1951年に締結．86年ニュージーランドが離脱．

AO【admission office】教アドミッションオフィス．大学の入学試験事務室．

AO入試【admission office —】教書類審査や面接など人物本位の選抜を行う大学入試の方式．専門の委員会などが担当する．

AOA【angle of attack】理迎角．航空機の進行方向と機体の中心線のなす角度．

AOC【appellation d'origine contrôlée 仏】フランスの原産地統制名称．またその認定された良質のブドウ酒．

AOCE【Apple Open Collaboration Environment】①算マッキントッシュの通信機能を使いオフィスでのグループ作業を援助する環境のこと．アメリカのアップルコンピュータが開発．

AOD【advanced optical disc】①次世代大容量光ディスクの一種．

AO/DI【always on / dynamic ISDN】①ISDNのDチャンネルを利用して，インターネットの常時接続を可能にする技術．

AOL【America Online】①アメリカオンライン．世界有数のインターネット接続サービス提供事業者．総合メディア企業タイムワーナーの事業の一つ．2000年にAOLとタイムワーナーが合併し社名がAOLタイムワーナーとなったが，04年にタイムワーナーに戻した．

AOR【adult-oriented rock】音大人向けのロック音楽．

AOSIS【Alliance of Small Island States】政小島しょ国連合．43の島国が参加．

AP ①【account planner】広アカウントプランナー．顧客の広告計画から実施まですべてを遂行する広告会社側の責任者．②【American plan】社アメリカンプラン．室料・食事代・サービス料を合算するホテル料金制度．③【armor piercing】軍徹甲弾．戦車の装甲を高速エネルギーで撃破する．④【Associated Press】AP通信社．アメリカのニューヨークに本社をもつ，世界最大の通信社．1848年に設立．

APAN【Asia-Pacific Advanced Network】①算高速次世代インターネットに接続する国際的ネットワークの一つ．

APC ①【automatic pallet changer】機自動パレット交換装置．②【adaptive prediction coding】①算適応予測符号化．音声信号符号化方式の一つ．③【Asian Paralympic Committee】競アジアパラリンピック委員会．④【armored personnel carrier】軍装甲兵員輸送車．⑤【Atoms for Peace Conference】ICPUAE（原子力平和利用国際会議）の略称．

APCM【adaptive pulse code modulation】①算適応型パルス符号変調．近傍の信号の変化に応じて量子化スナップを変える音声信号符号化方式の一つ．

APD【avalanche photodiode】理アバランシフォトダイオード．高感度で高速応答の光検出用ダイオード．

APEC【Asia-Pacific Economic Cooperation】エーペック．アジア太平洋経済協力会議．アジアと太平洋地域の21か国・地域の協力体制．事務局はシンガポールに設置．

APEC首脳会議【APEC —】アジア太平洋経済協力会議の各国首脳が意見交換を行う会議．政治的機能が増している．1993年の経済非公式首脳会議が始まり．

APEX【advance purchase excursion】社アペックス．先払い航空運賃の割引制度．

APGM【autonomous precision guided munition】軍自律精密誘導兵器．

API ①【application program interface】①算OSの基本的な機能をアプリケーションソフトが呼び出して利用するための仕様や方法，またはそのための関数が記述されたプログラム．②【American Petroleum Institute】アメリカ石油協会．

API度【API's Baumé degree】化理アメリカ石油協会（API）が定めた比重測定単位．

APL ①【American President Lines】アメリカンプレジデントラインズ．アメリカの船会社．②【A Programming Language】①算数値計算向きのプログラム言語．1956年にアメリカのK.E.アイバーソンが考案．

APM【advanced power management】①算コンピュータの節電機能に関する規格．インテルとマイクロソフトが制定．

APMT【Asia Pacific Mobile Telecommunications Satellite】①字日本，中国，シンガポ

◀ ARM

ールなどの企業が共同出資した静止衛星通信事業者．

APN【Agentstvo Pechati Novosti 露】旧ソ連のノーボスチ通信社．1951年に設立．ノーボスチはニュースの意．

APNIC【Asia Pacific Network Information Center】Ｉイエイピーニック．アジア太平洋地域のIPアドレスを割り当てる責任を負う団体．

APO ①【Asian Productivity Organization】アジア生産性機構．②【Army Post Office】アメリカの軍事郵便局．

APOP【authenticated post office protocol】Ｉイエーポップ．CRAMと呼ばれるパスワード暗号化技術を利用した，ユーザー認証用のコマンド．

APP【advanced placement program】教アメリカの飛び級制度の一つ．高校生が協定大学の授業を受けて単位を修得したり，高校認定の授業を大学の単位とする方法などがある．

AppleTalk Ｉ算マッキントッシュ用のLANの規格．またはそのネットワークソフトウエア．アップルコンピュータが1985年に発表．

APPN【advanced peer-to-peer networking】ＩイアメリカのリBMが提唱するSNAと呼ばれるネットワーク体系の中の，水平分散型ネットワーク体系．

APPU【Asia-Pacific Parliamentarians' Union】政アジア太平洋国会議員連合．

APRA ①【Asia Pacific Research Association】社アプラ．アジア太平洋平和研究学会．1980年に創立．国際平和研究学会（IPRA）の地域協力団体．②【Alianza Popular Revolucionaria Americana 西】アプラ．アメリカ革命人民同盟．

APROC【Asia Pacific Regional Operations Center】アジア太平洋オペレーションセンター．1995年に台湾当局が発表した，欧米の多国籍企業の東アジア進出時に，台湾に拠点を置くことを目指す構想．

APS ①【automatic protection switching】Ｉ算故障時に自動的にバックアップルートに切り替わる機能．②【Advanced Photo System】Ｉ写イーストマンコダック，富士写真フイルム，キヤノン，ニコン，ミノルタの5社共同で規格開発した写真システム．③【AIDS panic syndrome】医エイズによるパニック症候群．④【advertising promise system】広社広告被害限定保証システム．⑤【Amateur Photographic Society】写アメリカアマチュア写真協会．⑥【Advanced Photon Source】理7GeV電子貯蔵リングの高輝度放射光で，幅広い科学技術研究を支援するアメリカの放射光施設．

APT ①【automatically programmed tools】Ｉ算工作機械の数値制御用としてのプログラム言語．②【automatic picture transmission】自動送画装置．③【Advanced Passenger Train】機関イギリスの超特急．ロンドン～グラスゴー間を走る．

APWR【advanced pressurized water reactor】理新型加圧水型軽水炉．原子炉の一種．

APWW【Asia Pacific Women's Watch】社アジア太平洋女性監視機構．アジア太平洋地域のNGO（非政府組織）の活動を調整・監視する．

AR【artificial reality】Ｉ人工現実．デジタル技術を用いて構築された架空の現実世界．仮想現実．

A&R【artists and repertoire】音レコード会社の制作担当社員．

ARコート【antireflection coating】Ｉ算ディスプレー表面に光学素材によるコーティングを施し，光を干渉させることで反射を低減させる処理．

ARパネル【antireflection panel】Ｉ算ディスプレー表面に配置することで外向反射を抑える，光の反射防止処理を施したパネル．

ARA【Apple remote access】Ｉ算マッキントッシュで，電話回線と変復調装置を介して利用するネットワーク用のソフトウエア．

ARAMCO【Arabian-American Oil Company】アラムコ．アラブ アメリカ石油会社．

ARC【AIDS related complex】医エイズ関連症候群．エイズによる免疫不全の症状が二つ以上存在する状態．

Archie Ｉ算アーチー．公共に入手できる膨大なファイル名のデータベース．

Arcstar Ｉイアークスター．NTTコミュニケーションズなどが企業向けに提供しているネットワークサービス．

ARD【Arbeitsgemeinschaft der Rundfunkanstalten Deutschlands 独】政ドイツ公共放送連盟．ドイツ第1テレビを共同運営．

ARDC【Air Research and Development Command】アメリカの航空技術本部．

ARDE【Alianza Revolucionaria Democrática 西】政民主革命同盟．ニカラグアの反共軍事ゲリラ組織．1981年に結成．

ARDS【adult respiratory distress syndrome】医成人型呼吸窮迫症候群．

ARENA【Alianza Republicana Nacionalista 西】政民族主義共和国盟．エルサルバドルの極右政党．

ARF【ASEAN Regional Forum】アセアン地域フォーラム．アジアの安全保障問題を討議する多国間枠組みで，1994年から開催．

ARI【Asian Rugby Institute】競(ラ)アジアラグビー研究機関．日本ラグビー協会の主導で24の国・地域が参加，アジア流のラグビースタイルの確立を目指す．

ARIB【Association of Radio Industries and Businesses】Ｉアライブ．電波産業会．通信・放送分野に関する研究・開発や標準化を行う社団法人．

ARIN【American Registry for Internet Numbers】Ｉイ南北アメリカ，カリブ海沿岸，アフリカ南部諸国を対象に，IPアドレスやドメイン名に関する業務を行う非営利組織．

ARM ①【anti radar missile】軍アーム．対レーダーミサイル．レーダーなどの電波源にパッシブホーミングで誘導され破壊する．②【Abortion Right-

693

A

s Mobilization】社中絶権のための動員．女性の妊娠中絶を選ぶ権利を主張するアメリカの民間団体．
ARP ①【antiradiation projectile】軍敵レーダーの発信源を探知して，目標を破壊する単体ミサイルの総称．対ミサイル弾．②【address resolution protocol】IT算IPアドレスから物理アドレスを求めるのに使う通信規約．
ARPA【Advanced Research Project Agency】政アーパ．アメリカの国防総省高等研究計画局．軍民両用技術などの計画を進める．1996年にDARPAから旧名のARPAに改称．
ARPANET【Advanced Research Project Agency Network】IT算アーパネット．ARPAネット．ARPA（アメリカの国防総省高等研究計画局）が作ったコンピューターのネットワーク．インターネットの基になったもの．NSFNETに引き継いで，1990年に運用終了．
ARPANETプロジェクト【ARPANET project】IT算アメリカ国防総省の高等研究計画局（ARPA）が進めたプロジェクト．1960年代後半に分散コンピューターシステムの構築を目指して始まった．
ARS ①【audio response system】IT算音声応答システム．コンピューターの入出力を音声で行う仕組み．②【advanced record system】IT算コンピューターの記録通信システム．
ART【assisted reproductive technology】医生殖補助医療．不妊治療で行う．
ARTEMIS【advanced relay and technology mission satellite】IT算先端型データ中継技術衛星．移動体通信の中継実験を行う日本の静止軌道衛星．
ARTS【Association of Retailers of TV-game Software】IT算テレビゲームソフトウエア流通協会．1996年に家庭用ゲーム機のソフトウエアの販売各社が結成．
ARV【anti-retroviral drug】薬エイズ治療の抗レトロウイルス薬．
AS【autonomous system】IT算最適経路を計算するアルゴリズムを使って経路制御を行うためのプロトコル（OSPF）を用いて運用される自律的なシステム．
AS洗剤【alkyl sulfate detergent】化硫酸エステル塩を界面活性剤とした洗剤．
ASA ①【Association of Southeast Asia】東南アジア連合．②【American Standards Association】工アーサ．フィルム感度の表示．現在はISO（国際標準化機構）感度を用いる．
ASAHIネット【ASAHI net】IT算アサヒネット．朝日新聞社系列の朝日ネットが運営するインターネットサービスプロバイダー．
ASALA【Armenian Secret Army for the Liberation of Armenia】軍アルメニア秘密解放軍．アルメニア人亡命者のテロ組織．1975年にベイルートで結成．
ASALM【advanced strategic air-launched missile】軍新型戦略空中発射ミサイル．
ASAT【anti-satellite】軍エーザット．アメリカの対衛星攻撃兵器．またその技術．

ASB【Accounting Standards Board】営経企業会計基準委員会．日本の会計基準の決定に全権をもつ組織．
ASC【American Society of Cinematographers】映アメリカ映画撮影監督協会．
ASCA ①【advisory specialist for consumer's affairs】社アスカ．消費生活アドバイザー．経済産業大臣認定の公的資格で，主に企業内消費生活相談担当者．②【Asian Students Cultural Association】アジア学生文化協会．③【Association for Science Cooperation in Asia】アジア科学協力協会．
ASCAP【American Society of Composers, Authors and Publishers】社アスキャップ．米国作曲家・著作家・出版者協会．著作権の保護などを行う．
ASCII【American standard code for information interchange】IT算アスキー．1963年に米国規格協会が制定した情報交換用米国標準コード．かなや漢字は表現できない．
ASCII配列キーボード【ASCII layout keyboard】IT算アスキー配列キーボード．英語キーボード．キートップに日本語は示されていない．
ASCM【antiship cruise missile】軍対艦巡航ミサイル．
ASD【acute stress disorder】医急性ストレス障害．ストレス直後に起きる精神障害．
AsDB【Asian Development Bank】経アジア開発銀行．地域開発銀行の一つ．1966年に設立．ADBともいう．
ASDE【Airport Surface Detecting Equipment】理空港面探知レーダー．
ASDF【Air Self-Defense Force】軍日本の航空自衛隊．
ASEAN【Association of South-East Asian Nations】政アセアン．東南アジア諸国連合．東南アジアの地域協力機構．1967年に結成．インドネシア，マレーシア，フィリピン，シンガポール，タイ，ベトナム，ブルネイ，ラオス，ミャンマー，カンボジアの10カ国が加盟．
ASEAN経済共同体【ASEAN Economic Community】経2020年を目標に，財貨・サービス・ヒト・カネの域内移動を自由化，ASEAN（東南アジア諸国連合）を単一の市場・生産基地とする構想．
ASEAN自由貿易地域【ASEAN Free Trade Area】経1992年にシンガポールのASEAN首脳会議で合意された域内自由貿易地域．AFTAともいう．
ASEAN地域フォーラム【ASEAN Regional Forum】政アジア太平洋地域の安全保障問題を域内諸国が討議するため設立した多角的枠組み．1993年のASEAN拡大外相会議で創設を合意し，94年から開催．ARFともいう．
ASEANトロイカ【ASEAN troika】政ASEAN（東南アジア諸国連合）の3カ国の外相で構成される調停組織．域内の緊急問題や安全保障問題に対処する．

ASEAN10【東南アジア諸国連合(ASEAN)に1999年カンボジアが加わり、67年創設時のタイ、マレーシア、インドネシア、フィリピン、シンガポールと、その後に加入したブルネイ、ベトナム、ラオス、ミャンマーで加盟国数が10となったこと。

ASEM【Asia-Europe meeting】政アジア欧州会議．東南アジア諸国連合(ASEAN)に日中韓を加えたアジア側と、欧州連合(EU)との首脳会議．1996年より開催．

ASF ①【advanced streaming format】IIイ さまざまな情報をひとまとめにして、インターネットでストリーミング配信するのに用いるファイル形式．マイクロソフトが開発．②【auxiliary security force】軍補助安全部隊．テロ活動防止などに当たる武装部隊．

ASG【Abu Sayyaf Group】軍政アブサヤフ．フィリピンのイスラム原理主義系のテロ組織．1991年に結成．

ASI【Agenzia Spaziale Italiana 伊】字イタリア宇宙事業団．1988年に設立．本部はローマ．

ASIC【application specific integrated circuit】Iエーシック．特定のユーザーや用途に向けて開発された大規模集積回路(LSI)．

ASIO【Audio Stream Input/Output】I算ドイツのスタインバーグ社が開発したオーディオシステム．専用のソフトウエアとハードウエアを用いて、質の高いオーディオ環境の構築を可能にする．

ASM ①【air-to-surface missile】軍空対地ミサイル．AGM．②【air-to-ship missile】軍空対艦ミサイル．③【Armored System Modernization Program】軍アメリカ陸軍の機甲システム近代化計画．

ASMD【antiship missile defense】軍対艦ミサイル防衛．空中や海上からミサイル攻撃された時に艦艇を防御する．

ASMEスタンプ【American Society of Mechanical Engineers Stamp】営社アスメスタンプ．アメリカの民間技術団体による自主的な工業規格．

ASMO【advanced storage magneto-optical】I算アスモ．直径12cmのディスク1枚につき6GBの容量をもつ次世代光磁気ディスク．

ASN ①【Autorité Sportive Nationale 仏】競各国でモータースポーツを統轄する機関．わが国では日本自動車連盟(JAF)が当たる．②【Agentstvo Sovietskikh Nyus 露】モスクワ放送のニュースを提供する日本の通信社．

ASNE【American Society of Newspaper Editors】社アメリカ新聞編集者協会．

ASOIF【Association of Summer Olympic International Federations】競夏季五輪国際競技連盟連合．

ASP ①【application service provider】Iイ業務用などのアプリケーションソフトウエアをインターネット経由で提供する業者．②【active server pages】I算ユーザーの要求に応じてWebサーバー内で処理結果をHTML形式で出力してページを生成する仕組み．

ASPC【ASEAN Regional Forum Security Policy Conference】政ARF安全保障会議．ARF(ASEAN地域フォーラム)加盟国の国防担当高官による国際会議．

ASPCA【American Society for Prevention of Cruelty to Animals】社アメリカ動物愛護協会．

ASPI【Advanced SCSI Programming Interface】I算異なるベンダーのSCSI機器同士の接続を可能とするSCSIデバイス制御インターフェース．

ASQC【American Society for Quality Control】営社アメリカ品質管理協会．

ASROC【antisubmarine rocket】軍アスロック．対潜水艦攻撃用ロケット．

ASSP【application specific standard product】I算特定用途向けのICチップの一つ．CD用LSIや通信用LSIなどの専用標準品．

ASTAP【Asia-Pacific Telecommunity Standardization Program】I算アジア太平洋電気通信標準化機構．地域内における電気通信分野の標準化を推進する国際組織．

ASTOVL【advanced short take-off and vertical landing】軍アストブル．次期短距離離陸・垂直着陸機．

ASTP【Apollo-Soyuz Test Project】字アポロ・ソユーズ共同宇宙飛行計画．

ASV【advanced safety vehicle】I算高度安全自動車．先進安全自動車．電子制御技術で事故防止を図る．運輸省(現国土交通省)が1991年から推進．

ASW ①【antisubmarine warfare】軍対潜水艦戦の総称．②【antisubmarine weapon】軍対潜水艦兵器．

AT ①【automatic transmission】機オートマチックトランスミッション．自動車の走行中にギアを自動的に変速する．②【assertiveness training】社アサーティブネストレーニング．主張訓練法．アサーショントレーニングともいう．③【alternative technology】環代替技術．資源破壊やエネルギー浪費の在来技術に代わる、資源循環や省エネルギー型の新技術．④【achievement test】教学力テスト．

ATコマンド【AT command】I算変復調装置の制御に使われるコマンド体系の規格．

AT車【automatic transmission car】機自動変速装置付きの自動車．

ATA【AT Attachment】I算ハードディスク接続のための標準的な規格．ATはアメリカのIBMが販売したパソコンの通称．

ATACMS【army tactical missile system】軍アメリカ陸軍の戦術用弾道ミサイル．

ATAPI【advanced technology attachment packet interface】I算アタッピー．アタッピー．ハードディスク以外の周辺機器をコンピューターに接続させるための規格．

ATB ①【all terrain bike】機オールテレインバイク．全地形型自転車．市街地から山野までどこでも走れる自転車．②【advanced technology

◀ A TB

695

A TC▶

bomber】軍ステルス技術を用いた高度技術爆撃機.

ATC ①【automatic tool changer】経自動工具交換装置. 数値制御工作機械の装置の一つ. ②【automatic train control】機自動列車制御装置. 指令速度を受信し, 自動的にブレーキ操作が行われ, 加速・減速をする. ③【air traffic control】社航空交通管制. ④【Asia and Pacific Trade Center】経社アジア太平洋トレードセンター. テクノポート大阪に開設した国際貿易地区.

ATF ①【advanced tactical fighter】軍次期戦術戦闘機. アメリカが21世紀初頭の就役を目指している制空戦闘機. ②【Bureau of Alcohol, Tobacco and Firearms】政アメリカのアルコール・タバコ・火器局. 財務省の機関の一つ.

ATG【Art Theater Guild】日本アートシアターギルド.

Athlon I算アスロン. アメリカのAMD製CPUの一つで, インテルのPentium IIIの対抗製品. コストパフォーマンスが高い.

ATI【Appropriate Technology International】社国際適正技術. 途上国などで地域に適した技術指導を行い, 市場形成に至るまでの地域の自立を支援する機関. 1976年にアメリカで設立.

ATIS【Advanced Traffic Information Service】I算アティス. 高度交通情報サービス. 東京都出資の第三セクターが1994年から開始.

ATL ①【adult T-cell leukemia】医成人T細胞白血病. リンパ球中のT細胞が異常増殖する. ②【Atlanta Braves】競(野球)アトランタ・ブレーブス. 米大リーグの球団の一つ.

ATM ①【automated teller machine】経現金自動預け払い機. ②【asynchronous transfer mode】I算非同期転送モード. 送信する情報を一定の長さに分割して送信する技術. 広帯域ISDNで用いる技術. 伝送すべきデータがある時のみネットワークに情報伝送するため, 非同期と呼ばれる. ③【Adobe type manager】I算アウトラインフォントを表示するソフトウエア. アドビシステムズが開発. ④【at the money】経債券先物オプション取引で, 行使価格が先物の価格に対して, 有利でも不利でもない状態. ⑤【air traffic management】社航空交通管理. 航空交通の全体状況を一元的に把握・管理する. ⑥【antitank missile】軍対戦車ミサイル.

ATM交換システム【asynchronous transfer mode switching system】I算ATM(非同期転送モード)交換機をノードとした高速交換システム.

ATM25【asynchronous transfer mode 25】I算アメリカのIBMが提唱した伝送速度が25MbpsのATM方式ネットワークの仕様.

ATM LAN【asynchronous transfer mode LAN】I算エーティーエムラン. 高速なデータ転送を可能にする, 非同期転送モードを利用したLAN.

ATO【automatic train operation】機自動列車装置. 発車, 運転制御, 定位置停止などをすべて自動的に行う.

ATOK【automatic transfer of kana-kanji】I算エイトック. ワープロソフト「一太郎」のかな漢字自動変換機能.

ATP ①【adenosine triphosphate】医アデノシン三リン酸. 生物のエネルギー源となる物質. ②【Association of Tennis Professionals】競プロテニス選手協会. 1968年に男子選手で組織され, コンピューターランキングを発表する. ③【advanced turboprop】機先進ターボプロップ. 航空機の次世代エンジン.

ATR【advanced thermal reactor】理新型転換炉. 熱中性子原子炉の一つ.

ATRAC【Adaptive Transform Acoustic Coding】I算MDで用いる音声圧縮技術. データ量が約5分の1に圧縮できる. MDは, ソニーが開発した光磁気記録方式のディスクメディア.

ATS ①【automatic train stop】機自動列車停止装置. 運転士をバックアップし, 停止信号機に接近すると衝突事故を未然に防ぐため作動する. ②【alternative trading system】証経代替的取引システム. ③【Applications Technology Satellite】字アメリカの応用技術衛星. ④【automatic transfer service】経自動振替サービス.

ATS-P【Automatic Train Stop-Pattern日】機ATS(自動列車停止装置)の一型式. 停止位置までの距離を列車に伝達し, 最適な減速が行われない場合にブレーキを作動させる.

ATS-SW【Automatic Train Stop-Signal West type 日】機ATS(自動列車停止装置)の一型式. 速度超過を検知してブレーキを作動させる. ATS-SをJR西日本が改良した.

AT&T【American Telephone and Telegraph Corporation】I算米国電話電信会社. 1984年に分割・再編成された. 主に長距離, 国際事業を営む.

ATTC【Association for the Taxation of Financial Transacions for the Aid of Citizens】経社政国際的な非政府組織の一つ. 市民のための金融投機に課税を求めるアソシエーション. 1998年にフランスで設立.

ATTU ①【from the Atlantic to the Ural Mountains】全欧州のこと. 大西洋からウラル山脈までの地域をいう. ②【Asian Table Tennis Union】競(卓球)アジア卓球連合.

ATV ①【all-terrain recreational vehicle】機全地形型のレクリエーション用車両. バギー車などをいう. ②【automated transfer vehicle】字ESA(欧州宇宙機関)の自動宇宙補給機. ③【advanced television】I算高画質化を図る先端テレビ方式全体を指す呼称. アメリカの高解像度テレビ.

ATX仕様【ATX Specification】I算製造コストの引き下げを目指してアメリカのインテルが提唱した, 現在最も主流なマザーボード仕様の一つ.

AU ①【astronomical unit】医天文単位. 一天文単位は地球と太陽の平均距離. ②【African Union】アフリカ連合. 2002年に発足.

au 【Ⅰ】エーユー．KDDIとセルラーグループが提供する，移動体通信サービスの統一呼称．

AUC【Autodefensas Unidas de Colombia 西】社コロンビア自警団連合．右派自警武装集団の一つ．

AUP【acceptable use policy】Ⅰｲそれぞれのネットワークで，利用する時に規定してある約束事．

AUTOEXEC.BAT 【Ⅰ算】MS-DOSの起動時に自動的に読み込まれるバッチファイル．パスや環境変数，常駐プログラムの起動などのシステム環境の設定を記述する．

AUV【Asian utility vehicle】営機アジア実用車．アメリカや日本の自動車会社がアジア向けに製造して，安価で実用本位の車．

AV ①【audio-visual】視聴覚の．②【adult video 日】アダルトビデオ．成人向けのビデオソフト．英語はpornographyという．③【artistic value】競新体操の採点項目．構成や動きと音楽の調和，手具操作の多様性などを採点する．芸術的価値ともいう．

AVアンプ【audio-visual amplifier】映像機器を接続して，テレビやスクリーンなどとAVシステムを組むためのアンプ．

AVシステム【audio-visual system】映像ソフトを高画質・高音質で視聴するシステム．

AVディスプレー【AV display】Ⅰ算AV(オーディオビジュアル)対応のディスプレー．最近では平面・薄型・高画質化が進んでいる．

AVC ①【automatic volume control】自動音量調整．②【American Veterans Committee】軍アメリカ在郷軍人会．③【Alfaro Vive, Carajo! 西】政アルファロビベカラホ．エクアドルの反政府組織．

AVE【Alta Velocidad Española 西】機スペインの超高速列車．1992年にマドリード～セビリア間で運転開始．

Ave.【avenue】…通り．…街．大通り．

AVERAGE関数【AVERAGE function】Ⅰ算アベレージ関数．統計の時などに指定した範囲の平均値を求める関数．

AVG【batting average】競(野球)打率．BA．

AVI【audio video interleaved】Ⅰ算Windows標準のムービーファイル形式．Windows Media Playerなどで再生ができる．

AVIP【audio video intellectual property】Ⅰ算日本のビクターとアメリカのフェニックスが共同開発したデジタル家電用の通信仕様．

AVMシステム【automatic vehicle monitoring system】Ⅰ算車両位置等自動把握システム．通信衛星を用いて運行車両の位置や状況などを管理する．

AVR【automatic voltage regulator】Ⅰ算自動電圧安定装置．コンピューターの電源電圧変動による誤作動を防ぐ装置．

AVVID【architecture for voice, video and integrated data network】Ⅰ算音声，ビデオ，データを統合したネットワークの構造概念．アメリカのシスコシステムズが提唱．

AWACS【airborne warning and control system】軍エーワックス．早期警戒管制機．空中警戒管制機．

AWADS【adverse weather aerial delivery system】気アメリカ空軍が用いる気象読み取り装置．物資の空中投下などで使う．

AWC【Association of the Wildlife Conservation】社野生生物保存協会．

awk 【Ⅰ算】オーク．テキストファイルを操作・処理するための汎用処理ソフトウエア．

AWPS【At Work Printing Software】Ⅰ算Windowsでの印刷環境を向上させるソフトウエア．アメリカのマイクロソフトが提唱．

AWS【aegis weapon system】軍イージス武器システム．電子走査レーダーと艦対空ミサイルを用いる防空艦艇の設備方式．

AXパソコン【architecture extended PC】Ⅰ算従来のPC互換機に日本語処理機能を付加したパソコン．

AZ ①【Arizona Diamondbacks】競(野球)アリゾナ・ダイヤモンドバックス．米大リーグの球団の一つ．②【Al-Zulfikar】軍政アルズルフィカル．パキスタンの反体制派テロ組織．1979年に結成．

AZO【Al-Zulfikar Organization】軍政アルズルフィカル機関．パキスタン人民党の青年党員が海外に結成したテロ組織．

AZT【azidothymidine】薬アジドチミジン．アメリカの食品医薬品局が認可したエイズの薬の第1号．

B

B型肝炎【hepatitis type B】医B型肝炎ウイルスによって起こる肝炎．

B型肝炎ワクチン【hepatitis B vaccine】薬B型肝炎の予防ワクチン．HBs抗原陽性のヒト血漿を原料にしたものと，遺伝子組み換え法によるものがある．

B株 経中国企業が外国資本の導入を図り発行する外国人向けの株式．人民元建て特殊株．

B級映画【B movie】映低予算で製作される映画．

B決勝 競(水泳)予選タイムの9～16位が出場して行う決勝レース．

B細胞【B cell】生リンパ球の一種で，胸腺に依存しないで分化するもの．

Bスプライン曲線【B-spline curve】Ⅰ算コンピューターグラフィックスで用いるパラメーターで曲線を表現する方法の一つ．

Bチャンネル【B channel】Ⅰｲ ISDNの通信チャンネルの一つ．64kbpsの伝送速度がある．インターネットで実際に音声やデータが流れるチャンネルに使うのが一般的．

Bファクトリー【B factory】理素粒子相互作用のCP対称性破れを実験するための，B中間子発生の加速器．

B-1B 軍アメリカ空軍の戦略爆撃機の一つ．1998年

B-2▶

に初の実戦参加.

B-2【軍アメリカ空軍の戦略爆撃機. 初のステルス全翼機. ノースロップ・グラマン社が開発した.

B-52H【軍アメリカ空軍の戦略爆撃機の一つ.

B777【Boeing 777】機ボーイング777. アメリカのボーイング社と日本の航空業界が共同開発した旅客機.

BA①【banker's acceptance】経銀行引受手形. 商品の輸出入などに必要な資金の融資を受けるため, 貿易業者が振り出し, 銀行が引き受けた期限付き為替手形. ②【bank automation】銀行自動化. ③【batting average】競(野球)打率. A VGともいう.

B.A.【Bachelor of Arts】教文学士.

BA-2ロケット【BA-2 launch vehicle】機アメリカの液体燃料3段式ロケット.

BAA【Bicycle Association Japan Approved】機自転車協会認証. 日本で自転車の安全基準に合格した車種に付ける.

BAC【Budget and Administrative Committee】アジア太平洋経済協力会議(APEC)行財政委員会.

BackOffice I算バックオフィス. Windows NT/Windows 2000サーバー用のアプリケーションを統合したパッケージ.

Back Spaceキー【backspace key】I算バックスペースキー. キーボード内のキーの一つ. カーソルのすぐ左の文字を削除することができる.

BACP【bandwidth allocation control protocol】I算利用する帯域の大きさを相手側と交渉する機能をもった, MPを拡張した帯域幅調整プロトコル.

BADGE【Base Air Defense Ground Environment system】軍バッジシステム. 航空自衛隊の自動警戒管制組織.

BAL①【Bangladesh Awami League】政アワミ連盟. バングラデシュの政党の一つ. ②【Baltimore Orioles】競(野球)ボルティモア・オリオールズ. 米大リーグの球団の一つ.

BANCS【Banks Cash Service】経バンクス. 都銀キャッシュサービス. 1984年に開始.

Base64 I算ベース64. 電子メールによってバイナリーデータをやりとりする時に用いられるデータ変換方式の一つ.

BASIC【Beginner's All-purpose Symbolic Instruction Code】I算ベーシック. ソフトウエア記述言語の代表的なものの一つ. 1964年にアメリカのジョン・G. ケメニーとトーマス・E. カーツが開発.

B&B【bed and breakfast】営社英米での民宿の一方式. 旅行者に朝食付きで自宅の空室などを提供するサービス.

BB①【baby boomer】社ベビーブーマー. 第二次大戦直後のベビーブーム時代に生まれた世代. ②【Big Brother】政社ビッグブラザー. 警察国家に君臨する独裁者や独裁的組織. ③【base on balls】競(野球)四球.

BBケーブルTV I ビー・ビー・ケーブルが提供する有線テレビ放送サービス. 商標名.

BB証券【broker's broker bond】経日本相互証券の機能を指していう場合の略称. BB は証券会社(ブローカー)間の仲介の意.

BBフォン I ソフトバンクグループが提供するIP電話サービス. 2002年に開始. 商標名.

BBレシオ【book-to-bill ratio】I経半導体の受給動向を示す指標の一つで, 半導体市場の受注額と出荷額の比率.

B.B.A.【Bachelor of Business Administration】教経営学士.

BBB【Better Business Bureau】社アメリカのベタービジネス協会. 商品に対する苦情処理や誇大広告のチェックなどを行う.

BB-BSA【Big Brothers and Big Sisters of America】社少年少女の更生を手伝う活動などを目的とするボランティアの, アメリカの全国団体. 1904年に発足. 本部はペンシルベニア州のフィラデルフィア.

BBC【British Broadcasting Corporation】放英国放送協会.

BBCトラスト【BBC Trust】放英国放送協会(British Broadcasting Corporation)の外部管理機構.

BBCC【Broadband-network Business Chance & Culture Creation】I算新世代通信網実験協議会. 電子図書館など各種マルチメディア実験を行った.

BBS【bulletin board system】I イ算ブレティンボードシステム. 電子伝言板システム. 電子掲示板. 情報提供をする場.

BBT【basal body temperature】医生基礎体温.

BBTV I 放ソフトバンクグループが提供する有線テレビ放送サービス.

BC①【buyer's credit】経バイヤーズクレジット. 輸出国の金融機関が輸入業者に直接借款を行うこと. ②【before Christ】西暦の紀元前. ③【bills for collection】経代金取り立て手形. ④【birth control】医生産児制限.

B&C【broadcasting and communication】I 放送と電気通信の融合による情報革命のこと.

BC兵器【biological and chemical weapons】軍生物化学兵器. CB兵器.

B-CASカード【B-CAS card】I 放デジタル放送の著作権保護のためのICカードで, 受信機に同梱され, 挿入すると機器が作動する. ビーエス・コンディショナルアクセスシステムズ社が開発.

Bcc【blind carbon copy】I イ電子メールの受け取り人が, メールのコピーの他の受け先を知らされない方式. bcc とも.

B&C&D【broadcasting and communication and data processing】I 放送と電気通信の融合領域が発展し, データ通信と合流した情報・通信革命.

BCDコード【binary-coded decimal code】I算2進化10進符号. 10進数で表した各桁の数字を4桁の2進数で示す方法.

◀ **B**iCMO

BCG接種【Bacillus Calmette-Guérin vaccination】医結核予防ワクチンを接種すること.

BCG-CWS【BCG-cell wall skeleton】薬免疫賦活剤の一種.

BCIS【battlefield combat identification system】軍戦場戦闘識別システム.

BCL【broadcasting listener】放海外放送聴取者.

BCM ①【business continuity management】胚事業継続管理. 災害などで企業活動が中断しても早期に復旧できるよう, 事前に計画を立てて備えるリスク管理手法. ②【black contemporary music】音ブラック コンテンポラリー ミュージック. 1970年代以降の黒人ポップミュージックの総称.

BCN【broadband communications network】I放広帯域通信網. 1本の同軸ケーブルで, 多様な通信ができる.

BCP【business continuity planning】胚事業継続計画. 自然災害の発生などで, 企業が通常の事業活動を行えなくなった際に, できる限り短期間で中核業務を再開させるための計画.

BCR【bioclean room】薬無菌室. 無菌製剤や抗生物質などの医薬品製造を行う施設. 微生物や細菌も除去する.

BD ①【bill discounted】経割引手形. ②【Blu-ray Disc】I ブルーレイディスク. 次世代大容量光ディスクの規格. ③【bande dessinée 仏】フランス語圏の漫画のこと(ベデまたはバンド・デシネ).

B.D.【Bachelor of Divinity】教神学士.

BDシャツ【button-down shirt】服ボタンダウンシャツ.

BDAM【basic direct access method】I算基本直接アクセス方式.

BDF【bio diesel fuel】化バイオディーゼル油. 植物性油を精製して作り, ディーゼル車の燃料に使う.

BDR【bearer depositary receipt】経無記名預託証券.

BDS ①【book detection system】図書持ち出し禁止装置. ②【boost defense segment】軍ブースト防衛セグメント. 弾道ミサイルを発射直後に迎撃する方式.

BE ①【biological engineering】圧生体工学. ②【bill of exchange】胚経為替手形. ③【Brilliant Eyes】字軍ブリリアントアイズ. アメリカ空軍が提唱した戦術弾道弾の打ち上げ探知・追尾を行う警戒監視衛星.

BEC【Bose-Einstein condensation】理ボーズ・アインシュタイン凝縮. ボーズ粒子からなる系を低温にすると, 最もエネルギーの低い単一の量子状態になる転移現象が起こる.

Becky! I工ベッキー. 国産のメールソフト. 複数アカウント対応, 文字化け防止など豊富な機能をもつ.

B.Ed.【Bachelor of Education】教育学士.

BEGIN【Basic Education for Growth Initiative】社日本の国際援助の一つ. 成長のための基礎教育イニシアチブ. 2000年に文部省(現文部科学省)が提唱.

BEI【Banque Européenne d'Investissement 仏】経ヨーロッパ投資銀行. EIBともいう.

BEM【boundary element method】I算境界要素法. 偏微分方程式に基づく数値解析のアルゴリズムの一つ. 構造解析などに用いる.

BEMS【building energy management system】置ベムス. 業務用建築物などの省エネルギーを図る事業.

BeOS I算ビーオーエス. アメリカのビー社が開発した, マルチメディア特化型のオペレーティングシステム.

BEP【back-end processor】I算タンデム(直列)結合形態に並んだ処理装置のうち, データベース(DB)などへのアクセスを受け持つもの.

BEST【burst and random error correction system for teletext】I放ベスト. NHKが文字多重放送用に開発した, 符号エラーを訂正するための方式.

BETRO【British Export Trade Research Organization】経ベトロ. イギリス貿易振興会.

BFI【British Film Institute】映映画の研究・保存を行うイギリスの民間機関. 1933年に設立. 本部はロンドン.

BFRP【boron fiber reinforced plastics】化ボロン繊維強化プラスチック.

BGA【ball grid array】I算ICの形状の一つ. 入出力端子であるハンダのボールが, パッケージ下部に格子状に配置されている.

BGM【background music】音バックグラウンドミュージック. 背景に流す音楽.

BGP【border gateway protocol】I算IPネットワーク上で, TCPを使い, 異なるネットワーク間の経路情報をやりとりするためのプロトコル.

BGV【background video】バックグラウンドビデオ. 環境映像. 環境ビデオ. 風景など, 物語性のほとんどない映像を映写し, 心休まる環境を提供する.

BHA【butylated hydroxyanisole】化ブチルヒドロキシアニソール. 油脂やマーガリンなどに用いる酸化防止剤. 発がん性のため1982年に使用中止.

BHC【benzene hexachloride】薬ベンゼンヘキサクロライド. 殺虫剤の一種. 製造・使用は中止されている.

BHN【basic human needs】社基本的人間ニーズ. 衣食住や教育など人間として最低限必要とされるもの.

BHS【baggage handling system】機飛行機の旅客手荷物処理システム.

BIAC【Business and Industry Advisory Committee】ビアク. 経済産業諮問委員会. OECD (経済協力開発機構)所属の民間諮問機関. 1962年に設立.

BiCMOS【bipolar complementary metal-oxide semiconductor】I算バイシーモス. CMOS技術とバイポーラ技術を合わせて作られた半導体.

699

BID【business improvement district】社ア メリカの限定地域の負担者自治制度.

BIE【Bureau International des Expositions 仏】社博覧会国際事務局. 本部はパリ. 1928年に設立.

BIEM【Bureau International de l'Édition Mécanique 仏】営音ビーム. 国際レコード著作権協会事務局. 本部はパリ.

BIF【banded iron formation】鉱縞状鉄鉱層. さまざまな酸化鉄鉱と少量のケイ酸塩鉱物が層をなす.

BIFS【binary format for scenes】I算三次元コンピューターグラフィックスを記述できる言語仕様.

BIGLOBE I イビッグローブ. NECが提供する, 国内有数のインターネットサービスプロバイダー(ISP).

BIND【Berkeley Internet Name Domain】I イバインド. ドメインネームシステムを提供するサーバーアプリケーションの一つ.

BinHex I算ビンヘックス. Base64と同じく, データ送信の際に, バイナリーデータをテキストデータに変換する方式の一つ.

BIOS ①【basic input/output system】I算バイオス. 基本入出力システム. 入出力・ファイル管理を行う. ②【biosatellite】宇バイオス. 1966年に NASA (アメリカ航空宇宙局) が打ち上げた生物衛星.

BIPM【Bureau International des Poids et Mesures 仏】理国際度量衡局.

BIS ①【Bank for International Settlements】経国際決済銀行. 1930年に設立. 本部はスイスのバーゼル. ②【best in show】動ドッグショーの優勝犬.

BIS規制【BIS regulation】経国際決済銀行が国際業務を行う銀行に求める監督基準規制. 一定数値の自己資本比率の保持を課す.

B-ISDN【broadband integrated services digital network】I算広帯域デジタル総合情報網. 100Mb級以上のデジタル総合サービス網.

BISTEC【Bangladesh, India, Sri Lanka and Thailand Economic Cooperation】経タイと南アジア3国(バングラデシュ, インド, スリランカ)の経済協力機構. 1997年に発足.

BiTBLT【bit block transfer】I算ビットビルト. 主にWindowsでビットマップ画像を扱う際に用いられる処理方法.

BitCash I イビットキャッシュ. オンラインで少額の決済ができるプリペイド型電子マネーの一つ.

Bitcast I 放ビットキャスト. 地上波テレビ放送の電波のすき間を利用してデータ放送を行う技術.

BITNET I イビットネット. 大学や団体などの研究機関をつないでいる, IBMの国際的なネットワーク. 1989年にCSNETと統合し, CERNとなった.

bjリーグ【Basketball Japan League】競日本プロバスケットボールリーグが主催するリーグ. 6チームが参加.

BJP ①【bubble-jet printer】I算極細の毛細管を用いる出力印刷機器. キヤノンが開発した. ②

【Bharatiya Janata Party】政インド人民党. インドの政党.

BK【backs】競バックス. ラグビーではスクラムハーフからフルバックまでの7人の選手. サッカーでは主に守備を行う選手.

BL【bill of lading】営経船荷証券.

B.L.【bank loan】経バンクローン. 輸出国の金融機関が直接借款を輸入国の金融機関に行い, さらに輸入業者に転貸させるもの.

BL住宅部品【better living ― 日】建国土交通大臣認定の優良住宅部品.

BLマーク【better living mark 日】社日本の消費者マークの一つ. 住宅部品の品質・性能・施工性・価格などを検査して認定される.

bldg.【building】建ビルディング.

BLS【bus location system】社バスの位置を知らせて, 運行が乱れて何台もつながってくるような状態を防ぐシステム.

BLSR【bi-directional link switched ring】I算同期光ネットワークSONET/SDHにおいて, 二重経路のリンク状により高信頼化を図る構成法の一つ.

BLU-82 軍アメリカの燃料気化爆弾. デージー・カッターともいう.

Bluetooth I算ブルートゥース. 携帯情報機器用の短距離無線通信技術のコードネーム.

B.M.【Bachelor of Medicine】教医学士.

BM特許【business model patent】I算ビジネスモデル特許.

BMD【ballistic missile defense】軍弾道ミサイル防御. 弾道ミサイルに対する迎撃網.

BMDO【Ballistic Missile Defense Organization】軍アメリカの弾道ミサイル防衛局. 2002年にMDAと改称.

BMEWS【Ballistic Missile Early Warning System】軍ビミューズ. 弾道ミサイル早期警報網. アメリカが1960年代に北極圏に設置した超大型レーダーシステム群.

BMI【body mass index】医生ボディーマス インデックス. 体格指数. 肥満度を判定する指数. 体重を身長の二乗で割って求める. 通常は20～25で, 30以上は高度な肥満.

BML【broadcast markup language】I算マルチメディア表現に用いる, データ放送用の次世代の言語仕様.

BMP I算最も一般的なグラフィックデータのファイル形式の一つ. BMPはbitmap (ビットマップ) の略.

BMT【bone marrow transplantation】医骨髄移植.

BMW【Bayerische Motorenwerke 独】 ベーエムベー. ドイツの自動車製造会社. またその自動車の商標名.

BMX【bicycle motocross】①競1972年にアメリカで始まった新しい自転車競技. ②経オフロードを走るための自転車.

BN記法【Backus-Naur form】I算さまざまなプログラミング言語に用いられる, 構文記述用の表記

方法．アメリカの計算機科学者バッカスが提案した．

BNCコネクター　【Bayonet Neill-Concelman connector】❶軍抜け落ち防止機能をもつ，細いの同軸ケーブルに用いるコネクター．

BNCT【boron neutron capture therapy】医ホウ素中性子捕捉療法．通常の放射線治療で治すことが困難ながん治療に適する．

BNFL【British Nuclear Fuels Limited】イギリス核燃料会社．

BNOC【British National Oil Corporation】イギリス石油公社．北海原油の販売会社．

BNP【Bangladesh Nationalist Party】政バングラデシュ民族主義党．

BNSC【British National Space Center】イギリス国立宇宙センター．

BO　①【boom operator】放ブームオペレーター．スタジオのマイクなどのつり下げ操作係．②【brought over】営経繰り越し．③【black out】劇照明を突然消す舞台効果．

BOA【Bank of America】経バンクオブアメリカ．

bobo　ボヘミアン(Bohemian)とブルジョア(bourgeois)の合成語．社自由人の精神をもちながら仕事でも成功している人たちのこと．ボーボー．

BOD　①【biochemical oxygen demand】生生物化学的酸素要求量．水中の有機物が微生物で酸化分解される時に必要な酸素量．②【bandwidth on demand】❶通信量に対応してチャンネル数や帯域幅を調節する機能．

BOE【Bank of England】経イングランド銀行．イギリスの中央銀行で，1694年に設立．

BOJ【Bank of Japan】経日本銀行．中央銀行として1882年に設立．

BOOTP【BOOTstrap protocol】❶イブートピー．IPアドレスとそれが起動するために必要な情報を得るためのプロトコル．

BOP【blow out prevention】鉱石油掘削で用いる噴出防止装置．

BOREXINO　理イタリアの太陽ニュートリノ観測装置．

BOS【Boston Red Sox】競(野球)ボストン・レッドソックス．米大リーグの球団の一つ．

BOSS【bioastronautics orbiting space station】宇宙航空生物学軌道ステーション．

BOT【build, operate & transfer】営プラント輸出企業が，資金調達・建設・管理運営を行い，一定期間後にプラントを売り渡す方式．

Bourne Shell　❶軍ボーンシェル．UNIXが標準搭載するシステム管理用のシェル．Bシェルともいう．

BP　①イギリスの大手石油会社．2001年にBritish PetroleumからBPに改名．②【bills payable】経支払い手形．

BPA【Bisphenol A】化ビスフェノールA．環境ホルモン（内分泌撹乱物質）とされる物質．

BPI　①【bits per inch】❶軍1インチに記録できるビットの数．磁気テープの記録密度を示す単位．bpiともいう．②【brainpower index】社ブレーンパワー指標．国民の総合的な知能水準．③【boost

phase intercept】軍ブースト段階迎撃．敵の弾道ミサイルを打ち上げ直後に撃破するアメリカ空軍の構想．

B Plus　❶イオンラインサービスのコンピュサーブやニフティサーブがサポートするファイル転送プロトコル．

BPO【Broadcasting Ethics and Program Improvement Organization】放放送倫理・番組向上機構．2003年にNHKと民間放送連盟が設立．

BPP【Black Panther Party】政ブラックパンサー．アメリカの黒人過激派組織の一つ．1966年に結成．

BPR【business process reengineering】営業務の根本的革新．全社的に行う業務改革．リエンジニアリングともいう．

bps【bits per second】❶軍回線などの情報の伝送速度の単位．1秒間に送られるビット数．

BR　①【bills receivable】経受け取り手形．②【breeder reactor】理増殖炉．原子炉の一種．③【British Rail】英国国有鉄道．④【Brigate Rosse】伊軍政赤い旅団．イタリアのアナーキスト系テロ組織．1969年に結成．

BRA【Bougainville Revolutionary Army】軍政ブーゲンビル革命軍．ブーゲンビル島のパプアニューギニアからの分離独立を目指す武装組織．

BRAC【Base Realignment and Closure】軍数年ごとに行われるアメリカ軍の国内基地再編・閉鎖の検討．

BRC【Broadcast and Human Rights/Other Related Rights Committee】放放送と人権等権利に関する委員会．日本民間放送連盟とNHKが第三者機関として作った苦情対応機関．1997年に設置．

BRD【Bundesrepublik Deutschland】独ドイツ連邦共和国．

B-reps【boundary representation】❶軍境界表現．三次元コンピューターグラフィックスを描く際，空間内に境界面を定めることで立体を作り出す方法．

BREW【binary runtime environment for wireless】❶CDMA方式の携帯電話用アプリケーションプラットフォーム．アメリカのクアルコム社が開発．

BRICs【Brazil, Russia, India, China】経新興経済4カ国の総称．ブラジル，ロシア，インド，中国のこと．

BRM【biological response modifier】生生物反応修飾物質．生物学的応答調節物質．がん細胞と宿主との間に起こる生物学的応答を変化させる物質．

BRO【Broadcast and Human Rights/Other Related Rights Organization】放放送と人権等権利に関する委員会機構．民放連とNHKが1997年に設立．

BS　①【broadcasting satellite】❶宇放放送衛星．衛星放送を行う静止衛星．欧米ではDBSともいう．②【balance sheet】経バランスシート．貸借

701

B.s. ▶

対照表．B/S．③【bill of sale】経売り渡し証書．④【business school】教経営学大学院．経営学部．ビジネススクール．⑤【biosurfactant】圧バイオサーファクタント．微生物の生産する界面活性剤．

B.S.【Bachelor of Science】教理学士．

BSキー【backspace key】I算入力した文章から，カーソルの左にある文字や選択した文字列などを削除する時に押すキー．

BSデータ放送【BS digital data broadcasting】I放2000年に開始したBS（放送衛星）を使うデジタルデータ放送サービス．

BSデジタル放送【BS digital broadcasting】I放BS（放送衛星）によるデジタルテレビ放送．

BS放送【BS broadcasting】放BS（放送衛星）を用いるテレビ放送．

BS7750【British Standard 7750】イギリスの環境管理システム規格．

BSA【Business Software Alliance】Iアメリカのビジネスソフトウエア アライアンス．世界各国でのコンピュータープログラムの著作権保護活動を支援する非営利団体．1988年に設立．

BSAFE I算公開鍵暗号方式に対応したアメリカのRSAの暗号製品開発用ツールキット．

BSC ①【binary synchronous communication】I算2進同期通信．1964年にIBMが発表した．BISYNCともいう．②【British Society of Cinematographers】映イギリス映画撮影監督協会．

BSD【Berkeley Software Distribution】I算カリフォルニア大学バークレー校で改良されたUNIX．

BSD/OS【Berkeley Software Distribution / OS】I算カリフォルニア大学バークレー校で開発されたUNIX拡張型OSであるBSD系のOSの一つ．

BSE【bovine spongiform encephalopathy】医牛海綿状脳症．狂牛病．

BSEC【Black Sea Economic Cooperation Organization】経黒海経済協力機構．1992年に発足．11カ国が加盟．

BSI【business survey index】経業況判断指数．景気の動向を示す．

BSL4【bio safety level 4】医未知のウイルス研究のため，ウイルスを安全に扱える高機能をもつ施設．物理的封じ込めレベル4．

BSO【Black September Organization】軍政黒い9月．パレスチナのテロ組織．1972年のミュンヘンオリンピックでイスラエル選手団を襲撃した．

BSR ①【bottom simulating reflector】地海底下にあるガスハイドレート層の下底面．フロリダ半島沖で発見された海底面とほぼ平行する音響反射面．②【Business for Social Responsibility】経社会的責任を果たし変革を志向する，アメリカの企業や経営者の団体．1992年に結成．

BSS-ID【basic service set identity】I算IEEE802.11で規定されている無線LANの仕様の一つ．親機と子機の区別がないLANなどに利用する．

BST ①【bedside teaching】医医学生が受ける病棟実習．②【British Standard Time】社イギリス標準時間．

BT ①【bacillus thuringiensis】圧バチルスチューリンゲンシス．土壌細菌の一種．②【biotechnology】圧バイオテクノロジー．生命工学．遺伝子操作．③【British Telecommunications】英国電気通信株式会社．1984年に民営化．

BT殺虫剤【bacillus thuringiensis insecticide】生農生物農薬の一つ．土壌細菌のバチルスチューリンゲンシス菌の生産するたんぱく質性の毒素を成分とする．

BTAM【basic telecommunications access method】I算ビータム．IBMの基本距離通信アクセス方式．

BTCライン【Baku-Tbilisi-Ceyhan pipeline】カスピ海原油をロシアを経由せずに地中海まで運ぶパイプライン．アゼルバイジャンのバクー，グルジアのトビリシ，トルコのジェイハンというルートの頭文字から．

BTN【Brussels Tariff Nomenclature】経ブリュッセル関税品目分類表．1955年に作成された国際関税品目表．

BTO【build to order】I算営受注生産方式．購入者の希望に応じて製品を生産して，販売する方法．

BtoB【business to business】I営企業間の電子商取引．企業が企業を対象に行う．

BtoB企業【business to business company】営産業財を生産する企業．企業間取引が主の企業．

BtoC【business to consumer】I算消費者向けの電子商取引．企業が消費者を対象に商品販売やサービス提供を電子商取引で行う．

BtoC企業【business to consumer company】営最終消費者との取引が主の企業．

BTR【bicycle trial】競さまざまな障害を設けたコースを走り，減点方式で競う自転車競技．

B-tree I算ビーツリー．ツリー構造のデータ群のうち，ノード（結節点）に複数のデータをもつ形式．B木ともいう．

BTRON【business TRON】I算ビートロン．TRONプロジェクトで開発されたビジネス向けの，ワークステーションやパソコン用の対話型OS．

BTU【British Thermal Unit】理イギリス式熱量単位．ヤードポンド法の熱工学の実用単位．

BTV【business television】営放ビジネステレビジョン．通信衛星を利用する企業の映像ネットワーク．

BTX【benzene, toluene, xylene】化ベンゼン，トルエン，キシレンの芳香族炭化水素の総称．

BUIC【Backup Intercept Control】軍アメリカの予備迎撃管制システム．アメリカとカナダ合同のSAGE（半自動式防空統制組織）を援助する有人要撃戦闘機誘導管制システム．

BUP【black urban professional】社都会に住んでいて専門職をもつ成功した黒人．Buppie（バッピー）ともいう．

BUR【Bottom-Up Review】軍アメリカ国防総省が戦力構成を見直し，1993年にまとめた報告書．

BURN-Proofドライブ　【Buffer-Under-RuN Proof drive】Ⅰ算バーンプルーフドライブ．三洋電機が開発した，CD-R/RWの書き込み時におけるエラーを防止する技術を搭載したCDドライブ．

BW　①【brain writing】習社ブレーンライティング．時間を決めて紙にアイデアを次々と書き取る発想方法．②【biological weapon】軍生物兵器．細菌その他の病原体を使う兵器．

BWC【Biological Weapons Convention】軍生物兵器条約．生物兵器禁止条約．

BWR【boiling water reactor】理沸騰水型軽水炉．発電用原子炉で軽水型の一種．

B-XML【broadcast XML】Ⅰ算次世代のネットワークを変革するとされるインターネット用の言語XML（拡張可能なマーク付け言語）を，データ放送のマルチメディア表現に用いる言語仕様．

byte　Ⅰ算バイト．コンピューターがデータを処理したり記憶したりする時の基本単位で，ビット（bit）が8個並んだもの．

C

C₆₀　化黒鉛をレーザー照射でヘリウム気流中に気化させ，60個の炭素原子をサッカーボール状に結合させた分子．新素材の一つ．

C₁₂₀　化フラーレン二量体．高速振動粉砕法で固体C₆₀とシアン化カリウムを反応させて合成．ダンベル型構造をもつ．

C型肝炎【hepatitis type C】医C型肝炎ウイルスで起こる肝炎．非A非B型肝炎の大部分がこの肝炎で，輸血後肝炎の主病因．

C型性格【type C personality】心協調性があり神経質なタイプ．ストレス感受性が強く，がんにかかりやすいという．

C言語【C programming language】Ⅰ算システム記述言語によく用いられるプログラム言語．1970年代初めに開発．Cともいう．

C#　Ⅰ算シーシャープ．アメリカのマイクロソフトが開発したC++の簡易型プログラミング言語．

C世代【Creative Generation 日】社自分で創造したいという自己表現願望が強い世代（消費者層）のこと．

C対称性【C symmetry】理素粒子は互いに反対の電荷をもつ粒子と反粒子が対になっているが，その粒子を反粒子に変換しても法則が変わらない状態．

Cバス【C bus】Ⅰ算PC-9800シリーズに備えられていた16ビットの拡張バススロット．

Cバンド【C band】理無線周波数帯のうち，4〜8GHzのもの．

C++　Ⅰ算シープラスプラス．アメリカのベル研究所が開発したオブジェクト指向プログラミング言語の一つ．

C率【C rate】Ⅰ算充放電率．電池での放電率（速度）と充電率（速度）を同様に表現したもの．

C-3PO　映画『スター・ウォーズ』シリーズに登場するヒューマノイド型のロボット．

C4植物【C4 plant】植サトウキビ，トウモロコシなど高温で光が強く水分が少ない条件で，稲，小麦，大豆などのC3植物よりはるかに光合成能力が高い植物．

C-17グローブマスターⅢ輸送機　【C-17 Globemaster Ⅲ airlift transport】軍遠距離の大量空輸ができるアメリカ軍の大型輸送機．1991年に初飛行した．

CA　①【conditional access】放限定受信．有料デジタルテレビ放送の顧客管理機能をもつ．②【corporate art】芸社企業による芸術助成活動．③【chronological age】生活年齢．暦年齢．④【Certificate Authority】Ⅰ算認証局．デジタル証明書を発行する．

CAA【Civil Aviation Authority】政イギリス民間航空局．

CAAC【Civil Aviation Administration of China】中国民航．1990年に中国国際航空と中国東方航空に分割．

CAB　①【Civil Aviation Bureau】政日本の国土交通省航空局．②【cable box】建送電線などを収めて，道路下に埋設する共同溝．③【Central African Bank】中央アフリカ銀行．④【Civil Aeronautics Board】アメリカの民間航空委員会．

Cabファイル【cabinet file】Ⅰ算ファイル圧縮形式の一つ．「.cab」という拡張子をもつ．

CABG【coronary artery bypass graft】医冠動脈バイパス移植術．

CAC【Centre for the Analysis of Conflict, University of Kent】社ケント大学紛争分析センター．1965年に設立された，イギリスの平和研究機関の一つ．

CACM【Central American Common Market】中米共同市場．1961年に発足．MCCA．

CAD【computer-aided design】Ⅰ算キャド．コンピューター支援設計．コンピューターによる機械・構造物などの設計，製図．

CAE　①【computer-aided education】Ⅰ算教育コンピューターを使って行う教育．②【computer-aided engineering】Ⅰ算コンピューター援用エンジニアリング．

CAF【Confédération Africaine de Football 仏】競(ｻｯｶｰ)アフリカサッカー連盟．地域連盟の一つ．

CAFIS【Credit and Finance Information System】Ⅰキャフィス．NTTが開発したクレジットネットワーク．NTTデータがサービスを提供している．

CAFTA【Central American Free Trade Agreement】経中米自由貿易協定．アメリカが中米4カ国と締結．

CAI【computer-assisted instruction】Ⅰ算コンピューターとの対話形式で，生徒や受講者が独習・自習する自動研修システム．

CAID【computer-aided industrial design】Ⅰ算コンピューターを用いた工業デザイン支援

システム．一般のCADよりも高度な機能が要求される．

CAJ【computer-assisted journalism】[I][算]コンピューター支援報道．コンピューターで取材情報を収集・分析して記事を書く方法．

CAL【computer-assisted learning】[I][教][算]コンピューターの補助による学習．

CALCM【conventional air launched cruise missile】[軍]アメリカ空軍の通常弾頭型空中発射巡航ミサイル．

CALPERS【California Public Employee's Retirement System】[営][社]カリフォルニア州職員退職年金基金．

CALS【commerce at light speed】[I][算]キャルス．製品の開発，設計，発注，生産，流通，保守にわたるライフサイクルすべての過程で，文書・図面の製品情報をコンピューターネットワーク上で，電子データとして調達側と供給側が共有するシステム．

Caltech【California Institute of Technology】カリフォルニア工科大学．Cal.Tech.

CAM【computer-aided manufacturing】①[I][算]キャム．コンピューター利用製造(生産)．コンピューターを使って機械の部品などを設計し，得られたデータで数値制御装置などを動かし製品を作ること．②【complementary and alternative medicine】[医]補完代替医療．

CAMAC【computer-aided measurement and control】[I][算]カマック．コンピューター支援による計測・制御．

CAN ①【Comunidad Andina de Naciones 西】[経]アンデス共同体．1997年にアンデスグループを改組して発足．②【Cult Awareness Network】[社]アメリカのカルト(熱狂的な信者集団)の監視団体．

CANDU【Canadian deuterium uranium reactor】[理]カナダの重水を用いる原子炉．

CAnet3【Canadian Network for the Advancement of Research】[I][イ]高速次世代インターネットに接続する国際的ネットワークの一つ．

CANGAROO【Collaboration of Australia and Nippon for a Gamma Ray Observatory in the Outback】[天]ガンマ線天体物理学のための日豪共同プロジェクト．大口径の光学反射望遠鏡で天体の高エネルギー現象の観測・研究を行う．

Canna [I][算]かんな．フリーウエアで，UNIX系のOS用で最も普及している日本語入力システム．

CAO【chief accounting officer】[営]最高会計責任者．企業における会計の最高責任者．

CAP ①【computer-aided production】[I][算]コンピューター利用による生産．コンピューター導入製造．②【competitive access provider】[I]キャップ．競争アクセス事業者．アメリカの市内通信への事業参入者の一つ．③【climate application program】気候応用計画．④【common agricultural policy】[経][政] EU (欧州連合)の共通農業政策．域内の単一市場化，統一価格化などを掲げる．⑤【combat air patrol】[軍]空中警戒待機．

cap【carrier-less amplitude / phase modulation】[I]キャップ．直交振幅変調(QAM)方式の一つ．ITU-TのVDSL仕様として提案されている．

CAPプログラム【Child Assault Prevention】[社]子どもへの暴力防止プログラム．現在，日本を含む世界16カ国で実施．

CAPD【continuous ambulatory peritoneal dialysis】[医]連続携帯式腹膜透析．腹膜を透析膜として用い，血液を浄化する方法の一つ．

CAPM【capital asset pricing model】[営][資]本資産評価モデル．

CAPP ①【computer-automated process planning】[I][算]コンピューターによる工程設計．②【companion animal partnership program】[社]1970年代にアメリカで始まった、人と動物とのふれ合い運動．

CAPSキー【caps lock key】[I][算]キャプスロックキー．大文字のアルファベット入力の機能を担うキー．Caps Lockキーともいう．

CAPTAIN【Character and Pattern Telephone Access Information Network System】[I]キャプテン．文字図形情報ネットワーク．1984年に日本では主要都市で商用化．

Carbon [I][算]カーボン．MacOS Xに採用されているインターフェース群．新たに非協調的マルチタスクなどへの対応が加えられた．

CardBus [I][算]カードバス．高速なデータ転送ができる32ビット幅のPCカード．

CARE【Cooperative for American Relief Everywhere】[社]ケア．対外アメリカ援助物資発送協会．困窮地域に援助物資を送る組織．

CARICOM【Caribbean Community】[経]カリコム．カリブ共同体．1973年に英語圏カリブ諸国が改組した経済統合機構．

CARL [I][算]カール．図書館向けのデータベースのシステム．アメリカのカール社が提供．

CARP【cache array routing protocol】[I][算]カープ．データの一時保存を行うキャッシュサーバーを複数連携させるプロトコル．

CART【Championship Auto Racing Teams】[競](自動車)アメリカが独自に形成したフォーミュラレースの頂点に位置するシリーズ戦を運営する団体．

CAS ①【Court of Arbitration for Sport】[競]スポーツ仲裁裁判所．国際オリンピック委員会(IOC)が創設した独立機関．1996年に設置．本部はスイスのローザンヌ．②【Chemical Abstracts Service】[I][算]キャス．アメリカのオハイオ州にある世界最大級の化学情報データベース．③【conditional access system】[I][放]有料放送など，契約者だけが受信できる方式．④【close air support】[軍]近接支援機．戦闘中の陸上部隊を支援し，戦車などの攻撃を行う航空機．

CASDAC【containment and surveillance data authenticated communications system】[理]封じ込め監視データ認証装置．日本原

C

子力研究所が開発した核物質の遠隔監視技術.

CASE【computer-aided software engineering】⑴算ケース.コンピューターを利用するソフトウエア工学.

CASL【CAS language】⑴算キャスル言語.経済産業省が実施する情報処理技術者試験用のアセンブラ言語.

CASL II　⑴算キャスルツー.COMET IIという仮想コンピューター上で動作するアセンブラ言語.情報処理技術者試験用に考案された.

CASTASIA【Conference on the Application of Science and Technology to the Development of Asia】キャスタシア.アジア開発のための科学技術利用国際会議.

CAT　①【city air terminal】シティーエアターミナル.空港へ向かうバスの発着所.搭乗手続きもできる.②【clear air turbulence】気晴天乱流.航空機事故の原因の一つ.③【computerized axial tomography】医コンピューター化体軸断層写真.CTスキャン.④【computer-aided testing】⑴算品質管理にかかわるコンピューターによる試験,検査.⑤【credit authorization terminal】⑴算クレジットカードの信用調査システム.⑥【computer-aided teaching】⑴教算コンピューターを活用して行う教育.

CATF【Chemical Action Task Force】化学物質作業部会.

CATNET【credit application terminal network】⑴算営キャットネット.クレジット会社と加盟店を電話回線で接続して,各種の検証を行うクレジット用のオンラインシステムの一つ.

CATV【cable television】⑴放ケーブルテレビ.有線テレビ.同軸ケーブルや光ファイバーなどの有線で,テレビ放送や各種の情報を加入世帯の受像機に伝送する.以前は community antenna television(共同アンテナテレビ)と呼ばれた.

CATVインターネット【CATV Internet】⑴イケーブルテレビの回線を用いるインターネット接続サービス.高速通信ができる.

CATV接続【cable television—】⑴イケーブルテレビのチャンネルをデータ通信用に割り当ててインターネットへの接続を実現すること.

CATV電話【CATV telephony】⑴ケーブルテレビのネットワークを使って提供される電話サービス.

CAU【Central Asian Union】中央アジア共同体.ウズベキスタン,カザフスタン,キルギス,タジキスタンが加盟.中央アジア経済共同体を2001年に改組.

CAV【constant angular velocity】⑴算光ディスクの記録方式の一種.ディスクが一定速度で回転,外側と内側の情報量が等しい.

CAV-ATD【composite armored vehicle/advanced technology demonstrator】軍複合材料装甲車両.次世代戦闘車両の一つ.

CAW【Canadian Automobile Workers】組全カナダ自動車労働組合.

CB　①【convertible bond】経転換社債.発行会社の株式に転換できる権利が付いている社債.②【citizen's band】放市民ラジオ.近距離の連絡にトランシーバーを使って行う携帯無線.③【charter base】営経用船契約で,用船者側が運賃収入から航海費用を引いたものを,1カ月1重量トン当たりで算出した標準採算.④【character brand】服キャラクターブランド.はっきりした企画意図をもち,特徴を強く打ち出した服飾品.⑤【Conference Board】アメリカの全国産業審議会.⑥【corner back】競(アメリカンフットボール)コーナーバック.守備側後列で,外側に位置する選手.

CBバリュエーター【CB Valuator】経日本経済新聞社と伊藤邦雄・一橋大学教授が開発したコーポレートブランド価値の評価基準.

CBA【cost-benefit analysis】経社費用便益解析.公衆衛生や環境などの政策で投入する資金に対する収益を分析することによるリスク管理法の一つ.

CBC【Canadian Broadcasting Corporation】放カナダ放送協会.

CBE【computer-based education】⑴教コンピューターを利用した教育で,CAI(Computer-Assisted Instruction)とCMI(Computer-Managed Instruction)を合わせた概念.

CBF【carcino-breaking factor】医腫瘍細胞破壊因子.

CBG【carrier battle group】軍アメリカの空母戦闘群.

CBI　①【central bank independence】経政中央銀行の独立性.中央銀行の目的を果たすには,政府から独立させておくべきとする概念.②【Caribbean Basin Initiative】カリブ海援助構想.アメリカがカリブ海諸国の経済の活性化を促すために計画.1984年から実施.③【Confederation of British Industry】営社英国産業連盟.④【computer-based instruction】⑴教算コンピューターを使って行う個別学習.

CBM【confidence-building measures】軍政信頼醸成措置.平和と安全のため,国家間相互の意思疎通と協力関係を維持する軍縮管理.

CBN【cubic boron nitride】化立方晶窒化ホウ素.

CBO　①【Congressional Budget Office】政アメリカの議会の予算事務局.②【Community Based Organization】社民間公益団体(NGO)の中で,主に国内の地域活動をするもの.③【chief brand officer】営最高ブランド責任者.

CB-Q平均【convertible bonds QUICK—】経取引所に上場される転換社債の平均価格を表すもの.

CBR【case-based reasoning】⑴人工知能の分野などで,事例に基づく推論.

CBR兵器【chemical, biological and radioactive weapons】軍化学・生物・放射能兵器の総称.

CBS【CBS Inc.】放アメリカの放送会社.三大テレビネットワークの一つ.もとは Columbia Broadcasting System Inc.

CBSCT【cord blood stem cell transplantation】医臍帯血幹細胞移植.白血病や先天性貧

血などの治療に，新生児の臍帯血の幹細胞を用いる．

CBSS【Council of Baltic Sea States】バルト海沿岸諸国評議会．1992年に発足．環バルト海諸国間の地域的協力を支援する．

CBT【Chicago Board of Trade】営経シカゴ商品取引所．

CBU爆弾【cluster bomb unit】軍クラスター爆弾．多数の小爆弾が中に入った爆弾．

CC ①【commercial card】放テレビで使われる短いコマーシャル．②【country club】競(ゴル)カントリークラブ．③【chamber of commerce】営商工会議所．

C&C ①【computer and communication】I電算電話やテレビとコンピューターを結んだコンピューター・通信革命のこと．NEC の CI 用語として使われた．②【cash and carry】営経現金安売り販売．現金払いの持ち帰り方式．CCもいう．

cc【carbon copy】I電電子メールで本来のあて先以外のあて先にメールのコピーを送付する機能．Ccとも．

CCコンポジット【CC composite】化理炭素繊維を三次元に織り，すき間に樹脂を入れて黒鉛化して作る複合材料．

CC方式【cubic centimeter system】医日本脳炎の予防接種の一つ．1ccを接種する．

CCC ①【Customs Cooperation Council】経関税協力理事会．各国の関税制度の標準化を研究する国際機関．1950年に設立され，日本は1964年に加盟．WCO(世界関税機関)ともいう．②【Commodity Credit Corporation】アメリカの物資金融公社．農務省管轄の機関で，1933年に設立．

CCCD【copy control compact disc】日I電コピー防止機能付きコンパクトディスク．

CCCP【Soyuz Sovetskikh Sotsialisticheskikh Respublik】露ソビエト社会主義共和国連邦の頭文字のキリル文字表示．Cは英語のS，PはRに相当する．1991年に解体した．

CCD ①【charge-coupled device】I電固体撮像素子．電荷結合素子．光情報を電気信号に変換する半導体素子．ビデオカメラなどに使われる．1970年にアメリカのベル研究所が発明．②【Centro Cristiano Democratici】伊政キリスト教民主センター．イタリアの政党の一つ．③【Conference of the Committee on Disarmament】軍縮委員会会議．通称ジュネーブ会議．

CCDカメラ【CCD camera】I電高感度，低消費電力などの特徴をもつ，固体撮像素子(CCD)を利用したカメラ．

CCDS【NASA Centers for the Commercial Development of Space】宇 NASA(アメリカ航空宇宙局)宇宙商業化促進センター．

CCF【Customs Co-operation Fund】経関税協力基金．途上国への技術協力を行うための国際基金．

CCI【Comités Consultatifs Internationaux】仏I電国際諮問委員会．CCIRとCCITTの総称．

CCIR【Comité Consultatif International des Radio-Communications】仏 I電国際無線通信諮問委員会．

CCIRN【Coordinating Committee for Intercontinental Research Networks】I電イ大陸間研究ネットワーク委員会．欧米間のインターネットの効率的な運用を図る．

CCITT【Comité Consultatif International de Télégraphique et Téléphonique】仏 I電国際電信電話諮問委員会．1993年に組織統合があり，ITU-TS(国際電気通信連合電気通信標準化セクター)と改称．

CCL【communication command language】I電MacOSのリモートアクセス用ソフト(Apple Remote Access)などで用いられる接続制御用の言語．

CCP【Chinese Communist Party】政中国共産党．1921年に上海で第1回の党大会を開催．

CCPS【computer-aided cartographic processing system】I電コンピューター地図処理システム．

CCS【coal cartridge system】営石炭を供給基地で微粉炭に加工し，密封容器に入れて使用者に届ける仕組み．

CCSBT【Commission for the Conservation of Southern Bluefin Tuna】魚旺ミナミマグロ保存委員会．地域漁業管理機関の一つ．1994年に設立．

CCT ①【compulsory competitive tendering】営旺政強制競争入札．1980年代のイギリスで，自治体の行政サービスに導入することを目的に実施された．②【clean coal technology】理地球環境への対応や，石炭の効率的利用を目指す石炭利用技術．

CCTV【closed-circuit television】I電閉回路テレビ．特定の建築物や施設の中の，連絡通信用の有線のテレビ．

CCU【coronary care unit】医心筋梗塞症急性期病棟．冠状動脈疾患集中治療室．

CCUS【Chamber of Commerce of the United States】アメリカ商工会議所．

CCV【control configured vehicle】I電コンピューターと電子装置による制御技術を導入した新技術を使う設計をする航空機．

CCW【Convention on Prohibitions or Restrictions on the Use of Certain Conventional Weapons Which May be Deemed to be Excessively Injurious or to Have Indiscriminate Effects】政特定通常兵器使用禁止制限条約．非人道的と認められる種類の通常兵器の使用を禁止または制限する．

CD ①【compact disc】I電コンパクトディスク．光学式のデジタルオーディオディスク．②【negotiable certificate of deposit】営経譲渡性預金．1961年にアメリカで始まる．日本では79年に導入．NCDともいう．③【Conference on Disarmament】軍縮会議．国連の枠外の軍縮交渉機関で，ジュネーブ軍縮委員会ともいう．④【cash dispenser】I電経現金自動支払い機．⑤【con-

◀ C D-R

trolled delivery】社密輸薬物の監視下移動．泳がせ捜査．麻薬捜査手法の一つ．⑥【cyclodextrin】圧サイクロデキストリン．グルコースが6個から8個結合した物質．

CD値【coefficient of drag】理空気抵抗係数．

CDチェンジャー【compact disc changer】[I]算演奏する複数のコンパクトディスク(CD)の交換を自動的に行うオーディオシステム．

CDプレーヤー【compact disc player】[I]コンパクトディスク(CD)の再生機．

CDメディア【compact disc media】[I]算直径8cmまたは12cmの円盤にデジタルデータを記録したもの．音楽CD，CD-ROM，CD-R，CD-RWなどがある．

CDリライタブルメディア【CD rewritable media】[I]算コンパクトディスクと同様に扱えて，コンピューターにデータを記録する媒体で，何回でも書き込みができるもの．

CDレコーダー【CD recorder】[I]算音楽専用のCD-RやCD-RWを利用して，CDに音声信号(アナログ信号を含む)を焼きつける機器．

CDレコーダブルメディア【CD recordable media】[I]算コンパクトディスクと同様に扱えて，コンピューターにデータを記録する媒体で，1回だけ書き込みの親などをいう．

CDA①【Communications Decency Act】法通信品位法．子供たちをポルノから守る目的のアメリカの法律．1966年に成立．②【command and data acquisition】軍戦闘機などの概念実証機．③【Camp David Accord】政キャンプデービッド合意．1978年にアメリカ大統領専用の山荘キャンプデービッドで，エジプトのサダト大統領，イスラエルのベギン首相，アメリカのカーター大統領が署名した合意文書．

CD/ATM【cash dispenser / automatic teller machine】[I]経算CDは現金自動支払機，ATMは現金自動預け払い機．ATMはCDの機能に加え，送金や振り込みができる．

CDC①【Center for Disease Control and Prevention】医米国疾病予防管理センター．1973年に設立．②【Community Development Corporation】社アメリカのコミュニティー開発法人．まちづくりを進める手法の一つ．

CDCS【child-dominated couples】社子供に威圧されている夫婦．自己中心的に育てたため，親を脅しつけるような行動に出る子供をもつベビーブーム世代の親などをいう．

CD-DA【CD digital audio】[I]音通常のオーディオCDプレーヤーで再生可能な音楽CDのこと．CD-ROMと区別する場合に使う．

CDDBサーバー【CD database server】[I]イ置音楽CDに関する各種情報が登録されたデータベース．インターネット上で公開．

CDDI【copper distributed data interface】[I]算銅線のカテゴリー3の非シールド撚対線を用いたケーブルを用いた，100Mbpsで動作するトークンリング方式のLANの仕様の一つ．

CDDP【cis-diamine dichloro platinum】薬シスプラチン．貴金属プラチナの誘導体で，抗悪性腫瘍剤．

CDE①【common desktop environment】[I]算共通デスクトップ環境．UNIXなどのOSでウインドウマネジャーを統一するのに用いる．②【Conference on Disarmament in Europe】軍ヨーロッパ軍縮会議．

CD-Extra【compact disc extra】[I]音算CDエクストラ．エンハンスドCDとも呼び，音楽データのほかにデータも書き込めるコンパクトディスク．

CDF【comprehensive development framework】経包括的開発フレームワーク．世界銀行が唱える開発戦略．

CD-G【compact disc graphics】[I]算音楽情報のほかに静止画や文字なども記録されているコンパクトディスク．

CDI【community-based development initiatives】経社地域主体の開発協力．国際機関が先進国の自治体やNGOなどと連携し，開発途上国の地域社会の開発を直接支援する方式．

CD-I【compact disc interactive】[I]算対話型のコンパクトディスク．情報を対話形式で検索・利用できる．

CDM【clean development mechanism】環経クリーン開発メカニズム．先進国と途上国が行う温室効果ガス排出削減事業のための仕組み．

CDMA【code division multiple access】[I]デジタル携帯電話方式の一つ．アメリカのクアルコム社が開発．

CDMA 1X WIN[I]cdma2000 1xEV-DO採用のauの第3世代携帯電話の名称．

cdma2000[I]算アメリカのデジタル携帯電話システムの一つ．cdmaOne の後継方式．

cdma2000 1xアメリカのクアルコム社が開発した第3世代携帯電話の規格．改善型が cdma2000 1xEV-DO．

cdmaOne[I]デジタル携帯電話方式の一つ．アメリカのクアルコム社が開発した．1998年から日本でもサービス開始．

CDN【contents delivery network】[I]イコンテンツ配信ネットワーク．音楽やビデオなどのマルチメディア情報を利用者の近くに配置する．

cDNA【complementary DNA】生 mRNAを鋳型として合成された，mRNAと相補的な塩基配列をもつDNA．

CDP①【career development program】習経歴開発計画．生涯職業計画．総合的人事管理の方式の一つ．②【United Nations Committee for Development Policy】国連開発計画委員会．

CDPD【cellular digital packet data】[I]算アナログ式の携帯電話通信網を利用してパケット交換方式のデジタル無線データ通信を提供するサービス．

CD plus[I]算オーディオ用のCDプレーヤーと，パソコンのCD-ROMドライブの二通りで再生できる情報媒体．

CD-R【compact disc recordable】[I]算デー

タの書き込みが1回だけできるコンパクトディスク．音楽用のCDやCD-ROMの制作段階でのテスト用などに使う．

CDR【Continental Depositary Receipt】経大陸預託証券．

CD-Rドライブ【compact disc recordable drive】Ⅰ算1回だけ書き込みのできる記録媒体を駆動する装置．

CD-ROM【compact disc read only memory】Ⅰ算シーディーロム．CDを記録媒体にしたコンピューター用読み出し専用記憶装置．

CD-ROMドライブ【compact disc read only memory drive】Ⅰ算大容量の情報を記録できるCD-ROMを読み込むための装置．

CD-ROM XA【CD-ROM extended architecture】Ⅰ算シーディーロムエックスエー．データだけでなく，音楽や画像データなども記録できるCD-ROMの規格．

CD-RW【compact disc rewritable】Ⅰ算何回でも書き込みできるコンパクトディスク．

CD-RWドライブ【compact disc rewritable drive】Ⅰ算何回でも書き込みができるCD-RWの読み書きを行う装置．

CDS ①【Centre des Démocrates Sociaux 仏】政フランスの社会民主中道派．②【credit default swap】経信用リスクを金融派生商品の手法で扱うやり方の一つ．

CD-Text Ⅰシーディーテキスト．CDに関する各種情報を，半角で6000字まで記録できる規格．日本語にも対応．

CDU【Christlich-Demokratische Union 独】政ドイツのキリスト教民主同盟．1945年結成．

CD-V【compact disc video】Ⅰ算コンパクトディスクビデオ．映像をCDに記録できる．

CE ①【Council of Europe】欧州会議．欧州統合を進める．1949年に発足．本部はフランスのストラスブール．②【clinical engineering】臨床工学．③【concurrent engineering】営複数部門が並行して商品開発の業務などを進める方法．

CEA【Council of Economic Advisers】政アメリカの大統領経済諮問委員会．

CEAO【Communauté Économique de l'Afrique de l'Ouest 仏】経セアオ．西アフリカ経済共同体．フランス系西アフリカ6カ国が1970年に設立．

CEATEC JAPAN【Combined Exhibition of Advanced Technologies-Providing Image, Information and Communications】Ⅰシーテックジャパン．電子・情報・通信に関する最先端技術の総合展示会．

CeBIT【Centrum der Büro-und Informationstechnik 独】Ⅰセビット．ドイツのハノーバーで毎年行われる情報技術関連の大展示会．

CEC【Center for Educational Computing】Ⅰ教算コンピュータ教育開発センター．1986年に設立．文部科学省と経済産業省が共管する財団法人．

CED ①【Committee for Economic Development】政アメリカの経済開発委員会．②【capacitance electronic disc】Ⅰビデオディスクの一方式．

CEDAW【Committee on the Elimination of Discrimination Against Women】社女子差別撤廃委員会．

CEDEAO【Communauté Économique des États de l'Afrique de l'Ouest 仏】経西アフリカ諸国経済共同体．英語表記の略称はECOWAS．

CEDEL【Centrale de Livraison de Valeurs Mobilières S.A. 仏】経セデル．ユーロ債の集中預託・集中決済機関．

CEEAC【Communauté Économique des États de l'Afrique Centrale 仏】経中部アフリカ諸国経済共同体．ガボン，カメルーン，チャドなど11カ国が1983年に結成．

CEEF【closed ecology experiment facilities】生閉鎖型生態系実験施設．地球という閉鎖系の環境での物質循環を総合的に研究する．

CEFR【Chinese experimental fast reactor】理中国で建設中の高速増殖炉の小型実験炉．

CEFTA【Central European Free Trade Agreement】経中欧自由貿易協定．1992年にチェコ，ポーランド，ハンガリー，スロバキアの4カ国が調印した．

Celeron Ⅰ算セレロン．アメリカのインテルが販売するPentiumの廉価版CPU．主に低価格パソコンに用いられる．

Cell Ⅰセル．ソニー・コンピュータエンタテインメント（SCE），東芝，IBMが提携して開発した高性能プロセッサー．cellは細胞の意．

CELP【code-excited linear prediction】Ⅰ算セルプ．符号励振線形予測符号化．4～16ビット/秒の低ビットレート音声信号符号化方式の一つ．

CELSS【closed ecological life support system】宇閉鎖生態系生命維持システム．有人宇宙船の内外での活動を支援するもの．

CELV【U.S. Shuttle Complementary Expendable Launch Vehicle】機シャトル補完型使い捨てロケット．

CENTAG【Central Army Group】軍センタグ．北大西洋条約機構軍の中央方面軍．

CENTCOM【Central Command】軍セントコム．中央軍．中東司令部．アメリカ軍が中東や西南アジアへの有事派兵のために準備している部隊．

CENTO【Central Treaty Organization】軍政セントー．中央条約機構．イギリスとイラン，パキスタン，トルコの中東3カ国が結んだ反共集団安全保障軍事同盟．イラン革命で解体．

Centrino Ⅰ算セントリーノ．インテルの携帯型機器用のプラットフォーム．商標名．

CEO【chief executive officer】営最高経営責任者．最高経営役員．普通は会長，社長を指す．

CEP ①【circular error probable】軍セップ．円形公算誤差．半数必中径．ミサイルなどの命中精度を表す．発射総数のうち，確率的に半数が命中する仮想円の半径．②【Council on Economic Priorities】[営]アメリカの企業評価機関の一つ.

CEPES【Comité Européen pour le Progrès Économique et Social 仏】 欧州経済社会開発委員会.

CEPGL【Communauté Économique des Pays des Grands Lacs 仏】[経]大湖諸国経済共同体. ザイール, ルワンダ, ブルンジの3カ国が1976年に結成.

CEPS【Centre for European Policy Studies】[社]ヨーロッパ政策研究センター. 西欧諸国が直面する公共問題などを研究・討議する機関. 1982年にベルギーに設立された.

CEPT ①【Common Effective Preferential Tariff】[経]共通実効特恵関税, 1992年の ASEAN 首脳会議で調印. ②【Conference of European Postal and Telecommunications Administrations】セプト. 欧州郵便・電気通信主管庁会議. 1959年設立.

CER【Australia-New Zealand Closer Economic Relationship Trade Agreement】[経]オーストラリア ニュージーランド経済協力緊密化協定. ANZCERTA ともいう.

CERDS【Charter of Economic Rights and Duties of States】国家間経済権利義務憲章. 1974年の国連総会でメキシコのエチェベリア大統領が提案した.

CERF【Central Emergency Response Fund】[社]中央緊急対応基金. 自然災害発生時の支援活動資金をまかなう国連の基金.

CERN【Organisation Européenne pour la Recherche Nucléaire 仏】[I][イ][理]ヨーロッパ合同原子核研究機関. セルン. ヨーロッパ19カ国が出資運営する素粒子物理学研究所. WWW の方式を開発した. CERN は発足時の Counseil Européen pour la Recherche Nucléaire に由来する.

CERO【Computer Entertainment Rating Organization】[I]セロ. コンピュータエンターテインメントレーティング機構. ゲームソフトの暴力・性的表現を審査する団体で, 推奨対象年齢を4段階に区分する.

CERT/CC【Computer Emergency Response Team Coordination Center】[I][イ]インターネットの保安・防犯対策などを行うための団体. 1988年にアメリカのカーネギー・メロン大学で設立.

CES【Consumer Electronics Show】[I]アメリカ最大の家電ショー. 近年ではデジタル家電が数多く出品されている.

CESA【Computer Entertainment Supplier's Association】[I]セサ. 社団法人コンピュータエンターテインメント協会. ゲームソフト開発会社の業界団体.

CESR【Committee of European Securities Regulators】[経]欧州証券規制当局委員会.

CF ①【Common Fund】[経]一次産品共通基金. 国連貿易開発会議(UNCTAD)で合意された一次産品総合プログラムを達成するための中心的な機関. 1980年に発効. ②【Compact Flash】[I][算]データ保存に使うリムーバブルメディアの一つ. サンディスク社が開発した. ③【commercial film】[広]広告・宣伝用の映画. ④【cross fade】[放]クロスフェード. 一つの音を次第に小さくするのと同時に, 他の音を大きくしていく手法. ⑤【center fielder】[競](野球)中堅手. ⑥[I][イ]電子メールの設定ファイルの記述を簡略化するソフトウエア.

C&F【cost and freight】[営][経]本船渡しの値段に仕向け地までの運賃を加えた値段.

cf.【confer 羅】 参照せよ. 比較せよ. 英語では compare.

CFカード【CF card】[I][算]アメリカのサンディスク社が提唱しているメモリーカードの規格. コンパクトフラッシュカードの略.

CF34-8C [機]次世代の70席級中小型航空機ジェットエンジン. 日米が1996年に共同開発を始めた.

CFAフラン【CFA franc】[経]アフリカフラン. フランス系アフリカ諸国での通貨単位. 西アフリカではアフリカ財政共同体フラン(franc de la Communauté Financière Africaine 仏). 中部アフリカでは財政協力フラン(franc de la Coopération Financière en Afrique Centrale 仏). セーファーフランともいう.

CFC ①【chlorofluorocarbons】[化]クロロフルオロカーボン. 塩化フッ化炭化水素の総称. フロンガスのこと. CFCsともいう. ②【Combined Forces Command】[軍]米韓連合司令部. 1978年に創設.

CFDT【Confédération Française Démocratique du Travail 仏】[社]フランス民主労働総同盟.

CFE条約【Conventional Armed Forces in Europe Treaty】[軍]欧州通常戦力条約. 大西洋からウラルまでの地域を対象に戦車や火砲などの保有上限を定めた条約. 1990年に調印.

CFEリポート【Caring for the Earth report】[環]持続可能な生活様式実現のための戦略報告書. 国連環境計画, 世界自然保護基金, 国際自然保護連合が共同で発表した.

CFIT【controlled flight into terrain】[機][社]シーフィット. 航空機が操縦可能飛行の状態で墜落すること.

CFO【chief financial officer】[営]最高財務責任者. 最高財務担当役員.

CFP【Certified Financial Planner】[経]日本ファイナンシャル プランナーズ協会が認定する国際資格. FP上級資格.

CFR【Council on Foreign Relations】外交問題評議会. アメリカが直面する国際問題の永続的研究組織. 1921年に設立.

CFRC【carbon fiber reinforced concrete】[建]炭素繊維強化コンクリート.

CFRP【carbon fiber reinforced plastics】[化]炭素繊維強化プラスチック.

CFS【chronic fatigue syndrome】[医]慢性疲労症候群. 疲労病. 疲労感がひどく痛みが続く.

CFSP【Common Foreign and Security

Policy】政ヨーロッパの共通外交・安全保障政策．EU（欧州連合）の基礎となる．

CFT【cross-functional team】習クロスファンクショナルチーム．特定の課題を達成するための組織横断的なプロジェクトチーム．

CFT構造【concrete-filled steel tube structure】建鋼管コンクリート構造．建設省（現国土交通省）の新都市ハウジングプロジェクトが開発した建設技術．

CFTC【Commodity Futures Trading Commission】経政アメリカの商品先物取引委員会．

CG ①【computer graphics】I算コンピューターグラフィックス．データを図示するための技術や装置．またそれを作成した図．②【Consultative Group】対共産圏輸出調整最高会議．③【career girl】社キャリアガール．職業婦人．④【complete game】競（野球）完投．

CGアニメーション【computer graphics animation】I映コンピューターを活用したアニメーションシステム．実写との合成部分も含む．

CGI ①【computer graphics interface】I算コンピューター図形処理インターフェース．実写映像をデジタルデータとして取り込み，コンピューターグラフィックスと同じ空間で合成・生成処理をする．②【computer generated image】I算コンピューターグラフィックスを用いる模擬視界装置．③【common gateway interface】I イWWWサーバーとサーバー上で動く他のプログラムやスクリプトとのインターフェース．④【Consultative Group on Indonesia】インドネシア支援国会合．

CGIAR【Consultative Group on International Agricultural Research】農国際農業研究協議グループ．

CGM【coffin type ground-attack missile】軍隠蔽陣地から，地上または水上の目標に向かって発射するミサイル．

CGMS【copy generation management system】I算コピー可能回数をソフトウエア側で制御する．デジタルメディアの著作権を保護する技術の一つ．

CGPI【corporate goods price index】経企業物価指数．企業間取引の商品価格から経済の需給動向を見る指数．

CGS ①【Computer Graphics Society】算コンピューターグラフィックス学会．1984年に設立．②【chief of the general staff】軍参謀総長．③【cogeneration system】理熱電気併給方式．

CGS-MKSA単位 CGS系単位は長さにcm，質量にg，時間にセコンド（秒・s）を基本単位とするメートル法の単位系．MKSA単位は長さにm，質量にkg，時間に秒，電流にアンペアを使う単位系．

CGT【Confédération Générale du Travail 仏】社フランス労働総同盟．1895年に結成．フランス最大の労働組合．②【Confederación General del Trabajo 西】社アルゼンチンの労働総同盟．ラテンアメリカ有数の労働組合圧力団体．

CGTU【Confédération Générale du Travail Unitaire 仏】社フランス統一労働総同盟．

CHAP【challenge handshake authentication protocol】I イダイヤルアップPPP接続におけるユーザー認証時の通信規約の一つ．毎回パスワードをもとにビット列を生成する．

CHC【Chicago Cubs】競（野球）シカゴ・カブス．米大リーグの球団の一つ．

CHD【coronary heart disease】医冠状動脈性心臓病．

CHM【common heritage of mankind】社人類の共同遺産．国連海洋法条約により作られた制度．

CHRP【common hardware reference platform】I算チャープ．最新の中央処理装置（CPU）を備えたパソコンの共通仕様．アップルコンピュータとモトローラが共同開発．

CHS【century housing system】営建センチュリーハウジングシステム．21世紀にわたっても居住可能な住宅の生産・供給システム．

cHTML【compact HTML】I算HTML言語をベースに簡略化して，携帯電話用に拡張したページ記述言語．

CHW【Chicago White Sox】競（野球）シカゴ・ホワイトソックス．米大リーグの球団の一．

CI ①【cut-in】映カットイン．挿入字幕．②放音・声が突然大きな音量で入ってくること．③劇舞台照明を一気に入れること．④【corporate identity】営企業認識．企業の自己同一性．企業イメージ統合戦略．企業の特質・全体像を大衆に認知させること．⑤【Consumer International】社国際消費者機構．消費者団体の国際連絡組織．1960年に設立．本部はロンドン．⑥【composite index】経景気総合指数．景気の振幅の判断を行うため試算される指標．毎月の変化率を計算する．⑦【confidential informant】社秘密情報提供者．

C³I 軍シーキューブドアイ．シースリーアイ．communication（通信），command（指揮），control（管制），intelligence（情報）の頭文字を取ったもので，現代的軍事力を効果的に行使するための四大機能．

C⁴I 軍シーフォーアイ．近代軍事力の有効な行使に必要な機能．C³IにCompuer system（コンピューターシステム）を加えたもの．

CIA【Central Intelligence Agency】政アメリカの中央情報局．1947年に設立．

CIAB【Coal Industry Advisory Board】経石炭産業諮問委員会．IEA（国際エネルギー機関）が1980年に設置．

CIAJ【Communications Industry Association of Japan】I通信機械工業会．関連企業約230社が加盟して，電気通信機関連の技術の向上や法制度の改善などに取り組む．

CIAM【Congrès Internationaux d'Architecture Moderne 仏】建シアム．近代建築国際会議．建築家による研究団体．

CIC ①【computer-integrated construction】Ⅰ建建設業の現場での生産活動をコンピューターで統合管理し、最適化を図るもの。②【combat information center】軍軍艦に設ける戦闘情報中枢。③【counterintelligence corps】軍対諜報部隊。

CICA【Conference on Interaction and Confidence Building Measures in Asia】アジア相互協力信頼醸成措置会議。2002年にカザフスタンのアルマトイで開催した首脳会議。

CICAD【Inter-American Commission for Drug Abuse Control】社政全米麻薬乱用取締委員会。

CICS【customer information control system】Ⅰ算キックス。アメリカのIBMが開発した、トランザクション処理に対する監視や制御を行うソフトウェア。

CICT【Commission on International Commodity Trade】経政国際商品貿易委員会。

CID ①【Criminal Investigation Division】軍アメリカ陸軍の犯罪捜査部。②【Criminal Investigation Department】社ロンドン警視庁の捜査課。

CIDフォント【character identifier font】Ⅰ算全角（2バイト）である日本語の文字を扱うフォント規格。文字データのインストールや出力が軽い。

CIDA【Canadian International Development Agency】政カナダ国際開発庁。国際協力を推進する。

CIDIE【Committee of International Development Institutions on the Environment】環環境に関する国際開発機関委員会。14の国際開発機関などで構成。事務局はナイロビの国連環境計画（UNEP）本部にある。

CIDR【classless inter-domain routing】Ⅰイ組織に割り当てられるアドレスのネットワーク部の境界をビット単位で選べる方式。

CIDS【Customs Intelligence Database System】経通関情報総合判定システム。1991年に導入。CISともいう。

CIE ①【Civil Information and Education Section】民間情報教育局。GHQ（連合軍総司令部）の部局で、第二次大戦後の日本の教育制度を改革した。②【Commission Internationale de l'Éclairage 仏】国際照明委員会。③【computer-integrated enterprises】Ⅰ営コンピューターによる統合企業。

CIEC【Conference on International Economic Cooperation】国際経済協力会議。エネルギーおよび南北問題に関する国際会議。

CIF【cost, insurance and freight】営経シフ。本船渡しの値段に、仕向地までの保険料と運賃を加えたもの。

CIF&C【CIF and commission】営経本船渡しの値段に、仕向地までの保険料・運賃・手数料を加えたもの。

CIF&CI【CIF and commission,interest】営経本船渡しの値段に、仕向地までの保険料・運賃・手数料・利子を加えたもの。

CIF&E【CIF and exchange】営経本船渡しの値段に、仕向地までの保険料・運賃・為替相場を加えたもの。

CIFOR【Center for International Forestry Research】国際森林林業研究センター。

CII標準【CII standard】Ⅰ産業情報化推進センター（CII）が開発した、日本国内での電子データ交換に関する標準規約。

CIIA【Canadian Institute of International Affairs】社カナダ国際問題研究所。1982年に設立された非営利機関。

CIM ①【computer-integrated manufacturing】営シム。コンピューターによる統合生産。共通のデータベースに基づき、計画・設計・製造を統合する。②【common information model】Ⅰ算ネットワーク管理を行うデータ記述形式。③【coffin launched intercepter missile】軍シム。隠蔽陣地から発射する防空ミサイル。

CIMIC【civic-military cooperation】軍民協力。民軍協力ともいう。

CIN【Cincinnati Reds】競（野球）シンシナティ・レッズ。米大リーグの球団の一つ。

CINCPAC【Commander-in-Chief, Pacific Command】軍アメリカの太平洋軍司令官。

Cinepak Ⅰ算シネパック。動画データを圧縮・解凍するための符号化方式の一つ。圧縮率が高いのが特長。

CIO【chief information officer】営最高情報責任者。企業の情報化推進責任者。

CIOS【Comité International de l'Organisation Scientifique 仏】国際経営科学協議会。

CIPA【Camera & Imaging Products Association】機カメラ映像機器工業会。

CIPEC【Conseil Intergouvernemental des Pays Exportateurs de Cuivre 仏】銅輸出国政府間協議会。1967年にチリ、ペルー、ザイール、ザンビアの4カ国で結成。

CIQ 社 customs（税関）, immigration（出入国管理）, quarantine（検疫）の頭文字を取ったもので、出入国の際、必ず受けなければならない手続き。

CIRPES【Centre Interdisciplinaire de Recherches sur la Paix et d'Etudes Stratégiques 仏】社平和・戦略学際研究所。フランスの平和研究機関の一つ。1982年に設立。

CIS ①【community information system】Ⅰ放地域情報化システム。有線テレビを使って各家庭に情報を伝えるもの。②【Center for Integrated System】Ⅰシス。スタンフォード大学の集積回路研究センター。③【customs intelligence database system】Ⅰ経通関情報総合判定システム。輸入貨物の電子情報化で導入。CIDSともいう。④【Commonwealth of Independent States】政独立国家共同体。旧ソ連の共和国が形成した新体制の国家連合体。1991年12月に調印。ロシア、ウクライナ、カザフスタン、キルギス、ベラルーシ、タジキスタン、トルクメニスタン、ウズベキスタン、アゼルバイジャン、アルメニア、モ

C IS共通 ▶

ルドバの11カ国が参加．93年にグルジアも加わる．

CIS共通経済圏【CIS's common economic zone】経CIS（独立国家共同体）12カ国による共通経済圏構想．

CISAC【Confédération Internationale des Sociétés d'Auteurs et Compositeurs 仏】音シサック．作詩作曲家協会国際連合会．1926年設立．本部はパリ．

CISC【complex instruction set computer】I算シスク．複合命令を多種類用意し，命令数で処理を行う設計のコンピューター．

CISL【Confederazione Italiana Sindacati Lavoratori 伊】社イタリア労働者組合総同盟．

C⁴ISR 軍アメリカ海軍の次期戦闘システム．C⁴にに監視（surveillance）と偵察（reconnaissance）の機能を加えた．

CIT【California Institute of Technology】カリフォルニア工科大学．

CITES【Convention on International Trade in Endangered Species of Wild Fauna and Flora】國生絶滅の恐れのある野生動植物の種の国際取引に関する条約．ワシントン条約．

CITL【computer-integrated teaching and learning】I教算指導と学習を統合するコンピューター利用．教師が教えることと生徒が学ぶことを統合し，自己表現する道具としてコンピューターを利用しようという概念．

CITO【Charter of International Trade Organization】国際貿易憲章．

CIWS【close-in weapon system】軍シウス．近接防空システム．艦艇に装備する近接防空用の高性能の武器システム．

CIX【commercial Internet exchange】I算シックス．商業用ネットワークのプロバイダー各社がIP-VAN同士を相互接続する交換機．

CJD【Creutzfeldt-Jakob disease】医クロイツフェルトヤコブ病．中枢神経系の変性疾患．

CJK I算Chinese, Japanese, Koreanのそれぞれの頭文字を取ったもので，漢字を使用する言語の総称．

CJTF【Combined Joint Task Force】軍共同統合機動部隊．1994年のNATO（北大西洋条約機構）首脳会議で採用された戦略概念．

CK【corner kick】競（サッカー）攻撃側がコーナーエリア内から行うプレースキック．

CKD【complete knocked down】経完全現地組み立て．

CKO【chief knowledge officer】経知識統括役員．社内の知的資産の活用を図る活動の最高責任者．

CL【container load】経コンテナ1個に満載の貨物．

CL型【Craft Large type】國海上保安庁の中型巡視艇．

CLA【conjugated linoleic acid】共役リノール酸．乳製品や牛肉に少量含まれ，発がん抑制，免疫機能の向上，体脂肪減少などの効果があるとされる．

CLAD【cell assembly / disassembly】I算クラッド．データを非同期転送モード（ATM）のネットワークに接続させるための装置．

CLB【Canada land bridge】営社カナダランドブリッジ．日本とヨーロッパとの国際的な輸送で，陸路はカナダを通って大陸横断する経路をとる輸送方式．

CLE【Cleveland Indians】競（野球）クリーブランド・インディアンス．米大リーグの球団の一つ．

CLGP【cannon launched guided projectile】軍レーザー誘導型砲弾．

CLI【computer-led instruction】教一斉授業のシステムで，数種類の教育機器を組み合わせて行う．

CLMC【Combined Loyalist Military Command】軍政ロイヤリスト合同軍事司令部．イギリスや北アイルランドで活動する過激派組織．

CLMV 地メコン川流域のカンボジア（Cambodia），ラオス（Laos），ミャンマー（Myanmar），ベトナム（Vietnam）の4カ国を指す略称．

CLO【collateralized loan obligation】経ローン担保証券．銀行などの貸出債権を証券化する金融商品．

CLR【common language runtime】I算アメリカのマイクロソフトが提唱するNET構想における，プログラミング言語の種類を問わないソフト実行環境．

CLUT【color look-up table】I算カラールックアップテーブル．インデックスカラー方式で使われる色と番号の対応表．

CLV【constant linear velocity】I算光ディスクの読み出し方式の一種．ディスクの外側と内側の情報密度が同じになるようにディスクの回転数を変化させる．

CM ①【commercial message】広コマーシャルメッセージ．宣伝．広告．宣伝文句．宣伝広告文．テレビやラジオなど電波広告用の文案．②【construction management】建主にアメリカで行われる建設生産システムの一つ．③【cruising missile】軍巡航ミサイル．小型化したジェットエンジンで飛行する．

CMキャラ 広CMに使われる動物などのキャラクター．

CM好感率【TV commercial preference rate】広一般のテレビ視聴者を対象にCMを調査して，得票数を有効調査票数で割った値．

CMプランナー【CM planner】広広告概念を具体的に広告に変換する方向を提示する人．広告制作の趣向を考える人．

CMA ①【cash management account】経現金管理勘定．1977年にメリルリンチ社が開発した金融商品．②【Continental Marketing Association】営コンチネンタル マーケティング協会．アメリカの会員組織形態をとる安売りセンター．

CMB【cosmic microwave background radiation】天宇宙マイクロ波背景放射．1965年に発見．

CMC【carboxymethyl cellulose】化カルボキシメチルセルロース．木材から採れる繊維素．

◀ **COGEM**

CMD ①【cross-merchandising】営特定の生活テーマに関連する多様な品ぞろえと演出をして行う販売活動．②【cruising missile defense】軍巡航ミサイル防衛．アメリカの弾道ミサイル防衛計画の一つ．

CMEA【Council for Mutual Economic Assistance】経経済相互援助会議．社会主義諸国間の経済協力機構．通称コメコン．1991年に廃止された．

CMI ①【computer-managed instruction】IT教コンピューターを利用して，授業の進行に合わせて，成績の記録や分析などの情報処理を行うシステム．②【Cornell Medical Index health questionnaire】医心コーネル医学調査表．アメリカのコーネル大学医学部考案の健康調査用心理テスト．

CMIP【common management information protocol】IT算共通管理情報プロトコル．OSI参照モデルのアプリケーション層に位置する，ネットワーク管理用のプロトコルの一つ．

CMOS【complementary metal-oxide semiconductor】ITシーモス．相補型金属酸化膜半導体．電卓などの集積回路に用いる．

CMP【cellular multiprocessing】IT算1台のマシンを複数のサーバーとして利用できる，マルチプロセッサーアーキテクチャー．

CMR【construction manager】建主にアメリカで行われる建設生産システムのCMを業務とする人．発注者の代理人となる．

CMS【cash management system】IT算ファームバンキングの一つ．銀行と企業のコンピューターを通信回線で結び，銀行と企業の資金の集中管理や金融情報の提供などを行う．

CMT【color mate test 日】医教学校教育用の色覚検査表．名古屋市教育委員会が導入した．

CMV【cytomegalovirus】医サイトメガロウイルス．巨細胞ウイルス．ヘルペス属に分類されるDNAウイルス．

CMYK【cyan, magenta, yellow, black】IT印シアン，マゼンタ，イエロー，ブラックの4色を用いてあらゆる色を表現する，インクの混色方式．

CNA【computer network attack】軍情報戦の一つ．情報処理系基盤への攻撃．

CNC【computer numerical control】IT算コンピューター数値制御．

CND【Campaign for Nuclear Disarmament】軍社核武装反対運動．

CNES【Centre National d'Études Spatiales ⟨仏⟩】宇フランス国立宇宙研究センター．

C-NET【放国会TV．日本の国会審議の様子を中継するテレビジョン放送．

CNG【compressed natural gas】化圧縮天然ガス．自動車の燃料などに用いられる．

CNN【Cable News Network】IT放ケーブルニュースネットワーク．ニュースだけを放送するアメリカの有線テレビ局．1980年にジョージア州アトランタでサービス開始．

CNP【chlornitrophen】薬クロルニトロフェン．水田に散布する除草剤の一種．1994年に厚生省（現厚生労働省）が使用自粛を通知した．

CNSA【China National Space Administration】宇中国国家航天局．

CNT【carbon nanotube】化理カーボンナノチューブ．網目状炭素を円筒状に巻いたもの．

CO ①【commander】宇スペースシャトルの機長．操縦を担当し，司令官も務める．NASA（アメリカ航空宇宙局）が定める宇宙飛行士の職責の一つ．②【conscientious objector】軍社良心的兵役拒否者．③【cutout】映画版フィルムや脚本などの削除．④【cutout】放声・音が突然消えること．⑤【carbon monoxide】化一酸化炭素．

CO₂【carbon dioxide】化二酸化炭素．炭酸ガス．大気中に微量含まれる無色無臭の気体．

Co.【company】営カンパニー．会社．商会．co.とも．

c/o【care of】…方．…気付．

CO₂ハイドレート【CO₂ hydrate】化理低温にしてシャーベット状になった二酸化炭素．

CO法【carbon monoxide act】法炭坑災害による一酸化炭素中毒症に関する特別措置法．

COB【chip on board】IT算通常のICより小型・高密度なICを作り出す技術の一つ．

COBE【Cosmic Background Explorer】宇コービー．宇宙背景放射のゆらぎを測定するため，NASA（アメリカ航空宇宙局）が1989年に打ち上げた人工衛星．93年に任務終了．

COBOL【Common Business Oriented Language】IT算コボル．事務用共通処理言語．大型コンピューターで用いる．1960年にアメリカの国防総省とCODASYL（データシステム言語協議会）が共同開発．

COCOM【Co-ordinating Committee for Export Control to Communist Area】政ココム．対共産圏輸出統制委員会．本部はパリ．1949年に設置し，94年に解散．

COD ①【chemical oxygen demand】化学的酸素要求量．有機物を化学的に酸化する時に必要な酸素量．海域や湖沼の汚濁指標を示すのに用いる．②【cash on delivery】経着払い．現品の到着を待って代金を支払うこと．

CODASYL【Conference on Data Systems Languages】IT算コダシル．データシステム言語評議会．1995年にアメリカの国防総省が提唱し，政府，コンピューターメーカー，利用者団体などが組織した．

COE【center of excellence】営社センター オブ エクセレンス．優秀な頭脳と最先端設備と環境を備えた世界的な研究拠点のこと．

COF【Columbus Orbital Facility】宇コロンバス軌道実験室．ESA（欧州宇宙機関）が国際宇宙ステーション計画に参加する要素の一つ．

COG【continuity of government】軍政政府の継続．アメリカの有事の際の極秘軍事計画の一つ．政府機能を継続させて，軍事報復などを行う手順を決めてある．

COGEMA【Compagnie Générale des Ma-

713

tières Nucléaires 仏】理コジマ．フランス核燃料公社．

COI【Central Office of Information】政イギリスの中央情報局．

COINS【computerized information system】I算コンピューター情報システム．

COL ①【cost of living】営社生計費指数．海外勤務者の給与算定に欠かせないもので，世界の主要都市ごとに算出される．②【Colorado Rockies】競(野球)コロラド・ロッキーズ．米大リーグの球団の一つ．

COLA【cost of living adjustment】営経社生計費のスライド調整．外国へ赴任する場合，今までと同程度の生活水準を赴任地で保つために算出される経済指標．

ColorSync I算カラーシンク．コンピューターの周辺機器ごとの発色の違いをなくすことができるカラー管理システム．

COM ①【coal-oil mixture】化石炭石油混合燃料．石炭と重油に添加剤を混ぜた液体燃料．②【component object model】I算コム．オブジェクト間通信規約の一つ．マイクロソフトが開発．

COMファイル【COM file】I算MS-DOSの実行ファイル形式の一つで，拡張子は「.com」．

COMポート【communication port】I算PC互換機でのシリアルポートを指す．COM1，COM2，COM3，COM4がある．

COMDEX【Computer Dealer's Exposition】I算コムデックス．アメリカで毎年2回開催される大規模なコンピューター関係の展示会．

COMECON【Council for Mutual Economic Assistance】経コメコン．経済相互援助会議．社会主義諸国間の経済協力機構．1949年に設立し，91年に解散．

COMESA【Common Market of Eastern and Southern Africa】経東部南部アフリカ共同市場．

COMETS【Communications and Broadcasting Engineering Test Satellite】宇コメッツ．日本の通信放送技術衛星．1998年打ち上げ，99年運用終了．

COMEX【New York Commodity Exchange】経コメックス．ニューヨーク商品取引所．1994年にNYMEXと合併後はNYMEXの一部門．

COMINT【communications intelligence】軍コミント．通信情報．軍事上の通信傍受活動．

Commandキー【command key】I算コマンドキー．Mac用キーボードにあるアップルマークの付いた特殊キー．他の文字と組み合わせてショートカットキー入力時に用いる．

COMMAND.COM I算DIRやCOPYなどのMS-DOSの基本的なコマンドを解釈し，その命令を実行するプログラム．

Common Lisp【common list processor】I算コモンリスプ．主に記号処理や，リスト形式のデータ処理を得意とするLisp言語を標準化したもの．

COMMUNET I算コミュネット．関西圏における最大級のIT見本市．最新の情報通信技術を身近に体験できる．

COMSAT【Communications Satellite Corp.】コムサット．アメリカの通信衛星会社．

COMTRAC【Computer-aided Traffic Control】機社コムトラック．コンピューターによる新幹線の運転制御システム．

CONAD【Continental Air Defense】軍アメリカの本土防空軍．

CONCACAF【Confederation of North, Central American and Caribbean Association Football】競(サッ)北中米カリブ海サッカー連盟．地域連盟の一つ．

CONFIG.SYS I算コマンドインタープリターや日本語フロントエンドプロセッサーの設定など，MS-DOSの環境設定と拡張機能の組み込みが記述されるファイル．

CONMEBOL【Confederación Sudamericana de Fútblol 西】競(サッ)南アメリカサッカー連盟．地域連盟の一つ．

Controlキー【control key】I算コントロールキー．他のキーと組み合わせて使うキー．アプリケーションソフトごとに機能が異なる．

CONUS【Continental United States】軍アメリカ本土軍．

COO【chief operating officer】営最高執行責任者．最高経営役員．CEOに次ぐ企業の権力者．

Cookie I算イクッキー．WWWブラウザー内に保持されるユーザーの来訪履歴情報．

CO-OP【consumers' cooperative】社コープ．消費生活協同組合．

co-op【cooperative】建共同住宅．分譲アパート．

COP【Conference of the Parties to the United Nations Framework Convention on Climate Change】環気候変動枠組み条約の締約国会議．地球温暖化防止の枠組みと実施細目を協議・決定する．

COP3【3rd Session of the Conference of the Parties to the United Nations Framework Convention on Climate Change】環気候変動枠組み条約第3回締約国会議．1997年に京都で開催した地球温暖化防止京都会議．

COPA【Child Online Protection Act】I法アメリカのオンライン児童保護法．1998年に発効．インターネット上のわいせつ情報を子供に見せないことを目指す．

COPD【chronic obstructive pulmonary disease】医慢性閉塞性肺疾患．

COP/MOP1【Conference of the Parties serving as the Meeting of the Parties to the Kyoto Protocol, First session】環京都議定書第1回締約国会合．2013年以降の温室効果ガス規制などを協議する．

COPRED【Consortium on Peace Research, Education and Development】社平和研究・教育・発展連絡協議会．1970年に設立された，アメリカの平和研究機関の一つ．

COPUOS【Committee on the Peaceful Uses of Outer Space】宇国連の宇宙空間平和利用委員会.

CORBA【common object request broker architecture】IT算コルバ. コンピューターの分散システムにおける, オブジェクト間のメッセージ交換に関する仕様.

CORE【Congress of Racial Equality】社政アメリカの人種平等会議. 黒人差別撤廃運動を進める左派系の団体. 1942年に結成.

Corp.【corporation】法人. 会社. corp. とも.

CORSA【Cosmic Radiation Satellite】宇コルサ. 東大宇宙航空研究所が打ち上げた人工衛星. 宇宙放射線を研究する.

COSATU【Congress of South African Trade Unions】政南アフリカ労働組合会議.

COSMETS【Computer System Meteorological Services】気気象資料総合処理システム.

COSPAR【Committee on Space Research】宇コスパール. 国際宇宙空間研究委員会. 宇宙観測に関する情報交換を行う. 1958年に設立.

COTS【commercial off the shelf】軍民用既製品. アメリカの兵器や軍需品の原料に使う民用規格のもの.

Count関数【count function】IT算カウント関数. 表計算ソフトの関数で, 指定範囲内に数値が入力されているセルの個数を数える.

CP ①【commercial paper】営経コマーシャルペーパー. 企業が短期の資金調達のために発行する無担保の約束手形. ②【cerebral palsy】医脳性まひ. ③【counterpurchase】営経見返り輸入. ④【charter party】営経用船契約. ⑤【continental plan】営経コンチネンタルプラン. 室料と朝食だけを含むホテルの料金制度. ⑥【compliance program】営経コンプライアンス プログラム. 法令順守基本規定. 輸出関連企業が輸出管理組織や管理手続き, 教育訓練などを定めたもの.

CP市場【commercial paper market】営経コマーシャルペーパー市場. 企業が発行する無担保の短期の約束手形を取引する.

CP制御【continuous path control】IT連続経路制御. ロボットのハンドを移動する時, 移動経路を任意の軌跡に定めること.

CPマーク【crime prevention mark】社日本の消費者マークの一つ. 住宅用開きとびら錠で, 警察庁長官が型式認定した製品に表示できる.

CP破れ【violation of CP symmetry】理C対称性, P対称性の不成立. 素粒子反応の特色の一つ.

CPA ①【certified public accountant】営経公認会計士. 会計に関するサービスを提供する専門職業人. ②【Coalition Provisional Authority】政連合国暫定当局. 2003年イラクのフセイン政権崩壊後の統治を担当.

CPAP【Cooperative Program for Asian Pediatricians】医アジア小児科医交流計画. 東大が中心で推進している.

CPB【Corporation for Public Broadcasting】放アメリカの公共放送協会. 公共教育放送の推進を目的として, 1968年に設立.

CPC ①【Conflict Prevention Center】政紛争防止センター. 1990年の CSCE(全欧安保協力会議)パリ首脳会議で創設された機関. ②【Committee for Program and Coordination】計画調整委員会. ③【cell processing center】医細胞培養センター.

CPCパイプライン【CPC pipeline】カザフスタンのテンギス油田からロシアのノボロシスクに至るパイプライン. 2001年開通.

CPD【Comprehensive Program on Disarmament】軍包括的軍縮計画. 1982年開かれた第2回国連軍縮特別総会で報告された.

CPE【Certificate of Proficiency in English】教ケンブリッジ英検特級. イギリスの大学に入学できるような, 豊富で質の高い英語を使える能力を判定する.

CPF【chemical processing facility】理高レベル放射性物質研究施設. 放射性廃棄物の再処理を, 実際の使用済み核燃料を使って実験室規模で研究する.

CPFR【collaborative planning, forecasting and replenishment】営情報技術を用いる統合管理経営手法の一つ. 需要予測と在庫補充の共同作業.

CPI【consumer price index】営経社消費者物価指数. 消費者が購入する財やサービスの価格の動きを指数で示す. 総務省統計局が毎月発表する.

CPJ【Committee to Protect Journalists】社ジャーナリスト保護委員会. 報道の自由の擁護を図る民間団体. 本部はニューヨーク.

CPM【cost per mille】①広1000人当たりの広告費. ②IT広インターネットでバナー広告を1000回表示する広告費.

CP/M【Control Program for Microcomputer】IT算マイコン向け OS の一種. 機能を発揮できるようにコントロールするプログラム. アメリカのデジタルリサーチ社が開発.

CPN-M【Communist Party of Nepal-Maoist Group】政ネパール共産党毛沢東派. 1994年に結成.

CPN-UML【Communist Party of Nepal-Unified Marxist and Leninist】政ネパール共産党統一マルクス・レーニン主義. 毛沢東主義を掲げるCPN-Mとは別組織.

CPO【chief petty officer】①軍英米海軍の下士官の階級の一つ. 上等兵曹. ②服肩章と両胸の大きなフラップ付きのパッチポケットをもつ, チェックの羊毛シャツ. アメリカ海軍下士官が着るシャツにちなむ.

CPP ①【casein phosphopeptide】化カゼインホスホペプチド. 体調を調節する働きなどをもつ微量成分の一つ. ②【Cambodian People's Party】政カンボジア人民党. 1991年にカンプチア人民革命党から改称.

CPR【cost per return】広コストパーリターン．広告の一反応当たりのコスト．注目，態度変容，クーポン，コンテスト，購買などの反応をいう．②【cardiopulmonary resuscitation】医心肺機能蘇生．心肺蘇生術．③【corporate public relations】習広企業戦略の中に広報活動を位置付けるやり方．

CPRGS【comprehensive poverty reduction and growth strategy】経包括的貧困削減成長戦略．ベトナムの経済政策の一つ．

CPRM【content protection for recordable media】Ⅰ算放コピーワンス（一回だけ録画可能）が原則のデジタル放送の著作権管理システム．DVDレコーダーでは，CPRM対応のメディアを使えばハードディスクのデータをムーブ（移動）できる．

CPS①【characters per second】Ⅰ算ドットインパクトプリンターなどの文字を出力する機器で使われる印字速度の単位．②【consumer price survey】経消費者物価調査．

CPSA【Consumer Product Safety Act】社消費者製品安全法．アメリカで1972年に制定．

CPSU【Communist Party of the Soviet Union】政旧ソ連共産党．

CPT【cost per thousand】広コストパーサウザンド．1000部または1000人当たりの広告費．CPMともいう．

CPU【central processing unit】Ⅰ算コンピューターの中央処理装置．中央演算処理装置．

CPUアクセラレーター【CPU accelerator】Ⅰ算CPU（中央処理装置）を高速化し，処理速度の向上を可能にする装置．

CPUクーラー【CPU cooler】Ⅰ算発熱により処理速度が低下しやすいCPU（中央処理装置）を冷却する装置．CPUに直接装着するタイプのものが主流．

CPUパワー【CPU power】Ⅰ算CPU（中央処理装置）の処理能力．通常，単位当たりに実行する処理量を，CPUのクロック周波数で比較する．

CPX【command post exercise】軍共同指揮所演習．実際の部隊を動かさず，現実の作戦を想定しながら地図上で行う．

CQD【customary quick dispatch】用船契約の荷役条件の一つ．停泊期間を限定しないで，なるべく早く荷役すること．

CQO【chief quality officer】習最高品質責任者．執行役員の一つ．

CR①【card reader】カード読み取り機．②【consumer research】習消費者調査．消費者層の実態調査や商品に対する反応を調査すること．③【clean room】建クリーンルーム．床面や空中に微小な塵埃もない部屋．④【carriage return】Ⅰ算改行コード．

CR機【card reader —】習社料金先払い式のカードシステムに対応するパチンコ機．

CRキー【CR key】Ⅰ算カーソルを現在の行から次の行の先頭に移動させるキー．EnterキーやReturnキーのこと．CRはcarriage returnの略．

CR生産【clean and recirculating production】環公害汚染防止のための廃棄物再利用の生産システム．

CRAMM【CCTA risk analysis and management methodology】Ⅰ算イギリスのCCTA（Central Computer and Telecommunications Agency）が考案したリスク分析手法．第1から第3ステージまである．

CRB【Central Reserve Bank】経アメリカの中央準備銀行．

CRB指数【Commodity Research Bureau index】習経アメリカの代表的な商品価格指標．

CRC①【cyclic redundancy check】Ⅰ算巡回冗長検査．データ転送が正常に行われたか調べるエラー検出・訂正の方式．②【clinical research coordinator】薬治験コーディネーター．治験施設支援機関などから，治験を行う医療機関に派遣される治験業務の専門家．

CRD【Committee on Energy Research and Development】エネルギー研究開発委員会．国際エネルギー機関（IEA）の一部門．

CRL【certificate revocation list】Ⅰ算証明書失効リスト．鍵暗号で，CA（認証局）の提供する証明書データに変更があった場合に作成する．

CRM①【cockpit resource management】習社コックピット情報管理．操縦室内の乗員同士の交流を円滑に行い，航空機の安全運航を図る．②【customer relationship management】習顧客関係管理．顧客の情報や接触機会の履歴などを全部門で共有・管理して，対応の最適化を図る考え方．

CRO【contract research organization】習薬製薬会社と契約し，医薬品開発を請け負う組織・会社．欧米で行われる．

CRS①【computer reservation system】Ⅰ算コンピューター予約システム．航空券の予約・販売に加え，ホテルやレンタカーなどの予約もできる．②【child restraint system】子供用カーシート．③【Congressional Research Service】政アメリカの議会調査局．

CRT【cathode-ray tube】Ⅰ算放陰極線管．ブラウン管．電子ビームを管の内側に塗った蛍光体に当てて発光させる．

CRT出力【CRT output】Ⅰ算コンピューターの出力情報をCRT（ブラウン管）を利用した表示装置に出力すること．

CRTディスプレー【cathode-ray tube display】Ⅰ算CRT（ブラウン管）を利用した表示装置．最近では液晶ディスプレーに取って代わられつつある．

CRTフィルター【CRT filter】Ⅰ算CRT（ブラウン管）ディスプレーへの光の映り込みを減らすためのフィルター．

Crusoe　Ⅰ算クルーソー．アメリカのトランスメタ社が開発したCPU（中央処理装置）．低消費電力なのが特徴で，主にノートパソコンなどへ搭載されている．

CRV【crew return vehicle】宇乗員帰還船．NASA（アメリカ航空宇宙局）が宇宙からの緊急帰還に備えて開発を進めている．

CS ①【communications satellite】[I字]通信衛星．長距離通信の中継局となる人工衛星．②【customer satisfaction】[習]顧客満足．消費者満足．購入した商品やサービス提供に対する顧客の満足度を探る方法．③【container ship】[機]コンテナ船．④【core spray system】[理]原子炉の炉心スプレー．

C/Sシステム【client/server system】[I算]クライアントサーバーシステム．複数のサーバーによる分散処理によって複数の作業を同時に処理できるシステム．

CSデジタルチューナー【communications satellite digital tuner】[放]通信衛星によるデジタル放送の受信に用いるチューナー．

CSデジタル放送【communications satellite broadcasting】[I放]通信衛星によるデジタル放送．1996年に運用開始．主にテレビだが，ラジオもある．

CSテレビ放送【communications satellite television broadcasting】[I放]通信衛星を使った有料テレビ放送．

CSA【Canadian Space Agency】[宇]カナダ宇宙機関．1989年に設立．本部はモントリオール．②【community supported agriculture】[社][農]地域が支える農業．アメリカでの地産地消運動の一つ．③【Canadian Standards Association】カナダ規格協会．

CSCE【Conference on Security and Cooperation in Europe】全欧安保協力会議．ヨーロッパ地域の緊張緩和と相互の安全保障について討議する国際会議．1995年にOSCE（欧州安保協力機構）に発展・改称．

CSCL【computer-supported cooperative learning】[I教育]コンピューターを利用した共同学習．ネットワーク技術の共同学習への応用に関する研究分野．

CSCW【computer-supported cooperative work】[I経算]企業内における，コンピューターやネットワーク技術の共同作業への応用に関する研究分野．

CSD【Commission on Sustainable Development】[環]持続可能な開発委員会．国連の経済社会理事会の下に設立．

CSF【critical success factor】[I算]重要成功要因．ある目標を達成するための，最も重要な要因のこと．

CSI【container security initiative】[政]アメリカの運輸安全保障政策の一つ．コンテナ貨物を電子点検する．

CSIS【Center for Strategic and International Studies】[社]アメリカの戦略・国際問題研究所．1962年にジョージタウン大学に設立され，86年に独立した．

CSM①【customer satisfaction measurement】[習]顧客満足度．顧客が購入した商品やサービスに満足している度合いを示す指標．②【climate system monitoring】[気]気候系監視．世界気象機関による世界の気候系の監視．毎月報告書を発表している．③【confined space medicine】[医]狭い場所での医療．災害現場のがれきの中に医師らが入り，閉じ込められた人に点滴などの治療を施すこと．

CSMA/CA【carrier sense multiple access with collision avoidance】[I算]1～2Mbps程度の速度の無線LANにおける，媒体アクセス制御方式の一つ．

CSMA/CD【carrier sense multiple access with collision detection】[I算]キャリア波感知多重アクセス衝突検出方式．LANの通信方式の一つ．情報回路の同時発信処理．

CSNET【Computer Science Research Network】[I算]アメリカの国立科学財団が大学の研究機関や，一部の民間研究機関と結んでいるネットワーク．

CSO①【Central Selling Organization】[習]中央販売機構．ダイヤモンドの販売価格の維持能力を支える働きをもつ．②【civil society organization】[社]市民社会組織．国家を代表しない団体などの総称．

CSP【chip scale package】[I算]集積回路や半導体素子を同等あるいはやや大きい容器に入れて作られたIC．

C-SPAN[放]アメリカの議会中継テレビ．

CSPI【corporate service price index】[習]企業向けサービス価格指数．企業間で取引されるサービスの価格の変動を表す．

CSR【corporate social responsibility】[習]企業の社会的責任．社会面や環境面での利益を企業利益と両立させる考え方．

CSS①【cascading style sheet】[I算]HTMLで作成されたWebページのレイアウトやフォントなどのフォーマットを定義する規格．一般的にはスタイルシートと呼ばれる．②【client/server system】[I算]クライアントサーバーシステム．C/Sシステムのこと．③【content scrambling system】[I算][映]映画などの著作権保護を能動的に行う方法の一つ．

CSS2【cascading style sheet level 2】[I算]CSS1（もとのCSS）に音声出力制御機能などを加えたもの．

CSTO【Collective Security Treaty Organization】[政]集団安全保障条約機構．ロシア，ベラルーシ，カザフスタン，キルギス，タジキスタン，アルメニアの6カ国が加盟．

CSU【Christlich-Soziale Union】[独][政]ドイツのキリスト教社会同盟．

CSV形式【comma separated value format】[I算]主に表計算ソフトやデータベースソフトで使われる，異なるソフトウエア間で共通に扱えるファイル形式の一つ．

CSW【Commission on the Status of Women】[社]女性の地位委員会．国連の経済社会理事会の機能委員会の一つ．1946年に設置．

CT①【cable transfer】電信・電報為替．②【computed tomography】[I医]コンピューター断層撮影法．人体を横断する一平面にさまざまな角度からX線を当て，コンピューターで画像化する．19

C TBT ▶

73年にイギリスで開発.
CTBT【Comprehensive Nuclear-Test Ban Treaty】包括的核実験禁止条約. 1996年に国連総会で採択.
CTBTO【Comprehensive Nuclear-Test Ban Treaty Organization】軍政包括的核実験禁止条約機関. 1996年採択の包括的核実験禁止条約加盟国により設置.
CTC ①【Cotton Textiles Committee】経綿製品委員会. ガット(関税貿易一般協定・現WTO)の機関の一つ. ②【centralized traffic control】機列車集中制御装置. センターで各駅の列車発着を指示する信号, ポイントの切り替え, 列車位置などをまとめ, 列車運行を集中制御する.
CTD【Committee on Trade and Development】経政貿易開発委員会. ガット(関税貿易一般協定・現WTO)の機関の一つ.
CTE【Contrat Territorial d'Exploitation 仏】営農フランスの農業経営に関する国土契約制度. 1999年に成立した新農業基本法で示された.
CTI ①【computer telephony integration】I算電話とパソコンを融合し, さまざまなデータベースと連携して情報処理する通信システム. オフィス業務を効率化する. ②【Committee on Trade and Investment】アジア太平洋経済協力(APEC)貿易投資委員会.
CTI計画【commercial technology insertion program】軍民間技術導入計画. アメリカ国防総省が軍需技術全般に民間技術の導入を推進している.
CTM【continuous transit-system by magnet】機理磁石式連続輸送システム. 走行路に磁性ベルト, 各車両床下に電磁石を取り付け, ベルトを回転させて運行する.
CTO【chief technology officer】営最高技術責任者. 執行役員の一つ.
C to C【consumer to consumer】I営社消費者同士で行う電子商取引. 消費者が消費者を対象に行う.
CTOL【conventional take-off and landing】軍在来型離着陸機. アメリカ空軍・海軍・海兵隊とイギリス海軍が共同開発中の次期多機能戦闘機の一つ.
CTP【computer to plate】I印DTPにおいて, 正確なデジタルデータを印刷に反映するために, フィルム製作を省略して, 直接刷版を作ること.
CTR計画【cooperative threat reduction program】軍協力的脅威低減計画. ロシアの核兵器や核物質の管理不足から生じる脅威に対して, アメリカが進めている計画.
Ctrlキー【control key】I算コントロールキー. 他のキーと同時に押して特殊な機能実行を行うキー.
CT/RT方式【central terminal / remote terminal system】I算中央装置(CT)と遠隔装置(RT)を光ケーブルで結ぶ多重伝送方式.
CTS ①【central transportation system】原油備蓄基地. ②【cold type system】印化学処理で印刷用版を作る方法. ③【computerized typesetting system】I印算電算写植組版システム. 編集, 製版, 印刷の過程をコンピューターで管理する.
CU ①【Consumers Union】社アメリカの消費者同盟. ②【close-up】映写版クローズアップ. 大写し.
CUBE【Caltech/USGS Broadcast of Earthquakes】地ロサンゼルス付近の正確な震度分布を作り, 公益企業や報道機関に送信する仕組み. カリフォルニア工科大学と米国地質調査所が推進.
CUGサービス【closed user group service】営特定契約者への情報サービス.
CUI【character based user interface】I算キーボードからコマンドを打ち込んでコンピューターを操作する方式.
CULCON【U.S.-Japan Conference on Cultural and Educational Interchange】社カルコン. 日米文化教育交流会議.
CU-SeeMe【I算イ】シーユーシーミー. インターネットユーザーとリアルタイムでテレビ会議を行うためのアプリケーションの一つ.
CV ①【carrier vehicle】軍通常型空母. ②【combat vehicle】軍戦闘車両. 陸上兵器の戦車などをいう.
CVCF【constant voltage and constant frequency unit】理定電圧定周波装置.
CVD【chemical vapor deposition】I化学気相堆積. 化学気相成長法. 気相のガス分子を用いて, 基板上に薄膜を作る技術. エレクトロニクス材料の作成に欠かせない.
CVID【Complete, Verifiable and Irreversible Dismantlement】政完全かつ検証可能で不可逆的な(核)解体. 6者協議でアメリカが北朝鮮に示した核問題解決の原則のこと.
CVM【contingent valuation method】環仮想評価法. 自然や景観の経済的価値を算出して環境保全に役立てる手法.
CVN【carrier vehicle nuclear】軍原子力空母.
CVP分析【cost-volume-profit analysis】営経損益分岐点分析.
CVR【cockpit voice recorder】機コックピット音声記録装置. 旅客機に搭載する.
CVS ①【convenience store】営コンビニエンスストア. 小型のスーパーマーケット. ②【concurrent versions system】I算公開使用を目的としたソフトウエアの共同開発などに用いられるバージョンを管理する方式. ③【computer-controlled vehicle system】機社通産省(現経済産業省)が1976年に開発した, コンピューター制御による自動運転の軌道タクシー.
CVSup【I算】シーブイエスアップ. UNIX系のソフトウエアを分散開発するために利用されるツールCVSの改良版.
CVT【continuously variable transmission】機無段変速機. 自動車で, Vベルトによる自動変速を可能にしたトランスミッション. オランダのファ

◀ **D**ASH

ンドルネ社が開発.

CW ①【chemical warfare】軍化学兵器戦争. 毒ガスなどを用いる化学戦. ②【comparable worth】経社コンパラブルワース. 同一労働同一価値の原則.

C&W ①【country and western】音カントリーアンドウエスタン. ②【Cable & Wireless】インケーブル アンド ワイヤレス. イギリスの電気通信事業者の一つ.

CWC【Chemical Weapons Convention】軍化学兵器禁止条約. 1993年に130カ国が調印し, 97年に発効.

CWDM【coarse wavelength division multiplexing】I理低密度光波長分割多重. 光ファイバーを用いる高速伝送技術の一つ.

CWM【coal-water mixture】化理石炭水スラリー. 石炭粉末と水を混ぜた液体燃料.

CXO【Chandra X-ray observatory】字天チャンドラX線望遠鏡. スペースシャトルから1999年に地球周回軌道に投入された.

CyberCash Iイ経サイバーキャッシュ. アメリカのサイバーキャッシュ社の電子決済サービス. 日本では1998年からサービス開始.

CyberCoin Iイ経サイバーコイン. アメリカのサイバーキャッシュ社が開発したネットワーク型電子マネー. 25円からの小額決済ができる.

D

D型肝炎【hepatitis type D】医D型肝炎ウイルスによって生じる肝炎.

D″層 地ディーダブルプライム層. マントル最深部の厚さ200km程度の領域. 温度勾配が大きく, 地震波速度の不均質性が高い.

D端子【D connector】I放テレビと, DVDプレーヤーやデジタル放送受信チューナーなどの機器接続に用いる映像信号用のコネクター.

Dチャンネル【D channel】Iイ電話番号や回線の制御などの情報を流すチャンネル. Dチャネルともいう.

Dデー【D-day】①軍攻撃開始日. 行動開始予定日. 特に第二次大戦で英米連合軍がノルマンディー上陸作戦を開始した, 1944年6月6日. ②事態を決定する最も重要な日. その日. Dはdayの略.

Dブレーン【D brane】理ディレクレ境界条件を満たす開いた面. M理論で用いる.

D2-MAC【D2-multiple analog component】I放欧州連合(EU)の統一アナログテレビジョンの方式.

D8【Developing 8】トルコのエルバカン首相が提唱した開発協力のためのメカニズム. トルコ, インドネシア, イラン, マレーシア, パキスタン, バングラデシュ, エジプト, ナイジェリアの8カ国が1997年に開いた首脳会議で設立を宣言した.

DA ①【digital access】経デジタルアクセス. 回線距離が短く低価格なデジタル専用線サービス. NTTが1996年に提供開始. ②【destination address】Iイパケットやフレームのヘッダーに含まれるあて先アドレス. ③【documents against acceptance】経引き受け渡し. 信用状を伴わない貿易決済の一つ. ④【Defense Agency】軍日本の防衛庁.

D/A変換【digital-to-analog conversion】I算数字で表されるデジタル量を, 電流・電圧などのような連続的なアナログ量に変換すること. A/D変換の逆.

DAB ①【Democratic Alliance of Burma】政ビルマ民主同盟. ミャンマーの反政府組織の一つ. 1989年に結成. ②【digital audio broadcasting】I放移動体向けに用いるデジタルオーディオ放送の方式.

DAC ①【Development Assistance Committee】ダック. 開発援助委員会. 経済協力開発機構(OECD)と先進諸国が, 途上国に対する援助や経済協力方面での情報交換と政策調整を行うため, 1960年に開発援助グループ(DAG)を設立. 61年DACに改組. ②【Department of the Army Civilian】軍アメリカ陸軍民間部. ③【digital-to-analog converter】I算デジタル信号をアナログ信号に変換する機器や回路. D/Aコンバーター.

DAD【digital audio disc】Iコンパクトディスクなど, 音声信号をデジタル化してディスクに記録したもの.

DAE【Dynamic Asian Economies】経政ダイナミックアジア経済地域. アジアNIES(香港, シンガポール, 台湾, 韓国)にタイ, マレーシアを加えた六つの国・地域の名称として, OECD(経済開発協力機構)などが提案.

DAI【distributed artificial intelligence】I分散人工知能. 分散配置された複数のエージェント(自律性と有目的性をもつ部品)の集合が, 相互作用して全体として知能をもつようなシステムを研究する領域.

DARC【Drug Addiction Rehabilitation Center】医ダルク. 薬物依存者のための日本唯一の民間リハビリ施設.

DARO【Defense Airborne Reconnaissance Office】軍ダロ. 国防空中偵察局. アメリカ国防総省に属する.

DARPA【Defense Advanced Research Projects Agency】政ダーパ. ダルパ. アメリカの国防総省高等研究計画局. 先端軍事技術のプロジェクトを進めた. 1996年に旧名の ARPA に戻した.

Darwin I算ダーウィン. 分散開発を目的とし, オープンソースとして公開されたMacOS-X Server の基本部分.

DASD【direct access storage device】I算直接アクセス記憶装置. 蓄積したデータに直接アクセスできる補助記憶装置.

DASH【drone anti-submarine helicopter】軍潜水艦攻撃用の無人ヘリコプター. アメリカ海軍が開発.

719

DAT▶

DAT ①【digital audio tape】⟦Ⅰ⟧ダット．デジタルオーディオテープ．磁気テープでデジタル信号を記録・再生する．②【dynamic address translation】⟦Ⅰ⟧算動的アドレス変換．

DAVIC【Digital Audio-Visual Council】⟦Ⅰ⟧デビック．対話式テレビなどの国際標準を作成する民間標準化団体．1994年に設立．

DB ①【database】⟦Ⅰ⟧算データベース．情報・資料などを組織的に記録・整理したもの．②【designer's brand】服服飾デザイナーの個性を強く打ち出した商品．③【design build】建設計施工一括方式．公共工事の発注方式の一つ．④【Deutsche Bahn 独】ドイツ鉄道株式会社．旧東西ドイツ国鉄を合併し，1994年に設立．⑤【data bank】⟦Ⅰ⟧算データバンク．情報を蓄積・提供する機関．

D&B【drum & bass】音ドラムンベース．ロンドン生まれのジャングルから発展したダンス音楽．

dB【decibel】⟦Ⅰ⟧理デシベル．電気回路における，信号の損失や利得を表す単位．音の大きさを表す単位としても用いられる．dBも.

DB2 ⟦Ⅰ⟧算アメリカのIBM製のリレーショナル型データベースの管理システム．データを二次元の表を用いて表現する．

DB/DC【database / data communication】⟦Ⅰ⟧算データベースとデータコミュニケーション．端末からのデータベースの管理・利用を可能にするシステム．

DBMS【database management system】⟦Ⅰ⟧算データベースを維持管理・運用するシステム．またはそのための専用ソフトウエア．

DBS ①【direct broadcasting satellite】⟦Ⅰ⟧放直接放送衛星．衛星からの電波を家庭などで直接受信するところから．アメリカでの呼称．②【deep brain stimulation】医脳深部刺激療法．脳に電極を埋め込み，電気信号制御によって脳の機能異常をコントロールしようとする手法．

DC ①【decimal classification】図書10進分類法．②【debit card】経デビットカード．即時決済をするためのカード．③【defined contribution pension plan】経確定拠出年金．④【direct current】電直流．強さと流れる向きが常に変わらない電流．⑤【District of Columbia】コロンビア特別区．アメリカの首都ワシントン市の所在する地区．⑥【da capo 伊】音ダカーポ．最初に戻って演奏せよ．⑦【Democrazia Cristiana 伊】政イタリアのキリスト教民主党．キリスト教民主センターに改組．⑧【direction center】軍防空司令部．⑨【Delta Clipper】機デルタクリッパー．垂直離着陸の単段式再利用型シャトル．⑩【draft card】軍アメリカの徴兵カード．

D&C【data processing and communication】⟦Ⅰ⟧データ通信が先行発展した情報革命の進み方を表す語．

DCブランド【designer and character brand 日】服デザイナーブランドとキャラクターブランドをまとめた呼称．

DCプランナー【DC planner 日】経確定拠出年金の運用方法などを加入者に助言する係人．DCはdefined contribution pension planの略．

DCA【directional coronary atherectomy】医方向性冠動脈粥腫切除術．

DCC ①【dark curtain closed】劇舞台で，照明が消えて暗いままで幕を閉じること．②【digital compact cassette】デジタル コンパクトカセット．オランダのフィリップス社が提案したコンパクトカセットの次世代システム．

DCE ①【distributed computing environment】⟦Ⅰ⟧イ分散コンピューティング環境．違う機種間のネットワーク上でも，アプリケーションを分散処理してネットワーク全体を一つのコンピューターのように動かせる環境．②【data circuit terminating equipment】⟦Ⅰ⟧算データ回線終端装置．変復調装置など，コンピューターを通信回線に接続する装置．

DCF ①【discounted cash flow】営経割引現在価値．資産査定方法の一つ．②【design rule for camera file system】⟦Ⅰ⟧写デジタルカメラ用画像フォーマットの統一規格．日本電子工業振興協会が制定．

DCF方式【discounted cash flow method】営経割引現在価値方式．担保不動産の価格などに用いる収益還元価格の算定基準を出す方法の一つ．

DCI ①【Display Control Interface】⟦Ⅰ⟧算インテルとマイクロソフトによる，Windows用の高速な表示画面処理を実現するディスプレードライバー インターフェースの規格．②【Defense for Children International】社子供の権利擁護を目指す国連NGO．1979年に設立．本部はスイスのジュネーブ．

DCOM【distributed component object model】⟦Ⅰ⟧算ディコム．オブジェクト間における通信規約の一つであるCOMを，ネットワーク上で利用できるようにしたもの．

DCR【dynamic constant resistance】機筋力トレーニング器具で，挙上動作中の抵抗負荷が終始一定のもの．バーベルやダンベルなど．

DCT【discrete cosine transform】⟦Ⅰ⟧算離散コサイン変換．画像信号の符号化に使われる，COS関数を用いた直交変換法の一つ．

DC-X【Delta Clipper Experimental Vehicle】宇機デルタクリッパー実験機．アメリカが開発を進め，1993～94年に3分の1サイズのDC-Xで実験した．

DC-XA【Delta Clipper Experimental Vehicle A】宇機クリッパーグラハム実験機．NASA（アメリカ航空宇宙局）の完全再利用型宇宙輸送機の研究実験機．正式名称は Clipper Graham SSTO Technology Demonstrator．

DD ①【display design】営広ショーウインドーなどの商品の陳列デザイン．②【demand draft】営経要求払い為替手形．一覧払い手形．③【destroyer】軍駆逐艦．護衛艦．④【Department of Defense】政アメリカの国防総省．

D.D.【Doctor of Divinity】教神学博士．

720

◀ D F

DD価格【direct deal price】営経産油国の国営石油会社からの原油購入価格.

DD原油【direct deal crude oil】営経直接取引原油. 消費国に直接販売する.

DDマニピュレーター【direct drive manipulator】I直動形ロボット. モーターの出力を直接ロボットの関節の動きとして伝える機構をもつ. DDロボットともいう.

DDA【digital differential analyzer】I算色彩をもつ図形を表示できる装置に画像信号を出力するフレームバッファ上に, 線や円弧などを描くための手法. 図形を点に分解して入力する.

DDC ①【direct digital control】I算直接計数制御. プラント装置を計数型コンピューターで直接制御すること. ②【display data channel】I算コンピューターと画像表示装置間の設定情報のやりとりで, 走査周波数や画面解像度を自動的に設定する規格.

DDCD【double density CD】I算通常のCD容量の2倍に当たる1.3GBの記憶容量をもつCDの規格.

DDCP【digital direct color proof】I算デジタルデータを印刷用フィルムを作らず高品質のカラープリンターで出力した色校正紙.

DDE【dynamic data exchange】I算Windowsの複数のアプリケーションソフト間でデータを交換するための手順. マイクロソフトが開発. 現在はDLEが普及.

ddI【dideoxyinosine】薬ジデオキシイノシン. 抗エイズ薬の一種. アメリカの食品医薬品局が認可した.

DDL【data description language】I算データベース定義言語. データベースの構造や概念を定義するデータベース言語の一つ.

DDM【dividend discount model】営経配当割引モデル. 株式を資本として評価し, 理論株価を算出する方法.

DDN【Defense Data Network】Iイアメリカの軍事基地と関係している業務契約者を接続するネットワーク.

DDos攻撃【distributed denial of service attacks】Iイ分散型サービス拒否攻撃. 攻撃目標とするウェブサイトに多数の第三者のコンピューターを介して, 一斉に接続要求を繰り返す.

DDR ①【Disarmament, Demobilization and Reintegration】軍社武装解除・動員解除・社会復帰. 紛争の再発を防止するための元兵士の社会復帰支援のこと. ②【Deutsche Demokratische Republik 独】ドイツ民主共和国. 旧東ドイツ.

DDR SDRAM【double data rate synchronous DRAM】I算外部クロックの2倍の周期で, 高速データ転送が可能なSDRAM.

DDS ①【drug delivery system】薬薬物輸送システム. 薬物送達システム. ②【digital data storage】I算磁気テープを用いた大容量記憶装置. ③【debt-debt swap】経債務の劣後債務化. デットデットスワップ.

DDST【Denver Developmental Screening Test】医デンバー式発達スクリーニング検査. 乳幼児の発達検査の一つ.

DDT【dichloro-diphenyl-trichloroethane】化ジクロロジフェニルトリクロロエタン. 有機塩素系化合物の一種. 白色や淡黄色の粉末で, 殺虫剤に用いた. 日本では1969年に製造禁止となり, 72年に使用禁止.

DDWG【Digital Display Working Group】I算コンピューターとディスプレーを結ぶデジタルインターフェースの統一規格を作ることを目標にした世界的な業界団体.

DDX【digital data exchange】Iデジタルデータ交換網. NTTが提供する.

D/Eレシオ【debt-equity ratio】経株式資本に対する負債の比率.

DEA【Drug Enforcement Administration】社アメリカの連邦麻薬取締局. 司法省の機関の一つ.

Deleteキー【delete key】I算デリートキー. カーソルの右側にある文字を削除するキー.

DELETE文【DELETE statement】I算デリート文. SQL(構造化照会言語)文の一つで, データをテーブルから削除する命令を示す.

DELP【Development of Earth's Lithosphere Project】地国際リソスフェア探査開発計画. リソスフェアは岩石圏・地殻の意.

Delphi I算デルファイ. オブジェクト指向言語であるObject Pascalを採用した, 初級者向けのプログラミング言語.

DENK【dual employed, no kids】社デンク. 共働きで子供がいない夫婦.

DEP【diesel exhaust particles】化理ディーゼル排気微粒子. ディーゼル微粒子. ディーゼルエンジンの排ガスに含まれ, 有毒性といわれる.

dept.【department】①課. 部. 局. ②政アメリカの省. ③教大学の学部, 学科.

DES ①【data encryption standard】I算データ暗号規格. アメリカの商務省規局(NBS)が1977年に採用したデータ保護のための暗号化方式. ②【diethylstilbestrol】医女性ホルモンの一種. 発がん性物質の疑いがある. ③【digital encryption standard】I算デジタル情報暗号化基準. アメリカがデジタル通信の盗聴防止を目指して作る.

DESY【Deutsches Elektronen-Synchrotron 独】理ドイツ電子シンクロトロン研究所.

DET【Detroit Tigers】競(野球)デトロイト・タイガース. 米大リーグの球団の一つ.

DEW ①【directed energy weapon】軍指向エネルギー兵器. ②【distant early warning】軍遠距離早期警戒.

DEWライン【Distant Early Warning Line】軍アメリカの遠距離早期警戒線. 北部の国境線とカナダに設けているレーダー網.

DEWKS【dual employed with kids】社デュークス. 共働きで子供がいる若い夫婦.

DF ①【defense】競サッカーやラグビーなどで守備, または守備を主に行う人. ②【direction finder】

721

方向探知器．③【direct file center】[I]直接型ファイルセンター．ビデオテックス通信網に直接接続される情報センター．

DF-31【Dong Feng-31】[軍]ドンフェン31．中国の移動式大陸間弾道ミサイルの一つ．射程は8000 km．

DF-41【Dong Feng-41】[軍]ドンフェン41．中国の移動式大陸間弾道ミサイルの一つ．射程は1万2000 km．

DFB【Deutscher Fussball-Bund 独】[競]ドイツサッカー協会．

DFD ①【data-flow diagram】[I][算]データフローダイアグラム．システムでのデータの流れを図式化する技法．②【design for disassembly】[環]再利用を考えて，製品を解体しやすくするデザイン．

DFDR【digital flight data recorder】[機]デジタル式の飛行データ記録装置．旅客機に搭載．

DFLP【Democratic Front for the Liberation of Palestine】[政]パレスチナ民主解放戦線．1969年に結成．

DFP【digital flat panel】[I][算]液晶ディスプレーなどに関するデジタルインターフェースの業界標準規格．

DFT【discrete Fourier transform】[理]離散フーリエ変換．計測対象である信号の測定範囲と周波数成分の帯域が制限される時に，測定時間を等分し，各点のサンプル値から周波数スペクトルを求める方法．

DFVLR【Deutsche Forschungs und Versuchsanstalt für Luft und Raumfahrt 独】[宇]ドイツ航空宇宙研究所．1969年に設立．

DGA【Directors Guild of America】[映]アメリカの監督協会．

DGB【Deutscher Gewerkschaftsbund 独】[社]ドイツ労働総同盟．

DGFK【Deutsche Gesellschaft für Friedens-und Konfliktforschung 独】[社]ドイツ平和・紛争研究協会．1970年に設立され，ドイツの平和研究の統合的役割を果たす．

D-GPS【differential global positioning system】[I]全地球測位システム(GPS)から出る，故意に精度を落とすためのSA信号の影響を取り除く仕組み．

DGSE【Direction Générale de la Sécurité Extérieure 仏】[政]フランスの対外治安総局．

DH【designated hitter】[競](野球)指名打者．

DH法【Diffie-Hellman public key distribution system】[I][算]ディフィーとヘルマンが開発した「公開鍵配送法」という暗号技術の一つ．送信者と受信者の間で秘密鍵を共有する．

DHA ①【docosahexaenoic acid】[化][生]ドコサヘキサエン酸．不飽和脂肪酸の一種．油脂の脂肪酸を構成するα-リノール酸の転換したもの．②【Department of Humanitarian Affairs】[政]アメリカの人道問題局．

DHC【district heating and cooling】[社][理]地域熱供給．一カ所または数カ所の熱供給プラントから地域内にある多くの住宅やビルに蒸気・温水・冷水などで熱を供給するシステム．

DHCP【dynamic host configuration protocol】[I][算]クライアントサーバー型のシステムにおいて，IPアドレスをクライアントマシンの起動ごとに割り当てるプロトコル．

DHEA【dehydroepiandrosterone】[化][生]ヒトの副腎皮質で作られるホルモンの一種．デヒドロエピアンドロステロン．1960年にフランスのボーリューが発見．

DHHS【Department of Health and Human Services】[政]アメリカの厚生省．

DHL【DHL International GmbH】国際航空急送便会社．1969年，アメリカ・サンフランシスコで創業．共同創業者のDalsey,Hillblom,Lynnの頭文字を社名に．

Dhrystone [I][算]ドライストーン．固定小数点演算による，コンピューター性能を計測するためのベンチマークソフト．

DHS【Department of Homeland Security】アメリカの国土安全保障省．2003年に設置．

DI ①【diffusion index】[経]景気動向指数．景気動向全体を表すように工夫された指数で，内閣府が発表する．②【discomfort index】[気]不快指数．体で感じる蒸し暑さの程度を表す指数．③【drug information】[薬]医師の投薬の参考になる医薬品情報．④【disposable income】[営][経]可処分所得．

DIA【Defense Intelligence Agency】[軍]アメリカの国防情報局．国防総省に属する．

DIALOG [I][算]アメリカのダイヤログ インフォメーションサービス社による世界有数のオンラインデータベース サービス．約450のデータベースをもつ．

DID【densely inhabited district】[社]人口集中地区．

DIFフォーマット【data interchange format】[I][算]表計算ソフトやデータベースソフトで使われるファイル形式の一つ．

Diff-serv【differentiated services】[I][算]ディフサーブ．TCP/IPのネットワークにおいて，優先順位を割り当てることで回線混雑時の通信性能の低下を防ぐ技術．

DIFI【direct intrafollicular insemination】[医]直接卵胞内授精法．超音波断層装置を用い，卵胞内に精子を注入する人工授精方法．

DIMM【dual inline memory module】[I][算]ディム．メモリーチップを搭載した小型の基板の一つ．DRAMの増設用に使う．

DIN【Deutsche Industrie Norm 独】[営][社]ドイツ工業品標準規格．

DINコネクター【DIN connector】[I][算]ディンコネクター．ドイツ工業規格で仕様が定められているピンコネクターのこと．

DINKS【double income, no kids】[社]ディンクス．共働きで，子供がいない若いカップル．

DION【DDI integrated open network】[I][イ]ディオン．KDDIが運営するインターネット接続サービス．

D

◀ D ME

DIOS【direct iron ore smelting reduction process】鉱溶融還元製鉄法．鉱石を予熱・予備還元し，次いで溶融最終還元する二つの段階を別々の炉で行うもの．

DIP ①【dual inline package】Ⅰ算ディップ．ICの形状の一つ．出入力端子がムカデの足状に側面から出ているもの．②【debtor in possession】営経冠占有を継続する債務者．

DIPスイッチ【dual inline package switch】Ⅰ算ディップスイッチ．コンピューターや周辺機器の動作環境の基本設定を行うための小型スイッチ群．

DIPファイナンス【DIP finance】営経倒産手続きが始まっても旧経営陣に経営を担当させて，新規の資金提供を行う金融手法．

DirecPC Ⅰイディレクピーシー．アメリカのヒューズネットワークシステムズが始めた通信衛星を用いたインターネットサービス．

DirecTV Ⅰ放ディレクTV．通信衛星放送サービスの一つ．日本では1997年に開業し，2000年にSKY PerfecTV！と合併して放送終了．

DirectX ダイレクトエックス．Windows上で高度なマルチメディアのアプリケーションソフトを高速に動作させるためのAPI．

DirXML Ⅰ算ネットワークでつながれた共有資源を一括管理できるソフト「NDS」の機能を拡張するためのソフトウエア．

DIS ①【Disaster Information System】地震防災情報システム．国土庁（現国土交通省）が開発・整備．②【distributed interactive simulation】軍分散連携シミュレーション．実際の要員・装備・環境と一体化したシミュレーション技術．

DISC【Domestic International Sales Corporation】営ディスク．アメリカの国際販売会社．輸出促進が目的．

DISM【digital interface standards for monitor】Ⅰ算コンピューターとディスプレーの接続を規定する，デジタルインターフェースの標準規格の一つ．

DISTINCT Ⅰ算ディスティンクト．SQL（構造化照会言語）のSELECT文で，検索結果から重複する行を排除する時に使う．

DIY【do-it-yourself】「自分でやってみよう」という意味の合言葉．日曜大工から衣食住全般まで自分の手による創作活動をいう．

DJ【disc jockey】放ディスクジョッキー．レコードをかけながら，合間に解説や会話を交えるラジオの放送番組．またその司会者．

DK【dining kitchen】建ダイニングキッチン．食堂を兼ねた台所．②【don't know】社世論調査で「わからない」と答える人．

DKP【Deutsche Kommunistische Partei 独】政ドイツ共産党．1968年に旧西ドイツで結成された．

DL【disabled list】運（野球）大リーグで，故障者リスト．

DLC【Democratic Leadership Council】政アメリカの民主党指導者評議会．1985年に民主党中道派が結成．

DLL【dynamic link library】Ⅰ算WindowsやOS/2で使われる，プログラムの実行時にリンクされるライブラリー（特定処理のための命令群をファイル化したもの）．

DLPプロジェクター【digital light processing projector】Ⅰ算画像表示素子であるDMD（digital mirror device）を利用したプロジェクターのこと．

DLR【Deutsches Zentrum für Luft-und Raumfahrt 独】宇ドイツ航空宇宙センター．1997年に88年設立の旧DLRと89年設立のDARAを統合した宇宙開発機関．本部はケルン．

DLS【downloadable sound】Ⅰ算サウンドカードやソフトウエアシンセサイザーのドライバーが使用する，音色データをオンラインでダウンロードするために作られた規格．

DLSw【datalink switching】Ⅰイ IBMのSNAやNetBIOSなどのコネクション型のプロトコルをデータリンク層で扱える技術．

DM【direct mail】広ダイレクトメール．あて名広告．特定の客あてに郵送する．

D.M.【Doctor of Medicine】教医学博士．

DM媒体【direct marketing media】広双方向広告媒体．広告の受け手に直接働きかける手法のもの．

DMA【direct memory access】Ⅰ算メーンメモリーと周辺機器や，周辺機器同士でのデータ送受信をCPU（中央処理装置）を介さないで直接行う機能．

DMAコントローラー【direct memory access controller】Ⅰ算CPU（中央処理装置）を介さずに外部記憶装置と周辺装置間の高速なデータ転送を制御するためのコントローラー．

DMAチャネル【direct memory access channel】Ⅰ算各装置がDMAコントローラーに対して，DMA方式のデータ転送を要求する時に使用するチャネル．

DMAT【disaster medical assistance team】医団災害時医療支援隊．災害現場にただちに出動するための医療チーム．

DMB【dual mode bus】機デュアルモードバス．手動と自動運転の両用バス．

DMC【digital multi-channel broadcasting】Ⅰ放デジタル多チャンネル衛星放送．デジタル圧縮技術を使い，周波数を有効利用し多数のチャンネルを確保した衛星放送サービス．

DMD ①【Dirichlet Multinomial Distribution】広ディリクレ多項分布．広告の到達率と頻度についての予測モデルの一つ．②【Digital Micromirror Device】Ⅰ半導体型反射デバイス．アメリカのテキサス・インスツルメンツ社が開発した反射型の表示素子．

DME【distance measuring equipment】理距離測定電波装置．航空機と地上局との電波の応答で，往復にかかる時間から距離を測定する無線装置．②【dimethyl ether】化ジメチルエーテル．天然ガスや石灰などから作る液体．ディーゼル

D MF指数▶

車の燃料や発電などに使う．排ガスに硫黄分を含まず，粒子状物質も少ない．

DMF指数 医 decayed teeth（未処置の虫歯），missing teeth（抜いた歯），filled teeth（処置した歯）の頭文字から．虫歯予防の目標を示す数値．

DMG【direct marketing】営 ダイレクトマーケティング．各種の媒体を通じて消費者に直接働きかけるマーケティング手法．

DMI【desktop management interface】I 算 管理用パソコンからクライアントのパソコンや周辺機器を管理するために規定されたAPIなどのインターフェース仕様．

DML【data manipulation language】I 算 データベース操作言語．データの入力・更新・検索などの操作を行うためのデータベース言語．

DMNA【dimethylnitrosamine】化 ジメチルニトロソアミン．発がん物質の一つ．

DMT【discrete multitone】I 算 周波数帯域を細分割して，そこに複数のチャネルを割り当てるマルチキャリア周波数変調方式の一．

DMZ【demilitarized zone】①軍 非武装地帯．非武装中立地帯．②I 算 非武装セグメント．ファイアウォールを経由してから到達できるLANセグメント．

DNA ①【deoxyribonucleic acid】化生 デオキシリボ核酸．遺伝子を構成する分子化合物．②【distributed internet applications】I イ 分散ウェブアプリケーションの開発に使うフレームワーク．1997年にマイクロソフトが発表．

DNAエレクトロニクス【DNA electronics】化生 DNAを使って分子エレクトロニクス部品を構成すること．

DNA鑑定【DNA diagnosis】生 ヒトの細胞内にあるDNAの塩基配列から個人識別を行う鑑定方法．

DNAコンピューター【DNA computer】I 算 生 DNAの4種類の塩基を素子とする生物的なコンピューター．

DNA指紋法【DNA fingerprint】生 DNAの構造をもとに個人を識別する方法．DNA鑑定法ともいう．

DNA修復【DNA repair】生 DNAに物理化学的要因で生じた障害や，DNA複製の際に生じた誤りを修復すること．

DNA修復酵素【DNA repairing enzyme】生 テロメアーゼ．DNA複製で起こる変異を修復する働きをする酵素．

DNA傷害【DNA injury】生 環境要因で DNAに生じた物理化学的な変化．DNA損傷．

DNAチップ【DNA chip】生 DNAを半導体に規則正しく配列したもの．マイクロアレーともいう．

DNAチップテクノロジー【DNA chip technology】生 DNAチップ上に配列したDNAの発現の度合いをコンピューター解析で調べること．

DNAバンク【DNA bank】生 生物全般のDNA情報を収集・管理し，研究者などに提供する機関．農水省が1994年に設立．

DNA分析【DNA analysis】生 歴 デオキシリボ核

酸分析．生物遺体のDNAを分析して種や系統関係などを調べる方法．

DNAマテリアル【DNA material】生 DNAを材料として利用する研究方法．

DNAリガーゼ【DNA ligase】生 DNA連結酵素．DNA合成酵素．

DNAワクチン【DNA vaccine】医 遺伝子免疫．病原体などの遺伝子を使い，抗原を体内で発現させて免疫を誘導する方法．

DNC ①【direct numerical control】I 算 コンピューター統括制御または直接数値制御．工作機械の群管理を行う方法の一つ．②【Democratic National Committee】政 アメリカの民主党全国委員会．

DNG【Digital Negative】I 算 データ形式の一つで，デジタルカメラの撮像素子がとらえたRAWファイルを標準的な形式で記録できる．

DNI【Director of National Intelligence】政 国家情報長官．アメリカ政府の情報機関改革の一環として新設されたポスト．

DNL【dynamic noise limiter】I 再生時に，録音テープから出る雑音などを減らす処理をする方法．

DNMEs【Dynamic Non-Member Economies】経 経済協力開発機構（OECD）非加盟国のうち，経済発展段階が高い地域の通称．

DNR【do not resuscitate】医 蘇生を望まないという意思表示．患者の自己決定権を表現する一つ．NO CODEともいう．

DNS【domain name system】I イ IPアドレスとホスト名の対応表を用いて，相互の変換を行うシステム．DNSサーバーによって実行される．

DNSサーバー【DNS server】I イ クライアントの機器に自動的にIPアドレスを割り当てるサーバーのこと．

DO ①【dark opening】劇 舞台で照明が消えて暗いまま幕を開けること．②【dissolved oxygen】化 生 溶存酸素量．水中に溶けている酸素の量．

do.【ditto】伊 「同上」「同前」の意味．

D&O保険【directors and officers liability insurance】営 経 会社役員賠償責任保険．会社役員が，職務遂行に伴う不当な行為を理由に，株主などから損害賠償請求された時に，賠償金や争訟費用などを塡補する．

DOA ①【dead on arrival】医 来院時心肺停止．救急患者などが病院到着時に，心拍と呼吸が停止状態であること．②【data oriented approach】I 算 情報システムの基本設計などを，データ項目や分析法を重点に行う方法．

DOBYS【daddy-old, baby-young】社 30歳代後半から40歳代で初めて子供をもつ父親．

DOC【Denominazione di Origine Controllata】伊 料 イタリアの原産地統制名称．またその認定された良質のブドウ酒．

DOCOMOMO【Documentation and Conservation of Buildings, Sites and Neighbourhoods of the Modern Movement】建 ドコモモ．近代建築やその史料，景観な

どの保存を図る国際組織．
DOD【Department of Defense】政アメリカの国防総省．俗称はペンタゴン．
DOE【Department of Energy】政アメリカのエネルギー省．
DOHC【double overhead camshaft】機1個のシリンダーの頭部にカムシャフトが2本ある高速車用のエンジン型式．ツインカム．
DOM【document object model】 I算ドム．ドキュメントの内容や構造を動的に変化させるようにしたドキュメントの表現方法の一つ．
DOMP【disease of medical practice】医医療行為からきた病気．
DoPa I ドゥーパ．NTTドコモが提供するデジタル携帯電話網を用いた無線パケット通信サービス．
DOS【disc operating system】I算ディスクオペレーティングシステム．ディスクの管理などを行う基本ソフト．MS-DOS のことを指す場合もある．ドスともいう．
Dos攻撃【denial of service attack】I算複数のマシンを利用して，稼働中のサーバーに対して一度に大量のデータを送り，システムをダウンさせる攻撃．
DOS/V I算ドスブイ．ハードウエアに依存しないでソフトウエア側で日本語表示をできるようにしたDOS．日本IBMが開発．
DOS/Vパソコン【DOS/V PC】I算ドスブイパソコン．日本IBMが開発したDOS/Vと呼ばれるOSが動作するパソコン．
DP ①【development, printing, enlargement】写 DPE（現像・焼き付け・引き伸ばし）の略．②【documents against payment】営経支払い渡し．信用状を伴わない貿易決済方法の一つ．③【dynamic programming】I算動的計画法．経営の長期計画の決定などに使う．④【designated player】競(ﾃﾞｨｰﾋﾟｰ)指名選手．2002年の国際ルール改定で採用．
DP犯罪【data processing crime】I算コンピューター犯罪．コンピューターを利用して起こるさまざまな犯罪．
DPマッチング 【dynamic programming matching】I算単語音声認識における，音声パターンの時間軸上の整合を実現する技術．DTW法ともいう．
D-PA【Association for Promotion of Digital Broadcasting】I放地上デジタル放送推進協会．ディーパ．地上波テレビのデジタル化の普及促進を目的とした，家電・通信・放送など関連業界による協議会．
DPA【Deutsche Presse-Agentur 独】 ドイツ通信社．ドイツの国際通信社．1949年に創立．
DPC ①【diagnosis-procedure combination】医社診断群分類別包括評価．医療行為別に単価を定めて支払うのではなく，一括して支払う方式．②【Defense Planning Committee】軍政防衛計画委員会．
DPF【diesel particulate filter】環機ディーゼル微粒子除去装置．

DPI【Disabled People's International】社障害者インターナショナル．障害者自身による国際団体．1981年に結成．本部はカナダのウィニペグ．
dpi【dots per inch】I算プリンターの解像度を表す単位．1インチに打てる点の数で示す．
DPJ【Democratic Party of Japan】政民主党．1996年に結成した日本のリベラル勢力の政党．
DPM【downtown people mover】社アメリカの大都市の中心部で運行する自動運転軌道交通機関（AGT）．
DPMI【DOS protected mode interface】I算80286以上のCPU（中央処理装置）がもつプロテクトモードでのプロテクトメモリーの利用方法についての規格．
DPMS【display power management signaling】I算ビデオカードとディスプレー間の通信方法を規定することで，ディスプレーの電力消費を抑えるための規格．
DPOF【digital print order format】I算写デジタルカメラの写真データの印刷を各種条件のもとで，自動化するための統一規格．
DPP ①【direct product profit】営経直接商品利益．②【Democratic Progressive Party】政民主進歩党．民進党．台湾の政党の一つ．人民団体法の成立で1989年に登録．
DPRI【Defense Policy Review Initiative】軍政日米の外交・防衛当局の審議官級協議．
DPRK【Democratic People's Republic of Korea】朝鮮民主主義人民共和国．北朝鮮．
DQ【disqualify】競失格させる．受賞資格を取り消す．
DR【designated router】I算LANの一つであるイーサネットなどのように，リンクの向こう側に多くのルーターがある場合，これらのルーターを代表するルーターのこと．
Dr.【doctor】医教医師．博士．
DRAM【dynamic random access memory】 I算ダイナミックRAM．動的RAM．一定の時間ごとにデータの再度の書き込みが必要な半導体メモリー．
DR-DOS【digital research DOS】I算MS-DOS互換のOS．アメリカのデジタルリサーチが開発したが，1991年にアメリカのノベルに買収された．
Dreamcast I ドリームキャスト．セガが開発・発売した家庭用ゲーム機．モデムを搭載しており，インターネット接続ができる．2001年に製造中止．
DRGS【Dynamic Route Guidance System】機自動車の動的経路探索システム．最短時間のルートを探索する．
DRM【digital rights management】I営デジタル著作権管理．デジタルコンテンツの著作権保護や健全な流通を図る管理技術．
DRP【distribution and replication protocol】I算クライアントに一度配布したソフトウエアを更新する際，前回との差分のみを送るためのHTTP拡張プロトコル．
DRTS【data relay test satellite】宇日本のデータ中継技術衛星．愛称はこだま．2002年に打ち上

725

Ｄｓ▶

げた．

DS【discount store】営ディスカウントストア．実用品を中心に，低価格で販売する小売業態の総称．

DS比【debt service ratio】経輸出で獲得する外貨中に占める元利返済比率．

DS-1【Deep Space-1】宇NASA（アメリカ航空宇宙局）のディープスペース1号．彗星探査機の一つ．

DSA　①【digital subtraction angiography】医造影剤を注入した前後のX線画像をコンピュータ処理して，造影剤の入った血管像だけを再構成する方法．　②【digital signature algorithm】Iデジタル署名法．アメリカの商務省標準技術局（NIST）が1991年に公布．その後に連邦標準となった．

DSB【Dispute Settlement Body】経世界貿易機関（WTO）の紛争解決機関．

DSC【dye sensitized solar cell】電理色素増感太陽電池．有機色素を吸着した半導体膜電極を用いる．

D.Sc.【Doctor of Science】教理学博士．

DSCS【defense satellite communications system】軍アメリカの国防衛星通信網．

DSD【direct stream digital】Iスーパーオーディオ CDに用いるデジタル信号．2.8224MHz/1 bitの規格．

DSDP【deep sea drilling project】地深海掘削計画．1968年に開始．

DSL【deep scattering layer】理深海音波散乱層．動物性プランクトンの密集，魚群のありかなどを示す超音波の散乱層．

DSLサービス【digital subscriber line service】Iデジタル加入者線サービス．既存の電話線を用いて高速のデジタル伝送ができる．

DSM　①【Diagnostic and Statistical Manual of Mental Disorders】医米国精神医学会の精神疾患の分類と診断の手引き．　②【demand side management】営電気事業者が電力需要を望ましい形にするため，需要家の電気使用に影響を与える諸施策．または，電気使用の効率化，負荷制御などを通じた需要の抑制，負担平準化を促す諸施策．

DSM-Ⅳ【Diagnostic and Statistical Manual of Mental Disorders Fourth Edition】医精神疾患の分類と診断の手引き第4版．米国精神医学会が1994年に作成．

DSN【delivery status notifications】I イ電子メールの送信者に対して，送信したメールの配信状況を知らせるための規格．

DSP　①【digital signal processor】I算デジタル化された音声や画像信号に対して，リアルタイムで積和演算を行う専用プロセッサー．オーディオ機器やゲーム機などに用いる．　②【digital surround processor】Iデジタル音場処理．AVアンプに装備して，音の再現性を高める．　③【Democratic Socialist Party】政民社党．1960年に結成．94年に新進党に合流．

DSR【debt service ratio】営経債務返済比率．

DSRC【dedicated short range communications】I狭域通信．限定された場所で用いる無線通信手段．

DSS　①【decision support system】I営算意思決定支援システム．コンピューターを用いて経営などの意思決定の判断材料を提出する．　②【digital satellite system】I放衛星デジタル放送に関するアメリカの仕様．　③【digital signature standard】I算アメリカ政府が標準として制定したデジタル署名技術．

DSS計画【digital sky survey program】天25億光年先までの広がりを描いた大宇宙地図の作成計画．日米共同で天文学者が推進．

DSS-PC【digital satellite service-PC】I放通信衛星を利用したテレビのデジタル放送を，パソコンで受信できるようにしたデータ放送規格．

DST　①【double stack train】際海上コンテナを二段積みにした貨車で編成された貨物列車．　②【daylight-saving time】社夏時間．サマータイムのこと．

DSTN液晶【dual-scan super twisted nematic liquid crystal】I格子状の導線をもつ単純マトリクス型の液晶の一つ．TFT液晶に比べて質は劣るが安価．

DSTN液晶ディスプレー　【DSTN liquid crystal display】I液晶の種類の一つ．表示部を2分割して同時にスキャンし，応答速度を高めた改良型STN方式．

DSU【digital service unit】I算ISDNなどのデジタル回線と屋内の電話機などとの機器の接続装置．

D-SUBコネクター【D-SUB connector】Iディーサブコネクター．周辺機器接続用のコネクターの一つ．Dの形に似ていることからこの名が付いた．

DSVD【digital simultaneous voice and data】I算データ伝送速度28.8kbpsの音声とデータの同時伝送が可能なモデム規格．

D-T核融合【deuterium-tritium nuclear fusion】理点火温度が比較的低い核融合反応．重水素と三重水素を用いる．

DTD【document type definition】I算文書型定義．XMLにおいて，ユーザーが独自のタグを用いてデータ構造を定義できること．

DTE【data terminal equipment】I算データ端末装置．データ通信機能をもつ．

DTE速度【data terminal equipment rate】I算コンピューターとモデムなどの通信機器間の通信速度．

DTM【desktop music】I音算デスクトップミュージック．家庭・個人向けの小規模な，コンピューターによる音楽作成システム．

DTMF【dial tone multi frequency】I算トーンダイアルのこと．3種の高周波数群と4種の低周波数群から2個の周波数を組み合わせて，数字と記号を表す．

DTP【desktop publishing】I算デスクトップパブリッシング．編集作業はすべてパソコンで行い，プリンターで印刷することもネットワークに電送することもできる出版様式．

DTPモデル【distributed transaction pro-

cessing model】⑪算分散トランザクション処理のモデルの一つ．アプリケーションと各種管理システム間のインターフェースなどを定義している．
DTS【digital theater system】⑪ホームシアターのサラウンド方式の音声再生装置の一つ．デジタル圧縮方式を用いる．
DTV【digital television】⑪放デジタルテレビ．デジタル伝送方式を用いる放送を受信するテレビ．
DTW法【dynamic time warping】⑪算DPマッチングのこと．
DU【Dobson unit】化ドブソンユニット．気柱に含まれるオゾン量の厚さを表す単位．10⁻³cm．オゾン研究の先覚者の名にちなむ．
DU弾【depleted uranium projectile】軍劣化ウラン弾．アメリカ軍が装備し，装甲の破壊を図る高速徹甲弾．
DUMB【don't understand my business】営経アメリカで，中小企業が貸し出しを渋る銀行の姿勢を問うのに用いる言葉．私の事業を銀行は理解しないという意．
DUT【dual use technology】デュアル ユース テクノロジー．民生・軍事両用技術．民用・軍用に使える最新科学技術．
DV①【domestic violence】社家庭内暴力．②【digital video】デジタルビデオ．初の民生用デジタルVTR．1994年に標準仕様が決定．
DV端子【DV connector】⑪算パソコンとデジタルビデオカメラ間のデータ転送に用いられる，IEEE1394準拠の端子．
DV防止法【domestic violence –】法配偶者の暴力の防止及び被害者の保護に関する法律（Law for the Prevention of Spousal Violence and the Protection of Victims）のこと．2001年に成立．
DVB【Digital Video Broadcasting】⑪放日本およびヨーロッパにおける，デジタルテレビ放送の標準規格．
DVC①【digital video cassette】民生用のデジタルビデオカセット．日欧の10社が規格を制定．②【digital video camera】デジタル方式のビデオカメラ．
DVCPRO⑪放松下電器産業が開発した放送用デジタルVTR．デジタルハイビジョンに対応の製品もある．
DVD【digital versatile disc】⑪算大容量光ディスク．デジタル多用途ディスク．データの再生専用型と記録型に大別される．はじめはデジタルビデオディスク（digital video disc）の略称だったが，1995年末に規格統一され，96年に改称．
DVDカーナビ【DVD car navigation】⑪DVD-ROMを使う自動車の道路案内システム．
DVDドライブ【DVD drive】⑪算DVDを用いるコンピューターの駆動装置．
DVDプレーヤー【DVD player】⑪DVDの再生機．一般にビデオディスクの再生機．
DVD-Audio【DVD audio】⑪ DVD オーディオ．音声信号などが記録されたDVD．
DVD-R【DVD recordable】⑪算記録可能なDVDの規格で，1回だけ記録できる追記型のもの．
DVD-RAM【DVD random access memory】⑪記録可能なDVDの規格で，書き換えができるもの．
DVD-ROM【DVD read only memory】⑪DVD規格による読み出し専用のコンピューター用記憶素子．
DVD＋RW【DVD+rewritable】⑪算DVD-RWと互換性のある，ソニー独自のDVD書き換えフォーマット．DVD-RAMとは異なる．
DVD-RW【DVD rewritable】⑪算書き込みが1回限りのDVD-Rを何度も書き換え可能にしたもの．DVD-RAMとは異なる．
DVD-Video【DVD video】⑪DVDビデオ．DVD規格によるビデオディスク．映画や音楽映像などを記録する．
DVE【digital video effect】放デジタルビデオ効果．画面の分割，部分の縮小拡大などをする技術．動く天気図なども描ける．
D-VHS【Digital-VHS】⑪デジタル信号を直接記録できるVHS方式のビデオテープの規格．
DVI①【digital video interactive】⑪算動画，静止画，音声のデジタルデータを圧縮し，CD-ROMに最大72分の動画を収録できる技術．②【digital visual interface】⑪算デジタルディスプレー接続に用いるインターフェース仕様．③【device independent】⑪算TeXの文書をコンパイルして作られるファイル形式．
DVMRP【distance vector multicast routing protocol】⑪算複数のIPアドレスに同じ情報を送るマルチキャスト転送方式に用いる，経路情報のやりとりのためのプロトコル．
DVORAK配列【DVORAK layout】⑪算ドボラック配列．実際の入力作業を研究して作られた入力効率の高いキーボード配列．
DVP【delivery versus payment】⑪経決済方式の一つ．資金決済と証券決済の決済タイミングを同期させ，決済リスクを減少させる．
DVR【dynamic variable resistance】競筋力トレーニング器具で，偏心カムを用いたりして，挙上動作中におもりの位置が変わる仕組みをもつもの．
DWDM【dense wavelength division multiplexing】⑪理高密度光波長分割多重．光ファイバーを用いる高速伝送技術の一つ．
DWI【driving while intoxicated】社飲酒運転．
DWNT【double-walled carbon nanotube】理二層ナノチューブ．
dwt.【deadweight tonnage】営載貨重量トン．船舶に積む貨物などの最大積載量．
DXコード写35mmフィルムのパトローネとフィルムの一部に付けられた電子読み取りコード．
DXF【drawing interchange format】⑪算CAD（computer-aided design）用のソフトAutoCADのデータフォーマット形式．
DXT【deep X-ray therapy】医深部X線治療．
dyn【dyne】理ダイン．力のCGS系単位．
Dynabook⑪算1972年にアメリカのゼロックス社の

DYNAM▶

パロアルトリサーチセンターのアラン・ケイが提案した理想のコンピューター案．ネットワーク機能を備え，携帯に向くノート型マシンを想定した．

DYNAMO【dynamic models】Ⅰ算ダイナモ．経営計画をコンピューターの模擬実験によって行うためのプログラム言語．

dz.【dozen】ダース．doz．ともいう．

E

Eエコノミー【e-economy】Ⅰイ経IT(情報技術)を基盤に置いて，情報・知識・作業効率などを重視した経済．

E型肝炎【hepatitis type E】医E型肝炎ウイルスによって生じる肝炎．A型肝炎とは異なる経口感染症の肝炎．

eコマース【electronic commerce】Ⅰイ営電子商取引．商業だけでなく，電子通信を用いる多種多様な知的活動を総称する言葉．

eコミュニティー【e-community】Ⅰ社地域情報化を通じて形成される，住民や企業，行政などからなる社会．

eコラボレーション【e-collaboration】Ⅰ営情報技術を活用して社会活動のネットワーク構築を図り，業務を効率化したり，新しい市場の創出を促す仕掛け．

Eコンビニエンス【e-convenience】Ⅰイ営インターネットなどから注文を受けて，商品を宅配するサービスを提供する合弁会社．

Eシネマ【electronic cinema】Ⅰ映フィルムを使わないで，デジタルデータ化した映画を映写幕に投影する方法．デジタルシネマ．

E-ディフェンス【Earth-Defense】日「実大三次元震動破壊実験施設」の愛称．防災科学技術研究所が兵庫県三木市に建設した，実物大の構造物による地震実験施設．

eデモクラシー【e-democracy】Ⅰ社政情報技術を活用し，国や地方の政治に住民が積極的に参加すること．

eドンキー【eDonkey】Ⅰイ大容量の映像ファイルを共有するためのファイル交換ソフトの一つ．

eポリティックス【e-politics】Ⅰイ政インターネットを用いる政治．

eマーケットプレース【e-marketplace】Ⅰイ営多くの売り手と買い手企業が集合して電子商取引を行う市場．

eマーケティング【e-marketing】Ⅰイ営メールやWebページなどのIT(情報技術)を利用して，顧客一人一人のニーズに対応するきめ細かなマーケティング方法．

Eメール【electronic mail】Ⅰイ電子メール．指定されたあて先にメッセージを送る機能．eメール，E mailとも．

Eメールカウンセリング【electronic mail counseling】Ⅰイ心電子メールを利用した治療的コミュニケーションを，対人関係の悩み解決を図る手法にすること．

eラーニング【e-learning】Ⅰイ教インターネットやイントラネットなどを利用した教育システム．

eリテール【e-retail】Ⅰイ営電子商取引のうち企業と消費者が行う取引．

e²プロジェクト【E-square project】Ⅰイイースクエアプロジェクト．日本政府が進めている，学校に対するインターネット化支援プロジェクト．

E3【Electronic Entertainment Expo】Ⅰロサンゼルスで毎年5月に開催されるゲーム見本市．

EA【electronic attack】軍電子戦の一分野．電子攻撃．

EAC【East African Cooperation】政東アフリカ協力機構．1967年に発足．ケニア，ウガンダ，タンザニアが加盟．

EAEC【East Asia Economic Caucus】経東アジア経済会議．1990年にマレーシアのマハティール首相が提唱した経済圏構想．

EAFF【East Asian Football Federation】競(サ)東アジアサッカー連盟．2002年に設立．

EAGA【East Asian Games Association】競東アジア競技大会連合．1993年に設立．

EAI ①【enterprise application integration】Ⅰ算種類の異なるアプリケーションでデータを連携させるソフトウエアや技術．②【Enterprise for the Americas Initiative】経米州活性化構想．アメリカ第41代大統領ブッシュの政権が1990年に提唱した対中南米政策．FTAA(米州自由貿易圏)の原型となる．

EAP ①【employee assistance program】経社従業員援助プログラム．精神保健のための包括プログラム．はじめは，従業員のアルコール依存症者の治療プログラムだった．②【English for Academic Purposes】言学問・研究を目的とする専門英語．

EAPC【Euro-Atlantic Partnership Council】欧州大西洋協調評議会．1991年に発足した北大西洋協力評議会の後継組織．

EasyPC Ⅰ算容易に使えるパソコンのプラン．インテルとマイクロソフトが共同で推進．

EAX【environmental audio extensions】Ⅰ三次元の音響効果を実現する，3Dポジショナルオーディオの技術の一つ．シンガポールのクリエイティブ・テクノロジーが開発した．

EB ①【electronic banking】Ⅰ経銀行と企業や家庭を通信回線で結び，各種の銀行業務を行うサービス方式．②【electronic book】Ⅰ電子ブック．CD-ROMを使う電子出版物．

EBウイルス【Epstein-Barr virus】医エプスタインバーウイルス．腫瘍ウイルスの一種．バーキットリンパ腫，上咽頭がん，胃がんに関係する．

EB装置【emergency brake system】鉄緊急列車停止装置．デッドマン装置．

EBCDIC【extended binary-coded decimal interchange code】Ⅰ算エビシディック．拡張2進化10進符号の表記交換コード．

EBCP【evidence-based clinical psycholo-

◀ E COM

gy】心実証に基づく臨床心理学.

EBIC【European Banks' International Corporation】経欧州国際銀行．ヨーロッパの主力銀行が共同出資し，1970年に設立．

EBM【evidence-based medicine】医根拠に基づいた医療．医療事故の防止を図る方法の一つ．1991年にカナダの医師が提唱した．

EBO【employee buyout】経圧従業員が株式の過半数を取得して，経営権を得る方法．

EBP【electronic bill payment】IT経電子請求書決済．インターネットを利用して請求書の支払いをすること．

EBPP【electronic bill presentment and payment】IT経インターネットを利用して，請求書の支払いだけでなく発行，通知，明細情報の提供などを行うこと．

EBR ①【electron beam recorder】I電子ビーム録画．②【experimental breeder reactor】理実験用増殖炉．

EBRD【European Bank for Reconstruction and Development】経欧州復興開発銀行．欧州開銀．1991年に旧ソ連・東欧諸国の市場経済移行を促進させるため発足した，東西各国が参加する国際金融機関．本部はロンドン．

EBU【European Broadcasting Union】放ヨーロッパ放送連盟．西ヨーロッパの各放送団体が放送文化の発展のために，1950年に設立．

e-business　IT経イービジネス．エレクトロニックコマース（電子商取引）を中核としたビジネスモデル．

EC ①【electronic commerce】IT経電子商取引．ビジネスのあらゆる過程を電子化し，デジタル通信網で接続して自動化する方法．②【European Community】欧州共同体．1967年に発足したヨーロッパの地域統合．最初の6カ国から徐々に拡大し12カ国となった．94年に欧州連合（EU）に発展．③【European Commission】欧州委員会．EU（欧州連合）の行政執行機関．④【engineering constructor】建企画・計画から設計・機材調達，完成後のメンテナンスまでを含む建設業務．⑤【electronic combat】軍電子戦闘．

ECグリーンペーパー【EC green paper】欧州連合（EU）の政策を公表する手段の一つ．構成国向けのガイドラインとなる．

ECA【Economic Commission for Africa】経国連アフリカ経済委員会．国連経済社会理事会の下部補助機関の一つ．

ECAFE【Economic Commission for Asia and the Far East】経エカフェ．国連のアジア極東経済委員会．1974年に ESCAP と改称．

ECAM【electronic centralized aircraft monitor】機電子式集中化機体モニター．電子飛行器システムのエアバスでの呼称．

ECAS【Earth-crossing asteroids】天地球の軌道と交わり，衝突する可能性のある軌道をもつ小惑星．

e-cash　IT経アメリカのディジキャッシュ社が開発した電子マネーシステムの一つ．ほとんど普及していない．

ECAT【Emergency Committee for American Trade】経アメリカ貿易緊急委員会．自由貿易の促進を目的として，1969年に結成．

ECB【European Central Bank】経欧州中央銀行．欧州連合（EU）加盟国中央銀行とともに欧州中央銀行制度を構成する．

ECC ①【error correcting code】IT算データの送受信が正常か確認するため，送信データに付加される符号や符号化手段．②【elliptic curve cryptography】IT算楕円暗号．楕円曲線暗号．公開鍵暗号の一つ．

ECCメモリー【error check and correct memory】IT算メモリー内のデータがエラーを起こした場合に，その検出と補正を行うことができるメモリー．

ECCM【electronic counter-countermeasure】軍電子戦の一つで，敵の妨害に電子的に対抗して味方の情報伝達を確保する活動．

ECCS【emergency core cooling system】理原子炉の緊急炉心冷却装置．

ECDC【Economic Cooperation among Developing Countries】経途上国間地域経済協力．

ECE【Economic Commission for Europe】経国連のヨーロッパ経済委員会．1947年に設置．

ECELP【enhanced code excited linear prediction】IT算イーセルプ．アメリカのIBMが開発した，CELPと呼ばれる音声信号符号化方式の一つ．

ECG【electrocardiogram】医エレクトロカージオグラム．心電図．

ECHONET【energy conservation and homecare network】IT算ネット家電の標準通信規格の一つ．エコーネットコンソーシアムが制定．

ECLAC【Economic Commission for Latin America and the Caribbean】経ラテンアメリカ・カリブ経済委員会．国連の経済社会理事会に設けた地域経済委員会の一つ．

ECM ①【electronic countermeasure】軍電子戦の一つで，強力な電磁波妨害活動．②【extracellular matrix】圧細胞外マトリクス．動物細胞の外側にある安定な構造物．

ECMA【European Computer Manufacturers Association】IT算エクマ．ヨーロッパ電子計算機工業会．

ECN【electronic communication network】IT経算ネットワークを利用した電子証券取引のこと．時間帯を選ばずに，低コストで利用できるのが特徴．

ECO【Economic Cooperation Organization】経経済協力機構．中央アジア経済圏．イラン，トルコ，パキスタンの非アラブ系イスラム国が1983年に結成した．

ECOM ①【Next Generation Electronic Commerce Promotion Council of Japan】IT算次世代電子商取引推進協議会．日本での電子商取引の基盤づくりを行う．経済産業省の関

729

E COMO ▶

連団体．②【Electronic Computer Originated Mail】Ⅰイーコム．コンピューター発信電子郵便．アメリカで1982年にサービス開始．E-COM．

ECOMOG【ECOWAS Ceasefire Monitoring Group】軍政西アフリカ諸国平和維持軍．

ECOSOC【Economic and Social Council】経社エコソク．国連の経済社会理事会．国連の主要機関の一つ．

ECOWAS【Economic Community of West African States】経エコワス．西アフリカ諸国経済共同体．1975年に設立．CEDEAOともいう．

ECP【extended capabilities port】Ⅰ算コンピューターと外部機器間のパラレルインターフェースの規格として，米国電気電子技術者協会（IEEE）が定めるものの一つ．

ECPAT【End Child Prostitution in Asian Tourism】社エクパット．アジア観光での児童買春を終わらせる国際キャンペーン．本部はタイのバンコク．1991年に開始．

ECPNL【equivalent continuous perceived noise level】理等価持続感覚騒音レベル．

ECR　①【efficient consumer response】営商品供給の仕組みを合理化し，消費者のニーズに効率的に応えようとする考え．アメリカの食品スーパーマーケットや食品流通業界が取り組む．②【electronic cash register】営経電子式の金銭登録機で，販売時点の情報管理のできないもの．

ECSC【European Coal and Steel Community】欧州石炭鉄鋼共同体．1952年に6カ国で設立．EU（欧州連合）の原点となった．

ECT　①【emission computed tomography】医放射性医薬品を体内に投与し，体外より放射線を計測して断層像を再構成する方法．②【Energy Charter Treaty】エネルギー憲章条約．主にヨーロッパのエネルギー効率と環境的局面に関する条約．1998年に発効．

ECU　①【European Clearing Union】経欧州決済同盟．②【electronic control unit】電子制御装置．③【English Church Union】宗イギリス国教会同盟．④【European Currency Unit】経欧州通貨単位．エキュー．欧州通貨制度（EMS）が1979年に創設した計算単位．

ECWA【Economic Commission for Western Asia】経国連の西アジア経済委員会．

ED　①【elemental diet】医成分栄養食．全成分が残らず消化されて，そのままの形で吸収される食品．②【erectile dysfunction】医男性器部の勃起不全または勃起障害．③【export declaration】経輸出申告書．

EDカード【embarkation/disembarkation card】出入国記録カード．

EDドメイン【ED domain】Ⅰ了小中学校向けのドメイン名．学校名．ed.jpで表す．

EDA　①【electronic design automation】Ⅰ算コンピューターによる設計の自動化．半導体素子やプリント基板などの設計で用いる．②【European Defense Agency】軍政欧州防衛庁．EU（欧州連合）の防衛力向上のため，2004年に創設．

EDB【ethylene dibromide】化二臭化エチレン．

EDC【European Defense Community】軍欧州防衛共同体．欧州軍を創設し，欧州防衛を統括させようとする案．

EDF　①【Economic Development Foundation】社経済開発財団．1964年に設立された，フィリピンの民間機関．②【European Development Fund】経欧州開発基金．欧州連合（EU）と連合協定を締結している諸国に対する援助基金．

EDGARシステム【electronic data gathering, analysis and retrieval system】営経有価証券報告書などの電子開示システム．1996年にアメリカで導入．

EDGE　Ⅰ算GSM（汎欧州デジタル移動電話方式）の携帯電話網を用いたパケット通信システム．

EDI【electronic data interchange】Ⅰ算電子データ交換．企業がコンピューター入力した情報を，取引先企業のコンピューターに人手を介さないで電子的に送信すること．

EDI推進協議会【Japan Electronic Data Interchange Council】Ⅰ算各業界の枠組みを超えた電子データ交換を実現するために設立された協議会．1992年に設立．JEDICともいう．

EDID【extended display identification data】Ⅰ算ディスプレー側の能力情報をコンピューター本体側に通知するための仕様．

EDIFACT【electronic data interchange for administration, commerce and transport】Ⅰ算エディファクト．国連の欧州経済委員会で開発・推進している電子データ交換のための標準プロトコル．

EDINET【electronic disclosure for investors' network】Ⅰ経電子開示制度．エディネット．証券取引法上の開示書類を電子化して提供する．

EDLP【everyday low price】営経エブリデーロープライス．小売企業が恒常的に行う低価格販売戦略．

ED-NET【electronic disclosure network】経大阪証券取引所が運営する企業情報の電子開示システム．

EDO【extended duration orbiter】宇滞在延長型オービター．最長16日間の宇宙旅行ができる改修型のスペースシャトル．

EDORAM【extended data output DRAM】Ⅰ算イーディーオーラム．通常のDRAMに比べて，読み出し効率を上げた高速DRAM．

EDP【electronic data processing】Ⅰ算電子情報処理．コンピューターシステムを利用した情報処理．

EDPM【electronic data processing machine】Ⅰ算電子情報処理機械装置．

EDPS【electronics data processing system】Ⅰ算電子情報処理システム．

EDR【European Depositary Receipt】経ヨーロッパ預託証書．

EDRC【Economic and Development Review Committee】 OECD（経済協力開発機構）に所属する，経済や開発の検討に関する委員会．

EDS【explosive detection system】機爆発物検知装置．

EDS法【Exxon Donor Solvent Process】化石炭液化技術．アメリカのエクソン社が開発．

EDTV【extended definition television】放高画質化テレビ．現在のテレビ受像機を改良して解像度を高め，画質をよくするもの．

Edy [I]営ビットワレット（ソニーの子会社）が運営するプリペイド型電子マネーのサービス．

EEカメラ【electric eye camera】写自動的に適正露出ができるカメラ．

EEA【European Economic Area】欧州経済領域．欧州共同体（EC）12カ国と，欧州自由貿易連合（EFTA）のうちスイスを除いた6カ国を合同した共同市場．1994年に発足．

EEC ①【European Economic Community】経欧州経済共同体．欧州共同市場．域内の関税をなくし，資本などの自由化を図る．1957年に発足．②【electronic engine control】機電子制御方式の自動車の気化器．

EECO【European Economic Cooperation Organization】経ヨーロッパ経済協力機構．

EELV【Evolved Expendable Launch Vehicle】機次世代使い捨てロケット．アメリカ空軍が研究開発している．

EEO【equal employment opportunity】営社雇用機会が均等であること．

EEOC【Equal Employment Opportunity Commission】社アメリカの雇用機会均等委員会．1964年に発足した連邦行政機関．

EEPROM【electrically erasable and programmable ROM】[I]算データの書き換えや消去が可能なROM．

EER【Earth Energy Resources】化地理地球エネルギー資源．地球がもつ固有のエネルギー資源で，回転運動によるもの，地球内部熱，火山エネルギーと有用鉱物資源などがある．

EEZ【exclusive economic zone】経政排他的経済水域．領海の基線から200カイリ（約370km）までの水域．

EF【environmentally friendly】環境にやさしい．地球環境を破壊しない．

EFF【Electronic Frontier Foundation】[I]社電子フロンティア財団．ネットワークが拡大していく社会の中で表現の自由やプライバシーを守るために活動する非営利組織．

EFIS【electronic flight instrument system】機電子飛行計器システム．航空機の操縦室にカラーの大型統合式表示装置を使う．

EFTシステム【electronic fund transfer system】[I]経電子資金振替システム．コンピュータとデータ通信を応用して送金・決済などに伴う資金移動を行うシステム．

EFTA【European Free Trade Association】経エフタ．欧州自由貿易連合．1960年に結成．

e.g.【exempli gratia】羅 たとえば．英語ではfor example．

EG細胞【embryonic germ cell】生始原生殖細胞から分離した細胞．

EGA【enhanced graphics adapter】[I]算PC/AT互換機用のグラフィックインターフェースボードの一つ．

EGF【epidermal growth factor】生上皮細胞成長因子．

EGP ①【English for General Purposes】言基礎を学ぶための英語．②【Ejército Guerrillero de los Pobres】西 軍貧民ゲリラ軍．グアテマラの左派ゲリラ組織．人民武力革命主義を掲げる．

EGPWS【enhanced ground proximity warning system】機機能強化型地上接近警報装置．航空機の人的要因による地表への衝突事故を防ぐ対策の一つ．

EGR【exhaust gas recirculation】環排ガス再循環装置．自動車の公害防止用．

EGTK【Ejército Guerrillero Tupak Katari 西】軍トゥパクカタリゲリラ軍．ボリビア西部で活動するインディオ農民系のテロ組織．

EHAK【Euskal Herrialdeetako Alderdi Komunista ﾊﾞｽｸ】政スペイン・バスク自治州の共産主義政党．

EHF【extremely high frequency】理極超短波．超高周波．

EIA ①【Electronic Industries Association】[I]米国電子工業会．②【environment impact assessment】環環境アセスメント．環境影響評価．宅地造成，工業立地などの開発行為が環境に及ぼす影響を事前に予測・評価すること．③【Energy Information Administration】政アメリカのエネルギー情報局．

EIAJ【Electronic Industries Association of Japan】[I]日本電子機械工業会．2000年11月にJEIDA（日本電子工業振興協会）と合併して，JEITA（電子情報技術産業協会）となった．

EIB ①【European Investment Bank】経欧州投資銀行．1958年に設立．②【Export-Import Bank of Japan】経日本輸出入銀行．1950年に設立．99年に海外経済協力基金と統合，国際協力銀行に．③【Export-Import Bank of Washington】経ワシントン輸出入銀行．1934年に設立．

EICAS【engine indication and crew alerting system】機エンジン指示および乗員警告システム．電子飛行計器システムのボーイングでの呼称．

EIDOPHOR映アイドフォル．スイスで開発されたビデオプロジェクターの一種．映画サイズが自由に選べる．

EIES【Electronic Information Exchange System】[I]アメリカのニュージャージー工科大学が

E IP ▶

開発したテレビ会議システム．

EIP【enterprise information portal】①算 企業情報ポータル．企業内に散在する情報の横断的検索などができるポータルサイト．

EIS ①【environmental impact statement】環環境影響評価報告．環境影響説明書．②【executive information system】①経役員情報システム．経営者の意思決定を支援する．

EISA【Extended Industry Standard Architecture】①算32ビットの拡張スロットバスの共通規格．1988年にアメリカのPC/AT互換機メーカーが定めた．

EIT【electromagnetically induced transparency】理電磁誘導透過．光速の研究に使う媒質を作るレーザー技術．

EIU【Economic Intelligence Unit】エコノミック インテリジェンス ユニット．イギリスの民間調査機関．

e-Japan重点計画【e-Japan 2002 program】①算日本政府のIT戦略会議が2001年にまとめた情報技術戦略の基本計画．

e-Japan戦略 ①算日本の首相を中心としたIT戦略本部による、国内における情報通信ネットワークの普及と技術向上を目指した戦略．

e-Japan戦略Ⅱ【e-Japan strategy Ⅱ】①算 e-Japan戦略の全面改訂版．2003年に策定．

EJB【Enterprise JavaBeans】①算Javaで開発したソフトウエアの再利用を目的とした、企業向けの大規模Javaアプリケーションの標準規格．

EKBO【Edgeworth-Kuiper Belt Object】天エッジワースカイパーベルト天体．海王星以遠天体．海王星軌道の外側にある小天体．TNOともいう．

EL ①【electric locomotive】機電気機関車．②【elbow line】服エルボーライン．ひじ線．③【electroluminescence】電エレクトロルミネッセンス．電場発光．電界発光．④【electronic library】①算電子図書館．

ELディスプレー【electroluminescence display】電硫化亜鉛などに電圧を加えることで発する蛍光を利用した、低電力・高輝度ディスプレー．

ELD【electric load dispatcher】①理電力の経済負荷配分装置．コンピューターを利用した省力発電．

ELDO【European Launcher Development Organization】宇欧州ロケット開発機構．1975年にESA（欧州宇宙機関）に統合された．

ELEC【English Language Education Council】エレク．英語教育協議会．

ELF【Eritrean Liberation Front】軍政エリトリア解放戦線．

ElGamal暗号【ElGamal encryption】①算エルガマルが考案した公開鍵暗号方式の一つ．

ELINT【electronic intelligence】①軍エリント．電子情報収集．主にレーダーなどの電波の周波数・パルス幅・パルス間隔・電力・発射源・運用形態などを常時調査すること．

ELN【Ejército de Liberación Nacional

西】①軍政民族解放軍．コロンビアの政治的・軍事的結社．資本主義反対などを掲げる．1958年に結成．②軍ボリビアのマルクス・レーニン主義のゲリラ組織．1970年代に活動開始．

ELSEC【electronic security】①算コンピューターに蓄積された情報の保護．

EM ①【electronic mail】電子郵便．電子メール．②【effective microorganism】化園芸用堆肥を作るのに使う発酵促進剤．

EMA【European Monetary Agreement】経欧州通貨協定．

Emacs【edit macros】①算イーマックス．高性能スクリーンエディターの一つ．通常のテキスト編集機能のほか、シェルコマンドなどの実行機能をもつ．

EMAS【eco-management and audit scheme】環欧州連合（EU）の環境監査についての国際的な規格．

EMC【electromagnetic compatibility】理電磁環境の両立性．システムが電磁現象で他の妨害や、自らの機能の損害を行わないこと．

EMCF【European Monetary Cooperation Fund】経欧州通貨協力基金．1973年に発足．欧州中央銀行制度の先行機関とされる．

EMD【engineering and manufacturing development】軍技術・製造実証．軍用機開発計画の技術試験の段階の一つ．

EM-ETガン【electro-magnetic electrothermal gun】軍電磁・電熱砲．電気エネルギーを使って弾丸を発射するもので、火砲に替わる兵器として開発を進めている．

EMF ①【European Monetary Fund】経欧州通貨基金．欧州中央銀行の制度的基盤．②【electromotive force】電理電力の記号．

EMG ①【electromyogram】医筋電図．神経筋単位の活動を電位的に記録する．②【electromagnetic gun】軍電磁砲．電気エネルギーで弾丸を発射する電磁式の電気砲．

EMI ①【electro-magnetic interference】電理電磁波障害．②【European Monetary Institute】経欧州通貨機構．1994年に結成．欧州中央銀行の母体となった組織．

EMIF【Emerging Markets Investment Fund】経途上国市場ファンド．国際金融公社が、途上国の経済発展と拡大を目指して株式市場に投資する．1988年に設立．

EMP効果【electro-magnetic pulse effect】軍空中での核爆発で発生するEMP（電磁衝撃波）によって無線通信が途絶する現象．

EMP爆弾【electro-magnetic pulse bomb】軍電磁パルス爆弾．強力な電磁波によってコンピューターメモリーなどを破壊する．

EMR【endoscopic mucosal resection】医内視鏡的粘膜切除術．

EMS ①【European Monetary System】経欧州通貨制度．1979年に発足．欧州連合（EU）の通貨協力体制．②【express mail service】国際エクスプレスメール．国際ビジネス郵便．業務用の書類や物品などを海外に急送する郵便サービス．③

◀ EPP

【electronics manufacturing service】〈営〉電子機器製造受託サービス．相手先受注（OEM）で，設計・製造・検査・発送までのすべてを請け負い，独自のシステムでこなす方式．④【expanded memory specification】〈Ｉ〉〈算〉メモリー拡張の規格．1985年にアメリカのロータス，インテル，マイクロソフトが共同提案した．⑤【electrical muscle stimulation】〈医〉〈俗〉電気筋肉刺激．電気的刺激によって，脳からの命令と同じ働きを筋肉内部に作り出すこと．

EMU ①【Economic and Monetary Union】〈経〉経済通貨同盟．EU（欧州連合）域内で欧州通貨制度（EMS）を基礎にして，三段階を経て金融面での統合を完成しようというもの．②【extravehicular mobility unit】〈宇〉船外宇宙服．スペースシャトル飛行用の衣服の一つ．

ENA 【Ecole nationale d'administration 仏】〈教〉エナ．フランスの国立行政学院．高級官僚を養成するための教育機関．

END 【European Nuclear Disarmament】〈社〉ヨーロッパ核軍備撤廃キャンペーン．

Endキー【End key】〈Ｉ〉〈算〉エンドキー．カーソルを行末に移動させることができるキー．これと逆の機能をもつのがHomeキー．

ENG 【electronic news gathering】〈Ｉ〉〈放〉小型軽量のビデオカメラやVTRを使い，現場から即時に映像を送るニュース取材システム．1970年代にアメリカのCBSテレビが始めた．

ENSO 【El Niño Southern Oscillation】〈気〉エルニーニョと南方振動の頭字語を組み合わせた用語．大気と海洋に関連して起こる同時現象であるところから．

Enterキー【Enter key】〈Ｉ〉〈算〉エンターキー．データ入力の完了，言語変換の確定，改行など，さまざまな機能をもつキー．

ENVISAT 【Environmental Satellite】〈宇〉ESA（欧州宇宙機関）が2002年に打ち上げた地球観測用のプラットフォーム型極軌道衛星．

EO17N 【Epanastatiki Organosi 17 Noemvri 希】〈軍〉11月17日革命機構．ギリシャの左翼系テログループ．1975年に結成．

EOB 【Executive Office Building】アメリカの行政府ビル．ホワイトハウス別館．

EOCCM 【electro-optical counter-countermeasure】〈軍〉対電子光学対策．電子戦の一つ．光波センサーへの妨害工作を無力化する．

eODA 〈Ｉ〉〈算〉情報技術分野での開発途上国への政府開発援助．ODAはOfficial Development Assistance の略．

EOF ①【end of file】〈Ｉ〉〈算〉制御コードの一種で，テキストファイルの終わりを示すもの．②【end-of-file label】〈Ｉ〉〈算〉ファイル終わりラベル．ファイルラベルの一種で，ファイルの終わりを示す．後書きラベル．③【entanglement of formation】〈理〉混合状態のエンタングルメント（量子力学的絡み合い）の強さを表す指標．

EOP 【English for occupational purposes】〈言〉職業上の目的をもつ専門英語．

EOR 〈Ｉ〉〈算〉二つの値が一致しない時に，1を出力する演算．排他的論理和のこと．

EOS ①【electronic ordering system】〈Ｉ〉〈営〉オンライン受発注システム．電気通信の手段で注文入力する．②【Earth observing system】〈宇〉アメリカ，日本，ブラジル共同の地球観測衛星．

EP ①【electronic protection】〈軍〉電子戦の一分野．電子防護．②【European plan】〈営〉〈社〉ヨーロピアンプラン．室料のみで食事代は別途支払いとなるホテルの料金制度．

EPA ①【eicosapentaenoic acid】〈化〉〈生〉エイコサペンタエン酸．高度不飽和脂肪酸の一種．血栓症の予防に有効．IPAともいう．②【Environmental Protection Agency】〈環〉アメリカの環境保護局．独立行政機関の一つ．1970年に設立．③【Economic Planning Agency】〈経〉日本の経済企画庁（現内閣府）．④【economic partnership agreement】〈経〉経済連携協定．

EPC ①【electronic product code】〈営〉電子製品コード．マサチューセッツ工科大学が開発した商品識別体系．②【European Patent Convention】ヨーロッパ特許条約．③【Economic Policy Council】アメリカの経済政策閣僚会議．

EPG ①【electronic program guide】〈Ｉ〉〈放〉電子番組ガイド．テレビ画面上で番組の内容や放送予定を知らせるサービス．②【Eminent Persons Group】アジア太平洋経済協力（APEC）賢人会議．

EPI ①【environmental policy integration】〈環〉環境保全のための政策統合．②【Environmental Policy Institute】〈環〉環境政策研究所．1982年設立のアメリカの非営利公益団体．

EPIC 【explicitly parallel instruction computing】〈Ｉ〉〈算〉エピック．命令実行ユニットを効率的に利用することでCPU（中央処理装置）の高速化を図る技術．

EPL 【Ejército Popular de Liberación 西】〈軍〉〈政〉人民解放軍．コロンビアの左派軍事組織．毛沢東主義を掲げた．1967年に結成し，91年に武装解除．

EPLF 【Eritrean People's Liberation Front】〈軍〉〈政〉エリトリア人民解放戦線．

EPO 【erythropoietin】〈化〉〈生〉エリスロポエチン．腎臓で作られる糖たんぱく質増血ホルモン．エポともいう．

EPOC 〈Ｉ〉〈算〉エポック．イーパック．携帯情報端末（PDA）用のOSの一つ．端末を開発する際の自由度が高いのが特徴．

EPOS 【Earthquake Phenomena Observation System】〈地〉地震活動等総合監視システム．気象庁が開発．

EPP ①【Europa plunge probe】〈宇〉エウロパ突入探査機．NASA（アメリカ航空宇宙局）の木星第2衛星エウロパを探査する人工衛星．2010年に打ち上げ予定．②【enhanced parallel port】〈Ｉ〉〈算〉コンピューターと外部機器間のパラレルインターフェースの規格を定めたIEEE1284の一つ．③【English for Professional Purposes】〈言〉医療や

733

ビジネスなどを対象とする専門英語.

EPR ①【electron paramagnetic resonance】理電子常磁性共鳴. 物性を測定する方法の一つ. ②【extended producer responsibility】習狂拡大生産者責任. 生産者が製品の廃棄後まで環境負荷に一定の責任をもつ. ③【engine-pressure ratio】理発電機圧力比. ④【European pressurized reactor】理ヨーロッパ型加圧水型炉. 独仏共同で開発を進めている次世代の原子力発電所. ⑤【enhanced permeability and retention】医高透過性・高滞留性. がんの化学療法に利用されている, 腫瘍血管の特性.

EPRパラドックス 【Einstein-Podolsky-Rosen paradox】理量子力学の確率解釈についての考え方. 1936年にアインシュタインなどが提出.

EPRDF【Ethiopian People's Revolutionary Democratic Front】軍政エチオピア人民革命民主戦線. 反メンギスツ政権民主勢力が合流した組織.

EPROM【erasable programmable ROM】Ⅰコンイーピーロム. 消去可能な読み出し専用記憶装置.

EPS ①【earning per share】経一株当たり利益. ②【electrical power system】電力システム. ③【encapsulated PostScript】Ⅰコンポストスクリプトに対応するソフトウエア用の標準的画像記録形式.

EPTA【Expanded Program of Technical Assistance】エプタ. 国連の拡大技術援助計画. 1950年に結成.

EPW【enemy prisoner of war】軍敵の戦時捕虜. 自軍が捕らえた敵国軍の捕虜.

EPWING【Ⅰコン辞書や事典などの検索用のCD-ROMの制作と利用に関する規約. 1986年に富士通と岩波書店が共同制作した「広辞苑CD-ROM版」が始め. イーピーウイング.

EPZ【Emergency Planning Zone】社理緊急時計画区域. 原子力発電所の周辺など, 原子力防災対策を重点的に充実すべき地域の範囲.

EQ【emotional quotient】心情動指数. こころの知能指数. アメリカの心理学者 P. サロベイと J. メイヤーが創唱し, 科学記者ダニエル・ゴールマンの著書で広まった.

ER ①【earned runs】競(野球)自責点. ②【endoplasmic reticulum】生小胞体. 細胞質中にある厚さ6〜8ナノメートルの膜からなる細胞小器官. ③【emergency room】医救急初療室. 緊急救命室.

ER弾【enhanced radiation bomb】軍放射線強化弾.

ERモデル【entity-relationship model】Ⅰコンデータ間の関連性を明確化して分析を行うことで, データ構造のモデル化を行う手法.

ERA ①【European Robot Arm】字欧州ロボットアーム. 国際宇宙ステーションの科学・電力モジュールに装備する. ②【Equal Rights Amendment】法エラ. アメリカ合衆国憲法の男女平等権修正条項. ③【earned run average】競(野球)

防御率.

ERB【Ethical Review Board】倫理審査委員会. アメリカで制度化された. IRBともいう.

ERDA【Energy Research and Development Administration】アーダ. アメリカのエネルギー研究開発局. 1975年に発足.

ERIC【Educational Resources Information Center】Ⅰコン教育資源情報センター. インターネットで, 教育関係者向けの資料などを提供.

ERINT【extended range interceptor】軍イーリント. アメリカ陸軍の戦術ミサイル迎撃用のミサイル.

ERIS【exoatmospheric reentry-vehicle interceptor system】軍大気圏外再突入体迎撃システム.

ERISA【Employee Retirement Income Security Act of 1974】習社エリサ. アメリカの従業員退職所得保障法. 1974年に制定.

ERM【Exchange Rate Mechanism】経欧州為替相場安定制度. EU(欧州連合)が通貨統合を達成するための基礎とした仕組み.

ERP ①【enterprise resource planning】Ⅰコン習算全社的な業務管理. 企業資源管理. 企業の各部門の基幹業務をコンピューターで統合処理する方式. ②【Ejército Revolucionario del Pueblo 西】軍政人民革命軍. エルサルバドル革命党のゲリラ部隊.

ERPパッケージ【enterprise resource planning package】Ⅰコン企業内の種々の業務関連アプリケーションを実行する統合業務パッケージ. ERPとは企業資源管理のこと.

ER/RB【enhanced radiation/reduced blast bomb】軍中性子爆弾. 放射線強化爆発力減少爆弾.

ES【electronic warfare support】軍電子戦の一分野. 電子戦支援.

ES細胞【embryonic stem cell】生万能細胞. 胚性幹細胞. 胚に存在する全能性の幹細胞.

ESA【European Space Agency】字欧州宇宙機関. 非軍事の宇宙開発を実施する機関. 1975年に設立. 本部はパリ.

ESAF【Enhanced Structural Adjustment Facility】拡大構造調整ファシリティー.

ESC ①【Economic and Social Council】経社国連の経済社会理事会. ECOSOCと同じ. ②【European Space Conference】字ヨーロッパ宇宙会議.

ESCキー【escape key】Ⅰコンエスケープキー. コマンドや実行中の操作の取り消しなどの機能を担うキー.

ESCAP【Economic and Social Commission for Asia and the Pacific】エスカップ. 国連のアジア太平洋経済社会委員会. 1947年に発足し, 74年にエカフェから改称.

ESCB【European System of Central Banks】経欧州中央銀行制度. EU(欧州連合)の共通通貨ユーロを管理し, 域内の金融政策を運営する.

ESCJ【Electric Power System Council of Japan】経社電力系統利用協議会．日本の送配電ネットワークにおける公平性・透明性の向上を目的とした中立機関．

ESCO【energy service company】経環ビルや工場などを対象に，省エネルギーに関する包括的サービスを提供する事業．

ESD【education for sustainable development】教持続可能な開発のための教育．教育分野の国際協力を進める構想．

ESDI【European Security and Defense Identity】ヨーロッパの安全保障と防衛アイデンティティー．

ESDP【European Security and Defense Policy】欧州連合（EU）の欧安全保障・防衛政策．

E-services　Ⅰイ経イーサービス．アメリカのヒューレットパッカード社が提案する，インターネットを利用したビジネス戦略の呼称．

ESL【extended shelf life】経社品質保持期限の延長．

ESM【electronic-warfare support measures】軍電子戦支援．敵の電子兵器情報を平時から収集・分析すること．

ESO【European Southern Observatory】天ヨーロッパ南天文台．

ESOP【employee stock ownership plan】経社イソップ．従業員持ち株制度．従業員が自社の株を取得する方法．

ESP①【electronic stability program】機自動車の横滑り防止装置．②【encapsulating security payload】Ⅰ軍パケット単位での暗号化を行う，IPv6におけるセキュリティー機能の一つ．③【environmental services payment program】環経環境サービス報酬制度．土地開発を断念した地主などに支払う．

ESPN【Entertainment and Sports Programming Network】放アメリカのスポーツ専門放送局．

ESPRIT【European Strategic Program for Research and Development in Information Technology】Ⅰエスプリ計画．欧州情報技術研究開発戦略．1984～94年までの計画．

ESR①【electron spin resonance】理電子スピン共鳴．物性を測定する方法の一つ．②【erythrocyte sedimentation rate】医赤血球沈降速度．血沈．

ESRF【European Synchrotron Radiation Facility】理欧州放射光施設．6GeV電子貯蔵リングによる高輝度放射光で，幅広い科学技術研究を支援する．

ESRIN【European Space Research Institute】宇ESA（欧州宇宙機関）の欧州宇宙研究所．

ESRO【European Space Research Organization】宇欧州宇宙研究機構．現在はESA（欧州宇宙機関）に統合された．

ESRP【European supersonic research program】機ヨーロッパの超音速旅客機の共同研究．アエロスパシアル，BAe，DASAが推進．

ESS【European Security Strategy】軍欧州安全保障戦略．2003年に欧州理事会で採択．

ESSA【Environmental Science Services Administration】環エッサ．アメリカの環境科学業務局．

ESS-ID【extended service set identity】Ⅰ軍無線LANの基本仕様の一つ．アクセスポイントの自動切り換えなどに利用される．

ESSM【evolved sea-sparrow missile】軍発展型シースパローミサイル．超音速対艦ミサイル迎撃用の対空ミサイル．アメリカ海軍が欧州諸国と国際共同開発を推進．

ESV【experimental safety vehicle】機試作安全車．実験安全車．

ET①【extra-terrestrial】地球外生物．異星人．宇宙人．②【external tank】宇宇宙船の外部燃料タンク．③【emission trading】経排出量取引．温室効果ガス排出削減を目指す仕組みの一つ．④【enterostomal therapist】医人工肛門や人工膀胱をもつ患者のアフターケアを行う療法士．

ETナース【enterostomal therapy nurse】医人工肛門などを造設した患者への指導や，介護の知識を修得した看護師．

ETA①【estimated time of arrival】社航空機・船舶の到着予定時刻，または月日．②【Euzkadi Ta Askatasuna ∥】政バスク祖国と自由．フランスとスペイン国境に位置するバスク地方の独立を目指す組織．1959年に設立．

ETC①【electronic toll collection system】社道路通行料の自動料金収受システム．②【emission computed tomography】医放射線医薬品を体内に投与し，放射線を計測して断層像に再構成する技術．

ETD【estimated time of departure】社航空機・船舶の出発予定時刻，または月日．

e-text【electronic text】Ⅰ電子出版物．

ETF【exchange traded fund】経上場投資信託．上場株価指数連動型投資信託．証券取引所に上場して取引される投資信託．

Ethernet　Ⅰ軍イーサネット．パソコン，ミニコン，ワークステーション用の，小規模なLANに適した通信方式の規格．

ETNF【Euro-Theater Nuclear Forces】軍ヨーロッパ戦域核戦力．

ETR【engineering testing reactor】理材料試験炉．原子炉材料の放射線照射試験に用いる．

ETS①【Educational Testing Service】教教育テストサービス．アメリカの学生の学力・適性試験を行う民間の機関．②【Engineering Test Satellite】宇技術試験衛星．宇宙開発事業団（現宇宙航空研究開発機構）の実用衛星開発用のテスト衛星．

ETS-Ⅶ【Engineering Test Satellite-Ⅶ】宇日本の技術試験衛星Ⅶ型．ランデブードッキング技術や遠隔操作技術の軌道上実験を行う．

ETS-Ⅷ【Engineering Test Satellite-Ⅷ】宇

日本の技術試験衛星Ⅷ型．移動体衛星通信や音声放送用実験機器，大型展開アンテナなどを搭載して，2006年に打ち上げ予定．

ETSI【European Telecommunications Standards Institute】Ⅰ算ヨーロッパ電気通信標準化機構．ヨーロッパにおける通信技術の標準化を目指して設立された組織．

EU ①【European Union】政欧州連合．1993年に欧州共同体(EC)を発展させて発足．②【enriched uranium】化理濃縮ウラン．

EU拡大【EU expansion】政1993年に15カ国で発足したEU(欧州連合)に，2004年5月に10カ国が新加盟したこと．

EU共通市民権【Citizenship of the European Union】社政EU(欧州連合)加盟国の国民に付与される共通の市民権．

EU憲法【European Constitution】政法2004年6月にEU(欧州連合)首脳会議で採択．欧州憲法．

EUトロイカ【EU troika】政半年ごとに議長国が交代するEU(欧州連合)で，現在の議長国とその前後の議長国がEU代表として共に行動する3カ国共同体制．

EUA【European Unit of Account】欧州計算単位．UC.

EUC ①【end user computing】Ⅰ算経企業内の各利用者が自分でコンピューターを業務に使いこなす環境を目指すもの．②【extended UNIX code】Ⅰ算拡張UNIXコード．UNIXの国際標準化を目指してアメリカのAT&T社のMNLSで定められた文字コード体系．

EUCツール【EUC tool】Ⅰ算エンドユーザーが業務に必要なシステムを開発する時に使うソフトウエア．

EUD【end user development】Ⅰ算コンピューターのユーザー側が，自らの業務システムの開発に携わること．

Eudora Ⅰイユードラ．フリーウエアとして人気が高かったメールソフト．後にアメリカで製品化され，現在では日本語版も普及．

EUFOR【European Union Force】軍欧州連合軍．

EUN【équipe unifiée】仏競統一チーム．1992年のバルセロナオリンピックに参加した旧ソ連合同チームの略称．独立国家共同体(CIS)加盟の11カ国にグルジアを加えた12の共和国でチームを構成した．

EURATOM【European Atomic Energy Community】理ユーラトム．欧州原子力共同体．

EURECA【European Research Coordination Action】ユーレカ．欧州先端技術共同体構想．1984年にフランスのミッテラン大統領が提唱した．

Eurit【European Investment Trust】経ユーリット．ヨーロッパ投資信託．

EUROCHEMIC【European Company for the Chemical Reprocessing of Irradiated Fuels】理ユーロケミック．欧州核燃料再処理会社．

Eurosat【European Satellite】ユーロサット．ヨーロッパ通信衛星公社．

EUSO計画【Extreme Universe Space Observatory Project】理国際宇宙ステーションに超高視野望遠鏡を設置し，空気シャワーから高エネルギー宇宙線を観測する．

EV【electric vehicle】機電気自動車．

EV値【exposure value】写露光指数．

EVA ①【extravehicular activity】宇宇宙での船外活動．宇宙遊泳．②【economic value added】経経済付加価値．企業の営業力による収益を評価する考え方．

EVP【English for Vocational Purposes】言接客やサービスなどを対象とする専門英語．

EVR【electronic video recording】放電子録画．

EVRC【enhanced variable rate codec】Ⅰ算通話中のトラフィックに応じて速度を変える可変レート．音声符号化方式の一つ．電波干渉の減少や低消費電力を実現できる．

EW【electronic warfare】軍電子戦．

EWA【Ethernet wireless access】Ⅰ算NTT研究所が開発した5GHz帯使用の高速無線LAN．伝送速度は最大で36Mbps．

EWS ①【emergency warning system】社非常災害時の緊急警報放送システム．②【early warning system】経摩擦未然防止制度．日米間で経済上の難問に対する事前協議構想．③【engineering workstation】Ⅰ算科学技術計算やコンピューター支援設計，製造などに用いるパソコンより高度なコンピューター．

EX【execution】競新体操の採点項目．姿勢の欠点や手具落下などで採点する．実施ともいう．

Excel Ⅰ算エクセル．アメリカのマイクロソフトが提供する表計算ソフトの一つ．オートコンプリートなどの機能を有し，個人・企業に圧倒的支持をもつ．

EXEファイル【executable file】Ⅰ算エグゼフィァイル．能動的なプログラムとして動作する実行ファイル．

EXIF【exchangeable image file format】Ⅰ算写イグジフ．デジタルカメラ用の画像データフォーマット．デジタルカメラ特有の付加情報が記録できる．

EXIM【Export-Import Bank of USA】経アメリカ輸出入銀行．輸出促進のため企業に融資する銀行．

EXOR【exclusive-OR】Ⅰ算排他的論理和．論理演算の一つ．二つの条件が不一致の場合のみ(二進法でいうところの)「1」を返す．

EXPO【exposition】社万国博覧会．エキスポ．世界的規模と視野で開催する博覧会．

EXPRESS ①【Experimental Press Information Processing System】実験用新聞情報処理システム．新聞切り抜きファイル作成システム．②【Experiment Reentry Space System】宇自律帰還型無人宇宙実験システム．日独国際共同プロジェクトとして計画された回収型カプセル．

ext.【extension】内線番号．

EXW【exercise walking】國エクササイズウオーキング．健康づくりや持久性の向上を目指して行う歩行運動．
EZ【Environmental Zone】環スウェーデンのストックホルムに設けた環境改善区域の呼称．
EZアクセス【EZaccess】Ⅰイイージーアクセス．かつてのIDOが提供した携帯端末用インターネットサービス．
EZget　Ⅰイイージーゲット．auが提供するEZwebにおける，データのダウンロードサービス．
EZLN【Ejército Zapatista de Liberación Nacional 西】軍サパティスタ民族解放軍．1994年にメキシコのチアパス州で蜂起したゲリラ．
EZweb　Ⅰイイージーウェブ．auが提供するインターネット情報提供サービス．
EZwebメール【EZweb mail】Ⅰイセルラーグループが提供していたメールサービス．auに統一後は「Eメール」と名称変更した．

F

F値【focus −】写レンズの明るさを示す数値．
Fネット【F-net】ⅠNTTが提供しているファクス通信網サービス．現在ではインターネット対応のサービスも追加されている．
F1　①【Formula One】競エフワン．フォーミュラ(規定)ワン．4輪が露出した単座席の自動車レース専用車で，最上級のもの．②【first filial hybrid】植1代雑種．異なる品種を交雑させた雑種の1代目．
F2支援戦闘機【Fighter Support F2】軍航空自衛隊の対地支援用の戦闘機．1988年から日米共同開発を進め，2000年から配備開始．
F3【Formula Three】競レース専用車の3種類の国際フォーミュラで，底辺に当たる種類．排気量は2000ccまで．
F22 ラプター【F-22 Raptor】軍米空軍の最新鋭ステルス戦闘機．ラプターは猛禽(もうきん)の意．
F-117A【F-117A stealth fighter】軍アメリカ空軍が1988年に公表した，世界最初のステルス戦闘機．
F3000【Formula 3000】競レース専用車の国際フォーミュラの一つ．排気量は3000cc以下で，F1とF3の中間に位置する種類．1985年にヨーロッパで始まる．
FA　①【factory automation】Ⅰ工場の生産機構を自動化・機械化すること．②【focus aid】写カメラの合焦点表示機能．③【fighter attacker】軍戦闘攻撃機．④【free agent】競（野球）プロ野球の自由契約選手制．FA制．フリーエージェント．
FA権【free agent −】競（野球）プロ野球で，資格取得選手に与えられる自由な移籍交渉権．
FA制　①【free agent system】競（野球）プロ野球で，一軍に一定期間在籍した選手が，移籍の自由を得る制度．②【foreign exchange allocation system】営経輸入外貨資金割り当て制．
FAA【Federal Aviation Administration】アメリカの連邦航空局．
FAC　①【Food Aid Committee】食糧援助委員会．②【forward air controller】前線航空統制官．
FAE　①【fuel air explosives】軍燃料気化爆弾．気体爆薬．揮発性の燃料を噴霧状にして爆発させる爆弾．②【fetal alcohol effect】医胎児性アルコール効果．酒類を摂取した妊婦の新生児に現れる，比較的軽い症状の先天的な異常．
FAI【Fédération Aéronautique Internationale 仏】国際航空連盟．本部はパリ．
FAIS【Foundation for Advancement of International Science】国際科学振興財団．1977年に設立．本部は茨城県．
FANS【future air navigation system】機将来航空航法装置．世界中の航空交通需要の増大に対応するシステム．
FAO【Food and Agriculture Organization】国連食糧農業機関．1945年に設立．国連専門機関の一つ．
FAP【Forces Armées Populaires 仏】軍人民軍．チャド北部のハブレ派ゲリラ組織．
FAQ　①【fair average quality】営経標準品．貿易用語で，平均にして中等の品質．②【frequently asked questions】Ⅰイインターネットなどでよく出される質問と，それに対する回答をまとめたファイル．
FARC【Fuerzas Armadas Revolucionarias de Colombia 西】軍コロンビア革命軍．左翼ゲリラ組織の一つ．1966年に結成．
FARN【Fuerzas Armadas de Resistencia Nacional 西】軍エルサルバドルの民族抵抗軍．1975年に結成．
FAS　①【field artillery system】軍野戦火力システム．野外戦場で用いる火力システム．②【Federation of American Scientists】アメリカ科学者連盟．③【free alongside ship】経船側渡し．買い主が手配した船舶の船側で貨物を引き渡すまでの一切の費用を売り主が負担する．④【fetal alcohol syndrome】医胎児性アルコール症候群．酒類を摂取した妊婦から生まれた新生児に見られる先天的な異常．
FASB【Financial Accounting Standards Board】営アメリカの財務会計基準審議会．
FASF【Financial Accounting Standards Foundation】営経財務会計基準機構．日本の会計基準を設定する財団法人．2001年に設立．
Fast Ethernet　Ⅰ算100BASE-Tと呼ばれる，転送速度が100MbpsのLAN規格のこと．
Fast SCSI　Ⅰ算ファストスカジー．SCSI-1を高速化して，SCSI-2として標準化されたインターフェース．10Mbpsと20Mbpsの2種類がある．
FAT【file allocation table】Ⅰ算ファット．MS-DOSのファイル管理法として採用されている，ディスク内の物理的なファイルの配置を記録したテーブル．
FAT16【file allocation table 16】Ⅰ算Wind-

ows95などで利用されるファイル管理システム．最大2GBまでの領域を管理できる．

FAT32【file allocation table 32】Ⅰ算ディスク上のファイルを管理するための情報量を32ビットに拡大した規格．

FATF【Financial Action Task Force】金融活動作業部会．マネーロンダリング（資金洗浄）対策に取り組む政府間組織．

FAXサーバー【facsimile server】Ⅰ算各クライアントのパソコンからファクスを送受信できるように，LAN上で管理するサーバー．各種ソフトウエアがある．

FAXソフト【facsimile software】Ⅰ算プリンターを介さないで，文書などの印刷イメージを直接ファクスに出力するためのソフトウエア．

FAXモデム【facsimile modem】Ⅰ算ファクス機能を備えた変復調装置．

FAZ【foreign access zone】習社輸入促進地域．国際空港や港湾沿いに倉庫や加工工場を設けようとする通産省（現経済産業省）の構想．

FB ①【fullback】競サッカーやラグビーで，フルバック，後衛．後方に位置して主に守備の役割をする選手．②【finance bill】経ファイナンスビル．政府短期証券．期間が2カ月の日本の短期国債．③【fighter bomber】軍戦闘爆撃機．

FB市場【finance bills market】経政府が一時的な資金繰りを目的に発行する政府短期証券（FB）の市場．

FBAコラボレーション取引【FBA collaboration business】日習百貨店と服飾関連企業の取引形態の一つ．需要予測などを共有し，生産・供給の効率化を図る．FBAは fashion business architecture の頭文字．

FBC【Fox Broadcasting Company】放フォックス・ブロードキャスティング・カンパニー．アメリカ第4のテレビネットワークをもつ放送会社．

FBI ①【Federal Bureau of Investigation】社政アメリカの連邦捜査局．連邦法に違反する事件を扱う．1908年に発足．②【Federation of British Industries】英国産業連合会．

FBM【fleet ballistic missile】軍艦船用弾道ミサイル．

FBR【fast breeder reactor】理高速増殖炉．原子炉の一つ．

FBS ①【fixed based simulator】機飛行機の操縦訓練に用いる固定訓練装置．②【forward base system】軍前進基地防衛体制．アメリカの海外兵器配備体系．

FBTR【fast breeder test reactor】理インドで計画中の高速増殖炉の小型実験炉．

FBW【fly-by-wire】機航空機の操縦信号を電気信号で伝達する方式．コンピューターを用いて，複雑な機体制御をたやすく行う．

FC ①【football club】競フットボールクラブ．サッカーチームに用いる．②【franchise chain】営経フランチャイズチェーン．③【fine ceramics】化ファインセラミクス．精製された人工原料を用いて，特定の機能を十分に引き出すために作られたもの．

④【fuel cell】化理燃料電池．水素などの燃焼エネルギーを電気エネルギーに変換する．

FC-AL【fiber channel-arbitrated loop】Ⅰ算ホスト間を光ファイバーケーブルで結ぶファイバーチャネルにおける網構成法の一つで，ループ状に構成するもの．

FCBP【foreign currency bill payable】習経外貨支払い手形．

FCC【Federal Communications Commission】Ⅰ算アメリカの連邦通信委員会．放送事業の監督や通信の規制などを行う．1934年に設立．独立行政委員会の一つ．

FCE【First Certificate in English】教ケンブリッジ英検準一級．職場などでの意思伝達の手段として英語を使える能力を判定する．

FCF【free cash flow】習経財務指標の一つ．事業活動継続のための資金需要を行った後の剰余の営業利益などの金額をいい，株主に帰属するとされる．

FCMA【Finno-Soviet Treaty of Friendship, Cooperation and Mutual Assistance】フィン・ソ友好条約．1948年にフィンランドと旧ソ連が結んだ条約．

FC-PGA【flip chip-pin grid array】Ⅰ算PentiumⅢ に使われた集積回路のパッケージの一つ．従来のものからソケット構造に変更された．

FCS ①【fire control system】軍射撃統制システム．火器管制システム．センサーと情報処理機能をもち，火器の射撃管制をする．②【flying computer system】軍F16戦闘機が採用している，飛行操縦をコンピューターを用いて行う方式．③【future combat system】軍将来戦闘システム．戦闘ロボット車など，情報技術を全面活用した米軍の新しい兵器システム構想．

FCV【fuel cell vehicle】機燃料電池車．

FD ①【floppy disc】Ⅰ算フロッピーディスク．コンピューターの外部記憶装置に用いられる記憶媒体．レコード状の円盤にデータを磁気で記録する．②【floor director】放フロアディレクター．演出助手．③【freeze-dry】理冷フリーズドライ．凍結乾燥．真空凍結乾燥．④【faculty development】教大学教員の教授能力を高めること．

FDフォーマット【final disc format】Ⅰ算光磁気ディスクの規格の一つ．とりわけ周辺機器用の記録媒体として期待されている．

FDA【Food and Drug Administration】政アメリカの食品医薬品局．厚生省に属する．

FDD ①【floppy disc drive】Ⅰ算フロッピーディスクドライブ．コンピューターに入れたフロッピーディスクの駆動装置．②【frequency division duplex】Ⅰ算移動通信システムで双方向通信に用いる方式の一つ．

FDDI【fiber distributed data interface】Ⅰ算光ファイバーケーブルで高速のデータ通信をするインターフェース．アメリカ国家規格協会がLANの規格として策定．

FDGB【Freier Deutscher Gewerkschaftsbund】独社政旧東ドイツの自由ドイツ労働連盟．

◀F I

FDHD【floppy disc high-density】①算2HDタイプのフロッピーディスク.

FDIC【Federal Deposit Insurance Corporation】経アメリカの連邦預金保険公社. 加盟銀行が再建困難になった時に預金を保証する. 1933年に設立.

FDISK ①算MS-DOSやUNIXなどのOSで、HDDのパーティション管理などを行うためのプログラム.

FDM【frequency division multiplexing】①周波数分割多重化方式. アナログ回線において、周波数帯域をずらせて複数のチャネルを多重化する方法.

FDMA【frequency division multiple access】①周波数分割多元アクセス方式. 衛星通信において、各周波数帯域を各地上局ごとに割り当てて送受信する方法.

FDP【Freie Demokratische Partei 独】政ドイツの自由民主党.

FEテスト【fundamentals of engineering test】アメリカの工科系大学生が4年生で受験する資格試験.

FEAF【Far East Air Force】軍アメリカの極東空軍.

FEAL【fast data encipherment algorithm】①算フィール. NTTが開発した手順公開型の秘密鍵暗号の一つ. 種類別にFEAL-NXとFEAL-Nに分けられている.

FEC【Japan Fashion Editor's Club】社日本ファッションエディターズクラブ. 雑誌・放送などの服飾部門の記者で構成する.

FECA【Federal Election Campaign Act】政法アメリカの連邦選挙運動法. 連邦レベルの選挙資金の流れなどを規制する.

FED【field emission display】①電界放出型ディスプレー. 電界電子放出表示装置. 高画質の薄型テレビを目指す次世代の表示装置.

FedSat【Federation Satellite】宇オーストラリア国産技術実証衛星.

FEG【flying electric generator】電回転翼付き発電風車. 高度4500mまで自力で上昇して風力発電を行う構想.

FeliCa ①算フェリカ. ソニーが開発した非接触ICカード技術の方式.

FEM【finite element method】①算有限要素法. 偏微分方程式に基づく数値解析のアルゴリズムの一つ. 建造物の設計などに利用される.

FEMA【Federal Emergency Management Agency】政アメリカの連邦緊急事態管理庁. 災害時の緊急対応などを担当する連邦政府機関. 1979年に発足. 本部はワシントン.

FEN【Far East Network】放フェン. アメリカ軍向けの極東放送網. 現在はAFN.

FEOGA【Fonds Européen d'Orientation et Garantie Agricole 仏】農欧州農業指導保証基金. EC(欧州共同体)の農産物統一価格システムを維持し、市場介入費、輸入課徴金、輸出補助金などを融資する基金. 1965年に設立.

FEP【front-end processor】①①算入力したかなを漢字に変換するプログラムと、変換に伴う辞書などの管理機能を含むものを日本語FEPという. フェップ. ②①算フロントエンド プロセッサー. 前処理専用のプロセッサー. 主処理の前に定常的な処理を行うプロセッサー.

FEPC【①【Federation of Electric Power Companies】日本の電気事業連合会. 1952年設立. ②【Fair Employment Practices Committee】アメリカの公正雇用慣行委員会.

FeRAM【ferroelectric random access memory】理強誘電体メモリー.

FESPIC【Far East and South Pacific Games Federation for the Disabled】競フェスピック. 極東・南太平洋障害者スポーツ連盟.

FET【field effect transistor】電電界効果トランジスタ.

Fetch ①①フェッチ. MacOS用のソフトウエアの一つ. インターネット上でファイルを転送する通信プロトコルとして用いる.

FEZ【free economy zone】経自由経済区.

FF ①【front engine front drive】機前部エンジン、前輪駆動の自動車. ②【forced flue】強制排気式. 石油やガスのストーブで、屋外に排ガスを出す方式. ③【fire and forget】軍撃ち放し性. ミサイルなどの誘導兵器の操作技術の一つ. ④【from feed】印改ページ. 印字装置で次の紙の始まりで紙送りすること.

FFレート【federal funds rate】経アメリカの連邦準備制度理事会(FRB)に対する法定準備高を積むために、市中銀行が融通し合う資金の金利.

FFD【forward floating depot】軍前線洋上兵站艦.

FFF【free financial fund】経公社債投資信託の一つで、法人の大口投資向けの投資信託.

FFH【Freedom from Hunger】社世界飢餓救済運動のスローガン. 飢餓からの自由の意.

FFP【frequent flier program】営社フリークエント フライヤー プログラム. 航空会社が顧客の利用飛行距離に合わせて、無料航空券などの特典を提供するサービス.

FFS【full flight simulator】機完全訓練装置. 実際に飛行するのと同じ感覚で旅客機の操縦訓練を行う.

FFT【fast Fourier transform】①算高速フーリエ変換. 離散フーリエ変換の掛け算操作を高速化する方法.

FFT分析【fast Fourier transform analysis】①算音声信号などを分析する際に用いられるアルゴリズムの一つ. FFTとは高速フーリエ変換のこと.

FGB【functional cargo block】宇国際宇宙ステーションのロシア製機能カーゴブロック.

FGDS【Fédération de la Gauche Démocrate et Socialiste 仏】政フランスの左翼連合. 1965年に、ドゴールに対抗するための左派の組織として結成.

FGM【field guided missile】軍野戦誘導ミサイル.

FI ①【fade-in】映放溶明. 画面が徐々に明るくなり、

F

739

F

FIA▶

映像が現れること．または音声が徐々に大きくなること．②【family identity】社ファミリー アイデンティティー．家族の構成員は誰と誰であり，家族の特色や個性は何であるかなどについて，家族員がもつ意識．

FIA【Fédération Internationale de l'Automobile 仏】競(自動車)国際自動車連盟．旅行および自動車に関する評議会と，モータースポーツ世界評議会の二つで構成される．

FIAT【Fabbrica Italiana Automobili Torino 伊】フィアット．イタリアの自動車会社．またその乗用車の商標名．

FIBA【Fédération Internationale de Basketball 仏】競(バスケ)国際バスケットボール連盟．

FIDO【fog investigation dispersal operations】ファイドー．霧消散装置．空港で濃霧の時，滑走路のわきで油などを燃やすこと．

FIEJ【Fédération Internationale des Éditeurs de Journaux et Publications 仏】国際新聞発行者協会.1948年に結成．本部はパリ．

FIFA【Fédération Internationale de Football Association 仏】競(サッカ)フィーファ．国際サッカー連盟．世界のサッカーの中心となる国際組織．1904年に設立．

FIFAクラブ ワールド チャンピオンシップ【FIFA Club World Championship】競(サッカ)FIFA(国際サッカー連盟)のクラブチーム世界選手権．6大陸のクラブチャンピオンを集めて世界一を争う．2005年よりトヨタカップを発展的に解消して開催．

FIFO①【first-in, first-out】I算フィーフォ．先入れ先出し方式．先に入力したデータから順に処理を行うデータ構造．②【first-in first-out method】管経先入れ先出し法．先に入手した商品から順に販売したと仮定して，売上原価を決める方法．

FIFPro【Fédération Internationale des Footballeurs Professionels 仏】競(サッカ)国際プロサッカー選手協会．

FIG【Fédération Internationale de Gymnastique 仏】競国際体操連盟．

fig.【figure】数字．図表．挿絵．

FILP【fiscal investment and loan program】経政財政投融資計画．

FIM①【field intercepter missile】軍野戦用防空ミサイル．②【Fédération Internationale de Motocyclisme 仏】競国際モーターサイクリズム連盟.3輪以下の車両のモータースポーツを統轄する．

FIMS【Fédération Internationale de Médecine Sportive 仏】医競国際スポーツ医学連盟．

FINA【Fédération Internationale de Natation Amateur 仏】競(水泳)フィナ．国際水泳連盟．1908年に創設．

FIO【free in and out】管経積み荷の費用と揚げ荷の費用がともに荷主負担になる荷役契約．

FIR【fast infrared】I算IrDA(赤外線データ通信協会，もしくはそれが定めた規格)における物理的

な仕様の一つ．

FireWire I算ファイアワイヤ．IEEE1394と呼ばれる構内・宅内機器接続規格の，アップルコンピュータ側の呼び方．

Fireworks I算ファイアワークス．アメリカのマクロメディア社が販売するホームページ作成用のグラフィック編集用ツール．

FIRREA【Financial Institutions Reform, Recovery and Enforcement Act】経法アメリカの金融機関改革救済執行法．1989年に成立．貯蓄貸付組合(S&L)の改革を行う対策の一つ．

FIS①【Fédération Internationale de Ski 仏】競国際スキー連盟．1924年に創立．②【Front Islamique du Salut 仏】政アルジェリアのイスラム救国戦線．イスラム原理主義を提唱して，1989年に結成．

FISA【Fédération Internationale des Sociétés d'Aviron 仏】競(ボー)国際ボート連盟．1892年に創立．

FISU【Fédération Internationale du Sport Universitaire 仏】競国際大学スポーツ連盟．

FIT①【Fashion Institute of Technology】ニューヨーク大学傘下のファッション工科大学．1944年設立．②【foreign independent tour】社個人や少人数で設定される海外旅行．

FITS【functional interpolating transformational system】I算解像度や画素に依存しないで画像処理を行う技術．

FIVB【Fédération Internationale de Volleyball 仏】競(バレ)国際バレーボール連盟．1947年に設立．

FIX①【fix】航空券などのただし書きで，予約変更不可．②【financial information exchange】I算証券会社と投資運用機関で行う取引に関連する通信手順を標準化したもの．1992年にアメリカで開発．FIXプロトコルともいう．

FIZ Karlsruhe【Fachinformationszentrum Kalsruhe 独】I算ドイツの科学情報サービス機関．研究機関や企業向けに，幅広い分野の情報を扱っている．

fj【from Japan】Iイfjニュースグループ管理委員会により運営されている，日本語投稿専用のニュースグループ．

FLA①【future large aircraft】軍次期大型軍用輸送機．欧州各国共同開発のA400Mのこと．②【Florida Marlins】競(野球)フロリダ・マーリンズ．米大リーグの球団の一つ．

FlashPix I算フラッシュピクス．画像の編集に対する耐性をもった画像データのフォーマット形式の一つ．

FLBM【fleet launching ballistic missile】軍水上艦艇搭載の弾道ミサイル．

FLCD【ferroelectric liquid crystal display】I算強誘電性液晶ディスプレー．液晶自体がメモリー性をもち，画面のちらつきを抑える．

FlexATX仕様【Flex ATX specification】I算フレックスエーティーエックス．アメリカのインテルによるマザーボード仕様の一つ．小型なのが特徴．

FLN【Front de Libération Nationale 仏】

◀ FOCA

軍政アルジェリア民族解放戦線.

FLNC【Front de Libération Nationale de la Corse 仏】軍政コルシカ民族解放戦線. フランスの民族系テロ組織. 1975年に結成.

FLNKS【Front de Libération Nationale Kanak et Socialiste 仏】政カナク社会主義民族解放戦線. ニューカレドニアの分離独立を目指して, 独立派諸政党を結集した組織. 1984年に結成.

FLOPS【floating-point operations per second】I算フロップス. 1秒当たりの浮動小数点演算数. スーパーコンピューターなどの性能を示す指標.

FLQ【Front de Libération du Québec 仏】政ケベック解放戦線. カナダからのケベック州の分離独立運動を推進.

FLYERS【fun loving youth en route to success】社遊びながら出世しようという若者集団. 自分の時間を大切にし, 成功するまでゆっくり楽しむ傾向をもつアメリカの若者の一群. ベビーバスターのこと.

FM ①【frequency modulation】理周波数変調. 周波数が変わることで信号を現す方法. ②【frequency-modulation broadcasting】放FM放送のこと. ③【facility management】営設備管理. 企業の施設や設備を経営に結びつける戦略方法. ④I営企業のコンピューター設備の管理・運転を行う作業.

FM音源【frequency modulation synthesizer】I算正弦波を周波数変調することで作り出した音源のこと. ゲームの効果音などへの利用が多い.

FMデータ放送【FM-multiplexed data broadcasting】I放周波数帯のすき間を使ってデータ送信するサービス. 専用の受信機が必要.

FMページャー【FM pager】I放FMラジオ放送の電波のすき間を使う無線呼び出しシステム. FMポケベルともいう.

FM-8 I算富士通がかつて出荷していたパソコン. 当時としては珍しい, デュアルCPU(中央処理装置)を採用していた.

FMC ①【fixed-mobile convergence】I固定電話と携帯電話で音声通話サービスを共有すること. ②【flexible machining cell ; flexible manufacturing cell】I フレキシブル加工セル. フレキシブル生産セル. NC 工作機械と産業用ロボットを組み合わせて構成する.

FMD ①【foot-and-mouth disease】動口蹄疫. 牛, 豚, 羊などに接触・空気感染する急性伝染病. ②【face mounted display】I奥行き感のある立体画像を実現する軽量眼鏡式の表示装置.

FMEA【failure mode effect analysis】営故障モード影響解析. 品質管理の方法の一つで, 製品を構成する全部の要素について故障の可能性を調べ, その影響度を知っておくこと.

FMGS【flight management and guidance system】機エアバス社のハイテク機に備える飛行管理および誘導システム.

FMLA【Family and Medical Leave Act】社法アメリカの育児介護休業法. 1993年に施行.

FMLN【Frente Farabundo Martí para la Liberación Nacional 西】軍政エルサルバドルのゲリラ統一組織. 1980年に結成し, 92年に合法政党化.

FMMC【Foundation for MultiMedia Communications】I マルチメディア振興センター. マルチメディア化の促進とB-ISDNへの効率的な推進活動を目指した業界団体.

FMPT【first material processing test project】宇第一次材料実験計画. スペースシャトル／スペースラブを利用した, 日本初の無重力材料実験計画. 1985年に旧宇宙開発事業団とNASA(アメリカ航空宇宙局)が契約.

fMRI【functional MRI】医理機能的核磁気共鳴断層画像. 磁気共鳴映像診断装置(MRI)の最新機器の一つ. 人間の思考や動作で変化する脳の血流も測定できる.

FMS ①【flexible manufacturing system】I フレキシブル生産システム. フレキシブル生産ライン. 多品種少量を効率よく自動的に生産する方法. ②【foreign military sale】対外有償軍事援助. ③【flight management system】機飛行管理装置. 旅客機が最適な速度や経路を自動的に飛行するように働く.

FMVSS【Federal Motor Vehicle Safety Standards】社アメリカ連邦政府の自動車安全基準. 暴走による死傷事故防止を目指して, 1973年に施行.

FN【Front National 仏】政国民戦線. フランスの極右政党の一つ.

fnキー【fn key】I算ファンクションキー. エフエヌキー. 主に小型のキーボードに搭載されており, 他のキーと同時に押すことでさまざまな機能をもつ.

FNAL【Fermi National Accelerator Laboratory】理フェルミ国立加速器研究所. アメリカのイリノイ州にある.

FNN ①【Fuji News Network】放フジテレビ系列のニュース放送網. ②【Financial News Network】放アメリカのケーブルテレビ放送の一つ.

FO ①【Force Ouvrière 仏】社労働者の力. 1947年にフランス労働総同盟から右派が脱退して結成した組合. ②【fade-out】映放溶暗. 画面が徐々に暗くなり, 映像が消えること. または音声が徐々に小さくなって消えること.

FOB【free on board】営経本船渡し. 買い主が手配した船舶に貨物を積み込み, 船舶上で引き渡すまでの一切の費用を, 売り主が負担する方式.

FOBS【fractional orbital bombardment system】軍フォブス. 部分軌道爆撃系. 核衛星. 人工衛星の軌道の一部を利用して核兵器を飛ばす.

FOC【flag of convenience】営便宜置籍漁船. 国際条約未加入国などに船籍を移し, 国際的な漁業資源管理の規制外で操業する漁船.

FOCA【Formula-One Constructors Association】機(自動車)F1製造者協会. 自動車レースのF1グランプリの実務的な運営を行う組織.

741

FOE【Friends of the Earth】環社地球の友．国際環境保護団体の一つ．1969年にアメリカで設立された．

FOG-M【fiber optic guided missile】軍光ファイバー誘導ミサイル．アメリカ陸軍の対戦車ミサイルの一種．

FOIA【Freedom of Information Act】法情報の自由法．アメリカ政府の情報公開を定めている．1967年に施行．

FoIP【facsimile over IP】I算IP(Internet Protocol)ネットワークを利用してファクスデータを送るための技術．

FOM【fosfomycin】薬ホスホマイシン．抗菌剤の一種．

FOMA　I算フォーマ．NTTドコモの第三世代携帯電話．

FOMC【Federal Open Market Committee】経アメリカの連邦公開市場委員会．経済情勢や景気見通しの検討などを行う．

FOR　①【Fellowship of Reconciliation】社友和会．キリスト教系の非戦主義者の国際団体．②【free on rail】営経鉄道渡し．貨車渡し．

FORTH言語【FORTH language】I算フォース言語．アメリカの連邦政府標準局(NBS)所属の天文学者が考え出したプログラム言語．

FORTRAN【formula translation】I算フォートラン．科学技術計算用プログラム言語で，歴も古く，普及している．1956年にアメリカのIBMが開発した．

FOSS【fiber optics sonar system】軍フォス．潜水艦の位置を探知する装置の一種．光ファイバーを使い，音響などの変化を検知する．

FOT【free on truck】営経トラック積み渡し値段．

FOX【FOX Broadcasting Company】放フォックスアメリカの放送会社．

FOXニュース【FOX News】放アメリカ有数のニュース専門テレビ放送網．

FP　①【financial planner】経ファイナンシャルプランナー．資産運用の指導・助言をする専門家．②【foster parent】社フォスターペアレント．途上国の子供たちを援助するための会員．里親の意．

FP技能士　社ファイナンシャルプランナー(financial planner)の国家資格．

FPA　①【Federation of Motion Picture Producers in Asia】映アジア映画製作者連盟．②【free from particular average】営経分損不担保．海難事故によって生じる損害に対する填補条件の一つ．

FPC　①【fish protein concentrate】化生濃縮魚肉たんぱく．②【Federal Power Commission】アメリカの連邦電力委員会．

FPDRAM【fast page mode DRAM】I算エフピーディーラム．高速なメモリアクセスが可能なDRAMのこと．

FPGA【field programmable gate array】I算LSI(大規模集積回路)のうち，ユーザーが回路の機能を自由に設定できるもの．

FPL【Fuerzas Populares de Liberación Farabundo Martí 西】軍政ファラブンドマルティ人民解放軍．エルサルバドルの過激派組織．1970年に結成．

FPLMTS【future public land mobile telecommunications system】I算第三世代携帯電話．同一の端末で世界のどこでも通信が行える．

FPMR【Frente Patriótico Manuel Rodríguez 西】軍政マヌエルロドリゲス愛国戦線．チリの左翼系テロ組織．1983年に結成．

FPR【Rwandese Patriotic Front】政ルワンダ愛国戦線．

FPRLZ【Fuerzas Populares Revolucionarias Lorenzo Zalaya 西】軍政ロレンソセラヤ人民革命軍．ホンジュラスの左派テロ組織．1978年に結成．91年に武装解除．

FPS【first person shooting】I算ゲーム利用者の視点で映像構成するシューティングゲーム．

FPU【floating-point unit】I算浮動小数点演算を高速処理する専用プロセッサー．

FQDN【fully qualified domain name】I算インターネット上の特定のホストコンピューターに関する全情報を記述したドメイン名．

FR【front engine rear drive】機前エンジン，後輪駆動の自動車．

FRA【forward rate agreement】経金融派生商品(デリバティブ)の取引の一つ．金利先渡し契約．

FRAM【ferroelectric RAM】I算強誘電物質を利用した不揮発性のRAM．

FRAPI【FPT recommendation of API】I算テレコム高度利用推進センター(現マルチメディア振興センター)が規定した，ISDN通信ボード用のAPI仕様．

FRB　①【Federal Reserve Bank】経アメリカの連邦準備銀行．②【Federal Reserve Board】経アメリカの連邦準備制度理事会．連邦準備銀行の業務を統轄し，公定歩合の変更などを行う．正式にはBoard of Governors of the Federal Reserve System. Fed ともいう．

FRC　①【Foreign Relations Committee】政アメリカ議会の上院外交委員会．②【fiber reinforced concrete】建繊維強化コンクリート．炭化ケイ素繊維で補強し，軽くて強い．

FRCM【fiber reinforced composite material】化理繊維強化複合材料．

FreeBSD　I算フリービーエスディー．BSDを元にして，DOS/Vパソコン用に開発されたフリーウエアのUNIX OS．

FRETILIN【Frente Revolucionária de Timor-Leste Independente 葡】政フレティリン．東ティモール独立革命戦線．

FRG【Federal Republic of Germany】ドイツ連邦共和国．

FRM【fiber reinforced metal】化理繊維強化金属．複合材料の一つ．母材がアルミニウムなどの金属．

FRN【floating rate note】経変動利付債．利

◀ **F**utur

率が利払い期ごとに変化する債券.
From【Ⅱイ】フロム．電子メールにおける，送信者を表す．主に送信者の氏名・メールアドレスなどが表示される．
FrontPage【Ⅰ算】フロントページ．アメリカのマイクロソフトが開発した，ホームページ作成・管理用のソフトウエア．初心者でも簡単にホームページが作れる．
FRP【fiber reinforced plastics】化理繊維強化プラスチック．複合材料の一つ．
FRS【Federal Reserve System】経連邦準備制度．アメリカの中央銀行制度．1913年制定．
FS ①【free safety】競(アメリカンフットボール)フリーセーフティー．状況に応じて守備位置を変える後方防御の選手．②【feasibility study】習企業化調査．新規参入分野の実現可能性調査．③【flight surgeon】字フライト サージャン．宇宙飛行士の健康管理を担当し，航空宇宙医学の研究をする専門医．
FSA ①【family saving account】経家計貯蓄口座．アメリカ第41代大統領ブッシュの政権が打ち出した貯蓄奨励策．②【Financial Services Authority】経イギリスの金融サービス庁．証券市場の自主規制機関．
FSB【Federal'naya Sluzhba Bezopasnosti】政ロシアの連邦保安庁．本部はモスクワ．1995年にロシア連邦保安機関(AFB)を改組．
FSC ①【flight support center】フライトサポートセンター．気象や航空路の状況などの情報提供を行う飛行援助施設．国土交通省が2001年から導入．②【OSCE Forum for Security Cooperation】OSCE安全保障協力フォーラム．ヨーロッパの軍備管理をする専門組織．③【Forest Stewardship Council】習森林管理協議会．持続可能な森林経営を支援する組織の一つ．
FSF【Free Software Foundation】Ⅰ算フリーソフトウエア基金．1985年に設立した非営利団体．著作権自体は保護した上で，ソフトウエアの自由なコピー，改変などを促進する．
FSH【follicle-stimulating hormone】生濾胞刺激ホルモン．卵胞刺激ホルモン．
FSLIC【Federal Savings and Loan Insurance Corporation】経アメリカの連邦貯蓄貸付保険公社．貯蓄貸付組合(S&L)の倒産などで支出が急増し，1989年に解体．FDICに引き継いだ．
FSLN【Frente Sandinista de Liberación Nacional 西】軍政ニカラグアのサンディニスタ民族解放戦線．1961年に創設．
FSP【frequent shopper's program】習販売促進策の一つ．利用頻度の多い顧客に特別サービスを提供する．
FSX【fighter support X】軍次期支援戦闘機．航空自衛隊の支援戦闘機F-1の後継機．
FT【floor technician】政テレビのスタジオで働くカメラ操作助手，照明を担当する係員，録音装置を操作する係員などのこと．
FTA ①【free trade agreement】経自由貿易協定．二国以上の間で結ぶ自由貿易の取り決め．②【fault tree analysis】Ⅰ算故障の木解析．システム各部分で起こる故障の原因や経路などを調べ，

全体の故障防止を図ること．品質管理で重要視されている．③【fluorescent treponemal antibody】医蛍光抗体法．梅毒検査法の一つ．
FTAA【Free Trade Area of the Americas】米州自由貿易圏．南北アメリカ大陸全域から貿易・投資障壁の撤廃を目指す．1994年の米州サミットで原則宣言が打ち出された．
FTAM【file transfer, access and management】Ⅰ算OSI参照モデルにおける，異機種コンピューター間のファイル転送に関するプロトコル．
FTC ①【Federal Trade Commission】習経アメリカの連邦取引委員会．不当競争，市場独占，誇大広告などの取り締まりを行う．②【Fair Trade Commission】習経日本の公正取引委員会．③【fault tolerant computer】Ⅰ算耐故障性を備え，システムの一部が故障しても，全体には影響を及ぼさないで処理を続けられるコンピューター．
ftp【file transfer protocol】Ⅰイファイル転送に用いるプロトコル．FTP．
ftpサーバー【file transfer protocol server】Ⅰイインターネットを通じて，コンピューター間でファイルを転送するサービスを提供するサーバー．
ftpソフト【ftp software】Ⅰ算 ftp (file transfer protocol)を用いてサーバーにファイルを送受信するためのソフトウエア．
FTS ①【Federal Telecommunications System】アメリカの連邦電気通信システム．②【fetal tobacco syndrome】医胎児性たばこ症候群．たばこの煙によって起こる胎児の異常．
FTTC【fiber to the curb】Ⅰ算光ファイバーを家庭の近くの電柱まで引き，家屋へは同軸ケーブルなどで引き込むアクセス系の形態．
FTTH【fiber to the home】Ⅰ算電気通信事業者の基地局から利用者の各家庭までを高速・広帯域の光ファイバーで結ぶこと．
FTTN【fiber to the neighborhood】Ⅰ算近隣まで光ファイバーを引き，同軸ケーブルなどで各利用家庭に分配するネットワークの形態．
FTTZ【fiber to the zone】Ⅰ算一定の地域に共同利用の光ファイバーを引き込むこと．
FTZ【free trade zone】経自由貿易地域．非関税などの措置を行う地域．
FUN【Front Uni National 仏】政カンボジアの国民連合戦線．フンシンペック党，仏教自由民主党ソン・サン派，クメール国民党，クメール中立党が1997年に結成した．
FUNCINPEC【Front Uni National pour un Cambodge Indépendant, Neutre, Pacifique et Coopératif 仏】政カンボジアのフンシンペック党．1981年にシアヌーク殿下が創設．
FUS【focused ultrasound surgery】医集束超音波手術．超音波のエネルギーを一点に集中させて，体を傷つけることなく腫瘍などを焼き切る．
FUTSAL【Futbol de Salon 西】競(サッカー)フットサル．5人制のミニサッカー．南米ではサロンフットボール，欧米ではインドアサッカーなどという．
Future I/O　Ⅰ算フューチャーアイオー．サーバー向けの次世代型の入出力(I/O)規格．NGIOに統

743

Fw▶

合され、InfiniBandと名を変えている.

FW【forward】①競サッカーやラグビーなどで、フォワード、前衛．チームの最前線に位置し、攻撃の軸となる選手．②IT電子メールの情報内容を転送すること．

FWA【fixed wireless access】IT基地局と固定端末を無線で結ぶ情報通信網．WLLともいう．

FWD①【front-wheel drive】機前輪駆動．②【four-wheel drive】機4輪駆動．4WD．

FX【fighter X】軍次期主力戦闘機．

FXA【forward exchange agreement】経金融派生商品(デリバティブ)の取引の一つ．為替先渡し契約．

FY【fiscal year】商経会計年度．

FYI①【For Your Information】IT NICが発行しているインターネットに関する情報．②【for your information】「ご参考までに」という意．

G

G ガス【German gas】化有毒化学剤の一種．第二次大戦中にドイツが開発したタブン、サリン、ソマン、VXの総称．

G型肝炎【hepatitis type G】医血液を介して感染するG型肝炎ウイルスによる肝疾患．

G規格【G standard】IT ITU-Tが定めるファクスにおける規格分類の総称．G1からG4まである．

Gジャン服デニム地のジャンパーやジャケット．

Gたんぱく質【G protein】生細胞膜にあり、ホルモン、神経伝達物質、光などの細胞外からの信号を、細胞内に伝達する物質．

Gネット【global gigabit network】日IT情報通信産業関連の研究機関を結ぶ超高速ネットワーク．郵政省(現総務省)が提唱した．

Gマーク【good design mark】社グッドデザインマーク．

Gメン【G-men；Government men】社アメリカの連邦捜査局(FBI)に所属する捜査官．

Gワード【gimmick word】まやかし言葉．選挙向けに使う聞こえのいい言葉．

G1【grade one】競競馬で、レースの重要性が一番高いものの通称．

G3①【group of three】メキシコ、ベネズエラ、コロンビアの3カ国が結んだ地域協定．②【generation 3】IT中央処理装置(CPU)の一つで、第3世代のPowerPC．

G3ファクシミリ【group 3 facsimile】IT G規格のうち、アナログの電話回線を利用して、比較的高速の伝送ができるG3の規格に準拠したファクス．

G4【Group of Four】国国連安保理常任理事国入りを目指している日本、ドイツ、インド、ブラジルの4カ国．

G4ファクシミリ【group 4 facsimile】IT G規格のうち、G3までとは異なり、ISDNのようなデジタル回線を利用したG4の規格に準拠したファクス．

G5【Conference of Ministers and Governors of the Group of Five Countries】経ジーファイブ．先進5カ国財務相中央銀行総裁会議．日本、アメリカ、ドイツ、イギリス、フランスの財務相と中央銀行総裁による非公式の会議．

G7【Group of Seven】経先進7カ国財務相中央銀行総裁会議．アメリカ、イギリス、フランス、ドイツ、日本、イタリア、カナダが参加．

G8【Group of Eight】経8カ国財務相中央銀行総裁会議．アメリカ、日本、ドイツ、フランス、イギリス、カナダ、イタリア、ロシアの財務相と中央銀行総裁が協議する．

G8サミット【Group of Eight Summit】政主要先進国首脳会議．G8はフランス、イギリス、イタリア、アメリカ、日本、カナダ、ロシアの8カ国とEU(欧州連合)が参加するところから．

G10【Group of Ten】経ジーテン．先進10カ国財務相中央銀行総裁会議．GABに参加の日本、アメリカ、ドイツ、イギリス、フランス、イタリア、カナダ、オランダ、ベルギー、スウェーデンからなる．

G15【Group of Fifteen】政南側サミット．1990年に開催した首脳会議で、アルジェリア、アルゼンチン、ブラジル、エジプト、インド、インドネシア、ジャマイカ、メキシコ、ナイジェリア、ペルー、セネガル、ベネズエラ、ユーゴスラビア、ジンバブエ、マレーシアの開発途上15カ国が参加した．

G30【Group of Thirty】経国際金融・経済問題に関する提言などを行う非営利国際組織．世界の金融当局者、経済学者、金融機関トップなど30人のメンバーで構成．

G77【Group of Seventy-seven】政開発途上77カ国グループ．

GA【genetic algorithm】IT遺伝的アルゴリズム．人工知能の分野で、生物進化の機構に基づき、最適化問題を解く手法の一つ．

GaAs IC【gallium arsenide semiconductor】IT ガリウムヒ素IC．半導体の一種．

GAB【General Arrangement to Borrow】経 IMF(国際通貨基金)の一般借り入れ取り決め．IMFの資金力強化のための協定．

GABA【gamma-amino butyric acid】化ギャバ．γ-アミノ酪酸の略称．人間の脳内に微量に存在する抑制性の神経伝達物質．血圧を下げる効果があるとされる．

GAD【gender and development】社ジェンダーと開発．男女共同参画の視点に立ち、女性と男性がともに援助プロジェクトに参加する考え方．

GAM【Gerakan Ache Merdeka】紛争軍政自由アチェ運動．インドネシア・アチェ州の分離独立を目指す武装組織．

GAME【GEWEX Asian Monsoon Experiment】気ゲイム．アジアモンスーンエネルギー・水循環研究観測計画．日本が主導する国際研究プロジェクト．

GAN【global area network】IT実遠隔地のコンピューターをつなぐネットワーク．

GAO【Government Accountability Office】経政アメリカの会計検査院．

GAP【Good Agriculture Practice】農適正 農業規範．食品の安全性や環境，労働者の安全に配慮した農水産物であることを証明する認証制度．

GARIOA【Government Appropriations for Relief in Occupied Areas】経口ガリオア．占領地域救済基金．第二次大戦後にアメリカ政府が占領地域に対して出資した資金．

GARP【Global Atmospheric Research Program】気地球大気開発計画．

GATS【General Agreement on Trade in Services】経サービス貿易に関する一般協定．1995年に発効した世界貿易機関（WTO）協定に含まれる．

GATT【General Agreement on Tariffs and Trade】経ガット．関税貿易一般協定．関税及び貿易に関する一般協定．1948年に発足．本部はジュネーブ．95年に世界貿易機関（WTO）に改組．

GAW【global atmosphere watch】気全球大気監視計画．1989年から世界気象機関が推進する計画．

GAZOO □イガズー．トヨタ自動車が管理するインターネットのサイトの一つ．自動車関連情報のほか，オンラインショッピングも展開している．

GB ①【gigabyte】□算ギガバイト．情報量を表す単位．1GBは1028MBで2^{20}KB．②【games behind】競ゲーム差．

GBC【German bearer certificate】経ドイツ無記名証券．

G-BOOK □イ営ジーブック．トヨタ自動車がインターネットなどを用いて消費者に提供する情報サービス．

GBR【ground-based radar】軍地上基地レーダー．

GBS感染症【newborn group B streptococcal infection】医新生児B群溶連菌感染症．新生児が一番かかりやすい細菌感染症．

GBU-28 軍アメリカの地中貫徹爆弾．バンカーバスターともいう．

G&C【guidance and control】軍ミサイルの誘導制御．

GCA【ground controlled approach system】地上誘導着陸方式．

G-CAP【Global Call to Action against Poverty】社グローバルな貧困根絶運動．「貧困撲滅キャンペーン」を展開する各国NGOなどの連合．

GCC【Gulf Cooperation Council】湾岸協力会議．ペルシャ湾岸のアラブ6カ国が1981年に設立．

gcc【GNU C compiler】□算UNIXの世界で広く普及しているフリーウエアの高性能のC言語用コンパイラー．

GC-MS【gas chromatography-mass spectroscopy】化気体や揮発性物質の分析をするガスクロマトグラフィーに質量分析を組み合わせた技法．

GCOS【global climate observing system】気全球気候観測システム．1992年に開始．

GCP【good clinical practice】薬新薬の臨床試験の実施に関する基準．1990年から実施．

GCQO【General Congress of the Qatari Opposition】政カタール反体制派全体会議．2000年に設立．

GCR【gas cooled reactor】理ガス冷却炉．冷却材に炭酸ガスやヘリウムなどの気体を使う原子炉．

GCS【Glasgow coma scale】医グラスゴー コーマ スケール．失神の程度を測る国際基準．1970年代にイギリスで作成．

GDE【gross domestic expenditure】経国内総支出．

GDI ①【graphics device interface】□算画面表示や印刷などのグラフィックス処理を行うWindowsの機能の一つ．②【gender development index】社ジェンダー開発指数．出生時の平均余命，成人識字率，1人当たりの実質GDPなど，男女間の不均等を加えて測る．③【gasoline direct injection】機筒内噴射ガソリンエンジン．燃焼室にガソリンを直接噴射する．④【gross domestic income】経国内総所得．

GDP ①【gross domestic product】経国内総生産．消費，投資，在庫など一国の経済活動の全体を表す指標．外国人の生産を含め，国内で生産されたもののすべてを含む．②【Geodynamics Project】学地球力学探査計画．国際的な地球探査計画の一つ．

GDPギャップ【GDP gap】営経一国がもつ財・サービスの生産設備が完全動した時の，潜在的な生産能力を示す総生産額と現実の生産額との差．

GDR【German Democratic Republic】旧東ドイツ．ドイツ民主共和国．

GE【grant element】経政グラントエレメント．贈与要素．援助条件緩和指数．政府開発援助（ODA）で使われる．

GEC【General Electric Company】ゼネラル エレクトリック社．イギリスの総合電機会社．アメリカの GE（ゼネラルエレクトリック）とは別会社．

GEF【Global Environment Facility】環地球環境基金．地球環境ファシリティー．地球環境保護のため，途上国へ資金を提供する．

GEM ①【ground-effect machine】機ジェム．ホバークラフトのようなエアクッション船をいう．②【gender empowerment measure】社ジェンダーエンパワーメント測定．国連開発計画が導入した手法．女性が経済・政治活動への参加や意思決定ができるかどうかを測る．

GEM構想【global equity market –】経世界の10証券取引所を結び，24時間取引の実現を目指す構想．2000年に発表．

GEMS【global environmental monitoring system】環地球環境モニタリングシステム．

GEO衛星【geo-stationary earth orbital satellite】□字静止衛星．静止軌道衛星．長距離通信や放送などに用いる．GSO衛星．

GeoPort □算ジオポート．Power Macなどに採用されているシリアルポートの一つ．モデムポートとの上位互換になる．

GEOS【Geodetic Satellite】学地ジオス．アメリカの測地衛星．

GERD【gross expenditure for R&D】罄経一国の研究開発に投下される総費用.

GF【girl friend】ガールフレンド. 女友達. 日本式略語の用法.

GFATM【Global Fund for AIDS, Tuberculosis and Malaria】医社世界エイズ・結核・マラリア対策基金. 2001年にイタリアのジェノバで開催した主要先進国首脳会議で創設した.

GFLX【gatifloxacin】薬ガチフロキサシン. 抗菌薬の一種.

GFRC【glass fiber reinforced concrete】化理ガラス繊維強化コンクリート.

GFRP【glass fiber reinforced plastics】化理ガラス繊維強化プラスチック.

GFTU【General Federation of Trade Unions】社イギリスの労働組合連盟.

GG方式【government-to-government oil dealing】経政原油を産油国政府と消費国政府との間で, 協定して取引すること.

GHG【greenhouse gas】化温室効果ガス. 温暖化ガス.

GHP【gas heat pump 日】理都市ガスをエネルギー源とするガス冷暖房の一種. 事務所や店舗などに普及している.

GHQ【General Headquarters of the Allied Forces】軍日本占領下の連合軍総司令部.

GHz【gigahertz】Ⅰ電ギガヘルツ. 周波数の単位の一つ. 1秒間に1回振動すると1Hz. GHzは1Hzの10⁹倍.

GI ①【government issue】軍アメリカの兵士の俗称. 官給品の意味から. ②【goodwill industry】経環家庭での不用品を寄付してもらい, 収益を慈善事業にあてるリサイクル店.

GI値【glycemic index】医グリセミック指数. 血糖値の変化を数値化したもの.

GIA【Groupe Islamique Armé 仏】軍政武装イスラム集団. アルジェリアで活動する過激派組織. 1992年に結成.

GID【gender identity disorder】医心性同一性障害.

GIF ①【Generation Ⅳ International Forum】理第四世代原子炉国際フォーラム. アメリカなどが参加する国際共同開発計画. ②【graphics interchange format】Ⅰ工算コンピューターで描いた画像や, ファイルに読み込まれた画像を圧縮して保存する形式. ③【Global Infrastructure Fund】世界公共投資基金構想. 三菱総合研究所の中島正樹が1977年に提唱.

GIFT【gamete intrafallopian transfer】医ギフト法. 配偶子卵管内移植.

Gigabit Ethernet Ⅰ算ギガビットイーサネット. イーサネット型LANのうち, データの最大転送速度が1GbpsのLANのこと.

GIGAMO Ⅰ算ギガエムオー. MO(magneto optical disc)の中でも, 1枚に1.3GBの記憶容量をもつもの.

GigaPOPS【gigabit point of presence】Ⅰ算ギガポップス. ギガビットクラスの高速バックボーンネットワークが利用できるインターネットアクセスポイント.

GIGN【Groupe d'Intervention de la Gendarmerie Nationale 仏】軍ジィジェン. フランスの特殊部隊の通称.

GIGO【garbage in, garbage out】Ⅰ算出力の質は, 入力の質に左右されるということ. ガーベージイン ガーベージアウト. ジーゴ.

GII ①【Global Information Infrastructure】Ⅰ算地球規模の情報基盤を構築しようとする構想. 世界情報基盤. 1994年にアメリカのゴア副大統領がITU(国際電気通信連合)の世界電気通信開発会議で提案. ②【Global Issues Initiative】地球規模問題イニシアチブ.

Gimp【GNU image manipulation program】Ⅰ算ギンプ. UNIX系のOSで利用されている画像処理用フリーソフト. 無償ながら非常に高い機能を有する.

GIPS【giga instructions per second】Ⅰ算コンピューターが1秒間に10億回の命令を実行する指標.

GIS ①【green investment scheme】経理グリーン投資スキーム. 他国の温暖化防止事業に投資して得た二酸化炭素削減分を, 自国の排出権として取得する手法. ②【geographic information system】Ⅰ地地理情報システム. 地理的な情報データを蓄積し, 検索したり, 最短距離や面積などを求めたり, 統計処理を行ったりする.

GISパッケージソフト【GIS package software】Ⅰ算地図情報と外部情報を連携させる地理情報システム(GIS)を開発するためのツール.

GISS【Goddard Institute for Space Studies】宇NASA(アメリカ航空宇宙局)のゴダード宇宙研究所. ニューヨークにある.

GIT【group inclusive tour】経社団体包括旅行. 航空機を使って, 宿泊などがひとまとめになっている団体の周遊旅行.

GK ①【goalkeeper】競ゴールキーパー. サッカーや水球などで, ゴールの守備をする選手. ②【goal kick】競サッカーでゴールエリア内から守備側が行うプレースキック. ラグビーでトライ後にゴールを狙うプレースキック.

GKS【graphical kernel system】Ⅰ算コンピューターグラフィックスにおけるグラフィックスライブラリーの国際標準規格.

GL【Golden League】競(陸上)ゴールデンリーグ. 陸上競技の賞金サーキットの一つ. 1998年にヨーロッパで発足.

GLAD【gas lift advanced dissolution】化火力発電所などから排出される二酸化炭素を深海に送り隔離する方法.

GLAST【γ-ray large area space telescope】宇医ガンマ線広角望遠鏡. NASA(アメリカ航空宇宙局)の次期ガンマ線観測衛星(GRO)に搭載を計画している.

GLCM【ground launched cruise missile】軍地上発射巡航ミサイル.

GLOBE【Global Legislators Organization

◀ GOP

for a Balanced Environment】環地球環境国際議員連盟．1989年に結成．調和のとれた地球環境のための立法者の国際的な組織の意．

GLOMR【global low orbiting message relay satellite system】軍グロマー衛星システム．アメリカ海軍の対潜水艦用データを管制局へ中継するための小型衛星網．

GLONASS【global orbiting navigation satellite system】Ⅰ軍地グロナス．ロシアの全地球測位システム．

GLP【good laboratory practice】薬医薬品の安全試験の実施に関する基準．

GM ①【general manager】営競社ゼネラルマネジャー．総支配人．プロ野球では，オーナーに直属し현場を統括する．②【genetically modified】圧遺伝子組み換え．③【guided missile】軍誘導ミサイル．

GM規格【General MIDI】Ⅰ算MIDI音源の標準的規格．1991年にMIDI規格協議会などが定めた．

GM計数管【Geiger-Müller counter】理気体の電離を利用した放射線測定器．アルゴンガスやアルコール蒸気などを封入した管に放射線が入射した時に発生する電流を計測する．ガイガー ミューラー計数管．

GM作物【genetically modified organism】圧農遺伝子組み換え作物．遺伝子組み換え技術で新しい性質を付与した農作物．GMO, GMOsともいう．

GMAT【Graduate Management Admission Test】教大学を卒業したアメリカ人の語学力や数学力を判定する試験．

GMDSS【global maritime distress and safety system】社世界的規模での海上遭難安全システム．

GMI【Governance Metrics International】営アメリカの企業統治格付け会社．

GMITS【guidelines for the management of IT security】Ⅰ算ISO SC27が発行するIT(情報技術)セキュリティー管理のためのガイドライン．分析手法として詳細リスク分析を取り上げている．

GMO【genetically modified organism】圧農遺伝子組み換え作物．GM作物，GMOsともいう．

GMP【good manufacturing practice】薬医薬品製造と品質管理に関する基準．日本では1976年から実施．

GMRヘッド【giant magnetoresistive head】Ⅰ算ハードディスクの記録情報の再生に磁気抵抗効果を用いるヘッド．

GMS ①【general merchandise store】営ゼネラルマーチャンダイズストア．総合スーパー．アメリカでは，主に食品以外の日用品を多く扱う大衆大型店．②【geostationary meteorological satellite】字気日本の静止気象衛星．ひまわりと呼ばれる．③【Greater Mekong Subregion】大メコン圏開発協力．メコン河流域の6カ国が進める．

GMT【Greenwich Mean Time】社グリニッジ標準時．

GN【global negotiation】政包括的交渉．国連で南北間の諸問題を一括して話し合う交渉案．

GNA【Ghana News Agency】ガーナ通信社．1957年のイギリス植民地からのガーナ独立とともに発足し，60年に公社化した．

GNC【gross national cool】社一国のトレンディー度を数値化し比較する概念．文化水準や国際影響力を示す指標となる．

GND【gross national demand】経国民総需要．

GNE【gross national expenditure】経国民総支出．

GNH【gross national happiness】経社国民総幸福量．国の発展を経済指数でなく「幸福」の指数で測るというブータンの国家方針．

GNI【gross national income】経国民総所得．

GNN【Global News Network】放グローバル ニュース ネットワーク．NHKがアメリカやヨーロッパのテレビ局と推進する世界的規模のニュースネットワーク．

GNOME【GNU network object model environment】Ⅰ算ノーム．GNUプロジェクトが進めるUNIX系の統合型デスクトップ環境．

GNP【gross national product】経国民総生産．一国が一定期間にどれだけの経済活動を行ったかを示す指標の一つ．

GNPギャップ【GNP gap】営経一国がもつ財・サービスの生産設備が完全に稼働した時の総生産額と，現実の生産額との差．

GNSS【global navigation satellite system】宇民間用に開発した航法衛星．

GNU【GNU's not UNIX】Ⅰ算グニュー．UNIX系のソフトウエアを無償で配布することを目指すプロジェクト．またはプロダクト．

Gnutella【】Ⅰ算グヌーテラ．インターネット上で，クライアント同士で直接ファイルの交換が行えるソフトウエア．

GNW【gross national welfare】経国民総福祉．国民福祉成長率．

GNX【Global Net Exchange】Ⅰ営国際的な電子商取引機構の一つ．

GOA【Global Outstanding Assessment】機ゴア．自動車の衝突安全性を高める車体機構の一方法．トヨタ自動車が開発．

GOES【Geostationary Operational Environmental Satellite】宇気ゴーズ．アメリカの静止気象衛星．

GOLKAR【Golongan Karya】政ゴルカル．インドネシアのスハルト大統領時代に設立した翼賛組織．

goo【】Ⅰイ営グー．NTT-Xが提供するロボット型の検索エンジンサービス．検索範囲が広く，結果をスコア順に表示する．

GOOS【Global Ocean Observing System】世界海洋観測システム．ユネスコ政府間海洋学委員会が地球環境問題を解明する一環として設けた．

GOP【Grand Old Party】政ゴップ．アメリカの共和党の異名．

Gopher【Ⅰイ】ゴーファー．テキスト情報，画像や音声を扱えるメニュー形式の情報検索システム．アメリカのミネソタ大学が開発．インターネット初期に活用された．

GOSAT【Greenhouse Gases Observing Satellite】字環日本が開発中の温室効果ガス観測技術衛星．大気中の二酸化炭素量を観測する．

GOST【Gosudarstvennyj Standart 露】旧ソ連の工業製品の国定規格．

GOT【glutamic oxaloacetic transaminase】医グルタミン酸オキザロ酢酸転移酵素．肝機能測定などの指標に用いる．

GP ①【Grand Prix 仏】 グランプリ．大賞．②【Grand Prix 仏】趣4輪や2輪のレース界で，世界の頂点を競うイベント．③【genetic programming】【Ⅰ算】遺伝的プログラミング．遺伝的な操作で優れたプログラムを作成する手法．

GP大学教育支援プログラム【Good Practice—】教質の高い教育に取り組む大学機関や，教育政策課題に対応した教育プログラムに財政支援するプログラムのこと．

GPALS【Global Protection Against Limited Strikes】軍ジーパルス．限定的弾道ミサイル防衛システム．アメリカの，限定的攻撃を対象とする地球規模の防衛構想．1991年に第41代大統領ブッシュが発表．

GPCP【global precipitation climate program】気全球降水気候計画．全球の降水量分布を推定し，地球規模の水資源，水環境，気候モデルの開発に役立てる計画．

GPI【genuine progress indicator】経社真の進歩指数．環境や安全などを含めた「真の豊かさ」を表す数値．

GPIB【general purpose interface bus】Ⅰ算コンピューターと計測機器間でのデータ伝送に関するハードウエアと伝送方式の規格．アメリカ電気電子技術者協会(IEEE)が規定．

G-PKI【governmental public key infrastructure】Ⅰ算政府認証基盤．官公庁内外や民間との電子文書のやりとりに必要な，公開鍵暗号基盤やアプリケーションのこと．

GPL【GNU general public license】Ⅰ算GNUソフトウエアライセンス規約．GPLに従うソフトウエアは，そのコピーや修正版などの再配布を許可される．

GPMSP【good post-marketing surveillance practice】薬医薬品の市販後調査の実施に関する基準．

GPRS【general packet radio system】ⅠG MS上で用いられるワイヤレス形式のパケット通信システム．

GPS【global positioning system】Ⅰ地全地球測位システム．世界的位置決定システム．人工衛星が発する電波を観測し位置を割り出す．

GPS衛星【GPS satellite】Ⅰ地アメリカ国防総省が開発した全地球測位システムを構成する24個の衛星．

GPS観測網【GPS observation network】Ⅰ地全地球測位システムを使う地殻変動観測網．

GPS気象学【GPS meteorology】Ⅰ気全地球測位システム衛星からの電波速度の変化を利用して，水蒸気の分布を調べる方法．

GPSケータイ【Ⅰ全地球測位システムを用いて位置情報を表示できる携帯電話．KDDIが2001年に発売．

GPS信管【GPS fuse】軍全地球測位システム衛星を利用する信管．アメリカ陸軍が開発している．

GPS誘導ミサイル【GPS-guided missile】軍全地球測位システムの受信装置を搭載するミサイル．

GPSP【good postmarketing surveillance practice】薬医薬品の市販後調査の実施に関する基準．厚生省(現厚生労働省)が1988年に着手した制度．

GPSS【General Purpose Simulation Systems】Ⅰ算コンピューターの模擬実験用言語．IBMが開発．

GPT【glutamic pyruvic transaminase】医グルタミン酸ピルビン酸転移酵素．肝臓に多いアミノ酸代謝酵素の一つ．肝機能測定などの指標に用いる．

GPV【grid point value】気格子点値．気象庁が出す，規則的に配置された格子点上の数値データ．

GQ【Guillou-Quisquater scheme】Ⅰ算「秘密を知っている」ということを相手側に知らせることで身分証明を行う技術の一つ．

GRAPO【Grupo de Resistencia Antifascista Primero de Octubre 西】軍政10月1日反ファシスト抵抗グループ．スペインの極左系都市ゲリラ組織．1975年に結成．

GRASリスト【generally recognized as safe list】料アメリカの食品医薬品局で安全性を認めた食品のリスト．

GRB【γ-ray burster】天理ガンマ線バースター．数秒の間にガンマ線を強く出す現象をもつ天体．

GREENTIE【Green Technology Information Exchange】化気 温室効果ガス技術情報交換．

grep【Ⅰ算グレップ．テキストファイル内の，ある特定の文字パターンを検索するためのコマンド．

GRO【γ-ray observatory】字天ガンマ線天文台．天体からのガンマ線を観測する宇宙望遠鏡．1991年にスペースシャトルから打ち上げた．

GROUP BY句【GROUP BY clause】Ⅰ算グループバイ句．SQL文での集計関数．SELECT文で検索した結果をグループ別に分ける場合に指定する．

GRP ①【gross regional product】経域内総生産．地域の経済規模を表す数値．②【gross rating point】広グロスレーティングポイント．延べ聴取・視聴率．延べ注目率．広告を出す時に利用される電波媒体に対する延べ注目率の合計．

GrRホームネット【GrR Homenet】Ⅰ情報・サービス提供者のコンピューターと接続してオンラインサービスを提供する会社，またはそのネットワーク．1995年に設立．

GRT【group rapid transit】經社自動運転の軌道デマンドバス.

GS ①【group sounds 日】音エレキギターやドラムなどを用い、ポップスを演奏する小人数のバンド. ②【gasoline stand 日】ガソリンスタンド. 給油所. ③工音源フォーマットの一つ. ローランド社が提唱. ④【Galileo Jupiter spaceprobe】宇NASA(アメリカ航空宇宙局)のガリレオ木星周回探査機.

GS規格【GS Format】工ローランド社が作ったMIDI音源の規格. GM規格よりも細かい規定がされ、きめ細かい音が再生できる.

GSA【General Services Administration】政アメリカの一般調達elders.

GSCN【Green Sustainable Chemistry Network】化環グリーン サステイナブル ケミストリー ネットワーク. 環境への負荷が小さい化学技術を研究する日本の団体. 2000年に発足.

GSDF【Ground Self-Defense Forces】軍日本の陸上自衛隊.

GSG-9【Grenzschutzgruppe-9 独】軍ドイツの特殊部隊の一つ.

G-SHOCK 頑丈で多機能をもつデジタル腕時計. 1983年にカシオ計算機が発売した.

GSI【giant scale integration】工巨大規模集積回路. 超LSI. 超高密度の集積回路.

GSLV【geostationary satellite launch vehicle】經インドの静止衛星打ち上げ用の3段式ロケット.

GSM【global system for mobile communications】工汎欧州デジタルセルラーシステム. ヨーロッパ各国共通で利用できるデジタル携帯電話システム. 現在世界の約7割がこれを用いている.

GSO衛星【geostationary earth orbital satellite】宇静止衛星. 静止軌道衛星. GEO衛星ともいう.

GSOMIA【general security of military information agreement】軍政軍事秘密一般的保全協定. 同盟関係にある二国間で、第三国などへの軍事秘密情報の漏洩を防ぐための協定. ジーソミア.

GSP ①【official government selling price】経政府公示価格. 産油国政府が決める本船渡しベースの原油の公式販売価格. ②【good supplying practice】薬医薬品の流通過程における品質確保のための基準. ③【generalized system of preferences】経発展途上国の輸出所得拡大と開発促進を目的に、優遇的な低関税率を適用する措置. 一般特恵のこと.

GT ①【group technology】営グループテクノロジー. 類似部品のグループ分けを行う、多品種少量生産の効率を高める方法の一つ. ②【grand touring car】經グランドツーリングカー. 高速で長距離を走行するのに適した乗用車. ③【Greenwich Time】グリニッチ時.

GT500【Grand Touring 500】經(自動車)スーパーGTにおける上位カテゴリーのレースで、最大約500馬力を基準とした車両が出走する.

GTL【gas to liquid】化天然ガスから製造する液体燃料. 灯油や軽油などがある.

gTLD【generic top level domain name】工工最上位ドメイン名. .com, .net, .org で表示する.

GTO ①【gate turnoff switch】理ゲート端子に流す電流の方向でオン・オフ制御できるサイリスタ. ②【geosynchronous transfer orbit】宇静止トランスファー軌道. 静止衛星になる過程で用いる暫定的な地球周回軌道. 遠地点が静止軌道と同じ.

GTZ【Deutsche Gesellschaft für Technische Zusammenarbeit 独】ドイツ技術協力公社. ドイツの国際協力機関.

GUI【graphical user interface】工算アイコン(icon)と呼ばれる絵記号などを利用して、人間とコンピューターの情報交流を媒介するインターフェース. グーイ.

GUT【grand unified theory】理大統一理論. 自然界の四つの基本力のうち、重力を除く三つの力(電磁力、弱い力、強い力)をゲージ理論で統一しようとする理論.

GUUAMグループ【GUUAM group】グルジア、ウクライナ、ウズベキスタン、アゼルバイジャン、モルドバの5カ国グループ. GUUAMは Georgia, Ukraine, Uzbekistan, Azerbaijan, Moldova の頭字語.

GVHD【graft-versus-host disease】医移植片対宿主病. 生着した移植免疫担当細胞が、宿主を拒絶・障害する病態. GVH病ともいう.

GVT【gravity vacuum transit】經重力真空列車. 未来の交通機関としてアメリカが提唱.

GWS【graphics work station】工算グラフィックスワークステーション. 高速・高性能のグラフィックス表示装置.

GXロケット【Galaxy Express rocket】經ギャラクシー エクスプレス社が計画中の商業打ち上げロケット.

gzip 工算ジージップ. UNIX系のファイル圧縮ソフト.

GZKカットオフ【Greisen-Zatsepin-Kuzmin cutoff】理宇宙線の流速が約 10^{20}eV のあたりで落ち込むとする予想.

H

H株 経香港株式市場で取引される中国本土企業の株式.

H氏賞 文現代詩人会が1951年に創設した新人賞. 出資した詩人の平沢貞二郎の名に由来.

H手順【H protocol】工算日本チェーンストア協会が開発した、ISDNに対応させた電子データ交換プロトコル.

H1Bビザ【HIB visa】社アメリカの特定の企業がスポンサーとなり発行されている、特定の専門職に就いている外国人用のビザ.

H-2ロケット【H-2 launch vehicle】［機］旧宇宙開発事業団が開発した2段式液体ロケット．1994年に1号機を打ち上げた．

H-2Aロケット【H-2A launch vehicle】［機］H-2ロケットを改良し，打ち上げ能力増強と打ち上げ費低減を図った日本のロケット．

H.261 ［Ⅰ］テレビ会議やテレビ電話用のカラー映像信号のデジタル符号化技術に関し規定しているITU-T勧告の一つ．

H.320 ［Ⅰ］テレビ会議やテレビ電話用の通信制御技術を規定しているITU-T勧告の一つ．

H.323 ［Ⅰ］［算］LANによる音声，動画像，データの信号方式や送受信の仕様を規定しているITU-T勧告の一つ．

H.324 ［Ⅰ］［算］既存の電話網などの低速回線ネットワーク上でのマルチメディア通信に関する規定をしているITU-T勧告の一つ．

HA【home automation】［Ⅰ］［算］ホームオートメーション．家庭の自動化．

HAARP【high-frequency active auroral research program】［軍］ハープ計画．アメリカ空軍が地球環境の軍事的利用を目指す高周波アクティブオーロラ研究計画．

HAART【highly active antiretroviral therapy】［医］高活性抗レトロウイルス療法．

HABITAT ハビタット．国連人間居住会議．UNCHSともいう．

HACCP【hazard analysis critical control point】［営］危害分析重要管理点．ハセップ．加工食品の原料から製造工程にわたる問題点をリストアップし，処理方法を明確にしたもの．

HAI【Health Action International】［社］国際的薬害などに対抗する健康のための国際行動．

HAL【hardware abstraction layer】［Ⅰ］［算］ハル．複数のマイクロプロセッサーの違いを吸収するための，Windows NT用のモジュールの一つ．

HAL9000 ［軍］SF映画『2001年宇宙の旅』に登場するコンピューター．1960年代に人工知能の典型として予測・創作された．

HALE【high altitude long endurance】［軍］ヘール．高空域長期滞空無人機．アメリカ国防総省が地球規模の空中警戒監視網の構築を目指して提唱．

Hamas【Harakat al-Muqawama al-Islamiyya 亜剌】［政］ハマス．パレスチナのイスラム原理主義組織．イスラム抵抗運動の意．

hANP【human atrial natriuretic polypeptide】［薬］ヒト心房性ナトリウム利尿ペプチド．ヒトの心房から分泌され，利尿，ナトリウム排泄，血管拡張などを起こす生活活性物質．

HARM【high-speed antiradiation missile】［軍］ハーム．敵のレーダー放射波を捉え，そのレーダーを目標に追尾して攻撃するミサイル．

HAVi【home audio / video interoperability】［Ⅰ］［算］ハビ．異なるメーカーのデジタルAV機器間のネットワークを構築するためのプロトコルおよびAPI仕様．

HAVING句【HAVING clause】［Ⅰ］［算］ハビング句．SQL文の集計関数GROUP BYでグループ分けする時に，抽出条件を指定する場合に使用する．

HB ①【half-back】［競］ハーフバック．サッカーなどで，中衛．中盤でプレーする選手．ミッドフィールダーともいう．②【heavy bomber】［軍］重爆撃機．③【hard black】 鉛筆の芯で普通の硬さのもの．④【home banking】［Ⅰ］［経］ホームバンキング．家庭と銀行を通信回線で結び，在宅で振り込みや残高照会などができる．

HBO【Home Box Office】［放］アメリカ有数のペイケーブル向けの番組供給をする企業．

H-bomb【hydrogen bomb】［軍］水素爆弾．

HBS ①【Harvard Business School】［営］［教］アメリカのハーバード大学経営学大学院．②【home bus system】［Ⅰ］［算］ホームバスシステム．ホームオートメーションの基盤となる機器やシステムを結ぶ情報伝送路．

HBT【hetero bipolar transistor】［Ⅰ］［算］次世代の半導体素子の一つ．ヘテロバイポーラトランジスタ．

HBV【hepatitis B virus】B型肝炎ウイルス．

HC ①【House of Commons】［政］イギリスの下院．②【hydrocarbon】［化］炭化水素．

HCA【Helsinki Citizens' Assembly】［社］ヘルシンキ市民集会．ヨーロッパの反核・平和運動の組織．1990年にプラハで結成．

HCB【hexachlorobenzene】［化］ヘキサクロロベンゼン．ベンゼンの6個の水素原子を塩素原子で置換した化合物．除草剤の原料などに用いたが，製造・使用を規制された．

HCFC【hydrochlorofluorocarbon】［化］ハイドロクロロフルオロカーボン．フロンの一種．2020年に原則全廃される．

HCH【hexachlorocyclohexane】［化］有機塩素系殺虫剤．

HCV【hepatitis C virus】C型肝炎ウイルス．

HD ①【hard disc】［Ⅰ］［算］円盤と磁気ヘッドでデータの記録・呼び出しを行う磁気記憶装置．②【high-definition】高精細度の．高品位の．

HDカメラ【high-definition camera】［映放］超高精細カメラ．高い解像度をもつカメラ．

HDCG【high-definition computer graphics】［Ⅰ］［算］高精細度コンピューターグラフィックス．

HDD【hard disc drive】［Ⅰ］［算］ハードディスクドライブ．固定磁気ディスク装置．

HDDユーティリティー【hard disc drive utility】［Ⅰ］［算］HDDのパーティション管理や，ファイルの断片化を直す，ハードディスクの管理・保守のためのソフト．

HDDレスパソコン【HDD-less personal computer】［軍］ハードディスクをもたないパソコン．

HDDVD【high definition DVD】［Ⅰ］ハイビジョンなどの高精細度テレビ（HDTV）の画像データを収めることができるDVDのこと．

HDI ①【human development index】［社］人間開発指数．各国の国民が，どのくらい人間豊かな生活をしているかを示す値．②【historical diffusion index】［営経］景気動向指数の一つ．事後的に景気をまとめる．

◀ **H**IPC

HDL ①【hardware description language】ハードウエア記述言語．大規模集積回路などの回路設計に用いるプログラミング言語．②【high-density lipoprotein】高密度リポたんぱく質．コレステロール除去に働く．

HDLC【high-level data link control】ISOとJISで規定される通信用のプロトコルの一種．高速なデータ伝送ができ，大型コンピューターのオンラインシステムなどに使う．

HDLVプロジェクター【HDLV projector】反射型液晶素子である，HDLV素子を利用した液晶反射型プロジェクター．

HDML【handheld device markup language】アメリカのアンワイヤードプラネット（現フォーンコム）が提唱した，モバイル端末用に開発された疑似HTML言語．

HDPE【high-density polyethylene】高密度ポリエチレン．

HDR ①【header label】見出しラベル．ファイルに関する各種情報を記録しており，ファイルの先頭に付けられている．②【high data rate】無線用高速データ通信における規格の一つ．交換機を介さないので，直接IPネットワークに接続するのが特徴．

HDSL【high-bit-rate digital subscriber line】高速通信ができるデジタル加入者回線．電話回線を使って双方向データ伝送をする技術を用いる．

HDTV【high-definition television】高精細度テレビジョン．現在のテレビ放送よりも鮮明な画像や良質の音声を送れる方式．NHKが開発したハイビジョンなど．

HDW【hardware】ハードウエア．

HE ①【human engineering】人間工学．望ましい作業環境を作り出すため，人間の機能・特性を研究する学問．②【home electronics】ホームエレクトロニクス．住宅に電子機器を導入して，防犯・室温制御・金融機関の利用などの機能を働かせるシステム．ホームオートメーション（HA）．

HEAO【high-energy astronomy observatory】高エネルギー天体観測衛星．アメリカの科学衛星で，高エネルギーのX線放射をする天体の観測を行う．

HEAT【high explosive anti-tank】ヒート．対戦車榴弾．

HEATS【housing heating total system】ヒーツ．温水循環の暖房システム．

HEIB【home economist in business】ヒーブ．企業内で，消費者の苦情処理をしたり，逆に消費者の声を企業に反映させる役割を果たす専門職．

HEL【high energy laser】高エネルギーレーザー．

HEMT【high electron mobility transistor】高電子移動度トランジスタ．超音速・低雑音の集積回路（IC）や論理素子として使用，高性能電波増幅器などに使われる．

HENDEL【helium engineering demonstration loop】大型構造機器実証試験ループ．日本原子力研究所（現日本原子力研究開発機構）の東海研究所にある．

HERO【hazards of electromagnetic radiation to ordnance】ヒーロー．対武器電磁放射障害．目標探知やミサイル制御などの電磁波が多過ぎて障害を起こす現象．

HESSI【high energy solar spectroscopic imager】ヘッシー．NASA（アメリカ航空宇宙局）の高エネルギー太陽像観測衛星．2001年に打ち上げた．

HEV【hepatitis E virus】E型肝炎ウイルス．

HF【high frequency】短波．高周波．

HFC【hydrofluorocarbon】ハイドロフルオロカーボン．フロン系の代替物の一つ．

HFEA【Human Fertilization and Embryology】ヒトの受精および胚研究認可局．イギリス政府の諮問機関．

HFS【hierarchical file system】階層型ファイルシステムの一つ．MacOSで採用されている．

HFSP【Human Frontier Science Program】最先端科学を使って，人間生態のメカニズムを解明する計画．1987年に日本が提唱．

HFS Plus【hierarchical file system plus】エイチエフエスプラス．ハードディスクの大容量化に対応するための，HFSの拡張版のファイルシステム．

hG-CSF【human granulocyte colony stimulating factor】ヒト顆粒球コロニー刺激因子．造血因子の一つ．

HGH【human growth hormone】ヒト成長ホルモン．脳下垂体から分泌される．

HHA【 】パスワードを用いた通信の安全確保のために用いる，手持ちの利用者認証装置．

HICOM【Heavy Industry Corporation of Malaysia】マレーシア重工業公社．1980年代初期に設立した公企業．

HID【human interface device】USBインターフェースをもつキーボードなどの各種の入力デバイスのこと．

HiFD【high capacity floppy disc】ハイエフディ．一枚に200MBのデータの記録が可能な，大容量型3.5インチのフロッピーディスク．

HII【home information infrastructure】住宅情報化配線．家庭内の各種の情報家電を一括接続するための屋内配線システム．

HIMES計画【Highly Maneuverable Experimental Space Vehicle】宇宙科学研究所（現宇宙航空研究開発機構）が提唱した高度飛行宇宙実験機．

HIPAA法【Health Insurance Portability and Accountability Act】アメリカの「医療保険の携行と責任に関する法律」．

HIPC【heavily indebted poor country】重債務貧困国．1人当たりの国民総生産（GNP）が695ドル以下，債務が年間貿易額の2.2倍以上かGNPの80％以上の国．HIPCs．

HIPER▶

HIPERLAN【high performance radio LAN】[I][覧]ハイパーラン．ETSI（欧州電気通信標準化協会）が策定した5GHz帯の高速無線LANの仕様．

HIPPARCOS【High Precision Parallax Collecting Satellite】[字]ヒッパルコス．ESA（欧州宇宙機関）が1989年に打ち上げた世界初の天体位置観測衛星．

HIPPI【high-performance parallel interface】[I][覧]ヒッピー．米国規格協会（ANSI）が標準化した，並列伝送方式の超高速インターフェース．

HITEC【High-tech-crime Technical Expert Center】[社]サイバーポリス．ハイテク犯罪から社会を守る活動をする警察庁の部署．

HIV【human immunodeficiency virus】[医][略]ヒト免疫不全ウイルス．エイズの原因となるウイルス．

HIV感染症【HIV infectious disease】[医]HIVを病原体とする全経過をまとめたもの．

HIWRP【Hoover Institution on War, Revolution and Peace, Stanford University】スタンフォード大学・フーバー研究所．アメリカの国内・国際問題に関する学際的研究センター．1919年に設立．

HK【house keeping】[字]ハウスキーピング．打ち上げられた人工衛星各部の動作状態を正常に管理・維持すること．

HLA【human leucocyte antigen】[医][生]ヒト白血球抗原．輸血された白血球に対する抗体として発見された組織適合抗原．

HLLV【heavy lift launch vehicle】[機]大重量物打ち上げロケット．

HLT【highly leveraged transaction】[営経]リスクの大きい商業貸し付け．企業買収をする際の借入金などに使われる．

HMA【high memory area】[I][覧]80286以上のCPU（中央処理装置）がリアルモード時に利用する特殊なメモリー領域．リアルモードで本来1MBまでしか使えないメモリー領域上に作る64KBの拡張メモリー領域．

HMD【head mounted display】[I]ヘッドマウンテッドディスプレー．頭部にかぶり，コンピューターが作り出す映像を見て，仮想現実感を体験できる装置．1968年にアメリカのサザランドが発表したものなどがある．

HMG-CoA還元酵素【hydroxy methyl glutaryl coenzym A reductase】[生]生体内のコレステロール生合成に関係する酵素．

HMI【human-machine interface】[I][覧]ヒューマンインターフェース．ハードウエアとソフトウエア両面における，人間と機械間のさまざまな取り決め．

HMM【hidden Markov model】[I][覧]音声認識技術におけるアルゴリズムの一つ．音声信号の変動を確率的に扱うので，音声の微妙な変化に対応できる．

HMO【health maintenance organization】[医]アメリカの健康維持組織．医療を管理する業務を行う保険会社や非営利法人のこと．

HMR【home meal replacement】[営料]スーパーマーケットなどで家庭用のメーンディッシュを販売する業態．

HOHO his office, her office の略．[社]夫も妻も自宅をオフィスにして働く生き方．ホーホー．

Homeキー【Home key】[I][覧]ホームキー．カーソルを行頭に移動させられるキー．

HomePNA【home phoneline networking alliance】[I][覧]ホームピーエヌエー．既存の電話回線を利用して家庭内LANを構築するためのネットワーク仕様．

HomeRF【home radio frequency】[I][覧]ホームアールエフ．さまざまな情報家電を対象にした，2.4GHz帯の無線LANの標準仕様．

HOPE【H-II Orbiting Plane】[字機]ホープ．宇宙開発事業団（現宇宙航空研究開発機構）が1986年度から研究を始めた，第一世代の宇宙往還輸送機．

HOPE計画【housing with proper environment —】[建]地域固有の環境を備えた住居づくり．1983年に始まった地域住宅計画．

HOPE-X【H-II Orbiting Plane-X】[字機]宇宙開発事業団（現宇宙航空研究開発機構）の宇宙往還技術試験機．1996年から開発研究に入った．ホープ-Xともいう．

HotJava [I][イ] Java 言語に対応する，インターネットのファイルを見るためのソフトウエアの一つ．ホットジャバ．

HOTOL【horizontal takeoff and landing】[機]ホトール．水平離着陸型スペースプレーン．現用空港の滑走路を利用する単段式の有翼再使用型ロケット．

HotSpot [I][覧]ホットスポット．Javaによるプログラムの実行速度を高速化する技術．

HOU【Houston Astros】[競]（野球）ヒューストン・アストロズ．米大リーグの球団の一つ．

HP ①【home page】[I][イ]ホームページ．WWWで提供される情報の表紙となるページ．②【horse power】[理]馬力．HPとも書く．③【halfpipe】[競]スノーボードのフリースタイル競技の一つ．ハーフパイプ．④【Hewlett-Packard】ヒューレット・パッカード社．アメリカの大手パソコンメーカー．

hPa【hecto-Pascal】[気]ヘクトパスカル．気圧の大きさを表す単位．

HPA液晶【high performance addressing liquid crystal】[I][覧]STN液晶を用いたディスプレーの方式の一つ．STN液晶を改良して，表示をより鮮明化させた．

HPAES【high performing Asian economies】[経]高成長アジア経済地域．著しい経済成長を続ける東アジアをいう．世界銀行が1993年に命名し，日本，韓国，台湾，香港，マレーシア，シンガポール，タイ，インドネシアの8カ国・地域を選ぶ．

H/PC【handheld personal computer】[I][覧]ハンドヘルドPC．ノートパソコンよりさらに小型のもの．

HPC【highperformance computation】[I][覧]高性能計算．コンピューターによる計算技法やその

◀ HTTPD

精度保証の研究.
HPC法【High Performance Computing Act】① 算アメリカの高性能コンピューティング法. 1987年にゴア上院議員（後に副大統領）が提出し，91年に制定.
H/PC 2000【handheld PC 2000】① 算 Windows CEを搭載した携帯情報端末（PDA）の仕様の一つ. インターネット接続や，マルチメディア対応が強化されている.
HPCS【high performance computing system】① 算高性能のコンピューターシステム. 実行速度が従来のコンピューターの100倍から1000倍ある.
HPFS【high performance file system】① 算アメリカのIBMのOS/2で採用されたファイルシステム. ディレクトリー構造にB-treeの構造を利用.
HPL【high power laser】理高出力レーザー.
HPLC【high-performance liquid chromatography】化高速液体クロマトグラフィー. 複雑な天然物の分析や医療診断などに用いる.
HPM【high power microwave】軍高出力マイクロ波. 指向エネルギー兵器の一つ.
HP-UX ① 算アメリカのヒューレットパッカードが開発した，UNIX系OSの一つ.
HPV【human papilloma virus】生ヒトパピローマウイルス. 性行為感染症の一つである尖形コンジロームの原因となる.
HQ ①【headquarters】本部. 司令部. ②【hazard quotient】理ハザード比. 暴露量の許容量に対する比率.
HQ-VHS【High Quality Video Home System】① 算ハイバンドベータに対抗してVHS方式の高画質化技術で開発されたVTR.
HR ①【human relations】習社人間関係. 企業の経営管理などで，人間関係を重視する考え方. ②【House of Representatives】政衆議院. 下院. ③【home run】競（野球）本塁打.
HR図【Hertzsprung-Russell diagram】天ヘルツシュプルン グラッセル図. 横軸に星のスペクトル型，縦軸に絶対等級をとり，星の位置を記した図.
HRAシステム【health risk appraisal system】① 日本の健康危険度評価システム. 厚生省（現厚生労働省）が地域の健康教育のために開発.
HRAF【Human Relations Area Files】社地域別人間関係資料. イエール大学編集の民族学資料.
HRT【hormone replacement therapy】医生ホルモン補充療法. 更年期障害を改善するため，卵胞ホルモンと黄体ホルモンを補充する.
HS ①【hill size】競（ス*）ヒルサイズ. ジャンプ台の大きさを表す数値で，安全に着地できる距離の目安. 台の設計によって変わる. ②【hyper storage】① 算3.5インチのディスク1枚で650MBの記憶容量をもつ光磁気ディスクの一つ. 従来のMOとは互換性がない.
HSA【Hill Start Aid】機自動車の坂道発進補助装置. いすゞ自動車が開発した.
HSBC【HSBC Holdings】社イギリス有数の金融グループ. 本部はロンドン. イギリスと香港の銀行が中核の金融持ち株会社. 商標名.
HSCT【high speed civil transport】機高速民間輸送機. 米欧露日などの国際協力で研究している新世代の超音速旅客機.
HSDPA【high speed downlink packet access】① 算最大データ伝送速度14.4Mbpsの第3世代携帯電話用高速パケット伝送技術.
HSFK【Hessische Stiftung Friedens-und Konfliktforschung 独】社ヘッセン平和・紛争研究所. 1971年にドイツに設立された，批判的平和研究の流れをくむ研究機関.
HSGT【high speed ground transportation】機高速陸上輸送機関. JRで開発中.
HSI【High Speed Intelligently】競（陸上）アメリカのロサンゼルスにある陸上競技チーム.
HSIカラーモデル【HSI color model】① 算色を色相・彩度・明度で表現する方法.
HSP【heat shock protein】化生熱ショックたんぱく質. 細胞や組織などが生理的温度より5～10℃高い温度に接すると，合成が誘導される一群のたんぱく質.
HSRP【high speed research program】機アメリカの超音速旅客機の共同研究. NASA，ボーイング，MDが参加し，1990年から推進.
HSST【high speed surface transport】機世界各国で研究・開発中の高速地表輸送機.
HST ①【hypersonic transport】機極超音速旅客機. ②【Hubble Space Telescope】宇天ハッブル宇宙望遠鏡. 1990年にスペースシャトルから打ち上げた空飛ぶ天文台.
HTGR【high-temperature gas-cooled reactor】理高温ガス炉. 冷却材にヘリウム，燃料被覆材にセラミックなどを使う.
HTLV【human T-cell lymphotropic virus】医生ヒトTリンパ球指向性ウイルス. HTLV-1は成人T細胞白血病の原因となるウイルス.
HTML【hypertext markup language】① イインターネットのWWWページを作成するためのプログラミング言語.
HTMLエディター【HTML editor】① イページ記述言語HTML専用のエディターのこと. ホームページを作成するソフトウエアなどがある.
HTMLヘルプ【HTML help】① イHTMLで記述したプログラムの「ヘルプ」を，ブラウザーで表示させるシステムのこと.
HTMLメール【HTML mail】① イHTML形式で記述された電子メール. 文字に対してさまざまな装飾を加えることができる.
Hts.【Heights】住宅地用の高台. ハイツ. 団地を指す場合もある.
http【hypertext transfer protocol】① イハイパーテキストを送受信するため，WWWサーバーで使われる通信規約. HTTP.
HTTPD【hypertext transfer protocol daemon】① イウェブサーバーを実現するためのプログラム. バックグラウンドで動き，インターネットに関するさまざまなサービスを提供する.

753

HTTR【high temperature engineering test reactor】理高温工学試験研究炉．日本原子力研究開発機構の高温ガス炉．

HTV【H-Ⅱ transfer vehicle】宇宇宙ステーション補給機．国際宇宙ステーションの日本実験モジュールに物資輸送をする．

HUB　Ⅰ算ハブ．LANやUSB機器を接続するための機器．

HUD【Department of Housing and Urban Development】政アメリカの住宅都市開発省．

HUS【hemolytic uremic syndrome】医溶血性尿毒症症候群．腎不全を起こすこともある．

HUT【households using television】放総世帯視聴率．ある地域内で一定時間内に，テレビをつけていた世帯の割合．

HVD【holographic versatile disc】Ⅰホログラム光ディスク．

HVJ【hemagglutinating virus of Japan】生細胞融合活性をもつRNAウイルス．インフルエンザを起こすウイルスの一種．センダイウイルスともいう．

HVN【Home View Network】Ⅰホームビューネットワーク．1982年にアメリカのABC放送により発表された有料テレビサービス．

HWR【heavy water reactor】理重水炉．重水を減速材として使う原子炉．

HYFLEX【Hypersonic Flight Experiment】宇機ハイフレックス．極超音速飛行実験機．宇宙開発事業団(現宇宙航空研究開発機構)のHOPE開発の一環．1996年に打ち上げた．

HyperCard　Ⅰ算MacOSに装備されるオーサリングのソフトウエア．アメリカのアップルコンピュータ社が1987年に開発．テキスト，画像，音声などを扱い，自由にレイアウトして簡単にハイパーテキストを作成できる．ハイパーカード．

Hz【hertz】Ⅰ電ヘルツ．1秒間当たりの振動数を表す周波数の単位．

I

iアイプラン　Ⅰ電アイアイプラン．NTT東日本・西日本が提供する準定額制の電話サービス．同一区域内の特定の番号への通話が月々定額で利用できる．

iアプリ　Ⅰ算NTTドコモの提供するiモード上で動作するJavaプログラム．携帯電話にダウンロードして利用する．

Iインターフェース【I interface】Ⅰ電高速デジタル専用線のインターフェースの一つ．電信電話技術委員会が標準化した．NTTによるYインターフェースに代わり主流になる．

Iターン【I-turn】日社大都市などで生まれ育った人が，地方に移り住む行動様式．

iナンバーサービス　Ⅰ電アイナンバーサービス．一定の料金を支払うことで，現在のものに追加して電話番号を二つ以上持てるNTT東日本・西日本の電話サービス．

Iフォーメーション【I formation】競(アメリカンフットボール)センターの後方にバックスをI字状に一列に並べた攻撃隊形．

iモード【i-mode】Ⅰ電携帯電話を使う文字情報サービスの一つ．NTTドコモが1999年から提供開始．その後Javaを適用し画像にも対応．商標名．

iモードメール【i-mode mail】Ⅰ電NTTドコモの携帯電話向けインターネット対応サービス．検索，バンキング，電子メールなどができる．

I2O【intelligent I/O】Ⅰ算周辺装置にプロセッサーを搭載して入出力処理を分担させた入出力(I/O)インターフェースの標準仕様．

I18N【internationalization】Ⅰ算国際化．英語圏で開発されたソフトウエアを，世界中の文字コードで利用できるようにすること．

i386　Ⅰ算アメリカのインテルが開発した32ビットのCPU80386のこと．

i486　Ⅰ算アメリカのインテルの32ビットマイクロプロセッサー．EPUやキャッシュメモリーを内蔵して高速化を図った．

IA【information assurance】軍情報保証．情報戦での情報自体の防護．

IA-64【intel architecture-64】Ⅰ算アメリカのインテルとヒューレットパッカードが共同開発した64ビットCPU(中央処理装置)．

IAA【International Academy of Astronautics】宇国際宇宙航空学会．

IAAシステム【I am alive system】Ⅰ算Ⅰインターネットによる災害被災者安否情報の登録・検索サービス．

IAAF【International Association of Athletic Federations】競(陸上)国際陸上競技連盟．国際陸連．1912年に設立．競技規則の制定，記録公認を行う．

IAASB【International Auditing and Assurance Standards Board】営経国際監査・保証基準審議会．2002年に発足．

IAB【Internet Architecture Board/Internet Activities Board】Ⅰ算Ⅰインターネットの標準規格などの基本的な問題を検討する組織．現在はISOC(Internet Society)の一部門．

IABP【intraaortic balloon pumping】医大動脈内バルーンパンピング．胸部大動脈に小容量の風船を留置し，冠状動脈の血流量を増加させる補助循環システム．

IAC　①【interapplication communication】Ⅰ算MacOSがもつ，アプリケーション間の連携機能．アプリケーション間でデータをやりとりし，処理を分担できる．②【International Apprentices Competition】社国際職業訓練競技大会．通称は技能オリンピック．1950年にスペインの職業青年団が提唱して開始．③【internal audit and consulting】営アイアック．内部監査とコンサルティング．企業再生のためのマネジメント手法．

IADL【instrumental activity of daily liv-

ing】福祉用語で，日常生活関連機能．
IAEA【International Atomic Energy Agency】理国際原子力機関．原子力の平和利用を進める．1957年に設立．本部はウィーン．国連の関連機関の一つ．
IAF【International Astronautical Federation】宇国際宇宙航行連盟．本部はスイス．1951年に設立．
IAHR【International Association for the History of Religion】国際宗教学宗教史会議．
IAI【Instituto Affari Internazionali 伊】社イタリアの国際問題研究所．1965年に設立された非営利の研究組織．
IAIS【International Association of Insurance Supervisors】経保険監督者国際機構．
IANA【Internet Assigned Number Authority】IイインターネットⒸ上で使用される各種の番号を管理する団体．ISOC(Internet Society)の下部組織．
IARC【International Agency for Research on Cancer】医国際がん研究機関．本部はリヨン．1965年に世界保健機関(WHO)の付属機関として発足．日本は1972年に加盟．
IARU【International Amateur Radio Union】社国際アマチュア無線連盟．1925年に結成．
IAS ①【International Accounting Standards】営経国際会計基準．国際会計基準審議会が公表している世界的な会計基準．②【information asset security】営情報資産安全保障システム．企業機密を保護するために行われる．③【Inter-African Socialist】政アフリカ社会主義インター．1981年に発足．
IASB【International Accounting Standards Board】営経国際会計基準審議会．国際財務報告基準の決定権を持つ国際機関．2001年にIASCを改組して設立．
IASC ①【International Accounting Standards Committee】営経国際会計基準委員会．2001年にIASBに改組．②【International Arctic Science Committee】北極研究科学委員会．1990年に発足した非政府組織．
IASCF【International Accounting Standards Committee Foundation】営経国際会計基準委員会財団．IASBの運営母体．
IATA【International Air Transport Association】社イアタ．国際航空運送協会．1945年に設立された民間航空会社の協力機関．
IATAペックス運賃【IATA PEX fare】営IATA(国際航空運送協会)が設定する航空券の割引運賃．ゾーンペックス運賃(個人用の正規割引運賃)の基準．
IATSE【International Alliance of Theatrical Stage Employees】国際演劇舞台労働者組合．
IATTC【Inter-American Tropical Tuna Commission】魚社全米熱帯マグロ類委員会．地域漁業管理機関の一つ．1950年に設立．

IAVストライカー【interim armored vehicle stryker】軍アメリカ陸軍の装輪装甲兵員輸送車．
IB ①【incubation business】営インキュベーション ビジネス．ベンチャー企業に必要な援助を与える事業．②【International Baccalaureate】教国際バカロレア．大学入学のための国際資格制度．
IBA ①【International Bauxite Association】国際ボーキサイト連合．事務局はジャマイカのキングストンに設置．1974年に結成．②【International Baseball Association】競国際野球連盟．1976年に発足．世界中に野球の普及を目指す．99年にIBAFと改称．③【Internationale Bauausstellung 独】ドイツの国際建築展覧会．
IBAF【International Baseball Federation】競(野球)国際野球連盟．1976年に設立．99年に略称変更．
IBCT【interim brigade combat team】軍暫定旅団戦闘団．
IBF ①【international banking facilities】経アメリカの国際金融業務制度．非居住者の金融取引を対象とする．②【International Badminton Federation】競(バドミントン)国際バドミントン連盟．③【International Boxing Federation】競(ボクシング)国際ボクシング連盟．
IBG【interblock gap】I算磁気テープなどの記憶媒体中の，データブロック間のすき間．何のデータも記録されていない領域．
IBI【International Bank for Investment】経国際投資銀行．
IBM【International Business Machines Corp.】I算アメリカのコンピューター製造会社．
IBM PC I算1981年にアメリカのIBMが販売開始した16ビットパソコン．OSにはMS-DOSを採用．
IBM PC AT I算1984年にアメリカのIBMが販売開始したパソコン．現在のPC互換機のベースとなっている．
IBM PS/2 I算IBM PC ATの後継機として開発されたパソコン．高性能ではあったが，普及はしなかった．
i Book I算アップルコンピュータが1999年に発売したノート型パソコン．
IBR【image-based rendering】I算二次元画像にある物体などを，奥行き感をもつ三次元コンピューターグラフィックス画像に生成する技法．
IBRD【International Bank for Reconstruction and Development】経国際復興開発銀行．世界銀行ともいう．本部はワシントン．1946年に設立．日本は52年に加盟．国連専門機関の一つ．IDA(国際開発協会)の姉妹機関．
IBSAC【India, Brazil, South Africa, China】経急激な経済成長を続けているインド，ブラジル，南アフリカ，中国の4カ国．
IC ①【integrated circuit】I集積回路．電子回路を高密度に集積配線した超小型部品．②【interchange】建社高速道路のインターチェンジ．③【informed consent】医インフォームド コンセント．説明と同意．知らされた上での同意．医療で用

ICカード▶

いられる．

ICカード【integrated circuit card】情報の記憶媒体としてIC（集積回路）チップを組み込んだカード．

ICタグ【IC tag】極小の集積回路基板にアンテナを組み合わせた電子荷札．無線を使う自動認証技術を用いる．

ICチップ【IC chip】パッケージ化された半導体集積回路(IC)の小片（chip）のこと．

ICパスポート【IC Passport 日】生体識別技術を応用する，小型の集積回路基板を組み込んだ旅券．

ICメモリー【IC memory】半導体メモリー．一般にコンピューターで使われている，データの記録・読み出しができるICのこと．

ICA ①【International Co-operative Alliance】国際協同組合同盟．協同組合が加盟している国際的な組織．1895年にロンドンで設立．本部はジュネーブ．②【International Coffee Agreement】国際コーヒー協定．③【International Commodity Agreement】国際商品協定．

ICANN【Internet Corporation for Assigned Names and Numbers】ドメイン名の割り当てなど，インターネットに関する問題の解決策を検討する非営利法人．1998年にアメリカで設立．アイキャン．

ICAO【International Civil Aviation Organization】イカオ．国際民間航空機関．1947年に設立．本部はモントリオール．国連専門機関の一つ．

ICBM【intercontinental ballistic missile】大陸間弾道ミサイル．

ICBP【International Council for Bird Preservation】国際鳥類保護会議．1922年に発足．

ICC ①【International Chamber of Commerce】国際商業会議所．民間実業家が組織する非営利団体．世界各国の経済発展を目指す．1920年にパリで設立．②【International Criminal Court】国際刑事裁判所．2002年にオランダのハーグに設立．③【integrated communication controller】通信制御機構．④【NTT Intercommunication Center】NTTインターコミュニケーションセンター．東京・西新宿に1997年に開設したメディアアートの美術館．

ICCA【International Cocoa Agreement】国際ココア協定．

ICCAT【International Commission for the Conservation of Atlantic Tunas】大西洋マグロ類保存国際委員会．地域漁業管理機関の一つ．1969年に設立．

ICD ①【International Classification of Diseases】世界保健機関（WHO）の国際疾病分類．病状などを比較するためコード体系をもち，ICDコードとも呼ばれる．②【International Cooperation Day】国際協力の日．日本が途上国への経済協力などの推進を図るため，1987年に制定．

IC-DV制度【import certification, delivery verification system】ICは輸入証明，DVは通関確認のこと．

ICE ①【InterCity Express】ドイツ鉄道の超高速列車．1991年に運転開始．在来線区間を共用するのがほとんど．②【in-circuit emulator】アイス．マイコン応用システムの開発などに使う支援ツール．③【Immigration and Customs Enforcement】アメリカの国土安全保障省の移民関税取締局．

ICEM【Intergovernmental Committee for European Migration】ヨーロッパ移住政府間委員会．難民などの救済と加盟国への移住の援助を行う．1952年に設置．

ICFTU【International Confederation of Free Trade Unions】国際自由労働組合連合．国際自由労連．西側諸国を中心とする国際労働団体．1949年に結成．

ICFY【International Conference on Former Yugoslavia】旧ユーゴ和平会議．

ICG【International Crisis Group】国際危機グループ．世界の紛争予防のための政策提言をしている非政府組織．本部はベルギーのブリュッセル．1996年に設立．

ICI ①【Imperial Chemical Industries】イギリスの化学会社．本社はロンドン．②【Istanbul Cooperation Initiative】イスタンブール協力イニシアチブ．9.11テロ後，NATO（北大西洋条約機構）と中東諸国との間で設けられた地域安定協力．

ICJ ①【International Court of Justice】国際司法裁判所．オランダのハーグにある．②【International Commission of Jurists】国際法律家委員会．1952年に設立された人権擁護団体．

ICM ①【Intergovernmental Committee for Migration】国際移民委員会．1952年に設立された移民問題の政府間委員会．②【international control mechanism】国際管理機構．③【International Congress of Mathematicians】国際数学者会議．1897年にチューリヒで第1回を開催．4年ごとに開かれ，フィールズ賞を授与する．

ICMファイル【image color management file】各デバイスの発色特性を定義したデータファイル．画像データと実際の表示色とのマッチングに利用される．

ICME【International Congress on Mathematical Education】国際数学教育会議．4年ごとに開催．

ICMP【Internet control message protocol】ネットワークの混雑や，データ送信が不良の場合などのエラーの通知などを，データの発信者に行う機能．

ICO ①【Islamic Conference Organization】イスラム諸国会議機構．各国の連帯とイスラム教徒の独立闘争の支援などを目指す．1971年に設立．44カ国とPLOが加盟．②【intermediate circular orbit】字アイコウ．人工衛星の高度による軌道の分類の一つ．高度1万km前後の中高度軌道．

ICOCA Ⅰ営イコカ．JR西日本のICカード型運賃先払い式カード．商標名．

ICOMOS【International Council on Monuments and Sites】社イコモス．国際記念物遺跡会議．ユネスコの協力機関．1964年結成．

iCOMPインデックス【intel comparative microprocessor performance index】Ⅰ算アイコンプインデックス．CPU（中央処理装置）の性能を表す指標の一つ．

ICORC【International Committee on the Reconstruction of Cambodia】経政カンボジア復興国際委員会．長期的な復興援助の機構として設立．

ICOT【Institute for New Generation Computer Technology】Ⅰ算アイコット．新世代コンピューター技術開発機構．1982年に第五世代コンピューターの開発を目指して工業技術院と民間企業が共同で発足した．1998年に終了．

ICPD【International Conference on Population and Development】国際人口・開発会議．1994年にカイロで開催された人口問題の国際会議．

ICPO【International Criminal Police Organization】社国際刑事警察機構．インターポール．国際刑事警察委員会（ICPC）が発展して1956年に設立．本部はフランスのリヨン．

ICPTD【International Committee for Prevention and Treatment of Depression】医鬱病の予防と治療のための国際委員会．

ICPUAE【International Conference on the Peaceful Uses of Atomic Energy】社原子力平和利用国際会議．第1回はジュネーブで1955年に開催．APCともいう．

ICQ Ⅰイインターネットに接続されているユーザーを特定することのできるソフトウエア．I seek you．の発音から．商標名．

ICR【industrial clean room】Ⅰ営半導体や液晶などの製造を行う，空気の清浄度が極めて高い施設や工場．

ICRC【International Committee of the Red Cross】社赤十字国際委員会．スイスの法人．1863年に設立された五人委員会が後に改称．

ICRP【International Commission on Radiological Protection】理国際放射線防護委員会．1928年に国際エックス線・ラジウム防護委員会として設立され，50年に改称．

ICSC ①【International Civil Service Commission】国連人事委員会．②【International Council of Shopping Centers】国際ショッピングセンター協会．

ICSI【intracytoplasmic sperm injection】医卵細胞質内精子注入法．顕微鏡を用いる体外受精の技法の一つ．

ICSID ①【International Council of Societies of Industrial Design】社国際工業デザ

イン団体協議会．②【International Centre for Settlement of Investment Disputes】経社投資紛争解決国際センター．1966年に設立し，日本は67年に参加．

ICSSW【International Congress of School of Social Work】社国際社会事業教育会議．

ICSU【International Council on Scientific Unions】社国際学術連合会議．自然科学部門の国際団体の連合体．1931年に設立．

ICSW【International Council on Social Welfare】社国際社会福祉会議．隔年に開催する．1926年に設立．

ICT【inclusive conducted tour】営社添乗員付き包括旅行．

ICTR【International Criminal Tribunal for Rwanda】法ルワンダ国際刑事裁判所．内戦時の虐殺行為を裁くために設立された．

ICTS【intermediate capacity transit system】社中量輸送システム．リニアモーターによる電車の輸送網．カナダで開発．

ICTY【International Criminal Tribunal for the Former Yugoslavia】政法旧ユーゴスラビア国際刑事裁判所．1993年の国連決議で設立．

ICU【intensive care unit】医集中強化治療室．集中治療室．

ICW【International Council of Women】社国際婦人連合．民間女性団体の国際組織．本部はパリ．1888年に設立．

ID【identification】①身元確認．局名告知．企業イメージなどの統一性．②Ⅰイ識別子．ネットワークシステムなどの利用者を識別する符号．③【industrial design】インダストリアルデザイン．工業デザイン．

IDカード【identification card】営社身分証明書．身分証明用のカード．

ID管理【ID management】Ⅰ算あるコンピューターの利用可能なユーザーのIDを識別・管理すること．

IDセフト【ID theft】算なりすましなどで他人のID情報を不法に収得し悪用すること．

iDフォーマット【iD format】Ⅰ算直径50mmで730MBの記憶容量を実現するMOフォーマット．

ID3タグ【ID3 tag】Ⅰ算音楽ファイルであるMP3ファイルに，曲名・アーティスト名・アルバム名などの情報を付加するためのフォーマット．

IDA【International Development Association】経国際開発協会．途上国に開発資金を供与する金融機関．1960年に設立．本部はワシントン．国連専門機関の一つ．IBRD（国際復興開発銀行・世界銀行）の姉妹機関で，第二世銀ともいう．

IDAPI【integrated database API】Ⅰ算データへのアクセスの標準化を目的とした，データベースエンジンのAPI．

IDB【Inter-American Development Bank】経米州開発銀行．中南米の経済開発のための国際機関．1960年に発足．

IDC【Internet data center】Ⅰイ顧客のサーバ

ーを預かって顧客に必要なネットワーク運用サービスを提供する設備。

IDCジャパン【International Data Corporation Japan】市場関係の調査会社。

IDCA【International Development Cooperation Agency】政アメリカの国際開発協力局。

IDCT【inverse discrete cosine transform】I算逆離散コサイン変換。MPEG圧縮されたデータのデコード時に、周波数値を輝度値に戻す処理のこと。

IDD【international direct dialing】I国際ダイヤル通話。

IDDM【insulin dependent diabetes mellitus】医インスリン依存性糖尿病。

IDDN【Integrated Defense Digital Network】I日本の防衛統合デジタル通信網。1987年から整備を始めた。

IDE ①【integrated device electronics】I算コンピューターにハードディスクを接続するための規格。②【Institute of Developing Economies】アジア経済研究所。日本貿易振興機構(JETRO)の付属研究機関。

IDEA ①【Initiative for Development in East Asia】東アジア開発イニシアチブ。②【international data encryption algorithm】I算手順公開型の秘密鍵暗号アルゴリズムの一つ。128ビットの鍵を使う。

IDE RAID【integrated device electronics RAID】I算アイディイーレイド。IDE規格のハードディスクを複数台用いることで、速度や信頼性を高めたシステム。

IDI【Institut de Développement Industriel 仏】フランスの産業開発協会。1970年に設立。

IDL【international date line】国際日付変更線。経度180度を基準とする。

iDNS I イ世界各国の言語を使用したドメインネームサービス(DNS)を実現するためのプロジェクト。

IDR【international depositary receipt】経国際預託証券。

IDS【intrusion detection system】I侵入探知システム。サーバーなどに対する攻撃を探知して通知する。

IDU【International Democratic Union】政国際民主同盟。保守派の政党による国際団体。1983年に結成。日本は自民党、アメリカは共和党、民主党とも参加。

IE【industrial engineering】営インダストリアルエンジニアリング。産業工学。生産工学。

IE7【Internet Explorer 7】I マイクロソフト社のブラウザの次期バージョン。

IEA ①【International Energy Agency】社国際エネルギー機関。1974年に設立。本部はパリ。②【International Association for the Evaluation of Educational Achievement】教国際教育到達度評価学会。

IEC【International Electrotechnical Commission】I国際電気標準会議。本部はジュネーブ。1908年に発足。87年から国際標準化機構(ISO)の電気通信部門となった。

IED【improvised explosive device】軍手製の爆発装置。

IEEE【Institute of Electrical and Electronics Engineers】I算アイトリプルイー。アメリカ電気電子技術者協会。1963年に設立。電気と電子に関する団体。

IEEE488 I算IEEEで標準化された、分岐接続方式を用いた8ビットのパラレル転送バス。GP-IBの名称が一般的。

IEEE802.3 I算IEEE802委員会による、イーサネット型のLANの標準仕様。LANの規格としては最も普及している。

IEEE802.5 I算IEEE802委員会による、トークンパッシング方式を利用したトークンリング型のLANの標準仕様。

IEEE802.11 I算IEEE802委員会による、無線LANシステムにおける標準規格。5GHz帯を使う11_aと2.4GHz帯を使う11_bがある。

IEEE1284 I算IEEEで標準化されたパラレルポートの仕様。

IEEE1394 I算IEEEが提案したデジタル信号の伝送規格。高速なデータ転送が必要な機器をパソコンに接続するためのバス規格。

IELTS【International English Language Testing System】アイエルツ。英語力を検定する試験の一つ。旧称はELTS。

IETF【Internet Engineering Task Force】I イインターネット特別技術調査委員会。インターネットに関する技術上の問題を検討する。ISOCの下部組織。

IF【International Sports Federation】競国際競技連盟。各競技別の国際機関。ISF。

IF関数【IF function】I算イフ関数。指定した条件を判断して、満たした場合と満たしていない場合に、どちらかの値または式を返す関数。

IFA【International Federation on Ageing】社世界高齢者団体連盟。49カ国の高齢者関連の民間団体が加盟している。

IFAC【International Federation of Accountants】営経国際会計士連盟。1977年に発足。本部はニューヨーク。

IFAD【International Fund for Agricultural Development】国際農業開発基金。1977年に設立。本部はローマ。国連専門機関の一つ。

IFAF【International Federation of American Football】競国際アメリカンフットボール連盟。1998年に設立。

IFANS【Institute of Foreign Affairs and National Security】外交安保研究院。1963年に設立された韓国のシンクタンク。

IFAP【International Federation of Agricultural Producers】農国際農業生産者連盟。

IFAW【International Fund for Animal Welfare】社動国際動物愛護基金。

IFC【International Finance Corporation】経国際金融公社。世銀グループの一つ。途上国の

民間企業の成長を促すため投資する．1956年に設立．本部はワシントン．国連専門機関の一つ．
IFCTU【International Federation of Christian Trade Unions】社国際キリスト教労働組合連盟．
IFF ①【Intergovernmental Forum on Forests】環森林に関する政府間フォーラム．国際的規模で持続可能な森林経営の行動実施を図る．②【International Finance Facility】社国際的な開発資金調達制度．先進国の将来の援助資金を担保とする債券発行で資金を調達し，アフリカの貧困対策や教育資金などに充てる．
IFI【Institute for the Fashion Industries】服ファッション産業人材育成機構．1992年に設立された財団法人．
IFIビジネススクール【IFI Business School】服ファッション産業人材育成機構の全日制ビジネススクール．1998年に開校．
IFIAS【International Federation of Institutes for Advanced Study】社国際高級研究所連合．1972年に設立された民間の国際研究機関．本部はカナダ．世界の38研究所が加盟．
IFIP【International Federation of Information Processing】I算情報処理学会国際連合．ユネスコの後援で作られた国際的な団体．
IFJ【International Federation of Journalists】社国際ジャーナリスト連盟．本部はブリュッセル．
IFN【interferon】薬インターフェロン．ウイルス抑制因子．
IFO【identified flying object】確認済み飛行物体．UFO（未確認飛行物体）の対語．
IFOR【Implementation Force】軍和平実施部隊．1995年に調印したボスニア和平協定で1年期限で創設．NATO軍を主体とする多国籍軍．96年に後継部隊が派遣された．
IFP ①【Inkatha Freedom Party】政南アフリカ共和国のインカタ自由党．最大部族のズールーが主体の黒人右派組織．1990年に改称．②【Institut Français de Polémologie】仏フランス戦争学研究所．1945年に設立され，世界的暴力現象の情報収集と分析を行う．
IFPI【International Federation of the Phonographic Industry】音国際レコード産業連盟．世界76カ国に会員をもつ．
IFR【instrument flight rule】機社計器飛行方式．航空機が経路や高度，飛行方法などを常に航空交通管制機関の指示を受けて飛行する方式．
IFRB【International Frequency Registration Board】理国際周波数登録委員会．ITU（国際電気通信連合）の常設機関．
IFRI【Institut Français des Relations Internationales】仏社フランス国際関係研究所．1979年に設立された非営利の研究組織．
IFRS【International Financial Reporting Standards】経国際財務報告基準．国際会計基準審議会（IASB）が作成・公表する．
IFTA【Independent Film & Television Alliance】映放独立系の映像配給会社の連合体．1980年設立．アメリカをはじめ全世界の約130社が加盟．2004年にAFMAを改名．
IFV【infantry fighting vehicle】軍歩兵戦闘車．戦車に随伴して行動する装甲車．
IG【Industriegewerkschaft 独】社ドイツの産業労働組合．
Ig【immunoglobulin】医免疫グロブリン．抗体の本体をなすたんぱく質．
IGA ①【International Grains Agreement】経国際穀物協定．1967年に発効．②【Intergovernmental Agreement】宇宇宙ステーション多国間協定．日米欧などが協力して建造する国際宇宙ステーションについての協定．1988年に署名．
IGAD【Inter-Governmental Authority on Development】経政政府間開発機構．
IGADD【Inter-Governmental Authority on Drought and Development】政府間干ばつ開発機構．
IGBP【International Geosphere-Biosphere Programme】環地球圏・生物圏国際協同研究計画．
IGC ①【Intergovernmental Conference】欧州連合（EU）の基本条約のマーストリヒト条約や，諸機関・制度を見直す，政府間協議．②【International Grains Council】国際穀物理事会．本部はロンドン．1995年に改称．
IGCC【University of California, Institute on Global Conflict and Cooperation】カリフォルニア大学地球的紛争・協調研究所．カリフォルニア大学の各分校を統合した大規模な平和研究機関．1983年に設立．
IGES【initial graphics exchange specification】I算CAD用ファイルフォーマット．異なるCAD間での図形データ交換の際に使う．
IGO【inter-governmental organization】政政府間組織．多数の国家が共通の目的を達成するため，合意を基礎に形成する国際団体．
IGOSS【Integrated Global Ocean Service System】全世界海洋情報サービスシステム．
IGS【information gathering satellite】宇情報収集衛星．
IGY【International Geophysical Year】理国際地球観測年．1957年7月から58年12月までの間，64カ国が参加して地球物理現象の共同観測を行った．
IH【induction heating】電理電磁加熱．誘導加熱．
IH調理器【induction heating cooker】電理電磁調理器．電磁誘導で金属製の鍋を発熱させる．
IHRLA【International Human Rights Law Association】社国際人権法学会．人権をめぐる国際的および国内的諸問題を研究する．1988年に設立．
IIA【Information Industry Association】I算アメリカの情報産業協会．情報サービス関連の約500社の企業で組織されている．

I IASA ▶

IIASA【International Institute for Applied Systems Analysis】国際応用システム分析研究所．16ヵ国の専門的機関で構成される国際研究機関．1972年に設立．本部はオーストリア．

IIC ①【Inter-American Investment Corporation】米州投資公社．②【International Institute for Conservation of Historic and Artistic Works】社文化財保存国際研究所．

IIE【Institute for International Education】教アメリカの国際教育研究所．

IIEC【Inter-Industry Emission Control Program】経産業間排気汚染制御プログラム．自動車の排ガス防止の技術開発を目的とする研究開発．1967年に結成．

IIED【International Institute for Environment and Development】経国際環境開発研究所．環境と調和した開発を目指す．1968年に設立．

IIF ①【International Information Flow】国際情報流通．②【Institute of International Finance】経国際金融協会．

IIHF【International Ice Hockey Federation】競(アイスホッケー)国際アイスホッケー連盟．

IIJ【Internet Initiative Japan】I算インターネットイニシアティブ．日本のインターネットサービスプロバイダーの一つ．

IIOP【Internet inter-ORB protocol】I算インターネットに利用するオブジェクト間通信用プロトコル．分散システム環境でのデータの共有用に開発された．

IIRF【International Investor Relations Federation】国際インベスター リレーションズ連盟．国際IR連盟．日本は1993年に加盟．

IIRSA【Iniciativa para la Integración de la Infraestructura Regional en Suramérica】西経政南米インフラ統合計画（イルサ）．ブラジル，アルゼンチン，チリ，ペルーなど南米12ヵ国による鉄道・通信・電力網などのインフラ共同整備計画．

IIS【Internet information server】I算インターネット インフォメーション サーバー．Windows NTに標準添付されているインターネット用サーバーソフト．

IISS【International Institute for Strategic Studies】イギリスの国際戦略研究所．1958年設立の民間の独立研究機関．世界の軍事力をまとめた「ミリタリーバランス」を毎年発行．

IJCAI【International Joint Conference on Artificial Intelligence】I算人工知能国際会議．

IJF【International Judo Federation】競(柔道)国際柔道連盟．1951年に結成．

IJPC【Iran-Japan Petrochemical Company】イランジャパン石油化学．日本とイランの合弁事業会社．イラン南部に石油化学コンビナートの建設を進めたが，1989年に撤退した．

IK【inverse kinematics】I算インバースキネマティクス．CGアニメーションの製作における，関節運動の制御に関する技法．

IKE【Internet key exchange】I算データ解読用の暗号鍵情報を安全に交換するためのプロトコルの総称．

IKF【International Kendo Federation】競(剣道)国際剣道連盟．1970年に創設．本部は東京．

IL-2【interleukin-2】薬インターロイキン-2．キラーT細胞を増殖させる物質．

ILAS【instrument low approach system】機計器着陸誘導方式．

ILC ①【International Law Commission】法国際法委員会．国際法の漸進的な発達と法典化を目指す．1947年に設立．②【International Linear Collider】理大型加速器の国際計画．電子・陽電子リニアコライダー（衝突型加速器）で，TeV（1兆電子ボルト）領域を目指す．

ILHR【International League for Human Rights】社国際人権連盟．人権を守る国際団体．1942年に設立．

i.Link I算アイリンク．デジタルビデオカメラに装備する，IEEE1394に準拠したDV端子．ソニーが提唱する名称．

Illustrator I算イラストレーター．アメリカのアドビシステムズが販売する，高機能なドロー系のグラフィックスソフトウエア．

ILM【Industrial Light & Magic】I算映アメリカの特撮工房の一つ．ルーカスフィルムが『スター・ウォーズ』を製作する時に設立した．

ILO【International Labour Organization】社国際労働機関．1919年に設立され，46年に国連と連携協定して専門機関となる．本部はジュネーブ．

ILS【instrument landing system】機計器着陸方式．無線着陸援助装置．進入中の航空機に，指向性のある電波を発信して滑走路へのコースを指示する．

ILY【International Literacy Year】国際識字年．識字についての啓蒙と教育，識字率の向上を推進するため，国連が1990年を国際識字年とした．

IM ①【instant message】I算インスタントメッセージ．特定の相手と即時的にメッセージを交換できる方式．②【input method】I算 MacOSのかな漢字変換ソフトの名称．

IMA【Interactive Multimedia Association】I算アメリカのマルチメディア協会．1987年に設立．マルチメディア関連の技術やソフトウエアの開発，教育，普及を目的とする団体．

iMac I算アップルコンピュータが1998年に発売した一般消費者向けのパソコン．

IMADR【International Movement Against All Forms of Discrimination and Racism】社反差別国際運動．世界人権宣言の精神の具体化を目的として，1988年に結成．

IMAP【Internet messaging access protocol】I算アイマップ．情報をサーバーに置いて，必要なメールだけをクライアントが取り出せるようにしたメール用プロトコル．

IMAP4【Internet messaging access proto-

760

col, version 4】Ⅰｉ】IMAPの最新版プロトコル．メールサーバー内のデータの管理が容易になる．

IMAX　映アイマックス．カナダのアイマックス社が発表した大型映像システム．

IMB【International Maritime Bureau】国際海事局．国際商工会議所の下部組織．本部はロンドン．

IMC　①【International Material Conference】国際原料会議．②【International Music Council】音国際音楽評議会．③【instrument meteorological condition】気計器気象状態．計器を使って飛行しなければならない気象状態．④【integrated marketing communication】広広告をマーケティング コミュニケーションとしてとらえる考え方．

IME【input method editor】Ⅰ算Windowsにおいて，キーボードから入力された文字を日本語などに変換するためのソフトウエア．

IMEMO【Institute of World Economy and International Relations, Academy of Sciences of the USSR】ソ連科学アカデミー世界経済・国際関係研究所．旧ソ連政府が直轄したソ連科学アカデミーに付属する研究所の一つ．1956年に設立．

IMET【International Military Education and Training】軍アメリカの国際軍事教育訓練計画．

IMF　①【International Monetary Fund】経国際通貨基金．国際通貨の秩序維持を図る．1945年に発足．本部はワシントン．国連専門機関の一つ．②【International Metalworkers' Federation】社国際金属労働組合連合．国際金属労連．

IMFコンディショナリティー【IMF conditionality】経国際通貨基金(IMF)が資金貸出を行う時に，借入国の政策運営に付ける条件．

IMF-JC【International Metalworkers' Federation, Japan Council】社全日本金属産業労働組合協議会．金属労協．

IMG【International Management Group】商競世界最大のスポーツエージェントグループ．マーク・マコーマックが創業．

IML【International Marching League】競国際マーチングリーグ．海外で開かれる7つのウオーキング大会をまとめたもの．

IML計画【International Microgravity Laboratory Program】宇理国際微小重力実験室計画．NASA（アメリカ航空宇宙局）の宇宙科学応用局が進めるスペースラブ利用計画．

IML-2【International Microgravity Laboratory-2】宇第二次国際微小重力実験室．参加各国とNASA（アメリカ航空宇宙局）が協力して行う宇宙実験．1994年にIML-2を実施．

IMnet【Inter-Ministry Research Information Network】Ⅰｉ省際ネットワーク．科学技術庁（現文部科学省）がまとめた省庁の壁を越えた研究機関のネットワーク．

IMO　①【International Maritime Organization】政国際海事機関．1958年に IMCO（政府間海事協議機関）として設立．82年に改称した．本部はロンドン．国連専門機関の一つ．②【International Meteorological Organization】気国際気象機構．1950年に世界気象機関（WMO）に発展解消．③【International Mathematical Olympiad】数国際数学オリンピック．優秀な数学者の育成を目指す国際コンテスト．1894年に始まる．

IMPACT【Inventory Management Program and Control Technique】Ⅰ算インパクト．在庫管理用のプログラムパッケージ．

IMPACT計画【Information Market Policy Actions】1988年に EC（欧州共同体）閣僚理事会で合意された，情報サービス部門における統合を図るための計画．

IMPP【instant messaging and presence protocol】Ⅰｉ短文テキストをリアルタイムで相手のコンピューター画面に表示させるインスタントメッセージに利用される標準のプロトコル．

IMS　①【intelligent manufacturing system】知的生産システム．人類の普遍的技術としての製造技術の確立を目指して，日本が提唱した国際プロジェクトの目標．②【Indianapolis Motor Speedway】競（自動車）インディアナポリス モータースピードウェイ．インディ500が行われる自動車のレース場．

IMSA　①【International Motor Sports Association】競（自動車）国際モータースポーツ協会．アメリカのスポーツカーレースの組織．主にレース専用車を用いるシリーズ戦を行う．②【International Monetary Stabilization Accounts】経国際通貨安定勘定．

IMSO【International Mobile Satellite Organization】Ⅰ字国際移動衛星機構．インマルサットを用いた国際衛星通信サービスを監督する政府間機構．

IMT-2000【international mobile telecommunications 2000】ＩＴＵ（国際電気通信連合）が進める，次世代移動通信システムに関する国際標準規格の総称．

IMU【Islamic Movement of Uzbekistan】軍政ウズベキスタン イスラム運動．イスラム過激派武力組織の一つ．

IN【intelligent network】Ⅰインテリジェントネットワーク．電話交換網でコンピューターを用い高度な接続サービスを提供する技術．

INA　①【Iraqi National Accord】政イラク国民協約．1991年に反体制組織として設立．②【Iraqi News Agency】イラク通信社．イラクの国営通信社．1959年に創立．

INB【international brand】服世界市場への展開を目指す大手服飾メーカーの商品．

INC【Iraqi National Congress】政イラク国民会議．1992年に国外で結成された反体制組織．

Inc.【incorporated】①法人組織の．合同した．②営株式会社の略称．有限会社．インクともいう．主にアメリカで，社名の後に付記する．

INCB【International Narcotics Control

I NCOT ▶

Board】団国連の国際麻薬統制委員会.
INCOTERMS【international commercial terms】経インコタームズ.国際商業会議所が定めた貿易条件(trade terms)の共通定義.
IND【investigational new drug】薬治験薬.
inetd [I][算]UNIX系のOSに搭載されているインターネット対応のプログラムの一つ.
INF【intermediate-range nuclear forces】軍中距離核戦力.中距離核兵器.
INF条約【Treaty on Intermediate-Range Nuclear Forces】軍中距離核戦力条約.地上配備の中距離ミサイルを全廃する条約で,1987年に米ソが署名し,3年間で実施された.
INFCE【International Nuclear Fuel Cycle Evaluation】国際核燃料サイクル評価.アメリカのカーター大統領の提案で,1977年に発足した国際討議の場.
Infoseek [I][イ]インフォシーク.インターネット上の代表的なロボット型検索サービスの一つ.
INIファイル [I][算]Windowsにおける各種初期設定情報を記録しておくための専用ファイル.拡張子は「.ini」.
INIS【International Nuclear Information System】理イニス.国際原子力情報システム.原子力平和利用に関するIAEA(国際原子力機関)の情報システム.1970年に発足.
INLA【Irish National Liberation Army】軍政アイルランド民族解放軍.マルクス主義系の小規模テロ組織.1975年に結成.
INMARSAT【International Maritime Satellite】[I][学]インマルサット.IMO(国際海事機関)によって1979年に創設されたIMSO(国際海事衛星機構)によって運営された国際通信衛星システム.99年に,公共部門がIMSO(国際移動衛星機構)として分離し,残りの部門は民営化.
INP【index number of prices】習経物価指数.
INPRO【international project on innovative nuclear reactors and fuel cycles】理革新的原子炉および燃料サイクルに関する国際プロジェクト.国際原子力機関(IAEA)の呼びかけで2001年に発足.
INRA【International Natural Rubber Agreement】経国際天然ゴム協定.
INRO【International Natural Rubber Organization】経国際天然ゴム機関.天然ゴムの生産国と消費国が参加.
INS ①【information network system】[I]高度情報通信システム.NTTが提供したデジタル通信サービス.ISDNの前身になるサービス.②【inertial navigation system】機慣性航法装置.旅客機に装備し,ジャイロによる加速度計とコンピューターで,常に航空機航法情報をもたらす.
INSエリアプラス【INS AREA PLUS】[I]NT T東日本の通話料割引サービスの一つ.
INSキー【INS key】[I][算]文字と文字との間に新しく文字を挿入する時に使うキー.カーソルの位置に新しい文字が入る.

INSテレチョイス【INS TELE-CHOICE】[I]I SDN用の通話料割引サービスの一つ.特定の市外局番への通話が対象.
INSテレホーダイ【INS TELE-HODAI】[I]営深夜・早朝の時間帯で,特定の電話番号への通話が定額になるISDN利用者専用サービスの一つ.
INSナンバー ディスプレー【caller ID display service】[I]INSネット利用者用の発信番号表示サービス.相手の電話番号が通信機器のディスプレーに表示される.
INSネット【INS-net】[I]NTT東日本・西日本が提供するISDNサービス.INSネット64とINSネット1500の2種類がある.
INSボイスワープ【INS Voice Warp】[I]INSネット利用者の受信した電話を,あらかじめ登録しておいた別の電話番号へ転送するサービス.
Insertキー【insert key】[I][算]インサートキー.文字の挿入モードと上書きモードを切り替えるためのキー.
INSERT文【INSERT statement】[I][算]インサート文.SQLで用いるテーブルにレコードを追加する機能を備えた文.
INS-P【Information Network System-Packet】[I]NTT東日本・西日本がISDNサービスの一つとして提供するパケット通信サービス.1990年から開始した.
INSTRAW【United Nations International Research and Training Institute for the Advancement of Women】社女性の向上のための国際訓練研修所.1979年に活動開始.
INT関数【INT function】[I][算]表計算で数値を任意のけたで丸める方法.
INTAP【Interoperability Technology Association for Information Processing, Japan】[I][算]情報処理相互運用技術協会.実装規約や情報システムの相互運用技術に関する研究を中心に活動している.
INTEGRAL【international γ-ray astrophysics laboratory】宇ESA(欧州宇宙機関)のガンマ線観測衛星.インテグラル.
Intel810 [I][算]アメリカのインテルが開発したチップセットの一つ.グラフィックス機能統合型で,3Dグラフィックスにも対応している.
IntelliMouse [I][算]インテリマウス.左右のボタンの間にスクロールボタンをもつ.
INTELSAT【International Telecommunications Satellite Organization】宇インテルサット.国際電気通信衛星機構.
Internet [I][イ]インターネット.TCP/IPを用いて世界中のコンピューターネットワークを相互に接続したネットワーク.
Internet 2 [I][イ]インターネット2.研究・教育機関のための高度通信ネットワーク技術の開発計画.全米の多くの大学が協力し推進中.
InterNIC【Internet Network Infromation Center】[I][イ]インターニック.インターネットに関して情報提供,データベースサービスなどを国際的に行う組織.1993年に設立.

762

◀ＩＰマスカ

INTOR【International Tokamak Reactor】理インタール計画．核融合の実験炉（トカマク型）の国際共同設計のこと．

Intranet【Ｉイ】イントラネット．TCP/IPやインターネット標準の技術を用いて構築された企業内ネットワークのこと．

I/O【input / output】Ｉ算コンピューターに対するデータの入出力のこと．

I/O装置【input-output unit】Ｉ算コンピューターの入出力装置．

I/Oポート【I/O port】Ｉ算アイオーポート．CPU（中央処理装置）と入出力装置がデータを入出力するための接続口．

I/Oポートアドレス【I/O port address】Ｉ算CPU（中央処理装置）の入出力ポートにおいてデータの入出力時に利用されるアドレス空間．

IOC ①【International Olympic Committee】国国際オリンピック委員会．1894年に創設．②【Intergovernmental Oceanographic Commission】政府間海洋学委員会．海洋の調査・研究の取り決めを行う．1961年に発足．

IOC倫理委員会 国国際オリンピック委員会（IOC）が，1998年に発覚した開催地選定での買収疑惑を機に，再発防止を目指して設けた委員会の一つ．

IOC2000 国国際オリンピック委員会（IOC）が，1998年に発覚した開催地選定での買収疑惑を受けて設置した改革委員会の別称．

IOCS【input/output control system】Ｉ算入出力制御システム．

IOCU【International Organization of Consumers Unions】社国際消費者機構．1960年に設立．ユニセフなどの諮問機関である消費者団体の国際連絡組織．

IODP【integrated ocean drilling program】統合国際深海掘削計画．

IOE【International Organization of Employers】習国際経営者団体連盟．国際経営者機関を1948年に改称．

IOF【Internationale Orientierungslauf Föderation】独 競国際オリエンテーリング連盟．

IOI【in-orbit infrastructure】宇軌道インフラストラクチャー．有人宇宙基地システムを築くために必要な軌道上の基盤諸設備．

IOJ【International Organization of Journalists】社国際ジャーナリスト機構．1946年に発足．本部はプラハ．

IOM【International Organization for Migration】社国際移住機関．移民や難民の国際的移動を世界的規模で援助し計画する．1987年に現名称に改称．

IOP【Individual Olympic Participant】競 個人五輪参加者．1992年のバルセロナオリンピックに個人参加した，新ユーゴスラビアとマケドニア選手の所属を示す略称．

IORARC【Indian Ocean Rim Association for Regional Co-operation】経環インド洋地域協力連合．環インド洋地域の経済・貿易の推進を目指す．インド，オーストラリア，南アフリカなど14カ国が加盟．1997年に設立．

IOS【internetwork operating system】Ｉ算ルーター制御用のOSの一つ．パソコンなどから各種設定変更が行える．

IOSCO【International Organization of Securities Commissions】経イオスコ．証券監督者国際機構．各国の証券規制当局が加盟する国際機関．

IOTC【Indian Ocean Tuna Commission】魚社インド洋マグロ類委員会．地域漁業管理機関の一つ．1996年に設立．

IOU【I owe you】習経借用証書．

IP ①【Internet Protocol】Ｉイインターネットの中心をなす通信規約．②【information provider】Ｉインフォメーションプロバイダー．情報提供者．有益な情報提供を行う企業や団体．③【image processing】Ｉ算画像処理．④【intellectual property】知的財産権．知的所有権．⑤【industrial policy】産業政策．⑥【innings pitched】習（野球）投球回数．

IPアドレス【IP address】Ｉイインターネットに接続している無数のコンピューターを識別するために，個々のコンピューターに付けた番号．

IPスイッチ【IP switch】Ｉイルータの技術とスイッチの技術を組み合わせた通信装置．

IPスプーフィング【IP spoofing】Ｉイ IPアドレスの接続制限をしているホストに対して，許可されたIPになりすまして接続する，不正侵入方法の一つ．

IP接続【IP connection】Ｉイ TCP/IPプロトコルを用いた，インターネット接続の総称．電話線を用いたダイアルアップ接続と専用線接続がある．

IPセントレックス【IP centrex】Ｉ企業の構内交換機の代わりに通信事業者が提供する内線網サービス．

IPデータグラム【IP datagram】Ｉ算情報データにあて先アドレスなどを含むヘッダー部を付加したデータ群のこと．パケットともいう．

IP電話【IP telephony】Ｉイインターネット上で音声を送る技術を用いる電話サービス．

IPトレースバック【IP traceback】Ｉ算通過したデータをルータに記録し，発信元をたどる技術．侵入探知などに用いる．

IPトンネリング【IP tunneling】Ｉ算データのパケット化時に，別ネットワークのプロトコルをIPプロトコルでカプセル化すること．VPNで用いられる技術．

IPネットワーク【IP network】Ｉイインターネットの通信規約で運用される電気通信ネットワーク．

IPバージョン6【Internet Protocol version 6】Ｉイ IPアドレスの不足対策や機能の高度化を図るための新たな規格．IPv6ともいう．

IPプロバイダー【IP provider】Ｉ LSIの開発において，IP（intellectual property）に関する設計作業を専門に請け負う企業．

I/P変換【interlace to progressive conversion】Ｉ版画面の走査線を2倍に変換すること．ハイビジョンテレビなどに用いる技術．

IPマスカレード【IP masquerade】Ｉ算 LANの端末のプライベートのIPアドレスをグローバルのIP

IPA

アドレスへ変換する方法の一つ．

IPA ①【icosapentaenoic acid】化生イコサペンタエン酸．魚の脂肪分を構成する多価不飽和脂肪酸の一種．EPAともいう．②【International Phonetic Alphabet】国際音標文字．国際音声記号．③【International Phonetic Association】国際音声学会．本部はロンドン大学内．④【International Publishers Association】社国際出版連合．翻訳書の著作権などについての国際規約を作成．本部はチューリヒ．⑤【International Peace Academy】社国際平和アカデミー．本部はニューヨーク．平和維持活動についての研究・教育・広報を行う．⑥【Information Technology Promotion Agency】I情報処理推進機構．

IPB【International Peace Bureau】社国際平和ビューロー．各国の平和会の活動の調整などを行う．1892年に設立．

IPC ①【Intellectual Property Committee】米国知的所有権委員会．②【International Paralympic Committee】競国際パラリンピック委員会．1989年に創設．

IPCC【Intergovernmental Panel on Climate Change】気気候変動に関する政府間パネル．

IPCC TAR【Intergovernmental Panel on Climate Change Third Assessment Report】気気候変動に関する政府間パネルの第三次報告書．2001年に公表．

IPE【International Petroleum Exchange】営経ロンドン国際石油取引所．北海ブレント原油などの先物取引を行う．

IPF【Intergovernmental Panel on Forests】環森林に関する政府間パネル．国際的規模で持続可能な森林経営を進める行動提案を行う．

IP Filter I算アイピーフィルター．始・終点アドレス情報などを利用して，IPパケットを選別するためのソフトウエア．

IPI【International Press Institute】社国際新聞編集者協会．1950年に設立．

IPL【initial program loader】I算コンピューターを動かすOSなどのソフトウエアを，磁気ディスクなどからコンピューターの主記憶装置に移すためのプログラム．

iPlanet I イ営アイプラネット．Sun/Netscape Allianceが提供する，電子商取引に利用される企業用ソフトウエア群．

IPLC【international private line circuit】I国際専用線．

IPM【integrated pest management】生総合的有害生物管理．博物館や美術館で，薬剤を最小限に抑えて害虫から文化財を守る手法．

IPng【IP next generation】I算次世代IP．セキュリティーや高速ネットワークの利用などの機能強化を図るもの．

IPNI【interplanetary internet】I イ太陽系の惑星間をインターネット技術で結ぶ構想．

IPO【initial public offering】営証株式の新規公開．

IPOD【international phase of ocean drilling】国際深海掘削計画．1975年に開始．

iPod I音アイポッド．ハードディスクなどを用いる携帯式音楽再生機器．アップルコンピュータ社が発売．商標名．

IPP【independent power producer】営独立系発電事業者．自家発電設備をもち，送電線を所有する電力会社へ電力を卸売りする企業．

IPPF【International Planned Parenthood Federation】社国際家族計画連盟．1952年設立の民間機関．

IPPNW【International Physicians for the Prevention of Nuclear War】社核戦争防止国際医師会議．1980年に設立した反核組織．85年にノーベル平和賞受賞．本部はボストン．

IPPRI【International Peace Policy Research Institute】社国際平和政策研究所．オランダとアメリカに1984年に設立された平和研究機関．

IPRA ①【International Peace Research Association】社イプラ．国際平和研究学会．1965年に設立された平和研究者の国際的団体．②【International Public Relations Association】国際ピーアール協会．1955年にロンドンで設立．

IPS ①【Institute for Policy Studies】政策研究所．アメリカの民間のシンクタンク．1963年に設立され，「核兵器データブック」の編集などで知られる．②【International Plutonium Storage】国際プルトニウム貯蔵．

IPsec【IP security protocol】I イアイピーセック．TCP/IPプロトコルで各種のセキュリティー機能を有したプロトコルの総称．

IPSJ【Information Processing Society of Japan】I算情報処理学会．文部科学省が認可した国内の情報処理関連団体の中心的存在．

IPTC【International Press Telecommunications Council】国際新聞通信委員会．ニュースの交換に宇宙通信を使用するために設立された国際組織．本部はロンドン．

IPU【Inter-Parliamentary Union】列国議会同盟．各国の議会議員による国際団体．1889年に設立．

IPv4【Internet Protocol version 4】I イインターネットでIPアドレス資源を32ビットで管理しているプロトコル．

IPv6【Internet Protocol version 6】I イIPアドレスの不足対策や機能の高度化を図るための新たな規格．

IP-VPN【IP-virtual private network】I イIPプロトコルのみを用いる，仮想の閉域網サービスのこと．

IPX/SPX【internetwork packet exchange / sequenced packet exchange】I イネットワーク層で用いられる，コネクション型プロトコルの一つ．アメリカのノベルのOS，NewWareに利用される．

IPY【International Polar Year】国際極年．

国際協力による北極や南極の研究観測計画．
IQ ①【intelligence quotient】教知能指数．アイキュー．②【import quota】経輸入割り当て．③【improving quality】営社品質向上について話し合い，協力し合うこと．④【individual quota】経個人割当．一隻ごとの漁獲量を決める漁業資源の管理方法．
IR ①【investor relations】営広投資家向けの広報活動．企業と投資家間の情報開示を通じて信頼関係を作り上げる．②【information retrieval】I算情報検索．データベースから必要な情報を取り出すこと．③【isoprene rubber】化イソプレンゴム．合成ゴムの一つ．④【infrared rays】赤外線．
IR広告【investor relations advertising】営広投資家や株主などに向けて行う企業広告．
IRA ①【Irish Republican Army】軍アイルランド共和軍．北アイルランドのカトリック系住民の独立などを目指す過激派組織．②【individual retirement account】経社アメリカの個人退職勘定．個人の退職積立金を預ける．
IRAS【infrared astronomical satellite】宇天赤外線天文観測衛星．
IRB ①【Institutional Review Board】営社施設内倫理委員会．アメリカで制度化され，世界的に定着しつつある．ERBともいう．②【International Rugby Football Board】競(ラ)国際ラグビーボード．15人制ラグビーを統括する，世界のラグビーの最高決定機関．
IRBM【intermediate-range ballistic missile】軍中距離弾道ミサイル．
IRC ①【Internet relay chat】I イインターネット上で，即時対応で相互にメッセージを送り合うこと．②【Industrial Reorganization Corporation】営経イギリスの産業再編成公社．③【International Rice Commission】国際米穀委員会．FAO（国連食糧農業機関）の組織．④【International Red Cross】社国際赤十字．赤十字国際委員会と国際赤十字・赤新月社連盟および各国の赤十字社と赤新月社の総称．⑤【International Rescue Core】イギリスの民間援助機関．1981年に設立．
IRCJ【Industrial Revitalization Corporation of Japan】営経産業再生機構．日本の金融再生プログラムを基に発足した株式会社．2003年に設立．
IRD【integrated reciever decoder】I 放有料デジタルテレビ放送の受信機．
IrDA【Infrared Data Association】I 赤外線を使ったデータ通信機能の標準化団体．1993年に設立．またはその国際規格．
IrDAインターフェース【IrDA interface】I 算赤外線を使用してデータを転送するための規格．ノート型パソコン，PDA（携帯情報端末），デジタルカメラなどに使われる．
IRI【Istituto per la Ricostruzióne Industriale】伊営経イリ．イタリアの産業復興公社．
IRIS【Infrared Imaging Surveyor】宇宙科学研究所（現宇宙航空研究開発機構）の赤外線観測衛星の一つ．
IRL【Indy Racing League】競インディアナポリス モータースピードウェイが中心となり，自動車競走のシリーズ戦を行う組織．
IRM【information resource management】I 営情報資源管理．情報を企業資源として認識し活用しようという概念．
IrMC【infrared mobile communication】I 算モバイル通信端末向けの赤外線通信規格の一つ．IrDAの規格を基にしている．
IRO【International Refugee Organization】社国連の国際避難民救援機構．1948年に設立．
IRP ①【integrated resource planning】社理電力の統合資源計画．新規電源建設が行いづらくなったアメリカでの電力需給計画．②【Islamic Republican Party】政イスラム共和党．イランの一党独裁的政党．
IRPP【Institute for Research on Public Policy】公共政策研究所．1972年に設立された，カナダの国立研究機関．
IRQ【interrupt request】I 算周辺機器が中央処理装置（CPU）を利用する際に出す割り込み要求信号．
IRRI【International Rice Research Institute】生農国際稲研究所．フィリピンに設立．
IRS ①【Internal Revenue Service】経アメリカの国税庁．所得税や物品税などの内国税を取り扱う．②【Incident Reporting System】理事故通報システム．OECD／NEA（経済協力開発機構／原子力機関）が原子力事故などを通報するため，1982年に運用を開始した．
IRTalk I 算アイアールトーク．赤外線通信を利用してMacOSのLocalTalkに接続するための技術．
IrTran-P【infrared transfer picture】I 算アイアールトランプ．赤外線通信を用いてデジタルカメラなどの画像データを送受信するための規格．
IRTS【infrared telescope in space】宇宇宙科学研究所（現宇宙航空研究開発機構）の赤外線観測衛星の一つ．1995年に打ち上げた．
IRU ①【indefeasible right of use】I 破棄し得ない使用権．全関係者が同意しないと終了できない，通信回線の長期的な使用権のこと．②【inertial reference unit】機慣性基準装置．航空機に備える航法装置の一つ．
I/S【income statement】営経損益計算書．
IS曲線【IS curve】経財市場を均衡させる利子率と国民所得の組み合わせを表す曲線．
ISバランス【investment-saving balance】経投資・貯蓄バランス．一国の経済全体で，投資と貯蓄の差（I−S）は，政府財政赤字と貿易収支の合計と等しい，という関係が成り立つ．
IS-95【interim standard-95】I 算商用携帯電話システムのうち，CDMA方式を採用しているもの．
ISA ①【International Seabed Authority】社国際海底機構．深海底資源を人類全体の利益のために開発・利用することを目指す．1994年に発足．

I SAバス▶

ISBAともいう．②【International Student Association of Japan】日本国際学生協会．③【International Sugar Agreement】経国際砂糖協定．日本は輸入国として1954年に加盟した．④【International Standard Atmosphere】気国際標準大気．⑤【Industry Standard Architecture】I算PC/AT 互換機で使う拡張スロットの規格．⑥【International Standard on Auditing】経国際監査基準．

ISAバス【industry standard architecture bus】I算PC/AT互換機用として普及している拡張ボードを接続するスロットのこと．データバス幅は16ビット．

ISAF　①【International Sailing Federation】競国際セーリング連盟．1907年に創立．②【International Security Assistance Force】軍アフガニスタンにおける治安支援部隊．2001年に国連安保理決議により創設．

ISAKMP【Internet security association & key management protocol】I/アイサカンプ．インターネット上で，暗号データ解読用の鍵暗号の交換の際に用いられるメッセージフォーマット．

ISAM【indexed sequential access method】I算アイサム．索引順アクセス法．データベースなどで，大量のデータを効率よく検索するためのアクセス法．

ISAPI【Internet server application programming interface】I算WWWサーバーのもつ外部プログラム起動用のAPI．

ISAS【Institute of Space and Astronautical Science】学日本の宇宙科学研究所．文部科学省の国立研究機関．1981年に設立．2003年に宇宙航空研究開発機構に改組．

ISBN【International Standard Book Number】I国際標準図書番号．流通業務合理化のため，市販の書籍に付けるコード．

ISCCP【International Satellite Cloud Climatology Project】気国際衛星雲気候計画．気象衛星による雲の観測．1983年から開始．

ISCM【International Society of Contemporary Music】音国際現代音楽協会．世界各地で毎年，世界音楽祭を開いている．

ISD【inhibited sexual desire】医心性的関心欠損症．働き盛りの年代に起こるセックス離れ．

ISDA【International Swaps and Derivatives Association】経国際スワップデリバティブ協会．1984年に国際スワップディーラー協会として設立．93年に名称変更．

ISDB【integrated services digital broadcasting】I放総合デジタル放送．デジタル伝送が可能な広帯域放送波を設定した放送方式．

ISDN【integrated services digital network】I総合デジタル通信網．デジタル総合サービス網．デジタル技術をベースにした総合通信ネットワーク．

ISDNルーター【ISDN router】I/ISDN回線を利用して，複数の端末をインターネットに接続させるための機器．

ISEAS【Institute of Southeast Asian Studies】東南アジア研究所．1968年にシンガポールに設立された，東南アジアについての研究・調査を行う地域センター．

ISF　①【industrial space facility】字民間宇宙工場．②【International Sports Federation】競国際競技連盟．IF．③【International Softball Federation】競(ｿﾌﾄ)国際ソフトボール連盟．④【International Snowboard Federation】競(ｽﾉｰ)国際スノーボード連盟．

ISI【Pakistan Inter-Services Intelligence】軍パキスタン三軍統合情報部．

ISIC【International Standard Industry Classification】国際標準産業分類．

ISIS　①【Institute for Science and International Security】科学国際安全保障研究所．核不拡散問題などを扱うアメリカの民間団体．②【Institute of Strategic and International Studies, Malaysia】マレーシア戦略国際問題研究所．1983年設立の民間研究機関．

IS-LM分析【IS-LM analysis】経財市場と貨幣市場を同時に均衡させる利子率と国民所得の決定に関する分析方法．Iは投資，Sは貯蓄，Lは実質貨幣需要量，Mは名目貨幣供給量を示す．

ISM【instore merchandising】営イスム．店舗の売り場の生産性を最大にする技法．

ISMバンド【industrial, scientific and medical band】電理産業・科学・医療用機器用に割り当てられた無線周波数帯．

ISME【International Society for Mangrove Ecosystems】環生国際マングローブ生態系協会．熱帯などに育つマングローブの保全と再生を目指す非政府組織．1990年に設立．

ISMS【Information Security Management System】I営情報セキュリティーに関する規格．日本情報処理開発協会が認定する．

ISMUN【International Student Movement for the United Nations】社イスムン．国連国際学生運動．各国の大学や高等教育機関の学生が国際平和の推進を通じて国連に協力する．1965年に設立．

ISO　①【International Organization for Standardization】営社イソ．アイソ．アイエスオー．国際標準化機構．工業製品の国際規格化を目的とする機関．1947年に創設．日本は52年に加入．本部はジュネーブ．②【Infrared Space Observatory】字ESA（欧州宇宙機関）の赤外線天文衛星．1995年に打ち上げた．

ISOコード【International Organization for Standardization code】I算ASCIIコードを基にした国際標準化機構（ISO）による情報交換用標準コード．

ISO10646　I算国際標準化機構（ISO）による，日本語などの複数バイトをもつ文字を割り当てた文字コードの一つ．

ISO14000シリーズ　営社国際標準化機構（ISO）が進める環境管理システムと環境監査に関する国際規格．ISO14001が1996年に発効．

ISO14001　営社環境マネジメントシステムに関する規格．国際標準化機構(ISO)が定めたISO14000シリーズの一つ．

ISO14021　営社国際標準化機構(ISO)が定める環境ラベルのうち，「自己宣言による環境主張」を意味する規格．

ISO14024　営社国際標準化機構(ISO)が定める環境ラベルのうち，第三者機関の認証が必要とされる規格．

ISO14025　営社国際標準化機構(ISO)が定める環境ラベルのうち，「定量的な環境情報の提供」を意味する規格．

ISO-2022-JP　Iイ JIS規格の日本語の文字をインターネットで使用するための規格．半角カタカナ文字は使えない．

ISO9000シリーズ　営社品質管理および品質保証に関する一連の国際規格．国際標準化機構(ISO)が1987年に制定．

ISO9660　I算ハイシエラフォーマットを基にして，国際標準化機構(ISO)で定められたCD-ROM用のファイルフォーマット．

ISOC【Internet Society】Iイ インターネットソサエティー．インターネットの利用や技術などの国際的な協調を図る非営利団体．1992年にアメリカで設立．

ISOFIX方式【ISOFIX system】機ISO(国際標準化機構)による世界共通の自動車用チャイルドシート固定方式．

ISO/IEC15408　I算情報セキュリティーに関する規格の一つ．一般家庭用から軍事施設用までさまざまなレベルがある．

ISO/IEC16500　I算ビデオ番組の双方向サービス，ビデオオンデマンドに関する仕様であるDAVIC.1.3.1をISOが受け継いだもの．

ISO/TC211　I算ISOにおける，地理情報システム(GIS)に関する技術の標準化を目的とした技術委員会．

ISOTYPE【International System of Typographic Picture Education】美アイソタイプ．子供の視覚教育のための絵文字システム．1925年にノイラートが考案した．

ISP【Internet service provider】Iイ インターネットへの接続サービスをする業者．

ISPA【International Society for the Protection of Animals】社動国際動物愛護協会．

ISPSコード【International Ship and Port Facility Security Code】船舶・港湾の国際保安措置．

ISRC【International Standard Recording Code】音国際標準レコーディングコード．オーディオやビデオのソフトを国際的に識別する．1988年から各国のレコード会社が採用．

ISRO【Indian Space Research Organization】字インド宇宙研究機関．

ISS　①【International Space Station】字国宇宙ステーション．②【Ionosphere Sounding Satellite】字電離層観測衛星．宇宙開発事業団(現宇宙航空研究開発機構)が1976年と78年に打ち上げた人工衛星．

ISSA【International Social Security Association】社イッサ．国際社会保障協会．1947年に国際社会保険会議から改称．

ISSCC【International Solid-State Circuits Conference】国際固体回路会議．

ISSP【International Space Station Program】字国際宇宙ステーション計画．

ISTEC【International Superconductivity Technology Center】国際超電導産業技術研究センター．1988年に発足した通産省(現経済産業省)認可の財団法人．

ISU　①【International Skating Union】競(ｽｹ)国際スケート連盟．②【International Space University】字国際宇宙大学．1987年にアメリカのボストンに本部を設置．平和目的に限定して専門家を育成する．

ISV【independent software vendor】Iソフトウエアを開発する独立系の会社や個人．

IT　①【information technology】I情報技術．情報通信分野を広くとらえて用いる語．コンピューターやインターネットを支える機器類やソフトウエアの技術などをいう．②【inclusive tour】営社パック旅行．航空券のほか宿泊代や観光費用などすべてを含んだ往復あるいは周遊の旅行．

IT運賃【IT fare】営航空券の包括運賃．ITはinclusive tourの略．

IT革命【IT revolution】Iイ インターネットなどのIT(情報技術)の活用が，個人・企業における諸活動に大変革をもたらすこと．

IT戦略会議【strategic council for IT】I 2000年7月に官民共同で国内のIT(情報技術)の普及・発展を目指すために設置された総理大臣諮問機関．

ITビジョン【intertext vision】I放テレビ信号の垂直帰線消去区間を利用するデータ放送に，電話回線によるデータ送信を使って双方向性をもたせた対応型テレビ．

ITA　①【Information Technology Agreement】I情報技術協定．情報通信分野の製品への関税を関連国が相互に撤廃し，国際分業を促進する．②【Independent Television Authority】放イギリスの独立テレビ公社．公共事業体で商業放送も行う．③【International Tin Agreement】経国際すず協定．日本は輸入国として加盟．

ITAA【Information Technology Association of America】I欧米やアジア各国のIT関連企業が，インターネット技術の標準化と普及を目的として設立した業界団体．

Itanium　I算アイテニアム．アメリカのインテル製の64ビットCPU(中央処理装置)．従来の32ビットを生かした形で64ビット命令群を備えている．

ITAR-TASS【Informatsionnoe Telegrafnoe Agentstvo Rossii-TASS 露】ロシアの通信社．イタル タス．旧ソ連のタス通信などが，1992年にロシア国営となって改組・改称したもの．

ITC　①【International Trade Commission】経アメリカの国際貿易委員会．ダンピングの被害を

認定し、関税の引き上げなどを勧告する．②【inclusive tour charter】旅不特定の旅客を集めた航空機の貸し切り方法．③【International Touring Car Championship】競(自動車)ツーリングカーの最高クラスによる国際的シリーズ戦．1996年開始．④【integrated traffic control】機集中列車制御システム．

ITER【International Thermonuclear Experimental Reactor】理国際熱核融合実験炉．イーター．日米欧ロ中韓が共同でフランスに建設する．

ITF ①【International Trade Fair】国際見本市．②【International Tennis Federation】競(テニス)国際テニス連盟．1913年に設立．③【International Transport Workers' Federation】国際運輸労連．

ITFコード【interleaved two of five code】①1987年にJIS化された標準物流バーコード．

ITGS【intelligent traffic guidance system】①電話回線を使って交通情報を即時にカーナビゲーションに伝えるシステム．

ITI【International Theater Institute】劇国際演劇協会．UNESCO(国連教育科学文化機関)の外郭団体で、本部はパリ．

ITIM【News Agency of the Associated Israel Press】イスラエル新聞連合通信社．イスラエルの代表的な通信社．1950年に創立され、新聞組合が運営する．略称はヘブライ語の頭字語．

ITIT【Institute for Transfer of Industrial Technology】国際産業技術移転事業．主として鉱工業技術移転分野で、途上国に研究協力を行う通産省(現経済産業省)の事業．

ITOセンサー【indium tin oxide sensor】①写デジタルカメラなどで使われるフルフレームCCD(電荷結合素子)の画質をより高めたもの．

ITQ【individual transferable quota】旅譲渡可能個人漁獲割当制．漁業資源管理方法の一つ．

ITR【Internet talk radio】①インターネット上に番組を組んだラジオ局．

ITS【intelligent transport system】①高度道路交通システム．道路交通の安全性や経済性を高める研究を進めている．

ITT【ITT Corp.】アメリカの複合企業の一つ．1920年に設立．本社はニューヨーク．軽電機、ホテルなどの会社を系列下に置く．旧称はInternational Telephone and Telegraph Corp.(国際電信電話会社).

ITTA【International Tropical Timber Agreement】経国際熱帯木材協定．生産国と消費国の国際協力を目指し、1985年に発効．

ITTF【International Table Tennis Federation】競(卓球)国際卓球連盟．1926年設立．

ITTO【International Tropical Timber Organization】経国際熱帯木材機関．本部は横浜．1984年に協定は発効、86年に設置．

ITU ①【International Telecommunication Union】①国際電気通信連合．前身は1865年に設立した万国電信連合．1947年に改組．国連専門機関の一つ．本部はジュネーブ．②【International Triathlon Union】競(トライアスロン)国際トライアスロン連合．

iTunesミュージックストア【iTunes Music Store】①音アメリカのアップルコンピュータが2003年にインターネット上に開設した音楽配信サイト．

ITU-T【ITU telecommunication standardization sector】①国際電気通信連合電気通信標準化部門．通信に関する標準規格を定める国際機関．

IUAC【International Union Against Cancer】医国際対がん連合．

IUAM【Islamic Unity of Afghan Mujahedeen】政アフガニスタン ムジャヒディン イスラム同盟．1985年に反政府ゲリラの主要7派で結成した．

IUB【International Union of Biochemistry】国際生化学連合．1955年に結成．

IUCN【International Union for the Conservation of Nature and Natural Resources】環生国際自然保護連合．絶滅に瀕する動植物を記した「レッドデータブック」を発行．1948年に設立．

IUCW【International Union for Child Welfare】社国際児童福祉連合．1946年に設立．

IUD【intrauterine device】医子宮内避妊器具．子宮内にリングを挿入する避妊法．

IUFRO【International Union of Forestry Research Organizations】国際林業研究機関連合．1892年に設立し、1929年に組織再編．

IUGG【International Union of Geodesy and Geophysics】国際測地学・地球物理学連合．本部はトロント．

IULA【International Union of Local Authorities】政国際地方自治体連合．1913年に国際的な相互交流会議を開催し、46年に再興を決議．

IUM【Islamic Unification Movement】政イスラム統一運動．レバノンのイスラム教過激派組織．1979年に結成．

IUPAC【International Union of Pure and Applied Chemistry】国際純正応用化学連合．1919年に設立．日本学術会議も加盟．

IUPAP【International Union of Pure and Applied Physics】国際純正応用物理学連合．物理学者の国際組織．

IUPS【International Union of Physiological Sciences】国際生理科学連合．

IVA【intra-vehicular activity】宇宇宙船内の活動．

IVF【in vitro fertilization】医体外受精．

IVF-ET【in vitro fertilization and embryo transfer】医体外受精・胚移植．体外で受精させた卵子を48時間後に膣を通して子宮に着床させる方法．

IVH【intravenous hyperalimentation】医中心静脈栄養法．上大静脈を通じて高カロリーの溶液を人体に注入する方法．

IVIS【inter-vehicular information system】軍ビークル相互情報システム。アメリカ陸軍の戦場同時表示の最優先手段として用いる。

IVUS【intravascular ultrasound】医血管内超音波法。カテーテル先端に付けた超音波素子を血管内に挿入し、血管の横断像を即時に得る。

IVV【Internationaler Volkssportverband 独】国国際市民スポーツ連盟。誰でもできるスポーツの普及啓蒙などを目指す。本部はドイツ。

IW【information warfare】軍情報戦。

IWA ①【International Whaling Agreement】国国際捕鯨協定。②【International Wheat Agreement】国国際小麦協定。世界の小麦需給安定のための協定。

IWC ①【International Whaling Commission】国国際捕鯨委員会。国際捕鯨協定により、年1回開催し、クジラの捕獲数などを決める。1946年に発足。②【International Whaling Convention】国国際捕鯨会議。1946年から開催。③【International Wheat Council】国国際小麦委員会。

iWERKS　映アイワークス。アメリカのアイワークスエンタテインメントが手がけた大型のフィルム映像システム。

IWGA【International World Games Association】国国際ワールドゲームズ協会。

IWRB【International Waterfowl and Wetlands Research Bureau】国国際水禽・湿地調査局。水鳥とその生息地の調査・研究などを行う国際的な民間公益団体。1954年に設立。

IWT【information warfare technology】軍情報戦技術。

IWW【Industrial Workers of the World】社世界産業労働組合。

IX【Internet exchange】　インターネットアクセスプロバイダー相互間を接続する相互接続点のシステム。

IXアーキテクチャー【Internet exchange architecture】　アメリカのインテルによる、ネットワーク用通信機器開発向けのICチップのアーキテクチャー。

IYF【International Year of the Family】国際家族年。家族・変わりゆく世界における人的資源と責任というテーマのもとに、国連が1994年を国際家族年と設定した。

J

Jヴィレッジ【J-VILLAGE】福島県にあるナショナルトレーニングセンター。

Jカーブ効果【J-curve effect】為替レート変動の思惑がからみ、経常収支が是正されないで、一時的に悪化し、その後に均衡する方向になる現象。

J感覚【Japan –】商商品デザインや趣向に現れる日本の感覚。アジア市場で好まれる。

Jクラブ【J club】競（サッカー）Jリーグの正会員・準会員のクラブの総称。

J-スカイウェブ【J-Sky Web】　J-Phoneが提供していた携帯電話を用いたインターネット接続サービスの名称。

JスカイB【J sky B】デジタル多チャンネル衛星放送の一つ。1998年にパーフェクTVと合併し、スカイパーフェクTVとなった。

Jターン【J turn 日】社大都市の大学などの卒業生が、出身地の近くにある地方中核都市などに移り住む行動様式。

Jチャート【J chart】ある項目について評価を行う際に、四つの特性を用いて総合的に評価するために使用するチャート。

J文学 文1990年代以降にデビューした日本の若手作家の文学。音楽のJ-POPに呼応してなされたネーミング。

Jポップ【J pop 日】音1990年代の日本製ポップ音楽の傾向を示す語。

Jラップ【J rap】音1990年代半ばに登場した日本語によるラップ。

Jリーグ【J.LEAGUE】競（サッカー）1991年に設立された日本初のプロサッカーリーグ。正式名称は日本プロサッカーリーグ（Japan Professional Football League）で、JapanのJを取った通称。99年から1部・2部制を導入。

Jリーグ セカンドディビジョン【J. League 2nd Division】競（サッカー）通称J2。日本のプロサッカー、Jリーグの2部。1999年の2部制導入で発足。13チームが参加。

J1 競（サッカー）日本のプロサッカー、Jリーグの1部。1999年の2部制導入で発足。18チームが参加。

J-1改良型ロケット【J-1 Upgrade rocket】機宇宙開発事業団（現宇宙航空研究開発機構）の全2段式の液体燃料ロケット。J-1ロケットの開発をやり直した構想。

J-1ロケット【J-1 rocket】宇宙開発事業団（現宇宙航空研究開発機構）が開発した小型固体燃料ロケット。

J2 競（サッカー）日本のプロサッカー、Jリーグの2部。1999年の2部制導入で発足。13チームが参加。

J2EE【Java 2 platform, enterprise edition】　企業向けのサーバー用Java実行・開発環境の総称。

J2ME【Java 2 platform, micro edition】　携帯端末用の組み込みデバイス向けJava実行・開発環境の総称。

JA【Japan Agricultural Cooperatives】農日本の農業協同組合（農協）の略称。

JA共済【Japan Agricultural Cooperatives Insurance】社農協（JA）が取り扱う組合員相互扶助制度。

JAA【Japan Asia Airways】日本アジア航空。

JAAF【Japan Association of Athletics Federations】競（陸上）日本陸上競技連盟。日本陸連。1911年に設立。

JABA【Japan Amateur Baseball Association】競（野球）日本野球連盟。社会人野球を統括す

J ABBA ▶

る.

JABBA【Japan Basketball Association】競（バスケットボール）日本バスケットボール協会.

JABEE【Japan Accreditation Board for Engineering Education】教日本技術者教育認定機構. 大学などの技術者教育プログラムの審査・認定を行う団体.

JACA【Japan Adult Children Association】社日本アダルトチルドレン協会. 1994年に発足. アダルトチルドレンの自助グループ.

JACEP【Japan-ASEAN comprehensive economic partnership】経日本ASEAN包括的経済連携構想. 2001年に小泉首相が提唱.

JACL【Japanese American Citizens League】社日系アメリカ市民連盟. 日系二世・三世で組織され, アメリカ内での権利・地位の向上を目指す. 本部はロサンゼルス.

JAD【joint application development】IT算 システム開発で, 分割した各工程の段階でユーザーを参加させ, 意見を取り入れる方法.

JADA【Japan Anti-Doping Agency】競日本アンチ・ドーピング機構. 反ドーピング(薬物使用)運動の調整機関で, 2001年に設立.

JADMA【Japan Direct Marketing Association】営社ジャドマ. 日本通信販売協会. 通信販売会社が組織.

JAEA【Japan Atomic Energy Agency】社理日本原子力研究開発機構. JAERI(日本原子力研究所)とJNC(核燃料サイクル開発機構)が統合し, 2005年10月発足.

JAERI【Japan Atomic Energy Research Institute】社理日本原子力研究所. 2005年10月にJNC(核燃料サイクル開発機構)と統合, JAEA(日本原子力研究開発機構)に.

JAF【Japan Automobile Federation】競社ジャフ. 日本自動車連盟. 1962年に設立.

JAGDA【Japan Graphic Designers Association】社日本グラフィックデザイナー協会.

JAIA【Japan Automobile Importers Association】社日本自動車輸入組合. 1965年に設立. 海外自動車メーカーから直接輸入・販売する会社が加盟.

JAIDO【Japan International Development Organization】経日本国際協力機構. 1989年に設立. 貿易黒字の資金還流を図る会社.

JAIMS【Japan-America Institute of Management Science】日米経営科学研究所. 富士通が提唱する国際教育機関. 1972年に設立.

JAIWR【Japanese Association of International Women's Rights】社国際女性の地位協会. 1987年に東京で設立.

JAL【Japan Airlines】ジャル. 日本航空. 日航.

JAM【Japanese Association of Metal, Machinery and Manufacturing Workers】社日本の産業別労組の一つで, 機械・金属産業を中心とする組織.

JAMA【Japan Automobile Manufacturers Association】機日本自動車工業会. 自動車メーカーが加盟.

JAMSTEC【Japan Agency for Marine-Earth Science and Technology】海洋研究開発機構. 独立行政法人.

JANコード【Japan article number code】IT日本の工業規格による標準商品の表示. 日本で使われている, 個々の商品を表す共通商品コード. 小売店の販売管理システムで利用する.

JANA【Jamahiriya News Agency】ジャマヒリヤ通信社. リビアの国営通信社. 1965年に創立.

JANIC【Japan NGO Center for International Cooperation】国際協力NGOセンター. 1987年に設立. 250のNGO(非政府機関)で構成.

JAPAN X BOWL 競(アメリカンフットボール)日本社会人選手権. Xリーグのチャンピオン決定戦.

JAPIC【Japan Project Industry Council】営社ジャピック. 日本プロジェクト産業協議会. 1979年に設立.

JARL【Japan Amateur Radio League】日本アマチュア無線連盟.

JARO【Japan Advertising Review Organization】区ジャロ. 日本広告審査機構. 1974年設立の自主規制機関.

JAROS【Japan Resources Observation System Organization】資源探査用観測システム研究開発機構.

JAS ①【Japanese Agricultural Standard】経農日本農林規格. 農林畜産品を対象とする国家規格. 合格したものにJASマークを付ける. ②【Japan Astronautical Society】社日本宇宙旅行協会. 1953年に発足.

JAS規格制度 経農JAS(日本農林規格)制度の一つ. 製品本体で定めた品質と表示に基づく格付け検査に合格した加工食品などの製品に, JASマークが付けられる制度. 検査を受けるのは製造業者の任意. 1950年に開始.

JAS制度 経農農林物資などの規格化や品質表示の適正化を図る制度. JAS規格制度, 特定JAS規格制度, 品質表示基準制度がある. JASはJapanese Agricultural Standard(日本農林規格)の略.

JASA【Japan Sports Association】競日本体育協会. 1911年に設立.

JASDAQ【Japan Association of Securities Dealers Automated Quotation】経ジャスダック. 日本証券業協会店頭銘柄気配自動通報システム.

JASDAQ市場【JASDAQ Market】経ジャスダック市場. 日本証券業協会の株式店頭市場. 1991年にジャスダックシステムを開始し, 2001年に一般呼称を変更.

JASF【Japan Swimming Federation】競(水泳)日本水泳連盟. 1924年に設立.

JASMINE計画【Japan Astrometry Satellite Mission for Infrared Exploration】字日本の赤外線位置天文観測衛星計画.

JASRAC【Japanese Society for Rights

◀ **J** CL

of Authors, Composers and Publishers】音ジャスラック．日本音楽著作権協会．
JASSM【joint air-to-surface stand-off missile】軍アメリカ海・空軍が共同開発した空対地スタンドオフミサイル．精密攻撃兵器の一つ．
JAST計画【Joint Advanced Strike Technology program】軍ジャスト計画．アメリカ海・空軍共同の統合先進攻撃技術計画．1994年に始まる．
JATA【Japan Association of Travel Agents】社日本旅行業協会．1959年に設立．
JATE【Japan Approvals Institute for Telecommunications Equipment】電気通信端末機器審査協会．通信端末機器の技術適合審査を行う機関．
Java　Ⅰ算ジャバ．アメリカのサンマイクロシステムズが提唱したオブジェクト指向型のプログラミング言語．1995年に発表した．Java言語ともいう．
Javaアプリ【Ⅰ】Java対応の携帯電話機で，ネットワークから転送されて実行されるプログラム．
Javaアプリケーション【Java application】Ⅰ算Javaによって作成されたプログラムのうち，WWWブラウザーとは別に単独で独立して実行するプログラム．
Javaアプレット【Java applet】Ⅰ算Java言語を用いて作られたプログラムの一つ．クライアントがブラウザーを用いて読み出し，実行できる．
Javaチップ【Java chip】Java仮想マシンが組み込まれたマイクロプロセッサー．モバイル端末などへ利用される．
Java2　Ⅰ算ジャバツー．Java開発キットであるJDK1.2のこと．それまでのJDK1.1.xに比べて，ホストOSからの独立性が高い．
JavaBeans　Ⅰ算ジャバビーンズ．Java言語を使って開発されたプログラムを，他のアプリケーションで利用するための拡張機能．
JavaCard　Ⅰ算ジャバカード．多用なアプリケーションを実行できるICカードの開発をJavaで行うための開発環境の仕様．
JavaIDL【Java interface definition language】Ⅰ算ジャバアイディエル．JOK2プラットフォームとともに提供されるobject request brokerｒ．分散システム環境における，分散オブジェクトの技術の一つ．
JavaOS　Ⅰ算ジャバオーエス．Javaの実行環境を提供するOS．OS自体はプログラムを実行するたびにダウンロードされる．
Java RMI【Java remote method invocation】Ⅰ算ジャバアールエムアイ．あるJavaオブジェクトから別のJavaVM上のオブジェクトの手続きを呼び出すためのAPI．
JavaScript　Ⅰ算ジャバスクリプト．HTMLの中に組み込まれた形で実行される，オブジェクト指向のスクリプト言語の一つ．
JAWS【joint advanced weapon system】軍アメリカの統合先進兵器システム．ヘリコプター搭載の対戦車ミサイル．
JAWW【Japan Women's Watch】社日本女性監視機構．男女共同参画の実施状況などを調べる．2001年に設立．
JAXA【Japan Aerospace Exploration Agency】宇ジャクサ．宇宙航空研究開発機構．宇宙開発事業団などが2003年に統合して発足した独立行政法人．
Jaz　Ⅰ算ジャズ．アメリカのアイオメガ社が販売するリムーバブルディスクの一種．ディスク一枚の容量は1GBと2GB．
JBC【Japan Boxing Commission】競（ボクシング）日本ボクシングコミッション．
JBIC【Japan Bank for International Cooperation】経国際協力銀行．1999年に日本輸出入銀行と海外経済協力基金を統合して発足．
JBL【Japan Basketball League】競（バスケットボール）バスケットボール日本リーグ機構．
JBNet【Japan Bond Settlement Network】経債券決済ネットワーク会社．日本銀行が設けた決済機関．国債を扱う．1996年に設立．
JC　①【Japan Junior Chamber】社日本青年会議所．1951年に設立．②【Japan Consortium】放ジャパンコンソーシアム．NHKと民放連で構成する組織．③【Japan Certificate】経日本身代わり証券．日本国内で外国企業の株券を発行する方式．
JCA【Japan Consumers' Association】社日本消費者協会．
JCA手順【Japan Chain Stores Association protocol】Ⅰ算日本チェーンストア協会が規定した，取引先とのデータ交換における通信制御手順．
JCACTD【Joint Countermine Advanced Concept Technology Demonstration】軍総合対機雷先進概念技術実証．アメリカ海軍，陸軍，海兵隊を統合した対機雷戦能力の向上を目指す開発計画．
JCAE【Joint Committee on Atomic Energy】理アメリカの上下両院の原子力合同委員会．1946年に設置．
JCAG【Justice Commandos of the Armenian Genocide】軍政アルメニア大量殺りく報復部隊．アルメニア革命軍．右派の国家主義テロ組織．1975年に結成．
JCC　①【Junior Chamber of Commerce】習青年会議所．②【Japan Cotton Center】服日本コットンセンター．紡績業者が綿製品の品質・デザインの向上のために設立．
JCCI【Japan Chamber of Commerce and Industry】習日本商工会議所．日商．日本各地にある商工会議所の中央機関．1928年設立．
JCF【Japan Cycling Federation】競日本自転車競技連盟．1995年に発足．
JCI【Junior Chamber International】国際青年会議所．1944年設立．日本は51年加盟．
JCIA【Japan Consumer Credit Industry Association】経日本クレジット産業協会．
JCL【job control language】Ⅰ算ジョブ制御言語．システムに対して，ジョブの名称，実行プログラ

771

ム，使用装置などを指示するための言語．

JCP【Japanese Communist Party】政日本共産党．1922年に結党．

JCS【Joint Chiefs of Staff】軍アメリカの統合参謀本部．

J.D.【juris doctor 羅】教法学博士．

JDAM【Joint Direct Attack Munition】軍アメリカ空・海軍が共同で開発した，航空機から地上目標を攻撃する兵器システムの一つ．投下爆弾に簡易な誘導装置を付ける．

JDK【Java development kit】I算無償で配布される最も一般的なJavaプログラム開発ツール．コンパイラー，Java仮想マシンなどが含まれている．

JDR ①【Japanese Depositary Receipt】経日本預託証書．②【Japan Disaster Relief Team】社国際緊急援助隊．海外での大規模災害の救助や医療活動などを行う．国際協力機構が組織する．

JDS【JASDAQ Internet Disclosure System】JASDAQが運営する企業情報の電子開示システム．

JE【Japanese extensions】I算Linuxの配布用パッケージを利用できるようにした日本語アプリケーション群のこと．PJEともいう．

JEDEC I電子部品の標準化を推進するアメリカの業界団体．SIMM，DIMM，SDRAMの仕様を決めている．

JEIDA【Japan Electronic Industry Development Association】I算ジェイダ．日本電子工業振興協会．2000年に日本電子機械工業会と合併して，電子情報技術産業協会（JEITA）と改称．

JEIDA Ver.4 I日本電子工業振興協会（JEIDA）が制定したICカードの規格．

JEITA【Japan Electronics and Information Technology Industries Association】I算電子情報技術産業協会．エレクトロニクスと情報技術分野の日本の業界団体．2000年11月に日本電子機械工業会と日本電子工業振興協会を統合した社団法人．

JEM【Japanese Experiment Module】宇日本実験モジュール．国際宇宙ステーション計画に参加する構成要素の名称．

JEMA【Japan Electrical Manufacturers' Association】日本電機工業会．1948年に設立．

JEMAネット【JEMA net】日本電機工業会（JEMA）の工場自動化用ネットワークについての規格．1993年に公開．

JepaX Iジェパエックス．日本電子出版協会による，汎用性を追求した電子書籍のフォーマット．

JEPX【Japan Electric Power Exchange】習社日本卸電力取引所．2005年から電気の現物取引を開始．

Jess【Japanese essay scoring system】教小論文自動採点システム．

JESSI【Joint European Submicron Silicon Initiative】Iヨーロッパの半導体振興計画．ユーレカ計画の研究の中心となった．

JET ①【Joint European Torus】理トカマク型の臨界プラズマ試験装置．欧州共同体（EC）が建設し，1983年に運転開始．②【Japan Exchange and Teaching】教日本の中高校生の外国語教育の一環として，外国の青年を日本に招く事業．1987年に開始．

JETRO【Japan External Trade Organization】経ジェトロ．日本貿易振興機構．1958年に発足した特殊法人の日本貿易振興会を2003年に改組した独立行政法人．

JEX【JAL Express】JALエクスプレス．日本航空の子会社．地方路線を運航し，低コスト化を目指す．

JF【Japanese FAQ】I Linuxに関するFAQ（frequently asked questions）の日本語版を配布するプロジェクト．

JFA【Japan Football Association】競(ｻﾞﾂ)日本サッカー協会．1921年に設立．

JFAアカデミー福島【JFA Academy Fukushima】競(ｻﾞﾂ)日本サッカー協会（JFA）が福島県との協力で2006年に立ち上げるエリート育成プログラム．

JFC【Japanese Filipino children 日】社日本人とフィリピン人の間に生まれた子ども．

JFL【Japan Football League】競(ｻﾞﾂ)Jリーグに参加しない旧日本リーグ1，2部のチームを中心とするトップアマチュアリーグをジャパンフットボールリーグといい，1992年に発足．Jリーグに1，2部制を導入したのに伴い，99年から日本フットボールリーグ（略称は同じ）に再編して，第一種加盟登録チームの中から9チームが参加した．現在は18チーム．

JFPC【Japan Flower Promotion Center】団日本花普及センター．フラワーデータブックを毎年発行する財団法人．

JFW【Japan Fashion Week in Tokyo】服ジャパンファッションウィーク．日本のファッションを世界に発信するための催し．

JG【Japanese games and amusements】I算日本語の環境をもつLinux用の，日本語版ゲームなどのパッケージ．

JGA【Japan Golf Association】競(ｺﾞﾙ)日本ゴルフ協会．

JGAハンデ 競(ｺﾞﾙ)日本ゴルフ協会（JGA）が算定するハンディキャップ．

JGN【Japan Gigabit Network】Iイ研究開発用ギガビットネットワーク通信回線．日本の通信放送機構が1999年から運用し，次世代インターネットの研究開発を進めている．

JGRF【Japan GHG Reduction Fund】環経日本温暖化ガス削減基金．2004年12月に民間企業と政府系金融機関により設立．

JGTO【Japan Golf Tour Organization】競(ｺﾞﾙ)日本ゴルフツアー機構．1999年に日本プロゴルフ協会から独立．

JH【Japan Highway】社旧日本道路公団の略称．1991年から使用．2005年，日本道路公団は3分割され株式会社化．

JHBS【Japan Hanging Basket Society】団

日本ハンギングバスケット協会．1996年に設立．
JHF【Japan Hadron Facility】理日本の次期素粒子原子核研究用の大型加速器．
JHFA【Japan Health Food Association】社日本健康食品協会．または，この協会の基準に合格した商品に付けるマーク．
JHP【Japan Hadron Project】理日本が計画している次期素粒子原子核研究用の大型加速器．
JI ①【Jemaah Islamiyah】軍政ジェマーイスラミア．イスラム共同体．東南アジアの過激派組織．②【joint implementation】環共同実施．温室効果ガス排出削減の目標達成のための国際的仕組み．③【Jamaat-e-Islami】政バングラデシュのイスラム協会．政党の一つ．
JIA【Japan Institute of Architects】建日本建築家協会．
JICA【Japan International Cooperation Agency】社国際協力機構．青年海外協力隊を派遣している．1974年に設立した特殊法人の国際協力事業団を2003年に改組した独立行政法人．ジャイカ．
JICST【Japan Information Center of Science and Technology】ジクスト．日本科学技術情報センター．1957年に設立．96年の新技術事業団との統合を経て，2003年より科学技術振興機構(JST)．
JIH【Japan Information Highway】I算日本列島を周回する光海底ケーブルを敷設するKDD(現はKDDI)の事業．1998年に着工し，99年に運用開始．
JIHL【Japan Ice Hockey League】競(アイスホッケー)日本アイスホッケーリーグ．1966年に創設．
JIIA【Japan Institute of International Affairs】日本国際問題研究所．1969年に財団法人として設立されたシンクタンク．
JIM ①【Japan Institute of Management】日本経営能率研究所．②【Japan Institute of Metals】日本金属学会．
JIME【Japanese Institute of Middle Eastern Economies】中東経済研究所．中東諸国および産油国について調査研究をする日本のシンクタンク．1974年に財団法人として設立．
Jini【Java intelligent network infrastructure】I算ジニー．Javaオブジェクトを実装した機器間の通信方法に関する仕様．プラグアンドプレーが実現できる．
JINSA【Jewish Institute for National Security Affairs】安全保障問題ユダヤ研究所．アメリカのイスラエル支援組織の一つ．
JIPDEC【Japan Information Processing Development Corporation】I算日本情報処理開発協会．政府の進める情報化政策にかかわり，情報インフラの整備，情報技術の開発を図る．
JIRA【Japan Investor Relations Association】日本インベスター リレーションズ協議会．1993年に設立．
JIS【Japanese Industrial Standards】営社ジス．日本工業規格．日本の鉱工業製品に関する国家規格．合格品にはJISマークが付く．
JIS漢字コード【JIS Kanji character code】I算日本語の文字コードの俗称．JIS X0208(情報交換用漢字符号系)により規定されたエンコード方式の一つ．
JISコード【JIS code】I算ジスコード．JISが規定した日本語用の文字コード．
JIS第1水準【JIS Level-1 Kanji set】I算JIS X0208に含まれる漢字のうち，特に使用頻度の高い2965文字．当用漢字1850字と人名漢字120字を含む．
JIS第2水準【JIS Level-2 Kanji set】I算JIS X0208に含まれる漢字のうち，比較的使用頻度の低い3390文字で，地名や人名など正字体からなる．
JIS配列【JIS layout】I算ジス配列．JISコードに基づいて決められたキーボード配列．
JIS配列キーボード【JIS layout keyboard】I算日本のワープロ，コンピューターの日本語キーボードで最も多く採用されている，かな文字が使用できるキー配列．
JISA【Japan Information Technology Services Industry Association】I算日本の情報サービス産業協会．ソフトウエア企業や情報処理サービス企業などが加盟．
JISC【Japanese Industrial Standards Committee】ジスク．日本工業標準調査会．JISの制定・改正・廃止の審議などを行う．
JISQ15001 I算プライバシー保護に関する規格．日本情報処理開発協会が発行するプライバシーマークの認定基準．
JISS【Japan Institute of Sports Sciences】競国立スポーツ科学センター．オリンピック代表など，日本の一流選手の強化を目的とした大規模スポーツ施設．東京都北区に2001年開設．
JIS X0208 I算1978年にJISとして制定された情報交換用漢字符号．6879文字が規定されている．
JIS X0213 I算2000年にJISとして制定された情報交換用漢字符号．11,223文字が規定されている．
JIS X0221 I算一般にユニコードと呼ばれる文字コード規格の日本規格．
JISZ9900シリーズ　営社国際標準化機構が制定した国際規格ISO9000シリーズを，日本が1991年に翻訳して定めたもの．
JIT【just-in-time】営必要な物を必要な量だけ必要な時に生産したり調達したりすること．
JIU【Joint Inspection Unit】国際合同監視団．
JJSA【Japan Junior Sportsclubs Association】競日本スポーツ少年団．
JJSF【Japan Jet Sports Federation】競日本ジェットスポーツ連盟．水上オートバイによる競技会を開催．
JKLF【Jammu and Kashmir Liberation Front】政ジャム カシミール解放戦線．インドからの離脱を求める過激派の最大勢力．
JLA【Japan Library Association】社日本図書館協会．1892年に設立．

J LC計画▶

JLC計画【Japanese linear collider project】理日本の研究者が構想している大型の素粒子加速器計画.

JLPGA【Japan Ladies Professional Golfers' Association】競(ｺﾞﾙ)日本女子プロゴルフ協会.

JM Ⅰ算Linuxのマニュアルの日本語版を編集して，オンラインで配布するプロジェクト.

JMA【Japan Marketing Association】日本マーケティング協会.

JMAPI【Java management API】Ⅰ算ジェーマピ．Javaによる分散システムにおけるアプリケーションの管理に利用される機能を提供するインターフェース.

JML【Japan Marching League】競日本マーチングリーグ．国内で開かれるウオーキング大会をまとめたもの.

JMRA【Japan Marketing Research Association】日本マーケティング・リサーチ協会.

JMTC【Joint Military Technology Commission】軍政武器技術共同委員会．日米で武器技術の供与について協議・決定する機関.

JMTDR【Japan Medical Team for Disaster Relief】医日本の国際緊急援助隊医療チーム．海外での飢餓・地震・噴火などに対する救援活動を行う.

JNC【Japan Nuclear Cycle Development Institute】社理核燃料サイクル開発機構．2005年10月に日本原子力研究所と統合，日本原子力研究開発機構（JAEA）に.

JNCI【Journal of the National Cancer Institute】医アメリカの国立がん研究所の学術研究誌.

JNLT【Japanese National Large Telescope】天国立天文台が1991年からハワイのマウナケア山頂に建設を始めた，口径8.3mの世界最大級の望遠鏡.

JNN【Japan News Network】放TBS系列のニュース放送網.

JNR【Japan National Railways】旧日本国有鉄道．1987年にJR各社に分割・民営化.

JNTO【Japan National Tourist Organization】社日本の国際観光振興機構.

JNX【Japanese automotive network exchange】Ⅰ算国内自動車メーカーによる，業務データ通信用の業界ネットワーク.

JOC【Japan Olympic Committee】競日本オリンピック委員会．1911年に大日本体育協会として設立．89年に財団法人となり，日本体育協会から独立した.

JOCV【Japan Overseas Cooperation Volunteers】社青年海外協力隊．日本の国際協力機構（JICA）が派遣する.

JOIDES【Joint Oceanographic Institutions for Deep Earth Sampling】深海底サンプリング海洋研究所共同研究機構．1964年設立.

JOIS【JST Online Information System】Ⅰ算ジョイス．日本科学技術センターが開発し，現在は科学技術振興機構（JST）が提供している科学技術情報の検索システム.

Joliet Ⅰ算ジュリエット．半角で最大64文字長のファイル名の使用が可能なCD-ROMシステム.

JOM ①【Japan Olympic Marketing】競長野オリンピックのマーケティング事業などを担当した株式会社．日本オリンピック委員会などが出資し，1993年に設立．②【Japan Offshore Market】経東京オフショア市場.

JP【Jatiya Party】政バングラデシュの国民党.

J-PARC【Japan Proton Accelerator Research Complex】理KEKとJAERIによる世界最高の陽子ビーム強度をもつ大強度陽子加速器計画の愛称．2007年稼働予定.

JPBPA【Japan Professional Baseball Players Association】競(野球)日本プロ野球選手会．球団との間での待遇改善交渉を行う労働組合と，公益事業を行う社団法人の二つの形態がある．労組としては1985年に資格を取得，86年より活動開始.

JPC ①【Japan Productivity Center】営社日本生産性本部．1994年に社会経済生産性本部（JPC-SED）に改組．企業に対して生産性向上のための助言を行う．②【Japan Paralympic Committee】競日本パラリンピック委員会．1999年に設立.

JPCERT/CC【Japan Computer Emergency Response Team Coordination Center】Ⅰイコンピューター緊急対応センター．不正なシステム侵入の防止や情報収集，啓発活動などを行う日本の第三者機関．1996年に活動開始．JPCERTコーディネーションセンター.

JPDR【Japan Power Demonstration Reactor】理日本の動力試験用原子炉.

JPEG【Joint Photographic Experts Group】Ⅰ算ジェイペグ．マルチメディアで用いられる静止画のデータ量を圧縮する方式．圧縮方式の汎用的な標準化を行う技術委員会の呼称で，規格名として用いる.

JPGA【Japan Professional Golfers' Association】競(ｺﾞﾙ)日本プロゴルフ協会.

JPIX【Japanese Internet Exchange Co., Ltd.】Ⅰイ国内のインターネット網の相互接続をするIX（Internet exchange）を提供する会社.

JPL【Jet Propulsion Laboratory】宇ジェット推進研究所．NASA（アメリカ航空宇宙局）と契約し，宇宙の科学探査を行う．カリフォルニア工科大学の付属研究所の一つで，1944年設立.

jpman Ⅰ算ジェーピーマン．UNIX系OSの一つ，FreeBSD用のオンラインマニュアルの日本語版.

JPN【Japan；Japanese】日本．日本人.

JPNIC【Japan Network Information Center】Ⅰイジェーピーニック．日本ネットワークインフォメーションセンター．インターネットの運営にかかわる登録管理業務などを行う．1997年に社団法人化.

JPO【Japan payment option extension】Ⅰ算オプションとしての，日本独自のクレジットカードの

◀J v

決済方法．

J-POP【音和製ポップス．日本製のポピュラー音楽．

JPSA【Japan Personal Computer Software Association】Ⓘ囲日本パーソナルコンピュータソフトウエア協会．国内のパソコン用ソフトウエア関連企業による団体．

JR【Japan Railways】1987年に旧国鉄が分割・民営化されてできた，六つの旅客鉄道会社と一つの貨物鉄道会社のグループ名．

JRA【Japan Racing Association】競日本中央競馬会．1954年に設立．全額政府出資の特殊法人．

JRAM【JIPDEC Risk Analysis Method】Ⓘ囲日本情報処理開発協会が開発したコンピューターセキュリティーに関するリスク分析法．アンケートや自己分析など行う．

JRC ①【Japanese Red Cross Society】社日本赤十字社．②【Junior Red Cross】社青少年赤十字．

JRR【Japan Research Reactor】理日本の研究用原子炉．

JSA ①【Japan Scientists Association】日本科学者会議．②【Japan Standards Association】日本規格協会．③【Japan Softball Association】社(ｼﾞｪｲｴｽｴｰ)日本ソフトボール協会．日本軟式野球連盟から1949年に分離独立．

JSAA【Japan Sports Arbitration Agency】競日本スポーツ仲裁機構．2003年に設立．

JSAD【Japan Sports Association for the Disabled】競日本障害者スポーツ協会．1965年に設立．

JSB【Japan Satellite Broadcasting Inc.】放日本衛星放送．1984年に設立された民間の衛星放送会社．2000年にWOWOWに社名変更．

JSC ①【Japan Science Council】日本学術会議．②【Joint Staff Council】軍統合幕僚会議．2006年3月廃止，統合幕僚監部（JSO）を新設．

JSCC【Japan Securities Clearing Corporation】経日本証券クリアリング機構．証券取引の清算機関．

JScript Ⓘ囲ジェースクリプト．HTML言語に組み込む方式で用いられる，WWW用のスクリプト言語の一つ．

JSD【Japanese Standard of Dietetic Information】社日本食品栄養成分表示規準．日本栄養食品協会が認定して食品マークを付ける．

JSDA【Japan Securities Dealers Association】経日本証券業協会．1973年に証券会社を会員として設立．

JSEPA【Japan-Singapore Economic Agreement for a New Age Partnership】経日本・シンガポール新時代経済連携協定．

JSF ①【Japan Special Fund】経日本特別基金．1987年に立案した世界経済の安定と拡大に貢献する黒字資金還流構想．②【Japan Science Foundation】日本科学技術振興財団．③【joint strike fighter】軍統合攻撃戦闘機．米英が共同開発している次期多機能戦闘機．

JSIC【Japan Standard Industrial Classification】日本標準産業分類．

JSNP【Japan Satellite News Pool】放日本衛星中継協力機構．1969年にNHKと民放4社で結成．

JSO【Joint Staff Office】軍統合幕僚監部．自衛隊の中枢機関．

JSOW【Joint Standoff Weapon】軍アメリカ海・空軍が共同開発中の，航空機からスタンドオフ攻撃する滑空爆弾．

JSP【Japan Socialist Party】政日本社会党．1945年に創設．1991年に略称をSDPJに変え，96年にSDP（社会民主党）と改称．

JST ①【Japan Standard Time】日本標準時．②【Japan Science and Technology Agency】科学技術振興機構．日本科学技術情報センターと新技術事業団が1996年に統合して発足した科学技術振興事業団を2003年に改組した独立行政法人．

JSTARS【Joint Surveillance Target Attack Radar System】軍ジョイントスターズ．アメリカ空軍と陸軍が共同開発した，航空機による戦場監視攻撃レーダーシステム．

JSUP【Japan Space Utilization Promotion Center】宇宇宙環境利用推進センター．

JT【Japan Tobacco Inc.】日本たばこ産業株式会社．

JT-60【JAERI Tokamak-60】理日本原子力研究所が建設したトカマク型の臨界プラズマ試験装置．

JTA【Japan Tennis Association】競(ｼﾞｪｰﾃｨｰｴｰ)日本テニス協会．1922年に創設．

JTB【Japan Travel Bureau】日本交通公社（現ジェイティービー）．

JTIDS【Joint Tactical Information Distribution System】軍ジェイティーズ．アメリカ四軍の統合戦術情報伝達システム．

JTU【Japan Teachers' Union】教社日本教職員組合．日教組．1947年に結成．

JUNET【Japanese University Network】Ⓘ囲ジュネット．日本国内の大学や研究機関のUNIXを接続した学術情報ネットワークの草分け．1984年に慶応大学と東京大学を接続して運用実験を始め，94年に発展的に解消．

JUSB【Japanese University Sports Board】競日本ユニバーシアード委員会．1960年に発足．前身は全日本大学スポーツ委員会．

JUSEC【Japan-U.S. Educational Commission】日米教育委員会．

JUST【Japan Universal System Transport Co., Ltd.】日本ユニバーサル航空．国内向けの貨物専用航空会社．1991年に設立．

JUST-PC【Japanese Unified Standard of Telecommunications for PC】Ⓘ囲1984年にパソコン通信の標準的プロトコルとして郵政省（現総務省）が告示した方式．

JV【joint venture】営建ジョイントベンチャー．共同企業体．建設工事を複数業者で行う共同経営施

775

J V201▶

工方式の一つ．

JV2010【Joint Vision 2010】軍アメリカが21世紀の軍事的優位を保つため，1996年に統合参謀本部が発表した構想．

JVA ①【Japan Volleyball Association】競(バレーボール)日本バレーボール協会．1927年に日本排球協会として設立し，48年に改称．②【Japanese Volkssport Association】競日本市民スポーツ連盟．誰でも参加できるスポーツを行って，健康増進などを図る．1993年に結成．

JVC【Japan International Volunteer Center】社日本国際ボランティアセンター．1980年にタイのバンコクで設立した国際民間協力団体．日本有数の事業規模をもつNGO．

JVM【Java virtual machine】I算Javaプログラムを実行するための仮想マシン．これによりOSに依存しないでJavaを実行できる．

JVP【Janatha Vimukthi Peramuna】政スリランカ人民解放戦線．シンハラ人の過激派組織．

JWA ①【Japan Weather Association】気日本気象協会．1966年に全国統合．②【Japan Whaling Association】日本捕鯨協会．1959年に発足．

JWBC【Japan Women's Boxing Commission】競(ボクシング)日本女子ボクシング協会．

JWST【James Webb space telescope】宇天ジェームズ ウエッブ宇宙望遠鏡．NASA（アメリカ航空宇宙局）が第2代長官の名を付けて開発中．

JYA【Japan Yachting Association】競(ヨット)日本ヨット協会．

K

K 競(野球)三振．スコアブックに記録する記号．strike-outのKからといわれる．

Kエコノミー【Knowledge Economy】経2001年のマレーシア国家計画で打ち出された知識集約化経済のこと．

K点【Kritischer Punkt 独】競(スキー)ジャンプ競技で，極限点．以前はジャンプ台の基準としても用いられたが，2004年からはヒルサイズが使われている．

Kポップ【K pop 日】音韓国製ポップ音楽の傾向を示す語．

K-1 競空手，キックボクシング，カンフー，拳法などの立ち技格闘技の最強選手決定戦．1993年に空手道正道会館の石井和義館長が考案．

K5 I算AMDがインテルのPentiumに対抗して開発したCPU（中央処理装置）．当時としては高い処理能力を誇った．

K6 I算AMDがインテルのPentium IIに対抗して開発したCPU（中央処理装置）．大容量の一次キャッシュを搭載していた．

K-12プロジェクト【K-12 project】I教アメリカで幼稚園から高校3年生までを対象に行われている，コンピューターを用いた教育プログラム．

Kaバンド【Ka band】I算27～40GHzの通信衛星用の無線周波数帯のこと．大量のデータ転送に向いている．

K-ACT【Kobe Air Cargo Terminal】神戸航空貨物ターミナル．

KAIKO 日仏共同の日本海溝および南海トラフの研究調査．1984年と85年に実施．

KAIKO-TOKAI計画 日仏共同の日本海溝・南海トラフの海底調査．1993～97年に実施．

KAL【Korean Air Lines】大韓航空．

KAMEプロジェクト【KAME project】I算カメプロジェクト．次世代型のインターネットプロトコル，IPv6をBSD系のOSへ実装することを目的としたプロジェクト．

KamLAND【Kamioka Liquid-Scintillator Anti-Neutrino Detector】理東北大学がカミオカンデの跡地に建設した液体シンチレーターによるニュートリノ検出器．

KASUMI I算カスミ．MISTYと呼ばれる暗号アルゴリズムをモバイル通信向けに再開発したもの．IMT-2000の標準の一部となる．

Kazaa I算ファイル交換ソフトの一種．

KB【kilobyte】I算キロバイト．1キロバイトは1024バイト．

KBM【knowledge based machine】I算知識ベースマシン．コンピューターが自分の知能で自分の欠陥を発見できるマシン．

KBS ①【knowledge based selling】営経営業担当の個人がもつ業務知識をまとめ上げて標準化し，営業部門全体のために活用すること．②【Korean Broadcasting Corporation】放韓国放送公社．

KC【Kansas City Royals】競(野球)カンザスシティー・ロイヤルズ．米大リーグの球団の一つ．

KCIA【Korean Central Intelligence Agency】政韓国中央情報部．1981年にANSP（国家安全企画部）と改称．99年に国家情報院に改組．

KCNA【Korean Central News Agency】朝鮮中央通信社．北朝鮮の国営通信社．1946年に創立．

KD【knocked-down】営現地組み立て．

KDD【Kokusai Denshin Denwa Co., Ltd.】I算国際電信電話株式会社．1953年に設立．98年にKDD法が廃止され，他の事業者も国際電話の分野に参入．2000年にDDI，KDD，日本移動通信の3社が合併して，KDDIとなった．

KDDI I算2000年10月に，国内通信業界の3社KD D，DDI，IDOが合併して誕生した会社．

KDE【K desktop environment】I算UNIX系OS用の最も普及したデスクトップ環境の一つ．GUI形式で操作がわかりやすい．

KDI【Korea Development Institute】韓国開発研究院．1971年に設立された非営利のシンクタンク．

KDP【Kurdish Democratic Party】政クルド民主党．イラクの政治組織の一つ．クルド族の自治

776

権の確立を目指す．1946年に結成．
KEDO【Korean Energy Development Organization】政理ケドー．朝鮮半島エネルギー開発機構．北朝鮮への軽水炉供与，代替燃料供給などを行うとした国際共同事業体．1995年に発足，2005年に廃止が決定．
KEK　理大学共同利用機関法人高エネルギー加速器研究機構の通称．英語表記は High Energy Accelerator Research Organization．
KERMIT　I算カーミット．ファイル伝送のプロトコルの一つ．
KEW【kinetic energy weapon】軍運動エネルギー兵器．
KFOR【Kosovo Force】　軍コソボ部隊．旧ユーゴスラビア（現セルビア・モンテネグロ）のコソボ自治州の分離独立をめぐる紛争の平和的解決を目指す国際部隊．1999年6月から展開．
KGB【Komitet Gosudarstvennoi Bezopasnosti 露】政国家保安委員会．旧ソ連の国家権力を維持するために，国民を監視すると同時に外国人を監視した秘密警察．
KH-11【Keyhole 11】宇軍アメリカの軍事用偵察衛星の一種．
kHz【kilo hertz】I電キロヘルツ．ヘルツ(Hz)は1秒当たりの周波数，すなわち振動数を表す単位で，kHzは10^3ヘルツのこと．
KIO【Kachin Independence Organization】政カチン独立機構．ミャンマーの少数民族，カチン族の反政府組織．
KJ法【KJ method】I算川喜田二郎が考案したデータ整理法．カードを用いて問題点を明確化する．
KKC事件　経済革命倶楽部（KKC）が出資法違反の疑いで捜索された事件．1995年ごろから活動を始め，多額の資金を集めた．
KKK【Ku Klux Klan】社クークラックスクラン．KKK 団．アメリカの白人秘密結社．
KLA【Kosovo Liberation Army】軍政コソボ解放軍．アルバニア解放軍．旧ユーゴスラビア（現セルビア・モンテネグロ）のコソボ自治州で，アルバニア人が1990年代初頭に組織した武装集団．99年に武装解除．
KMT【Kuomintang Party】政中国国民党．孫文が1894年にハワイで創立した興中会が発展したもの．1949年に台湾へ移った．
KNA【Kenya News Agency】ケニア通信社．ケニアの国営通信社．1964年に創立．
K-NET【Kyoshin-Net】社地強震ネット．全国の強震観測と情報提供のためのシステム．科学技術庁（現文部科学省）が1996年から運用開始．
KNP【Khmer National Party】政クメール国民党．1995年に結成したカンボジアの政党．
KNTシステム【Kobe New Transit system】神戸の三宮とポートアイランド間の新交通システム．1981年に開通．
KNU【Karen National Union】政カレン民族同盟．ミャンマーの少数民族，カレン族の反政府組織．1947年に結成．
KO【knockout】競ノックアウト．

KONNEX　I コネックス．ネット家電のヨーロッパでの標準通信規格．
KSプロジェクト【Kawai & Sedov Project】極東森林資源開発．
KSC【John F. Kennedy Space Center】宇ケネディ宇宙センター．宇宙ロケットの発射基地．フロリダ州にある．
KSK【Kommando Spezialkräfte 独】軍ドイツの特殊部隊の一つ．
KT【kiloton】軍キロトン．核兵器の爆発力を示す単位．
K/T境界【K/T boundary】地中生代白亜紀と新生代第三紀の地層の境界部に見られる地層．
Kuバンド【Ku band】理12G〜18GHzの通信衛星用の無線周波数帯のこと．安定した通信が可能で実用的．
KVM【kilobyte virtual machine】I算携帯情報端末などへ搭載されるJava仮想マシンのこと．少ないメモリーで稼働できる．
KWIC【keyword in context】クイック．文脈付き索引．文献の検索で，キーワードを文脈に含んだまま検索できるようにしたもの．

L

Lモード　I イNTT東日本・西日本が提供するサービスの一つ．電話機やファクスからインターネット接続やメール送受信ができる．
Lリーグ【L League 日】競(サッカー)日本女子サッカーリーグ．愛称は，なでしこリーグ．1989年に発足．
L2TP【layer 2 tunneling protocol】I算IETFが標準化されたトンネリングプロトコル．仮想閉域網（VPN）の構築に用いられる．
LA　①【Latin America】ラテンアメリカ．②【laboratory automation】営社ラボラトリーオートメーション．OA システムを研究所や開発部門に応用したもの．③【Los Angeles Dodgers】競(野球)ロサンゼルス・ドジャース．米大リーグの球団の一つ．
L.A.【Los Angeles】ロサンゼルス．
LADDIS　I算ラディス．SPEC NFSというシステムの性能テスト用プログラムを作成しているグループの呼称．
LAFTA【Latin American Free Trade Association】経ラテンアメリカ自由貿易連合．1961年に発足し，81年にラテンアメリカ統合連合に改組．
LAMS【local area missile system】軍ラムズ．イギリス，フランス，イタリア，スペインの4カ国が共同開発に合意した，艦船用の局地防衛用迎撃ミサイルシステム．
LAN【local area network】I算ラン．企業内情報通信網．構内情報通信網．会社内など特定の範囲に構築された通信ネットワーク．
LANアダプター【LAN adapter】I算LAN接続のためにコンピューター側に使う装置．
LANアナライザー【LAN analyzer】I算LA

Nの性能解析，測定，管理などに利用されるツール．

LANケーブル【LAN cable】[1][通]同じ建物や敷地内にあるコンピューターやプリンターなどの周辺機器をネットワーク化してデータをやりとりする接続ケーブル．

LANサーバー【LAN server】[1][通]ネットワーク上で，クライアントに対して各種サービスを提供するコンピューター．単にサーバーということが多い．

LAN接続ボード【LAN interface board】[1][通]パソコン間をLANで接続するために用いられるインターフェース機器．NIC（network interface card）ともいう．

LANDSAT【Land satellite】[宇]ランドサット．アメリカの地球資源調査衛星．

LANTIRN【low altitude navigation and targeting infrared for night】[軍]ランターン．航空機用の赤外線夜間低高度航法装置および目標指示装置．

LAS【linear alkylbenzene sulphonate】[化]リニア アルキルベンゼン スルホン酸塩．中性洗剤の主成分．

LASA【large aperture seismic array】[理]ラサ．超遠距離地震検出装置．地下核実験の探知用．

LASH【lighter aboard ship】[営]ラッシュ．船内に，はしけごと貨物を積み込める輸送船．

LASO【Latin American Solidarity Organization】[政]ラソ．ラテンアメリカ団結機構．1967年にキューバのカストロを中心に結成．

LB【linebacker】[競](アメリカン)(フットボール)ラインバッカー．最前列の守備ラインの直後を守る選手．

LB膜【Langmuir-Blodgett film】[生]ラングミュアブロジェット膜．機能性の有機超薄膜．

LBE【Location Based Entertainment】[1]ジョージ・ルーカスが設立したルーカスアーツ社が開発したシミュレーションゲーム機．

LBO【leveraged buyout】[営][経]企業の合併・買収を行う際の資金調達方法の一つ．

LBP【laser beam printer】[1][通]レーザービームプリンター．レーザー光を用いる出力印刷機器．ページプリンターの一種．

LC ①【letter of credit】[営][経]信用状．L/Cとも．②【liquid chromatography】[化]液体クロマトグラフィー．③【landing craft】[軍]上陸用舟艇．

LCA【life cycle assessment】[営][環]ライフサイクル アセスメント．製品や材料などの生産から回収再利用までの過程で，環境に与える影響度を定置的に評価する手法．

LCAC【landing craft,air cushion】[軍]エルキャック．エアアクッション型輸送艇．海上自衛隊の揚陸艇．

LCC【life cycle cost】[建]ライフサイクルコスト．建築物の維持管理費や供用期間にかかる費用などを総計した費用．

LCD【liquid crystal display】[1][通]液晶ディスプレー．液晶表示素子．電気の特性を利用したディスプレー．

LCF ①【life cycle fund】[経]ライフサイクル型ファンド．追加型株式投資信託の一つ．②【low cycle fatigue】[機]低サイクル疲労．飛行ごとの荷重で生じる機体の疲労現象．

LCM ①【life cycle management】[建]建築物の構想・計画から解体までの過程で，成果が最大限になるように企画・設計・施工・管理を総合的に考える方法．②【lowest common multiple】[数]最小公倍数．

LC-NMR【liquid chromatography/nuclear magnetic resonance】[化]液体クロマトグラフィーと核磁気共鳴を組み合わせた分析法．

LCP【liquid crystal printer】[1][通]液晶プリンター．

LCR【least cost routing】[1]低料金回線選択機能．市外通話サービスを提供する会社の中から，より安い回線を選択する．

LCS【littoral combat ship】[軍]沿岸戦闘艦．

LCT【life cycle thinking】[営][環]製品やサービスなどの全寿命で環境負荷を定性的に考える方法．

LD$_{50}$【lethal dose 50%】[薬]薬物の毒性致死量を表す単位．検査に使う動物の50%を死なせる薬の量を，その動物の体重が1kgとした場合の量に換算して表す．

LD ①【learning disability】[教]学習障害．中枢神経系の機能障害からさまざまな学習上の問題を有する子供の症状．②【laser disc】[1]レーザーディスク．音声信号と映像信号が記録されたビデオディスクの一方式．③【laser diode】[1]レーザーダイオード．半導体レーザーの一種．高速光通信用の光源に使う．④【light director】[放]照明担当者．

LD転炉【LD converter】[営][理]炉の上部から溶銑中に酸素を吹き込み，高熱で銑鉄を鋼鉄に変えるもの．LDは最初に試験施設を作ったオーストリアの二つの町，Linz（リンツ）とDonawitz（ドナウィッツ）の頭文字から．

LDAP【lightweight directory access protocol】[1][通]エルダップ．ネットワーク内を利用するユーザーの情報を検索するためのアクセス用プロトコル．

LDAPサーバー【LDAP server】[1][イ]エルダップサーバー．世界中のユーザーの電話番号および電子メールアドレスと名前やURLが登録されているサーバー．

LDC【least developed countries】[経][社]後発途上国．後発開発途上国．1974年の国連総会で初めて指定．

LDK【living room, dining room, kitchen 日】[建]居間と食堂兼台所．

LDL【low-density lipoprotein】[化]低密度リポたんぱく質．「悪玉」のコレステロール．

LDMS【Library Data Management System】図書館データ管理システム．シカゴ大学が開発．

LDP【Liberal Democratic Party】[政]自由民主党．自民党．1955年に自由党と日本民主党が合同して創立．

LDPE【low-density polyethylene】[化]低密度ポリエチレン．

◀ L ISA計

LEAP【lightweight exo-atmospheric projectile】軍リープ．大気圏外軽量弾．アメリカ海軍が開発している直撃式の宇宙配備の迎撃兵器．

LED【light-emitting diode】工発光ダイオード．電圧の変化により発光する半導体．

LEDサイン【LED signboard】広発光ダイオード(LED)を用いる街頭看板．巨大な画面にスポーツ放送やテレビCMなどの動画像を映写する．

LEDプリンター【LED printer】工算発光ダイオード(LED)を利用したページプリンターの一つ．

LE-NET計画【laser energy network project】宇理太陽光発電衛星が生んだ電力をレーザーに変換して，飛行船に送るエネルギー伝送計画．

LEO【low earth orbit】宇レオ．人工衛星の軌道の分類の一つ．地球周回低軌道．高度1000km前後．

LEP【Large Electron Positron Collider】理ヨーロッパ合同原子核研究機関(CERN)の電子・陽子衝突型巨大加速器．1989年に完成し，2000年撤去後に次期計画に転用．

LET【Ladies European Tour】競ゴルフの欧州女子ツアー．

LETS【local exchange trading system】経社地域通貨．地域で相互扶助のために発行する．

LEV【low emission vehicle】環低公害車．

LEXIS【 】工算レキシス．アメリカのレキシスネキシス社によるオンラインデータベースサービスの一つ．法律関係の資料を多く集め，米英加などの国々の法令や判例，関連雑誌，学術誌などの検索ができる．

LEXPAT【 】工算レクスパット．アメリカのレキシス ネキシス社によるオンラインデータベースサービスの一つ．アメリカの特許に関する資料を集める．

LEZ【Low Emission Zone】環ロンドンに設けた環境改善区域の呼称．

LF①【low frequency】電理長波．キロメートル波．②【line feed】 工算改行．行送り．③【left fielder】競 野球左翼手．

LF飲料【low fat drink】社低脂肪分の飲料．

LGCD【Labelgate compact disc】工算音レーベルゲートCD．複製防止機能付きCDの一種．

LGFM【London Gold Futures Market】営経ロンドンの金先物取引市場．

LGM【silo-launched guided missile】軍アメリカのサイロ発射誘導ミサイル．

LGWAN【local government wide area network】工算全国の地方自治体を接続する総合行政ネットワーク．

LGWC【Ladies' Golf World Cup】競女子ゴルフW杯．

LH【luteinizing hormone】医黄体化ホルモン．下垂体から出る．

LHテープ【low-noise high-output tape】低雑音高出力テープ．

LHA【 】工算MS-DOSに対応するファイル圧縮・解凍のソフトウエア．吉崎栄泰が開発．フリーウエアとして配布している．

LHC【Large Hadron Collider】理ヨーロッパ合同原子核研究機関(CERN)が推進する大型素粒子加速器計画．

LHD【large herical device】理大型ヘリカル装置．日本の核融合科学研究所の磁場閉じ込め核融合炉．

LHP【left handed pitcher】競 野球左投手．

LIB【liberation】社リブ．解放．権利拡張運動．

LIBOR【London inter-bank offered rate】経ライボ．リボール．ロンドンの銀行間の貸付金利．国際取引の基準に使われる．

LIC【low intensity conflict】軍低強度紛争．核戦争でもなく，従来の通常戦争の形態もとらない限定戦争．

LIDAR【light detection and ranging】理ライダー．光による検出と距離測定の意．レーザー光を用いて浮遊微粒子などを測定する装置．レーザーレーダー．

LIDEN【lightning detection network system】気雷監視システム．ライデン．気象庁が雷の観測データを航空関係機関などに提供する．2000年に運用開始．

LIFE【Laboratory for International Fuzzy Engineering Research】工算技術研究組合国際ファジィ工学研究所．通産省(現経済産業省)と民間企業が共同で設立．1989〜95年に活動．

LIFFE【London International Financial Futures Exchange】営経ロンドン国際金融先物取引所．1982年に設立．

LIFO①【last-in, first-out】工算ライフォ．後入れ先出し方式．後から入力したデータから先に処理するデータ構造．②【last-in first-out method】営経後入れ先出し法．

LIGO【laser interferometer gravitational wave observatory】理重力波検出に用いるアメリカのレーザー干渉計．一辺が4kmあるL字形の装置．

LILO【Linux loader】工算ライロー(リロ)．Linux用の起動プログラム．電源投入時に，起動するOSを選択できる．

Lingo【 】工算リンゴ．アメリカのマクロメディア製のDirector用のスクリプト言語．マルチメディアコンテンツの作成などに用いる．

Linux【 】工算リナックス．フィンランドのリーナス・トーバルズが開発したパソコン用の基本ソフト(OS)．1991年に公表されたが，誰でも使えるフリーウエアのため，多くのプログラマーが手を加え，飛躍的に普及した．

Linux MLD【 】工算メディアラボが販売している，Linux配布パッケージの一つ．FATへのインストールができる．

LIPS【logical inferences per second】工算推論回数毎秒．三段論法を1秒間に何回実行できるかの単位．

LISA【low-input sustainable agriculture】農アメリカの低投入持続型農業．生産性を維持しながら，資源・環境の保全と健康・食品安全性の確保を目指す．

LISA計画【Laser Interferometer Space

779

L isp ▶

Antenna】字理公転軌道に正三角形に配置した人工衛星で，500万km基線のレーザー干渉計をつくり，重力波を検出する．

Lisp【list processor】[I]算リスプ．リストというツリー構造のデータを元にして，文字列や数字などのデータを相互関係や階層で表す方式を使ったプログラミング言語．

Lispマシン【Lisp machine】[I]算高級言語マシン．Lispで記述されたプログラムを効率よく実行できるコンピューター．

Litt.D.【litterarum doctor】羅　教文学博士．

LIW【low intensity warfare】軍低強度戦争．民族解放戦争，騒乱，ゲリラ戦，テロ，暗殺など，従来の戦争形態をとらない限定戦争．現在はLIC（低強度紛争）と呼ばれる．

LL【language laboratory】テープレコーダーマイクを使う語学用の学習機器，学習室．

LL食品【long life food】食長期保存食品．紙，アルミはく，ポリエチレンの包装容器を用いて完全滅菌した液体を密封する．

LL.B.【legum baccalaureus 羅．Bachelor of Laws】教法学士．

LLC【limited liability company】商有限責任会社．出資者の財政的責任は有限とする．

LL.D.【legum doctor 羅，Doctor of Laws】教法学博士．

LLLTV【low light level television】機低照度テレビカメラ．微量の光を電子素子で1万〜10万倍に増幅する．像増強装置ともいう．

LLP【limited liability partnership】商有限責任事業組合．ベンチャー企業向けの組織形態．

LM　①【Lunar Module】字ルナモジュール．アメリカのアポロ宇宙船の月着陸船．②【light music】音軽音楽．

LM曲線【LM curve】経貨幣市場を均衡させる利子率と国民所得の組み合わせを表す曲線．

LMD【let me decide】医自分が希望する治療内容などを事前に文書で指定する方式．カナダのウィリアム・モーロイが提唱．

LMDS【local multipoint distribution system】[I]マイクロ波の広帯域無線アクセス技術の一つ．双方向性をもつ．

LME【London Metal Exchange】商経ロンドン金属取引所．

LMES【Le Mans Endurance Series】競（自動車）ル・マン耐久シリーズ．ルマン24時間レースと同じ規定で行われるスポーツカーの耐久レース．2004年から開催．

LMG【liquefied methane gas】化液化メタンガス．

LMSA計画【large millimeter and sub-millimeter array project】天大型ミリ波サブミリ波干渉計計画．日本の国立天文台などが推進する高分解能電波望遠鏡設置計画．2008年の運用を目指す．

LNG【liquefied natural gas】化液化天然ガス．メタンを主成分にした天然ガスを冷却・液化したもの．

LNT仮説【linear non-threshold hypothesis】理しきい値なし直線仮説．本来実測困難である微量被曝の影響を，高線量被曝の場合と単位被曝当たりにおいて同等とする考え方．

LOC【line of control】軍政実効支配線．

LOCA【loss of coolant accident】理冷却材喪失事故．原子炉の一次冷却水の配管などが破断し，冷却水が急減することを想定したもの．

LOCAAS【low-cost anti-armor submunition】軍ロッカス．アメリカの国防総省，陸軍，空軍が推進する低コストの原動機付き自律対戦車子弾兵器．

LocalTalk　[I]算ローカルトーク．MacOS用のLANの規格．伝送速度は230kbps．OSI(国際標準の通信規約)の1層と2層をサポートする．

LOCs【line of communications】軍後方連絡線．補給基地と前線部隊をつなげる各種輸送路線の束．

LOD【length of day】天地球が地軸の周りを1周するのに要する時間．通常は23時間56分．

LOFT計画【loss of fluid test】理原子力発電で，冷却材の喪失事故が起こった時の炉内の現象や対策装置の作動の良否を調べるために，アメリカのアイダホ国立工学研究所に設置された実験計画．

LOGO言語【LOGO language】[I]算ロゴ言語．マサチューセッツ工科大学が子供教育用に開発した，図形描画が主目的の形式言語．

LOHAS【lifestyles of health and sustainability】社ロハス．健康と環境を重視する生活様式．アメリカで始まる．

LOMO　写ロモ．旧ソ連製のコンパクトカメラ．もとは軍用に開発された．

LORAN【long range navigation】機ロラン．航空機や船舶の遠距離航法システム．

LOS　①【land observation satellite】字陸地観測用衛星．②【line of scrimmage】競（アメフト）スクリメージラインのこと．

Lossy方式　[I]算ロッシー方式．JPEG圧縮方式の一つで，数10分の1までの圧縮が可能．

LOVA【low vulnerability ammunition】軍ローバ．低脆弱性弾薬．できるだけ爆発を起こしにくい安全な性能をもつ弾薬類．

LP　①【long playing】音長時間演奏．②【linear programming】線形計画法．③【laser printer】レーザープリンター．④【lost pitcher】競（野球）敗戦投手．

LPC【large population country】社膨大な人口をもつ途上国．

LPD【landing platform, dock】軍ドック型輸送揚陸艦．

LPD-17計画【landing platform, dock-17 project】軍アメリカ海軍のドック型輸送揚陸艦の建造計画．一番艦の建造は1998年に開始．

LPG　①【liquefied petroleum gas】化液化石油ガス．プロパン，ブタンなどの総称．②【liquid propellant gun】軍液体発射薬砲．

LPGA【Ladies Professional Golf Association】競（ゴルフ）女子プロゴルフ協会．

780

LPO【loan production office】営経海外に展開する融資仲介拠点，出張所．

LPR【line printer daemon protocol】I算TCP/IPを利用して，複数のコンピューター間でプリンターを共有する際に使うプロトコル．

LPRP【Lao People's Revolutionary Party】政ラオス人民革命党．ラオス人民党が1972年に改称．

LRCS【League of Red Cross Societies】社赤十字社連盟．

LRT【light rail transit】機社アメリカの路面電車．軽量専用軌道の公共交通機関．1970年代に路面電車が復活したのに伴い命名．

LRU【least recently used】I算主記憶装置内の仮想記憶空間を空けるため，最後に参照した時期が最も古いページを抜き出す方法．

LRV【light rail vehicle】路面電車用の車両．

LS ①【long shot】映写放ロングショット．②【link state】I イ情報検索者がそれぞれ持っている接続状態の情報のこと．

LS原油【low sulphur crude oil】化低硫黄原油．

L/Sバンド【L/S band】I算通信衛星を利用した移動体通信におけるLバンド（1〜2GHz帯）とSバンド（2〜4GHz帯）を併記したもの．

LSB【least significant bit】I算最下位ビット．2進数のデータの中で，最も右側にあるビットのこと．

LSD ①【lysergic acid diethylamide】薬リゼルギン酸ジエチルアミド．麻薬の一つ．②【landing ship, dock】軍ドック型揚陸艦．

LSE【London Stock Exchange】経ロンドン証券取引所．

LSI【large scale integration】I算大規模集積回路．IC（集積回路）を発展させた高密度集積回路．

LSI実装技術【large scale integration packaging technology】I算大規模集積回路（LSI）を部品にしたり，部品を基板に装着したりする製造技術．

LSS【life support system】宇生命維持装置．宇宙船内などで飛行士の命を守る装置．

LST ①【landing ship, tank】軍戦車を陸地まで運ぶ時に用いる艦艇．②【local standard time】地方標準時．

LT ①【local time】地方時．②【living together】社同棲．

LTA ①【Lawn Tennis Association】競（テニ）イギリスの庭球協会．ウィンブルドン全英テニス選手権を主催．②【Long Term Agreement】経国際綿製品長期取り決め．1962年に実施された国際貿易協定．③【lighter-than-air aircraft】機飛行船．気球．空気よりも軽い航空機．

LTCM【Long Term Capital Management】経アメリカの資金運用会社の一つ．ヘッジファンドで破綻した．

LTD【laser target designator】軍レーザー目標照射機．

Ltd.【limited】営有限責任の，有限会社．主にイギリスで，社名の後に付記する．

LTP【low temperature passivation】I低温処理．半導体の薄膜を作る技術の一つ．

LTR【long terminal repeat】医腫瘍ウイルスのDNA（デオキシリボ核酸）の末端にある構造．

LTS【lifetime share】営既存顧客のもつ愛着心や信用度が利益を生む原動力とする販売戦略や考え方．LTVともいう．

LTTE【Liberation Tigers of Tamil Eelam】機政タミルイーラム解放の虎．スリランカのタミル系住民の過激派武装組織．

LTV【lifetime value】営既存顧客のもつ継続的な愛着心が利益を生じるもとになるとする販売戦略．LTSともいう．

LU.6.2【logical unit 6.2】I算アメリカのIBMのSNAと呼ばれるネットワークアーキテクチャーで用いられる通信モジュール．

LV【Laser Vision】Iレーザービジョン．ビデオディスクの一方式．

LVDS【low voltage differential signaling】I算コンピューターとデジタルディスプレー間におけるデータ信号の規格の一つ．

LWM【low-water mark】干潮標．低水界．

LWR【light water reactor】理軽水炉．普通の水を減速材・冷却材に使う発電用原子炉．

Lycos I イライコス．インターネット上の主なロボット型検索サービスの一つ．

Lynx I イリンクス．文字表示が主体の端末で，HTML文書などWWW上の文書を閲覧可能にするソフトウエア．

LZHファイル I算国内で主流の圧縮ファイル形式の一つ．拡張子は「.lzh」．

M

M【magnitude】地理マグニチュード．地震の大きさを表す量．

mマーク【merchandising mark】営社生活用品品質奨励マーク．日本工業規格（JIS）の適用されない生活用品の優良商品に付けられるマーク．

M理論【M theory】理超ひも理論の探究の中から収束してきた理論的認識．1994〜95年ごろ大きく前進したが，現在も終着点は流動的という．

M-5型ロケット【Mu-V rocket】宇宇宙科学研究所（現宇宙航空研究開発機構）が開発した3段式固体燃料ロケット．月・惑星探査機の打ち上げに用いる．1997年から運用開始．

M19【Movimiento 19 de Abril】西軍政4月19日運動．コロンビアの過激派組織．1974年に結成．89年に武装解除，合法政党化した．

M II I算アメリカのVIAテクノロジー社のMMX Pentiumと互換性をもつCPU（中央処理装置）．64KBの一次キャッシュをもつ．

MA ①【mental age】教心精神年齢．各年齢に対応する問題を解かせ，検査の結果を年齢に換算す

M&A

る．②【message area】❶メッセージエリア．単位料金区域．市内通話区域．電話の通話料金を計算するため設ける．

M&A【merger and acquisition】圏企業の合併・買収．

M.A.【Master of Arts】教人文科学・社会科学系の修士号．文学修士．

MA-1ジャケット【MA-1 jacket】服アメリカ軍の飛行士用ジャケット．

MAB【Man and the Biosphere Programme】社マブ計画．人間と生態圏計画．ユネスコの環境問題を調査研究する．

MAC【media access control】❶算媒体アクセス制御．LAN上で，複数の端末からの送信データが衝突しないようにする技術．

Mac【Macintosh】❶算マック．アップルコンピュータ社のマッキントッシュの略称．

MACアドレス【MAC address】❶算マックアドレス．LAN上の端末のNIC（Network Interface Card）に割り振られるアドレス．

Mach【multiple asynchronously communication hosts】❶算マーク．BSDを基に機能の極小化を図ったUNIX系のOS．CPUのマルチプロセッサー方式などに対応している．

Mach 5　❶算かつてマッキントッシュに搭載されたPowerPC 604eというCPUのコードネーム．

MACHO【massive compact halo object】天マチョ．銀河系周辺部のハローに存在すると想定される，暗い小質量の恒星や惑星など．

Macintosh　❶算マッキントッシュ．アメリカのアップルコンピュータが開発・販売するパソコンの呼称．通称はMac，マック．

MacOS　❶算アップルコンピュータのマッキントッシュが採用しているOS（基本ソフト）のこと．

MacOSインフォセンター【MacOS info center】❶算HTMLで記述された，MacOS用のヘルプ文書．ブラウザーを使い参照する．

MacOS互換機【MacOS compatible PC】❶算MacOSが搭載された，アップルコンピュータ以外のメーカー製のパソコン．

MacOS X　❶算マックオーエステン．次世代的な機能を多数搭載した，最新のMacOSの呼称．

M&A&D【merger and acquisition and divestiture】圏合併，買収，会社分割を通した企業再編のこと．

MAD　①【mutual assured destruction】軍マッド．相互確証破壊．敵から先制攻撃を受けても，その敵に絶対的打撃を与えるという戦略核戦力をもつ戦略．②【magnetic anomaly detector】軍磁気異常探知装置．潜水艦探知に用いる．

MADD【Mothers Against Drunk Driving】社飲酒運転根絶を目指す母親たちの会．アメリカの市民団体で1980年に設立．

MAI【Multinational Agreement of Investment】経多国間投資協定．経済協力開発機構（OECD）が推進する．

MAL【multimedia access line】❶イマルチメディアアクセスライン．かつてのDDIが提供していた，ダイアルアップ方式のインターネット接続サービス．

MALDI【matrix assisted laser desorption/ionization】化マトリックス支援レーザー脱離イオン化法．質量分析法の一つ．

MAN【metropolitan area network】❶都市圏をカバーする通信サービスのための高速無線ネットワーク．メトロポリタンエリアネットワーク．

man　❶算マン．UNIX系OSのコマンドの一つ．OSで利用可能なコマンドのマニュアルを表示する．

MANPADS【man-portable air defense system】軍携帯式地対空ミサイル．

MAP　①【Military Assistance Program】マップ．相互防衛援助計画．②【manufacturing automation protocol】❶算マップ．ファクトリーオートメーション用LANの通信制御手順．工場内の自動化機器相互間の通信や情報交換の標準化を目指す．③【Middle Atmosphere Program】気中層大気観測計画．国際協力の研究観測を1982〜85年に実施した．

MAPI【messaging application program interface】❶算マピ．Windows上で，アプリケーションソフトから直接e-mailを送信するためのAPI．

MAR【multifunction array radar】軍多用途群別レーダー．ミサイルの型などを識別する．

MARC【machine readable cataloging】❶算マーク．電子化された，世界各国の国立図書館の蔵書目録データベース．

MaRV【maneuverable reentry vehicle】軍機動式再突入核弾頭．

MAS【Movimiento al Socialismo 西】社「社会主義への運動」．コカ栽培農民を中心としたボリビアの社会主義運動．

MASER【microwave amplification by stimulated emission of radiation】理メーザー．分子増幅器．レーダーなどに使う．

MASH【Mobile Army Surgical Hospital】軍マッシュ．アメリカの陸軍移動外科病院．

MATIF【Marché à Terme International de France 仏】経フランスの金融先物市場．1987年にパリ証券取引所に設置．

MAV【micro air vehicle】軍軍事行動に用いる超小型無人航空機．

MAWS【missile approach warning system】軍モーズ．戦闘機に装備するミサイル接近警報システム．

max.【maximum】マキシマム．最大量．最大限．

MAX関数【MAX function】❶算マックス関数．表計算の関数の一つ．引数リストの中から数値の最大値を返す．文字列と論理値は無視する．

MB【megabyte】❶算メガバイト．1メガバイトは1024キロバイト．

MBA【Master of Business Administration】圏教経営学修士．

MBD【minimal brain damage syndrome】医微細脳障害症候群．乳幼児の軽微な脳損傷などが原因とされる．

MBE【molecular beam epitaxy】化理分子

782

線エピタキシー．単結晶成長法の一種．

MBFR【Mutual and Balanced Force Reduction】軍中部欧州相互均衡兵力削減交渉．

MBI【management buy-in】経マネジメントバイイン．買収対象企業に資金出資者が経営陣を送り込む手法．

MBO ①【management buyout】経経営権の買い取り．経営幹部や従業員が金融機関の支援を受けて，自社や事業部門を買収すること．②【management by objectives】経目標管理制度．従業員の自主性を重視する管理方式．

MBOファンド【management buyout fund】経経営本陣による自社買収（MBO）を支援する買収ファンド．

MBone【Internet multicast backbone】Ⅰインターネットで同一情報を複数の相手に一度に送れる機能をもつ仮想実験網．

MBP【marine biotelemetry project】海洋生物遠隔計測研究計画．

MBR ①【master boot record】Ⅰ算システム起動用の領域．ハードディスクの先頭部分に書き込まれたバージョン情報などをいう．②【memory-based reasoning】Ⅰ人工知能の分野などで，記憶に基づく推論．

MBS ①【Mutual Broadcasting System】放アメリカのミューチュアル放送会社．ラジオのみの全国ネットワーク．②【mortgage backed securities】経住宅ローン債権に基づき発行される資産担保証券．

MBT【main battle tank】軍主力戦闘戦車．

MC ①【master of ceremonies】マスターオブセレモニー．司会者．②【machining center】Ⅰ数値制御工作機械の一つ．複合加工工作機械．③【motion capture】Ⅰ算コンピューターグラフィックスなどで，人の動きを直接データ化するのに用いる技法．④【motion compensation】Ⅰ算動き補償．動画の再生の質を高める技術・機能．⑤【Member of Congress】政アメリカの国会議員，特に下院議員．⑥【Marine Corps】軍アメリカの海兵隊．⑦【Military Committee】軍軍事委員会．⑧【management contractor】建主にイギリスで行われる建設生産システムの一つ．

MCシミュレーション【Monte Carlo simulation】化モンテカルロシミュレーション．コンピューターを利用する化学の方法論の一つ．統計力学の分配関数(系の熱力学的性質を導き出せる関数)の計算を行う．

MCA ①【monetary compensatory amount】経国境調整金．為替相場変更による自国農産物価格と欧州連合（EU）統一農産物価格のずれを，EU域内で輸出入する場合に国境で調整する制度．②【millennium challenge account】アメリカ政府の途上国援助の新方式．

MCAシステム【multi-channel access system】Ⅰ複数の無線チャンネルを多数の利用者が共同使用する宅配便などの集配方式．

MCA無線【multi-channel access radio system】Ⅰ空いているチャンネルを自動選択して利用する大ゾーン方式の無線システム．

MCCA【Mercado Común Centroamericano】西中米共同市場．

MCFC【molten carbonate fuel cell】化理溶融炭酸塩型燃料電池．燃料電池の第二世代タイプ．

MCI ①【media control interface】Ⅰ算マルチメディア機器を制御するのに使う規格．マイクロソフトとIBMが共同開発．②【Microwave Communications of America,Inc.】Ⅰアメリカの長距離通信事業者の一つ．買収したワールドコムが2002年に倒産し，05年にブランド名をMCIに変更．

MCI Mail Ⅰ算長距離電話会社のアメリカのMCIインターナショナル社が提供する国際的な電子メールサービス．

MCLS【mucocutaneous lymph node syndrome】医小児急性熱性皮膚粘膜リンパ節症候群．別名を川崎病．

MCM【multi-chip module】Ⅰ基板上にベアチップを含む2個以上の大規模集積回路を実装する機能モジュール．

MCP【male chauvinist pig】社男尊女卑思想をもつ野郎．男性優越主義を唱える野郎．

MCS業務【management consulting service—】経公認会計士の業務の一つ．財務諸表の作成，経営・財務・会計に関する調査・立案・相談など．

MCT【minimum connecting time】空港での最低乗り継ぎ時間．

MCU【microcontroller unit】Ⅰ民生機器用の半導体の一種．家電製品などに用いる．

MD ①【merchandising】経マーチャンダイジング．商品流通の合理的な管理方法．②【mini disc】Ⅰミニディスク．光学式ディスクと光磁気ディスクの2種類を使い，録音・再生できるパーソナルオーディオ．ソニーが開発．③【missile defense】軍ミサイル防衛．弾道ミサイルの迎撃システムを地球規模で構築する．④【molecular dynamics】化分子動力学．分子集団系の運動方程式を解いて，それぞれの分子の軌跡を求める．⑤【Mediterranean Dialogue】軍政地中海対話．NATO（北大西洋条約機構）と地中海対岸諸国との間で1994年に発足．

M.D.【medicinae doctor】羅. Doctor of Medicine】教医学博士．

MDデータ【MD DATA】Ⅰ音楽用のMDをベースに開発されたリムーバブル記憶メディアの一つ．一枚で144MBの記憶容量をもつ．

MDデッキ【MD deck】Ⅰアンプやスピーカーと組み合わせて使う単体のMD機器．

MDプレーヤー【MD player】Ⅰ携帯用のMD機器で，再生専用のもの．

MDレコーダー【MD recorder】Ⅰ携帯用のMD機器で，録音・再生のもの．

MD2【MD DATA2】Ⅰ従来のMD DATA(144MB)の4.5倍である650MBの記憶容量をもった記録メディア．

MD&A【management's discussion and

MDA

analysis of financial condition and results of operations】経経営者による財政状態および経営成績の検討と分析．アメリカでは証券取引委員会（SEC）が開示を要求．

MDA【Missile Defense Agency】軍政アメリカ国防総省のミサイル防衛局．2002年にBMDOを改称．

MDAP【Mutual Defense Assistance Program】軍アメリカの相互防衛援助計画．

MDB【Movimento Democrático Brasileiro 葡】政ブラジル民主主義運動党．

MDC【more developed country】経社中進国．アラブの産油国など，経済的には豊かな途上国．

MDCT【modified discrete cosine transform】IT算変形離散コサイン変換．音楽データの符号化などにおいて，隣接ブロック間の直交変換を行い，ひずみをなくす変換法．

MDF【main distributing frame】IT算主端子盤．主配線盤．大量の電話回線や通信回線を収容する装置．

MDGs【millennium development goals】政ミレニアム開発目標．2000年の国連ミレニアムサミットの宣言などから策定．

MDL【Military Demarcation Line】軍政軍事停戦協定に基づき，韓国と北朝鮮の間に設定された陸上の軍事境界線．

MDM【Médecins du monde 仏】医世界の医師団．医療奉仕活動を行う団体．本部はパリ．

MDMA【methylene-dioxymethamphetamine】薬メチレンジオキシメタンフェタミン．合成麻薬の一種．

MDN【message disposition notification】IT受信者がすでに読んだかどうかなど，送信済みの電子メールに関する情報を送信者が把握できるようにするための規格．

MDRAM【multi-bank DRAM】IT算高速アクセスが可能なDRAMの一つ．

MDS ①【multipoint distribution service】放多点配信システム．マイクロ波を利用した多地点への情報配信サービス．②【midcourse defense segment】軍ミッドコース防衛セグメント．弾道ミサイルを飛行途中で迎撃する．

MDS-1【mission demonstration test satellite-1】宇ミッション実証衛星1号．民生部品実証機器やコンポーネント実証機器などを搭載．

MDS-2【mission demonstration test satellite-2】宇ミッション実証衛星2号．レーザーレーダーの実験機器などを搭載．

MDSS【management decision-making support system】経経営意思決定支援システム．

ME ①【medical electronics】医医療用電子工学．医療のために電子工学の技法や電子計測器などを利用すること．②【macroengineering】マクロエンジニアリング．③【microelectronics】マイクロエレクトロニクス．④【Mars Express】宇ESA（欧州宇宙機関）の火星周回探査機．2003年に打ち上げた．

MEテープ【metal evaporated tape】IT理磁気特性の強い金属を蒸着するビデオテープ．

MEA【Multinational Environment Agreement】環多国間環境協定．さまざまな環境保護に取り組むための国際条約．

MEADS【medium extended air defense system】軍ミーズ．中距離射程延伸型防空システム．米独伊が1995年から共同開発．

MED【minimum erythema dose】医皮膚がわずかに赤くなる紫外線量．

M.Ed.【Master of Education】教教育学修士．

MEG【magnetoencephalography】医脳磁図．脳神経細胞の微弱な磁気を検出して行う画像診断法．

MEK【Mujahedeen-e-Khalq 亜刺】政ムジャヒディンハルク．イランの過激派組織．1965年に結成．

MEMS【micro electro mechanical system】IT算半導体の超微細加工技術を用い，機械可動部を電子回路と一体化した微小電子機械部品．メムス，マイクロマシンともいう．

MEO【middle earth orbit】宇地上からの高度8000～2万kmの衛星軌道のこと．1000km付近の軌道はLEOという．

MEP【Member of the European Parliament】政欧州議会議員．

MERCOSUR【Mercado Común del Cono Sur 西】経メルコスール．南米南部共同市場．1995年に発足．ブラジル，アルゼンチン，ウルグアイ，パラグアイが加盟．

METI【Ministry of Economy, Trade and Industry】経政経済産業省．

METS【metabolic equivalent】医代謝産物から生まれた運動強度の単位．安静状態を維持するための必要酸素量を一単位とする．

MEX【media exchange】IT算メックス．国内のインターネット網の相互接続をするIX（Internet exchange）を提供する会社．

MEY【maximum economic sustainable yield】環最大経済的持続生産．漁業利益の最大化を目的とする．

MF ①【midfielder】競（サッ）ミッドフィルダー．フォワードとディフェンダーの間に位置する選手．攻撃にも守備にもかかわる．②【medium frequency】電理中波．中波数．

MFA ①【Ministry of Foreign Affairs】政外務省．②【Multinational Fiber Agreement】経多国間繊維取り決め．繊維製品の国際貿易に関する取り決め．1974～94年に実施．

MFC【Microsoft foundation class】IT算アメリカのマイクロソフト製のアプリケーション開発環境．ソフト，Visual C ++で利用されるクラスライブラリーのこと．

MFD【Manipulator Flight Demonstration】宇マニピュレーター飛行実証試験．スペースシャトルを使う日本実験モジュールに搭載する精密作業用ロボットアームの試験．

MFDC【Movement of Democratic Forces of Casamance】政カザマンス民主勢力運動．セネガルの反政府ゲリラ組織．

MFLOPS【mega FLOPS】IT算メガフロップス．浮動小数点演算が1秒間に100万回行われることを表す単位．

MFN【most favored nation】経政最恵国待遇．通商，関税，航海など二国間関係で，最も有利な待遇を相手国に与えること．

MFP構想【Multi-Function Polis Plan】社日本が協力して，オーストラリアに職場や住宅などの多機能をもつ未来都市を建設する計画．

MG【middle guard】競(アメリカンフットボール)ミドルガード．攻撃側センターの正面に位置する守備選手．NGともいう．

MGCP【media gateway control protocol】IT算IPネットワーク上で電話サービスを実現する場合にVoIPゲートウェイをコントロールするためのプロトコル．

MGE【movable genetic element】生転移性遺伝要素．

MGR【mobile guided rocket】機移動式誘導ロケット．

MGS【Mars Global Surveyor】宇NASA（アメリカ航空宇宙局）の火星探査ミッションの2番機マーズグローバルサーベイヤーのこと．

MH　IT算電子メールを検索したり，分類したりするプログラム．UNIX版．

MH冷凍システム【metal hydride cooling system】化理水素吸蔵合金が生じる発熱・吸熱作用を冷凍・冷蔵に利用するもの．ニチレイ，日本製鋼所，東洋工機が共同開発．

MHD発電【magnetohydrodynamic power generation】理電磁流体力学発電．

MHEG【Multimedia and Hypermedia Information Coding Experts Group】IT算マルチメディア ハイパーメディア情報符号化専門グループ．

MHS【message handling system】IT算電子メールサービスを相互接続し，異なるシステム間で共通のプロトコルを用いてメッセージ転送ができるようにした国際規格．

MHz【megahertz】IT電メガヘルツ．1秒当たりの振動数を表す単位で，MHzは10^6ヘルツ．

MI【Military Intelligence】軍イギリスの軍事諜報部．MI 5は国内とイギリス連邦，MI 6は国外活動を担当している．

MIA【missing in action】軍戦闘中の行方不明者のこと．

MIB【management information base】IT算ミブ．管理情報ベース．管理対象に関する情報をオブジェクトとして管理しているデータベース．

MIC ①【management of indirect cost】営ミック．間接部門効率化計画．企業の間接部門の合理化を図る．②【military-industrial complex】軍経軍産複合体．軍需品を通じて緊密な産業界と軍との関係．

MICA【Multi-National Investment Company for Africa】アフリカ民間投資会社．

MICOS【meteorological information confidential on-line system】気マイコス．気象情報提供システム．日本気象協会が1977年に開発．

MICR【magnetic ink character reader】IT算磁気インク文字読み取り装置．コンピューターの入力装置の一つ．

Microsoft Excel　IT算マイクロソフトエクセル．アメリカのマイクロソフトの総合型表計算アプリケーションソフト．

Microsoft IME　IT算アメリカのマイクロソフトの日本語入力システム．ワープロや表計算などのアプリケーションソフトと一緒に使う．

Microsoft .NET　IT算マイクロソフトドットネット．マイクロソフトの次世代戦略．

MIDAS【Missile Defense Alarm System】軍ミダス．ミサイル防衛警戒組織．

MIDCAB【minimally invasive direct coronary artery bypass】医低侵襲性拍動下冠動脈バイパス術．

MIDI【musical instrument digital interface】IT算ミディ．デジタル方式の電子楽器をコンピューターとつないで動作させるための統一規格．

MIDI音源【MIDI sound source】IT算MIDI用のソフトウエアを用いて使うMIDI楽器．音源モジュールを利用すれば，複数楽器の同時演奏が可能．

MIDI形式【MIDI format】IT算ミディ形式．MIDI規格を採用した機器用の音楽データを記録したファイル．

MIDIチャンネル【MIDI channel】IT算MIDIで演奏データを送るのに用いる複数のチャンネル．

MIDS【multifunctional information distribution system】軍多機能情報分配システム．戦場情報の統合・分配の高性能化を目指してアメリカ軍が開発中．

MIF【multilateral investment fund】経多国間投資ファンド．

MIFES　IT算マイフェス．MS-DOS時代から利用されてきた国産のエディター．

MiG【Mikoyan i Gurevich】軍ミグ．技師のアルチョム・ミコヤンとミハイル・グレビッチにより設計された旧ソ連の戦闘機．

MIGA【Multilateral Investment Guarantee Agency】経多国間投資保証機関．1988年に発足．

MIKE　競(サッカー)サッカーの実況をコンピューターで自動的に行うシステム．通産省（現経済産業省）の電子技術総合研究所が開発．

MIL【Milwaukee Brewers】競(野球)ミルウォーキー・ブルワーズ．米大リーグの球団の一つ．

MILF【Moro Islamic Liberation Front】軍政モロイスラム解放戦線．フィリピンの反政府組織の一つ．

Millicent　IT経ミリセント．アメリカのコンパックコンピュータが開発したネットワーク型電子マネー．0.1円単位の小額決済が可能．

MILNET【Military Network】IT軍アメリカの国防データのネットワークの一つ．機密ではない通信

MILST▶

に使われる.

MILSTAR【Military Strategic and Tactical Relay】軍ミルスター．アメリカの国防総省の軍事戦略戦術通信中継衛星システム．

MIM【mobile interceptor missile】軍地上移動式対空ミサイル．

MIM液晶【metal insulator metal liquid crystal】I算液晶ディスプレーに薄膜ダイオードを利用した，アクティブマトリックス型の液晶の一つ．

MIME【multi-purpose Internet mail extention】I イ マイム．文字情報以外の情報を電子メールで伝達する形式を規定したもの．

MIN【Minnesota Twins】競(野球)ミネソタ・ツインズ．米大リーグの球団の一つ．

MIN関数【MIN function】I算表計算の関数の一つ．引数リストの中の数値から最小値を返す．文字列と論理値は無視する．

MINERVA【Micro/Nano Experimental Robot Vehicle for Asteroid】宇ミネルバ．小惑星イトカワの探査ロボット．探査機「はやぶさ」から投下されたが，着地に失敗．

Mini PCI I算ミニピーシーアイ．ノートパソコン用に開発された小型のPCIバス．

MINIX I算ミニックス．UNIX学習用に開発された教育向けUNIX互換のOS．

MINUGUA【United Nations Mission for the Verification of Human Rights in Guatemala】国連グアテマラ人権検証ミッション．

MINURSO【Mission Des Nations Unies pour l'Organisation d'un Référendum au Sahara Occidental 西】国連西サハラ住民投票監視団．1991年に国連安全保障理事会で設置を設立．

MIO【maritime intercept operation】軍海上阻止作戦．

MIPRO【Manufactured Imports Promotion Organization】営社ミプロ．製品輸入促進協会．1978年に設立．諸外国からの対日輸出と日本の製品輸入拡大を進める．

MIPS【million instructions per second】I算ミップス．コンピューターの処理速度の単位．1秒間に行う100万個単位の命令処理で表す．

MIR【Movimiento de la Izquierda Revolucionaria 西】政革命左派運動．チリの左翼系テロ組織．1965年に結成．

MIRACL【mid-infrared advanced chemical laser】軍ミラクル．アメリカ海軍の中赤外線化学レーザー．

MIRV【multiple independently targeted reentry vehicle】軍マーブ．個別誘導複数目標弾頭．各個目標多弾頭．

MIS【management information system】I営経営情報システム．経営管理に必要な情報を，各階層の管理者に対して適切に提供する．

MISTY I算ミスティ．三菱電機が開発した，128ビットの鍵長をもつ共通鍵暗号アルゴリズム．

MIT【Massachusetts Institute of Technology】マサチューセッツ工科大学．

MITライセンス【MIT license】I算プログラムのライセンス形態の一つ．基本的に再配布は自由だが，その際に著作権表記を残さなければならない．

MITI【Ministry of International Trade and Industry】経政ミティ．通産省(現経済産業省)．⇨METI

MkLinux I算エムケーリナックス．PowerMacおよび互換機用のLinux．

mks単位系【meter-kilogram-second unit】メートル系単位の一つ．長さにメートル(m)，質量にキログラム(kg)，時間に秒(s)を基本単位として用いる．

MKSA単位系【meter-kilogram-second-ampere unit】メートル(m)，キログラム(kg)，秒(s)，アンペア(A)を長さ，質量，時間，電流の基本単位とする電磁単位系．

ML【mailing list】I イ メーリングリスト．一つのメールアドレスの登録で，グループの全員に同一のメッセージが送られる機能．

MLB【Major League Baseball】競(野球)アメリカの大リーグ．

MLD【multicast listener discovery】I イ インターネットを利用して，特定の複数のアドレスへデータを送信する際に用いられるプロトコル．

MLE【molecular layer epitaxy】化理分子層エピタキシー．一分子層ずつ結晶成長させること．

MLIT【Ministry of Land, Infrastructure and Transport】経政国土交通省．

MLN【Movimiento de Liberación Nacional Tupamaros 西】軍政トゥパマロス国民解放運動．ウルグアイの武装革命組織．1963年に結成し，85年に政治結社となる．

MLRS【multiple launch rocket system】軍多連装ロケットシステム．アメリカ陸軍と海兵隊が実用している高性能の多連装ロケット．

MLS【microwave landing system】機マイクロ波着陸装置．着陸誘導が直線進入だけでなく，多方面からできるもの．

MM法【molecular mechanics calculation】化分子力学法．コンピューターを利用する化学の方法論の一つ．適当なポテンシャル関数を用いて複雑な化合物のエネルギー最小構造を求める．

MM21 社みなとみらい21．横浜市の臨海開発プロジェクト．

MMA ①【money market account】経短期金融市場預金勘定．決済機能をもち，金利上限規制がない金融商品．MMDAともいう．②【Modern Management Association】営近代経営協会．③【Muttahida Majlis-e-Amal ｳﾙﾄﾞｩ】政統一行動評議会．パキスタンのイスラム6政党により結成．④【mixed martial arts】競総合格闘技．打撃，関節技，投げ技といった技術を総合した格闘技．

MMAC【multimedia mobile access communication system】I マルチメディア移動アクセス．マルチメディアの利用を可能にする次世代超高速の無線通信システム．

MMC【money market certificate】経1989

◀ MODEM

年に日本で発売の市場金利連動型預金．1978年にアメリカで導入のTB金利基準定期預金．

MMCA【Multimedia Content Association of Japan】①マルチメディアコンテンツ振興協会．マルチメディア技術とコンテンツの質向上を目的にする業界団体．

MMCD【multimedia CD】①デジタルビデオディスク(DVD)の規格．マルチメディアCD規格．ソニーとフィリップスが提案．

MMD【maximum mixing depth】化気最大混合層高度．1日のうちのMD(混合層高度)の最大値．汚染物質が最も希薄となる．

MMDA【money market deposit account】経短期金融市場預金勘定．1982年にアメリカで認可された，決済機能をもち金利の自由な金融商品．

MMDS【multi-point multi-channel distribution system】①マイクロ波を用い，1対多の接続が可能な無線アクセス技術の総称．

MME【Microsoft Windows Multimedia Extensions】①算Windows上で画像・音声などを扱うソフトウエア．アメリカのマイクロソフトから提供される．

MMF ①【money market fund】経マネーマーケットファンド．短期金融資産投資信託．②【money management fund】経マネーマネジメントファンド．短期の国債や譲渡性預金などで運用する公社債投資信託の一種．③【magnetomotive force】理起磁力．

MMIC ①【monolithic microwave integrated circuit】①算モノリシックマイクロ波集積回路．マイクロ波領域の信号を扱う集積回路．②【Multimedia Information Center】①地域のマルチメディアソフトの開発を支援するために設けた組織．全国に6カ所ある．

MML【mobile markup language】①イHTML4.0を携帯電話専用Webページ作成のために簡略化した言語．

M₁, M₂, M₃　経個人や企業が保有する現金通貨と要求払い預金がM₁．M₁に定期性預金を加えたものがM₂．そしてM₂にCD(譲渡性預金)と，郵便局・農協・信用金庫などの預貯金や信用元本を加えたものがM₃．

MMORPG【massively multiplayer online role playing game】①多人数が同時に参加できるオンラインロールプレーイングゲーム．

MMPI【Minnesota multiphasic personality inventory】心ミネソタ多面人格目録．人格診断法の一つ．

MMPM/2【Multimedia Presentation Manager/2】①算OS/2上で映像や音などを利用するためにマルチメディア機能を拡張するソフトウエア．IBMが1992年から発売．

MMR符号【modified modified READ code】①G4ファクシミリ用の画像符号化技術．冗長度を抑制することが可能な符号化方式で，転送能力が高い．

MMRワクチン【MMR vaccine】薬はしか風疹おたふくかぜ混合ワクチン．乳幼児向けの3種混合ワクチン．1993年に使用を中断．MMRはmeasles(はしか)，mumps(おたふくかぜ)，rubella(風疹)の頭字語．

MMU ①【manned maneuvering unit】宇有人機動ユニット．宇宙飛行士の船外活動支援装置．②【memory management unit】①算メモリー管理機構．使用するメモリーを管理するハードウエア．

MMX　①算アメリカのインテルが開発したCPUの拡張機能．3Dなどのマルチメディアへの対応が目的．

MMXテクノロジー【multimedia extension technology】①算マルチメディアを高速で処理できる機能．インテルが実用化．

MMX Pentium　①算動画や音楽などのマルチメディアデータを高速に処理できる機能を搭載したCPU．

MNC【multinational corporation】営多国籍企業．国家，国境を超えて複数の国で活動している巨大企業．

MNLF【Moro National Liberation Front】軍政モロ民族解放戦線．フィリピンのイスラム地域の独立を求める．1970年に結成．

MNNA【major non-NATO ally】政NATO(北大西洋条約機構)以外の主要同盟国．アメリカが13カ国に与えている地位．

MNP【Microcom Networking Protocol】①イアメリカのマイクロコム社が提唱したモデム用の通信規約．

MO ①【magneto-optical disc】①算光磁気ディスク．MOディスク．②【2001 Mars Odyssey】宇2001マーズオデッセイ．NASA(アメリカ航空宇宙局)の火星周回探査機．2001年に打ち上げた．

MO計算【molecular orbital calculation】化分子軌道計算．コンピューターを用いる化学の方法論の一つ．

MOディスク【magneto-optical disc】①算光磁気ディスク．磁性体にレーザー光を当て磁化方向を変化させてデータを書き込み，反射光の偏光を検出して読み出しをする．

MOAB【massive ordnance air blast】軍モアブ．アメリカ空軍が開発した超大型爆弾の一種．

MobiTV　①放アメリカの携帯電話テレビ．CNNやCNBCなど40局以上の番組を視聴できる．

MOBS【multiple-orbit bombardment system】軍多数軌道爆弾．多数軌道爆撃体系．

MOBYS【mother-old, baby-young】社30歳代後半から40歳代で初めて子供をもつ母親．

MOD　①①音算モッド．パルス符号変調を用いて作成した音のデータを部品化してもつ音楽データ形式．②【Microsoft Official Dealer】①算マイクロソフトの販売支援制度，または認定された販売店．1994年に開始．③【modify】①算コンピューターゲームを改変すること．

Mod E【Modern English】言近代英語．15世紀末ごろ以降に使われた英語．

MODEM【modulator-demodulator】①算モデム．変復調装置．回線で信号を送るための，変調

787

MOF▶

と復調を行う装置．

MOF ①【Ministry of Finance】経政大蔵省．財務省．②【Minister of Finance】政大蔵大臣．蔵相．財務大臣．③【mixed oxide fuel】化混合酸化物燃料．

MOF勘定【Minister of Finance account】経財務大臣勘定．財務大臣名義で預金されている政府手持ちの外貨．

MOF担【Ministry of Finance —】経社金融機関の財務省（旧大蔵省）担当者．

MOL【manned orbital laboratory】宇モル．アメリカの有人軌道実験室．宇宙観測が目的．

MoMA【Museum of Modern Art, New York】美モマ．ニューヨーク近代美術館．

MOOTW【military operation other than war】軍戦争以外の軍事行動．国家間の戦争の範疇に入らない軍隊の行動の総称．

mopera I イモペラ．NTTドコモが提供する、携帯電話やPDAなどを対象としたインターネット接続サービス．

MOR【middle of the road】音気軽に聴けるなじみやすいポピュラー音楽．イージーリスニングともいう．

MORI【Market & Opinion Research International】イギリスの市場・世論調査会社．

MORT法【management oversight and risk tree】社アメリカのエネルギー開発庁が提案した，危険の事前評価に対する手法．事故原因を解明することで，対策を考える．

MOS ①【marine observation satellite】宇日本の海洋観測衛星．1号は1987年に打ち上げ．②【metal-oxide semiconductor】I 算金属酸化膜半導体．半導体の上にアルミナなどの絶縁体の薄膜を作り，さらに金属電極を施したもの．

Mosaic I イモザイク．初めてのWWWブラウザー．1991年にイリノイ大学のNCSAが開発．NCSA Mosaic．

MOS-FET【metal-oxide semiconductor field-effect transistor】理金属酸化膜半導体電界効果トランジスタ．モスフェット．

MOSS【market-oriented sector-selective talks】経日市場重視型個別協議．国際競争力がありながら，日本市場に参入できない製品の貿易障害要因を，分野別に取り上げた日米協議．

MOT ①【Microsoft Official Trainer】I 算マイクロソフトが公認するパソコンの教習指導員．②【Ministry of Transport】経政運輸省（現国土交通省）．⇨MLIT

Motif I 算OSF（Open Software Foundation，UNIXをベースにした標準OSの作成を目的とした，世界7社による財団）が推奨するUNIX用のGUIの仕様．

MOTO【Motion of the Ocean】理海洋エネルギーシステムの一種．ドーナツ状の装置で波力を使って発電し，柱状の装置で水から水素を作る．アメリカのエバール・エナジー・エンタープライズ社が開発．

Moto GP【Moto GP】競(ｵｰﾄ)ロードレース世界選手権．オートバイ競技におけるサーキット周回レースの世界大会．

MOU ①【Oil-for-Food Memorandum of Understanding between the U.N. and Iraq】経政イラク原油限定的輸出．湾岸戦争後の経済制裁中にイラク市民の人道的援助を目的に国連が認めた．②【memorandum of understanding】軍日米が共同開発した支援戦闘機F2を1996年から量産するための了解事項覚書．

MOX燃料【mixed oxide fuel】化理原子炉に使う混合酸化物燃料．二酸化ウランに二酸化プルトニウムを混ぜる．

MP ①【multilink protocol】I 算二つの情報通信機器間でデータをやりとりするデータリンクを複数扱える拡張プロトコル．②【Member of Parliament】政イギリスの国会議員．特に下院議員．③【military police】軍アメリカ軍の憲兵隊．憲兵．

MP3【moving picture experts group-1 layer 3 audio encoding】I 算音声データを約10分の1のサイズまで圧縮して伝送することができる規格．

MPAA【Motion Picture Association of America】映アメリカ映画協会．大手映画会社が加盟する映画製作者団体．アメリカ映画の格付け制度を実施している．1913年に結成．

MPB【Música Popular Brasileira 葡】音エンペーベー．ブラジル大衆音楽の総称．

MPC【multimedia personal computer】I 算マルチメディアを扱う条件を備えたパソコン．

MPD ①【maximum permissible dose】理放射能の最大許容線量．放射線を受けて，身体に障害を起こさない範囲での最大値．②【Metropolitan Police Department】社警視庁．

MPEG【Moving Picture Experts Group】I 算エムペグ．マルチメディアで用いられる動画のデータ量を圧縮する方式．圧縮方式の汎用的な標準化を行う技術委員会の呼称を，規格名として用いる．

MPEG 1【Moving Picture Experts Group 1】I 算国際標準符号化方式MPEGの一つ．ビデオ，CDなどの民生品に適用する規格．1993年に制定．

MPEG-1 Audio I 算エムペグワンオーディオ．MPEG国際委員会による，オーディオ信号の標準的な圧縮方式規格．

MPEG 2【moving picture experts group 2】I 算国際標準符号化方式MPEGの一つ．デジタル衛星放送などの高品質画像圧縮方式．1995年に制定．

MPEG-2 Audio I 算エムペグツーオーディオ．動画圧縮符号化方式であるMPEG-2の，特にオーディオに関する規格を指す．

MPEG 4【moving picture experts group 4】I 算国際標準符号化方式MPEGの一つ．テレビ電話や移動体通信，インターネットなど低い伝送速度で高品質な情報を送るのに対応する動画圧縮方式．

MPEG-4 Audio I 算エムペグフォーオーディオ．MPEG-2 Audio以上の高圧縮性能をもつ圧縮方

式規格.

MPEG 7【moving picture experts group 7】[1]算国際標準符号化方式MPEGの一つ．映像や音声などのマルチメディア情報について圧縮符号化の標準化を目指す．1996年に作業を開始した．

MPEG Audio【MPEG audio】[1]算エムペグオーディオ．多様なオーディオ信号を用途別に高圧縮する技術に関する国際標準規格．

MPF ①【M-phase promoting factor】圧細胞分裂促進因子．細胞分裂の引き金となるたんぱく質．②【Mars Pathfinder】字NASA（アメリカ航空宇宙局）の火星探査ミッションの1号機マーズパスファインダーのこと．1997年に火星に着陸．

mph【miles per hour】時速…マイル．MPHとも．

MPIS【multi purpose information system】社炭農村多元情報システム．農水省が構造改善事業の一環として農村型ケーブルテレビの施設建設に補助を行う施設．

MPLA【Movimiento Popular de Libertação de Angola】葡 軍政アンゴラ解放人民運動．

MPLC【Movimiento de Liberación Popular Cinchonero】西 軍政シンチョネロ人民解放運動．ホンジュラスの武装組織．1980年に結成し，91年に武装解除．

MPLS【multiprotocol label switching】[1]算IP（Internet Protocol）ネットワーク内の専用のルーター間で，高速にパケットの伝送を行うための通信技術．

mpman エムピーマン．韓国製の携帯式のオーディオプレーヤー．

MP@ML [1]算MPEG-2形式の圧縮技術で，その符号化機能と解像度を併記した呼び方．

MPR ①【marketing public relations】広マーケティング戦略の中にPRを位置付けるやり方．②【Madjelis Permusjawaratan Rakjat】イ政インドネシアの国民協議会．スハルト政権下では大統領を指名した．

MPS制度【mail preference service】営社メールプレファランスサービス．日本通信販売協会が1987年から始めた，ダイレクトメールの受け取りを拒否できる制度．

MPU【micro processor unit】[1]算中央処理装置（CPU）の機能を一つの基板にまとめた超小型の大規模集積回路（LSI）．

MR ①【medical representative】薬医薬情報担当者．新薬の効能などの情報を医師や薬剤師に伝え，使用後の情報収集なども行う．②【mixed reality】[1]算複合現実感．先端技術の一つ．現実と仮想の世界を融合させる．③【mental retardation】心精神遅滞．④【marginal revenue】経限界収入．

MR符号【modified READ code】[1]算G3ファクシミリ用の画像符号化方式．ITU-T勧告T.4として規定されている．

MRヘッド【magneto resistive head】[1]算磁気抵抗ヘッド．ハードディスク装置に用いる．記録の高密度化ができる．

MRA ①【mutual recognition agreement】経相互認証協定．製品の商品化に際し，検査の結果を複数の国が相互に認め合う協定．②【magnetic resonance angiography】医理磁気共鳴血管造影法．磁気共鳴映像法を用いて血流だけを画像化する．

MRAM【magnetic random access memory】[1]算磁気ランダムアクセスメモリー．次世代の記憶素子の一つ．

MRBM【medium range ballistic missile】軍中距離弾道ミサイル．

MRF ①【money reserve fund】経引き出しが自由にできる追加型公社債投資信託．②【multi-role fighter】軍多機能戦闘機．対空と対地・対艦の戦闘能力をもつ．

MRFA【Mutual Reduction of Forces and Armaments】軍中部欧州相互兵力削減交渉．

MRI【magnetic resonance imaging】医理磁気共鳴映像法．人体の各組織がもつ磁性を利用し生体に危害を加えない生体検索法．

MRM【Mutual Reassurance Measures】相互の安心感を高めるための措置．

mRNA【messenger ribonucleic acid】生伝令RNA．メッセンジャーRNA．細胞の核内でDNAのもつ遺伝情報を写し取り，リボソームへ伝える役割をする物質．

MRO ①【maintenance, repair and operations】[1]営サプライ用品など，オフィスや工場で時期を問わずに調達が必要になる各種物品．②【2005 Mars Reconnaissance Orbiter】字NASA（アメリカ航空宇宙局）の火星偵察オービタ．2005年8月に打ち上げた．

MRP ①【Mouvement Républicain Populaire】仏 政フランスの人民共和派．1944年結成の非マルクス主義のカトリック左翼政党．②【material requirements planning】営資材所要量計画．多品種少量生産向きの生産在庫管理方式．③【machine readable passport】社機械読み取り式旅券．1992年に導入．

MRSA【methicillin-resistant staphylococcus aureus】医メチシリン耐性黄色ブドウ球菌．抵抗力の衰えた入院患者などに，院内感染が起こることがある．

MRT【mobile reporting team】社移動取材団．アメリカ軍の報道管制下にあった湾岸戦争で前線取材を許可された取材団．

MRTA【Movimiento Revolucionario Tupac Amaru】西 軍政トゥパクアマル革命運動．ペルーの左翼ゲリラ組織の一つ．1983年結成．

MRV【multiple reentry vehicle】軍複数弾頭．多弾頭．

MS ①【mission specialist】字ミッションスペシャリスト．搭乗専門技術者．スペースシャトル用の宇宙飛行士で，シャトルと実験装置間の調整や船外活動のできる科学者などをいう．②【meal solution】社食事の解決策．料理店並みの持ち帰り食材をスー

M.s.▶

パーマーケットなどで提供すること．③【mass spectroscopy】化質量分析．原子質量や有機化合物の分子量を精密測定すること．④【manuscript】写本．原稿．複数はMSS．⑤【medium shot】写ミディアムショット．被写体の人物のひざから上を写すこと．

M.S.【Master of Science】教理学修士．

MS漢字コード【MS kanji code】Ⅰ算一般には シフトJISと呼ばれる日本語文字コードの一種．漢字コードの識別を容易にしている．

MSブラスト【MS Blaster】Ⅰイ算コンピューターワームの一種．2003年に出現．ブラスターワームともいう．

MSA ①【Maritime Safety Agency】政日本の海上保安庁．1949年に設置．②【Mutual Security Act】相互安全保障法．自由主義諸国の軍備強化のため，1951年にアメリカで制定．③【Mutual Security Agency】相互安全保障本部．④【multilateral steel agreements】経多国間鉄鋼貿易協定．

MSAC【most seriously affected countries】経社最貧国．第四世界．

MSB【most significant bit】Ⅰ算最上位ビット．2進数のデータの中で，最も左側にあるビットのこと．

MSC ①【Manned Spacecraft Center】宇有人宇宙船センター．テキサス州にあるNASA（航空宇宙局）の有人宇宙飛行の管制基地．②【mobile servicing center】宇移動サービスセンター．国際宇宙ステーション計画にカナダが参加する要素．③【Multimedia Super Corridor】Ⅰ最先端の情報技術産業都市建設計画．1996年にマレーシアのマハティール首相が提唱．④【mission specialist commander】宇スペースシャトルで3人以上で船外活動を行う時の，上席に当たる搭乗運用技術者．

MSCB【moving strike convertible bond】経転換価額修正条項付き転換社債型新株予約権付き社債．

MS-CBCP【Microsoft call back configuration protocol】Ⅰ算Windowsに採用されている，ダイアルアップ接続におけるセキュリティー技術である，コールバック方式．

MSCI指数【Morgan Stanley Capital International Index】経アメリカのモルガン スタンレー キャピタル インターナショナル社が算出する株価指標．

MSDF【Maritime Self-Defense Forces】軍日本の海上自衛隊．

MS-DOS【Microsoft disc operating system】Ⅰ算パソコン用のオペレーティングシステム（OS）．マイクロソフトが開発．Windowsに変更される前のもの．

MS-DOSプロンプト【Microsoft DOS Prompt】Ⅰ算GUI化されたWindowsで，MS-DOSコマンドを入力するための機能．

MSDS【material safety data sheet】化環化学物質等安全データシート．製品に使う化学物質の有害性や危険性の情報を消費者に提供する．

MSF【Médecins Sans Frontières 仏】医社国境なき医師団．国際医療奉仕を行う民間医師団．本部はパリ．1971年に結成．

MSI【Moviménto Sociale Italiano 伊】政イタリア社会運動．1947年に設立したネオファシスト政党．

MS-IME【Microsoft-input method editor】Ⅰ算Windowsに標準装備されている日本語入力ソフト．

MSL-1【First Micro-gravity Science Laboratory】宇理第一次微小重力科学実験室．宇宙開発事業団（現宇宙航空研究開発機構）が進めた材料実験用の大型均熱炉．

MSM【methyl sulfonyl methane】化メチルサルフォニルメタン．有機硫黄の一種で，関節などの老化を防ぐ効果があるといわれる．

MSN【Microsoft Network】Ⅰイ算マイクロソフトが運営するネットワーク．パソコン通信サービスから，インターネットプロバイダー，コンテンツプロバイダーへと変わった．

MSO【multiple systems operator】Ⅰ放複数のケーブルテレビ局を運営する企業のこと．

MSQG【Madison Square Garden】競建マジソンスクエアガーデン．ニューヨークにある室内競技場．

MSR【missile site radar】軍ミサイル配置レーダー．交戦中のミサイルの飛行を監視するレーダー．

MSS ①【Mobile Servicing System】宇移動サービスシステム．国際宇宙ステーション計画にカナダ宇宙機関が参加する要素．②【manned space station】宇有人宇宙ステーション．

MST【micro system technology】Ⅰ微小電子機械部品やその製造技術のヨーロッパでの呼称．

MSW【medical social worker】医メディカルソーシャルワーカー．医療福祉専門職．患者への医療効果が高まるよう医師に協力する．

MSX【Microsoft X】Ⅰマイクロソフトとアスキーの提唱による8ビット家庭用パソコンの標準規格．1983年に策定．MSXの能力を補うため発表されたのがMSX$_2$．

MSXMLⅠイ算アメリカのマイクロソフトのXML利用プログラム．IE5.0に標準装備された．

MSY【maximum sustainable yield】習社最大持続生産．魚資源を減少させないで，毎年継続的に獲れる最大の漁獲量．

MT ①【manual transmission】機マニュアルトランスミッション．自動車の走行中にギア変速を手動で行う．②【medical technologist】医衛生検査技師．血液検査などを行う．③【magnetic tape】磁気テープ．④【miniature tube】電ミニチュアチューブ．親指大の小型真空管．⑤【master tape】マスターテープ．複写などの基になる．

MT車【manual transmission car】機手動変速をする自動車．クラッチやギアを操作する方式の車．マニュアル車ともいう．

MT法【magneto-telluric method】地理地電磁気-地電流法．地下構造を推定する方法．

MTA ①【message transfer agent】Ⅰイ電子

メールの蓄積交換機能をもつところ. ②【medical technology assessment】医医療テクノロジーアセスメント. 医療技術や機器の有効性や安全性, さらに経済性や倫理性などを再考・再評価しようとするもの. ③【Metropolitan Transportation Authority】都市圏交通公社. ニューヨーク市の地下鉄・バスを運営する.

MTB【mountain bike】競マウンテンバイク. 山地などを走るために作られたオフロード用のスポーツ自転車.

MTBE【methyl tertiary-butyl ether】化メチルターシャリブチルエーテル. オクタン価を高める添加物質.

MTBF【mean time between failures】I算平均故障間隔. 機械に故障が起こる間隔の平均数値. 数値が大きいほうが故障が少ない.

MTCR【missile technology control regime】軍ミサイル関連技術輸出規制. 弾道ミサイル技術の拡散防止を目的とする. 1987年に合意し, 29カ国が参加.

mtDNA【mitochondrial DNA】生ミトコンドリアDNA.

MTM【methods time measurement】営社メソッドタイム測定. 一つの作業を終えるのに必要な平均時間を求める方法.

MTN ①【Multilateral Trade Negotiation】経ガット(現WTO)の多角的貿易交渉. ②【medium term note】経ミディアムタームノート. 社債の一種. 発行企業が, 決められた総額内なら条件を変えて何度も発行できる.

MTO【multilateral trade organization】経多角的貿易機構.

MTR【materials testing reactor】理材料試験炉. 原子炉に用いる材料を試験する原子炉.

MT-RJ I算光ファイバー用の接続コネクター仕様の一つ. 一般的なコネクターの約半分の大きさ.

MTSAT-1R【multi-functional transport satellite-1R】宇日本の運輸多目的衛星. 航空管制や気象観測を行う.

MTTR【mean time to repair】I算平均修復時間. 機械が故障した時の修復に要する平均時間.

MTV【Music Television】放ミュージックテレビジョン. アメリカの音楽番組専門のケーブルテレビ局.

MTX【middle trainer X】軍次期中間ジェット練習機.

MUCCS【matured urban career couples and singles】社マックス. 都市に居住し専門的訓練のいる職業をもった, 成熟した夫婦あるいは独身者. 本物志向が強く, より快適な生活を望む消費者像の一つ.

MUD【multi-user dungeon】I算マッド. ネットワークを介して, 複数のユーザーが同時に参加できる仮想空間のこと.

MUF【material unaccounted for】理マフ. 核物質不明量. 一定期間内に起きた核物質の原因不明の損失量.

Mule【multilingual enhancement to GNU Emacs】I算ミュール. UNIX用のエディターの一つEmacsを, 多言語に対応させたもの.

MUN【Model United Nations】教社模擬国連会議. 国連への理解を深めるための教育活動の一つ.

MUSE【multiple sub-nyquist sampling encoding】I算ミューズ. 多重サブサンプル方式. ハイビジョンを衛星放送などで放送しやすくする帯域圧縮技術.

MUSEデコーダー【multiple sub-nyquist sampling encoding decoder】I算ミューズデコーダー. MUSE方式で帯域圧縮されたハイビジョン信号を, 元の信号に復元する機器.

MUSE-NTSCコンバーター【MUSE-NTSC converter】I算MUSE信号を現行のNTSC方式テレビで映すのに使う変換器.

MUSES-C【Mu Space Engineering Spacecraft-C】宇宙宙科学研究所(現宇宙航空研究開発機構)の小惑星探査を行う工学実験探査機. 2003年に打ち上げた.

MVA【market value added】営経市場付加価値. 企業の市場価値から投下資本を差し引いたもの.

MVD【Ministerstvo Vnutrennikh Del】露政エムベーデー. 旧ソ連の内務省.

MVDISC【multimedia video disc】I算エムブイディスク. NECが開発したディスクフォーマット. 片面に5.2GBまで記録できる.

MVNO【mobile virtual network operator】I算移動体仮想通信事業者. 携帯電話会社から回線を借り, サービスを利用者に小売りする.

MVP【most valuable player】競プロ野球などで, 最優秀選手.

MVS【multiple virtual storage】I算汎用コンピューター用のOSの一つ. 多重の仮想記憶機能を有する. 現在ではz/OSと改称.

MWL【Muslim World League】宗イスラム世界連盟. 本部はメッカ.

MWNT【multi-walled carbon nanotube】理多層ナノチューブ.

MWS【management workstation】I算管理者用の作業端末装置.

MX【missile experimental】軍アメリカの次期戦略ミサイル. 大型核ミサイルの一種.

MXTV 放東京メトロポリタンテレビ. 東京の地方UHFテレビ局. 1995年に開設.

N

N₆₀ 化窒素原子60個がサッカーボール状に結合した分子.

N型半導体【negative-type semiconductor】I算半導体の一種. 負の電荷をもつ電子が主に電流を運ぶもの.

NAA【Narita International Airport Corporation】営成田国際空港会社.

NAACP【National Association for the Advancement of Colored People】社全米黒人地位向上協会．1909年に設立されたアメリカの公民権運動組織．本部はニューヨーク．

NAB【New Arrangements to Borrow】経IMF新借入取り決め．国際通貨基金（IMF）が先進11カ国や金融力のある国に対し，資金借り入れを要請する取り決め．1998年に発足．

NAC ①【New Agenda Coalition】新アジェンダ連合．「核兵器のない世界へ向けて」という共同宣言を1998年に発表した．ブラジル，エジプト，アイルランド，メキシコ，ニュージーランド，南アフリカ，スウェーデンの7カ国．②【National Advisory Council on International Monetary and Financial Problems】アメリカの国際通貨金融問題国家諮問委員会．

NACC【North Atlantic Cooperation Council】政ナックシー．北大西洋協力評議会．ワルシャワ条約機構の消滅を受け，1991年に創設．

NACCS【Nippon Automated Cargo Clearance System】営経日本の通関情報処理システム．航空貨物のためのAir-NACCSと海上貨物のSea-NACCSがある．

Nachi ［I］コンピューターワームの一種．2003年に出現．Welchi, Welehiaともいう．

NACS-J【Nature Conservation Society of Japan】環日本自然保護協会．1951年に設立．

NAD【Navy area defense】軍海軍地域防衛．アメリカの戦域ミサイル防衛構想で大気圏内で迎撃する下層システムの一つ．

NADGE【NATO Air Defense Ground Environment】軍ナッジ．NATO（北大西洋条約機構）の電子対空防衛体系．

NAFTA ①【North Atlantic Free Trade Area】経北大西洋自由貿易地域．②【North American Free Trade Agreement】経北米自由貿易協定．メキシコのサリナス大統領が1990年に提唱し，92年に調印したアメリカ，メキシコ，カナダによる自由貿易圏構想．

NAIRU【non-accelerating inflation rate of unemployment】社非インフレ加速的失業率．インフレ上昇率はゼロ状態の失業水準．

NAK【negative acknowledge】［I］否定応答．伝送制御の手順で，接続の異常や送信中に誤りがあった時，受信側から応答するもの．

NAL【National Aerospace Laboratory of Japan】字日本の航空宇宙技術研究所．独立行政法人の一つ．2003年に宇宙航空研究開発機構（JAXA）に改組．

NAM ①【National Association of Manufacturers】経社全米製造業者協会．アメリカ最大の製造業の団体．②【non-aligned movement】非同盟運動．

NAM認識【non-audible murmur】［I］無音声認識．声帯を振動させないささやき声の体内伝導音を用いて音声を認識する．

NAMFREL【National Citizens' Movement for Free Elections】政ナムフレル．自由選挙のための全国市民運動．フィリピンの選挙監視のための民間団体．

NAMMCO【North Atlantic Marine Mammal Commission】ナムコ．北大西洋産哺乳（ほにゅう）動物委員会．ノルウェー，アイスランドなどが結成した捕鯨管理機構．

NANA【North American Newspaper Alliance】ナナ．北アメリカ新聞連合．

NAND ［I］算ナンド．not andの略で，否定的論理積のこと．論理積の反転演算で，論理積の値と逆の値を出力する．

NAND回路【NAND circuit】［I］算ナンド回路．論理演算回路の一つ．A, Bともに1の場合に0を返す．

NAO【North Atlantic Oscillation】気北大西洋振動．アイスランド付近とポルトガル・アゾレス諸島の海面気圧差で代表される気圧のシーソー振動．

NAOMI ［I］ナオミ．Dreamcastと同じ技術をベースにした，セガの業務用ゲーム機の呼称．

NAP【network access point】［I］ナップ．アメリカにおける商用インターネット相互接続点（IX）の通称．

NAPALM【naphthene palmitate】化ナパーム．ナフテン酸とパルミチン酸のアルミニウム塩．ナパーム爆弾の材料となる．

NAPLPS【North American Presentation Level Protocol Syntax】［I］ナプルプス．ビデオテックスの北米標準方式．1982年制定．

Napster ［I］ナップスター．インターネットによる，MP3ファイルの相互交換サービス，もしくはそれを行うクライアントソフト．

NAR【National Association of Racing】競地方競馬全国協会．1962年設立の特殊法人．

NARC【Newspaper Advertising Review Council】広日本の新聞広告審査協会．新聞広告の事前審査を行う機関．1971年に設立．

NAS ①【new attack submarine】軍ナース．アメリカ海軍の次期攻撃型原潜開発計画．②【network attached storage】［I］ネットワークに直接つなぐファイルサーバー専用機．

NASA【National Aeronautics and Space Administration】宇ナサ．アメリカの航空宇宙局．1915年に発足したNACA（全国航空諮問委員会）を58年に発展的改組した．

NASCAR【National Association for Stock Car Auto Racing】競（自動車）ナスカー．全米自動車競走協会．1947年に設立．アメリカ製乗用車を改造したストックカーのレースを行う．

NASD【National Association of Securities Dealers】経全米証券業協会．

NASDA【National Space Development Agency of Japan】宇日本の宇宙開発事業団．1969年に設立．2003年に宇宙航空研究開発機構（JAXA）に改組．

NASDAQ【National Association of Securities Dealers Automated Quotation】［I］経算ナスダック．アメリカの店頭株式市場．店頭銘

柄気配自動通報システムのこと．

NASH【nonalcoholic steatohepatitis】医非アルコール性脂肪肝炎．

NASP【U.S. National Aerospace Plane】字機米国エアロスペースプレーン．大気圏外往還機（TAV）として研究中のもの．

NAT ①【network address translation】IT訳ナット．プライベートアドレスとIPアドレスを変換する機能．②【North Atlantic Treaty】北大西洋条約．1949年に発効．

NATO【North Atlantic Treaty Organization】国ナトー．北大西洋条約機構．1949年に創設された安全保障同盟機構．

NATO安定化部隊【NATO-led Stabilization Force】軍ボスニア和平協定で創設されたNATO和平実施部隊の後継部隊．1996年末から活動開始．SFORともいう．

NATOコソボ部隊【NATO Kosovo Force】軍旧ユーゴスラビア（現セルビア・モンテネグロ）のコソボ自治州に展開したNATO（北大西洋条約機構）の平和執行部隊．KFORともいう．

NATO戦略概念【NATO Strategic Concept】北大西洋条約機構（NATO）の21世紀に向けた役割を規定したもの．1999年の首脳会議で採択．

NATO即応部隊【NATO Response Force】軍2002年にNATO（北大西洋条約機構）が創設を決定し，迅速に移動できるハイテク部隊．NRFともいう．

NAVSAT【navigation satellite】字航法衛星．

NAVSTAR【navigation satellite timing and ranging】軍ナブスター．アメリカ海軍が開発した航行衛星システム．

Navy TBMD【Navy theater ballistic missile defense】軍海軍戦域弾道ミサイル防衛．アメリカ海軍と国防総省のミサイル防衛局が共同開発している．

NB ①【nota bene】羅 「よく注意せよ」の意．②【national brand】習ナショナルブランド．名の通った一流メーカーの商品．全国規模で販売される有名な商標．

NBA ①【National Basketball Association】競（バスケ）全米プロバスケットボール協会．アメリカのプロバスケットボールリーグの一つ．1949年に結成．②【National Bar Association】法全米弁護士協会．③【National Book Awards】文全米図書賞．

NBAファイナル【NBA Finals】競（バスケ）アメリカのプロバスケットボールリーグのNBAの優勝決定戦．7試合シリーズで行う．

NBC【National Broadcasting Company】放アメリカの放送会社．三大テレビネットワークの一つ．

NBC兵器【nuclear, biological and chemical weapons】軍核・生物・化学兵器の総称．

NBER【National Bureau of Economic Research】経全米経済研究所．アメリカの民間の代表的な経済研究機関．1920年に設立．

NBR【nitril-butadiene rubber】化ニトリルブタジエンゴム．合成ゴムの一種．

NBS【National Bureau of Standards】アメリカの規格基準局．1988年にNIST（連邦政府の標準・技術研究所）へ改組．

NC ①【numerical control】IT算数値制御．コンピューターで工作機械を制御して作業をすること．②【network computer】IT算ネットワークコンピューター．インターネットに接続した利用を前提に設計した装置．③【no change】「変更なし」の意．④【Nordic Council】北欧理事会．⑤【Nepali Congress】国ネパール会議派．ネパールの政党の一つ．

NC工作機械【numerically controlled machine tool】IT算数値制御装置を備えた工作機械．NCマシンともいう．

NC制御【numerical control】IT算数値制御（NC）による工作機械をX・Y・Z方向の数値データで制御すること．

NCA ①【National Command Authority】軍ナショナル コマンド オーソリティ．国家指揮最高部．国家指揮中枢．アメリカ軍事システムの最高戦争指導部．②【Nippon Cargo Airlines】日本貨物航空．1978年に設立．国際貨物専門の航空会社．

NCAA【National Collegiate Athletic Association】競全米大学体育協会．

NCBA【National Cattlemen's Beef Association】農全米肉牛生産者・牛肉協会．

NCC ①【new common carrier】IT算ニューコモンキャリア．新電電．電気通信事業の自由化に伴い，第一種電気通信事業者として新規参入した企業．②【National Council of Churches USA】宗全米キリスト教会協議会．

NCGUB【National Coalition Government of the Union of Burma】国ビルマ連邦国民連合政府．ミャンマーの反政府勢力が1990年に結成した臨時政府．

NCI【National Cancer Institute】医アメリカの国立がん研究所．

NCNA【New China News Agency】新華通信社．新華社．中国国営の通信社．1937年に設立．

NCP【network control protocol】IT算PPPによるダイアルアップ接続で，ネットワークの確立，制御などを行うためのプロトコル．

NCR【National Cash Register Co.】アメリカの金銭登録機会社．

NCS【National Commission on Space】アメリカの国家宇宙委員会．

NCSA【National Center for Supercomputing Applications】IT算アメリカの国立スーパーコンピューター応用研究所．国立科学財団が1985年に設立した．スーパーコンピューターのための資源を大学や研究所に提供する．

NCSNP【National Committee for a Sane Nuclear Policy】社全アメリカ健全核政策委員会．反戦平和運動の民間組織で，1957年結成．

NCU ▶

NCU ①【nervous care unit】医 ICU（集中強化治療室）のうちで，脳神経病などの患者の治療をする設備のある場所．②【network control unit】I算 変復調装置などに内蔵されている網制御装置．電話回線にダイアル信号を送り出したり，電話がかかると受信しないようにするなどの機能をもつ．

NCW【network centric warfare】軍 ネットワーク中心の戦い．情報技術を活用したネットワークが中心となる戦いの形態．

NDフィルター【neutral density filter】I算写 デジタルカメラなどで，光量を調節するためのフィルター．

NDAC【Nuclear Defense Affairs Committee】NATO（北大西洋条約機構）の核防衛問題委員会．

NDB【non-directional beacon】機 無指向性無線標識．航空路の沿線，空港に設置の電波灯台で，電波を発して方向を知らせる．

NDF ①【non-deliverable forward】営経 現物決済を必要としない店頭取引の通貨先物取引．②【National Democratic Front】軍 民族民主戦線．ミャンマーの反政府武装勢力で，1984年に結成．フィリピンにも同名の共産党フロント組織がある．

NDIS【network driver interface specification】I算 LANカードとトランスポートプロトコル間のインターフェースに関する仕様．

NDL【network database language】I算 ネットワーク型データベースで，データベースの定義や操作を行うためのデータベース言語．

NDPVF【Niger Delta People's Volunteer Force】軍 ニジェール デルタ人民志願軍．ナイジェリアで油田施設襲撃などを行っている先住民武装組織．

NDS ①【Novell directory service】I算 ディレクトリサービスの一つ．アメリカのノベル社製のNetWare 4.0に装備する．②【nuclear explosion detection satellite】軍 核爆発探知衛星．

NDT ①【non-destructive testing】理 非破壊検査．材料や製品をX線などで調べる検査．②【nonlethal disabling technology】軍 非致死無力化技術．致命的殺傷手段を使わないで，敵を無力化する技術．

NEA ①【Nuclear Energy Agency】理 原子力機関．経済協力開発機構（OECD）の下部機関．②【National Education Association】教 全米教育協会．アメリカ最大の教育団体．1857年に結成．

NEAR【Near Earth Asteroid Rendezvous mission】宇 近地球小惑星ランデブー計画．1996年に打ち上げた探査機で小惑星帯内の小惑星に接近し観測する．2001年に小惑星エロスへの軟着陸に成功．

NEC【National Economic Council】経政 アメリカの国家経済会議．国内外の総合的な政策の立案・調整を行う．1993年にクリントン大統領が設立した組織．

NECC【National Educational Computing Conference】I教算 全米教育コンピューター協議会．教育におけるコンピューターの利用を唱える国際会議．1979年が最初．

NED【National Endowment for Democracy】社 全米民主主義基金．1983年に結成．

NEDO【New Energy and Industrial Technology Development Organization】社理 新エネルギー・産業技術総合開発機構．石油代替エネルギー開発などを目指す独立行政法人．

NEEDS【Nikkei Economic Electronic Databank System】I経算 ニーズ．日本経済新聞社提供の総合的な経済情報のデータバンクシステム．1970年にサービスを開始．

NEET【not in education, employment or training】社 ニート．若年層の無業者．

NEISS【National Electronic Injury Surveillance System】社 ナイス．全国人身危害監視システム．1972年にアメリカ消費者製品安全委員会が商品事故の情報収集のため発足．

NEMS【nano-electromechanical system】I算 10億分の1mの領域の微小電子機械部品製造技術．

NEO ①【near-Earth object】天 地球接近天体．地球に接近し，衝突する可能性のある小惑星や彗星．②【noncombatant evacuation operation】社 非戦闘員退避活動．紛争が起こりそうな地域などに海外居住している民間人を対象とする救出活動．

NEO-GEO I算 ネオジオ．SNK社が開発した家庭用ゲーム機の呼称．

NEP【Novaya Ekonomicheskaya Politika 露】経政 ネップ．新経済政策．ニューエコノミックポリシー．1921～28年にロシア共産党が採用した経済政策．

NEPA【National Environmental Policy Act】法 アメリカの国家環境政策法．1969年に制定．

NEPAD【New Partnership for Africa's Development】アフリカ開発のための新パートナーシップ．

NESPOT I算イ 韓国のKorea Telecomが運営する無線LANサービス．ネスポット．

.NET I算 ドットネット．アメリカのマイクロソフトが提唱する，ネットワーク融合型の次世代コンピューター技術構想．

netatalk I算 ネタトーク．UNIX上でAppleTalkプロトコルを扱えるようにするためのソフトウエア群の一つ．

NetBEUI【NetBIOS extended user interface】I算 ネットビューイ．NetBIOSをベースにしたLANプロトコル．単純な構造をもつため，レスポンス時間が短い．

NetBIOS【network basic input / output system】I算 ネットバイオス．アメリカのIBMとマイクロソフトで提供していたLANプロトコルとインターフェース．

NetBoot I算 ネットブート．MacOS Xに搭載された，クライアントマシンからの遠隔操作によるシステ

NetBSD　Ⅰ算　ネットビーエスディー．BSD系のUNIXの一つ．FreeBSDに比べて，最新の機能を多く搭載している．

NetFinity　Ⅰ算　ネットフィニティ．アメリカのIBM製のPCサーバーマシンの呼称．さまざまなレベルのモデルがある．

NetFront　Ⅰイ算　ネットフロント．アクセス社が開発した，家電や携帯端末向けのホームページ閲覧ソフト．

netnews　Ⅰイ　インターネット上に設けられた電子会議システム．

NetServer　Ⅰ算　ネットサーバー．アメリカのヒューレットパッカード製のPCサーバーマシンの呼称．

NetWare　Ⅰ算　ネットウエア．LANを構築する際に利用されるネットワークOSの一つ．非常に高い機能をもち，かつて最も普及した．

NEWCARD　Ⅰ算　PCMCIAの次世代PCカードテクノロジー．ニューカード．

NewCOARA　Ⅰイ　大分市にあった地域型の非営利のパソコン通信ネットワーク．

NEXIS　Ⅰ算　ネクシス．アメリカのレキシス ネキシス社によるオンラインデータベースサービスの一つ．欧米の有力紙，雑誌，ニューズレター，通信社電などを提供する．

NeXT　Ⅰ算　ネクスト．アメリカのスティーブ・ジョブズが次世代型コンピューターの開発を目的に興した会社のワークステーションの名称．

NeXTSTEP　Ⅰ算　ネクストステップ．アメリカのネクストコンピュータから発売されたOS．MacOS Xなどのベースとなっている．

NF【National Front】①軍政（一般に）国民戦線．民族戦線．②政マレーシア国民戦線．1969年に結成した与党連合組織．

NFC【National Football Conference】競（アメリカンフットボール）ナショナル フットボール カンファレンス．NFLの2大プロリーグの一つ．

NFL【National Football League】競（プロフットボール）全米プロフットボールリーグ．アメリカのプロのリーグ．傘下にAFCとNFCがある．

NFLヨーロッパリーグ【NFL Europe League】競（アメリカンフットボール）全米プロフットボールリーグ（NFL）がヨーロッパで開催するリーグ．1991年に始めたワールドリーグオブアメリカンフットボールを，98年に改称して再開．

NFS【network file system】Ⅰ算　コンピューター間でのファイル共有のための管理システム用ソフトウエア．

NFSL【National Front for the Salvation of Libya】政　リビア救済民族戦線．反カダフィ政権の組織．

NG　①【no good】映放　"だめ"「やり直し」の意．②【newsgroup】Ⅰイ算　テーマ別に分けて設けるネットニュースの情報交換所．③【nose guard】競（アメリカンフットボール）ノーズガード．攻撃側センターの正面で守備する選手．MG．

NGF【nerve growth factor】医生　神経成長因子．神経発育因子．神経が突起を出したりするのに重要な役割を果たす．

NGI【next generation internet】Ⅰイ算　アメリカ政府による次世代インターネット研究プロジェクト．高速ネットワーク技術の研究・開発・実験を進める．

NGIO【next generation I/O】Ⅰ算　サーバー用の次世代高速入出力バスのこと．現在ではInfiniBandと名称を変えている．

NGL【natural gas liquids】化　天然ガス液．

NGO【nongovernmental organization】社　非政府組織．非政府機関．民間公益団体．民間の国際組織．非政府・非営利の立場から地球的規模の問題に取り組む市民レベルの国際協力団体．

n-gram　Ⅰ算　エヌグラム．統計的言語モデルの代表格．音声認識で，文法どおりではない複雑な話し言葉の認識ができる．

NGST【next generation space telescope】天　次世代宇宙望遠鏡．ハッブル宇宙望遠鏡の後継計画．

NHL【National Hockey League】競（アイスホッケー）北米プロアイスホッケーリーグ．アメリカとカナダのチームが参加する競技連盟．

NHPA【National Historic Preservation Act】法　米国歴史保存法．

NHS【national health service】医社　国民保健サービス．全国民に国が医療システムを保障する制度．

NI【national income】営経　国民所得．

NIAID【National Institute of Allergy and Infectious Diseases】医　アメリカの国立アレルギー感染症研究所．

NIC【Network Information Center】Ⅰイ　アドレスなどの割当方針を決めるIANA（Internet Assigned Numbers Authority）の方針に従って，アドレスなどの割り当てを行う組織．

NICE【National Institute on Consumer Education】社　消費者教育支援センター．1990年に経済企画庁（現内閣府）と文部省（現文部科学省）が設立．

NICOGRAPH　Ⅰ算　ニコグラフ．国内のCG（コンピューターグラフィックス）関係の学会．現在は芸術科学会に引き継がれている．

NICOLA【nihongo nyuryoku consortium layout】Ⅰ算　ニコラ．日本語入力コンソーシアム基準配列のキーボード．親指シフトキーの配列を改良したもの．

NICS【newly industrializing countries】経　新興工業国・地域群．1988年のトロントサミットの経済宣言から NIES（newly industrializing economies）と表記されることになった．

NICT【National Institute of Information and Communications Technology】Ⅰ情　報通信研究機構．日本の独立行政法人．

NICU【neonatal intensive care unit】医　新生児集中強化治療施設．

NIDDM【non-insulin dependent diabetes mellitus】医　インスリン非依存性糖尿病．

NIE【newspaper in education】教　新聞を使って授業をする方法．教育に新聞をという意．1950

年代にアメリカで広まった．

NIEO【New International Economic Order】経 ニエオ．新国際経済秩序．

NIES【newly industrializing economies】経 新興工業経済地域．新興工業国・地域．途上国の中で，急速に工業化と高い成長率を達成する国や地域．

NIF【National Islamic Front】軍政 民族イスラム戦線．スーダンの過激派組織．

NiFF【non-interlace flicker free】I算 ノンインタレースフリッカフリー．ノンインタレースの画面で，高いリフレッシュレートによって画面のちらつきを抑える．

NIFTY SERVE I算 富士通と日商岩井の共同出資会社ニフティが運営していたパソコン通信サービス．インターネット接続サービスを行う@niftyが継承．

NIH【National Institute of Health】政 アメリカの国立衛生研究所．

NII【National Information Infrastructure】I算 全米情報基盤．情報スーパーハイウエー構想を発展させ，1993年にクリントン，ゴア政権が提唱．

NIKES【no income kids with education】社 大学を卒業したが景気後退などで就職できず，親元に住んでわずかな時給で知的職業の手伝いなどをしている者．

NIM【Nifty Information Manager】I算 ニフティーサーブにアクセスするための専用通信プログラム．

NIMBY【not in my back yard】環社 ごみ処理施設などを建設する必要があっても，自分たちの地域には建ててほしくないという考え方．自分の裏庭にごみは来てほしくないという意．

NINTENDO 64 I算 ニンテンドーロクジュウヨン．任天堂が発売する64ビット家庭用ゲーム機．ソフトはカートリッジ型．

NIRA【National Institute for Research Advancement】ニラ．総合研究開発機構．未来指向，政策指向型の半官半民の研究機関．1974年に設立．

NIS ①【National Intelligence Service】政 韓国の国家情報院．大統領の情報機関．1999年に国家安全企画部から改称．②【Newly Independent States】政 旧ソ連の新独立国家．CIS（独立国家共同体）の別称．③【network information service】I算 ネットワーク管理を行うデータベース機能．ニス．サンマイクロシステムズが開発．

NISA【Nuclear and Industrial Safety Agency】経済産業省の原子力安全・保安院．

N-ISDN【narrowband-ISDN】I算 狭帯域ISDN．広帯域ISDNに対し，通常のISDNを指す．

NIST ①【National Institute of Standards and Technology】I算 アメリカの国立標準技術研究所．連邦政府機関の一つ．工業規格の標準化を進める．1988年にNBS（規格基準局）を改組した．②【National Information Service for Science and Technology】日本の全国科学技術情報システム．科学技術会議が1969年にまとめた．ニスト．

NISTEP【National Institute of Science and Technology Policy】科学技術政策研究所．文部科学省付属の研究機関．1988年設立．

NK細胞【natural killer cell】圧 ナチュラルキラー細胞．腫瘍細胞，特にウイルスに感染したがん細胞を殺す働きをもつ有核のリンパ球．

NL【National League】競 (野球) ナショナルリーグ．アメリカのプロ野球の二大リーグの一つ．

NLD【National League for Democracy】政 ミャンマーの国民民主連盟．民主化を要求して野党勢力を結集した連合組織．

NLF【national liberation front】軍政 民族解放戦線．

NlightN I イ エヌライトン．どんなホームページでも調べられる検索エンジン．現在は休止中．

NLL【Northern Limit Line】政地 北方限界線．黄海上の韓国と北朝鮮の境界．

NLM【NetWare Loadable Module】I算 アメリカのノベル社が販売するネットワークのOS（NetWare）のサーバー用モジュールの仕様．

NLP【night landing practice】軍 夜間離着陸訓練．アメリカ海軍の航空母艦艦載機が行う．

NLS【National New Launch System】宇 アメリカの新打ち上げシステム．月・火星探査構想実現のための段階的打ち上げシステム．

NLW【nonlethal weapons】軍 ノンリーサルウエポンズ．非致死兵器．非殺傷兵器．

NLX仕様【NLX specification】I算 マザーボード規格の一つ．小型でコストの低いパソコン向けに開発された．

NMA【negative mental attitude】消極的心構え．

NMD【National Missile Defense】軍 国家ミサイル防衛．全米ミサイル防衛．アメリカ本土を直接攻撃する長距離ミサイルに対する防衛計画．

NMF【natural moisturizing factor】容 自然保湿因子．皮膚の保湿機能を働かせる水溶性の物質．角質層に存在する．

nMOS【n-channel MOS】I算 エヌモス．n型チャンネルによって電流を制御するMOS型の電界効果トランジスタ．

NMP【net material product】経 GNP（国民総生産）からサービスを引いたもの．

NMR【nuclear magnetic resonance】理 核磁気共鳴．磁場に平行または逆平行に並んだ原子の核に，ラジオ波を照射すると起こる．

NMRC【Network Music Rights Conference】I音 ネットワーク音楽著作権連絡協議会．ネットワーク上での音楽利用に関する許諾ルールの制定についての協議を行う．

NMR-CT【nuclear magnetic resonance-computerized tomography】医理 核磁気共鳴コンピューター断層撮影．人体への安全性がX線CTより高い．

NNE【net national expenditure】営経 国民

純支出.

NNI【network-network interface / network node interface】[I算]ネットワークの相互通信におけるインターフェース、またはノードのインターフェースのこと.

NNK【non-nuclear kill】[軍]核を使用しない破壊. 弾道ミサイルを核兵器を用いないで破壊する手段.

NNN【Nippon News Network】[放]日本テレビ系列のニュース放送網.

NNP ①【net national product】[経]国民純生産. ②【nuclear non-proliferation】[軍政理]核不拡散.

NNS【net national satisfaction】[社]実質国民満足度.

NNT【number needed to treat】[医]治療必要数. 治療の効果が一人に表れるまでに何人に処置が必要かを示す数値.

NNTドラマスタジオ【New National Theatre, Drama Studio】[演]新国立劇場演劇研修所. 現代劇の俳優を対象とした国立の養成施設.

NNTFサーバー【NNTF server】[I イ]要求された記事やニュースグループの一覧をクライアントに配信するサーバー.

NNTP【network news transfer protocol】[I イ]オンラインニュースを送受信するためのプロトコル.

NNW【net national welfare】[社]純国民福祉.

No.【nombre 仏; number】ノンブル. ナンバー. 数. …番. 第…号. …ページ. no., NO. ともいう.

NOAA【National Oceanic and Atmospheric Administration】[気]ノア. アメリカの海洋大気庁. 商務省に属し、気象情報サービスや海洋調査などを行う.

NOC ①【network operation center】[I イ]インターネットのバックボーンネットワークを管理する場所・施設. ②【National Olympic Committee】[競]国内オリンピック委員会.

NOPEC【non-OPEC petroleum exporting countries】[経]ノーペック. 非OPEC石油輸出国.

NOR [I算]ノア. not orの略で、否定的論理和のこと. 論理和の反転演算で、論理和の値と逆の値を出力する.

NOR回路【NOR circuit】[I算]ノア回路. 論理演算回路の一つ. A, Bともに0の場合に1を返す.

NORAD【North American Aerospace Defense Command】[字軍]ノーラド. 北米航空宇宙防衛司令部. カナダを含む北アメリカ大陸を戦略核攻撃から守る軍事機構.

NORC【Nippon Ocean Racing Club】[競] (ノ)日本外洋帆走協会. ヨットの外洋帆走に関する調査研究、航海術の向上、安全性の確保などを目的に結成したクラブ組織.

NOS【network operating system】[I算]ネットワークOS. Windows 2000やNewWareなど、LAN内でクライアントサーバーシステムを構築する際に利用されるOS.

NOSS【Navy ocean surveillance satellite】[字軍]ノス. アメリカ海軍の海洋監視衛星. 海洋と艦船の情報収集を行う軍事衛星.

NOT回路【NOT circuit】[I算]ノット回路. 1が入力されれば0を、0が入力されれば1を返す論理否定演算の回路.

NOTAM【notice to airmen】ノータム. 航空情報.

NOW【National Organization for Women】[社]全米女性機構. 女性の権利向上を目的とする団体. 1966年に設立.

NOW勘定【negotiable order of withdrawal】[経]譲渡可能払い戻し指図書.

NOx【nitrogen oxides】[化]窒素酸化物の総化学記号で、光化学スモッグの原因物質の一つ.

NP問題【nondeterministic polynomial problem】[数]非決定性多項式問題. 計算理論において解くのに時間がかかる問題.

NPA【New People's Army】[軍政]新人民軍. フィリピン共産党の反政府軍事組織. 1969年再建.

NPB【Nippon Professional Baseball】[競] (野球)日本野球機構.

NPC【National People's Congress】[政]全国人民代表大会. 全人代. 中国の最高の国家権力機関. 立法権を行使する.

NPD【Nationaldemokratische Partei Deutschlands 独】[政]ドイツ国家民主党. ドイツのネオナチ政党.

NPM【new public management】[営政]行政運営理論の一つ. 新公共経営. 民間企業のもつ経営手法などを行政にも採り入れて効率化を図るもの.

NPO【nonprofit organization】[社]非営利組織. 民間非営利団体. 市民運動やボランティア活動などをする人々が結成したもの.

NPO支援センター【support center for NPOs】[社]NPO(民間非営利組織)を援助したり、NPOを取り巻く社会環境を整えたりする働きをもつ組織.

NPO条例[社法]NPO(民間非営利組織)に関する条例. 特定非営利活動促進法(NPO法)の規定に基づく施行条例と、それ以外の支援策を定めた支援条例がある.

NPO法【NPO Act】[社法]特定非営利活動促進法. 1998年に成立・施行. 法律が示す12分野の非営利活動を行う団体に法人格を与える.

NPR ①【nuclear posture review】[軍]核態勢の見直し. アメリカの国防総省が行う. ②【non-photorealistic rendering】[I算]ノンフォトリアリスティックレンダリング. セル画風、絵画風の画像を作り出すレンダリング方法.

NPS【nuclear power station】[理]原子力発電所.

NPT【Nuclear Non-Proliferation Treaty】[軍]核拡散防止条約. 核不拡散条約. 核兵器保有国の増加防止を図る. 1970年に発効.

NPT再検討会議【NPT Review Conference】[政]核不拡散条約(NPT)の運用を検討する会議. 第1回は2000年にニューヨークの国連本部で開かれた.

NQS【network queuing system】┃算┃UNIXの環境で，複数のジョブ列を管理し，ネットワークを使って複数のマシンで分散処理するソフトウエア．

NR ①【noise reduction】 電ノイズリダクション．テープの雑音を減らすための回路．②【nutritional representative】栄養情報担当者．

NR数【noise rating number】騒音評価指数．

NRA【National Rifle Association】社全米ライフル協会．アメリカの銃砲規制反対の最も強力な団体．1871年に設立．

NRC ①【Nuclear Regulatory Commission】理アメリカの原子力規制委員会．②【National Research Council】全米研究評議会．アメリカ科学アカデミーの実質的な執行機関．③【NATO-Russia Council】政NATOロシア理事会．2002年に創設．

NRCC【National Research Council of Canada】学カナダ国家研究会議．宇宙開発の中心機関．

NRDC【Natural Resources Defense Council】環自然資源防衛評議会．アメリカの環境保護団体・シンクタンク．

NREN【National Research and Education Network】┃算┃全米研究教育ネットワーク．全米科学財団が運営．

NRF【NATO Response Force】軍NATO即応部隊．素早く移動できる陸海空のハイテク化部隊構想．

NRI【Non-Resident Indians】社在外インド人．日本では印僑ともいう．

NRI & NCC【Nomura Research Institute & Nomura Computer Systems】野村総合研究所．日本有数のシンクタンクの一つ．1965年に設立され，88年に野村コンピューターシステムと合併した．

NRO【National Reconnaissance Office】政アメリカの国家偵察局．人工衛星を使って偵察活動を行う．1960年に設立したが機密扱いとなり，92年に公になった．

NRP【net rating point】広広告メッセージの到達度．リーチともいう．

NSA ①【National Security Agency】政アメリカの国家安全保障局．国防総省の情報収集機関．②【National Students Association】全米学生協会．

NSAIDs【nonsteroidal anti-inflammatory drugs】医非ステロイド性抗炎症薬．

NSAPI【Netscape Server API】┃算┃アメリカのネットスケープ・コミュニケーションズが定めた情報網のサーバーと既存のシステムを連携させる方法の一つ．

NSC ①【National Security Council】政アメリカの国家安全保障会議．1947年に創設．国防・外交の基本政策を決定する大統領直属の機関．②【National Space Council】宇米国宇宙評議会．宇宙政策と戦略を策定・監視する．③【neighborhood type shopping center】商近隣型ショッピングセンター．日用品を扱う小売店や飲食店などで構成する．

NSCN【National Socialist Council of Nagaland】政ナガランド民族社会主義評議会．インドのナガランド州などで活動する過激派組織．

NSF【National Science Foundation】全米科学財団．1950年に設立．政府機関の一つ．

NSFnet【National Science Foundation network】┃算┃全米科学財団の学術ネットワーク．1990年にUsenetを吸収．

NSG【Nuclear Suppliers Group】原子力供給国グループ．

NSI【Network Solutions Inc.】┃算┃最上位ドメイン名の割り当て業務を行う組織．

nslookup ┃算┃エヌエスルックアップ．DNSサーバーを利用して，IPアドレスやホスト名の相互参照を行うためのコマンド．

NSP ①【Native Signal Processing】┃算┃アナログ情報をデジタル信号にし，それにフィルター処理などを高性能CPUだけで実現しようという概念．1994年にアメリカのインテルが発表．②【network service provider】┃算┃インターネットへの接続サービスをする業者．今はISPということが多い．③【Nepal Sadbhavana Party】政ネパール友愛党．ネパールのテライ地方の政党．

NSPIXP【network service provider internet exchange point】┃算┃商業用プロバイダー同士で，WIDEインターネット間での相互接続を目的とする設備．

NSPIXP-6【network service provider internet exchange point 6】┃算┃IPv6という次世代型プロトコルに関する実験を行う，インターネット上の相互接続点(IX)のこと．

NSSN【new nuclear-powered attack submarine】軍アメリカ海軍の新型攻撃原潜．

NSTP【U.S. National Space Transportation Policy】字米国宇宙輸送政策．1994年に発表した世界の宇宙ロケット開発の指針となる政策．

NT【New Testament】宗新約聖書．

NTB【non-tariff barrier】経貿易の非関税障壁．輸入数量割り当てなど．

NTC【national training center】競ナショナルトレーニングセンター．

NTF【Nigeria Trust Fund】経ナイジェリア信託基金．アフリカ開発銀行内にある特別基金で，ナイジェリア政府が100%出資している．

NTFS【NT file system】┃算┃Windows NTが採用したファイル管理システム．ディスクに対する読み書きをデータベースに保存し，障害が起きた時は元に復旧できる．

NTP【network time protocol】┃算┃インターネットでつながれた各ホスト内の時刻の同期を行うためのプロトコル．

NTSB【National Transportation Safety Board】アメリカの全国運輸安全委員会．

NTSC方式【National Television System Commitee standard】┃算┃テレビ放送の信号伝送の標準方式．主に日米で採用される．

NTT【Nippon Telegraph and Telephone

Corporation】㊀日本電信電話株式会社．1985年に民営化された旧日本電信電話公社．99年には再編成が行われ，持株会社の傘下にNTT東日本，NTT西日本，NTTコミュニケーションズに分割．

NTT電子マネー【NTT electronic money】㊀經NTTが開発した，ICカードにより提供される電子マネー．各種電子マネーのベース技術となっている．

NTWD【Navy theater-wide defense】軍海軍戦域広域防衛．アメリカの戦域ミサイル防衛構想で，大気圏外で迎撃する上層システムの一つ．海上配備をする．

NU【Nahdlatul Ulama　ﾅﾌﾀﾞ】政ナフダトール　ウラマ．インドネシア最大のイスラム教組織．国民覚醒党の母体．

NuBus　㊀經ヌーバス．ニューバス．かつてのマッキントッシュに搭載された32ビット拡張バス．

Num Lockキー【Num Lock key】㊀經ナムロックキー．テンキーのモードを，カーソルモードから数字入力モードへ切り替えるためのキー．

NUP【National Unity Party】政国民統一党．1988年にビルマ社会主義計画党から改称．

NURBS曲線【non-uniform rational B-spline curve】㊀經ナーブス．非一様有理Bスプライン．コンピューターグラフィックスで，滑らかな曲線・曲面が表現できる．

nVIDIA　㊀經主要なビデオチップメーカーの一つ．GeForceシリーズは現在最も人気のあるチップの一つ．

NWFZ【nuclear-weapon-free zone】軍核兵器禁止地域．非核国の間で核防止手段として結ばれる協定．

NYM【New York Mets】競（野球）ニューヨーク・メッツ．米大リーグの球団の一つ．

NYMEX【New York Mercantile Exchange】經ナイメックス．ニューヨークマーカンタイル取引所．

NYSE【New York Stock Exchange】經ニューヨーク証券取引所．ウォール街にある世界最大規模の証券取引所．

NYY【New York Yankees】競（野球）ニューヨーク・ヤンキース．米大リーグの球団の一つ．

NZPA【New Zealand Press Association】NZPA 通信社．ニュージーランドの通信社．1879年に創立．

O

Oバーン【O-Bahn】機社ドイツのエッセンで運行する軌道バス．ベンツ社が開発．

Oバック【O-back】服尻の部分にO字状の穴があいている下着．

O157　医強い毒素をもつ病原性大腸菌の一種．

OA【office automation】㊀オフィスオートメーション．事務所の事務作業を機械化すること．事務の改革を通して，より生産性の高い経営管理を実現することを目指す．

OA機器【office automation equipment】㊀經ファクシミリ，多機能電話，パソコンなどの情報処理技術を生かした事務機器．

OAシステム【office automation system】㊀經企業内における事務処理を自動化・効率化するための情報処理機器，およびそれらを用いたシステム．

OAツール【office automation tool】㊀經ワープロソフト，表計算ソフト，プレゼンテーション用ソフトなど，企業内の業務を支援するソフトウエア．

OA病【OA sickness】㊀医OA機器を導入して，事務処理の効率化を進める過程で発生するテクノストレスによる疾患．

OADG【PC Open Architecture Developers' Group】㊀經PCオープンアーキテクチャー推進協議会．1991年に日本アイ・ビー・エムを中心にPC/AT互換機のメーカーが設立．DOS/Vマシンの共通規格，互換性を目指す．

OAEC【Organization for Asian Economic Cooperation】經アジア経済協力機構．

OAJ【Olympians Association of Japan】競日本オリンピアンズ協会．2003年に設立．

OAK【Oakland Athletics】競（野球）オークランド・アスレチックス．米大リーグの球団の一つ．

Oakley　㊀經オークリー．暗号鍵の交換法を規定するプロトコルの一つ．

OANA【Organization of Asia-Pacific News Agencies】アジア太平洋通信社機構．

OAPEC【Organization of Arab Petroleum Exporting Countries】經政オアペック．アラブ石油輸出国機構．クウェート，サウジアラビア，リビアが1968年に結成．11カ国加盟．

OAS【Organization of American States】米州機構．1948年に設立．アメリカ，カナダと中南米諸国35カ国が加盟．⇨OEA

OAU【Organization of African Unity】政アフリカ統一機構．2002年のアフリカ連合（AU）発足で消滅．

OB【out of bounds】競（ｺﾞﾙﾌ）コースの境界線や白杭で定められ，外にボールが出て止まるとプレーが許されない．

OBA【opponents batting average】競（野球）被安打率．

OBM【open-book management】經従業員へ財務諸表などの帳簿を公開し，自立的な企業活動を促すこと．

OBN【open business network】㊀情流通システム開発センターが規定した，インターネットとは独立したIPネットワーク．

OBOY【over-privileged baby of yuppies】社オーボイ．恵まれた特権をもっているヤッピーの赤ちゃん．

OBP【on base percentage】競（野球）出塁率．

OBS【outward bound school】教野外生活や冒険活動のための体験学校．イギリスのウェールズで始まった．

OC【oral contraceptive】薬低用量ピル．経口避妊薬．

OC曲線【operating characteristic curve】①営検査特性曲線．切り取り検査におけるロット品質と合格率の関数曲線．

OCA【Olympic Council of Asia】醜アジアオリンピック評議会．1982年に AGF（アジア競技連盟）から発展的に改組．本部はクウェート市．加盟NOC（国内オリンピック委員会）は現在44．

OCAM ①【Organisation Commune Africaine et Mauricienne 仏】アフリカ モーリシャス共同機構．②【Organisation Commune Africaine et Malgache 仏】アフリカ マダガスカル共同機構．

OCAS【Organization of Central American States】中米機構．中米地域の統合的発展を目的とする機関．スペイン語略ではODECA．

OCFフォント【original composite format font】①算文字数の多い日本語フォントを扱うために考案された，ページ記述言語であるPostScriptの一種．

OCI ①【Overseas Consultants Incorporated】アメリカの海外技術顧問団．②【Overall Commodity Index】営経総合国際商品指数．日本銀行が1989年に開発した国際商品指数．

OCN【Open Computer Network】①算インターネット接続サービスの一つ．NTTコミュニケーションズが提供する．

OCNnavi ①算オーシーエヌナビ．NTTコミュニケーションズが提供するOCN上の検索サービスの呼称．

OCO【Office of Civilian Operations】アメリカの民間作戦本部．

OCOG【Organizing Committee of the Olympic Games】醜オリンピック組織委員会．

OCP【optional calling plan】①算選択的通話料金．付加契約を結ぶと提供される特別な料金制度をもつ通話サービス．

OCR【optical character reader】①算光学式文字読み取り装置．文字などを直接，機械に読み取らせるもの．

OCX ①算Windows上で，Internet Explorerを用いて高度な機能を提供するActiveXコントロールの一つ．

OD ①【organization development】営組織開発．企業経営における組織の開発．②【orthostatic disturbance】医起立性調節障害．③【overdose】薬薬の過剰投与．（麻薬などの）飲みすぎ症状．④【over doctor 日】教社オーバードクター．大学院博士課程を修了したが，研究所などに就職できない者．

ODA【official development assistance】経政政府開発援助．途上国の，途上国の基礎生活の改善や人づくりなどを目的に先進国政府が行っている援助．

ODA大綱【ODA 一】経政政府開発援助大綱．1992年に基本理念と原則を閣議決定した．

ODA予算【budget of official development assistance】経政政府開発援助についての政府予算．

ODBC【open database connectivity】①算Windowsアプリケーションソフトから，ネットワークで接続されたデータベースにアクセスするためのインタフェースの規格．マイクロソフトが1991年に提唱．

ODI【open datalink interface】①算ネットワークOSの一つであるNetWareに実装されたLAN用のドライバーのこと．

ODM【original design manufacturing】営他社製品の開発設計から製造まで請け負うこと．

ODN【Open Data Network】①算日本テレコムが提供するインターネット接続サービス．

ODP ①【over-drive processor】①算中央処理装置（CPU）チップ外部との接続はそのままにし，内部のクロック速度を2倍に高くしたプロセッサー．②【Ocean Drilling Program】地国際深海掘削計画（第二次）．先進諸国共同の深海底科学調査．1985年に発足．

OE【Old English】言古英語．700～1150年ごろに使われた英語．

OEA【Organización de los Estados Americanos 西】米州機構．アメリカ，カナダと中南米諸国35カ国が加盟．⇨OAS

OECD【Organization for Economic Cooperation and Development】経政経済協力開発機構．先進国が国際経済全般について協議する機関．1961年に発足．

OECDエコノミック アウトルック【OECD economic outlook】経経済協力開発機構（OECD）が年2回公表する経済見通し．

OECDエコノミック サーベイ【OECD economic survey】経経済協力開発機構（OECD）の経済動向審査委員会が，加盟国の経済運営を審査して公表する報告書．

OECD貿易委員会【OECD Trade Committee】経経済協力開発機構（OECD）の委員会の一つ．世界貿易の自由で多角的な拡大を目指す．

OECD/NEA【OECD Nuclear Energy Agency】経理経済協力開発機構（OECD）原子力機関．日本の加盟によってENEA（ヨーロッパ原子力機関）を改称．

OECF【Overseas Economic Cooperation Fund】経海外経済協力基金．開発途上地域に対する資金貸し付けや出資を目的とする特殊法人．1961年に設立．

OEEC【Organization for European Economic Co-operation】経欧州経済協力機構．アメリカがヨーロッパ復興を図ったマーシャルプランの受け入れ機関．1948年に設置．経済協力開発機構（OECD）の前身．

OEIC【opto-electronic integrated circuit】①算光電子集積回路．光素子と電子素子を同一基板上に高密度で集積したもの．

OEM【original equipment manufacturing】営相手先商標製品（製造）．相手先ブランドによる生産．

OFC【Oceania Football Confederation】競(サ)オセアニアサッカー連盟．地域連盟の一つ．

800

OFDM【orthogonal frequency division multiplexing】🆔版直交周波数分割多重. 無線LANや地上波デジタル放送で用いられる, マルチパスやゴーストに強い変調技術.

Office 2000　🆔算オフィス2000. アメリカのマイクロソフトが発売したオフィス用アプリケーションパッケージ. HTML形式への対応が強化されている.

Office Online　🆔イオフィスオンライン. インターネットを利用して, オンラインでMicrosoft Officeを利用できるサービス.

Office XP　🆔算オフィスXP. アメリカのマイクロソフトが2001年に発売したオフィス用アプリケーションパッケージ.

OFF-JT【off-the-job training】営社職場外訓練. 従業員の教育訓練を仕事を離れたところで行うこと.

OGCM【ocean general circulation model】気海洋大循環モデル.

OGL制【open general license system】経包括輸入許可制. 許可申請をしないで, 特定の商品を輸入できるようにした制度.

OGO【Orbiting Geophysical Observatory】宇オゴ衛星. 地球物理観測衛星.

OH【organization health】経心組織健康度. 従業員の健康と安全に加えて, 職場の精神保健状況を見ること.

OH-1【observation helicopter-1】軍小型観測ヘリコプターOH-1. 防衛庁が初の純国産機として開発.

OHCHR【Office of the United Nations High Commissioner for Human Rights】国連人権高等弁務官事務所.

OHIM【Office for Harmonization in the Internal Market】営法欧州共同体商標意匠庁. EU(欧州連合)の権限を委譲された代理機関. 共同体商標・意匠の登録手続きを担当する.

OHP【overhead projector】🆔教オーバーヘッドプロジェクター. 教師の頭越しに映像を拡大投影する方式の学習機器.

OIC　①【Office of International Culture】アメリカの国際文化局. ②【Organization of the Islamic Conferences】イスラム諸国会議機構. 1971年に設立. イスラム国家57カ国とPLOが加盟.

OICETS【Optical Interorbit Communications Engineering Test Satellite】宇光衛星間通信実験衛星. 宇宙開発事業団(現宇宙航空研究開発機構)のレーザー光線を使う小型通信衛星.

OIE【Office International des Epizooties】仏動農国際獣疫事務局. 本部はパリ.

OIF【Organisation Internationale de la Francophonie】仏言国際フランス語圏機関.

OIML【Organisation Internationale de Métrologie Légale】仏国際法定計量機関. 1955年に設立された条約機関.

OIRT【Organisation Internationale de Radiodiffusion et Télévision】仏版国際放送機構. ヨーロッパ共産圏諸国の放送団体の連合組織. 本部はプラハ.

OISCA【Organization for Industrial, Spiritual and Cultural Advancement International】社オイスカ. 途上国への産業開発協力と親善友好を目的とする. 本部は東京. 1961年に設立された国際的民間団体.

OIT【Office of International Trade】政アメリカの国際通商局.

OIT物資【Office of International Trade goods】政アメリカの輸出統制法で規制される物資.

OJC【Opportunity Japan Campaign】社対日輸出を倍増させようとしたイギリスの官民合同の宣伝活動. 1991年までの3年間行い, 成果を収めた.

OJT【on-the-job training】経職場内訓練. 日常業務を通じ, 実地に必要な知識・技能を身につけさせようとする社員訓練法.

OL　①【overlap】映ある一定の時間, 二つの画面が重なり合う状態. ②【office lady 日】社女子事務員. 英語では男女の区別なくoffice worker. ③【Orientierungslauf 独】競オリエンテーリング. 地図と磁石を用い, 指示地点を回り時間を競って走破する競技.

OLAP【online analytical processing】🆔算オンライン分析処理. オンラインで多次元のデータベースにアクセスし, 問題点を分析, 解決する機能.

OLE【object linking and embedding】🆔算Windows上の複数のアプリケーションソフト間で, データ交換連携を実現する機能.

OLF【Oromo Liberation Front】政オロモ解放戦線. エチオピアの過激派組織.

OLTP【online transaction processing】🆔算オンライントランザクション処理. コンピューターと端末で行われる, データ送信・データ処理・結果通知という一連の処理.

OMA【orderly marketing agreement】経政市場秩序維持協定. 政府間で市場秩序の維持を目的として結ばれる協定.

OMB【Office of Management and Budget】政アメリカの行政管理予算局. 連邦予算の管理などを行う.

OMEGA計画【Options for Making Extra Gains from Actinides and Fission Products】理原子力利用で産出する放射性核種の消滅処理計画. 半減期の長い核種を短寿命の核種に変換する方法などを研究している.

OMG【Object Management Group】🆔算オブジェクト指向に関連する技術や仕様の標準化を行う団体.

OMNIMAX映オムニマックス. カナダのアイマックス社の大型映像システム. 魚眼レンズを使い半球状映写幕に映す.

OMNIPoint【open management interoperability point】🆔算オムニポイント. TMF (Tele-Management Forum)による, 全分野にわたるネットワーク管理システムの仕様.

OMR【optical mark reader】🆔光学式マーク読み取り装置. マークシート方式のテストの採点などに利用されている.

O MS ▶

OMS【open music system】［Ｉ算］MacOS用のMIDI機器管理ソフトの一つ．機器の自動認識や，複数機器の接続などに対応している．

OMVS【Organisation pour la Mise en Valeur du Fleuve Sénégal 仏】セネガル川開発機構．セネガル，モーリタニア，マリが1972年に結成した地域開発国際機構．

ONA【open network architecture】［Ｉ算］多様で高度な付加価値通信事業の発展を促進する，開放型ネットワークを作り出す規制上の枠組み．アメリカで進められている．

OnNow　［Ｉ算］オンナウ．利用したい時にすぐに利用できるようなパソコンの省電力機能．

ONP【open network provision】［Ｉ算］付加価値通信事業を発展させる開放型ネットワークを作り出す規制上の枠組み．ヨーロッパで推進．

ONUMOZ【United Nations Operation in Mozambique】国連モザンビーク活動．1992年に開始．

ONUSAL【United Nations Observer Mission in El Salvador】国連エルサルバドル監視団．1991年に活動開始．

ONUVEN【United Nations Observers for the Verification of the Elections in Nicaragua】国連ニカラグア選挙監視団．

OOC【Olympic Organizing Committee】［競］オリンピック組織委員会．

OODB【object-oriented database】［Ｉ算］オブジェクト指向データベース．データとそれに関する手続きをオブジェクト化して管理するデータベースシステムのこと．

OOF【Other Official Flows】先進国のGNP1％相当額を途上国などへ資金移転するうちの，その他政府資金の流れのこと．

OOHメディア【out-of-home media】［広］屋外で接触する広告媒体の総称．

OOTW【operations other than war】［軍］戦争以外の作戦．国家間戦争以外の軍隊の行動の総称．MOOTWともいう．

OP【optimist】［競］(ﾖｯﾄ)オプチミスト級ヨット．小中学生向けの入門用で，長さ2.3mの一人乗り小型ヨット．

OPアンプ【operational amplifier】［Ｉ］オペアンプ．演算増幅器．信号増幅機能をもつリニアICのこと．

OPAL【older people's active lifestyle】［社］オーパル．高齢者の行動力のある生活様式．

OPC【organic photo conductor】［電］有機光導電体．光を当てると電気的性質が変化する．

OPCW【Organization for the Prohibition of Chemical Weapons】［軍］化学兵器禁止機関．

OPEC①【Organization of the Petroleum Exporting Countries】［経］オペック．石油輸出国機構．1960年にイラク，イラン，クウェート，サウジアラビア，ベネズエラの5カ国が結成．現在は石油輸出11カ国が構成する生産・価格カルテル組織．②【Organization for Pacific Economic Cooperation】［経］太平洋地域経済協力機構．

OPECバスケット価格【OPEC basket price】［国］［経］石油輸出国機構(OPEC)が減産や増産の指標とする価格．

OpenDoc　［Ｉ算］オブジェクト指向のアプリケーションソフトの開発や利用に関する技術仕様．

OpenGL　［Ｉ算］アメリカのSGIが開発した三次元グラフィックスライブラリー(GL)やその技術仕様．映画の特殊効果制作などにも使う．

Open Linux　［Ｉ算］オープンリナックス．UNIX系OSであるLinux配布パッケージの一つ．主に企業に採用されている．

OpenSSH　［Ｉ算］オープンエスエスエイチ．暗号通信ソフトの一つであるSSHの一種．プログラムのソースが公開されている．

OpenSSL　［Ｉ算］オープンエスエスエル．暗号通信プロトコルの一つであるSSLの一種．プログラムのソースが公開されている．

OPENSTEP　［Ｉ算］オープンステップ．オブジェクト指向のアプリケーション開発環境での仕様OpenStepを実装した製品．

OPS①【on-base plus slugging】［競］(野球)打者の出塁率と長打率．②【open profiling standard】［Ｉ］［イ］サーバーとクライアント間における，個人情報のやりとりに関する規格．セキュリティーが強化されている．

OPTA　［競］オプタ．ビデオ録画したサッカー選手の試合での動きを数値化して表す分析方法．イギリスのOPTA社が1996年に開発．

Optionキー【option key】［Ｉ算］オプションキー．マッキントッシュのキーボード上にあるOption印のキー．他のキーと組み合わせて使う．

OR①【operations research】［営］オペレーションズリサーチ．数学的・科学的分析法で経営戦略などを研究する．②【operating room】［医］手術室．③［Ｉ算］論理和(logical sum)．論理演算の一つ．オア．④【odds ratio】［社］オッズ比．相対危険度を近似的に表す指標．

OR回路【OR circuit】［Ｉ算］オア回路．論理演算回路の一つ．A・Bどちらかが真であれば，結果として真を出力する．

Oracle　［Ｉ算］オラクル．データベース管理システムを提供する企業の一つ．

ORB【object request broker】［Ｉ算］オーブ．分散ネットワークにおいて，オブジェクト間のメッセージ交換を代行するソフトウエア．

ORDB【object relational database】［Ｉ算］リレーショナルデータベースの商用版．オブジェクト指向データベースの技術で，さまざまなデータを扱うことができる．

ORDER BY句【ORDER BY clause】［Ｉ算］オーダーバイ句．SQL文で，データ検索する時に出力の順番を昇順または降順の指定をする関数．

OREX【orbital reentry experiment vehicle】［宇］軌道再突入実験機．日本の宇宙往還技術試験機の基礎研究用の試験機の一つ．1994年に打ち上げられた「りゅうせい」．

ORHA【Office of Reconstruction and

Humanitarian Assistance】政復興人道支援室．イラク復興を支援するアメリカの組織．2003年に設立．

ORS【oral rehydration salts】化経口補水塩．少量の糖分，塩分，重曹，塩化カリウムなどを配合する．粉末を水に溶き，脱水症の抑制などに用いる．ユニセフが途上国の子供たちに使い広まった．

ORT【oral rehydration therapy】医経口補水療法．下痢による脱水症状などを緩和する方法の一つ．

OS ①【operating system】I算オペレーティングシステム．コンピューターを作動させるのに必須の基本ソフトウエア．②【old style】オールドスタイル．旧式．③【out of stock】在庫切れ．

OSセレクター【OS selector】I算一つのマシン上で複数のOSを搭載する場合に用いる．システムブート用のソフトウエア．

OS法【operativity study】営社操作安全分析．イギリスのICI社が開発した，危険の事前評価に対する手法．正常な範囲からずれた原因を推測して，対策を考える．

OS/2【Operating System/2】I算IBMとマイクロソフトが共同開発したGUI(graphical user interface)ベースのOS．Windowsアプリケーションソフトを使える機能ももつ．

OSART【operational safety review team】理原子力発電所の安全性・信頼性の向上を目指し，国際的に経験交流を行う専門家チーム．

OSB【oriented strand board】建雑木や小径木で作る細長い木片を接着剤で成型した構造用パネル．

OSC【Office of Special Counsel】政アメリカの特別顧問局．役所の内部告発者への報復を防ぐ大統領直属の政府機関．

OSCAR【Orbiting Satellite Carrying Amateur Radio】宇オスカー．アマチュア無線家向け電波伝播実験衛星．

OSCE【Organization for Security and Cooperation in Europe】欧州安全保障協力機構．1975年にヨーロッパ諸国とアメリカ，カナダが開いた国際会議(CSCE)から発展した組織．95年に改称．

OSCE安全保障協力フォーラム【OSCE Forum for Security Cooperation】軍欧州安全保障協力機構の軍備管理フォーラム．FSC．

OSF【Open Software Foundation】I算アメリカのIBMが中心のコンピューター製造会社のグループ．UNIXの標準化を指向．

OSI【open system interconnection】I算開放型システム間相互接続．機種の異なるコンピューターやネットワーク間の接続をしやすくする標準化活動．

OSI参照モデル【OSI reference model】I算ISOが規定した，開放型システム間通信のための機能とプロトコルの標準体系．七つの階層からなる．

OSI TP【OSI transaction processing】I算OSI参照モデルの第7層(アプリケーション層)で提供される，分散型のトランザクション処理のこと．

OSO【Orbiting Solar Observatory】宇アメリ

カの太陽観測衛星．1962年に第1号打ち上げ．

OSPF【open shortest path first】I イSPFアルゴリズムを用いて経路制御を行うためのプロトコル．IETFが規定した．

OSTP【Office of Science and Technology Policy】政アメリカの科学技術政策局．

OT ①【occupational therapy】医作業療法．機能回復訓練(リハビリテーション)に用いられる．②【Old Testament】宗旧約聖書．

OTA【Office of Technology Assessment】政アメリカの技術評価局．新しい科学技術の審査を行う政府機関．

OTC【over-the-counter drug】薬一般用医薬品．大衆薬．医師の処方せんなしで，薬局・薬店で購入できる．

OTEC【ocean thermal energy conversion】理海洋温度差発電．オテック．海面近くと深海の温度差を利用して発電する．

OTHレーダー【over-the-horizon radar】軍超水平線レーダー．水平線を越えて見えない領域にある航空機や艦船の位置，速度，方向などを探知する．

OTL【over the line】競野球の三角ベースを競技化したもの．アメリカで始まる．

OTO【Office of Trade and Investment Ombudsman】営社市場開放問題に関する苦情処理推進本部．1982年に経済企画庁(現内閣府)に設置．

Outlook I算アウトルック．アメリカのマイクロソフトが提供する，PIM(個人情報管理)用のソフトウエア．メールソフト(Outlook Express)と統合されている．

Outlook Express I イ算アウトルックエクスプレス．アメリカのマイクロソフトが提供するメールソフト．デフォルトでHTMLメールに対応している．

OV【orbiter vehicle】宇オービター．軌道船．スペースシャトルのロケットを切り離した航空機部分．

OWL【orbiting wide-angle light-collector】宇天NASA(アメリカ航空宇宙局)が推進している超高エネルギー宇宙観測を行う大型衛星宇宙天文台計画．

OWS【office workstation】I算オフィスワークステーション．オフィス向けの非定型業務をこなせる多機能パソコン．

OXFAM【Oxford Committee for Famine Relief】社オックスファム．飢餓救済のためのオックスフォード委員会．1942年に結成されたイギリスの民間ボランティア団体．

OY【optimum yield】営経最適生産量．

P

P型半導体【positive-type semiconductor】I算半導体の一種．正の電荷をもつ正孔が電流を運ぶもの．

Pスター【P-Star】〔経〕アメリカの連邦準備制度理事会が開発したインフレ圧力の測定指標．

P対称性【parity symmetry】〔理〕素粒子の粒子と反粒子が，鏡に映したような運動をする現象．

P点【P-point】〔競〕〔ス*〕ジャンプ競技で，ジャンプ台にある標準点．

P波【primary wave】〔地理〕縦波．地震波の一つで，地震時に最初に到達する波．

Pマーク【privacy mark 日】〔経広〕適切なプライバシー保護体制など一定の基準を満たしている民間事業者を，日本情報処理開発協会が認定し，発行するマーク．プライバシーマーク．

P2P【peer to peer】〔I〕ピアツーピア．クライアントサーバーシステムとは異なり，端末同士を1対1で対等な立場として接続する方式．

P3P【platform for privacy preferences project】〔I〕〔イ〕インターネット上での，個人情報の公開および保護に関する技術の国際規格．ユーザー自身が開示レベルを設定する．

P5【permanent five】〔政〕パーマネントファイブ．国連安全保障常任理事国である米，ロ，英，仏，中の5大国のこと．

P450【cytochrome P450】〔化生〕ポルフィリンと二価鉄の配位化合物であるヘム基をもつたんぱく質の一群．シトクロムP450，チトクロムP450ともいう．

PA ①【public affairs】〔営〕企業の公共問題を改善・強化していく広報活動．②【public acceptance】〔社〕パブリックアクセプタンス．原子力発電所などの立地が，周辺住民などに受け入れられること．③【public address】〔音〕コンサートホールなどで使用する場内拡声装置．④【process automation】〔営化〕プロセスオートメーション．化学工業などで，自動制御装置を用いて自動運転を行う生産方式．⑤【Palestinian Authority】パレスチナ自治政府．⑥【protection grade of UVA】〔容〕紫外線A波の防御効果を表す区分．

PAC ①【political action committee】〔政〕アメリカの企業などが設ける政治活動委員会．議会議員の選挙運動では寄付を行う．②【Pan-American Congress】汎米会議．アメリカ大陸全体の国際会議．③【Pan-Africanist Congress】〔政〕パンアフリカニスト会議党．南アフリカの反アパルトヘイト組織の一つ．④【pollution abatement and control】〔営環〕環境汚染の軽減と制御．

PAC-3【Patriot Advanced Capability-3】〔軍〕アメリカ陸軍が開発した戦域ミサイル防衛の下層空域を担当する迎撃ミサイルシステム．

PacketOne 〔I〕〔電〕パケットワン．KDDIとセルラーグループが，cdmaOne方式の携帯電話で利用できるパケット通信サービス．

PACS【picture archiving and communication system】〔I〕病院などの医療施設における，医用画像データの総合管理システム．

PAD【packet assembly and disassembly】〔I〕〔イ〕パケット交換装置．データをパケットという小さな部分にまとめて送受信する方法．

PAET【planetary atmospheric entry test】〔宇〕惑星大気突入実験．

Page Downキー【Page Down key】〔I算〕ページダウンキー．ページ単位でカーソルを移動させるキーの一つ．1ページ後にカーソルが移動する．

PageMaker 〔I算〕ページメーカー．DTP（デスクトップパブリッシング）に使う高機能なページレイアウト用ソフトウエア．

PageMill 〔I算〕ページミル．アメリカのアドビシステムズが販売する，Webページ作成・管理用ソフトウエア．

PAGEOS【passive geodetic earth orbiting satellite】〔宇〕パジェオス．測地用風船衛星．

Page Upキー【Page Up key】〔I算〕ページアップキー．ページ単位でカーソルを移動させるキー．1ページ前にカーソルを移動する．

PAH【polycyclic aromatic hydrocarbon】〔化〕自動車などの排ガスに含まれる多環式芳香族炭化水素．

Painter 〔I算〕ペインター．パソコン上で，実際の画材を使った絵の描写をシミュレートすることができるソフトウエア．

PAL【programmable array logic】〔I算〕パル．必要な論理回路を，ユーザー自身が任意にプログラムすることができるIC．現在ではPLDという呼称が一般的．

PALC【plasma addressed liquid crystal】〔I算〕パルク．プラズマ・アドレス液晶．薄い平面パネルでありながら，広視野角を実現した．

Palm 〔I算〕パーム．PDA（携帯情報端末）の一つ．携帯性に優れ，パソコンとのデータ交換も可能．

Palm OS 〔I算〕パームオーエス．Palm用のOSのこと．PDA用のOSとしても広いシェアをもつ．

PALs【Permissive Action Links】〔軍〕核兵器運搬時のコンビネーションロック．

PAM【pulse amplitude modulation】〔I算〕パルス振幅変調．信号によってパルスの振幅を変える通信方式．

PAN ①【Partai Amanat Nasional 〔インドネシア〕】〔政〕国民信託党．インドネシアの改革派政党の一つ．1998年の政治活動の自由化で結成．イスラム教団体ムハマディアが母体．②【Pesticide Action Network International】〔農〕国際農薬行動ネットワーク．有毒農薬禁止を目指す国際団体．1982年に設立．③【peroxyacyl nitrate】〔化〕パーオキシアシルナイトレート．光化学スモッグの発生時にできる強酸化性物質の一種．④【personal area network】〔I算〕自分の周囲にある機器をつなぐネットワーク．⑤〔I〕人体通信．人体に微弱な電気信号を伝搬させて情報のやり取りを行う技術．⑥【Partido Acción Nacional 〔西〕】〔政〕国民行動党．メキシコの政党．

Panel Link 〔I算〕パネルリンク．パソコンとデジタルディスプレー間を接続するためのインターフェースの一つ．TMDSともいう．

PAO 〔I算〕パオ．FreeBSDを搭載したノートパソコン用の，各種デバイスに対応するパッケージ．

PAP ①【People's Action Party】〔政〕シンガポールの人民行動党．1954年に結成．②【positive adjustment policy】〔経〕積極的調整政策．世界

経済情勢を改善する協調的行動のための計画. ③【password authentication protocol】[I算]パスワード認証プロトコル. 利用者名IDとパスワードを設定すると, 容易にプロバイダーに接続できる.

PARC【Pacific Basin Arts Communication】[劇]アジア・太平洋地域を創造の現場として育成し, 域内の舞台芸術交流を図る民間の国際組織. 1990年に設立.

PARCOR方式【partial auto-correlation】[I算]パーコール方式. 偏自己相関係数方式. コンピューターによる音声合成方式の一つ.

PARTA【Pacific Regional Trade Agreement】[経]太平洋地域自由貿易協定. 太平洋フォーラム加盟国が締結し, 2008年までに関税ゼロを目指す.

PAS ①【public automobile service】[社]公共レンタカーシステム. 地域内の複数の専用駐車場に小型車を配置する. ②【Performance Animation System】[I算]コンピューターグラフィックスシステムの一種. アメリカのシムグラフィックス・エンジニアリング社が開発.

Pascal [I算]パスカル言語. スイスのチューリヒ工科大学で開発された教育用のプログラミング言語. 1971年に発表.

PASOK【Panhellenic Socialist Movement】[政]全ギリシャ社会主義運動. 1981年にギリシャ史上初の左翼政権を発足させた.

pat.【patent】[経]特許. 特許権.

PATOLIS【Patent On-Line Information System】[I算]パトリス. 特許関連のオンラインデータベース サービス. 日本特許情報機構が提供していたが, 2001年4月に民営化.

PB ①【particle beam】[軍]粒子ビーム. SDI（戦略防衛構想）の中の, ミサイル迎撃手段の一つ. ②【police box】[社]交番. ③【private brand】[経]小売業者が独自に企画し, 生産・販売する商品. プライベートブランド.

PB市場【private banking market】[営経]個人の金融資産向けのサービスを取引する市場.

PBEC【Pacific Basin Economic Council】[経]太平洋経済委員会. 環太平洋諸国の財界人で構成され, 1967年に始まる.

PBMR【pebble bed modular reactor】[理]ペブルベッドモジュール型高温ガス炉. ヘリウムガスを冷却材に使う新型原子炉.

PBO ①【Peace Building Operation】平和構築活動. 紛争地域などでの平和確立を支援する. 1992年にガリ国連事務総長が概念を提唱. ②【projected benefit obligation】[経]予測給付債務. 退職給付制度の会計基準となる考え方.

PBR【price/book value ratio】[営経]株価純資産倍率. 株価を一株当たり純資産で割って求める.

PBS【Public Broadcasting Service】[政]全米ネットの公共放送組織. 各地の公共テレビ局が自主製作した番組を放映する.

PBSCT【peripheral blood stem cell transplant】[医]末梢血幹細胞移植.

PBSRAM【pipelined burst SRAM】[I算]ピービーエスラム. パイプライン構造とバースト転送モードをもち, 高速なデータ転送ができるSRAM.

PBT【polybutylene terephthalate】[化]ポリブチレン テレフタレート. 機械部品などに金属の代わりに使用される特殊樹脂.

PBW ①【particle beam weapon】[軍]粒子ビーム兵器. 荷電粒子・中性粒子ビームを使った最新兵器. ②【power-by-wire system】[機]航空機のエンジン制御を電子工学技術で行うシステム.

PBX【private branch exchange】[I算]構内電話の自動接続システム. デジタル化による情報処理も可能にする. PABXともいう.

PC ①【personal computer】[I算]パーソナルコンピューター. パソコン. 企業や家庭で個人ベースで使えるコンピューター. ②【programmable controller】[I算]FA機器を設定どおりに運転させる制御装置. ③【precast concrete】[建]プレキャストコンクリート. 現場ですぐ組み立てられるように, 工場で大量生産したコンクリート製建材. ④【prestressed concrete】[建]事前に鋼材を使い, 強度をもたせたコンクリート. ⑤【politically correct】[政]ポリティカリーコレクト. 政治的に正しい. ⑥【Pacific Community】太平洋共同体. 南太平洋最大の国際組織. 1947年設立の南太平洋委員会が始まり. ⑦【payload commander】スペースシャトルの実験運用責任者.

PCカード【PC Card】[I算]クレジットカードサイズのパソコン用周辺機器. PCメモリーカード国際協会（PCMCIA）と日本電子工業振興会が1995年に規格化した.

PCカードドライブ【PC Card drive】[I算]PCカードを使えないデスクトップ型パソコンで, 他のインターフェースを利用して, PCカード用のメディアなどを利用可能にする装置.

PCグリーンラベル【PC Green Label】[環算]環境問題に配慮して設計・製造され, 審査に合格したメーカーのパソコンが表示できるマーク.

PCゲーム【PC game】[I算]パソコンとパソコン用モニターを組み合わせて遊ぶゲーム形式. パソコンゲーム, コンピューターゲームともいう.

PC互換機【PC/AT compatible machine】[I算]IBM PC/ATと互換性のあるパソコンのこと. PC/AT互換機, あるいは国内ではDOS/Vパソコンとも呼ばれている.

PCデザインガイド【PC design guide】[I算]インテルとマイクロソフトが公表するパソコンのハードウェアデザインに関する仕様.

PCナビゲーションシステム【PC navigation system】[I算]汎用ノートパソコンの画面に自動車の走行位置を表示する航法システム.

PCバン【PC van】[I算]韓国のインターネットカフェ. PC房ともいう.

PCブレーンメーカー【PC brainmaker】[I算]パソコンに用いる中央処理装置（CPU）の製造会社.

PCリテラシー【PC literacy】[I算]パソコンを活用する能力.

PC/100 [I算]アメリカのインテルによる, 100MHzの外部クロック周波数で動作するメモリーの仕様.

P C/13▶

PC/133【Ⅰ算】関連企業各社により策定された，133MHzの外部クロック周波数で動作するメモリーの仕様．

PCA【patient-controlled analgesia】【薬】患者自主管理鎮痛剤．末期がん患者などが自主管理し，鎮痛剤などを自動的に注入するポンプ．

PCAOB【Public Company Accounting Oversight Board】【営】上場会社会計監視審議会．アメリカで2002年に制定された企業改革法により設置された会計事務所の監督機関．

PC/AT互換機【personal computer/advanced technology compatible machine】【Ⅰ算】標準となっているパソコンと同じ基本設計をもつパソコン．日本のDOS/Vパソコン．

PCB【polychlorinated biphenyl】【化】ポリ塩化ビフェニール．カネミ油症事件で注目された環境汚染物質．1974年に生産・輸入禁止．

PCC ①【pure car carrier】【営】【機】自動車専用運送船．②【Prague Capabilities Commitment】【軍】プラハ軍事能力コミットメント．NATO加盟国の軍事能力の改善や開発を図る計画．2002年に合意．

PCCV【prestressed concrete containment vessel】【理】コンクリート製原子炉格納容器．

PCD【programmed cell death】【生】プログラム細胞死．遺伝的なプログラムに基づき起こる．

PCDD【polychlorinated dibenzodioxin】【化】ポリ塩化ジベンゾダイオキシン．毒性の強い有機塩素化合物．PCDDs．

PCDF【polychlorinated dibenzofuran】【化】ポリ塩化ジベンゾフラン．ダイオキシン類の一つ．毒性が強い．PCDFs．

PC DOS【personal computer disc operating system】【Ⅰ算】IBMがマイクロソフトからライセンス契約を受け，自社のパソコン用に1981年に発売したMS-DOS．

PCES【Personal CAD Exchange Specification】【Ⅰ算】パソコン用のCADソフト間でデータを共用するためのファイル形式の標準的規格．1989年に日本パーソナルコンピュータソフトウェア協会CAD専門部会が策定．

PCFR【price/cash flow ratio】【経】株価キャッシュフロー倍率．一株当たり利益に減価償却費を加えたキャッシュフローと株価との比率．

PCI ①【peripheral component interconnect】【Ⅰ算】インテルなどが策定した拡張バスの標準規格．②【Partito Comunista Italiano】【伊】イタリア共産党．

PCIエクスプレス【PCI Express】【Ⅰ算】PCIの2倍以上の転送速度をもつ次世代バス．

PCIバス【peripheral component interconnect bus】【Ⅰ算】アメリカのインテルが提唱した，ハードウエアメーカーによる標準化団体PCI SIGに認定された規格のローカルバス（CPUと直結した外部バス）．

PCI/ISAブリッジ【PCI/ISA bridge】【Ⅰ算】マザーボード上でPCIバスとISAバスを接続するコントローラー．サウスブリッジ．

PCIJ【Permanent Court of International Justice】【法】常設国際司法裁判所．1921年設立．

PCI-Xバス【Ⅰ算】PCIと互換性をもつ，64ビットのバス．133MHzのクロック周波数と，最高で1Gbpsの転送速度をもつ．

PCM ①【pulse code modulation】【Ⅰ算】パルス符号変調．自然音や音声のアナログ情報をデジタルデータに変換して録音・再生する方式．②【project cycle management】国際的援助の成果を，計画の運用管理に用いるやり方．

PCM音源【pulse code modulation synthesizer】【Ⅰ算】パルス変調方式（PCM）で変換された音声をアナログ変換して再生する音源装置．

PCM放送【pulse code modulation broadcasting】【Ⅰ算】PCM方式でアナログ信号をデジタル信号に変換して画像を放送する方式．

PCM録音【pulse code modulation recording】【Ⅰ算】パルス符号変調録音．デジタルレコーディングともいう．

PCMCIA【Personal Computer Memory Card International Association】【Ⅰ算】PCメモリーカード国際協会．1989年に設立．カード型周辺装置の標準化，規格化を行う．

PCN【polychloronaphthalene】【化】ポリクロロナフタレン．ナフタレンの塩素置換体．PCBの代替物質で，毒性がある．

PCO【professional congress organizer】【営】【社】国際会議や見本市の業務を総合的に扱う企業．

PCP【pentachlorophenol】【化】ペンタクロロフェノール．除草剤や防腐剤に用いる．

PCPS【percutaneous cardiopulmonary support system】【医】経皮的心肺補助法．人工心肺の一種．

PCR【polymerase chain reaction】【生】微量のDNAサンプルから特定領域のコピーを，短時間で大量に作り出す技術．合成酵素連鎖反応．

PCS【personal communication services】【Ⅰ算】1.9GHz帯を用い，デジタル移動通信システムを実現しようとしてアメリカのFCCが公募した際のサービスの総称．

PCT ①【polychlorinated triphenyl】【化】ポリ塩化トリフェニール．殺虫剤の一つ．PCBより毒性が強く，使用禁止．②【Patent Cooperation Treaty】【営】【法】特許協力条約．国際的な特許出願に関する条約．

PC-UNIX【Ⅰ算】ピーシーユニックス．パソコン上で動くUNIXの総称．

PD ①【phase change optical disc】【Ⅰ算】光ディスクの一種．650MBの容量をもつ直径12cmの記憶媒体．松下電器産業が開発．②【program director】【放】プログラムディレクター．番組制作上の演出担当者．③【physical distribution】【営】【経】物流．物的流通．物資を供給者から需要者へ物理的に移動することで，時間的あるいは場所的な価値を生み出す経済活動．④【paper driver】【日】【社】ペーパードライバー．運転免許証を所持するが，ほとんど運転する機会のない人．

P&Dコネクター【plug and display con-

◀ P eopl

nector】🅘🅒デジタルインターフェースの一つであるパネルリンクで用いられるコネクターのこと.

PDA【personal digital assistant】🅘🅒携帯情報端末. 個人の情報処理を行う. ノートパソコンを小型化したものや, 片手で操作可能な形式のものなどがある.

PDC【personal digital cellular】🅘国内の携帯電話サービスを提供する事業者間で標準化されている, デジタル携帯電話システムに関する共通規格の呼称.

PDCAサイクル【PDCA cycle】🅖plan（計画), do(実行), check(評価), act(改善)のプロセス. デミングサイクルともいう.

PDC-P【personal digital cellular-packet】🅘🅒PDCネットワークを利用して実現するパケット通信方式. NTTドコモからはDoPaの名称で提供されている.

PDD【Partnership for Democracy and Development in Central America】🅚🅟民主開発パートナーシップ. 1989年にアメリカ第41代大統領ブッシュが提案した中米支援策. 法治体制の確立と経済発展の促進を目指した.

PDE ①【Present Day English】🅛現代英語. ②【pulsed detonation engine】🅜間欠爆燃エンジン. 爆発に近い速い反応を間欠的に起こして推力を得る.

PDF【portable document format】🅘🅒異機種のコンピューターで共同利用できるファイル形式. アメリカのアドビシステムズが開発.

PDFLP【Popular Democratic Front for the Liberation of Palestine】🅖パレスチナ解放民主人民戦線.

PDI【Partai Demokrasi Indonesia 🅘🅓🅐】🅚インドネシア民主党. 1973年にスハルト政権が小政党を統合させてできた.

PDI-P【Partai Demokrasi Indonesia Perjuangan 🅘🅓🅐】🅚闘争インドネシア民主党. スカルノ元大統領の長女メガワティが党首. かつての公認野党であるインドネシア民主党の流れをくむ.

PDL【page description language】🅘🅒ページ単位で印刷可能なプリンターに対して, 文字や画像などを印刷するためのプリンター制御言語.

PDM【product data management】🅘🅒設計から製造に至る一連のプロセスで発生する情報を一元的に管理するためのシステム.

PDMA【personalized digital museum assistant】🅘🅒博物館の展示物の解説を, 多様なユーザーに対応した形で表示できるPDA.

PDP ①【plasma display panel】🅘🅒蛍光体をプラズマで光らせる表示装置. プラズマディスプレーパネル. ②【parallel and distributed processing】🅘🅒並列分散処理. 比較的単純な多数の要素を相互に連結して情報処理を行うシステム.

PDPC法【PDPC method】🅘目的達成のための過程を予測, 整理, 検討する方法. 新QC七つ道具の一つ.

PDS ①【public domain software】🅘🅒オンラインソフトとして流通しており, だれもが入手, 使用できるソフトウエアで, 作者が著作権を放棄したもの. ②【passive double star】🅘🅒光ファイバーや伝送装置を複数の利用者が共有するネットワーク構成法. ③【processor direct slot】🅘🅒マッキントッシュの拡張スロットの一つ. プロセッサーバスと直結している.

PDT【photodynamic therapy】🅜眼の加齢黄斑変性に対する光学療法. ビスダインという物質を使い, 網膜内部にできた新生血管を除去するレーザー療法.

PE ①【polyethylene】🅗ポリエチレン. エチレン結合をもつ安定性の高い樹脂. ②【professional engineer】アメリカの国際資格の一つ. 理工系技術や責任能力を証明する.

PEA【plan d'epargne en actions 🅕】🅚株式貯蓄プラン. フランスの証券投資に対する優遇税制度.

PEC【Pacific Economic Community】🅚太平洋経済共同体.

PECC【Pacific Economic Cooperation Council】太平洋経済協力会議. 政府・経済界・学界の三者が構成する民間主導の国際的フォーラム. 1980年に発足.

PEES【Pacific Economic Exchange Support Center】太平洋経済交流支援センター. 太平洋フォーラムと日本政府が1996年に東京に設置.

PEF【private equity fund】🅖🅚企業投資ファンド. 機関投資家から集めた資金で企業買収をし, 経営・財務内容を改善してから株式を売却して投資資金を回収し利益を得る方法.

PEFC【polymer electrolyte fuel cell】🅗🅡固体高分子型燃料電池.

PEM【privacy enhanced mail】🅘🅒さまざまな方法で暗号化された電子メール.

PEN【International Association of Poets, Playwrights, Editors, Essayists and Novelists】🅢🅕国際ペンクラブ.

Pentium 🅘🅒ペンティアム. アメリカのインテルが開発したCPU(中央処理装置). 64ビットのバスをもつなど, 処理速度がそれ以前とは飛躍的に向上した.

Pentium 4 🅘🅒ペンティアムフォー. アメリカのインテル製のCPU(中央処理装置). Pentium Ⅲよりもさらに高速化が図られている.

Pentium Ⅱ 🅘🅒ペンティアムツー. アメリカのインテル製のCPU(中央処理装置). MMX命令群をもち, コストパフォーマンスに優れる. さまざまなコンピューターに採用.

Pentium Ⅲ 🅘🅒ペンティアムスリー. アメリカのインテル製のCPU(中央処理装置). 500MHz以上のクロック周波数をもち, 最も主流なCPUの一つ.

Pentium Pro 🅘🅒ペンティアムプロ. アメリカのインテル製のPentiumの後継CPU(中央処理装置). 高性能だがコストが高く, パソコン市場では普及しなかった.

People 🅘🅒インターネット接続サービスの一つ. 日本アイ・ビー・エムと三菱商事, 日立製作所, 東芝の共同出資会社ピープル・ワールドが運営したパ

807

P EP ▶

ソコン通信サービスが始まり.

PEP【personal equity plan】経個人株式投資プラン. イギリスの証券投資優遇税制度.

PER【price earning ratio】営経株価収益率. ある会社の株価が, 1株当たりの税引き後利益の何倍に当たるかを示す値. レシオ.

Perl【practical extraction and report language】[I]算パール. 主にCGIなどの開発に利用されている. インタープリンター方式のプログラミング言語.

PERT【program evaluation and review technique】[I]パート. OR(オペレーションズリサーチ)の一つで, パート別に進める一連の仕事の順序, 時間配分などをテーマとする科学的工程管理法.

PERT図【program evaluation and review technique diagram】[I]パート図. 作業項目間を矢印でつないで, プロジェクトの流れを図表化する方法.

PET①【polyethylene terephthalate resin】化ポリエチレン テレフタレート樹脂. 電気絶縁性, 耐熱性に優れ, VTR 用の録画テープや容器材料などに使われる. ペットともいう. ②【positron emission tomography】医理陽電子放射断層撮影法. 脳や心臓などの状態を体外から知ることができる.

PETボトル【PET bottle】ペットボトル. ポリエチレンテレフタレート樹脂(polyethylene terephthalate resin)で作る飲料用などの容器.

PET/CT【positron emission tomography/computed tomography】医陽電子放射断層撮影(PET)とコンピューター断層撮影(CT)を融合した新画像診断法. PET-CTとも表記する.

PEX[I]算ワークステーション用のグラフィックスライブラリー規格(PHIGS).

PF【project finance】営経プロジェクトファイナンス. 調達資金の使途を特定の開発計画に限定し, 完成後の施設の稼働による収益で借り入れの元利を返済する事業融資方法.

PFキー【program function key】[I]算プログラムファンクションキー. プログラムやアプリケーションごとに, 特定の機能を設定することができるキー.

PFC比率【protein, fat, carbohydrate balance】生理Pはたんぱく質, Fは脂肪, Cは炭水化物で, この三大栄養素から取り入れる熱量の割合. PFC熱量比. PFCバランス.

PFI【private finance initiative】社民間資金による社会資本整備. 1990年代初めにイギリスで考案された.

PFI推進法【private finance initiative —】社法民間資金等の活用による公共施設等の整備等の促進に関する法律. 1999年に成立.

PFLP【Popular Front for the Liberation of Palestine】政パレスチナ解放人民戦線. 1967年に結成.

PFLP-GC【Popular Front for the Liberation of Palestine-General Command】政パレスチナ解放人民戦線総司令部派. 1968年結成.

PFLP-SC【Popular Front for the Liberation of Palestine-Special Command】政パレスチナ解放人民戦線特別司令部派. 1979年に結成.

PFM【personal finance management】[I]経個人ユーザー向けの資産管理ソフト. 家計簿機能や税務申告書作成機能, 金融情報リサーチ機能などをもつ.

PFOS【perfluorooctane sulfonate】化パーフルオロオクタンスルホン酸. フッ素化合物の一種.

PFP①【Partnership for Peace】平和のためのパートナーシップ協定. 北大西洋条約機構(NATO)諸国と調印国が締結する. 1994年に始まる. ヨーロッパの安全保障における協力関係. ②【Partners for Progress】前進のためのパートナー. アジア太平洋経済協力(APEC)での将来の考え方.

PG①【penalty goal】競(ｻﾞﾙ)ペナルティーゴール. ペナルティーキックで得たゴール. ②【prostaglandin】生薬プロスタグランディン. 脂溶性カルボン酸. 精のう腺から分泌する物質. ③【propane gas】化プロパンガス. ④【parental guidance】映アメリカ映画協会の等級の一つ. 親の指導が必要な映画.

P&G【Procter & Gamble Company】アメリカの大手生活用品企業.

PG-12【parental guidance 12】映日本の映倫管理委員会の定める段階の一つ. 12歳未満は保護者の指導が望ましいとする映画.

PG-13【parental guidance 13】映アメリカ映画協会の等級の一つ. 保護者の監視を必要とする未成年向け映画に, 新たに13歳未満の年少観客を特に制限したもの.

PGA①【Professional Golfers' Association】競(ｻﾞﾙ)プロゴルフ協会. プロゴルフに関して各国に設立する組織. ②【pin grid array】[I]算IC(集積回路)の裏面にある接続用端子が剣山状の針になっているもの.

PGAツアー【PGA Tour】競(ｻﾞﾙ)アメリカのゴルフトーナメントを運営する団体.

PGM【precision guided munition】軍精密誘導兵器. レーザーやミリ波レーダーなどの光学的誘導による命中精度の高いミサイル.

PGNUNS【Provisional Government of National Union and National Salvation】政カンボジアの国民連合・救国臨時政府. ポルポト派が1994年に樹立を決定した.

PGP【pretty good privacy】[I]算電子メールの暗号化の方式の一つ. 公開鍵番号を用いて暗号化する.

PGR【psycho-galvanic reflex】生理サイコガルバノメーター. 精神電流測定器. 俗にうそ発見器といわれる.

pH 化ペーハー. 水素イオン指数.

PHARE【Poland and Hungary Assistance for the Reconstruction of the Economy】政ファーレプログラム. 東ヨーロッパへの体制移行支援の発端となったポーランド, ハンガリ

一支援．

PHB【photochemical hole burning】理光化学ホールバーニング．キノン系色素は一度光を吸収すると，同じ波長の光を次からは透過させる現象．

PHC【primary health care】医プライマリーヘルスケア．病気の診断・治療だけでなく，予防・健康増進などを含めて広くとらえようとする考え方．

Ph.D.【philosophiae doctor 羅, Doctor of Philosophy】教博士号．

PHI【Philadelphia Phillies】競（野球）フィラデルフィア・フィリーズ．米大リーグの球団の一つ．

PHIGS 【programmer's hierarchical interactive graphics standard】I算フィグス．グラフィックスライブラリー規格の一つ．階層データを扱うことができる．

PhotoDeluxe I算フォトデラックス．アドビシステムズが個人ユーザー向けに開発したデジタルイメージ編集用ソフトウエア．

PhotoDraw I算フォトドロー．アメリカのマイクロソフトが開発した，ドロー系のグラフィックソフト．Webにも対応する．

Photoshop I算フォトショップ．アメリカのアドビシステムズが開発した，プロユーザー向けの高機能フォトレタッチ用ソフト．

PHP ①【personal homepage】I算スクリプト言語の一つ．HTMLファイルに直接記述する形式のもの．②【personal handy phone】I算簡易型携帯電話．屋内・屋外共用のデジタルコードレス電話．PHSと改称した．

PHS ①【personal handyphone system】I算簡易型携帯電話．簡易型デジタル電話システム．屋内・屋外共用のデジタルコードレス電話．PHPから改称．②【Public Health Service】政アメリカの公衆衛生局．

PHS-WLL【PHS wireless local loop】I算ィ PHS技術を利用した，ユーザーと電気通信事業者間の固定無線回線アクセス．

PI ①【personal identity】算パーソナル アイデンティティー．社内起業家精神．従業員のもつ個人的な才能や能力を企業内で生かそうとすること．②【portfolio insurance】算資産保証．投資の元本割れを防ぐための保証．③【pilot】予スペースシャトルの操縦士．コマンダーの補佐をし，操縦を行う．

P³I【Pre-Planned Product Improvement】軍ピースリーアイ．アメリカ国防総省の装備品改良事前計画．

PI指数【purchase incidence】算来店客数1000人当たりの購買発生率．新製品の販売力を測る方法などに用いる．

PI方式【public involvement method】社公共事業などの計画を，住民参加の機会を数多く取り入れながら推進するやり方．

PI保険【protection and indemnity insurance】経船主責任保険．

PIAFS【PHS Internet Access Forum Standard】I算ピアフ．PHSを利用した高速データ伝送のための標準規格．

PIARC【Permanent International Association of Road Congresses】社常設国際道路会議協会．世界中の道路体系の発展を図る国際技術協力機関．1909年に設立．現在はWRC（世界道路協会）に改称．

PIC ①【photonic integrated circuit】I算光集積回路の一つ．インジウム・リン，ガリウム・ヒ素などの基板上に，半導体光素子あるいは半導体光導波路などを集積する．②【Pacific Islands Center】太平洋諸島センター．1996年に東京に開設された国際機関．

PICS ①【platform for Internet content selection】I算ィウェブサイトの情報表示を判断するための標準規格．主に成人向けの情報で用いる．②【I算ピクス．アニメーションデータのファイル形式．数枚のPICTファイルを一つにしてアニメーションを実現する．

PICT I算ピクト．MacOS用の静止画の標準的ファイル形式．

PIDシステム【personal identification system】I算ICカードなどを用いるユーザー識別システム．位置登録電話機などに利用される．

PIF ①【Pacific Islands Forum】太平洋フォーラム．太平洋諸国会議．1971年に設立した国際協力組織．②【program information file】I算Windowsから起動するMS-DOSアプリケーションの動作環境を設定するファイル．メモリー配分やVRAMの設定などをする．

PIM ①【personal information manager】I算スケジュール管理，住所録，メモなど個人情報用に使うソフトウエア．②【protocol independent multicast】I算マルチキャストパケットを送受信するのに用いるプロトコル．

PIMS【profit impact of marketing strategy】営経利益要因を調査・追求する研究方法．

PIN【personal identification number】I算ピン．GSM携帯電話機やスマートカードで用いられる個人認証用の符号列．

ping【packet internet groper】I算ピン．TCP/IPネットワーク上における，ネットワークの接続状況の確認法の一つ．

PIO【programmed I/O】I算ハードディスクとメモリー間のデータ受け渡しを，CPUが直接制御して行う方式．

PIO-NET 【practical-living information online network system】社パイオネット．全国消費生活情報ネットワークシステム．消費者被害早期警戒情報を出す．

Pippin I算ピピン．ゲームやインターネット通信に用いる変復調装置などを内蔵した機器．アップルコンピュータとバンダイが共同で開発した．

PIRA【Provisional Irish Republican Army】軍アイルランド共和軍暫定派．1969年にアイルランド共和軍（IRA）から分裂．

PISA【Programme for International Student Assessment】教国際学習到達度調査．OECD（経済協力開発機構）が行う．

PISCDCS【Permanent Inter-State Committee on Drought Control in the Sahel】サハラ干ばつ調整常設国家間委員会．サハラ砂漠南縁8ヵ国が1973年に設立．

PIT【Pittsburgh Pirates】競（野球）ピッツバーグ・パイレーツ．米大リーグの球団の一つ．

pixel［Ｉ算］ピクセル．画素．

PJC【Priority Japan Campaign】社対日輸出の増大を目指して，OJCに引き続いて行ったイギリスの宣伝活動．

PJE【Project Japanese Extensions】［Ｉ算］Linux上で利用できる日本語化されたさまざまなアプリケーションパッケージのこと．

PK【penalty kick】競ペナルティーキック．サッカーやラグビーで，反則に対して相手側に与えられるキック．

PK戦　競（ﾍﾟｰｾﾝ）規定時間内に勝敗がつかない場合に，ペナルティーキック（PK）で勝敗を決める方法．

PKB【Partai Kebangkitan Bangsa】社政インドネシア国民覚醒党．イスラム教組織ナフダトールウラマを母体に結成した．1998年に設立．

PKCS【public-key cryptography standards】［Ｉ算］アメリカのRSA社の開発による公開鍵暗号方式をベースにした仕様群．

PKF【Peace-Keeping Force】軍政平和維持軍．国連の平和維持活動（PKO）で，紛争地で兵力引き離しや非武装地帯の確保に当たる．

PKI①【public-key infrastructure】［Ｉ算］公開鍵基盤．公開鍵を利用した情報のやりとりにおける安全性を保証するための環境基盤．②【Partai Komunis Indonesia】政インドネシア共産党．1920年東インド共産党として結成．

PKK【Kurdistan Workers' Party】政クルド労働党．トルコからの分離独立を目指す左派政党．1979年に設立．

PKO①【Peace-Keeping Operation】軍政国連の平和維持活動．紛争地域への監視団，国連軍派遣などを指す．②【price-keeping operation】社経株価維持政策．簡易保険などの公的資金で積極的に株を買わせたり，売りを抑制したりして価格安定を図る行政指導．

PKO協力法　政国際平和協力法．国際連合平和維持活動等に対する協力に関する法律．1992年に制定．

PKO特別分担金【special account for the peace-keeping operations】軍社政ＰＫＯ（国連平和維持活動）の経費として課される，安保理常任理事国に重く開発途上国に軽い負担率．

PKZIP　競ピーケージップ．ファイル圧縮ツールの一つ．拡張子が「.zip」．圧縮率・処理速度ともに高い．

P/L【profit and loss statement】社経損益計算書．企業の一定期間の経営成績を明らかにする計算書類．

PL【product liability】社製造物責任．欠陥商品などに対し製造業者や販売業者が負う法律上の損害賠償責任．

PLオンブズ会議【product liability ―】社PL（製造物責任）法に関連した裁判外紛争処理機関（PLセンター）の格付け評価を行う組織．

PL教団【Perfect Liberty】宗日本の習合神道系の新宗教．パーフェクト リバティー教団．

PLセンター【Product Liability Center】社各業界団体が製造物責任（PL）の紛争処理に対応するため設けた機関．

PL法【Product Liability Law】社法製造物責任法．日本では1994年に成立．製造物の欠陥から生じた，人命や身体・財産の損害について製造業者などに無過失責任を負わせる．

PL／I【programming language one】［Ｉ算］プログラム言語の一つ．事務データ処理と技術計算の両方に用いられる．IBMが1965年に開発．

PLA①【programmable logic array】［Ｉ算］利用者自身が論理回路を作成するIC（集積回路）．②【Palestine Liberation Army】軍政パレスチナ解放軍．PLO（パレスチナ解放機構）の軍事組織．③【People's Liberation Army】軍中国の人民解放軍．1927年に建軍．

Plan-Do-See　［Ｉ経］計画，実行，評価という作業サイクルを繰り返して課題を解決していくこと．

PLANET-B　字プラネットB．のぞみ．日本の火星周回探査機．1998年に打ち上げた．

PLATO【Programmed Logic for Automatic Teaching Operations】［Ｉ教］自動教育システム．コンピュータと結ばれている端末機の前で学習するシステム．イリノイ大学が開発．

PlayStation　［Ｉ算］プレイステーション．1994年にソニー コンピュータエンタテインメントが販売開始した，32ビットの家庭用ゲーム機．プレステともいう．

PlayStation2　［Ｉ算］プレイステーションツー．2000年に販売開始した，DVDの再生ができる128ビットの家庭用ゲーム機．ネットワークにも対応している．

PlayStation3　［Ｉ算］プレイステーションスリー．2006年秋に発売予定の次世代プレステ．

PLC①【Palestinian Legislative Council】政パレスチナ立法評議会．②【power line communication】［Ｉ算］電力線通信．電力線を通信回線として共用する技術．

PLD【programmable logic device】［Ｉ算］論理素子がアレイ状に配列された論理回路．

PLDD【percutaneous laser disc decompression】医レーザー利用の経皮的髄核減圧術．椎間板ヘルニアなどの治療に用いる．

PLF【Palestine Liberation Front】軍政パレスチナ解放戦線．同名の組織に，1967年に結成したパレスチナ解放人民戦線の母体となった組織や，1977年に結成した親イラク系ゲリラ組織がある．

PLM【product lifecycle management】［Ｉ営］工業製品を企画・開発段階から，設計，生産，出荷，アフターサービスに至るまで，包括的に管理する手法．

PLO①【Palestine Liberation Organization】政パレスチナ解放機構．1964年に設立，74年に国連で準加盟国（オブザーバー）とされる．93年にイスラエルと相互承認を行う．②【price lifting operation】社経株価の引き上げ操作．公的資金などを用いて，株価の引き上げを図ること．

PLP ①【pay later plan】[習経]費用後払い制．②【Progressive Labor Party】[政]アメリカの進歩労働党．

PLSS ①【portable life support system】[宇]宇宙飛行士が船外活動をする時に背負う生命維持装置．②【precision location strike system】[軍]精密位置標定システム．敵のレーダー基地を探知・攻撃する．

PLT【Patent Law Treaty】[経]特許法条約．各国・地域での特許出願手続きの国際的な統一・簡素化を図る．

PM ①【phase modulation】[電]位相変調．②【post meridiem 羅】午後．p.m．③【Presentation Manager】[Ⅰ][算]アメリカのIBMとマイクロソフトが開発したOS/2を構成するソフトウエアの一つ．

PMA【personnel management analysis】[習社]人事管理分析．有効に人事が行われているかどうかを分析するシステム．

PMC【private military company】[軍]民間軍事会社．戦闘，警備，訓練，補給などの軍事業務を行う．

PML-N【Pakistan Muslim League Nawaz Group】[政]パキスタン・ムスリム連盟ナワズ派．政党の一つ．

PML-Q【Pakistan Muslim League Quaide-Azam】[政]パキスタン・ムスリム連盟カイデアザム派．政党の一つ．

pMOS【p-channel MOS】[Ⅰ][算]ピーモス．pチャネルによって電流を制御するMOS型の電界効果トランジスタ．

P-MP【point-to-multipoint】[Ⅰ][算]一つの基地局に対して複数の端末が接続する方式．端末同士のやりとりができる．

PMS【premenstrual syndrome】[医心]月経前緊張症候群．月経前に周期的に心や身体の症状が現れる．

PMV【predicted mean vote】空調制御の快適さを表す指標．温度や湿度，風の流れなどを意識しないですむ状態を示す．

P-N接合【positive-negative junction】[Ⅰ]異なる性質をもつP型半導体とN型半導体を薄膜の表裏に接合して作る半導体素子．

PNデシベル【perceived noise decibel】[理]騒音がどのくらいやかましいものかを，被害者側の感覚を取り入れて測る．やかましさの単位．記号はPNdB．

PNA【Palestinian National Authority】[政]パレスチナ自治政府．

PNAC【Project for the New American Century】[政]アメリカ新世紀プロジェクト．ネオコン（新保守主義）系のシンクタンク．

PNC【Power Reactor and Nuclear Fuel Development Corporation】[理]日本の動力炉・核燃料開発事業団．略称は動燃．1956年に設立された原子燃料公社を，67年に発展的に改組した．その後，98年に核燃料サイクル開発機構（JNC）に改組され，2005年に日本原子力研究所（JAERI）と統合して日本原子力研究開発機構（JAEA）となった．

PNES【Association for Promotion of New Generation Network Services】[Ⅰ]新世代通信網利用高度化協会．マルチメディア通信に関する実験プロジェクトを推進する団体．マルチメディア振興センター（FMMC）と改称．

PNF【proprioceptive neuromuscular facilitation】[医競]筋肉の伸び縮みを感知する固有受容性感覚器を続けて刺激し，運動神経の働きを滑らかにする理学療法．アメリカで生まれ，トレーニングなどに用いる．

PNG【Portable Network Graphics】[Ⅰ][算]ピング．Web上での画像のフォーマット形式の一つ．圧縮のアルゴリズムとしてZIPを用いる．拡張子は「.png」．

PNL【perceived noise level】[理]感覚騒音レベル．航空機騒音のうるささの評価基準で，単位はPNdB．

PnP【plug and play】[Ⅰ][算]プラグアンドプレー．購入してパソコンに装着すれば，複雑な設定をしなくても，すぐに使える状態になる周辺機器の機能．

POB【post-office box】私書箱．

PoC【push-to-talk over cellular】[Ⅰ]トランシーバー機能を備えた携帯電話．

Pocket PC[Ⅰ][算]ポケットピーシー．Windows CEを搭載したPDA．パソコンやネットワークへの接続などが強化されている．

PocketStation[Ⅰ][算]ポケットステーション．PlayStation, PlayStation2と連携して利用する携帯ゲーム機．

POD【Pocket Oxford Dictionary】オックスフォード大学出版部が発行したポケット英語辞典．

POE【port of entry】[習][貿]到着港渡し．

POF①【plastic optical fiber】[Ⅰ]プラスチック光ファイバー．比較的安価で利用しやすい，プラスチック製の光ファイバー．②【polymer optical fiber】[Ⅰ]ポリマー光ファイバー．

POG【paper owner game 日】[競]（競馬）ペーパー オーナー ゲーム．仲間内で競走馬を選んで架空の馬主となり，実際のレース結果から商品などをやり取りするゲーム．

POI【point of interface】[Ⅰ]相互接続点．電気通信産業の2つのネットワークを相互に接続する時の接続点．

POIX【point of interest exchange language】[Ⅰ][イ]XMLを利用する位置情報交換用のデータフォーマット．

POLISARIO戦線【POLISARIO Front】[軍政]「サギアエルハムラおよびリオデオロ解放人民戦線」．西サハラのモロッコからの独立を目指す組織．

POMCUS【prepositioning overseas material configured to unit sets】[軍]装備品海外事前備蓄．アメリカが海外に事前配置している軍需物資．

POP①【point of purchase】[習経広]購買時点．店頭．またそこに設置される宣伝材料．②【printing-out paper】[写]日光焼き付け印画紙．露光す

るだけで画像が出る．③【publish or perish】教パブリッシュ　オア　ペリッシュ．論文などを書かない人は消滅するという意．学者・研究者の評価の一つで，発表論文量を指標にする際に用いる．④【point of production】営生産現場．作業現場．⑤【post office protocol】Ⅰイポップ．電子メール用のサーバーからメールを受信するための通信規約．

POPアカウント【POP account】Ⅰイ電子メールを送受信するためのメールボックスを含む契約のこと．

POP広告【point of purchase advertising】営広購買時点広告．PP広告ともいう．

POP3【post office protocol version 3】Ⅰイポップスリー．クライアントがメールサーバーに着信した電子メールを読み出す際のプロトコルの一つ．

POP3サーバー【POP3 server】Ⅰイメール受信プロトコルであるPOP3に対応して，電子メールを受信するサーバー．

POPs【persistent organic pollutants】化環ポップス．残留性有機汚染物質．ダイオキシン，DDT，PCBなどの有害化学物質．

POPs条約【Stockholm Convention on Persistent Organic Pollutants】環残留性有機汚染物質に関するストックホルム条約．

PORSHE【Plan of Ocean Raft System for Hydrogen Economy】化理ポルシェ計画．南太平洋に巨大ないかだを浮かべ，太陽エネルギーを集めて海水から水素を作る構想．

POSシステム【point of sales system】Ⅰ営販売時点情報管理システム．本部で販売や在庫の動きをつかめる．ポスシステム．

POS調査【point of sales research】Ⅰ営購買時点調査．スーパーやコンビニの商品購買時に，バーコードの読み取りや客の属性情報の入力によって，即時に本部で記録・集計される調査方法．

POSEIDON【Pacific Orient Seismic Digital Observation Network】地ポセイドン計画．アジアおよび太平洋の地震のデジタル観測網．

POSIX【portable operating system interface for UNIX】Ⅰ算ポジックス．1985年にIEEEで制定されたUNIX系OSの標準仕様．

PostgreSQL　Ⅰ算ポストグレスキューエル．SQL機能を備えたリレーショナルデータベース管理システム．

PostPet　Ⅰイポストペット．ペットがメールの管理，設定を行うメールソフト．

PostScript　Ⅰ算アメリカのアドビシステムズが開発したページ記述言語．文字や画像を数式データに変換して，ページのイメージを記録する．

POW【prisoner of war】軍戦時捕虜．戦争捕虜．

PowerBook　Ⅰ算パワーブック．アメリカのアップルコンピュータ製マッキントッシュのうち，ノート型パソコンの呼称．

PowerEdge　Ⅰ算パワーエッジ．アメリカのデルコンピュータ製のサーバーマシン．

Power Macintosh　Ⅰ算パワーマッキントッシュ．PowerPCを搭載しているマッキントッシュのこと．Power Macと名称変更．

PowerPC　Ⅰ算アメリカのモトローラ，IBM，アップルコンピュータが開発した縮小セット命令コンピュータ型CPU．

PowerPoint　Ⅰ算パワーポイント．スライド作成機能などを備えた，アメリカのマイクロソフトのプレゼンテーション用ソフトウエア．

P-P【point-to-point】Ⅰ算一つの基地局に対して一つの端末が接続する方式．高速・高性能なサービス提供ができる．

PP　①【pole position】競(自動車)ポールポジション．自動車レースで，最前列の出発位置．②【producer's price】営経生産者価格．③【physical protection】理フィジカル　プロテクション．核物質防護．核物質の外部流出を防ぐため，封じ込めと監視を行うこと．④【polypropylene】化ポリプロピレン．プラスチック素材．⑤【product placement】映広プロダクトプレースメント．ドラマや映画の中に企業名や商品を映し，宣伝効果を狙う手法．

PP広告【point of purchase advertising】営広購買時点での広告．小売店の店頭に提示して消費者に働きかける広告・看板など．POP広告ともいう．

ppb【parts per billion】微量単位の一つ．1ppmの1000分の1．10億分の1．

PPBS【planning, programming and budgeting system】経政企画計画予算制度．予算制度の効率的運営を目指す．1961年にアメリカの国防総省が初めて導入．71年廃止．

PPC【plain paper copier】普通紙を用いる複写機．

P/PC【palm-size personal computer】Ⅰ算パームサイズPC．手のひらサイズのもの．

PPI【Partito Popolare Italiano 伊】政イタリア人民党．

ppi【pixels per inch】Ⅰ算解像度の単位．1インチの中にいくつの画素(ピクセル)があるかを示す．dpiと同じ．

PPM　①【pulse phase modulation】電理パルス位相変調．②【pulse position modulation】電理パルス位置変調．③【pages per minute】Ⅰ算プリンターの速度を表す単位．1分間の印刷出力枚数をいう．④【product portfolio management】営製品ポートフォリオマネジメント．製品の一覧表を見て経営する手法．主要事業を戦略事業単位として，各単位間の資金配分を考える．⑤【personal pattern made】服消費者一人ひとりの体型に応じて，それぞれ服づくりを簡単に行う方式．

ppm【parts per million】百万分率．大気汚染の濃度を示す場合によく使われる．

PPP　①【point-to-point protocol】Ⅰイ電話回線と高速の変復調装置を使って，コンピューターがインターネットの基本となる通信規約体系TCP/IPを使うためのプロトコル．②【phased project planning】宇営段階的プロジェクトプランニング．宇宙

計画などの巨大開発事業をシステム管理する方法. ③【polluter pays principle】環公害発生者負担の原則. 汚染者負担の原則. 公害をもたらした企業が, その責任を負うべきだという原則. ④【public private partnership】社行政と民間が共同で公共サービスの経営を行う方式. ⑤【Partai Persatuan Pembangunan】政インドネシア開発統一党. スハルト政権の政党統合で, 1973年に四つのイスラム政党が合体した. ⑥【purchasing power parity】経購買力平価説. 二国間の為替レートは, 各国通貨の同一財購買力比で決まると考える. ⑦【Pakistan People's Party】政パキスタン人民党.

PPPoE【point-to-point protocol over ethernet】IT算ADSLモデムやADSLルーターなどを利用してインターネットに接続する際に用いられるプロトコル.

PPS【power producer and supplier】営理パワーマーケター. 自ら発電したり購入電力を販売したりする事業者.

pps【pulses per second】IT1秒当たりのパルス数を表す単位. ダイアル式電話回線で交換機に伝送されるパルスの速度を表すのに使う.

PPTP【point-to-point tunneling protocol】IT算アメリカのマイクロソフトが発表した, トンネリングプロトコル. OSIモデルのネットワーク層のパケットを転送するためのプロトコル.

PPV【pay per view】IT放ペイパービュー. 視聴した番組ごとに料金を支払う方式. CATVや衛星放送で採用した課金方法.

PQ【Parti Québécois 仏】政カナダのケベック党. ケベック州の分離・独立を唱える.

PQS【percentage quota system】営経比例割当制. 貿易業者などに輸出量を割り当てることで輸出総量を規制し, 輸入国との摩擦を避けようとするもの.

PR【public relations】広パブリックリレーションズ. 広報. 広告. 宣伝活動.

P&R【park and ride】社パークアンドライド. 自宅から駅やバス停留所に行って駐車し, 鉄道やバスに乗り換えること.

PRA法【probabilistic risk assessment】営社危険の事前評価に対する手法. 1960年代にアメリカで開発された.

PRC【Piracy Reporting Center】社国際海事局(IMB)の海賊報告センター. マレーシアのクアラルンプールに設置.

PRD【Partido de la Revolución Democrática 西】政民主革命党. メキシコの左派政党.

PREX【Pacific Resource Exchange Center】社太平洋人材交流センター. 1990年に大阪で地方自治体と民間企業が協力して設立.

PRI【Partido Revolucionario Institucional 西】政メキシコの制度的革命党. 1912年に結党. 1929〜2000年までの与党. 立憲革命党.

PRIDEさまざまな格闘技選手が一つのリングで強さを競い合う日本の競技大会.

PRIO【International Peace Research Institute, Oslo】社オスロ国際平和研究所. ノルウェーで1959年に設立. 60年代後半から70年代に, 世界の平和研究を先導した機関.

PRISM【Private Sector Multi Evaluation System】営プリズム. 多角的企業評価システム. 日本経済新聞社と日経リサーチが開発.

Prof.【professor】教プロフェッサー. 教授.

Prolog【programming in logic】IT算論理プログラミングの一つ. 1972年にフランスのA.コルメラウアーが開発した. プロログ.

PROM【programmable read only memory】IT算ピーロム. プログラムや情報を利用現場で一回だけ書き込むことができる読み出し専用メモリー (ROM).

proxyサーバー【proxy server】IT社内LANと外部インターネットを接続する際に, LANとインターネットの接続点に設置されるサーバー.

PRSP【Poverty Reduction Strategy Paper】社貧困削減戦略ペーパー. 途上国の貧困削減を図る戦略を書いた報告書.

PRT ①【provincial reconstruction team】軍社地域復興チーム. 紛争地などで戦闘と復興を同時に進める軍民合同チーム. ②【personal rapid transit】機社自動運転の軌道タクシー.

PRTR【pollutant release and transfer register】営環環境汚染物質排出・移動登録. 企業などが行う化学物質の管理制度.

PS ①【Pferdestärke 独】理エンジンの馬力. ②【passenger ship】機旅客船. ③【payload specialist】宇ペイロードスペシャリスト. 搭乗科学技術者. スペースシャトルの宇宙飛行士で, 実験装置を操作する科学技術者. ④【polystyrene】化ポリスチレン. プラスチック素材.

P.S.【postscript】追伸. PS, p.s.とも書く.

PS/2【personal system/2】IT算ピーエスツー. アメリカのIBMがIBM PC/ATの後継として開発したパソコン.

PS/2ポート【PS/2 port】IT算パソコンにキーボードやマウスなどを接続するための接続点.

PS/2マウス【PS/2 mouse】IT算マウス専用の, PS/2ポートにつながれたマウス.

PS3【PlayStation 3】ソニーのゲーム機「プレイステーション」の次世代機.

PSA【probabilistic safety assessment】理確率論的安全性評価. 原子力施設の安全評価法の一つ.

PSA検査【prostate specific antigen test】医前立腺特異抗原(PSA)の血中濃度から前立腺がんの有無を判定する検査法.

PSAC【President's Science Advisory Committee】アメリカの大統領科学諮問委員会.

PSC【port state control】社ポートステートコントロール. 寄港国が外国船に行う立ち入り検査.

PSE ①【producer subsidy equivalent】政農生産者保護指標. 農業生産者に対する国の補助要素の比率を指標化したもの. 農業保護指標ともいう. ②【PSE mark 日】営電PSEマーク. 電気製品の安全性を表す. 電気用品安全法により, 450品目が表示対象とされている. PSはproduct safety、Eはelectrical appliance and materialsの頭文字.

PSF ①【point spread function】Ⅰ算点像分布関数.画像復元に用いる.②【Popular Struggle Front】軍人民闘争戦線.パレスチナのゲリラ組織の一つ.1967年に結成.

PSI ①【Proliferation Security Initiative】軍政アメリカの拡散防止構想.大量破壊兵器やミサイルの拡散防止を図る.2003年にブッシュ大統領が提示.②【Policy Studies Institute】政策問題研究所.1978年に設立された,イギリスの独立研究機関.

Psion Ⅰ算サイオン.イギリスのサイオン社が発売したPDA(携帯情報端末).さまざまなアプリケーションが搭載されていた.

PSLV【Polar Satellite Launch Vehicle】機インド宇宙省の人工衛星打ち上げロケット.1995年に開発した4段式ロケット.

PSN【processor serial number】Ⅰ算盗難対策などを目的として,CPUに記されたシリアルナンバーのこと.現在では使われていない.

PSOE【Partido Socialista Obrero Español 西】政スペイン社会主義労働党.1982年に政権が発足.

PSone Ⅰピーエスワン.従来のPlayStationを小型・軽量化して,ネットワークへの対応を強化したゲーム機.

PSP【PlayStation Portable】ⅠSCE(ソニー・コンピュータエンタテインメント)が2004年に発売した携帯用ゲーム機.プレイステーションポータブルの略.

PSSI【Peace Science Society International】社国際平和科学協会.1963年にアメリカに設立された.クエーカー教徒的平和観を基に,地域紛争などを研究する.

PSTM【photon scanning tunneling microscope】理フォトンSTM.物質との相互作用で極近傍に局在する光を利用する顕微鏡.

PSTN【public switched telephone network】Ⅰ電話会社が提供する公衆電話交換網のこと.データ通信には向かない.

PSW【psychiatric social worker】心精神医学的ソーシャルワーカー.

PSX【PlayStation X】Ⅰプレイステーション2とDVD/HDDレコーダーの機能をあわせもつ機器.ソニーが発売.商標名.

PT ①【Partido dos Trabalhadores 葡】政労働者党.ブラジルの左派政党.②【physical therapy】医理学療法.物理療法.機能回復訓練に用いられる.

P/T境界【Permian/Triassic boundary】地古生代ペルム紀と中生代三畳紀の境界.2億5000万年前に当たる.

PT番組【participation program】広視複数の広告主が共同で提供するラジオ・テレビ番組.

PTA ①【Parent-Teacher Association】教父母と教師の協力団体.②【prepaid ticket advice】営社航空旅客運賃先払い制度.③【percutaneous transluminal angioplasty】医経皮経管的動脈形成術.④【preferential trade agreement】経貿特恵貿易協定.

PTBT【Partial Test Ban Treaty】軍部分的核実験停止条約.1963年に発効.大気圏内,宇宙空間,水中での核実験は禁止された.

PTCA【percutaneous transluminal coronary angioplasty】医経皮経管的冠動脈形成術.冠動脈に狭窄部が生じた時に,細い管を挿入して先端のバルーンをふくらませ,血管内腔を押し広げる治療法.

PTCD【percutaneous transhepatic cholangial drainage】医経皮経肝的胆管ドレナージ.胆道が閉塞して起こる閉塞性黄疸を軽くする減黄処置法.

PTCR【percutaneous transluminal coronary recanalization】医経皮経管的冠動脈内血栓溶解療法.冠動脈内にできた血栓を溶解して狭心発作などを抑える治療法.

PTI【Press Trust of India】PTI通信社.1948年に設立されたインド最大の通信社.

PTMC【percutaneous transvenous mitral commissurotomy】医経皮経静脈的僧帽弁交連切開術.開胸しないで細い管を用いて僧帽弁交連切開術を行う治療法.

P.T.O.【please turn over】「どうぞ裏面をご覧ください」の意.p.t.o.とも書く.

PtoPファイル交換【person-to-person file exchange】Ⅰイ算インターネットを用いて個人間で行うファイル交換.P2Pファイル交換ともいう.

PTP【press through pack】薬包装の上を押すと,錠剤が出てくるもの.

PTP制御【point-to-point control】Ⅰ機各点制御.ロボットのハンドが2点間の移動時に,数点を選んで通過し経路は関知しない方法.

PTR ①【paper tape reader】Ⅰ算紙テープ読み取り機.②【photoelectric tape reader】Ⅰ算光電テープ読み取り機.

PTS【proprietary trading system】Ⅰ経私設取引システム.証券会社運営のコンピューターネットワーク上で,株式や債券の売買注文を処理する仕組み.

PTSD【post-traumatic stress disorder】医心心的外傷後ストレス障害.強烈なストレスの後に,不安,抑うつ,頭痛などが持続すること.

PTWC【Pacific Tsunami Warning Center】アメリカ・ハワイにある太平洋津波警戒センター.

PUC【pervasive ubiquitous computing】Ⅰ経ネットワークコンピューティングが生活に広く深く浸透,誰でも簡単に利用できる状態.

PUK【Patriotic Union of Kurdistan】政クルド愛国同盟.1975年にイラクの反体制組織の一つとして設立.

PUREX法【plutonium and uranium recovery by extraction】理ピューレックス法.使用済み核燃料の再処理法の一つで,溶媒抽出法.

PVB【polyvinyl butyral】化ポリビニールブチラール．透明な接着剤．
PVC①【permanent virtual circuit】I算パケット交換ネットワークなどで，決まった端末機器の間を常時接続し，データのやりとりを行う方法．②【polyvinyl chloride】化ポリ塩化ビニール．アセチレンを塩化水素の作用により重合させた合成樹脂．ビニール製品の原料になる．
PVR【personal video recorder】I記録メディアにハードディスクを用いたビデオレコーダー．タイムシフトなどの機能が使える．
PVS①【Post-Vietnam Syndrome】医ベトナム以後症候群．ベトナムから復員の兵士に見られる精神障害．②【persistent vegetative state】医植物状態．持続的植物状態．
PWA【person with AIDS】医エイズ患者．医師が患者のプライバシー保護のために使う．
PWG【People's War Group】軍印人民の戦闘グループ．インドの極左ゲリラ組織．1960年代に結成．
PWR【pressurized water reactor】理加圧水型原子炉．軽水炉の一つ．
PWS【predictive windshear system】機事前探知ウインドシアシステム．人的要因などによる航空機事故への対策で装備する機材の一つ．
PX①【post exchange】軍アメリカ軍の基地内売店．酒保．②【patrol X】軍次期対潜哨戒機．
Python【パイソン．CGIの開発などに用いられる，インタープリター型のオブジェクト指向プログラミング言語．

Q

Q熱【Q fever】医リケッチアの一種が病原体である人畜共通感染症．
Qマーク【quality mark】社日本の消費者マークの一つ．繊維製品総合検査基準に合格した製品に付けられる．
QA【quality assurance】営医品質保証．
QALY【quality-adjusted life year】社質調整生存年．一生のそれぞれの期間で生活の質を評価して求める値．
QAM【quadrature amplitude modulation】I算直交振幅変調．伝送信号を位相と振幅の両方の変化に対応させる変調方式の一つ．高速のモデムで採用されている．
Q and A【question and answer】質問と答．問答．Q&Aとも．
QAZ【quasi-alloy zirconium】軍クアズ．スイス陸軍が開発した60mm迫撃砲の特殊弾薬の弾体に使う新材料．
QB【quarterback】競(アメリカンフットボール)クオーターバック．攻撃の主軸となるポジション．
QBE【query by example】I算データベースの検索を対話型で行う方式の一つ．例示照会．
QC【quality control】営品質管理．製品やサービスの品質を維持するため，検査・評価・改善などを行う経営管理法．
QC七つ道具【seven QC tools】I算製品やサービスの品質を管理し，一定に保つための手法．七つの図表を用いる．
QCD【quantum chromodynamics】理量子色力学．クォーク間の強い力の理論．
QDR【quadrennial defense review】軍アメリカが行う4年ごとの国防計画の見直し．国防総省が議会の指示に基づいて作成し，審議を受ける．
QE【quarterly estimates】経四半期ごとに内閣府が発表する国内総生産統計の一次速報．
QGP【quark gluon plasma】理高エネルギーの原子核同士を衝突させた時に生じる高温の気体状態．
QIC【quarter-inch cartridge】I算クイック．4分の1インチ幅のテープカートリッジ．
QIP【quality improvement program】営品質改善計画．
qmail【I算キューメール．UNIX系OS対応のメール配信用ソフト．複数アドレス対応など高い機能を有する．
QND測定【quantum nondemolition measurement】理量子非破壊測定．特定の物理量の観測値に不確定な影響を与えない量子測定．
QOL【quality of life】社クオリティー オブ ライフ．生命の質．生活の質．医療や福祉などで用いられる．
QoS【quality of service】II インターネットの通信品質を制御する技術やサービス．
QOT【quality of treatment】医治療の質．がんの再発を少なくすることを目指して，手術を行うような医療の考え方．
qpopper【I算キューポッパー．電子メールの受信に利用されるフリーのPOPサーバー用ソフト．安全性・機密性が高いのが特徴．
QR【quick response】I営小売店の販売時点データを卸・メーカーが共有し，商品の効率的補充を実現する情報システム．アメリカのアパレルや日用雑貨業界が取り組む．
QRコード【QR code】I算デンソーウェーブが開発した2次元コードの一種．商標名．
QSBO【quasi-stellar blue object】天準恒星青色天体．
QSG【quasi-stellar galaxy】天恒星状小宇宙．準々星．
QSO【quasi-stellar object】天クエーサー．準星．準恒星状天体．
QSS【quasi-stellar radio source】天QSOのうち電波を放射しているもの．
QSTOL【quiet short take-off and landing aircraft】機キュートール．騒音のない短距離離着陸機．
QTAM【queued telecommunications access method】I算キュータム．同期通信アクセス方式．メモリーの読み出し，書き込みを同時に行う方式．

815

Q tte. ▶

Qtte.【quartetto 伊】音カルテット．四重唱．四重奏．

QuarkXPress　I算クオークエクスプレス．アメリカのクオークが開発したDTP用のソフトウエア．アメリカのアドビシステムズのPage Makerと同様，広く普及している．

QuickDraw　I算MacOSの文字を含むグラフィックス処理の基本的なシステム．

QuickTime　I算アメリカのアップルコンピュータのマルチメディア技術．ビデオやアニメーションなどの動画と音データを扱う．

QWERTY配列【QWERTY layout】I算クワーティ配列．世界で標準的に使われているキーボード配列．

QWL【quality of working life】社労働生活の質の向上を目指す運動．

R

R指定【restricted −】映青少年の映画館入場制限を日本の映画管理委員会が指定すること．

R瓶【returnable bottle】環リターナブル瓶．回収・再利用できる瓶．

R2-D2　映画「スター・ウォーズ」シリーズに登場する3本足の円柱型ロボット．

R-15　映映倫の映画等級分けの一つ．15歳未満の鑑賞を禁じる．

R-18　映映倫の映画等級分けの一つ．18歳未満の鑑賞を禁じる．

R4000　I算コストパフォーマンスに優れた，縮小命令セット方式の64ビットCPU(中央処理装置)の一つ．家庭用ゲーム機などにも採用されている．

R&A【Royal and Ancient Golf Club of St. Andrews】競(ゴルフ)イギリスのゴルフコースのセントアンドリュースのこと．一般にR&Aは英国ゴルフ協会の意味で用いられる．

Rabin暗号【rabin scheme】I算ラビン暗号．公開鍵暗号の一種．秘密鍵に二つの素数を用い，公開鍵はそれらの積を用いる．

RAD【rapid application development】I算ラッド．GUIを用いたアプリケーション開発ツール．プログラムのモジュール化などの開発期間短縮機能も含まれる．

RADARSAT【Canadian Synthetic Aperture Radar Satellite】宇海洋観測衛星の一つ．1995年にアメリカとカナダが共同で打ち上げた．

RADIUS【remote authentication dial-in user service】I算ラディウス．リモートダイアルイン接続での認証専用のプロトコル．

RAF【Rote Armee Fraktion 独】軍政ドイツ赤軍派．1968年に結成した極左テロ組織．

RAH-66コマンチ【RAH-66 Comanche】軍アメリカ陸軍が計画した次期偵察・攻撃ヘリコプター．ステルス型の多目的戦闘ヘリコプターを目指したが，2004年に開発中止．

RAID【redundant array of independent discs】I算複数のハードディスクを並べて速度や信頼性の向上を図った装置．

RAM　①【random access memory】I算ラム．随時書き込み読み出しメモリー．データを記憶する装置．書き込み，読み出し，消去などができる．②【Reform the Armed Forces of the Philippines Movement】政フィリピン国軍改革運動．若手将校が結成したグループ．③【radar absorbing materials】軍理レーダー波吸収材料．誘電体や抵抗体を用いるステルス材料．④【rolling airframe missile】軍ラム．アメリカ，ドイツ，デンマークの3国が開発した個艦防衛用の短距離ミサイル．

RAMディスク【RAM disc】I算RAMを記憶装置として使用するもの．電源を切ると内容が消えるが，高速なアクセスが可能．

RAMDAC【random access memory digital-to-analog converter】I算ラムダック．メモリーから読み出した信号をアナログの画像信号に変換して，ディスプレーに表示させるためのチップ．

RAMSI【Regional Assistance Mission to Solomon Islands】軍政ソロモン地域支援ミッション．オーストラリアなどが内戦終結後のソロモン諸島に派遣した多国籍治安部隊．

RAND Corp.【Research and Development Corporation】軍アメリカのランド研究所．軍事関係の調査などを行う．1948年設立．

RAPCON【radar approach control】機社ラプコン．航空交通管制．レーダースクリーンを見て，航空機の着陸を誘導する方式．

RARP【reverse address resolution protocol】I算TCP/IPネットワーク上で，イーサネットなどの物理的なアドレスのMacアドレスからIPアドレスを求めるためのプロトコル．

RAS　①【reliability, availability, serviceability】I算ラス．コンピューターシステムの性能評価指標．信頼性・可用性・保守性のこと．②【remote access service】I算ラス．Windows NT環境を利用して，ダイアルアップ接続などのサービスを提供するための機能．

RASIS【reliability, availability serviceability, integrity and security】I算ラシス．コンピューターシステムの性能評価指標．信頼性・可用性・保守性・保全性・機密性のこと．

RATO【rocket assisted take-off】機ロケット推進離陸．離陸する時の滑走距離を短くするためにロケットを用いる方式．

RB　①【return-to-bias recording】I算磁気テープなどにデジタル式で記録する方式の一つ．②【reconnaissance bomber】軍偵察爆撃機を表す記号．③【running back】競(アメリカンフットボール)ランニングバック．攻撃側でライン後方にいて，球を受けて走る選手の総称．

R&B【rhythm and blues】音リズムアンドブルース．

RBI【runs batted in】競(野球)打点．

RC　①【reinforced concrete】建鉄筋コンクリー

ト．②【Red Cross】社赤十字社．戦時における傷病者の保護を目的として組織された．③【remote control】I遠隔制御．④【reserve components】軍予備役部隊．

RCC ①【reinforced carbon-carbon】化理強化カーボン材．スペースシャトルオービターの表面などに用いられる．②【remote center compliance】機ロボットの機構の一つ．高精度の軸を穴に挿入する作業を自動的に行う，柔らかい手首機構．③【Resolution and Collection Corporation】経整理回収機構．不良債権の買い取り・回収を行う．

RCS ①【remote computing service】I算スーパーコンピューターなどを時間貸しするサービス．②【revision control system】I算UNIXのOSで用いるバージョン管理用のソフトウエア．③【reaction control system】宇ガスジェット姿勢制御システム．スペースシャトルの構成部分の一つ．④【radar cross section】軍レーダー有効反射面積．レーダーステルス技術は，これをできるだけ小さくする．

RCT【randomized controlled trial】無作為比較試験．

RCU【respiratory care unit】医ICU（集中強化治療室）のうち，呼吸器病の患者の治療をする設備のある場所．

R&D【research and development】営研究開発．新製品や新製法を生む原動力となる．

R&Dレシオ【research and development ratio】営経1株当たりの研究開発費を株価で割った比率．

RDA【recommended dietary allowance】医栄養所要量．推奨栄養摂取量．全米科学アカデミー食品栄養委員会が提唱．

RDB【relational database】I算リレーショナルデータベース．二次元のテーブル（表）とテーブル間の関連性からデータを表現する方式のデータベース．

RDF ①【resource description framework】I算情報に関係ある情報を記述するための規格．②【refuse derived fuel】環ごみ固形燃料．廃棄物固形燃料．可燃ごみを乾燥・成形する．WDFともいう．

RDF発電【refuse derived fuel −】営環理小規模施設でごみを固形化した燃料を作り，専用発電所に運んで燃やし，得た電気を電力会社に売却する方法．

RDRAM【rambus DRAM】I算次世代型のDRAMの一つ．高速データ転送ができる．

RDS【random dot stereograms】裸眼による立体視のための技術．オートステレオグラム．

RE ①【rotary engine】機ロータリーエンジン．回転式発動機．②【reverse engineering】分解工学．逆行分析工学．調査分析．

Readme I算リードミー．ソフトウエアやCD-ROMを作成した時に，説明や使い方を記したファイル名．

README file I算リードミーファイル．プログラムの内容の概略やインストールの方法などが書かれている説明．アプリケーションソフトに添付される．

RealAudio I算リアルオーディオ．アメリカのリアルネットワークスが開発した，音声ファイルの受信と同時に再生する技術．ストリーミング音声配信を可能にした．

RealPlayer I算リアルプレーヤー．ストリーミング配信に用いられるオーディオ，動画，アニメなどのデータを受信と同時に再生するためのソフトウエア．

RealSystem I算リアルシステム．インターネットを利用して各種データをストリーミング配信するためのソフトウエア．受信側ではRealPlayerを用いる．

RealVideo I算リアルビデオ．低速回線で動画のストリーミング受信を可能にするソフトウエア．

REBT【rational emotive behavior therapy】心論理情動行動療法．論理療法．認知行動療法の一種．

RECOVER【remote continual verification】理リカバー．常時遠隔監視システム．国際原子力機関と各国の原子力施設を通信回線で結び，核物質の軍事転用などを防ぐ．

RECSAT【reconnaissance satellite】宇軍偵察衛星．

Red Hat I算レッドハット．世界的に普及しているLinuxのさまざまな配布パッケージ．RPMと呼ばれるパッケージ管理システムをもつ．

REINS【Real Estate Information Network System】営国土交通大臣指定の不動産流通機構が運営する，不動産情報に関するコンピューターネットワークシステム．レインズ．

REIT【real estate investment trust】経リート．不動産投資信託．投資家から集めた資金を不動産物件に投資する．

REM【rapid eye movement】医レム．急速眼球運動．逆説睡眠（眠りは深いが脳波は覚醒型を示す）時に起こる特徴的現象．

RENAMO【Resistëncia Nacional Moçambicana 葡】軍政モザンビーク民族抵抗．反政府活動を行う右派ゲリラ組織．

REP【radar evaluation pod】レーダー試験の電子装置．

Rep. ①【Representative】政アメリカの下院議員．②【Republican】政共和党員．

Reply-to I算リプライツー．電子メールの返信を，送信者以外のアドレスへ返信してもらうためのフィールド項目．

RESTEC【Remote Sensing Technology Center of Japan】リモートセンシング技術センター．

RETF【Recycle Equipment Test Facility】理リサイクル機器試験施設．高速炉用核燃料の再処理施設．

Returnキー【return key】I算リターンキー．Enterキーと同義．入力決定や選択決定などに用いる．

RF【right fielder】競（野球）右翼手．

RFC【request for comments】①I算インターネット技術仕様書．世界に公開されているインターネットの各種の規約．②「ご意見ください」の略．

RFC822 I算電子メールでのやりとりにおける各種

規定を定めたIETF（Internet engineering task force）の文書．現在ではMIMEのほうが主流．

RFF【Ricardo Franco Front】軍政リカルドフランコ戦線．コロンビアの過激派組織．1984年に結成．

RFID【radio frequency identification】Ⅰ無線を使う自動認証．

RFM分析【recency, frequency and monetary analysis】Ⅰ経算データベースを用いる顧客データ分析方法の一つ．最新購入日・累積購入回数・累計購入金額を用いる．

RFP ①【rifampicin】薬リファンピシン．抗結核性抗生物質の一種．②【request for proposals】提案要求．③【reverse field pinch】理逆磁場ピンチ装置．プラズマ閉じ込めのための装置．

RG【Rote Gewalt 独】軍政エルゲー．赤い戦闘隊．1970年代に，ドイツの共産主義者同盟の中で，軍事闘争を主張したグループの自称．

RGB【red, green, blue】Ⅰ放カラーテレビの光の三原色（赤，緑，青）のこと．

RGBカラーモデル【RGB color model】Ⅰ算 red（赤），green（緑），blue（青）の3色を用いて色を表現する加法混色方式．

RGI【Rote Gewerkschafts-Internationale 独】国際赤色労組．機関紙名．

Rh因子【Rhesus factor】医赤血球に含まれる因子．この因子の有無によりRh式血液型が陽性と陰性に分類される．

RHP【right handed pitcher】競（野球）右投手．

RI ①【radioisotope】化理ラジオアイソトープ．放射性同位元素．②【Rotary International】社国際ロータリークラブ．実業家などの国際親善・社会奉仕を目的に設立．本部はシカゴ．③【Rehabilitation International】社国際障害者リハビリテーション協会．

RIビームファクトリー【radioactive-isotope beam factory】理重イオン加速器と多目的実験ビーム蓄積リングで形成する装置．理化学研究所が建設を進めている．

RICE【rest, ice, compression and elevation】医ねんざや打撲，骨折などの救急処理の原則．安静，氷で冷やす，圧迫，患部を心臓より高く上げるの意．

RIMM【rambus inline memory module】Ⅰ算リム．800MHzの高速で処理ができるメモリーモジュール．ダイレクトラムバスDRAMチップを搭載．

RIMPAC【Rim of the Pacific Exercise】軍リムパック．環太平洋合同演習．1971年にアメリカ海軍などが開始．海上自衛隊は80年から参加．

RIP ①【raster image processor】Ⅰ算リップ．画像表示や印刷用に，PostScript データをビットマップイメージに展開するハードウエアやソフトウエア．②【routing information protocol】Ⅰ算パケット交換ネットワークで経路情報を知らせ合うプロトコル．

RIPng【routing information protocol next generation】Ⅰ算リップエヌジー．次世代型IPであるIPv6対応のルーティングプロトコルの一つ．RIP for IPv6ともいう．

RISC【reduced instruction set computer】Ⅰ算リスク．縮小命令セットコンピューター．CPU（中央処理装置）が処理できる命令の種類を必要最小限にし，CPUの設計を容易にする．

RISTEX【Research Institute of Science and Technology for Society】社会技術研究開発センター．社会のための科学・技術研究を進める日本の機関．

RIVA Ⅰ算リーバ．アメリカのnVIDIA社が開発した，グラフィックアクセラレーターを内蔵したビデオチップの呼称．

RJ-11【registered jack-11】Ⅰ算電話ケーブルIPの6ピンのモジュラー式コネクター．

RJ-45【registered jack-45】Ⅰ算LANの10BASE-Tなどで利用される，8ピンのモジュラー式コネクター．

RKA【Rossiyskoe Kosmicheskoye Agentsvo 露】字ロシア宇宙庁．1992年に設立．本部はモスクワ．

RLV【Reusable Launch Vehicle】機次世代再利用型ロケット．アメリカの次世代宇宙輸送系の構想の一つ．

RM ①【risk management】習社リスクマネジメント．危険管理．危機管理．②【reinforced masonry】建補強組積造．石やれんがを組んで積み上げる組積造に，鉄筋コンクリートを合体させて耐震性などを高めた建築技法．③【repetition maximum】競反復できる最大重量の意．筋力トレーニングなどで用いる語．

RMA ①【random multiple access】Ⅰ算任意多重同時交信方式．複数の局が，一つの通信衛星を通して同時に交信すること．②【Rice Millers' Association】農全米精米業者協会．アメリカで1899年に設立された農業関係団体．③【revolution in military affairs】Ⅰ軍軍事における革命．情報通信技術が軍事分野で活用されることに対する防衛研究．

RMC【Regional Meteorological Center】気地域気象中枢．WWW（世界気象監視計画）の地域別センター．

RMI【remote method invocation】Ⅰ算ネットワークでつながった Javaプログラム間でデータ通信を行うための仕組み．

RMON【remote network monitoring】Ⅰ算アールモン．ネットワーク上のトラフィックやエラーなどの各種情報を収集・管理するための仕組み．

RMR【relative metabolic rate】理エネルギー代謝率．労働強度を表す指標の一つ．

RMS ①【remote manipulator system】宇スペースシャトルのオービター（軌道船）に装備する遠隔操作用ロボット腕．②【revised management scheme】習社改定管理方式．鯨資源の維持を前提に，捕獲可能頭数を示す算定方式．

RMSI【Regional Maritime Security Initiative】地域海洋安全保障構想．マラッカ海峡などの安全保障を図る多国間の取り組み．

RMT【real money trade】[イ]オンラインゲームの疑似通貨や用具の売買．

RNA【ribonucleic acid】[生]リボ核酸．遺伝子の伝達役を果たす．

RNAワールド【RNA world】[生]生物の遺伝情報を伝える要素として，DNAに先だってRNAが形成されたと考える時期．

RNAC【Russia-North Atlantic Council】[政]NATOロシア理事会．2002年に創設．

RNAi【RNA interference】[生]RNA干渉．2本鎖のRNAを細胞内に入れると，同配列の1本鎖RNAが分解される現象．

RNC【Republican National Committee】[政]アメリカの共和党全国委員会．

ROA【return on assets】[営]使用資産事業利益率．限られた資産からいかに最大の利益をあげるかという経営概念．

ROC【Republic of China】中華民国．台湾．

ROE ①【return on equity】[営][経]自己資本利益率．株主資本利益率．株主資本(自己資本)に対して，企業があげる税引き利益の比率を示す指標．②【rules of engagement】[軍]交戦規則．軍事組織の武力行使の条件や限界などを定めたもの．

RoHS【restriction of hazardous substances】[環]EU(欧州連合)の有害物質使用規制の一つ．電気電子部品に含まれる特定有害物質の使用制限．

ROI ①【return on investment】[営][経]投資利益率．②【Royal Institute of Oil Painters】[美]王立油絵画家協会．

ROK【Republic of Korea】大韓民国．韓国．

ROM【read only memory】[I][算]ロム．読み出し専用メモリー．

ROM-DOS【read only memory-disc operating system】[I][算]MS-DOSを記録したROM．コンピューターに内蔵して提供．

ROW【right of way】[社]通行権．

R&P【research and production】[I]最先端の研究がそのまま製造工程になること．半導体産業などで開発の時間・工程を省く傾向があることから．

RP ①【rapid prototyping】[I][算]三次元形状データから立体モデルを作る技術．②【Radio Press】[政]ラヂオプレス．外国の放送を視聴して得た情報を報道機関や官庁に提供する日本の財団法人の通信社．③【received pronunciation】[言]容認発音．正しい良い発音．

RP画【reproduction parfaite 仏】[美]実物そっくりの複製画．

RPC【remote procedure call】[I][算]ネットワークでつながった他のマシンのソフトを手元のマシンから実行するための手法．

RPF ①【refuse paper and plastic fuel】[環]廃プラスチック固形燃料．古紙とポリエチレンなどのプラスチックから作られる．②【Rwanda Patriotic Front】[政]ルワンダ愛国戦線．1994年に暫定政府を発足．

RPG ①【role playing game】[I]ロールプレーイングゲーム．コンピューターゲームの一形式．操作者がゲーム中の一人の登場人物の役割を演じて，ゲームを進める．②【report program generator】[I][算]報告作成プログラム．レポート用プログラムを作成するためのもの．

RPGカード【role playing game card】[I]ロールプレーイングゲーム用のカード．

RPM【red hat package manager】[I][算]red hatなどで用いるパッケージ管理システム．インストール，アンインストール，アップグレードなどが簡単に行える．

rpm【revolutions per minute】[I][算]回転速度．1分間にディスクが回転する回数．主にハードディスクの性能を表す際に用いる．

RPP【Rashtriya Prajatantra Party ネパール】[政]ネパールの国民民主党．右派の政党．

RPR【Rassemblement Pour la République 仏】[政]フランス共和国連合．

RPS【retail price survey】[営][経]小売物価統計調査．

RPS制度【renewable portfolio standard】[営][環]再生可能エネルギー割当基準制度．電気事業者などへ，風力やバイオマスなどによる発電供給を一定割合で行うことを義務付ける．

RPS法【Renewable Portfolio Standard Law】[環][法]2003年4月に施行された再生可能エネルギー電力の普及促進を目的とする法律．

RPV ①【remotely piloted vehicle】[軍]無人遠隔操縦機．爆撃や偵察などに用いる．②【reactor pressure vessel】[理]原子炉圧力容器．

RR ①【railroad】鉄道．②【rear engine rear drive】[機]後部エンジン，後輪駆動．

R&R【rock'n'roll】[音]ロックンロール．

RRF【rapid reaction force】[軍]緊急対応部隊．

RRR爆弾【reduced residual radiation bomb】[軍]残存放射能減少爆弾．アメリカが提案した新型核爆弾．

RS【retail support】[営]リテールサポート．小売店支援．卸売業者が中小規模の小売店に陳列方法などを提案する．

RS232C【recommended standard 232C】[I][算]シリアル通信方式を用いてコンピューターと周辺機器を接続する規格の一つ．

RS422/423【recommended standard 422/423】[I][算]高速インターフェースの電気特性を規定した規格．422は平衡型の伝送を，423は不平衡型を規定している．

RSA暗号【Rivest-Shamir-Adleman algorithm】[I][イ]インターネットの通信の秘密保持に用いる暗号の一種．リベスト，シャミア，エイドルマンが1978年に考案．

RSC【regional type shopping center 日】[営]広域の商圏をもつショッピングセンター．

RSF【Ruble Stabilization Fund】[経][政]ルーブル安定化基金．1992年の先進10カ国蔵相会議(G10)で合意したロシア支援策の一つ．

R

R SI指数▶

RSI指数【relative strength index】経相対強弱指数．先行きの株価の強気・弱気の勢いを前日比や前週比の株価変化の度合いから見ようとする指標．

RSS ①【Rashtriya Swayamsevak Sangh ヒンディ】政民族奉仕団．インドのヒンドゥー至上主義団体．②【Rich Site Summary】イウェブサイトの見出し，要約，更新時刻などを記述するXMLベースのフォーマット．

RSVP【resource reservation protocol】I算一度に大量の利用者が存在する際に，特定のチャネルの伝送帯域を確保・管理するためのプロトコル．

R.S.V.P.【répondez s'il vous plaît 仏】どうぞご返事を下さい．招待状などの左下端に印刷する．

rsync I算アールシンク．ネットワークを介して，遠隔のサーバー上のファイルを転送するためのソフトウエアの一つ．

RT【radio television】放サイマルキャスト番組．テレビとラジオで同じ番組を同時に放送すること．

RTC【Resolution Trust Corporation】経アメリカの整理信託公社．自主再建が困難とされる貯蓄貸付組合(S&L)を管理・整理した．1989年に設立．本部はワシントン．

RTCP【RTP control protocol】I算リアルタイムで音声や動画のやりとりを行うRTPを制御するためのプロトコル．

RTF【Rich Text Format】I算アメリカのマイクロソフトが提唱した，文書ファイルの標準形式．

RTGS【real-time gross-settlement system】I経即時グロス決済システム．金融機関の依頼を受けて，即時に決済を完結させる．

RTMS【real-time mobile survey】I広即時的モバイル調査．携帯電話を用いて会員制サイトで調査を行い，即時的に結果を公表するサービス．

RTOL【reduced take-off and landing aircraft】機短距離離着陸機．通常の半分以下の滑走で離着陸できる航空機．

RTP【real-time transport protocol】I算トランスポート層のプロトコル．音声や動画のリアルタイムのやりとりを可能にする．

RTSP【real-time streaming protocol】I算音声や動画のリアルタイムのやりとりを可能にする，アプリケーション層のプロトコル．

RUF【Revolutionary United Front】軍政革命統一戦線．シエラレオネのゲリラ組織．1991年ころ活動開始．

RUP【rational unified process】I算ソフトウエア開発工程の一つ．要望確認，方針，設計，構築，テスト，リリースの過程をたどる．

RV ①【recreational vehicle】機レクリエーション用自動車．レジャーを中心に多目的な野外活動向きの車種．②【reactor vessel】理原子炉容器．③【reentry vehicle】軍再突入体．アメリカの戦略防衛構想で，個別誘導ができる子弾頭．④【restless viewer】放テレビのチャンネルをたえまなく変えて見ている人．

RVR【runway visual range】滑走路視距離．

RWC【IRB's Rugby World Cup】競ラグビーワールドカップ．1987年に第1回を行い，以後4年ごとに開催．

RWC計画【real world computing program 日】I算人間の脳の機能をもとに，柔軟な思考ができる次世代コンピューターを開発する計画．通産省(現経済産業省)が1992年度から始めた．

RWD ①【rewind】テープレコーダーなどの巻き戻し．②【rear wheel drive】機後輪駆動の自動車．

S

S 薬覚せい剤の通称．スピードともいう．

S波【secondary wave】地理横波．地震計が通例2番目に感知する地震波．

S-ビデオコネクター【separate video connector】I放VTRやパソコンをテレビモニターと接続する際の入出力端子．輝度信号と色信号を分けて伝送するため，鮮明な画像を得ることができる．

Sマーク【safety mark】社危険性の高い特定製品に付ける安全基準合格マーク．

S5 政エスファイブ．国連安保理常任理事国の拒否権行使に制限をかけようとする動きを起こしたスイス，ヨルダン，シンガポール，コスタリカ，リヒテンシュタインの5カ国のこと．Sはスイスの頭文字．

S-37【Sukhoi-37】軍ロシア空軍が開発した大型戦闘機．愛称はベルクト．前進翼をもつ．

SA ①【security association】I算暗号の方式や設定方法など，それに基づく鍵をひとまとまりで扱う概念．②【source address】I算パケットやフレームのヘッダーに含まれる送信元アドレス．③【Standards Advisory Council】営経基準諮問会議．国際会計基準審議会へ助言を行う機関．④【Salvation Army】救世軍．⑤【store automation】I営ストアオートメーション．店舗経営の省力・自動化．⑥【system analysis】I経システム分析．⑦【service area】サービスエリア．高速道路の給油所やレストランのある場所．

SAARC【South Asian Association for Regional Cooperation】南アジア地域協力連合．インド，パキスタン，バングラデシュ，スリランカ，ネパール，ブータン，モルディブによる地域協力機構．1985年に発足．

SAARC商工会議所【SAARC Chamber of Commerce and Industry】営南アジア地域協力連合の加盟国の商工会議所がまとめた全体のための商工会議所．1988年に発足．SCCIともいう．

SABER【Semi-Automatic Business Environment Research】I算コンピューターを用いて，旅客の座席予約・管理などを行う方法．

SABMIS【Sea-based Anti-Ballistic Missile Intercept System】軍サブミス．アメリカ海軍の海上の弾道弾迎撃ミサイルシステム．

SAC ①【Strategic Air Command】軍サック．

アメリカの戦略空軍司令部．②【Space Activities Commission】图日本の宇宙開発委員会．1968年に発足．
SACD【Super Audio Compact Disc】①スーパーオーディオCD．高音質CDシステム．ソニーとフィリップスが提案．1999年に発売．
SACEUR【Supreme Allied Commander, Europe】軍ヨーロッパ連合軍司令官．ヨーロッパ連合軍が，NATO（北大西洋条約機構）の軍事組織．
SACO【Special Action Committee on Facilities and Areas in Okinawa】政沖縄に関する特別行動委員会．1995年に日米間に設置．
SACU【Southern African Customs Union】経南部アフリカ関税同盟．
SAD ①【social anxiety disorder】心社会不安障害．人前で話したり大勢で食事をしたりする時に，極度の緊張をする症状．②【seasonal affective disorder】医季節的情動障害．季節の移りかわりにつれて気分が激しく変動し，さまざまな症状を起こす．
SADARM【search and destroy armor】軍サダーム．戦車の上面部を攻撃する新型の対戦車兵器．
SADC【Southern African Development Community】南部アフリカ開発協力機構．1992年に創設．10カ国が加盟．
SADCC【Southern African Development Coordination Conference】南部アフリカ開発調整会議．南アフリカ共和国を除く黒人国家の組織．
SADF【South Asian Development Fund】経南アジア開発基金．1996年の南アジア地域協力連合首脳会議で合意し発足した．
SADR【Saharawi Arab Democratic Republic】サハラアラブ民主共和国．ポリサリオ戦線が一方的に宣言し西サハラに樹立した国．
SAF ①【structural adjustment facility】経構造調整融資．融資を行う際にその国の中期経済政策，市場経済化の程度を審査する．②【Space Agency Forum】图宇宙機関会議．国際宇宙年の行事主催母体から発展して1992年に設置．
SAFER【simplified aid for EVA rescue】图宇宙船の新型簡易緊急船外活動装置．太陽光が当たらない地球の夜側を飛行中に，命綱なしで船外活動ができる．
SAFTA【South Asian Free Trade Area】経インド，パキスタンなどからなる南アジア自由貿易圏．
SAGE【semi-automatic ground environment】軍セージ．アメリカの半自動式防空管制組織．コンピューターを主体にする．
SAIDの原則【Specific Adaptation to Imposed Demands】醸過負荷を課したスポーツトレーニングを行うと，それがもつ固有の効果のみが上がるという原則．
SAJ【Ski Association of Japan】醸（スキ）全日本スキー連盟．
SAL【structural adjustment loan】経構造調整貸し付け．途上国が実施する政策・組織改革を支援する世界銀行の貸し付け．
SAL郵便【surface air lifted mail】営社郵便物の発送国と到着国での輸送が船便扱いで，二国間は空輸する国際郵便サービス．エコノミー郵便．
SALT【Strategic Arms Limitation Talks】軍ソルト．米ソの戦略兵器制限交渉．SALT I（第一次戦略兵器制限交渉）は1972年に調印．SALT II（第二次戦略兵器制限交渉）は79年に調印したが，条約が発効されないまま85年に失効した．
SAM ①【surface-to-air missile】軍サム．地対空ミサイル．艦対空ミサイル．②【sequential access method】①算コンピューターで，磁気テープの一端から順番に記憶されているデータを探索するアクセス方式．
SAMM【Support After Murder & Manslaughter】社イギリスで，殺人事件などの遺族たちが結成した会．1980年代に活動開始．
SAMOS【Satellite and Missile Observation System】图軍サモス．アメリカの人工衛星の一つ．軍事用偵察衛星で，南北両極を通る軌道をもつ．
SAN【storage area network】①算サン．外部記憶装置同士を高速なネットワークで結びつけたシステム．ストレージの一元管理を実現する．
SAP ①【structural adjustment program】経構造調整プログラム．国際通貨基金（IMF）や世界銀行が提唱する，途上国の債務返済を改善するためのさまざまな方策．②【service access point】①算開放型システム間相互接続で用いる論理アドレスまたは識別子．
SAPA【South African Press Association】南アフリカ通信社．南アフリカ共和国の主要新聞社が加盟．1938年に創立．
SAPTA【South Asian Preferential Trade Agreement】経南アジア特恵貿易協定．1993年の南アジア地域協力連合（SAARC）の第7回首脳会議で基本合意した．
SAR ①【synthetic aperture radar】图合成開口レーダー．短いアンテナを載せた衛星や航空機で地表を観測し，逐時記録した反射波データをコンピューター処理して，広範囲を観測したのと同様の分解能をもたせる．②【Sons of the American Revolution】社アメリカ革命の息子．アメリカ独立戦争当時の精神を継承しようとする団体．③【search and rescue system】图社捜索救難システム．人工衛星を用いて船舶・航空機などの救助活動を行う国際的システム．
SARS【severe acute respiratory syndrome】医サーズ．重症急性呼吸器症候群．
SAS ①【small astronomical satellite】图アメリカの小型天文衛星．②【Special Air Service】軍イギリスのテロ対策特別部隊の一つ．③【statistical analysis system】①算統計解析を行うパッケージソフトウエア．④【space adaptation syndrome】医宇宙不適応症候群．宇宙酔い．⑤【sleep apnea syndrome】医睡眠時無呼吸症候群．

SASI【Shugart Associates System Interface】①算 ハードディスクや周辺機器接続用のインターフェースの規格．もとはアメリカのシュガート社がハードディスク用に開発．

SAT ①【Scholastic Aptitude Test】教 アメリカの大学進学適性試験．全国共通で行われる大学受験資格試験．②【special assault team】社 特殊急襲部隊．強行突入して犯人制圧や人質救出などを行う特殊部隊．

SAVE【Support and Advise for Vulnerable Elders】社 虐待を受けやすい高齢者への支援と助言．ロンドンで高齢者虐待の実態調査などを1992年から3年間行った活動．

SAW【surface acoustic wave device】理 弾性表面波素子．圧電体の表面近くにエネルギーを集中し伝搬する弾性表面波を利用した素子．

SB ①【station break】放 ステーションブレーク．番組の途中や切れ目に入る放送局のお知らせや広告・宣伝．またその短い時間．②【straight bond】経 普通社債．③【stolen bases】競 (野球) 盗塁．④【store brand】営 自社ブランド．小売店が企画・開発して販売する商品．

SBCコミュニケーションズ【SBC Communications】アメリカの大手通信企業．

SBF【Subic Bay Freeport Zone】経社 フィリピンのスービック湾自由港区．1992年に返還されたアメリカの海軍基地跡を再開発した．

SBIR ①【space based infrared system】軍 アメリカ空軍の宇宙配備赤外線システム．ミサイルの打ち上げを早期に探知・追跡して，データを迎撃システムに送る．②【small business innovation research】①営経 中小企業技術革新制度．アメリカが1982年に創設した，ハイテク中小企業向けの資金援助制度．

SBIR-GEO【SBIR geostationary orbit】軍 早期警戒を図る宇宙配備赤外線システム（SBIR）の要素の一つ．大型で高性能の静止衛星システム．

SBIR-HEO【SBIR highly elliptical orbit】軍 早期警戒を図る宇宙配備赤外線システム（SBIR）の要素の一つ．高緯度帯の目標向けの中型の軌道衛星．

SBIR-LEO【SBIR low earth orbit】軍 早期警戒を図る宇宙配備赤外線システム（SBIR）の要素の一つ．低高度の軌道を回る小型の監視衛星網．

SBL【space based laser】軍 宇宙設置レーザー．弾道ミサイルを迎撃する．

SB-Link ①算 エスビーリンク．互換性のないサウンドカードとハードウエアとを接続するケーブル．

SBP【strategic business planning】営 戦略的事業計画．

SBR【styrene-butadiene rubber】化 スチレンブタジエンゴム．合成ゴムの一種．

SBS ①【sick building syndrome】医 シックビル症候群．②【shaken baby syndrome】医 揺さぶられっ子症候群．

SBS方式【simultaneous buy and sell tender system】経 売買同時契約方式．輸入業者の売却価格と卸・加工業者の買い価格を事前に話し合い，連名で入札する制度．

SBU ①【strategic business unit】営 戦略的事業単位．GE（ゼネラル・エレクトリック）が，増大した事業部の活動を全社的に調整する対策で打ち出した．②【Special Boarding Unit】軍 海上自衛隊の特別警備隊．

SC ①【shopping center】営 ショッピングセンター．②【SC steel】SC鋼．機械構造用炭素鋼．機械・自動車などに使われる．③【steeple chase】競 (陸上) スティープルチェース．3000m障害競走．④【Security Council】政 国連の安全保障理事会．UNSC．

SCブランド【shopping center brand 日】営服 ショッピングセンター向けブランド．ファミリー向けの商品構成で，百貨店ブランドを30%ほど下回る価格帯が特徴．

SC21【surface combatant 21】軍 21世紀の水上戦闘艦．アメリカ海軍が研究を推進している．

SCAD【subsonic cruise armed decoy】軍 亜音速武装おとり．巡航ミサイルとともに使用されるデコイ（おとり）ミサイル．

SCAM【SCSI configured automatically】①算 スキャム．SCSI機器の組み込みと設定を自動的に行う機能をもたせたプロトコル．

SCAR【Scientific Committee on Antarctic Research】南極研究科学委員会．国際学術連合会議に属する非政府組織．南極観測をしている国が，研究発表や情報交換を行う．

SCC【Security Consultative Committee】政 日米安全保障協議委員会．1990年に開設．日本の外相・防衛庁長官，アメリカの国務長官・国防長官が協議する．ツープラスツー．

SCCI【SAARC Chamber of Commerce and Industry】営 SAARC商工会議所．南アジア地域協力連合の加盟国の商工会議所がまとめた全体のための商工会議所．1988年に発足．

SCIRI【Supreme Council for the Islamic Revolution in Iraq】政 イラク イスラム革命最高評議会．1982年に成立．イラクのシーア派が結成．

SCLC【Southern Christian Leadership Conference】社宗 アメリカの南部キリスト教指導者会議．マーチン・ルーサー・キング牧師が指導した人種差別撤廃運動団体．

SCM ①【Security Consultative Meeting】政 米韓安保協議会．②【supply chain management】①営経 受発注・資材調達・在庫管理・製品配送を，コンピューターを使って総合的に管理する方法．

SCMS【serial copy management system】①算 デジタル記録されたコンテンツの無制限な複写を防止するシステム．音楽などの不正コピーを防ぐ．

SCN【self-contained navigation】機 慣性航法装置で航空機が自力運航できる方法．

SCO【Shanghai Cooperation Organization】上海協力機構．ロシア，中国，カザフスタン，タジキスタン，キルギス，ウズベキスタンの6カ国で2001年に発足した常設組織．

SCP【supply chain planning】①営 生産日

程，資材調達，需要予測などを総合的に見て効率化・最適化を図る計画．②【single cell protein】圧単細胞たんぱく．微生物たんぱく．菌体たんぱく．家畜用飼料にまぜて使う．

SCR【silicon controlled rectifier】理シリコン制御整流素子．交流を直流に変換する．

Script X 情算MacOS, Windowsなど, OSやハードウエアに依存しないでマルチメディアソフトを作成するプログラミング言語．

SCSE【State Commission for Space Exploration】旧ソ連の国家宇宙探査委員会．

SCSI【Small Computer System Interface】情算スカジー．ハードディスクや周辺機器接続用のインターフェースの規格．アメリカ国家規格協会がSASIを拡張して1986年に規格化．

SCSIホストアダプター【SCSI host adapter】情算SCSIバスとコンピューターを接続するインターフェースカード．

SCSI-2 情算スカジーツー．入出力インターフェース規格であるSCSIの拡張規格で，Fast SCSIとWide SCSIの二つを規定した．

SCSI-3 情算スカジースリー．SCSI-2の拡張規格．物理仕様とコマンド体系仕様を分離して，従来に比べて拡張性を向上している．

SCSI ID 情算パソコンとスキャナーなどのSCSI規格の周辺機器との接続で，デバイスを識別するために用いるID．

SCT【sentence completion test】心文章完成検査．投影法性格検査の一つ．

SCU【stroke care unit】医脳卒中集中治療室．

SCUBA【self-contained underwater breathing apparatus】競スキューバ．スクーバ．自給気式潜水器．

SCWR【supercritical water reactor】理超臨界圧水冷却炉．第四世代原子炉の一つ．

SD ①【space development】営等価交換方式．地主の土地に開発者が建物を建てて，建築後は出資率に応じて建物のスペースを分け合う．②【standard deviation】数標準偏差．偏差値を求めるのに使う．③【semantic differential method】心意味解析．意味の内容を客観的・定量的に測定する方法．④【sound designer】放放送発信機能をもった音楽環境の制作者．⑤【system dynamics】営企業の動態の予測を行う手法の一つ．1956年にアメリカの J.M. フォレスターが創案した．⑥【San Diego Padres】競（野球）サンディエゴ・パドレス．米大リーグの球団の一つ．

SD規格【Super Density Disc standard】情スーパーデンシティーディスク規格．デジタルビデオディスクの規格．東芝，松下，日立などが提案．

SDチャート【semantic differential chart】情算アンケート調査などに使用するSD法を用いたチャート．横軸の両端に反対語を割り当て，調査内容を縦軸に並べる．

SDメモリーカード【SD memory card】情小型メモリーカードの一つ．主にポータブルMP3プレーヤーに採用されている．

SDAB【satellite digital audio broadcasting】音放衛星デジタル音楽放送．

SDAT【SCSI directed ATA transfer】情算ATA規格のハードディスクインターフェースを，高パフォーマンスが実現できるSCSIインターフェースに変換する技術．

SDF ①【Self-Defense Forces】軍日本の自衛隊．②【Social Democratic Federation】政社会民主連合．社民連．1978年に結成．94年解党．

SDH【synchronous digital hierarchy】情1998年にITU-Tが制定した，デジタル伝送階層多重化構成の国際標準．155.52Mbpsを基本とした速度のシステム．

SDI【Strategic Defense Initiative】軍アメリカの戦略防衛構想．1983年にレーガン大統領が発表．スターウォーズ構想．93年に宇宙防衛構想としてのSDIは放棄．

SDK【software developer's kit】情算ソフトウエア開発者向けに用意されたサンプルプログラムや開発用ツールなどが集められたもの．

SDLC【synchronous data link control】情アメリカのIBMが通信システムの体系SNAに採用したデータ通信プロトコル．1974年に発表した．

SDMI【Secure Digital Music Initiative】情イ音デジタル音楽著作権保護協議会．デジタル音楽の著作権保護を目的に設立．

SDP ①【self-development program】社自己啓発計画．②【Social Democratic Party】政日本の社会民主党．

SDPJ【Social Democratic Party of Japan】政日本社会党．1991年にJSPから略称を変えて，96年に社会民主党（SDP）と改称した．

SDR【special drawing rights】経IMF（国際通貨基金）の特別勘定の，特別引き出し権．

SDRAM【synchronous DRAM】情算同期型DRAM．高速に読み書きができるダイナミックRAM. PentiumⅡパソコンで用いることが多い．

SDRM【sovereign debt restructuring mechanism】政国家倒産制度．破綻国家に倒産制度を適用する構想．IMF（国際通貨基金）が提唱．

SDS ①【satellite data system】宇軍アメリカの国家偵察局が開発・運用する秘密衛星．偵察衛星のデータ中継を行う．②【Sozialistischer Deutscher Studentenbund】独 社ドイツ社会主義学生同盟．③【special discount sale】営経特別割引販売．

SDSL【symmetric digital subscriber line】情イ対称デジタル加入者回線．電話回線を用いて双方向通信をする技術の一つで，上りと下りの転送速度が同じもの．

SDSS【Sloan Digital Sky Survey】天全天の4分の1の宇宙地図を作成する日米の共同計画．

SDV【shuttle derived vehicle】機シャトル派生型ロケット．無人型の物資輸送用を目指す第二世代シャトル．

SE ①【systems engineer】情算システムエンジニア．コンピューターシステムの開発・設計や構築を担

SEA▶

当する技術者．②【systems engineering】組織工学．③【sound effect】映劇版音響効果．劇などで擬音を使い臨場感を盛り上げる．④【sales engineer】營販売担当技術者．⑤【salmonella enteritidis】生サルモネラ属の細菌の一種．食中毒を起こす．

SEA ①【Single European Act】経欧州議定書．欧州共同体(EC)市場の完成，安全保障政策の共通化などの統合を目指した．1987年に発効．②【Seattle Mariners】競(野球)シアトル・マリナーズ．米大リーグの球団の一つ．

SEAD【suppression of enemy air defense】軍シード．電子妨害や対レーダーミサイルなどで攻撃して，敵の防空力を制圧すること．

SEALS【Sea-Air-and-Land Soldiers】軍シールズ．アメリカ海軍の特殊部隊の一つ．水中破壊や偵察任務を専門に行う．

SEC【Securities and Exchange Commission】①経セック．アメリカの証券取引委員会．連邦政府機関の一つ．1934年に設立．証券市場の監視・検査などを行う．②経日本の証券取引審議会．

SECAM【séquentiel couleur avec mémoire 仏】版セカム．カラーテレビの方式の一つ．フランスで開発された．

SECE【secure electronic commerce environment】I経軍クレジット決済主体のSET(secure electronic transaction)の規定に銀行決済も加えた電子決済の仕組．

SED【Sozialistische Einheitspartei Deutschlands 独】政旧東ドイツのドイツ社会主義統一党．1946年に結成．

sed【stream editor】I算セド．テキストファイルを行単位で処理する命令．置換，削除，挿入などの処理を特定パターンの行に対して施すことができる．

SEI【U.S. Space Exploration Initiative】字アメリカ宇宙探査構想．2019年までに火星へ有人飛行を行うNASA(アメリカ航空宇宙局)の構想．

SEIU【Service Employees International Union】社サービス業国際労組．

SELA【Sistema Económico Latinoamericano 西】経ラテンアメリカ経済機構．中南米諸国の経済協力組織．1975年に設立．

SELECT文【SELECT statement】I算セレクト文．SQL文の中で，データの取得(照会)をするための命令．

SELENE【selenological and engineering explorer】字月探査周回衛星計画．JAXA(宇宙航空研究開発機構)が開発．

SEL-Hi【Super English Language High School 日】教スーパー イングリッシュ ランゲージ ハイスクール．英語教育重点校．

SEMATECH【Semiconductor Manufacturing Technology Institute】I算セマテック．アメリカの官民共同による半導体製造技術研究組合．1987年に発足．

sendmail I算イセンドメール．一般的に使われている電子メール送信用プロトコル．SMTPのサーバーソフトの一つ．

SEPAC【Space Experiment with Particle Accelerators】字理セパック．人工オーロラ計画．日米欧が行う粒子加速器による宇宙科学実験．

SER【solar energy resources】理太陽エネルギー資源．地球上で得られるエネルギー資源のうち，太陽からの放射熱によるものの総称．

SERCOS【serial real-time communication system】I算サーコス．数値制御装置とモーターのアンプを，光ファイバーケーブルを使ったシリアル通信でリアルタイムに結ぶフィールドバスの規格．

SERI【Solar Energy Research Institute】理アメリカの太陽エネルギー研究所．アモルファスシリコン太陽電池の開発を行っている．

SerialATA I算シリアルエーティーエー．アメリカのインテルなど4社で考案した次世代ATA規格．現行の規格と比べて約2倍の転送速度が実現される．

SES【surface effect ship】機高速浮上滑走船．超高速の推進力があるホバークラフト艦船．

SET ①【secure electronic transaction】I イ営インターネットを用いてクレジットカード決済を安全に行う方法．②【single electron transistor】電単一電子トランジスタ．

SETI【Search for Extra-Terrestrial Intelligence】字セチ．地球外文明探査計画．地球以外の知的生物との交信を試みる計画．

SEV【Sovet ekonomicheskoi vzaimopomoshchi 露】経政セフ．COMECON(経済相互援助会議)のロシア語の呼称．

SF ①【science fiction】文エスエフ．空想科学小説．②【space fantasy】文スペースファンタジー．宇宙の戦闘を題材にした空想科学小説．③【San Francisco】サンフランシスコ．④【safety】競(アメフト)セーフティー．守備側最後部のポジション．⑤【San Francisco Giants】競(野球)サンフランシスコ・ジャイアンツ．米大リーグの球団の一つ．

SF映画【science fiction film】映科学的な理論や仮説に基づいて空想力を広げ，時間や空間を自由に設定した映画．

SFマーク【safety fireworks mark】社日本の消費者マークの一つ．国産や輸入品のおもちゃ花火で安全検査に合格すると許可される．

SFA【sales force automation】I営営業組織に情報システムを導入し，顧客志向の企業運営を進める方法．

SFF ①【split-fingered fastball】競(野球)スプリット フィンガード ファーストボール．変化球の一つ．②【self-forging fragment】軍自己鍛造破片弾．対戦車攻撃手段の一つ．③【supplementary financing facility】経国際通貨基金(IMF)の補完的融資制度．通常引き出しでは賄いきれない分を追加する．

SFM【scanning force microscopy】理微視鏡を用いて原子や分子などの試料がもつ，さまざまな微小力を探知する手法．

SFOR【NATO-led Stabilization Force】軍NATO 安定化部隊．平和安定軍．ボスニア・ヘルツェゴビナの停戦監視などを行ったNATO平和

824

執行部隊の任務を，1996年に引き継いだ部隊．
SFRC【steel fiber reinforced concrete】建鋼繊維強化コンクリート．
SFU【Space Flyer Unit】宇宙実験・観測フリーフライヤー．日本の無人フリーフライヤー型宇宙実験システム．1995年に打ち上げ，96年にスペースシャトルで回収．
SFX【special effects】①映SF映画などの特殊視覚効果技術．エフェクツがエフエックスと聞こえるところから．
SG【safeguard】軍理保障措置．核物質が核兵器などに使われるのを防ぐ技術的手段や制度．
SGマーク【safety goods mark】社消費生活用製品安全性認定制度．安全基準に適合する商品を認定してマークを付与する．
SGE【structured group encounter】心構成的グループエンカウンター．グループ体験学習を通して，関係づくり・自己開示・信頼などの達成を目指すカウンセリング．
SGEC【Sustainable Green Ecosystem Council】農緑の循環_認証会議．日本に適した森林認証制度を運営する組織．2003年設立．
SGHWR【steam-generating heavy water reactor】理イギリスの重水を用いる原子炉．
SGML【standard generalized markup language】①算ISO8879に規定されている電子文書を標準化するための汎用の文書形成マークアップ言語．1986年に制定．
SGRAM【synchronous graphics RAM】①算エスジーラム．アメリカのインテルによるビデオメモリー用DRAMで，高速な読み書きができる．
SGX【Singapore Exchange】経シンガポール取引所．シンガポール国際金融取引所とシンガポール証券取引所が合併．1999年に設立．
SH【sexual harassment】社性的嫌がらせ．セクシャルハラスメント．
SHシリーズ　①算日立製作所が製造するCPU(中央処理装置)のシリーズ．
SHAPE【Supreme Headquarters Allied Powers Europe】軍シェープ．ヨーロッパ連合軍最高司令部．
SHDSL【symmetric high-bit-rate digital subscriber line】①算デジタル加入者線の一つ．1ペア(2芯)で上下対称速度の通信ができる．
s/he　she (彼女)でも he (彼)でもないという記号．いわゆる「溶解する性」．
Sherlock2　①算シャーロックツー．MacOS 8.5から標準装備となった，インターネット情報検索システムの呼称．
SHF【superhigh frequency】電理極超短波．
Shiftキー【shift key】①算シフトキー．アルファベットの大文字・小文字の切り替えなどを行うキーボードキー．
SHO【shutout】競(野球)完封．
Shockwave　①算ショックウェーブ．アメリカのマクロメディアが開発した，WWWブラウザー上でマルチメディアコンテンツを作成するためのソフトウエア．
SHOWSCAN　①映ショースキャン．アメリカのショースキャンエンターテインメントの映像の鮮明さの向上を目指した大型フィルム映像システム．
SHTTP【secure HTTP】①算HTTPにセキュリティー機能を付加したプロトコル．
SI　①【system integrator】①算企業などに導入するコンピューターシステムの構築を行う業者．②【system integration】①算コンピューターシステムを企業などに導入すること．③【Système International d'Unités】仏国際単位系．一量一単位の十進法的単位系．
SI住宅【skeleton-infill housing】建建物の躯体部分と可動・内装部分を分離して建築する方式．
SI値【spectral intensity value】地理地震の振れを表す指標の一つ．建物がどれくらい揺れるかを数値化する．カリフォルニア工科大学のハウズナーが提案した．
SIA　①【Semiconductor Industry Association】①算アメリカの半導体工業会．②【Securities Industry Association】経アメリカ証券業者協会．
SIAP【Statistical Institute for Asia and the Pacific】アジア太平洋統計研修所．1970年に東京に設立された国際機関．
SIB【Securities Investment Board】経イギリスの証券投資委員会．貿易産業省に属し，証券業界の中核的な監視機関．
SICA【Sistema de la Integración Centroamericana】西中米統合機構．1993年に中米機構を改組して発足．
SICBM【small intercontinental ballistic missile】軍アメリカの小型大陸間弾道ミサイル．冷戦の終結で1992年に開発中止．
SICS【severely indebted countries】経重債務国．債務問題が経済に深刻な影響のある国．
SIDBA【standard image database】①算標準画像データベース．画像処理研究を行うための画像を多数収録している．
SIDS【sudden infant death syndrome】医乳幼児突然死症候群．それまでの健康状態から見て，原因が不明な乳幼児の突然の死．生後1〜4カ月児に多い．
SIG【special interest group】①算シグ．特定のテーマなどを掲げ，オンライン通信を用いて情報交換をする場所．
SIGGRAPH【Special Interest Group on Computer Graphics】①算シググラフ．アメリカコンピューター学会の分科会の一つ．コンピューターグラフィックス分科会．
SIGINT【signal intelligence】軍シギント．信号情報．レーダー波の情報収集・調査と通信傍受を行うこと．
SII【structural impediments initiative】経日米構造協議．日米構造問題協議．両国間にある巨額な貿易不均衡についての構造的原因を協議するため，1989年に開始．
SIIS【Shanghai Institute for International Studies】上海国際問題研究所．中国のシンクタンクの一つ．1960年に設立されたが文化大革命で

SIM ▶

一時閉鎖され，78年に再建．

SIM【space interferometry mission】天NASA（アメリカ航空宇宙局）の位置天文衛星．2009年に打ち上げ予定．

SIMカード【subscriber identity module card】I情シムカード．携帯端末に差し込んで，電話番号などの加入者情報を登録することができるICチップ内蔵カード．

SIMD【single-instruction, multiple-data】I算シムド．プロセッサに対して一つの命令で複数のデータ処理を行わせる形式．

SIMEX【Singapore International Monetary Exchange】経シンガポール国際金融取引所．1968年に設置．SGXに統合．

SIMICS【severely indebted middle-income countries】経重債務中所得国．債務問題が経済に深刻な影響を与えている中所得国．

SIMM【single inline memory module】I算シム．メモリーチップを搭載した小型の基板．アメリカの電子デバイス合同委員会が定めたJEDEC規格の72ピンのSIMMが現在の標準になっている．

SimpleText　I算シンプルテキスト．MacOSに付属するテキスト編集用ソフトウェア．標準的な画像やムービーの表示，サウンドの録音，添付までこなせる．

SINET【science information network】I情サイネット．学術情報ネットワーク．文部科学省の国立情報学研究所が運営している．

SINK【single income, no kids】社シンク．働き手は一人で子供のいない若い夫婦．

SIOP【Single Integrated Operation Plan】軍アメリカの単一統合作戦計画．国防総省が作成する，核兵器の攻撃目標を割り当てる最高機密文書．サイオプ．

SIP【session initiation protocol】I算シップ．IP網で電話サービス機能を実現するためのアプリケーション層のプロトコル．

SiP【system in package】I論理LSIなど一つのシステムを構成する複数のチップを，一つのパッケージに搭載した製品．

SIPRI【Stockholm International Peace Research Institute】社シプリ．ストックホルム国際平和研究所．1966年設立の研究機関．

SIPS【strategic Internet professional service】I情電子商取引からWebサイト構築まで，企業のネットビジネス全般を一貫して請け負うサービス．

siRNA【small interfering RNA】圧2本鎖RNAが21～25塩基ぐらいに分解されたもの．

SIRTF【Space Infrared Telescope Facility】天NASA（アメリカ航空宇宙局）の大型赤外線望遠鏡．サートF．スピッツァー宇宙望遠鏡の旧称．

SIS　①【Secret Intelligence Service】政イギリスの秘密情報局．②【safety injection system】理原子炉の安全注入システム．③【strategic information system】I営戦略情報システム．組織の戦略的目的のための情報システム．情報技術を企業戦略として活用する．④【Satellite Interceptor System】軍旧ソ連の衛星迎撃システム．

SISCON運動【science in social context】教大学における科学教育．初等・中等教育における理科教育の改革運動．1970年代にイギリスで始まる．STSともいう．

SIT　①【static induction transistor】電理静電誘導トランジスタ．大電力用から高速コンピュータ用まで応用範囲は広い．②【special interest tour】営社テーマ旅行．特別目的旅行．各種のテーマをもって企画される海外旅行．

SITA【Société Internationale de Télécommunications Aéronautiques 仏】社国際航空通信協会．各国の航空会社を結ぶ企業間ネットワーク．

SJAC【Society of Japanese Aerospace Companies】学日本航空宇宙工業会．1952年に航空工業懇談会として発足し，74年に改組．

SKK理論【Sato-Kashiwabara-Kawai –】数代数解析．関数分析の一つで，偏微分方程式を代数的に取り扱う研究分野．佐藤幹夫，柏原正樹，河合隆裕の頭文字から．

SKY PerfecPC!　I放スカイパーフェクピーシー．通信衛星で提供するパソコン向けのデータ放送．2000年5月に配信を終了．

SKY PerfecTV!　I放スカイパーフェクティービー．日本デジタル放送サービスとJスカイBが合併して生まれた衛星デジタル放送サービス．

SL　①【steam locomotive】機蒸気機関車．②【sleep learning】教睡眠学習．③【smart lander】宇NASA（アメリカ航空宇宙局）の火星着陸探査機．2007年に打ち上げ予定．

S&L【savings and loan association】経社アメリカの貯蓄貸付組合．小口の貯金を集め，個人の住宅建設・購入用などに貸し付ける．

SLA　①【service level agreement】I算システムのサービス提供者と利用者の間で取り交わす保証契約．②【South Lebanon Army】軍南レバノン軍．レバノンのキリスト教系親イスラエル民兵組織．③【Sudan Liberation Army】軍政スーダン解放軍．

SLAC【Stanford Linear Accelerator Center】理アメリカのスタンフォード線型加速器センター．CP破れを検証するBファクトリーを擁する．

Slackware　I算スラックウエア．Linuxの配布パッケージの一つで，メニュー式のインストーラーを採用したことが先進的だった．

SLAM【stand-off land attack missile】軍スラム．アメリカ海軍の対地スタンドオフ攻撃用巡航ミサイル．

Slashdot　I情スラッシュドット．Linux関係の記事をはじめとするWWWのニュースページ．先進的な技術者を対象にしている．

SLB【Siberian Land Bridge】営機シベリア鉄道を利用して日本とヨーロッパを結ぶコンテナ貨物輸送．

SLBM【submarine launched ballistic missile】軍潜水艦発射弾道ミサイル．

SLC【submarine laser communications】軍潜水艦レーザー通信．潜航中の潜水艦に緊急指令を伝えるための通信技術．

SLCM ①【submarine launched cruise missile】軍潜水艦発射巡航ミサイル．②【sea launched cruise missile】軍海洋発射巡航ミサイル．

SLCSAT【submarine laser communications satellite】軍潜水艦通信衛星．

SLDRAM【SyncLink DRAM】コ算バスインターフェースにSyncLinkという規格を用いたDRAM．複数のコマンドを並列処理できる．

SLE【systemic lupus erythematosus】医全身性エリテマトーデス．全身性紅斑性狼瘡（ろうそう）．

SLEP【Sri Lanka Freedom Party】政スリランカ自由党．

SLG【slugging percentage】競(野球)長打率．

SLIP【serial line Internet protocol】コ算スリップ．シリアル回線を使ってIP通信を行うためのデータリンク層プロトコル．

SLOC【sea lanes of communication】社有事の際の海上交通路．シーレーン．

SLORC【State Law and Order Restoration Council】政ミャンマーの国家法秩序回復評議会．1988年の軍事クーデターで発足．97年に解散し、新たに国家平和発展評議会を設立．

Slot1 コ算スロットワン．アメリカのインテルが考案したCPUのスロット(差し込み口)の規格．家庭用ゲーム機のROMカセット用と同じ．

SlotA コ算アメリカのAMDの開発したCPUであるAthlon用のスロット．Slot1と類似のソケットを採用しているが、電気的な互換性はない．

SLP【service location protocol】コ算アメリカのノベルのIPネットワーク上で用いられる名前解決プロトコル．

SLSI【super large scale integration】コ算超大規模集積回路．

SLT ①【solid logic technology】コ算固体論理技術．コンピューター用の回路素子の固体化や小型化の技術に対する呼称．②【single lane transit】交自動運転の軌道シャトルバス．軌道を往復・循環する．

SM ①【Smart Media】コ算データ保存用リムーバブルメディアの一つ．切手大のメモリーカード．東芝が開発．②【sadomasochism】社心サドマゾヒズム．③【standard missile】軍スタンダードミサイル．アメリカ海軍の艦艇防衛用の標準ミサイル．④【service module】宇宇宙船のサービスモジュール．⑤【systems management】システム管理．

SM-3【Standard missile-3】軍アメリカの海軍戦域弾道ミサイル防衛で、上層を担当する迎撃ミサイルシステム．

SMACK GIRL 競スマックガール．日本で行われている女子の総合格闘技大会．2000年から興行を開始．

Smalltalk コ算スモールトーク．オブジェクト指向プログラミング言語の一つ．アメリカのゼロックスが開発．

SMART【Scheduling Management and Allocating Resources Technique】コ算放スマート．NHKが開発したコンピューターを利用する番組制作の管理システム．

SMART-1【Small Missions for Advanced Research in Technology 1】宇ESA(欧州宇宙機関)の小型月周回探査機．

SMARTDrive コ算アメリカのマイクロソフトが提供するディスクキャッシュプログラム．一度読み出したデータをキャッシュメモリーに記録しておき、次にここへアクセスするなどで処理を高速化する．

SMATV【satellite master antenna television】放通信衛星経由の番組を親アンテナを立てて共同で受信し、各家庭に分配する仕組み．

SMB【server message block】コ算アメリカのIBMがLAN上のファイルやプリンターの共有のために開発したプロトコル．

SMD【standard market design】経標準市場設計．アメリカの電力小売自由化による構想．

SMDS【Switched Multi-megabit Data Service】コ算大量のデータを高速伝送する方式の一つ．データの誤りチェックなどを簡略化して、一層高速化した．

SMF【standard MIDI file】コ算アメリカのオプコードシステムズが提案したMIDIファイルの仕様．

SMIL【synchronized multimedia integrated language】コ算スマイル．独立したマルチメディアデータをWebページの動作タイミングに合わせて表示するための統合化技術．

smiley コ算スマイリー．画面上で、記号で表す顔の表情．こちらの意思を表すために用いる．フェイスマークともいう．

S/MIME【secure multipurpose Internet mail extensions】コ算電子メールを使い、安全に情報交換するための暗号化メールの方式の一つ．

SMM【Solar Maximum Mission】宇アメリカの太陽観測衛星．1980年に打ち上げられた．

SMO【site management organization】医治験施設支援機関．治験コーディネーター(CRC)を派遣するなど、治験を実施する医療機関への支援を行う．

SMON【subacute myelo-optico neuropathy】医スモン．亜急性脊髄視神経障害．

SMP【symmetric multiprocessing】コ算対称型マルチプロセッシング．複数のCPUが対等にタスクを分担して高速な処理を実現するシステム．

SMPTE【society of motion picture and television engineers】コ算米国映画テレビ技術者協会(SMPTE)が提唱した、音響機器と映像機器との同期にかかわるタイムコードフォーマットの通称．

SMR【standard mortality rate】社標準化死亡比率．小規模集団の死亡率を標準と比較して割り出す指標．

SMSA【standard metropolitan statistical area】社標準大都市地区．アメリカで使われる統計調査の単位．

SMT【surface mount technology】コ算表面

実装技術．集積回路を基板に装着したパッケージのリードを，基板に挿入しないで面実装したチップ部品を使う方法．

SMTP【simple mail transfer protocol】IT インターネットで電子メールを転送する時に用いる標準的な通信規約．

SMTPサーバー【SMTP server】IT 電子メールを送信するためのサーバー．メール送受信プロトコルに対応している．

SMTP AUTH【SMTP service extension for authentication】IT 電子メール転送のプロトコルであるSMTPの拡張規格．接続時にアカウント名，パスワードによる認証を行い，特定ユーザー以外の送信や中継を防止する．

S/N比【signal to noise ratio】IT 通信機器で，元の信号に対して，回路を通過することで生じた雑音の比率．単位はdB（デシベル）．

SNA【system network architecture】IT 汎用コンピューターを中心とするネットワークの体系と，その通信方式．1974年にアメリカのIBMが開発した．

SNAP計画【Space Nuclear Auxiliary Power project】宇理 スナップ衛星計画．人工衛星の電源に原子力を利用しようというアメリカの計画．

SNA Server IT エスエヌエーサーバー．アメリカのIBMの汎用コンピューターにWindows NTから接続できるようにしたゲートウエイサーバー．

SNC【Supreme National Council】政 カンボジア最高国民評議会．1991年のパリ和平協定で成立した暫定政権．

SNCF【Société Nationale des Chemins de fer Français】仏 フランス国有鉄道．

SNF【short-range nuclear forces】軍 短距離核戦力．

SNG ①【synthetic natural gas】化 合成天然ガス．②【satellite news gathering】放 サテライトニュースギャザリング．通信衛星を使い，現場から映像を送るテレビ報道方式．

SNLD【Shan Nationalities League for Democracy】政 ミャンマーのシャン民族民主連盟．

SNMP【simple network management protocol】IT 管理システムとネットワークを構成する機器の間で，管理に必要なデータを授受する方法を決めているネットワーク管理プロトコル．

SNO【Sudbuny Neutrino Observatory】理 カナダの太陽ニュートリノ観測装置．

SNP【single nucleotide polymorphism】生 一塩基変異多型．DNA配列中の一部の変異で，個体の体質に特殊な変化が起こること．SNPsともいう．

SNR【supernova remnant】天 超新星残骸．超新星が爆発して放出され，高速で膨張する殻状の星雲．

SNRI【serotonin noradrenaline reuptake inhibitor】薬 うつ病治療薬の一つ．セロトニン ノルアドレナリン再取り込み阻害剤．

SNS【social network service】IT ソーシャル

ネットワーク サービス．紹介による会員制のインターネットサービス．

SO ①【strikeout】競（野球）三振．奪三振．Kともいう．②【station operator】宇 国際宇宙ステーションで，運用管理を担当する宇宙飛行士．③【Special Olympics】競 スペシャルオリンピックス．知的障害者のための国際スポーツ大会．1968年に創設．

SOAP【simple object access protocol】IT 算 XMLで異なるマシンのソフトウエアを遠隔で実行させる機構やメッセージングの機構を実現するための仕様．

SOC ①【Space Operation Center】宇 スペースオペレーションセンター．アメリカの宇宙開発計画で，半永久的な大型宇宙ステーションを建設し，宇宙飛行士が各種の技術実験を行おうとするもの．②【system on chip】IT 算 一つのシリコンチップ上に半導体素子を超高密度に集積し，システム全体の機能をもたせた超LSI．③【State of Cambodia】カンボジア国．1989年にカンプチア人民共和国から改称．93年にカンボジア王国となる．

S.O.C.【Sake Origin Control】日 営社 日本産清酒原産地呼称制度．地酒の地域性を保護し，品質を保証する認定制度．1996年に発足．

SOCAP【Society of Consumer Affairs Professionals】営社 アメリカの企業の消費者問題専門家会議．

Socket7 IT 算 ソケットセブン．アメリカのインテルのCPUであるMMX Pentium用のソケット．スピードが向上し，発熱が低下．

Socket370 IT 算 ソケット370．アメリカのインテルがSlot1用の廉価版CPUであるCeleronシリーズ用に規定したソケット．

SocketA IT 算 ソケットエー．アメリカのAMDのAthlonに使っているソケット．

SOCOM【Special Operations Command】軍 特殊作戦司令部．アメリカ全軍の特殊部隊を統括する．1987年に発足．U.S. SOCOM．

SOD【super oxide dismutase】薬 ヒトや動物の肝臓などの臓器や血液中に存在する生活活性酵素．インターフェロン2世ともいわれる．

SO DIMM【small outline DIMM】IT 算 エスオーディム．DIMMの一種．非常にコンパクトで，主にノートパソコンなどで使われているメモリー．

SOF【special operations forces】軍 特殊部隊．特殊作戦を行う小規模編成の軍事組織．

SOFAR【sound fixing and ranging】軍 アメリカ海軍が，遭難した船舶や航空機を救助するために作った実験機器．

SOFC【solid oxide fuel cell】電理 固体電解質型燃料電池．1000℃の水蒸気を多孔質固体を通して分解する．

SOHO ①【small office, home office】IT 算 ソーホー．在宅勤務型世帯．パソコンを活用し，自宅などで新ビジネスを行う職業形態．②【solar and heliospheric observatory】宇 アメリカの太陽観測衛星．

SOI ①【silicon on insulator】IT 絶縁層で素子

間を分離させる大規模集積回路(LSI)の製造技術．②【southern oscillation index】南方振動の指数．海水温の変化から南太平洋の地上気圧が変動するものを，タヒチとオーストラリアのダーウィンの気圧差で示す指数．

SOI素子【silicon on insulator transistor】スピネルやサファイアなどの絶縁体の結晶基板上に，シリコンの集積回路を作る素子．

Solaris ソラリス．アメリカのサンマイクロシステムズが販売するパソコン，ワークステーション上で動作するUNIX系OS．

SOLAS【safety of life at sea】ソーラス．海上人命安全条約．船舶や乗組員などの安全を守る条項．

SON【Special Olympics Nippon】スペシャルオリンピックスの日本組織．1994年設立．2001年にNPO法人として認可された．

SONAR【sound navigation and ranging】ソーナー．水中聴音機．音響探信機．

SONET【synchronous optical network】アメリカ版のデジタル伝送階層多重化構成．SDHのもととなった．

So-net ソネット．東京のソニーコミュニケーションネットワークが提供しているインターネット接続サービス．

SOR【synchrotoron orbital radiation】シンクロトロン放射光．円形加速器の中で，光速度に近い速さの電子が，磁場または電場の力を受けて軌道を曲げられ，円運動をする時に放出される大出力の電磁波．SR．

SOS応答【SOS response】薬剤や放射線などでDNAに傷害が生じた時，細胞が修復のために行う反応．

SOS修復【SOS repair】DNAの傷害に対して細胞が反応し修復を行うこと．

SOSUS【sound surveillance system】ソーサス．アメリカ海軍が潜水艦探知のために海洋に配置している音響監視システム．

SOT【stay-on tab】ステイオンタブ．非分離型の缶や瓶の引き手．飲み口の口金を開いても，ふたに付いたままの構造．

SOUDAN アメリカのニュートリノ振動実験の検出施設．

SOV【share of voice】シェアオブボイス．広告量の市場占有率．

SOx【sulfur oxides】硫黄酸化物の化学記号．

SP ①【sales promotion】セールスプロモーション．販売促進．広告・販売援助などを利用して効果的に売り上げを促進すること．②【security police】セキュリティーポリス．要人警護を任務とする警察の部署．またその任務に当たる私服警官．英語では security man あるいは body guard．③【short program】ショートプログラム．フィギュアスケートで，規定された要素を組み込んで行う演技．

S&P【Standard & Poor's】スタンダード＆プアーズ社．アメリカの経済情報サービス会社．

SP株価指数【Standard & Poor's Stock Price Index】アメリカの経済情報サービス会社スタンダード＆プアーズが開発，毎日発表している加重平均の株価指数．

SPA ①【Software Publishers Association】アメリカのソフトウエア出版社協会．1984年に設立．ソフトウエア業界の発展と北米地域の違法コピー摘発などを行う．②【specialty store retailer of private label apparel】アパレルの製造小売業．企画・生産・販売を一体化して行う．

SPAM スパム．スパムメール．宣伝や商品情報などを電子メールで不特定多数に大量発送すること．

SPARC【Scalable Processor Architecture】スパーク．アメリカのサンマイクロシステムズが開発した縮小セット命令コンピューター型CPU．

SPC ①【South Pacific Commission】南太平洋委員会．1947年に設立．27の国や地域が加盟．南太平洋における植民地の福祉向上，産業開発などを目指す．②【special purpose company】特定目的会社．企業が不動産などの保有財産を証券化し，第三者に販売するために設立する会社．③【Suicide Prevention Center】アメリカのロサンゼルスにある自殺予防センター．

SPC法【Special Purpose Company Law】特別目的会社法による特定資産の流動化に関する法律．1998年に施行．

SPD【Sozialdemokratische Partei Deutschlands 独】ドイツの社会民主党．1890年結成．

SPDC【State Peace and Development Council】ミャンマーの国家平和発展評議会．1997年に設立．

S/PDIF【Sony/Philips digital interface format】エスピーディフ．ソニーとオランダのフィリップスが提唱したデジタルオーディオ機器の接続のインターフェース規格．

SPDPM【Subcommission on Prevention of Discrimination and Protection of Minorities】差別防止・少数者保護小委員会．国連人権委員会の補助機関．1947年に設立．

SPEC ①【South Pacific Bureau for Economic Cooperation】南太平洋経済協力機関．南太平洋フォーラムの機関の一つ．1973年に設立．本部はフィジー．②【Standard Performance Evaluation Corporation】コンピューターシステムの性能評価を行う非営利団体．

Spec-Fpt スペックエフピーティー．SPECが定めるコンピューターの浮動小数点演算の性能を測定するベンチマークテスト．

Spec-Int スペックアイエヌティー．SPECが定めるコンピューターの整数演算の性能を測定するベンチマークテスト．

SPECT【single photon emission computed tomography】スペクト．単光子放射型コンピューター断層撮影法．

SPEED'98 環境庁(現環境省)が発表した

SPEED▶

内分泌攪乱作用があると疑われる化学物質リストの表題．正式には「環境ホルモン戦略計画 SPEED '98」．

SPEEDI【System for Prediction of Environmental Emergency Dose Information】理緊急時環境線量情報予測システム．日本原子力研究所が開発した原発事故が起きた時に働くシステム．

SPEES【South Pacific Economic Exchange Support Center】経南太平洋経済交流支援センター．南太平洋フォーラムが東京に設置．

SPF ①【South Pacific Forum】南太平洋フォーラム．南太平洋諸国会議．南太平洋諸国の政治・外交を集約する．1971年創立の国際協力機関．15カ国が加盟．②【sun protection factor】容サンケア指数．日焼け止め化粧品に付け，日焼け止め効果の目安を表す．

SPF種苗【specific pathogen-free】生特定の病原菌におかされていないこと．養殖漁業などで用いる．

SPF豚【specific pathogen-free pig】動清浄豚．無菌豚．

SPG【ski paraglider】競離着陸時にスキーを用いるパラグライダー．

SPI【service price index】経サービス価格指数．日本銀行が開発し，1991年に公表したサービス関係の統計指標．

SPICE【simulation program with integrated circuit emphasis】Ⅰ算スパイス．集積回路の設計用に開発されたソフトウエア．アナログ回路設計におけるツールの標準設計となっている．

SPIT【spam over Internet telephony】ⅠイひIP電話網を使用した迷惑電話（スパム）．

SPLA【Sudan People's Liberation Army】軍政スーダン人民解放軍．スーダン南部の分離独立を目指すゲリラ組織．

SPM ①【suspended particulate matter】化理浮遊粒子状物質．大気中に浮遊する粒子状物質．大気汚染の原因となる．②【scanning probe microscope】化理走査型プローブ顕微鏡．鋭い探針を用い，原子・分子単位の分解能で固体表面の二次元や三次元の像を描き出す．

SPNFZ条約【South Pacific Nuclear Free Zone Treaty, Rarotonga】南太平洋非核地帯設置条約．ラロトンガ条約．1985年の第16回南太平洋フォーラムで採択．

SPOT【Satellite Probatoire d'Observation de la Terre】仏字スポット衛星．フランス国立宇宙研究センターが開発した地球環境観測衛星．第1号は1986年，第5号は2002年に打ち上げた．

SPR【strategic petroleum reserve】経戦略石油備蓄．石油の供給途絶などに備えるための国家備蓄．

SPREP【South Pacific Regional Environment Programme】経南太平洋海域環境プログラム．

SPRFA【South Pacific Regional Fishery Agency】経南太平洋地域漁業機構．

SPring-8【Super Photon Ring-8 GeV】理スプリングエイト．兵庫県にある大型放射光施設．日本原子力研究所（現日本原子力研究開発機構）と理化学研究所が共同で建設．

SPS【solar power satellite】字理太陽発電衛星．太陽電池パネルで電力を起こし，マイクロ波にして地球へ送電する静止衛星の構想．

SPS計画【solar power station project】字理宇宙太陽発電所計画．京都大学，宇宙航空研究開発機構が中心に研究を進めている．

SQ【special quotation】経特別清算指数．株式先物取引の最終的な決済価格．

SQC【statistical quality control】営統計的品質管理．

SQL【structured query language】Ⅰ算データベースに照会し，データの検索や変更，削除を行うための言語の一つ．アメリカのIBMが1976年に開発．87年にISO規格となる．

SQLスラマー【SQL Slammer】Ⅰイ算コンピューターワームの一種．2003年に出現．

SQL2【structured query language 2】Ⅰ算リレーショナルデータベース操作用の標準言語（SQL）を1992年に拡張した仕様．

SQL3【structured query language 3】Ⅰ算従来のSQLにとどまらず，オブジェクト指向やマルチメディア関連の拡張をも取り込んだ仕様．1999年に世界標準規格として採択．

SQUID【superconducting quantum interference device】理スキッド．超伝導量子干渉素子．

Squid　Ⅰイ算スクイド．WWWを利用する際，一度アクセスしたファイルをハードディスクに残して，2回目以降の取得を効率化するソフトウエア．

SR ①【synchrotron radiation】理シンクロトロン放射光．SOR．②【special referee】競(ｻｯｶｰ)スペシャルレフリー．日本サッカー協会が審判員の質の向上を目指して始めた制度．2002年に開始．

SR-71【strategic reconnaissance-71】軍アメリカの戦略偵察機．高高度を超高速で飛行する．U-2の後継機．通称ブラックバード．

SRA【Society for Risk Analysis】リスク分析学会．1980年にアメリカで発足．

SRAM ①【static random access memory】Ⅰ算エスラム．DRAMに比べて情報の読み書きを高速化できるが，容量当たりのコストが高いメモリー．②【short-range attack missile】軍短距離攻撃ミサイル．

SRB【solid rocket booster】字固体ロケットブースター．スペースシャトルを構成する部分の一つ．

SRBM【short-range ballistic missile】軍短距離弾道ミサイル．

SRC【steel-framed reinforced concrete】建鉄骨鉄筋コンクリート．

SRD【shipper/receiver difference】理受払間差異．核施設において，払い出し側と受け入れ側で生じることがある核分裂性物質の入出量の差．核物質の行方不明量．

SRI ①【socially responsible investing】営社 社会的責任投資．環境保全活動や性差別是正などの観点を含めた企業評価を行い投資をすること．②【Stanford Research Institute】スタンフォード国際研究所．アメリカの代表的なシンクタンク．

SRI指数【socially responsible investment index】経社社会的責任を果たしている企業の株価指数．

SRIファンド【socially responsible investment fund】経人権や環境，社会貢献などへの取り組みを企業投資の基準とするファンド．

SRR複合媒質【split ring resonator composite medium】理スプリットリング共鳴子を多数配置した複合媒質装置．

SRS ①【sound retrieval system】I音立体感を高めた三次元オーディオ技術の一つ．アメリカのSRSラブズが開発．②【supplemental restraint system】機自動車の補助拘束装置．

SRSV【small round structured virus】生小型球形ウイルス．冬季に発生する集団食中毒でよく見られる病原体．急激な嘔吐と下痢があるが，数日以内に治癒する感染性胃腸炎を起こす．

SRY【sex-determining region Y gene】生性決定遺伝子．Y染色体上にあり，1990年に発見された．

SS ①【speed sensitive】写白黒フィルムの感度を表示する係数の一つ．②【sporty sedan】機軽快な感じのする普通乗用車．③【steamship】機汽船あるいは商船．④【suspended solid】化環境懸濁物質．浮遊物質．水質汚染の原因となる小粒状物質．⑤【secret service】軍政機密情報部．諜報機関．⑥【service station】営ガソリンスタンド．⑦【ship submarine】軍潜水艦の艦種記号．在来型の潜水艦．⑧軍旧ソ連製の地対地(surface-to-surface)ミサイルに付けるNATOの記号．⑨【surveillance station】軍防空監視所．⑩【short stop】競(野球)遊撃手．⑪【strong safety】競(アメリカンフットボール)ストロングセーフティー．攻撃が最も強くかけられる場所を守備する選手．⑫【station scientist】宇国際宇宙ステーションで，科学・工学分野の活動を担当する宇宙飛行士．⑬【special stage】(自動車)ラリーコース中に設ける競技区間．

SS通信【spread spectrum system】Iスペクトラム通信．符号分割による多重通信の一方式．

SS7【signaling system No.7】I共通線信号方式No.7．国際電気通信連合(ITU)が定めた，電話回線制御用の信号規約．

SSA【serial storage architecture】ISCSIインターフェースの一種．専用アダプターを用いて，各機器間で同時に入出力を行うことができる．

SSBN 軍弾道ミサイル搭載原子力潜水艦．SSBNはアメリカ海軍の等級記号で，ship，submarine，ballistic missile，nuclear powerを意味する．

SSC【Superconducting Super Collider】理アメリカの次期大型粒子加速器の建設計画．超伝導の磁石を多数使い，円周87kmにもなる超大型の陽子衝突型加速器．1993年に計画が中止された．

SSD ①【super Schottky diode】電超電導体と半導体を組み合わせたダイオード．②【UN Special Session on Disarmament】国連軍縮特別総会．1978年に第1回を開会．

SSDDS【self-service discount department store】営セルフサービス式の安売り百貨店．

SSE【streaming SIMD extensions】I算アメリカのインテル製中央処理装置のPentium Ⅲに組み込まれた命令セット．②【supply-side economics】経供給サイドの経済学．需要面より供給面を重視する．

SSH【secure shell】I算安全性が低いネットワーク上で，安全性の高い遠隔ログインやデータ転送を実現するプロトコル．

SSI【service side includes】I算HTML文書の中にWWWサーバーで処理する項目の命令やデータを埋め込み，WWWサーバーによる処理結果をHTML画面に表示させる機能．

SSL【secure sockets layer】I算WWWブラウザーおよびWWWサーバー間でやりとりをするデータの安全性を保証するためのトランスポート層のプロトコル．

SSM ①【super supermarket 日】営扱い品目を拡大したり専門テナントを導入したりしているスーパーマーケット．②【surface-to-surface missile】軍地対地ミサイル．③【surface-to-ship missile】軍地対艦ミサイル．

SSM調査【SSM survey】社社会階層(social stratification)と社会移動(social mobility)に関する全国調査．

SSN【nuclear-powered attack submarine】軍攻撃型原子力潜水艦．

SSN事業【schooling support network】教社不登校児童生徒の学校復帰を支援する連絡網構想．文部科学省が提唱．

SSO【structure, sequence and organization】営社構造・順序・構成．著作権・知的所有権に関連して使われる用語で，権利侵害の判断で重要．

SSP【storage service provider】I算インターネットを用いて顧客のデータ保存サービスを提供する事業者．

SSP事業【schooling support program】教社不登校児童生徒に学校復帰への適応指導・支援を行う事業．文部省(現文部科学省)が1999年に開始．

SSPE【subacute sclerosing panencephalitis】医亜急性硬化性全脳炎．厚生労働省の小児慢性特定疾患に指定されている，はしかウイルスによる特殊な脳炎．

SSPS計画【space solar power system project】宇理宇宙発電構想の一つ．経済産業省が提唱．

SSRI【selective serotonin reuptake inhibitor】薬選択的セロトニン再取り込み阻害薬．うつ病治療薬の一つ．

SST ①【supersonic transport】機超音速旅客機．マッハ2.5級の航空機．②【Special Security Team】海上保安庁の特殊警備隊．

SSTO【single stage to orbit】機垂直に離着陸

S STV ▶

する単段式シャトル．マクダネルダグラス社が開発．

SSTV【satellite subscription television】Ⅰ 放衛星放送による有料テレビサービス．

ST ①【sensitivity training】感受性訓練．②【speech therapy】医言語療法．機能回復訓練に用いられる．③【safety toy】安全玩具．④【space telescope】宇天スペーステレスコープ．スペースシャトルを使って宇宙空間に打ち上げる空飛ぶ天文台．

S/T端子【S/T connector】Ⅰ算ISDNを接続するためのコネクター．デジタル回線装置（DSU）もしくはDSU内蔵ターミナルアダプターに装備される．

STマーク【safety toy mark】社玩具安全基準合格を示すマーク．

STA【SCSI Trade Association】Ⅰ算SCSIの規格を提唱している業界団体．アメリカのアダプテック，シーゲートなどがメンバー．

STABEX【stabilization of export earnings】経スタベックス．輸出所得補償融資制度．途上国とEU（欧州連合）間の第一次産品の貿易についての補償制度．

STAFF【smart target activated fire and forget】軍スタッフ．精密誘導砲弾．スマート砲弾．アメリカ陸軍が主力戦闘戦車の主砲用に開発．

STAR【satellite telecommunications with automatic routing】Ⅰアメリカのヒューズ航空会社と日本電気が共同開発した衛星電話．

StarOffice Ⅰ算スターオフィス．アメリカのサンマイクロシステムズが開発したJavaベースのオフィスソフト．またはNECのグループウエアの製品名．

START ①【Strategic Arms Reduction Treaty】軍スタート．戦略兵器削減条約．STAR TⅠは1991年に米ソ間で調印した．START Ⅱは93年に米ロ間で調印した．②【Strategic Arms Reduction Talks】軍スタート．米ソの戦略兵器削減交渉．

START Ⅰ【Strategic Arms Reduction Treaty Ⅰ】軍スタートⅠ．第一次戦略兵器削減条約．1982年に米ソが交渉開始し，91年に調印．94年に発効．

START Ⅱ【Strategic Arms Reduction Treaty Ⅱ】軍スタートⅡ．第二次戦略兵器削減条約．1993年にアメリカとロシアが調印．アメリカは96年に批准し，ロシアは2000年に批准．

STAR TAP【Science,Technology and Research Transit Access Point】Ⅰイ高速次世代インターネットを相互接続するインフラストラクチャー．全米科学財団（NSF）の資金で運用する．

STB【set top box】Ⅰイ放有線や無線で伝送される放送信号を受信・解読して映像や音声を出力・録画したり，インターネットを接続したりする情報端末．セットトップボックス．

STD【sexually transmitted disease】医性的感染症．性行為感染症．性病の新しい呼称．

STEP ①【standard for the exchange of product model data】Ⅰ算異種のコンピューター支援設計（CAD）システムでデータ交換を行うのに用いる国際標準規格．②【Society for Testing English Proficiency】教日本英語検定協会．英検．1963年に設立．

STL【St. Louis Cardinals】競（野球）セントルイス・カージナルス．米大リーグの球団の一つ．

STM ①【scanning tunneling microscope】理走査型トンネル顕微鏡．先の鋭い金属針を用い，トンネル電流が流れるように走査して，試料表面の形状を知る．②【synchronous transfer mode】Ⅰ同期伝送モード．多重化伝送システムの一つ．

STN【super twisted nematic】Ⅰ液晶材料のネマテックを用いる単純マトリックス方式の表示装置．

STN液晶【super twisted nematic liquid crystal】Ⅰ単純マトリックス型液晶．低コストで，大画面でも鮮明などの特徴がある．

STOL【short take-off and landing aircraft】機エストール．短距離離着陸機．

STOVL【short take-off and vertical landing】機ストブル．短距離離陸・垂直着陸機．空中停止と垂直着陸ができる超音速機．

STOW【synthetic theater of war】軍合成戦場．アメリカ軍の平時の訓練の合理化を目指すシミュレーション計画．1992年に開発開始．

STP ①【software technology project】Ⅰインドのソフトウエアテクノロジー計画．ソフトウエア産業の育成を進める．②【straight through processing】Ⅰ営業務を電子化・自動化し，情報交換の方法も標準化して，効率を高める施策．またはその概念．

STPI【Software Technology Park of India】Ⅰ営ソフトウエアと輸出促進を目指すインドの工業団地．1991年に創設．

STRAC【Strategic Army Corps】軍アメリカの陸軍戦略機動軍団．

STRICOM【Simulation, Training & Instrumentation Command】軍ストライカム．アメリカで，シミュレーション技術を重視して新設した組織．

STS ①【science, technology and society】教大学における科学教育．初等・中等教育における理科教育の改革運動．SISCON運動．②【scanning tunneling spectroscopy】理走査型トンネル電子分光法．③【special transport service】社既存の公共交通の利用困難者に，特別仕立ての車両などを提供する方式．STサービス．④【serologic test for syphilis】医梅毒血清反応．⑤【space transportation system】宇宇宙輸送システム．有人・再使用・高性能・多用途かつ低コストのスペースシャトル計画がある．

Stuffit Ⅰ算スタッフィット．MacOS対応のファイルの管理ソフト．高い圧縮率と高速の動作速度が特徴．

STV【subscription television】Ⅰ放サブスクリプションテレビ．受信契約を結ぶとデコーダー（暗号解読装置）を使って視聴できる有料テレビ放送．

Su-37【Sukhoi-37】軍スホーイ37戦闘機．ロシアが開発した高性能戦闘機．

SUAWACS【Soviet Union Airborne

◀ **S** YSOP

Warning and Control System】軍旧ソ連の早期警戒管制システム．

subject　Ⅰ軍サブジェクト．電子メールやインターネットの投稿記事に付ける題名．

SUBROC【submarine-to-submarine rocket】軍サブロック．潜水艦から発射して敵の潜水艦を攻撃する核爆雷．

SUDOKU　数独．方眼をダブらない数字で埋める日本発のパズル．ナンバープレースともいう．

SUG【severity, urgency and growth】宇 NASA（アメリカ航空宇宙局）が開発した緊急事態の回避策．発生した事態の危険の度合い，緊急に行う対応，被害の拡大などを検討・判断するもの．

Suica　Ⅰ営スイカ．JR東日本の非接触型ICカードを用いる定期券や料金先払い式カード．Super Urban Intelligent Cardの頭字語から．

SUM【surface-to-underwater missile】軍艦対水中ミサイル．

SUM関数【SUM function】Ⅰ算サム関数．表計算ソフトで，合計を求める関数．

SuperDisk　Ⅰ算スーパーディスク．3.5インチ規格の大容量フロッピーディスク．

SuperH　Ⅰ算スーパーエイチ．日立製作所が開発した32ビットRISC（縮小命令セットコンピューター）型のCPU．

SUPER KAMIOKANDE【Super-Kamioka Neutrino Detection Experiment】理岐阜県の神岡鉱山地下に建造された観測装置．純水5万tの水槽を擁し，ニュートリノ観測や陽子崩壊の観測をする．

SuperOffice2000　Ⅰ算スーパーオフィス2000．東京のロータスが発売したオフィス業務用のソフトウエア．使い勝手も良い．

SURTASS【surveillance towed array sonar system】軍監視タス．監視型曳航式アレイソナーシステム．日本の音響収集艦に装備し，潜水艦の情報収集を行う．

SuSE　Ⅰ算Linuxのパッケージ配布で，他のものに比べて最も多いアプリケーションを収録している．

SUSY粒子【supersymmetry particle】理超対称粒子．素粒子を構成するフェルミンとボソンを交換しても法則が変わらないことを超対称性があるという．

SUV【sport utility vehicle】機競レジャー用の大型乗用車．スポーツ用多目的車．

SV【save】競（野球）セーブ数．

SVCS【satellite video communication service】ⅠNTTの衛星通信サービス．帯域幅4MHzのカラー映像と10kHzの音声を伝送する時間限定型のサービス．

SVGA【super video graphics array】Ⅰ算 640×480ドット表示のVGA規格を拡張した上位互換ビデオモードの総称．

S-VHS【Super-Video Home System】高画質のVHSビデオの方式．水平解像度が400本を超える．

S-VHS-ET【Super-VHS extension technology】Ⅰ算通常のVHSテープに高周波帯のS-VH

S信号を記録する技術．

SVR4　Ⅰ算1989年にアメリカのAT&Tが開発したUNIX．現在のSystem V 系UNIXの主流となっている．

SVT【spin valve transistor】理スピン バルブ トランジスタ．電子スピンを制御する素子の一種．

SW　①【short wave】電短波．②【switcher】放ディレクターの指示で，選択スイッチを扱って画面を切り替える技術者．

SWAP【shared wireless access protocol】Ⅰ算スワップ．家庭内無線ネットワーク用のプロトコル．音声とデータを同時に扱えるようにしている．

SWAPO【South West African People's Organization】ナミビアの南西アフリカ人民機構．

SWAps【sector-wide approaches】社セクターワイドアプローチ．国際協力の手法の一つ．被援助国が主導して計画策定などを行う．

SWAT【Special Weapons and Tactics】軍スワット．アメリカの特殊攻撃部隊．FBIに所属する．

SWC【Sportscar World Championship】競（自動車）スポーツカー世界選手権．

SWIFT【Society for Worldwide Interbank Financial Telecommunication】経国際銀行間通信協会．1973年に設立．本部はベルギーのブリュッセル．

SWIOFC【Southwest Indian Ocean Fisheries Commission】南西インド洋漁業委員会．国連食糧農業機関（FAO）の下部機関で，南西インド洋の漁業資源管理を行う．

SWNT【single-walled carbon nanotube】理単層ナノチューブ．

SWOT　営スウォット．マーケティング戦略の重点課題を検討する要素．SWOT は strength（強さ），weakness（弱さ），opportunity（機会），threat（脅威）の頭字語．

SWP【Forschungsinstitut für Internationale Politik und Sicherheit, Stiftung Wissenschaft und Politik 独】科学政治財団・国際政治安全保障研究所．1962年に設立され，ドイツの独立研究機関．

SXGA　Ⅰ算高解像度をもつ液晶式の画像表示装置の一つ．1400×1050画素．

Sybase　Ⅰ算サイベース．アメリカの代表的なデータベース管理システムメーカーの一つ．

SYLKフォーマット【symbolic link format】Ⅰ算アメリカのマイクロソフトが開発した，表計算ソフトやデータベースソフトで使われるファイル形式の一つ．

SYMAP【synagraphic mapping system】Ⅰ算地シーマップ．コンピューターマッピングによる疑似地図作成システム．

SYNCOM【Synchronous Communications Satellite】宇シンコム衛星．アメリカの静止通信衛星．

syslog　Ⅰ算シスログ．UNIXに標準装備されているログ集積のための仕組み．UNIXでの処理内容や状況などの情報をログファイルとして蓄積する．

SYSOP【system operator】Ⅰ算システムオペレ

833

ーター．コンピューター通信のキー局の運用者．シスオペ．

System V [I][算]システムファイブ．アメリカのAT&Tが開発したUNIX．以降の商用UNIXに大きな影響を与えた．

T

Tコマース【T commerce】[I][営][放]デジタルテレビ放送の双方向機能を用いる電子商取引．

T細胞【thymus-derived cell】[生]Tリンパ球．胸腺依存性細胞．免疫担当細胞の一つ．

Tシャツ【T-shirt】[服]襟やボタンがない半袖シャツ．広げるとTの字に見えることから．

Tシリーズ勧告【T series recommendation】[I]国際電気通信連合電気通信標準化部門(ITU-T)の静止画と音声を中心とする情報通信システムに関する一連の勧告．

T層戦略【trial strategy】[営]商品の販売促進活動で，使用経験(トライアル)層を意図的に創出する戦略．認知と購買をともに増やす効果があるという．

Tゾーン【T-zone】[容]額の横の線と，鼻からあごを結ぶ線がT字になる部分．

T対称性【time symmetry】[理]素粒子で対になっている粒子と反粒子が，時間を反転してみた過程も起こりうるとされる現象．

Tバック【T-back】[服]後ろのヒップラインがT字状に切れ込んだショーツ．

Tフォーメーション【T formation】[競](アメリカンフットボール)センターの後方にバックス4人をT字状に配置した攻撃隊形．

T1回線【Tl carrier】[I]アメリカの1.5Mbpsデジタル回線の呼称．64Kbpsの電話用チャネルの24チャネル分に相当する．

T+1決済【T+1 settlement】[経]翌日決済．証券取引の売買が成立した翌日に決済を完了させること．

T11型 [営]一貫輸送用の木製平パレット．1100×1100mmサイズの荷役台の通称．

T.70 [I]静止画と音声による情報通信を主体としたテレマティークに適用するトランスポート層のプロトコルを規定したITU-T勧告．

T.120シリーズ【T.120 series】[I]国際電気通信連合電気通信標準化部門(ITU-T)の多地点マルチメディア会議の実現方法に関する一連の勧告．

TA ①【technology assessment】[営][環]テクノロジーアセスメント．技術評価．環境を破壊する可能性がある新技術を事前にチェックするシステム．②【terminal adapter】[I][算]ターミナルアダプター．コンピューター機器をデジタル通信回線に接続するための装置．③【transactional analysis】[心]交流分析．アメリカの精神科医バーンが創始した精神療法．

TA計画【Telescope Array Project】[理]日米豪による高エネルギー宇宙線観測計画．検出装置はアメリカのユタ州に設置．

TAB ①【Technical Assistance Board】国連の技術援助評議会．経済社会理事会の常任委員会の一つ．②【tape automated bonding】[I]ICチップをテープ状のフィルムと接続し，樹脂で封止する方法．

Tabキー【Tab key】[I][算]タブキー．カーソルをある位置まで移動する機能を担うキーボードキー．

TAC ①【Tactical Air Command】[軍]アメリカの戦術空軍(司令部)．②【total allowable catch】[営][社]許容漁獲量．漁獲可能量．ある海域で科学的に測定した水産資源量を減少させないようにする漁獲量．③【Southeast Asian Treaty of Amity and Cooperation】[政]東南アジア友好協力条約．

TAC法【total allowable catch ―】[法]海洋生物資源の保存及び管理に関する法律．1997年に実施．許容漁獲量(TAC)を定め，漁業の管理主体である国・都道府県ごとに漁獲割り当てを行う．

TACACS【terminal access controller access control system】[I][算]タカクス．ターミナルサーバーなどにアクセスがあった場合に，ユーザー認証などを行うプロトコル．

TACAN【tactical air navigation】[機]タカン．航空機の方位と距離を知ることのできる施設．

TACOMSAT【Tactical Communications Satellite】[宇][軍]タコムサット．アメリカの戦術通信衛星．軍事施設同士の連絡に用いられる．

TACS【total access communication system】[I]タックス．アメリカのモトローラ社が開発した第一世代のアナログの携帯電話方式．アメリカ標準として採用された．

TAD【TRON application databus】[I][算]TRONで規定するデータ規約のこと．できるだけ高い水準で，しかもオープンにデータ交換ができることを目的としている．

TAD端子【telephone answering device】[I][算]モデムと接続するためにサウンドカードなどにある4ピンのアナログ入出力端子．

TAE制度【total allowable effort system】[魚]漁獲努力量の総量管理制度．

TAFTA【Trans-Atlantic Free Trade Area】[経]大西洋自由貿易圏(構想)．アメリカ大陸とヨーロッパを一本化する自由貿易圏．1995年にイギリスのメージャー首相が提案．

TANJUG【Telegrafska Agencija Nova Jugoslavija】新ユーゴスラビア通信．タンユグ．ユーゴスラビア国営の国際通信社．1943年に創立．

TAO【Telecommunications Advancement Organization】[宇][放]日本の通信・放送機構．2004年に通信総合研究所(CRL)と統合，情報通信研究機構(NICT)に．

TAPRI【Tampere Peace Research Institute】[社]タンペレ平和研究所．1970年に設立された，フィンランド国立の平和研究機関．

tar【tape archiver】[I][算]ター．UNIXでテープにファイルをバックアップするためのソフトウエア．圧縮機能はない．

TARGET【Trans-European Automated Real-time Gross-settlement Express Transfer】経ターゲット．欧州域内で1999年1月の新通貨ユーロ導入とともに開始された即時グロス決済システム．

TASS ①【Telegrafnoe Agentstvo Sovetskogo Soyuza】露 旧ソ連国営のタス通信．1925年に設立．92年にロシア国営のITAR-TASSに改組．②【towed array sonar system】軍タス．曳航式アレーソーナーシステム．低周波域を利用して潜水艦を探知する．

TAT【thematic apperception test】心 絵画統覚検査．主題統覚検査．提示された絵から連想によって物語を作らせ，無意識の世界を分析・解釈するテスト．

TAV【trans-atmospheric vehicle】宇機 大気圏外往還機．

TB ①【three-quarter backs】競 (ラグビー)ハーフバックの後方にいる4人の選手．②【Treasury Bill】経 トレジャリービル．期限1年以内の国債．アメリカの財務省短期債券．日本の割引短期国債などがある．③【Tuberkulose 独】医 テーベー．肺結核．④【Tampa Bay Devil Rays】競 (野球)タンパベイ・デビルレイズ．米大リーグの球団の一つ．

TBC【time base corrector】IT ビデオ信号の時間軸の誤差を補正する機器あるいは回路．

TBT【tributyl tin】化 トリブチルスズ．有機スズ化合物で，船底や漁網などの塗料に使う．

TC ①【traveler's check】経 トラベラーズチェック．旅行者用小切手．国内銀行が振り出し，海外旅行先で現金に替えられる小切手．T/C ともいう．②【telecommuting】IT社 通信出勤．無出社勤務制度の一つ．

TCA【terminal control area】社地 最終管制空域．航空機管制で，空港近くの空域のこと．

TCA回路【tricarboxylic acid cycle】化生 トリカルボン酸回路．有機物を酸素を用いて二酸化炭素と水に分解する過程．クレブス回路ともいう．

TCAS【traffic alert and collision avoidance system】機 旅客機の衝突防止装置．ニアミスや空中衝突を回避するための機材．

TCDC【Technical Cooperation among Developing Countries】途上国間の技術協力．集団的自力更生の一つ．

TCDD【tetra-chloro-dibenzo-dioxin】化 テトラ クロロ ジベンゾ ダイオキシン．水に溶けない猛毒の物質．アメリカ軍がベトナム戦争で，枯れ葉作戦として空中散布．

TCI【Tele-Communications Inc.】IT版 アメリカ最大手のケーブルテレビ事業者の一つ．

Tcl/Tk【tool command language/Tk】IT算 ティクルティーケー．X Windows System 上でグラフィカルユーザーインターフェース(GUI)を利用したプログラムが作成できる開発環境の一つ．

TCO【total cost of ownership】IT算 コンピューターの導入から運用，保持，廃棄までの総経費．

TCO95 IT算 コンピューター関連機器向けの規格としてTCO(スウェーデン専門職従事者連盟)が1995年に制定した環境ラベル．

TCP ①【transmission control protocol】IT算 インターネットで利用する通信規約の一つ．②【tape carrier package】IT 集積回路を装着したチップをテープ状のフィルムと接続し，樹脂で封止する方法．

TCP/IP【transmission control protocol/Internet protocol】IT算 LANやインターネットなどで使われる通信制御手順の一つ．

tcpserver IT算 ティーシーピーサーバー．UNIX上で動作するインターネットサーバー用の仲介プログラム．ネット上からの攻撃を防止するセキュリティー対策プログラムとしても利用されている．

TCP Wrapper IT算 ティーシーピーラッパー．UNIX系システムでネットワークサービスへの接続の監視，およびデータの流れを制御するために使われるツール．

TCS【traction control system】機 自動車の駆動力調整装置．トラクション コントロール システムの略．

TD【touchdown】競 (アメリカンフットボール)タッチダウン．球を持った選手が相手側エンドゾーン内に入るか，相手側エンドゾーン内で味方選手がパスを捕球すること．得点は6点．

TDB【Trade and Development Board】経 貿易開発理事会．国連貿易開発会議の常設執行機関．UNTDB．

TDD【time division duplex】IT 移動通信方式の一つ．基地局と端末の間の上り/下りの通信を非常に短い時間周期で切り替えて同一周波数を用いる．

TDE【telephone data entry】IT 電話によるデータ入力．電話回線を通して，必要なデータをコンピューターに入力できる方式．

TDF問題【transborder data flow】IT 国際間のデータの流通に付随する諸問題．

TDI【tolerable daily intake】生医 耐容一日摂取量．生涯摂取し続けても健康に影響のない1日当たりの量．

TDL【Tokyo Disneyland】習社 東京ディズニーランド．千葉県浦安市にある大型娯楽施設．⇨TDS

TDM ①【transportation demand management】社 交通需要マネジメント．自動車による道路の混雑を緩和し，大気汚染を減らす対策として生まれた考え方．②【time division multiplex】IT 時分割多重化．一つのデジタル回線を低速チャンネルに分割して多重化使用をする方法．

TDMA【time division multiple access】IT 時分割多元接続方式．高速LANで採用している通信制御方式の一つ．デジタル携帯電話のアクセス制御方式の一つにも用いる．

TDN【total digestible nutrients】生 可消化養分総量．飼料の単位重量当たりの養分量．

TDnet【Timely Disclosure Network】経 東京証券取引所が運営する企業情報の電子開示システム．

TDRI【Thailand Development Research Institute】経 タイ開発研究所．経済発展全般について研究を進める民間機関．1984年に設立．

TDRS【tracking and data relay satellite】〔宇〕追跡データ中継衛星．衛星や宇宙基地からの送信を地上の特定局に中継する静止衛星．

TDS ①【Tokyo DisneySea】〔営社〕東京ディズニーシー．2001年に千葉県浦安市に開設の大型テーマパーク．②【terminal defense segment】〔軍〕ターミナル防衛セグメント．弾道ミサイルを着弾直前に迎撃する方式．

TEC【Transitional Executive Council】暫定執行評議会．

TEE【Trans-Europe Express】ヨーロッパ国際特急列車．

TEFL【teaching English as a foreign language】〔教〕テフル．外国語としての英語教育．

TEI標準【text encoding initiative】〔I算〕詩や戯曲から評論まであらゆる種類の学術文献を電子化するために作成された標準のこと．

tel. ①【telephone】電話．②【telegram】電報．③【telegraph】電信機．電信．電報．

TELAM【Telenoticiosa Americana 西】テラム通信社．アルゼンチンの通信社．1945年に民営で設立され，68年に国有化．

TELERAN【television radar air navigation】〔機〕テレラン．レーダーとテレビを結合した無線航行援助施設で，操縦士に周囲にいる他の航空機の様子を知らせる．

Telescript〔I算〕アメリカのゼネラルマジック社が開発した通信用の言語．

telnet〔I算〕テルネット．TCP/IPネットワーク上で，サーバーを端末から遠隔操作できるようにする仮想端末ソフトウエア，またはそれを実現するプロトコル．

TEMPO【Technology Management Planning Operation】アメリカの代表的なシンクタンク．

TEPP【tetraethyl pyrophosphate】〔化薬〕テトラエチル ピロホスフェイト．有機リン系の強力な殺虫剤．人畜に有害なため製造・使用が禁止されている．

TEQ【toxic equivalent】〔化〕毒性等価換算係数．ダイオキシンの毒性評価に用いる．

TERCOM【terrain contour matching】〔軍〕地形照合誘導法．巡航ミサイルの運航方法の一つ．

TeVガンマ線観測【TeV gamma-ray observation】〔理〕高エネルギーガンマ線を出すと推定される天体を追尾してシグナルを検出する観測法．TeVは10^{12}eV．

TEX【Texas Rangers】〔競〕(野球)テキサス・レンジャーズ．米大リーグの球団の一つ．

TeX〔I算〕テック．スタンフォード大学のドナルド・クヌースが数式を含む論文の組み版用に開発した文書整形・組み版ソフトウエア．

TFC【Trade Facilitation Committee】〔経〕日米通商円滑化委員会．

TFP ①【try-for-point】〔競〕(アメフトボール)トライ フォア ポイント．タッチダウン後に与えられるゴールライン前3ヤードからの1回限りの攻撃．ポイント アフター タッチダウン，PATともいう．②【total factor productivity】〔営〕全要素生産性．技術進歩の大きさを表す指標．

TFS【tin-free steel】〔化〕無錫鋼．すずを用いない缶用表面処理鋼板．日本で開発された．

TFT【thin film transistor】〔I算〕薄膜トランジスタ．液晶ディスプレーに配列される液晶素子を，個別に働かせるスイッチの役目をもつ．

TFT液晶【thin film transistor liquid crystal】〔I算〕液晶の各ドットを薄膜トランジスタで制御するアクティブマトリックス型液晶の一方式．

TFT-LCD【thin film transistor liquid crystal display】〔I算〕TFT液晶ディスプレー．

TFTR【Tokamak Fusion Test Reactor】〔理〕トカマク型臨界プラズマ試験装置．プリンストン大学にある．

TG【trans-gender】〔社〕トランスジェンダー．性同一性障害による性転換手術までは求めない性の変更．

TGF【transforming growth factor】〔生〕細胞成長因子．

TGV【Train à Grande Vitesse 仏】フランスの高速鉄道．1981年にパリとリヨン間で営業運転開始．両端に動力車を連結する．

THAAD【Theatre High Altitude Area Defense】〔軍〕サード．アメリカ陸軍が開発している，戦術戦域ミサイル防衛用の高層空域迎撃ミサイル．

THG【tetrahydrogestrinone】〔薬〕テトラハイドロゲストリノン．筋肉増強効果のあるステロイドの一種．

Thinサーバー【thin server】〔I算〕シンサーバー．インターネットサーバーとしての基本的な機能に絞って備えたサーバー製品．

THORP【Thermal Oxide Reprocessing Plant】〔理〕ソープ．イギリスの核燃料再処理施設．1994年から運転開始．

THP【total health promotion plan 日】〔競〕心と体の健康づくり運動．労働省(現厚生労働省)が提唱．

THX〔I算〕映画館用の音響ソフトウエア．アメリカのルーカスフィルムが開発した．

THXレーザーディスク【THX laser disc】〔I算〕映画フィルムをビデオ信号に変換し，音声や映像に原画に近い品質を保たせたレーザーディスク．

TIBOR【Tokyo Interbank Offered Rate】〔経〕東京市場における銀行間の為替取引金利．

TICAD【Tokyo International Conference on African Development】〔経政〕アフリカ開発会議．アフリカの政治経済の改革を支援するため，1993年に東京で開催．第2回は98年，第3回は2003年に開催．

TIER【Taiwan Institute of Economic Research】〔経〕台湾経済研究所．1976年に設立された民間研究機関．

TIFA【trade and investment framework agreement】〔経政〕貿易投資枠組み協定．

TIFF【tagged image file format】〔I算〕ティフ．異機種間でグラフィックスデータを共通に扱う，高密度ビットマップ画像を保存するためのファイル形式．アメリカのアルダス(現アドビシステムズ)とマイクロソフトが開発．

TIFFE【Tokyo International Financial

Futures Exchange】営経東京金融先物取引所．通貨や金利を先物にして売買する．1989年に取引開始．
Timna　Ⅰ算ティムナ．アメリカのインテルが開発していた統合型CPU開発コード名．2000年9月に製品化は断念された．
TIPS【transjugular intrahepatic porto-systemic shunt】医経皮的肝内門脈肝静脈短絡術．
Tips　Ⅰ算チップス．パソコン操作やプログラミング上での簡単なヒントやコツ．
TK-80　Ⅰ算NECが教育訓練用のトレーニングキットとして1976年8月に発売したマイクロコンピューター．個人でも購入できるコンピューターとして人気を呼んだ．
TKO【technical knockout】競(ボクシング)テクニカルノックアウト．プロボクシングで審判による競技判定の一つ．
TL【techno-lady】日社テクノレディー．OA化の進展で生まれた，システムエンジニア，プログラマーの技能をもつ女子社員．
TLAM【Tomahawk land attack missile】軍アメリカ海軍の対地攻撃型トマホークミサイル．
TLC【Total Life Consultant】社認定生命保険士．生命保険に関するアドバイザー．
TLD【top level domain】Ⅰ亻最上位ドメイン．国際的なドメイン名の属性を表す．国別TLDと一般TLDがある．
TLO【technology licensing office】Ⅰ技術移転機関．大学と企業の連携機能を扱う組織．
TLS【transport layer security】Ⅰ算SSL(secure sockets layer)の改ざん防止機能を強化したトランスポート層のセキュリティープロトコル．
TLT【Trademark Law Treaty】営法商標法条約．各国の商標制度の統一を図る．
TM　①【theme music】音テーマ音楽．映画・放送番組などで，繰り返し流される曲．②【teacher's manual】教教師用便覧．③【transcendental meditation】心超越瞑想．④【teaching machine】教ティーチングマシン．教育学習機器．
TMD【Theatre Missile Defense】軍戦域ミサイル防衛．射程が200～2000kmぐらいの戦域ミサイルを人工衛星などで捕捉し，撃墜する地域防衛．
TMDS【transmission minimized differential signaling】Ⅰ算コンピューターとデジタルフラットパネル間を接続するための信号規格．Panel Linkともいう．
TMI【Three Mile Island Nuclear Power Plant】理アメリカのスリーマイル島原子力発電所．1979年に大事故を起こした．
TMO【town management organization】日営タウンマネジメント組織．商店街や中核的商業施設の整備などを推進する事業を運営・管理する機関．
TMV【tobacco mosaic virus】医タバコモザイクウイルス．タバコモザイク病の病原体．
TNA【Thai News Agency】タイ通信社．タイの国営通信社．1977年に創立．
TNC　①【transnational corporation】営経超国家企業．多国籍企業．②【Trade Negotiation Committee】経貿易交渉委員会．世界貿易機関（WTO）の高級事務レベルの意思決定機関．③【The Nature Conservancy】環社アメリカのNPO（非営利組織）の一つ．土地買収による生態系保護を行う．1951年に設立．
TNE【transnational enterprise】営超国家企業．多国籍企業．
TNF　①【tumor necrosis factor】生腫瘍壊死因子．制がん作用をもつ生理活性物質．②【theater nuclear forces】軍戦域核戦力．
TNM分類【TNM classification of malignant tumors】医がんの病期．国際対がん連合が定めた，がんの進行度を示す物差し．
tnn　Ⅰ亻日本語が使えるニュースグループの一つ．日本のプロバイダーIIJが運営．
TNO【Trans-Neptunian object】天海王星以遠天体．EKBOともいう．
TOB【take over bid】営経テークオーバービッド．株式公開買付け．経営権の取得などを目的として，その会社の株主に株式の買い取りを申し入れること．
TOC　①【table of contents】Ⅰディスクの内周部分に書き込まれる録音情報．②【total organic carbon】化総有機性炭素量．有機物に含まれる炭素量．③【theory of constraints】Ⅰ営制約条件理論．生産工程の効率化を図る手法．ゴールドラットが提唱．
TOCOM【Tokyo Commodity Exchange】営経東京工業品取引所．
TOE【theory of everything】理自然界の四つの基本力（重力，電磁力，弱い力，強い力）を統一的に説明しようとする究極の理論．
TOEFL【Test of English as a Foreign Language】教トーフル．英語圏の大学，大学院への入学を希望する外国人のための英語の学力共通テスト．商標名．
TOEIC【Test of English for International Communication】教トーイック．国際コミュニケーションのための英語能力テスト．アメリカで開発され，約60カ国で実施している．商標名．
TOF【top of form】Ⅰ算印字装置への給紙を次の紙の始めまで送ること．
TOFMS【time-of-flight mass spectrometry】化飛行時間型質量分析法．島津製作所の田中耕一が開発．
TOGA【Tropical Ocean Global Atmosphere】気熱帯海洋地球大気計画．世界気候研究計画のサブプログラム．1985年から10年間にわたって行われた．
Toolbox　Ⅰ算ツールボックス．MacOSが装備するユーザーインターフェースを処理するルーチンのこと．文字やグラフィックなどほとんどの基本機能を含む．
TOP　①【technical office protocol】OA用の通信制御手順．②【temporarily out of print】一時絶版．③【The Olympic Program】競国際オリンピック委員会（IOC）が財源調達策で始めたプロジェクト．1985年に発足．

837

TOPスポ▶

TOPスポンサー【The Olympic Program Sponsor】📘国際オリンピック委員会(IOC)の財源調達プロジェクト。TOPに参画する協賛企業のこと。

TOP END　【Ⅰ算】トップエンド．アメリカのNCR社開発のトランザクションモニター．

TOPIX【Tokyo Stock Price Index】経トピックス．東証株価指数．東京証券取引所の時価総額の動きを基にする．

TOR【Toront Blue Jays】競(野球)トロント・ブルージェイズ．米大リーグの球団の一つ．

TOS【type of service】Ⅰ算トス．IPパケットのヘッダー部分に用意されている情報フィールド．パケットを受け取ったルーターはこの情報をもとに転送処理を行う．

toto　競サッカーくじ(スポーツ振興投票)の愛称．

totoGOAL　競日本のサッカーくじの一種．対象チームの得点数を当てる．totoGOAL3とtotoGOAL2がある．

TP【transaction processing】Ⅰ算トランザクション処理のこと．OSI基本参照モデルのアプリケーション層におけるプロトコルの一つ．

TPモニター【transaction processing monitor】Ⅰ算トランザクション処理を管理・制御するミドルウエア．障害回復，トランザクションのスケジュール管理，システム資源管理などの機能がある．

tPA【tissue plasminogen activator】薬ヒト組織プラズミノーゲン活性化因子．血栓溶解酵素の一つ．心筋梗塞の治療に使われるバイオ医薬品．

TPC【Transaction Processing Performance Council】Ⅰ算アメリカのトランザクション処理性能評議会．トランザクション処理性能の測定のためのベンチマークの規格を策定している．

TP-DDI【twisted pair cable distributed data interface】Ⅰ算伝送媒体として，撚り対線を用いたトークンリングLAN．

TPLF【Tigre People's Liberation Front】政ティグレ人民解放戦線．エチオピアのティグレ州の自治を求める．

TPM【total productive maintenance】営総合生産保全．現在の生産設備を見直し，能率が上がるように改善すること．

TPO【time, place, occasion 日】　社時・場所・場合に応じるという考え方．

TPON【telephony on passive optical network】Ⅰ算ティポン．パッシブダブルスター形式の光ファイバーアクセスネットワーク．ネットワーク全体の経済化を図る構想として注目された．

TPT【triphenyl tin】化トリフェニルスズ化合物．汚れ防止のため船底塗料に使われていたが，毒性があり環境汚染がいわれている．

TQC【total quality control】営総合的な品質管理．全社的品質管理．

TRACE【transition region and coronal explorer】宇NASA(アメリカ航空宇宙局)の太陽上層大気観測衛星．1998年に打ち上げた．

TRACECA計画【transport corridor Europe-Caucasus-Asia program】経ヨーロッパ　コーカサス　アジア輸送回廊計画．カスピ海地域の経済活性化計画．1993年に開始．

TRACON【terminal radar approach control】トラコン．終端レーダー着陸誘導方式．

TRAFFIC【Trade Records Analysis of Flora and Fauna in Commerce】環野生動植物国際取引調査記録特別委員会．1975年に設立．本部はイギリスのケンブリッジ．世界自然保護基金が運営している．

TRAVAN　Ⅰ算トラバン．アメリカのイメーション社が開発したテープカートリッジ．TR-1からTR-4までの規格がある．

TRC　①【Traction Control System】機路面状況に応じて電子制御で適切な駆動力を確保する自動車のシステム．トヨタ自動車が開発．②【Truth and Reconciliation Commission】南アフリカの真相和解委員会．1995年に「国民統一と和解のための促進法」が制定されたと同時に発足．

TRI【Toxics Release Inventory】化有害化学物質排出目録．

TRIM【trade-related investment measures】経トリム．貿易関連投資措置．

TRIPS【trade-related aspects of intellectual property rights】営法知的財産権の貿易関連の側面．

TRIPS協定【Agreement on Trade Related-Aspects of Intellectual Property Rights】営法1994年採択のWTO(世界貿易機関)設立協定の付属書の一つで，著作権，特許権，意匠権などを含む知的所有権全般が対象．

TRISTAN【Transposable Ring Intersecting Accelerator in Nippon】理トリスタン．筑波学園都市内の高エネルギー研究所に設置されていた電子・陽子衝突型加速器．

TRMM【tropical rainfall measuring mission】気熱帯降雨観測衛星．異常気象や気候変動のメカニズムの解明を目指す．

tRNA【transfer ribonucleic acid】生転移RNA．運搬RNA．細胞内のたんぱく質合成の際，たんぱく質の材料であるアミノ酸を合成する場であるリボソームへ運ぶ物質．

TRON【The Realtime Operating System Nucleus】Ⅰ算トロン．マイクロコンピューターやパーソナルコンピューターの共通基盤となる，新しいオペレーションシステム(OS)の開発計画．坂村健の構想を基に規格化を推進している．

TRP　①【Technology Reinvestment Program】軍技術再投資計画．アメリカの国防総省が国防産業の強化策として，国防力向上に役立つ技術開発の育成を図る制度．②【target rating point】広広告対象に対する延べ到達率．

TRT【Trademark Registration Treaty】営法商標登録条約．商標・サービスマークなどの国際的な登録統一制度．

TRU【transuranic】化理超ウラン元素．ウランより元素番号が大きい放射性元素．

TrueType　Ⅰ算アメリカのアップルコンピュータが開発した文字の表示印刷機能の技術．ジャギーのない文字表示や印刷ができる．

◀ **T**ype1

TS ①【transsexual】医トランスセクシュアル．性同一性障害による生物学的な性転換．②【tracking stock】菅事業収益連動株．企業内の特定事業部門のみを対象とする株式．

TSマーク【traffic safety mark】社日本の消費者マークの一つ．警察庁が定めた普通自転車の点検整備基準に適合したものを証明する．

TSAPI【telephony service API】I算ティサピー．コンピューターと電話を結びつけるCTI用の標準API仕様．汎用性が高く，幅広くCTIアプリケーションを開発できる．

TSCJ【Telecommunications Satellite Corporation of Japan】字日本の通信・放送衛星機構．通信衛星，放送衛星の管理・運用を一元的に行う．1979年に設立．2004年にNICTに統合．

TSE【Tokyo Stock Exchange】経東京証券取引所．

TSL【techno super liner 日】機テクノスーパーライナー．新型超高速船．

TSM【Text Services Manager】I算システム7以降のMacOSに採用された，かな漢字変換ソフトやスペルチェッカーなどのユーティリティーソフトとアプリケーションソフト間でのデータ交換のためのテキスト処理の機能．

TSR ①【total shareholder return】菅株主還元率．株主重視の経営を示す指標．②【terminate and stay resident】I算メーンメモリー上に常に存在している主記憶常駐型プログラムのこと．

TSS ①【traffic separation scheme】船船舶の衝突防止のための往復航行分離方式．②【time sharing system】I算タイムシェアリングシステム．時分割処理方式．一台のコンピューターを何人もがそれぞれの目的に使う．

TSSAM【tri-service stand-off attack missile】軍ステルスミサイル．アメリカの国防総省が提唱した，通常弾頭を装備してレーダーに探知されにくいミサイル．

TT ①【team teaching】教複数の教員が協力して行う教授・学習方法の一形態．②【Tidningarnas Telegrambyra】スウェーデン通信社．1921年に創立．

TTウイルス【TT virus】医肝炎の原因となるウイルスの一種．1997年に日本の研究陣が輸血後肝炎患者から発見し，その患者の名から命名．TTVともいう．

TTB【telegraphic transfer buying rate】経電信為替買相場．為替銀行が店頭で顧客から外国為替を買い取る時の外貨レート．↔TTS.

TTC ①【Telecommunication Technology Committee】I算日本の電信電話技術委員会．電気通信の標準化を推進する．②【total traffic control】機列車運行総合制御装置．

T-Time I算ティータイム．ディスプレー上でテキストを読むためのソフトウエア．テキストデータに文字の大きさなどを設定し読みやすくする．

TTL【transistor-transistor logic】I算バイポーラトランジスタを使った代表的な論理回路．この構造を備えたICそのものを指す．

TTL方式【through-the-lens system】写レンズ透過の光による露出時間測定方式．

TTS ①【telegraphic transfer selling rate】経電信為替売相場．為替銀行が店頭で顧客に外国為替を売る時の外貨レート．↔TTB. ②【temporary threshold shift】医航空機の騒音によって一時的に聴力が低下すること．③【transdermal therapeutic system】薬経皮輸送システム．④【text-to-speech synthesis】I算テキスト合成方式．音声合成技術の一つ．文字入力で音声を合成する．

TTT【time temperature tolerance】料許容温度時間．一定温度で，食品の新鮮度がどのくらい保たれるかを表す値．

TTV【TT virus】医圧TTウイルス．肝炎の原因となるウイルスの一種．

TUAC【Trade Union Advisory Committee】社労働組合諮問委員会．経済協力開発機構（OECD）の機関の一つ．

TUC【Trades Union Congress】社イギリス労働組合会議．1868年に設立．イギリス最大の労働連合体．

TULF【Tamil United Liberation Front】政タミル統一解放戦線．スリランカのタミル民族独立運動の穏健派組織．

TUV【Toyota Utility Vehicle】機商用の多目的車．トヨタ自動車がアジア向けに開発．

TUXEDO I算タキシード．UNIX上で稼働するオンライントランザクション処理モニター．分散トランザクション処理ができる．

TV【technical value】競新体操の採点項目．技の難度と正確さを採点する．技術的価値ともいう．

TVオンデマンド【TV on demand】放電話回線を用い3秒前から1週間前までさかのぼり，テレビ番組をいつでも見られるシステム．

TVムービー【made-for-TV movie】映テレビ放映を前提に製作された映画．TVMともいう．

TVC【thrust vector control】機推力ベクトル制御．ロケットの飛行コースの誘導システムの一つ．

TWAIN【technology without an interesting name】I算トウェイン．イメージスキャナーなどの入力装置を異機種で使用するための標準的なソフトウエア側のインターフェース．アメリカのヒューレットパッカードなどが定めた．

TwinVQ【transform-domain weighted interleaved vector quantization】I算ツインブイキュー．NTTが開発した音楽・音声データの圧縮技術．音声データのパターンの組み合わせで情報を再現して，18分の1以下にデータ量を圧縮できる．

TWITS【teens with income to spend】社トウィッツ．自分で使える所得のある10代の子供たち．

TXインターフェース【TX interface】I算分散トランザクションのモデルであるDTPモデルで，トランザクションマネジャーのもつインターフェースの一つ．

Type1フォント【type1 font】I算タイプワンフォント．PostScriptで使われるアウトラインフォントの形

839

Uターン▶

式．アメリカのアドビシステムズが開発．

U

Uターン【U-turn】①自動車などがU字形に180度転回すること．もとの場所や方向などに戻ること．②〔日〕𝐈𝐭大都市などに移住した人が，再び出身地やもとの居住地に戻る行動様式．

U-17【under 17】競サッカーなどの年齢区分けの一つ．17歳以下の選手．

UA【Unit of Action】軍行動部隊．アメリカ陸軍の組織序列再編によって設置された旅団規模の戦闘部隊．

UAMCE【Union Africaine et Malgache de Coopération Économique 仏】経アフリカマダガスカル経済協力連合．

UATP【Universal Air Travel Plan】営共通の航空券の信用販売制度．

UAV【unmanned aerial vehicle】軍無人機．軍用無人航空機．偵察，監視，警戒，情報収集，通信などさまざまな任務用に開発されている．

UAW【United Automobile Workers】𝐈𝐭全米自動車労働組合．1968年に結成．本部はデトロイト．正式名は United Automobile, Aerospace and Agricultural Implement Workers of America（全米自動車・航空機・農器具合同労働組合）という．

UC【unité de compte 仏】経欧州計算単位．欧州連合（EU）で使用される共通計算単位．主に農産物価格に用いる．EUA ともいう．

UCAID【University Corporation for Advanced Internet Development】𝐈情インターネット2プロジェクトを運営する組織．

UCAV【unmanned combat aerial vehicle】軍無人戦闘機．

UCI【Union Cycliste Internationale 仏】競（自転車）国際自転車競技連合．1900年に設立．本部はスイスのローザンヌ．

UCLA【University of California, Los Angeles】カリフォルニア大学ロサンゼルス校．

UCP理論【uncoupling protein theory】生医香りを嗅いで脂肪の消費を促すたんぱく質を増やすという考え方．資生堂が提唱．新スリミング理論．

UCR【Unión Cívica Radical 西】政急進市民連盟．急進党．アルゼンチンの政党の一つ．

UCS【universal multi-octet coded character set】𝐈情文字コードの一種．16ビットで全世界の文字を表現する．ISO（国際標準化機構）とIEC（国際電気標準会議）の合同技術委員会で決められた．unicodeともいう．

UDA【Ulster Defence Association】軍政アルスター防衛同盟．北アイルランド新教徒過激派．IRA（アイルランド共和軍）と対立している．1972年に結成．

UDC【universal decimal classification】国際10進分類法．図書整理法の一つ．

UDDI【universal description, discovery and integration】𝐈情インターネット上での決済やユーザー認証サービスを登録・検索するためのディレクトリー．アプリケーションの企業間取引への利用が期待されている．

UDEAC【Union Douanière et Économique de l'Afrique Centrale 仏】経中央アフリカ関税経済同盟．中部アフリカ6カ国で結成する地域経済共同体．1964年に創設．

UDF ①【universal disc format】𝐈DVD機器で用いるファイルシステム．②【United Democratic Front】政統一民主戦線．南アフリカの反アパルトヘイト組織の一つ．③【Union pour la Démocratie Française 仏】政フランス民主連合．

UDLR【unidirectional link routing】𝐈情送信系と受信系で異なる経路を用いる場合のルーティング方式．衛星データ通信サービスに用いられる．

UDP【user datagram protocol】𝐈情TCP/IP関連のトランスポート層プロトコルの一つ．TCPと異なり，コネクションレス型のプロトコル．

UEFA【Union of European Football Associations】競（サ）ヨーロッパサッカー連盟．地域連盟の一つ．

UEFAチャンピオンズリーグ【UEFA Champions League】競（サ）ヨーロッパ最強クラブを決める大会．チャンピオンズリーグ．CLともいう．

UEMOA【Union Économique et Monétaire Ouest Africaine 仏】経西アフリカ経済通貨同盟．フランス系西アフリカの地域再統合を目指す．1994年に発足．

UEx【Unit of Employment Tactical】軍戦術運用部隊．軍団・師団などに代わるアメリカ陸軍の新しい単位．

UEy【Unit of Employment Operational】軍作戦運用部隊．軍・軍団などに代わるアメリカ陸軍の新しい単位．

UFF【Ulster Freedom Fighters】軍政アルスター自由戦士団．北アイルランドのプロテスタント系テロ組織．

UFO【unidentified flying object】ユーフォー．空飛ぶ円盤などの未確認飛行物体．

UGV【unmanned ground vehicle】軍無人地上作業車両．

UHCA【ultra-high-capacity aircraft】機乗客を800人以上収容できる超大型輸送機．アメリカが提唱した構想．

UHCI【universal host controller interface】𝐈情USBなどのインターフェースのアクセスを制御する機能をもつホストコントローラーの規格．

UHF【ultrahigh frequency】電理極超短波．デシメートル波．

UHV送電【ultrahigh voltage power transmission】電超高圧送電．100万～150万ボルトの電圧による送電．

UI ①【university identity】教大学の存在を広く

知らせること．新しいイメージづくりのため，校名変更や新校舎建設などを行う．②【union identity】社労働組合を広く認知させること．労働組合の古い体質を変えようとして，呼称の変更やシンボルマークの新設などを行う．

UIゼンセン同盟【Japanese Federation of Textile, Chemical, Food, Commercial, Service and General Workers' Unions】社全国繊維化学食品流通サービス一般労働組合同盟．

UIM【user identity module】[I]携帯電話サービスの利用者を識別するためのICカードの一種．

UIPM【Union Internationale de Pentathlon Moderne 仏】競国際近代五種競技連合．

u-Japan [I]社ユビキタスネット ジャパン．総務省が提示する2010年の情報通信を活用した社会像．

UK【United Kingdom】政ユナイテッド キングダム．イギリス連合王国．

ULCC【ultralarge crude carrier】機超大型タンカー．30万t以上の石油輸送船．

ULFA【United Liberation Front of Assam】軍政アッサム統一解放戦線．インドのアッサム州の独立を目指す部族ゲリラ．

ULMS【underwater long-range missile system】軍水中長距離ミサイルシステム．

ULP【ultralight plane】機ウルトラライトプレーン．超軽量飛行機．構造が簡単で重量が軽く，経済的な飛行機の総称．

ULSI【ultra-large-scale integrated circuit】[I]超大規模集積回路．

ultimatte [I]冨アルチマット．アメリカのアルチマット社が開発した画像合成装置の呼称．髪の毛や影などを自然な感じで合成できる．

Ultra2 SCSI [I]冨ウルトラツースカジー．SCSI-3で規定されるSCSI規格．16ビットのバス幅で最大データ転送速度80Mbps．

Ultra ATA [I]冨ウルトラエーティーエー．IDEの拡張仕様．それまでのATA規格の2倍，4倍，6倍のデータ転送速度をもつ．

Ultra SCSI [I]冨ウルトラスカジー．SCSI-3で規定されるSCSI規格．8ビットのバス幅で最大データ転送速度20Mbps．

UMA【unified memory architecture】[I]冨メインメモリーとグラフィックメモリーを共有する技術．

UMD【universal media disc】[I]記憶素子の一種．ユニバーサルメディアディスク．

UML【unified modeling language】[I]冨統一モデリング言語．システムのモデリングにおける図や文章などの標準形式．

UMNO【United Malays National Organization】政統一マレー人国民組織．第二次大戦後から現在まで，マレーシアの政権を担当しているマレー人の政治集団．

UMP【Union pour un Mouvement Populaire 仏】政民衆運動連合．フランスの保守・中道連合政党．2002年に結成．

UN【United Nations】政国際連合．1946年に活動開始．本部はニューヨーク．

UNAFEI【United Nations Asia and Far East Institute for the Prevention of Crime and the Treatment of Offenders】社ユナフェイ．アジア極東犯罪防止研修所．1961年に東京・府中市に設立された国連地域研修機関．

UNAIDS【Joint United Nations Programme on HIV/AIDS】医エイズ国連共同プログラム．

UNAMA【United Nations Assistance Mission in Afghanistan】国連アフガニスタン支援団．2002年に設立．

UNAMET【United Nations Mission in East Timor】国連東ティモールミッション．1999年に東ティモールの直接投票を実施するため，国連安保理決議に基づいて設立した．

UNAMI【United Nations Assistance Mission for Iraq】国連イラク支援団．2003年8月に設立．

UNAMIC【United Nations Advance Mission in Cambodia】国連カンボジア先遣隊．1991〜92年に活動．

UNAMIR【United Nations Assistance Mission for Rwanda】国連ルワンダ支援団．1993年に活動開始．

UNAMSIL【United Nations Mission in Sierra Leone】国連シエラレオネミッション．シエラレオネの停戦監視などを行う．1999年に活動開始．

UNAVEM I【United Nations Angola Verification Mission I】第1次国連アンゴラ検証団．1988〜91年に活動した．

UNAVEM II【United Nations Angola Verification Mission II】第2次国連アンゴラ検証団．1991〜95年に活動した．

UNAVEM III【United Nations Angola Verification Mission III】第3次国連アンゴラ検証団．1994年に結ばれた和平協定を監視するため，95年から活動開始．

UNCD【United Nations Conference on Desertification】国国連砂漠化防止会議．

UNCED【United Nations Conference on Environment and Development】国国連環境開発会議．1992年にリオデジャネイロで開催された会議．地球サミットと呼ばれた．

UNCHS【United Nations Center for Human Settlements】社国連人間居住センター．人間居住の分野での国際協力の推進を目指す．1978年に発足した政府間機構．

UNCIO【United Nations Conference on International Organization】国連国際機構会議．1945年サンフランシスコに50カ国の代表を集めて開かれた国連成立までの準備会議．

UNCITRAL【United Nations Commission on International Trade Law】国連国際商取引法委員会．

UNCLO▶

UNCLOS【United Nations Convention on the Law of the Sea】法国連海洋法条約. 1982年成立.

UNCMAC【United Nations Command Military Armistice Commission】軍国連軍司令部軍事休戦委員会.

UNCPUOS【United Nations Committee on the Peaceful Uses of Outer Space】宇国連大気圏外平和利用委員会. 1952年に設置.

UNCRD【United Nations Center for Regional Development】経国連地域開発センター. アジア, 太平洋, アフリカ, 中南米諸国の地域開発促進のため, 国連と日本の間で1971年に調印した協定に基づいて設立.

UNCRO【United Nations Confidence Restoration Operation】国連(クロアチア)信頼回復活動. 1995年に国連保護軍から改編.

UNCTAD【United Nations Conference on Trade and Development】経アンクタッド. 国連貿易開発会議. 1964年から常設化. 途上国の貿易の推進を図る.

UNDC【United Nations Disarmament Commission】軍政国連軍縮委員会.

UNDCP【United Nations Drug Control Programme】社国連薬物統制局. 麻薬の取り締まり技術や代替作物栽培の指導などを行う国際協力機関. 1991年に発足.

UNDD【United Nations Development Decade】経社国連開発の10年. 1960年代を国際協力による途上国の開発を促進するための10年とした. アメリカのケネディ大統領が提案.

UNDOF【United Nations Disengagement Observer Force】国連兵力引き離し監視軍. 第4次中東戦争後のイスラエルとシリア間の, ゴラン高原での停戦を監視し兵力引き離しを行う. 1974年に活動開始.

UNDP【United Nations Development Programme】国連開発計画. 1966年に設立.

UNDRO【Office of the United Nations Disaster Relief Coordinator】社アンドロ. 国連災害救済調整官事務所. 1971年に設立.

UNEP【United Nations Environment Programme】環ユネップ. 国連環境計画. 国連の自立的補助機関. 1972年に設立.

UNESCO【United Nations Educational, Scientific and Cultural Organization】社ユネスコ. 国連教育科学文化機関. 前身は1942年に設立された知的協力国際機関. 46年に設立. 本部はパリ. 国連専門機関の一つ.

UNF【United Nations Force】軍国連軍.

UNFCCC【United Nations Framework Convention on Climate Change】気気候変動枠組み条約. 大気中の温室効果ガス濃度の増加による気候変動の防止を目指す. 1992年に採択し, 94年に発効.

UNFF【United Nations Forest Forum】環国連森林フォーラム. 国際的規模で持続可能な森林経営を推進する. 2000年に設立.

UNFICYP【United Nations Peace-keeping Force in Cyprus】軍国連キプロス平和維持軍. 1964年に活動開始.

UNFPA【United Nations Population Fund】社国連人口基金. 国連人口活動基金(United Nations Fund for Population Activities)の後身で, 1987年に改称. 略称は引き続き使用している.

UNGA【United Nations General Assembly】政国連総会.

UNGOMAP【United Nations Good Offices Mission in Afghanistan and Pakistan】国連アフガニスタン・パキスタン仲介ミッション. 1988～90年に活動.

UNHCHR【United Nations High Commissioner for Human Rights】社国連人権高等弁務官. 1993年の国連総会で設置を決定. 事務所はスイスのジュネーブ.

UNHCR【Office of the United Nations High Commissioner for Refugees】社国連難民高等弁務官事務所. 1951年に設立.

UNI ①【user network interface】IT算ユーザー網インターフェース. 通信ネットワークと利用者の間に設けられる規定. ②【United News of India】UNI 通信社. インドの通信社の一つ. 1961年に創立.

UNIC【United Nations Information Center】国連広報センター. 世界の67都市に設置されている.

UNICEF【United Nations Children's Fund】社ユニセフ. 国連児童基金. 国連国際児童緊急基金(United Nations International Children's Emergency Fund)の後身で, 1953年に改称. 略称は引き続き使用している.

Unicode IT算ユニコード. 世界各国の文字を可能な限り統一的に扱え, 16ビットの文字モードで表すコード体系.

UNIDIR【United Nations Institute for Disarmament Research】国連軍縮研究所. 1980年に設置.

UNIDO ①【United Nations Industrial Development Organization】経ユニド. 国連工業開発機関. 途上国の工業化を進める. 1967年発足. 86年に国連専門機関となる. 事務局はウィーン. ②【United Nationalist Democratic Organization】政フィリピンの統一民族民主機構.

UNIFEM【United Nations Development Fund for Women】社ユニフェム. 国連女性開発基金. 最貧国の女性に, 技術的・財政的援助を行うため, 1976年に国連総会が設立した国連女性の10年基金を改称し, 84年から発足.

UNIFIL【United Nations Interim Force in Lebanon】軍国連レバノン暫定軍. 1978年に活動開始.

UNIKOM【United Nations Iraq-Kuwait Observation Mission】国連イラク・クウェート監視団. 1991年に活動開始.

UNIMOG【United Nations Iran-Iraq Mili-

◀ U NTSO

tary Observer Group】国連イラン・イラク軍事監視団．1988～91年に活動．
UNISPACE【United Nations Conference on Exploration and Peaceful Uses of Outer Space】学ユニスペース．国連宇宙平和利用会議．
UNITA【União Nacional para a Independência Total de Angola 葡】軍政アンゴラ全面独立民族同盟．アメリカや南アフリカの援助を受けたゲリラ組織．
UNITAF【United Task Force】統一タスクフォース．
UNITAR【United Nations Institute for Training and Research】社国連訓練調査研修所．国際の平和と安全の維持および経済・社会開発の促進を目指す．1965年に設立．
UNIVAC【Universal Automatic Computer】I算ユニバック．アメリカのレミントン スペリーランド社製のコンピューター．
UNIX I算ユニックス．マルチユーザー，マルチタスク向けのOS．1969年にアメリカのAT&Tベル研究所が開発．
UnixWare I算ユニックスウエア．アメリカのSCO社の開発したUNIX．
UNMIH【United Nations Mission in Haiti】国連ハイチミッション．1993年に活動開始．
UNMIK【United Nations Interim Administration Mission in Kosovo】 国連コソボ暫定統治機構．1999年のNATOによる空爆終了後，旧ユーゴスラビア（現セルビア・モンテネグロ）のコソボ自治州に展開．
UNMISET【United Nations Mission of Support in East Timor】国連東ティモール支援団．2002年に設立．
UNMISUD【United Nations Mission in Sudan】政国連スーダン派遣団．
UNMOGIP【United Nations Military Observer Group in India and Pakistan】国連インド・パキスタン軍事監視団．1949年に活動開始．
UNMOT【United Nations Mission of Observers in Tajikistan】国連タジキスタン監視団．1994年に活動開始．
UNMOVIC【United Nations Monitoring, Verification and Inspection Commission】国連監視検査察委員会．1999年に設置．アンモビック．
UNO【United National Opposition】政ニカラグアの全国野党連合．1990年に成立．
UNOCHA【United Nations Office for the Coordination of Humanitarian Affairs】社国連人道問題調整事務所．
UNOMIG【United Nations Observer Mission in Georgia】 国連グルジア監視団．1993年に活動開始．
UNOMIL【United Nations Observer Mission in Liberia】国連リベリア監視団．1993年に活動開始．

UNOMSA【United Nations Observer Mission to South Africa】国連南アフリカ選挙監視団．
UNOMSIL【United Nations Observer Mission in Sierra Leone】国連シエラレオネ監視ミッション．1998年7月～99年10月に活動．
UNOPS【United Nations Office for Project Services】経社国連プロジェクトサービス機関．農村開発などの融資・援助を行う．1974年に設立．
UNOSOM Ⅰ【United Nations Operation in Somalia Ⅰ】国連ソマリア活動．1992～93年に国連の平和維持活動を行った．
UNOSOM Ⅱ【United Nations Operation in Somalia Ⅱ】 第2次国連ソマリア活動．1993～95年に活動．
UNOTIL【United Nations Office in Timor-Leste】政国連東ティモール事務所．東ティモールの平和定着と国造りを支援する国連政治活動．
UNP【United National Party】政スリランカの統一国民党．
UnPBX I算PBXなどの電話交換機能を備えたパソコンサーバー．
UNPREDEP【United Nations Preventive Deployment】国連予防展開隊．
UNPROFOR【United Nations Protection Force】軍国連保護軍．1992年から旧ユーゴスラビアに派遣した平和維持軍．
UNRISD【United Nations Research Institute for Social Development】社国連社会開発研究所．1963年設立の国連の自治機関．
UNRWA【United Nations Relief and Works Agency for Palestine Refugees in the Near East】社国連パレスチナ難民救済事業機関．1949年に設立．
UNSC【United Nations Security Council】政国連の安全保障理事会．安保理．
UNSCOM【United Nations Special Commission】政国連大量破壊兵器破棄特別委員会．イラクの大量破壊兵器の完全除去を目指し，専門科学者グループで構成．
UNSF【United Nations Stand-by Force】軍国連待機軍．国連の出動要請に即応できる，加盟国による自発的軍隊．
UNTAC【United Nations Transitional Authority in Cambodia】アンタック．国連カンボジア暫定統治機構．軍事と行政を監視した．1992～93年に活動．
UNTAET【United Nations Transitional Administration in East Timor】国連東ティモール暫定統治機構．1999年に活動開始．
UNTAG【United Nations Transition Assistance Group for Namibia】国連ナミビア独立移行支援グループ．1989～90年に活動．
UNTSO【United Nations Truce Supervision Organization】パレスチナ国連休戦監視機構．国連最初の平和維持活動．1948年に発足し，現在も活動中．

843

UNU

UNU【United Nations University】社国連大学．1975年に東京に本部を設置．

UNU/WIDER【UN University World Institute for Development Economics Research】国連大学世界開発経済研究所．国連大学の付設研究所．1985年にフィンランドのヘルシンキに設立．

UNV【United Nations Volunteers】社国連ボランティア．国連平和部隊．

UNWC【United Nations Water Conference】国連水(資源)会議．

UPA【United Progressive Alliance】政国民進歩連合．マンモハン・シン政権を支えるインドの与党連合．

UPC【Universal Product Code】営統一商品コード．商品の価格，在庫の管理のために付けるアメリカの商品コード．

UPDATE文【UPDATE statement】Ⅰ算アップデート文．SQL文の中で，既存のレコードのフィールド値を変更する機能をもつ．

UPI【United Press International】UPI通信社．2000年にニューズ・ワールド・コミュニケーションズに買収された．

uPnP【universal plug and play】Ⅰ算家電機器とコンピューターを接続するためのプロトコルとデータフォーマット．言語やプラットフォームに依存せず応用できる．UPnP．

UPOV【Union Internationale pour la Protection des Obtentions Végétales 仏】植植物新品種保護に関する国際条約．

UPS【uninterrupted power supply】Ⅰ算無停電電源装置．停電などによるシステムダウンを防ぐための予備電源装置．

UPSR【uni-directional path switched ring】Ⅰ算リング状の同期光ネットワークSONET/SDHにおいて，伝送路を二重化して障害に備える方法の一つ．通常はトラフィックはすべて一方向にのみ流す．

UPU【Universal Postal Union】社万国郵便連合．1875年に設立．本部はスイスのベルン．国連専門機関の一つ．

UR都市機構【Urban Renaissance Agency】社独立行政法人 都市再生機構の別称．

URAV【unmanned reconnaissance aerial vehicle】軍無人偵察機．

URL【uniform resource locator】Ⅰ算WWWにおいて，ネットワーク上のどこのサイトのどのようなサーバーに目的のファイルがあるのかを指示する方法．

URNG【Unidad Revolucionaria Nacional Guatemalteca 西】政グアテマラ民族革命連合．反政府ゲリラの統一組織．1982年に結成．96年に政府と協定を結ぶ．

URSI【Union Radio-Scientifique Internationale 仏】国際電波科学連合．

USA ①【United States of America】アメリカ合衆国．②【United States Army】軍アメリカ陸軍．

USAトゥデー【USA Today】アメリカの日刊全国紙．

USAF【United States Air Force】軍ユーサフ．アメリカ空軍．

USAFPAC【United States Armed Forces in the Pacific】軍太平洋方面駐在アメリカ軍．

USAID【United States Agency for International Development】政アメリカ国際開発庁．二国間援助を扱う国務省管轄の政府機関．1961年に設立．

USATF【USA Track & Field】競アメリカ陸上競技連盟．

USB【universal serial bus】Ⅰ算周辺機器ごとにあったパソコン接続用インターフェースを統合する仕様．アメリカのインテル，マイクロソフトなどが1995年に提唱．

USBL【United States Basketball League】競(バスケットボールリーグ)アメリカのプロバスケットボールリーグの一つ．1985年に発足．7チームが所属．

USC【United Somali Congress】軍政統一ソマリア会議．ソマリア中部のハウィエ氏族を中心とする武装組織．

USCC【US-China Economic and Security Review Commission】経政米中経済安保検討委員会．米議会に対中国政策を進言する超党派の諮問機関．

USDC【United States Display Consortium】アメリカの液晶表示装置開発会社．官民共同出資で，1993年に発足．

USENET【User's Network】Ⅰイユースネット．ユーズネット．UNIXの利用者たちが作ったアメリカの草の根ネットワーク．1990年にNSFnetに統合された．

USERS【Unmanned Space Experiment Recovery System】宇次世代型無人宇宙実験システム．通産省(現経済産業省)が提案し，1996年から開発研究を始めた．

USF-J【United States Forces, Japan】軍日本駐在のアメリカ軍司令部．

USGA【United States Golf Association】競(ザ)全米ゴルフ協会．1894年に創立．

USGS【United States Geological Survey】米国地質調査所．

USIP【United States Institute of Peace】政米国平和研究所．アメリカのシンクタンク．

USJ【Universal Studios Japan】営社ユニバーサルスタジオジャパン．2001年に大阪市に開設された大型テーマパーク．

USM ①【underwater-to-surface missile】軍水中対地ミサイル．潜対地ミサイル．②【underwater-to-ship missile】軍水中対艦ミサイル．潜対艦ミサイル．

USMC【United States Marine Corps】軍アメリカ海兵隊．

USN【United States Navy】軍アメリカ海軍．

USO ①【unknown swimming object】未知の水泳物体．ネス湖の怪物ネッシーなどをいう．②【unidentified submarine object】未確認

844

潜行物体．北欧諸国の沿岸などに出没する正体不明の潜行物．
USP【University of South Pacific】教社南太平洋大学．1970年に設立された総合大学で，南太平洋11カ国が参加する国際教育機関．本校はフィジーの首都スパにある．
USPGA【United States Professional Golfers' Association】競アメリカプロゴルフ協会．
USSB【United States Satellite Broadcasting】放アメリカの衛星放送会社．1994年に放送開始．
USSR【Union of Soviet Socialist Republics】ソビエト社会主義共和国連邦．ソ連邦．1991年に解体した．
USTR【Office of the United States Trade Representative】経国アメリカ通商代表部．大統領直属の機関．1963年に設置．貿易政策を扱い，対外交渉を行う．
USW【United Steelworkers of America】社全米鉄鋼労働組合．
UT【Universal Time】社世界時．グリニッジ標準時のこと．
UTA【unmanned tactical aircraft】軍戦術用無人機．アメリカ空軍が開発している遠隔操縦の無人戦闘爆撃機．
UTC【universal time coordinated】社理協定世界時．原子時計によって秒を決定．
UTF-8【UCS transfer format-8】①算Unicodeを基にした文字コードセットの一つ．文字化けなどのトラブルを引き起こさない工夫をしている．
UTM図法【Universal Transverse Mercator's Projection】地ユニバーサル横メルカトル図法．
UTO【United Towns Organization】社姉妹都市団体連合．1957年に設立．
UUCP【UNIX-to-UNIX copy protocol】①算UNIX同士がネットワークを介してファイルを転送するためのプロトコル．
uuencode①算ユーユーエンコード．UNIXベースのコンピュータ間のデータ通信に利用されているエンコード方式．
UUI【user-to-user interface】①ISDNのDチャネルを使ってユーザー間で128バイト以下の短いメッセージをやりとりする機能．
UUM【underwater-to-underwater missile】軍潜水艦対潜水艦ミサイル．
UUV【unmanned underwater vehicle】軍無人潜水艇．
UV【ultraviolet；ultraviolet ray】理紫外線．
UVインデックス【ultraviolet index】医容世界保健機関（WHO）が定めた，紫外線が人体に及ぼす影響の強さを示す国際指数．
UVカット【ultraviolet cut 日】容紫外線を遮断すること．紫外線よけ．
UVカットガラス【ultraviolet ray cut glass 日】紫外線遮断効果のあるガラス．
UVケア【ultraviolet care 日】容紫外線の遮

断や透過量の減少で，肌などを守ること．
UV分析【unemployment-vacancy analysis】営社労働市場の資源配分機能の効率性を失業（unemployment）と欠員（vacancy）の関係でとらえる分析法．
UVA【ultraviolet-A】理波長が320～400ナノメートルの紫外線．UV-Aともいう．
UVB【ultraviolet-B】理波長が280～320ナノメートルの紫外線．UV-Bともいう．
UVR【ultraviolet ray】理紫外線．
UW【unconventional warfare】軍非通常戦．ゲリラ戦や破壊活動など．
UWB【ultra-wideband】①理超広帯域無線．次世代の無線通信技術の一つで，超高速のデータ通信ができる．
UXGA①算高解像度をもつ液晶式画像表示装置の一つ．1600×1200画素．

V

Vゴール【V goal 日】競(サッカー)日本のJリーグで採用した延長戦の名称．先に得点したチームを勝者とする方式．victoryの頭文字から．1998年のワールドカップでは同様の方式をゴールデンゴールとして採用．
Vシネマ映東映が発売する劇場未公開のオリジナルビデオ映画．1989年に第1作を製作．
V字飛行競(スキー)ジャンプ競技の飛行姿勢で，2本のスキーの先端をV字型に開くもの．
Vシリーズ勧告【V series recommendation】①アナログ電話回線を利用するデータ通信の技術を規定しているITU-T勧告．
Vチップ【V chip】①放暴力的・性的内容のテレビ画面をボタン操作で見えなくするマイクロチップの装置．Vはviolenceの頭文字．
Vリーグ【V league】競(バレーボール)日本バレーボール協会が1994年に日本リーグを改称したもの．Vはvolleyballとvictoryの頭文字から．
V-22軍アメリカの垂直離着陸軍用機．通称はオスプレイ．
V.32①算国際電気通信連合標準化部門（ITU-T）が定めたモデムの国際標準規格．電話回線での全二重式で9600bpsの速度の通信を支える．
V.32bis①算国際電気通信連合標準化部門が定めたモデムの国際標準規格．電話回線での全二重式で14400bpsの速度の通信を支える．
V.34①算国際電気通信連合標準化部門が1994年に勧告したモデムの国際標準規格．電話回線での全二重式で28800bpsの速度の通信を支える．V.fastともいう．
V.42①算国際電気通信連合標準化部門が1988年に勧告したエラー訂正の国際標準規格．V.32やV.32bis対応のモデムで機能する．
V.42bis①算国際電気通信連合標準化部門が勧告した通信時のデータ圧縮に関する国際標準規格．デ

845

V.90▶

ータ圧縮／圧縮解除の機能はモデムに搭載される．V.42との併用が前提．

V.90　Ⅰ下り56kbps，上り33.6kbpsの56kモデムの変復調方式に関する国際電気通信連合標準化部門の勧告．

V2500　機150席級の中型民間旅客機用ターボファンジェットエンジン．

VA【value analysis】営価値分析．コスト削減のための各部門の機能分析．

VAAC【Volcanic Ash Advisory Center】気航空路火山灰情報センター．世界で9カ所に設置．

VAL　①【Voiture Automatique Légère 仏】機社バル．フランスの自動運転の軌道システム．②【Villeneuve d'Ascq Lille 仏】機社フランスのダスク新都市とリールを結ぶ新交通システム．

VAN【value-added network】Ⅰ算バン．付加価値通信網．高速の通信回線を低速チャンネルに分割してまた貸しする際に，データ処理などの付加価値を付けて行ったところから．

VAR【value-added reseller】Ⅰ算付加価値再販業者．既存のハードウエアやソフトウエアを用い，特定業務向けシステムを作成・サービスする業者．

VAT【value-added tax】経付加価値税．付加価値を課税標準とする税．

VB【venture business】営経ベンチャービジネス．投機的な事業．

VBA【visual basic for application】Ⅰ算マイクロソフトが開発した，自社のアプリケーション間で共通に利用できるマクロ言語．

VBI【vertical blanking interval】Ⅰ放垂直帰線区間．地上波によるテレビ放送の信号で，無信号の部分．

vBNS【very high speed backbone network service】Ⅰ全米科学財団による超高速・高性能ネットワーク研究プロジェクト．1995年に開始．

VBScript　Ⅰ算ブイビースクリプト．アメリカのマイクロソフトが Internet Explorer 上で動作する．ホームページ上でも使えるようにしたVisual Basicの簡易版．

VBX　Ⅰ算Visual Basic の機能を拡張するプログラムモジュール．データベースへのアクセスや複雑なユーザーインターフェースを実現する．

VC　①【voluntary chain】営ボランタリーチェーン．任意連鎖店．②【venture capital】営ベンチャーキャピタル．成長の可能性をもつ中小規模企業に投資する企業．

vCard　Ⅰ算ブイカード．名刺を電子的に交換するための汎用のファイル形式．

VCCI【Voluntary Control Council for Interference by Information Technology Equipment】Ⅰ算情報処理装置等電波障害自主規制協議会．1985年に設立．OA機器から発生する電磁波ノイズの防止を目指す．

vCJD【variant Creutzfeldt-Jakob disease】医変異型クロイツフェルト・ヤコブ病．クロイツフェルト・ヤコブ病に似ているが，若年層で発生する点

などが異なる．

VCO【Venus climate orbiter】宇金星探査機．日本の第19号科学衛星プラネットC．金星の大気などを観測する．ビーナスクライメートオービタC．

VCPI【Virtual Control Program Interface】Ⅰ算80286以上の中央処理装置（CPU）がもつプロテクトモードでのプロテクトメモリーの利用方法についての規格．

VCR【video cassette recorder】ビデオテープレコーダーの諸外国での呼称．

VCSDRAM【virtual channel synchronous DRAM】Ⅰ算ブイシーエスディーラム．チャネルと呼ばれる高速に動作する一時記憶領域を用意することで，アクセス速度を早めたSDRAM．

VCSEL【vertical cavity surface emitting laser】理垂直共振器型面発光レーザー．

VCT【video cassette tape】ビデオカセットテープ．

VD　①【video disc】ビデオディスク．ビデオ信号の映像と音声を記録したレコード状円盤．②【venereal disease】医性病．

VDOLive　Ⅰ算ブイディーオーライブ．イスラエルのVDOネットが開発したインターネット上でリアルタイムに動画などを配信するシステム．

VDP【video-disc player】ビデオディスクの再生機．

VDR【video-disc recorder】ビデオディスクの録画機．

VDS【variable depth sonar】軍可変深度ソーナー．水上艦の船尾から曳航する潜水艦探知用の音響兵器．

VDSL【very high bit rate digital subscriber line】Ⅰ算電話用銅線ケーブルを用いる高速デジタル伝送技術xDSLの中で，最高速のもの．

VDT　①【visual display terminal】Ⅰ算コンピューターなどの表示装置．②【video display terminal】ビデオ表示端末装置．

VDT作業【video display terminal —】Ⅰ算ディスプレー装置を備えた端末装置やパソコンなどのVDTを使って行う作業のこと．

VDT障害【video display terminal —】Ⅰ算VDT作業を長時間続けることで引き起こされる視機能障害，皮膚障害などの身体的な諸症状のこと．

VE【value engineering】営技術管理や経営の効率化を図る技法．価値工学．

VEC【Venture Enterprise Center】営社日本の研究開発型企業育成センター．1975年に設立．

VERA【VLBI Exploration of Radio Astrometry】天日本の国立天文台が進める超長基線電波干渉法を使う天文広域精測望遠鏡．

VERTIS【vehicle, road and traffic intelligence society】Ⅰバーティス．道路・交通・車両インテリジェンス推進協議会の略称．日本でのITSの推進の中核となっている．

VESA【Video Electronic Standards Association】Ⅰ算ベサ．SVGAの仕様の標準化を目指す団体．PC/AT互換機用の周辺機器メーカーなど

◀ V LIW

が設立.

VEVJGA 【Venus-Earth-Venus-Jupiter Gravity Assist】カッシーニ土星周回探査機が用いる惑星の重力場を利用する飛行方法. 金星・地球・金星・木星の順にスイングバイをして速度を上げ, 土星へ向かう.

VFAT ブイファット. FAT(file allocation table)を拡張した規格. UNIXのロングファイルネームやMS-DOS形式のファイル名も利用できる.

VFM 【value for money】支出に対して価値が最大となるサービスの提供. 公共サービスの基本理念.

VFR 【visual flight rules】有視界飛行方式.

VFS 【virtual file system】ファイルシステムの種類に関係なく, 共通のインターフェースで各ファイルにアクセスできるようにしたUNIX標準の仮想ファイルシステム.

VFX 【visual effects】コンピューターグラフィックスを用いて作る特殊映像技法.

VGA 【video graphics array】アメリカのIBMのPS/2の上位機種で標準装備されたグラフィックスの機構. 後にビデオカードの基準となる.

VH 【virtual human】コンピューターグラフィックスで, 人体の動きを細かく表現する技法.

VHD 【video high density】ビット信号をレーザー光線で読み取るビデオ方式.

VHDL 【VHSIC hardware description language】ハードウェアの記述言語の一つ. ほぼすべてのハードウェアの記述に対応でき, LSIメーカーなどで用いられる.

VHF 【very high frequency】超短波. メートル波.

VHS 【Video Home System】ビデオテープレコーダーの一方式.

VHS-ET 【VHS-Expansion Technology】高画質で記録できるVHSテープの機能.

VHSIC 【very high speed integrated circuit】ビジック. 超高速集積回路. アメリカ国防総省が開発した軍事用の半導体素子.

vi 【visual extend editor】UNIX標準のスクリーンテキストエディターの一つ. コマンドモードと編集モードがあり, 両者を切り替えながら操作する.

VICS ①【Voluntary Inter-industry Commerce Standard】CPFR(需要予測と在庫補充のための共同作業)のための取引標準化を推進する業界団体. ②【vehicle information and communication system】ビックス. 交通情報通信システム. 建設省(現国土交通省), 郵政省(現総務省), 警察庁が中核となり官民共同で1996年から運用開始.

VIEs 【voluntary import expansions】輸入自主拡大. 外国製品が日本市場で占める割合を, 事前に決定する方式.

VIMS 【voice and image memory system】電話の機能の一つ. 音声とファクス情報をカセットテープに記録できる方式.

Vine Linux バインリナックス. LinuxのRed Hatを基に, 日本語の利用しやすい環境を目指して作られた配布パッケージ.

VIP 【very important person】要人. 重要人物. 最重要客. ビップ.

VI&P 【visual, intelligent and personal communications service】新高度情報通信サービス. 電話普及後に展開する通信サービス構想. NTTが1990年に公表.

VIP/GPS 【video imaging projectile/global positioning system】偵察砲弾. アメリカ陸軍が開発している, ビデオ偵察機能をもつ砲弾. 先端にGPS(全地球測位システム)を組み込んだ信管を装着する.

VISCA 【video system control architecture】マッキントッシュで, ビデオテープレコーダーを遠隔操作するために使う規格.

Visor バイザー. PalmOSを搭載した携帯情報端末(PDA).

VistaVision ビスタビジョン. アメリカのパラマウントが開発したフィルム映像方式. 特定のフィルムを水平に走らせ撮影する.

Visual Basic ビジュアルベーシック. アメリカのマイクロソフトの開発による, BASICを基にしたWindows上で動作するプログラミング言語.

Visual C++ ビジュアルシープラスプラス. アメリカのマイクロソフトが開発した, C++言語を基にWindows上でプログラミングが行えるように開発されたもの.

Visual J++ ビジュアルジェープラスプラス. アメリカのマイクロソフトが提供するJava言語の開発ツール. Windowsに最適化された独自の機能拡張を行っている.

VJ 【video jockey】ビデオジョッキー. テレビの音楽ビデオ番組などで, 曲の合間に音楽情報や広告主として話す人. またその番組.

VJデー 【Victory over Japan day】第二次世界大戦の対日戦勝記念日.

VJE 日本語入力のためのフロントエンドプロセッサーの一つ.

VLバス 【VESA local bus】限られたネットワーク内の共通信号路の一つ. アメリカのグラフィックス標準化団体VESAが制定.

VLマウントシステム 【VL mount system】ビデオカメラのレンズ交換が自由にできるシステム. Vはvideo camera, Lはlensの頭文字.

VLAN 【virtual LAN】ある範囲の機器群を1グループのLANとみなして扱う方法. 柔軟なLANの構築が可能となる.

VLBI 【very long baseline interferometry】超長基線電波干渉法. 宇宙のかなたの電波星を利用して, 地球上の各地点間の距離を精密に測る方法.

VLCC 【very large crude carrier】大型タンカー. 20万トン級の石油輸送船.

VLF 【very low frequency】超長波. キロメートル波.

VLIW 【very long instruction word】アメリカのインテルのIA-64で採用された設計思想.

847

プログラムを機械語に解析して変換する際、あらかじめ同時に実行できる命令を並列に並べておく。

VLIWプロセッサー【very long instruction word processor】Ⅰ算 同時に複数の命令を処理する並列処理方式の一つ。同時に実行する命令を実行前に決定する。

VLP【Veterans Leadership Program】社 ベトナム帰還兵に職業訓練をするアメリカの民間グループ。1982年に設立。

VLSI【very large scale integration】Ⅰ算 超大規模集積回路。超LSI。

VLT【very large telescopes】天 ヨーロッパ南天天文台がチリのパラナル山頂に設置した4機の望遠鏡群。2002年に本格観測を開始。

VMC【visual meteorological condition】気 有視界気象状態。目視飛行が可能な気象状態。

VMCF【voice mail culture forum】Ⅰ ボイスメール利用文化フォーラム。日本国内でボイスメールの普及を図ることを目指す団体。

VMwareⅠ算 ブイエムウエア。アメリカのVMウエアが開発した仮想マルチコンピュータエミュレーターソフト。複数のOSの同時運用が可能。

VMX【voice mail-box】Ⅰ ボイスメールボックス。声の私書箱。通信網内の音声蓄積装置に蓄積された音声を端末からの要求に応じて伝達するシステム。

VNA【Vietnam News Agency】ベトナム通信社。1945年に創立。

VOA【Voice of America】放 アメリカの声。アメリカ政府の海外放送。

VOC ①【volatile organic compounds】化 揮発性有機化合物。石油化学製品の建材・塗料・接着剤から発生するホルムアルデヒドなどの物質。②【voice of the customer】営 顧客の声。顧客の要望を指す。

VOCA賞【Vision of Contemporary Art】美 現代美術の展望」賞。日本の若手アーティストの登竜門。1994年に創設された。

VoiceXML【voice extensible markup language】Ⅰ算 ボイスエックスエムエル。音声を含めたウェブコンテンツや音声によるウェブサイトへのアクセスなどを可能にするXMLベースのマークアップ言語。

VoIP【voice over IP】Ⅰイ算 インターネットのようなIP(Internet Protocol)ネットワークを利用して、音声信号を送る技術の総称。マルチメディア通信の実現に適している。

VoIPゲートウエイ【voice over IP gateway】Ⅰ 電話網とIPネットワークの接続点に設けるゲートウエイ。

VoIP電話【voice over IP telephone】ⅠIPネットワークを利用した電話のこと。

VOKS【Vsesojuznoe Obshchestvo Kuljturnoj Svjazi s zagranitsej】露 ボックス。全ソ連対外文化交流協会。

vol.【volume】①書物の…巻。…冊。②音量。ラジオなどの音の大きさ。

VONA【Vehicles of New Age】機 社 ボナ。高架軌道を電動車で走る未来の輸送方式。

VoodooⅠ算 ブードゥ。アメリカの3Dfxインタラクティブが開発した、立体表示高速化機能を搭載したビデオチップシリーズの呼称。

VOR【very high frequency omni-directional range】電理 超短波全方向式無線標識。超短波で飛行中の航空機に方位を知らせる。

VORTAC【VHF omni-directional range/tactical air navigation】機 航法装置の一つ。超短波全方向式無線標識(VOR)と戦術航空航法装置(TACAN)を組み合わせる。

VP【video package】ビデオパッケージ。家庭用のビデオカセットレコーダーとビデオディスクなどの総称。

VPN【virtual private network】Ⅰ算 仮想私設通信網。通信事業者がもつ高度な網管理機能を用い、仮想的企業内専用網を構築するサービス。

VR【virtual reality】Ⅰ算 仮想現実。コンピューター技術などを用いて構築した架空の世界を現実のように知覚させること。

VRシステム【virtual reality system】Ⅰ映算 コンピューターの作り出す仮想世界を利用する映像システム。

VRA【Voluntary Restraint Agreement】経 輸出自主規制協定。1986年に日米政府が締結した。工作機械などで輸出入の承認や数量監視を行う。

VRAM【video random access memory】Ⅰ算 ブイラム。画面表示用のデータを記録しておくRAM領域。ビデオRAMともいう。

VRE【vancomycin-resistant enterococcus】医 バンコマイシン耐性腸球菌。1988年にフランスで発見された。

VRML【virtual reality modeling language】Ⅰイ算 コンピューターグラフィックス物体などを配置した三次元仮想空間を、インターネット上で生成するのに使う言語仕様。

VRS【video response system】Ⅰ算 画像応答システム。中央の蓄積装置にある動画や写真などの画像情報を、端末からの要求に応じて送信する。NTTが開発。

vs.【versus】羅 …対…。に対して。

VSAMファイル【virtual storage access method file】Ⅰ算 ブイサムファイル。順次アクセス、直接アクセス、動的アクセスができるファイル編成。

VSC【Vehicle Stability Control】機 自動車の車両安定のための電子制御システム。トヨタ自動車が開発。

VSD【vertical situation display】機 垂直状況表示装置。航空機の着陸進入時などに使う。

VSIアライアンス【Virtual Socket Interface Alliance】Ⅰ算 メーカー独自に開発されている回路ブロック(コア)のIP(intellectual property)をオープンにして、広く流通させることを目指して結成された業界団体。

VSL【vertical launching system】軍 ミサイルなどの垂直発射方式。

VSOP ①【VLBI space observatory program】天 人工衛星搭載の電波望遠鏡と日欧米の電

波望遠鏡を組み合わせ，超長基線電波干渉法を使う観測をする計画．②【very superior old pale】酒ブランデーの等級の一つ．貯蔵年数が20〜30年になるもの．

VSTOL機【vertical or short take-off and landing aircraft】機垂直・短距離離着陸機．

VT　①【vale tudo】格バーリトゥード．かみつきなど残虐性のある技以外なら，どんな技でも使えるという総合格闘技大会で使用されるオープンルール．②【virtual terminal】I算端末装置をソフトウエアで仮想的に表現したもの．OSI基本参照モデルに使われている．

VT100　I算アメリカのDEC（デジタルイクイップメント）のコンピューター端末．Telnet などに用いるネットワーク仮想端末として広く使われた．

V-Text　I算DOS/Vマシンで，標準の80桁25行を超えて，高解像度のモードで100桁31行や128桁40行の表示ができるソフトウエア．

VTOC【volume table of contents】I算ブイトック．フロッピーやハードディスク内の各ボリュームなど，ボリューム内のファイル管理を行うもの．

VTOL機【vertical take-off and landing aircraft】機垂直離着陸機．

VTR【video tape recorder】ビデオテープレコーダー．諸外国ではVCR（ビデオカセットレコーダー）と呼ばれる．家庭用は1975年にソニーが発売．

VTX【videotex】I算ビデオテックス．1980年代に開発された，電話回線を用いたマルチメディア情報提供システム．

VUMMIES【very upwardly mobile mommies】社バミーズ．強い上昇志向をもつ母親たち．

VW【Volkswagen 独】フォルクスワーゲン社．または同社製の自動車．

VX【venom X】化高致死性の神経ガス．VXガスともいう．

VxD　I算Windowsで使われている32ビットのデバイスドライバー．

W

W杯【World Cup】競ワールドカップ．
Wリーグ【W League】競（バスケットボール）バスケットボールの日本リーグ機構（JBL）に属する女子の部の名称．1999年に発足．
W3【World Wide Web】I算ワールド ワイド ウェブ．欧州合同原子核研究機関（CERN）の研究者が開発した，ハイパーテキスト形式の分散情報システム．設けられたポインターから他の文書や図にジャンプするリンクを設けた構造をもつ．WWW．
W3C【World Wide Web Consortium】I算WWWコンソーシアム．WWWについての標準仕様を定める非営利組織．1994年に設立．
WA【with average】経分損担保．海上保険の条項の一つ．
WAA【World Assembly on Ageing】国連の高齢化問題世界会議．第1回は1982年にウィーンで開催．第2回は2002年にマドリードで開催．
WAC【Women's Army Corps】軍ワック．アメリカの陸軍女性部隊．日本の女性自衛官．
WACC【weighted average capital cost】経加重平均資本コスト．負債コストと株主資本コストの加重平均で求める．
WADA【World Anti-Doping Agency】競世界反ドーピング機関．IOC（国際オリンピック委員会）が1999年に設立した独立機関．
WAEC【West African Economic Community】経西アフリカ経済共同体．CEAO．
WAF【wife acceptance factor】社買い物などで財布を握る主婦がOKを出す条件．
WAIS【wide area information servers】I算ワイス．ウエイズ．インターネット上にあるさまざまな分野のデータベースを，キーワードで情報検索するためのシステム．
Wake On LAN　I算ウェークオンラン．ネットワークを介してコンピューターの電源を入れる技術．
WAM【Emirates News Agency】首長国連邦通信社．アラブ首長国連邦の国営通信社．1977年に創立．
WAM NET　I算ワムネット．福祉医療機構が運営する福祉保健医療情報のネットワーク．
WAN　①【wide area network】I算ワイドエリアネットワーク．広域ネットワーク．全国規模で結ぶ通信網．②【World Association of Newspapers】社世界新聞協会．1948年に国際新聞発行者協会として発足．96年に改称．
WAP【wireless application protocol】I算携帯端末からのインターネット利用に機能する通信規格．
WAPフォーラム【WAP forum】I算WAP（wireless application protocol）の標準化団体．世界中の携帯電話メーカーが参加している．
WARC【World Administrative Radio Conference】社世界無線通信主管庁会議．ITU（国際電気通信連合）の主要機関の一つ．
WASP【White Anglo-Saxon Protestant】社ワスプ．アングロサクソン系の白人で新教徒．
WATS【wide area telephone service】I算ワッツ．アメリカのAT&Tが始めた広域電話サービス．発信課金型のOutward WATSと着信課金型のInward WATS（日本のフリーダイヤル）がある．
WAVファイル【WAV file】I算ワブファイル．WindowsやOS/2で標準とされているサウンドファイルの形式．PCM方式でデジタル録音したデータを再生する．
WAWF【World Association of World Federalists】社世界連邦主義者世界協会．本部はアムステルダム．1991年に世界連邦運動（WFM）に改称．
WAY【World Assembly of Youth】社世界青年会議．自由主義諸国の青年団体の連合体．

WB▶

WB【warrant bond】 [証経]ワラント債．新株引受権付社債．一定条件で請求し，その会社に新株を発行させて買い付ける権利．

WBA【World Boxing Association】[競](ボクシング)世界ボクシング協会．本部はパナマ．1962年にNBA(全米ボクシング協会)を発展解消して設立．

WBC ①【World Boxing Council】[競](ボクシング)世界ボクシング評議会．本部はメキシコ．1963年に設立．②【World Baseball Classic】[競](野球)ワールドベースボールクラシック．野球の世界一を決定する国・地域別対抗戦．2006年3月に行われた第1回大会では，日本が優勝し初代王者になった．09年に第2回，13年に第3回大会が開催された．

WBEM【Web-based enterprise management】[I][算]ネットワークに接続されている機器についてのリソース情報を，ウェブブラウザーを使って一括管理できる技術．

WBO【World Boxing Organization】[競](ボクシング)世界ボクシング機構．

WBS【work breakdown structure】[I][算]システム開発における工程管理の手法の一つ．

WBT【Web-based training】[I][イ]インターネットを用いた遠隔教育．ウェブページに加えて，電子メール，掲示板，チャットなどの機能を用いて行う．

WC【water closet】[建]水洗便所．トイレット．

WCC【World Council of Churches】[宗]世界教会協議会．プロテスタント系の世界的組織．1948年に設立．

WCD【World Commission on Dams】世界ダム委員会．1998年に設立．大型ダムの環境負荷などの問題を扱う．

W-CDMA【Wideband CDMA】[I]第三世代移動通信方式の一つで，広帯域の符号分割多元接続方式の携帯電話システムのこと．日本とヨーロッパが提案．

w-cdmaOne【wideband cdmaOne】[I]W-CDMAの国際基準として，北アメリカが提案するCDMA方式．現行のcdmaOneを広帯域化する構想．

WCDR【World Conference on Disaster Reduction】[社]国連防災世界会議．阪神・淡路大震災10周年の2005年に神戸で開催された．

WCED【World Commission on Environment and Development】[環]環境と開発に関する世界委員会．国連環境特別委員会ともいい，1984年に発足．

WCEE【World Conference on Earthquake Engineering】世界地震工学会議．

WCGP【World Classic Grand Prix】[競](スキー)ワールド クラシック グランプリ．左右両方のスキーを滑らせるクラシカル走法でスキーマラソンを行う大会．世界10カ国を転戦する．

WCL【World Confederation of Labour】[社]国際労働組合連合．国際労連．第三世界中心の国際労働団体．1968年に国際キリスト教労働組合連盟を改組・改称した．

WCO【World Customs Organization】[経]世界関税機関．条約上の名称はCCC(関税協力理事会)．

WCP ①【World Climate Program】[気]世界気候計画．WMO(世界気象機関)が1980年にスタートさせた国際プロジェクト．②【World Council of Peace】[社]世界平和評議会．1950年に設立．

WCRP ①【World Conference on Religion and Peace】[宗]世界宗教者平和会議．世界の主要宗教の代表者が参加．1970年に設立．②【World Climate Research Program】[気]世界気候研究計画．世界気候計画(WCP)の一つ．

WCS【World Conservation Strategy】[環]世界自然資源保全戦略．国際自然保護連合が作成した地球の資源を守る行動計画．

W-CSP【wafer-level chip size package】[I]ウエハーレベルCSP．超小型の集積回路作製技法．

WCT ①【WIPO Copyright Treaty】[証法]WIPO著作権条約．1996年採択．コンピュータープログラムなど，インターネット時代における著作物保護を規定している．②【FIM World Championship for Trial】[競]オートバイのトライアル競技の世界選手権シリーズ．

WDC【World Drivers Championship】[競](自動車)世界ドライバーズ選手権．F1による世界最高のレーシングドライバーレースのシリーズ．

WDF【waste derived fuel】[化環]廃棄物固形燃料．ごみ固形化燃料．RDFともいう．

WDM ①【wavelength division multiplexing】[I]波長分割多重方式．1本の光ファイバーを使って複数の波長の光を伝送し，信号を多重化する技術．伝送容量が飛躍的に増大する．②【Windows driver model】[I][算]Win32の各機能の呼び出し機構でのデバイスドライバーの設計思想．

WDMT【wavelength divison multiplexing transmission】[I]光波長分割多重通信．異なる波長の光を複数使って同時通信を行う方法．

WEA【Workers' Educational Association】[社]労働者教育協会．成人教育を推進するアメリカの民間団体．

Web [I][イ]WWW，W3の略称．ウェブ．

Web 2.0 [I][イ]インターネットの利用者の全員がネット社会に参加して，新たなサービスを作ろうという考え方，もしくは潮流を指す．

Webアクセシビリティー【Web accessibility】[I][イ]だれもがWebコンテンツにアクセスしてサービスを受けられること．実現するにはさまざまなユーザー環境を想定する必要がある．

Web共有【Web sharing】[I][算]MacOS上で，Webサーバー機能を実現するコントロールパネル．

Webサーバー【Web server】[I][イ]クライアントに対して，HTTPを用いた通信によりHTMLファイルなどさまざまなWebデータを提供するサーバー．

Webサービス【Web service】[I][イ]ネット上のさまざまなシステムやアプリケーションから，一つの統合されたサービスを提供するアプリケーション．

Webサイト【Web site】[I][イ]ウェブサイト．テーマごとのウェブページの集まり．

Webスタイル【Web style】[I][算]手元のパソコン

◀ W hois

上の情報を，Webページと同じ操作方法で行えること．アイコンにマウスポインタを重ね，シングルクリックすると情報が開く．

Webバグ【Web bug】ＩイⅠ算Webページに埋め込まれる微小な透過イメージ．企業が消費動向を収集するのに用いる．

Webパブリッシング【Web publishing】ＩイⅠ書籍や雑誌を電子化して，インターネット上で提供するサービス．紙資源の節約につながる．

Webページ【Web page】ＩイⅠインターネットで公開されるハイパーテキスト情報の総称．

Webマイニング【Web mining】ＩイⅠ算Web上のさまざまな形式のデータの分析，リンク構造の分析，アクセス分析などを指す．

Webメール【Web mail】ＩイⅠ専用のソフトウエアを使わずに，ブラウザー上でメールを送受信するサービス．

WebDAV【Web distributed authoring and versioning】ＩイⅠHTTPを拡張して，クライアント側からサーバー側に対してドキュメントを発行できるようにした仕様．

Web-EDI　ＩイⅠ経インターフェースとしてブラウザーを利用する電子取引システム．

WebMoney　ＩイⅠ経ウェブマネー．インターネット専用のプリペイドカード型の電子マネー．WebMoneyに加盟している電子商店で支払いができる．

WebTV　ＩイⅠ放ウェブティービー．アメリカのWebTVネットワークスが開発した，テレビと専用端末を使いWWWを閲覧する方式．

WebZine　ＩイⅠウェブジン．WWWのホームページの形で公開される雑誌．

WEC【World Energy Council】社世界エネルギー会議．1924年に設立した民間国際機関．本部はロンドン．

WECPNL【weighted equivalent continuous perceived noise level】理うるささ指数．加重等価持続感覚騒音レベル．国際民間航空機関が定める騒音についての国際基準．

WEEE指令【Directive on Waste Electrical and Electronic Equipment】営環使用済み家電製品の回収・リサイクルをメーカーに義務付ける指令．EU（欧州連合）域内で2005年8月から実施．

WEF【World Economic Forum】経世界経済フォーラム．世界各国の政財界のリーダーや学者が参加．毎年1月，スイスの保養地ダボスで年次総会を開く．本部はジュネーブ．

WE-NET【world energy network】理水素利用国際クリーンエネルギーシステム技術．工業技術院（現産業技術総合研究所）が1993年にWE-NET構想を打ち出した．

WEOS【whale ecology observation satellite】生字鯨生態観測衛星．

WEOSS【Whale Ecology Observation Satellite System】字生日本の鯨生態観測衛星．鯨の尾に観測機器を取り付け，回遊海域の情報などを収集する．

WEP【wired equivalent privacy】ＩⅠウェ

プ．メディアアクセス制御層でデータを暗号化し，メディア認証コード用データを付加して，エラーや改ざんの有無を点検する仕組み．

WESTPAC　①【Western Pacific area missile defense】軍ウエストパック．西太平洋地域ミサイル防衛構想研究．日本のミサイル防衛研究の通称．1989年から4年間研究した．②【West Pacific】西太平洋海域共同調査．

WEU【Western European Union】西欧同盟．加盟国間の安全保障政策の調整を行う諮問機関．1948年に結成．事務局はロンドン．

WFB【World Fellowship of Buddhists】宗世界仏教徒連盟．1950年に結成．

WFC【World Food Council】社世界食糧理事会．1977年に設立された国連の関連機関．

WFDY【World Federation of Democratic Youth】政世界民主主義青年連盟．社会主義諸国の青年団体の国際的な組織．1945年に設立．

WFP【World Food Programme】社世界食糧計画．国連が1963年から始めた多国間食糧援助機構．

WFTU【World Federation of Trade Unions】社世界労働組合連盟．世界労連．世界最大の国際労働団体．

WFUNA【World Federation of United Nations Associations】社国際連合協会世界連盟．国連を支持しその精神を普及するため，1946年に設立．

WGA【Writers Guild of America】映アメリカの脚本家協会．

WGC　①【World Gold Council】社金の健全な普及を目指し，広報・市場調査などを行う非営利法人．各国の鉱山会社により，1987年に設立された国際的機関．本部はジュネーブ．②【World Golf Championship】競（ゴ）ワールドゴルフ選手権．

WGC-EMCワールドカップ【WGC-EMC World Cup】競（ゴ）WGC（ワールドゴルフ選手権）の一環として行われるゴルフのワールドカップ．

WGP【FIM Road Racing World Championship Grand Prix】競ロードレース世界選手権．オートバイ競技におけるサーキット周回レースの世界大会．

WHERE句【WHERE clause】ＩイⅠフエア句．SQL文の検索条件を指定する関数の一つ．SELECT文の中で，抽出する条件としてWHERE句で指定する．

WHI【women's health initiative】医閉経後の女性に起こる病気や予防法などの解明を目指す，アメリカ国立保健研究所の大規模臨床試験．1991年に開始．

WHNS【wartime host nation support】軍戦時受け入れ国支援．同盟軍を受け入れた国が戦力・施設・物資などを支援すること．

WHO【World Health Organization】社世界保健機関．国連専門機関の一つ．1948年に発足．本部はジュネーブ．

whois　ＩイⅠフーイズ．インターネット上の人物に関する情報を検索できるシステム．

851

WiBro ▶

WiBro【Wireless Broadband】Ⅰワイブロ．韓国が開発した高速大容量通信の新規格．2.3GHz帯域の周波数を使う高速無線インターネット．

WID【women in development】社開発における女性の役割．開発と女性．開発分野や開発過程への女性参加を保障し，女性の社会経済的地位を改善しようとする思想・政策．

WIDEプロジェクト【Widely Integrated Distributed Environment Project】Ⅰイ慶応義塾大学で組織されたインターネットの研究プロジェクト．1986年に開始．

WIDER【World Institute for Development Economics Research】社世界開発経済研究所．国連大学直轄の研究機関．

Wide SCSI Ⅰ算ワイドスカジー．SCSI-2で標準化された規格の一つ．16ビットのバス幅で最高転送速度20Mbps．

WIFE【Windows Intelligent Font Environment】Ⅰ算ワイフ．日本語などの2バイトの文字コードを利用するための英語版のWindows 3.0用のフォント．

Wi-Fi【wireless fidelity】Ⅰ算ワイファイ．高速無線LANの規格であるIEEE802.11aと802.11bに付けた商標名．

WiMAX【Worldwide interoperability for Microwave Access】Ⅰイ50km程度の範囲をカバーする無線ネットワーク技術．通信速度は10～75Mbps．

Win32 Ⅰ算Windows NTとWindows 95が装備する32ビットのアプリケーションソフトOSの基本的な機能を利用する機能．

Win32s【Win32 subset】Ⅰ算Windows 3.1用に開発されたWin32の普及版．Windows 3.1のAPIであるWin16をそのままもっている．

Winbiff Ⅰイ Windows対応でインターネットの電子メールを読み書きするソフトウエア．日本のオレンジソフトなどが開発．

WinChip 2 Ⅰ算ウィンチップツー．低コストと低消費電力を売り物にしたx86互換のCPU（中央処理装置）．

WinChip C6 Ⅰ算ウィンチップシーシックス．MMX命令を実行できるx86互換のCPU（中央処理装置）．またx86命令用に最適化されたマイクロ命令と実行ユニットをもつ．

Windows Ⅰ算ウィンドウズ．アメリカのマイクロソフトが開発したパソコン用OS（基本ソフトウエア）の総称．

Windowsキー【Windows specific key】Ⅰ算Windowsのロゴマークの付いたキー．単独で押した場合はスタートメニューが表示され，他のキーとの組み合わせでさまざまな機能を呼び出せる．

Windows 3.1 Ⅰ算アメリカのマイクロソフトが開発した，MS-DOS上にGUI（graphical user interface）環境を実現するOS．

Windows 95 Ⅰ算 Windows 3.1の次のバージョンとして1995年に発売されたOS．

Windows 98 Ⅰ算アメリカのマイクロソフトが1998年に発売したWindows．

Windows 2000 Ⅰ算アメリカのマイクロソフトが1999年に発売した，Windows NTの後継OS．

Windows CE Ⅰ算電子手帳サイズのハンディーコンピューター用に開発したWindows．

Windows DNA【Windows distributed Internet architecture】Ⅰ算ウィンドウズディーエヌエー．アメリカのマイクロソフトが提供する，分散ウェブアプリケーション開発のためのフレームワーク．

Windows Me Ⅰ算ウィンドウズミー．アメリカのマイクロソフトが開発・販売しているパソコン用OS．Windows 9xアーキテクチャーを基にしたOSとしては最後の製品．

Windows NT Ⅰ算内部仕様を32ビットに拡張した高性能のOS．1993年にアメリカのマイクロソフトが開発．NTはNew Technologyの略．

Windows Vista Ⅰ算ウィンドウズビスタ．Windows XPの後継OS．

Windows XP Ⅰ算アメリカのマイクロソフトが開発し，2001年秋に発売したOS．

WinFTP Ⅰ算WindowsのGUI（graphical user interface）を用いて操作できるファイル転送ソフトウエア．

WinG Ⅰ算ウィンドウズ用ゲームソフト開発のためのアプリケーションソフトOSの基本的な機能を利用する機能．Windows 95では，新しい機能であるDirectDrawに代わった．

WinHEC【Windows hardware engineering conference】Ⅰ算ウィンヘック．マイクロソフトが毎年開催するWindowsに関連したハードウエアの開発者向けのセミナー．

Winny Ⅰイ算ウィニー．ファイル交換ソフトの一つ．

WINS ①競ウィンズ．日本中央競馬会の場外馬券売り場の愛称．②【Windows Internet name services】Ⅰイ TCP/IPで通信する時に用いる，名前解決を扱う機能．

WinSock【Windows sockets】Ⅰイ Windows対応でインターネット用のアプリケーションソフトを使うために必要なアプリケーションプログラミングインターフェース．

WinVN Ⅰイ Windows用のニュースリーダー．ネットニュースにアクセスしてファイルを読んだり記事を投稿するソフトウエア．

WIN WIN【Women in New World, International Network】政日本の女性候補者支援募金ネットワーク．女性を政治の場により多く送り出すことを目指す．1999年に発足．

Win-Win 営双方が互いに利益を得る関係のこと．

WinZip Ⅰ算ウィンジップ．アメリカのニコマクコンピューティングが開発したWindows対応のファイル管理ソフトウエア．圧縮・解凍の処理速度が速い．

WIPO【World Intellectual Property Organization】経社世界知的所有権機関．国連専門機関の一つ．1970年に設立．本部はジュネーブ．工業所有権と著作権の保護を図る．

WISC【Wechsler Intelligence Scale for Children】心ウイスク．アメリカの心理学者ウェクスラーが作成した児童用知能検査．

WITSA【World Information Technology

and Service Alliance】⊞世界32カ国のIT業界団体で構成する世界情報サービス産業機構．情報システム産業の重要性を主張．
WJBL【Women's Japan Basketball League Organization】⊞バスケットボール女子日本リーグ機構．Wリーグと2部リーグにあたるW1リーグを運営する．
WJC【World Jewish Congress】⊞世界ユダヤ会議．1936年に設立．本部はジュネーブ．
WKF【World Karate Federation】⊞(空手)世界空手連盟．
WLAF【World League of American Football】⊞(アメリカンフットボール)プロリーグの一つ．1991年にヨーロッパで開催．98年にNFLヨーロッパと改称．
WLL【wireless local loop】⊞基地局と固定端末の間を無線回線で結ぶ加入回線．
WMA ①【Windows media audio】⊞ウィンドウズメディアオーディオ．アメリカのマイクロソフトのストリーミング配信技術（Windows Media Technologies）の中の音声に関連する技術．②【Wikalat al-Maghreb al-Arabi】マグレブアラブ通信社．モロッコの国営通信社．1959年に創立．
WMAP【Wilkinson microwave anisotropy probe】⊞NASA（アメリカ航空宇宙局）の宇宙背景放射観測衛星．2001年に打ち上げた．
WMC【World Muslim Congress】⊞世界イスラム協会．イスラムの統一と結束を目指して，1926年に設立．
WMD ①【weather merchandising】⊞ウェザーマーチャンダイジング．製造業，流通業向けに有用な資料を付した気象情報．②【weapons of mass destruction】⊞大量破壊兵器．人類・生物を一度に大量破壊できる核兵器，化学兵器，生物兵器のこと．
WML【wireless markup language】⊞携帯電話のインターネット接続に使うプロトコルWAPで用いるコンテンツの記述言語．
WMO【World Meteorological Organization】⊞世界気象機関．国連専門機関の一つ．1950年に設立．本部はジュネーブ．
WNBA【Women's National Basketball Association】⊞(バスケットボール)アメリカの女子プロリーグ．1997年に設立．
WNBF【West Nile Bank Front】⊞西ナイル岸戦線．ウガンダのゲリラ組織．
Wnn ⊞UNIXのかな漢字変換ソフトウエア．京都大学，アステック，オムロンが共同開発した．
WOA【World Olympians Association】⊞世界オリンピアンズ協会．オリンピック選手の組織．1995年に設立．
WOCE【World Ocean Circulation Experiment】⊞世界海洋循環実験計画．50年ぐらいの期間の長い気候変動を研究する．
WOCIC【World Citizens' Court】⊞法世界市民法廷．インターネット上で国境紛争などを裁判する市民活動．本部は札幌．
WonderSwan ⊞ワンダースワン．バンダイが発売した16ビットの携帯ゲーム機．ハイレベルの仕様が注目された．
WOOFS【well-off old folks】⊞優雅に暮らす高齢者のこと．
Word ⊞ワード．アメリカのマイクロソフトが販売するワープロソフト．定型文書を効率よく作成する機能が充実．
WorkPad ⊞ワークパッド．アメリカのIBMがパームコンピューティング社とOEM契約を締結して，共同開発した携帯情報端末．
WorldScript ⊞ワールドスクリプト．MacOSに搭載されている多国語に対応したインターフェースのための拡張機能．
WOSA【Windows open services architecture】⊞ウォサ．製品に依存しない接続環境を構築するインターフェースの仕様．1992年にアメリカのマイクロソフトが提案．
WOWOW ⊞ワウワウ．日本衛星放送．1984年に設立した民間の衛星放送会社，2000年にWOWOWと社名変更．1991年に放送開始．
WP【winning pitcher】⊞(野球)勝利投手．
WPAN【wireless personal area network】⊞IEEE802.15が標準化を目指す近距離無線LAN．最大転送速度が1Mbps，20Mbps以上，200Kbps程度の3種類のものを検討している．
WPC ①【wood plastic combination】木材とプラスチックでできた合成木材．②【World Petroleum Congress】世界石油会議．1933年に第1回開催．③【World Population Conference】⊞世界人口会議．国連総会は1974年を世界人口年と指定し，この会議を開催した．
WPI【wholesale price index】⊞卸売物価指数．企業間で取引される商品の価格がどのくらい変動したかを示す指数．
WPPT【WIPO Performances and Phonograms Treaty】⊞法WIPO実演・レコード条約．1996年採択．実演家およびレコード製作者の権利保護を規定している．
WPS【Windows printing system】⊞Windows用のプリンター制御システム．グラフィックの処理を行うモジュールから直接プリンターへ送って印刷できる．
WRAM【Windows RAM】⊞ダブリューラム．韓国のサムスン電子による，デュアルポートのビデオメモリー用DRAM．Windowsの画像処理向けに最適化されている．
WRC【World Rally Championship】⊞(自動車)世界ラリー選手権．世界各地で年間10数戦を行う．
WRI【World Resources Institute】⊞世界資源研究所．世界の環境問題に取り組むアメリカの政策研究センター．1982年に設立．
WS ①【work station】⊞ワークステーション．コンピューターに入出力できる端末装置．②【world scale】⊞ワールドスケール．タンカーの基準運賃．
WSF ①【World Skating Federation】⊞(スケート)世界スケート連盟．2003年に設立されたフィギュアスケートの団体．②【World Social Forum】⊞世

W SG ▶

界社会フォーラム．世界経済フォーラムのダボス会議に対抗する社会運動．

WSG【Wehrsportgruppe Hoffmann 独】政ホフマン防衛競技集団．ドイツのネオナチ系の極右グループ．

WSH【Washington Nationals】競（野球）ワシントン・ナショナルズ．米大リーグの球団の一つ．

WSIS【World Summit on the Information Society】I社世界情報社会サミット．情報社会をテーマとする国連会議．インターネットの管理のあり方などを協議する．

WSP【Women Strike for Peace】社平和のための女性運動．アメリカの平和団体．

WSPC【World Sports-Prototype car Championship】競（自動車）世界スポーツプロトタイプカー選手権．世界各地で年間10数戦が行われる．ル・マン24時間レースが有名．

WSSD【World Summit on Sustainable Development】環持続可能な開発に関する世界首脳会議．2002年に南アフリカのヨハネスブルクで開催．

WTA【Women's Tennis Association】競（テニ）女子テニス協会．女子選手のランキングを発表する．

WTC ①【World Trade Center】建世界貿易センター．ニューヨークの超高層ビル．2001年9月11日の同時多発テロで崩壊した．②【Osaka World Trade Center】建大阪ワールドトレードセンター．高さ252m．

WTF【World Taegwondo Federation】競（アニメ）世界テコンドー連盟．

WTI【West Texas Intermediate】営経アメリカ産標準油種．ニューヨーク商品取引所で行われる先物取引の主要銘柄の一つ．

WTO ①【World Trade Organization】経世界貿易機関．GATTを発展的に解消し，1995年に81の国・地域が参加してWTO協定が発効した．本部はジュネーブ．②【World Tourism Organization】社世界観光機関．1975年に設立．事務局はマドリード．③【Warsaw Treaty Organization】政ワトー．ワルシャワ条約機構．北大西洋条約機構（NATO）に対抗して1955年に結成したが，92年に解消．

WTO協定【WTO —】世界貿易機関を設立するマラケシュ協定（本体）と付属書1〜4からなる協定．

WTP【willingness to pay】環経支払い意思額．環境リスク削減のために支払う意思がある最大金額．

WTUC【World Trade Union Congress】社世界労働組合会議．

wu-ftpd I算UNIXで利用されるFTPサーバーソフト．アクセス制御や匿名アクセスサービスなどの機能をもっている．

W-VHS【double-VHS】 Iハイビジョン映像を録画できるVHS方式のビデオテープ規格．

WWB【Women's World Banking】営経女性の世界銀行．女性の事業への信用保証や，事業アドバイス，研修などを行う．1980年に設立．本部はニューヨーク．日本では90年に設立．

WWC【World Water Council】世界水会議．水問題への取り組みを推進する．

WWE【World Wrestling Entertainment】競アメリカのプロレス団体の一つ．WWF（World Wrestling Federation）から2002年に改称．

WWF【Worldwide Fund for Nature】環世界自然保護基金．1961年設立．本部はスイス．

WWFⅢ【The 3rd World Water Forum】第3回世界水フォーラム．2003年に日本で開催した．

WWMCCS【Worldwide Military Command and Control System】軍世界軍事指揮管制機構．有事の際にすべての戦力をアメリカ大統領の厳格な統制下に置くための軍事情報通信システム．

WWOOF【willing workers on organic farms】社有機栽培農家などで働く代わりに宿泊・食事を提供してもらう仕組み．ウーフ．

WWP【Wide World Photos】アメリカの写真通信社．AP通信社の外郭部門．

WWRE【World Wide Retail Exchange】I営国際的な電子商取引機構の一つ．

WWW ①【World Wide Web】I算ワールド ワイド ウェブ．ダブリュースリー．ネットワーク上にあるいろいろな情報を，だれもがアクセスできるようにしたメカニズム．欧州共同原子核研究機関（CERN）が始めた．②【World Weather Watch】気世界気象監視計画．ダブダブダブ計画．1967年から継続中．

WWWコンソーシアム【World Wide Web consortium】I算WWW関連技術の普及および標準化を推進するため，1994年に設立された国際的な業界団体．W3C．

WWWサーバー【World Wide Web server】I算WWWのクライアントにファイルやデータを送出するサーバー．ウェブサーバー，ウェブサイトともいう．

WWW新聞【news distribution through WWW】I算WWWを使ってニュース報道を行うサービス．新聞社やテレビネットワークのニュースチャンネルがニュース提供を行う．ニュースサイトともいう．

WWWブラウザー【WWW browser】I算WWWで公開される情報にアクセスするためのクライアントソフト．

WYSIWYG【what you see is what you get】I算ウィジィウィグ．コンピューターの画面で見たイメージがそのまま出力できるというGUI（graphical user interface）の基本概念．「見たものが手に入る」という意味から．

X

X ①【Christ】キリスト．②未知あるいは秘密の人・物．③映アメリカ映画協会の等級分けの一つ．いわゆるポルノ映画を指す．

Xゲームズ【X Games】競さまざまな用具を使って

◀ X L

技を競うスポーツ大会．1995年にアメリカの放送局ESPNが開始．スケートボード，インラインスケート，マウンテンバイク，スノーボードなどの種目がある．

Xジェネレーション【generation X】社X世代．アメリカで1960年代後半から70年代半ばに生まれた世代を指す言葉．

Xシリーズ勧告【X series recommendations】①データ通信網に関する技術を規定しているITU-T勧告．サービスと機能，インターフェース，伝送や交換システムおよびそれに関連した信号システム，保守，管理など広い範囲をカバーしている．

X線回折法【X-ray diffraction method】化結晶にX線を照射して回折を起こし，原子の配列や分子の構造などを調べる方法．

X線管【X-ray tube】電理電圧をかけると電磁波を発生する電子管．

X線顕微鏡【X-ray microscope】理X線を使って拡大像を得る装置．

X線診断【radiography scanning】医理物質を透過するなどのX線の性質を利用して，人体の各部・組織を診断する技術．

X線天体【X-ray source】天X線の放射が特に強い天体．

X線天文衛星【X-ray astronomy satellite】宇宙科学研究所（現宇宙航空研究開発機構）の第23号科学衛星．アストロE-Ⅱ．

X線天文学【X-ray astronomy】天宇宙からのX線を観測・研究する学問分野．

X線バースター【X-ray burster】天宇宙にあるX線源の中で，爆発的にX線が増加する変化を見せるもの．

X線バースト【X-ray burst】天特殊なX線天体のX線バースターから，爆発的にX線が短時間発生する現象．

Xリーグ【X League】競（アメリカンフットボール）日本社会人アメリカンフットボール協会が1996年に始めたリーグの名称．

x2 ①通アメリカのUSロボティックスが提唱した56kbpsモデムのローカル規格の一つ．1998年にITU-T（国際電気通信連合標準化部門）勧告V.90として発展した．

X.21 ①通公衆回線交換データ網に接続する同期端末のDTE/DCE間インターフェースを規定したITU-T勧告．コネクターの形状，ネットワーク制御機能などを規定している．

X.25 ①通ITU-Tが勧告したパケット交換での終端装置と端末とのインターフェース．

X-31【experimental plane-31】軍アメリカ空軍が空中戦での戦闘機の高機動性を研究するために製作した実験機．

X-33【X-33 Reusable Launch Vehicle Technology Demonstrator】宇機アメリカの次世代の完全再利用型宇宙輸送機を開発するための試験機．2001年開発打ち切り．

X-34【X-34 Experimental Space Launch Vehicle】宇機無人シャトル実験機．NASA（アメリカ航空宇宙局）が発表した有翼の民間RLV（完全再利用型宇宙輸送機）の開発試験機．2001年開発打ち切り．

X-36【experimental plane-36】軍アメリカ国防総省の計画による戦闘機の高機動性研究機の一つ．

X.75 ①通公衆パケット交換網を相互接続する時のプロトコルを規定したITU-T勧告．

X.200シリーズ勧告【X.200 series recommendations】①通OSI基本参照モデルに関する一連のITU-T勧告．X.200でモデルの構造や各層の機能を規定して，これに続く200番台の勧告でサービスなどを規定している．

X.400シリーズ勧告【X.400 series recommendations】①通OSI基本参照モデルのアプリケーション層で電子メール機能を実現する一連のITU-T勧告．

X.500シリーズ勧告【X.500 series recommendations】①通ディレクトリに関する一連のITU-T勧告．各種通信サービスで共通して利用できるDIB（directory information base）を定めている．

XAインターフェース【XA interface】①通X/Open（現在オープングループ）が定めた分散トランザクション処理のための標準インターフェース．

Xbox ①通エックスボックス．アメリカのマイクロソフトが2002年2月に発売した家庭用ゲーム機．

Xbox 360 ①通マイクロソフトのゲーム機．Xboxの後継機として2005年12月に発売．

Xbox Live ①通エックスボックス ライブ．マイクロソフトがXbox向けに提供するオンラインサービス．

XBRL【extensible business reporting language】①通インターネット言語のXMLを財務情報の交換に応用したコンピューター言語．

XBT【expendable bathythermograph】機使い捨て式の深海自記温度測定器．航行中の船から，使い捨ての感知器部分を海水に入れ，水温の鉛直分布や深度を観測する．

xDSL【x digital subscriber line】①通メタルケーブル上で，高い周波数による変復調方式を使い高速のデジタル通信を実現する技術．

XENIX ①通ゼニックス．アメリカのマイクロソフトがAT&TからUNIXのソース・コードライセンスを受けて，各種プラットフォームに移植したUNIX系OS．

XF-2【Fighter Support XF-2】軍次期支援戦闘機．航空自衛隊のF-1の後継機で，日米共同で開発している．

Xfree86 ①通エックスフリー86．ネットワーク指向のシステムであるX Windows Systemの一つ．

XG ①通ヤマハが提唱している音源フォーマット．音色のセットを切り替えることで，音色の数の増加，エフェクトの追加ができる．

XGA【extended graphics array】①通高解像度（最大1024×768ドット）のグラフィックスの表示規格．アメリカのIBMが1990年に発表．

XHTML【extensible hypertext markup language】①HTMLの最新版で，2000年1月にWWWコンソーシアム（W3C）より勧告された規格．HTML4.01を基に，XMLの規格に適合するように再構成している．

XL【extra large】服特大サイズ．

855

X Link ▶

XLink【XML linking language】Ⅰ算エックスリンク．XML文書でリンクを記述するための言語．シンプルリンク，機能リンク，拡張グループリンクの三つのリンク指定方法がある．

XLS　Ⅰ算アメリカのマイクロソフトの表計算ソフトであるExcelのファイル形式．事実上，表計算ソフトのデータ形式の標準．

Xm.【Christmas】クリスマス．Xmas のほうが普通．

XM982誘導砲弾【XM-982 guided projectile】軍アメリカ陸軍が開発中の155mm長射程誘導砲弾．

XML【extensible markup language】Ⅰ算次世代の情報を表現する言語．1998年にW3C（WWWコンソーシアム）が作成．

XMLアプリケーション【XML application】Ⅰ算XML対応製品のこと．アメリカのIBMのXML Editor Makerや，アメリカのオラクルのOracle 8iなどがある．

XMLブラウザー【XML browser】Ⅰ算XML文書の構文を解釈して表示する閲覧ソフトウエア．富士通研究所が開発したHyBricなどがある．

XMM-ニュートン【X-ray multi-mirror satellite Newton】宇天ESA（欧州宇宙機関）のX線宇宙望遠鏡．1999年に打ち上げた．

XMODEM　Ⅰ算エクスモデム．1978年に開発されたファイル転送プロトコル．

XMS【extended memory specification】Ⅰ算MS-DOS 使用可能なメモリーを拡張する方法の一つ．80286以上の中央処理装置（CPU）で利用できる．

XNA　Ⅰ算マイクロソフトが提供する，次世代ゲームの開発環境のこと．

XO　①【extra old】酒ブランデーの階級の一つ．貯蔵年数の特に長いものをいう．②【exchange order】習旅航空券引換証．

X-ON/X-OFF　Ⅰ算「無手順」と呼ばれる通信プロトコルにおける，通信の一時停止，再開を指示する符号．

X/Open　Ⅰ算 UNIX 関連のアプリケーション プログラミング インターフェースの標準化を進めた業界団体．アメリカのIBMが設立したOSFと合併．

XP【extreme programming】Ⅰ算オブジェクト指向の開発プロセスの一つ．シンプルな設計を行い，主に小規模開発に向いている．

XPointer【XML pointer language】Ⅰ算エックスポインター．XML文書でリンク先の特定位置や要素を指定するための言語．

Xr.【Christian】宗クリスチャン．キリスト教徒．単にXとも書く．

XScale　Ⅰ算携帯型パソコンなどに用いるインテル製プロセッサーの基本設計．

XSL【extensible style language】Ⅰ算XMLデータの書式を指定するスタイルシートを記述するための言語．

XSLT【extensible stylesheet language transformations】Ⅰ算XMLデータを別のXMLへ変換するためのフォーマット変換規則．

XSS【cross site scripting】Ⅰ算クロスサイトスクリプティング．本物のサイトの上に偽の入力欄を仕掛け利用者に書き込ませるやり方．

Xtra　Ⅰ算エクストラ．アメリカのマクロメディアのオーサリングツールであるDirectorのスクリプト言語（Lingo）を拡張させるコマンドの援助をする機能．

Xty.【Christianity】宗キリスト教．キリスト教信仰．

XUL【XML-based user interface language】Ⅰ算ズール．XMLを基にメニューやボタンなどのユーザーインターフェースを記述するための言語．Netscape6やその基になっているMozillaで利用される．

X Window　Ⅰ算グラフィックワークステーション用のウインドウシステムを使ったGUI（graphical user interface）．マサチューセッツ工科大学が開発した．

Y

Yライン【Y line】服Yの字に見える逆三角形の輪郭．

Y2K【Year 2000】Ⅰ算2000年問題．コンピューターのプログラムで誤作動が生じた問題．西暦の下2けたの00が，2000年でなく1900年と混同されて起こる問題．実際には事前対策を立てることにより軽微な影響で済んだ．

YAC【Young Astronauts Club】字社日本宇宙少年団．つくば科学万博記念財団が1986年に発足させた．

yacc【yet another compiler compiler】Ⅰ算ヤック．UNIXの初期に開発されたコンパイラー・コンパイラー．yaccの文法に従って記述すると，構文解析を行うためのCプログラムを生成する．

Yahoo!　Ⅰ算ヤフー．検索エンジンの一つ．世界中のウェブサイトを分野別に整理して階層メニュー化する検索システムをもつ．

Yahoo! BB　Ⅰ算ソフトバンクグループが提供するADSLインターネット接続サービス．

Yahoo! JAPAN　Ⅰ算登録型検索エンジンの代表格であるYahoo!の日本語版．

YAP【young aspiring professionals】社ヤップ．専門職志向をもつ若者たち．

YEEP【youthful energetic elderly people】社イープ．若さや活力がある中年齢者たち．

Yellow Box　Ⅰ算イエローボックス．OPENSTEPを基としたアメリカのアップルコンピュータのMacOS X Serverの開発環境．

YG性格検査【Yatabe-Guilford —】心矢田部ギルフォード性格検査．アメリカの心理学者ギルフォードの性格検査をモデルに，日本で心理学者の矢田部達郎らが作成したもの．

YH【youth hostel】社ユースホステル．青少年の野外活動の健全育成を図る宿泊施設．

YHA【Youth Hostels Association】社ユースホステル協会．

YKKグループ 政議員集団の一つ「グループ・新世紀」の俗称．自民党の山崎拓，加藤紘一，小泉純一郎らが1994年に結成．

YMCA【Young Men's Christian Association】社キリスト教青年会．1844年設立のイギリスの国際的な青年団体．社会への奉仕を掲げて，社会・教育などの事業を行う．

YMF724/744/754 I算ヤマハの代表的な統合型音源チップの一つ．単体のMIDI音源モジュールに匹敵する音源を内蔵して低価格．

YMODEM I算ワイモデム．ネット通信で使うファイル転送プロトコル．XMODEMの欠点を解消し，機能拡張したファイル転送プロトコル．

YOFFIES【young out of shaped fat folks】社ヨフィーズ．若くて丸々太った人々．

YSX 機 YS-11の後継となる日本の短距離小型旅客機．定員が70～80席ぐらいの次世代ジェット旅客機．

YWCA【Young Women's Christian Association】社キリスト教女子青年会．1855年設立のイギリスの国際的な女子青年団体．社会への奉仕を掲げ，社会・教育などの事業を行う．

YX【yusoki experiment】機次期民間航空機．YS-11の後継機．日米伊で共同開発・製造し，ボーイング767として誕生，1983年に就航．

YXX 機日本の次期中型民間航空機．定員が150席ぐらいの中型機開発を目指したが，1994年に開発を凍結した．

Z

Z ①【zero】ゼロ．零．②【zone】ゾーン．地帯．区域．

Zグラフ【Z graph】I算営経売上実績や企業の業績などを分析する時に用いるグラフ．例えば，月間売上，売上累計，売上移動累計の三つの折れ線グラフを用いる．

Zソート法【Z sort algorithm】I算三次元コンピューターグラフィックスの隠れた面を消去する方法の一つ．多角形面（ポリゴン）単位で実行する．

Zバッファ法【Z buffer method】I算コンピューターグラフィックスで，複数のポリゴン間の前後判定を画素単位で行うもの．

Z39.50 I算米国規格協会（ANSI）の定める，情報検索サービスに関する規格である Information Retrieval Service Definition and Protocol Specificationの識別番号．

Z80 I算1975年にアメリカのザイログ社が出した8ビットのCPU（中央処理装置）．i8080の上位にある互換CPUで，さらに二つのインデックスレジスターを追加したことが特徴．

ZANU【Zimbabwe African National Union】政ジンバブエ アフリカ民族同盟．ローデシアの黒人による民族主義政党．ZAPU から分裂して，1963年に結成．

ZAPU【Zimbabwe African People's Union】政ジンバブエ アフリカ人民同盟．民族主義を掲げた黒人によるローデシアの解放戦線．

ZBB【zero-based budgeting】経政ゼロベース予算．毎年度ゼロから国家予算を査定するもの．

ZD【zero defect】営社無欠陥．工場生産で欠陥製品を皆無にしようというもの．

ZDF【Zweites Deutsches Fernsehen 独】放ドイツ第2公共テレビ．

ZEG【zero economic growth】経経済のゼロ成長．

ZETA【Zero Energy Thermonuclear Assembly】理ジータ．イギリスのハーウェル原子力研究所の核融合反応装置．

ZEV【zero emission vehicle】環機無排ガス車．排ガスをまったく出さない自動車．

ZIFソケット【zero insertion force socket】I算ジフソケット．レバーのテコの作用で力を入れることなく着脱できるソケット．

ZIFT【zygote intrafallopian transfer】医接合子卵管内移植．体外受精法の一つ．

Zip I算ジップ．アメリカのアイオメガ社が開発した低価格なリムーバブルタイプの磁気ディスク．容量は100MBで，データ転送速度は1.4Mbps．

ZIPコード【Zone Improvement Plan code】社ジップコード．アメリカの郵便番号．ZIPは郵便集配区域改善計画のこと．

ZIPファイル【ZIP file】I算書庫ファイルの形式．広く普及している圧縮形式の一つ．

Zipメディア【Zip media】I算着脱できるデータ保存用の記録媒体の一つ．アイオメガ社が開発し，最大100MBの容量がある．

ZIP＋4【ZIP plus four】社ジッププラスフォー．アメリカの郵便番号で，従来の5桁に4桁を加えて9桁にしたもの．1981年に始まり，主に会社や事務用の郵便物に使われる．

ZKIP【zero knowledge interactive proof】I算ゼロ知識証明．秘密情報を知っていることを，秘密を明かさず証明する方法．

ZKM【Zentrum für Kunst und Medientechnologie Karlsruhe 独】I算ドイツのカールスルーエ芸術メディア技術センターのこと．メディアアートの研究機関兼ミュージアム．

ZMODEM I算ジーモデム．XMODEMとYMODEMの後継のファイル転送プロトコル．

ZMP【zero moment point】理移動体の重心に働くモーメントを力で換算した総合的な力の延長線が地面と交わる点．

ZOPFAN【Zone of Peace, Freedom and Neutrality】政東南アジア平和・自由・中立地帯．1971年にマレーシアのラザク首相が提唱．

ZPG【zero population growth】社人口増加率ゼロ．人口の置き換え水準．出生数と死亡数が同じで，人口が一定の状態．

ZVポート【Zoomed Video port】I算PCカードのデータ転送の高速化を図った拡張規格．

857

21世紀の アメリカ新語

新語は世の中の新しい動きを映す鏡であり、人々の関心の度合いを示すバロメーターでもある。国際的に見ても動きの大きいアメリカでは、新しい世紀にはいってからも続々と新語が生まれている。
ここにその「アメリカ新語」を紹介しよう。これらの新語のなかから、やがて日本語のカタカナ語になるものが出てくる。

医学・健康	860
イラク関連	861
エステ・風俗	861
環境	862
経営	864
経済	865
国際情勢	867
コンピューター	868
社会・世相	869
宗教	872
女性	872
新製品	873
スポーツ・レジャー	875
政治・行政	875
選挙	877
ダイエット・食生活	877
テクノロジー	879
テロ	879
ネット社会	880
バイオ関連	882
ファッション	883
メディア	884

沢田 博・編

医学・健康

Avon Walk(エーボン・ウオーク) 乳がん予防と治療のための慈善ウオーキング。化粧品会社エーボンが主催し、毎年アメリカ各地で開催する。

blue flu(ブルー・フルー) 職場などで病気理由の欠勤が急増し、インフルエンザ流行のようになった状態。多くは仕事から来るストレスが原因。

boutique care(ブティック・ケア) 会員制の高級医療サービス。会員は最先端の医療施設で、一般患者よりも優先的に最高の治療を受けられる。会費は年間1500〜2万ドル。

cardio-bot(カーディオ・ボット) 心肺機能を高める運動器具(ウオーキングマシンや自転車こぎなど)で、まるでロボットのように無表情に、ひたすら汗を流している人。フィットネスジムにたくさんいる。

chemical condom(ケミカル・コンドーム) 膣内および周辺に塗るだけでエイズ感染を防げるクリーム状の薬品。まだ開発段階にある。

clear(クリア) 特殊な筋肉増強剤(デザイナーロイド)の一種。薬物検査をクリアできることから。

clinical portal(クリニカル・ポータル) 病院内の診療情報を集め、共用できるようにしたウェブサイト。医師や看護師、薬剤師などの情報共有をスムーズにし、患者も自分の診療記録にアクセスできる。ノルウェーで開発された。

Cryonics(クライオニクス) 遺体の冷凍保存術。アリゾナ州のアルコア・ライフエクステンション・センターなどが実施。費用は全身保存で12万ドル程度。

cyberchondria(サイバーコンドリア) 医療情報サイトの読みすぎで自分は病気だと思い込み、ふさぎ込んでしまう症状。

designer roid(デザイナー・ロイド) 薬物検査でも発見されない特殊品の筋肉増強剤。一部の大リーガーが愛用しているとされる。

dry sex(ドライ・セックス) 女性器が濡れていない状態で行う性行為。アフリカの一部部族では、女性たちが特殊な薬草などを使い、あえて濡れを抑えるという旧習が残っている。

express-rest center(エクスプレス・レスト・センター) 都心のオフィス街にある、個人用のブースで居眠りできる有料施設。

flight socks(フライト・ソックス) いわゆる「エコノミークラス症候群」予防のため、長距離の飛行機を利用する際に履くソックス。足首やふくらはぎの筋肉を刺激し、血行を改善するとされる。

flu-shot drive-thru(フルーショット・ドライブスルー) 公園などに仮設した予防接種所。ファストフードのドライブスルー店のように、車に乗ったまま、流れ作業でインフルエンザ(flu)の予防接種を受けられる。

guideline creep(ガイドライン・クリープ) 生活習慣病の予防などに必要な健康ガイドラインの引き上げ。毎日必要な運動量が1日30分から60分に引き上げられるなど。科学的な根拠はともかく、健康関連産業がうるおうことは確か。

hypnobirthing(ヒプノバーシング) 催眠出産。1980年代末に提唱された自然分娩の方法の一つ。薬を使わず、自己催眠で分娩時の苦痛を和らげる。

laughing club(ラフィング・クラブ) みんなで集まって20分ほど笑い続けるクラブ。発祥はインド。ストレスが解消でき、導入した工場で欠勤率が減ったという報告もあるらしい。

light trance(ライト・トランス) 軽いトランス(催眠)状態。外科手術に際して、副作用の恐れのある麻酔薬の代わりに利用される。

memory pill(メモリー・ピル) もの忘れを改善する薬。加齢による記憶力の減退を遅らせたり、予防したりする薬。高齢者の増加で需要が増えると予想されるため、製薬会社が開発を急いでいる。ただし、記憶力を増進する効果はない。

Mr. Rounder(ミスター・ラウンダー) 回診ロボット。院内ネットに接続されたロボットで、主治医に代わって病室を回診し、若い医師や看護師に情報を提供する。内蔵のテレビ会議システムを通じて主治医がアドバイスすることもできる。

multitasking syndrome(マルチタスキング・シンドローム) 一度にたくさんの仕事を抱え込みストレスをためる症状。

neurotrainer(ニューロトレーナー) 心の健康を維持し、ストレスをためないための専属トレーナー。かかりつけの精神分析医や心理カウンセラー。

nicotine vaccine(ニコチン・ワクチン) 開発中の禁煙支援薬の一つ。ニコチンに反応する脳神経を遮断して、たばこを欲しがらない体質にする。

ovarian transplant(オバリアン・トランスプラント) 卵巣移植手術。がん患者の女性に化学療法を施すと不妊になる可能性が高いため、事前に卵巣組織の一部を摘出して冷凍保存し、治療終了後に移植する。ベルギーで初めて行われ、2004年9月に無事出産に成功した。

passive victim(パッシブ・ビクティム) 受動的被害者。たばこの受動喫煙などで、知らず知らずに害を被っている人。ファストフードや炭酸飲料などの常用で肥満化した人も含まれる。

positive psychology(ポジティブ・サイコロジー) 前向きな心理学。心の病を扱う在来の臨床心理学と違って、喜びの感情や前向きな姿勢などの強化を図る心理学とされる。

psychedelic medicine(サイケデリック・メディシン) 幻覚剤を利用した医療。LSDやエクス

タシーなどの幻覚剤を向精神薬や鎮痛剤として利用すること。

race-specific medicine(レイス・スペシフィック・メディシン) 人種による生物学的な違いに着目して開発される医薬品。第1号は心臓病治療薬BiDilで、2005年夏にアメリカで「黒人向け」として認可された。

RNA editing(アールエヌエー・エディティング) 遺伝子情報の転写に当たって、不要な情報を削除するだけでなく、元の情報を書き換えること。特定の酵素の作用とされ、遺伝的な病気の原因とも、病気を防ぐための機能とも考えられる。

robotic pharmacy(ロボティック・ファーマシー) ロボット薬局。デジタルな処方せんを読み取り、薬の調合や計量、袋詰めなどすべてを自動的に行うロボット。一部の病院で実験的に導入。

Seasonale(シーズナル) 月経を年4回だけに減らせる避妊用ピルの商品名。

sexsteria(セクステリア) 「安全なセックス」にこだわりすぎて、通常の性行為を忌避しがちになる強迫神経症の一種。見た目は奔放そうな若い独身女性の間に見られる。

sunshine phobia(サンシャイン・フォビア) 日光恐怖症。皮膚がんや肌の老化を恐れるあまり、ひたすら日光を浴びないようにすること。日焼け止め剤メーカーの大キャンペーンで1980年代から顕著になった。

transsexualism(トランスセクシャリズム) 性同一性障害。意識と肉体の性が合致していないこと。意識が女で肉体は男という人は1万人に1人、その逆は3万人に1人くらいいるとされる。

イラク関連

a'bombin'nation(アボミネーション) アメリカのこと。直訳すれば、すぐに爆撃したがる国。発音はabomination(憎悪)と同じ。

advisers program(アドバイザーズ・プログラム) イラク軍の「アドバイザー」として米兵が関与する計画。米軍の長期駐留を正当化するためのレトリック。

ajaja(アジャジャ) イラクの砂嵐。窓を閉めきっていても細かい砂が入り込んでくるので駐留米軍を悩まし、その精密兵器にも影響を与えている。

clean-skinned(クリーン・スキンド) 欧米の情報機関のブラックリストに載っていない(あるいは載りにくい)こと。EU(欧州連合)のパスポートがあればclean-skinnedになりやすいし、テロ組織はEUのパスポートをもつ人への浸透を図っている。

co-operative intervention(コーペラティブ・インターベンション) 協力的介入。イラクの国家再建に「協力」するための介入。米軍の長期駐留を正当化するためのレトリック。広義には途上国などへの軍事協力を指す。

empire lite(エンパイア・ライト) (アメリカにとって)軽い帝国。占領国統治に伴う困難を軽視する考え方。簡単に勝てた戦争ならば、戦後の占領統治も簡単だとする思い上がりを反映した表現。

fratricide(フラトリサイド) 自軍または友軍の兵士を誤って攻撃し、殺害すること。もとはマフィアなどの身内の殺し合いを指す言葉。

Green Republic(グリーン・リパブリック) バグダッド市内に設けられた「グリーン・ゾーン」の内部。アメリカ大使館や暫定政府の中枢があり、インフラも整備されていて、市内の一般地区とは別世界になっている。バグダッド市民が反感を込めて言う。

Iraqnam(イラクナム) アメリカの仕掛けたイラク戦争のこと。戦争の「ベトナム化」を恐れる立場から出た。イラクとベトナムの合成語。

Mess in Potamia(メス・イン・ポタミア) アメリカの仕掛けたイラク戦争と戦後の混沌。直訳すれば「ポタミアの大混乱」。イラクの地にかつて栄えた古代文明メソポタミアからの連想。

psyops(サイオプス) 軍隊における心理戦(psychological operations)。イラク戦争においても多用された。

socialized army(ソーシャライズド・アーミー) 社会化された軍隊。いわゆる産軍複合体が社会の隅々にまで根を下ろし、景気や雇用が軍隊の肥大化とリンクされ、いつもどこかで戦争をしているアメリカ社会の現状を指す。

war lite(ウオー・ライト) (アメリカにとって)軽い戦争。20世紀型の戦争に比べると短期間で済み、人的損害も少なくて勝てる戦争。2001年のアフガニスタン戦や03年のイラク戦など。

war tax(ウオー・タックス) 戦争税。戦費の負担を国民に実感させるための特別課税。すべての戦争にこれを義務づければ戦争に反対する人が増え、戦争の抑止力になるという考え方もある。

エステ・風俗

acu-facelift(アキュ・フェイスリフト) 鍼(はり)の技法を用いたしわ取り手術。ニューヨークの高級エステで人気。

advanced beauty(アドバンスト・ビューティー) 人工的な処置で進化した(advanced)美しさ。美容整形の別名。

age-less(エイジ・レス)　老いを減らす。ageless（不老）は不可能だから、せめて老いを少なくしようという現実的な考え方。美容整形も「少なく老いる」手段の一つ。

Bochox(ボチョックス)　飲むだけで（少なくとも一時的に）しわが取れると称する薬。

botox(ボトックス)　しわを隠す美容整形手術の一つ。食中毒の元凶であるボツリヌス菌の一種をしわの部分に注射して筋肉をまひさせ、しわを伸ばす。効果は長続きしないが、簡単な手術なので人気。

breast reduction(ブレスト・リダクション)　乳房縮小術。乳房が大きすぎると悩む女性のために行う美容整形手術。アメリカでの施術数は年間10万件ほど。

designer vagina(デザイナー・バジャイナ)　美容整形した女性器。ワギナ（膣）や陰唇の若返り、復元術。

Destina Japan(デスティナ・ジャパン)　アメリカやヨーロッパの男性に日本女性を紹介し、結婚を仲介するサービス会社。アメリカとイギリスを拠点に営業している。

Evolence(エボレンス)　頬をふっくらさせるなどで顔を若く見せる美容整形術。

G-Shot(ジー・ショット)　膣口内の性感帯の感度を高める目的でGスポットに注入する物質。コラーゲンでできている。

hobbyist(ホビイスト)　高級な売春サービスを頻繁に利用する人。表向きはエスコート（同伴）サービスを趣味（ホビー）で利用することになっていることから。

isolagen(アイソラーゲン)　しわを隠す美容整形手術の一つ。自分のコラーゲンを培養しておき、必要な時にしわの部分に注入する。

Kinerase(キネラーゼ)　乾燥肌を防ぐ保湿クリーム。植物の葉の乾燥を防ぐ成分を用いている。ハリウッドの50代女優に愛用されている。

McYoga(マックヨガ)　商業化されたヨガ。マニュアル化され、フランチャイズ方式で展開されるヨガ教室。マックはマクドナルドから。

pornaoke(ポルナオケ)　カラオケに合わせて歌うように、ポルノ映画に合わせて実際に各種の性行為をすること。

repairwear(リペアウェア)　加齢に伴って衰えた肌を修理・復元するための化粧品。しわ取りクリームなど。

safe tan(セーフ・タン)　安全な日焼け。髪を染める感覚で、シャワー状の装置で身体全体を「小麦色」に染める手法。皮膚がんはこわいけれど、夏は小麦色の肌がいいという人に好評。fake bake（日焼けもどき）ともいう。

sexometer(セクソミーター)　セックスアピール度。

smile design(スマイル・デザイン)　笑顔のきれいな歯並びと白い歯をつくる美容整形術。

vaginoplasty(バジャイノプラスティー)　ワギナ（膣）美容整形手術の総称。

vinothérapie(ビノテラピー)　ワインをしぼった後のブドウかすをボディーマッサージに使ったりするセラピー。vinotherapy（ビノセラピー）ともいう。

環境

bioneer(バイオニア)　生物の多様性（biodiversity）を守るため活動するさまざまな分野のパイオニア。

brownfield(ブラウンフィールド)　汚染された工業地帯。汚染されたままの地域。

carbon bank(カーボン・バンク)　炭素排出権バンク。地球温暖化ガスの排出規制を定めた京都議定書に基づき、二酸化炭素の排出権取引を仲介する組織。

cherry picking(チェリー・ピッキング)　リサイクルしやすいものだけを回収し、残りは焼却すること。コストはかからないが、細かい分別を行わないため焼却分が増える。

clean coal(クリーン・コール)　きれいな石炭。そのまま燃やさず、できるだけ炭素を分離してから燃やせば二酸化炭素の排出量が減り、石炭もクリーンなエネルギーになる。埋蔵量豊富な石炭の活用法として注目されている。

clean revolution(クリーン・レボリューション)　製品はもちろん、その製造工程から販売に至る全プロセスをクリーンな（環境にやさしい）ものに変えていく経営方針。フォード自動車のビル・フォード・ジュニアが試みたが失敗に終わった。

conservation charity(コンサベーション・チャリティー)　環境保護募金。ESP（環境サービス報酬制度）の原資を寄付すること。しかるべき団体に寄付すれば税制上の優遇措置がある。

CRV(シー・アール・ヴイ)　Chinese rural vehiclesの略。中国の農村部で使われている古い国産トラック。約2000万台あるとされるが、燃費効率が悪く、排ガスも多い。

ecolution(エコリューション)　地球環境にやさしいソリューション。短期的な利益の最大化を目指すソリューションに対置される考え方。

ecosystem services(エコシステム・サービシズ)　自然の生態系が企業活動や社会生活にもたらす恩恵。森林による水の浄化など。これを金額に換算し、受益者である企業や地域社会から相当額を徴収して環境保護の費用に回すべきだという考え方もある。

21世紀のアメリカ新語

energy internet(エナジー・インターネット) 太陽光や風力、燃料電池などを使う小規模発電の大規模ネットワーク構想。大規模な発電所が中心の在来方式に対置される。

enviromobile(エンバイロモービル) 二酸化炭素の排出量が少なく、環境にやさしい自動車の総称。主としてハイブリッド車や燃料電池車を指す。

environmental industrialist(エンバイロンメンタル・インダストリアリスト) 環境にやさしい(主として製造業の)経営者。生産性向上と同じくらいに環境保護を大事にすること。

ESP(イーエスピー) 環境サービス報酬制度(Environmental Services Payment program)。土地開発を断念し、自然のままの環境を保全している地主や自治体に対し、開発で得られるであろう収入の相当額を支給する制度。主に中南米の自然環境を守るための、アメリカの慈善団体などが実施。

fishing down(フィッシング・ダウン) マグロなどの大型個体を捕り尽くし、未成熟な小型個体を漁獲するようになること。魚の食物連鎖に異常を来し、海の生態系を破壊するとされる。

Frankenfish(フランケンフィッシュ) 自然な生態系にすむ在来種を脅かす外来種の凶暴な魚。

Frozen Ark(フローズン・アーク) 絶滅危惧種の体毛や皮膚、卵子などを冷凍保存し、将来クローン技術を使い絶滅種をよみがえらせるという計画。ロンドン動物園が主導している。

green architecture(グリーン・アーキテクチャー) 周辺の日照権などに配慮する一方、省エネ設計などで環境保護に配慮した建築。屋上や壁面に太陽光発電パネルを張ることが多い。

Green Dot(グリーン・ドット) ドイツで始まり欧州諸国に広がっている生活ごみリサイクル・プログラム。ドイツでは、家庭から出るごみの約3分の2をリサイクルしている。

green electricity(グリーン・エレクトリシティー) 環境に負荷を与えない電力。太陽光や風力、地熱などを使った発電を指す。

green service(グリーン・サービス) 保護すべき自然に積極的に投資すること。熱帯雨林を買い上げ、その生態系を維持しつつ資産としても運用しようという考え方。

hydrogen economy(ハイドロジェン・エコノミー) 水素経済。水素を主要なエネルギー源とする社会。水素なら燃やしても水しか出ないから地球環境を破壊しない。

hydrogen highway(ハイドロジェン・ハイウエー) 燃料電池車用の水素ガス・ステーションを整備したハイウエー。カリフォルニア州の一部で建設が進められている。

Hy-wire(ハイワイヤ) 水素を燃料とし、駆動系を含めてすべてを電子化した未来自動車のプロトタイプ。GM(ゼネラル・モーターズ)が2002年秋に発表した。

Kuwait of the North(クウェート・オブ・ザ・ノース) アイスランドのこと。小国ながら石油資源の豊富なクウェートに対して、アイスランドは水素エネルギーの利用で世界をリードしており、水素発電による余剰電力を輸出しようという壮大な夢もある。

living roof(リビング・ルーフ) 屋上緑地。工場やオフィスビルの屋上を緑地化して、都会の排出する二酸化炭素と熱を吸収することで地球温暖化に抵抗しようとする試み。

monkeyfishing(モンキーフィッシング) 水中に電流を通して電気ショックを与え、大量の魚を仮死状態にして取る方法。禁止されている。

new leaf paper(ニュー・リーフ・ペーパー) リサイクルした繊維を80%以上用い、脱塩処理を施した再生紙。製紙目的の森林伐採を減らすため、こうした紙を使用する出版社が増えている。

Newater(ニュウォーター) 室内の湿気を吸収して水に変え、浄化した飲料水。また、そういう水を作るシステム。蒸し暑いシンガポールで開発された技術。

off-grid(オフ・グリッド) 大規模な送電線網(グリッド)に頼らずに電力を供給すること。太陽光、風力、燃料電池などを利用する。

Solatube(ソーラチューブ) 屋根に設置した採光器から太陽光を取り入れ、天井照明に生かす煙突状のシステム。

tar sand(タール・サンド) 石油を含んだ砂。カナダに大量に存在し、新たな石油資源として注目されているが、精製に際して通常の原油よりも多くの二酸化炭素を発生するため、地球温暖化への影響が懸念されている。

toxic trespass(トキシック・トレスパス) 農薬などの不法侵入。畑に使う農薬が大気中に拡散したり、地下水などにしみ込んだりして、周辺住民や環境に悪影響を及ぼすこと。

upcycling(アップサイクリング) リサイクルによって価値が上がっていくようなシステム。ちなみに現在のリサイクルは、だんだんと価値が低下していくのでdowncyclingと呼ばれる。「エコロジカルな建築」を提唱するウィリアム・マクドノウの造語。

urban environmental accord(アーバン・エンバイロンメンタル・アコード) 都市間環境保護協定。連邦政府が京都議定書の批准を拒んでいるアメリカで、自治体レベルで京都議定書の環境基準をクリアしようという共同宣言。ニューヨークやロサンゼルスを含めた140以上の都市が協定に参加している。

waste exportation(ウエイスト・エクスポーテーション) ごみの輸出。環境規制の厳しい国内では投棄できない廃棄物を、外貨の欲しい途上国

863

などに運び有料で処分させること。リサイクル用の廃材などの名目で輸出する。

zed(ゼド)　エネルギー消費を限りなくゼロに近づけた建物。zero-energy buildingの略。熱効率のよい設計と、エネルギーの循環利用システムに、太陽光発電などを組み合わせた住宅や工場。

経営

Access Five(アクセス・ファイブ)　UAV(無人飛行機)開発のための官民一体となったグループ。アメリカ国防総省とNASA(航空宇宙局)が音頭をとり、民間からはロッキード・マーチン、ノースロップ・グラマン、ボーイングの3社が参加。

AeroVironment(アエロバイロンメント)　水素燃料で飛ぶ飛行機の開発会社。現状のジェット燃料に比べて3倍のパワーを得られるので、1週間程度の連続飛行が可能とされる。

aggressive accounting(アグレッシブ・アカウンティング)　株主利益を最大化する(株価を上げる)ために、違法にならない範囲で最大限に利益を上積みして見せる会計手法。

alt-space industry(オルト・スペース・インダストリー)　民間宇宙産業のことを指す言葉。これまでの国家・軍隊主導の宇宙航空産業に取って代わる(alternative)もの。

big-box retailer(ビッグ・ボックス・リテイラー)　大型ディスカウント店。世界最大の小売りチェーン店ウォルマートなどを指す。顧客が買い物を大きな箱に詰めて持ち帰る。

celebrity-industrial complex(セレブリティー・インダストリアル・コンプレックス)　芸能人と産業界の複合関係。有名になりたくてCMに出る芸能人や政治家と、彼らを利用して製品を売りたい企業の利害が一致した状態。

change management(チェンジ・マネジメント)　変化管理。変化をチャンスととらえて事業の拡大に生かす経営姿勢。

collective intelligence(コレクティブ・インテリジェンス)　集合的知性。従業員や顧客、第三者などのもつ情報や知識をインターネットを通じて効率的に利用すること。

corporate anthropologist(コーポレート・アンスロポロジスト)　企業人類学者。人類学的な視点から商品開発やマーケティングに参画する専門家。

corporate romance(コーポレート・ロマンス)　企業同士が(手っ取り早く競争力をつけるために)しきりに合併したがること。相思相愛の場合と、片思いの場合がある。

creative accounting(クリエーティブ・アカウンティング)　巧妙な不正経理。違法すれすれの複雑な会計処理を行い、利益を水増しすること。

CSO(シーエスオー)　安全保障責任者(chief security officer)の略。国家の責任とされていた安全保障も、テロ戦争の時代には企業レベルで対応する必要があるとの考えから。

cult brand(カルト・ブランド)　規模は小さくても熱狂的な支持者が多いブランド。アップルコンピュータやスターバックスなどが代表例。

debt-workout(デットワークアウト)　債務や不良債権の処理。

disAOLization(ディスエーオーエライゼーション)　脱AOL化。2000年に合併したAOLタイム・ワーナーで、業績不振のAOL色を払拭しようとする動き。経営の主導権はタイム側に渡り、社名からAOLの名も消えた。

ejection seat(エジェクション・シート)　肩書だけ立派で実権を伴わない役職。解雇予備軍の窓際族が座らされる。本来は緊急脱出シートの意。

employee scholar(エンプロイー・スカラー)　社員学者。社内教育や生涯学習プログラムによって専門的な知識を身につけた社員。一般にモチベーションが高く、定着率も高いとされる。

Enronite(エンロナイト)　2001年に経営破綻したエネルギー商社エンロンで甘い汁を吸った人。

Enronizing(エンロナイジング)　エンロン化。法令に違反してもひたすら利益を追求する社風。またそれをたたき込むこと。

eternal-boomer(エターナルブーマー)　永遠のブーマー(ベビーブーム世代)。日本の「団塊の世代」に相当し、その数の多さから常に「流行の牽引車」であることを求められる。

Final Four(ファイナル・フォー)　アメリカの5大会計事務所のうち、エンロンの不正会計に関与して破綻したアンダーセンを除く4社。PricewaterhouseCoopers、Deloitte & Touche、Ernst & Young、KPMGの4社を指す。

fractional aircraft ownership(フラクショナル・エアクラフト・オーナーシップ)　企業などが自家用機をまるごと所有するのではなく、必要な時だけチャーターして使う契約。企業にとっては経費節減となる。Flexjet、NetJetsなどの新興企業が開発したサービス。

GoCar(ゴーカー)　GPS(全地球測位システム)と観光案内機能を搭載した小型レンタカーの商標。2人乗り・3輪のオープンカーで、サンフランシスコで営業している。

guesstimate(ゲスティメイト)　根拠なき推定。特に企業業績予測で使う言葉。株価を維持するため、現実を無視して強気の業績予想を発表すること。多くは経営者の私腹を肥やすために使う。

21世紀のアメリカ新語

high-profile collar(ハイプロファイル・カラー)　ホワイトカラー（white-collar）よりも高位のビジネスマン。超高給取りの役員・経営者。

hot desk(ホット・デスク)　職場のデスクを他の従業員と共有すること。共有するデスク。

hype-a-thon(ハイパソン)　新製品発売に合わせ、消費者の期待をあおるために意図的に少しずつ情報を流したり、発売前夜からカウントダウンを行ったりするような手法。ハイテク業界がよくやる。

infectious greed(インフェクシャス・グリード)　感染性の強欲。役員報酬の形態としてストック・オプション（自社株購入権）が瞬く間に広まったことを指す。

JSF(ジェーエスエフ)　Joint Strike Fighterの略。アメリカ主導だが、開発段階から他国も参加する方式による新型戦闘爆撃機。オーストラリア政府は、アメリカのロッキード・マーチン社のJSF開発に参加している。

lead director(リード・ディレクター)　企業の役員会にあって、担当事業部門や会社の利害から独立し、企業倫理を順守するために目を光らす役員。「経営者の犯罪」を防ぐために導入する企業が増えている。

lunchatation(ランチャテーション)　ランチの場を借りて行うプレゼンテーション。

masstige(マスティージ)　mass と prestigeの合成語。大衆向けの高級感。大衆向けの高級品。また高級ブランドのバッグを誰もがもちたがる風潮。

MBA lite(エムビーエー・ライト)　お手軽MBA（経営学修士）。通信講座などで、比較的簡単に取得できるMBA。アジア各国からの需要が高いため、欧米の一部大学が乱発している。

microzine(マイクロジン)　総合セレクトショップ。選りすぐりの商品を提供する専門店。ロンドン郊外にある同名の店から。

mindshare(マインドシェア)　消費者の心に占める商品ブランドのシェア（占有率）のこと。

Mouse in Chief(マウス・イン・チーフ)　ディズニー本社の会長のこと。ミッキーマウスの親分、という意味。

opensource(オープンソース)　〈動詞として〉製品や技術の情報を他社と共有する。

peer production(ピア・プロダクション)　仲間同士の無償の協力・共同作業を軸とした生産活動。いわゆるオープンソースのソフト開発など。企業にとっては開発費の大幅な節約になる。

SFU(エスエフユー)　航空業界の隠語で、座席のアップグレードに適した人（suitable for upgrade）。マイレージの会員、正規運賃を払うなどが条件。

shared service(シェアード・サービス)　企業グループの間接部門を生産部門から切り離し、自前の別会社に集約すること。アウトソーシング（外部委託）よりも効率的とされる。

Song(ソング)　全席エコノミーで低料金の航空会社。経営不振のデルタ航空が2003年4月に設立した子会社。デルタより運航コストが約20%低い。

spinning(スピニング)　新規公開株の優先的配分。優良企業の新規株式公開時に、引き受けた証券会社が利害関係のある個人や企業に行う一種のインサイダー取引。2003年に禁止された。

spring-loading(スプリング・ローディング)　買収した企業の予想収益を直ちに自社の決算に反映させること。違法ではないとされているが、かなり粉飾に近い。

sweatshop-free(スエットショップ・フリー)　途上国のスエットショップ（未成年者を奴隷的な低賃金で働かせている工場）に生産を委託していない製品。主としてアパレル製品についていう。

Tataism(タタイズム)　インドを代表する財閥タタ・グループの経営理念。株主よりも従業員を大事にし、わいろなどを一切排除するユートピア社会主義的な理念を、競争力の向上と両立させている。

Tecnovate(テクノベイト)　第三世界の新興企業が欧米人のスタッフを現地で雇い入れ、現地の人と同じ賃金水準で使うこと。そうした手法で急成長を実現したインド企業 Tecnovate eSolutionsの名に由来する。

un-Carly(アン・カーリー)　脱カーリー化。ヒューレット・パッカード社のカリスマ経営者カーリー・フィオリーナが解任された後に始まった経営改革の方向性。the un-Carlyと言えば、後任CEOのマーク・ハードのこと。

version 2.0 company(バージョン・ツー・カンパニー)　多少の不具合があっても新製品を発売し、消費者のフィードバックを得てから改良版（バージョン2）を出し、本格的な勝負に出る企業。当然、新製品（バージョン1）を買った消費者は損をする。ソフトウエア企業によくある。

Virgin Galactic(ヴァージン・ギャラクティック)　イギリスのヴァージン・グループが立ち上げた宇宙旅行会社。スペースシップワンの改良型を採用し、一度に5人の客を宇宙へ運ぶ。料金は約19万ドルで、早ければ2007年の開業予定。

Z-ness(ジーネス)　日産自動車が5代目フェアレディZにこめた精神。庶民にも手の届く高級スポーツカーの味わい。アメリカでは好評。

経済

Bangalored(バンガロールド)　職場が外国に移転され、職を失うこと。インドのバンガロールは、ア

865

メリカ企業のアウトソーシング（外部委託）先として有名。

boomernomics（ブーマノミクス）　ベビーブーム世代が主たる顧客の産業。医療保険や個人年金、豪華客船の旅などで、今後10年は成長が見込める。

Bush recessions（ブッシュ・リセッションズ）　湾岸戦争後の1991年と2001年の景気後退。前者は父ブッシュの、後者は子ブッシュの政権下で起きたことから。

celebrity economist（セレブリティー・エコノミスト）　花形経済学者。特に学界よりも政財界やマスコミの世界でもてはやされる学者を指す。アメリカで言えば、国連事務総長特別顧問のジェフリー・サックス、日本では竹中平蔵のような存在を指していう。

China price（チャイナ・プライス）　中国製品の安い価格。アメリカの消費者物価を押し下げる効果がある半面、アメリカ人の雇用を奪う結果にもなっている。

Chindia（チンディア）　巨大経済圏としての中国とインド。両国を合わせれば、近い将来にアメリカを抜いて世界最大の経済圏になることから。中国（China）とインド（India）の合成語。

creative economy（クリエーティブ・エコノミー）　創造性経済。デザイン力や企画力が勝敗のカギを握る21世紀型の経済。いわゆるknowledge economy（知識経済）の次に来るものとされる。

Detroit East（デトロイト・イースト）　旧東欧圏で操業する自動車工場。西欧系メーカーに続いてアメリカ勢も日本勢も進出しており、自動車製造の一大拠点となりつつある。

discouraged workers（ディスカレッジド・ワーカーズ）　働く意思はあるのに（まともな給料の職がないので）求職活動をやめてしまった人たち。

disinvestment（ディスインベストメント）　投資の引き揚げ。特に国営企業の株式売却による民営化を指す。

double-dip（ダブルディップ）　二番底。景気後退局面からの回復過程で、再び景気後退に陥ること。「年金の二重取り」の意味もある。

D-school（ディー・スクール）　クリエーティブ・エコノミーの時代に備えてデザイン力のある経営者を育てようとするビジネススクール。従来のMBA（経営学修士）コースに併設される場合が多いが、Stanford Institute of Design など、独立した学校もある。

fab（ファブ）　製造施設（fabrication facility）の略。半導体や液晶パネルなどを作る、ハイテク系の量産工場。

fiscal choreography（フィスカル・コレオグラフィー）　国家財政の（混迷した）かじ取り。コレオグラフィーは本来、バレエなどの「振り付け」の意。

freakonomics（フリーコノミクス）　偏屈経済学。freak（偏屈者）と economics（経済学）の合成語。通常は見逃されがちな問題に斬新な視点からアプローチする。シカゴ大学教授スティーブン・レビットの著書（2005年）の題名。

Generation C（ジェネレーションC）　クリエーティブな消費者。インターネット上の競売やゲームなどに積極的に参加して新たな消費を生み出す新世代を指す。Cはcreativeの頭文字。

investor class（インベスター・クラス）　投資家階級。伝統的な投資家と異なり、けっして金持ちではないのに年金勘定その他で積極的に資金運用をする中産階級。ジョージ・W. ブッシュ大統領が夢見る「理想のアメリカ人」像でもある。

matricula（マトリクラ）　メキシコの在米領事館が発行する身分証明書。アメリカにいる「不法移民」のうち、約400万人が所有している。マトリクラの所有者は「ゲスト・ワーカー」として正式に認知すべきだという議論がある。

natural capitalism（ナチュラル・キャピタリズム）　自然にやさしい資本主義。生産活動で生じる環境への負荷をコストとして計上する考え方。

nervous recovery（ナーバス・リカバリー）　神経質な回復。景気回復局面だが、わずかな外的要因で株価が乱高下する不安定な状態。

price chopper（プライス・チョッパー）　価格破壊魔。中国のこと。同国の輸出が、工業製品の価格を次々と切り下げていくことから。

reversible recovery（リバーシブル・リカバリー）　一度は景気回復局面に入ったものの、いつ引っくり返ってもおかしくない状態。

smurfing（スマーフィング）　小規模な金融取引を繰り返すこと。不正資金洗浄の手口の一つ。

stealth recovery（ステルス・リカバリー）　見えない景気回復。2003年に日本が具体的な政策や回復実感などはないまま、対中輸出の好調などの外的要因で景気回復したという批判的な見方。

Sumo bank（スモウ・バンク）　特大銀行。合併で規模の拡大を図る日本の大手都市銀行を相撲取りのようだと揶揄して使う。

underemployed（アンダーエンプロイド）　（まともな給料の職がないので）しかたなく以前よりも安い賃金で働いている人たち。いわゆる「生産性向上」の犠牲者。

value investor（バリュー・インベスター）　バブルに踊らされず、割安感のある株に投資して将来の値上がりを待つ人。

work guilt（ワーク・ギルト）　働かなければいけないという根拠なき罪悪感。いわゆる「サービス残業」を生む温床で、アメリカでも大手企業の従業員には多く見られる。

21世紀のアメリカ新語

国際情勢

accidental empire(アクシデンタル・エンパイア)　偶然の帝国。現在のアメリカの状態。アメリカに帝国建設の意図はないが、対テロ戦争の過程で、やむをえず中東に帝国を築こうとしているという解釈。

American prime minister(アメリカン・プライム・ミニスター)　イギリス首相トニー・ブレアのこと。アメリカの対イラク戦争支持に徹したブレアは実質的に「アメリカの首相」だ、という皮肉を込めた呼び方。

atomic mullah(アトミック・ムラー)　核開発に熱心なイランの聖職者。アフマディネジャド新大統領を含む。

baby oligarchs(ベビー・オリガークス)　ソ連崩壊後のロシアで財を成した新興成金の子供たち。度はずれた乱費・浪費で有名。

Busharraf(ブシャラフ)　パキスタンのムシャラフ(Musharraf)大統領のこと。あまりにもアメリカのブッシュ大統領への追従が露骨なことから。

CAP land(キャップ・ランド)　EU(欧州連合)の共通農業政策(Common Agricultural Policy〈CAP〉)で手厚く保護された農地。アメリカから見ればヨーロッパの保護主義の象徴。

Celtic Tiger(セルティック・タイガー)　ケルトの虎。欧州で経済成長著しいアイルランドを指す。かつて東南アジアの新興経済圏を「アジアの虎」と呼んだことから。

China virus(チャイナ・ウイルス)　新型肺炎SARSの蔓延(まんえん)を隠そうとした中国政府の秘密主義的体質。SARSの原因ウイルスよりも、こちらのほうが怖いという指摘もある。

deconvergence(デコンバージェンス)　脱統合。EU(欧州連合)憲法草案の否決など、欧州統合の流れを逆転させかねない動き。

Digital Solidarity Fund(デジタル・ソリダリティー・ファンド)　デジタル連帯基金。第三世界へのデジタル情報技術普及を促すために、国連が2005年3月に創設した基金。

emerging democracy(エマージング・デモクラシー)　新興民主国家。主として旧ソ連領の中央アジア諸国やアフガニスタン、イラクなど親米政権のある諸国を指す。

Eurabia(ユーラビア)　アラブないしイスラム系の移民が一大勢力となったヨーロッパ。EuropeとArabiaの合成語。

FOTA(フォタ)　fear of the alternative (代役への恐怖)の略。親米的な国の独裁政権(具体的にはサウジアラビアやパキスタン)に民主化の圧力をかけすぎると、政権が崩壊し反米的な政権ができるという恐怖。アメリカの中東政策の足かせとなる。

French hours(フレンチ・アワーズ)　フランス時間。週35時間労働で残業なしの勤務時間。

GNC(ジーエヌシー)　Gross National Coolの略。個々の国の格好良さ(クール度)を数量化し、比較しようという概念。これが高いほど、文化・サービス産業に勢いがあると考えられる。

Greens(グリーンズ)　イスラム教徒のこと。そのシンボルカラーゆえの呼称。

hacktivist(ハックティビスト)　政治的な目的で特定のウェブサイトなどを電子的に攻撃する活動家。hackerとactivistの合成語。

ICC(アイシーシー)　国際刑事裁判所(International Criminal Court)の略。2002年7月に設立されたが、アメリカが平和維持活動に参加するアメリカ兵の免責を求めるなど、混乱が続く。

Ice War(アイス・ウォー)　カシミールの標高5000mを超す氷河地帯で続いているインド軍とパキスタン軍の戦闘。休戦協定後も散発的な戦闘が続く。

imam(イマーム)　イスラムの祈りの指導者。導師。なぜかテロリスト集団の指導者にはこれを名乗る人が目立つ。

Iraqnophobia(イラクノフォビア)　イラク戦争後の世界が不安定化し、かえってテロの脅威が増すという恐怖感。

Islamism(イスラミズム)　イスラム主義。イスラムの教えを現実世界の政治にも適用しようとする考え方。もともとはイスラム近代化の思想だったが、欧米の人はイスラム原理主義と同一視しがち。

Live 8(ライブエイト)　2005年のG8サミット(主要8カ国首脳会議)に合わせて開催されたアフリカ救済コンサート。

Locombia(ロコンビア)　南アメリカのコロンビアの蔑称。「狂気の国」の意味。経済が破綻し、麻薬カルテルだけが潤っていることから。

mega Europe(メガ・ヨーロッパ)　旧東ヨーロッパ圏の各国を取り込んだ拡大EU(欧州連合)のこと。

MOSE(モーゼ)　イタリアの「水の都」ベネチアを浸水から守るため、湾の入り口に浮動式の防潮堤を設置する計画。2003年から工事が始まったが、水質汚染や生態系破壊の懸念があるとされる。

Muddleheart(マドルハート)　イギリスの雑誌「エコノミスト」が、「ライオンハート」を自称した小泉純一郎首相に付けたあだ名。改革がいっこうに進まず、ぐずぐず(muddle)したことから。普通はmuddleheadで「間抜け」の意味。

online patriot(オンライン・ペイトリオット)　愛国的なウェブサイトを運営する活動家。特に中国の反日的な若い活動家。

Orange money(オレンジ・マネー)　ウクライナ

867

の「オレンジ革命」を好感して同国に流入する外資。

PHR（ピーエイチアール）　Physicians for Human Rights（人権のための医師団）の略。本部はマサチューセッツ州ボストン。

Portunol（ポルトゥノル）　ポルトガル語とスペイン語の混ざった言葉。

pro-poor（プロ・プア）　アフリカなどの貧困諸国支援に熱心なこと。

regime change（レジーム・チェンジ）　政権の入れ替え。実質的にはcoup d'Etat（クーデター）だが、より穏やかな表現。アメリカのブッシュ政権の対イラク政策はこれを目的とした。

reverse lobbying（リバース・ロビイング）　逆ロビー活動。政治家がマスコミや芸能人などに特定の政策への支援を働きかけること。イギリスのブレア首相がG8サミット開催に当たって、ロック歌手などに支援を呼びかけ、ライブエイトを成功させたのはその一例。

rosbif（ロスビフ）　フランスに別荘を買って住むイギリス人。イギリス人の好物ローストビーフをフランス的に発音したもの。

silent tragedy（サイレント・トラジディー）　沈黙の悲劇。途上国における飢餓と貧困。豊かな諸国の人々の沈黙によって、世界中で5億人を超す子供たちが非人間的な生活をしているという。

silicon subcontinent（シリコン・サブコンティネント）　インドのこと。インド亜大陸をシリコンバレーに対置した言い方。

Talibanization（タリバニゼーション）　タリバン化。小規模な反体制集団が複雑な政治状況の下で、主に外的な要因に刺激されて急速に勢力を増すこと。時間をかけて熟成した政治集団と違い、権力を握れば過激化しやすく、攻撃されれば崩壊しやすい。

Thaksinization（タクシナイゼーション）　タクシン化。タクシンはタイの最有力実業家で首相。強引な手法で民営化などの経済改革を進める一方、政治的には非民主的な手法に頼ること。調和を旨としたタイ王国のよき伝統が失われていくことへの危機感をもつ人たちが使う。

Thatcher Lite（サッチャー・ライト）　軽量級サッチャー（元イギリス首相）。ドイツのキリスト教民主同盟を率いるアンゲラ・メルケル（Angela Merkel）を指す。2005年9月18日の総選挙で勝利し、首相に就任した。

Trashcanistan（トラッシュキャニスタン）　アフガニスタンのこと。先進諸国の都合の悪いものをすべて投げ込んだごみ箱（trashcan）のような国という意味。大国の利害にもてあそばれる中東・中央アジア諸国を指すこともある。

Vietmalia（ベトマリア）　ベトナム（Vietnam）とソマリア（Somalia）の合成語。いずれも、アメリカの軍事介入が大失敗に終わったケース。

Vladimir Ⅲ（ウラジーミル・ザ・サード）　ロシアのウラジーミル・プーチン大統領のこと。強権的で、旧ソ連領諸国への影響力拡大をねらう政治手法が「皇帝」気取りであることから。

watermelon（ウオーターメロン）　環境保護派を装う共産主義者。外は緑でも中身は赤いことから。

Women in Black（ウイメン・イン・ブラック）　黒い喪服を着て黙って街頭に立ち、反戦のメッセージを掲げ続ける女性たちの運動。イスラエルで始まり、世界中に広まった。

wristband aid（リストバンド・エイド）　チャリティー活動への参加の証しとして手首に巻くリストバンド。さまざまな色がある。貧困救済は白、乳がん患者支援はピンク、など。

コンピューター

Big Mac（ビッグ・マック）　1100台のマッキントッシュをつないだスーパーコンピューター。バージニア工科大学に2003年秋設置された。演算速度は日本の最速スパコンの半分だが、コストは約75分の1。

buggy（バギー）　コンピューターのプログラムに欠陥（bug）が多いこと。

computer kiosk（コンピューター・キオスク）　コンピューターと無線インターネットを使える公共の地域拠点。インドの貧しい農村部に展開中。動力は太陽光発電を使う。

featuritis（フィーチュリティス）　機能過多症。コンピューターやOS（基本ソフト）に無駄な機能を詰め込みすぎる症状。パソコンの価格低下を防ぐためのメーカー側の策略。

gadget printer（ガジェット・プリンター）　コンピューター制御のインクジェット式プリンターで合成樹脂の薄膜に印刷し、それを重ね合わせて立体的な製品を量産する技術。合成樹脂に電気的な性質をもたせれば、配線不要で家電製品などを「印刷」できる。

hypervisor（ハイパーバイザー）　同時に100台近いサーバーの稼働状態をモニターできる超強力サーバー。オンデマンド・コンピューティングの実現には不可欠。

instant start-up（インスタント・スタートアップ）　テレビと同様に、瞬時にパソコンを立ち上げる技術。まだほとんど採用されていない。

joystick junkie（ジョイスティック・ジャンキー）　ゲーム中毒者。いつもゲームのジョイスティックを操作しているタイプの人。

Macolyte（マコライト）　アップルコンピュータ社

のパソコン、マッキントッシュの熱狂的なファン。

on-demand computing(オンデマンド・コンピューティング) 多数のコンピューターをネットワーク化しておき、必要に応じてネットワーク上のコンピューターの能力を借りる方法。コンピューターの処理能力は電力や水道と同じユーティリティーであり、使った分に応じて使用料を払えばいいと考える。IBMのパルミサーノ会長が提唱。

recovery-oriented computing(リカバリー・オリエンテッド・コンピューティング) 自律回復型コンピューター。ROCと略称。コンピューター・ネットワーク上の障害を自ら発見・修復するシステム。ネットワークのダウンタイム(機能停止時間)を減らすために開発が進められている。

scanlation(スキャンレーション) 日本の漫画をページごと読み取って、文字まわりだけをコンピューター上で翻訳すること。また、一般の文字情報を読み取って翻訳ソフトにかけること。

search booster(サーチ・ブースター) パソコンのハードディスク内に保存された膨大な情報の検索能力を高めるソフト。

Simputer(シンピューター) インドで開発された低価格の簡易型ノートパソコン。リナックスOSを採用し、インドの公用語17種類に対応。

smart dust(スマート・ダスト) 米粒大の自律型センサー。超省電力の独自OS(基本ソフト)を採用。アメリカ軍とカリフォルニア大学が開発を進めている。

thumb keyboard(サム・キーボード) 親指キーボード。両手で持ち、左右の親指でキーをたたく。手帳サイズの携帯パソコンに使用。アメリカのOQO社が超小型機種に採用した。

Tux(タックス) 無償基本ソフト「リナックス」のマスコットになっているペンギンの愛称。

Ultra Personal Computer(ウルトラ・パーソナル・コンピューター) 手のひらサイズで重さ約250gの本格パソコン。CPU(中央処理装置)とメモリー、基本操作用液晶パネルだけからなり、キーボードやディスプレーに接続して使う。アメリカのOQO社が開発した。

video verite(ビデオ・ベリテ) 超リアルな3Dアニメを駆使したコンピューターゲーム。「シネマ・ベリテ」からの連想。

virtual keyboard(バーチャル・キーボード) 机上にキーボードの画像を映し出し、使う人の指の動きをセンサーで読み取るシステム。使わない時は消しておけばいいので、机を無駄に占領しない。

white box(ホワイト・ボックス) 世界的には無名のメーカーが製造したパソコン。アメリカや日本の有力パソコンメーカーからの受託生産を手がけている企業が、国内向けに自社ブランドで販売しているケースが多い。

社会・世相

187(ワンエイトセブン) 死の宣告。カリフォルニア州の刑法で殺人罪に関する条項の番号。脅迫状などに「187」とあれば、殺すぞと解釈できる。

active community(アクティブ・コミュニティー) 行動的な共同体。肥満対策の一環としてアメリカ公衆衛生当局が提唱。地域社会が一体となって運動の奨励(徒歩や自転車で買い物に行こうなど)やテレビ視聴時間の削減などを推進する計画。

agenda setter(アジェンダ・セッター) 新しい社会的な流れをつくる人。主としてNGOなどで活動する有力者を指す。

Animal Liberation Front(アニマル・リベレーション・フロント) 動物解放戦線。目的が何であれ動物実験は動物虐待であると主張する動物権擁護運動の過激派集団。

archaearium(アーケアリウム) 考古学的に価値のある遺跡全体を包み込む巨大なガラスの構造物。遺跡保存と一般人の見学も可能になる。

autistic rights(オーティスティック・ライツ) 自閉症と診断された人の社会参加の権利。「自閉的」というだけで病人扱いされてはたまらないという主張。社交性を重んじるアメリカでは、ちょっと内気なだけで「自閉的」と呼ばれかねない。

B2B phenomenon(ビートゥビー・フェノメノン) 大学を卒業した若者が定職に就けず、自宅に戻ってくる現象。B2Bはback to bedroomの略。インターネット上の資材調達を指すB2B(business to business)のもじり。

bollydance(ボリーダンス) 西洋のダンスとインドの伝統的な踊りを混ぜた舞踊。インド映画やミュージカル「ボンベイ・ドリーム」から人気になった。インドの映画製作の中心地ボンベイ(ムンバイ)をBollywoodと呼ぶことに由来。

business suicide(ビジネス・スイサイド) 仕事上の悩みを原因とする自殺。日本に特有の現象とされる。

car sharing(カー・シェアリング) 1台の自動車を複数の会員でシェア(共同利用)するシステム。予約制で、1時間単位でレンタルする。料金は1時間1000円前後。自家用車と違って税金や整備費用の負担がなく、車庫も不要なので都市住民の間で普及し始めた。ボストンのZipcarが最大手。

CASPIAN(カスピアン) Consumers Against Supermarket Privacy Invasion And Numbering(スーパーマーケットにおけるプライバシー侵害と数値化に反対する消費者連合)の略。POS(販売時点情報管理)などの販売管理とクレジットカードの

869

決済情報を一体化して、顧客の消費傾向を調べ、営利目的で使うことに反対する人たち。

celebritologist(セレブリトロジスト)　有名人研究家。芸能レポーターから評論家、ゴシップ・ジャーナリスト、所持品鑑定家まで、芸能人や有名人をメシの種にしている人。

celebrity rental(セレブリティー・レンタル)　有名人所有の別荘を短期賃貸に出すこと。カリブ海の島にあるミック・ジャガー所有の和風庭園付き別荘なら週1万5000ドルくらい。

cell yell(セル・エル)　他人に聞かれているのも気にせず、携帯電話で大声で会話する人。たいていは自己顕示欲が強い。

child-proof(チャイルド・プルーフ)　子供のいたずらで傷ついたり壊れたりしない工夫。そういう工夫を施した家具など。

cigarette snooper(シガレット・スヌーパー)　レストランなどの禁煙場所で喫煙している人を見かけると、大喜びで通報する人。喫煙者はもちろん、喫煙を許した店側も罰せられる。

competitive eating(コンペティティブ・イーティング)　大食い競争。早食い競争。最も有名なのは、独立記念日(7月4日)にニューヨークのコニーアイランドで行われるホットドッグの早食い競争。food fightは和製英語。

crime forecast(クライム・フォーキャスト)　犯罪予報。過去の犯罪データに基づいて、いつどこで、どんな犯罪がどれだけ起こるかを予測し、効率的に警官の配置を行おうという計画。

cuddle party(カドル・パーティー)　抱き合いパーティー。若い男女が集まって、互いに抱き合って寝転ぶだけのパーティー。人間的な接触を欠くデジタル社会で、肌を触れ合う機会を取り戻すための集まり。抱き合って寝転び、キスまではOKだがそれ以上は禁止。

death penalty reversal(デス・ペナルティー・リバーサル)　死刑判決の撤回。再審請求によって減刑ないし無罪が確定するケースが多いため、アメリカでも死刑廃止論が高まっている。

Defence of Marriage Act(ディフェンス・オブ・マリッジ・アクト)　結婚防衛法。結婚は異性間に限るとし、同性カップルには配偶者の権利を認めない法律。シビル・ユニオン(同性カップルの共同生活権)を阻止するために、アメリカ共和党保守派の主導で成立した。

dessert date(デザート・デート)　食事は安い店で済ませ、デザートは高級レストランで決めるデート。デザートだけの注文にも応じるレストランの増加が一因。

Diana fountain(ダイアナ・ファウンテン)　故ダイアナ妃を記念する噴水。2004年7月にロンドンのハイドパークに作られた。

divorce-proof(ディボース・プルーフ)　離婚防止。または動詞として、離婚を防ぐ工夫をする。具体的には、結婚前のカウンセリングや婚前の試験的な同棲など。

downshifting(ダウンシフティング)　都会の現役生活に見切りをつけ、田舎に引っ込んでのんびり暮らすこと。

everydayathon(エブリデイアソン)　毎日がマラソン(のような生活)。忙しい日々がエンドレスに続き、ストレスがたまっていく現代人の生活。

found art(ファウンド・アート)　ごみアート。捨てられたもの＝拾いもの(ファウンド)に芸術性を見いだすこと。

friendly divorce(フレンドリー・ディボース)　友達離婚。単なる話し合いによる離婚ではなく、それまでの結婚生活を否定せず、別れた後も友達でいるなどの約束を伴う離婚。

Gen Yer(ジェン・ワイヤー)　Generation Y(Y世代)に属する10代後半～20代前半の人。Generation Xは20代後半～30代。

Generation Fix(ジェネレーション・フィックス)　斬新な発想で現代社会をフィックス(直す、正す)しようとする若い世代。NPO、NGOに参加する若者たちなど。

happiness studies(ハピネス・スタディーズ)　幸せ研究。どうすれば幸福感を増進できるかを考え、そのノウハウを提供する研究。暗い時代だからこそのブーム。

hathos(ヘイソス)　憎悪(hatred)と哀れみ(pathos)の合成語。権威や有名人・人気者に対する軽蔑・反発。

helicopter boy(ヘリコプター・ボーイ)　つきまとい男。頭上を旋回するヘリコプターのように、四六時中ガールフレンドの近くにいたがる男。ストーカーに近い。

holocaust(ホロコースト)　社会的に抹殺あるいは絶滅させること。動詞として使い、独占的な市場支配力を利用して新興企業をつぶすような行為を指す。

homo-hop(ホモ・ホップ)　同性愛アーティストによるヒップホップ系音楽。カミングアウトした人たちが使う。

ID(アイディー)　主としてデジタルな手法によって人物などを特定すること。動詞として使う。指紋や虹彩、手のひらの静脈パターンなどで個人認証をする。identifyの省略形。

internal colony(インターナル・コロニー)　国家の中の植民地。欧米の先進諸国内にあって、移民してきた人たちが集まって住む貧しい地域。祖国の文化を守り、周囲との同化を拒んでいるケースが多く、「テロの温床」とされる。

invisible people(インビジブル・ピープル)　法

21世紀のアメリカ新語

律上は存在しない人。不法移民や未成年の売春婦などをいう。

LGBT(エルジービーティー) 女の同性愛者(lesbian)、男の同性愛者(gay)、両性愛者(bisexual)、性の越境者(transgender)の集合的な呼称。カミングアウトした人たちが使う。

lucky sperm(ラッキー・スパーム) 年金や不動産、親の遺産などで老後の生活資金に心配のない人のこと。

Main Street(メーン・ストリート) どこにでもある平均的な街。庶民の街。金持ちとエリートの街Wall Streetに対比して用いる。

market patriotism(マーケット・ペイトリオティズム) 市場愛国主義。「愛国的」と銘打った宣伝で商品を売りまくること。マーケット・パトリオティズムとも読む。

MBA(エムビーエー) married but available (既婚だけれど手を出せる)の略。不倫予備軍の男。

mega-gift(メガ・ギフト) 個人で数億ドル単位の巨額の寄付をすること。貧富の格差が極端に大きくなったことの反映。

MOAA(モアー) アメリカ国立アフリカ系アメリカ人歴史文化博物館(National Museum of African American History and Culture)の略称。首都ワシントンのスミソニアン研究所内に建てられる予定。

New Urbanism(ニュー・アーバニズム) 新都会生活主義。自動車に頼らざるを得ない郊外住宅地よりも、都会で公共交通機関を利用しつつ、住みやすく歩行者にやさしいコミュニティーを作ろうという運動。

parting rites(パーティング・ライツ) フレンドリー・ディボース(友達離婚)に伴う儀式。2人で離婚記念の旅行をする、友人や家族を招いてささやかなパーティーを開く、など。

Peace Out(ピース・アウト) LGBT(同性愛者の集合的な呼称)のアーティストによる音楽祭。2001年にカリフォルニア州オークランドで始まり、04年7月にはニューヨークでも開かれた。

peaceful begging(ピースフル・ベギング) 通行人や住人に脅威を与えない平和的な物乞い。路上でこれを行う権利は裁判で認められている。

permaparents(パーマペアレンツ) 永遠の親。子供が成人した後も経済的支援を続けざるを得ない親。アメリカでもフリーターの若者が増加中。

petropolis(ペトロポリス) 愛玩動物(主に犬)にやさしい都会。ペットと住めるアパート、犬用の運動公園、ペット専用の散歩道などを備える。

pink dollar(ピンクダラー) 同性愛者の購買力。男女を問わず、同性愛を隠さない人が増えた結果、企業側も同性愛者の購買力に注目し、彼らにターゲットを絞ったマーケティング活動を始めている。

political wearables(ポリティカル・ウェアラブルズ) 政治的かつユーモアのあるメッセージをプリントしたTシャツ。

premier egg(プレミア・エッグ) 高級な卵子。不妊治療のための卵子提供者のうち、特に容姿端麗や高学歴の女性が提供する卵子。

premier pooch(プレミア・プーチ) 芸能人(や富裕層)に飼われている犬。たいていはきれいな服を着せられ、美容院で毛並みを整えている。

pro-walk(プロ・ウオーク) 歩行者にやさしい。自動車より歩行者の権利と安全を優先する考え方。

retirement panic(リタイアメント・パニック) 老後・現役引退後の生活資金・生活設計を考えて不安になること。若さに第一義的な価値を見いだしてきたベビーブーム世代によく見られる。

ringtone mania(リングトーン・マニア) 着信音マニア。携帯電話の愛用者で、自分だけの着信音・着メロを工夫することに生きがいを見いだす人。

rough sleeper(ラフ・スリーパー) 屋外など劣悪な環境で眠る人。いわゆる「ホームレス」のこと。

same-sex marriage(セイム・セックス・マリッジ) 同性婚。マリッジ(結婚)という語を同性カップルにも適用し、同等な法的保護を与える考え方。共和党は2004年の選挙公約でこれを憲法違反としている。

second chance school(セカンド・チャンス・スクール) 貧しくて学校に行けなかった人を受け入れる学校。インドなど一部の途上国では経済発展に伴って、初・中等教育の普及と、学校に行けなかった人の再教育に力を入れている。

Seoul chic(ソウル・シック) 消費意欲旺盛な韓国の若い世代。

shoes-off(シューズ・オフ) 室内で靴を脱ぐこと。アメリカでも、衛生上の理由やストレス解消の目的で自宅に帰ったら靴を脱ぐ人が増えている。

showflake(ショーフレーク) 約束の場所に現れないこと。いわゆる「ドタキャン」。

shy-footed(シャイ・フッテッド) ダンスパーティーに参加しても踊りたがらない。ステップを踏む足がシャイ(内気)だということ。

spouselessness(スパウズレスネス) 高齢で配偶者のいない(ひとり暮らしの)状態。離婚したのか、先立たれたのか、などの原因を問わない。

statement building(ステートメント・ビルディング) 主張のある建物。多くは有名建築家による奇抜なスタイルの建物。批判的な人はanarchitecture(アナーキーな建築)と呼ぶ。

super copy(スーパー・コピー) 専門家が見ても本物と見分けがつきにくい模造品・偽造品。高級ブランド品の下請け工場に勤めていた人が、その製造に関与していることが多い。

supernaturaltastic(スーパーナチュラルタスティック) すてきに奇抜な、という意味。super-

871

naturalとfantasticの合成語で、本来は奇抜で信じ難い超常現象のことを指す。

TBS(ティービーエス)　too-busy syndrome（忙しすぎ症候群）の略。忙しすぎればストレスと疲労がたまり、忙しくなければ急に不安になる症状。

theme pub(シーム・パブ)　オランダ風、オーストラリア風、アイルランド風などの「テーマ」を掲げたパブ。1990年代後半のイギリスで広まった。

third-date rule(サードデート・ルール)　3度目のデートでベッドインしなければ発展性なしという暗黙のルール。基本的にはメディアのでっちあげだが、アメリカには真に受けている男が多い。

time famine(タイム・ファミン)　時間の飢餓。誰もが忙しくて余裕を失っている現代社会を指す。

To-me-from-me(トゥー・ミー・フロム・ミー)　自分へのご褒美。独身のキャリア女性の間ではやっている。

tongue surgery(タン・サージェリー)　舌手術。英語の発音をしやすくするため、舌の繊維を少し切って舌を長くする手術。韓国で行われていると報じられた。

towering ego(タワーリング・エゴ)　ひたすら高くて巨大なビルを建てたがる建築家のエゴ。本来は一般人を含めての「肥大したエゴ」をいう。

tweens(トゥイーンズ)　6～12歳の児童（主に女児）。幼児と10代の間（between）の世代を指す。少子化に伴いアパレル産業では有望な市場。

walkable community(ウオーカブル・コミュニティー)　歩きやすい地域社会。自動車中心ではなく、歩行者や自転車にやさしい街。

宗教

biblical minimalist(ビブリカル・ミニマリスト)　聖書の記述を宗教的には信じつつも、その考古学的根拠には懐疑的な人（特にユダヤ教徒）。

Christian bank(クリスチャン・バンク)　キリスト教徒による、キリスト教徒のための銀行。ブッシュ政権を支えるキリスト教保守派の資金源ともなっている。

fundagelical(ファンダジェリカル)　とりわけ保守的なキリスト教徒のこと。原理主義(fundamentalism)と福音派(evangelical)の合成語。

God's brothel(ゴッズ・ブロゼル)　神の売春宿。女たちに一夫多妻制を強要しているモルモン教原理主義の一派を指す。

job-site prayer(ジョブサイト・プレイヤー)　職場での祈り。キリスト教徒の経営者が従業員に、職場で神に祈るよう求める例が増えている。ただし公的機関の場合は、職場で祈りの時間を設けること自体が政教分離の原則に抵触する。

megachurch(メガチャーチ)　信者獲得・布教に芸能ビジネスやマーケティングの手法を取り入れている巨大教会。プロテスタントのうち、いわゆる「福音伝道派」によく見られる。

Natura(ナチュラ)　キリスト教徒のための、まじめなヌーディスト・キャンプ。フロリダ州タンパ近郊に建設中。初期のキリスト教徒は裸だったと信ずる人たちが開いた。

Papa Ratzi(パパ・ラッツィ)　新ローマ法王ベネディクト16世のこと。本名のラッツィンガーと法王の愛称「パパ」を合わせた造語で、発音は「追っかけ写真家」を意味するパパラッツィと同じ。当然、保守的な新法王に批判的な人が使う。

prayer watch(プレイヤー・ウオッチ)　イスラム教徒用の腕時計。日課とされる祈りの時刻をアラーム音で知らせる。

Raptureready(ラプチャレディー)　キリストの再来（と救済）への備えができていること。キリスト復活の時に救済されるのは「真の信者」だけなので、キリストに選ばれるように日ごろから準備していくべきだとする Rapturismを信じる人。

recovering Catholics(リカバリング・カトリック)　まるで教会に行かなかったのに（ローマ法王の死去や爆弾テロなどを契機に）信仰を取り戻しつつあるカトリック信者。ヨーロッパ、特にフランスには名目だけのカトリック信者(lapsed Catholics)が多い。

re-evangelize(リエヴァンジェライズ)　再布教。信仰心の薄くなった西欧（特にフランスとイギリス）の人たちを、教会に呼び戻そうとするバチカンの方針。

Revolve(リボルブ)　若い女性向けに発行された解説付き新約聖書。写真を満載した雑誌感覚の編集が人気。

"under God" clause(アンダー・ゴッド・クローズ)　アメリカ国旗への「忠誠の誓い」にある "one nation, under God"（神の下で一つの国）という一節。サンフランシスコの連邦控訴裁判所は2002年6月、公立学校の生徒にこれを言わせるのは憲法違反だという判断を下した。

workplace ministry(ワークプレイス・ミニストリー)　社内牧師、職場内牧師。職場に常駐して従業員の悩みの相談に乗ったり、祈りの音頭を取ったりする。

女性

childless revolution(チャイルドレス・レボリュ

21世紀のアメリカ新語

ーション）　母親にならないことで女の新しい生き方を追求しようという考え方。「出産こそ女の役目であり特権である」という伝統的価値観に対抗するもの。

Code Pink(コード・ピンク)　戦争に反対する女性グループの集合体。ピンクの衣装に身を包んで平和的な抗議行動を行う。元来、code pinkは、病院から赤ちゃんが誘拐されたことを院内スタッフに伝える暗号。

erotic intelligence(エロティック・インテリジェンス)　エロティックな想像力。セックスに対して、実利的な目的（生殖、オーガズム）を超えた快楽や価値を求める能力。一般に、アメリカ人にはこれが足りないとされる。

feminocide(フェミノサイド)　女性の大量惨殺。メキシコ北部の町で、低賃金の女性の社会進出によって職を奪われた男たちが、働く女性の無差別殺人を繰り返している疑いがある。

gamma girls(ガンマ・ガールズ)　流行を追わない優等生タイプの少女たち。

gerontophile(ジェロントファイル)　老人愛。若い女性が老齢の男性を愛すること。「同年代の男は頼りないし退屈」という理由で、30歳以上年長の男性と交際・同棲・結婚する例が増えている。

Global Gag Rule(グローバル・ギャグ・ルール)　何らかの形で妊娠中絶に関連した活動を行っている団体への公的支援を禁じた古い規則。ジョージ・W.ブッシュ大統領は2001年1月、大統領就任直後にこれを復活させた。妊娠中絶の合憲性を認めた1973年の連邦最高裁判決を無視するもので、女性団体は強く反発している。

green motel(グリーン・モーテル)　緑の連れ込み宿。主として南部の農場で、移民の女性労働者に対する性的虐待が日常化している状態を指す。

herizon(ハーライゾン)　女の地平、女の可能性。地平（horizon）からの造語。

journeywomen(ジャーニーウイメン)　女性だけのグループで旅行する人たち。男連れよりも気ままに旅できることから、世界中で増えている。単数形のjourneywomanというウェブサイトもある。

model mother(モデル・マザー)　子持ちファッションモデル。出産すると体形が崩れると嫌われたのは昔の話、今は「母親のほうが女っぽい」と歓迎される。19歳の子持ちスーパーモデルも現れた。

nonparents(ノンペアレンツ)　親になることを拒否したカップル。

open marriage(オープン・マリッジ)　開かれた結婚。夫婦ともに浮気を公認し合う仲。

postintimate(ポストインティメット)　夫婦関係の親密さが失われた状態。いわゆる「仮面夫婦」状態を指す。

power date(パワー・デート)　裕福で多忙な独身男性エグゼクティブとの集団デート。恋する暇もない男性と玉の輿に乗りたい女性の出会いの場。

queen bee girls(クイーン・ビー・ガールズ)　目立ちたがり屋の少女たち。女王蜂のようにwannabe（追従者）を従えていることから。

ritualistic abuse(リチュアリスティック・アビュース)　儀礼的虐待。宗教や伝統を口実に、家庭内で行われている子供と女性への虐待。一部の移民コミュニティーで確認されている。

Summersgate(サマーズゲート)　ハーバード大学学長ラリー・サマーズの差別発言事件。「女性は理科系の研究者に向かない」という趣旨の発言をしたとされ、辞任要求が持ち上がった。

unpartnered(アンパートナード)　パートナーがいない、もしくは積極的にパートナーを求めないこと。自ら選んで独身生活を送ること。

V-Day(ブイデー)　vagina（膣）の日。性的暴力に反対して、女の性（の快楽）を男と偏見から解放しようという日。また、そのキャンペーンを行うボランティア団体の名称。戯曲"Vagina Monologue"の大ヒットを背景に生まれた。

verbal karate(バーバル・カラテ)　強烈な言葉（による攻撃）。単なるレトリックではなく具体的なパンチとなる言葉。

White Ribbon Day(ホワイト・リボン・デー)　女性に対する、夫やパートナーによる暴力に反対する日（11月25日）。イギリスの女性団体が提唱している。

新製品

3 Vodka(スリー・ウオツカ)　大豆を主原料とするウオツカの商品名。シカゴの会社（3 Vodka Distilling Co.）が発売した。

Amsterdam(アムステルダム)　スタイリッシュで、チェーンを使わない都会派の自転車。デンマークのBiomega社製。

BébéSounds(ベベサウンズ)　胎児の心音を聞く家庭用の装置。マイクで音を大きくし、デジタルで録音するので、電子メールに添付して送ることもできる。

BirdMan(バードマン)　腕と脚部に翼が付いたスカイダイビング用スーツ。

Bratz(ブラッツ)　アメリカで大人気のファッション人形。お嬢様系のバービー人形に対して、ストリート系の装い。

Brush Aways(ブラッシュ・アウェーズ)　歯磨き用の使い捨てティッシュ。指サック状に加工してあり、表面に歯磨き成分をしみ込ませてある。食後

などにこれを指にはめて歯をこすれば、歯垢を落とし口臭を防ぐ効果があるとされる。Oral-B Laboratories社の製品。

camphone(キャムフォン)　カメラ付き携帯電話。

caved house(ケーブド・ハウス)　洞窟状の住宅。切り立った断崖を掘って、近代的な住宅をはめ込む。モダンなのにワイルドなのが人気。土地が安いから、値段も割安。スペインのアンダルシア地方などにある。

Centurion(センチュリオン)　アメックスの最高級クレジットカード。色は黒。高級デパートでの「プライベート・ショッピング」などの特典付き。

chickbits(チックビッツ)　ポップコーン大の、ひとくちで食べられるフライドチキン。一部の映画館でポップコーンの代わりに販売されている。

dittie(ディッティ)　ニューヨーク生まれのおしゃれな生理用品ブランド。カラフルな包装に10代の女の子向けの明るいメッセージを印刷する。

eVest(イーベスト)　背中に太陽光発電パネルを張りつけたジャケット。携帯電話や音楽プレーヤーなどの携帯電子グッズを収納する隠しポケットを巧みに配置する。

flexonics(フレクソニクス)　電気的な性質を帯びた可塑性のある合成樹脂。物理的な配線を不要にする新素材。

flying hotel(フライング・ホテル)　エアバスの最新鋭大型機A380のこと。最も豪華なタイプでは機内を仕切ってホテルの部屋タイプにし、各室にベッドや洗面所を設ける構想がある。

FlyNet(フライネット)　無線LANを利用し、機内で利用できるインターネット接続サービス。ルフトハンザ航空が導入したもので、高度1万mでも利用できる。

Google Earth(グーグル・アース)　グーグルの新サービスで、地名や建物名を入力すると、そこの航空写真を見ることができる。

human transporter(ヒューマン・トランスポーター)　歩くよりも速くて楽、しかも環境負荷をできるだけ抑えた1人用の移動装置。体重移動で方向を制御し、電池で駆動するSegway HTが有名。

i-Top(アイ・トップ)　マイコン内蔵のハイテク・コマ。コマを回すと回転速度や回転数などが表示・記録される。カナダのアイトイズ社の製品。

KidzMouse(キッズマウス)　幼児向けのマウス。幼児は指先でたたく動作がうまくないので、マウスの先端部を握るとクリックしたことになる。カリフォルニアの同名社の製品。

Liquid Bandage(リキッド・バンデージ)　液状包帯。無色透明の被覆剤で、塗るだけで傷口を保護・殺菌できる。「バンドエイド」の新製品。

meditation cushion(メディテーション・クッション)　瞑想用の座布団。床に尻をつけて背筋を

伸ばす姿勢を保つことが困難な人が使う。

Natureworks(ネイチャーワークス)　トウモロコシを原料とするポリアクチドの新素材。石油から作るプラスチックの代わりに、使い捨ての食品トレーや買い物袋に使う。

Otter Inn(オッター・イン)　2人用の浮かぶ客室。水上が居間で、寝室は水面下3mにあり、魚たちに見守られて眠る。スウェーデンで開発された。

PetStep(ペットステップ)　関節炎や骨粗しょう症を患う老犬のために開発された昇降用スロープ。自動車やベッドに立てかけて使う。カリフォルニア州の同名社の登録商標。

pre-washed rice(プレウォッシュト・ライス)　無洗米。面倒なことの嫌いなアメリカ人に受けるのは当然。

Quatro(クアトロ)　業界初の4枚刃ひげ剃り。アメリカのシック社の製品。

Rose Bowl(ローズ・ボウル)　リーバイス(Levi's)のクラシック・ジーンズの一つ。カリフォルニアのローズ・ボウル会場で開かれたフリーマーケットで発見された1933年のデザインを復活させた。

SavRow(セブロウ)　機能だけでなく、デザインも顧客の好みに合わせてくれるオーダーメードのパソコンブランド。ロンドンの仕立て服街Savile Rowに由来する。ロンドンの会社。

Shark Shield(シャーク・シールド)　特殊な電磁波を出してサメの襲撃を防ぐ装置。ダイバーの脚につける。オーストラリアの企業が開発。

shoe-boots(シューブーツ)　パンプスとブーツの中間的なデザインの婦人靴。いわゆるアンクルブーツに似ている。

SIguide(エスアイガイド)　スミソニアン博物館の各ミュージアムの案内情報を詰め込んだ携帯情報端末。通信機能も備えており、インターネットに接続できる。2005年夏から試験的に導入されている。

Skycab(スカイキャブ)　①空飛ぶタクシー。「空飛ぶ自動車」の前段階として想定される小型の垂直離着陸機。主として空港から都心部への移動手段として期待されている。②大都市内に張り巡らされた高架軌道をコンピュータ制御で走る無人タクシー。PRT(個人用高速交通網)の一種。

solid perfume(ソリッド・パフューム)　固形香水。クリーム状で、首まわりやわきの下など、香りをつけたいところに少量を塗る。フランス語でパルファム・ソリッドともいう。

sonic cruiser(ソニック・クルーザー)　ボーイング社が開発中の次世代音速旅客機。

Taser(テーザー)　高圧電流を通したワイヤ付きの針を発射し、相手を瞬間的にまひさせる銃。暴動鎮圧用に開発された。

TV Ears(ティービー・イヤーズ)　聴力の衰えてきた高齢者向けに開発されたテレビ視聴用のワイヤ

874

21世紀のアメリカ新語

レス・ヘッドホン。孫と一緒にテレビを見る時も、やたら音量を上げないですむ。同名のベンチャー企業が開発した。

UAV(ユーエーブイ)　無人飛行機。unmanned aerial vehicleの略。軍隊で実戦配備されている無人偵察機の技術を転用した民間機。ただし現状では、民生用に使うには安全性に問題がありすぎる。

Vertiport(バーティポート)　垂直離着陸飛行場。大型駐車場や高層ビルの屋上に設置する。都市型の「空飛ぶ自動車」を普及させるためには必須のインフラ。

Virgin Pulse(ヴァージン・パルス)　イギリスのヴァージン・グループがアメリカで発売した情報家電製品のブランド名。デザイン性と低価格が売り。

walk-in bathtub(ウオークイン・バスタブ)　関節炎などで膝が上がらない高齢者でも入れる浴槽。側面に付いた扉を押して入る。もちろん、お湯を張る前に中に入る。

wing jet(ウイング・ジェット)　翼と胴体を一体化したデザインの次世代旅客機。アメリカ軍のステルス爆撃機B2に似た形状で、軽くて燃料も少なくてすむ。

スポーツ・レジャー

archi-tour(アーキツアー)　各地の著名な(あるいは奇抜な)建築物を見に行く都会派のツアー。自然派のエコツアーと並ぶ旅行業界の成長株。

bar basket(バー・バスケット)　屋外でカクテルを作るために必要な道具一式を詰めた携帯用のかご。大人の男性のピクニック・キャンプ用。

dimpled soccer ball(ディンプルド・サッカー・ボール)　ゴルフボールのように、表面に無数の小さなくぼみをつけたサッカーボール。FIFA(国際サッカー連盟)の公式認定球。Puma社が開発。

Elvis Industry(エルビス・インダストリー)　死んだ芸能人の遺産で稼ぐビジネスの通称。1977年の死去後も新しいCDやキャラクターグッズなどで稼ぎ続けるエルビス・プレスリーはその代表格。

Globowood(グロボウッド)　人材や資金源がグローバル化したハリウッド。映画製作のノウハウと配給網はハリウッドが握っているが、クリエーティブな部分はグローバル化が進んでいる。

hammerhead(ハンマーヘッド)　自転車通勤するほどの自転車好き。いつもヘルメットをかぶっていることから。

happy soccer(ハッピー・サッカー)　南アメリカ流のサッカー。国の政治・経済状況がどんなに悪くてもサッカーの時だけは盛り上がる。political soccerの反対語。

hotel-in-hotel(ホテル・イン・ホテル)　高級ホテルの一角に設けられた一段と高級な富裕層向けのホテル。以前からある特定階の単価を高くする仕組みとは違い、チェックインも別で、客室の雰囲気も他のフロアとはまったく異なる。

Ichiro paradox(イチロー・パラドックス)　イチローの活躍によって、メジャーリーグを目指す日本人選手が増え、日本のプロ野球の空洞化が進む現象。

imported coach(インポーテッド・コーチ)　チーム強化のため外国から招聘したコーチ(監督)。サッカーW杯出場を目標に、アジア各国が代表チームの監督に招いた人。多くは通訳を介し指導する。

Khyber railway(カイバー・レールウエー)　パキスタン・アフガニスタン国境のカイバル峠を走るSL鉄道。延長約35km、標高差600mを駆け上がる。沿線には、アメリカ軍が2001年秋に猛爆したトラボラの洞窟群も見える。

political soccer(ポリティカル・サッカー)　代表チームの試合を国威発揚に利用しがちなアジア各国のサッカー。W杯の時だけ盛り上がり、クラブチームが育たないアジアの現状を皮肉った語。

psychogeography(サイコジオグラフィー)　心理地理学。都会を歩き回って、その街のにおいや音、色などを観察すること。新しい散歩の楽しみ方。

pub crawl(パブ・クロール)　(観光地での)酒場めぐり。居酒屋の「はしご」と似ているが、旅行業者が割り引きクーポンを発行するなどして奨励している点が違う。

QuesTec(クエステック)　野球で、投球に対する審判の判定を監視するハイテクシステム。投球のストライクゾーン通過の状態を複数のカメラで監視し、試合後に検証する。一部の球場で導入されたが、審判組合の反対で正式採用は遅れている。

redwash(レッドウオッシュ)　自動車のF1レースで、赤い車体のフェラーリ勢が連勝を重ねること。

safari chic(サファリ・シック)　昼間は自然に親しみ、夜は高級ホテル並みの粋な施設に泊まる超豪華なサファリツアー。わがままな金持ち向けで、アフリカの観光産業を支える有望分野の一つ。

Svengate(スヴェンゲート)　サッカーのイングランド代表チーム監督スヴェン=ゴラン・エリクソンの不倫疑惑。

政治・行政

AWOL(エーダブリュオーエル)　absent without leaveの略。休暇でないのに無断欠勤する、サボ

875

りのこと。ベトナム戦争当時、ジョージ・W.ブッシュはテキサス州軍に所属となっていたが、必要な訓練に参加しなかった疑惑がある。

Big Tortilla（ビッグ・トルティーヤ）　ロサンゼルスのこと。メキシコ系の住民が多く、2005年5月の選挙でメキシコ系の市長が誕生したことから、メキシコ料理の名にちなんで。

bipartisan fashion（バイパルティザン・ファッション）　超党派的ファッション。保守的でもなく、大胆すぎることもないヒラリー・クリントン上院議員の着こなし。黒っぽいパンツスーツにピンクのブラウスが定番。

cheerleader-in-chief（チアリーダー・イン・チーフ）　状況を無視して威勢のいい楽観論ばかりを唱える政治家。具体的にはブッシュ大統領のこと。

Clintonian distinction（クリントニアン・ディスティンクション）　こじつけの区別・弁明。「性的行為はしたけれどセックスはしていない」など、クリントン前大統領流の苦しい言い訳。

closet reformer（クロゼット・リフォーマー）　隠れ改革派。権力機構の中にいる時は目立たないようにするが、頂点に立つと改革派の本領を発揮する人。中国の胡錦濤国家主席がこのタイプとされる。

eternal optimist（エターナル・オプティミスト）　永遠の楽観主義者。2004年に死去したレーガン元大統領のこと。いずれ正義は勝つと信じ、口ではソ連を非難しながら戦争を仕掛けなかった。ナンシー夫人が追悼文で使った。

Euro-whimpery（ユーロ・ウインペリー）　ヨーロッパのへっぴり腰。イランの核開発に対して強硬な態度を示せない欧州諸国。アメリカの共和党保守派が使う言葉。

faith-based initiative（フェイス・ベースト・イニシアチブ）　キリスト教の信仰に基づく政策。公的施設での公費による聖書教室、公的施設への牧師の配置など。ブッシュ政権が大統領命令によって（議会を通さずに）進めている。

First Spouse（ファースト・スパウズ）　大統領の配偶者。女性大統領の誕生を想定して、夫の呼称の一つに提案された。

Guantanamize（グアンタナマイズ）　具体的な罪名もなく起訴もしないまま、被疑者を長期にわたって拘禁すること。また、そうした違法状態を黙認すること。アフガニスタンの敵性戦闘員（enemy combatant）を収容しているグアンタナモ米軍基地の名にちなむ。

Gubernator（ガバネーター）　カリフォルニア州知事アーノルド・シュワルツェネッガーのこと。

identity politics（アイデンティティー・ポリティックス）　民族的・文化的アイデンティティーの維持を重視・尊重する政策。国家への忠誠を重視する愛国主義とは相いれない。いわゆる多文化主義（multi-culturalism）のこと。

Lemon test（レモン・テスト）　法案や個々の政策が、憲法の定める政教分離の原則に反していないかどうかを判定する基準。1971年の「レモン対カーツマン」事件での連邦最高裁判決による。法案・政策の目的が世俗的なものであり、その効果が宗教の擁護または禁止にならず、特定の宗教に過度に肩入れしないこと、が基準とされる。

Mr. Nowhere（ミスター・ノーウェア）　ディック・チェイニー副大統領のこと。①もともと舞台裏の工作が好き、②9.11テロ後、ホワイトハウスが襲撃された場合に備えて秘密の場所に隠れていた、③都合が悪くなると沈黙を守ることから。

No. 41（ナンバー・フォーティーワン）　ジョージ・W.ブッシュ大統領（第43代）の父で、第41代大統領だったジョージ・H.W.ブッシュのこと。この親子は実際に「41」「43」と記した野球帽をかぶってゴルフを楽しんでいるところを写真に撮られている。

oiloholics（オイロホリックス）　石油依存症。大量の石油を消費し、世界中で石油の利権をあさるアメリカの病的な体質。急速な経済成長を遂げる中国も同様とされる。

on-the-spot fine（オン・ザ・スポット・ファイン）　犯行現場で言い渡される罰金刑。警察業務の合理化のため、駐車違反以外にも小規模な窃盗に適用する動きがある。

parliamentary bedblocker（パーラメンタリー・ベッドブロッカー）　怠惰な現職議員。議席を守ることにのみ熱心で変化を嫌う。多くは当選回数の多いベテラン議員。

punditocracy（パンディットクラシー）　評論家主義。評論家や有識者の意見が影響力をもつ。

Putter（プッター）　President's Daily Threat Report（大統領用テロ脅威日報）の通称。アメリカに対するテロ攻撃の可能性に関する最高の機密情報文書。

Rumspeak（ラムスピーク）　アメリカ国防長官ドナルド・ラムズフェルドが用いる独特な言い回し。"war lite"（軽い戦争）など。聞こえはいいが中身がない。

salonista（サロニスタ）　近所の人が集いお茶を飲みながら自由に政治の話をする「サロン」の伝統を守る人。インターネットや携帯電話の会話ではコミュニティー意識が希薄になると考えている。

sousveillance（スーベイランス）　逆監視。監視（surveillance）の反対語。監視される側（国民）が、監視する側（権力）を監視すること。

Tsunami czar（ツナミ・ザール）　津波皇帝。2004年のインド洋大津波の被災地救済のため、国連事務総長の特使に任命されたビル・クリントン前米大統領を指す。クリントンが次期国連事務総長になるための布石、という憶測も呼んだ。

選挙

apathy tax(アパシー・タックス) 公的な選挙で投票を棄権した人に課す税金。投票率を上げるために提案されたが、実現は難しそうだ。

Bush questioner(ブッシュ・クエッショナー) ブッシュ大統領の政治姿勢に公然と疑問を呈する人。党派的なブッシュたたき(Bush basher)とは一線を画するリベラルかつ懐疑的な勢力。

Draft Cheney(ドラフト・チェイニー) チェイニー担ぎ出し作戦。2008年の大統領選にチェイニー副大統領を擁立しようというひそかな動き。共和党右派の一部にある。

DRE(ディーアールイー) direct recording electronicの略。電子投票のシステムの一種。投票所に設置したコンピューターで投票結果を直接メモリーカードに記憶させ、それを係員が集計所に持ち込む。2004年の大統領選挙予備選で、一部の州が採用。

Dumbfuckistan(ダムファッキスタン) ジョージ・W. ブッシュを支持する宗教的保守派が多数を占める(救い難い)州。東部のリベラル派が使う痛烈な言葉。

e-voting(イー・ボーティング) 電子投票。メモリーカードを集計所に持ち込むDRE方式とインターネット利用の方式があるが、どちらもセキュリティーに問題がある。

exurbanite(エクサーバナイト) 郊外(suburb)よりも外に住む人。一般に、都会に住むのは貧困層で郊外に住むのは中産階級、郊外よりも外に住むのは保守的な富裕層とされる。

Hillpac(ヒルパック) ヒラリー・クリントン上院議員を支援する全国規模の政治団体。公言してはいないが、2008年の大統領選を視野に入れている。

overvote(オーバーボート) 過剰投票。電子投票システムの誤操作または誤作動で、2人以上の候補者に投票して生じる無効票。

ownership society(オーナーシップ・ソサエティー) 2期目のブッシュ政権が掲げる理想。21世紀のアメリカは不況知らず・インフレ知らずだから、誰でも株や不動産の所有者(オーナー)になれるという夢物語。2004年の大統領選でさかんに口にしたが、当選後はあまり言わなくなった。

pro-death(プロ・デス) 妊娠中絶支持派(pro-choice)に対する蔑称。中絶反対派(pro-life)の人たちが使う。

Rove doctrine(ローブ・ドクトリン) 保守的な富裕層を狙い撃ちし、小さな選挙区に大統領候補本人を行かせ、確実に票を固める作戦。カール・ローブはブッシュ陣営の政治顧問・選挙参謀。

secular fundamentalist(セキュラー・ファンダメンタリスト) 民主党の中道派で、政治的主張には宗教色を出さないが、個人的には信心深いことをアピールする人。ヒラリー・クリントン上院議員や、民主党「期待の星」とされる黒人議員バラク・オバマ(Barack Obama)らを指す。

Sex-and-the-City vote(セックス・アンド・ザ・シティ・ボート) 優雅な独身生活を送る都会の女性票。政治的には中道派だが道徳的にはリベラル。"Sex and the City"は、ニューヨークの独身女性を主人公にした人気テレビドラマ。

Toxic Texan(トキシック・テキサン) 猛毒テキサス男。ジョージ・W. ブッシュのこと。主として反戦派が使う。

undervote(アンダーボート) 記入が不十分なための無効票。意図的な白票も含むが、多くは記入ミスといわれる。電子投票導入でかえって増えた。

ダイエット・食生活

appetite control(アペタイト・コントロール) 食欲コントロール。肥満を防ぐため、人工的に満腹感を与えること。各国で食欲コントロール剤の開発が進んでいる。

beyond organic(ビヨンド・オーガニック) 有機栽培を超越して。有機栽培作物で、かつ地元の農家が作る旬のものだけを食べようという運動。

big fat(ビッグ・ファット) 脂肪分を大量に含むファストフード。ビッグマック(Big Mac)からの連想。

binge drinker(ビンジ・ドリンカー) 病的な大酒飲み。アルコール依存症ではないが、日常的に過度の飲酒(目安は2時間でワイン4～5本)をする人。当然、摂取カロリーが増える。

binge-trigger(ビンジトリガー) 過食を誘発する神経細胞。大脳で満腹感を感じるMC4R(melanocortin 4 receptor)の突然変異体。MC4Rが正常に機能しないため、いつになっても満腹感が得られない。

biodynamic wine(バイオダイナミック・ワイン) ブドウの栽培からワインの醸造・保存に至る全過程について、生態系の破壊につながらないよう工夫して作られた有機ワイン。

bistro burger(ビストロ・バーガー) 伝統的なハンバーガーとは異なり、フレンチやエスニックなどの要素を盛り込んだ新感覚バーガー。ヨーロッパや日本で広まっている。

boozy lunch(ブージー・ランチ) ワインやビール付きのランチ。毎日やっているとアルコール依存症

になりやすい。

caloric restriction(カロリック・レストリクション) 1日のカロリー摂取量を1500kcalに制限するダイエット法。少なくとも動物実験では、老化を防ぎ、延命効果があるとされる。

carb(カーブ) 炭水化物(carbohydrate)のこと。一時は低脂肪・高炭水化物の食事がダイエットに有効とされたが、最近は炭水化物も悪者扱いされている。carbs(カーブス)ともいう。

carb blocker(カーブ・ブロッカー) 炭水化物の吸収を阻害するとされるダイエット剤。効果は疑問視されているが、女性には人気。

Cereality(シリアリティー) 各種のヘルシーなシリアルをそろえたカフェスタイルの店。

cosmetic supplement(コスメティック・サプリメント) 美容のために飲む栄養補助食品。ダイエット中に不足しがちな栄養素を補うとされる。

CSA(シーエスエー) 地域社会と結びついた農業(community-supported agriculture)の略。消費者グループとの契約に基づき、有機栽培など一定の基準をクリアした作物を育て、契約会員に送り届ける農業経営の手法。

Farmer Jones(ファーマー・ジョーンズ) 古典的な有機農法にこだわる職人的な農民。アメリカでも「生産者の顔が見える食品」への需要が高まっている。

feederism(フィーダリズム) 給餌癖。自分または子供、配偶者などにたくさん食べさせる(太らせる)ことに満足を覚える性癖。一種の食行動異常と考えられる。

food doctor(フード・ドクター) 健康な食生活を送れるようアドバイスする医師や栄養学者。

fruitarianism(フルータリアニズム) 果物しか食べない主義。ただしトマトやナッツ類は食べてもいいらしい。

get-fat farm(ゲットファット・ファーム) 拒食症などで「激ヤセ」した患者を集め、強制的に体重を回復させる施設。weight management clinic(体重管理クリニック)を自称しているところもあるが、大半は医学的な裏付けを欠く。

health debt(ヘルス・デット) 健康上の負債。食べすぎた脂質やカロリー。その分だけ運動や断食によって「返済」しなければならない。

heirloom tomato(エアルーム・トマト) 在来種のトマト。古くからヨーロッパ各地で生産され、今でも数百種が細々と栽培されている。色や形が個性的で高級レストランが重宝している。

kitchen nirvana(キッチン・ニルバーナ) 至福のキッチン。Zen of kitchen ともいう。清らかな心で、落ち着いて料理すれば食べる前に満足でき、したがって食べすぎないという考え方。

Label Rouge(ラベル・ルージュ) フランス産の高級食肉に与えられるラベル。品質・安全を公的に保証するもの。

lacto-vegetarianism(ラクトベジタリアニズム) 野菜と乳製品しか食べない主義。魚介類も含め、動物を殺さない食生活。卵もダメ。

living food(リビング・フード) 野菜や果物、ナッツ類に特化した料理で、かつ48℃以上に加熱調理していないもの。究極の健康的な食事とされる。

living foods restaurant(リビングフーズ・レストラン) 有機農法の野菜だけを、できるだけ生に近い状態で出すレストラン。

low carb(ロー・カーブ) 炭水化物(carbohydrate)の摂取量を低く抑えること。脂肪分を減らすlow fatの食生活になじめないアメリカ人が最後の望みを託すダイエット法。

lunch shooter(ランチ・シューター) ファストフードを買いに行く時間もない多忙なビジネスマンのために昼食を買いに走る人。昔は新入社員の無償奉仕だったが、今は有料のサービスが大半。

MC4 receptor(エムシーフォー・レセプター) 脳内にあって、満腹感の信号を受け取る遺伝子。過食症患者の一部では、これに異常があることが確認されている。melanocortin 4 receptor(メラノコルチン4受容体)。MC4Rともいう。

nutrition transition(ニュートリション・トランジション) 栄養移転。加工食品やファストフードの輸出を通じて、高脂肪・高カロリーの食生活を途上国に普及させること。

obesogenic(オビーソジェニック) 〈形容詞として〉肥満に関与する。肥満を促す。

pesco-vegetarianism(ペスコベジタリアニズム) 魚介類は摂取してもよいと考える菜食主義。日本人に多い。

phood(フード) 薬(pharma)と食品(food)の合成語。いわゆる機能性食品を指す。

pledgetarian(プレッジタリアン) ダイエットの誓い(プレッジ)を何度も繰り返すけれど、けっして実行できない人。

raw foodism(ロー・フーディズム) 基本的に生ものしか食べない主義。加熱は48℃くらいまで。キリストの食事はほとんどこれだったとされる。生の魚介類は摂取してもよい。

sauce-on-the-side(ソース・オン・ザ・サイド) 料理を注文する時、「ソースをかけないで」と言うこと。ダイエット志向の女性がよく使う。サラダに「ドレッシングをかけないで」にも使える。

Skinny Cow(スキニー・カウ) 低脂肪・低カロリーなアイスクリームの商標。とてもスリムな乳牛(スキニー・カウ)のイラストが目印。

sproutarianism(スプラウタリアニズム) モヤシのようなsprout(新芽)を主食とする主義。

stomach stapling(ストマック・ステープリン

21世紀のアメリカ新語

グ）胃の一部を人工的に閉じ、小さくすることで食物摂取を抑えるダイエット法。

supersize-me(スーパーサイズ・ミー) 自分の肉体（や自我）を肥大化させること。動詞としても用いる。ハンバーガーを食べ続けると肥満になることを実証した同名の映画から。

two-bite treat(トゥー・バイト・トリート) ふたくちサイズ。すべての料理をふたくちで食べ終わる分量にするダイエット法。

Weight Watchers(ウエート・ウオッチャーズ) 体重を減らしたい人の自助グループ。特別な食事制限を課すことなく、互いに励まし合うことでダイエットを成功させようという考え方に立つ。自助努力を重んじるアメリカ人の間で人気。

テクノロジー

ambient intelligence(アンビエント・インテリジェンス) 室内環境に溶け込むIT（情報技術）製品。大型の鏡に組み込む薄型テレビなど、インテリアの邪魔をしない情報家電製品を指す。

AMO(エーエムオー) ナノテクノロジーによって、原子レベルで操作された有機物(atomically modified organism)。遺伝子操作による有機物と同様に、その安全性は確認されていない。

artificial photosynthesis(アーティフィシャル・フォトシンセシス) 人工的光合成。植物が太陽光で行う光合成の仕組みを人工的に再現する。究極のクリーンエネルギーと期待される。

attoworld(アトワールド) 10^{-18}（アト）の世界。アトは、ナノ(10^{-9})よりはるかに小さい極限の単位。通常のウイルスの重さが約10アトグラム。

claytronics(クレイトロニクス) A地点にある物体や生物のクローンを瞬時にB地点に出現させる技術。ナノテクノロジーにより、自律的なナノコンピューターで構成される粒子を作り、これをプログラムすれば可能になる。まだ理論的な仮説。

digital ink(デジタル・インク) 紙のように薄いメディアにフルカラーで表示できる新技術で、本格的なデジタルペーパーを可能にするものと期待されている。イスラエルのMagink社が開発した。

Embrio(エンブリオ) カナダのボンバルディア(Bombardier)社が開発中のハイテク電動1輪車。2025年の実用化を目指している。

motion camouflage(モーション・カムフラージュ) ミサイルなどの動きをカムフラージュする技術。敵のレーダーにはミサイルが静止しているように見せることで、敵の目を欺く。トンボの捕食行動を模しているとされる。

nano warrior(ナノ・ウオリアー) ナノ戦士。人体に入り込んでウイルスやがん細胞を退治する超微細なマシン、または遺伝子操作で作られた新薬。

nanobot(ナノボット) ナノ（10億分の1）メートルレベルの素材を操作して作られる超微細ロボット。まだ実現していないが、ナノマシンの特徴として自己増殖する機能をもつと期待される。

nanowhisker(ナノウイスカー) ナノ（10億分の1）メートルレベルの細さのひげ状繊維。これを使えば、どんな液体もはじく繊維ができるとされる。2002年から一部の服飾メーカーが採用している。

Natick Lab(ナティック・ラボ) マサチューセッツ州ナティックにあるアメリカ陸軍兵員システムセンター(Soldier Systems Center)の通称。ナノテクノロジーを応用し、周囲の状況に応じて防弾・防水・防寒・防熱などの機能を発揮する多目的戦闘服の開発に取り組んでいる。

PRT(ピーアールティー) 個人用高速交通網。personal rapid transitの略。大都市内に張り巡らされた高架軌道にコンピューター制御の無人タクシーを走らせる構想。渋滞解消策として一部の都市で実験が始まっている。

spy chips(スパイ・チップス) 商品追跡タグ。在来のバーコードに含まれる商品情報や生産・流通履歴などを記録し、無線で発信する超小型チップ。これを商品に埋め込んで出荷すれば、いつ、どこで、誰が購入したかもわかる。

unreal reality(アンリアル・リアリティー) 非現実のリアリティー。本物と偽物の区別という概念自体が無効になりかねない状況。高度なデジタル技術で修正を施した肖像写真など。

virtualization(バーチャリゼーション) 1台のサーバーで複数の仮想（バーチャル）サーバーを制御し、演算処理の効率を上げるソフトウエア。

テロ

American Taliban(アメリカン・タリバン) タリバン側に加わってアメリカ軍と戦ったアメリカ人。10人以上はいたとされるが、アフガニスタンで捕虜になったのはカリフォルニア在住のジョン・ウォーカーだけ。

anthrax(アンスラックス) 炭疽菌。2001年10月、炭疽菌入りの郵便物がアメリカの一部のマスコミや議員事務所に相次いで届けられた。

antitraction gel(アンタイトラクション・ジェル) 抵抗（摩擦）をなくすジェル状の薬剤。特定の場所への侵入者を防ぐために使う。道路に塗れば自動車は走れないし、人も歩けない。ドアノブに塗れ

879

ば、手がすべって回せない。海兵隊に納入されているという。

Arab Brigade（アラブ・ブリゲード）　アフガニスタンのタリバン政権軍に参加したアラブ系の外人部隊。主としてアルカイダ傘下の戦士によって構成されていたとされる。

bomb sniffer（ボム・スニッファー）　爆発物に含まれる化学物質のにおいを人の衣服や肌から検出し、自爆テロを未然に防ぐ装置。ゼネラル・エレクトリック社などが開発した。

Camp Delta（キャンプ・デルタ）　キューバにあるアメリカ軍のグアンタナモ基地内に造られた収容所。アフガニスタンやイラクでテロ容疑者として拘束された人たちが長期収容されている。

Camp Iguana（キャンプ・イグアナ）　キューバにあるアメリカ軍のグアンタナモ基地内に造られた未成年者専用の収容所。キャンプ・デルタに収容されていた16歳未満のテロ容疑者を隔離するための施設。

declining toll（デクライニング・トール）　犠牲者数の減少。9.11テロの犠牲者数は当初6700人と発表されたが、3カ月後には3300人に減り、最終的には3000人弱とされている。被害を大きく見せたほうが戦争を始めやすいという計算があったとする見方もある。

domestic spying（ドメスティック・スパイング）　国内諜報活動。外国での諜報活動に用いられる非合法的手段を、国内の公安情報収集にも使おうという考え方。

either-or approach（イーザーオア・アプローチ）　各国に「アメリカの味方かテロリストの味方か（"Either with us, or with the terrorists."）」という二者択一を迫るブッシュ大統領の独善的な姿勢。

enemy combatants（エネミー・コンバタンツ）　敵性戦闘員。キューバにあるアメリカ軍のグアンタナモ基地に収容されている人々。一般の戦争捕虜に認められる国際法上の保護を否定されている。

foodborne terrorism（フードボーン・テロリズム）　食品テロ。輸入食品、特に野菜や肉などに細菌を仕込んでおくテロの方法。

Freedom Tower（フリーダム・タワー）　9.11テロで破壊されたニューヨークの世界貿易センタービルの跡地に建つ予定の超高層ビル。高さ541mで、屋上に設ける風力発電装置で使用エネルギーの20%を賄う計画。

Gitmo（ギトモ）　キューバにあるアメリカ軍基地グアンタナモ（Guantanamo）のこと。アフガニスタンなどで捕らえられたテロリストたちが法的手続きなしで収監されている。

Ground Zero（グラウンド・ゼロ）　9.11テロで標的とされたニューヨークのワールドトレードセンター跡地。本来は「爆心地」の意。

homeland security（ホームランド・セキュリティー）　アメリカ国内でのテロ活動を未然に防ぐこと。ブッシュ政権はDepartment of Homeland Security（国土安全保障省）を発足させた。

rollback（ロールバック）　世界各国に展開するイスラム系テロリストを中東の出身国に追い返し、封じ込めること。2000年末の段階でクリントン政権がまとめたテロ対策。9.11テロ後にブッシュ政権が実施したテロ対策とほぼ同じ内容を含む。

shoe-bomber（シューボマー）　2001年12月22日、靴底に仕込んだプラスチック爆弾をアメリカン航空機内で爆発させようとし、失敗したイギリス人リチャード・リードのこと。

sleeper cell（スリーパー・セル）　潜伏中のテロ細胞（テロリスト集団の末端組織）。

spore（スポア）　炭疽菌の芽胞。これが強いため炭疽菌は劣悪な環境でも生きやすく、従って生物兵器に向いているとされる。

tunable bullet（チューナブル・ブレット）　使用目的に応じて殺傷能力を調整できる銃弾。アメリカの治安当局が開発中。

USAMRIID（ユーエスアムリード）　アメリカ陸軍感染症研究所（U.S. Army Medical Research Institute for Infectious Diseases）の略。生物兵器（とその対策の）研究の総本山。

weapons of mass disruption（ウエポンズ・オブ・マス・ディスラプション）　大量混乱兵器。放射性物質や細菌などをまきちらし、広い範囲に社会的・経済的な混乱を引き起こす兵器。原爆のような大量破壊兵器（weapons of mass destruction）に対比している。

wired war（ワイヤード・ウオー）　ネットワーク化された戦争。実際の敵を見ず、コンピューター上の情報に基づいて命令伝達や攻撃を行う戦争。いわゆるピンポイント爆撃を可能にしたが、敵を視認していないので誤爆は減らない。また、現在のシステムでは敵兵と友軍を正確に見分けられないので、市街戦には使えない。

ネット社会

ad game（アド・ゲーム）　オンラインゲームを装った広告サイト。ウェブ広告へのアクセス率を高めるための仕掛けの一つ。アウディの新車キャンペーンなどがある。

approximeeting（アプロキシミーティング）　物理的に顔を合わせることのない近似的会話。動画カメラ付き携帯電話による会話やコンピューターによる画像付きチャットなど。

21世紀のアメリカ新語

baby blog(ベビー・ブログ) 妊娠中の女性が、胎児の心音や超音波画像などを掲出するブログ。超音波検診の画像を簡単に転送できる道具も発売されている。

barua pepe(バルア・ペペ) 電子メール。スワヒリ語で、本来は「速い手紙」の意。アフリカでも、英語ではなく現地語によるネット利用の環境が整いつつある。ちなみにコンピューターは、スワヒリ語で「タラキリシ」という。

Betfair(ベットフェア) 世界最大のオンライン・ギャンブル・サービス。公認ギャンブル大国のイギリスで始まり、「競売サイトeBayのギャンブル版」とも呼ばれる存在。登録利用者は2005年春の時点で30万人を超える。

blog search(ブログ・サーチ) ブログの検索サービス。特定の分野のブログを読みたい(または書き込みをしたい)人が増えているため、ウェブ上の検索エンジンに付加され始めた。

blogosphere(ブロゴスフェア) ブログにはまった人の世界。インターネット上に公開した日記(blog)を通じた意思伝達が主で、人と人が顔を合わせて会話する機会の減った社会。

chatter box(チャター・ボックス) 携帯電話の別称。もとは「おしゃべりな人」「カーラジオ」などの意味。

click fraud(クリック・フロード) クリック詐欺。ウェブサイトなどで、利用者が不用意にクリックすると、身に覚えのない法外な金額を詐取される仕組み。

courier(クーリエ) 海賊版ソフトウエア製造グループの一員で、盗み出したソフトを末端の顧客に送信する役のサーバー。

cyber cop(サイバー・コップ) ネット犯罪を取り締まる警官。インターネットを通じて児童ポルノの取り締まりに当たるFBI捜査官だけでも150人以上いる。

cyber smuggling(サイバー・スマグリング) インターネットを利用した密輸。音楽であれ映像であれ、デジタル化できるものなら何でも簡単に密輸できる。

cybersleuth(サイバースルース) コンピューターウイルスを追跡・駆逐する探偵(会社)。感染予防を主目的とするセキュリティー中心の会社と区別していう。

dooced(ドゥーステド) ブログ上での情報漏洩や名誉棄損により解雇されること。上司を中傷する情報を載せて解雇されたデルタ航空客室乗務員のサイト名(dooce.com)に由来する。

e-junk(イージャンク) 迷惑メール(junk mail)や迷惑通話(unwanted call)の総称。

E-rate program(イーレート・プログラム) 地域による通信環境の差で教育におけるインターネット利用に不利が生じないように、補助金を交付する制度。通信環境の悪い地域ほど手厚く支給される。

e-tailer(イーテイラー) 消費者向けのオンライン通販業者。特に書籍から宝石まで幅広く扱う百貨店型の業者。

five nines(ファイブ・ナインズ) 99.999%。コンピューター・ネットワークの信頼性として求められる理想的な水準。信頼性99.999%であれば、1年間の運用でダウンタイム(機能停止時間)は5分程度で済む。

flog(フログ) 偽ブログ。一般消費者のブログを装って、企業が新製品情報や特売情報などを発信するブログ。

google(グーグル) 〈動詞として〉検索する。インターネット検索サービス最大手の名称「グーグル」が、そのまま動詞として使われる。

ham(ハム) 中身のある、必要なメール。迷惑メールをspam(本来は豚肉の缶詰のこと)と呼ぶことから。

i-conic(アイ・コニック) アップルコンピュータの携帯音楽プレーヤーiPodとiconic(偶像的な)をかけた語。iPodがすでに偶像的なステータスを得ていることを指す。

IM-ing(アイエミング) 電子メールのインスタント・メッセージ・サービスにはまること。

iPod factor(アイポッド・ファクター) iPodと一緒に着て(持ち歩いて)もらえる機能・特徴。例えば、iPodの操作パネルをビルトインしたジャケットなど。

iPod substitute(アイポッド・サブスティテュート) iPodの代用品。世界中の情報家電メーカーが続々と出しているが、性能や価格ではiPodに劣らなくても「かわいらしさ」では勝てないので、しょせんは代用品、ということ。

iPorn(アイポーン) iPod向けに配信されるポッドキャスト風のポルノ情報。

ISA(アイエスエー) インターネット・セックス中毒(Internet sex addiction)。ネット上のポルノ系サイトをやめられない症状。男性より女性のほうがはまりやすい。

last mile(ラスト・マイル) 電話や電力などの回線網で、幹線からエンドユーザー(家庭や事業所)までを結ぶ部分。通信系のサービスでは、ここを握っている業者(日本ではNTT)が絶対的に有利。

machine-to-machine(マシン・トゥ・マシン) 無線LANとインターネットを使ってさまざまな場所にある電子機器同士を結び、意思伝達を行うこと。略してM2Mともいう。

micro-news(マイクロ・ニュース) ニッチな情報(特定の地区の新規開店レストラン情報など)に特化して最新ニュースを配信するブログ。また、マスコミには載らないが、そういうブログにのみ掲載されるニュース。

moblogging(モブロギング) 携帯電話などを利用してブログに情報を載せること。ブログの旅日記などに利用される。

881

music swapping(ミュージック・スワッピング) インターネット経由で行われる音楽ソフトの無償交換。先鞭をつけたNapster以後、さまざまな技術が登場しているが、知的所有権との関連で、その合法性が問われている。

.Net(ドットネット) オフィスや家庭の電子機器・家電製品をすべてネットワーク化するマイクロソフト社の構想。

object relations(オブジェクト・リレーションズ) 対物関係。携帯電話やiPodのような情報家電製品なしでは暮らせない現代人のライフスタイル。単なるモノを、まるでペットのようにかわいがったりする。

packer(パッカー) 海賊版ソフトウエア製造グループの一員で、盗み出したソフトを小さなファイルに分割し、オンラインでクーリエと呼ばれる複数のサーバーに送る役。

paid blogging(ペイド・ブロギング) 企業などから原稿料をもらってブログを書くこと。フログ(flog)と違って偽装はしていない。

pharming(ファーミング) コンピューター・ウイルスの一種で、使用者のキータッチを盗み読み、オンライン通販などの利用に際してカードのパスワードを入力すると、それを自動的に犯罪者のサイトに送信するソフトウエア。

phone cramming(フォン・クラミング) 通話料無料の電話でテレフォンセックスを提供するが、かけてきた相手の番号を自動的に記録し、有料のボイスメールサービスの利用料金として請求する詐欺の手口。ポルノ系ウェブサイトで宣伝して利用者を誘導するケースが多い。ニューヨークのマフィアがこれで莫大な利益をあげた。

podcasting(ポッドキャスティング) iPod向けにラジオ番組などを配信すること。インターネット上のデジタル・ラジオ以上にターゲットを絞って番組を供給できる。

POPFile(ポップファイル) 迷惑メール撃退ソフトの一種。ニューヨークのジョン・グレアム＝カミングが作成したプログラムで、インターネット上で無償配布されている。

spam-spasm(スパムスパズム) 迷惑メール(spam)が多すぎて、発作(spasm)的に、あるいは誤って必要なメールまで消してしまうこと。

technosexual(テクノセクシャル) iPodに代表されるスタイリッシュな情報家電に(恋人以上に)夢中な。また名詞として、そういう男性を指すこともある。

Telco(テルコ) 電話会社。軽蔑的に用いる。

thumb generation(サム・ジェネレーション) 親指世代。携帯電話の小さなボタンを親指で操作し、電子メールを送ることを苦にしない世代。

typosquatting(タイポスクアッティング) 有名ウェブサイトとそっくりの偽サイト(Yafoo!といった ぐいの)を立ち上げ、そこへアクセスした人のコンピューターにウイルスを送り込む手口。ウイルスに感染したコンピューターは、知らぬ間に犯罪者に利用されることになる。

Underground Web(アンダーグラウンド・ウェブ) アングラ・インターネット。違法または合法すれすれのウェブサイト。その規模は合法ネットに匹敵するとされる。

unwanted call(アンウォンテッド・コール) 携帯電話への迷惑通話。

vlogging(ヴロギング) video bloggingの略。もっぱらビデオ映像で構成されるブログ。

warez(ウエアズ) 海賊版ソフトウエア。海賊版と知りつつ売買する人たちが使う隠語。

WebCrow(ウェブクロウ) クロスワードパズルを解くソフトウエア。クロスワードパズルのヒントを入力すると、自動的に検索サイトから関連のありそうな単語を探し出し、適当なものを選別してくれる。

Wikipedia(ウィキペディア) インターネット上に存在するオープンソース型の百科事典。誰でもオンラインでアクセスして書き込み・加筆・修正などができる。

worldwide computer(ワールドワイド・コンピューター) 世界中のパソコンをインターネット経由で共用しようとする構想。クライアントのマシンの空き時間をサーバー側で有効利用し、演算能力を飛躍的に向上させる。だが、その技術的前提のInternet-scale operating system (ISOS)は未完成。

バイオ関連

artificial egg(アーティフィシャル・エッグ) 胚性幹細胞の培養によって人工的に作られた卵子。動物実験では成功している。不妊症治療の究極の方法とされるが、倫理的な問題も大きい。

biomimetics(バイオミメティクス) 生物界に存在するデザインを人工的に模倣し、新素材などの開発につなげようとする学問。

Biopolis(バイオポリス) バイオ研究都市。シンガポールが国策として建設を進めており、京都大学ウイルス研究所の伊藤嘉明教授も、世界各国から第一線の研究者を招いている。

bioprospecting(バイオプロスペクティング) 生物資源探査。野生の動植物から医薬品用などの有効成分を探し出す。熱帯雨林などの自然環境を破壊せずに資源化する手段の一つ。

cryo-cell(クライオセル) 細胞の冷凍保存。固有名詞としては、新生児の臍帯血幹細胞を冷凍保存する会社。いずれは幹細胞から各種の臓器を人

21世紀のアメリカ新語

工的に作れるようになるとの想定の下に、万一の場合に備えて本人の幹細胞を保存しておいてやろうという親が利用する。

evo-devo（エボデボ） 進化・発達生物学（evolutionary developmental biology）の略。個体における特定器官の発達を解明することを通じて、進化の秘密に迫ろうとする生物学の一分野。

Frankenvirus（フランケンバイラス） 遺伝子工学の技術を利用して人工的に作られたウイルス。本来はワクチン製造に使う技術だが、生物兵器にも転用できる。

genomics（ゲノミクス） 解読されたヒトゲノム情報に基づいて新薬を開発する研究。今のところ最先端だが、次にはたんぱく質や糖類の構造解析という分野が待っている。

glycomics（グリコミクス） 糖類の分子構造を解明・操作して新薬の開発を行う研究。ゲノムの解読よりもはるかに複雑な作業。

in-silico（インシリコ） 半導体（シリコン）内。in-vitro（試験管内）ではなく、コンピュータ上のシミュレーションで新薬を開発すること。

iron rice（アイアン・ライス） 品種改良で鉄分を強化したコメ（品種番号はIR68144）。途上国の女性に多い貧血を予防する上で有効とされる。いわゆる遺伝子操作とは無縁の作物。

lethal gene（リーサル・ジーン） 生殖細胞が通常の個体に成長するのを阻止する特殊な遺伝子。遺伝子操作によって蚊などの害虫の卵子または精子に組み込めば、効率的に害虫を駆除できると期待される。ただし、害虫以外の種にまで伝播する可能性を排除する技術は開発されていない。

nanobacteria（ナノバクテリア） 全長100ナノメートル（ナノは10億分の1）に満たない極微生物。細胞内に自己増殖するが、「生物」とは呼べないとの説もある。

neural implant（ニューラル・インプラント） 神経移植。神経系の病気治療に革命をもたらすものと期待される。技術的には数年以内に可能とされるが、他人の脳神経を移植した場合には人格が変わってしまう恐れもある。

neurostimulator（ニューロスティミュレーター） 植え込み式の神経刺激装置。ハイテク医療機器の一種で、大きな市場が見込まれている。

nutritional genomics（ニュートリショナル・ゲノミクス） 遺伝子栄養学。栄養素と遺伝子の相互作用を研究する学問。特定の栄養素の働きを遺伝子レベルで解明することを目指す。

proteomics（プロテオミクス） たんぱく質の分子構造を解明・操作して新薬の開発を行う研究。ゲノム解読が終わった今、最も注目されている分野の一つ。

RNAi（アールエヌエー・アイ） RNA（リボ核酸）干渉。遺伝子情報を人工的に書き換えること。iはinterference（干渉）の略。

sperm sorter（スパーム・ソーター） 精子選別機。健康な精子を選別する機械。遺伝的な損傷のある精子を電気的に分別する。

stem cell bank（ステム・セル・バンク） 幹細胞バンク。あらゆる臓器のもとになる胚性幹細胞を凍結保存する機関。万が一の場合に移植用臓器を作るのに使う。すでにイギリスなどで設立された。

stygobiology（スティゴバイオロジー） 地底生物学。光の届かない地底の水中で、地上の生態系と隔絶されて生き残ってきた生物を対象とする生物学の一分野。stygの名は、ギリシャ神話で三途の川を意味するStyxに由来する。進化の謎の解明に役立つ。

superantibody（スーパーアンティボディー） スーパー抗体。細胞内部に入り込んでウイルスや発がん物質に取りつく。強力で副作用の少ない新薬開発につながると期待される。

tomato vaccine（トマト・ワクチン） 遺伝子操作でワクチンを埋め込んだトマト。普通に畑で栽培でき、普通に食べればいいので、ワクチン価格は飛躍的に下がるものと期待される。ただし、安全性にはまだ疑問符が付く。

ファッション

airbrush tattoo（エアブラッシュ・タトゥー） 肌に型紙を張り、エアブラシで描き込む入れ墨。ファッション性が高く、簡単に消せるので10代に人気。

Armania（アルマニア） アルマーニ（Armani）の服に夢中な人。男女を問わず「大人の」という形容詞が似合う著名人に多い。

baked jeans（ベークト・ジーンズ） 製造過程で人工的に「使い古し」感を出したジーンズ。aged jeansともいう。

baseball stitch（ベースボール・スティッチ） 野球のボールにあるような力強く太い縫い目。優雅なデザインにアクセントをつけるのに使う。

bikini-worthy（ビキニ・ワーシー） 体形がビキニの水着を着ても恥ずかしくない。下腹が出ていないのが条件。

chic punk（シック・パンク） パンク調のアクセントを加えたシックな装い。基本となる黒のドレスやスーツに、メタリックなジッパーやチェーンなどでアクセントをつけた装い。

EDUN（イーダン） U2のボノがアメリカ人デザイナーと組んで立ち上げたファッションブランド。カジュアル系で、「自然を破壊せず、生産者や縫製労働者

883

を搾取しない」社会的に公正なブランドにするという。

fast fashion(ファスト・ファッション) 一流デザイナーの新作コレクションをいち早くコピーし、アレンジして低価格で提供すること。そうした店。H&M、ZARAなど。

Faulex(フォーレックス) ロレックス(Rolex)の高級時計のにせ物(フランス語でfaux)。

fluffian(フラフィアン) 買い物マニア。使える金がいくらでもあり、高級ブティックをハシゴして買いまくる女性。

ghetto fabulous(ゲットー・ファビュラス) 安物を堂々と着こなし、常識の逆をいくのが格好いいとする考え方。

kiss-proof(キス・プルーフ) 口紅が、キスしても落ちにくいこと。相手の顔や服に色がつかないので安心。

LES(レス) ニューヨーク・マンハッタンのイーストビレッジよりもさらに南の地区。Lower East Sideの略称。流行の最先端地区。

Mary-Kate and Ashley(メアリー・ケイト・アンド・アシュレー) 少女向けの低価格カジュアルブランド。デザイナーのメアリー＝ケイトとアシュレーは1986年生まれの双子の姉妹。

McFashion(マック・ファッション) ファスト・ファッションの別名。

Sightgeist(サイトガイスト) 時代の感覚を反映したメガネのデザイン。ドイツ語のZeitgeist(時代精神)のもじり。

SOMA(ソマ) カナダ・バンクーバーの新興ファッション地区。South of Main(メインストリートの南)の略。

summer-ize(サマライズ) 服装や化粧を夏向けにする、夏に備える、という意味。

teenile(ティーナイル) 無理して若い人のファッションをまねた、若い子ぶった、という意味の形容詞。

tough chic(タフ・シック) 女性的で上品な素材やデザインに、力強さのアクセントを加えた服装感覚。シルクとメタルの組み合わせなど。

Trash-Couture(トラッシュ・クチュール) デザイナーのアン・ワイバーグらが創立したブランド。他のデザイナーやブランドが廃棄した素材やアクセサリーを使い、新しい高級な服に仕立てる。

twinset(トゥインセット) 重ね着ルック。薄手のタートルネックに薄手のVネックセーターを重ねるなど。

メディア

Cargo(カーゴ) アメリカ初の男性向けショッピング情報雑誌。コンデナスト社が2004年に創刊した。ひたすら具体的な購買行動を提案する。

dramedy(ドラメディー) コメディー仕立てのドラマ。テレビの連続ドラマに、コメディーのスパイスを盛り込む手法。

Drill(ドリル) アメリカの若い兵士向けの娯楽雑誌。軍規に触れない範囲で最大限にセクシーな女性の写真を載せる。「プレイボーイ」誌の軍隊版。2003年10月創刊。

Extreme Makeover(エクストリーム・メイクオーバー) ABC系列で人気放映中のリアリティー番組。「究極の整形」というわけで、出演者が大がかりな美容整形手術を受ける。

InRadio(インラジオ) 大手レコード会社の支配に対抗する独立系の音楽だけを集めた隔月刊の有料CD雑誌。インターネット経由の配信に比べて、音楽使用料などを確実に徴収できるため、独立系ミュージシャンの支持を得ている。

Kids with Cameras(キッズ・ウィズ・キャメラズ) 貧しい子供たちにカメラを持たせ、自己表現の手段を与える運動。貧民街の子供たちの生活を描いた映画でアカデミー賞(長編ドキュメンタリー部門)を受賞したザナ・ブリスキが始めた。

limited-play DVD(リミテッド・プレイ・ディーブイディー) 開封後48時間しか再生できないDVD。表面に化学的処理を施し、空気に触れると酸化が進んで48時間後には読み出し不能になる。ニューヨークのFlexplay社が開発。

magalog(マガログ) 商品カタログ風の雑誌。誌面は広告と広告を取るための記事で埋まる。ジャーナリズムとは呼べないという嘆きもある。

part-works(パート・ワークス) 新聞社が広告収入を増やすため、新聞の付録として無料の雑誌を挟み込むこと。

phast(ファスト) メルセデスベンツが2005年型C230スポーツセダンの広告に使ったキャッチコピー。ph(光の意の接頭辞)とfastの合成語。

Shop Etc.(ショップ・エトセトラ) アメリカのハースト社が2004年に創刊した百貨店型のショッピング雑誌。売り場案内のような目次構成で、記事と記事広告(編集タイアップ記事)の区別がつかない。典型的マガログ。

soapedy(ソーペディー) コメディータッチのメロドラマ。soap operaとcomedyの合成語。

Wife Swap(ワイフ・スワップ) ABC系列のえげつないリアリティー番組。文字どおり2人の妻が入れ替わって、それぞれの家庭生活を体験する。ライバルのFOX系列がそっくりな番組"Trading Spouses"を始めたため、ABCが著作権侵害を理由に訴えた。

巻末特集

- 「外来語」言い換え案 ... 886
- 和製カタカナ語情報 ... 890
- 新語づくりに使われる接頭辞・接尾辞 ... 894
- SI（国際単位系）接頭辞／化合物の接頭辞 ... 898
- アルファベット綴りの伝達法 ... 899
- 国際電話の国番号と各国の略号 ... 900
- インターネットの国名コード ... 902
- 世界の主な空港の略号 ... 904
- 世界の公用語 ... 906
- 8カ国の基本語対照表 ... 908

「外来語」言い換え案　国立国語研究所の提案

国立国語研究所が難解な「外来語」を分かりやすい日本語に言い換える提案をしている。言い換えの主な対象は、政府の白書や自治体広報など公共性の高い文書である。2003年4月以来、2006年3月まで4回。言い換え案には賛否両論それぞれ相半ばしているが、ここにその途中経過、4回分の176語を紹介する。

外来語	※元になった言語が付記されていないのは、和製カタカナ語である。	言い換え案
アーカイブ	archive	▶保存記録・記録保存館
アイデンティティー	identity	▶独自性・自己認識
アイドリングストップ	―	▶停車時エンジン停止
アウトソーシング	out sourcing	▶外部委託
アカウンタビリティー	accountability	▶説明責任
アクションプログラム	action program	▶実行計画
アクセシビリティー	accessibility	▶利用しやすさ
アクセス	access	▶①接続 ②交通手段 ③参入
アジェンダ	agenda	▶検討課題
アセスメント	assessment	▶影響評価
アナリスト	analyst	▶分析家
アミューズメント	amusement	▶娯楽
アメニティー	amenity	▶快適環境・快適さ
イニシアチブ	initiative	▶①主導 ②発議
イノベーション	innovation	▶技術革新
インキュベーション	incubation	▶起業支援
インサイダー	insider	▶内部関係者
インセンティブ	incentive	▶意欲刺激
インターンシップ	internship	▶就業体験
インタラクティブ	interactive	▶双方向的
インパクト	impact	▶衝撃
インフォームドコンセント	informed consent	▶納得診療・説明と同意
インフラ(省略)	infrastructure	▶社会基盤
エンパワーメント	empowerment	▶能力開化・権限付与
エンフォースメント	enforcement	▶法執行
オーガナイザー	organizer	▶まとめ役
オーナーシップ	ownership	▶①所有権 ②主体性
オピニオンリーダー	opinion leader	▶世論形成者
オブザーバー	observer	▶①陪席者 ②監視員
オフサイトセンター	off-site center	▶原子力防災センター
オペレーション	operation	▶①公開市場操作 ②作戦行動
オンデマンド	on demand	▶注文対応
ガイドライン	guideline	▶指針
カウンターパート	counterpart	▶対応相手
カスタムメード	custom-made	▶特注生産
ガバナンス	governance	▶統治
キャッチアップ	catch-up	▶追い上げ
キャピタルゲイン	capital gain	▶資産益

外来語		言い換え案
クライアント	client	▶顧客
グランドデザイン	grand design	▶全体構想
グローバリゼーション	globalization	▶地球規模化
グローバル	global	▶地球規模
ケア	care	▶手当て・介護
ケーススタディー	case study	▶事例研究
コア	core	▶中核
コージェネレーション	cogeneration	▶熱電併給
コミット	commit	▶①かかわる ②確約する
コミットメント	commitment	▶①関与 ②確約
コミュニケ	communiqué（フランス語）	▶共同声明
コミュニティー	community	▶地域社会・共同体
コラボレーション	collaboration	▶共同制作
コンセプト	concept	▶基本概念
コンセンサス	consensus	▶合意
コンソーシアム	consortium	▶共同事業体
コンテンツ	contents	▶情報内容
コンファレンス	conference	▶会議
コンプライアンス	compliance	▶法令遵守
コンポスト	compost	▶たい肥・生ゴミたい肥化装置
サーベイランス	surveillance	▶調査監視
サプライサイド	supply-side	▶供給側
サプリメント	supplement	▶栄養補助食品
サマリー	summary	▶要約
サムターン	thumb turn	▶内鍵つまみ
シーズ	seeds	▶種（たね）
シェア	share	▶①占有率 ②分かち合う・分け合う
シフト	shift	▶移行
シミュレーション	simulation	▶模擬実験
シンクタンク	think tank	▶政策研究機関
スキーム	scheme	▶計画
スキル	skill	▶技能
スクーリング	schooling	▶登校授業
スクリーニング	screening	▶ふるい分け
スケールメリット	―	▶規模効果
スタンス	stance	▶立場
ステレオタイプ	stereotype	▶紋切り型
ストックヤード	stockyard	▶一時保管所
セーフガード	safeguard	▶緊急輸入制限
セーフティーネット	safety net	▶安全網
セカンドオピニオン	second opinion	▶第二診断
セキュリティー	security	▶安全
セクター	sector	▶部門
セットバック	setback	▶壁面後退
ゼロエミッション	zero-emission	▶排出ゼロ
センサス	census	▶全数調査・大規模調査

887

外来語		言い換え案
ソフトランディング	soft landing	▶軟着陸
ソリューション	solution	▶問題解決
タイムラグ	time lag	▶時間差
タスク	task	▶作業課題
タスクフォース	task force	▶特別作業班
ダンピング	dumping	▶不当廉売
ツール	tool	▶道具
デイサービス	—	▶日帰り介護
デジタルデバイド	digital divide	▶情報格差
デフォルト	default	▶①債務不履行 ②初期設定
デポジット	deposit	▶預かり金
デリバリー	delivery	▶配達
ドクトリン	doctrine	▶原則
ドナー	donor	▶①臓器提供者 ②資金提供国
トラウマ	trauma/Trauma（ドイツ語）	▶心の傷
トレーサビリティー	traceability	▶履歴管理
トレンド	trend	▶傾向
ナノテクノロジー	nanotechnology	▶超微細技術
ネグレクト	neglect	▶①育児放棄 ②無視
ノーマライゼーション	normalization	▶等生化・等しく生きる社会の実現
ノンステップバス	—	▶無段差バス
バーチャル	virtual	▶仮想
パートナーシップ	partnership	▶協力関係
ハーモナイゼーション	harmonization	▶協調
バイオテクノロジー	biotechnology	▶生命工学
バイオマス	biomass	▶生物由来資源
ハイブリッド	hybrid	▶複合型
ハザードマップ	hazard map	▶災害予測地図・防災地図
バックアップ	backup	▶①支援 ②控え
バックオフィス	back office	▶事務管理部門
パブリックインボルブメント	public involvement	▶住民参画
パブリックコメント	public comment	▶意見公募
バリアフリー	barrier-free	▶障壁なし
ヒートアイランド	heat island	▶都市高温化
ビオトープ	Biotop（ドイツ語）	▶生物生息空間
ビジョン	vision	▶展望
フィルタリング	filtering	▶選別
フェローシップ	fellowship	▶研究奨学金
フォローアップ	follow-up	▶追跡調査
プライオリティー	priority	▶優先順位
フリーランス	freelance	▶自由契約
ブレークスルー	breakthrough	▶突破
フレームワーク	framework	▶枠組み
プレゼンス	presence	▶存在感
プレゼンテーション	presentation	▶発表
フレックスタイム	flextime	▶自由勤務時間制

外来語		言い換え案
プロトタイプ	prototype	▶原型
フロンティア	frontier	▶新分野
ベンチャー	venture	▶新興企業
ボーダーレス	borderless	▶無境界・脱境界
ポートフォリオ	portfolio	▶①資産構成 ②作品集
ポジティブ	positive	▶積極的
ポテンシャル	potential	▶潜在能力
ボトルネック	bottleneck	▶支障
マーケティング	marketing	▶市場戦略
マクロ	macro	▶巨視的
マスタープラン	master plan	▶基本計画
マネジメント	management	▶経営管理
マルチメディア	multimedia	▶複合媒体
マンパワー	manpower	▶人的資源
ミスマッチ	mismatch	▶不釣り合い
ミッション	mission	▶使節団・使命
メディカルチェック	―	▶医学的検査
メンタルヘルス	mental health	▶心の健康
モータリゼーション	motorization	▶車社会化
モチベーション	motivation	▶動機付け
モニタリング	monitoring	▶継続監視
モビリティー	mobility	▶移動性
モラトリアム	moratorium	▶猶予
モラルハザード	moral hazard	▶倫理崩壊
ユニバーサルサービス	universal service	▶全国均質サービス
ユニバーサルデザイン	universal design	▶万人向け設計
ライフサイクル	life cycle	▶生涯過程
ライフライン	lifeline	▶生活線
ライブラリー	library	▶図書館
リアルタイム	real time	▶即時
リードタイム	lead time	▶事前所要時間
リーフレット	leaflet	▶ちらし
リターナブル	returnable	▶回収再使用
リデュース	reduce	▶ごみ発生抑制
リテラシー	literacy	▶読み書き能力・活用能力
リニューアル	renewal	▶刷新
リバウンド	rebound	▶揺り戻し
リユース	reuse	▶再使用
リリース	release	▶発表
レシピエント	recipient	▶移植患者
ロードプライシング	road pricing	▶道路課金
ログイン	log-in	▶接続開始
ワーキンググループ	working group	▶作業部会
ワークシェアリング	work-sharing	▶仕事の分かち合い
ワークショップ	workshop	▶研究集会
ワンストップ	one-stop	▶一箇所

和製カタカナ語情報

英語だと信じて使っていても、意外と和製語は多いもの。商標を借りたもの、日本語特有の略語などいろいろある。日常、使い慣れたものほど、語順が逆であったり文法的に誤用であったり、ときにはまったくの日本語であったりするから注意が必要である。

アートフラワー〔art+flower〕 正しい英語では artificial flower。紙、プラスチックなど、材料によってpaper flower、plastic flowerと、具体的に言い方もちがっている。

アフターサービス〔after+service〕 正しくは customer service、user support、after-sales service、service after the sales。また、単にserviceともいう。

アンバランス〔unbalance〕 ふつりあい、不調和という意味では、正しくはimbalanceという。unbalanceは動詞で、「バランスを失わせる」という意味。

エンゲージリング〔engage+ring〕 婚約指輪のことだが、正しい英語ではengagement ring。カタカナ語にはこうした日本語独特の略語が多い。

オーダーメイド〔order+made〕 既製服をレディメイド(ready-made)というのに対する注文服のこと。正しくはtailor made、made to order、custom-made(米)という。

オープンカー〔open+car〕 小型車はroadster、スポーツ型はspider、式典用はopen modelなど、さまざまな呼称があるが、総称としては、convertible、ragtopという。

オーブントースター〔oven+toaster〕 英文法としては語順が逆で、正しくはtoaster oven。オーブンレンジ(電子レンジ)はmicrowave oven。

ガソリンスタンド〔gasoline+stand〕 stand は、屋台、売店、売り場のこと。正しくはgas station(米)、petrol station(英)。また、米英ともservice stationという。

カプセルホテル〔capsule+hotel〕 大都会にある、カプセル状のベッドルームの簡易宿泊施設。英語ではtube hotel、capsule house、sleeping moduleなどさまざまにいわれる。tubeとは管のことである。

カメラマン〔cameraman〕 cameramanやcamera operatorは、テレビや映画の撮影をする人のこと。単に写真を撮る人、写真家という場合はphotographer。

カンニング〔cunning〕 英語のcunning(ずる賢い)から出た言葉だが、日本語のような試験で不正をするという意味はない。正しくはcheating。

キッチンペーパー〔kitchen+paper〕 正しい英語はpaper towel。トイレットペーパはtoilet paper、toilet tissue、toilet roll。

キャスター〔caster〕 newscaster(ニュースキャスター)のことで、ニュースを読むだけでなく解説も加える。英語圏ではanchor、anchorpersonという。二人以上の場合はco-anchors。

キャッチバー〔catch+bar〕 法外な料金を請求する、ぼったくりバーのこと。英語では、clip jointという。

キャンピングカー〔camping+car〕 アメリカではcamper、車で牽引していくものはtrailer、travel(house) trailerという。イギリスではmotor (motorized) caravanという。

グラウンドマナー〔ground+manner〕 野球など試合中の選手のマナーのこと。正しくは、単にsportsmanshipという。「グラウンドマナーが悪い」は、show a lack of good manners on the athletic field。

クレーム〔claim〕 不具合に対する苦情や、強引で不当な要求(complaint)として使われるが、本来のclaimは、請求、主張という意味。

ゲームセンター〔game center〕 アメリカではgame centerともいうが、正しくはamusement arcade。video arcadeともいう。

ゴールデンタイム〔golden+time〕 テレビ業界でいう夜の7時から10時頃のこと。ゴールデンアワーともいう。正しい英語ではprime time。

コストダウン〔cost+down〕 正しくはcost reduction。コストダウンすることはlower costs、コスト抑制はcost containment、コスト節減はcost saving。

コンセント〔concent〕 concentrate(集中する)やconcentric plug(同心プラグ)の略語ともいわれる。正しくは、壁面のプラグ差込口はwall socket、(electrical) outlet。電気器具の電源コードの先はplug。

コンプレックス〔complex〕 本来は、複合体、合成物という意味で、心理学用語としてはユングが取り上げて有名になった。日本語では、「劣等感」という意味に誤用されている。劣等感はinferiority complex。

サイドブレーキ〔side+brake〕 フットブレーキに対するものでハンドブレーキともいう。駐車時や非常時に使うので、英語ではparking brake、emergency brakeという。

サイン〔sign〕 英語のsignは、しるし、徴候、身振り、合図という意味。芸能人や有名人などの「サイン」はautograph、クレジットカードなどの「署名」はsignature。

サインペン〔sign+pen〕 ぺんてるの水性マーキングペンの登録商標が一般名詞化したもの。アメリ

カのジョンソン大統領に使われて普及した。正しい英語ではsoft-tip pen、felt-tip pen。

サラリーマン〔salary◆man〕　俸給を受ける人、勤め人という意味では、正しくはsalaried man、salaried worker。一般的に事務労働者はoffice worker、white-collar workerという。

サルサソース〔salsa◆sauce〕　salsaはスペイン語でsauce（ソース）のことだから、意味が重複している。

シール〔seal〕　本来は印章のこと。手紙などの封に使ったから封印や封緘紙をさすようになった。粘着材付きのものはsticker。付箋や荷札はlabel、tagという。

ジェットコースター〔jet◆coaster〕　速さをジェット機に形容しただけで、正しい英語ではroller coaster。後楽園ゆうえんちにジェットコースターという名ではじめて登場した。

シャープペンシル〔sharp◆pencil〕　早川金属工業（現、シャープ）の発明した金属製繰出鉛筆の登録商標が一般化した。正しい英語ではmechanical pencil、propelling pencil（英）。

ジャスト〔just〕　時刻や金額の数字の切りがいいことやタイミングがいいという意味で使われるが、正しい英語ではexactly。

ショートケーキ〔shortcake〕　正しい英語ではstrawberry cake。shortcakeは、アメリカでは、さくさく感のあるビスケットを台にしたフルーツケーキのこと。日本ではスポンジ生地が使われるようになったが、名前だけが残った。shortは、さくさくとした食感があるという意味。

シルバーシート〔silver◆seat〕　旧国鉄が設置した老人や身体の不自由な人のための優先席。正しい英語ではpriority seats。老人に関することにシルバーをつけるのは日本人の発想。

シンボルマーク〔symbol◆mark〕　英語では、単に、symbolあるいはmark。また、emblem（印、紋章）ともいう。

スーツアクター〔suit◆actor〕　仮面ライダーやスパイダーマンなど、着ぐるみをつけて演じる俳優のこと。英語では、狭義だがstunt man（woman）がそれにあたる。

スケルトン〔skeleton〕　本来は骸骨、骨格という意味だが、内部が透けて見える、簡素な構造物という意味にも使われるようになった。正しい英語ではtranslucent。

スパッツ〔spats〕　spats tights（スパッツタイツ）の略。欧米ではcalcon（カルソン）、leggins（レギンス）といっている。spatsは短いゲートルのこと。パンティストッキングも和製語で、アメリカではpantyhose、イギリスではtights。

スペル〔spell〕　spellには、動詞で「綴る」という意、名詞で「呪文」「魔法」という意がある。「綴り」という意味では、正しくはspelling。

スリーサイズ〔three◆size〕　バスト、ウエスト、ヒップの三つの寸法のことだが、正しい英語では単に寸法を表わすmeasurements。

セロハンテープ〔cellophane tape〕　セロファン使った粘着テープで、アメリカの3M社が開発した。「セロテープ」はニチバンの登録商標。英語ではscotch tapeという。

ソーラーシステム〔solar◆system〕　正しくはsolar battery。the solar systemは太陽系のこと。太陽光発電はphotovoltaic energyという。

ターミナル〔terminal〕　駅としてのterminalは、終着駅（発着駅）のこと。現在の東京駅や大阪駅などは、正しくはhub station。

ダイエット〔diet〕　本来のdietは、腎臓病などの食餌療法のための規定食のことで、「痩せる」「減量」という意味はないが、痩身の意味に使われるようになった。その意味ではweight reductionという。

タイムリミット〔time◆limit〕　期限、時間切れという意味で、time limitも使われるが、正しくはdeadline。

ダンプカー〔dump◆car〕　英語では、dumper（英）、tipper（英）、dump truck（米）。石炭などを運搬する貨車のことをdump carともいう。

チアガール〔cheer◆girl〕　正しい英語ではcheerleader。cheer girlには猥褻な意味がある。

チャック　巾着をもじったチャック印という日本のファスナー製造会社の登録商標。英語ではfastener、zipperのほかslide fastenerともいう。

ツーショット〔two-shot〕　本来は、映画撮影用語で、二人をクローズアップして1シーンにおさめることだが、男女が二人きりになるという意味に誤用された。英語ではfor couples。shotは、狙撃、一撃、射手という意味。

デッドボール〔dead◆ball〕　正しくはhit by pitch。フォアボールはwalk、base on balls。スポーツ用語に和製英語が多い。

デメリット〔de◆merit〕　「不利」「損失」という意味では、正しくはdisadvantage。demeritは、欠点、短所、罰点という意味で使われるが一般的ではない。

テレビゲーム〔TV◆game〕　正しい英語ではvideo game。テレビ電話はvideophone、video telephoneという。

トップバッター〔top◆batter〕　英語ではlead-off man。ほかに、トップクラス〔top+class〕は、「第一級」という意味ではhigh-class、「第一級の」「先頭の」はtop、leadingという。

ドメスティック・バイオレンス〔domestic violence〕　本来は、家庭内暴力全般をさす言葉だったが、日本では、配偶者による暴力（spousal abuse）にかぎって使われるようになった。

ドライバー〔driver〕　車の運転手やゴルフのクラブ（一番ウッド）はdriverだが、工具のドライバーは、英語ではscrewdriver。プラスドライバーはphillips、マ

891

イナスドライバーはflat headという。

トランプ〔trump〕　trumpは「切り札」のこと。単にcardsともいうが、正しくは、playing cards（トランプ遊び）。トランプそのものは（a pack of）cards。

ナイター〔nighter〕　正しい英語ではnight game。デイゲームは日本語と同じday game。

ノートパソコン〔note+PC〕　ノートサイズのパソコンという日本語的略語。正しい英語ではlaptop。一般的にA4サイズをさし、B5サイズはsubnotebook（サブノート）といっている。

ノルマ〔norma〕　ラテン語のnormaを語源にもつnorm（基準労働量）という英語はあるが、同じラテン語から派生したロシア語のnormaをシベリア抑留者が日本に持ち込んだ。一般的な英語ではquota。

ノンバンク〔non+bank〕　消費者金融、クレジットカードなど、銀行ではない金融機関のことで、正しい英語では、limited-service bankという。non-bankを使うのであれば、non-bank financial institution。

バージョンアップ〔version+up〕　versionは「版」。正しい英語ではupdate。情報やデータを最新のものにするという意味。等級を上のものにするという意味のグレードアップ〔grade+up〕も語順が逆で、正しくはupgrade。

バーチャル〔virtual〕　本来は、「仮想的」ではなく、逆の「実質的」という意味。virtual reality（バーチャルリアリティ）は、仮想世界を現実のものとして扱う技術をさすことから、「バーチャル」は「仮想」と誤用されるようになった。

ハイウェイ〔highway〕　highwayは主要道一般のこと。高速道路はsuperhighway（米）、motorway（英）、expressway（米）。

バイキング〔viking〕　ホテルなどでテーブルに並べた各種料理を自由にとって食べる食事形式。帝国ホテルがはじめた。正しい英語では、buffet style restaurant（バイキング式レストラン）、smorgasbord（バイキング料理）。

ハッカー〔hacker〕　本来は、機転を利かせて巧みに間に合わせの仕事をするという意味。それが、コンピューター技術に精通した人をさすようになり、さらに、悪意を持って不正にコンピューターを駆使する人をさすようになった。これはとくにcrackerという。それ以下で、特別なプログラミング能力もない悪戯本位のものはscript kiddy。

バックミラー〔back+mirror〕　正しくはrear-view mirror。ほかにも、フロントガラス〔front+glass〕は、windscreen（英）、windshield（米）。

パネラー〔paneler〕　panelは討論会の出席者やコンテストの審査員などの一団のこと。正しくはpanelist。

パワーアップ〔power+up〕　本来は、「電源を入れる」「（ジェット機などの）出力を上げる」という意味。

ハンドル〔handle〕　本来は、ドアや鍋などの取っ手やつまみのこと。自動車のハンドルはsteering wheel、自転車やオートバイはhandle bars。

ハンドルネーム〔handle+name〕　ネットワーク上の名前（別名）のこと。本来は、単にhandleで、「ネーム」は不要だが、日本では「ペンネーム」のようにネームをつけて使われている。トラック運転手が無線交信のニックネームとして使いはじめたのが起こりといわれる。

ヒアリング〔hearing〕　正しい英語ではlistening comprehension。よく使われるhearing testは「聴力検査」という意味になってしまう。

ピットイン〔pit+in〕　pitはカーレースで給油や修理をするところ。正しい英語ではpit stop。ピットに入ることはmake a pit stopという。

ビデオカメラ〔video+camera〕　video cameraという言葉も定着しているが、本来はvideo camcorder。ビデオデッキはvideo cassette recorder（VCR）。

ブックカバー〔book+cover〕　正しくはbook jacket。coverは「表紙」という意味。

プッシュホン〔push+phone〕　正しは、push-button phone、touch-tone phone。プッシュホンはNTTの登録商標。

フライドポテト〔fried+potato〕　正しくはアメリカではfrench fries、french fried potatoes、イギリスでは（potato）chips。

フライングスタート〔flying start〕　本来は、自転車競技のときのように後ろから押してもらってスタートする助走付きスタートのこと。正しい英語では、false start、breakaway、jump start。

プラスアルファ〔plus+alpha〕　野球のスコアボード（9回裏など）に書き入れる未知数を示す「x」をギリシャ文字の「α」と読みまちがえたとされる。

フラッシュライト〔flashlight〕　本来は、懐中電灯のこと。a torchとも。日本語では、軍隊や警察で使われるシュアファイアなど光量の強い小型ライトをさす。

フリーター　英語のfree（あるいはfree lance）+ドイツ語のArbeit（英語のwork）+-er（〜する人）からなる「フリー（フリーランス）・アルバイター」の略語。就職情報誌「フロムエー」が造語して使いはじめた。正しい英語では、part-timer（パートタイマー）、part-time job（アルバイト）。

フローリング〔flooring〕　正しくは、wooden floor。flooringは「床張り材」という意味。

ペーパーカンパニー〔paper+company〕　正しくは、shell company、dummy company。ほかに、ペーパーテスト〔paper+test〕はwritten examination。ペーパードライバー〔paper+driver〕はa person who has a driver's license but does not driveとなるが、sunday driverという言い方もある。

ベッドタウン〔bed+town〕　正しくはbedroom town、dormitory town、satellite town。

ベビーカー〔baby+car〕　正しくは、baby carriage、stroller、pushchair。baby carは小型自動

892

車のこと。ベビーホテル〔baby+hotel〕はchild-care center。

ホームパーティー〔home+party〕　正しくはhouse party。houseには「家屋」のほかに「家庭」「家族」という意味もある。

ホッチキス〔hotchkiss〕　日本のイトーキの登録商標。アメリカ人のホッチキスが発明した。正しい英語ではstapler。針はstaple。

マークシート〔mark+sheet〕　マークシートを使った解答方式のことで、正しくはmark sensing。解答用紙はmark-sense、mark-sensing cardという。

マイナスイオン〔minus+ion〕　日本でつくられた疑似科学用語で、科学的に実証されていない。陰イオン（マイナスの電荷を帯びたイオン）のことではない。陰イオンはanion、negative ionという。

マイホーム〔my+home〕　正しい英語ではone's own house。マイホーム主義はfamily-oriented way of life、マイホーム主義者はfamily man。

マジックインキ〔magic+ink〕　内田洋行の登録商標。英語ではmarker。一般的には（soft）felt-tip pen（フェルトペン）、marking pen（マーキングペン）ともいう。

マグカップ〔mug+cup〕　英語では、単にmug。スウェーデン語のmugg（ジョッキ）が語源。取っ手のついた水差しはpitcher。

マロン〔marron〕　栗のことだが、英語ではchestnutという。marronはフランス語で、マロニエの実のこと。栗色はnut brown、maroon。

マンツーマン〔man+to+man〕　正しい英語はone-on-oneあるいはone-to-one、という。

メークドラマ〔make+drama〕　長島茂雄氏の造語だが、正しくはmake dramaticとなる。高校野球指導者の表彰制度イヤー・オブ・ザ・コーチは、語順が逆のCoach of the Yearが正しい。

モーニングコール〔morning+call〕　正しい英語ではwake-up call。morning callは「朝の公式訪問」という意味（実際には、午後3時頃の訪問）。ほかに、モーニングサービス〔morning+service〕はbreakfast special。morning serviceは「朝の礼拝」という意味。

ヤンキー〔yankee〕　本来は、アメリカ人をさす俗称（蔑称）。アメリカ東部のオランダ系移民がイギリス系移民を蔑んでJan Kees（英語でJohn Cheese）と呼んだ。最近の日本語では「不良少年、非行少年」をさすが、英語ではbad boy（girl）、juvenile delinquent。ほかに、ろくでなし、ならず者という意味では、punk、hooliganがある。ヤンキーは大阪の河内言葉から出たようで、yankeeとは無関係。

ヨット〔yacht〕　日本でいうヨットはsailboatのこと。一般的に、yachtは個人所有の豪華回遊船をさす。語源はオランダ語。

ライトアップ〔light+up〕　ライトで照らし出すという意味だが、正しい英語ではillumination。

ライブハウス〔live+house〕　liveは「生の」「実況の」という意味。live concert（ライブコンサート）とはいうが、live houseという言葉はない。正しくはclub offering live music。

ライフライン〔life+line〕　日本語では、生活線、生命線という意味で、阪神淡路大震災をきっかけに広く使われるようになったが、英語のlifelineの本来の意味は「命綱」のことで、アメリカでは、高齢者や病人が緊急時に救護を呼び出す電話サービスのことをいう。

リードオンリーメンバー〔read only member〕　インターネットの電子の掲示板などで、書き込みはしない、読むだけのメンバーのこと。ROMともいう。メモリのROM（Read Only Memory）をもじったもの。英語ではlurker（ラーカー、潜在者）という。

リクルート〔recruit〕　日本語では、民間企業の新卒就職をさす言葉になっているが、英語のrecruitは、新兵（初年兵）や、新兵募集のこと。

リサイクルショップ〔recycle+shop〕　recycleは「再生利用する」という動詞だから、「店の再利用」になってしまう。正しい英語ではsecondhand shop。

リストラ　restructuringの略。日本では企業再編のための人員整理や、企業縮小（downsizing）の意味が強いが、英語のrestructuringは、事業の再構築、再編という意味で、直接的な人員整理の意味はない。

リフォーム〔reform〕　正しくは、remodel、renovation。英語のreformは、宗教や政治制度、社会制度を改革、刷新するという意味。

リンクフリー〔link+free〕　ウェブサイトで許可なく自由にリンクしてもかまわないという意味だが、英語のlink freeは、どこにもリンクしていないという意味になる。正しくはfree to link。

レンタルビデオ〔rental+video〕　正しくは語順が逆で、video rentalとなる。レンタカーは英語でもrent-a-car。

ログハウス〔log+house〕　logは丸太という意味。正しくはlog cabin、log homeという。

ロスタイム〔loss+time〕　正しくはadded time、additional time。

ロマンスグレー〔romance+gray〕　正しくはsilver-gray hair。ロマンスシート〔romance+seat〕は、劇場や乗り物で二人横に並んで座れる座席のことで、正しくはlove seat。その座席のある乗り物がロマンスカー〔romance+car〕で、これはdeluxe train（bus）という。

ワンマン〔one+man〕　独裁的に政治や組織を動かすことで、正しくはdictatorial。ワンマンカーのワンマン運転（one-man operation）から派生した。

ワンルームマンション〔one+room+mansion〕　正しくはstudio apartment。リゾートマンション〔resort+mansion〕はvacation condominium、resort condominiumという。

新語づくりに使われる接頭辞・接尾辞

新語づくりに威力を発揮するのが英語の接頭辞(prefix)、接尾辞(suffix)、それに準ずる造語要素(combination form)。ここに、日本の最新用語にもよく使われる代表選手を紹介しよう。漢字の「扁(へん)」や「旁(つくり)」と同じ感覚で原義をつかめば、新語の意味も明快。

語の頭に付けて

アウト out-①[外の] アウトサイダー outsider 部外者, 局外者 ②[～より勝って] アウトテック out-tech ～より技術的に優位に立つ

アストロ astro-[星の, 天体の] アストロノート astronaut 宇宙飛行士／アストロフィジックス astrophysics 天体物理学

アップ up-[上に] アップストリーム upstream 上流の(に)／アップスウィング upswing (景気などの)上昇

アブ ab-[～から外れて, 分離の] アブノーマル abnormal 異常な／アブストラクト abstract 抜粋, 要約, 抽象

アフター after-[～の後の(に)] アフターファイブ after-five 夕方の会合で着る正装用の服／アフターショック aftershock 余震

アン un-[～でない, 反対の] アンタッチャブル untouchable 禁制の／アンフェア unfair 公平でない

アンダー under-[～の下の(に), ～より低い] アンダースキル underskill 技術不足／アンダーカバー undercover 秘密捜査

アンチ anti-[反～, 逆の] アンチファット antifat 肥満を防ぐ／アンチショック antishock 耐震性／アンチボディー antibody 抗体

イル il-, ir-[悪い, ～でない] イリーガル illegal 不法の／イレギュラー irregular 不ぞろいの, 不規則の

イン in-, im-①[～の中に(で)] イングループ in-group (社会の)内集団 ②[～でない] インバランス imbalance 不均衡

インター inter-[～の間の] インターブリード interbreed 異種交配／インターバンク interbank (外国為替市場における)銀行間取引／インターライン interline 別の航空会社の飛行機に乗り継ぐ

イントラ intra-, イントロ intro-[～の中へ, ～の内の] イントラパーティー intraparty 党内の／イントロダクション introduction 導入, 紹介

インフラ infra-[下に, ～の内に] インフラストラクチャー infrastructure 経済活動の基盤をなす社会共通資本／インフラソニック infrasonic 超低周波音の

ウルトラ ultra-[過度の, 超～] ウルトラテック ultratech 超高度技術／ウルトラサウンド ultrasound 超音波

エアロ aero-[大気の, 航空機の] エアロビクス aerobics エアロビクス健康法／エアロメカニックス aeromechanics 航空力学

エキストラ extra-[～外の, 範囲外] エキストラマリタル extramarital 婚外交渉の

エクス ex-①[外へ, 外の] エクスポート export 輸出／エクスプロージョン explosion 爆発 ②[前の] エクスプレジデント ex-president 前大統領, 前社長

エピ epi-[～の上に, ～に接して] エピローグ epilogue (文芸作品の)終章, 結び／エピグラフ epigraph 碑文

オーディオ audio-[聴覚, 音] オーディオビジュアル audio-visual 視聴覚の／オーディオファイル audiophile オーディオマニア

オート auto-[自動の] オートマトン automaton 自動機械／オートフォーカシング autofocusing (カメラの)自動焦点方式

オーバー over-①[過度の] オーバーキル overkill 過剰殺りく ②[～を越えて] オーバーラン overrun (野球で走者が)塁を走り越すこと ③[～を覆って] オーバーブラウス overblouse 上に出して着るブラウス

オムニ omni-[すべての] オムニバス omnibus 多目的の／オムニサイド omnicide 全生物の虐殺

カイロ chiro-, cheiro-[手] カイロプラクティック chiropractic 脊椎指圧矯正法

カウンター counter-[反対の, 逆の] カウンターオファー counteroffer 代案, 二次提案／カウンターカルチャー counterculture 反文化

クロス cross-[交差した, 横切った] クロスカルチュラル crosscultural 異文化間の／クロスオーバー crossover 違う分野の物事を組み合わせ, 違うものを生み出すこと

クロノ chrono-[時間] クロノバイオロジー chronobiology 時間生物学／クロノスコープ chronoscope 光速測定計

コ co-[一緒の] コハビテーション cohabitation 同棲；政府内協力／コエデュケーション coeducation 男女共学

コン con-, com-[共に] コンテンポラリー con-

コントラ contra-[逆の, 反対の] コントラセプティブ contraceptive 避妊薬, 避妊具

サー sur-[〜以上の, 過度の] サーリアル surreal 超現実の／サータックス surtax 累進付加税

サイクロ cyclo-[円, 循環] サイクロトロン cyclotron (原子核破壊用の) イオン加速装置

サイコ psyc(o)-[霊魂, 精神] サイコセラピスト psycotherapist 心理療法士／サイコアクティブ psychoactive (薬物が) 精神に影響を与える

サブ sub-[〜の下に] サブモールキュール submolecule 超微粒子／サブソニック subsonic 亜音速の, 音速以下の

ジオ geo-[地球, 土地] ジオサイエンティスト geoscientist 地球科学者／ジオスペース geospace 地球空間／ジオサイド geocide 地球環境破壊

シュード pseudo-[偽の, 仮の] シュードジーン pseudogene 疑似遺伝子／シュードサイエンス pseudoscience 疑似科学

シン syn-, sym-[共に] シンフォニー symphony 交響曲

スーパー super-[超〜, 過度の, 上の] スーパータンカー supertanker 超大型タンカー／スーパーコンダクター superconductor 超電導体／スーパーチップ superchip 超高密度集積回路

スープラ supra-[上の, 超〜] スープラパーティザン suprapartisan 超党派の／スープラナショナル supranational 超国家的な

セミ semi-[半分] セミファイナル semifinal 準決勝／セミコンダクター semiconductor 半導体

セルフ self-[自分を(で), 自動の] セルフケア self-care 自己健康管理／セルフステアリング self-steering (ボートなどが) 自動操縦の

ソシオ socio-[社会の] ソシオロジー sociology 社会学／ソシオバイオロジー sociobiology 社会生物学

ダイア dia-[〜を渡って, 〜からなる] ダイアローグ dialogue 対話／ダイアグラム diagram 図式 (★gramは「記録」)

ダウン down-[下に] ダウンサイズ downsize 小型化する／ダウンストリーム downstream 下流の(へ);石油の精製[流通, 市場]の

ディ de-[分離・低下] ディレギュレーション deregulation 規制緩和／ディマネージメント demanagement 脱管理経営法

ディ, ダイ di-[2つの, 2倍の] ディレンマ dilemma 板ばさみ／ダイオード diode 二極真空管, (半導体で作成した) 二端素子

ディス dis-[反対・分離] ディスプロダクト disproduct 負の生産, 有害物質／ディスインフォメーション disinformation 偽情報

デミ demi-[半分の] デミタス demitasse (ディナーの後に出すコーヒー用) 小型カップ／デミベグ demi-veg 菜食だが時に動物性たんぱく質をとるダイエット

デュオ duo-[2, 2つ, 両] デュオポリー duopoly 二大企業による独占, 寡占；二大強国による制覇

テレ tel(e)-[遠距離の, 電信の, 電送の] テレパシー telepathy 精神感応／テレコミューティング telecommuting 在宅勤務, 在宅通信

トライ, トリ tri-[3の, 3倍] トライアスロン triathlon 三種競技／トライアド triad 三つ組；アメリカの戦略核戦力の三本柱

トランス trans-①[〜を越えて] トランスアトランティック transatlantic 大西洋横断の ②[すっかり変えて] トランスセクシュアル transsexual 性転換の

ネオ neo-[新〜] ネオリベラル neoliberal 新進歩主義者

ノン non-[〜でない, 無〜] ノンバンク nonbank (銀行でない) 金融会社／ノンプロフィット nonprofit 非営利の

バイ bi-[2つの, 複〜] バイメタリズム bimetallism 金銀複本位制／バイラテラル bilateral 双方の, 双務的な

バイ by-[本道をそれた, 二次的な] バイパス bypass 迂回路／バイワーク by-work 副業

バイオ bio-[生, 生命] バイオニックス bionics 生体工学／バイオインダストリー bioindustry 遺伝子産業

バイス vice-[副〜, 代理の] バイスプレジデント vice-president 副大統領

ハイドロ hydr(o)-[水(の)] ハイドロポニックス hydroponics 水耕栽培／ハイドロラブ hydrolab 水中実験室

ハイパー hyper-[超越して, 過度の] ハイパーメディア hypermedia 超メディア／ハイパーマーケット hypermarket (郊外型) 超大型スーパーマーケット

ハイポ hyp(o)-[下に, 以下] ハイポセンター hypocenter 震源, 地下核爆発の爆心地

パン pan-[すべて, 総〜] パンアメリカン Pan-American 全米の／パノラマ panorama 回転画, 次々に展開する光景

フォア fore-[前の, 方前の] フォアキャスト forecast 予測, 天気予報／フォアフロント forefront 最前線, 最先端

プリ, プレ pre-[以前の, あらかじめ] プリティーン preteen 13歳未満の／プレホスピタルケア pre-hospital care 病院への搬送前の救急処置

プロ pro-①[前へ, 前〜] プロローグ prologue 序言, 序幕, (事件などの) 前触れ ②[賛成の, 支持の] プロチョイス pro-choice 妊娠中絶は女性の選択次第という考え方の支持

895

プロト proto-[元の] プロトタイプ prototype 原型, 模範／プロトコル protocol 外交儀礼, 典礼；（コンピューターで）通信制御手順

ヘテロ heter(o)-[異なった, 異常の] ヘテロフォビア heterophobia 異性恐怖(症)／ヘテロセックス heterosex 異性愛

ヘミ hemi-[半分の] ヘミサイクル hemicycle 半円／ヘミスフィアー hemisphere 半球

ヘモ hem(o)-[血] ヘモグロビン hemoglobin 血色素／ヘモフィリア hemophilia 血友病

ポスト post-[後の, 次の] ポストウオー postwar 戦後の／ポストモダニズム postmodernism 脱近代主義

ホモ hom(o)-[類似の, 同一の] ホモセクシュアル homosexual 同性愛の／ホモガミー homogamy 同系交配

ポリ poly-[多くの] ポリクリニック polyclinic 総合診療所／ポリガミー polygamy 一夫多妻

マイクロ micro-[小～, 微～] マイクロステート microstate 微小国家／マイクロマーケティング micromarketing 個別小市場

マキシ maxi-[極端に長い, 大きい] マキシマム maximum 最大限／マキシスペクタキュラー maxispectacular 大スペクタル映画

マル mal-[悪い, 不～] マルファンクション malfunction（コンピューターの）誤作動

マルチ multi-[多くの, 多様な] マルチスクリーン multiscreen 多重画面の／マルチカンパニー multicompany 多業種会社

ミス mis-[誤った, 不～] ミスプレー misplay（スポーツで）失策, エラー／ミスインフォメーション misinformation 誤報

ミド mid-[中の, 中央の] ミドライフ midlife 中年／ミドサイズ midsize 中型の

ミニ mini-[小さい, 短い] ミニスーパー mini-super 超小型コンピューター／ミニニューク mini-nuke（局地戦用の）小型核兵器

メガ mega-[大きい] メガポリス megapolis 巨大都市／メガデス megadeath 大量死

メガロ megalo-[超巨大な] メガロポリス megalopolis 超巨大都市

メタ meta-①[～より上の] メタランゲージ metalanguage 高次言語 ②[共に, 変化して] メタボリズム metabolism 代謝

モノ mono-[単一の, 単独の] モノクローム monochrome 白黒写真（の）／モノセクシュアル monosexual 同性だけの

ユー eu-[好～, 良～, 容易～] ユージェニックス eugenics 優生学／ユーサネイジア euthanaisia 安楽死

ユニ uni-[単一の] ユニセックス unisex 男女両方に共通の／ユニラテラリズム unilateralism 一方的な軍縮論

リ re-[再び] リエントリー reentry 再び入ること,（宇宙船の大気圏への）再突入／リサイジング resizing 企業の事業規模見直し

レトロ retro-[再び元へ] レトロロケット retro-rocket 逆推進ロケット／レトログレイド retrograde 逆行する,（生物が）退化する

語の後に付けて
●●●●○○○

-アー -er[～する人, ～する物] ヒッチハイカー hitchhiker ヒッチハイクする人／コンバーター converter 変換装置

-アード -ard[大いに～する人] ドランカード drunkard 大酒飲み

-アイズ -ize[～化する, ～になる] アメリカナイズ Americanize アメリカ化する／プライバタイズ privatize 民営化する

-アス -ous[～性の, ～の多い] フェーマス famous 有名な／スキャンダラス scandalous 外聞の悪い

-アブル -able[～できる, ～可能な] ポータブル portable 携帯用の, 移動式の／ウオッシャブル washable 洗濯のきく

-アリアン -arian[～主義の人, ～に従事する人] ベジタリアン vegetarian 菜食主義者

-アル -al[～のような, ～に適した] メディカル medical 医療の, 医用の

-アン -an[～の人, ～に属する人] コメディアン comedian 喜劇役者／マジシャン magician 奇術師

-アンス -ance[～すること・物, ～の性質] パフォーマンス performance 遂行（演技）すること／メンテナンス maintenance 維持（整備）すること

-アント -ant①[～性の] ブリリアント brilliant 輝かしい ②[～する人・物] ポルータント pollutant 汚染物質／ミュータント mutant 突然変異体

-イ -y[～性の, ～がかった] セクシー sexy 性的な／プライシー pricy 値段のかかった

-イー -ee[～される人] ハイジャッキー hijackee ハイジャックされた人／ライセンシー licensee 認可（免許）を受けた人

-イーア -eer[～関係の人] エンジニア engineer 技術者／サミッティーア summiteer 最高首脳会議の出席者

-イスト -ist[～する人, ～主義者] ギタリスト guitarist ギター奏者／セクシスト sexist 女性差別主義者

-イズム -ism[～体系, 主義, 信仰] キャピタリズム capitalism 資本主義／コエデュケーショナリズム coeducationalism 男女共学制度

-イック -ic[〜の, 〜のような] バイオニック bionic 生体工学の

-イックス -ics[学, 〜術] エコノミックス economics 経済学／ポリティックス politics 政治学, 政略

-イッシュ -ish[〜性の, 〜がかった] セルフィッシュ selfish 利己的な／ムービィッシュ movieish 映画らしい

-イティ -ity[〜の性質・状態] ヒューマニティ humanity 人間性／テクニカリティ technicality 専門の性質, 技術上の問題

-イファイ -ify ⇨ファイ -fy

-イブ -ive[〜の傾向(の), 〜の性質(の)] アディティブ additive 添加物／イノベーティブ innovative 革新的

-イング -ing[〜すること] コストカッティング cost-cutting 経費節減／マシーニング machining 機械加工

-イブル -ible[〜できる, 〜可能な] エディブル edible 食べられる

-エイト -ate[〜させる, 〜になる] リハビリテイト rehabilitate 健康を回復させる, 社会復帰させる／ソフィスティケイト sophisticate 洗練する

-エスク -esque[〜のような, 〜風の] ジャパネスク Japanesque 日本風の, 日本式の／ピクチャレスク picturesque 絵のような

-オクラシー -ocracy ⇨クラシー -cracy

-オロジー -ology[〜学, 技術] キャンサロロジー cancerology がん腫学／テクノロジー technology 科学技術

-クラシー -cracy[〜政体, 〜階級] テクノクラシー technocracy 科学技術支配政体／ビューロクラシー bureaucracy 官僚制

-クラフト -craft①[〜の乗り物] ホバークラフト Hovercraft (商標名) ②[〜術, 〜の知識] ハンディクラフト handicraft 手先の熟練, 手工芸

-サイド -cide[〜殺し] ジェノサイド genocide 大量殺らく／インセクティサイド insecticide 殺虫(剤)

-サム -some①[〜からなる, 〜用の] フォーサム foursome 4人用の, 4人組 ②[〜に適する, 〜しやすい] ローンサム lonesome 寂しい, ひとりぼっちの

-シー -cy[〜の性質・状態] プライバシー privacy 他人から干渉されない生活(状態)／プレジデンシー presidency 大統領職

-シップ -ship①[〜の状態・性質] フレンドシップ friendship 友情, 親交 ②[〜の資格・能力] リーダーシップ leadership 指導力／ペンマンシップ penmanship ペン習字

-ション -tion, -sion[〜の状態] インフレーション inflation インフレ, 通貨膨張／リセッション recession 景気の後退, 不況

※英語の接尾辞は品詞を変える働きが強く, また連結して使われることが多い。「(例)グローバリゼーション globalization 地球化, 世界化。globe 地球(名詞)+al(形容詞化)+ize(動詞化)+ation(再び名詞化)。」さらに, この語に接頭辞anti-と接尾辞-ismがつくと, アンチグローバリゼーショニズム＝全地球化政策反対主義。こうして無限に新語が増えていく。

-ダム -dom[〜界] スパイダム spydom スパイの世界／バーガーダム burgerdom ハンバーガー業界

-ドローム -drome[競走路, 大きな施設] エアロドローム aerodrome 飛行場, 空港／モータードローム motordrome 自動車(オートバイ)競走場

-ニク -nik[〜な奴, 〜族] コンピューターニク computernik コンピューター族

-ネス -ness[〜性質・状態] ウェートレスネス weightlessness 無重力状態／ウエルネス wellness 究極の健康状態

-ノミー -nomy[〜学, 〜法] アストロノミー astronomy 天文学／ガストロノミー gastronomy 美食法

-ファイ -fy[〜化する, 〜になる] シンプリファイ simplify 単純(簡単)にする／ジャスティファイ justify 正当化する

-フッド -hood[〜の時期・状態] ボーイフッド boyhood 少年期／シングルフッド singlehood 独身状態

-フル -ful[〜が一杯の] スプーンフル spoonful さじ一杯の

-メント -ment[〜の状態・動作・結果] アポイントメント appointment 面会の約束／インデュースメント inducement 誘導する(される)こと

-ライク -like[〜のような, 〜らしい] チャイルドライク childlike 子供のような／ビジネスライク businesslike 事務的な

-リー -ly[〜のような, 〜の性質をもつ] マンスリー monthly 毎月の, 月刊誌／マンリー manly 男らしい

-レス -less[〜のない] カーレス carless 自動車のない(に乗らない)／ボトムレス bottomless 底知れぬ；全裸の

-レット -let[小さい〜, 小〜] ステイトレット statelet 小国家／フィルムレット filmlet 短編映画

-ロジー -logy[〜学, 〜論] バイオロジー biology 生物学／エコロジー ecology 生態学

-ワージー -worthy[〜に適した] トラストワージー trustworthy 信用できる

-ワイズ -wise[〜の様式・方法で] クロックワイズ clockwise 時計回りに／クロスワイズ crosswise 十字形で

SI（国際単位系）接頭辞

SIはメートル法を拡張し、十進法を基本にした国際単位系。1960年に国際度量衡総会（CGPM）で使用が決定した。
SI接頭辞はSI単位の前につけて分量を示す十進の接頭辞。SI接頭語ともいう。

接頭辞	記号	日本の単位	倍数
yotta- ヨタ	Y	秭（じょ）	10^{24}
zetta- ゼタ	Z	十垓（がい）	10^{21}
exa- エクサ	E	百京（けい）	10^{18}
peta- ペタ	P	千兆	10^{15}
tera- テラ	T	一兆	10^{12}
giga- ギガ	G	十億	10^{9}
mega- メガ	M	百万	10^{6}
kilo- キロ	k	千	10^{3}
hecto- ヘクト	h	百	10^{2}
deca- デカ	da	十	10
deci- デシ	d	分（ぶ）	10^{-1}
centi- センチ	c	厘（りん）	10^{-2}
milli- ミリ	m	毛（もう）	10^{-3}
micro- マイクロ	μ	微（び）	10^{-6}
nano- ナノ	n	塵（じん）	10^{-9}
pico- ピコ	p	漠（ばく）	10^{-12}
femto- フェムト	f	須臾（しゅゆ）	10^{-15}
atto- アト	a	刹那（せつな）	10^{-18}
zepto- ゼプト	z	清浄（せいじょう）	10^{-21}
yocto- ヨクト	y		10^{-24}

化合物の接頭辞

化学の元素や化合物の命名法は、国際基準によって決められている。命名法は単純ではないが、連鎖の基本となる基の数を表わす接頭辞としてギリシャ語の数詞（次表）が使われている。たとえば、頭がよくなるサプリメントとして有名になったDHA（ドコサヘキサエン酸 Docosahexaenoic acid）は、22（docosa）個の炭素連鎖の中に、6（hexa）個の、二重結合（en）をもった、不飽和脂肪酸という意味。

数字	ギリシャ語	数字	ギリシャ語
1	mono モノ,(hen ヘン)	12	dodeca ドデカ
2	di ジ,(do ド)	13	trideca トリデカ
3	tri トリ	20	icosa イコサ
4	tetra テトラ	21	henicosa ヘンイコサ
5	penta ペンタ	22	docosa ドコサ
6	hexa ヘキサ	23	tricosa トリコサ
7	hepta ヘプタ	30	triaconta トリアコンタ
8	octa オクタ	40	tetraconta テトラコンタ
9	nona ノナ	100	hecta ヘクタ
10	deca デカ	200	dicta ジクタ
11	undeca ウンデカ		

＊（　）内は他の数詞が後ろにつくとき

URLの構造

URL（Uniform Resource Locator）とは、インターネット上の特定の情報の場所（「住所」）を表わす記述方式のこと。たとえば、一般的な下記の場合、

http://www.shueisha.co.jp/index_f.html
❶　　　❷　　　　　　　　❸

❶は情報にアクセスする通信方法（アクセス手段）のこと。アクセス手段には、httpのほかにファイル転送のためのftpなどがある。

❷はホスト名で、情報の存在するコンピューター（システム）のこと。wwwは送信システム名。残りはドメイン名（狭義）で、後ろから、jpは国名（902ページ参照）、coは組織種別型（属性型）、shueishaは組織名を表わす。組織種別には、ほかにac（教育機関）、co（企業体）、go（政府機関）、ne（ネット機関）などがある。このホスト名全体をドメイン名ということもある。www（World Wide Web）は、現在、インターネットで標準的に用いられているドキュメントシステム。

❸はホストのシステム内での情報の場所を示す。最上位階層から順番に/（スラッシュ）で区切って指定する。

汎用ドメイン

汎用JPドメインともいう。属性を省いて、文字列と「JP」のみの日本における新しいドメイン名。従来と異なる点は、[1]原則として自由にいくつでもドメインを取得できること、[2]原則として名義を自由に変更できること、[3]日本語のドメイン名が使用できること、[4]1年ごとに登録更新が必要なこと、などである。

アルファベット綴りの伝達法

電話などでアルファベットの綴りを間違いなく伝える方法が古くからあった。電波状況が悪いときでも飛行機や船舶などとの交信が正確にできるように、戦後、国際電気通信連合（ITU）が世界共通の通話表（フォネティックコード）に統一した。

- 使い方は、たとえば「ABC…」と伝えたいときは、alfa bravo charlie…と言います。
- 電話などでは「D for delta」とか、「E as in echo」のようにも使います。

*大文字部分を強調して発音する。　　**日本での普通の「カタカナ語」読みにする。

文字	世界共通の通話表 使用する語	発音*	アメリカなどで一般に使われるものの一例（名前中心） 使用する語	**	KDD（現KDDI）が日本用に決めたもの（地名中心） 使用する語	**
A	Alfa	アルファ…AL fah	Alfred	アルフレッド	America	アメリカ
B	Bravo	ブラヴォー…BRAH VOH	Benjamin	ベンジャミン	Bombay	ボンベイ
C	Charlie	チャーリー…CHAR lee	Charlie	チャーリー	China	チャイナ
D	Delta	デルタ…DELL tah	David	デイヴィッド	Denmark	デンマーク
E	Echo	エコー…ECK oh	Edward	エドワード	England	イングランド
F	Foxtrot	フォックストロット…FOKS trot	Frank	フランク	Frace	フランス
G	Golf	ゴルフ…golf	George	ジョージ	Germany	ジャーマニー
H	Hotel	ホテル…hohTELL	Harry	ハリー	Hongkong	ホンコン
I	India	インディア…IN dee ah	Isaac	アイザック	Ice	アイス
J	Juliett	ジュリエット…JEW lee ETT	Jack	ジャック	Japan	ジャパン
K	Kilo	キロ…KEY loh	King	キング	Korea	コレア
L	Lima	リマ…LEE mah	London	ロンドン	London	ロンドン
M	Mike	マイク…mike	Mary	メアリー	Mexico	メキシコ
N	November	ノヴェンバー…noVEM ber	Nancy	ナンシー	New York	ニューヨーク
O	Oscar	オスカー…OSS cah	Oliver	オリヴァー	Osaka	オオサカ
P	Papa	パパ…pah PAH	Peter	ピーター	Paris	パリ
Q	Quebec	ケベック…keh BECK	Quebec	ケベック	Queen	クィーン
R	Romeo	ロメオ…ROW me oh	Robert	ロバート	Roma	ローマ
S	Sierra	シエラ…see AIR rah	Samuel	サミュエル	Shanghai	シャンハイ
T	Tango	タンゴ…TANG go	Tommy	トミー	Tokyo	トウキョウ
U	Uniform	ユニフォーム…YOU nee form	Uncle	アンクル	Union	ユニオン
V	Victor	ヴィクター…VIK tah	Victor	ヴィクター	Victory	ビクトリー
W	Whiskey	ウィスキー…WISS key	William	ウィリアム	Washington	ワシントン
X	X-ray	エクスレイ…ECKS ray	X-ray	エクスレイ	X-ray	エックスレイ
Y	Yankee	ヤンキー…YANG key	Yellow	イエロー	Yokohama	ヨコハマ
Z	Zulu	ズール…ZOO loo	Zebra	ゼブラ	Zebra	ゼブラ

国際電話の国番号と各国の略号

国名・地域名	国番号	時差	欧文表記	略号	国名・地域名	国番号	時差	欧文表記	略号
アイスランド	354	−9	Iceland	ISL	ギリシャ	30	−7	Hellenic	GRE
アイルランド	353	−9	Ireland	IRL	キリバス	686	3	Kiribati	KIR
アゼルバイジャン	994	−5	Azerbaijan	AZE	キルギス	996	−4	Kyrgyztan	KGZ
アフガニスタン	93	−4:30	Afghanistan	AFG	グアテマラ	502	−15	Guatemala	GUA
アメリカ(本土)	1	−14〜−17	U.S.A.	USA	クウェート	965	−6	Kuwait	KUW
アラブ首長国連邦	971	−5	United Arab Emirates	UAE	グルジア	995	−6	Georgia	GEO
アルジェリア	213	−8	Algeria	ALG	グレナダ	1	−13	Grenada	GRN
アルゼンチン	54	−12	Argentine	ARG	クロアチア	385	−8	Croatia (Hrvatska)	CRO
アルバニア	355	−8	Albania	ALB	ケニア	254	−6	Kenya	KEN
アルメニア	374	−5	Armenia	ARM	コートジボワール	225	−9	Cote d' Ivoire	CIV
アンゴラ	244	−8	Angola	ANG	コスタリカ	506	−15	Costa Rica	CRC
アンティグアバーブーダ	1	−13	Anatigua and Barbuda	ANT	コモロ	269	−6	Comoros	COM
アンドラ	376	−8	Andorra	AND	コロンビア	57	−14	Colombia	COL
イエメン	967	−6	Yemen	YEM	コンゴ	242	−8	Congo	CGO
イギリス	44	−9	United Kingdom	GBR	コンゴ民主共和国	243	−8	Congo, Demo. Rep. of	COD
イスラエル	972	−7	Israel	ISR	サウジアラビア	966	−6	Saudi Arabia	KSA
イタリア	39	−8	Italy	ITA	サモア	685	−20	Samoa	SAM
イラク	964	−6	Iraq	IRQ	サントメプリンシペ	239	−9	Sao Tome and Principe	STP
イラン	98	−5:30	Iran	IRI	ザンビア	260	−7	Zambia	ZAM
インド	91	−3:30	India	IND	サンマリノ	378	−8	San Marino	SMR
インドネシア	62	−2〜0	Indonesia	INA	シエラレオネ	232	−9	Sierra Leone	SLE
ウガンダ	256	−6	Uganda	UGA	ジブチ	253	−6	Djibouti	DJI
ウクライナ	380	−7	Ukraine	UKR	ジャマイカ	1	−14	Jamaica	JAM
ウズベキスタン	998	−4	Uzbekistan	UZB	シリア	963	−7	Syria	SYR
ウルグアイ	598	−12	Uruguay	URU	シンガポール	65	−1	Singapore	SIN
エクアドル	593	−14	Ecuador	ECU	ジンバブエ	263	−7	Zimbabwe	ZIM
エジプト	20	−7	Egypt	EGY	スイス	41	−8	Swiss	SUI
エストニア	372	−7	Estonia	EST	スウェーデン	46	−8	Sweden	SWE
エチオピア	251	−6	Ethiopia	ETH	スーダン	249	−7	Sudan	SUD
エリトリア	291	−6	Eritrea	ERI	スペイン	34	−8	Spain	ESP
エルサルバドル	503	−15	El Salvador	ESA	スリナム	597	−12	Suriname	SUR
オーストラリア	61	−1〜+1	Australia	AUS	スリランカ	94	−3:30	Sri Lanka	SRI
オーストリア	43	−8	Austria	AUT	スロバキア	421	−8	Slovak	SVK
オマーン	968	−5	Oman	OMA	スロベニア	386	−8	Slovenia	SLO
オランダ	31	−8	Netherlands	NED	スワジランド	268	−7	Swaziland	SWZ
ガーナ	233	−9	Ghana	GHA	セーシェル	248	−5	Seychelles	SEY
ガイアナ	592	−13	Guyana	GUY	赤道ギニア	240	−8	Equatorial Guinea	GEQ
カザフスタン	7	−5〜−3	Kazakhstan	KAZ	セネガル	221	−9	Senegal	SEN
カタール	974	−6	Qatar	QAT	セルビア・モンテネグロ	381	−8	Serbia and Montenegro	SCG
カナダ	1	−12:30〜−17	Canada	CAN	セントクリストファーネビス	1	−13	St. Christopher and Nevis	SKN
カボベルデ	238	−10	Cape Verde	CPV	セントビンセント・グレナディーン	1	−13	St. Vincent and the Grenadines	VIN
ガボン	241	−8	Gabon	GAB	セントルシア	1	−13	St. Lucia	LCA
カメルーン	237	−8	Cameroon	CMR	ソマリア	252	−6	Somalia	SOM
韓国	82	0	Korea, Rep. of	KOR	ソロモン諸島	677	2	Solomon Islands	SOL
ガンビア	220	−9	Gambia	GAM	タイ	66	−2	Thailand	THA
カンボジア	855	−2	Cambodia	CAM	台湾	886	−1	Taiwan	TPE
北朝鮮	850	0	Korea, Demo. People's Rep. of	PRK	タジキスタン	992	−4	Tajikistan	TJK
ギニア	224	−9	Guinea	GUI	タンザニア	255	−6	Tanzania	TAN
ギニアビサウ	245	−9	Guinea-Bissau	GBS	チェコ	420	−8	Czech	CZE
キプロス	357	−7	Cyprus	CYP	チャド	235	−8	Chad	CHA
キューバ	53	−14	Cuba	CUB	中央アフリカ	236	−8	Central Africa	CAF
					中国	86	−1	China	CHN
					チュニジア	216	−8	Tunisia	TUN

900

■国際電話のかけ方〈一般電話回線からかける場合〉

国際オペレータ通話（KDDIオペレータ経由） 　0051／0057

国際ダイヤル通話

＊マイライン、マイラインプラスに登録の場合
010＋相手先の国番号＋（0を除く）市外局番＋電話番号

＊左記の未登録、もしくは希望の国際電話サービスから発信する場合
KDDI ---------------------- 001
日本テレコム--- 0041／0061
東京電話 ------------------- 0082
NTT Com ------------------ 0033
＋　010＋相手先の国番号＋（0を除く）市外局番＋電話番号

国名・地域名	国番号	時差	欧文表記	略号
チリ	56	−13	Chile	CHI
ツバル	688	3	Tuvalu	
デンマーク	45	−8	Denmark	DEN
ドイツ	49	−8	Germany	GER
トーゴ	228	−9	Togo	TOG
ドミニカ	1	−13	Dominica	DMA
ドミニカ共和国	1	−13	Dominican Rep.	DOM
トリニダードトバゴ	1	−13	Trinidad and Tobago	TRI
トルクメニスタン	993	−4	Turkmenistan	TKM
トルコ	90	−7	Turkey	TUR
トンガ	676	4	Tonga	TGA
ナイジェリア	234	−8	Nigeria	NGR
ナウル	674	3	Nauru	NRU
ナミビア	264	−8	Namibia	NAM
ニカラグア	505	−15	Nicaragua	NCA
ニジェール	227	−8	Niger	NIG
日本	81	0	Japan	JPN
ニュージーランド	64	3	New Zealand	NZL
ネパール	977	−3:15	Nepal	NEP
ノルウェー	47	−8	Norway	NOR
バーレーン	973	−6	Bahrain	BRN
ハイチ	509	−14	Haiti	HAI
パキスタン	92	−4	Pakistan	PAK
バチカン	39	−8	Vatican	
パナマ	507	−14	Panama	PAN
バヌアツ	678	2	Vanuatu	VAN
バハマ	1	−14	Bahamas	BAH
パプアニューギニア	675	1	Papua New Guinea	PNG
パラオ	680	0	Palau	PLW
パラグアイ	595	−13	Paraguay	PAR
バルバドス	1	−13	Barbados	BAR
ハンガリー	36	−8	Hungary	HUN
バングラデシュ	880	−3	Bangladesh	BAN
東ティモール	670	0	Timor-Leste	TLS
フィジー諸島	679	3	Fiji	FIJ
フィリピン	63	−1	Philippines	PHI
フィンランド	358	−7	Finland	FIN
ブータン	975	−3	Bhutan	BHU
ブラジル	55	−12〜−14	Brazil	BRA
フランス	33	−8	France	FRA
ブルガリア	359	−7	Bulgaria	BUL
ブルキナファソ	226	−9	Burkina Faso	BUR
ブルネイ	673	−1	Brunei	BRU
ブルンジ	257	−7	Burundi	BDI
ベトナム	84	−2	Viet Nam	VIE
ベニン（ベナン）	229	−8	Benin	BEN
ベネズエラ	58	−13	Venezuela	VEN
ベラルーシ	375	−7	Belarus	BLR
ベリーズ	501	−15	Belize	BIZ
ペルー	51	−14	Peru	PER
ベルギー	32	−8	Belgium	BEL
ポーランド	48	−8	Poland	POL
ボスニア・ヘルツェゴビナ	387	−8	Bosnia and Herzegovina	BIH
ボツワナ	267	−7	Botswana	BOT
ボリビア	591	−13	Bolivia	BOL
ポルトガル	351	−9	Portugal	POR
ホンコン（香港）	852	−1	Hong Kong	HKG
ホンジュラス	504	−15	Honduras	HON
マーシャル諸島	692	+2〜+3	Marshall Islands	
マケドニア	389	−7	Macedonia	MKD
マダガスカル	261	−6	Madagascar	MAD
マラウイ	265	−7	Malawi	MAW
マリ	223	−9	Mali	MLI
マルタ	356	−8	Malta	MLT
マレーシア	60	−1	Malaysia	MAS
ミクロネシア連邦	691	+1〜+2	Micronesia	FSM
南アフリカ	27	−7	South Africa	RSA
ミャンマー	95	−2:30	Myanmar	MYA
メキシコ	52	−15〜−16	Mexico	MEX
モーリシャス	230	−5	Mauritius	MRI
モーリタニア	222	−9	Mauritania	MTN
モザンビーク	258	−7	Mozambique	MOZ
モナコ	377	−8	Monaco	MON
モルディブ	960	−4	Maldives	MDV
モルドバ	373	−7	Moldva	MDA
モロッコ	212	−9	Morocco	MAR
モンゴル	976	−1	Mongolia	MGL
ヨルダン	962	−7	Jordan	JOR
ラオス	856	−2	Lao	LAO
ラトビア	371	−7	Latvia	LAT
リトアニア	370	−7	Lithuania	LTU
リビア	218	−7	Libya	LBA
リヒテンシュタイン	423	−8	Liechtenstein	LIE
リベリア	231	−9	Liberia	LBR
ルーマニア	40	−7	Romania	ROM
ルクセンブルク	352	−8	Luxembourg	LUX
ルワンダ	250	−6	Rwanda	RWA
レソト	266	−7	Lesotho	LES
レバノン	961	−7	Lebanon	LIB
ロシア連邦	7	−6〜+3	Russian	RUS

＊国の三字略号は国際オリンピック委員会（IOC）の表記による

インターネットの国名コード

インターネットを支える重要な要素であるドメイン名は、世界でただ一つであることが必要である。それを世界的なレベルに立って、公平で中立な運用を統括管理する機関が非営利の民間組織ICANN（The Internet Corporation for Assigned Names & Numbers）である。ICANNが世界の国と地域に割り当てた国名コード（Country Code）を紹介する。

国名・地域名	国名コード	欧文表記
アイスランド	IS	Iceland
アイルランド	IE	Ireland
アゼルバイジャン	AZ	Azerbaijan
アフガニスタン	AF	Afghanistan
アメリカ(本土)	US	U.S.A.
アラブ首長国連邦	AE	United Arab Emirates
アルジェリア	DZ	Algeria
アルゼンチン	AR	Argentine
アルバニア	AL	Albania
アルメニア	AM	Armenia
アンゴラ	AO	Angola
アンティグアバーブーダ	AG	Anatigua and Barbuda
アンドラ	AD	Andorra
イエメン	YE	Yemen
イギリス	UK	United Kingdom
イスラエル	IL	Israel
イタリア	IT	Italy
イラク	IQ	Iraq
イラン	IR	Iran
インド	IN	India
インドネシア	ID	Indonesia
ウガンダ	UG	Uganda
ウクライナ	UA	Ukraine
ウズベキスタン	UZ	Uzbekistan
ウルグアイ	UY	Uruguay
エクアドル	EC	Ecuador
エジプト	EG	Egypt
エストニア	EE	Estonia
エチオピア	ET	Ethiopia
エリトリア	ER	Eritrea
エルサルバドル	SV	El Salvador
オーストラリア	AU	Australia
オーストリア	AT	Austria
オマーン	OM	Oman
オランダ	NL	Netherlands
ガーナ	GH	Ghana
ガイアナ	GY	Guyana
カザフスタン	KZ	Kazakhstan
カタール	QA	Qatar
カナダ	CA	Canada
カボベルデ	CV	Cape Verde
ガボン	GA	Gabon
カメルーン	CM	Cameroon
韓国(大韓民国)	KR	Korea, Rep. of
ガンビア	GM	Gambia
カンボジア	KH	Cambodia
北朝鮮(朝鮮民主主義人民共和国)	KP	Korea, Demo. People's Rep. of
ギニア	GN	Guinea
ギニアビサウ	GW	Guinea-Bissau
キプロス	CY	Cyprus
キューバ	CU	Cuba
ギリシャ	GR	Hellenic
キリバス	KI	Kiribati
キルギス	KG	Kyrgyztan
グアテマラ	GT	Guatemala
クウェート	KW	Kuwait
グルジア	GE	Georgia
グレナダ	GD	Grenada
クロアチア	HR	Croatia(Hrvatska)
ケニア	KE	Kenya
コートジボワール	CI	Cote d'Ivoire
コスタリカ	CR	Costa Rica
コモロ	KM	Comoros
コロンビア	CO	Colombia
コンゴ	CG	Congo
コンゴ民主共和国	CD	Congo, Demo. Rep. of
サウジアラビア	SA	Saudi Arabia
サモア	WS	Samoa
サントメプリンシペ	ST	Sao Tome and Principe
ザンビア	ZM	Zambia
サンマリノ	SM	San Marino
シエラレオネ	SL	Sierra Leone
ジブチ	DJ	Djibouti
ジャマイカ	JM	Jamaica
シリア	SY	Syria
シンガポール	SG	Singapore
ジンバブエ	ZW	Zimbabwe
スイス	CH	Swiss
スウェーデン	SE	Sweden
スーダン	SD	Sudan
スペイン	ES	Spain
スリナム	SR	Suriname
スリランカ	LK	Sri Lanka
スロバキア	SK	Slovak
スロベニア	SI	Slovenia
スワジランド	SZ	Swaziland
セーシェル	SC	Seychelles
赤道ギニア	GQ	Equatorial Guinea

国名・地域名	国名コード	欧文表記
セネガル	SN	Senegal
セルビア・モンテネグロ	YU	Serbia and Montenegro
セントクリストファーネビス	KN	St. Christopher and Nevis
セントビンセント・グレナディーン	VC	St. Vincent and the Grenadines
セントルシア	LC	St. Lucia
ソマリア	SO	Somalia
ソロモン諸島	SB	Solomon Islands
タイ	TH	Thailand
台湾	TW	Taiwan
タジキスタン	TJ	Tajikistan
タンザニア	TZ	Tanzania
チェコ	CZ	Czech
チャド	TD	Chad
中央アフリカ	CF	Central Africa
中国	CN	China
チュニジア	TN	Tunisia
チリ	CL	Chile
ツバル	TV	Tuvalu
デンマーク	DK	Denmark
ドイツ	DE	Germany
トーゴ	TG	Togo
ドミニカ	DM	Dominica
ドミニカ共和国	DO	Dominican Rep.
トリニダードトバゴ	TT	Trinidad and Tobago
トルクメニスタン	TM	Turkmenistan
トルコ	TR	Turkey
トンガ	TO	Tonga
ナイジェリア	NG	Nigeria
ナウル	NR	Nauru
ナミビア	NA	Namibia
ニカラグア	NI	Nicaragua
ニジェール	NE	Niger
日本	JP	Japan
ニュージーランド	NZ	New Zealand
ネパール	NP	Nepal
ノルウェー	NO	Norway
バーレーン	BH	Bahrain
ハイチ	HT	Haiti
パキスタン	PK	Pakistan
バチカン	VA	Vatican
パナマ	PA	Panama
バヌアツ	VU	Vanuatu
バハマ	BS	Bahamas
パプアニューギニア	PG	Papua New Guinea
パラオ	PW	Palau
パラグアイ	PY	Paraguay
バルバドス	BB	Barbados
ハンガリー	HU	Hungary
バングラデシュ	BD	Bangladesh
東ティモール	TL	Timor-Leste
フィジー諸島	FJ	Fiji
フィリピン	PH	Philippines
フィンランド	FI	Finland
ブータン	BT	Bhutan
ブラジル	BR	Brazil
フランス	FR	France
ブルガリア	BG	Bulgaria
ブルキナファソ	BF	Burkina Faso
ブルネイ	BN	Brunei
ブルンジ	BI	Burundi
ベトナム	VN	Viet Nam
ベニン(ベナン)	BJ	Benin
ベネズエラ	VE	Venezuela
ベラルーシ	BY	Belarus
ベリーズ	BZ	Belize
ペルー	PE	Peru
ベルギー	BE	Belgium
ポーランド	PL	Poland
ボスニア・ヘルツェゴビナ	BA	Bosnia and Herzegovina
ボツワナ	BW	Botswana
ボリビア	BO	Bolivia
ポルトガル	PT	Portugal
ホンコン(香港)	HK	Hong Kong
ホンジュラス	HN	Honduras
マーシャル諸島	MH	Marshall Islands
マケドニア	MK	Macedonia
マダガスカル	MG	Madagascar
マラウイ	MW	Malawi
マリ	ML	Mali
マルタ	MT	Malta
マレーシア	MY	Malaysia
ミクロネシア連邦	FM	Micronesia
南アフリカ	ZA	South Africa
ミャンマー	MM	Myanmar
メキシコ	MX	Mexico
モーリシャス	MU	Mauritius
モーリタニア	MR	Mauritania
モザンビーク	MZ	Mozambique
モナコ	MC	Monaco
モルディブ	MV	Maldives
モルドバ	MD	Moldva
モロッコ	MA	Morocco
モンゴル	MN	Mongolia
ヨルダン	JO	Jordan
ラオス	LA	Lao
ラトビア	LV	Latvia
リトアニア	LT	Lithuania
リビア	LY	Libya
リヒテンシュタイン	LI	Liechtenstein
リベリア	LR	Liberia
ルーマニア	RO	Romania
ルクセンブルク	LU	Luxembourg
ルワンダ	RW	Rwanda
レソト	LS	Lesotho
レバノン	LB	Lebanon
ロシア連邦	RU	Russian

世界の主な空港の略号

▶空港コード	▶空港名　[ ]都市名欧文	▶都市名
ADL	Adelaide	アデレード(オーストラリア)
AKL	Auckland	オークランド(ニュージーランド)
AMS	Schiphol スキポール　[Amsterdam]	アムステルダム(オランダ)
ANC	Anchorage	アンカレジ(アメリカ)
ARN	Arlanda アーランダ	ストックホルム(スウェーデン)
ATH	Hellinikon ヘレニコン　[Athens]	アテネ(ギリシャ)
ATL	Atlanta	アトランタ(アメリカ)
BCN	Barcelona	バルセロナ(スペイン)
BKI	Kota Kinabalu	コタキナバル(マレーシア)
BKK	Don Muang ドンムアン　[Bangkok]	バンコク(タイ)
BNA	Nashville	ナシュビル(アメリカ)
BNE	Brisbane	ブリスベーン(オーストラリア)
BOM	Mumbai/Bombay	ムンバイ／ボンベイ(インド)
BOS	Logan　[Boston]	ボストン(アメリカ)
BRU	Brussels	ブリュッセル(ベルギー)
CAI	Nasser ナセル　[Cairo]	カイロ(エジプト)
CCU	Kolkata／Calcutta	コルカタ／カルカッタ(インド)
CDG	Charles de Gaulle	パリ(フランス)
CEB	Cebu	セブ(フィリピン)
CGK	Soekarno Hatta スカルノハッタ	ジャカルタ(インドネシア)
CHC	Christchurch	クライストチャーチ(ニュージーランド)
CJU	Jeju／Cheju	済州(韓国)
CMB	Katunayake カトナヤケ　[Colombo]	コロンボ(スリランカ)
CNS	Cairns	ケアンズ(オーストラリア)
CNX	Chiang Mai	チェンマイ(タイ)
CPH	Copenhagen	コペンハーゲン(デンマーク)
CVG	Cincinnati	シンシナティ(アメリカ)
DAC	Dhaka	ダッカ(バングラデシュ)
DCA	Washington　[Washington D.C.]	ワシントン(アメリカ)
DEL	Palam パーラム　[Delhi]	デリー(インド)
DEN	Stapleton ステープルトン　[Denver]	デンバー(アメリカ)
DFW	Dallas-Fort Worth	ダラス(アメリカ)
DLC	Dalian	大連(中国)
DPS	Denpasar	デンパサル(インドネシア)
DRW	Darwin	ダーウィン(オーストラリア)
DTW	Detroit Metropolitan	デトロイト(アメリカ)
DUS	Dusseldorf	デュッセルドルフ(ドイツ)
FCO	Leonardo da Vinci-Fiumicino	ローマ(イタリア)
FRA	Frankfurt	フランクフルト(ドイツ)
GIG	Galeão ガレアン	リオデジャネイロ(ブラジル)
GRU	Guarulhos グアルーリョス	サンパウロ(ブラジル)
GUM	Guam	グアム(アメリカ)
GVA	Geneva	ジュネーブ(スイス)
HEL	Helsinki	ヘルシンキ(フィンランド)
HKG	Hong Kong	香港(中国)
HND	東京国際空港　羽田	東京
HNL	Honolulu	ホノルル(アメリカ)
IAD	Dulles ダレス	ワシントン(アメリカ)
IAH	Houston	ヒューストン(アメリカ)
IKT	Irkutsk	イルクーツク(ロシア)
ISB	Islamabad	イスラマバード(パキスタン)

▶空港コード	▶空港名　[　]都市名欧文	▶都市名
IST	Ataturk　アタチュルク　[Istanbul]	イスタンブール（トルコ）
JFK	John F. Kennedy	ニューヨーク（アメリカ）
KHH	Kaohsiung	高雄（台湾）
KHI	Karachi	カラチ（パキスタン）
KHV	Khabarovsk	ハバロフスク（ロシア）
KIX	関西国際空港	大阪
KUL	Kuala Lumpul	クアラルンプール（マレーシア）
LAX	Los Angeles	ロサンゼルス（アメリカ）
LGA	La Guaridia　ラガーディア	ニューヨーク（アメリカ）
LHR	Heathrow　ヒースロー	ロンドン（イギリス）
LIM	Lima	リマ（ペルー）
MAD	Barajas　バラハス　[Madrid]	マドリード（スペイン）
MEL	Tullamarine　タルマリン　[Melbourne]	メルボルン（オーストラリア）
MEM	Memphis	メンフィス（アメリカ）
MEX	Benito Juarez　ベニート・フアレス　[Mexco City]	メキシコシティー（メキシコ）
MIA	Miami	マイアミ（アメリカ）
MNL	Ninoy Aquino　ニノイ・アキノ　[Manila]	マニラ（フィリピン）
MSP	Minneapolis	ミネアポリス（アメリカ）
MUC	Riem　ライム　[Munich]	ミュンヘン（ドイツ）
MXP	Malpensa　マルペンサ	ミラノ（イタリア）
NAN	Nandi	ナンディ（フィジー）
NGO	中部国際空港	名古屋
NOU	Tontouta　トントゥータ　[Nouméa]	ヌーメア（ニューカレドニア）
NRT	成田国際空港	東京
ORD	O'Hare　オヘア	シカゴ（アメリカ）
ORY	Orly　オルリー	パリ（フランス）
PDX	Portland	ポートランド（アメリカ）
PEK	Beijing／Peking	北京（中国）
PEN	Bayan Lepas　バヤンレパス　[Penang]	ペナン（マレーシア）
PER	Perth	パース（オーストラリア）
PHL	Philadelphia	フィラデルフィア（アメリカ）
PPT	Faa'a　ファアア　[Papeete]	パペーテ（タヒチ）
PUS	Gimhae　[Pusan]	釜山（韓国）
SAN	San Diego	サンディエゴ（アメリカ）
SEA	Seattle-Tacoma	シアトル（アメリカ）
SEL	Kimpo　[Seoul]	ソウル（韓国）
SFO	San Fransisco	サンフランシスコ（アメリカ）
SHA	Shanghai Pudong　上海浦東	上海（中国）
SIA	Sian	西安（中国）
SIN	Changi　チャンギ　[Singapore]	シンガポール（シンガポール）
SJC	San Jose	サンノゼ（アメリカ）
SPN	Saipan	サイパン
SVO	Sheremetyevo　シェレメチェボ	モスクワ（ロシア）
SYD	Kingsford Smith　[Sydney]	シドニー（オーストラリア）
THR	Mehrabad　メヘラバード　[Teheran]	テヘラン（イラン）
TPE	Chiang Kai Shek　[Taipei]	台北（台湾）
TXL	Tegel　テゲル	ベルリン（ドイツ）
UUS	Yuzhno-Sakhalinsk	ユジノサハリンスク（ロシア）
VIE	Schwechat　シューベヒャート　[Vienna]	ウィーン（オーストリア）
VVO	Vladiostok	ウラジオストク（ロシア）
YEG	Edmonton	エドモントン（カナダ）
YVR	Vancouver	バンクーバー（カナダ）
YYC	Calgary	カルガリー（カナダ）
YYZ	Toronto	トロント（カナダ）
ZRH	Kloten　クローテン　[Zurich]	チューリヒ（スイス）

世界の公用語

公用語は公の文章や公の場での会話に用いることが認められた言語。多言語国家の場合はそれが複数であったり、準公用語や各地方における公用語を認めている場合もある。

国名	公用語
アイスランド	アイスランド語
アイルランド	ゲール語(第1)　英語(第2)
アゼルバイジャン	チェルク諸語
アフガニスタン	パシュトゥー語　ペルシャ語
アメリカ	英語
アラブ首長国連邦	アラビア語
アルジェリア	アラビア語
アルゼンチン	スペイン語
アルバニア	アルバニア語(トスク方言)
アルメニア	アルメニア語
アンゴラ	ポルトガル語
アンティグアバーブーダ	英語
アンドラ	カタルーニャ語
イエメン	アラビア語
イギリス	英語
イスラエル	ヘブライ語　アラビア語
イタリア語	イタリア語
イラク	アラビア語
イラン	ペルシャ語
インド	ヒンディー語　英語(補助)　17の地方公用語
インドネシア	インドネシア語(統一言語)
ウガンダ	英語
ウクライナ	ウクライナ語
ウズベキスタン	ウズベク語
ウルグアイ	スペイン語
エクアドル	スペイン語
エジプト	アラビア語
エストニア	エストニア語
エチオピア	アムハラ語
エリトリア	アラビア語　ティグレ語
エルサルバドル	スペイン語
オーストラリア	英語
オーストリア	ドイツ語
オマーン	アラビア語
オランダ	オランダ語
ガーナ	英語
ガイアナ	英語
カザフスタン	ロシア語　カザフ語(国語)
カタール	アラビア語
カナダ	英語　フランス語
カボベルデ	ポルトガル語
ガボン	フランス語
カメルーン	英語　フランス語
ガンビア	英語
カンボジア	クメール語
北マリアナ諸島	チャモロ語　英語
ギニア	フランス語

国名	公用語
ギニアビサウ	ポルトガル語
キプロス	ギリシャ語　トルコ語
キューバ	スペイン語
ギリシャ	ギリシャ語
キリバス	英語　キリバス語
キルギス	キルギス語　ロシア語
グアテマラ	スペイン語
クウェート	アラビア語
グルジア	グルジア語
グレナダ	英語
クロアチア	クロアチア語
ケニア	英語　スワヒリ語(実用語)
コートジボワール	フランス語
コスタリカ	スペイン語
コモロ	フランス語　アラビア語　コモロ語
コロンビア	スペイン語
コンゴ	フランス語
コンゴ共和国	フランス語
サウジアラビア	アラビア語
サモア	サモア語　英語
サントメプリンシペ	ポルトガル語
ザンビア	英語
サンマリノ	イタリア語
シエラレオネ	英語
ジブチ	フランス語　アラビア語
ジャマイカ	英語
シリア	アラビア語
シンガポール	英語　中国語　マレー語　タミル語
ジンバブエ	英語　ショナ語　ヌデベレ語
スイス	ドイツ語　フランス語　イタリア語　ロマンシュ語
スウェーデン	スウェーデン語
スーダン	アラビア語
スペイン	スペイン語
スリナム	オランダ語
スリランカ	シンハラ語　タミル語
スロバキア	スロバキア語
スロベニア	スロベニア語
スワジランド	英語　シスワティ語
セーシェル	クレオール語
赤道ギニア	スペイン語　フランス語
セネガル	フランス語
セルビア・モンテネグロ	セルビア語　アルバニア語　など少数民族言語も
セントクリストファーネビス	英語

国名	公用語	国名	公用語
セントビンセントグレナディーン	英語	ブルガリア	ブルガリア語
セントルシア	英語	ブルキナファソ	フランス語
ソマリア	ソマリ語	ブルネイ	マレー語　中国語　英語
ソロモン諸島	英語　ピジン英語（共通語）	ブルンジ	キルンジ語　フランス語
タイ	タイ語	ベトナム	ベトナム語
大韓民国	韓国語	ベナン	フランス語
台湾	中国語	ベネズエラ	スペイン語
タジキスタン	タジク語	ベラルーシ	ベラルーシ語
タンザニア	英語　スワヒリ語	ベリーズ	英語
チェコ	チェコ語	ペルー	スペイン語　ケチュア語　アイマラ語
チャド	フランス語　アラビア語	ベルギー	オランダ語　フランス語　ドイツ語
中央アフリカ	フランス語　サンゴ語	ポーランド	ポーランド語
中国	中国語（共通語）	ボスニア・ヘルツェゴビナ	ボスニア語　セルビア語　クロアチア語
チュニジア	アラビア語	ボツワナ	英語　ツワナ語（国語）
朝鮮民主主義人民共和国	朝鮮語	ボリビア	スペイン語　ケチュア語　アイマラ語
チリ	スペイン語	ポルトガル	ポルトガル語
ツバル	英語　ツバル語	ホンジュラス	スペイン語
デンマーク	デンマーク語	マーシャル諸島	英語
ドイツ	ドイツ語	マケドニア	マケドニア語　アルバニア語
トーゴ	フランス語	マダガスカル	マダガスカル語　フランス語
ドミニカ	英語	マラウイ	英語　チェワ語
ドミニカ共和国	スペイン語	マリ	フランス語
トリニダードトバゴ	英語	マルタ	英語　マルタ語
トルクメニスタン	トルクメン語	マレーシア	マレー語
トルコ	トルコ語	ミクロネシア連邦	英語　その他4州の言語
トンガ	英語	南アフリカ	英語　アフリカーンス　ズールー語　など11言語
ナイジェリア	英語	ミャンマー	ビルマ語
ナウル	英語	メキシコ	スペイン語
ナミビア	英語	モーリシャス	英語
ニカラグア	スペイン語	モーリタニア	アラビア語
ニジェール	フランス語	モザンビーク	ポルトガル語
日本	日本語	モナコ	フランス語
ニュージーランド	英語	モルディブ	ディベヒ語
ネパール	ネパール語	モルドバ	モルドバ語
ノルウェー	ノルウェー語	モロッコ	アラビア語
バーレーン	アラビア語	モンゴル	モンゴル語
ハイチ	フランス語　クレオール語	ヨルダン	アラビア語
パキスタン	ウルドゥー語（国語）	ラオス	ラオ語
バチカン	ラテン語	ラトビア	ラトビア語
パナマ	スペイン語	リトアニア	リトアニア語
バヌアツ	ビスラマ語（ピジン英語）	リビア	アラビア語
バハマ	英語	リヒテンシュタイン	ドイツ語
パプアニューギニア	英語	リベリア	英語
パラオ	英語　パラオ語	ルーマニア	ルーマニア語
パラグアイ	スペイン語　グアラニ語（国語）	ルクセンブルク	ルクセンブルク語　フランス語　ドイツ語
バルバドス	英語	ルワンダ	フランス語　キニャルワンダ語
ハンガリー	ハンガリー（マジャール）語	レソト	英語　ソト語
バングラデシュ	ベンガル語	レバノン	アラビア語
東ティモール	テトゥン語　ポルトガル語	ロシア	ロシア語（各共和国では民族語と併用）
フィジー	英語		
フィリピン	英語　フィリピン語		
フィンランド	フィンランド語　スウェーデン語		
ブータン	ゾンカ語		
ブラジル	ポルトガル語		
フランス	フランス語		

8カ国の基本語対照表

日 本 語	英 語	フランス語	ドイツ語
はい．／いいえ．	Yes. ／ No. イェス　ノウ	Oui. ／ Non. ウイ　ノン	Ja. ／ Nein. ヤー　ナイン
私．／あなた．	I. ／ you. アイ　ユー	je. ／ vous. ジュ　ヴー	ich. ／ Sie. イヒ　ズィー
おはよう．	Good morning. グッド　モーニング	Bonjour. ボンジュール	Guten Morgen. グーテン　モールゲン
こんにちは．	Good afternoon. グッド　アフタヌーン	Bonjour. ボンジュール	Guten Tag. グーテン　ターク
こんばんは．	Good evening. グッド　イーヴニング	Bonsoir. ボンソワール	Guten Abend. グーテン　アーベント
さようなら．	Good-bye. グッド　バイ	Au revoir. オ　ルヴォワール	Auf Wiedersehen. アウフ　ヴィーダーゼーエン
ありがとう．	Thank you very much. サン　キュー　ヴェリ　マッチ	Merci beaucoup. メルスィ　ボークー	Vielen Dank. フィーレン　ダンク
すみません．	Excuse me. エクスキューズ　ミー	Excusez-moi. エクスキュゼ　モワ	Entschuldigung. エントシュルディグング
どうぞ．	Please! プリーズ	S'il vous plaît. スィル　ヴー　プレ	Bitte. ビテ
これ．／あれ．	this. ／ that. ズィス　ザット	ceci. ／ cela. ススィ　スラ	dieser. ／ jener. ディーザー　イェーナー
それ．	that. ／ it. ザット　イット	ça. サ	jener. イェーナー
よい／悪い．	good. ／ bad. グッド　バッド	bon. ／ mauvais ボン　モーヴェ	gut. ／ schlecht. グート　シュレヒト
暑い／寒い	hot. ／ cold. ハット　コウルド	chaud. ／ froid. ショ　フロワ	heiß. ／ kalt. ハイス　カルト
遠い．／近い．	distant. ／ near. ディスタント　ニア	lointain. ／ proche ロワンタン　プローシュ	weit. ／ nahe. ヴァイト　ナーエ
高い／低い．	high. ／ low. ハイ　ロウ	haut. ／ bas. オ　バ	hoch. ／ niedrig. ホーホー　ニードリヒ
大きい／小さい．	big. ／ small. ビッグ　スモール	grand. ／ petit. グラン　プティ	groß. ／ klein グロース　クライン
きょう．／きのう．	today. ／ yesterday. トゥデイ　イェスタデイ	aujourd'hui. ／ hier. オージュルデュイ　イエール	heute. ／ gestern. ホイテ　ゲステルン
あした．	tomorrow. トゥマロウ	demain. ドゥマン	morgen. モールゲン
朝（午前）．	morning. モーニング	matin. マタン	Morgen. モールゲン
午後．	afternoon. アフタヌーン	après-midi. アプレ　ミディ	Nachmittag. ナーハミターク
夜．	evening. イーヴニング	soir. ソワール	Abend. アーベント
日曜日．	Sunday. サンディ	dimanche. ディマンシュ	Sonntag. ゾンターク
月曜日．	Monday. マンディ	lundi. ランディ	Montag. モーンターク
火曜日．	Tuesday. テューズディ	mardi. マルディ	Dienstag. ディーンスターク
水曜日．	Wednesday. ウェンズディ	mercredi. メルクルディ	Mittwoch. ミトヴォホ
木曜日．	Thursday. サーズディ	jeudi. ジュディ	Donnerstag. ドナースターク
金曜日．	Friday. フライデイ	vendredi. ヴァンドゥルディ	Freitag. フライターク
土曜日．	Saturday. サタディ	samedi. サムディ	Samstag. ザムスターク

- よく使われると思われる日常用語などを、8カ国語で表現してまとめた。
- 発音はカタカナで示し、原音になるべく近いようにした。
- 同じような意味の表現が二つ以上ある場合には、一般に多く用いられると考えるほうを採用した。

イタリア語	スペイン語	ロシア語	中国語
Si. ／ No. スィー ノー	Sí. ／ No. シー ノー	Да. ／ Нет. ダー ニェート	是。／不是。 シ ブシ
io. ／ lei. イオ レーイ	yo. ／ usted. ヨ ウステー	я. ／ вы. ヤー ヴイ	我。／你。 ウォ ニー
Buon giorno. ブオン ジョルノ	Buenos días. ブエーノス ディーアス	Доброе утро. ドーブラエ ウートラ	早上好。 ツァオシャンハオ
Buon giorno. ブオン ジョルノ	Buenas tardes. ブエーナス タールデス	Здравствуйте. ズドラーストヴィチェ	你好。 ニィ ハオ
Buona sera. ブオナ セーラ	Buenas noches. ブエーナス ノーチェス	Добрый вечер. ドーブルイ ヴェーチェル	你好。 ニィ ハオ
Arrivederla. アルリヴェデルラ	Adós. アディオース	До свидания. ダ スヴィダーニヤ	再见。 ツァイチェン
Molte grazie. モルテ グラツィエ	Muchas gracias. ムーチャス グラーシアス	Большое спасибо. バリショーエ スパスィーバ	谢谢。 シェシェ
Mi scusi. ミ スクージ	Perdón. ペルドーン	Извините. イズヴィニーチェ	对不起。 トイブチ
Prego! プレーゴ	Por favor. ポル ファボール	Пожалуйста. パジャールスタ	请。 チーン
questo. ／ quello. クエスト クエルロ	este. ／ aquel. エーステ アケール	это. ／ то. エータ トー	这。／那。 チョー ナー
esso. エッソ	ese. エーセ	это. エータ	那。 ナー
buono. ／ cattivo. ブオノ カッティーヴォ	bueno. ／ malo. ブエーノ マーロ	хорошо. ／ плохо. ハラショー プローハ	好。／坏。 ハオ ホァイ
caldo. ／ freddo. カルド フレッド	calor. ／ frío. カロール フリーオ	жарко. ／ холодно. ジャールカ ホーラドナ	热。／冷。 ルー レン
lontano. ／ vicino. ロンターノ ヴィチーノ	lejos. ／ cerca. レーホス セールカ	далеко. ／ близко. ダリェコー ブリースカ	远。／近。 ユァン チン
alto. ／ basso. アルト バッソ	alto. ／ bajo. アールト バーホ	высокий. ／ низкий. ヴィソーキー ニースキー	高。／低。 カオ ティー
grande. ／ piccolo. グランデ ピッコロ	grande. ／ pequeño. グラーンデ ペケーニョ	большой. ／ маленький. バリショーイ マーリェンキー	大。／小。 ター シャオ
oggi. ／ ieri. オッジ イェリ	hoy. ／ ayer. オイ アイエール	сегодня. ／ вчера. スィヴォードニャ フチェラー	今天。／昨天。 チンティエン ツオティエン
domani. ドマーニ	mañana. マニャーナ	завтра. ザーフトラ	明天。 ミンティエン
mattina. マッティーナ	mañana. マニャーナ	утро. ウートラ	早上（上午）。 ツァオシャン シャンウー
pomeriggio. ポメリッジョ	tarde. タールデ	после полудня. ポースリェ パルードニャ	下午。 シアウー
sera. セーラ	noche. ノーチェ	вечер. ヴェーチェル	晚上。 ワンシャン
domenica. ドメニカ	domingo. ドミーンゴ	воскресенье. ヴァスクリェスェーニェ	星期日。 シンチーリー
lunedì. ルネディ	lunes. ルーネス	понедельник. パニェジェーリニク	星期一。 シンチーイー
martedì. マルテディ	martes. マールテス	вторник. フトールニク	星期二。 シンチーアル
mercoledì. メルコレディ	miércoles. ミエールコレス	среда. スリェダー	星期三。 シンチーサン
giovedì. ジョヴェディ	jueves. フエーベス	четверг. チトヴェールク	星期四。 シンチースー
venerdì. ヴェネルディ	viernes. ビエールネス	пятница. ピャトニツァ	星期五。 シンチーウー
sabato. サーバト	sábado. サーバド	суббота. スボータ	星期六。 シンチーリュウ

日本語	英語	フランス語	ドイツ語
男．／女．	man. / woman. マン　ウーマン	homme. / femme. オンム　ファンム	Mann. / Frau. マン　フラウ
父．／母．	father. / mother. ファーザ　マザ	père. / mère. ペール　メール	Vater. / Mutter. ファーター　ムター
兄弟．	brother. ブラザ	frère. フレール	Bruder. ブルーダー
姉妹．	sister. スィスタ	sœur. スゥール	Schwester. シュヴェスター
夫．／妻．	husband. / wife. ハズバンド　ワイフ	mari. / femme. マリ　ファンム	Gemahl. / Gemahlin. ゲマール　ゲマーリン
子供．／友人．	child. / friend. チャイルド　フレンド	enfant. / ami. アンファン　アミ	Kind. / Freund. キント　フロイント
１．／２．	one. / two. ワン　トゥー	un. / deux. アン　ドゥ	eins. / zwei. アインス　ツヴァイ
３．／４．	three. / four. スリー　フォー	trois. / quatre. トロワ　カートル	drei. / vier. ドライ　フィーア
５．／６．	five. / six. ファイヴ　スィックス	cinq. / six. サンク　スィス	fünf. / sechs. フュンフ　ゼクス
７．／８．	seven. / eight. セヴン　エイト	sept. / huit. セット　ユイット	sieben. / acht. ズィーベン　アハト
９．／１０．	nine. / ten. ナイン　テン	neuf. / dix. ヌフ　ディス	neun. / zehn. ノイン　ツェーン
１００．／１０００．	hundred. / thousand. ハンドレッド　サウザンド	cent. / mille. サン　ミル	hundert. / tausend. フンデルト　タウゼント
多い．／少ない．	many. / little. メニ　リトル	beaucoup. / peu. ボークー　プ	viel. / wenig. フィール　ヴェーニヒ
東．／西．	east. / west. イースト　ウェスト	est. / ouest. エスト　ウエスト	Osten. / Westen. オーステン　ヴェステン
南．／北．	south. / north. サウス　ノース	sud. / nord. スュッド　ノール	Süden. / Norden. ジューデン　ノールデン
右．／左．	right. / left. ライト　レフト	droit. / gauche. ドルワ　ゴーシュ	rechts. / links. レヒツ　リンクス
上．／下．	up. / down. アップ　ダウン	dessus. / dessous. ドゥスュー　ドゥスー	oben. / unten. オーベン　ウンテン
前．	front. フラント	devant. ドゥヴァン	Vorderseite. フォルダーザイテ
後．	back. バック	derrière. デリエール	Rückseite. リュクザイテ
港．／道路．	port. / road. ポート　ロウド	port. / route. ポール　ルートゥ	Hafen. / Straße. ハーフェン　シュトラーセ
駅．	station. ステイション	gare. ガール	Bahnhof. バーンホーフ
空港．	airport. エアポート	aéroport. アエロポール	Flughafen. フルークハーフェン
ホテル．	hotel. ホウテル	hôtel. オテール	Hotel. ホテル
みやげ品店．	souvenir shop. スーヴェニア　シャップ	magasin de souvenir. マガザン　ドゥ　スーヴニール	Andenkenladen. アンデンケンラーデン
お金．／両替．	money. / exchange. マネ　エクスチェインジ	argent. / change. アルジャン　シャンジュ	Geld. / Geldwechsel. ゲルト　ゲルトヴェクセル
おつり．	change. チェインジ	monnaie. モネ	Kleingeld. クラインゲルト
たばこ．	cigarette. スィガレット	cigarette. スィガレット	Zigarette. ツィガレッテ
酒．	liquor. リカ	liqueur. リクール	Spirituosen. シュピリトゥオーゼン
これをください．	I will take this. アイ　ウィル　テイク　スィス	Je prends ceci. ジュ　プラン　ススィ	Ich nehme diesen. イヒー　ネーメ　ディーゼン
いくらですか．	How much? ハウ　マッチ	Combien? コンビヤン	Was kostet es? ヴァス　コーステト　エス

イタリア語	スペイン語	ロシア語	中国語
uomo. / donna. ウオーモ　ドンナ	hombre. / mujer. オーンブレ　ムヘール	мужчина. / женщина. ムシチーナ　ジェーンシチナ	男。／女。 ナン　ニュイー
padre. / madre. パードレ　マードレ	padre. / madre. パードレ　マードレ	отец. / мать. アチェーツ　マーチ	父亲。／母亲。 フーチン　ムーチン
fratello. フラテロ	hermano. エルマーノ	брат. ブラート	兄弟。 シオンティー
sorella. ソレラ	hermana. エルマーナ	сестра. スィストラー	姐妹。 チイエメイ
marito. / moglie. マリート　モーリェ	marido. / mujer. マリード　ムヘール	муж. / жена. ムーシ　ジェナー	丈夫。／妻子。 ジャンフー　チーツ
bambino. / amico. バンビーノ　アミーコ	niño. / amigo. ニーニョ　アミーゴ	ребёнок. / друг. リビョーナク　ドゥルク	孩子。／朋友。 ハイツ　ポンヨウ
uno. / due. ウーノ　ドゥエ	uno. / dos. ウーノ　ドス	один. / два. アジーン　ドヴァー	一。／二。 イー　アル
tre. / quattro. トゥレ　クァットゥロ	tres. / cuatro. トレース　クアートロ	три. / четыре. トリー　チトゥーレ	三。／四。 サン　スー
cinque. / sei. チンクエ　セイ	cinco. / seis. シーンコ　セイス	пять. / шесть. ピャーチ　シェースチ	五。／六。 ウー　リュウ
sette. / otto. セッテ　オット	siete. / ocho. シエーテ　オーチョ	семь. / восемь. スェーミ　ヴォースエミ	七。／八。 チー　パー
nove. / dieci. ノーヴェ　ディエチ	nueve. / diez. ヌエーベ　ディエース	девять. / десять. ジェーヴャチ　ジェーシャチ	九。／十。 チウ　シー
cento. / mille. チェント　ミッレ	ciento. / mil. シエント　ミル	сто. / тысяча. ストー　ティーシャチャ	一百。／一千。 イーパイ　イーチェン
molto. / poco. モルト　ポーコ	mucho. / poco. ムーチョ　ポーコ	много. / немного. ムノーガ　ニィムノーガ	多。／少。 トゥオ　シャオ
est. / ovest. エスト　オヴェスト	este. / oeste. エーステ　オエステ	восток. / запад. ヴァストーク　ザーパト	东。／西。 トン　シー
sud. / nord. スッド　ノルドゥ	sur. / norte. スル　ノールテ	юг. / север. ユーク　セーヴェル	南。／北。 ナン　ベイ
destra. / sinistra. デストラ　シニストラ	derecha. / izquierda. デレーチャ　イスキエールダ	правый. / левый. プラーヴィ　リェーヴィ	右。／左。 ヨウ　ツオ
sopra. / sotto. ソプラ　ソット	arriba. / abajo. アリーバ　アバーホ	вверх. / вниз. ヴヴェールフ　ヴニース	上。／下。 シャン　シャア
fronte. フロンテ	frente. フレンテ	вперёд. フピィリョート	前面。 チェンメン
coda. コーダ	atrás. アトラース	назад. ナザート	后面。 ホウメン
porto. / strada. ポルト　ストゥラーダ	puerto. / camino. プエールト　カミーノ	порт. / дорога. ポールト　ダローガ	海港。／道路。 ハイカン　タオルー
stazione ferroviaria. スタツィオーネ フェロヴィアリア	estación エスタシオーン	вокзал. ヴァグザール	车站。 チョージャン
aeroporto. アエロポルト	aeropuerto. アエロプエルト	аэропорт. アエロポールト	机场。 チーチャン
albergo. アルベルゴ	hotel. オテール	гостиница. ガスチーニッツァ	饭店。 ファンティエン
negozio di souvenir. ネゴツィオ ディ スヴェニール	tienda de recuerdos. ティエンダ デ レクエールドス	сувенирный киоск. スヴィニールヌィ キオースク	礼品店。 リイピンティエン
denaro. / cambio. デナーロ　カンビオ	dinero. / cambio. ディネーロ　カーンビオ	деньги. / обмен валют. ジェーニギ アブメーン ヴァリュート	钱。／兑换。 チェン　トイホアン
resto. レスト	vuelta. ブエルタ	сдача. ズダーチャ	找钱。 ツァオチエン
sigaretta. スィガレッタ	cigarrillo. シガリーヨ	сигарета. スィガリェータ	烟。 イエン
liquore. リクオーレ	licor リコール	вино. ヴィノー	酒。 チュウ
Prendo questo. プレンド クウェスト	Déme esto. デーメ　エスト	Я возьму это. ヤ　ヴァジムー　エータ	给 我 这个 吧。 ケイ ウオ チョーゴ バ
Quanto costa? クワント コスタ	¿Cuánto cuesta? クアーント クエスタ	Сколько стоит? スコーリカ ストーイト	多少 钱? トゥオシャオ チェン

イミダス編集部編
imidas 現代人のカタカナ語
欧文略語辞典

2006年4月30日　第1刷発行

編　集　株式会社綜合社
　　　　〒101-0051　東京都千代田区神田神保町2-23-1
　　　　電話（03）3239-3811

発行者　藤井健二

発行所　株式会社集英社
　　　　〒101-8050　東京都千代田区一ツ橋2-5-10
　　　　電話　編集部（03）3230-6141
　　　　　　　販売部（03）3230-6393
　　　　　　　読者係（03）3230-6080

印刷所
製本所　凸版印刷株式会社

定価はカバーに表示してあります。

造本には十分注意しておりますが、乱丁・落丁（本のページ順序の間違いや抜け落ち）の場合はお取り替えいたします。購入された書店名を明記して集英社読者係宛にお送りください。送料は集英社負担でお取り替えいたします。但し、古書店で購入したものについてはお取り替えできません。
本書の一部あるいは全部を無断で複写複製することは、法律で認められた場合を除き、著作権の侵害となります。

© Shueisha 2006. Printed in Japan　ISBN4-08-400502-9 C0580